国家出版基金项目
"十二五"国家重点图书出版规划项目

THE
CHINESE ENCYCLOPEDIA
OF
EDUCATION

中国教育大百科全书

·第二卷·

主编

顾明远

副主编

鲁 洁　王炳照　谈松华　袁振国　张跃进

J(jiao yu gui) —— Q

上海教育出版社
SHANGHAI EDUCATIONAL
PUBLISHING HOUSE

《中国教育大百科全书》

荣获

第三届中国出版政府奖提名奖

第七届高等学校科学研究优秀成果奖（人文社会科学）一等奖

第十三届上海图书奖一等奖

北京市第十三届哲学社会科学优秀成果奖特等奖

入选

第四届"三个一百"原创图书出版工程（人文社科类）

J (jiao yu gui)

教育规律(educational law)　　教育活动中本质的、必然的联系和发展变化的趋势。是客观事物的规律性在教育领域的表现和教育工作必须遵循的客观法则。作为教育科学的核心问题,是教育理论探索的永恒主题。

教育规律是教育与其他事物、现象之间或教育系统内各要素之间所具有的本质性联系,以及教育发展变化的必然趋势。有三重内涵规定:(1)教育规律是一种关系范畴。这是其质的规定性。教育规律作为关系范畴的必要条件是,它的现实承担者必须具有两个或两个以上的要素单位,教育规律的根本特性取决于这些要素单位之间的关系,而不在于要素本身各自的性质和状况。(2)教育规律是教育发展过程中存在的本质关系或本质之间的关系。列宁说:"规律就是关系",是"本质的关系或本质之间的关系"。故并非所有的教育关系都可称为教育规律,只有本质性的教育关系才称为教育规律。(3)教育规律是教育发展过程中的一种必然的、稳定的联系。任何事物都是由若干特性组成的集合体。教育规律具有四个主要特点:(1)客观性。指教育规律及其作用存在于人的意识之外。教育规律的客观存在是不以人的意志为转移的。不论人们是否认识教育规律,教育规律都在客观地发挥作用。教育规律的客观性还指人们既不能创造它,也不能消灭和改变它。承认教育规律的客观性,要求将教育规律与教育原则、教育方针政策等区别开来。(2)层次性。辩证唯物论认为,凡存在两种以上规律的事物或过程,都有自己的根本规律,这是事物根本矛盾的反映。教育规律具有层次性,主要包括基本规律、特殊规律和个别规律。基本规律普遍适用于整个教育的历史发展过程;特殊规律适用于特定历史阶段或特定区域的教育活动;个别规律只适用于教育的个别领域,如教学规律、德育规律、教育管理规律等。(3)相对性。一定的教育规律是教育现象和过程在一定条件下表现出的客观联系,其真理性是相对的。条件改变了,各种联系的性质也会随之改变。此外,由于认识时空的相对性、认识主体的相对性以及认识过程的无限性,教育规律所揭示的教育现象及其规律性并非客观存在的绝对本质,而且永远无法达到绝对本质的程度。(4)可重复性。教育在任何状况下都受到自身规律的制约。教育规律是反复起作用的。只要具备教育规律得以重现的条件,不论是否被认识、是否受欢迎,教育规律都要按照自己的轨迹发挥作用。这是认识和把握教育规律的真正价值所在。

教育规律作为教育发展过程中存在的本质联系和必然趋势,不同于教育本质、教育价值,也不同于社会规律和自然规律。但教育规律作为教育科学研究的重要范畴,容易与它们相混淆,其间异同如下。

(1)教育规律与教育本质的异同。教育本质回答"教育是什么"的问题,揭示教育不同于其他一切社会活动的特有属性;教育规律回答"教育怎样运动发展"的问题,揭示教育的运动和发展必然受到的制约因素或必然遵循的逻辑轨迹,而不是描述教育运动的一般过程。认识教育本质为认识教育规律奠定基础;对教育本质的认识,是人们对教育从感性认识上升到理性认识的一种质的飞跃,其实质是通过揭示教育现象中起决定作用的内容,进而揭示教育活动发展的规律。

(2)教育规律与教育价值的异同。教育规律表明的是教育活动的客观必然,而教育价值是就教育活动与教育活动主体需要之间的关系而言,说明的是教育活动的主观应然;教育规律具有一元性,教育价值则具有多元性。教育活动主体为使教育活动满足自己的需要,必须遵循教育规律,即在必然的基础上追求应然。教育主体从事教育活动总是为了满足自己的某种需要,因而必须从应然出发利用必然。教育规律和教育价值虽然遵循不同的尺度,但有着内在的联系。教育主体要使教育活动得以正常进行并取得好的效果,就必须使教育规律与教育价值在教育活动中达成某种统一。教育规律与教育价值同时存在于教育活动中,教育规律对教育活动的作用必须通过人们恰当的教育价值选择来实现。既不能用教育规律排斥教育价值,也不能使教育价值凌驾于教育规律。

(3)教育规律与自然规律、社会规律的异同。教育规律与社会规律、自然规律难以截然分开,二者具有共同性、一致性,都具有不以人的意志为转移的客观必然性,但二者之间也存在许多差异。其一,教育规律与自然规律运行的根据及条件不同。教育规律的产生及产生作用的条件是人类的教育实践活动。自然规律则表现在各种自在的、不自觉的动力的相互作用中，是在天然自在中运行，自发地形成它自身的条件，没有任何"意志"的作用。其二，教育规律与自然规律发生作用的形式不同。自然规律可通过事物之间的矛盾关系表现出来，其发挥作用的时限是久长甚至是永恒的，其范围广大。教育规律只能表现在人们之间发生的教育关系中，其发挥的作用是历史性的、易变的，范围极为有限。其三，教育规律、自然规律同人类实践活动的关系有原则性区别。自然规律在人们的实践活动中始终保持自身的独立性，它对于人的实践活动是一种"外在必然性"。教育规律相对于构成自身的人的教育活动而言，是人的教育活动中的本质联系和必然趋势，它是一种"内在必然性"。其四，教育规律大多是统计规律，自然规律则多为因果规律。教育规律研究的对象比自然科学复杂，其变量不易控制和描述，由此导致其量化和论证的模糊性较大。教育现象因其复杂性，更应重视统计规律，更能包容偶然性因素，因而不能以自然规律的模式和标准来衡量教育规律。其五，教育规律总体上属于社会规律范畴，教育规律的特殊性在于它必须反映教育系统内部各个要素之间以及系统本身与社会系统之间的固定联系。研究教育规律问题，应把握教育规律区别于社会规律的特殊性。

根据不同的标准可对教育规律进行不同的分类：(1)按照教育规律的层次性，分为教育的一般规律和教育的特殊规律。教育的一般规律是对教育领域的所有事物和现象，对教育发展全过程都起作用的规律。存在于一切教育现象中，并始终贯穿教育发展的整个过程。教育的一般规律有两条。一是教育事业发展受社会发展的制约。一定社会的教育总是受到一定社会生产方式(生产力和生产关系)的制约。社会生产力对教育的影响和制约，在纵向上表现为，在社会发展的一定历史阶段，生产力对教育的存在形态起决定性作用；横向上表现在教育的各个方面，主要决定教育发展的规模、速度以及教育结构、教育教学内容和教学手段及方法等，并决定教育目的和人才标准。政治是经济的集中表现，一定社会的教育总是要反映一定的社会经济和政治要求，为一定社会的经济和政治服务。二是教育活动的发展受人的发展的制约。教育是培养人的实践活动，不仅要考虑社会的要求，还要符合人的身心发展规律。教育的特殊规律对教育领域的部分事物、现象产生作用，反映不同时期、不同领域或教育过程的不同阶段的特殊性。如不同社会形态下教育发展的不同规律；具体教育活动规律，如德育的知、情、意、行相结合，教学的传授知识与发展能力相结合等。教育的一般规律和教育的特殊规律的区分是相对的，它们的区别是针对教育规律发生作用的范围的不同而言。教育的一般规律和教育的特殊规律相互关联，一般规

律寓于特殊规律之中，特殊规律包含一般规律。(2)按照教育规律的范围来分，分为教育的外部规律和教育的内部规律。"内外部规律说"在20世纪80年代初提出。持此观点者认为，教育有两条基本规律：一是关于教育与社会发展关系的规律，称教育的外部关系规律，简称教育外部规律；二是教育和人的发展关系的规律，称教育的内部关系基本规律，简称教育内部规律。教育外部规律是指教育作为社会大系统中的一个子系统，与社会的其他子系统(如经济系统、政治系统、文化系统)以及各种社会因素(如人口、资源、地理、生态、民族、宗教等)之间存在必然联系与关系。这条规律可表述为"教育要与社会发展相适应"，也可进一步表述为"教育要受经济、政治、文化等的制约，并对社会的经济、政治、文化等的发展起作用"。教育内部规律是指在人的培养这一复杂的过程中，各种因素之间的必然联系与关系。在这些关系中，最基本的关系有三个：一是教育与教育对象的身心发展以及个性特征的关系；二是人的全面发展教育各个组成部分的关系；三是教育者、教育对象、教育影响诸要素的关系。教育内部规律与教育外部规律相互作用。教育内部规律的运行要受教育外部规律的制约，教育外部规律必须通过教育内部规律来实现。(3)根据教育规律存在的作用和形式，分为教育的静态规律和教育的动态规律。第一级分类，可把教育规律分为静态自在形式的教育规律和动态操作形式的教育规律两大类。前者指它不以实践主体的动态操作为转移而独立存在；后者指它只在教育实践主体的操作中存在并表现出来。第二级分类，把"静态自在形式"的教育规律划分为以"关系"为标志的"关联自在式"规律和以"过程的逻辑轨道"为标志的"机制自在式"规律；把"动态操作形式"的教育规律以教育操作的"主体"为标志，区分为"调控式"、"管理式"、"传导式"、"学习式"的教育规律。动态操作形式的教育规律对实践主体具有最直接的制约作用，而其他两类规律对主体操作行为的制约作用较为间接。

探索和揭示教育规律是教育学的根本任务。教育规律不可穷尽，其研究是一个不断探索的过程。教育规律研究需运用科学的研究方法，其方法论体系大致包括三个基本层次。(1)哲学方法。教育规律的研究应坚持和运用马克思主义哲学方法论，坚持两个基本的方法论原则：一是历史方法与逻辑方法相统一原则。历史方法可以凭借大量经验的教育事实，上升到理性认识水平，反映具有稳定性的教育规律。逻辑方法可以凭借大量分散的教育规律认识，建构教育规律的知识体系，将对教育规律的整体认识从零散上升到系统。二是从抽象上升到具体的方法论原则。只有全面彻底地坚持逻辑方法与历史方法的科学统一，以及从抽象上升到具体的方法论原则，才能真正走出直观表象化或玄虚空泛化的误区，不断深化对教育规律的认识。(2)一般

的科学方法。主要包括以系统科学为代表的横断科学所采用的系统方法，以及以对象性质、所属类别作区别的自然科学方法、社会科学方法与科学学方法。系统方法就是把研究对象置于系统的形式中，从整体、联系和结构功能上精确地考察整体与部分（要素）之间、部分与部分之间、整体与外部环境之间的关系，以求获得最优处理问题的一种方法。教育规律具有层次性，各种不同层次的教育规律构成教育规律系统。教育规律系统有其极为复杂的内部关系，这种关系既不是简单的线性因果关系所能说明的，也不能视之为杂乱无章的无序联结。采用系统方法作为建构教育规律体系的方法论指导，可使人们对教育规律的认识由无序变为有序，由杂乱无章变为层次分明而成为整体；更重要的是，以系统方法作为方法论指导，对教育规律的认识会更深入、全面、客观，从而促进教育规律体系的不断发展与完善。另外，可以合理运用社会科学方法中的解释学方法探寻教育规律，要求：在占有经验材料的基础上进行抽象概括、分析总结，揭示教育发展过程中存在的本质联系和必然趋势；教育主体尽力突破认识条件的限制，尽力摆脱主观性，尽力追寻教育发展过程中存在的本质联系和必然趋势。(3) 专门的科学方法，如归纳法、演绎法、分析法、综合法等。归纳法是教育科学工作者在考察众多教育现象，以及对大量客观事实和现实材料的分析、综合、判断、推理、比较、归纳的基础上提出教育规律的方法。演绎法是从教育的根本规律出发，按照一定的要求推导出教育的基本规律、一般规律、具体规律以及局部规律的方法。探讨教育规律应以唯物辩证法为指南，合理运用其他方法，实现研究方法的多元互补，不断推动教育规律研究向纵深发展。

参考文献

胡德海.教育学原理[M].兰州：甘肃教育出版社，2006.
黄济.现代教育论[M].北京：人民教育出版社，1996.
潘懋元.新编高等教育学[M].北京：北京师范大学出版社，1996.
瞿葆奎.教育基本理论之研究[M].福州：福建教育出版社，1998.

（罗儒国）

教育国际化（internationalization of education）
见"教育国际化与本土化"。

（周满生）

教育国际化与本土化（internationalization and localization of education）　世界教育改革与发展的特点之一。教育国际化是指教育的思想、模式、内容及课程、教材、教师、学生等诸多方面的国际交流互动过程；教育本土化是指将外来教育思想和模式吸收、认同、转化为本土教育思想和模式的过程。实现国际化与本土化的平衡，是世界各国教育改革与发展的战略选择。

教育国际化的兴起　作为一种现象，教育国际化在中世纪就已存在。现代意义上的教育国际化肇始于19世纪，形成于第二次世界大战后，20世纪90年代，特别是东西方"冷战"结束之后，教育国际化的步伐大大加快。

高等教育在教育国际化的进程中始终处于前端，是教育国际化的集中体现。12世纪最早的大学在意大利博洛尼亚和法国巴黎等地建立以来，一直具有不受地域性束缚的特色。16世纪的宗教改革运动导致基督教世界的瓦解，近代意义上的民族国家逐渐兴起，高等教育国际化因大学广泛设立而衰退。17—18世纪，学生的跨国流动随欧洲文化之旅的兴盛再度活跃。直到20世纪，美国、加拿大、澳大利亚学生流向欧洲也都属于"大旅行"的传统。随着欧洲帝国主义的扩张，许多殖民宗主国纷纷在其殖民地设立大学。高等教育国际交流在20世纪前属于个人性质，后来才成为有组织的活动。1948年，美国成立专门处理外国留学生事务的民间组织全国外国学生顾问协会。20世纪50年代，现代高等教育国际化在美国兴盛，大量其他国家留学生流入美国。1966年，美国率先制定《国际教育法》。1989年3月，州长联合会主持召开全国州长会议，专门研究教育国际化问题，并成立一个特别工作小组。美国成为高等教育国际化程度最高、拥有外国留学生人数最多的国家。

1968年，国际教育局成为联合国教科文组织的下属机构，从此，随着经济全球化的发展，高等教育国际化逐步在世界范围内展开。20世纪80年代后，随着欧盟、北美自由贸易区和亚太经济合作组织三大区域经济集团的成立和国际经济协调机制的完善，教育国际化伴随经济发展驶入快车道。20世纪90年代，高等教育国际化成为世界教育发展的重要趋势。欧洲共同体国家开始实施"伊拉斯谟计划"（即"欧洲大学生流动行动计划"），拨出专款帮助大学生、教师和行政人员在成员国之间流动。1998年10月，联合国教科文组织在世界高等教育大会上提出，国际性是高等教育质量的一个内在组成部分。1999年欧盟启动"博洛尼亚进程"，其主要目标是推进欧洲高等教育一体化，进而促进教育国际化进程（参见"博洛尼亚进程"）。发达国家充分利用本国教育资源的优势，向外国开放教育及其服务市场，大量招收外国留学生，向国外输出教师，形成教育的国际化产业。1995年成立的世界贸易组织将教育服务纳入《服务贸易总协定》（General Agreement on Trade in Services，简称GATS），引发新一轮国际教育市场竞争，越来越多的国家在高等教育人才培养目标上增加了国际化的内容，注重在思想上培养学生的国际意识，主要是加强国际理解教育，使学生能够深刻理解多元文化，在国际文化交流中充分沟通思想，从国际社会和全人类的广阔视野出发来判断事物。2000年11月，欧盟、拉美和加勒比地区五十多个国家的教育部部长和教育专家聚会巴黎,签署了一项关于建立高等教育"共同空间"的协议,内容是促进各国知识交流、技术转让以及学生、教师、研究人员和管理人员的流动与相互承认学历证书等。

教育国际化的主要驱动力有八个方面:经济发展的需求,现代科学技术发展的要求,政治利益的需求,教育特别是高等教育自身发展的需求,人类对世界和平的追求,经济与贸易的全球化趋向,信息传播的全球化,国际组织的推动和影响。经济全球化是形成高等教育国际化的直接原因。15世纪的地理大发现、新航线的开辟等,拉开了人类经济全球化的序幕。地理大发现和文艺复兴之后,欧洲形成一次留学高潮,欧洲各国青年赴意大利、法国、英国等当时先进国家的大学深造。19世纪的工业革命将世界各国经济联系到一起,经济全球化初现雏形。近代自然科学进入大学课堂,德国诞生了第一所现代大学,许多国家纷纷派遣留学生到德国的大学学习,德国成为世界高等教育的中心。经济全球化推动了现代科学技术的迅速发展,以电脑、国际互联网、电视和卫星为主体的现代化信息网络,已经把世界联结为一个整体,形成全球性的信息一体化趋势,从而打破了国家与地域之间的界限以及人们观念、文化上的界限,使现代教育本身成为一种国际现象。环境保护、种族等很多问题不是靠一个国家、一个民族和个人能够解决的,需要全世界共同研究、协商解决。此外,政治、经济和文化等因素的复合影响是促使教育国际化的现实力量。在政治上,高等教育既被视为改善国家形象、向异域国家辐射政治影响和文化价值观的重要渠道,也成为借鉴外来文明的重要途径。在经济上,招收留学生可以吸收大量国外投资,减少高层次人才的培养费用,吸纳大量境外的学术精英和科技精英,成为经济持续发展的动力源。在文化上,和平与发展已成为当今世界的主题,它呼吁国家、民族间的相互了解和理解,而这种理解的基础就是文化交流。在全球化社会,学生对知识的要求已经跨越国界,他们渴望学习和了解其他国家和民族的知识,获得参与国际市场竞争的知识与技能;学者们如果要站在学术前沿,就必须参与国际交流与合作;大学要提高学术水平和影响,必须走向世界,吸收世界的优秀成果和成功经验,吸纳世界优秀智力资源。经济合作与发展组织、联合国教科文组织及其国际教育局以及世界银行等国际组织,对高等教育的国际化起到了很大的促进作用。

教育国际化的内容　教育国际化包括以下基本内容:教育观念国际化,教育内容国际化,教师队伍国际化,学生来源国际化,国际学术交流与合作研究,教育技术和设施等资源的国际共享。

教育观念国际化是将本国人才培养的改革和发展置于世界经济发展的大背景中,从国际社会的视野总体考察人才培养,从而确立教育发展的基本方针和具体措施,培养具有国际观念、全球意识和具有国际交流、竞争能力,能在全球范围内就业的人才。1990年后,英、美、德、法、日本等许多国家制定了国际化的培养目标。教育内容国际化是要构建国际化的课程体系和教学内容,改变封闭式的教育方式,大力开展国际合作办学,建立学分和学位认同制度,组织国际性暑期教育计划等。20世纪80年代后,欧美各国兴起跨国办学和校际合作办学的热潮,使学生接受全方位的国际化教育。教学过程中,积极推行部分课程教学语言国际化,实行双语教学,以有助于学生走向世界,参与国际工商活动;扩大国际视野,开设关于其他文化和语言的课程,通过远程或网络修习外国大学开设的课程。教师队伍国际化是保证高等教育国际化最基本的条件,具有国际知识和经验的教师可以直接推动教学、科研向国际化方向发展。许多国家的高校都采取多种形式增加教师出国访问进修的数量,同时面向世界招聘教师和学者,邀请国际知名学者、专家进行短期访问和讲学。不同文化背景的教师在一起,能形成不同文化的碰撞,有利于知识的创新。学生来源国际化有利于学生之间的交往国际化、多元化,有利于多种文化的交流,有利于提高教学质量和办学水平,提高学校知名度和国际影响力。国际学术交流与合作研究是指开展国际问题研究或设立相关的研究中心,将国际观点和国际问题研究与现有研究中心和研究项目结合,增加与国际同行的协作,按照学科或专门领域来建立信息网,通过国际网络来传播研究成果、分享知识,参加国际研究,开发项目和基金,加强研究人员和研究机构与跨国公司的合作等,也可以通过研讨会、期刊及书籍等交换和推广研究成果。教育技术和设施等资源的国际共享主要指发达国家和国际组织对发展中国家的技术与教育援助,包括人员培训、教育咨询、提供图书和设备等。

中国实行改革开放后,教育对外开放取得显著成就,基本形成全方位、多层次、宽领域的格局。《国家中长期教育改革和发展规划纲要(2010—2020年)》指出,要提高中国教育国际化水平,培养大批具有国际视野、通晓国际规则、能够参与国际事务和国际竞争的国际化人才。教育国际化的战略选择是"走出去,请进来",包括中外合作办学、联合培养、协同创新等,关键在于"为我所用,自主创新",在参与教育国际化进程中,走出具有中国特色的发展道路和模式。中国推进教育国际化进程的工作主要侧重在三方面。

(1) 加强国际交流与合作,提高交流合作水平。开展多层次、宽领域的教育交流与合作,提高教育国际化水平。坚持"请进来"与"走出去"协调推进,推动教育国际交流与合作不断深入。扩大政府间学历学位互认,支持中外大学间的教师互派、学生互换、学分互认和学位互授与联授。坚持推进教育合作的制度化、机制化进程,设立双边、多边教育高层工作磋商机制,构建双边和区域性教育交流与合作平台,进一步密切与联合国教科文组织等国际组织之间的教育交流与合作。(2) 引进优质教育资源。引进优质教育资源是教育国际化的核心目标之一。要瞄准世界教育改革发展前沿,借鉴先进教育理论和经验,依法加强与境外知名学校、教育和科研机构以及企业合作,满足人民群众接受高质量、多样化的教育需求。聚焦国内急需的新兴、紧缺和薄弱学科专业,吸引境外优秀教师团队来华从教,引进国际先进的课程体系、教材、办学模式以及职业资格培训认证体系,实现资源共享。吸引世界名校来华合作办学,探索高水平研究型大学发展新途径。鼓励和支持高等学校积极申办高水平的国际学术会议,建设世界一流大学。(3) 培养大批国际化人才。坚持"支持留学,鼓励回国,来去自由"的方针,动员和吸纳各类社会资源,拓宽留学渠道。深入推进国家建设高水平大学公派研究生项目,进一步加强培养高层次创新人才,提高出国留学工作效益。加大对优秀自费留学生的资助和奖励力度。实施学生海外学习和实习计划,创新和完善非义务教育阶段的学生交换、在校生海外实习和毕业生海外志愿者服务机制。鼓励非义务教育阶段的教育机构与国外教育机构交换学生,使学生在读期间有机会到海外接受教育和参加实习。加强国际理解教育,增进学生对不同国家、不同文化的认识和理解,增强学生的国际交往与实践创新能力。

教育国际化的作用　教育国际化是双向的,但双向的文化互动是不对等的。从数量上看,发达国家在工业和科技上处于领先地位,向发展中国家输出的文化较多,发展中国家的反向输出较少。从质量上看,发展中国家从发达国家接受的是主体文化方面的影响,而发达国家从对方接受的是亚文化方面的影响。教育国际化的过程中潜藏文化殖民主义的倾向,有可能成为某种文化的单向扩张,从而破坏全球文化的多样性,带来文化生态上的灾难性后果。发达国家对发展中国家的"文化侵入"势必引起发展中国家本土文化自发的反抗,导致不同程度的文化冲突。教育国际化是一个全球化过程,国际化传播的信息和文化应体现全人类共同的文化特征,是普遍性的。在跨国教育交流中,必须保持交流的对等与平衡。发达国家利用自身的教育资源优势对发展中国家进行援助时,应优先考虑受援国的文化特点;发展中国家应坚持本国、本民族的文化特色,根据自身特点积极主动地参与教育国际化。

由于社会发展不平衡,教育国际化对不同国家的作用不尽相同。对发达国家而言,教育国际化的作用主要是积极的。发达国家智力资源雄厚,教育水平较高,在教育国际交流中处于文化优势地位,既合理开发了过剩的智力资源,又向发展中国家传播了本国文化,可以获得文化和人才的双重收益。发达国家的优势地位吸引了大批来自发展中

国家的学生,以廉价方式源源不断地得到一流人才。但是,发达国家为发展中国家培养了一批与发达国家发展水平相适应的人才,这些人才的回归扩展了发达国家的生活方式和文化传播,为发达国家在发展中国家扩大其政治、经济影响奠定了社会阶层的基础。对发展中国家而言,教育国际化有利于社会综合发展,有利于传播先进的技术和经验,有利于提高国家教育水平,弥补智力资源的匮乏。在教育国际交流中,发达国家向发展中国家提供教师、科技人员和教学实验、研究设备,发展中国家则向发达国家派出大批留学生,这可使先进技术和经验以同步方式在发展程度不同的国家间迅速传播,缩短发展中国家与发达国家之间在教育、科技方面的差距,为发展中国家提供文化范式,促进国际社会间的文化融合,也有利于提高社会的开放程度,拓宽社会成员的文化视野,提高思想观念方面的开放性,以适应现代社会的需要。不断受到多重文化熏陶者将成为跨国沟通的桥梁。教育国际化也会让发展中国家付出代价,如巨大的发展差距使发展中国家的人才在接受国际化教育后产生对本土文化的不适应性。教育国际化用发达国家的学术、科学与知识来塑造受教育者,培养其对异国文化的亲和力,从而成为本土文化的反叛者、异国文化中的"流浪者"。伴随教育国际化的加强,发展中国家的教育有可能逐渐失去原有的民族特色和本土特色,为本国经济、科学和技术文明进步服务的能力也会逐渐被削弱。

教育国际化与本土化的平衡　教育国际化与本土化是教育发展的两种性质不同、侧重点相反的推动力量。教育的最初发展是为个人和本土发展服务的。随着经济全球化的出现,教育向国际化的趋势发展,具有更宽广的视野和更远大的前景,有利于促进全球性的资源交流和共享,促进不同文化的理解、沟通和合作,也有利于解决人类面临的共同问题。教育国际化并不排斥本土化,是以本土化为基础,向超国家和超国界范围的延伸。本土化是国际化的内在要求,国际化的成功就在于其植根于本土化。教育国际化是在教育国家化、本土化的基础上发展起来的,脱离国家教育目的去追求教育国际化是不现实的。教育承担传递、保存和发展民族文化的重任,文化的原因决定了教育具有自身的本土性。民族文化传统不同、国情不同,教育的战略、规模、结构、层次等也会有所不同,各具特色的国家民族教育由此形成。教育本土化是国家教育得以生存的基础,也是能否真正参与国际合作交流的基础。有了教育本土化,才有世界教育的丰富性和多样性,从而使国与国之间的交流和合作成为必要和可能。教育国际化有利于本土吸收世界先进的教育,丰富自身的教育个性,促进国际的理解、文化的发展和交流。教育本土化要求从本国的具体实际出发,努力寻求自身发展的独特道路,是要提取本国教育实践中的成功经验,并根据本国实际,采取恰当的发展战略,在学

习其他国家经验时,找到其与自身的文化共性,找到转化外国经验的切入点和生长点。本土化的根本不是因循守旧,而是要保留独特性和优越性。在吸收外来文化的过程中,本土的意识形态、价值观念也会有意无意地发挥作用,自身的价值选择标准依然存在。

从理论上讲,教育国际化与本土化是思维方式的不同体现;从实践上讲,是民族文化的创新过程。两者的共同目标是使本民族的文化从落后走向先进、从弱势变为强势并走向更强。教育本土化实际是以教育国际化为出发点和目标,与教育国际化相辅相成、对立统一,两者的理想状态是达到一种动态的平衡。教育的国际性与民族性不矛盾。不同民族拥有不同的文化传统,也就有不同特征的教育,教育的国际性不排除各国教育的民族性。教育正是因为具有民族性才有国际交流的必要。国际化强调的是一种总体性倾向,本土性则注重国家、民族、地区的特色。虽然国际化是大势所趋,但各国教育的发展及彼此间的交流与借鉴必须在各国已有文化背景、民族传统和经济状况的基础上进行。教育本土化强调保持、保护并发扬本民族在长期实践中形成并延续下来,成为现实教育组成部分的优秀的价值观念、思维方式和教育制度,这是构成本国教育国际化的现实条件及发展前提;教育国际化是在本国本民族教育传统及现有基础上展开的,离不开教育本土化。教育本土化影响教育国际化,教育国际化又使教育本土化不断得到改造和升华,更加体现本民族的特色。民族性只能影响教育国际化的进程、速度和水平,但不能改变教育国际化的目标和方向。教育本土化只有不断开放,不断接受国际化洗礼,才能始终充满生机与活力;教育国际化只有与教育本土化结合,取得本土化形式,才能合法生存。教育国际化的内容是国际的,形式是民族的。教育国际化要考虑本国本土化的社会需求,不能丧失自我。

参考文献

邢正.教育国际化与发展中国家的文化[J].教学与研究,1997(9).

高永红,等.对高等教育国际化发展趋势中本土性的思考[J].天津工业大学学报,2002(6).

刘振天,等.国际化视野中的高等教育国际化与本土化[J].江苏高教,2002(6).

杨德广.经济全球化与教育国际化[J].高教探索,2001(4).

张男星.教育国际化的"后现代主义"特征[J].教育理论与实践,2000(12).

（周满生　张家勇）

教育基金会（educational foundation）　一种非政府、非营利的专门资助教育领域的免税组织。有自己的资金,由其受托人或董事会管理,主要任务是捐赠。

基金会自出现以来,在不同历史时期都对各级各类教育产生过不可忽视的影响。就基金会的发展历史和现状而言,美国的基金会最多,对教育的影响最广泛。从历史上看,美国内战后建立的资助南部各州教育的皮博迪教育基金会（Peabody Education Fund）开教育基金会之先河。19世纪末20世纪初,美国慈善领域发生的"慈善革命"（亦称"科学慈善"）促成一种新的专业化捐赠组织现代基金会的出现。其中对教育影响较大的有洛克菲勒家族1913年创立的洛克菲勒基金会、安德鲁·卡内基创建的卡内基促进教学基金会（Carnegie Foundation for the Advancement of Teaching,1905）和卡内基公司（1911）以及福特家族1936年创办的福特基金会。洛克菲勒基金会的宗旨是"为人类谋福利"。卡内基促进教学基金会是为美国学院教师提供退休金而设的,既实施捐赠,又进行研究。卡内基公司的宗旨是"增进和传播知识",所实施的一个重要项目是图书馆建设。福特基金会的宗旨是"为了公众福利",20世纪50年代重组后具有世界影响,在教育领域进行了大量捐赠。基金会创办者多将其当作改良社会和促进社会进步的手段,不约而同地把教育作为首选的捐赠领域之一,为教育发展提供巨额资金。

基金会作用于教育领域的方式主要有两种。（1）资助教育发展项目。这些项目有的由基金会提出,有的由受赠者提出,前提是要符合基金会的宗旨。洛克菲勒、卡内基和福特基金会的绝大多数捐赠都属于这种方式。洛克菲勒基金会为约翰斯·霍普金斯大学医学院提供巨额捐赠,帮助其提高医学教育质量,使其成为一流的大学医学院,并成为美国大学建设医学院的榜样;它支持大学教师的研究项目或在大学资助建立一些研究中心,由此带来研究型大学的发展。卡内基基金会从事大学教师退休金项目和图书馆项目。福特基金会下设教育促进基金和成人教育基金,提供巨额捐赠等。这些大型基金会试图通过捐赠来提高美国教育的整体质量,乃至影响世界教育的发展,为此,它们制定了集中捐赠和匹配捐赠政策。前者是选择一部分值得资助的对象提供捐赠,后者是受赠者若想获得基金会一定数额的捐赠,需另外募捐到同等数额甚至更多的资金。（2）直接开展有关教育研究并提出研究报告,这些报告对教育政策的制定及教育发展产生显著影响。以卡内基促进教学基金会为典型代表。如,卡内基促进教学基金会成立不久即建立高等教育研究中心,研究高等教育质量,研究什么是大学的质量、什么是高质量的学院、什么是高质量的教师培训计划等,并于1909年发表研究报告,对美国医学院提出尖锐批评,导致以后十年中近一半的美国医学院关闭;报告同时提出新型医学院及其新型课程的模式。

作为介于政府与市场之间的第三种力量,教育基金会属市民社会的一部分,是支持教育发展的一种鲜活力量。它有时起到先锋作用（提出并支持教育改革和创新）,有时起到补充作用(作用于联邦或地方政府忽视或力尚不及的领域),很多时候这两种作用混合在一起。学术界亦指出基金会的缺陷。比如,基金会根据捐赠宗旨和原则决定捐赠项目,一方面带动了所资助项目或领域的发展,但另一方面也可能造成受赠者为获得资助而片面发展某些项目或领域。

(刘冬青)

教育基金制度(system of fund for education)　　国际组织或各国政府、企业、社会团体与个人为发展教育事业募集、分配、使用、管理专项资金的制度规范。教育基金在西方国家出现较早,全球不少国家采用这种方式筹措教育经费。其资金来源不仅包括政府财政,还有来自慈善团体、大公司、宗教集团、校友和个人的捐赠。除提供办学经费赞助外,还提供包括科研经费资助等多种形式在内的教育资助。它对于促进教育发展、教育公平,促进高等学校学科建设和科研项目开发具有重要作用,通常享有免税权。在中国,教育基金有多种形式,主要资金来源是政府拨款,教育基金制度正在形成和发展。

教育基金的功能　　教育基金按使用对象划分,包括普通基金与专项基金。普通基金为全面发展各项教育事业而设立,其使用范围较广,基金规模一般较大,可用于基本设施建设、仪器采购和事业性开支。专项基金则有特定目的,主要用于教育机构重点项目和学科建设及其他专项用途,其规模相对小于普通基金。

教育基金具有以下特征。第一,教育基金能够动员和集中有限的教育资源。从教育基金的来源看,教育基金主要通过政府拨款以及由社会各界捐赠而形成。较之其他教育筹资渠道,教育基金来源更广泛,能够最大限度地调动社会各界兴办教育事业的积极性。第二,教育基金有助于提高教育经费的使用效率。首先,作为教育基金的管理者,基金会成员一般由政府官员、学校代表、教育界和非教育界专家、工商界代表组成,可最大限度地保证基金会业务的独立性和公正性;其次,基金会按共同的标准,通过招投标等方式,公开、透明地把教育基金划拨给各个教育机构;再次,各教育机构在资金的具体使用上拥有较大的自主权;最后,基金会对教育机构的预算执行情况进行监控。这些途径既维护了教育机构的自主权,又最大限度地保证了公众基金的有效利用。第三,更好地调整了学校与出资者之间的关系。政府、企业、社会团体和个人作为出资者,有权要求教育机构按照自己的意图行事,往往在出资时附加一些条件,教育机构会强调其自主权和学术自由。教育基金会则可以在两者之间起到平衡和缓冲的作用,它通常扮演两种角色,力求在维护教育机构自主权的同时,保证公共基金的有效利用。第四,有效地实现教育经费的保值增值。教育基金作为筹集教育经费的一种方式,除了依赖政府拨款、社会各界捐资以外,还发挥了其作为基金的特性,委托有实力、有信誉的专业金融机构在资本市场上进行运作,有效实现基金的保值增值,为扩大教育经费的来源发挥作用。第五,更好地实现公平原则与竞争机制。公平是几乎所有教育机构都认同的原则,竞争机制则更多地受到有能力者的欢迎。对教育系统的整体发展而言,既公平又有竞争会取得更好的效果。在这方面,大多数基金的作用很明显:普通基金拨款维持教育机构的正常运行;专项基金则满足教育机构的特殊需要,只有提出专项申请并获得通过的教育机构方可取得拨款。各教育机构可以投标方式申请专项基金,由委员会决定中标者。普通基金与专项基金的结合以及招投标式竞争机制的引入,为教育系统和谐有效的发展提供了制度上的可能性。

教育基金的管理　　教育基金与一般的社会捐赠不同,其运作有规范的程序和严格的要求,必须按照法定的规范进行运作与管理。具体管理内容:(1)教育基金的组织管理。教育基金由社会各界共同出资组成,为保证其使用的最大效率,需建立基金委员会进行统一管理。教育基金会成员通常由政府官员、学校代表、教育界和非教育界专家、工商界代表组成,共同讨论决定基金的征集、管理与使用,并定期审核基金的使用情况。(2)教育基金的筹集。包括政府拨款和社会捐赠。从各国的实践来看,政府拨款是教育基金的主要来源和重要组成部分,而随着经济发展水平的提高和教育功能的凸显,教育基金更多地来自企事业单位和社会团体的捐赠,尤其在发达国家,社会捐赠已成为教育基金的主要来源。(3)教育基金的使用。教育基金的使用有两种方式。一种是按照既定的标准和程序,将本金根据各教育机构和项目的需求进行分配,再由政府、企事业或社会团体对基金进行新的补充;另一种是只使用教育基金的利息。不同国家或同一国家的不同教育基金的使用对象各不相同,总体有:符合当地教育发展规划和目标的教育教学改革试验、教育发展课题研究;教育教学条件的改善和教育设施装备的现代化;师资培训与教师素质的提高;科学研究的开展和优秀人才的培养;教育宣传、优秀教师和教育工作者的表彰、奖励;困难学生补助;国际教育交流与合作等。其中,教学支出基本包括在普通基金内;科研则按专项基金处理(科研维持与促进费在普通基金内)。行政管理、后勤服务、建筑维修、校园治安及卫生等费用,在普通基金内开支;基建和大型设备购置列入专项基金。普通基金一般通过一组综合反映注册生数(区分科类、层次和类型)的公式分配,学分学时数、校园及其建筑面积、校园人口、学校财产价值等,也是拨款公式的重要参数,影响教育基金的分配。教育基金在具体的分配和使用过程中要依据已有的拨款公式体系,体现经费分配和使用的公平性、透明度和效率。

（4）教育基金管理制度。为了保证教育基金的有效使用，各基金会都制定了严格的资金管理制度，定期公布收支账目。① 教育基金的审计与监督制度。为使国家和基金会的政策、意图得到有效贯彻，基金会对教育机构的经费使用情况进行监控。教育基金通常都建有一套较严格的基金审计与监督机制，预防管理人员的贪污、截留、挥霍和挪用，确保教育基金专款专用。同时建立教育基金资助项目的科学评估与动态考核制度，对受助项目进行定期检查与监督，以保证项目的顺利进行，使教育基金能够最大限度地推动教育事业的发展，并得到合理使用。对未能取得预期成效或进展不利的资助项目，基金会有权减少、中止乃至收回原有的项目资助。② 教育基金的运作。教育基金是基金的一种，可以作为一种投资工具，通过在资本市场的运作获取一定收益。这在国内外的基金管理法案中都有相关规定。但教育基金不得直接投资实业。通常，教育基金的增值方式主要包括银行存款、国债购买、委托贷款、证券交易等。

（刘　颂）

教育技术发展（development of educational technology）教育技术产生、发展和演变的过程。具体指教育技术从一项在教学改革实践中的运动（视听教学运动）到形成一个专门的实践领域（运用教育技术解决教/学实践问题的领域），进而发展为一门专业与学科（教育技术学）的过程。关于"教育技术"这一术语的出现时间及最早的使用者，尚无确切说法，但普遍认为是从 20 世纪 20—50 年代美国的视听教育运动演变而来。20 世纪 70 年代初，美国教育传播与技术协会（Association for Educational Communications and Technology，简称 AECT）委托伊利组织数百名专家经过一年多的研究，在美国《视听教育》杂志 1972 年 10 月刊上发表《教育技术学领域：定义的表述》一文，总结以往 50 年美国教育技术的发展情况，提出教育技术的形成与三种改革教学的方法和实践的发展有关：（1）视听教学运动的发展，推动各种视听设备在教学中的应用，进而形成依靠教学资源来解决教学问题的思想和方法；（2）行为主义学习理论（斯金纳的强化理论）在程序教学中的具体应用，进而形成以学习者为中心的个别化教学思想与方法；（3）设计与改进教学的实验方法的发展，推动了系统理论、系统方法在教学中的应用，进而形成有关教学过程的设计、实施、评价的思想和方法。

三种教学方法与教育技术的形成

视听传播教学　由视听教学发展而来。视听教学方法是一种以视听硬件设备和相应的教学软件为辅助手段的教学方法。其发展经历三个阶段。

视觉教学向视听教学发展（1918—1941）。19 世纪末 20 世纪初第二次产业革命时期，工业化生产大发展，资产阶级急需大批有知识和技能的劳动者，教育改进受到重视，人们越来越关注实用课程和更有效的教学方法；新的科技成果如照相技术、幻灯机、无声电影等被引入教学领域，一些商业机构大力生产为教学所使用的各种模型、地图、幻灯片、立体画和唱片，并命名为"视觉教育"而广泛宣传，很多教育工作者也开始对这些新技术的教育应用进行开发和研究。1923 年 7 月，美国全国教育协会视觉教学部成立。在 1918—1928 的十年间，视觉教学在师资培训、学术研究等方面的深入发展推动了视觉教学理论的研究。20 世纪 20 年代末，由于有声电影及广播录音技术的发展及其在教育中的应用，视觉教学发展为视听教学。

第二次世界大战期间及战后十年的视听教学（1941—1955）。第二次世界大战期间，学校中的视听教学由于缺乏设备、资料和专家，发展缓慢，几乎处于停顿状态。但在这特定的历史条件下，视听教学在工业和军队的训练中得到大力发展，传统的视听教学理论得到实践的检验与肯定，对战后十年视听教学的发展产生深远影响。1947 年美国全国教育协会视觉教学部正式更名为美国全国教育协会视听教学部。1946 年戴尔在总结视觉教学理论及视听教学实践的基础上提出以经验之塔为核心的"教学中的视听方法"，依据各类媒体提供的学习经验的抽象程度作系统分类，并概括应用原则。这一理论成为教学媒体应用于教学过程的主要依据和指导思想。视听教学的本质是在教学中提倡运用能够提供直接经验或替代经验的视听媒体，以刺激学习者的多种感觉，促进其对学习内容的理解并最终提高教学效果。

视听教学向视听传播教学发展（1955—1969）。1957 年苏联人造卫星上天对美国震动很大，人们对学校教育提出激烈批评，强烈要求改革学校的课程和教学方法。在 1958 年《国防教育法》的指导下，教育获得各种拨款，许多研究人员进入教育媒体和技术领域，并帮助更多的教师接受新媒体，使得视听技术在教育中得到有效应用和发展。1955—1965 年，语言实验室、电视、教学机、多种媒体综合呈现技术、计算机辅助教学先后问世并在教学中应用，"教学媒体"作为视听领域的一个名词诞生。同时，由于传播理论发展并影响到教育领域，人们开始意识到教学是一个过程，教学效果不只取决于教学媒体这一个要素，开始从学习理论和传播理论的角度重新认识视听教学的理论问题，视听教学开始向视听传播教学发展，视听教学理论的研究从视听信息的显示转向视听信息的传播设计，研究者和实践者从关注"物"的技术（媒体技术）走向关注整个教学传播的过程技术。媒体作为教学资源，成为教学传播过程的基本要素之一。

个别化教学　个别化教学是一种适合个别学习者需要

和特点的教学。教学的主体是学生个别自学。在方法上允许学习者自定目标、自定步子,自己选择学习的方法、媒体和材料。(1)早期的个别化教学。个别化教学作为一种教学方法,在19世纪中叶就已存在,但作为一个真正的教学系统,则是在1912—1913年间由F.I.伯克在美国旧金山为一所师范学校的小学设计的。进入这所学校的儿童都被允许按自己的速度来学习老师们编写的自学材料。1924年美国心理学家普雷西设计了一台自动教学机,主要用于对学生测试自动化,亦包含允许学生自定步子、积极反应和即时反馈等原则。但由于设计问题以及客观教学条件不够成熟,这种个别化教学方法不再被使用。(2)程序教学。1954年美国心理学家斯金纳发表《学习的科学和教学的艺术》一文,指出传统教学方法的缺点,提出使用教学机器能解决许多教学问题,推动了程序教学运动的发展。根据他的操作条件作用和积极强化理论设计的教学机器和程序教学,后来发展成为不用教学机只用程序课本的"程序教学"。斯金纳程序教学的基本思想是,在教学过程中贯穿应用强化理论,早期的程序教学有小步子、积极反应、即时反馈、自定步调和低错率等特点,在程序模式上体现操作条件作用原理的直线式程序。20世纪60年代克劳德根据其在50年代为美国空军培训技术人员排除故障的教学经验,提出模拟教师指导作用的分支式程序。程序教学运动在20世纪60年代初达到高潮,后期则开始衰退,原因之一是,真正开发有效的程序教材需要进行系统的设计和实验,代价甚高。但程序教学总结出一套开发程序教材的方法,使开发过程综合了许多重要概念并加以具体应用,影响并促进了系统设计教学方法的发展,推动个别化教学的研究。(3)其他个别化教学形式。20世纪60年代后期,程序教学虽然衰落,但其他个别化教学系统的研究得到发展,如F.S.凯勒的个别化教学系统、布卢姆的掌握学习法、导听法、录音指导法等受到重视,以及后来的个别建议教学、根据需要的学习程序、个别指导教育等个别化教学系统的出现,但这些都未能很好地得到推广应用,这表明了在学校中进行变革的难度。(4)计算机辅助教学的发展。计算机用于教学和训练始于20世纪50年代末,早期计算机辅助教学系统的产生受到斯金纳程序教学的影响,由于程序教学使用机器,计算机辅助教学被视为机器教学。60年代早期的计算机辅助教学系统主要用于模仿传统的课堂教学,60年代末,伊利诺伊大学开发的自动操作的程序逻辑系统(Programmed Logic for Automatic Teaching Operations,简称PLATO)向大规模计算机网络发展。1972年杨佰翰大学研制的分时、交互、计算机控制的信息电视(Time-shared, Interactive, Computer-Comtrolled Information Television,简称TICCIT)系统这一大规模通信网络,可以连接更多的终端,使不同地区共享教学资源,分时系统可以使许多学校同时共用一台主机;由于计算机容量的扩大和软件系统的改进,计算机可以根据学生的学习情况选择合适的教学资源,使学生变被动听课为积极介入教学过程。这标志着计算机辅助教学系统进入一个较好体现并实现个别化教学的阶段。70年代,微机的发展又推动了计算机辅助教学运动,到80年代,学校中微机的使用迅速增长,许多学校把计算机用于教学目的。

几十年的个别化教学实践形成了一种促进有效学习的教学模式,即以学习者为中心,强调学习者的学习效果是教学的目的和衡量标准的指导思想以及个别化教学方法。同时,在个别化教学中应用行为主义学习理论研究学习者的学习特性,促进有效学习,为行为科学概念的教育技术打下基础。个别化教学与传播理论一起成为早期教育技术的主要理论基础。

系统设计教学方法　亦称"教学系统方法"。是一种系统设计、实施和评价教与学全过程的方法。源于设计与改进教学的实验方法(一种经验主义方法)。这种经验主义方法可追溯到17世纪,捷克教育家夸美纽斯提出应用归纳法来分析和改进教学进程。20世纪20年代,利用实验方法解决教学问题受到关注。在设计与改进教学的实验方法的实践中,受到行为科学理论概念的影响,特别是程序教学课程开发模式和一般系统理论的影响,逐渐形成教学过程系统设计的思想和对教学过程的分析、设计、实施、评价的教学系统方法。

斯金纳等人描述的关于编制程序教学的过程是利用经验主义方法(实验方法)解决教育问题的一个典型实例,是"系统设计教学"概念发展中的一个重要因素。程序教材的编写过程包括后来在系统设计教学模式中的许多措施。程序教学运动实践使人们真正认识到,影响或决定学习效果的变量很复杂,只有系统分析教学过程,才能获得有效学习。行为科学的一些概念,如任务分析、行为目标、标准参照测验和形成性评价,为系统设计教学方法的形成提供了科学依据。20世纪五六十年代,控制论、信息论和系统论空前发展,由此形成的系统方法作为分析和解决问题的一般方法被逐渐引入并应用于教育教学领域。60年代初,加涅、格拉泽、L.J.布里格斯等人将任务分析、行为目标和标准参照测验等理论的概念与方法有机结合,提出早期的系统设计教学模型,称"系统化教学"(systematic instruction)或"系统开发"(system development)。60年代后期,J.W.布朗等人在《视听教学:媒体与方法》(1969)中提出系统化教学模型,其特点是,所有的教学设计活动都以学生为中心,充分考虑到学生的需要和能力,根据学生达到学习目标的情况修改教学。在这一过程中,每个步骤都很重要,教师的主要作用是对系统化教学进行计划。

教育技术的形成是三种教学思想与模式的整合　20世纪20—50年代,视听传播教学方法、个别化教学和系设计教学方法处于各自发展状态,50—60年代开始相互影响。美国教育传播与技术协会1972年在文件中指出,教育技术是由利用更广阔领域的学习资源、强调个别化与个性化学习以及利用系统方法这三个概念整合而成的一种分析和解决教育教学问题的综合技术。这种综合的教育技术的实践应用主要表现在,三种模式虽互有影响,但仍分别继续发展。例如,在视听传播教学领域,20世纪80年代末以来,由于信息技术的发展、新型媒体的开发以及新的教学传播手段的开发与应用,出现借助卫星通信技术的远程教学形式;在以计算机技术为基础的个别化教学形式中出现基于多媒体技术的多媒体教学形式、基于网络技术的网络教学形式以及基于计算机仿真技术的虚拟现实教学形式,而且,这两者结合起来发展为远程网络教学形式。在系统设计教学领域,以行为主义学习理论和传播理论为基础的教学设计的系统方法,向行为主义、认知理论的信息加工与建构主义理论整合的设计模型发展。

教育技术在中国的发展

教育技术成为一个实践和研究领域,在中国以电化教育的出现为标志。教育技术在中国的发展经历四个阶段。

电化教育的出现(1920—1949) 在国外视觉教育、视听教育的影响下,中国在20世纪20年代引入电化教育,由南京、上海、无锡、苏州的一些学者和学校倡导开展,并在社会教育、学校教学中应用。20世纪20年代初开始进行幻灯教学实验,1922年金陵大学农学院举办农业专修科,从美国农业部购买幻灯片、电影片,采用唱片配音或播音员口头讲解,到各地宣传科学种棉的知识,这是最早的在大学应用视听媒体进行教学。30年代开展广播教学。随着电影和播音教学的开展,一些学校开始开设电影播音课,开设电影播音专业,如1936年江苏省立教育学院创办电影播音专修科,有的学校举办电化教育人员培训班。1946年选派留学生赴美学习有关视听教育课程,攻读学位。还出版电化教育刊物,如1941年金陵大学理学院创办的《电影与播音》杂志。由于旧中国经济不发达,科学技术落后,加上政府对教育的重视和投入不足,电化教育只在上海、南京一带少数城市的学校和社会教育团体中自发开展。

电化教育的初步发展(1949—1966) 新中国成立后,电化教育得到发展:(1)社会电化教育进一步发展,北京、上海、天津、沈阳、哈尔滨、广州等地先后办起俄语广播学校、广播函授大学,60年代开始设立电视大学等;(2)高等学校电化教育亦得到发展,有的高校中开设电化教育课程,讲授理论和技术,有的师范大学除开课外,还建立电化教育馆或电化教育室等专门机构开展电化教学活动,外语院校建立语音实验室辅助外语教学,有些大学还自制教学影片;

(3)在普通教育中,北京、上海、南京、沈阳、哈尔滨、齐齐哈尔等地相继成立电化教育馆,推动基础教育中的电化教育工作。

"文革"时期,中国教育事业受到严重摧残,电化教育也处于瘫痪状态。

电化教育迅速发展(1978—1995) 1978年中国共产党十一届三中全会后,确定了新时期发展教育事业的方针大计,指出"要制定加速发展电视、广播等现代化教育手段的措施,这是多快好省发展教育事业的重要途径",中国的电化教育进入迅速发展阶段。(1)积极开展现代教育技术手段的研究与推广应用。《1978—1985年全国科学技术发展规划纲要》列出"研究现代教育新技术、新设备"的研究课题,具体制定了开展电视教育、计算机辅助教育、卫星教育等方面新技术的研究子课题,由有关高校分别承担。同时在国家科学技术委员会下成立教育技术领导小组。"教育技术"作为一个术语在中国正式启用,标志着"电化教育"开始向具有更宽外延的"教育技术"过渡。1979年,教育部正式批准成立现代教育技术研究所。(2)发展电视教育。随着录像设备陆续引进中国,到1980年初,全国教育系统已拥有300套以上的录像设备,为开展电视录像教学准备了物质条件。由于这些设备主要集中在高校,高校较早开展了闭路电视和录像教学。为了开发教学录像软件,高校成立工科电化教育教材编审组和师范院校电化教育教材编审组,各校分工合作制作了一批质量较高的录像教材,促进了高校电视录像教学工作,取得较好效果。在普通教育中,1985年前,中小学的录像教学的软件基本上由各级电化教育馆和部分高校提供。(3)发展计算机辅助教育。20世纪70年代末期开始提出计算机辅助教育研究项目,北京师范大学和华东师范大学的现代教育技术研究所下设计算机辅助教学研究室,专门从事这一研究。1984年后,计算机辅助教育在许多高等院校得到进一步发展,以大学课程为主开发了一批得到实际应用的各科教学软件,大量研究报告发表。1985年,全国计算机辅助教育学会成立。1982年,各大城市的一些中学理科教师开始运用计算机辅助教学。随后,越来越多的中小学校在不同学科中开展计算机辅助教学活动。1986年后,国家计划委员会将计算机辅助教育列入国家"七五"重点项目,国家教育委员会设立中小学计算机教育研究中心,具体负责指导全国中小学计算机辅助教育。1993年在中国教育学会下成立计算机辅助教育研究会。计算机辅助教育是程序教学原理与计算机技术相结合的产物,在计算机教学课程与软件的开发过程中,系统设计的思想和方法得到具体体现和实际应用。计算机辅助教育在中国的开展突破了电化教育视听的范围,研究中心从只重视"教"转向既重视"教"也重视"学"。计算机辅助教育的迅速发展成为20世纪90年代中国教育技术的重要实践领域。

(4) 远距离教育系统的形成和卫星电视教育网的建立。1978 年,中央广播电视大学筹建,1979 年 2 月开学。它以举办高等学历教育为基础,多层次、多规格、多功能、多种形式办学,重点面向基层和地方,面向边远和民族地区,培养各级各类应用性专门人才,为广大求学者提供终身接受教育的机会和条件。经过多年建设,中国广播电视大学系统逐步发展成由中央广播电视大学和省、自治区、直辖市、计划单列市及独立设置的广播电视大学、地(市)级电视大学分校、县级电视大学工作站和基层电视大学教学班组成的统筹规划、分级办学、分级管理的覆盖全国城乡的广播电视教育网络。同时开通卫星电视教育的两个专用频道,建立了中国电视师范学院和中国教育电视台。全国各地陆续建立教育电视台和卫星地面接收站和放像点。中国教育电视台播出高等教育、普通教育、职业教育、成人教育、社会教育等方面的教育教学节目,满足社会的教育需求。(5) 全国范围内各级电化教育机构的建立。1978 年、1979 年教育部先后建立中央电化教育馆和电化教育局,负责全国学校的电化教育行政管理工作,并在省、地、市、县建立相应的机构和电化教育馆,还负责制订有关规定,具体实施和推进电化教育(教育技术)工作;组织力量编制电化教育教材,开展人员培训。在高校和中小学相继设立电化教育中心和电化教育室,开展教育技术手段在课堂教学中的应用。许多地方中小学有组织地开展电化教育实验,研究总结出一系列成功的电化教学经验。(6) 开展有关电化教育及其技术的理论探讨。早在 1978 年,即对什么是电化教育展开探讨,关于电化教育的本质,有手段工具说、教育方式说、新教育说和新形态教育说等,其中前两种较为流行。这期间最引人注目的是"关于电化教育要不要改名"的探讨。80 年代中期后,随着国际学术交流和国际合作项目的增多,国外教育技术发展的新情况、新经验、新成果不断被介绍进来,以系统方法为核心的教育技术学在理论、概念、指导思想、研究方法方面对中国产生广泛影响,电化教育这一领域逐渐被冠以"教育技术"。

教育技术应用的发展提出了对专门人才的培养和培训的要求以及理论指导的要求,对教育技术学学科理论和专业建设的研究迅速开展。(1) 教育技术学专业教育体系的建立。1986 年国务院学位委员会正式批准三所大学(北京师范大学、河北大学、华南师范大学)设立教育技术学硕士学位授予点,明确教育技术学是教育科学的分支学科,标志着中国教育技术学专业及学科地位的正式确立。1991 年国家教育委员会设立"全国高等师范院校电化教育教材编审委员会",制定专业教学计划及主干课程教学大纲,并落实教材编写计划。1992 年讨论通过的全国高等师范院校四年制本科电化教育(教育技术)专业教学计划,将"教育技术"这一名称正式写入教学计划,将原来课程设置中的"电化教

育概论"改为"教育技术学导论"。至 1993 年,国家教育委员会颁布的高等师范院校本科专业目录,正式将电化教育专业更名为教育技术学专业。1993 年国务院学位委员会批准在北京师范大学设立教育技术学博士点。1994 年国家教育委员会批准将"全国高等师范院校电化教育教材编审委员会"更名为"全国高等师范院校教育技术学教学指导委员会"。1996 年又更名为"高等学校教育技术学教学指导委员会",以便指导相关的教学工作。至 1996 年底,全国已构成一个包括专科、本科、硕士点、博士点的完整的教育技术学学科专业体系,并形成一支教育技术学专业队伍。(2) 学科理论研究的发展。1990 年出版的《教育大辞典》(第 7 卷)中,中国学者率先从学科角度定义教育技术、教育技术学,明确提出教育技术学的研究对象是教学媒体的设计、制作技术和教学过程的优化设计技术,其研究方法是教育开发研究的系统方法以及教育技术的基本内容等。1996 年又明确界定教育技术学的学科性质是教育科学中技术学层次的方法论性质的分支学科。自美国教育传播与技术协会 1994 年出版的《教学技术:领域的定义和范畴》引入中国后,中国学者对教育技术、教育技术学定位研究的兴趣更加浓厚。(3) 教育技术著作的出版和理论的实践应用。随着国外教育技术学理论对中国电化教育界的影响不断扩大,20 世纪 80 年代后期,一批以"教育技术"为名称的或反映教育技术学基本原理和方法的专著、译著和教材相继问世。自 1986 年批准设立教育技术学硕士点后,有关学校开展教育技术理论的研究与实践,运用教育技术学的研究方法和课程开发理论,在课程开发方面取得一批研究成果。此外,计算机辅助教育、人工智能计算机辅助教育、教学设计理论、教学软件开发等在教学实践中的应用,也取得不少成果。

1996 年后教育技术的发展 这一阶段中国教育技术发展的显著特点是:突出对信息技术在教育应用中的研究,并成为主流;进一步研究教育技术的内涵与定位问题,不同背景的学者提出不同的看法和诠释,推动教育技术的深入发展。具体体现在以下方面。(1) 在实践方面,以高校的"数字校园"、中小学的"校校通"工程、现代远程教育为中心内容的教育信息化蓬勃发展,并成为这一时期的热点和主流。信息技术在教育中的应用也成为教育技术最主要、最重要的实践领域。具体体现为:全国信息化硬件设施的方案设计与建设;适用于高等教育、职业教育、社会教育和普通教育的多媒体课件、网络课程和各类教学资源库、教学管理平台等软件的开发,在数量和质量上有很大提高;信息技术与教育技术内容被列入师范教育的公共必修课和校长、教师的继续教育培训中,相应的课程与教材被设计、开发和使用;信息技术与课程整合深入课堂、深入学科。教育技术已不再局限于专业人士的研究,而被更多教育工作者和教学第一线的教师关注。(2) 在理论方面,新信息技术在教育中

的应用以及美国教育传播与技术协会 1994 年出版的《教学技术：领域的定义和范畴》被全文翻译和介绍，促使教育技术方面的学者专家对教育技术、教育技术学的学科定位问题作进一步探讨。提出教育技术有狭义与广义两种论述，两者都从学科角度出发，阐述教育技术学的基本思想、研究对象、研究方法和知识体系等。狭义的教育技术学观点认为，教育技术学的基本思想是基于系统科学、传播理论、学习理论，运用系统科学的思维方式和实践方式来解决教育教学实践问题；研究对象是由对教学过程的设计、评价技术与教学媒体的开发和利用技术组成的教育技术；其实质是教育心理学、系统技术和媒体技术的融合，其中，教育心理学是基础，系统技术是核心，媒体技术是表现形式；研究方法是由教育开发的系统方法、构造式研究方法与形成性研究方法等组成的系统方法或技术学研究方法；知识体系包括基本概念、定义与性质，基本理论包括理论基础与基本原理、教育技术学研究方法、教育技术的发展历史、教育技术的实践与研究领域以及教育传播的新技术、新方法等。广义的教育技术学观点认为，教育技术是全部的物化形态技术和全部的智能形态技术。教育技术学的研究方法是系统方法与形成性研究方法。其知识体系包括：教育技术知识Ⅰ，即发现或创造性地提出把与教和学相关的科学知识或经验用于解决教和学中的实践问题的原则、操作程序、方式或方法、技能或技巧，以及对需要的资源（媒体、环境和相应的支持系统）的要求等方面的知识；教育技术知识Ⅱ，即对过程和资源进行设计、开发、利用、评价和管理等的知识；教育技术知识Ⅲ，即教育技术的方法论性质的知识。（3）在组织结构方面，1992 年成立的中国电化教育协会于 2002 年更名为中国教育技术协会。协会的更名标志着协会不但从工作内容而且从名称上进入教育技术发展阶段，开展教育技术领域理论与实践的研究和推广工作，并且在促进中国教育技术与国际接轨方面发挥重要作用。协会的各级分会积极开展学术活动，主要关注课程与信息技术的整合、远程教育与网络支持、教育技术学科发展、教育资源建设等。研究重点是信息技术对教育技术发展的影响以及信息技术与课程整合的应用性研究。协会在继续与美国教育传播与技术协会、中国香港教育传播与技术协会、中国台湾视听教育协会发展友好关系、进行学术交往的同时，与国际教育技术协会（International Society for Technology in Education）发展友好关系，并于 2002 年实现互访，进行学术交流。2001 年设立的高等学校教育技术学专业教学指导委员会归属教育部高教司领导，开展新一轮专业教材的开发和培训工作，并继续深入开展对教育技术学专业建设的研究。在专业刊物方面，《中国电化教育》、《电化教育研究》、《中国远程教育》、《开放教育研究》等成为重要的全国性刊物。

（尹俊华）

教育技术基本原理（basic principle of educational technology）　指导教育技术实践的基本理论与方法。美国教育传播与技术协会 1994 年提出的关于教育技术的定义中，把教育技术理论与实践的范畴分为设计、开发、评价、利用与管理五个方面。在基本理论方面，主要包括教学系统设计、教学媒体开发与利用、教学过程与教学资源的管理等理论。

教学系统设计

教学系统设计理论是教育技术学的核心内容，也是教育技术对教育学科的主要贡献。自 20 世纪 60 年代后，教学系统设计（或称教学设计）成为研究如何有力促进学习者学习与发展的一个较为成熟的理论。教学系统设计源于对教学心理学运动的研究，与教学心理学互为补充的是系统理论在教学中的应用。教学心理学的专门知识与系统方法（教学系统方法）的结合赋予教学设计新生命，形成了教育技术学特有的分析解决教育教学问题的思想与方法。

教学系统设计在实践、研究和发展过程中受到各种因素的影响，学与教理论的发展和基于科技发展的教学媒体的变化与进步是其中最重要的两个方面。一方面，教学系统设计不断吸取学与教理论的成果，作为设计的指导思想与理论依据；另一方面，教学系统设计获得不断更新换代的媒体在教学领域中应用的支撑，如多媒体和网络的应用扩大了互动时空，方便了信息资源的获取，使各种表征进行整合成为可能，有力支撑了对问题情景、探究学习、协作学习等的设计。

教学设计是一个复杂的相互关联的知识领域。它以创设有效教学、促进学生学习、提高教学效益为目的，通过系统方法分析学习的条件来解决教学问题；基于学习和教学理论、传播理论以及与技术有关的理论，运用系统理论加以综合，作出推断，提出解决教学问题的整体方案；以各种不同层次的教学系统，如课程设置计划、课程大纲、单元教学计划、课堂教学过程和教学媒体资源开发等作为研究对象。

教学系统设计过程　是一个包括分析、设计、开发、实施和评价教学各步骤的有组织的过程，这一过程中的每一个步骤都有其理论和实践基础。在整个教学设计过程中，分析是确定要学习内容的过程。一个教学系统设计在开始时存在大量的不确定性，必须对各种特定的情境进行学习需要分析、学习任务分析和学习者分析，首先要求准确回答"问题是什么"、"如何解决它"，在确定问题特征及解决方案后，运用任务分析技术来界定学生学习的主题，回答"内容（工作）是什么"、"每项内容（工作）的范围是什么"、"学习者必须具备什么样的先决技能"、"学习者的差距和学习特征"、"学习者必须学习的内容"等。设计是详细说明学习如何发生的过程,即说明学习模型和学习条件。在分析阶段形成的信息基础上,要清晰地回答"目标是什么"、"如何知道目标是否达到"、"什么样的教学策略能达到目标"、"什么样的媒体和方法组成的传递系统最有效,即成本效益最好"。设计的策略必须建立在有关人类是如何学习的研究基础上,应能促进学习者学习的发生。开发是编写和生成教学媒体材料,建构学习情境的过程,针对学习内容进行信息设计,把学习原理与媒体材料按特定要求结合在一起。教学媒体材料开发包含一个形成性评价的过程,要回答"教学媒体材料是否起到教学作用"、"如何加以改进"的问题。实施是在现实世界中实际使用教学媒体材料及运用策略进行教学的过程。设计成果的最终成功要看是否如预期的那样得以实施。但在实施早期,人们学习使用新策略、新媒体和新材料在使用中会出现问题,需要得到支持和花费一定时间来学习、解决并加以有效使用。评价是确定教学效果的过程,对设计成果(如媒体材料、一堂课的教学方案、单元计划、课程、课程体系等)的组织影响和价值进行总结性评价。总体上说,教学设计过程的顺序是线性的,但在具体设计过程中,根据实践条件,其起点可以从顺序中的任一步骤开始,每一步骤经过形成性评价的检验,其结果可以回到前一步骤继续修改,故实践中教学设计的顺序是非线性的。

教学系统设计基本要素　包括七个基本要素。(1)学习需要分析(问题分析),是指使用信息搜集和决策策略来确定问题的本质和范围。教学中主要通过分析学习任务来确定学习者的需求。学习需要指目前状态"是什么"与结果"应该是什么"之间的差距。(2)学习任务分析(学习内容分析),是指分析教学内容的性质是属于何种学习类型,并由此构成不同的学习任务,建构教学模型的基础。(3)学习者分析,是指分析学习者的特征,包括分析影响学习过程有效性的学习者经验背景的各个方面,学习者的特征影响目标确定、模型建构和教学策略制订。(4)学习目标陈述,是指根据学习需要分析、学习任务分析和学习者分析的结果,进一步确定和详细阐明学习目标,并用操作性语言进行描述,以便进行评价。(5)教学策略制订。首先根据学习目标类型、目标水平、学习任务的特点和学习者特征选择以哪种学习理论为依据,确定较理想的教学模型。其次,选择、安排和详细阐述具体的教学事件和活动。教学策略理论涵盖学习情境(如情境学习或归纳学习)以及教与学过程的组成部分(如动机激励和精细化等)的知识,以此作为教学的基本原理,其特点是在学习者与学习情境相互作用的过程中体现策略的实施。制定教学策略除上述依据外,还需考虑到支持的环境和资源以及实践者(教师)的特点。(6)教学信息设计(包括媒体选择与制作),是指对教学信息的物理形式的处理计划,是对发送者与接受者之间所交流的信息形态的具体设计。这里的信息指改变认知、情感和动作技能

的符号或信号的形态。设计中需应用注意、知觉和保持的基本原理,通过一些小单元来处理最微观层次的信息。设计时必须将媒体和学习任务都明确指出,并且依据媒体是静态、动态还是两者结合以及具体学习任务进行有针对性的设计。教学信息设计是媒体开发的基础性工作。媒体选择与利用也是教学策略中的一个要素,是对最合适最有效的教学信息传递方式的选择,需服从教学策略制订的依据,根据媒体的特征对促进教学目标或教学目的的达成具有的潜在能力来进行选择与利用,同时考虑易获得性、成本效益和教师的熟悉程度。(7)教学设计成果评价,是指对教学设计成果如课程计划、课堂教学方案等的质量、有效性或价值的正式确定。在教学设计过程中,评价贯彻始终,一般从学习需要分析开始,到各阶段的形成性评价,直到总结性评价。形成性评价在一个计划、方案或产品的开发与改进的过程中进行,是方案执行人员进行的评价,并且通常在内部进行,也可以由内部或外部评价者进行,两者结合则更好。总结性评价是在计划、方案或产品开发与改进完成之后进行。形成性评价和总结性评价都要求高度重视定量测量与定性测量之间的平衡。教育技术领域通常使用标准参照测验(目标参照测验),这是确定学习者对预定内容的掌握程度的技术,它提供关于个人掌握与目标有关的知识、技能或态度等的程度的信息。通过标准参照测验,意味着被测者已达到和具备某些能力,对于能够通过测验或在测验中表现优秀的被测者的人数,没有限制。

　　掌握教学系统设计过程中的基本要素,就可以在实际工作中根据需要来设计各种教学设计过程模式。必须从教学系统的整体功能出发,协调和保证各要素间的一致性,使各要素相辅相成,产生整体效应。教学系统是开放的,教学过程是动态的,涉及的各个因素处于变化之中,故教学系统设计是非线性的、灵活的。在学习借鉴他人模式的同时,要充分掌握教学设计过程的要素,根据对特定情境的诊断,创造性地开发模式,因地制宜地开展教学设计工作。参见"教学设计"。

课程开发　课程开发通常是指宏观层面的教学系统设计,是对教育或教学的一系列程序和模式的设计、实施和评价过程。课程开发的理论与方法是教育技术的重要内容。课程开发以探讨社会对于教育的价值及价值标准如何在教育活动中的具体体现为核心,是外部社会环境中随社会的发展而产生的对人的具体要求在教育活动中的体现,通过对课程体系中的各种科目进行组织、配合、协调以及构建新科目等来满足社会发展对人的要求。课程开发包括四个基本问题。

　　一是关于课程开发的实质。课程开发是根据社会对教育活动的要求,根据学习者的基本条件和特征,根据教育者和教育机构的特征而制定的有效适应社会需求及其变化发

展的课程改进的程序或模式。课程开发需要阐明在课程体系中,不同学科科目之间如何根据社会需要进行有效的组织、协调、配合,以及学生、教师与各种学习资源之间的关系,以便有效满足社会的需求及其发展。社会对教育的需求随社会的发展而变化,故课程开发是一个持续不断的过程,反映社会对教育的需求的课程和课程体系应随社会的发展变化而变化,超前或落后于社会需求的课程体系都会影响教育教学活动的效益。同时,课程开发中也需高度重视并处理好课程的稳定与发展之间的矛盾,课程体系变化过快也会给教育带来过多的不稳定因素。

二是关于什么是社会需求。英国课程理论家 D. 劳顿在《课程计划》一书中提出,社会需求是从社会的各个角度、各个方面对人的素质能力以及人员数量等形成的期望与现状之间的差异,这种差异主要存在于社会的政治、经济、传播、社会关系、社会科学技术、社会道德、美的观念、文化和宗教等八个系统中,分析社会需求和评定课程的价值必须以这八个方面为中心。古斯塔夫森认为,社会需求就是社会活动中存在的对教育已取得的成就与期望取得的成就之间的差值。

三是关于制约课程的因素。不同的课程开发者对制约课程的因素的理解差异会影响课程开发。课程开发者必须全面客观地认识制约课程的各种因素。(1)社会需求因素。课程的价值是由满足社会需求的程度决定的,社会需求是课程开发过程的价值尺度和价值标准。满足特定需求的教育活动的效益,其大致结构可用效用连续流图来描述(见下图),一般教育活动的成果在两个区域均有体现:谋生区域主要针对教育活动对个体在谋生的能力、技能、知识方面的发展;贡献区域主要是个体对社会发展的自适应能力,以及情感、态度、道德观念等方面的发展。这两个区域的效率都是课程开发中必须尽最大努力去追求的。(2)学习者因素。学习者的知识状态、能力素质结构、情感和态度等是决定满足社会需求的课程体系的起始点。学生的接受能力、认知发展水平、认知结构不仅决定课程的起始点和教学活动的进度,而且极大地影响课程的环境和可以利用的教育资源。(3)教师和教育机构因素。课程的具体实施者是教育机构和教师。教师是教育教学活动的组织者,教师的知识水平、对课程和教育目标的理解以及教学和组织实施水平,极大地影响课程的实施;教育机构是组织教师实施课程以及提供相应的课程和教学环境的组织,教育机构的工作方式、管理方式、所提供的环境以及教育机构的管理者对课程的理解,都是影响课程开发的重要因素。

效用连续流图

四是关于课程开发的方法与步骤。教育技术处理课程问题、进行课程开发的主要方法是系统方法,其核心是创造性地解决问题。详"教育技术学研究方法"。

社会需求分析是课程设计的基础,一般包括对教育活动的质量需求分析,以及对参加教育活动的受教育者的人数分析,这两个分析结果是课程开发活动的指南。

教学媒体开发与利用

应用教育技术分析和解决教学问题的过程中,首先是对过程的系统设计,而解决问题的方法的表现形式是开发和利用教学资源,通过设计的资源系统与学习者的相互作用来达到促进学习的目的。教学媒体是资源系统的主要组成部分,教学媒体的选择、开发与利用是教学设计的重要内容,也是实施设计方案的基本手段。在教学过程中利用媒体是运用教育技术解决教学问题的基本特征之一。

教学媒体开发的理论基础 教学媒体开发涉及三个方面:由教学内容决定的信息,由有关理论决定的教学策略,教学中广泛使用的技术的物理表现形式。其中技术与学习心理、传播、设计方面的理论密切相关。首先是传播理论和心理学对知觉、注意的研究。传统的传播研究描述了信息通过感知觉从发送者到接收者的接收过程,它与人类学习的原则相结合,对教学设计有重要影响。有关知觉及引起和控制注意的研究,对于媒体设计是否能引起学习者的期望和教学暗示也有重要作用。其次是视觉思维理论和美学理论。人可以通过视觉进行思维和学习,可以用视觉方式表达自己,这是教学媒体制作过程中视觉化处理的一个重要依据。视觉思维是一种内部的反映状态,包括更多的心理图像操作及感觉和情绪的联想,要求具备将图像按线条、形状、明暗、彩色、纹理或构成元素等进行组织的能力。可利用这些视觉元素构成视觉语句来表达设计思想。视觉学习理论的应用重点是视觉设计,并且融入各种媒体化教学。在这方面,美学的原则同样是基础。视觉设计过程中运用的主要艺术元素(线条、形状、色彩、明暗、质感、立体感)和美学设计原则,为教学材料的开发指明了基本方向。

教学媒体开发技术 包括印刷技术、视听技术、基于计算机的技术和整合技术四类。开发技术具有设计、制作和发送等功能,可运用不同的开发技术开发一种教学材料。开发技术中的设计主要指微观层次的教学设计,如媒体的信息设计和屏幕设计。印刷技术指主要通过机械或照相过程制作或发送材料的方法,包括文本、图形和照片等形式的呈示和复制。计算机呈现的文本基于计算机技术进行制作,当这个文本以复印方式的硬拷贝用于教学时,就成为利用印刷技术传送的材料。用印刷技术开发的材料由文本材料和视觉材料组成。最传统、最普遍的教学材料是教科书。

视觉媒体能够以其最单纯的形式承载完备的信息。教学互动情境中一般提供文本与视觉信息的结合体。视听技术指通过使用机械或电子设备来制作或发送材料，以呈现听觉和静动态视觉信息的方法。视听教学最明显的特征是硬件在教学过程中的使用。视听设备使放映电影、声音重放和大型视觉材料展示成为可能。利用视听材料的学习使学习不再只依靠对语词或其他类似符号的理解。当视听信息被制作和存储为录像带时，其本质上是视听材料，它是线性的，一般只用于说明性呈现，不具备交互作用；而当视频信息储存在视盘上时，它就可以被随机获取，并体现了基于计算机技术或整合技术的大多数特征，即非线性的、随机获取的和学习者控制的等。基于计算机的技术指利用基于微处理器的资源来制作和发送材料的方法。基于计算机的技术使信息以数字数据形式储存，并使用屏幕显示向学生呈现信息。各种类型的计算机应用于教学通称为基于计算机的教学、计算机辅助教学或计算机管理教学，这些应用大多直接由行为科学和程序教学发展而来，更多地反映认知理论基础。具体而言，基于计算机的教学应用有个别指导（呈现基本教学）、操作与练习（帮助学习者熟练掌握学过的材料）、游戏与模拟（提供运用新知识的机会）和数据库（使学习者自行获取或使用指定的搜索协议获取大量的数据结构）。基于计算机的技术包括硬件和软件，其特点是可以以线性的、随机的或无序的方式使用，有高度的交互作用。整合技术指计算机控制下的几种媒体形式材料的制作和发送方法。在教学中使用的最复杂的技术是计算机控制下的几种媒体形式的整合。一个整合系统的硬件部分可以包括一个具有大容量存储器的计算机、一个大容量的内部硬盘和一个高分辨率的彩色显示器，由计算机控制的外围设备可以包括视盘播放机、附加显示设备、网络硬件和音频系统；软件部分可以包括视盘、CD、网络软件和数字化信息。这些都可以用写作系统下运行的超媒体来控制，这种技术具有基于计算机技术的所有特征，而且其材料整合了来自各种资源的文字和影像。

教学媒体利用　教学媒体利用是指对学习资源的系统使用。教学媒体利用过程是依据教学设计方案进行决策的过程。教学过程中利用教学媒体要考虑学习者的特征、学习目标与内容的类型，还必须掌握各种媒体的特性。以印刷和视觉技术为基础的媒体，其特点是文本以线性方式阅读，而视觉材料是以空间方式扫描的。两者均提供单向接收性传播，且以静态方式呈现视觉材料，信息可以由学习者重新组织或重新建构。以视听技术为基础的媒体通常呈现动态视觉信息和听觉信息，且是线性的，它是现实和抽象观念的实际表征。基于计算机技术的媒体不仅可以以线性方式使用，也可以以随机的或无序的方式使用；既可以以设计者计划的方式使用，也可以以按学习者期望的方式使用。

以整合技术为基础的媒体，其观念通常处于学习者的经验背景中，根据与学习者的相关并在学习者的控制下真实地呈现。学习者可以在各种信息资源中开展高度交互的活动，自主完成知识建构。教学媒体的利用还必须考虑成本效益的原则与制约的客观条件。参见"教学媒体理论"。

教学过程与教学资源的管理

教育技术管理是实施教学设计方案、促进有效学习获得成功的重要保证。教育技术管理的基本内容可归纳为项目管理、资源管理、传送系统管理和信息管理。每项内容都包含一系列任务。项目管理是指计划、监督和控制教学设计和开发项目。其特点在于：项目成员可能是新的临时成员；项目管理者常常缺乏对成员的长期权威；项目管理者通常比在职业组织和人员组织中拥有更大的控制权和灵活性。项目管理者负有计划、安排和控制教学设计或其他类型项目的责任，必须协商、制作预算、建立信息监控系统并评价进展情况。资源管理是指计划、监督和控制资源支持系统和服务。资源管理控制了获取资源的渠道。资源可以包括人员、经费预算、供应、时间、设施和教学资源。学习的成本效益和有效性的论证是资源管理的两个重要特征。传送系统管理包括计划、监督和控制"组织教学材料分发的方法"，即用于向学习者呈现教学信息的媒体和使用方法的组合。如远程教学或课堂教学中传送系统的管理。传送系统管理的重点是对硬件和软件的要求以及为操作者提供技术支持，对设计者和教学者进行指导。所作决策必须使技术的支持特性与教学目标相匹配，常依赖资源管理系统作出决策。信息管理包括计划、监督和控制信息的存储、转换或处理，目的是为学习提供资源。在信息的存储、转换和处理之间存在很大部分的重叠，因为通常一种功能对执行另一种功能是必要的。开发技术描述的技术是存储和传送的方法。信息的传递和转换常常通过整合技术进行。信息管理对于提供获取信息的途径和用户友好很重要。信息管理的重要性还在于其改革课程和教学设计应用的潜力。

参考文献

乌美娜. 教学设计[M]. 北京:高等教育出版社,1994.

巴巴拉·西尔斯,丽塔·里齐. 教学技术:领域的定义和范畴[M]. 乌美娜,等,译. 北京:中央广播电视大学出版社,1999.

Reigeluth, C. M. Instructional-Design Theories and Models[M]. Volume Ⅱ. Mahwah, NJ: Lawrence Erlbaum Associates Inc. , 1999.

（尹俊华）

教育技术理论基础(theoretical foundation of educational technology)　　教育技术赖以存在的有关教学过程和学

习过程的理论依据。在教育技术形成初期,其理论基础是感觉论、传播理论、学习理论与教学理论。随着教育学、心理学等学科的发展,教育技术应用的过程中,其理论基础也不断地充实和发展。20世纪70年代中期后,系统科学理论对教学设计理论的发展起着关键作用;80年代后,认知科学的信息加工理论更多地被作为教学设计的理论基础;90年代开始,由于计算机技术、多媒体技术的发展,建构主义的学习理论也被作为教育技术的理论基础。随着人工智能理论、脑科学等学科理论的发展,教育技术理论基础越来越丰富。

客观主义感觉论或经验主义感觉论

早在17世纪50年代,捷克教育家夸美纽斯受英国哲学家培根唯物主义感觉论的影响提出直观性原则,认为人是通过观察事物本身,从事物的本源来获取知识的。19世纪初,瑞士教育家裴斯泰洛齐试图根据心理学解决儿童教育问题,提出感官印象是获取一切知识的基础,认知从感性观察开始,通过对表象加工而获得概念,观察成为教学的基础,并提出直观性教学原则。美国教育家杜威亦认为教育活动唯有在儿童积极参与的基础上才能展开。这些思想为20世纪视觉教学、视听教学的创导者所接受,戴尔认为,学生学习知识是一个感性认识与理性认识相结合的过程,教学应从具体经验入手,学生的感性知识源于生活储备,或通过视听媒体、实验、实习、参观等教学实践中的替代性经验获得。视听材料的价值在于它能以具体的形式提供概念,戴尔依据各类视听媒体所能提供的学习经验的抽象程度对视听材料进行分类,并撰写《教学中的视听方法》一书,形成视听教学的基本理论。教学是一个特殊的认识过程,知识的获取要符合理性认识与感性认识的辩证关系,基于对教学过程的这一认识,戴尔的以经验之塔为核心的视听教学理论形成。客观主义感觉论或经验主义感觉论是教育技术的理论基础之一。

传　播　理　论

传播理论是教育技术的理论基础之一。从理论演变的角度,教育传播理论是一个重要的理论变革范型,使教育技术跨出单纯媒体论范畴。视听传播理论对教育技术理论的发展有重要影响。教育传播理论正成为教育技术的重要理论基础。该理论认为,教学是教师和学生之间相互传递信息(包括教学信息、学生反馈等)的活动,也可以看作是一种传播过程。要获得有效的教学,需要借助传播理论分析影响教学传播效果的各种因素。

传播理论产生于20世纪40年代的美国,美国传播学者施拉姆最早把传播规律作为一门独立的学问进行研究,并

使之系统化,从而形成传播学。传播学的产生也是自然科学与社会科学趋于整体化联系的反映,传播研究吸取了信息论、控制论等一些自然科学的理论与方法,研究传播的基本作用与过程。美国政治学家拉斯韦尔在1948年提出的直线式传播过程模式中简明地提出传播过程中的要素(传播者、内容、渠道、受传者、效果)及其功能,以及信息传播是如何进行的,并根据其要素的功能来研究如何提高传播的效率和效果(见图1)。

图1　拉斯韦尔的直线式传播过程模式

此外还出现许多传播模式,如最初用来解释电信通信过程,加入反馈系统后也常用于解释人类传播过程的香农—韦弗模式,用以阐明思想传播系统结构的贝罗模式等。贝罗模式提出,思想传播的系统结构由信源、信息、通道和受播者四个要素构成(见图2)。贝罗强调反馈的重要性,还指明影响各个要素的传播功能的条件。影响传受双方本身传播功能的条件包括传播技术(语言的清晰度与说话技巧、文字描写技巧、思维缜密性、手势与表情自然逼真等)、态度(自信心、爱好、双方的了解程度等)、知识(传者与受者对内容的了解程度等)、社会系统(传者与受者的社会地位等)以及文化(传者与受者的文化背景等)。在影响信息传播功能的条件因素中,内容指传者为达到目的而选取的材料,包括信息成分与结构;符号指内容的表现形式,包括语言、文字、图像与音乐等;处理指传者对选择并安排符号作出的决定。通道是指传播信息的各种方式,如口耳相传方式、书写与阅读方式等。贝罗模式较适用于研究和解释教育教学传播系统的要素与结构,其中的S(source)—M(message)—C(channel)—R(receiver)相当于教师—课业—教学手段—学生。可以按照该模式揭示的影响教学传播的教师、课业、教学手段和学生的各种条件,结合教学实际传播场合及各要素的具体情况,预测教育传播效果,发现可能存在的问题,并有针对性地加以改进。

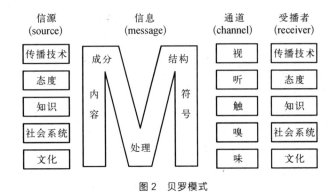

图2　贝罗模式

尽管传播学在20世纪40年代成为独立学科,但它对视听教学的影响微弱。进入50年代,视听技术迅速发展,语言实验室、电视、教学机、多种媒体组合技术、计算机等新媒体进入教学领域,这些新技术呈现的教学形态无法以语言和非语言的标准(即抽象与具体的标准)来判明其特性,视听教学理论作为这一领域实践的理论基础已不合适。戴尔也认识到,经验之塔仅是对教学媒体和方法的静态描述,不能完整描述构成学习过程中错综复杂、相互联系的大量因素。霍本1956年指出,更好地理解视听领域、提高视听教学效率的有效方法在于把握"传播"的概念。视听教学领域出现向传播理论发展的趋势,逐步形成视听传播教学理论。视听传播教学理论认为,如果把教育的内容加以抽象并视作信息,则教育是一种信息传播活动,可以应用传播学理论来研究教育传播,提高教育传播的效率和效果。传播理论从全新角度拓宽了视听教学的研究。1962年美国南加州大学博士生埃博克的视听与教育传播过程关系理论模型是教育传播理论的代表性模型(见图3)。

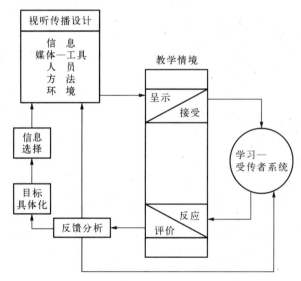

图3　视听与教育传播过程关系理论模型

学习理论与教学理论

教育技术要取得成效,需要深入了解教与学,而学习理论和教学理论的发展也会影响教育技术的理论和实践。学习理论与教学理论是教育技术的理论基础。

学习理论　学习理论探究人类学习的本质及其机制,主要研究学习的性质、过程、动机以及方法和策略等,解释学习的发生和规律以及有效学习的方法。教育技术主要遵循教学和学习的规律,根据学习者的需要设计不同的教学方案,安排教学途径和方法,为学习创造环境,促使形成有效学习,从而使学生得到发展。心理学家在探讨学习规律

的过程中形成行为主义学习理论、认知主义学习理论和认知—行为主义学习理论三大流派。各流派相互融合是学习理论发展的主要趋势。

行为主义学习理论于20世纪20年代在美国产生,60年代之前在心理学中占据统治和主导地位。其代表人物有巴甫洛夫、华生、E. L. 桑代克和斯金纳等。其主要观点:学习是一个刺激与反应(S—R)的联结过程,主张将人的外显行为作为研究对象,反对内省,认为行为的多次愉快的或痛苦的后果改变了学习者的行为,或使学习者模仿他人的行为。故重视环境在个体学习中的重要性,强调刺激与反应的联结。巴甫洛夫最早提出经典条件作用理论,可以用来解释人的许多行为。华生用巴甫洛夫的经典条件作用理论解释人类学习,认为人的学习就是以一种刺激代替另一种刺激,建立相应的条件作用的过程。E. L. 桑代克的联结主义学习理论认为,学习的实质在于形成刺激—反应联结,学习的过程就是盲目的尝试与错误的渐进过程,学习遵循三条原则:准备律,即学习者在学习开始时的准备情况将影响学习效果;练习律,即有奖励的练习能够增强刺激—反应的联结;效果律,即行为的后果能影响行为是得以增强还是减弱。美国心理学家、新行为主义者斯金纳在20世纪四五十年代提出操作条件作用理论,认为在学习中对学习者希望的行为及时进行强化,能够提高该行为再次出现的概率。其学习理论非常强调强化的作用。斯金纳根据其学习理论设计了新型的程序教学和教学机器,促进了美国的程序教学运动。程序教学重视研究教学方式、作业分析、学生行为目标的分析以及教材编制的顺序,强调教学策略的设计和教学评价的意义。教学设计的最初尝试即体现在程序教学的设计中。程序教学运动对教育技术的形成产生积极影响,表现为行为主义学习理论模型(刺激—反应—组织)的具体应用和个别化教学方法的发展。

20世纪60年代后,认知主义学习理论逐步取得主导地位,进而发展为认知建构主义学习理论。与行为主义学习理论注重研究学习者的外显行为不同,认知主义学习理论强调研究学习的内部认知过程,把知觉、表象、记忆等基本内部过程作为研究对象,并把决策、策略等高级心理活动也纳入研究范围,重视主体的内部逻辑结构。认知主义学习理论中具有代表性的有皮亚杰的认知学习理论、维果茨基的认知学习理论、布鲁纳的认知结构学习理论和奥苏伯尔的认知结构同化学习理论,以及现代认知建构主义学习理论等。瑞士心理学家皮亚杰的理论影响认知主义学习理论及建构主义学习理论。皮亚杰认为,学习是认知结构的获得和建构新的认知结构,决定学习的因素是主体与环境之间通过相互作用来建构新的认知结构。他将行为主义的S—R公式发展为S—AT—R(T代表主体的认知结构,A代表认知同化),以强调认知过程中主体的能动作用,强调新

知识与以前形成的知识结构相互联系的过程,表明只有学习者积极主动地把外部刺激与原有知识相结合,才能收到理想的教学效果。认知建构主义学习理论对学习的基本解释为:学习是学习者主动地建构内部心理表征的过程,它不仅包括结构性知识,而且包括大量非结构性的经验背景;学习过程同时包含两方面的建构,一是对新信息的意义进行建构,二是对学习者原有的经验进行改造和重组;学习者以自己的方式来建构对事物的理解,因而不同的人看到的是事物的不同方面,不存在唯一的标准理解。现代认知建构主义学习理论认为,学习模式应该更着重于学习者自身的建构和知识的组织,即强调认知主体通过与客观环境之间的双向作用来建构知识,注重研究学习活动发生的学习环境中的各种影响因素,并将成果应用于教学实践。认知建构主义以其对学习的理解为基础,对学习内容的选择与组织、教学过程的设计等提出了一些教学模式,如支架式教学、情境性教学(抛锚式教学)和随机进入式教学等模式。其中,支架式教学是指教师为学习者营造一个解决问题的概念框架,通过适当的启发引导,帮助学生沿框架逐步攀登并逐渐放手,让学生自己继续向更高水平攀升。抛锚式教学是指以真实实例或问题为基础,让学生自主地到真实环境中去感受、体验、调查研究、分析和解决问题。教师可以向学生提供解决问题的线索,例如从何处搜集资料,专家解决此类问题的探索过程等。随机进入式教学是指以尽可能多的变式(不同的目的、情境、方式、时间等)呈现事物的复杂性和问题的多面性。学生通过从不同的途径多次进入同一学习内容,便可以达到对所学知识全面而深刻的意义建构,同时发展理解能力、思维能力和对知识的迁移运用能力。

认知—行为主义学习理论亦称折中主义学习理论。主张既要关注外部刺激的作用与外在的反应,又要强调内部过程的内在条件的作用。这种学习理论融合认知学派与行为主义的观点来解释学习。以美国教育心理学家加涅的折中学习理论为代表。他将学习理论应用于教学实践,根据学习的信息加工理论提出学习过程的基本模式,说明了学习过程中信息的基本流程。他将学习者的学习分为动机阶段、了解阶段、获得阶段、保持阶段、回忆阶段、概括阶段、操作阶段(作业阶段)和反馈阶段八个阶段。提出学习结果分类和学习发生的条件。加涅根据其学习理论提出的教学设计的基本原则,对于教育技术实践有重要影响。参见"加涅的学习条件与教学设计理论"。

教学理论　教学理论研究教学的客观规律,其研究范围主要包括教学过程、教师与学生、课程与教材、教学方法和策略、教学环境以及教学评价和管理等。教育技术为解决教学问题,必须遵循教学的客观规律。教学理论的研究和发展为教育技术提供了丰富的科学依据,是教育技术的理论基础。斯金纳的程序教学理论,布卢姆的教育目标分类理论、掌握学习理论和评价理论,布鲁纳的以知识结构为中心的课程理论,奥苏伯尔的"先行组织者"和加涅的教学活动程序等,都在教育技术理论与实践中被应用和融合。

系统科学理论

20世纪50年代,传播理论影响视听教学领域,明确提出教学过程中影响传播效果的众多复杂因素及相互间的制约与联系。其后的程序教学实践显示,只有运用系统方法,才能对教学过程作系统分析,系统方法是提高教学效果的有效手段,从而使运用系统方法解决教学问题成为视听传播领域的基本趋势。其后,教学系统方法又得到进一步发展。教学系统方法以一般系统论的基本观点、系统原理和系统方法为基础,并与行为科学、传播理论、学习理论等原理加以融合,形成一种定型的可操作的教学系统方法,进而发展为将理论与教学实践相结合的连接科学,建立了教育技术学设计教学活动的理论知识体系——教学设计理论,以实现教学的最优化。

系统观(系统哲学)、一般系统论、系统方法论是系统科学理论或系统研究相互联系的三个方面。系统观是对思维方式和世界观进行重新定向,是一种动态的、非线性的、综合的、整体论的思维模式。系统观认为,系统是由相互作用和相互依赖的若干组成部分结合而成的具有特定功能的有机整体。世界上一切事物、现象和过程都是有机整体,它们自成系统,并可与其外部环境组成更大的系统。任何一个系统与周围环境组成的一个较大的系统中,其中各个组成部分都可以看作子系统,系统与子系统间具有相对性。系统在与环境发生物质、能量与信息的交换中都会变化、发展,是保持动态稳定的开放系统。一般系统论是一套相互联系的概念和原则,如系统的概念,系统的整体性原则、有机相关性原则、动态性原则、有序性原则、目的性原则。这些概念和原则(亦称系统的特性)可以组成三个互补性的模型:环境模型,考察处于环境中的与其相关的系统,并组织与这种考察有关的概念和原则;结构模型,考察系统的内涵及结构要素;处理模型(运行模型),考察系统自始至终的行为及运行。系统方法论则是提供一组思想、原理、方法、步骤、组织和技巧,使系统理论发挥指导作用。它是运用系统理论来研究和处理各种复杂的系统问题而形成的方法,侧重对系统的整体性分析,从组成系统的各要素之间的关系和相互作用中发现系统的规律性,从而指明解决复杂系统问题的一般步骤、程序和方法。

教育技术一般以研究教学过程、学习过程、媒体开发等微观层次的教学系统和学校、社区等中观层次的教育系统为主。教学设计理论与方法及课程开发理论与技术即以系统研究为指导,结合相关学与教的理论,研究和分析微观、中观层次的教学系统。

教学系统是教育系统的子系统,包括教师、学生(人员要素)、课程(教学信息要素)和教学条件(物质要素)四个最基本的构成性要素,它们组成系统的空间结构;教学目标、教学内容、教学方法、教学媒体、教学组织形式和学习结果等过程性要素形成系统的时间结构。这些要素之间相互作用、相互依赖、相互制约,又构成系统输入与输出之间复杂的运行过程,即教学过程。教育是一个复杂系统,要获得最优的教学效果,不仅需要每个组成部分充分发挥各自作用,而且取决于系统中各要素的最优配合和协调一致。运用系统研究的观点、理论与方法对教育的各个部分进行综合整体的考察,对教育过程进行系统设计,是实现教育最优化的根本途径。

人工智能理论、脑科学及其他学科理论的发展,使教育技术理论基础越来越丰富。

教育技术学术思想的发展

把握教育技术学术思想应从整体上理解其核心,从学习模型的变化及整合中理解设计思想的发展,从教学目标、学习者特征、学习内容等背景中理解教育技术在实践中对模型的选择。

教育技术分析解决教育教学问题的指导思想是以学习者为中心,依靠资源和对系统方法的整合应用。其思维方式是一种动态的、非线性的、综合的、整体论的系统观,其基本的实践方法是按照系统方法的程序和步骤来操作实施,操作过程包括鉴定、设计、选择、实施、评价和修正与推广六个步骤,可概括为鉴定问题和解决问题两个基本环节。教育技术是以科学理论为基础,以学习效果为价值取向,借助技术手段和运用系统方法来设计、开发、评价以及管理教与学的过程和教学资源,以获得优化的教学效益。其核心是应用系统研究及整体论方法,将教育教学问题分解为环境模型、结构模型和过程模型三个互补模型。系统研究是教育技术学术思想的核心。教育技术的任务是要在分析环境模型和结构模型的基础上,根据过程模型来设计教学的结构关系、外部的教学事件与教学情境以及实施步骤,促使教学过程向优化的预期的方向发展,从而获得更具效率和效益的结

果。设计过程模型的理论依据是学习理论与教学理论、传播理论、人工智能理论所阐明的教学过程与学习过程的理论模型。运用系统研究方法分析和解决教学问题的基础是相关科学的理论。离开这些科学理论,就无法得出科学的过程模型,无法设计有效的教学过程,也不可能有效利用资源。教育技术在分析和解决教学问题的过程中不仅依靠新观念、新方法,而且依靠对学习过程、教学过程(教学模型)的理解和应用。学习模型、技术手段和技术方法是构成教育技术和影响教育技术理论与实践发展的基本因素。

教育技术的学术思想主要体现在教学设计理论中,在教育技术理论及其基础的变化过程中形成,从20世纪70年代至20世纪末21世纪初,各种学习理论模型的出现及整合完善了教育技术的基本理论。美国教育传播与技术协会(Association for Educational Communications and Technology,简称 AECT)1994 年界定教育技术的基本理论是,教与学的资源的设计、开发、评价、利用、管理的理论与技术,以及教与学的过程的设计、开发、评价、使用、管理的理论与方法,习惯上简称为"媒体开发"和"教学设计"。这里的"开发"和"设计"应从方法论角度来理解,即包含设计、开发、评价、利用和管理几个环节。但在实际应用中,有效学习过程的设计大多是各种学习模型的比较与平衡的综合应用。

从视听传播媒体到程序教学机器再到智能工具包,教育技术的目标和功能不断发展,从传送教学到对教学过程的控制、模拟,直到促进学习的情境建构、开发学习者的潜力和增强学习者的能力。早期的设计思想本质上是客观主义的,是通过教学驱动学习,学习者对学习过程几乎没有自主权。后期的设计思想则把更多的注意力放在学习者控制的学习活动上,把学习者的选择约束在有现实意义的多种表征上,以代替规定的学习活动,并经常让学习者从事真实的有意义的活动(见图4)。基于更先进的技术手段的学习环境将增加变量,进一步发挥学习者的潜力,提高学习效率

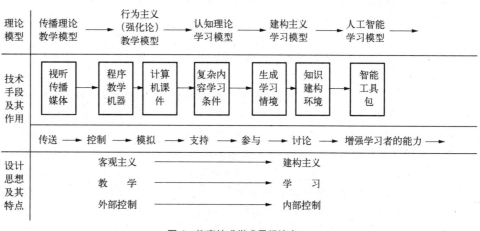

图4　教育技术学术思想演变

和学习者的能力。教育技术的发展表现为从单纯用技术手段(教学媒体)帮助学习者接受知识,向应用技术手段创设学习情境,提供学习资源,帮助学习者用已有的知识去建构、生成和整合新知识转变。

参考文献

陈琦,刘儒德. 当代教育心理学[M]. 北京:北京师范大学出版社,1997.

加涅,R. 教育技术学基础[M]. 张杰夫,等,译. 北京:教育科学出版社,1992.

加涅,R. 学习的条件[M]. 陆有铨,等,译. 北京:人民教育出版社,1985.

王雨田. 控制论,信息论,系统科学和哲学[M]. 北京:中国人民大学出版社,1986.

（尹俊华）

教育技术实践(practice of educational technology)指教育技术原理在解决教育教学问题中的应用。教育技术专家对教育技术理论的运用,一般是将有关的原理原则转化为各种模式,如教学设计模式、课程开发模式、媒体开发模式、教学过程模式等。实践中教育技术研究者的工作主要是为解决教育教学问题中的设计而提供实施教学或学习模型的各种模式(教学过程模式)。教学工作者主要是依据学习类型(知识类型)、学习者特征、支持环境(或资源)来选择某种合适的教学模式应用于实际工作。

教学过程模式的研究与应用　教育技术介入教学过程后,由于教学设计思想(特别是学习模型)和媒体物理形态与传播方法的不同,形成不同的教学过程模式,改进和丰富了传统教学过程模式。教学过程模式是指对教学过程实践进行概括得出的理论性的简化的过程形式。教学过程模式由教学系统结构、教学设计的理论模型和媒体传播的技术手段三个要素组成。教学系统结构主要指以学生为中心的结构和以教师为中心的结构。教学设计的理论模型是指各种不同的学习理论模型;媒体传播的技术手段是指教学信息储存的物理形态和传播方法。

教学系统中存在两个具有明显差别的结构,即以教师为中心的结构和以学生为中心的结构。教育技术在教学过程中的应用与这两个基础结构相关联。在以教师为中心的结构中,课程的组织和教学决定由学校和教师负责,学生处于被动状态,必须使自己的学习方式适应学校制订的课程计划和教师的决定。以学生为中心的结构则为学生提供适应个人生活和学习方式的高度灵活的学习系统。其中,教师和学校起支持作用,而不是决定作用。这种结构系统通过利用广泛的学习资源来实现个别化学习,从而使任何年龄或有不同基础知识的人都能成为潜在的学生,而且能就地学习和随时学习。这种结构的学习系统亦称开放学习系统。其教学组织形式分为个别化学习(自学)形式和小组学习(协作学习)形式。

在教学过程中,由于系统结构、学习理论模型和所采用的教育技术不同,形成不同的教学过程。(1)指导式教学过程,其教学系统结构基本上是以教师讲授为主的集体教学组织形式。所采用的教育技术手段是以视听技术为主的媒体辅助教学,媒体的功能是辅助教师的教学工作,常用视听媒体辅助教学和计算机辅助教学来表示这类形式的特点。其教学设计的理论模型是行为主义学习模型、认知信息加工和传播理论学习模型。(2)自学式教学过程,其教学系统是以学生为中心的结构,以学生自学为主,或采用小组学习。学习者依靠各种学习资源、教师的辅导帮助、学校支持服务系统来完成自主学习。所采用的技术手段是计算机辅助学习系统和局域网。对课程的教学设计可运用不同的学习理论模型。(3)远程式教学过程,其教学系统的结构可以是以学生为中心的自学形式,也可以是以教师为中心的集体教学形式,由相关的组织机构决定。对课程的教学设计可以运用不同的学习理论模型。所采用的技术手段是广播电视或卫星电视和互联网。(4)探索式教学形式,是以学生为中心的个别化学习形式和小组学习形式。所采用的技术手段是多媒体技术和虚拟技术,利用这些先进的技术创设学习情境,使学生在与情境的相互作用中建构知识。这是应用建构主义的学习模型,并以命题或任务来设计学习过程。

教学过程模式可分为以下几类:以视听技术为基础的媒体辅助教学模式;以计算机技术为基础的个别化教学模式,包括计算机辅助学习、多媒体教学、虚拟学习等;以通信技术、网络技术为基础的远程教学模式,包括卫星电视教学、网络教学等;以过程技术为基础的直接参与教学模式。教学过程模式的研究应用中存在的问题是,对各种模式的优缺点及适合应用的环境,特别是对以先进技术作为媒体传播方式的教学模式应用条件及使用效益的研究不够。对教学过程模式的选择取决于教师的背景与水平、学习者特征、教学内容的性质等因素。

教学软件开发、教育传播技术与支持系统的研究与应用　教学软件开发是教育技术实践的一个重要方面。教学软件是教育信息的基本载体,包括文字课本、视听软件、计算机课件以及远程教学及网络教学的软件。即使配置了硬件设备,安装了先进的信息传递系统,如果没有相应的教学软件与之适配,教学过程也无法开展,教学目标就不可能达到。在教育技术中,储备充足而丰富的教学资源是促进学习的基本手段和前提条件。特别是在远程教学、网络教学等传播技术迅速发展的情况下,迫切需要研究统一的信息传递标准和技术平台,而软件的开发和制作软件的教育质量尤为重要。同时,对教学过程的各个环节,如考试、学习评定、教务管理、系统评价等方面的计算机处理系统及软件开发亦是教育信息化的重要内容。

教育技术基本理论的研究与应用　（1）教学设计与评价理论的研究与应用。在教育技术的基本理论中，教学设计理论发展较快、较为完整，针对传统的教学设计模式的有效性及高度的线性方式的程序，研究者进行了改进。如迪克在1993年结合绩效技术方法的基本元素，提出减少传统教学系统设计的循环时间，并着重强调运用电子绩效系统来改进传统的教学设计方法。另一个问题是迫切需要一种将学习分类与媒体选择相联系的理论。关于各种学习理论在教学设计中的运用问题，以往一直表明认知主义已取代行为主义，但在设计的程序和方法上仍体现行为主义和认知主义两种取向。学习理论的发展使教学设计的理论、方法与实践水平不断提高。教学设计还受到技术更新的影响，技术的迅速更新为教学传递方式提供了新平台，并为教学设计过程各方面的自动化提供了一种新方法。作为可选择的传递方式，这些技术不仅允许更有效的视觉化，而且提供了更迅速的获取信息的途径、连接信息的能力以及更合适和交互性更强的设计，能帮助教学设计者使用更具体的规则来选择教学策略。理论和技术上的这些特点都影响到教学设计理论的发展和应用。此外，在教学设计的各个阶段中，需求分析阶段越来越重要，所包括的范围也更广。需求分析过程转变为认知主义、建构主义的取向，不仅注重内容分析，而是将重点置于学习者分析以及组织和环境分析。评价方面仍然主要依靠其他领域的研究成果。重新检查标准测量技术以及对更高层次的认知目标、情感目标和心理运动目标的测量成为研究重点。（2）课程开发的研究与应用。教育技术在教育实践中的应用范围不断扩大，由基础教育、高等教育扩展到职业教育、在职培训、终身教育等领域，同时不断向学校教育以外的范围，如军队中的培训和工业、商业等其他行业领域扩展，从而需要研究和开发相应的课程系统，进而是对微观层次的教材、媒体、教学过程的开发。这就要求运用教育技术学的研究方法（即教学系统设计技术），而不是照搬基础教育或高等教育的专业课程。（3）媒体开发与利用理论的研究与应用。媒体开发是把设计方案转化为物理形式的过程。它由理论与设计驱动，通过各种技术手段实现媒体材料的制作。在媒体开发过程中，技术手段与理论存在复杂的关系。媒体开发包括设计、制作和发送，一个教学材料可以用不同的技术分别进行设计、制作和发送。设计涉及用什么学习理论模型来指导信息设计。以印刷技术、视听技术为基础的媒体开发关注对文本的设计、视觉的复杂性以及提示颜色的使用等方面，以计算机技术、整合技术为基础的媒体开发关注交互技术的设计、建构主义和社会学习理论的应用、专家系统和自动开发工具以及远程学习的应用等。媒体利用是依据教学设计方案进行决策的策略过程，是在教学过程中开展与学习类型相适应的活动，有效利用媒体为教学过程服务，涉及对媒体特性的分析和对学习者的特征分析。新技术的发展促使以新技术为基础的媒体的产生，在教学中应用新媒体需要对新媒体有深入研究。同时，新信息技术在学校信息化建设中具有重要作用，需要在规划和法规上加以研究，制定政策。（4）资源与过程的管理理论的研究与应用。科学的管理是有效发挥教育技术作用的关键因素。支持每项功能的资源都必须得到组织和管理。管理的范畴包括项目管理、资源管理、传送系统管理和信息管理，但相关研究落后于实践，未形成理论体系。可借鉴工业中的质量管理和质量改进的理论与实践，信息系统与管理的结合将促进和影响教学技术。世界各国越来越多的机构在利用万维网、互联网和企业网作为教学信息的传送系统，必须制定相应的政策和程序来管理传送系统。

参考文献

巴巴拉·西尔斯，丽塔·里齐. 教学技术：领域的定义和范畴[M]. 乌美娜，等，译. 北京：中央广播电视大学出版社，1999.

Fred, P. & Ellington, H. A. Handbook of Educational Technology[M]. London, New York: Kogan Page Ltd., 1984.

（尹俊华）

教育技术学（educational technology）　亦称"教育工艺学"。在欧美亦称"教育工程学"。教育科学分支学科。是技术学层次的具有方法论性质的教育学科。基于系统科学理论、传播理论、学习理论和教学理论的思想、原理与方法论，运用系统研究与整体论方法研究解决教育教学问题，探讨学习模型转化为教学模型的技术过程以及媒体开发和利用的理论与实践。目的是促进和获得更有效的学习。其基本理论主要是教学系统设计、教学媒体开发与利用、教学过程与教学资源的管理等原理与技术。

教育技术学的研究对象及定义

教育技术是教育技术学的研究对象，是指解决教育教学问题中所运用的教学媒体开发技术和教学系统设计技术。教育技术在20世纪20年代前后的视听教学、程序教学和系统化设计教学等教学方法的基础上发展起来，并逐渐从教学方法范畴内分离出来，形成一门独立学科。20世纪70年代，"教学技术"与"教育技术"在正式文件中出现，实践中二者常混用。自20世纪60年代初期至90年代初，共出现七个对教育技术的界定，体现教育技术从一个教学方法的改革运动到实践研究领域，进而发展成为一门学科与专业的过程。可从三个角度来理解教育技术。

教育技术的基本含义　一般而言,教育技术是指一项专门技术,是教学过程中应用的技术手段和技术方法。1970年美国教学技术委员会向国会提交的报告中提出,可以用两种方式定义教育技术,一种是指产生于传播革命的媒体,由电视、电影、投影机、计算机等软硬件组成,可以与教师、课本和黑板一起为教学目的服务;另一种是指在对人类学习和传播的研究成果的基础上确立目标,进而对教学的总体过程进行设计、实施和评价的系统方法。亦即,教育技术有两层含义,一是在教学过程中应用的媒体及其开发应用的技术,是指有形的媒体技术;二是分析和解决教学的总体过程,以获得优化效果的系统方法,即对教学过程进行系统设计的技术,是指无形的、智能的系统技术。这一定义反映教育技术概念的演化,界定了教育技术是在教学过程中应用的教学媒体开发技术和教学系统设计技术的总称。

教育技术领域的描述性定义　教育技术在实践意义上指的是一个特定的实践与研究领域,即在教育教学实践中应用特定的理论和原则,借助技术手段(教学媒体和学习资源)和技术方法(对教与学的过程进行系统设计的技术)来分析解决教学问题涉及的一个特定的实践范围。1972年,美国教育传播与技术协会(Association for Educational Communications and Technology,简称AECT)组织百余位教育技术方面的专家学者,经过一年多的讨论,出版《教育技术学领域:定义的表述》一书,阐述教育技术如何运用特定的理论和原则来分析解决教学问题,并用一个过程性模型来描述教育技术运用于教学实践的过程。书中提出定义,认为教育技术是一个分析问题并对解决问题的方法进行设计、实施、评价和管理的综合的、有机的过程,涉及人员、程序、思想、设备和组织等各个方面,与人类学习的所有方面都有关系。在教育技术中,解决问题的方法的表现形式是为促进学习而设计或选择与使用的学习资源。学习资源包括信息、人员、材料、设备、技巧和环境。对问题进行分析并对解决问题的方法进行设计、实施和评价的过程称教育开发职能,包括研究与理论、设计、制作、评价与选择、支持与供应、利用与推广等。对其中某项或多项职能进行指导或协调的过程称教育管理职能,包括组织管理和人事管理。这是关于教育技术在教育教学实践中的应用模式的阐述,是对分析和解决问题过程的描述,详细阐明关于教育技术分析解决教学问题的实践过程。该定义明确表述了AECT关于教育技术的若干基本观点:教育技术是应用系统方法来分析解决人类学习问题的过程,其宗旨是提高学习质量;教育技术依靠开发和利用所有学习资源来达到自己的目的;教育技术强调对学习资源的开发和利用过程的管理,并把它作为整个过程的一个组成部分。教育技术由学习者、学习资源、教育开发职能和教育管理职能四个方面组成,其相互关系构成教育技术领域运作模型(见图1)。在

教育技术的实践应用中,该定义强调学习者及其需要与学习成果是教育技术关注的中心,明确学习者的需求,分析确定要解决的问题,是开展有效教育的基础。

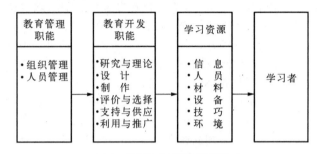

图1　教育技术领域运作模型

教育技术要分析和研究学习者的特点,学习者的情况直接影响选择目标、确定步调、确定评价性质等许多教育决策。在教育技术中,解决问题的表现形式是依靠开发使用学习资源并使之与学习者相互作用来提高学习质量。要使学习资源在学习中发挥作用,就必须进行系统开发和使用,为此要进行一系列教育开发工作,即开发有效的教学资源和设计有效的教学过程。教育开发职能活动需要在统一的指导和协调下才能保证实现特定的目的,故教育的组织管理职能至关重要。

美国学者把教育技术应用于解决教学问题的基本指导思想概括为:以学习者为中心,依靠资源和运用系统方法的整合应用。其基本的实践方法(管理操作程序)是按照教育开发的系统方法的程序和步骤(见图2)来操作实施,操作过程分为鉴定需求、设计方案、选择方案、实施方案、评价结果、修改与推广六个步骤,亦可概括为鉴定问题和解决问题两个基本环节,即首先确定要解决的问题或需求的性质,然后根据问题的性质寻找解决问题的方法。在实践中,每个步骤都需要运用有关的理论、知识和技术支持。

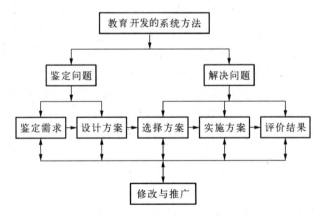

图2　教育开发的系统方法的程序和步骤

教育技术的具有纲要性含义的规定性定义　教育技术是教育技术学的研究对象,教育技术学是研究应用教育技

术的理论。教育技术学的实践性和开发的指向性决定了教育技术学研究问题的层次与教育哲学和教育科学明显不同。教育的技术学层次的研究在于分析解决具体的教育教学问题,研究"做什么"、"如何做"的问题,即主要研究要解决什么问题,开发和设计为达到目标所需的教学资源、教学过程以及方法手段,并努力实施,从而获得最佳效益。教育技术从具体视听设备在教学中的应用到发展成为专门的研究领域和实践领域,经历了半个多世纪的应用实践与理论研究。1977 年在得出教育技术学领域的定义后,又经过近 20 年的实践与研究,才基本具备形成独立学科的条件。1994 年,AECT 再次提出定义,认为教育技术(教学技术)是为了促进学习而对有关的资源与过程进行设计、开发、利用、管理和评价的理论与实践。这个定义明确指出教育技术的目的是促进学习,其研究对象是相关的过程和资源,基本内容与范畴是设计、开发、利用、管理和评价(见图3、图4)。它是按系统方法应用过程的阶段特点来阐述教育技术的理论和实践,指出其研究方法是系统方法。这是一个具有纲要性含义的规定性定义,概略表述了教育技术学的研究对象、知识体系和研究方法,可视之为教育技术学的定义。

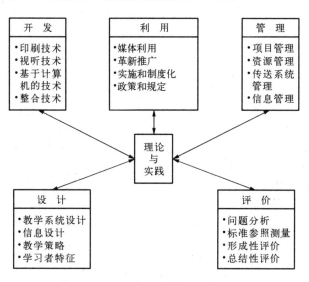

图3　AECT1994 年教育技术定义的结构图

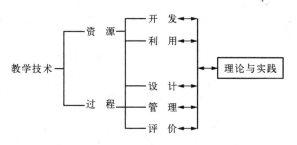

图4　AECT1994 年教育技术定义的简化图

影响教育技术理论与实践发展的因素　教育技术是由视听教学、程序教学和系统化设计教学这三种教学模式与方法整合形成的分析解决教育教学问题的技术手段与技术方法。从另一个角度来说,教育技术由以学习者为中心、依靠资源与运用系统方法三个因素构成。影响教育技术理论与实践发展的因素有三方面。(1) 学习理论及过程模型的发展。以学习者为中心包含学习的效果、学习的个别化和个性化、学习者特征以及学习过程的理论模型等内容。其中,学习理论的发展和变化直接影响到教学设计的理论依据。20 世纪 70 年代行为主义学习理论在过程模型的设计中处于支配地位,80 年代强调应用认知科学的信息加工学习理论,90 年代则热衷于以建构主义学习理论为指导原则,之后逐渐以这些学习理论的整合为基础进行教学过程的设计。影响教学设计过程的还有激发和维持学习者学习动机的理论。(2) 新技术的发展与应用。依靠资源问题包括依靠人力资源和物力资源。物力资源中,媒体为主要内容,媒体包含新技术的开发与应用,新技术的应用对教学媒体的形态和传播方式起决定作用,使媒体由最初的视听设备发展为计算机课件、多媒体教学环境和网络教学环境等形式。新技术的发展和学习过程模型的变化使媒体的教学功能也不断发展变化,由辅助手段发展为教学过程的基本要素、促进信息内部加工的外部条件和认知建构的学习情境。(3) 对系统方法认识的深入。这使教学设计理论的操作程序由原来的线性循环关系发展到局部循环进而发展到非线性关系,也促进了教学设计理论的发展。随着现代学习理论和人工智能理论、脑科学以及新信息科技的发展与应用,运用系统研究整体论方法,教育技术理论与实践亦获得进一步发展。

教育技术学知识体系

AECT1994 年对教育技术学知识体系和教育技术定义结构的说明包括四个方面:(1) 理论与实践。一个专业领域或学科必须有支持实践的知识基础。教育技术的每一范畴都包括以研究和经验为基础的知识体系。其理论部分包括与知识体系有关的概念、理论架构和原理等;实践部分是指这些知识在解决问题中的应用,从经验中获得的信息对知识基础也有贡献。(2) 设计、开发、利用、管理和评价。这些术语涵盖教育技术领域各个范畴的知识基础和专业人员的职能。每一范畴有各自独特的功能和范围,形成基本独立的研究领域。其中,设计范畴集中体现教育技术学基本理论的核心部分,开发范畴也较成熟,其他几个范畴的理论引用相关领域的研究。(3) 过程和资源。这是教育技术学的研究内容。过程是为达到特定结果的一系列操作或活动,是一个包括输入、行为和输出的序列,包括设计和传递过程。过程通常由一系列有序的步骤组成,是程序化的;但当活动顺序不很有序时,过程就是非程序化的。资源是支持学习的资料来源或资料库,包括支持系统和教学材料与环境。但资源并非仅指用于教学过程的设备和材料,还包括人员、预算和设施等,它包括一切有助于个人有效学习和操作的因素。(4)促进学习。教育技术的目的是影响并促进学习。教学是促进学习的一种手段。学习是检验教学的标准,这里是指由经验引起的个人知识或行为的相对持久的改变。

AECT1994年的定义中提出,教育技术的理论与实践包括设计、开发、利用、管理和评价五个范畴,这五个范畴之间不是线性的逻辑关系,而是协同作用的,是一种互补关系(见图5)。教育技术研究者的工作集中在其中的某一范畴,而教育技术实践者的工作往往涉及多个甚至所有范畴。

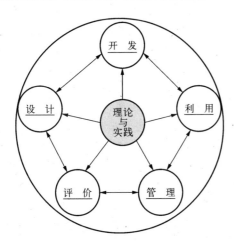

图5　教育技术各范畴之间的关系图示

设计范畴包括过程的设计和资源的设计。实践中主要是教学过程的设计,学习资源的设计被整合到教学过程的设计中。过程的设计是详细说明学习条件的过程。设计的目的是生成策略和"产品"。设计可以分为不同层次,针对不同的系统,例如教学计划和课程设置,或一门课程和一个教学单元的设计。这里的设计强调的是学习条件,而不是教学系统的组成部分。教学设计的范畴相应地从学习资源或教学系统的个别组成部分扩展到整体化考虑和环境的考虑。设计范畴至少包括四个理论与实践方面:教学系统设计,是一个包括分析、设计、开发、实施和评价教学各步骤的有组织的过程;信息设计,涉及对信息的形态操作的计划;教学策略,是对选择并安排一课中的事件和活动的详细阐述;学习者特征,是指影响学习过程有效性的学习者的经验背景的各个方面。

开发范畴的基础是教学媒体的开发。媒体性能的变化导致该范畴的变化。开发是把媒体设计方案转化为具体物理形式的过程。开发范畴包括在教学中广泛使用的各种技术,分为印刷技术、视听技术、基于计算机的技术和整合技术四类,包括设计、制作和发送的功能。可以用不同的技术来完成一种教学材料的设计、制作和发送。印刷技术是主要通过机械或照相印刷过程制作或发送教学材料的方法。视听技术是通过使用机械或电子设备来制作或发送教学材料以呈现听觉和视觉讯息的方法。基于计算机的技术是利用基于微处理器的资源来制作和发送教学材料的方法。整合技术是在计算机控制下的多种媒体形式的教学材料制作和发送的方法。

利用是指使用过程和资源以促进学习的活动。描述了学习者与教学材料和系统的相互联系。这个范畴要求系统使用、传播、推广、实施和制度化,受到政策和法规的限制。其四个子范畴是媒体利用、革新推广、实施和制度化以及政策和规定。媒体利用是对学习资源的系统使用。革新推广是为了使革新能被采纳而通过有计划的策略进行传播的过程。实施是在实际(非模拟)的环境中使用教学材料或策略;制度化是在一个组织的结构和文化中对教学革新成果的持续常规的使用。政策和规定是影响教育技术的推广和使用的社团(或其他组织)的规则和行为。

管理范畴是教育技术领域不可缺少的一部分,也是教育技术工作者的职责。是指通过计划、组织、协调和监督来控制教育技术。其子范畴包括项目管理、资源管理、传送系统管理和信息管理等。项目管理指计划、监督和控制教学设计和开发项目。资源管理指计划、监督、控制资源支持系统和服务。传送系统管理包括计划、监督和控制教学材料分发的方法以及向学习者呈现教学信息的媒体及其使用方法等。信息管理包括计划、监视和控制信息的存储、转换或处理,目的是为教与学提供资源。

评价是确定教学和学习是否合格的过程。评价范畴主要包括问题分析、标准参照测量、形成性评价和总结性评价。问题分析是指使用信息搜集和决策策略来确定问题的本质和范围。标准参照测量是确定学习者对预定目标和内容的掌握程度的技术。形成性评价包括搜集达标方面的信息,并使用这些信息作为进一步改进和发展的基础。总结性评价包括搜集达标方面的信息和使用这些信息来作出利用方面的决策。

教育技术学学科性质

教育技术学是教育科学领域中技术学层次的具有方法论性质的学科。关于其学科性质,国内外有不同观点。

教育技术学是教育科学的分支学科　教育技术学在视听教学、程序教学和系统化设计教学等方法基础上发展起来。科学技术成果的引进,使教学手段不断更新和充实,促使教学方法不断变化和丰富,在视听教学发展到视听传播阶段时,美国全国教育协会视听教学部定义与术语委员会1963年的正式定义明确提出,视听传播是教育理论和实践的一个分支。AECT1994 年的定义与 1963 年的定义较为接近。据此，教育技术学是教育科学的分支学科。中国国务院学位委员会公布的学科专业目录中，亦将教育技术学列入教育学科的分支学科。

教育技术学是教育研究中技术学层次的学科　教育研究中有教育哲学层次、教育科学层次和教育的技术学层次三个不同层次的研究方法。教育的技术学研究同教育科学、教育哲学研究的区别在于研究问题的层次、研究目的上的差异。教育哲学层次的研究是探讨教育理论研究的总体规律；教育科学层次的研究重在探讨教育教学活动的内在关系和规律；而教育的技术学层次的研究是讨论如何分析解决具体的教育教学问题，是研究"做什么"、"如何做"的问题，即主要研究和开发达到一定教育目标的各种方法手段，并努力加以实践。日本学者坂元昂认为，教育学的研究大多是在文献研究中发现问题的端倪，教育技术学则在教育现场发现问题；教育学的研究是追求教育过程的原理，诊断教育现象发生的原因，教育技术学的研究则是追求教育问题的改善方法，提供改善的处方；教育学的研究是对问题进行分析式研究，教育技术学则是对问题进行构造式研究，创造提高教育效果的方法；教育学的研究是为追求原理，调查已经过去的教育现象，分析教育现状，教育技术学的研究则是为了对现在和未来的教育提出改善的方案。教育技术学因其实践性和开发指向性而与教育哲学和教育科学有明显的不同：教育哲学是根据先哲的见解和思考进行论证考察，弄清教育的理念，追求理想的人类形象；教育科学是通过对过去及现在人类行为特点进行实验、调查，研究教育的原理及规律，促进人类的相互理解和发展；教育技术学则着眼于改善现实和未来的教育而开发出有效的手段与方法、技术和系统，通过实践，反复评价其效果，不断加以完善。

教育技术学是方法论性质的学科　AECT 指出，教育技术学是按照具体的目标，根据对人类学习和传播的研究，以及利用人力与物力资源的结合以促进更有效的教学的一种设计、实施和评价学与教的全过程的系统方法。明确提出教育技术学的核心思想是系统方法。教育哲学、教育科学与教育技术学的区别也表明，教育技术学是为改变未来的教育，为获得更有效的学习而开发出有效的手段、方法、技术和系统，并进行实践、评价和予以改善。这些都说明了教育技术学的方法论性质。

参考文献

顾明远. 教育大辞典（第 7 卷）[M]. 上海：上海教育出版社，1990.

巴巴拉·西尔斯，丽塔·里齐. 教学技术：领域的定义和范畴[M]. 乌美娜，等，译. 北京：中央广播电视大学出版社，1999.

（尹俊华）

教育技术学研究方法（research methods of educational technology）　在哲学研究方法指导下，基于教育研究一般方法而形成的具有技术学特点的开发性研究方法。包括：基于系统科学的思维方式与行动方式的解决教育教学实践问题的系统方法，即教育开发的系统方法和构造式研究方法；为完善教育技术学理论，基于行动研究的形成性研究方法。主要解决教育教学问题的分析和设计、具体操作过程、操作方法。目的是使解决问题的过程更具有效率和效益。是在教育技术发展中，三种解决教育教学问题的思想和方法，即基于经验之塔理论的视听教学的思想与方法、基于程序教学理论的个别化教学方法和基于设计与改进原则的实验方法，在实践中不断整合，特别是在系统科学的思维方式和行为方式的指导下形成的。

教育技术学的系统方法

教育技术学的系统方法亦称"教育开发的系统方法"，是指为更好地达到教育教学的目标，对系统构成要素、教与学的过程模型、教育与教学环境、教育与教学资源及控制机构进行的分析与设计、开发与评价、实施与管理的技术。是教育研究技术学层次处理问题的核心，教育技术学理论体系不可分割的部分。创造性地解决问题是其核心思想。结合教育技术学层次的研究和实践，教育技术学的系统方法可理解为一种在系统科学的思维方式与实践方式指导下产生的，分析解决具体教育教学实践活动的指导思想、实践方法和方法论。是系统工程方法在教育教学问题研究和实践中的运用。系统工程方法是各类人工系统组织管理技术的总称，其特点是把定量化的系统思考方法应用于组织管理的工程实践，寻求实践效果的优化。

系统方法的三维结构　教育技术学的系统方法提出了一整套分析和处理教育教学及其实践活动的思想和方法。对于不同的教育教学问题，可以找到一套具有共同性的思路、方法或程序，即系统方法的三维结构。一为逻辑维。运用系统方法解决教育教学问题的过程中，解决问题的逻辑都是从分析存在的问题、确定解决问题的需求开始的，需经过任务目标分析、系统综合、系统分析以及优化、决策、实施和评价等阶段。二为时间维。运用系统方法解决问题的进程中，时间上的共性体现为解决问题的阶段性的统一，具体包括规划、设计方案、开发试验、试验推广以及评价与修订。三为知识维。运用系统方法解决教育教学问题过程中具体使用的知识，一般涉及学科理论、教育教学理论以及心理和人类认知规律的理论，但因具体问题和问题背景不同会存在差异。

运用系统方法解决问题的一般过程　系统方法在具体使用过程中包括五个基本步骤，加上"修正"环节，构成六个部分：从需求分析中确定问题；确定解决问题的策略；选择解决问题的策略;实施解决问题的策略(包括对选择的策略和工具的管理);鉴定实施的有效性;必要时修改前面任何一个步骤,以确保教育系统的有效性。这六个步骤、过程之间相互作用。创造性与启发性的思想是系统方法的重要特征。应用系统方法的具体步骤:第一步,从需求分析中确定问题,即根据需求分析鉴定存在的问题。需求分析通常是使用严格的可理解的术语来分析现状与希望的结果之间的差异,并提供两方面的情况描述:教育教学活动的内部状况;教育教学系统与其外部的矛盾。第二步,确定解决问题的方案和可替换的方案。通过比较问题的现状与期望的结果,系统设计者能发现发展的方向,以及如何陈述要达到的目标,从而提出解决问题的几个方案。第三步,从多种可能的解决方案中选择解决问题的策略。通常根据费用与效果的比值选择完成任务目标的工具和方法,即以最小花费取得最大的经济效益,用最小的研究代价获得最高的推广效率。第四步,实施解决问题的策略,即具体实施产出计划和所选择的解决问题的方法与策略。系统分析中提到的方法和手段将被采纳、应用或修正。为了确保研究顺利进行,必须构造管理子系统,以管理各种复杂的事物和处理在研究计划执行中产生的各种信息。第五步,鉴定实施的有效性。实施过程中收集的信息包括过程信息和系统的产出信息,把这些信息同在需求分析评定和系统分析中得到的各种需求信息进行比较,采用相应的评价技术进行定性和定量分析,以确定现实的系统与要求的理想化系统之间的差异,为下一步考虑修正提供诊断性信息。第六步,如果有必要,对系统加以修正。根据实施过程中具体的执行信息,构造的问题解决系统的执行情况便可很快反馈给研究者。如果有必要,许多步骤可加以修正,构造的问题解决系统可能需要再设计。系统方法的这种自我修正特征,保障了应对问题的有效性。研究过程只要未完结,就必须不断评价和修正。运用系统方法解决问题的过程中必须注意两点:系统方法是否有能力满足各种需求、适应出现的问题,能否对各种要求和实际问题作出相应的反应;是否能连续地与问题和解决问题的要求相适应。要注意研究过程本身的内在运行机制,并不断研究和分析各种问题的变化情况。用系统方法解决问题的一般过程在实际执行中往往是非线性的,因为根据管理子系统得到的每一步骤的信息,通过分析可能要求修改前一步骤的参量,进行局部反馈和改进(见下图)。

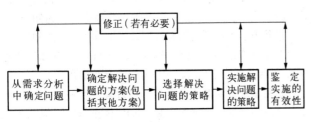

运用系统方法解决问题的一般过程

教育技术学的系统方法是分析解决问题的总体性思想方法和框架性步骤。具体包括系统分析技术和系统综合技术、需求评定技术、策略选择技术以及研究成果的评价技术、研究过程的管理技术、实施调控技术等。这些分析、设计、评价、管理、调控等实际操作技术属于系统方法中的子技术,在实际的解决问题过程中还须在系统方法的整体性框架步骤中根据实际情境建构、选择和开发新的理论模型和分析、操作技术。这是教育技术的实践创造性应用和系统方法的核心所在。

系统方法的操作过程模型:构造式研究方法 构造式研究方法是在教育技术学系统方法指导下开发的一个实际操作流程。教育技术学的系统方法是分析解决实际问题的指导思想和操作过程的一般步骤,但针对具体问题,必须按照系统方法的一般原则与步骤,构建一个操作性的过程模型来实施。这项工作主要包含在系统方法的前三个步骤中。其主要特点是建构一个可操作的工作过程模型,体现创造性。这个模型包含构建模型和开发工具两部分。第一步,制定基本指导思想,并明确从需求分析到最后形成确定的目标之间必须经过的结构要素(或阶段)。第二步,进一步分析重要结构中每一阶段的特点,指出其主要影响因素。如社会需求分析中,影响课程体系的因素是课程价值尺度,须从社会职业及其发展、职业标准及其产生的影响、专业及其发展、学科及其发展等方面着手研究。第三步,对于每一步骤的具体执行,都要选择和开发达成该结构要素的目标所需要的工具和方法,以及选择采用工具和方法的标准。一般来说,这个标准是费用与效果的比值。模型建构的方法与步骤是按照系统方法分析解决教育教学问题过程中的关键环节,模型的科学性、可靠性和可行性等是否完善,有赖于研究者的理论背景、对科技的掌握程度以及经验等,而创造力尤其重要。分析和解决问题以及建构模型的过程需要多种理论背景,如教育学、心理学、学科知识的理论,以及各种分析、统计的数学工具及计算机技能,工作过程中需要各方面的专家、学者、实际工作者的合作。对于同一课题,由于实践应用者的背景、经验和创造性的不同,所采用的基本理论、分析方法、数据处理手段就会有所不同,所建构的模型或开发的工具、方法亦不同。

教育技术学的形成性研究方法

教育技术学的形成性研究方法是形成和完善教育技术学自身理论的研究方法。主要解决"什么方法使用起来较好"、"什么方法使用起来不好"、"可以对理论作出什么改善"等问题。美国教育技术学学者瑞格鲁斯和弗里克共同研究出形成性研究方法,作为形成以设计为特征的教学理论知识的研究方法。这种方法也可用于获得教育技术学其他方面的知识。

评价设计性理论的标准　描述性理论的研究主要考虑理论的正确性问题，设计性理论的研究则主要考虑适用性问题。设计性理论的价值标准体现在三个维度上：(1) 效果，指应用这种设计性理论在给定条件下能达到目的的程度(或范围的广度)及可靠性；(2) 效益，包括对效果的测定和对费用的测定，教学设计理论需要考虑诸如人的时间、努力、能力需求以及其他对资源的需求，即有关投入与产出等方面的因素；(3) 吸引力，指能使所有相关人员共同享用设计成果，教学设计的相关人士包括教师、学生、支持者、官员、亲属等，该指标与效果、效益不相关。

形成性研究方法的种类与框架性步骤　形成性研究是一种开发性研究或行动研究，主要是在教育教学实践现场的个案研究。形成性研究方法分三类(见下表)。总体有两种情况：一种是改进已有的理论；另一种是产生一个新的理论。两者可以在设计的场合或在自然状况下进行，研究者可以根据实际情况选择使用。不同情况下的形成性研究步骤不同。第一种是设计一个情境来改进一种已有的理论的工作步骤：(1) 在已有的理论中选择一个需要改进的设计理论。(2) 设计一个应用此理论的实例，可以是一个产品或一个过程，或两者兼而有之，该实例中要避免出现不可靠因素或不需要因素，因为这涉及结构的有效性问题。这项设计可以由研究者或理论专家完成，但必须有另外一个或一些专家的评论来保证设计的可靠性。(3) 收集和分析针对该实例的形成性数据，可采用观察法、文献法和访谈法。观察法可以证实设计理论中参数(因子)的出现以及参与者与参数之间的关系；文献中对参数和结果的报道有助于对理论的参数作出判断；运用访谈法可以了解到参与者的反应和思想。(4) 根据收集的数据修改已实施的实例。(5) 重复数据资料的收集和修改实例的循环过程。(6) 对该理论作试验性修改，提出一个修改后的理论草案，并作出理论上的概括。第二种是设计一个情境以产生一个新的理论，其过程对照第一种情况的相应步骤有一些修改：(1) 不适用；(2) 创造一个案例从而帮助产生设计理论；(3)、(4)、(5) 同第一种；(6) 全面形成试验性理论。第三种是对于自然应用下的研究，无论是应用现场还是应用之后，过程都不尽相同：(1) 无论是已有的理论还是新的理论，都与"设计一个情境"相同；(2) 选择一个案例；(3) 收集并分析针对这个案例的形成性的数据资料；(4)、(5) 不适用；(6) 无论是已有的理论还是新的理论，都与"设计一个情境"相同。

形成性研究方法的三个课题　形成性研究方法主要通过设计案例在现场实施，但案例研究在评价中往往被认为缺乏严密性。这个问题可归结为三个理论性课题：构成(结构)的合理性问题；合理的数据收集与分析程序问题；理论的概括问题。构成的合理性问题是一个与建立正确测量有关的概念，是形成性研究感兴趣的问题。不同的情境会影响此方法的使用，当出现不可靠因素和不需要的因素时，构成的合理性就被削弱。合理的数据收集与分析程序问题受数据的完整性与可靠性的影响。数据的完整性可以通过一些技术来实现，数据的可靠性可以通过各种技术来加强，包括多边测量、证据连锁、成员校验、研究者对假设的说明等。通过形成性研究得到的结果需概括成为理论，可以通过情境重组和研究的重复来改进理论概括的科学性。

参考文献

王雨田，等. 控制论、信息论、系统科学与哲学[M]. 北京：中国人民大学出版社，1986.

Reigeluth, C. M. Instructional-Design Theories and Models[M]. Volume Ⅱ. Mahwah, NJ：Lawrence Erlbaum Associates, Inc. , 1999.

(尹俊华)

教育价值论(axiology of education)　研究教育的价值、价值的教育性以及教育价值实现的过程与方式，价值教育的目的、方法和途径等问题的理论。教育哲学的重要分支。是规范性的基础理论，对于其他形式的教育理论和教育实践具有指导作用。主要包含教育伦理哲学、道德教育哲学、教育美学等。其理论基础是哲学价值论。哲学价值论是一种哲学理论，即关于价值的哲学理论。"价值论"的英文 axiology 由希腊文 axios(有价值的)和 logos(学科)组成，是对价值问题进行研究的一门学说。

教育与价值问题分不开，教育现象是以价值为内容的现象。国家的教育制度受一定的价值取向制约，人的发展就是对价值生活的追求，人是在一定的价值观影响下成长的，人的价值判断、价值选择直接影响教育的方向。价值问题是教育哲学以及教育实践的基本内容。教育活动就是一种价值活动。

西方哲学思想中的教育价值论

古希腊哲学家普罗泰戈拉认为，人是万物的尺度，是衡量存在的事物之所以存在的尺度，也是衡量不存在的事物

瑞格鲁斯的形成性研究方法分类

类别	改进已有的理论	产生一个新的理论
在设计的场合下	为改进已有的理论设计案例	为产生一个新的理论设计案例
自然应用过程中的现场	已有的理论在自然应用过程中的现场情况	新的理论在自然应用过程中的现场情况
自然应用过程之后的情况	已有的理论在自然应用过程之后的情况	新的理论在自然应用过程之后的情况

之所以不存在的尺度。这一论断成为后来许多唯心主义者的论据。

古希腊哲学家苏格拉底在伦理学研究中,通过对一些个别美德行为的分析和比较,去寻找"一般"美德。他提出的"美德即知识"的命题,从价值论的角度看,是首次提出了"真"与"善"的统一,触及价值的"善"与事实的"真"这一价值论的重要关系。苏格拉底的哲学观点之一是把精神的自我作为哲学的对象。自我和自我认识问题,对于关心主体自我的物质需要和精神需要的哲学价值论来说,无疑有启迪作用。对于教育价值论而言,"美德即知识"的命题肯定知识是一切美德的基础,点明了教育的价值和价值实现方式。

古希腊哲学家柏拉图在其伦理学中涉及价值论问题。柏拉图的伦理学以其灵魂学说为依据。他认为,灵魂由三个部分组成:理性、意志和感性。这三者中,理性是最高的美德(智慧)的基础;意志是勇敢美德的基础;克制情感是节制美德的基础;第四种美德——正义,则是前三种美德的和谐结合。他认为,正义比智慧更根本,是国家政治与个人生活的普遍原则。柏拉图的四德伦理学说,不仅谈到了美德与知识(理性)的关系,而且把正义这一价值观念提到重要位置。在柏拉图的教化思想中,教育的价值论就是引导人走向理性的道路,去实现德性。

古希腊哲学家亚里士多德的价值观体现在其美学和伦理学思想中。亚里士多德的美学把艺术的审美价值从神秘的"理念"中转向人的感觉,从而将审美价值既同主体人联系起来,又同认识联系起来。亚里士多德的伦理学,也是反柏拉图的。他认为,不应从神秘的"理念"中,而应和人们的社会生活紧密地联系起来考察伦理问题,伦理学是关于人这个社会生物(政治动物)的道德学说。亚里士多德强调美德只有在实践中才能获得,从而提出道德价值产生于实践这一思想。他指出,只有行为公正,才能成为公正的人。亚里士多德把幸福作为人生的终极价值,幸福是灵魂合于德性的行动。他把理智德性和道德德性等作为理性教育的最高的价值。

唯理论者斯宾诺莎分析了价值的相对性和绝对性问题。他认为,善和恶是相对于主体而言的,有其相对性。他把人的利益作为道德的基础,认为德行就是寻求自己的利益。在理性的指导下,保存自我是德性的唯一基础。自我保存的价值是理性的,是道德的绝对价值。斯宾诺莎承继英国哲学家霍布斯的利己主义思想,把自我保存看作人的合理的伦理动机,价值是在自我保存的选择中体现的主观性指向。这一利己主义的自我保存的道德价值理论开启了对近现代教育的价值功能的重新定位,使教育的根本价值转向自我保存,即自我保存是教育的最高价值。这是古典教育的理性主义向现代教育的实利主义转变的表现。

法国哲学家爱尔维修站在自然道德论的立场,试图在人的自然本性基础上建立普遍的、永恒的道德原则。爱尔维修伦理思想的出发点是人的自爱,认为人的利益是社会和个人判断各种行为的道德价值即善恶的根据,因为追求利益是人性的普遍特性,道德世界服从利益的原则,"个人利益是人类行为价值的唯一而普遍的标准"。在爱尔维修看来,美德的基础是得到正确理解的利益。只有正确地理解利益,才能促使个人成为有德行者,才能促使人们互相帮助和尊重他人的利益。人只有借助理性的力量才能正确地理解各种利益,才能把公正的利益与不公正的利益区别开来。教化就是人的理性获得发展的方式,是人们获得社会知识的途径,凭借理性和知识,个人就有能力正确地理解并公正地追求个人利益,理解并维护公共利益,理解并尊重他人合理的利益,这就是人的美德。因此,教育和人的理性的发展是社会发展和公民有德性的前提,也是发展公共利益、实现社会福祉和公民个人幸福的前提。爱尔维修表现出一种"教育万能论"思想,把教育看作改变人、塑造人的力量,也是决定社会进步的力量。教育成为实现道德社会和成就道德人的根本方式,从而决定社会的幸福和公民的幸福。教育表现为人类理性的完善和知识的积累,这是克服愚昧、盲信、恶习、缺德的首要条件。专制、愚昧和迷信是道德教化的最大敌人,是导致人们违背和抛弃理性的根源。只有理性才能使人类认识自己、判断并选择自己合理性的实践行动。人类的一切只有诉诸理性才能具有合理和正当的结果。理性的教育是人的美德形成的基础,因为只有在正确判断利益的基础上,人才能表现出选择合理的利益的美德。教育发展理性,意味着教育能够消除人们对现实的"迷误",获得能够正确理解各种利益的个人品质,也能使人从蒙昧、迷信、奴化中解放出来,获得独立性的道德,从而实现对社会的彻底改造。站在与专制和迷信对立的理性立场上,爱尔维修特别强调教育对个人和社会的理性建构的作用,并把教育价值夸大到"万能"的地步。

新康德主义弗赖堡学派价值论的代表是德国哲学家文德尔班和李凯尔特。文德尔班认为,哲学在古代是无所不包的知识体系,到了近代,哲学的知识领域已被各种实证科学占领,哲学只有成为具有普遍意义的价值学说,才能恢复哲学的意义。哲学的对象是具有普遍意义的文化价值,通过对作为文化价值的意义的探索,为人和世界寻求意义。李凯尔特认为,只有价值才使世界具有意义,价值问题因此使哲学关乎世界和人的根本问题。新康德主义的另一代表人物德国哲学家纳托尔普把哲学的文化价值论运用于对教育价值体系的考察。他提出教化的理想,教化表示人之成为人的内在的精神法则和价值动力,他运用教化的观念统一了教育的知识价值、道德价值和审美价值。

美国实用主义哲学家杜威提出工具主义价值论,把价值分为内在价值和工具价值。所谓内在价值，主要就事物本身的意义而言；所谓工具价值，是就事物为达到一定目的所起的手段作用而言。对实用主义教育哲学来说，工具价值更为重要，实用主义有时亦称工具主义。杜威在《民主主义与教育》中指出，"教育是生活的需要"。教育是一种发现意义并通过交流传达意义的手段，交流实际上是一个参与经验的过程，目的在于使个人经验参与公众共同拥有的经验。民主社会排除了个人与团体间的各种障碍，在各社会团体之间可以"共同交流经验"，教育作为一种参与经验的过程，可以造成经验的改造或更新，形成个人的生长，同时，教育本身作为民主社会第一性的工具，必须更好地适应民主社会，必须为民主社会的进步起到工具性的作用；并且只有在民主社会中，教育的功能才能得到最好的发挥。杜威认为，哲学、教育和社会理想与方法的改造是携手并进的。随着科学的进步，工业革命和民主主义的发展，社会生活发生了彻底改变，这些必然要求实行教育的改造以应对这些变化。因此，教育的价值是教育给民主社会和人的生活带来的益处。

德国现象学哲学家舍勒以现象学的方法创立了价值伦理学。舍勒的价值论是现代价值学思想的源泉之一。舍勒研究价值、情感和人格三者之间的关系，认为人类求知之真、伦理之善、艺术之美、宗教之圣，都有其独特的价值体系、价值内容和价值形式，人通过情感体验达到对价值的追求，在这种追求中实现人的理想人格。舍勒还提出确定价值等级的五条标准，即耐受程度、不可分程度、相对独立程度、满足程度和依赖程度，并据此排列价值的序列：感性价值、实用价值、生命价值、精神价值和宗教价值。舍勒虽然没有直接论及教育价值，但在其价值体系中，人的本质和价值居于中心，他把负责的、成熟的、健全的和正常的人置于价值论的核心，价值的属人性召唤着这种人格的诞生。

中国哲学中的教育价值论

中国古典哲学关注人与社会的问题，重视人生观、价值观和教化观的探讨，教育价值观是中国古典哲学思想的一个重要方面。中国传统哲学思想中的教育价值论重视教育的价值特性等问题，把教育、价值与人生联结起来，关心理想道德人格的生成，关心人生意义的实现。虽然其中也有主张以个人需要为尺度评价教育，但总体还是强调社会价值和以社会主体的需要为尺度去评价教育。

中国哲学史涉及价值论的主要有义利之争或理欲之争，还有儒、法两家的德力之争，以及真、善、美等问题。中国哲学的价值论思想主要体现在伦理道德问题上。伦理学是研究道德问题的。"道"、"德"两字的连用始于先秦，"道"是指人的行为的基本准则，"德"与"得"意思相近，指主体的

人对"道"的获得。这里蕴含主、客体的区别与联系的思想。物质价值与精神价值之争贯穿中国伦理史，并一直影响义利之辨或理欲之辨。

孔子以"仁"为最高道德原则，"仁"以"人道"为中心，贯穿人伦五常，也是人与社会的原则。教育的价值就是实现"仁"与"礼"，培养能够修身、齐家、治国、平天下的"君子"。孔子通过"君子"和"小人"之分而强调"义"重于"利"的价值观。受这种价值观的影响，孔子的教育内容包括道德教育和知识教育两大部分。他培养的"君子"的理想人格是同时具备"文"和"质"两个条件。孔子行四教：文、行、忠、信。"文"指学习《诗》、《书》、《礼》、《乐》、《春秋》等书本知识，"行"、"忠"、"信"则属于德教，指关于品行、忠诚和信实等道德教育。孔子的教育价值思想因此主要体现在其"仁"与"礼"的相互关系上，具有"仁"与"礼"的文质彬彬的"君子"人格是其教育的最高理想，而以道德教育和德性知识教育为中心的教育过程是实现教化价值的手段。

老子与庄子以"道"为最高道德准则。所谓"道"，是指宇宙的精神本质及其发展规律，人与人之间的关系应合乎这一规律，即以"道"为准则。他们认为，现存的社会关系都违背"道"，故不必遵循这些社会准则，个人不必为社会尽义务。人们可以去追求"天知天欲"的太初社会和自然状态，去追求绝对自由的真人境地。老子主张贵柔与知足，认为"柔弱居上"是事物的发展规律，"知足不辱，知止不殆，可以长久"。老庄的知足、无为等人生价值观，对后世影响很大。中国传统的教育价值观念受"儒"、"道"影响很深。

荀子在价值观上强调人的作用，不但提出"明于天人之分"的思想，把"天"（自然）与"人"（社会）严格区别开来，号召人们不要相信"天命"，而且提出"制天命"的思想，认为人对自然不必敬畏，要发挥人自身的力量，利用天地万物为人类造福。主张"人"贵于"物"，这里的"贵"，即"价值"，而人之所以贵于物，在于人有"义"而物无"义"。荀子特别重视教育的作用，这与他的"性恶论"和"制天命"思想分不开。他认为，人生而无贵贱、智愚与贫富之分，人们之所以有这些区别，原因在于人接受的教育和人的主观努力。荀子非常重视教育的价值，认为教育的作用要超过天性的影响，他不仅重视教育的道德价值，而且重视教育的社会政治价值。

宋明理学在孔孟儒学的基础上，吸收玄学、佛学思想，将儒学思想及其价值思想系统化。张载把人性分为两种：天地之性和气质之性。他认为天地之性为至善，气质之性则有善有恶。教育要"尽性"，要"成性"："尽性"是将已有的天地之性尽量保存、发展；"成性"是用教育的方法去掉气质之性中的恶，以回复本来的"天地之性"。人性复归于"天地之性"就是至善的境界，教育的价值就是变化气质，向"天地之性"接近，这一过程就是通过"知礼"和"守礼"，也就是追求"天地之德"。教育的目的就是成圣。

宋明理学的代表之一程颐的哲学思想同教育思想密不可分，他认为，治理天下需要人才，人才来自对社会成员的教育培养。他认识到教育在社会生活中的重要地位，即天下之治必须依靠众多的管理者来实现，而人才不是天生的，需要通过教育的手段加以培养。程颐不仅肯定了教育在人的发展成长过程中的必要性和重要性，而且肯定了人的可塑性和接受教育的可能性；不仅阐述教育的"人性"培育的价值，而且认识到教育培养社会人才的社会性价值。

朱熹是宋明理学的集大成者。他认为，教育的根本价值是"明人伦"、"存天理"，培养"材全德备"、"中正和乐"的"成人"，再从"成人"修养为"圣人"。培养"成人"是朱熹理学教育的现实目标，但最高理想目标则是圣人。朱熹将理学家所追慕的理想人格与现实培养目标加以区分，提出现实价值从属于理想价值的观点。

明代中叶以后，启蒙价值论思想开始产生，这一时期的代表人物是李贽、黄宗羲和戴震等。李贽认为"绝假纯真"的"童心"才是人类的"本心"，因此不应以孔子的是非为是非，而应以"真心"的自我判断为是非标准。他根本反对"存天理，灭人欲"的主张，以为"穿衣吃饭，那是人伦物理"。穿衣吃饭这些人欲，是合乎道德的正当欲求。李贽这一大胆之见震撼了当时的思想界。黄宗羲则大胆直言，人能维护自己的利益，不屈从于君主的利益，才是道德的最高准则。戴震进一步从理论上批判"存天理，灭人欲"之说，指出其实质是"以理杀人"。中国反传统的启蒙思想家对传统的价值论思想进行了批判，颠覆传统的价值观。

五四新文化运动时期，中国哲学的教育价值论思想走向丰富化和多元化。梁启超在《新民说》等著作中系统介绍和阐发了西方伦理学说，充分肯定了"天赋人权论"。在伦理道德上，他强调"利群"、"利他"与"利己"的统一。蔡元培以他的哲学价值观思想为基础，提出"五育并举"、全面和谐发展的教育方针，其教育思想体系以军国民教育、实利主义教育为急务，以道德教育为中心，以世界观教育为终极目的，以美育为桥梁。在这一教育体系支配下，蔡元培提倡自由主义教育。他认为，新旧教育的不同在于：旧教育以成人的成见强加于儿童，阻碍儿童的个性自由发展；新教育是以儿童个性为出发点，使儿童自由发展。蔡元培的教育价值观突出受教育者个人的价值实现，引发新文化运动的个人主义的教育价值观。鲁迅对旧教育传统进行批判，认为旧教育鼓吹"尊孔读经"，灌输旧思想，传播礼教，是"以礼杀人"，提出教育的价值在于培养独立自由的新人，只有这种新人才能改造中国社会。鲁迅的教育价值观对建立新教育起到了重要作用。

现代教育价值论

在多元化、全球化时代，世界各国出现教育价值论研究热潮。中国现代教育价值论研究始于20世纪80年代，主要通过教育哲学或教育原理的方法研究教育价值相关问题，如教育的价值本质、教育的价值分类、教育的价值取向以及教育价值观等。

国内出版的教育哲学专著包含大量教育价值论的内容，把教育价值作为教育哲学的组成部分独立论述，如黄济的《教育哲学》专门阐述教育价值论，傅统先、张文郁的《教育哲学》研究教育的内在价值和外在价值的属性、相互关系，王坤庆的《现代教育价值探寻》对教育价值进行分类，比如教育的经济价值、文化价值等。其他教育著作中也常包含教育价值论的内容。

教育价值问题作为中国教育研究工作的一个重要领域，缘起于中国教育的实际需求，旨在从思想和理论上理顺相应的问题和关系，从而更好地为教育服务。由于一度把教育作为政治工具，因而曾单纯强调教育的政治价值。改革开放后，教育功能的实践体现多元化特点，教育价值的问题凸显，为解决教育价值观问题，教育价值研究成为教育哲学的核心内容之一。

中国学者把教育价值的本质归为主客体间的一种特殊关系，指教育对其他事物、现象所具有的某种意义。教育价值涉及人的需要与教育的属性两方面，是指教育活动的属性、特点、功能、效果与教育活动主体之间的关系，表明教育活动过程及其结果对教育活动主体需要的适合或满意程度。教育价值通过教育对社会、对人所起的作用体现出来，具有客观性、实践性、社会历史性、认识性、多机能性、动态性等特点。教育价值强调与教育功能的关系，体现出明确的目的性，它是积极的、应然的。教育功能的发挥不等于教育价值的实现，而教育价值的实现依赖于教育功能的发挥。

在教育价值分类的问题上，中国学者一般把教育价值划分为对个体的价值与对社会的价值（或称内在价值与外在价值、本体价值与工具价值等）。学术界认为，教育的社会价值可以分为政治价值、社会价值、经济价值、文化价值等。教育的人的发展价值，指教育是个体社会化的主要因素，是促成人的全面发展的重要条件，教育在个人价值的实现与个体价值的社会化中具有重要作用，它可以提高人的实现价值的能力，增加人的创造价值的自觉性和主动性，直接扩展人本身的价值。这两类价值的关系主要表现为，教育的社会价值依赖于教育的人的发展价值；教育活动外在的、工具的价值或者社会各方面的价值通过教育培养人的内在价值而实现。教育应首先着重教育活动内在的、非工具性的价值。

教育价值观是对教育价值的认识、态度、判断和评价等，涉及对教育价值的选择和判断。研究教育价值的目的在于理解教育实践应当追求的教育价值，分析价值主体对教育的价值需要以及教育价值观的合理性，判断和选择合目的的教育价值。在研究的主题内容上,中国现代的教育价值研究主要集中在教育实际具有或应当具有的积极作用和效用上,即主要研究人们希望获得的教育的各种效用和应然的功能,但忽视教育应该实现的人类普遍的价值(如正义、自由、生命、平等价值)的问题和通过价值进行教育的问题。教育价值应当包括教育追求的人类普遍的价值,这些价值构成教育活动的目的、原则和规范。这方面的研究更为基本,它为教育的效用提供了价值定位的标准。

西方的教育价值论研究主要集中在教育价值观以及教育中体现和追求的人类基本价值上。西方教育哲学中的教育价值观研究主要围绕教育目的的定向和教育的应然目的的确定;对教育价值的研究主要是分析人类普遍的价值需要在教育中的实现以及教育与人类价值的关系等。教育如何通过一定的方法引导受教育者追求并实现普遍价值,这是与价值教育联系在一起的,所以教育价值论研究的主要问题是,人类对美好生活的根本价值的确定以及进行价值教育。教育价值论研究的内容是实现美好生活的价值教育以及价值实现的过程。

教育价值论不仅涉及国家宏观的正确的教育行动和教育制度的原则,而且涉及团体、机构或个人的微观的教育行动和教育取向问题。教育价值观体现在教和学的过程中,不仅表现在国家的教育制度和教育政策中,而且渗透在学校的结构、管理、政策、语言和各种关系中。教育价值观反映社会、教育系统、课程、教育评价的价值观与原则。

在西方教育哲学中,"价值"是作为"善"(goodness)、"优秀"(excellence)、"称心如意"(desirability)的对等术语。价值构成人类行为合理的终极目的,是支撑美好生活的基础和原点。教育价值植根于美好生活,是美好生活的基础。西方教育哲学界对价值的定义是:价值是对信念、行动进行评价的参照点,是使人据此而行动的一些基本原则、基本信念、理想或生活态度,是为行为提供普遍指导和定向的规范原则,也是人们渴望通过行动达成的理想和目的。

西方学界对于是否存在社会的核心价值、共同价值和共享价值,以及哪一种价值应当成为多元社会中的教育的基础,一直存在争论。大多数学者认为,在多元化社会中强调核心价值很重要,尽管人们的价值需要多样、生活方式多元,人们对价值的定义有分歧,但最高的和核心的价值是存在的,这些价值是人类普遍的价值,因此是人类共同的和共享的价值体系,是社会生活和个人生活不可缺少的价值原则。核心价值包括公正、平等、宽容、分享、合作、忠诚、自尊、自由、健康等,它们基本上可以得到社会的普遍认可,因此也是共享价值。教育必须通过一定的方式把这些价值渗透在教育行动、课程、学校文化等多方面,引导学生追求这些价值,形成实现这些价值的品格。

西方现代教育价值论的研究更多地集中于价值教育问题,探讨通过价值教育促进社会生活的改善。西方的价值教育包括道德的价值、社会文化的价值、政治价值、科学的价值等价值内容的教育。教育被看作是社会价值发展的核心,价值教育是个人发展和社会发展的主要方式。价值观对于在多元社会和多元文化中实现社会和谐与合作具有重要作用,故西方的教育价值论重视价值教育。价值教育是一个新的综合性的教育过程,有精神价值的领域、道德价值的领域、社会价值和文化价值的领域,这些领域在学校的价值教育中形成一个整体。西方教育价值论的研究沿这一方向不断加深。

价值教育是学校教育中的一个重要组成部分,学校在培育学生的价值观,促进学生的精神、道德、社会以及文化发展中具有重要作用。多元文化和社会的多元化,要求对价值观和精神、道德、社会、文化等多方面的价值结构进行更深入的理解,站在多元立场上看待教育中的价值问题和价值教育问题。

教育价值论的研究领域和价值教育的实践领域处于不断发展中,研究的问题领域不断拓宽,包括学生的精神、道德、个性等在价值教育中的整体发展的机制,课程、教师和学校在价值教育中的作用等。特别是需要进一步分析价值教育的社会环境和学校环境的价值性,从而优化学校的价值教育。

参考文献

克里夫·贝克.学会过美好生活——人的价值世界[M].詹万生,等,译.北京:中央编译出版社,1997.

莫尼卡·泰勒.价值观教育与教育中的价值观[J].教育研究,2003(5).

(金生鈜)

教育交往(educational communication)　　在哲学的交往理论影响下形成的教育哲学概念。指教育活动中各种教育主体之间借助语言等符号形成的平等互动的对话活动,是教育主体之间通过对话、理解达到精神世界的相互作用、相互沟通的共享、共生、共同发展的教育活动。

教育交往理论是20世纪末期形成的教育思潮和实践取向,在国内外都取得了较深入的发展。教育交往理论直接得益于其他学科对交往活动的研究。交往理论形成于20世纪上半叶,1949年香农和韦弗的《交往(传播)的数学理论》标志着交往理论的一个新开始。此后,交往问题逐步从自然科学领域扩展到哲学、社会科学领域,特别是德国哲学家哈贝马斯交往行为理论的提出,使交往理论成为20世纪国际上最具前沿性和交叉性的理论之一。

教育交往的内涵

"交往"一词源自拉丁文 communicatio 或 communicare,

初意为"共同的、通常的",指人与人之间的相互联系与沟通;英文是 communication,意为"沟通、传达";德文是 kommunikation,意为"沟通、交往、交流";在《现代汉语词典》中,交往意为"互相来往"。最初为日常用语,后被引用到自然科学和社会科学领域,上升为概念和范畴,随后又渗透到信息学、社会学以及哲学领域,并形成交往理论。追溯科学史和哲学史,交往理论研究主要有三条路线,即自然科学—进化论的研究传统、马克思主义的研究传统以及语言实用主义的意识哲学、自我意识哲学甚至精神哲学的研究传统。自然科学—进化论的研究传统主要从生物交往的角度来进行,比如信息论中,交往被理解为信息交流。马克思主义的研究传统认为,交往与生产相互制约,人与人之间的个人交往是生产的前提,而生产又决定了交往的形式。在第三种研究传统中,交往主要在批判纯粹客观主义和主观主义的基础上发展起来,形成了多种交往理论,如,语言学研究语言在人的交往活动中的作用,符号学研究符号在人类交往中的意义、人类交往理性的形成及其价值等。

20 世纪 80 年代后期,随着对实践、主体性、现代西方哲学以及西方马克思主义等问题的深入研究,对交往范畴的分析大致有两种倾向:一种认为交往是两个主体之间的精神(信息、符号、认知和情感)交流、沟通和理解,将交往看成"主体间"关系或者"互为主体"关系;另一种是以"生产范式"为特征的交往理论,这里更多地强调交往中以物为中介的物质变化关系,认为人与人之间的交往是生产的前提,而物质生产又决定着人们的交往形式,交往与生产之间形成相互制约的关系。哈贝马斯的交往行为理论将理论与实践的关系、语言与社会交往的理性结构的关系进一步具体化和明确化,把交往从一般人的活动中分化出来,把人与人之间的实践关系同人和物之间的实践关系区分开来。哈贝马斯在《交往行动理论》中申明,交往行为理论并不是一种元理论,而是一种努力表明其批判尺度的社会理论的开端。他认为,交往中的主体间性(作为自为存在的人和另一个作为自为存在的人的相互联系与和平共存)具有本体性的意义。根据哈贝马斯的理解,交往有四层含义:交往行为是两个以上主体之间产生的涉及人与人关系的行为;交往行为以语言或者其他符号为媒介;交往行为必须以社会规范作为自己的准则;交往的主要形式是"对话",通过对话来达到理解。故交往就是人与人之间在没有任何内外压迫性因素的情况下,以符号为媒介进行交流以达到相互理解、相互承认、交互共生的状态。教育交往的内涵就是在这个意义上展开的。有学者认为,教育作为教育者与受教育者之间的活动,就是一种交往的实践活动,教育的实质就是哈贝马斯所谓的对话式交往。

中国的《礼记·学记》中说:"独学而无友,则孤陋而寡闻。"古希腊哲学家苏格拉底主张教育不是知者随便带动无知者,而是师生共同寻求真理,教育过程是在人与人的对话中完成的,对话成为探索真理和自我认识的途径。瑞士德裔哲学家雅斯贝尔斯在《什么是教育》中也提到,人与人的交往是双方的对话和敞亮,这种"我"与"你"的关系是人类历史文化的核心,如果存在的交往成为现实,人就能通过教育既理解他人和历史,也理解自己和现实,就不会成为别人意志的工具。

中国学者对教育交往的认识主要集中在几个方面:教育交往是一种主体间性的关系;交往是一种师生互动的平等关系,师生互为交往主体;教育是一种特殊的交往活动;教育活动的交往是精神变革的过程;教育交往是对话性的。

中国教育界对教育交往的理解基本分为三种。第一种,受到法国哲学家笛卡儿以来的西方哲学的影响,中国传统教育中大多把个体作为一个单独主体存在,强调个人的主体性的对象化活动,这种强调以个体为中心的主体观成为中国传统教育的主导观念。传统教育形成了单一"主—客"两极的教育交往模式,教育活动成为主体改造客体的活动,在这个教育交往活动中,主体用知性思维方式来对待人的发展,知识学习代替了人的自觉发展,在这种教育交往中,教育像制造机器人或者训练动物一样对人进行塑造和培训。第二种,提出"教师为主导,学生为主体"的"双主体"说,试图超越主客二分的两极模式,认为在教育活动中,教师是教的主体,学生是学的主体。但是在实际教育活动中,教和学是同步进行的,师生之间相互影响,故这种观点更多地表现了教育交往活动中的一种理想状态,并不能真正体现师生双方在交往中的关系。第三种,为了能真正确定教育者和受教育者双方的主体地位,凸显教育交往中双方平等交流对话的地位与作用,教育交往中的双方借助符号等形成的"交往教育主体"才使真正的主体间的交互活动成为可能。这种观点把教育交往界定为一种共在主体之间通过对话、理解以达到精神世界的相互作用、相互沟通的共享、共生、共同发展的教育活动。

教育交往的特征

平等性 教育交往是人与人之间的交流,是整个人与人的交流过程,是人与人精神的契合,是人与人主体间的灵肉的交流活动。故教育交往中,师生之间是一种"我"与"你"的平等关系,是一种精神上的平等关系,是一种平等的"参与—合作"关系。教育交往的师生平等关系不仅避免了传统教育"主—客"二分两极模式中教师中心主义压制学生发展的危害,而且克服了现代教育"双主体"的不足。在教育交往中,教师从知识的传授者、活动的控制者转变为意见的讨论者和活动的参与者。师生之间在这种平等的交往中坦诚相待,彼此敞开内心世界,进行心与心的交流,从而使每个参与的个体能够从中发现、发展自我,获得一个完整的人的发展。

共生性　交往活动不仅强调互为主体的交往关系,而且重视交往主体之间的相互敞开、相互理解和相互接纳,从而形成共生和谐的关系。在教育交往中,师生之间不再是知识的授受关系,也不是认知操作关系,而是人与人之间、精神与精神之间相互影响和相互生发的过程。教师的职责越来越少地表现为传授知识,而越来越多地表现为激励交往与合作的关系,教师不是一个拿出真理的人,而是一个交往者和合作者。在人与人精神契合的教育交往中,所有交往主体通过对话、理解而共享精神、知识、智慧等;教师和学生力求通过自身的改变唤醒他人,从而在自己与他人之间达成平等交往,并积极寻求共同发展。

完整性　教育是人与人精神相契合、文化得以传递的活动,教育交往是双方通过对话,对精神世界的追求。教育交往首先是一个精神成长的过程,然后才是获知的过程,教育交往对个体整体精神的培养是其意义所在。教育交往是一种"我"与"你"的交往,双方把对方作为一个与"我"正在言谈的人来对待,是一个整体意义上的人,其情感与理性、思想与行动都参与到活动中,每个人都是作为一个完整个体的"我"与一个完整个体的"你"相遇,共同进入一个新的精神领域,将历史上人类的精神内涵转化为自身的精神,并且通过这种精神的引导不断掌握和发掘知识、道德、价值等多方面的教育意义。因此,教育交往最根本的是完整的人与人之间的理性与沟通,每个人在这个过程中获得的不仅是知识,而且是整个人生智慧。

教育交往的实现

现代教育中,按照主体划分,教育交往分为师生交往和生生交往。在中国的传统教育中,教师是活动的中心,学生的一切行为都围绕这个中心进行,在这种教育活动中,教师与学生之间形成一种单向的"授—受"关系。在这个过程中,教育交往被当作一种达到目的的手段,其结果是教师在教育活动中以表演的角色进行教育活动,师生之间没有精神和情感世界的交流,双方都被固定化的程序和教育内容所限制,教师的权威压抑了学生的自主性和创造性。针对传统教育的弊端及其对教育的影响,教育交往中应注意三方面。

树立平等意识。交往式教育强调主体间的精神沟通,教师不是把学生看作可占有、可改变的对象,而是与"我"在共同话题的对话中的"你"、沟通交流中的"你"。师生之间是一种平等的"参与—合作"关系,通过合作达成一种默契,师生之间的交往效果取决于彼此理解的诚意和水平。树立师生之间的平等意识对于有效进行师生交往具有重要意

义。这种平等并非形式平等,而是师生之间精神上的平等。教师要改变传统上教师"高高在上"的形象,以一种寻求沟通和理解的伙伴者的角色进行教育交往;同时,教师也应教育学生要真诚,使每个人都作为完整的人在完整的精神世界中进行"面对面"和"心与心"的沟通。

形成对话意识。交往是一个双向的过程,不是一方对另一方的压制,而是共同参与,建立一个属于双方的话语情境。师生在教育交往中,借助符号为媒介进行交流,以达到相互理解,并认可和服从交往行为中共同的规则、规范。在这个过程中,通过强加而达到的意见一致只能表明交往的失败。在这种情况下,两者之间很难实现真正的沟通。教师和学生都应注意形成一种交互意识,以平等伙伴的角色与对方进行真诚的"我"与"你"的对话,在相互理解的对话中获得沟通与分享。师生在通过对话达成共识的同时,还要注重"存异",尊重不同的言论和意见。因为对话的根本目的不是追求主体间意见的一致,而是消除不同意见,对话的本质是为发挥双方的创造性而寻求真理。对话是真理的敞亮和思想本身的实现,在对话中生成主体间性并不是"求同除异"、"以一驭众",而应该是"求同存异"、"一中有多"。

创设教育交往环境。任何一种交往活动都不是凭空进行的,而是在一定的情境中借助交流的手段实现主体间交往。这种交往环境是主体进行思想观念和意识交流的外在保障,教师作为教育交往中的重要一方,应该发挥其预见性和引导性的作用,积极创设交往情境,使师生彼此间进行充分交往。在课堂之外,教师还可以经常组织学生之间展开讨论、辩论和合作,形成师生互动和生生互动的良好氛围,促使教育交往主体之间互相理解、沟通。

参考文献

曹卫东.关键词:communication[J].读书,1995(2).

哈贝马斯.交往与社会进化[M].张博树,译.重庆:重庆出版社,1989.

雅斯贝尔斯.什么是教育[M].邹进,译.北京:生活·读书·新知三联书店,1991.

（周宏芬）

教育经费分配结构(distribution structure of educational expenditure)　　教育经费在支出与使用过程中形成的各种比例关系。具体主要包括三方面。(1)教育经费的内部分配结构。指教育经费在各级各类教育之间进行分配形成的比例。包括:教育经费在各级教育(即初等、中等、高等教育)之间的分配比例;教育经费在各类教育之间,主要是中等职业技术教育、高等教育中各类别和专业之间的分配比例;全日制普通教育与成人教育的比例。影响内部分配结构的因素有:一国或一个地区一定时期的经济发展水平及

由它决定的教育投资总量;现有的教育结构,包括教育的纵向结构和横向结构,以及各级各类教育的存量;各级各类教育的学生数和生均教育经费;一国或一地区一定时期教育发展的政策目标。(2)教育经费的用途分配结构。指一定时期一国、一地区或一学校的教育经费支出在各种用途中形成的比例,其中主要是教育事业费与教育基本建设费之间、教育事业费中人员经费与公用经费之间的分配比例。其影响因素有:一国的科技和经济发展水平,科学技术和经济发展水平越高,教育基本建设费的比重、公用经费的比重就越高,反之则越低;教育固定资产存量大小,已有教育固定资产存量大,教育基本建设费、公用经费的比重则相对较小;教育的层级(高等、中等、初等)与专业,一般教育层级越高,教育基本建设费及公用经费的比重就越大,同一层级不同专业、系、科的高等(中等)教育,教育经费的用途结构不尽相同;生师比、教职工与学生比以及教师的工资水平也影响教育经费的用途分配结构。(3)地区间的教育经费分配结构。指教育经费在一个国家的各地区间进行分配形成的比例,如各省、市间的教育经费分配比例关系,经济发达、经济欠发达与经济落后地区间的教育经费分配比例等。绝大多数国家初等、中等、高等教育经费的分配结构呈金字塔形,不同发展水平的国家,其各级教育的程度不同,各级教育的学生人均费用存在差异,反映到教育经费分配结构上,即出现不同格局。在大多数发展中国家,一般要优先保证充足的初等教育经费,所以初等教育的投入总量最大,中等教育次之,高等教育最少。发达国家的中等教育投入总量最大,初等教育和高等教育大体相当。随着教育和经济的进一步发展,初等、中等、高等三级教育的就学人数和规模变动稳定在某一水平,三级教育经费的结构变动开始趋于稳定。在各国教育经费的用途构成中,教育事业费是教育经费的主要部分。在教育事业费中,支付给教职员工的工资是最主要的部分,而且比重呈上升趋势。教育经费的分配结构是制约和影响教育经费分配效果和运用效率的重要因素。其合理与否,直接关系到各级各类教育发展的数量与质量,间接关系到教育结构对经济结构的适应度,也关系到教育经费的使用效率和教育的经济效益。

教育经费分配应遵循四项原则。一是效率原则。教育经费的稀缺性决定了教育经费分配的效率原则,要求以最有效、最经济的方式分配使用教育经费,以最小的投入获得最佳效果。二是公平原则。教育经费来源中,政府支付的经费是主要部分,政府教育经费分配的首要原则是公平。必须根据不同的教育需求、不同的教育层次和地区以及个人特点,将教育资源公平地分配给学生。三是民主原则。由于教育经费分配涉及教育发展中各方利益,因此分配中应吸收政府、学校、社会、学生及家长等各方参与,以民主的方式决定经费的分配。四是量入为出原则。教育经费的分配应根据经费收入数量进行总额和结构的分配,以保持教育的稳定发展。教育经费的分配比例应随经济和社会以及各级各类教育的发展而不断调整,以适应经济、社会发展和教育发展本身的要求。教育经费的分配要适应初等、中等、高等教育结构自身的内在发展规律,保证初等和中等教育尤其是义务教育在全国各地区间相对均衡发展;应既能保障人员经费的正常需要,又能保证公用经费的正常需要,使整个教育事业均衡、稳定地发展。

(孙百才)

教育经费负担结构(burden structure of educational expenditure) 教育经费各负担主体所负担的教育经费在教育经费总量中所占的份额。教育活动需投入一定的人力、物力、财力资源,在市场经济条件下,表现为一定量的货币,即教育经费。公共经济学视正规三级教育(初等、中等、高等教育)为具有正外部性的准公共产品(服务),应由政府和市场共同提供。世界各国正规三级教育经费负担主体呈多元化格局。负担主体包括政府(纳税人)、受教育者及家庭、教育机构(学校)、社会团体及个人。负担方式相应为财政拨款、学费、学校自筹收入中用于教育的支出、无偿捐赠。负担结构包括:(1)总量负担结构,指一国或一地区一定时期教育经费总量负担结构;(2)各级各类教育经费负担结构;(3)义务教育经费负担结构;(4)基础教育中城乡教育经费负担结构;(5)各级各类学校教育经费负担结构。教育经费负担结构显示教育经费的负担主体和各负担主体的比重,关系到教育的公平与效率、教育的权利与义务,关系着教育的发展,是一国教育发展和改革中的重要问题,也是教育经济学的基本问题之一。不同的国家或同一国家在不同时期,教育经费负担结构不尽相同,不存在统一格局或模式。

影响教育经费负担结构的主要因素有四。(1)教育服务的性质。按照公共经济学中的公共产品理论,正规三级教育由于其消费和效用具有不完全的竞争性和排他性,属于准公共产品,应由政府和消费者(受教育者及其家庭)共同负担。三级教育中的义务教育更接近公共产品。义务教育以法律形式规范了政府和受教育者家庭的权利与义务,是一种具有普遍性、强制性的免费教育,在这个意义上可视之为公共产品,其教育经费应完全由政府负担,绝大部分发达国家和大部分发展中国家的义务教育法对此都作了明确规范。非义务教育则属于准公共产品,其经费则由政府、消费者和其他主体共同负担,各主体分担比例难以确定。非正规教育中的各种短期技能培训应属私人产品,其经费主要由消费者负担。美国经济学家贝克尔提出,职工在职培训由于教育培训利益不同,培训费一般应主要由职工负担,特殊培训费用则主要由公司负担。(2)受益原则。美国经济学家 T. W. 舒尔茨等人创立的人力资本理论认为,教育支出具有投资性质,教育支出可以获得预期的受教育者个人和社会的经济收益,应按"谁受益谁负担"的原则,所有教育受益主体都应负担教育经费,其中主要是作为社会代表的政府和受教育者个人及其家庭。(3)支付能力原则。受益原则只是表明谁应负担教育经费,而不能回答各负担主体有无能力负担和可能负担多少教育经费。支付能力原则则从理论上回答这一问题。支付能力实质上是国民收入分配格局的问题。国民收入经初次分配和再分配,最终分解为政府的财政收入、企业和居民个人税后收入。宏观上,教育经费负担结构受由国民收入分配格局决定的支付能力的制约。在国民收入分配中,财政收入具有数额大和收入集中的特点,而企业和居民收入虽然比重大,但具有分散的特点。因此,政府应有能力负担正规教育的大部分经费。企业对正规教育的经费负担主要通过纳税间接负担。居民个人收入虽然在国民收入中占有较大份额,总体上有能力负担教育经费,但居民个人和家庭数量多、收入分散,而且不同群体收入差别大,这是确定教育经费负担结构时必须注意的。一国的财政收入和居民收入水平及其支出结构决定的支付能力,决定了教育经费的负担结构。(4)体制因素。一国的经济、政治、教育体制从制度上影响教育经费的负担结构。在实行计划经济的社会主义国家、奉行福利主义的英联邦国家和欧洲国家,政府不仅负担全部义务教育经费,还负担大部分非义务教育经费。20 世纪 80 年代后,由于不少社会主义国家从计划经济走向市场经济,奉行福利主义的国家由于财政不堪重负和劳动生产率下降,逐步改变政府负担非义务教育尤其高等教育经费的格局,实施多样的学费制度。

中国的教育经费负担结构的变化经历了两个阶段。在 20 世纪 50—70 年代计划经济时期,正规三级教育经费几乎全部由政府财政负担,中小学生只交纳少量学杂费,高等学校不仅免交学费,还普遍获得政府提供的助学金及免费的住宿、医疗。20 世纪 80 年代中期尤其是 90 年代后,教育经费负担主体开始多元化,形成以政府财政为主、多元化负担的格局。

（王善迈）

教育经费在国民经济中的比例

教育经费在国民经济中的比例　（ proportion of educational investment in national economy ）　一国一定时期公共教育支出占国内生产总值(GDP)和政府财政支出的比例。反映一国教育经费的相对水平和政府对教育的努力程度。有五个度量指标。(1)公共教育支出(即政府财政用于教育的支出)占国内生产总值或国民生产总值的比重。(2)公共教育支出占政府财政支出的比重,包括:公共教育支出中的教育经常费(教育事业费)占政府财政支出的比重;教育资本支出(教育基本建设支出)占政府财政支出的比重。(3)各级各类教育生均教育经费占人均国内生产总值或国民生产总值的比重。上述三个为静态指标,以下两个为动态指标。(4)教育经费年增长率,反映一定时期内教育经费相对变化的速度。计算方法有二:一是水平法,亦称几何平均法,以间隔期最后一年的水平同基期水平对比,计算年平均增长率。计算公式:

$$\overline{G} = \left(\sqrt[n]{\frac{a_n}{a_0}} - 1 \right) \times 100\%$$

式中,$\overline{G}$ 为平均增长率,a_0 为基期水平,a_n 为间隔期末水平,n 为年份数。二是累计法,亦称代数平均法,以间隔期内各年水平总和与基期水平对比,计算平均增长率。在实际计算中,要借助平均增长速度查对表,首先算出 $\frac{\sum a}{a_0}$ 的数值,其中 $\sum a$ 为间隔期内各年水平总和,a_0 为基期水平。一般情况下,两种方法计算结果相近,但在发展不平衡时,两种方法计算结果差异较大。(5)教育经费弹性系数,表示某一时期教育经费变化速度与经济变化速度的关系,包括:① 教育经费对国内生产总值的弹性,是教育经费增长率与国内生产总值增长率之比,计算公式:

$$P_k = \frac{e}{y_k} \times 100\%$$

式中,P_k 为教育经费对国内生产总值的弹性,y_k 为国内生产总值年均增长率,e 为教育经费年增长率。② 教育经费需求的收入弹性,是人均教育经费变动与人均收入变动之比,计算公式:

$$P_i = \frac{E_i}{i_i} \times 100\%$$

式中,P_i 为教育经费需求收入弹性,E_i 为人均教育经费增长率,i_i 为人均收入增长率。计算时尤其是进行比较时要求:计算口径相同;剔除价格变动影响,应以一定时期不变价格计算;将被比较国家货币按官方汇率换算成同一货币单位(如美元)。

教育经费在国民经济中的比例不是由人们的主观愿望决定的,最终由一国一定时期的经济发展水平决定。经济发展水平既决定教育经费的需求量,也决定教育经费的供给量。(1)影响教育经费需求量的因素。在教育资源利用效率和各级各类教育生均教育经费不变的条件下,一国人口的数量、年龄结构和增长速度,通过影响受教育者的数量、结构和增长速度,影响教育经费的需求;一国的科技发展水平,通过影响教育的程度结构、教学内容、教学方法和更新物质技术条件,影响教育经费的需求;一国的经济发展水平、结构和速度,通过影响劳动力的规模、结构和增长速度,间接影响教育经费需求。(2)影响教育经费供给量的因素。一国一定时期教育经费的数量不仅取决于需求,更大程度上取决于供给。决定教育经费供给量的基本因素是物质资料生产和经济发展水平。教育经费最终来源于国内生产总值。经济发展的规模和水平决定国内生产总值和人均占有量,从而决定可能用于教育经费的数量。作为国内生产总值的一部分,财政支出中可能用于公共教育支出的数量,取决于财政收入水平(财政收入占国内生产总值的比例)和财政支出结构。一国政府的宏观教育决策及其对教育的努力程度,在其他因素不变的条件下,也影响教育经费的供给量。

由于教育经费尤其是公共教育支出在国民经济中的比例关系一国一定时期教育的发展水平和结构,许多学者都在探讨确定教育投资在国民经济中的合理比例的方法。联合国教科文组织、世界银行等国际组织和各国政府都定期发布各国公共教育支出占国内生产总值的比例。中国教育经济学学者王善迈将确定教育经费在国民经济中的比例的方法概括为供求平衡法和国际比较法。(1)供求平衡法。直接根据一国某一未来时期内经济社会发展对教育经费的需求和经济发展对教育经费的可能供给来确定。第一步,预测未来某时期需受教育的各级各类学生人数,乘以各级各类教育生均教育经费和增长系数,以确定教育经费需求量。第二步,预测未来某时期财政支出中、社会和受教育者及其家庭支出中可能用于教育支出的数量或比例。第三步,在教育投资需求量与供给量之间,确定教育经费的区间和备选方案,根据经验和测量,论证和选择最佳方案,计算出教育经费占国内生产总值的比例。此法的优点在于可信度高,缺点是由于需求量与供给量弹性较大,难以准确确定。(2)国际比较法。其依据是规律存在于大量的现象中。尽管不同国家社会制度、经济和教育发展水平与结构不尽相同,但教育与经济关系的一般规律存在于任何国家和时期,故可以采用国际比较法,找出同等经济发展水平下,教育经费在国民经济中的比例的国际平均水平,作为一国确定教育经费在国民经济中的比例的参考依据。国际比较法又可分为算术平均法和经济计量模型法。前者的具体做法是以人均国内生产总值作为经济发展水平的标志,对收入水平不同的国家分组,考察某时期或某年教育经费在国民经济中的比例,进行横断面的分组比较,采用算术平均法,找出相同经济发展水平条件下教育经费在国民经济中的比例的国际平均水平。联合国教科文组织和大多数学者均采用此法。经济计量模型法较复杂,它采用抽样调查法,选择一定数量的具代表性的国家和一定跨度的时间序列,以人均国内生产总值和教育经费在国民经济中的比例数值为样本建立经济计量模型,找出同等经济发展水平条件下,教育经费在国民经济中的比例的国际平均水平。中国学者历以

宁、陈良焜、王善迈率先采用这种方法。国际比较法与供求平衡法相比,具有计量成本低、较客观,在一定程度上排除了不同国家的许多不可比因素的特点,但因不是从一国国情出发,具有一定局限性。

(王善迈)

教育经济效益(economic benefits of education)亦称"教育投资经济收益"、"教育投资外部经济收益"。指教育投资引起的社会经济总产出的增量与教育投资的比较。即教育的社会经济产出与教育投入的比较。分为社会的和受教育者个人的,其相对量是教育的社会收益率和个人(私人)收益率。是从经济学中移植过来的概念,经济学中的经济效益(亦称经济效果)是经济活动中投入与产出、消耗与成果、费用与效用之间的对比关系。教育须投入一定的人力、物力资源,表现为一定的教育投资。教育产出包括直接产出和间接产出,直接产出为受教育者数量的增加和质量的提高,间接产出为受教育劳动者投入社会经济引起的社会经济总产出的增加。

较之经济活动中尤其是物质生产活动的经济效益,教育经济效益具有间接性、迟效性、长效性和模糊性。

其一,间接性。教育经济效益不是教育的直接结果,而是在教育过程结束之后,在另一个过程(即物质生产过程)中表现出来。其中原因有四:(1)教育不直接参加物质生产过程,不直接生产物质产品。教育是知识形态的生产部门,是把知识技能传授给人,开发人的智力。教育的直接成果是增长人的知识和能力,而不是直接获得经济上的收益。只有当教育培养的人才与物质产品生产过程、精神产品生产过程相结合,创造出新的更多的物质财富和精神财富,教育才能产生经济效益。教育经济效益是从物质产品生产过程和精神产品生产过程中间接产生的。(2)教育资源和教育经费是直接投入教育过程,而不是直接投入物质生产过程。教育资源和教育经费无法在教育过程中直接得到经济补偿和经济收益,也无法在教育经费中计量教育经济效益,只有经过物质生产和精神生产过程,从它们的产品价格计量中才能检验和计量教育经济效益。(3)用于培养非物质生产劳动人才的教育费用,不生产或不直接生产物质财富和精神财富,其经济效益表现为间接性。比如培养政治、法律、文学、艺术等方面人才,他们的工作有利于稳定社会秩序,提高人的思想意识水平,丰富人的精神世界,这些都间接促进了生产发展。(4)用于培养物质生产劳动人才的教育费用,也不是直接全部地"转化"为使用价值,只是其中一部分或大部分"转化"为使用价值,另一部分教育费用通过教育的升华,使劳动者得到文化、精神和道德上的满足。后一部分属于消费费用,在一定条件下和一定范围内,也可以间接促进生产发展,产生一定的经济效益。

其二，迟效性。指教育投资产生经济效益一般迟于物质生产部门投资获得的经济效益。原因有二。(1) 教育培养人才的周期长。把一个人培养成具有一定知识和技能的劳动者或专门人才，需要近十年或十几年，这就推迟了教育发挥经济作用的时间。培养的专门人才在生产实践中发挥作用要经过一段时间，从知识、技术到物化还需要一定的过程，这就更加推迟了教育产生经济效益的时间。(2) 教育投资的回收期长。在学生从小学到大学毕业期间，需要连续不断地投入教育费用，而在这近 20 年里，得不到任何经济上的补偿和收益，一直要到学生直接参加物质生产过程时，教育对生产的促进作用才开始表现，物质资料生产投资的见效则快得多。

其三，长效性。指劳动者因受教育而增长的知识和能力能够在长时期内对生产发挥作用。表现为两方面。(1) 劳动者因受教育而提高的劳动能力或工作能力，在其一生的整个生产和工作期间都将产生积极的作用，从而带来长期的经济效益。在社会生产和生活中，由于每个人的健康状况和寿命不同，工作的年限亦不一。一般来说，小学生毕业后，其教育发挥作用的年限可达 40～45 年，大学生毕业后，其教育发挥作用的年限可达 30～35 年。随着时间的推移，教育的作用有先大后小、逐渐下降的趋势，但这种下降的趋势并未使教育的作用减弱，教育仍然具有积极促进的作用，只是后期的作用随着人年龄的增长而逐渐变小。由于科学技术的发展，知识不断更新，知识老化后原有的知识并没有全部作废，而将继续发挥作用。但一切新的、先进的科学知识都是在原有知识的基础上发展而来的，一些基本原理、基本定理、基本知识和技能将融合在新的知识体系中继续发挥作用。个体掌握的基本知识和技能是进一步学习新知识和掌握新技能必不可少的条件。况且，教育是知识的传授，是对人智力的开发，是培养人的能力，增强人的智慧和才干，这种能力不会老化，人的发展就是凭借这种能力不断地获取新知识，掌握新技术，这种知识更新的过程本身就包含着教育经济效益。(2) 科学技术应用于生产，对生产的发展和经济的增长具有深远的意义。蒸汽机的发明带来人类第一次工业革命；电机的发明使人类进入工业电气化时期；现代电子、原子能和空间技术的发明，更促进了世界经济的发展，而且在几十年、几百年中都会带来巨大的经济效益。在现代经济与社会条件下，一切新的科学技术的发现、发明及其在生产中的应用，都是通过教育的途径实现的。因此，一切科学技术的发现和发明应用于生产所产生的经济效益的长期性，也是教育经济效益长期性的表现。

其四，模糊性。指教育经济效益的计量不如计量物质资料生产的经济效益准确，而只能做到近似和相对的准确。原因有四。(1) 物质产品具有独立存在的形式而易于独立计量，而教育的产品——个体增长的知识和技能没有独立存在的形式，而是附着于人或物，因而难以独立记载和准确计量。教育经济效益的计量只能相对准确。(2) 物质生产过程中的人力、财力、物力的投入都直接作用于物质产品，而教育投入的人力、财力、物力并非直接作用于物质产品，而是作用于人，只有在物质生产过程中才能产生教育经济效益，因此不能直接与教育投入作比较来计算效益，而只能按每一级教育平均提高劳动生产率来计算，教育经济效益的计算只能是近似的。(3) 劳动者的贡献与其工龄、年龄、性别、身体素质以及思想状况和社会诸因素交织在一起，很难确切地单独计量教育的经济效益。(4) 由于教育的经济效益具有间接性，教育经济效益往往通过劳动者素质的提高、科技水平和管理水平的提高、制度的优化变迁、资源利用率的提高等得以实现，难以单独直接计量。

(吴克明)

教育经济学(educational economics)　　研究教育与经济的相互关系和教育领域中的经济现象及其规律的学科。教育科学与经济科学的交叉学科。运用经济学的理论与方法研究教育与经济的相互关系、稀缺教育资源如何合理有效配置。不同时期、不同国家面临的教育经济问题不尽相同，在研究内容上存在差异。教育经济学研究的基本内容：教育与经济的基本关系，即教育在社会经济增长和发展中的地位与作用，社会经济增长与发展对教育需求与供给以及教育发展规模、水平、结构、速度的作用；稀缺教育资源如何在各级各类教育、在社会不同群体之间公平合理有效地配置；教育资源的投入与产出关系，包括教育成本及其负担、教育资源利用效率、教育的社会与个人收益率等。

教育与社会经济发展有着密切关系。关于教育与经济关系的思想在古代就已经萌芽。近代，伴随资本主义大工业的发展，教育对生产技术的变革、对社会经济发展所起的作用日益显著，引起经济学家对教育经济效益的重视。英国古典政治经济学奠基人亚当·斯密在其代表作《国民财富的性质和原因的研究》(*An Inquiry into the Nature and Causes of the Wealth of Nations*，1776，又名《国富论》)中，首次把人的经验、知识、能力视为国民财富的主要内容和生产要素，并进一步指出，学习和掌握这种知识、才能需要接受教育，而学习的费用是可以得到回报的。德国历史学派先驱李斯特在其代表作《政治经济学的国民体系》(*Das nationale System der politischen Oekonomie*，1841)中，提出与“物质资本”相对应的、作为智力成果和积累的“精神资本”的概念，论述了教育对经济发展的作用。英国新古典学派经济学家 A. 马歇尔在其代表作《经济学原理》(*Principles of Economics*，1890)中进一步论述教育的经济价值，并提出增加教育投资、改革教育制度是扭转英国衰落、恢复昔日英国霸主地位的有力举措。马克思和恩格斯创立的哲学、政治经济学、科学社会主义的理论宝库中,包含丰富的、科学的教育经济思想。马克思和恩格斯的历史唯物论为揭示教育与经济之间的相互关系奠定世界观和方法论基础。马克思主义政治经济学的社会再生产理论阐明了教育在社会再生产中的地位和作用,"教育会生产劳动能力"。劳动力再生产既是社会再生产的必要条件,又是教育与社会生产的联系点。马克思和恩格斯关于教育与生产劳动相结合的理论,深刻阐明教育的社会经济功能。马克思和恩格斯创立的科学的劳动价值理论,为计量教育投资的经济效益奠定坚实基础。

虽然古典经济学家提出一些教育经济思想,马克思和恩格斯的教育经济思想为教育经济学奠定了理论基础,但教育经济学真正成为一门独立的学科是在 20 世纪 60 年代的美、英等国。

第二次世界大战后,在科学技术革命的推动下,生产力和社会经济快速发展,教育对科学技术和社会经济发展的作用日益显著。西方经济学家研究了教育对经济增长和对收入分配的作用,创立人力资本理论,奠定西方教育经济学的理论基础。20 世纪 60 年代初,美国经济学家 T. W. 舒尔茨等人对发达国家经济增长的统计分析发现,劳动力质量提高、技术进步、知识增进等对于经济增长具有重要作用。美国经济学家明瑟研究人力资本与收入分配的关系,认为收入分配的差别难以用要素分配理论来解释,而取决于人力投资的差别。美国经济学家贝克尔则将新古典经济学派的均衡经济思想应用于人力投资分析,提出一套较为系统的人力资本理论框架。他们认为,人力资本是与物质资本相对应的资本形式,体现为人的知识、技能和能力,教育是形成人力资本的基本途径。教育通过人力资本的形成对社会经济发展产生作用。西方教育经济学正是在人力资本理论的基础上形成。

苏联对教育与经济关系的研究以马克思列宁主义为理论基础。1924 年,苏联经济学家斯特鲁米林在其论文《国民教育的经济意义》中,计量苏联 20 世纪 20 年代教育对国民收入的贡献,被认为是世界上第一篇教育经济学文献。此后,尤其是 20 世纪 70 年代后,苏联经济学家对教育在国民经济增长中的贡献、教育经费的分配和使用效率、人才培养与教育规划等方面进行了大量研究。

20 世纪 70 年代后,西方和苏联的教育经济学传入中国,中国的经济学和教育学研究者开始研究教育经济学,在学科理论建设和应用研究方面取得进展,在马克思主义指导下,从中国的实际出发,借鉴外国的研究成果,探讨有中国特色的教育经济学学科体系。在教育对于经济增长和发展的贡献、教育投资的社会和个人收益率、教育经费在国民生产总值中的合理比例、教育经费在三级教育经费中的分配和使用、教育资源利用效率、教育拨款制度、非义务教育的学费及学生资助制度等教育财政制度、教育与社会经济的协调发展、教育体制与经济体制的关系等方面开展大量富有成效的研究,为政府、学校、家庭教育决策和相关立法提供了有力支持。

具有中国特色的教育经济学以马克思主义的辩证唯物论和历史唯物论为方法论基础,运用规范分析与实证分析相结合、定性分析与定量分析相结合、理论分析和经验分析相结合、宏观分析与微观分析相结合、静态分析与动态分析相结合,以及国际和国内区域间的比较分析的方法进行研究。

教育经济学作为一门应用性较强的学科,对于政府的宏观教育政策与管理,对于教育机构以及企事业单位的教育决策与管理,对于个人和家庭教育决策均有重要的应用价值,可以为宏观与微观教育决策提供依据和有力支持。研究教育经济学也可以丰富和促进经济学、公共经济学、劳动经济学、教育决策与管理等相关学科的内容与发展。

(王善迈)

教育经济学研究方法(research methods in educational economics) 教育经济学研究中用于揭示事物或现象的本质以及事物或现象之间关系的工具和手段。教育经济学是经济学的分支学科,其基本研究方法是经济学的方法。经济学属于社会科学,社会科学的主要研究方法可以从三个角度进行分类:一是实证分析(positive analysis)和规范分析(normative analysis);二是理论分析(theoretical analysis)和经验分析(empirical analysis);三是定性分析(qualitative analysis)和定量分析(quantitative analysis)。具体运用到不同学科会各有侧重。

实证分析回答研究对象"是什么"的问题,规范分析则通过回答研究对象"应该是什么"的问题。两者的区别在于是否进行价值判断,前者主张摆脱价值判断,后者主张价值判断贯穿始终。社会科学研究者(包括教育经济学研究者)很少是价值中立的,其研究目的不仅在于解释世界,还在于改造世界,在同一项研究中,实证分析与规范分析往往结合在一起。

理论分析是指在一定的假设条件下构建理论模型来说明事物或现象的性质以及事物或现象之间的关系,要求逻辑上的一致性。经验分析是指用现实中的数据或案例来检验理论,要求理论与现实的一致性或逻辑与经验的一致性。理论分析是经验分析的前提和出发点,经验分析是判断理论正确与否的必要手段。

定性分析是指对事物或现象的性质进行说明并揭示事物之间或现象之间质的关系。定量分析是指运用数学或统计学的方法揭示事物之间或现象之间量的关系。定性分析是定量分析的基础,定量分析是定性分析的深化和精确化。

理论研究和经验研究可以采用定性分析，也可以采用定量分析。理论研究中的定性分析借助文字或图形表达理论构想；定量分析使用数学方法构建理论模型。经验研究中的定性分析通过访谈、观察、实物收集等方式对事物或现象进行解释，从而证实或证伪理论推想；定量分析则通过统计数据、调查数据或实验数据描述变量的现状和趋势以及变量之间量的关系，从而证实或证伪理论推想。

现代经济学在理论研究中最常采用定量分析，以数理经济学（mathematical economics）为方法论基础；经验研究中亦最常采用定量分析，以计量经济学（econometrics）为方法论基础。教育经济学的理论研究和经验研究经常采用定性分析，但作为经济学的分支学科，教育经济学研究也主要采用定量分析。

教育经济学的定量研究将理论分析与经验分析结合在一起。首先进行理论分析，建立数学模型，对变量之间的关系作出理论推测。然后进行经验分析，基本步骤：把数学模型转化为计量模型；收集样本数据（可以是统计数据、调查数据或实验数据）；在样本数据基础上，运用计量经济学方法估计变量之间的定量关系，并确定这些关系在统计意义和经济意义上的显著程度；对理论推测作出检验。

经验分析的本质是识别处理（treatment）与结果（outcome）之间的因果关系（causality），即估计处理效应（treatment effect）。接受处理的个体称为处理者（the treated），未接受处理的个体称为非处理者（the untreated）。如果是否接受处理是随机的，那么处理者与非处理者在结果上的差异可以完全归因于处理，处理效应可以用处理者的平均结果减去非处理者的平均结果得到。譬如，在研究高等教育对个人收入的影响时，接受高等教育是处理，收入是结果。如果接受高等教育的机会是随机分配的，那么高等教育对个人收入的影响就是接受高等教育者的平均收入减去未接受高等教育者的平均收入。

现实中是否接受处理往往不是随机的，而与个体的特征有关，因此不能将处理者和非处理者在结果上的差异完全归因于是否接受了处理，不能简单地用处理者的平均结果减去非处理者的平均结果得到处理效应。这种情况称为选择偏差（selection bias）。例如，个人能否接受高等教育与个人的家庭背景有关，一般而言，家庭背景越好（如父母收入较高或父母受教育程度较高）的人，接受高等教育的可能性更大，那么接受高等教育的人收入更高应部分归因于家庭背景。此时，如果用接受高等教育者的平均收入减去未接受高等教育者的平均收入来估计处理效应，就会高估高等教育对个人收入的影响。

计量经济学发展了一系列用于纠正选择偏差并在教育经济学研究中得到广泛应用的方法，主要包括以下几种方法。

第一，回归分析（regression analysis）。如果影响个体接受处理的因素是可观测的（observable），那么可以通过普通最小二乘（ordinary least square，简称 OLS）回归方法，得到控制这些可观测因素之后的处理效应。例如，在研究高等教育对个人收入的影响时，在回归方程中加入性别、父母收入、父母受教育程度等控制变量。教育经济学研究中还使用其他一些回归分析法，如分位数回归（quantile regression）、多层模型（multilevel model）等。

第二，匹配法（matching）。普通最小二乘回归法估计的本质是在控制可观测特征的情况下，比较处理者与非处理者在结果上的平均差异。这一方法存在两个问题：其一，普通最小二乘回归法假定，结果变量与处理变量以及控制变量之间存在线性关系。为了解决这个问题，匹配法不对回归函数形式作出任何假设，而是基于可观测特征（即控制变量），将样本分成若干个单元格，同一单元格内处理者与非处理者的可观测特征完全相同，两者在结果上的差异仅归因于处理，将每一单元格的处理效应进行平均，可得到平均的处理效应。其二，在控制可观测特征之后，样本中可能出现处理者群体没有与之对应的非处理者群体，或者非处理者群体没有与之对应的处理者群体的情况，此时就无法比较处理者与非处理者的结果差异，倾向指数匹配法（propensity-score matching）用于解决这一问题。其基本思想是，基于可观测的特征估计每个个体接受处理的概率，称为倾向指数（propensity score），对于倾向指数为 p 的处理者，用 p 附近的非处理者的加权平均结果作为倾向指数为 p 的非处理者的结果。

普通最小二乘回归法和匹配法假定影响个体是否接受处理的特征都被观察到了，如果存在不可观测的异质性（unobservable heterogeneities），即存在不可观测的特征影响个体是否接受处理，而且处理者和非处理者的不可观测特征存在系统性差异，那么无论是普通最小二乘回归法还是匹配法，都无法准确估计处理效应。例如，个体的能力是决定其能否接受高等教育的重要因素，但个体能力是难以观察到的。对此，普通最小二乘回归法和匹配法的一个解决办法是寻找与个体能力高度相关的代理变量（proxy variable），如个体的智商、学习成绩、父母的受教育程度等，并加入代理变量作为控制变量。

第三，工具变量法（instrumental variable，简称 IV）。是解决不可观测异质性的常用方法之一。使用工具变量法有两个条件：工具变量与处理变量高度相关；在控制可观测特征之后，工具变量与影响结果变量的不可观测特征无关。在满足上述两个条件的情况下，用工具变量代替处理变量进行回归分析就能得到处理效应。工具变量法使用两阶段最小二乘回归（two-stage least square，简称 2SLS）或极大似然估计（maximum likelihood，简称 ML）。工具变量法在经济学研究中应用很广。在教育经济学研究中,常用的工具变量有教育政策(比如个人在就学期间是否经历义务教育政策或高等教育扩招政策的出台等)、教育的可获得性(比如个人所在的城市是否有大学)等。

第四,**双重差分法**(difference in difference,简称 DID)。亦称倍差法,是解决不可观测异质性的另一种方法,要求拥有处理者、非处理者在处理之前和之后的相关信息。记 Y_{C0} 和 Y_{U0} 分别为处理者和非处理者在接受处理之前的结果,Y_{C1} 和 Y_{U1} 分别为处理者和非处理者在接受处理之后的结果,则处理效应为$(Y_{C1}-Y_{C0})-(Y_{U1}-Y_{U0})$。双重差分用处理者处理前后结果的差值减去非处理者处理前后结果的差值,从而消除处理者和非处理者自身特征对结果的影响,识别出处理效应。

第五,**不连续回归法**(regression discontinuity,简称 RD)。亦称"回归不连续设计"(regression-discontinuity design,简称 RDD),是解决不可观测异质性问题的又一种方法。不连续回归法的基本思想是,找到一个影响个体是否接受处理的变量,这一变量是个体无法精确操控的,而且有一个分界值(cutoff value),在分界值一端的个体会接受处理,而在分界值另一端的个体不会接受处理。可以认为,在分界值附近,是否接受处理是随机的,处理者和非处理者的个体特征非常接近,比较分界值附近处理者和非处理者的结果就可以得到处理效应。例如,假如大学的录取分数线为 500 分,那么高考成绩在 500 分附近的样本就构成有效估计高等教育经历对个体收入影响的随机样本。

第六,**随机实验法**(randomized experiment)。亦称"随机控制实验法"(randomized control trial,简称 RCT),被认为是识别因果关系或估计处理效应的最佳方法。研究者把接受处理的机会随机分配给个体,处理者和非处理者在可观测特征和不可观测特征方面都不存在系统性差异,简单地比较处理者与非处理者结果的平均差异就可以得到处理效应。例如,1986—1989 年,美国田纳西州进行一项名为 STAR(Student Teacher Achievement Ratio)的随机实验,目的是考察班级规模对学生成绩的影响。在该实验中,学生是被分配到小班还是普通班完全是随机的,通过比较小班学生和普通班学生成绩的平均差异,就可以判断小班教学对学生成绩的影响。

从经验分析使用的数据类型来看,随机实验法使用的是实验数据(experimental data),是研究者通过有意识的实验设计得到的;其他方法使用的是非实验数据(non-experimental data)或观测数据(observational data),是研究者在自然状态下收集得到的。两者的区别在于:在实验数据中,个体是否接受处理是随机的,而在非实验数据中,个体是否接受处理是非随机的,是个体自己选择的结果。

为了尽可能准确地识别因果关系或处理效应,教育经济学研究中通常同时使用多种方法。例如,几乎所有经验分析都会使用回归分析法来控制可观测特征对结果的影响,而工具变量法在双重差分法分析、不连续回归法分析和随机实验法研究中也被广泛使用。在教育经济学研究中,采用何种方法,取决于研究的具体对象和问题。

参考文献

谢拉·C.道.经济学方法论[M].杨培雷,译.上海:上海财经大学出版社,2005.

林毅夫.经济学研究方法与中国经济学科发展[J].经济研究,2001(4).

王善迈.关于教育经济学对象与方法的思考[J].北京师范大学学报(社会科学版),2006(1).

Brewer, D. J. & McEwan, P. J. Economics of Education [M]. San Diego, CA: Elsevier, 2010.

Hanushek, E. A. & Welch, F. Handbook of the Economics of Education [M]. Vol. 3. San Diego, CA: Elsevier, 2011.

(刘泽云)

教育捐赠(educational donation)　捐赠人包括法人实体、自然人等为了资助教育事业,自愿将其拥有的财产赠予教育机构管理使用的行为。是一项慈善事业,是以非营利性方式捐助教育系统的公益活动。其根本目的是发展教育、振兴国家。教育捐赠有利于教育事业的发展乃至社会的文明和进步。它既是发展社会公益事业的重要途径,又是国民收入再分配的有效形式;既是社会资本形成的重要途径,也是构建和谐社会的有效举措。

教育捐赠的形式主要分为直接捐赠和间接捐赠。直接捐赠是指个人、企业、社会团体等捐赠者直接向学校提供捐赠,并根据捐赠者意愿确定使用项目,或无定向地将资金用于教育事业,如用于改善办学条件、资助科研项目、奖励优秀学生、资助贫困学生等。间接捐赠是指捐赠者向教育基金会、慈善基金会等非政府慈善组织提供捐赠,再由其根据捐赠者意愿对教育事业进行资助。原则上不动用基金本金,而是使用基金利息、投资所得等基金增值部分,以确保基金的可持续运作。

根据捐赠内容的性质,教育捐赠分为现金捐赠、证券捐赠、信托捐赠和实物捐赠等。实物捐赠又可分为将捐赠者所拥有的房屋所有权捐赠给教育事业的不动产所有权捐赠,以及将图书、资料、手稿、设备等捐赠给教育机构的有形资产捐赠两种。根据捐赠时限,教育捐赠可分为承诺后即捐赠的即时捐赠和承诺之后一段时间内捐赠的分期捐赠。

个人进行社会捐赠的内在动机主要有理性选择、利他主义和部分利他主义三种解释。(1)理性选择。传统经济学理论认为,捐赠是因为人们期望从自己的捐赠行为中获得回报。捐赠并不是无私的,而是出于捐赠者的利己动机。

（2）利他主义。是关于慈善捐赠行为最常见的解释。利他主义用来表示对他人福利的关怀，与善行、无私等概念有密切联系。从经济学角度看，具有利他主义倾向的个人不仅关注自己的福利状况，而且关注其他人或社会的福利水平，随着其他人福利的增加，利他个人的福利水平也得以增加，因而利他个人的福利函数中包含其他人的福利水平。利他主义观点与纯粹从利己角度解释捐赠行为、否定捐赠背后的道德因素如爱心、同情心等的理性选择观点截然不同。（3）部分利他主义。认为捐赠的动机不是纯粹的利己或利他，而是一种利己与利他的混合。捐赠者一方面通过捐赠增加他人的效用，另一方面捐赠者本身也可以从中获得满足。

企业进行社会捐赠的动机主要有利润最大化、股东效用最大化和经理人效用最大化三种解释。（1）利润最大化。利润最大化是公司最根本的目标之一，捐赠则可以从影响销售和成本两个角度实现公司利润最大化。一方面，捐赠可以提升公司形象，促进产品销售，具有广告效应；另一方面，捐赠有助于改善员工工作环境，降低劳动力成本和公司用于保险、安全等方面的费用。捐赠还有助于树立公司正面形象，帮助公司与政府建立和维持良好的关系，为公司赢得有利的经营环境。（2）股东效用最大化。公司捐赠也可能出自承担"社会责任"的理念，或者是股东利他主义的一种途径，即股东通过公司进行捐赠。公司以捐赠的方式志愿承担社会责任，一定程度上抵消了政府开支下降的影响，这也是要求捐赠在税前扣除的理论依据之一。（3）经理人效用最大化。公司捐赠可能不是出自股东的利益，而是经理人对捐赠支出有特别的偏好。早期的研究未能区分是所有者还是经理人通过公司捐赠，新近的一些文献对公司治理机制与捐赠之间的关系进行了研究。认为代理成本越高，公司捐赠就越多。代理成本的高低还与公司对经理人的监督约束机制相关，公司大股东人数越多、机构持股比例越高，对经理人的监督力度就越大，相应地，公司捐赠就越少，反之亦然。

在中国，为鼓励捐赠，政府主要通过税收制度激励捐赠，包括公司和个人所得税、财产税、遗产税等税收优惠。

个人捐赠享受税收优惠的基本依据是《中华人民共和国公益事业捐赠法》，该法第四章第二十五条规定："自然人和个体工商户依照本法的规定捐赠财产用于公益事业，依照法律、行政法规的规定享受个人所得税方面的优惠。"具体规范个人捐赠税收优惠的法律法规主要包括：2011 年修订后的《中华人民共和国个人所得税法》第六条："个人将其所得对教育事业和其他公益事业捐赠的部分，按照国务院有关规定从应纳税所得中扣除。"《中华人民共和国个人所得税法实施条例》第二十四条："税法第六条第二款所说的个人将其所得对教育事业和其他公益事业的捐赠，是指个

人将其所得通过中国境内的社会团体、国家机关向教育和其他社会公益事业以及遭受严重自然灾害地区、贫困地区的捐赠。捐赠额未超过纳税义务人申报的应纳税所得额 30％的部分，可以从其应纳税所得额中扣除。"

企业捐赠税收优惠的基本依据是《中华人民共和国公益事业捐赠法》，该法第四章第二十四条规定："公司和其他企业及个人依照本法的规定捐赠财产用于公益事业，依照法律、行政法规的规定享受企业所得税方面的优惠。"具体规定企业向高校捐赠享受税收优惠的法律法规包括：2008 年 7 月颁布的《中华人民共和国企业所得税法》第二章第九条："企业发生的公益性捐赠支出，在年度利润总额 12％以内的部分，准予在计算应纳税所得额时扣除。"《中华人民共和国企业所得税法实施条例》第二章第五十三条："企业发生的公益性捐赠支出，不超过年度利润总额 12％的部分，准予扣除。年度利润总额，是指企业依照国家统一会计制度的规定计算的年度会计利润。"

教育捐赠是公益事业，建立健全资金的监管机制，是教育捐赠健康发展的重要前提。教育捐赠的监管包括政府监管、独立的评估机构监管、媒体监管以及来自捐赠者的监管。监管依法进行，为此，必须制定相应的法规，以规范和约束捐赠者的捐赠行为和受赠方对捐赠资金和财产的使用与管理，对违规者依法严惩。为有效监管，必须建立公开透明的信息披露制度，受赠方必须公开受赠的收支和管理信息，这是有效监管的前提。

（成　刚）

教育均衡发展（balanced development of education）多数国家发展基础教育特别是义务教育的战略任务之一。通过法律法规保障和规定公民平等受教育的权利与义务，通过制定政策和调配资源提供相对均等的教育机会和条件，以客观公正的态度和科学有效的方法实现教育效果和成功机会的相对均衡的实践活动。通过合理配置教育资源实现教育需求与供给的相对均衡，从而体现教育公平。

教育均衡发展包含相互联系的三层含义。（1）保障和规定人人都有受教育的权利与义务。一般由国家通过法律的形式加以确认和保障。（2）提供相对平等的接受教育的机会和条件。在教育实践中，还应包括学习条件的均等，即在教学内容、教育经费、教育设备、师资水平等方面有相对均等的条件，学生在教育过程中受到平等的对待。（3）教育成功机会和教育效果的相对均等。每个学生在接受教育后都应达到一个最基本的标准，都能获得学业上的成功，在德、智、体、美、劳等方面实现全面发展。这三层含义逐层递进，其中受教育权利和义务的平等是最基本的要求，是实现受教育机会均等和条件均衡、教育成功机会和效果相对均等的前提；接受教育的机会均等和条件均衡是进一步的要

求,也是教育成功机会和教育效果相对均等的前提和条件;而教育成功机会和教育效果相对均等是最高的要求。再进一步细分,还包括:区域之间各级各类教育的统筹规划与均衡发展;学校之间的均衡发展;受教育者群体之间的均衡发展;重视弱势群体的教育公平问题等。

教育均衡发展的理论来源

教育均衡发展的主要理论来源是教育平等的理论。教育活动的复杂性与教育平等内涵的丰富性造成对教育平等概念的多样性解释。20世纪五六十年代以来,西方国家对教育平等问题进行了大量的理论探讨和实证研究,根据不同时期对教育平等的理解和认识的变化,可划分出源于"平等倾向"的"同一尺度"的教育平等理论和源于"自由倾向"的"多元尺度"的教育平等理论。

源于"平等倾向"的"同一尺度"的教育平等理论　20世纪六七十年代由美国社会学家科尔曼、瑞典教育学家胡森等人提出,包括教育机会的平等、教育过程的平等、教育结果的平等。

科尔曼在《教育机会均等》(即《科尔曼报告》)中提出教育机会均等的四项内容:进入教育系统的机会均等;参与教育的机会均等;教育结果均等;教育对生活前景机会的影响均等。他进而提出消解教育不平等的原则:矫正平等和补偿平等。矫正平等的内容是采取经济措施,补偿那些能力优秀但没有特权背景的人;补偿平等的核心是对那些基因不良且处于恶劣环境中的人进行补偿。胡森的教育平等观念对于个体而言有三方面含义:个体的起点平等;中介性阶段的平等;个体的最终目标的平等。教育平等的对象还包括学校之间的平等(即对待的平等)。美国学者 T. F. 格林认为,教育机会的公平分配需要将"符合必要的教育"(适用于教育的基础阶段,如义务教育)与"符合能力的教育"(适用于义务教育后阶段,如高等教育)相结合,并据此提出"平等与最善"的教育机会均等原理。平等的原理是指所有的人享有在最低限度上与其他人同等程度的优质(平等)教育的权利;最善的原理是指所有人都享有对自己来说是最好的教育的权利。平等与最善两个原理之间的互动辩证关系推动教育制度的发展与变革。莱伊系统探讨了平等范畴。如根据平等的范围,他区分出边际平等和整体平等。当可供平等化的资源少于需要平等化的资源时,边际平等是把平等化的资源平等地分配给平等的对象;整体的平等则是进行不平等的分配,如将更多的教育资源分配给起点较低的学生,缩小起步高低不同的两类学生之间的差距,促进两者之间的平等,故整体的平等亦称"积极性歧视"或"反向歧视"。这里虽然指的是教育资源如何在个体之间平等分配,但对学校之间平等分配教育资源同样适用。

教育平等还可看作是社会公平价值在教育领域的延伸和体现。美国政治哲学家罗尔斯提出作为正义的公平原理,包括两个层次三个原则:第一层次为平等自由原则,第二层次为机会公正平等原则和差别原则。其中,第一个原则优先于第二个原则,第二个原则优先于第三个原则。实现教育机会均等,需要将能力主义的平等与补偿教育政策相结合。

有经济学家根据教育投资收益率分析公共教育财政的目标,提出判断教育资源分配公平的基本原则:(1)资源分配均等原则,保证公共教育资源的分配对所有的学生都平等(符合罗尔斯的第一原则);(2)财政中立原则,保证不同背景学生在享有资源分配上的机会均等(与罗尔斯的第二原则一致);(3)调整特殊需要原则,保障对处境不利的群体进行补偿的倾斜政策(符合罗尔斯的第三原则);(4)成本分担和成本补偿原则,根据"利益获得"和"能力支付"原则的要求,在非义务教育阶段收取一定的教育费用,以协调有限的教育资源的整体平衡;(5)公共资源从富裕流向贫困的原则。

对文化平等方面的不同看法也是影响教育平等观念的一个重要方面。如美国学者里斯曼提出"文化剥夺论",认为对于在有缺陷的文化中成长的儿童,有必要在教育中对其缺陷进行补偿。法国社会学家布迪厄的文化再生产理论和文化资本理论认为,教育不平等产生的根源在于阶级社会中的家庭文化背景的差异和学校教育中对待阶级文化的不平等。科尔曼在重新思考教育平等的基础上指出,仅注重学校内部的教育机会均等的努力往往效果不大,原因是存在家庭背景方面的差异对儿童教育的影响。基于此,他提出与儿童学业成就和教育达成度密切相关的"社会资本"概念,并把它定义为个人所拥有的社会结构资源,与家庭、地区等相联系的社会资本决定了个人通过社会联系取得稀缺资源(包括权力、地位、财富、资金、学识、机会、信息等)并由此获益的能力。文化资本与社会资本理论的提出,进一步阐明了家庭、社会、个体自身等各方面的资源对儿童教育成就、个人发展的可能影响,学校的工作应该是扩大对所有人的机会,削弱各种不同的环境对未来成人生活的不平等所造成的影响。

各种教育平等的概念和理论都强调教育机会在数量上满足所有人受教育的要求,强调教育结果满足所有人对教育质量的要求,其实质是强调"同一尺度"的平等。在策略上,主要依靠政府行为对公共利益(资源)的平等分配,以及通过补偿政策对最不利者进行不平等分配。

源于"自由倾向"的"多元尺度"的教育平等理论　20世纪80年代以来,对教育平等问题有了新的认识。现代教育平等被视为多种基本价值的有机结合而达到的平衡状态,从而使教育平等需要在考虑公平与效率、质量、选择等多方面价值共同协调发展的基础上寻求一种系统的实现形式。

在美国 20 世纪 80 年代的教育改革论争中，范迪尼提出"卓越教育"（excellence education）方程式，其基本价值理念是追求卓越、提升效率、重视公平。构成卓越教育的五大要素是质量、公平、效果、效率、参与。在这种卓越教育中，对现代教育平等的追求以一种系统的方式进行，平等作为价值理念系统中的一部分，在各种理念的平衡中最终谋求教育质量的提升。

20 世纪 80 年代开始盛行的新自由主义深刻影响对教育平等的理解，它倡导一种多样化教育和注重"选择"的平等理念。在承认能力群和社会需求及其现实基础多样性的条件下，教育平等的含义也随之复杂化。如果把平等作为一种最低水平，统一形式的教育必然倾向于恰好适应该教育的人，却在不同程度上歧视其他各种人。诺齐克认为，教育平等就是每个人都可以充分地利用自己的劳动所得和财富，选择最适合自己的教育。詹克斯认为，公共教育制度的教育不平等突出地表现在三个方面：教育资源的不平等；学生就学机会的不平等；学生选择课程机会的不平等。理想的学校制度应致力于探究如何提供多种多样的教育以适应儿童及其家长的期望与需求，使学校成为适合每一个儿童身心发展特点的有效组织。他从保障处境不利群体的利益出发，提出了"补偿教育凭证制度"，以扩大受教育者对教育选择的权利，促进和提高公共教育的多样性与质量。通过教育凭证的规模、入学规则以及信息系统等方面的政策规则与制度安排，可以促进教育平等。丘伯和默在《政治、市场和学校》中指出，将公立学校引入市场，通过家长和学生的自由选择，可以推动和支持一些自主、优效学校的形成与发展，而且只要这些学校都符合非歧视要求，就可以满足不同消费者的不同需求，提高学校办学的绩效责任意识、效率与公平。

产生于倡导自由的教育思想，其教育平等的标准不再局限于同一的平等，也承认差别的平等。"选择的平等"所保障的教育平等就是一种新的意义上的平等，它以尊重个体的和群体的教育权利为前提，更加强调受教育者作为主体自主选择符合自己能力与个性发展的教育，并通过竞争激发各方面的活力，为所有人的教育、为所有学生的学业质量和成功而努力，这是在同一的平等的基础上对教育平等的更高要求。

国际社会对教育均衡发展的推动

促进教育均衡发展，是国际社会和各国为确保"人人有受教育的权利"作出的承诺和行动。关于受教育权利的普及化，联合国在 1948 年通过的《世界人权宣言》中规定："一、人人都有受教育的权利，教育应当免费，至少在初级和基本阶段应如此。初级教育应属义务性质。技术和职业教育应普遍设立。高等教育应根据成绩而对一切人平等开放。二、教育的目的在于充分发展人的个性并加强对人权和基本自由的尊重。教育应促进各国、各种族或各宗教集团间的了解、容忍和友谊，并应促进联合国维护和平的各项活动。三、父母对其子女所应受的教育的种类，有优先选择的权利。"要落实这项权利，很大程度上取决于对这项权利的理解。

20 世纪 50 年代初，在全球范围内，发达国家与发展中国家之间及各个国家内部，教育发展极不均衡。大多数发达国家已普遍实现初等义务教育的普及，有的已经普及中等教育；发展中国家的教育则十分落后，文盲充斥社会。联合国教科文组织为此提出"基本教育"的概念，即一种帮助人们学会读和写以及全面参与社会所需要的其他主要技能、知识和价值观的教育，从而被看作是一种每个社区或社会需要向每一个人提供的"最起码的"或者"最低限度的"教育。初等学校教育即小学教育可以为基本教育奠定坚实的组织基础，应实行免费的初等义务教育。到 60 年代初，小学和中学教育开始被认为是应该向所有儿童提供的"一个连续过程中相衔接的两个阶段"，联合国教科文组织《取缔教育歧视公约》和联合国《经济、社会、文化权利国际公约》都相继提出，使各种形式的中等教育"普及化"并对"一切人"或"每一个儿童"开放；对于高等教育，则根据能力或个人能力对所有人开放。随着教育机会的增加，人们更加关注教育机会均等的问题，主要是教育中平等的机会和平等的待遇。"保证同一级的所有公立学校的教育标准都相等，并保证与所提供的教育的素质有关的条件也都相等。"（《取缔教育歧视公约》）纠正教育资源和分配上的不公平状况成为推进教育均衡发展的基本策略。到 60 年代后期，教育公平不再追求平等地分配教育资源，而主张补偿不利的种族、性别和阶层，体现为旨在减少并最终消灭教育机会不平等的政治的、社会—经济的和文化的决策。主要依靠"平等倾向"的各种补偿性质的援助政策与手段，成为一些国家推进教育均衡发展的基本策略。

20 世纪 70—80 年代，人们对教育政策的取向产生怀疑，因为各级教育的扩张基本上靠扩大学校正规教育进行，正规教育的"直线发展"并未带来更有效的教育。美国教育家 P. H. 库姆斯认为，教育不平等主要是指由差别（如农村或城市地区、性别、社会经济条件、文化状况以及少数民族血统和社会地位的不同）造成的进入正规教育的不平等。但是，联合国教科文组织指出，拥有接受正规教育的机会，仅仅满足了受教育权利的要求，只有全面发展人的个性，增强对人权和基本自由的尊重的教育机会才是教育权利的实质内容。这在很大程度上取决于教育的结构和内容，改变教育模式和结构成为这一时期促进教育均衡发展的重要策略。例如,对教育概念进行扩充,使其涵盖"正规教育"、"非正规教育"和"非正式教育";中等教育和初等后教育实行分流办学模式,义务教育后阶段实行普通教育、技术和职业教育等多样化的教育;主张高等教育的类型、结构、形式、课程设置及教学大纲的多样化。强调根据学生的能力、需要和教育需求创造适合其发展的教育机会和条件,用多样化区别教育满足学生多样的教育需求,以此谋求教育均衡发展。

1990年,世界全民教育大会通过了"基础教育"的新概念,指出基础教育是指每个人(儿童、青年和成人)都应获得旨在满足其基本学习需要的受教育机会,基本学习需要包括基本的学习手段(如读、写、口头表达、演算和问题解决)和基本的学习内容(如知识、技能、价值观念和态度),并提出"普及入学机会并促进平等"、"强调学习"、"扩大基础教育的手段和范围"等设想和承诺。提出在资源允许的条件下,各国逐步把初中阶段或部分中等教育的时间加入到初等教育中,以构成8~10年的义务基础教育阶段。基础教育应当免费。为了对教育公共投资进行更加有效、更加公平合理和更加长期的分配,世界银行建议发展中国家在公共投资中优先考虑基础教育,提出保证所有儿童都有机会接受高质量的初等教育,在教育公共开支方面,各国应绝对优先保证初等教育;实行免费基础教育,包括由当地社区承担部分费用,并向贫苦家庭的孩子提供补助金。联合国教科文组织国际21世纪教育委员会建议,要保证提供免费的基础教育,并为处境不利的群体筹集大量资金,用于采取特殊措施来防止学业失败,或为少数民族和偏远地区的居民提供高质量的教育,以防止教育扩大社会的不平等现象。2000年,世界教育论坛通过的《全民教育行动纲领》提出,到2015年,使世界所有儿童,尤其是女童、贫困儿童和少数民族儿童都能接受和完成免费的高质量的初等义务教育。从国际社会看,170多个宣布法定义务教育的国家均实施免费;各国义务教育免费范围不完全相同,若暂时难以实现,就从贫弱阶层和初等教育做起,并随着经济水平提高而逐渐扩大。由于法定义务教育是面向全体学龄人口的均衡水平的教育,许多国家在教育立法、财政经费投入、教师队伍建设等方面采取了保障性政策和措施。例如,对处境不利地区进行特别教育援助的法律,中央和地方政府之间的义务教育转移支付制度,将义务教育阶段公办学校教师纳入国家或地方公务员系列,工资由中央或上级地方政府财政承担,实行教师的定期流动制度等,以保持学校之间教育的均衡水平。

20世纪90年代以来,"终身教育"和"终身学习"的概念开始被广泛认同,并成为制定教育政策的指导原则和实现教育均衡发展的基本策略。"人人都有受教育的权利"开始被解释为适用于一个人的终身,即"终身受教育权和学习权"。1990年的世界全民教育大会提出,基础教育是"终身

学习和人类发展的基础",并扩大基础教育的范围和手段,适当安排"早期幼儿看护和初始教育";进行功能性扫盲;将成人教育视为整个基础教育的一部分;通过非正规教育和非正式教育获得受教育机会,等等。在终身学习的背景下,中等教育和高等教育发展也出现新变化。初级中等教育已确定为全民普通教育(基础教育),而纯粹的普通中等教育及职业技术教育逐步转变为义务教育后的中等教育或高级中等教育。为了使大多数受教育者能够享有平等的机会,"个别平等"开始淡化,比如推迟分流时限(从12~14岁推迟到16~18岁),并注意沟通不同教育轨道、不同层次、不同类型学校之间的联系,以尽量减少对学生一生发展的不利影响。高等教育通过发展模式、招生方式和标准以及体制、形式、类型的多样化和灵活性,向日益增多的具有不同兴趣与能力的人开放。在中等教育后的教育机构转变为终身教育机构后,面对教育质量、如何使用有限的资源满足学习需求以及教育公平等问题,许多国家已经把由政府单独出资提供义务教育阶段后的教育改为由政府、雇主和学习者本人共同负担;在高等教育领域,实行向学生贷款、"成本回收"并向最贫困的学生和一些特殊目标群体有选择地发放助学金的补偿政策,为更多的人接受高等教育和终身教育提供机会与保障。

落实有关"父母对其子女所应受的教育的种类"的选择权问题,也成为完整的受教育权概念的核心问题。尤其是20世纪90年代后,教育选择以及与此有关的教育管理机构的民主化成为一种全球性趋势。如美国、瑞典等一些工业化国家为家庭提供更多对公立学校的选择。一些国际组织包括世界银行和美洲开发银行也建议改进教育服务提供的方式,主张对消费者进行授权,增加服务对象对提供服务的选择和参与,从而使穷人获得负担得起的质量更高的教育服务。但实施学校选择制度是否有助于扩大教育机会、推进教育公平,尚存在争论。

中国义务教育均衡发展

中华人民共和国建立后,特别是改革开放以来,教育事业有了巨大发展。2011年所有省(自治区、直辖市)通过了国家"普九"验收,高中阶段教育入学率显著提高,高等教育实现大众化。但与此同时,由地区差别、城乡差别、贫富差别、性别差异以及身体残疾等原因所导致的教育不公平、不均衡现象依然存在,有的差距甚至在加大。《中华人民共和国教育法》第九条明确规定:"中华人民共和国公民有受教育的权利和义务。公民不分民族、种族、性别、职业、财产状况、宗教信仰等,依法享有平等的受教育机会。"《中华人民共和国义务教育法》第五条规定:"各级人民政府及其有关部门应当履行本法规定的各项职责,保障适龄儿童、少年接

受义务教育的权利。"基础教育是实现公民发展权利的起点,基础教育特别是义务教育均衡发展成为社会关注的焦点,是中国教育均衡发展的"重中之重"。

中国义务教育发展不均衡问题　中国义务教育存在若干问题。从教育平等的不同层面看,主要有:(1)教育机会不均等,主要表现为:地区、城乡之间学生入学率和辍学率等方面的差距,女童受教育权利的侵害,流动人口子女入学机会得不到保障,义务教育"就近入学"政策对学生入学选择权的限制,"电脑派位"对学生选择学校权的侵害,以钱、权择校问题等。(2)教育过程不公平,主要表现为:地区间办学条件差异,重点学校与薄弱学校之间的差异,教师队伍素质的差异,班额超标,教师评价学生的标准和方式不同,公开或隐蔽的能力分班或分组等。(3)教育结果不公平,现实中主要表现为:不同地区之间、同一地区不同学校之间、同一学校的不同班级之间、同一班级的不同学生之间教育质量的差距,不同家庭背景、不同阶层子女学业成功机会的不均等性,高考分数线的地区性差异等。从教育公平的不同表现形式看,主要有:(1)区域教育不公平,主要体现为地区差别和城乡差别,在获得教育设施、教育质量、教育资源配置和教育机会上的不均衡;(2)学校教育不公平,表现在同一区域和同一教育阶段的不同学校之间,并形成重点学校与一般学校的差别;(3)优势群体与弱势群体教育的不公平,如社会更关注重点学校和向往发达地区,而一般学校的学生或生活在经济发展水平较低地区的人,往往在社会上受到另类评价;在竞争重点学校的压力下,相当多的学生在教育过程中受到不平等的待遇,等等。

导致基础教育存在非均衡发展现象的原因有多方面。有些是历史形成的,有些是教育政策的偏差,有些是社会不公导致的,也有些是受畸形的教育价值观影响。主要有:(1)区域经济、文化和社会发展的不平衡是导致中国教育特别是基础教育非均衡发展的首要因素。中国地域辽阔、人口众多,农村人口比重大,地区差异大,尤其是发达地区与贫困地区、城市与农村的经济发展水平、消费水平和文化教育基础存在较大差异,而且国家、地方的财政拨款有限,导致教育的有效供给不足。(2)教育政策导向偏差是造成教育非均衡发展的制度性因素。社会制度层面的原因有:城乡分割对立的二元经济结构和社会体制以及公共政策的"城市取向",改革开放以来的经济非均衡发展战略和政策。教育制度层面的原因有:基础教育管理权限的层层下放造成管理重心过低,以地方投入为主的政策拉大了城乡教育资源配置上的距离;教育经费不足尤其是教育财政资源供给不足,严重阻碍教育发展并凸显教育不公平问题;政府长期将更多的教育资源投向高等教育,将有限的资金和高素质的教师流向"重点学校",造成校际师资、办学条件、教育质量等方面的落差;在学校质量差距大的地区,"就近入学"

或"电脑派位"的招生方式使家庭地理位置或运气直接影响儿童的受教育机会;以"升学率"为核心的一元评价标准。(3)教育领域引入市场机制,可能加剧基础教育的非均衡化发展。如地区差距、社会分层和贫富分化,对教育的多样化、高质量需求旺盛而引起的教育资源不合理的流动和积聚;在引入市场机制和教育体制改革过程中,政策偏差和规则不公正导致教育资源配置的落差和腐败现象;政府公共行政职能定位混乱和公共财政体制的不完善,等等。此外,教育者自身的素质,如教师缺乏民主、公正的意识,教学过程中产生的不公平对待,导致教育结果的最终不平等。

中国促进义务教育均衡发展的实施策略　中国是世界上人口最多的发展中国家,教育供给不能充分满足社会日益增长的教育需求,教育资源供给的总量性短缺将长期存在。在不同时期,教育资源短缺具有不同的阶段性特征,开始主要表现为满足基本教育机会的资源供给短缺,之后主要是扩大和增加教育机会的资源供给短缺,再后则是接受高水平、高质量教育机会的资源供给短缺。中国在一定时期内,这些教育短缺同时存在。推进基础教育均衡发展的较合乎国情实际的政策逻辑是:在全面普及九年义务教育后,巩固普及成果,全面提高教育质量,使人人平等地享受质量逐渐提高的义务教育,并且尽可能朝更多地共享优质教育资源的方向努力(教育起点公平与教育过程公平相结合);扩大高中阶段教育总体规模,不断增加优质教育资源的比重,在透明的规则运作机制下,允许学生和家长保持一定的自主选择的空间,同时,公共财政仍须在一定程度和范围内实施对弱势群体受教育的补偿政策,逐步解决非义务教育阶段的教育机会平等问题。

21世纪初,中国实现了普及九年义务教育的目标,解决了法律规定的适龄儿童少年"有学上"的问题。在义务教育实现全面普及和免费之后,2010年,中共中央、国务院颁布《国家中长期教育改革和发展规划纲要(2010—2020年)》,提出均衡发展是义务教育的战略性任务,把义务教育均衡发展作为教育工作的重中之重,使每所学校都符合国家办学标准,办学经费得到保障;教育资源满足学校教育教学需要,开齐国家规定课程;教师配置更加合理,教师整体素质得到提升;素质教育取得积极成果,努力实现让所有的适龄儿童少年都"上好学"的目标。率先在县域内实现义务教育基本均衡发展,县域内学校之间差距明显缩小。到2015年,使全国九年义务教育巩固率达到93%,实现基本均衡的县(市、自治区)比例达到65%;到2020年,全国九年义务教育巩固率达到95%,实现基本均衡的县(市、自治区)比例达到95%。至2012年9月,教育部与31个省(市、自治区)及新疆生产建设兵团签署义务教育均衡发展备忘录,提出各省基本实现县域义务教育均衡发展的计划和督导评估办法,在省部级层面共同推动义务教育均衡发展。

推进义务教育均衡发展的基本思路是建立健全义务教育均衡发展保障机制。重点是推进义务教育学校标准化建设，均衡配置教师、设备、图书、校舍等资源。一是切实缩小校际差距，着力解决择校问题。加快薄弱学校改造，着力提高师资水平，实行县（区）域内公办学校校长、教师交流制度；建立以素质教育为导向的质量评价体系，严禁在义务教育阶段设立重点校和重点班；推动优质教育资源共享，鼓励建立学校联盟，提倡对口帮扶，提高优质高中招生名额分配到区域内各初中的比例；大力推进教育信息化，提高社会教育资源利用水平；在努力办好公办教育的同时，鼓励发展民办教育。二是加快缩小城乡差距。建立以居住地学龄人口为基准的义务教育管理和公共服务机制，保障进城务工人员随迁子女、农村留守儿童、残疾儿童少年、孤儿、流浪儿童等平等接受义务教育。建立城乡一体化义务教育发展机制，在财政拨款、学校建设、教师配置等方面向农村倾斜。为农村中小学配齐图书、教学实验仪器设备、音体美等器材，改善学生宿舍、食堂等生活设施；逐步实行城乡统一的中小学编制标准，鼓励优秀高校毕业生到农村学校或薄弱学校任教，对长期在农村基层和艰苦边远地区工作的教师，在工资、职称等方面实行倾斜政策。三是努力缩小区域差距。中央财政加大对革命老区、民族地区、边疆地区、贫困地区义务教育的转移支付力度，省级政府加强统筹，加大对农村地区、贫困地区以及薄弱环节和重点领域的支持力度，负责对所辖县级单位基本实现义务教育均衡发展情况进行督导评估，国务院教育督导委员会负责审核认定。

参考文献

杰夫·惠迪，萨莉·鲍尔，大卫·哈尔平.教育中的放权与择校——学校、政府和市场[M].马忠虎，译.北京：教育科学出版社，2003.

菲利普·库姆斯.世界教育危机[M].赵宝恒，等，译.北京：人民教育出版社，2001.

联合国教科文组织.世界教育报告2000：教育的权利——走向全民终身教育[M].北京：对外翻译出版公司，2001.

彭世华.发展区域教育学[M].北京：教育科学出版社，2003.

翁文艳.教育公平与学校选择制度[M].北京：北京师范大学出版社，2003.

（王　建）

教育康复（educational rehabilitation）　主要以特殊教育为手段，在教育过程中使教育对象达到康复目标的一种活动。是综合（整体）大康复概念的组成部分，教育与康复结合、教育学（特殊教育学）与康复学结合的产物。20世纪80年代，世界卫生组织提出运用一系列医学、教育、社会、职业、心理、工程等方面的有效措施减轻残疾的影响，使被康复者受损部分的机能达到其可能发展的最佳水平，医学康复、教育康复、社会康复、职业康复、心理康复、工程康复等一系列概念由此产生。

教育康复的对象主要是有各种残疾，且残疾对残疾者的学习、生活质量产生负面影响的人，特别是处于成长期的儿童、少年。仅单独使用适合其年龄特点的普通教育方法或仅用治疗某类疾病的医学方法，无法使残疾儿童、少年取得最佳、全面发展的效果，应综合运用教育和康复的各种手段与方法。教育康复的内容不仅包括用各种手段使被康复者受损部分的机能达到最佳恢复和发展水平，减轻残疾影响，使残疾人重返社会，还包括对他们思想、知识、技能等方面的教育训练，即通过对残疾人的残疾观、残疾人观等方面的教育、咨询和辅导，使他们正确认识和对待自己、周围的人和社会，掌握必要的康复知识和技能，以达到促进自己康复的目标。主要包括：（1）对被康复者的思想认识方面的工作。进行正确认识残疾、正确对待自己及周围环境的教育。这是残疾人发挥主观能动性、发挥潜能、克服环境不利因素、努力达到康复的基础。这里既有关于残疾科学知识的教育，以减少和克服残疾人的宿命、自卑、迷信等错误认识和态度，也有增强意志、毅力，对生活充满信心等品质和态度的培养，还有心理康复工作，即以心理咨询、辅导等手段使被康复者的心理发展异常或消极状态得以改变、调节、治疗，最终使其心理达到正常发展状态或其可能达到的最佳状态，平静面对现实，积极、主动配合各项康复措施。（2）对被康复者损害的身心技能的训练。针对不同残疾、不同年龄、不同情况的残疾人群或个体进行系统的发挥潜能、补偿缺陷的训练。对于残疾儿童，在其学校教育中除一般教育教学工作外，还要针对其残疾影响施以康复措施，这是极重要和用时最多的工作。如对耳聋学生进行剩余听力检测、佩带助听器以及早期听力语言训练等；对目盲学生进行认知外部世界、了解周围和社会环境并独立定向、安全行走、利用和保护剩余视力等方面的训练；对智力落后学生进行生活自理、语言发展、人际交往、感知动作等方面的训练；对肢体残疾学生进行运动功能的训练；对有语言障碍、孤独症（自闭症）、多动症、情感障碍、多种障碍等残疾的学生，根据其主要问题和困难进行针对性的系统训练，必要时辅以医疗（如药物）等方面的措施。思想认识方面的工作常结合以上训练进行。（3）残疾者的基础文化科学知识教育及劳动、职业技能训练中的教育康复工作。包括两方面内容：一是康复方面的内容（补偿缺陷），二是与一般教学方法不同的康复手段与措施。可在课内外用多种方式进行：可在专门机构实施，也可在社会或家庭中进行；可以集体方式进行，也可以个别或小组方式进行；可由专人教学或辅导，也可由残疾者独立进行。

特殊教育机构（盲、聋、弱智等特殊教育学校）把教育康复作为学校完成特殊教育任务的重要工作之一，常设有专职或兼职教师(或医生),装备专门房间(如测听室、听力或语言个别训练室、定向行走训练室、运动整合训练室、生活自理及家政训练室等),安排专门时间(排入课表),采用个别或小组方式进行训练。通常会为每个人制订个别训练计划,内容包括:训练前的水平和问题检测,针对具体人和问题拟采取的措施以及所需的资源、教材、设备,训练计划、阶段、时间安排,短期目标和长期目标及其落实安排,检查和评估效果的措施与方法,家长的配合,计划执行人等。家长、专业人员、教师和学生本人应参与或了解计划的制订和内容,各方协力实施教育康复计划。实施中除一般教育教学方法和原则外,还有针对不同残疾和问题的特殊方法与原则。如对听力损害者进行听力训练,教其发音说话的方法;教视觉障碍者摸读盲文点字、行走定向以及利用听觉、触觉感知外部世界的方法;对智力落后者进行多种感官刺激,运用从具体形象和实际活动入手的方法;对肢体残疾者进行心理康复以及未损肢体和功能代偿的训练方法等。教学原则上,多采用小步子前进、多重复训练、反复巩固、加强兴趣和调动主观能动性等原则。以康复为主的机构(如康复中心、康复站、福利院的康复班等)也把教育康复作为促进残疾儿童最佳发展的措施之一,在医疗康复训练中安排教育教学内容,并与儿童的心理康复密切结合,做到医、教、训练结合。

在教育康复中,教育工作与康复工作密切相连、互相补充,不互相替代和排斥。教育残疾人的活动需有康复工作的内容,康复工作是特殊教育的组成部分;残疾人的康复需要教育的参与,教育是康复工作的重要措施和手段。不同的康复对象及康复过程的不同阶段,各类康复措施的作用也发生变化。康复过程开始时,医学康复一般起主要作用;医学康复初步结束后,当康复对象为成人时,社会康复和职业康复常成为主要手段;在医学康复、社会康复、职业康复等各种康复措施中,教育康复、心理康复均介入其中并发挥应有作用,以保证和促进整体康复工作的效果。

(朴永馨)

教育科研管理 (management of educational research)　　教育管理的重要组成部分。教育科研管理工作者以现代管理科学的基本原理为理论支撑,遵循教育科学研究自身规律,运用计划、决策、组织、协调、激励与控制等管理的基本职能,选择适合教育科研实际的管理方法,遵照适应教育科研实际的管理原则,对教育科研过程中的人、财、物、时间、空间与信息等各种资源和内容要素进行科学配置和合理安排,完成教育科研任务,实现教育科研目标,提高教育科研效率和效益的活动。

教育科研管理内容

教育科研管理主要包括教育科研的目标管理和内容管理。

教育科研目标管理　　指对教育科研管理的目标进行甄选、厘定、调校和完善的过程。广义上,教育科研管理目标是一个由目标系统、考评系统和保障系统组成的综合体。目标系统是教育科研管理应达到的目的与状态,其在空间维度上,包括众多相互关联的科研管理子目标;在时间维度上,分为先后达成的目标序列。考评系统系为检查、考核、评价教育科研活动的目标达成而建立,包括考评制度、考评标准和方法、考评结果的处理等。保障系统是指为保证实现教育科研管理目标而建立的组织制度、方法措施、资源分配等工作。教育科研管理目标是教育科研管理的灵魂,是维系科研管理过程中各要素的纽带,是教育科研管理的起点和归宿,规定教育科研管理的方向,制约教育科研管理行为,决定教育科研管理水平。明确教育科研管理目标是做好教育科研管理工作的前提和基础。根据"科研兴教"战略,教育科研管理目标是依据教育科研管理的规律和原则,运用教育科研管理的方法和手段,发动、组织和指导研究人员参加教育科研,实现教育科研目标,完成教育科研任务,提升教育科研人员水平,提高教育科研质量,做到出人才、出成果、出效益。

教育科研内容管理　　指对学校教育科研过程中涉及的人、财、物、事等资源与要素进行管理。主要包括五方面。(1)教育科研的组织管理。在中国,教育科研实行多主体管理。教育科研管理组织主要包括各级教育行政部门、各级教育科研管理部门和各类课题来源部门,如学校、学会组织、企事业单位以及其他社会科学基金、自然科学基金的管理部门等。教育行政部门更多地从政策层面对教育科研进行引导,通过划拨教育科研经费对教育科研活动进行计划和调控。教育科研管理部门是教育科研管理的主体,主要开展业务指导,组织专家对教育科研项目和课题进行评审、评估与督导。各种教育学会对教育科研活动进行业务指导,但与教育科研管理部门的指导不同,它是自觉的、非行政的,不具约束力。学校对教育科研活动的管理具有更多的直接性、计划性与控制性。学校成立各种科研组织进行教育科研管理,如成立教育科研领导部门,全面负责学校教育科研管理工作;成立教育科学研究院(所)、教科室等专门研究机构,既是学校实施教育科研管理的职能部门,也是学校教育科研管理的主体机构;发挥系、科、所以及教研组、年级组在教育科研中的作用。(2)教育科研的人员管理。教育科研管理对象主要是从事教育科学研究者,包括专职人员和兼职人员。专职的教育科研工作者指在专门的教育科研机构从事教育科研活动的人;兼职的教育科研工作者指在各级各类学校既从事教学工作又从事教育科研者,还包括既从事教育行政管理或其他工作又从事教育科研者。作为教育科研管理对象的专职教育科研工作者,主要分布在教育科研机构,专门从事教育科研工作,其活动具有一定的稳定性和常规性,可按照各类教育科研机构的运行规则,如职业制度、道德规范、工作纪律等进行管理。在大专院校或其他研究机构中工作并从事教育科研的兼职教育科研工作者,由于还要从事教育教学、学校管理等其他工作,其教育科研活动具有不确定性和分散性,可采用灵活的管理方法和途径进行管理,通常通过项目课题来管理。(3)教育科研的课题管理。教育科研课题或项目一般指由教育科研工作者申请,经教育科研管理部门审核批准立项的研究题目。教育科研课题或项目一旦确定,就必须接受教育科研管理部门的管理,一般包括科研课题立项管理、科研课题过程管理和科研课题结果评鉴三个环节。针对不同的课题类型和教育科研管理的不同环节,其管理措施和方法也不同。其一,层级管理,即将课题分门别类、区别对待。课题按级别可分为县级、省级、国家级等;按性质可分为理论性课题与实践性课题,按内容可分为管理类课题、德育类课题、教学类课题等,按隶属关系可分为母课题与子课题,按研究人员可分为集体课题与个人课题。其二,全程管理,课题从申报、筛选,到立项、推荐、监测、结题以至推广等,均有各自的规范,加强过程管理能保证课题研究质量。其三,评估管理,就课题设立的价值论证、课题成果的质量评定、课题成果的推广运用等拟定科学的评估规范。其四,课题档案管理,将申报表、协议书、课题监测情况、课题成果等装订成册,分档保存。(4)教育科研的制度管理。管理效益很大程度上取决于建章立制,建立相应的规章制度可使管理更趋客观和理性。教育科研管理一般需制定规划制度、考核制度、检查制度、经费资助制度和表彰奖励制度。制定规划既要参照一个时期内全国和地方教育科研规划的要求,更要切合部门实际情况,按轻重缓急、难易程度、规模大小区分不同层次,明确研究方向和具体任务,统一部署,密切协调。考核制度是指把教育科研工作的目标达成度作为研究院所、系(科、所)、教研室、教研组、研究人员和教师个人业绩的考核指标,亦是研究部门或学校管理水平、办学水平的考核指标。检查制度的内容包括对已立项目实施过程的定期检查、督促和项目承担者的定期汇报等,及时调整方案或计划,及时帮助解决问题。制定经费资助制度是要想方设法扩大经费来源,支持课题研究,合理分配科研经费,使科研经费的比例、分配、使用和管理符合科研规律和经济规律要求,以最少的经费投入取得最大成效。对预算内的科研经费和上级下达的科研项目经费,确保专款专用,并切实加强使用检查。表彰奖励制度是以制度化的形式对取得科研成果的机构、研究人员、教师给予精神上的表彰和物质上的奖励。向上级有关部门申报奖励高质量的教育科研成果,将研究者的教育科研成果与其职务评聘、评优、晋升和资助相联系。(5)教育科研的知识管理。知识管理是指为实现组织发展目的,人们在管理中通过获得和运用所处集体的知识与智慧而开展的一系列管理活动,伴随知识经济的兴起而发展。教育科研知识管理的主要内容有三项:关注教育科研的学习型组织建设,关注教育研究人员在研究中的专业成长;坚持管理职能多元化,充分挖掘一切教育科研资源;遵循管理策略的整合性,发挥科研管理促进学校可持续发展的最大功效,形成教育科研"以人为本"与"和谐发展"的理念。以人为本即尊重研究人员,为研究人员服务,教育科研管理因人而异,需分层次分类型引导每位研究者寻找适合自己发展的空间,体验有研究欲望和有目标追求的快乐,创造条件提供每位研究者发展的机会,体验负责与成功的快乐。和谐发展是指教育科研管理要协调各种关系,强调合作研究、同伴学习、分享智慧,强调人、财、物等有形资产与知识信息资产的有效管理,实现有机结合与良性互动,以取得最大效益。

教育科研管理过程

教育科研管理过程包括制定教育科研规划、组织教育科学研究、检查督导和反馈、形成教育科研成果。

制定教育科研规划 制定教育科研规划的意义在于通过规划来组织、安排和实施教育科研;统一各方面规划,掌握教育科研工作过程,确保课题研究计划如期完成。制定教育科研规划可提高管理的预见性,减少盲目性和外来干扰,并协调各课题组之间的关系。教育科研规划包括长远规划和近期计划,具体内容有指导思想、研究进程、质量要求以及保证措施等。教育科研规划一般以3年或5年为限,可以独立制定,也可作为教育发展规划的一部分。制定教育科研规划应体现目标高、特色明、内容全等特点。

组织教育科学研究 在教育科学研究过程中,一要加强思想政治工作,坚持正确的教育科研方向,及时解决思想认识问题,在明确课题研究价值、作用与意义的基础上激发研究者的工作热情,培养研究骨干,并组织教育科研队伍开展研究;二要挑选科研课题负责人,将任务落实到人,定任务、定时间,使每名科研人员明确任务和职责,增强责任感;三要及时了解教育科研的进展和质量,及时发现和解决问题,提供有关研究信息,必要时组织有关专家帮助解决研究过程中遇到的疑难问题;四要提供完成研究任务所需的物质条件,包括研究经费和设备等。

检查督导和反馈 在教育科学研究过程中经常开展检查,并结合检查情况进行督导与反馈。检查教育科研工作是否按计划进行,对较复杂的课题进行时间安排上的必要调整;检查科研计划的科学性与可行性,以科研实践为标准,衡量科研计划是否科学可行,根据具体情况对计划进行必要修订;检查教育科研运行情况,既看到成绩,也提出问题并及时反馈给研究人员,督促其修正并设法帮助解决。

形成教育科研成果　这是教育科研管理的最后阶段和关键环节。教育科研成果管理主要指对成果的总结、鉴定和应用。课题项目承担者需作总结报告,成立成果鉴定专门组织,组织有关专家对教育科研成果给予认真评议。若教育科研项目取得预期成果,则需在相应范围内科学地组织成果推广。教育科研的目的是应用,对于在更大范围内有推广价值的教育科研成果,需主动向上级推荐,以使研究成果取得更大的社会效益。

教育科研管理原则

教育科研管理需遵循三条原则。一是服务性原则。教育科研管理应当为教育科研事业的发展创造积极的舆论环境,加大教育科研宣传力度,引导教育研究者充分认识教育科研的功能和价值;教育科研管理应当为教育科研事业的发展提供制度保障,通过制定一系列规章制度,使教育科研活动纳入制度化、规范化轨道,减少盲目性和随意性;在人、财、物、信息、时间等方面为教育科研活动提供支持,尽力满足教育科研的实际需要,为教育科研的顺利开展提供良好的物质基础。二是指导性原则。指导教育科研人员坚持正确的科研方向,使教育科研为教育改革与发展服务,为提高教育教学质量和教师素质服务;指导教育科研人员按照科研规范开展教育科研,提高教育科研的质量和效益。三是效益性原则。充分发挥教育科研人员的积极性、主动性和创造性,知人善任,形成合理的人才结构;使有限的教育科研经费得到最大程度的合理运用,努力做到低投入、高产出;加强对教育科研信息资料的管理,重视信息交流,扩大信息资料的影响度;重视对教育科研过程的动态管理,严格按照课题设计和教育科研规范开展课题研究;充分发挥教育科研成果的社会效益,有计划、有步骤、有针对性地推广和应用教育科研成果。

教育科研管理方法

从教育科研管理主体与教育科研管理客体之间关系的角度,教育科研管理方法分为行政管理、经济管理、法制管理与精神管理四种。行政管理指通过教育行政管理部门的政策和规章等进行教育科研管理;经济管理指运用物质奖励、经费资助等手段进行教育科研管理;法制管理是各项管理的基础,指依据法规执行教育科研管理职能,较之行政管

理具有更大的强制性;精神管理指通过精神鼓励、心理疏导及达成共识等方式进行教育科研管理。从教育管理主体确定教育科研项目和课题方式的角度,教育科研管理方法分为民主决定式、民主集中决定式和直接审批式三种。民主决定式指教育科研项目由专家民主评议决定;民主集中决定式指在参考专家评议的基础上,由教育科研管理机构集中审批;直接审批式指教育科研管理部门直接批准教育科研申请项目。从教育科研管理过程的角度,教育科研管理方法分为事前管理、事中管理和事后管理三种。教育科研的事前管理指教育科研计划政策指南的制定、教育科研项目申报的组织与评审等;教育科研的事中管理指对获批的教育科研项目的科研过程进行管理,如检查、督促、中期评审等;教育科研的事后管理指对教育科研项目的结题、成果进行管理,如组织总结、评估鉴定及推广等。从教育科研管理性质的角度,教育科研管理分为教育科研的定性管理和定量管理。教育科研的定性管理包括对教育科研项目类别的定性、教育科研评价中级别的定性等;教育科研的定量管理是对教育科研项目参与人员组成状况及产生的效果等所作的统计分析等。

参考文献

潘国青.学校教育科研新论[M].上海:上海教育出版社,2005.

喻可森.教育科学研究通论[M].福州:福建教育出版社,2001.

周宏.学校教育科研丛书[M].北京:九州出版社,1998.

（刘　建）

教育控制(control over education)　按照特定的教育目的或意愿,通过一定的教育手段,使学校和人的发展按照期望目标发展的过程。广义的教育控制是社会控制的一种重要形式,通过社会化和选择功能实现社会控制。狭义的教育控制是依据教育规范实现对学校成员行为的制约,表现为教育法律、规章、条例、规程等形式化的规定,以及班风、校风等不完全形式化的内容。政治体制、意识形态与教育控制的关系主要体现在广义的教育控制层面,相关研究主要涉及政治体制与教育控制形式、意识形态与教育控制的关系等方面。

制度化的学校产生后,教育成为统治阶级的政治统治工具。历史上关于政治与教育的关系有三种不同的界说:(1)"政教合一说",主张教育即政治,国家借助政治活动再造人们的思想,或借助教育推行自己的政治主张;(2)"政教分离说",认为教育要独立于政治、政党和宗教;(3)"政教互助说",强调教育与政治无法分离而独立,政治与教育应相互促进、相互制约。多数研究倾向于将两者关系定位为"政教互助说"。一方面,政治影响和控制教育,表现为:政治权力决定国家的教育方针和教育目的;政治权力影响和决定

教育内容的选择和解释;国家政治体制决定教育事业的领导和管理体制;政治制度不同,不同社会阶级或阶层受教育的机会就不同。另一方面,教育为政治服务,表现为教育可以实施政治社会化,促进政治统一;教育通过社会化和选择功能实现社会控制;教育可以培养政治人才。

政治对教育的控制机制有多种形式,其中政治体制对教育管理模式和意识形态对教育的影响是两个重要方面。

政治体制与教育控制

政治体制与教育控制的关系主要表现为不同形态的教育管理模式。历史上,不同政体的教育管理模式大致归为七类:地方分权制、当权控制制、各邦监督制、分层负责制、中央集权制、教会管理制、均权制等。随着时代发展,政治体制发生变迁,教育管理模式也相应变化。现代各国的政治体制主要有中央集权型、地方分权型和地方自治与中央调控型三种,相应的教育控制模式也有三种。

中央集权型教育控制模式 中央集权政体下的国家权力统归中央政府。此类政体的国家有全国统一的立法机关和政府,有单一的宪法,国家内部划分为若干行政区域,最高国家权力机关和行政机关实行统一领导。以法国为代表。

这种控制形态基于激进理论路径,尤其以古典马克思主义理论为代表,将政治视为上层建筑,教育是统治阶级统治的工具,为统治阶级服务。教育承担意识形态化和政治社会化的功能,是政治活动中的一个核心要素。在阶级社会中,学校教育不仅培养学生成为合格的劳动力,而且以一种强制的力量向学生传递统治阶级的价值观、态度和信念,让学生接受在社会中的角色和地位,从而维护现有的阶级状况和社会关系,并再生产这种阶级状况和社会关系。教育被视为上层建筑的强制性、压迫性机构,完全依附于政治,不存在独立的价值追求和行动取向。

基于这种理念,中央政府对教育实行严格控制,从宏观的教育目标、教育计划和教育法等的确立,到学校的日常活动、课程细节等,均由国家作出具体规定。例如法国教育部是直接领导全国教育的中央权力机构,在纵向上控制大学区、省直至市、镇、村的教育,在横向上领导并监督全国公立与私立教育机构。教育部不仅有权提出教育法案,发布命令,确定教育经费,而且有权规定学校的教育方针和原则,制定教学大纲,甚至有权规定教学方法、考试的内容和时间,过问公立学校教职员人事问题,等等。法国还有一套组织严密、完全受教育部垂直领导和监督的地方教育行政机构。

地方分权型教育控制模式 地方分权体制下的国家权力分属中央政府和地方政府,除了有国家的宪法、法律、法令以及最高立法机关和政府外,每个联邦主体都有自己的法令和最高立法机关及政府。联邦与联邦主体划分权限,各联邦主体依据联邦宪法的规定,在内外事务上享有一定自主权。美国、加拿大等国的政治结构均属此类,尤以美国为典型。

此种控制形态基于保守主义理论路径,认为经济关系是形成社会、塑造社会的决定力量,奉行"政府不干预"原则,政府的权力范围被限定在最低程度,强调由自由市场竞争机制发挥协调社会利益的功能。自20世纪八九十年代起,保守主义一直是影响西方许多国家政治对教育的控制形态及控制程度的主导理论。

基于这一理念,政治对教育控制呈松散形态。例如,美国从殖民地时代开始一直没有统领全国教育事务的中央权力机构,各州负责本州的教育。1867年美国设立联邦教育部,结束了没有中央教育行政机构的历史,但它并不具有领导全国教育的权力,各州教育事务由州政府负责,各州自行制定教育法案,决定义务教育年限,负责本州教育经费,规定有关教师资格及聘用条件、课程内容等方面的条例或方针,制订、实施、评价和修改教育计划。各州又把教育领导权进一步下放给所辖各级地方当局,地方教育当局同样拥有较大的工作自主性,甚至有制定和修改教学大纲、制定办学方针等权力。联邦教育部与州教育当局不存在直接的领导与被领导关系。

地方自治与中央调控型教育控制模式 第二次世界大战后,世界进入"冷战"时期,科技竞争和教育竞争构成国家之间竞争的核心。教育规模迅速扩展,现代教育系统日趋复杂,教育民主化的要求比以往任何时期更为高涨,政治、意识形态与教育控制的关系更加复杂。这种背景促成集权型国家向分权化和自主化方向的演变,分权型国家则出现增强国家调节和权力集中化的趋势。由此,国际教育领域出现了"地方自治加中央调控"的政治结构与教育控制模式。以日本为代表。

这种控制形态基于自由民主理论(多元主义理论)路径。此理论将政治行为看作是中立的,其作用在于协调社会中各阶级、阶层之间的矛盾和竞争。政府的职责在于保护全体公民利益,协调各利益集团的利益要求,社会中的权力相当公平地分配到各个阶层。与此相应,教育的基本功能在于促进全体公民的认知发展、技能获得;训练公民参与政治活动和民主决策;教育过程依据绩效原则奖励英才。教育不是为某一阶层或集团服务,而是让每一位公民根据自己的天赋或后天努力获得成功。政府主要不是控制教育,而是保证教育资源的公平分配。第二次世界大战前,日本的政治体制为中央集权型,战后向自治制度转变。日本的地方自治由各地方公共团体实行,地方公共团体有权自行负责处理除国家事务之外的所有地方公共事务,但无权立法,全国只有一个立法机构国会。这是一种有限的地方自治。日本有统辖全国教育行政事务的中央机构文部省,具有执行教育预算、管辖国立大学、批准设置公立和私立大学、确定学校设置标准、制定教学大纲、审定教科书及干预地方教育行政等权限;还设有作为地方公共团体之教育领导机关的"教育委员会",旨在根据当地实际情况,依靠民意来处理教育行政事务,具有相对独立性;日本的学校即便是私立的也具有公共性质,其管理是在国家或地方公共团体的教育行政规定和指导下进行的。与政治结构类型相吻合,日本的教育控制属地方自治与中央调控模式。

学术界认为,集权的控制形态效率较高,可促成均衡发展,但易导致官僚主义并限制地方自主性的发挥;分权的控制形态较切合各地实际需求,但难以形成均衡发展,且易造成各地政府自行其是,管理体制混乱;中央和地方合作在一定程度上能够纠正中央集权和地方分权的各自弊端,缓解两者间的矛盾,但这种模式仍处于变化之中。20 世纪 80 年代后,在高等教育领域美国出现"权力集中"现象,另一些国家则出现"权力下放"现象。

意识形态与教育控制

意识形态与教育控制的关系直接反映在课程改革中。课程是国家意识形态和主流价值观的"观念载体",是体现国家教育目的和培养目标的重要途径。课程作为国家意识形态控制的产物,依赖于两种机制:一是显性控制机制,通过对学科课程的选择、课程内容的取舍来表达主流价值观和重要的意识形态;二是隐性控制机制,通过对课程中各类知识重要程度的取舍来传递价值观和意识形态。

美国学者沃恩和阿彻认为,思想观念反映社会中不同群体的倾向和利益,当代社会包容不同的思想意识,因而也就有不同类型的课程。处于统治地位的群体通过其意识形态来支配学校及课程。B. 莱文研究了五个国家和地区的教育改革,认为英国的课程改革受国家政治意识形态的强势影响突出,当代英国社会各种意识形态有各不相同的教育主张,从而衍生出不同的课程观和课程政策,最终课程改革的状态是各种意识形态和政治势力较量的结果。

美国教育理论家阿普尔在《意识形态与课程》(1979)中主要表达两个观点。(1) 课程背后隐藏着某些价值观念或意识形态的控制。他认为,课程是政治的、经济的和文化活动的产物,是不同阶级、种族、性别和宗教群体之间权力斗争和妥协的结果。课程知识的选择和分配是社会权势者依据某种选择或组织原理而作的意识形态抉择。课程问题不仅仅是技术性的、教育性的和认识论的问题,而且是阶级、经济权力、文化霸权之间相互作用的产物,实质是政治问题和意识形态问题。(2) 知识与权力的关系。阿普尔将课程看作是"合法化知识"和"法定文化",是统治阶级实现统治与控制的工具,弱势群体在课程中找不到其文化与知识。阿普尔强调学校中的潜在课程能揭示学校常规观念中隐含的意识形态信息以及课程开发的选择性传统,能揭示课程中存在的冲突、矛盾和斗争。课程是主流文化的体现者,是进行意识形态渗透的工具,存在意识形态霸权,学校是生产不平等的重要机构。

中国学者所作的相关研究表明,意识形态影响课程开发、课程实施、课程评价以及学生的学校生活等。

参考文献

阿普尔.意识形态与课程[M].黄忠敬,译.上海:华东师范大学出版社,2001.

托尔斯顿·胡森.国际教育百科全书[M].贵阳:贵州教育出版社,1990.

瞿葆奎.教育学文集·教育与社会发展[M].北京:人民教育出版社,1989.

王云五.云五社会科学大辞典·教育学(第八册)[M].台北:商务印书馆股份有限公司,1973.

吴康宁.教育社会学[M].北京:人民教育出版社,1998.

(刘晓红　朱春艳)

教育立法(educational legislation)　国家立法机关依据法定职权和程序制定、修改和废止教育法律规范的活动。早在学校教育出现之初,法律就被作为规范和管理教育活动的一种手段,只是其影响范围较小、影响力较弱。现代社会,随着现代学校教育制度的逐渐形成与完善,以及国家教育职能的不断加强,法律开始成为国家调整教育活动不可或缺的重要手段之一,法律对教育的规范和调整意义逐渐被了解和认同。

古代社会的教育与法律　人类最早的学校出现在奴隶社会,尽管地域、文化及民族的差异使世界各地的学校雏形及其类别各不相同,但它们有一个共同的特征,即都利用国家权力管理和规范学校教育。大到学校教育机构的性质、教育的对象和内容,小到教师的地位、权利、待遇,奴隶社会的不同国家都不约而同地借助国家和法律的力量管理教育事务。在中国西周,实行学在官府、政教合一、官师合一;在斯巴达,没有受过法定教育的人不能获得公民权;在古罗马,为国家而接受教育是公民的义务,国家不断强化对教育的控制和垄断。从 138—161 年的安敦尼努斯·庇乌斯统治时期起,罗马帝国正式规定各城市的文法教师和修辞教师的数额,并由国家支付其薪水;150 年,帝国将元老院元老的许多特权授予文法教师和修辞教师,以后又给予教师免税、免服兵役等特权;333 年,君士坦丁大帝颁布敕令,授予当时的学校教师及其子女以豁免权及其他特权,并将教师的私人选聘制度改为国家委派。国家统治者利用法律确立了国家的教育管理权力,并以此控制学校教育活动的走向,维持固有的社会秩序和统治关系。

封建社会时期的欧洲,民族国家衰微,宗教教育代替了传统世俗教育的主导地位,教育权力掌握在教会手中,教育与法律相分离。直到宗教改革之后,随着欧洲民族国家的逐渐兴起和强大,世俗的国家权力重新掌管教育,这种状况才有所改变。在中国,国家一直通过制定各种强制性管理规则来掌控教育。随着学校教育制度的逐渐完善,学校管理的有关规范也日趋完备。唐代形成了完整的由学礼、入学制度、处罚制度和休假制度等组成的官学内部管理制度,还制定了涉及学习年限、淘汰制度、违假制度、制裁制度、解退制度等具体学校管理事项的系列学规,是中国教育史上第一次有明确记载的、固定化的、有系统的惩戒条文规定。明代则颁行"卧碑"形式的12条禁例对学生进行管理。清代以《奏定国子监规条》的颁布为标志,建立了较全面的教学管理制度,包括学生录取、告假制度,课程,对学生学习态度、纪律等的考核,制定奖惩规则等方面。

现代意义上的教育立法　现代意义上的教育立法是16—19世纪世界各国资本主义兴起所带来的社会政治、文化与教育变革的产物,是普及教育必不可少的有力保障。资本主义大生产的兴起与发展使教育与生产劳动的联系日益紧密,教育由于具有能改变人的劳动能力的水平与性质的功用而被视为社会再生产的必要条件,在资本主义发展中具有空前的重要性。争取自身的教育权利并运用国家权力来干预教育,促进教育的普及以保障资本主义进一步发展,成为新生的资产阶级的迫切需要。当资产阶级从教会手中夺取教育权之后,其首要任务就是用法律手段对有利于资本主义发展的社会关系和社会秩序加以确认和保护。建立普及的、义务性的国民教育制度成为欧洲各国国家教育权重新确立的一个重要标志,这也标志着教育与法律在新的历史形势下紧密结合的开始。与传统的结合不同的是,教育与法律这一现代意义上的结合指向了整个教育活动,与以往零星散乱的教育立法相比,这一阶段的教育立法更为完善、细致、系统。

18—19世纪是现代教育立法的萌芽和起步时期,这一时期教育立法的主题是普及义务教育,为资本主义的继续发展提供更高素质的劳动力队伍。这一过程首先表现为教育的世俗化与国家化、教育与宗教逐步脱离、国家教育权威逐步确立。一般认为,教育的世俗化和国家化进程与西方主要资本主义国家的形成及其国民教育制度建立、完善的进程基本同步。在资本主义发展较快、资产阶级革命较彻底的国家,国家对教育的管辖权力确立较早,而在资本主义发展较晚的国家,如西班牙、俄国,国家教育权确立的时间较晚。16世纪宗教改革之后,尚处于分裂之中的德国就已出现由邦国制定的强迫就学的教育法规,如1559年瓦尔滕

贝格的法令、1580年萨克森的法令。在普鲁士,1604年规定学校在属于教会的同时也属于国家,1717年《普鲁士义务教育令》确立了适龄儿童的强制义务教育原则,1723年《教师任用办法》规定教师的任职资格与薪酬标准,1763年《普通学校规程》正式确立国家对教育事务的管理权,1794年的普通法典进一步明确:包括大学在内的各级学校都是国家机构,只能由国家设立或许可设立;所有教师都由国家管理并予以委任;公立学校与教育机关都受国家监督。统一之后的德国更加注重教育立法,颁布了《学校视察法》等教育法规。1919年《魏玛宪法》则开教育入宪之先河,以较多的篇幅规定国家对教育事业的管理权力及其实施的具体问题。由于德国资产阶级在教育与法律结合方面的不懈努力,德国教育的普及及教育的整体水平在整个欧洲处于前列,法律使德国的教育方针和政策得以固定化,促进了德国教育的稳定性与连续性,也为统一后德国的迅速崛起创造了积极条件。

19世纪中期开始,随着各国现代教育制度的逐步形成,从初等教育到高等教育的整个教育系统都开始纳入法律调整范围。不少国家都在宪法和其他相关法律中明确规定了发展与普及教育属于国家重要责任,国家的教育职能被提升为现代国家管理职能的重要组成部分,通过法律手段更多地对教育进行积极干预和管理,成为国家权力履行教育职责的重要途径。这一时期,各国对教育立法十分重视,相继出台了大量有关教育的法律法规,教育法的内容和调整手段日益复杂化,法律对教育的调整范围和力度都大大增强。

第二次世界大战后,教育的社会综合效应大大加强,在社会经济、政治、文化、军事等各方面全面发挥作用,教育在国家发展中的地位日趋重要,成为影响各国综合实力与未来命运的决定性因素。现代教育活动中的各种复杂影响因素及其相互关系,要求国家系统、全面地认识和掌控教育领域内的复杂关系,加大对教育事业的干预力度,全面探索教育在改善个人生活状况、促进社会变革方面的积极作用。许多国家制定了教育基本法或具有基本法性质的学校总法,并对已有教育法律法规进行系统的整理。这一时期的法律更广泛地涉入教育领域,承担调整复杂的教育内外部社会关系的重任,以日趋完备的法典和明确的权利义务设定为标志的现代教育立法活动频繁,许多国家逐渐形成了一个系统和科学严密的教育法律体系,教育法的深度与广度有了质的飞跃。

现代社会中,法律介入教育的意义表现在三方面:一是法律能保证国家教育目标和教育政策的有效贯彻。教育法律规定了国家机关在管理教育方面的职权和职责,保证了国家机关在组织和调控教育方面的职能的实现,使教育事业真正做到有序发展。以国家行政为例,任何国家要对教育进行有序的、科学的教育行政管理,就必须把国家的行政

管理置于牢固的法制化基础上。二是法律能规范教育领域中人的行为。教育、教学活动中存在各种社会关系和行为交流,通过教育法能建立规范的教育秩序,保证学校教育目标、方向的正确以及教育教学活动的连续性和稳定性。三是从保障公民合法权益的角度,以追求公平和正义为宗旨的法律能够规范国家教育权力和学校办学权力的正当行使,最大限度地保障教育领域中各方主体的合法权益。

法律对教育活动的调节也有其局限性,并不是教育领域中的所有活动和行为都能够用法律来调节。教育领域与其他社会活动领域不同,教育更多地涉及人的智力、认识能力、思想、信仰、社会文化等因素,对于人的心智和精神文化方面的活动,如教学方法的选择、教师威信的树立、幼儿学习习惯的培养等,法律的作用是有限的。法律控制教育不可能是全方位的,只能是有条件的、部分的。法律应该介入教育,教育权力的行使应该受到法律的监控,以保证教育过程中各方合法权益的实现。但法律介入教育活动的方式、具体形式、条件和限度,以及教育活动的独特性如何在这种法律介入中得以保证和体现等问题,是教育法治化进程中不可回避的。

以司法制度为例,从国外司法力量对教育介入的内容和范围来看,各国的司法都在司法审查与尊重教育教学自由之间进行艰难的抉择与平衡。从各国对教育的司法审查来看,司法对教育的干预并不是完全的、绝对的,它既反对绝对的教育自由,同时也力图防止司法对教育的不当控制。谨慎地把握司法控制的界限,保护教育活动参与主体的自主权利和学校及教师在专业学术领域的自由裁量权,始终是法院所坚守的基本原则。

参考文献

劳凯声.教育法论[M].南京:江苏教育出版社,1993.

劳凯声,郑新蓉.规矩方圆——教育管理与法律[M].北京:中国铁道出版社,1997.

秦惠民.走入教育法制的深处——论教育权的演变[M].北京:中国人民公安大学出版社,1998.

吴志宏.教育行政学[M].北京:人民教育出版社,2000.

杨春发.简明国际教育百科全书·教育管理[M].北京:教育科学出版社,1992.

（王　辉　马晓燕）

教育领导学(educational leadership)　研究教育领导现象、本质、规律及其应用的学科。其研究对象是与提高教育领导活动的方向性、合理性、科学性、有效性与艺术性相关的一般性的和主要的领导问题。其研究任务:汇集教育领导方面的研究成果和现代信息,总结和提炼教育领导的规律、原则与方式方法,建构教育领导理论体系,为教育领导实践提供有效建议。学科特点:交叉性和综合性,该学科由领导理论与教育理论交叉结合生成,研究内容涉及多门学科知识;科学性,揭示教育领导的客观规律,形成具有普遍指导意义的教育领导原理与一般性的方式方法;实践性,重视实践运用,在目的和任务上注重提高实际领导能力,解决教育领导实践中的问题,研究方法上重视在实践中反思、总结和提炼,内容上强调面向教育领导实践,提出有针对性的建议;艺术性,在研究目标和任务上坚持基于科学规律总结教育领导实践中的艺术性,内容上将教育领导艺术渗透于领导规律的运用过程,将领导科学与领导艺术融为一体。研究方法:(1)文献法,查阅领导学与教育学的文献是教育领导学研究的基础性工作;(2)调查法,教育领导学是一门理论与实践相结合的学科,运用调查法从实践中采集数据、了解事实,是保证学科与实践同步和具有原创性的重要手段;(3)经验总结法,总结提炼优秀的领导者尤其是教育领导者的宝贵经验;(4)个案研究法,针对某个领导的成功实践或反面典型进行系统深入的介绍与研究;(5)历史法,追溯学科的历史渊源,研究领导人传记,对教育领导问题进行历史分析,反思历史问题等;(6)实验法,通过施加控制来验证领导措施的实际效果,提高教育领导学的科学性;(7)人种学的研究方法,研究者亲临现场,对当事人的行为、言语和场景进行细致描述,以展示其具体生动的过程,用于研究领导者和被领导者以及领导情境和领导方式等。

教育领导及其理论

教育领导是指明教育活动的发展方向,提出愿景,确定目标,选人用人,影响人趋向愿景、实现目标,取得更好业绩、获得更好发展的活动。其中,动作发出者即教育领导者,动作承受者即被领导者。教育领导的影响手段主要有动员、号召、带领、命令、引导、劝说、激励、沟通、督促、协调、评价、服务等。教育领导具有以下特质:(1)教育性。对教育领导的回报是教师和学生的发展,而非经济回报;教育领导过程本身是一种教育过程,尤其是对学生的领导工作本身就是对学生有重要影响的潜在课程。(2)政治性。教育作为育人事业,与政治有密切关系,政治领导和依靠教育,教育为政治服务。教育领导决定教育发展方向,教育领导者须提高政治意识,确保教育发展的正确方向。实践中,国家或政党对教育的要求主要体现在教育方针、教育发展规划和教育法律法规中,教育领导行为是贯彻国家教育法规的具体行动。在中国,全面贯彻党的教育方针、科学有效地实施素质教育是教育领导政治性的体现。(3)道德性。教育领导必须尊重人、相信人,领导行为须有利于人的幸福与发展;教育领导注重道德培养,强调尊重人性,尊重人的成长规律与合理需要,注重追求善的愿望与结果;教育领导的职责之一是以正确的价值观引导人,促使人们确立正确先进的教育理念,学习掌握正确先进的教育思想,采取正确高效的教育教学方法。(4)科学性与专业性。教育领导需以专业知识、专业能力、专业的道德品质和专业素质为基础。(5)实效性。教育领导旨在完成教育任务,实现教育目标,促进教师与学生的发展与幸福,其实际效果主要表现为教师和学生积极主动地为实现教育目标、完成教育任务而努力,并在工作和学习中不断进步。(6)艺术性。教育领导既要遵循一定的原理、原则和方法,又要富有创造性地工作,表现为对领导方式方法的恰当运用,对领导措施运用程度的把握,以及各种领导方法和手段之间的和谐统一等。上述六方面相结合,构成统一的教育领导活动。

教育领导从教育管理和教育行政中分化出来,明确区分教育领导、教育管理和教育行政这三个概念是确立教育领导学的基础。三者间关系体现为四方面(见下表):教育领导与教育管理既有相同之处,也有不同之处,彼此独立;教育行政是教育行政机关对教育事业的领导和管理,或表现为教育领导,或表现为教育管理,许多情况下,某一行政行为既是教育领导又是教育管理;除教育行政外,还存在其他教育领导和教育管理活动,非教育行政机关组织内部的领导与管理不属于教育行政;教育领导和教育管理是教育组织发展不可缺少的两个重要因素和力量,两者既相互独立,又互相支持、互相依赖。

教育领导、教育管理和教育行政的特点

区分维度	教育行政	教育管理	教育领导
本质特征	政治对教育的统治	规范与控制	影响力
主体	教育行政机关及被授权单位与个人	有职位和权力者	有教育思想和方法并具有主动精神的人
客体	教育事业	人、财、物、时间和信息	人
目的	体现国家意志	提高效率	改善效果
方式方法	依法行政	用标准与程序进行外在控制	通过思想工作,进行内在激励
功能	教育为政治服务	维持秩序	引发创新

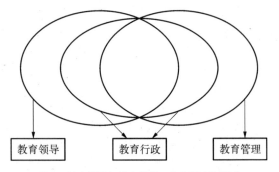

图 1　教育领导与教育管理、教育行政的关系

教育领导的基本理论有领导特质理论、领导行为理论、领导方格理论、领导权变理论、转化式领导理论、道德领导论、分布式领导理论、建构式领导理论、原则领导等。

领导特质理论　特质理论是对领导现象进行系统研究的最初尝试。其研究假设是,伟大的领导人身上具有特殊品质。其研究方法是对优秀领导人进行系统的跟踪研究,包括调查、访谈、个案分析等方法。经历"伟人论"(great man theory)和"特质论"(traits theories of leadership)两个阶段。"伟人论"主要研究伟人的特质,"特质论"则主要研究一般优秀领导者的品质。特质理论产生于 20 世纪初,后虽受到行为理论和权变理论等的冲击,但始终是领导理论中的基础性理论。1974 年斯托格迪尔在其调查报告中总结领导的十项特质:责任和完成任务的积极性;精力和对目标的执著追求精神;冒险精神和创新精神;在社会情景中实践创新的积极性;自信心和自我认识能力;勇于承担决定和行动的后果;乐于减少人际紧张;愿意忍受挫折和延误;影响他人行为的能力;为实现目标而建构社会相互作用系统的能力。教育领导者除应具备一般领导者的品质外,还应具有教育工作所需的特殊品质,主要有五项:爱心,尤其是对教师和学生的爱心;使命感和事业心,教育领导工作难以用定量方法评价,只有将教育领导工作作为体现自己人生价值的事业,才能充分发挥自身才能;反思与创新能力;具有先进正确的教育理念与教育思想;以身作则,对教育领导者的道德要求比对其他领域领导者的要求更高。

领导行为理论　最初的领导行为研究产生于对独裁领导者与民主领导者的区分。独裁领导者倾向于集所有权力于一身,实行高压统治;民主领导者倾向于将权力分给他人,鼓励参与,通过对追随者的言传身教来获得尊敬。美国俄亥俄州立大学在 20 世纪 40 年代末制作"领导行为描述调查表"(The Leadership Behavior Description Questionnair,简称 LBDQ),经问卷调查和结果分析,将领导者的行为分成结构维度和关怀维度两类,也称主动结构型(initiating structure)和体谅结构型(consideration),前者完全以工作任务为首,以明确的目标、严谨的计划、严格的纪律和保质保量达标为主要特征;后者则更关心下属,与下属相互信任,倾听追随者意见,并给予及时鼓励。这两种领导行为分别亦称任务行为(task behavior)和关系行为(relationship behavior),两者相互独立,不同领导者对这两种行为的不同组合形成四种领导行为,即低结构高关怀行为、高结构低关怀行为、高结构高关怀行为和低结构低关怀行为。通常认为"双高型"领导行为最有效,但工作性质和领导环境对领导行为的有效性亦有很大影响。

领导方格理论　由美国得克萨斯州立大学的布莱克和穆顿在前人研究的基础上提出。将领导行为中"对人的关心程度"和"对生产的关心程度"分别分成九个等级,形成一个二维模型和五个领导类型(如下页图 2 所示)。双高型(9,

9)为团队领导(管理),被认为是最有效的领导类型,员工得到极大的尊重和信任,生产进展顺利且质量高;(1,9)型为乡村俱乐部型领导(管理),只关心人不关心生产,员工有很大的自由度,情感得到满足,但生产任务未得到应有重视;(9,1)型为定向领导(管理)或权威—顺从型领导,高度重视生产任务,却忽视员工的感受与合理要求;(1,1)型为无力型领导(管理),既不关心人也不关心生产,没有领导与管理的哲学和清晰的领导理念,是无所作为的领导与管理;(5,5)型为中庸之道型领导(管理),在关心人和关心生产两方面都有明显的意识,但都不强。中庸之道型领导是现实中的常态领导行为,乡村俱乐部型领导和无力型领导是特殊的领导状态,团队领导是优秀领导的最佳状态与水平。

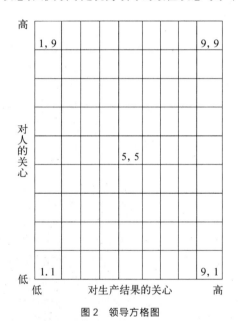

图 2　领导方格图

领导权变理论　20 世纪 60 年代后,领导理论研究进入权变理论阶段。权变理论认为,无论领导者的特质与行为风格是什么,只有领导者的个人特点与领导情景相匹配,才能成为优秀的领导者,领导的有效性是领导者行为与被领导者和领导情景相互作用的结果:领导有效性=f(领导者,被领导者,环境)。具体有以下理论:(1)**菲德勒模型**。美国管理学家菲德勒通过系统研究,提出一个权变模型,显示在十分有利的环境中,员工团结,目标明确,任务导向的领导者更具优势;当环境因素一般时,善于处理人际关系的领导能创造有利的工作氛围,进一步改善人际关系,明确任务结构,因此关系导向的领导者更有效。(2)**情景理论**。由赫西和布兰查德提出。着眼于具体情景中的领导,强调有效的领导者能根据任务要求和下属需要调整领导类型,有效领导是领导类型与情景需求相一致的表现。(3)**路径—目标理论**。由美国心理学家 M.G. 埃文斯提出,美国心理学家 R.J. 豪斯等人进一步完善。强调领导者的领导风格和性格

特征与其下属和工作环境的关系,认为领导者的工作是帮助下属达到目标,要奖励目标行为,并指明获得奖励的途径,为下属提供必要的指导与支持,确保他们各自的目标与群体的总目标一致,并最终实现个人目标与群体目标。总结了四种领导风格:指导型领导,关注明确的任务安排、绩效的标准和工作成绩;支持型领导,努力建构舒适的工作环境,关心员工的健康和需要,鼓励下属努力工作;参与型领导,决策前倾听下属建议,决策时采纳建议,领导者与下属共同解决问题;成就取向型领导,向下属提出较高的期望和挑战性目标,激励下属达到目标,取得成就,具体工作由下属创造性地完成。

转化式领导理论　转化式领导(transformational／transformative leadership)亦称“变革式领导”、“转型领导”,由美国社会学家唐顿提出,美国政策科学家 J. M. 伯恩斯在《领导》(1978)一书中将领导分为交易式领导(transactional leadership)和转化式领导。转化式领导通过改变人的认识和价值观,提高人的需要层次和道德水平来改善组织文化,提高组织效能,有效推进组织变革与发展过程。转化式领导者一般都是改革者,是组织变革与创新的倡导者与推进者。美国心理学家巴斯认为转化式领导有四个领导行为层面:魅力、激发鼓舞、启发才智和个别关怀。中国台湾学者刘雅菁总结了转化式领导的六种行为:发展组织愿景,主动关怀个别成员,激励成员士气,营造民主合作气氛,激发成员的才智,启发员工的创新思维。在教育领域,能促进转化的领导行为主要有四类:揭示问题,提高认识,提升需要和目标,激励变革。领导者通过以身作则、号召、带领、制度约束、精神与物质奖励等手段促进变革与转化。巴斯认为,转化式领导是领导者引导成员超越个人利益,提升需求层次,最终使成员的表现超越期望,而交易式领导是领导者澄清成员的角色,使成员了解从事哪些工作才能换取需求的满足,以此促使成员努力工作。萨乔万尼则认为,交易式领导属于价值领导,转化式领导则是附加价值领导,两者强调的重点不同:价值领导强调管理,附加价值领导则强调领导;价值领导只重视参与,附加价值领导则重视优异表现;价值领导强调执行与操作,附加价值领导则强调提供象征和增进意义等。中国台湾学者秦孟群认为,在教育组织中,实施交易式领导可暂时维持组织运行,但难以创新,转化式领导则强调提高下属的目标以达到自我实现的境界,而不止步于获得奖赏,要使一所学校取得瞩目成就,必须实施转化式领导。

道德领导理论　适用于教育组织的领导理论,美国教育管理非主流学派代表萨乔万尼于 20 世纪末提出。他在所著《道德领导——抵及学校改善的核心》中提出,学校不同于企业,学校本质上是一种学习共同体,学校领导更注重道德因素,按照学习共同体的要求领导学校。道德领导以建

设有德行的学校为目的,是一种基于道德权威的学校领导实践理论。他提出了再造领导、目的领导、四种领导替代、做领导者的领导者、建设有德行的学校等观点。

分布式领导理论 产生于 20 世纪 90 年代。其基本思想:领导分布于组织的各个层面;领导不是个体行为,而是集体行为;分布式领导的核心工作是创建合作性的工作关系和团队精神;领导者要注意培养领导者。其思想基础是学习型组织理论。学习型组织具有扁平化的组织结构,强调组织学习,主张适应变化,不断创新,"去中心(de-center)的领导者"和"领衔学习者"是学习型组织中领导者的形象。萨乔万尼关于"领导者的领导者"这一领导者的定位亦被认为是分布式领导的思想基础。分布式领导通过领导职能在组织层面较广泛的分布来增加领导的强度与密度。

建构式领导理论 建构式领导是使教育团体的参与者能建构意义,并由此导向学校教育的共同目的的交互影响过程。兰伯特、D. 沃克等人在《教育领导——建构论的观点》一书中提出。其要义有三:一是建构式领导是使人产生能力的交互影响过程,是理解人、帮助人、影响人、激励人的活动。二是在建构式领导中,每个人都是处于教育团体中并从事意义建构的参与者。领导者最重要的不是发号施令,而是通过"会谈"来促进下属学习与反思、理解与创新,并达成目的;下属不是命令接受者和执行者,而是愿景、目标、方针策略、措施方法等文化要素的意义建构者。三是建构式领导能更有效地实现学校教育的目的。建构式领导认为,意义是人类活动的根本,意义的本质是发展性的。建构式领导、转化式领导和分布式领导本质上都强调对员工的尊重,使员工自动、自觉地为实现组织目的而努力。建构式领导可作为转化式领导的基础与前提,其结果往往是分布式领导。

原则领导 美国领导学专家柯维提出。认为正确的原则如同罗盘,必定会指出一个方向。正确的原则是已经获得确认、经久不衰的人类行为准则,体现为价值、思想、规范和教义的形态,有三个特征:是自然法则,是事物自然发展规律的反映;是显而易见的最基本的原则,真实不变;反映事物发展趋势,具有指导作用。原则领导的主要观点有六:一是罗盘式领导。柯维将人们的价值观等主观企图比喻为地图,将原则比喻为罗盘,认为领导不应按过去的地图进行指挥,而要像罗盘一样永远指向正北。当今不断变化的社会需要罗盘式领导,能够指出正确的方向。原则领导的基本特征是坚持最基本的正确原则,把握组织发展的正确方向,授权给掌握正确原则的人。二是坚定信念。领导者只有充满必胜的信念,对自己的事业确信无疑,才能随时迎接挑战。三是视野与远见,优秀的领导者必定是有远见卓识的人。四是以原则为中心的时间管理法,领导者必须提高时间利用率,将有限的精力用于正确的事。五是创造并利用定势。定

势是一种思想、观念、情感状态与一种特定刺激物相结合的产物,是一种自动的联系,领导活动中要利用积极定势激励人们前进,克服消极定势,避免不良行为。六是范式转换。柯维借用库恩的范式转换(paradigm shift)概念,主张当时代发生重大变化时,领导者的思维、观念与原则应及时更新。教育活动具有很强的价值性,教育领导都应成为原则领导,坚持正确的原则,将教育事业引向正确的发展方向是教育领导者的基本职责。教育活动最基本的原则是教育要为人的健康发展和幸福生活服务,培养适合社会需要的人才,只有坚持基本原则,学校才能取得良好发展。

教育领导的基本规律、理念与原则

教育领导有九项基本规律:(1)主动表现律。领导者是主动进取者,主动性的含义包括主动的态度、主动的思考和主动的行为。(2)需求满足律。当教育组织的发展愿景、教育领导的策略和手段与教育组织面临的社会挑战和需求相一致,并能满足教育组织发展需求和被领导者的生存与发展需要时,愿景的激励作用大,教育领导的效能高。(3)专业领导律。教育领导是一种专业领导,优秀的教育领导者和教育团队是教育专家与领导专家、管理专家的结合体。(4)管理为伴律。教育领导与教育管理是教育组织领导活动的两个方面,优秀的教育领导者具备较强的领导能力与管理能力。(5)德权能匹配律。当领导者的权力与其德行和才能相适应时,权力是推动组织前进的动力;反之,权力资源可能被浪费,甚至成为组织发展的阻力。(6)合作多赢律。在组织领导中,合作者越多,前进的力量就越大,越有利于教育事业和组织的发展,多一份排斥和对抗就多一份阻力,优秀的教育领导者善于将原本没有合作意愿甚至有对立倾向者转化为合作者。(7)简约高效律,领导者善于授权和激励下属,培养自我领导者。(8)潜能决定律。领导效能和组织发展愿景的实现取决于组织成员潜能和组织潜在资源的开发,开发潜能的力量是领导力之一。(9)积极心态成功律,成功的教育领导者拥有积极的心态。

教育领导理念是教育领导者在理性思考和亲身体验的基础上形成的关于教育领导及其价值和价值实现途径的根本性判断与看法。先进教育领导理念是对教育领导规律的认识,反映并代表教育改革与发展对教育领导的需求,具有前瞻性和实效性。现代教育领导的先进理念主要有:(1)科学发展理念,坚持以人为本、全面发展、协调发展和可持续发展的科学发展观;(2)专业化理念,校长和教师是一种专业,提高专业素质、加快专业发展是校长和教师的使命,校长应同时是教育专家、领导专家和管理专家;(3)思想领导理念,教育领导主要是教育思想的领导,致力于运用教育思想实施领导,解决教育思想层面的问题,教育领导者要

提高自身的理论思维能力;(4)校本发展理念,重视学校自身发展问题、学校自身的力量和学校自身发展的效果与特色;(5)教学中心理念,明确教学是学校工作的中心;(6)细节决定成败理念;(7)战略决定成败理念;(8)团队制胜理念;(9)关系制胜理念,认识到领导的成败与效能很大程度上取决于领导者与重要利益相关者的关系;(10)多维领导理念,多方面思考问题,承担多重角色的责任,确保和提高教育活动的方向性、合理性、科学性、有效性与艺术性。

教育领导的基本原则是教育领导规律与领导理念对教育领导者和教育领导工作的基本要求,是落实先进教育领导理念的行动指南。主要有九项:(1)明确使命、担负领导责任原则,领导者的使命感和责任感是激发和统领教育领导者各项素质,做好教育领导工作的首要因素;(2)开发潜能、主动迎接挑战原则,开发自身、他人和组织的潜能,积极迎接社会发展和学生及其家长对学校教育提出的挑战,是优秀教育领导者的重要特征;(3)言行并重原则;(4)服务的方向性原则,为学生服务、为教师服务、为学校发展服务、为社会发展服务是教育领导的工作方向,其中为学生服务是教育领导的出发点和归宿;(5)价值高于效率原则,明确教育是一项具有高价值追求的公共事业,教育的正确性比教育的效率更重要,正确而有效率的教育才是科学的教育;(6)以教学为主原则,教育资源配置始终以教学为主,服务于教学活动;(7)宽容与鼓励原则,教育领导者必须在尊重、理解学生和教师的基础上进行引导和积极的强化;(8)刚柔并济原则,以刚性制度保证按教育规律办学,以柔性化关怀体现对教师的尊重;(9)勇于打破先例原则,体现教育领导的创造性,丰富教育传统。

教育领导贯穿教育工作始终,就一项教育改革的实施和一个教育领导周期而言,现代教育领导的主要过程可概括为七个步骤:提出愿景与目标;制定政策;选人用人并建立组织与团队;指挥、指导、激励与服务等;督导检查与纠正等;总结评价;分享成果。教育领导方式与领导者的领导理念、性格和经验直接相关,具有个人色彩,无绝对的优劣之分,其效果取决于领导方式对被领导者和具体领导情景的适应性。主要有任务取向方式、人员取向方式、命令式、说服式、示范式、亲为式、授权式、专权式、民主式等。领导风格是一种稳定的领导行为模式,培养道德的、有效的、受欢迎的领导风格是教育领导者的努力方向。教育领导者必须具有良好的道德,领导者的道德是一种无形的领导力,教育领导者的职业道德包括:热爱教育事业,热爱学生和教师;具有对事业和职位的责任感;坚持正义与公平;认真;理解人、尊重人、关心人;以身作则;不断学习与创新;具有专业精神;具有服务意识。教育领导效能指教育领导活动的效果和领导者的能力,一般包括领导能力、领导效率和领导效益。领导能力是产生领导活动效果的重要因素,领导活动

效果是领导能力的外在表现,但两者并不呈正相关,常出现不对应现象。学校效能是检验学校领导者效能最重要的指标,考评教育领导效能需坚持方向性原则、过程与结果并重原则、民主公开原则、显性与隐性相结合原则等,主要方法有目标考评法、员工评议法、定量分析法、比较考评法、项目考评法、过程考察法、综合考评法等。

教育领导体制与权力

教育领导体制 教育领导体制是指教育领导的组织体系与制度,具体包括领导组织结构、领导的层次与跨度、领导职责与权限划分和领导干部的管理制度。具有系统性、根本性、全局性和稳定性。分为宏观行政领导体制和学校领导体制。受政治体制、经济体制和教育体制影响。

教育领导权 教育是一种公共事业,教育领导权是一种公权力,有其道德要求,强调责任、期望、信任和奉献。加强教育领导权的赋权机制、行权机制、监督机制、问责机制和评价奖惩机制,做好教育领导者的权力观教育,是确保教育领导权正确使用并发挥更大效益的基础。

教育领导的主要内容和途径

教育领导的主要内容 (1)教育思想领导。教育领导本质上是一种教育思想领导,借鉴丰富的中外教育思想,面向世界、面向未来、面向现代化建设的实际需求,是理解和掌握正确先进的教育思想的重要途径。中国现代教育领导者的首要责任是全面正确地贯彻党和国家的教育方针,实施素质教育。教育思想领导具有特殊规律,学习、研究和实践引领是教育思想领导的有效方法。(2)教学领导。学校的教育领导工作须以教学为中心,加强教学领导、提高教学质量是教育领导的重要内容。具体包括教学思想、教学方法、教学积极性、学生学习积极性、教学质量、教学评价、教学改革等。教学领导的核心是教学质量的领导与管理,教学领导的根本任务与目标是推进教学改革、建立有效实施素质教育的教学体系。(3)课程领导。课程领导的愿景是建立实现教育目标的课程体系。解决课程领导中的权责问题有不同的方法,分权化是一种趋势。课程开发的途径是辩证分析传统课程,扬长补短,并依据现实要求,借鉴世界课程发展经验,世界课程改革的特点是综合化、生活化、板块化和校本化;提高课程领导意识、加强校本课程开发与建设是现代校长的使命。(4)政治与道德教育领导。教育与社会政治紧密相关,教育领导须有政治意识;道德是人的灵魂与精神,重视和加强道德教育是培养全面发展人才的首要任务。提高政治与道德教育的科学性与实效性是教育领导工作的目标。(5)教育科研领导。教育科研推动教师专

业发展和教育教学改革,培养"科研兴校"意识、提高教师教育科研水平、加强日常教育科研领导与管理是现代创新型教育领导者的共同特征。(6)学生领导。提高对学生的领导意识,积极开展有效的针对学生的领导活动是现代教育领导者的重要工作,加强班集体建设,开展健康、丰富的学生活动,重视与学生的沟通是领导学生的重要途径。(7)教育改革领导。教育改革具有特殊规律,领导教育改革具有特殊策略。主要步骤:增强紧迫感;组建领导团队;设计愿景和战略;传播变革愿景;授权行动;创造短期成效;巩固成果并进一步推进变革;将新方法融入常规。主要策略:揭示危机和挑战;指明出路,激发变革愿望;植入新理念;加强培训,尤其是骨干队伍培养;做好相关的支撑工作;注重实效,使大多数教师和学生受益。

教育领导的途径 (1)自我领导。自己提出正确的发展愿景与目标,并制订计划,自我激励、自我约束,积极主动地实施计划,努力实现愿景。其特点:善于自省和自我观察,能自己制订发展目标,并与组织目标相一致;喜欢自己解决问题,并能较好地完成任务;善于自我激励;经常自我反省,自我约束;善于沟通,有团队意识。教育领导者在努力成为自我领导者的同时,要促使下属成为自我领导者,并为此创造条件。(2)团队领导。通过建设团队、领导团队实现目标。内容包括建设领导团队、培养下属团队、加强团队领导等。建立高绩效的工作团队是教育领导的重要策略和方法。高绩效团队的特点:有共同目标;赋能授权;沟通良好;具有弹性;具有最佳生产力;认可与赞美;有士气。新型团队领导者承担协调者、问题解决者、资源供给者、问题处理的指导者和肯定者等角色。(3)愿景领导与战略领导。提出愿景、描述愿景、宣传愿景、带领教职工为实现愿景而奋斗是教育领导的重要工作。领导战略是实现愿景的工作方案,充分重视发展战略,加强战略领导与管理是现代教育领导与传统教育领导的重要区别之一。教育战略领导与管理包括收集与分析战略情报、明确愿景与目标、制定战略与计划、实施战略、战略评估等环节。(4)教育决策。包括教育政策、组织决定、领导指示和领导意见四种,提高教育决策的正义性、合理性、科学性与实效性是教育领导者的努力方向,加强正确决策的执行力度、确保正确政策的实施是教育领导者的责任。(5)教育检查与评价。是领导者了解情况、获得反馈信息、完善政策、修正行为的重要手段,是对下属进行指导、培养、激励的重要方式。检查有例行检查和专项检查,评价有定性评价与定量评价、诊断性评价、形成性评价和终结性评价,积极评价与消极评价等,发展性评价是一种现代教育评价。(6)领导激励。激励是依据需要引发人们实现目标的行为或提高其积极性与努力程度的行为与机制。领导激励的四个要素是愿景与目标、激发行为与激励机制、被领导者的需要、受激励后的努力态度与行为。需

要层次理论、人性假设理论、激励—保健理论、GRE理论、APA需要理论、认知评价理论、强化理论、公平理论、期望理论等为教育领导进行激励提供理论指导。提高教育领导的激励能力可从掌握教育领导的激励逻辑、把握激励的着力点和平衡点、掌握激励艺术等方面入手。教育领导中,讲求领导方法、修炼领导艺术是领导者自我提高的必由之路。调查研究法、会议领导法、文件领导法、危机领导法、目标领导法、面谈法、示范带动法等是教育领导的一般领导方法;听课法、评课法、课题带动法、家访法、集体活动法、教育督导与评估法等是教育领导的特有方法。根据具体情境选择和创造最佳领导方法并取得最佳领导效益是教育领导者成熟度和领导水平的标志。

教育领导学学科发展

教育领导学从教育管理学和教育行政学中分化而来。其发展分三个阶段。

第一阶段是混沌孕育阶段。早期教育历史上,教育领导与教育管理、教育行政、教育统治结合在一起,教育管理和教育统治的过程就是教育领导的过程,教育领导的思想和理论在教育管理、教育行政和教育统治的思想和活动中孕育。中国古代儒家的教育思想中有许多教育领导思想的基因。因材施教蕴含权变领导的思想,"学而优则仕"是对学生努力学习具有激励作用的共同愿景。中国古代的教育制度和教育政策成为统治阶级领导和控制教育的工具,形成教育领导与管理的政治特征。20世纪初美国出版的教育管理与教育行政著作中虽包含教育领导学的思想,但并未明确提出教育领导的概念。

第二阶段是明确提出教育领导理论阶段。20世纪30年代后,管理学出现人本主义倾向,开始注重从特质的角度深入研究领导者,后发展成为领导特质理论,开始领导学的研究。第二次世界大战后,领导学逐渐成为一门独立的学科。50年代后,领导研究的重点从特质理论转向行为科学,尤其在美国教育管理理论运动倡导运用社会科学方法研究教育管理现象的促进下,研究人员开展教育领导行为研究,为教育领导理论发展奠定了基础。进入60年代,随着权变理论的出现,领导理论已拥有较系统的成果。领导学研究学者科特明确区分领导与管理:管理是计划、预算过程的确立和详细的日程安排,并调拨资源来实现计划;领导是确定经营方向,确立远期目标,并为实现远期目标制定变革策略。教育领导学的发展过程同一般领导学,领导学研究的每一阶段都有相应的教育领导方面的研究成果。20世纪60年代后,以"教育领导"(educational leadership)为主题的研究迅速增多,在教育管理和教育行政研究中,教育领导日益受到关注,逐渐成为教育管理学中的专门部分,教育行政领

导或学校行政领导学虽仍以行政学内容为主，但领导思想贯穿其中，教育领导与教育管理和教育行政一起成为具有特定意义的固定概念。

第三阶段是学科独立发展阶段。20世纪60年代末起，有关领导学的专著日益增多，虽然领导学的体系有待完善，但已形成不同于管理学的理论形态，领导理论诞生并开始独立发展。70年代后，教育领导学逐渐发展成为一门独立的学科，自70年代始尤其是80年代后，专门研究教育领导的理论专著和文章日益增多。如1982年美国的泰亚克和汉梢特著《管理者的优秀品质——美国公立学校的领导》（*Mangers of Virture: Public School Leadership in America*），1989年J.史密斯著《教育领导的批判观》（*Critical Perspectives on Educational Leadership*），1991年霍奇金森著《教育领导：道德艺术》（*Educational Leadership: The Moral Art*），1992年德维格楠著《教育领导——一种现代行政和管理人员的实践理论》（*Educational Leadership: A Practical Theory for New Administrators and Managers*）等，美国的《教育领导杂志》（*Journal for Leadership in Education*）和《国际教育领导和教育行政手册》（*International Handbook of Educational Leadership and Administration*）发表许多教育领导方面的学术文章。促使教育领导学独立的因素有：一般领导理论的丰富和发展，教育管理学不断发展并走向分化等。随着教育领导学地位的提升，英国将英国教育管理和行政学会（British Educational Management and Administration Society，简称 BEMAS）更名为"教育领导、管理及行政学会"（British Educational Leadership, Management and Administration Society，简称 BELMAS），澳大利亚以"教育领导"代替"教育管理"，将澳大利亚教育管理委员会（Australian Council for Educational Administration，简称 ACEA）更名为澳大利亚教育领导委员会（Australian Council for Educational Leadership，简称 ACEL），全国所有大学的教育管理学科和系、所均改为教育领导学科和系。进入21世纪，教育领导学发展迅速，成果丰富，在美国、英国、澳大利亚和加拿大等国成为显学。中国教育领导学处于借鉴和探索阶段，在教育领导现象与问题引起人们重视，并对教育领导问题开展专门研究的过程中，吸取普通领导学和国外教育领导学的成果与经验建构并发展。

参考文献

蔡进雄.转型领导与学校效能[M].台北:师大书苑发行,2000.

理查德·L.达夫特.领导学——原理与实践(第二版)[M].杨斌,译.北京:机械工业出版社,2001.

郭咸纲.西方管理思想史[M].北京:经济管理出版社,2004.

琳达·兰伯特,渥克,等.教育领导——建构论的观点[M].叶淑仪,译.台北:桂冠图书股份有限公司,2000.

（苏君阳）

教育伦理（educational ethics）　　在教育活动中处理各种关系所应遵循的道德准则和职业准则。一般可从广义和狭义两方面理解。广义的教育伦理，主要是从教育与外部世界的联系中把握教育的伦理意义。这些联系包括，应该怎样确立教育在社会生活中或体系中的地位和作用，应该怎样评价人们对教育的态度，社会应该赋予教育什么样的性质和目标，受教育的平等权利，以及教育的公平和正义等。这些问题不仅涉及个人的需求，而且涉及社会进步和理想社会的塑造及实现，需要从哲学的角度对教育的伦理基础和一般道德与教育道德的关系加以阐述。狭义的教育伦理，是从教育内部主要是学校教育来认识和评价教育的伦理意义。社会对于学校的各种要求主要通过教学过程来实现。这一过程是培养学生树立科学精神和道德准则的主要途径之一，是实践学校与学生的关系、师生关系，以及体现教师道德水准和学生人格发展程度的关键过程。从这个角度出发，教育伦理涉及教育应该包括哪些内容，教育遵循的道德原则，学校的办学方向，教师的职业道德等内容。主要是从教育哲学角度对教育过程中实现教育目的所有基本要素中的伦理因素进行阐述。

教育过程涉及各种道德关系。从教育主体——人来看，一是社会与个体的关系，是社会向每一个体实施教育并进行道德教化。二是国家与个人的关系。进入现代社会后，教育基本上是国家行为，尽管有许多私立学校存在，但教育从整体上是由国家进行的。教育资源是国家提供的，教育政策是国家制定的，国家通过对教育的控制影响着每个人的发展；国家的价值取向、政治制度等都影响着教育的目的、内容和方式，因此国家与个人的教育关系也是伦理性的。三是教师与学生的关系。教师作为具体实施教育行为的人，拥有知识权威和国家权威代表者的双重身份，教师的教育活动直接影响着受教育者思想品德的发展，教师与学生的关系是道德性的关系。四是家长与子女的关系。家庭教育在教育体系中具有举足轻重的地位，它直接影响子女的人格形成。这几种关系概括起来，就是教育者和被教育者的道德关系，都需要道德规范予以调控，以使教育能够实现它的内在价值追求。教育伦理就是处理上述各种关系的道德准则。

教育伦理的含义随着社会和教育的发展而变化。在中国，20世纪80年代教育伦理问题被认为是教师道德问题，因而教育伦理就是有关教育过程中教师行为的善恶、荣辱、公正和偏私等问题，或主要涉及教师职业领域的道德意识、道德关系和道德实践。20世纪90年代以来，教育伦理概念从教师道德演化为教育过程参与者的道德关系，教育伦理即教育之善恶的伦理。从国内外教育伦理学的发展动态来看，教育伦理的含义已超出教育伦理即教师职业道德这一传统观念，包括教师职业伦理、教育政策伦理、教育管理伦理、教学伦理、教育评价伦理、学生服务伦理、教育研究伦理、教育的平等和公正、教育权利以及教育的总体道德等。

关于教育伦理的研究，最早可溯至美国教育学家杜威，1894 年，他在芝加哥大学开教育伦理学讲座，之后相继发表《构成教育基础的伦理原则》和《教育上的道德原理》。此后一些学者相继探讨了早期教育及小学教育中的道德问题，教育的道德性质问题。1966 年，英国哲学家 R. S. 彼得斯在《伦理学与教育》中阐述了教育伦理学的基本问题，成为教育伦理研究中的经典之作。英国哲学家 L. 布朗在《正义、道德与教育》中强调为人们提供一个在教育中"进行独立道德判断的伦理学基础"，并"为分析教育中的不正义、不道德现象（如教育机会上的不均等）提供一个理性基础，反驳那些枯燥的、缺乏根据的价值观点"。该书共三部分，第一部分讨论了教育、正义和道德的基本概念和根本原理；第二部分使用一般原理讨论了教育实践的主要伦理矛盾，如教育中的权利和义务，正义、道德和惩罚，正义、道德与道德教育，教育管理中的正义与道德。在讨论具体教育伦理问题时，布朗强调以正义、道德的根本原理来处理各种矛盾。第三部分则从社会正义的角度来讨论教育机会均等问题。1985 年，美国学者 G. M. 鲁宾逊等人合著的《高等教育中的伦理问题》从分析高校中内在的道德冲突、事实和价值的关系入手，系统地论述高等教育中的伦理道德问题，提出了处理高等教育过程中伦理道德关系的"公正原则"、"最大限度地实现利益的原则"、"普遍化原则"、"把他人当目的的原则"等。

在中国，较早进行教育伦理研究的是近代学者丘景尼。1932 年，丘景尼发表《教育伦理学》，讨论道德教育问题。1988 年，王正平主编的《教育伦理学》从中国社会主义初级阶段特点出发，系统阐述社会主义教师道德的理论和实践问题。作者以马克思主义伦理学的基本原理为知识基础，紧密结合教师职业特点，从教师与学生的关系、教师与教学劳动的关系、教师个人与教师集体的关系、教师工作与其他行业的关系等方面，分析了教育作为一种职业的伦理特点。1989 年，施修华等主编《教育伦理学》，运用教育学和伦理学的基本原理，借鉴古今中外的教育伦理思想，考察教师职业的特点，对教师道德的特点、作用、原则、规范、范畴等，进行详细论述，并结合教育过程中的各种社会关系，论述了教师道德的具体要求。1993 年，李春秋主编的《教育伦理学概论》，就中外教育伦理思想的历史演变，教育管理的伦理道德价值，道德教育的地位和功能，教师道德要求的形成、特点、本质和构成，教师道德行为选择等问题展开论述。1997 年，黄向阳在《教育专业伦理规范导论》中从教育专业化的发展趋势和理想出发，探索师德规范建设的道路。2000 年，

檀传宝在《教师伦理学专题——教育伦理范畴研究》中将"教师幸福"作为教育伦理范畴系统构建的起点，分别对"教师的公正"、"教师的仁慈"、"教师的义务"、"教师的良心"等范畴进行详尽的论述，并以"教师的人格"作为总结。钱焕琦和刘云林的《中国教育伦理学》对现代教育管理和教师劳动中呈现的各种复杂的道德关系和道德现象、教育伦理对人的个性发展和社会进步的意义和作用、评价教育是否道德的依据、主要原则和方法、不同教育领域的道德规范体系，以及教育道德修养等方面的问题展开讨论。2001 年，王本陆的《教育崇善论》通过对教育善恶矛盾的整体考察来把握教育的伦理规约和道德进步的机制，试图在学理层次上和实践层次上思考教育伦理和道德建设等问题。

国际 21 世纪教育委员会指出，21 世纪要求重新强调教育的伦理和文化内涵。教育发展内在地包含教育伦理问题。教育思想、教育方式的变革，比如教育内容的调整是否有利于促进教育公平，教育制度的改革是否有充分的伦理依据，新的教学方法是否体现了对人性的尊重等，都与伦理价值判断相关。教育伦理研究更加关注现实教育中的各种矛盾和变化并做出道德评价和引导，以伦理的眼光审视教育的道德问题，教育伦理探讨教育的道德问题，为教育自身立道德之法。

参考文献

李春秋. 教育伦理学概论[M]. 北京：北京师范大学出版社，1993.

钱焕琦，刘云林. 中国教育伦理学[M]. 徐州：中国矿业大学出版社，2000.

王本陆. 教育崇善论[M]. 广州：广东教育出版社，2001.

王正平. 教育伦理学[M]. 上海：上海人民出版社，1988.

（周兴国）

教育逻辑学（logic of education）　　研究教育理论和教育实践活动中逻辑问题的学科。逻辑科学与教育科学的交叉学科。

教育逻辑学的研究对象包括相互联系的两个方面。一是教育理论的逻辑形式和方法，即以逻辑学的视野研究教育理论及其思维成果形式的逻辑问题，苏联教育学家纳乌莫夫主张建立"教育研究逻辑学"。二是教育活动自身的逻辑以及普通逻辑规则、方法在教育活动中的运用。前者着眼于探讨教育理论的逻辑；后者着眼于研究教育活动中的逻辑，将教育实践活动作为普遍逻辑的应用领域来研讨教育活动的逻辑规则，即注重教育的应用逻辑。中国逻辑学界关于教育逻辑的研究基本上以教学活动中的思维与逻辑方法为对象。教育逻辑学研究对象的两个方面不可偏废。

在学科性质和研究对象上，对逻辑科学而言，教育逻辑学是一门应用学科，是逻辑学的一个特殊领域。教育逻辑

学是普遍的逻辑思维形式及其规律、方法在教育活动中的应用,以及它在教育认识、教育理论建构和教育活动中的应用。教育逻辑学在性质上不研究纯逻辑的内容,但也不是形式逻辑和科学逻辑的简单重复。对教育科学而言,教育逻辑学是一门理论学科。中国学者瞿葆奎认为,教育逻辑学是教育科学学科体系中一门形而上的学科。从历史看,教育逻辑学形成的两种研究范式表明,教育逻辑学不涉及解决具体教育问题的策略和方法,而关注人们认识和揭示教育规律的思维形式,以及教育活动本身固有的逻辑思维。在这一意义上,教育逻辑学是人们认识教育和开展教育活动的一种方法论。

教育逻辑学的建立和研究是教育科学和教育实践发展的客观要求。在教育科学体系中,教育哲学和教育心理学与研究人的思维相关,但两者未能回答和解决教育理论思维和教育活动的所有逻辑问题。认识教育存在,进行教育理论思维,揭示教育规律,无不要求运用一定的逻辑工具,遵循一定的逻辑规律。教育活动中存在一系列特殊的逻辑问题,如冲突问题、两难问题甚至悖论问题、"测不准问题"以及"不完全问题"等,易导致教育理论中概念意义的不明确、命题与判断的不清晰以及语义等方面的问题,需要借助逻辑学来解决,以增强教育科学的理论性和实践操作性。

作为逻辑学中的一门应用学科,教育逻辑学随逻辑学的产生、发展及其在教育理论中的应用而逐渐产生和发展,经历了三个阶段。

第一阶段:古典逻辑思想和方法在教育理论中的应用。逻辑学史上称亚里士多德创立的逻辑学为古典形式逻辑或古典演绎逻辑。亚里士多德在《工具论》中首次全面系统地论述形式逻辑的主要内容。其逻辑学说的主要内容包括范畴、命题、三段论学说、证明、对谬误的反驳,以及其哲学著作《形而上学》中论及的矛盾律、排中律、同一律的演绎逻辑思想。逻辑史公认,亚里士多德的古典演绎逻辑学说建立在对范畴(词项)研究的基础上,它主要涉及范畴,由范畴组成命题,由命题组成三段论推理和证明等。亚里士多德的逻辑思想极其关注理论思维形式的整体性,强调范畴、命题和推理的有机体系。

教育问题是亚里士多德重要的研究领域,其教育理论和教育思想主要体现在所著《政治学》和《尼各马可伦理学》中。logos(古希腊语中的"逻辑")一词虽未出现在其教育理论中,但形式演绎逻辑被运用于其教育论述,具体体现在两方面。(1)关于教育的范畴。亚里士多德的教育理论和教育学说从天赋、习惯、理性三个基本范畴出发,这三个基本范畴是培养人的各种善德的根基。其中,人的灵魂有理性和服务于理性的本能两部分,理性又分为"实践理性"和"玄想理性",人生的至高目的在于"操作理性而运用思想"。他指出,人的成长过程是躯体先于灵魂,灵魂的非理性部分先

于理性部分,人从天赋到习惯再到理性的发展是有程序的。亚里士多德的教育理论或教育思想离不开这三个基本范畴,这三个范畴是构成亚里士多德教育理论命题的核心词项,亦是其论述教育问题的逻辑起点,其教育价值观和目的观、和谐教育思想、"适应自然"的教育思想以及关于课程问题的论述或命题,均以这三个范畴为基础。(2)亚里士多德教育理论的演绎逻辑。从研究方法看,亚里士多德对教育问题的探讨有其特点:一是在大量经验事实的基础上概括出结论;二是对既往的教育理论采取分析态度;三是具有较多的朴素唯物主义观点和辩证法因素。这与其形式演绎逻辑有一定联系。按照亚里士多德的三段论,能够比较清晰地看出其教育理论中有关教育观念的演绎推理过程。如关于"教育的自然适应性",亚里士多德认为,在人的生长过程中,天赋、习惯、理性的发展是有一定程序的:"躯体先于灵魂,灵魂的非理性部分先于理性部分","操修理性而运用思想正是人生至高的目的"。教育过程应当依从人类生理和心理的发展顺序,首先体育,使灵魂所寓的身体健美,随之灵魂的本能部分,养成良好的习惯,最后启发他们的理智。为此,他主张按照儿童的身心发展特点,遵循人的身心发育过程,把一个人受教育的年龄划分为三个阶段。亚里士多德的这一段分析可分为三段:第一段,"天赋、习惯和理性可为培养人生诸善德的根基",人的成长过程是有一定程序的,即从天赋到习惯,再到理性的过程;第二段,教育是一种培养具有德善的公民的活动;第三段,合理的教育应"效法自然",遵循人的"身心发育的程序"。第一段类似于三段论推理的大前提,第二段类似于小前提,第三段则是推理的结论。亚里士多德的教育理论陈述中充满此类逻辑演绎。

亚里士多德的教育观念一定程度上包含其形式演绎逻辑。他的教育命题是由教育范畴出发的,他的教育观念是由一组哲学命题或教育命题经过演绎推论出来的。

尽管亚里士多德在教育理论领域没有明确留下教育逻辑及其逻辑规则,但他在教育理论领域演绎逻辑的自觉运用,以及其饱含辩证法因素的教育思想,不仅推进西方古代教育理论的发展,而且对文艺复兴以来的教育理论和实践产生一定影响。古代教育家对教育特别是教学法等问题的研究,大多以亚里士多德的逻辑学为基础,诚如范寿康所指出的,不可忽视亚里士多德的论理学及对后世教育学的影响。中古时代的教育学完全受亚里士多德的论理学的支配。当时的教授法均以亚里士多德的演绎法为根据。可见,亚里士多德的逻辑学对教育逻辑的影响之大。

第二阶段:近现代数理逻辑的启示。17世纪后,随着数学的发展,古典形式逻辑逐渐向近现代数理逻辑发展。1655年,英国唯物主义哲学家霍布斯就希望用数学方法研究逻辑思维。德国数学家莱布尼茨也设想建立一个"普遍的符号语言"系统,用以进行"思维的演算"。但直到19世纪

初,英国数学家布尔才成功构造出一个内容丰富的逻辑演算系统。与此同时,德·摩根也突破古典逻辑主宾式结构的局限性,提出关系命题、关系推理,并用符号加以表示,数理逻辑正式产生。随后,"罗素悖论"、"希尔伯特方案"、"哥德尔不完全性定理"以及证明论、集合论与模型论等的发展,标志着现代数理逻辑的不断成熟。

数理逻辑的产生、发展与成熟不仅直接推动了数学和逻辑学的发展,而且对其他科学(包括社会科学)也产生了重要的促进作用。当数学家和逻辑学家在为突破古典逻辑而冥思苦想的时候,1632 年,捷克教育家夸美纽斯因循中世纪教育家的思维方式,以自身丰富的教育经验为基础,运用经验描述和直观类比等方法,通过其《大教学论》创立教育学,使教育学以独立的学科形态从哲学中脱离出来,并且多少具有一些逻辑意识。

19 世纪初,近代数理逻辑的发展启发了德国教育家赫尔巴特。在以实践哲学和心理学为基础研究教育问题,并创立自己的教育学理论体系的时候,赫尔巴特明确地意识到教育逻辑演绎体系的重要性,坚持逻辑论证和思辨方法。然而,赫尔巴特又不排斥实验科学的量化方法,主张把量化表述和逻辑思辨结合起来。从这一意义上说,赫尔巴特的教育研究方法具有逻辑实证的方法论色彩。

19 世纪中期,孔德提出实证主义社会学,J. S. 穆勒提出经验主义心理学。与此同时,自然科学也形成实验和检验假设的逻辑和方法论,这种逻辑和方法论因而作为模式,其流行的范式为社会科学家,尤其是盎格鲁-撒克逊国家中的社会科学家所继承。数理逻辑便属于这种逻辑和方法论,它注重对事物进行数量化分析,用数量化模型来描述和解释事物要素之间的关系,并通过对事物要素的关系命题的逻辑演绎或归纳来揭示事物的内在规律。这对 19 世纪后期西方教育理论的发展产生了具有方法论意义的影响。

19 世纪末 20 世纪初,自然主义的、实验的、科学的思想和方法极大地影响了社会科学,也影响了教育科学的方法选择。赫尔巴特对形而上学的演绎系统的追求和对实验的逻辑方法的犹豫,并没能阻碍实验和假设检验的逻辑方法在德国教育研究中的运用。真正重视并实际运用实验和检验假设的特定的逻辑与方法论来研究教育问题的教育家,首推德国教育学家、心理学家梅伊曼和拉伊。1901 年,梅伊曼提出"实验教育学"的概念。1908 年,拉伊出版在德国被誉为"继赫尔巴特以后教育学说新纪元"的著作《实验教育学》。他们认为,教育学包括理论部分和以心理学为基础的实验部分两个方面,教育学应该和心理学一样进行严格的实验研究;教育学应建立在教育实验的基础上,运用实验和假设检验的逻辑与方法,以及定量描述,以确定教育活动中各要素的因果关系或相关关系,克服以往教育理论只重视思辨的缺陷。从逻辑方法论的角度看,梅伊曼和拉伊进行

的教育实验研究的开创性工作,既是受到数理逻辑启示的结果,同时也为教育逻辑学的产生奠定了思想和方法论基础。

教育逻辑学的萌芽不仅体现在教育研究和思维方法上深受逻辑学的影响,而且体现在教育学的研究对象和研究内容上。从近代教育学的研究内容来看,教育家比较关注教育活动中的思维问题。如夸美纽斯《大教学论》的一个重要内容就是关于教学过程中的逻辑思维问题。再如赫尔巴特在《普通教育学》中,既关注教育理论的逻辑演绎和推理,又从内容上探讨了教育过程的逻辑结构。虽然此时的教育逻辑研究仍不成体系,但已成为教育学理论建设的基本方法论。

第三阶段:教育逻辑学的产生。随着逻辑学、哲学、心理学等学科的发展及其研究成果对教育领域的影响,"教育的逻辑"作为一个研究领域日渐清晰地呈现在教育学的研究对象之中。20 世纪初,"教育逻辑"(logic of education)这一术语开始出现在一些教育论著中,并把教育逻辑学作为教育哲学的有机组成部分来加以研究。1921 年,范寿康用德文撰写《教育哲学大纲》,1923 年由商务印书馆翻译出版。范寿康认为,教育哲学包括教育论理学、教育美学、教育伦理学三个部分。其中,教育论理学的德文是 Über die Pädagogische Logik,现译"教育逻辑学"。实际上,《教育哲学大纲》不是现代意义的教育哲学著作,而是涉及教育逻辑学、教育美学、教育伦理学的著作,也是中国第一本涉及教育逻辑学的著作。

在《教育哲学大纲》的"教育论理学"一章中,范寿康考察了逻辑学与教育学的关系,指出普通逻辑学与教育学的关系重大。他认为,教育理论史上人们提出的许多"教授理论和教授法"都是从逻辑学出发的,如苏格拉底的教育方法,并且不可忽视亚里士多德的论理学及其对后世教育学的影响,中古时代的教育学可说是完全受亚里士多德论理学的支配,教育中的"形式陶冶"、"教授目的"、"教授内容的组织"以及"教授阶段"等,"都是以论理学为基础的"。

在西方教育理论界,教育逻辑问题也引起教育理论家们的重视。1910 年,杜威的《我们怎样思维》(How We Think)(一译《思维术》、《思维与教学》等)出版,该书是教育逻辑研究中具有重要影响的著作。1899 年,威尔顿则在其《教育的逻辑基础》(The Logical Bases of Education)一书中考察了教育理论与逻辑的关系,并研究了教学活动中的逻辑运用问题。从 20 世纪 20 年代起,西方教育哲学家们开始普遍把教育逻辑问题纳入教育哲学加以研究。20 世纪 70 年代以来,德国教育理论家布列钦卡也相当关注教育理论的语言、概念、命题等逻辑问题。英国哲学家 P. H. 赫斯特和 R. S. 彼得斯于 1970 年合作出版《教育的逻辑》(The Logic of Education)一书,研究了教育理论中的逻辑问题,

这是教育理论史上第一本直接以"教育逻辑"命名的教育逻辑学著作。美国教育理论家谢弗勒出版《教育的语言》(The Language of Education,1960)。1985年,美国现代教育哲学家索尔蒂斯出版《教育学研究的逻辑与语言》(Logics and Languages of Pedagogical Research)。这些研究在一定意义上表明,教育逻辑学作为一门学科正式产生。

教育逻辑学不仅在形式上产生了,而且在内容上也形成不同的研究范式。20世纪20—30年代后,教育逻辑学形成两种不同的研究取向,一种是以杜威为代表,从研究教育活动中的思维及其逻辑问题的角度探讨教育逻辑,这种研究取向可被称为"教育活动的逻辑"取向;另一种是以 P. H. 赫斯特和 R. S. 彼得斯为代表,从研究教育理论的基本概念、命题以及解释的逻辑问题的角度探讨教育逻辑,这种研究取向可被称为"教育理论的逻辑"取向。

在教育理论史上,首次把教育活动中的思维和逻辑问题加以比较系统研究的教育家首推杜威。1910年,杜威出版《我们怎样思维》一书,这是教育理论史上最早的一本比较系统地研究教育活动中思维与逻辑问题的著作。此前,古罗马教育家昆体良在《雄辩术原理》中也涉及思维问题,但该书更多是反映昆体良教育思想的综合性的教育论著;赫尔巴特也极力推崇形而上学的逻辑演绎系统,但其《普通教育学》也只是运用逻辑演绎的一种结果,并不是"教育活动的逻辑"的研究成果本身。而在《我们怎样思维》一书中,杜威着重探讨了教育活动尤其是教学活动中思的逻辑及其培养问题。该书一方面在内容上,把思维的逻辑问题与心理问题及其在教学中的运用作为重点加以讨论,另一方面,在研究教学中的思维逻辑问题的方法上,杜威对教学活动中思维的逻辑分析,基本上是按照概念、命题、推理和论证这一逻辑学的基本格式展开的。此外,杜威对教学中思维问题的研究并不完全是心理学化的研究,而是注重通过逻辑分析探讨教育中的思维逻辑。从这一意义上看,杜威的《我们怎样思维》一书可称得上是以"教育活动的逻辑"为取向的教育逻辑学。杜威区分了思维的"心理过程"和"逻辑形式",研究了教学活动和思维中的概念掌握和定义形成、观念及其推理、证明与检验;探讨了活动(游戏、手工制作等)、语言、观察等在教学中进行思维训练的逻辑意义和方法,这些都说明杜威开创了教育逻辑学关于教学活动中的思维与逻辑问题的研究领域。

20世纪60年代后,随着分析教育哲学的兴起和发展,教育理论家们开始注重探讨教育理论的性质、基本概念以及研究方法的问题,一些分析教育哲学家还开展对教育内在逻辑的研究,其代表人物是英国的 P. H. 赫斯特和 R. S. 彼得斯。1970年,P. H. 赫斯特和 R. S. 彼得斯出版《教育的逻辑》一书,从另一角度研究教育的逻辑问题。在《教育的逻辑》中,他们探讨了教育、课程、教学、教育机构等概念的

定义,研究了教育思维的逻辑问题等。他们对教育逻辑的研究是从教育理论基本概念的分析出发的。在第一章,他们特别强调"概念分析"的重要性,认为正确运用语词的可靠方法就是进行概念分析,唯有概念分析才是寻找逻辑的必要条件。在后续各章中,他们都是在对各种教育概念进行分析的基础上,探寻教育逻辑的。与 P. H. 赫斯特和 R. S. 彼得斯相似,美国教育理论家谢弗勒在其《教育的语言》中,同样相当重视对教育的概念分析,要求把握教育理论各基本概念的内涵,以克服教育的经验复杂性对教育理论的干扰,探讨教育理论语言的表述形式。P. H. 赫斯特等所作的关于教育逻辑的研究是一种"教育理论思维的逻辑"取向的研究,这种研究取向不是纯逻辑研究,而是从认识教育活动,形成教育理论的角度来加以研究的。

在中国,20世纪80年代中期之后,随着逻辑科学和教育科学的不断发展,以研究教育实践活动中的逻辑问题为任务的教育逻辑研究逐步从逻辑科学中凸显。逻辑学界把教育逻辑作为逻辑学的应用领域展开研究,着重探讨教学活动过程中教与学的思维及其逻辑,这种研究取向与杜威所作的关于教育逻辑的研究基本类似。而在教育理论界,人们也意识到研究教育逻辑问题的重要性,并从逻辑学的研究中吸取养分,明确提出建立教育逻辑学的构想。至此,教育学界就教育理论的若干概念、教育学和教育社会学等学科的逻辑起点、教育研究的理论与方法等进行了较为广泛的探讨,但尚未就教育及其理论的逻辑问题进行系统化研究,作为一门学科的教育逻辑学尚未真正建立。

参考文献

陈培松. 关于教育逻辑的几点构思[J]. 福建师范大学学报(哲学社会科学版),1988(2).

郭元祥. 教育逻辑学[M]. 北京:人民教育出版社,2002.

中国逻辑学会. 逻辑学论文集[C]. 北京:北京师范大学出版社,1984.

(郭元祥)

教育民主化(democratization of education)　　通过变革,使教育具有平等、自由、开放等特征的过程。主要内容包括:取消教育等级制度,保障受教育权利,实行教育机会平等;实现教育民主,扩大教育自由,反对压抑儿童的个性,要求尊重学生,调动学生的积极性,培养、提高公民的民主和参与意识,实现教育为社会进步服务的价值。

教育民主化的概念来自政治上的"民主"概念。"民主"一词源于希腊文,16世纪由法文 democratie 引入英文,在英文中是 democracy,由 demos 与 kratos 两个词根组成,前者的意思是"地区"或"人民",后者的意思是"统治"或"权力",所以,从词源上看,"民主"原意是"人民的权力"或"人民的

统治"。民主最初仅仅是一个政治范畴的概念,后逐渐延伸、扩展至经济、文化、教育领域。"民主"概念有着复杂的内涵,在社会不同层面和不同领域使用具有不同的含义。大致可概括为:(1)作为政体的民主,与"专制政体"、"君主政体"等相对。(2)作为一种程序的民主,是指人民在公共政策领域中表达自己意愿、行使自己的权利的一整套程序或方法。作为一种程序的民主既根植于作为一种政体的民主,也是作为一种政体的民主的保障。(3)作为一种生活态度和生活方式的民主。在此意义上,"民主"意味着开放、宽容、平等、尊重差异、合作、交流等公民品质与行动方式。作为一种生活态度的民主是前两种意义上的民主精神在日常生活各个方面的表现,是人类社会民主化的最好见证,同时也是实现政治民主所必需的社会品质。

美国教育学家杜威阐述了民主与教育的关系,认为民主是一个交往共同体的根本特征,民主是共享生活和共享经验的方式,为社会展开平等、合作、自由、公正的各种交流而提供条件。民主的交流是以自由和公开探索的形式表达出来的,它为独立促进团体生活目的之成就的智能使用提供了基础。这样的智能就是表现在民主社会中的思想、言论和行动的能力,是民主发展的必要前提。杜威认为,民主为个人的发展提供了最丰富的资源,同时,面向个人发展的教育如果以民主的方式展开,将是实现社会民主的最好的方式,因为教育与民主所需要的理智精神和道德精神的培养具有密切的关系,教育本身就应该是民主的重要方式之一,也是民主实现的途径之一。民主不仅是个体获取人格发展机会的目的,更应是实现这些目的的手段。民主的目的是公众的自由和个性的优秀以及社会的进步,这与教育的目的是相同的。教育与民主是相辅相成的关系。

教育民主化的含义

理解民主与教育的关系是理解教育民主化的先决条件。人们在对教育民主化的含义做出界定时,总是将民主作为一种理念、一种理想的价值观来追求,教育民主化的含义涉及"教育机会平等"问题,涉及"教学民主"、"尊重学生"、"民主形式的教育"、"民主教育"等。

联合国教科文组织在20世纪70年代末的一次区域性会议上对于教育民主化的内涵给予了一个总的概括:"教育民主化既涉及入学机会均等,又涉及学业成功机会均等,还涉及教育形式的多样化,教育面向社会和生活,以及在教学内容、教学方法和教学组织中培养新精神。"这样,教育民主化的内涵意味着在教育制度设计、教育内容、教育方式、师生关系等各方面实现民主精神,在教育中实现民主所倡导的理性、自由、合作、道德、交往、人性化的方式。

陈桂生的《教育原理》从教育与政治关系问题的视角对教育民主化作出解释,他认为,教育民主化包括"教育的民主"与"民主的教育"两个侧面。教育的民主是"民主"外延的扩大,即把政治的民主扩展到教育领域,使受教育成为公民的权利和义务,它不仅包括平等的受教育权利,也包括个体在教育领域中的拥有人身自由和思想自由的权利,以及在"民主"体制下的个人政治社会化、社会意识同化问题。因而教育民主是服务于政治民主并体现政治民主的,但是它又并非是政治民主化的简单演绎;民主的教育是教育内涵的更新,即把专制的、不民主的、不充分民主的教育改造成为符合民主原则的教育,它强调包括教育的民主决策和管理、教育过程中师生关系的民主这两个方面。最后结论是:所谓教育民主化一般是指越来越多的人得到教育机会,受到越来越充分的民主教育。

教育民主化的发展历程

从教育民主化包含的教育平等的观念来看,近代社会西方教育思想先驱致力于把新兴的市民阶级的"平等"要求推广到教育方面来,谋求教育权利的平等。17世纪,捷克教育家夸美纽斯提出"人人都应学到关于人的一切事项";18世纪,法国启蒙思想家基于"天赋人权"的思想赋予"教育平等"以"人权"的意义;至18世纪末期,教育平等的思想开始在一些西方国家(例如英、法、美等国)转化为最初的立法依据,在法律上否定了教育特权,确认人人都有受教育的平等权利。

19世纪下半叶西方工业化国家实施初等义务教育,教育平等的观念得到了进一步发展。尽管在有些国家,例如英国,普及初等义务教育是为了大量培养新兴产业的劳动力,但实施平等的初等义务教育的历史意义并不因此而逊色。

教育平等观最重要的发展,源于马克思主义的教育理论。马克思在1866年就提出了一个基本观点:教育是人类发展的正常条件和每一个公民的真正利益。恩格斯在1866年更是明确指出,需要国家出资对一切儿童毫无例外地实行普遍教育,直到他作为社会独立成员的年龄为止。而且认为这只是一件公平的事情,因为每一个人都无可争辩地有权全面发展自己的才能。

联合国大会于1948年12月通过了《世界人权宣言》,受教育权被普遍确认为一项人权。人权宣言第二十六款规定:"人人有受教育的权利,教育应当免费,至少在初级和基本阶段应如此。初级教育应属义务性质。""高等教育应根据成绩而对一切人平等开放。"第十四届联合国大会于1959年通过的《儿童权利宣言》,更进一步确认了儿童的教育权利。然而,在法律条文中所确定的教育平等并不意味着现实中人人都有受教育的机会,人人都能受同样的教育。

瑞典教育家胡森对教育平等的理论和发展过程进行过认真的清理。他认为,以不同的社会哲学思想为背景,教育机会均等经历了"保守主义阶段→自由主义阶段→新概念阶段"的演变过程。这样,教育平等包括以下三种含义:一是指个体的起点,即每个人都有不受任何歧视地开始其学习生涯的机会;二是指教育过程中不管学生的人种和社会出身情况,都以平等的方式对待每一个人;三是指最后的目标,即通过各种措施,使个人取得学业成就的机会更加平等。

20世纪50年代始,西方各国的社会学者进行了大规模的实证调查,以力求了解平等在教育领域中达到的程度。英国的《普洛登报告》(1967)、联合国教科文组织关于各国学生学业成绩差异的系列研究报告以及美国的《教育机会均等》(即《科尔曼报告》)都对教育平等进行了研究。科尔曼主张从不同的角度审视教育平等,提出了多种教育平等概念,包括教育机会平等、教育过程平等、教育资源平等、教育结果平等和教育效果平等等。此外,他还提出了矫正平等和补偿平等。其中矫正平等是采取经济措施补偿那些能力优秀但没有优越背景的人,补偿平等的核心是对那些生来基因不良或者处于劣势环境中的人进行补偿。

教育机会均等是教育民主化要求的主要方面。由仅仅强调受教育权利向强调积极参与教育的转变,是教育民主化向纵深发展的一个表现。在国际社会中,形成教育机会均等观念的标志是《世界人权宣言》中特别提出并被1948年联合国大会采用的两项原则:(1)废除种族歧视;(2)人人具有均等地受教育的权利。这两项原则实际构成了教育机会均等概念的核心。从此,教育机会均等问题成为国际教育界和许多国家教育研究和教育改革运动中最关心的问题之一。

关于教育机会均等的含义,联合国教科文组织在1960年12月的大会上作了详尽阐述。会议提出,这一概念由消除歧视和消除不均等两部分组成。这里的"歧视"是指"基于种族、肤色、性别、语言、宗教、政治或其他见解、国籍或社会出身、经济条件或出生的任何区别、排斥、限制或特惠,其目的或效果为取消或损害教育上的待遇平等"。教育歧视表现在:(1)剥夺某个个体或团体进入各级各类教育的机会;(2)把某个体或某团体限于接受低标准的教育;(3)为了某些人及团体的利益,坚持分流教育制度;(4)使某些人及团体处于与人的尊严不相容的处境。"不均等"是指:在某些地区之间和团体之间所存在的不是故意造成的,也不是因偏见形成的差别对待。

关于教育机会均等的内涵,人们已达成如下几点共识:(1)入学机会均等,或入学不受歧视(在社会、经济文化、阶级、民族、种族、性别、地理等方面)。继初等、中等教育普及后,入学机会均等主要体现在高等教育入学机会均等上。

(2)受教育过程中的机会均等是更为重要的。入学机会均等仅是进入一个"科层制的教育系统"在竞争起点上得到的机会均等,受教育过程中的机会不均等,比入学机会不均等更为严重,也更不易被识别。(3)取得学业成功的机会均等,其标志是社会保证各社群的子女在各级各类教育中所占比例与其家长在总人口中所占比例大致相当。(4)不只是在获得知识方面的机会均等,更主要的是使人在获得本领方面的机会均等。(5)不仅涉及学校教育,还涉及校外教育、成人教育、回归教育等教育形式中的机会均等。(6)在国际范围内,主要是指富国和穷国之间在教育资源分布、教育设施发展、学业成功率和学业证书价值上的均等。

总体上,教育民主化的发展主要表现在"教育的民主"方面,"民主的教育"的发展则相对滞后和缓慢。教育的民主与民主的教育是相辅相成、相互促进的。教育民主并不单单地表现在增加学校,扩充各个不同阶段的入学机会,延长学习的期限等方面,还须将终身教育的理念付诸实践。

教育民主化的原则

教育制度的变革、教育政策的实施,管理方式的改进、教育方法的道德化、师生交往等各个方面需要遵循教育民主化原则。

平等原则 平等是民主的基石,教育的民主化,首先就要将平等的意识或精神贯彻到教育生活的各个方面,实现教育机会平等、教育资源分配的平等、教育权利的平等。教育民主化的平等原则是指,在教育资源的配置、利用,及教育关系的建构方面,所有的人,不论其肤色、种族、性别、财富、地位等,都应享有同样的机会、权利,受到平等的关心和平等的尊重,教育民主化反对任何形式的特权、歧视或排斥。但是,教育民主化所遵循的平等原则,也只能是相对平等,即最大可能地减少由于自然和社会的不平等所带来的教育机会及人际关系上的不平等。这意味着平等是一个历史的过程,一个总的方向,而不是某个有待实现的终极目标。不同的历史时期和社会制度中,教育平等原则所要解决的问题和达成的目标都是不同的。教育平等的理想根植于教育的历史性实践。教育平等还包括对处境不利的人给予特别的教育补偿和关怀,因为他们发展的滞后会给平等地参与社会合作带来困难。这种补偿以不损害总体的教育公正、教育效益为限。

参与原则 参与原则就是要在保障人们能够充分行使他们在教育上的民主权利的条件下,促使人们积极关注教育事业,并在教育实践的决策、咨询、课程改革、学校管理等各个方面充分利用自己的权利以推进教育的发展,使教育事业真正成为一项由全民参与的公共事业。正如联合国教科文组织的报告《学会生存——教育世界的今天和明天》中所说,教育民主化不仅要把更多的教育给予更多的人,也要有更多的人参加教育管理。教育必须持续地变革,不是教育的管理人员和官员,而是人民,全体人民,都要为了更好的教育而参与教育。教育民主化的问题必须交给每一个国家的人民去解决,让教育的民主化从真正的民主行动开始:让尽可能多的人民帮助重建教育。

自主原则　指在教育实践活动过程中要充分尊重教育或学校的相对独立性,使其免于对社会政治和市场的过度依赖;充分尊重校长、教师、学生在教育教学活动和管理活动中的主体地位,并通过充分发挥师生的自主性重构教育的外部与内部关系,使之更加符合民主的要求。教育民主化的目标之一就是建立起学校与其他社会机构之间民主、平等的关系,给予学校职责范围内的充分的自主权,排除外在行政、经济或其他人为因素的干扰。没有这种自主性的确立,学校内部的自主性是不可能体现的。另外,学校内部也要充分尊重师生员工的自主性,实现教学、管理的民主化。教育民主化必须从真正民主的教育开始。在专制的课堂上,在压抑的校园氛围中,学生不可能有自我意识,不可能有思维伸展的空间,更不可能有个性的张扬和多方面才能的形成。

宽容原则　宽容原则是对自主性原则的进一步说明和支持。民主社会与专制社会,前者是一个多样性的社会,而后者是一个单一的社会。在民主社会里,人们不再将多样性视为威胁或混乱,而将其视为思想的资源和活力的源泉。宽容原则是指,在教育实践活动中,多样的观点、行为方式等能得到尊重、鼓励和保护,而不是压制和打击。宽容教育和尊重他人的教育作为民主的必要条件,应该被视为一项综合性的持久的事业。

教育民主化从观念到实践需要一定的社会物质基础及制度保障,需要根据各国教育、经济等方面的发展水平逐步推进。从教育与社会的关系来说,教育民主化一方面要为社会民主服务,通过教育培养具有民主意识、民主态度、民主知识、民主能力和民主信念的公民;另一方面也要融入社会民主的观念,依托民主的公民来发展教育,推动教育民主化向纵深发展。教育是附属于社会的一个体系,专制社会不可能实施民主的教育,由特权和歧视构成的社会难以产生民主的教育体系。追求教育领域的公正、公平和民主是一个不断完善、不断趋近的过程。

参考文献

查尔斯·赫梅尔.今日的教育为了明日的世界[M].王静,等,译.北京:中国对外翻译出版公司,1983.

联合国教科文组织国际教育发展委员会.学会生存——教育世界的今天和明天[M].华东师范大学比较教育研究所,译.北京:教育科学出版社,1996.

联合国教科文组织国际21世纪教育委员会.教育——财富蕴藏其中[M].联合国教科文组织中文科,译.北京:教育科学出版社,1996.

(崔　彦　金生鈜)

教育目的(educational aims)　通常指各级各类教育培养人的总要求。是社会对教育所要培养的社会个体的质量规格的总体设想或规定。反映一定社会和时代对人的发展的基本要求,关系到把受教育者培养成具有什么样社会属性和什么样素质的根本性问题,是一切教育工作的出发点和归宿,也是确立教育观念、制定教育内容、选择教育方法和评价教育效果的根本依据。一般由两部分构成:一是对教育所要培养的人的身心素质的基本要求,即指明受教育者须在哪些基本素质方面(如德、智、体、美等方面)获得发展;二是对教育所要培养的人的社会价值的基本规定,即指明受教育者须符合什么社会的需要。

教育目的的概念、分类和功能

教育目的与教育方针、培养目标　一般认为,教育方针是教育目的的上位概念,培养目标是教育目的的下位概念,三者共同构成了一个以培养人为核心的体系。教育方针、教育目的、培养目标既是自上而下的逐级制约关系,又是自下而上的逐级达成关系。

教育目的与教育方针、培养目标是几个既有联系又有区别的概念。教育方针是国家或政党为实现一定时期的教育目的而制定的教育工作的总方向,一般包括:教育的性质和指导思想,教育工作的基本方向;人的培养的总体规格和素质要求;实现教育目的的根本途径和基本原则。其中,教育目的是教育方针的核心和基本内容。由此可见,教育方针的概念要大于教育目的,前者包含后者,但又不仅指后者;此外,教育方针中所包含的教育目的一般都更为抽象和原则,而教育目的对教育所要培养的人的质量规格和素质要求相对具体。

培养目标是在教育目的的基础上各级各类教育以及各层次、各专业的教育所制定的对人的培养和人的发展的各自的具体规格和素质要求,它是教育目的在各级各类教育中的具体化。由此可见,教育目的是指向各级各类教育和所有受教育者的总目的,比培养目标更为抽象和原则;而培养目标是分别指向不同层次、不同类型、不同专业的教育和接受相应教育的部分受教育者的,它又比教育目的更为具体。

教育目的的分类　教育目的可分为价值性教育目的和操作性教育目的。前者是指具有价值判断意义的教育目的,即含有一定价值观实现要求的教育目的,表示人才培养所具有的某种价值取向,是指导教育活动最根本的价值内核;后者是指具有实践操作意义的教育目的,即现实要达到的具体教育目标,表示实际教育工作努力争取实现的某些具体目标,一般由一系列短期、中期、长期的具体教育目标组成。

这两类教育目的是根据教育目的自身实践的特点来划分的,它们属于同一教育目的在实现过程中衍生出来的相互联系、相互作用的两个方面。价值性教育目的是操作性教育目的确立的依据,是确立具体目标的原则,奠定了具体目标的价值基础;操作性教育目的是价值性教育目的的体现,受价值目的所规定,是表现价值内核的形式。价值性教育目的的发生变化,操作性教育目的也会产生相应的变化。在教育实践中,必须以人未来发展的利益和社会需要来确立价值性教育目的,同时也要使操作性教育目的的确立符合价值性教育目的的要求,使两者一致、统一。否则,教育活动就难以实现它的价值。当然,在实践中也不能将两者相互代替。缺少操作性目的,价值性目的就无法实现。

教育目的也可分为终极性教育目的和发展性教育目的。前者也称理想的教育目的,是指具有终极结果的教育目的,表示各种教育及其活动在人的培养上最终要实现的价值,它蕴涵着人的发展要求具有"完人"的性质;后者也称现实的教育目的,是指具有连续性的教育目的,表示教育及其活动在发展的不同阶段所要实现的各种结果,表明对人培养的不同时期、不同阶段前后具有衔接性的各种要求。每一种目的都不带有终极性,在每一阶段向另一阶段的发展过渡中,具有承前启后的不可或缺性,既表示某一阶段的目标,又表示对先前阶段目标的接续性和对以后阶段目标的基础性。

终极性教育目的和发展性教育目的各有不同的特点:前者具有发展的永恒性,对各种教育阶段及教育活动的影响是宏观的,具有总的指导原则和方向引领的意义;后者具有发展的持续性,对各种教育阶段及教育活动的影响是具体的,对各种教育现实问题解决的结果具有直接评价和认定的意义。就两者的关系看,前者是后者的根本性依据,是发展性目的确立不可忽视的一个基本指导思想;后者是前者实现的"必经路线"和必不可少的"具体策略",是前者的具体体现。在教育实践中,依据终极性教育目的来确立各种相互承接的发展性目的是十分重要的,这样才能有效增强其实现的效果,否则将可能导致各种教育及教育活动发展向度的混乱,体现不出人才培养的总体要求和方向。但如果不分教育阶段、不分具体年龄阶段地用终极性目的作为自身的直接目的,将会欲速则不达(特别是中小学教育),也无助于它的实现。

在教育实践中,教育目的可分为正式的教育目的和非正式的教育目的。正式的教育目的,指被社会一定权力机构确定并要求所属各级各类教育都必须遵循的教育目的。它一般是由国家(或一定地区)作为主体提出,其决策的过程要经过一定的组织程序,常体现在国家或地区重要的教育文件或有关的法令之中。它表现的层次多种多样,有的是各级各类教育的总体目的,有的是特指某一级的教育目的,如义务教育、高等教育的目的等。它的实现过程具有权力机构的支持和行政上的要求。它内含国家或地区的意志和政治、经济、文化等方面发展的需要。非正式的教育目的指蕴涵在教育思想、教育理论中的教育目的,它不是被社会一定权力机构正式确立而存在的,而是借助一定的理论主张和社会根基而存在的。主要有两类:一类是以思想理论为根基,其大多是一些政治家、思想家、教育家基于自己的社会见解或教育见解而提出的,通常体现在他们的理论或思想中。这类教育目的虽不是被社会一定权力机构正式确定,但因其深邃的思想阐述、多视角的深刻分析和严密的逻辑论证,对教育工作产生着重要影响。另一类则是基于一定社会思潮或传统观念而存在,它虽没有明确的阐述,但常借助一定的社会心理和观念而起作用,如片面或单纯升学的教育目的。严格讲,这不是教育目的,但因其凭借广泛的社会心理或观念而成为学校实际追求的教育目的,对正式教育目的的实现带来极大干扰。正式的教育目的和非正式的教育目的,因不同的社会需要常有互为依据的情况,作为思想家的教育思想的非正式教育目的常会成为国家(或一定地区)制定正式的教育目的的重要来源或重要依据。

教育目的的功能　指教育目的对实际教育活动所具有的作用。教育目的决定教育发展的方向,指引教育活动的归趋,使教育成为有意义而循序渐进的活动,其层次的多样性,使它具有多方面的功能。

教育目的具有对教育活动的定向功能。任何社会的教育活动,都是通过教育目的才得以定向的。教育目的及其所具有的层次性,不仅内含对整体教育活动的指向性和结果要求,而且还含有对具体教育活动的具体规定性。它指示给教育的不仅有"为谁(哪个社会、哪个阶层)培养人"、"培养什么样的人"等教育的方向,而且还包括现实教育实际问题解决的具体路径。具体体现为:一是对教育社会性质的定向作用,对教育"为谁培养人"具有明确的规定;二是对培养人的定向作用,使教育依循规定,改变人的发展的自然性和盲目性,对不符合规定要求的发展给予正确的引导,使其发展与预定的方向相一致;三是对课程选择及其建设的定向作用;四是对教师教学方向的定向作用,除了培养学生能力和技能方面的教学定向外,还有对培养思想品德方面的价值定向作用,使教师知道自己工作的目的。正因为教育目的的定向功能,教育活动才有所依循。事实上,任何社会为满足自身发展需要总是首先确定相应的教育目的,引导教育发展的方向,以便从根本上确保教育的社会性质和人才培养的社会倾向性。

教育目的具有对教育活动的调控功能。一定的教育目的，是一定社会根据自身或人的发展需要对教育活动进行调节、控制的重要手段，以便达到其自身发展的目的。调控主要借助以下方式进行：一是通过确定价值的方式。这主要体现在对教育价值取向的把握上。教育的产生和发展既是社会的需要，也受社会所制约，社会在利用教育来满足自身或人的发展需要时，无不给它赋予特有的价值取向。因此教育目的带有实现一定价值观的要求，并成为衡量教育价值意义的内在根据，进而调控实际教育活动，使其对"价值不可违背"。二是通过教育目标。教育目的总是含有"培养什么样的人"的目标要求，是教育活动"培养什么样的人"的基本依据，使教育者根据这样的目标调节和控制自身对教育内容或教学方式的选择等。三是通过工作目标的方式。一种教育目的的实现会使它自身衍生出一系列的短期、中期或长期的工作目标，正是这样一些目标，铺开了教育目的可以实现的行走（操作）路线，具体调节和控制教育的各种活动。就调节控制的对象而言，既包括对教育工作者教育观念、教育行为的调控，也包括对受教育者的调控。由于教育目的本身含有对学生成长的期望和要求，因此教育者对学生不符合教育目的的行为总是予以引导或纠正，把学生的发展纳入预定的方向。同时，教育目的对学生的自我控制起到调控作用。当受教育者意识到教育目的对自身未来成长的意义和要求时，往往能增强他在教育活动中不断完善自身的努力程度，把合乎教育目的的发展作为努力方向，主动发展和规划自己。教育目的含有的各种内在规定性，使之对整个教育过程具有很强的调控功能。

教育目的具有对教育活动的评价功能。教育目的不仅是教育活动应遵循的根本指导原则，而且也是检查评价教育活动的重要依据。一种能够实现的教育目的，总是含有多层次的系列目标，这使得它对教育活动不仅具有宏观的衡量标准，而且还具有微观的衡量标准。依据这些标准，能够对教育活动的方向和质量等做出判断，评价教育活动的得失。一是对价值变异情况的判断与评价。社会中个人、群体、社会各层次之间存在的利益、需要、目的等方面的矛盾，常导致教育上的冲突。这就使得教育活动的进行，总是面临多种多样的教育价值观和教育目的的影响和干扰，事先已被赋予了明确的目的或多层次目标并不能保证各方面的顺利进行和实现。这种影响和干扰虽不能取代被社会正式确定的教育目的，但有时却容易在实践上导致教育活动的方向模糊不清，甚至导致另外一种价值取向。如现行的教育，有的就已被赋予了片面追求升学的价值取向。对此，如不坚持用所确立的教育价值观的要求进行衡量评价，就不能意识到教育活动价值的变异，也难以使其得到有力纠正。二是对教育效果的评价。教育目的中的层次目标，一般都是根据具体教育问题提出的，它不仅是具体教育活动

可操作可实现的目标，而且是评价具体教育活动效果达成程度的直接依据。运用这样的标准来评价具体的教育活动过程，可判断过程的得失、质量的高低、目标达成的程度等。教育是一个多因素参与的社会活动，复杂多样的社会因素总是对教育及其过程产生各种影响。要确保教育目的的实现，就应依据教育目的不断分析评价教育过程发展状况和结果，适时做出恰当判断。只有发挥教育目的对教育活动的评价功能，才能更好地从根本上把握教育活动的方向。

教育目的的上述功能，是相互联系、综合体现的。每一种功能的作用，都不是单一表现出来的。定向功能是伴随评价功能和调控功能而发挥的，没有评价和调控功能，定向功能难以发挥有效作用；调控功能的发挥也需要以定向功能和评价功能作为依据；评价功能的发挥亦离不开对定向功能的凭借。

教育目的的确立和演变

确立教育目的的依据　教育目的是一种指向未来、超越现实的人才培养方针。它所规定的是现实进行的活动，而要培养的却是未来参与社会生活的人。教育目的的确定既有主观性，又有客观性。从其提出主体来看，教育目的总是由代表国家的行政人员制定的，体现着人的主观意志。但就其确定的最终依据来看，都必须根据社会发展的客观需要和受教育者身心发展的客观规律。

教育产生于社会需要，与一定社会的现实及其发展有着密切联系，要更好地服务于社会，必须依据社会现实和发展需要来选择和确立教育目的。这是选择确立教育目的的社会本位的依据。

首先，教育目的的确立要符合社会政治经济的需要。教育目的属社会意识形态范畴，与社会政治经济有着直接的制约关系。一个社会需要什么样的人，具有什么样的政治倾向和思想意识，需要哪些类型与规格的劳动力，都集中地反映在所制定的教育目的上。在阶级社会中，统治阶级的教育目的又首先表现为要符合统治阶级或执政党的利益和需要。由此可以说，有什么性质的社会政治经济，便会有什么性质的教育目的。不同社会、不同阶级、不同政党的人才标准不同，教育目的便会有所不同。

其次，教育目的的确立要反映生产力和科学技术发展对人才的需求。这是生产关系必须适应生产力发展的基本原理在教育目的上的具体体现。不同社会、不同时代，生产力和科学技术发展水平不同，对人才规格、类型和标准的需要不同，教育目的的具体内容便有所不同。封建社会，生产力和科学技术发展水平很低，教育目的主要是培养少量的社会统治人才。资本主义社会是生产力和科学技术飞跃发展的时代，科学技术在生产中的广泛应用使得社会对劳动

者教育程度的要求越来越高。同时,社会化的大生产也要求人们加强协作。由此,资本主义的教育目的就不仅仅是培养统治阶级的继承人,还包括培养大批合格的劳动力。中国改革开放以来,教育目的的具体内容在表述上几经变化,但贯穿在其中的主导思想是始终如一的,即教育必须为社会主义现代化建设服务,培养社会主义事业的建设者和接班人。中国目前最大的任务是社会主义现代化建设,教育就是要培养社会主义现代化建设所需的各类人才。

教育目的含有对人的素质发展的要求,这种要求不仅要依据社会现实及其发展来确定,也要依据人的身心发展和需要来确定。这是选择确立教育目的的人本位的依据。

人的身心发展规律是确定各级各类教育目的(或目标)的重要依据。人在发展的不同年龄阶段,其身心发展特点和水平有所不同,在把教育目的转化为各级各类教育的培养目标时,就必须以此为依据,才能使实际教育活动符合学生身心发展的特点和水平,具有针对性。心理学的研究揭示,人的身心发展具有阶段性和顺序性、稳定性和可变性、不平衡性和差异性等特点。这是各级各类教育选择确立教育目的(或目标)时应把握的基本前提。依据这些特点,才能将各级各类教育目的(或目标)从低到高整合为一个循序渐进的、相互联系、相互衔接的有机序列,为不同教育阶段实际教育活动的开展提供合适的指导。

人的发展的需要是教育目的选择和确立不可忽视的重要因素。人的发展,具有各方面的需要,包括物质的和精神的、现实的和未来的、生存的和发展的需要等。这些需要不只是产生于"自我生长"过程,也与个人在"生长"过程中对社会发展变化要求的意识密切相关。人对社会发展变化要求的认识,会使社会要求转化为自我发展的需要,使其围绕社会要求来设计、建构自我发展。人的这种需要常常包括对教育的要求,这是选择和确立教育目的(或目标)时必须予以考虑的。如果不考虑人的发展需要,就不能唤起受教育者在教育活动中的主动性和自觉性,就不能很好地培养造就具有积极主动精神和富有创造性的社会主体。事实上,任何社会的教育目的,对人所应具备素质的要求、所预期形成的素质结构,不仅体现着社会规定性,而且也总是不同程度地体现着对人的生理、心理、智慧才能、人格品行及生活能力、技能等方面理想化发展的追求。人是社会的主体,正视人的主体性需求,满足人的主体性需要的教育目的,才更有利于人的价值的提升和人的本质力量的增强。

教育目的的演变　教育目的是随着社会的发展而演变的。在原始社会,由于生产力水平低下,教育还没有成为一项专门的、独立的社会活动,教育目的寓于生产劳动和生活本身的目的之中。它表现为原始社会的氏族为求其群体的巩固和延续,使儿童学会成人生产和生活所必需的经验和社会习俗。在奴隶社会,教育开始从社会生活中独立出来,

教育是为奴隶主阶级的统治服务的。中国古代在夏、商、周已有学校。《孟子》记载:"夏曰校","殷曰序","周曰庠","学则三代共之,皆所以明人伦也"。在中国长期的封建社会中,儒家的教育思想占统治地位,儒家以"礼"为核心的培养"君子"的教育目的就成为中国封建社会的教育目的。

在西方,古希腊的雅典在波希战争获胜以后,由于经济和文化的发展,逐渐形成了一种追求身心和谐发展的教育理想。亚里士多德提倡自由教育,主张把奴隶主贵族的子弟培养成为自由人,要求身体、道德、智力和美感各方面平衡地、和谐地发展。在西欧的封建社会中,宗教神学统治了教育阵地。教会学校的目的在于培养僧侣,世俗封建主的教育目的是培养骑士。僧侣和骑士都是封建统治阶级所需要的人。

资产阶级为了适应资本主义发展的需要,在其发展的不同历史阶段提出不同的教育目的。在欧洲文艺复兴时期,人文主义者针对封建教育中的"神道"之学,提出了资产阶级的"人道"之学。他们反对培养僧侣和其他的教会神职人员,主张培养新型的完善全面的人。16、17世纪,由于科学知识的发展,英国思想家培根、捷克教育家夸美纽斯等提出泛智主义的教育目的,主张把一切知识教给一切人。后来,英国教育家洛克反映新兴资产阶级的要求,主张以培养绅士为教育目的。18、19世纪,西方又出现了以自我发展为教育目的的主张。认为教育必须遵循儿童的自然本性,发展他们自由和自发的表现,要求各种能力和谐地发展,其代表人物是法国启蒙思想家卢梭、瑞士教育家裴斯泰洛齐和德国教育家福禄贝尔等。对于这种不受限制的发展儿童内在天性的教育目的,德国哲学家黑格尔和教育家赫尔巴特持反对观点。黑格尔认为教育不应追求个性,而应追求"一个更高更普遍的目的"——绝对理性的精神。赫尔巴特认为,自我发展的教育目的是建立在对人性错误分析的基础之上的。他主张,教育目的应是在与环境的接触中,通过多方面的兴趣,把道德的目的提高到支配的地位上来,形成理想的人。19世纪中叶,英国教育家斯宾塞为了适应当时英国资本主义发展的需要,提出了为"完美的生活"做准备的教育目的。20世纪,美国教育家杜威提出实用主义的教育目的。他主张"教育即生活","教育过程在它本身以外无目的,它就是它自己的目的","一个真正的目的和一个从外面强加给活动过程的目的,没有一点不是相反的"。杜威主张教育的目的应该由受教育者固有的活动和需要来确立,反对任何外加的、为未来做准备的教育目的。

中国开始实行近代学制以后,清政府学部于1906年正式规定"忠君"、"尊孔"、"尚公"、"尚武"、"尚实"为教育宗旨。这一教育目的反映了当时"中学为体,西学为用"的半封建、半殖民地的文教方针。辛亥革命后,在蔡元培的影响下,1912年北洋政府教育部公布了"注重道德教育,以实力教

育、军国民教育辅之,更以美感教育完成其道德"的教育宗旨,这体现了近代中国资产阶级民主主义的教育思想。从教育目的演变可以看出,教育目的总是随着社会政治经济制度的变迁而不断变化的。

教育目的的价值取向

教育目的的价值取向指教育目的的提出者或从事教育活动的主体依据自身需要对教育价值作出选择时所持的一种倾向。由于人们所处的社会地位、经济地位不同,有不同的社会感受和生活感受,有不同的文化背景、实践经验、认识水平、政治倾向、社会理想,有不同的利益和价值观念,因此,人们对教育活动的价值选择,历来有不同的见解和主张,教育目的的价值取向众说纷纭,理论各异。一般可将教育目的的价值取向概括为两大派,即个人本位论与社会本位论。

个人本位论主张教育目的应当从受教育者的本性出发,而不是从社会需要出发;教育的目的在于充分发展受教育者的个性,增进受教育者的个人价值;个人价值高于社会价值,评价教育的价值应以其对个人的发展所起的作用来衡量。其特点是:重视人的价值、个性发展及其需要,把人的个性发展及需要的满足视为教育的根本价值所在;认为教育的根本目的在于使人的本性、本能得到自然发展;主张应根据人的本性发展和自身完善这种"天然的需要"来确立教育目的。

个人本位论的价值取向虽然都把人作为教育目的的根本依据,把人的价值看得高于社会价值,但在历史发展的过程中,其表现也不尽相同。古希腊一些哲学家认为,人是理性的动物,是理性的负荷者,教育的目的、理想和价值,就在于使人的本质规定和人的和谐发展得以实现。文艺复兴时期的人文主义者认为人是宇宙的中心,人是多种力量和才能的有生命的统一体,承认人本性的完美,强调人灵魂和躯体的和谐。因而,人文主义者的教育目的在于使人的天赋能力得到和谐的发展。卢梭反对把培养公民作为教育的目标,主张不施加任何影响的"自然教育",以顺应人的天性的发展。个人本位的教育目的学说,虽然在不同的历史时期不尽相同,但在封建专制社会里,作为反对社会对人的摧残,反对宗教神学对人的思想禁锢,反对封建蒙昧主义,反对封建主义强加于人的一切教育要求,提倡人的个性解放,尊重人的要求和人的价值,都有着历史进步意义。然而,这种主张认为人生下来就有健全的本能,教育可以不受社会的制约,是不现实的。其所谓发展"个人本性",实质上是发展人的自然本性,把人当作纯生物看待,这是违背"人的本质是一切社会关系的总和"这个基本原理的。

社会本位论则主张教育目的要根据社会需要来确定,个人只是教育加工的原料,个人发展必须服从社会的需要;教育目的在于把受教育者培养成符合社会准则的公民,使受教育者社会化,保证社会生活的稳定与延续;社会价值高于个人价值,评价教育的价值只能以其对社会的效益来衡量。

社会本位论古已有之,19—20世纪初发展到鼎盛,这个时期的一些社会学家认为,教育的一切活动都应服从和服务于社会需要,教育除了社会的目的以外并无其他目的,个人的一切发展都有赖于社会,教育的结果也只能以其社会的功能来加以衡量,教育目的应当根据社会的要求来确定。法国实证主义哲学家孔德认为,真正的个人是不存在的,只有人类才存在,个人的一切发展都有赖于社会。德国社会学家那托尔卜认为,在决定教育目的方面,个人不具有任何价值,个人不可能成为教育的目的。同时期的涂尔干也持同样观点。教育除了造就每个人乐于为社会而生活,并乐于贡献其最优力量于人类生活的保存和改善以外,不能有别的目的。社会本位的价值取向重视教育的社会价值,强调教育目的从社会出发,满足社会的需要,具有一定的合理性。事实上,人的存在和发展是无法脱离一定社会的,离开社会,人也就无法获得其发展的社会条件。人获得发展的社会条件客观上是需要每个人遵守并维护社会要求来实现的。从这一意义上说,社会本位的价值取向具有不可否认的意义。但它过分强调人对社会的依赖,把教育的社会目的绝对化、唯一化,甚至认为"个人不可能成为教育的目的"。这种极端的主张,完全割裂了人与社会的关系,极易导致教育对人的培养只见社会不见人,单纯把人当作社会工具,而不是把人作为社会主体来培养,造成对人本性发展的严重束缚和压抑。

个人本位论和社会本位论这两种关于教育目的的价值取向,在处理社会和个人的关系问题上各执一端。社会发展需要和个人发展需要既有矛盾,又相一致。人是社会的人,个人的生存、发展离不开社会的发展;同时社会的发展建立在社会每个成员发展的基础上。离开了人的个体的发展,社会也不可能发展。确定教育目的,既要考虑社会发展的需要,又要考虑个人发展的特点和需要。

新中国的教育目的

新中国成立后,中国以马克思主义关于人的全面发展学说为指针,提出了社会主义的教育目的,同时伴随社会的发展变化和对教育的不断探索,主要提出了下列一些教育方针和教育目的。

1957年,在生产资料所有制的社会主义改造完成后,毛泽东根据这一时期政治、经济和生产建设对人才的需要,在国务会议上提出:"我们的教育方针,应该使受教育者在德育、智育、体育几方面都得到发展,成为有社会主义觉悟的有文化的劳动者。"该方针在当时对中国教育事业的发展和人才培养起了指导作用,并对教育目的产生了重大影响。1958 年《中共中央、国务院关于教育工作的指示》指出:"培养有社会主义觉悟的有文化的劳动者。"这是新中国对教育目的的第一次明确表述。

1978 年,中国的教育目的在人大会议通过的宪法中被表述为:"教育必须为无产阶级政治服务,教育必须同生产劳动相结合,使受教育者在德育、智育、体育几方面都得到发展,成为有社会主义觉悟的有文化的劳动者。"1982 年,《中华人民共和国宪法》第四十六条中对教育目的规定:"国家培养青年、少年、儿童在品德、智力、体质等方面全面发展。"这是中国当代历史上第一个以法的形式出现的教育目的。1985 年,《中共中央关于教育体制改革的决定》指出,教育要"为 90 年代以至下世纪初叶我国经济和社会发展,大规模地准备新的能够坚持社会主义方向的各级各类合格人才"。"所有这些人才,都应该有理想、有道德、有文化、有纪律,热爱社会主义祖国和社会主义事业,具有为国家富强和人民富裕而艰苦奋斗的献身精神,都应该不断追求新知,具有实事求是、独立思考、勇于创造的科学精神。"

1986 年第六届全国人民代表大会第四次会议通过的《中华人民共和国义务教育法》规定:"义务教育必须贯彻国家的教育方针,努力提高教育质量,使儿童、少年在品德、智力、体质等方面全面发展,为提高全民族的素质,培养有理想、有道德、有文化、有纪律的社会主义建设人才奠定基础。"在此,首次把提高全民素质纳入教育目的。1993 年,《中国教育改革和发展纲要》提出:"教育改革和发展的根本目的是提高民族素质,多出人才,出好人才。各级各类学校要认真贯彻'教育必须为社会主义现代化建设服务,必须与生产劳动相结合,培养德、智、体等方面全面发展的建设者和接班人'的方针,努力使教育质量在九十年代上一个新台阶。"1995 年《中华人民共和国教育法》规定:"教育必须为社会主义现代化建设服务,必须与生产劳动相结合,培养德、智、体等方面全面发展的社会主义事业的建设者与接班人。"

1999 年 6 月的《中共中央国务院关于深化教育改革全面推进素质教育的决定》把教育目的表述为"以培养学生的创新精神和实践能力为重点,造就'有理想、有道德、有文化、有纪律'的、德智体美等全面发展的社会主义事业建设者和接班人。"2001 年 5 月的《国务院关于基础教育改革与发展的决定》又提出:"高举邓小平理论伟大旗帜,以邓小平同志'教育要面向现代化,面向世界,面向未来'和江泽民同志'三个代表'的重要思想为指导,坚持教育必须为社会主义现代化建设服务,为人民服务,必须与生产劳动和社会实践相结合,培养德智体美等全面发展的社会主义事业建设

者和接班人。"

纵观中国各个历史时期教育目的的具体内容,其精神实质包括以下基本点:

坚持社会主义方向是中国教育目的的根本性质。教育目的的方向性是教育性质的根本体现。维护社会主义利益,为社会主义现代化建设服务,为人民服务,一直是中国教育目的的根本所在。

培养社会主义劳动者是中国教育目的的总要求。这一规定明确了中国教育的社会主义方向,也指出了教育培养出来的人的社会地位和社会价值。他们是国家的主人,是社会主义现代化建设的劳动者。把每个人都培养成为劳动者,是社会主义教育目的的根本标志和总要求。社会主义的劳动者既包括体力劳动者,也包括脑力劳动者,而且应该是一种新型的劳动者,是脑力劳动与体力劳动相结合的劳动者,造就这种新型劳动者是社会主义教育的理想要求。中国现行的教育方针提出的是培养建设者和接班人,这是对劳动者的具体提法,社会主义事业的建设者和接班人都是劳动者,建设者和接班人是对社会主义劳动者两种职能的统一要求,即社会主义劳动者,在社会主义物质文明和精神文明建设上,是合格的建设者,在社会主义革命事业中是接班人。

要求德、智、体等方面全面发展是中国教育目的的素质要求。德、智、体等几方面的发展既各有其作用,是受教育者不可或缺的素质;又相互联系,有机统一成受教育者的素质结构。

参考文献

陈桂生.教育原理[M].上海:华东师范大学出版社,2000.

扈中平.教育目的论(修订版)[M].武汉:湖北教育出版社,2004.

黄济,王策三.现代教育论[M].北京:人民教育出版社,2001.

人民教育出版社教育室.马克思恩格斯列宁论教育[M].北京:人民教育出版社,1993.

全国十二所重点师范大学.教育学基础[M].北京:教育科学出版社,2002.

(胡德海 滕志妍)

教育内容(educational contents) 构成教育活动的基本要素之一。包括一切纳入教育活动过程的知识、技能、思想观念、行为规范、风俗习惯等文化形态。是教育主体与教育客体共同认识、掌握和运用的对象,是教育主体与教育客体进行交往、沟通的信息中介,是实现教育理想和教育目标的根本保证,是选择教育途径、形式和方法的重要依据,也是实施教育活动的核心问题。在学校教育中,教育内容一般通过课程计划、课程标准和教科书呈现。

教育内容的历史演进

在人类社会的早期,能者即师,教育活动处于自在状态。由于教育活动是为满足人们简单的生产和生活需要,其内容主要限于生产劳动经验和社会生活共同遵守的风俗习惯。进入新石器时代尤其是母系氏族时期,对男孩教育的内容是捕猎、制作工具方面的经验和劳动技术,对女孩教育的内容是编织、制陶、种植及牧畜活动的经验和技术;同时要求男女孩子参加氏族的社会活动,熟悉氏族的风俗习惯及原始宗教仪式。父系氏族时期,生产劳动教育依然男女有别,给男孩传授农业、畜牧业方面的知识经验,给女孩传授管理家务和家务劳动方面的知识经验;社会生活教育中的伦理道德更受重视,增添了一定的军事体育操练(骑马、投掷、射箭等)内容,同时教授氏族的各种传统、历史、英雄故事、风俗习惯以及歌唱及舞蹈等。

随着社会的发展,文字出现,学校产生,自在的教育转化为自为的教育,教育具有了相对明确的目标特征,经过筛选过滤,凡被认为符合社会、国家、民族、时代和人类生存与发展需要的优良文化均纳入其中,逐步形成体系。

在古代中国,春秋战国时期的教育内容主要有礼、乐、射、御、书、数"六艺";汉武帝推行"独尊儒术"后,学校教育内容主要是儒家经典,而生产经验、生活实用知识和技能则在民间靠父子相传和师徒授受。虽然有时也把实用科学如医学、数学列为教育内容,但并不普遍。

在古代埃及、巴比伦、亚述和印度,宫廷学校和僧侣学校一方面教授已有的各种文稿,令生徒抄写各种教诲式的格言、铭文、信札以备保存,同时辅以相应的道德、政治、宗教思想和精神的灌输;文士学校和古儒学校主要教以识字、阅读、书写和计算方面的知识,还教以巫术、医术、天文、几何、行为规则、宗教仪式以及相应的文法、音韵、字源学知识等。在古希腊,斯巴达教育以体育和军事训练为主,同时进行强制的政治道德灌输;雅典以读写算和音乐、体育为主要内容,逐步形成了由文法、修辞学、辩证法构成的"三艺"和由算术、几何、天文、音乐构成的"四艺"之说。在古罗马,不同层次的学校教育内容略有不同。初级学校以读写算为主,限于与实际联系较密切的初步知识;文法学校主要是文法、作文、文学和罗马神学,部分地涉及一些历史、地理和伦理方面的知识,条件好的学校加授修辞、音乐、几何和天文学的内容;修辞学校的科目设有修辞学、哲学、法律、希腊语、数学、天文学和音乐,后来又增加了罗马史;帝国时期的大学除继承了文法学、修辞学、数学课程外,还增加了法律学和建筑学等。

在欧洲的中世纪,即5—15世纪,由文法、修辞学、辩证法、算术、几何、天文学、音乐构成的"七艺"成为各类学校教育内容的主体(骑士教育以"骑士七技",即骑马、游泳、投矛、击剑、打猎、弈棋和吟诗为主);14—16世纪的文艺复兴时期,在"七艺"基础上,又增加了许多新的学科,如文学、历史、地理学、机械学、物理学等,教育内容不断扩展;到17—18世纪,各门学科继续分化,学校教育内容更加丰富。

18—19世纪,近代工业革命后,生产的发展和科技的进步,使教育内容进一步得到完善。资本主义初期,普通学校的教育内容有的偏重拉丁文、希腊文等古典语文,有的偏重数学、物理等实用学科,学科内容种类日渐增多,植物学、动物学、化学、博物学等自然科学知识被列入学校教育内容。高等学校教育中则开设有神学、法学、医学、理学、文学、数学、工学等课程。

现代教育内容的发展与改进主要表现在结构、范围和载体等多个方面。首先,教育内容概念不再囿于传授给学生知识的窄小范畴,已扩展为通过学习而获得的全部经验和能力。因此,知识技能和反映在态度上的情绪情感体验以及用于实践方面的训练过程与方法,成为教育内容的不同侧面,三方面在不同水平上的结合,使其呈现出新的结构性特征,而且越来越朝向一体化方向发展,如德育、智育、体育和美育内容的相互渗透,智力教育与非智力教育的有机结合等。其次,在社会发展带动下,教育内容日益拓展,尤其是反映当代世界性问题的新教育内容不断出现,如环境保护、和平与民主、经济新秩序、人口和国际安全等;有关价值观的新教育内容不断问世,如全球伦理和大众媒介、闲暇和旅游、现代经济与家庭、精神或价值哲学等。再次,在科

18世纪前教育实践中教育内容的演化脉络表

14世纪以前	文法			修辞学	辩证法(哲学)	算术		几何					天文学			音乐
14—16世纪	文法	文学	历史	修辞学	辩证法	算术		几何		地理学			天文学	机械学	物理学	音乐
17—18世纪	文法	文学	历史	修辞学	论理学	伦理学	算术	代数学	几何学	三角法	地理学	植物学	动物学	天文学	机械学	物理学	化学	音乐

学技术革命和知识信息激增的冲击下,多样化教育内容的承载形式也在日趋电子化、数字化,使教育内容可以超时空、超文本存在。在这样的条件下,教育内容正以磁盘、光盘、校园网和国际互联网形式取代课本在学校教育中所占的主导地位。

教育内容的实质及制约因素

教育内容的实质乃人类文化,尤指其中的精神文化在教育中的呈现。教育活动作为人类的一种认识活动和社会存在形态,是由教育者和受教育者两方面组成,并以文化为内容,以语言、文字为手段所进行的一种交流、传承活动。教育内容解决的是关于对受教育者施以什么样的精神影响,给予什么样的文化的问题。不论是自在的还是自为的教育,都少不了人类所创造的文化,尤其是精神文化。教育内容就是教育活动中传递和传播的人类文化。但是,作为学校教育内容的文化,它是进行了某种选择的结果,是人们根据一定的要求与标准所确定的。当一定的社会观念、思想、知识、习惯、风俗等文化因子与教育方针、教育目标相一致,又与受教育者的身心发展水平相吻合时,就会被纳入教育内容之中;反之,则被排斥出教育内容之外。因此,学校教育内容具有明确的目的性与预定性;不仅具有一般的认识特征,而且具有形成人的价值的特征;学校教育内容被两个处于不同地位而又密切联系的主体(师与生)共同利用,并在教与学活动中,分别与他们组成复合客体。

制约教育内容的因素是多方面的,主要有社会政治经济制度和教育的目的、任务,生产力和科学技术发展水平,知识体系的发展状况,教育对象的身心发展规律等。

社会政治经济制度和教育的目的、任务是影响教育内容的决定性因素。教育内容既不能随意确定,也不可盲目增减,必须反映并顺应一定社会的需要,也必须保证教育目的的实现。由于社会政治经济制度有所不同,其所确定的教育目的任务不同,教育内容也就不同。例如中国封建社会为了巩固封建统治,教育目的是培养“内圣外王”的君子,因此选择儒家经典作为教育的主要内容;在欧洲,古典主义内容在漫长的中世纪也一直是学校的主要课程。可见,教育内容的性质和范围都是一定历史时期占统治地位的阶级支配的。教育的任务虽然在不同的社会历史阶段和不同的文化阶层表述不一,但对于受教育者大多包括德、智、体、美等方面,教育就是使个人在这几方面得到发展。选择教育内容的标准即满足社会需要与满足个人需要的统一。随着社会期望的扩展,教育目的任务会发生相应的变化,从而引起教育内容上的相应改革。

生产力和科学技术发展水平是影响教育内容的客观现实因素。教育内容与生产力、与科学技术发展的实际水平在总体上是同步的,它们之间存在某种程度的一致性。世界各国从奴隶社会到封建社会,学校教育内容的变化一直都比较缓慢。第一次工业革命后,由于科学技术大规模地运用于生产过程,出现了新的分工,使社会的职业结构逐渐趋于复杂。由此带来了各级各类学校及专业的相继出现,学校的课程门类和结构也发生了一系列变化。各种自然科学知识被列入教育内容,便是科学技术进步趋势的突出反映。生产力和科学技术的发展对教育内容的影响并非决定性的,即使在生产力和科技发展水平相同,甚或政治制度较为相近的国家,其规定的教育内容也有很大差异,原因在于各个国家的民族传统、社会意识和道德观念不同,因此,社会因素对教育内容的制约是由多种因素综合影响的结果。

知识体系的发展状况是影响教育内容的直接因素。知识是人类认识程度和层次的直接反映,是对历史的和现实的、具体的和抽象的事物的信息表达。随着知识积累的愈来愈丰富,人们开始对把握的全部知识进行梳理并形成一定的体系,由于指导思想不同、分类方式不同,知识体系的建构模式亦不尽相同,加之社会发展因素的冲击,知识也在不断的发展变革中。这对当时学校课程的设置和教育内容都会产生重大影响。因为教育内容源于社会的知识体系,是对其进行加工、选择而形成的,所以,知识体系及其发展变革对学校教育内容的确立意义重大,甚至决定学习的结果和效率。

教育对象的身心发展规律是影响教育内容设置的重要方面。教育内容是要学生掌握的,所以必须是能够被学生接受的,教育内容的性质、构成和预期定位以及广度、深度、难度和问题形态,都必须适合学生原有的知识基础和能力发展水平、年龄特征,而不能超越他们的接受限度。为此,每个教育阶段都须保证教育内容结构的序列性和完整性,保证教育内容的渐进性和层次性,真正贴近并关注受教育者的个体生命和日常生活,适合受教育者的不同年龄阶段和个体特征。

知识分类视野下的教育内容类型

教育内容类型的划分与知识的分类有着必然的联系。知识的多样性决定了教育内容的多样性,进而决定了教育形态的多样性。反过来说,教育形态各式各样,要求教育内容丰富多彩,以及知识的无比宽泛。而从不同的侧面看,有什么样的教育形态就有什么样的教育内容和知识类型与之相适应。现代教育对教育内容主要有下列划分方式。

知识水平的高低与教育内容的层次类型　根据知识水平的高低,通常有初级知识、中级知识和高级知识之分。从教育系统的纵向结构看,教育是由承担着不同的任务和富有专门职能的各级各类学校构成的,可分为初等教育、中等教育和高等教育,就此,教育内容就可划分为初等教育内容、中等教育内容和高等教育内容。对初等学校和中等学校来说,教育内容所选择的主要是一些最基本、最必需的知识成分,强调培养公民的基本素养,一般按学科分为语文、数学、外语、政治、历史、地理、物理、化学、生物等内容。对高等学校来说,教育内容所选择的主要是能跟上当今社会发展水平的科学知识,强调跟踪当前本门学科的发展前沿,强调将知识传播和知识应用有机地结合起来,通常是先根据研究领域分为不同的专业,如哲学、经济学、法学、教育学、文学、史学、理学、工学、医学、农学、管理学等,然后再细分为各种更加具体的学科内容。

知识的属性与教育内容的属性类型　关于知识的分类有多种观点,钱学森把知识分为六大门类,即:哲学、自然科学、社会科学、数学、技术科学和系统工程。美国尼勒把知识分为五类:天启的知识、直觉的知识、理性的知识、经验的知识、权威的知识,通常学校把知识分为自然科学知识和人文社会科学知识。对受教育者所进行的教育内容即可被划分为自然科学教育内容与人文社会科学教育内容。前者是人们在认识和改造自然中所形成的知识和技能体系,同时也蕴涵着深刻的科学思想、科学素养和科学方法等,其课程主要有数学、物理学、化学、天文学、地理学、生命科学、环境科学、医学、计算机科学等;后者是指包括精神和文化在内的所有社会人文知识,其课程主要有哲学、宗教、历史、语言、文学、社会学、心理学、政治学、伦理学、人类学、经济学、管理学等。人文社会科学教育不仅传授知识,更重要的是传播和引导一定的价值观念和道德观念。人文社会科学教育内容和自然科学教育内容处于同一维度,是现代教育实现人的全面发展的两个基本方面。通过自然科学教育达到培养科学精神和科学素质的目的,通过人文社会科学教育则达到培养人文精神和人文素质的目的,两者并存,才能保证现代教育内容体系的完整性和统一性。

专业领域特点与教育内容的专业类型　社会生活领域宽泛,各个领域都有其对应的知识,不同领域的教育也对应着不同的教育内容,因此,通常将教育内容分为专业教育内容与非专业教育内容。前者主要是针对特定领域形成的一个以专门知识为主,融合相关知识的综合性知识结构,它是自然科学、社会科学等学科领域知识的有机结合,在学生掌握综合知识的基础上,还要注意进行专业应用、专业研究等能力的培养,以增强他们的创新能力;后者指专业教育以外的一切教育内容,亦称通识教育的内容,主要包括语言、文化、历史、自然、社会制度等。一般来说,专业教育和非专业教育通常体现于高等教育中,其教育内容应以专业知识为主,非专业知识为辅。

信息加工过程与教育内容的学习类型　信息加工理论产生于 20 世纪 80 年代,认知心理学家 J. R. 安德森 1985 年根据信息加工过程把知识分为陈述性知识和程序性知识。前者指事实性或资料性知识,它的获得是以命题的形式来告诉或陈述一个事实和观点,主要回答"是什么"的问题;后者是在操作过程中获得结果的知识,指的是方法、思路和策略,可用于训练思维活动,使人具有较强的分析和解决问题的能力,主要回答"怎么办"的问题。从教育的横向结构来看,普通教育以及自我教育的内容基本上属于陈述性知识,人的一生中大量学习这种知识。这种知识,有些只暂存很短时间,很快就被遗忘;有些则保持长久,甚至终身;有些看似孤立,然而大多数还是同其他信息存在许多联系。它要求的心理过程主要是在富有意义的结构中通过记忆来获得,属于最低水平的认知学习。职业技术教育的内容大多属于程序性知识,它的应用取决于能否将其自觉地迁移到新的情景,因此应有计划、有步骤地给学习者建立相关程序性知识的个例经验,适时引导学习者概括和总结,把结论运用于新情景——进行迁移训练,拓展至新的领域。

知识学习的结果与教育内容的成就类型　1977 年,加涅在他的《学习的条件》一书中根据学生的学习结果,提出五种学习结果(能力):言语信息、智慧技能、认知策略、动作技能和态度。它们又划分为三个领域:认知领域(包括知识、技能和策略)、动作技能领域和情感领域。该分类逐渐成为学习和教育心理学家的共识。学校教育目标是预期的学生学习结果,依据这种学习结果分类可将教育内容划分为三个方面:认知领域的内容,包括能用语言文字陈述表达的诸多知识、运用符号办事的能力、控制与调节自己的认知活动的特殊认知技能等;动作技能领域的内容,即习得的协调自身肌肉活动的能力;情感领域的内容,即习得的决定个人行为选择的内部心理状态。当代各国教育内容的改革都将其作为基本理论依据。

知识影响范围与教育内容的作用类型　依据知识影响范围的大小,可把知识分为个人知识与组织知识。个人知识多为内隐知识(技能＋认知),个人主观的经验性、类比性、特殊情境性的知识,通常无法直接辨识并保存于个人身上,因此难以通过文字、程式或图形等具体条例规范的形式向外传递。如洞察力、预感、灵感、信念、价值、习惯、判断、技能、构思等,知识的传递较为费时,属于个人拥有,是难以用正式语言文字表达的潜藏性的经验技能,是一种只有通过与拥有者主动合作及沟通才能撷取的知识。这些知识正是个体教育的内容。组织知识多为外显知识、客观的理性知识或阶段式连续知识,是可以清楚地辨认并保存于产品、程序、手册等具体形态中,且可以通过正式形式及系统性语言传递的知识。包括著作权、专利、版权、档案、制程技术、标准作业流程及做事方法、营业机密等,属于可用正式语言、数学公式与手册表达,容易传输与复制分享的外显性知识。它易于分析整理和储存,适合用电脑科技和网络储存、传播,并让所有人分享。这些知识正是组织教育的内容。

另外,还可根据知识的应用频率分为常规教育内容与创造教育内容。常规教育内容,是教育中经常不断运用和进行的,包括基础知识教育、伦理道德教育、情感与人格教育、法律常识教育、职业技能教育、自我发展教育等。创造教育内容建立在常规教育内容之上,是带有一定的突破和超越性的内容,包括思维教育、发现教育、发明教育、科研信息教育、艺术技法教育、参与教育、未来教育、个性教育等。

教育内容的结构与功能

教育内容有其特定的结构,包括内在结构和外在结构,并以两者相统一的形式存在。

内在结构指的是人们所熟知的德育、智育、体育、美育等的文化内涵及其联系。由于我们要授予学生的并非单一而是多样性的文化,因此就有了其多方面的文化内涵。德育方面的内涵关系人的思想政治面貌和道德风貌,包括政治观点、思想意识、理想信念、公共伦理、品德修养、政策法规、纪律与自觉行为、劳动习惯等;智育方面的内涵关系人的知识才能和本领,包括系统的科学文化知识、一般的认识能力和创造能力以及各种社会生活技能等;体育方面的内涵致力于增强体质、发展体魄、陶冶情操和锻炼意志,包括田径运动、体操与武术、球类与游戏、游泳与滑冰、越野与军事活动等;美育方面的内涵主要关注审美知识、审美情趣、审美能力,包括音乐、美术、舞蹈、文学、影视和戏曲等。这些文化内涵,大多属于观念形态的东西,基本上看不见、摸不着,必须借助于物质的外观形态才能为人们所接触、感受和体验,从而为人们具体把握。这些文化内涵之间相互关联,共同构成全面和谐发展教育的内容。

外在结构指的是教育的各种抽象观念和文化内涵的载体及其外在表现。教育内容的外显形式主要表现在其内涵载体即课程上,包括课程计划、课程标准和教科书。通过它们来实现由科学(science)、学科(subject)到教程(course)的转化,从而把观念形态的教育内容规范化、程序化和具体化,最终达到促进学生发展的目的。所谓规范化是指按教育方针和教育目标的标准与要求行事;程序化是指教育、教学内容的由浅入深、由易而难、由简到繁,内容虽有不同,却同样需要照顾到其先后的内在联系;具体化是指抽象的文化知识被具体地转化为教与学的内容。课程作为学校教育内容的外在表现形式,固然不可简单地等同于教育内容,然而却是教者和学者都必须首先把握的,它使无形的知识观念具体化为可以见到、感受得到的实体。没有课程,教者和学者就会不知所云和无所据,教育、教学工作就难以具体有序地按照规范进行下去。

1968 年,美国教育社会学家杰克逊在其专著《班级生活》中论及非正规课程,并提出"隐性课程"的概念,自此,教育内容在结构上开始被分为显性教育内容与隐性教育内容。显性教育内容是官方指定的通过人才培养计划、课程体系和教学内容等形式表现出来的,学生借助正式学习所获得的经验性内容。隐性教育内容则是学校教育中隐蔽的,经由教育理念、教风、学风等教育环境潜移默化传递的经验性内容。值得注意的是,隐性教育内容带有动态的文化传播特征,也代表了学习者受教育的部分内容,因不能直接导致学业上的成败,常常被忽视,但它通过外在的价值判断,对人格的形成也将产生巨大影响,值得关注。

教育内容的功能主要表现在对教育形式的影响和对受教育者发展的作用两个方面。

教育内容决定教育形式的选择　任何事物都是内容和形式的统一,教育也不例外。教育内容是构成教育活动及其过程的基本保证,也是选择教育形式的重要根据;教育形式则是教育内容得以展开的一般方式,是实现教育内容由教育者向受教育者传递的基本途径。教育内容和教育形式相互顺同。在教育内容与教育形式的对立统一关系中,教育内容是主导性方面,它决定着教育形式的发展方向和类型,有什么样的教育内容就会产生出相应的教育形式。与不同的教育内容相适应,主要有个别教育和集体教育两种形式。个别教育形式,指教育者和受教育者之间文化的传递和传播活动都是单个进行的,即由教育者把文化传递和传播给作为教育对象的个体;集体教育形式指教育者和受教育者众人之间的文化的传递和传播活动。学校的教育活动主要是教学活动,因此个别教育形式主要是指个别化教学,而集体教育形式主要是指课堂教学。选择什么样的教育形式要根据教育内容和受教育者的情况来决定。在开展教育活动的过程中,首先必须重视教育内容的改革与优化,使德育、智育、体育和美育诸方面的具体规定符合社会实践的发展和科学技术的不断变化;同时也要求因时、因地、因势和因人而异地利用多样化、协调互补的教育形式,以适应千差万别和复杂多样的教育内容。

教育内容影响受教育者的文化素养　文化素养是包括知识、能力、品格和个性等诸多成分在内的综合体,是人的身心发展的总水平。人们通过接受教育和进行学习会获得一定的文化和学问,具备一定的技能和才干,形成一定的思想、修养和气节。这主要是教育内容的影响作用,是根据教育目标所确定的文化内涵陶冶的结果。德、智、体、美本身都是素质概念,存在于人身上的道德素质、才智素质、身心素质、审美素质虽具有不同的文化特征,但都是教育内容综合作用于教育对象的结果。教育与学习是提高社会个体素质的必由之路,但教育和学习本身都只是一种手段或渠道,真正能给人以素养的是蕴含在手段和渠道之中的内容,即由这种手段和渠道所输送的知识、思想、观念、理论等人类文化内涵。一个人在后天之所以具有素养,决定的因素是其文化内容的含量。素养说到底是指一个人的文化内涵,亦即一个人通过受教育和学习,不断吸取文化营养并实际存在于个体身上的文化因素的总称。先进的、健康的和系统完善的教育内容,会引导受教育者成为造福于社会的栋梁;反之,落后的、病态的和腐朽陈旧的教育内容,将会使受教育者成为戕害社会的罪人。当然,由于受教育者自身因素的差异,同样的教育内容作用到不同的受教育者身上,可能产生不同的结果,但教育内容对受教育者文化素养的影响依然是广泛深刻而不可否认的。教育者的任务就是要辩证地、具体地处理好受教育者全面发展与个性发展的关系,正确利用教育内容,因材施教。

关于教育内容的理论认识与分歧

在教育学史上,教育家对教育内容的认识和选择持不同的理论观点和主张,客观上推动了教育的发展和进步。各种教育理论流派之差异,主要表现为形式教育论与实质教育论、人文主义教育理论与科学主义教育理论、个体本位教育论与社会本位教育论、传统教育理论与现代教育理论的学术争论。

形式教育论与实质教育论的教育内容观　形式教育论与实质教育论是19世纪欧洲资产阶级教育学者的不同主张。形式教育论者以洛克为代表,他们认为教育的主要任务是使学生智力得到发展,知识灌输远不如智力训练重要,知识的价值只在于作为训练某种智力的材料。课程的设置和教育内容的选择应以训练智力的需要为依据,因而其学科主要为古代语言、数学、逻辑学等。实质教育论者以斯宾塞为代表,他们认为教育的主要任务在于使学生获得有实际用处的知识,教育的效果表现于学生掌握实用科学知识的数量,及其能否为将来从事各种职业活动做准备。凡在指导行为方面最有价值的知识,都具心理训练的作用,而获得知识后,就能保证智力发展。所以,教育的内容应当是实用知识,于是构成了由机械技术、自然科学、数学、历史、地理等为主体的学科课程体系。其实,发展学生智力和传授实用知识是互为条件的统一过程,形式教育论与实质教育论在教育内容的选择上,把传授知识与发展智力人为地割裂开来是错误的,没有处理好两者的关系,更不符合现代教育心理学和教学论原理。以乌申斯基为代表的教育家则较好地解决了掌握知识和发展能力的关系,在教育内容上把知识学习和智能训练有机地统一起来。

人文主义教育理论与科学主义教育理论的教育内容观　人文主义教育理论是欧洲14—16世纪文艺复兴时期产生的一种教育理论,代表人物有教育家维多里诺、伊拉斯谟、拉伯雷和莫尔等。他们反对神性和神权的压抑,主张培养多方面和谐发展的新人,要求扩大教育对象,兴办多种学校,改进教育方法,强调发挥儿童学习的积极主动性。特别是在教育内容上,重视体育、德育、智育和美育,一方面对原有的"七艺"的内容进行了一定的分化,另一方面又增加了许多新学科,如自然、物理、地理、历史等,相对之前的教育,内容范围大大扩展,古典文学和自然科学的地位也大大提高。启蒙运动时期,教育家卢梭、裴斯泰洛齐、福禄贝尔等对人文主义教育观再度发展,主张进行自然的和自由的教育、发展性的和自我思考的教育、生活的和快乐的教育,强调根据儿童的自然特点安排教育内容。20世纪50年代兴起的以布贝尔为代表的存在主义本质上亦是人文主义的,他们主张课程设置必须符合人性发展的需要,主要学科应当是人文学科,如哲学、历史、文学、艺术等。人文主义教育理论比较关注儿童的自然特点和个性品质,其教育内容富有强烈的人性色彩,但相对缺乏对真理的追逐和探寻。17世纪近代科学的思想先驱——培根是科学主义的奠基人,他认为科学的任务在于认识和利用自然规律,教育的内容要使人掌握科学知识。18世纪这一思潮在法国得到发展,伏尔泰、狄德罗等思想家,都一致倡导科学教育。此时,一批规范的科学教育的高校相继建立起来,也促进了科学主义教育思想的扩展。而在英国,由于教育内容空疏无用和脱离社会需要,促使功利主义思想和加强自然科学教育的主张兴起。从19世纪中叶开始发起新大学运动,重视科学教育和实用教育,最新的科技成果被引入课堂并面向生产实际,但至19世纪后半叶,对自然科学的崇尚已发展成对科学极端迷信的泛科学主义。科学主义教育理论思潮视科学为唯一的知识,在教育内容方面独尊自然科学,片面强调教育的功利主义价值,以至于用统一的教育内容和统一的课程编制制造统一的"教育成品",造成了教育教化功能的削弱和人文内涵的流失。有鉴于此,教育内容的取舍需要在人性与理性间作出权衡,正确处理人文科学与自然科学的关系。

个体本位教育论与社会本位教育论的教育内容观　个体本位教育论者主张在认真研究儿童特点的基础上,从受教育者的参与性出发,而不是从社会出发确定教育目的和内容。强调教育目的在于培养人,充分发展受教育者的个性,增进受教育者的个人价值。因此,对于教育内容相应地倾向于按儿童经验获得的心理顺序来选择和组织。其代表人物有卢梭、裴斯泰洛齐、赫尔巴特、福禄贝尔、斯宾塞等。社会本位教育论主张根据社会需要确定教育目的和教育内容,以社会的稳定和发展为教育的最高宗旨,个人只是教育加工的原料,教育目的在于使受教育者社会化,成为符合社会准则的公民,从而保证社会生活的稳定与延续。对于各式各样的教育内容,强调以学科为核心,按学科的逻辑顺序和要求来选择和组织。对于社会本位论而言,古代的代表人物有孔子、柏拉图,近现代的代表人物有凯兴斯泰纳、涂尔干等。个体本位教育与社会本位教育对于教育的目的和内容的认识都是相对片面的,持有辩证思想的教育理论工作者,则通常在兼顾社会和儿童两方面需要的前提下来选择和组织教育内容。以苏联苏霍姆林斯基为代表的和谐教育思想,在教育内容上强调集体、纪律、劳动教育和个性教育的结合,较好地解决了两者的矛盾。

传统教育理论与现代教育理论的教育内容观 19 世纪初,赫尔巴特在秉承前人教育思想的基础上,以心理学和伦理学为基础,提出了学校以课堂为中心、课堂以教师为中心、教师以书本为中心的理论倾向,形成了所谓的传统教育理论。在教育内容上,传统教育理论重视系统知识与技能的传授,强调根据学科按照逻辑顺序有条理地组织教材,但容易使教育内容凝固,忽视知识更新的横向联系和综合运用,忽视学生的兴趣需要和探索发现能力的培养,从而往往使学生缺乏独立思考、创造性和进取精神。19 世纪末,杜威立足于实用主义价值观,采用"经验—分析"的研究范式,提出了以儿童兴趣为中心、以儿童的经验为中心、以社会生活为中心的理论主张,从而形成了一种反传统的现代教育理论学派。在教育内容上,现代教育理论反对教材中心,重视儿童活动和生活经验,通过做中学来调动学生的积极性,但在一定程度上忽视了知识的选择性及系统性,忽视了知识学习的客观逻辑顺序,不利于学生有计划的成长。传统教育理论与现代教育理论的教育内容都存在着一定的优长与缺失,正确的态度应当是兼顾和辩证地看待继承与发展、一般与特殊、逻辑与非逻辑的关系,以培养具有健全人格的公民。

教育内容研究的发展

理论分歧的存在导致教育内容的不断调整。进入 20 世纪 70 年代特别是 90 年代,教育内容理论开始摆脱理性偏见和实践操作式的粗浅认识,开始集中于课程计划、课程标准与教科书本身,面向教师和学生的日常生活,并在点滴的日常生活中建构意义、寻求超越。教育内容研究也从各方面体现出对传统课程模式的突破。

教育内容的结构化、综合化和均衡化 20 世纪 60 年代的结构课程理论,强调教育内容中个别学科的重要性,造成了知识的分裂和片面化,因而在 70 年代受到广泛批判。20 世纪 80 年代后,世界科技与学术发展出现了新的综合化趋势:知识在分化中出现新的综合,不同学科之间边界逐渐模糊,新的边缘学科迅速形成和发展,并成为对人类社会具有重大意义的学科。学科知识本身的综合化发展,使得传统分科知识的教学难以进行,而且社会发展和社会生产对综合知识的要求,也需要学校重视不同学科知识的综合,尤其是打破了人文学科与自然学科的壁垒,呈现融合趋势。世界一些主要国家采用不同形式的综合课程,提倡文理渗透,倡导模块教学,注重德、智、体、美和劳动教育的全面和谐发展,以及知识情感和智慧技能的协调均衡发展,逐渐改变课程结构过于强调学科本位、科目过多和缺乏整合的现状,以适应不同地区和学生发展的需求,从而在价值追求上实现以"造就健全的人"为目的的人本化取向和以满足人的需要为目的的实用化取向的明显整合。具体表现在:职业化、乡土化课程不断得到强化,如俄罗斯的"民俗学"和"民间创作",印度尼西亚的"社区学习"等;科学技术和社会的结合,如英国的 STS 课程;现代科技和社会发展的实际问题进入课程,如许多国家开设的计算机科学、信息和环境科学课程等。教育内容结构由此得以重建,课程选择的价值追求开始走向社会与个体的统一。

教育内容的精简化、基础化和现代化 人类文化异彩纷呈、知识形态多种多样,在有限的生命历程中不可能掌握无限的知识。改变课程内容"繁、难、偏、旧"和过于注重书本知识的现状,研究最具基础性的文化知识要素,精选终身学习必备的基础知识和技能,以构成精简干练的教育内容体系,成为富有挑战性的工作。中国学者通过研究,提出整体设置九年一贯的义务教育课程并付诸实施:小学阶段以综合课程为主,小学低年级开设品德与生活、语文、数学、体育、综合艺术等课程,小学高年级开设品德与社会、语文、数学、科学、外语、综合实践活动、体育、综合艺术等课程;初中阶段设置分科与综合相结合的课程,主要包括思想品德、语文、数学、外语、科学(物理、化学、生物)、历史与社会(或历史、地理)、体育与健康、艺术(或音乐、美术)以及综合实践活动。高中阶段以分科课程为主。在义务教育阶段的语文、艺术、美术课中要加强写字教学,从小学至初中高中设置综合实践活动并作为必修课程,其内容主要包括:信息技术教育、研究性学习、社区服务与社会实践以及劳动与技术教育。与此同时,注重改变传统的课程模式,把现代化的科学、技术、文化成果完整及时地反映在学科结构中,以适应迅速发展的社会需要。美国的课程改革突破传统的理科教学体系,新开发的物理学教科书,以"时间、空间、运动"、"光"、"力学"、"电子与原子结构"等基本要素组成新体系,受到世界注目。20 世纪 80 年代以来,课程现代化的深度和广度都得到很大的拓展,生计教育课程、环境教育课程、创造教育课程、信息技术课程构成课程现代化的主要内容。

教育内容管理的民主化、多元化和个性化 对于教育内容的选择和管理,世界各国依照其行政主体之别,形成了不同的选择和管理方式。如法国的国家本位课程、美国的地方本位课程、英国的校本课程。20 世纪 70 年代以来,教育领域掀起了注重民主、关注"赋权"的潮流,世界许多国家的教育内容管理体制都越来越呈现民主化迹象,在三级行政主体中偏执于一级的状态发生了很大的变化,课程选择和管理从一元走向多元。允许地方和学校参与课程开发，努力实现国家、地方和学校的协调统一，大大提高了课程适应学校和学生的个别差异性的可能，有利于地方、学校、教师和学生自主性、独立性和创造性的发挥与发展。由于原有教育内容体系存在着诸多弊端，如内容陈旧、过时；普通教育和职业教育两轨分离；以学科为中心、学科分离、科目林立；局限于学生认知成长而忽视了情感意志的发展；忽视学生经验的生长和综合知识的传授；课程设置缺乏弹性，追求统一化和模式化，不能照顾到学生的个体差异等。所以，教育内容改革研究在多元化设计上取得了新突破，如课程标准有不同水平的要求，在开设必修课的同时，设置丰富多彩的选修课、增加活动课；推动在统一基本要求前提下的教材多样化。与此同时，认可学生多元的个性、兴趣、需要与智力差异，创造一种个性化的教育环境，帮助学生建立个别化的学习历程。如传统上比较强调一致性、统一性的新加坡，为了发展学生个性，就实施了个别化的学习，通过研究提出了 6 条课程改革措施：允许课程要求有差异；学生学习的年限不强求一致；采用多样化的考试和评估方式；对差生实施辅导与教导计划；为学习能力强的学生开设特别课程；组织各种课外活动，发挥学生个性特长。此外，各国还开发了一些更有效的课程，如微型课程、协同学习课程、计算机多媒体辅助教学等。美国中学几乎每一门学科都设置多门微型课程，供不同程度、不同兴趣的学生选学。比如数学课，一般分为本地级、州级、荣誉级和高级四个程度，分别组成许多门课程，由学生根据自己的基础，在教师的指导下选学其中的一个档次。在此课程模式下，每个人的学习计划是不同的，使得同一年级的学生在一门课程中同班，在另一门课程中可能不同班，同一教室里上课的学生甚至可来自不同年级。这种课程编排充分考虑到不同学生的个性差异，从学生的个性出发，保证了因材施教的个别化教学的实施。

教育内容的生活化、经验化和实践化　教育是发生在师生现实生活中的教育，学校应在学生日常生活中关注教育意义的建构，在学校生活中关注师生之间的对话与理解，这才是有意义的和充满人性的教育。作为认识和实践活动的主体，学生不是消极的知识的"容器"，而是积极的知识建构者，并表现出较大的自主性、能动性和创造性。因此，20世纪 70 年代以来，课程研究发生了范式转换，众多的课程学者开始反思以"泰勒原理"为代表的传统课程开发范式的局限与偏执，致力于对课程领域进行"概念重建"，打破传统课程开发的程式化、普适性追求，给课程研究带来了新鲜的气息。在概念重建主义课程理论者看来，课程不是既定的学习材料，不是僵死的教科书，而是活生生的经验和体验。课程应该关注学生的现世存在的体验与经验，关注当下某一个时刻的生活感受，而不仅仅是先前积累的知识。同时，后

现代课程理论也非常关注学生的经验，以 W. E. 多尔为代表的研究者，致力于超越既定学习材料的教条，走向学生的经验与体验，从而实现教育内容和课程的丰富性、回归性、关联性和严密性。关注儿童的人格尊严、生活经验和生命体验，关注教育内容的生成过程和学习者的实践体验，提升学生的主体性，已成为教育内容理论研究的突出特点，这也是以儿童发展为本的时代精神对教育的要求。只有如此，才能确定教育内容同学生生活的联系，关注学生的兴趣和经验，使学生有可能在自己的生活中进行自主学习，为学生关注自身、回归日常生活提供更宽阔的空间和可能。

参考文献

胡德海. 教育学原理[M]. 兰州：甘肃教育出版社，1998.

联合国教科文组织国际教育发展委员会. 学会生存——教育世界的今天和明天[M]. 华东师范大学比较教育研究所，译. 北京：教育科学出版社，1996.

孙培青. 中国教育史[M]. 上海：华东师范大学出版社，1992.

吴式颖，等. 外国教育史简编[M]. 北京：教育科学出版社，1988.

（李保强）

教育培训成本分担（cost-sharing of educational training）　教育培训成本在企业、个人等相关方之间的合理分担。在人力资本理论创立初期，T. W. 舒尔茨、丹尼森等美国经济学家主要考虑学校教育（schooling）对人力资本投资收益的影响。之后，美国经济学家明瑟将劳动力市场经验（experience）、工龄（tenure）因素引入明瑟收入函数，分析了在职培训（on-the-job training）、做中学（learning by doing）等活动对人力资本投资收益的影响。明瑟推测，劳动力获得更多培训而形成的人力资本增量促进生产率的提高，工资收入也相应会增加。更重要的是，与学校教育相比，培训对工资增长的作用可能更大。L. M. 林奇的实证研究表明，在影响劳动力工资增长的因素中，每增加一年的学校教育只相当于六个月的离岗培训（off-the-job training）的效用，而与在职培训相比，其效用甚至更低。美国经济学家阿西莫格鲁和皮斯科也认为，尽管很多研究工作揭示学校教育的重要性，但是对于生产率的提高而言，在职培训可能至少与学校教育同样重要。上述研究都揭示理性选择培训投资的形式和数量对人力资本投资收益具有重要影响。

在完全竞争市场假定下，美国经济学家贝克尔对一般培训和特殊培训进行了开创性研究。一般培训，亦称通用性培训，是指那些能使被培训者的边际生产率得到提高，而且提高程度在提供培训的企业和未提供培训的企业中相同的培训。特殊培训，亦称专用性培训，是指那些可以使提供培训的企业获得生产率更大程度提高的培训。他认为，一般培训不仅增加本企业同时也会增加其他一些企业的边际

产品,因此企业只有在不承担费用的前提下才会提供一般培训,因为当工人具有一定的流动概率时,工人可以获得生产率增长所递增的全部边际产品,而雇主则无法收回在一般培训中的投资;特殊培训形成了企业专用性资产,特殊培训形成的人力资本存量在现职企业能够提高边际生产力,提供更多的边际产品,但是如果变换雇主,工人不会从提高的边际生产力中获得收益,所以特殊培训费用只能由雇主承担。特殊培训聚集的专用性人力资本保证雇主与雇员之间形成类似人质(hostage)关系的双边垄断交易,这些员工具有较长的在职期,预期不会出现资深员工的大量流动。贝克尔关于一般培训和特殊培训成本分担问题的论述,曾经在相当长的一段时间内被视为经典。但是在现实世界中,雇主为一般培训付费,甚至为雇员攻读大学学位支付部分费用的情况大量存在;雇员在培训期并没有出现工资下降,或者即便存在工资下降,也明显不足以补偿雇主支付的培训费用。这些现象都明显不符合贝克尔对一般培训成本分担的解释。20世纪90年代以来,随着交易成本理论和信息经济学的迅速发展,劳动经济学家从多条路径出发研究了企业为什么愿意为一般培训付费,从而形成关于一般培训的一整套非贝克尔的解释。

企业专用性人力资本与一般培训　企业专用性人力资本体现了雇主与雇员之间关系专用性投资的长期积累,两者之间形成互相信任、注重长期交易的双边垄断关系。由于专用性人力资本的存在,雇主可以放心地增加这些资深员工的一般培训。康斯坦丁和纽马克的一项研究发现,从1983年1月至1991年1月,工龄最长的员工组培训数量增加了7%,工龄最短的员工组受到的培训只增加了2%,工龄为10~20年的员工组在任何形式的培训上都最多。这是因为,年轻员工积聚了较少的企业专用性人力资本,为了继续搜寻相匹配的职位,表现出较高的流动倾向,雇主不敢对他们进行过多的免费的一般培训;工龄超过20年的员工积累的企业专用性人力资本存量最多,对雇主的忠诚度也最高,但他们的职业生涯即将结束,一般培训必需的投资回收期太短,必需的贴现率太高,预期只能获得较低水平或负的净现值流量,他们接受的一般培训的最优数量和最优品种都低于工龄为10~20年的员工组。另外,企业通过一般培训向员工传授通用技术,可以减少特殊培训的费用。对于生产率的提高而言,通用性人力资本和专用性人力资本是互补的,增加一般培训,就能够间接地增加专用性人力资本的生产效率,就能边际增加专用性人力资本对企业利润增长的贡献。

不完全竞争与一般培训成本分担　阿西莫格鲁和皮斯科认为,贝克尔的解释只适用于完全竞争的劳动力市场。在现实世界中,劳动力市场都是不完全竞争的,雇主拥有某种买方垄断力量,所以付给工人的工资低于工人的生产率;

工人接受培训后,培训后的收益体现为工资和生产率的同时增长,但还是由于雇主拥有的某种买方垄断力量,工资增长曲线不如生产率增长曲线陡峭,两者之间存在差距,而且工人受到的培训越多,两支曲线的差距就越大,雇主获得的租金就越多,雇主就有更大的激励为员工提供培训。他们认为,导致"某种买方垄断力量"出现的原因在于交易成本和信息不对称。在这种不完全竞争条件下,工人的市场工资(边际生产率与边际产品相等时的工资)中就有一部分要以匹配剩余(match surplus)的形式被工人和雇主分割,而在交易成本为零的完全竞争市场,租值是完全消散的。这样,雇主就得到一个剩余。为了得到更大的剩余,理性的雇主就会继续对人力资本进行投资,用于培训的投资供给就会被持续激励,哪怕这种投资采用完全免费的形式。

自我选择与一般培训成本分担　一般来说,能力和培训收益是互补的,能力越高的工人得自培训的收益越多,雇主就愿意为他们提供更多的培训。但能力是不可观测的私人信息,这些信息雇主是无法免费获得的。于是,一些雇主就依靠提供免费的一般培训来引导工人自我选择,以显示其私人信息。企业在招聘广告中告诉求职者:本企业愿意为在职员工提供免费的一般培训,但是员工必须接受较低的初始工资。于是,这种制度安排就能够有效引导不同类型的劳动力进行自我选择。自我选择机制是这样形成的:由于高能力员工能够从培训中更多地提高自身能力,经过培训的高能力员工会预期到在职业生涯中将面临一个更陡峭的培训—工资剖面图,所以他愿意接受较低的初始工资;低能力员工参加培训对能力提高有较小的作用,经过培训的低能力员工预期在职业生涯中将面临一个较平坦的培训—工资剖面图,于是他不愿意接受较低的初始工资。所以,在雇佣契约中引入相应的一般培训条款,不但能够减少雇主的筛选成本,而且雇主也通过自我选择机制发现匹配员工。在这种情况下,企业的一般培训投资不会成为贝克尔意义上的沉没成本,原因在于培训不但能够提高生产能力,而且雇主通过提供培训还能获得员工的能力信息。

综上所述可以看出,贝克尔的经典解释在交易成本为零、信息完全和对称的完全竞争市场是有效的,他对一般培训和特殊培训的划分也是明确有益的,奠定了培训——这种重要的人力资本投资的研究基础。在真实世界中,由于信息是不完全的、非对称分布的,由于搜寻过程中存在巨大的交易成本,劳动力市场并不服从构成贝克尔研究框架基石的完全竞争条件。在这种不完全竞争的劳动力市场,雇主能够通过不断的培训投资持续地获得买方垄断剩余,能够获得至关重要的关于员工能力的私人信息,所以有激励为员工提供免费的一般性培训。随着员工工龄的增加,他们拥有的对企业具有重要意义的专用性人力资本随之增加。这时,如果一般培训能够增加专用性人力资本的边际贡献,雇主就会考虑向这些资深员工免费提供一般培训。而且,工龄较长的员工流动倾向更低,雇主更不必担心投资于他们的一般培训成本无法收回。

(孟大虎)

教育评估制度（educational evaluation system）各级教育行政部门或经认可的社会组织,对学校及其他教育机构的办学水平、办学条件、教育质量进行综合或单项考核和评价的制度。教育评估是政府对教育机构实施宏观管理的重要手段。现代教育评估以科学的调查和分析方法为基础,其评价结果有较高的可信度和有效度,故对政府的科学决策具有重要意义;它也是推动学校和其他教育机构改革,提高教育质量和办学水平的一种有效机制。在西方发达国家,教育评估制度普遍表现为一种在国家政策主导下由独立机构负责、学术界与社会共同参与的体制,评估的对象涵盖校长和教师、学生、课程教材、教育组织等教育的各个方面,评估内容不仅包括教育活动要达到的目标,而且包括为达到目标而消耗的资源、采取的手段以及相应的管理活动等。

中国教育评估制度的产生与发展　1985 年《中共中央关于教育体制改革的决定》中首次引入办学水平评估的思想;1990 年国家教育委员会发布《普通高等学校教育评估暂行规定》,是高等教育评估理论研究的初步成果;1994 年颁布《普及义务教育评估验收暂行办法》,为义务教育评估制定了较完善的指标体系和评估方法;1995 年《中华人民共和国教育法》第二十四条规定,"国家实行教育督导制度和学校及其他教育机构教育评估制度",使中国教育评估制度建设有了法制保障。1998 年《中华人民共和国高等教育法》第四十四条规定,"高等学校的办学水平、教育质量,接受教育行政部门的监督和由其组织的评估",为高等教育评估制度提供了法律依据。政府也加大力度,加强对评估工作的宏观管理和指导,努力完善评估标准,构建教育评价信息网络和一支高水平的教育评估专家队伍。在组织机构方面,各级教育行政部门设有评估机构,各学校也有专门负责内部计量评估的部门,初步形成宏观和微观两个层次的专门评估组织机构。

中国教育评估的分类　教育评估活动主要由各级人民政府及其教育行政部门组织实施,是国家对学校实行监督的重要形式。在国务院和省级人民政府领导下,教育行政部门成立教育评估领导小组,具体负责教育评估工作的领导、组织与实施。其主要职责:按不同学校类别的管理权限,制定教育评估的基本准则、评估方案(包括评估内容、评估指标体系、评估方法)及实施细则,指导、协调、检查评估工作及组织各种评估试点;审核评估结论;收集、整理和分析教育评估的信息,负责向教育管理决策部门提供,推动教育评估理论和方法的研究,促进教育评估学术交流,组织教育评估骨干培训。根据需要还可在教育评估领导小组下设立由专家组成的学校鉴定委员会、专业(学科)教育评估委员会、课程教育评估委员会等组织,指导、组织有关的教育评估工作。

中国进行的教育评估分为合格评估、水平评估和选优评估;根据评估内容,分为综合评估和单质评估;根据实施评估的方法,分为政府机构组织的评估、社会评估以及教育机构的自我评估。

合格评估是国家和教育行政部门对新建学校的基本办学条件和基本教育质量鉴定认可的制度。一般在批准建校招生五年后,或有第一届毕业生时进行。主要对象是普通中等专业学校和普通高等学校。鉴定以国家颁布的有关学校设置标准、教育质量标准为依据。鉴定结论分合格、暂缓通过、不合格三种。鉴定合格的学校由教育行政部门按规定权限发给合格证书并予公布。鉴定暂缓通过的学校需在规定期限内采取措施,改善办学条件,提高教学质量,并需要重新接受鉴定。经鉴定不合格的学校,区别情况责令其限期整顿,停止招生或停办。

水平评估是对已经鉴定合格的学校进行的经常性评估,它分为整个学校办学水平的综合评估和学校中思想政治教育、专业(学科)、课程及其他教育工作的单项评估。评估结束后做出结论,肯定成绩,指出不足,提出改进意见,必要时责令限期整顿。对办学成绩突出者应给予表彰。

选优评估是在办学水平评估的基础上,遴选优秀,择优支持,促进竞争,提高水平的评比选拔活动。一般在国家和省(部)两级进行。根据选优评估结果排出名次或确定优选对象名单,予以公布。对成绩卓著的给予表彰、奖励。

各级人民政府和教育行政部门组织党政有关部门和教育界、知识界以及用人部门参与社会评估,这是加强学校与社会联系、接受社会监督的有效方式。各学校努力做好学校的自我评估,这是加强学校管理和学校自身建设的重要手段,也是政府及其教育行政部门组织的教育评估工作的基础。教育管理部门对学校的自我评估给予鼓励、支持和指导。经批准设立的专业性行业组织和机构,受教育行政部门的委托,对学校及其他教育机构进行适当类别的教育评估。

中国教育评估活动的主要目的是为政府决策服务,具有教育行政监察、评价和监督三种功能。教育评估与教育督导中的评估职责既有区别又有联系。教育督导中的评估只是督导内容的一部分,而非全部;督导工作中的评估是一种自上而下的他人评估,只是教育评估的一种形式。两者的联系为:两者的目的都是为了加强教育工作的科学管理,全面提高教育质量;都是以党和国家的教育方针政策、法规为依据。教育评估与教育督导应紧密结合,在督导的同时开展评估,以督导带动评估,以评估深化督导。

(宋雁慧　蔡海龙)

教育评价（educational evaluation） 广义指对于教育领域中各种相关的人、事、物、制度、观念等的教育价值的评判，包括人们在教育活动中或教育事业发展中进行的各种正式与非正式的评价活动。狭义指在系统、科学、全面地搜集、整理、处理和分析教育信息的基础上，对教育的价值作出判断的过程，旨在促进教育改革，提高教育质量。它具有以下一些特点：(1) 它是一个有程序的系统活动过程；(2) 以教育目标或一定的教育价值为依据；(3) 始终以对评价对象的功能、状态给予价值判断为核心；(4) 以科学的评价方法、技术为手段。

　　教育评价是以促进学生发展和达到教育教学目标为宗旨，不仅重视测量学生的知识，而且重视测量学生的智能与品德；不仅重视总结性评价，而且重视形成性评价；不仅由评价者作评价，而且注意自我评价的作用；不仅用于评价学生的学习，而且用于评价课程、教师教学和教育的各个方面。教育评价直接关系到教育的基本观念和导向，中国基础教育的每一项改革和进步都与教育评价改革的进展密切相关。

教育评价基本步骤

　　盖伊在《教育评价与测量》一书中按教育评价进行过程的顺序将教育评价分为准备、实施和结果分析三个阶段，这三个阶段适用于学生评价以外的其他评价活动。其中每一阶段又有若干项工作。评价的准备阶段包括背景分析、制定评价的方案和建立评价组织；评价的实施阶段包括相互沟通、收集信息、评议评分和汇总整理等项工作；评价的结果分析包括收集与目标相关的资料、收集非预期成果的资料、分析和解释资料、撰写评价报告以及向有关方面提供评价信息等。为清楚了解这一过程，有学者将这些工作制成教育评价流程图（见右图）。

　　教育评价的流程广义指教育评价在时间和空间的展开顺序，狭义指开展教育评价活动的程序：(1) 明确评价的问题；(2) 确定评价的目的（集体审定法、成本效益分析法、风险分析法、优选法）；(3) 确定评价对象和评价内容（要素、权重、标准）；(4) 决定采集哪些信息及信息采集、分析的方法（采集方法：观察法、调查法、访谈、核查、测验和实验；分析方法：定量分析方法、定性分析方法）；(5) 采集和分析信息（整理评价信息、对信息进行赋值或描述）；(6) 得出结论、提出改进意见（描述、判断、解释和建议）；(7) 用适当方式反馈评价情况（评价报告）；(8) 依照评价结论采取措施；(9) 再评价（实用性、可行性、适宜性、准确性）。

　　教育评价的主要实施程序包括确定评价方案、收集和处理信息、撰写评价报告和反馈三个步骤。

　　确定评价方案。首先要明确方案制定主体，即由谁来

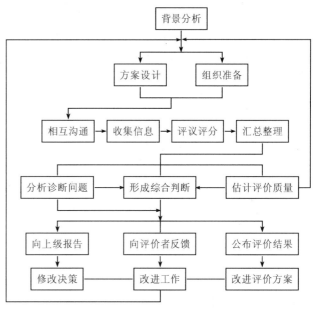

教育评价流程

制订评价方案的问题。可以是教育行政部门，也可以委托学术部门。不管是谁来组织评价，都需有专门的评价机构，包括评价专家组和办事机构（秘书处）。其次要明确评价目的，即为什么评价的问题。有的评价是鉴定性的，有些评价则是诊断性的。目的不一样，评价方案也就不一样。在鉴定性评价中，评价标准要非常清晰，严守自上而下的程序。在诊断性评价中，评价标准是粗线条的，重在征求基层意见与建议，因此评价的开放程度大。最后要明确对象，即评价什么的问题。有些评价重学生的学习成绩与教育效果，有些评价重教师的教学，有些评价重学校管理，还有些评价重课程计划、教育投资水平以及教育设施配置等。明确了上述三个问题之后，就可以着手制定评价方案。教育评价方案一般包括以下五项内容：评价的目的；评价人员的组成；评价方法；评价过程安排；评价条件配备；评价结果的反馈方式与对象。

　　收集和处理信息。收集的信息愈全面，评价的准确性愈高。收集信息的方法很多，通常分为定性和定量两种方法。具体说来，有学生成绩测验、各种形式的现场观察、个别谈话和各种形式的座谈会、听汇报和情况介绍等。这些方法各有其优缺点，要从实际出发，有选择地组合使用。评价信息的处理包括定量处理和定性处理两种方式。定量处理就是对定量数据进行集中程度、离散程度和相关程度的分析。评价信息的定性处理就是对评价信息的逻辑分析和归纳，从总体上对被评单位和个人作出关于其工作的定性的综合意见。

　　撰写评价报告和反馈。评价工作者有必要就评价过程和结论进行全面的叙述，提出相关建议，并将结果以报告的形式反馈给决策者和被评价者。评价报告包括封面和正文

两部分。封面提供下列信息：评价项目的名称；评价者姓名；评价报告接受者的姓名；评价活动实施时间；呈送评价报告的时间。评价报告正文提供下列信息：评价报告提要，含评价的目的，主要结论和建议；评价方案的背景信息，即评价方案出台的原因，编制过程及理论依据；评价过程，即收集信息和处理信息的过程；评价结果。

教育评价模式

教育评价模式（models of educational evaluation）是教育评价基本理论与方法的总体概括，是某种教育评价类型的总构思，包括评价的大体范围、基本程序、主要内容和一般方法。

教育评价的模式在国外有泰勒评价模式、CIPP 模式、目的游离模式、应答模式、表现性评价模式、苏格拉底研讨评定模式、质性档案袋评价模式、多元化评价模式、有效学生评价模式和发展性评价模式。在中国，从 20 世纪 80 年代真正开始进行教育评价。具有一定影响的教育评价模式有教育型目标调控模式、协同自评模式和发展性目标评价模式。

泰勒评价模式　诞生于 20 世纪 30 年代，与现代学生评价的关系最为密切。该模式的基本观点集中体现在泰勒原理。这一原理由两条密切相关的基本原理组成：评价活动的原理；课程编制的原理。评价步骤包括以下几个方面：(1) 确定教育方案的目标；(2) 根据行为和内容对每个目标加以定义；(3) 确定应用目标的情境；(4) 确定应用目标情境的途径；(5) 设计取得记录的途径；(6) 决定评定方式；(7) 决定获取代表性样本的方法。

CIPP 模式　由斯塔弗尔比姆 1966 年首创，是由背景（context）评价、输入（input）评价、过程（process）评价和成果（product）评价这四种评价组成的一种综合评价模式。有人对泰勒评价模式提出疑问：若评价以目标为中心或依据，目标的合理性又根据什么去判断？教育除了活动要达到预期的目标外，还会产生各种非预期的效应、效果，这些非预期的效果等要不要进行评价？在西方，有一种教育流派认为，教育乃是个人自我实现的过程，用统一的目标模式去统一个人的自由发展，去评价教育教学的结果，从根本上不可以接受。

目的游离模式　产生于 20 世纪 60 年代，由美国教育家和心理学家斯克里文提出。严格地说，目的游离模式不是一种完善的评价模式，它没有完整的评价程序。因此，有人把它仅当作一种关于评价的思想原则。斯克里文断定："对目的的考虑和评价是一个不必要且有害的步骤。"按他的观点来看，目标评价很容易使评价人受方案制定者所确定的目的限制。因此，他建议把评价重点由"方案想干什么"转移到"方案实际干了什么"上来。他认为，评价委托人不应把方案的目的、目标告诉评价人，而应当让评价人全面收集关于方案实际结果的各种信息，不管这些结果是预期的还是非预期的，也不管这些结果是积极的还是消极的，这样才能使人们对方案作出正确判断。

应答模式　由美国斯塔克于 1973 年提出，再由他人进一步发展而形成。以问题，特别是由直接从事教育活动的决策者和实施者提出的问题，作为评价的先导，而不主张以预定的目标或假设为出发点。重视评价人员与当事人之间的相互交流、沟通，以反映各类人员的需要和愿望，具有民主性。评价方法以定性分析为主（非正式的观察、访谈和定性描述分析的自然主义的方法）。

表现性评价模式　亦称"真实性评价模式"、"替代性评价模式"。强调的是做，是在真实情境中完成真实的任务。这种评价可以对涉及校内外自然情境中的复杂表现的教学目标的实现情况进行评价，可以测量其他方法无法测量的复杂学习的结果，不仅能评价结果还能评价过程，体现学生的参与积极性；缺点是费事费时，不同教师在不同时间对学生的评分是不一致的。

苏格拉底研讨评定模式　亦称"发现方法"、"发现性对话"。其本质是引导学生自己去批判性地检讨已有的观念或见解，进而自己去顿悟真理、发现真理。

质性档案袋评价模式　20 世纪 80 年代针对当时教育评价的弊端提出。具体方法是汇集学生作品的样本，旨在展示学生的学习和进步状况。美国南卡罗来纳大学教育学院教育心理学教授雷德莱，将档案袋分为理想型、展示型、文件型、评价型和课堂型。美国课程评价专家 B. 约翰逊将档案袋分为最佳成果型、精选型和过程型。其主要意义在于为学生提供一个学习机会，使学生能够学会自己判断自己的进步。存在的问题是，操作管理上难以实施，评价标准与方法难以确定、掌握。

多元化评价模式　多元化评价指不单纯采用标准化测验，而是采用多种途径，在非结构化情境中评价学生学习结果的一系列评价方法。评价方式有无固定答案的反应题、短文、写作、口头演说、展示、实验、作品选。其主要优点：克服了学科成绩测验偏重知识的记忆的缺点，注重对学生理解能力、操作能力、应用和创造能力的评价；背景是真实的，或是对真实生活的复写，是对学生运用自己的知识进行判断、解决问题的直接评价。20 世纪 90 年代以来，美国、英国和中国台湾相继进行了多元化学生评价改革。它的理论基础是建构主义学习理论和多元智力理论。现实生活是非结构化的，没有现成的答案，教育的最终目的是要让学生成为一个主动的探索者，一个训练有素的思考者。只有在非结构化情境中，学习才需要主动探索，展示其判断力和创造力。

有效学生评价模式　将评价作为学生主动学习的一部分，旨在促进学生发展和教学改进；以多元智力理论为基础,通过评价促进学生的全面发展;评价方法上,根据不同评价目标,应用多样化方法(成长记录袋评价、真实性评价、合作性评价和标准化测验),并充分重视发挥不同人在评价中的作用。

发展性评价模式　由英国开放大学教育学院的纳托尔、克利夫特等人于20世纪80年代初期倡导并提出的一种教师评价理论与方法。可取之处:该理论提倡与奖惩脱钩;注重专业发展和个性发展;提高评价者自身的素质;相互信任与合作是评价的基本原则;评价必须确定发展目标;评价必须要有透明度,是开放式的,而不是封闭式的;评价面谈是最好的评价方法等。

教育型目标调控模式　通过评价,评价对象受到教育,从而自觉地改进和完善自己的教与学活动,以达到预期的目标。特点:在重视目标评价的同时,十分重视过程评价和结果评价,既重视评价目标的导向,又重视评价过程的反馈调节,以及评价结果的判断和改进,特别强调形成性评价与自我评价的结合。目标调控反映了这种评价模式的结构、功能、过程和手段。目标是评价的基础:以目标为参照标准,目标是指引工作的方向。过程是评价的重点,自我评价和调控是进行评价的基本方法:通过过程评价,突出形成性评价的作用,充分发挥调控功能,使评价过程具有可控性和有效性。反馈则是运行机制:及时提供信息、选择矫正的策略和措施。

协同自评模式　在确立被评价者的主体地位和肯定其个性特征的基础上,以被评价者自我评价为主,在评价人员的协同下共同完成从制定评价目标开始的一系列活动的评价模式。在任何教育活动中,只有当事人全过程参与,才能全面真实地收集资料。通常评价人员只能部分参与其过程,所以评价人员作出的价值判断有时难免有失实之处,而当事人作自评时,其评价的能力又未必符合评价的要求,因此协同成为核心。基本步骤:(1) 准备阶段。由经过培训的协同者(评价人员)拟写一份评价方案,然后由自评者(被评价者)选择协同者。协同者征求被评价者的意见,共同协商,最终拟定既能体现自评者共性又能体现自评者个性的评价方案。(2) 实施阶段。首先自评者用拟订的评价方案来评价自己的教育活动(预评价)。了解哪些指标已达到预定目标,哪些指标尚未达标。协同者参与其中,获得共识。这个共识就是下阶段重点评价的内容。一段时间之后,自评者按拟订的评价方案作出自评,与协同者交流和探讨。(3) 撰写协同自评报告阶段。自评者和协同者对评价方案中各项指标逐一商讨,期望取得共识,对暂时不能取得共识的项目,则注明各自的观点,供阅读评价报告者参考。

该模式的特点:(1) 被评价者表现出较强的自主性、自律性、自控性、自励性和自信性。(2) 被评价者和评价人员在评价活动的全过程中,建立起民主、协商关系,为达到共

同制定的目标而形成协同精神,在双方交往中形成和谐的合作氛围。协同自评可使个体内差异评价与目标参照评价的不同参照评价标准统一起来,使自我评价的评价过程、评价内容、评价成果的形式更加清断起来。(3) 需要遵循平等性原则和共建性原则。

发展性目标评价模式　基本内容:(1) 根据社会发展的需要和开展教育活动的现实条件,确定和检验教育目标,以此作为设计评价方案的主要依据。(2) 考虑评价对象和条件,与教育评价活动有关人员的愿望、需要和意图以及现有的各种规章制度和科学理论等因素,设计出以评价标准为核心的评价方案;遵照评价方案,实施评价活动。(3) 在评价活动中,注重定量方法和定性方法的有机结合以及多种评价类型的结合,重视反对意见和非预期效果,有效运用计算机技术;完成和反馈评价报告。(4) 用评价制度控制和制约整个评价过程,以确保评价质量。该模式的基本思想:(1) 社会在发展,教育目标不断变化,评价标准要不断修正、充实和调整。(2) 以评价标准为核心的评价方案,其实施过程和评价结论也是发展的、可变的。(3) 整个评价活动要在评价制度的规范下进行。该模式的主要特点:(1) 吸收其他模式长处,如对教育目标进行评价,重视与评价活动有关人员的需要和意图。(2) 结构紧密,程序规范,可操作性强。(3) 适应面较宽。

教育评价功能

导向功能　评价是根据一定的价值标准进行的价值判断活动。在评价活动中,评价者常以国家和社会的价值和需要为准绳,设计一套评价指标和评价标准。被评价者为追求好的评价结果和达到其他目的,就会致力于满足评价标准的要求。评价指标和标准就成为被评者的努力方向。

鉴定功能　指教育评价认定、判断评价对象合格与否、优劣程度、水平高低等实际价值的功效和能力。表现在三个方面:(1) 用于配置和决策,如通过对学生德、智、体等方面的评价,鉴定学生的发展水平,以便合理制定教育方案,进行因材施教。(2) 进行认可鉴定,即对学生某一阶段的学习或者对教师的教学进行认可性的评定。如结合学年末的考试所进行的评价,就是对学生发展水平的认可,如果认为学生已达到应有的水平,即可进入高一年级深造。(3) 资格鉴定,就是判断被评价者是否具备某种资格,如学生的毕业鉴定就是一种学历的资格鉴定评价。

改进功能　指教育评价本身所具有的促进评价对象为实现理想目标不断改进和完善行动的功效和能力。及时强化正确的、有利于教育目标实现的教育行为。改进功能的发挥取决于教育评价是否既重视结果也重视过程与条件。

调控功能　教育评价对评价对象的教育教学或学习等

活动进行调节和控制的功效和能力。评价者为被评价者调节进程;被评价者通过评价了解自己的长短、功过,明确努力方向和改进措施,以实现自我调节。

激励功能　由于评价通常要区分出水平高低、等级,而这往往直接影响到评价对象的形象、荣誉和利益等,因此评价常能激发被评者的成就动机,使他们追求好的评价结果,激励他们全力以赴地做好有关工作,创造更大的教育成就。

教育评价类型

根据不同标准,教育评价可分为不同类型。

根据评价在教育过程中的时间和作用,教育评价可分为:(1)诊断性评价(diagnostic evaluation),指在某项教育活动进行之前,为使其计划更有效地实施而进行的预测性、测定性评价,或对评价对象的现状和存在的问题作出鉴定,旨在了解评价对象的基础和情况,判断其是否具备进行某项活动的条件。(2)形成性评价(formative evaluation),指在教育活动进行过程中评价活动本身的效果,用以调节活动过程,保证教育目标实现而进行的价值判断。其目的不是预测,也不是为了评定成绩,而是旨在了解工作过程中的情况以便及时调整工作的状态。(3)总结性评价(summative evaluation),指在某项教育活动告一段落时,对最终成果作出价值判断,也就是以预先设定的教育目标为基准,对评价对象达成目标的程度(即最终取得的成就或成绩)进行评价,为各级决策人员提供参考依据。

形成性评价与总结性评价具有以下不同点:(1)评价的目的、职能(或者说期望用途)不同。美国教育心理学家布卢姆指出,形成性评价的主要目的是了解给定的学习任务被掌握的程度、未掌握的部分,而不是为了对学习者分等或鉴定,是帮助学生和教师把注意力集中在为进一步提高所必需的特殊的学习上。总结性评价"指向更一般的等级评定",它与教学效能的核定联系在一起,它为关于个体的决策、教育资源投资优先顺序的抉择提供依据。(2)听取报告的人不同。形成性评价是内部导向的,评价的结果主要供那些正在进行教育活动的教育工作者参考。总结性评价是外部导向的,评价报告主要作为制定政策或采取行政措施的依据。(3)所覆盖教育过程的时间不同。形成性评价只能是在过程中进行的评价,一般它并不涉及教育活动的全部过程。总结性评价是对教育活动全过程的检查,一般在教育过程结束后进行。(4)对评价的结果概括化程度的要求不同。形成性评价是分析性的,它不要求对评价资料作较高程度的概括。而总结性评价是综合性的,它希望最后获得的资料有较高的概括化程度。在教育范围内进行的评价,最大量的还是总结性评价。

根据评价所运用的方法和标准,教育评价可分为:

(1)相对性评价,指在被评价对象的集合总体中选取一个或若干个对象作为标准,然后将其余评价对象与该标准进行比较,或者用某种方法把所有评价对象排成先后顺序的评价。通过比较,可以确定被评价对象在集合中的相对位置,以分优劣。主要用于选拔性和竞赛性活动,其结果只适用于所选定的评价对象的集合,未必适用于另外的集合。(2)绝对性评价,指在被评价对象集合之外预先确定一个客观标准,将评价对象与这一客观标准进行比较,判断其达到标准程度的评价。主要用于合格性和达标性活动,如高中毕业会考。其标准一般是依据特定目标所确定的标准。评价时,每个个体只与评价标准相比较,个体和个体之间不进行相互比较。(3)个体内差异评价,指把被评价对象集合总体中的每个个体的过去和现在相比较,或者一个个体的若干侧面相互比较。

根据评价对象的层次、范围,教育评价可分为:(1)宏观评价,指以教育的全领域或涉及宏观决策方面的教育现象、措施为对象的教育评价,如对教育目标、教育结构、教育制度、教育内容、教育方法、教育行政管理、教育社会效益等方面的评价。它是总体的、全局性的、战略的、宏观的、高层次的。(2)中观评价,指以学校内部各方面工作为对象的教育评价。评价的内容包括学校的办学条件、办学水平、领导班子、教师队伍、思想政治教育工作、教学工作、体育卫生工作、总务工作、团队工作、家长工作、学校社会效益等方面。(3)微观评价,指以学生的发展变化为对象的教育评价。评价的内容包括对学生的思想品德、知识技能、健康状况、审美情操、劳动技能等方面。

根据评价主体,教育评价可分为:(1)他人评价,指由教育活动以外的他人作为主体的评价。(2)自我评价,指教育活动实施者作为主体的评价。

根据评价方法,教育评价可分为:(1)定性评价,指采用开放的形式获取评价信息,运用定性描述的方法作出结论的评价。(2)定量评价,指采用结构式的方法,预先设定操作化的评价内容,收集并量化评价对象的信息,运用数学方法(教育统计和模糊数学)作出结论的评价。

教育评价标准

标准是衡量事物的准则,是对事物进行评判的具体尺度。教育评价的标准是指对应于相应的评价指标或项目,被评对象达到什么程度或水平才是合乎要求的,或是优秀的、良好的,等等。评价从本质上说是一种价值判断活动,而评价标准则集中体现了评价活动所依据的价值准则。正是评价标准所蕴含的价值准则,使具体的评价活动获得意义,决定了评价结论。评价标准的制定,是所有类型评价方案设计的核心。

教育评价标准的结构 教育评价的标准由条件或素质标准、过程或职责标准、效能标准三部分构成。(1) 素质标准,指从被评价的客体在承担或完成各项教育工作任务时应具备的条件角度确定的标准,即对应指标体系中条件指标系统各末级指标的评价标准。一般情况,评价对象如果是人,则称为素质标准,评价对象如果是物,则称为条件标准。合理的素质评价标准可以规范和不断提高被评对象对自己的素质要求。(2) 职责标准,指从被评价的客体应承担的责任和应完成的教育工作任务的角度确定的评价标准。即对应指标体系中工作过程指标系统各末级指标所确定的工作质量评价标准。明确的职责标准,会增强被评对象的工作责任感和事业心,有利于保质高效地完成工作任务。(3) 效能标准,包括效果标准和效率标准,指从被评对象完成工作任务的效果和取得这些工作效果所耗费的时间、财力等角度确定的评价标准。即对应指标体系中效果指标系统各末级指标所确定的评价标准,其中效果标准是从被评对象完成工作任务取得的成果角度确定的标准,效率标准是从被评对象完成工作任务的投入产出比率角度确定的标准。评价学校培养学生的成就,不仅要看学生质量,还要看培养学生的数量等。

教育评价标准的表达方式 (1) 评语式标准,指将末级指标每个因素都以评语式语言叙述标准,又可分为分等评语式标准、期望评评式标准和积分评语式标准三种。分等评语式标准是指对每个末级指标列出各等级标准。如某课堂教学质量评价中,对教学目标一项的评价分为四个等级,其分等标准为:很好(A),符合大纲要求与学生特点,并能体现于教学过程;较好(B),基本符合大纲要求与学生特点,在一定程度上能体现于教学过程;一般(C),教学目标在教学活动中没有得到明确反应;较差(D),教学目标不明确。为了简明,实践中常采用四级分等、两级定标的方法,如评价为 A、B、C、D 四个等级,只对 A、C 两个等级制定标准,A 等为优,C 等为一般,A、C 两等级之间评价为 B(良),C 等以下为 D(差)。期望评语式标准是指对每项末级指标都以期望的最理想的要求或某种程度的要求拟出相应的标准,即只给出最好等级或某种程度要求的标准,其他等级不列具体标准。积分评语式标准是指将每项末级指标分解为若干因素,按每个指标的重要程度确定一个满分值,以及每个因素的最高分值,每个被评对象在各因素上得分之和便是其评价总分。(2) 数量式标准,指对末级指标以数量的大小为标准判定其等级的高低。数量式标准可以有多种形式,常用的有数量点式标准和数量区间式标准等。数量点式标准是指以某个数量点值为标准,判断评价对象水平高低。如学生成绩 60 分以上为及格、60 分以下为不及格,60 分即为学生成绩评价的数量点标准。数量区间式标准是指以明确的数量区间为标准,给被评对象评定等级。例如期

末考试成绩的评定一般规定:优秀为 90~100,良好为 80~89,中等为 70~79,及格为 60~69,不及格为 59 以下。(3) 量尺式标准,指以标准分量尺作为划分等级的标准。它以平均数作为零点,以标准分数作为刻度。评价时,只要把各评价要素的原始分数转化为标准分数,则可以在标准分数量尺上标出每个要素的位置水平。无论是哪种表达形式的评价标准,在编写时都要力争界限清晰,不同等级的评价标准之间,从高到低,要有明显的等级层次,便于评价时对因素的不同水平进行区分。

教育评价方法

教育的定量评价 指通过对样本的测量与调查,对各种行动表现作出描述、比较和相关分析,从而预测和控制人类行为和社会现象的评价方法。

定量评价问题的选取:教育定量评价的第一步工作是选取适当的问题。评价问题的选取首先要考虑到政策需要。评价者要了解当前重要和紧迫的教育问题,了解教育决策者的兴趣所在,从中选出有代表性的问题。明确问题后,要把评价问题具体化,使其具有可操作性。只有把怎么办的问题转化为是什么的问题,评价的问题才可以找到答案。

定量评价的抽样:具体问题确定之后,评价者就要考虑如何回答这些问题,即让谁来回答和怎么回答这些问题。让谁来回答的问题就是抽样所涉及的问题。可以按实际情况确定相应的随机抽样方法(简单随机抽样、等距抽样、分层抽样、整群抽样法)。

定量评价工具的编制:定量评价中常用的工具是问卷和考试。问卷是一种用来收集信息的自我报告工具,它由一系列问题组成。使用问卷有三个前提条件:一是被调查人能读懂,并理解所提的问题;二是被调查人有能力回答这些问题;三是被调查人愿意诚实地回答这些问题。缺少这些条件,问卷效果就大受影响。

定量评价数据的收集、处理与分析:数据收集就是拿设计好的研究工具,到现场进行测试或者请被调查人书面或口头作答,从而取得研究所需要的数据。

教育的定性评价 指基于对教育活动的现场观察甚至亲自参与,通过与教育有关人员的深入交谈,通过阅读有关的书面资料对教育工作者的主观感受进行考查的方法。其理论依据是,现实世界不是一个等待人去观察的静止不动的东西,对同样的东西不同的人会有不同的感受。

定性评价问题的选取:问题的选取当然也要考虑到教育决策的需要,也有一个把评价问题具体化的过程。与定量评价不同的是,定性评价的问题并不是一开始就很明确。定性评价的过程就是一个对话的过程。

定性评价的抽样：定性评价中的抽样不同于定量评价中的抽样。定量评价的样本要能全面准确地代表总体，而定性评价的抽样重在典型，重在有思考的余地，能提供很多深层信息，说明很多问题。常用的抽样方法有极端抽样、普通抽样、配额抽样、滚雪球式抽样。

定性评价资料的收集：定性评价的工具比较灵活，可以用编制好的工具去现场收集资料，也可以什么工具也没有，因评价目的而异，因人而异。因此有人说定性评价中的评价工具就是评价者自己。

常用的定性评价手段：(1) 深入交谈法，旨在让被调查者自由发挥，敞开内心世界，从而使评价者了解到人们的真实感受。交谈的记录可以当场用笔记下来，也可以在交谈结束后马上追记。若被调查人同意，可使用录音机。(2) 现场观察法，即深入现场去实际观察已经发生和正在发生的事情。它可以使评价者了解教育工作所处的现实环境，可以使评价者获得第一手信息，消除头脑中的旧观念和旧看法，可以发现一些平时没有注意到的问题。(3) 书面材料分析法。它可以是以往学生的成绩单和期末与学年鉴定，学校的各种计划、总结与鉴定材料，学校的考勤记载与档案文件，旨在发现活动的主体、内容、对象、方式、途径、效果与原因，同时还要透过现象看本质。

定性评价资料的分析：就是要从纷繁复杂的资料中找到秩序、类型，并说明这些秩序与类型所反映的问题与意义，从而发现对人们的思想和认识带来启示和震动的东西。

参考文献

丁朝蓬. 新课程评价的理念与方法[M]. 北京：人民教育出版社,2005.

刘本固. 教育评价的理论与实践[M]. 杭州：浙江教育出版社,2000.

沈玉顺. 现代教育评价[M]. 上海：华东师范大学出版社,2002.

（骆　方）

教育情报技术（educational information technique）开展教育情报工作的必要条件，保证教育情报工作质量和效率的基本要素之一。包括教育情报搜集、教育情报的筛选和鉴定、教育情报整理、教育情报提要和文摘、教育情报综述和述评、教育情报检索等。现代教育情报技术以计算机技术为中心，包括电讯、缩微复印、视听等技术，用于搜集、存储、加工和传播教育情报。

教育情报技术以教育情报文献为主要对象，而文献来自教育情报源。教育情报源指产生、持有、载有教育情报且传递或透露教育情报的机构或载体，以机构源和物体源两种形态存在。教育情报机构源包括政府教育主管部门、教育研究机构、学术团体、大中小学以及图书馆、文献情报中心、出版发行部门等。教育情报物体源分为动态和静态两种。动态的教育情报物体源指依靠记忆拥有众多的教育情报信息的人，包括教育者、受教育者、教育管理人员、教育科学研究人员等。静态的教育情报物体源指图书文献、报刊、回忆录、研究报告、图片、录音录像、幻灯、电影、计算机软盘等教育情报载体。

教育情报搜集　各级教育情报机构通过各种渠道，有计划系统地汇集、积累一定数量的有关教育情报资料，以有效地为教育服务。是教育情报工作的基础。主要渠道有：教育情报机构和利用教育情报的个人在熟悉情报源的基础上，充分利用教育情报机构源搜集教育情报；教育情报机构源之间通过建立固定紧密的关系，形成多种横向联系，遵循互惠互利原则，实行有偿提供式或互通有无式的资料交换。教育情报机构充分利用本机构的教育情报人员、科研人员和教育工作者的个人力量获取一定情报，形成以机构源为主渠道，以横向联系网络为辅助，以个人渠道为支撑的情报搜集网络，有利于搜集更多的教育情报。

常用的教育情报搜集方法有采购、交换、索取、复制、现场搜集等。采购分为预订、现购、邮购、委托代购等。交换指本机构出版物与其他机构的出版物相互交换。获取指非正式出版物、免费赠送的出版物以及不公开发表的教育情报资料通过邮件或当面获取的方式获得。无法购齐或采购到的教育情报资料，可通过静电复制和缩微复制的办法获得。还可依靠专业人员或委托科研人员，通过参观访问或参加各种会议来搜集教育情报。

教育情报筛选和鉴定　对搜集到的情报资料进行选择和判断，甄别真伪，去除重复的或缺乏针对性的情报资料，以更好地利用和储存。

一般根据情报的信度、深度和新度以及情报的适用性三方面来判断。教育情报的信度指情报的准确程度，可从文献作者、出版机构、资料保密度、资料来源、进展程度、引文、被引用率、文章内容、在实践中的运用等九个方面来判定。教育情报的深度和新度指教育情报的先进性，一般从以下三方面判断：是否提出新观点、新理论、新假说、新方案，是否包含新的数据、事实；是否在实践中应用，实践应用后的结果如何，或者可能对实践活动产生什么影响；在引文中引用的文献数量。判断教育情报的适用性，首先应分析其是否适合本国教育的实际情况，其次分析其是直接引用还是参考应用，或者只是给教育领域的人以启发，最后还要判定教育情报资料的研究阶段，是处于探索阶段、研究阶段，还是已经形成成果，进入教育改革实践。上述教育情报的信度、深度和新度以及适用性三个判断点不是单独存在的，在实际工作中应综合运用、灵活掌握，以免判断失误。科学的情报筛选与鉴定方法主要有简单判定法、历史分析法、逻辑分析法、比较分析法、归纳分析法、数理分析法、专家鉴定法等。

教育情报整理　依据一定原则，采取有效方法对教育文献资料进行合理的科学组织，将杂乱无序的文献资料变为有序的教育资料，以满足直接检索和间接检索两方面的需求。具体方法有分类整序法、主题整序法、著录、目录组织等。

教育情报提要和文摘　属二次文献，其作用在于使用户能迅速、准确地鉴别原文献的基本内容，以决定其取舍。教育情报提要指用简明的语言，概括地反映教育文献的特征、要旨，使读者对其获得初步的基本概念，一般分为推荐性提要和叙述性提要：推荐性提要旨在揭示、推荐、评价文献，强调文献的价值、作用，并介绍阅读的方法；叙述性提要旨在介绍文献的主要内容、特点，评价性语言较少。提要的内容包括主题、概述和评价。教育文摘指用简短精练的文字对教育文献的内容作出准确的摘录，具有报道与检索的作用。一般要求：全面，关于教育学科门类和指导内容要全；迅捷，指工作过程要快速及时；方便，教育文献检索途径多样，使用户感到方便。主要有题录性文摘、指示性文摘和报道性文摘三类。

教育情报综述和述评　教育情报综述是对某一时期内的教育研究成果进行系统的较全面的分析研究，进而归纳整理进行综合叙述的情报形式。其针对一定时期内发表的大量教育原始文献，综合分析已有的教育科研成果，包括各种学术观点和见解。属三次文献，是教育科学研究与教育情报研究融为一体的表现形式。能较全面系统地反映国内外教育学科在某一时期的发展历史、当前状况及发展趋势，凝聚大量的科学文献精华，有较高的学术价值。教育情报综述一般包括标题、前言、正文、结束语、附录五部分。教育情报述评是一种带有评论性的三次文献，在教育情报综述的基础上发展而成。在叙述某教育资料的主要内容后，对这一专题的研究成果、现有水平、存在问题进行分析，并提出自己的看法和观点，作出评价。作为一种评论性质的情报，教育情报述评带有作者本人的观点和见解，在教育领导决策或教育科研人员选题时，参考价值更直接、更具体、更及时。述评一般包括绪言、正文、建议和附录。

教育情报检索　将教育用户的情报提问特征与文献情报组织诸多方法中的标志进行对比，然后提取两者相一致或较一致的教育文摘信息，以满足教育用户的需求。检索能告诉用户有什么教育情报、存储在哪里、可通过何种手段获得，以解决大量文献资料与用户对它的特定需求之间的矛盾。检索途径一般有五种：一是通过类名途径检索。教育文献资料一般按一定分类系统编排，同类内容的教育文献处于同一类名之下。任何一种检索工具，只要了解教育分类系统的编排方法，就能从有关类目下查到相关方面的教育文献线索。二是通过类号途径检索。检索时，先要了解所需要教育文献资料所属的类号，然后依据类号的排列次序查找。三是通过主题途径检索。检索时，先抓住教育文献标题，然后选准主题词。某些主题词之下的注释确定了主题词的含义，从而辨别出其所收录资料的范围。四是通过关键词途径检索。先根据待查课题确定其关键词，再按关键词的字顺查到有关文献资料。五是通过作者姓名进行检索。

参考文献

陈坚,金恩晖.教育科学情报与文献检索[M].长春:吉林教育出版社,1988.

刘锦泉,冯延亭.实用教育情报学[M].长春:吉林教育出版社,1989.

严怡民.情报学概论[M].武汉:武汉大学出版社,1994.

（吴　平　陈学敏　刘会玲）

教育情报学（educational informatics）　运用情报学理论研究教育情报的构成、特性、功能及传递和交流过程规律的学科。教育学、情报学、新闻学、技术学、图书馆学等学科相互交叉、融合的产物。研究内容主要有六方面：一是教育情报的基本理论，包括教育情报的概念与属性，教育情报与教育、科研的关系，教育情报学研究的对象、内容、意义、作用与地位等；二是教育情报的历史和发展，包括教育情报工作的发生、发展历史及其对教育科学、情报科学发展的影响等；三是教育情报源研究，包括教育文献情报源的作用、规律和特点，教育情报源的定性和定量规律，直接情报交流的特点及其在整个交流系统中的地位和作用；四是教育情报用户及其需求，包括教育情报用户的分类及各类用户情报需求的特点、评价，满足情报用户需求的服务方法与途径等；五是教育情报工作方法，包括情报手段的现代化、标准化，教育情报的加工和存储，教育文献和情报检索，情报分析研究方法，情报利用与服务方式，各种现代情报机构的作用，教育情报工作的组织管理，教育情报系统的设计、运行和评价等；六是教育情报网络系统和组织机构，包括教育情报网络系统的设计、运行工作评价与效益评价，教育情报机构的地位与作用，教育情报政策，教育情报及教育情报工作的组织管理，教育情报网络系统与教育领域中其他系统的关系等。

教育情报是教育活动不可缺少的重要内容，是教育决策的信息基础，是教育者和受教育者治学的途径之一，在教学管理、教学改革和教育科学研究中具有重要作用。

在教学管理中，教育情报活动是实现教学管理目标的主要支柱，教学管理活动的每个环节都以一定的教育情报行为为基础。制订教学工作计划中的情报活动主要有：(1)情报搜集活动。通过回溯性情报检索，查询以往的教学工作计划,通过一定渠道获得兄弟院校的教学工作计划,了解教育方针、政策和社会需求等多方面的情报资料,掌握本校教学工作的主要特色和薄弱环节等。(2) 情报加工活动。对查询与获得的资料、信息,进行综合、整理、分析的情报加工。(3) 情报利用活动。在此基础上,提出趋利避害的改进意见,制订具有科学性、进取性、合理性和相对稳定性的计划。执行教学工作计划中的情报工作主要表现为充分利用教育情报的反馈系统,进行组织、调节、指导和协调:在掌握人力、物力、财力和时间等情报的基础上,注重教育经济效益和工作效率,以最低消耗达到预期的教学效果和管理效果;及时获取计划执行过程中的各种反馈情报,纠偏扶正,使教学工作按既定目标进行;随时或阶段性地了解并掌握教学工作计划执行中的各种情报,解决计划执行中的困难和问题。检查教学工作计划的执行是教育情报评估的一种形式,以发现计划及其执行过程中的问题,可对所利用的教育情报的价值和所发生的教育情报活动作出评价。总结教学工作计划及其执行结果环节中,评价的结果实质是教育情报的再生产,通过总结产生新情报。可见,教学管理的各个环节以相应的情报活动为支柱,其兼容并蓄,相互促进,相互渗透,不断循环向前。

在教学改革中,教育情报是教学改革的先导,同教学工作息息相关。在教学活动中,教师是教育情报的生产者和(或)传递者,采取一定的手段把情报(有用的知识)传送给教育情报的接收者和利用者(学生),教材则成为教育情报的主要载体之一,三者构成基本的教学情报流通渠道。教学改革首先要根据培养目标,利用适当的手段获取学科的培养方案、教学计划等方面的最新情报,结合实际情况,在综合分析、整理的基础上制定适应本学科和专业需要的培养方案及教学大纲,选择编写新教材。教育工作者在教学内容改革上所做的大量前期工作均属教育情报活动范畴。课程体系和教学内容改革是需要通过教育情报活动获取同类或相关课程建设方面的情报,进行鉴别、筛选,设计出新的适应需要的、科学化的课程体系,并确立相应的教学内容。

教育科学研究依赖于获取准确及时的教育情报。在选择研究方向时,大量的情报资料可减少教育科研工作的随意性和盲目性,避免重复研究;在分析研究过程中,不仅要利用原来的情报,而且要搜集最新研究成果,有效利用最新的教育情报;在科研成果的鉴定、推广中,需要在分析整理前阶段取得的各种情报基础上进行自我鉴定。

情报学创立于 20 世纪 60 年代。教育情报学以情报学为基础学科,在情报学形成、发展的基础上,随着社会需要而逐渐产生。教育情报学萌芽于 20 世纪 80 年代,植根于现代教育实践活动、现代科学技术发展和现代科学理论创新,其产生受到社会政治、经济等诸多方面因素的影响,具体有三方面。一是教育社会化的进一步发展。20 世纪 80 年代后,社会经济、政治、科技的发展在教育领域引起巨大反响,教育开始突破原有学校教育的形式束缚,与社会紧密结合在一起,职业技术教育、成人教育、继续教育等融为一体,出现一个范围广、层次多、内容新、变化快的社会化教育局面,迫切要求教育情报工作扩大范围,提高质量,跟上教育事业的发展步伐。二是教学和科研工作提出的新要求。由于科学技术的快速发展,学科交叉与分化加剧,新学科、新理论、新技术大量产生,科学信息量急剧增长,加之发行范围、语言种类、文献价值寿命、个人阅读能力等因素的限制,许多新的科学情报无法被充分利用。教学活动中存在内容陈旧、方法落后、科研工作重复等现象,有必要加强教育情报工作,以利于解决教学、科学重复研究的难题。三是以微电子技术为代表的新兴科学技术的发展。科学技术发展为教育情报工作的发展提供了物质条件,情报工作的特殊性决定了技术手段在这一工作中的重要作用。随着缩微技术、录音录像技术以及现代通信技术的发展,特别是电子计算机技术等现代化信息记录与传递技术在教育情报工作中的大量运用,极大地提高了教育情报工作的效率,使教育情报发挥了前所未有的作用。因而,各国相关机构都十分重视教育情报工作,不断推动其快速发展。

教育情报工作的快速发展,使教育情报实践的领域更广,层次更深,为从理论上总结教育情报活动规律奠定了基础,教育情报学开始形成。同时,教育情报的教学和研究队伍不断扩大,人员素质不断提高,理论研究不断深入,相关学科的发展与渗透,在教育情报学的孕育、产生过程中都发挥了重要作用。

中国在教育情报实践的基础上,开展教育情报理论研究,1983 年在中央教育科学研究所成立教育情报研究室。1984 年建立"全国教育情报交流网中心站",统一管理各省市的教育情报机构。此后,教育情报网络纵向延伸到基层学校,横向则包括基础教育情报网、高等教育情报网、成人教育情报网以及少数民族教育情报网,并进行教育情报源的普查和开发工作的研究,取得成绩。1990 年,成立中国教育情报研究会,旨在加强教育情报理论研究。

参考文献

刘锦泉,冯延亭. 实用教育情报学[M]. 长春:吉林教育出版社,1989.

严怡民. 情报学概论[M]. 武汉:武汉大学出版社,1994.

（吴　平　陈学敏　胡桂成）

教育情报用户(educational information user)　在教育行政、教育管理、教育科研、教学及一切与教育有关的活动中,正在利用或可能利用教育情报服务机构获取所需情报的个体或群体。是教育情报交流的终端,教育情报的归宿。也是教育情报的生产者、教育情报的保存者、教育情报资源的提供者或教育情报政策的制定者。教育情报用户的情报需求推动情报交流,教育情报系统的设计、发展、完善与运行的最终目的,都是为了充分满足教育情报用户的信息需求。

在理论上,研究教育情报用户及其需求可充实教育情报学的理论体系和内容,巩固学科地位。教育情报交流系统中,用户的教育情报需求决定情报流通的流向、渠道、内容以及情报量等,通过用户获取和吸收教育情报的过程可对教育情报量、教育情报价值、教育情报效率等进行定量化研究。

在实践中,加强对教育情报用户及其需求的研究对教育情报工作具有实质性影响。首先,它是教育情报机构开展工作的依据和提高服务质量的充分条件。只有及时把握教育情报用户及其需求的变化,才能充分调动人力和物力,及时调整服务方向,改进情报工作,不失时机地制定相应对策,更迅速、及时、准确地为用户提供教育情报服务,使情报工作促进教育科学的发展。第二,以用户及其情报需求研究为基本依据规划和建立、健全教育情报系统,设立教育情报机构,使教育情报系统、情报机构一开始就与用户建立密切联系,向用户提供具有针对性、主动性、预见性、适用性和有效性的教育情报服务。第三,可了解各种类型用户的需求情况,从而改善教育情报工作环境,扩大情报服务的对象和范围,争取为更多用户提供更全面的情报服务。教育情报系统一般有两种用户:一是当前教育用户,正在利用教育情报机构提供的情报服务;二是潜在教育用户,是应该利用但实际尚未利用情报服务的用户。教育用户的情报需求主要有四类,分别是未意识到的情报需求、表达出来的情报需求、未表达出来的情报需求和非真实的情报需求。

由于大部分用户是潜在用户,其教育情报需求较用户表达出来的情报需求更广泛复杂,只有经常调查和研究教育用户及其情报需求,才能采取有效措施,使大批潜在用户转变为当前用户,使潜在需求和未表达出来的需求转变为表达出来的需求,从而使教育情报机构向更多的用户提供更全面的教育情报服务。良好的教育情报系统能积极、主动地研究教育情报用户及其需求。

教育情报用户研究的基本内容:了解和掌握各类用户的职业特点、数量范围、知识素养等有关用户结构的情况及其发展变化趋势;研究各类用户的需求特点。具体包括:(1)研究教育情报用户构成及其分类,以教育学科为基础,按照知识结构、层次结构和数量结构的顺序,综合分析具体从事不同教育工作的情报用户需求。(2)研究教育情报用户需求心理,调查分析教育情报用户所需要情报的内容、形式、范围、期限以及获取情报的方式和途径。教育情报用户

的需求心理通常有五种:一是求知心理,是用户需求的最低心理层次,在这种心理支配下,用户从事的教育情报活动一般较简单,此阶段一般无法驾驭教育情报。二是求实心理,用户需求心理的第二个层次。用户对教育情报有一定的选择和加工能力,但仅是为满足解决教育领域的某一特定问题,被动性需求占主要地位。三是求新心理,是用户需求心理由被动变为主动的转折点。用户不满足于被动地为特定需要所限制,开始主动查找较新的教育情报,掌握最新动态的教育情报。四是探索心理,是用户需求的高层次心理。用户不满足于获取教育情报,而是利用教育情报和在教育情报研究中寻求不同的观点和意见。五是创造心理,这是用户需求心理的最高层次。用户在利用教育情报、研究教育情报的过程中获得创新的启迪和灵感,需求来自其创造性的工作,教育情报成为用户工作的助手。可针对教育情报的不同需求,激发用户不同的心理动机。一般来说,低层次的需求心理源于用户的内部动机,主体性不明显,受制于客体;较高层次的情报需求心理是用户内部动机与外部动机的结合,具有明显的社会性,是社会需要的反映,其主动性强,不为客体所左右。(3)研究教育情报用户的情报需求特点。教育情报用户主要集中在教育系统,特别是学校,他们既是知识的传授者和利用者,也是知识的生产者和创造者。依据所在部门和所从事的具体工作,教育情报用户的情报种类、情报需求目的和特点不尽相同。第一,教学人员主要从事课堂教学和指导学生的社会实践活动,一般从国内外专业期刊、教科书和有关教学仪器的资料中搜集、整理和分析有关教材内容、教学设备、教学方法等方面的情报,所需教育情报主题相对明确,范围较固定,且十分重视情报的准确性和可靠性。中小学教师往往通过教学观摩、座谈讨论等方式获取有关教学方法和教学经验方面的情报。第二,教育科研人员是较高层次的情报用户,不仅大量集中地利用教育情报,且大量生产新的情报,以满足教学和科研的需要,他们需要大量理论性和专业化较强的一次文献,特别是期刊论文。不同科研工作阶段科研人员所需的情报种类和数量不同,教育科研人员的情报需求还具有阶段性特点。第三,具有一定决策权的教育行政部门的决策人员是教育情报工作的主要服务对象。他们一般不直接从事具体的教育科学研究,而是担负制定整体规划、可行性工作计划或方案、具体方针和政策、规章制度以及进行宏观管理等方面的任务。其对于情报的完整性、政策性、全局性、方向性、可行性要求较高,对情报的需求一般随形势和任务的变化而变化,呈现特有的跳跃性。他们往往通过自身的情报利用,间接反馈情报价值和评价情报服务的效果。他们对有关教育改革的方针、政策、教育改革经验和总体趋势等方面的综合性文献感兴趣。第四,教育管理人员对教育情报的需求主要表现为有效性,只有有效利用教育情报,才能提高管理水

平和业绩。第五,高等院校和科研单位的大学生、研究生,教育情报需求随学习状况和心理因素的变化而异,表现为阶段性和综合性的特点。此外,一些随机用户的教育情报行为呈现较大的随意性,需求倾向不稳定,常需要具体的带有知识性的教育情报。(4)研究教育情报用户吸收情报的机制。调查用户如何选择和评价教育情报,是研究用户吸收教育情报作出决策或进行创造的过程。(5)研究影响教育情报用户情报需求的因素。教育情报用户的情报需求是一种特定的社会需要,受到社会政治、经济、科学技术、文化教育等多方面因素的制约和影响。(6)研究教育情报用户需求的调研方法。调查研究教育情报用户及其需求的方法有直接调查法和间接调查法两类。直接调查法是有教育情报用户本身参与,其优点是调查面广,获得的资料较详细、具体、可靠,缺点是需要用户响应,答复率不高。具体有调查法、询问法和观察法。间接调查是教育情报用户不直接参与调查活动,一般利用用户使用教育情报后留下的各种记录和与用户有关的资料为媒介来分析用户及其情报需求。虽不直接与用户接触,但所依据的各种资料却与用户活动密切相关,能客观地、真实地反映教育用户的特征和情报需求。较之直接调查法,间接调查法无需用户响应,不受时间和空间限制,可随时灵活进行,是教育用户及其情报需求研究中常用的一种方法。具体有文献分析法、用户资料分析法、情报业务资料分析法等。(7)研究教育情报用户的情报保证。用户的教育情报保证是指为确保用户有效的教育活动的需要,有组织不间断地通过一切可能途径和方式来满足用户需求,并提供适当情报的加工和传递过程。

参考文献

刘锦泉,冯延亭.实用教育情报学[M].长春:吉林教育出版社,1989.

严怡民.情报学概论[M].武汉:武汉大学出版社,1994.

（吴　平　陈学敏　刘会玲）

教育权威（educational authority）　指教育活动中,教育工作者在教育角色要求下管理教育活动、控制教育秩序、约束受教育者的权力以及对教育活动与受教育者的支配力量。

最早研究教育权威的是法国教育学家涂尔干。他在《教育与社会学》一书中认为,教育在本质上是一种权威性活动。教师是社会的代言人,是其所处时代和国家重要道德观念的解释者,教师必须是具有坚强意志和权威感的道德权威。社会学家沃勒提出"制度的指导"与"个人的指导"概念。其"指导"的概念在内涵上大致等同于"权威",即指"一个人对他人行为的控制"。韦布依据沃勒的思路,明确地将教师的教育权威区分为"地位的权威"与"个人的权威",前者指由教师在学校组织中的地位所赋予的权威,学生仅仅因为教师是"教师"而被要求尊敬之,这种权威力量来自教师的社会角色和教育制度;后者则是由学生对于教师的判断、经验及专业知识等方面的信任而产生的权威。教师的教育权威一般可分为三种:第一,身份与地位权威。教师是社会文化的继承者,其职责是传道、授业、解惑,其人格和文化形象乃"为人师表"。教师具有优良的人格特质,其思想言行足以为学生表率,其身份与地位为社会所尊重。第二,法定权威。教师可以根据教育法律法规和学校规章制度,对学生的言行提出要求,对不遵从指示和规章的学生予以处分,这种权威身份和权威力量是制度赋予的。第三,专业权威。优秀教师高度的专业知识、技能和教学能力及其在教学方面的优良表现,是赢得学生信赖的保证,这种权威是由教师的专业水平所赋予的。

关于教育权威的来源,日本学者小川一夫将其归为五种力量,即奖赏力,指教师具有对学生进行奖励与赏酬的能力;示范力,指教师的人格魅力;强制力,指教师掌有对学生进行处罚的权限;专业力,指教师占有专门的知识与技能;合法力,指教师可基于社会规范而行使种种权力的力量。德国社会学家 M. 韦伯的权威三类型学说,对于权威来源的解释有着较为广泛的影响。M. 韦伯认为,因权威的合法性获得来源不同,存在着的三种不同的权威。第一种是传统的权威,它是在长期的传统因素影响下形成的权威;第二种是感召的权威,即由个人魅力所获得的权威;第三种是合理—合法的权威,它以理性为权威。基于 M. 韦伯的权威三类型说,克利夫顿提出教育权威的四个层面,即法定的权威、传统的权威、感召的权威和专业的权威。其中法定的权威和传统的权威源于外部的教育制度,而感召的权威和专业的权威则源于教师内在的个人因素。

教育权威与教师的职业角色密切相联系。教育权威只能在教师职业角色的要求下使用。教师的教育权威来自两个方面。一是社会的教育制度所赋予教师的监护儿童的权力。这里的教育制度,既包括国家正式制定的法律法规和政策,也包括非正式的日常习俗和惯例等。教育制度赋权于教师,使他们拥有对受教育者的支配能力、影响能力和约束能力,具有组织、维持和提升教育活动秩序的权责。二是教师因自己所拥有的专门知识和人格特征而产生出来的专家型权力。职业角色虽赋予教师以一定的权力,但这种制度赋权却未必能够实际发挥出力量。制度赋权只是教育权威的必要条件,而要使这种权力真正发挥出来,需要教师的专业知识、专业能力、专业精神和专业意识。因此英国哲学家 R. S. 彼得斯将教育权威分为形式权威和实质权威。形式权威可理解为是一种角色赋权,这种所赋予的权力地位与教师的能力并不一定相称。实质权威是指权威者具有能够实际上使他人佩服、服从的权威。这种使他人服从的权力和影响力,可能依赖于形式权威,也可能更多地来自教育者的精神品格的力量,权威者并不一定拥有某种制度上的地位,但由于具有实质权威而发挥出比形式权威更多更大的作用。真正的教育权威,应当是形式权威和实质权威的结合。

教师受国家和社会的委托,对学生有目的、有计划地施加符合社会要求的教育影响。这种教育影响的效果受制于诸多因素。在教师方面,最重要的制约因素是教师对于学生的权威,即教师的教育权威。在学校教育中,教育权威是教育实践的必要条件,也是一种重要的教育力量。教育不能没有权威,没有教育权威参与的教育不会是有效的教育。教育权威不仅影响教育教学效果,而且对于充分发挥教师工作积极性和教师的自我完善具有很大的促进作用。首先,教育权威是教师开展教育教学工作的道德基础。教育劳动的过程即教师对学生施加教育影响、传授知识的过程,是师生之间在思想、情感、意志、知识、道德等方面进行复杂的交互影响的过程。这种影响过程内在地蕴含着教育权威的作用。教师在学生心目中如果具有能影响学生思想、指导学生行动、启迪学生心灵并获得学生信任和尊重的精神感召力,教师的品格、学识、能力等如果能在学生中获得声望和信誉,即在学生中享有较高的教育权威,那么教师的教育教学工作就能够顺利进行。其次,教育权威的大小直接影响教育实践的效果。教育实践的效果在很大程度上是以教师在学生心目中的权威大小为转移的。教育权威对学生是一种无形的教育影响力。它影响学生的学习效果,影响学生的思想品德的形成,影响学生的行为习惯的养成。再次,教育权威还是教师自我完善和进取的积极精神因素。教育权威是教师在学生和教师集体中地位的一种指示器。当教师感觉到自己的权威在学生和教师集体中下降时,就会从学生和教师集体对自己的评价中反省自己、调整自己,在社会责任感、职业道德、知识技能等方面审视自己,从而促进和激励自己不断进取和完善。

为能有计划地将学生的学习行为导向预期的发展方向,并有效地处理或改变学生的错误行为,顺利地实现教育目标,教育者必须正确地运行其教育权威。如果教育者误用或滥用教育权威,则会引起学生的消极反应或激起他们的对立情绪,从而影响乃至妨碍教育目标的实现。教育又不能完全凭借教育权威特别是依赖形式权威力量而实施。仅仅依赖形式教育权威而实施就会形成对学生的压制或强制,从而影响学生身心健康发展。因此,从学生发展的角度出发,教师在教育过程中不能以教育权威而自居,而是要通过个人品质与专业水平的提升、通过与学生的道德交往进行教育活动。学生的心理特点表明,他们希望教师是公认的权威,但是在具体的教育教学活动中又不仅仅是教育的长者、智慧的化身,而应该是学生生活中的良师益友。教师必须拥有一颗永不衰竭的童心和爱心,与学生平等相处,顺应学生身心发展的特点,在民主平等和谐的氛围中,在爱的天地里让学生接纳教师、认同教师的教育并进而主动去追求真善美的教育。

(周兴国)

教育全面质量管理(total quality management in education)　强调质量的持续提高为主的企业管理思想和管理实践在教育领域的运用。全面质量管理是 20 世纪 90 年代西方管理理论与实践的热点,是企业质量管理继以事后检验为主的传统质量管理、以预防为主的统计质量管理之后的第三个发展阶段。就管理模式的发展而言,是从以泰罗为代表的"机械模式"、以标准化管理为基本特点的"生物模式"发展而至的"社会模式"。高度重视人力资源的开发和利用,强调在尊重人的价值的前提下,注重战略规划、全员参与、团队精神和协调工作,并将生物模式中的标准化管理作为全面质量管理的一种手段。国际标准化组织将全面质量管理界定为:一个组织以质量为中心,以全员参与为基础,旨在通过让顾客满意和本组织所有成员及社会受益而达到长期成功的途径。其特点:强调一个组织以质量为中心,强调组织内所有部门和所有层次人员的全员参与,强调全员教育和培训,强调最高管理者强有力的和持续的领导,强调谋求长期的经济效益和社会效益。全面质量管理应用于教育领域,强调视教育为一种"服务",将学生、学生家长和社会视为"消费者"或"顾客",要满足他们的需要;要求从服务的角度看待学校所有工作,形成服务学生、服务教学第一线的服务链;强调学校建立一套质量体系,以持续提高教育质量。

20 世纪 90 年代西方各国教育界形成讨论和运用全面质量管理的热潮有三方面原因:(1)教育经费危机。20 世纪 80 年代后,西方各国的教育经费危机日益严重,政府教育投入的增长远不及教育支出的增长;无子女家庭增多,多数无子女家庭不愿意政府增加教育税,使政府增加教育投入的意愿受阻。但同时,家长、社会、政府对教育的期望越来越高,希望通过教育提升国家经济竞争力,希望学校多开设关于个人、健康、社会教育方面的课程。教育组织在面临经费紧缺的同时,还必须满足各方面的要求,以免潜在的教育投资受到进一步冲击,这就从教育内部产生提升教育质量、以质量经营教育的要求。(2)教育领域引入市场机制,教育内部竞争加剧。20 世纪 80 年代后,西方各国教育质量下滑,社会各界要求教育改革的呼声强烈。自 80 年代中期始,西方各国出台政策,将市场机制引入教育,激发教育内部竞争,如开放入学和自由择校,取消学生就近入学,学校面向所有的学生,扩大家长在子女教育上的权利;鼓励发展私立学校,鼓励社会团体和企业举办教育;实行有条件拨款和教育凭证制度等。这些政策使学校教育发生很大变化,私立教育不断扩大,出现营利性的教育机构。学校越来越多地受到外界影响,教育组织之间的竞争加剧。学校开始引入全面质量管理的理念和技术,全方位提升教育质量,以增强竞争力。(3)西方教育管理界尤其是英、美等国具有运用企业管理成果的传统,教育管理研究者善于将企业管理经验引入教育领域并加以推行。80年代末,西方企业管理中形成全面质量管理热潮,并迅速影响到教育领域,加之企业的参与和赞助,令全面质量管理在教育领域产生积极效果。一些国家建立了基于全面质量管理的教育质量监控体系,学校利用全面质量管理的理念和技术改进学校管理,提升教育质量,提高了学校声誉。

全面质量管理的教育观　全面质量管理提出,现实社会组织分为两类,即服务性组织和生产性组织。生产要满足三个条件:能专门化和控制原料的供给,原料必须通过一系列标准化过程或预先设置的一系列过程,产品必须满足预先确定和定义的标准。教育的标准多种多样,不宜将教育当成生产,应视教育为一种服务。作为服务的教育与产品的生产不同:服务由人直接提供给人,供者与受者之间有密切联系,不可分,其间的相互作用构成质量的一部分,生产则可限制在无顾客的场所;服务必须及时;服务的质量要求更高,服务面临更多的困难;服务的过程与结果同样重要,产品生产关注结果,而服务是一个过程,服务质量体现在服务的过程中;服务通常由最基层的员工提供给顾客,顾客通过其直接接触的服务人员形成对组织的看法,服务组织须设法激励一线员工,以确保他们提供给顾客最好的服务;较之生产质量,服务质量较难定义和测量,认真、礼貌、友善、关心等软指标对顾客心理有重要作用。

全面质量管理的教育质量标准　包括两方面:一是教育服务标准,即由教育工作者和专家定义的标准,或提供教育者约定的标准,包括符合专业化,适合一定的目的和用途,无缺陷,第一次正确,以后每次都正确。二是顾客的标准,即由顾客决定的质量标准,包括顾客满意和顾客喜欢。这两方面相辅相成,前者保证教育质量的基础,使顾客了解服务的目的和标准;后者是衡量质量的最终标准,质量好坏取决于顾客是否满意。

全面质量管理的顾客观　按照全面质量管理以顾客为导向的观点,教育服务的顾客有两类:(1)外部顾客,包括学生、家长、教育官员、政府、社会和劳动力市场。根据外部顾客对教育服务质量的作用以及与教育服务的紧密程度,大致分三级:第一级外部顾客又称基本顾客或直接顾客,指学生;第二级外部顾客包括家长、教育行政部门和毕业生的雇佣者;第三级顾客包括劳动力市场、政府、国家和社会。教育服务的经费由第二和第三级顾客提供,在考虑学生需要时,需兼顾第二和第三级顾客的要求,这体现了教育服务

外部顾客的复杂性。(2)内部顾客,又称相对顾客,是从学校内部服务与被服务关系上理解的,教师、教辅人员是中层管理人员的顾客,中层管理人员是高层管理人员的顾客。教师和教辅人员是教育服务的直接提供者,距离学生最近,是最重要的内部顾客。从内部顾客的概念出发,全面质量管理引出"顾客链"的概念。教育服务存在多级服务者和多级顾客,这些服务者与顾客之间一环套一环,形成一条不间断的"顾客链"。"顾客链"的起点是学校的高层管理者,其顾客是中层管理者,中层管理的顾客是教师和教辅人员,教师和教辅人员的顾客是学生及其他外部顾客。在"顾客链"中,每一级都要服务好自己的顾客。只有每一级人员都能为自己的直接顾客提供满意服务,才能保证组织的最终顾客满意。

全面质量管理的组织文化观　重视组织文化的作用和塑造是全面质量管理与其他质量管理技术的本质区别之一。主要内容:(1)组织文化是组织成员共有的价值观、信念、习惯和传统的总和,对组织成员的行为具有规范作用,具有不同组织文化的组织,其成员的行为方式也不同。(2)组织文化是可变的,可以变得更有生命力,更有利于组织发展,也可能变得更糟,实施全面质量管理的过程就是塑造组织文化的过程。(3)全面质量管理组织文化是一种品质文化,倡导如下价值观和信念:让顾客满意,倾听顾客的声音;做应该做的事,且一次就做好;坚持不断改进;以人为本,团结合作,提倡团队精神;用数据和事实说话,不假设,不空想;追求无缺点品质;将问题看作改进的机会,而不是责怪当事人;各级管理者特别是高层管理者要维护好组织环境,对品质负责。组织文化的塑造过程是缓慢、渐进的,不可一蹴而就。

全面质量管理的教育质量提升观　全面质量管理提出,教育质量的提升是无止境的,具体方法是"不断改进"。不断改进是取得高品质的前提和方法;不断改进是连续的改进,而非偶尔改进,是有计划有意识的改进,具体方式是计划、执行、检查、处理循环(亦称"戴明环");真正做到不断改进,必须"从零开始";不断有改进,最终取得大的改进;重视工作过程的各个环节,而不只是最终结果。

学校教育实施全面质量管理的要求　全面质量管理具有全面性特点,在学校管理领域体现在它涉及学校的所有活动,关系到学校中的所有人,贯穿学校工作始终。学校教育引入全面质量管理,要求坚持质量管理的全面性、全员性和全程性。坚持质量管理的全面性要求以德育为核心,以创新精神和实践能力为重点,保证全体学生的全面发展;以课程改革、课堂教学为中心,对学校教育、教学、后勤等进行全面管理,并通过全面管理,充分发挥学校人力、物力、财力的作用,调动一切积极因素,为教学服务,为师生服务;正确对待社会、家庭等校外因素对学校教育的影响,充分利用包

括社区在内的各种校外教育资源的积极作用。坚持质量管理的全员性表现为：质量管理不仅是领导者或管理者的责任，各部门所有员工都必须积极参与，教育行政部门的所有干部和一般人员、学校的每一位教师和辅助人员以及每一位学生，都必须关心并参与质量管理。坚持质量管理的全程性强调对工作过程的管理，要求工作过程的每一环节都符合预定目标，重视预防的积极意义，将造成错误的因素消除在每个环节，而非仅重视评价尤其是终结性评价的作用，亦即对所有教育教学环节的质量及各环节之间的"接口"进行管理，保证围绕教育目标循序渐进地开展教育教学活动。

参考文献

Greenwood, M. S. & Gaunt, H. J. Total Quality Management for Schools [M]. London: Cassell, 1994.

Murgatroyd, S. & Morgan, C. Total Quality Management and School [M]. Maidenheed: Open University Press, 1993.

Sallis, E. Total Quality Management in Education [M]. London: Kogan Page, 1993.

（纪明泽）

教育券（education voucher）　　指政府将一部分或全部公共教育经费折成一定数额后，直接发放给学生家长的有价证券。学生家长可自由选择学校并用教育券支付学费和相关费用，学校则向政府兑现与券值相等的现金收入用于学校开支。教育券可用于初等教育、中等教育，也可用于高等教育。旨在促进学校特别是私立学校与公立学校之间的竞争，以提高教育质量。实质是运用市场手段来运作公立学校，以恢复和增强其活力。在教育券实施中，政府作为教育费用提供者仍提供相应的教育资金，但教育资金的配置方向发生了改变，由以前的向学校直接付费转变为向受教育者直接付费。学校也从直接向政府争取经费转变为学校争取生源、提高教育质量，以间接争取政府的经费。

　　教育券的产生背景　　有关教育券的思想最早可以追溯到 18 世纪的启蒙思想家潘恩。1955 年，美国经济学家 M. 弗里德曼在《政府在教育中的作用》一文中首先提出教育券计划，旨在解决美国公立学校制度的缺陷。在美国，最初学校基本上都是私立的，上学完全是自愿的，家长通过直接付费给学校的形式确保子女接受教育，政府对教育的干预很少。渐渐地，政府日益在教育领域发挥积极作用，在 19 世纪 30—60 年代，用不到 40 年的时间就建立起公共教育制度。随着政府作用的扩大和权力的集中，政府对教育的干预也达到前所未有的高度：在初等教育和中等教育中，公立免费学校被大量建立，强制入学制度取代自愿入学制度，家长以纳税的方式间接交费取代直接交费；在高等教育中，就读于公立大学的学生占全部高等院校学生的一半以上。随

着公共教育制度的建立，公立学校也暴露出越来越多的问题：在公立的中小学中，教育的多样性受到削弱，教育的效率降低，教育的质量下降，择校问题愈演愈烈；在公立高校中，也存在退学率高、教学质量下降等问题，同时，政府对于公立高校的财政支持也使其学费相对较低，从而使私立高校在竞争中处于不利的地位。

　　M. 弗里德曼认为，公立学校中存在的这一切问题的原因就在于政府在教育领域中的权力过大、干涉过多，而家长和学生的选择自由却太少。面对上述问题，M. 弗里德曼的主张是政府放弃直接资助和管理教育，让教育进入市场，使公立学校和私立学校站在同一条起跑线上，利用看不见的市场之手去调节。但 M. 弗里德曼也意识到，这种思想一时间很难被公众接受，于是提出一项在保留现有政府资助条件下的切实可行的改革方案即实行教育券计划。

　　弗里德曼教育券计划的主要构想　　M. 弗里德曼认为，教育券计划不仅可用于初等教育、中等教育，也可用于高等教育。关于在初等和中等教育中的教育券计划，M. 弗里德曼在《自由选择》中举了这样一个例子：假如你的孩子正在上一所公立小学或中学，就全国平均水平来说，1978 年每个纳税人（你和我）要为每个入学儿童花大约 2 000 美元。如果你让孩子从公立学校退学转入私立学校，你作为纳税人交纳的税金并不能返还，除此之外你还要另外付私立学校的学费，这就是促使你让孩子上公立学校的强大动力。但是，假如政府对你说："如果你不让我们为你的孩子出教育费，你将得到一张教育券，用这张教育券你可以为孩子作为学费在某一得到政府批准的学校上学"，那么就解除了限制你选择学校的资金困扰。同时应该注意，这种教育券可以被使用于政府批准的任意一所学校，无论公立、私立，也无论它处于哪个学区。这样一来，教育券不仅可以使每位家长拥有较多的选择机会，同时也将迫使公立学校通过收取学费而自筹资金（如果教育券金额等于全部教育开支，那么学校就是完全自筹资金；如果小于全部的教育开支，那么学校就是部分自筹资金）。这样一来，不仅公立学校之间展开竞争，而且公立学校还要同私立学校之间展开竞争，公立教育中存在的问题也就迎刃而解了。

　　M. 弗里德曼同样提出将教育券引入高等教育的构想。高等教育中的教育券制度是指：让所有公立学校根据所提供的教育服务的全部费用来收学费，从而在平等的条件下与私立学校竞争。用每年应当受到补贴的学生人数，去除每年用于高等教育的全部税款，所得的数目便是每一张教育券的面额。允许学生根据自己的选择在任何教育机构使用教育券，唯一的条件是他们所上的学校是应该给予补助的学校。但因为政府用于高等教育的资金只占高等教育所需资金的一部分（在初、中等教育中则占绝大部分），这样就会出现申请得到教育券的学生数超过可得的教育券数的现

象，在这种情况下就以最能为社会所接受的标准来分配教育券，如根据考试测验成绩、体育才能、家庭收入等标准来分配。教育券制度不仅会将竞争引入公立高校中，而且还会使公立高校与私立高校之间公平竞争，从而解决美国高校体系中存在的种种问题。

可以看出，M.弗里德曼提出教育券计划就是要改变"政府—院校"这一传统的资源配置体制，取而代之以"政府—学生—院校"这一以消费者为轴心的资源流动方式。其实质是为了打破教育制度的僵化，以市场机制为导向，充分调动办学机构和教师的积极性。教育券的最终结果是让学校私营化，然后政府发放给每个学生等同于现金面额的教育券，让学生自由选择学校，以教育券代替学费。好的学校还可以另收学费。这样既向学生提供了教育福利，又使学校有办学的自主权和积极性，同时把受教育的选择权交到学生手上。

教育券计划的实践和发展　美国从 20 世纪 60 年代末开始试验政府资助的教育券，但直到 20 世纪 90 年代初才开始正式实施教育券计划，而且其实施范围也很小，到现在仅有 2 个城市和 1 个州正式明确实施了公款资助的教育券计划，另有 10 个州只有私人和私人机构资助的教育券。尽管饱受非议，但该种思想自产生以来支持者越来越多，尤其是 20 世纪 80 年代后期以后，随着新自由主义思潮在主要西方国家的盛行，越来越多的人开始关注 M.弗里德曼提出的教育券计划。受到该思想的启发，2001 年中国浙江省长兴县在全国率先实行教育券计划。从国外的教育券实践来看，出现多种类型的教育券。根据教育券针对的对象不同，可分为：第一，普遍教育券（universal education voucher）或总额（lump-sum education voucher）教育券，即每个适龄儿童家庭都能获得面值相等的教育券；第二，针对低收入家庭的教育券或与收入挂钩的教育券（means-test education voucher），即只有收入低于某一标准的家庭才能获得面值相等的教育券；第三，收入均等化教育券（means-equalizing education voucher），即只有收入低于某一标准的家庭才能获得教育券，而且教育券的面值取决于家庭教育支出占其收入的比例，如果这一比例越高，那么获得的教育券的面值越高；第四，针对特定学区或学校的教育券，即只有贫穷的或表现不佳的学区或学校里的学生才能获得教育券。根据教育券面值的金额，又可分为完全教育券（complete education voucher）和部分教育券（partial education voucher），前者指教育券足够支付所有的上学费用，后者指教育券不足以覆盖所有教育成本。根据教育券的适用范围，有些教育券能够用于选择公立学校和私立学校，有些教育券只能用于选择公立学校，而有些只能用于选择私立学校。

（孟大虎　曹夕多）

教育人口学（demography of education）　以人口状况为背景，探讨教育与人口相互关系及其规律的科学。着重研究教育与人口的关系，揭示其内在规律，以有效发挥教育功能，并增强举办教育者的人口意识，促进教育与人口的协调发展。教育领域中的人口问题和人口领域中的教育问题均属教育人口学的研究范围。教育人口学以人口的数量、质量、结构、分布和迁移等人口要素为出发点展开研究。具体内容包括三方面：人口状况（人口的数量、质量和结构）对教育的影响；教育为适应与协调人口发展而进行的目标、规模、结构、方式以及投资方面的调整；人口与教育相互关系的发展规律。

学科内容有宏观和微观两部分：教育人口学一般原理，如学科性质、发展历程、人口发展与教育发展的辩证关系（人口数量、质量与教育的关系，人口结构与教育结构的关系，人口发展与教育投资的关系等）；特殊群体人口与教育，从人口的生理、心理特点以及历史文化背景出发，研究特殊群体人口（如独生子女、残疾儿童、少数民族、流动人口、贫困人口、女性人口、老年人口、超常人口以及青春期人口等）与教育的关系。

教育人口学的学科性质可从两方面认识：教育人口学是一门边缘学科，既是教育科学的组成部分，又是人口科学的一个分支；不仅同教育学有关，还与人口学、社会学、教育经济学、教育社会学等学科有着密切的联系。教育人口学又是一门应用学科，主要任务是从人口学的角度对具体的教育问题进行探索。

马克思主义的唯物辩证法和认识论是研究教育人口学的基本理论。马克思主义关于人的本质和人口的本质属性的论述，关于科技、教育、人口、生产力相互关系的观点，是研究教育人口学的基本方法。在这一基本方法的指导下，根据教育人口学的研究对象和特点，可采取文献与调查相结合的方法，从理论与实践的结合上说明问题。研究中应注意：(1) 定性分析与定量分析相结合。定性分析表现为运用马克思主义的哲学抽象法，确定教育与人口相互关系的规定性；定量分析则是采用现代数学方法揭示教育与人口相互关系的数量变化。两者互为补充。(2) 调查与统计相结合。调查收集教育与人口关系的原始资料，经过分类整理和分析，寻找教育与人口的内在联系及其规律；运用教育统计、人口统计和社会统计方法，有助于揭示教育与人口的本质联系以及教育领域中人口活动的规律。(3) 动态分析与静态分析相结合。静态分析是对某一时间和空间范围内教育人口情况的分析，考察特定时间教育与人口发展的水平、规模、状况和特点；动态分析是对某一历史时期内教育与人口关系的运动变化和发展过程进行分析，考察教育与人口发展变化的方向、趋势和速度。两者互为前提，互为补充，主要区别是动态分析加入时间因素的作用。此外，还应运用比较法,包括同一国家、同一地区不同时期的纵向比较,以及不同国家、不同地区之间的横向比较,特别是国际比较。

教育人口学的知识体系主要包括五方面:(1)教育人口学的学科问题。即揭示教育人口学的研究对象、性质、任务、功能及方法等。(2)教育与人口数量的关系。包括人口数量对教育的影响及教育对人口数量的制约作用两个方面。人口数量对教育的发展起着重要的保证作用,它决定着教育事业的可能规模和发展速度。反过来,教育又会影响人口数量的增长,它是控制人口增长的重要手段。国内外关于人口和教育的研究结果均表明,国民受教育程度与人口出生率呈反比关系。换言之,国民受教育程度越高,人口出生率越低;国民受教育程度越低,人口出生率就越高。(3)教育与人口质量的关系。人口质量是指社会人口总体反映的身体素质、科学文化素质及道德素质等方面的状况。身体素质包括遗传素质和健康状况,是人口质量的物质要素。科学文化素质包括科学知识状况与智力发展水平。道德素质包括思想觉悟、道德修养等。科学文化素质和道德素质构成人口质量的精神要素。教育与人口质量关系密切,人口质量影响教育质量,入学者的已有水平是制约教育质量的重要因素;教育对人口质量又具有重要的影响。(4)教育与人口结构的关系。人口结构指人口按照某一性质划分的集合及其不同性质人口集合之间的比例关系,包括人口的自然结构和社会结构:前者涉及人口的性别和年龄;后者涉及人口的阶级、文化、职业、地域等。教育与人口结构的关系首先体现在人口结构影响教育的结构。比如,人口的年龄结构影响教育的纵向结构,即影响各级学校在学校教育系统中的比例;人口的行业结构和职业结构影响教育的横向结构,即影响各种类型学校和专业之间的比例关系,如普通教育与职业技术教育及普通教育与成人教育的关系等。人口的地区分布影响学校的网点布局。教育对人口结构又具有反作用,如教育可以调整人口的职业构成,促进人口的合理流动,使人口的地区分布趋向合理等。(5)人口教育。指以人口科学知识为主要内容的教育活动,既包括人口理论、人口与经济、人口政策等社会科学知识,也包括人口与生态、生殖生理、遗传与优生等自然科学知识。人口问题是一个世界性问题,控制人口增长主要依靠国家的人口政策,但人口教育也起着举足轻重的作用。推行人口教育的目的在于:懂得人口与经济、人口与教育、人口与家庭、人口与环境、人口与资源等的关系,认识正确解决人口问题的重要性;了解世界和本国的人口现状和发展趋势;懂得青春期生理卫生以及节制生育和优生的基本原理;了解本国的人口政策和实现这一政策的具体措施,自觉执行和宣传人口政策。

教育人口学从萌芽到形成学科理论,经历了漫长的发展过程。中国最早阐述人口与教育关系的是先秦时期的管子。西方关于人口与教育的思想可追溯到古希腊的柏拉图。然而受历史条件的限制,先哲们对这一问题的阐述主要是一种哲学判断式的,代表当时统治阶级的人口思想,具有明显的阶级性和等级性。若从教育人口思想本身的发展看,这些思想还比较简单和直观,多是经验或事实的描述,并附属其政治主张,包含在各自的政治观点之中,还不可能懂得教育人口现象背后隐藏的社会政治、经济关系的本质。严格地讲,这些只是教育人口思想的萌芽。

19世纪末20世纪初,人口问题受到世界各国的广泛关注。在中国,关注人口问题的主要代表有孙中山、李大钊、梁启超等。在西方,关注人口问题的有欧文、孔多塞、马尔萨斯以及马克思和恩格斯等。这一时期,随着对人口问题认识的逐步深入,其研究不再局限于人口本身,而是涉及人口变动与社会经济、政治、生物、生态、地理以及其他各种变量相关关系的研究。同时,随着近代科学的发展和民族观念的逐渐深入,受教育对象的不断扩大,人们对受教育人口身心发展规律的认识日趋加深,要求教育不仅要考虑年龄特征,还要关注教育对象的个性特征,如性格、气质、兴趣、爱好等。洛克的儿童身心保健论、卢梭的自然教育法都对后世有着广泛的影响,特别是夸美纽斯创建的班级授课制,为大规模人口教育提供了广阔的前景。而马克思主义的诞生则为教育人口思想的发展奠定了科学的理论基础,澄清了一系列在教育人口理论和实践中的基本问题。

20世纪50年代后,随着新技术革命的迅速发展及世界人口数量的急剧膨胀,教育与人口的关系日趋密切,从人口角度研究和探讨教育规律的新思想、新观点不断涌现,如女性人口教育、成人人口教育、终身教育、人力资本投资理论等,丰富和发展了教育人口思想,为教育人口学的确立进一步奠定了思想理论基础。这一阶段教育人口学思想和实践具有若干特点。从人口角度,首先,受教育的阶级性和等级性逐渐弱化,民主观念深入人心。教育由阶级与等级地位的象征向社会发展基础的地位转变,越来越多的人开始享有教育权,教育容纳的人口数量与范围比以往任何时候都要广泛。其次,人口受教育的时间和空间界限逐步被打破,教育形式不断多样化。终身教育思想的出现使非正规教育逐渐受到重视,任何人在任何年龄阶段、任何地方都能获得所需要的教育,教育深入社会生活,成为人们生活中重要的组成部分。第三,人口受教育的质量标准不断提高,教育改革方兴未艾。从教育角度,首先,教育开始自觉顺应人口发展的规律。现代教育强调人口意识,即按照人口发展规律制定教育发展的规划战略,保证教育发展的科学性和可行性。其次,教育在人口发展中的作用日益扩大。现代教育不仅是控制人口数量、提高人口素质的重要手段,而且对某些人口群体迅速摆脱贫困也会产生积极作用。由此,许多国家加大教育投资力度,开展计划生育教育、优生优育教育等,努力提高人口素质,把人口众多的负担通过教育转化为人口资源优势。

参考文献

田家盛.教育人口学[M].北京:人民教育出版社,2000.

乔晓春,李建民.人口学教程[M].北京:人民教育出版社,2000.

（王　波　王　艳）

教育人事仲裁制度（educational personnel arbitration system）　教师与所在学校之间因辞职、辞退以及履行聘任合同或聘用合同发生争议时,向人事仲裁部门提请仲裁并获得解决的一种救济制度。

1997年中华人民共和国人事部颁发《人事争议处理暂行规定》,规定事业单位与工作人员之间因辞职、辞退以及履行聘任合同或聘用合同而发生的争议可通过人事仲裁制度解决,但该规定对教师的适用性并不清楚。2000年,人事部发布《关于深化高等学校人事制度改革的实施意见》,指出要在高等学校工作人员中全面推行聘用（聘任）制度,学校和教职工在平等自愿的基础上,通过签订聘用（聘任）合同,确立受法律保护的人事关系。教职工对学校作出的涉及本人权益的人事处理决定不服,可向人事争议调解组织申请调解;调解未果的,可向人事争议仲裁机构申请仲裁。由此明确了高等学校教师可通过人事仲裁机构对涉及其人事处理的决定申请调解及仲裁。2007年,中共中央组织部、人事部、总政治部印发《人事争议处理规定》,完善了人事争议仲裁制度,深化了人事制度改革。2011年,中共中央组织部、人力资源和社会保障部、总政治部印发《关于修改人事争议处理规定的通知》,对《人事争议处理规定》进行修改。

下列人事争议可通过人事仲裁解决:实施公务员法的机关与聘任制公务员之间、参照《中华人民共和国公务员法》管理的机关（单位）与聘任工作人员之间因履行聘任合同发生的争议;事业单位与工作人员之间因解除人事关系、履行聘用合同发生的争议;社团组织与工作人员之间因解除人事关系、履行聘用合同发生的争议;军队聘用单位与文职人员之间因履行聘用合同发生的争议;依照法律、法规规定可以仲裁的其他人事争议。

高等学校作为事业单位,其与教师之间因辞职、辞退以及履行聘任合同的纠纷属于人事争议,纳入人事仲裁范围。根据《人事争议处理规定》的管辖范围,教育部及其他部委直属的在京高等学校与教师之间因辞职、辞退以及履行聘任合同或聘用合同而发生的争议,应由北京市负责处理人事争议的仲裁机构处理,也可由北京市根据情况授权所在地的区（县）负责处理人事争议的仲裁机构处理;各省（自治区、直辖市）直属或各部委直属的在各省的高等学校与教师之间的

上述纠纷,由各省（自治区、直辖市）人事争议仲裁委员会处理,也可由其授权所在地的人事争议仲裁委员会处理。

根据规定,当事人在争议发生之日起60日内,应以书面形式向仲裁委员会申请仲裁,并按被申请人数递交副本。仲裁委员会在收到仲裁申请书后,应在10个工作日内作出受理或者不予受理的决定。决定不予受理的,应当书面通知教师,并说明不予受理的理由。决定受理的,应当将受理通知书送达申请人,将仲裁申请书副本送达被申请人。仲裁庭处理人事争议应注重调解。自受理案件到作出裁决前,都要积极促使当事人双方自愿达成调解协议。当事人经调解自愿达成书面协议的,仲裁庭应当根据调解协议的内容制作仲裁调解书。协议内容不得违反法律法规,不得侵犯社会公共利益和他人的合法权益。调解书送达后,即发生法律效力。调解未达成协议或调解书送达前当事人反悔的,仲裁庭应及时进行仲裁。

仲裁应当开庭进行,但当事人协议不开庭,或者仲裁庭认为不宜开庭的,可以书面仲裁。决定开庭处理的,仲裁庭应当于开庭前5个工作日内将开庭时间、地点、仲裁庭组成人员等书面通知当事人。仲裁申请人经书面通知,无正当理由不到庭或者未经仲裁庭许可中途退庭的,可以视为撤回仲裁申请。被申请人经书面通知,无正当理由不到庭或者未经仲裁庭许可中途退庭的,可以缺席仲裁。

当事人应当对自己的主张提供证据,有权在仲裁过程中进行辩论。辩论终结时,仲裁庭应当征询当事人的最后意见。仲裁庭处理人事争议案件,一般应在受理案件之日起90日内结案,需要延期的,可经仲裁委员会批准延长最多30日。仲裁庭作出裁决后在5个工作日内制作裁决书,一经送达即发生效力。

当事人对仲裁裁决不服的,可以按照《中华人民共和国公务员法》、《中国人民解放军文职人员条例》以及最高人民法院相关司法解释的规定,自收到裁决书之日起15日内向人民法院提起诉讼;逾期不起诉的,裁决书即发生法律效力。对发生法律效力的调解书或者裁决书,当事人必须履行。一方当事人逾期不履行的,另一方当事人可以依照国家有关法律法规和最高人民法院相关司法解释的规定申请人民法院执行。

随着劳动合同（聘用合同）制度在国家机关、事业单位、社会团体中适用范围的扩大,会有更多的劳动者适用《中华人民共和国劳动法》。高等学校教师聘任制的推行,也使得教师与高等学校之间建立起类似劳动合同的关系,有关签订、履行教师聘任合同的纠纷被纳入劳动争议仲裁的受案范围,这点在2003年《最高人民法院关于人民法院审理事业单位人事争议案件若干问题的规定》中得到确认,它在第一条中规定:"事业单位与其工作人员之间因辞职、辞退及履行聘用合同所发生的争议,适用《中华人民共和国劳动法》

的规定处理。"依照该规定,有关辞职、辞退、履行聘用合同等方面的教师聘任纠纷也被纳入了劳动纠纷,可采用劳动仲裁的途径。

学校作为事业单位,其工作人员分为与单位签订劳动合同的员工和未与单位签订劳动合同的员工两部分:学校与工勤人员之间建立的是劳动合同关系,在签订、履行劳动合同过程中发生的争议属于劳动争议,属于劳动仲裁的受案范围。而学校与教师之间因辞职、辞退以及履行聘任合同或聘用合同发生的争议也可适用《人事争议处理暂行规定》,纳入人事仲裁的受理范围。

从全面保护教师工作权利,完善教师权利救济机制的角度,人事仲裁制度对教师的权利救济有一定的作用和价值,但还不够适当。一是其覆盖范围窄,高等学校教师可以通过人事仲裁制度进行救济,而中小学教师能否利用并不明确。二是条块分割,公立学校作为事业单位纳入人事仲裁,而民办学校的聘用纠纷被纳入劳动仲裁范围,忽视了教师都是履行教育教学职责的专业人员,其聘用纠纷所具有的共性。三是将教师的聘任纠纷与公务员的任用纠纷混同,运用同样的机制进行解决,而人事仲裁决定为最终决定,不得对之提起诉讼,如此一来就忽视了教师工作的特殊性和教师聘任纠纷的专业性,也使得教师无法通过行政诉讼的途径进一步主张权利,因而对教师权利救济不利。

在教师身份属于国家干部的年代,教师的权利救济途径与其他行政机关工作人员是相同的,由政府人事部门负责,教师不可就有关其任用、奖惩等决定向人民法院提出诉讼。在人事仲裁制度建立后的很长的一段时间里,教师对人事仲裁的结果也不可提起行政诉讼。但经过教师人事制度改革,教师身份和管理体制已经发生了变化,教师从公务员队伍中分离了出来,教师权利救济方式也应当与公务员的救济机制相对分离。因此应当确认教师的诉讼权利,在教育人事仲裁与诉讼制度之间建立必要的联系。针对这些变化,《最高人民法院关于人民法院审理事业单位人事争议案件若干问题的规定》指出:"当事人对依照国家有关规定设立的人事争议仲裁机构所作的人事争议仲裁裁决不服,自收到仲裁裁决之日起十五日内向人民法院提起诉讼的,人民法院应当依法受理。"这肯定了教师的诉讼权利,建立了教育人事仲裁与诉讼制度间衔接的桥梁。

（申素平）

教育认识论（epistemology of education）　教育哲学的重要分支。以哲学认识论为基础,借助认识论的分析视角和解释框架,考察运用于教育理论和教育研究中的各种知识观和真理观;分析从这些观念出发的教育理论如何解释教育现象或教育问题以及其解释的效力;分析从这些观念出发的教育研究活动如何判断具体教育事件或教育事

实,以及其判断的可靠性和有效性。

教育认识论的研究范围包括四个方面。(1) 教育理论的一个任务是解释儿童认识发生发展的特征和规律。儿童的认识是人类认识的初始阶段。教育认识论可以依据哲学认识论对人类认识规律的揭示,运用教育理论探索儿童认识的发生和发展。皮亚杰的发生认识论就是从哲学认识论的视角,为儿童发展心理学提出的一种解释框架或元理论。(2) 教育理论包含教育的目的论、教育功能论和课程论等。它们都建立在一定的知识观基础上。知识观是哲学认识论的主要问题之一。教育认识论可以借鉴哲学认识论的分析方法,探讨各种教育理论的知识观基础,并在此基础上提出方法论原则。(3) 教育理论对教学过程的研究,是建立在对学习过程的分析基础上的。学习过程是一种认识过程。教育认识论可以借鉴哲学认识论,为教学理论分析或学习过程、教学过程的研究提供方法论原则。教育认识论现也特指运用辩证唯物主义认识论对教学过程及其本质进行整体分析的一种教育理论。建构主义是一种认识论,根据建构主义认识论提出的教学原理和方法,被称为"教育中的建构主义"。(4) 经验层面上的教育研究,有不同的研究标准和规范。这些标准和规范基于不同的认识论立场。认识论立场相近的一类研究方法称为一种研究范式。例如,定量研究(如教育实验、教育调查)主要基于实证主义的认识论立场;定性研究(如教育人种志研究或田野观察)主要基于现象学的认识论立场。不同范式的教育研究从不同视角解释教育事实或教育现象,由此形成不同的概念特征或话语系统的教育理论。元教育学探讨不同教育研究范式的认识论立场,解释从认识论立场到研究标准和规范,再到不同概念系统或话语系统的教育理论之间的逻辑关系或结构。元教育学是有关教育研究标准、规范和理论特征的认识论。

西方哲学中的教育认识论思想

古希腊哲学中的教育认识论思想　认识论思想直接运用于教育教学始于苏格拉底,他认为智者派的怀疑论和相对主义导致道德观念的模糊和混乱。他提出"美德即知识",该命题首次使有关人的知识——对应当是什么的规范性洞见和对真实自我的洞见,成为知识概念的重要组成部分。苏格拉底持理性主义立场,他相信存在着普遍的客观真理,认为通过对话,通过诸如正义、勇敢、德性、真理、现实等概念的分析,能洞见确定不变的事物;借助概念分析,能获得有关情境和应当做什么的真理。从这种知识观和认识论立场出发,苏格拉底建立了一套以说理为目的的对话教学体系,即"反讽—定义—助产术"。"反讽"就是清除旧有知识结构中的错误概念;"定义"就是从概念逻辑上明确讨论的论题和范围;"助产术"就是在教师引导下学生自己得

到结论(知识)。这套对话教学体系蕴含了建构主义教学的基本原理。

柏拉图把世界分为可感世界和可知世界,可感世界是具体事物组成的世界,也称现实世界;可知世界是事物的理念组成的世界,也称理念世界。柏拉图认为,可以被感觉的事物总是处于生灭变化之中,所以对于它们,我们只能产生个别的、偶然、相对的意见。意见不是知识,知识只能是对理念世界的认识,因为只有理念世界的存在才是普遍、必然、绝对的存在。为了说明如何认识理念世界的问题,柏拉图用包括"洞穴譬喻"在内的一系列隐喻阐述他的认识论思想。他提出"灵魂回忆说",认为我们的灵魂原本高居理念世界而先验地包含了认识世界的可能性,因此认识或学习的过程就是灵魂对理念的开放与引出过程。灵魂对理念的回忆分为突发式与渐进式。突发式表现为忘我的直观状态,是一种自上而下的认识过程;渐进式是理性通过概念抽象逐步从具体上升到普遍,是一种自下而上的认识过程。柏拉图还强调,灵魂要能回忆起曾经所见的东西,需要经验的诱导,还需要艰苦的训练。从这种认识论出发,柏拉图认为人的天赋品质各有不同,在《理想国》里设计了一种教育体系和教育过程。

亚里士多德不同意柏拉图的理念论。他认为实际存在的是作为实体的个别事物,属性和种只是相对存在,它们存在于个别事物中。感觉经验是实在的,对事物本质的认识必须从感觉经验入手。对本质的认识就是要认识事物存在的原因。原因有四种:目的因、动力因、质料因和形式因。其中,质料是构成事物的原料,是个别事物之所以是个别的原因;形式是事物的某种属性,是一类事物之所以有共性特征的原因。亚里士多德认为在感觉经验的基础上,借助理性思维抽象出事物的普遍形式,可以达到对事物的本质洞见。他赋予感觉经验以认识的基础地位,认为知识有五个等级:感觉、记忆、经验、技术、智慧,其中智慧指向有关原因和本原的知识。亚里士多德还把科学分为三类:理论科学的目的是确定真理;实践科学的目的是获得伦理能力或实践智慧;创制科学的目的是获得技艺和技巧。三者之中,理论科学的知识等级最高,因为它是为了自身而被追求的知识。现实与潜能是亚里士多德哲学中的另一对重要范畴。他认为一切事物都包含潜能和现实(实现)。一切事物的共同目的是实现其潜能。人是理性动物,人的潜能实现过程就是理性不断完善其自身的过程。理性的生活是人类的普遍目的。

近代西方哲学中的教育认识论思想 理性主义与经验主义之争是近代西方认识论的发展主线。笛卡儿持唯理论立场,采用一种有条理的、普遍怀疑的方法来考察知识的基础,结论是:没有什么是不可怀疑的,只有他正在怀疑这一点是不可怀疑的。笛卡儿的怀疑不同于怀疑论者,他试图

为哲学寻找可靠的信念基础,认为只有能经受得起普遍怀疑的信念,才是可靠的。"我思故我在"是笛卡儿用这种方法找到的一个不容置疑的、直觉上自明的真理。笛卡儿认为它是全部哲学知识演绎论证的前提,就像数学上的公理一样。笛卡儿否定感觉经验可以成为知识的基础,认为不可能用感觉经验证明感觉经验。直觉和演绎是笛卡儿为近代理性主义认识论确立的两个基本原则,同时也是一种真理标准,即真理必须能接受理性的怀疑和批判。斯宾诺莎也持唯理论立场。他认为人类有四条获得知识的道路:传闻、直接经验、逻辑推理和直接的直觉。第一条是不确定的,因为它是二手的;第二条也是不确定的,因为我们有可能误解了我们的经验;第三条要求推理的前提是可靠的,但这就依赖于第四条,即通过直觉所把握的真理。斯宾诺莎对第四条道路充满信心,认为这是获得清晰而确定的知识的唯一道路。从笛卡儿和斯宾诺莎的唯理论立场出发,教育中的认识过程就是发展理性,形成确定性知识的过程。

洛克是经验论者。他认为认识论必须讨论人类认识的限度问题。笛卡儿想用普遍怀疑的方法为认识确立一条正确的道路,而洛克认为应当把怀疑作为认识过程的持久态度,目的在于知识的改善。因为我们的知识只能是局部的、暂时的。从概念推论不出存在,相反,语言往往会骗人。所以洛克强调,哲学的主要任务是澄清概念、揭露虚假的观念,为科学服务。基于这种立场,洛克探讨了知识的来源和检验标准问题。他认为,一切知识都从经验中来。有两种基本经验:一种是作为外部知觉(感觉)的经验,一种是作为内在知觉(反省)的经验。这两种经验是观念的源泉,而观念又是知识的要素。观念有两种:一种是简单观念(也叫印象),是被动获得的;另一种是复杂观念,是心灵对简单观念加工的结果。洛克还把观念分为第一性质的和第二性质的。认为第一性质的观念是物体的第一性质(即广延、相、运动、静止等原始性质)的肖像;第二性质的观念是物体的第二性质在人心中的主观表现(如色、香、味、声等),是物体作用于感觉的产物。洛克还提出"白板说",认为心灵原本如同一块白板,是经验的烙印使人拥有各种观念和知识。根据"白板说",对人的发展起决定作用的是环境,因此教育的首要任务是为儿童提供健康成长的环境。洛克对知识来源和构成的分析,为心理学提供了认识论基础。他的"白板说"是20世纪行为主义心理学的主要理论根据之一。

休谟认为有两种形式的知识:一是逻辑知识,它涉及的是概念间的关系;二是经验知识,它的基础是简单的感觉印象。印象是强烈的活跃的知觉,观念则是建立在印象基础上的心灵图像。休谟这一区分的目的是为了把知识的边界确定在可回溯的印象和无法回溯的观念之间。休谟指出,因果观念假定了自然的齐一性原理,即自然的进程是永远不会改变的,而这既没有逻辑的证据,也没有经验的证据。

休谟认为因果观念根源于经验事件的重复发生,这种重复经由人类心理的"习惯"和"联想"的作用,而产生因果关系的知识。休谟把因果观念解释为"习惯"和"联想"的产物,为联想主义心理学提供了理论基础。休谟从他的认识论出发提出"习惯是人类的伟大导师",这对教育上重视习惯养成是一个经验主义的认识思路。

康德认为休谟破坏了科学知识的基础,这将导致世界从此陷入更加不确定的危机中。康德认识论的目的是要修复为休谟问题所颠覆的这个基础,即因果律。他接受经验主义的这一立场,即一切知识都来源于经验,但他强调,赋予我们的经验以秩序和结构的那种东西,不是来自经验,也不是来自客体,而是来自作为认识主体的我们自己的先天能力。解决休谟问题的关键,是认识论必须有一个视角的转换,即不是假定主体完全被客体所决定,而是设想客体受到主体的影响,是在主体的经验方式和思维方式下被构造的。这就是认识论史上著名的"哥白尼式的革命"。它的要点是,不去追问我们的认识是否真的反映了客观实在,而是追问我们的认识如何能建构客体,这种建构为什么具有客观有效性。从这一视角出发,康德考察了科学知识的构成形式:一切科学知识都与先天综合判断相关。先天综合判断既依赖于经验又独立于经验,其独立于经验的部分就是认识主体用以构造现象的先天形式。先天形式就是数学知识的建构中必不可少的时间和空间的先天直观形式,以及自然科学知识的建构中必不可少的先天知性范畴。知性的最高原理是主体先验意识的"统觉的本源的综合统一",经由知识的三种主观来源,即"直观中领会的综合"、"想象中再生的综合"和"概念中认定的综合",先天形式加工于杂多的感性经验,使之成为知识。这样,康德就通过把经验置于先天规则之中,从而维护了知识的理性基础。康德哲学综合了理性主义和经验主义两种认识论,为教育认识论确定了理性的基础。

黑格尔重视人类历史发展中形成的历史知识。他把历史看作一条反思之链,其中各种不同的先验预设会受到彻底检验和批判,从而使人类精神朝向越来越具有真理性的立场前进。历史不是历史事件的集合,而是人类借以摸索走向更恰当的道路的反思过程。在这个过程里,人类经历和尝试各种不同的存在方式,在反思他们所经历的各种存在方式时,理解自身,形成自我认识与历史知识。这样,历史就又是我们用以洞见现象的本质的一种认识视角。黑格尔认为,对历史过程的反思是有规律可循的,这就是辩证法。黑格尔的辩证逻辑及其分析思路在20世纪范例教学以及案例教学中都有体现。

近代认识论的中心议题是科学知识的基础问题。但人文科学认识论也在这一时期逐渐崛起。17世纪时,维柯已经开始讨论人文学科与自然科学的差异。他认为,人创造出来的东西(文化)与上帝创造出来的东西(自然)有本质差异。我们能从外部观察并描绘自然的进程,但不可能洞察自然为什么会这样。而在人所创造出来的文化领域,我们有可能从它的内部去加以理解和把握。在人文学科里,研究者必须亲身参与到其他人类的生活和活动中,但研究者同时也是自然的观察者。人文学科获得的主要不是事实性知识,也不是概念间的关系的知识,而是对人类历史和文化的本质洞见。维柯认为,这种洞见之所以可能,是因为人类具有共同的人性,通过语言学研究,借助移情或幻想,我们完全有可能理解并阐释另一个时代、另一个社会、另一种文明的生活方式及其意义。赫尔德提出人文学科领域的历史主义研究纲领,他强调每一个时代、每一种文化、每一个民族都是独一无二的,历史主义的目标是在个体化原则下达成内在的理解。对一个现象的意义理解需要考察它原初的语境以及语境发展的脉络,对历史的理解就是对语境的理解。施莱尔马赫提出解释学的一个重要原则,即构成一个整体的各部分必须根据整体来理解,而整体则要被理解为各部分的内在和谐。狄尔泰对人文学科的性质进行了更为系统的认识论考察。他强调"自然需要说明,而人需要理解"。人文学科必须把人既看作主体,也看作客体。一个人应当被理解为一个创造了他或她自己的环境的行动者。从维柯到狄尔泰的人文科学认识论的发展对教育理论和教育研究有极为重要的意义。因为教育的对象是人,教育理论要解释文化和教育的关系,要揭示人的发展与其环境之间的关系,揭示教育现象背后的意义。人文科学认识论的发展,为教育理论和教育研究开拓了新视野,提供了新的方法论。

现代西方哲学中的教育认识论思想   孔德是实证主义的先驱,他反对神学和思辨的形而上学,强调实证的科学是经验的、客观的和反思辨的,实证科学必须专注于可知觉的现象,为教育上的实证主义提出了基本立场。德国社会学家 M. 韦伯强调在事实与价值、"是"与"应当是"之间存在根本差异,这两个领域不应混淆。他不赞同存在着客观文化价值的说法,认为价值是主观的、多元的,价值观是社会科学和人文科学的准先验预设。M. 韦伯十分重视文化变迁对研究者价值观念的改变产生的影响。与狄尔泰相同,M. 韦伯主张社会学必须运用理解的方法,即应试图去理解行动者的主观意向和动机。他强调理解并不排除说明。理解的方法,也就是解释学的方法,是对因果说明的方法的补充。从这种认识论出发,M. 韦伯将他的社会学建立在四种行动类型上,即目的合理性行为、价值合理性行动、情感性的或情绪性的行动、传统取向的行动。M. 韦伯为社会学建立的行动纲领,对教育社会学产生了巨大影响。

杜威试图消解理性与经验、主观与客观的二元对立,建立以做或行动为支点的认识论。他强调,经验并不只是做的结果,它也意味着所做的事情及其过程。从所做的事情这个层面看,经验蕴含了生命体与环境之间的相互关系。从做的过程看,经验是主观与客观的兼收并蓄的统一体。理性说到底是主动适应环境和更好地利用环境的智慧。而经验也同样具有工具性,即通过经验沟通人与人、人与自然的关系。从做的结果来看,经验的价值在于赋予事情以意义。人类最明显的目的就是欣赏事情的意义。意义具有共同性和普遍性,它在言者、听者以及言语所及的事物之间,在一个总是包含着互动的、合作的、动态的人际关系网络里。杜威提出的"在做中学"、"社会即学校"、"教育即生活"三大理论对 20 世纪世界进步主义教育运动的发展起到了巨大作用。

胡塞尔是现象学的创始人。胡塞尔认为,本质是"单面地"、连续"多面地"被给予,但永远不会是"全面地"被给予,因此本质不能被直截了当地通过各种外观来加以认识。这种认识是不充分的,所以本质直观还需要借助想象和虚构。现象学的本质直观从"先于一切观点"的东西开始,目的是"返回事物本身"。概括地说,现象学还原是一种方法,它通过"悬置"、"先验还原"、"本质还原"等步骤和方法,排除一切偏见,反对自然主义,排斥主观唯心主义,超越主体与客观对立的二元论,最后还原到现象中原初的东西,即胡塞尔所说的"纯粹意识"——现象的本质。

波普尔在科学哲学方面提出的一个重要观点是可证伪原则。波普尔指出,科学假设是以全称判断的形式表述的一个命题,正如我们不可能用有限的经验事实来证实"所有的天鹅都是白的"这种全称判断的命题一样,我们也不可能用归纳推理来证实以全称判断的形式表述的科学假设或科学命题,即不存在能够从特称陈述到全称陈述的正当有效的归纳推理。但是,我们能够、而且实际上已经在用演绎的方法为科学命题做辩护。正如发现了一只黑天鹅就可以证伪"所有的天鹅都是白的"这种全称命题一样,科学假设也是通过不断发现的新的事实去证伪的。因此科学检验的真正原则是证伪原则。波普尔的证伪原则基于他的批判理性主义的认识论立场。这是一种开放的立场,它的目标是客观真理的发现和客观知识的增长。波普尔认为只有在这种立场基础上,各种不同意见的理性的争论才是可能的。波普尔的证伪原则在元教育学研究中经常出现,对教育理论和教育研究的标准和规范产生了重要影响。

皮亚杰从结构主义出发探讨了人类个体认识是如何发生的。他认为自我调节是人的一种先天本能,是认识结构产生的最初根源。初生的婴幼儿处于主客体混沌不分的自我中心状态,在这个阶段,婴幼儿与外部世界的联系是通过动作。动作是人类认识发生的起点。儿童大约从 1.5 岁起开始进入脱离自我中心的阶段,逐渐进入主客体互渗阶段,最后完成在主客体分化阶段。儿童的自我意识是随着主客

体的分化过程逐渐产生的。在确立了动作作为个体认识发生的起点之后,皮亚杰进一步解释儿童认识的发展过程。他认为,儿童的动作沿着内、外两个方向发展演化,分别联结成为统一的主体动作内部结构(即认识结构)和客体之间的外部结构,前者是"内化"(或内部协调),后者是"外化"(或外部协调),它是一个双重建构的过程。动作协调内化而成主体的认识结构。认识结构亦称"认识图式"(皮亚杰从康德哲学里借用的概念),它是人类认识得以产生和发展的逻辑前提。图式的作用主要是同化外来刺激。"同化"就是主体利用原有图式对外来刺激进行选择和加工,就是把给定的东西整合到一个早先就存在的结构中,或者形成一个新结构。如果同化失败,主体将改变内部图式以适应现实并形成新的图式,这就是"顺应"。认识的发展就是同化和顺应两种机能不断达到平衡的过程,如果平衡被破坏,就在新的基础上建立平衡。总之,皮亚杰认为认识结构或认识图式是不断建构的,强调把认识活动看成一个连续不断的建构过程。皮亚杰的发生认识论是儿童发展心理学的经典理论。他用同化和顺应解释认识结构如何自我建构,为 20 世纪后期建构主义认识论在教育中的广泛运用提供了理论基础。

中国传统哲学中的教育认识论思想

孔子在知的方面,认为有些人的知识是生来就有的,是先于经验、先于实践的,这种人是像尧、舜、文王、周公这样的圣人。在仁的方面,认为仁的行为具有自觉性和主动性,仁的德性和认识具有先验性。孔子既承认经验在求知中的重要性,也不否定推理在求知中的重要性。他的先验论思想主要表现在他对人的天赋资质的看法方面,比如"唯上智与下愚不移","中人以上,可以语上也。中人以下,不可以语上也"。孔子的认识论思想,很多直接表现在他对教育和教学问题的看法上。"知之为知之,不知为不知,是知也"是一种求知的态度;"学而不思则罔,思而不学则殆"是强调学思结合,也重视间接经验的获得;"不愤不启,不悱不发",是孔子主张的启发式教学。

老子哲学的核心是"道"。道在老子哲学中不可言说。老子的认识论具有神秘主义特征。他排斥感性经验或感性认识,否定实践的认识意义。老子很重视内心直观,并比喻为一面最深妙的镜子,称之为"玄览"。"道"被认为是万事万物的本原,得道的人被认为是能将主观世界与客观世界合而为一的人,称之为"玄同"。老子对知识持否定态度,主张"弃圣绝智","绝学无忧"。老子的认识论思想后来被庄子发展为一种怀疑论的、相对主义的认识论。

墨子重视辩论,并提出辩论中衡量一种学说的是非标准,叫作"三表":一是以过去的间接经验来衡量是非真伪;

二是以直接经验作为真理的标准;三是从社会政治的效果方面检验知识的真伪和言论的好坏。这三个标准中的第二个和第三个,都强调以直接经验为基础。在概念和实在的关系问题上,墨子主张据实定名,并举例说,盲人可以有黑白的不同概念,但他们不可能在实践上区分黑白。墨子死后,墨家分化成许多流派。后期墨家在认识论上的一个重要贡献,是按知识的来源把知识分为"亲知"、"闻知"和"说知"三种。这可能是中国最早的知识分类。另外,后期墨家研究了知识的形成问题:"知,接也。"这一说法后来被陶行知引用,并以接枝的道理来比喻直接经验和间接经验的关系。

孟子倡导施"仁政",其理论基础是"性善论"。认为恻隐之心、羞恶之心、辞让之心、是非之心是人的天赋本性,是仁、义、礼、智的四端。与这种性善论相一致,孟子提出了他的先验论的认识论主张。首先,他认为善的观念是人性中固有的,是不需要学习就有的知识,他称之为"良知"、"良能"。其次,他认为,求取知识、发展才能,只有一个途径,那就是把被自己放弃的天赋本性找回来。再次,孟子轻视感性认识,注重抽象的理性认识,认为感官没有思考的功能,容易被外物所蒙蔽,"心"才是思维的器官,因此要真正了解事物的本性,就要用"心"去思考。

张载提出以"气"为自然本体的一元论的思想。认为外物是感觉的源泉,认识是以外物为根据的。张载持相互的主客观相结合论,认为"人谓己有知,由耳目有受也;人之有受,由内外之合也"。他批评佛教只知"因缘天地",不懂得"穷理",他着重讨论了感性认识与理性认识的作用问题。他认为,仅有感性认识是不够的,还不足以认识真理,因为事物无穷,个人的耳闻目见总是有限的,因此有一个无限的客观事物与有限的个人经验之间的矛盾。张载认为解决这个矛盾的关键是要"尽心"、"尽性"。"尽心"指扩大自己的心,即扩大认识能力;"尽性"就是要了解宇宙的本质规律。张载的认识论对于人的认识能力在认识过程的作用给予了充分的肯定。

朱熹在"二程"(程颢、程颐)理学的基础上建立了一套完整的客观唯物主义体系。"理"在程朱理学里指"天理",即最高实体,有"天即是理"一说。"理"也指事物的根本或事物的规律,还有道德基本原则、标准之意。朱熹认为每一种事物都各有各的"理",但具体事物的"理"又统一于一个最根本的、整体的"理"。他的认识论是如何认识"理"的认识论,叫做"格物穷理",即通过对事物的研究穷尽其理。朱熹认为人心都是有知的能力的,而天下万物都是有"理"的,是因为没有穷尽事物的理,心才会有所不知。虽然人心生来就有一切事物的"理",但人心不能直接自己认识自己,必须通过"格物"的功夫,才能达到对理的认识。朱熹还认为,大学教育的开端,应该是让学者根据已知的"理"去研究

天下万物,以求达到最高的极限。这种功夫做到天长日久时,自然会有豁然贯通的一天。穷尽具体事物的"理",就能得到最根本的"理"。朱熹的认识论思想运用于教育实践,有三个特征:一是他强调要穷尽事物的理,这就要求学问上的扎实功夫和积累;二是他强调"心包万理",实际上是强调理性认识,强调认识事物与认识自我是同一的;三是他在知行关系上,认为行是知的结果,从而把道德观念置于道德行为之上。

王守仁继承陆九渊的"心即是理"的见解,提出"心外无事"、"心外无物",认为"盖天地万物与人原是一体"。从这一立场出发,王守仁提出一套全新的"格物致知"理论。他认为,物是意念所在,物不能离开人的意识独立存在,物就是主观意识的内容,就是所思所念的内容。任何事都是通过人的主观活动来做的,所以物不能离开主观意识而独立存在。格就是正,即改正,格物就是改正那些不正当的意念或思想。换言之,致知不是通过向外去探究事,而是通过向内去求诸心。即致知的途径是反省内求。王守仁反对当时知识界普遍存在的知而不行的流弊,主张"知行合一",认为"知是行的主意,行是知的功夫;知是行之始,行是知之成"。这种"知行合一"理论,试图纠正程朱理学客观与主观相分离、知行相脱离的弊病。

教育认识论的现代发展

教育认识论作为哲学认识论与教育哲学的交叉领域,尚未形成系统的、专门化的研究,更多的被作为教育哲学的一个子项进行研究。这是因为哲学认识论本身是一个庞大的知识体系,要从教育哲学的视角全面清理哲学认识论中的教育思想遗产,形成教育认识论自己的理论体系,是一个非常复杂且有相当难度的工作。台湾贾馥铭著有《教育认识论》,分12章讨论"感知作用"、"心理作用"、"心灵作用"、"认识教育的基础知识"、"教育的必须与目的"、"学生的面相和心相"、"教师的形象"、"教材的认识与运用"、"教学方法与运用"、"教育环境与功能"、"教育的机动功能"、"教育研究"。黄济在所著《教育哲学通论》中设"知识论与教学"一章,讨论"认识论与知识观和教育观"等问题,着眼点是探讨教学理论的知识论基础问题。王策三的《教学认识论》提出了教学中的认识问题。

教育认识论的发展水平关系到教育哲学研究的总体发展水平。其一,教育本体论在教育哲学领域里具有基础性,而教育认识论与教育本体论是相辅相成的关系——教育认识论必定基于本体论的设定,同时,教育本体论又需要从教育认识论的视角去检验其本体论预设。其二,教育哲学的另一个重要领域——教育价值论不仅在分析方法论上直接依赖于教育认识论,而且在其本体论预设方面同样需要得

到教育认识论的支持和辩护。其三,从教育哲学的各个分支与具体教育理论或教育研究的关系看,教育认识论的应用面更为宽广,因为教育理论不仅自身是一种知识体系,而且知识还是教育的主要内容;儿童的发展首先是儿童的认识发展,儿童如何学习知识是教育理论必须解释的一个首要问题。

参考文献

北京大学哲学系中国哲学教研室. 中国哲学史(第二版)[M]. 北京:北京大学出版社,2005.

希尔贝克,伊耶. 西方哲学史——从古希腊到二十世纪[M]. 童世骏,郁振华,刘进,译. 上海:上海译文出版社,2004.

Danner, H. Hermeneutics and Educational Discourse [M]. Durban:Heinemann, 1997.

Gallagher, S. Hermeneutics and Education[M]. New York:Suny Press, 1994.

(江　峰)

教育社会学(sociology of education)　从社会学视角研究教育结构、教育过程和教育实践的学科。教育学与社会学的交叉学科。运用社会学理论、方法与问题意识,从宏观与微观两个层面理解教育体系与社会的关系。20 世纪初成为一门独立的学科。

教育社会学的思想先驱

早期的教育社会学思想源于思想家对 19 世纪欧洲社会变革的忧虑。一方面,工业革命之后,劳动的专业分工日渐细化,家庭不再是生产和教育的单元,父母没有能力和精力担负教育及训练子女就业的所有责任。学校的创立取代了家庭教育的大部分职责。19 世纪后教育的普及化以及家庭与学校角色的转变显示了教育真正开始承担起社会性职责。另一方面,传统社会制度的消亡和现代社会制度的形成引发社会的分化,也产生了分化过程中的失范问题,这就要求强化重新建构社会、维持社会秩序的能力,以及推动社会在价值上实现整合。教育成为社会联合、社会化和社会控制的重要工具。

教育的社会分析可追溯到 18 世纪法国启蒙思想家卢梭发表的《爱弥儿》(1762)。卢梭详细阐述其自然主义教育模式,强调教育应顺应人天性的自然发展。最早关注教育的社会整合功能的是法国空想社会主义者圣西门、法国社会学家孔德和美国社会学家 L. F. 沃德等。孔德认为教育体系是联系和组成社会的中心要素,教育的任务是协调社会,学校的普及是社会稳定的基础。L. F. 沃德在所著《动态社会学》(1883)中专门探讨教育与社会进步的关系,主张用有目的的社会行动来改革社会,强调教育具有促进社会进步的

作用,并提出"教育社会学"的概念,但并没有把它作为一个独立的研究领域。

19 世纪末 20 世纪初,现代社会学先驱 M. 韦伯、涂尔干和马克思开始建立教育的社会学分析基础。教育社会学成为社会学的主要分支,教育的所有层面和结构都是社会学研究的主要对象。

德国社会学家 M. 韦伯采取社会学研究的文化取向,关注存在于社会中的共同的价值观和规范,并以此为基础来决定对何种社会现象进行解释。他认为社会学是一门从主观角度对社会行为的过程和后果提出因果解释的科学。M. 韦伯运用其地位团体概念,认为现代社会的教育体系有两种相悖的作用:教育一方面可以增进"因才用人,论功行赏"(meritocratic selection)的职业筛选机制,有助于社会公平;另一方面也可作为既得利益者用来维持及垄断稀有资源的一种策略。M. 韦伯提出的理想型组织(ideal-type organizations)、劳动分工(division of labor)、科层制管理(administrative hierarchy)、程序规则(procedural rules)、正式关系(formal relationships)、理性行为(rational behavior)等概念,为学校结构提供了一个模式;关于身份的论述强调主流群体的权利,并解释了支配群体如何决定教育,以及校内和校外不同群体之间的权力何以产生冲突;"超凡魅力(charismatic)领导者"的概念为学校管理者提供了一个典范。

法国社会学家涂尔干采取社会学研究的结构取向,关注社会事实的外在约束性条件对社会生活的影响,强调客观社会条件对个人行为的外在约束。他认为,社会实在(social reality)的内容就是社会事实(social facts),社会事实外在于个体;社会事实之所以是实在的,是因为其对个体施加约束;社会事实独立于任何单一个体的行动,普遍渗透于社会群体或整个社会。涂尔干关注的系统需要社会团结或社会凝聚力,亦即将社会成员维系在一起的纽带。

涂尔干在认识论上属于功能主义社会学,他将学校教育作为整合、适应和选拔工业社会管理人才的主要工具,教育社会学由此第一次远离强调教育过程的单一性、个性化的教育学和心理学,而强调教育系统的关系和群体特征,其直接作用是维持社会秩序。自涂尔干所著《教育与社会学》始,才有教育的社会学分析。涂尔干认为教育是社会的功能,道德教育是社会的主要构成因素和约束因素。他从社会至上的前提及兼顾个体与教育现象的集体视角出发,详尽研究教育与社会的历史关系,提出教育在于使年轻一代系统地社会化。德国社会学家曼海姆持相同观点,提出教育要为社会重建服务;教育是一个过程,也是一种工具。

教育社会学的制度化历程始于 1907 年。是年,美国学者苏扎罗在哥伦比亚大学首开教育社会学讲座,这是世界上第一个以"教育社会学"为名的讲座,苏扎罗在《教育百科

辞典》(1913)中对"教育的社会学"(educational sociology)的定义侧重方法论,认为教育社会学是运用于教育的科学研究的四种特殊方法之一,其哲学包括理论是基于详尽的观察和分析。1916 年,斯奈登在哥伦比亚大学创立教育社会学系,同年,纽约大学亦设立教育社会学系。1917 年,美国教育社会学家 W. 史密斯出版第一本《教育社会学》教科书,书中将教育社会学视为运用社会学的精神、方法及原理研究教育的一门应用学科,论述了社会群体的进化及与之适应的教育的作用,强调对教育的理念、内容与方法投以社会的视野。至 1936 年,美国共出版 25 种教育社会学教科书。

相关学术团体同时开始出现。1923 年,斯奈登、W. 史密斯、E. G. 佩恩等人发起成立美国"全国教育社会学研究会"。1927 年,该研究会创办《教育社会学杂志》(*The Journal of Educational Sociology*),标志着教育社会学作为一门独立学科地位的确立。早期教育社会学课程主要在教育学院开设,选修者多为师范生,其研究关注应用领域,缺乏社会学分析,故称"规范性教育社会学"。1949 年,美国学者布鲁克沃发表《证验性教育社会学:一个界定》,认为规范性教育社会学正走向没落,而主张证验性教育社会学,对教育系统中的社会过程和社会模式进行科学分析。1963 年美国教育家科南特呼吁社会学研究者同时进行教育研究,并聘用能够运用社会学方法讨论学校及青年问题的教授。同年,美国全国教育社会学研究会归属美国社会学会,会刊改名《教育社会学》(*Sociology of Education*)。20 世纪 60年代后,许多社会学家转向研究这门对现代社会本质和社会变革进行经验研究和理论解释的学科。

教育体系的宏观社会学分析

教育社会学的宏观分析关注教育活动及教育制度与社会秩序及社会分层相互作用的问题,着眼于教育对社会整体的影响,其中以功能主义理论为代表。

"能人治国"理论　20 世纪 50 年代至 60 年代早期,功能主义的教育社会学占主流地位,主张通过特定道德价值的社会化,使学校教育制度成为促成个体适应社会并整合到社会系统中的最合适的工具。其代表人物是美国社会学家 T. 帕森斯。他认为社会作为一个系统要延续,需要一定类型的结构发挥功能性作用,而结构变迁的方向是由文化内涵,即社会的共同规范体系决定的。T. 帕森斯把教育看作维护均衡和实现功能的社会亚系统,以满足工业社会要求。

T. 帕森斯对教育社会学的贡献是其对学校与社会的分析,他将班级视为社会系统的子系统,其作用在于维护社会秩序。在其论文《作为社会系统的学校班级:它在美国社会中的某些功能》中,他重申涂尔干的核心观点,认为学校和家庭的责任在于传递社会价值观和规范,塑造个体人格,促进个体向符合工业社会要求的特定角色发展。学校因此成为"能人治国"秩序中的主要合法机构。T. 帕森斯考察了学校在实现社会化功能和选择功能中的作用。学校的社会化功能主要将成人社会中胜任工作的能力内化于学生;选择功能则提供在成人社会的角色结构中分配人力资源的一种途径。从功能的观点看,班级是一个社会化机构,学校传授的真正重要的知识不是事实性知识,而是社会性知识。有效社会化的水平就是学生认同和内化了教师价值观的程度。这种内化是可能的和连续不断的,教师一方面像家长,提倡诸如感情交流、个人人格为上等家庭价值观;另一方面必须传授未来职业生涯所要求的价值观,如理性、控制与合作。学校教育的作用在于通过发展学生的责任感和能力,使其适应成人生活的规则。教师不仅要坚持有效的智力训练,让学生学会理性和控制,而且要求学生能够合作,承认权威,做一个好公民。教育在"能人治国"的社会中履行的第一项基本功能是实现人的社会化。

T. 帕森斯的观点在杰克逊和德里本的理论中得到延续。杰克逊在所著《课堂生活》(*Life in Classrooms*, 1968)中首先使用"隐性课程"一词。他分析了教室中的团体生活、报偿体系和权威结构等特征,认为这些潜藏的学校特征形成了独特的学校气氛,从而构成隐性课程。德里本则认为,课堂中的独立规范、成就、普遍性、特异性等,是学校教育履行其维持共识的功能所必需的。

在社会进步和技术发展的背景下,经济学家和社会学家坚持认为,需要具有一定价值观的受教育的公民来促进社会和经济的发展。技术—经济功能主义者和人力资本理论对此有独特的思考。1960 年美国经济学家 T. W. 舒尔茨提出人力资本理论,即测量教育对生产力和经济增长的贡献,这一观点导致将经济增长与教育扩展联系起来进行研究。美国经济学家贝克尔强调由教育提供的经济与社会收益,认为它具有重要的再分配性效应。20 世纪 50 年代至 70年代中期,教育被看作经济增长的贡献者,无论从国家还是从个人的角度,教育都是一种投资。个人对受教育的投资,会在日后以获取更高工资的形式产生"收益"。人力资本理论对传统的精英理论是一个挑战,精英理论认为只有少数有天赋的人才能为经济收益和整个社会所用。人力资本理论为发展教育的新政策提供辩护。T. 帕森斯的论文《作为社会系统的学校班级:它在美国社会中的某些功能》巩固了教育社会学的理论地位。

人力资本理论的追随者提出,必须增加接受高等教育的人数,减小在低阶段筛选的压力。这种观念在 20 世纪 60年代占主导地位,构成新的发展高等教育的基础。1963 年英国的《罗宾斯报告》对此观点进行了辩护。这导致这一时期工业化国家高等教育的发展。在英国,高等教育的发展建立在罗宾斯委员会有关高等教育论述的基础上。该委员会提出，某些形式的高等教育应该作为所有人达到其最低要求的权利。这种发展的教育哲学设想，应使占人口比例越来越多的人能适时接受高等教育，越来越多专科或学院级高等教育机构能逐渐达到大学地位，破除大学的垄断模式。但美国社会学家 R. 科林斯和英国社会学家 R. P. 多尔等人则指出，这种发展只会导致文凭贬值。

20 世纪 50—60 年代，教育机会均等和"谁能进入私立（特权）中学与大学"的问题引起广泛争论。教育社会学至少有两个主导的研究领域，一是有关教育不平等的起源与维持、教育与经济的关系；二是正规教育（或学校教育）是否具有教育意义。

在"能人治国"的社会中，学校成为选择英才的主要工具，而英才将控制和管理经济发展的进程。这在平等的教育机会中产生了不平常的利益和对课程的选择，教育被作为英才的选择者、贫困和社会不平等者的调和者。据此，平等的机会等于平等的入学机会，它是确保平等和社会公正的必要条件。教育在"能人治国"的社会中履行的第二项基本功能是选择英才和提供平等机会。

批判社会学　美国社会学家索罗金认为，教育不仅是训练就业技能，更重要的是对人进行分类和筛选。美国社会学家布劳和 O. D. 邓肯则开始探究影响社会流动的决定性因素。他们运用统计分析得到的证据大体验证了 M. 韦伯及索罗金的理论，即在当代社会，个人的职业成就基本由教育程度决定，而"社会出身"（social origin）是阻碍或促进个人获得教育的关键，并进而影响职业地位的取得。"能人治国"的批判论模式缘起于教育机会均等问题。布劳、O. D. 邓肯、科尔曼和美国社会学家詹克斯等社会学家的研究反映了这一时期对实现更平等的社会的政治关切。

在这些研究之前，德国社会学家达伦多夫针对认为教育系统在教育机会分配中履行了中立的选择功能的功能主义解释提出批评。达伦多夫强调，帕森斯的使"能人治国"科层化的"平等社会"模式忽略了很多值得注意的因素，例如城市与农村教育供给的不平等、传统教育体系所缺乏的灵活性以及家庭的社会化功能，这些因素对教育选择以及平等教育机会的获得具有决定性影响。

法国社会学家布迪厄和法国哲学家帕斯隆引入"文化维度"作为解释特定社会阶层的教育机会不平等再生产的机制，但教育机会与"社会出身"之间的经验性因果模式不足以解释它们的关系。采用布劳和 O. D. 邓肯的因果模式的研究证明，父亲的教育和职业只能说明 18% 的变化，孩子的教育（不管其家庭出身）可以说明 24% 的变化，而 58% 的变化无法解释，即无法将变化与地位的再生产作用联系起来。

20 世纪 50 年代和 60 年代早期，英国教育社会学的研究主要针对 11 岁考试的筛选过程。11 岁考试的公开意图是不管儿童的背景如何，最有能力者都会被挑选进入文法学校接受教育。但英国社会学家哈尔西等人的研究揭示，在被挑选进入文法学校的儿童中，来自工人阶级家庭背景的高智商儿童所占比例很小，而来自中产阶级家庭的一般智商的儿童占很大比例。研究最后证明，教育成就低主要不是个人缺乏能力的结果，而是缺乏机会。

这个时期英国教育社会学运用的主要概念是"可教育性"，它涉及不同社会阶层学生期望的学业成就与其实际成就之间的差异，一方面暗示学业成就差异是不同文化和社会条件差异的结果，这种社会条件是不同社会阶层的儿童在校外所感受的；另一方面提出关于学校本身的社会与文化假设的问题。教育决策者和研究者能够认识和改变影响学业成就的低阶层文化，"补偿教育"即为使工人阶级家庭的教育能满足学校要求的政策。1967 年英国教育咨询委员会发表的关于初等教育的《普洛登报告》（Plowden Report）广泛吸收了研究成果，认为父母对学校的态度是影响子女学业成就的主要因素，提议建立"教育优先发展区"进行补偿教育。

1980 年哈尔西的研究显示，尽管教育发展了四十年，但总体上并未在社会各阶级之间进行教育机会的再分配。只有当高社会阶层无法从教育发展中获得特殊益处时，特定教育阶段低阶层的人数比例才开始上升。但是哈尔西的研究并未影响英国政府的教育政策。

《科尔曼报告》　20 世纪 60 年代出现各种社会抗议活动，与社会公正相关的教育机会均等问题受到特别关注。1966 年，由美国联邦政府发起，社会学家科尔曼主持的研究报告《教育机会均等》（即《科尔曼报告》）发表。报告分析了"教育面前机会均等"的概念：（1）在前工业社会，家庭是生产单位，并承担社会福利和教育职责，教育面前机会均等不是一个目标；（2）工业革命改变了家庭的作用，家庭不再是不断更新的经济单位，也不再是培养人的场所，故产生含有双轨制且按阶级划分的欧洲教育制度；（3）很长一段时期，欧洲自由主义和社会主义者视教育面前机会均等与言论平等相似，教育政策制定着眼于建立能够为所有儿童提供同样机会的教育系统；（4）按照自由主义理论，儿童的前途是后天获得的，教育面前机会均等应被作为一种目标来考虑。科尔曼讨论了五种对教育机会均等的界定：根据社区对学校的投入差异来界定，如每个学生的费用、校舍、图书馆、教师素质等；根据学校的种族构成来界定；学校的各种无形特点（如教师德行、教师对学生的期望、学生的学习兴趣水平等）以及可直接归因于社区对学校投入的因素；根据学校对背景和能力相同的个体所产生的教育结果来界定，即若给予个体相同的投入，教育机会均等就是教育结果的均等；根据学校对具有不同背景和能力的个体所产生的教育结果来界定，教育机会均等即指在个体投入不同的条件下获得的均等的教育结果。《科尔曼报告》对黑人学校与白人学校之间差异的原因分析引起争议，认为其中设备和课程上的差异最不重要，其次是教师素质的差异，最重要的是学生教育背景的差异。报告引发公立学校努力取消种族隔离。《科尔曼报告》涉及宏观教育社会学中的一个重要主题，即教育制度除具有满足社会发展需要的功能外，是否能推动社会民主化进程，补偿个体社会出身的不利。美国教育心理学家詹森 1969 年在《哈佛教育评论》撰文认为，在大样本情况下，个体 80％ 的智商是遗传的，后天因素只决定智商的20％。美国心理学家赫恩斯坦将争论推进一步，认为如果智力是遗传的，如果社会成就需要智力，如果社会环境"平等"，则社会地位会在很大程度上取决于个体天生的才能。这些论点引起广泛争议。通过对相关资料的评估，詹克斯推断，个体所接受的学校教育的质量几乎不产生个别差异，差异来自阶级间的差别。

人们最初关心机会均等，不完成学业就被认为无法获得社会的特权地位。"能人治国"的社会是文凭社会，通过高等教育学位和专业考试取得的文凭与执照是高职高薪的条件。教育成为生存的必需品。

制度解释　与一般所认为的教育是通过使个人社会化的方法来影响社会的观点不同，分配理论认为教育是一种分配系统，它使部分人成功，部分人失败。教育的作用是选择、分类和分配。美国学者迈耶将分配理论发展为一种制度解释，认为教育分配规则赋予学校特权，学校有权确认毕业生，这些人便因此在社会中获得与众不同的权力和能力。学校是一个制度系统，具有力量，学校的分配权来自其作为社会制度一部分的特定地位，这个制度能够划分人员和知识的范畴并使其生效。学校扩大了这些范畴的数量和合法性，从而扩大了现代社会理性化的结构。学校为受过和未受过学校教育的人重新建立起现实，也加强了分配和社会化过程的效果。学生要亲身了解：学校这种社会化组织；这个组织所具有的给予学生身份地位的分配权；这一分配权具有在社会上的合法性。教育的水平和内容范畴的合法性重新确立了学生在社会中的地位，具有重大的仪式性意义。

布迪厄和帕斯隆的文化再生产理论　法国社会学家布迪厄和帕斯隆通过对法国教育体系的分析，试图显示文化因素如何根据社会阶层的教育机会和有区别的文化背景来影响入学机会。他们的文化再生产理论认为，个人拥有的特定文化资本是不平等的，这导致个人之间有权使用的社会资本和经济资本的差异，从而促进文化和社会的再生产。在 1964 年所著《继承人》中，他们以社会出身带来的学生起点的不平等，一定程度上解释了学业与文化的差别关系，归因于家庭和社会出身的文化局限体现在学生才能的差别中，影响学生的学业成败。他们合著的《再生产》中运用文化专断和符号暴力概念，解释统治阶级的文化如何强加于整个社会。这两项研究强调，学术文化不是中立的，而是通过文化专断和符号暴力组合到教学中；统治阶级的概念与教学的联系是隐蔽的，有助于阶级不平等的再生产。这样，在教育与统治的关系系统中就确保了一种"习性"的再生产，这种习性作为一种文化方式，使个体只能在与统治阶级文化方式相似或有差异之间进行选择。

法国社会学家布东反对布迪厄等人从社会体系出发解释社会不平等的观点和方法，认为这种研究忽视了个体决定的因素，主张用"有目的的行为者"的"个人决定的集聚"来解释社会现象。布东在所著《不平等的机会》中提出，当人的受教育机会逐渐达到平等或相对平等时，社会的经济不平等结构却保持不变，将教育作为社会地位的决定性因素具有简单化倾向，教育只是决定个人在劳动力市场上的地位，而不直接决定个人的职业地位和社会地位。

阿尔杜塞的意识形态再生产理论　法国哲学家阿尔杜塞认为，学校是一种国家意识形态工具。此为马克思主义教育解释论的开端。他认为现存的物质条件决定了文化和教育。据此观点，现代学校有助于再生产嵌入资本主义生产方式中的社会不平等，因其接受了不平等知识的合法性是由文凭、选择性资格及考试所强加的。基于此原理，阿尔杜塞发展了一种统治理论，认为学校系统是意识形态的国家机器的一部分，包括家庭、教堂、福利机构和宣传工具，所有这些都具有劝导人们相信资本主义经济秩序是不可避免的和不可改变的关键作用。指出学校具有重要的意识形态机构的作用，学校在资本主义社会中的结构性地位解释了学校教育的本质。学校和教育体系赞同对统治的意识形态的服从，以便再生产权力和阶级关系。与美国经济学家鲍尔斯和美国行为科学家、教育家金蒂斯一样，阿尔杜塞不认为学校与资本主义经济需要之间存在直接关系，但他把经济需要理解为决定教育发生什么的最终因素。阿尔杜塞认为，正因为教育在涉及工人和雇主的冲突时被看作是中立的，才使它能有效地完成意识形态的工作。

阿尔杜塞的理论也受到批评，被认为把资本主义描述为一个坚固的连贯的整体，其整体需要决定了它的任何部分都要进行下去；忽略了民众如何为教育抗争的历史。阿尔杜塞的理论缺乏冲突意识，而正是冲突才揭示了学校教育的真正意图以及教育工作者不断探究改变现存教育结构和教育内容的努力。

博德洛和埃斯塔布莱网络理论中的社会再生产观　法国社会学家博德洛和教育社会学家埃斯塔布莱在所著《法国资本主义学校》(1971) 中，试图解释学校如何经由其实践和教学方法产生社会差异，以与社会分工相对应。他们通过对法国教育体系中教育年限和教育水平的经验研究，发展了一种有关学校的再生产和筛选功能的理论。他们认为，学校的资产阶级意识形态是由教师自身再创造的。学校虽自称是统一、中立、平等的和择优录取学生的，但它是按社会出身将每一代人分化加入资产阶级或无产阶级群体的。学校体制结构由此分为密固而有别的两个网络："中等教育—高等教育网络(SS)"旨在培养资本主义体制所需要的文化和经济精英；"初等教育—职业教育(PP)"网络则致力于培养进入劳动力市场从事具体劳动的人(低技能和低收入)。学生从小就被分配进入不同的网络。学校通过学习对学生进行分化，通过学业成败完成筛选，学校将学业的差别转变为阶级分化。博德洛和埃斯塔布莱通过分析阿尔杜塞所称的意识形态工具的"实践"和"惯习"，将学校在不同网络给予学生的两种文化具体化，指出其是通过教育体系使特权的获得合法化，并形成为之辩护的阶级策略。

对应理论 鲍尔斯和金蒂斯1976年出版的《资本主义美国的学校教育》与社会网络的范式一致，强调中等教育改革的失败是因为一直被用于生产与生产关系等同的社会关系。他们将再生产理论推向极端，指出：统治阶级试图借助上层建筑来缓和基础结构中的矛盾，但上层建筑的阶级斗争对教育制度施加的影响有限；学校教育具有特殊的再生产作用，这种再生产指劳动力的再生产(根据所属的社会阶级把训练有素的劳动力分配给等级社会的各阶层)和生产关系的再生产；经济基础与教育制度具有对应关系。

但到1981年，鲍尔斯和金蒂斯在其论文《教育理论中的矛盾和再生产》中基于对经济唯物论的反思，修正了新教育社会学理论的解释，认为资本主义体系中存在的社会关系与教育具有一定联系，但后者不再仅被视为经济结构的附带现象。教育的矛盾状况说明其进步性和再生产的双重功能，教育在发展民主、宽容和不可剥夺的权力的同时，伴随着不平等的合法化、极权主义、分裂和偏见，部分地反映了自由主义的内在矛盾。鲍尔斯和金蒂斯承认以前未充分重视教育与经济之间的矛盾关系，因此要放弃经济基础与上层建筑的隐喻模式，把社会看作一个结构清晰的社会实践场所(sites of social practice)。他们认为，当代资本主义由政府、家庭和资本主义工厂三个场所组成，形成一个矛盾的整体，教育是政府的一个次级场所，教育与其他部门的冲突和矛盾使教育可能妨碍或反对这些部门的再生产，因此教育的社会关系与经济生产的社会关系之间没有线性的对应关系，甚至存在冲突。

美国经济学家卡诺依和 H. M. 莱文拓宽了这个视角，承认学校具有双重功能：特定社会规范的社会化，以再生产资本主义生产关系；价值内化，以维护民主和自由的文化。他们认为教育具有一定的社会转化能力。

科林斯的文凭理论 美国社会学家 R. 科林斯从新韦伯主义观点出发提出，教育扩展不是对生产性框架变革和新的就业要求的回应。他对20世纪80年代美国教育制度与阶级形成的关系进行了实证研究，指出在美国，学历与文凭是进入工作岗位的关键；但在进入工作岗位后，凭借学历和

文凭所获得的工作，其性质和内容与在校所学相关不大，工作所需知识是求职者在任职后从实际工作经验中习得的。学历和文凭只是一种选择的工具，藉以筛选背景相似的人，以维持组织运作和阶级结构。

教育体系的微观社会学分析

符号控制和语码的使用 英国社会学家 B. 伯恩斯坦将再生产理论与新教育社会学联系起来。他区分了精致语码和限制语码，两者的差别被用于解释不同社会阶层的经验如何表现在不同的语言运用模式中。在一个划分阶级的社会中，这种划分会显示一种间断性。在学校里，对中产阶层家庭的学生而言，教师的期望、自身的价值、与他人交往的方式同其家庭经验之间并无太多差别；但工人阶级家庭的学生在进入校门时就不得不脱离自己原有的身份。

B. 伯恩斯坦认为，一个社会如何选择、分类、分配、传授和评估为公众提供的教育知识，既反映权力的分配，也反映社会控制的原则。教育知识在某种意义上是非常识性知识，这种知识通过科学的多种语言和多种艺术反省形式，使创造和发现新的现实成为可能。他认为，"集合编码"(collection code)的知识框架在儿童生活的早期就将其社会化到知识框架中，教育的知识不与日常现实相连接，或在连接中有一个严格的"筛子"。经过如此的社会化，学生很快了解可以被带入教学框架的外部世界的知识。这种框定也使教育知识不同凡俗，并使掌握这种知识者"高人一等"。

B. 伯恩斯坦揭示了课程、教学法和评价如何与社会各范畴的相互独立程度相关联。在课程上，这些范畴涉及进入学科的教育知识分类，这些学科的教学彼此独立地进行。而学校知识的分类来自普遍意义的知识，因而现象学和结构主义都以不同的方式着重研究最具英国中等教育特征的以学科为基础的课程。他分析指出，学科并不单纯具有可任意改变的教育组织的特征，也体现某些思想的习惯与形式，这些思想不仅是教师的意识，而且是社会整体意识的一部分，也被用于对学生的思考实施控制。凯迪根据课堂观察提出，社会各范畴和使课程现实化的意图对教师等专业人员与"专家"身份起决定性作用。学科现象是按逻辑区分的，因而不可能改变。此外，对教育结构的分析揭示，教育知识的形式和组织反映了社会本身结构。由于这些分析在较抽象的水平上产生，未明显涉及教育实践的内容。

抵制理论和文化再生产的冲突 抵制理论最早由英国社会学家 P. 威利斯在所著《学会劳动》(*Learning to Labor*, 1977)中提出。P. 威利斯的研究依据他在中学和在学生家庭中进行的为期一年的人种志实地调查。他用图解法证明了将学校教育强加于工人阶级学生的失败，因为这些学生通过创造自己的抵制性反主流文化来对抗。他发现，劳工

子弟运用其对学校权威系统的敏锐理解与制度抗争：把学校看作一种陌生的但可以操纵的环境，从与教师持续不断的冲突中得到快乐；擅长发现声称具有权威的教师的弱点；认识到自己将来的工作环境同学校环境相似，但仍积极地期盼工作以获得收入。他的研究对教育仅是再生产阶级关系的充分性提出质疑，指出不仅要分析阶级关系的再生产，还要分析学生在学校教育中的抵制以及不同形式的抵制之间的区分。P. 威利斯的研究在许多方面是早期英国教育传播与技术署（British Educational Communications and Technology Agency，简称 BECTA）主席哈格里夫斯等人研究的继续，早期研究试图证明阶级划分如何通过教育制度进行传递。早期研究也认可两个阶级的模型，即中产阶级学校反对工人阶级的学生，但只注意工人阶级学生顺从的一面而非抵制的一面。

美国教育学家、文化评论家吉鲁从 P. 威利斯的研究出发，深入分析抵制过程，更强调抵制的意图与结果之间的可变性，认为人们一方面可能只有抵制的意图却没有任何反霸权的行为，另一方面，反霸权的行为也可能没有明确的可确认的意图。与 P. 威利斯的分析不同，吉鲁的抵制理论拓宽了变化的可能性，强调教师作为转化型知识分子的角色，要求教师发展一种批判性话语和提出一套启发性工具，批判自我有关学习、成就、师生关系、客观性、学校权威等假定，鼓励教师作为转化型知识分子更确切地行动。

符号互动论　从 20 世纪 70 年代开始，符号互动论的人种志方法对教育社会学产生影响，它主要分析微观水平上的动态互动，尤其关注教育过程中行动者之间互动的符号意义。其代表人物是哈格里夫斯、伍兹等。他们把学校作为一个相对独立的机构进行研究，研究学生与教师之间的互动，提出"生存策略"、"贴标签和协商过程"、"适应性策略"等概念，阐释课堂中教师与学生保持的符号关系。类似的研究最早体现在美国心理学家罗森塔尔和雅各布森的《课堂中的皮格马利翁》（1968）中，书中提出，在低年级，教师人为提高的期望与学生成绩的提高有关，引发人们对自我实现预言的兴趣与争论。

符号互动论提出，教师在一个约束其行动自由的限制与期望的体系中运作。教师在一系列"参数"（parameters）中借助经验发展，这些"参数"包括教师对自己角色稳定的概念认同、对学生本性和学生如何学习的看法、关于所传递的知识的观念等。这些"参数"构成教师情境定义的重要因素，称为"自我概念"。教师对学生的认识与期望有些来自对诸如年龄、性别、种族、家庭背景以及学校中的能力分班等问题的刻板印象，有些则从观察并解释学生在班上的活动中获得。为了解释学生的行为，教师必须有一个可归纳学生行为的分类系统。如"能力"即是教师常用的分类，学生被按照"聪明的"或"迟钝的"、"擅长数学"或"擅长作文"等加以区分和归类。教师据此为学生创造课堂情境。学生则根据其"自我概念"以及对教师的认识，对教师给予的期望与评价做出反应。

伍兹在《社会学与学校》（1983）中集中探讨若干重要概念：行动情境（the context of action）如何被界定；人们赖以了解世界架构的视角（viewpoint）；文化，指特殊的生活形态，包括价值、信仰、语言形态以及了解的方式。他认为，视角来自文化，且通过"策略"（达成目标的方式）与行动密切相连，学校情境中存在一种连续不断的协商过程。

课程社会学　英国早期的教育社会学受到美国社会学的深刻影响，尤其受结构功能主义理论和实证方法论的影响。结构功能主义理论假定社会目标一致，实证方法论则假定社会现象同自然现象一样，很大程度上可以客观测量，它强化教育是共同价值的信念。早期教育社会学研究的内在理念是进步主义的，即相信学校能够改善社会状态和促进教育平等，相信教育组织能够抵消上层阶级特权的滥用，相信科学的进步作用；社会学家仅关注知识如何被传递，而忽略了知识本身的性质。对进步主义观念的质询以及对知识本身性质的思考，构建了英国教育社会学的新领域。1971 年英国教育社会学家 M. F. D. 扬主编的《知识与控制：教育社会学的新方向》（Knowledge and Control: New Directions for the Sociology of Education）的出版标志新教育社会学的兴起。但"新教育社会学"的术语直到 1973 年才出现，人们开始将课程的社会学分析与教师作为彻底的教育改革者的作用联系起来，其出发点是认为教育是一种社会现象，产生于教师与学生之间直接的互动。新教育社会学关注三个论题：教育机会不平等；将课程优先作为教育社会学的论题；强调教师和教育者作为变革的主导力量。

新教育社会学吸收现象学和结构主义两种社会学的理论传统。现象学社会学把师生在日常生活中运用的意义、语言和知识作为教育社会学的分析起点，认为这才是教育的社会现实，知识在课堂中和广阔的社会环境中的筛选过程成为教育社会学研究的中心。凯迪的《课堂知识》（1971）继承现象学社会学的传统，分析教师根据学生的社会阶级背景和学校集团的组成对学生进行分类的方式；描述分类如何影响教师选择不同类型学生需要的课程材料的方式，以及在这一过程中解释学生反应的方式。结构主义分析集中于基本的社会劳动分工类型如何体现其教育安排。运用新教育社会学的研究方法产生三个相互联系的课程问题：（1）知识的分层：一些人所具有的界定"有价值"的知识的权力，导向解释知识是怎样分层和分层标准的问题；（2）知识范围的扩大（或专业化程度），研究提供给不同群体的课程范围，以及可能影响不同年龄、不同学习者群体的专业化程度等因素；（3）知识领域之间的关系。

受新教育社会学和阿尔杜塞的影响，美国教育理论家阿普尔在《意识形态与课程》(1979)中探索意识形态控制的动力学。其分析工具基于两个概念,即意识形态与霸权。他认为必须在学校生活的三个领域探寻意识形态控制的动力学问题:学校日常规范如何使学生学习这些意识形态;这些特殊的课程知识形式在过去和现在怎样反映这些意识形态结构;这些意识形态怎样被反映为教育者自身的基本理念,控制和指导其活动,赋予活动以意义。统治集团认可的课程内容构成了社会的强势文化,出现"文化霸权"现象。教育机构对分配意识形态价值和知识产生作用,但不全是教育在发挥作用。教育作为一种机构系统,最终也帮助生产某种类型的知识(作为一种商品),被用于维持现存社会统治的经济、政治和文化。现代课程始于斯宾塞的"什么知识最有价值",阿普尔颠覆了斯宾塞的问题,提出"谁的知识最有价值",凸显知识选择的主体,从而揭示课程的选择性。

中国教育社会学的建立与发展

中国教育社会学的开拓可追溯到1922年陶孟和所著的《社会与教育》。自此,诸多学者作出努力,如沈灌群和吴同福的《教育社会学通论》(1931),雷通群(1931)、卢绍稷(1934)、陈科美(1947)等人各自编著的《教育社会学》,部分学校开设教育社会学课程。但由于历史原因,中国教育社会学真正的制度化建设始于20世纪80年代后。1982年2月,南京师范大学率先开设教育社会学课程,开始中国教育社会学的重建。稍后,华东师范大学、南京师范大学、北京师范大学及杭州大学等校陆续开始招收教育社会学方向的硕士研究生。在此基础上,南京师范大学与华东师范大学相继招收并培养出教育社会学的博士研究生。随着教学与研究队伍的逐渐扩大,1989年4月,中国第一个教育社会学学术团体全国教育社会学专业委员会在杭州成立。1991年11月,委员会会刊《教育社会学简讯》作为内部学术交流材料开始不定期印发。

20世纪80年代中期起,一系列教育社会学的教材、著作和译著问世。如裴时英编著的《教育社会学概论》(1986)、董泽芳编著的《教育社会学》(1990)、鲁洁主编的《教育社会学》(1990)、张人杰主编的《国外教育社会学基本文选》(1989)等。1999年底,由鲁洁、吴康宁主编的《教育社会学丛书》出版,包括课程社会学、课堂教学社会学、学校生活社会学、家庭教育社会学等,标志教育社会学学科建设系统工程的开始。2003年起,吴康宁主编的《现代教育社会学研究丛书》陆续出版,以基础学校的教育经验为依托,开始了面向当代中国教育问题和现实教育场域的社会学思考,不仅运用马克思、M.韦伯、涂尔干等经典社会学家的分析方式,而且充分借鉴福柯、哈贝马斯、布迪厄等现代思想家的理论和概念,解剖中国学校系统中的独特问题与多层面相,体现

教育社会学本土化的努力,中国教育社会学研究的新生代亦同时形成。一些基于中国问题的专题研究推进了教育社会学新领域的拓展,如吴刚的《知识演化与社会控制——中国教育知识史的比较社会学分析》(2002)从中国古代知识演化与社会控制的关系中,重构教育知识社会学的研究模式。

20世纪末21世纪初国际教育社会学理论

西方教育社会学的理论范式基本来自社会学的理论范式,包含四种取向:功能—共识论、冲突论、互动论和批判论,其主要观点见下表。

教育社会学理论

理论方法	社会理论	教育理论
功能—共识论	• 整合社会制度 • 建立在共识基础上的社会秩序 • 动态平衡,如寻求制度间的均衡	• 教育与其他制度的整合 • 社会化功能 • 选择和分配功能 • 新知识的创造 • 照看功能:不让年轻人失业和推迟进入劳动市场
冲突论(韦伯主义和非韦伯主义)	• 冲突和利用 • 权力和维持秩序的力量 • 统治集团与附属集团之间的持续斗争	• 教育是统治集团权力的延伸,缺乏自主性 • 教育再生产社会秩序
互动论	• 社会现实是行动者协商和解释的 • 社会秩序是符号和价值分享的结果	• 教育是一个对现实的解释过程 • 课堂互动是教育的中心 • 班级是一个自我实现的预言
批判论	• 受统治阶级和统治的意识形态的压迫 • 通过隐蔽行动和隐性课程	• 教育为压迫辩护

教育社会学的主要理论流派和范式大多产生于20世纪六七十年代,其理论发展从未止步。20世纪90年代末以后,教育社会学的理论倾向和方法取向主要包括后现代主义视角、女性主义立场理论、新社会系统理论和教育中的社会资本等。

后现代主义视角　首先,后现代主义坚持法国哲学家利奥塔的元叙事立场。利奥塔拒绝现代思想的元理论化和历史发展的线性观,不信任科学和技术将为人类困境提供日益理性的解决方法的启蒙信念,而试图通过元叙事方式,用局部或特定理论来重新安置现代主义所专注的宏大、总体或所有对世界的说明。其次,后现代主义强调理论与实践之间的必要联结,拒绝现代主义思想中二元对立的观念,如理性与非理性、唯心主义与唯物主义、资本主义与社会主

义等,寻求社会中对立力量的辩证分析,以修正现代思想中两者彼此分离的状态。理论必须影响实践,而实践应该作为理论的基础。其三,后现代主义强调民主主义,以对抗独裁主义和极权主义。特别是社会学家阿罗诺维茨和吉鲁、批判主义教育的代表麦克拉伦和哈默,把学校作为民主转换的场所,召唤一种民主的、解放的和反极权主义的理论与实践。其四,后现代主义将现代主义看作是欧洲中心和父权制的。吉鲁、拉瑟、埃尔斯沃思等人针对某些现代主义作品及现代主义强加于女性和有色人种的旨趣,对种族主义和性别歧视提出重要批评,这一论题是迈向解放教育的一步。其五,后现代主义者认为,所有社会和政治话语都与权力和统治结构相关。知识关涉权力和统治是经典社会学理论及教育社会学的核心概念,马克思和恩格斯对意识形态的分析、涂尔干对法国课程史的分析、曼海姆对意识形态与乌托邦的分析,以及奥裔美国社会学家、现象社会学的主要代表 P. L. 伯杰与德国社会学家卢克曼对现实的社会建构的现象学分析、教育社会学中的批判课程理论都认为,知识是社会的建构,并与权力和统治的结构关联。其六,后现代主义强调教育政策学者伯布斯和赖斯的"跨越差异的对话",承认知识本质上是特殊的和局部的,要求重视差异的作用。

女性主义立场理论 基于马克思和曼海姆的意识形态理论、法国哲学家福柯的知识和权力理论以及现象学理论,英国伦敦经济学院民族主义与种族主义荣誉教授 D. E. 史密斯和美国社会学家 P. H. 科林斯提出替代主流理论的立场理论,以研究者的身份和立场等微观政治学话语代替宏大的经济、阶级等话语。立场理论批评主流认识论所主张的所谓认识者具有共同立场的观点,指出共同立场是男性的立场,教育研究被"雄性化",即被权力化和庸俗的权威化,因而所有的课程知识都反映认识者所处的地位与立场,内在地包含研究者的主体意识、价值观和思维框架,个人不可能超越这种立场。立场理论则强调研究者的立场,宣称其理论的发展源于研究者所处立场的差异性。美国女权主义和后殖民主义哲学家 S. G. 哈丁提出在社会分析中介入女性经验,认为知识是具体的社会历史情境甚至是个人境遇的表述。科幻小说家莫蕾 1996 年发表《与父权制协商:女性研究的挑战》,指出许多研究都是"强奸研究"(rape research),女性在参与父权化的研究中被视为可以被任意闯入的客观对象,研究者为了自己的专业声誉和职业发展,可以任意闯入女性的生活,却从不反省这种研究过程对参与者的伤害。立场理论认为,知识应当来自对话和研究主体的参与性活动。拉瑟的"女性主义人种志研究"致力于让沉默的受压迫者发出声音。立场理论体现多元的认识论态度,主张采用协作的、参与的、合作的研究风格,立场、身份和差异等话语诠释了学科研究的对象与具体生活中的人,关注教育理论中女性生活经验表达的重要性,考虑从性别

分析的视角对教育理论和实践进行批判,阿克列举女性主义的四种批判:受教育机会不均等;学校像其他社会结构一样延续性别分工和社会不平等;课程和教学上的女性经验及参与被剥夺;更加关注不同群体的学校教育和知识、权力、话语对课程与学校的介入。课程开发和课堂互动一直是女性主义试图改变性别歧视和女性压迫地位的一个重要领地,对课程政策的立法也被许多国家用以消除或减少性别不平等。

新社会系统理论 新社会系统理论的出现受德国社会学家卢曼社会系统论的启发,提出对系统理论的系统评价(涉及交往、组织动力、自组织、自体再生、知觉以及作为教学策略的交往)和对其课堂互动应用的探讨。范德斯特雷腾从系统理论的探索中得出结论,课堂互动系统的不对称结构给教师带来沉重负担,教育互动"标准化"的代价是在适应与异化间被迫作出选择,测试和目标设定成为一种无意识的次级社会化结果,是学校教育组织结构的副产品。范德斯特雷腾将注意力放在教育宏观水平和系统的分化功能上,包括功能分化、差异性、个性化和教育生长,他从系统分化的视角推断,学校系统创造了设定自己功能的基础,每个子系统刺激个体在其自己的功能领域提出期望和要求,结果是每个子系统有更多的自主性。这导致现代社会的教育扩展。

教育中的社会资本 20 世纪 90 年代后,社会资本成为许多学科关注的概念和分析的起点。布迪厄认为,社会资本是真实或虚拟资源的总和。美国社会学家普特南把社会资本界定为社会组织的特征,例如信任、规范和网络,它们能够通过推动协调的行动来提高社会效率。美国社会学家波茨认为,社会资本是指处在网络或更广泛的社会结构中的个人动员稀有资源的能力。科尔曼认为,社会资本是根据其功能定义的,它不是单一体,而有许多种,其共同之处在于都包括社会结构的某些方面,且有利于处于同一结构中的个人的某些行动。社会资本是生产性的,它使某些目的的实现成为可能,而在缺少社会资本时,这些目的无法实现。科尔曼提出,影响社会资本形成和存亡的因素有四个:(1) 关系网络的封闭性,保证相互信任的维持。(2) 稳定。稳定不仅是社会组织意义上的,还是人员意义上的,个人流动将使社会资本赖以存在的相应结构完全消失。(3) 意识形态。意识形态形成社会资本的途径是把某种要求强加给意识形态的信仰者,即要求他们按照某种既定的利益或某些人的利益行动,而不考虑其自身利益,个人主义的意识形态对社会资本的形成起消极作用。(4) 官方支持下的富裕或需要的满足。这种因素会降低社会资本的价值,并使其无法更新,因为社会资本具有公共物品的性质,需要的人越多,创造的社会资本数量也越多。

社会资本有利于产生人力资本,社会资本广泛的父母

能为其子女获得较好的教育、培训及技能知识证书创造更多机会。而人力资本也能促进社会资本，受过良好教育与培训的个体往往能进入资源丰富的社会圈，在社会地位的获得中，社会资本与人力资本同样重要甚至更重要。2003年，美国密歇根大学的戈德达得采用定量方法分析社会资本对学生学业成功机会的影响，证实具有高水平社会资本的学校，其学生在高水准的数学和写作的国家评估中的通过率更高，社会资本与学生成就之间具有中等正相关。

全球化时代教育社会学的理论挑战　教育社会学研究有结构解释与文化解释两种取向，前者注重教育与社会的内在整合，后者注重对教育过程的社会批判。2000年，英国伦敦大学教授 S. J. 鲍尔基于 20 世纪 70 年代后教育社会学研究的三个理论转折点，即解释论、女性主义和后现代主义，主编论文集《教育社会学：主要论题》，包括第一卷《理论与方法》、第二卷《不平等与压迫》、第三卷《制度与过程》和第四卷《政治与政策》，体现批判取向；2004 年又编纂教育社会学读本，就社会阶级、性别、全球化与经济、政策管制、课程政治、教师身份、学生与教室等议题进行更细致的批判性讨论。同年，美国学者哈利南主编的《教育社会学手册》出版，探讨教育社会学研究的理论与方法、教育发展与扩张、受教育机会均等、学校组织研究、教育的产出研究、教育社会学研究的政策内涵等问题，以教育过程的社会结构分析为取向。2010 年，阿普尔与 S. J. 鲍尔共同主编的《国际教育社会学手册》出版，包括"视角和理论"、"社会过程与实践"、"不平等与抵制"三部分，对教育与文化、教育与社会情境、教育与知识和权力等议题展开讨论。如"教育社会学的空间化"、"社会民主、复杂性和教育"、"数字教育的新连通"、"大众文化与教育社会学"、"表演文化中的学校教育与身体"、"不确定时代的教育组织与性别"、"学习共同体的对话社会学"、"精英教育社会学"、"归宁社会学"等，旨在对教育进行批判性分析。2011 年，哈利南主编的《教育社会学前沿》出版，将理论研究与经验研究相结合，关注全球化、社会网络、教育的制度设计、教学专业化等因素对教育的影响，并通过教育社会学的研究来改善教育决策，推进教育发展，显示教育与社会结构整合的意图。

进入 21 世纪，教育社会学面临认识论与方法论的挑战，试图寻找知识社会中对教育功能的共识，但该学科在宏观与微观两个层面上的分析彼此分化。在宏观层面，功能主义和社会再生产理论等将学校看作一个"黑箱"；在微观层面，符号互动论着眼于对教育实践中行动者的行为分析。

21 世纪的教育社会学吸收了一些社会变革理论家的思想，如德国社会学家 U. 贝克、德国社会学家和哲学家哈贝马斯、美国社会学家吉登斯、拉什等，尝试新的理论和方法论探索，其关注中心：是将教育过程作为社会关系的一种形式，识别其中规律或一般原理，还是作为一种个体主义的、

直觉的创造性过程，其中汇聚不同的因素，无法测量和预见其一般后果？意识到这种矛盾以及教育在 21 世纪的社会履行的双重功能，即一方面以再生产和累积的方式确保社会秩序，另一方面通过个体自主性的发展、积极参与文化多样性发展的方式促进民主化，则需要结合量化方法与质性研究，整合以全球信息社会为特征的趋同教育的视角以及反映本土文化特点的差异教育，将教育的社会理论置于一个新的位置。

西方教育在后工业社会所面临的困境，产生于西方社会现代性展开的背景下，中国的教育不仅面临市场经济社会变革中的教育担当，即教育如何为中国社会的历史转型提供有内涵的人力资源，而且面临在全球化的社会—经济—文化体系的互动中，教育如何支撑国家体系的强盛和有序的挑战。从综合的视角出发，教育社会学面临双重方法论的挑战，一方面必须对经济全球化做出反应，可以利用趋同教育培养个体参与后工业社会；另一方面必须将基于本土文化的教育作为一种差异教育模式，以民主平等的、公民的、法制的文化形式教育公民。

参考文献

Apple, M. W. Cultural and Economic Reproduction in Education：Essays on Class, Ideology and the State [M]. London：Routledge & Kegan Paul, 1982.

Bernstein, B. Social Class, Language and Socialization Class, Codes and Control [M]. Vol. 1. New York：Schocken, 1971.

Bowles, S. & Gintis, H. Democracy and Capitalism：Property, Community, and the Contradictions of Modern Social Thought [M]. New York：Basic Books, 1986.

Coleman, J. S. et al. Equality of Educational Opportunity [M]. U. S. Office of Education. Washington, D. C.：USGPO, 1966.

Dreeben, R. The Contribution of Schooling to the Learning of Norms：Independence, Achievement, Universalism, and Specificity [M]// On What Is Learned in School. Reading, MA：Addison-Wesley, 1968.

（吴　刚）

教育社会学研究范式与流派（research paradigms and schools in sociology of education）　教育社会学研究的理论框架和理论派别。借用美国科学哲学家库恩的范式概念并结合教育社会学的研究传统，教育社会学研究可分为科学范式与人文范式、量化范式与质化范式、宏观范式与微观范式三个层面和三种类型。教育社会学流派是现代教育社会学的研究课题，很多学者对此进行研究，其中较有代表性的有卡拉贝尔、哈尔西、布莱克莱吉、B. D. 亨特、巴兰坦、L. 巴顿、S. 沃克和萨多弗尼克等，他们主要从理论和方法的根本特点出发分析教育社会学流派，或侧重理论

或偏重方法,或把理论和方法交织在一起。马勒则研究教育社会学范式发展与学派的总体关系。各研究范式之间关系复杂,一些教育社会学研究者可划归若干方法论流派,同一学派可能运用不同的研究范式,不同的方法论流派可根据具体的研究对象和认知倾向,选用不同的研究范式或研究范式组合。20世纪90年代后,学术界开始回避或超越范式论争,出现范式的综合。

科学范式、人文范式及其方法论流派

在认识论层面,教育社会学研究有科学范式(scientific paradigms)和人文范式(humanistic paradigms),其渊源可追溯到教育社会学形成之初。

科学范式及其方法论流派　教育社会学研究的科学范式的哲学基础是科学主义和实证主义。它强调经验感知的作用,注重事实判断,摈弃价值判断,侧重通过演绎模式确定教育事实的因果关系并作出解释。该研究范式强调客观、理性,具有明显的技术取向。

教育社会学的科学范式通过两条途径形成:一是受惠于社会学的科学范式。在社会学中,法国哲学家、社会学家孔德和英国哲学家、社会学家斯宾塞等首倡把社会现象类比为自然现象,并用所谓科学的方法进行研究;法国社会学家涂尔干等继承这种传统并进一步探索社会学及其方法。涂尔干是教育社会学科学范式方法论流派的奠基者,侧重从教育科学的视角探讨教育社会学的科学特征,并认为教育在于使年轻一代系统地社会化。二是得益于教育研究中的科学范式。教育研究对科学范式的追求肇始于德国教育家梅伊曼和拉伊,经过美国心理学家 E. L. 桑代克和斯金纳等人的不懈努力,最终得以确立。1900—1930 年是教育研究中经验主义的全盛期,描述统计在 20 世纪 20 年代已比较完善地建立起来,30 年代,推论统计和多元数据分析也很快发展起来,它们也在一定程度上促进了教育社会学科学范式的形成。

第二次世界大战后,教育社会学逐步实现从"规范性范式"(normative paradigm)向"证验性范式"(empirical paradigm)的转换。科学范式在这一时期成为常规研究范式。美国学者布鲁克沃提出用 sociology of education 取代传统的 educational sociology,强调教育社会学的科学特征,得到许多教育社会学研究者的赞同和践行。科学范式始终是教育社会学的主要研究范式。科学范式成为教育社会学研究中的常规范式,标志着科学范式方法论流派的形成,教育社会学成为一门真正科学意义上的学科。

科学范式方法论流派是科学范式的主要载体,以功能主义、政治社会算术、新韦伯主义及再生产理论等为其代表性学派,代表人物主要有 T. 帕森斯、弗拉德、哈尔西、R. 科

林斯、阿彻、鲍尔斯、金蒂斯、布迪厄、帕斯隆和塞缪尔等。科学范式的基本观点:其一,认识主体和认识客体是二分的,客观事实独立于认识主体之外。其二,在对客体的认识上,科学范式认为,客体必须是能够通过经验感知的,主体可以通过运用一定的工具获得对客体的认识;研究应坚持事实判断,摈弃价值判断。其三,事物内部存在普遍的因果关系,研究的目的在于寻求这些因果关系以建立普适性的理论,研究的结果可以被检验,并且在相同的条件下可以重复,理论的真理性必须由经验来验证。科学范式方法论流派推崇科学研究,致力于探明确证无疑的知识,具体如研究对象"是什么"、"曾经是什么"、"可能是什么"及"将来有望是什么"。

人文范式及其方法论流派　教育社会学研究的人文范式的哲学基础是人文主义。关注整体和定性的信息,研究过程中奉行价值判断,反对事实判断,注重运用解释性模式得出研究结论,关注"意义"、"理解"等在研究中的作用,强调人文的、解释的和主观的研究取向。

教育社会学的人文范式至少有三个主要来源:一是 19 世纪初期欧陆的唯心主义,认为人文学科有自己独特的研究逻辑,重在理解,自然学科重在解释。二是现象学,强调探寻人类活动之根源的重要意义,强调整体的研究方法,把人理解为具有完整性和处于适当情景中的个体,力图通过移情作用来理解人类反应背后的动机。三是批判哲学,人文范式在很大程度上吸收了法兰克福学派批判哲学的思想。

社会学奠基者之一德国社会学家 M. 韦伯的理论观点和方法对人文范式方法论流派及现代教育社会学产生多方面影响。M. 韦伯的社会行动理论提出"理解"(verstehen)的概念,即指对行动者主观的思想状态的观察和理论解释。他认为社会学就是力求对社会行动作出理解性解释,并由此得到关于原因与结果之间的因果解释;社会行动实际包含了所有被行为者赋予一定主观意义的人类行为,主观意义必须与所谓"客观的正确性"或形而上学意义上的真理相区别。人文范式方法论流派重视通过对教师和学生的直接观察来研究教室活动的意义,即源于 M. 韦伯的社会行动理论的影响。

20 世纪 70 年代后西方教育科学领域发生重要的范式革命,即从探索普适性的教育规律转向寻求情景化的教育意义。在教育社会学领域,人文范式成为常规研究范式。英国教育学家 M. F. D. 扬 1971 年出版《知识与控制:教育社会学的新方向》(*Knowledge and Control: New Directions for the Sociology of Education*),促使新教育社会学学派产生,强调运用解释学、现象学等多种理论和方法研究课程知识的社会选择和组织等问题;而美国教育理论家阿普尔对课程进行深入的社会学分析,在美国发展了新

教育社会学所主张的研究取向。

随着人文范式的成熟,人文范式方法论流派形成。人文范式方法论流派是人文范式的主要载体,由教育知识社会学、符号互动论、人种志方法论、批判教育学及女性主义教育社会学等学派组成。代表人物主要有 M. F. D. 扬、哈格里夫斯、伍兹、埃格尔斯顿、西科雷尔、哈姆斯利、莱西、P. 威利斯及吉鲁等。人文范式的主要观点:其一,日常活动是社会的基石,社会现象在本质上是人的主体精神的外化;强调对个体的整体理解,反对科学范式的还原论及对个体及其生活进行肢解;其二,认识主体与认识客体是不可分的,主体对客体的认识实质上是主体在与客体互动的过程中对客体的反复解读和重新建构。其三,研究的目的不在于揭示人的行为背后的因果关系,而在于洞察其背后的意义,以便达成共识性理解。

量化范式、质化范式及其方法论流派

在研究方法层面,教育社会学研究有量化范式(quantitative paradigms)和质化范式(qualitative paradigms)。20 世纪 50 年代后,量化范式成为教育社会学的主要研究范式;20 世纪 70 年代,质化范式成为教育社会学重要的研究范式。质化研究亦称“质的研究”、“质性研究”。量化范式和质化范式各具特点,各有长处与不足,20 世纪 80 年代后,这两种范式间的竞争逐渐淡化,凸显互补性。

量化范式及其方法论流派　教育社会学研究的量化范式坚持运用数学工具对教育事实进行定量研究,以求发现教育事实间的因果关系。强调对教育事实作客观的描述和解释,注重探究各种事实间的规律关系,反对依据一定的理想和规范来分析教育。

教育社会学研究中的量化范式可追溯到孔德、斯宾塞和涂尔干。涂尔干推动了运用量化范式对教育进行社会学研究。在社会学史上,他确立社会学的研究对象是社会事实,创立社会学实证研究方法论,认为一种社会现象只能通过其他社会现象来解释,应通过社会来解释社会现象。在教育社会学史上,他从起源和功能上把教育看作一种“社会客观存在”,并从社会学的视角,运用社会学的方法予以研究,为教育社会学的经验实证研究和功能分析奠定基础。

20 世纪 50 年代末 60 年代初,教育社会学实现第一次范式转换,即由规范性的教育社会学向证验性的教育社会学转变,量化范式由此成为主导性范式。一批有影响的运用量化范式进行研究的成果出现,如美国的《科尔曼报告》、英国的《普洛登报告》(Plowden Report)以及国际教育成就评价协会的系列报告。量化范式方法论流派是量化范式的主要载体,包括功能主义、政治社会算术、人力资本理论等,代表人物有 T. 帕森斯、R. H. 特纳、霍珀、D. B. 坎德尔、R. 科林斯、R. A. 金等。量化范式的主要观点:教育事实是一种社会事实,它独立于研究者而存在,研究教育事实必须采用客观的观察、测量和统计等量化方法,以保证研究的客观性;研究者与被研究者是两个截然不同的实体,他们之间是一种二元分离的关系,研究者应以一种“局外人”的身份进行研究;在事实与价值问题上,强调严格区分事实与价值,坚持研究中的价值中立,认为研究者在研究设计、选择被试、研究控制及研究结果的表达等各个环节上都必须排除先入为主的判断和已有的价值取向。涂尔干明确提出,在研究事物时,社会学者应摈弃个人成见,进行完全客观的分析,力求毫无遮蔽地认识事物。

量化范式适合在宏观层面对社会现象进行调查统计,研究社会现象表层的、可量化的部分。受该范式的规约,量化范式方法论流派关注运用量化的方法对可以量化的事物或事物可以量化的层面进行研究:偏重宏观研究,关注点集中在教育与社会制度、教育与社会变迁及教育机会均等问题上,而较少关注学校、班级内部的问题;偏重运用实验法、调查研究、社会测量法、单因素分析、双因素分析、多因素分析及群体变量分析等量化的研究方法,较少运用质化的研究方法;认为可以运用研究物理世界的现象的方法来研究教育现象,从而导致强调实证,把实证与数理统计等同。这种研究很难如实理解行为的真正意义和完整意义,从而难以作出正确的推论与预测。

质化范式及其方法论流派　教育社会学质化范式在批判量化范式的过程中发展起来,20 世纪 70 年代后成为教育社会学重要的研究范式。M. 韦伯是社会学研究中质化范式的倡导者,其理论和方法对 20 世纪 70 年代后教育社会学的质化范式方法论流派产生重要影响。20 世纪 70 年代后,欧美教育社会学的研究范式格局发生变化,质化范式在研究中逐渐占据重要地位。其代表性事件有三:一是 1970 年的英国达累姆会议激烈抨击量化范式,呼吁以质化范式取代量化范式,强调参与观察、访谈等研究方法,会议使英国的教育社会学发生重大转向,对世界教育社会学的发展也产生重要影响。二是 1971 年 M. F. D. 扬出版质化范式方法论流派的代表作之一《知识与控制:教育社会学的新方向》,标志质化范式在教育社会学研究中占据一席之地。三是 1973 年 P. K. 布朗的《教育社会学中的知识与意识形态》、1974 年弗拉德和阿耶的《可教育性、学校和意识形态》和 1977 年 P. 威利斯的《学会劳动》等论著均关注人类活动的主观意义,强调个体的主观目的性,把现象学、符号互动论和人种方法论引入教育社会学研究,推动了质化范式的广泛应用。

质化范式的主要观点:教育现象在本质上是人的主体精神的外化,研究教育现象应运用个案研究、参与式观察及深度访谈等研究方法;研究者与被研究者是一种互为主体的关系,在研究过程中,研究者应由“局外人”转变为“局内人",以最大限度地缩小"我—你"的时空距离、人际关系距离及心理距离;教育研究是一种包含价值关涉的活动,否认这种价值关涉是不现实、不可能的。质化范式适合于在微观层面对社会现象进行较细致的描述和分析,注重运用开放的方式收集资料,关注主体看问题的方式和观点。

质化范式方法论流派是质化范式的载体,由教育知识社会学、符号互动论、人种志方法论和女性主义教育社会学等学派组成。其代表人物主要有 M. F. D. 扬、B. 伯恩斯坦、安涌、K. C. 史密斯、P. 威利斯、A. 凯利、德拉蒙特及诺丁斯等。质化范式方法论流派以人文主义为认识论基础,强调人类活动的主观意义和个体活动的目的性,研究主题侧重教育知识、教学、课堂、语言学习、可教育性等微观层面的问题,注重运用参与观察法、非参与观察法、个案研究、生活史、口述史及访谈等方法分析教育问题,以获得对人类活动主观意义的理解。但质化范式方法论流派也研究量化范式方法论流派的传统命题或领域,并非完全排斥量化范式。

宏观范式、微观范式及其方法论流派

在研究对象的性质层面,教育社会学研究有宏观范式(macro-paradigms)和微观范式(micro-paradigms)。20世纪70年代前,宏观范式在教育社会学研究中占垄断地位,宏观范式方法论流派的理论观点具有较强的解释力;微观范式作为宏观范式的竞争性范式出现,微观范式方法论流派形成的重要标志是微观范式成为教育社会学研究中的常规范式,其出现拓展了教育社会学的研究领域。宏观范式与微观范式是一对互补性范式,两者在教育社会学研究中不可或缺。

宏观范式及其方法论流派　宏观范式在社会观上大都属社会唯实论,认为社会是一种客观存在,社会结构外在于个体,同时又控制着个体,个体是社会的产物。该范式关注宏观社会层面的问题,关注教育与社会之间的基本关系。与科学范式、量化范式关系密切,以科学范式和量化范式为认识论与方法论基础。

宏观范式的产生和发展与教育社会学的发展大体同步。其萌生于19世纪末20世纪初,50年代在教育社会学研究中占主导地位。宏观范式方法论流派形成的重要标志是宏观范式成为成熟的研究范式,其代表性学派是结构功能主义,它在宏观层面为社会的维持和平衡发展提供理论解释和研究范式的典范。

从20世纪60年代末开始,教育社会学进入学派争鸣时期,结构功能主义教育社会学和宏观范式受到挑战,冲突论即批判和修正结构功能主义强调和谐、稳定的片面性,关注冲突、变迁的社会意义。无论是新韦伯主义冲突论还是新马克思主义冲突论,都继续使用宏观研究范式,冲突论学派

提高了宏观范式方法论流派的解释力。

宏观范式认为,教育受社会制约,只有在社会的大背景下研究教育,才能真正理解教育。其特点有二:(1)具有明显的社会决定论倾向,把个体完全置于社会附庸的地位。功能主义和冲突论认为,个体的行为和观念由社会决定,个体在决定其命运方面只能起很小的作用,要理解个体,首先必须了解个体参与其中的社会的运作。关于制约个体的因素,功能主义和冲突论的观点不同,功能主义认为是社会及社会需求等,冲突论则认为是经济制度、阶级制度或意识形态等。两者都尝试在较宽广的社会背景下寻找教育变迁的原因,认为教育是由社会定义的或由其他社会事实说明的,基本未考虑教育制度中人的有目的的行动和社会关系。(2)注重对教育与社会的基本关系进行社会学分析,其研究主题主要包括教育与社会结构、教育与社会变迁、教育与社会流动及教育机会均等,而忽视对构成教育系统内部结构诸因素的社会学分析,导致其研究未揭示人类生活的丰富性和复杂性。

宏观范式方法论流派是宏观范式的载体,但并非完全摒弃微观范式。主要代表人物有 T. 帕森斯、R. H. 特纳、霍珀、R. 科林斯、R. A. 金、鲍尔斯、金蒂斯和布迪厄等。该类流派倾向于运用量化范式进行研究,较偏重科学范式,所采用的研究方法主要有历史—制度分析、结构—功能分析、跨文化比较法、社会调查法和未来预测法等,其研究具有较浓厚的实证主义和客观主义特点。

微观范式及其方法论流派　微观范式持社会唯名论的社会观,认为社会仅仅是代表具有相同特征的许多个体的名称,而并非实体,社会未必具有无所不至的控制力,真正实在的是个体,个体可以享有更多的自由。微观范式关注对个体和小群体的研究,忽视社会制度、教育制度等宏观层面的事物。以人文范式和质化范式为认识论和方法论基础。

1932年,美国教育社会学家沃勒出版《教学社会学》(*Sociology of Teaching*),运用社会学的观点研究教学中的师生关系、学校社会组织的特征等,对教学社会学、学校社会学的研究产生一定影响,成为微观范式方法论流派的奠基者。《教学社会学》被视为微观范式方法论流派的奠基性著作之一。20世纪60年代末70年代初,教育社会学研究出现由宏观范式向微观范式的转向,原因有两方面:宏观范式方法论流派因对教育中的社会问题和社会中的教育问题缺乏足够的解释力而受到非议;60年代末西方社会动荡无序的社会环境,特别是"新左派"运动为微观范式的兴起营造了社会氛围,微观范式方法论流派的目的之一是揭露资本主义教育尤其是在教育微观层面的阶级性、性别偏见等不公平现象。70年代后,微观范式成为教育社会学研究中的重要范式,微观范式方法论流派亦逐渐成形。微观范式为教育社会学研究者所广泛运用,中国和日本等国就有一

批教育社会学研究者偏好微观范式,甚至认为这是推动教育社会学研究产生质的飞跃的有效工具。

微观范式方法论流派主要包括教育知识社会学、教学社会学和班级社会学等,各分支学派在研究重点、研究方法的选取等方面存在很大不同。其代表人物主要有 S. K. 赫斯特、F. J. 米勒、凯迪、夏普、A. 格林、G. 特纳、弗朗、里斯特等。教育知识社会学侧重研究教育内容的社会控制与处理以及教育内容与权力的关系,其研究方法主要是现象学、互动论和结构主义的分析方法,尤其重视参与式观察和直接观察;教学社会学以课堂和教学过程为研究对象,主要运用互动论和人种方法论等研究方法;班级社会学主要研究班级结构、班级人际关系、班级的社会功能及班级的外部制约因素等,主要研究方法有社会调查、参与式观察等。微观范式方法论流派并非完全排斥宏观范式,其某些分支学派注意到社会对教育的规约,并有意识地将研究对象与一定的社会背景相联系进行研究。

微观范式强调个体的主观能动性,认为教育未必完全受制于社会。微观范式方法论流派受微观范式规约,具有两个特点:一是存在"唯意志论"倾向,使一度"失语"的个体获得话语权,将教育社会学研究由宏观领域拓展到微观领域,对宏观范式方法论流派造成冲击。但其过于强调"人是生活的创造者",夸大个体超越外部环境的能力,低估了社会对作为行动者的个体的制约作用。二是侧重研究学校与班级社会体系中个体与个体之间的互动关系及其结果,试图再现学校生活的丰富性、多样性和复杂性,导致其几乎成为一种在"社会真空"中进行的研究,忽视宏观社会学。

微观范式方法论流派偏好质化范式,相对排斥量化范式,其研究方法主要有参与式观察、实验法、个案研究、社会测量、群体变量分析、互动分析等,但并不完全排斥量化范式,其分支流派在研究师生互动、生生互动时较多运用量化分析方法。量化范式已为微观范式方法论流派所重视。20世纪80年代后,微观范式与宏观范式日渐结合。

参考文献

马勒,F.教育社会学范式发展的总模式[J].马继森,译.国际社会科学杂志,1986(2).

吴康宁.教育社会学[M].北京:人民教育出版社,1998.

Durkheim, E. Education and Sociology [M]. Illinois: Free Press, 1956.

Karabel, J. & Halsey, A. H. Power and Ideology in Education [M]. New York: Oxford University Press, 1977.

Saha, L. J. International Encyclopedia of the Sociology of Education[M]. Oxford: Pergamon, 1997.

（杨昌勇　胡振京）

教育申诉制度（educational appeal system）　教师

和受教育者对教育机构的有关问题向国家机关申诉意见并请求处理的体系。具体包括教师申诉与受教育者申诉两种制度。教师申诉制度是教师对学校或其他教育机构及有关政府部门作出的处理不服,或针对侵犯其权益的行为,依照教育法的规定,向主管的行政机关申诉理由,请求处理的制度。受教育者申诉制度是受教育者在接受教育的过程中,对学校给予的处分不服,或认为学校和教师侵犯其合法权益而向有关部门提出要求重新作出处理的制度。在普通法系国家,教师申诉组织主要有学校或教育行政机关,采用狭义范围,即以违反契约特定条款的纠纷为主;申诉制度的运作主要通过契约,鼓励以非正式的口头申诉来解决教师申诉事由;如果进入仲裁程序,仲裁的结果一般受到该国法院的尊重与认同,申诉仲裁效力具有拘束当事人的最高效力。学生申诉制度一般由各学区或大学自行予以规定,先进行非正式协商,协商不成功再向有关委员会进行申诉。在大陆法系国家,教师、学生与学校及其他教育法律关系主体发生纠纷时,主要适用行政复议或诉讼制度。

中国教育申诉制度分别由《中华人民共和国教师法》及《中华人民共和国教育法》确立。《中华人民共和国教师法》第三十九条规定:"教师对学校或者其他教育机构侵犯其合法权益的,或者对学校或者其他教育机构作出的处理不服的,可以向教育行政部门提出申诉,教育行政部门应在接到申诉的 30 日内,作出处理。""教师认为当地人民政府有关行政部门侵犯其根据本法规定享有的权利的,可以向同级人民政府或者上一级人民政府有关部门提出申诉,同级人民政府或者上一级人民政府有关部门应当作出处理。"第三十六条规定:"对依法提出申诉、控告、检举的教师进行打击报复的,由其所在单位或者上级机关责令改正;情节严重的,可以根据具体情况给予行政处分。""国家工作人员对教师打击报复构成犯罪的,依照刑法第一百四十六条的规定追究刑事责任。"以上规定确立了教师申诉制度的法律地位,使其成为一项专门保护教师权益的法律制度。

《中华人民共和国教育法》第四十二条规定:"对学校给予的处分不服向有关部门提出申诉,对学校、教师侵犯其人身权、财产权等合法权益,提出申诉或者依法提起诉讼",是受教育者享有的权利之一。这是教育申诉制度的另一个重要法律依据。

教育申诉制度作为一项法律救济制度,具有三方面特点。首先,教育申诉制度是一项正式的法律救济制度。教育申诉制度是以宪法第四十一条规定的公民申诉权为基础,由教育法所确立的一项正式的法律救济制度,不同于普通公民的申诉活动。宪法关于公民申诉权的规定主要是从公民的基本政治权利这个角度提出的,是原则性的规定,具有最普遍、最一般的适用性,并未形成一项正式的救济制度。教育申诉制度的着眼点就在于为教师和受教育者提供一条正规的法律救济途径,当教师和受教育者的合法权益受到学校或有关行政部门权力的侵害时,使受侵害的权利恢复原状或者使被损害的利益得到弥补。各级行政机关在受理教育申诉后,必须在规定的期限内作出处理决定,处理决定对申诉人与被申诉人双方均具有约束力,并且,那些违反教育申诉制度有关规定的行为也将构成违法行为,必须承担相应的法律责任。

其次,教育申诉制度是专门为教师和受教育者这一特定的人群设立的,目的在于保护教师和受教育者在教育活动中的合法权益,是一项专门性的申诉制度。它只能由教师和受教育者提出申诉请求,向法律规定的特定主管行政机关提出,由它们进行处理。并且教育申诉制度所保护的权利一般也是教师和受教育者依据教育法所享有的权利,发生在具体的学校教育教学活动中,而不是他们作为一名普通公民在社会上享有的一般权利。这与适用于所有公民、法人或其他组织的行政复议、行政诉讼及民事诉讼制度有很大的区别。

再次,教育申诉制度中的受理机关是学校所属的教育行政机关或当地人民政府,而不是人民法院。教育申诉从提出申诉,到申诉的受理和处理都是按照行政程序而非司法程序进行的,因此具有较为明显的行政性的特征。

教育申诉制度中的申诉人是合法权益受到侵害的教师或受教育者本人。教师及成年受教育者可以委托他人代理进行申诉,代理人按照委托人的意愿进行申诉,由委托人承担法律责任。未成年受教育者则由其监护人作为法定代理人代为提起申诉。

依据《中华人民共和国教师法》的规定,教师申诉的被申诉人是教师所在的学校或其他教育机构,以及当地人民政府的有关行政部门。依据《中华人民共和国教育法》的规定,受教育者申诉的被申诉人是受教育者所在的学校或者学校中的教师。因此,对于教师申诉来说,被申诉人只能是单位,而不是学校或其他教育机构的负责人。受教育者申诉的被申诉人既可以是单位,也可能是个人。

(申素平)

教育生产函数(educational production function) 指借用经济学中生产函数分析框架和技术,分析在一定时期内,在现有教育手段和技术条件下,各种投入要素和所能达到的最大教育产出(教育结果)之间的对应关系。是客观描述教育效率、评价教育效果和探索改革教育教学方式的重要研究方法之一。

教育生产函数研究源于 1966 年美国社会学家科尔曼发表的《科尔曼报告》,其主要内容是调查分析美国不同种族学生学业成就差异水平和原因。1979 年哈努谢克描述了教育生产函数的理论模型:

$$A_{it} = f(B_i^{(t)}, P_i^{(t)}, S_i^{(t)}, I_i)$$

式中,A_{it} 代表第 i 学生在时间 t 时取得的学业成就,$B_i^{(t)}$ 代表累积到时间 t 为止来自学生家庭环境等方面的影响因素,如父母的受教育程度、收入水平等;$P_i^{(t)}$ 为累积到时间 t 为止来自同伴的影响因素,例如同伴的家庭经济条件因素;$S_i^{(t)}$ 为累积到时间 t 为止来自学校的影响因素,如教师水平、学校规模、条件设施、教育经费等;I_i 为学生 i 的先天能力等因素。在实践应用中,通过具体的统计测量方法得到学生学业成就和各影响因素数据后,通过多元回归分析得到各影响因素的作用大小和变化趋势。

20 世纪 80 年代以来,教育生产函数成为研究教育投入和产出的最常用方法之一,通过教育生产函数直接量化分析教育投入变量和产出变量间的关系,极大地推动了对教育系统内部关系的深入了解和客观认识,对于教育资源分配、教育教学改革等政策决策起到重要的支撑作用。

教育生产函数分析也存在诸多争议,其中最为重要的也是最具争议的是如何来界定教育结果。与经济生产的利益最大化目标不同,教育目标更加多元,仅仅以学生学业成就作为教育产出是不全面和不科学的。同时,与原材料加工过程相比,教育过程更为复杂,学生的学习行为模型、学校的管理决策模式、学校的文化校风等都对教育结果有重要影响,迫切需要建立更加符合现实需要的教育生产函数模型及相关计量分析技术。

(马晓强)

教育生态环境(educational eco-environment) 影响教育活动中教育者和受教育者发展的一切外界因素的总和。主要包括自然环境、社会环境和规范环境。可从三种角度和三个层次分析:一是以教育为中心,结合外部的自然环境、社会环境和规范环境,组成单个的或复合的教育生态系统;二是以某个学校、某一教育层次或类型为中轴构成的教育系统,反映教育体系内部的相互关系;三是以人的个体发展为主线,既研究外部环境,包括教育的自然、社会和精神因素组成的系统,又研究个体的生理和心理等内在环境因素。

教育生态环境具有多维性。受教育者既是生物人,又是社会人,教育生态环境远比一般生态环境复杂。教育生态环境中的各种生态因子具有多维镶嵌性,即各种生态因子因结构、形态和习性的不同,其性质、生态位(niche)、作用和功能也各不相同。美国行政生态学家里格斯等人认为,环境中的因素分为无感因素和敏感因素两种。教育生态环境中的无感因素对教育影响不大,或只有某些间接影响,而敏感因素则与教育有直接的交互作用或交互影响关系。敏感因素中又有独立因素、附属因素和交互因素之分。教育生态环境中的独立因素往往是单独对教育产生重大作用的因子,附属因素常常协同其他生态因子对教育产生影响。教育生态环境中,各生态因子都不是孤立的,而是相互交叉、相互制约、有机组合,形成生命之网(the web of life)的自然生态系统、具有生机和活力的社会经济生态系统和教育生态系统。教育生态环境中的各种生态因子,为教育提供必需的物质、能量、知识和信息,与物质流、能量流、知识流、信息流推动教育生态系统的发展和演化,使教育生态由低级向高级、由简单向复杂演替(succession),满足人们生理或心理、体力或智力的不同发展水平的需要。

教育的自然环境　自然环境亦称物理环境(natural environment; physical environment),即生态学所称的生物圈,包括诸如高山、丘陵、平原、湖泊、河流和海洋等各种自然地理空间以及各种自然资源的系统与循环。自然环境为人类生存和发展提供适宜的空间和各种资源,是人类社会赖以生存和发展的基础。对教育而言,生物圈是最大的生态空间和最基本的生态环境,直接或间接影响教育。生态学家认为,人类一方面依赖自然环境,另一方面也能改造环境,使之更适宜自己的生存,人类与自然环境是一种动态平衡的关系。自然环境的恶化与美化,对教育生态系统及其中不断发展的人均产生直接或间接的影响,只有在健全的生物圈或自然环境中,生物才能生存繁衍,人类才能生活进步,教育才能得以发展。

教育的社会环境　社会环境亦称结构环境,是人类特有的生活环境,包括文化、政治、经济、人口、群落、家庭、职业等要素。社会环境具有自然与社会两重性。一方面,人作为生物有机体存在于社会;另一方面,人又不单单是一个自然的生物体,更是一个具有社会性的生命主体,是一切现实社会关系的总和。社会环境本身是一个具有高度组织性、层次性的复杂整体,其内部各种生态因子相互联系、相互制约,共同构成一个复杂的生态系统。教育生态系统是社会生态系统中的一个重要子系统,以其他社会子系统为自身生存与发展的环境,而其本身又作为生态主体的人的社会环境。由政治环境、经济环境、学校环境、家庭环境和社区环境等构成的社会环境,对教育生态发展有重要影响。教育宗旨和目的、教育方针和政策、培养目标、教育的领导权和受教育权等须以政治制度为基础。教育依靠经济支持,社会经济为教育事业发展提供物质基础,教育内部结构的各个层次和体系都受到社会环境极大影响,教育的物质基础和技术手段将随着经济发展和科学技术进步的需要加以改造,教育思想观念将伴同社会科学文化的发展变革不断更新,教育内容随着新科技革命浪潮而不断刷新,教育体制随着政治经济体制改革的不断深入而日益健全。

教育的规范环境　规范环境又称价值环境或精神环境,是人类在社会群体生活过程中形成的各种观念、态度、习俗与风气等,具体包括社会风气、民族传统、风俗习惯、道德观念、社会思潮、管理制度、艺术、科学技术和宗教等。规范环境是人类社会独有的文化环境,是人们在长期的社会生活和社会实践中,即人与人之间的相互联系中逐步形成的。在人类漫长的社会历史进程中,不同个体、群落与族群(地区或国家)形成各自独特的规范环境,这些不同的规范环境相互影响,维持着人类的共同生存和发展。规范环境随着时代的变化而变化,由此形成不同历史时期的不同规范环境。较之自然环境和社会环境,规范环境与教育生态的关系最密切。文化作为教育生态的主要规范环境,只有借助教育才得以传承和发展;教育也以各种社会文化作为形式、内容和素材来促进自身的进步和发展。规范环境的意义在于帮助人们界定环境和确定行为规范,亦即接受一种文化的教化。规范环境从根本上体现教育目的。教育目的在于培养社会发展和进步的主人。联合国教科文组织国际教育发展委员会的报告《学会生存——教育世界的今天和明天》的序言提出,教育是使人免于成为社会奴隶和机器奴隶的唯一途径,免于成为社会奴隶,意为教育在于使人成为他自己,而非成为某种特定的社会人,从事某种特定的职业;免于成为机器奴隶,意为使科学和技术成为任何教育事业中基本的、贯彻始终的因素,成为为儿童青年和成人设计的一切教育活动的组成部分,并有助于人类建立科学的世界观,以促进科学发展而不致为科学所奴役。知识经济时代,要求教育的规范环境有利于培养创造型人才。

参考文献

范国睿. 教育生态学[M]. 北京: 人民教育出版社, 2000.

胡森. 国际教育大百科全书[M]. 贵阳: 贵州教育出版社, 1994.

任凯, 白燕. 教育生态学[M]. 沈阳: 辽宁教育出版社, 1992.

吴鼎福, 诸文蔚. 教育生态学[M]. 南京: 江苏教育出版社, 1990.

（邓和平）

教育生态学(educational ecology)　运用生态学原理,特别是生态系统、生态平衡、协同进化等原理与机制,研究各种教育现象及其成因,掌握教育发展规律的学科。其研究领域是教育生态系统与各种生态环境,包括与自然、社会、规范、人的生理心理的各构成要素之间的相互作用及其运动规律,尤其侧重考察外部教育生态环境及其构成要素的结构变化对内部教育生态系统中作为教育生态主体的人的影响。教育生态学的研究着眼于教育系统自身的生态规律性,力求借助生态学的观点,通过分析各种教育生态环境因素与教育事业发展之间复杂、动态的变量关系,揭示教育生态化发展的规律和机制,探索优化教育生态环境的方法和途径,提高教育活动的功能和效益。

教育生态学的研究方法　借鉴并综合教育学和生态学

的研究方法,形成教育生态学理论体系。将教育作为社会整体生态系统中一个相对独立的子系统,是与自然、社会、经济、政治、文化等生态环境关系密切的、由时间和空间构成的、开放而实在的生态系统。宏观上,教育生态学研究教育与各种自然生态环境、社会生态环境以及规范生态环境等要素之间的相互关系,尤其是研究一些重要的、与教育生态关系尤为密切的社会生态因子,如文化、人口、资源等对教育生态系统的影响。微观上,考察作为教育生态系统载体的学校在各种生态环境中的分布机制,探讨教育生态系统内部影响教育教学活动开展和学生身心发展的各种生态环境要素。

世界各国的教育生态学研究主要从两个维度展开:一是以教育为主体,研究教育与社会生态环境之间的关系,如美国教育生态学家克雷明的《公共教育》(Public Education,1976)等;二是以生态环境因子为主,研究各种生态环境因素与教育的关系及其对教育的影响,如中国台湾学者方炳林的《生态环境与教育》等。教育生态学具有较强的实践性和应用性,其研究特点是把教育的宏观生态与微观生态统一到教育的生态系统、子系统和亚系统的研究之中;而理论研究与实际研究的统一、定性研究与定量研究的统一、宏观研究与微观研究的统一,正是教育生态学研究的重要方法论。开展实证研究和专项调查,有助于对教育生态问题的诊断、评价和预测,为教育的科学规划和决策提供可靠依据。

教育生态学强调以系统、整体的方法论把握事物的各种因果关系结构,主张对教育生态系统的内部结构采用梯度分析法(gradient analysis)或区域分析法(zone analysis method)进行纵、横向分析。克雷明提出,应把教育视为一个有机统一的系统,教育生态系统中的各因子(学习和其他教育者)都是有机联系的,这种联系又动态地表现为统一与矛盾、平衡与失衡运动。据此,运用生态学的方法与模式研究和解决教育问题的要点在于,运用生态学的系统观、平衡观、联系观和动态观指明教育情景的范围和复杂性,坚持全面思考、联系思考和公开思考三个原则。全面思考是指站在整个社会大教育的角度思考教育;联系思考是要把本教育机构的发展与其他教育机构的发展联系起来;公开思考是突破地域,面向国家,甚至世界范围来思考教育问题和制订最佳公共教育政策。与整体论相匹配,教育的微观生态研究采取还原论研究法(reductionist approach method),即运用现代科学技术手段,对教育系统的微细生态因子进行精确的定量分析、实验和求证。在教育生态学研究中,经常采用的还有灰色系统理论,并采用随机调查法、统计分析法、类比法和聚类分析、排序、矩阵等数学方法。

教育生态学研究的关注点较多,如人口增长与教育发展问题、人口迁移与就学问题、学校分布的均衡性问题、城市教育生态问题、农村教育生态问题、发达地区与非发达地区教育问题、教育资源短缺与浪费问题、创新人才培养与社会环境、规范环境之间的矛盾问题等,需建立能反映整个国家和某个区域教育生态的静态、动态状况及其平衡的研究指标体系。

随着现代生态学向实验科学发展,其研究重心也从个体水平逐步转移到种群和群落以至生态系统,生态学原理与人类各个实践领域的结合日益紧密,数学模型在生态学研究中也得到广泛运用,深刻影响当代教育生态学的研究。数学模型的建立及其完善的调查法、统计法和系统分析法有利于人们较为准确地预测、把握教育生态系统的发展特征、趋势,准确把握教育生态系统的运行状况和问题,随时平衡和优化教育生态系统。

教育生态学的产生与发展　20世纪60—70年代教育生态学兴起于欧美主要发达国家,其理论发展经历了从生态学、人类生态学、文化生态学再到教育生态学的历史过程。

教育研究中正式使用"生态学"一词始于美国学者沃勒,他于1932年在所著《教育社会学》中提出"课堂生态学"(ecology of classroom)概念。1966年,英国学者阿什比在其关于英国、印度和非洲大学的比较研究中提出"高等教育生态学"(ecology of higher education)的概念,开了用生态学原理和方法研究高等教育之先河。

20世纪70年代后,以英、美为代表的教育生态学研究兴盛。一些学者从研究教育与社会环境的关系入手,如费恩的《公立学校的生态学》(The Ecology of the Public Schools,1971),着重探讨社区控制与学校之间的关系,R. T. 坦纳的《生态学、环境与教育》(Ecology, Environment, and Education,1974)和E. A. 沙利文的《未来:人类生态学与教育》(The Future: Human Ecology and Education,1975)从生态危机的角度探讨人类生存的宏观环境与人类教育的关系。美国哥伦比亚大学师范学院前院长克雷明1976年在所著《公共教育》(Public Education)中正式提出"教育生态学"(ecology of education)这一术语,并列章探讨。英国学者埃格尔斯顿几乎同时出版专著《学校生态学》(The Ecology of the School,1977),以研究教育资源配置为主旨。

20世纪80—90年代,教育生态学研究不仅范围拓宽,且向纵深发展。一些学者开始把教育放在当代为世人所注目的环境与发展的大背景下加以考察,如莱西和R. 威廉斯合编的《教育、生态学与发展》(Education, Ecology and Development,1987)。华盛顿大学的古德莱德从学校生态学研究中,首次提出学校是一个"文化生态系统"(cultural ecosystem)的概念,并试图从管理的角度入手,完善自己的统筹各种生态因子,以建立一个健康的生态系统(healthy ecosystem)并提高学校办学效率的观点。鲍尔斯在短短几年时间里,连续出版三本教育生态学学术专著,既有对微观课堂生态的研究,也包括对教育、文化生态危机等宏观教育生态问题的剖析,成为同期研究成果颇丰的学者。

教育生态学产生后,并未形成一个统一、科学和系统的学科理论体系。研究者的主要研究兴趣不在于构建一个公认的教育生态学学科体系,只是集中力量研究一些特定的生态因素,以有效说明这些现实因素与不同层次教育之间的联系,教育生态学对教育环境与不同层次生态主体之间关系的考察,主要是侧重考察各种环境要素对不同生态主体及其生存状态的影响,从一定意义上讲,这种考察是单向的,尽管不同层次生态主体同样可能对各种环境要素发生作用。

20世纪30年代,中国有少数学者关注德国、日本的教育生态学研究并进行著作译介。台湾师范大学教育学系方炳林于1975年出版专著《生态环境与教育》,试图建立教育生态学学科体系。80年代后期,香港学者郑燕祥从生态学视角开展教师素质的研究,台湾师范大学教育学系贾锐开展关于校园生态环境的研究等,同期,台湾学者李聪明出版专著《教育生态学导论》,运用生态学原理反思基础教育、科学技术教育、职业教育和终身教育等教育体系。南京师范大学吴鼎福较早进行研究并取得一定成果,1990年与人合作出版《教育生态学》。1998年出版的《存在与发展——语文教学生态论》首次以生态学原理深入研究单科教学生态环境及其建构,推动和指导了教育生态学的微观研究。范国睿所著《教育生态学》(2000)将生态学原理运用于对教育现象与教育问题的分析与研究。

中国学者的研究主要关注两方面:第一,探索教育系统的内部生态结构及其优化机制,以使系统功能得以最佳发挥,比如如何科学设置办学主体结构、层次类型结构等,以期有助于整个教育生态系统的协同发展和良性循环。第二,探索教育与其他各种环境(自然环境、社会文化环境和规范环境)的交互影响关系,从外围来寻求教育功能的最佳发挥条件与机制,目前大多数有关教育生态学方面的研究主要集中在这一层面上。

参考文献

范国睿.教育生态学[M].北京:人民教育出版社,2000.

任凯,白燕.教育生态学[M].沈阳:辽宁教育出版社,1992.

吴鼎福,诸文蔚.教育生态学[M].南京:江苏教育出版社,1990.

于源溟,倪山.存在与发展——语文教学生态论[M].青岛:青岛海洋大学出版社,1998.

（邓和平）

教育生物学(bio - education)　　从生物学、神经生理学、神经心理学、脑神经科学的角度研究人类教育现象及其一般规律的学科。生物科学与教育科学相融合形成的一门交叉学科。其研究对象是人,着重研究处于接受教育和生长发育阶段的儿童和青少年个体及群体。借助生物医学手段,如神经心理测试、神经生物学的动物实验、神经生理学的检查,以及神经影像学的研究,包括脑计算机断层扫描术(CT)、脑电图(EEG)、脑核磁共振(MRI)、功能性磁共振(fMRI)、正电子扫描(PET)等,研究人体和人脑的本体结构及其发生发展以及人体和人脑的功能,包括学习、记忆、注意、认知、情感、创造、社会性等大脑活动的奥秘,并将科学研究成果广泛地应用于人类的教育实践。这些方法和技术在教育教学中的应用效果可以通过以生物医学客观指标变化为依据的检验,从而摒除既往评价标准的主观性。

教育生物学的研究内容有四个方面:(1)教育的生物学基础,包括人脑的结构、人脑各部位的功能、人脑的发育过程及其影响因素,不同教育方式下人脑的生理生化过程、功能变化、神经系统各部分的基因表达和分子遗传学、人体各器官组织结构和功能的发育及其影响因素等。(2)将生物科学对人脑高级功能的最新研究成果转化为创新性的教育理念和方法用于教育实践,并接受生物医学客观科学标准的检验。(3)研究正常儿童个体学习、记忆、注意、认知、思维、运动控制、语言、情感、社会性、创造力等大脑高级功能及其发展变化的神经机制,并与教育学相结合,从中发展最佳教育方法,让每个儿童都得到适合其个体特点的教育。(4)研究异常儿童如学习障碍(包括阅读、计算和书写困难)、注意缺陷—多动障碍、情绪障碍、智能低下、孤独症等的大脑结构与功能的异常改变,探索对此类儿童的特殊教育途径,最大限度地发展其能力,使其达到最好的生存状态。

教育生物学的研究任务是从生物医学角度研究人体和人脑的结构和功能、发生和发展变化及其影响因素,从中探索教育和教学规律,寻求最佳的教育方法和手段,并促进多学科合作,实现教育理念的更新及教育模式的转变,建立人才高效培养机制。

教育生物学的特点在于将生物医学科学的研究方法导入人类的教育实践,从本质的角度观察和阐释人类的教育现象,建立符合人类生理本性的科学教育方法。与教育相关的脑科学领域拥有诸多研究手段,特别是正电子扫描、功能性磁共振和脑电图等对脑的结构和脑神经活动的研究进展。教育生物学的研究方法主要有六种:(1)形态学,主要通过显微镜或荧光标记等方法观察脑组织及其他神经组织的大小、结构和形态等。(2)生理学方法。具体包括神经递质释放量的测定、神经递质的功能测定和行为学方法。(3)电生理学,具体包括细胞外记录,用以获取神经元细胞是否处于激发状态以及激发的强度等信息;细胞内记录,研究神经元的基本生物物理特征,脑内电刺激,刺激核团、脑区,进行中枢功能定位研究;顺行冲动记录法,电刺激某一突触前的细胞体、树突或轴突,在突触后神经细胞体上记录此刺激的电活动变化;逆行冲动记录法,电刺激神经元的轴突主干或末梢,在同一神经元细胞体上记录反相传导的动作电位;电压钳;通过插入细胞内的一根微电极向细胞内充电流,补充的电流量正好等于跨膜流出的反相离子流,这样即使膜通透性发生改变时,也能使膜电位数值不变,因此可以测定细胞兴奋时的离子电流;斑片钳;脑电波。(4)生物化学和分子生物学方法。在基因和分子层面上,通过基因模型或用离心、高压液相层析、放射免疫等方法研究与学习有关神经细胞和递质的活动情况。这对了解疾病的根源或是寻找基因治疗的靶目标有重大意义。(5)脑成像(brain imaging)。具体包括颅骨X线成像、同位素脑扫描、脑超声波、脑血管造影术、计算机断层扫描术、核磁共振成像、功能核磁共振成像技术和正电子发射断层扫描术。(6)教育实验法。构成教育实验的最基本要素包括实验假设、自变量的操作、因变量测定、无关变量控制。

第二次世界大战后,科学技术的发展呈高度分化和高度整体化趋势。生物医学的快速发展使人们对自身的发展过程有了全新认识,20世纪后期脑电图、正电子扫描尤其是20世纪后期现代医学影像学和脑电生理学的进一步应用,为深入了解人脑的功能创造条件,对脑结构和脑神经活动的研究取得新进展,脑科学得以产生和发展。脑科学研究涉及神经生物学、分子生物学、细胞生物学、解剖学、组织学、发育生物学、生理学、生物化学、生物物理学、遗传学、药理学、免疫学、病理学、神经病学、精神病学、影像学、控制学、心理学、认知科学等多门学科。20世纪90年代中期之后的儿童发展与教育研究均不同程度地关注脑科学。生物科学、脑科学的研究进展对传统教育领域提出巨大挑战,教育的科学化迫切需要教育学与生物医学的联合,即以生物医学为研究手段,以教育实践为研究目的和结果,在生物和教育两大领域证实科学化教育的成果,从而奠定人类教育的生物和生理学基础。在这一背景下,教育生物学应运而生。

促进教育研究与实践的脑科学有以下五个概念:(1)大脑神经突触生长呈n状的模型假说。脑科学的研究发现,早期大脑神经突触联系的形成最迅速。人在出生后的20年里,神经突触密度的变化呈n型,即刚出生时代、童年期达到高峰,成年后又开始降低。突触生长高峰期的童年是学习收获最多和智力发展最充分的时期。这项研究发现为开展早期教育提供了科学依据,值得进一步探讨。(2)大脑发育的关键期假说。"大脑发展的关键期"概念由英国学者休伯尔等人在20世纪60年代提出,并由此出现视觉机能发展的关键期概念。20世纪后半叶,脑科学家对关键期进行大量研究并得出结论:脑的不同功能的发展有不同的关键期,某些能力在大脑发展的某一时期最易获得,如

人的视觉功能发展的关键期大约在幼年期,音韵学习的关键期在幼年(约8岁前),语法学习的关键期约在16岁以前。总体上,识字、阅读的关键期在8岁前,最佳期在12岁前,良好期在16岁前,这个时期左右脑同时参与语言认知,而16岁以后的语言认知主要是左脑。(3)大脑的变化、学习和记忆及脑内神经元的联结程度取决于环境对大脑的刺激。(4)脑的高级功能和生理基础部分是后天形成的,心智结构是多元化的。美国哈佛大学心理学教授加德纳通过数年对大脑和大脑对教育的影响的研究,提出多元智能理论,拓宽对智力的认识,向传统的智商测试提出挑战,并为教学策略研究提供了脑科学依据。(5)突出杏仁核在情绪反应乃至大脑整体结构中的关键作用,并强调大脑神经系统与行为系统的整合机能,进而提出"情感智力"概念。脑科学越来越多的研究表明,情感在人类学习中的作用不可低估,情感与认知是两个并行的过程,以特殊的方式联系在一起,对机体具有不同的意义和价值,是脑神经功能的体现。哈佛大学行为与脑科学专家戈尔曼的《情感智力》和《情绪脑》,对经典的智力概念提出挑战。2000—2004年,香港中文大学医学院杜祖贻主持"脑神经认知科学与教学过程"研究,获得可直接应用于教育实践的研究资料,推动了教育生物学在中国的发展。

参考文献

Ansari, D. Time to Use Neuroscience Findings in Teacher Training[J]. Nature, 2005, 437(7055).

Bermúdez-Rattoni, F. Neural Plasticity and Memory: From Genes to Brain Imaging[M]. Boca Raton: CRC Press, Taylor & Francis Group, 2007.

Gura, T. Educational Research: Big Plans for Little Brains[J]. Nature, 2005(435).

Gabrieli, J. D. Dyslexia: A New Synergy between Education and Cognitive Neuroscience[J]. Science, 2009, 325(5938).

Posner, M. & Raichle, M. Images of Mind[M]. New York: Scientific American Books, 1996.

(沈晓明 金星明 黄 红 杜祖贻)

教育时间学(educational science of time) 教育科学中以教育时间为研究对象的分支学科。在马克思关于"时间是人的发展空间"的理论指导下,在社会时间总体框架中重点研究教育时间的性质、特征、职能、形态、类别、结构和管理等基本问题,揭示提高教育时间效益的一般规律,为促进受教育者全面发展及整个社会的协调发展提供理论指导。

以教育时间为研究对象,就宏观而言,是在没有起点的自然时间流逝过程中,地球上出现人类社会及与之相应的社会时间。社会时间是自然时间的社会化,可分为用于生产、生活(享受)和发展的时间,而教育时间是社会用于促进

自身发展的时间。人类社会早期的教育时间与生产生活时间融为一体，后随着社会的进步而分化，出现独立形态的教育时间。就微观而言，个人的教育时间是个人学会生存、学会适应社会、学会自我发展与自我完善的时间，包括接受教育和自我教育的时间，在现代社会，它与个人生命共始终。教育时间有广义与狭义之分。狭义的教育时间专指学校教育时间，是学校各种教育活动（包括课外活动）展开和延续的基本条件和形式。教育时间与教育教学活动不可分离，离开了教育时间，教育教学活动无法进行和持续；离开了具体的教育教学活动，教育时间则成为毫无意义的"空壳"。在方法论上，教育时间学以马克思主义关于时间与人类社会和人的发展关系学说为指导，坚持历史研究与现状研究相结合，综合运用各学科方法。

教育时间学的研究范畴包括：（1）教育时间的本质。从"时间是人的发展空间"这一命题可推导出"教育时间是人的发展的特定空间"。就学校教育时间而言，它是社会根据自身发展需要与可能而开辟的特定空间，是与人的发展关键期耦合的优势空间，是有教师引导的最少曲折的空间，也是各种教育影响交互作用的密集空间。（2）教育时间的基本规律，即教育时间与社会发展之间的本质联系。具体表现为教育时间总量随着社会发展而递增，教育时间的社会分配随着社会发展而趋于平等、合乎人性，教育时间效能随着社会发展水平提高而提高等规律。（3）教育时间的功能，即教育时间在促进人的全面发展中的功用。与经济学的劳动时间一样，教育时间也有"流逝的"与"物化的"两种形态。流逝形态的教育时间保证教育活动的进行，当教育活动结束后，流逝了的教育时间则与教育活动一起在受教育者身心深处留下某种"痕迹"（物化）。流逝的教育时间越长，教育活动越丰富，在受教育者身心留下的痕迹（物化）就越多，越深刻。换言之，个人接受教育时间越长，积累的知识越多，形成的知识结构越合理，越完善，就越能站在巨人的肩上，进行更高层次的创造活动，对社会作出更多的贡献。为此，个人接受的教育时间具有标志其教育程度的功能，而社会投入的教育时间则具有标志社会文明的功能，这些功能具体表现在政治、经济、文化等诸多方面。（4）教育时间效益。借助经济学的原理和方法，将师生耗费于教育活动的时间视为投入，将师生通过单位时间的教育活动获得的身心发展视为产出，两者之比即为教育时间效益。提高教育时间效益的途径：一是压缩投入，即在保证教育质量的前提下尽可能去除无效劳动，节省教育时间；二是增加产出，即在不延长教育时间的前提下尽可能提高教育质量。（5）教育时间结构，即构成教育时间系统诸要素之间的比例关系及组合方式。教育时间宏观结构指由各级教育行政部门直接调控的结构，包括学制年限结构、学年结构、课程课时结构等。教育时间微观结构是指由学校和教师按照规定

原则加以调控的结构，包括学日结构、学时结构等。教育时间结构的优化有助于提高教育时间效益。（6）教育时间密度，即单位时间内受教育者为达到某一教育目标付出的劳动（脑力的和体力的）数量和质量，亦即单位时间内教育活动的紧张度。教育时间应有一个合理的密度，只有使学生承载适度紧张的学习负担，才能收到最佳教育效果。（7）教育时间节奏。教育活动中，教育过程的连续与间断的周期性交替，以形象思维为主的教育活动和以抽象思维为主的教育活动的周期性交替，以脑力劳动为主的活动和以体力活动为主的活动的周期性交替等，共同构成教育活动的时间节奏。和谐的教育时间节奏既是和谐教育的基本条件，也是和谐教育的外化形态。（8）教育时序，即根据特定教育目标安排教育活动的时间序列。世界是有序的也是无序的。人的大脑不但能循序渐进地接收信息，也能在一定程度上不按固定程序接收信息，而是通过加工整理使之形成一定的知识结构。科学的教育时序，应是循序渐进与适当超越顺序的广闻博识的结合，是有序与无序的统一。（9）教育时机，即受教育者在身心成熟特定水平上由外部诱因引发的迫切需求某种教育的关键时候。教育者若善于发现、捕捉和创设教育时机，就可收到事半功倍之效。（10）教育时间管理。教育管理者应在充分认识教育时间价值和规律的基础上，合理运用管理原则和方法，提高教育时间的整体效益。教育时间管理既要讲究科学性，又要重视艺术性和人文性。（11）时间教育，即提高受教育者时间素质的教育活动。人的时间素质包括对时间流逝的敏感、对时间价值的认识、珍惜时间的情感、遵守社会时间制度的公德、合理安排时间的能力以及有益度过闲暇的良好习惯等。提高受教育者的时间素质，是提高教育时间效益的根本途径。

教育史上对时间和教育时间的思考和探索可追溯到孔子。孔子所言"逝者如斯夫，不舍昼夜"，描述了时间流逝的客观性与永恒性，"学而时习之"最早提出学习与时间的关系。中国古代教育家关于教育时间的论述：（1）教育时间的功能。时间是积累起来的，所谓"日积累，谓之岁"。人的成长也应该日积月累，与其同步。古代学制规定"小成"与"大成"的时段目标与教育要求，前后衔接，与时共进。（2）教育时间的合理分配。例如"时教必有正业，退息必有居学"，意即校内"正业"和家庭"居学"两者应配合得当，互为补充，才会使学生感到学习的快乐，提高学习效率。同样，学与思的时间分配也要兼顾。（3）教育时序。即主张循序渐进，反对"躐等"、"揠苗助长"。（4）教育时机。主张适时施教，"勿失机也"。这些在教育实践基础上得出的关于教育时间的论述，有现象描述和形象比喻，也有形式逻辑推理，其探索精神和经验体会对于后世具有重要的启发意义。

西方最早提出人接受教育的时间分配的是柏拉图，他主张3～6岁应在经过挑选的妇女监督下游戏、听讲故事；6

岁以后接受普通教育；17～20 岁的青年应进行军事教育，20岁以后学习算术、几何、天文和音乐。而对教育时间进行系统研究的是 17 世纪的捷克教育家夸美纽斯。夸美纽斯注重教育时间与人的生存时间（年龄）之间的协调与和谐，并努力使教育的阶段性与人的早期成长的节律协调一致。他根据儿童的年龄特征，将其受教育过程分为四个阶段，每个阶段为 6 年，从而形成近代学制的雏形。夸美纽斯还从提高教育时间效益的目的出发，提出一整套学校教育和管理原则，力求学校工作有条不紊。夸美纽斯总结的班级授课制空前提高了学校教育的时间效率，充分适应了教育普及和大工业生产对劳动者的需求。19 世纪，马克思在创立辩证唯物主义和历史唯物主义的过程中，对时间、时间经济、时间与人的全面发展等重大问题进行了深刻论述，提出"时间是人的发展空间"的著名命题，形成马克思主义的时间学说，揭开了时间研究的新篇章。20 世纪初，美国管理学家泰罗曾对工人的劳动时间进行了精细的记录、分析与研究，创造出被称为"泰罗制"的科学管理制度，对教育和学校时间管理产生了深刻影响。20 世纪，苏联教育家马卡连柯、苏霍姆林斯基分别在其领导的高尔基工学团和帕夫雷什中学对教育机构的时间管理进行了富有成效的实际探索，为教育和学校时间管理作出了特殊贡献。此外，美国教育心理学家布卢姆等人在学习变量研究中通过对"可用时间"和"实用时间"的研究，发现"教育的关键问题是如何最大限度增加学生的积极学习时间"，丰富了教育时间学的内容。

在前人对时间和教育时间探索的基础上，20 世纪后期，随着学科交叉和融合的日益深入，教育科学领域也出现许多新的边缘学科。在时间学研究方面也取得长足进展，出现时间管理学、时间生物学、时间医疗学等学科，教育时间学亦应运而生。教育时间学作为专门的学科名称是由中国学者孙孔懿最早提出来的，其专著《教育时间学》于 1993 年出版。该书详尽论述了教育时间学形成的理论背景、时代契机及内在动力，并以"时间是人的全面发展的特定空间"为逻辑主线，综合运用社会学、教育学、经济学、伦理学、心理学、管理学和时间学等多学科的基本原理，分别就教育时间的本质、基本规律、功能、效益、结构、密度、节奏、教育时序、教育时机，以及教育时间管理和时间教育等问题进行了系统论述，建构起教育时间学的基本理论框架。

参考文献

孙孔懿. 教育时间学[M]. 南京：江苏教育出版社，1993.

全国十二所重点师范大学. 教育学基础[M]. 北京：教育科学出版社，2003.

（代　薇）

教育实践论（theory of educational praxis）　教育

哲学的重要分支。是对人类教育实践的价值、目的、伦理方式的研究，指向对教育实践的价值观的反思和变革。主要包括教育伦理学和教育政治学等。教育实践论面向教育实践，但不是教育理论的实用化和具体化的操作，而是在实践哲学的基础上，建构指导和规范教育实践和行动的理性原则。

实践哲学是教育实践论的理论基础。实践哲学是一种哲学理论，它把人的实践——行动作为其基本问题。实践哲学有广义和狭义之分。狭义的实践哲学主要研究人类实践，尤其是正确行为的原则，即人应该做什么。广义的实践哲学主要是现代实践哲学，研究人类生存的具体境况和条件。实践哲学概念的两种含义对于教育实践论来说，具有非常重要的意义。从历史生成的角度来看，古典的实践哲学主要针对人的行动的正当性，其基本问题是实践目的与价值的问题；自近代以来实践哲学发展成为广义的概念，基本的问题则成为理论与实践的关系问题。

"实践"是实践哲学的中心概念，也是哲学的基本概念之一。按照一般理解，"实践"等同于人们生活中的所作所为，或者指人的"行事"。但是在西方实践哲学的传统中，"实践"有其特殊含义，它原始的意义着重在"为人"，而非"行事"。所谓实践是指人在价值定向上进行选择的行动，实践因此具有价值选择和目的追求的特点，与人的理性判断力和道德动机联系在一起。

按照西方实践哲学的奠基人亚里士多德的观点，实践建立在目的性上，理性对这一目的具有一种价值判断，也就是我们如何给自己确定方向、我们应该沿着什么样的价值方向前进、应当做什么？同时，理性对于实践的过程具有一种价值的规定，也就是提出了符合目的的价值原则，实践的独特性在于目的性和价值性，在于独特的原则体系，在于理性在其中所发挥的独特作用。所以，实践是人类的理性精神实现价值的过程。反思是实践的一种特性。而实践的规范是一种道德性约束，是基于实践的伦理性。

教育是一种道德性的实践。教育实践是一种价值行动，也是一种目的行动，这就意味着不仅教育本身是人类社会的价值实践，而且在教育实践中也存在价值选择与判断，这是人的理性所为，也就是说教育实践是人的理性所指引的实践。而且，从实践的这一特性来说，教育实践具有道德性的目的。

依据人类活动所追求的不同目的，亚里士多德把人的活动区分为三大类：第一类是理论的直观活动，其目的是理解存在的规定；第二类是在实践精神上把握世界的活动；第三类是在艺术创作上把握世界的活动。对于第二类活动及其所追求的目的——善的研究，亚里士多德归结为伦理学和政治学，并统称为"实践哲学"。亚里士多德的"实践"概念强调和突出"人为"这个特点，人的生命实践成了"实践"

这个词的一个重要含义。实践与生产有着根本性的区别：实践是一个贯穿生命始终的，自身即是目的的价值活动，而生产则是一次性的，以自身以外的东西为目的；实践涉及人生的意义和价值，生产只关心人的欲望与要求的满足。康德反对中世纪将实践概念的含义域扩大的观点，而是参照亚里士多德的思想，将人类的行为区分为"道德—实践"和"技术—实践"。目的是把实践视为一种特殊活动。使实践与其他活动形式相区别的，是自由。然而自黑格尔开始，实践的概念不再和生产或技术活动相对，而是包括了生活—技术活动。实践不再指特殊的人的活动。马克思的实践概念与传统的实践概念也有很大的不同。它不再是指个人的行为，而是被理解为总体活动。总的来看，近代西方思想开始抹平实践与其他人类活动、主要与生产活动的根本区别。"实践"被用来指称一切人类活动。这种转变使得原本对所有人都有约束的最终目的，被理解为是纯粹外在的，实践不再是也不构成对人自身的价值承诺，而成为任意性的东西。

教育实践提升到教育实践论，是因为教育与实践问题分不开。教育不是单纯的存在，而是以善的追求和实现为指向的活动。教育需要一个确定的目的来指导它的活动。教育以它所追求的善为目的。教育不可避免地涉及这样一些问题：什么是人生的美好目的？什么是善？等等。教育作为人类的实践活动，不可避免地要回答实践的目的问题，即教育目的问题。而要回答教育应当追求怎样的目的，就需要研究和回答何谓善、何谓人生美好目的、何谓好人等问题，回答什么是好的教育、什么是教育者倡导的教育生活方式、人作为教育者存在的意义何在等问题。这些问题既属于哲学分支伦理学的范畴，也是教育实践论的范畴。

教育实践论对于具体的教育实践不仅具有指南作用，而更重要的是教育实践论是一种批判的、基础性的实践理论。它与教育实践的关系始终是批判地保持一定距离。教育实践论与教育实践的关系也是理论与实践的关系，这种关系的交接点就是澄清、拓宽和改变教育者的教育实践意识。

教育实践论的内容与问题域，是与人们对实践概念的理解紧密地联系在一起的。实践概念的传统理解与现代理解之分野，使得教育实践论也有广义和狭义之分。狭义的教育实践论从传统的实践概念出发，即从亚里士多德的实践概念出发，倾向于把教育实践理解为教育者的正确行为方式。因而，它总是与教育伦理学和教育政治学紧密地联系在一起的。从这个意义上讲，教育实践论主要研究人类的教育实践，尤其是教育者的正确教育行为原则。广义的教育实践论则是从近代黑格尔实践哲学以来人们对于实践所作出的不同于传统的理解，而把教育实践不仅理解为一种伦理性的活动，同时也涉及以怎样有效的方式和手段来实现教育目的的问题。因此，广义的教育实践论主要深入

探讨教育境况和条件、教育目的与教育手段、教育内容与教育方法、教育评价与教育管理等。

古代西方教育实践论思想

当古希腊的智者们提出为智慧而教学时，这种主张隐含了人的本性是可变的或可教育的思想，引发出"美德是否可教"的问题，教育实践论便由此而产生。在古希腊早期或英雄时代，上层贵族成为公民个性和美德的榜样。公民美德不仅由贵族称号确定，而且通过贵族的血脉世代相传，不需要通过教育而获得。不过受聘而讲授知识使得人们对道德原则的稳定性产生了怀疑。苏格拉底通过分析美德的概念而认为，没有良知，就没有善行；为了能够做出符合善的事情，就必须懂得道德的本质，掌握善的概念。一般来讲，知识是可以传授的，行为依赖于知识，因而道德也可以通过教育而培养。

柏拉图认为，实践哲学探讨人类生活的伦理性，把道德价值与人的生活方式联系起来是必要的。在柏拉图的哲学中，对正义的品质的渴望是生活的核心。正义的品德就是使欲望服从理性控制。正确的教育就是引出个体追求善的生活的德性，教育就是对儿童的习惯给予善的培养。教育实践是建立在对人的本性、社会本性和知识本性的思考与结合之上的。当柏拉图在《理想国》中严格地从理想的城邦出发来论证教育问题时，教育实际上成了政治的一个构成部分。在柏拉图看来，正义的城邦是这样的：每个人在城邦里成为他应当成为的人，做他应当做的事，教育不仅是政治性的，同时也是伦理性的。教育实践就是依据人类本性的组成部分运用不同的教育内容，培养美好的品质。教育就是美德教育，即公民或人的美德教育。当教育被视为美德教育或公民的美德教育时，教育的一切构成要素，从教育内容到教育本身，都以公民美德的培养为目的。这是教育的伦理性的表现。

亚里士多德也同样重视探讨希腊教育实践论中的永恒问题——美德是怎样获得的。和柏拉图略微不同的是，亚里士多德是从公众事务组织管理的核心问题，即良好的政治制度问题出发来阐述他的教育实践思想。这是因为，人们之所以接受教育乃是出于追求美善生活的需要。亚里士多德认为，最好的政治制度应当有与之相适应的最好的教育。这样，就需要考虑的教育问题有：什么是最好的教育？适宜人的天性的课程是什么？等等。教育的目的在于不仅使人成为好公民，而且还要达到自我生活的最高目标——幸福。为此，亚里士多德分析了使人具有美德的三个因素：天性、习惯和理智。基于此，他分别讨论了人获得美德的天性问题、习惯问题和理智问题。亚里士多德的实践哲学主题是有关个人的或政治共同体的利益，有益的生

活或幸福问题。幸福是生活的德性实践，是灵魂合于美德的行动。幸福是生活的目的，幸福是教育的目的，也是城邦的目的。好的城邦应该由优秀的公民组成，而优秀的公民绝不是自然形成的。因此，国家应该对公民的教育采取积极的态度。

从传统的实践概念出发，前现代社会的教育实践总是被赋予一种绝对性的要求，即教育的伦理性要求，并且与政治实践紧密地联系在一起。因此，教育活动总是政治性的和伦理性的，培养公民德性或美德是教育的基本目的。教育活动的伦理性和政治性决定着教育内容的确定和教育活动的展开。即便中世纪实践概念的含义域被扩大，教育活动的生产性也仍然处于被遮蔽的状态，灵魂的拯救成为教育的核心，美德进而演变成超自然的美德，即信仰、希望和博爱。教育实践乃是通过自我活动，借助于神的启示和教育的帮助，来完善人的先天不足。

近代西方教育实践论思想

随着市民社会的兴起，一种完全不同于传统的实践概念出现了。实践的道德性概念在社会经济的不断扩张下开始退缩。科技文明的发展使得实践越来越与技术、专家统治、操纵等联系在一起。"我们应该做什么"被"我们怎样才能更有效"的问题所取代。随之，教育实践论的内容与问题域也发生了相应的变化。

当捷克教育家夸美纽斯把充满活力的具有现实意义的科学知识作为教育目的时，一种不同于古代的教育实践论思想便产生了。这是一个经历了漫长的演变而逐渐发生的过程。泛智教育的理想是把所有的知识都包括在学习者的学习范畴之内。教育开始从政治的和伦理的要求走向科学的与生产的要求。夸美纽斯认为，只有通过了解事物是怎样产生和存在的，才能把握事物的正确知识。基于这样的观念，感觉经验开始在教育中占据核心的地位。由此夸美纽斯论述教育原则而强调直观学习，并认为直观感觉是自然学习方法的线索，这是一种完全不同于古典时期强调教育是心灵的转向和敞开的教育实践观。它强调对事物的直观经验的重要性代替了柏拉图的真理教育和正义教育或亚里士多德的德性教育。引导公民进入国家的精神生活或进入并参与城邦的公共生活和政治生活的教育，被一种更为现实的经济或生产的要求所取代。教育的事功性取代了教育的伦理性。

现代科学技术的诞生，使得理性不仅成为科学的核心概念，也成为教育的核心概念。科学本身的用途更广泛，它极大地扩大了人类知识的范围界限。其结果是，科学已经发展到远远超出任何人能掌握它的范围。看到根本无法掌握所有的知识，英国哲学家洛克提出了发展理智的教育目的。理智包括智力和理性两个方面的含义。智力的价值在于它本身不是知识，而是获得知识的必要条件，借此提高和培养大脑的分析和组织能力，以便人能够在今后更深刻、更透彻地切入任何知识领域。理性的作用对于道德的培养同样重要。洛克认为，德行就是一个能克制自己的欲望，而顺从理性所认为的最好的指导。洛克正是借助理性的概念，阐述了他的教育实践的思想。无论是在知识教育中还是在道德教育中，理智都处在儿童发展的中心位置。尽管教育对于理性的呼唤在古希腊的教育实践论中已经有所表现，但洛克则将理性抬到了至高无上的地位。他试图通过分析人类知识是怎样获得的，而不是解释什么是知识来澄清普遍存在的错误看法。在《人类理解论》(1690)中，洛克提出了人的全部知识来源于感觉经验的观察。人出生时大脑就像一块白板，学习就是感觉经验在其上留下的痕迹。由于看重理性对于个体自由的重要意义和价值，洛克由此提出教育不是使青年精通一门科学，而是开发他们的智力，引导他们学习科学。教育在洛克那里成为施加影响的艺术。这体现一种根本性的变化，即注重德性的教育实践正在演变为注重科学的教育实践，尽管洛克仍然意识到德行培养的重要性。

德国哲学家康德把教育实践看作是把人塑造成自由行动者的活动，这样的自由行动者能够自立，并构成社会的一个有机组成部分，而又意识到其自身的内在价值。由此，教育实践就包括三个方面内容：能力的塑造；知识的教育；德性的培养。他认为，教育给人作为主体的独特个性，又使人获得一种对于整个人类的价值。康德认为，学校应该教育儿童按其应该做的去做；而"应该"的含义不是从经验中获得的，而是先天意志结构的产物。这种意志天生具有一种趋向正义和道德的倾向，因而教育就是帮助和训练善良意志去认识自己的过程。而要做到这一点，只有把它放到道德实践中进行。这种思想直接启发了民主的教育实践论以及"尊重个性"的概念之出现。尽管康德试图参照亚里士多德的实践概念，但是在教育实践的问题上，近代的广义的实践概念的痕迹仍然是非常明显的。亚里士多德认为，公民的教育，既不应该立足于实用也不应该立足于必需，而是为了自由而高尚的情操。儿童教育中包括一些实用的课程，但这些实用课程并不是为了技术与劳动的实用，而是为了通过它们步入更加广阔的知识天地和美德的运用。当康德提出教育包括实用性的内容时，一种更具近代意义的教育实践的概念出现了。教育实践就不仅是道德性的，而且也是实用性的。这种观念恰恰是古代的教育实践概念所不具备的。

德国哲学家黑格尔把教育实践看作是寻求共性而不是个性的过程。因此，教育应当是国家的主要职能。国家是客观理智的表现形式。教育实践就是通过让儿童参与客观精神来认识自我。因此，个人最合适的发展是培养学习客观精神，形成主观精神。只有这样，人才能真正成为有理性的人。人自为的生活是面向客观精神的自由生活。为了调解或达到对立的统一，人必须要经历一个"自我疏远"的过程，走向客观精神，获得培养，重新回到被文化丰富了的自我，黑格尔的教育实践观包含着很深的辩证法思想，即对立面的统一和自我发展的多重否定。

德国心理学家赫尔巴特反对不受制约地自由发展内在潜能。在他看来，自我发展的教育是以错误地分析人的本性为基础的。个人先天内在潜能只是一种保持自己不受环境影响的倾向。教育的目的在于通过获得和提高道德品质，造就理想的、具有多方面兴趣的、有文化的文雅之士。赫尔巴特的教育实践观不像卢梭那样从自然中抽象出原则，而是注重实在的体现。在赫尔巴特看来，把人交给自然，甚至把人引向自然，并在自然中锻炼人是愚蠢的事情。因为，现实是由众多独立的"实在"组成的。单独的自我或灵魂正是其他自我或灵魂的"实在"。在相互联系中，保持自己固有的特点以避免其他"实在"的不利影响，是所有"实在"的共同的特点。正是实在之间的相互作用引起我们的经验，它以观念的形式把它的结果保留在我们的经验中，对我们今后的观念施加影响。

杜威的教育实践观，立足于教会人们思维和行动。思维和行动之重要，是因为它们是解决变化世界中具体的手段或工具。某种观点或假说的真理性，在于人们通过实践来检验它的效果。这样，教育就是经验的不断重新组合。在杜威的教育实践思想中，由于变化的概念占据着主导地位，因而古典教育实践中永恒的概念被取代。承认变化的核心地位，意味着教育即是一个不断生长的过程。生长本身即是目的。教育并不是为了未来的生活作准备，而是生活本身。

现代的教育实践论思想

美国哲学家阿伦特在《人的条件》中将人的活动区分为行动、工作和劳动。三者之间的区别在于，工作或劳动的过程是确定的，目的是为了满足人的自然需要。因而对于工作和劳动来说，它要求一定的手段和能力。工作和劳动的集体化和社会化使得它们作为活动而表现出主体匿名的特征。由此而决定着工作者或劳动者不是作为个体，而是一个种属或一般能力的代表。相反，古代实践概念意义上的行动则是个体化的和多样性的，是主体性的表现，也是自由的实现。阿伦特的这种观点是试图返回到古代的实践概念。这种返回是有着明确的指向性的，即试图重新反思近代以来按生产的特性来改造"实践"概念的各种努力。

从教育实践概念的本意来看，"教育工作"或"教育活动"而不是"教育实践"更多地被使用，能够表明人们对现代教育实践概念的一般语义上的理解。当教育被看作是一种工作时，教育实践的伦理的与政治的内在要求便被一种外在的目的所取代，它从根本上消除了古典的教育实践的含义。如果把教育作为工作，其过程是确定的，它有一个确定的开端和结果，它要求一定的手段和能力。教育工作强调技术性的一面，如对现实条件的把握，对手段的考虑，以及进行过程的种种步骤。相反，教育实践与教育工作不同，教育实践是一个伦理性的概念，它处于一个先在的关系网络和语言交往之中，具有不确定的多样化的各种观念的相互作用，具有目的性和价值性的规范和原则。教育实践与教育工作的根本性区别，在于教育的目的感和价值观的正当性，在于正确的实践目的和价值原则的确立，这种实践性和责任性特征表明了教育工作的伦理性要求，亦即教育的实践性要求。

教育活动的工作概念，使得教育的效率成为各级各类教育所追求的目标。为此，教育过程得到严密的组织，从而使得人们是在较为严格的分工之下开展教育活动。伴随着教育活动的组织化过程，教育过程也越来越技术化。其结果是，原来在传统的教育实践中具有整体意义的教育者被降格为一种受约束的、循规蹈矩的工作者。教师成为单纯的知识传递者。由于教育不再是政治性的或伦理性的，而是生产性的和技艺性的；因而一切试图恢复和倡导教学的教育性和苏格拉底式对话教学的努力，都会没有意义。教育中人的塑造就转而成为人的训练，对人的内在品德的关照就成为对人在社会中的外在表现的看重。功利性占据着教育的主导地位。

当教育过程成为"生产性"的程序行为，教育实践就成为简单的操作行为，教育目的等问题就不再被思考。实践领域——人的教育世界也就逐渐被纳入技术理性的支配，生产的准则成了教育生活的准则，技术标准一体化也使教育标准一体化。

教育实践论对于教育实践的目的的认识是实践在进行价值选择的过程中不可或缺的，也就是运用思想的力量找到教育各种选择的价值判断的根据，从而使教育实践的各种选择的行动符合普遍的正当性。教育实践论是对人类理性在教育实践中所采取的独特形式的探究，从批判性来说，它试图界定教育实践的规则和前提假设是正确的还是错误的。

教育实践论当然不能决定实践，当然更不是给实践规定和强加独断的教条，更不是一种理论的简单的操作性运用。教育实践论对于实践的价值，是运用理性的探寻和论辩，理解教育的正当性目的、内容，揭示符合人的心灵和共同体的美好生活的教育形式，以及教育进行的根本原则和正当的方式。它的理性也使得我们可能拥有教育的理想和一种关于教育实践的价值选择的判断力，使得我们知道在教育实践中哪些是善的，哪些是恶的，知道我们应当选择什么，避免什么，应当做什么和怎样做，不应当做什么。教育实践论是在理论上确定国家、社会、学校、家庭、个人的教育实践的伦理的、道德的正当性义务。

参考文献

汉娜·阿伦特.人的条件[M].竺乾威,译.上海:上海人民出版社,1999.

伽达默尔.伽达默尔论柏拉图[M].余纪元,译.北京:光明日报出版社,1992.

金生鈜.教育实践论是实践哲学[J].教育研究,1995(1).

亚里士多德.尼克马克伦理学[M].廖申白,译.北京:商务印书馆,2003.

张汝伦.历史与实践[M].上海:上海人民出版社,1995.

（周兴国）

教育实验研究（experimental research in education）教育实践中进行的一种"假设—求证"活动。研究者首先假定,如果采用某种新的教育措施（自变量）,就会导致某些教育因素（因变量）发生变化,然后将这种假定付诸实践（实验组和控制组）,并以测量和统计的方法（前测和后测）来考察自变量与因变量之间的因果关系。

教育实验研究的特征　教育实验研究的基本特征是"假设"、"验证"和"控制"。与之相对应,教育实验研究具有三个基本要素：自变量与因变量、前测与后测、实验组与控制组。

教育实验研究以教育"假设"为研究的起点。教育假设是一种因果关系的陈述,它假定某些自变量（也称"实验刺激",如教师的期望）会导致某些因变量（如学生的成绩）的变化。在这一点上,教育实验研究与所有科学实验是一致的。无论是科学实验还是教育实验,"假设"是实验研究的灵魂。教育实验研究者可以验证他人提出的教育假设,也可以验证自己的教育假设。提出假设本身是一项严肃而复杂的研究活动,教育实验研究者不论从他人（包括历史文献和现实生活中的他人）那里选择、确认某种教育假设,还是根据自己的学习体验和人生经历提出自己的教育假设,都是一项具有高度挑战性的工作。教育研究者能否提出有价值的教育假设,不仅取决于自身的理论思维水平,而且取决于自己的生活经历与生活体验。因此,实验研究不只是一般意义上的研究方法,还与研究者的理论思维水平以及个人生活体验有关。

教育实验研究是使用测量和统计的方式对假设进行"验证"。研究者在实验开始时往往需要对因变量进行测试（即前测）,在实验结束后再次对因变量进行测量（即后测）,通过比较前测与后测的差异值就可"验证"假设。如果没有差异,就说明自变量对因变量没有影响,从而推翻假设。如果有差异,则可证实原假设,即自变量对因变量有影响。

教育实验研究以"控制"的教育情境作为验证的前提条件。为了排除其他因素的影响,实验者必须采取一定的"控制"措施,比如使所选定的实验组具有一定的代表性,并使之保持一定的稳定性和封闭性,同时排除某些干扰因素;或者在实验组之外另设一个控制组以便加以对比。在设置实验组和控制组时,最好是随机选派,并尽可能使它们的所有特征和条件都相同,不同之处只是在实验中,实验组接受实验刺激,而控制组则不受实验刺激的影响。

教育实验研究的实施方法与设计　经典的教育实验研究通常包括三个基本步骤。第一步,根据假设提出实验课题。例如,研究者假设,如果在初中数学教学中实施"自学辅导教学"可以提高学生的学习注意力和学习成绩,则可以提出"初中数学自学辅导教学实验"这一研究课题。在确立实验课题时,需要进一步阐明自变量与因变量以及两者之间的关系（实验假设和实验课题实际上已经蕴含了相关的自变量与因变量）。当"自学辅导教学"作为自变量时,实验研究的因变量可以是"学生的注意力"和"学生的学习成绩"。第二步,选择实验组和控制组。在选择实验组和控制组时,往往采用"匹配"和"随机指派"两种方法。由于找出两个完全相同的实验对象几乎不可能,所以教育实验研究更多地采用随机指派的方式。比如研究者若要将50名学生分到实验组和控制组,可以将这些学生随意地按顺序排列,然后将号码为奇数的学生分到实验组,将号码为偶数的学生分到控制组。第三步,对实验组和控制组进行前测,然后对实验组实施实验刺激,再对两组进行后测。比较分析两个组在实施实验刺激前后两次测量结果之间的差别,得出实验刺激的影响。实验刺激的影响＝实验组的前后测的差分－控制组的前后测的差分。

上述经典的实验研究大体上能够消除实验干扰因素,故亦称"标准实验"或"真实验"。如果缺乏这种"标准实验"或"真实验"中的一个或多个要素,则称"准实验"（quasi-experiment）或"前实验"（pre-experiment）。广义的"准实验"包括"前实验"。"准实验"的基本形式是只有实验组而没有控制组,只有后测而没有前测,这种做法一般也称"仅后测实验"。

表面看来,"仅后测实验"由于既无前测也无控制组,使后测的结果缺乏基本参照而几乎无法比较,但在真实的教育情景中,实验者总能从不同渠道考察实验组的原有状态,并以此作为后测的比较参照对象。例如,实施"自学辅导教学实验"的研究者可能由于条件所限或出于研究伦理的考虑而没有特别地实施前测,但前测实际已隐含在实施"自学辅导教学"前学生的各类考试、练习或行为表现中,这是一种隐性的前测,故亦称隐性的"单组前后测实验"。不仅如此，"仅后测实验"也是一种隐含了控制组的实验。比如，某校实验班以"自学辅导教学"作为实验刺激，并以实验班参加本地区统一命题考试成绩作为后测结果。虽然该实验研究事先未指定对比班，但可以参加同题考试的本校同年级自然班学生的成绩作为比较依据，并以此来考察"自学辅导教学"与传统的讲授法教学效果之间有无显著性差异。虽然"仅后测实验"因缺乏前测而不便于前后测比较，又因缺乏控制组而不便于参照，但也有其可取之处。比如，它因没有安排实际的前测而避免了前测可能给实验带来的干扰，又因没有安排实际的控制组而在某种程度上避免了实验研究中可能出现的"亨利效应"和"霍桑效应"。J. 亨利是美国一名黑人铁路工人，当他听说要采用蒸汽钻机代替人力时，自己就增强劳动强度，暗暗地与蒸汽钻机竞赛，结果他奇迹般地超过了机器作业，但过强的体力劳动也使他因劳累过度而死。后来人们将控制组的这种积极效应称为"亨利效应"。1924—1932 年，美国国家研究委员会和西方电器公司在霍桑工厂进行了一项研究实验活动，即"霍桑实验"，目的是确定照明条件对劳动生产效率的影响。然而，不论照明条件是否改变，实验班组的产量都明显提高。经过研究发现，产量的提高是因为参加实验的工人们感受到厂方对他们的关心和重视而加强了劳动纪律的结果。后来人们将实验组的这种积极效应称为"霍桑效应"。

可见，"仅后测实验"实际上隐含了"假设"、"验证"和"控制"等基本特征，也隐含了自变量与因变量、前测与后测、实验组与控制组等基本要素，从这个意义上说，此类"准实验"依然具有实验研究的基本精神。因此，"准实验"是在保持一般实验研究的基本特质的前提下，根据教育实践的特殊性所作的变通与调整。

"准实验"既保持了科学实验的一般特性，又关照了教育实验的特殊要求，是一种"真实的教育实验"。准实验是在实验研究方式规范允许的范围内，进行更贴近实验条件的变通实验操作，使实验法有更广泛的应用范围。从这个意义上看，准实验给实验法增添了活力，它是实验研究方式发展史上的又一重要进展，为实践向实验的转换提供了更大的可能与中介方式。

教育实验研究的类型　教育实验研究可以按照不同的视角划分为不同类型。比如，按实验的场所分，有自然实验和实验室实验，教育实验研究一般为自然实验；按实验的控制程度分，有前实验、准实验和真实验；按教育实验研究的主题和内容分，有教育体制改革实验、课程内容与结构改革实验、教学改革实验以及整体改革实验等。从实验研究的主题和内容来看，教育实验研究主要有学制改革实验、课程改革实验、教学改革实验和整体教育改革实验四类。

参考文献

风笑天.社会学研究方法[M].北京：中国人民大学出版社,2001.

王汉澜.教育实验学[M].开封：河南大学出版社,1992.

叶澜.关于我国教育实验科学性问题的思考[J].教育研究.1992 (12).

袁方.社会研究方法教程[M].北京：北京大学出版社,1997.

Campbell, D. & Stanley, J. Experimental and Quasi-Experimental Designs for Research on Teaching [M] // Gage, N. Handbook of Research on Teaching. Chicago：Rand McNally, 1963.

（刘良华）

教育世俗化（secularization of education）　现代教育逐渐摆脱神学与宗教组织的控制，成为一个相对独立的按照自身内在逻辑发展的社会子系统的过程。就教育制度世俗化而言，是指公共教育体系与宗教组织分离，宗教组织丧失控制权的过程。教育的世俗化并不等于教育的去宗教化，世俗化的教育也不等于世俗的教育。

世俗化　在西方社会现代化的过程中，宗教与社会之间的关系发生了很大变化。从中世纪的基督教思想与组织控制社会各个子系统，规范人们的行为，到社会各个子系统逐渐摆脱教会的监督和控制，社会学家把西方现代社会的这种变化称为"世俗化"。

"世俗化"首先是一个西方话语。欧美语言中"世俗化"一词的拉丁文词根 saeculum 有两种基本含义，一是指一个长时间跨度，二是指魔鬼撒旦统治下的此世。"世俗化"一词最早出现在 1648 年宗教战争结束后所签订的《威斯特伐利亚和约》中，用来表示原被教会控制的领地或财产转交给世俗政治权力控制。在罗马教会的法规中，该词还表示有教职的人回归世俗社会。这两种用法，无论在特定的例子中有什么歧义，都可以在纯粹描述和非价值判断的意义上使用。后来，"世俗化"一词和从它派生出来的"世俗主义"一词被作为富有价值判断内涵的意识形态概念使用。

西方世俗化问题的学术研究史可分为三个阶段：第一个阶段是在 20 世纪初，以涂尔干、W. 韦伯为代表，从他们的学说中诞生了最初的世俗化理论；第二个阶段是在 20 世纪六七十年代，以 P. L. 贝格尔、B. R. 威尔逊、卢克曼等为代表的社会学家在现代化理论框架下提出了比较系统的世俗化理论，这一理论后来被称为"标准的"世俗化理论；第三个阶段是在 20 世纪八九十年代之后，"标准的"世俗化理论经过修正，以解释宗教在世界范围内的复兴，有关世俗化问题的争论也更为激烈。

涂尔干以神圣来定义宗教，并以世俗作为神圣的相对意义。他认为，在现代社会中，传统的宗教功能将逐渐被社会的其他部门取代，传统类型的宗教终将无法存在于现代社会，取代它的是一种符合现代社会需求的"人道宗教"。这种二分法以及它对宗教功能与演变趋势的分析对后来的世俗化理论产生了重要影响。

最早从学术角度使用"世俗化"一词的是德国社会学家W.韦伯。不过,W.韦伯本人没有对世俗化作过界定,也很少使用"世俗化"这个词,而是用 rationalität(即 rationalization,理性化)、entzauberung(即 disenchantment,觉醒、祛除巫魅、解除魔咒之意)等词来表述世俗化的含义。他把宗教中所发生的理性化与消除神秘性(祛除巫魅)的过程叫作世俗化。在他看来,世俗化既是一个过程,又是这个过程的结果。在世俗化的过程中,话语世界不断碎化和多元化,宗教价值观在世俗价值观的竞争下,对人类生活大多数领域的控制不断弱化。

早期社会学家关于宗教与社会关系以及宗教变迁的论述为后世学者阐述世俗化理论指明了方向。1950—1975年,越来越多的社会学家尝试着对"世俗化"进行概念界定和理论建构。

美国宗教社会学家 P.L.贝格尔认为世俗化是现代西方历史上可以观察到的一些极其重要的过程。他指出,所谓世俗化意指这样一种过程,通过这种过程,社会和文化的一些部分摆脱了宗教制度和宗教象征的控制。就西方现代社会与制度层面而言,世俗化表现为基督教教会撤出过去控制和影响的领域——它表现为教会与国家的分离,或者对教会领地的剥夺,或者教育摆脱教会权威。

根据学者辛纳的整理,"世俗化"一词具有六种意义和用法:(1)指涉宗教的式微,原来被社会所接受的宗教象征、教义与机构逐渐失掉享有的特权与地位,最终演变成一个没有宗教的社会;(2)宗教逐渐顺从现世,并将注意的焦点放置在解决生活的困难,失掉对超自然与来世的关怀,结果使宗教与其他社会组织的区隔消失;(3)指社会自宗教领域区隔出来,使得宗教成为仅关怀个人的私人生活领域,无法再对个人外在的社会生活的公共面产生影响;(4)指宗教内涵的转化,将原来宗教的信仰与组织转化成不再以上帝为主体的非宗教形态;(5)世界的去神圣化或除魅化,理性成为诠释人与自然的准则,宗教所伴随的超自然理念不再具有影响力;(6)指社会由神圣性的社会发展为以理性为主导的世俗性社会,任何传统的价值、规范与运作模式均被抛弃,并且接受任何以理性为基础的变迁。

20世纪六七十年代形成的所谓标准的世俗化理论依托的是现代化理论。大多数学者认为,世俗化与现代化是同一个过程,世俗化是现代性的表现之一,正是工业化、城市化、民主化、理性化、专业化、个人化以及社会流动等变化推动了社会的世俗化。但历史与现实表明,现代化与世俗化之间并没有直接联系,并不是越现代化的国家宗教影响力就越弱。同时,世俗化理论的阐释者在从现代化理论那里借用理论资源的同时,也遗传了这一时期现代化理论固有的缺陷,如简单化的二元对立、机械进化论、社会变迁的单

向性等。此外,在20世纪后期,世界范围内出现了原教旨主义运动、新宗教运动以及自发的宗教团体大量出现等宗教"复兴"现象。因此,在20世纪八九十年代,标准世俗化理论经受了有效性与可靠性的批判。

面对20世纪后期世界宗教所发生的新的变化以及批评世俗化理论的声音,世俗化命题的支持者不断修正和发展现有理论,从而使世俗化理论变得更为丰满,内在逻辑更为严密,也更注重与经验研究的结合及相互验证。其中,比利时学者多伯拉尔提出的不同层面的世俗化理论是重要代表之一。

多伯拉尔将世俗化划分为宏观、中观和微观三个层面。就宏观层面而言,世俗化主要指功能分化的过程。宗教组织与制度作为一种意义和合法化的重要源泉,丧失了它曾享有的对其他社会系统的尊崇地位,宗教组织原先所执行的功能被世俗机构所取代,或者说社会子系统在宗教的权威下解放出来,走向独立,其结果是宗教的权威在社会领域中日益缩小。就中观层面而言,世俗化主要指宗教的多元化以及宗教组织为了适应多元化带来的宗教竞争,进行自我调整,从而更贴近个人的日常生活需要,这通常又叫作宗教的内部世俗化。就微观而言,世俗化主要指现代人更加认同世俗的价值标准,关心现实的功利问题,对永生或出世的事物不再深信不疑或发生兴趣。个体的宗教虔诚衰退,个体逐渐脱离宗教组织,参加宗教活动的人越来越少。信仰日益个人化,以至于成为"私人领域"的一部分。

可见,对世俗化的理解与对宗教的理解密切相关,对宗教的不同界定直接影响着世俗化这一概念的内涵与外延。同时,世俗化还是一个社会历史概念,在不同的历史时期和社会背景下,人们对它也有着不同解释。

一般来说,世俗化是指在现代社会中,宗教或者由于不符合现代性,或者说在现代化的冲击下,逐渐失去其意识形态的主导地位和控制社会之合法性的过程。就制度层面而言,它主要是宗教与其他社会子系统或公共机构相分离,从而丧失控制力的过程。不过,宗教权威的削弱及其重要性的下降只是意味着它的式微,意味着宗教以往那种凌驾于其他社会子系统之上的地位不复存在,意味着宗教与其他社会子系统关系的调整,并不意味着非宗教化、去宗教化,更不意味着宗教的消亡。

从历史来看,人类社会世俗化的进程是不均衡的。就西方社会而言,其观念层面的世俗化是从文艺复兴运动和宗教改革运动时期,随着人文主义、个人主义、理性主义等思潮以及宗教宽容、信仰自由等观念的兴起而开始的;制度层面的世俗化则是随着民族国家和市民社会的兴起而启动的。驱动世俗化的力量很多,包括理性主义与近代自然科学的兴起,个人主义与多元化世界的到来,工业化、城市化以及由此引起的传统社会结构的变迁,现代民族国家的形

成等。

教育制度实现世俗化后，宗教与教育的关系变得更为复杂。分化（differentiation）、与世俗世界相联系（worldliness）和理性化（rationalization）三个概念可以作为教育制度世俗化后宗教与教育关系的参照。教育与宗教分化的结果是多方面的，包括：教育系统脱离宗教控制而获得独立发展；个人对可能涉及宗教信仰的宗教教育具有自由选择权，即宗教教育的个人化；不同宗教的教育享有平等地位，或者说多元的宗教教育；学科教育与宗教教育分离，宗教与神学不再统率或渗透于其他学科的教学中；等等。与世俗世界相联系是指，无论宗教教育还是世俗学科教育，都是以此世为取向，重视现世的实用性及社会福利，服务于社会的各种需要，而不是着眼于对超自然或来生来世的关怀。理性化包含两层含义：一是指分化后的教育活动都根据自身的内在逻辑独立运作；二是指理性，包括科学精神（工具理性）与人文精神（价值理性）取代神性权威，成为主导一切教育活动的基本精神。

推动教育世俗化的因素包括：教育活动本身不断科学化和理性化；现代社会要求公共教育不能与良心、信仰自由等现代性基本原则相抵触；民族国家逐渐控制公共教育这个重要的发展工具；多元化市民社会要求教育满足其多元化的需求，等等。就西方国家来说，其教育世俗化的起点可以追溯到文艺复兴运动与宗教改革运动时期。教育制度世俗化的普遍性结果就是世俗国家或市民社会取代了宗教组织，成为国民教育的控制者。但就各个国家而言，其教育制度世俗化的道路、动力与特点，教育制度世俗化后宗教与学校教育的关系以及宗教教育政策等都不尽相同，导致这种差异的因素是多方面的，包括宗教人口的构成、主流社会对宗教作用与价值的看法、政教关系以及历史与政治因素等。就宗教人口的构成而言，如果一种宗教在一个国家中是绝大多数人的信仰，以至这种宗教信仰被视为这个民族的文化特征或在法律上被规定为国教，那么在这样的国家，往往会施行宗教教育。例如意大利、希腊等国，占主导地位的宗教被明文规定在学校中教授，不过内容往往限于道德和知识层面。如果在一个国家存在两种宗教信仰势均力敌的情况，如德国、荷兰和比利时等国，新教和天主教的信徒队伍庞大，教会的影响力也很大，那么往往在有关法律中赋予两种宗教在学校教育中同等的权利。还有一种情况，在一个国家，宗教人口的构成相当多元，为避免宗教纷争而将宗教教育限制在私立学校中，公立学校则排除任何可能引起冲突的宗教教育。这种情况最为典型的国家是美国。宗教的社会作用和政教关系对宗教教育政策的影响更为复杂。20世纪，德国的教会在政治民主化的进程中曾发挥过重要作用，所以在第二次世界大战之后，德国政府与公众都认为宗教能在公共生活中发挥积极作用，教会被认为是国家的一

个组成部分，政教合作有助于促进人民的共同福祉。所以，德国社会认可宗教教育，国家的学校宗教教育政策并不被视为国家对宗教的让步，而被视为国家对宗教在公民教育方面所具有积极作用的肯定。政府和公众希望通过宗教教育，让学生更好地学会在一个多元和民主的社会中生活。再以历史和政治因素为例，法国教育制度的世俗化进程是大革命时期启动的。革命的资产阶级以启蒙思想为理论武器，与维护旧制度的天主教会展开了反复而激烈的斗争，这种斗争不可避免地延伸到学校教育。法国政治的高度意识形态化使这种斗争较其他国家更为激进，并最终推动法国确立了更为彻底的政教分离和教育制度世俗化原则。英国的资产阶级革命以清教为理论武器，披着宗教的外衣，因此革命之后的英国政府与宗教仍保持着密切联系，英国国教在社会中发挥着重要作用。在政治民主化的过程中，英国主要是通过不断扩大非国教徒的权利，包括教育权利来实现的。英、法两国不同的历史和政治背景，对于两国教育制度世俗化的道路、特征与结果产生了重要影响。

现代西方主要国家宗教与学校教育的关系 当代西方国家的教育制度被公认为世俗化的教育制度，尽管西方国家教育世俗化的进程在文艺复兴时期就已启动，但大多数国家直到19世纪后期甚至20世纪才真正建立这样的制度。在世俗化的教育制度下，这些国家的教育并不是纯粹的世俗教育。首先，私立的宗教学校子系统与公立的世俗学校子系统并存。其次，即使在公立学校中，也普遍存在宗教教育。再次，宗教组织作为一个重要的社会力量和利益集团依然对教育活动发挥着强大影响。在现代制度的框架下，私立的宗教学校与作为社会力量和利益集团的宗教组织都有其存在的合法性，公立学校中的宗教教育问题则常常成为争议的焦点。

现代学校的宗教教育不同于传统的宗教教育。传统的宗教教育通常由教会或其他宗教机构进行，重在宗教教义和宗教道德观的教诲和灌输，因此它在很大程度上是一种信仰教育。而现代学校的宗教教育在内容、方式、类型、意义等方面则有很大不同。欧洲教会学校联合委员会（Inter European Commission on Church and School，简称ICCS）主席施莱内尔提出，按照教学方法来划分，现代学校的宗教教育可分为三种：寓教育于宗教（education into religion）、关于宗教的教育（education about religion）和从宗教中获得教育（education from religion）。寓教育于宗教就是将学生引入某种宗教信仰。在大多数国家，这不被认为是公立学校的教育任务，而被认为是家庭和宗教团体的职责。关于宗教的教育主要指宗教知识教学和宗教研究。从宗教中获得教育，就是围绕重要的宗教和道德问题，为学生提供思考不同答案的机会，从而发展他们的反思性视阈。

在现代西方国家，宗教的影响力虽然不及中世纪广泛，

但仍是其文化传统和社会生活中的一个重要组成部分。几乎所有的西方国家都在其公立学校中进行某种形式的宗教教育。各国学校宗教教育的具体政策由于历史与现实的因素而各不相同。

历史上曾经爆发过激烈宗教冲突的荷兰于1920年颁布《基础教育法》，其中规定：公立学校不分宗教信仰，向所有人敞开；教师对各种宗教教义都要予以充分尊重；小学的宗教教育通常是在五年级以选修课的形式进行；在中学，有关《圣经》的知识和基督教文化史的知识是作为文化选修课的形式组织进行的。此外，在公立中学还开设了由教会任命的教师教授的教义问答课，以满足学生与家长的需要。尽管宗教学校有完全的自由，但必须满足政府对世俗教育的最低要求。德国基于特殊的历史文化背景，教会与国家的关系相当密切。因此，虽然德国宪法中有不设"国教"的规定，并保障宗教信仰的自由，但宗教的庞大力量却让它在宪政体制下享有一定特权，公立学校的宗教教育由宪法明文规定。政府本着宗教中立的立场监督宗教教育的实施，同时保障不同信仰的学生与家长享有宗教教育选择权。自1958年以来，瑞典的学校体系就是一个完全在公共权力控制下的统一的学校体系。在新的综合性学校里，每周两次的宗教教学作为一门基本课程，旨在帮助学生适应他们所处时代的文化生活。由国家教育委员会编订的课程手册详细列举了宗教教学的内容：《圣经》的主要内容、基督教信仰和伦理道德的核心、基督教会历史的主要线索、各种类型的宗教团体以及其他重要宗教的知识等。通过宗教教育，使学生能够分析基督教的价值，辨别与瑞典青年作为现代世界公民有关的伦理和宗教问题。宗教教育是客观的、开放的、宽容的，目的是使每一个学生都能养成一种创造性的生活哲学和尊重他人的态度。从大革命打破天主教对教育的垄断，创建世俗的国民教育体系开始，到费里改革基本确立世俗化的教育体制，从1905年通过《政教分离法》，再到1940年对有关宗教学校的立法进行调整，恢复宗教团体开办学校的权利，法国教育制度的世俗化改革历时近150年。长期以来，法国始终坚守政教分离与教育制度世俗化原则，将宗教的影响尽可能限制在公立学校之外。2004年2月，法国国民议会通过《面纱头巾法》，禁止女学生在公立初中和高中佩戴伊斯兰头巾，同时强迫学生摘除大十字架和犹太人的小帽等具有明显宗教标志的服饰，结果在国内外引发轩然大波，支持者认为这是政教分离和教育制度世俗化原则的体现，反对者则指出这违背了信仰自由。英国《巴特勒教育法》规定在中小学必须教授宗教课和组织集体礼拜，而且把宗教定为基督教。但是，随着第二次世界大战之后外来移民的增加以及由此导致的英国宗教人口结构的变化，英国开始更为平等地看待基督教以外的宗教。《1988年教育改革法》明确规定宗教教育必须反映英国以基督教为

主的事实，但必须考虑英国境内其他各种主要宗教的存在。所有学校必须每天做基督教的集体崇拜，但不能是特定的基督教教派的崇拜。如校长认为该崇拜仪式对全部或部分学生不合适，经过地方咨询委员会的同意，学校也可举行不同的宗教崇拜。更重要的是，学生家长有权让孩子不上宗教课和参加宗教崇拜。2004年10月，英国颁布第一份全国性的中小学宗教教育指导大纲。大纲要求学生不仅要了解诸如耆那教、波斯教等不太熟悉的宗教，还要学习各宗教间的共性和冲突，目的是增进对世界的理解。同时，大纲还要求通过宗教教育来推动道德教育、公民教育、健康教育、人格教育，促进人的精神的全面提升。美国宪法规定了政教分离的原则，而且目前美国所有的公立学校也不可以有宗教教育，但这并不是从建国之初就是这样的，因为美国是一个具有新教传统的国家。20世纪以前，在美国的宗教信仰构成中，各种新教教派占据了绝对主导地位。同时，早在美国建国之前就出现的学校大多是由各个教派创办的。直到19世纪上半叶，美国才开始在公共学校运动中创建面向所有教派学生的公立学校。约至20世纪初，随着不同信仰移民的增加，为避免出现类似19世纪后期天主教子弟在新教学校中被迫读新教《圣经》以致酿成冲突的情形，才在尊重各宗教权益的前提下，将宗教教育与宗教仪式逐步退出公立学校，形成真正世俗的公立学校体系。宗教退出学校并保障宗教信仰自由原则是政教分离的重要精神。美国的司法系统也严格执行在公共领域中政教分离的原则，并在有关学校宗教教育的诉讼中阐明政教分离并非反宗教的实质。从上述西方主要国家的学校宗教教育政策可以看出，在世俗化的教育制度下，学校的宗教教育主要采取了三种形式：一是将宗教教育排除在公立学校之外；二是学校中的宗教教育只限于有关宗教文化与知识的教育；三是允许各种宗教在学校中拥有平等的开展教育活动的权利，同时也允许学生拥有自由选择权。不论哪种形式，都体现了教育世俗化的本质，即保障受教育者的信仰自由和意识自由。在世俗化的制度下，人们对学校中的宗教教育也变得越来越宽容。

参考文献

彼得·贝格尔.神圣的帷幕：宗教社会学理论之要素[M].高师宁，译.上海：上海人民出版社，1991.

刘小枫.现代性社会理论绪论[M].上海：上海三联书店，1998.

Shiner, L. The Concept of Secularization in Empirical Research [J]. Scientific Study of Religion, 1967(6).

（郑　崧）

教育市场化(marketization of education)　　有两种理解。一是指将市场经济的运行机制和规则完全移植到教

育中,教育服务供求和教育资源配置由市场调节,政府的作用在于对教育进行宏观调控。其基本依据是,教育服务是私人产品或商品,市场机制可以使教育资源配置最优。二是指在教育管理和学校管理中引入市场机制,以提高教育和学校资源利用效率。其基本依据是,教育服务是具有正外部性的准公共产品,将教育服务引入市场机制可以提高教育资源利用效率。教育资源完全由市场配置将导致教育服务有效供给不足和教育异化。

教育市场化的背景

在市场经济中如何认识和处理政府与市场的关系是一个永恒的主题。在 20 世纪 30 年代以前,主流的经济思想是主张放任自由,反对政府对经济的直接干预。1929—1933 年的资本主义经济大危机暴露了放任自由的市场经济在资源配置方面的严重缺陷,主张国家干预经济的凯恩斯主义应运而生。20 世纪 40—70 年代,西方主要发达国家奉行凯恩斯主义,相机抉择财政政策与货币政策干预经济,并获得成功,50—70 年代成为西方国家经济发展最为迅速的时期。70 年代初期以来,西方国家经济停滞,通货膨胀率居高不下。70—80 年代,反对国家干预经济的新自由主义经济思想重新抬头,认为由于政府机制缺陷,无法使资源配置达到最优。在教育领域表现为教育资源使用效率低下,教育质量不高,消费者选择教育权利的缺失。与此同时,第二次世界大战后奉行福利主义的英联邦和北欧国家,政府公共支出不断增大,财政不堪重负,劳动效率下降。在这种经济和财政危机背景下,反对国家干预经济,主张经济自由化的思想逐渐占据上风。在教育领域则表现为主张引入市场机制,实行教育市场化。

在中国,20 世纪 80 年代中期后,伴随计划经济向市场经济转轨的经济体制改革,教育体制也进行了相应改革。同时,长期以来教育经费严重短缺制约了教育的发展。教育领域一些学者和管理者提出教育商品化、市场化,学校企业化的主张,以适应市场经济体制和解决教育经费短缺问题。

教育市场化理论

对教育市场化内涵的不同理解形成不同的教育市场化理论。认为教育市场化是将市场经济运行的机制和规则完全移植到教育中来的,可追溯到 17 世纪英国自由主义经济学家霍布斯和洛克的思想以及 19 世纪亚当·斯密关于市场和政府作用的论述。20 世纪 70 年代以来西方一些经济学和管理学理论被作为当代市场化改革的直接依据。

新自由主义 兴起于 20 世纪 70—80 年代,其基本观点

是,当代社会的所有弊病是由于资产阶级国家干预过多造成的,希望返回到自由竞争的资本主义去。因此,他们认为,市场机制在满足人类欲望和分配生产资源到各种不同用途上起着重大作用。而正是国家干预妨碍了自由竞争和资本主义经济的发展。他们认为,解决问题的出路是把资本主义国家的国有企业私人化。新自由主义思想推动了国有企业的改革,也打开了教育市场化之路。美国经济学家 M. 弗里德曼 1955 年发表《政府在教育中的作用》(*The Role of Government in Education*)一文,最早提出教育市场化的观点:第一,20 世纪后建立的公共教育制度是一种政府垄断。由于对其缺乏必要的市场竞争的约束,无论从经济、社会还是从教育上看都是失败的,因为它导致效率低下和资源浪费。要改变这种状况,唯一出路是走市场化道路,将市场法则运用于教育领域。第二,教育市场化必须具备三个条件:在消费者和生产者中形成市场观念;形成取代免费集体服务的市场交换关系;建立起全国统一的生产者机构市场,在该市场中所有机构(无论是私立的和公立的)均是独立和竞争的企业,社会无论是对私立的还是公共的机构都应一视同仁。第三,在基础教育方面,主张废除义务教育立法。提出国家将公共资金用于教育事业,应从目前的对公立学校的直接补助改为由政府向学生家庭直接发放教育券的办法。在高等教育领域,无论是私立还是公立高等院校,均应向学生全额收取学费。政府对公立院校的资助也必须采取教育券或贷款的形式,由学生自主选择就读的院校,贷款学生将来就业后归还所欠款项。教育市场化改革的另一位倡导者经济学家哈耶克的观点是,市场是教育活动的基础和依据,应将市场的竞争原则运用于教育领域。不存在用以决定谁该接受进一步教育的所谓公平的教育依据,不必通过教育手段对学生进行选拔,对学生进行选择的唯一途径是竞争和市场过程。其赞同的唯一的教育平等形式是市场公平,即在教育市场中进行竞争的权利。他反对应尽量使每个学生在教育上获得成功的观点,认为政府绝不可以为所有有能力接受高等教育的人提供资助,多少人需接受高等教育完全是由市场来决定。他还认为,国家对教育的投资规模不应受非经济的各种社会因素的影响,而完全应由教育投资的回报率来决定。因此,他不赞同那种认为应尽可能促使所有学生在学习上获得最大限度成功的观点。他指出,一个社会如果想要从有限的教育投资中得到最大限度的回报,就应该将投资集中于少数尖子的高等教育。

新公共管理主义 产生于 20 世纪 90 年代初,其主要观点:注重管理而不是政策,注重绩效评估和效率;将公共官僚制组织划分为一些在用户付费的基础上相互协调的机构;利用准市场化和签约包出工程的方式促进竞争;削减成本;具有一种特别重视产出目标、限期合同、金钱刺激和自

主管理的管理风格。新公共管理主义思想的核心是要把公共行政僵死的、等级制的组织形式转变为公共管理弹性的、以市场为基础的形式。20世纪80年代后,随着社会政治经济环境的变化,特别是新自由主义思潮的风行、西方各国教育经费的减少,各国政府开始寻求对策,以求在不增加公共开支的前提下来维持和发展本国的教育事业,于是经济学家的教育市场化理论受到推崇。

对教育市场化的另一种意见是,在教育管理和学校管理中引入市场机制。中国教育经济学学者王善迈认为,从产品和服务分类来说,教育提供的不是物质产品,而是服务,通过教育服务和教育者、受教育者双边劳动,使受教育者在德、智、体诸方面得到全面发展,形成人力资本。关于教育市场化的讨论,其外延集中在正规三级教育提供的教育和教学服务上。教育服务在消费上具有一定的竞争性,并由于教育服务的非整体性,从技术上说是可以分割的,而使教育服务具有排他性。从整体来说,教育是一种具有正外部效应的准公共产品。不同级别与类别的教育,其产品属性特征不尽相同,如义务教育和非义务教育、学历教育和非学历教育、民办教育和公立教育等。有的更接近公共产品,有的则更接近私人产品。教育服务属于准公共产品,应由政府与市场共同提供,计划与市场机制共同发挥作用。教育的不同部分,其产品属性不同,提供与资源配置方式也不相同。义务教育在一定意义上是一种公共产品,它用法律规定了受教育者家长和政府的权利和义务,它是一种强制的免费教育,基本上应由政府提供。相对于义务教育,非义务教育中的高等教育更接近私人产品,市场机制具有较大作用。如果教育完全由市场调节,必将导致三级教育中各级教育入学率下降、辍学率上升。教育将丧失育人的功能,成为营利的工具,富人的天堂,导致教育本质的异化。

关于高等教育市场化,比较普遍的观点认为,市场化就是引入市场机制,使高等教育具有市场性。1997年,经济合作与发展组织对高等教育市场化的定义是,把市场机制引入高等教育中,使高等教育运营至少具有如下显著的市场特征:竞争、选择、价格、分散决策、金钱刺激等。它排除绝对的传统公有化和绝对的私有化。根据这一界定,高等教育市场化不是绝对的私有化,也不是绝对的公有化,而是一个引入市场机制的过程,使高等教育机构更具竞争性、自主性和广泛适应性。英国利兹大学D. G. 史密斯认为,市场化是一种组织导向,把顾客置于决策过程的中心,可能引发高等教育文化的转型。他把高等教育市场化视为一种文化现象,是高等教育从一种文化形态转向另一种文化形态,或者可以把市场化看成一种新的高等教育文化重建。高等教育市场化就是确定顾客的需要,生产合格的产品来满足他们的需要。高等教育机构必须为各种各样的顾客和赞助者提供高质量的服务。在这种新文化形态中,高等教育机构与

社会的关系变成提供者和需求者(购买者)的关系。沃森斯塔认为,从更广泛的意义上说,高等教育市场化是一种高等教育走向分权化、增强竞争性和引入经营方法的趋势。它包括在生产者和使用者之间建立一种更加直接的联系;促使生产者更加有效地满足社会的需要;向使用者收费和完全私有化。

教育市场化实践

从实践来看,世界上还没有一个国家将正规三级教育完全市场化,而是将市场机制引入教育中。典型的举措是公立学校特许经营、教育券和扩大学校办学自主权等。

在美国,部分州推行公立学校特许经营,即在不改变公立学校性质和政府拨款条件下,通过招投标方式将学校管理权从政府移交给中标的非政府管理机构,以提高教育效率和教育质量,并定期考核,对达不到管理目标的,则重新选择管理者。教育券是将政府对学校的教育拨款,以教育券的形式发放给学生,由学生选择学校,被选择的学校将以教育券的形式获得政府拨款。教育选择主要有两种形式:一种是将公立学校本身看作一个开放的系统,允许人们在公立学校系统内部,亦即不同公立学校之间进行选择,以改变长期以来学生及其家长在教育方面始终处于被动接受地位的不利状况,赋予他们主动的选择权利。如英国实施的"入学开放"的入学新政策,根据这一政策,教育被看做是一个开放的市场,家庭是这个市场的消费者,家长可以根据学校的办学质量来为自己的子女选择学校就读。另一种是更大范围的既可在不同的公立学校之间也可在公私立学校之间进行选择。美国一些州和学区在改革中也采取M. 弗里德曼提倡的为学生家庭发放教育券的方式,允许他们自由选择学校。

教育市场化的另一项举措是扩大学校办学自主权。许多原属于地方教育行政部门的权力被直接下放到学校。在学校内部管理方面,各国从改革学校运行机制入手,使之更为规范化和民主化。突出的措施是实行和完善学校董事会机制,并在学校董事会或管理委员会成员组成中规定校长、教师、家长和社会人士组成比例,特别是扩大家长和当地社会代表的比例,以使学校在办学的各个方面能够反映社会的要求。与此同时,公立学校也出现所谓的私立化或私营化的改革措施,包括采用私立学校的管理手段,引入市场竞争机制,鼓励与工商企业合作等。

在中国,政府从未有过教育市场化的决策,三级正规教育也未进行教育市场化。中国教育体制改革是将部分市场机制引入教育领域。主要表现在办学体制多元化、教育经费筹措多渠道、扩大学校办学自主权、学校人力资源和物力资源管理中引入市场机制等。办学主体多元化是指除政府

为主体办学外,鼓励非政府机构的社会组织和个人以非财政性资金办学,公办教育和民办教育共同发展。教育经费筹措多渠道是指教育经费以政府投入为主,对非义务教育收取学费,鼓励社会投资捐资办学等。扩大学校办学自主权主要是推进政校分开、管办分离。在学校内部教育资源管理体制改革中,对教师实行聘任制,学校基本建设和设备采购实行招投标制度的政府采购制度等。经过一系列的改革,中国已初步建立与社会主义市场经济体制相适应的教育体制。

教育市场化主要表现在非正规学历教育中的各种教育培训,如出国外语培训、升学培训、各种技能培训等,这些培训完全是市场化操作。在基础教育中的"以钱择校"也是教育市场化的表现。

参考文献

国家中长期教育改革和发展规划纲要(2010—2020 年)[M]//国家教育工作会议文件汇编. 北京:教育科学出版社,2010.

杰夫·惠迪,萨莉·鲍尔,大卫·哈尔平. 教育中的放权与择校:学校、政府和市场[M]. 马忠虎,译. 北京:教育科学出版社,2003.

王善迈. 关于教育产业化的讨论[J]. 北京师范大学学报(人文社会科学版),2000(1).

王善迈. 2000 年中国教育发展报告——教育体制的变革与创新[M]. 北京:北京师范大学出版社,2000.

许明,胡晓莺. 当前西方国家教育市场化改革论述[J]. 教育研究. 1998(3).

(郑勤华)

教育适度超前发展(development of education at a relatively faster pace)　在经济社会的发展中,将教育放在优先发展地位的一种战略方针。处理教育发展与经济发展关系的一种战略选择。由于教育的周期比较长,相对于经济和社会发展而言,教育应超前发展;但这种超前发展又是有限度和有条件的,它要同其他事业的发展相协调,在同其他事业尤其是经济发展保持良性循环的关系中实现超前发展,即适度超前发展。教育适度超前发展战略不仅是由教育的本性和自身发展规律决定的,而且是现代经济增长和社会发展规律所要求的,它蕴含着国际和国内关于教育先行、教育优先发展和教育超前发展等战略思想和认识。

国际社会的"教育先行"战略思想

"教育先行"战略　联合国教科文组织国际教育发展委员会在 1972 年发表的《学会生存——教育世界的今天和明天》报告中,揭示出当代教育的三种新现象:"教育先行"、"教育预见"与"社会拒绝使用学校的毕业生"。其中在国际教育舆论界引起广泛关注的"教育先行"战略,指的是教育在全世界的发展正倾向于先于经济的发展,主要表现在教育投资在社会总投资中的比例以及由此促成的教育发展规模与速度。教育先行思想有其重要的理论基础和社会背景。

20 世纪 60 至 70 年代中期,许多国家的教育政策受到人力资本理论和工业化国家发展成功实践的刺激,竞相致力于增加教育投资。人力资本理论把教育方面的投资纳入经济分析的轨道,主要做法是:(1)测定教育对国民生产总值贡献的"余值"。如由 T. W. 舒尔茨和丹尼森分别在 1961 年和 1962 年所进行的分析揭示,人力资本尤其是教育方面的投资是影响美国和其他一些发达国家经济增长率的一个重要原因。该结论引起了决策者的注意:教育对国民生产总值的贡献是由于教育的普遍进步,从而提高了人力资源的质量而取得的,也是科学家和工程师(他们本身就是教育的产物)改善和提高了资本设施的技术和质量而取得的。(2)分析教育支出的收益率。萨卡罗普洛斯 1973 年分析了 32 个国家的社会和个人教育投资收益率,此后又分别对 44 个和 61 个国家的教育成本—收益进行了分析。根据其研究,在 1958—1978 年,44 个国家教育投资的社会和个人收益率呈现出四个基本特征:在各个教育层次中,小学教育的社会和个人收益率最高;教育的个人收益率超过社会收益率,尤其在大学层次;教育投资达到各种收益率都大大超过了 10% 的资本的机会成本的一般标准;不发达国家的教育收益率比发达国家高。其政策性含义是,发展中国家在受过教育的技术工人短缺、教育体系相对不发达的条件下,教育对经济的发展更为重要,教育在走向现代的环境里比在传统社会中更为重要。(3)研究入学率和国民生产总值的国家间的关系。如 M. J. 鲍曼和 C. A. 安德森对 83 个国家 1950 年的成人识字率和 1955 年的人均国民生产总值之间的关系进行研究,结论是 40% 的成人识字率是人均国民生产总值超过 300 美元的一个前提条件,是经济增长的一个阈限值。这些研究表明,为了促进经济发展,无论政界的决策还是私人消费的选择,均可向教育进行大量投资。从工业化国家和新兴工业化国家与地区的发展经验看,教育优先发展是后发国家实现"赶超战略"的共同策略选择。无论是发达国家中后来居上者如日本、德国,或是新兴工业化国家与地区如韩国、新加坡、中国的台湾和香港,无不采取或客观上形成了教育适度超前和优先发展的战略思想,开发各种资源中最具活力的人力资源,在短时间内实现了经济的迅速起飞和持续增长,教育先行战略得到了国际社会的公认。

"教育先行"思想,不仅使第二次世界大战后的若干发达国家,而且包括许多发展中国家,都把大量经费倾注在教育上,教育事业发展很快。但教育费用的增加与各国将资金用于教育的能力和愿望之间日益扩大的差距,即使发达国家也已感到不胜负担;更重要的是,教育投资的经济效益与社会效益不尽如人意;而且,随着教育事业的发展,反而产生出各种新的问题。按理,教育投资的增加该促进经济的发展,但许多国家和地区教育的大量投入并没有促进经济的起飞,反而造成了人才降格使用、学用不一和外流的后果;按理,教育投资的增加导致教育机会的增加,社会内部教育机会不平等的矛盾将趋于缓和,但事实上却日益加深;按理,由于发展中国家大量增加教育开支,世界不同地区教育的发展乃至经济和社会的发展差距会趋向缩小,但事实上这种差距反而扩大了。现实的困惑促使人们对教育先行问题进行反思,对"教育发展必然带来经济增长"命题予以重新审视。

对"教育先行"思想的审视与反思　主要集中在五个方面:

(1) 在教育先行的取向上,其立足点是经济增长而不是社会的全面进步。哈毕森和梅耶斯认为,那种只能或仅用经济术语来分析人类资源开发的观点,会使人误入歧途;那种认为人类资源开发的中心目的是最大限度地提高人类对创造产品生产和服务的贡献的看法也是不正确的;那种仅以每个人收入的增加或整个经济收入为尺度衡量教育收益的做法同样是不切实际的。现代社会的目标包括政治、文化、社会以及经济,而人力资源开发则是达到这些目标的必要条件之一。教育只是经济发展中一个具有战略性的影响因素,此外,资金、区位、管理、自然资源、贸易条件以及与其他国家的政治关系等都会影响经济的发展。教育先行评价标准的偏颇,必然导致教育经济功能的极度扩张(适当突出是应该的),并进而削弱教育其他功能的发挥。

(2) 作为教育先行理论基础的人力资本理论受到质疑。人力资本理论的基本假设是:教育→技能→劳动生产率→收入,即较多的学校教育增加了学生的知识和技能,较多的知识技能具有较高的劳动生产率,进而获取较高的个人收入。但迄今为止,虽然人们相信教育投资会提高生产率,但研究者尚未科学地、令人信服地、实证性地证明这一因果关系。20世纪60年代末70年代初,"人力资本理论"的权威性动摇,国际社会60年代教育上的"黄金时期"到70年代中期遂告结束,一些国家开始减少教育经费,教育事业转而面临"应付衰退"的局面。

(3) 教育先行的关键在于"先行"什么教育。教育先行不能只注重增加教育经费,而忽略什么样的教育应该先行。实际上,并不是所有性质的教育都能推动现在和未来的经济发展与社会进步,在国家资源有限的情况下也难以保证所有的教育都获得优先发展。1972年,联合国教科文组织国际教育发展委员会提出,主要问题出在把教育经费过多地投入到正规学校教育即所谓"制度化教育"方面,而制度化教育本身就存在种种弊端:它是一种旨在培养少数"杰出人才"的教育体系,把学习与文凭、文凭与就业资格、就业资

格与社会地位等同起来,成为了一种带有某种等级特征的教育,即使教育投资增加也不能从根本上改变教育不平等的面貌;它又是一种封闭的教育体系,教育投资越多,意味着社会上存在的不适应社会生活需要的人才越多;它还是一种代价高昂的教育,在各种必要条件充分以前大量开办学校,结果是入学人数增加,留级率、中途退学率也不断提高。20世纪50年代以来,许多国家都实行正规教育系统线性扩大的做法,导致或加剧了一些非常严重的失调问题,60年代后期出现了世界范围的"教育危机",对教育自身产生了信念危机。

(4) 教育先行中的"教育"是一个宏观的有结构的全称概念。它是初等教育、中等教育和高等教育各级别与普通教育、职业教育和成人教育各类别的总称谓。一个国家或地区,必须根据各自的政治、经济、文化实情,作出不同的优先发展某一级别或某一类别教育的决定,并经一定的教育结构配比,来达到经济持续发展和社会全面进步的目的。20世纪60年代,许多发展中国家都把优先发展的重点放到了中等教育特别是高等教育的扩展上;到了70年代,联合国教科文组织和许多学者都证明这是失败的。在初等教育普及水平和识字率比较低的情况下,高等教育的大规模扩展,不仅没能给经济增长带来好处,相反出现了精英教育和严重的人才外流。

(5) 在教育先行的保障上,注意到教育投资的作用,但忽略了其他一些保障因素,如教育立法、教育体制、教师队伍、教育内容、教育手段和方法等获得优先发展,以切实提高教育的质量和效率。

国际社会"教育先行"战略的动向　20世纪90年代以来,世界政治经济格局经历了深刻的变化。以信息技术革命为标志的高科技迅猛发展,经济全球化向纵深推进,西方主要工业化国家逐步向以信息技术为主导的"新经济"过渡,劳动生产率极大提高。一些新兴发展中国家不同程度地参与到信息行业中,分享新经济带来的经济增长的收益。由技术进步所带来的前所未有的劳动生产率的提高和经济的持续高速增长,使经济学家将目光再次聚集到人力资本投资理论并提出了新增长理论,强调人力资本和科技进步作为推动经济发展的内在动力的重要性。世界各国纷纷调整发展战略,再次把教育作为一项主要的政策性战略重点,国际社会对教育的作用和地位进行重新定义,"教育先行"的性质、作用和重点也发生了重大变化。

教育的职能和作用大大拓展,把教育置于社会发展的中心地位。20世纪90年代以来,国际社会对发展有了新的认识,即发展不仅仅是经济增长,而且是社会的全面改造,发展要着眼于经济、政治、文化、生态环境、自然资源等各个方面,并把人民置于发展的中心地位,简单地说,就是树立以人为本的社会可持续发展观。从新的发展概念来重新认

识教育的作用,教育的职能大为拓展。教育不仅被确认为促进经济增长的投资,同时是能给家庭和个人带来高值回报的投资,而且在消除贫困、社会包容、文化多样性、环境保护、基本卫生保健等方面作用巨大。联合国教科文组织国际21世纪教育委员会在1996年出版的《教育——财富蕴藏其中》报告中强调:教育在人和社会的持续发展中起着重要作用;教育是促进更和谐、更可靠的人类发展的主要手段,人类可借其减少贫困、排斥、不理解、压迫、战争等现象;教育处于社会的核心位置;教育应置于社会发展的中心位置,应首先增加教育部门的公共经费;教育是对未来至关重要的一项投资;教育不仅仅是一种社会开支,还是一种会产生长期效益的经济和政治投资。为此,建议世界各国把教育确定为21世纪经济和社会发展计划的一项优先任务。为避免过度夸大教育的作用,该委员会指出,教育并不是"灵丹妙药",或是打开理想世界大门的"万能钥匙",即便如此,教育在优先事项中的地位,依然是国家和国际范围内作出政治、经济和财政抉择时需要予以更多考虑的。

先行的教育是终身教育和学习社会。《教育——财富蕴藏其中》报告指出,教育选择就是社会选择,选择某种类型的教育,等于选择某种社会。在1972年联合国教科文组织国际教育发展委员会《学会生存——教育世界的今天和明天》报告中就强调,教育正在日益向着包括整个社会和个人终身的方向发展,每一个人必须终身继续不断地学习。终身教育是学习化社会的基石。建议世界各国把终身教育和学习化社会作为制定教育政策的主导思想。20世纪90年代,联合国教科文组织强调应重新思考和扩大"终身教育"这一观点的内涵,指出,终身教育有助于安排教育的各个阶段,规划各阶段之间的过渡,使途径多样化,同时提高每种途径的价值,而且终身教育直接导致学习社会的概念。这是一种提供各种各样的学习机会,使人既能在学校也能在经济、社会和文化生活中进行学习的社会。经济合作与发展组织则将终身教育进一步演化为终身学习,特别强调学习者的积极作用,作出了"让所有人都享受终身学习"的承诺。从经济合作与发展组织各国的政策实践看,一些国家力图提高人们在幼儿教育、基础教育、中等教育和高等教育方面的参与率,以达到学习者掌握足够的基本技能的目的,巩固终身学习的基础;几乎所有的国家都在为希望参与终身学习的成人提供机会,使他们可以或在正规教育场所,或在工地、社区等非正规场所学习。

在确定教育系统优先事项的同时保证整体的协调一致。在整个20世纪90年代,作为满足基本学习需要的全民教育——主要包括普及初等教育,消除成人文盲及重视女童和妇女教育——一直是国际社会关注的焦点,并建议各国作为优先注意的领域。1990年的世界全民教育大会要求各国应该向所有儿童、青年和成人提供基础教育,并要求90

年代的国际支持优先用于基础教育;1995年世界银行认为教育的优先事项与战略是在公共投资中优先考虑基础教育,保证所有儿童都有机会接受高质量的初等教育,在教育公共开支方面,各国应绝对优先于这一级教育;在所有儿童均有机会接受高质量的初等教育之后,应把扩大接受普通中等教育(先是初中,而后是各级中等教育)的机会作为第二位目标。1996年联合国教科文组织国际21世纪教育委员会认为,把公共投资放在基础教育上,这一方针有助于各国确定经费分配先后顺序的良好基础。发展中国家政府为基础教育提供经费乃是优先事项,但所做的选择既不应影响整个教育系统的协调一致,也不应导致牺牲其他各级教育。面对20世纪90年代全球化可持续发展进程中,数字鸿沟的进一步扩大,由世界银行和联合国教科文组织组成的高等教育与社会特别工作组指出,各级各类教育的平衡发展是必需的。以初等教育为重点是重要的,但是仅追求初等教育的发展会导致有关国家在未来世界中的生存危机,呼吁发展中国家扩充高等教育数量和提高质量应成为一项优先发展战略。2011年世界银行发布《全民学习:投资于人民的知识和技能以促进发展——世界银行2020教育战略》,提出全民学习的新愿景,不再强调某一个具体的教育分支的重要性,而是要立足于受援国的教育系统整体,加强教育系统的能力建设。总之,教育优先事项虽然因国家不同而会有变化,但重要的是不仅要注意保持教育系统的协调一致,而且还要注意考虑终身教育的新需求,同时确保教育与经济需要相适应。

在教育先行的约束和保障层面,注重开发终身学习资源的潜力。推进终身学习所面对的是一个异常复杂的资源挑战,与其他有长远意义的教育改革或教育举措相比,它意味着:要扩大学习机会的数量,使所有人都有加入的机会;要对现存教育活动的内容作质的变革;要使学习活动和新的学习场所与以往在质和量的方面都有所不同;要将学习活动的时限扩大到终身。而且,它还需要教育、培训、学习活动的经费供给和参与费用以及社会总支出的增长幅度都有相应的改变。终身学习的原则使各国重新研究教育筹资的方式,由于终身学习的某些方面会给个人带来丰厚回报,终身学习的财政策略将是一种混合型的财政策略,即根据不同的教育水平采取不同的比例,把公共资金和私人资金结合在一起,同时要保证提供免费的基础教育。到20世纪90年代末,许多国家都已把由政府单独出资提供义务教育阶段后教育的做法改为由政府、雇主和学习者本人共同负担或"合办"的办法。联合国教科文组织国际21世纪教育委员会认为,教育投资是经济和社会长期发展的一个必不可少的条件,在危机时期应受到保护。通过取消其他开支来增加公共教育经费,应被看作是所有国家,特别是发展中国家必须做的事。各国在国民生产总值中用于教育的比例必须达到6%。为减轻对国家财政预算的压力，从私人渠道筹集资金不仅是正当的，而且是可取的。对私人资金的使用必定因各国情况不同而异，而且这种使用不应影响国家承担的财政义务。为确保公正和保持社会的内聚力，公共经费必须得到保证。经济合作与发展组织为提高教育资源的使用效率，建议通过降低教学与人事成本，优质组合教育供给及进行合理化改革，建立资格框架，鼓励供给者之间的相互竞争，采用信息通信技术(ICT)等来降低成本并提高灵活度。动员和有效利用社会所有资源已成为实施终身学习至关重要的问题。

中国的教育适度超前发展战略

教育先行思想虽诞生于20世纪70年代初，但不到十年时间便广泛地影响了中国学术界及政府的决策。1982年，中共十二大提出把教育和科学作为经济发展的战略重点之一；1987年，中共十三大提出把发展科学技术和教育事业放在首要位置，并把发展教育事业放在突出的战略位置；1992年，中共十四大提出必须把教育摆在优先发展的战略地位；1995年，《中共中央、国务院关于加速科学技术进步的决定》首次提出在全国实施科教兴国战略，随后宣布为基本国策；1997年，中共十五大提出要切实把教育摆在优先发展的战略地位；2001年，第九届全国人大批准的《中华人民共和国国民经济和社会发展计划第十个五年计划纲要》指出，教育是提高全民素质、培养人才的基础，要面向现代化、面向世界、面向未来，适度超前发展，走改革创新之路；2002年，中共十六大指出，教育是发展科学技术和培养人才的基础，在现代化建设中具有先导性全局性作用，必须摆在优先发展的战略地位；2007年，中共十七大将优先发展教育、建设人力资源强国列为社会建设之首；2012年，中共十八大再次强调，教育是民族振兴和社会进步的基石，要坚持教育优先发展。中共中央、国务院制定《国家中长期教育改革和发展规划纲要(2010—2020年)》，提出实施人才强国战略，教育是人才资源能力建设的基础。实施科教兴国战略和人才强国战略已明确成为党和国家新世纪新阶段全面建设小康社会的根本任务。

中国教育适度超前发展战略地位的确立　　改革开放前，中国长期把教育归结为上层建筑，忽视或否认教育与社会生产力的联系。在20世纪80年代，把教育列为"战略重点"，提到战略地位，主要是从经济发展战略的角度看待教育问题的。其主要立论依据是：(1)现代经济发展依靠科学技术与教育。科学技术是生产力，而且是第一生产力，现代化的关键是科学技术，基础在教育。(2)现代科学技术正在经历一场伟大的革命，忽视教育和科学技术必将耽误和影响当今及未来的发展。(3)教育是转化人口负担和培养

人才优势的主要途径。这一时期，教育的发展方针体现为"教育必须为社会主义建设服务，社会主义建设必须依靠教育"。20世纪90年代以来，教育在经济社会发展中的地位和作用出现了新的变化：(1)知识经济的发展使教育成为经济增长的要素，教育从社会的边缘逐渐进入社会的中心。科教兴国战略要求坚持教育为本，把科技和教育摆在经济、社会发展的重要位置。超前发展教育正是实现经济形态演变和增长方式转变的前提条件。(2)知识和科技创新在当今和未来国际竞争中地位突出，教育将成为国家发展水平和国际竞争能力的决定性因素。(3)实施可持续发展战略要以人的发展为中心，超前发展教育，促进人的全面和谐发展，既是实现可持续发展战略的目的，又是实现社会发展目标和可持续发展战略的必要条件。进入21世纪，随着中国全面、协调、可持续发展观的确立，教育的地位和作用又显示出新的特点：(1)"小康大业，人才为本"，"人才资源是第一资源"，教育是人才资源能力建设的基础；(2)促进经济社会的全面发展，教育必须与科技创新和经济建设、文化繁荣和社会进步紧密结合；(3)以人为本，教育是促进人全面发展的基本途径，是实现社会公平的基石。为此，"教育为社会主义现代化建设服务，为人民服务"成为21世纪中国教育发展的指导方针。

总的来说，教育战略地位的确立，已由出于经济发展战略和为经济增长服务的考虑，转变为基于社会的全面进步和人的发展并为社会提供全方位服务的综合思考，从而使教育由经济发展的战略重点之一发展为在现代化建设中具有先导性、全局性作用，必须摆在优先发展的战略地位，必须适度超前发展。

教育适度超前发展与教育结构配比优先顺序的选择　在中国，教育优先和适度超前发展所面临的问题是：与经济或其他产业部门相比，教育首先发展或重点发展的"度"如何把握，而且需要作出优先发展某一级别或某一类别教育的决定，即教育结构配比优先顺序的选择。在中国教育资源的社会供给不能满足社会需要的矛盾将长期存在的情况下，研究如何"适度"并据此确定和保证发展重点尤为重要。有研究认为，要从中国的基本国情出发，按照经济发展的不同阶段，根据需要和可能，确定适度超前发展的具体内涵。教育的超前发展要符合不同发展阶段的供给能力，满足社会基本的、有效的教育需求。在工业化时期，要把教育列为基础设施建设，同基础设施同步超前，为经济起飞和社会进步做好物质和人力资源的准备；在初步实现工业化、进入工业现代化阶段，教育和科技同步超前，使教育发展同科技进步相辅相成，促进产业结构高度化、经济增长集约化，并促进社会全面进步。教育的适度超前发展，是要把教育作为经济社会发展中的基础性、先导性产业，在不同发展阶段发挥其历史进步作用，在人类向知识社会前进中扮演重要的

角色。在教育结构及其组合方面,一是教育的层次、类别、形式将进一步分化,呈现出更加多样化的格局,尤其是高中阶段和高中后教育将会有更加多样的教育机构培养社会需要的各种规格的人才,各种非正规的教育形式将会以其灵活而适应性强的特点获得更加广阔的发展空间;二是在相当长的时期内,大多数地区将形成一种低重心的教育结构,随着经济、技术水平的提高而重心逐步高移。在全国大多数地区,首先要把九年义务教育的普及和提高放在最重要的位置,在此基础上着重发展中等职业教育和以高等职业教育为主的短期高等教育,着重提高劳动者素质和培养初中级人才;在基本完成工业化后,从发达地区开始,逐步加大高等教育发展的力度,实现高等教育的大众化,扩大研究生培养规模,进一步增加高级专门人才数量,提高其学术水平。在低重心基础上,由多层结构逐步高移,将是中国教育结构演变的基本格局。

20 世纪 80 年代以来,中国教育结构配比优先顺序的实际选择是:(1)坚持基础教育优先发展。基础教育是科教兴国的奠基工程,对提高中华民族素质、培养各级各类人才,促进社会主义现代化建设具有全局性、基础性和先导性作用。保持教育适度超前发展,必须把基础教育摆在优先地位并作为基础设施建设和教育事业发展的重点领域,切实予以保障。随着 21 世纪初"两基"(基本普及九年义务教育和基本扫除青壮年文盲)目标的实现,《国家中长期教育改革和发展规划纲要(2010—2020 年)》提出积极发展学前教育,巩固提高九年义务教育,加快普及高中阶段教育的发展方针。(2)大力发展职业教育。从 20 世纪 80 年代中后期到 90 年代后期,中国大力发展初中后阶段的职业技术教育。从 90 年代末开始,把高等职业教育作为高等教育发展的重点,主要是通过"三改一补"(对现有高等专科学校、职业大学和独立设置的成人高等学校进行改革、改组和改制,并选择部分符合条件的中专改办),在部分本科学校设立高等职业技术学院以及招生计划单列等方式,使高等职业教育获得迅速发展。职业教育面向人人、面向社会,加快构建现代职业教育体系,推动科学定位、分类指导和沟通衔接,发挥中等职业教育的基础作用,发挥高等职业教育的引领作用,探索培养高端技能型人才的新途径,努力建设适应需求、有机衔接、多元立交的现代职业教育体系。(3)着力提高高等教育质量。20 世纪 70 年代末恢复全国高考制度以来,高等教育经历了 80 年代初和 90 年代初的加速发展,大部分时间发展规模和速度一直由国家根据经济和社会发展要求主导并严格控制,但从 90 年代末开始,根据高等教育的非义务性原则,在保证国家适度投资的情况下,积极引导教育消费,满足人民群众对子女接受高等教育的愿望和需求成为发展高等教育的重要策略。2006 年开始,国家决定适当控制高等教育招生增长幅度,相对稳定招生规模,切实把重点放在提高质量上。《国家中长期教育改革和发展规划纲要(2010—2020 年)》强调全面提高高等教育质量,全面提升人才培养、科学研究和社会服务整体水平,引导和促进高等学校进行合理分层与功能定位,优化结构,办出特色,若干所大学达到或接近世界一流大学水平。(4)加快发展继续教育,构建终身教育体系。1993 年,中共中央、国务院《中国教育改革和发展纲要》指出,成人教育是传统学校教育向终身教育发展的一种新型教育制度;1995 年,《中华人民共和国教育法》以法律形式明确规定,"推进教育改革,促进各级各类教育协调发展,建立和完善终身教育体系"。《国家中长期教育改革和发展规划纲要(2010—2020 年)》提出构建完备的终身教育体系,加快发展继续教育,面向从业人员及有创业、择业、转岗需求人员和就业困难、失业人员开展相应的职业教育培训,面向有接受中等或高等教育意愿的社会成员开展相应的学历继续教育,面向各类社会成员开展形式多样的道德规范、科技文化、文明生活、休闲文化和健康教育,满足人们日益增长的精神文化生活和幸福生活的需求,形成全民学习、终身学习的学习型社会。

教育适度超前发展的战略保障　教育投入是教育发展的物质保障,是评价教育先行与否的重要标尺。树立教育超前发展的意识,把应该拨给的教育经费完全按财政预算来落实,并随着财政收入的增长使教育经费不断增长,是落实教育战略地位最迫切的现实问题。为确保教育优先发展战略地位的落实,《中华人民共和国教育法》第五十四条规定:"国家财政性教育经费支出占国民生产总值的比例应当随着国民经济的发展和财政收入的增长逐步提高。具体比例和实施步骤由国务院规定。全国各级财政支出总额中教育经费所占比例应当随着国民经济的发展逐步提高";第五十五条规定:"各级人民政府的教育经费支出,按照事权和财权相统一的原则,在财政预算中单独列项。各级人民政府教育财政拨款的增长应当高于财政经常性收入的增长,并使按在校学生人数平均的教育费用逐步增长,保证教师工资和学生人均公用经费逐步增长。"但到 2002 年,国家财政性教育经费占国内生产总值比例为 3.41%,全国预算内教育经费占财政支出比例为 14.76%。中共十六大提出要完善政府的经济调节、市场监管、社会管理和公共服务的职能;中共十六届三中全会通过的《中共中央关于完善社会主义市场经济体制若干问题的决定》也提出,完善社会主义市场经济体制就必须完善政府社会管理和公共服务的职能,健全公共财政体制。发展教育事业是政府重要的公共服务职能,在社会管理和公共服务中占非常大的比重,这就要求各级政府把发展教育摆在公共行政体制和公共财政体制更加突出的位置上,切实加大对教育的经费投入。2006 年 3 月,全国人大审议通过的《中华人民共和国国民经济和社会发展第十一个五年规划纲要》,其中规定,"逐步使财政性教育经费占国内生产总值的比例达到 4%"。2010 年中共中央、国务院颁布的《国家中长期教育改革和发展规划纲要（2010—2020 年）》提出，到 2012 年实现国家财政性教育经费支出占国内生产总值的 4%。2012 年 3 月，国务院向十一届全国人大五次会议所作的《政府工作报告》指出，"中央财政已按全国财政性教育经费支出占国内生产总值的 4% 编制预算，地方财政也要相应安排，确保实现这一目标"。

保证教育适度超前发展，还必须具有良好的体制机制。落实教育优先发展的战略地位，要尽快形成科学规范的制度。切实保证经济社会发展规划优先安排教育发展、财政资金优先保障教育投入、公共资源优先满足教育和人力资源开发需要，把是否坚持优先发展教育、发挥教育重大作用作为检验各级党政领导班子是否真正贯彻落实科学发展观的重要内容，不断健全和完善领导体制和问责机制。公共教育资源配置要坚持把教育公平作为国家教育基本政策，基本教育公共服务在公共服务体系建设中充分体现和优先保障。重点处理好几对矛盾和关系：（1）普及和提高的关系。主要是指义务教育与义务教育后阶段教育的关系，普及义务教育无疑是基础工程，基础教育优先发展要体现义务教育的优先投入，经费主要由政府承担；而义务教育后阶段教育尤其是高等教育在提高民族创新水平和国际竞争能力方面居于特殊的地位，除政府有选择地重点支持和建设外，应积极开拓筹措教育经费的多种渠道，进一步完善成本分担机制，鼓励和引导社会力量办学，努力增加社会对教育的投入。（2）一般与重点的关系。教育公平原则不仅指提供机会均等的受教育机会，也包括受高质量教育上的机会均等。在基础教育阶段，政府应力求办好每所学校，积极推进基础教育的均衡化发展；对于高等教育的高水平大学和重点学科建设，应按照在保证一般学校的最基本需要的条件下，集中配置一部分资源，并且要运用社会评估，从学科建设、项目竞标入手，通过竞争选优扶持，带动一批重点学校发扬学科优势，提高学术水平。（3）地区、城乡之间的关系。国家应加大对农村教育的支持，建立完善农村义务教育投入的保障机制；进一步加大中央财政转移支付的力度，重点扶持贫困地区教育事业特别是农村义务教育的发展。（4）教育经费内部使用结构中硬件建设与软件建设的关系。在教育资源的配置上，要保证最能够影响教育质量的要素，如教师队伍、教育内容、教育手段和方法等获得优先发展，以切实提高教育经费的使用效益。

参考文献

弗雷德里克·哈毕森，查尔斯·A. 梅耶斯. 教育、人力与经济发展——人力资源开发的战略方针[M]. 段君毅，译. 济南：山东人民出版社，1991.

郝克明，谈松华. 面向 21 世纪的中国教育[M]. 贵阳：贵州教育出版社，1997.

联合国教科文组织国际教育发展委员会. 学会生存——教育世界的今天和明天[M]. 华东师范大学比较教育研究所，译. 北京：教育科学出版社，1996.

联合国教科文组织国际 21 世纪教育委员会. 教育——财富蕴藏其中[M]. 联合国教科文组织中文科，译. 北京：教育科学出版社，1996.

邬志辉. 中国教育现代化的新视野[M]. 长春：东北师大出版社，2000.

（王 建）

教育收益率（rates of return to education） 教育收益与教育成本之比。用于测量个体或社会因增加其接受教育的数量而得到的未来净经济报酬。在个人或社会从教育中获得的各种类型的收益中，经济学家只关心可以用货币度量的经济收益，并以此作为计算教育收益率的依据。

教育收益率的主要计算方法有三种，即明瑟收益率、内部收益率和便捷法收益率，由希腊教育经济学家萨卡罗普洛斯 1981 年总结得出。一般通过抽样调查获取所需变量的信息，然后建立经济计量模型估算教育收益率。（1）明瑟收益率。1974 年由美国经济学家明瑟提出，计算公式：

$$LnY = a + bS + cEXP + dEXP^2 + e$$

其扩展形式：

$$LnY = a + bS + cEXP + dEXP^2 + Xf + e$$

式中，LnY 是工资或收入的自然对数，S 为个人的受教育年限，EXP 是个人工作经验，EXP^2 是个人工作经验的平方，X 是一个矢量，代表决定工资的其他因素，f 也是一个矢量，代表与这些因素对应的回归系数，e 为随机误差项。其中，回归系数 b 的估计值即为正规学校教育的明瑟收益率，表示每增加 1 年正规学校教育导致的个人收入增加的百分比。明瑟收益法还可以估计各级教育的边际明瑟收益率和平均收益率：$LnY = a + b_pS_p + b_sS_s + b_hS_h + cEXP + dEXP^2 + e$。上式中，若个体完成初等教育，令 $S_p = 1$，否则为 0；若完成中等教育，令 $S_s = 1$，否则为 0；若完成高等教育，令 $S_h = 1$，否则为 0。这样，回归系数 b_p、b_s、b_h 的估计值分别表示完成初等教育、中等教育和高等教育对于未完成初等教育的平均收益率。在估算出各级教育的平均收益率后，即可用以下公式估算各级教育的边际收益率：

$$r_p = \frac{b_p}{n_p}; \ r_{s-p} = \frac{b_s - b_p}{n_s - n_p}; \ r_{h-s} = \frac{b_h - b_s}{n_h - n_s}$$

式中，n_p、n_s、n_h 分别表示完成初等教育、中等教育和高等教育所需要的年数，r_p、r_{s-p}、r_{h-s} 分别表示初等教育、中等教育和高等教育的边际收益率，其直观含义分别是：与未接受初等教育的人相比，每多接受 1 年初等教育带来的收入增加的百分比;与初等教育学历的人相比,每多接受 1 年中等教育带来的收入增加的百分比;与中等教育学历的人相比,每接受 1 年高等教育带来的收入增加的百分比。(2)内部收益率。计算公式:

$$\frac{\sum (b_t - c_t)}{(1+r)^t} = 0$$

式中,b_t、c_t 表示第 t 年的教育收益和教育成本,r 为教育的内部收益率, 表示令教育成本和教育收益的贴现值相等的贴现率。内部收益率法可用于计算教育的社会收益率和私人收益率。在计算私人内部收益率时,教育成本用私人的直接教育成本加上间接教育成本,教育收益用税后收入;在计算社会内部收益率时,教育成本用私人成本加社会成本,教育收益用税前收入。(3)便捷法收益率。利用便捷法估计教育收益率不需要进行抽样调查,只需掌握各级教育水平人群的平均收入。计算公式:

$$r = \frac{\Delta Y / Y}{\Delta S}$$

式中,Y 表示某一教育水平人群的平均收入(譬如高中毕业),ΔY 表示上述教育水平人群比低一级教育水平(譬如初中毕业)人群的平均收入的增量,ΔS 表示这两级教育水平之间受教育年限的差值(例如 3 年),则 r 表示与初中教育水平的人相比,多接受 1 年高中教育带来的收入增加的百分比。

计算教育收益率要获取各级教育水平人群的终身收入信息,实证研究中一般采用两种方法。一种是纵向计算法,亦称教育收益全生涯计量法或生命周期法,以受教育者一生投入的教育成本与其就业后每年的收入为依据计算教育收益率。这种方法须汇集抽样人群的个人终生教育成本和收入信息,并以这部分人群作为长时期的追踪调查对象。另一种是横向计算法,亦称教育收益年龄组合所得差异法或年龄收入法。以参照年度的受同种教育的不同年龄组合的平均收益,作为该种教育全生涯不同年龄组合的收益,并与参照年度的教育成本比较,求得教育收益率。

20 世纪 50 年代末后涌现大批致力于估算教育收益率的实证研究。萨卡罗普洛斯根据这些研究结果总结了教育收益率的四条规律:教育投资的收益率高于一般情况下对物质资本收益率的估计;教育收益率随着教育程度的提高而下降,即初等教育最高,中等教育次之,高等教育最低;教育的私人内部收益率高于社会内部收益率,特别是高等教育;发展中国家的教育收益率高于发达国家。关于教育收益率的长期变动趋势,萨卡罗普洛斯 1994 年认为,教育收益率随时间有轻微下降,但上述规律保持长期稳定性。美国教育经济学家卡诺依 1995 年对不同发展阶段国家的教育收益率进行比较后发现,在快速工业化时期,各级教育收益率

都下降,首先是小学,然后中学,最后大学,最后的结果是大学的教育收益率高于中学,中学高于小学。根据萨卡罗普洛斯等人最新的研究结果,明瑟收益率的世界平均值为 9.7%;初等教育、中等教育和高等教育的社会内部收益率分别为 25.4%、18.4%、11.3%,私人内部收益率分别为 37.6%、24.6%、27.8%。20 世纪 90 年代后,一些研究者用孪生子作为样本,试图在控制个人能力对收入的影响的情况下计算教育收益率,计量教育的社会收益率也成为新一轮研究的热点。

20 世纪 80 年代和 90 年代,中国开展的若干项规模较大的教育收益率研究发现,中国的教育收益率存在以下特点:无论是明瑟收益率还是私人内部收益率,中国的教育收益率整体上低于发展中国家平均水平,也低于发达国家平均水平;随着市场化改革的深入,教育收益率有升高的趋势;在市场化程度较高的地区或经济部门,教育收益率相对较高;教育收益率存在性别差异,女性的教育收益率高于男性;边际明瑟收益率随教育程度的升高而增大。

教育收益率的思想和计量方法得到广泛应用,但有研究者对其展开批判性思考:决定个人收入的因素很多,而且彼此之间存在相互影响,教育收益率难以把教育对收入的作用单独剥离出来,其可靠性受到怀疑;被普遍采用的横向计算法使用同一时间段内不同年龄人群的收入数据,用年龄较大的劳动者的当前收入作为年龄较小的劳动者未来收入的估计,这一替代使得计算结果实际上是过去教育的收益率;在对教育成本的计量方面,明瑟收益率法没有考虑到教育的直接成本,内部收益率法对教育成本的界定也还存在模糊之处;教育收益率的计量忽视教育的非市场化私人收益和外部收益;教育收益率只把接受教育的数量作为影响个人收入的因素,忽视教育质量的差异对收入的影响。

参考文献

卡诺依.教育经济学国际百科全书(第 2 版)[M].闵维方,等,译.北京:高等教育出版社,2000.

赖德胜.教育、劳动力市场与收入分配[J].经济研究.1998(5).

Mincer, J. Schooling, Experience, and Earning [M]. New York: Columbia University Press, 1974.

Psacharopoulos, G. & Patrinos, H. A. Returns to Investment in Education: A Further Update [R]. World Bank Policy Research Working Paper, 2002(9).

(刘泽云)

教育私营化(privatization of education)　一种教育供给和管理机制。旨在利用公民社会选择机制和市场机制,打破传统上政府及其附属机构对公共教育的垄断。是当代世界主要国家教育改革的一项重要政策选择。作为一种政府行政改革理念,私营化是公共选择理论和新公共管

理理论的基本观点之一。公共选择理论更多地关注政府与公民社会的关系，主张打破政府对公共物品和公共服务的垄断，通过非市场的集体选择（即公共选择）来提供公共服务。新公共管理理论更多地关注政府与市场的关系，同样主张打破政府对公共供给的垄断，要求在政治领域引入市场机制，由政府选择和市场选择共同提供公共服务。私营化的根本目的就是打破完全由政府垄断提供公共产品和公共服务的状况，实现公共产品和公共服务提供机制的多样化。在教育领域（包括传统的公立学校系统）引入市场机制是教育私营化的一个重要含义。许多国家的教育改革正是力图在教育中引入市场原则，以提高传统的建立在科层制度基础上的公立学校的效率和质量，在教育领域引入民间资本（或资金），以减轻政府公共财政的负担，为公众提供更多的、可供选择的、高质量的教育机会。

不同学者对教育私营化有不同的观点。第一种观点认为，私营化的"化"所指的是一个过程而不是一种状态。它是一个不断减少和降低学校的公共所有权、公共财政投入或公共控制，进而提高私人对学校的所有权、财政投入或私有控制的过程。私营化的观点有两个：一是已经私营化的教育体系的进一步私营化；二是公立学校体系的私营化。其目的在于：减轻政府财政支出的负担；提高学校经营管理的效率；增加教育供给方式的多样化和选择性；提高学校对其消费者的责任感。这将导致：公立学校所有权的转移；在不对现有制度重新设计的前提下调整公私学校间的平衡；增加政府对私立学校的财政等方面的支持；增加私人对公立学校财政等方面的支持。第二种观点认为，教育的私营化不同于经济领域中使用的私有化或私营化概念，也即它并非指公立学校交由私人去办，而是指政府鼓励个人、团体和私营部门办学和国家与学生共同承担办学经费的各种政策、措施和办法形成的一种趋势。第三种观点认为，教育的私营化不是指公立学校所有权完全改变，即转变为私立学校，而主要是指教育经费中来自私有资源的部分不断扩大的过程。

20世纪70年代末80年代初，教育私营化的观点出现在一些发达国家，如美国。1985年美国斯坦福大学研究院国际部撰写的研究报告《人力投资：开发人力资源满足动态经济需求的新方面》，在总结美国私立非正规教育发展经验的基础上，提出建立"公私综合教育体系"的理论。早期提出教育私营化观点的M.弗里德曼认为，教育不应该是政府提供的一项服务，而应该是自由市场体系的一部分。哈耶克也认为不存在用以决定谁该接受进一步教育的所谓公平的教育依据，不必通过教育手段对学生进行选拔。对学生进行选择的唯一途径是竞争和市场过程。教育私营化的出发点是提高公立教育的效率和质量以及提供多样性的教育服务以供消费者选择。其产生的背景首先是政府机制存在

的本质上的缺陷而无法使资源配置效率达到最佳的效果。教育私营化强调加大政府体制革新的力度，切实转变政府职能，尽快改变政府垄断公共物品供给的局面，并引入竞争机制，用市场的力量改造政府，提高政府的工作效率。

教育私营化强调顾客至上或顾客导向，通过把公民变成消费者（顾客），以市场取代政府，提供回应性服务，满足公民（顾客）的不同需求。它通过引入市场机制、公民参与管理、公民服务提供的小规模化等措施，给公民（顾客）提供自由选择服务机构的机会，征求他们对公共服务的意见和要求，并测量其满意程度。

在市场经济条件下，消费者就是顾客，必须按照他们的需要进行经营活动。教育的直接消费者是学生个人或其家长，教育必须根据他们的需要进行并予以满足。但是，大一统的、僵化的公立学校体系无法满足消费者的需求，只有实施公立学校民营化，对公立学校进行变革，才能有效地满足他们的需求。消费者有权选择可以满足他们需求的各种形式的教育民营化，政府应当予以支持。

教育私营化的关键之一是，政府需要重新界定自己在教育服务中的角色。根据美国纽约州立大学萨瓦斯的论述，公共服务中有三个基本的参与者：消费者、生产者和安排者。安排者指派生产者给消费者，指派消费者给生产者，或选择服务的生产者。根据安排者、生产者和消费者的动态关系，可供选择的服务机制共11种，即政府服务、政府出售、政府间协议、合同承包、特许经营、补助、凭单、自由市场、志愿服务、有合同承包的志愿服务、自我服务等。而美国公共行政学家N.亨利则提出提供公共物品与服务的可选择性制度安排：政府服务、政府间协议、合同承包、特许经营、补助、凭单、自由市场、志愿服务、自我服务。

较有代表性的教育私营化的实践是美国的教育凭证制度和特许学校制度以及英国的教育行动区计划。1955年M.弗里德曼第一次明确提出教育凭证概念即教育券制，主张公校私营。教育券就是政府发给学生家长的一种有价证券。学生、家长可以使用该教育券在任何政府承认的学校，包括私立学校中支付学费或其他教育费用。其目的是促进各学校，特别是私立学校与公立学校之间的竞争，从而提高教育质量。其实质是运用市场手段来运作公立学校，以恢复其活力。20世纪90年代后，在美国教育改革大潮的推动下，至1995年，有十几个州对教育券制进行了立法讨论，并在威斯康星、加利福尼亚、俄亥俄、佛蒙特、俄勒冈等州进行了较大规模的实验、推广，取得初步成果。特许学校（charter schools）是一种公校私营的办学形式，具体做法是，地方教育委员会与某教育公司或个人组合签订合同，将办学较差、学生家长不满意的学校委托给它们管理运营。教育当局按当地生均费用为承包者提供办学经费，并提出办学的质量要求；承包者提出具体质量指标，并全权负责学校

的管理运作,包括选聘教师,确定课程和教学内容、方法,以及日常管理等。其目的是提高公立学校管理水平和办学效益。这种办学形式始于 1990 年明尼苏达州的"教育选择公司"与佛罗里达州达德县学校委员会签订的该县南点小学的合同。这种办学形式效果较好,发展较快。英国自 20 世纪 90 年代后,在教育私营化、多样性方面作出探索,主要表现在教育行动区(education action zone)的启动和私人机构接管差校计划的实施。教育行动区与美国的特许学校相似。政府允许和支持私营工商企业、学校、家长、地方教育当局和其他机构联合组成一个联合体,向中央教育主管大臣申请成立教育行动区接管通常不超过 20 所学生学业不良的差校。其任务是直接管理这些学校,提高学业成就。行动区可以独立制订教育计划、聘任教师,更加自由地设计课程计划。英、美两国公立学校私营化的趋势明显,其他国家和地区也程度不同地展现出各种形式的教育私营化。教育私营化成为提高公立教育的效率和质量,提供多样教育服务的重要选择。

(郑勤华)

教育体系(educational system)　一个国家各级各类及各种形式的教育相互联系、相互衔接而构成的整体。在组织形式上,包括各种有组织的教育和教学机构体系,具体有学前教育机构、各级各类学校教育机构、成人教育机构、少年儿童校外教育机构等,还包括各级教育行政组织机构。教育体系的内在规定性表现为学制、学历、学位、考试、资格证书等基本制度。

教育体系的演变

教育体系作为教育组成要素和教育实体形式化的过程和结果,经历了从非制度化教育到制度化教育再到后制度化教育的演变过程,具体包括前制度化教育体系、制度化教育体系(传统国民教育体系)和非制度化教育体系(现代国民教育体系)、后制度化教育体系(终身学习体系和学习化社会)等阶段。

前制度化教育体系　近代以前,不论是西方的教会垄断学校还是中国的官学或私学,教育发展处于精英教育阶段,教育机会仅为极少数人享有,各类教育实体虽有程度(等级)之别,但上下级别的教育实体之间并无明确的衔接关系,程度相近的教育实体彼此间亦无固定的分工和明确的关系,教育机构分散且缺乏整体规划,鲜有严格意义上的学校系统或教育体系。

制度化教育体系　由产业革命开始的工业化进程孕育了现代教育体系,特别是公共教育制度形成后,推动大众教育和普及教育的现代学校系统建立起来。在教育类型上,专门教育和职业技术教育逐步从普通教育中衍生出来,形式上具有普通学校、技术学校和职业学校的区别,层次上有了初等、中等和高等教育的明确划分,各类学校教育进行较合理的制度安排,规范上下级别学校之间的沟通与衔接。不同类型学校之间有了明确分工,与办学质量相关的学制、课程设置、考试制度等应运而生,教育活动日益"制度化",约在 19 世纪下半期,严格意义上的教育体系基本形成。制度化教育将教育等同于学校教育,并将学校定义在最狭隘的范围内。胡森曾描述学校的若干标准:它是一种全日制学习的机构;入学和毕业都要经过严格的考试,且有一定的年龄限制;教学模式是教师"面对"学生的讲授式;课程分年级;管理倾向于日益严密,教学工作在更加中央集权化的规定下变得更为统一。从学校体系层次的发生看,一是从高级学校向低级学校下延,即中世纪大学—古典文科中学(作为大学的预备学校)—家庭指导教师(私学)或作为中学预备性质的小学,这一体系反映学校系统的贵族性质,称"下延型学校系统";二是从低级学校向高级学校上伸,先有普及小学,而后有中学或职业学校,再到大学或职业学院,这一体系反映教育系统的平民性质,称"上伸型学校系统"。从学校体系的类型来看,初等教育属于启蒙教育,中等教育一般有普通学校、职业学校、综合学校等不同类型学校的分立,或普通的、科学的、技术的和专业的教学类型的区别。根据不同国家对学校类型的选择,各国的学校教育制度可分为双轨制、单轨制和中间型学制。双轨制注重各类学校教育系统之间的差异性,以第二次世界大战前的西欧诸国的学制为代表。在双轨学制中,一轨是供上层有闲阶级享用的学校,实行设置学术课程的精英教育,与大学相衔接,培养学术与管理精英;另一轨为下层劳工阶级子女设立,实行设置基础文化与职业性课程的大众教育,与中等职业教育相衔接,培养熟练劳动力。双轨是两个平行的系列,既不相通也不相衔接。双轨制的特点是学术性的一轨具有较高水平,但进入哪一轨取决于家庭经济背景,这损害了社会公平和教育机会均等。单轨制着重于各级学校系统之间的连续性,最早出现在美国,其特点是一个系列、多种分段,原则上任何受教育者都可以由小学进入中学直至大学,有利于教育逐级实现普及,体现社会公平和教育机会均等原则;缺点是同级教育质量参差不齐,不同级别之间易发生失衡。中间型学制介于单轨制与双轨制之间,先接受公共的初等义务教育,在中等教育阶段实行教育分流,或接受学术教育,或接受职业教育,兼顾公平与差异、普及与提高。

19 世纪后半叶特别是最后 30 年,西方主要国家相继建立公共教育制度,这是形成制度化教育体系的基本标志。公共教育产生之初是一种国家的教育,其不同于中世纪和近代早期狭隘的、单一的教育形式,突出特点:(1)面向社会所有集团,服务于不同的社会需要,服务于整个民族,服务于以统治阶级为代表的国家利益;(2)基本是为训练工人和有资格的专业人员,并促使科学和技术发展而设计的,趋向于技术治国体系;(3)教育为国家所关注,成为一种自上而下发展、由国家科层机构负责管理的制度,由国家负责制定全面的教育政策;(4)举办教育的责任由家庭、宗教团体、受资助的学校、学徒行会和独立的高等教育机构,转变为主要由公共团体和国家办理,故亦称"传统国民教育体系"。传统国民教育体系反映工业社会初期大机器生产对劳动力素质的需求,是以初等教育为初始对象,以职前教育与学校正规教育为特点,以精英教育为核心,以班级授课为主,以严格的学年制和逐步延伸出的包括中等教育、高等教育在内的三级教育构成的学制为基础,以统一规格制定教育培养目标和内容,强调以统一的标准衡量评估培养对象,强调以学历教育为主的学位文凭和资格证书制度,强调为社会输送称职、合格、规范的职前劳动预备人员。欧美诸国大多在19世纪70年代后开始实行义务教育,至20世纪20年代,各主要资本主义国家基本普及初等义务教育。

非制度化教育体系　制度化教育是近代社会发展的产物,这种以正规学校教育为基础,为少数人建立的教育体系实质是一种以"杰出人才论"为标准、具有选择性和竞争性的筛选体系,本质上不是为多数人或全体设计的教育模式,是一种不民主的教育体系。在社会要求教育大众化后,对教育的需求如此之大,制度化教育体系难以适应日益发展的社会需要,其弊端在当代日益明显,到了非改不可的地步。终身教育原则的概念化、非正规教育的提出和"取消学校教育"运动正是对这种正规教育体系挑战的结果。联合国教科文组织国际教育发展委员会1972年在《学会生存——教育世界的今天和明天》中建议把终身教育作为发达国家和发展中国家在今后若干年内制定教育政策的主导思想,并在寻求革新和其他可能途径时提出21条建议。1977年,联合国教科文组织出版《今日的教育为了明日的世界》,全面论述终身教育的概念、目标、制度与方法模式。针对20世纪50—60年代沿袭传统的正规教育系统迅速直线式扩展所导致的世界范围内的"教育危机",P. H. 库姆斯对正规教育作为在一个有限的时间和空间里严格组织起来的学习制度能否满足一个发展中社会普及义务教育的巨大教育需求所具备的有效性表示怀疑,从而提出非正规教育,即任何正规学校教育制度之外的有组织的教育活动,认为这是一种"非制度化"的教育,非正规教育的一些特性,如目标的针对性、时间的灵活性、组织形式的分散性和多样性、成本的低廉性等,使之成为正规教育的有益补充,发挥了正规教育无法替代的特殊功能,从而成为教育体系的重要组成部分。此外,一些激进的"非学校化社会"的倡导者提出"废除体系",伊里奇指出用学习网络取代学校教育。国际教育界对"非学校化社会"之说持审慎态度。世界各国对制度化

教育变革的基本策略是:一方面改进现行的教育体系;另一方面在这些现有体系之外,提出可供选择的其他途径。

非制度化教育的发展使传统的国民教育体系开始向现代国民教育体系转化。世界各国的国民教育体系在终身教育理论指导下发生历史性变革:(1)受教育主体扩大,教育由面向少数人转变为面向所有人,由非均衡化向相对均衡化发展,由面向青少年成长期到面向人一生各个阶段的发展过渡;(2)教育供给程度提高,普及义务教育年限不断延长,双轨制向中间型学制和单轨制方向发展,中间型学制的教育分流相应后延;(3)教育组织形式趋于多样化,正规教育与非正规教育、公立教育与私立教育、学校教育与校外教育、普通教育与成人教育相互沟通和衔接,为全体国民提供内容丰富、形式多样的教育;(4)教育需求走向多元化,由满足受教育者被动学习、适应职业生涯的需要转向满足学习者主动学习、完善自我的需要,促进个体发展实现多样性和丰富性,直至迈向满足人的全面发展需要;(5)重新诠释教育评价体系,从单纯重视学历授予、证书颁发,转向以保障每个人的生存与发展,以享有教育机会的选择性、多样化和丰富性为导向的教育评价体系。与传统国民教育体系不同,现代国民教育体系更注重体系完整、结构合理、机会公平、区域均衡;注重各级各类教育相互衔接,正规教育与非正规教育相互沟通;提倡学历本位与能力本位并重,学校教育与社区教育结合。

后制度化教育体系　20世纪80年代后,特别是90年代在信息化和全球化的深刻影响下,国际社会越来越多地用"终身学习"来代替"终身教育"的提法。联合国教科文组织国际21世纪教育委员会1996年发表的报告《教育——财富蕴藏其中》认为,教育要围绕"学会认知"、"学会做事"、"学会共同生活"、"学会生存"这四种基本学习来安排,为此需要建立一个人人能学习且终身都能学习的"学习社会"。经济合作与发展组织也积极倡导终身学习,指出终身教育从儿童早期一直延续到成人时期,涵盖了正规的学校教育和其他有组织的学习活动、培训活动以及非正规学习活动;终身学习还特别强调个体学习者的积极作用,提出构建终身学习体系的五个关键特征:认同所有形式的学习,而不仅仅是正规课程教育,具有承认非正规学习的机制和为学习者(特别是成人)提供信息与指导的良好机制和体系;终身学习需要年轻人及成人具有良好的基础技能,在关注内容掌握的同时强调学习的主动性、积极性;从终身角度看学习机会与公平问题,国家须依据终身需求来评估资源,并进行有效配置;终身学习需进行政策协调,使社会各方参与其中。经济合作与发展组织2000年就未来15~20年"未来学校教育"体系的发展进行预测,依据决定学校形态的变量系列建构了六种方案。终身学习强调学习者的主体性,注重学习者主导的、个性化的学习过程,后制度化教育体系的构建确

保个体对教育的选择权和在教育过程中的自主权。

构建终身学习体系和学习化社会是未来教育体系发展的主流。尽管许多国家对终身学习的理解存在差异,采取的政策不尽相同,但各国重要的教育改革都将终身学习和学习化社会的基本理念付诸实施。经济合作与发展组织成员方采取积极措施,使学习机会更加开放化与多样化,除正规教育外,最大限度地发现并承认任何其他形式的学习和培训;运用现代信息技术,实施学习设施的职能化和网络化,使学习手段信息化与综合化;在社会有关部门和组织之间建立密切的新型的合作伙伴关系,如办学体制多元化、学习费用合理分担机制等,促进终身学习社会化。

中国的教育体系

中国教育体系的演变　中国有漫长的学校发展史,但现代教育体系演变具有较强的外源性。自近代实行"废科举,兴学校"后,受西方教育思想和教育制度影响,教育体系逐步向制度化教育演变。1904年1月清政府颁布《奏定学堂章程》(亦称"癸卯学制"),建立并开始实行中国第一个具有现代意义的学制系统和教育体系,开始形成学校体系高低层次的划分,以及普通教育与专门教育的分化。1905年成立具有现代教育管理体制雏形的晚清学部,标志传统教育体系向现代教育体系转变。1922年北洋政府仿照美国的"六三三"学制,颁布"壬戌学制",系单轨制,中国学校教育开始进入现代化发展轨道。

新中国建立后,20世纪50年代,随着农业社会向工业社会的转变,并仿照苏联教育模式,中国很快建立以学校教育和行业职业教育为主体的制度化教育体系。其后虽有以革命需要和农村条件为背景的非正规教育实践,但其客观依据与当代终身教育要求有根本的不同。1993年中共中央、国务院发布《中国教育改革和发展纲要》,第一次正式使用"终身教育"的概念,指出成人教育是传统学校教育向终身教育发展的一种新型教育制度,强调发展成人教育。1995年颁布的《中华人民共和国教育法》明确了终身教育的法律地位,国家适应社会主义市场经济发展和社会进步的需要,推进教育改革,促进各级各类教育协调发展,建立和完善终身教育体系。1999年国务院批转的教育部《面向21世纪教育振兴行动计划》强调,终身教育将是教育发展和社会进步的共同要求,并提出2010年中国要基本建立起终身学习体系的改革目标。2001年第九届全国人大四次会议通过《中华人民共和国国民经济和社会发展计划第十个五年计划纲要》,确定在今后5年及更长一段时期内逐步形成大众化、社会化的终身教育体系。2002年中共十六大提出完善现代国民教育体系,形成全民学习、终身学习的学习型社会。2010年,中共中央、国务院颁布《国家中长期教育改革

和发展规划纲要(2010—2020年)》,提出构建完备的终身教育体系,学历教育和非学历教育协调发展,职业教育和普通教育相互沟通,职前教育和职后教育有效衔接,现代国民教育体系更加完整,终身教育体系基本形成。

中国的教育体系　中国的教育体系主要包括学校教育制度、义务教育制度、职业教育制度和成人教育(包括非学校教育和培训)制度、国家教育考试制度、学业证书制度和学位制度。

学校教育制度。指国家各级各类学校体系,具体规定幼儿园、小学、中学、大学、各种专门学校和业余学校的类型、性质、任务、入学条件、学习年限以及它们之间的衔接和关系。

义务教育制度。义务教育是依照法律规定适龄儿童和少年必须接受国家、社会、家庭予以保证的国民教育。1986年4月颁布的《中华人民共和国义务教育法》首次以法律形式确定义务教育制度,2006年6月全国人大常委会进行修订。根据义务教育法,中国实行九年义务教育。义务教育分为初等教育和初级中等教育两个阶段。

义务教育实行国务院领导,省、自治区、直辖市人民政府统筹规划实施,县级人民政府为主管理的体制。国家的义务主要体现在三方面。(1)设置学校。政府合理设置小学、初级中等学校,使儿童、少年就近入学;为盲、聋哑和弱智的儿童、少年举办特殊教育学校(班)。(2)提供经费。国家将义务教育全面纳入财政保障范围,实行国务院和地方各级人民政府根据职责共同负担,按照教职工编制标准、工资标准和学校建设标准、学生人均公用经费标准等,及时足额拨付义务教育经费,确保学校正常运转和校舍安全,确保教职工工资按照规定发放。为家庭经济困难的适龄儿童、少年免费提供教科书并补助寄宿生生活费。(3)提供师资。国家采取措施加强和发展教师教育,培养和培训师资。建立教师资格证书制度,提高教师素质。国家保障教师合法权益,采取措施提高教师社会地位,改善教师的物质待遇。此外,政府还应创造其他条件,切实使适龄儿童、少年入学接受义务教育。对于父母或其监护人不送适龄儿童、少年入学的,当地政府要责令其送子女入学,并禁止任何组织或个人招用义务教育阶段儿童、少年就业,对违法者进行处罚。国家保护学校教育设施、场地不受侵占,保护学校正常教育秩序,等等。

职业教育制度。职业教育是传授职业知识和技能,培养职业道德,提高职业能力的教育。注重培养实践技能和实际工作能力。是国家教育事业的重要组成部分,是促进经济、社会发展和劳动就业的重要途径。1996年颁布的《中华人民共和国职业教育法》对职业教育体系、实施及保障条件有具体规定。国家根据不同地区的经济发展水平和教育普及程度,实施以初中后为重点的不同阶段的教育分流,建

立健全职业学校教育与职业培训并举,并与其他教育相互沟通、协调发展的职业教育体系。其中,职业学校教育分为初等、中等、高等职业学校教育。初等、中等职业学校教育分别由初等、中等职业学校实施;高等职业学校教育根据需要和条件由高等职业技术学院或普通高等学校实施。普通中学可因地制宜地开设职业教育课程,或根据实际需要适当增加职业教育教学内容。职业培训包括从业前培训、转业培训、学徒培训、在岗培训、转岗培训及其他职业性培训;可根据实际情况分为初级、中级、高级职业培训;职业培训分别由相应的职业培训机构和职业学校实施,其他学校或教育机构根据办学能力,开展面向社会的多种形式的职业培训。国家实行劳动者在就业前或上岗前接受必要的职业教育的制度;根据国家制定的职业分类和职业等级标准,实行学历证书、培训证书和职业资格证书制度。

成人教育制度。成人教育指通过业余、脱产或半脱产的途径对成年人进行的教育,主要任务是对现实劳动力进行再教育,不断提高劳动者的思想道德素质和科学文化水平,以适应经济社会发展和个人生活的需要。《中华人民共和国教育法》规定,国家发展多种形式的成人教育。成人教育的主要类型:岗位职务培训,这是成人教育的重点;对已工作而未完成成人初等、中等教育的劳动者进行的基础补习教育;成人中等专业技术教育和高等教育;对已受过高等教育和获得专业技术职称的在职人员进行的继续教育;社会文化和生活教育等。成人教育呈现集中与分散结合、正规与非正规并存特点,既有夜大学、广播电视教育、函授教育、网络教育,也有扫盲识字班、职工学校、农民学校、短期培训班和各种知识技术讲座和自学等。

国家教育考试制度。国家教育考试是由国务院教育行政部门确定种类的全国性教育考试,主要有高等学校统一招生考试、高等教育自学考试、英语级别考试、中国汉语水平测试等。普通高等学校统一招生考试由国家教育部统一管理和组织命题,省(直辖市、自治区)招生委员会组织实施,经批准的省(直辖市、自治区)也可单独命题。高等教育自学考试是对自学者进行以学历考试为主的高等教育国家考试,根据经济和社会发展需要、人才需求预测和开考条件设置考试专业,公民不受性别、年龄、民族和已受教育程度限制,均可参加。高等教育自学考试的专科、本科学历层次,与普通高等学校的学历层次水平要求一致,考试合格者可以取得毕业证书,符合相应学位授予条件的,可授予学位。

学业证书制度。学业证书是经国家批准或认可的学校及其他教育机构,按照国家规定对受教育者颁发的证明其所受教育程度、年限的证书。学业证书由学历证书和其他学业证书组成。学历证书包括毕业证书、结业证书和肄业证书。毕业证书指学校对具有学籍的学生完成课程计划规定的全部课程,考试及格,准予毕业颁发的证书。结业证书指学校对具有学籍的学生学完课程规定的全部课程,其中一门以上主要课程(包括毕业论文、毕业设计)不及格者颁发的证书。肄业证书指学校对具有学籍、未完成教学计划的课程而中途退学者(被开除学籍者除外)颁发的证书或学历证明。除因病、家庭困难或其他原因自动退学的学生也发给肄业证书外,学历证书的颁发主要依学习成绩而定。学业证书的授予类型有完成义务教育的证书、高中毕业证书、中等专业毕业证书、高等学校毕业证书、成人高等和中等专业学校毕业证书等。

学位制度。学位制度是国家以学术水平为衡量标准,通过授予一定称号来表明专业人才知识能力等级的制度。1980年颁布的《中华人民共和国学位条例》规定,中国的学位分学士、硕士、博士三级。学士学位授予条件:高等学校本科毕业生,成绩优良,达到下述学术水平:较好地掌握本门学科的基础理论、专门知识和基本技能;具有从事科学研究工作或担负专门技术工作的初步能力。硕士学位授予条件:高等学校和科学研究机构的研究生,或具有研究生毕业同等学力的人员,通过硕士学位的课程考试和论文答辩,成绩合格,达到下述学术水平:在本门学科上掌握坚实的基础理论和系统的专门知识;具有从事科学研究工作或独立担负专门技术工作的能力。博士学位授予条件:高等学校和科学研究机构的研究生,或具有研究生毕业同等学力的人员,通过博士学位的课程考试和论文答辩,成绩合格,达到下述学术水平:在本门学科上掌握坚实宽广的基础理论和系统深入的专门知识;具有独立从事科学研究工作的能力;在科学或专门技术上取得创造性的成果。对国内外卓越的学者或著名的社会活动家,经学位授予单位提名,国务院学位委员会批准,可授予名誉博士学位。按学科门类划分,中国学位分为哲学、经济学、法学、教育学、文学、历史学、理学、工学、农学、医学、管理学和军事学12个门类。

为尽快培养一批国家急需的知识面宽、跨学科的高层次专门人才,1984年后,经批准,一些高校举办第二学士学位班,其招生对象主要是大学毕业并获得学位的在职人员,层次上属大学本科后教育。为培养特定职业高层次专门人才,自1990年起,陆续在工商管理、法律、公共管理、教育、军事、医学、建筑、工程、农业推广、兽医等领域,在硕士层次设置专业学位,使该级学位类型区分为学术学位和专业学位。

中国教育体系发展重点　进入21世纪,中国社会向工业化转型,并部分跨入知识型社会,社会发展的不平衡使教育既存在传统国民教育体系特征,也具有现代国民教育与终身教育雏形的特点。形成较完善的现代国民教育体系,构建终身教育体系,形成学习型社会成为中国教育体系发展的方向和重点。

形成较完善的现代国民教育体系。要求国民教育体系在外部的适应性和开放性、内部结构、管理体制、运行机制、教育过程等方面达到更高的发展水平。建设层次合理、结构优化的教育系统。高质量、高水平地普及九年义务教育；基本普及高中阶段教育；加强普通教育与职业教育体系之间的沟通和衔接；加快高新技术和第三产业高级专门人才的培养；增强教育系统主动适应经济社会发展要求的能力，培养高素质的劳动者、专门人才和创新人才，提高知识科技创新的能力；建立面向世界的开放的教育体系。现代国民教育体系虽然以学校教育为主体，但教育的重点是为受教育者的终身学习打基础，着力培养终身学习的观念、自我学习的习惯，为人的生存和发展提供"学会生存"、"学会学习"、"学会关心"、"学会创造"的理念、知识、技能和方法。

构建终身教育体系。逐步建立起基础教育、职业教育、成人教育和高等教育相互衔接，正规教育、非正规教育、非正式教育相互结合，职前教育与职后教育培训相互沟通，学校教育、家庭教育、社会教育相互配合的终身学习体系。现代国民教育体系是终身教育体系的基础，在积极发展学校教育的同时，大力推进企业职工的继续教育与培训和多种多样的社会业余教育，构建包括学校教育系统、行业（企业）教育系统、社会教育系统、网络教育系统在内的体现终身教育思想的现代教育结构体系。促进各级各类教育、培训的衔接，真正建立起教育的"立交桥"。在非义务教育阶段，改变对社会成员接受教育的年龄限制，形成不受特定年龄阶段限制的开放式入学制度；改变教育资源的学校垄断性和封闭性，使不同学校之间的教育资源相互开放，学校教育资源向社会开放，充分实现教育资源的社会共享；建立学习信息服务网络，为社会成员根据不同需要进行学习提供可供选择的课程；改变传统的教育评价制度，建立非正规学习成果的认可制度，促进正规教育与非正规教育之间的互动发展。

形成学习型社会，促进人的全面发展。形成学习型社会要以促进人的发展为目的，以全民学习和终身学习为主要表现形式，以全面拓展和整合社会的教育资源、学习资源、文化资源、知识资源为保证。首先需形成和发展学习型社会的动力机制。引导和鼓励社会学习需求的多元增长；扶持和引导各类教育机构的发展；汇集全社会的学习资源和教育资源，并通过管理、引导、资助、督导和认证的方式促进优良学习资源丰富和发展。其次为形成学习型社会提供政策保障。以法律形式保障全体国民终身受教育的基本学习权利；为国家和社区整合全社会的教育资源和学习资源提供有力的政策支持；建立各类教育资源之间的"立交桥"或"互联网"；加强政府各职能部门对学习型社会的关注、支持和服务；以法制促进和规范学习型社会的成长与发展。

参考文献

陈桂生.教育原理[M].上海：华东师范大学出版社,2000.

保罗·朗格让.终身教育导论[M].滕星,等,译.北京：华夏出版社,1988.

经济合作与发展组织(OECD).教育政策分析(1998,1999,2001)[M].刘丽玲,王薇,谢维和,等,译.北京：教育科学出版社,2002,2003.

联合国教科文组织国际教育发展委员会.学会生存——教育世界的今天和明天[M].华东师范大学比较教育研究所,译.北京：教育科学出版社,1996.

联合国教科文组织国际21世纪教育委员会.教育——财富蕴藏其中[M].联合国教科文组织中文科,译.北京：教育科学出版社,1996.

（王　建）

教育体制(educational system)　　国家组织和管理教育的形式、方法与制度的总称。是教育事业的机构设置和管理权限划分的制度。具体指有关办学（事业）主体构成的规定、各级各类教育机构之间管理权限的分配制度以及教育活动的运行机制。其构成要素一般包括决策体系（决策权的划分及其相互关系）、调节体系（实现决策的形式、方法与手段以及政府与市场的关系）、组织体系（教育机构、单位的职责分工与相互关系的划分和确定）和信息体系。按照发展教育的主体行为者，分为管理体制、办学体制、投资体制、学校体制等；按照教育的结构和类型，分为初等教育体制、中等教育体制、职业教育体制和高等教育体制等。教育体制作为国家组织和管理教育的方式与制度，由特定的政治和经济体制、文化背景和教育自身的运动规律决定，但也有其相对的独立性。确定教育体制必须考虑政治体制和经济体制，以及教育过程的特点和规律。教育体制的基本模式和内容由经济体制决定，经济体制的变革直接影响教育体制变革，并为教育体制改革提供必要的经济环境与支撑条件；与经济体制相适应的教育体制能促进经济体制的巩固和发展，并推动经济体制改革。

教育体制的内容

教育体制主要包括教育管理体制、办学体制、教育投资体制、学校管理体制和运行机制。

教育管理体制　主要包括国家各级教育行政机构的组织形式、权力结构和工作制度，是国家行政体制的组成部分。其核心内容是国家教育行政权力结构。按照行政组织体制上下级层次之间决策权限的大小，可分为集权制和分权制。根据宏观层面中央和地方对教育的管理权限关系，世界各国的教育管理体制大致有三种模式。

一是中央集权制管理。是一种直线式管理制度。其基本特征：教育行政权力集中在中央政府。中央制定教育的基本法律、法规和政策，对地方教育有绝对约束力；全国有统一的教育目标、课程计划和评价标准。实行中央集权制教育管理体制的国家一般设有教育部或教育委员会，其职能是管理全国所有的教育机构，确立国家教育的方针政策和发展规划，编制教育经费计划并管理教育经费，制订教学计划和教学大纲，确定考试内容和时间，监督检查并指导全国教育工作。中央集权制管理有利于按照国家整体利益，发挥统一领导作用，制定全国统一的教育法规政策和教育标准；便于推进全国性教育改革，有利于统一思想、统筹全局和均衡全国教育事业发展；能有力调节各地教育发展的不平衡，使各地教育均衡发展，保障国民教育机会的均等。但中央集权制强求统一，权力高度集中，易产生官僚主义，效率低下；制度整齐划一，缺乏弹性和灵活性；用统一标准和程序管理经济文化水平不一的各地教育，易忽视各地实际需要，影响和束缚地方政府对本地教育事业发展的主动性、积极性和创造性。

二是地方分权制管理。把教育领导权归由地方或公共团体管理的一种教育管理体制。地方政府在其管辖范围内有权决定教育事务，中央政府的教育权只限于指导、监督和资助。教育的基本法律由地方制定；课程设置、教材选择、教师资格认定等由地方规定；中央不随意干涉地方教育行政机关所作的决定。地方分权制能调动地方政府管理教育的积极性，因地制宜发展本地教育事业；有利于教育为当地经济社会发展服务；行政效率提高。其缺点是易造成各地政府自行其是、权力分散、缺乏权威，管理体制纷杂而混乱，各地教育质量参差不齐，教育事业发展不平衡等问题。

三是中央和地方合作制。是一种中央和地方协同管理教育的体制，介于中央集权与地方分权之间的一种均权型的合作性教育管理体制。一定程度上克服中央集权和地方分权两种教育管理体制在组织形态上存在的弊端，缓解中央与地方之间的矛盾。

办学体制　主要解决各级各类教育主体或各方面在发展教育中的职责和利益问题，即明确教育由谁发展、谁投资、谁管理和谁受益的问题。分为公立教育和私立教育。公立教育由公意授权的政府投资和（或）直接管理，根据政府层级及其关系，可进一步分为由中央政府负责制、地方政府负责制等多种模式。私立教育由社会和个人投资、举办和（或）管理。因各国经济发展状况、文化、宗教传统、教育阶段和属性、教育政策和社会的教育需求不同，各国公立教育和私立教育发展的比例和水平差异较大。

教育投资体制　主要解决教育由谁投资（举办）及投资者之间的关系问题。主要有几个渠道：国家投资，分为中央政府支出和地方政府支出；学生交纳的学杂费；私人和企业社团的捐赠、投资；学校产业的增值。大体可分两种类型：由国家或地方政府负担全部或主要教育资金；以国家或地方政府投资为主，其他投资来源为辅。

学校管理体制　指划分学校内部管理权限、组织实施学校教育的制度。主要包括三个方面：学校领导体制，学校管理机构的设置与职责等方面的组织制度，学校各项工作的具体管理制度。其中，学校领导体制是学校管理体制的核心。

运行机制　指形成决策、配置资源和分配利益的调节方式及体系。其形成受国家政治制度、经济发展水平和文化历史传统的制约。政府和市场是两种最基本的调节机制。政府机制主要通过政府选择，并以政府组织之间纵向的命令—服从关系为特征，具有强制性；市场机制主要以平等的市场活动主体之间订立合同与契约，自由交易、公平竞争，以及个人经济权利的满足等活动为特征，具有自愿性。

国际公共教育体制的变革与重构

20世纪80年代前后国际公共教育体制的变化　近代学校发轫于西方国家。其源头，大学可追溯到中世纪末期的大学，小学源于中世纪末期的基尔特学校（即行会学校），即手工业、商业行会学校，它们都是自治组织，即私立学校。尔后开办的教区学校受教会支配，或私立，或具有慈善性质。随着生产及各项事业的发展，近代民族国家的建立和民主制度的形成，教育世俗化要求国家与教会分离、学校与宗教分离，促使公共教育制度和公立学校产生，教育逐渐成为一项国家事业。19世纪，西方主要国家如法国、德国和英国等为有效主导教育，先后开始设置中央教育行政机关；为普及公共教育，进一步提出义务教育和免费教育问题。19世纪后半叶，西方主要国家相继建立公共教育制度。第二次世界大战后，国家福利功能大幅扩展，从开办济贫所和开放性救济，转向制定各项提高劳动力素质的政策，教育成为政府向国民提供的基本服务。至20世纪70年代前，教育一直被作为政府向公众提供的服务，政府直接参与供给和管理。但一些国家在庞大的公立教育体制之外，仍有一个按市场体制运作的私立教育领域。整个教育体制表现为"准公共性"。

20世纪80年代后，西方人口老龄化使福利国家的压力增大，特别是90年代后，经济全球化发展对福利国家的功能和效能提出挑战，意识形态和政治上的"新自由主义"和"新公共管理主义"盛行，使政府的职能、角色和本质发生改变，在对待包括教育在内的公共事业的管理上采取新方式，其核心是通过在公共部门引入市场因素，把原本由国家承担的责任转移给非国有部门，或是改变国家参与公共服务的性质。考虑到公立学校的质量和效率、公立学校扩展不拥有充分的资源，以及更强的消费者选择意识，教育转向市场选择，通过在教育领域引入市场机制，发挥私营或民营教育机构的积极作用，重建公共教育体制，进而增强教育制度的灵活性、多样性和自主性，扩大消费者的选择权，满足不同消费者的需求，提高学校办学的绩效责任意识和效率，成为20世纪后半叶公共教育体制变革的特点。

20世纪80年代后国际教育体制改革的主要理论基础　20世纪80年代后，各国将市场机制引入公共教育领域，通过教育分权、择校运动和公立学校民营化来推行公共教育的重建，并成为经济、政治和文化全球化的一部分。这一变革有其理论和实践基础。

(1)新自由主义与"第三条道路"理论。20世纪80年代后，新自由主义思潮在西方盛行。其根本观点：当代社会的所有弊端都由国家的过多干预造成，应返回到自由竞争的资本主义。在如何认识政府与市场两者的关系和作用方面，新自由主义崇尚"小政府"和市场原教旨主义(market fundamentalism)。新自由主义作为意识形态，影响包括教育方面的整个社会。美国经济学家M.弗里德曼最早提出教育市场化观点。他认为，教育不应该是政府提供的一项服务，而应是自由市场体系的一部分。政府垄断教育导致效率低下、资源浪费，唯一出路是教育市场化。他在1955年发表的《政府在教育中的作用》一文中指出，全面改革美国教育体制的唯一办法是走私有化之路，实现将整个教育服务中相当大的部分交由私人企业经营，主张改革政府教育资助制度，从向学校拨款改为向学生家庭发放教育券，通过家长为孩子自由选择学校来改变患有"社会集权过度症"的公立学校制度。M.弗里德曼的思想影响了各国实行的教育券计划及其变种。

20世纪90年代后期，"第三条道路"理论在社会政治思潮中开始占支配地位，认为纯粹的市场和纯粹的社会主义并不完善，调和其间的冲突会找到一系列新途径，社会主义可以通过市场实现，资本主义也需要靠政府干涉，需突出政府、市场和公民社会不同主体之间的参与和合作，确保实现社会公平。教育没有公私之分，只有好坏之别，教育的发展方向是建设性的协作和伙伴关系。受该理论影响的国家采取的教育改革策略包括政府支持私立教育的发展，鼓励私人参与教育，增强家长与学校的双向选择权利。

(2)"政府治理"与新公共管理理论。20世纪90年代，西方各国的公共行政领域改革重新探索国家和社会公共事务的管理模式。"更少的统治，更多的治理"(Less Government, More Governance)逐渐成为社会管理的一个重要理念和价值追求。政府由传统的统治向治理转变：建立政府与市民社会之间的合作互动关系，培养公民精神，发挥民间组织的主动性；改变中央和地方的关系，向地方放权；政府进行改革，成为"有效政府"，政府有责任运用新的方法和技术更好地对公共事务进行控制和引导。美国政治学家、行政学家B.G.彼得斯提出四种政府治理模式，即市场式政府、参与式政府、弹性化政府和解制型政府。政府对教育的治理是一次公共教育权力在政府、市场、社会、学校之间更大范围的转移，形成权力的多中心化，特别是将权力特许给社会，以此转向更多地依赖民间机构和公民个人对教育各方面的参与，加强同地区、学区和地方、学校以及家长、学生之间的联系，建立公私部门的伙伴关系。

新公共管理是20世纪80年代末90年代初西方各国产生的一种以新自由主义为取向的新的公共部门管理模式。它以质疑官僚行政有效性为前提，以追求"三E"为目标，即economy(经济)、efficiency(效率)、effectiveness(效能)。其核心是引入市场竞争机制。该理论的主旨是把公共行政僵化的、等级制的官僚制组织形式转变为公共管理弹性的、以市场为基础的形式。新公共管理在公共教育体制的重构中，政府通过放松中央控制机构的管制，对学校组织进行授权；通过下放决策和解决问题等权力对教师进行授权；通过将学校控制权交给以社区为基础的管理机构，对社区成员和社区组织授权，进而把控制公立学校的形式由复杂的规章制度和等级命令转换为共同的使命和承担绩效责任的制度。合同制是学校摆脱政府控制的一种方式和手段，被认为为公立学校提供了一种全新的治理模式，如美国的特许学校、契约学校和公立学校私营管理，英国的教育行动区、直接拨款学校，加拿大的特许学校，新加坡的自主学校等，都是通过签订相关的绩效合同，明确规定学校的目标、预期结果和绩效结果，同时给予其资源的管理控制权。

(3)教育产业化与"教育服务贸易"理论。公共财政体制的核心内容是提供和配置公共物品资源，教育一直被视为具有"纯粹公共物品"性质的社会公益事业，主要由公共财政支持。随着经济和社会进步，一部分教育出现显著的可分割性、受益排他性和消费竞争性，逐渐成为个人可以依据支付能力选择购买的服务，从而具有混合公共物品(mixed public goods)和混合"私人物品"(mixed private goods)的性质。国际上通行的义务教育制度是把教育作为一种公共物品，政府机制在其中发挥主要作用。一部分非义务教育属于准公共物品，在政府资助的同时引入一定的市场机制；另一部分非义务教育则属于私人物品，可通过市场机制配置资源。在国际社会占主导地位的现实政策选择中，市场经济国家并未完全实行"教育产业化"政策。由于教育具有非功利目的和极强的知识的公共性，市场经济成熟国家的税收和财政体制健全，政府把投资教育作为调节社会公平的基本手段，多数国家把教育(甚至包括非义务教育)作为公共产品或准公共产品。但有些国家在义务教育完全普及后引入市场机制，在政府投入的同时增加社会与个人在非义务教育阶段经费负担的比重，扩大公民对教育多样化的选择机会。

世界贸易组织框架下的教育服务贸易概念，使教育被列为受世界贸易组织监管的12种服务贸易之一。世界贸易组织《服务贸易总协定》第十条第三款规定，除了由各国政府彻底资助的教学活动之外（核定例外领域），凡收取学费、带有商业性质的教学活动均属于教育服务贸易范畴。至2001年底，在世界贸易组织144个正式成员中，有42个国家（欧盟12国为一个整体）签署了教育服务类协议，从而使教育从社会公益事业拓展为可被消费者购买的服务，且允许按照各国承诺进行跨国贸易。

国际教育市场化的主要形式　教育市场化是运用市场的理念、原则和做法来运营作为公共事业的教育，以提升其所提供的服务的质量，提高效率，更有效地使用公共经费。在这场公共教育体制的市场化重建中，公立学校进入市场的主要的途径有：择校，包括一系列以提高学生及其家长的自主性为目的的政策措施，如开放招生、凭单制度、学费税收扣除等；竞争，在教育领域引入竞争机制，支持私立学校与公立学校以及私立学校之间的竞争，如公立学校系统内部特许学校的出现和发展，教育补贴凭证制对私立学校的扶持，公立学校的法人化管理等；办学，通过分权，将教育控制权转移至社区和学校层面，实行校本管理；用者自付与多元筹资，由消费者（家长、学生和未来的雇主）购买教育服务，其对教育的需求决定生产者（学校、管理人员和教师）的收入，政府则逐步减少公共教育经费的支出；凭单制（教育券、学券），在一个纯粹的凭单制度下，适龄儿童或少年的家长会得到一份含有一定数量的公共教育资金的凭单，家长可持凭单将子女送入任何一类学校就读，学校凭此单到发出凭单的机构兑换相应数量的资金。

公共教育体制重构过程中各种关系的变化　20世纪80年代后，各国制定的一系列以市场化和民营化方式改造公共教育体制的教育政策，使政府、学校、社区、校长、教师、学生或家长以及举办者、办学者、管理者之间的关系得以重构。

（1）国家与学校的关系。近现代以来，世界范围内的公共教育制度具有典型的福利化、集权化和科层化性质与倾向。以权力高度集中的系统化的教育行政体制为依托，国家通过完备的教育行政机构对教育实施全面干预，政府通过控制教育资源、入学条件、学校归属、办学方向和学生出路等，控制教育的需求和供给。20世纪90年代后，虽然市场因素在社会福利与保护领域中有所增长，但通过公共渠道向社会提供福利和保护仍是国家的主要功能，多数国家把教育作为公共产品或准公共产品，把投资教育作为调节社会公平的基本手段。政府投资教育，并不意味着要直接管理学校，许多国家通过教育分权和合同制进行公共教育的重建，即将财权和管理权下放到更基层的单位，政府逐步从学校管理中退出，而掌握决定学校知识的标准、成就评估的方式和评估报告的对象等权力，学校在课程设置、教学方式、预算管理及人事任免等方面获得自治，以担负达到协议

规定的成就标准的绩效责任为交换。而随着政府提供教育服务垄断地位的打破，各种团体、组织甚至个人等都可成为教育提供者，但各国一般严格区分非营利性教育和营利性教育，并制定相应的法律加以监管。

（2）学校与学生的关系。实现教育权利普及化的根本是建立公立学校制度。公立学校取代各行其是的私立学校，公立学校和私立学校的双轨体制甚至蜕变为单一的公立学校体制，"就近入学"等成为各国通行的做法。在一些国家，学生不仅免交学杂费，午餐费和校服费也由国家出资。教育特别是基础教育的普及加快，一定程度上缓解了教育的不平等，为实现普及教育奠定了基础。但20世纪80年代后，西方发达国家对义务教育阶段的入学政策进行重大调整，逐渐放松对就近入学的限制，甚至推行鼓励择校的政策，认为就近入学制度剥夺了父母为孩子自由选择学校的民主权利，而学校与学生的双向选择不仅是受教育的一种正当权利，而且是教育平等、教育民主、教育公平的需要。在教育发展历程中，由学校选择学生，到由学生选择学校，再到学校与学生的双向选择，体现了教育的发展与进步。

（3）校长与学校的关系。由国家支持和经营管理的公立教育赋予学校强烈的政治特性，科层制是公立学校普遍选择的组织形式，形成学校内部以人员分层、垂直领导和单向制约为特征的学校管理体制，具体表现为外控型学校领导体制、等级性学校组织制度和学校具体的强制措施。学校主管通常由学校外部的社会或政治力量任命，政府及其教育行政部门授予校长管理学校的权力，而学校内部人员（自身除外）不能有效监控。随着教育行政管理重心的下移和向校本管理人员下放越来越多的管理权限，校长要将学校的运作导向更为自治，从直接介入教学领导转向其他更广泛的领导角色，管理者与被管理者之间的鸿沟加大。

（4）教师与学校的关系。很多国家义务教育阶段公办学校的教师被纳入国家或地方公务员系列，在各种教师组织的保护下，教师的收入和福利有牢固保障，在学校以至国家科层体制下，学校没有雇佣和解雇教师的权力。20世纪80年代早期，教学质量成为公众关注的焦点，发达国家开始通过旨在提高教师工作素质的资格认证，以及将教师报酬与工作业绩联系起来的激励措施，来提高对教师的要求。80年代中后期，学校拥有更多自主权和教师职业化成为共识，校本管理、教师专业化和向教师赋权运动兴起。这些改革给予教师更多的工作自主性，在管理学校的过程中拥有更多发言权，但并未使教师从根本上摆脱科层制的附属地位。90年代后，择校运动使公立教育改革获得全新动力，虽有利于增强教师的自主和专业特性，但是机构自治和预算权下放消解了教师就工资和工作条件与学校进行集体协商的可能性，在市场竞争中被裁减的概率上升。

（5）学校与家长的关系。西方国家长期重视家长对学

校教育的参与。20 世纪 80 年代后进行的各种教育改革尤其是择校运动，在提高学校自主权的同时，更增强家长对教育的选择权和参与权，使家长与学校达成伙伴合作、和谐友好的关系。20 世纪末 21 世纪初，教育政策显示出对家长角色的重新定位，表现为从家长角色转换为消费者角色，从关注义务转变为强调权利。以往围绕家长和学校的讨论集中在家长如何履行作为共同教育者的职责，而伙伴关系的理念尽管被认为是市场力量促使学校对家长更为负责的一种机制，但亦被用来促使家长对学校更为负责。

（6）学校与社区的关系。在西方，设立董事会是学校的社会监督机制的有效形式。学校董事会主要由代表学校举办者的社会名流、社区民间人士、学校教师代表和家长代表组成。董事会承担多项职责，如负责学校的总体管理，确保学校课程符合国家课程的要求，负责管理学校财政，参与教职工的选聘，向家长通告有关学校课程和学生成绩的信息等。随着由政府控制的资源和决策权的下放，导致校长与董事会的领导权力面临再分配。

（7）私人所有者与学校之间的关系。教育长期以来被作为纯公共产品，公立教育只能由政府提供，公立学校所共有的产权不明；教育的福利性质，其收益的个体性、长期性和间接性，对政府紧缺的财政支出的依赖，对教育公益性的强调等，通常造成教育的短缺。公立学校与私立学校之间的割裂，对所有制的歧视不但剥夺了某些人接受政府教育资助的权利，限制了人们的教育选择，而且人为制造了公立学校与私立学校乃至接受公立教育和私立教育的人之间的对立。20 世纪 80 年代后各国推行的市场化导向的教育改革，使教育的属性发生分化，教育服务存在市场或至少是准市场的认识得以承认。许多国家在教育领域引进市场机制，通过合同承包、特许经营、凭单等形式把责任委托给竞争市场中运营的私营公司或个人，借助私人资本对公立学校进行改造，并促成私人资本出入于教育领域，但各国都相应地为营利性教育和非营利性教育服务制定适当的规则，加强教育秩序监管。

国际教育体制改革的主要课题

20 世纪 80 年代，国际教育大会认为世界大多数国家的教育管理存在严重问题。主要发达国家教育体制改革中的主要课题有三。

集权与分权的关系 世界主要发达国家的教育管理体制改革，一定程度上是纠正中央集权与地方分权这两种不同教育管理体制存在的弊端，妥善解决教育管理的地方自治与国家规范、自主性与专业性、多样性与实效性等诸多矛盾，实现集权与分权的最佳融合。发达国家推进教育体制改革的共同目标是趋向均权化，中央集权制国家开始重视加强地方管理权和学校自主权，地方分权制中一些涉及全国利益的教育事业则由中央政府进行统筹管理，从而促进全国教育事业的均衡发展。中央集权、统一规范的国家如法国、日本等，设法将高度集中的教育管理权力和义务委托给地方或民间负责，重视教育发展的多样化和个性化；地方分权、自由开放的国家如美国、英国等，则逐步加强中央政府对全国教育事业发展的指导和监督，并倡导放权给学校，让学校拥有更多的权力。中央和地方各级政府如何不断增强地区和学校的自主权，以及如何扩大父母和子女自由选择学校的范围和权利，是发达国家推进教育体制改革面临的课题之一。

质量、效率与公平的关系 教育体制改革的主要目的是追求卓越的教育平等，促进全国教育事业均衡发展和教育质量提高，为实现国家教育发展战略而均分公共教育资源，引进市场机制竞争机制，以达到公正、有效、优化的目的。对于通过教育分权、择校运动和公立学校民营化等措施进行的教育市场化重建能否提高公立学校质量和教育体制的效率，以及对社会公平的影响，褒贬不一。赞成者认为，择校制度不仅给学生和家长带来更多的教育自由，而且能提高学校办学的绩效责任意识和效率；反对者认为，市场化的择校改革并未显著促进教育机会扩大，提高学校效率，相反出现了不同群体间的教育资源不公平分配以及学校乃至整个社会的分层现象。英国学者惠迪等人研究认为，放权和择校重构了政府、学校与家长之间的关系，但加剧了业已存在的入学和参与方面的不公正。在教育资源有限的情况下，如何平衡教育体系内存在的追求自由选择的使命与追求平等机会这一更重要使命间的关系，是各国教育实践和理论需探索的课题之一。

政府与市场、学校与社会的关系 在教育领域引入市场机制，通过市场化和民营化的方式来改造现行的由政府垄断的公共教育体制，是许多国家教育改革的共同路径，但是有关教育领域政府与市场和社会关系的争论始终存在。联合国教科文组织国际 21 世纪教育委员会 1996 年发表的报告《教育——财富蕴藏其中》指出，不论教育系统的组织情况如何，国家都应对公民社会承担一定的责任，因为教育是一种集体财产，不能只由市场来调节，主张吸收社会上各有关个人和机构参与教育决策，主张建立公私合作的伙伴关系，考虑混合筹资的方法，根据不同教育水平采取不同的比例，将公共资金和私人资金相结合，并保证提供免费的基础教育，私人筹资由政府对筹资合作伙伴加以组织，并采取一定的纠正措施，防止教育扩大社会的不平等现象。深入理解当代教育的基本价值，把握教育改革和发展的复杂性，特别是其中涉及的利益分配的复杂关系，并注意伦理与地域、文化、传统的内在关联，是世界各国顺利推进教育体制变革必须考虑的首要问题。

中国教育体制改革

改革开放后的教育体制改革　从新中国成立到中国共产党十一届三中全会这段历史时期,中国实行高度集中的计划经济体制,在此经济体制下形成并发展的教育管理体制是由国家集中计划、中央部委和地方政府分别举办并直接管理学校,从宏观的学校发展规模、速度、质量、效益直到微观的学校举办经营、经费投入、教师管理、招生分配等,都通过政府的指令性计划加以控制,学校成为教育行政机构的附属物。1985年《中共中央关于教育体制改革的决定》揭开了中国教育体制改革的序幕,在改革开放的大背景下不断推进并取得了显著进展。

(1) 通过教育管理分权,改革权限过于集中、统得过死的管理体制,基本形成了中央统一领导、地方统筹管理的教育行政体制。基础教育实行地方负责、分级管理的原则,把责任和权力交给地方,义务教育实行"国务院领导、省(自治区、直辖市)人民政府统筹规划实施、县级人民政府为主管理"的体制。职业教育和成人教育实行在国务院领导下,分级管理、地方为主、政府统筹、社会参与的职业教育管理体制,明确规定发展职业教育的主要责任在地方。高等教育逐步扩大省级政府的教育决策权和统筹权,按照"共建、调整、合作、合并"的方针,重点对中央业务主管部门所属的高校进行划转和下放,基本形成中央和省级人民政府两级管理、以省级政府管理为主的体制,促进了高等教育与地区经济社会发展的结合。

(2) 通过鼓励多种形式办学,改革由政府包揽办学的单一体制,初步形成了以政府办学为主、社会各界共同参与的多元化办学格局。新中国建立初期对旧学校接管和改造后,形成了单一的由政府举办学校的体制。政府包办各种教育,社会团体、集体和公民个人都不能独立办学。办学体制改革的主要内容是根据各级各类教育的不同情况,鼓励社会力量办学和发展民办教育。《中共中央关于教育体制改革的决定》提出,鼓励私人集资、捐资办学,鼓励社会团体办学。1993年颁布的《中国教育改革和发展纲要》提出,"国家对社会团体和公民个人依法办学,采取积极鼓励、大力支持、正确引导、加强管理方针"。2003年施行的《中华人民共和国民办教育促进法》,以法律的形式确定了民办教育在社会主义教育事业中的地位和作用,提出国家对民办教育实行"积极鼓励、大力支持、正确引导、依法管理"的方针,推动民办教育进入一个新的发展阶段。民办教育大体上有五种发展模式:由非政府民间机构或公民个人举办的民办教育机构;公立学校设立的按民办机制运作的分校或二级学院;公办学校按"国有民办"或"公办民助"的原则改革办学体制或运作机制;多种投资主体合作办学(亦称"股份制办学");

各种形式的中外合作办学。2006年开始,国家全面停止审批"国有民办"、"公办民助"、"民办公助"等新的公办中小学改制学校,并对现有的改制学校进行清理规范。

(3) 通过落实政府责任和扩大社会投入,改革教育投入渠道相对单一的体制,初步形成了以财政拨款为主、多渠道筹措教育经费的多元化教育投入体制。传统计划经济体制下教育经费的来源渠道较单一,主要依靠国家投资。教育投资体制改革主要是使教育成为准公共产品,办学主体和筹资渠道多元化。1984年开始在农村乡一级征收教育附加费,在自愿量力基础上的农民捐集资收入主要用于农民自筹基建投资、民办教师补助、教职工奖励、公用经费补助等;1986年开始征收城市教育附加费。90年代开始推进非义务教育阶段收费制度改革,实行教育成本分担机制。1997年后所有高校入校学生都实行缴费上学。21世纪初,农村税费改革直接冲击农村义务教育,为此政府决定提升农村义务教育的行政管理重心,从以乡为主提升到以县为主,并加大上级政府的财政转移支付。教育投入基本上形成以财政拨款为主,辅之以征收用于教育的税费、对非义务教育阶段收取学杂费、发展校办产业、开展社会捐资助学和建立教育基金等多渠道筹措教育经费的格局,逐步实现义务教育由政府负全责,高中阶段教育以政府投入为主,高等教育实行政府投入与社会投入相互补充,同时建立以奖学金、学生贷款(含国家助学贷款)、勤工助学、特殊困难补助和学费减免为主体的、多元化的资助经济困难学生的政策体系。

(4) 通过扩大学校办学自主权和推进学校内部管理体制改革,初步建立起政府宏观管理、学校面向社会自主办学的体制。以扩大高校办学自主权为中心,政府对学校的管理从直接管理逐步转向以间接管理为主,落实高校在招生、专业设置、机构设置、干部任免、经费使用、职称评定、工资分配和国际合作交流等方面的办学自主权。以改革高等学校全部按国家计划招生、毕业生全部由国家包下来的分配制度为突破口,建立"市场导向、政府调控、学校推荐、学生与用人单位双向选择"的机制。按照"按需设岗、公开招聘、平等竞争、择优聘用、严格考核、合同管理"的原则,在高校全面推行聘任(聘用)的人事制度改革,进一步健全高校内部的竞争机制和激励机制,搞活用人制度和收入分配制度;实行高校后勤社会化改革,使后勤与学校行政系统逐步实现规范分离。

(5) 通过招生考试制度及相关教育教学制度改革,探索多样化的人才培养体制。以提高国民素质为根本宗旨,以培养创新精神和实践能力为重点,全面推进素质教育。重点改革对推进素质教育发挥导向作用的考试招生制度,高考改革从改革考试内容到扩大高校招生自主权,中考改革推行学业考试与综合素质评价相结合。深化教学内容和方法改革,基础教育面向21世纪基础教育课程改革迅速推进;

职业教育以就业为导向,推行校企合作、工学结合、半工半读的人才培养模式;高等教育促进学术理论型和职业应用型高等教育分层分类办学,改变专业划分过细过窄的状况;研究生教育区分为学术学位和专业学位,加强科技创新与人才培养有机结合。

(6)通过坚持和扩大对外开放,基本形成全方位、多层次、宽领域的教育对外开放格局。20世纪70年代末,大量派遣留学人员拉开了中国对外开放事业的序幕,域外的教育思想、教育经验以及人力、物力资源等纷纷被引进国内,对中国教育改革与发展产生了巨大影响,从宏观的国家最高决策的教育理念和构想,到微观的教育层面的课程和教学方法改革,都有着浓厚的国际教育发展背景,中国教育的国际化程度明显提高。

21世纪中国教育体制改革的基本框架和主要内容 2010年中共中央、国务院颁布《国家中长期教育改革和发展规划纲要(2010—2020年)》,提出进一步解放思想,更新观念,深化改革,提高教育开放水平,全面形成与社会主义市场经济体制和全面建设小康社会目标相适应的充满活力、富有效率、更加开放、有利于科学发展的教育体制机制,办出具有中国特色、世界水平的现代教育。该《教育规划纲要》把人才培养体制改革作为新一轮改革的核心,特别强调教育改革的系统性,形成了人才培养体制、学校治理体制、政府管理体制三部分融合的整体框架,具体设计了推进教育体制改革的六大任务。

(1)人才培养体制改革。人才培养体制改革的目标是形成体系开放、机制灵活、渠道互通、选择多样的人才培养体制,其中适应经济社会和教育发展的新趋势和新要求,转变人才培养观念是关键,包括树立全面发展观念、人人成才观念、多样化人才观念和终身学习观念等;按照学思结合、知行统一、因材施教的原则,创新人才培养模式是核心;遵循人才成长规律,改革教育质量评价和人才评价制度是重要保证。

(2)考试招生制度改革。以考试招生制度改革为突破口,推进素质教育实施和创新人才培养。按照有利于科学选拔人才、促进学生健康发展、维护社会公平的原则,探索招生与考试相对分离的办法,政府宏观管理,专业机构组织实施,学校依法自主招生,学生多次选择,逐步形成分类考试、综合评价、多元录取的考试招生制度。改革的具体措施包括:建立分类考试制度,健全和完善对学生的综合评价机制,建立多元录取制度,成立国家教育考试指导委员会等。

(3)建设现代学校制度。适应中国国情和时代要求,建设依法办学、自主管理、民主监督、社会参与的现代学校制度,构建政府、学校、社会之间新型关系。推进政校分开、管办分离是建设现代学校制度的基础和前提,落实和扩大学校办学自主权是建设现代学校制度的核心内容,完善中国

特色现代大学制度和中小学管理制度。

(4)办学体制改革。坚持教育公益性原则,健全政府主导、社会参与、办学主体多元、办学形式多样、充满生机活力的办学体制,形成以政府办学为主体、全社会积极参与、公办教育和民办教育共同发展的格局。深化公办学校办学体制改革,扩大优质教育资源,增强办学活力,提高办学效益。改进非义务教育公共服务提供方式,大力扶持和依法管理民办教育。

(5)管理体制改革。以转变政府职能和简政放权为重点,深化教育管理体制改革,提高公共教育服务水平。明确各级政府责任,规范学校办学行为,促进管办评分离,形成政事分开、权责明确、统筹协调、规范有序的教育管理体制。明确中央和地方教育管理的权限和责任,加强省级政府教育统筹。转变政府教育管理职能,培育专业教育服务机构,提高政府决策的科学性和管理的有效性。

(6)扩大教育开放。坚持以开放促改革、促发展。开展多层次、宽领域的教育交流与合作,借鉴国际上先进的教育理念和教育经验,推动中国高水平教育机构海外办学,培养大批具有国际视野、通晓国际规则、能够参与国际事务和国际竞争的国际化人才,促进中国教育改革发展,提升中国教育的国际地位、影响力和竞争力。

开展教育体制改革试点 教育体制改革遵循整体推进、重点突破、试点先行的原则,着眼于破除制约教育事业科学发展的体制机制障碍,着眼于解决人民群众关心的重点难点问题和突出矛盾,力争在四个方面取得新突破:一是在人才培养体制改革上取得新突破,着力推进教育教学内容和方法、课程教材、考试招生和评价制度改革,探索减轻中小学生课业负担、推进素质教育的有效途径和方法。二是在办学体制改革上取得新突破,着力推进落实高等学校办学自主权,改革职业教育办学模式,改善民办教育发展环境,提高中外合作办学水平。三是在管理体制改革上取得新突破,着力建立健全加快学前教育发展的体制机制;全面推进义务教育均衡发展,多种途径解决择校问题;深化高等教育管理方式改革,建设中国特色现代大学制度。四是在保障机制改革上取得新突破,着力健全教师管理制度,加强教师队伍建设;完善教育投入机制,提高教育保障水平;推进教育信息化进程,提高教育现代化水平。

国家教育体制改革试点的基本内容为三大类,即专项改革试点、重点领域综合改革试点和省级政府教育统筹综合改革试点。专项改革包括十大试点任务:基础教育有三项,分别是加快学前教育发展、推进义务教育均衡发展和探索减轻中小学生课业负担的途径;高等教育有三项,分别是改革人才培养模式、改革高等学校办学模式和建设现代大学制度;另外四项是改革职业教育办学模式、改善民办教育发展环境、健全教师管理制度和完善教育投入机制。重点

领域综合改革试点包括基础教育综合改革试点、职业教育综合改革试点、高等教育综合改革试点和民办教育综合改革试点。省级政府教育统筹综合改革试点旨在深化教育管理体制改革，探索政校分开、管办分离实现形式。统筹推进各级各类教育协调发展，统筹城乡、区域教育协调发展，统筹编制符合国家要求和本地实际的办学条件、教师编制、招生规模等基本标准，统筹建立健全以政府投入为主、多渠道筹集教育经费、保障教育投入稳定增长的体制机制。

2010年，国务院办公厅印发《关于开展国家教育体制改革试点的通知》，确定了国家教育体制改革试点的主要任务和试点单位。国务院成立国家教育体制改革领导小组，审议教育改革发展的重大方针和政策措施，研究部署、指导实施教育体制改革工作，统筹协调教育改革发展中的重大问题；成立国家教育咨询委员会，负责对国家教育体制改革试点进行检查、指导和评估。国家教育体制改革试点工作由国家教育体制改革领导小组组织领导，省级人民政府和国家有关部门组织实施。

参考文献

陈桂生.教育原理(第二版)[M].上海：华东师范大学出版社,2000.

杰夫·惠迪,萨莉·鲍尔,大卫·哈尔平.教育中的放权与择校——学校、政府和市场[M].马忠虎,译.北京：教育科学出版社,2003.

康永久.教育制度的生成与变革——新制度教育学论纲[M].北京：教育科学出版社,2003.

萨瓦斯.民营化与公私部门的伙伴关系[M].周志忍,等,译.北京：中国人民大学出版社,2002.

俞可平.治理与善治[M].北京：社会科学文献出版社,2000.

（王　建）

教育听力学（educational audiology）　研究学生的听力保护、听力障碍，改进其听力与交往能力的学科。由听力学、语言学、心理学、教育学等融合形成。一般指应用于学校教育教学过程的听力学知识及技术领域。听力学的分支学科之一，特殊教育学的重要组成部分。包括为有明显听力损伤的学前儿童和学龄儿童提供治疗和帮助，与康复听力学的关系尤为密切。康复听力学是运用教育学、语言学、心理学等的原则对聋人（尤其是聋儿）进行训练，以获得尽可能的听觉语言康复的学科。

教育听力学的研究对象与任务　首先是儿童听力的保护。听力学工作者要为所有学龄前和学龄儿童及在校学生提供听力保护，包括儿童听力障碍的预防、听力障碍儿童的筛选以及诊断后的康复。儿童听力保护的主要任务是定期对儿童进行听力检查，筛选出有听力障碍的学生进行诊断性听力测验和评估。而在很长一段时期，对听力障碍儿童

的确诊标准存在认识上的偏差，导致大批儿童的心理受到伤害。特殊教育专家起先仅注意听力损失大于70分贝的儿童，后来才关注听力损失为41～71分贝的重听儿童，而两类儿童仅占听力障碍儿童的很小一部分，以致在教育中往往只注意听力损害严重的小部分人，而视一般重听儿童为全聋学生，更未注意到听力损伤较轻者剩余听力的开发和利用，认为这个水平足以满足教育的要求。但唐斯的研究发现，学校儿童的听力筛选以纯音听力阈限的25分贝为界限，会遗漏许多患过中耳疾病的儿童，导致不利于教育工作的传导性听力损害。许多被忽视的轻度听力剥夺实际上会导致言语缺陷，影响学习成绩和认知技能的掌握并产生行为问题。听觉在儿童言语和相关社会情绪与认知的发展中起主要作用，听觉通道提供知觉、认知和心理功能增长的刺激，故教育听力学关注学前和学龄儿童的听力保护以及对轻度听障儿童的关爱，这对其学习与成长有着重要意义。

其次是重听和全聋学生的听力服务。在美国，聋校或特殊教育中心都设有专职或兼职听力学工作者，他们是学校工作人员中的重要成员，对学生教育有直接影响。A.琼斯在《教育环境中的听力学家》一文中指出，教育听力学家在学校教育中的重要作用是利用助听器开发剩余听力，以及从听力学角度就教师应注意的问题提出建议。传统上，儿童的听力学评价是在医院进行的，几乎与教育环境没有关系，然而，对许多儿童来说，这种听力测验是有问题的。儿童动态性评价对精确诊断和评估十分重要，但绝大多数听力障碍儿童的动态性评价在医院里是做不到的，根据初始测验得出的结论可能与学前儿童实际生活中的情况并不完全相符。因此，在教育环境中，听力学测验和选配助听器相结合能为听力障碍儿童提供较好的帮助。而教育听力学家兼有听力学临床与课堂、医生与教师的优势，能够对在医院诊所里做听力测验有困难的儿童继续做听力学评估。同时，教育听力学家有比较充裕的时间和熟悉学生的条件，通过适应性测听以及儿童的合作，可获得到儿童听力和声学放大所需要的详细而可靠的资料。另外，教育听力学家又是学校与专业人员之间的联络员。言语语言病理学家和听力临床医生在参加听力评估和助听器选配的过程中，教育听力学家起着联络作用。听力障碍儿童需要耳科医生、临床听力学家、残疾人服务工作者和助听器销售商的帮助，这都需要教育听力学家与他们保持良好的合作关系。还有，教育听力学家在很多方面是一个教育者，他应该准备向许多人，如耳聋学生的父母、老师、校长、学校心理咨询教师、校医等人解释他的方法、发现和建议。教育听力学家应提供听力学知识以帮助鉴别诊断和教育安置。

第三，提供其他特殊儿童的听力学服务。（1）有关弱智儿童的听觉问题。弱智儿童的主要问题是智力低下和社会适应行为缺陷，但弱智儿童中听力障碍的检出率比同龄正

常儿童要高得多,如在唐氏综合征儿童中,据龙德尔等人报告听力障碍的检出率为10%～60%。弱智儿童的言语和语言明显迟缓,听力受损是产生这种现象的重要原因之一,所以,学者们强调弱智儿童的全面评估应包括听力测查。如果有听力障碍,就应有针对性地对儿童采用相应的补救措施。(2)有关特殊学习障碍学生的中枢听觉功能失调问题。根据美国学习障碍儿童协会(The Association for Children with Learning Disabilities)报告,全美有800万～1 200万学习障碍儿童,其中许多儿童都有听觉信息加工问题。有学者指出,学习障碍儿童中有听觉学习障碍的精确人数因术语标准定义和轻度难以觉察等原因而难以确定,但学习障碍类中包括听觉信息加工问题的一组儿童是普遍公认的。也就是说,这组儿童听力阈限的测查是正常的,但在听觉记忆、听觉理解和视听整合功能方面有缺陷。因此,听力学家在评估中枢神经系统障碍方面的作用日益重要。(3)有关视觉障碍儿童的听觉特殊需要问题。视觉障碍学生一般没有听力障碍,听觉在视觉缺陷补偿中起着重要作用,听对于全盲儿童比对普通儿童所起的作用更为重要。盲童的听觉阈限与视健儿童没有多大差异,但是视力障碍儿童的听知觉水平比视健儿童高,他们有较高的听注意力、较强的听觉选择性和较高的听觉记忆能力。这些听觉特点是视觉障碍学生实际生活锻炼和教育训练的结果。因而,视觉障碍儿童教育中有计划的听觉训练应是教育听力学家参与的课题。总之,教育听力学家是评估特殊儿童听觉功能的专家,他们进行的纯音听力测验、言语知觉以及许多特殊设计的测验,对各类特殊儿童的诊断和评估提供了听力与听力损失的信息,同时,他们还是多学科评估小组和个别化教育计划制订与实施的重要成员。

教育听力学的服务模式 在美国,主要有四种。(1)父母安排模式。地方当局首先提供鉴别服务,随后父母或儿童监护人安排儿童到地方医院或听力学服务机构作进一步评估,最后由父母向地方教育当局报告结果和建议。这种方式花费较低,但管理不严,父母、学校和评估机构之间的信息交流少,且学校也不提供必要的服务措施。由于涉及校外服务的参与,教育法规的要求难以确定,一般的地方教育机构无法完全了解全面服务所需的专业人员,因而这种模式使听力障碍儿童的许多需要被忽视。(2)以学校为基础的自足式服务模式。要求地方教育当局提供所有必要的服务。教育听力学工作者负责评估、治疗安排、干预、协调、随访,以及对学校工作人员进行教育听力学知识培训。教育听力学工作者成为对儿童提供服务的综合学科小组成员。这种模式能体现教育法规的要求,因为计划实施由教育部门直接控制,但教育部门必须提供设备和支付工作人员工资,花费较高。(3)学校和社区为基础的服务模式。该模式需要社区和学校共同负责提供服务。这种模式的临床

评估通常在校外完成,学校听力学工作者为学校解释信息,地方教育当局对服务和信息资料有很大的支配权,花费也较高。(4)合同式协定服务模式。由地方教育当局与社区服务机构共同签署一项提供听力学服务的合同式协定。协定程度和性质可能有所不同,但学校系统负有给予全面服务的职责。教育法规的要求是通过拟定和遵循适当的合同式协定来实现的,其花费根据需要的服务而变化。

在中国,听力障碍儿童的教育和听力语言康复工作由学校、民政部门和残疾人联合会等分工合作实施。随着以听力语言康复为主要内容的聋儿康复工作的发展,许多康复机构尤其是省级及其以上聋儿康复中心和部分聋校发挥了"听力服务、康复训练、社区指导三项功能"的作用,设立专职或兼职的多学科人员,拥有较完善的设备,为听力障碍儿童的康复与教育提供类似"以学校为基础的自足式模式"的服务。

教育听力学的产生与发展 20世纪30年代,人类在测量声音、评估听力、研究听觉生理和心理、治疗听力障碍以及残疾人康复方面积累了丰富知识与技术,尤其在第二次世界大战期间,美国为耳聋退伍军人提供康复服务,由此从物理学、医学、心理学、教育学和社会学等学科中汲取有关知识和方法,形成听力学,随着学科体系的完善和丰富,发展出分支学科,包括临床听力学、儿科听力学、实验听力学、工业听力学、康复听力学等。教育听力学继临床听力学之后发展起来,沃尔森被认为是世界最早的教育听力学家之一。他在1951年即指出教育听力学的发展对聋人教育的重要性,其后三十余年间,听力学在耳聋病因学、预防性测量、新的外科治疗技术、声学、声音知觉、儿童语言发展、电子技术在生理测量方面的应用等方面取得很大发展。教育听力学随之出现。1978年耶特认为,教育听力学的出现和发展有三个原因。一是对听力障碍儿童的传统安置与管理不满。原来许多有剩余听力的儿童都被当作全聋儿童对待,有些听力损失较轻的重听儿童,虽然进入学校学习,但他们的听力缺陷没有得到适当的补偿和矫正。这些情况引起了听力学家和教师们的注意。二是散居在边远地区或农村的听力障碍儿童无法进入专门的特殊学校。特别是这些地区的重听儿童,如果有教育听力学家的帮助,就有可能使他们就近入学。三是受回归主流或一体化思潮的影响。在这种教育思想的指导下,不论听力障碍学生是单独编班还是与听健学生混合编班,都要求听力障碍学生有与听健学生进行交往的体验和机会。而一体化的方法通常都选择让听力障碍学生部分时间或全部时间参与听健学生的班级活动,这就要求对每个听力障碍儿童的特殊需要、听力损失情况作出正确评估和分类,尽量开发剩余听力,以促进听力障碍学生与听健学生之间交往能力的发展。

在北美,耳鼻喉科医生为患有耳部疾病的病人提供医

疗服务,聋人教师为有听障的病人提供特殊教育,听力学家为有听力损失的病人进行听力检测、评估和提供康复措施。为大部分听障儿童提供听力上的帮助,使他们融合于周围正常人的生活,已成为教育听力学家的重要职责。

参考文献

汤盛钦.教育听力学[M].上海:华东师范大学出版社,2000.

（伍红林）

教育统计学(educational statistics)　　运用统计方法研究分析在教育实践中产生的各类数据并依此作出科学推论的学科。是教育学与统计学的交叉学科。它为准确掌握教育情况、探索教育规律、制定教育方案、检查教育效率,提供一种科学的方法。其内容按目的与功能可分为描述统计、推断统计和实验设计三部分。

描述统计(descriptive statistics)　　统计分析初始阶段各种方法的统称,主要研究如何描述所搜集到的数据的全貌以及反映所研究现象的内容和本质的各种概括数据的方法。主要内容包括:(1)制定统计图表,指描述数据分布趋势的一种初步整理数据的基本方法,通过分析数据的特点和种类,制定出简单明了的统计图表。统计图和统计表是在数据初步整理中非常有用的两种不同形式。它们的优点在于一目了然,使欲表达的信息容易被人们接受和理解。统计表的种类按照分类属性的多少可以划分为简单表、分组表和复合表,按形式可以划分为定性式、统计式和函数式。常用的统计图按照描述数据资料的特点和图形的形式可以划分为直方图、条形图、曲线图、圆形图、散点图等。(2)度量数据的集中趋势,即计算与表示数据集中情况的统计指标,描述数据集中趋势的统计指标(即集中量数)主要有算术平均数、中数、众数、加权平均数、几何平均数和调和平均数等,其中算术平均数是最常用的一种表示数据集中程度的指标。(3)度量数据的离散趋势,即计算表示数据分散情况的各种特征数,描述数据离散趋势的统计指标(差异量数)主要有全距、百分位差、四分位差、平均差、标准差、方差、差异系数等,其中方差和标准差是最常用的一组表示数据离散程度的指标。(4)度量相对位置,即说明一个实测分数在整个分布中所处的位置,测定相对位置的统计指标包括百分位数和标准分数。(5)分析变量间的相互关系,常用来描述变量之间相互关系的统计指标,包括回归分析和相关分析。回归分析通过建立变量间的数学模型来描述变量之间的关系、预测和控制变量,包括线性回归分析和曲线回归分析,线性回归分析通常又分为一元线性回归分析和多元线性回归分析。相关分析主要用于描述两列或多列变量在发展变化的方向与大小方面的联系,通常用相关系数描述变量间的相关程度。

推断统计(deductive statistics)　　亦称"统计推理"。由样本资料对总体性质所作的推断。在教育和心理学中,主要用于参数估计和假设检验。参数估计,即从样本统计量估计总体参数。它主要以抽样分布为依据,根据抽样实验的结果,对总体参数作出估计,主要方法有点估计和区间估计。假设检验,即给出样本数据的分布特征,估计实验结果真伪的可能性,也就是根据计算结果推断所做的某种假设是否可以接受。推断统计的理论基础是概率论,主要根据抽样分布的理论和方法进行参数估计和假设检验,如平均数、标准差、相关系数、回归系数、百分比率等特征数的总体估计和假设检验。主要检验方法有 z 检验、t 检验、χ^2 检验和 F 检验等。20 世纪 20 年代后推断统计得到较大发展,21世纪初,随着计算机科学的发展和大量统计软件的开发,一些多元统计方法也得到广泛应用,除了多元方差分析、多因素方差分析、多元回归分析、因素分析、判别分析和聚类分析的方法外,还有新近发展起来的结构方程模型和多层线性模型等。除上述所列的各种参数分析方法外,还有一些非参数检验方法,它主要用来处理数据资料不符合参数检验要求或搜集到的等级数据或称名数据的资料,主要有对应 t 检验的秩和检验和用于称名数据的 χ^2 检验,对应方差分析的克鲁斯卡尔—沃利斯检验、弗里德曼检验和 χ^2 检验。

实验设计(experimental design)　　一个非常实用的统计学分支,是关于如何按照预定目标制订适当的实验方案,以利于对实验结果进行统计分析的实验实施方法。实验设计即对实验的安排,其中需要考虑实验所要解决问题的类型、实验结果推广的范围、实验的功效以及实验的可行性等方面,选取适当的因素和相应的实验水平,从而给出实验的实施程序和数据分析的统计方法。英国统计学家费希尔被认为是现代实验设计的奠基人,他于 20 世纪 20 年代提出实验设计随机性、重复性和局部控制三个原则。实验设计中常用的统计分析方法有方差分析、回归分析和协方差分析,因果分析、结构方程模型和多层线性分析等多元统计分析方法也逐渐用于分析教育与心理实验的数据。详"实验设计"。

上述三部分内容不能截然分开,联系密切。描述统计是推断统计的基础,推断统计离不开描述统计所计算的特征数;描述统计只是初步分析归纳数据,只有运用推断统计进一步分析,统计结果才更有意义。同样,只有良好的实验设计才能使获得的数据具有意义,进一步的统计处理才能说明问题;而好的实验设计也必须符合基本的统计方法要求,否则没法进行统计处理。

参考文献

王孝玲.教育统计学[M].上海:华东师范大学出版社,2007.

张厚粲,徐建平.现代心理与教育统计学[M].北京:北京师范大学出版社,2004.

张敏强.教育与心理统计学[M].北京:人民教育出版社,2010.

(孟庆茂　刘红云)

教育投资(educational investment)　　亦称"教育投入"。社会和受教育者个人直接、间接投入教育领域可以获得预期收益的人力和物力的货币表现。教育活动的进行必须以一定的人力和物力投入为条件,在市场经济条件下,这种人力与物力投入一般采取货币形式,表现为财力。传统观念将用于教育的支出视为消费或社会福利支出。人力资本理论产生后,认为用于教育的支出不仅是消费或福利支出,它是可以为社会和受教育者带来巨大经济收益的投资。就社会而言,它通过国民和劳动者素质的提高、大规模人才的培养,可以推动经济增长和社会发展,是社会物质文明和精神文明发展的重要动力。就受教育者而言,通过知识、技能、能力的增进和配置能力的提高,促使预期收入的增加,职位晋升、就业选择和流动机会的增加,并在家庭中产生代际效益。按照教育投资主体和投资发生形式,教育投资分为:(1)社会直接投资,指各级政府、企事业单位、社会团体用于教育的支出,以及国内外社会团体和个人对教育的无偿捐赠。(2)社会间接投资,指社会用于教育而未能用于其他的支出可能放弃的国民收入。(3)受教育者个人的直接投资,指受教育者个人或家庭为受教育者直接支付的学费、书籍文具费、生活费等。(4)受教育者个人间接投资,指达法定劳动年龄者因受教育而未能就业可能放弃的个人收入。在实际工作中,一般只计算社会和个人直接投资。按教育投资对象,教育投资分为初等、中等、高等三级正规学校教育投资和在职培训或成人继续教育投资。前者用于培养后备劳动力和各类专门人才,是教育投资的主要部分;后者用于提高已就业者的素质和能力,在当代科学技术迅速发展、知识与技能更新周期缩短的条件下,其绝对量和相对量呈上升趋势。政府用于教育的支出即公共教育支出,按使用性质分为教育事业费(教育经常费)和教育基本建设费用(资本支出)。前者又分为公用经费和人员经费,用于维持教育的正常运行;后者用于学校建筑物建设和大型教学仪器设备购置,形成学校固定资产,是教育发展的重要条件。在当代,各国的教育投资负担主体和来源渠道呈多元化趋势。一般包括政府、企业(厂商)、受教育者、学校的教育投资等。在中国,20世纪90年代后,按政府统计口径,正规的学校教育投资或教育经费分为:(1)国家教育经费,包括财政性教育经费、社会团体和公民个人办学经费、社会捐资、学杂费和其他教育经费。(2)财政性教育经费,包括各级政府财政用于教育的支出,政府征收用于教育的税、费,其中主要是城乡教育费附加,国有企业办学经费,学校校办企业、勤工俭学和社会服务收入用于教育的经费及其他属于国家财政性教育经费。(3)社会团体和公民个人办学经费,指社会团体和个人举办的并经教育部门批准、承认学历的大中小学的各项经费。(4)社会捐(集)资办学经费,指城乡企事业单位和个人、海外侨胞、港澳台胞、外籍团体和个人用于办学的资助和捐赠。(5)学费、杂费,指各级各类学校学生交纳的学费和杂费。(6)其他教育经费。教育投资的数量及其在社会总投资中所占的比例,最终由一国一定时期的经济发展水平决定,经济发展水平既决定教育投资的需要量,亦决定教育投资的供给量。教育投资是教育发展的物质基础,当今世界各国,努力增加教育投资,大力发展教育事业已成普遍趋势。

(王善迈)

教育卫生学(educational hygiene)　　研究保护和促进儿童青少年健康发展的教育现象及其规律的科学。教育科学与卫生科学的交叉学科。

教育卫生学既是一门包含生理学、预防医学,并涉及教育学、心理学、管理学等学科领域的综合性学科,又是一门运用各相关学科理论知识于儿童青少年卫生保健实践的应用性学科。很长时期,卫生科学与教育科学交叉融合的学科被称为学校卫生学。"教育卫生学"和"学校卫生学"在称谓上彼此不分;但实际上,教育卫生学的内涵和外延更大,它是在学校卫生学基础上逐渐发展起来的。学界对教育卫生学的学科性质一直存有争议。从事医学研究和教学者大多从学科的产生、发展与现状的角度认为,教育卫生学是保护和增进儿童青少年健康的一门卫生科学。教育研究者大多认为,教育卫生学是以一定的卫生理论和标准运用于教育科学,达到保护和促进青少年健康及提高教育水平之目的的科学。教育卫生学有广义与狭义之分。狭义指学校教育卫生学。

教育卫生学研究儿童青少年的健康现状、生长发育、营养、疾病治疗和预防,教育过程、教学环境和设备卫生,卫生宣传和卫生监督,并结合学校教育的过程、环境等,研究保护和促进儿童青少年健康的各种教育现象及其规律,以促进儿童青少年的健康成长。教育卫生学研究内容主要包括两部分:一是对儿童青少年自身状况及其教育环境的认识,即儿童青少年的生长发育、社会和心理适应与健康状况,以及学校、家庭、社会三方教育的现状,侧重对儿童青少年自身及其教育环境背景知识的探讨,实际是生理学、心理学、基础教育学、家庭教育学、社会教育学等学科对儿童青少年问题认识的有机组合,是基于儿童青少年发育与健康的多学科研究。二是对学校教育中具体卫生问题的探讨,包括学校卫生服务、学校健康教育、学校教学卫生(含教学过程卫生、教学诊断及教学方法卫生)、教师劳动卫生、学生个人卫生(含学生学习卫生、学生生活卫生及学生心理卫生)和学校环境卫生等。

教育卫生学研究立足于学校卫生学的学科起点,融入教育科学关注的内容,使卫生科学与教育科学有机融合。在研究方法上,结合定量研究与定性研究、实证研究与文献研究等方法,融合教育和卫生两大学科的传统优势开展综合研究。具体包括以下几个方面:(1)社会环境卫生。社会环境卫生探讨学校教育与社会环境因素之间的关系,以及社会环境对学校教育,尤其是对儿童青少年健康成长的影响及其应采取的优化措施。(2)家庭教育环境卫生。主要关注儿童青少年与家庭教育环境的关系并使之优化。(3)学校教学卫生。这是教育卫生学的重要内容,主要研究为使学生在教学过程中保持积极的学习心态,并促使其身心健康发展应采取的各种有效措施,包括教学过程卫生、教学诊断和教学方法卫生等。如学生主体性的回归问题、对学生接触有害物质的测定、教学过程中学生的用脑问题、实验教学对教学诊断人员的特殊要求等。(4)教师劳动卫生。主要研究教师劳动过程中的卫生学要求。研究教师在教学过程中有害因素导致的疾病及其预防、监控、诊断、处治的对策和健康促进措施,以及教师劳动的优化。卫生科学中的劳动卫生学专门研究各种人员的职业卫生问题,对教师劳动卫生的研究有重要借鉴意义,其中,教师劳动对学生的影响作用尤其值得关注。(5)学生个人卫生。主要包括学习卫生、生活卫生和心理卫生。学生的生活问题一直是学校卫生学关注的重点。近年来学生的心理卫生问题成为教育科学和卫生科学共同探讨的课题,并产生许多有益的研究成果。而有关学生学习卫生问题的研究则存在一定难度,这与学习科学的不成熟有一定关系。同时,对学生个人卫生进行研究必定涉及其学习、生活、心理行为的测定,因而有必要建立相应的测量量表体系。(6)学校环境卫生。探讨学校环境与学校教育教学活动及学生之间的关系及优化。学校环境包括学校建筑、设备等“硬”环境和校园气氛、制度等“软”环境。前者的卫生问题较易发现和把握,努力实现其标准化是发展方向;后者的卫生问题是无形的,但对学生的影响更大。在建立现代教育制度的过程中须对学校环境卫生予以足够重视,理论研究应从诊断、处置等卫生技术的视角进行。

中外历史上,许多古代法典、著作中都有重视儿童青少年卫生保健的条例和相关论述。如古印度的《摩奴法典》、古希伯来人的《摩西法典》有关于儿童卫生方面的记载。中国唐代医书《千金要方》中有“生民之道,莫不以养小为大,若有于小,卒不成大”等论述。捷克教育家夸美纽斯在《大教学论》中指出,身体要过一种有规律、有节制的生活,才能保持身体健康。英国教育家洛克在《教育漫话》中倡导健康之精神寓于健康之身体。瑞士教育家裴斯泰洛齐在《林哈德与葛笃德》中,最早提出学生使用的课桌椅应当与其身体相适应,学校教学应与学生的体力相适应的论述。这些论述和思想从不同侧面阐述了教育卫生的思想,为教育卫生学的产生奠定了一定基础。19世纪中叶以后,随着卫生学的发展和成熟,教育卫生逐渐成为该学科的一门分支学科。这一时期,俄、美等国的学校卫生学(school hygiene)已发展到较高水平。俄国成立有关学校卫生的第一个学科研究中心。美国学校卫生学会创办的《学校卫生杂志》刊发大量学校卫生方面的论文,并出版专著和教科书。19世纪末到20世纪初,中国师范学校也曾开设学校卫生课程,出版相关著作,如俞凤的《学校卫生要旨》(1924)、李廷安的《学校卫生概要》(1929)等。这一时期,外国有学者亦将“学校卫生学”称为“教育卫生学”,并编著相关书籍,如埃夫里尔出版的《教育卫生学》等。20世纪50年代起,中国各级师范学校和医学院校均开设学校卫生课程,教材多从苏联翻译引进,如索维托夫的《学校卫生学》(1958)等。“文革”后,华东师范大学等院校组织编写《学校卫生学》(1987),作为教材供全国高等师范院校选用。中华医学会创办《中国学校卫生》杂志,发表了大量有关学校卫生研究方面的论文。20世纪90年代后,随着医学模式由生物模式向生物—心理—社会综合模式的转变,有关人的健康的观念发生重大改变,由于卫生学科范畴的教育卫生学日益关注儿童青少年的心理卫生、社会适应与环境问题,特别是青少年的心理卫生问题,更是成为社会关注的热门话题。同时,人的生活质量也成为一个重要的研究方向。这些变化为教育卫生学的产生做了很好的准备。另一方面,现实的教育教学实践也存在着各种不利于儿童青少年健康成长的因素,如何消除这些不利因素开始引起有识之士和教育工作者的思考,并在传统学校卫生学的基础上推出一批新的研究成果,如朱家雄的《教育卫生学》、石鸥的《教学病理学》等,从而使教育科学意义上的教育卫生学逐步形成。

(张国忠)

教育未来学(educational futurology)　运用未来学的基本原理、方法和技术预测教育发展的未来,并在研究和预测过程中探索和发展适合教育未来研究的理论、方法、技术及其应用与评估的科学。教育科学和未来学的分支学科与应用领域。主要研究内容:未来教育的基本性质、特征、目的、功能、管理体制和运行机制;根据社会政治、经济、科技、文化和人口等的发展趋势预测和设计教育未来发展的基本形态及发展速度、规模、数量和质量、结构和布局、办学效益;制定未来教育的发展战略和实施方案;设计未来教育教学的内容、形式、方法和技术。

教育未来学与教育改革和发展
重大现实问题研究的关系

教育改革和发展重大现实问题的研究是对教育发展过

程中存在的困难、问题及其对策的研究,尤其重视发现新生事物和把握新的发展趋势;教育未来研究是在研究教育发展规律及趋势的基础上对未来教育发展变化进行预测和构想。两者的关系可用未来研究公式"现在—未来—现在"表示。在教育研究中,具体是指研究当前教育改革和发展的重大现实问题,厘清教育发展中存在的问题,揭示潜在危机,寻求克服困难、解决问题、度过危机的良策,大胆改革;与此同时,及时发现新生事物,探索教育发展规律,把握教育未来发展的重大趋势,抓住有利时机,寻求教育未来发展的理想目标,提出实现目标的最佳行动方略,为当前的教育决策服务。

未来具有可预测性、可变化性和不确定性、可控制性和可创造性,据此,未来研究分为三种类型。

第一类是技术性未来研究。根据未来事物的可预测性特征进行研究,通常采用探索性预测的研究方法。研究时序是现在→未来。在研究事物发展规律及趋势的基础上寻求最佳理论和方法,由事物初始状态(历史状态或现在状态)和描写规律与趋势的理论预测事物发展的未来状态,以期对事物未来发展实行长期的、良好的管理和控制。

第二类是解释性未来研究。根据事物发展和事件产生的可变化性和不确定性进行研究,通常采用直观(觉)性预测的方法。研究时序是现在→未来。研究者凭借丰富的未来感觉、敏感的未来意识和熟练的预测习惯深入现实生活中观察、体验和感悟(感知),并根据感悟猜想事物发展的未来状态,建立未来思想观念和构建未来图像。

第三类是开拓和开创性未来研究。根据未来的可控制性和可创造性特征进行研究。研究时序是现在←→未来。在深刻研究事物发展现状、规律的基础上,敏锐地发现并揭示潜在的危机及可能出现的后果,并寻求中止恶性发展趋势应采取的有效措施和对策,避免出现灾难性后果;抓住有利时机,设计和构想理想目标,寻求实现目标的有效措施和对策。中国称这类研究为战略研究。教育发展战略研究中通常采用"多视角分析、多方法互补、多方案权衡"的研究思路和方法。

教育研究中,对教育改革与发展中重大现实问题的战略研究较受重视,对教育未来的研究更重视其结果,而对教育发展战略的研究更重视研究过程。

教育未来研究除充分研究教育发展的历史、现状和总体趋势等教育自身发展的客观规律外,需要注重研究教育外部环境的发展形态及其发展趋势和变化对教育发展的影响,研究经济社会发展对教育发展提出的基本要求以及提供的可能条件。社会急剧变革、科技突飞猛进的时代特征需要重视对未来的研究,包括对未来经济社会发展和未来教育的研究和预测,使教育发展更好地面向未来,真正适应未来经济社会的发展。

未来学派及未来教育观

20世纪40年代德国政治学教授弗莱希泰姆最早提出"未来学"(futurology)一词,意指对未来进行研究的学术活动。当时,很少有人开展这一研究活动。20世纪50—60年代,科技、经济发展迅速,社会动荡加剧,出现许多世界性问题,由此引发各种对未来的研究,并逐步形成不同学派,不过大多使用"未来研究"(future reseach; future studies)概念,指运用定性、定量方法,宏观地、跨学科地进行综合研究,并感知、预测、创造、设计和构想未来事物的发展前景及与其他事物的相互关系,发现困难和问题,探索相应措施和对策,解决发展过程中存在的问题,克服面临的困难和危机,避免危险和灾难发生,以实现美好前景的种种未来研究活动的总和。世界未来研究的主要学派和流派有:以意大利未来学家佩切伊和A.金建立的"罗马俱乐部"(The Club of Rome)为代表的悲观主义未来学派;以美国物理学家卡恩为代表的乐观主义未来学派;以世界未来学会(World Future Society)秘书长柯尼什为代表的谨慎的乐观主义未来学派等。不同学派对未来研究的动因不同,采用的方式各异。

联合国教科文组织国际教育发展委员会对未来教育发展的观点与未来学家大致相同。未来学家的未来教育观主要有以下几点。

托夫勒的未来教育观　美国社会学家和未来学家托夫勒研究了未来社会政治、科技、经济、文化教育、思想意识等方面将发生的变革及其对人类产生的文化冲击,并称之为"未来的冲击",认为在瞬息万变的社会,教育的主旨是提高受教育者适应和应对未来的能力。必须将未来引入教育,建立崭新的面向未来的教育体系,包括面向未来的课程体系,以从根本上改善人类素质。对受教育者进行未来教育包括三方面内容:一是进行有关未来社会的基本理论教育,提供有关未来社会的形象和信息,使受教育者了解并掌握社会发展的基本规律和发展趋势,了解未来社会的基本特征,认清其发展的美好前景,并揭示可能出现的危机和风险,设法克服困难和危机,迎接美好的未来;二是培养未来意识,树立未来观念,养成预想未来的习惯;三是进行有关未来研究、未来预测的基本理论和基本方法教育,培养一批具有远见卓识且能够从事未来研究的工作者,开阔眼界,丰富想象力,开发探索未来的创造能力。

佩切伊的未来学习观　用学习改造人类自身。意大利未来学家佩切伊关于未来的学习观主要有三方面:一是改善自我,加强团结。他认为,人类不仅生活在一个发生根本变革的时代,而且正成为推动社会变革的基本动力,这些变革打破了传统模式,未来是现在人类行动的直接结果,将由人类自身选择。如果人类对未来负责,相互团结,就定能赢得未来。二是加强教育和培训,提高人类的素质和技能。知识和力量的结合能为解决未来的问题提供很多答案,而如何学会使用知识和力量,取决于人类自身。时代对人类的素质和技能提出越来越高的要求,也对教育和培训提出紧迫任务。三是开发人类智力。理解力、想象力、创造力是人类的宝贵财富,发掘人类智力资源,开发每个人的天赋智力是人类永无止境的使命,人类之所以必须不断学习、开发智力的理由在于:为了不断改善人类自身和周围环境;改变思想,转变观念,适应变革;社会在发展,技术在进步,人类作为未来世界的真正主人,必须掌握驾驭技术和社会发展的本领;正常人都具有学习和思考问题的能力,只要不断加以激发和改善,就能超过一般水平;人的潜力巨大;未来人类学习和娱乐活动的时间将超过工作时间;为职业变化和行业转换而学习等。

开展创新性学习　"罗马俱乐部"阐述了学习在未来社会里解决全球问题中的重要地位和作用,提倡在全世界开展创新性学习运动。俱乐部成员博特金等人出版《学无止境》,论述创新性学习的基本特征、目标、障碍和新的学习观等。认为在当今和未来社会,在激烈变革的时代,应倡导创新性学习,这种学习强调人的创造性,注重从中获得并使用变革世界所必需的新思想、新态度、新技术、新方法。

创新性学习的基本特征是预期和参与。预期是应对新的可能出现的情况的能力,是预见、应对未来事件以及评估当前决策和行动的中长期后果的能力,不仅是对未来的可能性作出衡量,根本上是对可能的、理想的未来的创造,以及为实现选择的未来进行设计、规划和行动。

参与是时代最重要的趋势之一。参与的含义在于:个人成为决策的合作者的志向,不扮演过分受限制的角色的意愿和更充实地生活的愿望,以及人们对于形成地方性和全球性决策发挥影响和作用的要求。有效参与以个人具有正直和尊严的志向以及采取主动的行动为其先决条件。

预期促进时间的联系,参与加强空间的联系;预期以精神活动为主,参与则是社会活动;预期性学习创造时间上的连续性,参与性学习创造空间上的连续性。创新性学习要求将预期和参与紧密结合,两者缺一不可。在解决全球性问题时,需要大众的支持,精英的预期和决策远远不够;而没有预期的参与则是无益或无结果的。

创新性学习的主要目标是自主和一体化。自主意味着自立和摆脱依赖,社会自主还意味着维护社会的独立性和自身文化特性。自主作为个人学习的目的,即获得评价和决策的能力,与个人的独立和自由共同发挥作用。自主还包含维护个人属于整体的权利、增强介入更广泛的人际关系的能力、为共同目的合作的能力、与他人建立联系的能力、理解更大系统的能力以及认识他所在整体的能力等,这

就是一体化。一体化对于社会来说是指相互依赖,对个人来说是指正确处理人际关系。一体化的另一个重要含义是指在理解问题的过程中进行相互联系的能力。

创新性学习的障碍是陈旧的学习观念、权力滥用和结构障碍,为此,人类不仅要向过去学习,还要通过预期向未来学习;不仅要通过学习适应外界环境,还要努力使外部环境适应人类的需要,扩大民众和社会对于技术和教育的参与,克服权力和技术的滥用,要改变诸如城乡差距扩大等不合理的结构障碍。

知识经济时代的教育观是建立学习化社会　20 世纪中后期,人类社会由工业社会向信息社会过渡。以奈斯比特为代表的未来学家认为,在信息社会,信息是战略资源,社会大量生产的是信息和知识。知识生产成为生产力、竞争力和经济成功的关键因素。知识和智力密集产业已成为社会最主要的产业,价值的增长主要通过知识和智力实现,人们的知识、智力和教育占据着越来越重要的地位。随着信息社会的来临,人们必须预测未来,向未来学习。20 世纪 90 年代以来,现实时代被称为知识经济时代。这个时代一个新的教育和学习含义正在出现,一个人需要终身学习,整个社会都在从事教育,每个社会部门、机构、团体都在成为学习化部门,机构、团体的学习化社会正在出现,且学习内容不断更新。顾客群体将是 21 世纪市场上最新最大的学习群体。

灵活性、适应性和快速革新能力被视为知识经济中的最佳组织结构要素,成为成功企业必备的品质。要从组织层面深入研究对不断变化的环境的适应方式和适应方向(即组织学习),包括三个层面:一是自主的子系统本身具有的;自我管理团队能够在"干中学";二是来自共同分享信息和经验的团队整体间通过共享组织知识,相互向对方学习;三是来自公司与其环境之间的相互作用,这是最高层次的学习。这类学习来自公司经营所处的制度环境,正是这种制度环境对于组织外的环境能够起到调控作用。除了组织学习外,经济学习也十分重要,包括三个层级:第一级是在组织内部,它通过组织自己的运作实现;第二级发生在公司之间的合作结构网络和集团中(例如研究开发联合体和合资企业);第三级发生在经济系统作为一个整体的层面上,它来自公共机构及其与公司和网络的相互作用。最重要的是,因为政府机构能够吸纳、开发各种创新思想和管理及服务模式,并将其推广到公司中去,从而加速了经济对于外界的适应过程。值得关心的是,在经济运行条件改变时,如何变换学习或学会如何学习,关键取决于经济制度的设计和运作。

在知识经济时代,在工作中学习知识和技能变得更为重要,这不仅是因为知识和技术的更新速度越来越快,而且很多知识,特别是技能只有在工作场所才能更好地学习。

这样,培训的重要性也日益突出,企业将担负起越来越重要的教育职能,传统的学校教育,尤其是中学教育只有彻底改革,才能适应急剧变革的网络化、知识化、智能化社会的需要。同时,政府在教育和培训的变革中,也将承担重要职能。

未来教育的基本形态、特征与基本原则

未来教育的目的既为经济社会发展培养人才,为实现人类社会发展的整体目标作贡献,同时也为受教育者个性的充分发展,提高人类自身的生活质量服务,为人的个性特长发展创造条件;发展教育的目标不仅是传授知识、开发智力、培养能力、满足经济社会发展的需要,而且要充分挖掘人的内在潜能,满足人自身的精神需求;未来社会是知识和智力社会,未来教育无论从满足经济社会发展需要、个性发展需要,还是从保护自然生态环境,实现人与自然、人与社会的和谐发展来看,都处于最重要的战略地位,须优先发展;未来社会的教育更具有面向未来的倾向性,未来社会须建立面向未来的教育体系,对受教育者进行未来教育,培养和造就具有未来意识、应对和适应未来冲击,创造美好未来的大批人才和广大民众。

未来社会的教育是一种"大教育"。终身教育不再只是一种教育思想、观念,而要形成制度,变成现实。第一,未来社会的教育在时间上贯穿人的一生,接受教育成为人的基本生存状态,回归教育成为现实。第二,未来社会的教育在空间上是全社会的教育,教育不再是学校的专利,整个社会都将从事教育事业。不仅学校教育、家庭教育和社会教育相互融合,而且新闻媒介教育、学科理论教育和社会实践教育相互配合,教育社会化和社会教育化真正成为现实。第三,未来社会的教育更重视受教育主体的主观能动性。学校教育更强调师生双方互动。未来社会是学习化社会,社会的每个成员随时随地都感到需要学习,学习真正成为人的第一需要。同时,社会的每一个机构都从事教育,使每个人在需要的时候随时随地都能学习。未来社会将是学习化的社会。第四,教育在横向甚至逆向中进行。与传统上教育由长者向年幼者传授知识和技能不同,随着信息社会的到来,年轻人更具有使用计算机和网络等新技术的优势,更善于接受新的信息和知识,年轻人将越来越成为社会活动的重要力量,教育出现对象的全民性、接受教育的终身性、办学主体的多元性、办学形式的多样性、经费来源的多渠道、教育体系的开放性。

未来教育的基本原则:一是整体性原则。强调理性与非理性,智力因素与非智力因素,逻辑与直觉,认知与情感、意志,科学与艺术的结合,实行德智体美劳,知情意行全面发展的整体性教育,着重对学生思想道德素质、科学文化素质、身体心理素质和劳动实践能力的培养,特别是进行个性

心理和现代文化心理素质的培养,如全球意识、合作意识、人与社会及自然协调发展意识、未来意识、现代文明意识等。二是个性化教育和个别化教学原则。这是由未来教育必须充分发展学生的个性,挖掘、开发学生的潜能决定的。多媒体技术的广泛使用和国际网络技术的发展为个性化教育和个别化教学创造了良好的条件。三是预期性和参与性相结合的原则。未来教育将创造时间和空间的连续性。它倡导创新性学习,受教育者不仅学习已有的知识、技能和本领,学会处理现实问题的能力,更要在预测、预见、设计、构想和创造中进行预期性学习。预期性学习将在时间上创造连续性。学习过程不只是在学校听课、做实验,而且要参与生产实习和社会实践,体验家庭生活,将学校教育与家庭教育、社会教育紧密结合。参与性学习则在空间上创造连续性。另外,学校教育中小学、中学、大学教育课程的整体设计、相互衔接,都能创造时间和空间上的连续性。

未来教育的内容、教学场所、课程教材、教学技术手段方法的变革特点:第一,教育内容生动活泼、丰富多彩,涉及社会生产、服务、生活诸多方面,种类繁多,既有基础性、综合性和系统性,也有实践性、操作性,还有理论性、学术性。第二,未来学校更具开放性。教育资源不仅校际共享,而且与社会共享。学习地点不仅在学校,而且任何地方均可以学习。第三,课程多样性。既有学科课程,还有活动课程、隐性课程。学科课程更重视跨学科的综合课程,活动课程更强调动手动脑和参加各种社会实践活动。第四,教学方式灵活多样,重视学生的实践和自己动手及其自主学习,注重学会自我发展。第五,教材多种多样。第六,教学技术手段现代化、智能化、网络化。

中国未来研究会于1979年1月在北京成立,隶属中国科学技术协会。1983年12月成立的中国高等教育未来与发展战略研究会是中国最早的教育未来研究团体,直属中国未来研究会,主要从事全国教育发展研究,为全国和各省、自治区和直辖市教育决策服务。

参考文献

秦麟征. 预测科学(未来研究学)[M]. 贵阳:贵州人民出版社,1985.

阿尔温·托夫勒. 未来的冲击[M]. 秦麟征,薛焕玉,等,译. 贵阳:贵州人民出版社,1985.

薛焕玉. 教育发展战略学[M]. 沈阳:辽宁教育出版社,1991.

(薛焕玉)

教育系统的社会再生产结构(educational system as a structure of social reproduction)　在维持社会经济发展、政治稳定、文化繁荣等方面发挥作用的各级教育组织及其构成关系。以现代学校体系为核心。包含社会阶

层、文化资本、教学关系、文凭及评价等要素。20世纪五六十年代后，研究者通过研究学校教育的社会化过程、教学大纲中包含的统治阶级的价值观、课程与意识形态的关系、教育制度尤其是考试制度对不平等社会关系的合法化机制、教师对来自不同阶层和具有不同文化资本的学生的不同期待、不利阶层儿童对学校主流文化的抵抗等，从不同侧面展现教育系统的社会再生产性结构特征。

教育系统在社会再生产中的地位和作用

尽管现代教育系统的选拔过程以能力标准为主，但非能力的身份性特征仍然对受教育机会产生重要影响，尤其是家庭出身与教育获得之间的联系普遍存在。20世纪后，许多国家进行教育改革的目标之一是弱化这种联系，但它仍然存在。在大多数国家，教育机会的分配仍然不公平，明显向家庭背景较优越者倾斜。美国社会学家科尔曼认为，人力资本、经济资本和社会资本这三种家庭资源影响人们的教育获得。教育系统作为筛选机器，明显有利于较高社会经济地位家庭出身者，在大多数工业化国家，教育是导致社会经济不平等并使社会经济不平等结构化的机制之一。法国社会学家布迪厄的文化资本再生产理论解释了教育系统如何再生产了阶级差别，并使之在代际传递。

社会再生产主要指社会不平等关系的再生产。美国经济学家鲍尔斯和行为科学家、教育家金蒂斯等人提出"社会再生产理论"。该理论的代表人物是法国哲学家阿尔杜塞。他们认为在工业化资本主义社会，学校教育过程与经济生活密切相关，经济—学校的联结是阶级关系再生产的最重要环节，学校是社会控制和社会再生产的工具，社会的不平等通过学校教育得以维持和复制。文化再生产理论的代表人物布迪厄提出"文化资本"（cultural capital）、"惯习"（habitus）等概念，认为教育制度本身也有其"文化专断性"（cultural arbitrariness），即占据统治地位的阶层会用制度化的方式将其自身的资源优势固定下来。文化再生产与社会再生产的联系在于，上层阶级能够凭借其对于高雅文化的熟稔而证明自身的优越地位，而从属阶层的成员则不仅在经济上受制于人，而且在了解统治阶级的文化符号上也处于劣势。由此，社会和教育体制的不平等得到合法化。

社会向其成员传递它认为自我再生产所必需的知识、技能和态度的机制多种多样，有很多机构参与此再生产过程，并形成一定社会的再生产结构。作为教育系统的重要构成要素，学校组织在此过程中起到很大作用。现代学校体系是现代社会最主要的社会再生产场所，学校教育不仅再生产不平等的社会关系，而且再生产了其进行再生产所需的制度性条件，并使之合法化，从而实现涂尔干等经典社会学家所说的社会整合。

再生产性的学校

学校除了将年轻一代培养成为社会的生产者外，还承担更为普遍和重要的社会整合的任务，即年轻一代的社会化。学校组织的运作方式显示学校对社会关系再生产所发挥的实际作用。再生产理论认为，学校中的各种活动都以再生产原则为中心而组织。学校主要在三个方面进行社会关系的再生产。

学校再生产有利于统治阶级的价值观　这是统治阶级的一种文化专断的表现。统治阶级将一种强制权力托付给学校，强制实行只符合这一群体利益的教学内容。在现代社会，学校作为社会成员社会化的机构，向所有人灌输"忠诚"的价值观，并使学生内化统治阶级核心的价值观念，尤其要教会学生重视实现个人成就的价值，相信学校和社会的筛选是基于能力差异的理性逻辑，每个人都因其能力高低在社会阶级中获得相应的身份。正是这种"优胜劣汰"缔造了现代社会。再生产理论关注的中心问题包括：学校中进行的社会化和筛选的根据是什么？是谁选择了这些社会传递的基本价值？这些价值是否得到一致认同？谁决定了社会分工？谁制定了不同专业的教学大纲？等等。

学校再生产不平等的社会关系　社会再生产理论认为，学校以自己的方式参与了社会不平等关系的再生产：学校相对于生产领域拥有某种自治，并赋予所有工作人员一种委托的权威，即学校权威。法国社会学家布迪厄和帕斯隆认为，学校的主要职能是再生产社会中既存的不平等关系。教学大纲、课程、教师的教学活动以及学校的运作方式都有利于那些家庭文化接近学校文化的"遗产继承者"（inheritor）。但在一些经济欠发达的国家，由学生学业成功而导致的社会不平等不如西方发达国家明显，在这些国家，社会资本的成分在工作机会中所占比重较大，社会资本高于文化资本。一方面，文化资本可以换得其他资本，如经济资本；另一方面，社会资本也可以换得经济资本，甚至文化资本。

学校再生产其自身进行再生产所需的制度性条件　学校在进行文化和社会再生产的同时，也在进行自身的再生产。即学校在实践中把自己作为制度加以再生产，以便再生产它授权再生产的文化专断。为使这一过程顺利进行，必须确保学校自身的相对独立性，教育系统必须垄断负责这一再生产人员的生产。这些人员受过长期培训后能担负某种学校工作，以期在新的再生产者中再生产这种培养机制，并由此形成一种在相对独立的范围内不容置疑的自我再生产的惯性。包括教师在内的学校人员，都应努力使学校的运作被视为是合理的，使人们相信建立在学生能力差异基础上的社会不平等是合理的，从而承认学校作为教育机构的合法性和权威地位。这样,学校使社会得以驯化,把社会不平等转化为能力不平等。这是民主社会中将个体等级化的唯一合法方式。

教育系统的再生产性结构要素

根据布迪厄和帕斯隆的两本论著《再生产》和《继承人》,教育系统的再生产结构的构成要素有三方面:社会阶级和文化;教师与教学;文凭、就业以及由此所达到的阶层。

社会阶级和文化　这是教育系统再生产性结构的起点要素,指不同阶级地位的家庭给予其子女入学前的文化资本。表现为儿童对语言的使用、家庭对学校教育的态度、父母在学校中的经历及生活方式等。

研究表明,来自不同社会阶层家庭的儿童由于所使用语言的不同造成学习成绩的差异。根据 B. 伯恩斯坦的编码理论,布迪厄指出,出身不同阶层及生活于不同的社交圈,会形成不同的语言模式,较低阶层与中上阶层儿童在选词、用字及句法等方面均有显著不同。中上阶层儿童的语言能力可以视作一种得到学校认同的“文化资本”,教育制度从根本上看重并奖赏中上阶层的“精致语言法则”,而排斥较低阶层的“局限性语言法则”。故语言训练是家庭教育的核心,家庭所使用的语言方式类型决定了儿童在文化上与学校的差距。语言还提供一种复杂的范畴系统来对不同阶层的学生进行分类。词汇的贫乏或丰富显示学生的家庭背景和阶级出身。解释和使用复杂语言结构的能力部分源于在家庭中习得的语言。在父母受过良好教育的家庭长大的儿童,其对语言使用的熟练程度构成其文化资本的一个重要部分。

文化资本既包括语言资本,也包括家庭中积累的不同领域的知识,如对艺术、音乐、文学、食物等文化消费领域的洞察力和品位,这些知识代表父母对子女的投资。但在所有的文化障碍中,源于家庭所使用的语言的文化障碍最严重,尤其在入学第一年,词语的理解和使用是教师评判儿童的重点。因此在与社会阶级相关的文化资本和文化气质两方面,最初就具有优势的儿童在学校中得到回报,这些优势在儿童学校生涯的转折点上起到决定性作用,尤其在课程分流中。而且这种与社会身份相联系的状况在以后的教育分流中继续存在。在分流过程中,学校充当接力传送的角色,而学生的文化资本逐渐转化为教育资本,如分数、学校记录、资格证书和奖励。教育资本控制儿童对学校优质课程资源的使用,并且决定其是否有机会进入最有声望的高等教育机构。

教师与教学　这是教育系统再生产性结构的过程要素,主要包括教师评价、教师期待、教师权威以及由此形成的具有文化再生产性质的教学关系。

由文化资本向教育资本的转化,在学校只有通过教师评价这一中介以及教学关系的文化再生产特征才能实现。评价教师在使学生实现由文化资本到学业成功的转化中所扮演的角色,需要考虑社会和制度化的背景。布迪厄在研究法国中等教育和高等教育时发现,法国中学教师通常从学生精英中选拔出来,主管一系列具有筛选性质的公共考试。他们在有声望的机构接受培训,并获得在中学和大学任教的资格。法国公立中学与大学有紧密的合作关系,大学对学生智力和文化上的期待与要求通过公立中学的教师传达给有志向的学生。在高等教育的筛选系统中,教学关系具有文化再生产的性质。中学教师的作用主要是发展经过层层考试筛选出的精英学生的潜能和天资。教师在教学过程中充分利用学生在其家庭文化领域积累的文化资本,并采用激发其潜能的形式。在公立中学的高年级,教师在挑选有资质和才气的学生进入高等学校中发挥重要作用。人们往往将教师挑选精英这一具有文化再生产性质的职责看作是一种中立的对人类文化的传承。教师越是尽力挑选继承人,越是全身心投入这种筛选工作,就越有可能排斥和拒绝那些与他们有着不同社会背景、文化和交往技巧的学生,这使学校的筛选带有明显的不平等特征。较低阶层的学生往往在入学时缺乏中产阶级学生已经在家庭里学会的语言、技能和价值观,很可能由此失败而导致辍学,在学校中的挫折感和陌生感导致他们很小就认为,学校是不可能有希望获得成功的地方,他们甚至会放弃上学,以避免被淘汰的失败经历。由于中学教师在其学生时期的成功就是基于这种教学关系,他们不可能放弃这种教学关系,否则就会暴露这样的问题:他们的成功并不仅仅是因为个人品质和天资,家庭背景和社会优势具有很重要的作用。

文凭、就业及所能达到的阶层　这是教育系统再生产性结构的终点要素,也是下一轮再生产的起点。学校的主要作用是选择学生并将学生分配到不同的专业领域,其主要手段之一是分班(tracking),即依据学习成绩把学生分成不同的班级或组。快班通常比普通班采用更快的进度、更丰富的材料上课。分班在初中和高中尤为普遍,分班往往采取与大学和职业轨迹相联系的形式。分在慢班的学生会感到自己在任何需要专门知识的事情上都不可能成功,从而对职业的期望逐渐消失,往往导致辍学。慢班学生一般来自少数民族和较低阶层。分班制度倾向于保护现存的不平等,而不是帮助学生向上流动。贫穷家庭的学生在慢班很少受到鼓励和获得高质量的教育,且往往无力支付继续上大学的费用,也因此无法竞争获得高薪水、高声望的工作。由此,贫穷和不平等的循环通过教育体系得以强化,与社会出身相联系的不利地位通过“学术分流”(academic streaming)被传递。而来自中上层阶级的学生凭借入学时其家庭赋予的文化资本而换取了教育资本,并通过层层考试和评估,最终获得进入社会上层所需的文化资本,即各级文凭。这些"文化遗产继承人"被分配到各种受尊重的职业岗位,换取和享用有利的社会资本、经济资本和符号资本,同时为自己的下一代准备丰富的文化资本。这是旧一轮社会不平等关系再生产的完成,同时也是新一轮再生产的开始。

参考文献

玛丽-杜里·柏拉,阿涅斯·冯·让丹.学校社会学(第二版)[M].汪凌,译.上海:华东师范大学出版社,2001.

布迪厄,巴斯隆.继承人——大学生与文化[M].邢克超,译.北京:商务印书馆,2002.

布迪厄,巴斯隆.再生产——一种教育系统理论的要点[M].邢克超,译.北京:商务印书馆,2002.

李培林,李强,孙立平,等.中国社会分层[M].北京:社会科学文献出版社,2004.

Saha, L. J. International Encyclopedia of the Sociology of Education[M]. Oxford: Pergamon, 1997.

(谭　斌)

教育系统中的权力关系与教育松绑(power relation and deregulation in educational system)　调整以学校为本位的教育系统中的权力关系,使学校获得更大自主经营权的一种行为。随着初等教育和中等教育不同程度的普及,教育体制变得庞大、复杂和官僚化。许多国家通过行政命令的方式自上而下引导教育,而这种中央集权化的教育体制开始出现松绑的趋势:国家将一部分决策权转移给地方行政和学校。学校本位经营(school-based management)的理论和实践在全球范围较为普遍,各国的教育松绑呈现不同形态。

教育系统中的权力关系

教育系统中的权力关系以学校为基点,可以从国家与教育、学校与家庭和社区、行政管理与教师专业自治几个维度来认识。

国家与教育　教育系统与国家、地方行政权力之间的关系非常复杂,且持续变化。不同理论视角的研究所描述的国家与教育系统之间的关系有很大不同。在全球化的信息社会,国家与教育之间权力关系的变化特点包括:市场导向的课程改革,多元文化背景下国家课程的设置,能力培养目标的重新确立,教育松绑,从管理主义的集权模式转向学校自主经营的分权模式。这些特点在高等教育中表现明显,原因在于国家要培养维护国家统一的公民,故对基础教育的管理较严格。大众教育出现于19世纪和20世纪早期,是现代国家的一种重要统治工具。研究公共政策的学者在

政府机构与市民社会之间划出清晰界限。国家是控制机构,具有立法权,通过经济干预以及对社会成员实施社会化的途径来维护社会秩序与和谐。在对成员实施社会化方面,国家与教育机构发生直接联系。

在现代工业社会,较之监狱、军队等国家权力机关的强制性权力,制约性权力(conditioned power)是更为重要的权力形式。国家是实施制约性权力的主体,采用说服和教育的形式使社会成员承担起社会义务,并激发个人对公共意志的服从。此即教育的意识形态功能。制约性权力是现代国家实施经济、政治功能的前提。国家实行大众教育的首要目的在于对一代代儿童实施社会化,使其自然而然地接受统治阶级的意识形态,从而再生产原有的社会关系和"驯服"的公民。国家、地方等行政机构都非常重视教育的作用,严格控制教育目标、课程设置、教学大纲,并对学校进行官僚制管理。

学校与家庭、社区　科层制或官僚制(bureaucracy)是绝大多数公立学校中占统治地位的管理模式。为了给学生提供日常服务,教育系统倾向于采取科层制结构,其特点是决策制定的集中化、日常工作的例行化、资源分配的标准化。科层制权力在公立学校体系中具有重要的制度化功能,即管理互相冲突的利益关系,使日常教学活动例行化,将资源合理分配给各个部门,实施国家、州或省制定的基本学业标准,并促成平等问题的解决。科层制为学校的有效运行提供了组织的稳定性,使学校能够为个人与社会提供符合不同要求的服务。但在全球化、多元化的社会,民主化呼声日甚,集中化的科层制和官僚体制在干预学校和班级层面的课程与教学活动等方面,逐渐被视为不必要。

人口增长的趋势和经济的再结构化提高了公众对公立学校未来职能的关注,公众对官僚化的学校组织能否有效应对这些挑战缺乏足够的信心,而家长希望子女能够通过学校教育在未来的竞争中获胜。解决家长与学校之间矛盾主要有两种方式:一是采取市场化方式,让家长和学生有权在公立学校与私立学校之间自由择ği;二是在公立学校内建立一个分享的权威系统,为家长赋权,使家长能够参与学校的决策和管理。官僚机构的重要性相应减少,教师和学生参与学校管理的需要得以强调。20世纪80年代,家长参与学校事务还得到重组的利益集团、商业界以及官员的广泛支持。在美国,社区参与得到支持,各学校的业绩报告中,社区的要求有所加强。20世纪90年代,美国几乎所有大城市的市内学区都具有某种形式的分享管理,家长和社区代表参与到学校决策制定的结构中,很多州建立不同形式的由地方选举的家长委员会。

然而,学校的专业人士阻碍了家长、社区对学校事务的参与。在分权管理中,专家们往往能够成为关键的决策者,与作为"外行"的家长及社区组织发生冲突,分权的过程并

不必然导向为家长赋权。家长在学校事务和学校选举中的参与率通常较低,尤其是来自低收入、少数民族的家长。

行政管理与教师专业自治 20 世纪上半期,教师的专家地位被理解为教师的扩展训练以及教师对学校组织的控制。由于当时很多教师未能获得有利于改善其教学工作的训练,且学校组织处于外行人士的政治化控制之下,这种理解导致迅速扩张的教师准备及训练要求,以及建立"任期法"(tenure laws)来维护教师对班级活动的控制。20 世纪60—70 年代,这种观点虽受到教师工会主义(militant teacher unionism)的挑战,但教师的专家地位仍然意味着在评判教师个人业绩和职业机会时,将学校组织从社区的控制和家庭的参与中分离出来。在教师工会主义的挑战下,教学管理结构继续保持 20 世纪上半期的单一模式,但鼓励教师为获得社会地位而离开教室。以传统的专业化观点来看,教师工会主义是反专业化的,仅寻求利用组织性的权力来改善教师工作条件,而不是为教师的社会地位赢得专业的合法性。当校长和更高级别的行政管理人员倾向于获得专业化地位时,教师仍非"专业人士"。教育行政管理人员往往自信地认为,专业化的行政管理人员在学校管理中代表了教师的需要和利益。教师工会主义策略在专业权威以及在对作为普通职员的教师进行个人赋权方面几乎没有任何意义。在美国,无论在公立学校还是在私立学校,教学依然是彻底的未分化的职业,教师依然不是"专业人士"。但是,20 世纪上半期"任期法"中规定的劳动契约加强了对教师的工作保护,并允许教师组织有效参与广泛的学校政策和实践。

20 世纪 80 年代,商界和政界领导人迫切希望改善学校成绩,关于规范教师能力和责任的政策比倡导教师更高权威和地位的主张赢得了更多的支持。由此,20 世纪上半期关于教师专业化的定义获得新生,规定教师必须具有完成复杂任务的技能,使教师考核和培训的改革更加理性。这一时期还制定了以业绩为基础的证书标准和多级职业阶梯计划,为教师的专业发展服务。但从教师的角度,多数改革强调政治的和职业的责任,而非专业发展,改革更强调确认以及监督教师的工作能力和教师努力工作的意愿,而非扩充教师的专业自治以及对学校组织的控制,教师需要维护的公共自信和职业声望并未得到发展。教师认为,20 世纪80 年代的多数政策并未起到提高教师专业地位的效果。视教师权威为制度性权力的研究者期待教师赋权能够获得广泛的社会支持,以便教师扩大和加强对其工作任务和工作条件的控制。视教师权威为来自个人魅力并体现在直接工作经验中的研究者认为,工会主义与专业主义之间存在的问题的演变说明,基于权力的社会控制和社会认同无法建立真正的专家地位和导向教师赋权。从权力的角度看,控制是第一位的,对控制的社会接受制造了权威性的赋权。从直接社会经验的角度看,权威性的教师—学生—家庭关

系是第一位的,教师赋权产生于这种关系所提供的社会安全感、自我价值的实现、能力的增长以及发展学校中和谐关系的能力。

教 育 松 绑

松绑(deregulation)、分权(decentralization)、赋权(empowerment)是 20 世纪 80 年代后世界范围内一种重要的教育改革趋势,是以学校为本位进行的教育系统内部权力关系的重新调整。美国的学校重建运动,欧洲、大洋洲、中国台湾的学校本位经营模式,都是教育松绑的典型实践。

20 世纪 80 年代后,源自西方经济学的"松绑"理念,成为教育改革的中心主张。关于教育松绑的原因及结果的认识有两种相反的论述。

一种观点对教育松绑持肯定和积极的态度。认为在 20 世纪 80 年代前,基于政治因素的考虑,政府对各级教育机构及其运作的管制颇为彻底而广泛,影响了学校教育的有效性,禁锢了教师主体性的发挥。20 世纪 80 年代后,世界经济发展日益一体化,各国中央政府逐渐撤除对教育的部分管制,但因积重难返、观念局限等因素,教育民主化的步伐仍然缓慢,现代化的教育目标难以有效实现。政府对教育实施过多的管制是妨碍教育现代化的最大因素之一。为有效释放学校改革的动力,发挥教师的创造力,教育松绑成为教育改革的首要工作。"松绑"的英文 deregulation 在经济学中意为"解除管制",即放任市场根据供需关系决定商品价格,减少政府不必要的干预,亦即创造公平竞争的环境,扩大市场参与者的权利。自由竞争中的"教育市场"虽然会淘汰品质低劣的教育产品,但弱势受教育者所受到的损害是社会正义无法接受的,因此教育松绑不宜完全以经济学中的解除管制为依据。基础教育的起点应该公正,应该给予来自社会各阶层的学生基本的、必要的共同资源。教育松绑不能以追求极度的自由化为目的。

另一种观点对教育松绑持否定和消极的态度。认为教育改革的松绑潮流虽然充满民主化、自由化、多元化、分权化、现代化及国际化等口号,但充斥着"教育消费权"、"家长选择权"、"废除联考"、"广设高中和大学"等词句。改革表面上是为凸显民众的主体性,实质仍是"利益至上"的竞争原则,学校成为国家资本主义的市场,学校成员成为教育行政机关为达成国家教育目标而役使的机器。中国台湾的很多学者认为,后现代主义所倡导的"去中心化"、"去权威化"、"去精英化",以及民主社会强调的自由化、市场化、私有化,使教育松绑形成强大气势,但若深入探究依据市场经济竞争法则的教育松绑政策的含义,会发现其中带有强烈的"再管制化"或"再绑"(re-regulation)的意图。这种观点认为,教育松绑究竟是为解除不当的教育管制,让民众有参与的权

利，还是"为松绑而松绑"，只是为解除政府教育部门的合法权责，造成所谓"民间强势、官方弱势"的假象，令人质疑。

两种相反观点亦存在共识，都认为教育一旦成为公共事务，某种程度的管制就无法避免。管制的目的是保证教育质量，但在社会民主化、多元化的趋势下，高度管制的不良作用日渐凸显。众多研究及实践表明，国家或中央政府对教育松绑的内容主要包括：教育资源的松绑，如地方教育财政、私人办学、学费政策及经费运用；教育结构的松绑，如高中与高职的比例、大专院校系所的调整及学制设计；教育内容的松绑，如文凭、学籍与教材、课程；教育行政的松绑，如组织运作、人事制度、地方政治影响、师资培育、入学制度及校外教育。教育松绑过程中需注意在推动松绑的同时强调自律与责任。松绑的事项应视具体的时空条件与成熟程度进行妥善规划及执行；在教育松绑过程中，特别注意避免危害教育机会均等；重视受教者的主体性与学习权，保护人的基本价值与尊严，使教育成为为个体提供自我发展的历程。

学校本位经营的理念与实践

教育松绑主要是以学校为核心，实施教育资源及权力的重新配置，以便发挥学校的最大效能。国家教育松绑的落脚点在学校自主经营，以学校为中心来理解教育松绑更为具体和根本。教育松绑就是要重建学校网络，进行知识、权力、文化的再建构。学校本位经营的改革是学校重建的重要内涵，也是教育松绑的根本，具体包括知识再概念化（reconceptualization）、权力再结构化（reconstructualization）和文化再生（reculturalization）。（1）知识再概念化。课程发展需要新思维，需要教师具有建立知识开放体系的素养。课程所蕴涵的知识应进一步与生活产生新的契合，并从过去垂直的阶级性与支配性结构转向横向的连接与流通。这些都需要教师能够对知识进行再概念化。（2）权力再结构化。学校本位经营的改革要求将集中在上级政府的行政管理权下放到学校，使校长、教师、家长和学生拥有更大的自主空间，依据学校特色及需要，自行决定人事应聘考核、课程教材的选用及财政核算等，使学校成为教育改革的主体，教师与校长成为教育改革的策动者，学校的每一分子，包括校长、教师、学生、家长，都担负起学校教育成败的责任，为学校改革和发展尽力。（3）文化再生。学校教师以往只是被动地响应各种教育改革，新的组织文化重视自我组织（self-organizing）、自我更新（self-betterment）和学习型组织（learning-organization）的实践，课程改革、行动研究和合作学习、协同教学等学习型组织的实践，都必须在再生的学校文化与愿景中进行。学校重建过程中，教育松绑主要在以下几方面进行：课程的松绑，学校本位课程的建立与学生评价方式的改变；教师专业化，建立教师专业共同体；建立完善的学校信息系统，以便家长及社区组织参与；选出能够促进学校改革事务的校长，帮助学校将力量集中在课程与教学方面的发展。

学校本位经营的观念源自对私人企业改善组织效率与提高生产力的策略研究。研究者发现，一线工作者接近产品的生产过程，明晓产品生产过程中的问题及其改善方法，若能将生产方式的决定权下放给实际工作者，则可提高组织的效率与生产力。20世纪70年代，类似的观念首次被引入教育系统，以摆脱采用中央集权化的决策方式无法有效处理教育问题和提高成就表现的困境。1986年后，学校本位经营的管理方式成为教育改革的主流策略，克鲁恩和J. P. 怀特在1988年的研究中认为，学校本位经营的管理方式受到下列因素影响：学校效能的研究，发现学校本位经营的重要性；在1983年后的第二次教育改革浪潮中，强调学校的重建；快速发展的网络与沟通工具。澳大利亚学者卡德威尔在研究该议题近30年后，断言学校本位经营或学校自主经营的制度一旦付诸实施，就无法停止或退回到原初状态。1998年卡德威尔和斯宾克界定"自主经营学校"：学校在政府规定的教育目标、政策、标准、绩效责任等范围内，自主决定学校资源的分配，包括课程知识、教学技能、决策权力、教材教具、人事配置、时间分配、评量方法、科技信息及经费财务等。

学校本位经营强调专业化和自下而上的改革方式，虽能切中教育的核心问题，但多年的实践经验显示，其对学生的学习成就并无实质性影响，却使学校行政人员与教师的对立日渐尖锐。一些提倡学校本位经营或类似教育改革政策的制定者将学校本位经营作为改革的目的，而非达成教改目标、提升学生学习成就的手段；一味强调权力下放，忽视知识技能、信息、评估等也需要同时下放给学校。澳大利亚维多利亚省"未来学校"（Schools of the Future）的教育改革计划强调，自主经营的学校仍是整个教育系统的一部分，政府仍需持续提供教育改革方向，并通过对课程及标准纲要、绩效评价、专业发展、行政与财政等政策的整合，促进和支援学校层级的改革；学校则在此架构与支持下加强自主能力，通过学校成员的同心协力，根据学校特点与地方条件，发展课程教材、教学计划与教学策略，设计有效提高学生学习成就的最佳教学与行政策略，达成教育改革目的。这种做法与美国20世纪90年代实施的第三次教育改革"整体革新"（systemic reform）以及英国《1998年教育改革法》的内容相呼应。

参考文献

陈伯璋，许添明. 学校本位经营的理念与实务［M］. 台北：台湾高等教育出版社，2002.

Saha, L. J. International Encyclopedia of the Sociology of Education[M]. Oxford: Pergamon, 1997.

（谭　斌）

教育现代化（modernization of education）　教育适应现代社会发展要求所达到的一种较高水平状态。是传统教育在现代社会的现实转化，是包括教育生产力、教育制度体系、教育思想观念在内的教育形态的整体转换活动，是包括教育思想观念、教育制度、教育内容、教育方法等要素在内的教育系统全面进步的过程，其核心是人的素质的现代化。包括多种内涵：(1) 从过程与变革的视角出发，教育现代化是传统教育向现代教育转化的过程，是社会现代化的组成部分。当教育通过变革而具备了工业社会教育的基本特征，如实用性、科学性、民主性、开放性时，就表明它已获得现代性，但现代性的获得是一个相对的过程，是一个"日日新"的过程，不同时代教育现代化的特征内涵不尽相同。(2) 从现代化理论出发，教育现代化有广义和狭义之分。广义的教育现代化是从适应宗法社会的、封建的旧教育转向适应大工业民主社会的、现代教育的历史进程，是大工业运动和科技革命的产物，是一切有关进行现代教育的改革和发展的总称；狭义的教育现代化是第二次世界大战后比较教育家积极倡导的一种运动及理论，即新独立的欠发达国家或一个独立国家中的欠发达地区如何学习发达国家或地区，推动本国或本区域教育现代化，从而赶上发达国家或地区教育发展水平的运动及理论。整个世界的教育现代化是伴随社会现代化而不断演进的过程；第三世界国家的教育现代化则是一个模仿发达国家的过程。(3) 从文化心理的视角出发，教育现代化是人的现代化或"使人转向现代化"。人的现代化的实质是人的现代性及其实现，人的现代性是谋生、乐生，并具有终身学习能力、集体主义精神、民主意识、法制观念、合作态度等品质及对他人、自然、社会的关心，等等。(4) 从时间与价值的视角出发，对教育现代化可在两个维度上理解：从时间维度上理解，教育现代化是指从与传统、封闭的农业社会相适应的教育向与现代、开放的工业社会相适应的教育转化的过程，这一过程始于18世纪的工业革命，发达国家已完成并向更高级的现代化发展，欠发达国家仍处于发展历程中；从价值维度上理解，教育现代化是指从传统教育向现代教育演进的过程中所获得的新的时代精神和特征，它区别于传统教育，如教育的制度化、科学化、民主化、协调性和开放性等，从这一角度来说可将教育现代化理解为现代教育，即作为过程的教育现代化注重演化的"过程"，而现代教育是这个过程演化的目标和结果。两者是连续统一体，但又具有阶段特征上的差异。作为"过程"进行状态的教育现代化具有以下基本特征：它是一个动态的、持续的发展过程；它是一种教育整体转化运动或教育形态的变迁过程；它是一个对传统教育继承、批判和发展的过程；它是一个全球性的演变过程，且主要是从中心向边缘的传播过程；它是一种人自身现代化的实践活动过程。

教育现代化具有多种类型。从空间范围上看，教育现代化包括世界教育现代化、国家教育现代化和地区教育现代化。从教育现代化所包括的内容上看，包括三个层面：一是教育物质层面的现代化，即校舍设施、装备仪器、图书资料、教学媒体和手段等方面的现代化；二是教育制度层面的现代化，即教育体制、法律、规范体系等方面的现代化；三是教育价值观念层面的现代化，即教育的观念、思想、理论等意识形态的现代化。

教育现代化的推进有三种模式：(1) 早发内生型，即在世界上发动教育现代化时间最早并主要依靠本国内部经济社会因素来推动传统教育向现代教育转变的过程，以美国为代表；(2) 后发外生型，即在世界上发动教育现代化时间较晚，在面对外来文明因素的刺激和挑战下，国家借鉴外域先进模式对传统教育进行改革以实现现代教育的过程，以日本和俄罗斯为代表；(3) 后发内生型，即在世界上发动教育现代化时间较晚，但主要是受到本国社会经济现代化的客观要求，国家自发改革传统教育以实现现代教育的过程，以德国为代表。

教育现代化的终极目标是实现现代教育。现代教育具有八个基本特征：(1) 受教育者的广泛性和平等性；(2) 教育的终身性和全时空性；(3) 教育与生产劳动相结合；(4) 教育的个性性；(5) 教育的多样性；(6) 教育的变革性；(7) 教育的国际性和开放性；(8) 教育的科学性。

衡量教育现代化的重要指标可分为定性指标和定量指标两方面。定性指标包括建立现代教育制度，形成现代教育思想与观念，教育内容与手段具有鲜明的时代特征，教育管理的制度化及理性化，教师队伍现代化。定量指标包括15岁以上人口的识字率、平均受教育年限、中等教育的毛入学率、高等教育的毛入学率、每10万人口中高等教育在校生人数、公共教育经费占国内生产总值的比例和人均公共教育经费等。当前衡量教育现代化较为全面的指标体系有二：(1) 由上海市教育科学研究院所研发的指标体系（见下页表1）。(2) 中央教育科学研究所曾天山提出的指标体系（见下页表2）。

从研究层面来看，教育现代化研究最早始于比较教育学家在教育领域对现代化理论的引入与借鉴，其研究重点是讨论教育与国家现代化的关系，认为发展教育是实现各国现代化的关键。他们主张大量向发展中国家介绍西方国家发展教育的经验，鼓励这些国家的政府扩大各级学校教育、增加教育投资等。其主要代表人物有美国芝加哥学派的 C. A. 安德森、贝雷迪、诺亚、埃克斯坦等，T. W. 舒尔兹通过人力资源开发研究也促进了教育现代化的研究。西方教育现代化理论研究主要集中在四个方面：（1）注重教育与社会之间的关系及教育的政治、经济、文化的功能。现代化理论的基础是结构功能主义，结构功能主义者认为，社会是

表1　上海市教育科学研究院研发的教育现代化指标体系

模块	一级指标	二级指标
背景模块	1. 教育布局结构合理程度	1.1 中小学合理布局程度
		1.2 高中阶段普职教育协调发展
投入模块	2. 政府投入水平	2.1 财政性教育经费占 GDP 比例
		2.2 预算内教育经费占政府财政支出比例
		2.3 生均预算内公用经费占人均 GDP 比例
过程模块	3. 师资队伍建设水平	3.1 中小学专任教师本科及以上学历比例
		3.2 中小学生师比
		3.3 高校专任教师研究生学历所占比例
	4. 教育信息化水平	4.1 中小学生机比
		4.2 中小学建网率
	5. 教育国际化水平	5.1 高等教育中外国留学生比例
		5.2 每十万人口出国留学进修的人数
	6. 终身教育水平	6.1 社区教育机构覆盖率
		6.2 企业用于员工继续教育培训的经费占员工工资总额比例
		6.3 成人接受继续教育和培训比例
质量模块	7. 教育发展水平	7.1 学前教育毛入学率
		7.2 小学净入学率
		7.3 初中净入学率
		7.4 高中毛入学率
		7.5 高等教育毛入学率
		7.6 6 岁及 6 岁以上人口平均受教育年限
	8. 学生综合素质水平	8.1 道德素养水平
		8.2 学业水平
		8.3 体质健康总体达标率

表2　中央教育科学研究所研究人员提出的教育现代化指标体系

一级指标	二级指标	三级指标
教育普及	1.1 学前教育毛入园率	
	1.2 初等教育完成率	
	1.3 高中教育毛入学率	
	1.4 高等教育毛入学率	
	1.5 平均受教育年限	
教育公平	2.1 人类发展指数中不平等调整后教育指数损失率	
	2.2 困难群体帮扶比例	2.2.1 家庭经济困难子女资助比例
		2.2.2 残疾人受教育比例
		2.2.3 进城务工人员子女义务教育入学率
	2.3 男女性别平等指数	2.3.1 小学阶段毛入学率的性别均等指数
		2.3.2 初中阶段毛入学率的性别均等指数
		2.3.3 高等教育毛入学率的性别均等指数
教育质量	3.1 财政性公共教育经费占 GDP 比例	
	3.2 教师培训比例	3.2.1 小学经过培训教师比例
		3.2.2 初中经过培训教师比例
		3.2.3 高中经过培训教师比例
	3.3 生师比	3.3.1 小学生师比
		3.3.2 初中生师比
		3.3.3 高中生师比
		3.3.4 普通高校生师比
	3.4 平均班额	3.4.1 小学平均班额
		3.4.2 初中平均班额
	3.5 信息化水平	3.5.1 生机比
		3.5.2 入网率
	3.6 国际化程度	3.6.1 高等教育中留学生所占比例
教育体系	4.1 职业教育比例	4.1.1 初中职业教育学生比例
		4.1.2 高中职业教育学生比例
		4.1.3 高等职业教育学生比例
	4.2 私立学校比例	4.2.1 小学私立学校学生比例
		4.2.2 初中私立学校学生比例
		4.2.3 高中私立学校学生比例
		4.2.4 高等教育私立学校学生比例
教育体系	4.3 终身教育水平	4.3.1 继续教育参与率
		4.3.2 社区教育三级网络覆盖程度
教育体制	5.1 学校办学自主权	
	5.2 学校民主管理水平	
	5.3 学校管理效益	

由许多相互依赖的部分构成的体系,社会的组成部分同社会整体之间具有功能性联系,部分对整体提供维持性功能。比较教育的首要目的是学校与社会之间的理论建设,应从社会的政治、经济、文化等各方面探索教育与社会的关系。此外也要研究教育的政治、经济、文化等功能。(2)发展中国家教育现代化的过程是对发达国家教育模式模仿、移植从而获得教育现代性的过程。比较教育学者认为发展中国家的前现代教育传统是阻碍其教育现代化的重要因素,主张向发展中国家"输出"先进国家的教育发展模式。他们坚持这种"输出"必会引起发展中国家教育的现代性变革,从而产生强大的传播效应,导致非西方社会的西方化。(3)注重人力资本理论研究,强调教育投资的重要性。人力资本理论认为,任何经济的增长和发展都必须具备两个基本条件:一是技术的改进能带来更高效益的技术的产生;二是职业技术方面人力资源的利用。而劳动者的生产技术和生产动机都是以正规教育为手段来完成的。通过人力资本理论的研究,人们相信教育不仅提高个人的选择消费能力,而且提供经济增长必需的劳动力类型,任何社会发展最有效的途径就是提高人口素质。为此,教育发展理论建立了一种模式:教育投资—现代化教育—现代化意识与行为—现代化社会与经济发展。(4)教育现代化最重要的是人的现代化。20世纪50—70年代,一些社会学家通过对一些人群中个人的社会特征的研究来解释不同水平的经济增长与发展水平。他们相信通过教育改变人的某些个性特征可以促进其生产能力和工作效率的提高。他们认为,现代化首先应该是人的现代化,即使人具有现代价值观、现代信仰以及现代行为。也有学者认为,现代化本质上是一个社会心理的过程,即只有在一个国家的人民获得现代态度、价值观及信仰后,这个国家才有可能成为现代化国家。教育现代化是中国社会现代化的重要组成部分,也是实现人的现代化和社会现代化的基础和前提。自1983年邓小平提出"教育要面向现代化,面向世界,面向未来"以来,中国教育现代化的理论研究和实践便蓬勃发展起来。中国学者对教育现代化理论进行了有益探索。其研究维度可分为纵向和横向两个方面:纵向研究线索一般是从近代以来中国百余年的教育现代化实践入手,探求对教育现代化研究的有益启示;横向研究线索主要指从教育现代化的整体研究板块中撷取其中某些片段加以重点呈现,如区域教育现代化研究、高等教育现代化研究等,从中折射教育现代化不断发展的轨迹。

从实践层面来看,全球的教育现代化源于工业革命,始于国家教育制度的建立和班级授课制的推行,其推进过程大致经历了三个阶段:(1)孕育阶段(15世纪至19世纪末),其阶段性特征包括教育的根本出发点逐步回到了人身上,神学在大学中的垄断地位被人文学科所挑战,宗教改革

为普及教育埋下种子,16—17世纪自然科学技术的飞速发展对教育提出了新要求;(2)形成与发展阶段(20世纪初至50年代),其阶段性特征包括教育具有了全民性,初等教育普及,强调教育要促进学生个人的自由发展和满足个体需要,现代教育思想的不断丰富并付诸实践,师生关系趋于民主、平等、友好等;(3)成熟与完善阶段(20世纪50年代末至90年代),其阶段性特征包括教学内容日益重视自然科学,科学教育与人文教育逐渐融合并形成科学人文主义教育思潮,教学方法与教学手段日益现代化和科技化,受教育权利、师生关系以及学校管理等方面日益民主化。各国推进教育现代化的历程中主要有以下经验:(1)教育现代化主要是由政府主导推进,并以制度、法律的形式加以保障,例如普鲁士所推进的国民教育制度、美国实施的《史密斯—休士法》和《退伍军人就业法》以及日本实施的"教育立国战略"。(2)教育现代化的首要表现是教育规模扩张与教育结构分化,各国从普及义务教育开始,逐步拓展高中教育,并强化第三级教育的社会功能,逐步形成研究型大学、职业技术学院、社区学院等多种学校类型。(3)教育现代化进程中经济发展与教育发展密切联系,在现代化初期经济扮演着教育发展的"拉力",教育为适应生产力革命而变革,在现代化中后期教育扮演着经济发展的"推力",通过提高国民素质和培养大量高层次专门人才促进国家的经济发展。(4)教育现代化进程中教育的内源与外化相互交替,但最终现代教育的建立均立足于本国的现实土壤。如美国突破了效法欧洲的模仿阶段,形成了具有本国特色的进步主义教育理念,出现"赠地学院"和"综合中学";日本突破了模仿欧美的教育制度,走出了"集权学校制度"、"进化论的实用主义"等具有本国特色的教育现代化之路;英国在"渐进式"的教育现代化进程中继承了大量本土传统的教育特色并进行改革创新。(5)影响教育现代化的因素非常复杂,包括地理环境、宗教、文化、政治等多个方面,任何一个因素都会对教育现代化产生重大影响。(6)由国家财政保障教育经费投入是教育现代化推进的重要条件。

中国教育现代化的进程始于鸦片战争之后,带有后发外生型的依附发展特征,可划分为四个阶段:(1)微变阶段(鸦片战争至1905年科举制度废除前),该阶段内教育现代化的推进具有很强依附性,并且都是在传统教育制度内的改革,教育变革的根本指导思想是"中学为体、西学为用";教育宗旨是为了培养维护统治阶级利益的人才;教育制度改革是改良性的改革,是补充旧的体制而非取代旧体制。(2)振荡式巨变阶段(从科举制废除至1949年新中国成立前夕),该阶段是西方教育模式全面取代中国传统教育模式的时期,在此时期中国教育突破传统,废除科举制,开始学习美国,制定并颁布1922年学制;国共两党所实行的教育为教育法制化、民族化、科学化和大众化奠定了基础;教会学校

及其教育在中国化和世俗化的转变过程中,充当了中国教育非自觉的现代化工具。(3)效法苏联与突破苏联模式阶段(1949年至1977年),该阶段是中国教育模式在现代化历程中第二次重大转换,在此时期中国最早开始"以俄为师"对教育进行社会主义改造,从教育制度到教科书都实行苏联模式;1958—1976年中国脱离实际实行教育大跃进和"文革",对中国教育现代化产生了极为有害的影响。(4)中国特色社会主义教育现代化建设阶段(1978年至今),在此时期邓小平所提出的"教育面向现代化,面向世界,面向未来"为教育现代化指明了方向,确立了教育在国家发展和社会现代化中的战略地位,教育现代化逐步实施第三次转型,探索建设具有中国特色的社会主义教育现代化道路。依据《国家中长期教育改革和发展规划纲要(2010—2020年)》的战略目标,中国将于2020年基本实现教育现代化,基本形成学习型社会,进入人力资源强国行列。

进一步推进中国教育现代化进程需要充分认清现实国情及发展瓶颈,分地区、分阶段地稳步推进:(1)发达地区初步具备了全面推进教育现代化的条件,应提高全民知识水平,建设高质量基础教育,基本普及高中阶段教育,提高高等教育大众化水平;实现由物质层面的现代化向制度、观念层面现代化的及时转变;建立以实现终身教育制度和学习化社会为主要标志的区域现代化教育体系,建设教育社区和学习化社区;在加强信息技术装备的基础上,以信息化推动教育教学领域的深入改革;因地制宜,以管理体制改革为切入点带动区域教育共同发展;转变政府职能,进一步强化政府的服务性职能,为教育现代化提供制度保证。(2)中等发达地区应适应社会经济未来发展趋势,努力实现教育发展目标,全面提高国民素质;继续深化农村教育综合改革,推进农村教育现代化;引导教育结构的调整,建立适应经济结构需求的教育体系,培养实用型人才;发挥市场对教育现代化的促进作用,围绕优势产业发展区域性的高等教育;以教育信息化带动教育现代化。(3)西部地区应从实际出发寻求与当地经济社会发展相协调的区域教育发展模式;以培植现代性因素为切入点,从教育观念、教育管理体制等方面入手,以点带面,加快西部地区教育现代化发展;发挥政府主导作用,以信息化促进教育现代化;加强地区间的合作,扩散教育发展中的现代性因素,使西部教育实现由外源性现代化向内源性现代化的转变。

参考文献

顾明远.关于教育现代化的几个问题[J].中国教育学刊,1997(3).

谈松华.中国教育现代化的区域发展[M].广州:广东教育出版社.2003.

谈松华,袁本涛.教育现代化衡量指标问题的探讨[J].清华大学教育研究,2001(1).

王铁军.教育现代化论纲[M].南京:南京师范大学出版社,1999.

曾天山.基本实现教育现代化构筑强国之基[J].人民教育,2011(20).

(袁本涛)

教育现象(educational phenomenon) 人类特有的社会现象之一。指可以被人们感知到的教育的外在表现形式,包括教育活动、教育事业、教育思想三个方面。任何事物都有内容和形式两个侧面,都是内容和形式的统一体。而作为内容和形式统一体的事物又有本质和现象两个方面,一切事物都是本质和现象的对立统一。教育现象是教育本质的外在表现。我们认识教育本质,不能不对教育现象及其存在形态有清晰的认识,所谓通过现象看本质。而要清晰地认识教育现象,又必须借助于对教育本质问题的探讨和认识。

教育活动是人类社会最基本的教育现象 教育的外部表现首先体现在教育活动中。教育活动是人类社会最初出现的,也是人类社会始终存在的最基本的活动。教育是一种关系和作用范畴,是一种活动,不是一个独立的实体,但活动必须有承担者。教育活动属于人与人之间的社会活动,有承担者、有主体、有作用的对象。教育活动就是由教育者和受教育者这两个方面组成,以社会文化为内容,以语言为手段,教育者与受教育者之间所进行的一种文化传承活动。构成教育活动的基本要素就是教育者、受教育者、文化、语言这四者。教育活动的进行可以是自觉的,也可以是自发的;可以是自在的,也可以是自为的;可以是有目的有计划有组织的,也可以是无目的无计划无组织的。人类社会的教育活动是从自发的、自在的、无目的无计划无组织逐渐变成自觉的、自为的、有目的有计划有组织的活动。当然自发的、自在的、无目的无计划无组织的活动依然会长期存在,也就是说两者并行地存在。

原始社会,初民时期,虽无教育之名,已有教育之实。一般认为,教育活动起源于人类生产和生活的需要,那时的教育活动表现在生产劳动过程中和社会生活(人际交往、祭祀等)中长者向年轻一代传递经验的活动。根据古籍记载中的传说,原始社会的教育活动主要有以下几方面的内容:(1)传授关于制作和使用劳动工具以及从事渔猎的经验;(2)传授关于改进居住条件,逃避自然灾害以及与野兽搏斗的经验;(3)传授关于祭祀拜祖及宗教仪式的经验;(4)传授关于部落之间斗争的经验。总之,当时教育形态还没有从其他社会形态中分化出来,它与人类的生产活动和社会其他实践活动紧密联系在一起。

人类进入文明社会后,特别到了奴隶社会,才出现了专门从事教育活动的教师,专门开展教育活动的机构——学校,教育开始成为人类社会自觉的社会活动。

教育活动也有多种形态,一般认为表现为学校教育、家庭教育、社会教育三种形态。学校教育又分初等教育、中等教育、高等教育、职业技术教育等各级各类教育活动。家庭教育是在家庭里由父母等长者向下一代进行教育活动。社会教育范围较广,有由各种社会组织和文化机构组织的教育活动,也有随机的、无组织的教育活动。

教育事业是人类社会一种较高层次的教育现象　人类教育总的发展趋势是由教育的自在状态向自为状态发展的。自在教育向自为教育的发展,是人类教育发展的必然。教育事业是自为教育的一种形态,它使教育活动有序化、规范化、目的化,并使之与社会生活、社会要求紧密联系起来,结合成为一定社会所需要的一种事业。总之,它是人类社会另一种教育形态,是人类自觉自为的,属于较高层次的教育现象。

教育事业是在人类社会发展的一定阶段,由于社会经济、政治、文化发展的需求而组织起来的教育活动。在原始社会趋于解体,人类进入农业时代之际,社会上出现了学校和学校教育活动,这标志着人类进入了一个新的历史阶段。教育现象出现了新的教育形态——教育事业。这在人类教育史上具有深刻的意义和划时代的性质。学校作为社会教育机构的产生,有其深刻的社会背景,这就是:(1)生产力有了一定程度的发展,能为社会提供剩余产品,使社会上一部分人脱离生产劳动而从事教育活动,也就是说,脑力劳动与体力劳动的分离提供了专门从事教育活动的知识分子;(2)文字的创造与知识的积累,为学校教育活动提供了新的内容和手段;(3)国家的产生,需要专门的教育机构培养官吏和知识分子,所谓"建国君民"、"化民成俗",中国夏代就有"庠、序、校"的教育机构。商代则有"学"、"瞽宗"等传授礼乐、造就士子的学校。

教育事业不是个别的学校教育行为,而是在国家政府的倡导下一种有目的有计划有组织的教育活动,同时随着社会发展逐渐形成教育体系,成为社会发展的一种培育人才的事业。

教育思想是教育活动和教育事业的理论形态　在人类教育活动逐渐成为一种社会制度之后,就有人研究教育的本质、功能以及与其他社会现象的关系,研究教育的对象及其成长的规律等教育活动的相关因素,这就产生了教育思想。

教育思想也是人类教育发展史上客观存在的一种教育现象。它与教育活动、教育事业等教育现象有所不同,它是人们有关教育的认识和见解,是一种有关教育的意识形态。它本质上是人类社会已存在或可以预见的教育现象、教育规律在人们主观上直接或间接的反映。教育思想都是在特定的社会生活中发生、发展和形成的,所以不能不受到一定社会的政治、经济、文化和思维方式的影响。教育思想也反映出不同思想家个体不同的气质、风貌等个性特点。

教育思想作为教育活动和教育事业的理论形态,时时影响着一定时期的教育活动和教育事业的发展。例如传统教育与现代教育是两种截然不同的教育思想,它们影响着教育者和受教育者的教育行为,影响着教育内容和教育方法的选择。又如终身教育思想正在影响着当代教育制度的改革和教育事业的发展。

把教育现象分为教育活动、教育事业、教育思想三个方面,是从教育发展提升过程中提出来的。也有学者把教育现象等同于教育活动,其表现形式主要是学校教育、家庭教育、社会教育三个领域。也有学者把教育现象分解为多种因素,如财物因素(经费、校舍、设备)、人员因素(教师、学生、教育行政人员)、信息因素(教育法律政策、教育内容)、教育机构及各种因素的组合结构。

参考文献

南京师范大学教育系.教育学[M].北京:人民教育出版社,1984.

（胡德海　顾明远）

教育现象学研究方法（educational phenomenology research method）　西方教育学者因不满教育中盛行的实证主义、理性主义和技术主义等科学主义范式而提出的一种新的研究取向。

教育现象学(亦称"现象学教育学")是在现象学及现象学运动影响下出现的一种教育学思想。最早出现在欧洲大陆,在德国被称为"人文科学教育学"或"精神科学教育学",在荷兰被称为"现象学教育学"。在德国其代表主要有莫伦霍尔、博尔诺夫、李普茨等。荷兰的现象学教育学传统主要是源于兰格威尔德以及以他为中心而形成的乌特支学派(Utrecht School)的思想。源于该派的加拿大学者范梅南为教育现象学在当代的发展作出了重要的贡献。

教育现象学研究秉承狄尔泰"我们说明自然,但我们理解人类"的精神科学传统,反对在教育研究中盲目引进自然科学方法。教育现象学者认为,以自然科学研究方法为主的教育研究,过分注重研究方法和技术,忽视了教育的日常生活意义及实践性特征。美国教育现象学学者巴里特指出,在这些研究中,很多本该有趣的文章,内容往往并不像所期望的那样丰富。这些文章很少关注人文内容,而是迷恋于方法的谨慎、测量和统计分析。当读者拿起其中一篇文章开始看时,就好像事先被允诺可以得到一枚新鲜的李子,而结果却只得到一个李子干一样。由于谨慎和严密,汁液反而跑掉了。这种"李子干"式的研究脱离"教育实事本身",只是研究了"实事本身"的某个缩小了的变量。比如,有人想更多地了解儿童是怎样学会阅读的,于是研究儿童区分字母 T、I、L、X 的能力,然后把儿童的得分与所测的阅读水平联系起来;有人想更多地了解优秀教师的特征,选择了一群曾经在态度、倾向性测试中得分很高的教师,然后用10个指标来指导观察。在这种研究中,"事情本身"在被研究之前就已经被缩小了,限定在几个变量之中,而现象的整体性却被分解了。教育现象学学者认为,直接把科学方法嫁接到教育问题的研究中,往往导致事情本身没有被研究。

教育现象学研究就是要努力克服教育研究中这种简化、经济原则,提出要在教育的情境中整体地把握教育经验的意义,而不是仅仅研究一组预先选定的变量。现象学要求教育研究"回到教育生活本身",研究者在研究之前不要先下诊断(prescribe),而是首先"悬置"前见,关注事情本身是什么样子,要"如其所是"地描述(describe)事情本身,让人们知道事情本身(如教师或学生的体验)是什么样子,以恢复教育生活的本来面目。教育现象学研究要呈现的是"鲜李子",而不仅仅是一个"李子干"。

教育现象学研究方法的一般程序与要素

教育现象学研究关注教育生活中普通的习以为常的现象(体验),并努力用日常生活的语言来揭示这些现象(体验),以帮助人们理解这些现象(体验)的意义,还原教育生活的本来面貌。对日常生活意义的理解不应受方法限制,而应诉诸直观,以获得明晰的洞察,否则其明见性或价值就会大大降低。因此,加达默尔说现象学的方法就是没有方法。尽管如此,现象学家们一直在努力探索归纳研究中的一些共同的规则及操作性程序,以方便研究者更好地理解把握现象学的方法。

美国学者斯皮格伯格提出,任何自称为现象学方法的研究至少需要满足三个要求:第一,必须从直接探究呈现在我们意识中的被经验的现象开始,特别要关注它们呈现的方式,而不怀疑它们真实与否;第二,必须抓住这些被经验到的现象的本质结构以及现象之间的根本关系;第三,探究这些现象在我们意识中的构成,即这些现象在我们的经验中成形的方式。

现象学方法是研究意识经验,并努力展示和理解这种经验的发生过程及其意义的一种方法。现象学方法不是从一个普遍的理解开始研究,而是从一个现象或体验本身开始研究。如范梅南所说,现象学研究起始于情境,是对嵌入在这个情境中的一个典型意识节点的分析、阐释和说明。巴里特对此有个形象的比喻:现象学研究就像我们中途去看一部电影。为了理解这部电影,我们需要问这样的问题:故事的内容是什么? 它是从哪里开始的? 哪些部分重要? 哪些部分不重要?

为方便操作,范梅南归纳了做现象学研究的一些基本操作程序或方法:转向对一个深深吸引我们并使我们与世界相联系的现象的关注;调查我们真实经历过的经验而不是抽象的经验;反思揭示现象特点的根本主题;通过写作和改写的艺术方式来描述这一现象;保持与这一现象的强烈而有目的的教育学关系;通过考虑部分和整体的关系来协调整个研究。这些程序或方法需要灵活地理解和运用,而不是按部就班地依次进行,在实际研究过程中,这些程序或方法可以变换交替或同时进行。不过,在具体操作过程中,更多的是依靠研究者的解释性敏感、创造性思想、学识性机智和写作才能。

资料收集　现象学家认为,一个人对自己生活经历的描述发生在其他人身上也是可能的,所以研究最好以研究者本人的体验为起点。任何个人体验都可能是人类体验,因此现象学的描述具有普遍性的特征。现象学研究首先就是尽可能地把对现象的个人体验用直截了当的语言描述出来,尽可能"还原"生活体验本身。

收集他人对亲身体验的描述是教育现象学研究资料的第二个主要来源。通过他人经验以及对这些经验的反思,可以更好地理解人类经验某一方面的深层意义。研究者可以通过让被研究者写出自己的体验的方式来收集这些体验。收集这些书面体验描述有一定难度,因为写作不仅需要花费时间,而且需要写作者处于反思状态,而要把反思的内容有条理地写下来则更加困难。所以,访谈比写作要容易得多。但访谈需要精心筹划,要把访谈发展为一种对话性的关系,以便深入理解对方的意向所指,并注意就某一经历的意义进行探讨。

收集资料的第三种方法是近距离观察。特别是对于那些不能很好地表达自己的想法和情感感受的人(尤其是小孩子),这种方法尤为重要。观察时,研究者需要深入现象的情境之中,成为敏感的参与者,但同时又能够对情境保持一定的距离。

文学作品也是教育现象学研究的一个重要资料来源。传统的社会科学研究把文学作品从资料收集中排除出去,认为小说和随笔等作品是"不科学的",不是"文献"的一部分,对其真实性表示怀疑。而教育现象学研究不仅把小说、诗歌、故事等文学作品作为资料的源泉,而且把传记、个人生活史、日记、札记和笔记,甚至各种形式的艺术作品都作为理解生活经验的资料来源。文学和艺术经验可以为我们提供并理解超出日常生活经历范围的鲜活的生活例证,丰富我们对实际生活经验的理解。

现象学的理论文献是另外一个必不可少的资料来源。现象学大师们的作品往往对我们研究的现象具有很好的启发作用,让我们认识到自己在解释过程中的不足,并超越它。值得注意的是,在具体研究中,我们既需要重视已有的文献,又不能陷于或限制在文献中,应该与其发展一种"对话的关系"。另外,对于研究中何时查阅现象学文献也需要慎重考虑。一般而言,在研究的开始阶段,研究者用自己个人的观点来解释现象的意义更为合适。这是因为,研究者在提出自己的见解之后,再用已有的理论来审视自己的研究,更容易展开对话,以揭示自己的优势和不足。

追溯词源是教育现象学研究获取对现象或体验理解的一个重要步骤。许多曾经反映生活的意义并描绘了生动世界的语词,现在已面目全非。通过对词源及其本义的探究,我们可以发现并理解语言所表达的原初生活经验。另外,许多生活经验反映在俗语和习惯用语中,对它们进行研究也能够为我们理解研究的现象提供重要启示。

主题分析 教育现象学研究的目的是要理解现象或经验的教育学本质。现象的本质可以理解为该现象对体验者的意义。对现象的意义或本质的理解是我们每一个人日常生活中经常进行的事情。例如,当我们见到自己的老师,我们就不会只把他(她)当作一个普通的男人或女人来看待。我们称他为自己的老师,因为我们都有着对老师的意义的理解。然而,想要充分表达这个意义却较为困难。还有,当我们面对批评或尴尬局面时,时间似乎过得很慢,或停滞了。这种时间的体验与其他时间体验是不一样的。但是要把这个时间体验的意义结构恰当地表达出来并使它清晰明了,并不容易。当我们与同学、老师或同事之间的关系发生微妙的变化时,我们可能会感觉到异样,但却难以表达出来。现象学的主题分析或经验结构分析就是要把这些日常生活中的体验明晰化,使难以表达的东西可以为我们所把握。

主题分析是现象学反思的核心,是研究者通过具体经验而洞察现象本质的一种途径。教育现象学研究中的主题可以理解为经验的焦点或要点。通过它们,研究者可以方便地对现象进行描述。主题不同于研究中的概念或现象,主题是理解概念或现象的手段,为理解概念或现象提供了一种确定的表达方式。主题描述概念或现象的一个内涵,是对概念或现象的某种程度上的还原。如对"批评"这一概念或现象意义的理解,收集的每个具体经验情境都不相同,每个经验的主题都表达了这个概念或现象的某一方面。通过分析一个个经验文本,我们可以借助于这些经验文本中蕴含的主题而理解、表达、还原这个概念或现象的意义。主题就好比天上的星座,借助于它,繁杂的星空(现象)就可以被我们认识。

主题分析贯穿整个资料收集和写作过程,是一个创造性地发现且不断揭示的过程。它反映了我们对意义的不断追求,需要我们对事物保持一种开放的态度,却并没有一个固定的规则或程序。对文本资料主题进行反思的方法很多,主要取决于研究者个人的敏感性与洞察力。

范梅南提供了三种揭示现象主题的方法:整体概括法;选择文中最能够揭示经验本质的语句;细节详述法,即一层一层地对经验文本进行分析提炼。这些方法可以单独或综合运用。我们可以用简洁明了的陈述来表达主题,但这样的表达却概括不了经验的全部意义。简单陈述仅指向、暗示或提及现象的某一方面,单一陈述句不能完全表达主题。现象学主题并不只是一个简单陈述,而是对生活经验结构的一个较为充分的描述。故现象学的主题可以理解为经验的结构,是经验中某种"揭示性"或"有意义"的东西,是人们理解经验的一种方式,因此,分析一个现象时,我们总是试图确定什么是该现象的主题以及形成该体验的结构是什么。

为了便于理解,教育现象学研究者可以从人类存在的最基本结构上来进行主题分析。这种结构可以归结为四种存在的主题:生存的空间(空间性)、生存的感体(实体性)、生存的时间(时间性)、生存的人际关系(相关性或共有性)。通过对生存基本结构的把握,我们也可以方便地理解经验的主题或结构。

由于现象或经验的复杂性,研究者可以从多个层面或视角理解其主题。一个现象或经验的主题并非是唯一的,对于同一现象,不同的人也会有不同的看法。在主题分析中,研究者及合作者可以保持各自的差异。但是,一个现象,我们称其为该现象,或"是其所是",则该现象就有其本质特征。这一点可以通过不断的讨论或把描述性文本返回到体验者自己那里进行评论,从而作出合理分析。对此,现象学家一般运用"自由想象的变更"(free imaginative variation)来确定一个现象的根本主题特征或本质特征。在确定根本主题时可以这样问:"如果我们将现象的这个主题删除或改变,这个现象还是原来的样子吗? 没有了这个主题,该现象就失去其根本意义吗?"或者将问题反过来问。通过这种方法,我们就可以比较容易地确定根本主题及次要主题。

对现象或经验主题进行现象学反思时,需要研究者以敞开的态度来表述。这样在再次或以后的访谈中,就可以把自己的理解或表述拿出来"公开放置",与参与者或对话者进行"审查",以使各自都能够意识到目前研究视野中的局限并设法超越。这样的"审查"工作还可以在同事之间,或研究共同体中,或在向其他人士咨询中进行。

无论是对话、访谈,还是讨论,最终的目的都需要创作意义丰富或能够揭示意义的文本。所以,在主题分析以及资料收集的同时,要把对主题的感想及时写下来,这对一个现象学文本创作是不可或缺的。这也体现出教育现象学研究中资料收集、主题分析与文本写作不可分离的一体性特征。

文本写作 在一般的教育研究中,研究过程和文本写作过程通常是分开的。而教育现象学研究被称为是"一种写作的研究",其研究过程与写作过程是密切结合在一起的。在教育现象学研究中,写作自始至终都伴随着研究,而不仅仅是在最后为完成报告而采用的一种工具和手段。因为写作提供我们基于文本的反思,将我们与知识分离然后又使两者相对,将我们与我们的生活世界分离,然后将我们的思想与直接行为分离,从我们的具体参与中抽象我们的生活感受,又使这种感受客观化。写作是一个"主体性客体化"的活动,它既是一种基于文本的思考,又是一种实践活动。写作的最终目的是创建一个文本,而文本的目的是使研究的问题鲜活起来,使看不见的可以被看见。

现象学研究或现象学文本写作的第一步就是要准确地描述现象或体验。现象学是对生活世界的研究,生活世界是一个即时体验而尚未加以反思的世界,而不是我们可以为之下定义、分类或反思的世界。体验的世界是原初的、现场的、当下呈现的、未经反思的世界。教育现象学研究试图通过文本写作,用语言"还原"生活中的体验,描述主体间的联系,发掘生活的意义。体验往往比我们所能够描述的更加复杂、高深,因为语言的表达能力是有限的。但是现象学家相信,由于文化生活的联系以及语言在使用中达成的一致与共识,经过研究者审慎的描写,生活体验在某种程度上是可以用描述性的语言表达出来的。现象学描述是一项要求严格、富有创造性的工作。它要求我们尽力以直截了当的语言来描述当时的体验,而不做任何原因解释或概括总结。教育现象学所要的是对"前概念"、"前反思"、"原初"的教育生活体验的"还原",或"客观描述"。不过,教育现象学文本写作不是仅仅呈现和组织书面资料,即描述现象,更重要的是要承担解释和说明的任务。所以现象学研究者不仅要把描述技能和才智运用到文本的话语、语言中去,因为正是在语言中,并且通过语言,隐蔽的(看不见)的东西才变成可见的;而且还要担负起增进教育学理解的责任。

现象学文本的创作并没有一个可以按图索骥的固定模式,关键是要协调好研究中部分与整体的关系。正如范梅南所说,现象学的方法论与其说是一种技巧,倒不如说是一种精心培养的周密性思考,所以说现象学是一种没有任何技巧的方法。它所要求的是不断对着文本思考,通过不断的重写和改写,从而对文本进行严格的审查。现象学文本的创作既有语言内容上的要求,又有表达形式的要求。从一定意义上说,写作的形式是非常重要的,注意形式也就是注意内容。现象学文本的写作是一项创造性活动,需要研究者发挥各自的聪明才智,创造不同的揭示现象的文本形式。但现象学研究的文本也有一些最基本的要求。首先,文本需要目标明确,应该从教育、人文的角度对教育现象进行研究。其次,文本需要论证有力,要对教育现象做出有说服力的解释。再次,现象学被称为一种"实例的研究",所以文本需要显示出其丰富性的特点,研究者要善于运用轶事、故事、小说、诗歌等来丰富研究的内容。最后,文本要显现

出深刻的意义,这是研究所要达到的目的,而且只有当我们使这些意义可识别(或被认可)时,现象学的研究或写作才算是成功的。

教育现象学研究评价

教育现象学研究开创了一种新的教育研究取向,为多元化的教育研究增添了新的可能。教育现象学自产生以来,因其理论与方法的深刻及其研究的实践取向而得到许多教育学者的青睐,但同时也不断遭到批评。批评者一般认为,教育现象学研究所希望的还原是不可能的,其研究主观性太强、语言模糊;有的批评者还责备教育现象学没有可以具体操作的程序;更有人认为教育现象学研究太理想化,对实际问题的解决无益等。

要理解现象学的"现象",我们需要"悬置"自然态度,返回意识本身来"看"意识中的意识对象和意识活动本身。"现象(体验)"确实具有流动不居的特征,但现象(体验)却是最真实地显现着的"实事本身",所以现象学家认为现象学研究是"真正的实证"。教育现象学不是追求具体经验的绝对还原。按照梅洛-庞蒂的观点,现象学对经验的描述并"不是对直接经验的回归,因为我们无法回归到直接经验",所以"完全的还原是不可能的"。但是现象学研究者相信,由于人类共同文化背景中所使用的语言具有"家族相似性"以及主体间的可沟通性和可理解性,所以尽管语言无法与我们内在经验的敏感性相一致,但我们仍可以尝试着对生活经验进行前反思的仿效,从而把握经验的一般特征。其实,现象学描述的语言所起到的是一种图标的作用,是唤醒的作用:唤醒我们对现象本质的理解。

教育现象学研究确实因其理论背景的复杂性而让人望而生畏,而且确实没有提供一个"系统的可操作性的研究程序"。但是现象学方法需要具备反思力、洞察力,以及对语言的敏感性和对经验的持续开放性,所以,对方法的使用及其使用效果确实因人而异,但这不是方法本身的问题。无论如何,现象学研究本身经常是一种深度的学习方式,会促使意识的变化、洞察力的提高、思考能力和智慧的增强等。

研究是为了更深入地理解生活,理解了则能够更好地实践。而教育中的理解就是要理解教师和学生的体验是什么样子。人类对教育的需要与对美好生活的希望是分不开的,教育就是为了孩子或下一代生活得更好。所以研究教育的人要明白,教育研究如果不能和教育学的使命相联系,就会失去生命力。教育现象学研究正是努力克服教育研究中割裂研究与实践关系的一种尝试。教育现象学学者相信,在更好地理解人类体验的基础上可以更好地实践教育。

参考文献

范梅南. 生活体验研究——人文科学视野中的教育学[M]. 宋广文,等,译. 北京:教育科学出版社,2003.

莫里斯·梅洛-庞蒂. 知觉现象学[M]. 姜志辉,译. 北京:商务印书馆,2005.

Barritt, L., Beekman, T., Bleeker, H., Mulderij, K. A Handbook for Phenomenological Research in Education [M]. Michigan: The University of Michigan, School of Education, 1983.

Spiegelberg, H. Doing Phenomenology[M]. Den Haag: Martinus Nijhof, 1975.

（陈向明　朱光明）

教育心理学(educational psychology)　应用心理学原理和方法研究学校教育教学过程中的心理现象及其发展变化的学科。教育学和心理学的交叉学科。其研究重点,早期是学习的规律及教育运用,20世纪60年代后逐渐转向教师的教学行为及其心理学依据。

教育心理学的起源与发展

教育心理学是心理学与教育实践相结合的产物,并随心理学的发展而发展。心理学作为一门严格应用自然科学方法研究人的心理和行为的科学只有短短100余年历史,作为哲学的一个分支却有漫长的过去。心理学与教育实践的结合经历了两大阶段:哲学心理学与教育实践的结合阶段;科学心理学与教育实践的结合阶段。

哲学心理学与教育实践的结合阶段　在西方,哲学心理学与教育实践的结合可以追溯到古希腊。古希腊哲学家亚里士多德著有《灵魂论》一书。他把灵魂分为三级水平:在最低水平上是营养的灵魂,为植物所共有。动物具有更为复杂的易感觉的灵魂,它除包括营养灵魂的机能之外还有感觉机能。动物有快乐和痛苦,有想象和记忆。欲望的结果产生运动。人类具有最高等级的灵魂。它除包容其他低级灵魂之外还有理性认识和思维能力,即理性灵魂。为顺应这三种灵魂,亚里士多德认为,必须实施三方面的教育:人有负责体内营养与繁殖的植物灵魂,要通过体育锻炼,使肉体不断完善;人有动物灵魂,有感觉、愿望和知识,要通过智育达到真理的大门;人有理性灵魂,要通过德育达到完善的境界。亚里士多德用哲学心理学思想为德育、智育和体育的和谐实施提供心理学依据。

欧洲文艺复兴后,自然主义教育运动对哲学心理学与教育实践结合起了推动作用。主要代表人物是夸美纽斯、裴斯泰洛齐和赫尔巴特。夸美纽斯强调,教育要顺应人的自然本性——儿童的身心发展规律。如他强调"人具有接受教育的巨大潜力","人心有极大的可塑性"。它根据儿童身心发展特点,将人从出生到成年划分为婴儿期(从出生至6岁)、儿童期(7～12岁)、少年期(13～18岁)和青年期(19～24岁),并提出在发展的每一阶段应有相应的教育机构和教育目标。此外,夸美纽斯斥责传统经院式教学方法,认为这些方法不顾儿童的学习愿望,强调死记硬背。他用食欲来比喻儿童的学习动机。他说:"一个人没有食欲,却又被迫去吃食物,结果只能是疾病与呕吐,消化不良。反之,假如一个人饿了,他急于要吃食物,立刻可以把食物加以消化,容易把它变成血肉。"

在哲学心理学与教育实践相结合的历史上,裴斯泰洛齐首先提出"教育心理学化"的主张。他指出:"我们寻求人类心智的发展必须服从的规律。我认为,这些规律如同物质的大自然规律一样,并且确信初等教育的心理学方法,可以在这些规律中寻求可靠的思路。"据此,他提出一系列至今仍在教学实践中必须遵循的教学原则。

在教育史上,第一个明确提出将心理学作为教育学理论基础的人是德国教育家、哲学家兼心理学家赫尔巴特。他著有《普通教育学》(1806)和《心理学教科书》(1816)等著作。赫尔巴特接受莱布尼茨关于灵魂具有活动特性的观点,认为观念也是活动的;同时也吸收英国联想主义和当时力学中关于引力和斥力的概念,并用这些概念来说明观念相互吸引和排斥的关系。为进一步揭示观念相互作用的规律,他还提出意识阈(conscious threshold)和统觉团(apperception mass)的概念。认为意识阈下的概念,只有那些与意识的统一相调和的才可能不遇阻力而升入阈限之上。进入意识的观念可引起统觉。统觉是意识观念由无意识中选择那些能通过融合或复合而与自身合为一体的观念同化过程。一个观念的统觉不仅使这个观念成为意识的,而且使它被意识观念的整体同化。该整体就被称为统觉团。

赫尔巴特及其学派基于统觉理论提出许多至今还在学校教育中有影响的教学原理。例如,强调学生在过去经验中形成的统觉团在吸收有关新观念中的作用,这与认知心理学家强调学生头脑中原有图式在同化新的学习任务中的作用的观点一致。又如,根据统觉理论,教师不应只传授知识,而应当唤起和刺激学生的统觉过程。这与认知心理学家强调在教知识之前激活学生认知结构中原有相关知识的观点如出一辙。

赫尔巴特的心理学思想对教育的最大影响是他在统觉理论指导下提出教学过程阶段理论。他把教学过程分成四个阶段:明了——给学生明确讲授新知识;联想——新知识要与旧知识建立联系;系统——作出概括和结论;方法——把所学知识应用于实际(习题解答、书面作业等)。同这四个阶段相应的学生的心理状态是注意、期待、探究和行动。这种按四个阶段顺序进行的教学方法被称为四段教学法。这一教学法后被改造发展为五阶段教学法:预备——唤起学生的原有有关观念,吸引学生的注意;提示——教师清晰地讲授新教材;联合——使新旧知识形成联系;总结——帮助学生进行抽象概括,形成新的统觉团;应用——以适当方法应用新知识。五段教学法在19世纪末20世纪初流行于欧美,20世纪初传入中国,对全世界中小学的教师都产生重要影响。

在中国,哲学心理学与教育实践的结合可以追溯到先秦时期。孔子是中国古代最伟大的哲学家和教育家,他一生主要从事教育事业,其教育的成功与他在教育实践中注意总结和应用哲学心理学思想分不开。通过分析流传下来的孔子言论表明,他将哲学心理学与教育实践相结合达到非常完美的程度。例如,高觉敷主编的《中国心理学史》(1985)从五个方面分析了孔子的心理学思想:教育心理思想的基本观点,包括"发展观"、"习性论"和"学知论";学习心理思想,包括学习阶段论;德育心理思想,涉及道德认识、道德情感、道德意志和道德实践;差异心理学思想,涉及智力的个别差异、志向的个别差异,以及学习态度和学习专长的个别差异;教师心理思想,涉及教师的品质和教师的能力。孔子在这五个方面提出独到见解,有些主张至今还被奉为至理名言。

在秦汉以后的各个朝代,中国历史上出现的许多著名的哲学家和教育家都继承和丰富了孔子的教育心理思想。例如,由李伯黍和燕国材主编的《教育心理学》(2001)共分德育心理、学习心理、教育心理和差异心理四编,该书每编专设一节分别介绍中国传统的德育心理思想、学习心理思想、教育心理思想和差异心理思想。可见,中国传统的教育心理思想极为丰富。

科学心理学与教育实践结合的阶段　科学心理学的诞生以冯特1879年在莱比锡大学创立世界上第一个心理学实验室为标志。在此之前,许多科学家借用自然科学的实验和测量方法进行心理学研究,如霍尔姆霍茨1850年进行反应时间的测定,E.H.韦伯和费希纳1860年进行心理物理学研究,英国的高尔顿1869年用统计方法研究能力的遗传问题,并使用量表来测量人的能力。冯特在莱比锡大学培养大批从事心理学实验研究的人才,推动科学心理学的发展。1903年E.L.桑代克出版《教育心理学》,该书标志教育心理学的诞生。从20世纪初到20世纪末大约100年间,科学心理学与教育实践的结合走过曲折道路。这也是教育心理学走过的曲折道路。梅耶1999年将西方科学心理学与教育实践的关系比作单向道、死胡同和双向道三种道路,并据此划分科学心理学与教育结合的三个时期,即单向道时期、死胡同时期和双向道时期。

(1)单向道时期。梅耶用"单向道"比喻20世纪初心理学与教育学的关系。这时心理学家看到科学心理学原理对教学的作用。他们深信,科学心理学原理,即使是从实验室的动物研究中得到的,都可以运用于教育实践。对心理学原理应用于教育持非常乐观的看法。例如,美国心理学家

E.L.桑代克在其经典性著作《基于心理学的教学原理》(1906)中相信科学心理学将能被用于改进教学实践。他说:"任何专业的效率在很大程度上依赖它的科学化程度。教学专业将依赖其成员用科学精神和方法指导其工作的程度而得到改进,也就是说,将依赖其成员忠实地和开放地考虑事实,摆脱迷信、幻想和无根据的猜想的程度而得到改进;而且也依赖其教育领导者用科研结果而不是一般意见指导其方法选择的程度而得到改进。"美国心理学家W.詹姆斯在其《对教师的谈话》一书中也说:"我确信,关于大脑如何运作的知识将能使你们各自主持的课堂中的劳动变得更轻松和有效。"在这种乐观精神鼓舞下,美国教育界为推动教育改革,于20世纪20年代先后开展四项大型教育心理学研究:芝加哥大学教育心理学家贾德领导的儿童阅读心理学研究;哥伦比亚大学E.L.桑代克主持的智力与智力测量研究;斯坦福大学推孟主持的天才儿童研究;美国教育研究学会负责的天性与教育问题研究。这些以教育心理学为主导的教育科学运动推动20世纪20年代初教育心理学的发展。

(2)死胡同时期。20世纪30年代后期,美国教育界人士对上述教育心理学家推行的教育改革运动进行了回顾和总结,发现其结果并不理想。如1938年美国教育研究学会出版的年鉴在分析上述四大研究以及当时其他同类研究的成果后指出:"回顾过去多年来教育科学运动的成就,教育心理学界的学者们所付出的努力是令人感动的。但就此运动的结果看,并未达到预期理想。"在第二次世界大战期间,由于大量新式武器和装备加入战争,大量的新兵需要培训。心理学家应征入伍从事军事人员的技术培训。他们将实验室情境中得到的学习原理直接用于军事人员培训,结果表明,大多数人员培训效果并不理想。由于心理学家对心理学原理应用于教育实践的困难估计不足,在挫折面前,许多人对于将心理学原理应用于教育实际的研究丧失兴趣而回到心理学实验室。完全脱离教育实际的学习理论研究受到鼓励。例如,赫尔根据动物学习资料,用逻辑和数学方法于20世纪40年代创建庞大的学习理论体系。该体系被当时的心理学界誉为最优秀的学习理论体系。但后来的许多批评家认为:"赫尔的理论复杂到几乎使人无法理解,因而只能在他自己的实验室里用,出了他的实验室几乎没有什么价值。"梅耶用"死胡同"来比喻20世纪中期心理学与教育学的关系。他认为,到20世纪中期,对心理学与教育学的"单向道"的观点已被对心理学与教育学的"死胡同"观点代替,心理学家对心理学原理的教育运用持悲观的态度。

(3)双向道时期。持"双向道"观点的人认为,心理学与教育学这两个领域相互促进。教育情境给心理学提出挑战性问题,要求心理学家去阐明,从而有助于心理学理论接近其真实世界。"双向道时期"始于20世纪60年代,心理学家不像20世纪前半期那样,集中于建立一般的学习理论,而转

向关注学科心理学的学习和认知研究。学科心理学的出现表明，心理学在适应教育实践需要方面取得进步。教育不再只是心理学知识的接受者，它已经成为推动心理学发展的动力，促进心理学从实验室人为控制情境中的一般学习研究转变为现实情境中的认知研究。这一时期的典型例子是维特罗克提出的生成学习理论和生成学习技术。生成学习理论主要来源于他的阅读心理学研究。该理论认为，人类的学习是一个生成的过程，或者说是一个意义建构的过程，其中包括四个主要成分：生成、动机、注意和先前的知识经验。生成是指形成新知识的内在联系以及新知识与已有经验之间的联系。前一种联系简称文内联系，后一种联系简称文外联系。动机是指积极生成这两种联系的愿望，并且把生成联系的成效归因于自己努力的程度。注意是指引生成过程的方向的因素，它使生成过程指向有关的课文、相关的原有知识和经验。先前的知识经验包括已有的概念、反省认知、抽象知识和具体经验。在生成学习理论基础上，他发展一系列生成学习技术，如做笔记，包括摘抄、做评注、加标题、写段落概括语或结构提纲等。研究表明，这些学习活动有助于指引学生的注意，有助于学生发现新材料的内在联系，也有助于学生把新知识与自己的原有知识联系起来。在这一阶段，心理学与教育学之间形成的密切关系使心理学家对心理学的教育应用又恢复了乐观的看法。例如维特罗克在其主编的《教育心理学的未来》(*The Future of Educational Psychology*, 1989)一书中说："新近在认知领域研究的进展将会导致出现有用的和处方式的教学论。"

教育心理学的研究对象和任务

教育心理学的研究对象　教育心理学家对教育心理学的研究对象有两种不同定义和三种看法。第一，宽泛的定义，以潘菽《教育心理学》(1980)的提法为代表，认为："教育心理学的研究对象就是教育过程中的种种心理现象及其变化。"以这样的观点看待教育心理学，仍很流行。缺点是其研究对象难以与为教育服务的其他心理学分支学科相区分，如我们同样可以把"(学校)学习心理学"、"教育社会心理学"、"学校心理学"宽泛地定义为"研究教育过程中的种种心理现象及其变化"的心理学分支学科。第二，非宽泛的定义，即把教育心理学的研究对象限定为"学校情境中的学与教的心理学规律的探索"。在非宽泛的定义中，又可分为两种不同观点。其中一种观点强调以学生的学习为主线，把教育看成只是影响学生学习的外部因素。美国教育心理学家奥苏伯尔的观点可以作为这种观点的代表。他在《教育心理学这门学科还存在吗？》(1969)一文中说："教育心理学是心理学的一个特殊分支，它关心的是学校学习和保持的性质、条件、结果和评价诸问题。因此，在我看来，教育心

理学的学科内容主要包括有意义学习与保持的理论，以及认知、发展、情感、人格和社会等一切重要变量对学习结果的影响，尤其是那些能为教师、课程设计者、程序设计者、程序教学专家、教育工艺学专家、学校心理学家或指导顾问、教育管理人员或整个社会操纵的变量的影响。"时隔20多年，这一段话被加拿大1992年出版的一本教育心理学教科书以醒目的字体置于书的正文之前的扉页上。中国教育心理学学者冯忠良赞同奥苏伯尔的观点，认为教育心理学的研究对象是教育系统中学生的学习及其规律与运用。非宽泛的定义中的第二种观点以美国斯坦福大学教授盖奇为代表，他虽然认为"心理学是个人的思想和行为的研究，教育心理是对于我们如何教和学有关的思想和行为的研究"，但他在编写自己的教育心理学教科书时明显以教师的教为主线来安排教材。他说自己的书是"根据教学模型加以组织的，该模型始于教学目标和学生的特征，接着介绍有关学习动机的观点，然后讨论教学方法、练习以及教学方法的选择与应用，以教学评价论述告终"。邵瑞珍主编的《教育心理学》(1997)，根据教育心理学的发展现状和中国的具体情况，把教育心理学定义为"研究学校情境中学与教的基本心理学规律的科学"。这一提法的好处有两点。第一，它反映教育心理学的对象的特殊性。因为教育包括师生的双向活动，不仅有学生学，也有教师教。教育心理学既要研究学生如何有效地学习，又要研究如何指导学生有效地学习。第二，提"研究学与教的基本心理学规律"，便于教育心理学与学科心理学有明显的分野。教育心理学研究学与教的一般心理学规律，而学科心理学研究各种学科学与教的特殊规律。

教育心理学的研究任务　教育心理学的任务是运用心理学观点研究学生的学习和教师的教学，即研究学和教两方面的心理学问题。

学方面的研究包括四个方面的内容：（1）揭示学习的结果的性质。教育的终极目的是促进人的发展。但从学习心理学的观点看，人的发展并不完全是教育的结果，因为发展由两个因素造成：人的生长和成熟；学习。严格地说，教育的目的是预期学生学习的结果，而不是笼统的所谓"发展"。一般地说，学习的结果是人性的变化。人性的变化，从其涉及的范围或领域而言，有认识方面的、能力方面的或性格方面的；从程度而言，有暂时的和相对稳定的，有能保留终身的；从方向而言，有积极向上的和向善的，有消极不良的和向恶的；从心理测量角度看，有内潜的、不可直接观察和测量的，有外显的、可以直接观察和测量的。教育心理学应从上述不同方面研究学习结果的性质，为教育目标的确定提供心理学依据。例如，语文教学中教师常常要求学生背范文。假定两名学生都按教师要求背出范文。从外显的行为看，这两名学生的学习结果相同。如果两名学生中

一名不仅能背诵课文,而且能深刻理解课文,另一名学生只能机械地背诵,而不能理解,那么这里的两种学习结果的性质显然不同。前者能持久保持,后者极易遗忘。而且上述学习结果的差异很可能导致不同后果。前者因学习效果良好而导致乐学,后者因学习效果不佳而导致厌学。(2) 对学习结果进行科学分类。对于复杂的现象,人们最初只能做笼统的研究。随着认识的深入,人们总是要分门别类地研究。医学的发展是一个很好的例子。最初人们对疾病了解很少,医学对疾病只作一些笼统描述。随着医学发展,分门别类的研究越来越细化深入。分门别类研究的结果使医生对不同的疾病开出不同的处方。学习也是一种极为复杂的现象,哲学心理学和早期的科学心理学对学习的研究是笼统的。直到 20 世纪 60 年代心理学家才开始意识到学习结果有不同类型。心理学对学习结果作分类研究就像医学对疾病作分类研究,找到不同类型学习结果的特殊的学习规律,以便为不同类型的教育目标的达成提供具体的教学措施。(3) 揭示学习的过程。任何结果必须有相应的过程,教育心理学既要阐明学习的一般过程,也要阐明不同类型的学习结果的特殊学习过程。例如,孔子曾提出学习过程包括“立志—博学—审问—慎思—明辨—时习—笃行”七个阶段。这是学习过程的一般描述,它并不能解释如小学三年级学生如何学习“分数”这个数概念的特殊学习过程。因此,教育心理学应在学习结果分类的基础上着重揭示不同类型学习结果得以出现的特殊过程,为具体的教学过程设计提供科学依据。(4) 阐明有效学习的条件。学习过程的发生依赖适当的学习条件。学习条件有学习者自身的,被称为内部条件;有学习者自身以外的,被称为外部条件。教育心理学的任务是要揭示一定的内部条件怎样影响学习发生的过程和结果。因为教学只是为学生的学习创造适当内部和外部条件,一旦教育心理学分门别类阐明不同类型的学习过程发生的内部条件,教学方法的选择就有科学依据。

教方面的研究主要指中小学的教育和教学。教学是有目的有计划的师生互动过程。有人把教学过程比作旅行。旅行总是从起点出发,经过一些路程到达目的地。教学也从学生原有知识和能力开始,经过师生相互作用,最后达到教学目标。在学生的起点状态与终点状态之间存在知识、能力或情感态度方面的空缺。从教的方面看,教师要完成如下任务,引导学生弥补这些空缺:激励和维持学生的学习动机;通过多种形式向学生呈现有组织的信息;引导学生对呈现的信息作出适当反应;对学生的反应提供反馈和纠正;对学生的学习结果作出诊断评估,必要时给予补救教学;创造良好的人际环境,便于师生之间和学生之间进行各种交流。

教育心理学是一门实践性很强的应用科学,但它不是普通心理学原理的简单应用,也不是儿童发展心理学、学习心理学和差异心理学等几门与教育有关的心理学分支学科的简单组合。正如美国教育心理学家奥苏伯尔所说:“教育心理学必须成为一门独立的学科,拥有自己的理论和方法,它必须与母系学科不断地联系,不断受其影响,它应作为一个独立的成年的伙伴,而不是作为一个有依赖性的、完全派生的孩子。”

教育心理学的研究策略

教育心理学作为一门独立学科不仅有自己的特殊研究对象和研究任务,而且需要采取特殊的研究策略。奥苏伯尔提出,教育心理学的研究需要采用三种研究策略。第一种策略是基础研究。采取基础研究策略的教育心理学家如同一般实验心理学家一样,其研究目的是解决教育心理学的基础理论问题,其研究可以在严格的实验室条件下进行。如实验心理学家所做的人的短时记忆容量的研究和信息加工心理学家所做的人的知识的心理表征的研究都属于基础研究。基础研究的优点是实验条件可以严格控制,得出的结果可以重复,其缺点是难以在教育条件下具体应用。因此,奥苏伯尔提出,教育心理学家的研究还需要采取第二种策略,即应用研究。应用研究旨在解决教育教学中的实际问题。例如,奥苏伯尔和梅耶为了解决教学中学生对科学知识理解的困难任务,设计先行组织者,以促进学生对新的困难学习任务的理解和记忆。应用研究的优点是可以解决教育实践中的具体问题,但其实验条件难以严格控制。为了吸取上述两类研究策略的优点并避免其缺点,奥苏伯尔认为,教育心理学家还可以采用第三种研究策略,即介于基础研究与应用研究之间的中间研究。在进行这类研究时,研究的问题来源于教育实践,但在进行实验设计时研究者将问题简化,以便在实验室条件下进行研究。例如,比较接受学习与发现学习的优劣,这是一个教育实际工作者很关心的问题。但在实际的教学情境中问题复杂,影响因素太多,不易控制。有人将问题简化,比较采用规—例法(接受学习)与例—规法(发现学习)学习同一规则在学习与迁移方面的不同效果。这样的研究符合中间研究的策略。教育心理学家可以根据实际需要和个人兴趣在上述三种策略之中进行选择,分别从事不同类型的研究。

奥苏伯尔提出的上述三种教育心理学研究策略是针对实证研究的研究设计而言的。从理论发展来看,重要的教育心理学理论的形成,一般经过实证研究、理论体系建构和教育应用研究三个阶段。例如,学习与教学心理学家加涅早年从事学习方面的实验室研究,第二次世界大战后从事学习分类的理论建构,到 20 世纪 60—70 年代形成系统的学习分类理论。该理论将人类的学习结果分为言语信息、智慧技能、认知策略、动作技能和态度五种类型。根据当时的学习心理学研究成果,加涅系统阐明每类学习的心理实质与外显的行为表现,以及影响每类学习的内部和外部条件,20世纪70年代后,加涅一面发展他的学习条件理论,一面将他的学习理论转化为教学设计原理,并用该理论指导教学实践的应用研究。教育心理学的理论发展需要教育心理学家采用多种研究策略进行多方面的研究,包括理论研究与应用研究,历史的研究与结合实际需要的研究。

参考文献

高觉敷,叶浩生.西方教育心理学史[M].福州:福建教育出版社,1996.

邵瑞珍.教育心理学[M].上海:上海教育出版社,1997.

Berliner, D. C. & Calfee, R. C. Handbook of Educational Psychology [M]. New York:Macmillan,1996.

(皮连生)

教育心理学化运动(psychologized education movement)
从18世纪末开始,欧洲一些教育家不断呼吁教育和教学工作应遵循儿童身心发展规律,教育学应该以心理学为基础。到19世纪上半期,这种呼吁逐渐形成一种教育思潮和教育革新运动。它既涉及教育观念和教育理论上的重大更新,也直接促进了学校教育的改革和进步,对后来的人类教育事业产生了深远影响。

教育心理学化运动的兴起　"教育心理学化"思想的产生,是对自然主义教育思想的发展和突破。教育要适应人的自然本性,这在亚里士多德的著作中已见端倪。他关于人的灵魂蕴含营养、感觉和理性三个部分的理论,为教育必须包括体育、智育、德育提供了人性论上的依据。夸美纽斯首次明确提出教育要适应自然,认为人是自然的一部分,人及人的教育都要适应自然界的普遍规律。然而,夸美纽斯所理解的自然规律包罗万象。虽然他也注意到教育要考虑儿童的年龄特征,但这不是他教育思想中的主导观点。卢梭进一步论述了教育要适应自然这一思想,认为每个人都是由自然的教育、事物的教育、人为的教育三者培养起来的,但只有后两者与自然的教育趋于一致,才能实现三种教育的良好结合,达到预期目的。他还试图将"自然的教育"具体化为儿童的自然本性及其发展的自然进程,包括人类的一般特性及儿童在性别、年龄和个性上的差异及其发展。可是,无论是夸美纽斯所说的教育自然适应性原则,还是卢梭提出的自然主义教育思想,"自然"这个概念都未能十分清晰、准确地表示儿童的心理状态、心理特征和心理发展,因而也未能真正清楚和确切地阐明儿童的教育与他们的心理条件的关系。

"教育心理学化"是裴斯泰洛齐在1800年发表的《方法》一文中首次明确提出的。他说,"我正在试图将人类的教学

过程心理学化;试图把教学与我的心智的本性、我的周围环境以及我与别人的交往都协调起来"。后来,他又在《葛笃德如何教育她的子女》中写道:"我在寻找人类智力发展就其真正本性而言所必须服从的那些规律。我认为它们一定跟物质自然规律一样,并且相信从中能找到一条普遍心理学化的教学方法的可靠的线索。"正是依据自然主义教育思想的精髓,在使"教育心理学化"思想的引导下,裴斯泰洛齐进行了一系列教育实验和改革活动,并在教育实践和理论探索的基础上,创造性地提出了要素教育理论、简化的教学方法和初等学校各科教学法,从而首次在理论和实践相结合上,使自然主义教育思想进一步向教育心理学化思想转变和发展,开创了"教育心理学化"这一近代西方重要的教育思想运动。

在裴斯泰洛齐"教育心理学化"思想的影响下,19世纪上半期的三位德国教育家赫尔巴特、福禄贝尔和第斯多惠分别在不同方面进一步发展了裴斯泰洛齐的思想,使"教育心理学化"运动迅速扩展和深化。在这一扩展和深化的进程中,赫尔巴特所起的作用最为显著和重要。他是历史上第一位主张将心理学与哲学、生理学分开的教育家,并发表了多部心理学著作,试图在继承英国联想主义心理学和反对官能心理学的基础上,把心理学建成为一门独立的科学。他也是最早明确强调教育学必须以心理学为基础的教育家,他曾明确指出,教育学的大部分缺陷产生于缺乏心理学。他在《教育学讲授纲要》这一最为系统的教育著作中明确提出:"教育学作为一门科学,是以实践哲学和心理学为基础的。前者指明教育的目的,后者说明教育的途径、手段与障碍。"他还基于前人及他本人的教育经验,依据教育心理学化的要求,深入探讨了儿童的心理发展和年龄分期,创造性地研究了兴趣、注意、统觉等心理现象与教育教学的关系,具体阐述了心理化的教学过程、教学内容和教学方法等方面的理论,为教育心理学化思想的发展和教育心理学化运动的深化作出了重要贡献。与赫尔巴特不同,福禄贝尔在长期从事幼儿教育实验和研究的基础上,反对把人不断前进的一系列发展划分出明显的界限,截然对立,提出人的心理不是固定不变的,而是永远处于变化、发展之中,而且这种发展不仅有阶段性,更是前后连续和联系的。福禄贝尔认为,只有先行发展阶段上的人的充分发展才能推动和引起后续阶段上充分和完满的发展。他还试图用自然发展规律说明人的发展规律,认为整个自然过程与人的精神和心理发展有着十分奇特的一致性,这与其他任何类似现象一样,对于自我认识和对自我与他人进行教育是极其重要的。福禄贝尔深入研究了幼儿的心理特点,提出了一系列有关幼儿教育的建议,并在幼儿教育活动中加以实施,进一步推动了"教育心理学化"思想和实践的发展。第斯多惠在多年卓有成效地主持师范学校并亲任实验小学教师的教

育活动中进一步研究了人的心理特征,把人生而具有渴望发展的自动性视为一切人性、自由和创造活动的源泉,强调教育教学的重要目标就是要使人的特性和各种能力得到充分发展,而且更明确地提出要把心理学作为教育科学的基础,认为教育适应自然的思想原则应是"一切教育的最高原则"。他实际上是把"教育心理学化"视为一切教育的最高原则。

俄国教育家乌申斯基也对"教育心理学化"运动的发展作出了重要贡献。他基于裴斯泰洛齐和赫尔巴特等人的教育理论,结合俄国当时的教育实际和他个人的教育经验,进一步阐述了教育工作必须遵循教育对象的身心发展规律,教育学必须以心理学为基础的思想。他认为,教育的对象是活生生的人,只有理会了人的本性,我们才可能希望支配本性并迫使本性适应我们的目的来发生作用。他在19世纪60年代中期完成的巨著《人是教育的对象》中强调指出,由于是力图满足个人和人类求取身心完善最伟大的需要,因而教育学是"一种最高级的学艺",如果教育学希望全面地去教育人,那么它就必须先全面地去了解人。教育的主要活动是在心理和心理—生理现象的领域内进行的,因此教育学虽然应该建立在许多有关人的知识的基础上,但最重要和首要的应是心理学。他撰写《人是教育的对象》就是试图在19世纪生理学和心理学已有成就的基础上,详细探讨和揭示人的生理和心理规律,并沿着"教育心理学化"的思路,进一步推进教育学理论的发展和教育革新。

由于以上教育家的努力,19世纪上半期,裴斯泰洛齐的"教育心理学化"思想不仅逐步发展为日益受到广大教育工作者重视的教育思潮,而且成为一种推进学校教育改革活动的重要因素和强大力量。

教育心理学化运动的要义　　教育心理学化运动的中心议题主要在两个方面:一是要求教育教学工作遵循儿童的身心发展规律;二是要求教育科学建立在心理学的基础上。这两个方面是统一的。其要义有以下几点:

(1)教育教学既要适应学生身心发展的基本规律,又要促进学生的身心和谐发展。教育心理学化运动的倡导者和推动者研究儿童的心理都极为认真。尽管研究的思想来源、理论基础和侧重点不完全相同,对儿童心理发展的认识也有差异,但他们都力图揭示儿童心理发展的某些规律,以便为教育心理学化提供心理学依据。正如裴斯泰洛齐所说,他立志使教学心理学化,认为人的智力从混乱的感觉印象上升到清晰的一般概念,遵循着某些永恒的法则,如果教育不与这些法则协调起来,教学心理学化就不可能实现。裴斯泰洛齐正是依据这种智力活动法则,提出了直观教学、要素教育等理论。赫尔巴特基于对人的心理活动特别是统觉现象的深入研究,认为统觉是人具有动力性认识的心理活动过程,这个过程大致可以划分为感知引起旧的观念、新

旧观念的斗争或联合、统觉团的形成及其强化等几个阶段。其中的统觉过程始终与兴趣和注意密切相关。这为他的一系列教育教学理论及"教育心理学化"实践活动提供了心理学基础。教育心理学化的根本目的是通过更合理的教育来促进受教育者的和谐发展。裴斯泰洛齐认为教育意味着完整的人的发展,初等教育在于依照自然法则,发展儿童道德、智慧和身体各方面的能力,而这些能力的发展又必须照顾到它们的完全平衡。在裴斯泰洛齐看来,人的天性就是要求均衡、全面发展,如果施以片面教育,那必将损害或毁坏人的天性。教育心理学化就是要使教育适应儿童这种天性的发展要求。赫尔巴特关于伦理学指明教育的目的,心理学则为实现教育目的确定途径、手段和方法的观点,更明确地表明了教育心理学化所蕴含的这种主旨。第斯多惠也认为,人的本性是人发展的始基,不信任人的天性,就不可能有适应自然的成功的教育。所谓和谐发展,就是基于人在本性上是由身体和精神构成的完整统一体而言的。教育的重要任务就是遵循儿童心理发展的顺序和当代文化的要求,积极引发和促进人的身体和精神的统一发展。

(2)课程设置及教学内容的选择和编排要适合儿童的学习心理规律,即教学内容心理学化。在这方面,裴斯泰洛齐首先作出示范。他从作为"完整的人"本身蕴含着道德、知识、身体和劳动技能诸方面发展的基本因素出发,主张初等教育阶段应开设广泛的基础知识课程。他不仅力图在理论上从客观现象和人的心理过程探索德育、智育、体育、劳动技能教育等方面以及各科课程教学内容中普遍存在的基本要素,还在实践上试图以它们各自的基本要素为核心来编制课程和组织教材,并据此提出了"要素教育论"。尽管他所确定的教学要素并不科学、全面,但正是他这种首倡性的探索开创了有目的、有意识地使教育教学内容心理学化的先河。在裴斯泰洛齐之后,赫尔巴特、福禄贝尔、第斯多惠等人从不同方面进一步探讨教学内容的心理学化问题,提出了一系列重要思想。其中,赫尔巴特的见解最有创新性。在赫尔巴特看来,要使教学内容心理学化,首先要使之与儿童的日常经验和兴趣密切联系。日常经验既是顺利进行教学的基础,又是引发儿童浓厚学习兴趣的源泉。只有能够激起儿童兴趣的教学内容,才能引起他们的高度注意,促使他们积极学习。正是在此基础上,赫尔巴特依据他对兴趣的分类,对教学内容进行了相应的划分。尽管他的兴趣分类远不科学,但他首次明确地从心理学的理论上阐述了兴趣与课程的关系,并试图以兴趣为基础来确定教学内容和编制课程,这无疑具有开创性。其次,应依据统觉理论来设计课程。他认为教学内容的安排应当适应学生的心理准备,使学生能不断从熟悉的题材过渡到密切相关但还不熟悉的题材。为此,赫尔巴特提出了"相关"和"集中"的课程设计原则:设计课程时,既要注意不同学科之间的相关联

系和相互影响,又要选择一门科目作为学习的中心,并使其他科目都作为学习和理解它的手段。第三,教学内容的安排要与儿童的年龄和心理发展相适应。赫尔巴特认为,儿童的发展复演着种族发展的过程,要经历四个阶段:婴儿期(0～3岁)、幼儿期(4～8岁)、童年期和青年期。依据这个划分,教学内容应遵循以下顺序:婴儿期,在优先养护身体的同时,大力加强感官训练,发展儿童的感受性;幼儿期,以学习荷马史诗等为主,发展儿童的想象力;童年期和青年期,分别教授数学、历史等,发展他们的理性。这样划分儿童的发展阶段并确定各阶段的教学内容虽然不完全科学,但他尽量将教学内容与儿童心理发展联系起来的努力是可贵的。福禄贝尔也认为,个人内部生活的发展复现着人类精神的发展,像人类的发展一样,个人的初期发展也可分成四个阶段,但这种划分不应是简单地依据年龄,而应是依据一定阶段某些显著的生理和心理特征,这些特征为不同阶段的教育教学内容安排提供了重要依据。

(3)教学程序和教学方法心理学化。这是裴斯泰洛齐毕生探讨的重要课题。他说初等教育从本质上讲,要求普遍简化方法,这种简化是他一生所有工作的出发点。在他看来,教学程序和教学方法心理学化的关键是要使教学与学生的认知心理过程相协调。人的认知过程包括三个阶段:从模糊的感觉印象达到精确的感觉印象;从精确的感觉印象达到清晰的表象;从清晰的表象达到确定无误的概念。与此相应,教学应首先把混乱、模糊的感觉印象一个一个地呈现出来,然后把这些孤立的感觉印象以变化的姿势放到眼前,最后把它们与我们早先已有的整个系统组合起来。清晰概念就是这样形成的。基于对教学程序与人的认知心理过程一致性的认识,裴斯泰洛齐认为,必须将直观教学法置于首位,引导学生把从直观得来的具体印象与个别知识上升到观念和意识。为此,他提出了三条基本教学原则:从事物到词汇;从具体到抽象;从简单到复杂。总之,他强调要循序渐进地进行教学。赫尔巴特也认为教学活动必须井然有序,并全面探讨了教学程序和教学方法。他依据课堂教学中统觉与兴趣的活动状况,力图将课堂教学中的一些主要因素按心理过程的规律有机地结合起来,并从课堂教学的整体进程揭示其程序,确定其方法。他先把课堂教学中学生的兴趣划分为四个阶段:注意、期待、要求、行动;在此基础上,再明确地把课堂教学程序也划分为四个阶段:明了、联合、系统、方法,并提出与每一阶段相应的教学方法,包括讲解的方法、分析的方法、综合的方法和练习的方法。这些构成了赫尔巴特教学形式阶段理论的整体。这一理论不仅更明确地阐述了教学程序和教学方法应与课堂教学中的统觉和兴趣发展过程相一致,明确指出了统觉和兴趣是教学程序和教学方法最重要的心理基础,为推进教学程序和教学方法的心理学化提供了理论依据,而且将教育史上

各种合理的有关教学过程和教学方法的主张在心理学的基础上整合起来,首次进行了较完整、清晰的论述,将这一方面的理论提升到一个新的阶段。它是赫尔巴特教育思想中对后世最有影响的部分之一。

教育心理学化运动的影响　首先,教育心理学化运动的兴起和发展反映了随着学校教育的发展人们对改进教育教学工作、提高教育教学效率的迫切愿望和要求。18世纪末19世纪初,西欧一些国家的初等教育得到较快发展,他们也对教学内容和教学方法进行了一些改革。如何从理论上总结这些改革的实践经验,继续推进教育上的革新,在裴斯泰洛齐、赫尔巴特等教育家看来,教育心理学化是一种最重要的探索。其次,教育心理学化是当时教育科学发展的趋势。随着科学的发展,各门科学都必须有其特有的研究对象和理论基础。从19世纪开始,一些教育家日益认识到,教育学必须以心理学为重要的理论基础。随着心理学作为一门科学逐渐从哲学、生理学中分化出来,它为教育学与心理学有机联系,推进教育心理学化运动提供了可能性。

教育心理学化运动标志着西方近代教育思想和教育革新进入了一个新的阶段,对欧美一些国家的教育界产生了广泛影响。一是促进了对儿童身心发展的研究,为教育心理学的产生开创了基础。主张教育心理学化的教育家们强调,教育工作和教育科学不仅必须以一般的心理学为基础,还特别需要具体认识和掌握儿童和青少年的生理心理特点与个性差异。他们怀着对学生和教育工作的满腔热情,力图通过教育实验去探索儿童的身心发展特点。他们的实验研究既是教育学的,又初步具有教育心理学的性质。他们在这方面取得的成果和进展虽然存在某些缺陷,但为进一步研究儿童的身心发展和揭示教育心理学化的规律打下了基础。二是推进了对教育问题的研究和教育科学的发展。主张教育心理学化的教育家们一般都从不同方面强调教育要以个人发展为基础,要帮助或引导儿童多方面发展,教育和教学都必须遵循心理学化的法则。这就要求将教育和教学问题作为一门独立的科学,并结合教育革新的实践,进行开拓性的研究。教育心理学化思想的发展和传播,标志着以单纯经验和纯粹思辨为依据的教育教学理论研究已转向以儿童身心发展和教育实验为基础的科学探索,并为这种探索提供了宝贵的经验,使教育科学研究进入了一个新的阶段。三是提高了对教师的要求,促进了师范教育的发展。教育心理学化要求教师不仅具备科学文化知识,还应善于传授知识,引导学生发展。为此,教师必须树立新的儿童观和教育观。随着新兴的教育学的发展,心理学被认为是学校教育的"向导科学",于是,心理学和教育学都成为培养和训练教师的重要学科。发展师范教育,加强对教师的教育专业训练,日益成为教育革新的必需条件。

参考文献

李明德.论教育心理学化运动[J].教育研究,1982(10).

张斌贤,褚宏启,等.西方教育思想史[M].成都:四川教育出版社,1994.

（李明德）

教育信息处理（educational information process）利用信息科学、数理科学的理论和方法对收集的教学中的信息进行处理的过程。旨在得到隐含在信息中有意义的内容,用以完善教学系统的设计、运行和评价。它对教育信息的理解、教育信息的应用和对教学过程的设计、实施、评价以及对教学系统的建立和完善都具有重要意义。处理算法的研究在教育信息处理中占有十分重要的位置。某些算法在教学的各个阶段均能适用,具有普适意义,如熵的计算等。某些算法仅适用于教学的某一阶段,如教材分析的方法、教学分析的方法。为了研究各门课程学习的相互关系（目的）,我们可对某一个年级学生各门课程的学习进行测试（收集信息）,并对测试数据进行相关处理,计算相关系数（算法）,由此得到哪些课程之间具有很强的相关性,哪些课程之间不具相关性。这对我们设计教学、展开教学、评价教学均具有重要的作用。

教育信息及其特点

教育信息是教育信息处理的对象,其范围十分广泛。教学活动是教育活动中最基本最重要的活动。教学活动中的信息是指教学过程各阶段有关信息的总称,包括教学设计、教学实施、教学评价中的各种信息,它是教育信息处理的基本对象。

教育信息的类别　一般有以下几类:(1)有关学习目标、学习者特性和教材的信息。这是用于教学设计的基本信息。教学设计是基于学习目标、学习者特性的设计,并且应在教材分析的基础上完成。对这些信息的分析和处理是教学设计的重要内容。(2)有关学习环境的信息。教学过程是在一定的学习环境下实施和完成的。合理使用各种教学资源、教学环境是教学过程的基本环节。(3)有关教学过程的信息。教学过程中,教师、学生及其相互间的信息传递、交互作用构成了教学过程的基本内容。对这些信息的分析和处理是教学分析的重要内容。(4)有关教学内容及其传递过程的信息。学习内容的传递是各种教学系统设计的基本内容。有效地收集和处理学习者在学习过程中的各种反应,并对它进行处理,对教学过程的评价和控制十分重要。(5)有关测试的信息。教学测试被广泛用于教学的评价与完善。经典的测试理论与项目反应理论是用于测试信息处理的基本理论与方法。

教育信息的特点　教育信息处理应基于教育信息的特点展开。其特点主要有:(1)量度水平低。教育信息中,除学生的测试成绩、身高、体重这样的信息外,大量的信息是一些量度水平较低的信息,例如,有关学习者的学习特点、教学内容、教学方法、思维过程等的信息。为了实现这些信息的有效处理,应对这些信息数量化。(2)小样本信息。教学过程中,有些信息涉及面广,例如,一个地区的统一测试。对于这种样本量大的信息可使用数理统计的方法。但教学过程,更多的信息仅涉及一个班、一个小组,在学习个性化的学习中,信息仅来源于少数几个学习者。对于这种小样本信息的处理,需开发相应的处理方法。(3)模糊信息。教学过程中,许多信息并不能给出十分明确的含义,具有很强的模糊性,如学习者对问题的理解和应答、对知识的掌握等。因此,定性处理、模糊处理是教育信息处理的一个重要特点。(4)结构化信息。教育信息在很多情况下具有结构化的特点,如学生的学习成绩、学习过程、教材结构。基于这一特点,可利用矩阵、时序列、图的方法对这些信息予以表示和处理。

教育信息处理应解决的
问题及方法特点

教育系统是一种包括人在内的复杂系统。与一般的物理系统相比较,很难以某种方程或相关的数学表达式来描述。

教育信息处理应解决的问题　为有效地实现教育信息处理,应解决以下问题:(1)教育信息的表示。由于教育信息的多样性、复杂性和模糊性,首先应确立用某种方式对这些信息进行编码、表现,以便对它实现有效处理。(2)处理方法。它是教育信息处理的核心。教育信息处理的方法应基于处理的目的和教育信息的特点进行设计、开发。教育信息处理的结果应不跟教育现象产生任何矛盾。(3)教育信息处理的有效性。它由在多大程度上达到处理目的的程度来表示。教育信息处理不仅应有效地达到处理目的,而且要与处理前的信息不产生任何矛盾。

教育信息处理方法的特点　为实现教育信息的有效处理,在设计和开发教育信息处理方法时应注重:(1)多学科的综合。教育信息处理是一个跨学科的综合性学科领域。它涉及教育学、心理学、认知科学、信息科学、数理科学等多个学科的研究。教育信息处理的方法应在这些学科综合应用的基础上确立和完善。(2)从行为主义向认知理论的变换。教育系统是一种以人为主体的复杂系统。教育信息处理时,不仅要注重教学过程中的各种行为,更应注重产生这种行为的思想、认知过程。作为教育信息处理的方法,应从对行为表现的分析和处理,逐渐转化为对人们内在认知特点、认知过程的分析和处理,即从行为向认知的变换。(3)从团体向个体的变换。教育的发展,不仅要求我们注重团体(班级)的教育,更要我们注重学生个性的发展,注重学习者个性化学习。教育信息处理不仅要关注学生团体信息的处理,更要关注学生个性化学习过程的分析。这种变换有利于对学生个性化学习的研究和实施。(4)从数量化向结构化变换。教育信息中,更多的是量化水平较低、结构化较明显的信息。教育信息处理的方法应根据教育信息的这种特点,从注重数量化向注重结构化变换。(5)从单变量分析向多变量分析变换。教育系统是一种多变量系统。单变量的分析忽视了诸变量间的相关性,这样分析教育系统受到很多局限。基于教育系统的特点,作为教育信息处理的方法,应从单变量分析向多变量分析变换。

教育信息熵

信息熵是信息理论中的重要概念,用于定量描述信息系统中的信息量。教育系统中的信息熵——教育信息熵,是用以描述教育系统中信息量的一个参数。它对教育系统的分析、控制和评价具有重要意义。教育系统信息熵的计算和处理,是教育信息处理的重要内容。

教育信息熵的含义　教育系统是一种信息系统,也是一种概率系统。设该系统包含 n 个事件,且事件 i 产生的概率为 $p_i(i=1\sim n)$。事件 i 产生后给出的信息量为 $H_i=-\log_2 p_i$。由 n 个事件构成的教育系统,其中每个事件产生后给出的平均信息量应为 $H=-\sum_{i=1}^{n} p_i\log_2 p_i$。我们称 H 为该教育系统的教育信息熵,简称为熵(entropy)。某一系统的信息熵表示了该系统的不均匀程度。假如某一节课教师的教学行为共有五类,其中行为 i 产生的概率为 $p_i(i=1\sim 5)$,该节课教师教学的信息熵为 $H=-\sum_{i=1}^{5} p_i\log_2 p_i$。该信息熵的计算便可用于教师教学的分析和课堂教学的评价。教育信息熵不仅可用于描述、分析和评价教学系统,利用熵模型和最大熵原理还可求解教学系统。

教学过程的信息量分析　教学过程包含多种不同的信息行为,它既有教师的行为,又有学生的行为,更有学生与学生之间、学生与教师之间的交互行为。我们可对这些行为进行分类。有关教学过程中行为的分类方法迄今已有一百多种,其中最具影响的是弗兰德斯分类系统。根据一定的分类系统,对于某一教学过程可求出每一类行为产生的概率 p_i,并由此求出该教学系统的信息熵。基于教学过程的信息熵,可对教师的教学行为和教学过程进行评价。显然,信息熵较大的教学过程,教学行为分布较均匀,教学过程较丰富、活跃,可在较大程度上调动学生的学习积极性,反之亦然。教学过程中,许多行为及其相互关系很难以简

单的数量关系表示。如学生上网与学习的关系、课外活动与学习的关系。我们对这种信息的分析称为质的数据信息量的分析。利用信息量、互信息量的计算,可表示质的数量间的相关性。信息熵不仅可描述课堂教学中各种行为及其相互关系,也可描述某一学生的学习过程。它对基于信息技术的各种教学系统的开发具有重要意义。

测试问题的信息量　教学测试对评价和完善教学具有重要意义。教学测试由多个测试问题构成。测试问题的质量直接影响测试结果。基于每个测试问题的测试结果可计算出该问题的信息熵,它可作为评价测试问题质量的一项定量指标,对测试问题的设计、测试效果的分析具有重要意义。测试问题中,许多是以多重选择性问题设计的。基于测试的结果,可对这种多重选择项的设计进行评价。等价预选项是评价这种预选项数设计有效性的具体指标。

计算机辅助教学课件的信息熵　为促进学生有效学习,计算机辅助教学课件应是一种面向问题型的课件。通过课件中每个问题信息熵的计算,可计算课件的信息熵,它可定义为课件中每个问题信息熵累计的平均值。一个问题的信息熵与其预选项数有关。预选项数越多,信息熵越大。为比较预选项数不同的问题,可定义问题 i 的相对信息熵 H_i,计算公式为:

$$H_i=-\sum_{i=1}^{n} p_i\log_2 p_i/\log_2 n$$

式中,n 为预选项数。课件的信息熵为 $\overline{H}=\frac{1}{N}\sum_{i=1}^{n} H_i$,它提供了一个定量评价课件质量的指标。式中,$H_i$ 为课件的第 i 个问题的相对信息熵。信息熵是教育信息系统的一项基本指标,应用于教育,能有效促进人们对教育系统的认识,促进人们对教育系统的开发、评价和完善。

教育信息的结构化分析

针对教育信息的结构化特点,人们开发了一些结构化分析方法。利用这些方法,可有效地分析教学、分析教材、分析学习者及其特征,可有效地评价和完善教学。

S-P 表是用于结构化分析的一个重要方法。S-P 表是以学生(students)作为纵轴,问题(problems)的应答作为横轴,并将学生对各个问题的应答结果(得分)列入表中,通过一定的变换,绘制 S 曲线和 P 曲线,对学生的应答进行信息处理的方法。S-P 表可用于对学生、问题,对学习情况进行分析。S-P 表可用于教学设计、教学实施和教学评价的各个阶段。利用 S-P 表对学生的应答信息处理,可为我们提供许多有用的信息,在教学实践中得到广泛应用。由于它不能给出各个问题应答之间的相互关系,使得这种应用受到一定限制。

针对 S-P 表存在的问题，人们开发出了一种称为项目关联结构(item relational structure)的分析方法，简称 IRS 法。IRS 法在 S-P 表的基础上，通过计算项目问题间的顺序系数，构成 IRS 图。IRS 图及其应用，使得 S-P 表的应用发展到一个新阶段。IRS 图可用于教学设计、教学实施和教学评价。

教育信息的多元分析

教育系统是一种多变量系统。教育系统的构成、教育系统的评价由多个变量决定。教育系统在很多情况下是一种定性系统，对它的描述往往很难以某种表达式、方程式表示。基于教育系统的这些特点，多元分析在教育中的应用越来越多受到重视。

利用多元分析的方法可对教育系统进行分析、综合和预测。如在设计专业教学计划时，根据需求分析，对学生的能力提出了相应的要求。如何基于需求分析、能力要求来决定专业课程的学习是十分重要的。因素分析为类似问题的解决提供一种科学的方法，通过因素分析可找出实现这些能力培养的共同因素和特殊因素，再基于共同因素、特殊因素来设置相关的公共课和专业课，由此制订出专业学习的专业教学计划。又如教学系统往往由多个要素构成。为了比较两个系统的优劣，为了评价两个不同的系统，往往需要基于这些要素，寻找出较少的综合指标进行比较，这时可使用主成分分析方法。例如，为了评价学生 A、B，需要对学生 A、B 的各门课程的学习成绩、思想品质、身体状况、意志品质等多方面进行考察，而不能只从其中的某一两个方面进行考察。此时，可利用主成分分析，找出包括这诸方面因素在内的少数几项综合指标(主成分)进行比较与评价。另外在教学过程中，往往需要从一个侧面、一种情况去分析和预测另一个侧面和情况。例如，从学生的数学学习情况预测其物理的学习情况。这时，可利用回归分析进行这种预测。多元分析还可用于教学系统的分类和聚合。

测试数据的分析和处理

教学过程中，为了评价教学、评价学生、评价教材，往往需要测试，然后基于测试的数据及其处理进行评价。测试数据统计特征量的计算是对这种数据的最基本处理，它包括平均值、分散、标准偏差、相关系数和数据分布等各种处理。为了分析、比较和判断在不同情况下所获取的测试数据，往往需要对测试数据进行某种变换处理，测试数据的变换处理包括百分排位、线性变换、标准得分、正则分布与正则化标准得分、多级评定值等多种变换。

测试数据的可靠性、妥当性是评价测试的重要指标。测试数据的可靠性用所得数据的误差和精度表示，通常以测试数据的信度来表述。测试数据的信度可使用再测试法、平行测试法、折半法进行计算；测试数据的妥当性即测试数据的有效性，它表示所得到的测试数据在多大程度上达到测试目标的要求，通常用测试数据的效度表述。测试数据的效度通常用相关计算求得。

测试数据的信度与效度的计算是经典测验理论的核心内容。经典测验理论中的许多特征量和参数的计算往往与选定的样本有关。为解决这样的问题，人们提出了项目反应理论。项目反应理论将学生对测试项目的反应(应答)用表示项目的项目参数和表示受试者能力的能力参数及其组合的统计概率模型来表示。在项目反应理论中，能力参数、项目参数可通过最大似然法、贝叶斯法等方法进行估计。为了进行这一估计，除计算较为复杂外，还需要较多的样本。基于项目反应理论，可实现自适应测试。

教 材 分 析

教材是一种信息的集合。教材中的信息、信息结构分析是教学设计的重要内容，它是教学内容序列化的基础。教材分析应避免个人的主观随意性。教材分析应使用信息科学、系统科学的理论、方法，使之科学化、系统化。

教材分析的方法主要有学习层级法、课题分析法、逻辑分析法和 ISM 法、目标矩阵法。学习层级法、课题分析法、逻辑分析法都是基于信息间的逻辑关系的分析，并在这种分析的基础上决定学习内容的层级结构的教材分析方法。

ISM(Interpretative Structural Modeling)法是系统科学用于分析定性系统的一种信息处理的方法。对于包含较多学习内容的复杂学习系统，学习内容间的结构关系较为复杂，仅凭人的大脑来分析、处理学习内容的逻辑结构存在一定困难。ISM 法利用数学中的图来表述这种复杂的逻辑结构，并通过一定的算法对这种信息进行处理，求得表示信息间层级结构的层级有向图。在很多情况下由于信息内容及其结构较复杂，实现这种处理的计算量较大，以人工计算十分困难，需要借助计算机来完成。

由于 ISM 法的计算较为复杂，在教学实践中应用存在一定的困难。基于 ISM 法的原理，人们开发了目标矩阵法。这种方法以目标矩阵表示学习内容及其结构关系，通过手工的操作进行目标矩阵的变换，由此决定教材内容的层级结构，这种方法可十分方便地用于教师的教学设计。

教 学 分 析

教学分析是指通过对教学过程的分解，明确构成教学的各种成分、要求、侧面及其相互关系，以对教学过程有一个明确的认识、理解和评价。为了实现教学分析，需要将教学过程作为一种信息过程进行处理。在教学分析时，首先应以一定的方法记录教学过程，在此基础上对记录的数据（信息）以一定的算法进行有效处理，并基于处理的结果，对教学过程进行分析和评价。

教学分析的方法主要有逐语记录法、分类分析法、时序列分析法、S－T分析法等多种方法。逐语记录法适用于以语言方式进行的教学。这种方法通过对语言的记录、变换和处理，实现教学过程的分析和评价。分类分析法是通过对教学过程中，教师、学生的行为分类，并基于这种分类对教学过程进行记录、分析和评价的一种教学分析方法。分类分析仅考虑相邻两个行为间的迁移，不考虑多个行为、多个项目构成的行为序列及其在教学过程中的作用。时序列分析法不仅关注和记录教学过程中的各类行为，更关注和记录某些行为的时间序列。它有利于教学过程中某些特殊的、公共的行为序列的分析，并基于这些行为序列对教学过程进行理解和评价。教学过程中，行为类别的划分越多，人们认识教学过程越深入、越仔细，但也给教学过程的记录和分析带来更多的困难，不便于教学第一线教师的实际应用。为此，人们开发出了S－T（学生—教师）分析法。S－T分析法将教学过程中的行为仅划分为学生行为和教师行为，即S行为和T行为。它使得教学分析中，行为的记录、分析和处理大大简化。S－T分析法设计了专门的S－T数据卡片和S－T教学分析卡片，并通过T行为（或S行为）占有率 R_t（或 R_s）、行为转换率 Ch 和 R_t－Ch 图对教学过程、教学模式进行分析。实践证明，S－T分析法具有很好的教学分析效果，可广泛用于各级各类学校。

课堂教学是当前学校教学的主流。教学过程中学生应答信息的处理对教学过程的分析、评价、控制具有重要意义。学生应答信息分析是一种基于学生应答分析系统的信息分析，其分析和处理主要有学生团体应答曲线和团体应答曲线群的分析。

学习过程是一种心理过程。人的心理过程及其变化往往通过某些生理信息表现出来。记录这些生理信息，并对它分析和处理，对人们认识、分析和评价教学过程具有重要意义。在各种生理信息中，人们十分关注皮肤电反射（galvanic skin reflex，简称GSR）反应，它是一种由人们在精神、心理上的变化而产生的生理反应。教学过程中，通过对学生皮肤电反射反应信息的收集、分析和处理，可有效地分析、理解和评价不同学科的团体教学过程和教学过程中各种交互作用。

参考文献

傅德荣.教育信息处理[M].北京：北京师范大学出版社，2001.

宇都宫敏男，坂元昂.教育情报科学[M].第一卷，第三卷，第一法规，1998.

（傅德荣）

教育信息化（IT in education）　　利用信息技术及相关信息资源，提高教育效果、效率和效益，并最终培养适合信息社会发展的人才的过程。

现代信息技术在教育领域全面深入地运用，并与教育中各要素有效融合，有力地促进了教育发展和教育变革。教育信息化的外在表征是以计算机技术、通信技术、感测技术和控制技术等为核心的现代信息技术在教育管理、学校教学、终身学习等教育的各领域和各环节的广泛应用，实现信息技术与教育的深度融合，使教育活动呈现数字化、网络化、智能化和多媒体化的技术特点；其内在本质是在现代教育理念、思想的指导下对教与学系统的重构，实现教育模式、教育管理模式、教学与学习方式的创新变革，提高人类学习的效率和质量，加速实现教育现代化的过程，使得人类学习体现个性化、自主化、合作化和探究化的认知特点。

教育信息化概念自20世纪90年代末随着“美国信息高速公路”（information superhighway）计划的实施而备受关注，欧美等国家常使用 IT in education（教育中的信息技术）、e-education（电子化教育）、e-learning（数字化学习）等概念。在中国，1999年6月发布的《中共中央国务院关于深化教育改革全面推进素质教育的决定》中正式提出“教育信息化”的概念，要求大力提高基于教育技术手段的现代化水平和教育信息化程度。2010年7月颁布的《国家中长期教育改革和发展规划纲要（2010—2020年）》也明确指出，信息技术对教育发展具有革命性影响，必须予以高度重视，并要求把教育信息化纳入国家信息化发展整体战略，加快教育信息化进程。以教育信息化带动教育现代化，破解制约中国教育发展的难题，促进教育的创新与变革，成为中国加快从教育大国向教育强国迈进的重大战略抉择。为此，教育部2012年3月印发《教育信息化十年发展规划（2011—2020年）》，对中国教育信息化的发展作了系统规划。

教育信息化的推进从根本上改变了教育系统中的信息传播、资源共享和人际互动的方式，能够有效地支持现代教育理念、思想的践行，为人类学习方式的变革提供了可能。数字卫星技术、无线通信技术和网络互联技术无限拓展了信息传播的范围，使人际交互方式发生了巨大变化。在此环境中，所有处在网络中的任何一个人，甚至是计算机智能系统都可以成为学习的帮助者、指导者和合作者。传统的教学系统被重构，教师、学生的角色发生了相应的改变，基于计算机的合作学习（CSCL）、网络探究式学习以及基于虚拟现实技术的仿真学习在教育教学活动中得以应用。感测技术、通讯技术、计算机技术和控制技术协同构建的智能化学习环境以及基于云计算技术提供的丰富数字化资源,使得学习可以随时随地发生,数字化学习(e-learning)、移动学习(M-learning)、泛在学习(U-learning)逐渐实现,终身学习的理念发展到可操作的层面。教育信息化充分发挥现代信息技术优势,注重信息技术与教育的全面深度融合,在促进教育公平和实现优质教育资源广泛共享、提高教育质量和建设学习型社会、推动教育理念变革和培养具有国际竞争力的创新人才等方面具有独特的重要作用。

随着教育信息化的深入推进,现代信息技术在教育领域得到广泛应用,在实现信息技术与现代教育交互融合的过程中,原有的教育系统得以重构,促进了教育环境、教育资源、教育过程、教育管理、教育方式等方面的系统变革。

教育环境信息化　指信息技术全面融入教育教学环境,使教育环境呈现多媒化、网络化、开放性的特点,为教育系统的运行和课堂教与学活动提供数字化空间。在宏观层面,中国教育和科研计算机网、中国教育卫星宽带传输网络、国家教育公共数字服务平台等网络环境的建成使用,使资源共享与多样化的互动交流得以实现。数字化校园的建设与发展,多媒体教室、计算机网络教室、电子阅览室、学习资源中心等信息化教育环境融入教与学的过程,为学习者提供广泛的学习空间、自由探究空间、交流协作空间、知识建构空间,为学习者的个性化学习提供支撑环境。

教育资源信息化　指支持教师教学及学习者学习的数字化学习课程、多媒化资料、工具与支持环境的建设与发展过程。各类网络教育课程、学科资源库、虚拟软件系统与平台、教与学的数字化工具、数字化图书馆、博物馆的开发与资源共享,极大地扩展了学习者获得学习资源的途径与类型,使学习者跨校、跨区域、跨国界的学习成为现实。教育资源的信息化极大地丰富了学生的学习活动,能够有效促进城乡之间、不同学校之间对优质教育教学资源的公平利用。

教学过程信息化　指教育信息技术作为一个要素进入教与学过程,与原有教学过程中各个要素相互作用,促使课堂教学的理念、教学方式与学生学习方式、师生角色等发生变革的过程。课堂教学信息化是在课堂教学过程中,充分利用信息化的资源、工具、方法、环境,在现代教育思想指导下开展教学活动,其理念强调学生的主体地位,强调活动的重要性,强调学生的主动建构,强调在教学过程中激发学生的学习兴趣、师生的积极互动,尊重学生的个性和特长并注重学生在学习中的积极参与等。课堂教学信息化的过程也是教师、学生的角色发生变化的过程:教师成为学生的导师、意义建构的促进者、学习伙伴、学生学习的组织者与帮助者;学生成为主动的、协作的、交流的、建构的、情景的、反思的学习者。课堂教学信息化的最终目标是信息技术与课程教学的融合。

教育管理信息化　指在教育管理的各个方面充分利用信息技术构建相应的信息化管理工具与平台,提高管理队伍的信息化素质与能力,采用现代管理思想与模式进行科学管理与科学决策的过程。教育信息化带来了教育管理的方式、模式等方面的显著变化。信息化教育管理,是建立在一般教育管理实践之上,为实现、适应、优化信息时代教育管理的实践活动。信息化教育管理系统是招生系统、自动化办公系统、学生学绩管理系统、考试监控系统、教育科研管理系统、科研信息交流平台等系统的集合。中国教育部于2002年颁布并实施《教育管理信息化标准》、2012年颁布并实施《教育管理信息　教育管理基础代码》等七个教育信息化相关标准,推动着中国教育管理信息化进一步标准化和规范化。

成人教育与社会教育信息化　随着高等教育走向普及化,各类职业技术教育的快速发展,各高校的继续教育机构开始充分利用现代信息技术提供现代远程网络教育服务。面向社会提供学历教育、非学历教育培训与公共学习支持服务。构建完善的继续教育公共服务平台,开放大学面向全社会提供服务,为学习者提供方便、灵活、个性化远程教育学习环境。促进终身学习体系和学习型社会建设是教育信息化进程中继续教育发展的重要内容和目标。与此同时,随着网络信息资源的极大丰富、移动通信技术的成熟和数字化智能用户端接入技术的普及,支持正式学习与非正式学习的终身学习途径将逐步完善,支持继续学习与终身学习的支持服务体系会更加完善。

参考文献

南国农.信息化教育概论[M].北京:高等教育出版社,2004.

武法提,等.技术视角下的教育范式变革[J].现代远程教育研究,2012(2).

张筱兰.信息技术与课程整合的理论与方法[M].北京:民族出版社,2004.

祝智庭.现代教育技术——走向信息化教育[M].北京:教育科学出版社,2002.

　　　　　　　　　　　　　　　　　　　　（郭绍青）

教育行动研究(action research in education)　在教育教学实际情境中,由一线工作者作为研究主体,外来研究者提供支持和帮助,针对一线工作者在实际工作中遇到的困难和问题,收集和分析资料,采取改进措施干预现状,解决问题,进而使一线工作者的专业发展和生存状态更加美好的一种研究取向。

教育行动研究的由来

有人将行动研究的源头追溯到19世纪晚期的"教育科

学化运动",也有人认为早在20世纪30年代,美国印第安人事务局局长科利尔在自己的研究中就已经采用"行动研究"的方法,并最先使用"行动研究"这一术语。但心理学家勒温被普遍认为是"行动研究之父"。

第一代教育行动研究　勒温公开倡导行动研究并身体力行,使行动研究在20世纪50年代前期形成高潮,成为一种颇受关注的研究方式。20世纪50年代初期,行动研究开始受到种种非议和怀疑,美国教育界对行动研究的兴趣很快为"研究—开发—推广"(简称"R－D－D模式")所取代。而在英国,行动研究则受到不同寻常的礼遇,并增加了一些新的气质。

第二代教育行动研究　行动研究在英国受到礼遇与斯腾豪斯及其领导的"人文课程研究"有很大关系。在斯腾豪斯看来,教学实际上是一个课程探究的实验过程,他提出"教师成为研究者"和"研究成为教学的基础"等口号。斯腾豪斯也因此成为行动研究领域中公认的、有影响的第二代领袖。

第三代教育行动研究　斯腾豪斯领导的"人文课程研究"指导小组影响了他身边的同事如J.埃利奥特、凯米斯等人。1982年斯腾豪斯去世后,J.埃利奥特领导了英国的教育行动研究,凯米斯则前往澳大利亚迪金大学工作,并领导了澳大利亚的教育行动研究。J.埃利奥特与凯米斯成为行动研究领域的第三代核心人物。由斯腾豪斯、J.埃利奥特、凯米斯等人倡导的行动研究在英国和澳大利亚等国逐步发展成为"行动研究运动"。行动研究运动在这些国家的兴盛对行动研究的产生地美国也发生了影响,1970年以后,行动研究在美国再度引起关注,美国本土学者施瓦布和舍恩两人被公认为对行动研究在美国的复兴起了很大的推动作用。

在中国教育与心理学界,"行动研究"一词于1982年就已经出现在一些介绍勒温心理学思想的著作中,但直到1990年代初,行动研究才得到比较系统的介绍。至1995年前后,中国教育与心理学界才对"行动研究"展开比较系统的反思并出现"做"行动研究的尝试。

教育行动研究的特性

教育行动研究实际上是一种准实验研究。作为一种准实验研究,教育行动研究同样蕴涵了实验研究所追求的"假设"、"验证"和"控制"等基本特征。但相比之下,教育行动研究并不像实验研究那样强调严格的"控制",它更重视教师的"参与"和对实践的"改进"。于是,教育行动研究显示出四个基本特性:参与、改进、假设、验证。

参与　"参与"即"教师参与"或"教师成为研究者",同时,"参与"也隐含了"合作"的意义。行动研究可以是教师个人化的反思性教学,但其更理想的方式是基于教师自我反思的"同伴互助"或"U－S合作研究"(即大学研究者与中小学教师之间的合作研究)。因此,行动研究也被称为"合作的行动研究"或"合作研究"。此外,"合作参与"也包括教师、专家、学校管理者、地方教育管理者之间的相互"协作"与"支持"。

改进　"改进"主要是就研究的"目的"而言。行动研究虽然指向教师"观念"的改进,但主要是指改进教师的教育教学实践,解决教育教学实践中出现的问题。行动研究以解决教育教学实践中的实际问题、提升教育教学的有效性、促进教师的专业发展为首要目的。

假设　"假设"意味着教师对问题进行分析,并提出解决问题的办法。教师是否能够提出有意义的假设,取决于教师平时是否有所观察,是否善于思考,是否有所阅读,并由文献阅读和教学观摩进而形成自己的教育信念。提出"假设"相当于行动研究领域所强调的"系统"和"科学的方法"。正是"科学的方法"使行动研究区别于一般的"随意性问题解决"或经验总结。它使行动研究由于遵守某种科学的研究规则而具备"研究"的资格,而不是"有行动无研究"。

验证　"验证"意味着行动研究者需要不断地观察和反思。教师在行动研究过程中需要经常询问自己:"我的问题真的解决了吗?"或者"我设计的方法有效吗?"如果没有真正解决问题,或者遇到了新的问题,则说明原来的"假设"(方案或方法)并不完全符合实际。既然如此,教师就应该设计新的解决问题的方案,重新调整自己的"假设"。同时,"验证"也意味着"公开",即公开发表自己的研究过程和研究成果,使自己的研究成为"公开的"探究而不是私下的琢磨。行动研究的倡导者斯腾豪斯认为:"私下研究在我们看来简直称不上研究。"公开发表不仅为批评打开了一扇门户,使自己的研究经由批评而得到改进,而且传播了研究成果,带来教育知识的增长。

教育行动研究的过程

勒温在20世纪40年代曾将行动研究的过程解释为"螺旋循环"。在他看来,行动研究的第一步就是在情境中"探察",这将形成一个研究计划。第二步是执行已经确定下来的"总体计划"。第三步是"观察"行动的过程。第四步是重新设计一个计划、执行和观察的进程,以便评价第二步的执行效果。后来澳大利亚学者凯米斯对勒温的"螺旋循环"稍加改造,构成"计划—行动—观察—反思—再计划……"。勒温的"步骤"经凯米斯调整后,使"计划—行动—观察—反思"几乎成为行动研究过程的经典性表述,但由此也引起了争论。

英国学者麦克尼芙以自己的行动研究经历呼吁人们关

注行动研究中的"分枝问题"（spin-off problems）。也就是说，在行动研究的过程中，最初研究的"问题"可能会分化出与之相关的其他问题。而"分枝问题"一旦出现，就应该得到关注，使之进入研究的视域。所以，研究者越是努力寻找解决办法，就越感到被牵引着离开其所探究的主问题，而去处理另外的、同样重要的问题。"分枝问题"的提出具有重要意义，它丰富了人们对行动研究过程的理解。如果说麦克尼芙的"分枝问题"过程观显示了行动研究的"参与"和"改进"精神，那么，另一位英国学者 J. 怀特海所设计的步骤则暗示了行动研究中与"系统"、"公开"有关的秘密。这个秘密隐含在他所设计的关于行动研究的五个步骤中：（1）我遇到一个问题，我发现我的教育方法在实践中遭到否定；（2）我设想一个解决问题的方案；（3）我按照方案行动；（4）我评价我的行动效果；（5）我根据我的评价调整我的问题、设想以及行动。表面上看，这五个步骤并没有突破"凯米斯程序"，但实质上，它悄悄地给行动研究输入了一个一直处于潜伏状态的新的精神，即行动研究的"叙事研究"特征，也有研究者称之为"叙事的行动研究"。

教育行动研究的类型

从研究的主体来看，教育行动研究既可以是教师个体的"自我反思"，也可以是教师群体的"同伴互助"，或者是大学教师与中小学教师之间的合作研究。

从教师在研究中的地位来看，教育行动研究可以分为技术的行动研究、实践的行动研究和批判的行动研究。在教育行动研究的文献中，凯米斯等人明确区分这三种类型，并在实证主义传统、解释学以及批判理论中找到相应的理论依据。

技术的行动研究（科学的行动研究）　凯米斯认为，三种行动研究的差异都是由外来研究者作为"促进者"不同程度地介入行动研究的结果，而技术的行动研究则是外来研究者过度介入而导致的"最坏的情况"。当外来研究者怂恿教师在其实践中验证某种"发现"时，就会发生技术的行动研究。由于是"最坏的情况"，因此他也断言，此种行动研究有其名而无其实，几乎不配称为行动研究。

实践的行动研究　实践的行动研究就是关注"实践"的行动研究。这种行动研究反感"技术的行动研究"对理论和"科学方法"的过分倚重，但它并不绝对排斥"假设—验证"的"科学方法"，而是提出"严谨"与"相关"都要保证。实践的行动研究强调教师的参与，并通过与外来研究者的平等对话，对多方证据进行相互检验，将教育教学效果的改进作为检验研究结果的标准。

批判的行动研究（解放的行动研究）　批判的行动研究强调用批判的眼光来解释教育实践及其问题，引导人们关注教育实践背后经常发生作用的那只"看不见的手"，即意识形态。"解放的行动研究"认为，如果教师打算"解释"自己的教育实践，就不得不追究其意识形态的控制，并对意识形态保持某种警觉和批判的态度，也就是对教育实践展开"批判性解释"。因此"解放的行动研究"也称为"批判的行动研究"。

凯米斯在胡森等人主编的《国际教育百科全书》第一版中撰写"行动研究"的词条时，考察了 20 世纪 40 年代晚期到 80 年代的教育行动研究报告，发现其中有一个从"技术的"到"实践的"再到"解放的"行动研究的发展历程，尽管解放的行动研究从一开始就已经零星地存在。在《国际教育百科全书》第二版中，凯米斯对"行动研究"词条做了改写，在这里被理解为两个派系：一派的基础是批判教育学，另一派的基础是施瓦布的"实践理性"和舍恩的"反思性实践者"。之所以进行改写，是因为凯米斯意识到，自 20 世纪 80 年代以来，"批判的行动研究"受到尖锐的指责，其中部分原因在于，他在批判的行动研究与技术的和实践的行动研究之间所做的区别不尽合理，而且单个教师所进行的行动研究并不见得不如自我批判的共同体所做的合作研究有意义。

教育行动研究的主要内容

教育行动研究的主要内容包括准实验研究、校本课程开发和课例研究。

准实验研究　不少研究者认为行动研究就是一种准实验研究。准实验研究相当于某种"教育改革"，它是教师实施某种新的教育措施，期望引起教育实践的变化。至于是否需要使用严格的测量和统计，教师可以根据自己的知识背景和研究习惯而定。目前，在准实验研究中使用质性研究方法（访谈、观察、实物分析、实地体验等）相当普遍，因为这类方法对教师具有较高的亲和力。

校本课程开发　并非所有的行动研究都显示为校本课程开发，但所有的校本课程开发都显示为行动研究。行动研究对中小学教师之所以重要，也部分因为它是中小学教师参与校本课程开发的一条重要途径。校本课程开发需要教师对本校的教育教学实践以及学生的学习能力和需要进行细致观察，并发现其中存在的问题，从而根据需要设计符合本校实际和发展特色的课程，为本校学生的特殊发展需要服务。这个过程本身就是行动研究的过程。

课例研究　教师的职业生活大多数与课堂教学相关，研究具体的课堂教学是行动研究的一个基本追求。课例研究正是针对一节具体的课堂教学进行教学设计、教学行动和教学反思，其中的教学反思尤其重要。教学反思是指教师个人对自己的教学进行回顾和回忆，但教师反思并不只限于个人的回顾和回忆。除了回忆，还可以通过观看自己的教学录像来思考自己的教学智慧和教学遗憾。除了个人反思外,还可以邀请他人进入自己的课堂来听课,通过他人的听课和评课来促进自己的反思,这有些类似传统教学研究中的"观摩教学"、"公开课"以及"集体备课—集体听课—集体评课"等制度和形式。

参考文献

陈桂生. 到中小学去研究教育——"教育行动研究"的尝试[M]. 上海: 华东师范大学出版社, 2000.

刘良华. 校本行动研究[M]. 成都: 四川教育出版社, 2003.

Kemmis, S. Action Research[M]//Husén, T. The International Encyclopedia of Education. 1st ed. New York: Pergamon Press, 1984.

McNiff, J. Action Research: Principles and Practice [M]. London: Macmillan Education Ltd. , 1988.

Stenhouse, L. An Introduction to Curriculum Research and Development [M]. London: Heinemann Educational Books Ltd. , 1975.

（刘良华）

教育行政（educational administration）　　在各级各类教育行政机关的统筹与规划下,为保证和提高教育教学质量,促进教育事业发展而开展的一系列有目标、有计划的系统活动。国家行政的重要组成部分,领导教育事业发展的重要保证。其本质是一种公共行政,具有公共行政的特征,包括获得公民认可、花费公共税收、管理公共事务、实施依法行政、奉行公共参与、满足公共利益、承担公共责任、接受公共监督等。作为一种相对独立的行政领域,教育行政还具有自身特点:较之其他公共行政更复杂,必须符合一般行政管理活动的要求和教育教学规律,不仅受意识形态、传统习俗、社会法律与制度、社会发展状况等外在因素影响,且受到教育组织文化和人员素质等内在因素的制约;具有较强的专业化要求;具有较大的动态性与自由度,要求充分尊重自由的价值与理念;其评价具有广泛的社会基础;具有高度的民主性。教育行政过程是动态的、开放的,其构成要素有教育行政主体、教育行政客体和教育行政手段或媒介。教育行政主体主要有两类:一是职权行政主体,即教育行政机构;二是授权行政主体,即法律与法规授权的组织。职权行政主体又可分为两类,即中央教育行政机关和地方教育行政机关,分别负责全国范围的教育行政事务和本辖区内的教育行政事务。授权行政主体是根据宪法和组织法以外的法律、法规的规定而获得行政职权,取得行政主体资格的行政组织。根据《中华人民共和国教育法》、《中华人民共和国教师法》和《中华人民共和国民办教育促进法》等规定,中国的授权行政主体主要包括教育行政机关的内部机构、学校以及其他企事业单位等。教育行政客体主要指公共教育事务,具体有国家教育事务、共同教育事务、地方教育事务

和公民教育事务四种形式。国家教育事务指全国性的教育事务,如教育预算、教育立法、教育规划、教育督导、教育考试等;共同教育事务指跨行政区的涉及不同利益群体的事务;地方教育事务专指行政区域内开展的教育事务;公民教育事务指涉及公民个人受教育权利的事务。根据教育层次与阶段,教育行政客体也可分为学前教育事务、初等教育事务、中等教育事务与高等教育事务。根据管理活动的构成要素,教育行政客体还可分为教育人事事务、教育经费事务、教育物资事务、教育关系事务、教育时间事务、教育空间事务和教育信息事务等。教育行政手段主要包括教育政策、教育法律、教育行政规章、教育行政命令、教育行政经费等。

教育行政的理论基础

科学的教育行政实践出现在 19 世纪末 20 世纪初系统性的行政理论与思想形成之后。行政理论与思想变迁的过程决定教育行政理论与思想的演变。

19 世纪末至 20 世纪二三十年代: 公共行政学理论创生时期　　19 世纪末 20 世纪初,西方主要资本主义国家为在激烈的经济竞争中占据优势地位,开展对行政与管理问题的研究。1887 年美国行政学家 W. 威尔逊发表《行政学研究》一文,提出行政学不仅要研究人事管理,而且要研究组织管理;认为行政学独立与存在的重要前提是将政治与行政分开,政治是国家意志的确定,行政是国家意志的执行。1900 年美国行政学家古德诺在所著《政治与行政》中系统论述和阐发 W. 威尔逊的政治与行政二分观点,认为行政是半科学、准司法、准商业的活动,所有政府体制中都存在两种主要的或基本的政府功能,即国家意志的表达和国家意志的执行,所有国家都存在分别行使政治与行政这两种功能的机关。从社会分工的角度,政治与行政是分离的,国家体制中的政治机构与行政机构应独立设置;从功能整合的角度,政治与行政是统一的,任何政治机构和行政机构都兼具政治功能与行政功能。政治机构的基本功能是政治功能,其行政功能则是由政治因素决定的一种派生功能。行政机构的基本功能是行政功能,其政治功能则是由行政因素决定的一种派生功能。1908 年法国行政管理学家法约尔发表《论一般管理原则》,后在此基础上出版《工业管理与一般管理》一书,认为管理就是实行计划、组织、指挥、协调与控制,并提出管理的 14 条原则以提高行政管理的科学性与有效性。1911 年德国社会学家和科层理论的创始人 M. 韦伯发表《论官僚制》,系统阐述官僚理论,认为理想的官僚组织模式是"合理化—合法化的组织",合法型的统治是借助官僚体制的行政管理机构实施的。1912 年美国科学管理理论奠基人泰罗的《科学管理原理》出版,他深入研究提高劳工生

产率的问题,认为科学管理的核心问题是提高劳动生产率,为此必须设计一套科学化的管理程序与方法。法国行政学创始人 L.D. 怀特 1926 年出版《行政研究导论》,被视为公共行政学诞生的标志。书中阐述行政学研究的对象与范围、行政环境、行政组织、行政协调、人事行政、行政伦理、行政法规以及行政研究等行政学的基本问题。其行政理论的核心是七个方面,即计划(planning)、组织(organizing)、人事(staffing)、指挥(directing)、协调(coordinating)、报告(reporting)和预算(budgeting)。10 年后,古利克对这一思想进行充分论述,并用其英文单词的首字母简写为"POSDCoRB"。

行政学理论创生时期主要解决效率问题,行政管理研究具有标准化、机械化、工具化等理念。科学管理理论出现后,美国教育行政和学校领域掀起以科学管理为主题的改革,以系统化、标准化和效率为主要诉求。有研究者 1970 年对教育领域存在的标准化考试进行概括与梳理,列举了 1897—1912 年教育领域产生的有代表性的标准化考试与测量工具,如 1897 年赖斯编制的"标准拼音量表",1904 年 E.L. 桑代克编制的早期测量课本质量的量表,1905 年比纳编制的"比纳—西蒙智力量表",1908 年 C.W. 斯通开发的"算术标准化测验量表",1916 年推孟编制的"斯坦福—比纳量表",1912 年 L.P. 艾尔斯编制的"作文量表"等。这些量表被广泛运用于学校的教育教学与教育行政管理,用于判定学校的综合发展状况和教育教学质量。这些测验与测量工具的应用对于提高与改进学校的效率具有重要作用。将科学管理理论引入教育行政实践过程有其合理之处,但科学管理理论倡导量化的管理方式,而教育行政工作的有些方面难以或无法量化;科学管理以解决效率问题为核心,而教育行政的核心价值还包括自由、民主与公正;科学管理要求短期内能收效,而教育行政管理则具有一定的迟效性。故科学管理理论并不能解决教育行政中的所有问题。

20 世纪 30 年代至六七十年代:公共行政学繁荣发展时期　20 世纪 30 年代后,伴随西方资本主义国家的经济衰落,科学管理理论遭受怀疑,人们开始拓展行政学的研究领域,出现行为科学理论学派、管理过程学派、社会系统学派、决策理论学派、系统管理学派、社会—技术系统学派、经验主义学派、权变理论学派、管理科学学派、经理角色学派等。

行为科学理论学派主要包括人际关系理论、动机激励理论、团体行为理论、组织行为理论、领导行为理论、组织的变革与发展理论。人际关系理论的主要代表人物是梅奥和麦格雷戈等。主要研究影响个体与组织工作效率的因素以及行政管理的人性基础等问题,认为真正影响工作效率的关键因素是个体的人性特点和组织内部的人际关系。动机激励理论将行政管理问题研究建立在心理学的基础上,从需要、动机与行为结果三个维度探讨三者间的相互关系,有

三个派别:激励内容理论,以研究激励的内容与因素为主,主要包括需要层次理论、"生存、关系、发展"理论、双因素理论、成就需要理论等;激励过程理论,主要研究人从动机产生到采取行动的心理过程,包括期望几率模式理论、公平理论、归因理论等;激励强化理论,主要研究行为结果对后续行为的影响。团体行为理论探讨团体动力、规范、压力、内聚力和团体士气等问题。组织行为理论主要研究领导行为与组织的变革和发展问题。领导行为理论包括领导品质理论、领导方式的双因素模式理论、管理方格理论、支持关系理论、团体目标—维持关系理论等,主要研究领导者对管理过程中的两个核心要素——人与事的态度以及两者间的相互关系。组织的变革与发展理论主要研究组织变革的过程与阶段、个人与团体行为改变、参与管理以及职工个人的自主性等问题。其代表人物有卢因、卡斯特、沙恩、唐纳利、布雷德福、大内等。

社会系统学派的代表人物是美国管理学家 C.I. 巴纳德。他分析组织的内涵、构成要素以及经理人员的职能等,认为组织有正式组织与非正式组织之分。正式组织是协作系统的组成部分,在其中具有核心作用,是由目标相同的两个或两个以上的人有意识地加以协调而构成的一个动态系统。非正式组织独立于正式组织而存在,非正式组织内部成员可不受正式组织的管辖。形成正式组织的三个基本要素或条件是协作的意愿、共同的目标和信息联系。正式组织中经理人员的职能主要有三:建立和维持一个信息联络系统,从组织中获得必要的服务,规定组织目标。

决策理论学派存在理性决策模式、有限理性决策模式、渐进决策模式和混合扫描决策模式之分。理性决策模式主要以人的理性判断为主,决策往往遵循最优化原则。美国管理学家 H.A. 西蒙在批判传统的理性决策模式的基础上提出有限理性决策模式,认为人的理性是有限的,其形成受到很多因素的影响,人所能形成的理性认识也是有限的,依靠这种理性无法解决决策面临的所有问题,有限理性决策模式遵循令人满意的原则。林德布洛姆在批判传统理性决策模式的基础上提出渐进决策模式,认为决策者通常会面临非既定的复杂问题,不可能通过一次性决策就能予以解决,而一些现实问题的解决不允许拖延时间,故决策过程主要遵循三个基本原则,即按部就班、积小变为大变、稳中求变。哥伦比亚大学社会学教授埃齐奥尼认为渐进决策模式只考虑社会强势群体利益,且无法解决重大的根本性问题,而传统的理性决策模式又过于理想化,他提出混合扫描决策模式,认为要根据不同情况选择或综合运用渐进决策模式与传统理性决策模式,以避免忽略基本决策目标,同时深入分析重要问题。

权变理论学派形成于 20 世纪 70 年代,在系统论和超 Y 理论的基础上研究行政管理问题,认为行政管理方式并非

一成不变,而随组织内外环境的变化而变化,管理的方式与方法是因变量,组织的内外环境是自变量,两者之间是一种函数关系,但不一定是因果关系。组织外部环境主要包括社会、科学技术、经济、政治和法律等,组织内部环境主要包括组织结构、决策程序、联系与控制方式和科学技术状况等。管理方式应根据组织规模、组织内部成员间的相互关系、组织成员的个性、组织目标与个人目标的一致性、组织目标的实现程度进行选择。权变理论强调在组织与环境之间、组织内部各系统之间能取得某种程度的一致性,以便提高员工的满足感,进而提高员工的工作效率。

受这一时期公共行政学发展的影响,教育行政领域兴起以改善教育行政内部人际关系,提高教育行政决策的实效性和教育行政领导的影响力为目的的理论研究与实践改革运动。教育行政实践体现以下变化:受人际关系理论影响,学校管理与教育行政实践中开始注重发挥非正式组织的作用;受动机激励理论影响,教育行政注重满足组织内部员工的需要,提高群体士气;实施民主管理,允许教师、学生和其他基层组织成员参与学校教育、教学和行政管理决策;受社会系统理论影响,利用开放系统的观念改造学校组织和其他教育行政组织;受权变理论影响,开始关注教育行政领导的行为与风格,将教育行政组织的变革与外在社会环境的变化相联系,运用权变的方法处理和解决在外部环境或系统影响下教育行政目标的实现问题。

20世纪六七十年代至80年代:公共行政范式的反思与转型时期　20世纪六七十年代前,公共行政问题的研究基本建立在管理学、心理学和政治学等学科基础上,科学、理性与效率构成公共行政范式的全部内涵。七八十年代后,民主理想主义批评这种公共行政范式重效率轻平等、重强权轻民主、重科学轻人文,推动公共行政范式实现由科学到人文、由效率到平等、由强权到民主的转换。这一时期的公共行政理论研究建立在伦理学、人本主义心理学、经济学、政策学和生态学等学科基础上,主要有公共选择理论、生态行政学和新公共行政理论等。

公共选择理论运用经济学的伦理与方法研究政治和行政问题。公共选择指非市场的集体选择,通常亦称政府选择。公共选择理论在研究公共选择问题时引入“经济人”假设的理论观点,认为“经济人”假设不仅适合解释经济领域问题,而且适合研究政治领域问题。政府不仅是政治组织,也是经济组织,甚至是文化组织,政府的功能是多元的。政府失灵表现为政府组织工作效率低下、政府职能滥用和过度行使等。布坎南认为导致政府失灵的原因主要是缺乏竞争机制和降低成本的激励机制,政府机构自我膨胀,监督信息不完备以及政府的“寻租”行为;克服政府失灵的途径是提高社会民主程度,在公共部门恢复自由竞争,改革赋税制度,约束政府权力。

生态行政理论以生态学的方法研究行政活动与现象。产生于20世纪60年代。主要代表人物是美国行政学家里格斯。他认为公共行政性模式的建构与生态环境有关,影响一国公共行政的生态要素主要有经济要素、社会要素、沟通网络、符号系统和政治架构。里格斯通过分析行政生态要素及其背景,提出三种基本的行政模式:一是农业社会的行政模式,行政行为与立法、司法、军事、经济等其他社会行为混杂在一起,没有专业化的行政机构,效率低下;二是工业社会的行政模式,形成明确的行政分工,有专门化的行政机构,行政效率和科技含量大大提高;三是过渡型的行政模式,介于传统农业社会行政模式与现代工业社会行政模式之间,同时具有这两种行政模式的特征,行政行为开始从其他社会行为中分离出来,但未彻底分化。虽建立专业性的行政机构,但尚不能正常有效地运转;虽建立行政制度,但难以真正发挥应有的规范与保障作用,其公共行政模式具有异质性、重叠性与形式主义等特征。

新公共行政理论的产生源于学者对传统的公共行政研究的不满。1968年三十余位年轻学者在美国锡拉丘兹大学(一译“雪城大学”)明诺布鲁克会议中心就公共行政研究面临的问题进行反思,1971年编辑发表论文集《迈向新公共行政:明诺布鲁克观点》,标志新公共行政理论的诞生。认为传统的公共行政存在诸多弊端,应建立与传统公共行政不同的范式,即新公共行政范式。传统的公共行政模式以效率为中心,新公共行政模式则强调社会公道,将社会公平、社会责任感、公众参与、民主性、回应性、开放性等价值与理想作为新公共行政的中心。1982年古德塞尔、罗尔、L. D. 怀特、J. 沃尔夫等人共同撰写《公共行政与治理过程:转变美国的政治对话》,认为公共行政应追求崇高的目标与道德承诺,并以改善人民的生活,追求公平、效率与民主为天职,从而推动新公共行政的发展。

20世纪60年代前的世界教育体系架构中,传统的学校科层制度占主导地位,实施民主管理的愿望未彻底实现,很大程度上阻碍了学校教育教学质量与学生学业成绩的提高。60年代后,这种状况在美国并未缓解,此间的政治因素使种族与机会平等问题取代了人们对学业优异问题的关注,学校教育质量与学生学业成绩下滑问题更甚。为提高教育教学质量,使学校更有效率,教育领域引入市场与竞争机制,将民主管理与市场制度相结合。在运用公共选择理论、新公共行政理论改造教育行政时,效率与民主、公平的内涵同时存在于教育行政,改善了以往政府等公共部门解决问题过度依靠民主化的科层管理,而私人部门过度依赖市场力量解决问题的状况。但这一时期以市场理念为指导的教育行政变革处于困惑、探索与发现状态。真正以市场理念为基础的教育行政变革产生于20世纪80年代。

20世纪80年代始:公共行政范式再造与重构时期　80

年代掀起以市场精神为主导的公共行政改革的实践运动，亦称"新公共管理运动"。新公共管理理论主张把与市场理念相适应的技术手段引入公共行政，尽可能摒弃传统官僚体制中的等级性与层级式的管理方式，将人性化和弹性化的管理方式贯穿公共行政的整个过程，以提高公共行政的效率与社会责任。在新公共管理中，政府不亲自承担提供公共服务的责任，而尽可能通过承包或其他类似安排来确定由他人具体实施项目，依靠市场机制引导公共项目。但利用市场手段和企业精神来改造政府职能须有合理性的限制，否则易造成公共部门的私人化和公共部门基本职能的退化，进而使公共部门丧失公信力和社会公众保护其公共性的愿望与能力。

20世纪90年代在批判新公共管理理论的基础上形成新公共服务理论。新公共服务理论根植于民主理论，强调理性形式不是行政理性和经济理性，而是战略理性或形式理性。认为公共利益是在拥有共同价值观的基础上，通过对话方式达成，公务员回应的对象是享有平等权利与义务的公民，政府在社会生活中扮演服务者的角色。新公共服务中实现公共政策目标的机制是公共机构、非营利机构与私人机构之间形成的有效联盟。新公共服务理论打破了垄断经济学和管理学研究的"经济人"假设的人性理论模式局限，从公共行政的性质出发，对人的理性在公共行政中的存在方式提出战略性思考；抛弃通过市场模式弥补传统官僚体制或科层体制效率低下的愿望，使人们对公共部门以及政府组织的性质和职能定位形成科学认识。

这一时期，教育行政逐渐引入竞争和市场的概念和机制，并为人们所接受。美国、英国等发达国家的教育领域以开放的态度接受市场管理。在以市场为本位引导教育变革的同时，教育行政领域还存在以标准为本位的学校变革，其核心是接受并试图直接在民主政治体制下管理学校，进一步强化对各州公立学校教育的控制权。但市场本身的功能有限，以市场手段改革教育无法从根本上解决教育行政过程中的所有问题。

教育行政实践的发展

教育行政产生于一定的社会实践与背景，在不同的社会实践与背景下有不同内涵。

在农业社会，教育行政权力受控于政权力量和教会力量。古代农业社会时，控制教育行政权力的组织机构在中国是国家，在西方是国家和教会，尤其在中世纪。农业社会初期，经济领域未发展，政治领域与经济领域、公共部门与私人部门未产生明显分化；受阶级和政治力量影响，政治领域与公共部门具有很强的阶级性，其所体现的公共性狭隘，限定在统治阶级层级。农业社会中的受教育权基本为代表

公共性的统治阶级所垄断，被统治阶级难以参与管理国家教育事务的行政过程。中国奴隶社会教育行政的特点是：教育行政包括在一般行政中，没有专门化的教育行政机构；教育行政具有政治化特征，表现为"学在官府"、"官师合一"、"政教合一"；教育行政的主要目的是巩固以宗法制为基础的阶级统治。封建社会的教育行政取得发展：出现专门的教育行政机构，建立了完整的教育行政系统，国子寺（后改国子学、国子监）掌管中央教育行政事务，提举学事司掌管地方教育行政事务；颁布和实施文教政策，如秦代的"颁《挟书令》"、"禁私学"、"以法为教"、"以吏为师"等政策，汉武帝时期的"独尊儒术"等；设立和实施科举考试制度；出现专职的教育行政官吏，唐代最早设立中央教育行政官吏"祭酒"、"司业"等，宋代最早设置地方教育行政官吏"提举学使"、"提举御史"、"提督学政"等；教育行政机构同时履行培养人才的任务与职能，如国子监不仅管理教育行政事务，也是天子讲学、人才培养的重要机构。古埃及在新王朝时期设立三种学校，即寺庙学校、宫廷学校与政治学校。寺庙学校由祭司执教；宫廷学校设于皇室家庭，为皇权继承者成人后履行职责作准备；政治学校由政府部门管理，训练儿童以备将来从事国家行政管理工作。斯巴达时期的教育行政具有军事化特点，儿童的教育完全由国家负责。雅典时期的教育行政具有民主化与自由化特征，教育行政权由国家掌握，国家举办教育，每个儿童必须接受作为公民所需要的基础教育。古罗马时期的教育行政具有平等化与民主化特征，有为贵族子弟设立的教养机构，也有为全体居民设立的学校。476年，西罗马帝国灭亡，西欧进入封建社会。中世纪的教育渗透神学性质，僧侣占据教育与知识上的垄断地位，基督教开始掌控国家教育行政权，教会学校成为欧洲唯一的教育机构。787年法兰克国王查理曼颁布中世纪第一个教育行政总纲领《查理曼教育通告》，欧洲各国纷纷效仿，奠定了中世纪初期教会教育的主导地位。13世纪大学的兴起标志西方教育行政新时代的开始。大学享有独立自主权，并接受政府、封建君主和地方当局的领导与管理。此后，世俗政权加大对教育机构的影响与控制，市政当局逐渐取代教会组织在教育行政中占据主导地位。中世纪末，市政委员会成为管理学校事务的最高权力机关。1410年英格兰通过《格娄塞斯特文科学校法案》，规定教会不得垄断教育，政府有权干涉和管理学校事务。文艺复兴时期人文主义者创办各种学校，提倡人性，反对神性，提倡自由性，反对强制性，提倡世俗性，反对宗教性，推进实现教育行政的公共性与世俗性，亦使教育行政权力逐渐为国家组织掌握。此时出现多种教育行政模式，如加尔文派的教育行政模式、新教派与国家合作的尼德兰教育行政模式、国家世俗教育行政模式以及天主教会独家举办的教育行政模式等。

18世纪和19世纪，工业革命使人类社会实现由农业社

会向工业社会的转型,机器生产取代了简单的机械劳动,城市化发展进程加快。政府机构与官僚组织机构的规模与职能扩大,国家的公共性彰显。受工业革命影响,经济组织逐渐获得独立地位,并与政治组织共同构成整个社会不可或缺的两大领域,即政治领域与经济领域。政治领域以政府部门为主导,受政治权力的影响;经济领域以私人部门为主导,受经济权力的制约。在工业社会尤其是工业社会后期,社会结构生成的逻辑与基础是以经济权力为主导,国家发挥政治权力作用的一个重要取向是为经济发展服务。经济权力在社会生活中的主导性作用使社会公众和平民子弟获得接受公共教育的权利与基础。工业社会中教育行政的特点是:受教育权利开始由统治阶级或精英阶层向平民大众转移;国家完全掌握教育权力,使教育脱离宗教的束缚与制约;社会公众获得参与国家管理公共教育事务的权利与基础;国家加强对初等教育普及的法律控制。

在工业社会,美国的教育行政实行地方分权制,教育行政机构分为联邦、州与地方三个层级。负责实施与管理教育事务的责任与权利主要在州一级政府机构。地方政府承担具体管理责任,联邦政府根据宪法序言中规定的原则只在认为有必要对教育事业进行干预的情况下才参与管理。1825年伊利诺伊州率先制定教育法。1852年后,马萨诸塞州和纽约州相继颁布义务教育法,许多州成立州教育委员会和教育厅、局,负责管理本州教育事务。1812年纽约州率先设置督学,负责监督与管理本州学校教育。1850年美国很多州均设州督学。美国不仅设镇学区制、县学区制、市学区制,还设跨行政区的独立学区制与中间学区制。1867年美国国会通过法案,准许在联邦政府设立联邦教育部,两年后教育部降格为教育总署,1870年改名教育局,1929年恢复称教育总署。美国的教育经费主要来源于税收、公共土地收入、捐款、联邦拨款、学费等。地方学区和州是公共教育经费的主要承担者。

19世纪上半期,在英国的宪章运动中,工人受教育权问题受到普遍关注。1833年政府颁布《工厂法草案》,禁止使用9岁以下儿童做工,要求工厂主保证9～11岁童工每天学习两小时。议会拨款补助初等学校,国家开始直接掌管教育。1839年政府设立枢密院教育委员会,标志国家开始直接掌管教育领导权,1856年改组为枢密院教育局,领导与管理初等教育事务。1870年议会通过《福斯特教育法》,规定政府在举办学校中的权利与责任。1894年成立中等教育委员会。1899年废除教育局,成立由议会直接管辖的中央教育署,统一管理初等与中等教育。1902年议会通过《巴尔福教育法》,设置管理初等和中等教育的地方教育局。各郡、市、镇、乡都相应设置教育委员会。郡、市教育委员会负责本地区的初等、中等与高等教育事务,镇、乡教育委员会负责管理区域内的初等教育事务。英国的教育经费主要来源

于国家财政拨款,大部分由地方行政当局承担。

法国的教育行政制度具有中央集权特征。18世纪末法国制宪议会在巴黎设立公共教育委员会,并提出具有资产阶级性质的教育改革方案,主张教育由国家统一领导,反对教会控制学校。1806年拿破仑设立帝国大学作为法国教育行政的最高领导机关,负责组织领导与管理全国教育事务,设由皇帝亲自任命的总监,掌管学校的开办和取缔、教职人员的任免和提升等。帝国大学下设大学区,并设学区总长及督学,负责管理本大学区的教育行政事务。各级各类学校的规章制度、课程设置等均由国家统一制定与实施。1814年波旁王朝复辟,教会重新掌握教育行政控制权。1830—1848年"七月王朝"时期,教会和帝国大学不断争夺教育行政权,最终教会控制教育行政。1852年法兰西第二帝国建立,实施一系列改革,教会掌握对初等教育的领导权。1870年法兰西第三共和国成立,颁布和实施一系列教育法案,恢复拿破仑时期建立的中央集权的教育行政制度。中央政府成立教育部,下设大学区,每个大学区设学区总长1人,教育部长和学区总长均由总统任命。1905年废除1850年颁布的《法卢法案》,实行教会与教育分离政策,国家重新掌握教育领导权。

德国在工业社会时期实施多项教育行政改革。18世纪,德国即试图从教会手中夺取教育控制权。1787年,弗里德里希·威廉二世发布法令,在中央设置教育局管理全国教育事务,后在公共教育大臣策特利茨主持下建立高等学校委员会,负责管理中等学校和高等学校。1794年普鲁士颁布《普鲁士民法》,规定国家在举办和管理学校中的权利与责任。1807年弗里德里希·威廉三世解散弗里德里希·威廉二世时期的最高学术委员会,并在普鲁士内部设立教育司。1817年改精神事务与教育部,下设三个司,分别管理大、中、小学教育与宗教事务,部长属于内阁成员,由国王直接任命。同年,普鲁士政府颁布城市学校委员会组织与职务法,对教育行政权力进行重新划分。1848年普鲁士禁止自由主义改革,教育行政趋于专制。1872年德意志帝国颁布《学校视察法》,进一步加强国家对学校的控制与管理。1875年德国建立中央集权的教育行政体制。1919年《魏玛宪法》颁布,规定教育行政实行地方分权制度。1934年纳粹德国重又建立中央集权的教育行政制度。

中华人民共和国成立后,教育行政具有如下特点:一是建立较完善的学制系统。1951年中央人民政府政务院发布《关于改革学制的决定》,学制系统包括幼儿教育(幼儿园)、初等教育(小学、成人初等学校)、中等教育(中学、工农速成中学、业余中学和中等专业学校)、高等教育(大学、专门学院和专科学校)以及各类政治学校、政治训练班、各级各类补习学校、函授学校和盲聋哑特殊学校。二是形成相对完善的教育行政体系。1949年11月建立中华人民共和国教

育部,负责领导和管理国家教育事务,之后各省、自治区、直辖市设立教育厅(局),各县、市、区设教育局(文教局)或科。三是明确与厘定教育宗旨。1957年毛泽东提出中国的教育方针:"应该使受教育者在德育、智育、体育几方面都得到发展,成为有社会主义觉悟的有文化的劳动者。"1958年《中共中央、国务院关于教育工作的指示》发布,其中提出:"党的教育工作方针,是教育为无产阶级的政治服务,教育与生产劳动结合"。后被概括为:"教育必须为无产阶级的政治服务,教育必须与生产劳动结合。"

后工业社会的来临改变了人的价值理念与生活方式,对教育行政的变革产生积极影响。后工业社会亦称信息社会、知识经济社会、后现代社会。在后工业社会,知识的命运得以重新塑造,并在很大程度上被看作是一个社会、一个国家乃至每个个体获得充分发展的基础与资本。社会在改变知识的存在状态,知识的存在状态决定社会的发展水平。

在后工业社会,教育行政主体、职能、方式和手段等都发生变化。政府机构及法律法规赋权的其他组织机构仍是重要的教育行政主体,但在公共治理框架中,教育行政主体分化为三部分,即政治取向的教育行政主体、经济取向的教育行政主体、文化取向的教育行政主体。政治取向的教育行政主体主要由政府机构组成,在整个教育行政系统中发挥协调、指挥与调控作用;经济取向的教育行政主体主要由营利组织构成,在教育行政系统中主要起执行、沟通与反馈的作用;文化取向的教育行政主体主要由非营利组织构成,在教育行政系统中主要起执行、监督与评价作用。与工业社会不同,后工业社会中教育行政权力的配置是多元化的,即教育行政权力由政府机关向营利组织及非营利组织进行部分转移,教育行政职能也由此产生相应变革。后工业社会中的教育行政机构职能主要包括基本职能和扩充职能,基本职能的发挥主要用于维护教育系统内部稳定的公共秩序,扩充职能的发挥主要用于补救和克服市场失灵与市民社会失灵给教育系统带来的消极影响。后工业社会出现两类新的政府形式,即服务型政府与电子政府。服务型政府是公共利益的代表,政府的主要职责是实现和保障社会公正,主要职能是提供公共产品与公共服务,政府财政资源主要向公共产品服务领域投入,该类型不仅改善了政府与社会公众之间的关系,而且有利于政府更好地履行自身职能。电子政府利用现代化的信息技术、电子技术和网络技术作为行政手段或方式,有效提高了教育行政效率,增强了政府工作的透明度,有利于社会公众监督政府的教育行政行为。世界各国后工业化的进程不一,教育行政改革的进程也不同。

教育行政建构中政府、市场与市民社会的关系

教育行政自主性的建构不仅受政治因素影响,而且受其所处的市场环境和其他环境因素的制约。在高度复杂和不确定的社会中,教育行政在保持系统内部的有机联系,避免产生对维持系统存在具有破坏作用的价值颠覆与分裂的同时,还要赋予系统内部的子系统充分的独立性、自主性和合法性。政治因素、经济因素和市民社会影响教育行政的方式不同,政治因素主要通过政府的作用影响教育行政,经济因素通过市场的力量影响教育行政,市民社会则通过公共舆论、民主参与的途径影响教育行政。现代教育行政所面对的来自政府、市场与市民社会等方面的挑战愈来愈多,这些挑战对教育行政发展的影响具有很大程度的不确定性和多变性。

传统的行政学理论赋予教育行政实践中的政府组织以强制力和政治优势,政府职能与作用的发挥很大程度上解决了现实社会发展中的很多问题,但当市场因素在社会生活领域发挥有效影响时,则需要教育行政机关实现一定程度的职能转换,避免政府职能的泛化与扩大化。教育行政机关具有较强的公共性与社会责任感,其首要责任是解决教育的公共性与公正性问题,其次是效率问题。教育行政机关职能建构的弹性与张力主要表现在解决效率问题上,即政府根据市场、市民社会职能定位以及两者作用的发挥状况来选择行政模式。在高度复杂的社会,教育行政模式建构应根据政府、市场以及市民社会三者作用的发挥及其相互影响,将政府职能与作用的发挥建立在多元主义的框架内,并建构一种综合市场取向、社会取向和国家取向特征的弹性化的行政活动模式。

市场在教育行政活动中有多种存在形式,市场在经济领域的地位越重要,其在教育行政领域的作用也越大。市场在经济领域中的地位主要与政府失灵、市场本身的性质以及社会公众的价值追求有关。受价值理念中效率主义倾向的影响,市场对教育行政活动产生重要影响,主要体现在四方面。一是强化教育行政人员的效率意识。教育领域中的效率低下或效率缺失是市场进入教育行政领域的重要原因,通过引入市场机制与制度,一定程度上能增强和提高教育行政人员的效率意识。二是赋予学校组织更大的独立性与自主性。市场机制未介入教育领域前,政府机关作为权力分割的主体掌握大部分行政权力,学校作为教育行政最基本的执行组织,仅掌握小部分教育行政权力,很多行政工作的开展需等待上级政府机构或教育行政机关的指令。引入市场机制后,教育行政权力配置格局发生改变,学校获得其所应拥有的权力,学校组织的独立性与自主性增强。三是加大学生与家长的选择性。教育行政的一个重要目的是为学生和家长服务,市场机制采取以顾客为导向的自下而上的教育资源配置方式,学生和家长相应获得较大的选择权。四是转变教育行政理念。传统的教育行政理念通过确立制度和规范来约束和管理人们的行为,达到教育行政的

目的,具有较强的管制性,而市场主义的教育行政理念强调服务性,通过教育行政机关向社会提供学生和家长满意的教育服务实现教育行政目的,由此改善政府与学校、学校与家长间的关系。

政府主要通过两类组织同公民个人发生联系或产生影响,即政府内部的科层组织和政府外部的非政府组织。非政府组织包括营利组织和非营利组织。科层组织主要依靠政府的强制力推动发挥作用,营利组织在现实社会中主要通过建立市场机制产生影响,非营利组织即指市民社会(亦称"第三部门"),主要通过民主商谈、行业联盟等方式影响社会。市民社会与民主管理相辅相成。市民社会可有效解决效率问题,但效率并非市民社会追求的首要价值。德国哲学家黑格尔认为,市民社会追求的首要价值是正义。随着市场经济基础的确立,市民社会的发展规模愈来愈大并日趋成熟,其所承担的角色与功能在教育行政领域表现为:对国家与政府的教育行政职能起到一定的规范与限制作用,市民社会通过实施公共伦理标准和行为准则,限制与制约教育腐败;扩大和提高社会公众参与公共教育事务决策的机会与程度;有利于推动教育行政民主进程。不同历史时期的政府、市场与市民社会对教育行政模式建构的影响不同。农业社会的教育行政模式建构主要受政府组织的影响,是政府主导型的教育行政模式;工业社会的教育行政模式建构主要受政府与市场双重力量的影响,是政府与市场合作型的教育行政模式;后工业社会的教育行政模式是多元化的,政府、市场与市民社会同时影响与制约教育行政模式建构,出现九种教育行政模式:政府主导型、市场主导型、市民社会主导型、政府与市场合作型、政府与市民社会合作型、市民社会与市场合作型、政府与市民社会制衡型、政府与市场制衡型、市民社会与市场制衡型。

参考文献

丁煌. 西方行政学说史[M]. 武汉:武汉大学出版社,2006.

罗伯特·G. 欧文斯. 教育组织行为学[M]. 窦卫林,等,译. 上海:华东师范大学出版社,2001.

约翰·E. 丘伯,泰力·M. 默. 政治、市场和学校[M]. 蒋衡,等,译. 北京:教育科学出版社,2003.

孙耀君. 西方管理思想史[M]. 太原:山西人民出版社,1987.

曾天山. 外国教育管理发展史略[M]. 北京:教育科学出版社,1995.

(苏君阳)

教育行政机关的法律责任规定(legal liabilities of educational administrative institution) 教育行政机关因其行为违反教育法律、法规而应承担的法律后果。法律责任有广义与狭义之分。广义的法律责任与法律义务同义,如一般的守法义务、赡养义务等,法学上称之为"第一

性义务"。狭义的法律责任指法律关系主体实施了违法行为而必须承担的否定性的法律后果。这种否定性的法律后果在法学上称之为"第二性义务",即加于违反法律关系的主体直接强制性的义务,包括受制裁、强制和给予补救等。通常使用狭义的概念。教育行政机关及其工作人员的法律责任具有下列特点:法律规定性,即对教育活动中应当追究法律责任的行为、主体以及法律责任的种类,都必须在有关教育的法律、法规或其他法律、法规上有明文的规定;国家强制性,对于违反教育法律、法规行为的追究,以国家强制力来保证实施;归责对象的特定性,即由违法的教育行政机关承担,而教育行政机关必须处在教育法律关系中,才承担教育法律责任;专权追究性,对于违反教育法的教育行政机关的违法行为追究法律责任的主体,必须是教育法律、法规授权的特定的国家机关或组织,其他任何组织或个人都无权行使这种权力。

教育行政机关法律责任的种类

根据教育行政机关违法行为的性质,教育行政机关的法律责任主要有三类。

行政法律责任 教育行政机关及其工作人员因违反行政法律规范,构成行政违法而应当依法承担的否定性法律后果。中国现行教育法体系中相当一部分规定以政府及其教育行政部门为一方来调整教育活动中的法律关系,具有行政法的属性。因此,在中国,在教育法中规定的法律责任主要是行政法法律责任。

追究行政法律责任的方式是在行政违法行为发生之后。惩罚行政违法行为人和补救造成的损失,是体现行政法律责任的两项内容。违法的教育行政机关承担行政法律责任的方式主要有两种:一是履行行政法律责任,即教育行政机关及其工作人员主动履行行政法律责任,不需要有关机关或组织强制其执行,如主动返还、主动赔偿、主动赔礼道歉等;二是追究行政法律责任,即由有关国家机关作出处理决定,强制违法教育行政机关及其工作人员被动履行行政法律责任,如人民法院依法判决教育行政机关承担行政赔偿责任等。

民事法律责任 教育行政机关由于民事违法行为而应承担的法律后果。民事法律责任是教育行政机关违反教育法律、法规,破坏了平等主体之间正常的财产关系或人身关系,依照法律规定应承担的民事法律责任。《中华人民共和国教育法》第七十二条规定:"侵占学校及其他教育机构的校舍、场地及其他财产的,依法承担民事法律责任。"

刑事法律责任 教育行政机关的负责人或其他工作人员实施刑事法律禁止的行为所必须承担的法律后果。刑事法律责任是一种个人责任,这种责任是实施犯罪行为者本

人所承担的一种法律责任。《中华人民共和国教育法》第七十七条规定："在招收学生工作中徇私舞弊的,由教育行政部门责令退回招收的人员;对直接负责的主管人员和其他直接责任人员,依法给予行政处分;构成犯罪的,依法追究刑事责任。"《中华人民共和国义务教育法实施细则》第四十二条规定:"有下列行为之一的,由有关部门给予行政处分;违反《中华人民共和国治安管理处罚法》的,由公安机关给予行政处罚;构成犯罪的,依法追究刑事责任:(一)扰乱实施义务教育学校秩序的;(二)侮辱、殴打教师、学生的;(三)体罚学生情节严重的;(四)侵占或者破坏学校校舍、场地和设备的。"

违反教育法律、法规的行为和情节不同,追究行为人的法律责任的方式也就不仅仅限于以上某一种,可以在追究行政法律责任的同时追究民事法律责任或刑事法律责任,也可以三种形式并处。

教育行政机关违法行为和法律责任的认定

教育行政机关的违法行为大致可划分为两类:一是行政机关越权或滥用职权侵犯相对人的合法利益的违法;二是行政机关工作人员滥用职权、触犯法律的违法。两者的主体不同,前者的责任主体是教育行政机关,后者的责任主体是教育行政机关工作人员。

在中国,违法者的刑事责任和民事责任的认定权属于人民法院。行政责任认定依其性质和内容分属于公安、工商、税务、教育等有特定职权的国家行政机关。《中华人民共和国教育法》和其他教育法律法规对教育活动中教育行政机关的违法行为规定了相应的法律责任,主要有以下几种情形。

(1)侮辱、殴打教师和学生的行为的法律责任。侮辱教师是指公然贬低教师的人格,破坏教师的名誉。侮辱的方式有三种:行为侮辱,即对教师施以一定的行为而使其自身人格、名誉受到损害;言词侮辱,即对教师作出某些损害其自身人格或名誉的举动;图文侮辱,即以漫画、大小字报等图文形式对教师进行侮辱。殴打教师是指以暴力方法伤害教师,或故意非法伤害教师人身健康。在一般情况下,侮辱教师的行为可能会单独实施,而殴打教师的行为往往同侮辱教师的行为同时并存。

对于教育行政机关工作人员侮辱、殴打教师的,应由所在教育行政机关给予相应的行政处分;殴打教师,违反《中华人民共和国治安管理处罚法》,造成轻微伤害的,以及公然侮辱教师、侵犯教师人身权利,尚不够刑事处罚的,依照该法规定,由公安机关处以15日以下的拘留、200元以下罚款或者警告;对于侮辱、殴打教师造成损害的,应当依照《中华人民共和国民法通则》的规定,由人民法院追究民事责任。其中造成人身伤害的,应当赔偿医疗费、因误工减少的收入等费用;造成教师的姓名权、肖像权、名誉权、荣誉权受到损害的,应当停止侵害,恢复名誉,消除影响,赔礼道歉,并应赔偿相应的精神损失;对于侮辱、殴打教师情节严重构成犯罪的,由人民法院依法追究刑事责任。

侮辱殴打学生的情形与侮辱殴打教师的违法行为和法律责任相同。

(2)打击报复教师的行为及法律责任。打击报复教师的行为,是指教育行政机关工作人员故意滥用职权对依法提出申诉、控告、检举的教师实施报复陷害,致使教师的合法权益蒙受损害的违法行为。对打击报复教师的,由所在教育行政机关责令其改正;情节严重的,由所在教育行政机关或上级机关根据具体情况给予行政处分;对教育行政机关工作人员打击报复教师构成犯罪的,依照刑法规定,以报复陷害罪处两年以下有期徒刑或者拘役;情节严重的,处两年以上七年以下有期徒刑。

(3)侵犯学生受教育权利的法律责任。侵犯儿童、少年接受义务教育权利,违反《中华人民共和国教育法》和《中华人民共和国义务教育法》,应负相应的法律责任。教育行政机关的有关工作人员无正当理由拒绝应当在该地区的学校接受教育的适龄儿童、少年就学的行为,如不按规定为学生就学办理有关手续或提供方便属于侵犯学生受教育权的行为,由教育行政部门对责任人员给予相应的行政处分。

(4)挪用、克扣教育经费行为的法律责任。挪用、克扣教育经费主要表现为违反国家财经制度和财务制度,利用管理、经手或其他职务上的便利,挪用教育经费归个人或集体进行其他活动或非法活动、克扣教育经费私分或归个人所有等。其中违反有关规定,将教育经费挪作他用,无论是公用还是私用,都属于挪用行为;利用职务上的便利,侵占、克扣教育经费而集体私分或个人非法占有的,是贪污行为。挪用教育经费数额较大不退还的,构成贪污罪。根据具体情节,对这种行为分别做如下处理:由上级机关责令限期归还被侵占、克扣的教育经费;直接负责的主管人员和直接责任人员,由有关部门和单位依法给予行政处分。在认定和把握是否给予行政处分和给予何种行政处分中,适用《国家行政机关工作人员贪污贿赂行政处分暂行规定》和《国家行政机关工作人员贪污贿赂行政处分暂行规定实施细则》;构成犯罪的,根据《中华人民共和国刑法》和全国人大常委会《关于惩治贪污罪贿赂罪的补充规定》,对行为人追究刑事责任。

(5)违反规定向学校收费的行为的法律责任。违反规定向学校收费的行为指教育行政机关在国家法律法规和有关收费管理规定之外,无依据或违反有关收费标准、范围、用途和程序的要求,向学校或者其他教育机构乱收费和进行各种摊派的活动。对教育行政部门违法收取的各种不合理费用，由同级或上一级人民政府责令退还给学校及其他教育机构；对有轻微违法或违纪行为的直接负责的教育行政部门的主管人员和其他直接责任人由主管部门按管理权限依法给予行政处分。

（6）非法挪用校舍、出租场地的行为的法律责任。非法挪用校舍、出租场地的行为指教育行政机关将学校的校舍、场地出租或移作他用，改变了国家投资教育的用途，影响正常的教育教学活动的行为。在认定这类违法行为时，要注意查清出租校舍、场地或者挪作他用是否造成妨碍教育实施的后果。如果出租或借出校舍办夜校等未造成妨碍教育实施的后果，则不属于这种情形。对于教育行政机关非法挪用校舍、出租场地的行为，由当地人民政府视情节和危害后果的程度，对有关责任人员给予行政处分，并收回校舍、场地；对有非法所得的，没收非法所得。

（7）对不符合办学标准的民办教育机构违法予以批准的行为的法律责任。1997 年颁布的《社会力量办学条例》和 2002 年颁布的《中华人民共和国民办教育促进法》，对民办教育的办学权利予以承认。但民办教育机构办学需要具备一定的条件，并需要通过教育行政机关的批准。教育行政机关在审批民办教育机构办学时，要依法行政，对不按法律规定，批准不符合条件的民办教育机构办学的，由上级机关责令其改正；情节严重的，对直接负责的主管人员和其他直接责任人员，依法给予行政处分；造成经济损失的，依法承担赔偿责任；构成犯罪的，依法追究刑事责任。

（8）因玩忽职守致使校舍倒塌，造成师生伤亡事故的行为的法律责任。因玩忽职守致使校舍倒塌，造成师生伤亡事故的行为属于教育行政中的失职行为，属于行政违法和刑事违法。具体表现为以下几种情况：发现房屋有坍塌危险，教育主管部门负责人及相关人员因工作失职不及时采取措施处理，致使房屋倒塌，造成学校人员伤亡；教育行政机关、承建单位未按规定向房屋建设主管部门申报建设项目，未经建设主管部门审查批准，违反有关规定委托没有设计资格者进行设计的；聘用没有营业执照的建筑单位或个人施工，以及未经主管质量监督站或监理单位对施工工程进行核检而交付使用的；因设计失误，施工质量差以及验收中没有发现隐患，造成房屋倒塌。对于此类教育行政中的失职行为，由地方人民政府、人民法院追究责任人的行政、刑事和附带民事法律责任。

（9）对民办教育机构疏于管理，造成严重后果的行为的法律责任。《中华人民共和国民办教育促进法》规定，教育行政机关负有对民办教育管理和监督的责任。由于教育行政机关管理造成严重后果的，教育行政机关有关责任人要负法律责任。对直接负责的主管人员和其他直接责任人员，依法给予行政处分；造成经济损失的，依法承担赔偿责任；构成犯罪的，依法追究刑事责任。

（10）未采取必要措施解决学生辍学的行为的法律责任。教育行政部门因未及时采取措施而造成学生辍学的，属于失职行为。《中华人民共和国教育法》规定，县级及县级以上人民政府、乡镇人民政府或者教育行政部门未采取措施组织适龄儿童、少年儿童入学或者防止辍学的，由上级人民政府或者其教育行政部门责令限期改正、通报批评；情节严重的，对直接负责的主管人员和其他责任人员依法给予行政处分。

（11）招生考试中的违法行为的法律责任。招生工作中徇私舞弊，主要指主管、直接从事和参与学校及其他教育机构统一招生工作的教育行政机关工作人员，违反招生管理的有关规定和要求，为了达到使考生或其他人员被学校及其他教育机构招收录取等个人目的，利用职权或工作之便，故意采取隐瞒、虚构、篡改、毁灭、泄露、提示或协助考生作弊等手段，在招生考试、考核、体检、保送生推荐等各个环节上实施歪曲事实、掩盖真相、以假乱真等违法渎职行为，使不应该招收录取的考生及其他人员被招收录取，或使符合招收录取条件的考生及其他人员未被招收录取的行为。对招生考试中的违法行为，由教育行政部门或主管部门对直接负责的主管人员和其他直接责任人员依法给予行政处分；对构成犯罪的，由人民法院依法追究刑事责任。

（12）国家考试中作弊行为的法律责任。国家考试中作弊的行为指与国家教育考试活动相关联的国家机关及其工作人员在考试中采取欺骗、蒙混、指使、纵容或授意放松考试纪律等手段致使考试纪律混乱的行为，以及伙同他人舞弊的行为。对国家考试中的作弊行为，由教育行政机关宣布考试无效；教育行政部门对直接负责的主管人员和其他直接责任人员依法给予行政处分。

（13）其他教育行政违法行为的法律责任。使用未经依法审定教科书造成不良影响，降低了教育质量，损害青少年身心健康等。《中华人民共和国义务教育法》规定，义务教育教科书要经国务院教育主管部门审定或授权省级教育主管部门审定。使用未经依法审定的教科书造成不良影响的，由地方人民政府、教育行政部门对有关责任人员给予行政处分。还有，教育行政机关影响义务教育实施的其他行为，如未完成义务教育规划，对未达到办学标准的学校予以认可等行为均属影响义务教育实施的行为。根据《中华人民共和国义务教育法实施细则》，对"其他妨碍义务教育实施"的行为，由当地人民政府或者有关部门依照管理权限对有关责任人员予以行政处分，并根据具体情节和造成的后果给予相应的行政处分、行政处罚和其他法律制裁。

参考文献

皮纯协.行政法与行政诉讼法(第二版)[M].北京：中央广播电视

大学出版社,2000.

王才华,刘冬梅.依法治教概论[M].北京:国际文化出版公司,教育科学出版社,2002.

杨解军,肖泽晟.行政法学[M].北京:法律出版社,2002.

（曹建国　薄建国）

教育叙事研究（educational narrative research / inquiry）　亦称"教育故事研究"、"教育叙事探究"。对教育生活中富有价值的教育事件和具有意义的教育现象的描述与揭示。源于叙事学(narratology)。叙事本是文学的要素之一,在小说文学中有着悠久的历史。叙事即陈述各种生命事物身上已发生或正在发生的事情,将各种经验组织成有现实意义的事件。20世纪60年代,叙事学在西方兴起。最初的研究范围仅限于文学领域,到20世纪80年代,开始广泛应用于人文社会科学,如心理学、人类学、语言学、社会学、教育学。叙事学从讲述者的故事开始,以对故事进行阐释为其主要任务,重在对叙事材料及意义的研究。

教育叙事研究的代表人物康奈利和克莱丁宁认为,人类经验基本上是故事经验,人类不仅依赖故事而生,而且是故事的组织者,研究人的最佳方式是抓住人类经验的故事性,在记录有关教育经验的故事的同时,撰写有关教育经验的其他阐述性故事。他们把教育叙事研究看作是对人类体验世界方式的研究。

20世纪90年代,教育叙事研究传入中国。中国学者丁钢把教育叙事研究理解为从质化研究出发,相对以往的所谓科学化研究而言,强调与人类经验的联系,并以叙事来描述人们的经验、行为以及作为群体和个体的生活方式。刘良华则从教育叙事研究的基本特征出发,认为教育叙事研究的基本特征是以叙事、讲故事的方式表达作者对教育的解释和理解。它不直接定义教育是什么,也不直接规定教育应该怎么做,它只是给读者讲一个或多个教育故事,让读者从故事中体验教育是什么或应该怎么做。

教育叙事研究的缘起

教育研究的科学化始于17世纪,主张采用自然科学的研究方法,用数学工具来分析世界,试图寻求客观的、普遍的和中立的标准,以精确化的语言来描述教育事实。其目的在于确立事物之间的因果关系,把教育科学变为一套技术原则与操作规程。但是,这种片面追求科学化的研究范式在教育实践中陷入了困境。一方面,教育研究愈精确、愈量化、愈客观、愈规范,其与人类经验的联系就愈少,愈变得抽象而不可捉摸,造成理论与实践之间的隔阂与分裂;另一方面,将自然科学的研究逻辑奉为圭臬,视实证主义方法为合法标准,导致教育研究中人的物化和人文关怀的缺失,使教育理论失去了对教育实践的吸引力。

20世纪80年代以来,教育研究范式发生重大转换,开始由探究普适性的教育规律转向寻求情景化的教育意义。人们意识到,教育学的研究对象有别于自然科学,它不是无生命的物质世界,而是具有无限发展潜力的人。教育的世界是体验的世界、意义的世界和生活的世界,因而,教育学应该有自己的研究逻辑,目的在于以个体或群体的具体经验为基础来理解独特个体的精神世界。教育研究的任务就是通过体验、表达、理解,把人的生命推向更丰富、更深刻的发展阶段。

与此同时,自然科学研究中关于复杂性等一系列重大发现也冲击着经典的研究范式。法国思想家莫兰针对经典科学重分析的思维传统,尝试以一种被他称为"复杂思维范式"的方法来思考世界与社会,力图以此弥补各学科相互隔离、知识日益破碎化的弊端。后现代主义代表人物利奥塔分析了科学知识与叙事知识的不同,认为科学知识仅仅是有关事实或真理的限定与选择,叙事知识则具有人文学科的多种价值关怀,因而不能以科学知识为基础来判断叙事知识的成立与否及其效能。他还批判了普遍适用的"宏大叙事"或"元叙事",提倡适用于有限范围的"小叙事",指出以小叙事为人类生活编织出意义,并促进小叙事的繁荣,是后现代主义的任务之一。

在此背景下,教育研究中开始提倡质性研究方法,而教育叙事研究由于关注经验,与质性研究的取向基本一致,逐渐成为教育研究中的一个核心学术话语,并由此在研究方法层面得到进一步的推崇和运用。

教育叙事研究的理论基础

教育叙事研究以多学科的理论及研究方法为基础。作为质性研究方法的运用形式之一,其主要理论基础有现象学、解释学以及后现代主义理论,其方法论基础有人类学中的田野考察方法和社会学的实地考察方法等。

现象学作为一种强调事实、主张描述、关注意义的哲学思潮,对教育研究产生深远影响,表现在:第一,强调"回到事情本身"。现象学要求重返那个在认识之前就存在的世界,通过把一切经验、知识或先见放入括号里悬置的方式直观现实,面向事实本身。第二,主张描述所看到的事情。现象学要求对直接体验到的现象进行描述,并强调按照事物本身呈现的本来面貌描述。第三,关注事情背后的意义。现象学把"意义"看成是社会科学诸领域中各种学术问题的核心和源头,要求从直接感受到的"显像"出发,透过体验对体验的互动,揭示其所显现的意义。现象学的这种精神促使教育研究转向叙事、走向生活、注重价值。而教育叙事研究也吸取了现象学的方法,以直接的、交互的和生活的态度走进教育世界,直面教育实践,反思教育价值,建构教育意义。当前教育理论与实践中频繁使用的生活、情境、意义、理解、建构等话语都与现象学有着密切的联系,回到事实本身、交互主体性、生活世界等现象学概念对教育理论与实践具有特殊的意义。

解释学作为一种解释世界本体的世界观,将其目标确定在对现代精神中心性、客观确定性、整体性和认识性的反驳上。解释学的核心是"理解",正是理解使表达具有了意义,使分享成为可能,使个体生命体验得以延续和扩展,使人类精神世界得以沟通和连接。解释学的任务在于从作为历史内容的文献和作品文本出发,通过体验和理解,复原它们所表征的原初体验和所象征的原初的生活世界,使解释者像理解自己一样去理解他人。在这一过程中,理解不仅是主观的,还必然受制于解释者的"前理解"。解释的目的是为了达到新的理解,而新的理解又将作为进一步解释的基础。因此,理解就不是去把握一个事实,而是去理解一种存在的潜在性和可能性;理解也不是为了寻求新的知识,而是为了解释我们存在的世界。解释学的这种思维和表达模式为教育研究提供了有益的借鉴。教育叙事研究正是力求通过叙事,在展现教育真实的同时达到视域的融合,在对话中获得理解,从而建构起一种以意义解释为核心的教育经验的理论方式。

后现代主义作为以批判西方形而上学和理性主义传统为己任的一种哲学思潮,表现出深刻的怀疑主义和反本质主义倾向。后现代主义从否定现代性的思维倾向出发,反对整体性和同一性,拒绝简单化和稳定化,强调非中心性和反正统性,倡导多元性、多样性、主体性和他者性,把差异性、边缘性原则作为判断一切事物价值的根据。后现代思维的一个重要策略是将熟悉的东西陌生化,将清楚的东西模糊化,将简单的东西复杂化。后现代主义对于教育研究的最大贡献就在于它强调多种多样的差异性,寻求各种不同的声音,力图为正不同之名而努力。这为教育研究的深入提供了思想和方法基础。教育叙事研究正是在分析丰富的教育经验,尊重不同的文化差异,讲述独特的生活故事方面吸收了后现代主义的相关理论。

教育叙事研究还借鉴了人类学中的田野考察方法和人种志方法、社会学中的实地考察方法和扎根理论等。作为质性研究方法的运用,教育叙事研究重在通过对教育现象"质"的直观以再现教育现象的"质",重在通过对教育行为"意义"的探寻对教育行为进行"意义解释"。叙事是为了研究,研究是为了剖析事件的质,解释现象背后的真实。教育叙事正是在质性研究中展开、分析、描述并完成的。因而,教育叙事研究不仅是一种教育研究的范式,更是一种看待教育世界和建构教育现实的方式。

教育叙事研究的要素

开展教育叙事研究需要具备一些基本条件,缺少其中某一项都无法完成,这些基本条件也可以被看作教育叙事研究的基本要素。其一,以教育事件或经验为研究对象。叙事即讲故事,通过叙事,使过去发生的教育事件得以再现,使个体的教育经验得以共享,从而将教育研究回置到鲜活的教育经验的基础之上。这里的"叙事"要求叙教育之事、叙意义之事、叙过去之事、叙真实之事。其二,以"自下而上"为研究路径。叙事研究是通过现场工作,使教育事件在情境中真实地展开,使历史印记在细节中得以显现,从而接近日常教育真相,逼近教育实践本身。这里的"自下而上"要求研究者避免个人的主观先见,从教育事实本身出发,确立"本土概念",并在此基础上进行研究。其三,以教育主题或结构为灵魂。主题即对意义的揭示,它是事件的焦点,是概念的内涵,是教育故事的意义逻辑,是叙述文本的目的所在。通过主题的串构,使教育事件具有描述和解读价值,从而在含而不露的叙述中探讨归隐在经验背后的道理。这里的"主题"建立在理论视角的基础上,要求在教育事件的深度描述中,通过意义诠释和经验分享达成真实的理解。

教育叙事研究的特点

较之定量研究,教育叙事研究有其不同特点。其一,定量研究范式关注的是普遍性规律,采用的手段是测量和测验,研究的场所常常是实验室,依赖的知识是命题的知识,研究的步骤是自上而下。教育叙事研究则不同,它关注的不是"群"的一般性,而是"个"的独特性,不是从"群"中寻找"共性",而是分析、解释甚至体验每一个"个"存在的现实性、可能性或必然性。它感兴趣的不是所谓"客观现实"的"真实性"本身,而是被研究者所看到、所体验到的"真实"。它采用的研究手段是研究者自身,依赖的是其本人的洞察力、直觉等不能言传的知识,研究者的态度是参与性观察,通过研究者与被研究者的对话,在时间、地点、情节和场景的共同呈现中创生叙事的经验品质。它关注教育现场,强调对故事细节进行整体性的、情境化的、动态的描述,原汁原味地呈现教育现象。它的解释性结论与具体情境相连,不具有普遍的推广意义。其二,定量研究范式追求客观精确的结果,要求消除研究过程中的主观性和各种倾向与偏见,强调研究的信度和效度,研究结果可以重复验证。教育叙事研究则不以确定的方式向读者提供证据、概念和结论,而是把理解的权力还给读者,让读者自己去重构结论。它重视叙事者的处境和地位,尤其肯定叙事者的个人生活史和个人生活实践的重要意义。它强调开放式的研究设计，事先没有固定的预设，而是在教育事件的呈现中，通过归纳而不是演绎的方式进行意义建构。它选取的研究样本虽然数量很少，但它从个体生活故事中所收集的资料却真实丰富。它对信度和效度有自己的标准，要求"研究者在进行自我反省时应该尽量开放自己，与历史对话、与被研究者对话、与资料对话、与自己对话，通过严格的自我反省来探寻最严谨的建构意义的方式"。

较之文学叙事研究，教育叙事研究也有其不同特点。其一，文学叙事研究关注的是叙事文本，叙事学家更多的是通过对文学创作者所创作的叙事文本的研究，探求其内在的叙事模式，从中寻找意义。教育叙事研究则不仅把目光投向"叙事文本"，而且通过研究者与被研究者的互动，更多地把目光投向充满生命活力的研究现场，更强调教育生活故事，更注重研究对象的生活体验，更在意研究对象以及研究者自己对这些故事的教育意义解释。因而，在教育叙事研究者的视野中，"文本"的概念发生了变化，不再只局限于以文字形式体现出来的东西，而是扩展到人类生活的各个领域，"叙事"的外延也不再单一地理解为叙述者创作的行为和过程，而是把人的生活方式本身等同于叙事。其二，文学叙事研究所研究的叙事作品中的"我"是一个虚构的世界，是经过文学加工的"我"，是一种文学创作。而教育叙事研究者则把自身作为一种研究工具，驻扎在研究现场，在自然情境下进行研究。研究者通过自己的亲身体验，对被研究者的生活故事和意义建构做出一种"解释性的理解"，由此形成自己的研究文本。因而，教育叙事研究中的"我"体现的是研究者的真实记录和思考，教育叙事研究所叙述的是已经发生过的真实可信的教育事件，不允许虚构。

教育叙事研究的分类

根据叙述的目的，教育叙事研究分为两类：一类是"叙事的教育行动研究"，主要指中小学教师自己展开的研究，或是中小学教师在校外研究者指导和合作下进行的研究，其目的在于以叙事的方式反思并改变教师的日常生活；另一类是"叙事的人类学研究"，主要指大学研究者以中小学教师为研究对象，或以中小学教师所提供的"素材"和"文本"为研究对象进行的研究，其目的在于保持教育理论与教育实践之间的互动。在教育叙事研究中，这两类研究不是截然分开或对立，而是相互关联的，它们都以自己的方式表达着教育研究的意义和价值。

根据叙述的内容，教育叙事研究分为三种：教学叙事、生活叙事和自传叙事。教学叙事即教师将某一节课堂教学叙述出来，在夹叙夹议中，将自己对教育的理解以及对这一节课的反思融入到相关的教学环节中，使之成为一份相对完整的案例。生活叙事即教师对课堂教学之外所发生的生活事件的叙述，涉及教师管理工作和班级管理工作，包含德育叙事和管理叙事等。自传叙事是教师以自己的生命经历为背景进行的自我反思，并经由自我反思和自我评价而获得某种自我意识。

根据叙述的主体，教育叙事研究有两种方式：一是"展示"的叙述，即教师的叙事，叙述者是教师自己，教师直面自己的教育现象，通过叙述自己的故事，重新对自己的经历进行咀嚼、回味和反思，获得认识和情感的升华。二是"讲述"的叙述，即关于教师的叙事，叙述者是校外研究者，在叙述中解说发生的教育事件或故事，在解说中，故事的主线和研究者的分析交叉出现，使所叙之事通过研究者的解读具有了特殊意义。

教育叙事研究的过程

教育叙事研究的过程主要围绕三方面展开：现场工作、现场文本和研究文本。现场工作指研究者亲身体验生活和获得现场经验的过程；现场文本指研究者所获得的各种现场资料；研究文本指研究者进行叙事研究的格式。这个过程依次进行、逐渐深化。

从现场工作到现场经验　研究者要在确定了研究问题后进入现场，这是获取真实资料的基础。由于教育叙事研究是在研究者与被研究者的互动与合作中进行的，因此，研究者和被研究者之间必须建立平等、信任的对话关系，必须密切关注被研究者的体验和他们的故事，必须有足够的勇气和心理承受能力去应付研究过程中可能出现的一切，调整好与他人尤其是被研究者的关系。

从现场经验到现场文本　研究者在教育现场中，把自己的观察、体验及所思所想记录下来，就形成了现场文本，即田野日记。现场文本再现了现场中的经验，同时也包含了研究者自己的体验，带有叙事的性质。它不仅是对事件的客观记录，还包含了研究者对事件的前期解释和研究者在研究过程中的内省，它使研究者与教育现实分离开来，同时又吸引研究者更接近教育现实，从而与现实建立起一种思考的关系。

从现场文本到研究文本　教育叙事研究不是简单地展示一个故事，而是要通过故事的呈现揭示其内在的意义，因此，要通过研究主题和思路促进现场文本向研究文本的转换。现场文本接近经验，研究文本则要回答意义问题。在教育叙事研究中，"研究者的在场"以及真实的在场体验是研究效度的标志，而声音和签字正是研究者在场的证明。声音即研究者所说的话。声音的生成体现的是研究者对故事空白的填充，是研究者对现场和现场文本的超越，是研究者与读者之间的对话。它是对多重声音的归纳，是主题呈现的必需,是确认存在的方式,是教育意义的生成。签字即写作。写作是研究者将流动的、模糊的、复杂的现象和观点通过自己的思维捕捉统领于自己的概念系统中,并以具体的语言符号表达出来的过程。它既是思考的过程,也是叙述教育事实的过程,还是研究者与参与者、读者共同建构意义的过程。

对教育叙事研究的改进

教育叙事研究进入到教师培训领域后引起人们的广泛关注。由于教育叙事研究注重事件、强调细节、寻求意义、改进实践,特别符合教师的需要,因而受到广大教师的欢迎。教师以讲故事方式叙述自己的教育经历和体验,在反思中形成关于教育的自我认识,从而为教师提供了一种新的研究视角。随着网络的不断进步,信息技术又赋予教育叙事以新的含义。尤其是教育叙事研究与教育博客相结合,把教师的所思所想与数字化的交流环境融为一体,为每位普通教师的发展提供了一个崭新的世界,从而使教师真正成为专业发展的主体。

但是,教育叙事研究在实践中也遇到一些问题。一方面,从教师讲的故事来看,多是简短的教育"记叙文"、"日志"等,这意味着"讲故事"与"教育叙事研究"之间还存在一定距离;另一方面,教育叙事研究本身也容易受到叙事者故事的影响和研究者个人倾向的影响,使研究带有强烈的个人化或私人化色彩。此外,人们对教育叙事研究的了解还有差异,在评价其成果时常常以自然科学的标准或定量研究的范式来衡量,导致对教育叙事研究成果评价的巨大反差。因此,教育叙事研究还需加强自身的方法建设,不仅以叙事的方式反思并改变教师的日常生活,而且应通过关注日常教育经验实现教育的变革。

参考文献

陈向明. 质性研究方法与社会科学研究[M]. 北京:教育科学出版社,2000.

丁钢. 教育叙述何以可能[J]. 中国教育:研究与评论,2003(3).

康纳利,克莱丁宁. 叙事探究[J]. 丁钢,译. 全球教育展望,2003(4).

刘良华. 论教育"叙事研究"[J]. 现代教育论丛,2002(4).

王彦,王枬. 教育叙事——从文学世界到教育世界[J]. 全球教育展望,2005(4).

(王 枬)

教育学(pedagogy) 研究教育现象、揭示教育规律的知识体系和科学体系。教育学科的总称。在西方,出自希腊文 pedgogue(教仆)。按词源来说,指教导儿童的艺术和学问。在英语中,从 19 世纪开始,education 取代 pedagogy。由于 education 有教育活动和教育学科的双重含义,1951 年美国学者 L. W. 哈丁按照学科称谓的构词惯例,以 education 的词根创造出 educology 一词,用以指称关于研究教育的知识体系,被部分学者认同,但没有普遍应用。

教育学的研究对象

教育学是以教育为独立研究对象的科学体系,为明确教育学的研究对象,首先要弄清楚什么是教育。教育是培养人的一种社会活动。从广义上说,凡是增进人们的知识和技能、影响人们的思想品德的活动,都是教育。狭义的教育主要指学校教育(参见"教育")。

教育现象很复杂,人一生接受的教育也是多方面的。总体来说,人一生要接受三方面的教育,即家庭教育、学校教育和社会教育。这三者既有联系,又有区别。因此,教育学又可分为家庭教育学、学校教育学和社会教育学。学校教育的时段很长,包括幼儿园、小学、中学和大学。因此,学校教育学又可分为学前教育学(研究学前儿童的教育)、普通教育学(研究中小学校的教育)、高等教育学(研究高等学校的教育)等。但接受教育的不限于青少年儿童,还有成人;除了正常儿童外,还有存在某些缺陷的儿童,因而又有成人教育学、特殊教育学等。通常所说的教育学主要指普通教育学,研究学龄儿童青少年在接受学校教育过程中的一般规律。

教育现象不是孤立的,它和其他社会现象有着紧密的联系。因此,教育学要研究教育与社会、政治、经济、文化的关系,研究教育在社会发展中的地位和作用。教育活动,特别是学校教育是有目的、有计划、有组织地进行的,所以教育学要研究教育目的、教育方针、教育制度、教育过程、教育内容、教育方法、教育组织形式和管理等。教育是教育者和受教育者相互影响的过程,因此教育学还要研究教育者——教师、受教育者——学生以及他们活动的规律。

教育学的产生和发展

教育学的产生和发展经历了一个漫长的历史过程。它是在社会对教育的需要日益增长的情况下产生和发展起来的,是人类社会和教育实践活动发展到一定历史阶段的产物。在社会发展中,人们积累的生产知识和生活经验日益丰富,把这些知识和经验传授给下一代的教育活动也日益复杂,于是出现专门的教育机构和专门从事教育的人。他们积累了教育经验,产生了教育思想,并逐步系统化,逐渐形成了教育学。从它产生以来,大致经历了以下几个发展阶段。

教育学萌芽阶段 古代的思想家都有丰富的教育实践

经验,并对教育提出了许多精辟的见解。中国古代孔子开私学之先河,《论语》是他教育学生的记录,其中包含了古代教育思想。以后孟子、荀子、朱熹等都在他们的著作中论述到教育问题。西方古代的苏格拉底、柏拉图、亚里士多德、昆体良等思想家,在阐明各种社会现象的同时,涉及教育现象并作出各自的解释。他们的有关教育的论述和思想虽然并不系统,而且散落在其他论著之中,但却为教育学的产生奠定了基础。

世界上最早的教育学著作要数中国古代的《学记》和《大学》、古罗马昆体良的《雄辩术原理》。

《学记》是中国也是世界上最早的一部系统的教育理论著作,是《礼记》的一篇,成篇于战国后,普遍认为是思孟学派的作品。它全面系统地总结了中国先秦时期儒家教育的经验和理论。它比古罗马教育家昆体良的《雄辩术原理》一书要早整整三个世纪。它第一次全面阐述了教育的地位和作用、教育与社会政治的关系、学校制度、教学原则和方法、教师、学生和师生关系等内容。它对中国教育的影响十分深远,两千多年来的中国教育基本上是遵循书中的思想和原则展开的,其中许多思想今天仍有现实意义。

《大学》也是《礼记》的一篇,论大学教育。它提出“格物、致知、诚意、正心、修身、齐家、治国、平天下”的思想,把从个人修养到政治实践看作是大学教育的统一过程。对中国的教育起了重要的影响。

《雄辩术原理》论述了演说家的培养教育过程,认为演说家的培养要经过初级学校、文法学校、修辞学校三个阶段,阐述了各个阶段学习的内容和方法。是西方教育史上一部系统的教学法著作。

虽然古代思想家、教育家有许多关于教育的论说,并出现了一些专门的有关教育的著作,但无论是中国还是外国,古代思想家、教育家的教育思想仍然是他们哲学思想或政治思想的组成部分,还没有形成一门独立的学问。

教育学理论化科学化时期 从欧洲文艺复兴开始,教育学逐渐从哲学中分离出来,形成独立的知识体系,逐渐发展为一门独立的学科。

欧洲文艺复兴后,随着社会的发展和知识的积累,自然科学的各门基础学科陆续从哲学中分化出来。同时,资本主义得到发展。随着资本主义生产的发展,儿童教育受到了重视。17世纪初,英国哲学家培根(1561—1626)在《学术的进步》和《智慧之球》等著作中就阐明教育学是“讲述和传授的艺术”。17世纪捷克教育家夸美纽斯从理论上概括了当时欧洲教育的经验,建立了比较完整的教育理论体系。其著作《大教学论》(1632)被认为是教育学形成独立学科的开始。此后,英国教育家洛克的《教育漫话》、法国启蒙思想家卢梭的《爱弥儿》(1762)也都比较系统地论述了教育问题。把教育学作为一门学科课程在大学里讲授始于德国哲

学家康德。他于1776年在德国柯尼斯堡大学的哲学讲座中讲授教育学。在同一时代,特拉普于1779年在哈勒大学就任教育学教授,是德国大学设教育学讲座之始。他的《教育学研究》(1780)是第一本使教育学成为科学的著作。1792年,德国教育家尼迈尔发表了《教育与教学原理》,论述了教育的性质与教育学的理论基础,首次将教育学分为具有科学性的理论教育学和具有应用性的实践教育学。

为教育学理论化科学化作出重大贡献的是19世纪德国教育家赫尔巴特,他先后出版了《普通教育学》(1806)、《教育学讲授纲要》(1835),第一个提出要使教育学成为一门科学,并应在伦理学和心理学的基础上建立科学的教育学。认为伦理学决定教育目的,心理学决定教育的方法和手段,将教育过程分为管理、教学和训育三个互相联系的部分。赫尔巴特的教育学形成了欧洲大陆的主要学术流派,对后来各国教育发展产生了重大影响。最早传入中国的就是赫尔巴特教育学派,是20世纪初从日本转引过来的。有王国维译、立花铣三郎讲授的《教育学》(1901)和牧濑五一郎著的《教育学教科书》(1902)。随后,西方的其他教育学说和著作陆续传入中国。

1879年,德国心理学家冯特在莱比锡大学设立第一个心理实验室,创立了实验心理学,教育学开始以心理学为基础进入教育实验研究阶段。

教育学的理论化和科学化是教育学成为一门独立学科的重要标志。在这一时期,教育学理论化和科学化表现在以下两个方面:一是探索了教育与儿童身心发展的关系。例如,夸美纽斯把人视作自然界的一部分,把自然发展的秩序推及到人的发展,提出教育自然适应性原则;卢梭在《爱弥儿》中也提出遵循儿童自然发展的教育原则。19世纪心理学的发展更是为研究教育与儿童身心发展的关系奠定了心理学基础。二是对教学过程的规律有了一定的认识。学生的学习过程就其本质来说是一种认识过程。南京师范大学教育系编《教育学》称,16世纪以后,教育学更以当时唯物主义哲学的感觉论和科学的实验归纳法为武器,把关于学习过程的分析推进到了一个新阶段。例如夸美纽斯认为一切知识都以感觉为开端,在此基础上提出直观性原则;教育家卢梭、裴斯泰洛齐等都从感觉出发强调经验的重要性。夸美纽斯还创造了班级授课制,并对教学过程进行了系统的论述,使教育学有了比较完整的知识体系。

教育学在走向科学化的同时,欧美教育学出现许多新教育理论,教育学逐渐分化。19世纪下半期至20世纪初,赫尔巴特教育学受到批判,在批判中,逐步形成教育学发展的多元化态势。从研究方法论的角度来看,主要有三类教育学。

(1)思辨哲学的教育学。以德国纳托尔普为代表。他认为,教育学不是一种技术,而是一门学问,是陶冶的学问、

教化的学问;教育的目的在于使人的意识最终达到真、善、美的境界。因此,教育学的理论基础也就由分别阐述真、善、美的逻辑学、伦理论和美学构成,而不是像赫尔巴特那样仅把教育学建立在伦理学与心理学基础上。他还认为,教育目的和教育方法都应到哲学中去探索。

(2) 实验教育学。以梅伊曼和拉伊为代表。梅伊曼是德国心理学家冯特的学生,他正式提出"实验教育学"的概念,认为教育学应是一门独立的学科,因为它有自己独特的目的,即从教育和陶冶儿童的角度去考察各个具体的教育问题。他否定把教育学看成是伦理学或心理学的应用的观点。他把观察和实验引入教育学研究,认为实验教育学的科学性表现在观察和实验上。拉伊认为,实验教育学是一种"完整的教育学",主张把心理实验与教育实验区别开来,心理实验在心理学实验室中进行,而教育学实验则应在正常的学校环境中进行。梅伊曼和拉伊都注意到教育学研究的两个不同的领域:关于教育事实的实验研究和不能用实验方法进行研究的教育目的等问题。

(3) 文化教育学(精神科学教育学)。以狄尔泰、诺尔、利特、斯普朗格等为代表。在 19 世纪下半叶欧洲思想动荡年代产生的"精神科学"的基础上建立起来。他们注重从历史和文化阐释入手研究教育。狄尔泰排斥自然科学方法,主张采用精神科学的方法,其根本点在于"体验"和"理解"。斯普朗格在《文化与教育》中,阐述了教育学的意义,认为教育学既不是纯科学的东西,又不能停留在教育技术的阐述上,而应从文化与教育的关系入手,将社会文化的复杂结构解析为教育要素,阐述价值"陶冶"问题。

19 世纪末 20 世纪初,为适应资本主义的发展,欧美兴起教育革新运动,欧洲称之为"新教育运动",美国称之为"进步教育运动"。它们共同的特点是反对传统的以传授知识为教育教学的中心,主张以儿童为教育的中心。

英国教育家雷迪创办阿博茨霍尔姆学校标志着欧洲新教育运动的兴起。他主张教育的目的在于协调、促进儿童身体和心灵的健全发展,学校不应用知识去压抑儿童。随着雷迪的阿博茨霍尔姆学校的建立,欧洲一些国家的教育家也相继仿效开办了类似的"新学校",开展教育革新实验活动。他们为教育学的发展注入了新的理念。瑞典教育家爱伦·凯的《儿童的世纪》(1900)、法国德莫林的《新教育》(1898)、意大利教育家蒙台梭利的《童年的秘密》(1936)等,都是该教育思潮的代表作。

马克思主义的诞生,为教育学的科学化开辟了新的道路。马克思主义哲学为科学教育学的建立奠定了科学世界观和方法论基础。马克思、恩格斯还论述了教育与生产力、生产关系的关系,批判资产阶级教育,论述人的全面发展、教育与生产劳动相结合等教育重大问题,为教育本质的认识提供了科学根据。

美国在 19 世纪末,为适应工业革命、城乡变化、开发边疆和大量移民的需要出现社会改革运动,兴起了与欧洲相似的"进步教育运动"。其代表是帕克及其昆西教学法、杜威和芝加哥大学实验学校。其特征是:注重保持学生智力发展与身体健康之间的和谐;采用活动教学法,努力使学校为现实生活服务;把兴趣作为教育的出发点,促进学生对民主的认识,以培养他们的社会责任感等。在进步教育运动中,杜威创立了实用主义教育理论。其基本观点为:(1) 教育即生长。主张教育应根据受教育者的天赋能力,使之成为儿童自身的本能、兴趣、能力生长的过程;认为儿童应在实际生活过程中生长,单纯外来的灌输不是真正的教育。(2) 教育即改造。认为教育即经验的继续不断的改造。(3) 教育即生活和学校即社会。认为儿童的生长及经验的改造表现为社会性的活动即生活;教育就是儿童现在生活的过程,而不是生活的预备。杜威的实用主义教育思想在美国广为流行,并产生了世界影响。

杜威的实用主义教育思想被称为现代教育思想,与赫尔巴特的传统教育相对。这两大学派对中国教育学的发展都产生过重大影响。清末民初主要通过日本翻译介绍赫尔巴特传统教育学,20 世纪 20 年代以后杜威实用主义教育思想在中国广为传播和流行。

俄国在"十月革命"后,逐步建立了自己的教育学体系,克鲁普斯卡娅、马卡连柯等教育家的教育理论和实践为苏联教育学的建立作出了重要贡献。1937 年《苏维埃教育学》杂志创刊。1939 年由俄罗斯教育部长凯洛夫主编的《教育学》出版,该书系统地论述了教育的本质和目的、苏联国民教育制度、教学过程、德育过程、教育管理,形成了所谓"苏维埃教育学"体系。苏维埃教育学在中国的影响十分深远。中华人民共和国成立后,实行向苏联学习的政策,全面地引进了苏维埃教育理论。

第二次世界大战后,美国进步教育思潮开始衰退,要素主义教育、结构主义教育兴起。20 世纪 50 年代后期,美国兴起中小学课程改革运动。美国心理学家布鲁纳发表的《教育过程》一书是结构主义教育的代表作,它对美国的课程改革从理论上作了论述,认为教育过程不只是传授知识,更重要的是要培养学生的能力。课程论逐渐被学术界重视。60 年代后期,随着科技迅猛发展带来的社会变革,出现了终身教育思潮。联合国教科文组织国际教育发展委员会于 1972 年提交的报告《学会生存——世界教育的今天和明天》,成为终身教育理论的奠基作品。

教育学的分化和教育学科群的形成 19 世纪末,随着自然科学和社会科学的分化和发展,各种不同学科深入到教育问题的研究,出现了具有不同价值取向和采用不同研究方法的教育学科,教育学日益分化,出现了各种教育学,形成了教育学科群。

19世纪初期,教育哲学成为独立的教育学科。1832年,美国纽约州立大学设立教育哲学讲座,这是教育哲学作为大学课程的开始。1894年,美国教育学家布拉克特将德国教育学家罗森克兰茨的《教育学的体系》一书译成英文,并取名《教育哲学》,这是第一本以"教育哲学"命名的出版物。1904年,美国教育学家H. H.霍恩出版《教育哲学》一书,论述了教育的生物学、生理学、社会学、心理学和哲学基础。这是第一本教育哲学专著。随后出现了比较教育、教育社会学、教育心理学、教育统计学、教育测量学、教育经济学等学科。1817年,法国教育学家朱利安发表《比较教育的研究计划与初步意见》,提出了研究比较教育的目的、范围和方法。是为比较教育学科产生之始。1902年,法国社会学家涂尔干在巴黎大学主持"教育科学"和"教育科学与社会学"讲座,从社会学的角度对教育学和教育科学的性质提出了自己的意见,是为教育社会学产生之肇始。1924年苏联经济学家斯特鲁米林发表《国民教育的经济意义》,被认为是现代教育经济学研究的早期作品。1962年美国经济学家T. W.舒尔茨研究了教育产生的经济效益,提出人力资本理论。这一理论为教育经济学奠定了理论基础。

随着自然科学、技术科学和社会科学的发展,教育学科也在不断扩大和发展。主要朝向两个方向:一是以研究教育过程本身为对象:如课程论、德育论、教学论、学科教学论等。二是学科之间的交叉,在教育学科中出现了许多交叉学科,如教育政治学、教育技术学、教育人类学、教育生物学等。教育学科已经形成了一个庞大的学科群体。

中国教育学的发展

在中国,教育理论的发展源远流长,孔子、孟子建立了儒家教育思想体系,影响中国教育两千余年。但作为一门现代学科的教育学还是近代的事情。直到19世纪末20世纪初,随着师范教育的产生和发展,教育学才开始作为一门学科在师范学堂中出现。中国教育学的发展经历了如下五个阶段。

第一阶段:19世纪末至1919年。以译介日本学者的教育学讲义和著作为主,在师范院校开设教育学课程。日本立花铣三郎的《教育学》,由王国维翻译,连载于《世界教育》第9、10、11号上(1901),是传入中国的第一本教育学。王国维后来又翻译了牧濑五一郎的《教育学教科书》(1902)。江口辰太郎在湖南师范学校的讲义《教育学泛论》也被翻译后刊登在《新民丛报》第56号至60号上(1904年12月至1905年1月)。据周谷平根据《中国译日本书综合目录》统计,1896—1911年,中国共翻译日本教育类书76种。

这些译自日本的教育学著作主要介绍了德国赫尔巴特教育学派的理论。赫尔巴特教育理论所以能在中国流行,除了与19世纪末它在欧洲风行有关,还因为该理论容易被中国传统教育所接受。随后西方的教育学说,如洛克、卢梭、裴斯泰洛齐、福禄贝尔、斯宾塞、纳托尔普等人的教育理论也陆续传入中国。

第二阶段:1919—1949年。1919年5月至1921年7月杜威应邀到中国讲学,在中国兴起了学习实用主义教育思想的高潮,对中国教育学的发展产生了巨大而深远的影响。杜威在华的演讲和他的重要著作在20世纪20至40年代在中国陆续翻译出版。杜威实用主义教育能够在中国迅速流行,与中国五四运动追求西方科学、民主有关。第一次世界大战后,中国教育界的眼光逐渐转向美国,认为美国是世界上最发达的民主和自由的国家。特别是美国率先自1909年开始"退还"部分"庚子赔款",作设立留学预备学校及选派学生赴美留学之用。从1909年起,最初四年,中国每年派遣学生约100名赴美留学,以后逐年派遣。这些留学生回国后在中国的政治、经济、文化生活中大都扮演了重要角色。杜威的来华就是受到他的学生邀请,而且一路陪同,担任翻译。胡适、陶行知、陈鹤琴等还组织社团,创办刊物,宣传他的实用主义教育理论。这一时期,中国教育学理论渐趋成熟,受到杜威教育思想的启发,结合中国的国情,创造了有中国特色的教育理论体系。如陶行知倡导的"生活教育"、陈鹤琴倡导的"活教育"以及晏阳初等倡导的"平民教育"等。

这一阶段,赫尔巴特教育学派并未在中国消失,仍然在理论界,特别在学校中发挥着重要作用。同时其他教育学家的教育著作还在继续引进。中国学者也都纷纷编写教育著作,总计有七八十种,其中影响较大的有:舒新城著《教育通论》(1927)、庄泽宣著《教育概论》(1928)、孟宪承编《教育概论》(1933)等。

第三阶段:1949—1966年。其间又可分为两个小阶段,即1949—1956年和1956—1966年。前一段主要以引进学习苏联教育学为主,后一段是在"左"的思想支配下,批判一切旧教育,探索教育学中国化。

中华人民共和国建立初,在完成旧教育的改造后,全面引进苏维埃教育学,全国兴起学习凯洛夫主编《教育学》的热潮。同时翻译出版了许多苏联教育学者的教育学著作;还邀请苏联专家来华讲学。而杜威、胡适、陶行知、陈鹤琴等人的教育思想受到批判。苏联教育学是在20世纪30年代批判美国实用主义教育理论基础上建立起来的,其理论体系基本上又回到赫尔巴特传统教育学派的基础上,强调系统知识的传授、教师的主导作用等。中国教育界几乎全盘接受这种教育思想体系。

1956年,中国进入全面的大规模的建设社会主义新时期。在教育领域开始探索走中国自己的路。1958年,中国开展了一场"教育大革命",制定了新的教育方针,即"教育必须为无产阶级政治服务,必须同生产劳动相结合","培养有社会主义觉悟有文化的劳动者"。同时随着中苏关系恶化,开始批判凯洛夫教育学,试图建立自己的教育学。教育部还集中一批专家研究编写中国教育学。但由于"左"的思想的干扰,教育学中国化走了一条漫长而曲折的道路。

第四阶段:1966—1976年。十年"文革","左"倾教育思潮泛滥,教育学遭到严重破坏,教育理论工作者被迫停止研究工作。

第五阶段:1976年至今。又可分为两个阶段,即1976年10月至1978年12月,是"文革"结束教育秩序恢复时期。1978年12月中国开始实行改革开放政策,中国教育学进入一个新的发展时期。教育理论界认真反思新中国成立以来的理论建设,同时努力吸纳世界各国教育的新理论、新经验。这一阶段中国教育学的发展表现在下列几个方面:(1)对教育学的一些基本问题展开了讨论。既包括教育性质、教育起源、教育功能等教育本体问题,也包括人的全面发展、教育主体、教育过程等教育实践问题。特别是对教育本质的讨论持续十多年时间,虽然各种意见不一,但对教育的本质有了深刻的认识。(2)大量引进各国教育理论流派。当时在报刊上介绍最多、影响最大的有以下一些教育理论:赞可夫发展性教学理论、苏霍姆林斯基"和谐教育"思想、布鲁纳结构主义教育理论、布卢姆掌握学习理论、皮亚杰认知心理学理论,以及联合国教科文组织提倡的终身教育思想等。(3)教育学科建设迅速发展,研究领域不断拓展,涌现出许多教育分支学科,改变了过去一本教育学一统天下的局面,教育著作大量出版,教育学科群体开始形成。(4)开展了国际学术交流。

中国教育学经历了百余年的曲折和发展,完成了初步的学术建制和学科积累,正在逐步建立起有中国特色的社会主义现代化教育理论体系。

教育学的性质

关于教育学的性质,一是要阐明教育学理论的主要特性;二是要阐明教育学的学科性质,即把教育学作为一门科学研究的根据和特点。教育学的主要特征有如下几个方面:

(1)综合性和跨学科性。从历史上看,无论教育思想家或是教育实践家,提出的教育思想和理论都是从哲学、伦理学、心理学、社会学等学科中吸取方法和材料加以融合和统一,并构成其理论基础。教育学和其他学科一样,都是历史的产物,在不同时代具有不同的形式和内容。在漫长的教育学史上出现的多种教育理论都是当时社会生活和政治生活的组成部分,受当时社会、政治、经济、文化传统等因素的制约。所以,教育学家都是把教育问题与经济、政治、宗教等问题联系起来进行考察。教育是以人为对象的社会活动,人的发展有自然和社会两个方面。因此,教育理论研究必须依靠关于人的发展的其他学科研究的成果,例如神经生理学、认知心理学的研究。教育理论的更新和发展也必须依靠其他学科,吸收其他学科研究的最新成果,然后加以融合,形成自己的理论体系。

(2)实践性。体现在以下几个方面:首先,教育理论的产生和发展完全是人类教育实践需要的结果,而且只有在教育实践中教育理论才能不断地创新和发展。其次,教育理论的产生和发展完全是为了指导教育实践,因此有学者认为,教育学是一门实用科学,与医学相似。最后,教育理论的正确与否要经过教育实践的检验。实践是检验真理的唯一标准,教育学既然要指导教育实践,更需要在实践中检验理论的正确与否。因此,把教育作为一门科学来研究,就必须正确处理理论与实践、基础研究与应用研究的关系,并认真总结古今中外的教育实践经验。

(3)层次性。教育学作为一个学科群体,不是平面地而是分层次地存在的,它表明教育学理论的丰富性和多样性。从横向看,有学校教育学、家庭教育学、社会教育学,还有教育哲学、教育社会学、教育经济学之分;从纵向看,不同年龄阶段有不同的教育学,有学前教育学、普通教育学、高等教育学、成人教育学等,由此形成了一个完整结构的教育理论体系。

教育学的研究方法

任何一门学科都有自己的研究方法,教育学也不例外。毛泽东在《改造我们的学习》一文中指出,社会科学的研究应当从研究马克思主义理论、研究历史、研究现状三方面进行。就教育学研究而言,研究马克思主义理论,是要运用辩证唯物主义的方法来研究教育现象,这是中国教育学研究坚持的方法论。西方各种教育学派都从哲学中寻求各自的方法论基础。

研究中外教育史,批判地吸收教育史上的优秀教育遗产,总结教育史上的经验,以此来丰富和发展教育理论。任何一门学科都是靠知识的积累而发展的,教育学只有吸取历史上教育家的先进教育思想和理论才能得到发展。教育学研究工作者通过教育史的研究可以揭示教育发展的规律,同时发现教育研究中的不足,从而在教育理论上有所创新,有所发展。

教育学要发展就要研究教育现状。现实的教育实践是最有活力的教育研究对象。教育现实随着时代的发展,会出现许多新的矛盾和问题,研究这些矛盾和问题,并从理论上和实践上解决它,就使教育理论前进了一步,例如当前中国,在社会发展转型时期,在普及九年义务教育以后,出现了教育均衡发展的问题,农民工随迁子女教育问题。这些问题的解决需要教育社会学、教育经济学等理论,随着问题的解决,教育理论就有了发展。在世界范围内,当前普遍存在着教育质量问题,也亟待教育研究工作者去解决。

信息科学、脑科学、认知科学的发展,为教育研究提供了新的方法。教育研究工作者要充分利用它们研究的成果来发展教育科学。

参考文献

毛礼锐,沈灌群.中国教育通史[M].济南:山东教育出版社,1985.

南京师范大学教育系.教育学[M].北京:人民教育出版社,1984.

瞿葆奎.元教育学研究[M].杭州:浙江教育出版社,1999.

滕大春.外国教育通史[M].济南:山东教育出版社,1994.

（胡德海　顾明远）

教育学科（education disciplines）

以教育现象和教育活动为研究对象的各学科的总称。除作为其主体或基础的教育学原理外,还包括在学科历史发展过程中逐渐分化出来的各个分支学科,例如教育史、教育心理学、儿童心理学、教育社会学、教育文化学、教育经济学、教育政治学、家庭教育学、初等教育学、中等教育学、高等教育学等。它们各自研究教育领域某一特定的现象、方面和具体过程,或从不同角度研究同一教育现象,解决某些理论或实践问题,发挥各自特有的作用,并形成了规模庞大的教育学学科体系。

教育学科的出现　众多教育分支学科的先后出现并非偶然。在现代教育科学的发展过程中,存在两种经常起作用的趋势,即学科的不断分化和学科的不断综合。这是教育科学发展的显著特点,也是教育学体系发展的重要标志。一方面,随着人们对教育现象的认识不断深入,学科分类越来越细,人们对教育领域的某一分支领域或某一具体事物的本质进行专门研究,得到较深入和较详细的专门知识,从而在原来相对独立的一门学科基础上,再发展出两门或两门以上的分支学科。教育科学不断分化的趋势标志着研究的深入,人们开始深入到研究对象的不同侧面、不同层次,研究更加深入。经过分化后的新学科与原来的学科相比较,其研究对象的范围缩小,但认识的内容更加具体和详细。因此,教育科学不断分化的趋势实质上是人类对教育现象的认识由粗到细、由浅入深的体现,是教育科学从整体研究向分散研究发展的标志,也是新分支学科产生的重要形式。另一方面,教育学与其他学科的关系越来越密切,出现了许多交叉的教育分支学科。

教育学科划分的原则和标准　在诸多教育分支学科中,除属总结人类古今中外教育思想和实践经验的中外教育史、比较教育等学科外,其他学科出现的原因和划分的原则、标准大体有以下几个方面。

教育学与许多学科(科学)产生密切的关系是现代教育学的一个显著特点,也是产生众多相关学科的基础和条件。教育学和相关学科(科学)之间的关系是以教育学具有的性质为原则和标准来确定的。教育既是一种社会现象,也是一种认识现象、心理现象,是一种人的精神文化现象,或者更准确地说,教育只存在于人类社会,所以教育在总体上属于社会现象。但教育这种社会现象是关于社会个体的精神文化领域的问题,属于精神文化现象问题。对个体来说,精神文化现象问题是认识问题、心理问题,其核心是精神文化的传承和人在精神文化领域的造就问题。从人类学的角度来分析,情况也是如此。教育在本质上是人类认识世代连续的纽带。这就决定了教育与人类的所有认识领域相联系。一部教育发展史,就是一部人类认识发展史。正是在实现人类认识世代连续的意义上,作为人类认识世代连续的纽带,教育才确立了自己的永恒性。也正是由于这一点,教育渗透到社会、生活的各个领域、各个处所,并贯穿人生的始终。

根据对教育这种社会现象性质的认识和分析,教育学总体上属于社会科学,但又不单纯是一门社会科学,而是一门边缘性科学,其中也有自然科学的性质,特别是心理科学、精神文化等方面的科学性质。而这些实质上是关于人的问题。

从总体上看,凡是现代以社会现象为研究对象的学问、学科(科学)和以精神、认识、人文现象为研究对象的学科,都属于与教育学有密切关系的学科(科学),并且也可以分为不同的种类。

一是以社会现象为研究对象并与教育学具有相关关系而产生的边缘学科。如:哲学——教育哲学;政治学——教育政治学;经济学——教育经济学;法学——教育法学;管理学——教育管理学;社会学——教育社会学;文化学——教育文化学。

二是以人特别是人的精神和文化现象为研究对象并与教育学具有相关关系而产生的边缘学科。如:心理学——教育心理学;传播学——教育传播学;语言学——教育语言学;美学——教育美学;伦理学——教育伦理学。

三是根据教育对象的不同而形成的家庭教育学、幼儿教育学、初等教育学、高等教育学、职业教育学、成人教育学、特殊教育学以及社会教育学等。

第一类属教育学科与相关学科关系的宏观领域,第二、第三类则相对地属于教育学科与相关学科关系的微观领域。教育学与以社会现象为研究对象的学科之间发生的关系,主要是基于教育事业与其他社会现象如政治、经济、社会、法律等必然发生的关系。因此,如教育政治学、教育经济学之类学科中的"教育",实际指教育事业。而教育与以人的精神、认识和人文现象为研究对象的学科发生的关系,则主要基于教育活动与这些现象必然发生的关系。因此，如教育心理学、教育传播学之类学科中的"教育"，并不是指教育事业，而主要指教育活动。所以，同样是教育学的边缘学科，其中"教育"的含义并不相同。以上这些教育学与其相关学科结合而形成的边缘学科，也是教育学的分支学科。教育学大量边缘学科的出现，乃至成为教育学体系的组成部分，其产生的机制即在于此。

从近代到现代，教育科学理论形成了一个庞大的体系。这个体系的形成，是在旧学科的不断充实和健全，新学科的大量涌现中完成的。新产生的边缘学科不仅在量上扩充了教育学的内容与结构，而且使教育学在质上得到新的提高，亦即使教育学通过对相关学科有关理论、学说、成就的吸取、借鉴，拓宽、充实了教育学赖以建立的理论基础。

现代教育学的理论建设不能脱离各相关学科在现代已取得的理论成果和学术成就，教育学要在理论上保持活力，具有时代的气息和科学性，必须密切关注各相关学科的理论成就，并善于从中吸收所需的有益成分。对教育学来说，教育学与相关学科之间是吸收、借鉴的关系，这是主要的、根本的关系。当然，其中也有互相借鉴、互相吸收，即相得益彰的关系。教育学一旦在理论上趋于成熟，也可以为其他学科提供教育学建设的理论成果，为人类精神文明的建设作出自己的贡献。事实上，人文科学的各个对象彼此牵连、交互渗透，不但跨越国界、衔接后代，而且贯穿不同的学科。

人类历史表明，社会科学的巨大发展是在彼此相互依赖的整体性革命之后实现的。人们的社会实践和社会生活是相互联系的整体，对它们的反映和调节也不能彼此孤立，因此任何一门科学理论，离开与其他科学的融会贯通，都不能形成、丰富和发展。各门科学理论之间必然相互联系、相互作用地交织在一起。像任何一门现代科学一样，教育科学也总是通过跨学科的方法不断开拓其理论视野。

（胡德海）

教育研究（educational research）　运用一定的方法和手段对教育现象及教育规律进行的持续的探索性活动。教育研究主体是多样的，可以是教育工作者，也可以是对教育感兴趣的其他人员；可以是职业教育研究者，也可以是教师、教育决策者和教育管理者。教育研究是一种有计划的、持续的探究性活动，而不是无意的感悟或偶然发现。教育研究总是受研究主体所具有的探究意识和方法论的支配，无论研究者在何种程度上意识到其存在和作用。教育研究总要运用一定的方法和手段，它们或是内隐的、心智的，或是外显的、物质的。只有进入研究主体视野的教育现象和教育问题才可能成为研究问题，教育问题包括教育理论问

题和教育实践问题，既有重要性与价值性之别，也有真问题与假问题之分。

在诸多教育学文献中，教育研究的定义呈现多样性，这主要由教育研究对象的复杂性、教育研究活动自身的复杂性以及不同教育研究主体在方法论倾向和视角上的多样性决定。在教育研究的传统中，要给教育研究下一个广为接受的定义相当困难。1969 年，R. S. 彼得斯和 J. P. 怀特将其定义为"为了解答某种特定的问题，由非常精通某种思维方式的人所进行的系统而持续的探究"；1978 年，特拉弗斯将其定义为"旨在对教育工作者所关心的事情形成一种有机的科学知识体系的活动"。与广义的教育研究概念相对的是从比较狭窄的层面来界定的教育研究。1966 年，索利斯将"教育研究"定义为"包括教育中的经验的和实验的研究，而不是教育中历史的和比较的研究"。尼斯比特和恩特威斯尔则把教育研究局限在"采用定量或科学调查方法的范围"之内，并指出"在教育中还有其他一些重要的研究形式，比如像历史的或哲学的探究"。查尔斯认为，教育研究就是将科学研究运用到教育中，在周密的、有系统的调查基础上，通过使用科学方法创造新的知识，包括弄清问题，形成问题或假设，获取相关信息，分析数据，描述结果，针对提出的问题或假设得出结论等科学方法。美国学者维尔斯马则从研究的一般特征出发来理解教育研究，认为教育研究应该是经验的、系统的、有效的、可靠的，而且可能有多种形式。

教育研究的性质与功能

教育研究的性质　从最概括的意义上来说，教育研究就是对教育的研究，或者说是运用一定的手段和方法对教育进行的研究。这种界定是基于学科差异的界定，而对"一定的方法和手段"的不同理解，则是教育学学科内部不同教育研究观的分水岭，反映了人们对教育研究性质的不同看法。基于方法论的差别，关于教育研究性质的看法大体有三种。

第一种，教育研究属于科学研究。这里的"科学"指自然科学（包括数学），教育研究就是把科学方法运用于教育研究。如前所述，索利斯把教育研究理解为经验的和实验的研究，尼斯比特和恩特威斯尔认为教育研究是采用定量的或科学调查方法的研究。虽然后者承认在教育中还有其他多种研究，如"教育中历史的和比较的研究"、"教育中历史的或哲学的探索"等，但认为它们不属于科学意义上的教育研究。"科学的教育研究"或"科学观"视野的教育研究，强调通过人的感知觉观察实物和事物来获得研究信息。教育研究作为一种以经验主义为基础的科学探索，最初是以"实验教育学"著称，而近代实验科学所开创的传统正是强调"经验"、"实验"和"实证"。科学的教育研究观的哲学基础

是实证主义和逻辑—实证主义，其方法论是唯科学主义。这种哲学观或方法论认为，自然科学的研究方法即科学方法在一切研究中居核心地位，其他门类的学科是否称得上是"科学"或其研究在多大程度上是"科学的"，往往取决于它对科学方法应用的程度。正是在这个意义上，长期以来相当一些学者并不把教育学当成科学，也不把教育研究看作是科学研究。20世纪后期，科学观视野下的教育研究强调的"经验的"或"证验的"（empirical）内涵不断扩大，如查尔斯勾勒的科学的教育研究框架中就有人种学研究、历史研究、描述性研究、相关研究、行动研究、评价研究、因果比较研究和实验研究等，其中有一些种类曾被排斥在传统的科学研究之外。可见，在科学的教育研究中已经有了非实验研究和质性研究的位置。

第二种，教育研究属于人文社会科学研究。科学的内涵从19世纪初法国社会学家孔德创立"社会学"起，到20世纪初开始逐渐扩大，科学已经不再仅仅是自然科学和数学，还包括社会科学和人文科学。在以德国为主的大陆学术传统中，教育研究的人文性始终受到重视，而英美学术传统直到20世纪70年代才开始重视教育研究中人文科学方法的价值。就教育研究的本质属性而言，不把教育研究当作科学研究，有褒贬两个向度。从贬义的角度而言，认为只有科学研究（自然科学意义上的"科学"）才能客观揭示事物之间精细而准确的关系和规律性，因此也是最有价值的研究，如果教育研究不是科学，其价值就非常有限。从褒义的角度而言，认为自然科学式的研究虽然能够从客观教育现象的层面揭示事物之间数量方面的关系，但它忽视教育研究者的主体性，忽视或者不能揭示教育中主观的、价值的层面。教育是具有主观能动性的、活生生的人的活动，不是像自然科学研究对象那样的被动物或客体，因此教育研究在本质上属于人文社会科学研究。

在自然科学与社会科学的"科学二分法"中，教育研究属于社会科学研究。而在自然科学、社会科学和人文科学的"科学三分法"中，教育研究归属人文科学研究。做出这样的判断是由于教育现象具有显著的人文特征，教育研究的主体性是认识教育研究性质不可忽视的重要方面。瑞士心理学家皮亚杰在《人文科学认识论》中指出，作为主体，研究者是认识的源泉，是一切认识的出发点。

第三种，教育研究属于泛科学研究。即从"科学"的宽泛意义上来看，在承认人文科学和社会科学也是科学的前提下，认为教育研究是科学研究，教育研究与教育科学研究是同一概念。这里的"科学"是指一切具有规范性的、对客观事实的正确反映，教育研究或教育科学研究是指以解决教育问题为最终目的的、规范的和理性的认识、理解和体验性探索的总称。教育研究具有一般科学研究的系统性、创新性、严密性、合作性等特征，同时又有其本身的独特性，具

体表现在研究对象的复杂性、研究的跨学科性、实践性、情境性和主体性等几个方面。长期以来，科学在认识和解释自然现象方面取得了重大进展，但却造成了自然科学与人文社会科学的分离。英国科学家贝尔纳认为，科学的一个缺陷在于"它不能妥善地处理各种包含新颖事物、不容易归结为数学数量公式的现象；为了把科学扩大应用到社会问题上去，就需要扩大科学以补救这个缺陷"。将教育研究看作泛科学研究的观点是一种大科学观，意指教育科学研究既可以使用自然科学的方法，也可以使用人文社会科学的方法。对于教育中那些可直接观测、重复出现的现象可采用自然科学方法，而那些无法直接观测的、非重复出现的现象则可采用人文社会科学方法。可见，规范的教育研究应该是实证、逻辑、理解和体验的统一。

教育研究的功能　指教育研究价值之实现所表现出的作用。（1）指导教育实践。教育研究通过对教育问题的探究为教育决策者、教育管理者、教师、学生及其家长等关注教育问题的人们提供理性的探索结果，帮助他们正确认识教育现象，有效解决教育问题，减少实践中的盲目性，提高教育实践的质量和效率，使教育实践促进人的发展和社会进步。（2）生产教育知识，建构教育理论。教育研究与其他科学研究一样，一个基本功能就是生产知识。通过对教育实践问题和教育理论问题的系统探索，修正并发展已有的教育理论，形成新的理论体系。（3）实现研究者个人的生命价值。如果说"教师是人类灵魂的工程师"，那么，教育研究者就是人类社会的设计师。教育研究者，特别是教育基本理论的研究者，就是社会思想家，他们会按照自己的人生观、社会观设计出"应然的"教育，并力图通过这种教育去实现自己的社会理想。就教育中操作层面的研究者（如教师）而言，他们的任务是创造性地传授科学知识，培养社会新人，通过日常的教研活动实现自己的人生价值。

由于教育研究是研究主体在一定的意识和方法论支配下的活动，研究主体的价值取向规定了教育研究的价值和功能，表现出一定的"人为性"，因此教育研究的功能总是具体的。上述三种功能是教育研究所具有的一般性功能，它们之间的区分是相对的。具体的、现实的教育研究的功能往往具有综合性、多面性，而在指导实践时，又会发挥其发展理论或实现研究者个人价值的功能。

教育研究的产生和历史发展

最早的教育研究始于人们对教育问题的理性思考。当教育实践复杂到用教育经验不足以有效指导教育实践时，较系统的教育研究便开始出现。无论在中国还是外国，教育研究的发展历史呈现出大致相同的阶段性：前学科时期、独立学科形成时期、学科体系形成与发展时期。

前学科时期　这个时期包括教育学和近代科学产生之前的漫长时期。在东方,教育研究的方法论基础主要是朴素唯物论。古代印度的乔答摩·悉达多(即释迦牟尼)在公元前 500 年左右提出了创世说和因缘论,从出世的角度教人获得内心宽慰。同一时代的中国孔子则以入世的角度致力于社会改造,《周易》有"以人文化成天下"的教育观。这些教育思想强调的都是经验感知基础上的直觉与感悟。在西方,古希腊哲学家从哲学范畴推导和演绎出教育的目的观和价值观,强调教育实践的原则性与合理性,如亚里士多德提出了"归纳—演绎"的思维模式和研究方法,对后世产生了深远的影响。

独立学科形成时期　这个时期从夸美纽斯《大教学论》(1632)的诞生,到赫尔巴特《普通教育学》(1806)的问世,时间跨度是 17 世纪初期到 19 世纪初期。夸美纽斯《大教学论》的哲学基础是自然主义哲学观,研究路线是演绎推理。他认为,人与自然遵循着共同的规律,对人的教育应当遵循自然所展示的规律。与古希腊哲学家相比,夸美纽斯把追求教育的有效性放在突出位置,重视研究教育对象的本性和发展规律。在研究内容上,他开创了以群体为单位的教育研究,强调研究如何通过教育使人更好地把握自然世界。他的研究引发了人们对人的发展问题的探索。

洛克的《教育漫话》(1693)以"白板论"为基础,强调教育对人的发展的作用。他的感觉主义代表作《人类理解论》(1690)则把经验主义推到了他所处时代的顶峰。而他与笛卡儿之间的论战,不仅标志着近代认识论的诞生,也为教育研究在近代向教学认识论的发展奠定了基础。与夸美纽斯一样,洛克依靠哲学观的更新来更新教育观,由此也影响到他的教育研究。

卢梭在《爱弥儿》(1762)中,把教育对儿童个体发展的价值推到了教育研究的中心,开创了以儿童个体发展为中心的研究传统。在教育观方面,他提出了以往教育研究中未被充分探究的问题,确立了自然的权威。尽管卢梭与夸美纽斯探索关注的教育问题不同,但他们都追求一般结论或规律性的认识。卢梭的研究结论超凡脱俗,但论证却不够严密。

赫尔巴特在 19 世纪初发表的《普通教育学》标志着教育研究成为一个相对独立的研究领域。赫尔巴特有清晰的学科意识,提出了教育研究的独立化问题。他明确了教育学研究的核心问题,扩大了教育学理论的基础学科,强调了教育学研究的理论性,并撰写了第一部理论形态的教育学著作。在研究方法领域,他也做了大量试图突破思辨式研究的努力。赫尔巴特在教育研究上的主要贡献表现在:对自然科学方法的关注和对自古希腊以来的研究方法传统的自觉突破,意识到不同性质的问题需要使用不同的研究方法,如价值研究要用哲学方法,事实问题要用科学方法。他

反对教育研究完全依附于哲学和经验,但也不否认哲学和经验在教育研究中的作用。

在学科形成时期,教育研究呈现出以下基本特征:第一,研究的中心问题域集中到学校教育内部,主要探究如何按照教学对象的本性来组织教学活动,力图揭示一般的原则或过程模式。第二,心理学作为演绎的新前提开始在教育研究中发挥基础作用,系统观察作为事实研究的新方法开始被引入教育研究。第三,哲学观仍然是教育观形成的重要前提,其中占主导地位的哲学是自然主义和经验主义。第四,开始了对教育研究对象、方法、理论基础等方面的研究,教育研究发展的内在机制初步显现,独立领域初步形成。第五,教育研究的成果开始发挥指导实践的功能,显现出理论的力度。

学科体系形成与发展时期　赫尔巴特的《普通教育学》问世以后,19 世纪的教育研究开始分化为对教育实践问题和教育学理论问题的研究。19 世纪,教育研究中学派纷争,大多由赫尔巴特理论引起。在赫尔巴特之后,其思想理论沿着两个不同的方向展开:一个方向是赫尔巴特的追随者将其理论的某些方面模式化,以便在实践中加以运用,由此形成了赫尔巴特学派;另一个方向是赫尔巴特的反对者,从不同角度反对他的理论与研究,从而形成了各派纷争的局面。

赫尔巴特学派在普及赫尔巴特教育理论、推动教学模式化等方面具有重要作用,其影响波及欧洲、美洲和亚洲。赫尔巴特作为科学教育学创始人的地位也得到世界范围的普遍公认,教学理论开始成为教育研究的核心,并为以后教学论从教育学分化出来成为独立学科奠定了基础。尽管赫尔巴特学派在理论上并没有突破赫尔巴特理论,甚至在某种程度上还使赫尔巴特学说中辩证而富有生气的一面被人忽视和逐渐遗忘,但该学派在教育研究发展史上所起的独特作用不可否认。

由赫尔巴特理论引发的学派之争,是西方教育学史上第一次真正意义上的以教育学本身为核心问题的学派之争。争论大致围绕三个问题展开:教育应该追求什么样的价值;教育学的性质是什么;教育学研究应该使用什么方法。针对第一个问题出现新自然主义教育学派、人格主义教育学派、艺术教育学派和劳作教育学派,其中新自然主义教育学派和人格主义教育学派是主要流派。针对第二个问题,与赫尔巴特力图建立认识教育的共同规律的普通教育学相对立,出现德国文化教育学派,其代表人物是狄尔泰等。针对第三个问题,出现以德国的梅伊曼和拉伊为代表的实验教育学派。

在 19 世纪教育实践和教育理论研究的基础上,20 世纪初的教育研究发生重大变化,突出表现在两个方面,一是出现了杜威以实用主义哲学为基础的教育理论,二是形成以

实证主义哲学为基础、以自然科学研究方法为范式的教育研究实证化运动。杜威坚持把哲学与教育融为一体，将教育看作是一种哲学观念的展开，认为教育研究就是哲学研究。他指出，这种哲学研究的目的不是追求"普泛"的概念和理论，而是为了探究具体而丰富的教育现象。他反对当时流行的把科学与哲学截然分开乃至对立起来的观点，认为二者只是取向上的区别，并没有明确的界线。杜威认为，在教育研究中可以而且需要使用自然科学的研究方法，但也反对仅仅依赖于这种方法。他从多方面论述了教育研究与教育实践的关系，强调了实践主体在理论与实践转化中的作用，在他创办的实验学校里，教师既是教育实践者，又是教育研究者。在教育科学与其他科学的关系上，杜威认为教育科学的性质不是独立的，必须将其他科学作为自己的资源，才能形成教育科学自己的内容，他还揭示了教育科学的综合性和发展水平相对不成熟的原因，提出了教育学的学科性质问题。从19世纪末到20世纪30年代，教育研究开始沿着实证化的方向发展。导致这种倾向的原因主要有两个方面：自然科学的发展及其辉煌成就使人们信赖甚至崇拜自然科学研究方法的有效性；实证主义哲学思潮的巨大影响。此外，还受到统计方法的发展及其在教育研究中的应用、心理学实验研究、教育实验研究、教育与心理测量、教育调查等方面的影响。由此，教育研究的实证化不仅有了方法论基础，而且有可行的方法和手段，形成一种与自然科学实证研究相应的教育研究实证模式，教育研究呈现一种试图摆脱哲学而寻求独立的科学化趋势，教育研究的人文性被相对忽视。

20世纪下半叶，教育研究在世界范围内普遍受到重视，体现如下特点：第一，研究课题多样，研究范围扩大。基础研究和应用研究都有重大发展，发达国家基础研究偏强，并对发展中国家的教育研究和教育改革起着间接控制的作用。大部分国家和地区由于经济和教育需求的压力，都比较重视应用研究。同时，研究课题不仅在微观上研究学校教育，而且从宏观上研究教育与社会之间的关系，出现了教育经济学、教育政治学、教育文化学、教育人口学、教育生态学等一系列相关的交叉学科。教育研究的范围在时间上和空间上不断拓展，宏观问题和微观问题普遍受到重视。第二，多元哲学与教育观改变了教育研究者的单向思维定式，方法论意识明显提高，研究方法日益多样化，从重实证向综合化方向发展。质性研究与量的研究相结合的思想日益得到研究者的承认，研究课题也更多地因社会发展需要而提出，而不是由某一具体学科来决定，从而导致越来越多的跨学科研究逐渐取代多学科研究。第三，教育研究越来越具有组织性，研究人员不只是按照自己的兴趣确定研究课题，更多的是由政府机构根据国家和地方的需要组织研究，确立项目，划拨资助经费。教育研究者相互之间的合作得到加强，研究组织之间、研究者之间以及研究者与实践者之间的关系进一步密切。

教育研究的类型

根据不同标准，教育研究可分为不同类型。根据研究的范式类型，可分为质性研究和量的研究；根据研究问题的特征及所规约的研究方法体系，可分为思辨研究与实证研究；根据教育研究成果带来的直接影响，可分为理论研究与应用研究；根据所研究教育问题的内容和性质，可分为价值研究与事实研究；根据教育研究与教育实践的关系，可分为评价研究、行动研究与服务研究；根据研究问题的层次，可分为宏观研究与微观研究。

质性研究与量的研究　是根据研究的目的、任务及所规约的一系列方法体系为标准划分出的两类基本范式。质性研究是以确定研究对象全面情况和性质为直接目的的理性认识、理解、解释和体验的探索过程；量的研究是以确定研究对象某些变量之间的精确数量化关系为目的和任务的研究。

质性研究与量的研究的相对区别表现为以下几点。第一，质性研究基于描述性分析，本质上是一个归纳过程，即从一定的特殊情境中归纳出一般性结论；而量的研究主要是一种演绎一般原理的过程。第二，质性研究在自然情境中进行，其研究方式只适应于特定的情境和条件，强调整体地解释自然情境；量的研究重视事实、关系和原因。第三，质性研究不必在研究之初有一个指导研究的理论基础，而是随着研究的进行不断形成观点和结论；量的研究则是一种理论——检验式研究，一开始就以研究者自己的理论基础作为研究的前提。第四，质性研究注重考察被研究现象发生和发展的过程；而量的研究则对结果给以更多重视。第五，质性研究允许研究者参与被研究的过程，强调与被研究者密切接触，研究的结果具有较大的主观性；而量的研究则要求研究者保持客观中立性，尽量不要影响被研究者。第六，质性研究是用文字描述现象；而量的研究注重统计分析。

在具体的教育研究中，质性研究与量的研究均有价值，两者相辅相成，统一于具体的研究过程中。任何一种具体的研究方式都既有质性研究的成分，也有量的研究的成分，几乎不存在单纯的质性研究或者单纯的量的研究。一般说来，历史研究、田野考察、调查研究、准实验研究、实验研究依次定量成分逐渐增多。历史研究是典型的质性研究，但也不排除以必要的量的研究（特别是描述性定量分析）作为补充。实验研究是典型的量的研究，但在研究假设的制定、研究过程的调整、研究结论的评价和推广等阶段也离不开质性研究作为辅助。根据各种主要研究方式中质性研究和量的研究相对成分的大小，通常将历史研究、田野考察作为质性研究的主要方式，将调查研究、准实验研究和实验研究作为量的研究的主要方式。

思辨研究与实证研究　是以研究问题的特征及所规约的研究方法体系作为标准划分出的两类范式。教育研究所面对的问题，有的是研究者凭借经验事实可以把握的，有的则不能。对于前者，研究者能够用实际的经验材料去进行论证，这就是通常所说的科学理性认识或实证研究。对于后者，研究者可以运用逻辑推理或信仰的方式去进行把握，这种研究方式就叫做思辨研究。

从人类认识的发展来看，思辨研究与实证研究是并行不悖、相辅相成的。实证研究来源于西方文化中深厚的理智主义精神，这种精神又可追溯到古希腊的理智主义哲学。在理智主义纲领的影响下，17—18世纪，法国的唯物主义者们就全盘搬用自然科学特别是物理学的概念和方法研究社会问题，逐渐形成了一股自然科学主义思潮。到19世纪末20世纪初，这种方法论倾向开始影响教育研究，特别是经过实验运动、测量运动后，更是声势浩大。自此，唯科学主义倾向和方法中心倾向成为一般潮流，教育研究领域出现强调实证研究而否定思辨研究的倾向，并且所强调的实证研究也仅指实验方法、数理统计方法和测量方法，甚至把观察法、经验总结法都归于"不科学"的思辨研究的范畴。其实，思辨研究与实证研究有着同等重要的价值，都属于科学理性认识的范畴，没有先进、落后或者好坏、优劣之分。思辨研究的价值主要表现在四个方面：第一，思辨研究有自己的专门问题。对教育中价值问题的研究虽然不排除运用一定的实证研究方式，但问题的性质是思辨性的，不可能用实证方式得出价值问题的结论。第二，有些教育问题属于实证研究的范畴，但是暂时缺乏进行实证研究的条件，只能通过思辨研究的逻辑推理来解决问题。这样可以为未来的科学实证研究提供认识论前提。第三，任何实证研究都需要一定的理论前提和理论假设，这些前提和假设的形成是通过思辨研究方式实现的。第四，实证研究的整个过程都离不开思辨研究，后者是调整和拓展前者的必不可少的手段。

理论研究与应用研究　从教育研究成果的直接影响角度所作的区分。理论研究亦称基础研究，是指能够直接为教育理论知识体系增添新的内容的研究；应用研究是用来解决实际教育问题或者为教育改革和发展提供有用知识的研究。理论研究与应用研究的区分是以教育研究课题性质和价值指向的不同为基础的。

理论研究课题一般是理论性课题，其研究价值的主要依据是课题可能作出的理论贡献的大小，特别是看其对理论体系的哪些方面以及在什么程度上有所突破和发展。按照价值的大小，可以把理论研究分为三级：一是对构成教育科学理论体系具有全局性影响的核心概念、基本范畴和基本原理等作出突破性贡献的研究；二是对教育科学某一领域中已形成的概念、原则作进一步探讨的研究；三是对教育理论中的个别原理、概念等做出修正或更详细说明的研究。

与理论研究的等级相对应，也可把应用研究分为三级：一是涉及教育实践中某些全局性问题的研究；二是对教育领域中某一方面或某一部门、地区内提出的实际问题进行的教育研究；三是解决个别实际问题的教育研究。

价值研究与事实研究　是以所研究问题的内容和性质为标准区分出来的两种研究类型。价值研究是以教育中的价值问题作为研究对象的一类研究的总称。这类研究重视教育现象中的价值问题，以文化论观点看待教育，强调教育研究中研究者的主体性与教育主体性的复杂关系，研究结论在很大程度上取决于研究主体或研究主体所代表的人群的人生观、价值观和教育观。教育事实研究是以教育中的客观事实问题作为研究对象的研究的总称。这类研究强调研究的客观性，排除研究者的主观倾向性对研究结论的影响，其结论具有主体间的一致性。

在教育研究中，对价值研究与事实研究相对地位的评判，取决于评价者所持的教育研究方法论倾向。一般而言，强调实证、客观的科学主义方法论重事实研究而轻价值研究，强调具体性、情境性和主观性的人文主义方法论则重价值研究而轻事实研究。在教育研究中，价值研究与事实研究不是各自独立，而是有机结合在一起的。价值研究不仅是针对一定价值问题的研究，而且对事实研究具有前提和统领作用。从教育的文化本体论角度来看，教育事实研究又服从于教育价值研究，脱离一定价值观念的事实研究必然会失去教育研究的意义。

评价研究、行动研究与服务研究　从教育研究与教育实践的关系角度所作的区分。评价研究是对教育的事实或者经验进行收集并分析判定其有效性的研究，它是研究者和实际工作者之间相互交流的一种主要研究方式。行动研究是教育实际工作者为改进自己的工作所进行的研究，在研究中，研究者同时也是实践工作者，通过研究他们能够成为更好的决策者和更有效的实践工作者，可以为学校中的实际问题提供解决方法。服务研究亦称"为公众的研究"，目的是为使用者或公众提供有价值的信息，帮助使用者或公众获得对有关问题的分析结论，以便他们做出明智的决定。这种研究中的"使用者"通常是指教师、教育管理者、学生家长和其他研究者等。

宏观研究与微观研究　由于教育既是一种人类的实践活动，同时也是一种社会事业，因此既可以把教育当作一种活动过程来进行研究，也可以把它作为一种社会现象的形态来进行研究。当教育作为一种形态时，它的产生、存在和发展是与社会政治、经济及其他文化形态处于既相互区别又相互联系的关系中。这时，对作为相对独立的社会现象的教育及其与其他社会现象之间关系的研究,往往被称为宏观研究,其内容主要包括教育发展的规模和速度、教育的层次结构或科类结构以及教育内容适应政治经济的调整变化等。教育教学内部、学校内部诸要素之间关系问题的研究则属于教育微观研究。如果说宏观研究的目的在于促进包括教育在内的整个社会的协调发展,那么微观研究的目的则主要在于提高教育工作者的育人质量和工作效率。

教育研究与教育实践的关系

广义而言,教育研究与教育实践始终处于一种统一的关系中,它们是同一过程的两个方面。在历史上,最早的教育研究是一些政治家、思想家在社会实践中关于教育在政治统治和社会发展中的作用和地位的思考。由于当时教育还没有成为一个独立的社会部门,教育活动与其他社会实践是一体的,因而教育研究与教育实践处于一种自然的统一状态中。

随着教育实践的独立化和复杂化,产生了以教育经验总结为主要特征的教育研究。教育研究不再局限于对教育在社会发展和政治统治中的地位进行思考,而是开始涉及教育实践的组织、教育内容的选择、教育教学方法等。这时的思想家和教育家开始著书立说,形成了关于教育过程的系统思考,教育研究开始相对独立于教育实践。

近代以来,随着哲学和科学的发展,教育研究者开始运用一些哲学理论和科学方法来阐述教育、研究教育。他们努力运用教育研究来干预和调控教育实践,使教育实践逐渐成为教育研究演示或实验的过程或场所。19世纪末20世纪初,随着科学技术的发展、社会问题和国际关系的复杂化以及哲学思想由近代向现代的转型,教育研究与教育实践乃至与社会实践统一的趋势也日益加强。如以杜威为代表的现代教育理论对赫尔巴特教育学的反叛就是一个有力的例证。但教育研究的职业化及其所形成的一套学科规训又逐步导致了教育研究与教育实践的分离。

20世纪50年代后,随着教育研究的进一步专业化,要求教育研究与教育实践密切联系的呼声日益高涨,教育的实地研究、行动研究、实验研究等融教育研究与教育实践为一体的研究方式日益受到重视。教育研究者认识到,从一般意义上来说,教育研究与教育实践的关系是认识与实践关系的一种具体表现:教育研究以教育实践为基础,教育实践为教育研究提供研究课题和思维加工的材料,是教育研究的源泉和动力;教育研究为教育实践提供理论指导,服务于教育实践,并最终以教育实践作为研究的目的和评价标准。

然而,教育研究与教育实践的关系问题广受关注。"教育研究脱离教育实践"或者"教育理论脱离教育实践"是国内外教育研究领域和教育实践领域的普遍反映。人们一般认为,教育研究会以一般科学技术领域中的"研究—应用"模式来促进教育发展。该模式假定在基础研究、应用研究、典型树立、典型推广以及全面普及之间存在着一种线性关系。但实际上,这种形成于一般科学与技术领域的线性关系模式并不完全适合于教育和教育研究领域。在某种角度上,教育研究"脱离"教育实践,教育研究成果"无用"是有一定的必然性和合理性的。首先,教育研究主体、教育决策主体与教育实践主体(主要是教育管理者、教师和学生)都有自己的价值观,教育中包含各种价值观的碰撞,因此对教育研究的价值期望和判断是多元的。其次,教育研究主体与教育决策主体各自活动的背景和条件不同,在教育研究的问题指向上有所区别。决策者对教育改革和发展的决策并不完全甚至主要不取决于教育研究的结论;即使决策运用教育研究的结论,教育研究也是通过"渗透"或者"舆论"的方式来影响决策。同时,教育研究主体研究教育问题有自己的学术基础和制度,他们可以为决策服务,但更多的是追求学术领域的认可和学科建设的价值(教育研究的批判精神也使研究者期望决策者重视研究成果的运用,以便更好地改造世界)。这种双方在期待和价值观上的不相适应,导致决策主体与研究主体之间相互认为对方"脱离"自己。再次,即使教育研究主体与教育决策主体是一致的,教育研究成果被决策采用,并形成教育政策加以推广,但执行政策的教育管理者、教师等是否执行政策、接受研究成果仍旧是一个问题。由于衡量教育实践者对教育政策执行和教育理论接受程度的标准具有"弹性",教育研究成果在教育实践中的应用难以被真实、准确掌握。

教育研究与教育实践的关系问题仍需要深入分析。既要看到两者相互"脱离"的不合理性并努力密切双方关系,还要看到两者相互"脱离"的必然性和合理性。教育研究不仅需要贴近和走进教育实际,重视从理论到应用环节的过渡,促使教育研究与教育实践的结合,也需要教育研究者摆脱教育实践中的功利主义倾向,对教育问题作学理上的研究分析,从而指导教育实践。同时,在教育实践和教育研究中,不同的主体及其价值观也会对教育研究与教育实践之间关系的评价产生不同结论。教育研究与教育实践的关系问题是一个"古老而复杂"的问题,由于研究和实践的共同"超越性"本质,该问题无论从历史还是从逻辑上来说,都不可能终止。

参考文献

贝尔纳.科学的社会功能[M].陈体芳,译.北京:商务印书馆,1982.

查尔斯.教育研究导论[M].张莉莉,张学文,赵振洲,等,译.北京:中国轻工业出版社,2003.

皮亚杰.人文科学认识论[M].郑文彬,译.北京:中央编译出版社,1999.

瞿葆奎.教育学文集·教育研究方法[M].北京:人民教育出版社,1988.

维尔斯曼.教育研究方法导论[M].袁振国,译.北京:教育科学出版社,1997.

（杨昌勇　孙振东）

教育研究方法论

教育研究方法论（methodologies of educational research）　关于研究教育的方法的理论探讨。揭示一组相近的方法或一类方法共同的理论基础、核心理念构成及其基本特征。方法是由研究的问题、对象决定的,不存在任何脱离研究对象的空洞的、纯粹的方法,方法论也关注研究对象与方法的关系及适切性问题。教育研究的方法论从总体上探讨教育研究中对象与方法的关系及适切性问题,旨在为教育研究方法的整体发展和完善提供理论基础,揭示适合于教育研究的方法的核心构成及其基本特征,最终服务于教育研究。

方法论依人们对研究对象性质的认识的不同而异。随着学科研究的深入,对研究对象性质的认识也在不断变化,研究方法的理论基础和方法的核心构成即展开"新旧的更替"。很多学者借用库恩的"范式"概念来说明教育研究的方法论。如 J. A. 波普在《教育研究中的范式》(1975)中提出规范性与描述性两大研究范式。胡森在《国际教育百科全书》"教育研究范式"条目中也指出,20 世纪教育研究的两大主要研究范式,"一是模仿自然科学,强调适合于用数学工具来分析的、经验的、量化的观察,研究的任务在于确立因果关系,并作出解释;另一种范式是从人文学科推衍出来的,所注重的是整体和定性的信息以及理解的方法"。

教育研究的方法论依人们对教育研究对象性质和有关教育理论性质的认识的不同而异。从理论与实践的维度,教育研究的方法论可分为理论教育学的演绎—推理研究范式和实践教育学的实践研究范式。依据哈贝马斯提出的三类认知旨趣和知识(以控制外在客观化世界为旨趣的科学知识、以沟通和理解从而达成人际协议与共识为旨趣的知识、以从现存不合理限制之下获得解放为旨趣的知识),可将教育理论分为科学的取向、人文的取向和批判的取向,与之相适切的是实证主义(科学主义)研究范式、理解的研究范式和社会批判的研究范式。为了克服上述范式所表现出来的片面研究的倾向,20 世纪后期又兴起一种新的方法论——走向综合的复杂性研究范式。

理论教育学的研究范式

教育学源于两个方面,一是关于教育问题的哲学思辨和演绎,二是对教育实践经验的总结。前者的研究主体是哲学家、神学家、思想家,他们研究"关于教育的问题",对这类问题的研究构成他们哲学思想的一部分,或是对他们哲学思想的检验。后者的研究主体是教育实践工作者,他们研究"教育中的问题",目的是改善教育实践。两种不同的起源预示两种不同性质的理论,前者是理论教育学,后者是实践教育学。

从教育学的发生史来考察,1632 年夸美纽斯出版的《大教学论》超越了具体"教学法"的狭隘视野,探讨"把一切事物教给一切人类的全部艺术"之普遍意义,从而奠定教育学的基础。在教育学的性质上,夸美纽斯的教学理论既具有描述的性质,又具有规范的特点。描述涉及教育事实,采用简单的归纳法加以陈述;规范涉及教育价值,采用演绎的方法进行论证。苏联教育史学家麦丁斯基指出,从前每一条原理都是以圣书上引来的文字"做根据",夸美纽斯一方面不放弃这个旧的论证方法,同时运用了新的论证方法——向自然引证的方法。不过,夸美纽斯对自然的"引证"多是以日常观察的经验为依据,他的教育学具有经验的性质,在教育学史上属于"经验—描述"阶段,是超越具体的教育经验总结向理论教育学的过渡。

康德也在方法论上探讨理论教育学的建立,他以《实践理性批判》和《伦理学的形而上学的基本思想》中的伦理学理论为基础发表《论教育》(1803),其结论来自先验的对教育观念的演绎。康德思考教育学时,并未采用培根所提议的归纳法,而是以一般原理的演绎为基础的思想和技术的体系。不过,康德的教育学表述的也是一些身心保育、训练和陶冶等"怎样教"的实践知识,并没有真正达到建立理论教育学的目的。

对理论教育学作出系统探讨的是赫尔巴特于 1806 年出版的《普通教育学》。从《普通教育学》最初的德文标题《普通教育学——从教育目的所得的推论》可以看出,演绎—推论法是其建立理论的主要方法。他依据"伦理学最著名的基本思想"推论出教育的两个目的:一个是纯粹可能的目的领域,即兴趣的多方面性;另一个是必要的目的领域,即性格的道德力量。要实现这两个目的,前者需要的手段是教学,后者则是训育。这样,赫尔巴特把教育目的和教育手段分别建立在实践哲学(伦理学)和心理学的基础之上。

在赫尔巴特之后,作为哲学家的罗森克兰茨运用黑格尔哲学方法演绎出《教育学的体系》(Die Pädagogik Als System)。该书作为教育哲学的奠基之作,从内容观点到构成形式完全承袭了黑格尔的著作。从那时起,教育学很少有人否认以相关学科为理论基础。到 20 世纪,教育学逐渐把理论基础集中在哲学、心理学、社会学和文化学上。奥康纳曾把教育的实践和医学的实践加以比较,认为正像医学的生长点不在医学本身一样,理论教育学的生长点也不在教育实践,而在其基础学科,"否认教育学有一个理论基础,那将是荒谬的"。

综合这一范式的特点,可发现以下要点。第一,理论教育学的生长点不在教育实践,而在其基础学科。它是基础学科的应用,或是对基础学科的"整合"。理论教育学的这种特性,决定了它必然使用演绎—推论的方法,用基础学科的概念、命题作为大前提,用教育领域的情境或事实作为小前提,得出关于教育的一般价值理论。反过来,理论教育学作为哲学、社会学等基础学科的应用,又丰富和检验了这些学科的基本原理。第二,演绎—推论作为理论教育学的方法论,对理论所包含的概念、命题、陈述和格式都有相应的要求。概念要求明确,不发生歧义,而且要求前后统一,文中自始至终保持一种含义。命题有多种,最基本的是"事实(科学)"命题和"价值"命题两类。事实(科学)命题陈述事实、规律,用"是"表示;价值命题陈述自己的意志,用"应该"、"必须"表示。理论教育学采用的是价值命题形式。其格式是一种论证的方式、推理的方式,即对命题的证明方式。科学命题需要用归纳的方式证明,价值命题需要用演绎的方式证明。由于理论教育学是把基础学科的一般原理、规范运用于具体的教育情景,因此采用的是三段论的推理。

实践教育学的研究范式

教育学作为研究教育问题的学科,对问题的思考一开始就有别于科学。科学追问"是什么"、"为什么",而教育学则追问"怎样做"。所以,最初的教育学就是一种为指导教育者进行教育而提出的实践理论,这些实践理论源于历史的经验总结和教育家自身实践经验的概括,夸美纽斯的《大教学论》和康德的《论教育》都是如此。但近代自然科学形成之后,特别是 18 世纪末 19 世纪初,出现了按照自然科学范式构建教育学的尝试。教育学科学化的梦幻,不仅没有使实践教育学得到发展,反而将其打入了"冷宫",因其科学性不强受到人们的责难。之后,从 19 世纪 80 年代到 20 世纪 80 年代整整一个世纪,维尔曼、涂尔干、洛赫纳、P. H. 赫斯特、布列钦卡等人都明确提出了教育科学和实践教育学的区分,使实践教育学的性质日益明确,并确立了它在教育理论中的"合法性"地位。

维尔曼提出,"教育学说"(Erziehungslehre)是一个行为规范和准则体系。它是规范性的、要求性的和规则性的。它规定在某些情况下应当做什么。涂尔干认为,教育学(pédagogie)的使命是确定"应该做什么",其兴趣指向未来。洛赫纳认为,教育学说的目的在于行动,其任务是规定应当做什么,提出目标和建议,评价与规定教育方式。P. H. 赫斯特认为,教育学是实践理论,是有关阐述和论证一系列实践活动的行为准则的理论,其作用在于为教育实践制定理性的原则。布列钦卡认为,实践教育学(Praktische Pädagogik)是一个规范—描述的相混合的命题体系。它给处在一定社会—文化中的教育者提供关于其教育任务和完成这些任务的手段的信息,并用适用的世界观和道德去激励他们的教育行为。

实践教育学与理论教育学不同。后者的生长点不在教育实践,而在其基础学科,使用的是来自有关基础学科的演绎和推论方法。而前者关心的是为教育实践制定理性的原则,其生长点不在基础学科,而在教育实践。正如 P. H. 赫斯特指出的,不能像思辨的理论教育学那样用基础学科来演绎实践理论。实践理论提供的原则是否合适,必须接受实践成效和批判的检验,因此实践理论只能源于对教育实践的反思和对话,而不是源于某一独特的理论基础。行动研究是 P. H. 赫斯特所谓"实践对话"范式的合适运用。在科学理论家的视野中,"行动"和"研究"是两类不同性质的活动,研究者的研究和行动者的行动几乎互不相干。"行动研究"试图改变研究脱离实际,而行动中的问题又得不到研究的状况,提出行动者对自己的行动进行研究,以改善和提高社会情境中的行动质量的社会理想和目标。20 世纪 30 年代后期,许多社会学家和心理学家对行动研究发生兴趣,其中社会心理学家勒温对行动研究做了比较系统的阐述,提出了行动研究的四个环节。20 世纪 50 年代,行动研究被介绍到教育领域,70 年代,在"教师即研究者"的呼声下,教育行动研究得到了极大的发展。

实践教育学的研究范式有以下要点:第一,实践教育学研究是作为教育实践主体的教师对教育实践的反思,反映的是教师的实践性知识,或教师个人的实践理论,具有实践性、行动性、情境性和个体性。第二,实践教育学研究的主体是教师,对象是教师自身的教育实践,目的是改进教育实践。所以实践教育研究是"对行动的研究"(research of action)、"在行动中研究"(research in action)和"为了行动的研究"(research for action)。第三,实践教育学研究的方式是反思和对话,对自己的实践活动和行动效果进行评估和不断调控。当然,由于教师对惯常的教育活动缺乏敏感性,也可以和专业研究人员合作从事行动研究,但这种合作不是一方对另一方的指导,而是研究者和教师共同发现问题,不断进行对话的过程。因此,实践研究具有合作性、对话性和反思性的特征。

实证主义(科学主义)的教育研究范式

教育学对科学的追求始于德国教育学家赫尔巴特,他因此被称为"科学教育学之父"。他尝试从心理学推出科学的教育手段和方法,但鉴于当时的心理学并非科学心理学,而属于观念的形而上学,结果他建立科学教育学的尝试不仅不成功,反而使教育学落入了哲学—思辨的窠臼。19世纪下半叶,在现代自然科学取得许多突破性进展的历史背景下,教育学科学化的呼声日益强烈。于是,出现了把自然科学日益成熟的实证主义研究范式运用于教育研究的尝试。英国哲学家斯宾塞是第一个在教育学研究中坚持实证主义方法论的人,尽管他并没有建立起真正科学的教育学。20世纪初,受实证主义和实验心理学的影响,出现了拉伊和梅伊曼的实验教育学。拉伊在《实验教育学》(1908)中提出,旧教育学以知觉、内省的方法和别人的观察为依据阐明教育现象,这是很不够的。实验教育学将广泛采用观察、统计和实验等方法来补充旧教育学的思辨方法,使教育学的研究更趋精密化,并使其成为一门严密的、系统的科学教育学,以取代超经验的、思辨的理论教育学。梅伊曼则区分了教育研究中的事实与价值,认为实验教育学研究的是“事实”,主要记载和说明教育现象“是什么”的问题,与一般的经验科学等同,“价值”则为系统教育学所研究。他在《实验教育学入门讲义》(1907)中指出,以往的教育学充满了各种概念和规范,这些概念和规范“仅是理论的演绎或是无理由而规定的教权”。他认为,教育学只有通过实验研究才能获得关于教育目的的、教育手段和方法等方面的正确、可靠的认识,教育学应该建立在经验研究的基础之上。在他看来,实验教育学实际上是把教育学当作实验心理学的应用,其基本原则是“实验”和“观察”,研究的结果是形成“教育技术”和“操作模型”。

这种以追求自然科学化为特征、以应用为目的的研究范式提出后,得到教育研究界的广泛认同和支持。以此为开端,法国心理学家比纳和 T. 西蒙发动智力测验运动,美国心理学家 E. L. 桑代克创立教育心理学。他们在运用实验方法的同时,都批判过去流行的哲学思辨方法,认为研究的科学性只有通过实验的手段才能得到保证。到20世纪20年代,描述统计也完善起来,到30年代,推论统计和多元数据分析也很快发展起来。这一阶段的教育研究完全被自然科学的研究范式所控制,成为实证主义研究范式的全盛期。

在本体论上,实证主义研究范式坚持教育现象是客观存在,其客观性是由方法来保障而不是由研究对象的性质来保障的,它不受主观价值因素的影响。各种教育现象,作为事实,可做抽离式研究,属于“原子论”(atomism)的范畴。在认识论上,实证主义研究范式表现出机械的客体中心论或机械的反映论,认为认识就是对客体的直观的和机械的反映。它强调客观事实独立于认识主体之外,主体、客体是两个截然分开的实体,主体可以通过对一定工具的操作而获得对客体的认识。在对客体的认识上,实证主义认为,现象必须是可以被经验地感知的,一切概念必须还原为直接的经验,理论的真理性必须由经验来检验。事实与价值相

互独立,不能相互渗透。实证主义遵循自然科学的思路,认为事物内部存在着普遍的因果关系,而对事物的研究就是要寻求这些因果关系,以建立规律性的知识体系。在方法论上,实证主义研究范式认为方法可以独立于对象,具有普遍性,同时强调对现象进行量化研究的必要性。

在教育研究中,实证主义作为方法论有以下特点:第一,实证主义研究范式合理性的前提是教育活动的客观性、必然性和普遍性。教育活动首先是一种客观存在。它虽然是教育者和受教育者有意识的活动,但不是随心所欲发生的,而是受一定社会、政治、经济和人的身心发展特点的制约,有其必然性。同时,教育活动表现出的普遍规律,要求教育研究依靠科学的方法论,使用统一的操作技术、方法和程序对其进行客观研究。第二,实证主义的研究范式以自然科学的方法和程序,尤其是以量化的方式来处理教育现象。其量化过程与自然科学的程序基本一致,一般有三个步骤:一是以观察、调查、实验等为手段收集可信度较高的研究数据;二是依据所获得的数据资料,对假设进行检验;三是根据假设检验的结果提出并构建新的理论。第三,坚持教育研究的价值中立。实证主义严格区分事实与价值,认为教育学只研究教育事实。在研究过程中,必须排除先入为主的判断或已有的价值取向,对客观事物进行“纯客观”描述。只有这样,才能不偏不倚地揭示事实(或变量)之间的关系。第四,教育研究的任务是建立教育科学。教育科学把教育当作客观事实来考察,回答教育“是什么”,并通过调查、归纳、实验、统计等方法,形成规律性知识。因此,教育科学对教育活动只具有解释和说明的性质,不具有规范、指导的功能。教育科学倡导一种工具理性观,教育理论是对客观教育活动的解释,教育实践则是理论的技术运用。

理解的(解释学的)教育研究范式

自然科学的成功使得人们把实证主义的研究范式当作唯一正确的范式,并将其运用到人文科学研究中。17世纪,荷兰哲学家斯宾诺莎试图用几何学的方式写作伦理学,反映了哲学家对自然科学思维方式的膜拜。19世纪,孔德实证主义理论的提出,引起了社会科学实证化的重要转向。至此,自然科学方法论成为科学研究的普遍法则,使社会科学丧失了自己的独立性。

19世纪中叶,面对自然科学对人文科学的侵袭,德国的文化哲学家狄尔泰、历史学家文德尔班和李凯尔特等一批有影响的社会科学家开始与自然科学斗争,试图为人文科学争取独立的地位。他们认为,人文科学与自然科学有着巨大的差异,自然科学研究自然界,自然是僵死的、无意识的;而人文科学研究人、人与人的关系及人的创造物。自然科学研究自然界物体之间必然的因果关系,排除偶然性和

意义;人文科学面对的则是含有意义关系的事物、人的有意识的活动,它无法排除偶然性、意义和价值。所以,狄尔泰认为,人文科学不能"套用"和"移植"自然科学的方法论,在自然科学中,研究者与研究对象的关系是人与物的关系,只能"说明",不能沟通;而在人文科学中,研究者与研究对象之间是人与人之间的关系,不仅能沟通,且只有通过体验和理解才能认识。这样,"理解"便成为不同于自然科学之"说明"的独特的人文科学方法论的核心。狄尔泰提出的"我们对自然进行说明,而对精神生活进行理解"的观点,奠定了解释学作为人文科学方法论的基础。到后期,随着胡塞尔现象学的形成,经海德格尔、加达默尔的进一步扬弃,开始把理解当作一种思维方式,不只是对文本的理解,而且进一步提升到本体论的高度,把它作为人的一种存在方式,具有了普遍性。到 20 世纪中叶,理解的解释学作为一种认识论和方法论的哲学基础逐渐为人们所接受,解释学也因此成为 20 世纪影响最大的一种人文科学方法论。

解释学认为,说明是自然科学的思维方法,理解则是历史科学的思维方法。自然科学以"说明"的方法获取事物的原因(cause),人文科学则以"理解"的方法揭示生活的意义(meaning)。"理解"作为解释学的核心方法,不是对客观知识的说明,不在于寻求客观知识的对象,不再是帮助理性分析抽象历史和文化现象的工具,而是人生经验的表达方式,它卷入了人的情感、态度和体验,是把握生命表现中的意义,是人与人、人与自我、人与文本之间的沟通、交流和对话,是一种生命意义的再体验。因此,人文社会科学对人文社会现象的研究不是说明僵死的、客观的事实,而是用理解的方法与其进行"对话",还原其本身的生命意义。因此,人文社会现象是一个生命意义的承载体,是一个对话中的"另一个",而不是一个客体。

理解的研究范式是相对于实证主义研究范式而产生和确立的,它继承了精神科学的传统,以解释学为理论基础。在本体论上,它反对实证主义的原子论,反对对人及其生活进行孤立的考察,而强调一种整体观和相互联系的观点。它假定人的行为是有意义的行为,研究不是只看行为的表现,揭示行为发生的刺激—反应关系,而是要揭示行为背后的意义,形成共性性的理解。在认识论上,理解的研究范式认为,研究主体与客体分离是不可能的,主客体的关系是一个互为主体、相互渗透的过程,主体对客体的认识实际上是主体和客体在互动关系中对客体的重新解读和建构。因此,在方法论上,它特别强调研究者深入现场,在尽可能自然的环境下与被研究者一起生活,了解他们所关心的问题,倾听他们的心声;同时,对他们自己所使用的方法进行深刻反省,注意自己和被研究者的关系对研究的影响;然后在此基础上对被研究者的意义解释系统进行再现和建构。

在教育研究中,第二次世界大战后兴起的德国文化教育学流派继承狄尔泰的思想,反对不从"整体的人"出发的所谓教育研究的科学性,认为这无异于以一种僵化的尺度去测量充满生命活力的对象。他们主张从人的历史和存在分析入手,对人的精神、心灵等内在世界加以体验、理解和诠释。这一时期,以斯普朗格、利特、福利特纳、博尔诺夫等为代表的文化教育学派坚持狄尔泰的理解的研究范式,形成继实证主义研究范式之后又一影响较大的研究范式。

教育研究中理解的研究范式具有三个特点。第一,教育活动是人有目的、有意识的人为活动,具有主观性和价值性,且教育活动因主观价值和客观条件的不同而千差万别,难以重复,又具有情境性和复杂性。教育的对象不是无生命的物质世界,而是具有无限发展潜力的人,教育活动是自为人的活动,教育世界是主观的世界、人文的世界、意义的世界。因此,实证主义追求客观化和普遍化的研究范式难以把握教育活动。教育研究的任务就是要揭示世界的意义,并通过体验、表达、理解这种"解释学的循环"把生命推向更丰富、更深刻的发展阶段。但应该注意的是,教育活动的主观性、情景性也只是教育活动特性的一个侧面,不能认为理解的范式是万能的,可以全盘运用到教育研究上,如果这样,必将再一次陷入机械主义的泥坑。第二,理解的研究范式反对实证主义研究把整体的教育现象加以肢解、分拆,而是主张把教育作为一个整体来看待,把教育现象中人的行为和事件同所处的各种关系结合起来加以考察,以揭示教育行为背后所蕴含的价值和意义。教育研究的目的不只是从客观量化的资料中了解事实,更重要的是了解和解释这些事实背后的意义。第三,理解的研究范式通常关注学校内部微观环境中的问题,具有情境性和特殊性,研究者本人常常作为研究的工具,发挥研究者的"前见"、"偏见"在研究中的作用。在研究过程中,研究者带着自己的"前见"积极参与其中,与被研究者和文本积极进行对话、交流,形成研究者的阐释意图以及与研究对象之间的循环互动,追求研究者对研究对象的"理解"和意义建构,达到研究者和被研究者之间的"视域融合",形成新的交融视域。第四,教育研究的对象不在于外显的教育行为和现象,而在于教育行为所蕴涵的生命意义。重视被研究者的生活史及环境的影响,重视教育行为的个体性和情境性。正如狄尔泰所指出的,研究历史、文化、个人思想的起点不是法则、规律或者哲学上的先验命题,而是从个人和具体的事件开始,逐渐过渡到社会整体的理解。解释学的研究范式既不同于哲学思辨自上而下的研究,而是一种自下而上的研究,也不同于实证主义的"纯客观研究",而是一种充满人情味的研究。

社会批判的教育研究范式

20 世纪 60 年代后期,社会科学研究(包括教育研究)中逐渐形成一种反理性主义、反主流文化的社会批判范式。社会批判的研究范式多从宏观方面分析教育与社会的关系，带有鲜明的批判结构主义特征，在宏观教育社会学研究中运用较多。当今欧美教育社会学流派之一的冲突论学派和德国的批判教育学是运用这一研究范式的典型。

社会批判研究范式的理论基础是批判理论（critical theory）。批判理论本身是在对实证主义和解释学进行批判吸收的基础上形成的。和解释学一样，批判理论也认为主体和客体不可分离，但与解释学不同，它不认为主体只是在互动关系中了解和认识客体，而认为由于主客体双方都有可能受到社会不公正意识形态的压抑，因此研究应该是一个主客体共同演化成长，摆脱虚假意识，达到知识领悟的过程。在这个研究过程中，它肯定"理解"的意义和价值，但又不止于此，而要以批判的反省来代替生命经验（可能是错误意识形态）的重构（reproduction），以"启蒙"和"解放"为旨趣。因此，研究者不仅仅只是尊重被研究者的意见，而且应该让被研究者参与到研究之中，为双方自身的解放乃至社会的全面进步而努力。

批判理论认为，实证主义把一切现存的东西都当成"事实"而加以接受，排除了思维的批判性和否定性，实际上起着维护现实的消极作用。解释学虽然强调了人的主体意识，但只是着眼于重现或体验过去的情景，而没有着眼于批判。批判理论在认识论上提出了"否定的辩证法"，并把它作为研究的根本方法，这与传统理论不同。传统理论把现实作为既有的存在加以接受，并为之辩护，而批判理论的任务是批判既定的、现存的事实性的东西，证明它们是不真实的、不合理的，是必须予以否定的。批判理论的批判主要是在社会系统层次上展开的意识形态批判，通过批判唤起大众自我反省的意识，把人们从虚假的蒙蔽中解放出来，从而回归真实的自我和真实的现实。

解释学的研究范式多注重研究学校教育的具体过程和教育中的人际关系，并且是理解和体验式的辩护，不做批判研究。批判理论认为，教育是粉饰社会不平等现实的工具。鲍尔斯和金蒂斯指出，教育是现有阶级结构再生产的工具，学校的功能在于把学生推向已经形成等级分化的劳动力市场，并成为既有社会和文化意识形态的维持、再创造和建设的合法性工具。批判理论批判教育沦为意识形态的传声筒，沦为统治的工具，造成对人的蒙蔽，因此必须致力于虚假意识的清除，把人从虚假的意识中解放出来。因此批判的教育研究，就是从教育与社会的关系中了解教育活动背后存在的意识形态，然后通过教学活动来启发教育者及学习者的批判意识，进而促进教育实践并改造社会及提升自我。

这一范式在教育研究中有以下特点：第一，教育研究除了要把握教育过程自身的整体性外，更要注意它与社会关系的整体性，尤其是要分析教育与政治、意识形态之间的关系。第二，教育研究的主题不是表面的教育事实，而是这些事实背后所体现的社会意识形态。与经验教育科学和精神教育科学不同的是，社会批判的研究范式不再以结构功能主义的均衡观作为出发点来研究教育，而是承认教育活动中冲突的合法性和自然存在，并用冲突的观点对外在于教育的既有社会结构进行批判性检视，以探寻其内在的不平等之源。第三，教育研究的任务不只是描述和阐释动态的教育过程，而且要启蒙教育者与学习者的批判意识和解放意识。就理论与实践的关系而言，它倡导的是一种批判理性观，在这种理性观下，实践不是一种技术性行动，而是批判的思想加上自觉的行动。第四，在吸收哈贝马斯的交往理论的基础上，批判教育理论认为，对教育领域中的事实关系和意义关系及其历史的社会根源的批判，只能在人与人之间的交往中才有可能。因为交往意味着对话、交流、协商，从而达成理解和共识，而不是一方对另一方的压迫，也不是假借普遍理性而谋求合法化的话语。

复杂性教育研究范式

若干世纪以来，所谓经典科学一直占据主导地位，它基于两个前提，一是牛顿模式，它追求永恒的确实性；二是笛卡儿的二元论，假定自然与人类、物理世界与精神世界之间存在着根本差异。正是这两个前提造成了教育研究一方面追求科学性，试图把教育学变成实证—实验的精密科学，寻求普遍主义的规律；而另一方面又把科学研究与人文研究对立起来，强调教育的特殊性、历史性、人文性，强调只有解释学的理解方法，才是研究教育唯一恰当的方法。这就出现了胡森所说的20世纪教育研究中自然科学和人文科学两大范式此消彼长的争论。这种二元对立的研究方式受到了复杂性研究的挑战。

复杂性是20世纪后期出现的人类认识事物的一种新的思维方式或者说是一种新的方法论。法国思想家、"复杂思维范式"的创立者莫兰认为，21世纪将是有组织的复杂性的世纪。

莫兰通过如下"通向复杂性的八条途径"来探讨多样的复杂性：第一条，偶然性和无序性的不可消除性；第二条，对普遍主义的抽象化的反动，强调个别性、地点和时间性；第三条，错综化的途径，事物表现出相互联系、相互反馈的无比错综的复杂性；第四条，有序产生于无序，产生于噪音；第五条，复杂性是"多样性的统一"，是"多中的一"和"一中的多"的结合；第六条，复杂性是自我产生和自我组织的；第七条，封闭的和清晰的概念、线性思维不适合复杂性，复杂性是全息的、开放的和非线性的；第八条，复杂性不主张价值中立，认为观察者—认识者应该被整合在他的观察和他的认识中。通过这八条途径，莫兰揭示了复杂性的两个核心：经验的核心和逻辑的核心。经验的核心一方面包含着无序性和随机性，另一方面包含着错综性、层次颠倒和要素的激增。逻辑的核心一方面包含着我们必然面对的矛盾，另一方面包含着逻辑学上内在的不可判定性。

复杂性的出现正在改变着自然科学和人文社会科学的性质。自然科学领域里一些新的发展趋向表明，它们强调非直线性更甚于强调直线性，强调复杂性更甚于强调简单化。某些数学家甚至认为定性解释方法比单纯数学上的精确性更加优越。如此，自然科学似乎正在向以前遭到责难和蔑视的"软性"社会科学发展。而在社会科学中，牛顿式探寻普遍规律的方法论也正在遭到釜底抽薪式的破坏，社会科学日益成为"开放的社会科学"。

物理的、社会的、精神的实在都是非线性的、复杂的，但经典科学的研究却遵循的是"简化范式"原则，它消灭了复杂性，寻求的是一种简单化、精致化的普遍性。复杂性研究反对"简化范式"，倡导"复杂范式"的研究原则。

莫兰的复杂科学以及他提出的复杂范式是对简化范式的彻底颠覆，它改变了单一的、静态的、二元的、线性的思维方法，走向非线性的、联系的、多元的、整合的思维。

这一范式在教育研究上有以下特点：第一，教育是一个复杂的、开放的社会系统，教育活动是最具复杂性的一种活动。教育作为社会的一个子系统，不是孤立的，它与政治、经济、文化、科技、宗教等具有密切的联系。它们相互作用、相互影响，从而使教育系统表现出巨大的开放性。开放的系统是无法控制的系统，不仅系统内部表现出复杂性，而且系统外部也表现出复杂的关系。任何一个因素的变化，甚至一个偶然事件都可能对系统造成影响。教育活动更是如此。教育的对象是人，而人是最复杂的存在物，因此，教育活动因人而异，因材施教，就更是表现出复杂性。教育作为有目的地影响人的活动，必然与其他影响人的因素发生关系，这些外部的关系是复杂的、多变的、难以控制的。因此，教育发展和教育活动的效果取决于诸多因素以及这些因素之间的复杂关系，难以精确地用线性的、普遍的规律来把握，它要求使用复杂研究的范式。第二，复杂性要求打破二元的、精致的思维，树立动态的、开放的、非线性的思维。教育具有复杂性，对教育进行研究必须抛弃"简单化的原则"。"我们不能再根据还原主义或'整体主义'的非此即彼的方式来看待一个复杂系统，还原主义企图唯一地从部分的性质出发来理解整体，整体主义在理解整体时忽略部分并带有简化性质"。教育是一个整体，不应该从整体中分离出特殊的一部分，孤立地研究它，要尽可能地考虑其他内外因素的影响，考虑它们的复杂关系，而不是单一的因果关系，这些关系因具体情况而不同，不一定表现为必然规律。所以，"复杂性原则要求我们在思维时永远不要使概念封闭起来，

要粉碎封闭的疆界，在被分割的东西之间重建联系，努力掌握多方面性，考虑到特殊性、地点、时间，又永不忘记起整合作用的总体"。复杂性要求我们放弃一种直线式的问题解释方式，放弃寻求普遍的万能的教育模式和教育规律的企图，寻求联系中的独特性、历史中的情境性、多样性中的统一性。第三，复杂性要求教育研究整合多种研究范式。教育研究中长期存在的二元对立，用一个简单的范式去否定另一种范式，其实都是对教育局部的、孤立的研究。认识复杂的教育活动，在方法体系上需要综合。在一定意义上，教育研究需集人类研究方法之大成。历史上形成的实证主义范式、解释学现象学范式、批判理论范式以及女性主义教育研究等都有其合理性，但都是对教育进行的局部的、抽离式的研究。某一方面的探讨可能更适合运用某种范式，但不能以偏概全，以某种范式代替整个教育研究的范式。复杂性所要求的教育研究方法论，不仅是后现代的多元，而且强调整合。这种方法论虽然把理论与实践、事实与价值、科学主义与人文主义、理性与非理性等看作是不同的方面，但它们并不是对立的、静止的、不变的，而是多元平等的、联系的、同一整体事物的不同方面。

参考文献

布雷岑卡.教育学知识的哲学——分析、批判、建议[J].李其龙,译.华东师范大学学报(教育科学版),1995(4).

胡森.国际教育百科全书[M].贵阳:贵州教育出版社,1990.

埃得加·莫兰.复杂思想:自觉的科学[M].陈一壮,译.北京:北京大学出版社,2001.

瞿葆奎.教育学文集·教育研究方法[M].北京:人民教育出版社,1988.

叶澜.教育研究方法论初探[M].上海:上海教育出版社,1999.

（冯建军）

教育研究结果的呈现方式　（representation of educational research findings）　指将教育研究的成果通过研究报告、学术论文等方式进行传递。根据教育研究的目的和教育研究的方法以及读者的不同而异。研究目的从整体上影响研究报告的风格与特点，研究方法限定研究报告的基本类型，不同读者对研究报告的形式也有不同要求。

研究报告的风格、类型和形式

研究目的与报告风格　在现实生活中，教育研究有三种基本目的：探索、描述和解释。探索性研究关注的议题比较新，试图通过探索性工作来为更深入的探究指出一个方向。描述性研究旨在描述某种现象，如很多质性研究的基本目的就是描述。解释性研究则试图揭示变量之间的因果

关系,如通过定量分析方法对事物的成因提供解释。由于研究目的不同,教育研究报告也具有不同的特点与风格。

研究方法与报告类型 根据所采用研究方法的不同,教育研究报告可分为多种类型。一般而言,采用定量研究方法的报告主要包括实验报告、测量和问卷调查报告;采用质性研究方法的报告主要有民族志、个案访谈和行动研究报告等。此外还有一些既采用定量方法也采用质性方法的研究报告,通常包括对这两种研究方法收集到的资料进行对比或补充分析。不同类型的研究报告从结构上看并不完全一致,对风格的要求也不大一样。

实验研究报告通常包括实验设计、实验过程和实验结果。实验设计包括假设的提出、实验对象的选择、自变量的操纵、因变量的测查和无关因素的控制等内容。实验过程需交代实验程序和过程。实验结果部分汇报统计结果,然后给出支持或拒绝实验假设的结论。在实验研究中,虽然研究者也可以利用定性资料来辅助说明实验的效果,但如果没有定量分析则无法得出具有统计推断意义的研究结果。

问卷调查报告关注问题提出的背景、样本的选定、调查工具的设计、数据的收集与分析。问卷调查报告需要有清晰的理论框架作指引,研究者需要明确交代抽样的方法和样本的特点,并紧紧围绕研究问题或假设讨论研究结果,在此基础上得出相应的结论。在报告最后,研究者还需要联系相关理论或别人的研究结果对自己的结论进行论证分析。

质性研究在汇报研究结果时可以有更多样的形式,如可以采用讲故事、个案报告、叙事分析等多种呈现方式。质性研究报告强调对研究过程的细致交代,强调研究者在研究过程中的反思,以及对于所关注现象或行为的深度描述。

报告对象与报告形式 教育研究报告的对象通常包括专业教育研究人员、学生、教育决策者及对教育研究感兴趣的其他相关人士。针对不同的报告对象,教育研究报告可分为专著、学术论文、学位论文、课题结题报告、咨询报告、会议论文和展示性报告等多种形式。不同类型的报告对报告风格的要求是不同的,如咨询报告强调可行性建议的提出,会议论文可以提出一些有待证实的观点和解释,展示性报告则突出视觉化的表达风格。

教育研究的实际价值及社会效果受到高度重视。为了使有关人员更好地理解并吸收研究成果,教育研究者在报告结果时也尝试采用一些新的方式,如通过图片、照片、录像、诗歌、戏剧、宣传小册子等另类方式来展现研究成果。如在民族志报告中,照片增加了研究的真实性,便于读者更具体地感受研究情境。在实验研究和行动研究中,照片和录像能生动地表现研究所取得的效果,为研究成果的学习与推广提供范例。此外,诗歌、戏剧、宣传册等也常用于行

动研究等类型中,如把有关教师成长的研究成果整理成小册子发给教师,便于教师了解并学习这些成果。这些表现方式体现了教育研究的人文精神,反映了希望将教育研究结果有效传递给基层群众的意愿,在实践中很有价值。

学术论文的基本结构

尽管研究报告有多样化的形式和特点,但也有一些规范性要求。这些规范性要求主要是针对学术论文设定的,其他类型的研究报告可根据需要参考其格式和要求。

学术论文的对象通常是学者或相关领域的研究者,其格式通常需符合专业期刊的投稿要求。学术论文虽然有多种类型和风格,但也有可以参照的组织结构。不同类型的论文均可在此基础上进行调整,以适应各类论文的特殊要求。学术论文一般包括以下部分。

题目 描述研究的中心议题以及研究对象。题目应简明扼要,反映研究中最核心的几个概念。题目一般不能太长,要运用最简明的词语组合概括论文的中心议题,并能从题目上吸引人。通过此类标题,读者能够马上把握到研究的对象和问题,并引发对于此类问题的思考。

摘要 首先用简洁的语言说明研究的问题、对象和方法,然后介绍研究的主要结论。摘要是论文的核心所在,读者首先通过摘要来筛选文章。摘要不能太长,研究者要画龙点睛地把论文内容概括为摘要,以让读者了解研究的内容、方法和研究成果。

关键词 关键词是研究涉及的核心概念,通常选择3～5个概念作为关键词。论文发表后,关键词将录入信息检索系统以供读者查用,所以关键词应符合相应学科的术语要求,绝不能随意杜撰。

导言 导言部分也称绪论或前言,是正文的第一部分。导言部分的关键是把研究问题明确提出来,让读者了解研究的价值所在。具体内容包括:(1)问题的提出。可通过背景描述或实际案例直接说明所要研究的问题。(2)研究的目的与意义。提出研究希望达到的一系列目标,并说明研究的现实意义和理论价值。(3)研究的理论框架。需要界定研究的核心概念以及概念的定义,并说明概念之间的联系或潜在的研究假设。(4)研究的步骤与过程。简要介绍研究对象和所选用的研究方法。此外,研究者也常常在导言部分说明论文的结构框架,便于读者从整体上把握论文的逻辑线索,了解各部分的内容安排。导言部分要简明扼要,可读性强,把读者的注意力牢牢抓住。

文献综述 文献综述是对相关文献或研究成果的回顾与总结,研究者要在文献综述部分界定相关概念,总结已有的研究成果,形成自己的研究框架。文献综述要围绕研究的问题、针对核心概念展开。进行文献回顾时,要关注相关

领域的经典著作与最新成果,通过分析现有文献的不足,给自己的研究做铺垫。如果研究涉及两种过去存在争议的观点,研究者应分别介绍这两种观点,并解释差异所在。撰写文献综述时,要注意引文规范,避免抄袭。如果把别人论文中的一个段落甚至一句话完全抄过来,而不加引号又没注明出处,就可以被看作抄袭行为。如果改写了别人的话语,或者虽然是自己的表述但观点是别人的,也应注明出处,否则也属于抄袭行为。在文献综述中,直接引文不能太多,整段引文要给出明确的标志,如改变字体等。为了使文献综述既符合学术规范,又能在前人研究成果的基础上开辟出自己的研究领地,研究者应系统收集相关文献,以给自己的研究奠定坚实的学术基础。

研究方法　研究方法部分应具体介绍收集和分析数据的基本过程,以便让其他研究者能了解研究的实施程序,并能通过重复研究验证相关结果。研究方法部分应包括以下内容:(1)介绍研究方法。从方法论角度说明研究的性质并明确指出所选用的具体方法,如从资料的性质上确定是定量研究还是质性研究,从研究的问题上弄清楚是描述性研究、行动研究、评价研究、人种志研究还是实验研究。(2)限定研究对象或参与者的范围。由于研究结果只在特定范围内成立,研究者应明确交代研究的目标总体和实际样本,并通过对抽样方法的说明让读者了解样本对总体的代表性。(3)说明收集数据的工具和程序。研究工具可能是问卷、访谈提纲或观察量表,研究者应介绍工具的产生和发展过程,定量研究还要计算测量工具的信度和效度。(4)介绍分析数据的方法。为了让其他研究者更好地把握研究过程,研究者有必要事先说明分析数据的基本方法,从而增加研究结果的公信力。

结果　结果是研究报告的重点,也是研究的原创性成果。研究者通过严密的数据或资料分析过程,得出一系列的研究结果,这些结果应与研究问题相对应,并通过清楚的框架(通常表现为副标题)来展现。在定量研究中,研究结果多用图表来呈现,但图表也不能太多、太烦琐,不太重要的结果可用附录的形式放在研究报告后面。质性研究在报告结果时更强调叙述性,试图通过深度描述让读者真切地体验到研究的过程和结果,因此,质性研究在报告模式上有多种风格,如可写成现实主义的故事、忏悔的故事、印象的故事、规范的故事和联合讲述的故事等。

结论　在结论部分,研究者要总结主要研究结果,然后得出具有解释力的研究结论。同时,研究者还应反思研究过程中存在的局限与不足,使读者更全面、客观地看待研究结果,由于任何研究都具有一定的局限性,所以读者不会因为某个研究存在局限而否定其价值。另外,研究者也可在结论部分指明研究的理论价值和实际启示,从而进一步说明研究的理论和现实意义。在这个部分,研究者还可以提出后续研究的方向和一些具有可操作性的建议。在结论部分,定量研究和质性研究在写作风格上是不同的。在定量研究中,有关变量间的联系或假设检验结果是讨论的重点,研究者要把得到的主要结果与相关文献进行对比,看哪些实证研究或理论支持这些结果,还有哪些研究得出了相反的结论。而在质性研究的结论部分,研究者更强调理论分析以及对研究过程的反思。

附录　包括列出参考文献、访谈提纲、问卷、附加数据及图表等。在学位论文或项目报告中,附录部分往往很长,研究者可能会把一些原始数据的分析结果或第一手的访谈信息附上去,从而提供更丰富的信息,以便增加研究的可信度。附录中参考文献的写法应符合出版社或杂志社的格式要求,如书籍应包括作者、年份、书名、出版地点及出版社,杂志文章应列出作者、年份、文章标题、杂志名称、卷号、期号、起止页码。具体格式应参考相应的投稿要求。

在撰写教育研究报告时,研究者要特别关注其框架结构。虽然研究者可参考上述学术论文的一般格式,但在实际报告中,研究者可以根据内容和体裁的需要进行创新。只要结构清晰、主题突出、内容充实,具体的写作形式完全可以灵活多样。

教育研究报告通常不使用过于华丽的语言,叙述方式宜平实简洁。定量研究报告一般用第三人称,而质性研究报告则通常使用第一人称,以表明研究者本人的主体性。在研究报告中,每个相对独立部分可用小标题分开,各部分之间要有良好的组织衔接,并保证术语含义的一致性、叙述的逻辑性以及立论的准确性。

参考文献

艾尔·巴比.社会研究方法[M].邱泽奇,译.北京:华夏出版社,2002.

陈向明.质性研究方法与社会科学研究[M].北京:教育科学出版社,2000.

李秉德,檀仁梅.教育科学研究方法[M].北京:人民教育出版社,1986.

赵大悌,赵小刚.教育科研能力的培养与提高[M].北京:中国和平出版社,2000.

(张莉莉)

教育研究结果的检验和评价　(verification and evaluation of educational research findings)　对教育研究的结果作出判断的重要环节。教育研究结果的评价有多种标准:从操作规则的角度,主要考察研究是否符合基本的操作规范;从研究报告内容的角度,主要考察每个研究步骤的操作过程及存在的问题。

从操作规则看教育研究结果的质量评价

在教育研究过程中,研究者需遵守一些特定的操作规则,如法律准则、伦理道德准则、哲学准则和程序准则等。法律准则从法律角度限制了研究的许可范围,对研究的安全性和保密性提出了法律要求;伦理道德准则用来处理法律无法触及的伦理道德问题,给研究者提出了一系列有用的伦理道德原则;哲学准则关注研究的目的、意义、可推广性;程序准则要求研究过程经济可行,具有良好的信度和效度。研究的信度、效度、推广度和研究的伦理道德问题是衡量研究结果的主要标准。

信度　亦称"可靠性",如果收集到的数据或资料能保持稳定、一致,就证明这些数据或资料是可靠的。研究结果是否可信,首先取决于数据和资料的可靠性。例如,如果让研究对象在一定的时间间隔内重复做一份试卷,且两次测试得到的结果相近,就说明试卷的得分是可靠的。如果不同的观察者对同一个情境能够得到基本一致的信息,也说明观察数据是可靠的。假如访谈得到的信息能够被知情者证实,则信息也是可靠的。在定量研究中,信度的计算方法有前后测信度、分半信度、评分者一致性系数。在质性研究中,访谈数据是否可靠,可以通过对部分受访者的重复访问得到检验。由于不同的质性研究者对文本资料的编码结果存在差异,因而为了提高编码的一致性,可以请多位编码员共同对一些资料进行编码,最终在编码标准上达成共识。

效度　即有效性,指定量数据或文本资料能够有效描述或直接论证所提出的问题,即研究材料在多大程度上反映了想要研究的问题。在定量研究中,效度指测量工具测出了想要测查的东西,如心理健康量表的确测出了学生的心理健康水平,而非仅仅测出了焦虑程度。测量工具的效度有多种检测方法,包括表面效度、内容效度、效标关联效度、结构效度四种形式。表面效度反映了测量内容或结果与人们的经验性认识之间的吻合程度。内容效度指测量在多大程度上包含了所要测查的内容。效标关联效度也称为预测效度,指某项测量结果与选定的比较标准(效标)之间的相关性系数,如果相关程度高,则被试在该项测量上的得分能够比较好地预测其在效标测量中的得分。结构效度适用于难以直接测量的一些概念,如主体性,这时可以通过对概念内涵的建构达到测量目的,譬如将主体性分成主动性、独立性和创造性三个维度,分别找出相对应的行为指标。在质性研究中,"效度"指的是一种"关系",即研究结果与研究中各个要素如研究者、研究的问题和方法等的一种"一致性",具体检验方法有侦探法、证伪法和三角互证法等。

推广度　指研究结果能在更大范围或其他环境适用的程度。定量研究的推广度取决于样本对总体的代表性。质性研究则认为,研究结果能取得认同与共鸣才是推广度的关键。

研究的伦理道德问题　虽然研究所涉及的群体各不相同,但都需要坚持自愿原则、保密原则、平等互动原则和回报原则。自愿原则要求研究的参与者一定是自愿的,任何人都不应被迫参与研究。研究者必须向参与者说明研究的目的与内容,在征得参与者的同意后才能开展研究。保密原则的目的是保护研究对象的个人利益和隐私权,特别是当研究者需要收集一些对研究对象而言比较敏感的个人意见或不愿让外人知道的特殊经历时,对此,研究者应该以匿名方式进行报告,而且即使在匿名情况下也要考虑如何降低参与者被指认出来的可能性。相对于定量研究,质性研究对保密原则的要求较高,研究的参与者对研究过程也更敏感。因此,研究结束时,研究者要及时销毁比较敏感的访谈录音或实地笔记,以免不相关人员无意中接触到这些材料而引起不必要的麻烦。平等互动原则要求研究者与参与者建立平等的研究关系,通过良好的互动进入研究场所,收集资料,并建构出有价值的研究结果。在针对儿童或弱势群体开展研究时,平等互动原则尤其重要。回报原则也涉及研究者和参与者的互动关系,并对这种关系提出了利益要求,即从参与者那儿获得研究信息的研究者应该对参与者给以回报。回报可以是酬劳、礼物、口头感谢等多种形式,也可通过分享研究结果的方式表达对参与者的感激之情。

与其他类型的研究相比,实验研究的伦理限制比较具体,如研究者只有在得到研究对象的正式允诺后才能开展实验。在质性研究中,研究者也会面临一些重大的伦理挑战,如口述史研究常常使当事人重新面对曾经遭遇的困境或不愿意再提及的往事,对此,质性研究者应该保持敏感性,设身处地地为当事人着想。

研究者应针对自己的研究问题和研究目的,平衡自己对学术研究、社会和当事人的多重责任,在实践中找到解决伦理问题的具体策略。

从研究报告的内容看教育
研究结果的质量评价

除了研究的操作准则之外,对教育研究结果的质量评价还应围绕研究报告的每个具体环节展开,如文献回顾、研究方法、研究结果和研究结论等。

文献回顾　文献回顾的深度和广度、组织文献的逻辑线索以及引文的准确性是考察文献回顾质量的关键。在文献综述部分,研究者不应简单罗列相关材料,而应该对材料进行整理加工,弄清核心概念,指出相关研究的缺陷与不足,从而给自己的研究找到可拓展的空间。

研究方法　在本部分,应衡量研究方法是否与研究问题相匹配,研究情境和研究对象的选择是否得当,研究工具经历了怎样的设计和完善过程,工具的质量如何,研究过程中存在哪些局限。在定量研究中,考评研究质量的关键是抽样方法、样本的代表性、测量工具的信度和效度、问卷回收率和有效问卷数。在质性研究中,由于采用目的性抽样,因此对抽样的随机代表性不做要求,关键是研究者应选择能够提供大量有用信息的参与者。如在口述史报告和个案研究中,参与者是不是一个"有故事"的人就显得格外重要。质性研究还十分重视对研究过程的反思,所以研究者能否自觉审视研究过程中存在的局限与问题也是评价研究结果质量的重要标准。

研究结果　应考察研究结果的陈述是否做到了逻辑清楚、详略得当以及研究者是否对相关结果给出了多种可能的解释。如果研究者采用了多种收集资料的方法,则有必要利用不同资料进行相互印证,以呈现可能存在的不一致性,这一点在质性研究中尤其重要,因为质性研究常常需要通过三角检核法来确认研究信息的可信度,了解还需进一步搜寻的信息。例如,陈向明在一项有关农村学生辍学问题的个案研究中,从学生本人(文中化名王小刚)、老师、家长和同学等多种渠道了解了王小刚辍学的可能原因,特别是试图了解是否如王小刚本人所说,老师体罚是促成他辍学的主要原因。结果显示,各种来源的信息并不能完全支持王小刚自己的说法。研究者因而质疑这种试图寻找影响辍学的决定性因素的做法是否妥当,并通过对农村教育状况的反思说明,只有更深入地了解农村教育中存在的现实问题,才能更深刻地理解辍学问题。在这项研究中,研究者虽然没有给出确切的研究结论,但研究者实事求是的研究态度反而提高了读者对研究结果的认同度。另外,在研究结果的报告上,质性研究还要求反映局内人的视角,介绍参与者的不同观点,并对不同观点之间的复杂关系及其所处的社会、文化和历史背景进行"深描"。

由于研究有多种类型,而每种类型的评价标准又不完全相同,所以在评价研究结果时,还应考察研究是否符合某种研究方法的规范要求,如问卷调查对于抽样方法的要求等。

为了使评价活动具有可操作性,在对教育研究的结果进行评价时,通常还需明确提出谁来评、评什么和怎么评的操作程序。评价方式通常包括自我评定、同行专家论证和行政部门评审。评价标准一般包括以下内容:(1)理论框架的完备性;(2)对实践的指导作用;(3)鲜明的创新性;(4)研究的过程和方法细致、规范;(5)对研究结果的解释合理;(6)结构严谨、叙述流畅。

研究结论　应考察研究结论是否得到了足够的理论或研究支持。任何研究结论都是在特定的研究条件下得出

的,因此,研究者应清楚地限定研究结论的适用范围,并对影响研究结论的某些环境因素与研究过程进行分析和反思。研究结论还应置于更广泛的学术背景下进行分析阐释,不仅需要对比相关的研究成果,而且还要联系既有理论对研究结论进行深入的分析论证。另外,研究者还要指出进一步研究的方向,为今后发展和检验自己的研究成果提供启示。

参考文献

陈向明. 教师如何作质性研究[M]. 北京:教育科学出版社,2001.

陈向明. 王小刚为什么不上学了:一位辍学生的个案调查[J]. 教育研究与实验,1996(1).

李银河,郑宏霞. 一爷之孙:中国家庭关系的个案研究[M]. 上海:上海文化出版社,2001.

裴娣娜. 教育研究方法导论[M]. 合肥:安徽教育出版社,1995.

Charles,C. M. 教育研究导论[M]. 张莉莉,张学文,等,译. 北京:中国轻工业出版社,2002.

（张莉莉）

教育研究中的比较方法（comparative methods in educational research）　指比较方法在教育研究领域的具体应用。教育研究的基本方法之一。比较是确定事物之间相似性与差异性的方法,是认识和探究事物的一种基本方法。它根据一定的标准将彼此有联系的事物加以对照,从而确定其相似性与差异性,有助于对事物进行初步的分类。只有对各种事物内部矛盾的各个方面进行比较后,才能把握事物之间的内在联系。任何学科或研究领域的研究都需要运用比较、分析、演绎和归纳等方法,从不同的事物中获得准确、深入或规律性的认识。法国学者杜甘等人认为,人类的思想在本质上是比较的,将一些人、观点或制度同其他一些人、观点或制度进行比较是再自然不过的事情,人们通过参照系获得知识。爱因斯坦指出,知识不能单从经验中得出,而只能从理智的发明与观察到的事实两者的比较中得出。G. 斯旺森在研究世界宗教时称,没有比较的思维是不可思议的,如果不进行对比,一切科学思想和所有科学研究也都是不可思议的,明显或含蓄的比较自始至终贯穿于社会科学论著之中。教育研究也是如此。

运用比较方法观察、思考和认识教育现象,具有深厚的历史渊源。中国古代思想家老子等人的思想对比较研究方法论建设具有深刻的启迪意义。孔子周游列国,马可·波罗游历东方,都以本土教育作为参照,对异域教育进行自觉的思考,并进行不同程度的比较分析。但是,将比较方法运用于教育研究,乃至发展成为系统的教育研究比较方法,主要是19—20世纪以来人们从其他学科或研究领域获得的启示。19世纪初,比较方法在解剖学、植物学和语言学研究中得到运用,促进和提升了这些学科的发展与研究水平。至

19世纪中叶,教育比较研究受到了热烈的探讨,成为其中的一个分支研究领域。19世纪末,法国社会学家涂尔干努力寻找一种在某种程度上接近自然科学中的实验并可用于社会学科的方法,他认为这种方法就是比较,并将这种方法界定为"间接的实验方法"。涂尔干认为,当现象可以被观察者人工制造出来时,最合适的方法是实验;而事实不可能制造,人们只能在事实自然而然产生时将它们放在一起比较,这时所使用的方法是间接的实验,即比较方法。根据他的理解,可以从比较"相伴差异"或"共存差异"中找到最适合于社会学研究的工具。涂尔干强调了比较法在社会学科研究中的价值,指出比较社会学并不是社会学的一个特殊分支,就它不再是描述性社会学并且渴望对事实进行说明而论,它就是社会学本身。其后的一些学者如迪维尔热发展了涂尔干的这一思想,认为实验方法对研究社会现象的意义有限,而比较在社会科学中的作用相当于实验在物理学和生物学中的作用。

教育现象是一种复杂、特殊的社会现象,要深入和准确地认识教育现象,需要采取包括比较方法在内的多种研究方法。使用比较的方法进行的教育研究称为"教育比较研究"。中国教育研究者刘来泉、管培俊、兰士斌对1909—1949年中国教师工资待遇进行历史考察,比较不同时期大学教师的月薪,比较某一年份不同职称、不同院校大学教师的月薪,比较不同时期中学教师、小学教师的月薪,将同时期某一年份大学、中学、小学教师的月薪进行比较,并将三级学校教师月薪与同期工人月薪标准进行比较。该研究是一个典型的主要采用比较方法的教育研究。可用于比较的教育对象为数众多,教育比较研究形式多样,但其突出的共同点是使用比较方法作为基本的研究方法。"教育比较研究"与"比较教育研究"既有联系又有区别(参见"比较教育研究方法"),后者是前者的一个组成部分,一般以国家作为基本分析单位,前者的分析单位则不限于国家。

教育研究比较方法中的分析单位

分析单位是社会科学研究中的一个重要问题,也是教育研究比较方法使用中的一个重要问题。以往的教育比较研究通常在国家层面进行,这种比较一般称跨国比较或国际比较。从更广泛的范围看,如沃勒斯坦等人指出的,"社会科学一向都是围绕着国家这个中轴运转的"。原因在于,在传统上国家是国际治理的基本实体单位,国家在组织与管理政治、经济、社会生活中发挥着主导作用,国家还是国际制度的基础,而且正是在国家这一层次上可以找到最丰富的资料和数据。例如,联合国教科文组织、世界银行的世界教育统计是以国家为单位的,经济合作与发展组织对其成员国的教育统计也是以国家为单位的。由于一个国家内

部的教育状况有时差异巨大,也由于在全球化时代不同国家之间教育系统变得日益相似,黎成魁、加里多等学者指出,在跨国比较之外,教育比较研究还应包括国内比较(intra-national comparison)与超国比较(supra-national comparison)。在不同的分类方式下,国内比较与超国比较又各自包括不同类型的次级分析单位。

贝磊和R.M.托马斯考察了大量的定性和定量教育研究文献,选择了不同地域和不同层次教育比较研究的范例,论述了不同的分析单位对于理解和解释教育现象的意义和局限性,在此基础上于1995年构建了一个三维的教育比较研究多层次分析模型(见下图)。

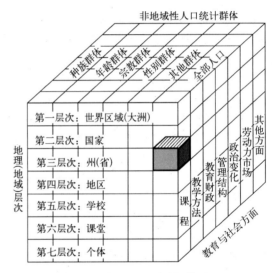

教育比较研究多层次分析模型

该立方体模型的第一个维度为地理(地域)层次,第二个维度为非地域性人口统计群体,第三个维度包括教育与社会方面的要素,三个维度分别包括不同的层次、群体或要素。例如,在地理(地域)维度,教育比较研究的分析单位可以在国家层次,也可以在国家之上的宏观性世界区域(大洲)层次,还可以在国家之下的从州(省)、地区到学校、课堂和个体的微观层次。贝磊和R.M.托马斯认为,每一项教育比较研究都会涉及这三个维度,从而能够在该模型中找到相应的位置。由于教育是一种多层次、多维度的复杂社会现象,许多教育研究需要进行多层次比较分析,以对所研究的教育现象获得更充分、更均衡的理解。这一模型的主要贡献在于,对国家层次以及国家上下各层次的分析单位的意义进行了分析和论证,从地理(地域)维度拓宽了教育比较研究的视角。按照这种思路,贝磊和古鼎仪等人对香港与澳门两个特别行政区的教育进行多方面比较研究。这两个地区都是华人社会,地理上相互邻近,多数居民使用粤语作为日常生活用语,在20世纪90年代后期由中国恢复行使主权之前都遭受过西方国家较长时期的管治,其教育既存

在相似性又存在差异性,构成了一对理想的比较对象。

英国学者拉斐等人对其国内的教育制度进行比较,是拓宽教育比较研究的分析单位的一个典型例子。许多研究者将英国教育制度当作一个整体,实际上英国并不存在单一的教育制度,英国的教育制度呈现高度多样性,其四个区域英格兰、北爱尔兰、苏格兰、威尔士各有自己的教育制度,并且各区域内还存在各种不同的亚教育制度。拉斐等人对英国国内的教育制度进行比较,发现英国四个区域的教育制度存在差异的两个关键原因是民族国家的形成和国民教育制度的出现。拉斐等人对英国四个区域教育制度的主要相似性与差异性进行比较,分析了造成这些异同的原因。他们作出了一些观察:英国国内各教育制度之间相互依存的程度比国家之间相互依存的程度更大;教育制度之间的相似性比差异性更重要;在四个区域之间、教育制度的各部门之间均存在差异;英国的教育制度包括不同类型的制度,表现出区域间的差异;四个区域的教育的社会联系和社会内容的差异小于不同民族国家之间的相应差异;英国四种教育制度之间的联系正在发生变化,特别是后义务教育阶段表现出向不同方向发展的趋势。总之,英国四个区域的教育制度各有不同的特征,差异不但存在于四地之间,且存在于各地内部。该研究显示了在一个国家内部开展有启发性的多重教育比较的意义和潜力。

教育研究比较方法的发展特点

教育比较研究的基本特点是使用比较方法作为基本的研究方法。从类型上看,在教育研究中运用比较方法,不仅可以进行同类比较还可以进行异类比较,不仅可以进行纵向比较还可以进行横向比较,不仅可以进行定性比较还可以进行定量比较。教育研究比较方法的发展具有三个特点。

首先,比较的分析单位和对象不断拓宽。从历史上看,运用比较方法开展的教育研究大多在国家层次进行。但是,近年来教育比较研究的分析单位不断拓宽,研究者不但在国家之间进行比较,而且在区域、民族、学校、课堂、个体等层次之间进行比较,甚至同时进行多个层次的比较。例如,海佳对瑞士26个行政区(州)的教育政策制定过程进行了比较和分析,普契内对马里南部某区四个村庄的既有的权力关系如何影响妇女识字水平进行了深入的比较分析。戈尔德施密特与埃尔曼对美国各州教育支出与结果(主要依据学生数学成绩)的关系进行了检验,并利用这些统计结果与韩国、瑞士、加拿大、法国等11个国家进行对比。以往的教育比较研究大多是对教育制度进行比较,萨德勒1900年的经典演讲的题目即为《我们从对别国教育制度的研究中究竟能学到什么有实际价值的东西》。进入21世纪来,教

育领域用于比较的对象趋于丰富多元,从教育思想到教育制度,从教育目的到学业成绩,从课程标准到教材、教学方法,从教师到学生,从道德教育到学校管理等,无不成为比较的对象。

其次,比较方法与其他方法相结合,综合运用多种研究方法。以往,不少教育学者认为存在一种单一的科学比较方法,在定量方法与定性方法之间必须作非此即彼的选择。实际上,在教育比较研究中并不存在单一的科学探究方法,比较研究既可以采取定性方法,也可以采取定量方法。前者一般包括问卷调查、实验、测量和统计分析等,后者一般包括观察、文献研究、历史研究、案例研究、人种志方法等。比较方法与其他方法相结合,定量方法与定性方法相结合,综合运用多种研究方法,有利于对所比较的教育问题获得更全面、准确、深入的理解。因此,在使用或主要使用比较方法的教育研究中,越来越多的研究者把各种方法结合起来,并且把比较方法与其他研究方法结合起来。施瑞尔努力融合历史方法与比较方法,并进行了富有洞察力的理论分析。斯威汀倡导教育比较历史研究,认为将比较主要集中在地域维度而忽视时间维度,将可能产生单薄的、平面的且很可能是肤浅的结果。中国学者吕世虎等人在对甘肃境内的汉、藏、回族儿童的数学思维能力及其发展进行比较研究的过程中,积极将比较方法与其他方法相结合,将定量研究与定性研究相结合,深化了对三个民族儿童数学思维能力发展的特点与规律的认识,探索了影响儿童数学思维能力发展的各种主要因素。

再次,出现越来越多的合作研究和国际协作研究。历史上的教育比较研究主要依靠研究者的个人努力,后来发展到只有少数研究者进行合作。21世纪,不同学术机构、不同学科、不同国家和地区的研究者合作开展教育比较研究的情况逐渐增多。国际教育成就评价协会(International Association for the Evaluation of Educational Achievement,简称IEA)的研究项目和经济合作与发展组织的"国际学生评价项目"(Program for International Student Assessment,简称PISA)是两项规模最大的主要使用比较方法开展的多个国家和地区合作的教育研究。这种大型的跨学科、多国协作的教育比较研究仅仅靠一两个学科的知识或一两种研究方法是无法完成的,而是需要综合运用多个学科的知识和多种研究方法。

参考文献

贝磊,鲍勃,梅森,等. 比较教育研究:路径与方法[M]. 李梅,主译. 北京:北京大学出版社,2010.

吕世虎. 汉、藏、回9～15岁儿童数学思维能力发展的比较研究[J]. 西北师大学报(社会科学版),1992(2).

Durheim, E. The Rules of Sociological Method[M]. New York:

Free Press, 1982.

Keeves, J. P. & Adams, D. Comparative Methodology in Education[M]//Husén, T. & Postlethwaite, T. N. The International Encyclopedia of Education. 2nd ed. Oxford: Pergàmon Press, 1994.

Raffe, D., Brannen, K., Croxford, L. & Martin, C. Comparing England, Scotland, Wales and Northern Ireland: The Case for 'Home Internationals' in Comparative Research[J]. Comparative Education, 1999, 35(1).

（蒋　凯）

教育研究中的历史方法（ historic approach in educational research）　指历史研究方法在教育研究领域的具体运用。教育研究的基本方法之一。运用历史研究的基本原理和手段,分析、批判和解释教育领域的现象和问题,通过呈现教育历史事件的发展过程及具体内容,借以探求教育发生、发展、演变的历史规律,并预测其未来发展的基本趋势。

历史研究方法是以历史事件为对象所展开的复现、理解、解释和预测性探究活动。从这个意义上看,历史研究或历史研究方法是通过对相关社会过程史料的分析、破译和整理,认识过去、研究现在以及预测未来的一种研究取径,其实质不在于单纯描述具体的历史事件或历史活动,而在于探究研究对象本身的发展过程以及人类对该事物的认识发展过程。

历史研究既是一种社会科学范式,也是一种社会科学的研究取径。作为一种研究范式或研究取径,历史研究方法具有其自身的结构和特性。英国史学家汤因比在《历史研究》一书中提出历史研究的三种范式:一是考核和记录"事实",二是通过对已经确立的事实进行比较研究来阐明一些一般的"法则",三是通过"虚构"的形式对事实进行艺术的再创造。美国学者埃德森认为,历史研究的特性应包括以下方面:强调背景研究;在自然的而不是人为的或理论的环境中进行行为研究;重视经验的整体性;在研究过程中以诠释为中心。中国台湾学者杜维运等人则将历史研究的特性归纳为五项:强调解释取向;依据历史资料;侧重批判精神;重视交互对话;坚持研究伦理问题。

历史方法具有普适性,可运用到社会科学和人文科学的所有领域。教育科学作为社会科学的重要领域,自然也是历史研究的对象和领域。通常,人们把教育研究中所采用的历史方法称为教育研究中的历史方法。这种方法主要是利用历史研究法的基本原理和手段,针对教育领域中的现象和问题加以全面解释;通过对某些教育现象发生、发展和演变的历史事实资料的收集、综合和分析,揭示其发展规律。教育历史方法涉及的主要对象是教育活动的历史以及教育实际和教育理论的发生、发展、演变过程的历史规律。

教育实际是指各个历史阶段的文教政策、教育实施、教育制度的发展演变,社会上的教育变革与教育家的实际活动等;教育理论是指历代教育家的教育思想、不同教育思潮及流派的理论观点等。

中国学者裴娣娜认为,将历史方法运用于教育研究有其适用范围,大致包括以下几个方面:(1)对各个时期教育发展情况的研究,以历史发展的逻辑顺序完整地再现和揭示教育发展过程及其规律的基本脉络,包括对中外教育历史从古代、近代到现代的教育理论和教育实践发展的考察和认识。(2)对历史上教育家们的教育思想理论观点的研究。(3)对一个时期的教育流派、教育思潮的分析研究,以及对不同教育流派理论的比较研究。(4)对一定时期教育制度,如法令、计划、政策等的评判分析。(5)对外国教育发展状况的分析。(6)开拓新的研究领域(如少数民族教育史、中外教育交流史、家庭教育史)等。

美国得克萨斯大学教授莫尔曼及其同事制定了一种分类方法,用以描述教育科学中历史研究的范围,包括:与教育历史有关的传记;普通教育史;教育立法史;主要教育撰稿人的历史传记;教育主要分科史;教育机构史;教育文化史;教育规划和政策史;教育历史评论;世界教育比较史;当代教育问题史。

教育研究历史方法的价值

历史是由时间经验形成和构建的。任何教育制度、教育观念以及教育运动都必然经历一个发生、发展到消亡的过程,历史取径在教育研究中具有十分重要的意义。

从教育学科发展的角度看,历史方法具有基础性的根基作用。在整个教育科学体系中,教育史的研究成果为所有教育学科的发展提供了丰富的养分和素材,构成一切教育分支学科的基础。没有教育史的描述性复现、理解性解释以及前瞻性预见,教育学科领域的学者将无法判断学科的源头和发展方向。一切教育学科的研究都不能回避用历史的眼光和方法来回溯本学科的历史演进和变迁。没有学科历史的演进和变迁,任何学科都无法成为一门真正意义上的成熟学科。在各类教育理论中,理论与历史之间存在特殊的联系。

同时,历史事实的考察和引用也可为教育研究提供经验性的佐证和借鉴性的启示。历史使人明智,能够提升一个人的洞察力和鉴别力,有了洞察力和鉴别力,理论和学说就会产生历史的厚重感。反之,历史的厚重感又进一步提升了研究的理论性,使历史演化变得容易理解,并形成规律性结论。正如康德所言:"没有理论的历史是盲目的,没有历史的理论是空洞的。"一般来说,历史是凝固稳定的现实,而现实则是变化流动的历史。一切教育现象或问题的过去、现实和未来都是历史的无限和有限延伸。

从研究过程来看,历史方法有助于更好地理解已经发生的教育事件和教育活动。复现教育历史并非历史研究的真实目的,描述性复现是向后人呈现教育历史的过去,是历史表达的低级形式。历史研究的本质意义在于通过呈现历史,解释和理解教育现实,进而达到预见教育未来的目的。考察历史的目的在于通过对过去发生的教育实践方式、内容和功能的整体把握,达到对其现在和未来的理解和预见。

从功能上看,历史研究有助于构建教育研究的解释价值。解释是历史研究的重要功能,是历史研究的核心。没有正确的解释,就不会产生真正的意义。时间对人类而言具有双重意义:一是人类世界的真实改变,即世界上发生了一些偶然事件,必须对这些事件加以解释;二是人类意识(及潜意识)内部在时间上的延续。历史研究是研究过去的事件,在很大程度上,这些事件是自然地发生而非人为地发生,研究者只能依据历史文献作出判断性的解释。在这里,意图和目的占据了中心地位,但意图和目的又受到诸多因素的干扰,并非历史的真实或者历史的全部。从这个意义上说,如何"客观地"解释"真实"的历史事件,使之贴近历史的真实很重要。克罗齐认为,历史主要在于以现在的眼光,根据当前的问题来看过去,一切历史都是"当代史"。历史学家的主要任务不在于记载,而在于评价。虽然历史是过去的存在,但历史研究永远是一门"现在"的学问,历史研究的目的在于"古为今用"。在漫长的历史岁月里,教育发展经历了无数次变革,在教育改革与发展的进程中,既有成功的经验,也有失败的教训,所有这些都为后人留下了宝贵的精神和文化遗产。教育历史研究就是要从这些经验和教训中挖掘出最有价值的内容,使当代的教育改革避免重蹈历史的覆辙。

从结果上看,历史研究对现代教育理论者和实践者具有警世和启示作用。这种警世是建立在对教育历史的复现和理解基础之上的。历史可以为后人提供经验或教训,"以史为鉴,可以知兴衰"。教育的历史是一部改革的历史,但教育改革并非都是成功的。不了解历史上的错误,就不会在心里唤起警戒的意识,就注定要重蹈覆辙。因此,采用历史研究可以从正反两个方面的"假设"中获得启示。在一定意义上,没有科学的历史研究,没有对教育过去的追忆、吸收以及对现实的启示,并根据启示对未来进行预测,就不可能把握整个教育学科的历史维度,也无法真正实现教育理论和实践经验的理解及其体系意义的建构。

教育研究历史方法的基本步骤

教育历史研究没有固定的程序及方法,新的资料随时间和情况的变化会不断修正研究者的假设,或改变其工作进度。一般来说,教育中的历史研究方法包括如下环节:

确定研究问题。历史研究方法始于问题或对问题的假设,但是这种问题和假设不是"自然产生"的。在选择问题之初,研究者必须搜集有关资料,从中得到启发或一个论题。历史问题也并非始终不变,有些已经盖棺定论的问题,往往随着新史料的发现或社会环境的变化,又成为新问题,重新引起教育史研究者的关注。

收集资料。历史研究方法的重要步骤就是收集研究资料,也称史料。史料是人们对历史事件发生经过的记述以及与历史事件有关的实物或遗迹,包括文字资料、实物资料和口传资料。史料是历史研究的出发点和基础,研究者不仅要学会收集资料,而且要掌握鉴定和整理资料的方法,以确定资料来源的真实性和价值。按照存在形态,史料可分成口头传说、文字记载、遗物等;按照价值,可分为直接史料(又称第一手资料,包括原始文件,真正参加者或直接观察者的报告,被研究教育家本人的论著、讲演稿、信件和日记,会议记录,调查报告等)和间接资料(又称第二手资料,包括各类参考书籍,他人传抄的记事、传闻,各类编辑物和出版物等);按照留存意图,又可分为有意史料(包括年鉴、回忆录等)和无意史料(学生试卷、教师教案、学校会议记录等)。

鉴别资料。由于前人受历史时代的局限,有些史料可能没有抓住问题的实质,也可能因为看问题片面,或受作者认识水平、生活经验、基本观点等的影响而歪曲了历史事实。因此,研究者需要对史料的真实性进行辨别。史料鉴别的方法有外部鉴别和内部鉴别两种。前者是考证史料的性质,以确定资料的真伪或完整性,涉及文献的形式和外表。需要注意的问题包括:史料的撰述人是谁;史料撰述的时代、地点;史料的文体、内容、风格是否符合时代;史料所呈现的社会背景、思想是否合乎时代等。后者主要确定史料的客观性、可靠性,即确定文献资料本身的意义、价值和准确可靠程度。一般而言,影响文献内容正确性的主要因素有:作者的学识能力、品德威望,记载的真实程度;作者的偏见和动机;资料的一致性程度。

资料的综合和解释。历史研究方法并不等同于文献研究,收集、整理和鉴别资料只是历史研究的基础工作,真正的研究在于根据资料进行综合、分析和解释,并得出结论。综合和解释是历史研究的最后环节,在历史研究中十分重要。美国学者维尔斯马认为,历史研究在很大程度上依靠对从文献中获得的信息进行逻辑分析,并作出与研究问题相关的结论。美国学者高尔则认为,历史研究者就是诠释者,其主要任务是提出概念来组织和诠释收集到的数据资料,历史研究者往往会得到自己想要的"事实",因而历史意味着诠释。

教育研究历史方法的特点

运用教育研究历史方法的研究主体与作为研究客体的

历史事件、历史现象和历史过程之间，不是相对同步协调的关系，而是一种非共存的关系。这种研究方法具有若干特点：一是历史性。在研究对象上，历史研究的主要对象是过去发生的教育事件，研究目的是通过对教育事件的历史发展过程及其具体内容的考察，借以探究教育发生、发展、演变的历史规律，并预见未来发展的基本趋势。在研究过程上，它是按照历史的时间顺序和空间范围再现历史的全过程，包括每个发展阶段。二是具体性。历史研究要求在丰富而具体的文献资料的基础上，揭示研究对象发展过程的一切历史形式、全部丰富内容以及各种相关因素，从而探寻基本规律，所以必须把握最能说明问题的史料。三是以逻辑分析方法为主。历史研究是从纯粹抽象的理论形态上来揭示对象的本质，它通过概念、判断、推理等思维形式，来研究教育事实发展过程的矛盾运动，并揭示历史规律形成自身的学科理论体系。

将历史研究法应用于教育研究也存在一定的局限。首先，历史知识的不完整性。在历史研究中，教育学者仅仅根据过去的史料进行推论，由于史料总是有限的、局部的甚至是不完整的，因而流传下来的历史不论如何贴近事实，总是局部的，更不用说有些历史知识流于臆测。其次，主观因素的影响。历史文献的理论内容是经过"加工"的抽象形态，留存着加工者们的主观认识。同样，历史研究过程也要对史料进行分析取舍，也受到教育研究者主观因素的影响，包括其学识、能力、价值观、对史料的掌握程度以及方法论水平等，容易造成失误。

参考文献

梅雷迪斯·高尔. 教育研究方法导论[M]. 南京：江苏教育出版社，2002.

潘慧玲. 教育研究的取径、概念与应用[M]. 台北：高等教育文化事业有限公司，2003.

汤因比. 历史的话语[M]. 桂林：广西师范大学出版社，2002.

威廉·维尔斯曼. 教育研究方法导论[M]. 北京：教育科学出版社，1997.

（施晓光）

教育研究中的哲学分析方法（philosophic analysis in educational research）

指哲学分析方法在教育研究领域的具体应用。教育研究的基本方法之一。

教育研究中哲学分析方法的发生与演变

哲学的分析方法与人们追求真理的两条基本途径的划分本质相关。亚里士多德曾概括两种追求真理的方法：一是逻辑证真的方法，以形式逻辑的基本规律（同一律、矛盾律、排中律）为依据，通过概念、判断和推理等过程证明某些命题之间的必然联系。通过这种方法获得的真理一般称必然真理。数学证明的方法被认为是应用这种方法的典范。二是经验证真的方法。在经验世界中，绝大多数现象都是通过观察和归纳得出来的，其重要性丝毫不亚于逻辑对象，但是其真伪不能够单靠逻辑进行证明。这种情况下，人们至多只能获得某种相对正确的真理，即或然真理。亚里士多德认为，获得或然真理的唯一正确的途径是"辩证法"（此处指观点不同的人进行辩论的方法）：首先，一个人针对某个问题提出自己的看法；其次，另一个人提出责难；最后，双方通过答辩达成某种共识。此即"正题—反题—合题"的三段论方法。传统哲学中，哲学分析的方法同时包括形式逻辑方法和"辩证法"。近代科学兴起后，逻辑证真的方法被纳入科学研究的方法，"辩证法"（或三段论方法）被认为是哲学研究所特有的方法。希腊哲学和中世纪的经院哲学通常具有很强的教育属性，本质上也是教育哲学，故哲学分析的方法与教育分析的方法是合二为一的。近代教育理论，如卢梭和裴斯泰洛齐等人的理论，亦可视为哲学分析方法在教育领域具体应用的结果。

在方法论上，中国哲学缺乏形式逻辑和辩证法的传统，而擅长实践理性思维，即通过具体的实践来证明某种观念的正误，对实践本身的说明一般使用独断式、比喻式和伦理式的方法。就哲学方法在教育研究领域的应用而言，有两种方法得到了突出表现：一为"理学"方法，其基本特征是把天地万物的道理直接应用到教育对象身上，以期天理与人道的合一，培养出类似古代圣人的社会精英。二为"心学"方法，其基本特征是从教育对象的心理需求进行引导，所追求的实践效果与理学几乎完全一致，只是在方法上更加直接和化繁为简。封建制度瓦解后，中国的教育理论长期以"知行关系"为主导，而知行关系是传统的理论与实践关系在现代社会中的变种。这显示传统的中国哲学分析方法在国内的现代教育中仍发挥着某种隐蔽而深刻的影响。

现代哲学发生了一次根本的转向。传统哲学大多研究如何从经验世界的"现象"中获得"本质"的方法，现代哲学则大多强调"现象"相对于"本质"的重要性，主张"本质"必须依赖于现象而存在。现代哲学的不同流派对现象的称谓不一，或称之为"经验"（如实用主义），或称之为"现象"（如现象学），或称之为"存在"（如存在主义），或称之为"结构"（如结构主义）。尽管如此，各流派在反对本质主义和尊重个体感受方面多有异曲同工之处，这是由现代哲学分析的基本方法（即重点从"本质"转向"现象"的方法）决定的。也有例外，比如分析哲学的方法就不考虑个体与个性的情况，而试图用现代数理逻辑的方法分析教育命题系统的真伪。这样的方法更接近科学分析的方法，而远离了哲学分析的方法。

教育研究中哲学分析方法的特征

教育研究中的哲学分析方法通常表现三方面的特征。首先,其方法论属性的自定义特征。几乎所有的现代哲学分析方法都可以在教育研究中加以应用,但是并非所有的这些方面的应用都可以命名为教育哲学。其方法究竟是哲学方法还是教育哲学方法,通常是由教育研究者自己决定的。实用主义是一个例子,杜威哲学可以叫做教育哲学,其他实用主义者虽然也谈过教育问题,但是却不愿意接受教育哲学的称谓。现象学又是一个例子。现象主义的鼻祖们都不认可所谓的教育哲学,但是这并不影响其信徒将现象学的方法贯彻到教育领域而冠以"教育现象学"之名。

其次,哲学方法与科学方法的关系不尽一致。实用主义者认为自己使用的方法与科学方法并无本质区别,存在主义者则公开宣示自己的方法完全不同于科学的方法。如果把现象和本质当作两个交集的话,那么,实用主义相对处于交集的中央,而其他各家学说则在其他位置进行排列。不管它们与科学方法的关系如何,但在强调现象或者经验之类的东西先于本质这一点上都是共同的。因此,从方法论的角度来看,现代哲学的分析方法较之科学分析方法多少有一些反其道而行之的特征。科学分析方法讲究的是量的研究,哲学分析方法讲究的是质性研究;科学分析方法追求共性,哲学分析方法试图发掘个性;科学分析方法寻找的是共识,哲学分析方法探询的是对所谓的共识进行不尽相同的解释。

最后,哲学方法与教育实践之间有一定的张力。教育实践必须尊重社会传统和道德规范,而传统和规范都是具有"本质"属性的东西。由于现代教育哲学强调的是"本质"的对立面——现象,所以,现代教育哲学与教育实践之间便形成一种紧张关系。因此,教育哲学的对立面往往并不是另外一种教育哲学,而是某种外在于教育哲学的社会思潮。例如,实用主义的主要对手并未出自哲学领域,而是来自要素主义、永恒主义和新托马斯主义等教育思潮。实用主义之后,教育哲学的分析方法更加有远离主流教育实践的倾向,有的干脆就演变成了为学术而学术的纯教育研究的方法。

现代教育哲学还广泛地从历史学、社会学、政治学和心理学等领域借鉴教育研究的方法。因此,教育研究中的哲学分析方法概念应该有所扩大,不仅仅局限于现代思辨方法的应用。

教育研究中哲学分析方法的类型

尽管教育研究中的哲学分析方法的内涵和外延都还会发生变化,但就现实的情况来看,它可以划分为以下几个类型。

其一,通过哲学批判为教育研究提供认识论和价值论的基础。由于认识论和价值论的问题仍然是解决一切教育问题的哲学基础,而这些方面的理论建构依旧是任何一门教育分支学科所不能独立解决的任务,因此以理论批判为特长的哲学方法就再次找到了自身存在的合法性所在。以杜威的教育哲学为例,它一方面通过建构工具主义和实用主义理论完成了对传统认识论的批判和改造任务;另一方面又通过论证民主主义和个人主义的合理性为教育活动提供了价值目标,因此成为美国乃至西方世界在现代教育哲学领域的一面领军旗帜。又如,马克思主义教育哲学的基本特色是对资产阶级世界观的批判和对共产主义思想的灌输。它一方面以唯物辩证法作为认识和改造主客观世界的科学武器;另一方面又以无产阶级的根本利益为核心,指出共产主义乃是人类解放的根本道路,从而在教育领域独树一帜,起着引导共产主义革命教育实践的历史作用。

其二,从某种哲学流派出发研究教育现象和问题,这主要是针对20世纪西方各家教育哲学流派而言的。具有代表意义的是:萨特从存在主义立场出发,把教育活动的本质理解为个人价值实现的基本方式,强调教育为人的自由和个性解放服务,个人在教育活动中的自我选择具有绝对重要性;卡尔纳普等的逻辑实证主义者把教育研究的基本任务归结为对教育领域的所有概念和范畴进行科学逻辑性和个人经验性分析和证实,企图以此排斥一切形而上学的伪命题和假问题;结构主义教育家则试图用人的某种先天心理结构来解释各种教育活动的规律性,皮亚杰是其代表人物;以范梅南等人为代表的教育现象学派,又致力于把现象还原的方法引进教育学研究,提倡现代教育研究的侧重点应该放在理解和体验被教育者的真实思维和感觉状态方面。

其三,结合某种社会思潮对当代教育领域重大问题进行批判和总结。20世纪末21世纪初流行的有三种教育理论分析范式。一是结构功能主义范式。借鉴当代系统科学的理论成果,尝试把教育领域各种现象纳入一个包含诸多元素或者子系统的综合系统——综合系统与元素或子系统之间,以及系统本身与社会环境之间,进行某种形式的物质、信息和能量的交换。他们试图以此来解释现代教育系统的分化、稳定和变迁等重大理论问题,代表人物有 T. 帕森斯和 B. R. 克拉克等。二是批判主义范式。运用马克思关于人的异化和社会再生产等理论,来分析和批判资本主义社会教育的本质和弊病。他们指出,现代资本主义教育机构无非是在自由、民主和平等的谎言下充当着现代异化劳动和社会分层的霸权性机构,其本身合法性和持久性是非常值得怀疑和批判的。其代表人物有鲍尔斯、金蒂斯和布迪厄等。三是后现代主义范式。认为现代资本主义社会是建立在文化霸权、知识僵化、压抑个性和掠夺自然等一系列所谓现代性行为基础上的,与此相反,文化平等、知识多元、个性自由、尊重自然等意识和行为则是后现代社会追求的目标。如何培养具有后现代观念的人便是后现代主义教育家关心的主要任务。这一流派的代表人物有利奥塔和 W. E. 多尔等。以上三种理论范式虽然都是从当代社会学思潮中发展出来的，但是作为哲学分析方法，它们本身明显具有抽象性、思辨性和批判性等特征，而不像社会学研究方法那样偏重于实证性和统计性分析。

只要现代教育理论仍然需要哲学进行认识论和价值论上的反思和建构，哲学分析方法就仍然会具有旺盛的生命力和积极的指导意义。

参考文献

黄济. 教育哲学通论[M]. 太原：山西教育出版社，2001.

利奥塔. 后现代状态：关于知识的报告[M]. 车槿山，译. 北京：生活·读书·新知三联书店，1997.

涂尔干. 教育思想的演进[M]. 李康，译. 上海：上海人民出版社，2003.

（展立新）

教育研究中分析资料的方法（data analysis in educational research）

教育研究的基本方法之一。教育研究的实施，主要是根据研究的问题和目的收集资料，然后对收集到的资料进行分析，获得研究结论。观察、问卷、访谈、实验等多种方法的使用都是为了收集和形成研究资料，获得研究资料后，需要对获得的资料进行分析，以获得研究结论。运用不同研究方法所形成的研究资料在形式、内容以及分析所依据的原则等方面有不同特点。对于不同类型的研究资料，需要采用相应的方法进行分析。教育研究领域经常把研究资料分为数据资料和文本资料，与之相应，分析资料的方法亦可分为数据分析和文本分析两类。前者侧重于对量化数据形式的资料进行分析，包括相关分析、回归分析和因子分析；后者则侧重于对文字形式的资料进行分析，包括内容分析、类属分析和情境分析。

数 据 分 析

数据分析就是对以数字形式呈现的研究资料如何反映研究对象的特性或关系做出分析。它是按照一定的数学原理、法则、程序进行的，这些原理、法则、程序是在丰富的人类生活中形成的抽象体系，依据数学自身的规则推演，而不以研究者或研究对象的主观意志为转移。因此，数据分析不仅有利于获得客观、准确的研究结论，而且可以推进我们的思考，使我们凭借数学推演获得仅凭主观想象难以获得的更深刻的认识和新的发现。

根据研究对象性质的不同，数据分析可以采用解析的方式或统计的方式进行。对于由变量关系确定的现象，可以用数学关系式确定地描述，并按照解析数学的原理、法则进行分析。教育研究中存在大量的随机现象，随机现象的变量关系不是唯一确定的，而是一种可能性。当观测的次数趋于无穷时，其变量关系的可能性渐趋于稳定，呈现出基于大数法则的稳定规律，即统计规律。因此，随机现象的变量关系可以用统计的方式进行分析。

应该指出，数量关系只是事物的一种属性而不是唯一属性，仅以数量关系对事物作出描述有可能不全面、不充分。数据分析在凭借数学自身的逻辑、推理获得进展的同时，也可能因为过于追求数学形式而削弱甚至偏离和掩盖事物本身的意义。

相关分析　相关关系是在统计意义上讨论变量之间关系的可能状态和紧密程度。两个随机变量之间的相关关系有三种可能状态：（1）正相关关系。如果两个随机变量 X 和 Y 之间总是存在着方向一致的变化，当 X 增加时 Y 也在增加，当 X 减小时 Y 也在减小，则两个随机变量 X 和 Y 之间的相关关系为正相关关系；（2）负相关关系。如果两个随机变量 X 和 Y 之间总是存在着方向相反的变化，当 X 增加时 Y 在减小，当 X 减小时 Y 在增加，则两个随机变量 X 和 Y 之间的相关关系为负相关关系；（3）零相关关系。如果两个随机变量 X 和 Y 变化的方向不存在稳定规律，当 X 增加或减小时，Y 增加或减小的概率总是趋于相等，则两个随机变量 X 和 Y 之间的相关关系为零相关关系。变量之间的相关关系可以用相关系数 r 来描述。r 是 -1 到 $+1$ 之间的一个实数（$0 \leqslant |r| \leqslant 1$），其正、负号表示相关关系的方向，其绝对值表示相关关系的紧密程度。相关分析包括计算相关系数、检验相关关系的显著性和对变量间相关关系的解释。可以等距测量的连续变量之间的线性相关关系，相关系数可以皮尔逊积矩相关系数公式计算；不具有线性相关关系，但呈现出近似于某种基本函数或特殊函数曲线时，可以通过变量代换把曲线关系转换成线性关系计算相关系数；离散变量、非正态分布变量的相关系数可以斯皮尔曼相关系数或肯德尔相关系数计算公式计算。相关系数 r 是一个以样本数据计算得到的统计量，r 的绝对值是否真实描述了变量间相关关系的紧密程度，需要对 r 的显著性做统计检验。相关系数可以描述变量间关系的方向和紧密程度，但不能由此作出因果联系的判断。对于相关系数计算及其显著性检验的结果，需要根据研究问题的相关专业作出解释。参见"相关分析"。

回归分析　对于具有相关关系的两个变量或多个变量，如果以其中一个作为因变量，另外一个或多个作为自变量，并且用数学方程式描述它们之间的统计规律，使这个方程式可以通过自变量的取值估计预测因变量的估计值，这个方程即为回归方程，这种分析方法即为回归分析。回归分析包括确定回归方程、回归方程的统计检验、使用回归方程计算因变量的估计值和对回归方程所描述的统计规律作出教育学意义的解释等一般过程。其中，回归方程是根据已经获得的统计数据确定的。常用的回归方程有一元线性回归方程、多元线性回归方程、非线性回归方程等。一元线性回归方程是指仅有一个自变量并且自变量与因变量之间存在显著线性相关关系的回归方程。它描述的是一个自变量 X 和一个因变量 Y 的关系。以 X 和 Y 的一对对应值为坐标，可以在平面直角坐标系上确定一个点，以此类推，可以获得 X、Y 关系在直角平面坐标系上的散点分布。一元线性回归方程是一个直线方程：$y = b_0 + b_1 x$。确定回归方程，就是要确定这一直线方程的截距 b_0 和斜率 b_1。由于回归方程的确定通常是以已获得的统计数据按最小二乘原则确定的，所以按照最小二乘原则，b_0 和 b_1 的值应能满足下列条件：使散点图上各点到这一直线的距离的平方和为最小。由此确定的直线最接近地模拟了散点的分布，显现出 X 和 Y 之间的统计规律，称为回归曲线、拟合曲线。X 和 Y 的相关系数 r 的平方（r^2）称拟合优度或确定性系数，表示回归线对散点分布的拟合程度，或者说以回归线描述散点线性分布趋势的确定性程度。在回归方程确定之后，即可利用回归方程计算出与 X 的某一取值相对应的 Y 的估计值。回归方程是以样本数据计算得到的，会存在一定的抽样误差，使用回归方程需要对变量间的线性关系及其计算因变量估计值的有效性做显著性检验。变量间不具有线性相关关系，但当数据的分布呈现出近似于某种基本函数或特殊函数的曲线时，可以通过变量代换把曲线关系转换成线性关系进行计算，获得非线性回归方程。常用的非线性回归方程有指数曲线、对数曲线、幂函数曲线、双曲线、"S"形曲线等。采用何种形式的曲线做回归分析，可以比较其拟合优度，拟合优度越好，回归曲线描述散点分布趋势的确定性程度越高。如果影响因变量 Y 的因素不止一个，则涉及多元回归分析问题。当因变量 Y 与多个自变量 $X_1, X_2, \cdots, X_k$ 具有线性相关关系，则有多元线性回归方程 $y = b_0 + b_1 x_1 + b_2 x_2 + \cdots + b_k x_k$。多元线性回归是一元线性回归在 n 维空间的推广。多元线性回归方程拟合的是 n 维空间中因变量 Y 与多个自变量 $X_1, X_2, \cdots, X_k$ 关系的回归平面。回归系数 b_0 是回归平面在 y 轴上的截距，回归系数 $b_j (j = 1, 2, \cdots, k)$ 是剔除 X_j 与其他自变量对 y 的共同影响后，X_j 对 y 的边际影响。参见"因素分析"。

因素分析　因素分析是一种多元统计分析方法，其主要功能是降维，即把众多的具有复杂联系的影响因素归结为数量比较少的、尽可能相互独立的几个综合因素。在教育研究的数据分析中，因素分析是一种把握主要影响因素、简化观测和分析的重要工具。教育研究中获得的原始数据往往错综复杂，它们表征的影响因素不仅数量众多，而且具

有复杂的相关关系，难以简单地分解和选择，给教育研究的数据分析带来不便，而因素分析提供了解决这一问题的一种思路和分析工具。因素分析的基本思想是：对于统计数据所表征的原始因素，如果它们之间具有一定的相关性，那么必然存在起支配作用的共同因素。通过分析原始因素相关关系的内部结构，可以找到少数几个分别对众多原始因素起支配作用的共同因素，它们可以尽可能多地反映统计数据所包含的原始因素信息，并且彼此之间尽可能相互独立，成为解释研究问题或对象的新的因素结构。因子分析就是为了获得这个新的因子结构，因素分析模型中的主因素就是分别对众多原始因素起支配作用的共同因素。因素分析模型的一般表达式为：

$$x_i = a_{i1} f_1 + a_{i2} f_2 + \cdots + a_{im} f_m + u_i \ (i = 1, 2, \cdots, k)$$

在这个模型中，x_i 是原始观测变量，$f_j (j = 1, 2, \cdots, m)$ 是主因素，u_i 是特殊因素，a_{ij} 是第 i 个变量在第 j 个主因素上的因素载荷。它所表示的含义是：对于一组原始观测变量而言，每一个原始观测变量都可以表示为 m 个主因素和 1 个特殊因素的线性组合。主因素是以各个观测变量的相关性为基础的共有的公共因素，特殊因素是没有被主因素所反映的、每个观测变量所特有的成分。在因素分析计算过程中，第一个主因素对反映原始观测变量信息的贡献最大，其他各主因素的贡献顺次递减，第 m 个以后的公共因素对反映原始观测变量信息的贡献已很微小，可以忽略不计。因素载荷反映着主因素与观测变量之间的相关程度，因素载荷的绝对值越大，公共因素与原始观测变量的关系越密切。某一主因素与哪些观测变量关系密切，它所代表的就是那些观测变量的信息，它作为某种共同因素的支配作用即由此获得解释。如果求解的因素模型的解释作用不够明显，还可以通过正交旋转、斜交旋转等手段使因素载荷的差异加强分化，使旋转后的因素模型获得比较好的解释力。参见"因素分析"。

文 本 分 析

分析文本的维度包括文本背景（语境）分析、文本前景（前文本）分析、文本定向（后文本）分析和文本共鸣（文本间性）分析。文本语境是文本的社会文化背景；前文本是先在的语言意义所构成的文本策略和修辞力量；后文本是隐匿于文本背后的规范和传统及其所表达的知识—权力目的；文本间性指的是文本之间的交互影响和彼此回应。

文本分析工作有以下几个层次：第一，考证。注重文献的注疏、训诂，强调文献的真实性、准确性、可靠性，以知识或客观性为鹄的。第二，解读。这是一种复原作品的本来意义，寻求作者初始意义的释义行为。第三，阐发。就是发掘作品的当代意义，通过逻辑、想象力等说出作者不曾说但

可能会说的,而不是从某句话引发出来的感想。阐发以考据和释义为前提,但也有其相对的独立性。第四,创新。解释的本质在于让文本中的可能因素"通过解释者创造性地实现出来"。创造性解释要防止过度诠释,应在展开作品的一种可能性与落实一种意义的同时仍然保持文本的丰富性与活力。

内容分析　内容分析法是一种对具有明确特性的文献内容作客观、系统的量化描述的研究方法,它在本质上是一种编码运作。内容分析是一种基于定性研究的量化分析方法,是把用语言表示而非数量表示的文献转换为用数量表示的资料,并将分析结果用统计数字进行描述。内容分析试图通过对文献内容的"量"的分析,克服定性研究的主观性和不确切性的缺陷。内容分析对象广泛,任何有交流价值的各种类型的内容和文献信息都能成为内容分析的对象(包括开放性问题和现场笔记)。内容分析时间跨度大,只要文献资料充足,即可突破时空条件的限制,对社会进行大跨度、多方面的比较研究。内容分析以其非介入性保障了研究的客观性。但内容分析法对分析资料的完整性、系统性要求较高,需要计算机和相应的全文数据库以及现代统计技术的支撑。另外,比较精细的内容分析法还需附加其他信息,将分析内容与信源、信道、接受者、反馈或态度等进行联系分析。内容分析法首先在情报与传播领域得到采用,后被广泛应用于社会科学领域。

在选出想要研究的问题或想要检验的假说之后,内容分析者必须确定想要分析的对象主体(出版物、新闻广播、访谈资料、时间跨度等)。如果对象主体较多,就必须进行取样。内容分析的抽样程序与调查研究的抽样程序大致相同,即确立抽样范畴,通过随机抽样、系统抽样、分层抽样或聚类抽样等方法选取样本。首先,内容分析者要确定分析内容的类别或范畴。内容分析的类别应反映研究的目的,且应穷尽无遗、相互排斥和相互独立,它一般不是来自理论,而是通过仔细研究将被研究的文献,并确定它们所包含的共同因素而确立的,即类别是从将被分析的文献中显露的。其次,内容分析要确定适当的记录单位(或分析单位),如单词或单个符号、主题、人物(即小说、戏剧、电影或广播剧电视剧中的人物)、句子或段落、项目等。如果必要,还应考虑记录单位的语境单位,通过具体单位的语境单位,来确定该单位属什么类别。内容分析者还要确立点算体系,即决定如何使资料以数量来表示。在内容分析中,有四种主要的点算资料的方法:(1)简单的二元编码,以指出文献中是否出现类别;(2)在文献中出现类别的频数;(3)给类别派定的空间数额;(4)类别所反映的力量或强度(通过各种量表测量程度,如总合评量程序、配对比较程序等)。最后,要对统计分析结论进行有用性和可靠性分析,并将数据统计分析的结论与文献的定性判断结合起来,提出研究人员自己的观点和结论。

类属分析　类属是资料分析中的一个意义单元,代表资料所呈现的一个观点或是一个主题。类属分析是指在资料中寻找反复出现的现象及可以解释这些现象的重要概念的一个过程。在此过程中,具有相同属性的资料被归入同一类别,并以一定的概念命名或标示。类属的属性包括组成类属的要素、内部的形成结构、形成类属的原因、类属发挥的作用等。设定类属标准的方式有多种,传统教育研究注重类属之间的逻辑关系,强调遵循逻辑规律,避免逻辑错误(如子项相容、子项过多、子项不全等)。但在质性研究中,则注重当事人自己的逻辑,允许研究者使用他们对事物的分类标准对概念进行分类(如按"功能"分类,而不是按"门纲目科属种"分类)。此种类属设定的着眼点是逻辑学中的"划分",而不是"分类",也就是说,能够把对象区别开来的任何属性,都可以作为划分的标准,而分类则要求用事物的本质属性或显著特征作为根据。

设定类属的基本方式是比较,通过比较发现事物、现象的相同点与不同点。常用的比较方式有:同类比较(根据资料的同一性进行比较)、异类比较(根据资料的差异性进行比较);横向比较(在不同的资料之间进行比较)、纵向比较(对同一资料中的各个部分进行前后顺序的比较);理论与实据比较(将研究者的初步结论与后续收集到的资料进行比较)等。设定类属后,应对类属之间的种种关系进行识别,并将有关类属与它们之间的属性进行整合、比较,考虑类属之间存在什么关系,如何将这些关系联系起来,如因果关系、时间前后关系、语义关系、平等关系、包含关系等,以便建立类属之间的关系网络图或结构图,凸显每一类属的意义维度与基本属性。然后,要在众多类属关系中发展出一个或数个"核心类属",它是所有类属中最上位的意义单位,可以在意义上统领所有的其他类属,形成理论阐述的关键词与核心概念,为系统的理论陈述做好准备。最后,进行理论建构,将所掌握的资料、概念类属、类属特性以及概念类属之间的关系层层描述出来,作为对研究问题的回答。类属分析能对资料进行比较系统的组织,强调了资料所反映的主题,但容易忽略资料之间的连续性以及它们所处的具体情境,无法反映动态事件的流动过程。此外,以个人逻辑进行分类的方式也会将一些无法分类但对回答研究问题十分重要的资料排除在研究结果之外。

情境分析　情境分析是把资料放置于研究现象所处的自然情境之中,按照故事发生的线索对有关事件和人物进行描述性分析。情境分析有利于表现丰富动态的生活情境以及人对生活意义的理解。对资料进行情境分析的基本思路是:把握资料中的有关重要信息,找到可以反映资料内容的故事线索,发展故事的有关情节,对故事进行详细描述。因此,情境分析强调对事物作整体的动态的描述,注意寻找把资料连接成一个有意义的叙事结构的关键线索。进行情境分析时,应该特别注意资料的语言情境和社会文化情境、故事发生的时空背景、叙述者的说话意图、资料所表达的整体意义以及各部分意义之间的关系。情境分析的结构有多种组成方式,如前因后果排列、时间流动序列等。情境分析的内容十分丰富,包括事件、人物、时间、地点、状态、主题等。情境分析的具体手段很多,有轮廓勾勒、片段呈现、个案、访谈片段、观察事件、故事等。

　　情境分析的具体步骤如下:第一步,系统认真地通读资料,发现资料中的核心叙事、故事的发展线索及组成故事的主要内容。其中,核心叙事是情境分析最中心、内容最密集的部分,代表了资料的整体意义,它有一条故事线索。核心叙事可能是对资料中多个个案的一个汇总,通过一个典型个案表达出来;也可以以一个个案为主,其他个案内容作为补充。第二步,按照已设立的编码系统为资料进行功能性设码,把有关的片段用符号标示出来,寻找资料中的叙事结构(如引子、时间、地点、事件、冲突、高潮、问题的解决、结尾等),并对结构中诸因素之间的关系及与其他因素之间的关系进行探讨。第三步,对资料进行归类。情境分析中资料归类的目的是在归类的基础上将内容浓缩,将有关内容整合为一个具有内在时空、意义或结构联系的情境整体,然后以一个完整的叙事结构呈现出来。如果依靠资料内容本身难以建立起一个连贯的、具有内在联系的整体,研究者也可以通过自己的再叙说,把资料各部分之间的关系表述出来。情境分析可能使研究者忽略叙事或情境中存在的一些建立在相似性基础之上的意义关系,对资料内容的相同点和不同点视而不见;也可能深陷故事的情境之中,无法看到使用其他资料分析方法的可能性。

参考文献

陈向明.质性研究方法与社会科学研究[M].北京:教育科学出版社,2001.

王孝玲.教育统计学[M].上海:华东师范大学出版社,2001.

威廉·维尔斯曼.教育研究方法导论[M].袁振国,译.北京:教育科学出版社,1997.

　　　　　　　　　　　　　　　　(宁　虹　蔡　春)

教育研究中收集资料的方法 (methods of data collection in educational research) 　教育研究的基本方法之一。收集资料是教育研究过程中的一个重要环节。教育研究中可以使用的资料有多种类型,不同类型的资料服务于不同的研究问题和研究目的,需采用不同的资料收集方法。在资料收集的过程中,除了要考虑资料类型和收集方法外,还必须考虑其他相关的影响因素。

教育研究资料分类

　　不同的教育研究方法对资料的要求不同。在定量研究中,只有可以量化的素材才能作为资料;在质性研究方法中,凡是能用于回答研究问题的素材都可作为资料。资料有多种形式,如访谈记录、观察笔记、实验数据、统计数据、调查问卷、历史记载、新闻报道、故事、政策法规文本、实物等。

　　根据资料收集方式,教育研究资料分为一手资料和二手资料。一手资料是指研究者通过特定研究设计,采用一定工具、方法和程序亲自收集到的资料;二手资料是指研究者受研究条件的限制,无法或者没有必要亲自收集资料,而是使用别人收集好的资料,或由社会机构公布的资料。一般而言,一手资料比较可靠,且具有一定的原始性,研究者能够掌握资料的确切含义。二手资料在回答研究问题上比较间接,通常是在研究者缺乏一手资料时使用。在使用二手资料时,研究者需要弄清楚资料的确切含义,避免盲目使用,或曲解资料本身的含义而得出错误的结论。

　　根据资料的可观察性,教育研究资料可分为三种类型:一是可以直接观察到的研究对象的反应,如学生对某种教学方式的反应;二是可以间接观察到的研究对象的反应,如学生的消费水平;三是不可观察到的研究对象的反应,如学生的学习动机、态度、看法等。

　　根据资料的加工程度,教育研究的资料还可分为原始资料和已加工资料。原始资料描述研究对象的基本情况,如学校事业的发展情况、学生家庭的教育支出、学生考试成绩等。已加工资料是对原始资料进行处理后的资料,如学校学生的数学平均成绩和标准差、各种统计年鉴上经过汇总的数据等。由于原始资料通常比较庞杂和繁琐,加之出于保密的原因,信息部门常常不直接公布原始资料,而是公布处理后的信息。原始资料往往包含比已加工资料更丰富的信息,一旦对其进行汇总和处理后,资料的信息量就会减少。例如,学生家庭经济收入经过汇总变成某一类人群学生家庭的平均收入后,研究者就无法利用这些资料进行以家庭为单位的统计分析。

　　教育研究资料还可根据资料的时效性、信息量、形式等进行分类,各种分类标准并非绝对,其间存在一定交叉。

获取教育研究资料的方法

　　资料收集的方法不是绝对的,不存在某一种绝对优劣的方法。每一种方法都有其长处和局限性,研究者只有了解了各种方法的适用条件,才能选择适当的方法,从而开展有效的研究工作。如果研究者事先对资料收集的选择标准、实施方法和过程进行了严密的规划和设计,并在实施过程中保证严谨性和规范性,就可以减少资料收集的失误,提高获取有用资料的效率。

文献法　文献资料的收集是教育研究过程的一个重要环节,也常常是开展教育研究工作的起点。一般而言,研究者在确定研究问题后,就需要开始收集文献资料,了解相关研究的最新进展;或者研究者在对研究问题不甚明了时,也往往通过文献检索确定研究问题。

文献资料反映了前人的研究成果。收集文献资料是研究者了解已有研究成果,以便确定新的研究课题的一条重要途径。文献资料通常表现为各种公开出版物,有时也可使用未公开出版、但可靠性比较高的文献资料(如学位论文、档案资料)。教育研究文献的形式多种多样,包括专著、学术期刊论文、历史档案、会议论文、学位论文等。对于任何形式的文献资料,研究者都要经过一个去伪存真、去粗取精的加工和提炼过程。

为了在前人研究的基础上将研究继续推向前进,研究者需要进行文献检索和分析。不进行文献检索,就有可能重复别人的研究工作,丧失研究的价值。因此,从理论上讲,检索文献覆盖的时间越长越好,内容越全越好,但在实际研究中,受时间、经费等因素的限制,多数研究不得不在有限的范围内收集文献资料。根据研究目的和研究问题的不同,检索文献覆盖的时间也不同,有的研究问题需要向前回溯20～30年,有的研究则只需检索新近的文献。

现代信息和网络技术的发展和推广,为人们查找和处理资料带来了极大的便利。许多文献都被制作成电子版本并置于网络上,可以在较大范围内实现信息共享,检索起来十分便利。但随着文献信息量的急剧增加,信息处理的成本也在提高,对于信息鉴别和处理提出了新的要求。在浩如烟海的文献资料中找到经典的和相关的研究资料,对提高研究工作的起点和效率非常重要。有许多文献检索技巧可以帮助研究者尽快获得有用的资料。

文献法具有资料来源丰富、投入较少等优点,但由于受资料可获得性的限制,研究者的自主性较小,发挥作用的余地有限。采用文献法,需要研究者有能力对文献的真伪进行有效鉴别。同时,研究者还应具备一定的专业素养,能够从文献资料中跳出来,从别人已有的研究中发现新的研究问题和突破口。

观察法　观察是获得教育研究资料最基本的一种方法,是通过人的感官或借助于某些仪器,有目的、有计划地考察和描述研究对象。观察方法可分为参与式观察和非参与式观察、结构观察与非结构式观察。

参与式观察是指研究者参与到被观察的活动中,直接获取研究资料。研究者既可以告诉被研究者自己的真实身份,也可以不暴露其真实身份。这两种情况对于获取研究资料都会产生一定的影响。坦诚相告自己的身份可能会帮助研究者赢得被观察者的理解和支持,从而获得更多的资料,但与此同时,也可能引来被观察者的顾虑,从而无法获得真实的资料。参与式观察的特点是研究者与被研究者之间相互影响,观察对象本身的性质可能因研究者的参与而发生变化,研究者本人也可能在参与过程中受到观察活动的影响,从而改变对研究问题的先前看法。

非参与式观察是指研究者相对独立于观察对象,不直接参加所观察的活动,在与其保持一定的距离的情况下开展研究活动。这样研究者可以获得比较接近自然状况的资料,同时有比较多冷静思考的空间,但缺点是由于研究者没有亲自参与,所以他可能无法深刻领会被观察对象的特征及其活动规则。

结构式观察是指研究者在某种预定的研究框架下,对于观察内容、观察程序和记录方式事先进行设计,对所有观察对象都实施同样观察的模式。其优点是获取资料的目的性比较明确,观察内容比较集中,资料整理比较容易,便于统计分析。不足之处是研究者的观察受到很多事先预定的约束,容易忽视在观察过程出现但在观察设计中没有考虑到的重要现象。

非结构式观察是研究者在观察内容没有预先严密规划、观察角度比较开放的情况下进行的观察。其优点是不受事先研究框架的限制,研究者具有一定的能动性和灵活性,可根据具体情况确定观察重点,并能及时调整观察计划。其不足之处是由于研究者的观察重点不突出,容易造成研究者注意力分散,获得的资料也比较零散,给后续资料整理和分析带来一定难度。在采用非结构式观察方法的情况下,还可能出现因研究者不同研究结果不同的情况,从而导致研究结果的可重复性较低。结构式观察与非结构式观察的优缺点是相对而言的,可以根据具体情况重点选择使用其中一种方式。一般在刚开始研究某一个问题或者研究问题尚不明确时,常常采用非结构式观察法收集资料,而当对问题有了一定程度的了解后,想要更深入地研究某些关系时,可以采用结构式观察方法,在较大的范围内收集观察资料。

在观察过程中或事后,研究者应该及时记录或回忆记录观察中发生的事情及细节,并把自己当时的想法和分析记录下来。有一些信息当时看起来不重要,但事后变成了宝贵的研究资料。传统的记录方式是纸和笔,尽管现在出现了更现代的录音和录像设备,但出于私密性的考虑,一些研究对象并不愿意面对录音和录像设备,更愿意接受传统的观察方式。

观察具有一些其他方法不具备的优点,如适合了解人的外显行为细节和变化,进而推论特定人群的行为规则和社会规范。但其不足是比较费时、费力,并受到特定场景的制约,研究样本一般较少,研究结果的代表性受到一定限制。

问卷法　问卷调查适用于研究对象总体较大的情况,研究者通过抽样可以对总体的情况有一个合理估计。如果被调查者的姓名对于研究没有影响,为了了解研究对象的真实情况,通常采取匿名问卷调查。问卷调查可以通过填写纸质问卷、面谈、电话、电子邮件问卷和网络问卷的方式进行,每一种方式都有自己的优势和不足。

问卷设计的水平不仅决定着被调查对象是否可以有效地回答研究者提出的问题,而且还影响到问卷的回收率。在设计问卷时,应该力求做到问题表述明确,长度适宜,能够引起填写者的兴趣。为了提高问卷的信度和效度,可以在正式发放问卷前进行试测,以便发现和矫正问卷设计中存在的问题。

问卷中的问题调查方式可以分为封闭式问题和开放式问题。前者有固定选项,容易填写,后者则没有固定选项,需要花费较多时间思考和填写。根据研究问题的需要,研究者可以将封闭式问题和开放式问题合理地组合在问卷中。

为了提高问卷的回收率,研究者可以为填写者提供准备好的、可以寄回的信封和邮票,如果研究者在指定的时间里没有收到问卷,可以通过适当的方式提醒和催促被调查者。经验表明,初次邮寄问卷加两次催促,问卷的回收率可以有较大幅度的提高。一般,50%的回收率可以用来分析和报告的起码比例,60%的回收率比较好,而70%的回收率则是很理想了。

为了从问卷调查样本统计量中有效地推断出总体的参数,需要问卷调查样本具有一定的代表性,代表性受样本容量和抽样方式的影响:从样本容量来看,最好采取大样本问卷调查法,30是划分大小样本的界线,如果不存在调查成本限制的问题,样本越大,样本的代表性就越强。除了样本外,抽样方式也会影响样本的代表性,理想的抽样方式是遵循随机性原则,随机抽样包括简单随机抽样和分层随机抽样,而间隔抽样和整群抽样所获得样本的代表性就比前面两种抽样方式所获得样本的代表性要差一些。

问卷调查法的不足之处是:有使复杂问题简单化、表面化的倾向,较难触及研究对象所处的复杂社会背景、事情发生和发展的动态变化过程以及当事人的意义解释。此外,为了数据处理的需要,往往用一套问卷向所有被调查对象发放,照顾不到研究对象的多样性和个性特征。

访谈法　访谈是教育研究中经常使用的收集资料的方法。根据访谈对象的多少和访谈欲达到的目的,研究者可以进行个别访谈或小组访谈。小组访谈一般以7~8人为上限。研究者可进行直接访谈(面对面的访谈)或间接访谈(电话访谈、电子邮件访谈)。每一种访谈方式都有自己的优点和不足,研究者应根据具体情况确定适当的访谈方式。访谈的有效性取决于研究者与被访者之间相互信任的程度以及交流和沟通的质量。深度访谈往往不是一次可以完成的,通常需要三次以上。在第一次访谈中,研究者与被访者初步建立关系,了解对方的基本情况,对自己的研究问题获得一些初步回答;在第二次访谈中,研究者比较深入、整体地了解对方对研究问题的回答;在第三次访谈中,研究者就自己的初步结论向对方征询意见,并获得对方对一些问题的进一步阐发。与问卷调查法相比,访谈法能够得到更多的信息。因为对于某些研究问题,口头语言、动作和表情包含了比书面文字更多的信息。访谈法的不足是,由于花费时间较多,研究者可以访谈的人数受到一定限制,不能像问卷法那样获得大样本的资料。

影响教育研究资料收集的因素

在教育研究中,收集资料的数量和类型受多种因素影响,如研究的问题、学科特点、专业人员对于不同资料的熟悉程度、研究方法、研究分析单位、时间要求、研究经费等。

首先,研究者在选择资料时,主要是从研究的问题和目的出发。研究简单问题往往只需获得较少的资料;反之,研究复杂问题则需要获得较多的资料。其次,不同学科由于关注问题的角度不同,对于资料的要求也不同。如教育经济学研究教育活动中的供求关系,比较关心经费收入、价格、成本等可以量化的数据;而教育人类学关注人们的行为规范、角色、行为方式等问题,所以更加关注人际互动、言语表达等不易量化的数据。再次,专业人员对于不同资料的熟悉程度也影响到资料的收集。从事定量研究的人员善于收集量化的数据,通常采取问卷调查的方式获得资料;而从事质性研究的人员则对访谈、观察和实物分析等收集资料的方法更加熟悉,通常收集的是文字、图像等资料。第四,研究的分析单位对于资料的收集也有一定影响。分析单位是指研究过程中采用的基本单位,有个人、团体、组织和社会系统等几个层次。分析单位不同,收集到的资料类型也不同。如果分析单位是个人,研究者收集的多半是微观层面的资料,如个人的动机、态度、观点、行为等;如果分析单位是社会系统,研究者收集的资料则比较宏观,如社会机构的组织架构、社会变迁的走向等。当然,资料收集还受到时间要求的制约。如果研究者的研究时间比较宽裕,则可以多收集一些资料,对问题进行更加深入的了解。如果时间紧张,研究者收集资料的范围和数量就比较有限。另外,研究经费的多少对资料收集的范围和资料本身也会造成影响。如果经费充足,则有条件在比较大的范围内收集比较多的资料,若经费不足,则会限制充足资料的收集。

收集资料时还需要考虑资料的品质,即资料的准确性、可靠性、精确性和代表性。准确性是指资料能够反映研究者探究概念的程度,它反映了测量的系统误差。可靠性是指测量结果在时间和测试项目上的可重复性和一致性,它反映了测试的随机误差。精确性是指测量的精度,精确的测量可以反映出事物的微小差异,而不精确的度量则无法反映事物微小的变化。代表性指收集得到的资料能否反映研究对象的总体特征。如果对全部研究对象进行调查,就不存在资料的代表性问题,而当调查对象只是研究总体的一部分时,资料的代表性就变得非常重要,因为从有偏差的样本中不能得出有效的结论,可以采用抽样技术帮助解决样本代表性的问题。

参考文献

艾尔·巴比.社会研究方法[M].邱泽奇,译.成都:四川人民出版社,1987.

陈波,等.社会科学方法论[M].北京:中国人民大学出版社,1990.

陈向明.质性研究方法与社会科学研究[M].北京:教育科学出版社,2000.

陈玉琨.教育评价学[M].北京:人民教育出版社,1999.

（阎凤桥　陈向明）

教育影响人口质量的机制(mechanism of education affecting population quality)　教育通过观念、态度和技能影响人口质量再生产的过程。人口质量亦称"人口素质",是随生产力发展的历史范畴,包括身体素质、科学文化素质和思想品德素质三个方面。在不同社会生产方式下,体现为人口认识和改造世界的条件及能力。现代社会,教育与人口质量关系密切,成为促进人口质量的基本机制和主要手段。

教育影响人口身体素质的机制　教育是控制人口增长的重要手段。国内外关于人口数量与受教育程度的研究表明,国民受教育程度与人口出生率呈反比:国民受教育程度高,则人口出生率低;国民受教育程度低,则人口出生率高。

教育有助于改变人口的生育观。人类学家卡尔-桑德斯指出,在不实行节育的情况下,妇女的终生生育率将随其婚龄的推迟而降低。在整个生育期内,妇女生育能力随其年龄的增长而减弱,因而初婚年龄对生育率的影响较大。接受教育能够推迟人口的初婚年龄,其机制有二:一是直接推迟,因妇女接受教育的年限延长;二是间接推迟,教育在提高人的科学文化水平的同时,也激发人们对高质量婚姻生活的追求。

教育通过形成人们的优生和优育观来提高人口身体素质。优生是提高人口质量的先天基础,优育是提高人口质量的后天保障。优生与优育相互依赖、相互制约,共同影响人口质量。教育帮助人们形成优生意识,利于优生;获得优育知识,保障优育。

教育影响人口文化素质的机制　人力资本理论认为,人作为一种资本,其有效的生产能力主要不在于人口或劳动力数量,而是人口或劳动力的质量,教育是改善人口质量的关键性投资,通过劳动者技能和操作技术等的"知识增进",使生产过程中人的因素和物的因素得到双重改善。美国经济学家熊彼特和库兹涅茨还证实,人力资本的发展还有助于重塑人的道德品格与精神实质,更新思想观念,促进人的全面发展,从而为经济增长与发展创造基本条件。

一些社会学家也认为,教育是解决许多经济和社会问题的最佳途径。法国社会学家涂尔干的分析带有功利主义特征,认为教育的目的在于使儿童的身体、智力和道德水平都得到提高,以适应整个社会对儿童的总体要求以及儿童将来所处特定环境的要求,教育在于使年轻一代系统地社会化。美国社会学家T.帕森斯继承涂尔干的传统,认为学校教育的主要功能是社会化。他指出,学生在课堂上所学的真正重要的知识是社会知识,而不是事实性知识。也有一些社会学家持不同见解。冲突主义者认为,社会秩序不是建立在对共同价值的一致认同上,而是建立在统治阶级的控制权力上,学校不是社会进步和个人流动的工具,而是社会控制和再生产的机构。配制理论认为,教育制度是一个"过滤器",教育的真正功能是选择、分类和配置,而非社会化。合法化理论提出,教育的主要功能并非社会化,而是通过透明的教育制度将个人安置在社会中的某个位置上。

美国社会心理学家麦克莱兰、温特和美国社会学家英克尔斯的研究表明,教育通过传授对经济发展有直接影响的价值观和态度促进经济发展。麦克莱兰通过研究社会发展的各个历史阶段与人们的成就需要的联系认为,可通过教育来提高人的成就需要,从而刺激经济发展。英克尔斯等人在跨国研究的基础上提出,教育是影响个人现代化最主要的因素,学校教育能够帮助学生在现代社会中生活,教育对社会发展的主要作用在于,教育具有把个人的"传统"态度和价值观转变为"现代"态度和价值观的能力,从而推动社会结构现代化。沃纳对现代化的研究也表明,教育是决定人的态度、价值观和行为现代化的最关键因素。

加拿大教育学家J.P.米勒从文化视角研究教育对个体发展的影响,认为学校教育对人身体发育的直接影响最小,对心理发展的直接影响最大。生理差异不能直接归因于学校,但生理特征与接受学校教育的实践和教育的类型相关,受过学校教育的儿童比未受过学校教育的儿童更健康。在社交能力方面,学校通过奖惩措施和教师行为强化人的社会行为,从而促进个体社会交往能力的发展。相比之下,学校教育对个人心理发展的作用最明显,主要体现为学校教育可以完善个体的认知结构。

教育改变女性就业。教育通过提高女性的文化素质，为她们获得较多的就业机会奠定基础；教育激发女性追求独立、自尊、自强和公平地参与社会生活的愿望。

教育改善人口结构。教育通过提高人口素质来改善人口结构，并对职业结构、城乡结构、阶层结构及自然结构等方面产生影响。

教育影响人的社会流动。美国心理学家哈维格斯特在20世纪下半叶预言，2000年的工业民主社会一定更加开放和流动化，而教育将成为个人向上流动的主要手段，缺乏教育或学历低将是个人向下流动的主要原因。

教育影响人口思想品德素质的机制　从"智者派"开始，古希腊哲学家便提出"德性可教"的命题。古希腊智者派的主要代表、哲学家普罗塔哥拉认为，人人皆有德性，美德是可以教诲的。古希腊哲学家苏格拉底认为，教育的任务就是培养人们具有智慧、正义、勇敢、节制四种美德，人的德行是教育的结果。古希腊哲学家柏拉图虽然承认德性是人天赋的品质，但同时指出，德性可以由教而来，更重视后天的教育和训练。

捷克教育家夸美纽斯的教育理论深化了"德性可教"的思想。他认为"人是可教的动物"，人只有受过一种合适的教育才能成为人，人生下来就具有"学问"、"道德"、"虔信"的"种子"，且"德性比学问重要"。德国教育家赫尔巴特以实践哲学和心理学为基础，全面论证了"德性可教"，认为全部的教育目的就是培养道德性格的力量，使学生树立"内心自由"、"完善"、"善意"、"正义"和"公平"这五种道德观念。

涂尔干认为，对个体而言，学校教育使个体具备适应道德生活与社会生活所需要的人格；对社会而言，教育既通过道德教育唤起人们的集体良知和意识，行使社会整合功能，又促进社会分化和分工，将不同能力的个体安排在不同位置。

　　　　　　　　　　　　　　（卢艳梅　杨运强）

教育优先发展（priority given to the development of education）　见"教育适度超前发展"。

教育与经济增长（education and economic growth）教育与经济增长的相互关系是教育经济学研究的重要主题。教育促进经济增长，经济增长是教育发展的物质基础。教育经济学是从研究教育对经济增长的贡献开始建立和发展的。为了促进经济快速增长，20世纪50年代末60年代初西方许多经济学家着力探讨促进经济增长的各种因素。其中，美国经济学家T. W. 舒尔茨等提出人力资本理论，认为人力资本，特别是形成人力资本的教育是现代经济增长的主要动力和源泉。20世纪80年代兴起的新增长理论，更是强调知识积累和专业化的人力资本才是经济增长的真正动力，充分肯定了教育对经济增长的作用。

教育促进经济增长　撇开经济增长的社会经济制度因素，现代经济增长主要依赖投入要素的增长和要素质量与效率的提高。投入要素包括劳动者、劳动手段、劳动对象、教育、科学技术、管理、信息等。其中劳动者、劳动手段和劳动对象是基础性的，是一切投入要素的物质承担者，其他要素渗透在这些要素中，通过提高它们的质量和改善它们的组合来发挥作用。随着经济的不断发展，以科学技术教育为主要内容的现代教育日益成为现代经济增长的基础性因素。首先，教育是培养劳动力的基本途径。现代经济增长要求的劳动者是受过一定教育、掌握一定现代文化科学技术知识和技能的劳动者。现代教育对经济增长的作用正是通过传承和传播知识形态的生产力，提高劳动者的科学技术水平、技术熟练程度和经济管理能力，从而提高劳动者的素质，尤其是提高未来劳动者的素质，来推动劳动生产率的提高和经济增长。其次，教育可以促进科学技术的发展。现代经济中科学技术是第一生产力。教育是迅速大规模有效传递和传播科学技术的基本途径。教育不断传承和传播人类历史上积累起来的基本科学理论、知识和技术，为新的科学发明和技术创新奠定基础。同时，教育是科学转化为技术、技术转化为现实生产力的重要途径。例如高等教育不仅传递和传播科学技术，而且是生产知识的主要部门之一。同时，教育还培养了大批的科学家和工程技术专家，他们是科学技术主要的发明者和创造者，是科学技术发展的直接的决定条件。再次，教育对控制人口增长、提高人口质量有一定影响。人口的数量和质量是影响经济增长的一个重要因素。教育对控制和减少人口数量的作用，主要是通过提高妇女教育水平，降低育龄妇女生育率实现。人口统计显示，随着教育程度的提高，育龄妇女的生育率逐渐降低。教育程度高的妇女和家庭对子女的素质要求较高，更重视子女的智力投资，有利于提高人口质量。

教育对经济增长的作用分为长期作用和短期作用。教育对经济增长的长期作用也称教育的间接产出，指教育作为一种生产要素，与资本、劳动、技术等其他生产要素共同对经济增长发挥作用。这也是研究教育对经济增长作用的重点。衡量教育在经济增长中的作用，其核心问题是计算教育贡献的份额。能否就教育对经济增长的贡献进行定量分析，理论界尚存在分歧：一种观点认为，将教育作用单独剥离出来加以定量分析是不可能的；另一种观点则认为，教育对经济增长的作用是与其他要素交互作用后产生的，具有迟效性、长效性和多效性，虽然很难对其进行精确量化，但随着计量方法的不断完善，还是可以对此进行粗略测算。

度量教育对经济增长的贡献，是运用系统工程和现代计量或统计方法，将教育的作用从影响经济增长的诸多因素中分离出来，定量地予以估计。表示教育对经济增长作用的指标一般有：教育对产出增长速度的贡献、教育对国民收入和新增国民收入的贡献、教育对新增劳动生产率的贡献、教育对劳动生产率增长速度的贡献等。度量教育对经济增长贡献的主要工具是生产函数及其计量模型。研究教育对经济增长的生产函数主要有两类：一类是分析产出与投入要素之间绝对量的关系，如线性生产函数、科布—道格拉斯生产函数、固定替代弹性（constant elasticity of substitution，简称 CES）生产函数等；另一类是分析产出与投入量增长速度间的关系，即各种增长速度方程。考察包含教育作用的生产函数，需要把教育引起的劳动者质量的提高按照一定的简化法折合成一定的简化系数，乘以劳动者的数量，然后计算教育对经济增长的贡献。国内外学者用来确定不同教育水平对经济增长影响的方法，主要有劳动工资简化法、教育年限简化法、教育费用简化法、总课时法等。国外较有影响的研究主要有：美国经济学家 T. W. 舒尔茨运用经济增长余数分析方法得出，1929—1957 年美国的教育对其国民收入增量的贡献是 32.6%；美国经济学家丹尼森采用增长因素分析法得出相近的结论，即 1929—1957 年美国教育对国民收入增长率的贡献率为 35%；苏联经济学家科马罗夫、斯特鲁米林等人分别运用不同的劳动简化系数方法，计量教育对经济增长的贡献，也获得相似结论。20 世纪 80 年代中国学者曲桢森用总课时法作为劳动简化尺度，计算出 1952—1978 年因劳动者的教育程度提高所增加的国民收入占国民收入增长额的 20.7%。不论使用何种方法，学者们的研究结果都证明教育对经济增长具有正的影响，教育水平的提高可以促进经济增长。

教育对经济短期作用，是指短期内教育规模扩大对经济增长的贡献。这一研究主要源于 20 世纪 90 年代末中国普通高等教育规模的扩大对经济增长拉动效果的探讨。丁小浩、陈良焜在 2000 年发表的《高等教育扩大招生对经济增长和就业的影响分析》一文中，采用投入产出模型，就普通高等教育扩大招生对国民经济和就业的中短期影响进行估算分析，研究结果表明，1999 年中国普通高等教育扩招 48 万学生带动社会总产出增加约 237 亿元，使国民经济各部门增加就业 25.6 万人；高等教育扩招使教育机会更加平等，中国高等教育由此从精英教育阶段发展到大众化教育阶段。

经济增长是教育发展的基础　教育是促进现代经济增长的重要因素，但是教育的发展最终还是由经济发展水平决定的。首先，经济增长是教育发展的物质基础。经济增长包括物质资料的生产和再生产，而物质资料的生产和再生产是人类社会存在和发展的基础。人类生产以外的社会活动，都是在物质资料生产发展到一定水平和阶段时才产生的，并随物质资料生产的发展而不断发展。教育活动需要的一切资源，都存在于经济活动中。在一定时点上，在社会总资源中能够分配多少资源给教育活动，最终取决于经济发展水平。其次，经济增长决定了教育发展的总量和结构。经济增长决定着教育的需求与供给，教育的发展则直接取决于教育的需求和供给。随着生产力水平的提高、科学技术的进步，生产逐步从劳动密集型向资本密集型、知识密集型过渡。生产方式的转变对劳动者的知识和技能要求越来越高。为了适应经济增长变化对劳动者的要求，教育也不断改变其发展的规模、结构和速度。再次，经济增长促进了教育的普及。在经济增长过程中，各国都在谋求国民素质的提高，加速教育的普及工作。统计数据表明，文盲率的高低与人均国民生产总值为负的相关关系，入学率与人均国民生产总值呈正相关。发展中国家基本处于扫盲和普及初等教育阶段，中等收入的国家基本完成初等教育的普及，正处于普及中等教育的过程中，而发达国家目前已在基本完成普及中等教育的基础上，正在普及高等教育。第四，经济增长决定教育的内容和方法。教育的基本经济功能是培养社会所需的劳动力。教育的内容和方式是由科学及其发展水平直接决定的。作为现代经济发展的主要推动力，科学和技术也依赖于社会经济的发展。经济发展水平越高，经济增长越快，导致社会对劳动者素质要求更高。这种变化间接地影响教育内容和方式的改变。在经济增长比较快速的阶段或者地区，科学技术水平的变革也相对较快，教育内容和方法也面临较快的调整和更新，使其培养的劳动力能够适应现代和未来社会的需要。因此，从终极意义上说，经济增长决定教育的内容和方法。

参考文献

丁小浩，陈良焜. 高等教育扩大招生对经济增长和就业的影响分析[J]. 教育发展研究，2000(2).

柯恩. 教育经济学[M]. 王玉昆，陈国良，李超，译. 上海：华东师范大学出版社，1989.

秦宝庭，吴景曾. 知识与经济增长[M]. 北京：科学技术文献出版社，1999.

王善迈. 教育投入与产出[M]. 石家庄：河北人民教育出版社，1996.

中国教育与人力资源问题报告课题组. 从人口大国迈向人力资源强国[M]. 北京：高等教育出版社，2003.

（毛　军）

教育与劳动力市场（education and labor market）教育与劳动力市场之间有着广泛而密切的联系，两者之间的核心关系直接体现了教育的经济功能，即教育能够培养为现期或未来劳动力市场所需的劳动力，教育通过培养劳动力而作为市场供给方，与用人单位的市场需求方之间发生间接关系。非义务教育尤其是职业技术教育、高等教育与劳动力市场之间的关系最密切。

教育与就业及就业选择　人力资本理论认为，教育是一种人力资本投资，教育对就业有深刻影响，发展教育有助于减少失业和加快转岗再就业。该理论认为,劳动者的受教育水平越高,则其劳动的边际生产率就越高。控制其他条件不变,随着劳动者受教育水平的提高,其在劳动力市场中就会处于更有利的位置,自主的就业选择范围和层次就越大。同样,一个人的受教育程度越高,教育质量越好,就越有可能获得一个好的职业和职位,越有可能进入社会地位和经济收入都比较高的阶层。美国社会学家布劳在认真研究美国的职业分层与教育资格之间的关系后发现,教育与职业地位具有很高的正相关。中国学者的研究也证明了这一点,1988年中国社会科学院社会学所"中国社会阶级阶层研究"课题组的研究发现,无论城乡,教育对于确定个体的职业地位都是最重要的。该项研究把被调查者分成四组,即16～27岁、28～38岁、39～55岁和56岁以上,结果显示,年龄越小的组,模型解释力越强,即年代越晚近,个体所受教育与其职业的联系就越紧密。

现代教育通过向劳动者传授知识和技术,极大地提高了他们获取和解读复杂信息的能力,大大降低了劳动力找寻空缺职位的交易成本。事实证明,劳动者受教育程度的高低是劳动者就业能力强弱的决定性因素。美国教育统计中心的资料表明,在劳动力市场中,大学毕业生要比未受过大学教育的人员占有明显优势。在中国,受教育程度与失业下岗之间呈负相关。统计资料表明,1996—2000年中国城镇失业人员不同受教育程度构成中,大学生失业比例为4.6%、4.1%、4.7%、4.7%、6.1%,高中生失业比例为31.1%、33.6%、34.8%、33.9%、36.4%,两者差距为26.5%、29.5%、30.1%、29.2%、30.3%,呈增加趋势,说明受教育程度较低的劳动者面临失业下岗的风险远高于高素质的劳动者。教育亦影响劳动者转岗再就业。受教育水平较高者因具有较高的边际生产力,在企业不景气时被裁减的可能性相对较小,即使已经下岗或失业,教育存量较大者也会比教育存量较小者更快地再就业,因他们具有较强的信息搜寻和解读能力和较强的知识更新能力,能更快地获取与其学历、能力、偏好相适应的工作,学习的过程存在自增强机制或倍增效应,即学得越多的人越有继续学习的动机,越有可能把教育放置于自己的支出偏好的前列,也越有能力对新知识、新技术进行获取、消化和吸收,从而更能适应变化了的环境。由于受教育水平较高者因具有较强的技术适应能力和单位应聘能力,他们对于下岗的态度往往是一种"此地不留人,自有留人处"的心态。而文化素质较低者由于应聘能力较差,或对外界有种种恐惧心理,或对原体制、原单位有很强的依赖心理,则其转岗再就业会出现很大困难。现代教育使劳动者获得某种专门的劳动知识和技能,而且使他们具有更强的适应新环境的能力,这种能力能够保证劳动者低成本地适应新的岗位和职位。

教育与劳动力流动 伴随经济的增长和经济结构的改

变,一国国内劳动力将在空间范围内重新分布。早在20世纪60年代,美国经济学家嘉斯特德和施瓦茨就已经发现,劳动力的跨区域流动更多地受将来的终生收入差异而非眼前的收入差异所驱动,而且对终生收入差异的敏感程度与受教育水平呈正相关。那些受过较多教育的人,其流动过程的效率也较高。美国经济学家鲍尔斯运用同样的方法分析了1955—1960年流出美国南部的人口状况,得出结论:流动使学校教育的货币回报部分地增加,因为那些受过较多教育的人更能适应经济非均衡。随着城市化水平的提高和城乡收入差距的扩大,大量的农村剩余劳动力向城市迁移,这个过程中,教育因素已显示出其重要意义。美国经济学家托达罗发现,农村人口向城市迁移的倾向与其受教育水平之间存在着正相关关系。美国社会学家阿瑟对加纳农村的研究发现,受教育水平是确定家庭成员向城市迁移的重要标准之一。由于具有较高教育水平的家庭成员更可能在城市劳动力市场找到工作,受教育水平较高的家庭成员是最早从农村向城市迁移的人。美国经济学家萨亨和阿德曼也指出,在斯里兰卡,接受了更高层次教育的农村居民最有可能向城市迁移。中国的研究发现,教育对农村剩余劳动力跨区域流动的影响更明显,即教育与个人的跨地区迁移能力密切相关:农民受教育水平越高,其流动率就越大;教育对劳动力从农村到城市的永久性迁移作用明显,对劳动力从农业流动到非农产业的作用同样显著。与未迁移的同类劳动力相比,迁移者的受教育程度一般较高,这也是迁移选择性的结果。受教育程度高的人对改善当前处境的愿望比较强烈,对劳动力市场的信息更加敏感。同时,受教育程度高的人在劳动力市场的回报也更明显,从迁移中获得的收益也更大。所以,农村向城市的迁移者往往具有较高的受教育程度。对中国第五次人口普查资料的分析也表明,从迁移人口与全体人口受教育程度的比较看,迁移人口的小学及以下受教育程度的人所占比例均低于全体人口,而初中及以上受教育程度的人所占比例均高于全体人口。很显然,迁移人口的受教育程度高于全体人口。城市之间迁移者的受教育程度高于农村一城市迁移者和全体人口。随着总产出中农业所占比重的下降和制造业、服务业所占份额的上升,第一产业劳动力向第二、第三产业转移的趋势也将越来越明显。从大多数国家的情况来看,农村剩余劳动力应该配置到第二、第三产业,但在转型中的中国,他们的跨行业迁移行为却遇到受教育水平低的限制,因为第二、第三产业的工作大都有教育门槛。所以,农村剩余劳动力在城市就业的行业分布也有明显的特征,即农村剩余劳动力在城市就业的行业分布相对集中,受教育水平限制了农村劳动力的行业选择能力。农村劳动力在城市就业主要集中在制造业、批发零售贸易与餐饮业、建筑业和服务业。在这四个行业就业的农村劳动力占农村劳动力在城市就业总数的 90％以上。农村劳动力就业的这种行业集中,部分原因是农村劳动力的受教育水平较低,以致他们在城市的劳动力市场中处于较低端,不得不主要从事简单劳动。

教育与个人收入水平　新古典经济学认为,劳动者的工资取决于边际劳动生产率。教育使劳动者学会了学习和阅读,技术水平得到提高,劳动生产率随之提高,收入自然增加。在后工业社会和知识经济时代,人力资本对创造国民收入发挥了重要作用,因此人力资本(教育)应该得到其相应的收入份额。但人力资本理论也认为,教育提高劳动力的生产能力仅仅是一般的情况,它对收入的影响不仅限于此。随着技术的不断进步,经济始终处在由增长带来的不均衡状态中,生产条件和经济条件随时都会发生各种变化,仅仅依靠熟练的生产技能无法在动态经济环境中使生产率进一步提高。教育对劳动生产率的持续作用主要表现为它增加了人们处理经济变化的能力。一个人受教育水平越高,越能够根据经济条件的变化做出调整,接受培训或进行地域、行业间的迁移,从而获得较高的收入。个人及其家庭之所以会把资源配置于教育,是因为受着某些预期的驱动,其中的一种重要预期是受过较多教育的人将来能得到较高的收入,即今天的付出将会在明天得到回报。根据世界银行 1991 年的估算,每增加 1 年的学校教育,在韩国能使人们的收入增加 6％,在马来西亚能使男性收入增加 16％,使女性收入增加 18％;每增加 1 年初等教育,在泰国能使男性收入增加 17％,使女性收入增加 13％;每增加 1 年中等教育,在印度尼西亚能使男性收入增加 8％,使女性收入增加12％,在泰国则使男女的收入分别增加 7％和 25％。英国经济学家布劳格说,教育与收入之间正相关的普遍性是现代社会科学最显著的发现之一,也是少数几条适合分析所有国家——无论是资本主义国家还是社会主义国家——劳动力市场的准则之一。这种关系可以通过年龄—教育—收入之间的关系得到印证:(1)教育与收入呈正相关,在任何年龄上都是受教育水平越高的人收入就越多。(2)与受教育水平较低者相比,受教育水平较高者的年龄—收入曲线更陡,这一方面是因为后者的工作年限更短,要在较短的工作年限内挣得较多的收入,除起点收入较高外,其收入必然以更快的速度增长;另一方面是因为后者的生产能力和配置能力较高,由于自增强机制的存在,这些能力还会进一步得到加强,从而收入增加更快。(3)受教育水平较高者达到最高收入能力的年龄要比受教育水平较低者晚,而且他们到退休时的收入水平也比较高。因为受过较高教育者从事的职业一般来说需要较少的体力和较高的智力,随着时间的推移,人们在体力上所面临的人力资本贬值要比在智力上大得多。同时,受过较高教育者内含有较高的在职培训的增量,即他们更有动力和可能接受继续教育,具有更强的人力资本折旧能力。但教育与收入之间的正相关性不是即时

的,不仅如此,若从短期来看,两者还可能呈负相关。比如大学毕业生在刚开始工作的两年,其收入也可能比中学毕业生低。教育与收入之间的正相关性必须被置于一个较长时期内才能充分显示出来,亦即与年收入相比,教育与终生收入有更为密切的关系。

参考文献

Blau, M. The Correlation between Education and Earnings: What Does It Signify? [J]. Higher Education, 1972(1).

Cohn, E. & Geske, T. The Economics of Education [M]. Oxford: Pergamon Press, 1990.

Sjaastad, L. A. The Costs and Returns of Human Migration[J]. Journal of Political Economy, 1962(10).

Schwartz, A. On Efficiency of Migration[J]. Journal of Human Resources, 1971(4).

（孟大虎）

教育与人的发展(education and human development) 教育对人的发展的影响和作用。人的发展过程在不同个体之间表现出很大的差异性,在同一个体身上前后也表现出较大的差异性。但对于人的发展过程的生理学、心理学和社会学的研究表明,人的发展整体上又呈现一定的规律性。狭义的人的发展指人一生中的理性、德性、个性等精神品质的积极变化与提升。

人的发展的意涵

瑞典教育家胡森认为,"人的发展"至少有两种释义:第一种是把它看成是人类在地球上演变的过程;另一种是把它看成是一个人从胚胎到身体死亡的过程。从物种产生的角度来理解人的发展,主要是揭示人类作为自然界的一个特殊的物种,相对于其他物种的产生和演变所经历的过程。与个体发展相联系的人的发展主要包括两个层面,即生理—心理层面和社会—文化层面。个体生理—心理层面的发展主要表现为个体的生理和心理随着个体生命的展开过程而呈现出的变化趋向与特征。从社会—文化视角来理解个体的发展,主要是基于人是自然界中唯一拥有文化的生物,人的活动、人的发展始终是处于特定的文化之中,人的社会—文化关系对人之所以为人具有至关重要的作用。生理—心理的发展与社会—文化的发展是统合的,没有脱离社会—文化的纯粹意义上的生理—心理的发展,也没有脱离生理—心理的纯粹意义上的社会—文化发展。作为个体的人的发展也和作为类的人的发展之间有着内在的关联,即作为个体的人的发展首先是以作为类的人所具有的普遍特性为基础的。

从教育人类学的研究来看,人作为类具有一种普遍特

性,即人是一个未特定化的身体与精神统一的存在,这一点使人与动物有了很大的区别。一般动物在出生时便具有比较精确的本能活动图式,它使动物在刚刚出生时就具有了较强的适应环境的能力。与此不同,人在出生时只具有最简单的生命反射活动,人无法依靠出生时所具有的这种简单图式对外界事物作出适当反应,来满足自身的需要。在人的本能活动力与需要之间存在着一个完全开放的天然空间,构成了人向世界的开放性。人的高级心理活动是在最初反应图式与外界环境的相互作用中逐步形成的。在这一过程中,人能够根据外界和自身的要求,自我确定同化信息、作用客体的主体机制。正是这种未特定化特性使人产生了教育的需要。教育人类学认为,教育是使人发挥出巨大潜力,实现超生物性的转变,在巨大需求与广泛开放性之间建立起有效联系的关键手段,它能够帮助人塑造正确自我发展精神。人的发展过程就是在最初反应图式的基础上,逐步与外在环境建立关系,并不断改变自身结构和实现自身需求的过程。

关于人的发展的几种哲学观点

不同的哲学流派在人的发展问题上持不同的观点。

存在主义认为,人是被抛掷到世界上来的,是偶然的,并没有先于存在的本质。相反,人是按照他自己的意愿而造成他自身,人的存在先于人的本质。法国哲学家萨特说:"首先是人的存在、露面、出场,后来才说明自身。"在存在主义者看来,人,不仅是他自己所设想的人,而且还是他投入存在以后,自己所志愿变成的人。人的本质,也就是人在存在中成为的样子,要由他自己负责,自己选择。人的发展出自个人的自由选择,选择具有最高价值,人必须对自己的选择负责。人的发展就是朝着自己所设定的目标不断选择和为选择负起责任的过程,这个过程不受外在力量支配,个人在这个过程中具有充分能动性。人的发展在根本上取决于人的自由意志。

经验自然主义认为,人的发展来自经验的生长。经验主要包括两个部分,即经历(美国哲学家杜威称之为"有机体与环境的交互作用")和获得的体验。经验既包括人们的行动,也包括人们在行动中获得的感觉经验和内心感受。行动和经验是紧相伴随的,个体不断行动的后果促使经验生长。同时,个体存在"反省性思维",当个体利用行动的结果对原先的错误认识进行修正时,这个过程就构成了经验的重组与改造。人的发展过程就是经验自然生长和改组、改造的过程。儿童正是通过行动来实现这种生长和改造的。在行动中,儿童一方面增进了自己的理智,另一方面,理智的增进又能够更好地使环境在一定限度内适合自身的需要。个体在行动中经验的积累促使个体更加自觉地行

动,减少了行动的盲目性。由于经验生长是一个内在的过程,是一个在生活过程中展开的过程,所以,人们不能为经验生长确立一个外在的目的,生长的目的是为了更多地生长。行动被经验自然主义置于中心地位,儿童在整个教育过程中也具有了中心地位。从形式上看,人的发展就是人的活动,从实质上看,人的发展就是经验的生长、改组、改造。人的发展寓于行动之中。

马克思主义研究了人的发展的理想状态——人的全面发展及其实现条件。马克思认为,人的全面发展是人以一种全面的方式,即作为一个完整的人占有自己的本质。人的全面发展包含两层含义:(1)唤醒自然历史进程赋予人的各种潜能素质,使之获得充分发展;(2)人的对象性关系的全面生成和个人社会关系的高度丰富。与人类社会发展的三大形态相对应,人的发展也经历过三个阶段,即"原始的丰富",分工、进步与人的抽象化,以及"丰富的个性"。在资本主义生产制度中,出于对生产效率的追求,个人被迫在彼此割裂、互不联系的生产部门工作,无法"作为一个完整的人占有自己的本质",从而造成人的"片面发展"。克服"片面发展"必须要消灭私有制,消除劳动分工,实现体力劳动和脑力劳动的结合,在感情意志领域、审美领域、社会关系领域内实现充分和谐的发展。马克思将人的全面而自由的发展的实现,寄托于一个包括了物质条件发展、文化艺术繁荣、社会结构的合理化和人群关系的完善化在内的整体性社会过程。只有这个完整的历史更新进程,创造具有人的本质的全部丰富性的人。人的发展既是社会发展的手段,又是社会发展的目的。

人的发展的影响因素

心理学、教育学等着重研究人的发展的具体问题,其核心之一是人的发展的影响因素。

最初,人们将人的发展的影响因素定位在遗传和环境方面,并将两者放在对立的位置。一种观点是遗传决定论,强调个体遗传因素对个体发展的决定性作用。亲代借助于遗传将自身的特性传递给子代,使子代表现出相似的性状,或潜隐着亲代的生物性状。遗传现象在生物界普遍存在。英国遗传学家、人类学家高尔顿在《遗传的天才》中指出,人的聪明才智及心理发展都是由遗传而来的。他采用家谱调查法研究了977位名人,发现这些名人中有555位有同等优异或超过他们的亲戚;而另外977位普通人中,只有4位有优异的亲戚。这两者优异亲属之比为555∶4。美国心理学家推孟研究了643名天资聪颖的儿童,发现在美国"名人堂"(Hall of Fame)中有1/4的名人与一个或一个以上天资聪颖的儿童是亲属关系,所以他说"天才是遗传的",并认为不仅优秀儿童的心理发展来自遗传,而且低能与疯狂多半也来

自遗传。现代医学研究证明，人类在发展中所表现出来的很多问题都是遗传基因存在缺陷所致。这些研究促使人们认识到，遗传为人的发展提供了必要的物质前提，同时也影响了个体发展所能达到的水平。

环境决定论与遗传决定论观点相对立，主张社会环境在人的发展过程中起着决定性作用。其代表人物，行为主义心理学家华生认为，控制社会环境是影响人发展的重要手段。社会环境对于其中的个体来说是一种刺激，通过将一种刺激与某种特定的反应相联结，我们就能够得到所需要的反应。印度"狼孩"的发现促使人们更加清楚地意识到环境的影响力。"狼孩"具备人的先天遗传素质，却因为离开了社会环境，最终不仅未能发展为正常的人，连一些生理器官的结构也发生了变异。人类在哺育后代过程中出现的很多意外也促使人们清楚地看到，仅仅有遗传所提供的物质基础和发展的可能性，还不足以使人得到正常的发展，人的正常发展离不开环境的作用。正是社会环境的持续刺激，使遗传所提供的可能性得到逐步展开和实现。

早期的研究局限于"单一因素论"，导致遗传论和环境论上的截然对立。对遗传和环境作用的认识似乎暗指遗传和环境在个体发展过程中所起作用是不变的，影响过程是均衡的。这引起了很多学者的怀疑。德国心理学家 L. W. 斯特恩在《早期儿童心理学》中明确提出，个体发展不单单是先天遗传因素的逐步显现，也不仅仅是机械地接受外在环境的影响，而是遗传和环境交织作用、共同影响的过程。这使得人的发展影响因素研究进入"二因素论"时期。美国心理学家伍德沃思也提出在个体发展过程中存在着遗传和环境的共同作用，但两者的作用并不均衡。在个体发展的不同阶段两者所起作用也不相同。在发生学的意义上说，遗传因素所起作用要远远大于环境所起作用，随着机体成熟水平逐步提高，环境的影响力变得越来越重要。

其实，遗传和环境只是影响人发展的客观因素。当我们将发展理解为遗传与环境之共同作用时，便将人的发展理解为遗传与环境的函数，人在遗传与环境面前只是被决定的"物"，这恰恰误解了人的本性，因为人能对周围环境进行操作。这种操作在个体发展初期是无意识地进行的，随着有意性的逐步发展，操作的选择性也逐步增加。同时，选择性的操作又会进一步促进个体的有意性发展。这表明，人的发展除需要遗传这一物质基础和环境这一外部刺激之外，还需要人的主体作用。人可以能动、积极地对外部影响进行选择、甄别，然后作出反应。这种能动性首先表现在人作为主体是通过实践活动接受客观影响从而获得自身发展的。其次，人们还按照自己已有认识、经验以及需要、兴趣等来主动改变外部环境，创造合意的发展空间。可见，发展过程中的人具有了一种与处于起始阶段的人完全不同的特质——主体性，正是这种特质，促使了遗传、环境、人三者的

相互作用。主体性作用的表现形式是各种各样的活动。叶澜将这些活动分为三个层次：生理水平上的个体生命活动、心理水平上的个体生命活动和社会实践水平上的个体生命活动。社会实践活动是人的生命活动中最高、也最具综合性的活动，它是人与环境之间最富有能动性的交换，具有鲜明的目的性、指向性、程序性，充分体现了人在发展过程中的主动选择。人的发展是多种因素共同作用的结果，这些因素在人的实践活动中互相作用。这些相互作用既有一定的规律性和普遍性，又有差异性和特殊性。

教育对人的发展的作用

教育是一种实践活动，它构成了人的发展的一个特殊环境。教育与人的发展的关系历来是人们研究和关注的重要问题之一。关于这一问题，大致有以下三种观点：一种是教育万能论，即教育对于个体的发展起着完全的决定性作用，可以将人培养成为教育者所希望的任何一种人。环境决定论就是一种教育万能论。另一种是教育无能论，即教育影响相对于社会或家庭影响来说，影响力微乎其微。再有一种是协同作用论，即人的发展本身有着内在的逻辑，而教育只有遵从这个逻辑，才能有效促进人的发展。协同论的主要代表人物美国哲学家 M. J. 阿德勒提出了"合作的艺术"的概念，以区别于"制造的艺术"。制造的艺术主要是指如果没有人的加工，工业品不会自然地生长出来。合作的艺术则不同，它如同农夫种植作物一样，需要农夫与作物的自发生长合作。教育属于合作的艺术，它需要与个体的自然成长合作。个体内在自然展开是主，教育是从，教育只有遵从、尊重个体的内在自然，才有可能更好地引导和促进学生的发展。

教育之所以能够促进人的发展，既因为人的未特定化特性使人产生受教育的需要，又因为教育自身所具有的特质。教育是一种专门以人的身心发展为影响对象的活动。教育通过教师和学校，有目的、有计划地施加影响。相对于日常生活的自发性影响来说，教育影响具有高度的自觉性，它以对遗传与环境为人提供的可能性的认识为基础，尊重人的内在自然而不僭越。这里的内在自然并不仅仅是指单纯通过遗传而获得的物质基础，还包括经社会文化环境相互作用而凝结的内在禀赋。这种内在禀赋在教育中得到充分尊重，并不断地生长、发展，教育首先以促进这种发展而不是以满足外在要求为主要任务。教育是要促进人自然的生长和展开，而不是压抑它。在教育中，教师懂得如何有效地教育和引导儿童，帮助他们逐步摆脱不成熟的状态，获得独立生存、生活的能力。好的教师从不替代儿童或者强迫儿童作出某个决定，他们总是在儿童准备决定时启发他们进一步思考其他的可能性，以及每一选择可能的后果，他

们尊重儿童自由而负责任的选择。教育使材料和活动服从于儿童。在教育中,一切材料只是为促进儿童更好地发展而选择的,儿童的发展是最根本和首要的目的。

　　教育对人的发展的促进作用主要表现在三个方面:第一,教育能促进人的自然潜能的健康和谐发展。自然潜能的发展首先受到遗传因素的制约,人的身高、肤色、体型、潜能的实现、神经系统的特质等在很大程度上得自遗传、环境和教育的相互促进作用。教育能够适应人的生长发育的规律,通过科学系统规划健康教育的内容,开展各种形式的体育锻炼和教育活动,最大可能地发挥遗传因素,最有效率地组织环境力量,帮助个体形成健康的体格。第二,教育能促进人的心灵的和谐发展。人的心灵的自由成长是发展的精神层面的内涵,离开了心灵的健康和谐,儿童的发展必然会出现畸形。教育尊重人的内在禀赋,发展个体的兴趣,引导个体的精神发展,不以外力强迫人,不使人的发展服从于人之外的其他目的。第三,教育不仅帮助个体以健康的体魄和健全的心智在社会中生活,而且通过制度化的形式向个体传授知识和技能,发展社会所需要的专业或职业能力;不仅促进个人和谐、整体的发展,而且通过实现人的发展促进人的发展价值在社会生活实践中的现实化,进而促进社会发展。

参考文献

瞿葆奎.教育学文集·教育与人的发展[M].北京:人民教育出版社,1989.

中央教育科学研究所比较教育研究室.简明国际教育百科全书:人的发展[M].北京:教育科学出版社,1989.

(王本余)

教育与生产劳动相结合(combination of education with productive labour)　　指教育过程与生产劳动过程相互联系和有机结合。是历代教育家探讨的教育理想,中国教育方针的组成部分。

　　早期教育与生产劳动相结合的思想　　教育是在人类生产活动和生活过程中产生的,所以一开始教育就与生产劳动结合在一起。原始社会,除婴儿外,人人都劳动,人人都接受长者的教育。但是随着社会生产力的发展,社会出现了一部分专门从事教育的职业,出现了专门的教育机构——学校。这时就有一部分青少年可以脱离生产劳动而到学校学习,教育与生产劳动开始分离。到了阶级社会,统治阶级垄断了教育权,只有他们的子弟可以进学校,学习统治人民的本领,并且蔑视劳动和劳动人民,学校教育就完全与生产劳动相分离。但是劳动人民依旧在生产劳动中学习,教育与生产劳动相结合仍然存在于原始形态的教育中。

　　教育与生产劳动相结合作为一种教育理想是直到文艺复兴时期才提出来的。文艺复兴推动了教育领域的变革。许多人文主义者都不同程度地注意教育问题,并从人道主义思想出发提出新的教育主张。最早是英国人文主义教育家莫尔在其《乌托邦》中提出儿童边学习边劳动的设想。他在该书中描述了平等的和公有制的乌托邦社会,那里人人都劳动,人人都学习。儿童从小就学习农业,在附近的田地里实习。每个人除要从事农业外,还须学一种手艺作为专门的职业。后来英国经济学家贝勒斯在《关于创办一所一切有用的手工业和农业的劳动学院的建议》中,首次提出教育与体力劳动相结合的主张。他认为,人需要从事体力劳动,就像需要吃饭一样。瑞士教育家裴斯泰洛齐也提出教学与生产劳动相结合的主张,强调儿童的学习应与手工劳动相联系,并于18世纪70年代至19世纪初创办并主持了新庄孤儿院、斯坦兹孤儿院、布格多夫学院、伊弗东学院等,开展教育实验。他的教育思想和实践对欧洲各国产生很大影响,许多教育家如福禄贝尔、赫尔巴特、欧文等都曾到伊弗东学院参观。以上一些教育家都是生活在资本主义刚刚产生,大工业机器生产尚未出现的时代,他们看到资本主义生产使农民失去土地,许多贫民和儿童流浪街头,从人道主义思想出发,为了帮助这些贫民和儿童,提出教育与生产劳动相结合的主张。因而这种结合还是建立在手工业小生产的基础之上的,教育与生产劳动结合的思想还不完整。

　　18世纪中叶的产业革命是科学技术与生产结合的产物,大工业机器生产代替了手工业小生产,社会分工进一步深化,社会矛盾日益激烈。一些民主主义教育家开始抨击资本主义对工人的剥削和对儿童的摧残。英国空想社会主义者欧文继承和发展了早期人文主义者关于教育与生产劳动相结合的思想。他看到了科学技术和教育的巨大作用,在18世纪法国唯物主义者关于人是环境与教育的产物的学说影响下,产生了须从根本上改善工人生活条件的思想。1800年,他担任苏格兰新拉纳克地方一家大纺织厂的经理。他一方面改进机器设备,减少工人劳动时间,同时为工人子女开办幼儿学校,为6～10岁儿童开办初等学校,为11～17岁的少年工人开设夜校,为工人及其家属举办讲演会、咨询会和文化娱乐晚会等。1816年1月将上述教育机构合并为性格形成新学园。他的改革使新拉纳克变成模范新村而誉满欧洲。1817年他开始认识到自己的活动不足以改变现存的社会关系,转而批评资本主义,宣传共产主义。1825—1828年又在美国创办了社会主义公共性质的“新和谐村”,并实施普及教育、按劳分配和教育与工厂制生产相结合,培养全面发展的新人。实验失败后,1829年回到英国参加合作社和工会运动。欧文的实验虽然失败了,但他的思想受到马克思的高度评价。马克思正是从欧文那里看到了“未来教育的幼芽”。他指出:“从工厂制度中萌发出了未来教育的幼芽,未来教育对所有已满一定年龄的儿童来说,就是生产劳动同智育和体育相结合,它不仅是提高社会生产的一种方法,而且是造就全面发展的人的唯一方法。"

马克思关于教育与生产劳动相结合的学说 教育与生产劳动相结合的思想是随着历史的发展而发展的。在空想社会主义时代,资本主义大生产还不够发达,空想社会主义者看到资本主义对儿童的残酷剥削,他们从人道主义思想出发提出必须帮助儿童受教育,把生产劳动同教育结合起来。但是他们还没有看到大工业机器生产对人提出的新的要求。马克思一方面继承了空想社会主义者关于教育与生产劳动相结合的思想;另一方面运用历史唯物论的思想方法分析了大工业机器生产条件下教育与生产劳动相结合的深刻意义,把它提高到新的高度。

(1) 现代大工业生产的特点决定了教育与生产劳动相结合的必要性。马克思所处的时代与早期空想社会主义者所处的时代不同。马克思所处的时代是资本主义经过产业革命走向成熟发达的时期,科学技术在生产中越来越发挥着重要的作用。技术的进步和机器的使用,一方面使得生产过程简单化,可以大量吸收低工资的妇女和童工;另一方面它对劳动者又提出了较高的要求,要求劳动者具有一定的文化知识。这就是教育与生产劳动相结合的基础。马克思在分析资本主义发展的规律时,看到资本主义大工业生产对科学技术发展的依赖,看到人在生产中的作用,从而把教育与生产劳动相结合的思想提到前人未有的认识高度。

(2) 马克思把人的全面发展看作大工业生产生死攸关的问题,而人的全面发展只有通过教育与生产劳动相结合才能实现。马克思认为,传统的手工业工场生产造成了人的畸形发展,而现代大工业生产则要求人全面发展。恩格斯在《反杜林论》中说,由于社会分工,劳动被分成几部分,人自己也被分成几部分,为了训练某种单一的活动,牺牲了其他一切肉体和精神的能力,人的这种畸形发展和分工齐头并进。大工业机器生产则完全不同于工场手工业生产。虽然在资本主义条件下机器生产使工人成为机器的单纯的附属品,但另一方面大工业机器生产又对人提出全面发展的要求,并为这种要求提供了物质前提。这是因为,大工业生产的技术基础是革命的,生产工艺的不断变革要求工人尽可能多方面发展;科学技术在生产上的应用,要求工人不仅要发展体力,而且要发展智力。马克思和恩格斯同时指出,资本主义的生产方式不断重复着旧式分工,但是可以预言,由于现代生产的不断发展,旧的生产方式必将彻底变革,旧的分工必然会消失,到那时,生产劳动给每一个人提供全面发展和表现自己全部的即体力的和脑力的能力的机会。由此可见,马克思主张教育与生产劳动相结合,不只是为了克服资本主义分工的偏颇,而且是大工业生产的本性所决定的。现代大工业生产从客观上要求教育为它培养全面发展的人。马克思说:"大工业又通过它的灾难本身使下

面这一点成为生死攸关的问题:承认劳动的变换,从而承认工人尽可能多方面的发展是社会生产的普遍规律……大工业还使下面这一点成为生死攸关的问题:用适应于不断变动的劳动需求而可以随意支配的人员,来代替那些适应于资本的不断变动的剥削需要而处于后备状态的、可供支配的、大量的贫穷工人人口;用那种把不同社会职能当作互相交替的活动方式的全面发展的个人,来代替只是承担一种社会局部职能的局部个人。"为了培养全面发展的人,马克思提出要给工人以教育,把生产劳动和教育结合起来。

(3) 现代科学技术不仅促进了生产过程的不断变革,同时也揭示了现代生产过程的奥秘,为教育与生产劳动相结合提供了条件。以往,手工业工匠是靠在生产劳动过程中通过经验的积累才能学到专门手艺而终生从事这种专门职业的,而且门户之见甚深,行会控制着手艺的传播。到了大工业生产,情况就完全不同了。马克思说,大工业撕碎了这种隐蔽着的社会生产过程的帷幕,"大工业的原则是,首先不管人的手怎样,把每一个生产过程本身分解成各个构成要素,从而创立了工艺学这门完全现代的科学……工艺学也揭示了为数不多的重大的基本运动形式,尽管所使用的工具多种多样"。这种工艺学为生产者掌握整个生产过程的基本原理提供了条件。

(4) 教育与生产劳动相结合不仅是大工业生产的要求,提高生产力的必要手段,而且是改造旧社会,培养新人的唯一途径。马克思不仅从大工业生产的需要来论述教育与生产劳动相结合,而且从改造资本主义社会,培养无产阶级的革命后代这个高度来理解教育与生产劳动相结合的意义。改造旧社会,除了无产阶级要夺取政权,消灭剥削、消灭阶级以外,还要消灭脑力劳动与体力劳动的对立和差别,把脑力和体力结合起来。教育与生产劳动相结合是实现脑力劳动与体力劳动结合的最好的途径。

教育与生产劳动相结合是中国的教育方针 中国教育一直把教育与生产劳动相结合作为自己的教育方针。早在革命根据地时期,苏区政府就提出苏维埃文化教育的总方针:"在于以共产主义精神教育广大劳苦民众,在于使文化教育为革命战争和阶级斗争服务,在于使教育与劳动联系起来,在于使广大中国民众都成为享受文明幸福的人。"1958 年《中共中央、国务院关于教育工作的指示》发布,指出:"党的教育工作方针,是教育为无产阶级的政治服务,教育与生产劳动相结合。"但长期以来,人们把教育与生产劳动相结合和劳动教育等同起来,仅仅理解为受教育者个体参加生产劳动,接受劳动教育,或者边学习边劳动,没有和大工业生产联系起来,因而学生参加的劳动也都是农业劳动和手工业生产劳动。1978 年,邓小平在"文革"后的第一次全国教育工作会议上对教育与生产劳动相结合作了明确的论述:"马克思、恩格斯、列宁、毛泽东同志都非常重视教

育与生产劳动的结合,认为在资本主义社会里这是改造社会的最强有力的手段之一;在无产阶级取得政权之后,这是培养理论与实际结合、学用一致、全面发展的新人的根本途径,是逐步消灭脑力劳动和体力劳动差别的重要措施。"他还指出,贯彻教育与生产劳动相结合,"更重要的是整个教育事业必须同国民经济发展的要求相适应"。

教育与生产劳动相结合是大工业生产对教育提出的要求,是现代教育的普遍规律。现代教育本身就是现代生产的产物。现代教育制度是在产业革命后随着大工业生产对人的要求而建立起来的。大工业生产需要教育为它培养人才,教育只有与大工业生产相联系才能得到发展。因此,教育与生产劳动相结合得到世界各国的重视,高等学校与企业的联系,实行产、学、研结合已成为现代教育发展的趋势。但是只有马克思主义分析了科学技术和人在大工业生产中的作用和社会发展的规律,才把教育与生产劳动相结合提高到改造社会、培养新人的高度。

参考文献

顾明远.论在社会主义条件下教育同生产劳动相结合的必要性和可能性[J].高等教育学报,1991(1).

马克思,恩格斯.马克思恩格斯全集(第 23 卷)[M].中共中央马克思恩格斯列宁斯大林著作编译局,译.北京:人民出版社,1972.

王焕勋.马克思教育思想研究[M].重庆:重庆出版社,1988.

(顾明远)

教育与收入分配(education and income distribution)

教育与经济关系中的重要内容。研究教育对收入分配的作用和机制。

经济生活中,教育与个人收入分配直接相关,表现在两方面:受过较多教育者的收入大体上高于所受教育较少者;劳动收入的分配部分取决于所受正规学校教育的分配。人力资本理论认为,在一个完全竞争的劳动力市场上,一个受过更好教育的人因为具有较高的生产力,可以在劳动力市场获得较高的回报。关于教育对收入分配的影响,不同学者得出不同的结论。主要有两种观点:(1)平等论,认为教育将会减少收入的不平等,改善收入分配状况。俄裔美国经济学家库兹涅茨提出,劳动力受教育程度的提高将在长期内有助于收入分配的均等化。美国经济学家 T. W. 舒尔茨认为,初等、中等以及高等教育所取得的成就,已成为减少个人收入分配不平等的手段,相对于非人力资本投资,教育投资的增长会使总的工资收入比全部财产收入增长的幅度更大,而财产收入分配造成的不平等要比个人劳动收入不平等严重得多,故教育投资的增长会减少个人收入分配方面的不平等。在这个意义上,T. W. 舒尔茨称教育是"伟大的平等者"。持这种观点的学者还有阿鲁瓦利亚、阿德尔曼和 C. T. 莫里斯、蒂拉克、萨卡罗普洛斯等。(2)非平等论,认为教育对收入分配的改善没有显著的作用,甚至还会扩大收入分配的不平等。巴杜里认为,人力资本理论并不能作为收入差距的一般解释,多数情况下,任何想通过教育机会均等化而使收入平等的政策处方都是远远不够的。持这种观点的学者还有 W. L. 汉森和韦斯布罗德、瑟罗等。

收入分配的研究 从经济思想史上可以寻找到收入分配研究的两个主流。一个源于亚当·斯密、李嘉图等古典经济学家,主要探讨生产要素的收入分配,亦称功能性收入分配(function income distribution),包括要素价格的形成(如工资、利润和地租等)以及国民收入中各生产要素收入的相应份额。它把劳动者作为一个整体,讨论其与资本、土地所有者对要素的分割,而不讨论劳动者间的收入分配。因此,功能性收入分配理论关注的对象是宏观经济,也可以称为宏观分配理论。收入分配研究的第二个主流源于意大利经济学家帕累托,主要探讨规模或个人收入分配(size or personal income distribution),研究诸如家庭、个人等居民的收入分配问题,将收入分配研究引入到微观研究领域,运用统计规律,通过根据各个不同社会特征的个人或家庭社会平均收入偏移的状况,分析个人或家庭的相对收入差异。这类研究取得一系列方法论上的进展,如运用基尼系数和泰尔指数等相对收入不平等的测量方法。从 20 世纪 50 年代开始,收入分配研究的重心从要素分配理论转向个人收入分配理论,即从国民收入在工资、利润间的分配转向由基尼系数描述的个人收入分配的不平等。库兹涅茨关于经济增长与收入分配呈不平等倒 U 形关系的著名假说就是在这一时期提出来的。个人收入分配理论主要集中在两个方面:一是外生决定收入模式,研究制度和宏观变量对收入分配差异的外生决定;二是内生决定收入模式,即通过个人内在的努力和调整提高收入,这方面的理论包括人力资本理论。

教育与个人收入之间的关系:年龄—收入关系图 大量研究表明,不同社会经济制度、不同经济发展水平的各国家中,教育与收入之间都呈正相关。萨卡罗普洛斯证实,在经济合作与发展组织的国家,中学和小学毕业生的年均工资收入的级差是 40%,而高等学校毕业生的工资收入平均要比中学毕业生高 70%。在不发达国家,这种级差还要大。教育与工资之间相互关系的经验研究通常包括第三种变量——年龄。有关年龄与工资收入的关系的研究表明,在各个教育层次上,工资总是随着年龄增长而上升到一定的极限,然后趋于稳定。美国从 20 世纪 40 年代即开始进行收入与教育水平的定期普查,而多数国家只能依靠抽样调查获得数据,先把职工按教育水平分组,然后计算他们的平均收入。从许多国家的数据中,可以确定显见的图形,即年龄—收入关系图。美国不同学历者的年龄—收入关系图根据美国1949年的普查资料绘制(见下图),图中显示,年龄、教育程度和平均收入之间存在密切联系。图中,教育水平不同或学校教育年数不同的职工具有三个特征:(1)不论是受过高等教育的职工还是没有文化的职工,两者的平均收入都随年龄的增长而增长。当他们处于职业生涯的中期时,收入达到最高值,然后收入曲线就趋于水平延伸或开始下降。(2)受教育程度越高的职工其收入增长的速度也越快,在多数情况下,开始其职业生涯的起点工资也越高。(3)受教育程度越高的职工达到其收入顶峰的时间比受教育程度低的职工晚,而他们退休时的收入却较后者高。这三个特征表明,受过教育的职工一生的总收入明显高于只受过少量教育或未受过教育的职工,两者的收入差距贯穿整个职业生涯。

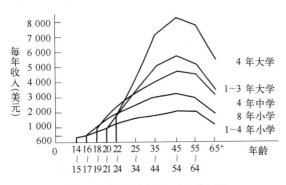

美国不同学历者的年龄—收入关系图

教育影响个人收入分配的理论解释　人力资本理论认为,收入差异来自后天学习获得的人力资本差异。在人力资本形成的各种途径中,教育是最重要的途径。教育通过向劳动者传授知识技能来提高他们的劳动生产率,从而增加他们的终生收入。人力资本理论很大程度上以完全竞争性环境为前提。有两个基本假说:一是人力资本可使收入均等化,即普及性教育水平提高可以解决贫困问题,综合教育水平的全面提高有助于缩小收入差距;二是存在竞争性的劳动力市场。

资本理论框架中的人力技能差异决定收入的理论不是新的,例如亚当·斯密支持"工资的变化是与学习的成本相一致的",认为教育有助于增强劳动者的生产能力。马克思更精确地表述了"复杂劳动相当于数倍的简单劳动"等。人力资本理论主要在20世纪50年代发展起来,其最重要的贡献者是美国经济学家T. W. 舒尔茨和贝克尔。

人力资本最初的研究范围集中在对正规教育投资的研究上,后逐渐扩大,包括人类健康、迁徙、在职培训、教育等。在人力资本理论与收入分配的研究中,许多工作也是以教育为核心变量进行考察的,最初的研究在正规教育对收入的影响上,后扩展到在职培训等人力投资方式对收入分配的影响。根据人力资本理论,学校教育与生产能力是呈正

相关的,在完全竞争的市场经济条件下,工资收入差距反映出生产能力的差异:劳动报酬直接随劳动生产率的变化而变化。每个人可以通过提高自身的教育投资而提高自己的生产能力,相应地提高自己的收入。美国经济学家明瑟认为,33%的工资收入差异能够以接受正规教育程度的差异来解释。他还指出,教育程度越高,其学校后人力资本投资与获得收入的弹性也越高,即投入较少,收入提高也较快。这就是说,教育投资不仅是造成个人收入差异的直接原因,也具有影响收入的外延效应。

筛选理论对人力资本理论的"教育能够提高劳动生产率"观点提出异议。该理论认为,教育本质上是生产能力的信号,教育的主要功能就是对求职者进行筛选,它提供有用的信息以确定个人是否具备更高的预期生产能力,并将他们安置到不同的职业岗位上,给予不同的报酬。它承认教育与工资收入之间存在正相关,但并不认为较高的工资收入是由较高的教育水平决定的,即教育与工资收入的关系是教育对劳动生产率具有"确定"作用的结果,而不是人力资本理论所认为的教育对劳动生产率的"提高"作用。

人力资本理论和筛选理论彼此并不排斥。明瑟认为,在信息不完全的世界,只要能力是教育过程中的一种投入,教育促进劳动生产率的作用和筛选作用就不是互相排斥的,争议可能会偏重于教育的生产促进作用和筛选作用哪个对收益的影响更重要。明瑟的看法得到普遍认同。教育一方面通过向学生传授有用的知识、技能来直接影响职工的生产能力;另一方面通过对学生态度的培养来间接影响生产能力。教育还同在职培训和"边干边学"(learning by doing,一译"做中学")等人力资本投资的其他形式一起发挥作用。因此,受过教育的职工的收入是个体能力、学前或学后的各种投资和纯粹的学校教育共同作用的结果。

导致个体教育分配差异的原因　在过去几十年中,经济学家和其他社会科学家开始把这些观点联系起来,他们想知道教育分配(educational distribution)可以在多大程度上说明社会的收入分配。文献表明,在收入分配很不平等的国家,分布不均匀的教育程度是解释收入不平等的一个重要变量。但在像美国一样收入分配和教育分配都较平等的国家,两者的关系则相当微弱。

个人终身的收入水平与其受教育程度成正比,特别是那些完成中等教育和高等教育的人,他们的工资收入远远超过那些只受过部分或全部初等教育程度的工人工资。由于收入水平如此显著地取决于学校教育的程度,如果大中学校在校学生中,中上等收入家庭出身的学生占多数,那么收入不平等就会加剧。穷人很可能因为经济和其他原因实际上被剥夺接受中等和高等教育的机会。因此,个人收入差异的很大程度上取决于个人接受教育的差异。正规教育在数量和质量上的差异,以及在工作中形成的人力资本的

有关差异,解释了大部分的个人收入分配差异。

　　个人受教育程度的差异有众多原因,从家庭因素来看,可以分为两个方面:提供机会的差异和与投资相关的对教育需求的差异。就前者而言,明显表现出极大的差异,这是由于国家提供教育资助数量和家庭提供的教育费用存在差异,这两者均可限制(或扩大)提供的受教育机会。对教育效益的需求也有差异,因为人们对教育的纯经济收益与非经济收益的偏好不同,个体的学习能力也有差异,并因此带来在今后的继续教育中成本—收益的程度不同,而且在各个家庭及个体的计划水平上有差异,这些都影响着人们对教育需求的水平。

　　教育影响收入分配的机制　　教育被认为是实现收入分配公平的有效措施之一。T. W. 舒尔茨曾对人力资本投资(主要是教育投资)与收入分配的关系做过研究。他认为,人力资本的积累是使收入分配趋于平等的重要原因。主要理由是:第一,人力资本的较快增长导致国民收入中源于知识、技能等因素的份额相对上升和源于财产等其他因素的份额相应下降,从而在一定程度上弥补由财产、政策、歧视等因素带来的不平等影响,使社会各阶层收入趋于“均等化”。世界上绝大多数国家之所以实行免费的义务教育,一个重要的原因是,各国政府希望用于义务教育的公共开支产生向低收入家庭再分配的效果,在使所有适龄儿童都享有入学机会的基础上,减少社会财富的分配不均。第二,教育能够提高个人的生产能力和配置能力,因而是缓解和克服贫困的有力手段。生产能力是指受教育程度较高的劳动者与相同的其他生产要素相结合能生产出更多的产品。配置能力是指发现机会、抓住机会,使既定的资源得到最有效的配置,从而使产出增加的能力,用 T. W. 舒尔茨的话来说是“处理不均衡状态的能力”。教育提高了个人获得收入的能力,实证研究也证明,人力资本投资具有比物质资本投资更高的收益率。因此,提高穷人投资教育的能力,增加他们接受较高层次教育的机会,可以在较短时间内实现穷人收入的增长和其社会地位的提高,改善个人收入分配不平等的状况。

　　教育对收入分配的影响有两条主要的路径:一方面,提高全社会的整体的教育水平改变了教育分配的状况。在假定教育的相对收益率恒定的情况下,社会劳动力向高教育水平流动会改变个人收入分配。另一方面,不同水平教育的劳动力供给的变化改变了不同教育水平的相对收益率,从而影响个人收入分配。可以简单解释如下,教育培养了大量的熟练劳动力,这将产生一种流动,即非熟练劳动力将变成熟练劳动力,并向熟练劳动力的工作岗位流动,这使整个劳动力的收入水平提高。在劳动力市场需求不变的情况下,熟练劳动力的供给增加将使其市场均衡工资下降;而相应的,非熟练劳动力的供给减少使其这种流动将市场均衡工资上升,这缩小了熟练劳动力和非熟练劳动力的工资差距。

参考文献

顾明远. 教育大辞典[M]. 上海:上海教育出版社,1990—1992.

卡诺依. 教育经济学国际百科全书[M]. 闵维方,等,译. 北京:高等教育出版社,2000.

赖德胜. 教育与收入分配[M]. 北京:北京师范大学出版社,2000.

雅各布·明瑟. 人力资本研究[M]. 张风林,译. 北京:中国经济出版社,2001.

西奥多·舒尔茨. 论人力资本投资[M]. 吴珠华,译. 北京:北京经济学院出版社,1990.

(孙百才)

教育与心理测量（educational and psychological measurement）　　在教育研究与心理研究中将人的特定行为反应和心理特征数量化的过程。

测 量 的 概 念

　　测量实际就是物体属性的数量化表示,即用数字对事物属性进行描述和确定的过程。例如,将物体的重量标定为 1 千克、2 千克,将学生语文成绩评定为 80 分、90 分,将学生的品行评定为 1、2、3、4、5 等。史蒂文斯 1951 年给测量下了一个很有代表性的定义,即测量是按照法则给事物或事件指派数字的过程。这个定义指出了测量过程包含的三个要素:测量对象;指派的数字;联结个体特征与指派的数字之间的法则和程序。

　　测量对象　　即事物的属性或特征。测量就是将事物的一个或几个属性表示为数量,被描述的属性就是测量对象。属性本身的特征对测量影响很大。事物的属性有三种类型:第一种是确定型的,即在一定条件下保持恒定不变的,如物体的长度、重量等;第二种是随机型的,事物的属性是随机变化的,如人的生理状态和情绪状态等,在不同时间和地点会有不同的表现;第三种是模糊型的,即事物的属性本身模糊不清难以准确把握的,如事物的美。属性的类型会影响该属性的定义的精确性,影响该属性是否可以用数字作精确描述,从而影响测量的精确程度。测量要求先对测量对象的属性下精确的操作定义,这样就可与其他属性区分出来,才可能进行有效测量。心理学中的很多概念往往模糊不清,如人的智力、人格等,在研究中经常要用操作定义将这些概念加以界定。

　　数字　　测量的结果是要被表示为数字的,有了数字才称得上量化,才能达到对事物属性的精确表达。之所以用数表示测量结果,是因为数(自然数)的系统具备区分性、序列性、等距性和可加性。数字首先有区分性,这等于给事物贴上数字标签,只要标签不同,事物就绝不会重复或混淆,被指派为数字 1 的事物就不会被混同于被指派为数字 2 的事物;数字还有序列性,还能表示等级关系。如,1<2,2<3,事物被指派不同的数字,说明它们在相应属性上有大小等级关系。数字还有等距性,任一个数字与其相邻的两个数的距离都相同,如 2−1 等于 3−2。数字还有可加性,即一个数与另一个数相加得到第三个数,如 2+1=3。正因为数字具有这些特性,将事物的属性与一定的数字联系起来,才能对事物做更加准确细致的描述。但是,在测量实践中,实际得到的分数(数字)并不总是具备上述四种特征。

法则和程序　　即给事物属性指派数字的方法、要求和步骤。法则和程序的好坏直接决定测量的有效性和可靠性的程度。测量的法则和程序的目的就是做到事物属性集与数字集有序配对。确定合理的法则和程序是测量中最关键也是最困难的事情。尽管心理测量没有物理测量那么严格精确,但正因为它有一定的规则可循,所以也是测量。正如 H. W. 科林斯所言:"测量是我们用数字和客体玩的一种游戏,凡游戏皆有规则。当然,由于种种原因,规则有好坏之分,但是,不管规则的好与坏,这种程序仍然是测量。"只要有一定的规则,对任何事物的测量都是可以的。例如,教师要对学生的品行进行评定,他首先要确定将学生的品行分为几个等级,假设评定分五个等级,分别用 1、2、3、4、5 表示,即根据品行高低分别指派 1、2、3、4、5 给不同品行的学生。他将 5 指派给品行最好的学生,4 给较好的学生,3 给中等的学生,2 给较差的学生,1 给最差的学生,这就是他进行品行评定时运用的规则。品行与所分派数字之间有一一对应关系。

世界上的事物不外乎物理存在和精神存在,测量也有物理测量和心理测量。从这一意义上讲,教育测量也是心理测量,是心理测量在教育中的应用,但心理测量的含义要比教育测量广泛。广义的教育测量几乎包含心理测量的所有方面,而狭义的教育测量则只包括对学业成就的测量。

测 量 量 表

测量量表(measurement scale),指在进行测量时体现测量规则的连续体。测量就是按一定的规则将事物属性标定在一个量表上,对应的"读数"就是事物的测量值。量表类似于日常生活中使用的量尺,但是抽象的量尺。在测量物体时,使用的量尺不同,测量结果(即给事物指派的数字)也就有不同意义。例如,用温度计测量出的物体的温度只是相对温度,没有绝对零点,不同温度值之间可以比较大小,但没有倍数关系,而用天平称出的不同物体的重量之间则有倍数关系。一个良好的量表应有具体明确的参照点、有意义的单位,是个连续体。

参照点　　只有一个明确固定的具体的参照点才能获得一致的可比较的数值。物理测量有绝对的参照点,如温度是以一个大气压下水的冰点作为参照零点。教育与心理测量中则只有相对的参照点,常以常模作参照点,而常模会随取样的样本变化,也会随总体的发展而变化。

单位　　用数字来描述物体的特征时,数字的单位本身要有意义。在物理测量中,量表单位常常有充分的直观意义且与测量的东西明显一致,如毫米、秒等。但在教育与心理测量中,测验者常常确定某一特质的最高水平和最低水平,然后将确定若干中间水平,与这些中间水平相对应的数值就是测验分数。这样得到的测验分数往往不具备实际意义的单位。教育与心理测量都是相对的测量,但虽然测量的分数没有单位,只要将分数放在同一量尺上相互比较,也就获得了意义,因此教育与心理中测量同一特质时一定要用统一的量尺。

连续体　　心理特征大多属于连续体,可视为连续的变量,虽然测验分数没有意义的单位,但测量学家仍努力将它们放在同一量尺,使其成为一个良好的连续体。

测 量 水 平

F. G. 布朗 1983 年按照单位和参照点的不同,把测量量表(或量尺)按低级到高级顺序排列划分为类别量表、等级量表、等距量表和比率量表四种。使用这四种量表进行的测量分别是类别测量、等级测量、等距测量和比率测量,在现实生活中进行的所有测量都属于这四种测量中的一种。

类别测量　　属于四种测量中最低水平的测量。在日常生活中经常要将事物分类,如将人分成男人和女人,并用 1 表示男人,用 2 表示女人,这就是用类别量尺表示人的性别属性,也是一种测量,是最低水平的测量。这种"测量"只区分事物的质,而没有对事物的量进行区分,不是严格意义上的测量。类别测量是一种常用的测量。如对人的血型、气质等的测量都属于类别测量。类别测量所得到的数字并不具备严格的数的意义,只起着标志事物的作用,其本身只有区分性,而没有序列性、等距性和可加性。类别测量的数据是计数数据,只能统计次数的多少。适用的统计方法有次数和众数统计、比率统计、χ^2 检验、列联相关等。

等级测量　　实际是根据事物的质进行的分类,使用等级量尺进行的测量则具备了量的测量和性质。在等级测量中,根据事物某一属性在量方面的差别而指派相应的数字,数字代表了事物属性的大小和等级关系。如将学生的品行分成五个等级,按学生成绩将学生分成优等生、中等生和差生,指派的数字代表了一个学生所属的等级,也表明了他与其他学生相比的优劣关系。等级测量具有区分性、序列性,而不具有等距性和可加性。其资料适用的统计有中位数、百分位数、等级相关系数、肯德尔和谐系数和秩次的方差分析。

等距测量　除具备类别量尺和等级量尺的性质外,等距测量还有相等的单位,具备等距性和可加性,但没有绝对零点,数值之间不能进行乘除运算。常用的温度计就是等距量尺的例子。温度计上的刻度有相等单位,但没有绝对零点,表示温度的数字之间可进行加减运算,但没有倍数关系。等距量尺上的数值有相同的单位,可以加减或乘除一个常数而不改变各数值之间的关系,从而使来自不同等距量尺的测量值可以转化到同一量尺上。例如,摄氏温度与华氏温度之间可以互相转换,且都可以转化为绝对温度。对于等距测量的数据可以计算平均数、标准差、相关系数,并可用 t 检验、F 检验等。

比率测量　是最高水平的测量,既有相等单位,还有绝对零点。除具备上述三种量尺的特征外,测量值之间还能进行乘除运算。比率测量是对事物最精确的测量,正因为此,人们总是试图将测量提高到比率测量的水平。比率测量所得资料除适用上述所有统计外,还可计算几何平均数、相对差异量数等。

教育与心理测量的水平与特征

教育与心理测量的水平　任何事物的存在都是质和量的统一。事物在质上的差异可以用种类来表示,在量上的差异则可用数量来表示。人的心理特点也有高下之分,如可以根据智力的高低把人分成聪明和愚笨,根据记忆力的强弱将人分成记性好和记性差,根据品行的好坏将人分成高尚和卑劣等。人的心理特征的程度上的不同为心理测量提供了可能性,心理学家通常将人的心理特征视为一个连续体,教育与心理测量其实就是将个体的心理特点表示在这一连续体的某一位置上。

由于心理现象的特殊性,教育与心理测量还处在较低的水平。首先,教育与心理测量不属于比率测量,因为我们所用的量尺是没有绝对零点的,我们找不到智力或知识的绝对零点;其次,它也不属于等距测量,因为测量的单位是不相等的,我们是以被试在智力测验和人格测验上的得分来确定其智力和人格特征的水平的,而不同测验题目的难度不同,其单位自然也不相同。鉴于以上原因,教育心理测量充其量只能算等级测量,测验分数只表示相对大小和位置先后。不同测验分数的意义和价值是不同的。

尽管教育测量属于等级测量,但现实中我们可以把它近似地当成等距测量来对待。我们可以假定测验分数是有相等单位的,只要测验分数能与被试的实际情况相符合,就认为这种假定是成立的,并进一步推广。另外,我们可以把测验的原始分数转化为标准分数,而标准分数都是等距的。

事实证明,大多数情况下教育与心理测量可视为等距测量。

教育与心理测量的特点　教育与心理测量的对象是人的精神特性,由于测量对象的特殊性,使得教育与心理测量有以下一些特点:(1)间接性。我们可以把测量分成两大类:一类是对物性的测量,测量的是有物理特性的物质,是实体;另一类是对精神性的测量,测的是不具备物质性的现象,是精神性的存在。正因为如此,对物性的测量是直接的、具体的,而对精神性的测量则是间接的、抽象的。心理现象或精神现象的存在是不容置疑的事实。比如,能力是一种心理现象,它的存在是几千年来我们早已认识到的,因为不同的人在处理事务、解决问题、学习知识时表现出了不同的效率。但是迄今为止,科学家们仍无法找到其中与不同能力相对应的实体性构造。这就是说,能力是一种非实体性的存在,但又是实实在在地存在着的。人的精神性的存在虽不能直接测量,但它必然要通过某种外显行为表现出来。这就是为什么我们能够知道有人聪明,有人自私,有人外向。因此,可以通过测量人的外显行为表现,将行为量化,以此来表示心理特性水平的高低。(2)相对性。由于教育与心理测量没有绝对的参照点,测验分数只能通过与总体中其他人的分数相比才有意义,因此测量只能是相对的测量。例如,只有与他人相比,才能从测量结果中知道一个人是聪明还是愚笨,是内向还是外向,对一个人的测量其实是将他放在一个连续体的某一位置上,通过位置的先后表示水平的高低。这种相对性是测验解释中的一大缺陷,心理与教育工作者正试图将测验分数与一外在的行为标准相结合,使其具有某种绝对的意义。(3)稳定性。教育与心理测量的对象是个体的一些稳定的心理特质,这要求测验结果具有跨时间的稳定性和连续性。稳定性表现为测验结果有高信度,不具有稳定性和规律性变化的因素被称为误差,误差不是测量对象而是被控制的对象。测验结果不具有稳定性时,测验也就失去了解释意义和预测价值。(4)客观性。教育心理测量虽然是间接测量,但却是通过代表性的行为样本对相应心理特质的测量,特质是客观存在的,特质与外显行为样本间的关系也是客观存在的,只要我们用客观的方法测量了人的行为样本,则测量的结果必然也是客观的。测量客观性的另一层含义是采用严格的标准化程序有效地控制各种测量误差。

参考文献

戴海崎,张峰,陈雪枫. 心理与教育测量[M].广州:暨南大学出版社,2011.

郭庆科. 心理测验的原理与应用[M].北京:人民军医出版社,2002.

Pedhazur, E. J. Measurement, Design, and Analysis: An Integrated Approach [M]. Hillsdale, London: Routledge, 1991.

（孟庆茂　刘红云）

教育与心理测验（educational and psychological testing）　进行教育与心理测量的程序和手段。美国心理学家 F. G. 布朗 1983 年将测验定义为"测量行为样本的系统程序"，这一程序的内容、实施和评分三方面都有系统性，系统性旨在尽可能减少测量中出现的误差。美国心理学家阿纳斯塔西给心理测验下了一个更为广泛接受的定义："测验是对行为样本的客观和标准化的测量。"

测验的构成要素　心理测验包含五个构成要素：

（1）行为样本，即能够表明人的某一心理特质水平高低的一组有代表性的行为。行为样本是测量的对象，教育与心理测验就是通过测量这一行为样本来间接地了解人的心理特质，因此它必须与所要测量的心理特质有关联（即被试行为表现上的不同能代表他相应特质的水平），而且能够代表与被试相应特质有关的所有行为。比如，研究表明智力与人解决问题的行为有关，一个人解决问题的难度与速度就代表了他的智力水平。要测量人的智力，就要选择一些与人的认知活动（知觉、记忆、问题解决等）有关的题目让被试作答，这样的题目往往有无穷多个，不能把全部都选入测验，只能选择有代表性的一部分，被试在这一部分题目上的答题情况就是与他的智力有关的行为表现。这里，有代表性的题目引发的行为表现就是行为样本。

（2）标准化，指测验的编制、实施、评分和测验结果解释的程序都按照统一标准进行，使这些程序对所有被试都保持一致。其实质是指测验对无关变量的控制，使所要测量的心理特质成为影响测验分数变异的唯一自变量。标准化涉及测验的全过程：测验的内容和物理形式要统一；测验的实施过程要遵从指导语的严格规定，指导语应对主被试的行为及测验的时间、地点有统一要求；测验的评分要按照事先规定的统一标准；对测验结果的解释要依据常模来进行。常模指测验所适用总体的平均测验分数。有了常模，才能知道一个分数在总体中的相对位置，才能评定其优劣，并作出合理解释。常模的建立过程是，从总体中选择一个有代表性的样本实施测验，然后计算出这一样本的平均测验分数，即常模。

（3）难度的客观测量。测验的客观性往往与标准化密不可分，它涉及测验的全过程，但测验客观性的最重要方面是测验项目难度水平的确定必须客观。难度确定的客观方法不同于由命题者评估题目难度的主观方法，而是通过在施测时根据被试的答题情况来确定。难度通常以通过率表示，通过率高说明题目容易，通过率低则说明题目难。为保证测验的质量，太难和太易的题目都应被筛除。

（4）信度，指测验结果的可靠性，也即测验分数的稳定性和一致性的程度。我们测量的是被试所有行为样本中的一个，所选择的测验情境（时间、地点等）也只是所有可能的情境中的一种，因此测验误差难以避免。一个好的测验必须把测验误差限制在一个可接受的范围内。相关系数是表示测验信度高低的最合适指标，因为相关系数的大小代表了测验结果的可靠程度。表示信度高低的相关系数又称信度系数，常用的信度系数有稳定性系数、等值性系数、内部一致性系数等。通过一次研究得到的信度系数并不是测验信度的可靠代表，一个测验的信度资料需要多次研究才能建立。

（5）效度，指测验结果的准确性和有效性，它表明测验是否有效测量了所要测量的东西。效度对一个测验是最重要的，因为它回答了测验是否或在多大程度上达到了测验的最终目的。证明测验存在效度的资料也需要经过多次研究来搜集，效度证据通常来自与内容有关、与效标有关、与构念有关的三方面证据。

通俗地讲，测验就是基于标准化的个体行为样本推断个体的心理特性。从这个意义上讲，任何具有这一功能的程序和技术都可称为测验，包括书面测验、口头测验、操作测验、面试、评定量表、评价中心技术，甚至包括可打分的申请表，这些都是广义上的测验。而通常所说的测验往往专指狭义的测验。

测验的种类　在教育与心理测验的百年发展史上，由于人类实践的需要产生了成千上万的测验。根据不同标准可以将测验划分为不同的类别。

按照测量对象，即所欲测量的心理特质的种类，测验可分为认知测验和人格测验两大类。认知测验，即测量与人的认知活动有关的心理特征的测验，包括智力测验、特殊能力测验和成就测验。智力测验是测量人的一般认知能力，其基本思想是观察一个人完成认知任务时的行为，并与别人的行为加以比较，以此推断其智力。这一原则是比纳发现的，成为教育与心理测验的普遍原则。能力倾向测验是测量人的特殊能力，亦称"特殊能力测验"、"性向测验"。性向是介于智力与知识之间的一种心理特征。如美国心理公司编制的"特殊能力倾向测验"包含机械推理、空间关系、言语推理、数学能力、抽象推理、拼写、文书速度和正确性八种特殊能力。此类测验用于与择业有关的选拔。成就测验，亦称"知识测验"，主要考查获得的知识和形成的技能。成就测验与考试是有区别的，成就测验是标准化考试，但考试不一定都能称得上测验。人格测验则测量人的性格、气质、动机、情感、态度、价值观、兴趣等方面的特征。严格来讲，只有认知测验才能称为测验，因为习惯上所讲的测验题目都有正误之分，认知测验的题目显然符合这一特点，而人格测验的题目则无对错，人格测验习惯上称问卷。问卷是一些问题的集合，通过这些问题让被试报告出自己的情感或自己对一些问题的意见、态度等，但据阿纳斯塔西的测验定义，人格问卷也称测验。

按照测验的目的和用途，可分为描述性测验、形成性测验、预测性测验和诊断性测验四种。描述性测验旨在描述个人或团体的心理特征,如优秀教师的个性特征和能力特征,成功企业家的品质,农村和城市儿童的创造力的差别以及大学生中心理健康状况等。形成性测验旨在了解个人或团体知识、能力等的形成和发展情况,以便采取适当的教育措施,如摸底考试、期中考试、期末考试等。预测性测验旨在预测一个人以后的行为和可能达到的水平,以用于选拔和安置的目的,如高考、TOEFL、GRE等用于选拔目的的测验。诊断性测验旨在诊断个人和团体的心理和行为状态,以发现问题的症结,并作出相应的对策,如用人格测验进行心理病理诊断。

按照一次测验中人数的多少,测验可分为个别测验和团体测验。个别测验,指在某一时间主试只对一名被试单独实施测验。其优点是主试可以更好地观察和控制被试,可记录下详细的测验结果,测验较精确。有些测验(如罗夏墨迹测验)只能采用个别测试的形式,对一些特殊的被试(如幼儿、残疾人等)也需尽量采用个别测验,一般用于对个别被试进行心理诊断目的测验多属个别测验。其缺点是不经济,费时费力,且对主试的要求较严格。团体测验,指在某一时间由主试对多名被试同时实施的测验,其优点是效率高,能在较短时间内迅速收集大量资料。

按测验所使用材料是文字的还是非文字的,可分为文字测验和非文字测验。文字测验使用的一般是词、句子、符号等文字型刺激物,并要求被试以言语反应来回答题目。非文字测验,亦称"操作测验",使用的测验材料有图形、图片、实物、仪器、模型等,要求被试以外显的、操作形式的反应来回答题目。

依据测验的要求,可分为最优作业测验和典型作业测验。最优作业测验,旨在通过被试所能完成的最大难度的作业来测量其能达到的最高水平,如能力和成就测验。这类测验要求被试发挥出最佳水平:被试尽可能以最快的速度,答对难度最大的题目。若测验只涉及难度因素而不受时间限制,只考虑被试所能答对的题目的最大难度的测验被称为难度测验(altitude test);若所有题目难度都在被试能力所及的范围之内,考查的只是被试最快答题速度的测验称为速度测验(speed test)。纯难度测验和纯速度测验均较少见,多数测验则同时涉及速度和难度两方面的因素。速度测验的题目难度较小,每题难度相同,所有被试都能回答,速度测验的分数取决于一个人所完成的题目数。但是由于时间限制,没有人能完成所有题目。难度测验的题目按由易到难的顺序排列,难度依次上升,尽管时间充足,但由于难度上的原因,也没有人能答对全部题目。典型作业测验,要求被试报告出他典型的、习惯化的行为反应,测验题目无所谓对错之分,如人格测验。

按测验编制和实施过程中的标准化程度,可分为标准化测验和非标准化测验。标准化测验的编制、实施和记分都遵守严格的程序,在编制过程中要选择一个有代表性的样本制订出测验的常模,以合理解释测验分数。教师自编的课堂测验就是典型的非标准化测验。

按测验结果评分的客观性程度,可分为客观测验和非客观测验。客观测验的评分有固定的和非个人化的标准,任何人的评分都是一致的,不会出现误差。非客观测验的评分往往要依据主试的主观标准,不同评价者常会出现不一致,如成就测验中的论文式测验、人格测验中的投射测验等。

依据测验结果的评价标准划分为常模参照测验和标准参照测验。常模参照测验以常模作为评价测验分数优劣的标准,常模被视为测验分数的参照点,这类测验关心的不是一个人能力和知识的绝对水平,而是他在所属群体中的相对位置,如大多数智力测验和人格测验。标准参照测验在评价测验结果时不是以常模为标准,而是与某一绝对标准相比较作出是否达到这一标准的判断。这个标准可以用内容材料来定义,则测验可直接报告被试能做什么题目,能拼写多少单词等;若已知道测验分数与某个外部标准有关,则可根据测验分数预测被试是否达到这一标准。如驾驶员考试成绩与驾驶执照有关,就可以是否发给执照来表示测验成绩。

测验的功用　教育与心理测验的最基本功能是,发现人与人之间的个别差异,并按照每一个体的心理特点的不同,在一特质连续体上确定每一个体的位置或将个体归属为两种或两种以上的类别。具体主要体现:(1)选拔(selection),指从人群中选择一部分具有某种优良心理特性的个体,以同其他人分开,表现为选择和淘汰。比如,入学考试、人员选拔等。测验也可用于挑选出部分不合格者,并采取必要的干预或处理措施。如对部分差生进行补课,对低工作满意感的教师进行激励措施等。(2)证明(certification),被试的测验分数如达到某一标准,就可以作出结束教育或训练的决断,被试就相应具备了从事相关工作的资格,这称为证明。如通过毕业考试得到毕业证书,通过驾驶员考试获得驾驶执照等。(3)安置(placement),按照不同的能力和人格特征分派工作,对具有不同潜质的人实施不同的教育,对不同症状的心理疾病患者采用不同的治疗措施等,都属于安置。(4)诊断(diagnosis),通过测验可以发现被试心理和行为上的问题,达到诊断之目的。诊断涉及的方面很多,如能力发展是否正常、学业上是否成功、心理上是否健康等。(5)评价(evaluation),测验是教育评价的基础,评价是对测验结果的概括和总结。通过将测验结果与教育目标相比较可以发现教育中存在的问题,从而为进一步教育决策提供依据。

参考文献

戴海崎,张峰,陈学枫. 心理与教育测量[M].广州:暨南大学出版社,2011.

郭庆科. 心理测验的原理与应用[M].北京:人民军医出版社.2002.

Pedhazur, E. J. Measurement, Design, and Analysis: An Integrated Approach [M]. London: Routledge, 1991.

（孟庆茂　刘红云）

教育与自我教育（education and self-education）人类文化传承的两种基本途径与手段。教育影响人的发展的基本方式。教育基本理论中的重要问题。

所谓教育,即他人教育,它和自我教育虽各有其特点,但两者是一种并列的关系。人类社会之所以既有教育,又有自我教育,都是由于人类社会文化传承需要所致,两者都共同作用于人类文化的传递与继承这种社会现象和社会活动。在人类社会生活中,教育与自我教育实际上常常是紧密联系在一起的,很难把它们截然分开。

教育与自我教育在理论上的基本区别　教育与自我教育都是人类社会文化的传承手段,这是它们的共同点,但两者又各有其不同的质的规定性,存在着根本的区别。具体来说,教育的根本特点是其在文化传递、继承过程中的师授性、他控性;而自我教育的根本特点是人对知识文化继承吸收的自控性与自授性。前者从社会整体出发,而后者则从社会个体着眼。

教育作为一种文化的传承手段,表现为一种活动和过程,它必须有教者和受教者两个方面,对于受教者来说,他接受社会文化、知识,是通过教育者的"传、帮、带"的结果。该活动和过程是一个外因作用于内因的活动与过程。这种状况决定了教育必然具有他控性与师授性的根本特点。

尽管任何一种教育活动均有学习或自我教育在内,但教育作为一种培养人的社会活动,它本身并不是自我培养的自控活动。教育作为社会活动,本质上是人类互助的一种形式,没有教育者和受教育者之间的互助互动,就没有教育活动的出现和存在。在受教育者面前,教育者实际上居于社会文化的载体和文化中转站的地位,具有社会文化代表者的身份和使命。总之,教育离不开师授,这是不同于自我教育、自我学习的根本之处。

根据教育的特点,可以把学习者(受教育者)和知识、文化之间的关系表示为:知识、文化→教育者→受教育者(学习者)。

自我教育则与此相反,其根本特点是其自控性与自授性。

自我教育也可称为学习或自学,此词的英译之一是teach oneself,意为"自教"。这种译法颇能反映自学、自教这一活动的特点。在人的自我教育的活动中,学习者对文化、知识的学习、吸收表现为一种自主性、独立性、直接性和排他性,即无需他人在其中作为文化因素的中介参与。

根据自我教育的特点,可以把学习者和知识、文化之间的关系表示为:知识、文化→学习者。

可见,教育与自我教育的特点显然不同,前者是他授的,后者是自授的、自取的、自控的。从人们接受知识、文化方面来说,前者具有被动性,后者则有主动性。前者以外因为主,而后者则以内因为主。对接受知识、文化的学习者来说,前者是他授的、他控的,而后者则是自取、自求、自得的。然而,从人们学习和接受知识文化方面来说,不论是他授的、他控的教育,还是自授的、自控的自我教育,都是不可缺少的。人非生而知之者,这一人的根本特点首先决定了人类不能没有教育,人必然是他人的学生。然而,完全依赖外因也难以使人成人、成才、成器。人也应该是学习的主人。因此,人类既需要教育,也需要自我教育。

教育与自我教育在实践上的统一性与互补性　教育与自我教育在人的实际生活和人类文化传承活动和过程中存在着统一性与互补性。由于受形而上学外因论的支配已久,根深蒂固,在理论和实践上都普遍存在着重教轻学的倾向。标志教育学诞生的捷克教育家夸美纽斯的《大教学论》以及后来德国教育家赫尔巴特的《普通教育学》,都大力宣扬了"教",同时贬低了"学",而未能把此两者结合起来。这些传统的教育学理论,固然有助于传承前人知识文化效率的提高,但也给人一种错觉,似乎人的知识、文化都只是通过教育才能获得。这种认识必然导致"唯学历"的观点和实践上管教不管学,以教代学,以讲代练等错误现象的出现。实践中,一些教师的教表演得很"精彩",学生却所得甚微。不注重调动学生的学习积极性、主动性,不注意培养学生的学习能力,用大量作业和频繁考试,依靠外力逼、压、灌来进行教学,而不知道教育的内容和要求必须通过被教育者认识、接受、反馈、内化,才能提高教学质量,以致造成学生课业负担过重,视学习为苦役以及厌学情绪滋长,其结果违背了教育的基本原则。须知,"教"是为了学;"学"是"教"的出发点和归宿。教的最终效果,要看学习者学得如何。

教育对人的发展的作用巨大,却是间接的,不仅要以人的"教"为中介,并且必须以学习者的"学"为中介。教育的作用只有通过学习实践方能实现。教育只是为学生通过学习和自我发展提供必要的条件。任何师授效果皆以学生是否接受、如何接受、接受了多少等自授状况为转移。如果学生不学,教师教得再好也是徒劳。许多教师致力于"教会"学生,"教会"的提法被普遍使用,其实只教是教不会的,只能是"教学生学会"。"教—会"应该改成"教—学—会"。"教会"的思想,实质上是哲学上的外因决定论的反映。

重学但不应该轻教。有些学者反对重教轻学,却走向另一极端。例如,意大利物理学家伽利略说,人不可被教,只能帮助他发现自己。德国教育家季斯捷尔维格说,不可能把文化修养教给或者传授给任何一个人,任何一个想要获得文化修养和教育的人,他应该亲自参加活动,用自己的力量和自己的努力去获得,从外部只能得到激励而已。强调自己努力、自我发现固然正确,但不应否定人的可教性和需教性。

不能由于反对重教轻学而过分强调学生的自主学习。学生在校学习,离不开学校教育的培养目标、教学计划、教学大纲、教材、校规制度和教师的主导作用。学生作为学习的主人,是在学校教育管理和教师主导作用下的学习主人。从小学到大学毕业,是一个学习的递增发展过程。学生学习的全部自立、自主,只能在校后或校外的独立自学中才能实现。当然,学校教育应该培养学生的自主学习意识和能力,使学生在学校学习生活和以后的社会生活中成为学习的主人。

校后或校外的独立自学,虽然是完全自主的,但是从纵向看,离开学校不等于离开师授教育。自学成才总是在受过一定的师授教育的基础上开始的。在自学成才过程中,也还要不时地求师受教。求师受教是广义的,父母是第一任教师,三人行必有我师,交友协作,拜一切内行的人做老师,都是求师受教。

人的社会化,人的成长、成才,是师塑和自塑的合金,是内外因共同作用的结果,只讲外因的外塑论和只讲内因的内塑论各有其片面性。

人类文化的传承活动,始终呈动态变化态势。它对社会的个体来说,先由教育开始,而教育者的主导作用有一个由大到小、由强到弱、由有到无的发展过程。与此同时,教育者不断提高受教育者的自授能力,受教育者的主体作用由无到有,由小到大逐渐增强。教育者的师授作用逐渐减弱,教育者的主导作用不断地转化为受教育者的主体作用。如此,可完成从教到学的转化。

教育和自我教育在人的一生和在实践中是紧密相关的。没有离开教育的自我教育,也没有脱离自我教育的教育,两者共处一体。但是,两者在动态中的比重并不是一样的,而是成反比例关系存在着。你强我则弱,你弱我则强,教育和自我教育这种盈虚消长的情况和阴阳互补、互相转化的关系就是两者变化规律性的表现。

（胡德海）

教育预测(education forecasting)　根据教育发展客观规律、教育事业发展的历史和现状,认识和判断未来教育发展的一种技术或活动。包括教育事业发展趋势预测、专业或学科发展预测、各种专业人才需求预测等。教育预测不仅要研究未来教育发展和变化的性质、范围及程度,而且要推测、判断变化发生的时间和可能性。教育预测的主要内容:(1) 教育发展总体预测,主要指对未来教育制度、教育发展规模等的预测;(2) 教育结构预测,主要指对社会教育体系各组成部分、不同类型的教育形式和机构在联结顺序及构成比例等方面的发展、变化所作的预测;(3) 教育投资预测,主要指测算教育未来发展可能的投入量;(4) 教育社会功能预测,主要指预测未来社会中教育对社会、经济、文化的发展以及对社会成员的成长和社会活动的影响;(5) 未来教育形式预测,主要指对未来社会中实施教育的组织形式、教育技术和方法以及教育媒体的发展、变化所作的预测。

教育预测类型　教育预测活动形式多样,从不同角度可将教育预测分为不同类型。(1) 按照教育预测的对象范畴,教育预测分为宏观教育预测和微观教育预测。宏观教育预测是根据教育和社会、经济发展的客观规律,从教育与社会和经济发展的相互联系、相互作用的角度进行的预测,其主要内容是对某一地区、某一国家乃至世界教育事业发展的基本情况,如教育制度、教育结构、教育发展的速度和规模等作出预测。微观教育预测是从教育对受教育者个体产生的作用与影响的角度进行的预测,其主要内容是根据教育、教学活动规律以及受教育者生理、心理发展的客观规律,对受教育者在教育、教学活动中的成长过程及成就作出预测。对教学活动、教学方法、教学组织形式、课程设置和教育媒体等的未来发展所作的预测,若从考察其对社会、经济发展的全局产生影响的角度,即属宏观教育预测;若从考察其对受教育者个体成长过程的影响角度,则属微观教育预测。(2) 按照预测时间和区间,教育预测分为短期预测、中期预测和长期预测。一般而言,5 年以内的教育预测为短期预测,5～15 年的教育预测为中期预测,15 年以上的教育预测为长期教育预测。由于教育对社会、经济发展的影响需要在十几年后才能显现,中、长期教育预测具有更重要的意义。(3) 按照预测活动的性质,教育预测分为探索型预测、规范型预测和反馈型预测。探索型教育预测是从教育发展的历史和现状出发,分析教育发展的规律,并假设这种规律性在预测时间段内不发生根本变化,从而依据这种规律预测未来教育发展的可能性。规范型教育预测是从未来社会经济发展对教育的需要出发,预先设定教育发展的方向和目标,根据社会的需要、可能性和制约条件,研究在一定方向上达到一定目标所采取的措施和手段,预测达到各子目标和总目标的可能顺序和时间。反馈型教育预测是探索型教育预测和规范型教育预测的综合运用,是在探索型教育预测和规范型教育预测之间建立循环往复的反馈联系,使两者处于不断相互作用的统一体中。(4) 按照预测方法,教育预测分为定性预测、定量预测和概率预测。定性教育预测是依靠人的直观判断对未来教育的发展和变化作出性质上的分析、判断和描述。**定量教育预测**是根据有关教育发展历史和现状的数据资料,总结教育发展规律,并用数学形式予以描述,通过数学运算,对未来教育发展变化的趋势、状态和动态过程作出定量分析。**概率教育预测**是以概率描述教育发展从一种状态转向另一种状态的可能性,据此预测未来教育发展的趋势,并对未来教育发展到某种状态、发生某种变化的可能性作出分析和判断。概率预测可以是定性的,如用语言表述某一事件发生的可能性,也可以是定量的,如用概率数字表述某一事件发生的可能程度。对概率的定性估计和判断还可用打分的方法进行量化处理。(5)按照预测指标的数量,教育预测分为单项教育预测和综合性教育预测。**单项教育预测**是指对某一教育发展指标作出预测。**综合性教育预测**是对某一教育形式或整个教育事业的未来发展所作的预测,包含多项有关的教育发展指标。

教育预测的基本方法　依据教育科学和现代预测学研究的具体要求确立。(1)**专家预测法**。以专家组的集体智慧来弥补定性教育预测中因个人能力、知识和经验的局限而造成的缺陷。具体包括专家会议法、头脑风暴法和德尔菲法等。专家会议预测法是集中与预测课题有关的各领域专家,通过专家会议的形式,对预测对象的未来发展趋势及状况作出推测和判断。头脑风暴法是专家会议预测法的特别形式,通过鼓励与会专家自由发表意见,形成自由、活跃的环境情景,使专家意见交互影响,产生"思维共振",激发创造性思维,从而打破传统观念的束缚,产生大量关于预测课题的有创建的思想和预测方案。具体包括三阶段,即确认问题、产生想法、问题求解。德尔菲法是为更可靠地收集专家意见而设计的一种专家预测法,由美国兰德公司在20世纪50年代开发。采用函询调查方式,由预测组织者向受聘参加德尔菲法预测活动的专家函寄调查表,专家们分别就调查表中的问题提出自己的预测后寄给预测组织者,预测组织者对专家们的回答进行综合、整理、归纳并作统计分析,匿名反馈给专家,再次征求意见。经过几轮反复函询调查,形成比较一致的专家意见,预测组织者据此形成较可靠的预测方案。其基本步骤:确定预测问题;选择预测专家;编制预测调查表;组织函询预测调查;对预测结果进行统计处理;撰写预测报告。(2)**形态分析法**。以预测对象基本组成单元的各种可能形态的不同组合来全面分析预测对象的一切可能模式,预测未来发展的可能性。是定性预测中与专家预测法相对应的一种预测方法。为预测提供某种辅助思维的模式或参照物,按照既定的规定性对预测对象作更详尽的搜索和分析,从而发现未来发展的可能性。主要包括类推法、空缺分析法、相关图法和形态分析法等。(3)**时间序列预测法**。按照时间顺序,列出预测对象有关的历史统计数据,体现预测对象在一定时期内发展、变化的过程,

反映预测对象发展变化的特点、规律和趋势。该方法要求有较详尽可靠的历史统计数据。教育预测中可运用时间序列法对历史统计数据较完整的各种基本教育统计指标作短期预测。选用时间序列法进行预测,应根据时间序列的不同特点和趋势,选用不同的数学模型和方法。主要有平均数预测法和指数平滑预测法。(4)**增长曲线预测法**。以某种函数曲线对预测对象某一指标的历史数据进行拟合,以拟合曲线作为预测对象的增长曲线,并建立描述预测对象发展过程的预测模型,进行外推预测。该方法有多种曲线拟合形式和预测模型。运用增长曲线法进行预测,首先要求分析预测对象有关指标的历史数据及其发展变化的趋势与过程,以确定增长曲线的恰当形式。这种模型主要有指数曲线预测模型和"S"形增长曲线预测模型。(5)**回归预测方法**。以相关性原理为基础的预测方法,是数理统计中回归分析方法在预测中的应用。在回归预测中,预测对象 Y 为随机变量,与之相关的普通变量 X 或一组普通变量 X_1, X_2,$\cdots$,X_P 为自变量,对自变量的每一个或每一组取值,预测对象 Y 的取值都有相应的分布。由于变量间关系的复杂性或统计数据、试验数据存在的随机误差,变量间的关系具有不确定性,描述变量间精确关系的数序表达式难以获得,需要运用回归分析的方法,通过大量的统计数据或试验数据寻找其间潜在的统计规律性,并以回归方程加以描述。借助回归方程,可根据一个或多个变量的给定值预测对象。回归预测有多种形式,根据自变量的数量,有一元回归预测和多元回归预测;根据自变量与预测对象关系的性质,有线性回归预测和非线性回归预测。(6)**状态空间预测法**。现代控制理论中的基本方法,是一种描述系统变化状态的一般的数学方法。运用状态空间可描述系统发展变化的过程,即给出系统状态在每一时刻的数据。任何一个系统组成要素的属性都随时间的变化而变化,这些要素的属性的总和即为系统状态,系统状态的变化反映系统的运动或发展演化。系统状态变化的范围称系统的状态空间,状态空间实为状态向量所有可能的取值范围,任一时刻的系统状态都可用状态空间中的一个点表示。教育发展系统是一个时间离散系统,离散系统中各变量之间的关系通常可用差分方程表示。运用状态空间法描述离散系统并进行预测,通常经过以下步骤:根据所研究系统的结构、性质和运动变化原理,写出描述系统各变量之间相互关系的数学方程组(结构方程组);整理结构方程组,确定输入量和输出量,给出系统的运动方程;选择恰当的状态变量,把 n 阶差分方程转化为系统的状态方程和输出方程;求解状态方程。(7)**系统动力学预测法**。美国麻省理工学院史隆管理学院福莱斯特教授提出的一种用于研究社会系统动态行为的计算机仿真方法。以事物的客观存在为前提,根据事物自身发展过程中的因果关系和逻辑结构建立模拟事物发展过程的动态

仿真模型,通过计算机进行仿真试验,获得对事物未来发展过程的描述。主要步骤:明确系统目标;分析因果关系和反馈环节;建立系统动力学仿真模型;计算机仿真运算;分析运算结果,修正仿真模型。(8)鲍克斯—詹金斯方法。这种预测方法能处理复杂的数据模式,且预测人员不必先对这些数据模式作初始描述。鲍克斯—詹金斯模型(Autoregressive Integrated Moving Average,简称 ARIMA 模型)系统地排除不合适的模型,直到找到一个对所考察的数据最合适的模型。为了取得一个具体的模型,它采取三步走的程序,即识别、评价和诊断性校核。

除上述几种教育预测方法外,还有学者运用概率进行教育预测。教育预测中的概率方法分为客观概率预测和主观概率预测两类。客观概率预测以统计数学的方法进行,如马尔科夫预测方法。主观概率预测在专家评估的基础上进行,如基于德尔菲法的交叉影响矩阵法。

教育预测的评价　　教育预测是对未来教育发展的可能性所做的推测和判断,其结果具有一定的不确定性,并存在不同程度的误差,需要对教育预测进行评价,对预测结果的不确定性及误差作出分析、检验和鉴定。主要包括对教育预测全过程的科学性分析,以及对教育预测结果的误差分析。具体采用专家评价法、数学模型评价法和预测误差分析等方法。

参考文献

鲍彻. 预测和未来学研究[M]. 预测和未来学研究翻译小组,译. 上海:上海科学技术文献出版社,1985.

宁虹. 教育预测学[M]. 沈阳:辽宁教育出版社,1989.

威廉·格·沙利文,弗·韦恩·克莱康贝. 预测原理[M]. 华棣,朱建中,译. 北京:中国展望出版社,1984.

Jenkins, B. Time Series Analysis, Forecasting & Control[M]. San Francisco: Holden Day Inc. ,1970.

（吴景松）

教育在社会结构中的地位变化（change of educational pattern in social structure）　　教育在社会结构变迁过程中所发生的地位、功能、作用或影响力的变化过程。教育在一定社会结构中运行,社会结构与教育相互影响。在横向上,教育与政治、经济、文化、阶层相互促进、相互制约;在纵向上,社会结构的变迁导致教育的地位和作用发生变化。通常从经济结构、政治结构、文化结构、社会阶层等方面研究社会结构与教育的关系。

社会结构与教育的关系　　经济结构与教育的关系:(1)经济结构制约教育的发展。经济发展水平制约教育的性质和目的、教育发展的规模和速度以及教育结构。(2)劳动力职业结构的改变对教育类型、专业设置、课程内容及方法产生重要影响。(3)教育在社会再生产中发挥重要作用,教育不仅可以改变劳动力的性质和形态,而且对人的劳动能力的发展具有全面、高效和长期的影响。

政治结构与教育的关系:(1)国家统治阶层利用权力控制教育活动,影响教育目的、办学目标、课程设置以及师资的任用。(2)教育具有促进政治稳定和国家统一的作用。美国社会学家利普塞特研究受教育程度与民主政治稳定性之间的关系,发现越是民主的国家,教育程度越高;教育的缺乏常导致偏激主义的形成。

文化结构与教育的关系:(1)文化具有非正式的教育作用。学校是社会文化环境的一部分,其目标、功能及课程均以社会整体文化环境为基础。(2)教育具有保存、传承文化的功能:传递社会文化价值及行为模式;培养与文化相关的个性和创造力;协助整体文化的革新。

社会阶层与教育的关系:(1)社会阶层影响人格的发展,不同家庭背景下成长的孩子在人格方面存在一定差异。(2)社会阶层影响不同阶层学生的学业成绩和智力发展。(3)教育促进升迁性社会流动,重组社会阶层结构,使社会秩序和结构趋向于合理化。

教育在社会结构中的地位　　在不同的社会结构背景下,教育的地位和作用不尽相同。教育在社会结构中的地位经历三次变化:由依附到相对独立,由作为个体地位和身份的象征到成为社会发展的基础,由松散无序到制度化、系统化。这种转变一方面是社会结构变迁对教育的需求使然;另一方面也是教育发展的必然结果,伴随这种转变,教育逐渐成为促使社会结构转型的核心要素之一。

农业社会时期,教育依附于政治和宗教。农业社会的社会关系呈现阶级性、等级性特点,教育在此期最重要的特征是依附于政治和宗教,作为统治阶级统治的工具,表现出狭窄、片面的政治教化或宗教教化功能。统治阶级通过制定教育目的、灌输等级思想等来控制教育的方向和作用,如古代斯巴达的军事教育、古希腊时期的"政教合一"形式、中世纪西欧封建主实行的教会教育和骑士教育等。中国奴隶社会的教育依附于奴隶主阶级和奴隶制度的政治,其主要目的在于向奴隶主子弟灌输一套管理国家、镇压奴隶和参与作战的本领;中国封建社会的教育则依附于地主阶级和封建制度的政治,教育成为统治者身份和地位的象征。

工业社会时期,教育逐渐走向相对独立。工业社会以机器大生产的出现为主要标志,这一时期社会生产力极大地提高,各种复杂的社会关系日益聚焦于经济关系。尤其在工业革命后,教育尽管仍与政治、宗教存在紧密联系,但已不为政治和宗教所独占,教育的经济功能和公共性特征逐渐显现。教育与生产劳动从分离走向结合,表明教育的生产性和经济功能日益突出。随着工人阶级和其他劳动人民为争取受教育权而斗争,受教育权利平等在绝大多数国家和地区的宪法中得以体现,教育机会均等化趋势不断增强,教育越来越成为社会的公共事业,教育的公共性特征充分体现。此期教育改革在世界范围内广泛开展,集中于普及义务教育、教师培训,目的是迅速提高劳动者的基本素质。

后工业社会时期,教育成为社会发展的基础。20世纪60年代,人类进入后工业社会,生产工具呈现智能化特征,生产方式和管理方式发生革命性变革。与此相应,学校教育从内容到形式、从观念到实践发生一系列变革。21世纪的人类社会清晰地呈现信息化、全球化、市场化、民主化等特征,并进入全球竞争的时代,教育在国家间的竞争中处于战略基础地位。教育功能日渐多元和复杂,包含政治、经济、文化、社会公共服务和个体服务等多方面功能。当代社会,国家安全、社会可持续发展和个体服务构成教育最突出的功能,教育已成为满足人类社会生产、生活和发展的必需品,开始从社会变革的边缘走向社会变革的中心。

随着社会的发展,教育在社会结构中的地位和作用日益受到重视,其功能日益多样化,教育制度从社会结构的边缘和外围走向核心,在未来社会发展进程中逐渐成为世界各国和社会可持续发展首先必须考虑的中心议题。

(刘晓红　代志鹏)

教育在现代经济制度中的作用(functions of education in modern economic institution)

教育在促进经济增长、科技进步、劳动力素质提高、社会资源再分配中所具有的功能。20世纪60年代以美国经济学家 T. W. 舒尔茨和丹尼森为代表的人力资本论者对教育之于经济的影响进行了深入研究,明确肯定教育具有巨大的经济价值。教育能促进经济增长,教育有助于培育高素质的劳动力市场,教育是调节个人收入分配的关键变量。这三点成为社会共识。

教育促进经济增长的理论研究

教育促进经济增长的思想由来已久。英国经济学家威廉·配第运用统计资料分析社会经济问题,提出“人口的价值”概念;英国经济学家亚当·斯密在《国富论》中论述人类资本和劳动者技能如何影响个人收入及工资结构的问题;德国经济学家李斯特提出“精神资本”概念,马克思主义创始人马克思提出“教育能生产劳动能力”的观点,均具有教育促进经济增长的思想萌芽。现代教育经济思想源自新古典派经济学理论和20世纪50年代以来的经济学理论,尤其是60年代形成的以 T. W. 舒尔茨和丹尼森等人为代表的人力资本理论,丹尼森首次将计量方法运用于计算教育对经济增长的贡献。

新古典经济增长理论　美国经济学家索洛等人针对古典经济增长理论的问题,提出劳动是促进经济发展的重要因素。他在1957年的研究中发现,资本与劳动仍然不能解释产出的增长,于是将“技术进步”引入生产函数。该理论后经卡斯和库普曼斯的进一步完善,形成一个新的经济增长理论体系,被称为“拉姆齐—卡斯—库普曼斯经济增长模型”。

舒尔茨的人力资本理论　1959年 T. W. 舒尔茨提出人力资本理论,认为资本应包括人力和物力两种。其主要观点:(1)人力资本存在于个体,表现为知识、技能、体力价值的总和,一个国家的人力资本可以通过劳动者的数量、质量以劳动时间来度量;(2)人力资本是投资形成的,投资渠道包括营养及医疗保健费用、学校教育费用、在职人员培训费用、择业过程中所发生的人事成本和迁徙费用;(3)人力资本投资是经济增长的主要源泉;(4)人力资本投资是效益最佳的投资,目的是为了获得收益;(5)人力资本投资的消费部分实质上是耐用性的,甚至比物质的耐用性消费品更加经久。继 T. W. 舒尔茨之后的一些学者进一步糅合信息经济学、国际贸易理论来研究教育与经济的关系,推动了该理论的发展。

丹尼森和贝克尔的经济增长理论　1960年丹尼森运用不同于 T. W. 舒尔茨等人的思路,把经济增长归为“要素投入量”的增加和“要素生产率”的提高两个方面。将要素生产率分解为知识进展、资源配置改善和规模节约等23个要素,比较各因素对经济增长的相对重要性,从国民收入平均增长率中逐项推算诸因素的作用。美国经济学家贝克尔将讨论的重心从正式的学校教育转向劳动培训,对劳动培训形成人力资本的决策过程进行深入分析,提出非专业技能的培训费用由雇主承担,专业技能的培训费用由雇员承担。

斯彭斯的筛选假说　美国经济学家 A. M. 斯彭斯认为,教育年限或教育投资与受教育者工资之间的关系是,雇主根据求职者的教育水准进行工作安排并给予相应报酬,而非人力资本理论所宣称的劳动生产率提高。教育只是一种甄别手段。这种观点与人力资本理论并不矛盾,它指出了教育促进经济增长的另一条途径,通常被看作人力资本理论的一种补充。

内生性经济增长理论　美国经济学家 P. M. 罗默和 R. E. 卢卡斯通过大量研究,于20世纪80年代提出人力资本的内生性增长理论,被称为新经济增长论的代表。P. M. 罗默的主要观点:(1)在资本、人力资本(教育年限)、非技术资本和新思想(专利)这些生产要素中,知识和人力资本是经济增长的决定因素。(2)技术被内化后,生产率的增长是一个自我产生的过程,当生产过程本身产生了新的知识(教育和培训),并且教育和培训又被作为新知识纳入生产过程时,生产率就会提高。(3)各国经济增长的差别在于知识和人力资本导致的技术进步率的差异。R. E. 卢卡斯将人力资本引入经济增长模型,建立了人力资本溢出模型,认为全球经济范围内的外部性是人力资本的溢出造成的,这种外部性的大小可用全社会人力资本的平均水平来衡量。

教育促进经济增长的实证研究

最早对教育的经济效益作定量分析研究的是美国学者沃尔什,他采用现值计算法计算出各级学校以及各种专业的净收益,表明教育投资符合一般的资本投资原则。20世纪六七十年代,T. W. 舒尔茨和丹尼森运用计量方法计算教育对经济增长的贡献率,推动了教育促进经济增长的量化研究的发展。

人力资本收益法　T. W. 舒尔茨把教育看作是人力资本的投资,用一定时期教育投资的增加值乘以同期教育收益率估算值,得出教育带来的国民收入增长额,再用这一数值去除该时期国民生产总值增加的总额,所得到的数值即为教育对国民经济增长的贡献率。他分析了1929—1957年美国的经济增长,发现同期美国高等教育、中等教育、初等教育投资的收益率分别为11%、10%和35%。

1985年经济学家萨卡罗布洛斯对许多国家的教育收益率进行测算和总结,发现小学(初等)教育的收益率大于其他层级教育的收益率,个人收益大于社会收益(尤其在大学层级),绝大多数国家的教育收益率超过10%,贫穷国家的教育收益率相对较高。

经济增长核算法　丹尼森认为,产出(Y)是物质资本投入(K)和劳动力投入(L)的函数,即$Y=f(K,L)$。他将这一公式应用于解释美国1910—1960年经济增长的情况,结果发现,经济增长很大一部分无法用物质资本投入和劳动力投入来解释。为了解释这部分差异,他引入教育、科技进步等因素,并对劳动力的年龄、性别构成和劳动时间、劳动力受教育程度等方面的变化作了调整,发现不同的教育程度获得不同的收入,显示了教育增加的生产率,并进一步估算出1930—1960年美国经济增长率中约25%是劳动力接受教育增加的结果。

美国经济学家M. J. 鲍曼对多个国家有关经济增长核算的研究进行整理,发现教育对经济增长的贡献并非如丹尼森计算的那么大。在对1950—1962年的教育贡献作了估计的国家中,22个国家中只有4个国家(阿根廷、比利时、英国、美国)的教育贡献率超过10%。萨卡罗布洛斯得出的平均数据则只有8.7%。N. L. 希西克斯认为,教育贡献中难以进行数量化计算的因素较多,上述测算可能仅反映教育直接贡献于经济增长的一部分,低估了教育的贡献率。

惠勒的联系模型　20世纪80年代后,丹尼森和T. W. 舒尔茨等人的研究受到质疑,被批评为只讨论了正规教育而忽视了非正规教育和在职培训的贡献。惠勒基于教育与人力资源的其他指标设计了一种联系模型,用来分析多个发展中国家的资料。该模型考虑了不同时期经济增长与人力资源发展之间的相互作用,力图将原因和结果分开衡量。结果显示,教育和健康等因素不仅直接促进产出增长,而且通过提高投资率、降低出生率间接地促进产出增长。马里斯在一个类似的分析中考察了66个发展中国家的资料,认为教育对发展中国家的经济发展有重要影响,而且一般性的投资若无教育投资的支持,其投资效益反而会变小。

教育与生产率关系的相关研究也支持上述结论。世界银行在肯尼亚进行的一项研究发现,个体经营的小农场主的收入随着教育水平的提高而提高;在农村居民中,教育对非农业收入的影响比对农业收入的影响要大。世界银行1980年对低收入国家农民所受教育与谷物产量关系所进行的另一项研究表明,受过四年初等教育的农民,其平均生产率比没有受过任何教育的农民高出8.7%。

跨国比较研究　美国经济学家克鲁格曼的研究率先比较美国与其他国家在人均收入方面的差异。他运用的研究技术是把各国的劳动力年龄、教育程度及城乡差异区别开来。克鲁格曼发现,在大多数与美国有相同自然生产条件的国家和地区,人均收入也只有美国的一半。人均收入63%的差距必须用人力资本储备方面的差异来解释。

J. R. 希克斯的一项跨国比较研究发现,经济迅速增长的发展中国家的识字率和预期寿命均高于平均水平。他考察了75个国家在1960—1977年间经济增长和预期寿命、读写能力方面的成就水平,得出国民的读写能力水平与经济增长存在相关性的结论。

教育与劳动力市场的研究

新古典人力资本模式　该模式形成于20世纪60年代。假设劳动力市场是单一的连续性市场,取决于劳动力的供需矛盾,工资竞争成为劳动力市场的推动力量;人们带着预先获得的技能进入劳动力市场,围绕工资进行竞争;教育至关重要,它创造了个人进入劳动力市场的技能,有助于低收入者改变其不利的经济地位,实现社会公平。但这一模式不能解释第二次世界大战后教育发展与个人收入变化的事实,即战后教育分布更平等,而个人收入分布更加不平衡,也不能解释战后工人失业现象的变化。

工作竞争模型　20世纪70年代,美国财经学者瑟罗和R. E. 卢卡斯提出,个人收入的变化不仅取决于劳动队伍中的相对位置(雇主根据工人背景而定),而且受工作机会分布的影响。雇主根据工人背景确定工人工作岗位并进行训练,工资则根据工作特点确定。接受教育和得到正式培训成为获得工作岗位的重要因素。在此意义上,教育对劳动力队伍的形成有重要影响。但当接受教育和培训的劳动力数量不断增加时,工作岗位对受教育程度的要求也进一步提高,因而为取得工作岗位就必须接受更高的教育,教育由此成为保证工作岗位、获得"劳动力市场利益"所必需的"防御性支出"。

劳动力市场分割理论   该理论认为,劳动力市场不是同质的,而是被政治、经济、传统等因素分割为不同的部分,尤其是当劳动者工作机会和报酬出现很大差异时,劳动力市场就会被细分。该理论被用于解释贫困、失业、工资差异及性别、种族歧视等现象。这一理论有两个分支:二元劳动力市场理论和激进理论。二元劳动力市场理论由美国经济学家多林格和皮奥里提出。他们认为劳动力市场可分为主要劳动力市场和次要劳动力市场。在主要劳动力市场,工人工资普遍较高,福利丰厚,工作和培训条件优越;在次要劳动力市场,工资较低,福利较少,易遭解雇。在主要劳动力市场,受教育程度的提高可以改变个人收入,而在次要劳动力市场并非如此。原因在于主要劳动力市场重视在职培训,以提高职工能力,减少流动性,而次要劳动力市场的高流动性阻碍了在职教育培训行为的发生。

多林格和皮奥里等人强调劳动力市场分割的技术原因,激进学派则强调劳动力分割的社会、政治和历史原因。D. M. 戈登和赖克强调劳动力市场分割的历史和政治原因,焦点是资本家对劳动过程和工人的控制。美国经济学家鲍尔斯和行为科学家、教育家金蒂斯则以社会结构与劳动力市场的"一致性原则"来解释这种分割现象的产生,认为教育实际上承担了劳动力的"前市场分割"作用,再生产了现存的社会阶层结构,并使之合法化。

教育与个人收入分配的研究

年龄—收入曲线   经济学家一般通过"年龄—收入曲线"描述收入与学历的关系。研究发现:(1)学历层次较高者在任何年龄段,其收入的绝对水平总是处于较高位置;(2)收入随着年龄增长而递增,达到最大值后(通常在45～50岁时)呈平缓甚至下降趋势;(3)收入水平达到最高值之前,学历层次高者平均收入的递增速度总是高于学历层次低者的;(4)学历层次较高者收入的最高水平通常在较晚阶段达到;(5)不同学历层次者的收入差别随学历层次上升而加大。

平均收入与年龄关系的一般理论解释:收入曲线先是不断上升,在某个时间点达到最高值并保持一段时间,然后收入曲线开始下降,这一变化趋势直接反映身体和智力的成熟直至衰退的过程。美国经济学家贝克尔认为,"年龄—收入曲线"形状反映了投资状况:参加工作的头几年收入不断上升的事实,说明个人一方面通过入学和职业培训对自己进行投资;另一方面通过寻找职业和迁居了解劳动力市场。美国经济学家明瑟认为,在一般的职业生涯中,年龄因素对收入的影响相当微弱,工作经验则很重要。

美国自20世纪40年代起就着手进行收入与教育水平的定期普查,发现受过教育的职工一生总收入明显高于只受过少量教育或未受过教育的职工。其他相关研究表明,这种情况适用于不同经济发展水平和经济发展模式的国家和地区。

受教育年限与收入之间的关系   智力投资最简单的形式是将智力生产同就学时间相联系。个体在学校花费较多时间,其智力便得到提高,这将进一步促进其生产能力的发展,而生产能力的发展体现在较高收入上。美国经济学者索罗门研究发现,高等学校的质量对其毕业生终身的工资有重要影响。戈塞利纳的研究发现,无论年龄多大,受教育年限长的个体的收入都明显高于受教育程度低者。

教育是影响个体劳动报酬的重要因素,但在解释劳动报酬之间的差异时,则应把教育与市场分割、工作竞争、国家政策等因素结合在一起;对于不同国家的教育投资收益会有较大差异,在经济急剧扩张阶段,某些情况下教育投资会使收入分配产生较大的不平等。

参考文献

托尔斯顿·胡森. 国际教育百科全书[M]. 贵阳:贵州教育出版社,1989.

卡诺依. 教育经济学国际百科全书(第二版)[M]. 闵维方,等,译. 北京:高等教育出版社,2000.

舒尔茨. 人力资本投资——教育和研究的作用[M]. 蒋斌,张蘅,译. 北京:高等教育出版社,2000.

张人杰. 国外教育社会学基本文选[M]. 上海:华东师范大学出版社,1989.

Denison, E. F. The Sources of Economic Growth in the United States and the Alternative before Us[M]. New York: Cinnuttee for Economic Development, 1962.

(刘晓红   闫万龙)

教育战略管理(educational strategic management)在教育领域,政府或学校等组织机构制定战略决策、实施战略方案、控制战略绩效的动态管理过程。教育战略是指在教育领域,政府部门或学校等组织机构在一定阶段要达到的目标以及为实现目标所作的计划,包括研究和决定具有全局性的指导思想、战略目标和对策措施等。进行教育战略管理的目的是制定明确的目标,设计合理可行的方案,通过方案的实施实现目标。战略管理是教育领域的重要工作,不仅政府制定并实施教育发展战略,学校亦制定发展战略和计划,以明确发展目标,提高办学水平。进行战略管理,有利于教育组织明确努力方向,通过分析各种内外环境因素,并根据自身特点确定组织发展目标,引导教育组织的改革和发展;有利于教育组织合理配置资源,形成合理的规模和结构,提高适应环境变化的能力,提高竞争力。进行战略管理要求教育组织正确制定或调整战略,各部门协调和组织总目标与部门目标的关系,提高战略决策能力,制定有效实施方案,确保战略目标的实现,从而促进教育组织管理水平的提高。

教育战略分类　根据战略制定者的角色,分为政府制定的教育事业发展战略和学校(或教育集团)发展战略;根据战略所针对的教育系统类别,分为普通教育发展战略、职业教育发展战略和成人教育发展战略等;根据战略所针对的教育系统的层次,分为宏观层次的教育发展战略和微观层次的教育发展战略;按教育的层次,分为高等教育发展战略、中等教育发展战略、初等教育发展战略等;按学校的层次,分为高校发展战略、中学发展战略、小学发展战略等。就政府的教育事业发展战略而言,教育战略是对教育事业未来一个时期发展中的全局性的重大问题进行的谋划,包括四个方面:分析教育发展面临的挑战;确定教育事业发展目标,如分阶段的数量、质量、结构、规模、效益等;实现教育事业发展的措施,包括指导思想和重点;对教育事业发展战略的实施过程进行控制,及时反馈和调整计划。在战略内容上,有教育发展的体制、规模、结构、人才、经费等方面的规划等。就学校发展战略而言,有人力资源(师资队伍建设)战略管理、科学研究(学科建设)战略管理、财政资源战略管理、招生战略管理、学校声誉提升战略管理等。

教育战略管理阶段　第一阶段为资源评价阶段,主要是对组织(政府、学校等)的资源状况进行检查和评价,包括各种资源、状况及其获得方式、资源使用的效率及效益等,并成立战略管理工作小组;第二阶段为战略管理设计阶段,设计内容包括明确组织的宗旨、目标和战略,研究内外环境因素,制定发展的长期目标;第三阶段为战略管理确定阶段,将战略管理设计阶段设计的内容整合为一个协调一致的方案,其成果是具体的战略计划及内容;第四阶段为战略实施管理阶段,是战略管理的行动阶段,包括确定切实可行的年度目标,制定具体实施计划,配置必要的人员、资金、物资等资源,以保证目标的实现,其成果是相应的年度计划、预算,相关政策和规章;第五阶段为战略监督和评估阶段,主要是针对战略管理实施阶段后,随着时间的推移和组织环境的变化,根据反馈信息修正和评估计划,乃至修正战略目标,以更有利于组织的发展,其成果是年度目标执行情况的评估和修正后的战略管理计划。

教育战略管理规划　(1)环境分析。目的是帮助组织了解内外部形势,研究面临的挑战与机遇。包括对内部环境、市场环境、公共环境、竞争环境、宏观环境等的分析。内部环境主要有教育体制、管理体制、内部文化等因素;市场环境主要有生源市场、就业市场、经费来源等;公共环境主要有政府财政、社会和政府对教育的支持和关注状况等;竞争环境主要包括竞争的来源、种类、强度;宏观环境主要有政治、经济、社会、科技、人口、文化等因素。随着市场经济的发展,学校的生存和竞争环境日益复杂,要求学校适应社会发展的需要和激烈的竞争环境,环境分析很重要。环境研究中需要了解环境的变化趋势及其对组织的影响范围、方式、程度等,以便及时把握机遇,应对挑战。(2)资源分析。目的是帮助教育组织了解自身资源状况,尤其是已有的资源、缺少的资源和可能获得的资源,以了解自身的优势和劣势,确定今后发展的比较优势。包括两个方面:有形资源分析,如人力资源、经费资源、设施和设备资源等的分析;无形资源分析,如学校的文化、声誉、传统等的分析。(3)目标形成。在战略规划中,随着环境的变化和教育组织自身的发展,不同发展阶段需要不断调整发展方向和发展目标。目标形成涉及三个概念:宗旨(mission),即教育组织的存在意义,具有指导学校发展方向、确立学校文化的作用;目的(objectives),是教育组织未来需要努力的具体方向,如学校的目的可以是提高生源质量、扩大招生规模、争取充足的经费等;目标(goals),是根据目的形成的具体指标、可以分时间段完成的任务,如学校的招生规模、经费收入、毕业生就业率等,制定目标时需考虑目标的可行性、科学性和先进性,在评价和比较多个目标方案后,选择较合适的方案。(4)战略形成。教育战略通常有学术发展战略、产品或市场机会战略、竞争战略、定位战略、目标市场战略等。对学校而言,涉及学校的服务面向和水平定位、学科重点发展方向、专业结构调整、师资队伍的水平和结构改善、生源质量的提高、人才培养模式的设计和教学质量的提高等。(5)组织设计。在形成目标和战略后,需对教育组织要素进行调整,包括调整教育组织的结构、人员和文化等。对高等学校而言,涉及系和专业的合并、调整、新增等,管理机构和服务机构的调整等,尤其是各机构职能的相应调整。(6)系统设计。主要是改进教育组织机构的管理,有目的地进行计划和控制,建立新的运行机制,以提高效率,使教育组织更好地发挥效能等。(7)战略实施中的反馈和控制。任何一项战略方案在实施中都会遇到实际情况的变化,方案实施中需不断根据实际情况进行调整,甚至修正部分目标,改变措施,以达到整体战略目的。

在教育战略管理中,从战略制定到战略实施,需考虑多种因素及其相互关系。(1)教育与经济、社会发展的关系,教育要适应经济和社会的发展,不断改革教育体系、管理体制、教育内容和方法。(2)全局与局部的关系,教育战略要关注教育发展的整体方向,在注重全局的同时考虑局部与全局的协调关系,局部目标和利益服从全局目标和全局利益。(3)近期目标与远期目标的关系,教育发展具有自身规律,人才培养是一个长期的过程,不能急于求成,需要协调和考虑近期目标与远期目标的关系。(4) 重点与非重点的关系,教育发展战略强调突出重点,分清主次,以便聚焦问题和配置资源。(5) 规模、质量、结构、效益的协调,教育发展在扩大规模的同时需考虑教育质量的提升、内部结构的优化以及效益的合理提高。(6) 传统与改革的关系,教育发展既要创新,也要考虑传统,脱离现实或不顾现实条件约束的改革难以成功。

(刘海波)

教育哲学(philosophy of education) 运用哲学基本原理和方法研究教育问题,或者从教育基本问题总结出哲学问题的一门学科。教育学和哲学的交叉学科,教育学的基础学科。教育哲学是思辨性的,它运用哲学概念解释教育实践的目的与价值,提出教育实践的伦理原则和价值意义,批判和反思教育理论和实践方式,综合教育学科的知识和理论,对教育的根本假定、基本概念、方式方法等进行辨析,从而建构教育哲学的理论。

教育哲学的研究对象,历来存在争议。总体来看,可以概括为四类观点:教育基本问题说;哲学体系说;教育价值说;教育概念说。从中国教育哲学的发展情况来看,持第一种观点的占绝大多数。黄济在《教育哲学通论》(1998)中认为:"对教育哲学的定义虽然如此分歧,但是其中却有一点是共同的,就是大家都公认教育哲学的研究对象,应当是用哲学的观点和方法来分析和研究教育中的根本理论问题。"他认为,教育中的根本理论问题是与教育中的具体理论问题相区别的,前者是教育哲学研究的对象,后者是各门具体教育学科研究的对象。在中国教育哲学界,关于教育哲学的研究对象也有另外的提法。桑新民在《当代教育哲学》(1988)中认为:"从研究的对象看,哲学研究思维与存在的关系,教育哲学则研究教育领域中思维与存在的关系。"20世纪上半叶,教育哲学家范寿康认为教育哲学的研究对象应为"教育学的假定",这与其认同康德的批判哲学有关。新中国成立前,教育哲学家吴俊升认为,教育哲学就是研究哲学的基本原则在教育理论和实践领域内的影响。其教育哲学体系因受杜威影响较大,也贯实用而轻逻辑。与上述观点相近的还有李石岑、林励儒、傅统先。其中,林励儒因采信马克思主义,教育哲学多强调社会性、阶级性与实践性。

国外关于教育哲学研究对象的看法在20世纪60年代以前,基本上可以划分为两类:一类认为教育哲学是一门关于教育问题的"系统的"、"完整的"、"综合的"学问;另一类认为教育哲学是研究教育价值的学问。其中,前者对中国教育哲学界的影响很大。20世纪60年代以后分析教育哲学崛起,关于教育哲学研究对象的观点开始分化,一部分人坚持传统的教育哲学定义,另一部分人从分析哲学的角度

认为,教育哲学的研究对象是教育理论与实践中的概念、命题、口号,教育哲学的使命就是对教育概念、命题、口号以及隐喻进行分析。随后遭到来自教育实践观点的批评,于是一些学者开始重申对教育实践的关注,如英国教育哲学家J. P. 怀特和W. 卡尔。国外教育哲学的研究与哲学研究紧密联系在一起,故哲学的发展对教育哲学的影响非常大。哲学的语言学转向直接导致分析教育哲学的兴起,哲学的后现代转向又使分析教育哲学陷入危机。

20世纪的教育哲学研究"教育一般问题"或"教育根本问题",把它们与"教育具体问题"或"教育特殊问题"相区别。有研究者认为,这种把"一般"与"特殊"、"根本"与"具体"对立起来,并尊崇"一般"、"根本",贬低"特殊"、"具体"的思维方式,是西方现代哲学的产物。把教育哲学的研究对象定位在"教育一般问题"或"教育根本问题"上,容易导致教育哲学研究的抽象化、玄学化,远离复杂多样的教育具体问题,其结果使教育哲学极易变成只研究"大问题"的"经院哲学"。

21世纪的教育哲学因哲学的演变,不再回避教育生活中的具体问题,力图以具体的教育问题为起点,而不是去寻求研究根本的问题。国内外有学者开始将教育哲学的研究对象界定为"教育生活"、"教育实践"。

学科地位与性质

教育哲学既是哲学的分支学科,又是教育学的基础学科。作为哲学的分支学科,教育哲学和政治哲学、艺术哲学、科学哲学、法律哲学等一样,是一门应用哲学(applied philosophy);作为教育学的基础学科,教育哲学以其独有的哲学视角奠定了其具有方法论性质的特殊地位。从教育哲学的历史来看,古今中外无数教育哲学家都对教育哲学的学科地位做过论述,对教育哲学学科地位的看法也随时代的变迁不断演进,但基本观点是一致的,认为教育哲学作为哲学与教育学的交叉学科,具有应用哲学和教育学基础学科的双重性质。黄济综合国内外观点,在《教育哲学》(1985)中对教育哲学的学科性质作出论述:"教育哲学是整个教育科学中一个重要的分支学科,又是教育科学中一门具有方法论性质的学科。从其同哲学的关系来看,它是一门边缘学科,从其与其他教育学科的关系看,它又是一门基础学科。"他在《教育哲学通论》中指出:"教育哲学应该成为一门独立学科,顾名思义,它既带有边缘学科的特点,但又不是一般的边缘学科。说它带有边缘学科的特点,就是说在教育哲学中具有教育学与哲学的共同特点,是教育学与哲学的有机结合;但它又不是一般的边缘学科,这是因为教育哲学对于其他教育学科来说,就如同哲学对于其他学科来说一样,也带有方法论的性质,它应当成为其他教育学科的理

论基础。"因此从学科性质来看,教育哲学通常具有"思辨性"、"规范性"、"概括性"、"综合性"、"交叉性"或"边缘性"等特征。

但是,随着教育哲学的发展,教育哲学的"实践性"、"反思性"、"批判性"、"价值性"等特性日益突出。所谓实践性就是要关注实践,关注生活,摆脱过去教育哲学从理论到理论的处境和状态,使教育哲学在实践中找到自己特有的关注对象和学科立足点。所谓反思性,就是对教育问题的研究回溯到研究者自身生活经验和立场,把教育事件的研究回归到更广泛的社会背景和空间来进行。所谓批判性主要指:使模糊的知识基础、价值观念清晰化;对教育生活中的知识基础和价值观念进行分析,指出其中和背后的现实社会力量;对原有知识基础和价值观念进行评判并建构新的知识基础和价值观念。所谓价值性,是指任何教育哲学的活动不是如分析哲学家宣称的那样"价值无涉"(value-irrelevant)或"价值中立"(value neutral),而总是在一定的价值基础或原则的指导下进行的。教育哲学关涉人类价值的困惑与个体生活的幸福。

教育哲学的发展

教育哲学的历史可以溯源到人类历史的早期,不同文化系统中"教育"概念的创制具有丰富的哲学内涵;它又是一门新兴学科,作为有相对明晰边界的知识领域,只有一百多年的历史。教育哲学具有开放性,它与广泛的思想和生活有密切联系,一些思想家和教育家在学术和教育生活中都表达了深邃的教育哲学思想。纵观东西方的文化史和教育史,诸多的哲学、教育学著作中都包含丰富的教育哲学思想,如古代中国的《中庸》、《学记》,古希腊的《理想国》、法国启蒙时期的《爱弥儿》都是经典的教育哲学著作。但是,教育哲学史的研究一般将所要描述的学科史界定为现代教育哲学学科产生以后的历史。

学科发展史　世界各国教育哲学在发展中相互影响,相互促进。一般认为,第一本教育哲学著作是 1848 年德国哲学家罗森克兰茨的《教育学的体系》(*Pädagogikals System*)。1886 年,美国教育家布拉克特将其翻译为英文,改名为《教育哲学》(*Philosophy of Education*),此为教育哲学名称的由来。此后,影响较大的教育哲学著作有纳托尔普的《哲学与教育学》(*Philosphie und Pädagogik*)和杜威的《民主主义与教育》(*Democracy and Education*,1916)。前者对后来教育哲学体系的形成有重大影响,后者则是公认的现代教育哲学奠基之作。在《民主主义与教育》中,杜威秉承实用主义哲学传统和对社会政治生活的理解,提出了"教育即生长"、"教育即生活"、"学校即社会"的论点,影响 20 世纪美国乃至整个世界的教育发展。20 世纪以来,在

教育哲学的发展历程中,产生了许多教育哲学流派,主要有进步主义(progressivism)、改造主义(reconstructionism)、要素主义(essentialism)、永恒主义(perennialism)、存在主义(existentialism)、分析教育哲学(analytic philosophy of education)以及批判理论(critical theory)等。

起源于欧洲的新教育运动,传播到美国以后演变为 19 世纪 70 年代的进步主义运动。美国"进步教育之父"帕克积极推进进步主义运动。杜威把进步主义和实用主义结合起来,于 1915 年出版了第一本著作《明日之学校》。1919 年,进步教育协会(Progressive Education Association,简称 PEA)成立。进步主义倡导"教育即生活"、"学校即社会"、"在做中学"等思想,公布"七点原则声明",对美国教育产生深远影响。在 20 世纪 30 年代,自称是进步主义的真正继承者的改造主义在美国兴起,提出通过教育改造社会的主张,认为教育的目的是促进社会民主化,教师和学生都应该围绕这个目标来进行教与学的活动。改造主义的代表人物有康茨和 H. O. 鲁格。其中,布拉梅尔德的《教育哲学的模式》和《急需一个改造的教育哲学》等著作,使改造教育运动向纵深发展,奠定了其作为"改造主义之父"的地位。1938 年,巴格莱等人成立"要素主义者促进美国教育委员会",这就是以提倡"新传统教育"著称的要素主义流派,他们反对进步主义和改造主义的观点,认为人类文化有着共同的要素,学校教育就是将这些文化中的共同要素教给学生,反对进步主义的"学生中心"观点,主张教师应把握教育的主动权。同样产生于 20 世纪 30 年代的永恒主义也是新传统教育的支持者,主要代表人物有赫钦斯、M. J. 阿德勒、利文斯通以及马里坦等。它主张回到古典文化著作中寻找真理,让学生学习文学、艺术、政治等经典科目,培养学生的高尚情操。永恒主义中有一支发源于宗教哲学的新托马斯主义,强调宗教至上,教育要使人的灵魂和上帝融为一体,代表人物有马里坦等。另外,有着广泛影响的存在主义哲学和教育结合起来,形成存在主义教育哲学,主张教育应以自我实现为最高目标,教师主要不是传授知识,而是应该教会学生自由选择,教育内容也主要以人文内容为主。20 世纪 40 年代以后,分析哲学介入教育领域,在 60 年代达到高潮,形成了英美分析教育哲学的体系,成为迄今影响最大的教育哲学流派之一。他们认为教育界的争论都是由于概念的模糊造成的,因此教育哲学的首要任务是"清思",对基本的概念和命题进行分析清理,最终达到科学化的目的。哈迪的《教育理论中的真理与谬误》(1942)和奥康纳的《教育哲学导论》(1957)是分析教育哲学的代表作。美国分析教育哲学的代表谢弗勒出版《教育哲学》(1958)、《教育的语言》(1960)、《知识的条件——教育认识论导论》(1965)、《理性与教学》(1973)等经典的分析教育哲学著作,详细论述了一些重要的教育概念、口号和隐喻,为分析教育哲学的发展奠定基

础。随后英国分析教育哲学界在 R. S. 彼得斯的带领下形成了分析教育哲学伦敦学派,在国际上影响很大。20 世纪 70 年代以后,由于分析哲学方法本身的局限和一些外部原因,分析教育哲学渐渐淡出历史舞台,但其思想仍然流传在教育哲学领域。

美、英教育哲学的发展   1832 年,美国纽约州立大学开设"教育哲学讲座",这是教育哲学作为美国大学课程的开始。1886 年,《教育学的体系》被翻译成英文,改名《教育哲学》。此后美国教育哲学迅速发展,不仅大学普遍开设教育哲学课程,而且出版了许多教育哲学著作,代表作品就是杜威的《民主主义与教育》。

第二次世界大战期间,美国教育哲学发展的最大特征就是专业化倾向明显,成立了教育哲学学会。在哥伦比亚师范学院的教育哲学家劳普的努力下,美国教育哲学学会(Philosophy of Education Society,简称 PES)于 1941 年 2 月在新泽西州的大西洋城成立,劳普任主席。学会的成立从组织上和制度上保证和促进了 20 世纪美国教育哲学的发展,并对世界其他国家和地区的教育哲学事业产生积极的影响。

第二次世界大战后,美国教育哲学学会的学术刊物《教育理论》(Educational Theory)于 1951 年创刊。为了适应"冷战"的需要,同时也为了进一步提升教育哲学的专业地位,从 20 世纪 50 年代中叶开始,美国教育哲学进入了一个新时期——分析教育哲学时期。这一时期的代表人物是谢弗勒。20 世纪 50 年代末至 60 年代,美国教育哲学界发生了一场重要辩论。辩论双方分别是哲学家、有机化学教授科南特与教育哲学家布劳迪。科南特主张取消教育哲学的独立性,由一般哲学取而代之。布劳迪认为,"科南特们"犯了非常严重的"战略性和理论性错误":那些有声望的一般哲学家根本"不愿意"涉足教育哲学领域;从理论上说,认为一般哲学可以取代教育哲学完全是出于对教育哲学乃至教育的无知。因此,重要的不是取消教育哲学的独立性,而是要改进教育哲学的教学和研究。

20 世纪 80 年代后,美国教育哲学的发展呈现许多新特征:(1)伴随着分析哲学的衰落、消解哲学"专业性"的后现代哲学的出现以及来自教育实践的猛烈批评,以索尔蒂斯为代表的教育哲学家倡导用公共的教育哲学代替专业的教育哲学;(2)教育哲学的合法性基础得到新的阐释,它的合法性不在于其"一般哲学基础"和"专业培训",而是来源于其"实践的目的——通过提高教育活动的水平而改善教育机构";(3)教育哲学教学和研究比以往任何时候都关注教育改革实践;(4)发起成立了"国际教育哲学家网"(The International Network of Philosophy of Education,简称 INPE)。

英国是世界上教育哲学研究比较发达的国家,有专门的教育哲学教席、学会、杂志、网站、研究生培养计划,在国际上影响很大。英国教育哲学的发展分为三个历史时期。

20 世纪 40 年代之前的英国教育哲学可以概括为"规范教育哲学"。与"思辨教育哲学"和"分析教育哲学"相对,所谓的规范教育哲学侧重于理解和论证教育过程所要达到的目的及应遵循的原则,并就应该采取的方法提出建议。这一时期教育哲学还没有成为一门学术性学科和专业,只是哲学家的思想的延伸。这一时期的代表人物和作品有:罗素的《论教育》(1926)、A. N. 怀特海的《教育的节奏》(1922)与《教育目的》(1929)、沛西·能的《教育原理》(1920)等,这一时期为后来的教育哲学提供了基本的范畴,在诸多方面都有着深刻的启发意义。

20 世纪 40 年代至 70 年代末的英国教育哲学可以概括为分析教育哲学。这一阶段开辟了新的研究方向,开始对教育概念、命题和理论形式进行分析。1942 年,伦敦大学教育学院在英国率先设立教育哲学教授职位,由 L. A. 里德主持。哈迪的《教育理论中的真理与谬误》(1942)和奥康纳的《教育哲学导论》(1957)是分析教育哲学的代表作。1961 年 R. S. 彼得斯在美国师从谢弗勒学习,回国后接替 L. A. 里德的教席。1964 年创立大不列颠教育哲学学会(Philosophy of Education Society of Great Britain, 简称 PESGB),R. S. 彼得斯任主席。1967 年出版专门的学术性刊物《英国教育哲学杂志》。在 R. S. 彼得斯的带领下形成"伦敦学派",影响整个英语世界。直到 70 年代后期,英国分析教育哲学运动才由于内部和外部原因而衰落。

20 世纪 80 年代后,英国教育哲学认识到分析教育哲学的局限性,开始关注教育实践的思想,出版了一系列著作,如科柏的《平等的错觉》(1980)、J. P. 怀特的《再论教育目的》(1982)和《超越控制:论教育政治哲学》(1983)、海登的《多元社会中的教育》(1987)、D. 卡尔的《教化德性》(1991)、温奇的《品质与教育》(1996)、A. 戴维斯的《教育评价的限度》(1998)等。从 1999 年开始,由 J. P. 怀特领导的一批教育哲学家开始编辑出版名为《冲击》(Impact)的连续出版物,侧重对国家和学校各种教育政策的哲学分析,以一种积极的姿态寻求与教育行政部门和学校管理人员以及广大教师进行对话,产生较大反响。

日本教育哲学的发展   明治维新至 20 世纪 20 年代为日本教育哲学初创时期。这一时期,日本的教育学受德国影响比较大,而教育哲学则受美国的影响比较大。美国教育学家杜威、H. H. 霍恩的著作对日本的教育哲学起了引导作用。1917 年,吉田熊次发表《何谓教育哲学》,将教育哲学定义为"阐明教育的根本假定或根本问题,给教育概念以根本性阐释"。1922 年,筱原助市在《教育辞典》中将教育哲学界定为"论述教育原理的理论性教育学","应用于教育的哲学"。20 世纪 20—30 年代为日本教育哲学发展时期。稻毛诹风出版了一系列教育哲学著作,如《教育哲学概说》(1922)、《教育哲学概论》(1924)、《教育哲学之研究》(1924),后来还出版过《教育哲学》(1941)。当时,学术界称其为"日本教育学界的哲学性头脑"。筱原助市在教育哲学自主性和体系化等方面进行了有价值的探索。整个20世纪30年代,是日本教育学包括教育哲学的转折点,民族主义、国家主义、军国主义的倾向比较浓厚,尽管民间也有一些反对右倾教育思想的声音,但是比较微弱。第二次世界大战后至60年代,是日本教育哲学的再生阶段。在内外的压力下,日本教育哲学朝着自由化、平民化和民主化方向发展,新康德主义、精神分析科学、实用主义、马克思主义乃至中国的毛泽东教育思想对日本教育哲学界皆有较大影响。1948年,日本教育学会成立。1957年,日本教育哲学学会成立,其目的为"发展、普及教育哲学,促进研究上的联络与协作"。首届理事会主席稻富荣次郎。会刊《教育哲学研究》。20世纪60—80年代,日本教育哲学进入一个细致化、多样化时期,哲学人类学对教育哲学的影响较大,具有代表性的有长田新的《教育哲学》(1959)、细谷恒夫的《教育之哲学》(1962)、和田修二的《孩子的人间学》(1982)等。20世纪80年代以来,受后现代哲学的影响,日本教育哲学界成立了"近代教育思想史研究会"(1991),后改名为"教育思想史学会",致力于对近代教育学或近代教育思想进行批判性讨论,构筑新的教育哲学。一些后现代思想家的理论成为教育哲学研究最主要的理论资源和思考范式。日本教育哲学界致力于探索如何保持学术性与实践性之间的平衡。

中国教育哲学的发展　中国教育哲学的研究具有很长的学科前史。早在先秦时期,思想家们就经常从哲学和人生的角度论述教育问题。陈元晖把《中庸》看成是中国第一部教育哲学著作。还有人说儒家的哲学整个就是教育哲学。但是近代以前,教育哲学并没有作为一门学科建立起来。教育哲学学科的移植和创建始于20世纪20年代。1919年五四运动前期,杜威来华讲学,"教育哲学"一词始为中国教育学界所认知。杜威的演讲稿被编辑为《教育哲学》出版,这是国内较早翻译国外教育哲学的著作。不久,南京高等师范学校开始讲授教育哲学课。同时,中国学者开始自己撰写教育哲学著作,范寿康的《教育哲学大纲》(上海商务印书馆,1923)是中国第一本教育哲学著作,探讨了教育论理学、教育美学、教育伦理学问题和范畴,深受康德哲学影响。李石岑的《教育哲学》(1925)、萧恩承的《教育哲学》(1926)、姜琦的《教育哲学》(1933)、陆人骥的《教育哲学》(1933)、吴俊升的《教育哲学大纲》(1935)、张怀的《教育哲学》(1935)、傅统先的《教育哲学讲话》及《教育哲学》(1947)、林砺儒的《教育哲学》(1947)、张栗原的《教育哲学》(1949)等,都从不同角度构建了各自的教育哲学体系,形成了1949年前教育哲学的多样性。

新中国成立后,高等院校中的教育哲学曾被取消,直到20世纪80年代才恢复设置。此后是中国教育哲学第二次发展时期。这一时期,除了推出一批教育哲学的专著,如黄济的《教育哲学初稿》、傅统先与张文郁的《教育哲学》、刁培萼与丁沅的《马克思主义教育哲学》、桑新民的《当代教育哲学》等。以外,教育哲学的研究也开始向纵深发展,出现了一些相关领域,如基础教育哲学、教育学哲学、教学哲学、高等教育哲学等。专门的研究机构——中国教育学会教育学研究会教育哲学专业委员会得以成立,两年一度的年会成为教育哲学研究者交流学习的重要形式。另外,中国的教育哲学研究团队和国外的教育哲学研究组织加强了联系和交流,一些研究者开始了与美国、英国、日本、韩国等国家同行专家的互动。这期间,英国教育哲学家与中国教育哲学工作者之间的互动最多,对中国教育哲学界的影响也最大,有的研究者同时也是英国教育哲学学会的会员。

中国台湾地区的教育哲学研究也颇活跃。20世纪80年代后,年轻一代的教育哲学研究者翻译和编著了一些有分量的教育哲学著作,如林逢祺、洪仁进的《教育哲学述评》。随着海峡两岸关系的稳定发展和经济、文化交流的频繁,两岸教育哲学研究者相互交流的机会大大增加。

学科领域　伴随学科的交叉和综合,以及划分的日益精细化,教育哲学领域开始分化,出现了一些亚领域、亚学科。从纵向可分为:幼儿教育哲学、基础教育哲学、高等教育哲学、成人教育哲学、教师教育哲学、职业教育哲学。从横向可分为:教学哲学、课程哲学、德育哲学、美育哲学、教育管理哲学、教育哲学史、教育学哲学等。从哲学角度可分为:教育认识论、教育伦理学、教育美学、教育价值论等。教育哲学的分化与整合、专业化与非专业化、学术性与实践性等矛盾,正成为教育哲学工作者深入研究的课题。

参考文献

Hayton, G. 50 Years of Philosophy of Education: Progress and Prospect[M]. Institute of Education, University of London, 1998.

Hirst, P. & White, P. The Analytic Tradition and Philosophy of Education: An History Perspective [M]. London: Routledge, 1998.

Husén, T. & Postlethwaite, T. N. The International Encyclopedia of Education[M]. 2nd ed. Oxford: Pergamon, 1994.

Kaminsky, J. S. A New History of Educational Philosophy [M]. London: Greenwood Press, 1993.

Peters, R. S. Philosophy of Education [M]. Oxford: Oxford University Press, 1973.

(石中英)

教育哲学主要范畴(main categories of philosophy of education)　对教育哲学中具有本质特性的关系、基本概念等的概括。主要通过表达教育根本问题的概念及其对立统一的关系来体现,是教育哲学本体论、认识论、价值论问题的分类归纳。中外教育思想史中各种不同的教育观念,都反映了在处理教育哲学范畴所表现的教育关系的特殊取向,在不同时期和不同文化背景中,教育哲学范畴的内容也是不同的。教育哲学范畴反映了教育哲学的倾向性以及教育实践的价值取向。

"范畴"是中国哲学的核心问题,其概念来自《尚书·洪范》中的"洪范九畴"。"范畴"一词的意义是归类范物,具有规范法则的意义,不同的范畴导致不同的思想取向。中国哲学一直围绕着一些基本概念的阐释来进行,这些基本概念具备了范畴性,如天地、道德、阴阳、有无、五行、义利、理气等。中国传统哲学与传统教育思想的相合意味着传统中国教育哲学的范畴也是在解释上述范畴中展开的。中国传统哲学的范畴,不但占据文化思想的核心,而且具有引发新思想的意义,不仅形成哲学本身的概念体系和问题系统,而且也为其他相关领域确定有关知识形式和内涵。传统教育哲学的范畴如君子与小人、知行、学思等都是在中国哲学的范畴体系中展开的。

在西方哲学思想传统里,亚里士多德对哲学范畴进行了界说,他认为,范畴表现为存在物之属性,范畴是独立的概念,反映了存在物的不同特性。亚里士多德举出十大范畴:本质;类;量;质;关系;地点;时间;处境;所有;动作;受作。他提出的范畴不仅是存在范畴,亦可视为认识范畴。在教育哲学思想中,亚里士多德的范畴论是以习惯、天性、理智、灵魂、德性等概念展开的。

康德在《纯粹理性批判》中提出了知识的十二范畴。他把范畴分为四类,作为知识的四项起源:一是直觉的公理,引申为量的范畴;二是知觉的期待,引申出质的范畴;三是经验的喻设,引申出关系的范畴;四是经验思想的预设,引申出模态的范畴。康德的范畴在传统认识论上具有重要意义。在康德之后,西方哲学体现出多元化的发展,思想系统不断多样化,范畴系统倾向于多元。

教育学以及教育哲学作为系统的学科知识形式出现得相对较晚,教育学的学科体系还处在发展过程之中,但是教育哲学的范畴系统还是表现在教育思想家们的思想体系中,而且表现出多元化和多样化特点。从中西教育思想的发展脉络和思想结构中可以总结出一些普遍性的概念,提炼出教育哲学的主要范畴。

自 律 与 他 律

自律与他律(autonomy and heteronomy)是运用道德原则、社会规范和行为规则约束主体行为的两种基本方式。自律是主体自觉的自我引导与规范的活动,他律是外在地对主体进行引导和约束的活动;自律反映了主体自我决定行动过程的意愿和意志,他律则反映了外在因素(社会或他人)对主体的行动施加的规约力量。在教育学领域里,自律和他律也反映了辩证统一的对主体道德行动的内外引导和约束的两种方式。

"自律"一词源于古希腊文 autos(自己)和 nomcos(规律),含义为"自己的规律",即法则是由自己制定的。对于自律,一般说来包含两层含义:其一,自律总是与自由和理性联系在一起的,即要在道德领域里体现出人格尊严和道德自觉,而不是被内在本能和外在必然性所决定。道德自律的一个基本前提是道德主体的意志是自由的,并在明确的理性意识基础上进行自愿选择。其二,自律是指自我主宰、自我约束、自我控制。这就说明,自律有两种类型:一是有自觉的道德意识和道德追求,个人能自觉接受社会道德规范的约束,这是限制任性的一个基本条件;二是接受了道德规范的制约并使自己的心灵与之相融洽,从而去除了道德规范的外在性,而转变为自我的生命形式,形成德性。

自律最初由康德提出。他的自律指不受外界约束和情感支配,据自己的善良意志,按自己颁布的道德规律而行事的道德原则,指主体的自由和自治,与"他律"相对。康德认为,任何外在的制度安排与非制度设施(包括道德规范、宗教、仪礼、典籍文化、宗法传统等)必须经过内在的"意志自律"的升华,转化为内在的意志自律的普遍原则才能够成为既是人们的道德行为圭臬,又是社会价值判断标准(包括道德评价标准)。康德的自律强调人的理性服从"对意志具有强制性"的道德"绝对命令"。

黑格尔看到康德的道德自律始终未能超出主观领域,认为康德的"自由意志"还没有达到真正的理性,还不是真正的意志自由。不能仅仅从其道德就其自身而言是"主观意志的内部规定"这一判断中得出道德本质上是自律的,而应该上升到伦理领域给予全面理解。黑格尔认为,道德必须进一步与伦理相结合,而不应仅仅停留在人的主观性方面。道德的本质绝不只是意志的主观性,"自我意识只有在个别的自我意识里才获得它的满足"。它更是在社会实践中,在社会关系中体现出它的本质,即本质上是他律与自律的统一。

马克思主义从历史唯物主义观点出发,认为道德不仅作为社会道德本质上是自律与他律相统一的,而且,作为个体道德,它也是自律与他律的统一。道德自律,指道德主体借助对自然和社会规律的认识,借助对现实生活条件的认识,自愿地认同社会道德规范,并结合个人的实际情况践行道德规范,从而把被动的服从变为主动的律己。显然,这种自律根本离不开他律。

法国社会学家涂尔干从社会本位主义出发,将自律看作是理智地遵从社会道德规则;杜威将自律与"理智的自由"和"自制能力"的发展紧密联系起来;科尔伯格认为,自律是一个行为成为道德行为的首要标准,是道德教育的目的,其本身是意志自由的结果,可以界定为自由地选择并且自由坚持一种有价值的行为。英国道德哲学家 R. S. 彼得斯,也不例外,他认为自律概念包含"可靠性"、"理性反思"以及"意志力"三方面的条件。与此相对应,自律者是具有自我立法、自治和自我决定能力的人。这些观点基本遵循了康德自由的"自律"观的思路。

"他律"一词源于古希腊文 heteros(其他的)和 nomcos(规律),含义为人之外的规律即道德他律,是指人或道德主体赖以行动的道德标准或动机,首先受制于外力,受外在的根据支配和节制。故他律不是靠人的理性和信念,而是靠外力强制,不是靠人的自觉,而是推崇对上和服从权威,它的根本功能在于外在制约。概括地说,他律也有两种类型:一是"消极他律"。当个体没有道德的自觉意向,即使知道道德规范也不自愿遵守,只是迫于社会舆论和人际环境而勉强去做,或者表面上践履道德规范,内心想的却是如何达到自己的狭隘目的。二是"积极他律"。积极他律就是当个体具备了弱意义的自律意识时,道德规范对他所表现出来的情态。也就是说,个人对道德有了自觉追求,运用自己的理性能力,把按道德规范行动看作自己行为的必然。

他律最初由康德提出。他认为,他律是指服从于自身以外的权威或规则的约束而行事的过程。不管这种约束是来自社会还是宗教,都属于他律。道德他律受到行为效果的影响,不注重行为的动机。

马克思认为,作为意识形态的道德,既不是由人的"主观意志"决定的,也不是由"神的意志"、"绝对观念"决定的,而是由人们的经济基础决定的。马克思主义伦理学中道德规范的他律性,就是集体利益对个人利益的正当节制与约束在道德规范上的反映,他律的目的是使那些意欲摆脱集体利益的个人重新调整个人追求利益的价值标准。马克思实际上是肯定了道德也是他律的,道德自律与道德他律是相互补充的。

近代西方功利主义伦理学则把人的感觉苦乐作为道德基础,认为在社会中道德取决于人的利益,获取和保证个人利益是根本的道德原则。功利主义提出了功利原则,认为道德价值建立在人们对快乐的感觉上,以人们所能获得的快乐为转移。因此,当事者的利益的增多和减少是判断道德是非的最终的原则,行为和原则的效果和功用就成为确定道德的奠基性原则。这样,英国哲学家 J. 边沁把道德价值设定在行为的结果之中,道德标准存在于道德行动之外,道德就是他律。功利主义道德论是与康德的道德义务论截然对立的。

20 世纪二三十年代,皮亚杰研究发现,年幼儿童的道德判断有一种明显的道德他律的特征,造成儿童道德他律的主要原因是成人的约束。可见,成人的道德强制导致他律,

早期儿童的道德判断是根据外在道德要求作出判断的,是一种他律水平的道德。科尔伯格在皮亚杰研究的基础上,进一步提出了区分自律与他律的理论标准。在他看来,他律的道德判断具有这样一些特征:证明正当和有效受制于外在准则的约束;表现为对权威、传统、权力等单方面的尊重;倾向于仅从一个观点考虑特定的道德问题;反映了一种严格的和不可变的准则和法则观点;不能反映明确的道德等级,对道德两难的解决方式重在实用主义的考虑;比自律的道德判断更有可能把人作为达到另一个目的的手段;反映了一种工具性的或假设的道德责任观;他律的道德判断或价值被理解为相对工具性的自我利益等。

总之,他律是自律的基础,自律是他律的升华,两者不是独立抗衡,而是互相协调、互相影响,在人的道德发展中是一个由低级向高级发展的辩证统一过程。同时,他律与自律在人的道德生活中又是不可缺少的。它们相互补充,存在于道德发展的全过程。强调自律时,不应否定他律的前提性,而应肯定道德价值的根据不仅仅在于人本身,道德的根源在于人之外的社会和历史发展中。只有自律而无他律的道德,实际上丧失了其存在的客观依据。在提倡他律时,也不能否定道德最终必须走向自律,道德行动只有转化为自律的行动,才能是高尚的值得赞赏的道德行动。

自 然 与 使 然

"自然—使然"(nature - nurture)常被还原为"先天—后天"(先验—后验)、"天赋—经验"或"遗传—环境"等问题。在西方,"人何以为人"这一问题又被称为"自然—使然"问题。"自然"指人的天性,"使然"指后来由环境、教育、文化等外部因素造成的性格、品质、知识等。人的发展是自然所至,还是环境和教育使然,这是涉及教育的价值和人的发展的自主性的根本问题,也是涉及发展的主观性和客观性条件的关系的根本问题。

哲学史上对"自然—使然"问题的探讨有悠远的传统。在教育学史上,不论中外教育思想,都存在"自然"与"使然"、遗传论(天性论)与环境论的争论。在西方教育思想中,亚里士多德提出了天性自然的观念,但是直到启蒙运动,卢梭系统地提出教育遵循人的自然的主张,并且开启了教育学的自然主义理论,并且延续到现在。在中国教育思想中,孟子认为恻隐、羞恶、辞让、是非之心人皆有之,此四者就是仁、义、礼、智等美德的开端。这些都是先天的、不学而能的"良知、良能"。荀子则认为,人是由于后天的环境和教育影响的结果,他的教育思想特别重视改造和外炼,即重视环境和教育的影响作用,"人积耨耕而为农夫,积斫削而为工匠,积反(贩)货而为商贾,积礼义而为君子"。

自然论、天性论都与遗传论有关。遗传论者认为,人的

发展是由遗传决定的。英国心理学家高尔顿曾用家谱法来研究天才遗传的问题，结论是家族遗传非常深刻地影响着个人的发展，天才基本上是遗传的。

相反，环境论者认为，遗传只是给予了某种可能性，唯有环境和训练才能决定其发展的结果。有的甚至认为环境决定一切，根本否认遗传因素。行为主义的创始人华生曾说过，在特别环境里，可以把儿童训练成为任何专家——医师、律师、画家、企业家，同样也可使之成为乞丐、盗贼，不管他们祖先的才能、嗜好、品性和种族怎样。这种观点直接来自他进行的用实验方法控制环境因素的动物研究。

随着遗传论与环境论的论辩，双方在一定程度上都放弃了激进的观点，并在一定程度上将对方的观点吸收到自己的阐释框架中。强硬的遗传论者或环境论者均相应变成了温和的遗传论者或环境论者。各种研究说明，儿童发展是由遗传与环境（包括教育与文化等）两种势力交互作用和共同决定的。在教育中，儿童要实现发展也需要遗传与环境的协同作用。不过，遗传论者与环境论者所达成的这种共识是相当笼统的，对于遗传与环境在儿童发展中是通过何种机制发挥作用的问题，大家尚未达成共识。

"自然—使然"问题具有重要的教育学意义。教育是有目的有计划地利用外部环境与历史文化等对儿童施加影响的过程或活动。在传统的教育活动中，教育者往往将注意的焦点集中在教育影响源上，对儿童的发展及其学习特点认识不足，导致传统教育中填鸭式灌注式教学久盛不衰。这种传统的教育观念的理论基础实际上就是经验主义的灌输论：灌输给儿童什么经验，儿童就能接受什么经验。然而，儿童是一个具有其自身发展特性的主体，是一个具有各种正处于发育过程中的生物器官和"精神器官"的主体，也是一个由漫长的进化历史赋予其丰富的历史文化积淀因而具有巨大发展潜能的主体，更是一个具有主动成长的需要和积极的生命意志的主体。在此意义上，自然就是承认人自身是发展的主体，承认人自身的发展特性和成长的自然过程在发展中具有不能忽视的作用；同时环境和教育所代表的使然在人的发展中起着关键的引导作用，并且给发展赋予实质的内容。但是，外部环境这一条件发挥作用的前提是，它必须与儿童自身的自然因素切实合作，不能违背或者僭越人的自然。杜威在 19 世纪末 20 世纪初曾主张，教育应当从传统的以教师为中心的教育转换为现代的以儿童为中心的教育，实际上所强调的就是"自然"与"使然"的相互作用。

超 越 与 适 应

超越（transcendence）与适应（adaptation）反映了教育与社会的辩证关系。一般而言，有两种力量在支配着教育的发展，一种是现实实在的力量，它使教育努力去适应它的需要，在这种力量之下，产生了功利主义的教育信仰。另一种是向往美好理想的力量，它使教育努力超越现实，不断地指向更好的可能性。

超越与适应是教育的根本主题。教育的发展历程，就是适应与超越的相互对抗和平衡的过程。教育总是用超越与适应这对范畴解释教育的过去与未来、物质与精神、现实与理想的对话。超越与适应的此消彼长，构成了教育发展的历史与传统。

人之所以需要教育，是因为人需要借助文化的力量实现自我超越。理想主义的教育哲学家因此认为，超越不仅是教育的外在传统，而且也是教育的内存本质。古希腊哲学家柏拉图把教育视为"灵魂超越"的工具，他认为，人通过教育才能走向最高的善，教育是超越的途径，它使人的心灵长上翅膀，实现真正的完善。

黑格尔在论述教养问题时，把历史看成是从个体走向普遍的过程，并把这一点归结为教化的本质。在黑格尔看来，教育在本质上是人的自我实现过程，这一过程就是人从个体性迈向普遍性的过程，它代表着人的自我实现和自我解放。黑格尔区分了自在和自为，自为的过程是自由地接受培养和教化的过程，这一过程是超越性的。

狄尔泰将体验视为生命存在的直接方式，并以体验作为教育的本体论起点。在他看来，体验的最大生命特征是直接性，这预示着个体认识的不可替代性和超越性，体验在本质上不同于"经验"，经验中更多显示的是知识的规定性，以及权威和传统的制约性，而体验则力求排除这些外在的干预，更强调个人化的精神实现。人的精神活动的超越性及其感受力是生命的根本力量，因此，体验是教育的直接出发点。狄尔泰将体验和超越视为教育的基础，在他的本体论转向中，通过"表达"和"理解"进一步展开体验的生命意义，使体验得到理性升华，教育不仅实现人的自然体验，同时指向人的精神体验。精神体验超越于自然，因而它把生命带向更高的存在。

中国古代的"大学"把教育看作是实现生命维新。儒家思想把精神超越提升到"圣化"的境界，上达至天，下则通心。君子的生命超越可以"配天"，君子之德性应当达到"小德川流，大德敦化"（《中庸》）的境界，这是天地所以广大辽阔的原因。

教育的超越性主要包含两个方面：实现个人生命的超越和实现社会现实的超越。教育的超越性，一方面意味着对人的发展的引导，实现发展的可能性；另一方面意味着超越社会的具体现实，为未来更好的理想社会服务。教育的超越性建立在教育的普遍性价值基础上。寻找超越却始终是教育的内在追求，也是构成教育的一种内在性的、目的性的价值。

超越与适应是不可分离的两个部分。过分强调超越，有可能忽视教育适应个人发展和社会发展的现实和要求。传统的教育哲学思想虽然重视教育依赖于人的自然，但是更多地强调教育的超越性，强调理想主义的教育，因此导致教育脱离现实。在近代教育思想中，以斯宾塞为代表的功利主义和实科教育，把教育视为对生活的适应。在他看来，知识的意义就在于提高适应的能力，因而只有实用的知识才是最有价值的知识，教育就是要完成人的自我保存的任务。斯宾塞严厉批评了历史上教育严重脱离生活现实和社会实践的观念，开创了近现代教育的先河，使得教育完成了从古典到现代的转变，从传统人文教育向科学实科教育的转型。实际上，现代教育虽然在理论上还存在坚持超越性的理想，但在现实的实践中，适应现代社会既存结构和社会生产的既定模式的教育体系和教育目标占据了主要地位，这使得教育的超越性受到了排挤。杜威的教育即生活的实用主义思想实际上反映了教育适应论的观念。杜威把教育与生活完全等同起来，教育变成适应当下生活的工具。美国教育哲学家赫钦斯认为教育应当适应特殊环境的观点是非常错误的，他批评杜威的实用主义思想造成严重的教育后果，导致学校教育课程五花八门，使教育变成学习"有关环境的事实"，从而失去了教育的灵魂和方向，这样的教育是十分危险的。

适应与超越不仅构成教育发展的基本线索，而且也成为解释教育本质的重要范畴。在教育传统中，超越与适应始终相互对峙。超越与适应的对抗不断变换着形式表现在我们的教育实践之中。超越是教育的一种价值性的本质。作为一种精神存在，人永远超越于自身的存在。人对物质世界的超越和反抗，摆脱"身体直接性"的束缚，向往精神生活的满足，这既是人类生活的本质，也应是教育生活的本质。教育的使命是超越于现实之上，用超越的价值引导现实的变革。教育的超越性并不排斥教育的适应性，因为教育是从现实出发而追求超越的理想，否则教育的超越性是脱离现实的空中楼阁，但适应并不是迁就现实，或者缺乏批判性地完全服从现实的制约，没有超越的理想和价值取向。失去理想，教育就会变得功利和实用，就再也不会靠近崇高和终极。追求卓越，对现实永远不满足，这就是理想的本质。教育是具有理想性的。对社会现实的不满足，是教育的根本动力。当然，教育超越的理想不能等于不顾现实与真实，更不是要回避适应与功用，而是用超越的价值去指引对现实需要的适应，用教育理想引导社会现实的方向和未来，这就是教育的超越本质。教育不能为现实所同化，不能与现实保持"直接的同一性"，现实不过是暂时的存在，教育应该具有更高、更有意义的普遍性和永恒性的价值取向。教育应当站在"既定"之外，反思既定的存在，在理想之中把握可能的更美好的教育和社会。

尽管现代教育的实践本身偏重于教育的实用性和适应性，但是教育哲学思想家们强调教育应该具有超越性的思想呼声越来越高。这意味着从古典教育到现代教育的转变中，教育存在着依附于现实的片面适应现象。在面对当今人类社会的精神困境时，教育有责任重新回到人类精神超越的本原之中。

灌 输 与 启 蒙

灌输(indoctrination)意为"注入"、"插入"，引申为通过反复持续的说教使个体无条件地接受某种知识、价值观、道德、思想和学说，它包含了一定的强制力量。灌输强调外铄和塑造，是一种按照外在目的定向的教育。教育界对灌输的态度总体上存在两种观点。一种是对灌输持否定态度的灌输拒斥观，认为灌输教育的核心是强制和服从而不是创造和自主，是一种无视学生主体、无视人的教育。另一种是对灌输持有肯定态度的灌输坚守观，认为灌输并不是对思想的束缚，也不是思考的对立物，而恰恰是进行正确思考的前提和基础。他们赞同将价值观念、知识体系灌输给学生，认为"灌输之所以必要，是因为科学不能自发产生"。

启蒙(enlightenment)的基本意思是"照亮"、"启迪"、"引发"。启蒙强调自发和自主，是一种按照内在目的的非定向的教育。"启蒙"作为专门的概念来自发生在18世纪的欧洲的文化、历史运动——启蒙运动。启蒙运动以理性为主要特征，坚持以理性审视一切、判断一切，并且重视对人本身的研究，注重强调人的价值及其影响，突出了人的主体性。因此，作为教育概念的启蒙强调个人作为理性主体的发展的自由和自主，强调个人内在的发展需要、发展动机和发展方向的重要性，教育的引导和培养建立在对个人自觉、自发、自主的可能性的发展基础之上，作为教育概念的启蒙因此包含着培养和引导的意旨。康德在《答复这个问题："什么是启蒙运动"》中，认为启蒙就是人类通过理性的公开运用而摆脱蒙昧和被强制的状态。蒙昧和被强制状态就是对运用自己的理智无能为力，这是缺乏理性公开运用的机会和条件，缺乏运用理性的自主和自由，缺乏勇气与决心。启蒙就是一方面个人要有勇气运用你自己的理智，另一方面就是社会提供运用理性的机会和条件，免除对理性的愚弄和贬低。所以，在康德看来，启蒙实际上是自我教化，因为启蒙就是运用理性表达自己的思想，而不随声附和，成为自律的个体。而实现启蒙的条件就是要有运用理性的自由，不仅仅是思想自由，更应该以政治自由来保障。

福柯在《何为启蒙》一文中对启蒙的看法沿袭了康德的思想，只是他把启蒙放在康德的"批判"思想的意义上来考察，更加突出了"启蒙"的质疑和批判意义。要使人类不服从任何权威而自主地运用自己的理性，批判是必需的条件。

福柯把启蒙所昭示的批判看作是生活的态度和精神。因此在福柯看来，启蒙本身就是一种哲学探讨方式，更是一种生活方式，是一种精神气质和思想态度。

灌输和启蒙在教育领域有着根本的区别，是两种不同的教育方式和教育理念。从社会化的过程来看，灌输是一种社会行为，许多社会规则或内容都是通过一定方式从外在传递给接受者；有些文化内容潜意识地慢慢渗透到人的意识中，如果限定在这个意义上，灌输就是有价值的传输内容的方式。灌输的方式意味着必须接受灌输的内容，一般不考虑主体的自主性和理性能力，更不会考虑全面的发展。因此，就具体专门的教育实践而言，灌输是一种无视学生主体性和理性的方式。灌输中暗含着一种主客二分思想，作为主体的灌输者制定目标、确定内容以及选择活动方式，其方法是主客体在完全疏离的情况下，将外在的意志强加于他人身上。受教育者总是受动的，是一个被动的、只懂得接收外在输入内容的"容器"。灌输建立了一种输入——接受的因果模式，客体所发生的变化只能与灌输者设定的目标一致才有可能得到认同，任何其他的行为都是不可能的。灌输活动最终使学生实现了一个从无到有，从少到多的转变过程。

从内容上看，灌输的内容多为与教条或者教义相关的东西，也有必须接受的社会规范以及确定性的科学知识，对待那些不确定的内容，灌输舍弃不同的观点和对立观点，对内容采取非此即彼、非对即错的两极态度。教育作为启蒙，对待内容则采取开放性的态度，相对立的观点被平等地采用和表述。

灌输将教育等同于知识和技能上的输入，把一些具体的信念、价值观念和科学文化知识等当成"真理"来传授，把知识当作一种静态经验积累的结果，这样不仅排斥了与之相悖的观点、信念和价值观念，而且也限制了学生的理性判断和自我思考的能力。此外，由于灌输注重的是知识和技能上的传授，所以，它忽视了人的其他方面的发展，它无视学生个体自身的需要和兴趣，否定了人的发展的自觉性、自主性和能动性。在灌输活动中，最终的目的是灌输者希望能将灌输内容强制性地植入到受灌输者的心智中，即便是受灌输者有充分证据证明这些观点的错误和荒谬也要毫不犹豫地坚持下去。因此，受灌输者毫无批判和怀疑的接受、坚持灌输者输入的内容才是灌输的最终目的。灌输是排斥理性思考的。教育面向的是人的全面发展，引导人追求真、善、美等价值，而这是以自己的自主精神去获取和实现的，是建立在人的理性的运用和发展基础上的。因此，教育要通过受教育者自己理性的判断，通过受教育者的自主性、主体性和能动性而实现教育影响。从这一意义看，启蒙符合教育的本质。

从方法上看，灌输在实践中，常常利用权威采用说服、规训、宣传、威迫等诸如此类的方式来使学生接受和吸收一些特定的信念、态度等，它不讨论事情的原因、不鼓励质疑，是一种反理性的立场，即使教授的内容是可靠的，采用这种方法仍然是不妥当的，有害的。而启蒙则是以理性为基础，坚持开放、自由和民主的方式，通过启发、引导而实现教育影响。由于灌输的目的就是灌输者将一些观点强植到受灌输者的思想中，所以，灌输常常诉诸直接的问答式教学、规劝、纪律训诫和奖惩等方法，以完成自身目的。由于灌输者可能使用说服、规训、宣传、威迫等诸如此类的方式来使学生接受和吸收一些特定的信念、态度等，这种方法相对于教育活动中的说理、交流、对话等活动而言，不是一种理性的方法而是反理性的。在方法上，灌输和教育最根本的不同在于，前者是反理性的方法，后者则是理性的方法；前者借助权威，后者以理性为基础；前者是独断性的，后者则是开放性的。

从结果上看，灌输把人当成一个可以接受内容的容器，灌输塑造的个体不能进行自我批判或者反省，不能进行自我思考和自我决定。启蒙注重培养理性，启蒙的结果是人能够逐渐自我认识、自我控制、自我决定、自我批判和自我反思，从而成为真正的自由的个体。因此，"灌输"是从外向内的塑造活动，而启蒙具有"引导、唤醒"之意，则是从内部自然生发的活动。

尽管教育现实中存在灌输，但应该把灌输限制在一定的界限内，尽量地通过教育的启蒙使学生实现丰富的可能性，培养学生的主体性、自主性和能动性，引导学生实现自己的全面、和谐的精神发展。启蒙应该是教育存在的首要条件。

民 主 与 权 威

"民主"（democracy）一词源于希腊文 demokratia，本意指人民的权力，或指由人民直接通过分区选出的统治者来治理、统治，即多数人的统治。民主是一种国家形式，一种国家形态，其含义有：（1）指公民权利，主要指公民管理国家的权利；（2）指政权的组织形式或国家形式；（3）指国家活动的原则。民主同君主（帝王）制、公开的军事独裁、极权制有着原则区别。平常所说的民主作风、民主原则、言论自由等民主权利，都是从民主的上述含义中派生出来的。

在教育领域，民主与权威是一对重要的范畴。权威（authority）含有尊严、力量、权力的意思，指在实践中产生的最有威望、最有支配作用的力量。某人、某种观点体系或某种组织，由于一定的品质、功绩，或由其内容的适用性，被社会所公认，都具有权威的意义。根据权威的影响范围不同，分为政治的、经济的、道德的、科学的、教育的权威等。

杜威将民主推崇为现代社会生活的最高价值，认为民主不仅是一种政治制度,更重要的是一种生活方式,因此民主是教育的一项根本原则,也是教育的根本方式。在杜威看来,所谓民主,实际上包含着两个要素,其一,民主"不仅表明有着数量更大和种类更多的共同利益,而且更加依赖对社会共同利益的认识"。其二,民主意味着"各社会群体之间更加自由的相互影响,而且改变社会习惯,通过应付由于多方面的交往所产生的新的情况,社会文明得以不断地重新调整"。作为一种生活方式,民主有这样几个特征:首先,它是一种合作的生活方式,是一种共同交流经验的生活方式;其次,这种生活方式以共同利益为基础,每个人须使自己的行动参照别人的行动,必须考虑别人的行动,使自己的行动符合共同利益的需要,符合社会进步;最后,个人的行动不能围于自己的阶级、种族、宗教信仰、生活习惯乃至国家的限制,相反,应该具有更宽阔的胸怀,看到更大的共同利益,以及个人自己的行动对这一利益的意义。在教育与民主的关系方面,杜威认为,若要使社会更为民主,首先要用民主的价值来改造教育,并通过这种改造来达到改造社会的目的。如果教育能够使个人得到成长,成为个人能力解放的工具,那么,教育必须是民主的,也是为了民主的,这样教育才能促进社会的进步。不能孤立地看待教育中的民主主义,只有把个人的能力的解放与社会的向前生长密切地联系起来,"否则,教育中民主主义标准就不能彻底地应用"。要实现教育中的民主,实施民主主义教育,必须以社会共同利益为目标,要用民主的思想来支配整个公共教育制度,只有这样,个人、阶级、国家的界限才能被打破,人们才能从这些束缚中解放出来,真正成为民主社会中的一员;同时,没有以民主为方式的教育,民主便没有可能维持下去,教育是民主的第一个工具,"通过这种工具,任何社会团体所珍视的价值,其所欲实现的目标,都被分配和提炼给个人,让其思考、观察、判断和选择"。

德国社会学家 M. 韦伯认为权威可以分为感召型、传统型和法理型,它们分别以感情行动、传统行动、理性行动为动力。感召型权威是由领袖人物感人的超凡魅力带来的。这种领袖人物先于任何规则、习惯与传统,而是作为一个教主、领袖或一个革命者出现。传统型权威以常规和传统的合理性取得人们的服从,如君权神授制度下的皇帝,他们依赖于宗教组织或封建系统,这种统治形式没有合理性的科层制与规则系统。法理型权威是西方资本主义所实行的体制,它以理性为权威,以理性规范对社会实行有计划、有预测的管理,它不依赖于领袖的品质或传统的信奉,而是依赖于社会的理性法则。

权威指社会组织中的特殊形式的领导力,这种权威力量需要服从。从社会生活的组织性和有效性来看,权威是社会实践发展的必要条件。在经济领域,生产越发展,就越社会化,从而显得权威越重要。在现代化大生产中,如果没

有一个权威性的统一指挥、必要的规章制度、一定的纪律和秩序以及一定的服从,就不能进行正常的生产活动。在社会中,权威是现代生活方式中的重要内容,通过权威来组织生活,是现代生活方式的主要结构形式。缺少权威的活动是缺乏效率和秩序的。权威是合乎道德的,因为权威是社会实现共同生活的合作和公共利益的一个重要的条件。

民主与权威并不是截然对立的,在教育生活过程中,教师必须拥有教育权威。教育中的权威有利于实现教育的共同价值,有利于保证教育生活的秩序和效率,有利于实现教学目标。但教育权威的存在与实施建立在民主的原则和民主的教育方式的基础之上,如果没有教育民主,也就没有合理的教育权威,同时,民主的教育方式的组织,民主的教育价值的实现,也依赖于合理和合法的教育权威的力量。从教育过程的运行来看,权威的正常存在和发挥作用是依据教育过程中的一系列的合理的原则和规则而展开的,教育权威力量的实施,必须符合教育价值和教育目的,必须具有伦理性和教育性,否则就有可能滥施权威,成为不合理的权威。权威滥施最严重的后果就是对儿童个人合法利益的剥夺,并压抑儿童正常的生长,违背教育原则和价值。权威的滥用或滥施破坏了教育的民主,非理性的权威实际上成为威权或霸权,是民主的教育生活方式的敌人。

教师的权威来自两个方面,一是教育制度所赋予的监护儿童的权力,二是因自己拥有的专门知识而产生的专家性权力。教育权威可以划分为形式权威和实质权威。形式权威是与权威的资格、地位相伴随的,是因权力地位而存在的;实质权威是权威者并不拥有制度上的地位和资格,却能因为所具有的品质和能力使其他人服从他的领导。在一定意义上说,教育权威力量的实施,依赖于教师的民主的品格和组织民主的教育方式的能力,依赖于教师的专门知识、专业知识和专业能力,这是教育权威在教育生活的组织中把两种权威结合起来的重要的条件。因此,在教育生活中,教育民主是教育权威形成的根本前提。

知 识 与 实 践

知识(knowledge)是人类主体在实践的基础上对客观世界的认识,是人类在社会实践和生活中积累起来的经验。知识属于认识范畴,按照认识的阶段,知识可分为感性知识和理性知识,感性知识是理性知识的基础,而理性知识是感性知识的发展,二者是相互联系的。知识最终来源于实践。知识在实践中不断创新和发展,知识因此是开放的、动态的体系。

在西方哲学中,古希腊哲学家苏格拉底的"知识即美德"、培根的"知识就是力量"等,都是著名的关于知识的命题,这些关于知识的命题反映了人类哲学对知识本质的认

识。苏格拉底所关注的是人的心灵层面,其哲学知识面对的是人的"心灵的最大程度的改善",于是他的知识是关于人的自身的学问,是反求诸己的自我认识。苏格拉底认为,人之根本在于德性的自明,亦即通过对"善"的认识而实现德性生活的自觉。苏格拉底哲学的知识是道德知识,是治理生活实践的理性知识。苏格拉底的知识观反映了哲学起源时代人们对知识的认识以及知识主要所涉及的领域。与苏格拉底一样,柏拉图和亚里士多德的知识观都是以理性生活为基础的知识,是以关注人的理性为中心的知识。

中世纪基督教哲学将古希腊哲学对人的心灵的关注转换成对上帝的信仰,同时也继承了古希腊哲学在人性的追问中所表现出的理性精神。但是在知识与信仰的关系中,将这一知识与理性置于信仰之下,并且在事实上将理性独立于信仰之外。这为理性精神完全独立于信仰,为科学理性和科学知识的发展奠定了基础。基督教哲学是古希腊哲学到近代哲学的过渡阶段,逐渐转向对"人的知识从哪里来"、"人的理性有无凭借自身发现真理的能力"这些问题的讨论。这些问题的讨论使对知识的认识开始从内在的心灵层面转向外在的客观层面,而这些问题的讨论则为日后经验主义和理性主义的分道扬镳埋下了伏笔。

笛卡儿作为英国经验主义和欧陆理性主义的创始者,非常注重理性在知识获得中的地位。笛卡儿认为知识是先天的,理性的作用在于对先天的知识的统合。英国经验主义知识论者培根重视感性经验知识所具有的重要地位,他提出了知识形成的重要途径——归纳,重视理性对感觉经验的归纳和概括。培根强调知识对于认识世界和改造世界的重要作用,把知识看作是人认识和改造世界的重要工具和力量。笛卡儿和培根扭转了知识的方向,知识被认为是指向于外在客体世界的,是对物质世界的认识,因此为近代科学知识的发展提供了基本的理论基础,促进了近代自然科学知识的迅猛发展。

康德的知识论从整体上反思了哲学的本体论、实践论和认识论,他的《纯粹理性批判》针对的是人的理论理性获得知识的范围与方式,指出了理性知识所能达到的范围,强调科学知识自有其不可逾越的领域。其《实践理性批判》则进一步阐明了人的道德理性,强调了实践理性对纯粹理性的超越,为道德真理和信仰真理留下了拓展的空间。

在哲学日益科学化之时,知识的超越性固然逐渐消减,但人们对客观知识的结构,客观知识的要素等方面的认识却有了长足的进步。关于知识的认识不再仅仅从自然科学知识的角度考虑,不仅仅从知识的本身去考察,而从知识产生的原因、知识的构成、知识的作用等角度去考察知识,杜威认为,知识"就是认识事物和各个方面的联系,这些联系决定知识能否适用于特定的情境"。杜威的知识的定义强调联系,注重实用,把知识看成是主动活动的产物。杜威从

知识的功能来论及知识的性质,知识的作用是要使一个经验能自由地用于其他的经验。

知识与实践是有区别的。实践(practice)是指人类有目的地改造世界的活动,是对人类自身社会历史活动本质的概括。主体运用知识改变客观世界、提升人的生活世界的活动是实践的具体内涵。知识与实践相互作用、相互影响,推动社会发展和人的发展。知识对实践的影响是通过知识应用于实践,实现实践的变革;实践对知识的影响是通过实践对知识的挑战而促进和推动知识的互动、生成、创新。

哲学史上,实践范畴的内容是变动的,各派哲学对它的解释亦不相同。古代唯物主义哲学中就有朴素的实践思想的萌芽。亚里士多德提出"理论理性"和"实践理性"两个概念,对人的活动和动物活动作出明确的区分:"动物凭现象与记忆而生活着,很少相关联的经验,但人类还凭技术与理智而生活。"实际上提出人的活动和行动包含着主观目的因素,是一种有意识的改造世界的活动。

近代哲学中,实践概念的发展与当时实验科学的发展以及认识论问题研究密切相关。培根、狄德罗、拉美特利等唯物主义思想家都对实验方法作了具体的论述。德国哲学家费尔巴哈强调生活实践的重要性,把人们为满足自身的欲望和需要的一切活动都叫做实践。

唯心主义哲学则把实践作为一种观念的活动,否认它是感性的物质活动。康德从道德和善的角度提出"实践"问题,把理性分为两类:理论理性和实践理性,认为纯粹思辨理性与纯粹实践理性结合在一个认识中时,后者就占了优者的地位。费希特把客体作用于主体称作理论活动,而把主体创造客体称作"实践活动"。黑格尔认为实践是一种理念活动即"善之理念",但他的"善"包含着"对外部现实性的要求",是人能动改变现实的活动,具有合理之处。同时,黑格尔还把实践看作是认识向客观真理过渡的必经环节。认为实践不仅具有普遍性的优点,而且具有单纯现实性的优点。

马克思主义认为,实践是人类社会发展的普遍基础和动力。作为能动地改造世界的实践,是社会的产物,是历史的活动,本质上是社会历史的实践。全部人类历史是由人们的实践活动构成的。人自身和人的认识都是在实践的基础上产生和发展的。人类实践活动以原始工艺(制造工具)为始端。人在改造自然的生产活动中,结成了特定的社会关系,改变着自然物的形态,同时也使人自身的体力和智力得到改造和发展。人类的产生和人类实践活动的起源是统一的物质体系长期发展和相互交往作用的结果。人类实践以符合和掌握客观规律来改造世界为特征,在一定范围内具有客观有效性和普遍必然性,能够实现自己的现实性格。任何实践都是社会的人在一定社会关系中的活动。一定的社会条件和社会关系是实践的前提。离开了人的社会实

践,孤立地考察单个人的个别活动,就不能真正理解实践。实践也是历史的活动。它不是一成不变的,而是历史地变化着和发展着的,是人们世代连续的历史活动。在这种连续的活动中,人们不断增强自己认知世界和改造世界的能力,从而使实践的内容和形式不断得到发展。实践是认识的基础。生活、实践的观点,应该是认识论的首要和基本的观点。没有实践就不会有认识,不理解实践也就不能正确理解认识。实践及其发展的需要是认识、知识产生的根源和发展的动力。人类在实践中所提出的问题,始终是认识和科学的首要课题。只有进入实践领域的对象才构成认识的对象。同时,人们实践的深入和扩大,推动着认识发展的无止境。实践是认识的目的。认识必须满足实践的需要,为实践服务。实践也是检验认识真理的最终标准。认识是否具有真理性,即主观是否符合客观的问题,只有通过联系主客观中介的实践,把二者加以对照考察才能判明。

在中国古代哲学中没有知识与实践的概念,与之相应的或相关联的是知和行的概念。由于中国古代哲学是在人性前提已经预设的情况下探讨人性如何实现的问题,所以中国哲学主要是围绕人的心灵展开的,这表现在所讨论的问题主要围绕德性展开。关于知和行的问题就主要是关于德性的知与行问题,虽有一些今日看来是属于自然科学范畴的知(知识)与行(实践),但这些在中国古代哲学中是被视为与"道"相对应的"器"的层面,"器"不具有独立的意义,仅仅是"道"的体现。要获得对"道"的认识就必须不拘泥于对"器"的认识,要突破关于"器"的认识的限制。庄子认为关于自然的认识以及利用自然规律是一种"机心",而这种"机心"会腐蚀人的本真的心灵状态,不利于人们对"道"的体认。正是有此思想渊源,中国哲学一直是一种心灵哲学。需要注意的是,荀子和墨子的思想与西方古希腊哲学的理性色彩颇为相契,然而墨家之学后世不继,而荀子之学终究为孔孟之学所遮蔽。

中国哲学强调心灵对道的体认,强调道德的实践之知。实践与知的统一表现为"正心、诚意、格物、致知、修身、齐家、治国、平天下"。因此中国哲学中知行的问题同时涉及认识论、伦理道德和统治术。《左传·昭公十年》中的"非知之实难,将在行之"《尚书·说命》中的"知之非艰,行之唯艰"都强调了认识的实行,认为实行比知晓道理更困难、更重要。孔子虽然也强调行的作用,但其认为有天赋的脱离行的知,如"生而知之者,上也",孟子则进一步发挥孔子的思想,认为"人之所不学而能者,其良能也;所不虑而知者,其良知也"。把仁义理智等道德意识都看作是人心中先天固有的。道家则认为真知应唯神秘直觉,提倡"涤除玄览"、虚极、静笃的"不行而知",庄子则发挥老子此一思想,认为只有在"堕肢体、黜聪明、离形去知"的状态中,才能达到真知。后期墨家和荀子等强调"知"来源于感觉经验。《墨子·说经上》说:"知也者,以其知过物而能貌之。"《荀子·正名》中说:"心有征知,征知则缘耳而知声可也,缘而知目可也。"荀子还说:"知之不如行之……知之而不行,虽敦必困"(《荀子·儒效》),强调实行的重要。韩非则从统治术的角度发挥了老子的"不行而知"说,《韩非子·主道》:"人主之道,静退以为宝。不自操事而知拙与巧,不自计虑而知福与咎。"宋以后,知行问题受到更多的注意。北宋程颐认为知先行后,知难行亦难,提出"以知为本"。南宋朱熹提倡知行相须,不可偏废,提出以知促行,以行明知的观点。明王守仁提出知行合一,知与行是统一的过程,是人之良能的两个方面。

在教育领域,知识与实践、知与行的问题是一个非常重要的问题,这涉及受教育者的认识过程、认识方式以及知识的发展等问题,涉及受教育者的发展的过程、方式以及活动等问题,同时也涉及教育内容的组织、进行、结构以及教育方式等问题。在教育中,直接经验与间接经验的关系,学生的生活世界与教育课程的关系,能力发展与知识教学的关系都是在这一范畴下展开的。

参考文献

彼得斯.道德发展与道德教育[M].邬冬星,译.杭州:浙江教育出版社,2000.

冯契,徐孝通.外国哲学大辞典[M].上海:上海辞书出版社,2000.

福柯.知识考古学[M].谢强,马月,译.北京:生活·读书·新知三联书店,1998.

康德.历史理性批判文集[M].何兆武,译.北京:商务印书馆,1990.

任继愈.中国哲学史[M].北京:人民出版社,1963.

（刘晓东　华党生　辛治洋

徐莹晖　薛晓阳　金生鈜）

教育政策（educational policy）　教育行政部门所做的关于教育问题的决定。与教育法有交叉关系,后者是经过严格的法律程序通过的教育法律文件。界定教育政策通常采用两条路径:一是演绎,即从政治学、政策学等学科对"政策"一词的阐释出发,推演出教育政策的概念;二是归纳,即对各种各样的教育政策的内容和形式、形成和实施过程进行比较、分析和概括,提出有关教育政策概念的表述意见。日本学者村田冀夫认为,教育政策是实现教育目的的公共方策之体系。另一位日本学者相良惟一认为,教育政策是有关教育的措施,一般指诸如国家、地方公共团体一类的公共权力主体所依照的政策。在中国,关于什么是教育政策也存在一些不同看法。有学者认为,教育政策是一个政党或政府为教育事业的运行与发展所制定的规划、方针和原则。还有学者认为,教育政策在狭义上指一个国家在一定时期为实现一定的教育任务而规定的调整国家与教育之间、社会各领域与教育之间关系和教育内部各种关系的行动依据和准则。

根据中国国情和政策制定与运行的实际情况，政策与法规是相对应的，政策可以理解为不包括法律条文在内的行政决定，但这里的行政决定是超乎单位、部门之上的行政决定；单位、部门内部的行政决定被视为管理行为。

教育政策的特点　教育政策是一种公共政策，本质上是政党、政府和有关组织解决教育问题的一种政治行为，是有关教育的权利和利益的分配规定。具有以下特点：

（1）目的性。任何教育政策都是为实现一定的教育目标服务的，它向人们提供构想计划和筹划实际行动的思考范围及规则，保证它们与目标相一致。没有目的性的教育政策是不存在的。

（2）价值倾向性。教育政策制定是对价值观念进行判断和选择的结果。在制定教育政策时，决策者总是以一定的理论和价值观念为指导，对现实进行深入的分析和研究，确定目标，设计行动路线。在这个过程中，教育政策选择遵循一定的思想路线，力求满足某种利益要求，有很明显的倾向性。教育政策的价值倾向性可分为有阶级性和无阶级性两类。前者反映了统治阶级的政治要求，为巩固统治地位的政治制度和经济制度服务。比如，中国政府所制定的培养德、智、体全面发展的、有社会主义觉悟有文化的劳动者的教育方针，就具有鲜明的无产阶级性质。后者则反映处于同一生产力发展水平的国家对教育事业发展的共同要求，尽管这些国家的政治制度可能是不同的。比如，普及义务教育是世界上多数国家普遍实行的教育政策。

（3）规范性。包含两层意思：一是指教育政策必须由相应的权力机构按一定的程序研究制定，确保其合法性和科学性；二是指教育政策具有权威性和严肃性，以强制或非强制的手段约束人们的行为，所有有关人员必须严格遵守政策，才能保证人们步调一致地完成教育活动，实现教育目标。教育政策的指导和监督机构有权对违反政策的行为予以制止和批评，并有权对有关人员进行教育及处分。

（4）相对稳定性。教育政策一经确定，就应保持相对稳定性，直至目标实现。稳定的政策可使政策实施有充足的时间保证，可使人们满怀信心地为实现政策而努力。如果政策变化频繁，朝令夕改，就会破坏政策的严肃性，执行者会对政策本身和政策制定者失去信任。教育政策的连续性和稳定性并非绝对，当外部环境发生重大变化时，如果政策已不能适应需要，阻碍教育工作的发展，就应中止旧政策，制定新政策。

（5）灵活性。良好的教育政策不是要束缚人们的行动，而是要鼓励人们根据所处的具体环境创造性地开展工作，去实现预期的目标。多数政策规定总是留有一定余地，使政策执行者能自主、灵活地开展工作，使之与具体环境要求相一致。如果由于教育政策本身不正确或不完善而阻碍了教育工作的开展，就应根据需要加以补充和修改。

（6）系统性。任何一个教育政策都不是孤立的，而是教育政策体系的一个组成部分。政策之间互相联系、互相支持和互相制约。教育政策的制定和执行一定要通观全局，相互配套，相互支持。

研究教育政策的意义　美国学者 J. E. 安德森在《公共政策制定》（1976）一书中指出，研究公共政策具有科学、专业和政治三方面意义。研究教育政策也不例外。

（1）增进有关教育政策的知识。研究教育政策，可以获得有关教育政策起源、制定过程及其社会效果的相关知识。在研究过程中，既可以把教育政策作为独立变量，分析它对社会发展产生的影响，也可以把它作为非独立变量，分析其他环境因素对教育政策的影响。

（2）解决教育政策制定和执行过程中遇到的实际问题。教育政策在制定和执行过程中会遇到许多不确定性，不确定性越大，专业人员遇到的困难就越多。所以，加强对教育政策过程的研究，有助于专业人员提高处理不确定性的能力，提高教育政策过程中的可预见性。

（3）为政府制定教育政策服务。从学术角度看，教育政策科学研究过程与其他学科研究过程是一致的，研究人员应该努力坚持客观和价值中立原则。但由于教育政策具有很强的实践性，研究人员应以直接或间接的方式参与到教育政策制定过程中，帮助政府部门制定适当的教育政策。

教育政策研究方法　在教育政策研究中，建立理论模式是一种经常采用的方法，它能起到"透镜"的作用，使我们把注意力集中在研究对象的某些方面，忽视不重要的地方，从而达到深化认识研究现象的目的。理论模式为分析教育政策提供了指南和评价的标准，以免被淹没在杂乱的数据之中，被表象的东西所蒙蔽。我们能够从研究数据中得到什么，取决于我们想要从中得到什么，理论模式有助于解决这方面的问题。艾里逊在《决策的本质》中提出，我们认为重要的和我们所接受的不仅取决于事实本身，而且取决我们通过什么样的"概念"来看待这些事实。

现代社会中，教育事业既关系到社会的文明和进步，也关系到个人理想的实现，其重要性被日益认同。教育政策具体反映了教育事业的性质、教育发展与社会发展的关系、教育系统的发展目标、教育资源配置、教育公平和效率等重要问题，故应该加强这方面的研究，提高教育政策的专业化水平。综合应用多种社会科学的知识和方法，建立与教育政策领域相适应的理论模式，有助于研究人员和实践人员认识政策过程中的规律性，进行专业性的交流，对于教育政策中出现的现象提出合理的解释，从而指导和改进教育政策实践。

参考文献

林水波,张世贤. 公共政策[M]. 台湾:五南图书出版公司,1982.

伍启元. 公共政策[M]. 香港:商务印书馆,1987.

袁振国. 教育政策学[M]. 南京:江苏教育出版社,1996.

（袁振国　鲍传友）

教育政策分类（classification of educational policy）根据教育政策的属性或组成要素对教育政策进行的归类。包括分类方法和类别体系。教育政策分类研究的主要目的在于通过把握政策类别,更加深入地了解教育政策的实质与作用。教育政策的类型不同,对国家政治、经济、文化和社会生活所起的调节或限制的作用也不同。考察不同类型的教育政策,可以帮助理解各种类型的教育政策的特点及其在政策过程中的相互协调关系。研究教育政策分类,对于丰富和发展教育政策理论研究具有重要价值。

政策分类的不同视角

教育政策是属于公共政策的一个部门政策,研究教育政策分类,离不开对公共政策分类的一般研究。对政策进行分类,有助于人们理解各种政策是如何制定的,为什么按照这种方式制定,以及为何一些群体比另一些群体在政策议论和制定上表现得更出色。

最早关于政策类别的论述是将政策分为不同主题的政策,如教育政策、健康政策、交通政策等。这种分类在将政策划分成不同的政策领域方面是有用的,但它并不能使人们理解隐藏在各种政策之后的有关政治的更普遍性的结论,特别是这种简单的分类系统,不能使人们了解各个政策领域内部和领域之间的共性与差异。现代政策分类学始于1964年罗威提出的经典的政策分类模式。罗威区分了三种类型的政策:分配性（distributive）、再分配性（redistributive）和管制性（regulatory）政策。分配性政策涉及将某种利益分配给特定的利益群体。它允许在政策的制定过程中发生大量协商行为,因为所有的社会成员都会从中受益,因而人们互投赞成票,政策制定过程相对容易。管制性政策与政府欲对商业团体做出的行为有关,比如对食品、药物和制造业团体经营范围的管制。再分配性政策与在全体社会阶层或种族之间重新分配财富、产权、公民权,以及其他有价值的物品有关。再分配性政策由于涉及将财富等从一个群体转移至另一群体,因而政策制定的争议较大。瑞普雷和富兰克林在罗威分类的基础上,进一步将管制性政策区分为保护性管制（protective regulatory）政策和竞争性管制（competitive regulatory）政策两种。所谓竞争性管制政策,是指限制将某些物品和服务提供给独立于其他竞争性团体的某些特定的供应商;而保护性管制政策则试图保护公众,使其最大限度地远离某些私人物品的消极影响,如食品污染、空气污染、不安全产品或商业欺骗等。

由于有些政策兼具再分配和管制的特征,采用罗威的分类方法就很难将它们归入某一类别。J. Q. 威尔逊对罗威分类中的这种"模糊性"进行了修正,提出成本—收益政策分类的方法,从政策的成本—收益在不同群体之间集中与分散的程度出发,对政策重新进行排列。按照成本和收益的集中（分散）程度,可以区分出四种情况:政策收益和成本在少数群体中受益和分摊;政策收益由少数人占有,但政策成本却由大部分人共同分摊;大部分人都从政策中受益,政策成本由少部分人分摊;大部分人从政策中获益,同时获益群体共同分担政策成本。在不同的组合情况下,关于成本和收益的冲突形式也不同。

此外还有许多其他的分类方法。美国学者弗罗霍克在管制性、分配性和再分配性政策分类的基础上,又加上了资本性、伦理性、规定性和目标性几种政策类型。资本性政策是从分配性政策中分离出来的一种政策形式,意指商业部门和政府（地方政府和州政府）也能够从联邦政府那里得到分配性财物。弗罗霍克认为,虽然资本性政策通常包括在简单的分配政策里面,但资本性政策不同于福利项目中基本的消费性政策。联邦政府对经济部门的财政补贴是很大的,且在不断增长。这种类型的政策主要是用来描述分配的第二种形式。伦理性政策是对一些道德问题确立的行为规范,其目的主要是规范人们的社会行为。政府颁布的一些法令明显带有伦理方面的特征,尽管这些法规在形式上是管制性的,但与其他法律和商业领域里的管制性政策有着很大的不同,因为它涉及了道德问题。规定性政策详细规定了所要执行的一系列活动。目标性政策确立了通过多种行动方式所要实现的目标,至于怎样实现这些目标通常并不非常明确,在方式上可能有很大不同。

美国学者 J. E. 安德森区分了制定政策的程序和由政策所实际提供的物品和服务之间的差别,将政策分为实质性政策和程序性政策两种类型。规定性政策和目标性政策都属于实质性政策,它们确立了所要完成的任务和所要实现的目标。但有时一项政策只是规定了一套程序,即为程序性政策。另一种分类方法是把政策分为物质性政策和符号性政策,物质性政策与向人们提供有形的物品或现实的利益有关,而符号性政策仅仅涉及分配价值,并不涉及实际资源或利益的分配。此外,从区分物品或服务的提供者来说,还可以将政策划分为公共物品和私人物品,公共物品的提供者是政府部门,私人物品则由私人领域提供。按政策的制定主体和反映的价值倾向进行分类,可以将政策划分为保守主义政策和自由主义政策等。诸如此类的两分法并不是绝对的。例如,严格区分实质性政策和程序性政策几乎是不可能的。

与西方政策学者注重从微观上指出不同性质的政策类型的方法不同,中国学者更倾向于从宏观角度对政策进行分类。这种分类的一个具体体现就是从政策制定的主体或政策层次的角度进行划分,如将政策分为总政策、基本政策和具体政策,以及国家政策和地区政策等。

中国台湾学者伍启元从政策层次的角度将政策分为基本政策和具体政策两大类,又在此基础上将其细分为不同的类型。基本政策又称"国策",是一种与社会所接受的价值和规范有密切关系的"广大政策",是对公私行动的根本指导原则,包含了国家的宪法和各种基本方针。它是一种长期的政策,不可朝令夕改。基本政策又可分为两类:第一类是具有全面性和广泛性的、针对全国所有机构部门的根本指导原则,表现为基本路线和基本方针等;第二类是某一领域各个部门开展工作的根本指导原则。具体政策是为解决具体问题而给有关部门和个人规定的行动准则。具体政策也有广义和狭义之分,广义的指所有基本政策以外的公共政策,狭义的指实质性政策,如财政预算、行动计划、法律方案等。具体政策是贯彻执行基本政策的工具。

中国大陆学者张金马进一步区分了基本政策、具体政策和元政策三种政策类型。基本政策涉及的主要问题是确定政策的总体目标、政策的作用范围、政策产生影响的时间、所使用的政策工具的范围、政策应采取的态度以及其他一些政策战略;基本政策是一种"主导政策"。具体政策是部门政策、方面政策,主要指针对特定问题或某一领域的问题而做出的政策规定,是基本政策的具体化。元政策则是相对于一般公共政策而言,指的是规范与引导政策制定行为本身的准则或指南,即关于如何制定政策的政策。元政策决定哪些组织和个人按照怎样的程序、依据什么原则、采用什么方法来制定政策,牵涉到整个政策制定系统。

除了基本政策、具体政策和元政策这种一般分类方法外,中国政策学者还提出以下一些政策分类方法:(1)根据措施规定的详细程度,可分为计划性政策与纲领性政策。前者明确规定具体的行动方向和步骤;后者规定总的方向和目标。(2)根据政策目标的多寡,可分为单目标政策和多目标政策。前者是就解决单一问题制定的比较简单的、目标单一的政策;后者是就解决多项问题所制定的比较复杂的、目标多元的政策。(3)根据政策问题的重复程度,可分为程序性政策和非程序性政策。前者亦称例行政策、常规政策、定型化政策或重复性政策,用于解决那些重复出现的、性质非常相近的例行性问题,按程序化步骤和常规性的方法加以处理;后者与前者相对,通常要处理的是那些偶然发生的、无先例可循的、非常规性的问题,无现成规范和指导性原则可以遵循,决策者难以照章办事,需要有创造性思维。(4)根据后来政策与先前政策的一致性程度,可分为激进型政策与保守型政策。前者是对先前的政策目标和手段有突破性改变的政策;后者是对先前政策或维护保持或进行微调的政策。(5)根据政策活动的阶段性特征,可分为初始政策和反馈政策。初始政策就是最初制定的政策,反馈政策就是在其基础上进行调整和修改后的政策。(6)根据政策影响时间的长短,可分为长期政策、中期政策和短期政策。(7)根据政策制定主体在管理系统中所处的层级不同,可分为中央政策、地方政策和基层政策。(8)根据政治活动的不同方式,可分为权利型政策、妥协型政策与博弈型政策(或竞争型政策)等。

政策分类并无定式,根据不同的标准,可以作不同的分类,从已有的公共政策文献资料来看,不同的公共政策学者确定的政策的分类标准很不一致,从而得出的公共政策类型也是复杂多样。

教育政策分类方法

在美国教育政策文献中,较有代表性的分类方法是根据罗威对公共政策的分类,将教育政策区分为分配性政策、管制性政策和再分配性政策。不同类型的教育政策,其制定和执行过程存在很大差别。美国学者P. E. 彼得森等人的研究表明,发展性方案(如课程方案、教学计划、职业教育等)会被相当快地执行,执行过程中很少有较大争议。相比而言再分配性方案(如补偿教育方案、特殊教育方案等),最初则要经历一段有争议的执行过程,随着时间的推移,其政策要求才会得到较为全面的执行。

P. E. 彼得森认为,教育政策的制定与其他政策相比并无更多的自由,故没有令人折服的理论根据说明教育政策有如此显著的特征和区别,而需要特殊的分析、概念或方法。在这种观点指引下,长期以来,对教育政策分类的研究没有形成独立的概念、理论和分析方法,许多政策学者多是从公共政策的分类中得到启发,对教育政策进行分类研究。对此,F. S. 库姆斯列举了教育政策领域可以引为独立的一些因素:第一,教育政策的制定是一门极为复杂的学科,有成千上万的人参与了这项复杂的工作;第二,教育系统相对而言是为公众所接触和熟悉的领域;第三,教育比其他任何政策领域的权力都分散;第四,教育政策的多目标性和各机构之间目标的含混性,使得教育政策的研究变得更加复杂;第五,教育是一个劳动密集的过程。F. S. 库姆斯认为,在教育问题研究中缺少一种能广为接受的分类学,在教育政策领域进行分类的研究并非不重要,各种有关财政的、课程安排的、权利机会的、人事的、学校组织的及政府问题的分类都说明这种分类很重要。F. S. 库姆斯区分了教育政策领域几种重要的问题类型:(1)财政问题,教育政策要试图回答谁出钱、出多少、为什么出钱这些问题;(2)课程问题,围绕"教什么"这样一个议题,即探索课程设置的方式以及在设置过程中各种像教育基金会及教科书出版机构所起的作用;(3)教育对象问题,要解决"向谁教授"的问题;(4)人事问题,即由谁任教及管理学校系统的问题;(5)教育管理问题,指一系列有关管理的问题,包括如何组织和管理学校,需要设置哪些学校,在哪里建设这些学校,需要关闭哪些学校,怎样融洽师生关系,还包括停课制度、着装规定、日程表、校历、校纪等;(6)"政务"问题,主要解决的问题是谁来制定政策,谁来负责教育系统的运行。

中国台湾学者吴政达根据美国学者古巴在《政策的定义对政策分析的性质和结果的影响》一文中概括的八种政策定义和三种政策类型,将教育政策相应划分为三种,即目的性政策、行动性政策和经验性政策。目的性政策是关于政策的内容陈述,包括目标或意图,固定、长期的决策,所有活动的指南,问题解决策略。行动性政策是指政策实施过程中所产生的行为或活动,包括被允许的行为、行为规范、政策制定系统的输出结果。经验性政策是指个体确实经历的活动,是根据经验所建构、解释的事物。

中国学者从多角度、多层面认识教育政策分类问题,不仅借鉴国外学者对政策分类的做法对教育政策进行类别划分,而且提出了自己的教育政策分类方法。

第一种分类是参考国外学者对政策分类的研究成果,对教育政策也作类似分类:(1)以政策是否实际改变客观对象为标准,将教育政策分为实质性政策或程序性政策。实质性政策与党和政府将要采取的行为有关,程序性政策只关系到某种行为由谁作出或怎样作出。在某一项政策性文件中,实质性政策与程序性政策往往同时出现。(2)以政策协调(或调控)教育活动的方式为标准,将教育政策分为分配性教育政策、限制性教育政策和调节性教育政策。分配性教育政策是指为各种教育关系主体(或者说是教育管理者和教育管理的对象)提供某种利益的政策。限制性教育政策是指对于参与教育活动的各种教育关系主体的行动,加以必要的限制和约定。调节性教育政策则与将某种限制或约定加于个人和社会团体的行为有关。如多渠道筹措教育经费、开征农村教育费附加和城镇三税附加的政策,则可归属于调节性教育政策。这里的限制性教育政策和调节性教育政策即为管制性政策和再分配性政策。(3)以政策产生的效果为标准,将教育政策分为物质性教育政策或符号性教育政策。物质性教育政策是将某些有形教育资源或实质性权力,提供给此项政策的受益者。而符号性教育政策只是一种象征性政策,所分配的有利条件很少对人们产生实际的效果,它们并不交付表面上承诺的东西。

第二种分类是从政策层次角度将教育政策划分为元教育政策、基本教育政策和具体教育政策。元教育政策规定教育权力在国家和其他与教育有关的组织和个人之间的分配,规定国家教育权在国家机构的不同层次、不同部门之间

的分配,是具有根本意义的教育政策。基本教育政策规定一国教育的基本方针、原则和方向,通常是国家基本政治决策在教育领域的具体体现,随国家基本政治原则的改变而改变。教育基本政策包括教育质量政策、教育体制政策、教育经费政策、教师政策,是一个国家教育改革与发展的基本政策。教育质量政策解决人才培养的质量标准问题。国家要制定最基本的学生培养的质量标准,以及实现这些标准的基本要求,为此,国家就应该对学生的有关问题和学校课程的标准、体系与结构的实施等方面作出政策规范。教育体制政策解决各级各类教育的发展问题。国家要制定政策规范去处理各级各类教育之间的关系,以及处理各种教育管理之间的关系。教育经费政策解决如何筹措教育经费、分配教育经费和使用教育经费的问题。教师政策解决如何建设一支数量充足的高质量的教师队伍问题。也有论者指出,教育基本政策由导向政策、规模发展政策、质量政策、师资政策和投资政策五个部分构成。导向政策在教育改革与发展中起定向作用,规模和质量政策决定了教育发展的速度和效益,决定了发展的基本模式是外延式还是内涵式,师资和投资政策则是教育发展重要的支撑,师资和投资的充裕与否将影响整个教育系统的发展。具体教育政策是为落实基本政策提出的目标,为解决教育实践中遇到的具体问题而制定的政策。基本政策与具体政策的区别是:教育的基本政策具有概括、抽象、稳定的特点,而教育的具体政策更具体、更易于操作、更易于变化;一个国家教育基本政策的制定者,一般是这个国家最重要的政治家(或政治机构),而且,他们提出的教育基本政策,一般还要通过国家立法机关的确认。教育具体政策的制定者可以是立法机关,也可以是行政机关和教育职能部门,地方政府也可以制定适用于本地的教育具体政策。制定教育具体政策的程序,通常也不及制定教育基本政策的程序那样正式和复杂。

还有学者提出总政策、基本政策和具体政策的划分。认为总政策是一个国家或地区的带有全局性、根本性、决定社会发展基本方向的政策,包括总路线、总方针、总纲领、总任务、基本路线等,例如"教育必须为社会主义现代化建设服务,为人民服务,必须与生产劳动相结合,培养德、智、体等方面全面发展的社会主义事业的建设者和接班人",是发展社会主义教育事业的重要指导思想,也是新时期中国教育工作必须遵循的总政策。基本政策是次于总政策而在社会生活的各个领域、部门或方面起作用的实质性政策,一般可以将基本政策称为基本国策。具体政策处于政策金字塔的底部,是实现基本政策目标的手段,或说是基本政策的具体规定,是为落实基本政策而制定的具体实施细则。

第三种分类是根据现行教育政策的制定主体和政策发挥作用的范围的差异,将教育政策划分为不同类型。从制定政策的主体角度,将教育政策分为政党的教育政策、国家

的教育政策和社会团体的教育政策,比如《中共中央关于教育体制改革的决定》,是作为执政党的中国共产党在新时期指导中国教育改革的纲领性、政策性文件;而国家根本大法《中华人民共和国宪法》和教育基本法《中华人民共和国教育法》中关于教育方针的表述,体现了国家、人民的利益,是国家教育政策的最高形式。党的教育政策和国家的教育政策之间,往往有交叉的部分。执政党的政策是制定国家的教育政策的依据,国家的教育政策是党的教育政策的合法化、行政化。从政策效力范围的角度,则可将教育政策分为全局性政策和局部性(或区域性)政策。全局性教育政策是在全国范围内,对各级各类教育都有政策效力。上至国务院各部门,下至省及省以下地方各级人民政府及有关部门,均应一体遵行。

第四种分类是根据政策发挥作用的性质、策略与方式等划分教育政策类型。(1)按教育政策发挥作用的性质,教育政策分为鼓励性政策和限制性政策。鼓励性政策旨在激发人们的工作积极性或指导某一工作组扩大或发展的政策。此类政策一般都向执行者提供利益优惠、扩大权限等有利条件,较易为人们所接受。限制性政策又称对策性政策,是为解决教育系统内、外部所出现的干扰而制定的政策,其目的是使教育工作恢复到正常发展轨道上来。(2)按教育政策发挥作用的策略,教育政策分为改造性政策和改良性政策。改造性政策是针对教育工作中的问题从管理体制、运行机制乃至方向上作彻底变化的政策,制定与落实这种政策系统性强,矛盾错综复杂,困难较大,需要决策人员和执行者既要大胆又要谨慎。改良性政策亦称调整性政策,是在原有政策基础上进行修正重新启用的政策。这类政策变动范围小,又有原有经验供参考,制定与执行起来相对容易。(3)按教育政策对目标发生作用的方式,教育政策分为直接政策和间接政策。直接政策是指直接指向要解决的教育问题和教育目标的教育政策,这类政策引导人们集中注意力于教育工作,最终目标的清晰度高。间接政策是在综合考虑影响某一教育问题的诸多因素后,当直接解决问题的难度较大时,采用迂回战术,先制定解决相关的外围问题的政策,为解决直接的教育问题创造条件、铺平道路。

教育政策类型的划分因所选取的标准和角度不同而有不同的类型。比如从空间分,可以把教育政策分为全国性、地区性和学区性的教育政策;从层次分,可以分为初级教育、中级教育和高级教育政策;以制度化程度来分,可以分为制度化的、非制度化的教育政策;从影响范围分,可以分为对部分教育活动发生影响和对所有教育活动都产生影响的教育政策,如课程政策、财政政策。

根据中国教育体制特征和教育发展的目标特点,可以从两个维度来考虑教育政策内容,一是从纵向规划教育发展的政策,二是从横向激励教育改革的政策。这两者有机

联系、相互交叉、相互影响。规划教育发展的政策主要有:学前与特殊教育政策、基础教育政策、职业教育政策、高等教育政策、本科后人才教育政策、终身教育政策等。激励教育改革的政策主要有:课程政策、教育财政政策、教师政策、科研政策、民办教育政策、教育行政管理政策、国际教育政策等。

参考文献

陈振明. 公共政策分析[M]. 北京:中国人民大学出版社,2003.

那格尔. 政策研究百科全书[M]. 林明,等,译,北京:科学技术文献出版社,1990.

伍启元. 公共政策[M]. 香港:商务印书馆,1989.

袁振国. 教育政策学[M]. 南京:江苏教育出版社,2000.

Odden, A. R. Education Policy Implementation [M]. New York: State University of New York Press, 1991.

（包海芹　袁振国）

教育政策分析程序(procedures of educational policy analysis)　教育政策分析活动的先后次序或实施步骤。一般包括界定教育政策问题、确定教育政策目标、搜寻备选方案、预测教育政策结果、选择教育政策方案、评估教育政策实施效果等基本步骤。

界定教育政策问题　即教育问题建构,是关于教育政策问题性质及其潜在解决办法的政策分析程序及方法。它是政策分析过程的逻辑起点,也是教育政策分析过程中最关键而又最困难的一步。问题建构可以提供与政策相关的知识,这些知识对支撑问题定义的基本假设提出质疑,使之进入议程设定并运行于政策制定过程。问题建构有助于发现隐含的假设、判断成因、勾画可能的目标、综合冲突的观点以及设计新的政策选择方案。教育政策问题不仅是一种客观存在的"事实"或状况,而且是一种主观感知及集体行为的产物。它是一种由相当数量的社会成员感觉到的,与人的利益、价值和要求相联系的,并由团体活动所界定的,以及为政府所认可为必须加以解决的社会问题。教育政策问题有如下一些基本构成要素:(1)一种客观条件或情况;(2)它是被感知的;(3)是大多数人所感知到的一种情况;(4)价值、利益、要求的冲突;(5)需要、受剥夺、不满足感;(6)团体活动过程;(7)权威当局认为有必要采取行动加以解决。

教育政策问题界定是一个复杂的过程,帕顿和沙维奇认为,政策问题的界定过程包括七个步骤:(1)思考这个问题。必须构造我们的思维,把我们所知道的所有东西弄清楚,并将可利用的数据分门别类(形成目录)。这个步骤的结果应是尽量形成完全和准确的关于经验情况的陈述。(2)勾画出问题边界的轮廓。查明问题的所在,存在多久以

及形成的历史事件;弄清被分析问题与其他问题的联系。(3) 建立事实根据。问题界定需要一些基本信息。简便的计算方法帮助产生这些信息。查询各种数据来源并使用几种评估技术对数据加以验证,并将之与已确定的数据加以比较,收集的事实可以由问题的陈述派生出来。(4) 列出目的和目标。可能的解决办法依赖于各个行动所要达到的目标和目的,有些必须试探性地加以陈述并随着分析的进展而加以修改;有些则必须加以推导。然后,必须准备一般的目标陈述和一系列的目的陈述,否则,我们便可能面临不能很好界定问题的危险。(5) 弄清政策分界(查明政策范围)。所谓的政策范围是指一个问题中所要考虑的变项的范围,它对实际上被检验的备选方案将会产生影响。有时它是由起作用的脉络背景所决定的;有时则是由时间和可利用的资源所决定的。分析者可以从社区、关注团体和其他行动者中得到关于政策范围大小的重要线索。(6) 显示潜在的成本和利益。可以用报告、图表等形式来表示有关的活动者或团体的损益情况。如果要解决问题,就必须弄清楚每个行动者将得到什么或失去什么。(7) 重审问题的陈述。问题被以行动的方式陈述了吗?有没有足够的关于发现备选方案线索的见解?此外,要对已有的假定提出挑战。

确定教育政策目标　在这一阶段,有三个密切相关的概念:目标、指标和标准。目标是决策者所追求的东西或政策分析所要达成的目的;指标则是政策目标的具体化,是政策目标的具体尺度;标准是评估政策成果或政策目标实现程度的水准。在教育政策分析中,不能将目标看作既定的、现成的东西,其中一个任务是在规划方案之前,帮助决策者澄清并最终确定解决政策问题的目标。教育决策者若是需要一项分析以便帮助其做出决策或选择一项备选方案,那么,他们应该对所要达成的目的或目标心中有数。对于许多教育决策场合来说,目标可能是多方面的,甚至彼此相冲突。有些目标是直接的,有些是间接的;有些目标是无形的,不能量化测量,有些甚至难以从质上加以具体说明;有些则是直接冲突或要求使用同一种资源的。教育决策者应尽可能明确地说出他想要达到的目的,以便对教育政策分析有所帮助。从某种意义上说,当决策者规划其目标时,实际上就隐含了他所要采取的行动过程。分析者的任务就是要使教育政策目标及取得目标的方案明晰起来,澄清或辨明政策目标是政策分析的一个关键。为了给方案的选择提供合理的基础,必须首先弄清楚要达到什么样的目的或项目所要取得的目标是什么,否则,关于备选方案、成本、利益一类的信息就没有太大的价值。

搜寻备选方案　备选方案是决策者用来解决教育政策问题、达成教育政策目标的可供利用的手段、措施或办法。依教育政策问题性质的不同,备选方案可以表现为政策、策略或各种行动过程。从选择程序上看,备选方案的搜寻或设计构成了政策分析过程中的一个中介环节。一旦我们界定了问题的性质与边界,并确立了政策的目标及评估标准,我们就开始拟定各种解决问题的方案或办法,为方案的比较及抉择做好准备。从现实的政策决策的实践看,找到尽可能多的备选方案,是合理决策,提高教育政策制定质量的一个重要条件。只有找到足够多的解决问题的可能办法,才有可能作充分的比较和择优。关于一个好的备选方案的特征,W. E. 沃克对一些决策者在选择方案时予以考虑的标准进行了概括:(1) 成本。能否负担选择的成本并具有成本效率?(2) 稳定性。无论在常规操作的过程中遇到什么干扰,都会坚持实施目标吗?(3) 可行性。在任何既定的时间内实施所选方案的概率是多大?(4) 牢靠性。如果方案的一部分失灵或者受损,该方案还会继续实施下去吗?(5) 灵活性。该方案能够致力于达到不同的目的吗?(6) 风险性。该方案失败的可能性大吗?(7) 可传播。选择的对象是否容易被那些不从事分析工作的人所理解?(8) 功效性。方案是否具有表面效度,也就是说,方案看起来是否直接针对所要解决的问题?(9) 简单性。方案是否易于执行?(10) 相容性。选择的方案是否与现行的规范与程序相适?(11) 可逆性。如果选择的方案遭到了失败,那么再追溯那些先决条件的难度有多大?(12) 强韧性。在将来一个截然不同的环境中,该方案可以在多大程度上获得成功?

教育政策备选方案的主要来源:由政策问题的性质以及政策目标所派生;现有的政策(它本身是一个应考虑的方案,也是许多新方案产生的基础);从别人或别的地方处理相同问题的经验中得到借鉴;某些特殊政策案例的启示;从类似的问题中加以类比或推广;向专家请教;根据权威的要求;从政策参与者的价值观及信念、法律的规定和科技知识中进行推导等。

预测教育政策结果　预测一般指对所研究的事件的未来前景作出估计或推测,即由过去、现在推断未来。教育政策分析中的预测可以界定为一种程序或方法,它依据先前政策分析的各阶段所掌握的关于教育政策问题、目标和方案的信息或知识,对教育政策(方案)的未来前景作出估计、推测或判断。预测在教育政策分析过程中具有重要作用。首先,它提供关于政策的未来变化及结果的信息,构成政策方案的评估、比较与抉择的基础;其次,它使我们更好地了解以前的政策及其结果;再次,由于关注未来,它可能作为传统的社会科学各学科的一种有益的补充(目前后者的预测是以过去和现在的价值作为基础的)。通过预测,我们可以获得有关教育政策方案的前景及结果的信息,加深对政策问题、目标和方案的认识。但是,预测毕竟是在教育政策执行前、在行动的进程及结果发生以前进行的。教育活动是一个复杂的过程,其中存在着各种各样的难以预料的事件或情况,加上预测的理论、假定、措施、方法和技术也远非尽善尽美,因而政策前景的预测是一项困难而又易错的工作。

教育政策结果的预测一般包括以下步骤:(1)确定预测目标,分析其所处的环境。首先是确定要预测什么问题。在确定好预测目标之后,要对它所处的环境及背景作分析,即研究有关的政治、经济、文化等各种因素对预测对象所能产生的影响。(2)收集与整理数据,编制假想脚本。必须对预测对象及其所处的环境的各个方面的数据进行较全面的收集、整理和分析。(3)选择预测方法,建构预测模型。在掌握充分数据,并作定性分析的基础上,可以选择合适的方法;根据有关的理论与变量之间的关系建立模型,以抽象地描述各种变量之间的关系。(4)总结预测结果,编写预测报告。要以报告的形式将结果提交给决策者或委托人。

选择教育政策方案　在教育政策方案选择中,必须注意技术上优越的备选方案和政治上可行的方案之间的差别。有时技术上偏好的备选方案是已知的,任务是处理政治上的反对意见。因此,必须应用政治可行性分析来展示这些备选方案,回答如下一类问题:相关的决策者对政策执行有兴趣、有影响力吗?一个次优的方案有较好的成功机会吗?新的行政管理机构是必要的吗?不仅不同的方案诉诸不同的利益群体,而且两个或更多的备选方案可能产生大概类似的结果。在这些备选方案中,可能没有一个是十全十美的,因为问题很少能被完全解决,常见的情况是它们的严重性被缓和,负担被均分,或被不太严重的问题所取代。选择政策方案阶段,分析者必须注意以下一些问题:政策问题得到了正确的界定了吗?是否忽视了问题的某些重要方面?真正的备选方案被评估了没有?是否有一些条件变化了以致必须修正对备选方案的评估?有没有可利用的新备选方案出现?这些方案的准确程度如何?政策分析者由于受时间限制,往往只作大概的估计,忽略一些备选方案和变项,因而大部分的政策分析是不完全的。因此,必须对不确定性加以研究,并弄清可能产生的副作用。

评估教育政策实施效果　关键是建立评估标准。教育政策评估标准是指社会对教育政策的评价标准,而不是个体的、群体的或其他什么评价标准。政策是执政党、国家和政府制定的,是用来规范国家、政府、社会和全体人民行为的,因此必须依据社会的评价标准。社会评价标准在政策制定中具有重要的决定性地位和作用。它会直接影响甚至决定政策的性质、发展方向、合法性、有效性和社会公正的程度。因此,确定和选择社会评价标准是政策制定质量高低的决定性因素之一。社会评价标准是什么,还没有比较一致的概括。根据教育政策的特点,一般认为有以下几条:一是评估标准的公益属性(公正、公平、公开);二是评估标准的技术性(可行性、操作性);三是评估标准的绩效属性(投入、效果、效益、效率);四是评估标准的回应性。评估标准也是动态的发展过程,不同时期,评估标准也在不断变化。

教育政策效果可以看作是政策执行后对客体及环境所产生的影响。教育政策效果有如下几种类型:(1)直接效果。即教育政策实施对主观所要解决的政策问题及相关人员所产生的作用。(2)附带效果。教育政策实施过程可能对并非要发生作用的环境、团体、个人产生效果,这种效果超乎政策制定者原来的目标和期望,成为一项政策的副产品。教育政策效果往往可以从政策的外在作用中得到很好的理解和测定。(3)意外效果。有时一项教育政策的推行有两种情况:一种是投入很多,期望很高,却收效寥寥;一种是没有太多的期盼和投入,却有意外的收获。(4)潜在效果。有的教育政策明显有助于改善眼前的状况,产生短期效应,有些则不能。但是两者都有潜在影响,可能在相当长时间里表现出来。有时,一项政策的实施可能了无成效,但是它的投入沉淀到另一项政策的运行过程中,在另一种情境下发生作用。这种潜在效果虽然不易测定,但却很值得评估者注意和考量。(5)象征性效果。有些教育政策的内容是象征性的,其有形效果微不足道,其用意也不过是让目标团体得到印象,以为问题已经解决或正在解决,从而减轻对政策的压力,或者激发起某种精神。符号化的政策输出没有引起社会条件的实际变化,不论这种输出带给人们何种程度的精神满足。

参考文献

陈振明. 公共政策分析[M]. 北京:中国人民大学出版社,2002.

威廉·N. 邓恩. 公共政策分析导论[M]. 谢明,等,译. 北京:中国人民大学出版社,2002.

卡尔·帕顿,大卫·沙维奇. 政策分析和规划的初步方法[M]. 孙兰芝,等,译. 北京:华夏出版社,2001.

(肖远军)

教育政策分析方法(methods of educational policy analysis)　指政策分析过程中所运用的各种研究方法。政策分析使用一般的分析理论与分析方法,如运筹学、经济学、系统分析中的方法;还需要使用现代的分析技术,如计算机模拟。此外,专家学者的判断和直觉也是重要的分析方法。其中,分析和研究政策系统以及教育政策问题分析中的方法论具有重要的、核心的地位。

教育政策分析方法的基本分类

教育政策的分析方法几乎涵盖了所有的政策分析方法。按照不同的标准,教育政策分析方法可有不同的分类。

根据方法的适用范围和概括程度划分。教育政策分析方法是社会科学方法,中国学者一般将社会科学方法划分为三个层次：一是适用于一切科学领域的哲学方法论，即唯物论和辩证法，这是人们获得关于世界观层次的某种规律性认识，并自觉地运用这种规律去认识世界而形成的最一般的方法论理论；二是适用于自然科学、社会科学、思维科学以及运用于多种学科的跨学科领域的方法论，不仅包括自然科学方法论、社会科学方法论、思维科学方法论等一般方法层次，还包括归纳、演绎、系统科学方法论等；三是适用于个别具体科学的方法论，是对社会科学、自然科学领域内具体学科规律自觉运用的科学方法论。这三个层次反映了人们认识复杂对象由具体到抽象的不同认识水平，而三个层次之间又是相互衔接、相互渗透的动态发展关系。具体科学方法提供了进行研究的基础，一般的科学方法有助于对研究对象的分类概括，而哲学方法论作为最一般的方法论，对一般的科学方法和具体科学方法有重要的指导意义。教育政策分析方法论属于哲学方法论指导下的具体科学方法论，必须自觉遵守哲学方法论的基本原则，同时接受一般科学方法论的支配。

根据政策分析的步骤划分。国内外关于公共政策分析与教育政策分析方法的专著中，有相当一部分按照政策分析的具体步骤来介绍政策分析方法。比如，美国学者 W. N. 邓恩在《公共政策分析导论》（第二版）中将政策分析的方法划分为构建政策问题、预测政策未来、建议政策行动、监测政策结果、评估政策绩效。帕顿和沙维奇合著的《政策分析和规划的初步方法》中将多种方法划分为认定与细化问题方法、建立评估标准的方法、确定被选方案的方法、政策选择评估方法、政策建议表达和比较的方法、监测和评估已实施政策的方法。中国台湾学者张钿富在《教育政策分析：理论与实务》一书中，将教育政策的分析方法分为政策问题构建的方法、教育发展预测的方法、教育政策推介的方法、监控教育政策结果的方法、评估教育政策绩效的方法。虽然各位学者对于政策分析的具体步骤稍有差异，并且理性模式的政策分析过程遭到一些学者的质疑，在不同的分析步骤中具体的分析方法也可能交叉，但以分析步骤为划分标准是政策分析方法分类中最为常见的。

根据分析方法的学科基础划分。教育政策分析的多学科性和跨学科性的特征，决定了教育政策分析方法的开放性与多元性。教育政策的分析方法包括来自管理学、政治学等多学科领域的各种方法，如历史分析法、系统分析法、政治学分析法、伦理学分析法、经济学分析法等。

根据分析资料的性质划分，主要有四种：文本分析法，主要指对教育政策文本的分析，包括编码、结构等方法；问卷、访谈分析与田野调查法，三者都是调查研究，是研究者从被研究者那里收集资料，再通过统计和分析获取信息的方法；实验分析法；个案研究法。

根据政策分析方法的性质划分，有定量分析法和定性分析法。定量分析法，包括成本—收益分析、成本—效益分析、政策规划的方法（排队论等）、预测分析（时间序列分析、回归分析、贴现率分析、马尔科夫模型等）、决策分析（诺依曼效用理论、决策树等）、政策效果分析（择优、比较）等；定性分析法，包括德尔菲法等，专家的判断或直觉的方法。一般来说，宏观层次的、影响广的、政策效果难以用量化标准测量的政策，需要用定性的方法；而可以用量化标准测量的政策，可以用定量的研究方法。定量分析与定性分析这两种方法不是截然分开的，在实际的应用中，二者总是结合使用的。

根据政策分析的目的，W. N. 邓恩将政策分析方法划分为三种：经验的方法、实证的方法、规范的方法。经验的方法解决"是什么"的问题，实证的方法主要回答"为什么"的问题，规范性的方法为未来应该采取的行动指明了方向，告诉人们"怎么做"。

根据分析方法的不同研究策略划分，有描述研究法、比较分析法和理论分析法。描述研究法包括问卷、调查、访谈、观察以及测验等，它通过各种手段搜集资料以验证假设或回答有关现实的问题。例如，农牧区民族基础教育现状调查，城市农民工学龄子女教育问题现状调查、独生子女家庭教育现状调查、城市市区中学生源高峰对策问题等，都是对于政策问题的描述型分析。比较分析法中，相关研究是对两个或更多数量的教育对象间是否存在相关以及相关程度进行判定，研究目的在于建立相关或用于预测。例如：多元文化背景下学生生存环境与学校现代化建设研究，信息技术与学校课程的整合，教育领域的公权与私权关系研究。比较研究是按一定标准对彼此有联系的事物加以对照分析，以确定它们的共同点和差异点，共同规律和特殊本质，从而得出符合客观实际的结论。比较研究可以在不同的层面展开，在微观层面，如义务教育均衡化政策的国内外比较研究等。在宏观层面，可以涉及不同国家或东西方教育制度、教育宏观决策的比较等。理论研究是对复杂的教育问题的性质和相互关系，从理论上加以分析、综合、抽象和概括，以发现其内在规律并形成一般性结论。

教育政策分析方法的七种分类在不同层面区分和界定了分析方法的概念、特性及使用范畴，为方法体系的研究提供了不同的思路。

教育政策分析的方法论

教育政策分析多以不同学科框架为基础，常见的主要有七种。

政治学分析框架　美国政治经济学家林德布洛姆认为，在政府的政策制定过程中，政治上的相互作用不仅能经常取代分析，且确实能达到分析所不能达到的地步。以政治学为基础理论,以相互影响和作用的社会政治因素为研究对象,以反映民主政治为标准,探索社会政治因素互动条件下的公共政策的制定过程。美国学者 J. E. 安德森在《公共政策》一书中将西方政策分析的研究方法或观点归纳为五种理论,即政治系统论、团体理论、精英理论、功能过程理论、制度化理论。政治系统理论由美国政治学家伊斯顿等人提出,它是从系统论的角度来研究公共政策问题,认为系统能够也必须对作用于它的环境作出反应,系统与环境相互统一,达到动态平衡。功能过程理论将政策看作一种政治行为或政治行动,通过政治与政策的关系对政策的政治行为进行阶段性或程序化研究,这是行为主义政治学观点在公共政策研究上的反映。团体理论由美国学者特鲁曼将团体政治分析引入公共政策的研究中,以政治团体为基础的研究方法被称为"本特利—特鲁曼研究方法"。认为,政策制定是一种处理来自各自利益集团压力的活动;政策则是这些利益团体之间斗争、妥协的结果。精英理论是由戴伊和 M. 汤姆森等人提出从决策因素角度分析政策的又一途径。精英理论揭示了国家领袖、政府首脑对于公共政策的制定和执行起了决定性的作用。但在实际的政策分析中,精英的作用情况一般不会对外公开,使得研究很难进行。制度化理论揭示出不同的政治制度下的政策制定的不同机制,但不能得出什么制度下的政策的制定更为有效。

经济学分析框架　经济学途径历来是政策分析或政策研究的主导途径。它采用经济学的理论假定、概念框架、分析方法及技术来看待公共政策问题。在当代政策分析学科中,最有影响的经济学途径是福利经济学理论和政治经济的交叉途径、公共选择理论和新制度主义。福利经济学家发展了一种关于公共政策制定的理论,认为政府有责任纠正市场失灵,是因为最优化的社会结果不是由纯粹的个人决策所产生的;面临着行动要求的政府必须首先确定是否市场失灵正在引起社会问题。如果确定需要政府干预,那么关键是要发现最有效的干预方法(即政策手段),而最有效的方法是成本最低的方法,并且用来确定它的分析技术是成本—效益分析。公共选择理论是在研究现实经济问题的推动下,通过对传统市场理论的批评而产生的,并且成功地运用了经济学的分析方法。坚持"经济人"假设,采用个人主义的方法论,用交易的观点来看待政治过程。这种方法论认为人类的一切行为,不论是政治行为,还是经济行为,都应从个体的角度去寻找原因,区别于传统的集体主义的分析方法。政策分析的新制度主义认为,持续不断的制度结构是社会和政治生活的基本建筑材料,个人的偏好、能力和基本的认同以这些体制结构作为条件;历史发展是路径依赖,一旦做出某种选择,它便限制了未来的可能性;决策者在特定时期可利用的选择范围是那些早期确定了的制度性能的函数。依照这种分析途径,并不是制度引起行动,而是它们通过形成问题的解释和可能的解决方案,通过限制解决方案和选择以及它们被执行的方式而影响行动。

马克思主义的阶级分析观点　按照马克思主义经典作家的观点,生产力与生产关系、经济基础与上层建筑的关系构成一切社会形态的基本矛盾,而在阶级社会中,这一基本矛盾集中地表现为阶级矛盾和阶级斗争;阶级的根源是私有制,它在私有制基础上形成,并随着私有制的消灭而消灭;从原始社会解体以来的一切社会历史都是阶级斗争的历史,阶级斗争是推动历史发展的动力。国家是阶级矛盾不可调和的产物,是从社会中分离出来的管理机构,是阶级统治的工具。从这种观点出发,公共政策研究的阶级分析途径认为,资本主义社会的公共政策反映的是资产阶级的利益,是资产阶级不同集团利益冲突的表现;公共政策是资本家手中的工具,它被用于维护资本主义制度和增加剩余价值,并以牺牲劳动者的利益作为代价。

系统分析基础上的分析框架　即在各种备选方案中选择能最大限度实现目标的最优方案的过程。系统分析为公共政策分析提供了一套科学的政策程序和备选方案选择的标准。是定量与定性的方法的结合。但是,人不可能是完全理性的,不可能知道所有的备选方案和情况。对于决策过程中的政治、非理性的作用及价值等问题,系统分析的方法是无能为力的。

伦理学基础上的价值分析框架　教育政策的价值分析是指对教育政策的价值系统和价值问题进行确认与分析的一种教育政策研究方法和方法论,其研究的中心内容是教育政策活动中"价值选择"及其"合法性"、"有效性"问题。价值观是所有行为的主要决定因素。从某种意义上说,政策分析就是讨论人们应该如何选择,而人的选择行为是因价值观的不同而不同的。因此,政策分析离不开伦理学及价值分析。

文化理论的分析框架　文化的类型与政策选择之间存在某种关系。维尔达夫斯基及其同事提供了文化差异的分析框架。R. J. 埃利斯和 M. 汤普森认为,通过文化理论可以理解和说明个人在选择某种想法和制度的态度和行为。韩国学者金荣枰认为,虽然文化类型对特定行为和特定政策不能作出明确说明,但可以作出部分说明。将文化理论用于政策分析得到了学术界的认可。现在,越来越多的研究者通过文化理论对政策的文化偏见进行研究。

批判性复合主义的分析框架　复合主义与其说是一种新的方法论,不如说是对大量研究和分析实践的一种创造性的综合。与其他方法相比,复合主义在竞争中表现出一个重要的方法论上的优势:它从值得知道的和已知的内容出发,从多个角度观察和认识事物。运用这种批判性的多维定位过程,能使人们逐渐向本不知道的终极真理迈进。它包括了多元操作主义、多重方法研究、多重分析综合、多变量分析、利益相关者的多重分析、多角度分析和多媒介交流等方面。

除上述方法论的发展,还有微型计算机程序的发展。

教育政策分析模式

对于教育政策分析模式的研究可以沿用公共政策分析的结果。政策过程是复杂的、多样的、长期的,为了理解复杂的政策过程,可把复杂的情景简化。于是,许多研究者和实践者将政策过程模式化,提出各种政策分析模式框架。

政策分析的阶段模式　主要包括两类。

(1) 阶段途径模式。拉斯韦尔在《决策过程》一书中提出,将决策过程划分为情报、建议、规定、行使、应用、终结和评价七个阶段。其学生布鲁尔根据他的思想提出了六阶段模型:创议、估计、选择、执行、评估和终结。奎德认为,政策分析的过程与其他系统过程一样,可以看作一个由初始阶段、持续阶段和终结阶段所组成的过程;政策分析过程中先做什么、后做什么依赖于被研究的问题及其脉络。分析过程一般包括规划、搜索、预测、模式化、综合五个逻辑上相联系的环节。C. O. 琼斯在《公共政策研究导论》一书中认为,政策分析过程包括如下环节:感知(定义),集合或累加,组织,代议,确定议程,规划,合法化,预算,执行,评估,调整(终结)。帕顿和沙维奇在《政策分析和规划的初步方法》一书中提出了六个步骤的分析过程,即问题的研究、评估标准的确定、备选方案的确认、备选方案的评估、备选方案的比较和结果的评估。斯托基和泽克豪泽在《政策分析入门》一书中提出了一个五步的过程模式,即决定重要问题和追求目标、确定备选的行动过程、预测每个备选方案的结果、确定衡量备选方案成效的标准、表明偏好的行动选择。他们认为政策分析可能以从一步到另一步的顺序渐进的方式进行,并且必须在各个步骤中循环反复,但在分析过程中,这些基本步骤是不可或缺的。美国心理学家 H. A. 西蒙在《管理决策新科学》一书中对决策分析活动过程进行了分析,认为任何问题的解决都可以分成三个阶段:情报活动,设计活动,抉择活动。索伦森对美国白宫的决策实际进行了分析研究,发现了如下一套分析步骤:查明事实,确立目标,界定问题,根据可能涉及的细节及其变化,对可能的解决方案作详细的分析,列举每个解决办法可能产生的后果,推介并抉择最后方案,抉择后的沟通,执行上的准备。美国"思想库"城市研究所提出了一种分析进程模式,包括如下步骤:界定问题,确认相关目的,选择评价标准,说明当事人群体,确认备选方案,估计每个被选方案的成本,决定每个备选方案的效果和提出有关的发现。

(2) 新的政策过程理论。西方政策分析学者在批判阶段途径模式的基础上,提出了各种政策过程的新的模式理论。根据萨巴蒂尔主编的《政策过程理论》一书的论述,除阶段模式外,还有若干政策分析过程模式。制度理性选择理论注重制度规则如何改变有理性的个人的研究。奥斯特罗姆的理论被公认为是制度理性选择理论中最完善的,在《制度理性选择:制度分析和发展框架的评估》一文对这种途径作了很好的说明。金顿在《议程、备选方案和公共政策》(1984)一书中基于 M. D. 科恩、马奇和 J. F. 奥尔森等人的组织行为的"垃圾桶理论"开发了多流框架。它将政策过程看做由如下三股源流构成的过程:问题流(由关于各种问题的数据以及各种问题定义的支持者所组成)、政策流(包含政策问题的解决方案的支持者)和政治流(由选举和民选官员所组成)。依照金顿的观点,这三种源流平时彼此独立运行,只有当"机会窗口"打开时,才允许将不同的源流配对。如果配对成功,那么结果就是重大的政策变化。尽管多源流框架并不总是清楚和内在一致的,但它似乎可以应用于非常广泛的政策领域,它的文献在社会科学领域中也被广泛地应用。鲍姆加特纳和 B. O. 琼斯在《美国政治中的议程和不稳定性》(1993)一书中提出中断—平衡框架。他们认为美国的政策制定具有长期的渐进变迁伴随着短期的重大政策变迁的特点。这一框架开始时用于分析立法的变化,后来应用于美国联邦政府预测长期变化。萨巴蒂尔与詹金斯-史密斯在《政策变化和政策取向的学习》(1988)和《政策变化和学习》(1993)等论著中提出倡导联盟框架。该理论关心倡导联盟的互动,认为每一个联盟都包括来自政策子系统里不同机构的行动者,他们有共同的政策信念。政策变化是子系统内竞争和子系统外事件的函数。该框架花了大量的时间来描绘政策精英的信念系统,分析不同联盟之间政策导向的学习发生的条件。F. S. 贝里和 W. D. 贝里在《作为政策创新的州彩票抽奖法》(1990)和《州的税制创新》(1992)等论文中提出政策扩散框架,主要用于解释具体政策创新在不同州、国家或者地方被采纳的复杂情况。该理论认为,政策采纳是具体政治体制特色和扩散过程多样化的函数。扩散框架最初只运用于美国不同州之间的政策比较,后开始用于欧盟、经合组织成员国以及其他政治系统。

政策分析的决策模式　决策模式是学者们理解和解释政治生活,思考公共政策选择而总结的模式。学术界最有影响的决策模型有五种。

(1) 理性决策模式。亦称"纯粹理性模式",泛指决策者能够依据完整而全面的资料作出合理性的决策。这一模式意味着决策者能完全客观而合乎逻辑地看问题,心中有明确的目标;在决策过程中,决策者的所有行动都是不断地选择有效达成目标的备选方案。很明显,完全理性决策模型为公共政策决策的科学化、最佳化提出了方法,但也有很大的局限性。

（2）有限理性决策模式。H. A. 西蒙和马奇在批评全面理性模式及对行政决策研究的基础上提出。决策者在决策过程中对备选方案的选择，所追求的不是最优的方案，而是次优或令人满意的方案。决策者在"满意"标准和有限理性之下，面对简化了的决策，不必再去检视"所有的"可能备选方案。

（3）渐进决策模式。由美国经济学家、政策分析家林德布洛姆在接受有限理性主义关于人的"有限理性"的基础上提出。由于人类有限理性和现实中公共政策特点的制约，公共政策很难达到全面性革新和绝对理性。所以，新政策的制定只是先前政策的局部调整和边际性变革，体现为一种"断续渐进"的过程。渐进决策模型更加贴近现实，易于保持政策的连续性及社会的稳定，但渐进模型只适合在社会环境稳定、先前的政策基本能够解决社会问题的条件下，才能产生有效的新政策。

（4）混合扫描决策模式。为了克服理性决策模式和渐进决系模型的局限性，哥伦比亚大学社会学教授埃齐奥尼在《混合扫描：决策的第三种方法》一文中提出混合扫描模型。其理论假设：试图将理性决策和渐进决策的优点结合起来，埃齐奥尼宣称混合扫描理论把理性决策和渐进决策两方面都考虑到了，在一些场合，理性模式是合适的；而在另一些场合，渐进模式是合适的。这一理论也考虑到决策者能力的差别，一般而言，决策者能用来实施他们决策的力量越大，进行越多的扫描是现实的；而扫描的范围越广，决策也就越有意义。政策资源投入越大，扫描范围就越广，决策依据就越近于科学、理性。但是，混合扫描分析在实际操作上需要进一步充实和具体化。

（5）规范最优化决策模式。规范最优化决策模式是以色列学者德罗尔提出的带有综合性质的模式。他在批评理性模式和渐进模式并吸收这两种模式因素的基础上，提出了他的规范最优化决策模型。所谓追求政策方案的最佳，实际上是一种决策者在方案制定中增加理性因素的努力。他在《公共政策的再审定》一书中系统提出公共政策的规范最佳分析模式。按照规范最佳分析模式，公共政策的分析过程可以包括总体分析、决策分析、决策后分析三个部分。

教育政策分析的具体方法

W. N. 邓恩在《公共政策分析导论》一书中，对教育政策分析的具体方法作出了较为详细的论述。归结起来可以分为四大类，即：构建问题的方法，预测政策未来的方法，政策监测的方法，评价方式。每一类中包括若干具体的分析方法，其中常用的或有难度的政策分析方法如下。

类别分析法　是一种进一步明确特定概念及其关系的技术。渗透了集合的观念的类别分析主要有两个程序：逻辑划分和逻辑分类。为了保证分类体系的适用性与严谨性，类别分析需遵从以下原则。（1）实质相关。应按分析人员的目的和问题情势的本质来建立分类的基础。也就是说类和子类应尽可能地和问题情势的"现实"一致。（2）穷尽。分类体系中的大类应该穷尽，即分类中的大类要覆盖问题情势的各个方面。（3）互斥。大类之间必须互斥，不同的大类必须互相排斥，不可交叉。（4）一致性。每一大类或子类必须遵循同一单一的分类原则，即分类的标准是一致的，这个原则是穷尽和互斥原则的延伸。（5）层级差别。认真区分分类体系中各个层级（大类、子类、次子类）的含义。要特别重视区分类和类中的元素，因为类不可能是它自己的一个元素。

层级分析　是一种用来明确一个问题情势的可能原因的技术。它的主要作用是确定三种原因：可能的原因、似然的原因及有争议的原因。进行层级分析的规则与类别分析规则相同：实质相关、穷尽、互斥、一致性和层级差异。而逻辑划分和分类的程序也适用于层级分析。两者的区别在于，类别分析涉及一般概念的划分和分类，而层级分析主要针对可能的，似然的和有争议的原因形成具体的概念。将个别分析人员而不是团体作为知识来源的层次分析可能排斥提出其他解释的机会。

综摄法　是一种用来提高对相似问题的认识的方法。综摄法基于这样一个假设：同一性或相似性的问题可以增强分析人员解决问题的能力。综摄法的成功与否取决于分析人员和团队是否能进行适当的类比，将比较的似然性高低即特定问题情势与被类比问题相似程度的高低作为问题概念化好坏的标准。常用的类比有：（1）个人类比——分析人员将自己想象成利益相关人，以对方的身份和方法面对问题情势。（2）直接类比——分析人员就两个或两个以上问题情势寻找相似的关系。（3）符号类比——分析人员试图在既定的问题情势和某个符号过程之间发现相似的关系。（4）想象类比——分析人员完全自由地在问题情势和一些想象的状态之间探寻相似之处。

多角度分析　运用个人、组织及技术三方面的知识来取得对问题及潜在解决方案的更深认识，它专门解决结构不良的问题。其主要分析角度如下：（1）技术角度（T）。从最优模型、概率理论、系统分析等角度来看待问题，寻求答案。技术视角以科技世界观为基础，强调随意思考、目标分析、预测、优化和不定性量化。（2）组织角度（O）。将问题和解决方法看做一种组织状态向另一种组织状态有序渐进的一部分。通常采用标准的操作程序、规则和机构的常规做法，常与技术角度相冲突。组织角度不是以直接解决问题为目标的。（3）个人角度（P）。从个人的理解、需要和价值来看待问题及解决方案。主要特征是强调直觉、个人魅力、领导能力和自我利益。解决问题的动机中自我实现的成分很高。林斯托恩及其同事为多角度分析方法的应用制定了如下指导原则：跨行业组合，按跨行业组合而非跨学科组合的团队可以使团队最大地了解技术角度、组织角度和个人角度；角度的平衡，团队工作时要尽量平衡三个角度；不均衡复制，组织角度和个人角度不可重复；适当的交流，不同的信息用不同的介质交流有助于更好地交流效果，组织角度和个人角度多用脚本、插图等工具交流，技术角度应多用模型、量表等交流；推迟合并，只是提供方法及可能产生的不同结论，将各种观点交给客户和政策制定人去合并。

假设分析　对政策问题的各种冲突性假设进行创造性合成。假设分析用来克服常规政策分析的四个主要局限：常以单个决策者的假设为基础；常常不能用系统和明确方法考虑关于问题性质及其他解决方案；多数政策分析是在自我封闭的组织内完成，很难挑战阐述问题的流行方式；评价问题及其解决方案的标准单一，只考虑表面特征，不考虑形成问题的概念的基本假设。它有五个连续的程序：（1）明确利益相关者。以政策对他们的影响程度或他们影响政策的程度为基础，对政策的利益相关者加以明确排序并决定其重要程度。（2）提出假设。根据支持建议及其潜在假设的选择性数据，尽最大可能提出有助于问题概念化及解决的各种假设及潜在假设。（3）假设质疑。分析人员比较、评估各项假设及其潜在假设。之前的每一个假设都要受到反假设的质疑，如果反假设不合理就不予进一步考察，若合理，就进一步检验，然后决定它是否能成为问题概念化及解决方案的基础。（4）集中假设。根据对不同利益相关者的重要性及相对确定性对假设进行协商排序，使之被通过。集中最重要的和不确定的假设，最终编制一个尽可能多利益相关者同意的假设列表。（5）合成假设。将整套可接受的假设作为对问题形成新的概念的基础。

头脑风暴法　由美国学者奥斯本创设，用于产生大量有关问题潜在的解决办法的建议。涉及以下程序：（1）头脑风暴小组应根据被研究的问题的性质组成，所选成员必须是专家。（2）思想的产生和思想的评估应该严格分开，因为热烈讨论可能会被不成熟的批评和争议所阻挠。（3）思想产生的阶段，头脑风暴法的气氛应该尽可能地保持发散和宽松。（4）当第一阶段所产生的思想穷尽时，才进入思想评估的第二阶段。（5）在思想评估的阶段结束时，小组对各种意见进行整理，分清主次，形成一个包含问题的概念化及潜在解决办法的建议。

情景分析法　又称脚本法，是定性和定量相结合的方法，是一种比较有效的方案设计法。这种方法在预测基础上，考察方案随其影响因素变化而变化的方向和程度，强调突发因素对预测结论的可能影响，就此修改和重新设计

方案。

德尔菲法　是一种获得、交换和发展关于未来事件的灵通信息的直觉预测程序，其过程是利用一系列简明扼要的问卷和对所获得的意见的有控制的反馈，从而取得一组专家最可靠的统一意见。德尔菲法的征询过程一般由四个步骤组成：指出讨论问题，专家们提出各种附加的意见、项目和方案等；收集专家组对问题的理解和看法；信息多次反馈，收集专家反馈意见；作出最终评价，取得较为一致的预测结果。

尽管政策科学取得长足发展，但政策分析的方法在现实世界中的应用仍然十分有限。教育政策分析的体系至今没有形成，不能说哪一种体系是相对明确的、可信赖的，可以直接用于分析的知识体系。在中国，教育政策分析是一门新兴的学科，从研究现状看，教育政策分析的研究还缺乏专业分析方法，只有教育的经济分析和价值分析的成果特别明显，其他理论的研究还处于起步阶段。

参考文献

陈振明.公共政策分析[M].北京：中国人民大学出版社,2002.

胡森,等.教育大百科全书（第一卷）[M].张斌贤,等,译.重庆：西南师范大学出版社；海口：海南出版社,2006.

斯图亚特·S.那格尔.政策研究百科全书[M].林明,等,译.北京：科学技术文献出版社,1990.

裴娣娜.教育科研方法导论[M].合肥：安徽教育出版社,2003.

（刘复兴　张　婷）

教育政策功能（functions of educational policy）

教育政策借助内部结构要素间的相互作用，或教育政策本身与外部环境的相互作用，对社会尤其是教育部门所产生的总体效能。是教育政策的实质、地位、特性的表现。

教育政策功能的基本内容

教育政策系统对教育的生存、发展起着引导、协调、控制和分配的作用。

教育政策的引导功能　指政府或者教育主管部门依据公众的利益、社会条件的限制和政府的行政能力，制定相应的行为准则以规范人们的教育活动，使群体教育利益最大化。政府代表公众的利益，代表着大多数教育活动主体的利益，以教育政策的方式确立一定的行为准则，规范和指导人们的教育行为，力求使教育活动主体的教育行为能够有效地促进教育事业的良性发展，满足大多数教育活动主体的利益。教育政策通过改变教育的人力、物力、财力等资源在空间的分布和时间流动上的配置，对教育事业的发展方向、速度、规模进行约束，使教育活动中基于利益的、复杂

的、相互冲突的教育行为有效地纳入统一的轨道,保证教育活动形成合理的秩序,朝有利于公众教育利益与大多数教育活动主体利益的方向前进。

教育政策的引导功能主要有两种表现途径:第一,借助教育政策的目标来引导教育活动主体的行为方式。教育政策目标正是为了满足公众的教育利益,满足大多数教育活动主体的利益,才要求教育活动主体按照政策内容的安排来采取教育行为,通过协调与整合众多教育活动主体的教育行为,来形成一个有机的教育体系,确保教育活动朝着一个有序的方向发展。第二,借助教育政策自身的价值要素来引导与规范教育活动主体的教育行为。可以通过影响教育活动主体行为决策的前提,来达到引导教育活动主体具体教育行为的目的。

教育政策的引导功能可以分为直接引导与间接引导。直接引导是指政策对其调节对象的行为方向与行为准则产生直接作用。如教师法对教师资格要件的明确规定,成为评判学校教师是否合格的标准,使在校教师将教师资格要件作为自己发展的方向,努力提高自己的教学水平。间接引导是指政策对其非直接调节对象的行为产生的制约与引导作用。同样,教师法对教师资格要件的明确规定,成为想当教师的人的努力方向,包括在校大学生与社会中的其他工作人员,尽管他们并不是在校教师,不必接受教师法相关规定的引导与规范,但由于他们有当教师的期望,因此也会受到引导与规范。

从教育政策的引导效果来看,则有正向引导和反向引导。正向引导是政策所发挥的作用与政策所调节的对象本来的发展方向是一致的;反向引导是政策作用的方向与其所调节的对象本来的发展方向是相反的。

教育政策的协调功能　指教育行政部门通过对教育活动过程中人力资源、物质资源与文化资源的合理配置,通过对教育活动中教育活动主体的教育行为与教育利益的汇聚与整合,力求达到教育最优发展与教育利益最大化的政策目标。

教育政策对不同的利益主体及其行为的协调具有事后性、互动性和多样性的特征。只有当问题出现或者被觉察到之后,才能制定教育政策进行协调;而且,很多教育方面的问题并不是通过一两项政策就能够解决,因此,教育政策的制定者必须根据政策的实施效果,与利益主体交换意见,多方位进行协商,最终达到解决教育问题的目的。教育政策的形成,就是各方教育主体利益的妥协,是达到教育群体教育利益最大化的过程;在教育政策实施过程中,仍然会牵涉到各方教育主体的实际利益,要协调他们的教育行为,就必须顾及任何一方教育主体的利益,通过与他们的互动与协商,来推进教育政策的落实,最终实现教育公众利益最大化的政策目标。

教育政策对不同教育活动主体利益、不同教育群体教育行为的协调还具有渐进的与激进的两种方式,当面临的教育问题具有长期性时,可以采用渐进式的教育政策进行逐步协调;当出现的教育问题非常重大、急需解决时,可立即制定激进式教育政策,迅速缓解问题。对于激进引导式的教育政策来说,由于对教育问题的理解不够透彻,对解决教育问题的信息的获取不够全面,容易只解决教育问题的表面冲突,忽视教育问题的深层原因。因此,合理的、渐进引导式的教育政策更有利于教育问题的解决,有利于教育的可持续发展。

教育政策的控制功能　指教育政策根据国家的教育意志,对教育活动主体的教育行为予以强制性的规范,并依靠相应奖励与惩罚举措来达到控制教育活动进程的政策目的。教育政策的控制功能是最能够体现国家教育意志的一项功能,也是最具有强制性的功能。它通过对教育活动主体违反教育政策行为的惩罚,来强制教育活动主体的行为;与教育政策引导功能相对应。

教育实践存在各种不同的利益群体,它们之间不可避免地会产生摩擦、冲突甚至对抗,为了使教育整体利益最大化,政府必须使用教育政策这一有效的工具调控教育过程中各种利益群体的矛盾与冲突。在众多而又复杂的教育利益矛盾与冲突中,有些教育主体之间的矛盾与冲突是可以通过协调来予以消解的,我们往往通过教育政策的引导与协调功能来处理;但也有些矛盾与冲突是无法调和的,于是必须通过教育政策的控制功能来消解。因此,在教育政策消除教育主体间的各种冲突与矛盾中,教育政策的协调功能与控制功能是紧密联系的,往往在控制各种利益矛盾中再去协调和平衡各种利益关系;有时又在调节各种利益矛盾的过程中去控制各种社会利益矛盾。

通常情况下,一项教育政策对于其控制的领域所起的作用是直接的,而对于相关的领域的作用是间接的。

按照调控方式,教育政策的调控有平衡调控与非平衡调控。教育的发展既可以在各种利益平衡的状态下实现,比如教育均衡发展的政策,就是期望教育各方主体的利益能够达到均衡;也可以在突出重点的非平衡状态下实现,比如"211工程"与"985工程",就是希望培育一批重点大学,由它们再带动一批大学,促使中国高等教育在尽量短的时间内达到国际水平,这就是采用突出重点的非平衡方式来达到教育政策目的。在教育活动过程中,平衡调控与非平衡调控总是交叉出现的。

按照调控结果,教育政策的调控又有积极调控和消极调控。政府制定的政策在付诸实施后,其最终效果可能是积极的、正面的,也可能是消极的、负面的。这主要取决于教育政策的目标、目标与实施方案之间的联系、政策实施的条件与途径。如果教育政策的目标正确,实施方案有效,实施途径恰当,并且现实中具备了实施该项教育政策的条件,教育政策调控的结果大多推动了教育事业的发展,表现为正面的效应;反之,如果政策的目标不正确,或者实施方案不完善,实施条件不成熟,政策调控的结果往往只能导致教育活动主体间的利益矛盾与冲突加剧,反而产生负面效应。

教育政策的分配功能 指教育行政部门利用教育资源再分配的职能,通过制定具体的教育政策来执行与协调教育资源的配置活动,以此对教育活动过程产生影响。教育政策的分配功能是对教育活动最初的调整,是教育政策引导功能、协调功能和控制功能的基础。教育活动主体正是受到教育资源配置政策的影响,才主动接受教育政策的引导、协调与控制的。

政府和教育行政机构制定与实施教育政策的目的,是将教育资源合理有效地在它所服务的公众中加以分配,将教育资源按照教育规律的发展与公众的教育意愿予以配置,来促进教育资源发挥最大化的教育效用,以最大化地增进公众的教育利益。任何政府在分配教育资源时,总要解决分配给谁、怎样分配等问题。教育政策正是围绕这些问题来制定与实施的。在不同的社会政治经济条件下,政府制定的分配原则与策略是不同的,从政府制定的教育政策中获得益处的公众群体也是不一样的,正是对不同教育资源配置产生不同的受益群体,不同的教育个体、群体与组织才接受教育政策的引导与调整,去实现教育政策目标。教育政策体现的分配原则主要有三:第一,为追求效率而鼓励扩大差别的原则,国家重点学校政策即体现这种分配功能的效率原则。第二,为消灭差别而牺牲效率的原则。就近入学政策尽管也有激励较差学校以提高教育效率的意图,但更大程度上是为了追求教育均衡的目标而不惜牺牲教育效率的选择。第三,效率与公平相统一的原则。例如,中共中央、国务院 1993 年颁布的《中国教育改革和发展纲要》指出,教育发展的总目标是:"全民受教育水平有明显提高;城乡劳动者的职前、职后教育有较大发展;各类专门人才的拥有量基本满足现代化建设的需要;形成具有中国特色的、面向 21 世纪的社会主义教育体系的基本框架。"其目标实质是实现教育公平与效率的统一。该项政策就是要求教育在追求效率的同时,兼顾教育公平,最终促进教育公平与效率的和谐发展。原则上,在计划经济体制下,政府推行的教育政策在分配功能上更大程度地体现为牺牲效率的平均主义原则;在市场经济体制下,中国政府制定与实施教育政策时,更大程度上遵循的是效率与公平兼顾的分配原则。

教育政策功能属性

教育政策的功能通常包括时空性、互补性、系统性三种属性。具体表现为,特定教育政策的功能总是在一定的时间、空间中表现出来,随着时间的推移和空间的扩展,特定教育政策的功能会弱化,甚至会由正向功能转为负向功能;不同的教育政策之间,各种具体的功能是相互渗透、相互补充的;教育政策的制定是为了解决教育领域的多方矛盾,其功能是系统的,而不是零碎的、分散的。

教育政策功能的时空性 教育政策功能的时空性主要表现在三个方面。第一,特定时空所形成的政策环境是教育政策发挥应有功能的前提。教育政策问题总是与问题情境相联系的,教育政策的功能实现也总是同一定的时间、空间相关联。第二,教育政策的功能随着时空变换,原来发挥积极功能的教育政策可能因时机的消失或者政策环境的变化,效能逐渐降低,甚至产生消极的、负面的影响。出现这种情况,需要通过制定新的政策来替换,或者终止原有的政策。第三,教育政策功能的时空性要求人们必须从实际情况出发,不能将不同时间、不同教育区域、不同文化传统下的教育政策生搬硬套。

教育政策功能的互补性 第一,教育政策自身多种功能之间的互补。每一项教育政策对社会所产生的作用在性质、方向上要具有互补性,这主要表现为政策的显性功能与隐性功能互补,奖励性功能与惩罚性功能互补,前导性功能与对现实的规范性功能互补等。任何一项教育政策的出台,其政策目标是显在的,即力求体现其显性功能。但这项教育政策必须能够引导与营造与政策目标相应的教育氛围,能够将执行该项教育政策的奖励与违反该项教育政策的惩罚相结合,要奖励该项教育政策的优秀执行者,但又不得超越该项政策本身的规范。第二,不同教育政策功能之间的互补。在特定时空中同时存在多方面的教育政策,任何一项具体的教育政策总是与其他处于同一层面的教育政策相辅相成。如推行素质教育必须与相应的教育评价制度相配套,通过彼此功能上的互补,合力推进素质教育的落实。第三,教育政策与其他公共政策在功能上的互补。教育政策的产生,往往不仅是教育自身的问题,而且是社会经济、政治、人口、文化等多重因素综合产生的问题。解决已经存在的教育政策问题,不只是采用单一的教育政策,往往还需要教育政策与其他领域的公共政策相辅相成。

教育政策功能的系统性 教育政策的功能是促进整个教育系统的和谐发展;在通过教育政策引导与规范教育领域时,必须将教育看成一个有机的系统,而不是诸多教育实体的集合。对于诸多教育政策问题,需要区分其重要程度、紧迫程度;在制定教育政策时,要保证重要的问题比次要的问题被优先考虑,紧迫的问题比日常的问题被优先解决。教育政策的出台以及教育政策功能的预设,都必须以其在教育领域与整个社会领域中的重要程度与紧迫程度为标准,才能够确保教育政策功能有助于整个教育系统,乃至于整个社会系统的和谐发展。

参考文献

林水波,张世贤.公共政策[M].台北:五南图书出版公司,1982.

孙绵涛.教育政策学[M].武汉:武汉工业大学出版社,1997.

孙效良.政策研究学导论[M].北京:中国人民大学出版社,1989.

王晓辉.教育政策与决策[M].太原:山西教育出版社,1992.

袁振国.教育政策学[M].南京:江苏教育出版社,1996.

（周　彬）

教育政策价值基础（value basis of educational policy）决定教育政策制定和实施的一系列价值观念。由于教育政策的制定与实施本质上是教育政策主体的利益表达与整合,而教育政策的价值取向作为主体构成的重要组成部分和主体的重要特征,也就决定或支配着主体的价值选择。由于教育政策在其制定和执行的过程中既有以智囊团、专家身份出现的教育咨询主体,也包括决定教育政策实施与否的决策主体即国家或政府,还包括执行教育政策的以教育机构和官员为代表的执行主体,不同主体的利益诉求不同,教育政策所追求的价值也不同。

影响教育政策价值选择的决定性因素是教育政策问题和教育政策价值观。教育政策指向解决什么样的教育问题,其价值选择就体现什么样的具体内容。教育政策价值观是教育政策制定者及其所处的社会对教育政策活动中价值关系的总的根本性的认识。

不同教育政策主体诉求的价值利益是不同的。以国家或官员为代表的教育决策主体代表的是国家利益,他们以政治家的眼光看待和衡量教育政策,注重更广阔的社会环境背景下的基本问题,追求的是教育政策的政治利益。而教育咨询主体和教育执行主体则以专业化的眼光看待教育政策,一方面要维护教育自身的利益;另一方面也要维护他们所代表的整个教育集体的利益。这使得教育政策在合法性与有效性之间产生差异。

描述教育政策基本特征的三个向度是价值选择、合法性和有效性。在现象形态上,教育政策的价值特征表现为一系列的价值选择;在本体形态上,教育政策的价值特征表现为价值选择的"合法性";在政策过程的意义上,教育政策价值特征表现为价值选择的"有效性"。

教育政策的合法性是指教育政策的价值选择符合某些普遍性的规则、规范,如法律、社会价值观、意识形态、传统典范乃至社会习惯等,并由此在社会范围内被承认、认可和遵守。合法性是教育政策被承认的基础,是教育政策价值选择存在的价值依据和理论基础,也是教育政策合法化的前提。它表明教育政策价值选择的正当性、有益性和公正性等特征。教育政策的合法性的本质是教育政策价值选择的合目的性,也就是价值选择符合人们的需要、价值理想和追求。基于不同教育政策主体的不同利益诉求,合目的性

第一要求是教育政策既能为国家服务,也能为教育自身的发展服务,要坚持教育政策为国家发展与教育发展的和谐统一服务。教育政策为国家发展服务是指教育政策能成为统治阶级维护政权、渗透政治权力并对社会的基本教育问题有效整合的工具,这同时也发挥了教育的政治功能。教育政策为教育发展服务是指教育政策本身是在解决教育发展中的问题而产生的,旨在追求教育民主化和教育公平。由此产生教育政策合目的性的第二个要求,即坚持公平与效率的统一。教育公平包括受教育机会的公平、教育过程的公平和教育结果的公平,教育公平被认为是能促进社会公平、改变一个人的处境、促进人向高阶层流动的重要手段。教育效率是指通过教育政策的实施改变教育资源的配置,提高教育资源的有效利用率。教育公平与教育效率往往是矛盾的,甚至追求教育的效率经常损害教育公平。但是也要意识到,这两者之间是能统一的。教育效率能为教育公平提供前提基础和实施条件;而教育公平又为教育效率提供了精神动力和实施环境。教育公平受社会政治经济文化等条件的影响,其绝对公平是不可能达到的,它只是人类的一个美好的理想,所以教育效率也成为教育政策的一个价值追求目标。

教育政策的有效性主要是指教育政策选择价值和创造价值过程的有效性。有效性表明理想的教育政策价值目标的确立和政策目标完全转化为政策结果所需要的条件和规范。它主要是在价值层面上关注教育政策行为过程的性质,主要指教育政策价值选择的有效获得和价值选择的有效实现,在结果和过程之间既重视政策的结果但更注重政策的过程。教育政策有效性的本质是价值选择——观念中的选择和实践中的选择——活动程序的合规律性。合规律性既包括按照集体选择或社会选择的"规律"获得合法性,又包括按照科学的、客观的规律从事政策活动,顺利高效地实现政策价值。从教育政策的价值目标——追求教育为国家利益与教育利益的统一、教育公平与效率的统一来看,合规律性要求这两个价值目标要有所侧重。中国的教育政策在20世纪末偏重"以城市为中心"的价值取向,在教育投入上城市优先,造成了城乡居民受教育水平的差异;在教材和大纲上也主要以城市居民的学力为依据,使多数农村学生不适应教材。这种注重教育效率的政策取向一方面改变了教育资源的配置,培养了一批拥有优秀教师、优质生源、优质教育设备的名校、重点校;另一方面也导致教育的城乡差异、地区差异和校际差异。进入21世纪,中国政府逐渐重视这一问题,在教育政策的取向上更加注重教育的公平,包括在义务教育阶段推行"电脑派位"、"就近入学"政策;政府或教育科研机构与联合国教科文组织和世界儿童基金会合作,开展了多项关于农村留守儿童受教育情况、女童受教育情况、贫困学生受教育情况的课题研究,旨在了解和缩小教

育的城乡差距、性别差距等。

参考文献

刘复兴.教育政策的价值分析[M].北京：教育科学出版社,2003.

那格尔.政策研究百科全书[M].林明,等,译.北京：科学技术文献出版社,1990.

祁型雨.教育政策价值取向的几个基本理论问题探讨[J].沈阳师范大学学报(社会科学版),2006,30(3).

（刘复兴 周 鹏）

教育政策评估（evaluation of educational policy）运用一定的价值标准，采取专门的评估方法，对教育政策的全过程进行事实描述和价值判断的活动。是教育政策过程的重要组成部分，制定新的教育政策的必要前提，合理配置教育政策资源的基础，调控教育政策执行过程的有力工具，决定教育政策持续、修正或终结的重要依据。具有激励、督促之功效。

教育政策评估的形成与发展

英国首开教育政策评估之先河。18世纪后期，英国开始工业革命，主要由宗教团体兴办的学校教育已经不能适应社会发展对教育的需求。1833年起，议会制定了拨款补助初等教育事业发展的法案。为使经费得到合理使用，英国枢密院教育委员会首任大臣凯-沙图华兹明确提出，对资助学校都要进行检查、访问，评估其执行该政策的绩效。1858年，为了发展初等教育，保证投入的经费发挥最大效益，成立了"纽卡斯尔委员会"，该委员会建议检查评定接受资助学校每个学生掌握基本知识的情况，以此来决定下一年的拨款，这一建议得到政府的应允，这就是英国教育史上著名的"按成绩拨款"的政策。为了执行这一政策，督学卷入了大量的出题测试工作中，学校为了争得经费、荣誉，也陷入了大量的考试中。经过一段时间的实践，人们对这一政策产生了怀疑，要求对此政策进行评估。评估结论表明，这种单纯以考试成绩来评估学校质量、决定教育拨款的政策给教育带来很大危害，造成学校教学围着考试转，课程千篇一律，学校丧失了自己的特点。至1895年，"按成绩支付教育拨款"的政策宣告结束。随着社会经济、政治的发展，1902年，英国政府颁布《巴尔福教育法》，旨在发展中等教育，鼓励地方教育局兴办公立教育。这一政策在执行过程中不断被评估、修正和完善，直至第二次世界大战前夕。第二次世界大战后，为进一步适应社会的发展，建立初等教育、中等教育、中等后教育、高等教育体系，英国颁布《巴特勒教育法》。根据《重组中央政府》白皮书的规定，建立由高级行政官员、教育学家、经济学家、社会学家、统计学家等组成的中央政策审查司，其主要职能就是定期以整体性的策略观点，评估教育政策规划，确保其符合政府的整体政策。其间出版了各种专题评估报告。如1970—1971年的《灵活组织形式下的教与学评估报告》、1975—1977年的《学习内容与学习成绩评估报告》、1979年的《管理评估报告》。20世纪70年代末期，开始了对地方教育局执行教育政策绩效的评估。这些评估报告受到了政府的高度重视，引起了全英国教育大讨论，并运用这些结论修正、完善了《巴特勒教育法》。

在美国，总统调查委员会、白宫专家小组，以及国会听证会通过检核各专业委员会收集的或有关部门提供的材料，评估各种教育政策方案。值得一提的是对1958年《国防教育法》的评估。法案规定了数学、自然科学和外语教育的新方案，在学区中推广咨询指导服务和测验计划，制定了若干新的全国范围的课程研制计划，尤其是数学和自然科学领域的课程研制计划。为使这一法案真正有效，首先，R.W.泰勒的方法被用于帮助确定新课程的目标，评估最终实现的程度。其次，创造了新的全国性标准化测验，以便能更好地反映新课程的目标和内容。再次，用同行判断的方法来评估课程研制计划，定期检查制定者工作成效。最后，许多评估者运用实地进行的实验来评估课程研制效果。1965年，美国政府发动"向贫困开战"运动，目的在于使所有公民在广泛的健康、社会和教育服务中享受均等机会，并不断增加这些机会。为此，参议员R.F.肯尼迪及其同僚修正了《初等与中等教育法》。修正案的第一条针对为生活条件差的儿童提供补偿教育，具体规定了在此名义下接受资助的每一个学区，每年要用适当的标准化测试对第一条款达到目标的程度进行评估。20世纪60年代末和70年代初，关于应该如何进行政策评估的讨论十分活跃，在此基础上产生了许多影响较大的教育政策评估报告。首先，美国社会学家科尔曼及其报告《教育机会均等》（即《科尔曼报告》，1966）受到关注，尤其是他的结论，即学校对学生学业成绩的影响比家庭背景和社会环境对学生学业成绩的影响小。政府由此推行"校车制度"政策。其次，是西屋公司和俄亥俄大学对启智计划的评估，评估报告已作为政府决策的重要依据，并成为今后教育政策评估研究的典范。

日本的教育政策评估制度比较完备。第二次世界大战后，日本政府机关根据行政组织法的有关规定，从总理府到各省、厅都设有审议会，审议会的委员会由不担任行政职务的各界知名人士担任，其中包括学术界、教育界、群众团体、离职政府官员等各界代表。委员由政府有关机关最高领导任命，任期1~2年。审议会的办事机构为政府机关中与政策制定有关的科、室。审议会虽然也有提出政策建议、参与政策设计的职能，但最主要的还是对政策、法令和规划进行评估和审议。但这种审议会的审议还不是最后的裁决，审议后的方案还要再提交给执政党的政策审查机关进行复审。执政党内的政策研究机构称为政务调查会,政调会设有审议会和将近20个部会作为常设机关,教育审议会是其中之一,此外还有临时的教育政策特别调查会。

许多先进国家教育政策评估进入专业化发展阶段后,出现了《教育评估与政策分析》《教育发展与研究中心季刊》等杂志,许多大学开设了有关教育政策评估的课程,有的还成立了教育政策评估研究机构,如波士顿学院的测验、评估和教育政策中心。美国路易斯安那州还制定了颁发评估者证书的政策和计划。

中国也进行教育政策执行后的评估。如对中华人民共和国成立后"学习苏联先进教育经验"政策的评估,对教育方针的评估,对《教育部直属高等学校暂行工作条例(草案)》(简称"高教六十条")、《全日制中学暂行工作条例(草案)》(简称"中学五十条")、《全日制小学暂行工作条例(草案)》(简称"小学四十条")三个条例的评估,对"文革"中一些教育政策的评估,以及对《中华人民共和国义务教育法》执行情况的检查与评估等。实践证明,这是一种行之有效的方式,对于提高教育政策的科学性大有裨益。但由于政策评估方式还缺乏程序化、专业化和制度化。探讨教育政策评估的内涵,构建教育政策评估的准则,已成为完善中国教育政策运作程序的当务之急。

教育政策评估的意义

一项构思精良的教育政策投入运行后,有必要利用一切可行的技术和手段收集相关信息,并在此基础上加以分析和科学的阐释,以确认其特点、优点、缺陷,检验其实际效益和效率,使决策者心中有数,帮助进一步制定更具成效的教育政策。

教育政策评估是决定政策持续、修正与终结的依据。教育政策执行一段时间后,政策决定者必须根据实际情况,决定该政策的走向。教育政策的去向一般分为三种情况:第一,政策持续。政策目标尚未达到,而实践证明原定政策又是卓有成效的,这时,仍以原来的性质、任务和方式继续执行下去。第二,政策修正。决策者针对执行中遇到的新情况、新变化,通过经验的总结和认识的深化,适时地对原定政策做出相应的调整和修正。第三,政策终结。即完全停止执行原政策。一是目标已经实现,问题已获解决,原定政策已没有存在的必要;二是环境发生某些突变,或执行无助于问题的解决,若继续执行原定政策就会使问题变得更为严重,必须制定新政策来代替。无论选择哪一种政策去向,都需要对执行的实际效果进行全面、系统的评估,才能作出正确的判断。

教育政策评估是合理配置教育政策资源的基础。由于教育政策资源的有限性,决策者和执行者都必须考虑如何以有限的资源获得最大的效益,这就是要求教育主管部门在不同的政策投入中,必须合理配置政策资源。通过教育政策评估,一方面可以使教育的宏观决策者站在集体利益、长远利益的高度,使有限的资源发挥出最大的效益;另一方面可以防止出于局部利益的需要而采取不适当的投入。同时,通过教育政策评估,确认其各项政策的价值,并决定投入各项政策资源的优先顺序和比例关系,以寻求最佳的整体利益,有力地推动教育事业的发展。

教育政策评估是进行科学管理的有力工具。首先,教育政策的效果往往表现为一个复杂的局面,既涉及利益需要的满足,也涉及利益的调整。一般群众很难对某一教育政策有全面深刻的理解,通过政策评价,向群众分析、解释、说明,能使他们认清自己的利益及其实现途径,统一认识,集中力量,自觉行动。其次,上级对下级实施的政策进行评估,可以强化政府的施政能力,发挥上级的权威作用,从而扩大政策的影响力和感召力。再次,政策评估是改善执行不力,提高行政效率的重要保障。通过执行过程的评估,能够及时发现执行中存在的问题,迅速加以纠正改进,可以有效地监督、预防执行机关怠于执行、执行走样,保证政策被正确贯彻实施,促进行政效率的提高。

教育政策评估是实现教育政策民主化、科学化的重要途径。教育政策的民主化、科学化贯穿在教育政策的制定、执行的全过程。民主化要求广大群众参与决策,通过评估,不仅使一些专业人员参与其中,而且也使广大关心教育政策的人参与其中,他们发表自己的看法,主张自己的权利,从而提高教育政策决策、执行的民主化程度。科学化强调专家学者参与决策,实行专家政治,避免失误。通过评估,可以使决策者了解决策中的得失利弊,了解教育政策方案本身的优劣长短,这无疑对教育政策的科学化大有裨益。

教育政策评估类型

随着教育政策活动的日益复杂化,教育政策评估也呈现出多样化的特征。教育政策评估的类型一般可从三个角度或标准来划分。从评估活动组织的严格性来划分,可分为正式评估和非正式评估;从评估主体在活动中所处的地位来划分,有内部评估和外部评估;从评估在活动过程中所处的阶段来划分,可分为预评估、执行评估和后果评估。

正式评估与非正式评估 所谓正式评估,就是预先拟订出完整的评估方案,严格依照所规定的程序和内容执行,并由确定的评估人员所进行的评估。正式评估在教育政策评估中居于主导地位,政策部门一般用这种评估的结果作为考察教育政策的主要依据。正式评估的优点在于评估过程标准,评估方法科学,评估结论比较全面客观。这种评估，能够有效地弥补非正式评估之不足，更好地排除评估中的随意性，消除某些方面的因素干扰，客观全面地反映出教育政策效果，以利于提出科学的政策建议。其缺点在于评估的条件比较苛刻，它要求有充足的评估资金和系统的评估资料，对评估者自身的素质也有相应的要求。所谓非正式评估，就是对评估者、评估形式、评估内容不作明确规定，对评估结果也没有严格的要求，人们只是根据自己所掌握的情况进行评估。在教育政策评估活动中，大量的评估都属于这种非正式评估。这种评估的优点是灵活多变，简单易行。有时它可以是上级部门或某个领导人轻车私访，调查某项政策的执行情况和实际效果；有时也可以是平民百姓的茶余饭后、街谈巷议的话题。通过这种非正式评估，不但可全面了解教育政策执行的实际效果，而且还能够吸引社会各阶层的人士参与教育政策评估活动，加强公民的参政意识。非正式评估的缺点在于，评估主体所掌握的材料非常有限，在评估过程中缺乏规范的程序和科学方法，最后得出的评估结论一般比较粗糙，容易犯以点代面、以偏概全的错误。同时，由于非正式评估的随意性很大，各种评估结论很难收集和整理。

正式评估与非正式评估虽各有利弊，但它们都是教育政策评估的重要方式。正式评估居于主导地位，因为它直接关系到评估活动的质量问题；而非正式评估虽随意性较大，方法也欠科学，但它却是正式评估的必要准备和重要补充。所以，在教育政策评估中，我们既要充分重视正式评估，又要重视非正式评估。

内部评估与外部评估　内部评估是由教育行政部门内部人员所进行的评估。按照实施人员的不同，又可分为由操作人员自己实施的评估和由行政机构中的专职人员实施的评估两种。由操作人员自己实施的评估，是指由教育政策制定者或执行者所完成的评估。这类评估有利有弊。其优点：由于教育政策的制定者和执行者本身就是评估者，评估者掌握着有关政策的大量的第一手资料和信息，对整个教育过程有全面的了解，这就更有利于评估活动的开展。其次，由于评估者直接参与教育政策制定、执行过程，他们可以根据自己的评估结论，及时地对教育政策进行调整，从而使评估活动真正发挥其应有的作用。其弊端：作为教育政策的制定者和执行者的评估人员，由于工作的局限，往往会从某一部门的局部利益出发，使得教育政策评估容易犯片面性的错误；由于评估的结论关系到作为教育政策制定者或执行者的评估人员的声誉，评估活动中容易出现只讲优点不讲缺点、隐瞒失误夸大成绩的现象。由教育行政机构中的专职评估人员进行的评估虽然可以克服操作人员评估所存在的如技术方法和宏观分析方面的不足，但是由于评估人员置身于机构内部，他们往往会受到部门利益的限制，不得不设法协调好与操作人员的关系，同时，还受制于

部门负责人的指示，这种评估的客观性也较差。

内部评估是教育政策评估比较常用的评估方式，它有助于教育行政部门发挥自我认识、自我教育、自我提高和自我完善的作用；有利于教育行政人员内化评估标准，实现自我行为控制；有利于激发教育行政机关人员的内在动因，产生前进的动力；有利于形成自我反馈调节机制，强化积极行为。但内部评估由于缺少外界参照系，不易进行横向比较，主观性大，容易发生偏差，一般不宜作为终结性评估。

外部评估是由教育行政部门之外的评估人员所进行的评估。根据组织机构的不同，具体又可分为三种：(1) 受教育行政部门委托进行的评估。评估活动中，被委托的对象可以是营利性或非营利性的研究机构、专业性的咨询公司，也可以是学术团体和大专院校的专家学者。这类评估的优点十分明显并优于其他评估方式。一方面，由于评估人员置身于机构之外，与机构利益没有直接关系，因而评估一般比较公正、客观；另一方面，由于评估活动是以委托形式进行的，因而有利于评估者和机构之间相互信任、相互合作，从而有利于评估活动顺利开展；又因为评估主体都是专业性的评估人员，在评估不同的教育政策方面具有丰富的经验，这对提高评估活动的质量非常有利。不过，接受委托的评估人员由于受到委托人在评估经费、评估资料等方面的控制，有时会产生评估人员不是对教育政策本身负责，而实际上是对委托人负责的现象。(2) 教育投资部门或立法机构组织进行的评估。教育投资部门关心投入政策的各种资源是否得到了合理的利用，立法部门则关心从最终效果来分析教育政策是否真正代表了公众的利益。因此，这些部门或机构有时要求组织自己的评估活动，并对他们所关注的问题进行评估。这类评估的优点是客观、公正，最能够体现评估活动的本质要求。当然它们也有自身的一些缺点，一是由于它们本身都是一个机构，无论是投资部门还是立法机构，都会从自己的利益出发组织评估活动，其评估目的和侧重点不同，投资部门主要关心经济效益，而立法部门则注重政治利益，前者评估目的基本上属于经济评估的范围，后者评估目的基本上属于政治评估的范围，因此，它们都难以从整体利益出发，综合经济和政治评估来全盘考虑。(3) 其他各种外部评估人员自行组织完成的评估。前述非正式评估也属于这类评估。这类评估范围广，评估态度最客观，评估结果也较公正，不代表任何机构的利益，而代表公众对教育政策的看法。评估的结论可通过社会传媒形成社会舆论，对评估对象产生压力，促成其改进。但这类评估的弱点是，评估活动缺乏权威性，评估中所需的各种资料难以得到有关部门的支持，评估结论也很难受到应有重视。与此同时，这类评估在经费来源上存在着较大的困难，对评估活动的顺利开展有一定的阻碍。

内部评估和外部评估是教育政策评估中重要的评估类

型,各有利弊,在操作方式上也显现出多样化。

预评估、执行评估与后果评估　预评估是对教育政策方案所做的分析。主要是对设计的教育政策方案进行价值分析、可行性分析和后果预测分析。价值分析主要是对政策目标满足社会或个人对教育需要的程度进行分析。在中国,最主要的也是最根本的,是看其是否有利于教育事业的发展,是否有利于学生身心健康发展。可行性分析就是对方案所提出的各项政策措施的具体条件进行分析。后果预测分析主要是对方案实施后可能出现的情况和实施后果进行预测,对可能付出的代价和可能获得的利益进行比较。其作用在于在教育政策制定过程中为政策决定提供依据。在政策评估的过程中,通过对各种方案全面的分析,比较出它们各自的优劣。选出最佳方案,作为此项政策的实施方案。预评估是以逻辑证明的方式进行的,因此,一项政策正确与否还不能得出肯定性的结论。它只是从客观存在的各种条件出发,运用逻辑的力量,对方案进行论证。

执行评估是检视教育政策执行过程是否按原定政策方案施行,审核方案的继续执行能否达到预期的目标。R. A. 斯奈德总结了政策执行评估所涉及的行为,包括以下各项:督导并记录政策执行评估过程中依次发生的事件、所采取的行动、所投入的资源(包括人力、物力和财力等);根据政策预先设定的规范和要求,收集实际运作的情报信息;发现或预测政策设计或执行中的缺陷和问题,提出补充和完善的建议;将政策如何运作的信息反馈给执行人员,作为采取相应措施或调适运行机制的依据。其侧重点在于对执行过程和执行机构的行为进行检核。教育政策执行评估的作用在于:(1)通过对政策执行情况的评估,可以预防一些违反政策的活动滋长、蔓延;(2)通过评估政策执行情况,及时发现和纠正执行中发生的偏差,保证正确的政策得以具体贯彻和实现,并保证后续的政策执行活动顺利进行和开展;(3)及时发现政策失误或执行活动的偏差,尽早采取措施加以补救,消除不良后果,一定程度上减少损失,并改进工作;(4)为解释或说明某一政策的效果或影响提供依据。

后果评估是对教育政策执行后的产出以及所产生的影响所作的价值判断。包括政策效果评估、政策效益评估、政策影响评估等。教育政策效果就是对教育政策执行结果和实现教育政策目标的程度所作的评估,即通过政策的实际结果和理想结果之间的比较,对政策是否实现了预期目标所进行的分析和判断。教育政策效益评估就是对政策效果和政策投入之间的关系所作的评估,以确定政策效果和投入之间的比例关系。教育政策影响评估就是对一项教育政策在整个社会系统中所起的作用和产生的影响的综合评估,其中包括对教育政策的正效应和负效应、教育政策的短期效应和长期效应、教育政策的直接效应和间接效应所作的分析。教育政策后果评估的作用在于,它是决定政策持

续、修正或终结的依据;并可通过评估统一人们的认识,扫除贯彻执行政策的障碍,使政策得到有效的贯彻落实。后果评估通过实践检验的方式来进行,是对实践的结果进行评估。在后果评估过程中,由于一项政策的正确与否已经通过实践检验了,因此,可以得出肯定性的结论。预评估是基础,执行评估和后果评估是手段,最终为政策效益的最大化服务。

教育政策评估标准

教育政策评估的标准是在评估进行之前对被评属性或方面的质的规定,是评估活动中应用于对象的价值尺度和界限,它规定评估活动的内容和范围。教育政策评估标准通常有两种形式,一是指标系统,二是概括性问题。指标是一种具体的、可测量的、行为化的评估标准,是根据可测的或具体化的标准而确定的评估内容。概括性问题是针对教育政策评估所关心的方面,用一系列较为抽象的问题作为评估标准,这种问题类似于日常的调查提纲。指标与概括性问题是两种不同形式的标准,但它们并不是绝对对立,而是相互联系的。一般而言,可以把指标看作是概括性问题的分解和具体化、行为化;概括性问题则是指标系统的概括和抽象。这一关系决定了概括性问题的设计途径与指标的设计有共同之处。当指标系统运用受到限制时,可能化为概括性问题;当概括性问题运用受到限制的场合,也可以进一步把概括性的问题加以分解,进行行为化处理,以形成指标系统。

在设立教育政策评估标准时,应注意下列问题:(1)评估标准应该清晰明确,使评估人员均能明白、了解,并遵循之。(2)任何一个评估标准的内涵必须一致,不应有矛盾现象。(3)评估标准应是一个综合指标体系,具有广博性,这样在应用于衡量政策执行结果时,方能显示出结果或影响的不同程度。(4)评估标准必须有效,确实能够衡量要测定的结果。(5)评估标准要有时效性,考虑到能够及时收集到所需信息。(6)标准要客观,拟定标准时应使评估者个人情感、偏见介入评估过程的可能性减至最低。(7)标准应力求具体化,要有操作性。(8)针对不同的评估对象和性质,设计特殊的标准。

社会公益性标准　教育政策在制定和执行的过程中要符合社会正义的要求。教育政策必须符合利益普惠的原则。其目的在于为全体公民谋取利益,而不是为少数人或特殊利益集团谋取利益。据此,每一个受法律保护的公民都有获得教育政策所带来利益的权利。当然,一项公共政策可能并不能同时满足全体公民的愿望或要求,但它必须符合某种公众认可且为法律确认的规则。否则,政策公正标准是难以保证的。在教育政策执行的过程中,应不徇私

情、不怀偏见、主持公道,表现在:对相同的情况要相同对待,对每个人应一视同仁,不能以行政人员的主观好恶而采取不同的标准;教育行政执法不能丧失公平;遵从惯例,在无充分理由的情况下,教育行政行为应遵从惯例。一项好的教育政策应努力公平合理地分配公共教育资源,这是衡量教育政策的一项重要标准。一方面,公平地对待每一个平等的人是现代文明社会的基本理念;另一方面应处理好公平与效率的矛盾。除法律特别规定保密外,现代公共政策讲求政策制定过程的透明度,讲求公众发表意见的合法途径,讲求新闻监督。只有具备一定的公开性,公民及公民团体才可能了解公共政策是否合法、是否合理、是否符合公众的利益。在教育政策制定过程中,要组织利益相关人参与决策,广泛征求各方意见和建议,民主决策。在教育政策的执行过程中,要加强解释、说明等咨询工作。

社会可行性标准 一项教育政策在政策出台后可以较为顺利地加以推行。具体包括以下几方面:(1)政治上的可行性。首先是政治制度、政治资源上可行。政治资源上可行,包括获得有关权威人士的认可与支持,公众及利益团体的拥护,行政组织、行政人员、行政程序及行政环境的充分配合,且能在法定程序上获得通过。其次是政策系统中可行。政策是一个大系统,教育政策不能与国家基本政策相冲突,也不能与其他部门的政策相矛盾,更不能与本系统内的其他政策相抵触。同时要注意新老政策之间的连续性,不出现断裂,如果新政策是对老政策的纠偏,也要注意矫正的幅度,不能矫枉过正。(2)经济上的可行性。教育政策必须与国家总的经济实力相配合,必须得到财政、物质上的支持与保证。当然,并非钱越多越好,有时过量的经费投入也会造成管理上的混乱,出现人浮于事,相互推诿,恶性循环的局面。因此,适度、适时地使用教育经费,是教育政策有效可行的重要准则。(3)行政上的可操作性。一项政策的顺利实施不仅取决于它的合理性和可行性,还要看实施政策的行政系统是否可靠有力。帕顿和沙维奇认为,评估行政可操作性的具体标准包括权威、制度制约、能力和组织支持四个方面。权威是一个关键的标准,没有协调各方面意见、组织相关机构共同活动的权威,政策的制定和实施是很困难的;制度制约指的是自上而下或自下而上的组织原则,明确和承担政策执行的责任;能力包括工作人员的能力和财政能力;组织支持包括充足的装备、物资设备以及其他的支持设施。决策者在决策时对这些因素必须心中有数。否则,政策再好,也会事倍功半。此外,管理的便利性也是行政可操作的重要条件,能简化的应尽量简化,繁琐和重复劳动都会阻碍政策的有效实施。(4)政策制定过程的合法性。在政策制定过程中,是否遵循了法定的规则、程序以及为一般公众所能接受的标准,是衡量教育政策质量高低的重要准则。如果政策主体在制定教育政策时随心所欲,超越了既定的而且是普遍认同的规则和程序,那么无论这个政策的好坏如何,要使它得到有效的推行肯定是有困难的。而且,在超越规则和程序的情况下制定政策,也往往避免不了政策的盲目性、随意性和不稳定性,从而打破教育政策的统一和稳定,使教育发展受到严重影响。(5)人员素质上的可行性。能配备足够而富有能力的人员是教育政策有效可行的重要条件。教育政策在实施中执行不力,常常是因为人员素质不高、数量不足、结构不合理、能力不强所致。(6)文化、传统上的可行性。教育政策必须符合各个国家的文化传统习惯,符合当时社会总的价值规范,以及伦理道德观念等。(7)信息、技术、设施及时机方面的可行性。政策方案的执行需要大量信息,信息不准确、不畅通,信息量不够,会严重影响教育政策的执行,有无充足的可资利用的信息量是教育政策是否可行的重要因素。而现代科技发展的水平能否满足政策提出的要求,以及有无必备的场所、设施,对政策方案能否顺利实施也至关重要,政策方案的实施要有一定的时机,不合时宜的政策容易被取消或怠慢。

绩效标准 政策行为对目标群体需要、价值和机会的满足程度。具体表现在以下几方面:(1)政策成本。政策投入亦称政策成本,涵盖实施或维持一项教育政策所需成本的总和。任何政策都是旨在推行某种改革、重组某种资源或解决某个特定的问题,实施都有成本,成本分析是政策分析的核心。但忽视成本或错误地计算成本是政策制定和实施过程中常见的现象。决策者容易忽视的成本概念有间接成本、相应成本、机会成本、边际成本。其一是间接成本。一项政策的实施仅有直接成本是不够的,还得付出间接成本。比如并校、扩大学校规模需要必要的投入,而由并校、扩校造成许多学生就学路途增加则是它的间接成本;学校为维持操场草坪的美观和生长,限制学生在操场上活动,学生活动机会的减少也是间接成本。有时,间接成本比易见的直接成本要大得多。其二是相应成本。任何政策都与受政策影响的个体利益直接相关,相应成本是指不同个体在形式上付出相同代价时,在实质上所付出的代价是不同的。比如提高收费标准以改善学生公寓条件,对经济条件好的家庭来说,不仅是可以接受的,而且是他们所期望的;而对于经济条件差的家庭来说,为了支付提高的住宿费用,就不得不削减其他更必要的开支。分析相应成本对政策的可行性和社会反响非常重要。相应成本的分析,为公共政策雪中送炭而不是锦上添花提供了理论依据。其三是机会成本。某一政策使某一方面得到加强,而在另一方面失去了发展的机会,这就是这一政策所付出的机会成本。其四是边际成本。边际成本与平均成本相对。效益最大化的秘密往往就在于边际成本的计算与边际效益的发挥。(2)政策效果。政策执行后对客体及环境所产生的影响。一项政策实施后,如果能够有效地发挥作用,必然引起客体和环境的某种变化。通过对客体和环境变化的分析,可以大致确定一项政策产生的效果。确定教育政策效果时应注意,政策总是处于一定的社会环境中,环境变化所达到的状态,既可能是由政策本身引起的,也可能受其他因素的影响,确定政策结果时应排除政策以外的影响因素。在确定政策结果时,不仅需要研究环境所发生的变化,而且需要通过分析确定哪些变化是由该政策而非其他因素引起的。用公式表示为: $O=(E_1-E_2)-(C_1-C_2)$。式中,O 表示政策效果;E_2 表示接受政策后可以衡量的变化值;E_1 表示政策对象接受政策前可以衡量的值;C_2 表示未接受政策的控制团体可以衡量的变化值;C_1 表示未接受政策的控制团体以前可以衡量的值。该公式表明,政策结果等于政策对象接受政策前和接受政策后可以衡量的值的差,减去未接受政策的控制团体前后两段时间的变化值的差。政策试点可以解决这个问题。在没有控制团体作参考系的情况下,就只能用政策对象接受政策之后可以衡量的变化值,减去政策对象未接受政策之前可以衡量的值,再减去政策以外的其他因素可衡量出来的影响值。其公式为: $O=E_2-E_1-S_{1,2,3,\ldots,N}$。式中,$S_{1,2,3,\ldots,N}$ 表示政策以外的其他因素可以衡量的值。当然,在没有对照组的情况下所确定的政策结果,不如在有对照组的情况下所确定的结果更接近实际。(3) 政策效益(效能、效力、充分性)。效益是指政策效果达到预期政策目标的程度。这个标准关注教育政策的实际效果是否与理想的目标相符,在多大程度上相符,还有什么距离和偏差。政策效益表现为达到政策目标的程度。政策效益的标准较复杂,具体运用时要考虑到各种因素的影响。首先,效益是根据目标衡量出来的,运用这一标准的前提条件是政策本身必须具有明确的目标。其次,要高度重视政策目标实现的充分性。亦即政策目标实现后能在多大程度上消除政策所要解决的问题。它不仅表现为政策实施的结果满足人们需要的有效程度,还表现为需要被满足的人数;不仅包括解决社会问题的深度,还包括解决社会问题的广度。再次,政策效益既表现为政策实施后的经济成果,也表现为非经济的成果。在进行政策效益评估时,在着重于政策达成的直接效果的同时,还要注意到政策影响的全部结果,特别是可能或已经产生的各种副作用。这样,才能把政策的负效应从政策的正效应中排除出去,并估计负效应对正效应的抵消程度,从而作出政策效益的科学判断。政策效益评价遇到的最大难题是在有些情况下,政策效果和政策投入很难转化为可以比较的度量单位,无法进行准确比较。遇到此类情况,只能对一项政策在实现既定目标上产生的功效和投入的成本做大致的比较,相对地预测出政策的效益。在政策效果和政策投入的成本均已明确的情况下,加以比较,有三种情况:其一,得失相等,说明此项政策的得与失相互抵消,没有获得效益。其二,得大失小,说明此项政策带来了较好的政策效益。其三,得不偿失,说明此项政策获益小,投入大,此类政策不可取。教育政策效益评价注重的是如何以最小的政策投入获得最高的政策效果。因为,在有些情况下,虽然一项政策实施后取得的结果实现了预期的政策目标,但政策投入过多,得不偿失,这不能算是好的教育政策。(4) 政策效率。这是政策效果与政策投入之间的比值。确定政策效率标准的目的是要衡量一项政策取得某种效果所必须消耗的资源数量,表现为政策效益与政策投入量之间的关系和比率。效率的高低,既反映出某一政策本身的优劣,也反映出执行机构的管理能力和水平。以效率为标准的评估主要研究的问题有:一项政策投入一定的资源后是否产生了效益?有无其他较佳的方法或途径足以达到相同的成果?降低成本是否能获得类似的成就?使用比较低级的工作人员是否也能获得相同的效益?政策的效率标准和效益标准既有联系又有区别,效率标准侧重政策执行的方法或途径;效益标准侧重政策实施后的结果和成就。有效率的政策执行途径不一定能获得高成就的政策效益;反之,效益很高的政策也不一定能达到效率的高水准。然而,这种区别并不是绝对的。有些政策执行的途径可能既是有效率的,也是高效益的。政策评估的一个重要目的,就是要探寻这样的最佳途径。(5) 政策影响。亦称政策回应程度,政策实施后满足特定社会团体需求、偏好或价值的程度。是把一项教育政策放到整个教育及社会系统中,从与之相关的其他要素的相互关系中,对该政策的作用产生的影响所作的综合判断。有时一项政策从自身来看其效果是好的,效益是高的,但当把它放到教育及社会系统中综合考察时,其消极作用却大于积极作用,这不能算是好的教育政策。只有从自身来看效果又好、效益又高,在整个教育及社会系统中积极作用又大于消极作用的政策才是好的政策。政策影响评估是一件非常复杂而又难度很大的工作。在对政策影响进行评估时,既要考察它的正面影响和负面影响,也要考察它的短期影响和长期影响,同时还要考察它的直接影响和间接影响。政策的正面影响是指政策由于自身作用的发挥而对整个教育及社会系统所产生的积极影响。政策的负面影响是指政策由于自身作用的发挥而对整个教育及社会系统所产生的消极影响。任何教育政策都不可避免地蕴含着负面影响。若一项政策的正面影响大于负面影响才是可取的。教育政策的正面影响越大,负面影响越小,其优化程度就越高。政策的短期影响是指政策由于自身作用的发挥而对整个教育及社会系统在近期内产生的影响。政策的长期影响是政策由于自身作用的发挥,从长期来看,对整个教育及社会系统所产生的影响。在对政策的短期影响和长期影响进行预测时,有以下几种情形:一是无论从近期来看,还是从长远来看是有利的;二是从近期来看不利,但从长远来看是有利的;三是从近期来看是有利的,但从长远来看则是不利的;四是无论从近期来看,还是从长远来看都是不利的。第一种情况最佳,第二种情况次之,这两种类型均是可取的。第三种情况更次之,在有些情况下,可以不得已而为之。第四种情况应该避免。政策的直接影响是指政策由于自身作用的发挥,而对教育及社会系统中与之相关的要素产生的直接影响。这种影响不通过中间环节。政策的间接影响是指政策由于自身作用的发挥,作用于教育及社会系统内与之相关的要素,并以这些要素为中介而对其他要素产生的影响。这种影响是通过一个或几个中间环节的传递而产生的。对政策直接影响的预测相对来说比较容易,但对政策间接影响的预测却并非轻而易举。间接影响是通过中间环节的传递产生的,要判断一种影响是根源于某项政策而不是由其他因素引起,需要作深入分析。

教育政策评估方法

美国学者 E. R. 豪斯把评估方法分成八种类型,并根据听众、一致程度、方法论、产出和涉及的问题,对它们进行分析。系统分析方法试图对产出进行衡量,并把它与计划的改进相联系;行为目标方法试图确定计划是否能够完成预期的目标;决策制定方法的目的是为客户或决策者提供用于确定计划是否有效的信息;无目标方法试图确定计划将产生的所有影响,而不仅仅是那些期望的影响;技术评论方法,试图对内行、消费者的批评意见进行总结;专业总结方法(鉴定方法)按照专业标准来衡量计划的成效;准法律模型使用竞争代理人方法来辩论一个计划是否应该继续或终止;案例研究方法试图按照参与者的理解来描述计划的运行。

根据政策评价方法是注重前后对比还是注重现在的效果,教育政策评估方法可分为对比分析法和调查法(或访谈法)。

对比分析法　前后对比法是政策评价的基本方法,是评价活动的基本思维框架,其他一切方法都在这种方法的指导下进行。通过对比政策执行前后的有关情况,使人们对政策实施前后所产生的变化一目了然。依据是否存在一个对照组,又可将前后对比分析法分为以下四种:简单"前一后"对比分析、"投射一实施后"对比分析、"有一无政策"对比分析、"控制对象一实验对象"对比分析。其中前两种方法不存在对照组,就是以政策对象本身在政策作用下的变化情况进行分析,而后两种方法则设定一个对照组,这样不仅从横向(政策对象与对照组的比较)也从纵向(政策对象本身前后比较)对变化情况进行分析。也有学者根据对照组选择的方式来划分前后对比分析方法:非随机方式选择对照组,称准试验方法;随机方式选择对照组,称随机

试验方法。准实验方法又分为前后对比(政策对象在政策干预前后的行为上比较)和匹配对比(政策对象在政策前后与对照组相比较)。这两种前后对比分析法其实是相对应的,只不过后者在选择对照组的方式上又对随机与非随机状态加以区分。前后对比分析法可作以下分类。

无需对照组的前后对比法。具体包括简单"前一后"对比分析、"投射一实施后"对比分析。前者以政策对象在政策作用之前与之后发生的变化作为政策所产生的效果(见图1、图2)。这种方法的优点是简单明了,缺点是可信度较低,因为它忽略了政策对象自身的发展因素、外界环境施加的影响、偶然事件、不可抗力等因素造成的效果,将整个政策对象看成是静止的,这样易产生偏见的结论;后者首先根据过去和现在的大量数据预测出政策对象的发展趋势,当实施某一政策后,政策对象的发展与之前所预测的有差别,这种差别就判定为政策的效果。这种方法充分考虑了非政策因素的影响,结果更加精确,但工程浩大,需要收集政策干预前后若干年的大量数据,在现实中往往会因数据、信息不全,使误差加大。

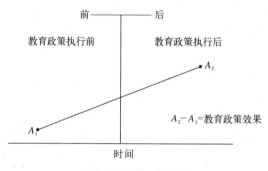

图1　简单"前一后"对比

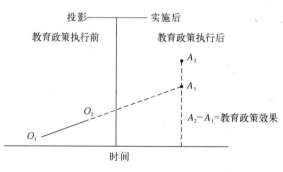

图2　"投影一实施后"对比

运用对照组的前后对比法。根据对照组选择的方式,又可分为随机选组对比法和非随机选组对比法。前者如"控制对象一实验对象"对比分析。随机实验方法即为此类。在选择对照组时,将同一评价对象分为两组,并随机分配到实验组和控制组,这种方法能确保在政策实施前,两组无论是可观察的还是不可观察的特征,在统计上都相当。

因此,如果实验组接受政策干预后产生了与控制组不同的变化,则变化的差异可以肯定归因于这个政策。运用非随机选组对比法,对照组的选取较之前者要求更严格,它要求在重要方面与实验组具有可比性和类似性。匹配对比即为此类(见图3)。但往往是那些被忽视的因素可能会影响结果,因而这种方法并不完全可靠。

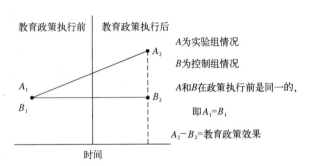

教育政策执行前　教育政策执行后

A为实验组情况

B为控制组情况

A和B在政策执行前是同一的,

即$A_1 = B_1$

$A_2 - B_2 =$教育政策效果

时间

图3　对照组—实验组分析法示意

调查法　着力于教育政策实施后的客观效果评定,通过问卷调查或访谈了解受访者的切身感受,对教育政策实施效果作出评价。调查法又分为对象评定法和自评法。对象评定法是由教育政策对象从教育政策作用的亲身感受出发,对教育政策及其效果予以评定的方法。教育政策对象是教育政策的承受者,因而最有评定发言权。对象评定法能了解到更真实的情况,较符合实际,但由于教育政策对象可能不完全了解教育政策对自己的影响,往往存在短视性、片面性,当教育政策实施后暂时对自己不利时,政策对象会夸大教育政策的负效应,相反,当他们从教育政策中得到积极的利益时,其满足感也可能超出客观实际水平。自评法是教育政策执行人员自行对教育政策的影响和实现预期目标的进展情况进行评价。由于执行人员亲身参与实施过程,对教育政策的来龙去脉比较了解,对教育政策环境、教育政策对象、教育政策过程也比较清楚,掌握比较充分的教育政策信息和第一手资料,因此可能及时而充分地评价、判断一项教育政策的效果。但这种方法也有局限性,执行人员因为参与教育政策过程,教育政策的效果的好坏直接影响其声誉和工作,因而会带上浓厚的感情色彩,往往会隐恶扬善,夸大成绩,失去客观性和公正性。

参考文献

曹俊汉.公共政策[M].三民书局印行,1990.

陈玉琨.教育评价学[M].北京:人民教育出版社,1999.

威廉·N.邓恩.公共政策分析导论[M].谢明,等,译.北京:中国人民大学出版社,2002.

那格尔.政策研究百科全书[M].林明,等,译.北京:科学技术文献出版社,1990.

孙光.现代政策科学[M].杭州:浙江教育出版社,1998.

（肖远军）

教育政策学(educational policy studies)　系统研究教育政策的制定、执行、结果评价与持续改进的理论和方法。

教育政策学的兴起与发展

外国教育政策研究的兴起与发展　关于政策问题的研究自古有之,特别是近代以来,随着社会问题的复杂化而备受重视,但真正形成严格意义上的政策科学则是较晚近的事情。政策科学最先产生于20世纪中叶的美国。1951年,美国政治学家拉斯韦尔在《政策科学:范围和方法的最近发展》一书中首次提出"政策科学"的概念,并对这一学科的内容进行了系统介绍和说明。该书的出版标志政策科学的诞生。拉斯韦尔及以后追随他为政策科学发展作出贡献的德罗尔被称为政策科学的创始人。但由于时机尚未成熟,政策科学在当时并未受到足够的重视。20世纪60年代初,美国科学家库恩在《科学革命的结构》一书中提出了学科"非常规发展"的观点,使政策研究者意识到,政策科学要求创造一种与一般社会科学不同的规范,包括它的学科结构、学科本质、研究方法等。20世纪60年代末70年代初,以色列学者德罗尔在美国出版了被称为"政策科学三部曲"的著作:《重新审查公共政策的制定过程》(1968)、《政策科学探索》(1971)、《关于政策科学的构想》(1971)。作为兰德公司的高级研究员,德罗尔与该公司的奎德合办了《政策科学》杂志,并定期举办高级决策人员国际训练班,为政策科学的发展奠定了基础。20世纪70年代中期后,推进政策科学研究的一个重要人物是美国伊利诺伊大学的那格尔。他先后发表《政策研究和社会科学》(1975)、《政策评价》(1982)、《当代公共政策分析》(1984)等专著,又组织了47名政策科学家组成国际性写作小组,编纂出版《政策科学百科全书》(1983),确定了政策科学的独立地位。与此同时,专门的研究机构,大学中的有关课程,政策研究的书籍、论文、杂志,与政府相联系的组织等也涌现出来,形成政策科学的繁荣时期。

对教育政策的研究始于第二次世界大战后,最初属于政策学研究领域,随着教育的重要性日益突出,教育政策研究逐渐从政策研究中独立出来,形成一个专门领域,成为几乎所有国家级教育研究所的重要研究领域。美国俄勒冈州成为教育政策中心,教育政策学成为许多著名大学的研究课程或专业,如斯坦福大学的教育学科群中有"教育政策研究"群,伦敦大学教育学院有政策研究系,香港大学和香港中文大学教育学院都有"教育政策与国家发展"的博士研究方向。教育政策研究的专门杂志也纷纷出刊,如《教育政策》(英国)、《教育政策月刊》(美国)、《教育政策学刊》(美国),这方面的专著更是不胜枚举。1984年瑞典教育学家胡森邀集世界上几十位著名教育理论家和教育决策部门的高级官员聚会于斯德哥尔摩大学,举行了一次名为"教育研究是怎样影响教育政策的"国际研讨会,会后出版了一本以几十个国家为案例的论文集。这次会议对推动教育政策研究,促进决策部门与研究部门的合作,产生了很大的影响。

外国的教育政策研究无论是作为一种实践活动还是作为一门独立的学科,虽然历史不长,但发展势头迅猛。从实践和理论两个维度看,外国教育政策研究凸显以下特点。

教育政策研究组织机构设置的立体网络化。自20世纪70年代末80年代初起,教育政策研究机构不断涌现,机构层次包括国家级、州(省)级、区(行政大区)县级,与一国的行政层次结构基本对应;性质上可分为官方、半官方和民间三大类别;归属关系上,有的为独立的专门研究机构,有的则作为二级组织从属于某一机构(如公共政策研究机构等)。这些组织机构条块结合,既互相独立又密切联系,形成了一个多层次、多渠道、多目标的比较科学完整的立体交错网络。随着互联网的发展,若干教育政策分析网站也建立起来。

教育政策研究种类多样化。当代外国教育政策研究中,研究种类的多样化趋势突出,大致可归结为四大类。第一类是研究一项教育政策是怎样制定的。第二类是研究怎样才能制定一项较为理想的教育政策。第一类和第二类虽然同是对教育决策过程的研究,但两者截然不同,前者属于动态教育政策分析,偏重教育决策过程的描述和分析,后者主要研究影响教育决策过程的各种主客观因素、策略和方法等,即决策过程的科学化与民主化等问题,偏重教育决策过程的技术层面,属于教育决策的应用研究,以制定好的教育政策为目标。第三类是具体研究某一项教育政策,属于教育政策分析和评价,偏重于教育政策本身内容的分析及其实施后社会效果的评价。第四类是对左右教育政策走向、统摄教育决策过程并体现在教育政策内容中的科学和社会理论的研究,亦即通常人们所说的指导思想或理论基础的研究,它偏重于教育政策理论框架的分析,着重解决贯穿于教育决策过程中指导思想的理论定位问题,并以此来判别教育政策的性质。一些大型的、综合性的教育政策研究课题,常常是融合两类以上的研究而进行的。

教育政策研究方法日趋综合化、灵活化。外国教育政策研究的方法繁多,以研究对象划分,有个案研究和综合性研究;从认识论角度看,有思辨性研究和实证性研究;就研究规模或层次而言,有宏观研究和微观研究;按研究方法的性质来区别,有定性研究和定量研究。具体研究方法和方式主要有文献法、实验法、比较法、访谈法、历史法以及人类学方法等。但是,就某一项具体的研究而言,各种方法及其变式总是依据课题的规模、性质、目标、各种与课题有关的主客观条件等而被灵活组合在一起综合运用。

教育政策研究主体相对独立和自主性日趋强化。随着教育政策研究地位的确立与提升及其作用的日益显露,教育政策研究成果日益受到教育决策者或机构的关注和接纳,然而研究主体却表现出愈来愈强烈的独立性和自主性。这种不断强化的独立性和自主性既有其存在的政治、经济和文化等方面的现实基础,也是研究主体的一种刻意追求。这是因为:其一,研究主体获得的研究环境越来越宽松,言论自由度不断增大,学术争鸣气氛日益浓厚,研究禁区日渐减少,有关决策过程的信息获取难度下降、渠道增多;其二,教育政策研究体制为研究者发挥其独立性和自主性提供了保障。除半官方和"民间"以及一些"独立自由人"对教育政策的相对比较独立的研究以外,教育决策部门在对其政策进行诊断、评价和分析过程中,往往也采用委托第三者方式进行。主要表现为两方面:决策者、执行者和政策的直接影响者尽可能回避;评价采用国际国内投标的方式。正因为有了教育政策研究机构和研究者地位的相对独立性,研究者才有了挑战权威、求真求实的勇气和追求严谨、踏实、有理有据的治学精神,以确保研究者独立自主的立场。

教育政策研究理论与实践发展的相对同步化。教育政策研究活动的拓展和深入积累了丰富的经验,成果相继问世。对这些经验和成果的概括与提升,使得教育政策研究作为一门独立的学科能在较短的时间内从公共政策学中剥离出来。就目前的发展水平而言,教育政策学的理论基础比较扎实,学科结构相对完整,层次较分明,方法论体系业已确立,学科地位得以巩固。

中国教育政策研究的兴起与发展 中国的政策科学研究始于20世纪80年代初。当时,一些学者、政策研究人员和实际工作者感到政策在社会管理生活中越来越重要,因而纷纷撰文著书,倡导建立一门以政策为研究对象的新学科——政策学。经过十多年的发展,政策科学逐渐得到学术界的认可,并受到决策部门的极大关注,研究工作呈现出蓬勃发展的良好趋势。从学科的建设来看,全国许多高校开设了政策科学课程,招收政策科学、政策分析专业或政策研究方向的研究生。有关教育政策的教材、专著及论文涌现,政策科学研究被列入国家哲学社会科学规划中的社科基金项目和重点研究项目。从组织机构的形成来看,政策科学的学术团体逐步发展起来。随着政策研究的发展,政策研究组织开始向多样化发展,已不再局限于政府内的政策研究机构和高校内的专门学术组织,一些经济较发达的地区也开始出现了一批半政府、半民间的政策咨询和研究组织。

中国教育政策的研究几乎是与政策研究同步展开的。作为教育科学研究的新领域,教育政策研究在中国改革开放后取得初步进展,在全国教育科学规划中占据越来越重要的地位。从规划起步,明确了"教育为社会主义建设服务"的任务,遵循"加强应用研究,注重基础研究"和"研究教育发展中的重大理论与实践问题"的指导思想,推动教育政策研究的发展。具体表现如下:

其一,科研机构蓬勃发展。建立了政府和学校所属的以教育政策研究所为主的科研机构,如教育部直属的国家教育发展研究中心,中国教育科学研究院教育政策研究中心。地方教育行政部门直属的如上海市教育科学研究院教育发展研究中心、智力开发研究所,北京市教育科学研究院教育发展研究中心,天津市教育科学研究院教育政策与发展研究所,以及以北京大学教育学院为代表的高校教育科研院所。其他如国务院发展研究中心和中国社会科学院等科研机构也有一些学者跨学科兼顾教育政策研究。21世纪初,这类研究机构进一步发展,对教育政策的影响力加大,并逐渐形成不同的特色和优势。

其二,学会组织逐步健全。先后成立了全国教育管理研究会、中国教育学会全国教育政策与法律研究会、中国教育战略研究会等。地方上也有了相应的组织,如青岛教育发展战略研究会等。

其三,专门研讨会渐成规模。1999年8月,在教育部的支持下,首届教育政策分析高级研讨会在华东师范大学举行,到2008年已举办八届,吸引了全国各地的学者、教育行政工作人员以及民间学术研究机构的广泛参与,并先后就教育政策制定中的基本问题以及正在实行和将要推广的具体教育政策等方面进行了卓有成效的探讨,大大提高了教育政策研究的广度和深度。连续出版的《中国教育政策评论》在教育决策部门、教育理论界和教育实践领域产生影响。

其四,课题项目和经费投入不断增加。伴随国家教育科研立项和投入经费不断增加,教育政策研究在整个教育规划课题中的比重也不断提高。据20世纪90年代初的调查,20世纪80年代582个主要研究机构开展各类科研课题研究总数为4 337个,其中有关教育发展战略和宏观管理的有481个,占总数的11.1%。进入21世纪,随着经济和社会的发展,教育遇到了越来越多的挑战,教育研究的重心正在向教育政策研究转移。从最近几年的教育部社科司和全国教育科学规划公布的课题立项项目来看,教育政策研究课题占了相当高的比例,特别是重大招标课题和重点研究项目,几乎都与教育政策问题密切相关。

其五,研究成果层出不穷。自"六五"之后,产生了一大批有影响的研究成果,其中一些成果对国家或地方政府教育决策产生重要影响,提高了决策的科学性。

其六,政策研究的范围不断拓展。随着教育政策面临的问题日益复杂,以及教育政策研究的深入,研究领域也大大扩展,主要体现在以下几个方面:(1)由规划性研究转向宏观决策研究。从20世纪80年代初开始的专门人才的需求预测和教育规划研究,进一步发展为战略规划研究。从着重教育发展的数量预测和定量目标,发展到战略思想和决策的方向性、趋势性研究,为领导部门宏观决策、制定政策和规划提供依据。(2)由传统教育内部的发展研究转向教育系统与经济社会系统协调发展的研究,以教育环境和教育主体关系的研究为逻辑起点。(3)由狭隘的教育增长研究转向教育系统的全面发展研究,更加强调整体优化、协调发展。如教育发展综合指标体系、教育发展总目标和结构目标关系的研究、教育发展目标和教育投入关系的研究、教育结构体系的研究和教育质量指标的研究等。(4)由单一的人力需求预测研究方法转向综合运用多学科研究方法。在完善人力需求预测方法的同时,注意综合运用抽样调查、结构分析、模拟仿真、比较研究和专家咨询等多种方法。

其七,教育政策学科建设已经起步。中国真正把教育政策作为一门学科进行研究的时间并不长,以往对教育政策的研究主要集中在政策学、政治学、教育行政学、教育管理学等领域内,随着教育政策的重要性日益凸显,教育政策研究的深入,教育政策学科建设已提上日程。

教育政策学研究内容

教育政策研究　主要是对教育政策对象、过程和方法的研究。政策对象是指影响政策研究的社会重大问题,目的是帮助政府回答在这些问题中孰轻孰重,做还是不做,先做哪些,后做哪些,做哪些事情效率最高、社会效益最大。过程研究则是要研究政策的制定是怎样的程序和应该有怎样的程序,前者是对现状的研究,目的是了解现行政策制定过程的优缺点,为改进决策程序奠定基础;后者是根据当今社会科学化、民主化、理性化、绩效化的要求,结合实际情况,提供理想的决策模式。

第二次世界大战前,政策研究主要受德国社会学家M.韦伯的科层理论的影响,认为科层制是最有效的组织形式,是人类自己管理自己最有效的方法。最理想的政策结构就是由极少数人组成最高层次的决策控制,由下级行政人员负责执行的政策体系。教育政策研究同样如此,并提出了基于科层制的决策模型,强调职业专门化、等级系列化、办事程序化、行为理性化、技能优胜化。在M.韦伯的政策模式中,权威的作用是非常明显的,政策制定与政策执行是一个自上而下单向的传递关系,整个政策系统也是封闭的和静态的。20世纪50年代以后,传统的政策模式受到了挑战,认为很难有固定的、普遍的原理法则可以解决千变万化的政策问题,需要寻求用科学的方法来研究政策过程,此时"行为主义"理论统帅了政策研究领域。这种方法不再拘泥于制度、组织、条文的研究,而是寻求研究的量化、实证化和心理化,着重动态的过程研究,着重对人的角色和相互关系的研究,其中比较具有代表性的是美国心理学家 H. A. 西蒙对于决策行为的研究。他的论点是:管理就是决策。他把决策过程看做是一个社会心理学的问题,强调管理者、操作者、监督者的有机协调,从而形成有效的行为模式。20 世纪 60 年代以后,后行为主义兴起,他们反对行为主义过于注意细节,沉湎于方法论的精细化,偏离了政策的实际内容,对于充斥社会的各种问题无应变能力。后行为主义并不反对技术性的、"纯科学"的研究,但更强调对解决实际问题的贡献。主张既要重视政策制定过程的研究,也要重视政策实施过程的研究。在具体方法上,除了传统的政治学、社会学的研究方法外,近来又比较注重模式研究、个案研究和人类学研究方法在教育政策研究中的应用。

教育政策分析　包括三个维度。第一个维度是教育政策的内容分析,即针对政策有关的问题及相关事物、既成的文件进行分析,回答"政策是什么"、"必须通过什么来实现什么"等政策问题。可分为两个层次,一是微观层次,即政策由哪些要素组成,在具体的政策中,这些要素是什么。一般认为,政策由目标、对象和手段三个要素构成,一项好的政策应该目标明确、对象界限清晰、手段有效而可行。二是宏观层次,即政策体系由哪些具体政策构成、其间关系如何。如在纵向结构上,教育政策体系包括宪法中关于教育的规定、教育总的方针政策、教育基本政策和具体的教育政策,其地位是不同的,宪法中关于教育的规定起指导作用。在横向结构上,教育政策体系包括高等教育政策、普通教育政策、职业教育政策、成人教育政策等不同领域的政策。教育体系是由相互依存的各个方面组成,相应的教育政策体系应反映各部分之间的内在联系。教育政策的内容分析中有两点最为重要:一是教育政策的重点,"无重点即无政策",确定政策的重点对一个国家的教育发展非常重要;二是教育与社会经济协调发展,社会是一个有机整体,最终要求均衡、和谐地发展,必须遵循教育与社会经济协调发展的原则。政策的内容是政策的核心问题,它是政策活动的中间成果,是进一步政策活动的依据,也是指导政策的后继的活动过程。政策内容的合理性与可行性是关键,因此,政策的内容分析十分重要。

第二个维度是教育政策的组织分析,回答政策由谁制定和推行,它们在政策活动中处于什么样的地位、发挥什么样的作用等。政策组织是政策活动的主体,负有政策制定、推行、评价、终结等职责,具有维持与发展政策内容的功能。教育政策活动是由教育政策组织来承担的。但不同性质的教育政策组织的地位和作用不尽相同。一般来说,有六种性质不同的教育政策组织:教育立法机关,教育行政机关,教育行政管理机构,法院中处理教育纠纷的部门,政党,其他社会团体。分析它们对教育政策活动的影响是政策组织分析的重要内容。世界各国的教育政策的实践表明,当今

是一个以行政为中心的时代,行政机关在教育政策活动中起着最活跃、最积极的作用。立法机关的作用是基本的,行政机关的活动要以此为基础。但在各个国家以及不同的教育政策领域,这两种政策组织的相互关系不尽相同。对具体的教育政策来说,不同的教育政策组织具有不同的效能,由不同组织参加的政策活动的目标、性质、手段的可行性都会大不一样。政策组织本身也意味着一种政策。1858 年英国成立"纽卡斯尔委员会",开始使英国的教育由宗教办学转为国家办学,步入有领导、有计划、有组织的教育发展轨道。中国为使教育发展步入规范化、法制化轨道,教育部成立了教育政策法规司,各地方成立了教育政策研究室。当国家试图推行一套新的教育政策时,有时就要设置相应的教育政策管理和推行机构,这时,组织设计就成为一个重要课题。教育政策组织是教育政策活动的组织支援。一项好的教育政策能否取得好的效果,教育政策组织的有效性起着重要作用。

第三个维度是教育政策的过程分析,回答教育政策活动是如何进行的,为达到一定的目标,需要什么样的形式化阶段作为科学的保证等问题。关于政策活动从哪里开始还存在争论。有研究者认为,确立政策目标是政策过程的第一步,但也有人反对这种观点,认为政策并非为了目标而目标,而是为了处理和解决某一问题才确立目标,目标是从问题来的。在教育政策活动中,首先要研究教育政策问题,不管什么样的价值(目标),都应以事实(问题)为基础。政策活动属于政治范畴,一个教育问题进入教育政策领域需要许多条件。教育政策关心什么,不关心什么,一个教育问题为什么能够进入教育政策议程成为教育政策问题,一份教育政策文件确定后如何去实现教育政策目标,如果目标未达成或手段不可行,如何加以评价和修正,等等,都是教育政策过程分析所面临的课题。

教育政策学的理论　结合国内外有关教育政策的研究,教育政策学的理论主要集中在以下几方面:(1)教育政策的性质和功能。包括教育政策的内涵、教育政策与法律、与其他公共政策的区别与联系;教育政策的功能,包括正功能和负功能、教育政策的能力限度;教育政策的价值分析等。(2)教育政策的过程理论。包括从教育政策问题的产生到教育政策的终止的整个过程的理论。如何认定教育政策问题,教育政策制定的影响因素和模式,如何判定教育政策问题的紧迫性和重要性程度并进行优先排序,教育政策的合法化等,都是教育政策过程所关注的内容。(3)教育政策分析。研究如何进行教育政策分析活动,教育政策分析主要有哪些模式,基本方法有哪些等。(4)教育政策评估。研究为什么要进行政策评估,谁来参与评估,评估的模式和方法有哪些,如何对政策目标、政策执行和政策效果进行判断、如何改进等。(5)教育政策研究方法。研究政策学、政

治学、经济学、社会学等学科方法如何在教育研究中加以应用,一些新兴的社会科学研究方法(如人种学)甚至是自然科学领域的一些方法怎样运用到教育政策研究中。(6)教育政策学的元研究。研究教育政策学的产生、教育政策学与其他学科的关系、教育政策学的学科体系的构建、教育政策学的学科发展等。

教育政策学的特征

教育政策学是政策科学的一个分支,其研究和分析的范式和方法与其他政策学科有相同之处,但由于分析的对象和面临的问题不同,教育政策学在性质上又表现出一些不同特征。

学科综合性　教育现象和问题的复杂性决定了教育政策学的综合性。教育政策学虽然不是思辨学科,但不可缺乏理性思考,因而离不开哲学的指导,特别是关于政策好坏的价值判断,几乎完全是价值哲学的问题。教育政策在形式和过程上与法律和行政有很多共同之处,所以,它与法学和行政学联系密切。教育政策经常被看成与教育规划和发展战略是同一回事,所以与规划学和预测学有着天然的联系。在具体分析教育政策问题的过程中,经常会用到社会学、行为学和人类学的方法,因而这些学科在教育政策学中也扮演了重要的角色。一项教育政策被执行得怎样、实际效果如何都需要作出准确的判断,这就需要评价学的许多理论和方法。

价值倾向性　早在20世纪20年代,社会科学研究中就有一种排除价值干扰的呼声,认为研究者的价值观念会影响对客观现象的观察和分析,从而影响研究结果的客观性和公正性,比如 M.韦伯就持这样的观点。于是,价值中立和非价值倾向的研究在西方社会科学研究中,差不多成了一条基本原则。但是政策研究,特别是教育政策研究不但不能排斥价值倾向,相反,它必须要有明确的价值态度和价值倾向。比如,从经济效益上讲,在有些地方,特别是在边远地区建立学校是不合算的,但接受教育是人的一项基本权利。因此,教育政策研究就必须要体现自由、平等和公平等这些人类社会所追求的基本价值理念。

层次性　从中央政府制定的影响全国的教育政策,到一个省或市,再到一个区甚至一个学区的教育政策(学校内的行政决定不在教育政策学的研究范围之内),有多个层次,它们的影响范围、作用、性质都可能有很大差异。为此,其过程、模式、方法、评价的标准等可能不同,研究这些特点是教育政策学的一个重要任务。而国家发展水平的差异也决定了教育政策学层次性研究的重要性。中国幅员辽阔,发展极不平衡,如果用同一种模式制定教育政策,难免会削足适履。同样的问题在不同的地区,解决的思路和办法常

常并不一样,用相同的模式去解决不同地区的相同问题往往会有不同的结局。

比较性　教育政策学从诞生起就具有比较的性质。比较在政策研究中不仅具有方法论的性质,而且是它的出发点之一,因为政策学常常就是为决策者提供不同的政策模型、政策样本、政策指数等。国际上关于教育政策的研讨会或关于教育政策的重要成果大多是比较研究的产物,由此形成各自的决策模式。很难简单地判断模式的优劣,也很难要求一个国家简单地模仿另一个国家的决策形式,但不同的决策过程、决策模式在决策的绩效化、科学化、民主化、制度化等方面存在优劣、高下之分,需要通过比较有所鉴别、汲取和改进。研究教育政策学时始终应注意从内容、形式到方法上进行国际、区域间的比较。

参考文献

查尔斯·林德布洛姆.政策过程[M].竺乾威,胡君芳,译.上海:上海译文出版社,1988.

林水波,张世贤.公共政策[M].台北:台湾五南图书出版公司,1982.

伍启元.公共政策[M].香港:商务印书馆,1989.

袁振国.教育政策学[M].南京:江苏教育出版社,2001.

Christopher, H., Hill M. The Policy Process in the Modern Capitalist State[M]. Brighton: Wheatsheaf Books, 1985.

（袁振国　鲍传友）

教育政策与教育改革发展（educational policy and educational reform and development）　教育政策对教育改革与发展具有重要的影响和作用。任何一项教育政策都是在教育改革和发展的具体情境中产生的,同时又为教育改革和发展服务,从某种意义上说,教育改革的历史就是教育政策周期性变更的过程。教育政策在本质上是政党、政府和有关组织解决教育问题的一种政治行为,是有关教育的权利和利益的分配规定。20世纪以来世界各国教育改革和发展的历史经验表明,教育政策在教育改革中的作用越来越突出,强烈地影响着一个国家教育的发展,并在很大程度上决定国家教育的基本走向。教育政策对教育改革和发展的作用主要表现在以下几个方面。

教育政策对教育改革和发展的导向功能　指教育政策对教育改革和发展的引导作用,通常从两个方面表现出来:一是教育政策为教育事业的发展提出明确的目标,如《中国教育改革和发展纲要》规定了20世纪末中国教育发展的总目标:"全民受教育水平有明显提高;城乡劳动者的职前、职后教育有较大发展;各类专门人才的拥有量基本满足现代化建设的需要;形成具有中国特色的、面向21世纪的社会主义教育体系的基本框架。"为实现这一总目标,纲要特别提出20世纪90年代在保证必要的教育投入和办学条件的前

提下,各级各类教育发展的具体目标;同时要求各地区、各部门根据实际情况,制定本地区本行业的分阶段教育发展目标和任务。明确的目标不仅可以尽量减少教育改革失误,而且能极大地动员教育改革的社会资源,全面推动教育事业的发展。二是推出一整套旨在促进教育事业发展的重大措施。比如《中国教育改革和发展纲要》不仅提出了上述教育目标,而且还推出了八点措施,即深化教育改革,坚持协调发展,增加教育投入,提高教师素质,提高教育质量,注重办学效益,实行分区规划,加强社会参与。这些措施是促进教育事业发展的具体政策保证。

教育政策对教育改革和发展的导向功能有直接导向和间接导向功能之分。前者指教育政策对其调整对象的直接作用,例如"严禁使用童工"的政策,将在一定程度上保护未满16岁的儿童、少年在义务教育方面的合法权益,推动《中华人民共和国义务教育法》的贯彻落实;后者是指教育政策对非直接调节对象的影响,例如,高等教育扩招的政策对高中阶段的发展起到间接导向的作用。一般来说,教育政策制定者在考虑有关教育政策时,比较重视其直接导向功能,而容易忽视间接导向功能。有时虽然也能对间接导向功能做出一些预见,但更多的情况难以预料。例如,有地方在贯彻"基础教育由地方负责"的政策过程中,曾一度实施过农村中小学教师工资由乡镇负责的经费管理体制。该政策的本意是为了调动地方乡镇的办学积极性,但出人意料的是,实施该政策后,致使一些财政困难的乡镇拖欠教师工资的问题更加严重,极大地伤害了教师的工作积极性。由此可见,在制定和实施教育政策时,既要看到教育政策对教育改革和发展的直接导向功能,也不可轻视教育政策的间接导向功能,有时后者比前者的作用更大,影响更为深远。

教育政策对教育改革和发展的协调功能　表现为教育政策在教育改革和发展过程中对各种教育关系的协调和平衡。教育事业是一个庞大的系统工程,组成该系统的各个要素之间,例如初等教育与中等教育之间、中等教育与高等教育之间就存在着各种各样的关系和结构。此外,教育系统还与社会母系统之间无时不在发生着复杂的物质、信息、能量的交换关系,它们之间有时是"相安无事"的,有时却矛盾重重,表现出异常激烈的冲突。教育政策之所以具有协调功能,主要是由教育政策的本质属性决定的。教育政策是有关教育的权利和利益的具体体现,作为利益的"显示器"和"调节器",所有教育政策都具有协调功能。例如,1992年国务院发布《关于积极实行农科教结合推动农村经济发展的通知》,这一政策在农业发展和农村教育改革过程中发挥了巨大的协调作用,改变了农、科、教的分割状况,为农业教育和农村经济的全面振兴打下了良好的基础。

教育政策对教育改革和发展的控制功能　教育政策都是为解决一定的教育问题或者预防某一教育问题而制定的,具有约束和规范人们行为的作用。在教育改革和发展中,教育政策的控制功能非常重要,一方面,教育改革和发展是教育与社会和教育内部之间的各种关系重新调整的过程,也是多方利益不断博弈的过程,各方利益的不均等决定了改革和发展中的矛盾和冲突,需要通过一系列规则加以规范。比如,关于中小学收费政策,明确规定了不同学校的收费标准,使学校收费必须遵照国家规定,而不能随意自发地定价和收费,解决了学校和家庭,以及受教育者个人之间的利益冲突关系。另一方面,随着教育改革的深入,教育发展不断遇到新情况、新问题,解决这些新问题需要不断制定新的教育政策来加以控制。比如,1994年国家教育委员会《关于全面贯彻教育方针,减轻中小学生过重课业负担的意见》,对中小学课程、教学计划和安排、不同年级学生的作业分量、上课时间、考试办法、学业评价标准等都作了详细规定,为学校日常教学划定了明确的范围和界限,解决了长期以来中小学难以解决的课业负担过重问题,充分表明了教育政策的控制功能。

教育政策的控制功能具有两个明显的特点:一是强制性。教育政策对各项教育事业进行广泛的监督检查,及时发现和纠正教育事业发展中的不合理因素,以保障教育事业的正常运转和发展。在监督检查过程中,凡违背政策的,都要受到批评,凡符合政策的,就要受到保护和鼓励。二是惩罚性。任何一项教育政策都是一定阶级利益和意志的体现,违反了政策,自然会触犯某一阶级的利益,就必须受到谴责和惩罚。譬如,为在全社会树立起尊重教师、关心教师的社会风尚,切实保护教师的权利和利益,《中华人民共和国教师法》规定,凡是侮辱、殴打教师的,根据不同情况,分别给予行政处分或者行政处罚;造成损害的,责令赔偿损失;情节严重,构成犯罪的,依法追究刑事责任。

教育政策对教育改革和发展的推动功能　教育改革常起因于各种社会因素的变革,但社会因素对教育改革的影响只是教育改革和发展的外因,没有教育内部的政策推动,很难引发教育改革的大潮。20世纪50年代末,苏联卫星上天后,美国为应对来自苏联科技发展的挑战,通过了《国防教育法》,联邦政府介入基础教育发展,要求中小学加强数学、自然科学和现代外语的教学,为高校输送优秀毕业生,并由联邦政府拨专款予以资助,在《国防教育法》的推动下,美国掀起课程改革运动,不仅使美国基础教育质量得到很大提高,而且迅速波及英、法、德、日等国家,各种课程改革流派如雨后春笋般涌现,推动了世界教育改革高潮的出现。20世纪80年代初,美国提高教育质量委员会的报告《国家处在危险中:教育改革势在必行》,把提高所有儿童的学业成绩作为改革的目标,重建美国的教育体制,再次极大地推动了美国教育的发展。中国于1985年颁布《中共中央关于教育体制改革的决定》,系统提出中国教育改革和发展的战略思想和政策设计,整体上推动了中国教育的大发展。在基础教育领域,"分级办学,分级管理"政策的实行极大地调动了地方办学的积极性,推动了义务教育的普及。从1993年的《中国教育改革和发展纲要》到1999年的《面向21世纪教育振兴行动计划》,再到2001年的《基础教育课程改革纲要(试行)》,每一项教育政策都对中国的教育改革和发展起了巨大的推动作用。在高等教育领域,教育政策的推动作用同样明显。20世纪90年代末以前,尽管经过一段时期的改革开放,尤其是市场经济的发展,中国整体经济水平得到大幅提高,对高等教育的需求日益旺盛,但由于没有教育政策的推动,在整个90年代,中国高等教育的发展严重滞后于经济发展。1999年国家出台高等教育扩招政策,推动高等教育迅速发展。到2004年,全国各类高等教育总规模较五年前扩大了三倍,达到2 000多万人,高等教育毛入学率达19%,成为世界上高等教育在校生规模最大的国家,提前进入了高等教育大众化阶段。

任何国家的教育改革和发展都离不开教育政策的引导、规范、控制和推动,只有通过教育政策的作用,才能在很大程度上保证教育改革和发展目标的实现。但教育政策对教育改革和发展也有负面作用,由于决定教育改革和发展的因素复杂,加之决策信息和决策者能力的限制,教育政策会出现偏离教育实践的现象,从而阻碍教育改革和教育发展。

参考文献

林水波,张世贤.公共政策[M].台北:台湾五南图书出版公司,1982.

桑玉成,刘百鸣.公共政策学导论[M].上海:复旦大学出版社,1991.

袁振国.教育改革论[M].南京:江苏教育出版社,1992.

袁振国.教育政策学[M].南京:江苏教育出版社,1996.

张新平.简论教育政策的本质、特点及功能[J].江西教育科研,1999(1).

(袁振国　鲍传友)

教育政策执行(implementation of educational policy)通过建立组织,开展有组织的活动,将抽象的教育行为规范转化为具体的教育行动的过程。是实现教育政策目标的重要环节。其含义包括:(1)当政策合法化后,执行活动即开始;(2)必须有确定推动政策方案的机关负责结合各种资源,并采取适当的执行方法;(3)政策执行是一种动态过程,应采取必要的对应行动,回应外在环境,使教育政策能顺利实施;(4)政策执行是为了达到政策决定所设立的目标的各种活动。教育政策执行的特性:(1)行动者是多元的,包括"官方"与"非官方"的人员与单位;(2)具有多元的目标与期望,包括组织的目标及个人的期望;(3)是连续的过程,包括

组织与个人的沟通、协商,以及修正执行的活动;(4)是动态的历程,并常在人际关系网络中运作。

教育政策的执行问题在20世纪60年代末至70年代初受到一些学者的关注。1968年,贝雷和穆欣对美国1965年《初等与中等教育法》的执行进行研究。1971年,墨菲也对该法的执行进行研究。1972年,F. I.伯克和科斯对联邦教育补助计划进行了研究。但因这些研究是在《初等与中等教育法》执行初期进行的,未成为教育政策执行研究兴起的导火索。奥克兰计划的失败和普瑞斯曼与维尔达夫斯基的分析研究,强化了人们对教育政策执行问题的关注和兴趣,推动了教育政策执行研究的发展。

美国教育政策学者奥登根据执行研究的重点或主题的发展和变化,将教育政策执行研究发展划分为三个阶段。第一阶段从20世纪60年代末到80年代初,为早期的教育政策执行研究。这个时期的研究主要是个案研究,以揭示具体的教育政策执行中的失败现象、存在的问题以及分析失败原因为主要目的。第二阶段是80年代前半期。这时教育政策执行研究的重点开始发生改变,人们开始分析20世纪60年代和70年代的教育政策在经过最初的"启动年月"之后的执行情况,考察的主要问题是:经过15年的努力,与最初法案一致的方案以及相应的规则条例到底能否被执行。研究主要倾向于揭示早期政策的积极影响和效果,而非失败的表现。第三阶段是20世纪80年代中期开始至今。在发现政府的政策方案确实对地方发挥了影响之后,人们开始探索和分析导致积极影响和效果的原因。研究的重点主要是分析和确定政策方案是如何被执行的,怎样才能使政策方案得到有效的执行。研究的问题主要有:政策执行中使用政策的手段和方法;政策方案的质量和特质对执行效果的影响;成功执行的关键因素等。1991年,奥登主编的《教育政策执行研究》出版,该书选编了各个时期的一些重要研究文献,涉及政策执行的各个方面问题,显示出教育政策执行研究的深度和广度。该书的出版标志教育政策执行研究已有相当大的发展。

教育政策执行的性质

教育政策执行是整个教育政策过程中的重要阶段。如果说政策规划主要是行政过程,则政策执行主要是管理过程。政策执行由一连串的行为构成,是一个有组织的活动系统;同时,政策的执行又是公共利益的一次调整。

教育政策执行是教育政策规划的继续　教育政策运行是一个完整的过程,既包括政策的制定,也包括政策的执行及评估。普瑞斯曼认为,要使政策科学从理论上的科学成为行动的科学,就必须研究政策执行问题,以便在政策制定与政策执行之间架起桥梁。"政策过程"的含义并不仅仅指

政策制定,同时包括执行;并非政策制定过程完成后,人们就可以自然而然地实现预定的目标;政策是为了解决一定的社会公共问题才制定的,只有得到完全或较好的执行,政策制定时所确定的目标才能得到落实。事实上,同样的政策由于其执行及反馈的方式不同,所产生的后果会大相径庭。制定与执行之间有时会存在巨大鸿沟,甚至出现背道而驰的现象。同时,执行过程也是错综复杂的。执行同样是一个有自身结构,有一定模型,有一定程序,也有一定困难的过程。执行的困难由下列原因造成:一是从制定教育政策到实施教育政策之间存在一定的时滞,执行时的环境、条件与制定时的环境、条件会有所不同,这就必然给实施带来困难。二是制订阶段拟定的方案、计划虽经过反复论证,甚至经过一定范围的试验,但一旦进入大规模的实施阶段,原先潜在的未预料到的问题就会渐渐显露,也会给执行造成困难。三是在教育政策执行中,公众、团体、政府部门会因为认识上的、实际利益上的差异而产生种种矛盾甚至冲突,会造成执行的困难。所有这些都会使教育政策执行与教育政策制定脱节,使教育政策发生严重变形走样的情况。

关于政策执行的性质,不同的学派,从不同的理论角度进行了规定与分析。其中较有代表性的是行动理论学派、组织理论学派、因果理论学派、交易理论学派、公共选择理论学派、博弈理论学派、系统理论学派。所有这些理论学派可以归纳为三大类:行动理论、组织理论、博弈理论。

教育政策执行是由一系列行动构成的过程　政策并不是通过一两次行动就能得到贯彻和实施的。政策执行虽然只是政策过程的环节之一,却包含一连串的自觉与不自觉的、偶然的与必然的行动。行动理论学派强调研究政策执行中的行为性质。这一学派的代表人物有 C.O. 琼斯、G. 爱德华兹和范霍恩。行动理论学派认为在政策制定阶段,人们得到的只是一些抽象的行动规范,即应当做什么、应该怎么做。这些都是关于行动的价值判断,所描述的只是一种预期中要求达到的理想状态。要从政策问题的现状出发,实现包含预期在内的理想状态,就必须行动。执行过程就是将抽象规范转化为具体行动的过程。执行的行动过程包含一系列具体活动,主要有制定政策执行的计划,建立政策执行组织,招聘和培训政策执行人员,筹集和配备必要的物资和经费等。

教育政策执行是有组织的活动系统　执行政策的行动绝不是单个人的、无序的活动。政策的实施必须是有组织的活动系统。对这一点,组织理论学派做了很多的研究。这一学派的代表人物是佛瑞斯特。他认为,组织问题是政策执行中的关键环节。没有专门的组织,没有组织的努力,任何政策目标都只能停留在构想的阶段。传统的政策执行强调的是政策执行机构及其人员对政策目标的顺应行为,强调依法行政,基本上忽视政策执行组织与执行人员对政

策的预期分析能力。由于政策的执行是在现实社会中进行的,社会的变化与风险决定了政策的规划者、政策的实施机构必须具备预期分析能力。组织理论学派强调政策执行中组织因素的重要性。政策执行从根本上说是一个组织过程。首先,政策执行中存在多种因素,如人员、物资、经费、范围、时间等,要有良好的政策执行,就必须将这些因素最科学、最合理地组织起来。其次,政策执行中必须设立专门的组织,只有通过组织才能将政策执行者的才能、知识、行为有机地结合起来,服务于同一个目标。第三,政策执行中的组织特性最集中地表现在对政策执行的危机预测与有效防范上。政策执行不可能一帆风顺,常常会遇到不确定性、风险和危机。只有借助于有组织的过程,才能有效地预测风险,建立防范机制。

教育政策执行是一种利益协调　政策的本质就是运用权威对社会利益进行公正的协调,因此,政策执行过程实质上就是政策执行主体与政策目标群体在相互作用中对利益加以选择的过程。对此,公共选择学派做了研究。他们认为在市场经济中,人都是以追求个人经济利益为动机的。一个有理性的"经济人"必定是一个效用最大化的追求者。在政治领域活动的人,同样是"经济人",无论是政策的制定者还是政策的执行者,都会遵循"经济人"的规则。

在教育政策的执行过程中,政策的制定者、政策的执行者以及目标群体等组织和团体归根到底都是由个人构成的,而作为一个普通经济人都会关心新政策能为自己带来多少好处,同时也会考虑要为此付出多少代价。这种个人的理性化的"经济人"行为决定了政府的行为。因此,决不可以将政府行为过分理想化,政府同样存在"经济人"的缺陷。当政府的利益与政策目标群体的利益发生冲突时,政府同样会起来维护自身的利益。这种对政策执行的看法也是博弈理论的观点。政治科学中的博弈论认为,在冲突与竞争的情况下,每一个参加者都力求获得最大收益而将损失减少到最低限度。

美国教育政策学者巴得什以博弈理论来研究教育政策的执行问题。他认为政策执行的核心在于控制,因而执行过程就会在"议价"、"劝服"、"策划"这三种不稳定的条件下进行。因此可以将政策执行视为一种赛局,它包括:竞赛者(政策执行人员与相关人员)、利害关系、策略与技术、竞赛的资源、竞赛的规范(取胜的条件)、公平竞赛的规则(不得作弊)、竞赛者之间的信息沟通性质、所得结果的不稳定程度等。政策执行的成功与否,取决于参加者的策略选择。

与选择理论相近的观点是将政策执行视为是一种交易过程。这种理论认为,政策执行过程就是政治上讨价还价的过程。在政策执行中,政策制定者、执行者、目标群体之间须经过一系列的政治交易。各种力量在互动中达成某种妥协、退让、默契。在政治交易的情况下,教育政策的目标

与方案的重要性与可靠性都要大打折扣。因为政策目标与方案原先是以政策制定者和执行者都讲究理性作为假设条件确定下来的,一旦在实际执行中出现了政治交易,目标与方案就会出现某种程度的扭曲。

影响教育政策执行的因素

教育政策的执行往往受到许多因素的影响。林水波和张世贤在其合著的《公共政策》一书中认为,影响政策执行的因素有三:一是政策问题本身的特质。例如是否具备有效可行的技术理论和技术水平,涉及的标的团体人数及其行为惯例等。二是政策本身所能够规划和安排的能力。包括合理的政策方案设计,政策制定符合法定程序,政策具备健全的理论基础,具有清晰而具体的政策目标及丰富的政策执行资源等。三是政策本身以外的条件,政治、社会经济技术等环境影响。萨巴蒂尔和马兹曼尼安在《政策执行》中认为,影响政策执行的因素是初始政策制定者(中心)、执行官员层(外围)和计划指向的私人行动者(目标团体)。上述两种分析框架尽管角度不同,但都注重政策执行的环境分析,而其中重要变量即是与政策利益攸关的公众。如果系统分析教育政策执行过程的影响因素,那么,在教育政策执行中起作用的影响因素可分为四类:教育政策问题的结构与特性,主要包括教育政策问题的性质、教育政策问题的结构;教育政策目标团体因素,包括目标团体的人数、行为的多样性,目标团体行为需要调适的程度,目标团体的服从程度;教育政策本身的因素,包括政策的正确性、具体性、明确性和可操作性,政策资源的充足性;政策以外的因素,包括执行机关的特性,公共机构间的沟通与协调,执行人员的素质与工作态度,政策环境,政策执行的控制与监督。教育政策执行就是这四方面变量间的相互作用。

教育政策执行的机构与人员 不同的国家有不同的执行机构,有些国家专门设立了执行部门,但在多数国家,教育政策的制定和执行机构时有重合的现象。如果教育政策执行机构是独立的,其优点是在执行中有较大的自主性,受干扰可能少一点。但独立的执行机构也有缺点,即不容易受到政治机构和决策部门的支持。在教育政策执行与制定不完全分开的情况下,执行机构可能在执行时受到较多的牵制,自主程度不高。但也有其优点,即能得到政策制定人员较多的支持。教育政策执行人员的行为对整个教育政策执行的效果具有直接的影响。合格的教育政策执行者必须具备三方面条件:一是必须具有较高的自制能力。教育政策的执行在某种意义上是对利益的分配和对行为的调整,当执行者身兼目标群体和执行者的双重角色时,他们的利益就被执行的教育政策所调整,这时执行者便处在整体利益与局部利益的矛盾选择之中,他们是否有高度的觉悟和

自制力,将对执行产生极大的影响。二是必须具备坚定的教育政策目标的认同感与执行教育政策的使命感。执行的好坏取决于执行者对于教育政策目标的认知、理解,对于不同行为可能产生的效果的准确推测,对于执行过程中的困难与障碍勇于克服的坚强意志。三是必须具有合理的知识准备和能力结构。所谓知识准备,主要指两类知识:一是一般性的教育政策实施知识;二是进行专门领域的教育政策实施所需要的专业知识。所谓能力结构是指执行政策的一般能力,包括组织能力、计划能力、协调能力、管理能力、控制能力等。

教育政策执行的公众群体 公众影响教育政策执行的动力机制可以从两个方面来分析:一方面,教育政策本身存在着含糊不清、难以准确界定的特征,从而给执行留下了较大的弹性空间,执行刚性不强,灵活性大,使人们有可能以较低成本对教育政策进行修改和补充。另一方面,在这一阶段,经过宣传贯彻等方式使教育政策公开化和明朗化,公民可以获得更多相关知识和信息;同时与之利益密切相关的公众(目标团体)已被深深地卷入其中。因此,在政策执行阶段,公众具备了直接驱动力去影响教育政策。而事实上,其影响力无论从广度还是深度来讲,都比前一阶段有过之而无不及。

公众影响政策执行的社会资源。从中国社会资源的配置来看,学者普遍认为存在三种社会资源配置关系,即权力授予关系、市场交换关系和社会关系网络。实质上分别反映了两种形态的利益获得机制,即制度安排机制(权力授予关系、市场交换关系)和非制度安排机制(社会关系网络)。非制度因素即社会关系网络在公民利益获得方面具有独特功能。一种亲密的和特定的社会关系本身也是特殊社会资源,借助于特殊的社会关系机制,作用于人的利益获得和维持。这种作用在现阶段被中国社会成员广泛认同,它包括亲缘熟人关系和传统习俗规范。由于制度因素使得利益的实现呈现"刚性"特征,而且制度化途径还有待完备,由此在社会转型期间,非制度因素则凸显出来,发展出一套与制度化途径相平行的边缘机制,二者交叉作用于教育政策执行及反馈阶段。制度化途径与非制度化途径交叉并存,一方面,具有官僚组织结构下的特征"照章办事";另一方面存在与之相交叉并存的非正式结构。一些社会学家认为,中国社会组织非正式结构主要存在两种关系类型,一种是组织中的非正式群体,另一种类型是在正式工作关系中衍生出来的非工作关系。两种关系的区别在于后者尚未形成群体。在社会转型的背景下,这两种关系除了具备原有特征外,又具备了新含义。第一,它的存在不仅是传统的血缘、地缘关系在现代社会组织结构中的自然遗存,而且是组织成员特别是群体成员有意识选择的结果。第二,它的存在是人们为了获得某种利益,"沟通感情"成为谋取利益的工

具和手段。第三,它是中国人传统的"自家人"以及圈子的行为习惯及经验借助于现代化社会组织主体而衍生出一套独立运行的无形的利益实现行为机制——"圈子"准组织行为机制。这一行为机制,在社会组织结构处于常规运行时,隐形于非正式结构中,而在社会转型期,则凸显出来,并演化成一套"圈子"准组织行为系统而直接作用于人们的利益实现。观其性质,由于圈子成员间的基本关系是依附于血缘关系而衍生出的拟血亲关系,圈内人的行为准则是相互关照的互惠规则,虽然这一准则的背后仍然具有"回报"的实质关系,但已经不是简单的、单向的运作,而转变为双向运作的交换关系。

教育政策执行的条件与资源　首先,政策执行需要合理的资源。执行教育政策所需的资源主要是财政资源、人力资源、信息资源和权威资源。只有当这类资源按一定的比例配置,并达到一定的总量时,教育政策的执行过程才能启动,并最大限度地产生效应。由于社会资源是有限的,因而总的来说,教育政策资源是短缺的。在教育政策资源中,财政经费投入与执行人员投入是物质基础,但并非这方面的投入越多越好,因为过多的财政经费开支会导致过多的执行人员投入,不仅会导致过剩的、闲置的设备,而且会导致过多的人员投入及执行机构的臃肿和人浮于事,甚至由此产生内耗,从而增加教育政策执行的难度。

其次,教育政策执行需要有坚定的执行权威。权威之所以成为重要的教育政策资源,是因为权威既可以加强行使权威者的责任感,也可以促使个人遵从权威者制定的规范;权威通过保证专门知识和专门技能的利用,确保具有理想和效能的高质量的教育政策实现;权威有助于组织的整体协调,让群体的所有成员采取一致的决策,以达到预期的目的。

再次,教育政策执行需要有良好的执行保护。政策执行的保护主要体现在以下几个方面:一是对政策的严肃性加以保护。按照合法程序公布的政策不允许轻易变动,更不允许搞"上有政策,下有对策"。二是对政策执行中的积极性加以保护。政策执行也存在许多不确定的因素,政策实施可能产生失误,这时就要保护政策执行人员,让他们有足够的信心总结经验,将政策执行下去。三是要对政策执行中的创造精神加以保护。执行政策也是一个创造性思维与实践的过程。只有对执行机构和人员的创新精神加以鼓励和支持,政策实施才能收到更好的实效。

还有是教育政策执行需要有效的执行沟通。信息也是重要的教育政策资源。教育政策的执行人员在活动时,不仅需要有足够的、可靠的信息,而且还应确保信息共享与信息传输渠道畅通无阻。同样,信息资源也绝不是越多越好,因为过度的信息不仅要花费大量的人力、物力与财力,而且还会导致信息污染。

教育政策执行的模型

教育政策执行的微观程序　教育政策执行模型是依据执行流程,从特定的角度对教育政策实施中的特定关系以方框和箭头加以表示的逻辑图或逻辑公式。无论是教育政策执行流程图还是教育政策执行模型,都不可能毫无遗漏地罗列教育政策实施中经历的全部环节,也不可能详尽描述教育政策执行中的具体关系,而只是给教育政策实施者提供一个基本的思考问题的理论框架。

教育政策执行的微观流程的每一个环节都会成为反馈流并与它之前的环节发生作用,因此,执行实际上是一连串的循环构成的复杂过程。大体包括以下主要环节:(1)教育政策执行的宣传。旨在让目标群体进一步了解教育政策,与公布的宣传不一样,执行宣传着重于发动公众参与;这种宣传既是对外的,也是对内的,其中包括对执行人员的宣传。(2)教育政策执行的准备。包括执行机构的建立,具体执行人员的组织与培训,必要的物质与经费准备,制定详细的执行计划。(3)教育政策执行的试验。大规模实施前必须进行一定范围的试验性贯彻,一般是挑选一些条件最有典型性的区域加以试验,其目的是为了取得经验,为进一步推广提供资料与信息。(4)教育政策执行的推广。是在规划的实施范围与层次上全面贯彻政策,是一个将规定与具体的实际相结合的过程;执行人员的创造性对推广有很大的影响。(5)教育政策执行的检查。教育政策推广开来以后,必须及时进行实施情况的检查,决不能等到问题成堆再去调整,检查的目的是为了总结实施经验及存在的问题,它是调整的前提。(6)教育政策执行的监督。执行中可能会出现对教育政策歪曲、截留,甚至对抗的现象,因此,必须对教育政策实施加以严格的监督。

教育政策执行的过程模型　教育政策执行是由一系列行动构成的过程。T. B. 史密斯最先关注这一过程。他在《政策执行过程》一书中提出,政策执行中有四大因素最为重要:理想化的政策,包括政策的形式、政策的制约性、政策的范围、政策的社会形象等;政策环境,包括政治的、经济的、文化的、历史的条件;目标群体,包括政策对象的组织化与制度化、接受领导的传统、先前的政策经验;执行机构,包括机构与人员、领导方式与技巧、执行者的能力与信心等。由此,T. B. 史密斯构建了教育政策执行的过程模型。他将教育政策制定与执行分成两大相互作用的过程。在教育政策执行中,执行机构、目标群体、理想化教育政策和教育政策环境这四者之间发生互动,执行的过程就是从四者互动的紧张状态经过处理走向协调和平缓状态的过程。执行的结果作为反馈再输入到教育政策制定过程。

教育政策执行的调适模型　虽然教育政策执行的过程

模型也谈到调适问题,但执行中究竟是怎样调适的并不清楚。对此,M.麦克劳克林在《相互调适的政策实施》一书中作了论述。他指出,政策执行过程主要是执行者与受影响者之间就目标或手段进行相互调适的互动过程。执行的有效与否取决于执行者与影响者之间行为调适的程度。该模型的要点:(1)政策执行者与接受者之间在需求与观点上不一致,双方必须做出让步和妥协,寻求一个可以接受的执行方式。(2)政策执行者的目标与手段应富有弹性,可依据环境因素和接受者的需求与观点的改变而变化。(3)政策执行者与接受者在相互调适中处于平等的地位,是一个双向交流过程。(4)政策接受者的利益、价值与观点将反馈到政策上,以左右执行者的利益、价值与观点。在执行的调适模型中,执行者一方和受实施影响的一方都存在可以进行相互调适的部分,执行的过程就是寻找双方都能接受的调适策略的过程。双方调适的结果,又作为反馈对制定的政策产生作用。

教育政策执行的循环模型　虽然教育政策执行的过程模型与调适模型都谈到了反馈,但并没有把执行真正视为是循环往复的过程。赖因和拉宾诺维茨注意到这一点,他们在合著的《执行的理论观》一书中指出,执行过程包括三个不同的阶段。(1)纲领发展阶段。将立法机关的意图转化为行政机关执行政策的规范和纲领。(2)资源分配阶段。将执行所需要的资源平均分配给执行者。(3)监督阶段。对执行过程与成果加以评估,确认执行者所应承担的行政责任,包括监督、审计与评估三种形式。循环模型将政策执行看成是拟定执行纲领、分配资源和监督三个阶段不断循环的过程。这种循环不仅是周期性的,而且三个阶段并不是单向流动的,而是相互作用的双向循环的复杂动态过程。循环模型还强调政策执行的环境条件。它包括三类因素:目标的显著性、程序的复杂性、可利用资源的性质与层次。在政策执行中必须遵循三个原则:合法原则、理性原则和共识原则。执行的合法原则受四个因素的影响:政策制定者权力与地位的高低、技术可行程度、政策制定辩论的争议范围和厘清程度、制定者与执行者支持法律的程度。执行的理性原则包括两项特性:一是一致性原则,二是可执行原则。共识原则是指有影响力的执行者只有在具有争论性的问题上达成共识,执行才可能顺利。

教育政策执行的主体模型　教育政策执行是执行者通过建立组织,开展有组织的活动,将抽象的行为规范转化为具体的行动的过程。在这个过程中,执行者起着主导作用。因此,在对执行的过程、调适活动、循环机制进行研究的基础上,还必须重视主体的研究。在这方面,波曼做了建设性工作。他在《总体与个体执行的研究》一书中指出,执行是指权威性决策或选择方案的执行。在执行过程中,政策方案 P 与预期的政策后果 O 之间并不是必然关系,而是或然的因果关系。执行的主体模型认为,在政策实施中,执行计

划、选择方案与制度基础之间存在函数关系: $I = f(P,$ $inst.)$。其中, I 表示执行计划, P 表示选择方案, $inst.$ 表示制度基础。波曼还认为,政策执行可分为总体执行与个体执行两大层次。总体执行组织是一个相当分散的连锁结构,由四个阶段构成:行政阶段、采纳阶段、个体执行阶段、技术效度阶段。个体执行是组织特性与执行方案之间的调适过程,由三个阶段构成:动员阶段、调适阶段、制度化阶段。在个体执行中,制度基础不如总体执行庞大和复杂,但也受到执行组织的特性与采取的执行方案的影响。若以 I 来表示个体执行,以 A 表示所采取的执行方案,以 $Org.$ 表示执行组织的特性,则政策实施中个体执行的受影响状况可以用函数式 $I = f(A, Org.)$ 来表示。由该式也可以得出政策实施中执行组织受影响的函数式: $Org. = f(A, I)$。

教育政策执行的变数模型　如果将教育政策执行摆到一个更为广阔的范围来考察,其涉及的因素较多,主要有:客观存在的政策问题、已制定的政策、政策内部的约束力量和外部的各种力量。如果将这些因素作为变量来看待,政策执行就成为一系列变量间相互关系的结果。较早对政策执行过程的变量进行研究的是萨巴蒂尔和马兹曼尼安。他们认为,在政策执行过程中起较大作用的主要变数可分为三类:(1)政策问题的可处理性。包括现存的能对政策问题加以处理的有效理论和技术及运用时的困难程度,标的集团行为的多样性,标的集团所占人口的比重,标的集团行为需要改变和调适的幅度。(2)政策本身法定的规制能力。包括明确和一致的政策目标,政策本身存在的合理的因果关系,充足的财政资源,执行机关内部的层次性整合,执行单位的决定规则,执行机构的人员征募和机构外人士的正式参与。(3)政策以外的非法定变项。包括社会经济条件与技术水平,大众支持,传媒的持续注意程度与态度,支持集团的态度与资源,权威当局的支持,执行人员的工作热情与领导水平。变数模型的一个特点是联系政策执行的不同阶段来考察变量对政策实施的影响。马兹曼尼安和萨巴蒂尔将政策执行分为五个阶段:执行机关的政策产出,标的团体对政策产出的顺从,政策产出的实际影响,对政策产出知觉到的影响和政策的主要修正。

教育政策执行研究的重要领域

教育政策失真研究　由于受多种因素的影响,教育政策在实际执行过程中往往会出现执行活动和结果偏离教育政策目标和要求的不良现象。中国学者一般将这类不良现象称为"政策失真"或"政策走样"。西方学者称之为"执行缺失",严重的称为"政策失败"。早期的教育政策执行研究主要属于失真研究。有很多研究揭示了美国1965年《初等与中等教育法》执行中的许多问题,例如,教育政策方案对

地方的影响较小、效果不佳;地方的思想倾向、价值观、优先考虑的事务等方面与州或联邦倡议的方案之间有不可避免的矛盾和冲突,地方缺乏执行的意愿,政府的方案遭到地方的敌视;教育行政管理人员少,不能满足管理方案执行的基本人员需求;方案缺乏具体的操作规则等。教育政策失真研究的基本模式:(1) 研究教育政策的目的和目标要求,确立评价教育政策执行效果或效益的理论和方法,以及评价执行效果、效益的具体标准和指标;(2) 选择适当的方法,搜集有关数据和资料,并加以整理分析;(3) 在研究数据和资料的基础上,进一步找出失真的主要表现,以及执行过程中的其他主要问题;(4) 分析失真的主要原因;(5) 提出改进教育政策及其执行过程的建议。教育政策失真研究往往令人悲观、失望,削弱了人们对教育政策及执行的信心,但这些研究能促使和帮助政府和民众冷静地认识已颁布的政策及其执行情况,并且认真对待执行中的问题和障碍,为完善教育政策和执行寻求对策,采取措施。美国教育领域中的许多再分配性政策在 20 世纪 70—80 年代的发展和成熟,与当时的执行研究有很大关系。联邦政府对政策方案所做的许多修改、补充,都指向于执行研究所揭示的问题。

教育政策类型及其执行特点研究　　在对教育政策执行的考察中,许多研究者注意到政策本身的许多因素对执行的过程、效果等方面有重大影响。许多研究分析了不同类型的教育政策及其特点、质量水平等因素对执行的影响。教育政策类型不同,其执行过程也各有特点。哈格诺夫区分了两类政策,即分配性政策和再分配性政策,认为再分配性政策较之分配性政策难以执行。美国学者 P. E. 彼得森等人的研究表明,发展性方案(如课程方案、教学计划、职业教育等)会相当快地被执行,执行过程中很少有较大争议,而再分配性方案(如补偿教育方案、特殊教育方案等)最初则要经历有争议的执行过程,随着时间的推移,其政策要求也会得到较为全面的执行。许多研究对政策方案的质量和特质与执行效果进行了系统分析。这些研究向教育政策制定者和执行者提示:教育政策本身的许多因素和特性对执行过程和效果有重要影响,在制定政策和执行方案时应考虑政策本身的性质和特点,注意优化政策及执行方案的结构。

成功教育政策执行的因素分析　　从 20 世纪 80 年代开始,在一些研究肯定了政府的政策方案对地方的教育改革有积极的影响之后,许多研究者重点分析和探讨导致成功的地方执行的关键因素。在 80 年代中期,学者对于成功的地方执行的关键因素已基本达成共识。这些共识事实上就是对成功的教育政策执行的经验概括,它使人们对许多教育改革可能成功抱乐观态度。美国学者奥登进一步区分出八种关键因素。(1) 雄心勃勃、兢兢业业的努力和实际行动非常重要。以此与注意力集中于规划或者是变革整个地方教育结构的规划相比,其对政策所期望的教室内部的变化

更有影响。这种努力在激发教师的兴趣,促使教师参与改革,并投入精力方面也富有成效。(2) 微观的执行程序(或变革过程)是关键。具体的变革过程比变革所追求的类型和方式,学区、学校的地理方面或伦理道德方面的特点等因素更为重要。一种变革的努力是如何具体地付诸行动,比它本身是什么,想取得什么成效和想为谁而做都更为重要。(3) 高质量的被证明为有效的政策方案能较好地运作,获得预期的效果。(4) 自上而下的指导可以发挥作用。这种作用的发挥有几个前提条件,即所采纳的方案是证明有效的;在上级采纳方案时,伴随着教师对设计执行策略的介入;对如何进行教育教学变革才能指向学校和教室里的教师提供较为具体、细致的指导和帮助。(5) 中心机构的支持和保障,以及基层管理者的支持、保障和有关知识是必需的。几乎所有的研究都发现,在执行的开始、执行过程中以及全面的执行发生时,行政管理上的支持和保障对成功的执行和变革的制度化是非常重要的。(6) 教师的参与,尤其是在设计执行时,是必要的。教师介入有助于教师积极致力于全面的变革工作,设计出所需的具体明确的执行策略,促进和发展教师对变革工作的认同。(7) 不断地进行广泛、深入的培训,为教师学习新的教育指导策略提供课堂层次水平的具体帮助,是非常关键的。(8) 教师对方案的认同和赞成也是关键。没有教师对方案的认同,成功的变革努力就不会上升到更高层次。

政策手段研究　　麦克道内尔和爱尔默开发了政策手段的研究领域。他们认为,过去的执行研究存在许多缺点,如缺乏简洁的分析理论或框架,忽视长期的政策效果,过分集中在单个的或一组政策上,不能为政策制定者和执行者提供可以帮助他们分析政策的手段和方法的知识等。在任何新政策的执行中所使用的手段和方法,是影响方案效果的重要因素。新的执行研究应重点分析手段方法,发展关于政策手段的知识,为政策制定者和高层执行者选择合适的手段提供帮助。他们建立了自己的理论分析框架。在对美国的许多政策的执行进行考察的基础上,他们区分出四类基本的政策手段,即命令、诱导、能力建设和组织结构的系统变革,并分别对每种政策手段的主要要素、预期效果的代价、收益、理论假设及结果等方面进行了相当全面的分析。

参考文献

查尔斯·林德布洛姆. 政治与市场: 世界的政治经济制度 [M]. 上海: 上海人民出版社, 1994.

那格尔. 政策研究百科全书 [M]. 林明, 等, 译. 北京: 科学技术文献出版社, 1990.

袁振国. 教育政策学 [M]. 南京: 江苏教育出版社, 2001.

Odden, A. R. Education Policy Implementation [M]. New York: State University of New York Press, 1991.

（林小英）

教育政策制定（educational policy-making）　将教育政策议题通过相应的步骤和方法转化为教育政策文本的过程。教育政策的制定是一个复杂的过程，有时需要很长的时间。政策学关注四方面：一是政策制定的科学化。这需要在各种思路与方案中进行比较、选择，需要数量化、系统化的努力。二是政策制定的民主化。从国家的角度，这是一个公平与效益的矛盾，政策实施的结果总是反映不同集团、不同阶层或不同个人的利益，这需要政策的制定公开、透明，反映不同集团、不同阶层、不同个人的利益诉求。三是政策制定的绩效化。即一项政策怎样以较小的投入获得较大的收益。四是政策制定的制度化和程序化。这是与随意性、临时性相对的，一项政策从进入议程、形成决策到废止，在时间、形式、审查、权力的制约等各方面都需要有明确的规定，个人的作用始终是在组织制度内发挥，以保证决策过程是一个理性的过程。教育政策的制定过程可以概括为三个必备的步骤：确认教育政策问题，教育政策决定，教育政策合法化与教育政策采纳。

确认教育政策问题

确认教育政策问题是教育政策制定过程的开始。是决策者以一定理论和政策评价资料为基础，对教育政策问题存在性质、存在形式、影响范围进行系统的分析，使之列入决策议题的过程。但客观存在的问题由于条件的限制、认识的分歧等原因，并不一定成为政策问题。政策问题是指政策部门察觉到社会机体内部或机体与外部环境之间的不协调状态，并列入关注对象的问题。教育作为一个有机的系统，在整个社会中虽有其相对独立性，但与社会其他系统又有密切的联系。教育问题是指人们所察觉到的教育系统内部或教育与社会其他系统之间的不协调状态，其存在影响了教育系统的正常运转与功能发挥，有必要加以消除。教育问题被教育决策部门列入关注、考虑的对象，便成为教育政策问题。美国社会问题研究者布鲁默把政策问题的形成过程分五个阶段：社会问题的出现；社会问题取得合法性；开展活动研讨该问题；形成官方行动；将官方计划付诸实施。

教育政策问题的构成要素　教育问题和教育政策问题虽都是客观存在的事实，但教育政策问题是政府决策部门对教育问题的一种察觉，有其自身的某些构成因素。

教育政策问题是被察觉的，被体认的，是无时不在的教育问题。但如果尚不为人们所察觉，就不足以成为教育问题。有时，教育政策问题最初并不为社会成员所察觉，呈现一种潜在的状态；往往当问题明显，为人们所察觉和体认以后，才明白原先认为不成问题的某些现象却是问题的根源。随着人们对教育的知识的增加，有可能增强人们对教育问题觉察的能力。

教育政策问题是牵涉社会大多数人的利益的。如果一种社会状况只为少数人觉察、体认，就只是私人或少数人的问题。但当社会大多数人感受到这一状况对他们的利益有威胁或构成损害时，问题的程度与广度都增强了，才有可能形成巨大的力量，上升为政策问题。

教育政策问题存在利益、价值观、规范的冲突。某一教育现象被认为是问题，是因为这一现象的存在或者威胁、损害了人们的利益，或者与人们的价值观及公认的社会规范发生了冲突。利益冲突是教育政策问题构成的关键要素。在一个追求公平的社会中，教育机会均等成为各国教育政策所关注的普遍问题，其核心是教育机会、受教育权利的分配公平，其实质是一种利益冲突在教育上的反映。

政策问题形成的最后一个要素是政府承担起解决某些问题的责任。政府的职责、权限及能力都有一定的限制，不同层次的政策机构更是这样。政府的职责、权限随社会发展而发生变化，但大致来看，政府部门的职责集中体现在以下几个方面：（1）制定规范与纪律，维持教育系统的正常秩序；（2）为改变某一现状而组织变革教育系统或教育系统与外部系统的关系，或者是组织教育系统正常运转；（3）教育经费或教育权限的分配，以满足教育各部门、各层次机构的需要。

教育政策问题特征　（1）相互依赖性。教育系统是社会的一个子系统，教育政策问题的发生、解决与经费、人事、经济制度有着千丝万缕的联系，不能就教育内部看教育问题。（2）历史性。教育政策问题是逐渐形成的，需要政府机构的认可，教育决策所面临的问题是一种从程度和广度上都经过时间积累的问题。新政策问题的形成，除了政策外部社会变化带来影响外，原先政策的不当也可能成为新政策问题的原因。（3）动态性。政策问题始终处于一定的变化之中，政策问题的界定、解决、发生是在不断变化的。原先被认为是政策问题的，可能因政策问题的解决以及其他社会、自然条件的变化而消失。与政策问题相关的情境、物质条件、人员都无时不在变化之中。因此，把握政策问题的动态性，有利于认清问题发展中的不利与有利因素，从而更好地界定问题，调整政策计划。

教育政策问题的认定　是指政府决策机构对问题察觉并确定问题的性质、范围及其原因的过程。它有三个相互依存的阶段，即问题察觉、问题界定与问题陈述。

一是问题察觉。政策决策机构承担着教育现状的“监视者”的角色。政策问题察觉即是决策机构“监视”工作中的最初结果。这种监视工作包括关注公众对教育的舆论动向，阅读研究机构对教育原理及现状的探究结论，了解国际教育动向与本国教育的差异。在此基础上，对某种威胁公共教育发展、损害公共利益的不协调现象做出判断。这是政府部门对问题情境的初步感知阶段。由于教育领域政策问题具有相互依存的特征,因此政策机构不仅要监视教育本身呈现的问题,还要关注整个社会政治、经济、文化的变化趋势,对社会发展的新形势向教育提出的挑战保持一定的敏感。

二是问题界定。这是教育政策问题认定过程的中心环节,包括界定问题框架与界定问题的具体内容两个阶段。问题界定之初,政策机构虽然对政策问题有了初步体认,但这只是一种关于是否存在问题的基本判断。它面临的仍然是复杂的问题情境,需要从问题情境中理出问题的基本范围与结构。界定问题框架时,政策机构面临几个问题:教育政策问题的社会背景发生了哪些重大变化?社会变化与教育之间的矛盾主要体现在哪些主要范畴之中?问题涉及哪些主要的利益群体和政府部门?其中涉及的是问题背景的构架、问题性质的界定、问题影响的社会范围。构建问题框架阶段的主要工作包括广泛收集相关资料,与专家学者以及社会各界代表展开交流。它为政策问题的界定提供重要的基础资料和思想材料,政府决策机构在上述阶段的终结处提出问题的分析框架,以便展开调查、研究工作。调查、研究工作的计划来源于问题的构架。它是一个比前一阶段更深入的过程。调查研究阶段实际上是一种对某特定政策问题的研究过程。在这个阶段,首先要遵循科学研究的操作规范;其次,要建立一支人员素质高、组织合理、富有效率的科研队伍。

三是问题陈述。这是对政策问题的总结、归纳与表述。经过调查研究,各个分课题会得出许多研究结论,但这些课题的结论由于组织上或技术上的缺陷会存在不足。因此,须把各个结论与最初的问题情境加以对照,通过专家鉴定等方式对各个结论做一个检讨与完善,以期问题的结论更加客观公正。经过检讨与完善,对问题的结论进行总结。经过归纳、总结的结论要形成对问题的表述,以向决策者提供政策建议报告。问题的表述应以总结理出的结论为基础,包括提交报告的原因、政策问题的现状、政策问题发生的原因以及初步的政策建议。

上述三个阶段是一种逻辑顺序。实际操作中,保持这三个阶段之间的逻辑一致性是关键,这是评价一个认定过程是否合理的重要标准之一;整个过程的一致性还需要其内部工作的内容之间保持逻辑联系,否则很难较好地完成认定工作。

教育政策问题认定的不良状态 指不能及时、准确地认定问题的范围和原因,没有为决策提供系统、准确的信息。(1)问题认定不及时。教育内部的不协调以及教育与社会环境的不协调状况已经发展到相当的程度,不少社会问题已对教育提出了要求,而政策机构没能及时察觉,没有把一般性的教育问题上升到政策问题加以合理解决,结果

致使教育政策的过程面临更加复杂、困难的境地。(2)问题认定不确切。这主要是指问题认定的内容而言。首先,认定不准确包括对问题的原因分析不准确。其次,对问题程度认定不准确。这主要是针对问题认定中的数量估计失误,包括对问题范围以及各种构成要素的量化不够准确。导致问题认定不良状态产生的主要原因有三方面:(1)组织结构不健全。首先是人员构成不健全。组织对问题的认定,需要多种人员的参与。从讨论问题框架、调查、研究起就需要专家、社会各界人士、技术工作人员、组织人员的参加,担负起各种不同的任务。不健全的结构可能造成对问题难以有全面、准确的认定。(2)组织程序不健全。组织结构确立的同时,对各部分的工作程序应有明确的分工,否则难以有效地开展工作,各机构中的各部分人员的工作谁先谁后,要有一个符合逻辑的安排,避免无意义的重复或遗漏。(3)人员素质不良。所有参加政策问题认定的人员,首先要对政策问题有认真、负责的态度,即使是不同利益团体的代表,也应坚定、负责地反映自己团体的实际利益要求。其次是人员的知识、能力素质。准确地界定问题需要政策分析者有丰富的教育学、社会学、经济学知识;深入实际的调查研究人员需要有丰富的工作经验及精湛的技术操作能力。

教育政策问题认定的策略 (1)健全政策问题的预警系统。信息来源狭隘、不畅是政策预警的最大障碍。良好的预警系统应当能在一定机制的保障之下较顺利地从教育实践中获取信息;另外,可以建立一定的制度,使教育决策部门与其他社会系统之间保持密切的联系。在此基础上,对数据、资料的日常分析可以增强决策部门的预警能力。(2)使政策问题的认定正常化、程序化。教育政策问题的动态性要求有经常性的政策问题认定,防止问题的积累。当一种程序被实践证明是有效的时候,需要相对地稳定这一程序,在此基础上不断地完善它。合理的程序不易经常更迭,以防导致政策问题认定的混乱。

教育政策问题认定是一个组织工作过程,需要由优秀的组织者主持工作。这样的组织者,首先要具备组织工作的经验和能力;其次要具有良好的教育学、社会学等学科的知识素养;再次要具备责任心和公正意识。

教育政策决定

教育政策决定是为解决某个教育政策问题而提出一系列可接受的方案或计划,进而提出措施和要求的过程。包括确定目标、方案设计、方案选择以及方案可行性论证。

确定目标是政策规划的第一步,目标往往是根据问题而确定,故决策者要运用各种研究方法,对问题的性质、特点和范围做出周全的分析,找出产生问题的原因,并用一定的形式把问题的症结列举出来。方案设计是决策者大胆运

筹规划，寻求方案途径，创立新方案，以解决各种新的教育政策问题的阶段。方案选择是决策者对于政策方案的选择，一般均追求一种最佳状态。但在教育政策制定中，一般教育方案很难达到最佳方案。方案选择行为只能服从满意标准而不能是最佳标准。方案可行性论证是围绕政策目标，运用定性和定量的分析方法，对政策方案是否可行的问题进行系统分析和研究。方案不仅要有政治上的可行性，还要有经济与技术上的可行性。这些步骤在不同的决策理论中有不同的安排。

理性—综合模式　这种理论是主流的决策理论，应用的范围最广。它包括以下要素：决策制定者可以将特定的问题与其他问题区分开来；决策者心目中的目标和价值是清晰的，可以根据其重要性程度，对各个目标进行排序；对于解决问题的各种方案进行对比；分析每一种方案的结果（成本和效益）；比较各种方案的预期结果；根据每种方案实现目标的程度，选择出最佳的决策方案。理性—综合模式是在对真实世界抽象基础之上建立起来的，具有理性假设的特点，具体表现为：决策问题是明确的，决策所需要的信息是充分的，可选择的方案是完备的，决策目标是一致的，决策者有能力对各种信息做出准确的分析和判断。在这些假设条件下，决策者就可以做出最优化的决策，即用最小的成本，获得最大的收益。在实际生活中，这些假设条件往往无法得到完全满足，所以这种理论遭到了批评。

渐进模式　由美国学者林德布洛姆于1957年提出，他将渐进理论与理性—综合模式进行比较。认为理性—综合模式的建立有许多假设条件。但现实情况往往不能完全满足这些假设条件，所以决策的实际制定过程更吻合渐进模式所描述的情况，或者说，理性—综合模式较适合简单问题决策，而渐进模式较适合复杂问题决策。其要点是：目标的选择和对实现目标的行动分析是相关联的，不可以截然分开；决策者只可能考虑一部分解决问题的备选方案，备选方案与目前决策之间的差异是渐进的；对于每一个备选方案，决策者只可能就一些主要的结果进行评价，无法做到穷尽；决策者必须不断对问题本身进行界定，采用渐进方法有利于对"目标—手段"或者"手段—目标"链进行调整，也有利于解决问题；对于某一个问题不存在所谓"正确"的决定，一个好的决策的确定在于不同的决策者对于它的认同，而不是因为它是解决问题的最佳途径；渐进决策与改进当前的状况有着更为密切的关系，而与实现未来社会目标还有相当的距离。

由于决策结果具有非确定性，所以渐进模式暗含着新的决策应在原来决策基础上对现实作一些渐进性的而不是剧烈的变化，以减少决策实施的风险和成本。渐进方法具有折中的特点，最容易获得多数人的通过，因此具有较强的可行性。以色列学者德罗尔认为，如果要将这种模式应用

于政策制定中，应该满足三个条件：一是目前决策的结果是基本令人满意的；二是与过去相比，决策问题的性质没有发生急剧的变化；三是处理问题的手段具有高度的连续性。

创新模式　由凯茨于1979年在批评渐进模式不足的基础上提出。凯茨认为，M. 韦伯提出的理想型"科层制"所崇尚的价值观是理性、秩序、可预见性、安全性和稳定性，渐进模式虽然是林德布洛姆在否定绝对理性模式基础上提出的，但是它并没有放弃M.韦伯的这些价值观，只是把这些价值观放在更加实际的环境中重新对待。从本质上讲，两种模式都属于理性范式，区别只是理性程度和追求理性的方式不同。凯茨认为，渐进模式提出的决策形式是一种微调手段，适合于环境稳定的情况，但是不能用于指导大的变动和调整。在遇到后一种情况时，应该超越理性思维模式，发挥人的直觉、创造性和想象力。

管理创新可以通过两种途径实现，一是用自己的头脑思考，二是营造一种创新性的工作环境。对于第一种途径，可采取了解自己大脑的有效工作方式，即自己的大脑在什么条件下处于思维最活跃期，要努力训练自己的思维，不断从新的角度看问题。学会从别人那里学习吸取新的思想；经常变换看问题的角度。要做到这一点，既要对特定的问题予以关注，又要不受具体问题的限制，看到整个问题的背景；从不同角度对同一个问题提问；对于模糊性要有容忍度，并不是可以找到所有问题的答案；不断地发现和评价自己的非理性思维。对于第二种途径，可采取培养创新行为。善于提问，倾听别人的想法，工作有张有弛；组织有效的会议。采取头脑风暴法，让每一个人有机会发表自己的意见和观点；变化工作岗位，从而有利于管理人员创造性的发挥，创新团体和创造性工作氛围的形成；通过多种途径，从多方收集信息；精心设计培训计划，经常使用组织发展技术；价值观创新。

教育政策合法化与教育政策采纳

教育政策合法化　指教育政策方案上升为法律或获得合法地位的过程。并不是所有的教育政策方案都能上升为法律或获得合法地位，唯有有重大影响，具有长期稳定性和成功的教育政策方案才能如此，故教育政策合法化也是对不良教育政策过滤的过程。它通常由国家有关的政权机构根据法定权限和程序所实施的一系列立法活动与审查活动构成。

教育政策合法化包括两方面含义：一是教育政策法律化，二是教育政策合法化。教育政策法律化是指一定的国家机关依据法定职能，按照法定程序将经过实践检验，成熟、稳定，已长期调整社会关系的教育政策上升为国家法律的过程。它对贯彻教育政策有十分重要的意义，是实现教

育政策的一种最为有效的手段。教育政策法律化不仅包括教育法律的制定,还包括认可、补充、修改、废止教育法律的活动。所有这些活动都必须依照法定程序进行。教育政策法律化一般有两种形式,一是国家立法机关把需要法律化的教育政策转变成国家法律,如把中共中央、国务院《关于普及小学教育若干问题的决定》的相关内容上升到《中华人民共和国义务教育法》中。二是国家行政机关根据其行政职权及委托立法权,把需要法律化的教育政策转变为各种教育行政法规。这一过程也称为教育行政立法。教育政策经过实施、评估,总有一部分政策达到目标,因而被实践检验过的部分政策经过修改继续执行;还有一部分政策随着教育的发展而变得更加重要和成熟,会被上升为法律。从这种意义上说,教育政策是教育法律的基础。

一项教育政策如果对整个教育事业有重大影响,对社会的经济、政治、文化、民族素质有重要作用,为保障这种作用的实现,就应当把该项政策制定为教育法律,以便依靠法律的强制力更有效地贯彻。

具有长期稳定性的教育政策应当上升为教育法律。这有利于教育法制的稳定。《中华人民共和国教育法》就是在已有的关于教育基本问题的稳定政策的基础上,经过近十年的酝酿验证才形成的。

成功的教育政策才能上升为教育法律。与法律相比,政策对实际问题反应灵敏,有较大的伸缩性和适应性,在具体的环境条件下容易取得成功。但是转变为法律后,由于内容的具体化、规范化及适用范围的普遍性,就可能失去原有的效力。具体条件下成功的教育政策不一定带来成功的法律。教育政策方案必须在各种环境中反复试行,修改完善,最终实践证明始终是富有成效的政策,才能通过立法程序上升为法律。不成熟的教育政策过早地上升为法律,不仅不能发挥应有的作用,甚至可能会造成危害性后果。教育政策的法律化不仅是有条件的,而且也是一个复杂的过程,因为教育立法受到多种社会因素的制约。教育政策法律化的成功取决于社会心理的承受能力。在教育立法上常常会遇到多方面的阻力,立法者必须考虑这些因素,努力争取新的教育立法得到公民的认同和接受。国家在立法过程中应重视透明度和公开化,吸收公民的广泛参与,加强各阶层的沟通与协调,这既能广开言路,完善法律,又能起到解释宣传、教育大众的作用。这是一个接近公众心理而又提高社会心理承受能力的过程。

教育政策法律化是社会各政治团体、利益集团、阶层协调和平衡各方面利益的结果。在西方国家,不同的利益团体都对政策立法施加影响,以维护自己的既得利益,争取新的利益。中国的教育立法也有利益协调问题,中国幅员辽阔,存在巨大的地区间教育差异,各地区在教育水平、教育要求上极不一致。作为具有普遍约束力的教育法律,必须统筹兼顾,协调平衡。

教育政策合法化是指教育政策必须符合宪法和法律,才能付诸实施。合法性是政策实施的首要条件。教育政策合法化受到其他国家机关的制约。在现代国家,任何一个国家机关都要受到其他国家机关的监督和制约。在西方国家以"三权分立"的原则建立起来的政治系统中,政府提交的教育法案首先要经过议会审议通过,而立法机关制定的教育法律,则要经总统批准和监督;司法机关或专门的宪法保障机构有权审查立法机关制定的法律或行政法规是否违反宪法。中国下级立法机关的教育立法受到上级立法机关的监督、审查,中央立法机关制定的法律则要经国家主席签署、发布。这种相互约束的机制体现教育立法的严肃性。

政府教育政策在许多方面与党的教育政策是一致的,政府的教育政策以党的政策为核心和指导,是党的政策的延伸和具体化,实现着党对教育事业的管理职能。政府的教育政策与宪法和法律的关系同党的教育政策与宪法和法律的关系相类似。政府的教育政策也必须符合宪法和法律,接受合法性审查和监督,合法性是政府教育政策得以实施的关键条件。如果政府的教育政策违背了宪法和法律,对宪法和法律的尊严、权威,对政府的信誉,以及对教育工作都会造成不利影响。

为保证政府教育政策的合法性,监督政府政策的形成过程,中国宪法及地方人民代表大会和地方人民政府组织法规定,各级人民政府的政策应接受同级人民代表大会及其常委会的审查;国务院及其各部委制定的政策应接受全国人民代表大会及其常委会的审查。各级政府在制定教育政策时应先向政府部门的法制局、法规局或类似的法律机构就政策方案进行合法性咨询,以避免违反宪法和法律。各级各类教育机构的政策措施,也不能与法律相违背。应自觉遵守,认真接受合法性审查。

立法机关的教育政策合法化　教育法律在根本上是立法机关综合全社会各种不同的意见和不同的利益而形成的一套行为规范。它是开展教育工作的依据,实现教育法治的基础。立法机关是制定教育法律的主要机构,也是教育政策合法化的主要机关。

不同立法机关的立法权不同。立法权通常分为中央立法权与地方立法权。中央立法权一般由国家最高中央权力机关行使。这种立法权所处理的社会关系的对象与范围是国家与社会中基本的、带全局性的重大问题、重大领域和重要社会关系。在各种立法权中,中央立法权是具有基础和主导地位的一种立法权,它的范围一般由宪法和宪法性法律加以规定。在中国,根据1982年《中华人民共和国宪法》规定,中央立法权由全国人民代表大会及其常务委员会共同行使。国家有关教育的重大、全局性问题的法律,都由中央立法机关制定。如规定国家教育指导思想、基本原则、基本制度的《中华人民共和国教育法》，关于义务教育发展的《中华人民共和国义务教育法》，都是由全国人民代表大会制定的。中央立法机关不仅行使立法权，而且还行使对其他任何立法机构制定法律的审查权力，有权撤销与宪法、国家基本法律相抵触的国家行政机关和地方立法机关制定的法律法规，以保证国家法律体系的统一性。

在中国，地方立法权在国家立法结构中起着执行与补充中央立法权的职能。地方立法机关只能制定地方法规、条例或单行条例等，并报全国人大常委会批准后生效。省、自治区、直辖市的人大及其常委会行使地方立法权。根据宪法规定，地方立法机关制定的地方法规不得与宪法、法律、中央行政法规相抵触。基础教育实行"地方负责，分级管理"的体制，高等教育则由中央和地方共同管理。地方立法机关已制定了许多有关教育的条例或规定，成为中国教育法制的重要内容，发挥了重要作用。《中华人民共和国义务教育法》颁布后，各地立法机关结合本地实际制定了一系列保障《中华人民共和国义务教育法》贯彻实施的地方法规与措施，有效地推动了各地义务教育的普及与提高。

立法机关在行使立法权时，必须依靠一定的法律和法定程序。这种法定程序又称立法程序，是立法机关制定教育法律遵循的步骤。按照立法程序制定的法律才是合法的、有效的。教育立法程序是教育政策合法化要探讨的主要内容，它是对以往立法活动的总结概括，体现立法活动的规律和要求。中国最高国家权力机关全国人大及其常委会制定教育法律的程序一般分为四个阶段：(1) 提出法律议案。这是政策上升为法律的必要步骤。法律议案是有权机关、组织和人员依据法定程序向有权立法的机关提出的关于制定、认可、修改、补充和废止法律的提案。根据《中华人民共和国全国人民代表大会组织法》，中国享有法律议案提案权的组织和人员包括全国人大主席团、全国人大常委会、全国人大各专门委员会、国务院、中央军委、最高人民法院、最高人民检察院、全国人大的一个代表团或者 30 名以上的人大代表。中国法律虽然规定了多方面的机关和人员具有法律提案权，但在立法实践中，立法议案多由全国人大和国务院两个部门提出。中国教育立法的议案主要由国务院提出。(2) 审议法律议案。有权机关对法律议案进行审查和讨论，决定其是否应列入议事日程，是否需要修改以及组织修改的过程。(3) 表决与通过法律议案。具有法律议案审查权的人员对议案能否成为正式法律表明自己赞成或反对的意见。经过表决，法律议案如果获得法定数目以上人员的赞成、肯定、同意，即为通过，法律议案就成为正式法律。中国法律规定，全国人大审议的普通法律议案由全体代表的过半数同意即获通过。(4) 公布法律。为使获得通过的法律生效，必须向公民公布法律。

行政机关的教育政策合法化　全国人大及其常委会制定教育政策的过程是教育政策法律化的过程，是教育政策合法化的重要途径。教育政策合法化的另一重要途径是行政机关的教育政策合法化，即行政立法。行政机关(包括教育行政机关)教育政策合法化主要有两种形式：授权立法与职权立法。

授权立法又称委托立法，是指各级行政机关经立法机关的授权而进行的一种立法活动。现代社会需要法律调整和规范的社会关系十分广泛，立法任务繁重，单靠专门的立法机关难以适应对立法的需求。而且现代教育立法所涉及的领域和所要解决的问题专业性极强，大量的教育问题不为立法机关所熟悉。因此有必要授权行政机关行使一定的立法权，制定行政法规，更好地适应实际需要。授权立法要求严格依法进行。对授予的立法权一般都有严格的时间及事项的限制，即授权立法应在指定的时间内，针对指定的事行使。立法机关如果授权某行政机关制定某一方面的行政法律规范，就只能由这一行政机关行使这一立法权，其他机关无权行使。根据授权所制定的行政法规不得与法律授权机关所规定的原则相抵触。

职权立法是基于行政权的立法，是行政机关依据宪法和行政机关组织法规定的职权或行政权所进行的立法。行政机关应在宪法和有关行政机关组织法规定的职权范围内制定行政法规。行政机关享有哪种职权，就可以进行哪方面的立法，也只进行哪方面的立法。国务院享有较多的职权，也就有较多的行政立法的职权，包括教育行政立法权。中华人民共和国教育部作为最高的教育行政机构有一定的制定教育行政法规的权力。教育部在自己职权范围内制定了大量的教育规章、条例，有效地规范着教育的各方面工作。

无论是通过授权立法还是职权立法，行政机关都不能制定严格意义上的法律，它所制定的教育规范、条例，发布的决定、通知等，一般被统称为教育行政法规。教育行政法规或称教育法规是中国教育政策体系的主要内容。行政机关教育政策合法化包括关于教育的行政立法过程和行政机关教育政策合法性的审查。教育行政立法过程是指教育行政立法所经历的步骤和阶段。在法制社会里，教育行政立法也必须遵循法定程序。一般而言，制定教育行政法规的程序主要包括行政法规草案的提出，行政法规草案的审查，行政法规草案的批准，行政法规草案的颁布几个阶段。行政机关教育立法过程一般分为：教育行政立法规划、教育行政法规起草、征求意见、协商协调、审查、通过、审批和备案、公布。

参考文献
库姆斯. 世界教育危机 [M]. 赵宝恒，李环，等，译. 北京：人民教育出版社，1990.

林水波,张世贤.公共政策[M].台北:台湾五南图书出版公司,1982.

桑玉成,刘百鸣.公共政策学导论[M].上海:复旦大学出版社,1991.

伍启元.公共政策[M].香港:商务印书馆,1987.

袁振国.教育改革论[M].南京:江苏教育出版社,1992.

（袁振国　周军）

教育政策制定的影响因素（influential factors of educational policy-making）　制约教育政策制定的各种社会因素。这些制约因素与影响教育政策制定的外在环境即构成教育政策的政策环境。社会政治、经济环境与教育环境是影响教育政策制定最主要的因素,其次还有决策人物、决策组织的影响因素。

政治、经济环境对教育政策制定的影响

制定教育政策是一种政治行为,在政策制定的整个过程中,政治环境的影响无时不在,无处不在。政治的影响是广泛的。执政党和政府所代表的阶级利益,所确定的总的政治路线与政策、政治体制,政府对于教育事业在社会生活中的地位和作用的认识,政局和社会秩序的稳定情况等,都对教育政策制定有很大影响。

政治影响教育政策目标的确定。不同时代、不同国家在制定教育政策时,都必须确定明确的政策目标。具体政策目标因政策而异,但本质是一致的,即体现在政治上占据统治地位的社会阶级和集团的利益、理想和愿望。

政治影响政策问题进入政策议程。教育问题通常必须通过一定的政治过程才能进入政策议程。这种政治过程也就是公众与政党和政府,上级与下级之间沟通的互动过程。在一个开放社会中,社会沟通互动密切,人与人、团体与团体之间接触机会多,政府公务人员能迅速地反映公众的呼声和愿望,教育问题进入政策议程的可能性较大。相反,在一个相对封闭的社会中,社会互动和上下沟通较少,公众的呼声和愿望就很难为决策者所知,教育问题就不太可能进入政策议程。

政治影响政策方案的选择。不同的教育政策方案往往决定着教育资源在社会中不同的分布情况,决定着社会中教育机会和权利的不同分配。从根本上说,一个社会教育资源的数量由其经济所决定,经济落后,社会能提供的教育资源有限。但是,教育资源的分配则由政治决定,政治规定了不同阶级、社会集团及其成员在占有教育资源上的机会、权利的差异。

经济亦是影响教育政策制定的环境因素。其中尤以经济实力的影响最大。国家的经济实力是教育政策制定和实施的基本物质条件,经济实力影响教育政策问题的提出和方案的选择。一个国家的教育发展过程中会不断产生各种各样的教育问题,有些甚至较为严重,但由于受经济发展程度的制约,不能都上升为政策问题而加以解决。例如许多发展中国家存在大量学龄儿童失学、辍学,沦为文盲的现象,有关国家政府部门与社会各界也认识到问题的严重性,但限于经济实力,问题始终得不到确认与解决。教育是需要国家投资的事业,要解决一个教育问题,政策是一个方面,更重要的是经济实力。一项教育政策无论多完善,若没有国家足够的物质保证,政策只能是一纸空文。

经济实力不仅影响问题的提出,还限制方案的选择。衡量和比较各国的教育政策通常有以下标准:义务教育年限,教育投资总额,教育开支占国民生产总值的比例,人均教育开支,青少年就学人数的百分比,识字率等。这些指标与国家经济实力有关。由于经济实力的差距,各国在制定本国教育政策时,对政策方案的选择自然不同,一个超越本国经济实力的教育政策方案必然丧失其经济上的可行性。以发展义务教育为例,由于发达国家的教育开支无论是绝对数还是教育开支占国民生产总值的百分比或按人均数,都远高于发展中国家,故发达国家选择 10～12 年的义务教育发展方案,而不发达国家只能选择 5～8 年的义务教育方案。

教育环境对教育政策制定的影响

影响教育政策制定的教育环境因素有三方面:教育的传统与现状、教育理念、教育政策倾向。

教育的传统与现状　传统既是历史又是现实,是历史在现实中的沉积,它不仅作用于过去,而且构成一种强大的现实力量作用于当前乃至未来。在教育政策制定中,教育传统有着一定的影响。其一,教育传统常以一种"遗传基因"的作用方式融入现实,形成一股强大的力量去影响人们,赋予人们特定的思维方式、价值观念,使人们不自觉地带着这种教育传统去制定教育政策。其二,教育传统在一定程度上决定具体政策目标和方案内容,中国教育历来具有重视德育的传统,在教育过程中注重道德自觉和理想人格的培养,教育学生将人际关系的和谐作为重要的追求目标和内容。所以,中国制定的许多教育政策常以此作为一个重要目标和内容。教育的现实条件对政策制定的作用亦不可忽视。一方面,教育现有的问题、矛盾和要求常常是教育政策问题的来源;另一方面,各国的现有教育水平还从客观上制约着教育政策目标的确定和方案的选择。

教育理念　政府制定教育政策通常要以社会所具有的教育理念为基础。1939 年前,仅有北美洲及欧洲一些国家普及教育达到 4～6 年,而当时社会已提出实行 8 年义务教

育的要求,从而推动诸多国家延长义务教育年限。此后,随着社会的发展,人们对受教育程度的需求也愈来愈高,义务教育年限逐渐增加到 9 年、10 年,部分国家甚至达 12 年。人们一直把义务教育看成是人权之一;在义务教育逐渐涵盖中等教育全部阶段后,有些社会理念已经逐渐支持另一种教育观念,即要求把高等教育也视为人权之一。因此,已有不少国家打破高等教育的各种限制,如挪威不计任何资格,可在高等教育阶段修学短期课程。现今教育中存在的诸多教育理念,如终身教育、教育先行、教育平等、个性发展等,都是制定教育政策的依据。

教育政策倾向　各国的教育政策倾向都会在现存的基本政策与具体政策中表现出来,尤其是基本政策能反映一定时期内国家对教育事业的总要求,反映国家的基本政策倾向。例如,《中共中央关于教育体制改革的决定》就在一定程度上反映了中国政府的政策倾向,也在某种程度上指示了后来一些政策的方向。20 世纪后半叶世界各国出现了一些共同的政策倾向,如促进义务教育阶段的机会平等、扩大高等教育入学机会、消除文盲、延长义务教育年限、促进学习过程的多元化和开放化、提高教学人员专业化水平等。各国在制定教育政策时不能与上述政策倾向相违背,否则政策难以顺利出台并取得合法地位。

决策人物对教育政策制定的影响

所有参与教育政策制定的人统称为决策人物,其中,决策者、专家与智囊、行政人员对教育政策的制定影响最大。

决策者　在政策科学中,决策者即政策制定者。广义的决策者是指决策机构、享有决策权力的人和对政策的裁决有影响的人。决策机构包括政府的立法、司法、行政和其他决策机构。享有决策权力的人是指所有参加行使权力的人员,包括有选举权的人民、代议制度下的国会议员、立法委员、各级民意代表、政府官员、若干公营事业人员、若干公务人员等。狭义的决策者指根据法律在政府中居决策职位的直接决策者。他们是决策主体,领导、组织和进行决策的工作。决策者既可能是个人,通常是领袖人物或首长,也可能是集体。决策者具有法定的政策制定权力,参与政策制定的全过程,他们处于决策阶梯的顶端。

专家与智囊　专家是指具有专门知识与技能的学者。智囊一般指这样一些机构或个人,他们以提供咨询或主动建议为手段,将其知识、经验和才智应用于决策研究工作,用输出智力成果的形式为决策者服务,其活动的根本目的是协助决策者提高教育政策制定质量。现代智囊一般是多学科专家的集合体,注重于发挥集体智慧;同时也是一个由不同知识结构组成的运用现代科学理论、方法和手段,可以互相补充、启迪和丰富的知识信息综合体。

第二次世界大战后,专家与智囊在政治上或在决策上,占有日益重要的地位。在决策制度方面,由于强调计划和规划的作用,专家在决策制度中普遍被重视。在决策方法方面,所有合理的决策方法都是依靠专家的政策分析。在决策者方面,专家从幕僚或参谋的地位,逐渐转变为行政系统的一部分,有时还会变成决策系统的一部分。随着专家与智囊在各国决策系统中的地位日益重要,他们干预政策制定已成为当今政策科学的一大特征。专家与智囊影响教育政策制定是通过充当决策者的"外脑",为决策者服务而体现出来的。在当代社会急剧变化,科学技术日新月异,教育问题日益复杂的情况下,教育政策制定不但难度大,而且政策后果的影响也越来越深远,因此,对政策的时效性和可靠性要求也越来越严。对决策者来说,他不可能完全掌握一系列科学制定教育政策的方法和技术,必须依靠专家与智囊的合作。总体上说,专家与智囊没有决策权,在教育政策制定中只处于从属地位,为决策者服务。但他们直接参与政策制定的每一环节,如收集信息、设计方案、进行预测、提出政策建议、左右决策者的行为。在许多国家,政府的教育政策方案大部分出自他们之手。例如,在美国,从《今日美国中学》(即《科南特报告》)到《教育机会均等》(即《科尔曼报告》),再到 1983 年美国提高教育质量委员会的报告《国家处在危险中:教育改革势在必行》,这一系列有关教育改革的政策方案均出自专家之手。在日本,则设立由专家与智囊组成的教育审议会作为日本内阁总理大臣咨询机构,辅助决策。

行政人员　在教育政策制定中,行政人员的影响力也在日益增大。现代国家面临的教育政策问题众多,性质复杂,绝不是任何卓越领导人物单凭个人智慧所能全部处理的,他不能不把若干决策责任委托给其他下属。这些人除了专家外就是行政人员。尽管各国在官僚制度或文官制度的性质上存在差异,行政人员在各国决策体系中的地位也不尽相同,但除了采用英国模式的文官制度的国家外,所有国家的行政人员都是教育政策制定的直接影响者或间接影响者。

决策组织对教育政策制定的影响

决策组织是指在教育政策制定中根据法律具有决策权力的组织与机构的结构化组合体。在任何政治体系中,具有法定决策权的组织机构包括政府各级的立法、司法、行政机构以及执政党组织。组织学的决策理论认为,政策是组织的产品,因而深受各个政府组织的影响。当代的重要政策,不仅是一个单独的决策者或主权者依合理的方法所寻求的解决政策问题的最佳方法,而且是承担决策责任的组织或单位的组织产品。

一个国家的教育政策制定活动总是在一定的组织机构内进行的，必然要经过某种组织程序或过程。民主国家决策的达成是经由一种政治程序，使团体和成员在决策过程中均享有参与权。组织程序是一种政治运转过程，在不同的运转程序下，教育政策制定呈现出不同的情况。

各国在制定教育政策时，其决策组织程序不完全相同。美国是一个分权制的国家，教育决策权传统上属于地方，因而，其教育政策许多是由州的各方面的机构合作制定，包括州议会、州教育董事会与地方教育董事会。同时，由于联邦对教育的控制加强，也有越来越多的教育政策由联邦政府通过立法、司法与行政渠道制定。尽管联邦与州的教育政策由不同的决策组织制定，但各级决策组织基本上遵循一致的组织程序。在美国，制定教育政策一般先由联邦或州在国会与议会上显现决策精神；而后授权联邦或地区决策机构制定政策；决策机构组织专家成立委员会进行调查研究或委托政府与私人企业的研究机构提出政策方案；政府根据研究机构的方案选择出最佳政策方案并公之于众，以广泛征求民众意见；最后由联邦政府的立法、司法或行政机构，或者由州的相应决策机构通过。英国也有相应的组织程序：先由政府决策机构及领导人提出政策设想；各种研究机构和专家咨询机构提供咨询建议与政策方案；教育审议机构审议咨询报告与建议并公布；政府接受方案并形成白皮书；一些重要的政策还由政府部门递交议会讨论形成法案。如1961年公布的白皮书《扩大技术教育机会》，最先就是议员克劳琴提出的关于15～18岁适龄青年教育制度的咨询报告，此报告是基于英国对苏联于1957年成功发射人造卫星所作出的反应而提出的；后由英国教育与科学大臣的审议机构中央教育审议会公布；1961年被政府采纳，并以白皮书的形式公布。1963年的《罗宾斯报告》则是由英国首相的咨询机构高等教育委员会发表，后被政府采纳。日本制定教育政策先由内阁总理大臣或各级决策机构的领导人提出基本政策精神；再由各种审议机构提出咨询报告，这些机构包括中央教育审议会、教育课程审议会、教职员培训审议会和临时教育审议会；最后由文部省根据报告，制定政策。如，文部省1988年的教育白皮书《我国文教政策重点——终身学习的新发展》就是根据临教审的四次咨询报告，以及文部省课程审议会与教职员培训审议会的报告而制定的。

在中国，制定教育政策通常是由国家决策机构或领导人提出大致的政策目标、基本原则和指导思想，而后成立方案领导小组，小组授权政策研究机构或综合部门进行具体的调查研究，收集和分析有用信息，起草政策方案；再征求有关学者专家的意见，反复磋商、修改、审订政策方案，最后由决策机构批准执行。如1985年《中共中央关于教育体制改革的决定》，中央在作出这项决策时，成立了文件起草领导小组；在文件起草过程中召开多次座谈会，征求了中央有关部门，部分省、市、自治区负责教育工作的同志，一部分高校的校长、教育专家及民主党派的意见，还征求了一些外籍华裔学者的意见，然后广泛发动公开讨论，召开学术研究会，收集学校教师、各级干部的意见反复修改方案；最后由中共中央签署发布。

各国制定教育政策时，其组织程序是不同的，很难说哪一种程序更有利于政策制定，但组织程序较为合理的国家，教育政策制定也较为民主与科学。组织程序不仅因国家而不同，在同一国家内，还因机构不同而有所不同。各国决策组织内包括的主要决策机构有立法、行政机构以及执政党组织。立法机关即为国会、议会、代表会议等国家机构。在中国，立法机关即全国人民代表大会及其常务委员会。立法机关的基本职能是制定法律。

行政机关是执行机构，但它也制定教育政策。行政机关的组织程序因体制不同而不一样。在首长制的行政机关中，行政首长具有法定的最高决策权，他征求政府机关其他组成人员的意见和建议，并进行决断，在委员制的行政机关，并没有一个行政首长具有法定的最高决策权，任何重大决策均需在合议机构以少数服从多数的原则表决通过。在当代世界，绝大部分的行政机关采用首长制的体制，组织程序上也与此相应。

参考文献

林水波，张世贤. 公共政策[M]. 台北：台湾五南图书出版公司，1982.

孙绵涛. 教育政策学[M]. 武汉：武汉工业大学出版社，1997.

伍启元. 公共政策[M]. 香港：香港商务印书馆，1987.

袁振国. 教育政策学[M]. 南京：江苏教育出版社，1996.

（袁振国　周　军）

教育政策制度基础（institutional environments of educational policy）　教育政策的制定和执行所需要的制度环境和合法性基础。主要包括社会政治、经济制度和教育制度。

政治制度与教育政策　国家政治制度包括国家体制、政权组织形式、政党制度、选举制度等诸多内容。与教育政策关系尤为直接的是国家权力结构，即国家权力在横向和纵向上的分配。在政治权力的横向分配方面，有以美国为代表的立法、行政、司法分权的"三权分立制"，也有以英国为代表的立法（议会）与行政（内阁）合一的"议政合一制"。在三权分立体制下，立法、行政、司法权分属不同机构，相互制约，相互制衡。在此体制下，教育政策的制定、执行、评估分属不同权力部门，有关教育的基本制度、重大教育决策权归属立法机构（通常为议会）；国家行政机构是国家权力的执行机构，主要职能是依据法律对国家事务进行直接的、具体的组织和管理,在教育政策制定和调整方面的权力有限;而司法机构则负责对教育相关司法案例进行判决,并进而影响教育政策制定及其执行。而在"议政合一"体制下,议会(立法机关)是国家权力的唯一核心,内阁(行政机构)由议会产生,并对议会负责,议会有权对内阁进行监督,并有权推翻内阁。在此体制下,教育政策的制定和执行在机构和权力归属上是相对统一的。

在国家权力的纵向分配方面,主要有"单一制"和"联邦制"。英国、法国、意大利等多数国家实行"单一制",国家或中央政府在全国行使最高权力,有权推翻地方政府的决定。美国、加拿大、澳大利亚、德国等国家实行"联邦制",权力被联邦政府和州或省政府分割,联邦政府通常控制外交、国防和货币,地方政府掌握教育、福利和警察。在单一制体制下,国家或中央政府是教育的最高决策机构,国家通常有统一的教育方针,相对统一的学制、课程和教育标准,地方政府关于教育的政策、规定必须依照国家规定;而在联邦制国家,各州或省有独立的教育决策权,可以制定自己的教育法律和规定。以美国为例,美国各州都有自己独立的教育法律法规,联邦政府在教育方面的政策主要根据宪法第一条第八项的规定:国会有权为共同防卫和一般福利的目的征收税赋。美国联邦政府制定的《国防教育法》、《成人教育法》、《教育所有残疾儿童法令》等都是依此条款而制定的,主要是为促进教育公平和加强国防教育。

在政党制度上,中国实行共产党领导下的多党合作制,坚持中国共产党的领导,执行党的方针、政策是其教育实践的基本要求,也是制定教育政策的基本依据。在国家权力分配方面,中华人民共和国全国人民代表大会是国家最高权力机关,代表人民行使立法权,同时,国家行政机关、司法机关都由它产生,并受其监督。作为国家权力的一部分,教育立法权同样隶属于全国人民代表大会,作为国家教育行政主管部门的教育部所制定的教育政策,也必须符合人民代表大会审议通过的相关法律精神,教育部重大规划、经费预算和执行情况都必须提交全国人民代表大会及其常务委员会讨论通过,教育政策及其实施受全国人民代表大会的检查和监督,全国人民代表大会有权罢免教育主管部门的主要成员。

在国家权力的纵向分配方面,中国实行单一制的领导体制,统一领导,分级管理。中央拥有最高权力,地方政府必须拥护中央的法律、制度和决定,地方政府有权制定地方性法规,但其基本精神应与中央保持一致。在教育政策的制定上,教育部是国家教育主管部门,负责制定全国性教育发展规划和教育政策,协调全国教育的发展,各省(市、自治区)都设立教育主管部门,以执行中央教育政策,并根据本地实际,制定相关政策和条例,管理本地教育。中国教育权力的基本组织方式同样是民主集中制,教育政策的制定和执行必须依照该原则。

经济制度与教育政策 经济制度规定资源的占有、配置和分配的基本方式,在很大程度上决定了教育资源的总量、分配和管理,从而对教育政策目标制定、政策工具选择和政策执行等产生重要影响。

经济资源是影响教育政策目标制定和教育政策落实等的关键因素之一,国家拥有的资源数量和分配方式是国家教育政策制定的重要依据和前提。不论是将教育视为一种投资还是一种福利,国家经济体制对教育政策的制定和推行都具有极为重要的影响。如果将教育作为一种投资,福利国家和社会主义国家更有可能将教育视为国家的事业,并提供免费的教育,相应地,也会对教育提出较具体、严格的要求;如果将教育作为一种福利和社会资源再分配的手段,则福利国家和社会主义国家将因拥有更多可以支配的公共资源而更可能制定有力的公共教育政策,以促进教育公平。在自由放任体制国家,教育更多地被视为个人消费或人力资本投资行为,政府用经济手段进行干预的力度相对较弱。以上区分并不是绝对的,由于国家经济发展水平、税收制度、公共财政能力、对教育的认识和历史传统等不同,国家对教育的资源投入和经济调控能力不同,与之相关的教师工资政策、学费政策、学生资助政策、地区之间经费转移支付政策等也各不相同。

在资源配置方式上,计划经济体制下的政府掌握并通过计划方式配置生产资料,直接领导和组织经济活动,行政命令是执行计划的基本手段。各级各类学校的发展目标、规模和结构、教育经费总数和分配、教师的配备和调动、毕业生的就业等都必须按照一定的计划。因此,教育决策和政策的制定都是高度中央集权,地方教育管理部门和基层教育单位缺乏决策权和变革的动力,整个教育体系面对环境的变化也缺乏足够的灵活性和适应性。在市场经济体制下,遵循市场在社会资源配置中起基础性作用的原则,政府通常只是通过制定市场规则、颁布指导性政策、监督市场运行等方式间接影响经济运行。教育尤其是高等教育的规模和结构主要受劳动力市场供求状况的影响,通过高等学校自主调节,政府的作用主要限于经费支持、信息提供、质量监督、标准控制等方面,毕业生就业主要通过劳动力市场实现。

中国经济体制正处于从社会主义计划经济体制向社会主义市场经济体制转型的过程之中。在生产资料所有制方面,在坚持以社会主义共有制为基础的同时,承认、保护私有财产,并大力发展私有经济和多种所有制经济;在资源配置方式方面,明确提出了建立社会主义市场经济体制,要在国家的宏观调控下,发挥市场机制对资源配置的基础性作用。这种经济体制的转型也是中国教育政策制定的制度基础。为适应经济体制的改革,1985年《中共中央关于教育体制改革的决定》颁布,为教育管理体制、教育结构调整以及其他教育基本制度的改革指明方向。中国教育资源的配置一方面要承认计划经济体制的惯性,保留其合理的成分,同时也要积极引入市场机制,在教育财政体制、办学体制、招生就业体制方面适当引入市场竞争。为此,教育主管部门在教育政策制定上正逐步从指令性计划向指导性计划转变,教育行政管理工作的重点也逐步从直接参与教育、制定具体的方案和措施,逐步转向制定教育发展的宏观目标和要求,完善教育法律法规和运行环境,提供信息咨询和监督评价等。

教育制度与教育政策　从世界范围看,各国教育都有一些基本的规定,例如实行国民教育和义务教育制度,教育与宗教相分离,不同性别、民族的儿童青少年具有同等的受教育权利等。但在具体制度上,不同国家之间存在较大差异。例如在义务教育年限的规定方面,有的国家只有 4 年,而有的达 13 年;在小学、初中、高中学制年限方面,有"六三三制"、"五四三"制、"六二四"制等不同安排;在学校分流方面,美国等少数国家实行单轨制,多数国家实行普通教育与职业教育分流;在分流时机上,也存在小学后分流、初中后分流、高中后分流等不同类型。

《中华人民共和国教育法》对教育基本制度进行了明确规定。关于教育方针,规定"教育必须为社会主义现代化建设服务,必须与生产劳动相结合,培养德、智、体等方面全面发展的社会主义事业的建设者和接班人"。关于教育内容,规定"国家在受教育者中进行爱国主义、集体主义、社会主义的教育,进行理想、道德、纪律、法制、国防和民族团结的教育";"教育应当继承和弘扬中华民族优秀的历史文化传统,吸收人类文明发展的一切优秀成果"。关于教育与宗教的关系,规定"国家实行教育与宗教相分离。任何组织和个人不得利用宗教进行妨碍国家教育制度的活动"。关于教育对象及其权利,规定"中华人民共和国公民有受教育的权利和义务。公民不分民族、种族、性别、职业、财产状况、宗教信仰等,依法享有平等的受教育机会"。关于教育行政管理,规定"国务院和地方各级人民政府根据分级管理、分工负责的原则,领导和管理教育工作。中等及中等以下教育在国务院领导下,由地方人民政府管理。高等教育由国务院和省、自治区、直辖市人民政府管理";"国务院教育行政部门主管全国教育工作,统筹规划、协调管理全国的教育事业。县级以上地方各级人民政府教育行政部门主管本行政区域内的教育工作。县级以上各级人民政府其他有关部门在各自的职责范围内,负责有关的教育工作"。还规定:"国务院和县级以上地方各级人民政府应当向本级人民代表大会或者其常务委员会报告教育工作和教育经费预算、决算情况,接受监督。"关于基本学制,规定"国家实行学前教育、初等教育、中等教育、高等教育的学校教育制度";"国家实

行九年制义务教育制度";"国家实行职业教育制度和成人教育制度";"国家实行国家教育考试制度";"国家实行学业证书制度";"国家实行学位制度";"国家实行教育督导制度和学校及其他教育机构教育评估制度"。

依据《中华人民共和国教育法》,全国人民代表大会还制定了《中华人民共和国义务教育法》、《中华人民共和国高等教育法》、《中华人民共和国学位条例》、《中华人民共和国民办教育促进法》等一系列法律,进一步规定各级各类教育的基本问题。这些基本制度为各级教育主管部门制定教育政策提供了法律依据,教育政策不得违背上述法律规定。

其他一些社会制度,如婚姻制度、生育制度、户籍制度、人事制度等,都对教育活动以及相关教育政策的制定有不同程度的影响,例如计划生育制度对中国适龄人口结构及相关的教育政策产生重要影响,户籍制度对高校毕业生就业及相关政策产生重要影响。

社会政治、经济制度为教育政策的制定和执行提供了制度环境和合法性基础,而教育政策的实践也在一定程度上影响教育制度甚至其他社会政治、经济制度的变革,如果现有制度和教育法律有碍教育政策制定和教育事业发展,教育行政主管部门以及其他组织和个人都可以提请立法机构修改相关法律条款。

参考文献

李国均,王炳照.中国教育制度通史[M].济南:山东教育出版社,2000.

迈克尔·罗斯金,等.政治科学(第 6 版)[M].林震,等,译.北京:华夏出版社,2001.

袁振国.教育政策学[M].南京:江苏教育出版社,2001.

（文东茅）

教育政策终止（termination of educational policy）教育政策运行过程中,在其正面效用逐渐丧失的情况下,教育决策部门废止原有政策或通过制定新政策来取代原有政策的行为。一般表现为两种状况:一是某项政策经过正常运行,所要解决的问题消除,预定的目标实现,政策的正面效能充分发挥,该项政策就必须撤销。二是某项政策制定后,或根本无法运行,或运行一段时间后障碍重重,无法继续实施,只能加以废弃。

教育政策终止是政策运行过程中不可缺少的环节。从政策周期来看,教育政策终止并非出现政策真空,而是一种教育政策被另外一种教育政策取代,这种取代表示整个政策系统的运行是连续的,政策与政策之间是相互衔接的。正是新旧政策的连续性、衔接性,使新政策在旧政策的基础上推动政策向前发展。教育政策终止具有多样性。从终止的时间来看,有些教育政策实施了很长时间才终止,而有些

则刚实施就被强行终止。从终止的依据来看,有些是因为总政策变化而终止,有的是因赖以存在与运行的客观环境变化而终止;有的则是由于政策效能丧失,消极作用加大而终止。从终止的内容来看,既有政策废止、政策替代,又有政策合并、政策分解和政策缩减。

教育政策终止对政策的变迁和发展具有重要作用:有利于节省政策资源,及时终止失效的或无效的政策,可以将人力、物力和财力组织配备到新的政策实施上去,让有限的政策资源发挥更大的作用;有利于促进政策优化,将无效的、过时的政策废止、合并、分解、缩短,不断优化政策系统,从而更能与环境相适应,更加符合社会发展需要;有利于提高政策绩效,运用政策运行的周期性特征,不断地将绩效变得低下的旧政策淘汰、更换、废止,让新的政策发挥效能。

教育政策终止包括:(1)教育政策计划终止。教育政策在实施时,必须瞄准政策目标制定行动计划,包括具体的措施和手段。终止就是必须首先停止政策实施的计划,即终止原来采用的措施、手段,使政策的具体推行和贯彻的活动终止。在教育政策终止中,计划的终止是最容易的。因为政策实施中的手段、措施的采用与操作的主动权控制在执行部门手中,教育管理部门要求执行机构停止实施某项政策,其实施计划也就随之终止。(2)教育政策执行终止。一旦决定某项教育政策终止,公共管理部门就不会再向该政策的实施投入必要的政策资源,政策执行自然就中断了。(3)教育政策组织终止。教育政策制定和实施都需要借助一定的组织载体,特别是政策实施,必须形成执行指挥层面和具体操作层面的专门机构。有专设的组织,就有列入人事编制的专职人员。当教育政策终止时,这些相应的组织就必须分解、压缩、转型、撤销,人员就必须重组、精简、分流。一般地说,处在执行操作层面的组织在政策终止时变动较大,而原来负责政策协调、监控、指挥的组织则由于同时管理着诸多相关政策的实施,除了做一些微调外,主要是管理方面和职能的转移。教育政策组织的终止,特别是对操作层面组织的撤销,会对具体的执行人员的工作与利益带来一定的影响,组织终止是政策终止中较为困难的方面。(4)教育政策功能终止。每一项教育政策都有具体的利益分配。教育政策终止必然要终止其功能,即公共部门不再去提供与该政策有关的公共产品和公共服务。但是,具体功能的终止应考虑相关政策的作用,要考虑政策功能的定势特点和惯性影响。因此,在终止过程中,功能的终止相对前面所说的执行终止和计划终止来说就要复杂很多,也困难得多。

教育政策终止的方式一般有五种:(1)教育政策废止。宣告某项政策立即中断和停止实施。教育政策终止的一种最果断、最迅速的方式。其形式是具有相应权力的公共管理机构通过文件、公告向社会宣布政策终止指令。废止一般是用在经评估证明已经完全过时、完全失效的教育政策。采用废止的方式有利于防止反对终止的组织和人员继续实施失效的政策,从而给社会和公众造成损害。为了更好地实施教育政策废止,必须加强监控,做到令行禁止。(2)教育政策替代。教育政策终止中比较常见的方式。在形式上,也是将原来的政策废弃,但与之不同的是,废弃的政策和替代的政策所要解决的社会公共问题是相同的。(3)教育政策分解。教育政策终止中一种比较复杂且带有相当技术难度的方式。从形式上看,教育政策分解也是取消原来的政策,代之以新的政策,但从内容上看,教育政策分解并不是完全抛弃掉旧政策,而是将其中失效的、过时的部分去掉,仍然保留有效的部分,与其他的政策一起组合为一项新政策。教育政策分解的目的是要将原政策中已经过时的、失效的内容清除掉,因此其重点是将旧政策加以科学、合理的分解。这种分解也是多方面的,可以是目标分解、范围分解,也可以是手段分解。分解以后保留的内容必须和另外的分解了的政策内容结合起来,形成一项新政策。教育政策分解的基础是被分解的不同政策都解决了一部分政策问题,但也都没有把各自的政策问题全部解决掉。这些遗留下来的部分问题又形成了一个新的政策问题,需要新的政策去解决。(4)教育政策合并。与教育政策分解相辅相成。教育政策分解是教育政策合并的前提。合并有两种情况:一种是将一个分解好的政策并入到另一个先行的政策之中,被分解的政策也就终止;另一种是将两种或两种以上分解过的旧政策并为一个新政策,在这种情况下,原先两种教育政策也就终止。(5)教育政策缩减。它属于教育政策终止中的另外一类方式,是终止的策略。若某项教育政策经评估已经过时、失效,但或者由于执行部门的原因,或者由于目标团体的原因,仍然处在执行状态,为了迅速果断地废止该政策,公共管理部门采取压缩措施,消除政策执行的惯性,使其缓慢停止,此即政策缩减。消除政策惯性的途径主要有:从宣传上缩减,逐步降低原政策的宣传力度;逐步收缩原政策的作用范围;逐步缩减原政策实施的资源投入。这种教育政策终止策略的优点在于,具体执行部门和原政策实施中的获益群体能从心理上慢慢接受政策终止的事实,避免社会由于一些教育政策的终止而产生震动。

参考文献

陈振明.政策科学:公共政策分析导论[M].北京:中国人民大学出版社,2004.

林水波,张世贤.公共政策[M].台北:台湾五南图书出版公司,1982.

张金马.公共政策分析:概念·过程·方法[M].北京:人民出版社,2004.

(林小英)

教育知识社会学(sociology of educational knowledge)从社会学视角分析教育知识的社会构成的理论。旨在揭示教育知识不是一种价值无涉的中立知识,而是不同社会集团选择的结果。对教育知识的社会学分析能廓清制约教育知识构成的复杂社会因素,在微观层面把握教育体系的再生产作用。

20世纪60年代起,英国首先出现关于教育知识的社会学分析,源于文化研究先驱、英国学者R. 威廉斯在所著《漫长的革命》(*The Long Revolution*,1961)中的一个论题"选择性传统",该论题后成为教育知识社会学最初的研究对象之一。"选择性传统"的研究主要是对继承于先辈的文化遗产进行澄清和再解释。

对教育知识的社会学分析的方式之一是,对教学大纲和教学方法的变革机制及改革建议所遇到的阻碍提出质疑。英国在20世纪的六七十年代进行了大量研究,提出教育知识构筑的社会性,认为各个学科犹如封闭的共同体在运作,赋予其成员一种强烈的身份情结。此后,学科的封闭和发展成为英国课程社会学思考的主要问题。在随后的十多年中,英国学者古德森和B. 库珀继续研究此论题,但立足于经验的和历史的资料,突出学校学科内部可以同时存在拥有不同传统或利益的群体。70年代兴起于英国的新教育社会学深受美国的符号互动论、现象学社会学、文化人类学和知识社会学的影响,将课程社会学与激进的政治—文化批判纲领联系在一起。新教育社会学认为,对教育知识的选择、合法化、组织和授受方式的分析,应成为教育社会学研究的首要任务。英国学者M. F. D. 扬在《知识与控制:教育社会学的新方向》(1971)中对课程作广泛的界定,认为教育知识或课程一直被定义为学校或其他教育机构传授的内容,而教学、组织和评价的方式也会影响学生的学习;提出教育知识社会学的很多研究主要探讨教育知识或课程是如何在学校、教室以及更广泛的社会结构中互动的。

教育知识社会学理论主要受现象学传统的复兴、再生产理论的诞生以及马克思主义理论的教育应用这三种思潮的影响。

在功能主义者的支持下,教育社会学家从20世纪20年代开始研究教育机会不均等问题,并激发了早期对教育知识的社会学分析。功能主义传统源于法国社会学家涂尔干对早期教会时代至19世纪法国中等教育发展的研究,他把教育和中等课程的演变与法国社会结构的变化相联系,尤其与这一时期教会的功能相结合。早期的教育知识社会学分析始自德国社会学家曼海姆的知识社会学,认为诸如技术学科的知识体系影响了依赖社会组织的课程内容,而自然科学作为一种特定理论,应享有事实特权。20世纪60年代,美国科学哲学家库恩对此提出挑战,认为自然科学的认识受一定范式控制,包括探索的问题、研究方式以及认可以

往的探索成果,这些范式影响了社会体制支持的权势人物,如专家、审查者、出版物的作者等,他们决定什么知识是受欢迎的,谁应当是自然科学合法的持有者和传递者。

知识社会学依循其传统主要有三个延伸方向:一是技术学科发展的路径已得到研究,尤其是学校知识的形式。B. 库珀发现,学科中正形成或发展出各个强势团体,统治了相关的文本和考试。二是马斯格雷夫(1988)揭示的在各种旨趣融合与不断变化的条件下,二次考试所承担的重要角色。三是G. N. 吉尔伯特指出,社会意识形态正深入影响学校教材,在中等学校社会科学的英语教材中,虽然某些作品或教材编写者的目的是教育学生成为具有社会批判能力的人,但教材的认识论基础非常保守。20世纪80年代中期至90年代中期,社会学家提出应当重视教材工作。

现象学传统 20世纪60年代,知识社会学的影响因美国社会学家和哲学家舒茨的现象学社会学以及奥裔美国社会学家、现象学社会学的主要代表P. L. 伯杰和德国社会学家卢克曼所著《现实的社会建构》(*The Social Construction of Reality: A Treatise in the Sociology of Knowledge*,1966)的出版而不断扩大。P. L. 伯杰和卢克曼的论著将社会学涉及的领域延伸到社会中所有传递知识的活动,强调知识的社会建构,促使人们在考虑课程内容时不仅要采取批判的立场,而且要特别关注人际关系(尤其是课堂)中的意义建构方式。凯迪的研究揭示了教师对学生能力的感知,如何界定不同的社会阶层,从而产生课堂行为差异,并决定教师教授什么和学生学习什么。

再生产理论 同一时期,关于教育不平等问题的探讨开始注意文化意义的选择,即教育知识如何在不同的社会阶层进行传递和再生产。英国学者B. 伯恩斯坦和法国社会学家布迪厄关于这一问题的理论观点受到再生产理论的影响。B. 伯恩斯坦认为,一个社会选择、分类、分配、传递和评价教育知识的方式,反映社会内部的权力分配和对个体行为进行社会控制的方式。他用"编码"概念分析课程建构的方式和不同教育体制下知识传递的方式。他假设内容之间界限分明的是集合编码,界限模糊的则是整合编码,而按照涂尔干的理解,编码类型的运用深受社会结构尤其是劳动分工水平的影响。在方法论层面,B. 伯恩斯坦在课程编码中所使用的历史数据只有支持性数据,而未将所引用的不同社会的特征系统化。B. 伯恩斯坦认为,整合编码将提升支持保守政体的潜能,但20世纪60年代后期,法国和德国激进的一代却来自明显设置整合课程的学校。B. 伯恩斯坦同时指出,整合编码会增加社会批判的可能性,但美国多数整合课程并未导致激进的传统。

1970年,布迪厄和帕斯隆合著《再生产》。布迪厄认为学校承担教学任务,这得到统治阶级文化专制的符号霸权理论的确证。这一过程的结果依赖于当事人的"惯习",布

迪厄借此意指那些或永久或短暂的产生统一标准的实践结构。"惯习"因社会阶层差异而异,在多数教育体制中,中产阶级(而非工人阶级)发现学校能够适应其习惯,于是学校中中产阶级的子女能够顺利完成学业,而工人阶级的子女往往不能达到预期结果,这种结果因为学校的合法性而被认为是客观存在,其中的文化差异被定义成文化缺失。

对学校教材的研究与再生产理论有关。巴利巴的研究显示了乔治·桑的小说《魔沼》场景中语言的运用方式,其编辑目的就是为满足法国初等学校中产阶级的生活习惯,而在公立中等学校中又保留其资产阶级人文主义色彩。

布迪厄同 B. 伯恩斯坦在理论著述方面一样取得较大成果,但亦明显存在问题。社会阶层再次受到瞩目,人的能动性只能潜在地发挥作用,但关于"惯习"的概念尚未澄清;布迪厄的理论假设了形成再生产的"黑箱",但无法说明这个过程的发生过程;强调社会阶层,却忽视其他处于冲突中的群体,忽视学校中或教育领域乃至其他领域的权力之争,以及课程、教学和评价。对于课程改革在这种矛盾与斗争中的应运而生,布迪厄未作出说明。

马克思主义理论的教育应用　尽管社会阶层在教育社会学研究中处于核心位置,但直到 20 世纪 60 年代,马克思主义理论才逐渐产生影响。R. 威廉斯在《漫长的革命》中描绘了大众文化革命对英国的冲击,课程是文化方法的主要方面。他认为课程内容应通过三个群体对课程不同的价值观进行调节而达成一致,即工业技师、人文主义者和公共教育家,后又增加州官僚人员作为第四个群体。这种分类在课程决策与开发的分析中被越来越广泛地应用。

法国哲学家阿尔杜塞认为,教育应当是意识形态的社会构成的一部分,与经济一起在特定时期发挥效能。1976年,美国新马克思主义者鲍尔斯和金蒂斯在分析大量中等学校资料的基础上提出,学校在培养分层性的资本主义劳动力方面具有重要作用,从而延续了社会不平等,而非提供了机会。他们假定教育的组织结构与生产关系之间有一种对应关系。这项研究最初很有影响,但不久被标上相对论的标签,认为其因果关系的方向及包含的过程都未在统计上或性质上加以说明,从而受到各方面的批评。

在美国,马克思主义课程理论主要受美国教育理论家阿普尔的影响。阿普尔所著《意识形态与课程》(1979)中分析了统治阶级的权力如何得以实现和维护其霸权地位。例如在美国学校,冲突理论在自然科学和社会科学的课程提纲中都被忽略。阿普尔的著作在英语国家产生广泛影响。1986 年,阿普尔考察教材、教育出版物以及课程开发运动如何限制了课堂上教师的专业自由,其著作突出再生产过程的复杂性,但缺少经验性工作支撑其研究。

"抵制"成为这些研究者所运用的重要观念,但尚未理论化。美国教育学家、文化评论家吉鲁指出了抵制理论存在的问题:未详细说明产生或预防抵制的情境,特别是很少分析种族或种族划分;关注的焦点只在公然的反抗;对于多数学校的叛逆者如何变为顺从的社会公民未予说明。

其他相关研究　国立和私立学校大量的澳大利亚人种志研究提出社会阶层学习的系统课程,指出了所有学校的核心课程存在的问题:在某些社会,右翼决策者主张的政策,是校本课程政策的标志。这种针对工人阶级的系统课程通常被看作是为了教给学生社会批判能力,由此引出问题:国家是否愿意资助学校中激进课程的教授而让渡自身的统治地位。统治阶级认为这是其霸权的一种代理方式,因为他们的子女通常在技术课程的竞争中都能顺利过关。美国教育思想家安涌对美国五所小学的人种志研究表明,教师在课堂教学中无意识地满足了不同学生的不同需求,工人阶级学校中的机械学习较多,中产阶级的学校"官僚"色彩较浓,而职员阶层的学校更偏重创新性和独立性。

马克思主义概念化的另一种形式是批判课程理论的发展。这一分支主要以法兰克福学派为基础,尤其是哈贝马斯的思想。他着重分析了建构知识的人的意识形态。批判理论试图揭示教育中的意识形态,而且关注自身意识对工作的影响。卡瑞尔对资本主义国家心理测试的支配作用做了相关研究。英国教育家惠蒂对基于校本评价的公共英语考试进行系列研究。

在同一时代的政治背景下,教育在多数社会中都受到经济发展的制约。教育内容领域受到课程资源的开发的影响,因为课程开发被认为是维持霸权或者对这一过程提供援助的方式。尽管存在这种限制,国际研究的关注点主要在三个维度提供可能性。

(1) 20 世纪 60—80 年代的多数相关著作都需要经验性的质性研究或量的研究。爱尔兰学者 K. 林奇对爱尔兰中等学校隐性课程的统计分析仍有一定意义。她指出隐性课程不是一元的、无差别的实体,而是学生的各种经验,教师或管理人员只是"知识分配与消费"忠实的履行者。这类研究增加了理解隐性课程关键概念的复杂性,也增加了其可行性。

(2) 研究校本课程的支配权,教育行政管理成为焦点。课程改革的管理成为重要话题,尤其是从社会学视角对学校的知识管理,例如计算机在课堂上的广泛使用是否会影响课程内容。

(3) 分析教育的知识话语。话语分析是社会学研究普遍采用的技术,知识话语具有经验价值(experiential values)、关系价值(relational values)和表达价值(expressive values)。经验价值指文本作者再现自己对自然或社会的经验,包括文本的内容、知识和信仰;关系价值指话语中的文本表现出的关联和社会关系;表达价值指文本作者对相关现实的评价,与主体和社会身份有关。在知识文本对世界的再现中,意识形态可以通过词汇编码。美国社会学家 P.

韦克斯勒强调作为课程社会学重要基础的符号的意义,指出学生作为主体,形成和产生于话语与成果的历史中。针对学校如何提高学生对语言的批判意识,语言学家费尔克拉夫提出三部曲循环:反省经验(reflection on experience),要求学生反省自己的话语以及所体验的对这些话语的社会限制,在班上分享感受;将经验系统化(systematizing experience),教师为学生展示如何用系统的形式来表达这些反省,给自己的感受以"知识"的地位;解释(explanation),使上述知识成为集体反思的对象,在班级中展开分析,寻求社会解释。

参考文献

Anyon, J. Social Class and School Knowledge [J]. Curriculum Inquiry, 1980,11(1).

Halsey, A. H., Lauder, H., Brown, P. & Wells, A. S. Education, Culture, Economy and Society [M]. Oxford: Oxford University Press, 1997.

Saha, L. J. International Encyclopedia of the Sociology of Education [M]. Oxford: Pergamon, 1997.

Wexler, P. Social Analysis of Education [M]. New York: Routledge & Kegan Paul, 1987.

Young, M. F. D. Knowledge and Control[M]. London: Collier-Macmillan, 1971.

（吴　刚）

教育质性研究（qualitative research in education）以教育现象为研究对象,采用质性方法进行的研究活动。质性研究是以研究者本人作为研究工具,在自然情境下,采用多种资料收集方法,对社会现象(包括教育现象)进行深入的、整体的探究,主要使用归纳法分析资料、形成理论,通过与研究对象互动,对其行为和意义建构获得解释性理解的一种活动。

质性研究方法经历了一个曲折的发展过程。其发展早期主要依赖于研究者个人的实地经验和主观阐释,缺乏统一的理论基础和系统的操作体系。在以实证主义为指导的量的研究方法在社会科学领域占主导地位时期,质性研究方法一直受到冷落。20世纪60年代末以来,社会科学家们越来越意识到,要研究复杂的社会现象,仅仅使用量的方法具有一定的局限性。量的方法适合在宏观层面进行大规模的社会调查和政策预测,但不适合对现象本身发生和发展的过程进行细致深入的研究,尤其不适合对被研究者的行为、思想和情感进行意义阐释。而质性研究方法在这些方面具有优势。质性研究者从本体论、认识论和方法论的角度对一些重要的理论问题进行探讨,并在人类学、社会学、民俗学、心理学、教育学和护理学等学科的研究基础上逐渐发展起来,形成一套操作方法和检测手段。质性研究方法在社会科学领域运用非常广泛,成为对量的研究的一种有力挑战和补充。

教育质性研究的理论基础

质性研究的理论基础主要有三个方面:后实证主义、批判理论和建构主义。

后实证主义是对实证主义的反动和超越。实证主义起源于经验主义哲学,认为社会现象是客观存在,不受主观价值因素的影响,不受知识、理论所左右。主体和客体是两个截然分开的实体,主体可以通过对一套工具的操作而获得对客体的认识。社会现象必须被经验所感知,一切概念必须还原为直接的经验内容,理论的真理性必须由经验来验证。理论与实践、价值与事实是相互独立的实体,不能相互渗透。实证主义遵循的是自然科学的思路,认为事物内部和事物之间必然存在着逻辑因果关系,对事物的研究就是要找到这些关系,并通过理性的工具对它们加以科学论证。后实证主义是一种"批判的现实主义",它同样认为客观实体是存在的,但却认为真实性不可能被穷尽,也不可能被证实,研究者所了解的"真实"永远只是客观实体的一部分或一种表象,研究只可能逐步接近客观真实。

批判理论是一种"历史的现实主义",植根于黑格尔的辩证哲学、马克思的政治学批判和弗洛伊德的潜意识理论,因20世纪20年代法兰克福学派的兴起而闻名于世。该理论认为,人们的思想和行为都具有利益动机,所谓的"知识"、"事实"和"真理"都受到某种价值观或理论的制约。但由于价值体系、意识形态、社会制度以及历史发展等原因,人们对这些潜在的制约并没有意识,或是受到某种"虚假意识"的控制。由于主客体双方都有可能受到社会不公平意识形态的压抑,所以研究应该是一个主客体共同演化成长、摆脱虚假意识、达到真实意识的过程。在这个过程中,主体也得到发展,从而获得对研究对象乃至自身的真切理解。

建构主义在本体论上持相对主义的态度,认为所谓的"事实"是多元的,它因历史、地域、情境、个人经验等因素的不同而不同。在建构主义那里,研究者与被研究者之间是一个互为主体的关系,研究结果是由不同主体通过互动而达成的共识或不同意见,因而,意义并不是客观地存在于被研究对象那里,而是存在于研究者与被研究者的关系之中。每一次理解都是对原有阐释的再阐释,这是一个阐释的循环,可以无止境地进行下去。因此,研究者不可能进入被研究者的头脑,而是通过反思,"客观地"审视和领会互为主体的"主观"。建构主义认为,价值和理论中立的事实是不存在的,人们看待事物的方式决定事物的性质。由于研究者自身总是处于一定的科学范式之中,因而在研究社会现象时,其思维方式、语言表达和解释原则必然(也必须)符合该领域最基本的、约定俗成的规范。否则,便不可能对研究对象进行任何的意义阐述,更不可能与他人进行交流。可见,研究者个人的生活经历、价值取向和思想观点对研究问题的提出以及研究的过程和结果都会产生很大的影响。

持不同理论基础的质性研究者在从事研究时表现出不同的立场、观点和做法。带有后实证主义倾向的研究者更注重了解研究对象的(哪怕是部分的)"真相",在研究过程中尽可能悬置自己的个人"偏见",通过多种方法收集和分析资料,对研究结果尽可能作出客观的分析。带有批判理论倾向的研究者更重视改变被研究者的意识和生存现状,在研究过程中注意唤起对方的"真实意识",通过平等对话提升双方批判和改造社会的能力。带有建构主义倾向的研究者则更注重自己与对方对研究现象的共同建构,通过反思自己的想法和做法,分析自己与对方的互动,获得互为主体的"视域融合"。尽管持不同理论基础的质性研究者在从事研究时具有上述差异,但他们也具有一些共同点:都强调在自然情境而不是人为的实验环境下开展研究;研究者必须进入实地,获得第一手资料;都注重对社会现象的整体而不是其中一些孤立的变量进行分析,强调对事情发生和发展过程进行动态的追踪调查;都要求对被研究者的意义建构获得解释性理解,而不只是对他们的外显行为进行测量,或对研究者自己的理论假设进行验证;都注意反思研究者个人因素以及伦理道德问题对研究的影响,而不是力图排除或否认这些影响。

教育质性研究的过程和方法

质性研究的过程一般包括:确定研究现象,提出研究问题,明确研究目的,了解研究背景,构建概念框架,抽样,讨论研究者身份和研究关系,进入研究现场,收集材料,分析材料,得出结论,建立理论,检验效度,讨论推广度和道德问题,撰写研究报告等。这些步骤在实际操作时并不是相互孤立、严格按前后序列依次进行的,而是彼此重叠、互相渗透、循环往复、不断演化发展。

提出研究问题 质性研究比较适合研究描述性问题(如"某学校是如何实施素质教育的")、意义类问题(如"某学校的教师和学生是如何看待素质教育的")和因果类问题(如"为什么某学校的教师和学生实施素质教育成效很好,而某学校成效不大")。描述性问题能够将被研究现象发生和发展的过程以及表现状态记录下来,进行细致的刻画和分析。意义类问题能够对被研究者看待世界的方式、使用的概念和语言,以及他们对自己行为和周围发生事情的解释进行研究。研究因果类问题则需要特别谨慎,如果直接询问"为什么",被研究者就很容易落入量的研究的窠臼,对研究问题给予一些理性的因果结论,无法发挥质性研究的

长处。如果描述性问题探讨得比较深入、细致,事情发生的原因和结果也往往能得到揭示,而且是处于复杂、流动的情境中,因此,研究者也没有必要专门条分缕析地研究因果关系。

确定研究问题时要定义重要的概念,明确研究内容,并提出研究的概念框架。例如,针对"教师在教研活动中是如何合作的"这个研究问题,首先需要说明研究的是什么"教师","教研活动"具体指什么,教师的什么活动被认为是"合作","如何"具体指哪些方面的内容,"在"和"中"涉及的是什么时间和空间。然后根据这个研究问题,确定如下研究内容:(1)教师是如何看待教研中的合作的?他们如何理解"合作"?(2)他们采取什么方式进行合作(制度保障、组织形式、活动方式)?(3)有什么成功经验?导致成功的因素是什么?(4)遇到了什么困难?有关各方采取了什么对策?解决了什么问题?还有什么问题没解决?为什么?(5)合作的效果如何?对教研质量、教师教学、学生学习以及学校文化建设有什么影响?(6)合作的效果如何反作用于教师对"合作"的理解和行为改进?

根据上述研究内容,可以设计一个概念框架,用图表将不同研究内容及其关系用更加直观和简练的方式勾勒出来。确定研究内容和概念框架的依据是前人的研究成果、研究者本人的经验性知识和研究者所作的预调查结果,概念框架类似研究者出发前所需的地图,为研究者的实地调查导航,但实地情况可能与研究者事先的预想不一致,需要适时进行调整。

明确研究目的 在提出研究问题的同时必须明确研究的目的。明确研究目的是为了使研究者澄清自己的研究意图,了解研究的意义所在,进而提高对研究问题陈述的准确性。

一般而言,质性研究的目的可以分为三类:个人目的、实用目的、知识创新目的。个人目的是指研究主要满足研究者个人的好奇和兴趣;实用目的是指研究为了解决实际问题;知识创新目的是指研究为了增加人类对有关现象的了解和理解,为人类积累知识财富。一个研究问题可能同时具有上述三种目的,也可能只有其中一两个目的。

了解研究背景 在质性研究中,研究背景通常包括三方面内容。(1)有关研究问题的文献综述,如学术界所作的有关研究、已有的解释性理论和资料、仍旧需要填补的漏洞以及本研究课题在这一领域所处的位置。(2)有关研究问题的社会、经济、文化、家庭和个人背景。(3)研究者本人与该研究问题有关的个人经历、经验和看法。其中,第三方面内容对质性研究非常重要,因为质性研究认为,研究者个人因素对形成研究问题有非常重要的影响作用,需要认真反思。

抽样 质性研究的样本通常都比较小,不可能使用随

机取样的方法。一般而言,质性研究使用的是"目的性抽样"的方法,即根据研究问题和研究目的选择能够最大限度回答研究问题的样本。抽样时可以考虑的标准很多,如性别、年龄、职业、职称、学科、社会地位、经济地位、受教育程度、家庭背景、婚姻状态、学业表现、工作业绩等。在抽样时,需要根据研究问题选择抽样标准,放弃一些不重要的标准,选择最重要的标准,即与研究问题最相关的标准,并对其重要性进行说明。例如,如果研究问题是当前大学毕业生的就业方向,那么就应该考虑被研究大学生的专业和性别。

根据样本的特性,可以选择极端案例抽样(如课业负担特别重的学校)、最大差异抽样(如人际交往顺利和不顺利的人)、同质抽样(如都是来自单亲家庭的学生)。根据抽样的方式,可以选择滚雪球抽样(即通过第一位被研究者介绍认识第二位被研究者,由此类推)、机遇抽样(在实地生活时根据机遇寻找被研究者)、方便抽样(将自己的熟人和朋友作为研究对象)。不同的抽样标准和抽样方法各有利弊,需要根据研究的实际情况和特殊要求选择使用。其中,方便抽样是最不可取的方式,不到万不得已时不应使用。

讨论研究者身份和研究关系　确定了研究问题和研究对象后,研究者需要思考自己的个人因素(包括生理的和社会的)、价值倾向以及与被研究者的关系将对研究产生什么影响。研究者的个人因素通常包括性别、年龄、文化背景、社会地位、受教育程度、个性特点、形象等。研究者的价值倾向通常包括:研究者从事本研究的角色意识,是学习者、鼓动者,还是研究者;研究者看问题的立场和视角;研究者个人与研究问题有关的经历。对研究可能产生影响的研究关系通常包括:研究者是局内人还是局外人;研究者的身份是公开的还是隐蔽的;研究者与被研究者是熟人还是陌生人;就被研究现象而言,研究者是参与者还是非参与者;研究者与对方处于什么权力关系之中:对方比研究者地位高,与研究者地位相等,还是比研究者地位低。

质性研究者之所以需要对自己的个人身份和研究关系进行反思,是因为他们在研究过程中与被研究者有密切的个人接触。他们如果不清楚自己对有关问题的"前有"、"前设"和"前见",就有可能在实地将自己个人的"偏见"带入研究而一无所知。当然,质性研究者作为研究工具,必然会对研究过程和结果产生影响,但重要的是研究者本人要有所意识,并对其进行监控和调适。因此,质性研究者不仅在研究之前,而且在研究过程中和研究之后都需要对上述问题进行反思,并经常写反思笔记。

收集资料　收集资料的方法多种多样,各有其优缺点和适用条件,研究者应根据研究问题的性质、被研究者的特点、研究的主客观条件等选择最适当的方法。例如,如果希望了解学生如何看待"后进生"现象,就应该采用访谈法;如果希望了解课堂上的师生互动,就应该采取观察法;如果希望调查教师是如何备课的,就既可对他们进行访谈,也可收集他们的教案进行实物分析。在质性研究中,使用较多的方法是访谈、观察和实物分析,即使在实地从事人种志研究时,也通常采用这几种方法。

(1)**访谈**。质性研究中的访谈通常采取开放和半开放的方式。研究者提出访谈问题之后,先让对方根据自己的理解畅所欲言,然后根据对方提供的信息逐步聚焦,围绕一些重要主题进行深入交谈。在访谈的结构上,应该为被访者用自己的语言表达自己的想法留有充分余地。研究者应注意被访者对问题的定义和思维方式,并遵循他们的思路,用他们的语言表述来讨论问题。

访谈的形式可分为正式和非正式两种。在正式访谈中,研究者与受访者约定时间和地点,并在征得受访者同意的前提下对访谈进行录音或录像。在非正式访谈中,研究者与对方一起工作或生活,随时随地进行交谈。从双方接触的方式看,访谈还可分为直接和间接两种。前者是双方面对面的交谈,后者则通过电话或网络等间接方式进行。只要条件许可,一般应采用直接的方式,间接的方式通常是不得已而为之,如双方距离太远无法见面,或对方不愿意暴露自己的身份等。

根据受访的人数,访谈还可分为个别和集体两种方式。前者有利于受访者与访谈者的深入沟通,并在取得基本信任的基础上暴露自己的思想和情感感受。后者有利于受访者之间形成意见交锋,从而深入探讨问题,并为研究者观察群体互动提供了机会,但有可能压抑一些人的观点,形成"群体思维",并可能妨碍个人情感的表达。

访谈之前,研究者需要做充分的准备工作,如联系受访者,向对方介绍研究课题,与受访者就访谈次数、时间长短及自愿和保密原则达成协议,并根据对方的方便确定访谈时间和地点。如果对方不同意录像或录音,研究者需要做好笔录准备,并在访谈过后立刻追忆内容,及时补记。

访谈之前还应根据不同的访谈对象设计不同的访谈提纲,依据是研究问题和概念框架、研究目的以及研究对象的可行性。访谈问题不同于研究问题,需要简洁、明了。访谈提纲主要起提示作用,既需要事先设计,又需要根据访谈的进程灵活变化。在访谈时,不应该拘泥于提纲中的问题,而应该根据实际情况将访谈提纲中的问题转化为适合实际访谈时所提的问题。

在访谈中,应该尽量提开放性问题,以让受访者有充分表达自己的机会。封闭性问题通常在访谈结束时或是在系列访谈的最后一次访谈时使用,目的是向受访者检验研究的结论。为了避免受访者谈话内容过于抽象、概括,思维过于理性化,研究者问的问题应该尽可能具体、清晰,并详细询问事件的细节以及有关人物的反应。研究者应该注意询问被访者个人的意见,以免对方使用时下流行的口号式语言而忽略了个人看法和感受的表达。在访谈过程中,研究者需要对对方提供的内容适时追问,以挖掘内容背后的深刻含义以及对方无法用语言表达出来的情感感受。

在访谈中,研究者要注意倾听受访者。在行为层面,需要积极关注的听,避免表面的听和消极的听。在认知层面,不仅需要接受的听,即接纳对方的观点,而且需要建构的听,即在对方提供的内容上建构意义,避免将自己的解释强加给对方。在情感层面,不仅需要有感情的听,而且需要共情的听,以进入对方的情感世界,避免无感情的、无动于衷的听。倾听时要特别注意不要轻易打断对方,应让对方充分地表达自己,同时要容忍沉默,因为对方可能正在回忆久远的往事,正在思考所提的问题,也可能正在探索自己的内心。如果研究者认为对方所说的内容已经"跑题",需要设法了解对方为什么说这些内容,对方是如何理解研究问题的,他们是否认为自己已经"跑题"。

在访谈中,研究者的回应通常包括:认可对方所说的话,通过肯定的语气或简短的鼓励语激发对方继续说下去;重复对方所说的话,对对方所说的内容简洁地进行重组,或者对对方所说的内容进行总结,看对方有什么反应,以确认自己的理解是否正确,同时也给对方进一步阐发自己观点的机会;研究者适当暴露自己与对方所说内容有关的情况,以获得对方的信任。研究者应该避免对对方所说内容的论说和评价,以免对方感到不受尊重。研究者在访谈中经常面临的一个挑战是:如何既让对方自由畅谈,同时又能将对方的思路定位在自己的研究框架内?研究者对对方智力上的挑战并不等于态度上的挑衅,只要研究者态度真诚,对对方真正关注,并且具有敏锐的思维和共情能力,对方不会认为研究者傲慢无礼。研究者必须学会既保持学习者的心态,表明自己对研究的问题确实"无知",但要做一个"智慧的无知者",应该对对方的话语进行聪明的回应和追问。

被访者的非语言行为对于了解他们的心理活动非常重要。在访谈过程中,访谈者也可以同时观察被访者的面部表情和形体动作,不失时机地记录下来,并与对方所说的话进行相关检验。

访谈之后,研究者应尽早对访谈结果进行处理,并撰写备忘录。备忘录可分为四种:一是描述型,记录访谈的过程和结果;二是解释型,对结果作出初步解释;三是理论型,建立最低层次理论;四是方法型,讨论访谈使用的方法及其对研究过程和结果的影响。

(2)观察。质性研究认为,观察并不仅仅是一种外显行为,而且是一种思维活动。观察就是一边看,一边想。每个人眼里都有不同的世界,而对同样的事物不同的人也可能有不同的解释。因此,在实地进行观察时,研究者需要特别注意反思自己的观察方法和观察视角,了解自己的观察习

惯、价值倾向和前设,明确自己的推理依据和过程。

观察可分为不同的类型。根据研究者的参与程度,质性研究中的观察可分为参与性观察与非参与性观察。在参与性观察中,研究者是被观察现象的参与者,一边参与活动一边进行观察。其优点是研究者可以深入了解事情的内幕,但弊端是研究者身兼双重角色,难以保持观察的距离和中立性。在非参与性观察中,研究者是旁观者,观察时不参与被观察的活动。其优点是研究者具有观察的时空距离,能够比较从容地进行观察活动,但不足是无法了解被观察者的内部规则甚至所说的话语。

根据观察的公开程度,还可分为公开性观察和隐蔽性观察。在公开性观察中,研究者的观察活动是公开的,被研究者知道自己在被观察,其优点是符合研究伦理,弊端是被观察者有可能改变自己的行为。在隐蔽性观察中,研究者的观察活动则不被对方所知,其优点是可在自然状态下观察被研究者,不足是违背了研究伦理。

在观察正式开始之前,需要制订观察计划。观察计划应该包括观察的内容,如观察什么人,这些人之间是什么(角色、地位)关系;观察什么事情,当时发生了什么事情,有什么行为表现和话语表达;观察是在何时进行的,所观察到的行为和事件是何时发生的;观察是在什么地方进行的,所观察到的事情在哪里发生,此地有何特点;观察是如何进行的,当时的行为是如何发生的,行为相互之间有何关系;为什么会发生这些事情,促使事情发生的原因是什么,有关人员是如何看待这些事情的。同时,还需要对观察的方式进行设计,如打算进行什么类型的观察活动,公开的还是隐蔽的,参与的还是非参与的;计划观察多少次,每次多长时间;观察员计划在什么位置实施观察,观察中是否需要移动观察点;如果是多人参与观察,相互之间如何配合。

此外,还需要考虑在观察中如何做记录,如具体记录什么,记录的语言应该具体到什么程度,如何为所观察到的事情命名,如果遇到不认识的东西怎么办,观察者应该采取什么叙述角度进行记录等。为此,研究者需要事先设计观察记录表格,设想一些简洁方便的记录方法,以便节省时间。在观察过后,研究者还要尽早整理观察记录,及时补充遗漏的内容,对观察内容进行归档整理。

(3)实物分析。实物分析是对所有可以收集到的文字、图片、音像材料和各种物品的分析。这些材料可以是历史文献,也可以是现时记录,如学生的成绩单和作业、教师的评语和教案、学校的规章制度和口号标语等。实物分析比较适合研究已经发生的历史事件,但也可以用来研究当下正在发生的事情。实物是物化的文化形态,通过对这些物体进行分析,研究者可以了解这些物体被制作和被使用时的文化意义。例如,制作者为什么要制作这些物体,使用这些物体的人们有什么意图,这些物体实际上起到了什么作

用,与制作者与使用者的意图是否相符等。此外,对实物进行分析所获得的研究结果还可以用来补充从访谈和观察中所获得的信息,以便研究者从不同渠道对研究结果的效度进行相关检验。研究者还可以利用实物分析的结果,检验被研究者在访谈时传达的信息和研究者所观察到的情况是否真实,也可以在访谈时询问观察内容和实物的意义解释。

分析材料　原始资料收集上来以后,需要对其进行分类、归档和编码。传统的做法以手工操作为主,将资料写在卡片上,标以代码,然后分门别类放入档案袋。随着科技的发展,许多计算机软件已开始被用来处理质性研究的原始资料,从而大大加快了分析过程。当然,设定分析框架、类别和代码的工作仍需要由人来做。

质性研究的资料分析一般采用归纳法,从原始资料逐步提升、抽象到概念。分析资料的思路有两种:一是回到研究的问题、目的、概念框架以及各种访谈和观察提纲,了解资料的达成程度和异同;二是从原始资料开始,贴近被研究者的原初经验。分析资料的方法丰富多样,常用的有类别分析和情境分析。类别分析即分类处理,将具有相同属性的资料归入同一类别。资料的属性可从事物的要素、结构、功能、原因等各个层面进行分类。类别可以组成树枝形式从属结构或网状连接性结构。"扎根理论"(即在研究者自己收集的第一手资料的基础上建立理论)方法提倡将类别分析分为三个阶段:开放式分析、轴心式分析和选择式分析。开放式分析要求研究者以一种开放的心态,尽量排除个人的偏见和研究界的定见,将所有资料按其本身所呈现的属性分类,特别需要注意寻找被研究者的"本土概念"。轴心式分析侧重于发现和建立类别之间的各种联系,包括因果关系、时间关系、语义关系等。选择式分析是在类别中找到一个可以统领所有其他类别的类别,将所有的研究结果统一在这个类别的范围之内。而其他分析方法的阶段性不是如此分明,也不强调一定要将所有的材料都纳入一个分析框架中,这种做法有可能将一些无法分析、但对回答研究问题十分重要的资料排除在结果之外。情境分析则可弥补这一不足。情境分析是将资料放回到自然情境中,生动逼真地对事件和人物进行描述和分析,呈现事情的核心故事线、关键人物、重要事件和关系等。在叙述的结构上,可以采纳前因后果排列、时间流动序列、时空回溯、圆周反复等方式,叙述形式则包括轮廓勾勒、片段呈现、个案分析等。在对资料进行分析时,可以结合使用情境分析和类别分析方法。前者可以为后者补充血肉,后者可以帮前者分清层次和结构。质性研究的分析过程是一个开放式结构,如果初步建立的分析框架、类别,甚至研究问题等不符合所收集的原始资料,研究者可以随时进行修改。

分析资料的手段包括:针对资料中呈现的主题写反思笔记;对研究过程中发生的问题写分析日志;将大量研究内容浓缩,寻找其中的逻辑关系,然后用图表简洁、直观地表达出来等。在分析资料的过程中,研究者运用想象和直觉,在不同的概念和主题之间建立联系,并将研究结论与重大的理论、文化、社会问题联系起来进行深入分析。

随着社会民主制度的推进,社会科学研究者逐步意识到被研究者参与研究的权利和力量,很多质性研究者(特别是在农村贫困地区开展研究者)开始使用参与式方法收集和分析资料。参与式方法是指那些能够让被研究者参与到群体互动(包括与研究者互动)活动中的方法,如头脑风暴、问题树、排序、打分、设置问题情境进行访谈、座谈、观察、观课、评课、角色扮演、戏剧、画图表等。这些活动可以让参与者"动"起来,在对问题的发现、定义、分析、解决中表达自己的看法和情感。与传统"客观"、"中立"的研究方法不同,参与式方法要求研究者自己个人的积极参与,并在与被研究者的密切接触中了解对方。

参与式研究的理论基础是实践认识论,与实证主义相左。实践认识论认为,人的行为世界是由有思想的人自己建构的,"真实"在人的行动中最易于显现,但实际上,"我们知道的比我们能说的多",因而通过研究者与被研究者的互动,更能了解对方行为的意图、愿望、动机和利益,包括那些无法言表的缄默知识。人不仅是认知主体(求真),而且是实践主体(求善、求美),人的行为具有改变现实的意图,因此,如果需要了解某个现象,不如与当地人一起参与到对该现象的改变之中。参与式研究反对传统的"研究—开发—应用—推广"模式,而是极力推崇"实践—反思—开发—推广"模式,要求从当事人的实践活动开始研究。

参与式研究方法不仅能够更加"真实"地呈现"事实",而且具有重要的政治含义。推崇参与式方法的研究者认为,当事人有权利提出对他们自己有意义的研究问题,并参与资料的收集和分析,然后使用他们认为恰当的方式处理研究结果。研究不仅应该对研究者或政策制定者有意义,而且应该对改善当事人的生存状态具有实质效果。

参与式方法在教育研究中非常重要,因为教师和教育管理人员所面临的教育情境通常是不确定的,他们需要在行动中反思,在反思中行动,通过干预措施不断重构问题情境,寻找并实施改变现状的对策。外来研究者参与到实践者的行动中,在过程中与他们一起反思,他们才会发现乃至暴露那些真正指导自己教育行动的"使用理论",而不只是泛泛而谈的自己认为应该如此的"信奉理论"。

得出结论　为研究结果作结论时应该注意资料之间的异同,避免为了使结论看上去完整精确而牺牲资料的丰富复杂性。结论应符合资料的真实,而不是为了满足研究者的需求,即为了验证某一外在理论或个人的某种定见。质性研究强调建立"扎根理论",即在原始材料的基础上发展理论。如果前人建立的有关理论可以用来深化对研究结果的理解,可以借助这些理论对研究结果进行阐释。但如果这些理论与本研究的结果不符,研究者则应该尊重自己的发现,真实反映被研究者看问题的方式、观点、情感感受、行动及其意义。

撰写研究报告　质性研究认为,写作不只是单纯记录被研究者的故事,而是研究者重构被研究者故事的一个过程。写作本身即是思考。

质性研究报告特别强调"深描",以提供丰富的原始材料和作者的分析,行文要求细密,以便帮助读者判别研究结果的真实性和复杂性。质性研究报告中的叙事人称已从传统的第三人称改变为第一人称,以便读者了解研究者是如何从事研究的,研究者在研究中发挥了什么作用。研究者需要对研究过程进行详细的报道和讨论,因为对方法和研究关系的深刻反省有助于读者了解研究过程,从而对研究的可靠性做出自己的判断。

质性研究报告的风格一般可以分成五种类型:(1)现实的故事,尽可能真实地再现当事人看问题的观点,从他们的角度使用他们的语言来描述研究结果。(2)坦诚的故事,介绍研究者使用的方法和在研究过程中所做的反省和思考,再现访谈情境和对话片段。(3)印象的故事,详细描写事件发生时的情境和当事人的反应和表情。(4)批判的故事,从社会文化大环境对研究结果进行更深入全面的探讨。(5)规范的故事,用研究结果去验证某一理论或研究者自己的某种观念。

质性研究报告可以将类别表述和叙述体结合起来,在类别中穿插小段故事或事例,将叙述结构按类别层次排列。此外,在研究报告的最后部分还可以讨论研究的理论意义和现实意义,指出研究的不足,并提出进一步研究的方向。

教育质性研究质量的检测

质性研究的质量可以从效度、信度、推广度和伦理道德等方面进行检测。检测应该贯穿研究的整个过程,而不只是在研究结束时进行。有关这些概念的定义、恰当性、使用范围和使用效果等,学术界仍然存在一些争议。

效度　有学者认为在质性研究中可以使用"效度"这一概念,但不能沿用量的研究的定义和分类。另外一些学者则认为这个概念不适合质性研究,主张用其他的词语来代替,如"真实性"(authenticity)和"可靠性"(trustworthiness)。还有一些学者认为,不论是"效度"还是其他类型的概念都不适合质性研究,因为这类概念是以事物是独立自主的客观存在为前提的,并且研究者可以识别并验证事物的客观真实。在质性研究中,"客体"不是一个固定不变的实体,它是通过与主体的互动来呈现自己的。研究者对事物的理解不是简单的主体对客体的认识,而是主体与客体在一定社会文化环境中的相互重构。在这一过程中,主体逐步获得对客体此时此地的理解。实际上,质性研究者真正感兴趣的并不是量的研究所谓"客观现实"的"真实性"本身,而是被研究者眼中所看到的"真实"、他们看事物的角度和方法以及研究者和被研究者的互动关系对理解被研究者眼中的"真实"所产生的影响。

尽管学术界对质性研究是否应该使用和如何使用"效度"这一概念意见不一,但绝大部分质性研究者仍然沿用"效度"一词来讨论研究结果的真实性问题。目前,对效度进行分类的方法很多。美国教育人类学家马克斯威尔将效度分成五种类型:描述型、解释型、理论型、推广型和评价型。(1)描述型效度指的是对外在现象或事物进行描述的准确度。对这种效度产生影响的因素有:客观条件的限制,如距离太远无法看清或听到所发生的事情;研究者在收集和分析资料时有意无意地省略某些对研究课题至关重要的信息;研究者和被研究者之间的关系等。(2)解释型效度指的是研究者了解、理解和再现被研究者对事物所赋予意义的真实程度。满足这一效度的首要条件是,研究者必须站到被研究者的角度,从他们所说的话和所做的事情中推衍出他们看待世界以及建构意义的方法。(3)理论型效度又称诠释效度,指的是研究所依据的理论以及从研究结果中建立起来的理论是否真实地反映了所研究的现象。如果某一理论的概念以及概念之间的关系不能令人信服地诠释研究现象,那么这个理论就缺乏理论效度。(4)推广型效度指研究结果代表样本的情况,并在样本所包含的时空范围内进行合理推论的程度。(5)评价型效度指研究者对研究结果所作的价值判断是否确切。如果研究者戴着有色眼镜,只注意那些对他们来说是重要的有意义的东西,有意无意地挑选那些可以用来支持自己观点的材料,那么研究结果的评价效度就比较低。

检测效度的具体手段有七种:(1)侦探法。对研究结果中的漏洞一步步进行侦查,找到有关线索,然后将线索放到一起进行对比,制订最佳处理方案。(2)证伪法。在建立初步假设之后,想尽一切办法证明这个假设是不真实的或不完全真实的,然后修改或排除这一假设,直至找到在现存条件下最为合理的假设。(3)三角相关检验法。将同一结论用不同的方法、在不同的情境和时间、对样本中不同的人进行检验,尽可能通过不同的渠道对已建立的结论进行检验,以求获得结论的最大真实度。(4)反馈法。研究者得出初步结论以后广泛地听取同行、同事、朋友和家人的意见,以便从更多的角度理解和分析研究结果,从多方面检验研究结果的可靠性。(5)参与人员检验法。将研究报告交给被研究者本人,了解他们对研究结果的反应。如果被研究者对结论有不同看法,或者认为研究者误解了他们的言语和行为,研究者就应该尊重他们的意见,对结论进行必要修改。(6) 收集尽可能丰富的原始资料,为研究者检验初步假设提供充分的依据。(7) 比较法。将研究结果与人们心中或学术界普遍认可的定义进行比较,确定其结论是否成立。如果存在很大差异,研究者应该回到原始资料进行进一步检验。在收集和分析资料时,研究者也可以运用比较法这一手段对资料进行甄别、剔除、分类和综合。

信度 大部分质性研究者认为,量的研究中的信度概念不符合质性研究的实际工作情况,对质性研究没有实用价值。质性研究将研究者作为研究的工具,强调研究者个人的背景以及研究者与被研究者之间的关系对研究结果的影响。因此,即使是在同一地点、同一时间,就同一问题对同一人群所作的研究,研究的结果也可能因不同研究者而不同。比如,就社会贫穷问题进行研究,社会学家、经济学家、人类学家、政治学家、女权主义者、教育学家、医学人类学家、神学家、法学家、营养学家等都有可能因为自己的学科背景不同而对这一问题作出不同的描述和解释。除了研究者的职业倾向外,他们个人的价值偏好、信念、性格特征、年龄、性别、经济地位、家庭背景、个人与贫穷有关的生活历史以及他们与被研究者的关系等都可能导致他们对社会贫穷问题采取不同的研究态度和不同的切入方式。更何况,所谓"同一时间"、"同一地点"、"同一问题",这些概念都不是一成不变的。它们随研究的进程而变化,在与研究者的互动中重新构筑自己。

不过,也有人认为,如果研究的过程被研究者详细、真实地记录下来,后来的研究者应该是可以"照葫芦画瓢"的。此外,如果研究者由多人组成,相互之间也需要经常检查研究结果的信度问题。

推广度 质性研究中的推广度指的是研究结果是否可以推广到类似的人群和情境。质性研究不使用随机抽样的方法,其目的不是通过对样本的研究而找到一种可以推广的普通规律,因此不能像量的研究那样将从样本中得到的结果推广到总体,而是通过对某一社会现象进行深入细致的调查,尽可能真切地分析该现象。由于人类行为越深入本质层面越具有普遍性,因此对质的揭示可以为处于类似情形的人和事起到一种观照作用。如果这些人和事从研究结果中得到了某种认同,此研究便发挥了一种推广的作用。因此,质性研究主要是通过认同而达到推广。另外,研究者在研究结果的基础上建立起来的理论也可以通过阐释其他类似情形而达到推广的效果。可见,质性研究虽然不具有定量意义上的外部推广功能,但可以进行"内部推广",也就是说,可以将在样本中获得的结果推广到样本所包含的情境和时间,将此时此地收集到的信息推广到研究对象所描述的彼时彼地或一个时期。

研究伦理 质性研究所涉及的伦理道德问题较多。首先,研究者应该遵守自愿原则,给予被研究者选择不参与和不合作的权利,不应强迫他们参与。其次,研究者必须严格遵守保密原则,不暴露被研究者的身份,特别是当被研究者提供的情况有可能对他们自身产生不利影响时。其三,研究者应该尊重回报原则,对被研究者的帮助表示感谢。此外,研究者还应该考虑如何结束与被研究者的关系。研究在某一时刻必须结束,而对于研究者和被研究者已经建立起的某种友谊,研究者是应该离开对方不再联系,还是保持联系? 如果联系,以什么方式保持联系? 保持多久? 这些都是需要认真对待的问题。

教育质性研究方法与教育研究

质性研究方法特别适合研究教育现象,因为它非常符合教育这一学科的基本特点。教育学是一门介于人文科学与社会科学之间的学科,既涉及社会组织(学校)的建设,又关注个体人(学生、教师、管理人员)的成长。质性研究可以同时关照这两个方面,不仅可以对教育现象、学校的组织结构和运作机制、具体教育教学过程进行探究,而且可以从被研究者个人的角度理解他们的行为和思想,从人性的角度理解学校生活的完整性。质性研究所具有的这一强烈的人文性使其尤其关注社会结构和社会制度中的人,要求对教育活动中各类人的生存状态、情感感受、思维方式和行为习惯进行研究。由于可以兼顾宏观和微观两个层面,因而质性研究方法有利于了解学校这一社会组织中的个体是如何生活的,他们相互之间形成了什么关系,他们是如何与学校制度互动的,他们是如何解释自己行为的。

质性研究之所以适合研究教育,还因为它的平民性和互动性使"教师作为研究者"成为可能。传统的研究通常将教师放到一个被动的、被研究的位置,他们被观察、被询问、被评价,没有自己的声音。而质性研究则尊重作为个体的被研究者,重视每一个人的生活经历和意义解释。每一个人都有自己生动的故事,都有自己丰富的内心,都值得去倾听,去探询。在质性研究中,教师从后台走到了前台,从被动变为主动。他们自己可以是研究者,自己设计、实施和评价自己的研究;也可以与外来的研究者一起合作,通过相互之间的平等互动提高自己的研究意识和能力。在这种研究中,有助于教师形成新的自我身份,提高他们的自尊、自信和自立,改善他们的生存方式。

质性研究方法之所以适合研究教育,还因为它明确的、直言不讳的对价值的认可。质性研究的目的不是追求那种现实中的一般并不存在的假设的东西,而应揭示貌似自然的事实背后的利益关系、价值选择和价值冲突。教育与其他学科相比,具有很强的实践性和导向性。教育的目的就是按照一定的价值取向培养人、造就人、成全人,任何教育实践都反映了一个民族的精神追求,是一个国家的历史、文化和群体心理的厚重积淀。因此,教育研究不能只是停留在追求"事实"本身的"真实"和"客观"层面,还应关注教育活动中人的情感、态度、价值观以及对教育行为的影响。而质性研究则对人的价值欲求非常关注,认为人的道德标准、行为动机和利益关怀都是研究的重要内容。一方面,研究者个人的好恶以及他们与研究对象之间的关系会对研究过程和结果产生十分重要的影响,应该加以适当利用,并对其进行深刻的反省。另一方面,被研究者的价值观念和意义解释又是理解其行为和思想的重要基础,需要进行深入的挖掘和引发。

由于认可价值对人们眼中"真实"和"客观"的决定性影响,质性研究不回避其改造社会、改善被研究者生存状态的功能。这种立场和功能特别适合教育研究,因为教育的另外一个重要目的就是通过培养人来创设一个更加健全、完美的社会,使学校成为感召社会良心、建构新型文化的中心。通过质性研究,教师和教育管理人员可以对自己和学生的生存方式乃至学校功能进行质疑,并在研究过程中通过自我反省或与外来研究者的合作互动,共同提升彼此的实践理性和行动能力。

与其他研究方法相比,质性研究的过程性和情境性很适合教育研究。教育是一个不断发生发展变化的过程,教育中的人和事均时刻处于变动之中。因此,教育研究不能只是切割某些片段,对其进行静态的、孤立的、脱离情境的考察,还应对过程中的各种变化进行追踪,了解事情在自然状态下变化的状态和趋势。而质性研究正好适合这么做,它要求研究者深入实地,对现象的发生和发展过程进行整体的探究和追踪调查,与被研究者一起生活,通过亲身体验获得与对方的共情和理解。教师如果自己单独从事这种研究,可以在自己的课堂上和课外活动中随时进行,不必专门设置一个人为的情境。如果与外来研究者一起进行研究,双方则可以深入教育的内部,对教育活动的方方面面进行细微、动态的探讨,对教师工作中遇到的困难进行深入分析并寻找解决对策。如果我们同意"教育是一种有组织的、持续进行的并以引发学习为目的的交流",那么质性研究方法则为这种交流提供了一个宝贵的契机。

此外,质性研究的灵活设计也非常适合教育的实践要求。教育是一种变动不居的活动,教师和教育管理人员面对的是一个个不同的、正在生长和发育的学生,因此教育研究需要一种可以根据情况灵活调整的方法。而质性研究正好可以满足这个要求。如果研究者事先设计的研究方案不符合学校的实际情况,研究者可以随时进行修改和调整。如果研究中出现了新情况,研究者也可以将这些新情况纳入研究计划中。

质性研究自下而上的研究路线不仅有利于提高教育研究的适切性,而且有利于教育研究的理论创新。由于质性研究强调从原始资料中归纳、提升出"本土概念",而不是先入为主地使用外来理论对本土现象进行演绎分析,因此更能直面教育现象本身。与以往的教育研究通常借助其他学科理论来分析教育现象不同,质性研究要求直接面对教育本身,因此有望为教育研究的理论和实践创新提供新的机遇。

参考文献

Bigdan, R. & Biklen, S. K. Qualitative Research for Education: An Introduction to Theory and Methods [M]. Boston, London, Sydney, Toronto: Allyn and Bacon Inc. ,1982.

Glesne, C. & Peshkin, A. Becoming Qualitative Research: An Introduction[M]. White Plains: Longman Publishing Group,1992.

Merriam, S. B. Case Study Research in Education: A Qualitative Approach [M]. San Francisco, Oxford: Jossey-Bass Publishers, 1998.

Maxwell, J. Qualitative Research Design[M]. Newbury Park: Sage Publications, 1996.

Strauss, A. & Corbin, J. Basics of Qualitative Research: Grounded Theory Procedures and Techniques[M]. Newbury Park: Sage Publications, 1990.

(陈向明)

教育智慧(educational wisdom)　　教育者在教育实践情景中明智地解决教育问题的能力。是教育情感与教育思维相互作用的产物。体现在教师身上,是一系列素质和能力的综合,包含教育判断能力(教育思维)、教育机智和教育情感体验,是教师在教育情境中解决问题、处理偶发事件、面临真实的问题情境而及时做出正确的教育行为、形成积极决策的能力。教育智慧具体表现为三种实践能力:一是对教育问题的逻辑化理解能力;二是对教育问题的直觉把握能力;三是创造性地解决教育问题的能力。

德国教育家赫尔巴特、美国教育家杜威和苏联教育家苏霍姆林斯基都使用过教育智慧的概念,但未作明确定义。

教育智慧是教育实践经验与教育反思结合而生成的个人性的实践智慧。没有实践经验,教育智慧便不可能形成,没有反思性的教育思维,教育经验只能停留在朴素阶段,无法选择和提升出智慧性的实践知识。教育智慧是实践性的,是生成和表现在教育实践过程中的。

教育智慧与教育情感是统一的,教育智慧是教育中爱的智慧。教育本质的意义是教育者通过爱对受教育者所实施的合目的的、人性化的影响。教育影响有两种方式:一种是教育者通过展示知识,用知识本身,以及知识的展示方式和过程影响受教育者;另一种是教育者通过展示情感,用情感本身,以及情感展示的方式和过程影响受教育者。教育中的爱不仅是一种态度,还是一种教育能力。有爱的智慧作为基础,教育智慧就能促进受教育者健康和谐发展。教育智慧虽然表现为明智的理性判断力和实践能力,但是教育智慧也是在积极的教育情感体验中形成的,不存在脱离教育情感的教育智慧。在教育的具体语境中,教育者在教育情感的伴随下进行教育思维,进行实践活动。教育情感是使教育智慧充满真善美的条件。教育智慧反映出教育者的高尚和明智,它在教育问题的解决中能够发挥与教育知识不同的作用。

教育智慧也是教育知识和教育理性思维的创造性运用。教育思维能力是教育智慧的核心内容。教育智慧可以分为教育的认识性智慧和教育的实践性智慧两个部分。教育的认识性智慧,可以理解为导致教育成功的教育感知、教育思维、教育想象等各项能力的总和。一个有智慧的教育者,具有敏锐而准确的感觉、敏捷而深刻的思维和丰富而合理的想象力。教育的实践性智慧,可以理解为教育行动能力、教育方法选择能力、教育过程评论能力、教育活动革新能力、教育机智等多种能力的总和。教育行动能力,能够以正确而明智的教育活动使学生获得充分发展;教育过程评价的智慧,能有效而积极地控制和管理教育过程;教育革新的智慧,能不断地寻求和实现教育创造,追求更优秀的教育活动。

教育智慧是教育技能和教育艺术的统一,是教育技能和教育艺术在相互促进中不断发展的产物。教育智慧体现为对教育科学理性认识基础上的一种艺术创造。教育科学知识和教育技能求真,教育艺术求善、求美。对教育教学实践中突发问题的处理、棘手难题的解决既是教师聪明才智的美妙运用,也是教师个人魅力的艺术性展现。如果离开了教育科学知识和教育技能,教育艺术是不可能的,教育智慧也无法形成。如果离开了教育艺术,基于科学的教育行为就会缺乏生命和智慧的感觉。教育智慧是科学化的艺术力量,又是艺术化的科学力量。

教育者的教育智慧表现为以下几点:(1)善于接近、观察与了解受教育者,能洞察和了解学生的内心世界,取得学生的信赖;(2)有随机应变、获得良好教育效果的机智;(3)有较强的组织能力,善于协调各方面对教育者的要求,引导受教育者自主地开展各种活动;(4)有良好的口才,能明确、系统、具体、深刻地阐述问题,启发受教育者独立思考,解决疑难;(5)有丰富的想象力、创造力和预见力,善于设计教育与教学活动,预见其可能遇到的困难和发生的问题,设法预防与解决,以达到预期的目的。

教师要做有智慧的教育者,就必须养成德性,培养感情,训练思维,积极地提升自己的教育知识、教育思维、教育经验、教育情感和教育艺术。养成德性,就是养成追求真理、坚持正义、乐为人师等优秀品质,使自己成为一个具备优秀品质的人;培养感情,是要培养起爱人类、爱文明以及利他主义的高尚情感,使自己成为有情趣的人;训练思维,就是要训练出优秀的思维品质和思维方式,使自己成为反思型的教育实践者。

(华党生)

教育中的权力与话语分析(power and discourse analysis in education) 从知识与权力的关系角度阐述教育现象、教育问题、教育言说的教育社会学理论。以法国思想家福柯为代表。

这里的"知识"并非指知识的具体内容,而是指知识特有的表达方式。福柯提出"认识型"概念,指词与物借以被组织起来并能决定词如何存在、物如何显现的知识空间,话语是在这一知识空间中具体展开的、决定什么可以被言说、什么可以被思考的内容,可称作"亚认识型"。什么可以被言说、什么可以被思考的规约同时决定了谁可以言说、什么时候可以言说、以什么样的权威来言说。此中的"遴选"与"排除"机制保证了权力与话语的密不可分性。言说即指权力,而权力也正是言说本身。权力与话语分析中的"权力"并非可动用的资源或命令的上传下达,而指一种"可能性",当思考被排除在可能域之外时,只有在思考的根基上才得以存立的行为便不可能具有"主体性"的本真含义,而思考总是不断被排除在可能域之外。权力与话语浑然一体,是一个过程的两个侧面。知识并不反映权力关系,而是根植于权力之中。

教育中的权力与话语分析探究的主题是,在特定的时代,在各种教育言说的可能性中,为什么只有特定的内容被言说,以及它是怎样被言说的,在这样的过程中,人又是如何被建构为表层意义上的主体的。这种问题意识强调教育场域中意义制造的社会过程。

福柯在《规训与惩罚》中阐述有关教育中的权力与话语分析。他通过对规训手段、惩罚机制等的人文考古学分析,展示在教育场域中权力和话语如何通过考试、物理性的空间配置或时间安排来具体展开。福柯认为,一套规训方式,通过个人、规训的空间和时间安排与具体操作程序,通过个人观念与心理所接受的逻辑,被安排成为一套社会体制,成为生活中的常规。例如学校制度,它将学生依年龄和能力分为不同年级,安排不同科目、不同课程和进度、不同的教学法与授课目标,再按一定程序,使每个学生在达到标准后进入下一单元。为进行有效学习,还必须定期安排固定范围的考试,以确定达到某特定阶段的学习目的。结业证书或文凭是个人学习成就的客观证明。教育机构控制了个人接近各种话语的可能性,其功能是在日常生活中定义权力关系。学校和班级是这类机构的典型。但教育并不只是使学生成为权力的顺从者,它还建构学生成为权力的主体。教育中话语的分配和合适性的鉴定主要通过考试进行,考试是理解权力—知识轴的关键。在学校教育过程中,学生一方面被客体化的消极过程强制和建构,另一方面则是主体化的积极的自我形成。在此意义上,学校教育中的时间安排、空间配置也是一种话语,就教育研究而言,以往作为研究边缘而被排除的问题域,都可以从边缘走向教育研究的中心,如教育空间研究、教育时间研究、学生身体研究等。

以教育空间研究为例,从权力和话语分析的角度,教室、走廊、操场等学校空间不仅是一种主要为学习活动提供场所的物理性存在,而且成为一个具有丰富的权力与话语内涵的文本。教室、走廊、操场等都可被看作相互独立的空间单位,而在拓扑学层面,空间单位之间的结合有点状、线状、放射状、车轮状和循环状五种形式。借用英国社会学家B.伯恩斯坦的"分类"(classification)和"定框"(framing)两个概念来分析,着眼于空间与空间之间的区别以及交换的可能性,除点状之外,都可剖析出它们各自的控制原理与权力作动方式。空间与空间的结合形式,由于在某种意义上制约了人的思考、行为和存在的可能性,其本身便构成一种话语和权力。现代社会中空间与权力关系发展到极致的,是表面上看似没有"分隔"的点状空间,但没有"分隔"的空间并非一片真空,权力依然作动自由与规训彻底融合在一起。

(贺晓星)

教育中的社区参与 (community participation in education)

广义指一般意义上的社区教育(含社区学院的教育活动)。狭义指社区对学校教育的影响与介入,即社区不断参与学校建设和发展,成为地方教育发展的动力和源泉。强调社会与教育的一体化,消除学校与社会间的隔离,建立社区与教育之间稳定而持久的联系,拓展教育内涵,实现从学校教育向社会教育的转化。

社会学中的社区概念源于1887年德国社会学家滕尼斯在《共同体与社会》中提出的"共同体"(Gemeinschaft)概念,意为任何基于协作关系的有机组织形式。后被译成英文community,指聚居在特定地域,具有某种互动关系,由具有共同文化特质和心理归属感的人群组成的社会生活共同体。有六个基本要素:一定规模数量的居民;一定的地域;完善的生活服务设施;特定的文化;共同的认同心理和归属感;相应的制度和管理机构。

《国际教育百科全书》将社区教育(community education)界定为:教育领域内的社区参与;把教育中心纳入社会生活的主动服务中;把中小学和高等学校转变为适合所有年龄者的教育中心和娱乐中心的过程。美国出版的《联邦作用》(1976)提出社区教育的若干要素:利用公共设施,如学校;教育对象涉及不同年龄、不同收入及各种族的不同群体;由社区成员自己确认其需求和问题;为满足这些

需求而发展各类教育计划;在社区中对各类机构和学校进行协调;有来自联邦、地方、州的经费投入,资金来源既有公助亦有私助。

在中国,社区教育有特定的内涵:社区教育作为一种教育体制,是一定区域内政府统筹、社会参与、促进教育与社会紧密结合和协调发展的教育体制;社区教育作为一种教育管理体制,体现学校、家庭、社会三者的有机结合;社区教育是学校与社会相结合、教育与经济相结合的一种立体教育网络;社区教育是教育社会化、社会教育化的一种教育模式;社区教育的本质在于实现社区生活、社区发展与教育的有机结合。随着社区教育实践的发展,人们对社区教育的内涵有广义和狭义两种理解。狭义的社区教育观认为,社区教育旨在促进教育与社会的一体化,致力于社区与学校的沟通,优化社区教育环境,发挥社区的德育社会化功能;其对象主要是社区青少年,局限于普通教育范围;在管理体制上,主要由普通教育行政部门负责,侧重营造良好的社区环境。广义的社区教育观强调社区教育旨在实施社区终身教育,提高社区全体成员的素质,促进社区发展,并致力于构建社区终身教育体系,满足社区居民的不同教育需求;其对象是社区全体成员,涵盖普通教育、职业教育、成人教育等各级各类教育;在管理体制上,主要由地方政府负责。这两种理解,前者在20世纪80年代占主导地位,后者在20世纪90年代伴随终身教育和学习化社会的到来而逐渐盛行,并取代前者的主导地位。

社区教育所具有的综合性、全员性、全程性和全方位的特点与终身教育的特征相吻合,被视为构建终身教育体系,迈向学习化社会的一个重要途径。

西方国家率先有意识地倡导和扶持以社区学校(院)为主要形式的社区教育。现代意义上的社区教育以1844年丹麦教育家弗洛尔创办的世界上第一所"民众高等学校"为标志,大致经历一百多年的发展。早期的社区教育以社区学校为中心,根据社区实际和大众需要,借助学校和社区其他文化机构,为社区全体居民进行文化知识、科学技术和道德修养的教育活动,并强调社区教育为社区的文化、福利建设和社区发展服务。美国现代的社区教育从社区中心学校发展为社区初级学院,并且由大学教授或社区教育专家带领学生协助居民从事调查、规划和举办社区的发展与教育活动。不同国家有各类社区学校(院),如美国的社区学院、英国的"社区计划学习网"、日本的公民馆和家长教师协会以及发展中国家的社区学习中心、社区流动学校等。

在中国,社会学家费孝通最早研究社区理论,20世纪30年代翻译滕尼斯有关社区的著作。20世纪二三十年代,陶行知、晏阳初、梁漱溟等人受美国早期社区教育思想和教育实验的影响,从改良中国农村乃至中国社会的政治理想出发,倡导乡村教育运动,开始了最初的社区教育实践。但直

到 21 世纪初,才开始重视社区建设和发展工作。社区是社会经济发展到一定阶段的必然产物。中国在经济体制改革与发展的形势下,经济高速增长,城市化进程加快,城市数量不断增加,社会成员固定地从属于一个单位的管理体制被打破,原先意义上的"单位人"转化为"社会人",尤其在政府职能转变、管理职能下移以及城市基层组织管理相对薄弱的情况下,加大社区建设力度,拓展社区服务职能,开展社区教育势在必行。

20 世纪 80 年代后,随着教育体制改革的不断深入,办学体制和形式出现多元化趋势,教育与社区经济、社区发展的关系引起普遍关注,并体现在教育改革实践中。在一些大城市,如上海,率先探索城市社区教育模式,出现民间社区机构"社区教育委员会"。中国社区教育的发展受城乡差别和地区差异的影响,表现出不均衡性。农村社区教育和城市社区教育在功能、作用、形式上有很大不同。农村社区教育的重点在成人教育,其在农村的社会改造,促进地方经济发展等方面具有重要作用;城市社区教育的重点在满足成人各种不同的教育需求,旨在构建学习型社区。

社区教育在转变传统的学校教育观念,促进学校教育民主化,拓展学生的社会化渠道,以及促进社区自身发展与建设方面具有独特作用。首先,广泛的社区参与是实现教育民主的重要途径。教育民主的核心是教育机会均等,消除教育机会不均等的一个重要途径就是积极组织社区人士参与学校的教育教学工作,开展对学校工作的评价和监督,促使学校和教师不断改进工作,实现学校教学与决策的公开化、民主化;学校与社区人士共同开发社区文化资源,实现社区与学校课程的有效结合,使社区文化得以保存和发展。其次,社区教育拓宽了学生的社会化渠道,培养学生对社会、社区的认同感。社区是学生个体社会化的重要场所,学生个体的社会化首先是从学会认识社区、学会在社区中生活开始的,只有充分组织和利用社区的人才、物质环境与文化优势,将其纳入学校的教育教学,才能使学生更好地认识社区、理解社会,增强对社会的接纳与判断能力,培养对社区的认同与归属感。再次,学校对于社区教育资源的组织和利用,成为构建学习化社区的重要内容。

社区参与学校管理不同于教育行政部门或学校决策集团的直接指令性管理,主要体现为一种间接的建议、监督和评价。根据欧美国家的经验,学校为了在管理上得到社区的认可和支持,须具备三个条件。(1) 在学校管理体制上,必须为社区人士了解学校提供足够的便利条件,如邀请社区和家长代表参与制订学校教学计划,这是社区参与学校管理的前提。(2) 将了解、研究与认识社区纳入学校日常管理的范畴,这是学校立足于社区开展工作的前提。20 世纪初,波士顿等城市的学校有专门的"学校社会工作者",负责研究社区、家长对学生发展的要求,协助处理学校—社区关系,充分利用一切资源服务于学生发展。(3) 以学校为中心,建立有效的社区群众组织,既作为学校工作的智囊团,又能形成有利的社区压力以监督学校工作,为社区成员参与学校管理提供基本的组织保障。美国于 19 世纪成立家长—教师联谊会。在现代社会,为促进家长积极主动地参与学校工作,教育工作者提供了一系列家长教育培训计划,使家长能够高质量地配合并参与学校工作,许多学校开设学校—家庭热线电话,增设家长与学生交换日、家庭支持计划等服务项目;学校与社区有关团体尤其是与企业合作,了解企业对人才的需求,同时接受企业的监督。

学校教育中的社区参与主要包括三方面内容。

在社区参与学校课程计划方面,20 世纪 60—80 年代,英、美等国的"新课程运动"忽视社区的具体特点和要求,以及社区文化、物质环境等因素对课程开发的价值和作用,降低了课程开发对提高学校教育质量的实际效果。七八十年代后,非集权的课程开发模式受到重视,总体上要求更多的人参与课程决策,在考虑教育目的时关注社区、学校、学生个体的特定需要等。中国 90 年代中后期兴起校本课程开发,立足于学生及学校所在社区的特点与发展需求,在课程内容上,要求更多地关注学校及所在社区的具体特点,将社区文化和物质环境等方面的特点组织到课程和教学中;在课程开发力量上,强调学校、教师及家长和社区人士的参与,使学校课程更丰富、灵活。社区参与成为学校课程改革的重要举措之一。

在社区参与学习过程方面,国际通行的有效教学的标准之一是学习的背景化要求,即根据学生的背景知识发展新的知识与技能,认为只有与学生个人、家庭、社区经验相联系的学习才是真正有意义的学习。教师为此需以学生的家庭、所在社区及学校为基点组织学习内容;通过与学生、家长、社区成员的交流以及阅读相关文献学习当地的用语与知识;帮助学生把所学的知识应用于家庭与社区生活;与学生合作设计以社区为本的学习活动;为家长提供参与学校课堂教学活动的机会,通过家长委员会和学校董事会等形式参与学校管理,为学校提供资金资助以及社会实践的机会和条件,使社区经验和社会实践活动成为学生重要的学习资源。

学校教育中的社区参与表现为社区生活对学校课程、学校管理及教学过程的不断渗透与融合,体现为学校与社会生活的联系以及学校教育开放意识的不断增强,揭示社会生活作为学校教育发展最终促动力的永恒性和有效性。

参考文献

顾明远.教育大辞典(增订合编本)[M].上海:上海教育出版社,1998.

胡森.国际教育大百科全书(第2卷)[M].贵阳:贵州教育出版社,

1990.

沈金荣,等.社区教育的发展和展望[M].上海:上海大学出版社,2000.

（齐学红）

教育资源利用效率(utilization efficiency of educational resources) 亦称"教育投资经济效率"、"教育投资直接经济效益"、"教育投资利用效率"。教育直接产出与教育投入之比。在宏观上,指整个社会进行全部的教育活动或国家为教育部门所投入的资源的利用效率。在微观上,指一部门、一地区或一学校在教育活动中的资源利用效率,特别是教育过程中教育资源的利用率。其计算公式:

$$教育资源利用效率 = \frac{教育成果(产出)}{教育投资(投入)}$$

教育投入一般用投入教育的资金表示,教育产出一般用一定量和质的各级各类学校学生数表示。单位教育投资产出的教育成果多、质量高,表明经济效率高;反之,则表示经济效率低。单位教育成果所费教育投资少,表明经济效率高;反之,则表明经济效率低。

教育资源利用效率的相关概念

劳动生产率 指劳动者的生产效果或能力。通常用劳动者单位劳动时间内生产的产品数量,或单位产品耗费的劳动时间表示。在同一劳动时间内生产的产品数量越多,单位产品内包含的劳动量就越少,劳动生产率就越高;反之,则越低。按计算范围,分为个人劳动生产率、企业劳动生产率和社会劳动生产率。其高低取决于多种因素,包括工人的平均熟练程度、科学的发展水平及其在工艺上应用的程度、生产过程的社会结合、生产资料的规模和效能以及自然条件,但主要取决于社会生产力的发展水平。教育可提高劳动者的劳动能力,推动科学技术的发展和应用,促进社会生产力的发展。劳动者受教育的程度同其劳动生产率的高低成正比。提高劳动生产率是经济和社会发展的基本途径。

要素生产率 即产出与生产要素投入之比。生产某种商品(或产品)投入的经济资源称生产要素。传统经济理论认为,生产有资本、土地和劳动三大要素。要素生产率分为单(偏)要素生产率和全要素生产率两种。对前者的分析在第二次世界大战前就已开始,具体包括劳动生产率、资本生产率等,哈罗德-多马模型(Harrod-Domar Model)是计算单(偏)要素生产率的重要公式。后者指生产要素的综合效率,是众多生产要素产生的综合效率。通常通过计算增长余值进行度量。其中不但包括所有没有识别的带来经济增长的因素,还包含概念上和度量上的全部误差,与采用的假定、要素加总和度量密切相关。在理论概念上,全要素生产率表示非体现的技术进步率(经济学意义上的),其本质是所投入全部要素的综合生产效率的增长率。在计算时,一旦建立增长核算方程,决定了识别哪些要素投入的贡献,全要素生产率就是确定的、唯一的。至于在应用该概念时产生度量上的误差,则是技术操作问题,且总能不断趋于精确。美国经济学家丹尼森首倡全要素生产率的计算过程,即 $A' = Q' - K'W_1 - L'W_2$,它解决了 A' 无法直接计算的问题,被称为丹尼森模型。公式中,A'、Q'、K' 和 L' 分别为用增长率表示的综合要素生产率(除劳动、资金外的综合要素生产率,即以技术进步为主的内涵型增长率)、总产出、资金投入和劳动投入。W_1 和 W_2 是资金和劳动投入的权数,分别表示两者的产出弹性(边际生产率)。$W_1 + W_2 = 1$ 意味着在参数估计中,假设生产规模的变化不影响产出成果。A'/Q' 为技术进步贡献率,$K'W_1/Q'$ 为资金贡献率,$L'W_2/Q'$ 为劳动贡献率。这种模型认为,生产是各种要素共同作用的结果,随着要素投入量的增加,要素生产率的变化,商品的产量不断增长。已知产量增长率,就可以计量要素投入量。产量增长率与要素增长率之间的差额构成要素生产率。用这种理论解释教育,每一种教育资源都对教育产出产生一定作用,提供某种服务,教育产出是各种教育资源投入共同作用的结果,即每一种要素都对教育产出作出了各自的贡献。因而,在分析教育要素投入的生产率和效率时,必须涵盖所有教育资源投入或所有主要投入,而不能随意取舍。另外,在计算教育要素生产率的过程中,影响其变动的因素有些与教育无关,有些与教育有关。计算出与教育无关因素对要素生产率作用的大小,就可计算出与教育有关因素作用的大小。

X效率 1966年美国学者莱宾斯坦首先提出,是研究企业内部组织管理效率问题时提出的一个概念。研究与组织或动机有关的效率,关注在客观生产条件既定的情况下存在于企业内部的某种低效率现象及其产生原因。其基本观点:(1)企业是个人的集合体,企业的整体效率取决于其内部每个人的行为。未能充分挖掘企业生产效率的现象是与配置效率完全不同的效率问题,在其性质尚无明确定义的情况下,被称为X效率。(2)X效率产生的主要原因:一是劳动合同不完整、信息不对称而导致无法监督,使员工有消极工作的空间。二是管理知识的投入并非通过市场交易能得到,也并非所有购买者均能平等获得,经理、专家及员工可以雇用,但与资本一样,管理、知识的投入会受劳动者动机的影响,也可能未被充分利用,而且人的知识和经验是模糊的,需有充分的动机使其变得清晰。三是生产函数并非完全确定或已知。在既定投入(成本)条件下,生产效率是有弹性的,同样的人在不同的时间,生产效率会不同。故

X效率的存在具有客观可能性,特别是在竞争不充分的环境中,集体和个人通常不会最大限度地努力和有效率,从而使企业X效率增高。(3)X效率作为企业经营效率的减项,普遍存在于企业中。据莱宾斯坦估算,欧美国家由X效率带来的损失不低于国民生产总值的5%,而垄断与关税等不完全竞争因素引起的资源配置低效率不足1%,可见X效率问题的严重。但X效率同时具有很大潜力,只要投入较低成本即可明显提高经营效率。X效率论的任务就是寻求降低X效率的途径和方法。正常情况下,员工的努力程度取决于制度,关键是要设计一种合理的激励机制和监督机制。

对一个经济实体而言,可以从两个角度研究资源使用效率:一是考虑资源是否根据最终产品需求者的要求和预算生产出符合福利最大化要求的最佳产出水平和产出组合,这是配置效率;二是在所有与管理技能相联系的各种未知都存在的条件下,厂商从既定数量的资源中能够取得最大可能的产出。表面上,X效率似乎更接近体制效率,两者都强调因改进人力资源的组织管理或组织形态而导致的收益增加,但实际上,体制效率是一个理论概念,需要通过X效率和配置效率才能得以实际表现,体制效率的改进必然意味着X效率或配置效率的提高,反之,具有X效率或配置效率必然意味着体制具有一定效率。因为对产业部门而言,若体制无效率,则组织必然在高消耗和高内耗的状态下运行,从而处于X效率状态;同时,很少考虑顾客的需求和满意程度,难以提供顾客所需要的服务水平和产出组合,可能会在效率范围内从事没有市场前景的无效工作,最终导致配置低效率。

美国教育经济学家H. M.莱文提出,通过致力于提高学校内部的效率,可以在学校预算的边际成本增加不到1%的情况下获得巨大的教育生产率。这从另一个方面证明学校体制效率对于提高学校教育生产力的重要性。由于高校体制的核心内容是组织管理,体制成本大部分表现为组织管理方面的费用支出,因此可以用一个实用可行的相对指标来衡量体制效率,即用高校的管理成本增长率与高校用于教学、科研和社会服务方面的总收入(包括学费收入)的增长率之间的比率。如果将管理成本与产出总收入的增长速度是同步的,即比值为"1"看作是组织管理效率不变的话,那么,前者比后者以更大的幅度增长,则意味着组织管理效率下降,即表示体制效率的下降或体制无效率,这就说明还存在体制改进或创新的可能性与必要性。

教育规模经济 规模经济是西方经济学中的概念,指厂商采用一定的生产规模而能获得的经济利益,或因生产规模变动而引起的收益变动。分为内在经济(internal economies)与外在经济(external economies)。前者指一个生产单位在规模扩大时,其自身内部引起的收益增加;相对应的是内在不经济,即一个生产单位在规模扩大时,其自身内部引起的收益的下降。后者指整个行业规模扩大和产量增加而使个别厂商获得的益处;相对应的是外在不经济,即整个行业规模扩大和产量增加而使个别厂商成本增加,收益减少。规模收益的变动有三种情况:规模收益递减,即规模扩大后,收益增加的幅度小于规模扩大的幅度;规模收益递增,即规模扩大后,收益增加的幅度大于规模扩大的幅度;规模收益不变,即规模增加幅度与收益增加幅度相等。适度规模的原则要求至少应使规模收益不变,应尽可能使规模收益递增,而不能使规模收益递减。

规模经济理论运用于教育领域,形成教育规模经济(或学校规模经济)理论。教育资源投入以单位学生成本计算,产出可以学生(在学或毕业)人数计算(如学校淘汰及耗损比例特别大,在学人数与毕业人数相差甚多,则只能以毕业人数为产出单位)。学生数增加的比例大于单位学生成本增加的比例,便是教育规模经济;反之,则为教育规模不经济。

教育资源的投入通常分成固定资本成本和变动经常成本。若资本成本不变,则学生数增加比例永远大于单位学生成本增加的比例。事实上,学生人数不断增加,单位资本成本也不断减少,一定出现规模经济效果。经常成本则不然,若经常成本增加比例小于学生人数增加比例,则单位平均经常成本将因学生人数增加而减少;相反,经常成本增加比例大于学生人数增加的比例时,单位平均经常成本将因学生人数增加而上升。故教育规模经济应指单位平均经常成本因学生人数增加而下降;反之,教育规模不经济则指单位平均经常成本因学生人数增加而上升。

教育生产函数 指教育过程中教育产出量与投入量的依存关系。将两者的相关系数用数学方程式表示便构成教育生产函数:$Y = f(X)$。式中,Y表示产出,X表示投入。若投入因素或产出因素不止一项,则可分别用X_1, X_2, $\cdots$, X_n和Y_1, Y_2, $\cdots$, Y_m来表示,任何一个产出Y_j与投入函数关系为$Y_i = f_j(X_1, X_2, \cdots, X_n)$。教育投入可从三个角度来界定和分类。(1)根据投入物的性质,可以划分为人力资源投入和物质资源投入。人力资源投入包括各级各类学校的学生、教师、管理人员、顾问等,物质资源投入则包括各种各样的建筑物、教学设备、仪器、运输工具、书籍等。(2)根据投入来源,可以分为学校提供的投入和外界的投入。考察学校提供的投入必须综合人力和物力投入,从量和质两个方面进行界定和分析。外界投入指来自学校以外的影响学生或教育投入的因素,主要包括学生的家庭出身、家长收入、父母受教育水平等社会、经济和文化因素。学生的种族、性别、家庭规模和其他特点也在一定程度上影响学生的投入和产出。(3)根据投入与主管部门的关系,可以分为可控制的投入和不可控制的投入。有些投入是学校、教育主管部门无法控制的,如学生的年龄、性别、种族及天赋等;有些投入学校虽无法控制,但是政府可以控制,如学生家庭的社会经济背景;可被学校一级控制的投入主要包括:教学负担,每个教师分配的教材内容和深度,班级规模,课程数目。在学区和更高层的学校教育管理部门通过改变招聘政策及工薪政策,或通过经济政策,可以影响教师的学历准备程度、在职培训、教师薪金的支付,影响学校设备、图书及其他物质投入的状况。教育产出通常分两大类,一是消费性产出,二是投资性产出。消费性产出指学生及其家长和整个社会通过教育投入获得的益处,如学习过程中获得的愉悦,在校期间进行的职业准备使社会减少就业压力和竞争。而投资性产出指通过教育投入提高个人或社会的生产技能和未来财富的产出,其最大特点是迟效性。西方教育经济学家认为投资性产出可分为以下各项:基本技能,主要指学生在校期间获得的数学和语言等方面的知识和技能;职业技能,即为未来就业获得的技能;创造力(性);态度;其他产出。

教育资源利用效率的主要影响因素

教育投资中与教育无关费用所占的比重　教育投资中,与培养学生无关的费用既不能增加产出的数量,也无助于提高产出的质量,属于无效投入。如果其他条件相同,这种无效投入所占的比重越大,教育产出的比值就越小,教育投资的使用效率就越低。

学校人员的构成　包括数量和质量两方面。在数量构成上,影响教育资源使用效率的是学校各类人员的数量及相互之间的比例关系,包括学生数、班级数、教师数、教辅人员数、行政人员数和工勤人员数及其在人员中所占的比重。在质量构成上,主要是指领导人员和教师队伍的素质、水平结构、知识结构、能力结构、素质结构及人际关系。其中领导人员和教师队伍的状况是影响教育投资使用效率的重要因素,对教育经济效率具有直接影响。人员质量构成中还包括学生的素质,学生入学时知识基础和智力水平的高低。学生素质对教育经济效率也有重要影响,学生质量高,用同样的投入,能得到较多的产出。

学校的物质设备条件　这是办学的物质基础,影响教育的投入量和产出量。一般而言,若设备数量多且质量高,则增加学生数量,提高学生质量,会大大增加单位教育投入的教育产出量,从而获得较高的教育投资使用效率;而若设备数量少且质量差,则会阻碍教育产出量的增加,从而影响和制约教育资源使用效率的提高。

教育管理体制和学校管理水平　在人、财、物资源既定的情况下提高教育资源的使用效率就主要取决于学校领导的管理水平,好的管理可以极大地提高教育资源的使用效率,反之,则会影响教育资源作用的发挥。教育的管理体制对教育的经济效率也有影响。管理体制合理,上下责权分明,条块之间密切配合,让学校有更多的办学自主权,有利于挖掘潜力,调动学校办学的积极性,增加教育的产出,从而提高教育资源的使用效率。

学生家庭和学校周围的环境　家庭环境包括家庭的经济状况、家庭主要成员的文化教养、家庭的教育、家庭的生活习惯以及周围往来的人等。这些会有形无形地对学生的学习目的、学习态度、学习的能力和习惯产生积极或消极影响。学校所在地区的政治、经济、文化、交通等条件对学生也有潜移默化的影响。在经济、文化、交通较发达地区,文化科学设施多,信息丰富,人才集中,文化交流多,学生可以接受大量信息,较多较快地接触新的文化科学知识,因而知识面较广,眼界开阔,思想活跃,接受和活动能力较强,有利于提高教育产出量,而无需增加教育投入。分析教育投资效率必须考虑地区差别。

参考文献

杜育红,刘亚荣,宁本涛.学校管理的经济分析[M].北京:北京师范大学出版社,2003.

王善迈.教育投入与产出研究[M].石家庄:河北教育出版社,1996.

（杜育红　王善迈）

教育资源配置（allocation of educational resource）投入教育中的人力、物力、财力资源在教育系统各个组成部分中的分配和使用过程。是教育发展和改革的条件保障。人类从事包括教育在内的任何经济与社会活动,必须以相应的资源投入为条件,相对于人类多样复杂和不断增长的需求而言,资源是稀缺的。为此,需要将稀缺资源在不同领域和不同用途间进行有效配置,同样也需要将稀缺的教育资源在教育不同组成部分间有效配置,包括配置范围、目标与评价和配置主体。

（1）教育资源配置范围。包括国民教育体系中各级各类教育和学校间。在中国,包括义务教育(初等和初级中等教育)、非义务教育(包括学龄前教育、高中阶段教育、高等教育、成人教育和终身教育)及其学校间;在空间上的区域间、城乡间;不同受教育群体间(包括不同性别间、不同民族间、不同宗教信仰间、正常人和残疾人群体间、不同收入群体间)。

（2）教育资源配置目标与评价标准。美国教育经济学家 C. S. 本森 1978 年在《公共教育的经济问题》（*The Economics of Public Education*）一书中提出评价教育财政的三个标准,即提供教育是否充分,教育资源分配是否有效,教育资源的配置是否公平。此标准为大多数国内外学者所赞同。充足与否关系着教育与经济、社会协调发展,关系着教育数量、教育质量和教育结构的发展;有效与否基于教育资源的稀缺性,关系着教育资源投入与产出的关系;公平与否关系着教育公平乃至社会公平。但是,何谓充足,何谓有效,何谓公平,以及如何评价和度量教育资源配置的充足、效率和公平等问题在不同学者间存在着较大分歧。在不同历史发展阶段,不同国家和地区间由于教育发展与改革面临的问题不同,教育决策目标不同,教育资源配置的目标与评价标准与指标也不尽相同。

(3)教育资源配置的主体。回答教育资源由谁分配。教育资源主体包括政府、教育机构(学校)、受教育者及其家庭。教育资源按所有属性分为公共教育资源和私人教育资源。不同的配置主体所能分配的教育资源仅限于其所有可支配的教育资源。公共教育资源一般由政府配置,在多级政府中,不同的层级政府配置主要由一国的教育行政管理体制和财政管理体制、层级政府间教育职能、教育事务责任和财政支出责任的划分确定。不同国家、不同时期不尽相同。在中国现阶段,义务教育和高中阶段教育资源配置实行以县为主、省级统筹、中央支持的资源配置方式。高等教育由中央和省级政府两级配置,以省级政府为主。教育机构或学校教育资源配置限于学校通过多种途径获得的学校可支配的教育资源,在相关法规制度约束下,主要在校内不同用途间分配。受教育者及其家庭用于教育的资源主要在各级各类教育及其教育机构(学校)间进行配置。

(王善迈)

教育自由(educational freedom)　教育哲学的基本概念之一。教育主体在教育实践中所享有的活动权利与资格。20世纪在英美自由主义教育思想中开始出现。当代教育哲学把教育自由作为教育制度设计和教育改革的重要理念。

古希腊亚里士多德的自由教育(liberal education)思想只是一种普通教育的理念。英国哲学家洛克开创了近现代个人自由意义上的教育自由理念,他在《教育漫话》(*Some Thoughts Concerning Education*)中,把教育看作是实现和保障个人自由的重要条件,教育的目的之一就是教会人们实践天赋的自由。英国教育学家沛西·能在《教育原理》(*Education: Its Data and First Principles*)中运用了教育自由的概念。他把个性的自由发展看作评价一切教育计划的最终准则和制定教育政策的唯一基础,教育要保障学生依照自己的方式来处理一生事业的自由。

美国教育学家杜威在研究民主与教育的关系中,把教育看作是实现社会民主制度和民主生活方式的工具,杜威认为,民主社会相信并尊重个人自由,个人自由的根本是心灵的自由以及产生理智自由所必需的在一定程度上的行动与经验的自由。个人自由表现在教育上就是教育自由。教育自由意味着学生和教师在教育上的自由,教师的自由是为学生的自由服务的。确定教育自由不仅是对个人的要求,更是对社会和教育制度提出的要求。如果一个社会要培养理智和健全的公民,教育自由特别是受教育者的自由就是社会和教育必须保障的,否认教育自由一方面违反了民主的准则,另一方面也违反了教育的价值。杜威不仅把教育自由看作是教育价值,而且也把教育自由看作是教育的各种价值实现的重要条件。

教育自由为个人的发展提供条件,使他具有自我创造或自我实现的动力和理想。自由是造就良好的个体的核心条件,只有在自由中,个体的精神才能获得自主发展,才能获得实现优秀和卓越的机会。为了个体的精神发展,需要政治和教育对个人基本自由进行保障,需要建立能够保护教育自由的教育制度。教育制度保护个人平等的发展权利,这已经成为现代教育不可或缺的条件。教育自由通过免除人为的干预,为学生提供平等、充分的条件,创造最大的个人精神成长的空间,使个人享有最大程度的自我创造。只有把保障教育自由当作重要的教育价值,教育制度、教育观念、教育者和教育方式,才不能打击、排斥、贬低、歧视每个受教育者,教育才能在观念和制度上宽容每个人的生活理想和生活目标,个体才能获得自主的精神发展,才能促进思想敏锐、能力卓越、德性高尚、情感丰富的人才不断涌现。

受教育者的基本自由包括以下几个方面。

思想自由和表达自由　思想自由意指受教育者具有独立形成自己的世界观、价值观和人生观的自由。表达自由是受教育者具有表达自己的思想、观念、意见的自由。思想的自由和表达的自由是受教育者自由而公开地运用自己的理性的表现,是思想和知识创新的重要条件。受教育者的思想自由可以促进他们公开地应用自己的理性判断社会事务,摆脱蒙昧、偏见和无知,参与社会生活,可以自由地探索和认识世界,试验新思想,形成新方法。思想自由和表达的自由是受教育者追求自己独特的人格理想、实现自身价值、个性发展的前提条件。

学习自由　指受教育者具有自己选择学习内容、学习目的、学习方法、学习时间和空间的自由。学习自由因此包含着学生选择教师和课程的自由。这意味着学习行动是自主的、自治的,而非强制的。通过制度设定苛刻的筛选渠道而限定受教育者,会导致受教育者不得不按照筛选所规定的学习内容和学习方式进行学习,并通过这个渠道认定学习价值,从而把学习导向竞争激烈的、褊狭的领域,这种学习就是被动的、不自由的。学习自由对于受教育者来说是非常重要的,它保护学习者确定自己的学习目的和深化学习兴趣的自主性——这是个人以自己的方式和以自己的爱好充分发展才能的必要条件。学习自由是形成多元生活目标和个人理想的关键条件。

道德自由　指受教育者个人拥有追求自己的道德理

想、追求自己的幸福的自由权利。这意味着个人享有按照自己的道德判断选择自己的道德行动、选择自己的生活理想、实现自己的道德价值、创造自己的美好生活的自由。受教育者有权利形成自己的善的观念和道德观念、追求自己所认同的善事物的自由。道德自由是人的根本性自由，在一定意义上说，没有自由，就没有美德。道德自由是个人形成卓越的人格品质和德性的基本条件。

个性自主发展的自由 指受教育者实现自我价值、获得个人发展、创造自己独特的精神气质的自由。保障受教育者个性自主发展的自由空间，不仅是受教育者发展批判性思维、追求人格品质的必备条件，而且也是提高受教育者的自尊和自信的背景性条件。这种自尊和自信是受教育者作为个体的社会成员实现自我价值的基础，是他们对自己的社会价值进行期望的基础。自尊不仅依赖于他人对自我的尊重，而且依赖于教育制度的一些公共特征，如教育制度对教育资源的分配、教育评价的方式以及由教育制度所形成的受教育者之间的相互尊重等都是影响自尊的公共特征。

教育资源平等利用的自由 这种自由确保每一个受教育者都能公平、平等地利用教育设施和教育机会，这主要体现为受教育者的知情权和参与权，以及各种教育资源和教育机会向每一个受教育者的平等开放，以保障每一个受教育者平等的发展机遇，使他们在教育生活中不受歧视，不受排挤，避免教育制度、学校以及教师对他们的不公正待遇。这种自由，一方面可以通过平等的参与，形成一种开放的、平等交流的、合作的教育环境，另一方面，可以增强受教育者的社会责任感，锻炼和增强他们的自治能力和处理各种社会事务的能力。

人身自由 是受教育者的人身依法不受任何伤害、压制、侮辱、欺凌等的权利。在学校生活中，受教育者的人身不能因为任何原因而受到他人(包括教师)的消极性对待，比如，殴打、罚站、强行拉扯、残害、侮辱、驱赶、跟踪、监视和被检举等。人身自由还包含着受教育者个人不能因为身体原因而受到教育体制、学校、教师以及他人的歧视、羞辱、排挤和解除教育权。人身自由是个人自我主宰、自我引导的重要的条件，它是受教育者个人直接或间接达到更高生活目的的必要条件。对儿童而言，在学校生活中的人身自由是他们获得自我尊重、不畏困难、敢于尝试和创新、不屈服任何环境障碍等精神品质的重要条件。

交往的自由 指受教育者在教育生活中选择自己的伙伴、朋友进行交往的自由。这是受教育者自由追求自我创造和多样性目的的条件，获得社会和他人认同的必要条件，也是他们获得自尊和社会价值的途径之一。交往的自由也是判断、选择的理性能力发展的基础，是获得德性和积极的个性，获得自我治理能力和形成社会责任感，获得和谐、积极、健康人格的必要条件。

基本权利的保障 教育制度、学校和教师不能以某种理由或者以代表学生利益为借口做任何不利于学生身心健康的事情，不能以牺牲学生身心健康的活动、游戏和交往为代价而把他们置于劳累之中。教育必须认真对待学生的生命、健康和幸福，仁慈地、体谅地、理解地、宽容地对待学生的要求。受教育者还具有针对以上自由和权利的要求权，即向教育争取、敦促、监督、索取以上教育自由的权利。教育自由的要求权保障每个人人格尊严的权利。

教育自由必须通过制度的具体规定而加以保障，以上的教育自由是教育制度和学校制度必须具有的结构特性。它意味着受教育者在教育生活中自由地进行自我创造和追求品格优秀和卓越的权利，教育自由要求国家、政府、教育制度、学校、教育工作者公正、平等对待受教育者，受教育者的教育自由是一个在教育生活中应该和必须得到合法保护的自我的发展权利。

教育自由的享有是平等的、不可剥夺的，也是不可让渡的，不能扩大某些受教育者的自由，或者限制他人的教育自由，假如不平等地分配自由，就不可能培养受教育者的自尊和相互尊重的积极心态，也不可能培养他们对公共生活的合作态度和责任心。如果不平等地分配教育自由，那不仅意味着所有受教育者个人的理性、德性和个性的发展受到严重阻碍，而且公共生活的合作、尊重、信任、互利和和谐将受到破坏。

参考文献

约翰·杜威.人的问题[M].傅统先，等，译.上海：上海人民出版社，1986.

沛西·能.教育原理[M].王承绪，等，译.北京：人民教育出版社，1964.

纳坦·塔科夫.为了自由——洛克的教育思想[M].邓文正，译.北京：读书·生活·新知三联书店，2001.

(金生鈜)

教育组织管理批判理论范式（critical paradigm in educational organization and administration） 20世纪70年代末至80年代初形成的各种教育组织管理的批判观点。教育组织管理理论的基本范式之一。源于黑格尔和马克思的辩证思想，与法兰克福学派的社会批判理论直接相关，尤其是哈贝马斯的交往行动理论、生活世界的观点和三种人类旨趣的论述等，对教育组织管理的批判研究具有重要启示。一些学者运用法兰克福学派的社会批判理论抨击教育组织管理的结构功能主义理论，进而建构具有整合性和辩证色彩的教育组织管理批判理论范式。

20世纪70年代，教育研究者对批判研究方法产生浓厚兴趣,他们发现学校教育的过程和结果主要由教育之外的经济力量决定。美国教育学者伯布斯认为,这种类型的批判研究分两个阶段。第一个阶段的批判研究涉及对学校教育作为社会再生产过程的分析,认为学校通过对不同社会阶层的儿童实行不同的教育,再生产了以阶级为基础的劳动市场和经济制度。第二个阶段的批判研究质疑师生是经济力量的被动受害者的观点,试图说明经济力量被师生抗拒或改变的方式,提出教师和学生要积极参与学校教育和学校文化的创建。这种批判研究通过强调课堂文化与经济力量的相对自治,为批判理论研究者和教育工作者指出了实现校本改革的希望。

澳大利亚学者 R. J. 贝茨是较早倡导批判研究的学者之一,对教育组织管理批判理论范式的形成具有重要作用。在 1982 年全美教育研究学会年会上,R. J. 贝茨提交《走向教育管理的批判性实践》一文,认为教育管理研究的保守性源于 20 世纪 60 年代由教育管理理论运动发展起来的教育管理观,教育管理理论缺乏对教育组织的独特性和教育价值观等因素的关注,教育管理倾向于把管理问题与教育问题分开,分离事实与价值、理论与实践、理性与常识、教育与管理,这种教育管理理论不可能指导管理者的工作。他同时批判了现象学任意界定现实的组织观,认为现象学把组织看作是"用符号编织在一起、用语言表达"的现实,这种解释具有很大的随意性。美国学者 W. P. 福斯特在该年会上提交《走向教育管理的批判理论》一文,倡导建立教育组织管理批判理论范式。他认为,教育组织管理的批判理论应当接受并基于解释学和经验科学的观点,对现实进行现象学分析和结构性分析,并分析社会意义和历史背景,批判理论应关注揭露实践中的障碍,结合理论与实践。

对教育组织管理进行批判研究的还有美国教育学者 G. L. 安德森、西罗特尼克和奥凯斯、丹特里、哲费尔和艾肯等。教育组织管理批判理论范式的代表作有 W. P. 福斯特所著《范式与承诺——教育管理的新方法》和 J. 史密斯主编的《教育领导的批判观》(1989)。W. P. 福斯特在书中倡导批判与反思,把教育管理看作一门道德科学,将改革教育和教育管理实践作为批判研究的旨趣。书中不仅指出教育管理研究的直接责任,而且提出社会变革的文化框架,对教育管理实践产生重要影响。基于学术批判的传统,W. P. 福斯特提出,教育组织管理批判理论范式要深入反思和审视教育管理的各种矛盾与冲突,并根据社会的责任采取行动,解决教育管理的各种矛盾和冲突。J. 史密斯在书中指出,只关注学校组织自我管理的观点具有内在缺陷,对教育领导和教育管理的研究和理解应具有历史的意识、社会政治的敏感性和批判的洞察力,研究学校组织管理必须认识到更大的社会政治背景对学校组织的影响。R. J. 贝茨提出,教育管理只有被置于更大的文化背景中才能被理解,理解教育

管理需要运用历史的、哲学的、宗教的和道德的研究以及政治经济和文化的分析。教育管理是一项复杂、综合、广泛的活动,需要在不同学术领域进行探讨。

在众多教育管理学者的努力下,西方教育管理研究采取一种新的批判理论框架,既对主流教育管理研究以及解释主义的、现象学的教育管理研究做出反应,亦关注教育管理的原理和现实问题,并提出解放的、批判的教育管理观。批判研究促进了教育管理思想的活跃,使教育组织管理的主流理论发生很大变化。教育组织管理的批判研究范式是一个松散的科学共同体,仍处于形成过程中。20 世纪末 21 世纪初,教育管理批判理论家虽然仍坚持批判理论的基本观点,但随着文化多元时代的到来,一些研究者开始转向后结构主义、后实证主义和后现代主义,强调对话和叙述的教育管理研究。

教育组织管理批判研究的方法论

教育组织管理的批判研究或批判理论既指一种方法论,也指一组松散联系的社会理论。

作为一种方法论,批判研究为行动研究、批判人种学、女性主义研究和教育性研究(educative research)所运用,致力于理解和改变阻止人们过满意生活的现实。批判研究的逻辑起点是人们实际遭受的挫折和困境,根据情境分析境遇,包括当事人自己的理解和分析;此后需要对当事人进行思想的批判,以更好地服务于研究对象的真正利益;最后设计一个改变原有情境的社会行动方案,并对行动结果进行评价。社会干预是批判研究的必要组成部分,社会变革的过程受特定政治的支配。美国得克萨斯大学哲学教授伯莱布鲁克指出,批判研究关注解放,即从压迫和耻辱中获得社会阶级的解放,从阻止理性的观念中获得整个社会的解放。批判研究的社会干预向度一般由两个变革阶段组成。第一阶段是教育阶段,研究者要挑战参与者对其境况的理解,并揭示他们被压迫和处于不利境地的情境。适合这一过程的教育模式并非正式的学校教育形式,而是一种对话。批判研究者或试图怀疑研究对象所接受的某种意义、动机和价值观,或对研究对象感受到的问题作出反应、反思和批判。如果参与者接受了批判观点,并具有谋求变革的愿望,研究者和参与者就可共同进入第二个过程,即社会行动阶段,着手纠正原有问题情境。批判研究知晓,理解上的变化并不能改变物质境况,行动与观念在理解世界和改变世界的过程中是相互依赖的。

批判研究的起点是解释受压迫和生活条件不理想等问题产生与延续的原因。批判研究有的主要运用马克思主义和新马克思主义的概念解释贫困、异化和社会冲突状况,认为经济变革是社会变革的必要条件;有的主要运用哈贝马

斯及法兰克福学派的观点来解释教育管理问题,对社会问题及社会变革作出非物质性的解释,认为要形成服务于普遍利益而不是特定利益的社会,关键是通过交往理性回归生活世界,以造就协调一致的社会形式。

教育组织管理批判理论范式的本质

批判理论的本质在于对科学和工业压制个性的现代理性提出批判。美国哲学家 R. J. 伯恩斯坦指出,批判理论希望使主体完全意识到物质世界蕴含的矛盾,洞察意识形态的神秘性,并洞察曲解现存社会状况的错误的意识形态。教育组织管理批判理论范式在本质上也对科学主义无视个体人性的现代理性提出批判,视社会民主化和人性解放为社会科学的重要目的,试图重新塑造结构功能主义教育组织管理的主流观点。教育组织管理批判理论关注的问题:当前的权力结构、课程结构和教学结构为谁的利益服务?教育内容和教育方式与社会中占支配地位的经济和政治联盟的关系是什么?批判理论主要运用辩证法,希望通过逻辑分析和争鸣来提高人们关于生活和工作状况的觉醒程度。在争鸣过程中,批判理论依靠对意识形态的分析和生成,指出现存社会教育管理的矛盾和冲突。

受哈贝马斯早期作品影响的教育组织管理批判理论家,如 W. P. 福斯特和 R. J. 贝茨等,将科学与实证主义等同,认为实证主义的教育管理理论只重视教育管理的技术方面,无视多元性、种族与民族问题以及社会阶层问题等,呼吁教育管理理论应拥有更广泛的知识来源,应承认"交往的知识"(communicative knowledge)和"解放的知识"(emancipatory knowledge)在人类事务中的现实意义,提出教育管理的知识基础要更多地强调对教育现实的批判、道德与价值观、授权和教育变革,让无权者参与到教育问题的讨论和争鸣中,使教育管理实践者具有批判的眼光,以分析教育管理实践中存在的重大问题。

教育组织管理批判理论家认为,教育研究特别是教育管理研究大多受技术取向的观念支配,旨在使教育管理效率化和理性化,他们批评这种教育管理理论倾向于测量任何动态的事物,研究问题和研究设计中忽视潜在的政治承诺,并且倾向于只培养技术专家。批判理论范式认为,教育管理领域充满各种矛盾和冲突,有些直接来源于旨在改善和提高组织管理效率和效益的企业管理模式,这种管理模式的组织理念不仅忽视个体和群体的主体性、现实和情感,而且压制具有热情、积极性和政治倾向的组织管理者。在这种组织管理范式中,个体要使自己的观点服从组织理念和社会实践。教育管理批判理论家断言,人类可以改变社会结构而不受社会结构支配,经过适当教育并受到鼓动的人能够行动起来变革社会,学校要像其他机构一样,具有为

权利进行必要斗争的意识。教育管理研究至少应了解这种斗争的可能性,站在被压迫者一边,重构教育,并最终重构社会,实现更大的社会公正。

教育组织管理批判理论范式并不是一种协调的统一的理论观点,而是采取西方新马克思主义的话语方式,对教育管理理论和实践发展提出各种批判性反思,反思和批判古典组织理论和现代组织理论,其讨论的主题涉及苦难、压迫、领导、权威、授权、改革、道德、知识分子的权利、批判、解放、反思、交往互动等。

教育组织管理批判理论范式的思想基础

教育组织管理批判理论范式受法兰克福学派社会批判理论的影响,尤其受到哈贝马斯思想的启发。法兰克福学派与实证主义社会理论针锋相对,倡导社会批判理论,强调整合性研究,为教育组织管理批判理论范式提供了重要的思想基础。

对工具理性的批判和交往理性的引入　哈贝马斯从批判实证主义出发,揭示科技理性对人进行控制的两种重要表现形式,即"科学主义"和"科学的政治观"。他提出,物的世界与人的世界完全相异,科技理性只适用于物的世界,若扩张到整个世界,势必导致科技理性的独断和强制。人类需要用"交往理性"来抗衡和统摄科技理性。交往理性是哈贝马斯交往行动理论的基石,交往理性与以满足个人欲望为目的的工具理性完全不同,它强调相互理解与沟通、批判与反思。交往理性发生在日常生活领域,通过交往行为表现出来,具有语言性、交互主体性、程序性、开放性和可批判性等。

三种旨趣与三种科学　与组织管理结构功能主义理论认为组织管理的运行规律是客观的,不受主体旨趣制约不同,哈贝马斯认为,一切科学认识都以旨趣为前提,认识与旨趣不可分割,认识活动本身内含价值取向和价值判断。他提出,主体认识活动中存在三类旨趣,即技术旨趣、实践旨趣和解放旨趣,相应地有三种科学,即自然科学、历史解释科学和批判的社会科学。

技术旨趣是主体试图运用技术占有或支配外部世界的兴趣,目的是将人类从自然界的强制中解放出来,其要义是控制自然和积累客观知识;实践旨趣重在解释和理解人类本质及其历史,目的是将人从僵化的意识形态的依附关系中解救出来;解放旨趣是人类对自由、独立性和主体性的兴趣,目的是将主体从依附于对象化的力量中解放出来。哈贝马斯认为,三类旨趣产生于劳动、交往和权力这三种人类存在状态。人在劳动中对自然实行技术性控制,表现为技术旨趣;在交往中理解社会规范、道德及相关问题的重要性,理解历史及工作自身,表现为实践旨趣;在追求自由和

权利中憧憬公正,反思和揭露各种不对称的权力关系,表现为解放旨趣。

自然科学的研究由技术旨趣推动。在现代社会,自然科学代表一种对自然和人类的量化知识和客观知识的探索,力求从理论上使研究现象客观化。自然科学在人类社会获得极大成功,这种模式被理所当然地运用于社会行为的研究。历史解释科学强调,意义只有置于其所发生的特定历史背景中才能获得真正的理解。历史解释科学体现实践旨趣,代表一种文化关怀,有助于根据主体间性的理解形成一种团体感。批判的社会科学在解放旨趣的基础上建立和发展起来,是解放旨趣的具体表现,追求在人与人之间建立一种自由交往关系,并达成一种普遍的没有压制的共识。

哈贝马斯认为,在当今发达的资本主义社会,由技术旨趣主导的自然科学已被统治集团所滥用,扎根于实践旨趣的历史解释科学也在很大程度上被破坏,少数掌握政治和经济大权者控制了人们达成共识的途径。只有解放旨趣所指导的批判的社会科学,才能使人类最终摆脱物质匮乏和人际关系的种种冲突与对立。

系统的膨胀与生活世界的殖民化 哈贝马斯在诊断现代西方社会的合法性危机时,运用了"系统生活世界"的双重分析模式。他认为,系统与生活世界的分离原本是社会进步的标志,但现代西方社会的危机是指,当系统无法遏止自身的膨胀,日趋分化和复杂化的系统肆意侵蚀、干扰和控制生活世界时,社会即陷入困境,这种困境被称为"生活世界的殖民化",意味着日益膨胀的系统破坏了交往结构,市场机制和科层化的权力不断侵蚀原本属于私人领域和公共空间的非市场和非商品化的活动,生活世界日益金钱化和官僚化,变成与商品和行政管理的关系。哈贝马斯的这一观点对教育组织管理研究具有重要意义,W. P. 福斯特指出,现代系统如何使其本身合法化的问题与教育组织管理研究最为相关。

对实证主义的批判和现代文化分析 法兰克福学派的几代领导人都将批判矛头指向实证主义。霍克海默指出实证主义的三个根本缺陷:在实证主义的经验研究中,人的主体性丧失殆尽;割裂事实与价值的联系,导致知识与兴趣、理智与情感的分裂;实证主义经验科学所揭示的只能是一种死板的、无意义的世界。德国哲学家、社会学家阿多尔诺批判了经验社会学的实证方法,认为不能将自然科学的模式移植到社会中,实证主义本质上起到了为现实辩护的作用。马尔库塞则着重批判了实证主义的经验主义倾向。

法兰克福学派的倡导者还分析了现代文化对人类的影响,认为目的理性或工具理性逐渐消解了文化的批判与反思功能,文化失去批判性特征,变成纯粹的消遣。阿多尔诺指出,文化特别是大众文化存在严重弊端:呈现商品化趋势,具有商品拜物教的特性;文化生产的标准化扼杀了个

性;文化逐渐演变成一种支配力量,具有强制性。现代文化愈来愈屈从于工具理性的需要,禁锢了人的想象力,束缚人的反思能力。在这种文化中成长起来的人,在组织管理中逐渐丧失了个人的主见和思考,缺乏责任感,随波逐流。

教育组织管理批判理论范式的基本主张

教育组织管理批判理论范式是一个松散的科学共同体,所关注的内容涉及教育组织管理的诸多方面,既抨击结构功能主义范式,亦分析和批判解释主义的现象学观点,以构建一种新的反思和批判的教育组织管理范式。其基本主张主要有以下方面。

作为道德科学的教育组织管理 批判理论范式认为,传统的教育管理研究倾向于忽视或排斥伦理问题。W. P. 福斯特认为,对伦理的思考是教育领导者的首要责任,也应是教育管理人员培养方案的首要内容。领导必须保持一种趋向民主价值观的伦理视阈。作为一种对社区良好生活的追求,伦理不仅指个体行为,而且是一种更加综合的观念,告诉人们如何在道德社区共同生活。

教育组织管理的批判理论范式认为,教育管理应当是一种批判的道德实践,致力于改革学校文化和学校生活中不受欢迎的因素。道德领导要与其他人共同推动学校文化及其社会关系改革,学校改革不是个体的英雄行为,而是与教师、学生和更广泛的社区共同进行的一项事业。要实现这种批判的价值,具有改革目的的道德领导需要拥有广泛的社会技能。W. P. 福斯特、斯塔雷特、霍奇金森和博特里等人都认为,教育管理理论和实践应严肃对待教育管理的伦理道德问题。

加拿大学者格林菲德认为,学校管理者是价值观的代表,既是价值观的创造者,也是价值观的主人。批判理论范式把教育管理理论看作一项道德科学,所关心的核心问题是伦理观、公平、民主和自由,相信学校不仅是社会规范和主流意识形态文化的传播者和保存者,而且是自由的促进者和真正民主的倡导者。美国学者 W. P. 福斯特指出,若缺乏教育管理的道德观,教育管理理论对于帮助学校实现其目的便不具有很高的价值。

W. P. 福斯特提出,学校管理者必须拒绝主流意识形态的假定,学校应成为师生之间、学生之间、成人之间进行对话的竞技场,必须审视和回答以下问题:教师参与学校管理的程度怎样?管理的角色是以同事为中心的还是以权威为中心?学校是否重视社会技能?学校是应当注重改善学生的所谓缺陷,还是注重不同文化和不同群体的优势?应当把学校看成变革的代理者,以开创更加公正的社会,还是社会化的场所,以使年轻人适应现存的社会结构?

教育组织管理批判理论范式鼓励学校管理者转变思

维,关注更大的社会背景中的问题,把教育管理作为一种伦理实践,以谋求共同利益。认为教育管理只能是批判的道德科学,必须正视和处理各种道德两难问题。W. P. 福斯特强调,要从根本上解答各种两难问题,就必须确立一种反思的态度,树立一种道德科学的思想方式。

民主实践与学校等级制度的转型　教育组织管理批判理论范式认为,20 世纪学校组织文化的核心始终存在一个悖论,即学校原本是作为文化的代理机构设立的,承担公民教育的重任,以使民主发扬光大,但学校教育实践本身并不民主,具体表现如学校组织的等级制度等,学校教育中几乎不存在组织民主,学校管理者在学校中处于领导阶层,等级制度成为学校的基本特征。教育组织管理批判理论范式认为,学校管理者应反思其在学校中增进民主价值观和民主实践方面的角色,为真正实现民主打下基础。根据民主原则运行的学校组织会产生更多的激励,民主的领导愿意让学生在学校中承担更积极的角色,因为学生的参与是他们接受民主政治教育的最初部分。

教育组织管理批判理论范式将教育管理看作使学校和社会更加民主化的途径,认为学校管理者应把民主及其相关观念,如自由和平等,作为建立学校的基础,对这些问题进行批判性审视和变革,努力争取和实现民主。

教育组织管理批判理论范式认为,教育实践中难以推行民主的教育管理的原因在于"寡头政治的严厉法权"以及组织领导的等级制度。学校中民主观念的推进依赖于一定社会的政治、意识形态和经济发展。20 世纪末,支配学校管理的观念依然是市场竞争和新管理主义,而非学校民主文化的提升。批判理论坚持认为,学校管理要建设民主化的学校文化。

超越男性家长式管理,给女性以平等的管理权力　女性主义的批判是教育组织管理批判理论范式的重要组成部分。女性主义的批判几乎完全赞同批判理论的观点,其关注的核心问题针对实证主义研究方法论的研究主体问题,对授权、解放等主题给予较多关注,试图解除女性所受到的不公正待遇和受压迫的地位,实现女性的自由与解放。

女性主义的教育组织管理批判理论认识到,主流教育管理的范式和对话一直受男性家长式的管理观支配。女性主义者批判教育管理理论与实践中男性起支配地位的本质,认为当代教育管理的理论知识具有严重的男性认知方式的偏见。教育管理的正统理论使家长式的管理制度具体化和稳固化,实践中起支配作用的管理形式再生产了男性起支配作用的教育管理制度,教育管理的理论和实践压制并低估了女性的作用,造成与女性的科层性对立。

女性主义教育管理批判理论提出,领导是群体的核心,而非远离他人的等级制度。教育管理要更加人性化,与企业的男性主义管理观相对抗,反对男性主义将效率和效能

等同于组织理性和等级制度的管理观,主张建立女性主义教育管理政治学,关注妇女和领导问题,通过对社会不平等、教育改革和社会正义等问题的广泛争论,使教育管理情境化和政治化。

女性主义教育管理批判理论对传统教育管理的基本原则和假设提出质疑,拒绝与非情境化的教育管理对话一体化,并根据女性主义的观点构建不同的教育管理范式和对话概念。

打破霸权的主流教育管理观念,实现教育管理观念的变革　教育组织管理批判理论范式提出,必须从根本上变革教育管理的固定思维倾向,打破霸权的主流管理观念,包括批判实证主义及其强调价值中立的教育管理观,实现教育管理观念的变革。批判主流教育管理观建立在科学管理的基本主题之上,摈弃了行政决策的情感和价值维度,将经验主义作为获取真理和事实的唯一来源。W. P. 福斯特不仅批判泰罗的科学管理原则,还批判梅奥的人际关系管理模式,认为人际关系管理模式和人际关系理论是控制工人的另一种工具,虽然强调个体的自我实现,但组织管理的策略仍是为实现组织生产的高效,其对个体的关注只是使生产过程人性化的一种途径。

德国社会学家 M. 韦伯发现,借助技术的行政控制,社会日益理性化,最终可能成为囚禁所有人的牢笼:一方面,理性带来社会的进步;另一方面,生产和社会控制的行政理性导致个体被统合到理性化的经济和政治组织的坚固结构中,失去了日常生活的意义和自由。教育组织管理批判理论范式认为,教育管理主流理论无法回答 M. 韦伯的问题,因为教育管理的主流理论是根据功能主义的社会秩序观提出的技术控制方法,其假定系统的需要极其重要,教育管理的目的是使个体适合社会系统或经济系统,这使管理的方法与公民的心理和文化需要存在巨大差异,经济、社会和政治制度被具体化,公民必须服从经济、社会和政治的需要、目的或目标。

教育组织管理批判理论范式也批判格林菲德的主观主义观点,认为主观主义观点没有为各种竞争群体不同价值观的调整留有任何余地,通过分析动机、意图、价值观及其间的斗争来理解组织,并不能导致任何行动和决定。解释主义同样无法圆满回答 M. 韦伯的问题,批判理论则有助于解决 M. 韦伯的矛盾。

在管理与批判的两难境地中走向批判性反思　教育组织管理批判理论范式倡导批判和反思,目的在于挑战和质疑。认为管理和批判是不同的向度,前者着眼于使组织有效运行,后者着眼于推动组织和社会变革。W. P. 福斯特预言,学校会对其所处的社会产生强大影响。美国社会学者赫希和 J. 安德鲁斯也支持这一观点,希望从教育成就和价值观两方面对学校进行批判性审视。指出审视教育成就能

使相关人员认识到学校组织未实现其预定目的,教学业绩并不是学校教育的全部;审视价值观则要反思学校组织的使命及其合法性。这两种审视会对学校组织的继续存在提出根本挑战。

教育组织管理批判理论提出,教育应当解放教师和学生,使他们理解学校组织使社会不平等永久化,认识到是学校教育导致了性别、种族和社会阶层的差别。学校教育还应提供一种揭露、挑战和应对这些不平等的机制。W. P. 福斯特提出,批判理论不仅是一种自觉的自我反省,而且是对经济、文化状况及意识形态的一种结构性反省。

具有批判理论观点的学校管理者不仅是学校颁布和规定的文件的管理者和推行者,而且要探索学校教育的本质和理念,成为批判人文主义者,始终采取反思性行动,对自我的管理行为和决策进行批判性反思,认识到学校组织不是权威和个人意愿与精神的体现,其活力来自构成组织的所有成员。

批判性反思的管理观一般会遇到强大持续的反对意见,一是因为它要求教育管理者质疑学校管理的目的和管理观念,愿意对自己进行深入的检讨和反思,并能解放和授权所有人参与真正的民主;二是因为它会质疑学校取得的成就和有效决策的基础。信奉批判理论者了解学校结构植根于古典科学管理和科层管理,而接受批判的理论观点就必须放弃传统的组织管理模式,而后者是主流文化的策略之一。这是管理与批判的两难境地。

学校教育的根本改造 教育组织管理批判理论范式主张对学校教育进行根本改造。W. P. 福斯特指出,学校教育通过使工人阶级的知识丧失合法性而再生产了阶级差别。他相信,只有非阶级性的观点才会终结权力精英对知识及其传播的垄断。

教育组织管理批判理论范式认为,学校教育的根本改造会引发学生的参与和批判,并激发不同的观点,人们的异议不再被忽视、受压制。关于学校教育的根本改造,W. P. 福斯特提出四个观点。其一,学校教育的根本改造要求教育成为一个无阶级性的事业,统治阶级不再制造支配他人生活的规则。其二,学校教育的根本改造既要看到个体的病理,又要看到教育系统的性质和问题。其三,学校教育的根本改造需要消除"文化缺失"(cultural deficiency)观念,"文化差异"(cultural difference)概念能更准确地描述美国文化的本质。其四,学校教育的根本改造基于"教学领导"观念的对立面,教学领导会使文化缺失的现象永恒。但教育管理者具有更重要的使命,必须使所有参与学习过程的人根据更大的社会背景,保持对学校教育整体概念的理解。

走向批判性领导 W. P. 福斯特认为,领导本质上是一种批判性实践,学校管理者有必要批判性地审视领导的本质,更广泛深入地理解教育领导的含义,走向批判性领导。

这种领导观需要对人类行为进行批判性的反思和分析,它反对通过实证研究把领导确定为一套明确限定的行为。这种新的领导观要求对领导所处的社会政治背景进行审视和剖析,宣告了组织是客观现实观念的终结,坚持组织是人的创造物,领导的角色之一就是向人们展示如何改变组织。

根据 W. P. 福斯特的观点,领导涉及对语言结构的探索,并揭示被曲解的意义,不仅要看到人们生活于其中的环境,而且要决定如何改变环境。批判性领导授权组织中的个体评估预先设定的组织目标,这种领导必须了解环境和变革。授权和改革是批判理论的精神所在,二者的目标都是把人们从意识形态的桎梏中解放出来,并赋予人们远见。授权可以获得不受限制的对话,改革可以传达超越目前所取得的成就的信息和信号,提供一种公正平等社会秩序的远见。

哲学、道德与精神教育 教育组织管理批判理论范式认为,教育领导和管理是一种哲学、道德和精神的反映。学校管理者是学校组织管理文化的继承人,是学校哲学、道德和精神的体现。学校组织的管理文化始终重视管理的精神性、道德性和教育性,不论是传统的宗教化管理还是现代的专业化管理,教育管理都要进行对话,提出具有精神目标、道德目标和人性目标的管理使命,学校管理者的职责之一是做追求更美好世界的卫士,把服务于人作为教育管理的基础。

教育组织管理的批判理论范式认为,教育改革过程中要提出教育管理的新概念和教育对话的新形式。霍奇金森认为,教育管理和领导是对实践理想的执行,不仅需要技术能力,而且要了解哲学原理和道德的复杂性。萨乔万尼相信,学校领导者的首要责任是道德领导,目标是创办"道德学校",在学校组织文化中,学校领导者也是信仰的领导者。

隐喻、仪式和语言 隐喻、仪式和语言也是教育组织管理批判理论范式探讨的重要内容。W. P. 福斯特、吉鲁、格林菲德和 R. J. 贝茨提出对教育管理进行文化的分析,以补充行为科学的研究。R. J. 贝茨主张教育管理研究需走向批判性和反思性实践,认为组织是文化而不是结构,组织文化为组织的理性、合法性和动机提供动力;文化是教育实践的首要资源,忽视文化要素的教育管理理论严格来说几乎不能成为教育管理的理论。

教育组织管理批判理论范式认为,信仰、语言制度、习语、仪式、知识、习俗等因素构成组织文化的总和,决定人们的思想和行为方式。这一文化总体中一部分是事实性的,可采用经验的、描述的、客观的方法进行研究,另一部分更关注意义和理解,而非事实和客观真理。由于认识到组织文化的重要性,R. J. 贝茨着重强调组织文化的隐喻、仪式和谈判的语言这三方面。他认为,隐喻可以让个体从经验中形成意义,决定一个人对世界的态度;仪式是组织控制的机制,再生了特定社会状况中的期望和秩序关系,学校仪式是维持秩序、赢得顺从的途径;语言是管理者干预学校生活的手段,语言是一种力量,控制语言者有权决定意义,语言亦是控制谈判的机制。隐喻、仪式和语言是理解组织生活的文化货币,批判理论对这种文化货币交换结果的探讨在教育组织管理中很重要,因为教育组织成员的权力是不平等的,由强大组织精英提出的支配文化最终决定组织生活。R.J.贝茨认为,学校文化是特定情境中冲突与谈判的结果,管理者通过语言、隐喻和仪式决定学校文化,并使其在教师和学生的意识中获得再生。要对这种谈判进行反思,将谈判置于对主流进行批判的背景中,致力于追求更美好的世界。

学习、话语与权力 面对社会、政治、经济和科学对意识形态的漠视,教育组织管理批判理论范式要求基于解放旨趣,全面反思理性和理性知识,认为解放旨趣可以促使人们发现和消除技术旨趣和实践旨趣中的虚假信仰。根据哈贝马斯的认识旨趣理论,教育组织管理批判理论提出两个基本观点:学习是与解放旨趣一体化的;社会演进依赖于学习的形式。学习、话语行为、交往不仅依赖解放旨趣,而且依赖技术旨趣和实践旨趣。

哈贝马斯认为,理性的交往不只是个体的事情,交往行动不能脱离通过语言媒介或话语进行的社会调整,交往总是包含对同一世界进行的客观评价、社会评价和主观评价。社会演进的特征就是生活世界日益理性化的过程,但技术意识的日益理性化及其对伦理的压制损害了生活世界的基本要素。当传统的价值观和家庭、教堂和学校等机构表达生活世界伦理要素时,人们就努力调整或维持其形式,使之与主流技术统治论者的意识保持一致。由于技术统治论者的意识只关注技术旨趣,实践旨趣和解放旨趣即受到进一步侵蚀。生活世界可以整合技术旨趣、实践旨趣和解放旨趣。

教育组织管理批判理论范式主张,由于学习是通过语言发生的,教育管理研究要对教育机构中的话语表达形式予以更多关注;教育管理要致力于学习,把学习作为对话的公共形式加以发展,允许探讨来自生活世界的问题,把处理生活世界的问题作为一项公共责任而不是为了私利;教育管理要维护学校自治,使学校免受技术统治论者意识的侵蚀,以维护民主的热情。

批判理论向教育管理实践者和研究者承诺了一种以道德为基础的社会公正的教育管理观及其实现途径,香港大学教授埃弗斯等人称之为"最卓越的变革理论"。教育组织管理批判理论范式呼吁加强对现实教育机构和教育管理实践进行严格的学术批判,并根据对特定组织和特定环境的独特理解开展有远见的管理实践。据此目标,教育组织管理批判理论范式不仅把批判与反思作为理论研究的根本目

的,为教育组织管理研究解放思想创造条件,而且称组织管理理论是"道德科学";不仅促使人们从宏观角度关注和回答现实生活中的重大问题,而且反思和批判市场中心取向的组织管理理论,对深入探讨学校教育组织的特殊性以及教育对社会的改造和超越价值具有重要意义。

教育组织管理批判理论范式亦存在自身缺陷,其对实践的承诺难以兑现,受到各方面的批判。新西兰奥克兰大学教授罗宾逊批判教育组织管理批判理论范式的实际承诺,认为具有解释目的和改革目的的理论只有统一观点才能提高其有效性,而多种类型的批判理论并不具有统一的特征。批判理论的旨趣之一是提出改革教育管理实践的承诺,但许多批判研究缺乏社会行动,多数批判研究者未将批判研究进行到教育和社会行动阶段,教育管理的批判研究者几乎未进行组织变革过程的实质性研究。罗宾逊提出,根据科学研究的有效性标准,教育组织管理批判理论范式不仅在解释问题方面存在模糊,其对实践的承诺亦存在难以克服的问题,如变革代理机构的培养和选择、批判理论的激励效力、批判理论的理论旨趣、变革的动机和阻力等。

参考文献

Bates, R. Toward a Critical Practice of Educational Administration[M]// Sergiovanni, T. J. & Corbally, J. E. Leadership and Organizational Culture. Chicago: University of Illinois Press,1980.

Foster, W. Paradigms and Promises: New Approaches to Educational Administration[M]. Buffalo,NY: Prometheus,1986.

Robinson, V. M. J. The Practical Promise of Critical Research in Educational Administration[J]. Educational Administration Quarterly, 1994,30(1).

Smyth, J. Critical Perspecrives on Educational Leadership[M]. London: Falmer Press,1989.

(程晋宽)

教育组织管理现象学范式(phenomenological paradigm in educational organization and administration) 20世纪70年代形成的一种教育管理学思想和理论。其创立者和最重要的阐释者是加拿大教育管理学家格林菲德。力图建构一种将社会现实看成是人类发明的观念体系,与把社会现实看成是自然系统的系统科学观念相对立。格林菲德在知识的本质、管理理论与研究、价值、科学的局限性、人类主体的重要性、真理与现实等一系列问题上建立起自己的观点。

理 论 渊 源

教育组织管理现象学范式的理论渊源主要有德国的唯

心主义传统、M.韦伯的思想、文学艺术的认识方式和新科学理论。

其一,德国的唯心主义传统。德国的唯心主义传统以德国哲学家康德的理论为基础。康德对格林菲德的影响体现在三方面:一是格林菲德秉持康德的批判精神。康德认为自己处于一个批判的时代,任何事物都无法逃避批判,格林菲德认为自己处于一个受伪科学的独裁主义支配的时代,对其展开全面深刻的批判刻不容缓。格林菲德从教育管理理论运动中盛行的量化方法及其标志性成果之一的"领导行为描述问卷"入手,开始其对系统经验主义范式的最初批判。二是格林菲德受康德哲学中的唯心主义影响。格林菲德提出,教育组织管理现象学范式对现实(reality)的看法与系统理论的现实观针锋相对,其根源在于康德对本体界(the noumenal world)与现象界(the phenomenal world)所作的二元区分。康德认为现实世界确实存在,但并不能被直接认识;现实总是被人的解释所掩盖,而解释本身成为人所反映的现实。格林菲德认为,康德哲学可以表述为:人并不制造(make)世界,但确实创造(create)了世界。三是格林菲德受康德哲学的调和论倾向的影响。康德哲学的基本特征是调和唯物主义和唯心主义,使各种相互对立的哲学派别结合在一个体系中。康德强调与物质对立的精神,但并不主张唯独精神存在。这种调和倾向在格林菲德的理论中表现为欲化解与教育管理理论运动和教育管理的功能主义之间的矛盾。格林菲德不怀疑物理世界的客观性,认为人确实是以物理现实为根基,在物理现实之上还有其他种类的现实,但即便是物理现实,也只存在于主观现实中。四是格林菲德受康德伦理观的影响。康德认为,道德原则是一种先验的不依赖于经验的道德意识,是"实践理性",道德原则本身就是目的,而非达到其他目的的手段,且道德原则自身即具有价值;作为道德主体的人,应能完全抵御外在的诱惑而无条件地按照道德原则行动,一个理性存在的人对道德原则心存敬畏。从这种伦理观点出发,格林菲德发现,人们在追求一套有关组织的普适、客观、"科学的"真理过程中,忽视了诸如道德、价值和义务等方面的很多重要内容,导致组织科学不具有科学性,无力处理组织生活中所包含的道德的和存在主义方面的问题。

其二,德国社会学家M.韦伯的思想尤其是其理解社会学影响格林菲德及其教育组织管理现象学范式。一是M.韦伯的唯名论立场成为格林菲德组织理论的重要基础。唯名论坚信,只有每个人是客观实在的,"社会"仅是用来称谓一群人的名称。社会结构的概念或其他形式的超越个人的行为和相互影响的社会事实被认为是没有经验根据的推测性抽象。分析自我和分析社会的必要单位是"个体人"(the individual human being),所有对社会现象和个人现象的解释都必须建立在与个体适合的主观意义上。试图解释人类行为和社会形式,就是要解释人类的意义。格林菲德认为,M.韦伯的这种从"个体人"出发的社会学观点是现象学范式与结构功能范式产生冲突的根本所在。结构功能范式与涂尔干的社会学具有内在一致性,现象学范式则与M.韦伯的思想相联结。涂尔干的研究路径必然导致一种抽象的和普适性的组织研究,而M.韦伯的研究路径必然导致一种具体的和以经验为基础的组织研究。二是格林菲德坚持了M.韦伯将自然科学与文化科学加以区分的观点。M.韦伯认为,自然科学与文化科学涉及两个不同的领域,二者的研究对象、研究方法、探究逻辑根本不同,自然界的意象(images)是由科学家从外部观察角度强加的,社会界的意象则需要理解(understanding)和解释(interpretation),涉及行动者自身的看法。M.韦伯区分了两种类型的知识,一种是来自理解行为的知识,依赖于理解;另一种是来自解释行为的知识,依赖于解释。理解出自行动者的观点,而解释出自观察者的观点。自然科学唯一能做的是从外部观察解释行为,文化科学的目的在于理解不同的人所看到的社会现实,并揭示其对社会现实的不同看法是如何塑造相应行为的。文化科学虽然不揭示最终的真理,却有助于人们更好地理解自身生活的世界。三是M.韦伯的价值理论影响教育组织管理现象学范式的产生,主要表现在三方面。(1)格林菲德认为,不能单纯从科学的角度来理解学校及其管理问题,还需要洞察、鉴赏、判断和责任,因为学校本质上具有道德秩序,要为重要的价值服务,这些价值包括从发展阅读能力到培养有教养、有文化的人等各个方面。(2)格林菲德批判实证主义研究拒斥价值世界。他批评哈尔平完全将事实与价值分割开来,从而掩盖了理论的真实目的,认为实证主义研究中的"去价值"(devaluation)实际隐藏着很深的价值偏向。(3)格林菲德坦承自己严谨地运用M.韦伯的理性是建立在非理性选择之上的观点。格林菲德将事实与价值的两分状况带入一种在事实中进行价值选择的存在主义现实。与埃弗斯和拉科姆斯基所主张的尽可能少作评价的观点相反,格林菲德主张尽可能多地注意和评价事实背后的内容。

其三,文学艺术的认识方式。文学艺术认识指人的情感的、艺术的、审美的和道德评价的认识,其本质上是一种人文认识和特殊的社会认识类型。用文学艺术的认识方式来把握世界,所看到的是美丑、善恶、与人的价值关系。科学认识致力于普遍性,是用普遍的规律性知识解释个别事实,文学艺术认识则是用鲜明的个性来体现共性;科学认识一般用概念和抽象的数学语言来表达,文学艺术认识则一般以形象的形式来表达;科学认识遵循客观性原则,文学艺术认识并不强求有事实可验证、实物可对应;科学认识要淡化自我,文学艺术认识则与自我表现交织在一起。格林菲德用文学艺术的认识方式来把握世界,首先表现为转变论文的语言、规范及表达方式。约自1974年后,他开始用一种哲学的、饱含激情的、无拘无束的文字来表述教育组织与管理问题,为教育组织管理研究带来新鲜活力。他认为文学艺术的认识方式根本不同于系统经验主义的认识方式,它抛弃操纵主义,强调对现实进行根本的洞察、理解和鉴赏,是一种价值取向的立场。格林菲德明确提出不能将艺术看成是另一种类型的社会科学,因为二者截然不同。艺术的视角与科学真理的视角完全不同,在艺术视角中,道德问题居首位。

其四,新科学理论。美国科学哲学家库恩和美国科学哲学家费耶尔阿本德的理论观点直接影响格林菲德及其教育组织管理现象学范式。库恩提出"范式"概念,指科学共同体所共同接受的信念、假说、准则、方法、范例等的总和,是科学成熟的标志,当一种范式为另一种新范式所取代时,即出现科学的革命。库恩运用社会学和心理学方法,从社会和历史的角度研究科学的发展,提出科学革命论,使科学哲学从逻辑主义转向历史主义。格林菲德从1974年开始运用库恩的有关理论来论证现象学观点,并批判自然系统理论。认为理论的本质是看待现实的工具,理论并非纯粹由客观对象决定,它是范式的产物,是人为的并需要社会加以维持,现象学家能掌握理论的这一属性,但自然系统论者对此无法理解,故与自然系统论者试图远离日常世界的经验相反,现象学家的工作直接建立在日常世界的经验及对其理解上,并据此建构理论。

费耶尔阿本德对格林菲德的影响更大。费耶尔阿本德主张无政府主义的认识论,认为要克服科学沙文主义,必须实行国家与科学分离政策。他强调科学本质上是充满乐趣、自由选择、多元主义的活动,是一种保障人的自由和幸福的人道主义事业,要求以理论和方法的多元论来反对一元主义。受费耶尔阿本德无政府主义认识论的启发,格林菲德建构其无政府主义组织理论。1981—1983年,格林菲德详细论述其无政府主义教育理论和无政府主义组织理论,认为无政府主义组织理论有两个要点。一是反对团体思想,拒斥超越人类控制和独立于个体意志、意向和行为的各种社会现实思想;二是承认思想本身的混乱和非理性特点,无政府状态不能要求整齐划一,组织研究中的无政府主义需要解放思想。

教育组织管理的人类发明论

格林菲德认为,现实中存在两种根本对立的教育组织管理观,一种是自然系统论,另一种是人类发明论。前者认为组织管理是自然的客体,是一种真实存在,它独立于也完全不同于人的行为、情感和目的。格林菲德认为这是一种将人与组织管理分离的二元论。后者认为组织管理与个体

紧密相连,人的意图、价值、习惯和信念是构成组织管理的重要因素,组织管理改革只有与这些要素相联系才可能顺利进行。组织的现实性通过人的行为表现出来,人对组织负有责任,只有人才能改变组织;组织不是单一的抽象物,而是相应环境中的个体在面对与他人关系时所持有的能做什么、应做什么和必须做什么的各种不同认识。格林菲德强调,组织不是物,不是本体论意义上的现实(ontological reality),而是一种被发明的由人类创造的社会现实。

格林菲德认可卡伯特森对自己现象学观点的把握,即不能将组织与星体这类客观现象等同,组织是社会的发明,不受科学法则的支配,而受人的意图和决定的指导。在《关于组织的理论:一种新观点及其对学校的影响》一文中,格林菲德从哲学基础、社会科学角色、社会现实的基本单位、理解的方法等方面对人类发明论与自然系统论进行对照分析,论述组织管理是社会发明的观点。

格林菲德认为,人类发明论的哲学基础是主观主义。主观主义同实在主义都承认世界是存在的这一事实,二者的区别在于,实在主义认为世界可以如其本来面目加以认识,主观主义则主张世界只能由不同的人以不同的方式进行解释。自然系统论认为组织管理是一个具有人类属性的可观察的实体,现象学范式则认为组织管理是由人们在思考它的过程中建构的,是被发明的社会现实。

格林菲德认为,人类发明论的组织管理观建立在M.韦伯所说的社会科学基础之上,这种社会科学虽无法直达客观现实,但能进行自然科学无法进行的研究。格林菲德批判自然系统论所信奉的社会科学观,认为其本质上是科学主义的,将社会科学与自然科学等同的观点是盲目崇拜和迷信科学的结果。

人类发明论的组织管理观将研究建立在个体基础之上,并致力于理解对个体身边世界的各种解释,认为只有理解组织管理活动中的人,才能理解组织管理。理论与研究、方法论密切相关,理论必定产生于研究过程本身,并且与研究资料内在地联系在一起。理论和研究不仅取决于所解释的对象,而且取决于谁来解释及用什么来解释。自然系统论倾向于用实验方法来建立各种变量间的关系,人类发明论则把研究目的指向处理特定情境中的人的经验,其优选的分析工具是案例研究、比较法和历史法。格林菲德认为,这些方法在M.韦伯所建构的组织分析的理想型中得到最彻底的运用。理想型为人们提供了一个特定时空背景中的社会情境的意象(image),若用这种意象来对照分析有关组织管理的各种不同观点,就可能更好地理解组织管理。这种理论和研究指向势必导致一种语言研究和语言所涵盖的理解世界的类型研究,以及一种重视协商的过程研究。

人类发明论将组织管理转换为有意义的个体行为,认为组织管理本身并不思考和行动,也不存在目标或者作决

定的问题,只有人才如此。组织管理不是维持秩序的工具,而是一个充满矛盾和冲突的场所,人们力求将自己对社会现实的解释赋予他人,并获取对组织管理的控制权。

人类发明论认为,组织管理"病变"必然由个体所持的相互冲突的信念引发,而不是像自然系统论所主张的只是一个结构问题,是对环境、对所服务的最终目标、对个体的需要适应不良的问题,认为只要改变组织结构就能治愈组织"疾病"的观点,是在对组织管理复杂性的漠视。参见"教育管理价值论与自然主义整合论"。

教育组织管理现象学范式的十个命题

基于组织管理是人类发明的社会现实这一理论基础,格林菲德系统阐发教育组织管理现象学范式的基本思想,主要包括十个命题。

命题一:组织管理是对社会现实的定义。一部分人凭借所掌握的权力可以作出这些定义,其他人则必须重视这些定义。组织管理是人们将愿望转换成社会现实的机制,但这种转化机制存在于个体身上。当个体力求将其自身需要或信念转变成对现实的定义,而其他人必须接受这些定义且认可其正当性时,这种转换机制就发挥作用。这种组织管理观念虽依赖于个体带给组织管理的意图和目的,但并不强求所有个体共享,而是要求人们努力发现个体带给组织管理的各种不同的意图和目的,因为它们是组织管理的重要组成部分。这些支配性观点本质上只是一种发明的社会现实,只适用于一时,由于人的需要和信念在不断变化,这种主导性观点很容易被重新定义。

命题二:组织管理由人建构而成,人必须对组织管理担负责任。组织管理是自然秩序之外的东西,无论是现在、过去还是将来,组织管理都是人类行为的产物。论述组织管理的起点不是组织管理本身,而是人。

命题三:组织管理是意志、目的和价值的表达。组织管理本质上体现了人们在做他们想做的事或认为必须做的事。组织管理是人的存在模式,为人提供行动准则,也是人们生活的一系列规则,这些规则由人制定,并对人产生影响。组织管理并不控制人,而是受人控制。组织管理研究的基本问题就是理解人的思想、意志、目的与意义。

命题四:组织管理不是凝固不变的存在,而体现为一种不断形成的过程。不存在一个关于组织管理的恒定不变的绝对现实,组织管理总是以一种不断变化的形式存在。组织管理既是行为的结果,也是行为的原因。

命题五:组织管理是自由与强制的关系。作为一种被发明的社会现实,组织管理不仅能被创造,而且能加以操纵。这种观念的创造和维护构成人们所理解的领导和管理的基础。适用于系统、有机体以及物理现象或生物现象的

生产隐喻和技术控制隐喻,并不能用来理解组织管理,描述组织管理需要新的隐喻。这种新的隐喻应能体现人的发展的复杂性,彰显其能动性与受动性的内在统一。

命题六:组织管理就是谈话、机遇和经验。在与人交谈、与人发生关联时,组织管理即产生。人在有所为有所不为中形成组织管理这一社会现实。组织管理作为秩序,既可以是强加的,但更是自我接受的;组织管理既带来规则和惯例,也能带来变化和革命。组织管理与生活、经验不可分离,将组织管理与生活、经验内在地联结在一起的存在性现实,是纯粹的逻辑形式所无法认识和表达的。

命题七:人是先行动,然后才判断行为。"应然"并非来自"实然",事实并不能告诉人们该做什么,人的行动往往由兴趣引发,而不是由事实决定。

命题八:组织管理本质上是用符号编织的用语言表达的对现实的定义。组织管理是一种对个体应怎样行动的定义,既是他人为个体设置的情境(context),也可以是个体为自身设置的情境。人们可以用语言这种相似的现象来理解组织管理是情境这一观念,语言在人们理解现实的过程中发挥关键作用。语言是抽象的,以一种情境和意义的框架形式存在。行为是指向他人的,需要一个意义的情境和能使人理解的情境。组织结构本质上由行为与交谈形成,也是为行为与交谈所必需的。结构只存在于具体的行为与交谈中,为使交谈与行为能够持续,就必须设置一个情境。为行为设置的情境,就是组织。

命题九:不存在能促使组织管理实现为之服务的目的的技术。组织管理与行为的不同在于,组织管理告诉人们应怎样做,昭示最佳的道德秩序,设计权力分配,这种人为地在某一情境中为行为设置的模式,规定人们以某种方式处理人与人之间的关系,实现个人意图。一旦确定组织管理的最终目的,每个人就必须承担起所从事活动的责任。

命题十:在培训管理者方面,除了给予有关宇宙的和自身生活的先验的想象外,别无他法。与教育组织管理的结构功能范式认为教育组织管理科学可以为实际工作者解决各种难题不同,格林菲德认为,培训内容并非重在技术技能,培训的价值重在批判与反思。培训是一种思想培训,从根本上帮助管理者认识其行动假设和思想信念;培训是一种生活培训,只有洞察生活的人才适合成为管理者。管理者的培训应是一种哲学性的隐退和沉思,使其以一种全新的视角来思考更重大的问题,更好地理解现实的复杂性和管理措施的价值。

教育组织管理现象学范式对
教育管理理论运动的批判

格林菲德创建的教育组织管理现象学范式既是理论建

构的产物,也是思想批判的结晶。格林菲德在20世纪60年代末对教育管理理论运动的追求产生怀疑,进而开始其批判教育管理理论运动的艰难历程。他对教育管理理论运动的批判不仅揭示了20世纪50年代后以美国为代表的教育管理科学的本质,而且使人们进一步理解教育组织管理现象学范式的基本思想。

格林菲德重点批判教育管理理论运动所信奉的科学观。教育管理理论运动的科学观主张管理科学是中立的,是价值无涉的,事实与价值泾渭分明,管理科学只研究事实,不研究情感和价值,不关注人的生存状态。格林菲德指出这种管理科学观的四个缺陷:管理科学并未像科学那样发挥作用,并未增进人们对组织的理解与控制;管理科学忽视权力关系,对实质性的教育问题视而不见;管理科学将全部力量集中于组织,而不是行使权力和做决定的经验以及管理的现象学现实;管理科学舍弃了人类选择和理性研究中的价值,这使其在客观和公平的伪装下,暗中处理价值问题。格林菲德认为,教育管理理论运动的科学观是狭隘的,他提出用一种广义的科学概念,不仅研究事实问题,而且承认价值是日常生活和管理中各种行为的动力。他强调广义的管理科学概念把管理科学看成是具有价值并从属于价值的科学,这种广义的管理科学观摒弃了组织本身可以被科学控制的观念,提出科学不再是为了更强有力地控制,而是赋予人们一种更深刻的洞察。

格林菲德在《科学与服务》一文中总结其对教育管理理论运动的批判。其一,事实与价值的分立观。如何看待和处理事实与价值的关系是教育管理理论无法回避的问题,也是人们认识教育管理理论本质的重要依据。教育管理理论运动信奉事实与价值的分立观,将事实与价值割裂,试图将教育管理实践建立在纯粹的事实取向的科学基础上,其中隐含的严重弊端被带入教育管理。其二,教育管理理论运动是反历史的,抛弃了许多历史上具有价值的教育管理知识和观点,当教育管理理论运动割断了与法律、历史和哲学研究的渊源时,教育管理本身便受到伤害。其三,教育管理理论运动虽然重视数量化研究,但缺乏对统计学基本原理的研究。其四,教育管理理论运动在开展20年后,作为该运动知识基础的实证主义科学的不充分性日益被认识。1979年,格林菲斯论及教育管理领域存在的"理性混乱",米克洛斯提出,教育管理研究开始回归到更加多样化的研究方法上来,格林菲斯甚至认为,教育管理研究者必须确立一种"范式多样化"的假设,这是获取教育管理知识的又一个重要路径。其五,教育管理理论运动的代价是,那种更适合用来认识管理者的人文研究信念已丧失殆尽。其六,教育管理理论运动的倡导者用组织研究置换了管理研究。理论运动的倡导者认为,组织问题主要是结构问题,而管理问题也主要是解决结构问题,结构及其功能是管理科学应关注

的实质性问题。如此,即造成管理科学与学校、管理者和管理的现象学现实的脱节。其七,在当代教育管理领域,教育管理理论运动的承诺与假设寻找到一种新的实现形式。如,过度追求学校有效化运动(the school effectiveness movement),只强调程序,对教育目的和手段缺少判断和反思。其八,教育管理研究亟需恢复法律、历史和哲学中存在的更为自由的研究,只有彻底摆脱教育管理理论运动中实证主义的盲从者强加给社会科学的狭隘观点,社会科学才能继续帮助人们更好地理解教育管理。其九,受教育管理理论运动的影响,管理者漠视教育目的的重要性,只看重结构、形式、工具和手段的作用,而加强问题指向的研究对教育管理研究更为重要。

格林菲德建立的教育组织管理现象学范式在教育管理界引发众多质疑和抨击。英国莱斯特大学教育管理中心的T. 布什教授认为,格林菲德建立的现象学范式有四个问题值得注意:(1)现象学范式具有很强的规范性,因为它反映了该理论支持者的态度和信仰。现象学范式有一系列原则,但缺少一个完整的理论体系。(2)现象学范式一方面承认存在能够产生个体行为和认识的组织,另一方面又未能详细而明确地阐述组织的性质问题。(3)现象学范式主张人的认识的个体化,但实践中可以归纳这些认识,这种归纳有助于参与者和观察者对组织作出准确概括。(4)现象学范式难以为行为提供有价值的指导,仅能使学校领导了解组织成员对事件认识的重要性。

格林菲德的反思和批判视角是教育管理领域的珍贵遗产,教育管理现象学范式在组织、管理、领导、培训等方面的观点对教育管理实践和教育管理理论研究具有启迪和指导价值。

参考文献

托尼·布什. 当代西方教育管理模式[M]. 南京:南京师范大学出版社,1998.

张新平. 教育组织范式论[M]. 强海燕,译. 南京:江苏教育出版社,2001.

Boyan, N. J. Handbook of Research on Educational Administration [M]. New York: Longman Inc. ,1988.

Greenfield, T. & Ribbins, P. Greenfield on Educational Administration: Towards a Humane Science [M]. London: Routledge,1993.

（张新平）

结构方程模型（structural equation models, SEM）亦称"协方差结构模型"（covariance structure model）、"协方差结构分析"（analysis of covariance structure）、"线性结构模型"（linear structural relations models）、"矩结构模型"（moments structure models）、"结构化线性模型中的潜变量

方程系统"(latent variable equation system linear model)、"常用的 LISREL 模型"。评价理论模式与经验数据一致性的程序。最早由美国统计学家 R. D. 博克和巴格曼于 1966 年提出,用以描述验证性因素分析模型。广泛运用于各个研究领域,主要具有验证性功能,研究者利用一定的统计手段,对复杂的理论模式加以处理,并根据模式与数据关系的一致性程度,对理论模式作出适当评价,从而证实或证伪研究者事先假设的理论模式。它是路径分析、典型相关、因素分析、判别分析、多元方差分析和多元回归分析这些一般线性模型(general linear models,简称 GLM)的扩展。一般线性模型中的每种分析都只是结构方程模型的特例,其中许多模型均可用结构模型程序来处理和评价。结构方程模型是路径分析与因素分析的有机结合,其优越性比一般线性模式统计程序更突出。

传统回归假设因变量能够准确地用指标变量测量,在实际中这种假设很难达到。测量误差对整个模型各参数估计产生极复杂的影响,忽略测量误差可能导致对结果的错误解释。传统回归分析方法由于不考虑自变量之间的测量误差,对于简单模型可导致倾向高估变量的真正变异量和低估相关关系数的结果;对于复杂模型,则较难简单估计忽视测量误差可能带来的影响。总体而言,测量误差越大,用传统回归方法导致的错误就越大。与传统的回归分析方法相比,结构方程模型有以下优点:(1)同时考虑和处理多个因变量;(2)允许自变量和因变量含有测量误差;(3)与因素分析类似,结构方程模型容许潜在变量由多个外源指标变量组成,并可同时估计指标变量的信度和效度;(4)结构方程模型可采用比传统方法更有弹性的测量模型,如某一指标变量或项目在结构方程模型内可以同时从属于两个潜伏变量;在传统方法中,项目一般从属于一个潜在变量;(5)研究者可以考虑潜伏变量之间的关系,并估计整个模型是否与数据相吻合。

结构方程模型的组成

在结构方程模型中,右图中两侧的方框表示可观察变量,其中 X 系列表示外衍观测变量,Y 系列表示内衍观测变量;中间圆表示潜变量,ξ 系列被称为外衍潜变量(即因果关系中不受其他变量影响的变量),η 系列被称为内衍潜变量(即因果关系中受其他变量影响的变量)。δ、ε 分别表示外衍观测变量和内衍观测变量的独立因素,即不受公共变量影响的因素,表示变量中不能由潜变量解释的部分。通过对结构方程模型的分析可以得到 ξ 和 η 之间的因果关系,η_1 与 η_2 之间的关系,以及 ξ_1、ξ_2 和 ξ_3 之间的相互关系。最后可以得到变量之间以及变量反映的事物之间相互关系的模型。结构方程模型由测量模型和结构方程模型两部分组

成。测量模型主要用于表示观测变量与潜变量之间的关系,结构方程模型主要用来表示潜变量之间的关系。

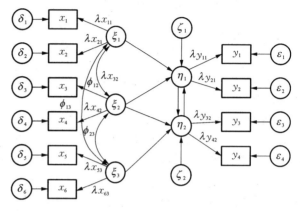

结构方程模型中的变量关系图

测量模型　亦称"验证性因素分析模型"。在对研究问题有所了解的基础上进行,这种了解可以建立在理论、实验研究或两者相结合的基础上。模型假设为:(1)在总体中,模型所有的变量(观测变量、潜变量、误差)都设定其平均值为零;(2)公共因素与误差项之间相互独立;(3)各独立因素之间相互独立。模型的数学表达式为:

$$X = \cdots_x \xi + \delta,\ Y = \cdots_y \eta + \varepsilon$$

式中,X 为 $n \times 1$ 阶的外衍观测变量向量,Y 为 $m \times 1$ 阶的内衍观测变量向量,η 是 $q \times 1$ 阶的内衍潜变量向量,ξ 是 $p \times 1$ 阶的外衍观测变量向量,$\cdots_x$ 是 $p \times n$ 阶的外衍潜变量 ξ 的因素载荷矩阵,$\cdots_y$ 是 $q \times m$ 阶的内衍潜变量 η 的因素载荷矩阵,δ 为 $p \times 1$ 阶的测量误差项,ε 为 $q \times 1$ 阶的测量误差项。在验证性因素分析中,由于自变量(潜变量)是不可观测的,所以因素方程不能直接估计,为此必须导出它的观测变量的协方差阵之间的关系,即协方差方程:

$$\Sigma = \begin{bmatrix} \cdots_y \times COV(\eta) \cdots_y' + \Theta_\varepsilon & \cdots_y COV(\eta,\ \xi) \cdots_x' \\ \cdots_x COV(\xi,\ \eta) \cdots_y' & \cdots_x \Phi \cdots_x' + \Theta_\delta \end{bmatrix}$$

式中,Σ 是观测变量之间的方差和协方差的总体矩阵;$\cdots_y$、$\cdots_x$ 分别是观测变量 Y 和 X 的因素载荷阵;Θ_ε、Θ_δ 则是两测量模型中误差项之间的协方差矩阵。该方程把观测变量 Y、X 的方差和协方差分解成载荷矩阵 $\cdots_y$、$\cdots_x$、η、ξ 的方差和协方差以及 δ 和 ε 的方差与协方差。模型的估计就是求解上面协方差方程中各个参数的估计值,以便使模型更好地重新产生观测变量的方差和协方差矩阵。

结构方程模型　用来描述潜变量之间关系。该模型的假设为:(1)在总体中,模型所有的潜变量都是平均数为零;(2)方程中的外源变量与误差之间的相关为零;(3)模型中潜变量间关系不存在多余的方程。它的数学表达式为 $\eta = B\eta + \Gamma\xi + \zeta$,式中,$\eta$、$\xi$ 分别是内衍变量和外衍变量,B、

Γ 为 η、ξ 的系数矩阵，ζ 为结构方程的残差项。将上式变形可以得到：记 $\dot{B} = (1-B)^{-1}$，$\eta = (1-B)^{-1}(\Gamma\xi+\zeta) = \dot{B}(\Gamma\xi+\zeta)$，对应的协方差方程为：

$$\Sigma = \begin{pmatrix} \dot{B}(\Gamma\Phi\Gamma' + \Psi)\dot{B} & \dot{B}\Gamma\Phi \\ \Phi\Gamma'\dot{B}' & \Phi \end{pmatrix}$$

式中，Φ 表示外源变量之间的协方差矩阵，Ψ 表示结构方程中的残差矩阵。

完整结构方程模型　模型假定：(1) 所有变量都来自均数为零的总体；(2) 没有多余的方程存在；(3) 方程中的误差项与外源变量的误差之间不相关。该方程的数学表达式为：

$$\Sigma = \begin{pmatrix} \cdots_y \dot{B}(\Gamma\Phi\Gamma'+\Psi)\dot{B}'\cdots_y' + \Theta_\varepsilon & \cdots_y \dot{B}\Gamma\cdots_x' \\ \cdots_x \Gamma'\dot{B}'\cdots_y' & \cdots_x \Phi\cdots_x' + \Theta_\delta \end{pmatrix}$$

结构方程模型解决问题的步骤

应用结构方程模型解决实际问题时，一般分为模型设定、模型识别、模型参数估计、模型评价、模型修正五个步骤。为了寻找一个拟合优度模型，上述五个步骤往往需要不断重复。

模型设定　在模型估计之前，研究者先要根据理论或以往研究成果来设定初试的理论模型。在结构方程模型中，有两个验证性因素分析和一个结构方程模型，对于验证性因素分析模型来说，需要事先知道因素的个数，以及因素与变量之间的关系，然后根据假设的潜变量之间的关系画出路径图，之后再对模型中的各个参数进行设定，确定哪些参数是固定参数，哪些是自由参数和限定参数。

模型识别　主要用来决定所研究的模型是否能够求出参数估计的唯一解。在有些情况下，由于模型被错误或不合理地定义，其参数不能识别，求不出唯一的参数估计值，因而模型无解。模型的识别可以通过给 B、Γ、Ψ 施加约束条件来实现。当最后只有一组参数能够符合观测数据，而其他组的参数都违反约束条件时，该模型可识别。结构方程模型可以是"不足识别的"、"正好可识别的"、"超识别的"。"不足识别的"(under identified)模型指方程中包含的信息不足以估计参数。"正好可识别的"(just identified)模型指方程中未知数的个数等于待估计的参数个数，因此对每个参数都可以求得唯一解。这种模型总能十分完美地拟合数据，对于这种模型实际上不存在假设检验的问题。"超识别模型"(over identified)模型中的方程式或数据资料多于参数估计所需的方程数，这实际是对参数强加某些限制而产生的模型。这类模型是可以检验的。这类模型可以通过将"正好识别的"模型强加某些限制，亦即删去某些路

径的方法变成"超识别"的模型。对于结构方程模型，并没有一套简单的充要条件作为参数识别手段。然而，有两个必要条件是应该加以检验的：(1) 数据点的数目不能少于自由参数的数目，数据点的数目就是观测变量的方差和协方差的数目；(2) 必须为模型中的每个潜在变量建立一个测量尺度，为建立这个测量尺度，首先可以将潜在变量的方差固定为1，其次也可以将潜在变量的观测标示中任何一个的因素载荷固定为一个常数，通常为1。但这两个条件虽然必要，但不充分。即使这两个条件都得到满足，所定义的模型仍然可能不可识别。

模型参数估计　模型参数估计就是求解模型中的各个参数的估计值，以使模型能尽可能好地再生观测变量的方差和协方差矩阵。可以采用几种不同的方法来估计，参数估计的方法有工具变量法(instrumental variables, 简称IV)、两段最小平方法(two-stage least squares, 简称TSLS)、未加权最小平方法(unweighted least squares, 简称ULS)、极大似然估计法(maximumlikelihood, 简称ML)、广义加权最小平方方法(generally weighted leasted squares, 简称GWLS)和对角加权最小平方方法(diagonally weighted leasted sqeuares, 简称DWLS)。最常用的参数估计方法有极大似然估计法和广义最小二乘法。结构方程模型的最大似然法估计函数表示为：

$$MLF = \left(-\frac{1}{2}\right)n[tr(S\Sigma^{-1}) + \ln|\Sigma| - \ln|S| - (p+q)]$$

式中，S 是样本协方差矩阵，Σ 是总体协方差矩阵，p 是内衍观测变量的数目，q 是外衍观测变量的数目。极大似然估计是结构方程模型最常用的估计参数方法，它的主要性质有：(1) 极大似然估计是无偏估计，即用大样本估计总体参数时，极大似然估计理论上的平均值等于总体平均值；(2) 极大似然估计是一致估计，即当样本容量趋于无穷大时，参数估计值收敛于总体均值；(3) 极大似然估计是有效估计，即在样本容量较大时，其估计值的方差最小；(4) 当样本容量增大时，其参数分布近似于正态分布；(5) 极大似然估计一般不受测量单位的影响；(6) 极大似然估计的拟合函数乘以 $(n-1)$，得到一个自由度为 $[(1/2)(p+q)(p+q+1)-k]$ 的 χ^2 统计量，自由度实际上是样本矩的个数与模型中自由估计的参数个数(k)之差。使用极大似然估计和广义最小二乘估计，需要假设观测变量为连续性变量，且具有多元正态分布，当观测变量分布为偏态时，可以用加权最小二乘估计得到参数的渐近有效估计；渐近自由分布(asymptotically distribution free, 简称ADF)估计方法也不要求观测变量的总体分布一定为多元正态分布。

模型评价　在得到参数的估计值之后，需要评价模型与数据间是否拟合，并与替代模型的拟合指标进行比较。

可以通过比较吻合指数来评价一个模型与数据的拟合程度。吻合指数主要反映 E 与 S 差异的一个总指标。关于模型的总体拟合程度有许多测量标准。常用的拟合指数有：(1) 绝对拟合指数(absolute index)。这些指数比较观察到的与期望的方差和协方差，即测量绝对的模型拟合，常用的绝对拟合指数有拟合优度 χ^2 检验、拟合优度指数和近似误差均方根。拟合优度 χ^2 检验(χ^2 goodness-of-fit test)。这个 χ^2 值可以直接从拟合函数值推导出来，它是拟合函数与样本容量减 1 的乘积，即 $\chi^2 = (n-1)F$，若观测数据的总体服从多元正态分布，且模型定义正确，则上面统计量服从 χ^2 分布，自由度为 $[(1/2)(p+q)(p+q+1)-k]$。检验方法正好与传统的统计检验方法相反，一般我们希望得到不显著的 χ^2 值，在得到的 χ^2 值不显著的情况下接受所定义的模型。但是拟合优度 χ^2 检验受样本容量的影响，常常不能很好地判断模型的拟合。拟合优度指数(goodness-of-fit index，简称 GFI)和调整的拟合优度指数(adjusted goodness-of-fit index，简称 AGFI)。拟合优度指数定义为：

$$GFI = 1 - \frac{F(S, \Sigma(\hat{\Theta}))}{F(S, \Sigma(0))}$$

GFI 测定观测变量的方差协方差矩阵 S 在多大程度上被模型定义的方差协方差矩阵 Σ 所预测。若 $\Sigma = S$，$GFI = 1$，模型完全拟合。这个指数可以按照模型中参数估计总数的多少进行调整。调整后的拟合指数定义为：

$$AGFI = 1 - \frac{(p+q)(p+q+1)/2}{df}(1-GFI)$$

式中，$(p+q)$ 是观测变量的数目，$(p+q)(p+q+1)/2$ 是样本矩的个数，df 表示自由度。估计参数相对于样本矩的个数越小或 df 越大，AGFI 就越接近 GFI。这两个拟合指数的数值介于 0 和 1 之间，一般大于 0.9 时表示观测数据较好拟合定义的模型。近似误差均方根(root mean square error of approximation，简称 RMSEA)定义为：

$$RMSEA = \sqrt{\frac{\hat{F}_0}{df}}, \hat{F}_0 = \max\{\hat{F} - \left(\frac{df}{n-1}\right), 0\}$$

式中，$\hat{F}_0$ 是总体差异函数(population discrepancy function，PDF)的估计值。该差异是拟合函数最小值 $\hat{F}$ 与 $df/(n-1)$ 之间的差，当其值为正值时，取这个差值，否则取零。一般情况，如 RMSEA 取值为 0.05 或小于 0.05 并且 RMSEA 的 90% 置信区间上限在 0.08 及以下，表示数据与定义模型拟合较好。若模型拟合较好，置信度检验的 P 值应大于 0.05，即不能拒绝(RMSEA<0.05)这一假设。(2) 相对拟合指数(relative index)。这些指数比较了一个模型与另一个模型的绝对拟合，常用的相对拟合指数有相对拟合指数 CFI(comparative fit index)、DELTA2 或递增拟合指数 IFI

(incremental fit index)、标准拟合指数 NFI(normed fit index)及非标准拟合指数 NNFI(nonnormal fit index)等，它们主要通过比较目标模型与一个基本模型(这个基本模型可以是独立模型或饱和模型)的拟合来检验所考察模型的整体拟合程度。本特勒—博内特标准拟合指数(Bentler - Bonett normed fit index，简称 NFI)是通过对设定模型的 χ^2 值与独立模型的 χ^2 值比较来评价估计的模型。其计算公式为：

$$NFI = \frac{\chi^2_{indep} - \chi^2_{model}}{\chi^2_{indep}}$$

式中，χ^2_{indep} 是独立模型的卡方值估计，χ^2_{model} 是所定义的模型的 χ^2 值。NFI 测量独立模型与所定义的模型之间 χ^2 值的缩小比例。可以将此视为定义模型与独立模型在拟合上的改善"增量"。NFI 的局限性在于：(1) 它不能控制自由度，χ^2 值可以通过增加参数来减小。(2) NFI 的抽样分布平均值与样本规模 n 正相关。NFI 可能在小样本时低估模型的拟合度。波伦曾建议一种 NFI 的修正方法，能减小该指数的平均值对样本容量的依赖，并考虑所定义的模型自由度的影响，这种改进的指标为 IFI，计算公式为：

$$IFI = \frac{\chi^2_{indep} - \chi^2_{model}}{\chi^2_{indep} - df_{model}}$$

对 NFI 的另一种修正方法是非标准拟合指数(nonnormal fit index)，记为 NNFI。它也考虑模型自由度对拟合指数的影响，计算公式为：

$$NNFI = \frac{\chi^2_{indep} - \frac{df_{indep}}{df_{model}}\chi^2_{model}}{\chi^2_{indep} - df_{indep}}$$

NNFI 的缺点是其估计值变化很大，有时可能超出 0~1 的范围，并且有时其他指标显示模型拟合很好，而 NNFI 指标却反映拟合不好。本特勒比较拟合指数(comparative fit index，简称 CFI)也是通过与独立模型相比较来评价拟合程度，CFI 采用非中心 χ^2 分布(noncentral Chi-square distribution)与非中心参数(noncentral parameters)τ_i。τ_i 的值越大，定义模型的错误程度越大；$\tau_i = 0$ 表示完全拟合。CFI 即使在对小样本估计模型拟合程度时也能作得很好。CFI 的定义公式为：

$$CFI = 1 - \frac{\tau_{model}}{\tau_{indep}}$$

式中，$\tau_{indep} = \chi^2_{indep} - df_{indep}$，$\tau_{model} = \chi^2_{model} - df_{model}$。与 GFI 和 AGFI 相同，所有比较拟合指数的值都介于 0~1 之间，大于 0.9 表示模型拟合较好。(3) 信息标准指数

(information criteria indexes)。结构方程模型提供三种紧密相连的信息标准指数来对所定义的模型作比较,不论所定义的模型之间是否有嵌套关系。这三种信息标准指数分别是:赤池信息标准(Akaike information criterion,简称 AIC)定义为 $AIC = c + 2t$;相容赤池信息标准(consistent Akaike information criterion,简称 CAIC)定义为:$CAIC = c + [1 + \ln(n)]t$;期望交叉证实指数(expected cross-validation index,ECVI)定义为:$ECVI = c/(n-1) + 2[t/(n-1)]$,式中,$c = nF$,$t$ 是独立估计参数的个数,n 为样本容量。这些指标的值越小,说明模型越简单并且拟合很好,但是至于小到什么程度却没有明确的标准,可以在选择模型时应用这些指标,先估计每个模型,将它们按照其中一个指标进行比较,然后选择其中值最小的模型。最后,还有一种拟合评价的重要方法是通过比较具有嵌套关系的两个模型(嵌套关系即指两个模型有同样的参数,但是其中一个模型的自由度是另一个模型自由度的一个子集)来决定所定义的两个模型中哪个较优。具体方法是应用似然比检验(likelihood ratio test),即通过两个模型拟合优度的 χ^2 检验值的差值以及自由度的差值得到新的 χ^2 统计量的值和自由度,若检验差异显著,则说明模型中的变化的确是一种改善。另外应该注意:模型及拟合的评价并不完全是统计问题,即使一个模型拟合了数据,并不意味模型"正确"或"最好"。首先,所有的参数估计应该得到合理解释,在合理范围内取值。其次,应该考虑等价的模型,即对于不同的模型,模型拟合指数都同样好,这时应注意尽量选取简单模型;最主要的是应该从理论上对模型加以合理解释。下表总结了常用的评价模型拟合程度的一些指数及其特征。评价一个模型时,必须检查多个拟合指数,而绝不能仅依赖其中的某个指数。一般情况下,一个好的拟合指数应该满足以下特点:不受样本容量的影响,取值在某一个范围和惩罚复杂模型。关于究竟哪个拟合指标更好还没有统一的看法,但大多数学者认为,在极大似然估计方法下,NFI 和 NNFI 有较好的稳定性。

模型修正(model modification) 若模型不能很好地拟合数据,就需要对模型进行修正和再次设定。在这种情况下,研究者需要决定如何删除、增加和修改模型参数,通过模型修正可以增进模型的拟合程度。一旦重新设定模型,就需要重复以上五个步骤。一般情况下,一个拟合优度的

常用模型拟合指数

拟 合 指 数		理想分数	数据非正态时,能否很好地估计指数	处理不同大小样本时,指数是否稳定	评估模型的简约性	备 注
绝对拟合指数	χ^2 统计量 (Bollen, 1989)	$p > 0.05$	否	否	否	多组比较分析时特别有用
	拟合优度指数 GFI (Tanaka & Huba, 1984)	>0.90	不清楚	否	否	应用不同模型评价方法时表现稳定
	调整的拟合优度指数 AGFI (Tanaka & Huba,1984)	>0.90	不清楚	否	是	增加自由度调整 GFI,其他与 GFI 相同
	标准化残差均方根 RMR (Joreskog & Sorbom, 1993)	>0.90	不清楚	是	否	若潜变量是因变量,样本容量小时,易出现问题
	近似误差均方根 RMSEA (Steiger & Lind, 1980)	<0.08	不清楚	否	是	测量模型的绝对拟合,模型不简约时加以惩罚
相对拟合指数	相对拟合指数 CFI (Coffin,1993)	>0.90	一般低估	是	否	应用不同模型评价方法时精确稳定,对比较嵌套模型特别有用
	标准拟合指数 NFI (Bentler & Bonett, 1980)	>0.90	样本量小时严重低估	否	否	对数据非正态和小样本容量非常敏感
	非标准拟合指数 NNFI (Tucker & Lewis,1980)	>0.90	一般低估	不清楚	否	用极大似然估计时评价较好,用最小二乘估计时较差;可用于比较嵌套模型
	递增拟合指数 IFI (Bollen, 1989)	>0.90	一般低估	是	否	应用最小二乘估计模型时,IFI 较 TLI、NNFI 为好

模型需要反复多次。一般情况下对于模型的选取应该遵循省俭原则,省俭原则是指当两个模型同样吻合数据时,应当取两个模型中比较简单的一个。

结构方程模型在心理学与教育学中的应用

结构方程模型早期主要用于对中介关系和直接关系的检验和验证性因素分析,后来其应用范围逐渐拓宽。在心理学和教育学中的应用主要有以下方面。

探索性因素分析　结构方程模型的一个典型的用法是用于作探索性因素分析。结构方程模型主要是用来检验一个已经假定的理论模型与数据的吻合程度,而不是它的探索性特点,即它一般不用来探索寻求一个模型,但是这并不等于说结构方程模型没有探索性功能。应用结构方程模型作探索性因素分析在探讨变量间的关联方式时非常有用。重要的是研究者必须明确该分析的探索性质,而且也要这样描述分析结果。在探索性因素分析中,结构方程模型的验证性方面消失,研究者必须用另一组独立样本数据作进一步确证,以确定探索得到的模型并不是简单反映了一套非常态数据的关系。在探索性因素分析中,不需提前假设一个理论模型,而是通过检验一系列能够解释变量间共同变异的因素,来探索变量间的关系。结构方程模型能作探索性因素分析,是因为探索性因素分析涉及一种特别的结构方程模型,即只有当模型中的因素间没有因果联系,且路径关系只存在于因素与观测变量之间,这种结构方程模型才能用于探索性因素分析检验。这一方法可以帮助研究者确定能充分解释显变量间相互关系的最简单因素模型(该模型所含因素数最少,并且模型矩阵里非零路径系数最少)。在结构方程模型因素分析中,潜变量即是因素,显变量是负荷在因素上的观测变量,显变量与潜变量之间的因素载荷关系形成因素模型矩阵,显变量上的残差是特殊因素。结构方程模型检验一系列连续上升(或下降)的数目因素的模型,对比每一新模型与前一模型,确定出能最好地解释显变量间相互关系的最优最经济模型,即探索基于一套特定数据的潜在因素结构。

验证性因素分析　结构方程模型的另一相关应用是进行验证性因素分析。探索性和验证性因素分析并不是必然相互独立的。它们最大的区别在于:验证性因素分析中解释变量关系的因素,是预先根据理论作出假设,而探索性因素分析中,则通过比较含不同数目潜在因素的模型,探讨出解释变量间共同变异的最合理的因素结构。协方差结构模型的测量模型部分是一个验证性因素分析模型,当显变量负荷到潜变量上时,该测量模型部分反映的就是基于理论设计的显变量与潜变量间的结构形式。验证性因素分析必须有理论基础,首先假设一组能够解释显变量间相互关系的潜在变量,进而设计出描述这些关系的路径模型,然后将设定的模型来拟合数据,以确定这些由因推果建立的理论模型是否能很好地解释变量之间的相互关系。验证性因素分析中,设定负荷在因素上的测量项目也必须有理论依据,这样能够阻止在未重新考虑指导模型的理论基础之前,对模型擅作改动。在使用结构方程模型过程中常见的一个错误是仅依据分析结果中的修正指数来修正模型的因素结构,而不重新考虑初始支持该模型建立的理论。

多组比较　结构方程模型相对其他分析技术的显著优点是,能够在同一模型上同时比较两个或多个独立组,以确定这些组别在一个或多个参数上是否有显著差异。许多实例表明建立一个多组模型很有用,如研究者想比较各实验组以确定一个实验处理是否有效果,或比较不同性别的被试组,以确定某些变量间的关系对于男生和女生是否相同。基本方法原理是跨组将所有或一部分参数固定为常数,对多组数据同时评估模型的拟合,然后这些相等参数可以设为自由,进而比较模型以确定跨多组固定参数相等是否产生一个显著差异的拟合。若是,则表明这些参数跨多组差异显著;若不是,则表明参数跨组差异不显著,当跨多组设定这些参数相同时,没有模型拟合损失。用结构方程模型作多组分析时要特别注意分析的规则,首先对于数据必须输入协方差矩阵而不是相关矩阵;其次潜变量跨多组必须有相同的测量尺度。只有满足这两点,才允许多组比较以及检验项目变异方面各组是否存在差异。

均数差异检验　结构方程模型可以把平均数归为潜在变量作为所要估计的参数,进而比较平均数的差异。结构方程模型有不少优势,潜在变量往往能更好地代表所感兴趣的概念;结构方程模型考虑了各个测量误差,因而估计的参数值更为准确;结构方程模型允许研究者用模式去解释自变量对因变量的变化或影响机制。用结构方程模型进行均数差异性检验时,除了知道样本协方差矩阵外,还必须提供观测数据的样本平均数。

纵向设计　利用协方差结构模型建立纵向数据模式是纵向研究设计的一大趋势。在对纵向数据进行分析时,结构方程模型可以通过考虑允许前后两个相同测量的误差之间的关系对于模型作出合理的假设,从整体上分析数据对于所定义模型之间的拟合程度。前后测实验的方差分析可以看作是协方差结构模型处理纵向观测数据的一个特例。

结构方程模型的局限性

结构方程模型的局限性具体表现在以下几方面:(1)方法的复杂性和不完善性,使结构方程模型在早期研究中出现不少误用现象,且在有等价模型的情况下,研究者很难根据数据与模型的拟合来决定接受或拒绝某些模式，必须以一定的理论假设为前提，有时给模式选择带来了困难。因此，在一般应用中结构方程模型的主要功能体现在它的验证性功能上。应用结构方程方程并非能证明理论模型正确，严格地说，只能说用这一组数据检验模型，模型没有遭到拒绝。(2)影响结构方程模型解释能力的主要问题是指定误差，但结构方程模型程序尚不能对指定误差加以检验。若模式未能正确指定概念间的路径或者没有指定所有的关键概念，就可能会引起指定误差。当模型含有指定误差时，该模型可能与样本数据拟合很好，但与样本所在的总体可能拟合得并不好。这时若用样本特征推论总体，就会犯以偏概全的错误。(3)结构方程模型对样本容量的要求较高，也要求模型必须满足识别条件。判断一个模型是否可识别理论上比较烦琐。

使用结构方程模型应注意的问题

由于结构方程模型是以样本协方差矩阵为分析的出发点，来比较所建立的理论模型拟合的协方差矩阵(总体协方差矩阵)与样本协方差矩阵差异的大小来判断所观测的这一组数据是否支持所假设的理论模型，与以往的统计分析方法出发点不同，所以在具体分析时应该特别注意以下几点。

样本容量 结构方程模型一般要求比较大的样本容量，究竟选取多大的样本容量合适，尚无明确规则。许多研究者在实验中选用不同类型的数据和模型，来探讨为了获得精确的模型拟合和分析结果需要多大的样本容量，得出了不同的结论。确定样本容量大小，需要考虑的问题之一是测量潜变量所用的观测变量的数目，所用的观测变量的数目越大，并且观测变量在潜变量上的因素载荷越大，所需的样本容量就越小。如瓜达尼奥利和韦利塞 1988 年发现当因素负荷都在 0.80 以上时，观测变量个数对于确定样本容量并不是特别重要，而且这时样本容量可以较小(甚至低于50)，但是若因素负荷低于 0.80，对样本容量的要求就严格得多。另一个要考虑的因素是测量的多元正态性。若所有的测量都服从多元正态分布，则只需较小的样本容量。本特勒等建议，若所有变量都服从正态分布，样本容量与自由参数数目的比值达到5：1就足够，但也有建议 10：1；若变量非正态分布，需要很大的样本容量，或许需要 5 000 的样本量才能获得准确结果。J. C. 安德森和格宾 1988 年则主张对于大多数研究样本容量至少 150 才合适。这些对于样本容量的建议，都假设连续数据从总体中随机取样而获得，当这些假设无法满足时，样本容量的要求不同，但是对此还没有确切答案。对于小样本，需要从根本上考虑该样本是否能很好代表总体。一个样本特有的性质会极大地影响分析

结果，特别是当一个小样本碰巧不真实地代表总体时更有这种可能。而若样本确实是随机获得，并且准确地代表了研究感兴趣的大群体，则样本容量较小并不会带来很多问题。但是在应用结构方程模型中，样本容量太小，很容易造成信息矩阵非正定，这尤其容易在模型拟合不是特别好时出现，所以，一般分析过程中应综合考虑多种因素，在可能情况下取较大的样本容量。

分析所用数据 由于结构方程模型的数学及统计学基础完全建立在方差和协方差分析上，所以在结构方程模型中，研究所用的数据，应该直接使用原始数据或样本的协方差矩阵。但是在研究中，研究者将结构方程模型应用在相关矩阵中，或者应用在标准化数据中。这种做法，在某些情况下并不正确，对某些模型而言，可能会出现下列几种错误：产生错误的参数估计；产生错误的吻合度(如 χ^2)；产生错误的标准差。不是说应用协方差结构模型绝对不能使用相关矩阵，在符合下列两个条件时，可以应用相关矩阵来进行分析：模型为不随量标转变模型(scale-invariant model)；模型中所有参数为量标自由参数(scale-free parameters)。简单地说，"不随量标转变"模型是指模型的协方差矩阵经过量标重整(rescaling transformation)、数学转换所得到的新的协方差矩阵仍然满足原来的模型。在不随量标转变模型中的参数若经过量标重整，其参数仍然保持不变，称为量标自由参数，若经过量标重整，参数改变的，称为量标依变参数(scale-dependent parameters)。假设模型满足上述两个条件，则上面所说的三种错误，即产生错误的参数估计、错误的吻合度(如 χ^2)、错误的标准差都不会发生，若只符合第一个条件，则不会产生错误的参数估计和产生错误的吻合度，但是有可能产生错误的标准误；若不满足第一个条件，则可能产生错误的参数估计和错误的吻合度和错误的标准差；在实际应用中，不满足第一个条件的结构方程模型很多，如下列因素结构模型都是不符合第一个条件的例子：模型中限制各潜在因素的变异量为1，而同时又限制某指标变量的因素负荷为不等于零的固定值；模型中限制同一个因素的两个或以上指标变量的因素负荷都为不等于零的固定值；模型中限制同一因素的两个或两个以上指标变量的因素负荷相同；模型中限制不同因素的两个或两个以上指标变量的因素负荷相同；模型中限制两个或两个以上因变潜伏因素的误差相等。所以，在应用结构方程模型时，应该特别注意分析所用数据的类型。

检验参数估计值的合理性 在用结构方程模型得到模型的各项拟合指数和模型的参数估计后，要对模型进行评价，进而分析研究中存在的问题，对模型与数据的拟合进行合理解释前，首先应检验参数估计值，以确定它们的方向是否正确及其大小是否合理。在许多进行结构方程模型分析的程序(如 Lisrel)中，可以得到标准化的参数估计结果和非

标准化的参数估计结果。在一般情况下,标准化的结果更容易解释。使用者需要检查参数的标准误,以确证标准误不是太大,避免导致参数估计值的不合理;另外,对于标准化的因素载荷值应该介于-1和1之间;相关系数的值也应该在-1和1之间;方差的估计值应该大于零。若出现不相容的结果,则有可能是模型本身定义不合理、样本容量太小或测量分布的偏态造成,需要进一步分析原因。

等同模型 同一数目参数(q)能够衍生多个与数据吻合度相同但结构不同的模型,称此参数相同、吻合度相同但结构不同的模型为等同模型,对于任意一个结构方程模型都会有大量的等同模型存在,一般情况下,要根据已有的理论选择需要的模型。

结构方程模型是一种同时包含回归分析、相关分析、因素分析、路径分析和结构分析于一体的灵活变通的统计技术。关于协方差结构模型还有很多需要深入研究的方面,包括如何适当地应用不同的拟合指数,以及对出现的一些不可能的参数估计值的解释等。与此同时,处理特别模型问题的新方法也不断出现。伴随这些创新,协方差结构模型在复杂研究问题上的应用也在增加。

参考文献

郭志刚.社会统计分析方法——SPSS 软件应用[M].北京:中国人民大学出版社,1999.

侯杰泰,温忠麟,成子娟.结构方程模型及其应用[M].北京:教育科学出版社,2004.

R. H. Hoyle. Structural Equation Modeling:Concepts, Issues, and Applications [M]. Thousand Oaks:Sage Publications Inc. , 1995.

(刘红云 骆 方)

结构化理论与教育(theory of structuration and education) 一种教育研究取向。运用英国社会学家吉登斯的结构化理论,超越社会结构与个人能动性两分的世界观,强调宏观与微观有机结合。

吉登斯在所著《社会的构成》(1984)中有关教育的散论,阐述了结构化理论对教育问题、教育研究之思考的一些本质特点。结构化理论为教育社会学研究的发展指示了一个方向,其最重要的影响在于强调社会结构与个人能动性的不可分割。其核心是"结构二重性",吉登斯提出这一概念意在说明如何才能运用社会结构和个人能动性解决两者之间的张力,把宏观与微观有机地结合起来。吉登斯认为,阻碍教育社会学理论发展的症结之一就是这种两分的解释模式。如教育社会学的功能主义理论强调宏观结构,忽视个体的能动,而人种志、现象学研究则彰显微观,强调个体的能动,有意或无意地否定行为的结构性制约。教育社会学研究往往注重人或制度,却漠视时间与空间这种使现象得以呈现的根本性条件问题。解决这一问题并非只是兼顾宏观与微观,而应质疑、克服宏观与微观概念的分离,思考如何凸显宏观与微观、社会结构与个人能动性本身具有的不可分的两面。

结构化理论认为,结构不是能脱离个体存在的社会事实,而是一群行动者能够利用并且在社会互动中生产和再生产的"规则"和"资源"。吉登斯把"规则"界定为一些技术或手续,在社会实践中为行动者提供一整套行为所必需的指南性工具,使行动者完成社会互动,但并不决定行动;它还能够在社会互动中得以再生产,反过来丰富自己。"资源"由物、服务以及由控制这两者的影响其他人行动的权威性权力构成,在互动和交往的情景中也被行动者利用。由此,结构摆脱了功能主义式定义的死板,成为一种经常被利用、生产和再生产的鲜活的东西,是社会交互作用的中介和结果,个体既不完全是消极被动的,也不完全能自主地创建全新的情景。在教育领域,作为"规则"和"资源"利用者与生产者的教师、学生和政策决定者就不再被看作是一种消极的存在,仅仅被动地受制于各种制度性的因素,而是在特定的社会空间中,生产或不是成功地生产社会的结构性原则。

吉登斯运用结构二重性评价 P. 威利斯的《学会劳动》,认为此书之所以是一项有深度的教育社会学研究,关键在于它揭示了工人阶级子弟"伙伴"在学校中实践的抵抗文化是如何利用和在多大程度上利用范围更广泛的"规则"和"资源"的。学校是一个特定的时空,空间上与工作场所相分离,时间上与工作经验相分离。在学校这一时空中,纪律具有强烈的道德化倾向,体现为一种抽象的教育范式,维持并再生产这一范式所促成的内容,但工人阶级子弟公然予以蔑视,以各种形式表明对道德化的拒绝。问题的关键在于,"伙伴"的个人能动性的这些行为,与"规则"和"资源"的利用、生产和再生产密不可分。"规则"和"资源"是校外生活的经验积累,也是整个工人阶级社区在历史上形成的经验积累,工人阶级子弟将其中的许多内容改头换面,用来影响学校环境。而"伙伴"的抵抗文化有效地使他们在某些方面更加紧密地把自身的活动与所反对的秩序的制度结合起来。"伙伴"对社会系统具有"一知半解的洞察",对工作性质无动于衷,而乐于进入劳动的世界,将自身构成"抽象劳动力",从而巩固了劳动力可交换性的条件,而劳动力的可交换性就以结构方式包含在资本主义的劳动契约中。在更广泛的时空框架中存在一种工人阶级文化的再生过程,这正导致"伙伴"这种群体的各种情境性活动,而这些活动又影响了上述过程。吉登斯认为,如果没有能动者与结构,即"伙伴"与"资源"和"规则"密不可分的结构二重性视角,P. 威利斯的研究结论不会如此有力。

结论化理论对教育社会学研究的另一影响在于其对时

间与空间的强调。对结构二重性的认识涉及时间和空间问题,涉及这一更加广泛的"规则"和"资源"意味着需要研究行动得以发生的具体情景的区域化以及各种区域化形式之间的关系,需要研究活动在时间中的根植性及其时空延伸的方式。吉登斯认为,人创造了社会,但也受一定客体性因素(主要的就是时间和空间)的制约。人只能在特定的时空条件下相遇,而时空就像社会剧场的脚本,规定人与人之间角色的分工。社会学理论必然关注时间与空间问题,结构化理论突出了时间与空间在思考教育问题中的重要意义,为教育社会学研究关注时间与空间问题开拓了可能性。在这点上,吉登斯认为福柯有关纪律权力起源的思想有深远意义,因为福柯在剖析权力技术的运用时,把身体的规训作为一个焦点,而且进一步认为身体的规训不管如何进行,都离不开时间和空间的条件限制,人们只能通过对时间和空间的操纵来推行纪律。根据福柯的观点,对空间精细的分配安排构成纪律的空间特征,建筑物的特定组成部分不重要,重要的是建筑物总的关系形式。空间的封闭一般被认为构成纪律权力的最基础部分,然而仅靠封闭的手段并不足以对身体的运动和活动实行细致入微的管理。要达到这一目的,只有通过对空间内部实施"分隔",进行严密的区域划分。吉登斯在福柯的基础上指出,虽然时间和空间像社会剧场的脚本那样规定了人们之间的角色分工和互动,但时间和空间并不能自上而下地强制决定每个人的社会席位。互动有一个基本条件,即需要人们共同在场。而共同在场要求人们针对自己的身份和社会地位表现出不同的面貌。吉登斯认为,时间与空间的区域化就是在这种共同在场的要求中获得力量。人们的实践意识会固定在特定的场景中,日常生活的惯例会得到创造性的激发。吉登斯指出,正是在那些不包揽一切的组织中,纪律权力的性质才更清楚地体现出来。即使最严格的纪律形式,也必须假定受制于这种纪律的是有能力的行动者。有能力的行动者只可能在一天的某些时间里屈从于纪律,通常是用这种屈从作为代价来交换报偿,而可以在其他时间摆脱纪律的控制。吉登斯推崇戈夫曼"拓植"的概念,即在被控制的时空的缝隙中构建一个可以容忍的世界,而希林正是应用"拓植"的概念,尝试进行教育社会学的空间研究。

参考文献

福柯. 规训与惩罚[M]. 刘北成,杨远婴,译. 北京:三联书店,1999.

吉登斯. 社会的构成[M]. 李康,李猛,译. 北京:三联书店,1998.

Shilling, C. Reconceptualising Structure and Agency in the Sociology of Education: Structuration Theory and Schooling [J]. British Journal of Sociology of Education, 1992,13(1).

Shilling, C. Social Use of the School Library: The Colonisation and Regulation of Educational Space[J]. British Journal of Sociology of Education, 1990,11(4).

Willis, P. Learning to Labour[M]. Farnborough, Hants: Saxon House, 1977.

（贺晓星）

结构主义教育（structuralism education） 现代西方教育思潮之一。以结构主义心理学为理论基础,强调认知结构研究和认知能力的发展。20 世纪 50 年代末产生,盛行于 60 年代,在西方教育界有较大影响。

结构主义教育的代表人物 结构主义教育的代表人物是瑞士心理学家和教育学家皮亚杰、美国心理学家和教育学家布鲁纳。皮亚杰为结构主义教育提供了理论基础,是结构主义教育的奠基人;布鲁纳发起了标志着结构主义教育形成的结构主义课程改革运动,是结构主义教育的主要代言人。皮亚杰是日内瓦学派创始人。从 1918 年起,他在日内瓦大学从事教学和儿童心理发展研究,建立了"发生认识论研究中心",并创立了发生认识论。他曾担任三届瑞士心理学会会长及国际心理学会会长和联合国教科文组织国际教育局局长。皮亚杰发生认识论中对结构主义教育具有直接影响的是儿童认知发展理论。他认为,认知是指人的一切认识活动,具体来说就是思维或记忆,结构就是由具有整体性的若干规律组成的一个有自身调整性质的图式体系,其特征是整体性、转换性和自动调整性。儿童认知的发展在于其内部结构的优化,儿童通过内部结构与外部环境的相互作用去认识客观世界,实现自身发展,儿童心理的发展是同化与顺应两种适应机能不断从低级平衡达到高级平衡的过程。因此,教育的主要目的是促进儿童智力的发展,培养儿童的思维能力和创造性。在教育和教学中,儿童积极主动的主体学习是实现智力发展的根本途径,教师是儿童学习的促进者,教学应采用活动教学法。其主要著作:《儿童的语言与思维》(1923)、《发生认识论导论》(1950)、《结构主义》(1968)和《教育科学与儿童心理学》(1969)等。布鲁纳早年任教于哈佛大学,受皮亚杰的发生认识论影响,开始研究认知心理学,并创建了"哈佛大学认知研究中心",推动了美国认知心理学派的发展。他曾任美国心理学会主席、美国国家科学院教育委员会主席等职。他在结构主义方法论和认知心理学基础上构建的教学理论,对 20 世纪 60 年代兴起的西方课程与教学改革起到了主导作用。1959 年美国国家科学院在马萨诸塞州伍兹霍尔召开中小学数理学科教育改革会议,布鲁纳以主席的身份主持了会议并作了报告。1960 年,布鲁纳在总结会议教育改革精神的基础上出版了《教育过程》一书,被视为 60 年代美国课程改革运动的纲领性文件以及结构主义教育最重要和最有影响的代表作。其他主要著作还有《教学论探讨》(1966)、《教育的适合性》(1971)等。

结构主义教育的产生　结构主义教育是在结构主义的基础上产生和发展起来的。结构主义是将语言学中使用的结构主义方法应用于其他学科研究而形成的一种研究方法，于20世纪中期开始运用于社会学、人类学、心理学、历史学和教育学等学科，成为一种影响广泛的西方哲学思潮。结构主义认为，事物的本质就是结构，结构是整体中部分或要素之间关系的组合，是按照一定的模式组成并体现部分或要素之间的各种"关系"。整体处于主导地位，部分或要素只有在整体中才能获得自身的意义。结构主义思想的产生与自然科学对事物深层结构的研究，尤其是系统和模型方法的运用相关。这些方法运用于人文和社会科学，就具有作为一种普遍方法论的哲学意义。

结构主义方法论运用于教育研究领域就形成了结构主义教育。结构主义教育源于皮亚杰创立的发生认识论。皮亚杰把结构主义的思想方法直接用于对儿童认知结构的心理学研究，强调将有关儿童认知结构发生、发展的认知心理学理论作为教育学的理论基础。第二次世界大战后，皮亚杰的发生认识论传到美国，受到教育界和心理学界人士的高度重视和肯定。美国的布鲁纳和施瓦布等人在皮亚杰认知结构理论的基础上，对知识结构和学科结构进行了深入研究，发展了皮亚杰结构主义心理学的基本原理和方法，把认知发展心理学理论应用于美国中小学的课程改革，直接发动了20世纪50—60年代的课程改革运动。这标志着结构主义教育思想正式确立。

结构主义教育的产生是结构主义作为一种方法论和思维方式运用于教育研究的直接结果。20世纪西方哲学的语言转向把哲学理论的出发点由人的主观性转向超越个体主体而具有客观性结构和体系，结构主义方法成为学术研究中的普遍方法和思维模式。20世纪中期以后，人类知识的积累到了迅速增长和膨胀的阶段，知识更新周期加快，学校面临前所未有的传授知识的压力，需要重新整合知识教学，寻求最佳的途径和方式。同时，美国长期受进步主义教育影响，形成了以学生个体活动为中心、学科系统知识教学薄弱的学校课程与教学模式，面对科学技术的迅猛发展和知识爆炸所带来的挑战，学校在课程和教学方面难以适应社会发展需要的矛盾十分突出。第二次世界大战后形成的两大阵营又展开了经济实力和科技水平的较量，1957年苏联首先成功发射人造地球卫星，极大地震撼了以美国为首的西方社会。美国认真反思科学技术落后的原因，提出加强"新三艺"的教学和天才教育，掀起了一场以结构主义教育为理论指导、提高教育质量和培养高科技人才为目标的教育改革运动。

结构主义教育的主要观点　结构主义教育家的观点不尽相同，一般而言，主要有以下一些观点：第一，重视发展儿童认知能力。知识是一种结构模式，这种模式是人塑造的，追求知识就是发现知识的结构。认知是人们通过心理内部机制获得知识的过程，知识在认知过程中被转化为个体的经验和智慧，人的认知结构是在主客体相互作用中通过对所获知识进行同化和顺应而形成的。教育是一个构造过程，即教育者引导学习者实现知识转化，并使学习活动内化的过程。教育过程的核心就在于为学生的认知发展创造条件和提供帮助，教育和教学的任务就是促使学生的认知能力得到发展。第二，强调掌握学科基本结构。任何知识都是由结构构成，通过结构体现出来的。每一门学科的概念或知识都可以用一种极其简单的形式来表示，都存在着基本结构。学科基本结构是指一门学科的基本概念、定义、原理、原则和方法，揭示这门学科的主要内容，是学科的核心和概要，是一种经过高度提炼的简化知识，有助于记忆，制约着这门学科的学习和探索活动。掌握学科基本结构，有助于理解和把握整个学科内容，便于理解和认识整体学科，能够提高学习迁移，缩小知识难度的差异，保持学习和知识的连贯性。所以，教学应围绕着学科基本结构来编排课程和教材，从而提高教学效果。第三，主张尽早教授学科基础知识。从知识表象分类和儿童认知结构发展阶段理论出发，儿童认知发展的每个阶段都有认识和理解世界的独特方式，只要将学科内容转换为符合学生认知发展阶段性特点的知识形式，使之与儿童的认知结构和学习兴趣相吻合，任何一门学科的基础知识都能以一定的形式教给任何阶段的任何儿童。教师的主要任务在于发现学生每个阶段有些什么知识，然后用有关年龄阶段的心理结构所能吸收的方式把它传授给学生。以往的学校教育过于注重儿童学习的成熟因素，采取消极等待儿童学习时机到来的做法。其实，儿童的学习准备状态并不是随生理年龄一成不变的，它取决于环境与教育等多种因素。儿童自身具有内在的学习动机，这是维持学习的基本动力，对学生的选择性探索活动具有重要影响，是教学成败的主要因素。因此，尽早让学生掌握学科基本结构是有效和便捷地进行教学的主要途径，可以极大地提高教学效率。让学生尽早学习学科基础知识，必须采取与儿童认知发展水平相符合的形式，安排好具体的教学活动程序，有利于儿童认知能力的发展和提高。第四，倡导发现法，强调"从发现中学习"。学习不仅是掌握知识，更重要的是学会如何学习。学习是一个探索知识的过程，而不是结果。儿童的智力与科学家并无本质区别，仅有程度上的差异，儿童学习的过程类似于人类发现新知识的过程，发现学习就是模拟真正的科学研究方法。学校教育中的重点是怎样训练儿童去发现问题、寻找问题。发现法的实质是重新组织或转换现象，使学生能超越现象进行再组合，从而获得新的领悟，包括寻找正确结构和意义。教育和教学中的发现学习并不局限于对未知世界或新知识，学生通过认知活动获得知识的一切形式都可以称为"发现学习"。发现学习就是引导儿童从事物表面现象去探索具有规律性的潜在结构。有效运用发现法的前提,首先是鼓励儿童积极思考和探索,因为发现学习是以学生为主体的,取决于学生主动运用已有认知能力的程度;其次是激发儿童学习的内在动机,内在动机是持续学习的基本动力,对学生的探究性活动具有重要影响;第三是注意新旧知识的联系,采用灵活的教学方法,创设良好的学习情景,促使学生发现新旧知识之间的内在联系,将新知识纳入已有的知识结构并改善原有的知识结构;最后是培养学生运用假设、对照、操作的发现技能,充分依靠直觉思维,并用分析思维对假设进行比较和检验。

结构主义教育的特点与影响　结构主义教育的特点首先是将现代信息社会的系统科学概念和方法引入教育领域。皮亚杰以控制论的模式为依据研究人的认知能力与结构,他对结构的定义和特征的归纳反映了系统科学基本思想的影响;布鲁纳的结构主义教学理论不仅采用了系统科学的概念、方法、原理,揭示人的学习心理活动,而且将系统科学的方法论精神引入整个教育理论体系,用信息加工模式解释认知结构和认知学习。其次是将现代心理学与教育学相结合。结构主义教育家重视把心理学研究和教育、教学实验结合在一起,将有关儿童认知结构发生、发展的认知心理学理论作为教育学理论的基础,以儿童认知结构的发生、发展为依据探讨教育和教学问题。皮亚杰明确表示,教育学要成为一门真正的科学,就必须建立在心理学的基础之上;布鲁纳则指出,认知心理学的最终目的是服务于人类教育,必须探讨学生学习的心理发展规律,才能使教学理论进一步完善,使学生的认知能力得到最终发展。第三是以课程和教学改革为核心推动教育改革。结构主义教育家以系统的观点研究儿童心理发展和教育问题,并把儿童认知心理发展的特征应用到教育改革之中,把认知结构的理论引进课程和教学改革之中,提出了知识结构和学科结构学说,以学科结构为中心组织课程、教材和教学,对现代教学论的发展及课程、教材和教法改革产生了直接影响。

在第二次世界大战后的几十年中,具有时代感和创新性的结构主义教育引起了教育界人士的关注和兴趣。结构主义教育家敏锐地观察到科学技术与知识发展的最新动态,深刻认识到人类社会进步对科技水平和教育的依赖,从探索知识结构和儿童认知结构发展入手,提出培养儿童的认知能力,改革学科课程,更新教学方法,为世界范围内的教育改革提供了心理学依据和理论基础,对现代教学与课程理论的改革与发展产生了深远影响。结构主义教育的产生直接推动了 20 世纪 60 年代的"结构主义课程改革运动",其理论成为这场课程改革运动的动力和源泉。在结构主义教育的指导下,美国在课程改革运动中成立了许多学科委员会,动员大批科学家和教育家参与普通学校的新课程编制和教材编撰,形成了"学科结构运动"。由于过分强调认知结构和知识结构对儿童发展的作用,结构主义教育倡导的课程、教材改革使教学内容过于理论化、抽象化,造成教学内容与现实生活脱节;由于一味追求儿童智力的发展,结构主义教育忽视了情感、道德等因素对儿童认知发展的影响。这正是以结构主义教育理论为指导的课程改革运动未能取得预期效果的主要原因。但是,结构主义教育将教育改革建立在认知心理学与教育实践相结合的基础之上,注重科学技术发展对教育的要求,试图把现代科学的方法论引入教育研究,尤其是提倡发现学习法,是一种富有创新精神的教育理论。

参考文献

吉尔根. 当代美国心理学[M]. 刘力,等,译. 北京:社会科学出版社,1992.

舒尔兹. 现代心理学史[M]. 杨立能,等,译. 北京:人民教育出版社,1981.

王承绪,赵祥麟. 西方现代教育论著选[M]. 北京:人民教育出版社,2001.

张述祖,等. 西方心理学家文选[M]. 北京:人民教育出版社,1983.

Kneller, G. F. Movenments of Thought in Modern Education [M]. New York: John Wiley & Sons Inc. , 1984.

（杨　捷）

解释学教育学（education theory based on hermeneutics）运用解释学或哲学解释学的理论和方法研究教育问题的理论。解释学理论与方法已广泛应用于教育研究领域,教育基本理论、课程理论、师生关系、教学理论、学习理论、教育研究方法等都通过运用解释学思想取得较大发展。

解释学教育学的哲学基础

解释学在古希腊主要是指对古典文献的注解和解释的技术,其实是古希腊教育的一部分,主要划分为修辞学和诗学两部分。每种文化都有解释古代文献的传统,人类只要存在文字以及以文字记载的历史,必定会有理解和解释。基督教在西方取得统治地位以后,对《圣经》经文、宗教典籍的解释趋于重要,解释学成为《圣经》的文献学,它格外关注圣典文字背后的真意。文字的考证技术和解释技巧也由此发展起来,这是最初的解释学形态。文艺复兴促发了人们对古希腊典籍和文明的兴趣,使如何解释与理解古代典籍作品的问题越出了解释圣典的范围,扩大应用到对整个古代文化的解释和理解上。在认识论上,这种新的解释取向使解释学成为整个人文科学的一般方法论。

狄尔泰是哲学解释学的集大成者。为了抵御实证主义对人文学科的侵袭,他努力寻找人文科学或精神科学的方法论,将一般解释学发展为"体验解释学",标志着哲学解释学的形成。

狄尔泰把解释学由单纯的文本研究扩展到对现实世界中人的研究,创造了所谓"生命(生活)解释学"。他不仅赋予了解释学以方法论的意义,而且还承认解释学就是哲学的过程,从而使解释学具有了认识论的意义,他把理解赋予生活本身,从而把理解导向了生活方式的本体论高度,把解释学推向了本体论。狄尔泰对精神科学的反思为后来的思想家从本体论角度、从认识论角度论证哲学作为人文精神科学提供了思考资源和出发点。

海德格尔真正揭示了理解在本体论上的意义,海德格尔关心的是存在的问题,他把理解与存在联系起来,把理解看作是存在的根本方式。他的哲学研究使解释学发生了本体论的转折。他的重要著作《存在与时间》就是关于存在的解释学著作。加达默尔曾经概括了《存在与时间》一书的要旨,认为海德格尔的问题不再是已往哲学执著的如何理解存在,而是在什么方式下,理解即是存在,因为对存在的理解代表着人类的特征。海德格尔把"理解"的概念扩展到存在性,即存在的一个基本限定,看作是人的存在的根本方式,从而超越了传统哲学的精神与存在、主体与客体的二元分裂,使解释学真正到达了关涉人的存在意义的本体论方向,这个转向把解释学引向了更高更深的层次,整个世界与人生都是解释学的范围。

海德格尔的学生加达默尔真正完成了解释学的哲学转向,把解释学当作哲学本身来对待,把理解和解释看作是人类世界经验的源泉,强调解释学是以理解为核心的哲学。他在1960年出版的《真理与方法》标志着哲学解释学的诞生,这本书已被公认为当代西方哲学的经典性著作。

加达默尔的哲学解释学关心的就是人与世界最基本的状态和关系。他认为,理解现象遍及人和世界的一切关系,理解的过程发生在人类生活的一切方面,是整个人类经验的基础。理解的能力是人的一项基本限定,有了它,人才能与他人一起生活。在加达默尔看来,解释学并不是方法论,理解并不是主体认识客体的主观意识的活动。因为理解与存在统一,所以关于理解的解释学就是哲学的本体论。哲学解释学要揭示理解的种种条件和性质,因为理解是人的存在方式,阐明了理解的种种可能性,也就理解了人的存在。加达默尔的哲学解释就是从理解入手,说明人与传统、历史、文化的关系,人与语言、人与教育的关系,以及人生意义等问题。因此,加达默尔确立了以理解问题为核心的哲学解释学的独立地位。加达默尔认为解释学本质上是实践哲学。从这种观点出发的理解,并不是简单地获得"对象"的知识,它关心的不仅是真,而且还有善和美。加达默尔的思想大大地扩展了解释学的问题域,他的哲学解释学涉及

人生、世界、历史、传统、艺术、审美、教育等众多方面,对人文科学的各个领域都产生了重大影响,哲学解释学作为探讨理解的本体论登上了西方哲学的历史舞台。

现代解释学中与加达默尔齐名的是法国的利科。利科的解释学被称为法国解释学或现象解释学。他把自己的解释学置放在一个人生最普遍的现象上——语言,包括对语言功用和性质的反思。利科认为,德国哲学解释学所取的哲学思维方式,是走了捷径,直接涉及存在的问题,不借助方法论一环。在主体与存在之间,没有方法作为连接的思辨纽带,直接从本体论上展示存在对人的意义是不够的。利科通过现象学思想的引入,确定解释学的方法特性。利科的解释学实际上融合了解释学中的两大传统,把方法论和认识论的解释传统与本体论的解释学传统结合起来。利科通过融合这两个传统的解释学,开创了现象学解释学的新思路。他承接德国哲学解释学关于人与存在的关系,尤其在人的存在意义与方式上,与海德格尔和加达默尔的哲学相呼应。

在解释学发展过程中,哈贝马斯的批判解释学独树一帜。其批判解释学属于哲学解释学,但与加达默尔哲学解释学有着根本分歧。加达默尔解释学立足于语言本体论,哈贝马斯虽然将语言视为原则和事实,但最终把人的社会交往当作一切理解的基础。哈贝马斯认为,解释学的理解乃是人类交往的基本特征,它是一种人的能力——理解语言和非语言的象征系统中蕴含的意义的能力。解释和理解通过语言表达出来,因此,从整体上说,解释的能力是不能超越语言性的。语言是交往所需要的,理解使交往成为可能。

解释学经过近两个世纪的发展,已成为一股令人瞩目的世界性哲学思潮。如今,这股思潮再次突破了语言的界限,向着具有悠久历史传统的中国哲学领域蔓延开来,解释学的中国化研究已经进入社会科学和人文学科的各个领域,在各个领域应用解释学研究问题,已经取得不少成果。解释学的中国化研究不仅可以丰富我们的哲学思想,更重要的是,解释学作为一种新的理解理论,有助于我们对中国的哲学传统、文化传统、历史传统、教育传统等做出新的诠释。

解释学教育学的主要思想

教育学与解释学具有重要的关系。解释学传统就是在教育传统中发展起来的。在解释学教育学发展过程中,涌现了一批卓有影响的教育思想家,提出了一些非常有价值的教育思想及理论。

哲学家狄尔泰奠定了解释学教育学的基础。狄尔泰把自己的哲学称为生命哲学。他认为,哲学的中心问题是生

命和生命的理解。生命是指人的生命,是指人类共同的生命,生命是社会的历史的现实,是在理智上和文化上被构成的,理智和文化乃是生命不可分割的组成部分。实际上狄尔泰哲学的生命的内涵,特指人类所有的生活,对生活的理解就是哲学。思考生活,就是理解人生。

狄尔泰深感自然科学对人的价值追求的侵害性,以及对人性探究的不良影响。因此,竭力划定自然科学的范围,试图将自然科学与人文科学严格地区分开来。他认为人是一个不断趋向可能性的存在,也就是说他不断地生活着,他的生活表现为价值、意义、理解、经验等,因此人是历史的产物和精神的存在过程。研究人并不能把人作为客体,而应该通过理解深入人的精神、文化心理结构之中,在人的存在之中体验领悟人的精神现象和成长历程,把握人生的意义。狄尔泰指出,人学依赖于体验、表达和理解的关系,这样以新的人文科学的形式出现的哲学,将能再次引导人类走向未来的任务,人文科学要发现作为人类生活基础的意义和价值、目的和动机,才能成为一种能影响人的行动和思想的力量,才能促进独立自主的个人与社会的成长。体验、表达、理解是狄尔泰解释学教育学的理论构架的关键观念。

狄尔泰从他的生命哲学出发,认为"人的教育"就是很自然地从人的生活本身的问题发展出来的,教育学也是人学,是人的整体发展的理论。因此,教育学必须通过生活、表达、理解的网络关系去研究教育。教育只有通过人的内心生活体验、存在的理解、生命的表达和意义的实现,才能完成自己的知识的建构。教育学只有这样才能成为真正的精神科学。狄尔泰在其教育哲学上,以探求真理的勇气,尖锐地批判了传统教育学是没有人的教育学。他在《什么是教育学》中认为,以德国赫尔巴特为代表的18世纪教育学,是没有人的教育学,忽视人的生命的发展。狄尔泰对传统教育学把教育仅仅看作为知识的传授过程深恶痛绝,认为传统教育是扼杀人的生命的教育。同时,他对以教师为中心、知识为中心、灌输学生的教学论进行驳难,要求代之以一种全新的理解的教学关系模式。狄尔泰认为,教育过程是人的生命理解和生活表达的过程,教育是创造新人的艺术,通过教育人而认识自己,理解存在,表达生活,形成精神变革。狄尔泰恢复了教育的引导唤醒人的意识的原初意义,把教育看作是人的生活过程的前奏曲,是人理解生活、表现生活获得本质规定性的途径。

狄尔泰认为,教育过程就是人对其生命意义的理解和表达的过程,因而就是人生体验、生命展露、价值实现的过程。教育作为具有理解者个人特色的独创性活动,绝非单纯的认知过程,而是获得精神变革的历史活动过程。传统教育仅仅把概念性的知识作为唯一可教的内容,把人的生命全面成长的创造过程简化为人的知识和能力的增长过程,否定了生命对现实世界的价值和意义的整体把握和感

受。因而只能导致个体的生命活力和创造能力的丧失,个性的枯萎。因此,把教育作为人的生活历程,才能真正地形成个体的生活体验,教育才能真正地创造人的精神,人才能真正地在其中理解自己,理解他人,理解社会,理解自然,理解历史文化,理解人生意义,才能实现自己的精神超越,才能不断地变革自己,创造自己。狄尔泰坚持人的身心全面发展,人的精神塑造和心灵建构,坚持生活的体验与理解的教育思想。

狄尔泰认为,人只能处在文化历史之中认识自己,一方面人处在历史文化之中,历史文化是人存在的世界,另一方面,人只有通过对文化的理解式的掌握,才能把人类的精神财富化作自我的精神变革。因为一切文化符号,都是人类生活的表达式,其中具有阐释不尽的意义。任何个体只有通过理解和解释,才能把客观文化化为主观文化,而任何文化,唯有通过解释和理解,才能成为活生生的东西,才能进入人的精神世界,才能赋予人新的意义,才能向人诉说他们对于世界的意义。生活通过这种创造式的理解体验,才能形成新的表达。教育一方面通过引导个体的理解和解释,使人体建立与文化的意义关系,从而使个体文化化,另一方面,以文化赋予个体精神的内涵,并且传承文化,从而使文化具有永恒的生命力。教育的全部过程,是把人类的文化财富以解释的方式传递给年轻一代,使其理解的同时,获得人生的创造。因此,通过体验、表达、理解的关系网络,教育完成了生命创造和文化创新的任务。

在狄尔泰之后,利特是另外一位解释学教育学的重要代表人物。利特深受新康德主义、新黑格尔主义、胡塞尔现象学、纳托尔普的心理学和尼采、狄尔泰等人的生命哲学与文化哲学的影响,特别是狄尔泰的生命解释学对利特思想的形成起了决定性的作用。利特把狄尔泰有关理解"生命"的解释学认识论接受过来,创造性地应用到他的哲学与教育学、文化与历史的研究之中,首创了"辩证反映教育学"。

第二次世界大战后,西方学术界对文化世界的危机忧心忡忡,因而促使利特探讨"达到历史性理解的教育"的问题,他企图以教育为本,从精神上重建文化。他提倡以教育教化为主,促使人们通过精神的反思和展望,对历史未来和现在加以理解,获得精神上的变革。以这种精神处境为基础,利特视哲学和教育学的研究对象为个人与团体的辩证关系。

利特认为,教育学的基本命题不能根据某些哲学命题的"结果"和"应用"而引导出来,教育学探讨的问题并不是通过哲学世界观上的逻辑推演而来的,而是来自人生的需要,它直接与生命的意义有关。在利特看来,教育本身也是一种生命的直接表达,它以各种方式来促进生命的成长,教育自身的独特性、教育的本质与起源以及功能和价值都渊源于它与生命的关系。

利特认为,社会的内在危机,只能用历史性的理解和对现实问题的洞察,通过广泛的教育,来使大众从自身的问题出发,通过对社会的理解而改变自身,从而改革社会。为了处理社会发展与人类教育的关系问题,利特提出了他的"辩证反映教育学",他认为,教育学中体现了人类认识与生命的统一。教育学其实就是对生命的认识和理解,是人类的自我认识之一。人类的整体生命过程的发展变化、进步和创造性力量与教育的关系十分紧密,或者说教育是生命过程自身所具有的本质。可以说,教育是来自生命的需要,与此相适应,教育学的理论应该既重视教育力量对生命过程的有意义的引导,又注重生命的自我创造性的展露。利特认为,精神科学的任务就是引导精神的全面发展,发展就要有理想的追求,追求生命所理解的价值的实现,教育学只有这样,才能成为一种真正的促进生命发展的科学。

利特用生命哲学解释现代社会中的教育。他认为,教育的根源在于生命的冲动和需要,生命实现总是要追求一定的意义,因此生命的意义乃是教育的源泉。教育是生命发展、创造意义的过程,是青年人保持生命活力的方式。教育应该放弃那些与人的生命的发展相悖的观念与方式,真正地形成对生命精神的发展有意义的引导。在利特看来,丰富多彩的生命整体决定了教育学上的各种要求。教育学要关涉那种为科学理论所不能彻底把握的创造性生命。利特认为,那种以经验科学的思维方式为指导的实验教育学,因为受实证主义和科学主义的影响,并不能提供整个教育学科的根基,因为它把有关"生命"的教育学简化为一系列受人严格控制的实验和训练,把人的生命简化为一系列数量关系,一句话,它把人的生命和精神完全肢解了。因此,对于教育学来说,必须综合自然科学和精神科学以及精神理解三方面的知识,从而完成人的生命的整体性教育而非仅仅是技术的或者是逻辑知识的、人文的。

德国哲学家博尔诺夫是解释学教育学的重要代表人物。他的教育学思想来自两个方面,一是以斯普朗格等为中介的狄尔泰生命哲学,二是海德格尔、雅斯贝尔斯的存在主义哲学,尤其与加达默尔哲学解释学思想的相遇,使博尔诺夫找到了教育学思想的哲学基础。博尔诺夫基于这些复杂的哲学思想开拓了"非连续性教育学"。他独创性的"哲学人类学"和"教育人类学"研究就是在生命哲学与存在哲学之间展开的,在整个教育学研究中,他贯彻始终的是解释学现象学的方法。

博尔诺夫指出,以往的各种教育学派有一种共同的认识,认为教育是一种连续性的活动,儿童通过这种教育循序渐进,不断地趋向完善。而这一过程通常称为教育、塑造、培养的线性增长、发展过程。博尔诺夫认为,这一观点虽然基本上揭示了教育过程的本质,但不全面,因为它忽略了教育过程的各种偶然性和复杂性因素。博尔诺夫从现象学和解释学出发,认为复杂的偶然性因素深深地埋藏于人类存在的本质中,人类生活中的偶然事件中表现出一种新的、迄今尚被忽视的人类存在的基本方面,这些偶然性事件为人的精神成长提供了非连续性的不可或缺的契机,精神的成长就是在这样的偶然性机会与事件中进行的。这是教育必须依赖的基础。博尔诺夫认为,在人类生命过程中非连续性的偶然事件与机会具有根本性的教育意义,同时由此必然产生与此相应的教育的非连续性形式,教育的创造性价值体现在对非连续性偶然因素的适当运用方面。因此,博尔诺夫把危机、唤醒、号召、告诫和遭遇等视为非连续性的教育形式。这就是说,教育通过这些方式,把偶然性因素运用在教育中,发挥这些事件的教育意义。这是非连续性教育的一种途径。从非连续性教育思想出发,博尔诺夫认为,教育必须尽可能地以学生的全面与完善发展为目标,唤醒儿童处在沉睡状态的生命意识和价值意识,正是这种唤醒使一个人有可能真正认识自己和自己所处的世界,同时也可能理解自己存在的处境、生命的历史和未来的使命,使自己成为一个具有自我意识和充满生命希望的人。这种唤醒无异于一次心灵的解放,是使一个人的生命发生一次升华。非连续性教育方式是教育的一项不可推卸的责任。

博尔诺夫指出,人类的一切生活现象并非都可以概括为文化的,其中有些现象是直接同生活本身联系在一起的,而同客观化了的文化无关,因而人类的一切现象不能都从文化出发来加以理解和解释。这些现象包括精神结构的特性,例如情绪、感情、智能等。因此,教育学的方法原则,应该是哲学的解释原则。这是说,我们通过解释原则去理解人类的生活、发展、教育现象,从而了解人的精神本质,也就可以从中获得人的整个形象,从整体上获得对人的本质的认识,并从整体上对人的本质做出解释,为教育实践提供人的精神解释学基础。

博尔诺夫把解释学教育学从理论层次推进到了实践领域。他把人放在自然、社会、文化、历史诸关系中加以综合考察,认为人的教育是一个"理解"和"运用"的实践问题,将人作为一个"完整的人"来对待。博尔诺夫从社会问题、教育危机的现实出发,企求人回到精神生活中去,他把教育上升到人的哲学高度,即把人性问题、认识与学习问题、陶冶与理解问题等既看作是哲学问题,又看作是教育问题;并将教育本质与人的本质、教育前景与社会发展联系起来。

解释学教育学在经过教育的基本原理的研究之后,从理论基础上确立了独特的研究领域,并且确定了以解释学和现象学为主的独特方法论,围绕着哲学解释学的基本理论,提出了独特的理论话语。在当代,解释学教育学进入了教育学科的分支领域,如教育研究方法,课程理论、教学理论、师生交往理论、学习理论、道德发展理论等方面,并且取得了独树一帜的理论成果。

参考文献

金生鈜.理解与教育——走向哲学解释学的教育哲学导论[M].北京:教育科学出版社,1997.

史密斯.全球化与后现代教育学[M].郭洋生,译.北京:教育科学出版社,2000.

Palmer, R. Hermeneutics [M]. Evanstaon, Illinois：Northwestern University Press,1967.

（金生鈜）

近代西方高等教育(higher education in the modern West)　发轫于中世纪欧洲,并在近代社会得到发展的西方国家高等教育。

近代西方高等教育发展的历史基础

中世纪大学传统　近代西方高等教育以中世纪大学的发展为基础。欧洲中世纪大学的出现是多方面因素综合作用的结果。12 世纪时十字军东征,东西方文化交流加强,古希腊作家的著作及罗马法研究的发现与复兴导致知识积累速度加快,西欧城市经济发展所促成的行会组织在社会经济生活中的地位提高,中世纪后期社会发展对训练有素的管理者、律师、文书、医生和牧师等专门人才的需求增加,这些均是导致中世纪大学诞生的社会因素。行会、教会和修道院在西方知识及大学的产生中影响很大。"大学"一词的拉丁文原意是"行会",指学者或学生的行会。教会对中世纪大学的影响体现在教会语言拉丁语成为大学的教学语言,神学家的著作成为大学学习内容的重要组成部分。在修道院的影响下,大学成为一个与社会保持一定距离的以传授知识为职责的团体。中世纪大学形成了自治的传统。大学享有较高程度的自主权,包括内部自治权、独立审判权、免除赋税及兵役权、学位授予权、到各地任教权、自由讲演权、罢教及迁校权。这些自主权均是大学通过斗争从教皇、国王、诸侯及城市当局那儿获得的。中世纪大学创办初期多为单科,后来开始分设文、法、医、神四所学院。其中法学院、医学院、神学院是"高级"学院,文学院则是预备性学院。中世纪大学已确立起较完备的学位制度。学位原意为任教执照。大学毕业经考试合格,可获"硕士"、"博士"学位。获得学位意味着毕业生已经属于教师同业行会,可以立刻教授所学过的科目。"硕士"、"博士"学位起初并无高下之分,均意味着持有者已隶属学者行会,拥有任教资格。"学士"起初只是表示学生已经取得学位候选人的资格,以后才成为一种独立的低于硕士水平的学位。中世纪大学的学院最初只是一种慈善行为的结果,是一些富有善心的个人为学生提供的住宿场所,后来逐步发展为生活和教学的正式中心。1180 年出现于巴黎的迪特-惠特学院是欧洲最早的学院。学院的基本组成包括一个住宿部、一个食堂、一个小礼拜堂和一座图书馆。中世纪大学为近代西方高等教育的发展提供了理论与实践基础,其教学组织、课程、考试、学位制度为后来的近代大学所继承。

文艺复兴时期西方高等教育的发展　14 世纪首先在意大利南部城市兴起的文艺复兴运动,在发展初期并未能较为彻底地将西方大学从僵化保守的困境中解救出来。近代西方大学在一个相当长的历史时期内经历了不同形式的变革。文艺复兴初期,意大利的大学并未承担起人文主义研究的任务。大学科目仍以形而上学、神学、法学和医学为主,人文色彩仅依稀体现在课外活动中。大学着重开展的是职业方面的教育。北欧一些国家的大学也表现出类似情形,以法学和医学专业教育为主,强调亚里士多德哲学的讲授。尽管如此,文艺复兴时期人文主义对大学的影响还是可见的。人文主义学科,如希腊文学、修辞学、诗歌、历史和柏拉图哲学逐渐在大学课程体系中拥有了自己的地位。考虑到人文主义长期遭受巴黎大学的敌视而难以在大学内立足这一现实,1530 年,法国人文主义学者比代成功地说服国王弗朗索瓦一世,在巴黎建立法兰西学院,设立希腊文、拉丁文、法文和哲学等讲座,并开设算术、医药和东方研究等课程。此后,波尔多、里昂、奥尔良、兰斯和蒙彼利埃也都相继建立了各自的高等教育机构。德国的文艺复兴运动始于大学。15 世纪中期之后,海德堡大学、莱比锡大学均设立了人文主义新式课程,普遍讲授古典文学。16 世纪,德国大学广设人文学科,希腊文、希伯来文、诗歌、演讲术、历史学和拉丁文学的教学吸引了众多听讲者。埃尔福特大学、哈勒-维滕贝格大学、海德堡大学、纽伦堡大学、维也纳大学和巴塞尔大学都接纳了人文主义学科。欧洲各国的文艺复兴运动并没有导致大学彻底变革,其组织结构、学术管理体系并未发生变化,但文艺复兴作为一场伟大的思想解放运动,对大学产生了深远影响。这种影响既表现为各大学文科课程设置的变化,即新知识的引入,更表现在经院哲学和基督教神学垄断大学讲坛的局面被打破,文学院所表现出来的注重人文主义学科教学的办学理念引发了后来大学的近代化改革。此外,尽管未能在近代科学知识的探索与传播方面作出较大的直接贡献,但文艺复兴运动借助于对世俗学科的倡导,改变了科学的"神学婢女"地位,为自然科学进入大学并最终确立科学研究职能准备了条件。

宗教改革对西方高等教育发展的影响　几个世纪以来,大学与教会关系密切,因此,罗马天主教的宗教改革不可避免地波及大学。1517 年 10 月,维滕贝格大学教授马丁·路德将自己抨击教皇出售"赎罪券"搜刮民脂民膏的《九十五条论纲》贴在维滕贝格大教堂的门前,这标志着宗教改革运动的开始。宗教改革运动以其鲜明的群众性和强烈的革命性对大学产生了不容忽视的影响。这种影响可以分为积极的和消极的两个方面。宗教改革对大学的积极影响体现在两个方面:一是各教派在扩大各自影响及势力的过程中客观上凸显了大学的重要性,认识到高等教育是不能放弃的,教会需要大学培养合格的神职人员。二是在某种程度上促成了大学内部人文学科与自然学科的发展,基于神学教义解释与争论的需要,希腊语和希伯来语的学习与教育受到重视,《圣经》研究领域开始出现重要的学术著作。

宗教改革对大学的消极影响也体现在两个方面:一是在某种程度上使得大学的国际性逐步丧失,大学更加成为一种世俗性、地方性的政府机构。英国宗教改革加强了政府对大学的控制。亨利八世于1535年专设一个委员会,检查牛津大学和剑桥大学的事务,要求牛津与剑桥交出从前从教皇那里获得的特许状、大学地产和其他财产清单。16世纪70年代,伊丽莎白一世政府为牛津大学与剑桥大学制订了严格的章程,就大学讲座的安排时间、学位授予、学术辩论及学生着装规范等事务作出详细规定。德国由于宗教原因,引发了萨克森公爵解聘莱比锡大学所有非路德教派教授的事件,蒂宾根大学也发生了同样的教授解聘事件。新教与旧教之间、新教教派之间的冲突在大学内部引发了更多的学术冲突。二是基于宗教论争而发生的损害大学教授学术自由的事件不断出现。意大利的大学教授须宣誓效忠罗马天主教。在一些大学,《圣经》和天主教神学教义重新成为教学的重心,人文主义研究受到冷落。西班牙的大学教师的教学活动受到严密监视。巴黎政府当局及最高法院严禁大学师生讲授笛卡儿的学说,禁止巴黎大学出版科学著作和学术著作。

近代西方国家高等教育制度的形成与发展

英国 17世纪,英国爆发资产阶级革命,为教育改革和发展开辟了新前景,但是斯图亚特王朝的复辟无情地毁灭了清教革命时代人们对教育改革的憧憬。17、18世纪,陷入政治纷争与宗教分歧中裹足不前的牛津大学和剑桥大学难以反映英国政治经济发展的需要,衰败之象日益明显。这种衰败既表现为大学入学人数减少,更表现为大学管理僵化,与社会实际需要脱节。牛津大学和剑桥大学诞生后便一直处在教会和政府的夹缝之中,表现出双向依附的状况。大学需要顺从教会,以便获得必要的财政收入,但要为此出让教学内容决定权。大学要依附政府,以换回许多特权,但又要将发展的决定权转让给政府。这一类似"走钢丝"的发展策略使大学难以真正掌握自己的发展命运。16世纪60年代,牛津大学和剑桥大学的入学人数经历了一个较长时期的激增阶段,这一增长趋势一直持续到17世纪30年代,之后呈缓慢下降趋势,1670年变成显著下降,并一直持续到19世纪初。与此同时,大学的贵族气息越来越浓厚。自15世纪开始,就读大学的费用持续攀升,富家子弟在住宿、典礼、服饰等方面追求奢华的风气弥漫大学校园,贫寒子弟只能选择到一些小规模的学院学习。不断上涨的学费使得就读于牛津大学与剑桥大学的平民子弟数量减少。这一时期的牛津大学与剑桥大学管理体制日显僵化,组织健全的学院进一步成为大学的主宰力量。大部分学院院长思想守旧,不思改革,大学校务委员会成员也仅仅是认可或否决学院院长的建议,未能充分考虑大学的长期发展目标。16世纪以来,教学是学院的职责,授予学位是大学的权力。大学主要关心学位授予,无意去改变课程与考试,而学院对教学和考试的管理极为松散。18世纪的大学考试制度日趋复杂,但仍未能较好发挥检验教学质量、保证正常教学秩序的功能。依据大学法典,考试的主要形式是口试,内容集中在修辞、逻辑、道德和天文等科目上,实施方式一般是学生运用三段论证明一个假设性的推测。考试标准较低,学生只要掌握一些欧几里得的几何学知识、简单的二项式和一点道德哲学便足以应付。1773—1776年和1789年,剑桥大学的杰布和诺克斯等学者分别试图对大学僵化的管理制度及松散的考试制度进行改革,但都无果而终。

17世纪后半期至18世纪,一种新型的教育机构——私立学园(academy)开始出现并得到发展。1662年的《英国统一法案》要求大学教师宣誓效忠国教,一批不信奉国教的教师和学生被赶出了校园。于是,一些原大学教师和毕业生开始创办自己的学园,招收弟子。学园承担了原大学文学院的教育职责,为那些被排斥在牛津和剑桥大学之外的非国教徒提供了学习场所。在大学未能适应社会发展需要的时代,学园通过中产阶层人才的培养和数学及实验科学知识的讲授与研究,为工业革命奠定了思想和人才基础。但是到18世纪末,私立学园逐渐消失。

18世纪60年代以蒸汽动力的使用为标志的工业革命极大地改变了英国社会的各个方面,高等教育领域也出现了变化。17、18世纪近代自然科学发展引发的社会普遍性科学兴趣促使牛津大学和剑桥大学开始设立一些自然科学教授席位。1663年,剑桥大学设数学教授职位,要求所有本科生完成第二年学业后要参加这个讲座。1702—1750年,剑桥大学先后设立化学、天文学、实验哲学、解剖学、植物学、地质学、几何学等教授职位。1729—1767年,牛津大学先后设立植物学、实验哲学、临床医学、解剖学等教授职位。然而,自然科学知识并未能在课程体系中拥有主要地位,大学在科学研究上尚未发展到可以为工业革命提供技术支持和理论引导作用的程度。17世纪英国"皇家学会"(Royal Society)的出现为科学技术知识的发展与传播发挥了积极的作用。"皇家学会"的组织者及成员来自大学。17世纪中期牛津大学沃德姆学院以J.威尔金斯为中心形成了一个科学家团体,其中包括英国古典政治经济学创始人威廉·配第、化学家玻意耳、实验科学家胡克以及后来成为著名建筑师的 C. 雷恩等人。王政复辟后，他们被逐出牛津大学，又重新聚集在伦敦的格雷沙姆学院（Gresham College）。1660年，这些科学家倡议成立一个以"促进有关自然和所有实用工艺知识发展"为宗旨的学会，并推举 J. 威尔金斯为主席。两年后，学会获英王查理二世的批准，以"皇家学会"自称。"皇家学会"以促进自然科学发展为己任，提倡科学家超越各自的宗教立场平等地探讨与交流科学研究知识，下设贸易委员会、天文学委员会、解剖学委员会和化学委员会，以解决重大的科学技术问题。1665年，学会以通俗英语出版《皇家学会哲学学报》（Philosophical Transactions）。17—18世纪英国高等教育的发展还表现在明显体现出实用化倾向的苏格兰大学的发展上。包括圣安德鲁斯大学（1412）、格拉斯哥大学（1451）、阿伯丁大学（1495）、爱丁堡大学（1583）在内的苏格兰大学在办学思想和管理结构上偏向欧洲，较少传统束缚和宗教影响，对自然科学的发展表现出较为浓厚的兴趣。18世纪50年代，自然科学在阿伯丁大学确立了地位，格拉斯哥大学和爱丁堡大学则成为主要的医学中心，同时开展化学、地质学和其他科学研究。

为适应19世纪上半叶英国成为世界上最强大的工业国家的需要，英国高等教育发生了一系列变革。以伦敦大学的建立为起点的新大学运动的兴起、城市学院的出现、大学推广运动的开展、技术学院的发展及传统大学的改革，表明英国高等教育对自然科学的发展及科学技术研究表现出了实质性关注。出于对牛津大学与剑桥大学落后保守、古典教育及精英教育色彩浓厚的不满，由非国教徒、罗马天主教徒、保守党政府中的自由派、成功的企业家和商人以及热衷科学的人士结成的非正式联盟提出创办新大学的倡议。在伦敦市政府的支持下，1828年，伦敦大学在伦敦市高尔街创办。伦敦大学创办伊始便表现出新的气象：招生无宗教信仰限制，毕业审查不包括宗教测验内容，课程体系中不含神学，主要包括语言、数学、物理、心理和道德、法律、历史、政治经济学、医学等；为方便一般收入家庭子弟入学，收费较低，只相当于牛津和剑桥的1/10。伦敦大学的非宗教性招致国教会及牛津大学与剑桥大学内部保守势力的反对。为与伦敦大学抗衡，1828年6月，一批国教会高级人士决定创办一所以实施普通教育为目标、以基督教教义和责任感教育青年的学院，这便是国王学院。1829年，学院获皇家批准，于1831年正式招生。抛开宗教信仰上的对立，伦敦大学与国王学院在课程设置、学生成分、教育目的的实用性上均存在一致性，都没有颁授学位的权利。伦敦大学自称大学，但并未获得皇家特许状。两校于1831年合并成立伦敦大学，原伦敦大学改称伦敦大学学院，与英王学院一起隶属于伦敦大学，实施独立办学，但无学位授予权。新成立的伦敦大学拥有考试权及向伦敦大学学院及国王学院毕业生授予

文学、法律和医学学位的权利。合并组建的伦敦大学以服务于地方工商业发展为己任。国王学院开设的化学课程主要讲授染色、酿酒及玻璃制造等知识；伦敦大学学院及其他学院不但参与地方化工厂的筹建，提供技术服务，而且在课程设置中加强蒸汽机、汽车、飞机制造等内容的比重，注意与地方工业部门建立良好伙伴关系。伦敦大学的设立与改革直接影响了19世纪中后期英国城市学院（civic colleges）的兴起。

为适应19世纪中期英国主要城市工业生产发展的进一步需要，在伦敦大学的表率作用下，自19世纪50年代起，位居英格兰北部和威尔士的主要城市相继创办了以城市名字命名的学院，比如欧文斯学院（1851）、南安普敦学院（1862）等。威尔士自1822年创办兰佩特学院后，19世纪下半叶又先后设立阿伯里斯威斯学院（1872）、卡的夫学院（1883）、班戈学院（1884）。城市学院一般由富商投资兴办，或由公众集资创办，以开展适应所在城市主要工业类型的工业教育为中心，培养目标是企业经理、设计师、工业技术开发人员及推销员。此外，学院结合所在地社会经济发展实际开展科学研究。学院无学位授予权，大多数只能颁发纺织业资格证书，而这种证书往往不被当时的大学认可。在课程设置上，城市学院表现出鲜明的实用性与地方性色彩。它们大多开设工程、机械、造船、采矿、酿造、冶金等课程，19世纪末根据生产发展需要又增设了电子工程、生物化学、物理化学等课程，20世纪后逐渐升格为"城市大学"。19世纪末20世纪初，一部分城市学院改升为大学后，学院与大学的办学方向发生了一定变化。主要原因在于为提高自身的学术水平及社会声望，争取与传统大学同样的学位授予权，城市学院相继引入社会科学与人文科学课程。

为解决社会底层民众接受高等教育的问题，19世纪70年代英国高等教育领域出现了大学推广运动（University Extension Movement），19世纪90年代发展成为一项全国性运动。其开创者为剑桥大学三一学院的斯图亚特。大学推广运动讲授的课程主要包括文学、历史、经济、哲学和科学。为保证学习质量，各大学还印发各门课程的学习提纲，为学员布置阅读、讨论及其他形式的作业。完成学习任务且通过相应考试的学员可以获得大学颁发的结业证书。大学推广运动标志着英国大学开始发挥服务社会的职能，以往与大学无缘的人们获得了接受高等教育的机会。

技术学院和多科技术学院出现在19世纪下半叶。1883年英国国家技术教育促进会在芬斯伯里开办第一所技术学院，为工匠及准备谋取技师职位的人提供相应的教学服务。学院注重数学、理科、绘图等基础科目及建筑、工程、设计应用科目的教学，为方便学员就读，同时提供日间课程与夜间课程。1884年，伦敦同业公会在南肯辛顿又建立了一所大型的中心技术学院，专业设置以工程学为主。该院后与皇

家科学学院、皇家矿业学院合并成立帝国理工学院(Imperial College of Science and Technology)。在技术学院发展的同时,出现一种新的技术教育机构——多科技术学院(polytechnics)。1880年伦敦富商霍格在伦敦摄政街(Regent Street)创办了一所多科技术学院,向工人提供技术课程。多科技术学院不是高等教育机构,但后来逐渐开设了高等技术教育方面的课程,有许多学生攻读伦敦大学的校外学位,有些学院最终也获得了伦敦大学附属学院的地位。

为适应社会发展的需要,传统大学在课程设置上也实施了一定的改革。16—19世纪中期,剑桥大学课程体系中与近代自然科学相关的课程所占比例低于40%,大部分课程,如神学、历史、古典语言、数学等在于训练人的心智官能。19世纪中期之后,这一情况开始缓慢变化。1872年,牛津大学建成英国第一个物理实验室——克莱伦顿实验室。1873年,剑桥大学卡文迪什实验室建成,以18世纪杰出化学家卡文迪什的名字命名,后来成为物理学家的摇篮,重点研究电流在气体中的传导。自19世纪80年代起,牛津大学与剑桥大学在适应工商业发展的道路上迈出了关键一步,设置了造船、化学工程、电子工程、物理学、生物学、细胞学、免疫学等课程。

法国　步入近代以后,法国高等教育在中世纪创立的巴黎大学的基础上又出现新的变化,集中表现为16、17世纪一批新型高等教育和研究机构建立、18世纪一批专门学校诞生及法国大革命期间近代高等教育模式基本成型。

分别在1208年、1231年获得教皇英诺森三世和格列高利九世认可、承认的巴黎大学拥有浓厚的宗教传统。文艺复兴运动未能改变它的这一特性,宗教改革更是强化了它作为天主教大本营的地位。18世纪之前,法国高等教育学术上因循守旧、脱离实际,管理上封闭保守,政治上与国家背道而驰。在组织机构上,以巴黎大学为首的传统大学,如蒙波利埃大学、奥尔良大学、图卢兹大学因袭旧制,仍分为文、法、神、医学院。文学院为预科性质,各专业学院教学内容陈旧。17世纪初期,医学院的课程仍然是延续下来的生理学、病理学和治疗学,选用的教材仍是盖伦和希波克拉底的著作。17世纪中期之后,医学院才逐步增加了解剖学、外科学、药物学等课程。17世纪80年代之后,法学院的课程设置表现出一些改革迹象,法国法及民法进入课程体系,一些新的政治学概念,如政治权威、政府职能、私产,被引入课程教学,教会与国家的关系也成为一部分大学教授的研究主题。这一时期文学院学习内容上的变化主要表现在亚里士多德的自然哲学取代了逻辑学和辩证法。神学院的变革最微弱,充斥日常教学工作的仍然是新教派与天主教派围绕《圣经》条文的解释而展开的无休止争论和攻击。即便是天主教会内部,也难以达成一致意见。17世纪末期,主张限

制教皇权力的天主教教派在大学中处于优势,神学课程才开始有限地被纳入服务于王权和世俗利益的轨道。

为弥补传统大学教学空疏、远离社会实际需要这一弊端,按照"传授一门科学、一门技术或一门专业"的指导思想,法国先后创办了一批专门学校。专门学校根据一两门学科或专业设立,开展具有较强专业性的教育,后发展成为"大学校"(les grandes écoles)。首先设立的是军事类专门学校。路易十五于1720年首设"炮兵学校",后又相继开办军事工程学校(1749)、造船学校(1765)和骑兵学校(1773)。随后出现的是民用类专门学校,主要是为了适应18世纪法国资本主义经济发展对采矿、冶金、纺织专门人才的需要。巴黎路桥学校(1747)、巴黎矿业学校(1783)是此类专门学校的典范。1794年9月,国民议会通过法案,决定将原"军事工程学校"与"桥梁公路学校"合并,组建"中央公共工程中心学校",1795年更名为"综合理工学校"。

1789年7月14日,巴黎人民举行武装起义,较为彻底地推翻了一千多年的封建专制,为资本主义发展扫清了道路,也促进了高等教育的发展。1791年,国民公会和督政府封闭了巴黎大学,之后借助1793年的《公共教育组织法》(Loi sur L'organization publique)关闭了所有传统大学。在此基础上,国民公会和督政府决定,大力发展各类专门学校(école spéciale)。此后又创办了卫生学校、军官学校、高等师范学校和工艺学校。这一时期不同类型的专门学校更加重视自然科学及其他实用技术性课程的教学。数学、物理学校开设纯数学、应用数学、天文学、化学和物理等课程;伦理、政治学校开设一般伦理、文法、历史、地理、统计学、政治经济学和法律等课程;机械学校开设机械学、应用化学和制图等课程;军事学校开设基础战术、战略技术和军事行政等课程。专门学校出现,说明高等教育以重科技、重实践、重应用的教育教学模式在探索适应18世纪末期法国社会经济发展的道路上作出了有益尝试。自此,法国高等教育体系中增添了一种新的教育机构,并开始了与传统大学竞争的发展历程。

法国近代专门性科学研究机构可追溯到1530年法国国王弗朗索瓦一世创办的"皇家读书院"(后改为"法兰西学院")。法国大革命后,政府通过改造原来的科学研究机构以及创设新的机构,拥有了法兰西学院、自然历史博物馆、科学研究院、医学研究院等一批专门科学研究机构。其中法兰西学院和自然历史博物馆在法国科学研究事业发展中产生了较大的影响。法兰西学院主要从事人文科学和自然科学研究,学者们经常向社会民众宣传自然科学知识。自然历史博物馆是在17世纪晚期法国国王路易十四兴建的"科学学园"的基础上发展起来的,研究自然科学,为便于开展深入的专题性科学研究,下设11个教授职位,基本涵盖了当时法国新兴自然科学的主要领域,包括矿物学,普通化

学,化学工艺,植物学,农业、园艺、果树和灌林,四足动物、鲸目动物和鸟禽自然史,爬行动物和鱼类自然史,昆虫、寄生虫和微生物自然史,人体解剖,动物解剖和地质学。

拿破仑建立第一帝国后,致力于发展高等教育及建设中央集权式的高等教育管理制度。帝国大学的创立便是其中的关键事件。1802 年,经拿破仑授意拟定的《国民教育总法》颁布实施。该计划就高等教育发展做出如下规定:高等教育由国家管理,高等学校一律由国家开办。法令颁布前后,法国新开办了一批高等学校,包括 10 所法律学校、3 所工艺学校以及高等数学学校、绘画学校和军事学校各 1 所。1806 年,《关于创办帝国大学以及这个教育团体全体成员的专门职责的法令》颁布实施,规定建立一个名为帝国大学的机构,专门负责整个帝国的国民教育管理;全体教师应承担专门和临时的世俗职责;教师队伍的组成将以法律形式提交 1810 年立法机构会议。这一法令后来成为第一帝国建立整个教育制度的纲领性文件。1808 年 3 月,拿破仑政府颁布决定法国高等教育建设面貌的核心法令《关于帝国大学组织的政令》,规定全国教育行政组织分为中央(帝国大学)、学区和省三级。其中帝国大学是教育行政领导机关,设总监为最高行政领导,另有大学训导长和财务总长两位高级官员参与领导,下设大学理事会和总督学,协助教育大臣工作。按照随后颁布的《关于帝国大学条例的政令》,全国分 29 个学区,每个学区由国立学院、国立中学、市立中学、私立中学、寄宿学校与小学组成。其中国立学院为高等教育机构,每个学区设文、理、法、神、医五个学院,彼此相互独立。神学院、法学院和医学院主要进行专业教育,培养从事相应职业的高级专门人才;文学院和理学院作为"服务机构",主要负责主持国家统一考试,颁发各种学位、文凭和中学教师资格证书。帝国大学是管理教育事业和监督公共教育的国家教育领导组织。以帝国大学为核心的教育管理体系奠定了法国现代大学的基本模式,其高度的集中划一制约了高等学校办学活力的发挥,学院间必要的交流和学术联系中断。这为 19 世纪末期法国高等教育改革打下基础。为适应 19 世纪初社会经济发展对大批工程、技术人员的需要,对旧制和大革命时期创设的专门学校予以确认,高等教育发展的重心转移到大学校,大学校数量增加。一批军事学校的创办反映了拿破仑重视教育发展的意图,其中著名的有圣西尔军事专科学校(1808)、布雷斯特海军学校(1809)、圣·日尔缅因骑兵学校(1809)、土伦海军学校(1810)等。

自拿破仑第一帝国至 19 世纪 70 年代,法国政局动荡,高等教育发展受到影响。19 世纪 70 年代前后,随着工业化的发展,高等教育在培养国家管理和军事人才的同时,开始加强工科教育,主要是扩充理学院的教育职能,依据社会需要建立各种层次、类型不同的工科学院,加强高等教育与区域和地方工商业发展的联系。第三共和国建立初期,法国私立高等教育获得一定发展。1872 年创立的巴黎政治学院为法国社会培养出一批外交、财政和行政等方面高素质的优秀人才。1877 年之后,天主教会创办大学的资格和天主教派大学的学位授予权一并被取消。第三共和国政府为强化公立大学的教育功能,采取了一系列措施:1877 年设立硕士学位奖学金,1880 年设立国立中学高级教师职位奖学金;加大对学院的财政资助力度,赋予学院接受捐赠的权利;推进学院专业及学科的改革,提高教师的工资标准,改善其教学条件。这些举措为 19 世纪 70—80 年代建设高质量的公立大学提供了保障。为真正赋予大学专业院系摆脱宗教干涉的能力,1885 年颁布的一项法律规定,大学专业院系拥有法律上的自主地位,享有较大自由的教学权利,1893 年颁布的法令使位于同一学区内数个院系的结合体获得法人资格。为重新建设真正意义上的大学,1896 年颁行的《国立大学组织法》决定组建 15 所大学,由学区内的各学院合并而成,校长由大学区总长兼任,各学院院长和教员由国家任命,教学与财政、毕业文凭和学位授予权由国家垄断。

德国　德国境内最早的大学是创办于 1385 年的海德堡大学。稍后创办的有科隆大学(1388)、爱尔福特大学(1392)、莱比锡大学(1409)、罗斯托克大学(1419)。文艺复兴和宗教改革时期创设的有格赖夫斯瓦尔德大学(1428)、弗赖堡大学(1455—1456)、因戈尔施塔特大学(1472)、特里尔大学(1473)、美因茨大学(1476)、蒂宾根大学(1477)、哈勒-维滕贝格大学(1502)、法兰克福大学(1506)等。在宗教改革运动的冲击下,在 1524—1525 年农民战争和 1525 年之后十年社会动荡的综合影响下,德国大学在校生人数下降,经院式的教学方式仍存在,数学和自然科学仍被排斥。经过 1618—1648 年"三十年战争"的破坏,大学探索知识的气息已经荡然无存。

为摆脱困境,德国大学在 18 世纪开展了两次改革运动。第一次改革围绕 1694 年哈勒大学的创办展开,一直延续至 18 世纪中叶,导致哈勒、格廷根和埃朗根三所大学取得令人注目的发展。引领哈勒大学改革的主要力量来自以神学家 A. H. 弗兰克和理性主义者托马西乌斯为代表的虔敬派和理性主义者。虔敬派强调实际信仰和感情信奉,尤其重视教育在个人形成坚定信仰中的作用,理性主义者则主张减少政治及信仰领域中的形式主义偏见,以知识作为启迪个人理性发展的利器。在勃兰登堡选帝侯弗里德里希三世(1701 年成为普鲁士国王弗里德里希一世)的帮助下,1692 年托马西乌斯到哈勒骑士学院为普鲁士贵族青年讲授逻辑学和法学。后在国王和虔敬派的支持下,骑士学院升格为大学,并于 1694 年获得正式特许状。托马西乌斯在新的大学里废除了经院主义课程,哲学得以脱离神学而独立。托马西乌斯亲自讲授哲学、德语演说、法理学和自然法学等课程,并率先用德语授课。为避免传统大学普遍存在的教学空疏无用现象,托马西乌斯重视把实际生活知识纳入课程体系。这些改革赋予哈勒大学以浓厚的进步气息。托马西乌斯在哈勒大学的改革得到 A. H. 弗兰克与启蒙哲学家 C. 沃尔夫的帮助和继承。A. H. 弗兰克在执教哈勒大学期间(1691—1717)先后讲授东方语言和神学,注重培养具有虔敬信仰和实际生活技能的基督教徒。C. 沃尔夫一生大部分时间在哈勒大学讲授数学、物理学和哲学课程,主张用德语授课,并身体力行。改革后的哈勒大学用民族语言授课,强调课程的实用性,并开始摆脱教会教条的束缚,遵循学术自由的原则,从事现代哲学与科学研究。在哈勒大学的影响下,格廷根大学于 1737 年正式建成。汉诺威枢密院官员闵希豪生出任董事长期间,按哈勒大学的模式建设格廷根大学。他主要实施了以下几项改革措施:(1)改革招生制度。通过开设骑马、击剑、跳舞等课程,吸引贵族及富家子弟入学,招收一批显要人物和外国留学生就读,以解决大学面临的财政开支问题。(2)实施温和宽容的宗教政策。为避免新教教派之间的论争影响教学秩序,规定禁止教师斥责异端观点,并在教师聘任中注意选用那些持有温和宗教观念的神学家。(3)提高教师的社会地位和经济待遇。通过闵希豪生的努力,教授获得国家官员的社会地位,享受很高的工资待遇,还可获得课时酬金。(4)选聘高质量的教师。聘用教师坚持高标准,学术声望、教学能力及从事科学研究的能力是着重考察的三个方面。(5)改革哲学院和法学院课程体系。哲学院的课程体系包括逻辑学、形而上学、伦理学、经验心理学、自然法、政治、物理学、自然史、纯数学和应用数学(包括测量、军事和民用建筑等)、历史及其"辅助学科"(如地理、古文书学、科学、艺术、古代语及现代语);法学院注重法学理论研究。(6)加强教学辅助设施建设,提高教学与科学研究质量。注重基础设施及教学辅助设施建设,建有藏书丰富的图书馆、装备优良的科学实验室、天文台、解剖示范室、植物园、古物博物馆、大学医院等,为培养学生的独立探索能力,为教师获得高水平科研成果及进行高质量教学提供了得天独厚的条件。有了这些条件,以激发学生研究能力和探索能力著称的德国大学的"研讨班"(Seminar)首先出现于格廷根大学。通过改革,格廷根大学发展成为中欧主要的学术和科学中心之一。借助改革而成型、集中体现在哈勒大学和格廷根大学的高等教育理念,一直延续到 19 世纪初柏林大学的创办。

历经 18 世纪上半期改革的德国大学在发展中呈现出新的气象,然而,18 世纪下半期,德国大学发展状况不容乐观。大学普遍面临生源不足、教育内容落后于时代需要、教育职能单一、教学方法陈旧等问题。

在此背景下,第二次改革正式启动。为保证改革实现预期目标,教授与行政部门及政府保持良好的合作关系。

耶拿大学教授施密德实施的以提高教师工资标准为目的的预算改革;维也纳大学教授范斯维腾推行的增加教授工资,加强政府对学员的控制,削减教会在教师聘任上的影响,构建科层化的管理制度改革等,均是在政府的认可与支持下进行的。除大学人士外,政府官员也参与了此次改革。18 世纪 80 年代,大多数"开明"官员赞成变革甚至废除传统大学模式而拥护新的专业学校。改革还伴随着对大学自身教育价值的思考与怀疑。一些激进人士甚至提出废除大学。泛爱主义教育家卡姆佩是其中的代表。他认为,改革的最佳途径便是废除大学,大学所传授的知识在大学外同样可以获得,而且可以更加经济、更有成效。经过 18 世纪两次改革的德国大学在保留许多传统大学特征的同时,开始有意识地依据适应社会经济发展需要的原则谋求发展,逐渐步入近代化的轨道。

19 世纪初,在启蒙观念和法国大革命的影响下,德意志民族意识首先在一些进步知识分子中形成。歌德、康德、席勒等人努力在自己的作品中建设一种可以把德意志民族团结在一起的共同文化,以形成民族意识。1806 年普鲁士军队在耶拿战场上的失败促使这种文化民族主义建设转向对政治民族主义的追求。费希特、阿恩特、克莱斯特、施莱格尔等号召德意志人民同仇敌忾,高扬爱国主义精神。在普鲁士政府实施社会政治、军事制度改革的同时,洪堡的高等教育改革也作为挽救处于危机中的德意志民族的重要内容而启动。

在柏林大学创办的过程中,施莱尔马赫、费希特进行了理论上的规划。施莱尔马赫是普鲁士神学家和古典语言学家、现代基督教新教神学的缔造者,1804 年任哈勒大学神学院教授,1807 年 7 月加入新大学的筹建工作。他 1808 年发表《德国特色大学断想录》,提出新建的大学应独立于国家;哲学院应处于核心位置;应贯彻思想自由和独立的原则,重视培养学生追求自由的科学精神。施莱尔马赫 1810 年出任新成立的柏林大学神学教授和神学院首任院长,1815—1816 年担任校长职务。费希特是德国哲学家、先验唯心主义运动主要代表人物。青年时期曾在耶拿大学神学院学习神学,后又广泛涉猎法学、康德哲学。1794 年出任耶拿大学教授。1806 年发表《关于埃朗根大学内部组织的一些想法》,提出大学应该是"科学地运用理智的艺术学校",要求把有关科学自由的反思推广到大学课程的一切专业之上。法军占领柏林期间,1807 年 12 月 13 日费希特在柏林科学院大厅开始了他著名的《对德意志民族的讲演》系列演讲,以民族历史和政治、宗教及文艺领域的成就激发德意志民族的精神与意志,提出"教育复国"、"教育救国"和"教育强国"。1810 年秋,费希特被任命为哲学院院长,不久当选为第一任校长,于 1811 年 10 月 19 日正式就职。洪堡 1787 年入法兰克福大学学习,1788 年春转到格廷根大学学习哲学、历史与希腊语。1809 年,洪堡出任普鲁士内务部宗教与教育司司长,在 18 个月的任期内实施教育改革,计划建立一个初等学校、文科中学和大学相互衔接的学校制度。在高等教育领域,洪堡不仅亲自参与柏林大学的筹办,还为这所新大学确立了基本的办学原则。第一,学术自由。包括教学自由和学习自由。前者指学者拥有自由探究知识的权利,后者指学生拥有选择学习的内容、方式及时间的权利。这是大学生存的基本条件,大学对学术自由的追求与服务于国家整体利益并不矛盾。第二,教学与研究相结合。大学要以探索真理为第一要务,保证学生通过纯粹客观学问的探索获得教养。只有把研究成果作为知识加以传授,才称得上是大学教学。大学要借助于不含任何使用目的的"纯粹科学"知识的传授,养成学生良好的思维方式及品格。第三,哲学院居中心地位。哲学院如同中世纪大学下设的文学院,按照传统大学的组织惯例,是一种预备性学院,地位在其他专业学院之下。柏林大学要将哲学院作为中心。哲学院中首先使用的"高级研讨班"教学方式应推广到其他学院。第四,坚持"孤独与自由"。对学生科学研究能力的培养及学生科学素养的形成,不能仅仅依靠传统的授课方式,大学应借助于教师与学生就纯粹理性知识的学习研讨而完成自身的教育职责,即大学师生应该与以功利主义价值观为主要价值取向的世俗社会保持一段理性的距离,并且尽可能摆脱国家与教会的束缚及其他非学术力量的干预。柏林大学最有价值的创造在于将科学研究确定为教师应该承担的职责,是大学不可推卸的职能。此后兴办的布雷斯芬(1811)、波恩(1818)、慕尼黑(1826)等大学纷纷以柏林大学为榜样,莱比锡、海德堡等传统大学也按柏林大学的模式进行改革。柏林大学"学术自由"、"教学与研究相结合"的高等教育思想以及选修制、高级研讨班等教学方式,对美国大学制度的确立、英国大学的改革及法国大学的发展均产生了程度不等的影响。

19 世纪中后期,德国大学在不利的社会背景下仍取得了进步:规模持续扩大,在校生数持续增加,1870 年突破1.4 万人,1900 年注册人数稳定在 3.4 万人;19 世纪 60 至 80 年代,哲学院、法学院、医学院相继成为人数增加最快的学院;重视科学研究逐步成为德国大学的主要办学原则。为适应 19 世纪中期之后德国工业化发展的需要,在原来的专门学院和高等工业学校基础上成立的工科大学及一批新设的专门学院获得较快发展。18 世纪 70 年代以前,德意志境内便出现了一定数量的专门学院,多为各城邦所设,以服务于各邦经济与军事事务为教育目标。其中 1766 年萨克森选侯国创办的"矿山学院"、1699 年设立的"柏林工艺学院"较为著名。18 世纪末 19 世纪初,一批高等技术教育机构纷纷出现,如柏林技术学校(1782)、柏林建筑学院(1799)、多科技术学校(1825)等。按照 1864 年各地技术学校校长与德国

技师协会联合发表的《有关多科技术学校组织基本原则》的有关规定,各地的多科技术学校相继升格成为工科大学。在保留技术学校基本课程体系的基础上,工科大学将原技术学校的特殊技术教育体系改建为不同的专业系科。与一般大学相同的是,工科大学不但开展技术教育,而且注重自然科学知识教育,开展科学研究活动。专门学院大多创立于 19 世纪前半期,较著名的包括卡尔斯鲁厄学院(1825)、达姆施塔特学院(1829)、德累斯顿学院(1828)、斯图加特学院(1829)、汉诺威学院(1831)。这些学院多由地方工商协会或商业团体兴办,教育实用化色彩显著。19 世纪后期,随着办学条件的改善及规模的扩大,一部分专门学院升格为单科大学或工科大学,还有一些合并到其他大学中。

美国　殖民地时期,美国高等教育移植英国发展模式,集中表现为哈佛学院的创立。创办哈佛学院的最早动议来自 1633 年剑桥大学毕业生 J. 埃利奥特的一项提案。1636 年马萨诸塞议会通过一项议案,决定资助 400 英镑作为创办经费。1638 年 5 月,学院所在地新城易名为"剑桥",学院也就称为"剑桥学院"。为纪念青年牧师哈佛向学院捐赠 719英镑 17 先令 2 便士和 400 册图书的义举,马萨诸塞议会于1639 年将"剑桥学院"更名为"哈佛学院"。1640 年,年仅 30岁的邓斯特出任院长。英国圣公会牧师 J. 布莱尔 1685 年赴美后,在弗吉尼亚的一个教区任牧师,随后创办了美国殖民地时期的第二所学院。1693 年英格兰新国王威廉三世和皇后玛丽向该学院授予皇家特许状,学院遂名为威廉-玛丽学院。到美国建国前夕,殖民地又先后创办了耶鲁(1701)、新泽西(1746)、国王(1754)、费城(1755)、罗得岛(1764)、皇后(1766)与达特茅斯(1769)七所学院。殖民地学院的教育目的主要在于培养信仰虔诚的牧师。如,哈佛学院在建校初期明确宣称主要是为教会培养人才;威廉-玛丽学院是为教会提供宗教信仰虔诚、具有渊博知识和优雅举止的青年,并在印第安人中传播基督教;国王学院成立时的办学目标为教育指导青年理解耶稣基督,热爱并服从上帝;罗得岛学院由基督教浸礼会创办,主要目的在于提高浸礼会牧师的知识水平。在服务于宗教利益之外,各学院还关注社会发展,把自身发展与社会实际需要较为密切地联系在一起。1650 年哈佛学院获得特许状的有关规定要求学院促进所有文学、艺术及自然科学的研究,不仅要培养有学识的牧师,还要为文法学校培养合格教师,为政府训练有学识的绅士及掌握各行业专业知识的实用人才。费城学院公开表示,殖民地高等教育正在追求多方面的教育目标:祛除文盲所带来的社会灾难;灌输正确的宗教原则;引导民众形成守法的公民意识。在克莱普出任校长期间,耶鲁学院承担起培养世俗职业人才的任务,广泛开设讲座,讲授农业、商业、航海、医学、解剖学等实用知识。国王学院 1754 年开设了航海、测量、矿物、商业、管理及家政等课程。在内部管理上,

殖民地学院采用了不同于欧洲大学以自我管理为特征的模式，而是广泛吸收社会力量参与管理。哈佛建院之初，即把管理事务交由校外 12 名非教育行业人士组成的"校监委员会"(board of overseers)，由他们制定办学政策，决定人员聘任等事务。后来变"单院制"管理为"双院制"，即另设一个"院务委员会"(corporation)，具体承担学院的日常管理工作，但必须接受"校监委员会"的监督。耶鲁学院选择了"单院制"管理模式，全部行政管理权掌握在由公理会牧师组成的"校监董事会"手中。殖民地学院在课程设置上表现出强烈的古典色彩。古典语言与古典文学是课程的核心。此外，诸如阿拉伯语、叙利亚语、希伯来语、政治学、物理学、数学、植物学以及神学等也是重要的学习内容。此时的课程尚未对实用、职业性需要作出反应，自古希腊、罗马，经中世纪、文艺复兴、宗教改革流传下来的"自由艺术"教学体系成为学生学习的唯一选择。在欧洲启蒙运动及英国非国教学园和苏格兰大学课程变革的综合影响下，殖民地学院的课程体系发生了缓慢变化。1750 年之后，各学院已明显表现出重视自然科学知识教学的倾向，拥有足够设备来展示天文学、物理学以及化学实验研究方法，课程中增加了一些新内容，如数学教学中增加了测量与航海知识。在教学组织、学生管理、教学方法等方面，殖民地学院也受到英国大学模式的深刻影响。殖民地学院对英国大学发展模式的移植是有选择的，在很多方面表现出差异。如在管理模式上，由校外人士掌握学院管理权，保证了学院对社会实际需要的关注，拉近了学院与社会的距离；学院与大学之间不存在明确界限，有助于打破教育上的垄断。

19 世纪前半期，美国州立大学兴起。这是美国高等教育发展的重要成就。美国州立大学是在欧洲启蒙运动催生的理性主义和经验主义、19 世纪德国大学模式、自然科学知识及现代语言对课程体系的冲击等影响下产生的，其创办必须以不损害原私立大学的利益为基础。联邦最高法院首席大法官在"达特茅斯学院案"的判决书中强调：美国联邦宪法中没有州议会有权干预私人财产的规定。达特茅斯学院为一私人慈善团体，与政府没有任何关系，它所持有的特许状本身就是一种契约。州立大学的诞生以杰斐逊创办弗吉尼亚大学为肇始。1779 年，杰斐逊尝试改组威廉-玛丽学院为州立大学，但没有成功。之后，他便着手筹建一所全新的州立大学。1818 年获得政府的办学特许状，杰斐逊设计了新大学的发展蓝图。(1) 办学目标：向学生提供超出一般学院的高水平教育，许可学生在课程学习中表现出一定的职业性。(2) 大学性质：公立高等教育机构，由校监委员会管理，其成员直接由政府行政长官任命，并获得立法机构的认可，在具体管理及教学实践中，戒绝来自任何教派的控制和束缚，反对设立神学教授职位。(3) 教育价值取向：致力于实现世俗社会的教育价值取向，而不是服务于教派

利益，开设古典语言、现代语言、数学、自然哲学、自然史、解剖学与医学、道德哲学和法学等课程，设立八个学科的教授职位，学生享有一定程度的选修自由。弗吉尼亚大学以其对州立大学教育理念的追求在美国高等教育发展史上产生了意义深远的影响，这种影响在当时就超越了地域的限制，直接促进了美国南部与西部州立大学的创办与发展，标志着美国高等教育发展史上一个新时期的到来。西部州立大学的创立除了受弗吉尼亚大学的影响外，还有着更具体的原因：受 18 世纪来自法国以中央集权为核心的教育体制的影响；从新英格兰迁移至美国西部的移民重演了早年美国东部创办高等学校的一幕；美国联邦政府向准备筹建州立大学的各州下拨了大量的公共土地，提供了物质基础。受经费短缺及人们教育观念的影响，西部州立大学创办初期规模小，在校生人数少，师资与教学设备差，专业性学院几乎没有。由于缺乏足够数量的中等学校为基础，大部分州立大学不得不设立预科系，并且往往是预科系学生远远超过专科学生。尽管如此，西部州立大学仍以实际行动践履了美国历史上一种崭新的高等教育理念，那就是实施一种由公众支持、州政府控制管理的公立高等教育。较东部学院来说，这类大学的教育目标在于满足当地社区发展的需要，不断对新的教育发展趋势作出反应。

南北战争结束后，以满足社会工业化、城市化发展需要为目的，在实用主义高等教育观和科学教育思潮的综合作用下，美国兴起了以提供实用性高等教育为目的的"赠地学院"运动。1862 年《莫里尔法》颁布后，各州以不同方式创建了一批赠地学院，以农业教育与工艺机械教育为核心，还实施军事训练，开展家政教育，有的还设立了示范农场、铸造厂、熔铁炉及机械工场，以便于学生理论联系实际。19 世纪后半期，由于社会发展的需要，在以"教学自由"、"学习自由"、"教学与科研并重"为核心的德国大学观的影响下，以 1876 年约翰斯·霍普金斯大学的创办为起点，美国开始了研究型大学的发展历程。1876 年，以 19 世纪美国实业家约翰斯·霍普金斯捐赠 350 万美元兴办的约翰斯·霍普金斯大学成立，吉尔曼出任首任校长。约翰斯·霍普金斯大学坚持严格的高标准选聘教师，实施研究生教育，贯彻"学术自由"的高等教育理念，较多地借鉴德国大学的做法，普遍采用讲座、研讨班以及实验等教学方法。经过 25 年不懈的探索、尝试与创新，美国高等教育发展史上第一所真正的研究型大学——约翰斯·霍普金斯大学已初具规模，拥有由 13 个系组成的从事高深知识研究、开展研究生教育的哲学院和一所具有国内一流水平的医学院，并开始享有世界声誉。约翰斯·霍普金斯大学对美国后来研究生教育的发展，尤其是对美国研究型大学的成长发挥了决定性作用。约翰斯·霍普金斯大学注重科学研究的教育实践犹如强力催化剂，激发了蕴藏于其他大学内部的开展研究生教育的

活力。此前曾尝试性开展学士后教育的哈佛、耶鲁等传统学院,新兴的加利福尼亚、威斯康星大学以及稍后创办的克拉克大学、芝加哥大学也相继开办了研究生院,把研究生教育作为主导任务。1892年成立的芝加哥大学确立了三个方面的办学原则:探索每一知识领域;致力于把知识应用于人类事务;加强大学与外部世界的联系,为尽可能多的人接受大学教育提供可能。为适应工业化和城市化发展、公立中学运动蓬勃开展及就业市场对劳动者素质要求不断提高的需要,19世纪末20世纪初美国高等教育领域还兴起了一场以兴办"初级学院"为主要内容的高等教育结构改革。

俄国　近代俄国高等教育始于1632年基辅莫吉拉学院的创办。创办初期,学院分初级部、中级部和高级部。初级部学习斯拉夫语、希腊语、拉丁语和俄语、祈祷、宗教问答、算术、音乐、唱歌;中级部学习诗学和修辞学;高级部主要学习哲学和教义研究,17世纪末又增加了神学、外语(法文、德文、英文)和一些实用学科(绘画、建筑学、地理学等)。到1819年共培养1 200余名高级专门人才,为彼得一世的政治、经济、文化教育改革及以后的发展提供了智力支持和人才保障。1687年,为培养专门的外语人才以适应不断频繁的国际交往需要,在文学家波洛茨基的倡议下,斯拉夫-希腊-拉丁语学院正式创办。该学院开设拉丁文、希腊文和七艺等普通课程,招收信奉东正教的俄罗斯公民子弟。18世纪初,俄国已经比较强大,但与欧洲强国相比,科学技术和文化教育事业还比较落后。彼得一世1724年颁布创建俄国科学院的敕令和该院章程,1725年科学院在彼得堡正式创办。科学院的目的在于加强语言、科学和艺术等领域的研究,重点开展数学、自然科学(物理,化学,天文学,植物学等)、人文科学(含历史学,法学等)等领域的研究。这种研究必须密切结合社会实际。科学院内设附属大学与中学,以培养合格的科学研究人才。附属大学分为法学、医学、哲学三系,分别开展相应的专业教育;预备中学分为初级班和高级班两部分,初级班3年,主要讲授德语,故称德语学校;高级班2年,主要讲授拉丁语。俄国科学院的设立与发展直接促进了18世纪俄国科学技术的发展,培养了一批科学研究骨干,为俄国高等教育的发展作出了重大贡献。

近代俄国高等教育发展史上出现的第一所大学是根据18世纪俄国科学家、文学家、诗人和教育家罗蒙诺索夫的倡议而在1755年设立的莫斯科大学。罗蒙诺索夫主张普及科学文化知识,发展世俗高等教育,培养青年科学家、文学家、艺术家和教育家,为俄国经济建设和社会发展服务。为改变俄国高等教育的落后面貌,1754年他向政府递交了创办莫斯科大学的意见草案,在草案中阐述了自己的观点:大学应建设成为科学研究的场所,成为启发学习智慧的机构;新成立的莫斯科大学应提高国民文化素质,增强人民追求进步的信心,要废除等级制,要用最通俗易懂的方法,用俄语授课。罗蒙诺索夫所提草案引起巨大的社会反响,各界纷纷要求政府尽早创建莫斯科大学。在此情势下,1755年1月伊丽莎白女皇(一译伊丽莎白·彼得罗芙娜)签署了建校法令。1755年4月莫斯科大学及其附属中学成立。莫斯科大学坚持教育的世俗性原则,下设哲学系,法学系和医学系。附属中学招收9岁儿童入学,学习俄语、数学、历史、地理、物理、化学等普通文化课程,学制8年,主要目的是为莫斯科大学提供高质量生源。莫斯科大学创办过程中,罗蒙诺索夫等克服了高水平师资短缺、经费不足、图书资料及教学实验设施匮乏等困难,到18世纪末,莫斯科大学已发展成为欧洲著名大学。作为俄国高等教育发展史上第一所真正意义上的综合性大学,莫斯科大学为俄国近现代经济建设和社会发展培养了大批高素质人才,为推进俄罗斯社会进步和文明开化作出了具有历史意义的巨大贡献。罗蒙诺索夫在莫斯科大学创建中所做的开创性工作,提出并践行的高等教育世俗化、民主化、民族化原则及教学与社会生活相结合等高等教育思想,极大地促进了18世纪及后来俄国高等教育的发展与改革。

19世纪初,俄国产业革命开始。随着资本主义工商业的快速发展和与欧洲各国交往的日益增多,对高级专门人才的需求量大大增加,这促使俄国高等教育进行改革。

俄国沙皇亚历山大一世1804年颁布《大学附属学校章程》,就俄国高等教育发展做出原则性规定:全国分成莫斯科、彼得堡、喀山、哈尔科夫、维尔纽斯、多尔帕特六个学区,每个学区设一所大学;大学位于国民教育体系的顶点,招收具有中等教育程度的人入学,培养担当国家各种职务(包括国民教育部门)的官吏,职责在于开展教学和科学研究,为国家培养高级专门人才。章程赋予大学适当的自主权,如拥有成立学术团体、出版报刊和教学用书、组建社团和举行集会的权利,由各系教授组成校务会议,参与大学管理事务。《大学附属学校章程》的颁行有力地促进了19世纪初期俄国高等教育的发展,综合性大学的创办被置于教育改革的核心地位,如喀山大学(1804)、哈尔科夫大学(1805)、彼得堡师范学院(1804)创设,同时大学获得不同程度的自主权。这期间也有过一段十分曲折的过程。1825年十二月党人起义被镇压后,沙皇政府1828年颁布新的《大学附属学校章程》,1835年颁布《大学章程》,大学自主权被削弱,教育教学活动受到政府的严密监视,学校事务受到行政干预,教师的授课提纲需要接受严格审查等。高等教育领域内出现的这种倒退引起大学师生的强烈反抗,从1856年开始,大学生学潮席卷俄国全境。为缓和矛盾,沙皇政府被迫于1863年颁布新的《大学章程》,恢复大学一定的自主权,除进行一般监督外,政府不干预具体事务;校务会议有权选举校长和副校长,以竞选方式选举教授,由系务会议选举系主任,任期4年;设历史文学系、数学系、法学系、医学系。新《大学章程》

的颁布与实施产生了积极的效果,俄国新创办了一些大学和新型学院,如敖德萨大学(1865)、托木斯克大学(1888)、里加理工学院(1862)、彼得罗夫斯克-拉祖莫夫农林学院(1865),大学在校生人数也有所增加。19 世纪 70 年代之后,俄国高等教育发展又步入低潮期。1874 年通过的《加强对教学方向实行政府监督的决定》及 1884 年颁布的《大学章程》严格限定了大学每年的学生人数,并取消了大学的所有自主权,禁止学生集会,对破坏学校纪律的学生进行严厉处罚。

除大学外,俄国政府较为重视高等技术教育的发展,为培养合格的工程师和专家,19 世纪二三十年代相继创办了军事交通工程学校、交通工程学院(1809)、彼得堡实用工艺学院(1828)、莫斯科技工学校(1830)。19 世纪 60 年代后,一批高等工业技术院校的出现导致俄国高等技术教育进一步发展,这批院校主要包括里加理工学院(1862)、哈尔科夫工学院(1885)、彼得堡电工学院(1886)、托木斯克工艺学院(1886)、基辅工业大学(1898)。从 19 世纪 30 年代开始,为发展高等农业技术教育,俄国政府颁布法令,在一些综合大学建立农艺学教研室,还在一些大学建立农学系,培养农业高级技术人才。1840 年在莫吉寥夫省创建的戈列茨山高等农业学校是俄国最早的农业高等学校。

近代俄国高等教育的发展道路并不平坦,但它在 19 世纪取得的成就是有目共睹的:建立了以综合大学为核心的包括工业高等院校、农业高等院校、师范学院等较为完整的高等教育体系,为政治、经济、军事、文化教育等领域培养了大批高素质的专业人才,为俄国经济发展及社会进步作出了重大贡献。

参考文献

黄福涛.外国高等教育史[M].上海:上海教育出版社,2003.
殷企平.英国高等科技教育[M].杭州:杭州大学出版社,1995.
张泰金.英国的高等教育历史·现状[M].上海:上海外语教育出版社,1995.

（王保星）

近代西方古典教育（classical education in the modern West）　近代西方强调把以拉丁文和希腊文为主的古典文化作为课程核心内容的教育。源于文艺复兴时期对人文学科的提倡,后在欧洲国家文科中学和文法学校及古老大学中占据主导地位三四百年。经院主义教育有时也被归于古典教育。

近代西方古典教育的产生与流行　早在文艺复兴时期,为了对抗以神学为核心的封建文化,人文主义者就提倡古典文化"再生",主张回溯古希腊罗马的文化,从而形成了以拉丁文和希腊文为基础的人文学科,古希腊罗马文化取代了神学所占据的主导地位。从这一点而言,古典主义是人文主义最基本的特征,强调古典文化的教育价值是人文主义者最基本的观点。

在文艺复兴发源地的意大利,很多人文主义者都推崇古典语言和文化。其中,"人文主义之父"彼特拉克对古典著作具有浓厚的兴趣并进行搜集与研习,尤其尊崇西塞罗和维吉尔,把古代的道德理想作为人的行为最好的指南,他说的每一件事都带有古典文化的影响;薄伽丘在推动古典文化的复兴上也很有影响,正是在他的努力下,荷马史诗第一次有了拉丁文译本;第一个系统阐述人文主义教育思想的弗吉里奥在古希腊语言和文化的基础上讨论教学内容,并称它为"自由学科";布鲁尼用拉丁文翻译柏拉图和亚里士多德的著作,指出没有人比古代演说家更衷心地歌颂美德和更强烈地谴责罪恶,强调学习古典作品的表达技巧;维多里诺在他自己创办的孟都亚学校中开设广博的人文主义课程,特别强调拉丁文和希腊文,把它们看作是打开古典文化的钥匙;后来被选为教皇的西尔维乌斯十分推崇古典风格和古代学者权威,强调古典著作的教育价值,重视古典文化学习;阿尔贝蒂认为古典文学修养可以使人更具绅士风度,精神更加高贵,强调具有古典文化知识是一个有教养的人的标志。在西班牙,维夫斯也热衷于古典文化和尊崇古典语言,编写了汇集古代作家学说精华的《走向智慧之路》。为了有利于民族和国家之间的交流,他强调必须使纯正的古典拉丁文成为一种普遍、共同的语言。在英国,科利特强调学生应该自始至终学习拉丁文和希腊文的优秀作品,特别重视阅读早期基督教作家的著作,并把西塞罗和维吉尔使用过的真正的拉丁文作为学校课程的重要内容;T. 埃利奥特不仅翻译了大量的古希腊著作,而且编纂了《拉丁—英文字典》,认为儿童学习语言应从希腊文开始或希腊文与拉丁文并始。与欧洲其他国家的人文主义者相比,尼德兰(约相当于今荷兰、比利时、卢森堡和法国的东北部)的伊拉斯谟在强调古典文化的教育价值方面是最突出的。他曾专注于古典文化的研究,强调古典教育的重要作用,竭力推动拉丁文的学习和使用,成为提倡近代西方古典教育的早期代表人物。为了通过对话训练来提高拉丁文教学水平,他编写了《对话集》(1518)。从 1522 年到 1533 年的 11 年间,此书共印行一百多次,在欧洲的学校教育中影响极其广泛。他还明确提出,只有学习拉丁文和希腊文,才能了解古代文化。学习古典语言不仅在于语言本身,而且在于学会运用,为扩大知识提供工具。他主张把拉丁文作为欧洲通用语言,并在此基础上形成一种共同的拉丁文化。

正是在文艺复兴时期提倡古典文化和古典教育的人文主义者的推动下,以拉丁文和希腊文为主的古典课程逐渐成为近代西方学校课程的核心,致使脱离时代和社会生活的学校变成了"古典语言工场"。这无疑是文艺复兴运动留下的消极后果。

从教育史看,古典主义在英国学校教育中表现得尤为明显。即使在 17 世纪风行英国的绅士教育中,以拉丁文为主的古典语言和文化也是重要内容,其教学在学校中占统治地位,占全部教学时间的 2/3。学生必须硬背拉丁文和希腊文,不是因为这些语言有实在价值,而是免得因不懂这些而丢脸,是为了受"绅士教育",这标志着某种社会地位,并因此能受人尊敬。总之,整个英国教育制度都是为了花而忽略了植物,为了美丽而忘了实质。教育上这种"装饰主义"状况在英国一直延续到 19 世纪中期。英国教育史学家柯蒂斯和博尔特伍德曾指出,英国社会、政治和工业领域的变化是如此之大,几乎应该称之为"革命"了,但学校和大学都很少跟得上这种新的发展。

19 世纪古典教育的主要代表人物　19 世纪前半期,科学教育与古典教育之间展开了激烈的论战,古典教育受到提倡科学知识和科学教育的人士的尖锐批判,维护古典教育的保守派人士对此进行了反击,拼命为古典语言和文化辩护,以捍卫古典教育在学校教育领域的统治地位。在维护古典教育的保守派中,英国的 T. 阿诺德和 J. H. 纽曼是最具有代表性的人物。

作为 19 世纪英国公学教育主要代表的 T. 阿诺德毕业于温切斯特公学,后在牛津大学三一学院就读。1828 年,他应聘担任拉格比公学校长,直到 1842 年去世。T. 阿诺德把培养"基督教绅士"作为一种理想的教育目标,积极提倡和大力推行古典教育。首先,他强调古典课程的重要价值,把它作为学校中智力训练的基础,认为如果只是少数学者研究古典文学,结果就会使公众对古典经验一无所知。其次,他主张突出古典课程的地位,增加古典课程的教学时间。拉格比公学的古典课程占 50%。第三,他重视古典课程教学,并提了一些具体建议和要求。例如,要求古典课程教师模仿古代伟人的风格;学生要更好地理解与使用拉丁文和希腊文,以欣赏它们的魅力和美妙;重视古代著作的翻译练习等。

作为 19 世纪英国大学教育主要代表的 J. H. 纽曼从伊林学校毕业后,就读于牛津大学三一学院。1851 年,他应聘担任爱尔兰都柏林天主教大学校长,1858 年辞职。在 19 世纪的英国,J. H. 纽曼被视为古典教育思想的主要代表,对古典教育产生重要影响。首先,他维护"自由知识"的价值和尊严,并把这种知识看作是一个"绅士"的知识。所谓"自由知识",标志就是古代著作,这是学生应该学习的。在智力文化方面,应该求助于希腊和罗马的古典著作。他在《大学的理想》一书中写道:"长期的经验表明,对古代希腊罗马诗人、历史学家和哲学家著作的阅读将达到这样的目的,那就是最好地加强、改善和丰富那些智力的力量。"古代作家的经典著作能在激励竞争或引起反应方面起作用,它们不仅教育了古代作家那一代人,而且教育了古代作家之后所有

的后代人。晚年的 J. H. 纽曼仍然认为,他有生以来唯一的老师就是古代罗马的雄辩家西塞罗,应该把一种伟大的理想归于西塞罗而不是其他人。其次,他主张"自由教育"是一种理智训练、一种对心灵的普遍培养,目标是培养绅士。他指出:"作为一位绅士,他具有一种经过训练的理智,一种文雅的举止,一种公正的、公平的和不带偏见的心理,以及一种高尚的和谦恭的生活行为。"第三,他强调古典知识学习比科学知识学习更重要,提出"自由教育"的内容主要应该包括古典语言和文学以及古代历史和哲学,把古代希腊和罗马著作的学习看作是理智训练的一个重要方面。他强调说,荷马和亚里士多德与他们周围的诗人和哲学家一起,是所有时代人的教师,拉丁文占据了主导地位,并使世界教育得以继续下去。《大学概略》一书的编者蒂尔尼指出,J. H. 纽曼的《大学的理想》是扎根于古代希腊教育传统的。美国教育学者 S. E. 鲍曼指出,古典教育的信徒能够求助于J. H. 纽曼的支持。

近代西方古典教育的特点与影响　近代西方古典教育的特点主要表现在以下方面:一是推崇古典语言拉丁文和希腊文的教育价值,并把它们作为学校课程的核心内容;二是逐渐成为一种流行时间很长和影响很大的教育,在 19 世纪中期以前的西方学校占据主导地位;三是作为文艺复兴运动的一种消极后果,所流行的地域主要是欧洲国家,英国成了古典教育传统势力最强的国家;四是面对近代西方的社会变革、经济发展和科学进步,在保守派人士的竭力提倡和顽固维护下,古典教育并没有从学校领域退出,与科学教育发生了激烈冲突。

近代西方古典教育对欧洲国家中等教育和高等教育的影响极大。在中等教育方面,文科中学和文法学校十分强调古典人文学科,拉丁文和希腊文是课程的主要内容。例如,英国的伊顿公学,拉丁文和希腊文学习占据了大部分教学时间,目的是使学生在古典语言和文化知识方面打下扎实的基础,顺利进入那些古老大学。所谓古典人文学科,主要是指古希腊罗马的语言、文学、历史和地理等。在高等教育方面,那些古老大学的课程也主要是古典人文学科,拉丁文和希腊文是唯一学习的语言。例如英国的牛津和剑桥大学,19 世纪中期以前坚持古典教育传统,把古典著作学习作为它们的基础。英国教育史学家奥尔德里奇指出,牛津和剑桥大学主要是要使学生掌握古典文学或教学方面的知识,仍然重视教旧的东西,不重视探索新的东西,把这种教育作为一种至高的智力训练,作为目的本身,作为培养真正绅士的手段,作为所有体面职业最好的基础训练。在占主导地位的古典教育影响下,无论中学还是大学的课程都没有任何变化,学生在中学里读的几乎全是拉丁文,到大学后所做的事情只不过是再读一遍这些书而已。英国教育学者阿什比认为,19 世纪"牛津大学的绝大多数课程甚至与 14

世纪的教学内容没有什么区别"。

古典教育在欧洲国家流行的三四百年中,古典语言和文化渗透了学生的心灵,他们的心里充满了古代伟人的形象与榜样。在社会公众人物中,只有懂得拉丁文和希腊文,才是有知识、博学的人。牛津大学奥里尔学院院长科普尔斯顿就认为,古典著作最适合于心灵的培养,是学生唯一需要认真学习的。

近代西方古典教育自产生后就受到许多提倡科学知识和科学教育的人士的反对。其中,17世纪有英国哲学家培根,19世纪有英国哲学家和教育家斯宾塞、英国生物学家赫胥黎等。他们对古典教育的批判十分尖锐。英国《爱丁堡评论》曾从四个方面对牛津大学进行批判:一是古典教育成了它的唯一事业;二是学生唯一能得到培养的是雅致的想象;三是以古典文学为核心的教育是局限和谬误的;四是有关推理能力的练习是不受鼓励的。

西方教育历史表明,正是在众多科学教育人士的批判及科学教育运动的冲击下,近代西方古典教育的传统势力自19世纪中期开始衰弱,并逐渐退出其在学校领域的主导地位。但在20世纪30年代初开始出现的永恒主义教育思想中,人们仍可以看到古典教育的影子。

参考文献

褚宏启.走出中世纪:文艺复兴时代的教育情怀[M].北京:北京师范大学出版社,2000.

Bamford, T. W. Thomas Arnold on Education [M]. Cambridge: Cambridge University Press, 1970.

Curtis, S. J, Boultwood, M. E. An Introductory History of English Education Since 1800 [M]. London: University Tutorial Press Ltd. , 1960.

Newman, J. H. The Idea of a University [M]. New Haven: Yale University Press, 1996.

（单中惠）

近代西方科学教育 (scientific education in the modern West)

近代西方重视科学知识和提倡科学课程的教育。始于16世纪末17世纪初的英国,主要代表人物是英国哲学家培根。19世纪中期,在以英国教育家斯宾塞和生物学家赫胥黎为主要代表的科学教育运动中得到最充分的发展,极大地推动了西方学校科学课程的发展。

近代西方科学教育的兴起　随着近代西方社会经济的发展和人文主义思潮的传播,为了将近代自然科学从宗教神学和经院哲学的束缚下解放出来,人们需要科学知识和科学教育。正是在这个时代,培根敏感地意识到这一点,倡导科学知识和科学教育,强调人类统治万物的权力肯定深藏在知识之中,作出了"知识就是力量"的论断,同时提出了实验归纳法,以便解放人的理解力,使人学会正确思维。这标志着近代西方科学教育的兴起。马克思主义经典作家称他为英国唯物主义和整个现代实验科学的真正始祖。

面对经院哲学充斥于整个思想界及经院主义教育垄断学校的状况,作为新时代产儿的培根对此进行了尖锐的批判。他指出,脱离实际和脱离自然的经院哲学对人类生活是毫无益处的,把智力用于咬文嚼字或空洞繁琐争论的经院主义者实际上是在摧毁科学,因此改革经院主义教育是传授百科全书式知识的重要前提,也是科学人才培养和自然科学进步的根本需要。同时,他深刻阐述了科学知识在人类生活中的巨大效用:既是改造自然的强大力量,又是改造社会的重要力量,是建立在实验基础上的感性认识和理性认识相结合的产物。在《新大西岛》一书中,培根提出了一个理想的科学教育方案。在这个乌托邦国家里,人们学习一切知识,最大限度地尊重和利用科学知识。科学家所兴建的"所罗门之宫"(亦称"六日大学")是一个规模很大的教育机构,专门研究自然和人类,主要工作是实验,基本方法是归纳法,目的是探讨事物的本质和它们运行的秘密,并扩大人类的知识领域,以使一切理想的实现成为可能。那里提供科学研究所需要的各种设施,强调科学和学术研究自由,新的学生不断受到科学教育和训练。

近代西方科学教育的发展　在文艺复兴后的三四百年中,古典主义教育一直在学校占据统治地位。但从近代西方科学教育的发展来看,它自培根时代起已取得缓慢进步。19世纪,随着社会的进步和工业的发展,自然科学发展愈来愈快,各种发明创造日益增多,被称为"不可思议的世纪"。这不仅引起了社会生活的变化,也引起了学校教育的变化。然而,在西方国家中,科学教育的发展情况并不相同。与德国和美国相比,英国比较忽视科学知识和科学教育,各级学校的科学教育实施情况十分糟糕,人们总是习惯于把古典语言和文化视为最有价值的知识。因此,19世纪中期的英国,科学教育缺乏已成为一个严重问题。英国教育史学家J.鲍恩指出,科学仍是学校课程中最被忽视的领域。由于物理学、化学和其他自然科学方面的进步以及对以经验为根据的研究方法的日趋重视,该问题更加突出。

随着近代自然科学的发展,19世纪前半期一些欧洲国家存在着两种不同的教育主张:一种是要求促进科学教育的实施;另一种是要求维护古典主义教育传统。大约从19世纪三四十年代起,这两种教育主张展开了论战。由于古典主义教育传统势力特别强大,英国的这种论战比其他国家更为激烈。斯宾塞在自传中回忆道,《什么知识最有价值》发表时,对其主要论点,即古典语言和文化的教学应该让位于科学的教学,十个有教养的人中有九个人认为这简直是荒谬的。在这场科学教育与古典教育的论战中,许多英国思想家、科学家及社会人士积极参与,例如斯宾塞、赫胥黎及植物学家G.边沁、物理学家和化学家法拉第、经济学家亚当·斯密等。其中最杰出的代表人物是斯宾塞和赫胥黎。英国教育史学家劳森和西尔弗指出,这场科学教育运动是通过19世纪五六十年代诸如赫胥黎这样的人士以及斯宾塞的《教育论》的出版而开展的,是19世纪为把科学引入学校教育领域的一次最激烈的斗争。

斯宾塞先后发表了论述"智育"、"德育"、"体育"及"什么知识最有价值"等的文章,并以《教育论》为书名于1861年出版。他在这本闻名于世的教育著作中阐述了自己的科学教育思想。首先是批判了"装饰先于实用"的古典主义教育,在教育史上第一次提出了"教育预备说",强调教育应尽的职责就是教导一个人怎样生活和获得生活所需要的各种知识,以使他为完满地生活做好准备。其中,学习科学是所有活动的最好准备。其次是提出了知识的比较价值标准,强调一切教育问题中重要的是必须弄清楚各种知识的价值并加以比较,阐明了"科学知识最有价值"的卓越见解,充分肯定科学知识与人类活动、艺术创作及教育活动的重要关系。第三是按照人类活动的分类和排列次序制定了以科学知识为核心的课程体系,让学生在有限的时间里学习最需要了解和掌握的知识。其课程体系包括五个部分:一是生理学和解剖学;二是阅读、书写、计算、逻辑学、几何学、力学、物理学、化学、天文学、地质学、生物学、社会学等;三是心理学和教育学;四是历史;五是文化和艺术。第四是提出了建立在儿童心智演化基础上的新教学方法原理,例如从简单到复杂、从不确切到确切、从具体到抽象、从实验到推理等,强调教学过程是一个愉快的自我教育过程。

赫胥黎曾就教育问题作了很多讲演,发表了很多文章,这些演讲和文章最后以《科学与教育》为书名于1893年出版。他在这本广泛传播的教育著作中阐述了自己的科学教育思想。首先是批判传统的古典主义教育,指出其根本缺陷在于极少考虑人的实际生活需要,不能为参加实际生活做好准备。学生只是死记硬背拉丁文和希腊文,对其他方面的知识一无所知,从而在学校中白白浪费了一生中最宝贵的时光。其次是提出新的自由教育观,主张一种和谐、全面发展的教育,培养本质上与自然界完全和谐一致的人。它不仅包括智力训练,而且包括身体、道德和审美训练。具体内容:体育锻炼和操练、家政教育、智力训练、伦理学和神学教育。其中最重要的是智力训练。第三是强调科学知识和科学教育的重要性,要求把科学教育引进一切学校,因为它是其他任何教育都无法替代的。同时他又提出了文理沟通的观点,强调文学教育要与科学教育同时进行,以免造成人的理智扭曲。第四是强调技术教育对英国工业进步的意义,呼吁大力发展完善和全面的技术教育,并设立技术教育师资培训机构。这种技术教育是指成功经营工商业的部门必不可少的那种知识教育。

在近代西方科学教育的发展中,尤其是在19世纪中期

的英国科学教育运动中,斯宾塞和赫胥黎占据了重要地位。把他们俩作一比较,不难发现,赫胥黎从1862—1885年至少在10个皇家科学或教育委员会中任职,尤其是担任第一届伦敦教育委员会委员(1870—1872),不仅与许多活跃在教育领域的颇有影响的人士有联系,而且在科学教育方面所做的实际工作要比斯宾塞多。美国教育史学家孟禄指出,赫胥黎在为使教育的实际范围扩大到自然科学而斗争方面超过了任何其他的英国人。

近代西方科学教育的特点 以培根为代表的早期科学教育表现出以下特点:一是崇尚人的理性,高度评价人是自然的主人,激励人们不断探求和开拓新的科学知识领域;二是以唯物主义经验论为基础,提出科学的认识方法,倡导实验的归纳法;三是富有批判精神,对经院主义者和经院主义教育进行了尖锐批判;四是带有空想成分,为近代西方科学教育的发展提供了蓝图,但还没有在学校真正付诸实践。19世纪的科学教育实际上是早期科学教育的继承和发展。与早期相比,19世纪的科学教育表现出以下特点:一是强调科学知识最有价值,充分肯定科学教育的重要性,表现出强烈的时代性;二是具有批判精神,与古典主义教育传统的维护者进行了激烈论战;三是更注重学校课程和教学方法改革,提出了符合儿童心智发展顺序的教学原则与方法原理;四是不再带有空想成分,对学校教育改革起了直接的推动作用,产生了重要影响。

近代西方科学教育的影响 近代西方科学教育兴起后,科学知识及科学的认识方法进入学校,学校的课程内容、教学方法乃至课本起了变化,这为近代西方教育提供了新的基础、新的目的、新的方法和新的趋势。把早期科学教育代表人物培根的知识论和方法论直接应用到学校领域的是德国教育家拉特克、捷克教育家夸美纽斯和英国教育家洛克。他们沿着培根开辟的道路,继续推动了近代西方科学教育的进展。

19世纪中期的科学教育运动,是继培根之后对传统古典主义教育又一次有力的挑战和无情的抨击。特别是斯宾塞的《教育论》,对科学教育思想进行了全面而深刻的阐述,成为当时英国读者最广泛阅读的一本教育著作。正是由于科学教育运动的发展及科学教育思想的传播,教育理论界开始承认科学教育对学生智力训练和发展的重要意义,自然科学在学校课程中逐渐占据重要位置,科学实验教学开始进入学校,许多科学课程采用实物教学。在英国,1868年负责公学调查的克拉伦敦委员会(The Clarendon Commission)(亦称"皇家公学调查委员会")在给一个科学团体的信中写道:在正规的学科课程中引入自然科学,正是人们所期望的,没有任何理由怀疑它的可行性。此后皇家技术教育委员会(Royal Commission on Technical Instruction, 1881—1884)和国家技术教育促进会(National Association for the Promotion of Technical Education，1887)的成立，也表明科学和技术教育在英国受到重视。从 1890 年起，英国政府为科学和技术教育提供了更多资助，为科学教育真正在学校占据主导地位打下了坚实基础。

19 世纪的科学教育运动对其他欧洲国家及美国也产生了很大影响，推动了这些国家科学教育的发展及学校课程的科学化。斯宾塞的《教育论》一书在美国曾拥有最广泛的读者，他 1876 年应邀访问美国时受到的欢迎甚至超过了英国。美国第一位教育学教授、密歇根大学的 W. H. 佩恩认为，法国教育家卢梭的《爱弥儿》之后，斯宾塞的《教育论》无疑是最有用和最深刻的。由此来看，19 世纪中期的科学教育运动是具有世界性意义的。更值得注意的是，在近代西方科学教育的发展中，有些教育家的观点富有创新精神，有些教育家的观点有预见性。

参考文献

赫胥黎. 科学与教育[M]. 单中惠，平波，译. 北京：人民教育出版社，1990.

培根. 新大西岛[M]. 何新，译. 北京：商务印书馆，1959.

斯宾塞. 斯宾塞教育论著选[M]. 胡毅，王承绪，译. 北京：人民教育出版社，1997.

Compayre，G. Herbert Spencer and Science Education [M]. London，1907.

Curtis，S. J，Boultwood，M. E. An Introductory History of English Education Since 1800 [M]. London：University Tutorial Press Ltd.，1960.

（单中惠）

近代西方普及教育运动（universal education movement in the modern West）

指 16 世纪至 20 世纪初期西方国家对适龄儿童实施普及教育和建立普及教育制度。普及教育是国家对适龄儿童平等实施的一定程度的基础教育。大多数国家以法律形式规定了它的义务性质，故普及教育又称"普及义务教育"。普及教育的范围和程度反映社会生产发展的客观要求及国家政治和经济的发展水平。普及义务教育是现代人类文明的重要标志，也是现代学校教育体系发展的基础。普及教育运动作为近代西方国家教育发展的重要特点，与资本主义的兴起、大工业生产的出现、民族国家的形成和教育民主化的产生有密切关系。

近代西方普及教育思想的产生

早在文艺复兴时期，一些人文主义者就从人道主义和"人生而平等"的思想出发，提出了带有普及教育思想色彩的主张。尼德兰人文主义者伊拉斯谟提出养育子女是父母对社会应尽的义务，国家应提供足够数量的合格教师来促进教育事业。英国人文主义思想家莫尔在《乌托邦》中较为深入地论述了普及教育，指出教育是国家事务及国家政治和社会制度的一部分，实行普及教育是国家政治和经济生活的需要。莫尔所说的普及教育是针对一切人的，认为普及教育的渠道是多方面的，既包括正规的学校教育，也包括非正规的家庭教育、社会教育。其普及教育的目的就是培养理想的人，使所有人获得幸福。

近代西方最先明确提出普及教育思想的是德国宗教改革运动领袖马丁·路德。马丁·路德的"因信得救"思想宣扬个人的责任与判断在灵魂获救中决定一切，每个人只要通过阅读《圣经》就可以与神接近，因此首先应该保证每个人具有阅读《圣经》和参与教会事务的能力，而新教的重要任务就是让全体民众学会读和写。马丁·路德认为，人只要有信仰，在上帝面前就享有平等的权利和义务，进而在教育权利上也是平等的，所以应当使每一个儿童（不分性别和等级）都受到教育。他不仅提出了普及教育的初步设想，而且全面阐述了实现这种设想的一系列具体主张。马丁·路德 1524 年发表《给市长及市政官员的一封信》，提出国家办学和普及义务教育；1530 年又发表《论送子女入学的责任》，进一步阐述了强迫义务教育的思想。在西方教育史上，由国家管理文化教育事务，实施强迫义务教育，无论在理论上还是在实践上，都不是始于马丁·路德和宗教改革，但马丁·路德普及义务教育思想的深刻意义在于不仅更为全面和系统地阐述了关于建立公共教育制度、实施普及教育的主张，而且凭借着宗教改革和他本人宗教政治学说的广泛影响，使这种思想传播到更为广阔的地域，并在近代早期由许多城市和国家进行了初步实施。从这个意义上讲，马丁·路德的普及教育思想使其成为近代普及教育的理论先驱。宗教改革运动的另一位领袖加尔文从教育对个人生活、社会生活和宗教生活的意义出发，要求国家开办公立学校，实施免费教育，并亲自领导了日内瓦城普及免费教育的实践。1537 年，他向日内瓦市政当局提出改革教会和教会教育的方案。第二年，他编写了《日内瓦初级学校计划书》，主张对儿童实施普及义务教育，规定儿童不论家庭贫富，均有接受教育的机会和权利。美国史学家班克罗夫特认为，加尔文是普及教育之父、免费学校创始人。

17 世纪捷克教育家夸美纽斯旗帜鲜明地提出的普及教育思想是建立在他的"泛智论"基础上的。"泛智论"的基本观点是"把一切事物教给一切人"，"一切儿童都应接受教育"，社会各阶层的人都享有受教育的权利。对当时的封建教育、教会等级教育和教育不平等现象，夸美纽斯深表反感，强烈呼吁一切男女儿童，不分贫富贵贱，都应该进学校。为了实现普及教育的理想，夸美纽斯呼吁帝王和官吏为民众兴办学校，鼓励教育工作者献身普及教育事业，恳请学者和神学家们促成普及教育事业。夸美纽斯在普及教育思想上与马丁·路德等人有所不同：新教各派领袖主张普及识字，是为了人人都能阅读《圣经》，直接与上帝沟通心灵，是为宗教服务的，但在客观上促进了义务教育的展开；夸美纽斯是为了现世的目的，为了使人成为理性动物，成为万物主宰。18世纪法国启蒙思想家狄德罗呼吁通过教育促进国家、社会和人的发展，认为教育可以减少罪恶，唤起对秩序、正义和善的热爱，使人们获得读写算的能力，从而对社会发展和稳定产生不可估量的影响。狄德罗坚决主张剥夺封建专制政权和教会对教育的管理权，由国家推行普及义务教育，学校向所有人开放。1775年，他在为俄国政府拟定的《俄国大学计划》中也提出，通过"大学区制"对普通学校进行管理，实施普及、免费的义务教育。法国启蒙思想家和哲学家霍尔巴赫从改造社会政治的重要性出发，认为最好应寄希望于普及教育。普及教育意味着普及知识，普及知识对治理国家具有重要意义。普及教育是值得任何政府关心的重要事情，因为普及教育可以使人们明白事理，激发他们对开明政府的拥护和支持。由此可见，启蒙思想家的普及教育思想有别于宗教改革者和人文主义者，是把普及教育与社会和国家的发展联系在一起的。法国大革命时期，教育家和哲学家孔多塞以及雷佩尔提都主张从教会手中把教育收归到国家和政府手中，实施普及教育。孔多塞提出建立国民教育体系，强调政府向全体国民提供国民教育是国家一项不可推卸的责任，教育应该是普遍性的，每个公民接受教育应该是平等的。雷佩尔提认为，孔多塞宣布了普及教育的美好理想，但对实施普及教育的物质条件未能充分考虑。为了能够真正实现普及教育，他提出建立"国民教育之家"，招收男女适龄儿童，费用由国家承担，办学经费主要来自向富人征收的累进所得税以及儿童自己的劳动收入。这揭示了普及教育的性质，即实施普及教育是国家对人民的一种义务，费用应由政府来承担。

近代西方普及教育运动的兴起

从16世纪到19世纪初期是近代西方普及教育运动的开始阶段。这个时期，西方资本主义正处于形成和发展的起步阶段。首先，在文艺复兴的思想解放运动推动下，西方掀起了宗教改革运动，西欧各国摆脱了罗马天主教会的控制，各民族国家中的新兴资产阶级得以迅速发展，代表资产阶级和市民阶层反对封建制度的新教思想正在形成和传播，普及教育的观念开始深入人心。其次，经过英国资产阶级革命、法国启蒙运动和大革命、美国独立战争，资本主义社会政治制度在西方各国确立，为普及教育运动的兴起奠定了政治和思想基础。第三，英国的产业革命对普及教育的开展起了催化作用。产业革命是从以手工技术和分工为基础的手工工场到以采用机器为基础的工厂制度的飞跃，

这种社会化大生产要求实施义务教育，以便培养能适应社会化大生产的劳动力。产业革命还引起了生产关系的重大变革，资产阶级政治和经济的发展以及工人阶级意识的觉醒都要求发展普及教育。此外，产业革命创造了大量财富，为普及教育提供了必不可少的经费，准备了条件；劳动生产力的提高给了劳动者更多的时间，为他们接受教育提供了机会；产业革命促进了交通的发展和人口的集中，使大规模普及教育成为可能。

近代西方普及教育运动兴起在宗教改革运动中新教的控制地区。早在宗教改革初期，就已出现实施普及教育的尝试。加尔文派的J.诺克斯在苏格兰利用教会推行义务教育，制定了苏格兰教育计划，不仅要求每个人都必须接受教育，而且制定了一套教育体系：以教区为普及教育的基本单位，乡村学校和城镇学校负责5～8岁儿童的读写算和教义问答学习，城市学校还要教授拉丁文和拉丁知识，允许家境贫寒的儿童免交学费，由教会负责缴纳。J.诺克斯的教育规划反映了苏格兰普及教育的萌芽状态。1616年，苏格兰议会通过两项教育法案，规定由教区出资，每个教区建立一所学校，用英语代替方言，对儿童实行强迫教育，规定不识字、不会说英语者不准继承财产。随后，各地也纷纷出台相关法规，强迫父母送子女入学。马丁·路德在避居萨克森选侯的瓦特堡期间，将《圣经》从希伯来文、希腊文译成德文，力图为普及教育排除语言文字的障碍。1529年，他亲自编写《教义问答集》，作为宣扬新教精神、普及教育的内容。路德派教育活动家梅兰希顿和布根哈根贯彻马丁·路德的教育主张，用德文教授男女儿童学习《圣经》，并在各地开展识字运动，为德国普及教育作出了重要贡献。布根哈根为实现新教理想，先后创办了乡村学校、拉丁学校和国语学校，在16世纪二三十年代还为汉堡等许多城市拟定了初等学校计划，被誉为"德意志国民学校之父"。与此同时，加尔文教派在日内瓦广泛实行初等教育。新教的尼德兰更是成为世界上第一个用公共税收作为教育经费的国家。尼德兰革命成功后，各地政府制定教育规划，建立学校体系，任命公立学校教师，要求所有儿童必须进入学校学习。1586年的海牙会议决定在城市普遍设立学校；1618年的多特会议规定在全国范围内设立小学。天主教势力相对较弱的北欧国家，普及教育运动蓬勃开展，成为新教的政治和文化中心。但是，由于当时的社会条件远未成熟，普及教育的措施往往是局部的、个别的，其实际作用和效果微乎其微。

近代西方自宗教改革以来的教派论争和对抗在客观上促进了普及教育。为了吸引和争夺民众学习本教派的教义，新教和天主教都十分重视学校教育的作用，推进了普及教育运动的发展。在德国，儿童入学被看作是一种宗教义务，初等学校被看作教会的附属机构，仅虔敬派在普鲁士就开办了两千多所学校。在法国，胡格诺教派虽受到天主教

会的取缔,但仍在许多地区建立了自己的初等学校,并组织了以实施初等教育为宗旨的团体,如 1592 年成立的基督教教义会众社、1637 年成立的波尔特·罗亚尔修道院、1650 年成立的圣·约瑟夫修女会和 1684 年成立的基督教学校兄弟会等。到法国大革命时期,基督教学校兄弟会已有 16 个组织,920 名教师,550 个班级,3.6 万名学生,并开办了专门训练师资的学校。英国国教会 1662 年通过一项法令,将初等学校控制权从天主教会夺回,规定教师必须忠于国教会,同时成立了基督教知识普及会、海外福音传播会等团体,普遍开设主日学校、堂区学校和乞儿学校。这些学校虽然条件差、水平低,但在一定程度上促进了英国普及教育的开展。由于天主教对新教徒的迫害和一些国家教派间的纷争,英国、荷兰、德国、法国的新教徒远涉重洋,到美洲寻找宗教自由和政治自由。1634—1638 年,马萨诸塞的法律规定,一切财产都需纳税,用税收来办理包括教育在内的公共事业。1642 年和 1647 年,马萨诸塞地方议会两次通过法律,规定一切儿童必须接受强迫教育;荷兰的改良教会在纽约实行与本土一样的教育政策,行政机构参与教育事业,对儿童实行初等教育;在新泽西、宾夕法尼亚,来自法国的胡格诺教派和来自苏格兰的长老会以及德国的虔敬派成员等,在把新英格兰和中部地区变成工商业中心的同时,也把本国的初等教育和中等教育移植过来,从而奠定了美洲普及教育的基础。普鲁士(德国)是最早颁布普及义务教育法令的国家。受马丁·路德思想的影响,德意志各公国从巩固自身统治的需要出发,16 世纪中期就先后颁布了有关国家办学和普及义务教育的法令。这个时期,对初等学校的管理权由教会转移到政府手里,强迫儿童入学成了人们的共识和必须强制执行的公民义务。1557 年,萨克森公国最早颁布强迫就学法令。1559 年,符腾堡公国决定在每个村庄设立初等学校,强迫家长送子女入学。1619 年,魏玛公国要求开列 6～12 岁男女儿童的名单,以保证适龄儿童入学上课。1642 年,哥达公国的恩斯特一世颁布《学校规程》,规定所有满 5 岁的儿童都必须入学,并经当局审查合格;学生第一次缺席,每缺一节课,罚家长 1 便士,依次递增,直至每节课罚金为 6 便士。普鲁士国王弗里德里希·威廉一世从 1713 年起接连发布了多项教育法令,详细规定了政府设校、强迫义务教育、学校课程、办学经费、教师等方面的具体要求和措施。他的后继者弗里德里希二世在 18 世纪中期也颁布了多项教育法令。其中 1763 年颁布的《普通学校规程》规定了普及义务教育的年龄为 5～13、14 岁,适龄儿童不入学,其父母将被罚款;对完成普及义务教育的儿童,发给证书,作为就业凭证。法令还在经费问题上详细列明专项来源和使用办法、收费标准等,进一步完善了普及教育制度。1794 年的法令宣布了大、中、小学均由国家兴办的具体规定和措施。其他各邦也相继仿效。

这些普及教育的措施在近代西方国家并未得到很好施行,往往局限在局部地区,缺乏政策的连续性和保障措施,且带有宗教色彩,其象征性大于实际意义,尚不能看成是真正意义上的普及教育。具有真正意义的普及教育是在近代资本主义民族国家普遍兴起和工业革命影响深化的基础上出现的。

近代西方普及教育的发展

19 世纪前后,正是资产阶级民族国家兴起和确立的时期。欧美各国资产阶级政权需要用民族国家的旗帜来保护和扩大自己的市场和生存空间,而旧的教会学校无论在数量上还是教学内容上,都无法满足资本主义国家发展的需要,只有建立国民教育制度,实施普及教育,才能满足这种需要。18 世纪 60 年代开始的以蒸汽机为标志的第一次工业革命逐渐波及欧洲各国。19 世纪中期,欧美各国的工业生产有了较快发展,大机器生产代替了工场手工业,科学技术在生产上得到广泛应用,生产的社会化达到一定的程度,劳动者的数量和质量面临新的要求。欧美国家认识到,必须给予劳动者一定的初等教育,才能实现较高程度的生产社会化,参与国际竞争。新兴的工人阶级伴随着大工业生产而出现,成为社会发展的重要政治和经济力量。工人运动的兴起、劳动人民和社会进步人士争取教育权的斗争,迫使政府不得不实行普及教育。正是在这种背景下,欧美国家从 19 世纪上半期开始相继通过法律确立和推行普及教育。

19 世纪末 20 世纪初,以电力应用为标志的第二次工业技术革命推动了生产、技术和教育的发展,原先的西方工业化国家逐步进入发达国家行列。这些国家在巩固和完善普及初等教育的基础上,为了增强教育的社会效用,将普及教育作为国策,纷纷采取措施,巩固已有成果,进一步提高普及教育的质量。

德国　19 世纪以后,德国一方面引进了大机器生产,极需数量众多有文化知识的人才,另一方面 1806 年普法战争的失败和苛刻的和平条约唤起了人们的爱国思想,人们希望通过学校进行爱国主义教育,洗雪国耻。德国哲学家费希特在《对德意志民族的讲演》中呼吁全国人民都来关心教育,以挽救国家的危亡。他大声疾呼:"国家应当知道的是人间教育之重要,甚于升天的教育",既然国家有权利强迫公民参加战争,也就有权利强迫他们接受教育。巴伐利亚、萨克森于 1802 年和 1805 年先后颁布初等义务教育法。其他各邦也陆续颁布教育法令,设立学校,实施普及教育。国民学校是普鲁士普及教育的主要教育机构。1816—1846 年,普鲁士国民学校从 20 345 所发展到 24 044 所,学生由 116.7 万人增加到 243.3 万人,学龄儿童入学率从 60% 提高到 80％。1850 年普鲁士颁布的《学校法草案》规定：国民学校是实施义务教育的公立学校,教师享有公职人员的一切权利和义务;学校经费由地方分担,国家给予必要的补贴;教师工资由国家支付,学生免交学费。1872 年的《普通学校法》对国民学校的形式、管理和课程等作了具体规定。国民学校分为单班制、半日制、双班、三级及多级。18 世纪以前,中小学师资大部分由神职人员担任,随着国民学校的发展,训练大批合格的师资成为当务之急。普鲁士的师范学校最早是 1694 年由哥达公国兴办的,从 1831 年开始,每个州都设立了师范学校,到 1840 年时全国已有 38 所。德国师范教育受瑞士教育家裴斯泰洛齐教育理论的影响,对教师的要求极为严格,学生一般需经过三年师范学校的训练才能任教。这为普及义务教育的最终实现创造了前提。德国政府于 1872 年颁布《普通学校法》,规定 6～14 岁的 8 年初等教育为强迫义务教育,设基础学校(4 年)和高等国民学校(4 年)两级。1885 年基本上实现了以国民学校为主要形式的免费义务教育。据统计,德国初等教育入学率到 19 世纪末已达 100％,实现了普及初等义务教育的任务。可以说,德国是近代西方最早推行和实现义务教育的国家。

法国　近代法国普及教育的实践开始于法国大革命。法国实施普及教育的思想是沿着两条主线发展的。一条是启蒙运动中的民主主义和理性主义。启蒙思想家相信理性的力量,把理性作为衡量一切现实事物的尺度,要求发展人的理解力、判断力,认为只有普及教育才能使人们都得到理性的发展。启蒙思想家狄德罗曾尖锐地指出：由于教育机会不均等,贫穷儿童被剥夺了受教育的可能,他们的才智因而被埋没;实施免费的强迫教育可以使所有人获得最基本的能力和知识。法国启蒙思想家爱尔维修从智力平等说出发,论证了每个人都有享受中等教育的权利。另一条主线是 18 世纪逐渐兴起的国家主义。国家主义者提出国家办学的思想,试图建立一种世俗、公立、普及的教育制度,培养合格的公民,并把开办这种教育理解为是国家的权利和义务,要求实施一定年限的普及教育。

法国大革命时期颁布的一系列教育方案都涉及普及教育。塔列朗方案的实质是要创立一种公共教育制度,设立普及的初等学校,使人民都能够接受平等的知识教育,获得受教育的权利。孔多塞方案的要点在于,设立普及、免费的各级学校,向所有儿童平等地开放,由国家负担教育经费。雷佩尔提方案明确提出实施普及教育,并具体详细规划了普及教育的学校——"国民教育之家",免费招收 5～12 岁男女儿童,并提供衣、食、住等条件。法国大革命后提出的众多教育方案反映了这个历史时期普及教育的新观念和发展动向,即普及教育是国家的事情,私立学校必须接受政府的管理和监督;学校教育应世俗化;人生而平等,在教育机会面前人人平等,决定升学与否的只能是儿童自身的禀赋,而

不应是其出身或家庭社会地位;为了使每一个公民都有机会获得良好的教育,学校应该实行普及和免费制。这些教育方案虽没有真正付诸实践,但对以后的普及教育产生了长期影响。1833 年,法国颁布《基佐法》,规定国家和教会共同发展初等教育,广泛设立初等学校,每一学区设初级小学一所,超过 6 000 人的市镇必须设立高级小学一所,并委派督学专门视察和监督学生的入学和学校教育情况;规定公共教育经费由地方、各省和国家共同承担,确保普及教育经费的增加。《基佐法》进一步巩固了法国普及教育的基础,使初等学校网得以建立。1830—1848 年,法国初等学校数和学生数都增加了近两倍。1848 年有初等小学 46 614 所,学生 217 600 名;师范学校也从 1830 年的 13 所增加到 86 所。1881 年和 1882 年两次颁布的《费里法》正式宣布了初等教育的三原则：义务、免费和世俗,规定 6～13 岁为义务教育阶段,实施强迫教育;对不送子女入学的家长课以罚款;免除初等学校的学杂费和师范学校的学费、膳食和住宿费。《费里法》为法国普及义务教育确立了方向,将法国普及教育提升到一个新的水平,为法国 20 世纪普及教育的发展奠定了坚实的基础。从 20 世纪初起,法国逐步落实初等教育的义务性、免费性和世俗化。1919 年,新大学同志会发动了"统一学校运动"。"统一学校"主要包含两种思想：一是民主教育;二是择优录取。以新大学同志会的活动为契机,法国很快形成了统一学校运动,普及教育制度逐渐完善起来。20 世纪 20 年代,右翼政权执政后,统一学校运动受到很大阻力。但是,关于统一学校的争论引起了法国社会的广泛关注,并导致了一系列普及教育的深化改革。

英国　在近代西方国家中,英国实施普及教育较晚。英国资产阶级革命期间,一些激进人士曾提出国家干预教育和建立国民教育制度的建议,但未能得到实施。19 世纪以前,英国初等教育完全由教会控制。他们所推行的慈善教育不属于普及教育。初等教育在产业革命的背景中自发形成,推动了各类初等学校的建立,使学校数量和学生入学数不断增加。这为英国以后的普及教育奠定了一定的基础。18 世纪末,英国的一些思想家如经济学家亚当·斯密、人口学家马尔萨斯等,根据对资本主义社会的研究,从不同角度提出了普及教育的思想。这些思想的传播,对 19 世纪英国普及教育的实施产生了重要影响。

19 世纪初,一些开明人士在议会提出普及教育的提案,力求推动普及教育的实施。1802 年,议员比尔提出"工厂法",要求禁止 9 岁以下儿童进工厂当学徒,并规定所有学徒最初 4 年必须接受适合其年龄的读、写、算教育。1807 年,议员惠特布雷德提出《教区学校法案》,要求设立以地方税补助的教区学校,对 7～14 岁儿童实行两年的免费教育。英国空想社会主义者欧文不仅拟定立法草案来保护儿童受教

育的权利,而且在新拉纳克进行了最初的普及教育实践。1833 年,英国议会通过《教育补助金法》,决定每年从国库中拨款 2 万英镑,作为对初等学校的建筑补助。这是英国政府首次对教育事业进行公款资助,标志着国家开始干预教育事业,也意味着普及教育有了更大的可能性。此后,英国政府每年从国库中拨出专门补助金用于教育。1833 年,英国议会颁布《工厂法草案》,规定 9～13 岁的童工每天应在工作时间内接受两小时的义务教育。这被看作英国的第一个义务教育法令,尽管它还是片面和狭隘的,也没有真正落实。1870 年,英国议会通过《福斯特教育法》,规定对 5～12 岁的儿童实施强迫的初等教育,用税收开办公立学校。该法案是英国普及教育历程中的一个里程碑,标志着英国国民教育制度正式确立。1876 年,英国又颁布《桑登法》,规定家长有义务让子女接受足够的教育,否则将受处罚。1880 年颁布的《芒德拉法》又规定,实施全面的强制入学政策。1902 年,英国议会通过《巴尔福教育法》,对公共教育作出了根本性的改革:确定郡和郡自治市议会为新的地方教育当局,责成地方教育当局开办和资助"不属于初等教育的教育"。此后,许多地方教育当局纷纷按传统的公学和文法学校模式开办新的公立中学,英国的普及教育逐渐超出了初等教育的范围,开始进入中等教育阶段。1918 年,英国议会通过《费舍教育法》,规定将普及教育年限提高至 14 岁,实行免费教育;受完义务教育的儿童接受补习教育至 16 岁。该法案在英国历史上首次宣布,教育立法要考虑到建立面向全体有能力受益的人的全国公共教育制度,在建立完整的国民教育制度方面取得了重大成果。

美国　17 世纪中期,殖民地的清教徒为了避免自由信仰的教义后无来者,使教徒能够阅读《圣经》,在新英格兰地区的马萨诸塞两次颁布法令。1642 年的法令要求指派专门人员监督和帮助父母和师傅们进行家庭教育和学徒训练,否则予以惩罚。这是美洲殖民地最早的教育法令。有学者认为,这也是英国国家最早的强迫教育法令。1647 年的法令规定,凡有 50 户或 50 户以上居民的城镇,需指定或出资聘请一位传授阅读和书写的教师;凡 100 户或 100 户以上居民的城镇,需开办一所文法学校,为青年人进入大学做准备,否则将处以罚款。随后,除罗得岛外,新英格兰其他各州都颁布了类似的法令。不过,这些法令并没有真正实行。美国建国后,普及教育才得以逐步实现。

建国时期,美国深知要建立共和政治,必须启发全体国民的智慧,因而对建立普及教育制度赋予极大热情。第三任总统杰斐逊 1779 年在弗吉尼亚议会上提出《关于更普遍地传播知识的法案》,主张实施三年的免费普及教育。1786 年,他重申:自由若不掌握在人民手中,尤其是受过一定教育的人民手中,它就永远不能得到保证,对此,国家有义务制定一项全面规划来实现它。他强调,教育是国家的事务,

要立法,所有教育都应免费。公共教育经费主要有三个来源:教育税收;从社会公共财产中拨出一定比例的经费;专项基金。他提议:每个区建立一所小学,用公费向所有儿童传授读、写、算和历史知识;凡居住在分区中的儿童都就近入学,学习期限为 3 年;县一级设立公共教育性质的普通中学,全州设 20 个中学区及相应的 20 所普通中学,传授拉丁语、希腊文、英文、地理学和高等数学知识。杰斐逊的公共教育体系由小学和普通中学组成,反映了教育的国家性、法制性、世俗性、免费性和平等性。杰斐逊的普及教育思想为 19 世纪美国普及教育运动的开展和公立学校运动的产生奠定了基础。进入 19 世纪后,美国普及教育迎来了前所未有的机遇。在"公立学校之父"贺拉斯·曼等人的推动下,美国公立学校运动蓬勃展开。该运动主要是在教育经费、教育领导体制、教学改革和师范教育方面为普及教育的开展提供了可能。首先是确立地方税收制度,采取征收教育税的办法筹集学校经费。后来,州将教育经费的补助数目与各地征收的教育税数量联系起来,刺激各地为争取州教育经费而征收教育税。随着时机的成熟,各州制定出强迫征收教育税的法令,继而废除按上课时间多少收取学费的制度。其次是建立以州为主的领导体制。马萨诸塞州于 1837 年建立州教育委员会。此后,许多州相继于 19 世纪 40—50 年代建立了州教育委员会。公立学校运动奠定了美国近代教育制度的基础,成为美国普及教育的正式开端。1852 年,马萨诸塞州第一个颁布义务教育法,规定 8～12 岁儿童每年须入学 12 周。纽约州紧跟其后颁布义务教育法。19 世纪末,全国 2/3 的州颁布了义务教育法令。随着社会的发展,不仅入学年龄段与入学时间逐步延长,而且强迫执行的情况也逐步严格起来。公立学校运动加强了世俗政权对教育的控制力,推动了教育的公共化和普及化,使公立免费教育的观念深入人心,确立了普及教育的原则。

美国由于实行地方分权的教育行政体制,各州实施普及教育的时间有先后。1918 年,密西西比州颁布普及教育法令,至此,美国 48 个州全部普及了初等教育。与此同时,一种与公立小学相联系的公立中学又成为普及教育发展的新目标。美国全国教育协会中等教育改组委员会(Commission on the Reorganization of Secondary Education)于 1918 年提出《中等教育的基本原则》报告,指出美国教育的指导原则是民主观念,建议中等教育由初级阶段和高级阶段两部分组成,为相互衔接的统一教育机构。此后,传统的"八四"学制被"六三三"学制所替代,推动了中等教育的普及,美国又开始实行九年制普及教育制度。

近代西方各国在普及教育上虽然起步不同,时间有差异,发展水平也大相径庭,但真正意义上的普及基本上都始于 19 世纪,路径大致相同。到 20 世纪初期,西方国家通过将普及义务教育转变成完整的国民教育体系,确立了普及

教育制度。

近代西方普及教育运动的意义

近代西方普及教育运动为西方国家奠定了国民教育制度的基础,提高了国民的文化素质,具有重要的历史意义和现实意义。

观念层面　近代西方普及教育运动是由工业大生产和社会生活发展的客观需要促成的,但这种客观必然性能否实现以及怎样实现受到人们主观认识的制约。

普及教育是近代西方社会基本观念之一,许多西方国家的宪法中都有表述。普及教育不仅泛指国家或政府应对民众进行普及、公共、免费的学校教育,使之掌握必要的文化科学知识和一定的生产、生活技能,成为社会的有效成员,而且指每个公民都有受教育的权利和使其子女受一定程度教育的社会义务。

一般认为,社会生产力的发展是普及教育运动形成和发展的根本原因,但是,社会生产力并不会自然地派生出普及教育运动。因此,必须根据不同的传统,结合不同的需要,通过一定社会意识的作用,使普及教育的迫切性和重要性为广大民众和统治者所认识,普及教育才能切实得到发展。从近代西方普及教育的历程可以看到,从16世纪的“上帝面前人人平等”观念到19世纪后期西方各国颁布普及教育法规,其间经历了多次思想解放和社会改革、改良,教育的普及化、世俗化和免费化才成为广大民众和国家政府共同努力的目标。

制度层面　普及教育的实施需要国家重视,需要完善的制度和相关保障体系,而教育立法是根本保证。世界上最早颁布强迫教育法令的是德意志的一些公国。19世纪后半期,各主要西方国家也相继制定了有关法案。普及教育立法是有强制性的:一是家长(或监护人)必须送子女(或被监护人)接受学校教育,二是国家必须设置普及义务教育的学校,保证儿童受教育权利的实现。

操作层面　为使普及教育顺利实施,经费筹措、免费和充足的师资是关键所在。各国普及义务教育的经费来源包括国家与地方财政拨款、团体或私人捐款等,其中主要部分由财政拨款维持。普及教育起初并不等于免费教育。随着社会的发展和社会福利的加强,免费教育逐渐成为保障普及教育实行的重要支柱,成为近代西方普及教育的重要原则。普及义务教育是否免费问题,历史上是有争论的,但西方国家最后都实行了免费的初等教育,后来又实行了免费的中等教育。普及教育的发展需要大量合格的师资,各国在师资训练方面采取了诸多措施,建立和发展了师范教育体系。

参考文献

单中惠.外国中小学教育问题史[M].济南:山东教育出版社,2005.

吴式颖,任钟印.外国教育思想通史:第4、7卷[M].长沙:湖南教育出版社,2002.

吴文侃,杨汉清.比较教育学[M].北京:人民教育出版社,1999.

张瑞璠,王承绪.中外教育比较史纲(近代卷)[M].济南:山东教育出版社,1997.

（杨　捷）

近代西方师范教育（teacher education in the modern West）　17世纪至20世纪初期西方国家的师范教育。近代西方师范教育产生于工业革命以后。工业革命使西方社会和经济生活发生变化,学校的发展使人们对教师职业的重要性有了认识,要求对教师进行正规的职业培训,使他们既有学科知识又有教学技能。近代西方师范教育的发展是以师范教育机构的设立与制度化及师范学校向师范学院升格为中心的。

近代西方师范教育产生的背景　早在1632年,夸美纽斯就在《大教学论》中提议设立“学校之学校”（School of Schools）或“教学法学院”（Didactic College）来培养师资。从英国开始工业革命至19世纪中期,欧美各国以机器生产取代了手工工场,生产力获得迅速发展。这为近代西方师范教育的产生提供了物质条件。工业生产的迅速发展及科学技术的日益进步,促使欧美国家先后普及义务教育,并开始了近现代国民教育制度建立与完善的历程。在这个过程中,欧美各国急需大批具备一定知识并掌握教育教学技能的初等学校教师,从而为近代西方师范教育的产生提供了直接动力。在教育实践中,教育思想与教学理论逐渐形成,并成为师资训练的重要内容。这为近代西方师范教育的产生提供了理论基础。正是在这样的背景下,近代西方师范教育应运而生,并开始了制度化、科学化和专业化的历程。

早期师资培训机构　早期师资培训机构最早出现在法国和德国。开师范教育之先河的是法国基督教兄弟会神父德米亚。1672年,他在里昂创立了近代欧洲第一所教师培训机构。随后,基督教学校兄弟会创始人拉萨尔于1684年与其他立志献身贫民教育的人士在法国的兰斯又成立了一个叫兄弟会的教学组织。这一教学组织后来被称为“初等学校教师讲习所”,除培训会员外,更主要的是为各教区学校培养候补教师。讲习所没有确定的修学年限,一般是2~3年。修学期间学生食宿免费,修学结束后被派往指定的村镇,在神父的指导下从事教师工作。拉萨尔还专门编写了一本《学校指南》,要求按照此教学条例对教师进行培训。

在普鲁士,德国教育家A. H. 弗兰克也开办了一个教师培训机构。1694年,他在哈勒开办的“都市学园”包括孤儿院、市民学校、拉丁语学校和古典语学校以及进行教师培训的"实践研讨班"。当时,有 24 名巴黎大学神学院的学生帮助 A. H. 弗兰克,每天担任两小时的教学工作。在实践研讨班上,那些学生交流管理与指导学生学习和寄宿生活的方法,特别是讨论教学中实施问答法的要领,进行教学观摩,还制订教学指导计划。从 1707 年起,"实践研讨班"中还实施一种新制度,即选拔 10 名年轻学生进行为期两年的专门教育培训,培训期间食宿免费,但培训结束后需在都市学园中工作 3 年。A. H. 弗兰克的学生 J. J. 黑克尔也对早期师范教育作出了贡献。1747 年,他在柏林开办经济学、数学实科学校。次年,他为实科学校附设了教师培训机构,名为"教堂司事与教师讲习所",并附设普鲁士最早的实习学校。这个教师讲习所招收 18～30 岁的学生,修业 1～2 年,1753 年升格为国家教育机构。1763 年,普鲁士政府规定,在教师讲习所接受培训是担任教师的一个先决条件,只有教师讲习所毕业生才可担任教师。这推动了教师讲习所在德国的发展。

师范学校的兴起与发展　19 世纪前半期,欧美各国大力普及初等义务教育,推动了国民学校的建立和发展。随着国民教育的进一步发展,制度化的师范学校相继出现。

1794 年 10 月,法国国民议会通过法令,决定在巴黎开设公立师范学校。1795 年 1 月,巴黎师范学校(初名于尔姆师范学校)正式建立,招收高中毕业生入学。它是世界上第一所正式的师范学校。巴黎师范学校中的"师范"(normale)一词,一般表示"师范"之意。normale 源于拉丁文 norma,意为评价事物所依靠的标准,其本义为木匠的尺规。巴黎师范学校的宗旨就是创建一个教学能力的评价标准,并按此标准培训符合标准的教师。后来,normal 一词一直被世界各国的师范教育机构沿用。1808 年,拿破仑领导的法兰西第一帝国公布了培养初等学校教师的法令,规定初等学校教师必须接受专门培训。1810 年,在斯特拉斯堡建立了法国第一所初等师范学校。1833 年,教育部部长基佐制定的《基佐法》规定,为了培养初等学校教师,各省建立一所男子师范学校。法国教育改革家库森提出"教师创造学校"的思想,要求所有初等学校教师必须接受培训。19 世纪 80 年代,法国政府还规定,准备担任初等学校教师的人必须受完 3 年师范学校教育,毕业后再试教 2 年并考试合格。据统计,1838 年法国已有师范学校 76 所;1905 年时,法国有男子师范学校 85 所,女子师范学校 84 所。19 世纪初,随着国民教育制度的确立,普鲁士初等学校教师的培养也走向了制度化。尽管 1809 年担任普鲁士内务部宗教与教育司司长的德国教育家洪堡邀请瑞士教育家裴斯泰洛齐的学生来开办师范学校,但此时普鲁士初等学校教师主要是在教师讲习所中培养的。据统计,1806 年教师讲习所增加到 48 所;1850 年达到 156 所。

美国师范学校的产生,应该说是借鉴欧洲国家教育经验的结果。随着初等教育的发展,19 世纪初期美国也开始出现私人开办的师范教育机构。1823 年,美国教育家 S. R. 霍尔在佛蒙特州的康科德开设了第一个私立教师讲习班,还设附属小学供实习之用;1827 年又开设了第二个同样的机构。不过,这两个机构只是在收费的中学里增加少量的教学实践,最后一年开设"教学艺术"讲座,还不是真正意义上的师范学校。美国设立州立师范学校最早是受 1829 年 H. E. 德怀特在《北德旅行》一书中对普鲁士教师培训介绍的影响。此后,被称为"美国师范学校之父"的 J. G. 卡特提倡建立公立师资培训机构,强调州政府在建立师范学校中的责任及州立师范学校的重要性,极大地促进了美国公立师范学校的产生。美国第一所公立师范学校由被称为"公立学校之父"的贺拉斯·曼于 1839 年在马萨诸塞州的列克星敦建立。他曾指出:师范学校是推动民族前进的一种新手段;没有师范学校,公立学校就会失去自身的力量和恢复活力的能力。此前,马萨诸塞州教育委员会的成员们签署声明:"正如任何其他艺术一样,教学也有一套熟练技能,这是没有人怀疑的。同样明显的是,在合理的范围之内,可以把这种技能和本领作为一种科目来进行教学,并且传授给别人。"据统计,19 世纪中期,全美有师范学校 345 所,其中公立 167 所、私立 178 所。1853 年,纽约州的奥斯威戈州立师范学校首先采用瑞士教育家裴斯泰洛齐的教育理论和方法来培养教师,兴起了奥斯威戈运动,进一步推动了美国师范教育的发展。

英国枢密院教育委员会首任主席凯-沙图华兹 1840 年以个人名义开办了巴特西师范学院,1844 年改为国立。此外,英国还采用"教生制"培养初等学校教师。1902 年颁布的《巴尔福教育法》规定,地方教育局负责建立地方师范教育机构,即师范学校。

俄国地方自治机构于 19 世纪 60 年代开办乡村师范学校,培养初等学校师资。1870 年,俄国政府颁布《师范学校章程》,规定由国家开办四年制的师范学校,确立了国立师范学校的原则。1872 年建立了三年制寄宿的师范专科学校,为城市学校培养师资。

在近代西方师范学校的发展过程中,欧美一些教育家对师范学校提出了各自的设想。德国教育家第斯多惠强调教学的成功取决于教师,要求通过师范学校来培养教师。他所拟订的梅尔斯师范学校计划成为普鲁士其他师范学校的范本。俄国教育家乌申斯基强调教师是学校最重要的人员,要求通过师范学校来培养国民学校教师。他于 1861 年发表的《师范学校章程草案》和《师范学校方案》集中阐述了关于师范学校制度及其机构的设想。

师范学校向师范学院升格　西方社会生活和经济的发展对劳动者的素质提出了更高的要求,欧美各国对中等教育师资的需求也有了很大增长,同时也开始要求由高等师范教育机构培养初等学校师资。在这样的背景下,原先的师范学校从19世纪中期起逐渐升格为师范学院。例如,1845年,法国的巴黎师范学校升格为巴黎高等师范学校。

师范学校向师范学院升格在美国表现得尤为突出。19世纪80年代末,针对当时的师范学校不能担负培养中等学校师资重任的情况,哈佛大学校长C. W. 埃利奥特和耶鲁大学校长T. 德怀特主张建立高等师范学校,以培养中学教师。美国的教师培养以后就是沿着这条路线发展的。1890年,纽约州的奥尔巴尼州立师范学校首先升格为纽约州立师范学院,被批准可以授予毕业生教学学位。1908年,师范学校的升格还得到了当时在美国教育界具有很大影响的全国教育协会的认可。此后,其他各州纷纷仿效纽约州,把师范学校升格为师范学院。第一次世界大战后,师范学院已在美国各地普遍建立。1920年,美国有师范学院46所,师范学校137所,而到1928年,则有师范学院137所,师范学校69所。为促进师范学院在美国的发展,全国教师协会(National Teachers Association)师范学校部和全国师范学校校长联席会议在第一次世界大战后合并为美国师范学校协会(American Normal School Association)。

英国1902年的《巴尔福教育法》规定,地方教育当局有权开办公立师范学院。1904年,赫里福德郡建立了英国第一所公立师范学院。1914年,英格兰和威尔士的公立师范学院已有22所。

在德国,魏玛共和国政府1919年规定,各类学校教师都应该由大学培养。到20世纪20年代末,德国大部分地区都开始采用高等师范教育的模式培养教师。

影响　在"教师创造学校"、"教师就是学校"、"有好的教师,就有好的学校"等观念的推动下,近代西方师范教育经历了早期师资培训机构的产生、师范学校的兴起以及向师范学院升格三个阶段。应该说,它适应了近代西方社会生活和经济发展的需要,通过培养大批受过训练的教师,推动了欧美各国国民教育的发展和普及义务教育运动的开展。第二次世界大战后,尽管西方国家的师范学院开始向综合大学教育学院转型,师范教育体系从封闭、定向向开放、非定向转变,但必须看到,近代西方师范教育曾在西方教育发展的历程中产生了很大的积极作用。

参考文献

顾明远,梁忠义.世界教育大系·教师教育[M].长春:吉林教育出版社,2000.

梅根悟.世界教育史大系·教员史:第30卷[M].讲谈社,1976.

Brubacher, J. S. A History of the Problems of Education [M]. New York: McGraw-Hill Inc. , 1966.

Burnham, W. H. Great Teachers and Mental Health [M]. New York: Appleton and Company, 1926.

Castle, E. B. The Teacher [M]. Cambridge: Oxford University Press, 1970.

（徐　征　李先军）

近代西方特殊教育(special education in the modern West)　17世纪至20世纪初期西方国家的特殊教育。近代西方特殊教育的发展建立在特定社会的政治、经济和文化基础之上。社会对残疾、平等及个性自由等的主流观念发生变化时,特殊教育的基本理论与服务形式也随之变化。在对待残疾人的问题上,人类经历了从杀戮到遗弃,从忽视、怜悯与过度保护,到逐渐接纳并最大限度地使他们融合进主流社会的发展过程。

近代西方特殊教育产生的历史背景　西方中世纪时期,一方面,在基督教宣扬的仁慈、博爱精神的影响下,许多残疾人士得到人道主义的收容与关怀,被收进医院治疗或收容所抚养;另一方面,基督教又视残疾人为"魔鬼缠身"、"上帝的惩罚",是邪恶精神的体现,对残疾人心有畏惧。在中世纪欧洲,有超过30万人因为被认为是"魔鬼缠身"需要驱邪而被处死。

14世纪以来,产生于欧洲的文艺复兴运动使人们关心人自身超过关心神,它所倡导的人文主义精神猛烈冲击着中世纪的神学、禁欲主义,导致了宗教改革、科技革命、理性时代的来临以及人性与自由精神的张扬。随着这一时期科学的发展,人们对残疾的认识逐渐清晰。例如,16世纪瑞士的巴拉萨尔沙士发现痴呆是一种疾病而非"魔鬼附体";法国医生皮内尔明确指出了白痴、精神病、智力落后之间的不同。经历了文艺复兴、工业革命以及法国启蒙思想运动与大革命洗礼的18世纪的欧洲被称为"启蒙时代"或"理性时代",人类的理性战胜了"神授"的意志,相信普通人也有能力建设一个美好的世界,相信科学是引导人类认识事物的钥匙,理性是判断真理与正义的标准。在这样一个时代,一大批启蒙思想家、哲人、政治家等倡导个性独立、自由、平等的精神,确立了西方20世纪所共享的基本价值观:法律面前人人平等、天赋人权、人为自然立法、平等、博爱等。狄德罗还写下了著名的《论盲人书简》。通过对盲人的观察与研究,他发现盲人有足够的智慧和能力接受教育并和正常人一样过体面的生活。美国开国之初的《独立宣言》与宪法所确定的民主、平等与自由原则保证了公民的个性自由,改变了社会文化氛围,为美国特殊教育的发展奠定了基础。理性之光照耀下的科学进步与博爱、平等思想成为特殊教育产生的直接思想基础。

近代西方特殊教育的产生　人类对残疾人进行系统教育始于启蒙时代的欧洲。1771年(有1755年、1760年、1770年等不同说法),法国的天主教神父莱佩在巴黎创办了世界上第一所聋人学校,开近代聋人正式教育的先河;阿于伊

1784 年在巴黎创办第一所盲童学校,后来还远赴德、俄等国协助建立盲人学校;1837 年,法国精神科医生塞甘在巴黎创立弱智者训练学校。早期特殊教育的探索者还包括"特殊教育之父"、法国医生伊塔尔,海伦·凯勒的老师 A. 沙利文等。同时,比纳关于智力概念的描述、布拉耶的盲文点字系统、蒙台梭利的教学实践、加劳德特与 A. G. 贝尔的不平凡经历等,对今天的特殊教育发展也有着重要意义。

产生于欧洲的早期特殊教育学校都是封闭的、养护性的,多为医务或神职人员所创办,教育对象的残疾程度较重,教学注重"生理学的方法"。欧洲这种对残疾人的养护性教育机构以及特别的教学方法迅速扩展到美洲,例如,塞甘 1848 年移民到美国,将法国的寄宿制智力落后训练学校的理念与方法介绍到美国,对美国智力落后教育的产生与发展作出巨大贡献。加劳德特 1815 年开始其欧洲之旅,学习教育聋、哑人的知识。美国医生 S. G. 豪也到巴黎、爱丁堡、柏林参观,掌握欧洲特殊教育机构的操作模式,并从巴黎与爱丁堡请来两名教师协助他办学。从 19 世纪早期到 20 世纪 20 年代,大量隔离的特殊教育养护机构在美国建立。特殊教育发展的中心也随之从欧洲转移到了美洲。1817 年,加劳德特在哈特福德建立了美国最早的特殊教育机构——克那克提克特聋哑人士教育与训练收容所。1880 年,美国聋人教育机构增至 55 所。1832 年,S. G. 豪建立了第一所盲人教育机构——帕金斯与马萨诸塞盲人养育院。1890 年,全美国有 37 所盲人教育机构。1848 年,S. G. 豪在其领导的帕金斯盲人院里开设了一所智力落后儿童实验学校,开启了美国智力落后教育的先河。特殊教育作为一种职业及特殊教育系统的师资培训也得以发展成形。1905 年,新泽西州弱能儿童训练学校在暑假期间为特殊教育教师提供培训机会;1922 年,E. 法雷尔创建了"特殊儿童教育国际委员会"(International Council for the Education of Exceptional Children),每年定期在哥伦比亚大学师范学院举办特殊教育培训、交流。这一组织后来成为美国"特殊儿童委员会"(Council for Exceptional Children),至今仍然是美国最大、最有影响力的特殊教育专业组织。

近代西方特殊教育的发展　20 世纪初,19 世纪所奉行的智力落后人士可以通过教育得到改变的乐观人道主义信念消失,人们对残疾与低能充满了悲观与恐惧。随着进一步的城市化、工业化发展以及大量移民的涌入,种族矛盾、社会犯罪及童工问题严重。同时,一个新兴的社会阶层——企业家出现了。他们受社会达尔文主义及高尔顿优生学理论的影响,认为人成功与失败的能力来自先天遗传,人的智力、教育成就、社会经济地位、贫穷、犯罪等莫不如此。"适者生存"的哲学被引申到人类社会,进步的社会应该通过社会力量限制"不适应者"的繁衍。科学家应该研究、寻找低能的根源,并设计一些方法将它们扑灭,从而避

免危害公共福祉。因为他们认为低能者不仅会导致社会问题(如沦为罪犯或乞丐),还会将他们有缺陷的基因传递给后代,妨碍人类社会的进化与发展。

另外,智力测验在美国大规模使用,这是一个试图将美国社会和美国人的遗传基因纯净化的努力。1904 年,法国政府邀请比纳鉴定出那些没有能力跟上普通学校普通班教学进度的学生。比纳与他的助手 T. 西蒙 1905 年发表比纳-西蒙智力量表。智力测验与科学的智力测量手段迅速进入美国心理学界与教育界。教育学家与心理学家们欢呼获得这一新的工具,比较学生的心理与身体特点得以可行,使他们能够理解残疾儿童的思维。这不仅改变了传统的仅仅依靠主观判断来决定学生优劣的状况,而且使教育者相信可以精确测量儿童的智力并可以预测儿童成年后心理发展可能达到的水平。随着智力测验的广泛应用,以儿童为中心的测验技术与鉴定程序逐步完善。这些标准化的鉴定技术与程序成为证明少数人优越性的有效、"科学"的工具,也成为隔离、控制某些特定人群(如某些移民种族、残疾人士)的"科学"证据。这些研究结论不仅改变了人们对智力与智力落后的观念,还对儿童的养育与教育产生了巨大影响:如果智力是一种固定的要素,环境的改变对它的作用并不大,那么人们就不会期望生活环境的变化及教育程度对儿童心理发展会产生多少影响。许多教育者因此也相信遗传决定论,认为人的发展与能力是预先决定、不可变更的,对残疾人士的教育与治疗不可能使他们回归正常。许多特殊教育学者,如 S. G. 豪,也认为一些盲人天生就智力落后。他们对自己原来坚持的低能儿也能教育的信念产生了怀疑,也相信孟德尔法则,认为智力落后是遗传的结果,对这些人应该进行永久的隔离性养护,以防止他们"疾病"的传播。养护场所包括监狱、管教所、收容所、训练学校、公立救济院等。这些观念很快被慈善组织、美国国会及各州立法机构所接受,促进了相关立法的发展。美国大量养护性机构建立,并对低能儿、罪犯、精神病者开展禁育运动,目的是将残疾人与主流社会隔离,防止他们将残疾传给后代。

从 19 世纪开始,先是隔离的特殊教育机构,然后是公立的特殊教育走读学校,在西方尤其是在美国一直呈增长态势。20 世纪,多数寄宿制特殊教育养护机构转变为公立特殊教育日校(亦称"走读学校"),数量不断增加。公立特殊教育走读学校与特殊班的出现与迅速发展,是因为人们对隔离的寄宿制特殊教育机构具有慈善性质的养护模式产生了不满。S. G. 豪与电话发明者 A. G. 贝尔是公立特殊教育走读学校与特殊班的早期倡导者,他们相信残疾儿童有接受公立教育的权利,认为大量残疾儿童集中在一起会导致更严重的残疾。他们反对隔离的特殊教育养护机构,认为这类机构的产生是源于人们对残疾的恐惧而非对残疾学生学业进步的希望。尽管在特殊学校或特殊班里,残疾儿童

依然集中在一起,但他们有更多的机会与正常人交往,从而减少形成封闭、隔绝的文化、社区或家庭的机会。20 世纪,西方越来越多的教育改革者认为残疾儿童应该与正常儿童一样享受教育的权利,许多特殊教育养护机构纷纷更名为"学校",以环境限制、带有惩罚性质的看护、治疗为特点的隔离式特殊教育养护机构遭到摈弃,以慈善、医疗模式为基础的传统特殊教育机构逐渐向以教育模式为基础的公立特殊学校(班)体系转变。特殊班的发展速度超过特殊教育走读学校,成为 20 世纪上半叶的主要特殊教育模式,原因是多方面的。首先是出于经济的考虑。A. G. 贝尔认为特殊班是最实际、有效、经济的教育模式。其次是由于义务教育法在西方各国颁布与实施,入学学生数量大增,学校内问题儿童、残疾儿童、移民家庭儿童的数量也急剧增加,仅凭隔离的特殊教育机构或学校显然不能满足这些儿童的教育需要。

义务教育法开始只针对正常人群,后来将特殊儿童也包括在内。早在 1817 年,丹麦就为感官残疾儿童的义务教育立法;法国 1882 年颁布法律,为残疾儿童提供初等义务教育;英国于 1893 年立法,规定教育部承担残疾儿童的义务教育与所需经费。到 20 世纪初,为盲、聋儿童提供免费义务教育已成为人们的共识,1909 年,美国第一部盲、聋儿童强制入学法颁布施行。到 1930 年,美国有 16 个州颁布了与特殊教育相关的法律。义务教育法颁布之前,特殊儿童教育是公立学校范围之外的事情;随着义务教育观念的深得人心与相关法律的颁布,公立学校体系再也不能置身于特殊儿童教育问题之外。公立学校被迫招收更多样化的儿童,包括有特殊教育需要的儿童。到 1910 年,普通学校设立隔离的特殊班被广泛认为是训练、教育特殊儿童的有效模式。因为教师们一般都不愿意接收那些难驾驭、有残疾或学习能力低下的儿童在普通班学习,教育官员们出于维持学校秩序、纪律及高水平教学质量的目的,也反对将这些儿童置于普通班级。为了适应义务教育法的要求,隔离的特殊班随之出现。它们被冠以不同的名称,如无等级教室(ungraded class)、机会教室(opportunity class)、辅助教室(auxiliary class)等。美国最早的特殊班于 1867 年在波士顿的贺拉斯·曼学校为聋生建立。尽管没有相关立法与地方政府的财政支持,少数为聋生或盲生建立的特殊班还是在各地逐渐出现。紧接着,特殊班迅速发展,为从工厂重返学校的儿童、问题儿童、学业不良学生、智力落后学生提供辅导和补偿性教育。这样,调皮捣蛋、不听话、学业不良的学生就可以得到控制,学校的纪律和教学秩序得以维持,其他学生可以不被打扰。许多早期的特殊班(主要是 1900 年以前)缺乏师资、材料、政府支持与资金,教学质量不高。许多学校只开设一个类型的特殊班,用来收留那些不能遵守学校规则的学生,这样,大量的问题儿童就不用被隔离在寄宿制的特殊教育机构或学校里,而是被隔离在特殊班里,以避

免影响正常儿童的学习或降低学校的整体标准。这些特殊班成为学校不愿意或没有能力教育的孩子的收容所,或者是将残疾儿童与行为问题儿童从学校赶出校外的传送带。到 1920 年,美国 2/3 的州及加拿大的许多地方都建立了大量的特殊班,许多城市还对特殊班提供额外的财政支持。而此时受进步主义教育的影响,特殊班开始进行课程分层(curriculum differentiation)尝试,即为不同类型的残疾儿童设计特殊课程以适应他们的需要,特殊教育师资培训也走上了系统化、专业化的道路,特殊教育教师资格制度及大学培训课程都得以形成。与传统的寄宿制特殊教育机构或学校相比,特殊班虽然从养护模式转变为真正意义上的教育模式,教学效果也有所改善,但隔离的本质未变,只是隔离场所变化而已。

参考文献

Crockett, J. B. & Kauffman, J. M. The Least Restrictive Environment: Its Origins and Interpretations in Special Education [M]. Mahwah, NJ: Erlbaum, 1999.

Winzer, M. A. The History of Special Education: From Isolation to Integration [M]. Washington, D. C.: Gallaudet University Press, 1993.

Wood, J. W. & Lazzari, A. M., Exceeding the Boundaries: Understanding Exceptional Lives [M]. New York: Harcourt Brace & Company, 1997.

(邓　猛)

近代西方中等教育（secondary education in the modern West）　从文艺复兴到 20 世纪初的西方中等教育,具有准备性和终结性两种功能。在发展过程中,其结构变革是一个重要方面,随着中等教育结构的变革,其功能及课程也发生了相应变化。

近代西方中等教育的分期　近代西方中等教育的发展可以分为初始、丰富、多样化和完善四个时期。当然其间难免会有时间的重叠,多种教育形态并存。

初始时期是文艺复兴时期至 17 世纪末,以文科中学(Gymnasium)的出现为主要特征。中等教育最早可追溯至古希腊罗马时代,那时已有中小学之别。文科中学源于古罗马的文法学校(grammar school),招收 12～16 岁的贵族子弟,以文学和科学为大致的教育内容。1423 年人文主义教育家维多里诺创办的孟都亚学校是文艺复兴时期第一所著名的人文主义学校,包括小学、中学、大学各个阶段,修业期约为 15 年。欧洲其他国家也出现了实施人文主义教育的机构,但由于国情和文化传统不同,名称也有所不同。宗教改革后,德国开办了"文科中学"。1527 年,萨克森选侯要求新教教育家梅兰希顿带领一个三人小组对德国信奉路德新教的 56 个城市的学校现状进行考察。1528 年,梅兰希顿在

考察基础上制定了《萨克森拉丁文法学校计划》，第一次勾勒出文科中学的基本轮廓。德国新教教育家斯图谟 1537 年在斯特拉斯堡创办了一所文科中学，使梅兰希顿勾勒的文科中学蓝图成为现实。这是近代欧洲第一所文科中学，在此后三百多年里成为德国和其他欧洲国家中等学校效仿的榜样，演变为欧洲中等学校的主要模式。14—17 世纪，为适应政治和经济发展的需要，英国创办了一些文法学校和九所著名公学。

丰富时期是 18 世纪，以实科中学（real gymnasium）的出现为主要特征。18 世纪以前，近代西方中等教育几乎是古典文科中学一统天下。随着新兴资产阶级登上历史舞台以及新的生产力特别是以机器生产为标志的近代工业的发展，实用学科的功效在社会实践和日常生活中呈现出不可替代的趋势。于是，在古典教育之外，出现了实科教育，在文科中学之外，产生了实科中学。一般认为，实科中学最早产生于俄国和德国。1701 年，莫斯科开办"数学和航海学校"，被视为欧洲第一所实科学校。18 世纪初，由于工商业的发展和城市生活的需要，新兴资产阶级要求设置一种注重讲授实科知识的中等学校。在这种背景下，德国实科中学产生。1708 年，德国虔敬派教育家席姆勒在哈勒开设"数学、力学和经济学实科学校"，并在 1739 年发表的论文中首次使用了"实科学校"一词。1747 年，另一位德国虔敬派教育家 J.J. 黑克尔在柏林创建了"经济学、数学实科学校"。它后来成为其他各地争相效仿的楷模。实科中学的出现代表了近代西方中等教育发展的一种新趋势，丰富了近代中等教育结构。但是，由于古典文科中学的传统势力强大，18 世纪在一定程度上仍是文科中学的世纪。

多样化时期是 19 世纪至 20 世纪初，以文科中学与实科中学并存及文实中学（academy）的出现为主要特征。早在 1644 年，英国文学家弥尔顿就提出一种文实并重的新型学园的设想，但直到 18 世纪初期，英国才出现真正意义上的实科中学。经过近一个世纪的发展壮大，欧美国家逐渐形成了实科中学与文科中学并存的局面，但就地位而言，实科中学远低于文科中学。这一时期，欧美国家中等教育的文实之争愈演愈烈。德国实科中学的发展速度在 19 世纪后明显加快。1832 年，普鲁士颁布《实科中学毕业考试章程》，实科中学首次得到政府认可。从 19 世纪中期开始的文实之争最后形成了一种新型的中等学校类型——文实中学，以调和文科中学与实科中学之间的矛盾，实现古典教育与实科教育并重的目的。直到 1901 年德国教育工作者大会后，实科中学和文实中学才具有与文科中学相同的地位，其毕业生方可升入大学。为了建立一种有别于英国拉丁文法学校的中等教育机构，美国安杜佛文实学校率先同时设置文科和实科课程，成为美国第一所文实中学，但最为典型的还是美国政治家和教育家富兰克林 1751 年创办的费城文实中学。

该校分设文科和实科，文科称为"古典学科"，实科称为"英语和数学学科"。从 18 世纪末到 19 世纪中期，几乎所有美国中学都按照富兰克林的思想设计课程，他的思想支配美国中等教育达一个世纪。

完善时期是 19 世纪中期至 20 世纪初，以现代中学的创立为主要特征。美国率先创办现代性质的中学，成为欧洲各国争相效仿的典范。1821 年 5 月，美国第一所公立中学在波士顿正式成立。它由学区征税设立，由设置的公共机构进行管理，并得到联邦政府、州行政当局及其他方面的支持，其办学宗旨不仅是使学生进入大学，更重要的是帮助学生就业。此后，公立中学在美国得到极大的发展，取代了原先文实中学的地位。1890 年，美国已有公立中学 2 526 所。这种中学由私立转为公立，成为国家学校体制的一个组成部分，不仅首先实行男女同校教育，而且出现了诸如工业中学、农业中学和商业中学的分科中学。公立中学自创办起，人们就对它寄予厚望，希望它既能满足大多数学生进入中学的愿望，又能不断提高中学教育质量。在这样的背景下，美国一些教育家和教育团体提出了进行学制改革的要求。1908 年，美国第一所初级中学在俄亥俄州的哥伦布市创立，标志着"六三三"学制正式确立。

近代西方中等教育的类型　在发展过程中，近代西方中等教育的类型一直在变化，主要有五种。(1) 文科中学。这是一种主要类型，修学 8 年。开始主要招收封建贵族家庭的子弟，后扩展到资产阶级等上层社会家庭子弟，收费很高。课程以古典语言和文化为主，也注重体育。用拉丁语教学。与初等教育不衔接，主要发挥中等教育的准备性功能，是 20 世纪初期以前西方国家学生升入大学的唯一阶梯。德国最早的文科中学是 1537 年由德国教育家斯图谟任校长的斯特拉斯堡文科中学。该中学共分 10 个年级，教学内容以古典课程为主，前 7 年主要学习规范的拉丁文，要求熟练掌握，后 3 年学习优雅的西塞罗拉丁文和文法。文科中学在 19 世纪初期以后开始注意自然科学课程，但仍偏重古典学科课程。(2) 公学。是一种具有英国特色的私立寄宿中学，修业 5 年。取名"公学"，意在表明是在公开场所进行教学，与家庭个别传授有区别。主要为贵族和资产阶级家庭子女开设，学费昂贵，校舍条件好，管理要求严格，师资优良，教学水平高。学生入学前一般在自己家里聘请家庭教师，做好入学准备，入学时须通过严格的选择性考试。课程以古典语言和文化及人文学科为主，也重视体育训练，特别注意礼仪教育和绅士风度培养。因学生毕业后多升入牛津、剑桥等古老大学而具有大学预科性质。学校不依靠国家政府的拨款，也不接受国家政府的监督，管理上自成系统。19 世纪以前，英国公学总数是二三十所，其中著名的有 9 所，史称"九大公学"。现代英国学校制度中仍包括自成系统的公学（称"独立学校"）。(3) 实科中学。通常修学 6 年，称为"前期实科中学"。主要招收市民阶层家庭子弟。后来,部分学校学制由 6 年延长为 9 年,称为"高级实科中学"。课程内容注重实用性,与日常实际生活相联系。例如,德国实科学校大量开设历史、地理、几何、机械、建筑和绘图等实科类课程。尽管受到实业界的欢迎,但实科中学长期未获得与文科中学平等的社会地位,其毕业生也不能升入大学。德国实科中学毕业生到 1901 年才在法律上被确认为具有升入大学的权利。俄国实科中学学生不能升入综合性大学,只能升入高等工业技术学校和高等农业学校。(4)文实中学。其最重要的特点是既有古典课程又有实用课程,一般包括宗教、拉丁文和希腊文、现代语、历史、地理、数学、自然史、物理、化学等。这类中学在德国、英国和美国相当流行。德国文实中学有六年制和九年制两种,前者称为"前期文实中学"。在近代西方中等教育中,文实中学具有十分明显的过渡性,同时兼顾中等教育的准备性功能和终结性功能。例如,富兰克林就希望文实学校培养的青年既能投身于各种公民生活,又能升学。这播下了现代综合中学模式的种子。(5)公立中学。简称"中学"。最早产生于美国,后成为欧美现代中等教育机构的一种主要模式。这种学校直接设在小学之上,故称"中学"。最初修学 4 年,后增加为 6 年。后来又分成各为 3 年的两个阶段,前一阶段称为"初级中学",后一阶段称为"高级中学"。这种现代性质的中学是初等教育与高等教育之间的一个中间环节,既是小学的延续,又与大学相衔接。其课程一般有英语、数学、哲学、历史、簿记、航海、测量等。这类中学原先主要是为学生参加社会生活做准备,后来变成为学生升入大学做准备。由于中学教育质量高低不一,大学入学条件又不尽相同,因此,中学与大学之间的衔接出现了许多矛盾。

近代西方中等教育的特征和影响　近代西方中等教育的发展表现出以下特征:一是从双轨到单轨。近代西方最初的中等教育和初等教育分别面向贵族和平民,相互之间不衔接,后来中等教育逐渐演化成在教育体制中衔接初等教育与高等教育的中间环节。二是从古典到现代。从古典人文主义学校的产生到具有现代性质的中学的兴起,是近代西方中等教育从古典走向现代的过程。这不仅表现在教育功能上,也表现在课程内容上。三是从单一到多样。尽管古典文科中学在一个相当长的时期里占据了中等教育领域的主导地位,但实科中学和文实中学的出现,不仅打破了文科中学垄断中等教育领域的局面,而且使中等教育机构多样化。四是从等级到民主。在古典人文主义学校产生后的四五百年里,近代西方中等教育一直是上层社会家庭子女享有的权利,表现出明显的等级性。它只与大学相衔接,以便能满足他们升入大学的需求。后来,实科中学和文实中学特别是具有现代性质的中学的出现,消除了近代西方中等教育的等级性,推动了中等教育民主化。

近代西方中等教育的发展反映了近代西方社会生活和经济发展的变化,其结构的更迭变化使人们逐渐加深了对中等教育功能及其发展规律的认识。虽然近代西方中等教育没有从根本上解决其双重功能的问题,但实科中学、文实中学和现代中学的产生和发展,尤其是文实中学,在教育理念上播下了现今综合中学模式的种子,为现代西方中等教育的发展铺平了道路。

参考文献

顾明远,梁忠义.世界教育大系·中等教育[M].长春:吉林教育出版社,2000.

博伊德,金.西方教育史[M].任宝祥,吴元训,译.北京:人民教育出版社,1985.

克伯雷.外国教育史料[M].华中师范大学教育系,等,译.武汉:华中师范大学出版社,1991.

Brubache, J. S. A History of the Problems of Education [M]. New York: McGraw-Hill Inc., 1966.

Kandel, I. L. A History of Secondary Education [M]. Boston: Houghton Mifflin Company, 1930.

（杨　梅　刘冬青）

近代中国教育史学研究　20 世纪前半叶中国学者对中国教育的历史及其发展规律所开展的研究。19 世纪后半叶,在"西学东渐"潮流的推动下,西方近代学科分类观念的引入和教育制度的导入为教育史学科的诞生创造了条件。20 世纪初,中国近代学制颁布和实施后,教育史被纳入大学堂及师范学堂的课程教学体系,从而使教育史学科在制度上得以确立。

中国教育史学研究的开端

在建立中国近代教育制度的过程中,一大批传统学人在新史学思潮的启迪及日本学者对中国教育史研究的影响下,开始关注中国教育史研究。

1901 年,罗振玉、王国维在上海创办了中国近代最早的教育专业杂志《教育世界》,陆续发表了他们及其他学者撰写的有关教育史、学术史的论文,开中国学人研究中国教育史之先河。在《教育世界》杂志和译印的《教育丛书》第一集中,收入了日本学者原亮三郎编、沈绂译的《内外教育小史》,这是最早译入的中国教育史专著。该书内篇上卷的大部分章节,记叙了对日本教育有着重大影响的中国古代教育史。同年,上海金粟斋译书社也出版了日本学者能势荣著、叶瀚译的《泰西教育史》。该书原名《内外教育史》,译文只用其外篇,由章太炎等人加以修订。中国早期翻译出版的这两本教育史,不仅包含中国教育史的内容,更催生了中国近代教育制度。此后几年,为配合新式学堂教学的需要,日本学者的教育史著作得以大量翻译,其中最重要的是由日本学者狩野良知撰写的《支那教学史略》,该书于1902年11月由上海商务印书馆印行。作者在序中指出,在东方文明古国中,唯中国能维持数千年文教以至于今,可谓希望之国,并感慨中国历世而不进,守旧而不迁,不能与锐进中的西方诸国日新之学同其步趋。认为所以议论中国教育的盛衰得失,"将有以自省焉"。他在叙史后专写三章"教学论",认为中国要"谋中兴之道",就必须要兴"实学",推行普及教育,并"达观万国之教,通览古今之学",借鉴外国及其历史。这种进步的教育史观和改革教育的主张,无疑适合了当时中国发展新教育的需要。这一时期主要的教育史著作还有:1903年开明书店出版的《东西洋教育史》,由日本中野礼四郎著,蔡艮寅(即蔡锷)、贺延谟译;1906年,江苏学务处出版的《教育史》,由日本增户鹤吉讲,张家树等译,系江苏师范学堂讲义;同年,东京古图书局出版的《教育史》,由日本小泉又一著,景耀月、刘镜蓉译,系日本文部省检定师范学校教科书;1908年,孙清如的《教育史》亦多译自日文,学部批准为参考书等。

这一时期的教育史著作基本译自日本,且多为师范学校的课本,中国学者尚未进行独立的研究工作,这与当时抄袭日本教育模式的教育现代化过程基本一致。然而,通过译著的选择及其中所宣传的观点,不难看出编译者教育立国的主张,正是在宣传日本新教育制度的过程中,人们产生了教育史的研究意识,认识到有必要对中国教育作一番历史考察。虽然日本的教育史译著在编纂方法上大多只是对教育史实的简单记叙,但这些著作却对中国教育史学科的产生起到了启蒙作用。

1902年8月,清政府颁布《钦定学堂章程》,1904年1月正式颁行《奏定学堂章程》,其中规定,"大学堂、进士馆、师范学堂课程中必需设教育史科目"。如《奏定大学堂章程》规定,经学科大学之周易、尚书等11个学科门类的主课中均有"中外教育史"1门。《奏定初级师范学堂章程》和《奏定优级师范学堂章程》也有类似规定。课程既设,即需教材。由于教育当局对从日本翻译的教育史教材并不满意,便有了自撰中国教育史教材以配合新学校课程的需要。1910年,湖北学使黄绍箕提出设想,后由任两江师范学堂课务的柳诒徵历时两年编成《中国教育史》,由叶尔恺作序,分五卷,是第一部由中国人自己撰写的中国教育史著作。该书起自上古,终于孔子,初步确立了教育史的研究对象和范畴,并划分了先秦教育的发展阶段。此书开创了教育史研究上中西法结合的先例,把中国传统史学方法与西方近代社会科学的研究方法相结合,改变了日本学者著作中中国教育史附于从属的地位,形成了中国教育史研究的专门领域。

中国教育史学研究的发展

辛亥革命后,中国教育史学科除继续翻译日本著作外,还出现了一些具有代表性的专著。中译日文著作主要有由中岛半次郎著,周焕文、韩定生译的《中外教育史》(商务印书馆,1914)和戴克敦译述的《教育史讲义》(商务印书馆,1915)等。中国学者自著的有杨游的《教育史》(商务印书馆,1914)、李步青的《新制教育史》(中华书局,1914)和佚名的《中国教育史讲义》(高等师范学校编印,未署出版书局及年月)。中国教育界在经历了学习日本后转而学习美国,并在五四运动前后达到高潮。"壬子癸丑学制"颁布后,上海商务印书馆、中华书局两大机构竞相出版师范学校的教育史课本,中国教育史研究开始形成热点。这时的出版物除对日本著作编译时力图保持中外合璧的体系外,一些中国学者的专著在内容上更显得充实完整,其中尤以郭秉文的《中国教育制度沿革史》(商务印书馆,1916)为代表。

1914年,留学美国的郭秉文撰写了博士论文 *The Chinese System of Public Education*,第二年由纽约哥伦比亚大学师范学院出版,美国教育史学家孟禄作序。1916年,上海商务印书馆出版其中译本《中国教育制度沿革史》,由黄炎培作序,称之为"盖空前之作"。作为中国第一部教育制度史著作,该书叙述了从中国远古至民国年间教育制度的发展沿革,第一次将中国近代教育的起点定于1862年京师同文馆的创立,率先研究民国建立以后的教育制度及教育行政、教育财政、教育法等基本问题,并对民国教育制度的改革提出不少有价值的见解。不同于黄、柳《中国教育史》阐述中国教育传统的立意,《中国教育制度沿革史》更关注19世纪后半叶至20世纪初中国50年间发生的变化,尤其是近代公共教育制度的建立过程。书中对学校道德教育、学校训导与行政、教育财政、教员培养、学校课程、教育与国民进步、教育与政治、教育的中央集权与分权、教育法等众多问题进行了探讨,使这本研究中国学制历史的著作具有强烈的现实感与理论色彩。在编纂方法上,该书吸收了20世纪前10年美国学者对中国教育的研究成果和方法,标志着中国教育史学科完成了由引进教材向国人自己研究的历史性转变。

中国教育史学研究的兴盛

20世纪二三十年代,中国教育史学科真正摆脱了简单模仿日本和欧美教育史研究模式的状况,开始进一步走向成熟,其中不少研究成果在时隔半个世纪后依旧为教育史研究者所重视。

民国第二次学制改革以后,研究者迎来了中国教育史学科的第一个研究高潮。20世纪20年代后半期,大批高质量的成果开始出现。这一时期,中国教育史研究的兴盛表现在:(1)著作数量众多,仅各类出版著作即达60部,另有数量颇丰的论文发表。(2)著作种类繁多,其中既有教材,亦有专著;既包括通史,亦有专题史;既有史著,也有史料汇编和编年。(3)在研究理论及方法上,运用各种西方教育科学和史学理论的著作,尤其是马克思主义研究方法的专著均有发表。对模仿日本和欧美教育史研究模式的摆脱,标志着中国教育史学学科的日趋成熟。中国教育史理论的提出,教育史资料的整理,通史、断代史、专题史研究领域的开拓等都是这一时期教育史研究的重要特点。而20—30年代开始的史学界社会史论战在教育史学界引起的震荡及对中国近代教育70年历史、30年新学制发展的反思使时代感与忧患意识成为近代教育史研究的另一鲜明特点。

通史研究是衡量中国教育史研究整体水平的标志。由商务印书馆出版的王凤喈的《中国教育史大纲》是中国第一部教育通史著作。到1981年,该书先后再版18次,20世纪80年代还在港台大学被当作教材使用,是目前发行量最大的教育史著作之一。该书分11章,述自中国教育起源,止于当代,以教育制度及教育学说为主要研究内容,注重揭示社会变迁与教育发展的因果关系,并贯穿了古今中外的教育比较。1936年,由陈青之撰写的《中国教育史》是一部内容更详尽、体系更宏大、理论色彩更浓厚的中国教育通史著作。该书分28章,长于论述教育实践,特点在于其研究和叙述采取实证主义方法,但却忽视了对教育家和教育思想的展示及对其作用的评价。此外,周谷城的《中国教育小史》(上海泰东书局,1929)、余家菊的《中国教育史要》(商务印书馆,1930)、陈东原的《中国教育史》(商务印书馆,1935)、黄炎培的《中国教育史要》(商务印书馆,1930)、高希装的《中国教育史纲》(北平进学社,1935)等也为此间的代表作。

中国教育断代史研究的开创标志着中国教育史研究的深入,20世纪30年代后,开始有大量著述出版。其中,古代教育史方面有毛邦伟著《中国教育史》(北平文化书社,1932)、陈东原著《中国科举时代之教育》(商务印书馆,1934);近代教育史论著有陈翊林的《最近三十年中国教育史》(上海太平洋书店,1930),庄俞、贺圣鼎的《最近三十五年之中国教育》(商务印书馆,1931),周予同的《中国现代教育史》(上海良友图书公司,1934),卢绍稷的《中国现代教育》(上海商务印书馆,1934),丁致聘的《中国近七十年来教育记事》(南京国立编译局,1934;商务印书馆,1935)。此外,还有为数不少的中国近现代教育史研究论文,从而使近现代成为教育史关注的焦点。

这一时期,中国教育史资料的搜集、整理也成为教育界的自觉意识,不仅涌现了大量教育史资料的著述,而且一些教育杂志也经常编辑若干年教育回顾专刊,如《申报》出刊

50周年之际编辑的《最近之五十年》、商务印书馆35周年纪念刊《最近三十五年之中国教育》都把对教育史资料的编辑定位在当前资料的整理上。从1925年起,舒新城持续10年对中国近代60年的新教育进行了独特的反思,他以存中国新教育之文献为目的,从收集整理近代中国教育史资料入手,编出以后60年未有人超乎其上的《近代中国教育史料》,开创了中国教育史研究的一个全新领域——教育史史料学。在此基础上,他对中国近代教育的起点、中国近代留学教育、近代教育思想史都进行了全面探索,并著成《近代中国留学史》、《中国近代教育思想史》两书。他认为,中国选择近代教育是被迫的,走过的路程并不算成功,而只是表面上学取西学,本质上排斥,最终演绎为"淮橘为枳"的结果。他企图通过自己的研究,使人们知道教育与社会的关系,并深究其背后的文化因素,从而启发人们重建中国教育。

在专题史研究方面,可分为以下几类:(1)以陈宝泉《中国近代学制变迁史》(北京文化学社,1927)、周予同《中国学校制度》(商务印书馆,1931)、徐式圭的《中国教育史略》(商务印书馆,1931)为代表的学制史。(2)以陈启天《中国新教育思潮小史》(《中华教育界》第十三卷第七期)、王一鸿《中国古代教育思潮》(商务印书馆,1931)、任时先《中国教育思想史》(商务印书馆,1931)为代表的思想史。(3)以教育行政管理史、书院制度史、女子教育史、科技教育史、地方教育史为专题的专题史研究。此间的教育史学积极面对现实,反思新教育,探索教育的出路,第一部近代学制史(陈宝泉《中国近代学制变迁史》,北京文化学社,1927)、第一部教育行政管理史(薛人仰《中国教育行政制度史略》,中华书局,1931)、第一部女子教育史(程谪凡《中国现代女子教育史》,中华书局,1936)、第一部书院制度史(盛郎西《中国书院制度》,中华书局,1934)均在此期产生。

从五四运动至抗日战争爆发的十余年间,广大中国教育史学者感于时局动荡,在对中国教育未来发展道路的探索中,对中国引进西方近代教育制度60年和新学制30年的历史进行了研究,出现了一大批具有生命力的代表性研究成果,奠定了中国教育史学研究的基本框架,并出现了第一代中国教育史学家群体。

抗日战争爆发后,中国教育史研究几乎处于停滞阶段。除马宗荣《中国古代教育史》(贵阳文通书局,1942)和周思真《中国教育及教育思想史讲话》(上海世界书局,1943)等书外,主要是重版二三十年代的一些专著。其中王凤喈的《中国教育史》在《中国教育史大纲》的基础上重新编写而成,1945年由国立编译馆出版,重庆正中书局印行,并定为"部定大学用书"。1957年后,该书在台湾三次修订,至1981年发行达18版,堪称三十多年来台湾地区最具权威性的中国教育史著作。

参考文献

杜成宪,崔运武,王伦信.中国教育史学九十年[M].上海:华东师范大学出版社,1998.

顾明远.教育大辞典[M](增订合编本).上海:上海教育出版社,1998.

毛礼锐,沈灌群.中国教育通史[M].济南:山东教育出版社,1988.

(李　涛)

近代中外教育交流

近代中国向欧美、日本等资本主义国家学习,借鉴其教育体制和教育理念的过程。

晚清中外教育交流

鸦片战争前,英美基督教会加强了对中国的文化攻势,传教士纷纷东来。1835 年,西方各国传教士和商人在广州成立了"马礼逊教育会",计划从开办教育入手来影响中国未来政治、经济及文化的发展。在马礼逊教育会的委托下,由耶鲁大学毕业的美国传教士 S. R. 布朗主持的中国第一所西式学堂——马礼逊学堂正式开学。鸦片战争后,中英《南京条约》规定"耶稣天主教原系为善之道,自后有传教者来中国,须一体保护"。1844 年中美《望厦条约》、中法《黄埔条约》进一步规定传教士可以在通商口岸传教办学。此后,英、美、法各国、各教派势力均以"基督教征服中国"为宗旨,深入中国内地创办宗教、慈善和文化教育事业。从 19 世纪 40 年代至 60 年代,传教士在中国开设的早期教会学校主要是初等教育。著名的有 1839 年创办的马礼逊学堂、1844 年英国东方女子教育促进会的爱尔德赛在宁波开设的女子学塾、1850 年天主教耶稣会在上海创办的徐汇公学(后改为圣若济书院)。由于早期教会学校在很大程度上类似"难民收容所",加上其处于中国传统教育之外,不能为科举仕途提供帮助,官宦富家子弟不愿入学,所以其以办学吸收教徒的效果甚微。据统计,美以美会入华 10 年才发展了它的第一名教徒,公理会从 1847 年入福州始,直至 1856 年才有一名信教者。此后西方教育开始大规模输入中国。

19 世纪后半叶,随着帝国主义侵略的加深,一部分清廷官员和知识分子开始认识到只有向西方学习,吸收西方先进的科学技术,才能挽救国家的衰亡,因而发起了"自强"、"求富"的洋务运动。洋务运动时期是中国近代对外教育交流的初兴时期,在"以西方之学术灌输于中国"的留学计划下,1872 年夏,清政府派容闳率领第一批 30 名幼童赴美留学,学习"军政、船政、步算、制造诸学"。1873 年、1874 年、1875 年,第二、三、四批各 30 名幼童亦按计划相继成行。120 名幼童中年龄最大者 16 岁,最小者 10 岁,多系为衣食而来的贫穷子弟。其中广东籍 84 人、占 69.7%,江苏 21 人、占 17.4%,浙江 8 人、占 6.6%。由于清政府内部顽固派的阻挠破坏,加之"中体西用"思想,严重制约了这次留学活动。1881 年 6 月,清廷下令将幼童全数撤回。在 120 名幼童中,除因故提前撤回及在美病故的 26 例外,其余 94 名均于 1881 年分三批归国。这批幼童在美读书时间长者不及 10 年,最短者只有 5 年,仅有 2 人完成高等教育。回国后分别被分配在上海、天津、福州等地的电报、船政、机器、医学部门工作,许多人成为中国近代新式海军、采矿、铁路、机器等事业的骨干。著名铁路工程师詹天佑即为第一批赴美留学幼童之一。留美幼童虽被中途撤回,但派遣学生赴国外学习的途径已经开通。

留欧教育的开展也是以洋务派的海防忧患意识为契机的。在洋务派派赴留欧学生之前,中国人已有零星赴欧洲留学者,如在英国爱丁堡获医学博士学位的黄宽、在英国林肯法律学院获律师资格的伍廷芳、在英国阿伯丁大学学医的何启等,但总体数量不多。实际上,清政府官费派出成批人员赴欧洲留学发轫于 1875 年 3 月,当时福建船政学堂选派刘步蟾、林泰曾等三名学生赴欧游历,成为留欧教育的先导。1877 年,刘步蟾、严复、萨镇冰等 28 人作为首批留欧学生赴英、法两国学习驾驶和制造。1882 年,又派刘冠雄等 33 人为第三批分赴英法学习。从 1877 年至 1897 年,清政府共派出赴欧留学生 4 批、计 84 人,学习西洋造船、驾驶技术,以期加强中国的海防建设。应该指出,重视理论与实践历练结合的思想是留欧教育的一大特点。留欧教育为中国培养了第一批海军人才,北洋舰队中所有铁甲舰、巡洋舰管带位置,几乎全部为福建船政学堂学生,且多为留欧学生。

随着中国近代对外教育交流的全面开展,洋务运动时期,在一些新创办的学堂中也开始聘请外籍教师来中国任教。1862 年,洋务派设立了京师同文馆。1865 年至 1867 年,美国长老会传教士丁韪良先后受聘于同文馆英文教习和翻译教习,每年获白银 1 000 两的高薪。1866 年,总税务司英国人 R. 赫德在欧洲为同文馆延聘教习 3 人,分别是额伯连、毕利干、李璧谐,他们分别教授英文、化学和法文。1867 年 4 月,崇厚在天津设机器制造局,延聘英国人密妥士主持,1870 年,由李鸿章接办,分为东西两机器局。此后所办的水雷、水师、电报各学堂,均附设在东机器局内。1869 年 11 月,经 R. 赫德推荐,清政府总理各国事务衙门任命丁韪良为京师同文馆总教习。同时,由于来华传教士和教会学校迅速增加,一些原来带有识字班性质的学校扩大为小学,如 1864 年美国公理会在北京创办的育英学堂、1865 年美国圣公会在上海创办的培雅学堂、1866 年天主教在天津创办的究真中学堂等。1877 年,基督教学校教科书委员会成立。该会中文名为"益智书会",主要任务是编辑西学教科书。自 1877 年至 1890 年,基督教学校教科书委员会共出版 100 多种、3 万余册教科书,内容涉及算学、天文、历史、地理、宗教、伦理学等科目。值得一提的是,此时介绍西方学制的教育著作开始在中国出现,其中重要的有丁韪良于1880年至1882年考察日本及欧美七国学制后写成的《西学考略》、李提摩太的《七国新学备要》(1882)、花之安的《德国学校论略》(1873)等。1882年,颜永京翻译了《肄业要览》,署大英史本守著,即英国教育家斯宾塞的代表作《教育论》中的第一篇"什么是最有价值的知识"的最早译本,这是国人最早译介的西方教育理论著作。

甲午战败后,清政府对外教育交流的方向开始转向日本,此时国人提出了"以强敌为师"的口号。1898年,康有为向光绪进呈《请广译日本书派游学折》,7月,清政府将张之洞所著《劝学篇》广为刊布,书中专设"游学"一章,以游学日本为议论中心。1899年,总理衙门发布《遵议遴选生徒游学日本事宜片》,并制定了游学日本章程。自1896年中国向日本派遣首批13名留学生起,清末逐渐形成了一个赴日留学的高潮。1901年以后,清政府多次选派和奖励青年和官员出国留学,学成回国分别赏给进士、举人等各项出身,并且将留学日本定为国策。此后,中国留学日本的人数急剧增加,仅官费和自费游学生一项,1899年为200人,1903年为1 242人,至1905年鼎盛时,人数多达8 000人之众。1906年后,清政府的留日政策由积极倡导转向严格限制,加上日本政府对华留学政策的转变,对日留学开始呈下降趋势。1905年8月,有2 000多名留学生回国,至1912年,在日留学生仅为1 400人左右,到1914年恢复为3 796人,其中自费生1 107人,来自陆军部、海军部、教育部及21个省,其中湖南、广东、浙江、四川、江西各省约在80~120人之间。

1866年,清政府派斌椿一行游历欧洲,这是清政府在近代派出的第一个官方代表团,由此开启了中国近代外交史上派员出国访问的先河。20世纪初,由于清政府推行一系列"新政"措施缺乏先例,急需借鉴日本经验,在这种情况下,大批中国官绅东渡取经。1902年,京师大学堂总教习吴汝纶赴日考察4个月,先后实地考察了40多所学校。在清末赴日考察教育的官绅中,1904年以前多为高级学务官员和著名学绅,1904年以后中下级官员和具体办学人员的比例逐渐增高。1904年1月,清廷颁布《奏定学务纲要》,其中规定:"各省办理学堂员绅宜先派出洋考察。"1906年5月,学部奏定各省提学使均须出洋考察学务3个月,然后才准到任。在清政府的大力倡导下,教育官员赴日考察学务形成制度。作为对日教育交流的一个特殊现象,此间,清政府派出了从宗室、亲王、朝廷近臣到知府、州县官员乃至幕僚等的大批游历人员赴日考察教育。这一时期访日的官绅或由张之洞、刘坤一、张百熙等清廷重臣直接委派,或与他们有特殊关系。这些人系统地考察日本教育,回国后又参与全国或各省的教育改革,对传播西方教育文化发挥了重要作用。一些人还将考察学务游记汇集成书,如姚锡光的《日本学校述略》、吴汝纶的《东游学记》等,以观感、资料汇编的形式介绍西方教育文化。从1898年至1908年,共出版这类游记多达几十种。

留日热潮对清末教育产生了深远影响。赴日留学以重视师范教育及倡导军国民教育为主要特点。据统计,1903—1904年,留日学生中各类师范学校学生占毕业生总数的44%,1907年前一直保持这一比例。1907年5月,学部规定官费留学生归国必先当专门教员5年以尽义务,义务期限未满之前,不得派充他项使用,这就为国内培养了一大批新式教师,使清末教育界形成了一个留日知识分子群体。同时,留学生中出现的一批翻译团体,如译书汇编局、教科书译辑社、国学社等,加上国内京师同文馆东文馆、大同译书局,使日译教育论著大量引入。据统计,从1896年至1911年,中国共译日本教育类书籍76种。另据杨寿椿《译书经眼录》所载书目统计,1901—1904年译成中文的教育理论专著共48种,其中译自日文的有39种,占80%。在传播西方教育理论的过程中,由罗振玉创办、王国维主编的《教育世界》是中国近代第一份教育专业杂志。它创刊于1901年5月,初为月刊,后改为半月刊,至1908年1月停刊,共出166期。该刊以宣传外国教育制度和教育理论为主旨,介绍了欧美、日本各国学制、教育法令、法规、教授法、各科教科书及世界著名教育家的思想学说。可以说,通过派员游学、翻译日书,西方的教育制度、教科书和教育理论系统地传入中国,推动了清末新式教育的发展。

在大量派遣留学生的同时,清政府开始聘用日本教习到中国各级各类学校中充任教师。在清末外国来华教师中,日本教习占有很大比例。1903—1918年,来华日本教习人数及教育顾问共有2 000多人,根据曾担任过天津北洋师范学堂总教习的中岛半次郎回忆,仅1909年,日本教习就有311人,占到来华外籍教习总数的84%。日本人到中国当教师,实际可分为两类:一类是在中国创办学校的,如杭州的日文学堂(1898)、福州的东文学社(1898)、泉州的彰化学堂(1899)、漳州的中正学堂(1899)、天津的东文学堂(1899)、厦门的东亚学院(1900)、天津的中日学院(1901)、北京的东文学社(1901)、汉口的江汉中学(1902)等。这些学校虽由中国人当校长,但实际创办者及教师均为日本人。另一类是应中国学校的招聘、有一定任职年限的。从他们执教的学校类型来看,最多的是师范学堂,约占来华日本教习的1/4。当时中国在兴办新教育的过程中注重师范教育,所以在这方面,日本教习贡献最大。除师范学堂外,当时中国的各级各类学校,上自京师大学堂,下至幼稚园,旁及实业、方言、医学、女学等各类专门学堂都曾聘有日本教习。这些教习遍布中国20个省48个城市,共178所学校。日本教习在各校讲授科目有日本语、工业、博物、数学、理化、儿科、纺织造花、图画、保姆、体操等20余科。有的还担任了总教习,掌管着学校教学大权。日本教习来华时，大多年富力强，不少人如户野美知惠、河原操子、渡边龙圣、服部宇之吉、藤田丰八等都以帮助邻邦、培育人才为己任，实心实意投身于中国教育，回国后也取得了一定成就。在中国新教育兴办的初始阶段，日本教习起到了重要的协助作用，他们的工作为中国近代教育体制的建立打下了基础。

20世纪初，中国留学之风渐盛，此时不论公费、自费学生多往日本留学。为了加紧向中国进行文化教育渗透，欧洲各国纷纷采取措施积极争取和吸引中国学生前往留学。1899年，经军机处奏准，责令总理衙门拟订留学欧洲的长期计划，将学科选择从海陆军及军工技术扩大到农工商各个领域，并有针对性地扩大留学国的范围。1910年4月，清学部特别颁文，规定留欧学生必须中学毕业、普通教育完备、外文精通、能直接进入大学听讲者方为合格。同时规定，只有选学医、农、工、格致4种专门科之大学者，方可享受官费待遇。清末官派留欧的情况如下：湖广总督端方在湖北各学堂学生中挑选24人赴比利时学习实业；管学大臣张百熙从京师大学堂速成科学生中选派林行规等16人赴西洋各国游学；广东学务处选送2人留欧。据清政府驻欧洲各国留学生监督呈报，在1908年至1910年前后，中国留欧学生总计约500余人，其中留法学生140余人，留英官费生124人，留德学生77人，留俄学生23人，多以官费生为主。

随着留欧学生的增加，美国觉察到争取这一代的青年中国人将是控制未来中国发展的关键所在。为此，美国教育界采取了一系列行动，一些地方大臣与之呼应。1901年，北洋大臣袁世凯选派王宠惠、陆耀廷、吴佳龄等8人赴美留学。1903年，鄂省都督端方在湖北各学堂选派10人赴美。1906年，端方、载泽、徐世昌等赴欧美考察，着重考察了美国教育。美各大学校长在盛情款待之余，提出愿意每年向中国免费提供若干留学名额，计耶鲁大学11名、康奈尔大学5名、威尔士利女子学院3名，这是留美奖学金的开始。次年6月，在南京举行了留美奖学金生考试，录取男生10人赴耶鲁、康奈尔两大学，录取女生3人赴威尔士利，是为官费女生留学美国之始。在1900年至1907年的8年里，中国官费留美学生计达100余人。

为了进一步吸引中国留学生，1907年12月，美国总统罗斯福在国会宣布："我国宜实力援助中国厉行教育，使此繁众之国能渐渐融洽于近世之文化。援助之法，宜将庚子赔款退赠一半，俾中国政府得遣学生来美留学。"1908年5月，美国国会正式通过"退还美国应得赔款之余额"给中国的议案。经外务部与美国协商，议定庚款主要用于派遣中国学生赴美各大专学校深造；创设清华学堂，作为中国学生赴美深造的预备学校；在华盛顿设立游美学生监督处，并拟定派遣游美学生的管理办法。据此计划，1909年5月，清政府随即在京设立"游美学务处"，由外务部、学部会商派员组成，专司考选学生、管理肄业馆、遣送学生等事。1909年1月，美国退款开始实施，游美肄业馆在北京成立，8月招考了第一批留美学生。其后，清政府又分别于1910年、1911年举行两次庚款留美考试。1910年录取学生70名，1911年录取62名。1911年，游美肄业馆改为清华学堂，成为专门的留美预备学校。庚款留美学生的招考，在清末共举行了三届，录取179人，是为中国近代史上庚款留美之始，它掀起了中国学生的留美热潮。清朝覆灭后，庚款留美的基金和一整套机构被民国政府接管。

民国初期中外教育交流

民国初期是中国近代对外教育交流的一个高潮时期。随着国内政局的变化，对具有新思想、新知识的留学人才的需求愈来愈大，留美学界亦日渐扩大。在庚款留美的影响下，民国初年的中国学界很快掀起了一次留美热潮，其中单清华学堂从1911年至1929年就选派留美学生1 279人。根据1924年留美学生联合会所编的《留美学生录》统计，全体留美学生共1 637人（自费生为1 075人，占65％），在数量超过了留欧学生总和。到1925年时，在美国留学的学生总计为7 510人，分别来自97个国家，其中中国学生达2 500人，占1/3以上。为加强对留美学生的管理，北洋政府于1914年8月颁布《经理美洲留学生事务暂行规程》，随即又于1916年3月公布了《管理留美学生事务规程》。除留美学生外，北洋政府还派遣大批教授赴美进修学习。1918年，北洋政府教育部决定每年选派各大学、高等专门学校男女教授及教员若干人，赴欧美各国留学。是年，有南京高等师范学校教授卢颂思赴美研究体操学，北京女子高等师范学校学监主任杨荫榆赴美研究教育学、算学及应用化学，北京女子高等师范学校教授沈荷德赴美研究音乐，是为中国正式派遣教授留学之嚆矢。

在庚款留美教育平稳发展的同时，民初留欧教育开始发生剧烈变化。由于国内政局动荡，财政拮据，官费生经济来源断绝，加之第一次世界大战爆发，原有的留欧计划被完全打破。然而，欧洲参战协约国劳力紧张的状况又为中国另一形式的留学教育——勤工俭学提供了机会。北洋政府后期，特别是1920年至1925年，赴欧留学始成高潮，尤以留法勤工俭学运动为代表。1912年初，李石曾、吴玉章、吴稚晖、张继等人在北京建立留法俭学会。1915年6月，李石曾等以"勤于工作，俭以求学，以进劳动者智识"为宗旨，在巴黎成立了华工学校。1916年3月，中法两国文化教育界人士在巴黎共同发起组织了"华法教育会"。1919年3月至1920年底，先后有20批约1 600余人到达法国，他们来自全国18个省区。1920年，赴法勤工俭学运动达到鼎盛，这场运动的倡导者提出在海外设立中国大学的设想。在蔡元培、吴稚晖、李石曾等人的倡导下,1921 年 10 月,里昂中法大学成立,第一批招生 150 余人,分三班。里昂中法大学是中国在海外设立的第一所大学,它在中外教育交流史上占有独特地位。1925 年以后,大批学生回国,留法勤工俭学运动基本结束。

除了派遣留学生之外,此间中国教育界还通过大量翻译美国的教育理论著作,以及邀请美国教育家杜威、孟禄来华讲学的方式,传入了对世界教育改革运动具有重大影响的美国实用主义教育理论。实用主义教育理论及美国教育模式对中国这一时期教育的发展产生了重大影响,构成了中外教育交流史中的一个重要组成部分。

从翻译教育类书籍来看,1920 年 9 月至 1921 年 8 月,从《教育杂志》开设“欧美教育新潮”栏目一年时间中发表的 36 篇文章来看,介绍美国的就有 20 篇。二三十年代国内出版发行的教育学理论著作有 79 种之多,重要译著 15 种,大多来自美国。这一时期,中外教育界之间的互访非常频繁。据统计,1919—1932 年,中国共派遣出国教育考察团 10 次,其中赴欧美考察的就有 7 次。例如,1913 年 10 月,江苏教育司派俞子夷赴美,会同郭秉文、陈容两人考察美国小学、师范教育;1915 年、1917 年黄炎培两度赴美考察职业教育;1917 年 12 月,范源濂赴美考察教育等。1919—1931 年,外国重要教育团体和教育家来华考察讲学共有 11 次,其中除英国哲学家罗素和欧洲国际联盟教育考察团外,其余 9 次均为美国教育家,其中最著名的为杜威、罗素来华。

实用主义哲学发源于 19 世纪末的美国,最早由美国哲学家皮尔士提出,杜威是 20 世纪初美国实用主义哲学大师。1917 年前后,杜威的实用主义哲学随胡适、蒋梦麟、朱经农等留美学生返国而传入。1919 年 5 月 1 日,杜威应北京大学及江苏省教育会等五个学术团体的邀请来华讲学。至1921 年 7 月 1 日离开中国,在华逗留两年两个月零十天。杜威在华期间,足迹遍及奉天、直隶、山西、山东、江西、福建、广东、北京、上海等 11 个省市,作了多次讲演。他讲学的基本观点大多出自其《学校和社会》、《民主主义与教育》及《哲学的改造》三本著作。在留美学生的广泛宣传下,实用主义思潮在中国广为传播。

20 世纪 20 年代初,英国哲学家罗素来华讲学。在其来华前,他的一些重要著作如《哲学问题》、《政治思想》、《自由之路》已被广泛译介。1920 年 10 月,江苏教育会、中华职业教育社、新教育共进社在上海邀请罗素讲演“教育之效用”。他认为,教育为当今中国之急务。教育之效用,可分为三点:教人能做事;教人能做国民;教人能做人。之后,江苏教育会又请罗素向出席全国教育联合会的各省区代表发表讲演,介绍欧美教育方针及利弊。此前他还接受了湖南教育会的邀请,与杜威等人到长沙讲学。罗素来华对中国教育及哲学界产生了一定影响。此后,孟禄、推士、麦柯尔等欧

美教育家来华讲学,其后道尔顿制的发明者帕克赫斯特及设计教学法的首创者克伯屈也来到中国。他们来华宣传和推广新教学方法的活动,在中国引起了学习浪潮。

20 世纪 20 年代中后期,美国对中国教育的影响并未减弱。这个时期,除留学美国以及美国教育界人士来华访问外,中华教育文化基金董事会也是美国文化教育东渐的重要媒介。1924 年,美国国会通过决议将庚子赔款的余数全部归还中国。为管理这部分资金,1925 年 6 月,北洋政府成立由 10 名中国人和 5 名美国人组成的托管董事会,即中华教育文化基金董事会(简称中基会)。美国退还庚款之初,就曾与中国达成协议,规定将退还之赔款应用于两个方面:(1) 发展科学知识及此项知识适于该国情形之应用及科学教学之训练;(2) 促进永久性质之文化事业,如图书馆之类。早期基金会的工作重点在于改进中学师资与教学以及编译科学教科书,如资助举办“科学教员暑期研究会”;以美国混合式教科书为版本,编译中学自然科学教材等。20 世纪 30 年代以后,中基会逐渐将重点转向补助大学。据统计,从1925 年到 1936 年间,中基会补助学校(主要为大学)的费用为 2 547 788 元,占总额的 39.8%。应该指出,由中基会科学教育顾问委员会、编译委员会编译的大中学校科学教科书难免模仿美国教材,一些大学及教育学术团体在使用中基会的赞助基金从事教学研究的工作中,在教育思想、教育方法以至教育的价值取向等方面较多地受到美国的影响。

南京国民政府时期中外教育交流

南京国民政府建立后,逐渐改变了北洋政府时期军阀割据的混乱局面,制定了全国的教育宗旨及实施方针,留学教育也随之规范化。1929 年,国民政府教育部修正颁布《发给留学证书规程》,规定留学生必须具有高中毕业以上水平。1933 年 6 月颁布《国外留学规程》后,留学生的选派更趋严格,从而使留学生的质量较前有较大提高,人数则略有减少。1929—1932 年,国民政府共派赴留欧学生 1 125 名,其中以留德人数最多,约为 300 人,且多学习理工医科和军事技术。从 1934 年开始,江苏、山东、安徽、江西、湖北、湖南、河南等省相继举办了省费留学考试,多数派往欧洲。在美国,1927 年时中国留学生数为 2 500 人,1929 年下降到1 279 人,1933 年起略有回升,1936 年增至 1 580 人,1937 年再增至 1 733 人。此时,留美学生学习理工科人数迅速上升,造成留美学生学习科目的一边倒倾向。由于中日两国在政治军事上的对立状态,留日人数呈现出时涨时落、起伏无常的特点,人数一直不多,且多为自费生,直至 1935 年始有增加,增至 800 人,此后人数虽有滑落,但在 1936 年到1937 年间,仍维持在五六千人。

1937 年日本帝国主义发动全面侵华战争后,中国的留

学教育遭到巨大破坏。为适应战时需要,教育部规定公、自费留学生科目一律以军、工、理、医及军事有关科学为限,对出国留学加以控制。1938年,教育部制定《限制留学暂行办法》,次年又通过《修正限制留学办法》,使留美学生减至1 163人。由于抗战后在日数千留学生愤然回国,此时美国仍为战时中国留学生分布最多的国家。1941年12月太平洋战争爆发后,中国战场相对稳定,国民政府决定重新启动留学教育。1943年,教育部根据蒋介石在《中国之命运》中提出的"战后十年内,需要高级干部人才50万"的计划,重新制定《留学教育方案》,规定此后5年内每年由教育部选派公费生1 000名赴英美留学,其中750名留美,并大力提倡自费留学。同年12月,教育部举行了第一次自费留学资格检定考试,录取321人,全部赴美。

在欧洲方面,1943年3月,李约瑟和牛津大学希腊文教授多兹受英国外交部及英国对外文化关系委员会(简称英国文化委员会)的委托和资助,组成"英国文化科学访华团",代表英国皇家学会(Royal Society)来华进行科学文化交流活动,旨在向战争中的中国科学家表示敬意和声援。他们在重庆创建了旨在帮助中国科学界从印度和英国采购仪器设备和化学药品的服务机构"中英科学合作馆",并拟订了"中英科学合作馆工作计划"。中英科学合作馆在教育与科学方面所开展的援华工作取得了巨大成绩。据该馆工作报告统计,三年中,该馆共收到来自高校及科研机构的购物订单333份。此外,中英科学合作馆还协助或资助了12名教授作为英国文化委员会的客人,前往英国作短期考察。1944年,同盟国在各战场势如破竹。为感谢中国人民在第二次世界大战时的英勇作战,加强同盟国之间的文化交流,英美等国政府及企业各给予中国若干奖学金研究生及实习生名额。同年12月,教育部分别在重庆、昆明、贵阳、成都、西安、兰州等七处,举行英美奖学金研究生及实习生考试,共录取209名,其中英国研究生65名(包括英国文化委员会赠送各种奖学金60名及英国5家公司提供的药剂学奖学金5名),英国工业协会赠送的理工科奖学金实习生69名,连同中华医学会派出医生14名,经一个月讲习会短训后陆续出国。

交换教授与学生是抗战期间国民政府留学教育的新形式。1940年,英国伦敦各大学中国委员会函请中国派学者赴英讲述中国现状,牛津、剑桥大学各自组成了独立的"中英文化合作委员会",向中国建议每年交换学者数人,牛津大学率先派出2名教授来华商谈此事。1941年春,中方派遣教授1名赴英讲学,并同英方商定英国每年提供中国数十名留英学生奖学金的事宜。同年9月,中国派武汉大学教授1名赴缅甸仰光大学讲学。1943年,选派四川大学教授1名赴英讲学。抗战后期,中美之间交换教授和学生的活动渐趋活跃。1943—1947年,每年有多名教授在美国国务院文

化合作计划安排下访美。1943年,美国国务院决定中国6所大学各派教授1人赴美,费孝通、蔡翘、张其昀等人得以留美2年。同年,教育部为发展中国与西方文化的关系,又选派95人留学欧美,其中75人系资深教授,10人系中央研究院工作人员,余为教育行政人员,留学期限2年。次年,另有教授6人赴美。1947年,又有10名教授获美国奖学金。同年,11名中国科学家入美国麻省理工学院、芝加哥大学等六院校任教。上述交换或邀请,一切费用均由邀请方负担,中方只出一部分津贴。此间,美国的一些民间机构也曾向中国提供奖学金,接受中国留学生去美国学习。具体做法是由一些美国公司提供经费,由美国大学出面接受中国学生去美学习,如1943年,美国麻省理工学院等5所大学提供41名理工科研究生奖学金,美国万国农具公司捐赠20名研究生奖学金等。对于这些奖学金学额,国民政府都通过考试录取的方式如数派遣。

抗战胜利后,国民政府教育部于1946年7月分9区举办战后第一届全国规模的统一公费留学考试。在190个名额中,除法国政府交换生50名、中英文教基金董事会公费生20名外,其余120名均为教育部公费生,地方省市不再另给名额。此次公费生报考资格大致沿用抗战时的规定,但应考科目除基础科目外仍为3门,专业科目则由1门增为3门。留学时限定为2年,必要时可申请延长1年,也可视必要而调换他国。公费生之一切留学费用均由教育部供给。上述诸生在留学期满后即行归国,皆应向教育部报到,必要时教育部可指定服务。此次报考人数4 463人,实到考生3 296人,录取148人,录取率为4.49%,分赴美、英、法、瑞士、瑞典、丹麦、荷兰、加拿大、意大利、澳大利亚等10个国家留学。作为特殊照顾,教育部还另外通过公费出国特别考试选拔25名青年军官与97名翻译官出国留学。

解放战争期间,美国在中国教育领域的影响进一步深入。1947年,签订"中美教育合作协定"。根据此项协定,中国将在华美国剩余物资款提出2 000万美元等值之中国货币,交付美国政府,按照每年100万美元的定额用于从事文化交流及促进教育等活动,为此,成立美国在华教育基金董事会,专责管理此项基金,司徒雷登、胡适、吴贻芳等人为董事,其主要工作是聘请美国教授来华任教或讲学;供给美国学生来华留学;补助中国国内与美国有关之大学,如教会学校等;训练中国中等学校英文师资。美国在华教育基金董事会成立后,赴美学生人数猛增。根据华美协进社的统计,1948年留美学生为2 710人,1949年增至3 797人。由于教育部曾规定公费留学生必须经过考试选拔,自费留学生须为专科毕业或高级职业学校毕业并任技术职务两年以上者,从而提高了留学生的教育程度。据统计,在1948年的2 710名留美学生中,研究生为1 680人,占总数的62%,大学生702人,占25.9%。1948年后随着战事的扩大,国民政

府由于外汇紧张,遂宣布停止公费、自费留学考试。此后,除少数能获得国外奖学金和自备外汇出国者外,大规模派遣留学生活动遂告终结。

在南京国民政府与欧美各国进行大规模教育交流的同时,中国共产党领导的根据地也开展了与苏联之间的教育交流。由于意识形态的相似和苏联对于中国革命的关注,中国共产党一直重视与苏联的教育交流。早在1920年,毛泽东等人就组织了俄罗斯研究会,提倡留俄勤工俭学。在俄罗斯研究会的推动下,1920年初,经上海共产主义小组介绍,一些湖南学生动身到苏俄留学,这是中国赴苏留学的开始。在20世纪二三十年代,中国共产党大量高级干部在苏联留学,单是莫斯科东方大学就为中国培养了刘少奇、任弼时、肖劲光、罗亦农、赵世炎、陈延年、陈乔年、王若飞、刘伯坚、聂荣臻、李富春、蔡畅、叶挺、关向应等大批高级干部。40年代以后,解放区与苏联教育的交流进入一个新的时期。随着第二次世界大战的结束,中共中央又先后派出大批高级干部的子女到苏联去接受教育,为战争胜利后培养建设人才。解放战争爆发后,1946—1948年,苏联为帮助东北根据地培养铁路业务方面的人才,又开办了铁路干部训练班,共招收1 500名学员。在苏联开办的铁路工业大学中还设有工程建筑系、运输经济系和电工系,为中共东北局培养了400名干部。

参考文献

田正平,等.中外教育交流史[M].广州:广东教育出版社,2004.

卫道治.中外教育交流史[M].长沙:湖南教育出版社,1998.

周谷平.近代西方教育理论在中国的传播[M].广州:广东教育出版社,1996.

(李　涛)

近现代经济学家教育经济思想(economists' thoughts on education in modern time)

1640年英国资产阶级革命以后西方经济学家提出的教育经济思想。经济学家注意到人的素质对经济发展的重要作用,对教育的经济意义作了初步论述,形成丰富的教育经济思想。其中主要代表人物有威廉·配第、魁奈、亚当·斯密、萨伊、李斯特和A.马歇尔等。

威廉·配第的教育经济思想　英国古典政治经济学创始人、统计学家威廉·配第认为,由于人的素质存在差异,不同的人提供的生产力是不同的,一个技艺高超的人可以同许多人相抗衡,有的人比别人更敏捷、更强壮、更加耐劳,提供的产品也就更多。英国、法国、荷兰等国的经济实力之所以不同,人的素质的差异是一个重要原因,在他看来,人口的自然数量同人口的社会数量(即创造财富的能量)同样重要。威廉·配第甚至不自觉地提出采取某些措施和进行必要的资本投入,以提高人口素质的思想。

魁奈的教育经济思想　重农学派的主要代表、法国古典经济学家魁奈认为,构成国家强大因素的是人,人本身就成为自己财富的第一个创造性因素。人的习惯、性格等对生产力状况和经济社会十分重要,如果由于政策不当,使一些人处于不幸和贫困当中,则社会也无法从他们子女那里得到什么利益,因为他们的子女从小习惯于贫穷生活,从父辈的经历中了解到劳动并不能使生活好转,从而缺乏进取心,并"看到自己周围的游手好闲的现象,自己也就学会了游手好闲";相反,"富足的生活能够促使人们爱好劳动,因为人们可享受到劳动换来的物质福利,习惯于劳动",这些人具有名誉感、自尊心,是对国家"有益的人"。

亚当·斯密的教育经济思想　英国古典政治经济学奠基人亚当·斯密首次对教育经济思想进行较为系统和专门的分析。亚当·斯密认为,劳动生产率的水平受制于人们在劳动中表现出的熟练、技巧和判断力,而这是人们受到教育和培训的结果。亚当·斯密明确把人的才能和教育投入的费用看作资本,他在谈到资本的分类时说,资本包括"社会上一切人民学到的有用才能。学习一种才能,须受教育,须进学校,须做学徒,所费不少。这样花去的资本,好像已经实现并且固定在学习者身上。这些才能,对于他个人自然是财产的一部分。工人增进的熟练程度,可和便利劳动、节省劳动的机器和工具同样看作是社会上的固定资本。学习的时候,固然要花一笔费用。但这种费用,可以得到偿还、赚取利润"。由于特殊技巧和劳动熟练程度的培养费用是资本,这类劳动者除得到普通工资外,还必须收回全部学费,并至少取得普通利润。而且考虑到人的寿命的极不稳定性,必须在适当期间内做到这一点。亚当·斯密还分析了劳动者素质的低下对经济发展的阻碍作用,并由此进一步论述了教育的重要性和必要性。他认为,分工使人们委身于一种特定的工作,可磨炼和发挥人的才能,但长期单纯的操作又会牺牲人的智能、交际能力、努力习惯和精神勇气,变成最愚钝、最无知的人,甚至对于个人的日常事务,都没有能力作适当的处理,至于国家重大而广泛的利益,更是完全分辨不清。这无疑会严重影响生产力的提高和经济的发展,所以亚当·斯密认为,国家应该重视人民的教育,国家即使在对于普通民众的教育中得不到有形的利益,但"这教育仍值得国家注意",因为实际上"国家可受益不浅"。如果国民无知,就容易发生狂热和迷信,从而引发对经济和社会的可怕的扰乱。国民所受的教育越多,就越不会受狂热和迷信的迷惑,而且,"有教育有知识的人,常比无知识而愚笨的人,更知礼节,更守秩序",这就会使得经济能正常运行而不致遭受破坏。

萨伊的教育经济思想　法国经济学家萨伊在亚当·斯密思想的基础上展开进一步分析。他特别强调人才尤其是有特殊才能的企业家的作用。他认为，生产就是劳动、资本和自然力这三大要素的配合、协作过程，而这些要素的配合、协作是由企业家组织和承担的，企业家对生产发挥着重要的特殊作用，贤明的、积极的、有条不紊而诚心诚意的企业家可以发家致富，反之将会破产。并非任何人都能成为企业家，企业家是一种特殊的人才，必须具有如下品质与技能：良好的判断力、性格坚毅、精于计算、敏慎廉正、掌握管理技术等。他们应该得到高的报酬。萨伊把"企业家"这一角色独立出来，较充分地看到企业家作为一种特殊人才对经济发展的重要性，从而看到教育对经济发展的作用。萨伊还把科学知识作为生产力的一部分、作为劳动的一种来看待，他认为在一切情形下，都可把劳动区分为理论、应用和执行三种，任何产品都是这三种劳动的综合结果。"一种看来完全是纯理论的科学，往往必须先向前进展一步，然后另一种具有明显的实际大效用的科学才能兴起。""科学除给劳动的进展提供直接的推进力，成为劳动成功的不可缺少助力外，它还给劳动的进展提供一种间接的帮助，即逐渐消除人类的成见，使人类觉悟要更多依靠自己的努力，别过分依靠神灵的帮助。"维持科学研究和传播科学知识的教育并非浪费行为。教育可对人们的性情起陶冶作用，良好的教育最能促进生产力发展，能增进国家财富。一个国家若缺乏必要的教育，就不能称为文明国家。社会应该也必须负担一部分教育费用。教育培养人才，而人才有时比物质财富更为宝贵。萨伊还认为，人们在教育和职业培训上花费的费用的总和构成累积资本，这些人的报酬不仅包括劳动的一般工资，还包括培训时垫付的资本的利息，因为"教育是资本，它应当产生和劳动的一般报酬没有关系的利息"，这一利息率必须高于普通的利息，因为这样垫付的资本实际上无法收回，而且人一旦死亡，资本就不存在。因此，这种利息必须照年金计算。萨伊实际上已认识到人力方面的投资具有风险性，这类资本不同于物质资本，是不能转让的，是附着于人体的。

李斯特的教育经济思想 19世纪40年代德国历史学派先驱李斯特在批评亚当·斯密和萨伊等人理论的基础上阐述了生产力理论。李斯特认为，财富的生产力比财富本身要重要得多。李斯特批评了以亚当·斯密等人为代表的所谓"流行学派"的看法。李斯特认为，亚当·斯密虽然意识到生产力取决于劳动的技巧，但在研究这技巧的起因时只说到分工，这是不够的。"流行学派"把单纯的体力劳动视为唯一的生产力是错误的。李斯特认为，基督教、一夫一妻制、印刷、报纸、邮政、交通工具、思想与意识的自由、个人的身心力量等，都是生产力增长的丰富源泉。财富起因于劳动，即起因于人的头脑和四肢，而促使头脑和四肢从事生产的因素之一便是对个人有鼓励和激发作用的精神力量，这种力量能使人们在生产活动中取得更大成就。李斯特把

资本分为物质资本和精神资本两类。精神资本指"个人所固有的或个人从社会环境和政治环境得来的精神力量和体力"，是人们对于前人在科学与艺术、智力培养、生产效能等方面的进步和一切发现、发明、改进与努力等累积结果的领会。这种"领会的深切程度"决定一个国家生产力的发展状况。所有关于下一代的教育方面的支出虽然都是对现有价值的消耗，却会促进生产力的增长。"一国的最大部分消耗，是应该用于后一代的教育，应该用于国家未来生产力的促进和培养的。"国家对于物质资产应有所牺牲或放弃，"借以获致文化、技术和协作生产的力量"，以使将来的利益获得保障。李斯特还认为，在工业国家受到重视和获得丰厚报酬的，"首先是天才，其次是技巧，再次是体力"，原因在于生产力不仅是体力的，还有精神的。与精神资本和物质资本的划分相对应，李斯特把一国之中最重要的工作划分为精神工作与物质工作，这两种工作是相互依存的。精神生产的任务在于促进道德、宗教、文化和知识等。"这方面的成就愈大，则物质财富的产量愈大。"反过来，物质生产越发达，精神生产就更能获得推进。"工业和农业越是向前发展，人类的意志就越加不受拘束，就越能使宽容忍让的精神占上风。"发达的经济既有利于思维智力的发展，也有利于国民体力的增强。李斯特不仅把人的才智，而且明确地把人的体力都视为"精神资本"，即现代意义上的人力资本，这对于教育经济学的建立具有启发性。

马歇尔的教育经济思想 英国经济学家A.马歇尔在《经济学原理》(1890)著作中强调教育对经济发展的重要性，主张生产的要素除土地、劳动、资本外，还应加上教育的因素。经济学是研究人的健康、才能与生产力发展和经济增长之间关系的科学，是一门研究财富的科学，也是一门研究人的科学。他把人的问题提到一个相当的高度来看待。A.马歇尔把人的才能与其他种类的资本相并列，认为它们都是重要的生产手段，是提高生产力的因素。他明确指出，资本大部分是由知识构成的，知识是最有力的生产动力，它使我们能够征服自然满足我们的欲望。这种知识依附于人身，表现为人的经营能力、专门技能、进取精神等，这一切都在人身之内，属于个人，称为"内在的财货"。它是"非物质财货"的一种，是不可转让的。A.马歇尔对"内在的财货"特征的论述与现代人力资本特点无甚差异。在A.马歇尔看来，人的坚强、决心和精力是一切进步的源泉，是工业效率的基础，工业进步依赖于人们的道德、智力和才干。特别是在谈到企业的经营管理时，A.马歇尔认为，真正有经营管理才能的人可迅速扩充和增加利润，而只有普通能力的人是无力经营大企业的，只会带来损失。处理经济问题的能力日益明显地依赖于人的判断、敏捷、智谋、细心、毅力等品质。生产的发展和企业规模与经营活动的扩大对人的才能的要求也越来越高，不仅要求企业管理者，而且要求一般的

普通工人必须适应这一要求。要克服企业和生产中的种种困难，就必须改良工人的教育；不但要改良学校中的教育，更重要的是"用报纸、合作社和工会的工作，以及其他方法来改良以后生活中的教育"。A. 马歇尔看到学校教育的作用，也认识到非学校教育或学校后教育的重要性，认为这几类教育都有助于提高人的才智和能力。他提出把"教育作为国家投资"的观点，认为用之于人的教育投资是最有效的投资，在所有资本中，最有价值的就是对人投资而形成的资本。他还看到教育投资可以得到很大报偿："一个伟大工业天才的经济价值，足以抵偿整个城市的教育费用。"A. 马歇尔将人视为"资本"的思想，对以后教育经济学的建立，特别是对于人力资本理论的形成具有重要影响。

参考文献

魁奈. 魁奈经济著作选集[M]. 吴斐丹, 张草纫, 译. 北京: 商务印书馆, 1979.

李斯特. 政治经济学的国民体系[M]. 陈万煦, 译. 北京: 商务印书馆, 1961.

马歇尔. 经济学原理（上卷）[M]. 朱志泰, 译. 北京: 商务印书馆, 1983.

萨伊. 政治经济学概论: 财富的生产、分配和消费[M]. 陈福生, 陈振骅, 译. 北京: 商务印书馆, 1963.

亚当·斯密. 国民财富的性质和原因的研究（上卷）[M]. 郭大力, 王亚南, 译. 北京: 商务印书馆, 1974.

（吴克明）

经典测验理论（classical test theory）　　亦称"真分数理论"。源于 20 世纪英国心理学家、统计学家斯皮尔曼研究工作的一种最早实现数学的形式化的测量理论。教育与心理测验旨在将个体的心理特质数量化，从而更精确地研究心理的个别差异。它产生于心理测量实践兴起的 20 世纪初，经过几十年发展，到 20 世纪 50 年代初，已形成解决包括测验构建、误差控制、测验结果的统计分析及解释等问题的完整理论体系。为区别于以后产生的项目反应理论和概化理论，这一理论体系习惯上被称为经典测验理论。

经典测验理论体系

实得分数、真分数及测验误差的关系　　真分数不可能从测验中直接获得，只能从实得分数中估计其取值范围。经典测验理论将真分数定义为被试在无数个平行形式的测验上得分的平均值（或期望值）。平行形式的测验可以是测验的多个等值复本，亦可是一个测验在不同条件下多次施测。经典测验理论对实得分数、真分数和测验误差有如下理论假设。

假设一：实得分数与真分数存在线性关系，即 $X = T + E$，式中，X 表示实得分数或观测分数，即某被试在一个测验形式上的得分；T 表示真分数；E 表示测验误差，即在测验某一具体形式上产生的随机误差。公式中的 T、E 无法得到，上式仅仅是一个表示真分数与实得分数间关系的数学模型。

假设二：测验误差的期望为零（或误差的平均数为 0），即 $E(E) = 0$。这个公式可以对一个被试而言，也可以对一组被试而言。若针对一组被试来说，上式表示其测验误差的和为 0，平均数也为 0。这一性质非常实用。由 $X = T + E$ 和 $E(E) = 0$ 可以推论出 $\bar{T} = \bar{X}$，即一组被试真分数与实得分数的平均数相等。

假设三：误差与真分数独立。E 是测验中产生的随机误差，只与偶然因素有关，而与真分数 T 的大小无关，也就是说，测验误差并不随被试能力或心理特质水平的变化而出现有规律的变化，即真分数与误差分数的相关系数为 0。用 r_{TE} 表示被试真分数与误差分数的相关系数，则有 $r_{TE} = 0$。该公式也可表示为真分数与误差的协方差为 0，即 $\text{Cov}(T, E) = 0$。

假设四：实得分数方差等于真分数方差与随机误差方差之和。若以 S_X^2 表示实得分数方差，以 S_T^2 表示真分数的方差，以 S_E^2 表示误差方差，则有 $S_X^2 = S_T^2 + S_E^2$。该公式由上面四个公式推导得出。

信度理论　　信度（reliability）指测验结果的可靠性和稳定性，从可操作的角度上，信度可定义为一组被试的真分数方差与实得分数方差的比，也就是真分数变异在实得分数变异中所占的比重，或实得分数变异在多大程度上由真分数变异引起，即 $r_{xx} = S_T^2 / S_X^2$ 或 $r_{xx} = 1 - S_E^2 / S_X^2$。但是，在实践中无法知道被试的真分数 T，上式只给出信度的定义，不能用来计算测验信度。因此经典测验理论假定，存在严格意义上的平行测验。平行测验指两个测验内容相似，测验长度、平均分、难度、标准差均相同且测量同一特质的两个测验形式。对参加两个平行测验的每一被试，其真分数相同（$T_1 = T_2$），误差分的条件方差相同，且

$$\begin{cases} \text{Cov}(E_1, E_2) = 0 \\ \text{Cov}(E_1, T_2) = 0 \\ \text{Cov}(E_2, T_1) = 0 \end{cases}$$

即不同测验的误差间互不相关，测验误差与不同测验上的真分数互不相关。

在这些假设的基础上，经典测验理论证明了一个至关重要的结论：一个测验的平行形式之间的相关系数就是该测验的信度。有了这一结论，信度就可以通过重测法、复本法、分半法和计算内部一致性系数等方法计算了。至此，心理测验理论完成了其对测验信度的理论假设和推导，构建了一个较完整的理论体系。

效度理论　　效度（validity）意指有效性。测验结果的效

度指测验分数能够代表所欲测量心理特性的程度,即测验结果达到测验目的的程度。测验的效度问题由测验本身的误差即系统误差造成,反映了测验工具本身的问题。

测验实得分数可分为三个部分,即代表所要测量的心理特质水平高低的有效分数 V、测验本身的系统误差分 I 以及随机误差分数 E,即 $X=V+I+E$。

用推导信度基本公式的方法,同样可推导出效度的计算公式,即 $r_{xy}=S_V^2/S_X^2$,也就是效度等于有效分数方差在实得分数方差中所占的比重。与计算信度的基本公式不同,效度公式并没有什么实际意义。在实践中只能运用经验方法和逻辑方法来估计测验的效度,即估计测验的效标关联效度、内容效度和构念效度。

经典测验理论方法体系

方法体系就是采用哪些方法和程序来降低测验误差,提高测量的精度。经典测验理论在发展中已经形成相当完善的方法体系,这一体系主要包括项目分析和测验标准化。

项目分析　项目分析(item analysis)就是分析测验中每一个题目的质量。信度和效度分析,指的是对整个测验的质量进行分析评价,但分析的结果对提高测验质量并不能提供太多帮助。项目分析旨在通过对单个项目的分析、筛选和修改以提高整个测验的质量。项目分析包括难度分析和区分度分析等。

难度(difficulty),指测验题目的难易程度。某个题目的难度(P)可由被试在这个题目上的通过率或得分率来表示。项目难度分析是保证测验质量的一个重要手段,因为难度会影响测验信度和效度。测验的难度(指所有题目平均难度)会影响测验分数的分布形态。当测验难度过大(P 值小)时,测验分数集中于低分一端,呈正偏态分布,当测验难度小(P 值大)时,测验分数会集中于高分一端,呈负偏态分布,无论是正偏态还是负偏态分布,都会降低测验分数的离散程度(方差),使误差的方差在测验分数的方差中占的比重增大,从而降低测验信度。当测验难度即各题平均难度为中等(0.50)时,测验分数的分布呈正态分布,测验分数分布范围最大,测验信度也最高。当测验难度为 0.50 时,测验分数的分布才会是正态的,才能与被试心理特质的分布相符合,测验才可能有最大的鉴别能力,也就是说难度中等时测验才会有高效度,因此编制测验时要求中等难度的题目居多,使题目的平均难度一般要保持在 0.50 左右。但是,不同的测验目的对题目难度的要求也不同。当测验是为了选拔少数优秀被试时,就要求测验在能力的高分一端有较大的鉴别力,测验题目就应难些,若测验是为了发现少数能力较低的被试,就要求测验在能力的低分一端有较大的鉴别力,测验题目就应容易些。

区分度(discrimination),指项目得分对被试实际能力或心理特质水平的区分能力或鉴别能力,也就是项目得分的高低与被试实际能力或特质水平高低的一致性程度。由于项目的区分度能灵敏地反映测验目的,直接影响测验的效度,因而是评价测验质量的最主要依据。区分度的计算方法有两种:一种是计算项目得分与效标或测验总分的相关,相关系数叫项目效度;另一种是计算高分组与低分组(各占总人数的 27%)的难度差,这称为鉴别力指数。项目难度会影响其区分度,对单个项目而言,难度为 0.50 时区分度最大。区分度是影响测验质量的最敏感指标,区分度提高时,信度和效度都会迅速提高。编制测验时,要尽量选择区分度大的,一般要求在 0.30 以上。

测验标准化　心理和教育研究都希望严格控制随机误差的产生,保证研究结果的客观性和可靠性。教育与心理测量中对误差控制的过程称为测验的标准化。标准化就是使测验的编制、实施、记分和解释都按照统一标准进行,以降低测验误差,使被试能力水平的变异在测验分数中的变异达到最大。测验标准化具体包括测验内容的标准化、测验实施过程的标准化、评分标准化和测验结果解释的标准化四方面内容。测验标准化这一误差控制手段能有效提高测验结果的信度和效度,是测验编制必需的程序。但必须注意的是,严格的标准化会大大限制测验的应用条件,无法保证测验结果的可推广性。20 世纪 20 年代后产生的概化理论则很好地解决了这一问题。

经典测验理论的特点

经典测验理论在理论和方法上已相当成熟,在理论体系上,经典测验理论是所有测验理论中最完善的。以这种理论为基础编制的测验在各行各业得到成功应用,可以说经典测验理论是其他测验理论赖以产生的基石。经典测验理论之所以具有如此重要的地位,主要是因为它具有以下优点:(1)经典测验理论以随机抽样理论为基础,建立在简单的数学模型之上,其理论直观简便,易于被人理解和接受,且计算简便,容易推广。(2)理论假设较弱,对实施条件要求不严格,适用性广,不论客观性测验还是主观性测验,单维测验还是多维测验,对其结果都能方便地予以分析。(3)在多数情况下经典测验理论是足够精确的,可以放心地应用。研究表明,项目反应理论和经典测验理论估计的项目参数与能力值之间有很高相关。

经典测验理论在理论体系和方法体系方面也存在许多其本身难以克服的缺点:(1)基本假设难以成立。真分数与观测分数间存在线性关系的假定不正确。越来越多研究表明,真分数与观测分数间的非线性关系更符合事实。平行测验假设的难以成立。严格平行的测验是不存在的。即使同一测验在不同时间施测，也会因练习、疲劳、成熟等因素的影响而使测验分数产生变异。误差与真分数独立的假设难以满足。很多事实证明，真分数与误差分是不独立的。比如，低能力的被试答题时一般会比高能力被试有更多的猜测，所以其测验误差分的大小及其方差必然要大于高能力的被试。(2) 测验信度观存在严重问题。经典测验理论的信度针对被试全体，只代表平均测量精度。没有揭示出不同能力水平的被试测验误差不同的事实；信度的计算也严重依赖于被试样本。当样本的能力水平分布不同时，测验分数的分布范围就有差异，计算出的信度值就会不同。(3) 项目统计量（难度和区分度）严重依赖于被试样本。当被试样本的能力水平不同时，项目的难度和区分度不同。(4) 对被试能力的估计依赖测验题目的难度。在经典测验理论中，被试能力与题目难度不相关，参加不同难度的测验会得到不同的能力估计值，不同测验结果间难以进行比较。(5) 对测验等值、适应性测验、标准参照测验的编制等问题，不能给出满意的解决办法。

尽管存在以上缺点，经典测验理论因其简便易行仍被广泛应用。国外的资料表明，经典测验理论、项目反应理论和概化理论是最有影响的三种测验理论，三者呈鼎足发展之势。应该看到，这三种测验理论体系具有内在联系，并不是互相对立的关系，在将来相当长的一段时间内，三者将相互促进，互相补充，共同为测量实践服务。

参考文献

戴海崎,张峰,陈雪枫. 心理与教育测量[M]. 广州：暨南大学出版社,2011.

郭庆科. 心理测验的原理与应用[M]. 北京：人民军医出版社,2002.

洛德·诺维克. 心理测验分数的统计理论[M].叶佩华,等,译. 北京：人民教育出版社,1992.

Brennan, R. L. Educational Measurement [M]. 4th Rev. ed. Westport, CT: Praeger Publisher, 2006.

McDonald, R. P. Test Theory: A Unified Treatment [M]. Mahwah, NJ: Lawrence Erlbaum Associate, 1999.

（刘红云　骆　方）

经典条件作用理论（theory of classical conditioning）

亦称"经典条件反射学说"。解释人和动物学习现象的理论之一。与操作条件作用理论对应。由苏联生理学家巴甫洛夫首创。

经典条件反射实验和经典条件反射类型

经典条件反射实验

巴甫洛夫在他的实验中以狗为被试，以狗的唾液分泌为主要的研究对象。20 世纪初，他专注于消化过程的研究，但令他迷惑不解的是，在实验过程中，他发现一旦他进入实验室，狗便会有唾液分泌。很明显，狗一看见穿着实验服的人便足以引起唾液分泌，但巴甫洛夫认为这种反应只有食物才可以引起。值得庆幸的是，他敏锐地意识到这一偶然发现的重要性，并将自己的许多精力花在这些"心理分泌"的研究上。

在实验前，他通过手术将玻璃导管插入狗的唾液腺，并将导管引出来以精确测量狗分泌的唾液量。然后他将狗固定在一个实验支架上。实验开始，给狗呈现两种刺激：节拍器声和几秒钟以后一定量的肉粉。起初，节拍器的声音对狗来讲是毫无疑义的，因而狗对这种刺激不会有任何反应。但在其后几秒钟内，随着食物的呈现，狗出现一定量的唾液分泌。在节拍器声与食物数次匹配呈现之后，他发现单独呈现节拍器声也足以引起狗的唾液分泌。很清楚，狗已习得了什么：在节拍器声后对食物的期望。这样，实验前原本互不相干的两种刺激通过实验中的匹配呈现在某种程度上已相互联系起来，这一过程见图1。

```
条件反应形成前(阶段 1)
  中性刺激(节拍器声)→无反应
  无条件刺激(食物)→无条件反应(唾液分泌)
条件反应形成中(阶段 2)

  中性刺激(节拍器声)
        +                无条件反应(唾液分泌)
  无条件刺激(食物)
条件反应形成后(阶段 3)
  条件刺激(节拍器声)→条件反应(唾液分泌)
```

图 1　经典条件反射过程图解

在这一条件反射过程中，狗的注意活动值得实验人员关注。当开始发出节拍器声时，狗会竖起耳朵并将头朝向声音的方向，这一行为叫定向反应。通常在将动物置于陌生的刺激环境时，常常会有这种反应。这一反应可以看作是对某种刺激的特性引起注意的一个指标，同时也表明在条件反射过程中，动物有多种反应系统。

经典条件反射过程有三个特征，这三个特征对正确理解经典条件反射学说很重要。第一，条件刺激和无条件刺激的呈现次序与动物的反应无关，换句话讲，不管实验室中被试做什么，无条件刺激都跟随着条件刺激。由于无条件刺激的出现仅依赖于条件刺激的呈现，所以这一过程具有稳定性，无条件刺激伴随条件刺激但与动物的反应相互独立。第二，经典条件反射中的条件刺激是清楚可辨的，是很容易具体化的事件。第三，条件反应与无条件反应在表面上几乎相同，但实际上在反应量（唾液分泌量）上有所不同。上面的实验中，虽然条件刺激和无条件刺激引起的都是唾液分泌反应，但条件刺激引起的分泌量较少，似乎条件反应仅仅是无条件反应的一部分，比如上面的实验中，肉粉可以引起唾液分泌和咀嚼反应,而节拍器声引起的反应仅仅是唾液分泌。

经典条件反射类型　巴甫洛夫将条件反射划分为兴奋性条件反射和抑制性条件反射。上面提到的研究,都是兴奋性条件反射的例子。在兴奋性条件反射的情境中,条件刺激获得与无条件刺激同样的可以引起反应的能力,实验中的被试习得的反应是一种外显的行为,而这种行为是呈现条件刺激之后被试作出的主动的行为。

抑制性条件反射不如兴奋性条件反射那样明显,因为在抑制性条件反射中对条件反应的测量和评估是间接的,但是抑制性条件反射对巴甫洛夫条件反射的研究是重要的,它代表了联想学习的一种主要模式。

抑制性条件反射不同于兴奋性条件反射的一个重要方面是,条件刺激与无条件刺激不匹配,就是说在诸如铃声之类的条件刺激之后条件反应不跟随食物(无条件刺激),在这种情况下,条件刺激是用来抑制条件反应而非兴奋或引发条件反应的。抑制性条件刺激在条件反射期间既不是简单的中性刺激也非分散器。抑制性条件刺激通过取消无条件刺激获得其联想强度,这种联想强度是与兴奋性条件反射相反的一种反应倾向,即由兴奋性条件反射而形成的条件反应的逐渐减弱或丧失,而这一反应倾向是可以根据抑制兴奋性反应的线索而加以测量的。

巴甫洛夫反应的消退发生在反复呈现条件刺激而不呈现无条件刺激时,其结果是条件反应的强度逐渐减弱。减弱条件反应的过程是学习的过程,就是说,在消退期间条件刺激与无条件刺激之间的联结并非永久性中断,而是引起被试压抑和抑制了条件性的反应。消退期间,自然恢复这一概念可以充分说明抑制的作用。如果消退发生后给被试一段休息时间,然后又测试条件反应的强度,通常会发现消退了的反应在休息期间会自然恢复。由此可以认为,如果在消退期间条件刺激与无条件刺激之间的联结已经中断,即无学习发生,那么在休息后的再次测试中就没有明显的反应。从另一方面讲,如果消退仅仅产生暂时性的条件反应抑制,那么一有机会排除抑制,其后反应也应该是明显的。

经典条件反射中的影响因素　巴甫洛夫条件反应的获得与许多环境条件有关,更恰当地讲,刺激物本身在呈现强度及时间方面的变化都会影响条件反应的获得。

(1)无条件刺激的强度。经典条件反射中,一个最重要的变量是无条件刺激的强度。一般而言,无条件刺激的强度越大,机体作出的反应也就愈强烈。例如,巴甫洛夫实验中的唾液分泌就与食物量有关,同时也与酸(无条件刺激)的浓度有关。同样,兔子的条件性眨眼或颚部运动,以及成人条件性眨眼反应都因无条件刺激强度的增大而更加明显(前例中的无条件刺激为电击,后例中为空气压力)。大量

的研究表明,在条件性情绪反应实验中,大白鼠的压杆抑制随电击水平的提高而增加。

(2)无条件刺激的持续时间。在早期的许多研究中,无条件刺激作用时间的效果在某种程度上尚不清楚。但最近的许多研究已经表明,无条件刺激的作用时间长,则条件反射更为有效。例如,有人以无条件刺激的持续时间分别为0.5秒、1秒和2秒来训练兔子的眨眼反应,结果表明,所有的兔子都获得了眨眼这一反应,但在0.5秒条件下兔子获得这一反应的速度最慢。

利伊斯等人1973年的研究获得相似的结果,在研究中他们使用条件性情绪反应技术。研究者每天给予三轮每轮两次的条件刺激—无条件刺激匹配实验。在实验中,先呈现1分钟的光(条件刺激),其后紧跟着持续时间分别为0.05、0.2、0.5、1.0、3.0秒(不同时间代表不同的组别)的电击,条件反应获得的结果见图2。

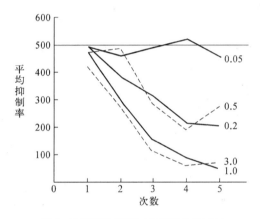

图2　不同持续时间电击下的平均抑制率

从图中可以看出,条件性情绪反应的平均抑制率(以公式 $A/(A+B)$ 来计算,其中 A 为条件刺激呈现期间的压杆次数,B 为条件刺激呈现前相当时间内的压杆次数)表明,在0.05秒被试组几乎没有发生条件作用,在0.2秒和0.5秒被试组中有中等程度的条件作用,在1.0秒和3.0秒被试组中几乎产生全抑制。近年来人们获得的证据似乎也支持这一结论,即巴甫洛夫条件反应的强度是无条件刺激持续作用时间的正值函数。

(3)无条件刺激的省略。人们在反应阶段对省略无条件刺激的效果进行了大量的研究。研究表明,在条件反射形成过程中,无条件刺激的省略会减弱条件反射,这一点在上面已经谈到。类似的结果在唾液分泌条件反射的实验中也已经发现:不呈现无条件刺激会使条件反应的强度有所减弱。因此,我们可以这样认为,巴甫洛夫经典条件反射获得的是条件反应与无条件刺激匹配百分比的正值函数。

(4)条件刺激的强度。巴甫洛夫条件反射中条件刺激强度的效果类似于无条件刺激强度的效果,但效果产生的

缘由有所不同。一般而言,强度更大的条件刺激将导致更有力的条件反应,这一事实已在许多实验情境中得到证明。例如,有人研究表明,人的眨眼条件反射是条件刺激强度的正值函数。

可以解释这一效果的一种理论是适应水平假设。该理论认为,在条件反射中,强度大的条件刺激比弱的条件刺激之所以更为有效,是因为强刺激更易被辨别;而且条件刺激强度越大,它与背景刺激的混淆越少。为了支持这一假说,有人在条件性情绪反应实验中相对背景刺激的水平改变条件刺激的强度。大白鼠在整个训练期间经受了 80 分贝的噪声,然后将它们分为 5 个组,并分别给予 70 分贝、60 分贝、45 分贝、0 分贝的条件刺激,结果见图 3。在 6 天的训练当中,5 个组都有压杆抑制现象的发生,但抑制的程度直接与刺激强度的变化有关:经受"更强"条件刺激(实际上物理强度小但时间变化大)的被试组比经受较小条件刺激的被试组表现出更大的抑制作用。这一研究通过相对变化背景刺激的水平清楚地证实了辨别理论。

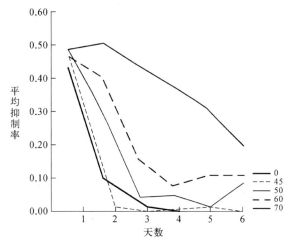

图 3　不同刺激强度下的平均抑制率

(5) 条件刺激与无条件刺激之间的间隔。条件刺激与无条件刺激之间的间隔是经典条件反射中最为重要的变量之一。这一因素之所以重要,原因是间隔在本质上规定了刺激间邻近的程度。当条件刺激与无条件刺激之间的时间间隔很短,即以秒而不是以小时计算时,巴甫洛夫条件反射就会出现。当然,随着条件反射类型的不同,最为恰当的条件反射形成的时间间隔也有变化。

有研究者以大学生为被试,发现当条件刺激与无条件刺激之间的时间间隔为 0.5 秒时,条件反射会出现最高点,间隔时间短于 0.5 秒时条件性反射会急剧减少,随着时间间隔的延长(至 1.4 秒)反射仍会逐渐增加,但增加幅度很慢,这一间隔时间以 0.5 秒为最佳。这一研究已经有广泛应用,如 0.5 秒的时间间隔就广泛应用于运动比赛中。

经典条件作用理论的主要内容

基本术语　在经典条件反射的情境中,可以明确辨别的有四个基本术语:无条件刺激、无条件反应、条件刺激和条件反应。这四个术语对应用经典条件作用程序的所有研究都非常重要。

无条件刺激(US),通常是可以引起可预测的反射性行为的生物性刺激。在巴甫洛夫的实验中,无条件刺激通常是肉粉,但在其他人的研究中,无条件刺激还包括电击、作用于角膜的气流、置于舌头上的弱酸等各种各样的刺激。无条件刺激通常可以在实验前非常一贯地引起可辨别的反应,就是说,只要给被试以无条件刺激,即能引起被试的反应,这种反应是不由自主的,任何训练的人为的方式都是无法加以控制的。

无条件反应(UR),是对给定的无条件刺激的固定且可以测量的应答行为,这种应答行为是先天的,是不需要学习即能习得的。在巴甫洛夫的实验中,无条件反应是唾液分泌。但其他的无条件反应,如皮肤电反应(GSR)、心率变化、眨眼反射都是可以研究的。通常由一种无条件刺激引起的反应不止一种,例如,对狗爪给予轻微点击,除引起狗的退缩性反应外,还会引起狗呼吸上的变化、心率变化及皮肤电变化等等。需要指出的是,无条件反应是一种非习得的反射性行为,只要无条件刺激一出现,无条件反应便会出现,它们之间是一种无条件的关系,刺激与反应之间的这样一种关系有时叫做刺激—反应单元,表明无条件刺激与无条件反应的相依关系。

条件刺激(CS),原本是一种新的、中性的刺激,这种刺激是由实验人员确定的。在条件反射前,这种刺激与动物的反应并无固定关系。但这种刺激要求具有与无条件刺激重复匹配呈现后可以单独引起反应的能力。在巴甫洛夫的条件反射实验中,条件刺激是节拍器声,但只要被试可以感知某一事件,则这些事件都可以用来作为不同的条件刺激。尽管条件刺激对无条件刺激来讲相对较弱,但它的确可以引起被试的反应。在感知某种刺激的过程中,有机体总是不可避免地作出某种探询性或定向性的反应活动,如转头、闭眼或姿势调整。巴甫洛夫把这些定向活动称为"是什么"的反射。如果在条件刺激之后不呈现无条件刺激,则这些定向性的反射活动会很快消失掉。

条件反应(CR),亦称"条件反射",是一种习得的行为,是对条件刺激本身的一种应答性行为。在巴甫洛夫的实验中,通过一个中性刺激与无条件刺激的重复配对呈现,狗学会了对节拍器声的唾液分泌反应。实验前,狗不会对节拍器声本身发生唾液分泌反应,最多会产生一些定向反应。由定向反应到唾液分泌反应的转变是一种学习的过程。虽然条件反应与无条件反应几乎相同,但它们之间仍有重要差异。例如,对狗爪的电击会引起狗的退缩和出声反应,而条件反应也许只有退缩反应。因此,条件反应类似无条件反应,但条件反应常常更弱,出现也要比无条件反应慢,或者讲,条件反应只包含整个无条件反应的部分成分,两者并不完全相同。

刺激替代 经典条件反射的传统理论起源于巴甫洛夫的研究工作,它是一种刺激替代理论。因此,有的心理学家也把巴甫洛夫经典条件反射学习称作刺激替代学习。刺激替代的观点是,仅仅将条件刺激与 US 接近就足以产生联想。可以假定,学习者的神经系统是以这样的方式构建的:两个事件的邻近发生(对大脑讲则表示着神经冲动)可以在它们之间产生联结。换句话讲,条件刺激可以替代无条件刺激,进而成为无条件刺激的代用品。无条件刺激起初引发无条件反应,当把条件刺激与无条件刺激重复配对呈现以后,条件刺激便可以替代无条件刺激,从而可以引起无条件刺激的反应,即条件反应。刺激替代理论认为,第一,几乎任何无条件刺激都可以转换为条件反应,前提是无条件刺激与条件刺激是邻近的;第二,如果条件刺激替代无条件刺激,那么条件反应与无条件反应应该是相同的。

但是人们有足够的理由怀疑这一点,因为有一些无条件反应,如瞳孔遇光收缩是无法条件化的,显然这一事实与刺激替代的理论相矛盾。在这些实验中,适当的无条件刺激及条件刺激与无条件刺激的匹配均予以呈现,但都不能成功。关于刺激替代的第二个观点,即无条件反应与条件反应相同的观点,许多研究已获得了对这一理论更为不利的观点。条件反应通常不同于 UR,例如,动物对电击(无条件刺激)的心率反应(无条件反应)通常会增加,而条件反应或者是减小,或者是增加,并不十分确定。有人在研究狗的唾液分泌条件反射中发现,同样是唾液分泌反应,条件反应包含有无条件反应所没有的许多因素。特别是狗对食盘作出的定向反应,这些反应均不是无条件反应的部分。人们在实验中发现,电击(无条件刺激)通常会引起大白鼠跳跃或退缩反应,但在该实验中大白鼠的条件反应则表现为静止不动。

条件反应的规律 (1)获得律与消退律。条件反应是通过条件刺激反复与无条件刺激相匹配,从而使机体学会对条件刺激作出条件反应而建立起来的。在条件反应的获得过程中,条件刺激与无条件刺激之间的时间间隔十分重要。一方面,条件刺激与无条件刺激必须同时或近于同时呈现,间隔太久则难以建立两者之间的联系;另一方面,条件刺激作为无条件刺激出现的信号,必须先于无条件刺激的呈现,否则也难以建立联系。

已经建立起来的条件反应,如果条件刺激重复出现多次而没有无条件刺激相伴随,则该条件反应会变得越来越

弱,并最终消失。但这种消退是暂时的,机体休息一段时间以后,当条件刺激再次单独出现时,条件反应仍会以很微弱的形式出现。随着进一步的消退训练,这种自发恢复了的条件反应又会迅速变弱。然而,要完全消除一个已经形成的条件反应则比获得这个反应要困难得多。

(2)刺激泛化与分化律。人和动物一旦学会对某一特定的条件刺激作出条件反应之后,其他与该条件刺激相类似的刺激也能诱发其条件反应。条件反应泛化的强度取决于新刺激与原条件刺激的相似程度,两者越相似,诱发的条件反应就越强。事实上,在自然生活情境中,刺激很少每次都以完全相同的形式出现。因此,这就需要借助刺激泛化将学习范围扩展到原初的刺激范围之外。但是,引起泛化的刺激对引起的泛化反应来说,有时是不准确或不精确的,并由此给学习带来麻烦。因此在许多时候,需要把一些类似的刺激分开,这就需要刺激分化。

刺激分化是指通过选择性强化和消退使有机体学会对条件刺激以及与条件刺激相类似的刺激作出不同反应的一种条件反射过程。在实际教育教学过程中,经常需要引导学生对所学的不同知识进行分化。如"p"与"q","天"与"夫"等。

刺激泛化和刺激分化是互补的过程。泛化是对事物相似性的反应,分化则是对事物差异性的反应。泛化能使人的学习从一种情境迁移到另一种情境,而分化则能使人对不同的情境作出不同的恰当反应,从而避免盲目行动。

(3)高级条件反射律。在条件反射形成以后,条件刺激可以像无条件刺激一样诱发出有机体的反应。也就是说,条件刺激也可以成为一种"替代性"的无条件刺激而形成条件反射。这种由一个已经条件化了的刺激使另外一个中性刺激条件化的过程,称二级条件反射。

在二级条件反射中,条件反射的发生不再需要无条件刺激的帮助,因而它极大地拓宽经典条件反射的领域。二级条件反射有助于理解许多复杂的人类行为。在日常生活中,人们的很多行为往往都不是由无条件刺激直接引起的,而是通过初级条件反射和二级条件反射并与无条件刺激有着直接或间接联系的条件刺激引起的。

两种信号系统 信号系统是巴甫洛夫学派的专门术语,指信号刺激体系与它相对应的条件反射体系。我们可以把作用于人的多种多样的条件刺激分为两个系统。一切作为条件刺激而直接作用于人的现实事物和它们引起的暂时联系属于一个系统,即人和动物共有的第一信号系统。而词以及在词的基础上发生的联系则构成第二信号系统,它是人特有的信号系统。

具体的条件刺激都可以使其对人变得有意义,这些直接作用于人和动物的事物都可称为信号,我们把这些信号称作是第一信号,由这些信号及其引起的对信号的反应称

作第一信号系统。第一信号系统是巴甫洛夫高级神经活动类型学说的用语，由于第一信号指的是直接作用于人与动物感觉器官的具体的条件刺激，所以第一信号有时也称现实信号。对第一信号发生反应的大脑皮质机能系统是人和动物共有的第一信号系统。

巴甫洛夫认为，人类特有的言语和文字可以代替第一信号引起条件反射，因此言语和词语就称为信号的信号，称为第二信号。对文字、语言发生反应的大脑皮质机能系统是人类特有的第二信号系统，它是言语和思维的生理学基础，是以第一信号系统活动为基础的。作为第二信号的"词语"，可以是条件刺激，也可以是条件反应，同时也可以作为强化物。因此，在没有任何无条件反射的直接或间接帮助下，即可形成暂时联系。

第二信号系统刺激物只有通过与第一信号系统刺激物的联系才会有意义。第二信号系统刺激物与第一信号系统刺激物有一定联系，但脱离了具体事物，表现为一种独立形态的存在，正是这一点使第二信号系统刺激物对人类具有更为重要的概括性意义。

第一信号系统与第二信号系统之间是有区别的：第一，第一信号系统是人和动物共有的，而第二信号系统是人类特有的，这一点也是人与动物之间的本质区别。也正是这一点，使得人类能超越第一信号系统所限定的极为有限的活动范畴。第二，两种信号刺激的包容性不同。第一信号只限于作用于人和动物的具体刺激物，而词则可以表示一类事物，每一个词，都是人的一个暂时联系系统。第三，两种信号系统形成的基础不同。第一信号系统是建立在无条件反射的基础上，它是使一个信号变得有意义的条件，第二信号系统则建立在第一信号系统的基础上。第四，两种信号系统活动的效果不同。第一信号系统是动物活动的最高调节机制，第二信号系统与人的思维密切联系，是人类活动的最高调节机制。

第一信号系统与第二信号系统又是密不可分、互相联系的。两者之间存在着动力传递过程。第二信号系统建立在第一信号系统的基础上，但是第二信号系统又调节支配第一信号系统。两者协同发生作用，其活动也有共同规律。例如两者均能发生暂时联系（形成条件反射）及进行分析综合。人的条件反射活动都是以第二信号系统为主导的两种信号系统互相传递、互相协调的结果。

经典条件作用理论的应用

经典条件反射原理具有广泛的应用范围。人们将巴甫洛夫原理应用于实践的努力主要集中在精神病理、行为失调和不良行为的理解和治疗方面。这些方面主要包括心因性躯体疾病、恐惧、痛苦的控制、食物偏爱和厌恶、嗜酒、幼儿与母性反应、性行为条件反射等。巴甫洛夫原理在行为治疗及课堂教学中的具体应用如下。

在行为治疗中的应用 在巴甫洛夫的条件反射中，可以通过把一个无关刺激与无条件刺激的匹配呈现，使得该无关刺激变得有意义，从而成为条件刺激。而许多行为失调和不良行为都可以从巴甫洛夫的条件反射原理中找到解释，对这类行为的治疗也就从寻找条件刺激和条件反应的关系入手。

如条件反射原理可应用于遗尿控制。1938年，美国人莫勒将条件反射应用于治疗技术，他建议对遗尿问题进行新型的"治疗"。膀胱是由植物性神经系统控制的。在大小便训练期间，儿童学会把他的大小便这一自然行为置于随意控制之下。儿童须注意来自膀胱和肠子的反馈信号，并抑制膀胱和肠子的冲动。这种条件反射显然包括"辨别"。儿童必须学会把注意力集中在某些内部的刺激上，而不管其他一些刺激，并确定哪些环境刺激（如厕所）是适当的条件刺激，借以促进身体反应。遗尿的儿童醒着时，能有意识控制膀胱和肠子，睡着时却仿佛失去了控制。大多数人都能够觉察来自身体的信号。当膀胱发胀时，我们通过反馈接受这一条件刺激，并作出起床和撒尿这一条件反应。莫勒认为，遗尿的儿童往往不能作出条件刺激和条件反应的联结，所以他设计了一种装置来帮助儿童获得控制。他在儿童的床单下埋上两根电线，这两根电线连着床头的响铃。当儿童尿床时，尿（尿是一种很理想的导电体）浸过被单接触电线引起床头铃声，唤醒儿童起床。尽管电流量很小，儿童身体觉察不到电击，但他在儿童熟睡时惊吵儿童，引起儿童的苦恼和忧虑，足以使儿童大脑的无意识部分"学会"去注意来自膀胱的信号，并在遗尿之前赶快醒来。对许多儿童，这种训练是一种有效的治疗手段，但用在年长者身上往往无效。

条件反射原理还可应用于测谎。如果说铃声和音乐是一种刺激，那么词也是一种刺激，这一点在前面已经谈到过。如果你在孩提时代被狗咬过，那么每当你见到一只狗甚至听到狗这个词，或看到狗的任何图片，你就会习惯性地警觉起来，不过在后面的情况下警觉程度低一些。人们已经发明一种"测谎仪"来测量人的"害怕反应"，测谎仪可以记录一个人的脉搏、血压、呼吸速度和手掌的汗液分泌量，因为人的交感神经系统的激发将导致汗液分泌增加、心跳加速和呼吸的变化。如果在我们面前呈现一个情绪性刺激物，测谎器记录会出现稳定而有规律的跳动。而根据这种记录出现的跳动，我们就可以推测情绪的某种变化，如害怕、忧虑和内疚。

测谎仪测量的是情绪反应，而非说谎本身。警察使用测谎器，是通过测量到的情绪变化来判断嫌疑人"认罪"的真实性。例如，有一个受害者被人用一条红色领带勒死，肯定只有凶手熟悉这条领带，这时警察可以将领带给几个嫌疑人看，当这些人在接受测谎仪审讯时，如果其中一个嫌疑人看到这条领带时有过于强烈的情绪反应，那么该嫌疑人被提审的可能性就要大大超过其他嫌疑人。

在课堂教学中的应用　经典条件反射原理已被用于师生的课堂教学中，但这种应用多是零碎的、非系统的。人们通过经典条件反射原理来说明学生偏见的获得。在一项研究中，要求被试学习由国名和形容词组成的两列单词，一列以视觉方式在屏幕上呈现，另一列则以听觉（耳机）方式呈现。每一个国家或者以肯定性形容词，或者以否定性形容词反复配对呈现。尽管学习者未注意到这种联系，但随后要求他们评价这些国家的等级时，发现学习者对不同国家的评价受到与这些国家配对的肯定或否定形容词的影响。学生在某种教育环境影响下以同样的方式获得偏见。

学校中有许多经典条件反射的案例。例如，许多学生在面临一次测验时会感到焦虑与不安。但测验本身是一个中性刺激，其与学生某种积极的反应或消极的反应相联系，一般是由于一系列否定的或肯定的个人经验，或源于一次简单的挫伤性事件。学生如果在过去的测验中得到成功的体验，得到老师、父母的赞许，那么测验就与一种肯定的情绪体验联系起来；反之，如果学生在测验中经常体验失败，并经常因此受到老师的批评和同学的嘲笑，则考试就变为引发焦虑或厌恶的条件刺激。许多积极或消极的情绪反应，都可以通过同样的方式获得。

参考文献

鲍尔，希尔加德.学习论——学习活动的规律探索[M].邵瑞珍，等，译.上海：上海教育出版社，1987.

皮连生，等.现代认知学习心理学[M].北京：警官教育出版社，1998.

杜·舒尔茨.现代心理学史[M].杨立能，等，译.北京：人民教育出版社，1981.

（王映学）

经济合作与发展组织（Organization for Economic Cooperation and Development，OECD）　简称"经合组织"。主要由西方国家组成的政府间国际经济联合组织。前身是1948年为执行马歇尔计划而由西欧十几个国家在巴黎成立的欧洲经济合作组织。1960年12月，加拿大、美国及欧洲经济合作组织的成员国等20个国家签署公约，决定成立经济合作与发展组织，在获得成员国议会批准后，于1961年9月在巴黎宣告成立。截至2012年有34个成员国：奥地利、比利时、加拿大、丹麦、法国、德国、希腊、冰岛、爱尔兰、意大利、卢森堡、荷兰、挪威、葡萄牙、西班牙、瑞典、瑞士、土耳其、英国、美国、日本、芬兰、澳大利亚、新西兰、墨西哥、捷克、匈牙利、波兰、韩国、斯洛伐克、智利、爱沙尼亚、以色列和斯洛文尼亚。

经济合作与发展组织的宗旨是：促进成员国经济和社会的发展，推动世界经济增长；帮助各成员国制定和协调有关政策，以提高各成员国的生活水平，保持财政的相对稳定；鼓励和协调成员国为援助发展中国家作出努力，帮助发展中国家改善经济状况，促进非成员国的经济发展；本着国际义务精神，促使世界贸易在对边和公平的原则基础上不断扩大。它同许多政府机构和国际货币基金组织、世界贸易组织等国际机构有着密切接触。

作为一个国际性合作组织，它没有强行执行决议的权力，基本上是咨询机构，通过道义上的劝告、会议、研讨和许多出版物来实施其规划。主要活动是研究各成员国的各种经济问题，寻找解决问题的方法，协调各国行动；主要出版发行一般经济学、统计学、贸易、工业、能源和农业、对不发达国家和地区的援助等方面的著作和研究报告。主要出版物：《经合组织活动》（Activities of OECD），秘书长年度报告；《经合组织消息》（News from OECD），月刊；《经合组织观察家》（The OECD Observer），双月刊；《金融统计》（Financial Statistics）；《经合组织经济调研》（Economic Surveys by OECD）；《外贸统计》（Foreign Trade Statistics），月刊；《经合组织经济展望》（OECD Economic Outlook），半年一期等。以上出版物均为英文和法文。

经济合作与发展组织的绝大部分工作是由两百多个专业委员会和工作小组准备并实施的。所有分支机构都配备有国际秘书处。这一结构中有一个教育委员会、一个教育研究与创新中心，它们在功能上相辅相成。前者主要帮助成员国把经济合作与发展组织的教育政策与本国社会与经济方面的实际情况结合起来；后者研究教育中与社会生活不相适应的部分，拿出解决问题的方法，实际解决各种冲突。

经济合作与发展组织的教育活动集中在如何提高整体教育质量，致力于如何根据社会对教育需求的变化，扩大受教育机会，增加教育经费和财政资助，以及如何强化教育在使年轻人为今后工作做好准备方面的作用。它每年提出教育纲领，经过秘书处和顾问们的分析后正式实施。

经济合作与发展组织先后主持召开了预测未来对科技人才需求方法的海牙国际会议（1959）、研讨经济增长和教育投资政策的华盛顿国际会议（1961）、研讨教育发展政策的巴黎国际会议（1970）等教育会议，制定了"地中海地区性教育发展计划"和"教育投资与计划方案"等国际教育发展计划，对一些国家教育投资的效率问题进行了调查研究。该组织对教育的高度重视及所采取的种种措施，特别是国际教育计划的制订和实施，不仅对成员国，而且对其他国家产生了积极影响。

（李　敏）

经济与教育发展 （ economy and educational development） 人类从事物质生产和再生产以及实现人类自身生产和发展的两种重要形式。教育与经济发展关系密切，教育伴随人类经济活动的产生和发展的整个过程，两者相互作用、相互依存和相互制约。一方面，社会物质生产力水平是教育发展的基础和条件，决定教育发展的规模、速度与水平；物质生产力发展的水平、方式，决定劳动力的水平与规格，决定教育的培养模式与规格。另一方面，教育是社会物质生产的必备条件，是提高劳动生产率的基本保证，教育与培训已成为先进生产力的关键因素。生产、生活和教育是人类活动的三大基本形式，是分析和理解教育与经济发展关系的客观依据。教育与经济发展研究内容包括：经济与教育发展趋势及相互关系、作用和影响；教育发展对于经济发展、经济增长与个人收入分配的直接作用。

经济增长与教育发展

人类的经济活动是其生存和发展的基本活动，经济制度、经济形态、经济发展阶段直接制约和影响着教育发展形态和发展阶段。马克思在《政治经济学批判》的序言中写道："人们在自己生活的社会生产中发生一定的、必然的、不以他们的意志为转移的关系，即同他们的物质生产力的一定发展阶段相适应的生产关系。这些生产关系的总和构成社会的经济结构，即有法律的和政治的上层建筑竖立其上并有一定的社会意识形式与之相适应的现实基础。"社会经济结构制约着社会经济生活、政治生活和精神生活，也制约着教育，并决定着整个教育的发展水平。同时，教育对于社会经济具有十分重要的反作用和影响力。现代社会经济发展中，教育对于经济的影响进一步凸显。

两千多年前的《管子·权修》一书中提出："一年之计莫如树谷；十年之计莫如树木；终身之计莫如树人。一树一获者，谷也；一树十获者，木也；一树百获者，人也。"中国古代思想家从朴素唯物主义思想出发，提出育人与育谷之间相差百倍的"收益率"，以及授之以鱼与授之以渔的本质区别。

英国经济学家亚当·斯密断言，劳动力的技能是促进经济进步的主要力量。他将教育投资列为固定资本之列，将教育投资与物质资本加以类比，认为两者并无质的区别。德国历史学派先驱李斯特重视教育在经济发展中的作用，认为社会财富主要由两部分组成，即物质资本和精神资本，前者由物质财富的积累而成，是现实的财富；后者由智力方面的成果累积而成，表现为一切发现、发明、改进和努力等的积累。他进一步认为，应把教师列入生产者之列，教师的这种生产性要比单纯的体力劳动者的生产性大得多。一国的最大部分消耗是应该用于后一代的教育，应该用于未来生产力的促进和培养。20世纪60年代，美国经济学家T.

W.舒尔茨和丹尼森通过研究得出结论，教育对于美国20世纪前半期的经济起着重要作用。T. W.舒尔茨认为，1929—1957年美国人均劳动收入的增长中，教育的贡献率高达50％；丹尼森认为，美国1929—1948年人均国民收入的增长中，有23％要归功于教育。60年代初，T. W.舒尔茨把教育费用当作一种投资形式进行分析；1962年，美国《政治经济学》杂志发表T. W.舒尔茨《人力资本的投资》增刊，标志着人力资本理论的形成。在知识经济时代，人力资源的开发与培训是一种生产力更高、使用期更长的投资。教育投资已从一般的消费性投资转变为基础性、生产性投资。大多数国家的数据分析表明，教育发展综合指标与人均国民生产总值呈正相关。世界银行的一份报告指出，新兴工业国家的经济增长率，在工业化初期，约58％归功于较高的小学入学率，约35％归功于有形投资，中学入学率的作用居第三位。劳动者的知识水平与素质已成为提高生产率和经济增长的内在动力之一。教育在社会再生产和经济增长中的作用不可替代。对教育和知识的投资是经济增长的关键，也是知识型经济发展的核心。20世纪80年代，人们日益认识到生产技术的变革是内生的，它取决于劳动力和管理人员对生产过程的组织。生产率的提高受劳动力队伍水平的影响。研究表明，在物质条件一定的条件下，高教育水平的劳动力不仅可以生产更多的产品，而且人力资本存量越大，劳动力就越可能生产出新的、高利润的产品。

经济发展阶段与教育发展

新教育时代的划分　21世纪人类教育进入新阶段。从农业社会到工业社会，再到知识社会，人类经历了两次现代化过程。第一次现代化以18世纪为界，人类从农业社会进入工业社会；第二次现代化是在20世纪末，人类开始进入知识社会。在以工业革命为标志的第一次现代化进程中，人类从农业时代向工业时代、农业经济向工业经济、农村社会向工业社会、农业文明向工业文明转变；在以信息革命为标志的第二次现代化进程中，人类从工业时代向知识时代、工业经济向知识经济、工业社会向知识社会、工业文明向知识文明转变。第一次现代化的主要特点是工业化、城镇化、专业化、民主化、基础教育普及化；第二次现代化的主要特点是知识化、网络化、信息化、全球化、多样化和高等教育普及化。按照普及程度划分，可把教育划分为工业时代以前的前普及教育、工业时代的普及教育和知识经济时代的后普及教育。后普及教育在工业时代后期萌芽，在知识经济时代进入成长和成熟期。

工业发展阶段划分法　美国经济史学家、发展经济学的先驱罗斯托1960年发表《经济成长的阶段》，提出了经济发展阶段理论，认为人类社会可分为五个经济成长阶段，即传统社会、为"起飞"创造前提阶段、"起飞"阶段、成熟阶段、高额群众消费阶段。中国国家教育发展研究中心对世界主要国家的经济发展与教育发展进行比较后得出初步结论：在传统社会阶段，教育发展处于低水平，一般只普及小学初等教育(3～4 年)；在为"起飞"创造前提阶段，基本普及了初等教育(6 年左右)，为"起飞"做好人力资源准备；进入"起飞"阶段，基本实现普及义务教育目标(8～9 年)；成熟阶段，人均受教育年限一般达到 10 年以上，实现了普及高中阶段教育和普及高等教育的目标；高额群众消费阶段，高等教育的普及程度更高，人均受教育年限达到 12 年以上。

国家教育实力划分法 依据不同经济发展水平，对高等教育发展状况进行分析，可把世界各国高等教育发展状况分为 5 类：第一类为教育强国，高等教育毛入学率在 70% 以上，每 10 万人口中在校大学生数在 5 000 人以上。如美国、加拿大、澳大利亚等国，高等教育毛入学率(18～22 岁)分别为 81.1%、102.9% 和 71.9%，每 10 万人口中在校大学生数分别为 5 395 人、6 984 人和 5 401 人。第二类为教育发达国，人均 GDP 在 5 000 美元以上，高等教育毛入学率在 40%～50%，每 10 万人口中在校大学生数为 2 500～5 000 人。如日本、德国、法国、英国、意大利等国。第三类为教育中等发达国，人均 GDP 在 2 000 美元以上，高等教育毛入学率在 20% 以上，这其中包括经济合作与发展组织部分国家和新兴发展中国家，如欧洲的大多数国家和新加坡、韩国等。第四类为教育大国，如巴西、印度、印度尼西亚和中国等，这些国家人口众多，人均 GDP 差距较大，高等教育毛入学率大都在 10%～15% 左右，每 10 万人口中在校大学生数在 100～200 人。第五类为教育弱国，主要是广大的发展中国家以及少数最不发达国家，高等教育毛入学率一般在 3%～9%，高等教育发展水平还相当低。

受教育水平划分法 人均受教育年限在传统社会时期，提高缓慢；经济起飞时期，提高迅速；进入发达社会，又进入低速增长时期。以美国为例，从 1910 年 25 岁以上人口中人均受教育年限为 8.1 年，到 1995 年达到 13 年左右。美国分别在 1945 年和 1971 年实现了高等教育大众化和普及化，人力资源开发取得了阶段性的进展。1910—1950 年，美国平均受教育年限从 8.1 年提高到 9.3 年，年均提高 0.03 年，处于低速增长期；1950—1970 年，人均受教育年限从 9.3 年提高到 12.2 年，年均提高 0.145 年，进入快速增长期；1970—1990 年，人均受教育年限从 12.2 年微升到 12.7 年，年均仅增长 0.025 年，进入后低速增长期。对于追赶型国家来说，人均受教育年限的高速增长期可能要出现得早一些。以中国为例，人均受教育年限的快速增长出现在 1982—2000 年，该阶段正是中国工业化的初期。近 20 年间，中国人均受教育年限以每年 1 个百分点以上的速度提高，全国 6 岁以上人均受教育年限提高了 2.36 年，年均增长 0.13 年；

1990—2000 年提高了 1.30 年，年均提高 0.12 年。这一持续的快速增长是与中国经济的高速增长相适应的。

知识经济与教育发展

未来学家托夫勒在《第三次浪潮》中指出，知识正成为一切有形资源的"最终替代"，知识的极端重要性，已经或正在改变工业组织、公司结构、商业竞争的形式和内容，以及创造财富的途径，甚至战争的方式。托夫勒进一步提出，我们正快速迈向一个为三种截然对立和相互竞争的文明所分割的世界——锄头象征着第一种文明，流水线象征着第二种文明，电脑象征着第三种文明。急速而剧烈的变动正在社会的每一个方面发生，因而造成的不只是过渡，而是转型。在托夫勒看来，人类社会经历了三种文明的"转型"，即从农业经济到工业经济，再到知识经济。这三个分化的世界上，第一次浪潮部门提供农业和矿产资源，第二次浪潮部门提供廉价劳动，从事成批生产，快速发展的第三次浪潮部门，则以创造和开发知识的新方法为基础，雄踞主导地位。全世界和许多国家内部正处在三种文明并存的转型时期。联合国科学与技术促进发展委员会在《知识社会——信息技术促进可持续发展》报告中提出了社会和经济向"知识社会"转型的重要观点。

在知识经济社会，教育与经济的关系正发生深刻变化，教育在社会中的"中心地位"进一步确立。在知识经济时代，教育成为一种生产力更高、使用期更长的投资。教育投资已从一般的消费性投资转变为基础性、生产性投资。现代教育在生产力发展中的作用主要表现在四个方面：(1) 教育为现代生产力发展培养和提供大批高素质的专业人才和高技能的劳动者，从而提高劳动生产率，促进社会生产力发展。(2) 现代教育是人力资本再生产的重要手段，教育通过人力资本的形式直接影响生产力的规模、水平和发展质量，进而影响社会生产力的发展规模、水平和质量。(3) 教育是科学技术生产、传播的重要手段，科学技术以教育为"载体"，在经济发展中发挥第一生产力的作用。(4) 教育使潜在的生产力变为现实的生产力。

教育具有更高的生产力。教育作为一种人力投资，其回报率大大高于非人力投资，相同数量的人力投资与非人力投资相比，人力投资对于经济增长的贡献率远远高于非人力投资。

教育具有更长的使用期。通过教育，经费投入转化为人口资本并依附在人身上，成为人生命的一部分，伴随人的一生不断地发挥效益；受教育水平较高的人有能力进一步进行个人教育投资，从事终身学习，不断更新知识、提高技能；教育投资比例高的国家，人口预期寿命也比较长。教育发展促进人口、经济和社会的协调发展。

教育是可持续发展的加速器。教育投资具有其独特的作用,教育投入高,物质文化生产力就提高,国家综合实力和人口素质就不断提高。同时,通过教育,可降低人口数量,提高人口质量,形成人口生产的良性机制,形成社会、经济、人口相互协调的可持续发展的局面。

表1　工业经济时代与知识经济时代的教育特点比较

比较内容	工业经济时代	知识经济时代
教育地位	处于社会边缘地位	处于社会核心地位
教育特点	一次性 非均衡	终身性 均衡性
教育功能	以社会功能为主	以人的发展功能为主
发展模式	低投入—高产出—高效益—低质量	高投入—高产出—高效益—高质量
发展动力	以供给为驱动力	以需求为驱动力
系统构成	单一的教育系统	教育与学习双重系统
结构特点	自我封闭系统	社会开放系统
学习场所	学校是唯一的学习场所	学习场所多样化
学习方式	大规模、集中式、专业化、标准化	分散化、网络化、个性化、终身化
教育技术	初级化、实体性	智能化、数字化、可视化
普及水平	普及高中阶段教育	普及高等教育
管理方式	集中化	非集中化

从工业经济时代到知识经济时代,教育的内涵与功能所发生的变化具体包括:(1)学习观念:一次性学校教育向终身学习转变;(2)教育功能:由教学、研究向教学、研究、社会服务三位一体转变,教育能力成为国家竞争力的重要组成部分;(3)教育模式:由封闭的校园教育向开放的网络化教育转变;(4)教学形式:从以教师口授为主的单向教学向以网络和多媒体技术为载体的交互式教学转变;(5)办学形式:由单一的全日制学习向多层次、多形式、多规格教学方式转变;(6)学制制度:由学年制向学分制转变,由单一全日制向多种学时制度转变,逐步实行完全的学分制和弹性学制;(7)教育内容:由统一内容、统一大纲向保证基础内容、追求前沿科学的方向发展;(8)教育管理:由以数字指标为主要内容的计划管理向宏观战略规划和政策规制转变;(9)高等教育:由精英教育向大众化和普及化方向发展;(10)教育决策:由中央决策为主向地方决策为主转变。知识时代与工业时代相比,教育结构的最大区别在于两点:一是以终身教育思想为理论支撑;二是以现代信息通信技术为技术支撑。

经济结构与教育发展

教育结构受经济发展水平和经济结构影响和制约。经济结构的发展变化决定着教育结构的发展变化。具体而言,国民经济体制中各种经济成分的比例和结构状况,直接或间接地影响教育的所有制结构。国民经济物质生产领域和非物质生产领域的部门结构比例关系和结构状况,国民经济中第一产业、第二产业和第三产业之间的比例关系和结合状况,直接或间接地影响教育的类别结构和专业结构。一个国家内部各地区之间的经济比例和结构状况,直接或间接影响该国的教育布局结构。国民经济中产业分工、行业分工和劳动力分工的水平,直接影响教育的专业结构。国民经济的技术结构决定着各级各类学校之间的比例关系。一般说来,使用的生产资料数量越大,质量越高,对于劳动力文化程度的要求就越高。

教育结构必须主动适应经济结构的改革、变化和调整,教育培养的人才规模、类型和规格要基本适应国民经济各部门、各行业的需要,促进经济发展。当然,这种适应是弹性的、灵活的,是科学的、合理的。

教育与经济收入分配

教育投资对于个人和社会都有利,教育能够通过提高劳动者的劳动生产率提高个人和社会的经济收益。萨卡罗普洛斯分析了32个国家的社会和个人教育投资收益率,此后又对44个和61个国家的教育成本收益分析的结果进行比较,其研究成果反映出国家教育投资的社会和个人收益率呈现四个基本特征:(1)小学(初等)教育的收益率大于其他阶段的教育;(2)个人收益大于社会收益,尤其在大学阶段更是如此;(3)绝大多数的收益超过10%(即通常认为的资金的机会成本);(4)较穷的国家的教育收益率较高,这反映了在这些国家技术工人有更大程度的短缺。

表2　教育投资的收益率(%)

国家组	初等教育	中等教育	高等教育
社会收益			
非　洲	26	17	13
亚　洲	27	15	13
拉丁美洲	26	18	16
中等发达	13	10	8
发　达	—	11	9
私人收益			
非　洲	45	26	32
亚　洲	31	15	18
拉丁美洲	32	23	23
中等发达	17	13	13
发　达	—	12	12

美国经济学家彭卡韦尔对教育与收入之间的关系进行

了长期研究,提出了传统的年龄收入曲线。其特点是:(1) 学历层次较高的人在任何年龄段上,其收入的绝对水平总是处在较高的位置上。(2) 年龄收入曲线随着年龄的递增呈凸起状态。即收入随年龄增长按照递减的比率递增,达到最大值(通常在 45～50 岁时)后呈平缓甚至下降状态。这种形态反映在所有的学历层次上。(3) 曲线的斜度与学历水平正相关。即收入水平达到峰值前,学历层次高的,平均收入递增速度总要比学历层次低的快。峰值过后,学历层次高的,其收入水平比层次低的下降也快。(4) 学历层次高的人,其收入最高水平通常在较晚年龄段上达到。(5) 处于不同学历层次的人,其收入差别随着学历层次上升而加大。即在任何年龄段上,由于受教育时间不同产生的收入差别随学历层次上升而加大。如接受初等教育的人与接受中等教育的人的收入差别分别低于接受中等教育的人与接受高等教育的人的收入差别。

教育在促进社会物质文明、精神文明发展中有着重要的、不可替代的作用。教育是可持续发展能力建设的重要领域,不仅要维持当代人的生存与发展,也应为下一代以至人类未来的发展创造条件。教育发展关系到国民经济持续、快速、健康发展,关系到民族团结、社会稳定,关系到国家、社会和个人的可持续发展。以 20 世纪 70 年代《学会生存——教育世界的今天和明天》为标志,教育在全世界的发展正倾向先于经济的发展,这在人类历史上还是第一次,"教育先行"成为一种突出的世界性现象。没有教育的适度超前和可持续发展,就没有经济社会和人类自身的可持续发展。对于中国来说,只有通过发展教育,保证人力和人才资源的可持续开发和利用,才能保障全体人民形成可持续发展的生产方式和生活方式,才能促进和实现经济社会的可持续发展。

参考文献

卡诺依.教育经济学国际百科全书[M].闵维方,译.北京:高等教育出版社,2000.

李斯特.政治经济学的国民体系[M].北京:商务印书局,1961.

曲恒昌,曾晓东.西方教育经济学研究[M].北京:北京师范大学出版社,2000.

(高书国)

经济主义教育思潮(economic theories in educational reform)　　一种论述教育与经济的关系和教育的经济属性的教育思潮。形成于 20 世纪 60 年代。关注教育对国民经济发展的贡献,认为教育是一种生产性投资,是促进经济增长的一个重要因素,并且采用一些经济学方法来度量教育对经济增长的贡献率。

经济主义教育思潮的产生与发展

经济主义教育思潮萌芽于近代资本主义产生初期,在 19 世纪至 20 世纪前期缓慢发展,20 世纪 60 年代迅速发展,并最终形成,其影响一直波及现在,成为当今世界一种主要的教育思潮。

作为一种思潮,其渊源可以追溯至古代。柏拉图曾经指出,生产工艺中有两部分,一部分与知识关系密切。中国古代思想家也对教育与经济的关系有过零星论述,如孔子的"庶富教"思想,墨子提出的"教人耕者其功多"等。当然,当时的生产力水平低,是简单手工劳动,在这种生产方式中,教育的经济功能还没有显现出来,古代学者是以其先哲的直觉敏锐地意识到教育与经济之间某种互动关系的。

第一次工业革命后,机器大生产代替了手工劳动,分工日益细化,工艺愈加复杂,劳动者已不可能再像以往一样用简单的工艺进行生产,而需要更高超的生产技艺和知识。这时,教育对经济生产的促进作用渐渐凸显出来,越来越得到人们的认识和重视,一些学者也从理论角度来论述这个问题。英国古典经济学家、空想社会主义者以及庸俗经济学家都对教育的经济功能提出了自己的见解。

古典经济学家把劳动者因教育因素而提高的生产能力看作一种重要的生产要素,以此来解释教育的生产性和经济意义。威廉·配第认为,劳动者的技艺是除土地、资本和劳动之外的第四个生产要素。教育和训练使人的劳动能力出现差别,受过教育的人能创造更多价值。亚当·斯密则把工人因教育和训练而获得提高的劳动熟练程度看作是社会的固定资本,把人的经验、知识、能力看作是社会财富的重要组成部分。在工人教育和训练上的投资与在生产资料上的投资一样,都可以提高劳动生产率,产生经济效益。对于劳动者个人而言,虽然接受教育和训练要花费一定的时间和费用,但也因此而得到更高的工资,这种超出普通工资的回报可以偿还所花费的时间和金钱,并且赚取利润。亚当·斯密不但论述了教育的经济意义,而且论及了教育的个人收益。

空想社会主义者圣西门和欧文也对教育与经济的关系问题提出了自己的看法。圣西门认为科学家、艺术家和教育家的工作具有生产性。欧文认为教育训练上的投资是一种可以得到高额利润的投资。庸俗经济学家比古典经济学家更进一步,把人的才能当作一种财富,把人力看作资本,把教育作为投资。法国的萨伊曾指出,教育是一种资本,而人经过教育和训练之后形成的特殊才能是一种积累的资本,是一种财富。德国的屠能认为,教育和训练能有效提高工作效率,增加生产。德国的李斯特提出了与"物质资本"

相对应的"精神资本"概念,精神资本即智力的成果和积累。英国的 A. 马歇尔认为教育投资可以带来丰厚的利润,可以极大地增强一国在经济竞争中的实力。

18、19 世纪,社会的工业生产水平还比较低,人们对教育的经济意义认识还不充分,资本家扩大再生产的主要手段是增加机器设备和劳动者的数量,加大劳动强度,而不是通过教育和训练来提高劳动者的生产率。尽管不少理论先驱已经认识到教育对生产的促进作用,但这还没有得到社会的广泛认可。这个时期对教育与经济关系的认识是粗浅、零散的,还没有深入具体地分析教育对经济发展的贡献率问题。19 世纪末 20 世纪初的第二次工业革命使人类的工业生产水平大大提高,劳动者的教育水平与生产能力之间的关系日益显现,人们对教育与经济之间的关系有了更深一层的认识,开始把物的投资与教育投资进行比较,用量化的方法来估算教育的经济价值。在这方面贡献突出的是苏联经济学家斯特鲁米林。他 1924 年发表《国民教育的经济意义》一文,用统计的方法计算苏联国民教育的经济意义,并以此与教育费用进行对比。美国经济学家沃尔什在 1935 年发表的《人力资本观》中采用"费用—收益"分析方法分析教育对学生个人收入增加的贡献,计算了教育的收益率。

第二次世界大战以后,以计算机技术、生物技术、新能源和新材料开发技术为代表的第三次科技浪潮席卷全球,带动了经济的快速发展。日本和联邦德国在短短二十几年时间内迅速地在战争的废墟上复苏,创造了经济发展的奇迹。人们越来越清楚地意识到教育对经济发展有着巨大的推动作用,理论界对教育与经济关系的研究也成了极受关注的话题。据统计,1924—1960 年,关于教育与经济问题的研究论著仅为 45 部(篇),而 1961—1966 年猛增至 747 部(篇)。到 20 世纪 60 年代,经济主义教育思潮迅速发展,影响波及全世界,并形成了教育经济学这门交叉学科。美国的 T. W. 舒尔茨、丹尼森、贝克尔等人在人力资本理论方面的研究构成了这股思潮的重要理论流派。

经济主义教育思潮的基本观点

在这股思潮的发展过程中,出现了各种各样的思想流派。其中主要有人力资本理论、社会化理论、劳动力市场分解理论、筛选理论等。这些派别从不同角度有所侧重地论述了包括教育对经济增长的贡献、教育投资的成本和收益、教育对收入和分配的影响等问题,构成了经济主义教育思潮的主干内容。

人力资本的概念　人力资本是经济主义教育思潮的一个核心概念。沃尔什最先使用,T. W. 舒尔茨又进行新的阐释并确定了它新的内涵。在经济学中,支出可分为消费和

投资。投资是指能带来长期收益的资金,消费是指用于购买短暂利益的资金。过去,投资一般指用在物质资本上的资金。T. W. 舒尔茨力图建立一个包括人力资本和物质资本在内的全面资本概念。物质资本体现在建筑设备等有形物质上,人力资本则体现在劳动者的数量、劳动时间、健康程度等量的方面和劳动者的技艺、知识、熟练程度等质的方面。人力资本是通过人力投资而形成的,凡是用于提高劳动力的质量和生产率的支出都属于人力投资的范畴。这样,人力投资就不仅仅是劳动者教育和训练上的支出,还包括用于劳动者的卫生保健和迁徙方面的费用,但教育投资是主要方面。教育和训练能提高劳动者的技艺水平、熟练程度和劳动质量,从而增加社会的人力资本,因此教育和训练上的投入是一种生产性投入,能产生社会效益和个人效益。

教育对经济增长的贡献　测算教育对经济增长的贡献是经济主义教育思潮的一项重要内容。虽然有的流派对教育是否能真正促进经济增长或能否对教育的这种贡献进行准确测量持怀疑态度,但以人力资本理论为代表的一些流派还是运用经济学的一些技术对教育在经济增长中的贡献率进行了计量。最先进行此项研究的是斯特鲁米林。他以劳动者的工资为尺度对劳动进行简化,计算出 20 世纪 20 年代教育对国民收入的贡献为 27%;20 世纪 60 年代他以教育年限作为劳动简化系数,计算出 1940—1960 年国民收入增量中的 30% 来自教育程度的提高。T. W. 舒尔茨 1961 年对美国 1929—1957 年的经济增长进行了分析。他用成本—收益分析法计算出教育收益率,进而结算出国民教育程度的提高对经济增长的贡献率为 33%。丹尼森也作过类似研究。他运用生产函数的概念来测算不同生产要素对美国 1910—1960 年国民收入和国民生产总值增长的贡献。他发现,劳动力和有形资本的增加不能完全解释国民收入的增长,促进经济增长的要素中还存在一个巨大的未知要素,即劳动力质量的提高。他得出结论,在美国 1929—1952 年国民生产总值的增长中,教育投资的贡献率为 35%。

教育的成本和收益　教育的经济效益问题是经济主义教育思潮关注的一个焦点问题。教育的经济收益是指教育的社会经济产出与教育投入之间的比较,这涉及教育的成本(即教育投入)与教育的效益问题。在人力资本理论中,教育成本是指用于教育的总资源,包括有形成本和无形成本(或称直接成本和间接成本)。有形成本指用于教育过程中的所有商品和服务的总价值,包括国家、地方政府及其他机构所支出的各级各类教育经费,学生个人或家庭支付的教育费用,等等。无形成本是指社会和个人因为教育而"放弃的收入",包括受教育者由于上学而没有就业所放弃的工资收入,社会由于学生上学而失去一部分劳动力创造的商品和服务,所有的非营利性机构所免除的财产税和所得税,

因办学而损失的相对地租,等等。与教育的成本相类似,教育的收益也可区分为个人收益和社会收益。T. W. 舒尔茨在《教育的经济价值》中列举了许多种教育收益,其中个人收益主要有未来较高的收入,较健康的身体,更大的就业机动性,更高的自我维持、自我教育能力,更好地安排生活的能力和更高的文化鉴赏力,让下一代享受更好教育的机会等。社会收益包括科学研究带来的知识进步和经济增长,人才的发现和培养,为持续的经济增长做人力上的准备等。T. W. 舒尔茨认为,教育的个人收益并不仅仅表现在受过较多教育的劳动者比受教育较少的劳动者获得更高的工资收入。工资收入与劳动者受教育程度并不是一种简单的线性关系,还受其他一些社会因素的影响,如劳动力市场的供求状况、社会的安定程度等。教育的个人收益还应考虑工资收入以外的一些因素。E. 科恩则认为教育的个人收益可以分为消费成分和投资成分两类。消费成分指学生在受教育期间产生的一种满足和享受。投资成分指教育和训练提高个人的生产能力,可增加他获得更高工资的可能性以及较广泛的知识、较高的艺术鉴赏能力和更有效的闲暇生活等。

教育作为个人投资,其收益体现在与劳动者的教育成本(包括有形成本和无形成本)相比较时,能获得一定的盈余。这表明,个人投资教育能得到利润,而且这种利润比物质性投入的利润更高(至少不低于这个数字)。对于社会而言,教育投资的收益率也应高于物质资本的收益率。关于这个问题,世界银行曾在委托萨卡罗普洛斯等专家在对44个和61个国家1958—1978年间不同教育水平工人收入进行考察的基础上,估算了教育投资的收益率和个人收益率,得出的结论是:初等教育的社会收益率和个人收益率是所有教育层次中最高的;个人收益率高于社会收益率,尤其是在高等教育中;所有教育投资的收益率高于资本的机会收益率;发展中国家的教育收益高于发达国家;发展中国家初等教育的社会收益率(27%)大大高于中等教育(16%)和高等教育(13%)。

教育与个人收入 人力资本理论通过成本—效益分析证实,教育与工资呈正相关关系,教育水平越高,劳动者的个人收入水平也越高,通过发展教育,缩小国民之间教育水平的差异,就能缩小收入的差别,促进社会公平。但是,这个观点受到其他理论的质疑。反对者认为,受过较高教育的劳动者获得较高收入,只能反映他们具有较强的能力,并不能证明教育提高了劳动者的生产能力。他们提出自己的理论来解释这个问题,其中较有代表性的有筛选理论、劳动力市场分解理论和对应理论。

筛选理论的代表人物有 A. M. 斯彭斯、阿罗等。他们指出,20世纪五六十年代发展中国家大力发展教育,结果并没有促进国家经济发展,反而导致大量人口失业。可见,通过教育提高劳动者的生产能力进而促进经济增长的说法缺乏

足够的证据。他们认为,教育只能把不同能力的人筛选出来,而不能提高受教育者的生产能力。A. M. 斯彭斯把教育视作劳动力市场的一个信号装置,可以为雇主挑选雇员提供甄别的信息。在劳动力市场中,雇主要判断雇员的能力,最简单、最经济的方法就是看他所持有的教育文凭的级别,并以此来决定给予他何种水平的工资。只看重劳动者所持有的教育文凭,而不顾及他们实际具有的知识和技能水平,这种现象叫做"文凭主义"。如果筛选理论的假定成立的话,那么人力资本理论就有瓦解的危险,各国对教育的巨额投资也无疑是巨大的浪费,如果教育仅仅起筛选作用,那么对劳动者能力的甄别代价未免太高,人们完全可以发展出更为廉价有效的鉴别方法。为此,莱亚德和萨卡罗普洛斯对筛选理论的假设进行了验证,得出结论说,筛选理论关于教育只能鉴别而不能增进人的生产能力的说法是站不住脚的,有许多证据表明,教育水平较高劳动者的能力的确比教育水平较低的劳动者强。另一位人力资本理论的支持者明瑟指出,教育的筛选功能与增进生产能力的功能并不绝对相互排斥,两者可以同时存在,即教育既可以增进人的生产能力,又可以发挥筛选功能,只是在影响收入水平的程度方面,两者存在差异。人力资本理论的观点仍是有效的。

劳动力市场分割理论以皮奥尔和多林格等人为代表。他们批评人力资本理论对教育与工资收入之间关系的分析不够准确,没有考虑到劳动力市场可以划分为不同的结构,论述时存在偏差。该理论认为,劳动力市场可以分割为主要市场和次要市场。主要市场提供大公司、大企业、大机构的职位,这些职位工资待遇较高,职业前景较好;次等市场提供的是小公司、小企业的工作岗位,这些职位工资待遇较低,职业前景也较差。决定劳动者进入主要市场还是次要市场的因素主要是种族、性别和教育背景,个人受教育的水平在很大程度上是受个人家庭背景的影响。从现实看,进入主要市场的主要是男性白人中受教育水平较高者,而少数民族成员和妇女大多数进入次要市场。只有在主要市场中,受教育水平才与工资收入呈正相关关系,而在次要市场中,两者没有显著的相关关系。因此,政府为低下层人员和失业者举办的各种职业培训不能解决严重的失业问题,也无法增加他们的收入。要促进社会收入的平等,关键不在于提高人们的受教育水平,而在于改革劳动力市场。

对应理论产生于20世纪70年代,创始人是金蒂斯等人。他们认为,人力资本理论认为教育可以提高人的认知能力进而提高劳动生产率的观点是错误的,工人工作效率的高低并不取决于他们的认知能力,而是取决于他们的非认知个性特征。他们指出,由于社会生产结构和职业的分化,不同的职位需要不同个性特征的人,教育的价值就在于培养劳动者的态度、性格、交往技能等个性特征。不同家庭和社会背景的人接受不同水平的教育,培养不同的个性特

征,进入不同的职业岗位,从而导致个人收入上的差异。要达到个人收入平等,首先应该实现社会平等。

关于教育的经济属性 对教育经济属性问题的认识也是经济主义教育思潮的一个重要内容。其代表性观点是教育产业化和教育市场化。

教育产业化观点认为,教育部门与其他产业部门一样,是社会产业的一个组成部分。基于教育的服务性,论者把教育归入第三产业,也有少部分人把教育作为第四产业或特殊产业来对待。他们认为,教育产业应通过市场等价交换的形式实现与其他产业部门的经济联系。教育产业的产品就是它所培养的毕业生,教育部门必须把它的产品投入商品市场销售,让雇主单位按等价交换原则购买并因此而获得收入,进行再生产。教育作为一种产业,与其他产业部门的生产一样,要服从商品生产的规律,学校好比是企业,应按企业的经营方式来运作、经营。

教育市场化是与教育产业化紧密联系的一种观点。论者以为,教育既然是一种产业,就必须进入市场,服从市场经济的规律,受价值规律制约;教育的产品是劳动力,其供求关系受劳动力市场的影响,其价格信号反应劳动力市场的供求关系。因此,他们主张把市场竞争机制引入教育领域,鼓励私有学校发展,主张工商企业介入教育事业,在市场竞争中促使学校提高效率,改善管理,提高教育质量;教育应与市场紧密结合,通过市场来调节教育供求,教育系统要通过与市场的联系来获得自身发展所需的物质条件,并实现资源的优化配置。

无论是教育产业化还是教育市场化,都把教育与经济部门的生产活动等量齐观,以经济规律来规范教育系统及其活动。这是对教育经济属性的一种认可。

经济主义教育思潮的影响

经济主义教育思潮是在社会生产发展到一定阶段,科学技术大规模介入经济部门并极大地影响经济发展的条件下产生的,也是教育思想反映社会经济发展的必然结果。它的理论既有反映教育客观规律的一面,也有其不足的一面。

经济主义教育思潮反映了教育与经济发展之间的紧密联系,揭示了教育对经济发展的促进作用,加深了人们对教育与经济关系的认识。在大机器工业以前,教育的经济属性和经济功能还不明显,人们更重视的是它的政治和道德价值。第一次工业革命之后,教育与经济之间的关系引起了人们的注意。随着现代科学技术革命的进一步深入,教育通过生产训练有素的劳动者,提高劳动者的生产能力,有力地促进了经济的发展,与经济的联系愈加紧密,对经济的巨大促进作用也日益凸显出来。20 世纪 60 年代经济主义

教育思潮的形成和发展,是教育与经济发展的必然结果。理论家们通过数字化计量,揭示出了教育对经济增长的贡献,揭示了教育投资的社会收益和个人收益,较为客观地反映了教育与经济之间的关系。

在经济主义教育思潮产生之前,人们从心理学、社会学、人类学等多种视角考察教育,形成了大量的教育理论。经济主义教育思潮从经济的角度考察教育,考察教育对社会经济发展的贡献,对社会分配的影响等问题,进入了此前教育理论从未涉足或很少涉足的领域,得出了大量有价值的原创性结论。不论这些结论的可靠性和正确性如何,它们都丰富了教育研究的维度,拓展了教育研究的视野,为人们理解教育提供了一个全新的视角,促进了教育理论乃至教育学科的发展。

出于对教育与经济之间紧密联系的认识和发展国民经济的愿望,世界各国在 20 世纪后半期都加紧了教育改革的步伐,希冀以教育的发展来促进本国经济的发展。各国普遍加大对教育的投入,大力发展职业教育、继续教育和成人教育,改善教育条件,促进教育普及。教育系统内部不断对教学内容、教学方式进行改革,进一步密切教育与社会经济的联系,加强与社会生产部门的联系。经济主义教育思潮的传播有力地促进了第二次世界大战以来世界教育的大发展。

作为若干种教育理论的总和,经济主义教育思潮具有共同的研究取向,即从经济的角度来看待教育问题。由于过度强调教育对经济增长的作用,经济主义教育思潮具有工具主义和功利主义的特征,教育在培养公民良好的道德品质,塑造人文精神、传递人类文化成果方面的作用和意义没有受到应有的重视。

参考文献

毕淑芝. 当今世界教育思潮[M]. 北京:人民教育出版社,2002.

柯恩. 教育经济学[M]. 王玉崑,等,译. 上海:华东师大出版社,1989.

邱渊. 教育经济学导论[M]. 北京:人民教育出版社,1989.

舒尔茨. 论人力资本投资[M]. 吴珠华,等,译. 北京:北京经济学院出版社,1990.

王善迈. 教育投入与产出研究[M]. 石家庄:河北教育出版社,1999.

(张东海)

经院哲学与教育（scholasticism and education）产生于 11 世纪末期的西欧经院哲学影响到教育目标和教育方法的确定。作为当时西欧社会主流的官方哲学,经院哲学在 12、13 世纪达到其巅峰,14 世纪时逐步衰落。经院哲学既是哲学,也是神学,是一种典型的神哲学。其作为哲学史研究对象是经院哲学,作为神学史研究对象是经院神学。

经院哲学之得名，与这种神哲学产生的环境特征有关。从辞源学角度讲，"经院哲学"的英文 scholasticism 或 scholastic philosophy 源自拉丁文的 scholasticus，意为"学院中人的思想"。在此意义上，将这种神哲学命名为"经院哲学"，主要强调这种思想赖以依附的"学院"或"修院"特性。中国香港和台湾地区将这种神哲学称为"士林哲学"。如果简单地强调这种神哲学的环境特征，那么还无法完整地揭示该哲学思想的实质。为此，东西方学界从"经院哲学"的内涵上对其进行了界定。美国学者霍莱斯特在《欧洲中世纪简史》中认为，经院哲学是和中世纪的天主教会、修院学院以及随后的大学相关的哲学运动，是着重涉及唯理论与有神论关系的运动。中国学者赵敦华也在其专著《基督教哲学 1500 年》中提出，经院哲学的确切含义是在公教会（或天主教）学校里传授的，以神学为背景的哲学。结合上述两个角度对经院哲学的界定，经院哲学就是在经院学校中进行的、对基督教神学从方法论和哲学意义上所作的理性阐释运动。

经院哲学作为当时西欧社会的主流官方哲学运动，主要涉及对两方面问题的争论：一是理性与信仰的关系；二是共相或一般与个别的关系，即唯名论与唯实论的关系。理性与信仰的关系，是经院哲学争论的主要问题之一。争论的焦点是辩证法能否运用于神学领域，其实质是当时处于优势地位的神学如何看待处于上升态势的哲学的问题。综观经院哲学关于这一问题的争论，主要产生了正统派与非正统派的观点。其中，正统派观点的核心是"信仰寻求理解"；非正统派则认为是"理性寻求信仰"。唯名论与唯实论的关系，是经院哲学的核心问题。二者关系的实质是关于共相或一般与个别的关系问题。唯名论与唯实论的争论大概在 11 世纪末期开始出现。争论的结果是形成了极端唯名论、极端唯实论和温和唯名论三个流派。极端唯名论以洛色林为代表，认为一切都是个别事物的名称，一般并不表示个别事物之外的实在。唯实论以安塞伦为代表，认为一般概念或共相不仅存在于语词的表达和思维中，而且是先于个别事物并离其独立存在的实体。温和的唯名论以阿伯拉尔为代表，认为共相是逻辑概念与心灵中的观念，具体包括以下几方面的思想：第一，只有个别事物才是独立实体，共相不是实体，也不表述个别实体以外的实体；第二，共相作为名词是有形的，作为名词的意义则是无形的，但心灵中有关于它的印象；第三，共相表述的事物存在的共同状态在感性事物之中，但把握这一状态的方式却在理智之中，表现为心灵中的一般印象；第四，个别事物是产生共相的原因，但共相一旦产生，便有了不依赖个别事物的心灵印象，即使个别事物消失，印象依然存在。经院哲学关于理性与信仰、唯名与唯实关系问题的争论具有积极的意义。这种思想交锋与论争孕育出了理性主义的早期萌芽，开创了西

欧社会对理性的崇尚传统；孕育了人们对神性的质疑和对理性精神的追求，为近代西欧社会逐步摆脱神的束缚而走向理性和世俗提供了思想指南，也为西方哲学发展奠定了重要基础。这种影响也涉及教育领域，经院哲学关于教育的一些观点和主张成为文艺复兴时期教育发展的重要借鉴和基础所在。

经院哲学作为中世纪时期兴起的一种神哲学，对教育的关注集中表现在对教育的目标定位和教育方法两个方面。在教育的目标定位上，经院哲学从其神哲学的性质出发，更多的是通过教育来解决信仰与理性的关系问题。在很大程度上，教育成为发展人理性的工具，而人理性发展的最终归宿不是为了理性的理性发展，而是更好地为信仰服务。换言之，就是通过人理性能力和水平的提高，使信仰的理论体系更加合理，更富有逻辑蕴涵，强化人们对信仰的尊崇。无论是温和唯名论的代表人物阿伯拉尔，还是极端唯实论的安塞伦，或是经院哲学的集大成者托马斯·阿奎那，都无一例外地坚持这种目标定位，他们之间的区别只是各自表述的角度有所不同，或是对理性强调的程度有所不同。在教育方法上，阿伯拉尔所著的《是与非》集中体现了他在教育方法上的创造。阿伯拉尔在书中列举了 156 个神学问题，并依据教会典籍，从是与否两个角度进行了解释，由此形成两种不同解释之间的冲突，为读者提供自我判断的文本。事实上，这种方法是一种典型的归谬法，即呈现不同的观点和材料，不提供现成的解答和结论，让那些寻求问题解答的人根据所提供的材料去进行自觉的归谬和推导，最终得出所想要的结论。其意义在于能让学生或个体主动进行思考。这对中世纪一味强调知识灌输的教学方法来讲，无疑是一个很大的进步。安塞伦强调的是一种逻辑证明的方法。在证明"上帝是否存在"的问题时，他提出了"自果推因"和"本体论证明"的方法。"自果推因"也称"后天证明"，是从公认的经验事实出发，来推导出上帝存在的结论。"本体论证明"是指仅仅依赖概念分析来证明上帝的存在，在证明过程中，不需要任何经验事实作为依据。这两种方法在教育上的意义在于为人的思维提供了两种不同的路径选择。托马斯·阿奎那提出了"正反论辩式"、"开放调和式"和"启发诱导式"三种方法。"正反论辩式"是指在教学或辩论过程中摆出或陈述正反两方面的观点，通过细致分析，提出自己的主张，在此基础上，进一步对其他观点进行评价。"开放调和式"较为注意分析各种观点的合理与不合理之处，批评其不合理之处时，肯定其合理之处；反之亦然。"启发诱导式"包括两种：一是通过发现进行学习，即依靠自己的努力来获得对事物本质的理解；二是通过教学进行学习，即在他人帮助下，经过他人的启发和诱导来获得知识。"启发诱导式"方法在很大程度上摆脱了经院哲学论证的方法论体系，真正确立起了有效的教学方法。

参考文献

傅乐安.托马斯·阿奎那基督教哲学[M].上海：上海人民出版社,1990.

吴式颖,任钟印.外国教育思想通史：第3卷[M].长沙：湖南教育出版社,2002.

（王晓华）

精神分析学说与教育（psychoanalytic theory and education）

产生于20世纪前后的弗洛伊德精神分析学说对教育产生持续影响。作为西方心理学主要学派之一的精神分析学说不仅在心理学界激起强烈反响,而且主要通过两个途径体现其对教育的影响。一是弗洛伊德及其弟子（包括不同倾向的弟子）对心理学观点的阐述本身极富教育意义,可直接引申为教育观;二是弗洛伊德思想的信徒或对其思想感兴趣的教育工作者对精神分析理论在教育上的诠释及运用。

弗洛伊德精神分析学说的核心是潜意识理论。奥地利心理学家弗洛伊德将人的心理分为意识和潜意识两个部分：意识是与直接感知有关的心理;潜意识包括个人的原始冲动和各种本能及出生后与本能有关的欲望,比有意识的心理过程更为深沉、更为复杂。弗洛伊德是"绝对决定论"者,认为人的一切行为及心理现象都离不开因果链条,最终都是由深埋在潜意识中的人的真实动机及目的决定的,人的行为及心理均可由此加以解释。他还试图从分析梦境入手,揭示潜意识的活动规律。在"潜意识"这一概念的基础上,弗洛伊德后来提出了包括"本我"、"自我"和"超我"的人格说。

传统观点认为,人的心理活动是一种有意识的精神过程。在崇尚外铄论的传统学校教育中,人们也往往只注意意识部分而忽视儿童的身心特征及内在需求、动机。弗洛伊德的潜意识理论问世后,从一个独特的视角向人们揭示了一个隐秘的新世界,对上述传统观点提出了挑战,并引起许多反传统教育工作者的极大兴趣。20世纪初期,欧美即有一些进步主义教育家在此问题上进行探讨并付诸实践。第二次世界大战后,西方不少教育及心理学工作者继续致力于潜意识研究,并将弗洛伊德的有关理论作为其教育理论的理论基础之一。例如,美国改造主义教育家布拉梅尔德将"非理性"（即"处于自觉意识阈限之下的原始的力"）作为其学习理论的基础。他指出,聚集在"自我"中的智力任务就是学会怎样对一个聚集在"本我"中的强烈愿望进行指导,以便遵从或修改聚集在"超我"中的意识的社会强制性。苏联教育家克鲁普斯卡娅及维果茨基等对弗洛伊德的潜意识理论也表现出极大兴趣。克鲁普斯卡娅指出：弄清潜意识的冲动与有意识的冲动之间的关系有很大意义;就教育而言,使潜意识的冲动迁移到有意识冲动上去的问题非常重要。苏联教育心理学家还对潜意识进行了有别于西方学

者的独特研究。当代一些教育工作者受弗洛伊德潜意识说的影响,创立了一些独特的研究方法或教学模式。美国教育家阿尔修勒、哈特维克及日本教育家浅利笃等对儿童画进行了研究,认为儿童画不可视为无意义的简单涂鸦,而是儿童潜意识的表现,画面上的表象符号或色彩均有其特殊的象征意义。他们力图从画面上分析出儿童的需求、亲子关系乃至攻击性倾向等隐义,从而确定其特质或问题所在。在此基础上,他们创立了儿童绘画诊断法。又如,保加利亚教育家洛扎诺夫创立了暗示教学法。主要通过暗示、联想、练习和音乐等综合方式,充分利用潜意识活动,诱发学生的学习需要和兴趣,并与有意识的心理活动相配合,从而增进学生学习外语的兴趣和信心,获得良好效果。

童年期是弗洛伊德著述中广为论述的另一主题。无论是在早期作为一种治疗方法,还是在晚期作为一种人格体系,他都强调幼年的生活经验和教育对儿童心理和人格发展的重大意义。弗洛伊德特别强调和重视儿童的早期发展,坚信病人的精神病因可追溯到童稚时期,成人的人格模型是从很早就开始形成的,5岁就完全定型了,因此,儿童将来的人格发展是正常还是变态,5岁前的经历具有决定性的意义。弗洛伊德还在泛性论的基础上,提出了独特的儿童发展理论。他将儿童的发展分为口腔期、肛门期、性器期、生殖期,并对每个时期儿童的身心特征都进行了研究并作了详细描绘。弗洛伊德重视早期环境、早期教育、早期儿童心理健全发展以及儿童发展阶段性特点等,这些观点历史上已有人提倡过,但他所作的独创性研究、论证与发挥,可以给人们以很大启示,帮助众多幼教工作者加深对其所承担任务重要性的认识,推动了对早期教育和儿童期经验的重要性及儿童身心发展规律的研究。20世纪许多儿童心理学家及教育家如格塞尔、艾萨克斯、皮亚杰等,都曾受惠于此,导致对童年的研究迅速成为一种公认的科学。

精神分析学说与现代心理卫生运动有直接关系。弗洛伊德精神分析学说的基本要点之一是强调人的行为是由个人的基本生物冲动激发的,这种冲动与环境严重失调,受到压抑时,就会在其他幌子下发泄出来,严重的会导致心理变态。弗洛伊德还注意到许多精神疾病在儿童期就有征兆,并断言个人生活的不幸通常可以到童年期的经验中去寻根溯源。因为这些经验常因压抑而转换为心理疾病或某种特殊性格,长大后成为其行为的主要动机,不自觉地表现在日常生活中,而原始的动因早已忘却。有人提出,弗洛伊德的上述观点对教育非常重要,有关事实的确定,激励人们重视整个健康生活和儿童早期教育的环境,有助于把握一些有严重人格缺陷或心理障碍的青少年乃至成人的病因。20世纪以来,尤其是第二次世界大战后,由于在很大程度上受精神分析理论的影响,欧美各国的各级教育机构及教育工作者纷纷关注儿童的心理卫生,许多医务、司法、社会工作者

乃至宗教人士也积极参加进来,致力于心理疾病的发现及治疗。后来,预防与治疗变得同等重要。心理卫生课的开设,心理健康的咨询、诊断及不正常儿童的心理治疗遂成为现代学校的职能。精神分析学说问世后,许多教育工作者将精神分析的原理加以诠释或灵活运用,对学校教育内容及方法产生重要影响。除了上面已提及的外,还表现在以下方面。第一,用宣泄等方式减轻儿童的压力。根据精神分析学说的基本观点,天生的欲望是一切有机体生存的基础,儿童的本能欲望如被过度压抑,可导致心理变态及教育失败。传统教育往往用高压令儿童就范,为克服这一弊端,西方许多学者反对过多束缚、压制儿童,并要为儿童提供可发泄其情绪的出口。20世纪70年代后,欧美一些国家的幼儿园教师根据此原理,将艺术、游戏及其他表达活动作为儿童精神发泄、消除压抑的一种手段。如,允许儿童通过游戏来摆脱害怕、焦虑及其他可能导致成年期精神疾病的消极情绪。一种做法是让儿童在游戏中打娃娃、小动物或其他物品出气;另一种做法是通过戏剧性游戏补偿现实生活中不能满足的欲望及需要。从事游戏等活动时,教师们还要观察儿童的行为举止,形成一种支持儿童活动的气氛,但应避免介入,以免歪曲儿童的观念。第二,将"求乐"与"现实"原则应用于教育。弗洛伊德认为,人的行为受本能支配,又受现实限制。在此基础上,他提出了"求乐"与"现实"原则。前者指人的行为受本能支配,追求快乐;后者指人由于受道德、法律的制约,必须克制本能冲动以适应现实生活。显然,求乐及现实(亦称欲望与现实、个人与社会)原则在某种意义上是对立的。但弗洛伊德又指出:求乐原则就其本身而言,并不能保证人类很好生存,人类不能离开群体而生存,故每个人必须作出牺牲,以保护文明不受个人侵犯。在此意义上,上述两原则又是互补的。弗洛伊德还指出:教育作为人类主要活动之一,不能没有禁律及约束,即使那种努力防止将禁律变为可怖规则的最宽松的教育形式中,也存在着最低限度的禁律因素。理想的教育不是抑制冲突,而是淡化冲突,在自由与禁律之间寻求一种最佳平衡。弗洛伊德的上述思想受到很多人的赏识。他们认为,将上述思想贯穿到教育实践中去,就应提倡一种中庸、宽松的教育。在这种教育中,儿童的本能受到尊重,社会公认的道德规范亦未遭忽视。通过这种教育,可以培养出个性化与社会化相结合的新一代。第三,关注并对儿童实施正确的性教育。建立在泛性论基础上的弗洛伊德学说对性问题极为重视。弗洛伊德认为,性本能为人之最基本的本能,但在文明社会常遭压抑。他指出,受基督教影响的西方传统教育的一个重要缺陷就在于用虚伪与压抑的方法对待儿童的性兴趣,认为现实生活中教师及父母向儿童隐瞒性知识真相的种种理由都是愚蠢可笑的。弗洛伊德根据自己早年诊断精神病人的经验,确信性欲遭压抑是产生病态问题的根源。

鉴于此,除主张减轻压力及宣泄外,他提倡对儿童进行性启蒙及性教育,并呼吁教育家和改革家注意研究儿童在多大年龄接受性教育及以何种方式进行性教育为宜等问题。有人指出,对西方传统性道德的批评、对性知识教育和性启蒙的提倡是弗洛伊德教育思想的主要特征。弗洛伊德的这一思想对现代教育产生了重要影响。在响应者及追随者中,英国教育家罗素是突出的一位。罗素从精神分析学说中吸取了童年期由性引起的一系列问题未能得到正确解决会导致成年期精神紊乱等观点,早在20世纪20年代就指出,性知识正如其他知识一样,可以用纯粹科学的态度传播给儿童。罗素还通过其家庭教育实践及皮肯希尔学校的教育实践对如何实施性教育进行了实验。第四,利用升华的作用,对儿童加以积极引导。"升华"即将被压抑的欲望或心理能量转移到对社会有益、高尚的创造活动上去。弗洛伊德认为,历史上科学家、艺术家卓越成就的取得,无不是升华的结果。有研究者提出,此原理可应用于儿童教育,并足以证明积极活动之重要。在儿童教育中,一方面应尽量避免足以发生"情节"(即各种互相冲突的情绪)的刺激,不用种种规则限制儿童;另一方面以积极的方法鼓励他们活动。比如,儿童好显示他们的身体,教育者便顺而导之,鼓励其运动及游戏,此外,还可以安排各类健康积极的活动及高尚的追求。这样,儿童的心理能量可得到正当引导,被压抑的情绪亦可得到宣泄或舒解。

20世纪上半期,弗洛伊德的精神分析学说引起当时进步主义教育家的极大兴趣,被有些人奉为教育实践的指导思想。精神分析之所以引起进步主义教育家的共鸣及好评,原因有以下几点。其一,精神分析是一种动力心理学,致力于对人内驱力的深入研究,而许多进步主义教育家亦注重教育过程中儿童动机的重要性,对其表现与形成作了认真研究,精神分析增加了他们这方面的兴趣,对他们有所启迪。其二,精神分析强调情感并主要与情感有关。进步主义教育家反对传统学校过度强调智力因素,因此欢迎强调情感生活重要性的这一心理学理论。这一理论可以帮助他们论证儿童教育须更平衡地全面发展以及师生间建立真诚感情的必要性。其三,精神分析家们认为,儿童的成长要经过一系列各具认知特征及意义的循序的发展阶段,这与卢梭开创的新教育传统及20世纪许多进步主义教育家的观点相一致。其四,精神分析注重个案及个体差异研究。这一观点强化了进步主义教育家关注个体自由发展问题的信念。其五,进步主义者倡导个体咨询与个性发展程序的研究方法亦得到精神分析心理治疗术在方法上的有力支持。

最早将精神分析学说作为教育实践指导思想的是美国教育家南姆伯格。她1914年在纽约创办"沃尔登学校",开始招收2~3岁儿童,后逐渐发展到小学与中学。学校致力于研究与发展学生人格,重点考察儿童潜意识的情绪、儿童家庭背景及社会调节等。南姆伯格的办学目的是运用精神分析原理教育一般儿童,学校的基本任务是:升华,即让个体与群体充满内驱力的生命力得到积极表现;释放,即将儿童从成人的过分束缚下解放出来,鼓励他们表现自我的内在生活,促进其情感、智力和体力的扩展。课堂教学与传统学校相近,但教法、重点与传统学校迥异。其学校气氛宽松;课堂高度个体化,力求适应儿童的需求;既坚持智力的严密性,又鼓励创造性活动。沃尔登学校被视为当时最明确地按照精神分析理论定向的最有生气的教育机构之一。英国教育家、现代西方自由学校运动创导者 A. S. 尼尔是系统地将弗洛伊德精神分析理论运用于教育实践的另一个代表。A. S. 尼尔 1921 年创办萨默希尔学校(Summerhill School),并主持该校工作五十多年。A. S. 尼尔年轻时深受弗洛伊德的影响,其教育理论及办学思想反映了这一点。他对以下问题进行了分析:其一,教育失败的原因。A. S. 尼尔认为,只有问题家长和问题教师,所谓问题儿童,多半是他们一手造成的。他们不理解儿童的动机,特别是儿童潜意识的愿望和需要。他们愚蠢,才导致儿童教育失败。其二,情感与理智的关系。A. S. 尼尔认为情感力量远比理智强大,但现实生活中理智教育的作用往往被夸大。一味鼓励儿童追求功利的目标,是成人的过错,导致儿童人格倒错。其三,现代教育问题的症结。A. S. 尼尔认为,现代工业文明的强制性对人性造成破坏,现代教育以禁止为能事,人们因此失去自由,儿童变得不会生活,害怕甚至憎恨生活。其四,正确的教育方法。A. S. 尼尔主张采取特殊的教育方法,即在一个短时期内允许乃至鼓励儿童放任所为,不加制止,视之为"恨"(郁积)的发泄。孩子一旦意识到自己是自由的,就再也无所畏惧了。教育者的责任是将对儿童公开和暗中的控制降到最低程度,同时将可为儿童提供的可资利用的机会增加到最大限度,因为自由会使越来越多的潜意识东西变为意识。A. S. 尼尔的上述理论及实践产生了广泛深远的影响。

除南姆伯格及 A. S. 尼尔外,弗洛伊德的影响还反映在 20 世纪许多教育家的教育理论及实践中,不过多数人只是部分吸取弗洛伊德的思想及主张,有些人还在吸取弗洛伊德某些思想的同时,对他的其他观念持批评态度。

弗洛伊德的精神分析学说在发展过程中衍生出若干派别。20 世纪 40 年代初形成的新弗洛伊德派一方面继承了弗洛伊德的精神分析方法,致力于从人的产生于早期经验的心理结构来说明人格的形成,另一方面强调文化及社会因素的影响,反对弗洛伊德将生物本能视为人格形成的决定因素的观点。基于上述理论分歧,这一学派的教育观与受弗洛伊德古典精神分析学派影响而形成的教育观有一定区别。

参考文献

布鲁帕克. 教育问题史[M]. 吴元训,等,译. 合肥:安徽教育出版社,1991.

弗洛伊德. 精神分析引论[M]. 高觉敷,译. 北京:商务印书馆,1986.

扎古尔·摩西. 世界著名教育思想家[M]. 梅祖培,龙治芳,译. 北京:中国对外翻译出版公司,1995.

Connel, W. F. A History of Education in the Twentieth Century World[M]. New York:Columbia University Press, 1980.

(杨汉麟)

巨著课程计划(Great Books Program)

亦称"名著课程计划"。美国高等学校为实施通识教育而制定的本科阶段课程教学计划。最早由哥伦比亚大学厄斯金教授在第一次世界大战期间提出,要求学生在大学的最后两年中每周阅读一本经典著作,再花几周时间讨论。后经赫钦斯和其好友 M. J. 阿德勒的发展,更加突出了名著在大学课程中的地位,从一个时间为两年的计划扩展为四年制的通识教育教学计划。赫钦斯认为名著具有多种价值:古典著作可在一定程度上代表西方文明发展的轨迹,其中记录了各个时代的思想家对宇宙和人类自身问题的思考和探究;西方社会若想从大工业文明的困境中解脱出来,必须重新研究古代伟大思想家著作中的智慧和真理。他聘请了 M. J. 阿德勒等人,成立了"西方名著编纂咨询委员会",整理遴选名著。到 1952 年,共编辑了名著 54 册,罗列了 2 987 个话题,涉及 1 792 个观念、概念和名词。他从中又提炼出 102 个古今最重要的伟大思想。巨著课程计划的目的是实施自由教育,使学生获得终生享有的基础知识和统一的观念,批判性地欣赏过去的文化遗产,树立社会和道德责任感,为掌握任何职业的特定技能做好智力准备。

巨著课程计划是在永恒主义教育哲学观指导下形成的。永恒主义的哲学基础是古典实在论。古典实在论认为宇宙间存在一种永恒的绝对实在,真理是实在的抽象和概括,在每个地方都一样。永恒主义认为,人的本性也是一种实在,人是理性的存在物,知识体现在绝对不变的普遍真理之中,不管环境千变万化,人性在任何地方都是相同的,对每个人的教育都应是相同的;教育的任务就是培养人的理性,帮助人们探寻和接受永恒的真理,而不是适应不断变化的社会环境,为未来做准备;应该教给学生某些基础学科,使之充分认识世界的永恒性,学生应该学习文学、哲学、历史和科学方面的名著,展示最大的抱负与成就。它在教育内容上主张传授真理性知识,在教学过程中注重培养学生的逻辑推理能力。永恒主义力图通过回到古人那里去来提高人类普遍的理解力、洞察力、判断力,以弥补科学和物质高度发达的文化中出现的精神匮乏现象。

圣约翰学院是全面实行这种计划的学校之一,其 1997—1998 学年的名著教学计划规定如下。一年级学生以学习古希腊名著为主,包括 15 位大思想家和一些著名科学家的四十多篇(部)传世之作,如荷马的《伊利亚特》、《奥德赛》,柏拉图的《理想国》、《法律篇》、《申辩篇》、《斐德罗斯篇》,亚里士多德的《诗学》、《形而上学》、《尼各马可伦理学》、《政治学》,拉瓦锡的《化学元素》,哈维的《心脏和血液运动论》以及阿基米德、托里拆利、帕斯卡尔等人的科学论文等。二年级学生以学习古罗马、中世纪、文艺复兴前后的经典名著为主,包括 33 位思想家、科学家、艺术家的作品五十多部(篇),如托马斯·阿奎那的《神学大全》,哥白尼的《天体运行论》,马丁·路德的《基督教的自由》,培根的《新工具论》,莎士比亚的《理查二世》、《亨利六世》、《哈姆雷特》、《第十二夜》、《李尔王》,以及部分贝多芬的交响曲作品和 F. P. 舒伯特的歌曲作品等。三年级学生主要研读 16 世纪和 17 世纪三十多位思想家的著作四十多部(篇),包括伽利略的《两种新科学的对话》、惠更斯的《光论》、斯宾诺莎的《神学政治论》、洛克的《政府论》、牛顿的《数学原理》、莱布尼茨的《单子论》和《形而上学论》,休谟的《人类本质论》,卢梭的《社会契约论》和《社会不平等的起源》,亚当·斯密的《国富论》以及简·奥斯汀的《傲慢与偏见》等。四年级则侧重学习从 18 和 19 世纪到当代的一些名著,包括 26 位思想家、科学家、作家、艺术家的作品、诗文三十多种,如达尔文的《物种起源》、黑格尔的《逻辑学》、林肯的《演讲集》、马克思的《资本论》和《1844 年经济学哲学手稿》、托尔斯泰的《战争与和平》、弗洛伊德的《精神分析引论》、J. 康拉德的《黑暗的心灵》、叶芝和 T. S. 艾略特的诗作,以及爱因斯坦、法拉第、卢瑟福、玻尔和薛定谔等科学家的论文。

在圣约翰学院,巨著课程计划的教学组织形式以讨论课为主,辅之以基本技能辅导课。讨论课是预先布置阅读材料,每次大概 80 页,如果难度大,可少一些,有 17~21 名学生参加,由两位教师辅导,每周讨论两次,每次 2 个小时。为了使学生能准确理解名著的精髓,以清晰的语言和严密的逻辑参与讨论,圣约翰学院开设了语言、数学、实验、音乐(合唱)等基本技能辅导课,培养学生进行名著学习和讨论所需要的最基本的语言写作、表达、推理方面的知识和技能。

巨著课程计划一出现,便在高等教育界引发了很大的争论。倡导者认为,学习名著能帮助学生学会思考世界最重要的问题,发展理智能力;名著最具创意、最完美地表达了主宰现代生活的各种观念,是最重要的导师;名著对人类存在的各种问题,包括现代生活中面临的各种问题都作了完满的解释。反对意见也很多,主要集中在以下几个方面:名著的选择很难达到具体的共识,不同的名著教学计划,差异性和主观性很大,难以保证达到基本的共同要求;巨著课程容易导致学生浅薄,名著只能给予学生浮光掠影的知识;巨著课程缺乏学校教材那种内在的逻辑递进关系,缺乏人

类知识发展的演进线索,不能按人的认识活动规律来组织,把不同历史时期、不同学科领域的名著作为学校教材不符合教育规律;巨著课程很难在市场经济和迅速变化的社会发展中满足社会和学生的需求;由于巨著课程中多数著作都是白人的作品,许多人批评巨著课程的发起人为“欧洲中心主义者”和“种族主义者”;发起人认为巨著课程的目的是为了使美国高等教育恢复活力,但他们自己也没有把握巨著课程本身是否有足够的活力,巨著课程不让学生学习现代应用性课程,必然缺少活力;巨著课程的教学方法是反智慧的,只能培养一知半解的半瓶醋;巨著课程计划不符合世界发展及人的认识发展规律,任何知识,只能是特定历史时期对特定问题的相对真理性认识,名著计划过分注重古典著作的价值,忽视当代科学技术的作用,有些保守和落后。

尽管存在很大争论,20 世纪 90 年代后期,美国还是有 11 所大学在全国学者联合会的协助下开设了巨著课程。1997 年,全国学者联合会主办了一个研讨会,商讨如何建立巨著课程计划。5 所大学开设了巨著或西方文化方面的辅修专业,3 所大学开设了证书课程,1 所大学开设了核心课程,1 所大学开设了西方和非西方巨著硕士学位课程,1 所学院开设了“西方传统阅读与写作”导论课。在 11 所大学的巨著课程计划中,绝大多数都以西方世界的经典著作为中心。当然,这些大学并不是像圣约翰学院那样全面开设巨著课程,而是在普通教育中引入巨著课程。

参考文献

李曼丽. 通识教育:一种新的大学教育观[M]. 北京:清华大学出版社,1999.

(张家勇)

聚类分析(cluster analysis) 亦称“分类分析”、“群聚分析”、“集群分析”。指将所观测的事物或观测事物的指标进行分类的一种统计分析方法。目的是辨认在某些特征上相似的事物,并将这些事物按照这些特征划分为几类,使得同一类的事物具有较高的同质性,不同类的事物具有较大的异质性。与传统分类方法的主要区别在于,它是一种数值分类的方法,分类准则不是事先决定的,而是按照自然类别将空间中的点进行分类。

聚类分析类型

聚类分析的对象有两种类型,一种是对样品聚类(称 Q 型聚类),另一种是对指标进行聚类(称 R 型聚类)。聚类分析首先要确定区分事物性质的聚类标准,对于只有测量性质的指标(变量)聚类,常用指标之间的相关系数,而对只有测量性质的样品(事物或被试)聚类,常用样品之间的“距

离"。心理与教育研究中经常会涉及这方面的问题。聚类分析能帮助研究者认识事物的类别性质。若被施测的团体一定，还可对测试指标进行聚类，从众多指标中找出一些代表性指标。这样可以减少指标，优化指标。

聚类分析功能

聚类分析的基本原则是直接比较样本中各事物间的性质，将性质相近的聚为一类，将性质差异比较大的分在不同类中。这样使同类别内的差异较小，而不同类别之间差异较大。聚类分析一般不要求变量总体服从正态分布，只需要用较多的观测指标测量同一批对象（被试），指标一般为测量数据形式。另外，测试指标的选择要与研究的问题有关，变量的分辨力要强，这样的指标聚类才有意义。聚类分析要解决的主要问题有：（1）如何测量变量之间的相似性或个体之间的距离；（2）如何将相似的事物或变量聚为一类；（3）如何描述和解释所聚成的各类。

聚类分析的基本概念

距离　设有数据矩阵为：

$$\begin{pmatrix} x_{11} & x_{12} & \cdots & x_{1j} & \cdots & x_{1m} \\ x_{21} & x_{22} & \cdots & x_{2j} & \cdots & x_{2m} \\ \vdots & \vdots & & \vdots & & \vdots \\ x_{n1} & x_{n2} & \cdots & x_{nj} & \cdots & x_{nm} \end{pmatrix}$$

用 x_{ij} 表示第 i 个样本的第 j 个指标，第 j 个指标的平均值和标准差记为 $\bar{x}_j$ 和 s_j，用 d_{ij} 表示第 i 个样本与第 j 个样本之间的距离。距离应满足三个条件：（1）$d_{ij} \geq 0$（一切 i，j）；$d_{ij} = 0 \Leftrightarrow$ 样本 i 与 j 的各指标相同；（2）对一切 i，j，$d_{ij} = d_{ji}$；（3）对一切 i，j，k，$d_{ij} \leq d_{ik} + d_{kj}$。

常用的距离是：（1）绝对值距离（曼哈顿距离）：$d_{ij}(1) = \sum\limits_{k=1}^{m} | x_{ik} - x_{jk} |$（$i = 1, 2, \cdots, n, j = 1, 2, \cdots, m$）。（2）欧氏距离（二阶闵氏距离）：$d_{ij}(2) = \sqrt{\sum\limits_{k=1}^{m} (x_{ik} - x_{jk})^2}$（$i = 1, 2, \cdots, n, j = 1, 2, \cdots, m$）。欧氏距离是聚类分析中用得最广泛的距离。（3）切比雪夫距离：$d_{ij}(\infty) = \max\limits_{1 \leq k \leq m} | x_{ik} - x_{jk} |$，（$i = 1, 2, \cdots, n, j = 1, 2, \cdots, m$）。（4）马氏距离：样本 x_i 与 x_j 的马氏距离为 $d_{ij}^2 = (X_{(i)} - X_{(j)})' V^{-1} (X_{(i)} - X_{(j)})$。（5）兰氏距离：$d_{ij} = \sum\limits_{k=1}^{m} \dfrac{| x_{ik} - x_{jk} |}{x_{ik} + x_{jk}}$（$i, j = 1, 2, \cdots, n, x_{ij} \geq 0$）。（6）斜交空间距离：$d_{jk} = \sqrt{\dfrac{1}{m^2} \sum\limits_{i=1}^{m} \sum\limits_{l=1}^{m} (x_{ji} - x_{ki})(x_{jl} - x_{kl}) \cdot r_{il}}$

（$j, k = 1, 2, \cdots, n$）在数据标准化处理的情况下，r_{ij} 为指标 i 与指标 j 之间的相关系数。

相似系数　聚类方法不仅可以用来对样本进行分组，而且可以对指标变量进行分类。在对指标变量进行分类时，通常用相似系数来表示变量之间的亲疏程度。

设 C_{ij} 表示变量 i 与变量 j 之间的相似系数，则 C_{ij} 应满足以下条件：$C_{ij} = \pm 1 \Leftrightarrow y_i = a y_j (a \neq 0$，为常数）；对一切 i，j，$| C_{ij} | \leq 1$；对一切 i，j，$C_{ij} = C_{ji}$。

常用的相似系数有以下三种。一是夹角余弦：

$$r_{ij} = \frac{\sum\limits_{k=1}^{n} x_{ki} x_{kj}}{\sqrt{(\sum\limits_{k=1}^{n} x_{ki}^2)(\sum\limits_{k=1}^{n} x_{ki}^2)}} (i, j = 1, 2, \cdots, m)$$

它表示指标 i 与 j 两个指标变量之间的夹角余弦。二是相关系数：

$$r_{ij} = \frac{\sum\limits_{k=1}^{n} (x_{ki} - \bar{x}_i)(x_{kj} - \bar{x}_j)}{\sqrt{\sum\limits_{k=1}^{n} (x_{ki} - \bar{x}_i)^2 \sum\limits_{k=1}^{n} (x_{kj} - \bar{x}_j)^2}} (i, j = 1, 2, \cdots, m)$$

在 i 和 j 两个指标变量经过标准化变换后，其夹角余弦与相关系数相等。三是指数相似系数：设 s_1，s_2，$\cdots$，s_m 表示向量 x_1，x_2，$\cdots$，x_m 的样本标准差，则指标 i 和指标 j 的指数相似系数为：

$$r_{ij} = \frac{1}{m} \sum\limits_{k=1}^{m} e^{-\frac{3}{4} \cdot \frac{(x_{ik} - x_{jk})^2}{s_k^2}} (i, j = 1, 2, \cdots, m)$$

它不受指标量纲的影响。

变量的标准化　由于有些距离或相似系数的计算受测量变量单位的影响较大，尤其是对距离的影响，其中数量级单位大的变量往往其变差也大，它对距离的贡献占主导地位，这样可能掩盖其他变差小的变量的影响，因此在计算距离或相似系数前往往需要对变量进行标准化，常用的标准化的方法有：

中心化变换是一种标准化处理方法，它是先求出两个变量的样本平均值，再用原始数据减去该变量的均值，就得到中心化后的数据。

设原始观测数据矩阵为 $X = (x_{ij})_{n \times m}$，$n$ 为样本数，m 为变量数，设中心化后的数据为 x'_{ij}，则有：

$$x'_{ij} = x_{ij} - \bar{x}_j (i = 1, 2, \cdots, n, j = 1, 2, \cdots, m)$$

式中，$\bar{x}_j = \dfrac{1}{n} \sum\limits_{i=1}^{n} x_{ij} (j = 1, 2, \cdots, m)$。

标准化变换主要是对变量的属性进行变换处理，首先对列中心化，然后用标准差进行标准化，即：

$$x'_{ij} = \frac{x_{ij} - \bar{x}_i}{s_j} (i = 1, 2, \cdots, n, j = 1, 2, \cdots, m)$$

式中，$\bar{x}_j = \frac{1}{n}\sum_{i=1}^{n} x_{ij}$，$s_j = \sqrt{\frac{\sum_{i=1}^{n}(x_{ij}-\bar{x}_j)^2}{n-1}}$ $(j = 1, 2, \cdots, m)$。通过变换处理后，每列数据的平均值为0，方差为1。

数据矩阵中每个变量的最大值与最小值之差称为极差。<u>极差正规化变换</u>是从每一个原始数据中减去该变量的最小值，再除以极差，就得到变换后的数据，即：

$$x'_{ij} = \frac{x_{ij} - \min\limits_{1\leqslant i\leqslant n}\{x_{ij}\}}{\max\limits_{1\leqslant i\leqslant n}\{x_{ij}\} - \min\limits_{1\leqslant i\leqslant n}\{x_{ij}\}} \quad (i = 1, 2, \cdots, n, j = 1, 2, \cdots, m)$$

经过变换后，每列的最大数据变为1，最小数据变为0，其余数据在0和1之间。

对数变换可以将具有指数特征的数据结构化为线性数据结构，变换公式为：

$$x'_{ij} = \log\{x_{ij}\} \quad (x_{ij} > 0, i = 1, 2, \cdots, n, j = 1, 2, \cdots, m)$$

聚类分析的方法

聚类分析的方法很多，常用的聚类方法有层次聚类法（hierarchical cluster）和非层次聚类法（nonhierarchical cluster）或 K 平均数法（K-means methods）。

层次聚类法　常用的层次聚类法有聚集法和分解法。聚集法是首先把每个个体（或变量）各自看成一类，把距离最近的两类合并，然后重新计算类与类之间的距离，再把距离最近的两类合并，每次减少一些类，一直到把所有的个体聚为一个类为止。分解法与聚集法的过程相反，首先把所有的个体归为一个类，然后把最不相近的个体分开，每次增加一个类，直到每个个体都成为一个类为止。在聚类过程中，设第一次并类的两类的距离为 D_1，第二次并类的两类距离为 D_2，…，若满足 $D_1 \leqslant D_2 \leqslant \cdots$，则称并类距离具有单调性，并类距离具有单调性符合聚集聚类法的基本思想，但由于所选择聚类的距离不同，所以不一定所有的方法都满足单调性的要求。

层次聚集法的核心是计算类与类之间的距离，设 d_{ij} 表示样本 x_i 和 x_j 之间的距离，设 D_{ij} 表示样本 G_i 和 G_j 之间的距离。常用的类与类之间计算的方法有以下八种。

（1）最短距离法。它把类与类之间距离定义为一个类的所有个体与另一个类的所有个体之间的距离的最小值，即类 G_p 与类 G_q 之间的距离定义为 $D_{pq} = \min\limits_{x_i\in G_p, x_j\in G_q}\{d_{ij}\}$。最短距离法的聚类步骤为：首先计算样本之间的距离，得一距离矩阵 $D(0)$，这时每个样本自成一类，$D_{pq} = d_{pq}$。其次寻找 $D(0)$ 的非主对角线上的最小元素，设为 D_{pq}，则将 G_p 和 G_q 合并成一新类，记为 $G_r = \{G_p, G_q\}$。再次用 $D_{rk} = \min\limits_{x_r\in G_r, x_j\in G_k}\{d_{rj}\} = \min\{\min\limits_{x_i\in G_p, x_j\in G_k}d_{ij}, \min\limits_{x_i\in G_q, x_j\in G_k}d_{ij}\} = \min\{D_{pk}, D_{qk}\}$ 公

式计算新类与其他类之间的距离，所得到的距离矩阵记为 $D(1)$。最后对 $D(1)$ 重复施行对于 $D(0)$ 的步骤得到 $D(2)$，由 $D(2)$ 按同样的步骤计算得 $D(3)$ …，直到所有样本归为一类为止。最短距离法是一种单调的、空间收缩的聚类分析方法。

（2）最长距离法。它与最短距离法的聚合策略相反，类与类之间的距离定义为它们之间两个最远个体之间的距离，即类 G_p 与类 G_q 之间的距离 D_{pq} 定义为 $D_{pq} = \max\limits_{x_i\in G_p, x_j\in G_q}\{d_{ij}\}$。最长聚类法的聚类过程与最短距离法相同。最长距离法是一种单调的、空间守恒的聚类方法。

（3）中间距离法。若类与类之间的距离既不采用两类之间最近的距离，也不采用两类之间最远的距离，而是采用介于两者之间的距离，这时称为中间距离法。当两类 G_p 与 G_q 合并成新类 $G_r = \{G_p, G_q\}$ 时，G_r 与任意一类 G_k 的距离 D_{kr} 定义为 $D_{kr}^2 = \frac{1}{2}D_{kp}^2 + \frac{1}{2}D_{kq}^2 - \frac{1}{4}D_{pq}^2$。中间距离法是一种空间守恒的聚类分析方法，但中间距离法并非单调。

（4）重心法。以上三种方法在定义类与类之间的距离时，都没有考虑各类中样本数目。在欧氏空间中，如将两类之间的距离定义为两类重心之间的距离，这类聚类法称为重心法。聚类步骤与上面介绍的几种聚类法的步骤相同。设两类 G_p 与 G_q 合并成新类 $G_r = \{G_p, G_q\}$ 时，G_r 与任意一类 G_k 的距离 D_{kr} 定义为 $D_{kr}^2 = \frac{n_p}{n_r}D_{kp}^2 + \frac{n_q}{n_r}D_{kq}^2 - \frac{n_p}{n_r}\cdot\frac{n_q}{n_r}D_{pq}^2$。重心法是一种空间守恒的但非单调聚类分析方法。

（5）类平均法。重心法虽有较好的代表性，但并没有充分利用各样本的信息，将两类之间的距离平方定义为这两类元素两两之间的平均平方距离，即 $D_{pq}^2 = \frac{1}{n_p n_q}\sum\limits_{i\in G_p, j\in G_q} d_{ij}^2$，用此定义的聚类法称为类平均法。

设两类 G_p 与 G_q 合并成新类 $G_r = \{G_p, G_q\}$，且有 $n_r = n_p + n_q$ 时，G_r 与任意一类 G_k 的距离 D_{kr} 定义为 $D_{kr}^2 = \frac{1}{n_k n_r}\sum\limits_{i\in G_k, j\in G_r} d_{ij}^2 = \frac{1}{n_k n_r}(\sum\limits_{j\in G_p} d_{ij}^2 + \sum\limits_{j\in G_q} d_{ij}^2)$。于是类平均法的递推公式为 $D_{kr}^2 = \frac{n_p}{n_r}D_{kp}^2 + \frac{n_q}{n_r}D_{kq}^2$。类平均法既是空间守恒，又有单调性质，是一种使用较广，聚类效果较好的方法。

（6）可变类平均法。类平均法的距离递推公式中，类 G_p 与 G_q 之间的距离没有反映进去，将类平均法的公式改为：

$$D_{kr}^2 = \frac{n_p}{n_r}(1-\beta)D_{kp}^2 + \frac{n_q}{n_r}(1-\beta)D_{kq}^2 + \beta D_{pq}^2 \quad (n_r = n_p + n_q)$$

式中,β 取正值时,聚合空间是压缩的;$\beta=0$ 时,聚合空间是守恒的;β 取负值时,聚合空间是扩张的。一般情况下,β 均取负值,β 的绝对值越大,其扩张性越强,空间扩张的性质使分辨能力提高,一般 $\beta=-\dfrac{1}{4}$。可变类平均法具有单调性质。

(7) 可变法。若在中间距离法的递推公式中将前两项的系数也依赖于 β,则可得到可变法的递推公式 $D_{kr}^2 = \dfrac{1-\beta}{2}(D_{kp}^2 + D_{kq}^2) + \beta D_{pq}^2$。可变法的空间扩张性质与可变类平均法相同,完全依赖于 β 的值,$\beta=0$ 时,聚合空间是守恒的;β 取负值时,聚合空间是扩张的,β 取正值时,聚合空间是压缩的。一般 $\beta=-\dfrac{1}{4}$,可变法具有单调性质。

(8) 离差平方和法。亦称"沃德法",其思想来源于方差分析。若类分得合理,则同类样本之间离差平方和应较小,类与类之间离差平方和应较大。

设两类 G_p 与 G_q 合并成新类 $G_r=\{G_p,G_q\}$,且有 $n_r = n_p + n_q$ 时,G_r 与任意一类 G_k 的距离 D_{kr} 定义为:

$$D_{kr}^2 = \frac{n_k+n_p}{n_r+n_k}D_{kp}^2 + \frac{n_k+n_q}{n_r+n_k}D_{kq}^2 - \frac{n_k}{n_r+n_k}D_{pq}^2$$

式中,n_p、n_q、n_r、n_k 分别为 G_p、G_q、G_r、G_k 中所含样本点的个数。离差平方和法是单调的、空间扩张的,且能得到局部最优解,在实际中应用较多,分类效果较好,该方法要求样本之间的距离必须是欧氏距离。

非层次聚类法 在层次聚类分析中,所聚的类一旦形成,便不再改变,而非层次聚类法是在分类的各个阶段分类过程中,将原有的类打散重新进行聚类的一种方法。这种方法主要是先选出某些点作为聚类分析的中心,或先将各样本点分割成原始的类,然后再逐渐调整所定义类的一种聚类分析方法。非层次聚类法有多种计算方法,最常用的方法有 K 平均数法。

K 平均数法的计算步骤如下:(1) 指定要形成的聚类个数,对样本进行初始分类并计算每一个初始分类的重心;(2) 调整分类,计算每个样本点到各类重心的距离,把每个样本点归到距离重心最近的那个类;(3) 重新计算每个类的重心;(4) 重复第(2)和第(3)步,直到没有样本点可以再调整为止。

K 平均数法的关键是选择初始分类,对于同一组数据不同的初始分类可能得到不同的结果。常用的初始分类方法有已知初始聚类中心和未知初始聚类中心两种。在已知初始聚类中心的情况下,按照距离最近的原则,把离初始聚类中心最近的样本点归入一类,形成初始分类,然后计算每一类的重心。初始聚类中心通常是研究者根据经验人为地确定,例如根据以往的研究经验,选择每一类中有代表性的样本点作为初试聚类的中心,或将样本用其他方法分类,将每一类的中心作为初试聚类的中心。在未知初始聚类中心的情况下,指定某种聚类方法对样本点进行初始分类,从原始数据中估计初始聚类的中心,这需要经过一些迭代过程加以实现,一般的统计软件都提供了这种方法,由于计算上的困难,这里不加介绍。

参考文献

郭志刚. 社会统计分析方法——SPSS 软件应用[M]. 北京:中国人民大学出版社,1999.

孟庆茂,刘红云,赵增梅. 心理与教育研究方法设计及统计分析[M]. 北京:高等教育出版社,2006.

张敏强. 教育与心理统计学[M]. 北京:人民教育出版社,2010.

(刘红云)

K

开放大学(open university)　　广义指面向全社会,为一切有意愿、有能力学习的人提供各类教育与培训的组织。狭义指以开放大学命名,以校园外在职学习者为主要对象,提供学历与非学历继续教育的高等学校。各国开放大学承载着不同的历史使命,但提供均等的教育机会,实现教育民主与公平是开放大学的一致目标。

开放大学以新媒体技术为支撑,以多种教学模式贯彻落实开放教育的理念。其开放性不仅体现在入学政策的规定性上,更体现为教育观念、教育对象、教育资源、教育过程、教学时空和教学方法等方面的开放以及办学实践上的开放性探索。办学理念是促进高等教育大众化、普及化,为终身学习提供全方位的高等教育服务。基本特征包括:对任何未能进入大学又有志求学的人敞开接受高等教育的大门,向有学习条件和能力的人放宽或取消各种入学条件限制,实行宽进严出的政策;在教学资源较为丰富的条件下,为学习者提供可以自主学习的多种媒体教学资源和高质量的可共享并共建的开放教育资源;在教学方式上,改变以课堂教学为主的传统教育模式,实施多种媒体教学和灵活多样的教学模式,以多种形式和手段为学习者提供有组织、有计划、有支持的教学活动。一般为单一模式下的远程教育院校。其教学活动包括在校园中面授教学,但更多的是基于电子和通讯技术的开放性办学。远程开放大学是终身教育体系的重要组成部分。

以远程开放为主要特征、体现开放教育理念且有明确教育目标的教学活动可追溯到1920年英国实施的有组织的教育播音。当时英国玛可尼公司(Marchoni Company)的剑佛电台(Chermsfor station)每天向公众播放一小时的教育节目,播音对象分为两类,即离开学校的成人与在校学生,这一举措被视为利用信息技术和大众传播媒介开展远程教育的先例。1923年,英国成立由地方学校代表、大学代表和教育部司长、秘书等人参加的"播音教育咨询委员会",使远程教育开始有组织、有计划地推行。20世纪30年代,美国出现基于无线电广播的"空中学校"和"世界广播大学"(the world radio university)。1960年前后,美国的商业电视台播放大量的教育课程,包括为中西部地区的中小学设计的电视课程,并且建立了49个专业教育电视台,教育对象从儿童到老人全部覆盖。1964年,美国佛罗里达大学首次将大学课堂教学实况通过电视直播到5个校外学习中心,让企业的工程师们在同一时间参加学习。1967年,日本就建立日本放送大学(the university of the air)的问题向文部省社会教育审议会提出咨询。开放大学的典范是英国开放大学。1963年,英国政治家J. H. 威尔逊在竞选演说中首次阐释他所设想的"空中大学":一种家庭学习的大学,使用广播和电视作为整个教学体系的一部分,其主要目标是增加师范毕业生和合格的科技人才的数量。同期,罗宾斯发表的一篇高等教育报告指出,英国酝酿着未开发的、巨大的成人智力资源;高等教育课程要为所有愿意并有能力学习的人开放,函授大学和电视大学具有潜在的重要价值。1964年,J. H. 威尔逊出任工党政府新首相,任命李珍妮为教育科学部部长并全面负责实现空中大学计划。1969年,英国通过皇家法令正式成立独立的、具有学位授予权的英国开放大学。20世纪70年代起,许多国家相继成立开放大学,如加拿大重建阿塔巴斯卡大学(Athabasca University);巴基斯坦成立人民开放大学,后更名为阿拉玛·伊克巴尔开放大学(Allama Iqbal Open University);泰国以开放教育为宗旨建立兰甘亨大学,后又建立苏可泰·探玛提勒开放大学(Sukhothai Thammathirat Open University)。80年代计算机及其网络技术日趋成熟,90年代互联网逐渐发展,基于计算机网络的远程教育使越来越多的网络/虚拟大学应运而生,教育的开放性成为该类大学的理念。经过百余年的发展与演变,开放大学已成为社会认同的多元模式中的高等教育院校之一。

中国开放大学的形成基于中国的广播电视大学体系。中国于1928年开始教育播音,由南京设立的中央广播无线电台邀请一些学者和教授作科普演讲。1959年筹建哈尔滨广播大学和哈尔滨电视师范大学。1960年先后成立北京电视大学、上海电视大学、沈阳广播电视大学。1961年成立广州市广播电视大学。这些广播或电视大学的宗旨是为在职人员接受高等教育提供机会,特别是为中小学教师提供进修机会。"文革"期间,广播电视高等教育中断。1977年,邓小平在会见英国前首相希思时了解到英国开放大学的发展,于1978年亲自批准筹建中央广播电视大学和覆盖全国的地方广播电视大学。20世纪90年代后,开始倡导构建学习型社会和终身学习体系。1999年,教育部发布《面向21世纪教育振兴行动计划》。同年,教育部批准清华大学、北京邮电大学、浙江大学和湖南大学试点建立网络教育学院,开始推进"现代远程教育工程",至2010年,累计有68所传统大学获准建立网络教育学院,分布在全国19个省市。1999年,教育部批准"中央广播电视大学人才培养模式和开放教育试点"项目。2007年,该项目完成教育部组织的总结性评估。2010年,《国家中长期教育改革和发展规划纲要(2010—2020年)》发布,明确指出要办好开放大学,为中国开放大学的建设与发展奠定基础、指明方向。

(张少刚)

开放学习(open learning) 远程教育的基本概念。远程教育和开放学习是两个相互区别又紧密关联的概念。远程教育使学习者从校园课堂面授的时空束缚和其他传统教育的局限中解放出来,同开放学习有内在的本质联系。在国际教育文献中,"远程与开放学习"(distance and open learning)和"开放与远程教育"(open and distance education)这类术语的应用越来越广泛。联合国教科文组织下属的国际远程教育协会(International Council for Distance Education,简称ICDE)也更名为国际开放与远程教育协会(International Council for Open and Distance Education,简称ICDE)。

"开放学习"和"开放教育"(open education)这两个术语在20世纪60年代流行于西方。当时,美国对开放学习产生浓厚兴趣。英国政府在20世纪60年代中期将建设中的"放送大学"(University of the Air)的校名改为"开放大学"(Open University)的决策,使得"开放学习"和"开放教育"的概念和术语在国际上普遍流行。1969年,英国开放大学首任校长克劳瑟在就职庆典上提出开放大学的四项含义:开放教育对象(to be open as to people),开放教学时空(open as to place),开放教学方法(open as to methods)和开放教育观念(open as to ideas)。这可以被视为对开放教育或开放学习概念最早的官方诠释。在20世纪最后30年中,许多国家和地区的远程教学学校都取名为"开放大学"或"开放学习学院"。同期,对"开放学习"、"开放教育"和"开放大学"这些概念术语及其与远程教育、远程教学和远程学习的关系的理论探讨也成为国际远程教育界关注的热点之一。在20世纪80年代,远程教育已逐渐被各国远程教育界和国际社会广泛接受,成为这一特定领域的核心概念和术语。但是,英国自80年代中期起和澳大利亚自90年代初起,又一次兴起了对开放学习的兴趣。英国在80年代中期兴起的对开放学习的兴趣是以政府启动的项目为特征的,如英国政府支持的开放学院(Open College)和人力资源服务委员会的"开放技术"(Open Tech)教育培训项目。英国开放大学也在1986年将其出版的杂志《远程教学》(*Teaching at a Distance*)改名为《开放学习》(*Open Learning*)。澳大利亚则在90年代初建立起一些全国性的和州一级的开放学习创新计划,大多获得了澳大利亚政府的全力支持。同时,原来的地区专业协会"澳大利亚和南太平洋校外学习协会"也更名为"澳大利亚开放与远程学习协会"。在中国广播电视大学系统,90年代中期起对开放性和现代化两大命题的注重以及将"广播电视大学"更名为"开放大学"的努力使中国远程教育工作者对"开放学习"的兴趣与日俱增。相应地,围绕着远程教育和开放学习概念及其相互关系的争论再次掀起并越来越深入。

远程教育与开放学习的关系 自20世纪80年代中期起,在关于远程教育和开放学习概念及其相互关系的争论中形成了三种观点。第一种观点将开放学习当作核心词——远程教育或远程教学和远程学习的同义词。持这种观点的有些学者常交替使用开放学习和远程学习并将两者等同看待,有些则指出从函授教育到远程教育再到开放学习是历史的演进。第二种观点将开放学习作为一个类概念,而将远程教学当作是开放学习的一个子集。持这种观点的学者认为,作为类概念的开放学习,包括各种不同的学习方式和方法,如远程教育、灵活学习、基于资源的学习等,这就是说,远程学习已经被开放学习取代、超越和包容。大多数学者和文献既不支持将开放学习和远程学习等同,也不支持用开放学习取代、超越和包容远程教育的做法。他们形成了第三种观点,认为远程教育和开放学习是两个既有差异又有关联的概念。持这种观点的学者指出,应该将远程教育和面授教育视为两大家族,而将开放学习视为封闭学习的对立物,进而提出区分开放学习和封闭学习的各种准则,如入学机会(包括资格、考核、学费等)、学习时间、地点和进度要求,特定的教学方法手段,规定的课程内容结构和考查方式,以及限定的学习支助服务等。远程教育使学习者从校园课堂面授的时空束缚和其他传统教育的局限中解放出来,从而同开放学习有内在的本质的联系。但具体的远程教育院校或项目在实践中的开放程度千差万别,有的还表现得相当封闭,如20世纪80年代后期的中国广播电视大学教育。而传统校园面授教育也可以实现开放的理念,如美国的社区学院。

中国对远程教育与开放学习关系的探讨 在20世纪80年代,中国远程教育界就已认识到:开放性是远程教育的重要特征,甚至是首要特征。开放性的概念包括教育对象和教学模式两方面,它们相互关联。开放性首先是指在教育对象上既不受年龄、性别的限制,也不受民族、地区、职业、学历和身份等的限制,真正做到向全社会开放。开放性同时是指在教学模式上从学校围墙内、教室中解放出来,即从传统面授教学的时空限制中解放出来。传统校园面授教育有两项主要特征:按同一学历基础(几乎同一年龄段)编班,执行统一计划、同一进度、集体授课;实行教师、教科书、教室三中心制。教师为中心就是由教师掌握教学计划、选择课程、严格安排和控制学生的教学活动和进度。教科书为中心是指教材几乎是唯一的教学媒体,而且通常不适于自学,需要由课堂笔记来补充。教室为中心是三中心制的核心。它要求教师、学生在同一时间和空间参与统一的集体教学双边活动,并以此作为整个传统教学的基础。因此,开放学习是对传统校园连续面授相对封闭的教学模式的一种突破。其核心是设计开发各类学习资源,以基于技术的多种教学媒体代替教师课堂面授教学,从而突破固定统一的教学时空的局限,将教学活动分散安排在适合学生个人的时间和空间中。学生根据自身的特点(工作需要、学历基础、家庭经济状况、作息安排、兴趣爱好等)选择专业、课程、安排学习进度,调节各项学习活动,同时通过多种渠道接受多种媒体课程材料和各类辅导咨询答疑等学习支助服务。从中国广播电视大学的远程教育实践看,国务院在广播电视大学创办初期即鼓励开放办学,广播电视大学不参加全国高校统一招生考试而是自主招收全科注册生和单科生、双科生,同时免试招收自学视听生。自学视听生和单科生、双科生可以不组班自主学习,通过积累课程学分换取毕业证书。但是,自 20 世纪 80 年代中期起,在教育部的政策调控下,广播电视大学的远程教育由开放走向封闭,其高等专科学历教育由发展走向萎缩。结果是其远程教育的经济和社会优势得不到充分发挥。于是,就有了对中国广播电视教育"异化"的批评,即"电大不电、远教不远、开放不开"。到 90 年代中期,中国远程教育界提出了要实现"开放性"和"现代化"两项命题。认为远程教育和开放学习分别是两个"集合",其间有一个"交集",国际上的开放大学和中国的广播电视大学即属于这个交集。广播电视大学和各国开放大学一样,应该集中在教学现代化和教育开放性两方面进一步开拓创新。

开放学习的描述性定义及与远程教育的关系　综合中外远程教育实践经验和理论研究的成果,可以得出开放学习的描述性定义,概括得到开放学习与远程教育相互关系的主要观点:(1) 开放学习是一个总的类概念,不仅表示入学政策对各类教育对象的开放,而且表示用以满足学习者个人需要的各类学习资源的开放,以及学习过程和学习组织管理方式的灵活开放。开放学习是以学生为中心的学习,努力排除以教师、学校和学科为中心的传统教育固有的种种学习障碍。换言之,在一个开放学习系统中,学习者应能依据自身的需要和可能选择专业课程、学习内容、学习环境、学习资源、学习方法、学习时间、学习进度及考核方式

等。(2) 世界上并不存在纯粹的连续面授系统和纯粹的远程教育系统,也不存在完全的开放学习和绝对封闭的学校教育。任何现实的教育和培训必定处在从面授到远程、从封闭到开放的教育连续谱系中的某个位置。然而,对教育系统进行分类和给每所学校确定其在分类体系中的相对位置,在理论上依然是有价值的,在实践上也是有益的。(3) 当今世界上大部分地区的传统学校教育依然可以被认定为程度最高的连续面授系统,因为它们的主要特征是口授、面授和在课堂环境中的班组教学,其中学生基于资源的学习和学习支助服务也主要是在校园环境中进行的,因而在教育对象、教育资源、教学时空、教学过程及其组织管理诸方面是相对封闭的。与此相反,远程教育代表了一种非连续面授、教学时空相对自由灵活的教育形态,较少口授、面授和集体教学,其中教育资源和学习支助服务也主要是在分散的环境中实现的。在本质上,远程教育与开放学习紧密相关。(4) 远程教育和开放学习是两个既有差异又有关联的概念。远程与开放学习是指在远程教学情境中的开放学习,而开放与远程教育则是指具有开放学习特征的远程教育,都具有以学生为中心的特征。与此相对的是以连续面授为主要特征的传统学校教育和传统教学。尽管传统学校教育和传统教学通常集中代表了以教师为中心和教育资源相对封闭的特征,然而,已经有不少革新表明,它们也在发生变化,越来越多的传统教育系统表现出越来越多的开放特征。

参考文献

基更. 远距离教育基础[M]. 丁新,等,译. 北京:中央广播电视大学出版社,1996.

McKenzie, et al. Open Learning[M]. Paris:UNESCO. 1975.

（丁兴富）

凯勒的 ARCS 动机设计模型(Keller's ARCS model of motivation design)　　美国教育心理学家 J. M. 凯勒提出的一个将动机理论转化为教学的综合性教学设计模型。1979 年,他在《动机与教学设计:理论视角》一文中提出动机系统设计的思想,在做了系列研究之后,又于 1983 年提出动机设计模型的四要素,即兴趣(interest)、相关(relevance)、期望(expectancy)和满意(satisfaction),后来将兴趣改为注意(attention),将期望改为自信(confidence),就形成由注意、相关、自信和满意四个英文单词的首字母组成的这一动机设计模型。该模型的建立吸收并创造性地利用了多方面与动机相关的理论,比如心理学理论、归因理论、决策理论、公平理论、人本理论和认知测量理论等,是一个高度整合各种理论并系统研究动机问题,也是将动机原理整合到教学设计过程的最系统的学说。

ARCS 动机设计模型的理论基础

J. M.凯勒通过研究指出,动机可以来自学习者内部,称内部动机,也可以来自学习者外部,称为外部动机。既要研究如何激发学习者的内部动机,又要找到外部动机激发的策略。他认为,动机既是人的一种特性,表现为人的一种稳定的心理需要(比如好奇等),也是一种状态,即由外界的情境触发,受外界影响。在这些观点的基础上,他提出动机、绩效和教学影响的关系模型(如图 1 所示)。该模型指出,人有内部动机和外部动机,需要对激发并维持动机的策略进行设计,而动机会直接影响到学习者对某项学习任务的努力和投入程度,从而影响学习的绩效以及后面的学习结果等。以前的教学科学研究过多地注重从行为主义和认知主义心理学吸取学习发生机制的知识,学习的动机问题未受到重视。他指出,动机是学习首先需要解决的问题,这是他在这个关系模型基础上研究动机模型的原因。

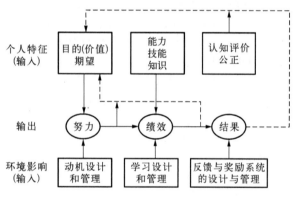

图 1　动机、绩效和教学影响的关系模型

ARCS 动机设计模型的主要内容

ARCS 动机设计模型旨在揭示影响动机的因素,为设计相应的外部环境提供依据。它提出注意、相关、自信和满意是影响动机的四种主要因素。就是说,要激发并维持一个人对某项学习或工作的动机,首先需要引起他对某项学习或工作的注意或兴趣;之后,让他理解完成这项学习或工作是与他个人的需要或目标相关的,这就能够维持他的注意或兴趣;之后,让他相信通过自己的努力是可以完成这项学习或工作任务的,这样即使有困难他也不至于放弃;最后,让他在学习或工作的过程中体验其中的成就感,从而进一步激发动机,继续学习或研究有关的问题。从人类的生理和心理特点来看,激发动机是一个动态的连续的过程,这是 ARCS 动机设计模型提出四个主要因素的基础,这四个因素也是在理解和预测人类行为的基础上形成的。

与其他动机研究不同的是,J. M.凯勒不仅提出影响动机的因素和条件,而且针对它们还提出相应的策略,为设计教学提供依据。

注意(attention)　指在教学过程中吸引并维持学习者的注意力,是激发动机的首要因素。要引起并维持学习者的动机,第一件事情就是要让学习者注意到要学的东西。根据心理学"人的注意有选择性"的原理,要求学习者把注意力集中到他们要学习的东西,即教学的目标或期望上来。之后,需要引起学习者的兴趣或者好奇心,以便他们能够比较长时间地探索要学习的东西,从而达到好的学习效果。J. M.凯勒指出,通过利用新颖的、个人化或情绪化的材料,引起学习者的兴趣,唤起学习者的感知;利用不协调的、相互矛盾的或两难的事件让学习者感到一种挑战性,激发学习者的好奇心,从而唤起学习者的探究精神;要使用不断变化的演讲方式、形象化的实例以及把新的东西跟学习者熟悉的东西进行类比等来维持学习者的注意力。这些都是"注意"这个因素方面的策略。

相关(relevance)　影响动机的第二个重要因素,与吸引和维持学习者的注意力有很大关系。在吸引学习者的注意力之后,一个萦绕在学习者头脑中的问题就是"为什么我要学习这些东西"。要想解决好学习者的动机问题,就需要很好地回答这个问题。这就是如何使我们的教学能够与生活当中有意义、重要的事情相联系,而且这种相关性应当让学习者有深刻的理解。在"相关"因素方面的策略,通常是教师要使得教学和学习者当前或未来的学习与生活目标相联系;动机可以是一个人的特性,在教学中需要运用与学习者的动机特性相一致的动机激发策略,即教学应当与学习者的兴趣相匹配,要了解学习者的兴趣与学习风格,用适当的策略激发学习者的动机;再有,要使教学和学习者的生活经验相联系,使学习者对要学习的东西有熟悉感,这对维持学习者的动机水平有很大作用。

自信(confidence)　是动机设计模型中的第三个重要因素。若学习者认为实现目标的可能性很小,就会放弃努力,学习者对学习目标有自信心是学习者产生并维持动机的一个重要因素。要使学习者有自信心,我们需要做到以下几个方面:让学习者明确掌握对他们的学习要求和评价标准,使他们产生对成功的期待;学习任务的难度要适中,即任务的选择既具有挑战性又不能给学习者太大的压力,为他们提供成功的机会;教师要多鼓励学习者并指导学习者对成功与失败的正确归因,帮助他们将成功归因于自己的努力和能力。这样,他们就可以通过控制自己而获得成功。这些都会很好地连续激发他们学习和工作的动机。

满意(satisfaction)　让学习者对学习产生满意感是动机的最后一个重要因素。无论学习者是成功还是失败,学习者在学习过程中可能会产生满意感,也可能产生不满意感。如果学习者在学习过程中体验到自己的期望、努力、能力与学习结果是一致的,他们就会产生满意感,这可以连续激发学习者学习的动机。满意感体现在当学习者离开教室或学校时仍然有动机去研究这个项目。创设满意感有以下几个途径:"内部强化"即来自学习者自己对完成具有挑战性任务的成就感,产生心理上的满意感。教师应当给学习者提供机会,并提供有意义的、具有挑战性的任务,促使学习者产生内部满足感,并最终激发并维持他们的动机。"外部奖励"是根据行为主义的原理,从外部对产生的行为结果给予反馈和强化,从而让学习者坚持正确的行为、纠正错误的行为。"公平性"是教师要用统一的标准来对待学习者完成的任务,帮助学习者正确认识自己的业绩,让他们能够感觉到成功是与个人的努力、能力分不开的。

ARCS 动机设计模型的
具体应用与步骤

ARCS 动机设计模型可以应用于教学情境,也可以应用于企业环境。J. M. 凯勒列出在教学或培训工作中具体应用 ARCS 动机设计模型的五大类十个步骤。第一类是收集信息,包含两个步骤:(1) 获得课程信息,比如课程简介、课程设置的原因、教学环境和教学媒体以及教师的情况;(2) 获得教学对象的信息,要了解学习者现有的学习基础(初始能力),了解他们对要学习课程的态度与认识。第二类为分析需要,也包含两个步骤:(3) 分析教学对象,这里指学习者的动机状况,是否有动机问题,分析产生动机问题的根本原因,分析哪些影响动机的因素是可以改变的;(4) 分析现有的教材,即分析并列出现有教材在激发动机方面所具备的优势和存在的缺陷。第三类为制定动机目标,包含一个步骤:(5) 列出动机目标与评价标准,要明确动机设计工作的目的,具体说明期望看到学习者将产生或维持怎样的动机行为(比如积极参与、有满意感、愿意继续探索所学习的东西等),并说明如何测评这些行为。第四类是设计激发动机的方法,共包含三个步骤:(6) 列出各种有利于激发动机的方法;(7) 选择和设计激发动机的方法,即根据实际情况和条件,对所列出的激发动机的方法在使用的代价、学习者的接受程度和可行性等方面进行综合比较与分析,之后选择最合适的激发并维持动机的方法;(8) 与教学活动相结合,即将设计的激发动机的各种方法整合到教学过程各个环节中,与教学要点有机结合,并进行必要的修改和调整,形成具体实施方案。第五类为开发与形成性评价,具体包含两个步骤:(9) 选择与开发教材是指根据需要选择使用现成的教材,或改编现有教材,或开发新教材;(10) 评价与修改是要获得学习者的反应,以确定他们的满意程度与动机激发的效果;并根据评价信息找出薄弱环节,以修改或调整

它。从这十个步骤上来看,它遵循了教学系统设计的思想,同时这十个步骤也可以全面整合到教学系统设计的过程当中。

ARCS 动机设计模型提出的目的

J. M. 凯勒提出这一动机设计模型主要有三个目的。

首先,提供一个相对简单、有一定理论基础的、用于设计和整合各种动机激发策略的模型——设计激发动机教学模型(见图2)。该模型是衍生于 J. M. 凯勒提出的宏观理论,该理论确定了与动机相关的各种变量集合。

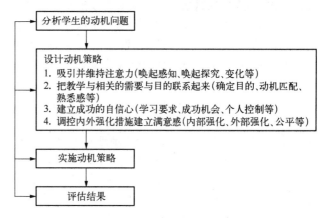

图2　设计激发动机教学模型

其次,该模型能够促进动机理论与教学设计理论中的动机激发策略相结合。动机条件和动机策略的确定可以为当前模式的呈现提供更为方便的结构。J. M. 凯勒认为,动机问题存在于个体和教学两个方面。如果动机问题出现在个人方面,比如,学习者极度缺乏自信心,这时就需要使用劝说或者行为纠正策略等来解决,而正规的教学设计策略解决不了这个问题。这个动机设计模型假定造成学习者动机问题主要来自教学而不是学习者个体方面。这样,我们就可以根据动机设计模型中提出的四个因素及其相应的策略来激发并维持学习者的动机,从而使教学更有效、更吸引人。

再次,使用问题解决的方法来解决动机问题。将该模型与相应的测量方法相结合,首先鉴别学习者、课堂或教师的动机存在的问题,之后根据产生动机问题的根本原因,设计相应的动机策略,通过试行、修改并最终实施动机策略最终达到激发并维持学习者的动机的目的。该模型还可用于预防问题的产生。

该模型不仅可以应用于教学,也可以用于企业绩效管理领域。它帮助我们确定教学和企业绩效成功的可能性,以及在动机设计中需要关注的关键领域。在当今以人为本的时代它会受到越来越多的关注。

参考文献

郭德俊,汪玲,李玲. ARCS动机设计模式[J]. 首都师范大学学报(社会科学版),1999(5).

盛群力,李志强. 现代教学设计论[M]. 杭州:浙江教育出版社,1998.

张祖忻. 如何将动机原理整合于教学设计过程中——谈约翰·M.凯勒教授的动机系统学说[J]. 开放教育研究,2003(2).

Reigeluth, C. M. Instructional-Design Theories and Models: An Overview of Their Current Status [M]. Hillsdale, NJ: Lawrence Erlbaum Associates, 1983.

(刘美凤　杜　嫒　钟名杨　刘　博　皮连生)

康有为的"大同"教育思想

康有为以维新变法为目标,在继承中国儒家"礼运大同"思想并借鉴西方空想社会主义学说的基础上,提出"大同"教育思想作为其教育理想。

康有为(1858—1927)是近代中国启蒙思想家、教育家、维新变法运动的领导人之一。原名祖诒,字广厦,号长素、更生,又号天游化人,广东南海(今属佛山)人,世称南海先生。出身封建官僚家庭。1874年,康有为初读《海国图志》、《瀛环志略》并阅地球图,对西方历史地理有了初步了解。两年后师从广东名儒朱次琦,深受其经世致用思想影响。1879年游历香港,"始知西人治国有法度,不得以古旧之夷狄视之"(楼宇烈《康有为自编年谱》)。1882年赴顺天府应乡试,落第,归途经上海,大量购读西学书籍。1888年在再度赴京应试之际上书光绪帝,提出"变成法"、"通下情"、"慎左右"的变法主张,但因受阻而未上达。1891年,他在广州开设"万木草堂",专事讲学、著述,前后四年,造就了梁启超等维新派骨干分子,同时完成《新学伪经考》和《孔子改制考》,援引今文经学,提出"托古改制"的思想。1895年由于《马关条约》的签订,时在北京参加会试的康有为异常愤慨,连夜起草万言书,号召在京应试的各省举人,联名上书要求清政府"拒和"、"迁都"、"变法"。康有为中进士后,出任工部主事,旋即辞官,在京、沪两地组织强学会,并创办《万国公报》(是年年底改名为《中外纪闻》)杂志,虽不久即遭查禁,但扩大了维新变法思想的影响。是年底,德国强占胶州湾,康有为第五次上书,劝勉光绪"及时发愤,革旧图新"。翌年4月,康有为在北京成立保国会,以"保国、保种、保教"为宗旨,后因得翁同龢、徐致靖的支持,终被光绪召见,促成戊戌变法。在此期间,康有为被任命为总理衙门章京,专折奏事,就政治、经济、军事、文教诸方面提出了许多改革建议。戊戌变法失败后,康有为流亡海外,思想渐趋保守。其著作结集出版的有《康南海先生遗著汇刊》、《康有为全集》等。

康有为以维新变法为目标,继承中国儒家"礼运大同"的思想,又吸取西方空想社会主义的学说,描绘了一幅关于"大同世界"的美好蓝图。认为在此理想的平等社会中,"人人分其仰事俯畜之物产财力,以为公产,以养老慈幼恤贫医病","夫天下国家者,为天下国家之人人公共同有之器,非一人一家所得私有之"(《大同书》)。"人为天之生,人人直隶于天,人人自立自由。""人各有界,若侵人之界,是压人之自立自由,悖天定之公理,尤不可也。"(《大同书》)康有为把西方近代启蒙思想家卢梭等人创立的"自由民权说"挂在孔子的名下,以此说明孔子的学说中含有自由、平等的思想因素,赋予了"大同说"以近代的意蕴,为他本人提出的"大同"教育思想奠定理论基础。

康有为的"大同"教育思想集中反映在其《大同书》中。《大同书》撰成于1901年至1902年其避居印度期间,但思想酝酿则始于1884年前后。康有为在书中为世人设计了一个"人人皆自动而学"的公养、公教系统,它从"专为胎教"的"人本院"开始,进而"育婴院"、"慈幼院",经"小学院"、"中学院"而至"大学院",最后入"养老院"、"化人院"等。在从"小学院"到"大学院"这样一个理想的学校教育制度的设计中,康有为又根据不同年龄阶段青少年学生身心发育的特点,提出诸育兼顾、各有侧重的主张。小学院"专以养体为主,而开智次之",中学院除"养体开智以外,又以育德为重",大学院则除实施体育、德育外,当"专以开智为主"。还以专章论述了男女平等和重视女子教育的思想。《大同书》中所阐述的"大同"教育思想与康有为所提出的"大同"社会的理想是一致的,表达了他对封建教育制度及其人才培养目标、教学内容等的批判意识,也反映了他以西方近代三级学校教育体制为样板建立中国现代学校教育制度的改革要求,在近代中国教育思想史上具有重要的地位和影响。但康有为的"大同"教育思想与其"大同"社会的理想,都建立在中国儒家"礼运大同"思想和西方空想社会主义学说的基础之上,带有明显的乌托邦色彩,在近代中国的历史条件下是无法实现的。

(叶志坚)

科层理论与教育管理 (bureaucracy theory and educational administration)

科层理论由德国管理学家 M. 韦伯建立,20世纪70年代后运用于教育管理。M. 韦伯研究发现,传统组织中人员的提升原则主要是忠诚、裙带关系及个人的决断,而现代组织按照科层组织原则运行。科层组织亦称官僚组织,其特征:明确的劳动分工;自上而下的等级系统;通过考试录用人员;有职业管理人员;遵守规则和纪律;人员关系的处理排除个人情感影响。M. 韦伯认为,高度结构化、非人格化的理想行政组织体系是达到目标、提高效率的最有效形式,其精确性、稳定性、纪律性和可靠性优于其他组织形式,能运用于各种管理工作及大型组织。20世纪70年代前,教育管理中未提到 M. 韦伯的科层理论,70年代后,教育管理学开始专门探讨科层理论及其在教育管理中的运用。探讨的议题集中在三方面。(1) 学校组织是否具有或在多大程度上具有科层组织的特征？有研究认为，学校是科层组织。美国学者阿博特依据科层理论分析学校组织，认为学校组织明显受到专业化和任务具体化需要的影响，如建立明确而严格的权力等级，依靠规章制度控制组织成员的行为，广泛应用 M. 韦伯的非人格原则，学校组织成员的雇佣取决于技术能力等，故学校组织是一个高度发展的科层组织。也有研究认为，学校并非科层组织。美国学者维克认为，学校是一个松散连接的体系，松散连接意味着结合在一起的成分是有责任的，但各种成分保持其本性及可分离性。M. D. 科恩、马奇和 J. F. 奥尔森等人认为，由于学校组织中的各种要素和子系统是松散结合在一起的，学校组织是"有组织的无政府状态"（或称"垃圾箱模型"），具有三个特点：目标不是具体明确的，教育组织的目标表述往往笼统、抽象，难以确定有效的测量标准，而且这些目标常常变化；技术不清晰且未被认识，难以鉴别出教学过程中的独立成分；学校组织中的成员是流动的，如学生、教师、家长等，且参与者在任何特定教育问题上所花费的时间、精力大不相同。比德韦尔等人认为，学校组织是科层组织与结构松散性的结合。明茨伯格称学校为专业科层组织（professional bureaucracy）。（2）学校科层组织具有什么特征？是否能够检测？在接受教育组织是科层组织的前提下，学者们研究了学校科层组织的特征及其关系。美国教育家 R. H. 霍尔从权力等级、专业化、职员规则、程序体系、非人格化和技术能力六方面对学校科层制特征进行调查研究，麦凯在此基础上设计"学校组织项目表"（SOI），用于检测科层结构的主要特征。有研究表明，学校科层组织的六项特征之间是相互关联、互相促进的，也有研究表明各特征之间是相互独立的。霍伊和米斯凯尔认为，学校科层组织具有两个相互独立的属性，即官僚性和专业性，二者交互发挥作用，由此形成学校组织的四种类型，即韦伯型、权威型、专业型和混沌型。韦伯型学校组织中，专业性与官僚性互补，二者都较强，属理性模式；权威型学校组织的特点是高官僚性、低专业性，强调以层级制职位为基础的权威；专业型学校组织的特点是高专业性、低官僚性，重视管理者与专业人员共同参与决策；混沌型学校组织的特点是官僚性和专业性均较弱，学校组织时刻处于纷扰和冲突之中，终将向其他类型的组织转化。官僚性占主导的学校呈现典型的紧密结构，有时过于刻板，不能灵活应变，并在教师中导致疏离；专业性占主导的学校结构较松散，教师在教学专业上拥有较广泛的自由决定权，但过于独立会产生冲突、迷惑和协作上的问题，从而影响效益的提高。学校是官僚性与专业性要素的混合体。莱斯曼将官僚制的研究重点置于僚属类型，他从僚属的价值取向出发，将僚属分为四类，即以专业为认同对象而不认同组织的功能型僚属；既采取专业取向又认同组织的专才型僚属；完全采取组织取向的工作型僚属；以服务对象的利益为根本取向的服务型僚属。（3）运用科层理论进行教育管理有什么效果？进入工业社会，教育规模日益扩大，单凭传统的、人为的、经验的方法进行教育管理已不能适应时代要求。M. 韦伯的科层理论要求在组织中排除人为因素的影响，建立系统的组织制度，运用制度进行管理，注重组织制度的科学化和体系化。科层理论在学校管理中被广泛应用。学校建立了劳动分工制度、权力等级体系和必要的规章制度，强调职业导向，尽可能建立标准程序等。教育管理者逐步建立以下观念：教育管理活动可以控制，通过设计一个合理的组织结构，编制一套完善的规章制度，遵循一系列科学的管理原则，辅之以严格的奖惩手段，学校组织能与其他组织一样，在有限的条件下实现最佳的管理目标。科层理论基本内容的有效性得到证明，但学校组织具有特殊性，科层理论应用于教育管理的局限性也为研究者所认识。科层理论设想的理性组织在现实生活中难以找到，学校科层组织的特征在发挥其正面效应的同时，也存在负面效应："劳动分工"使每个教师成为某领域的专家，学校也可根据教师的专业化程度衡量其能力，但易导致单调和厌倦，可能造成目光短浅和部门主义；"非人格化倾向"使教职工在工作中保持公正，但易使组织缺乏人情味；"权力等级体系"可确保上级教育行政部门的指令得以贯彻执行，每个人的工作得到有效监督和安排，但易造成信息交流的阻塞和走样；"规章制度"可使学校工作有章可循，保持连续性和稳定性，但易造成刻板、强硬、形式主义和目标转移，使原本作为手段的规章制度成为目标本身；实行"职业导向"能根据工作能力提拔教职工，激发教职工的工作激情，有助于保持其对学校组织的忠诚，但易挫伤虽忠诚于组织但因能力有限而得不到提升机会的人。

后现代主义者主张以后现代组织替代传统的科层组织。赫奇洪认为，后现代组织趋于分权和开放，重视个人权威，建立人性化的相互关系，更多地授权，使组织成员更多地参与和合作。P. S. 阿德勒和波利斯于 1996 年提出科层组织规范化的两分法，认为科层制的实施存在两种类型的规范化，即激活的规范化（enabling formalization）和强制的规范化（coercive formalization）。前者的规则和程序是组织长期积累的经验或最佳实践指导，其作用是帮助职员有效处理问题；后者的规则和程序设计的目的在于惩罚和迫使下属服从。激活的程序在参与和合作中构建，强制的程序则由上级制定后自上而下地贯彻。霍伊和斯威特兰研究证明，激活的和强制的科层制在学校中都存在，激活的科层制产生积极的效果，强制的科层制导致消极的结果。

（陈韶峰　杨红霞）

科技与教育发展（science and technology and education development）　科学技术与教育之间具有密切关系。科学技术与教育的结合是大工业生产发展的产物。随着大机器生产技术原理的广泛运用，以及技术革新和发明中科学知识因素的不断增长，19世纪中叶以后科学逐渐走在了生产技术前面，成为技术的先导，教育在培养科技人才、传播科技知识、推广科技成果中的作用愈来愈大。尤其是高等教育在19世纪下半叶产生并确立了发展科学和服务社会的新职能，使得科学技术与教育之间的单向性关系，转换成一种作用力可逆的关系模式，即从"生产→技术→科学→教育"运行模式转换为"教育→科学→技术→生产"模式。20世纪中叶开始的世界新科技革命，使科学技术与教育的关系出现了一系列新的特点。科学技术和教育在社会功能上愈益具有高度的相关性，两者在结合的方式上具有多层次性，科学技术和教育彼此日益渗透、互为影响。教育既是科技革命的发源地，又受到科技革命的影响。新科技革命对教育发展水平、内容、方法、功能以及培养的人才提出了一系列的挑战和新的要求。

科技进步与教育发展

科技革命与现代教育发展　现代教育是在技术进步的不断拉动下形成的。纵观近300年来科学、技术、教育三者的发展，国内有学者认为，人类已经历了三次科学、技术与教育革命（见表1）。人类认识自然的能力的飞跃，即科学革命；人类改造自然能力的革命，即技术革命；人类传授认识和改造自然能力的飞跃，即教育革命。每次科学革命、技术革命总是伴随着相应的教育革命。

表1　教育革命与科学革命、技术革命

	科学革命的主要标志	技术革命的主要标志	教育革命的主要标志
第一次	牛顿力学体系的建立	蒸汽机的广泛使用	夸美纽斯提倡班级授课制，普及初等教育
第二次	（1）麦克斯韦电磁理论的建立（2）赫兹证实电磁波	电力的发明和普遍应用	提倡初等教育，普及中等教育，建立理工学院，发展师范教育
第三次	（1）相对论、量子理论的建立（1926—1928）（2）控制论、信息论、系统论的建立	（1）核能的开发和应用（2）信息技术的普遍应用（3）新材料、生物技术、空间与海洋开发	（1）实行中等义务教育，发展职业教育；建立研究生教育制度（2）提倡终身教育（包括继续教育）、智能教育、未来教育、博才教育

在以蒸汽机的广泛使用为标志的第一次技术革命中，英国作为领先者，其教育发展的基本特征是，技艺获取模式以"干中学"为典型特征，学校教育是以人文主义教育为传统的贵族精英教育。为适应初级工业化对劳动力基本技能的需要，在上层阶级的教育体系之下，开始出现主要限于读写和道德教诲的初等教育。法国于18世纪末率先创办了用于培养工程师和企业经理的综合性的大学校和各种工艺职业学校，传授科学技术知识、培养科学技术人才的科技教育开始在教育体制中占据一席之地。

19世纪后，以电力的发明和普遍应用为标志的第二次技术革命，尤其是围绕科学知识、技术进步和新产品开发的研究与发展观念的形成。继法国之后，德国和美国创造了不同于英国保守的人文教育制度的科技教育制度，培养了大量的科学家、工程师、管理人员与各级各类的技术人员。德国于19世纪上半叶发展了培养中层技术管理人才的行业学校网络，建立起一批技术高等学校，并率先在综合大学内推进科学教学和研究工作；美国注重实用的教育制度，19世纪下半叶赠地学院的建立和高等院校社会服务功能的拓展，适应了当时技术和产业发展的需求。

20世纪下半叶以来，伴随以新能源、新材料、信息技术、生物技术、空间与海洋开发为主要领域的第三次技术革命，教育发展模式在发达国家体现出了多样化的特点。如美国精英化和大众化的高等教育为较大比例的人口提升了开发的技术以及社会和组织技能，尤其是培养了大批具有科学创造性和企业家精神的高层次人才，使美国在新兴的以科学为基础的高科技领域占有绝对优势，自20世纪20年代以来一直是世界性的科技中心。德国拥有在基础与应用科学、工程科学领域培养高水平专业技术精英人才的大学和高等专科学校，同时具有产业界深度参与并与教育界密切合作的双元制，为大多数青年人提供了良好的教育和培训，造就了大批具有普通教育水平与职业技术技能的劳动力大军。日本的教育体制只提供一种基本技能的基础，在此基础上企业再对员工进行在岗和脱产强化培训；大学在基础科学方面比较薄弱，使日本在有关化学、生物工艺学及其他严重依赖基础科学的工业方面发展相对落后。

20世纪90年代以来，知识经济的发展催生了大量知识密集型的新兴产业，加之技术生命周期缩短的现实，"学习社会"和个人的"终身学习"成为全球性的趋势。就业前的正规教育（初等、中等和高等教育）、就业前的正式或非正式职业培训、就业期间的在职培训、通过经验和学习所得到的意会型知识、由教育系统提供的终身学习，这些环节存在复杂的相互作用，其间的有效配置决定着一个国家经济和教育发展的效率。

技术进步、技能需求与教育发展　技术进步对经济直接产生影响，对生产过程、劳动力分配、劳动技能有着深远的影响，并最终体现为对劳动力就业所需教育程度的变化。关于技术进步和技能变化的研究主要有三种观点：技能提高假设、技能降低假设和混合变化理论。不同的观点决定了教育与培训等不同人力资本投资方式的配置。

（1）技能提高假设。该假设认为，技术变化对于技能的层次、种类和平均水平都提出了更高的要求。随着计算机等先进技术的使用，许多与之相关的工作都增加了对技能的需求。高度自动化的工作环境要求工人们必须表现出更多的灵活性，意味着对更高技能程度的要求。舍尔斯基认为，随着自动化发展阶段的变化而需要不同的知识技能。在基本上是以"工具"性的他动机械为主时，工人负责给机器送进原料，启动机器，或者给予指示，控制机器；在以流水作业为代表的"半自动机械"阶段，生产过程高度分化，工人必须配合机器的节奏工作；在完全自动化阶段，工人只负责对机器进行控制、监视或维修等，这就要求工人具有一定的知识基础，有高度的注意力与责任感、敏锐的反应能力等。这些绝非单凭心灵手巧就能胜任，完全是一种抽象性极高的素质和能力。这一观点将推动对于培养高素质人才的正规学校教育投资，而不是有针对性的职业教育。从理论上讲，让大众接受一般的训练思维的普通教育，将使工人能够胜任各种要求有更高分析和决策能力的工作；学校教育的重点从掌握或复制事实向解决问题和培养创新性思维能力方面转变。

（2）技能降低假设。布雷夫曼认为，资本主义生产的"逻辑"要求生产技术不断变化，这就涉及不断增加的机械化和自动化，其必然结果是技能的置换，逐渐使工人队伍降低技能和失去技能。技术已成为分解和降低工作技能的重要工具，像科学管理、数字控制、自动化和工作的重新设计使工作的计划和构想与执行职责相分离，生产的综合任务被最大限度地分割开来，生产过程变得十分简单化和例行化。H. M. 莱文和拉姆伯格认为，即使高科技的发展也未必需要工人普遍具备更尖端的技能，因为高科技使生产操作过程的分解越来越细，使得每个节点的技能要求更为简单，先进的设备比落后的设备更易操作。这一观点意味着，基础巩固的基本教育而非狭隘的职业技能准备对未来更为重要。学校教育必须为学生提供优良的公民教育和通才教育（足够的文化、语言、社会和科技知识，以及应用这些知识和吸收新知识的能力），增强其适应不断改变的环境的能力，如果工人有足够的一般知识和能力背景，那么特殊的工作技能可以在职学习。

（3）混合变化理论。技术变化的效应或劳动过程的变化是混合和相互抵消的。美国哈佛大学教授布赖特在1966年研究了自动化对制造行业工作技能的影响效应，其结论是：生产技术的进步刚开始时，由于采用了新技术和设备，对劳动技能的要求有不断提高的趋势，但当自动化达到一定程度时，工作却变得简单起来，越来越多的岗位变得并不需要太复杂的劳动技能。因此，生产技术水平或自动化程度和对劳动者劳动技能需要之间的关系并不总是单向递增的。弗莱恩在技能培训周期模型中提出，某一技术在其生命的早期将会提高对工作技能的要求。随着时间的推移，由于技术已被掌握和分解，生产过程程序化，对技能的要求转为混合型的中性，然后下降，作为技能培训的场所也就从企业转向外部的职业学校和教育机构。

此外，还有一种不可知论认为，技术变化对技能没有"先定"的影响，技术的技能效应在不同环境中不是一成不变的，很难孤立地加以考察。这对教育产生的有力影响是，正规普通教育与在职培训结合比职业教育更符合新技术的发展趋势，因为前者的结合使劳动力对变化的环境具有更加灵活的适应能力。

技术进步、人力资本投资收益与教育投资选择　技术进步结构制约着技能的需求结构，进而直接影响教育投资的优先顺序选择。分析公共教育投资政策的常用工具是教育的社会收益率方法。用社会收益率可预测哪一水平的教育和培训或哪种类型的教育和培训应得到政府补贴，以使经济增长速度最大。

（1）技术进步与人力资本投资的不确定性。教育投入一般应优先投向教育收益率最高的教育层级或类型，但技术进步增加了人力资本类型需求的不确定性。这种不确定性意味着人力资本投资收益的变动，即特定层次和类型的人力资本的产出变得更加不确定，由此就导致确定教育投资的选择和顺序变得困难。

一种观点认为，某些类型的人力资本投资，如普通教育，能够增加劳动力对技术进步的适应性，或能够增强对导致收益变化的未来变动的适应性（adjustment to future shocks）。具有较好教育和培训水平的工人能够更好、更快地适应技术的变革。这种适应性的优势似乎部分来源于额外增加的与工作有关的技能，更多地得益于从普通教育（与职业教育相对）中获得的认知能力、智力的灵活性和解决问题的能力等一般技能，运用这些一般技能可以对新技术作出快速的调整或者具有更大的职业转换能力。因此，学校普通教育能够通过推迟人力资本投资专用性的方式降低人力资本的投资风险，新技术和普通教育之间更具有互补性，在工作中经历快速技术变化的工人应更多地投资于学校教育而非依赖工作中的特殊培训。

另一种观点认为，技术进步将使正规教育和以前获得的技能过时，工人和企业为适应每次技术创新浪潮的特殊需求而投资于在职培训是最合算的。而且，与技术相关的工作技能本质上是特殊技能，只有通过特定生产技术和专有设备的使用才能获得。创新企业能够垄断新技术，从使用新技术所获得的技能是企业的特殊技能。为此，技术进步较快的行业或企业应更多地依赖企业内培训。

技术进步会影响正规学校教育和培训的关系。如果受过较多教育的人接受的培训也较多，教育和培训之间就体现为互补关系，反之，受过较多教育的人接受的培训较少，说明学校教育和完成任务的培训之间的替代性大。如果受教育较多者的一般技能能够使他们对于新技术适应得更快，那么在技术不断变化的情况下，学校教育和培训之间的替代性增强。良好的普通教育的基础和企业培训都是发展劳动力技能的行之有效的方法，关键是根据企业和个人实际情况进行适当配置。

（2）技术进步的技能偏向性与教育收益率的长期稳定性。技术进步的技能偏向性（skill-biased technological change）是指只有具备相当技能水平的劳动力才能够应用现代技术进行生产活动，所以在劳动力市场上，对高技能劳动力的需求会增加，而对低技能劳动力的需求会减少。在技能偏向型技术进步的条件下，较高的人力资本收益率形成了强烈的人力资本投资诱因，当劳动力市场上的诱因信号传递到人力资本投资市场时，会引起人力资本投资增加，促进人力资本形成。而这种诱因作用是在教育收益率信号作用下实现的，技术进步拉大了高低技能劳动力之间的工资差距，进而诱使相当部分的适龄人口进入学校，接受更高级的教育。

以信息技术为代表的第三次技术革命具有明显的技能偏向性。在较低技能要求的工作岗位上，计算机取代人做出了各种行动决策；计算机通信技术的广泛应用推进了依托计算机技术的、广泛的组织变革，新的生产组织产生了对高技能劳动力的大量需求，导致人力资本投资增加。技能偏向型技术进步对教育收益率的提高作用显著。关于教育收益率，有三个基本事实：教育收益率随教育层级的递增而递减；在跨国比较中，教育收益率随着人均收入水平的递增而递减；在一国时间序列中，教育收益率随一国平均受教育水平递增而递减。但实际考察各国的教育收益率却发现，教育收益率的长期演变具有相当的稳定性。从教育收益率的跨国比较来看，教育的收益率虽呈下降趋势，但与教育规模的扩展相比，教育收益率的下降却微乎其微；从教育收益率的一国时间序列比较来看，教育收益率呈现了平缓下降中的周期性波动。一些学者如廷伯根认为，这主要应归因于技能偏向型技术进步对教育收益率提高的拉动作用，教育与技术之间的竞赛维持着教育收益率的长期稳定趋势。

表2 以国家类型和教育水平划分的平均教育收益率

	社会收益率（%）			私人收益率（%）			明瑟收益率
	初级教育	二级教育	三级教育	初级教育	二级教育	三级教育	
非洲国家	26	17	13	45	26	32	13
亚洲国家	27	15	13	31	15	18	11
拉丁美洲国家	26	18	16	32	23	23	14
中等收入国家	13	10	8	17	13	13	8
发达国家		11	9		12	12	9

技能偏向型技术进步所带来的相对工资差距拉大和高等教育收益率提高，使发展中国家教育资源的分配陷入两难境地。一方面是高层次教育的收益率迅速上升，那么政府在分配公共教育投入时，应优先考虑高等教育；另一方面，按照公平原则，教育投入特别是在发展中国家应优先考虑主要覆盖广大贫困阶层的初等教育和中等教育，而不是主要覆盖少数富裕阶层的高等教育，以推动社会公平和经济增长。20世纪60—70年代，拉丁美洲和东亚在教育发展中选择了不同的模式：拉丁美洲的教育选择"跳跃性"模式，即优先发展中等和高等教育；东亚国家选择"渐进性"模式，即首先加强基础教育，在基础教育迅速发展和巩固的前提下，大力推进中等、高等教育，同时东亚还高度重视职业教育。有研究认为，拉丁美洲和东亚教育发展次序的差异，与其选择不同的技术进步路径有关，即拉丁美洲国家的技术进步从资本密集型技术开始，而东亚国家的技术进步从劳动密集型技术开始。发展战略选择即合适的技术进步选择，是决定社会公平、经济增长和人力资本有效形成的关键。

科学技术与科学教育、技术教育

教育是传递知识和技能的文化活动，通过教育实现人类社会的再生产，但教育的内容在各个时代有所不同。在稳定的农业社会，教育关注技艺、传统和价值的传递；近代和现代科学技术的发展，促进了大学、职业学校、技术专门学校的扩大，并使学校的教育内容发生了巨大变化。在18世纪第一次技术革命时代，劳动力主要通过"干中学"和"传帮带"的方式来掌握科学技术，虽存在一些传授数学、力学、经济学的实科学校和实科教育，但力量相对弱小，地位低下；19世纪以来以电力和化学为标志的第二次技术革命时期，培训技术人才的专门教育机构蓬勃发展，与生产有关的专业技术教育进入学校。作为与古典教育相对立的教育形式，自然科学被引入学校，拉开了改造古典教育的序幕，在人文社会科学性质的大学和文科中也有更多的自然科学的内容，并逐渐取代古典人文学科在教育中占据主导地位。20世纪中叶以来的科技革命，使得科学对教育的影响达到前所未有的广度与深度。

作为方法的科学技术与教育 作为方法的科学技术对教育的影响有两个方面的含义：一是科学和技术方法的教育。科学不应变成一种纯粹学术性的练习，当代任何教育体系的主要目的之一是科学训练和培养科学精神。过去以归纳和简化为特征的科研和教学方法将让位于以尊重现实的复杂性和丰富性为特点的新方法，如客观性的法则，相对性与辩证法等思想，观察、搜集数据、归类以及证明结论的能力。教育应培养人的批判精神，培养对不同思想观念的理解与尊重，尤其是应激发人特有的潜力。二是科技进步与教育转变。科学技术的发展，使教育应该较少地致力于传递和储存知识，而应该更努力地寻求获得知识的方法（学会如何学习）。教育应更强调自学的能力，促进终身教育的发展。

作为人类生活与行动目的价值的科学技术与教育
(1) 科技发展与教育结构的变化。科技革命及科学发展所带来的知识总量的迅速增长，以及科学发展的分化与综合趋势对教育产生重要影响。具体表现为：一是新学科、跨学科及其新专业层出不穷。二是高等教育层次不断提升。随着以科学为基础的技术的发展，从事研究开发的人员需要受过大学及更高层次的教育，由此极大地推动了近现代研究生教育的发展。三是教育内容的变化。在技术变革非常迅速的时代，需要向学生更多地提供能使其将来顺利地适应需要不同专门技能的、不断变换工作（其中许多是难以预料的）的基础知识和技术。例如，高等教育注重拓宽基础知识，加宽专业口径，文理相通，培养跨学科的宽专业人才。

(2) 科学技术与科学教育、技术教育。科技发展及其成果的普及，使自然科学课程得到重视和加强，而且成为课程中被认为是具有国际标准的科目。但在普通教育方面，课程计划过分重视科学却忽视技术。科学教学的基本目标是强调知识与行为相互依赖的关系，强调科学研究与实际发展及其应用之间的联系。因此，科学教育与技术教育必须相结合。技术作为关于某一可行事物的实际知识及其操作方法，从其必须适合当地的环境这一意义上来说，技术带有狭隘的地方性。为此，发展中国家的教育，不仅需要受过良好培训的专家和技术员学习应用较发达国家输送的现有技术，而且必须培养和建立本地的科技队伍，发展适用于本地的技术。另外，由于教育内容反映科技发展的滞后性，学校课程必须根据当代科学技术的特点与发展趋势和教育的内部规律及时地进行改革。

(3) 科学技术与科学的人道主义教育。现代科学技术发展在给人类带来福利的同时，也给人类造成问题和风险。如核导弹是世界安全的极大威胁、基因方面的进步带来许多道德的和实际的问题。科学技术在伦理和道德方面的两重性，使教育必须同时遵循两种似乎相互排斥的活动路线：一方面要激发和维持人们对科学技术的兴趣，因为科学技术对人类生存至关重要；另一方面又要培养人们清醒的意识，赋予青年必要的标准，以正确评价各种科学方法的影响、各种可能的解决方案以及应该避免的危险等。这样所培养的人，是有文化教养的人，具有清晰的价值观念，能够区分目的和手段，掌握和发挥用于发展的科学和技术。为此，许多国家通过降低科学在课程中的比重和强调追溯文化渊源，提高了艺术和人文科学在教育中的地位。

关于科学技术及其发展对教育的重要影响，联合国教科文组织国际教育发展委员会认为，科学和技术应成为任何教育事业中基本的、贯彻始终的因素；成为为儿童、青年和成人设计的一切教育活动的组成部分，以帮助个人不仅能控制自然和生产力，而且也能控制自己和社会，包括自己的抉择和行动；科学和技术应有助于人类建立一种科学的世界观，以促进科学发展而不是为科学所奴役。在此领域，人们的共识是，在教育系统中加强现代自然科学和数学课程，掌握科学思想和科学语言是现代文明中一般人所必不可少的；所有科学学科都加强了把科学理论和思想付诸实践的导向，技术和生产劳动与教育之间的联系成为教育系统整体改革的支柱；在自然科学、人文科学之间保持平衡，尤其是培养正确对待自然科学实践和成果的态度。

科学技术与教育技术

科学技术的进步使教育的手段也在不断地更新，教育技术的革新导致了教育的革命或教育形态的演变。英国教育家阿什比认为，人类教育史上曾发生过"四次教育革命"：第一次是将教育的部分责任从家庭转移到基督教会或犹太教堂；第二次是采用书写文字作为教育工具；第三次是印刷术的发明；印刷术发明以后，20世纪又在教学上使用了新工艺，如电影、唱片、录音机、计算机等，这些工艺使整个教育过程发生巨变，也使我们面临着第四次教育革命。还有学者认为，20世纪末以来，信息技术特别是互联网技术，正从根本上动摇和瓦解现行教育的基础，催生出适应信息文明、为信息社会服务的新教育，即信息化教育。应用于教育方面的新技术有两大类：一类是视听技术，如广播、电视、电影、录像等；二是信息处理技术，尤其是计算机和微型电脑。新技术的使用对教育产生了深刻影响。

新技术与教育发展 在20世纪50—60年代，新型传播媒介和新技术如教育电影、广播、教学机器、开放和闭路电视等，被看成是解决教育问题的有效工具。这些问题包括：提高教育质量，实现教育的平等，解决合格教师的缺乏，降低教育成本，迅速扩大学校正规教育等。在70—80年代，第三世界国家使用收音机、幻灯片、录音带、投影仪等一些简单的技术，使远距离学习兴起。运用多种通信技术包括广播、印刷材料和函授，辅之以地方学习小组的讨论和材料的学习，为不同年龄和不同类型的、有着强烈学习新知识和新技能愿望的人提供学习资源，其中最为典型的是开放大学。90年代以来，信息技术特别是互联网技术的发展，使远程教育的理想——任何人、任何时间、任何地点都可以得到想要得到的任何所需要的学习内容成为现实，成为终身教育的手段之一。大量的教育投资用于为学校装配计算机、因特网、软件和多媒体，以创造网络化的教育和学习环境。

信息通信技术与教育的转型 新的信息通信技术革命正以比人类历史上任何一次变革都迅猛的速度和深广度，

改变着人类教育的培养目标、内容、方法、手段、体系乃至教育形态。网络环境下教育的特点包括：(1) 培养目标：教育系统要围绕确保知识的进一步传播和扩大机会均等两个目标，培养学生具有获取信息和处理信息的能力；(2) 教学模式：从以"教"为主走向以"学"为主，以学习者为中心设计个人化的学习路径；(3) 教学组织形式：班级授课制与个别教学、小组教学和自学等形式灵活结合，各种形式都可通过网络进行；(4) 教学过程时空观：任何人可以在任何时间、任何地点，以自己喜欢的任何方式选择任何课程来进行学习；(5) 教育方法：从灌输式走向对话式；(6) 教育手段：运用开放式、交互式的多媒体网络；(7) 教师角色：学生学习的合作伙伴；(8) 教育形式：正规教育与非正规教育的区别淡化，进而整合为终身教育体系。

对于新技术的前途及其对学校的影响存在多种看法。有人认为，教育将完全"非机构化"，即学校彻底衰落，正在出现的"网络社会"的一部分将替代学校的地位。在"网络社会"中，越来越多的不同文化、宗教和社区要求都将反映在孩子们日常的社会化和学习安排中，远程和跨地区学习与网络学习会提供广泛的学习机会，终身学习过程中最初阶段与继续学习阶段之间的界限会发生实质性的融合。而有人则认为，学校机构将依然保持下去，但学校不会像以前那样垄断和僵化，学校甚至可以成为一个协调和安排各种整体教育活动的中心。为此，联合国教科文组织国际21世纪教育委员会指出，只靠技术无法奇迹般地解决教育系统面临的困难。应把技术与传统的教育形式结合起来加以使用，而不应将其看作是一种取代传统形式的独立的手段。

中国科技与教育发展及其互动关系

中国作为世界文明古国，曾经历科技、教育和社会经济高度繁荣的时代。中华人民共和国成立后，中国选择了一条以计划经济和重工业化为标志的发展道路，这种资本密集型技术选择模式所内生出的劳动力市场分割和绝对公平的收入分配等制度因素的作用，教育收益率信号对人力资本投资的引导作用基本丧失，教育投入高度计划性。改革开放后，中国走的是以市场化改革和对外开放为主要取向的发展道路，外国直接投资和国际贸易的快速发展，发达国家的先进技术不断被引入中国，推动了中国科学技术水平的提高。这种形式的技术进步依然为资本和技术密集型的模式，劳动力市场上高低技能劳动力之间相对工资差距和就业水平差距的拉大，使教育收益率逐渐显现出来。教育收益率随着教育层级的提高而显著提高，政府教育投入模式表现出了显著的投资配置严重偏向高等教育的特点。技术进步对低技能劳动力的"排斥"，造成了较低技能劳动力失业率上升和受教育水平对农村剩余劳动力转移的约束。

高低技能劳动力就业水平的差距，继而造成了城乡间、城市内部以及农村内部收入差距的显著拉大，而收入差距又造成了低收入人群人力资本投资能力的下降，使中国教育的公平程度显著减弱。21世纪初，全面建设小康社会的要求确定了国家必须走新型工业化道路的目标，其实质是大力促进高新技术产业的发展，同时以高新技术改造传统产业。不管是通过先进国家的技术转移，还是加强科技的自主创新能力，都意味着在经济发展中存在技术进步加快的趋势。在这一战略推行过程中，为避免不合适技术进步与人力资本形成的"恶性双循环"，必须改善中国现有教育投入结构，增加对初、中等教育的投入。同时，在现有人力资本水平下，大力发展劳动密集型产业，增强中国技术进步的"次序性"，是快速而有效地形成人力资本并支撑和推动中国持续、快速和公平的经济增长的重要保证。

中国现代科技变迁和教育的关系是以现代世界科技高速发展和经济全球化为背景的，以信息技术为代表的第三次技术革命和以外商直接投资与国际贸易为形式的技术转移，对国家经济的高速持续增长起了关键作用，进而使作为增长源泉的科技和教育的重要性日益提高，推动发展向主要依靠科技进步、劳动者素质提高、管理创新转变，需要优先发展教育，加快教育改革，为建设创新型国家和全面小康社会提供强有力的人力资源保证和智力支撑。

参考文献

阿什比.科技发达时代的大学教育[M].滕大春，滕大生，译.北京：人民教育出版社，1983.

贝尔纳.科学的社会功能[M].陈体芳，译.北京：商务印书馆，1986.

卡诺依.教育经济学国际百科全书[M].闵维方，等，译.北京：高等教育出版社，2000.

亨利·莱文，等.高科技、效益、筹资与改革——教育决策与管理中的重大问题[M].曾满超，等，译.北京：人民日报出版社，1995.

许学军.技术进步、收入分配与人力资本形成——以东亚和拉美为例的分析及对中国问题的启示[M].北京：经济科学出版社，2003.

(王　建)

科教兴国战略（strategy of invigorating China through science, technology and education）　把科技和教育置于经济、社会发展的首要位置，依靠科技和教育增强国家经济实力和提升综合国力的战略方针。

1995年5月，《中共中央、国务院关于加速科学技术进步的决定》首次提出中国将"坚定不移地实施科教兴国的战略"。实施科教兴国战略，成为20世纪末至21世纪加速中国社会主义现代化建设的重要方针之一。

科教兴国战略的决策依据　中共中央、国务院决定在全国实施科教兴国战略，是总结历史经验和根据中国现实情况做出的重大部署,是为实现社会主义现代化建设"三步走"的宏伟目标而提出的发展战略。

纵观世界近现代史,科教兴国是发达国家实现经济腾飞的共同途径。英国是世界上第一次工业革命的发源地,17—18世纪,科学和教育活动在英国得到空前重视和普及,19世纪成为世界最强的工业化国家以及世界经济和科学中心。美国从教育入手,发展全民公共教育,从吸收借鉴到发明创新,后来居上成为遥遥领先的超级大国和现代科技革命的重要发源地。"科教立国"使日本在明治维新以后几十年便跨入世界列强的行列,而且在第二次世界大战战败后迅速崛起。这些国家的现代化道路均昭示了如下规律:要振兴国力、发展经济,必须依靠科技进步,善于将科技成果转化为生产力,而这又必须从提高国民素质开始,从发展教育入手。进入知识经济时代的21世纪,无论发达国家还是新兴工业化国家以及发展中国家,都在重新研究和调整自己的科教兴国战略,推行战略性高技术发展计划,加速发展科技教育,加紧人力资源开发和人才争夺,力图处于新世纪科技领先地位和抢占战略制高点。

从现实国情角度来看,科教兴国是促进中国经济发展方式根本转变和加快实现现代化建设"三步走"战略目标的必由之路。中国是发展中国家,立足于现实国情和着眼于发展生产力的根本任务,抓住机遇发展自己,为加速经济增长和提高劳动生产率,尽快缩小与发达国家的综合国力和科技水平的差距,必须把促进科学进步、技术创新和教育发展作为推动整个社会前进的战略重点。中国人口众多,这既是包袱又是财富,而把人口的包袱变成社会的财富,主要靠教育来提高劳动力素质。邓小平指出:"我们国家,国力的强弱,经济发展后劲的大小,越来越取决于劳动者的素质,取决于知识分子的数量和质量。一个十亿人口的大国,教育搞上去了,人才资源的巨大优势是任何国家比不了的。有了人才优势,再加上先进的社会主义制度,我们的目标就有把握达到。"他还说:"我国的经济,到建国一百周年时,可能接近发达国家的水平。我们这样说,根据之一,就是在这段时间里,我们完全有能力把教育搞上去,提高我国的科学技术水平,培养出数以亿计的各级各类人才。"邓小平还反复强调,社会主义阶段最根本的任务就是发展生产力,社会主义的优越性归根到底要体现在它的生产力比资本主义发展得更快一些、更高一些。要达到这一目的,必须依靠教育。他说,从长远看,要注意教育和科学技术。"我这里说的关于教育、科技、知识分子的意见,是作为一个战略方针、一个战略措施来说的。"江泽民指出:"我国还是一个发展中国家,人口多,底子薄,人均资源少,经济文化比较落后,这些都是经济和社会发展中的长期制约因素。我们在这种历史条件下进行社会主义现代化建设,要大幅度提高劳动生产率,提高人民群众的物质文化生活水平,必须在推动科学

技术的进步上付出艰苦的努力。""实施科教兴国战略,必将大大提高我国经济发展的质量和水平,使生产力有一个新的解放和更大的发展。"这就阐明了实施科教兴国战略的目的意义。

科教兴国战略提出的理论基础是邓小平的"科技是第一生产力"的思想。邓小平在马克思关于"科学技术是生产力"的基础上发展出"科学技术是第一生产力"的论断,揭示了科学技术在现代经济发展中的首要地位和变革作用。加快现代化建设步伐,就必须充分发挥科学技术的巨大推动作用。正如邓小平所强调的:"四个现代化,关键是科学技术的现代化。没有现代科学技术,就不可能建设现代农业、现代工业、现代国防。没有科学技术的高速度的发展,也就不可能有国民经济的高速度发展。"在社会主义现代化建设"三步走"的发展战略中,第一位就是发展教育和科学技术,"实现现代化,科学技术是关键,基础在教育"。江泽民反复强调:"现在,科学技术在经济、国防和社会发展中的作用日益重要和突出,知识更新和转化为现实生产力的速度日益加快。""在当今世界上,综合国力竞争越来越表现为经济实力、国防实力、民族凝聚力的竞争。无论就其中哪一个方面实力的增强来说,教育都具有基础性地位。"科学技术正在成为推动社会发展和人类文明进步的最强大的杠杆,是经济发展和社会进步的首要动力。只有优先发展和加速推进科技进步和教育发展,充分发挥科技的第一推动力作用和第一决定性力量,全面发挥教育在培养高素质的劳动者和专业人才方面的巨大功能,才能为经济社会发展和现代化建设提供强有力的动力支撑和人才保障。

科教兴国战略的确立　1989年12月,江泽民在国家科学技术奖励大会上的讲话中指出,在经济文化比较落后的条件下进行社会主义现代化建设,"我们要坚持把科学技术放在优先发展的战略地位,坚持依靠科技进步来提高经济效益和社会效益"。1991年5月,在中国科协第四次全国代表大会上,他进一步提出,把经济建设真正转移到依靠科技进步和提高劳动者素质的轨道上来,必将保证第二步战略目标的胜利实现,同时将为实现第三步战略目标奠定坚实的基础。1992年10月,中共十四大报告指出:"振兴经济首先要振兴科技","必须把教育摆在优先发展的战略地位,努力提高全民族的思想道德和科学文化水平,这是实现我国现代化的根本大计"。这是第一次以党的文件的形式,把科技和教育优先发展的战略地位作为全党的共识确定下来。经过几年的探索实践,1995年5月,《中共中央、国务院关于加速科学技术进步的决定》颁布,首次提出在全国实施科教兴国的战略。同月,为全面部署落实这一决定,中共中央、国务院在北京召开全国科学技术大会,江泽民在会上阐释了科教兴国战略的内涵:"科教兴国,是指全面落实科学技术是第一生产力的思想,坚持教育为本,把科技和教育摆在

经济社会发展的重要位置,增强国家的科技实力及向现实生产力转化的能力,提高全民族的科技文化素质,把经济建设转到依靠科技进步和提高劳动者素质的轨道上来,加速实现国家繁荣强盛。"同年9月,中共十四届五中全会通过《中共中央关于制定国民经济和社会发展"九五"计划和2010年远景目标的建议》,把实施科教兴国战略列为今后15年直至21世纪加速中国社会主义现代化建设的重要方针之一,强调"实施科教兴国战略是历史的必然选择"。1996年3月,八届全国人大四次会议正式批准的《中华人民共和国国民经济和社会发展"九五"计划和2010年远景目标纲要》,将科教兴国作为一条重要的指导方针和发展战略上升为国家意志。1997年,中共十五大进一步明确了将科教兴国战略作为中国经济发展的战略之一。1998年,国务院成立国家科技教育领导小组,以推动科教兴国战略的实施。中共十六大以后,中共中央提出人才强国战略,作出了优先发展教育、建设人力资源强国的战略决策。科教兴国和人才强国是党中央为把中国建设成现代化强国而提出的两大重要战略,人才是实施科教兴国战略的关键,实行人才强国战略有利于更好地贯彻落实科教兴国战略。

科教兴国战略的目标规定 科教兴国战略的确立对中国中长期科技和教育发展的目标作出了规定。2006年2月,中共中央、国务院发布《国家中长期科学和技术发展规划纲要(2006—2020年)》,确立中国科技发展的总体目标是:自主创新能力显著增强,科技促进经济社会发展和保障国家安全的能力显著增强,为全面建设小康社会提供强有力的支撑;基础科学和前沿技术研究综合实力显著增强,取得一批在世界上具有重大影响的科技成果,进入创新型国家行列,为在21世纪中叶成为世界科技强国奠定基础。确定到2020年,全社会研究开发投入占国内生产总值的比重提高到2.5%以上,力争科技进步贡献率达到60%以上,对外技术依存度降低到30%以下,本国人发明专利年度授权量和国际科学论文被引用数均进入世界前5位。

2010年7月,中共中央、国务院颁布《国家中长期教育改革和发展规划纲要(2010—2020年)》,提出到2020年,基本实现教育现代化,基本形成学习型社会,进入人力资源强国行列。具体来说,一是实现更高水平的普及教育。基本普及学前教育;巩固提高九年义务教育水平;普及高中阶段教育,毛入学率达到90%;高等教育大众化水平进一步提高,毛入学率达到40%;扫除青壮年文盲。新增劳动力平均受教育年限从12.4年提高到13.5年;主要劳动年龄人口平均受教育年限从9.5年提高到11.2年,其中受过高等教育的比例达到20%,具有高等教育文化程度的人数比2009年翻一番。二是形成惠及全民的公平教育。坚持教育的公益性和普惠性,保障公民依法享有接受良好教育的机会。建成覆盖城乡的基本公共教育服务体系,逐步实现基本公共

教育服务均等化,缩小区域差距。努力办好每一所学校,教好每一个学生,不让一个学生因家庭经济困难而失学。切实解决进城务工人员子女平等接受义务教育问题。保障残疾人受教育权利。三是提供更加丰富的优质教育。教育质量整体提升,教育现代化水平明显提高。优质教育资源总量不断扩大,更好地满足人民群众接受高质量教育的需求。学生思想道德素质、科学文化素质和健康素质明显提高。各类人才服务国家、服务人民和参与国际竞争的能力显著增强。四是构建完备的终身教育体系。学历教育和非学历教育协调发展,职业教育和普通教育相互沟通,职前教育和职后教育有效衔接。继续教育参与率大幅提升,从业人员继续教育年参与率达到50%。现代国民教育体系更加完善,终身教育体系基本形成,促进全体人民学有所教、学有所成、学有所用。五是健全充满活力的教育体制。进一步解放思想、更新观念、深化改革,提高教育开放水平,全面形成与社会主义市场经济体制和全面建设小康社会目标相适应的充满活力、富有效率、更加开放、有利于科学发展的教育体制机制,办出具有中国特色、世界水平的现代教育。

科教兴国战略的实施方针 实施科教兴国战略,要求把科技进步和创新作为经济社会发展的重要推动力,把发展教育和培养德才兼备的高素质人才摆在更加突出的战略位置,深化体制改革,加大投入,加快科技教育发展,努力建设创新型国家、人才强国和人力资源强国。

科技是先导,人才是关键,教育是基础,确立科技、人才和教育的关键地位和优先发展的战略地位。经济建设必须依靠科技进步和创新,科学技术是经济发展的动力源。邓小平指出:"四个现代化,关键是科学技术的现代化","发展科学技术,不抓教育不行"。江泽民指出:"实施科教兴国战略,关键是人才。"中共十五大指出:"培养同现代化要求相适应的数以亿计高素质的劳动者和数以千万计的专门人才,发挥我国巨大人力资源的优势,关系二十一世纪社会主义事业的全局。要切实把教育摆在优先发展的战略地位。"中共十六大指出:"教育是发展科学技术和培养人才的基础,在现代化建设中具有先导性全局性作用,必须摆在优先发展的战略地位。"确立科技、人才和教育的关键地位和优先发展的战略地位,已成为中国科教兴国战略的一个根本要求。《国家中长期科学和技术发展规划纲要(2006—2020年)》提出,到2020年,全社会研究开发投入占国内生产总值的比重提高到2.5%以上。《国家中长期教育改革和发展规划纲要(2010—2020年)》提出,教育优先发展是党和国家提出并长期坚持的一项重大方针,切实保证经济社会发展规划优先安排教育发展,财政资金优先保障教育投入,公共资源优先满足教育和人力资源开发需要。提高国家财政性教育经费支出占国内生产总值比例,2012年达到4%。《国家中长期人才发展规划纲要(2010—2020年)》提出,确立在经

济社会发展中人才优先发展的战略布局,充分发挥人才的基础性、战略性作用,做到人才资源优先开发、人才结构优先调整、人才投资优先保证、人才制度优先创新,促进经济发展方式向主要依靠科技进步、劳动者素质提高、管理创新转变。

科教兴国战略的一个关节点就是促进科技、教育与经济相结合,要求科技和教育最大限度地发挥推动经济发展和社会进步的作用。经济建设必须坚定地依靠科技进步,要以科技进步作为主要推动力;科技工作必须自觉地面向经济建设主战场,把促进经济发展作为中心任务和首要目标;经济建设要转入依靠提高劳动者素质的轨道,劳动者素质的提高则要靠教育来实现。坚持科技、教育与经济建设相结合,既可加速科技和教育本身的发展,又可促进经济发展方式的根本转变。实施科教兴国战略,必须深化科技和教育体制改革,通过改革,建立起适应社会主义市场经济体制和科技自身发展规律的新型科技体制,形成与社会主义市场经济体制和全面建设小康社会目标相适应的充满活力、富有效率、更加开放、有利于科学发展的教育体制机制。科技体制改革,要以服务国家目标和调动广大科技人员的积极性与创造性为出发点,以促进全社会科技资源高效配置和综合集成为重点,以建立企业为主体、产学研结合的技术创新体系为突破口,全面推进中国特色国家创新体系建设,大幅度提高国家自主创新能力。教育要面向现代化、面向世界、面向未来,全面贯彻党的教育方针,坚持教育为社会主义现代化建设服务,为人民服务,与生产劳动和社会实践相结合,深化教育体制和结构改革,全面推进素质教育,形成权责明确的教育管理体制,形成多元化的教育投入体制,形成适应素质教育要求的教学体制,培养德智体美全面发展的社会主义建设者和接班人。

推进国家创新体系建设,重在培养创新人才。江泽民指出,"创新是一个民族的灵魂,是一个国家兴旺发达的不竭动力"。全面实施科教兴国战略,加速全社会的科技进步,关键是要加强和不断推进知识创新、技术创新。"有没有创新能力,能不能进行创新,是当今世界范围内经济和科技竞争的决定性因素。""创新,包括理论创新、体制创新、科技创新及其他创新。"《国家中长期科学和技术发展规划纲要(2006—2020年)》提出,把提高自主创新能力作为国家战略,推进国家创新体系建设。这个体系应当包括以国立科研机构和教学科研型大学为核心的知识创新系统,以企业和科研机构为核心的技术创新系统,以高校和职业培训机构为主的知识传播系统,以企业和社会为主体的知识应用系统。教育是知识创新、传播和应用的主要基地,也是培育创新精神和创新人才的摇篮。充分发挥教育在人才培养和科技创新中的基础性作用,必须深化教育改革,全面推进素质教育,以提高国民素质为根本宗旨,立足培养全面发展的

人才,突出培养创新型人才,注重培养应用型人才,深化教育改革,促进教育公平,提高教育质量,形成各类人才辈出、拔尖创新人才不断涌现的局面。充分发挥高等学校在国家创新体系中的重要作用,瞄准国家创新体系的目标,加快创建世界一流大学和高水平大学的步伐,培养一批拔尖创新人才,形成一批世界一流学科,产生一批国际领先的原创性成果,为提升中国综合国力贡献力量。

积极发展哲学社会科学,重视社会科学在科教兴国中的重要作用。江泽民强调,实施科教兴国战略,包括自然科学和社会科学两个方面。哲学社会科学是人们认识世界、改造世界的重要工具,是推动历史发展和社会进步的重要力量。哲学社会科学的研究能力和成果,也是综合国力的重要组成部分。在认识和改造世界的过程中,哲学社会科学与自然科学同样重要;培养高水平的哲学社会科学家,与培养高水平的自然科学家同样重要;提高全民族的哲学社会科学素质,与提高全民族的自然科学素质同样重要;任用好哲学社会科学人才并充分发挥他们的作用,与任用好自然科学人才并发挥他们的作用同样重要。坚持社会科学和自然科学并重,充分发挥哲学社会科学在认识世界、传承文明、创新理论、咨政育人、服务社会的重要作用,在全面建设小康社会、开创中国特色社会主义事业新局面、实现中华民族伟大复兴的历史进程中,哲学社会科学具有不可替代的作用。

教育、科技和人才是国家强盛、民族振兴的基石,也是综合国力的核心,其中科技是先导、人才是关键、教育是基础,三者互动互促、相辅相成。科教兴国战略的制定,把科技、教育进步作为经济和社会发展的强大动力,是确保国民经济持续、快速、健康发展,增强国际竞争力的根本措施,对建设国家创新体系,促进科技创新与产业化,促进中国科技自主创新能力的提高,实现跨越式发展具有重要作用。人才强国战略的提出和实施,使实施科教兴国战略跃升到了一个新起点,大力实施科教兴国战略和人才强国战略,是中国实现社会主义现代化宏伟目标的必然抉择,是中华民族伟大复兴的必由之路。

参考文献

邓小平.邓小平文选(第2卷,第3卷)[M].北京:人民出版社,1993—1994.

范德清,方惠坚.科教兴国——中国现代化的战略抉择[M].北京:人民教育出版社,2002.

江泽民.江泽民论有中国特色社会主义(专题文献摘编)[M].北京:中央文献出版社,2002.

金德万,黄南珊.论党中央第三代领导集体的科教兴国战略[J].湖北社会科学,2001(8).

(王 建)

科举制度的废除　1905 年 9 月 2 日,清政府发布上谕,称"自丙午科为始,所有乡会试一律停止,各省岁科考试亦即停止",从而宣告科举制度的废除。

科举制度确立于隋大业二年(606 年)。明代以后,随着封建社会的没落,科举制度本身的消极因素日渐暴露,特别是八股取士成为定制后,它对人才的禁锢作用愈加明显。在清末,无论是三年一次的乡试、会试,还是日常的生员考试,其内容和形式都已弊端丛生,科场纪律松弛,士子与考官勾结作弊成为常事。鸦片战争以后,西方的文化、技术传入中国,中国教育制度面临严峻挑战。

科举制度废除的过程　第一次鸦片战争后,一大批致力实学的士人开始呼吁变革科举。1841 年,祁士贡上《请推广文武科试疏》,认为科举"所学非所用",主张"变通考选之制"。

第二次鸦片战争后,知县桂文灿等人建议用西学来考核官员。19 世纪 60 年代初,随着京师同文馆等新式学堂的创办,出现了把科举考试范围延伸到新式学堂生员的举措。1864 年 8 月,广东省奏请新学章程称:"议定该同文馆学生如三年学成后,驻防满汉旗人应准作为翻译生员,准其翻译乡试,并文乡试,汉人世家子弟准作为监生,一体乡试。"根据该章程,总理衙门奏准广东同文馆学生蔡锡勇等作为监生,准予乡试,并分别派充将军、督抚各衙门翻译官。1868 年,总理衙门又批准上海同文馆"附生严良勋、金淦二名给予内阁中书职衔,并作为附监生,得就近北闱应付,监生汪凤藻、汪远锟、王文秀三名,给予国子监学正职衔"。

随着洋务运动的开展,清政府开始重视通过保举、荐擢的途径选拔实用人才。1875 年,总理衙门奏准南北洋大臣及各省督抚等各举所知堪备使才者,恭候简用。又奏准在京王大臣等,如真知有熟悉洋务、洞彻边防、兼胜出使之任者,具疏保奏。保举、荐擢成为精通西文、西艺的士子登科的一条新途径。

19 世纪 70 年代,洋务教育思想产生了广泛的影响。1870 年,沈葆桢、英桂联名奏请"特开算学一科以便选拔人材,供总理衙门、户工二部、水师、关榷、盐粮诸衙门及船炮各局差使",并荐李善兰、杨宝臣管理算学。1873 年,礼部根据"国子监设立算学案据及现在办理章程"奏请设算学考试,并称"多设其途,较之特开一科尤觉鼓励兴奋"。1883 年,山西道监察御史陈启泰在《奏陈扩充海防管见折》中建议讲求海防、储养人才,"特设一科,专取博通掌故,练达时务之士,无论举贡监生皆准赴考,试以有用之学"。1887 年,江南道监察御史陈琇莹奏请将明习算学人员归入正途考试,量予科甲出身。1888 年,总理衙门公布了与吏部、礼部会商的结果,通告各省学政及南北洋大臣在岁科后加试算学,将通过者考试名单上奏总理衙门参加复试及乡试。是年乡试,总理衙门将各省送到生监及同文馆的学生试以算

学题目,共录取 32 人,继由顺天府统于卷面加"算学"字样,在 20 名以上取中 1 名算学举人。这次中西学同考,表明西学可以通过科举考试获得身份。

甲午战争以后,科举制度进入实质性变革时期。1897 年,贵州学政严修奏请开经济特科,于科举及学堂之外选拔人才。总理衙门会同礼部覆奏时,以严修所议六事为基础,进而概括为内政、外交、理财、经武、格物与考工等六门。

1898 年 4 月、6 月,浙江巡抚廖寿丰、山东道监察御史宋伯鲁相继上折,主张特科不凭文字为去取,经济岁科直接由学堂选举,不应附庸乡、会试,也不应试四书文。7 月,总理衙门会同礼部议廖寿丰之折,议定特科六条呈览。在廖寿丰的续奏和诸臣的促请下,7 月 13 日,上谕准其所拟章程。维新变法期间荐举者纷起,才智之士渐起,共荐举经济特科 235 人,并成为"请废八股"的先声。

1895 年,康有为提出废变科举的主张。1898 年 4 月,康有为力陈八股之害,"故台、辽之割,不割于朝廷而割于八股;二万万之款,不赔于朝廷而赔于八股;胶州、旅大、威海、广州湾之割,不割于朝廷而割于八股"。6 月,康有为上《请废八股试帖楷法试士改用策论折》,"救空疏之宿弊,光绪帝召见康有为,专有用之学问,然后广开学校,教以科学,俟学校尽开,徐废科举"。之后,梁启超、杨深秀、宋伯鲁、徐致靖等人相继上折,请自下一科起废止八股。地方大员如湖广总督张之洞也会同湘抚陈宝箴,礼部尚书怀塔布、协办大学士孙家鼐等人纷纷上书,提出合科举、经济、学堂为一事,乡、会试为三场的建议。光绪帝见奏章后即拟旨废除八股,并下诏"自下科为始,乡会试及童生岁、科各试向用四书文者,一律改试策论"。8 月 19 日,又明令废止朝考。戊戌变法失败后,除京师大学堂继续开办外,科举考试悉照旧制,新政措施全部废除。

20 世纪初,随着资本主义工商业的发展和新教育思潮的兴起,清政府采取变通办法,一方面责令各督抚尽量多派学生出洋留学,保证学成归国后,分别奖给进士、举人各项出身,以备任用;另一方面,决定对旧式进士举人进行新式教育,要求旧科举进士都必须进京师大学堂学习各项新知识。鉴于留学生和京师大学堂的仕学馆人数有限,面对巨大需求难以解决的问题,1901 年 9 月,清政府下兴学诏,称"各省所有书院,于省城均改设大学堂,各府厅直隶州均改设中学堂。各州县均改设小学堂,并多设蒙养学堂"。于是,大学堂、中小学堂开始在全国兴办。此举引发了新学与科举之间的矛盾,内外诸臣纷纷上书要求变革科举,以促进新式教育发展。1903 年 3 月,两江总督张之洞会同直隶总督袁世凯上奏指出科举与新式学堂之间的矛盾,强烈要求按年递减中额,渐行废罢科举,使天下士子舍学堂别无进身之路。

1905 年 9 月 2 日,袁世凯、赵尔巽、张之洞等又上奏,称

"科举一日不废,即学校一日不能大兴,士子永远无实在之学问,国家永远无救时之人才,中国永远不能进于富强,即永远不能争衡于各国"。1905 年 9 月 2 日,清廷上谕"自丙午科为始,所有乡会试一律停止,各省岁科考试亦即停止","并著责成各该督抚实力通筹,严饬府厅州县赶紧于城乡各处遍设蒙小学堂,慎选师资,广开民智",就此结束了中国的科举制度。甲辰(1904 年)恩科成为清代科举的最后一科。在鸦片战争以后的 60 余年中,科举制度经历了强调广试复试,重开捐纳,推行保举与荐擢,增开算科、艺科、经济特科,废八股改策论,改革武科,递减科举中额的曲折历程,最终被废除。

科举制度废除的影响 科举制度的废除造成了巨大的社会影响。其影响主要有以下几方面。

首先,加速了传统教育观念、人才观念乃至于价值观念的转变。传统科举考试以儒家经典为范本,形成了因袭保守的思想方法。科举废除后,广大士人开始用新的价值尺度衡量旧传统观念,并引入新的思考和研究方法,在改变自己知识结构的同时,促进了人才观念的变革,从通才到专才、从精英到国民的人才观念的变化无不与科举的废除有关。梁启超指出,现代的学问及思考方法确已有了一条大进步之路径,这里头最关键者就是科举制度之扑灭。20 世纪 20 年代,实用主义、科学主义及职业教育、平民教育等各种教育思潮在中国广为传播,都与废除科举有关。

其次,科举制度的废除对清末民初教育的发展起到了促进作用。科举制度的废除及全国教育行政的统一使大批士人涌向学堂,对转变社会风气产生了导向作用。此后,士绅捐资兴学,地方集资办学的热情被激发起来,江苏、安徽、广东、江西、四川、河北、山东等省自奉诏立停科举之后,各州县纷纷奏请兴学。据统计,1904 年,全国学堂总数为 4 222 所,而 1906 年,即停科举诏颁布仅 1 年,则增至约 1.98 万所,几近 3.7 倍。1907 年,全国新学堂跃增至约 3.59 万所,1908 年为约 4.31 万所,1909 年为约 5.23 万所,学生总数亦由 1905 年的约 25.89 万人(不含军事、教会学校)增至 1907 年的约 102.5 万人,至 1912 年跃升为约 293.34 万人。加上未经申报立案的公私立学校、军事学堂以及教会所办学校学生,估计辛亥时期国内学生数约为 300 万人,约为 1905 年的 10.6 倍。与此同时,部分学生开始了出国留学。据统计,1901 年,留日学生人数为 280 人左右,1902 年增至 727 人,1903 年增至 1 300 人左右,至 1905 年猛增到 8 000 余人。

再次,科举制度的废除使知识分子的数量激增,并加速了这个群体的分化。由于学校代替了科举,读书人的知识结构发生变化,新的自然科学、社会科学逐渐成为所学科目,士作为官吏来源的传统格局废止,由科举制度造成的社会凝聚力消散。废科举没几年,部分士绅因对清政府失去信心转而投向革命,在以孙中山为核心的辛亥革命领导集团中,黄兴、胡汉民、汪精卫、陈炯明等都是举人、秀才身份。

此外,一些贫寒知识分子在科举废除后,无法承担国内新学堂及出洋留学的各项费用,陷入困境,遂于清末各省扩充新军之际或投笔从戎,或入各种新式陆军学堂学习,从而使新军中的知识分子人数大量增加,其中以湖北新军最为突出。这些军官士兵有一定的文化知识,容易接受新思想,成为武昌起义的主力。

参考文献

顾明远. 教育大辞典(修订合编本)[M]. 上海:上海教育出版社,1998.

田正平. 中国教育史研究. 近代分卷[M]. 上海:华东师范大学出版社,2001.

王德昭. 清代科举制度研究[M]. 北京:中华书局,1984.

(李 涛)

科马罗夫教育经济效益计量法 (образование и экономический подход к измерению эффективности и пользы Комарова)

以教育年限为尺度确定劳动系数,计量教育对国民经济所作贡献的方法。苏联经济学家科马罗夫 1972 年发表的《培养和使用专门人才的经济问题》一文中,使用教育年限确定简化系数的方法来计算教育对国民收入增长的贡献。他认为,教育对形成熟练劳动所起的作用可以间接地反映教育对提高劳动效率和创造国民收入所起的作用;人在受教育过程中获得一定范围的普通知识和专门知识,才能够从事更加复杂的劳动,掌握更多知识的人也就成为更加熟练的劳动者。因此,教育年限长短、劳动复杂程度以及创造的价值量,三者在数量上是成正比的。要达到一定劳动复杂程度的技能水平,就必须接受必要年限的普通教育和职业教育。科马罗夫便是根据教育年限来确定劳动复杂程度的权重,从而估算出教育对国民收入增量的贡献率。具体计算过程如下:第一步,确定劳动简化系数。他根据苏联国民经济部门全部就业人员按教育程度划分的情况,确定劳动简化系数为:受初等教育的劳动者为 1,初等教育以上的为 1.2,受过 7 年教育的工人为 1.3,受过 8～9 年教育的工人为 1.4,受过中等教育的工人为 1.6,受过中等专业教育和没受完高等教育的工人为 1.9,大学毕业的工人为 2.3。第二步,确定平均劳动简化系数。根据不同教育程度的劳动简化系数,以人数加权计算出全体劳动者的平均劳动复杂程度系数,公式为:平均劳动简化系数 = ∑(不同教育程度的劳动简化系数×不同教育程度劳动者在就业人口中的比例)。得出 1940 年平均系数约为 1.19,则 1940 年平均劳动复杂程度系数高于 1 的劳动当量为 0.19。以同样的方法,得到 1960 年全体劳动者平均劳动简化系数约为 1.3,高于 1 的劳动当量为 0.3。第三步,确定劳动力当量。用 1940 年高于 1 的劳动当量 0.19 乘以劳动者人数54.6,得到增加劳动者的当量为10.4,再以当年平均劳动简化系数乘以劳动者人数得到1940年劳动者总当量65.0。依此法求得1960年劳动者增加的当量约为20.4,劳动者总当量约为88.8。这样,平均教育程度的提高就被当作投入劳动量的增加部分来处理。增加当量占总当量的比例就是教育作用的比例系数:1940年为 10.4/65.0 = 0.16(16%),1960年为20.4/88.8 = 0.23(23%)。该比例系数也可简化为:$e = c/(1+c)$。式中,e为教育系数,c为来自平均劳动复杂程度系数的增量比例。当1940年$c \approx 0.19$时,$e \approx 0.19/(1+0.19) = 0.16(16\%)$。同理,当1960年$c \approx 0.3$时,$e \approx 0.3/(1+0.3) = 0.23(23\%)$。第四步,计算教育对国民收入的贡献。国民收入1940年为33.5,1960年为146.6,其差额为113.1。那么,国民收入中受教育影响的部分,等于国民收入乘以教育作用比例系数,1940年为$33.5 \times 16\% = 5.4$,1960年为$146.6 \times 23\% = 33.7$,两个时期的差额为$33.7 - 5.4 = 28.3$。因此,1960年与1940年比,因平均教育程度提高而增加的国民收入占国民收入增加部分的比例为$28.3/113.1 = 0.25(25\%)$,即1940—1960年苏联教育对国民收入增量的贡献率为25%。

(毛　军)

科学教育(scientific education)　对受教育者进行的旨在促进其了解科学知识、掌握科学方法、提高科学能力,进而形成科学态度与科学精神的教育。既是对人力的训练,也是对人性的陶冶;不单指科学知识的简单传授,也不仅限于教育内容、教育手段和教学方法的科学化,更不专指科学技术专业人才的培养。由于和经济发展的特殊关系,科学教育在现代国家中普遍受到高度关注,是现代人形成基本生活能力的主要途径,是各级教育的基本内容。从学科范围而言,广义的科学教育除了自然科学和应用科学教育外,还包括管理科学及社会科学教育;狭义的科学教育是与人文学科教育和社会科学教育并立的一种教育,其核心学科是数学、物理学、化学、天文学、地学和生命科学。一般意义上的科学教育不仅包括各级学校进行的正规科学教育,而且包括向大众进行的科学普及教育。

使用"科学教育"这一概念,通常可能分别表述三种不同的含义。其一专指自然科学教育,即数学、物理、化学和生物等纯理科教育,是现代各国教育的基本构成要素。其二是广义的科学技术教育(科技教育)。其三特指中小学自然科学教育课程。

科学教育的发展

在西方,自古希腊时期开始,就形成了重视自由探索的思想传统。由于特定的地理环境和相对自由的思想氛围,

希腊人很早就形成了探究自然的好奇心。自然知识教育,特别是教人求真的方法论教育,是古希腊、古罗马人文教育的重要组成部分。在"七艺"中,算术、几何、天文和音乐都担负着传授自然科学知识的任务。特别是当时的哲学,不仅包含许多直接的自然知识,而且大多倾向于从总体上探究宇宙的本原、生成及发展,可以认为,以探讨如何求得确切可靠的知识的认识论问题为重要旨趣,是西方哲学与教育传统的一大特色。而为知识而知识则是这一传统的重要根基。不过,总的说来,那时的科学教育,无论从目标、内容,还是从组织形式看,都是自由教育的一部分,都是塑造和谐发展的自由人的一种手段。这种教育不以功利为目的。到了近代,随着近代自然科学的发展,科学知识逐渐形成独立的知识体系和较规范的方法论,科学教育遂从古代的自由教育中分离出来,成为独立的教育内容和组织形式,教育由此而具有了现代性。人类社会进入工业化社会时代,社会分工进一步加剧,各国工农业的发展越来越依靠科学知识、机器和技术的革新,自然科学在社会发展中的巨大作用日益凸显,社会的方方面面都打上了自然科学的烙印,科学教育逐渐兴起并很快取代了人文教育在各级学校中的独占地位。进入19世纪后,随着国家教育制度的发展,自然科学开始以公认的现代化的形式进入中学,多数欧洲国家的中学开设了自然科学课程,传统的以古典文科课程为主的教育逐渐受到挑战。一般认为,德国在19世纪60年代建立的与文科中学相对应的实科中学,是近代科学教育制度化的开端。不过,科学教育在各级学校中的地位,是经过无数激烈的斗争之后才逐步获得并巩固下来的。其中,赫胥黎和斯宾塞等人对科学教育的大力倡导,对科学教育地位的确立起了至关重要的作用。赫胥黎在其《论自由教育》和《科学教育》等教育论文中,将自由教育的含义扩展为各级学校都应进行的文理兼备的普通教育,主张从小进行科学教育。斯宾塞则依据功利主义原则,批评旧教育的不切实用,提出教育的根本任务在于为完满的生活做准备,科学知识是进行这种准备的最有价值的知识,教育目的、内容与方法的选择,以及对每一教学科目的评价,都应以学习科学知识为标准。他还进一步提出并论述了一个包括各门科学知识的课程范围。到了19世纪末,西方国家已经形成了相对完善的自然科学教育体系。尤其是在各级学校的课程体系中,自然科学占据了几乎压倒性的优势。早期的自然科学教育方法是以传统的讲授为主,此时也开始发生变化。第二次世界大战突出了自然科学在工业社会中的作用,进而也突出了科学教育的作用。整个世界日益成为科学及其基本能力运用的场所。当科技首次与经济乃至国防联系在一起时,人们普遍意识到提高大众科学素质的重要性。合格科技人才的短缺问题开始引起各国的关注乃至忧虑,并在西方发达国家再次激起了科学教育改革浪潮。而如何将科学知识

加以扩展、综合并传授给学生,是科学教育改革的核心问题。20世纪60—70年代后,科学教育在新独立和发展中国家中开始受到重视并发挥重要作用,许多国家建立了自己的科学教育改革机构。但是,在这些国家中,人们在进行科学教育时,并没有充分意识到政治、经济和文化因素对科学教育的制约作用;另外,由于将国家工业化置于极端重要的地位,科学教育的工业价值受到更多关注,与工业化关系密切的物理、化学、工程和数学的训练在科学教育中占据了更重要的地位,这不仅在科学教育内部制造了紧张关系,而且造成了科学教育与多数人实际生活经验的脱节,因为接受这种科学教育的学生中的绝大多数注定终生要从事工农业经济方面的工作。到20世纪末,知识经济时代的来临,进一步推动了各国科学教育的改革与发展。早在1985年,美国就出台了旨在推进科学教育改革的"2061计划",1996年,又颁布了几经修正的《国家科学教育标准》,强调对所有学生进行科学教育,使学生全面理解学习材料而不是记住一些事实与步骤,建议发展有一定深度和广度的关于科学内容与科学过程的基本知识,并对教育、教学的内容和方法提出了相应的建议。英国、加拿大和日本等国也先后制订了国家科学教育标准与发展规划。

在中国,真正现代意义的科学教育只有一百余年的历史。虽然,中国古代科学技术曾长期处于世界领先地位,早在先秦时期,中国人就比较重视科学技术的实践应用,并出现过像墨家那样的讲究科学技能传授和运用的社会群体,但这种文化传统自社会进入封建专制时代以后就逐渐弱化乃至完全失落了。特别是由于儒家文化在价值观上的伦理至上观念及认识论上的狭隘实用主义的制约,对与治国安邦、国计民生关系不甚密切的知识与理论的兴趣日益淡化,最终阻碍了中国传统实用科学和技术科学经过理性思维而转化为近代科学。在教育上,也呈现出一种只重教人"治人之道",忽视教人"治事之术"的偏废现象,其结果是在明清之际,中国科技逐渐落后于西方,最终陷于被动挨打的境地。鸦片战争以后,西方军队与传教士大批进入中国,既给中国带来战败的屈辱,也使中国看到了西方的先进文化和科学技术。面对外力的逼迫,中国先进的知识分子开始思考民族振兴的出路,并作出了"师夷长技"的抉择,这就催生了中国近代科学教育的萌芽。如果以科学课程的正式开设和讲授为标志,福建船政学堂是第一所实施科学教育的新式学校。由于种种原因,这时的科学教育无论在规模上还是在影响力上,都十分有限。对科学教育的实质性推动始于"癸卯学制",它以法定的形式系统地规定了物理学、化学、生物学和西医学等近代自然科学知识作为各级各类学校的必修课。民国建立后颁布的"壬子癸丑学制"进一步体现了对科学教育的强调。在中小学课程中,自然科学的内容被明确固定下来;在大学教育层次,科学教育出现了专门

化趋向。1918—1919年,北京大学先后设立数学系、物理系和化学系,为大学科学教育现代建制之开端。但直到此时,科学教育仍未得到突破性发展,中小学科学教育教学内容肤浅,教科书编写混乱,没有系统的科学教育大纲;大学科学教育先天不足,理工类生源奇缺。1922年颁布的"壬戌学制"明确突出了科学教育的重要地位。此后,一个与中国传统知识和教育体系完全不同的、以驾驭自然力为归旨的科学教育体系,在各级各类学校教育中,逐渐占据主干地位。在教育思想领域,中国近代明确倡导科学教育始于维新运动时期,其代表人物首推严复。他在抨击经学不能救弱济贫的同时,极力提倡西学。他不但重视将科学知识引入教学内容,而且倡导以西方求实的科学方法来指导学校的教学。尽管严复本人并没有明确提出"科学教育"一词,但他对科学教育的倡导,无疑推动了中国近代科学教育大潮的到来。中国近现代历史上真正意义的科学教育思潮的启动,始于中国科学社的创立及《科学》杂志的刊行。以任鸿隽为代表的一批学者连续在《科学》上发表倡导科学教育的文章,使严复的科学教育思想得到了发扬光大。随后的"五四"新文化运动及稍后的科玄论战使科学教育思潮产生了更广泛、更深入的影响力。一批留学欧美的留学生归国之后成了科学教育的有力推动者。他们大力批判传统教育,倡行科学教育,倡导用科学方法解决教育问题。科学教育的发展,不仅初步普及了科学知识、科学方法与科学思想,而且加速了中国教育现代化的进程。此后,科学教育逐渐在各级学校中占据主导地位。中华人民共和国成立后,科学教育的地位得到进一步强化,其间虽经历过"文革"的动乱造成的停顿甚至倒退,但很快又走上了正轨。20世纪末,中国更明确地提出了"科教兴国"战略,确立了科学教育的战略重要地位。

从根本思想上说,科学教育是以客观主义为其根基的,它坚信人的智慧潜力只有通过科学教育才能得到最大程度的发掘,肯定现实生活的重要性,要求教育能够为人的完满的现实生活做准备,强调个人必须了解基本的科学知识,具备基本的科学能力,进而形成科学精神,才可能具备基本的生活能力。但长期以来,尤其是在现代,科学教育面临日益深刻的内在矛盾。其一,在理论上,科学教育不能仅限于科学知识的传授,还应涉及科学方法,尤其是科学思维的训练,最终应该促进科学态度与科学精神的养成。但实际上,我们通常仅仅把科学教育理解为系统的科学基本知识、基本技能与科学思维方法的训练,而在具体教学实践中,科学思维方法的教育又往往成为虚设,科学教育最终被简化为科学知识的传授。科学教育被简化之后,其塑造工具理性的作用被强化,对人性陶冶的价值理性作用则日趋弱化。其二,在目标上,科学教育本应致力于全体国民科学素养的提升,应该为完满的现实生活做准备,但在实际教育过程

中,科学教育的内容往往与现实生活相脱离,与个人活生生的科学经验相脱离。科学教育总是倾向于养成少数科学精英,使绝大多数人难以通过接受科学教育而在现实生活中受益。其三,在价值取向上,科学教育本应同时担负起陶冶情感、塑造人格的任务,其最终着眼点与人文教育一样,都应是个体的和谐发展。但现实的科学教育从出发点到归宿都是社会需要,都以服务于经济发展为最高宗旨,科学教育由此变成了塑造经济人的工具。在很大程度上是因为这一矛盾的存在,现实中的科学教育往往会抑制甚至排斥人文教育。

作为一种完整的教育应使科学教育与人文教育结合起来,融合为一体,而不应使两者割裂甚至对立。要昌明科学教育的实质与精神,培养和谐发展的完人。

科学教育的基本理念

当代科学教育的核心目标是使学生和公民理解科学本质,树立正确的科学观,形成较高的科学素质(或科学素养),培养从事科学探究的能力,具备科学精神。这些方面构成了当代科学教育的立体图景。

在中国,由于在基础教育阶段,幼儿园与小学开始的科学课程名称叫"自然"或"常识",而在中学只有物理、化学、生物等分科的科学教学,没有综合性质的科学教学。因此,"科学教育"作为一个名词使用的频率一直极低。直到20世纪末21世纪初新一轮基础教育课程改革发起以后,受国际科学教育改革理念的影响,"科学教育"及与之相关的基本理念才得到重视。为了正确有效地开展科学教育,需要对科学教育的基本理念有正确的认识。

科学观　科学观(views of science)是科学哲学、科学史、科学社会学等学科探讨的一个基本理论问题。科学哲学、科学史和科学社会学等学科统称为科学论(science studies,简称HPS,一译"科学元勘"),它为科学教育学中科学观的研究提供了直接的理论资源。从基础科学教育的角度看,由于人们的科学观主要是通过学校中科学学习初步形成的,因此,帮助学生初步树立起正确的科学观念是科学教育的重要任务。综观国际科学教育的改革,新的科学观是科学教育改革的核心问题。科学的本质等问题是发达国家科学教育改革的理论基石。

从科学论的观点看,科学观经历了从近现代科学观到后现代科学观的演变历程。近现代科学观是归纳主义的科学观和逻辑经验(实证)主义的科学观。这种科学观认为:科学(即经验科学)是唯一的真正客观的知识;科学知识是永恒的真理;科学知识是确定的陈述;获得科学知识的唯一途径就是经验实证与归纳。后现代科学观则认为:(1)科学不是客观真理,科学的结论具有猜测性,科学正是通过猜测与反驳而不断地解决其自身的问题的,科学是得到了验证的假说;(2)科学不是永恒的真理,科学的合理内容不过是经受住了反复的检验并通过和其他竞争假设相比较才暂时被接受下来的;(3)科学不具有确定性,即便是实验室的观察也未必是准确的;(4)科学知识增长不具有累积性,科学的进展是革命性的,是一种新的范式代替旧的范式的过程,如物理学中爱因斯坦的相对论代替牛顿的机械力学那样。

从科学教育学的角度看,在近现代科学观与后现代科学观之间不应作一种非此即彼的选择,而应当采取分析、批判的态度,吸收各自合理的内核,在科学课程开发和科学教学中坚持正确的科学观、修正错误的科学观。例如,由"笛卡儿—牛顿传统"与逻辑实证主义构成的近现代科学观所强调的科学知识的客观性、科学知识的普遍性与抽象性、科学知识的实证性及科学事业的理性等现代性的特征,并不是完全错误的,只是有些片面和绝对而已,因而是含有一定的真理性的认识。而后现代主义科学观强调科学的建构性、暂时性、动态性、相对性等后现代性的特征,也不能说是绝对正确的真理,而只是具有真理性的一种认识。辩证地批判和吸取两者的精华,是科学教育工作者建立自己的科学观的正确途径,也是从事科学教育(包括科学课程建设、科学教学与评价)工作,帮助学生形成科学观的正确途径。

科学素质　亦称"科学素养"。科学素质(scientific literacy)作为科学教育中的核心理念,最初由美国科学教育家科南特于1952年在《科学中的普通教育》一书中提出。后经P. D.赫德等科学教育家的阐发,逐渐传播开来。它简洁地表达了当代科学教育的基本目标,体现了世界各国在知识经济时代需要普及科学的理想。

科学素质的基本含义经历了一个演变、发展的过程。20世纪80年代以来,随着科学教育改革的推进,科学素质的内涵逐渐清晰、一致。美国科学教育学家克洛普弗在胡森等主编的《国际教育百科全书》中撰写了"科学素质"的词条,指出它是"每个人所应具有的对科学的基本理解",包括五个方面:了解重要的科学事实、概念、原则和理论;把有关科学知识应用于日常生活情境中的能力;具有利用科学探究过程的能力;理解科学本质的一般原理和关于科学、技术与社会的相互作用;具有理智地对待科学的态度以及具有与科学有关的事物的兴趣。90年代,美国的《国家科学教育标准》依据科学教育学者的研究,对科学素质的含义进行了细致的描述:所谓有科学素养是指了解和深谙进行个人决策、参与公民事务和文化事务、从事经验生产所需的科学概念和科学过程。它还包括一些特定门类的能力。意味着对日常事物能够提出、发现、回答因好奇心而引发出的问题;有能力描述、解释甚至预言一些自然现象;能读懂通俗报刊刊载的科学文章,能参与就有关结论是否有充分根据的问题所作的社交谈话;能识别国家和地方所赖以为基础的科学问题，并且能根据信息源和产生此信息所用的方法来评估科学信息的可靠程度；有能力提出和评价有论据的论点，并能恰如其分地运用从这些论点得出的结论。综合地看，科学素质主要包括三个维度：关于科学概念的理解；关于科学过程和科学方法的认识；关于科学、技术和社会的相互关系的认识。第三次国际数学与科学研究（Third International Mathematics and Science Study，简称 TIMSS）中关于科学素养的测评和中国历次公民科学素质调查都以这三维模式的科学素质为基础。经济合作与发展组织发起的国际学生评价项目（Programmer for International Student Assessment，简称 PISA）对科学素质的界定与上述定义相近，但侧重点不同。该项目界定科学素质为：运用科学知识、确定问题和作出基于证据的决定的能力，旨在理解并帮助作出关于自然世界的决定，并对由人类的活动引起的变化作出调整。该定义也涉及科学知识和科学方法等主要方面，但侧重检测义务教育后期中学生理解和运用科学的能力。

中国在 2001 年由教育部颁布小学和初中科学课程标准，确立了以培养学生的科学素质为科学教育的基本目标。2006 年，国务院印发《全民科学素质行动计划纲要》，指出公民具备基本科学素质一般指了解必要的科学技术知识，掌握基本的科学方法，树立科学思想，崇尚科学精神，并具有一定的应用它们处理实际问题、参与公共事务的能力，并把未成年人作为提高公民科学素质的重点人群。

科学探究 科学探究（scientific inquiry）的含义几经变化。20 世纪初，美国教育家杜威主张在科学教学中采用探究的教学方式。20 世纪 60 年代美国第一次科学课程改革时期，施瓦布提出了"对探究的探究"——亦即采用探究方式教授科学的主张。在新一轮的科学教育改革中，美国《国家科学教育标准》指出，科学探究是指科学家用以研究自然界，并基于此种研究获得的证据提出种种解释的多种不同途径；也指学生们用以获取知识、领悟科学的思想观念、领悟科学家们研究自然界所用的方法而进行的各种活动。科学教育工作者也对科学探究或探究性科学教学进行了新的理论研究和实践探讨，他们在有关科学探究的历史和哲学解说的基础上，进一步发展了探究科学性教学的新的理论基础和多种方式与方法。科学教学中的探究既有与科学家的探究相似的地方，也有不同的部分。探究式科学教学在西方经历了约一个世纪的历程，但不同历史时期人们对探究的理解不同。当前，国际科学教育改革中对探究的理解大多与建构主义学习理论相关联。《科学探究与国家科学教育标准——教与学的指南》一书所倡导的科学探究的理论基础就是建构主义学习理论。书中写道："这次改革强调科学探究过程的学习与对科学知识的掌握具有同等的重要性。一种学习理论认为，在建立新的科学概念和对科学概念进一步的理解时，学生自己的观念及具体经验是居中心地位的。探究性教学模式就是基于这种理论基础而建立起来的。"其中的"一种学习理论"无疑指的是建构主义学习理论。中国中小学的科学课程标准都强调，探究是科学学习的主要方式，但需注意的是，探究式科学教学与科学本质问题一样并不是价值无涉的，而是与不同的科学观紧密相关的。研究"科学探究"问题和进行探究式科学教学时不能不联系到当代科学哲学、科学史和科学社会学所倡导的对科学和科学本质的新认识，以及当代科学教育学关于科学学习与科学教学的新观点。

科学本质和科学精神 科学本质（the nature of science）与科学精神（scientific spirit）是现代国际科学教育改革高度关注的问题之一。过去，无论中外，学校科学教育都或多说少地强调学生对科学知识的掌握而忽视了对科学本质的理解和对科学精神的追求。为避免学生接受义务教育后只掌握一些科学知识而缺乏科学文化素质的状况，各国科学教育改革都注重加强科学本质教育，培养学生的科学精神。

在西方，科学本质与科学精神是紧密相关的。澳大利亚科学教育学者 M. R. 马修斯提出，科学本质一直是科学教师和课程专家们关心的问题，自 19 世纪初期科学开始在学校课程中取得一席之地以来，人们一直希望学生不仅要懂得科学，而且要通过内化科学精神和懂得与欣赏科学本质，使科学教学对文化品质和个人生活产生有益的影响。要实现这一期望，必须依靠教师和课程专家理解科学方法和关于科学本质的知识。

为加强科学本质与科学精神的教育，西方国家采取了一些改革措施。一是在科学教师教育课程中增加科学哲学、科学史和科学社会学（HPS）的教育内容，促使他们更新科学观念，并能在科学教学中更好地培养学生的科学精神。二是在中小学课程中也增加 HPS 教育的内容，帮助学生树立正确的科学观。三是在科学教学中通过强化科学探究活动和在课堂上开展科学辩论，使学生亲身体验到科学本质与科学精神。

中国科学教育改革：
国际经验与本土建构

中国自改革开放后，基础科学教育（即从幼儿园至高中的学校科学教育）经历了三次改革浪潮。第一次是从 1978 年开始至 20 世纪 80 年代中期，主要特点是拨乱反正，恢复正常教育、教学秩序，编写新的科学教学大纲和教科书。吸收了世界各国 60 年代以来科学课程改革的经验，使数学、物理、化学和生物等自然科学的课程内容实现了现代化。第二次是从 80 年代中期至 90 年代，其特点是在初等教育阶段开始重视幼儿园与小学的科学教育改革(当时叫自然学科改革),在中等教育阶段则降低科学课程的难度,同时追求科学课程的本土化。第三次是始于 20 世纪末 21 世纪初。其特点是进一步与国际科学教育改革接轨,试图衔接小学与初中的科学教育,促使义务教育阶段科学教育课程与教学改革一体化,面向全体学生,以科学素养为目标,注重培养学生的科学探究能力,等等。第一次科学教育改革基本上是翻译国外中学科学教材作为编写新科学教材的素材。其理论基础是美国心理学家和课程改革家布鲁纳的学科结构课程理论。第二次科学教育改革主要涉及两个方面,一是重视了小学科学教育。引进了哈佛大学小学科学教育专家兰本达的"探究·研讨"教学法,并系统编写了小学自然(科学)教材。二是在中学阶段改进了统编教材,使原先引进的过于理论化、抽象化和高难度的科学教材内容变成适合中国国情和学生需要的科学教材。这实际上是由 20 世纪 80 年代国际化到 90 年代本土化的一次转换。虽然不乏其历史意义和贡献,但改革尚不深化且缺少突破。第三次科学教育改革的背景不同于前两次。一方面,中国市场经济和现代化事业进一步发展,改革开放随着中国成功地进入世界贸易组织而进一步向前推进,为新一轮科学教育改革提供了社会需求和动力;另一方面,20 世纪 90 年代以来新一轮国际科学教育改革在发达国家方兴未艾,为中国科学教育改革提供了良好的国际环境。1997 年,中国科学技术协会与美国科学院签订了科学教育合作备忘录,为两国科学教育合作提供了有利的合作机制,其重要成果之一是合作建立了科学教育网,翻译出版了美国科学教育改革的重要文献,如《国家科学教育标准》等。此后,教育部组织一批科学教育专家和教师编写出全日制义务教育科学课程标准,由此拉开了新一轮科学教育改革的序幕。此外,中国教育部和科学技术协会从法国引进了"做中学"幼儿园和小学科学教育项目,在全国许多大中城市的幼儿园和小学进行基于动手做的探究式科学教育的实验。第三次科学教育改革的主体也与前两次不同,一是有更多的科学家参与,二是有物理、化学、生物、地理等一批学科教育专家参与,三是广大中小学教师成为中坚力量。但是,三次科学教育改革存在一个共同的问题,即改革在理论与实践研究上准备不足,并由此导致科学教学与课程改革、中小学科学教师的培养和在职科学教师的专业发展受到掣肘。从 2001 年开始,中国高校陆续设立科学教育本科专业,为中小学培养综合科学课任课教师。已有高校开始科学教育学博士生的培养。

参考文献

丁邦平.国际科学教育研究[M].太原:山西教育出版社,2002.

美国科学技术协会.科学教育改革的蓝本[M].中国科学技术协会译.北京:科学普及出版社,2001.

韦钰,P.R.探究式科学教育教学指导[M].北京:教育科学出版社,2005.

郑毓信.科学教育哲学[M].成都:四川教育出版社,2006.

Fensham, P. J. Defining an Identity: The Evolution of Science Education as a Field of Research[M]. London: Kluwer Academic Publishers, 2004.

(文辅相　贾永堂　丁邦平)

科学课程(science curriculum)　基础教育阶段设置的一门学科课程。旨在加深学生对自然的基本原理与法则的认识,理解和掌握自然科学的基础知识,学习和掌握科学的探究过程与方法,养成科学的能力和态度,树立科学的自然观。

科学课程的沿革

第二次世界大战后,美国成为国际科学教育的先驱,其科学教育理念的发展反映国际科学课程目标及观念的发展。

20 世纪 50 年代,许多美国大学教授指出,中等教育的科学内容与迅速发展的现代自然科学成果之间存在很大差距,大学入学者的智能水准低下,选修高中物理与化学的学生减少。产生这些问题与进步主义教育思想有关。加之 1957 年苏联成功发射人造地球卫星,对美国产生强烈刺激。美国以大学为中心,在政府和私人财团等的资金援助下,开始大规模推进科学课程改革,进而掀起世界科学教育现代化运动,其标志是 1956 年以麻省理工学院扎卡赖亚斯教授为首的许多物理学家和高中物理教师在全美科学财团等的资助下,开发了高中物理新课程 PSSC(Physical Science Study Committee)物理。以 PSSC 物理为代表的第一代新科学课程强调科学学科的学术性,主张学生要像科学家一样学习自然科学。这一阶段美国科学素养的内涵是服务科学家。

20 世纪 60 年代,以"科学事例史"(History of Science Cases,简称 HOSC)和"哈佛物理课程"(Havard Project Physics Course,简称 HPP)为代表的第二代新科学课程开发完成并开始普及。佩拉等学者以第二次世界大战后约 20 年的文献调查为基础,提出科学素养由概念性知识、科学的本质、科学的伦理、科学与社会、科学与人类、科学与技术这六个范畴构成,应作为市民的素质与能力加以培养。科学素养的提出者、美国学者 P.D.赫德批评第一代新科学课程的根本原理是将学生定位于"小科学家",忽视科学作为人类活动的社会与文化基础,实验活动被封闭在工作台上,不研究社会中与科学相关的重要问题,令青少年的科学学习与现代生活绝缘而变得毫无意义。第一代新科学课程所体现的科学素养构成要素中,只注意概念性知识、科学的本质和科学的伦理,忽略了其他三项,是对科学的狭义理解。HOSC是美国学者克洛普弗运用科南特倡导的"科学事例史法"开发的高中科学课程,课程目标有三个要素,即理解科学的主要概念与原理、理解科学探究的诸过程、理解科学与文化的相互作用。将科学、科学与技术、科学与文化的相互作用一起纳入思考视角,与佩拉等学者强调的科学素养内涵相近。HPP强调科学与人类文化的关系,这与PSSC物理不同。

20世纪70年代,科学与技术的关系日趋密切,环境与生态遭到破坏,人口增长、能源危机、资源短缺等与科技紧密相关的社会问题日益深刻,而学校中跟不上课程进度的学生也越来越多。这促使科学素养的内涵被重新审视。1971年,美国最大的科学教育团体——美国科学教师协会发表声明,将科学素养的养成看作"为了万人的科学教育目标"。1975年,美国国家科学基金会也明确声明,应改进理科教学,重视更广泛的学生的需要,使更多的公民真正懂得科学,理解交织着科学技术的各种公共问题。其间,美国科学课程对科学素养内涵的界定发生重大转型:由注重科学基本概念和科学过程与方法等纯粹的科学论要素,转向注重科学与社会、科学与文化、科学与技术等广义的科学论要素;科学课程的目的由专注培养少数科技专家型人才,转向关注多数广泛理解科学如科学的历史、结构、本质、过程、事实、性质、功能、界限和政策等的公民。

20世纪80年代,在1982年美国科学教师协会发表的声明中,培养科学技术素养(scientific-technological literacy)被视为科学教育的目标,同时开始宣传"科学、技术和社会"(science technology society,简称STS)教育。1985年,美国科学促进协会(Amercian Association for the Advancement of Sience,简称AAAS)发起制定关于科学教育改革的长期规划,并于1989年公布《2061计划:面向全体美国人的科学》,旨在使所有美国人都拥有科学素养。该计划指出,拥有科学素养的理想公民应当是:能自觉认识科学、数学及技术是相互依存的人类行为;理解作为科学之关键的概念和原理;亲近自然界,理解其多样性与统一性;为个人目的和社会目的运用科学知识和科学思维方法。该计划描述了科学素养的实质构成要素。美国科学促进协会在《2061计划:面向全体美国人的科学》和《科学素养的水准点》中,分别将高中毕业生或成人、幼儿园至十二年级学生的科学素养培养划分为"作为人类活动的科学、数学及技术——科学活动的本质"、"从广泛的科学与数学视角看待世界以及技术所创造的关于世界的基本知识"、"关于横向课题需要理解的事情"、"精神的习惯"四个阶段,并阐述了各个阶段的科学素养内容。这些科学素养的构成要素涵盖了佩拉等学者提出的科学素养的六个范畴。

1996年,以科学、工学、医学专业的大学及研究所学者组成的美国国家研究委员会(National Research Council,简称NRC)为中心,在美国联邦教育部和联邦卫生部的协作下,《国家科学教育标准》颁布。这是一个涉及科学教育多个层面的基准,设定了中等教育结束时学生应具备的科学技术素养。规定科学技术素养包括科学题材方面的知识和理解,即关于物理科学、生命科学及地球科学的知识,还包括理解科学的本质、科学行为以及科学在社会、个人生活中的作用。该标准要求使多数学生认识到科学对传统的贡献,从历史的角度认识科学实践存在于各种文化中;了解科学是以经验基准、逻辑讨论以及怀疑性再讨论为特征的一种认识方法;理解科学是什么或不是什么、科学能做什么或不能做什么以及科学对文化的贡献。该标准将初等与中等教育划分为三个阶段,科学课程内容标准直接规定了科学素养的内容包括:统一的各种概念和过程,作为探究的科学,物理科学、生命科学、地球及宇宙科学,科学和技术,个人及社会中的科学,科学的历史和本性。

《2061计划:面向全体美国人的科学》与《国家科学教育标准》中的"科学素养"都涵盖了佩拉等学者提出的科学素养的六个范畴,并具体揭示科学素养的内涵及内容,两者将高中毕业前学生科学素养的培养分为三至四个阶段,重视培养学生的意志决定能力、参与公共讨论能力等科学、技术与社会中现实的社会性能力。

在英国,20世纪60—70年代的科学课程改革主要表现在两方面,一是纳费尔德课程,二是由学校委员会编写的《5～13岁儿童科学计划课程》。英国的新科学课程在很多方面与美国相似,如中学阶段强调提高学术水平,小学阶段重视过程技能。但此次科学课程改革未获成功,教师在采用新教材方面存在一定问题,中等教育阶段少有学生能够接受广泛而综合的科学教育。20世纪80年代初,英国开始试行由英国科学教育协会研制的"社会中的科学"(Science in Society,简称SIS)项目。SIS教学内容的特点:体现科学技术与社会的紧密联系;具有跨学科性;注意理论同实际相结合;使用专门编写的教材。1989年,教育与科学部颁布《国家科学课程标准》(第一版),旨在为科学教育提供统一的国家课程。课程内容包括:(1)知识、技能和理解,包括实验与探究科学、生命进程、物质及其属性以及自然进程;(2)学习范围,规定各个阶段除知识教学外,还应从技术运用、科学中的交流、健康和安全等角度进行综合的科学教育。该课程的连续性和一致性确保了义务教育阶段完整、系统地实现国家课程规定的目的与目标。

1999年修订和颁布的《英国国家课程:科学》成为英国中小学科学教育的纲领性文件,它包括所有与中小学生密切相关的基础科学知识以及有利于进一步学习科学的科学方法,并通过一系列具体目标将这些知识和方法结合起来。文件所包含的科学教育目标分两部分:理解力的培养,探究能力和信心的培养。英国的科学教育是以科学学科为主体的横跨整个国家课程的教育领域。

日本的科学教育改革主要通过修订中小学《学习指导要领》来完成。20 世纪 50 年代，在美国占领军的指导下，日本课程的制订和教材的编写效仿美国，深受实用主义思潮影响，以生活为中心、强调儿童的生活经验成为日本编制科学课程的指导思想。虽有利于改变日本战前极端国家主义和军国主义的教育倾向，但过度强调以生活为中心，削弱了基础知识教育，致使学生的基础学习能力下降。60 年代，因国内需求和欧美课程改革的影响，日本再次修订中小学《学习指导要领》，开始大规模的科学课程改革，以 1961 年在东京理科大学召开的美国 PSSC 物理研讨会为标志。此次改革将"以科学知识为中心"作为编制课程教材的指导思想。70 年代，欧美以"学科结构论"为指导思想的各种新教材风靡一时，日本第三次修订《学习指导要领》，改变偏难的教材内容，增加新内容，尤其注重环境方面的教育；加强系统的基础概念和现代化理论，运用探求科学发现的过程这一教学方法培养人才。这个时期日本科学教育的特征是从以科学知识为中心进入到以探求知识为中心。80 年代，日本对中小学《学习指导要领》进行第四次修订，力图全盘考虑从小学到高中的科学教育，使每个学生获得应有的科学知识，以适应社会发展的需要。在高中设置综合学科"理科"，包括物理、化学、生物、地理学的基本知识，以自然界为整体，给予学生综合性知识；从学生的个性、特长和发展出发进行科学教育。

科学课程的目标和教育价值

各国和地区的科学课程目标一般包括四项要素，即注重培养学生亲近及探究自然的兴趣和欲望；掌握基本的科学知识与技能；养成探究能力与态度；理解科学、技术与社会之间的相互关系。在形式上，科学课程目标大多采取分析的、罗列的表述方式，明确规定构成要素，并未阐明目标要素之间的关系及整体结构，而且仅规定目标的内容或含义，并未明确达到目标的途径和方式。

1996 年，美国《国家科学教育标准》规定学校科学课程的目标：培养学生能够从了解和认识自然界中产生充实感和兴奋感；在进行个人决策时恰当地运用科学的方法和原理；理智地参与有关科学技术的各种问题的公共对话和辩论；在本职工作中运用一个具有良好科学素质的人所应有的知识、认识和各种技能，以提高自己的劳动生产效率。

1998 年，《加拿大安大略省一至八年级科学课程标准》从科学和技术的本质出发，结合安大略省学生实际需要，规定了三项同等重要的科学教育目标：理解基本概念；发展学生进行科学探究和技术设计的技能、策略与思维习惯；将科学与技术知识有机地结合在一起，并应用于实际。同时强调学习活动一定要有利于发展学生的交流能力。

1989 年，英国《国家科学课程标准》（第一版）提出科学教育应承担的六项任务：使学生了解科学概念；训练科学研究方法；建立科学与其他知识的联系；理解科学对社会的贡献；认识科学教育对个人发展的贡献；认识科学知识的本质。1999 年，英国《国家科学课程标准》（第四版）规定科学教育的四项目标是科学探究、生命进程及生物、物质及其属性和物理过程，每项目标由四个关键阶段组成，前三个关键阶段是对所有学生的共同要求，最后一个关键阶段分为单一科学课程和双重科学课程，前者针对大部分学生，后者适用于少数学生。

1998 年，日本初中《学习指导要领》（理科篇）规定初中理科课程总目标：提高对自然的关心，进行有目的有意识的观察与实验等，在培养科学的调研能力和态度的同时，加深对自然的事物与现象的理解，养成科学的观念。还规定了各领域的具体目标，以及与各层次学习主题相结合的更具体的目标。

1999 年，中国台湾地区《自然与生活科技学习领域课程纲要》规定科学课程的六项目标：培养探索科学的兴趣与热忱，并养成主动学习的习惯；学习科学与技术的探究方法及其基础知识和能力，并能应用于当前和未来的生活；培养爱护环境、珍惜资源及尊重生命的态度；培养与人沟通表达、团队合作以及和谐相处的能力；培养独立思考和解决问题的能力，并激发创造潜能；察觉并试探人与科技的互动关系。

2001 年，中国《全日制义务教育科学（7～9 年级）课程标准（实验稿）》确定科学课程的总目标是提高每个学生的科学素养：保持对自然现象较强的好奇心和求知欲，养成与自然界和谐相处的生活态度；了解或理解基本的科学知识，学会或掌握一定的基本技能，并能用它们解释常见的自然现象，解决一些实际问题；初步形成对自然界的整体认识和科学的世界观；增进对科学探究的理解，初步养成科学探究的习惯，培养创新意识和实践能力；形成崇尚科学、反对迷信，以科学的知识和态度解决个人问题的意识；了解科学技术是第一生产力，初步形成可持续发展的观念，并能关注科学、技术与社会的相互影响。科学课程的分目标包括四个方面：科学探究（过程、方法与能力）；科学知识与技能；科学态度、情感与价值观；科学、技术与社会的关系。共有 18 项具体目标。

科学课程的教育价值体现在三方面：能使学生获得从众多信息中进行客观判断的能力和方法；能培养学生以值得信赖的信息与经验为基础，以自己可以接纳的路径和方式建构确信的知识体系的方法和能力，并逐步形成习惯和态度；使学生获得关于自然的科学知识与方法，并在此基础上形成科学的自然观和人生观，进而树立科学的世界观。

科学课程的构成形态

在科学课程发展史上,科学课程的构成呈现两种基本形态,即分科理科和综合理科。二者各有利弊,需结合学生身心发展水平等实际状况来运用和评价。

分科理科 在尊重和保持各门自然科学学科固有知识结构体系的前提下,以分化的形式将自然科学组织和编制成物理、化学、生物、地学等学科,以此展开教学的课程形态。始于以读、写、算为代表的实用主义学习,目的在于学习和继承先人的科学知识与文化遗产,是一种百科全书式的课程形态。历史上,这种课程形态因未打破自然科学诸学科原有专业性知识的结构体系与方法论,故易于编制,并易被社会接受,从而占据科学课程构成形态的主流。具有如下特征。(1)以纯粹的分析方式,将作为理科各学科背景的自然科学真实地反映到学校课程中,从物理、化学、生物、地学等自然科学以及天文学、气象学、古生物学等被细分化的领域及内容体系中精选课程内容,课程内容具有鲜明的专业性和系统性。(2)由易到难编排课程内容,符合学习者的认识顺序和心理发展顺序。(3)注重纯粹的学问,选择科学上具有代表性的科学结论以及实验与观察,以单纯化的形式纳入学校课程。(4)纯粹的科学体系是在众多科学事实基础上通过归纳和演绎构筑的,是人类重要的科学文化遗产,学校教育中的分科理科是有效、正确、系统地传授和继承科学文化遗产的重要方式之一。(5)所选择的科学中最基本、最基础且大都经过验证的观察与实验,对学生具有教育意义,并有利于教师的教学。(6)优先考虑教师的教学,学生被置于被动接受地位,往往与行为主义心理学和计划学习相关联。

综合理科 与分科理科相对应的科学课程的构成形态。将分科理科统整和关联起来,综合地构筑课程的一种形态。其宗旨和特征有三。(1)以综合主义而非分析主义为哲学背景,因为自然本身是一个完整的统一整体,以自然为对象的科学课程也应当以统一的、相互关联的形式加以构筑。(2)在科技与社会迅速发展的当今,在有限的教育时间里教授高度发展的科学内容较为困难,普通教育应把教育重点置于促进学生形成科学的能力与态度,养成科学的观念及科学的自然观上,综合理科有助于实现这一教育理念和目标。(3)分科理科过于注重纯粹的科学知识体系,忽视与科技密切相关的环境、信息、国际、福利、健康、人权等社会问题,而综合理科能有效地对应于与科技相关的社会性问题。

科学课程的基本范式

现代美国教育哲学家布拉梅尔德将教育思想分为本质主义、永恒主义、经验主义和改造主义四类,日本理科教育学者伊藤信隆据此将科学课程分为科学主义科学课程、经验主义科学课程、改造主义科学课程和科学人文主义科学课程四种基本范型。

科学主义科学课程 亦称"科学中心科学课程"。体现古典的实质陶冶或本质主义教育哲学,在欧美出现于18—19世纪。其重点是向下一代传承作为文化遗产的科学。课程内容是自然科学知识体系本身,课程宗旨是获得科学知识与技能,学习方法是记忆和背诵。这种课程的缺点是,随着科学知识数量的增加,教材内容将越来越多,导致大量课程内容难以被学生接受和消化。其改良措施是学科中心主义科学课程,即在构成自然科学体系的领域中,有意识地选择符合学生发展阶段的教材作为课程内容。科学主义科学课程的编排遵循赫尔巴特的由易到难原则和学生心理发展阶段,注重科学的系统性。这种课程的学习一般称系统学习。在中外课程史上,注重自然科学知识逻辑系统的科学课程具有悠久传统,是科学主义科学课程的重要类型之一。由于这种课程过于重视教材(学科)的系统性、完整性和逻辑性,偏重知识教授,往往忽视学生的社会性发展和身心发展水平,遭到经验主义科学课程和永恒主义科学课程的批评。

经验主义科学课程 亦称"学生中心主义科学课程"。课程内容注重学生的兴趣和生活经验,采用问题解决的学习方式,即通过学生的自身体验活动来解决学生自己的问题。课程组织形式一般采取"单元"方式。其代表人物是美国教育家杜威,还有卢梭、裴斯泰洛齐、福禄贝尔等。强调课程组织注重学生的生活经验,学生的学习与生活紧密联系,通过学生主体的协作式的学习方式,发展学生的民主主义价值,培养学生丰富的人性。20世纪一二十年代,美国科学教育界深受杜威思想的影响,兴起"一般科学运动"。经验主义科学课程由于将课程内容的选材定位于学生的需求和兴趣,而忽视科学与文化的自身体系,弱化了对学习结果的归纳和组织。随着社会发展,经验主义科学课程遭到本质主义的批判。为改变20世纪30年代美国社会出现的混乱状况,布拉梅尔德提出改造杜威的教育理论,倡导改造主义教育理念。

改造主义科学课程 亦称"未来中心主义科学课程"。这种科学课程指向未来,目的在于重建民主主义社会,课程重心是培养国民共同的必要的能力。以20世纪30年代美国的核心课程为典型。布拉梅尔德曾提出"车轮状课程"。他从现代文化存在危机的认识出发,要求课程指向未来的目标,以未来为中心,提供新的社会目的,修改旧的社会目的,使教育成为一种制定明确而严密的社会计划的主要手段。这种课程有利于发挥学校的社会性作用,促进学生形成社会性人格。但它忽视学生理解、技能与态度的系统发展。

科学人文主义科学课程 20世纪50年代后半期至60年代,自然科学家进入科学教育课程改革,并开发出以PSSC物理为代表的探究中心科学课程。这种课程旨在通过使学生掌握科学的基本概念和科学方法来发展广泛的应用能力。课程精选典型教材,并采取发现式的教育方法。布鲁纳等教育家是这次课程改革的促进者。哥伦比亚大学教授福沙伊认为,探究中心科学课程消解了学生中心与学科中心之间的对立。但这类课程强调的"科学方法"产生两层含义:作为获得科学知识手段的技术性方法(skills phases)和作为习得问题解决能力的心理性方法(psychological phases)。前者为美国科学促进协会所强调,后者的教育价值被杜威认可。探究中心科学课程重视科学中的基本概念,舍弃了科学中的日常性与应用性内容。在教育实践中,探究中心科学课程实质上将课程的重心置于纯粹科学,激活了学科中心课程,成为新的科学主义课程,忽视学生丰富的人性,招致人文主义学者的强烈反对。20世纪60年代后半期开发的人性中心课程有:融合课程,重视物理学、人类与社会之间关系的"以历史为导向的物理课程",以科学史为中心的"科学事例史"课程,以及重视人类与自然之间关系的环境教育课程等。日本学者伊藤信隆认为,科学人文主义科学课程表现为两个侧面:20世纪60年代以PSSC为代表的探究中心科学课程;60年代后半期以"以历史为导向的物理课程"为代表的人性中心课程。前者在某种程度上应对美国工业化、信息化社会对教育提出的要求,后者体现人类对现代科技文明的危机意识,对应恢复人性的社会要求。

21世纪的科学课程

进入21世纪,国家的强盛与繁荣越来越依赖于科学技术发展水平,而科学技术水平直接受制于教育质量,特别是科学教育的质量,故科学课程在学校教育中的地位和作用日益增强。科学课程编制体制从统一走向多元,科学课程和教科书编制主要由民间组织牵头,教育家、教育心理学家、认知心理学家、科学家、教师等多种主体共同参与,课程编制过程中考虑国家战略、社会与文化因素、科技进步、社会发展、教育政策与理念、教师教育实践经验与智慧、学生兴趣与身心发展阶段等诸多要素,并且纳入脑科学等科学研究前沿成果,形成多样化、个性化、适应性强的课程编制体制。1997年,《塞萨洛尼基宣言》明确提出,教育是实现社会可持续发展的重要手段,并强调面向环境和可持续性的教育。科学课程要面对21世纪社会的可持续发展,认真思考、认识、理解和评价科学知识与科学智慧等的意义,保证科学学习能够使学生掌握构筑自我幸福和人类繁荣的

能力。

参考文献

日本理科教育学会.对今后理科教学实践的建议[M].东京:东洋馆出版社,2002.

日本理科教育学会.今后的理科教育[M].东京:东洋馆出版社,1998.

武村重和,等.理科——重要用语300基础知识[M].东京:明治图书,2000.

钟启泉,等.世界课程改革趋势研究(下卷)[M].北京:北京师范大学出版社,2001.

(刘继和)

科学主义与人文主义教育思潮 (scientism and humanism in educational reform)

现代影响力最大的两个教育思潮。科学主义和人文主义是哲学史上的两大流派,也是现代哲学的两大思潮。受这两种哲学思潮的影响,科学主义和人文主义教育思潮产生。起初,这两种教育思潮之间不存在冲突和对立,而是相互联系、相互促进的,但自19世纪末开始分道扬镳,走向冲突和对立,20世纪中叶后又呈现相互融合的趋势。

科学主义教育思潮的产生与发展

科学主义的哲学含义 科学主义的思想源头是古希腊对理性的探索。米利都学派创始人泰勒斯是西方哲学和理性科学的奠基者。他不但研究世界的本源,而且提出了几何演绎的思想。智者们把希腊哲学的研究对象从宇宙转移到人间,倡导雄辩术,引起了人们对逻辑的重视,激起了思维严密化的研究方向。苏格拉底给雄辩术提出了一个目标——探求真理。虽然苏格拉底要探求的不是自然真理,而是人间的道德真理,但他倡导的产婆术却为后世科学的发展产生了积极的影响。他探索真理的方法,是通过对话不断揭露对方逻辑上的矛盾,步步深入,直到求得明确清晰的概念为止。柏拉图在苏格拉底从概念中求真理的思想和方法基础上,不但强调明晰的概念,而且强调严密的论证。柏拉图特别重视几何学研究。在他看来,几何学是理念王国的标本,是纯理性的世界,在这个世界中,一切结论都来自于理性论证,而不允许直接依赖感觉经验。亚里士多德创立了形式逻辑,构筑了严整的以三段论为核心的形式逻辑体系;创立了在理论上探索问题的"分析方法";完善了归纳法,不但指出归纳法是从特殊到一般的研究方法,而且研究了归纳法的逻辑形式;提出了后来贯穿西方本体论哲学史的"实体"概念。他的这些思想都对哲学和理性科学的发展产生了重大影响。

文艺复兴后,人的理性得到弘扬,自然科学得到发展,

科学主义作为一种哲学流派应运而生。培根、霍布斯、笛卡儿、拉美特利、霍尔巴赫、孔德等都是科学主义的代表人物。笛卡儿是第一个系统阐述科学主义思想的哲学家。他认为科学是唯一的知识、永恒的真理，是能够用公理推演出来的，有些学科如伦理学、美学、神学不能用公理推出，应排除在知识之外。他还认为，自然科学由于运用了科学方法而成为客观现实的正确表象，是一切知识的标准和范例。在他看来，包括人在内的自然界不过是一台完美的被精致的数学规则控制着的机器，并遵循一定的自然规律运转。因此，科学方法不但可以用于解决自然科学问题，而且可以用来解决一切人生问题，这样，一切知识都成了科学知识，所有问题都会迎刃而解了。也正是因为此，笛卡儿认为科学是文化中最有价值的部分。拉美特利提出了"人是机器"的哲学命题，把人的机体和心灵的一切活动都归结为机械运动，否认任何意识的存在。科学主义哲学的另一位重要代表人物孔德创立了实证主义哲学。孔德认为，实证哲学的基本特征是把一切现象都看作是服从自然规律的，准确地发现这些规律，并把它们的数目减少到最小可能的限度，是我们一切努力的目标。他认为，一切科学知识都必须建立在来自观察和实验的经验事实的基础上，经验是知识的唯一来源，科学的任务就在于用科学的方法发现现象的实际规律，即发现它们不变的先后关系和相似关系，并把它们压缩到最小的数目。

进入 20 世纪后，西方科学哲学中兴起了统一科学运动，其主要代表就是科学经验主义（scientific empiricism）。科学经验主义的倡导者大都是逻辑实证主义者，如卡尔纳普、赖欣巴赫等。他们认为，没有任何一个研究领域能够超出科学的范围或者不能从其方法中获得益处，因此，可以把自然科学的概念和方法引入社会科学和人文学科领域，从而实现自然科学与社会科学和人文学科的统一。

从科学主义哲学的历史发展中我们可以看出，科学主义是以理性为基础的哲学思潮。科学主义把世界万物都看作是遵循自然规律的存在，人可以通过理性认识这些规律，从而获得知识和真理。科学主义非常重视（自然）科学知识和方法，认为（自然）科学知识是真正的知识和知识的典范，可以解决人类面临的所有问题；（自然）科学的方法是唯一正确的研究方法，应该推广到社会科学、人文学科的研究当中，并规范这些学科的内容，从而提高这些学科的"科学"水平。因此，也有人把近代兴起的科学主义称为唯科学主义。

科学主义教育思潮　　科学主义哲学一产生，就对教育目的、教育功能、教学内容以及教学方法以重大影响，导致了科学主义教育哲学的产生。

培根是科学主义哲学的早期代表人物，也是科学主义教育的早期倡导者。他非常重视科学知识的作用，提出了"知识就是力量"。他认为，科学知识不仅是人类改造和支配自然的强大力量和为人类实际生活谋福利的工具，而且是人类改造社会的重要力量。在培根看来，科学就是实验的科学，只有通过实验科学的归纳法获得的知识才是真正的知识。按照这个标准，只有自然科学才是真正的科学，只有自然科学知识才是真正的知识。培根认为科学知识的进展和发明创造的诞生不是一个人在一个时代所能完成的，需要一代又一代人的不懈努力，因此非常重视科学教育和科学人才的培养。在《新大西岛》中，培根理想中的国家是人们学习一切知识，最大限度地尊重和利用科学知识，科学家兴建的"所罗门之宫"（亦称"六日大学"）是一所规模极大的科学教育机构，科学教育占有重要地位。培根不但重视科学知识教育，而且重视让学生掌握科学的方法，启迪学生的智慧。

19 世纪初，英国掀起了有关大学教育的大论战。古典教育派和科学教育派互不相让、各执一词，论战一直持续到 19 世纪中叶。针对 J. H. 纽曼等人的自由教育主张，斯宾塞发表了《什么知识最有价值》这篇在教育史上有着重要影响的论文。斯宾塞把人类生活区分为五种活动，按其对人生的重要程度，它们依次为：直接保全自己的活动；获得生活必需品，间接地保全自己的活动；目的在抚养教育子女的活动；维持正常社会政治关系的活动；闲暇时满足爱好和感情的各种活动。他认为，判断知识价值的大小，主要看它与生活某些部分的关系，看它能在何种程度上为完善的生活做准备。什么知识最有价值？一致的答案就是科学。这是从所有方面得来的结论：为了直接保全自己或是维护生命和健康，最重要的知识是科学；为了谋生，从而间接保全自己，有最大价值的知识是科学；为了正当地完成父母的职责，应接受科学的正确指导；解释过去和现在的国家生活，使每个公民能合理调节自己的行为所必需的不可缺少的钥匙是科学；为了智慧、道德、宗教训练的目的，最有效的学习还是科学。学习科学，从它的最广义看，是所有活动的最好准备。斯宾塞还指出，科学不但为人类生活提供指导，具有知识的价值，而且能为智力发展提供有效的训练，具有训练价值。科学知识价值的优越性自不待言，即使是训练价值，也优于古典语文。在斯宾塞看来，教育的根本任务就是对学生进行科学知识教学，学校课程中，科学知识应该占据最重要的位置。由此出发，斯宾塞还制定了以科学知识为核心的课程体系，包括语文、数学、生理学、解剖学、逻辑学、几何学、物理学、力学、化学、天文学、地质学、生物学、心理学、教育学、社会学、历史、艺术、文化等科目。

赫胥黎是与斯宾塞同时代的又一位科学主义教育倡导者。赫胥黎反对传统的古典教育，认为这种教育华而不实，极少考虑人的实际生活需要，也不能使人为参加实际生活做好准备。他说，大部分学校和所有大学提供的仅仅是一种狭隘、片面和实质上无教养的教育——最糟糕的时候，实在是近于完全没有教育。但他并没有一味排斥自由教育，而是提出了新的自由教育观。他认为，所谓自由教育，就是在自然规律方面的智力训练，这种训练不仅包括了各种事物以及它们的力量，而且包括了人类及他们的各个方面，还包括了把感情和意志转化为规律协调一致的真诚热爱的愿望。赫胥黎所说的自然规律不仅仅指自然界的规律，还包括人类社会的规律。赫胥黎认为，通过这样的自由教育培养出来的人，既具有社会生活所需的知识技能，又具有热情诚实的品质、强壮的身体和行动的愿望。他主张把科学教育引入自由教育，认为科学教育之所以重要，原因有二：一是科学与社会生产和生活有着密切的联系，自然科学知识在工业社会中变得越来越重要；二是对于人的心智训练来说，自然科学的研究与学习也是必不可少的。赫胥黎要求把科学教育引进一切学校，从初等教育阶段就对学生实施科学教育。他强调，没有什么比能引进初等学校的初等科学和艺术教育更重要。赫胥黎并不要求把一切科学知识都教给学生，主要是使学生掌握科学的一般特点，在科学方法上受到一定的训练。他说，科学教育的最大特点，就是使心智直接与事实联系，并且以最完善的归纳方法来训练心智，也就是说，从对自然界的直接观察而获知的一些个别事实中得出结论，是其他任何教育无法代替的。赫胥黎并不像斯宾塞那样片面强调自然科学知识而忽视社会科学和人文学科，他在提倡科学知识与科学教育的同时，也主张人文教育，认为无论是缺少自然科学的教育还是缺乏社会科学和人文学科的教育，都是不健全的，都会造成理智的扭曲。

经过半个多世纪的争论，科学主义教育终于在英国取得支配性地位，科学实验被广泛引入各级学校，自然科学在学校课程中逐渐占据重要位置，化学和物理成为学校里最普通的课程。牛津、剑桥等古典大学增设了自然系科，设立了一批博物馆和实验室，加强科学技术人才的培养，确立了科研职能，不再仅仅是传授知识的地方，还成为创造知识的地方。在古典大学之外，一批重视科学技术教育，旨在培养各种实用科技人才的新型大学陆续在主要工业城市涌现。19世纪后期，科学主义教育逐渐传入欧美其他国家，形成一种世界性的教育哲学流派。

20世纪，科学主义教育的发展呈现两个基本走向：一是"理论化的科学主义教育"，极端强调科学知识在社会和人的发展中的作用；二是"方法论化的科学主义教育"，主张借鉴科学的方法，使教育理论科学化，使教育实践技术化。

理论化的科学主义教育继承并发展了培根、斯宾塞、赫胥黎等人的科学主义教育思想，强调科学知识在社会发展和人的发展中的作用，尤其强调科学知识在社会发展中的作用，以满足社会的功利性追求。其代表人物是美国的实用主义教育家杜威和结构主义教育家布鲁纳。杜威肯定了斯宾塞为使科学在教育上谋得一席之地所作的努力，但认

为斯宾塞强调科学知识，却忽略了科学赖以成为科学的方法，因而是不够的。他指出：既然大部分学生决不会成为科学专家，那么他们对科学方法意义的了解，应该比远距离第二手地抄录科学家所取得的结果更加重要。教育上利用科学，就是要创造一种智力，深信智力指导人类事务的可能性。通过教育，使科学方法深入学生的习惯，就是要使学生摆脱单凭经验的方法及程序而产生的惯例。在20世纪60年代的课程改革运动中，布鲁纳不但强调加强自然科学的教学，而且认为任何学科都存在着基本的知识结构，通常由一定的概念体系组成，揭示了这门学科的主要内容及其联系，并制约着对这门学科的探索。所谓学习就是学习结构，就是学习事物间怎样相互联系的。他要求物理学家、化学家、生物学家、数学家参与教材的编写，并倡导学生"从发现中学习"，模拟正式的科学研究方法。

方法论化的科学主义教育的代表人物包括梅伊曼、拉伊、E. L. 桑代克、斯金纳等。德国教育家梅伊曼和拉伊主张用科学的方法特别是实验的方法来研究教育，通过观察、实验、统计、比较和归纳等方法验证教育原理。拉伊认为，生物学是真正的科学，教育应该以生物学为基础建立其理论体系。他根据机械主义生物学的原理，把学生视为一种活的生物、一架有感觉和运动的机器，认为学生的学习活动也遵循生物活动的公式"刺激—内化—反应"，即首先通过观察感知事物，获得印象，然后对所获得的印象进行类化和整理，最后用行动表现出来。美国教育心理学家 E. L. 桑代克认为，人的学习是基于本能，以刺激和反应之间的联结为准则的，因此，教育过程实际上就是安排情境和控制反应，通过练习得以强化，使学习者在刺激和反应之间形成适当的联结，最终形成习惯；要改进教育效果，唯一的途径就是测量。他说，要使教育成为一种科学，成为一种有效率的艺术，就要对其所造成的变化的程度与种类有准确的测量方法。在心理学和统计学的基础上，E. L. 桑代克对心理测量进行了深入研究，创造了"成绩测验"，编制了成绩测验量表，并主张用标准测验来提高测验的精确性。美国心理学家、教育家斯金纳则把生产效率的思想运用于教育，试图通过教学机器和程序教学提高教育效率。他在《教学机器》中指出：世界上绝大部分人都需要教育，这个需要不能仅由兴建更多的学校和训练更多的教师来满足，教育必须更有效率。为了达到这个目的，课程必须修订与简化，课本与课堂教学技术也必须有所改进。他发明了教学机器和程序教学，并提出了程序教学的基本原则。

经过长期的演变和发展，科学主义教育思潮形成了体系化的教育目的观、教师观、学生观、教学观、课程观、评价观和研究方法观，对教育实践产生着重要影响。在教育目的观上，科学主义者试图把学生培养成为对社会生活直接有用的人，如工程师、物理学家或技术工人等，以适应现时

社会的选择。在教师观上,科学主义者认为教师应该是知识技能的载体,是传授科学知识的传送带和中心台,其作用就是把科学知识迅速、有效、精确地传授给学生。在学生观上,科学主义者非常重视学生认识能力的提高和知识储备的增加,认为学生的责任就在于掌握科学知识和技能,为发展学习能力奠定基础。在师生关系上,科学主义者强调以教师为中心,树立教师的绝对权威,学生是被动的被塑造和被改造的客体。在教学观上,科学主义者认为教学是以一种精确、抽象的符号去系统传授科学知识的活动,是一个蕴藏着科学的程序、方法和规则的可以控制的过程,必须按照严格的科学程序、教育教学内容和逻辑顺序加以组织和调控,并且可以使用现代化的教育技术手段(如教学机器、电视、幻灯等),提高效率和准确性。在课程观上,科学主义者认为科学反映了自然规律,运用科学知识可以解决人类生活和生命存在的全部问题,因此科学理应占据课程的核心地位,作为工具性学科的语文、数学和作为自然科学知识的物理、化学、生物、天文、地理等科目应该成为学校的主要课程。在评价观上,科学主义者重视学生对教学材料的再现能力,主张通过精密编制的考试(最好是标准化测验)评价学生的学业成绩,并把考试分数作为评价学生的唯一标准。在研究方法观上,科学主义者把教育看作可预测、测量、控制的活动,认为其中蕴涵着稳定的规律和机制,主张把实证的方法(如实验法、观察法、统计法等)引入教育研究,使教育理论成为实证性的科学。

人文主义教育思潮的产生与发展

人文主义的哲学含义　人文主义(humanism,一译"人本主义")哲学是贯穿西方哲学史的一个重要流派。在两千多年的漫长历史中,它经历了理性人文主义和非理性人文主义两个大的发展阶段或形态。

"人文主义"一词源自于拉丁文 humanistas,而humanistas 由西塞罗译自希腊文 paideia,意指人和人性的品质。英国历史学家 A. L. C. 布洛克指出:古希腊思想最吸引人的地方是以人为中心,而不是以上帝为中心的。早期智者普罗泰戈拉非常重视人的个性和主体性,黑格尔曾给普罗泰戈拉以高度的评价,认为他说出了一个伟大的命题。此后,苏格拉底、柏拉图、亚里士多德等哲学家不再像希腊早期哲学家那样把主要精力用于探索世界的本源、宇宙的构成,而是把哲学从天上带到地上,把主要精力用于探索人的本质、个性、美德以及理想的社会制度,倡导自由和个性的充分发展。美国学者 E. 汉密尔顿指出,个性是人的本质特征,倡导个性发展是古希腊最主要的特征,它决定了希腊取得成就的途径,是希腊人热爱自由的原因,也是他们热爱自由的结果。究竟是原因还是结果,决定于你从哪一个角度看待这个问题。每一个希腊人都有一个强烈愿望,要求自己决定自己的生活方式,自己的行动由自己选择,一切问题都通过自己的思考。

古希腊的人文主义精神随着中世纪的到来而走向衰微,宗教神学成为居于支配地位的哲学,人被否定,上帝成了人类灵魂的统治者。14 世纪中叶,新兴资产阶级借恢复古希腊罗马文化来拒斥中世纪的历史遗产,反对宗教神学,重新肯定人的价值,掀起了文艺复兴运动。文艺复兴的基本精神就是人文主义。从这个时期起,人文主义作为一种哲学思潮正式登上世界哲学的舞台。文艺复兴时期人文主义的核心是以人为本,强调人的价值、人的尊严、人的个性和人的才能发展,一切以人的利益为最高准则,主张现世的自由生活和幸福,反对教会将人生的希望寄托在天堂和来世的思想,反对禁欲主义。它主张尊重人的理性,认识自然,追求知识,反对蒙昧主义、神秘主义。总之,文艺复兴时期的人文主义就是以人性反对神性,以人权反对神权,以人道反对神道,用人打倒上帝,使人重新成为宇宙万物的中心和主宰。

至 17、18 世纪,在文艺复兴时期发展起来的人文主义精神因科学革命的巨大成就而得以张扬,人的主体地位得到肯定,人的价值和力量得到充分展现,几百年来反对宗教神学的斗争取得了胜利。然而封建专制的枷锁还没有打破,人性的弘扬受到限制。启蒙思想家们提出了"天赋人权"和"自由、平等、博爱"的口号,向封建专制制度宣战,并将文艺复兴时期提出的人文主义抽象原则具体化。这个时期的人文主义称为人道主义或新人文主义。因为这个时期的人文主义和理性有了更密切的联系,已超越唯我主义的利己主义,开始着眼于建立一种新型的人与人以及人与社会的关系,尽可能让全社会甚至全人类都过上幸福充裕的生活,让每个人的个性和能力都能得到自由而充分的发展。

19 世纪末,伴随着理性主义思潮走向唯理性主义,以及科学主义对社会、人发展的影响所表现出来的两重性,现代人文主义在西方社会兴起。它继承了传统人文主义推崇人性、反对神性的衣钵,抛弃了它所倡导的理性传统,使人文主义走上与理性主义对立的道路。现代人文主义否定理性的作用,也反对用科学主义的方法研究哲学,反对科学主义把世界和人看作上着发条的机器,认为科学主义抹杀了人的主体性和价值,淹没了人的感情和个性。现代人文主义认为人是世界的本体,而人的本质不是理性而是非理性的意志、情感和欲望,因此哲学应关注的不是理性和规律,而是人的非理性因素,应关注人生的意义、生死、道德、幸福、痛苦、焦虑等人生重大问题。现代人文主义从本体论的角度研究人,因此又称"人本主义",由于与传统的理性主义对立而与非理性联姻,因此又称"非理性主义"。

虽然人文主义在不同的发展阶段有着不同的内涵,但从其发展进程中还是可以找到一些共同的特征。其一,在人文主义看来,人是万物的尺度,是世界的主体,人的价值和尊严必须予以肯定。其二,人文主义认为人主要是一种精神存在,因此非常重视人格的陶冶和个性的自由发展。其三,人文主义认为人文学科或自由知识最为重要,但不是一般地拒斥科学,而是要使科学重新回到生活世界中去。其四,人与自然不同,用研究自然科学的方法研究人及人类社会是错误的。

人文主义教育思潮　人文主义哲学关注的主要是人性、人的价值和人的尊严问题,而不是外部的客观世界,因此特别重视教育,把教育作为实践其哲学主张的主要领域。由此,人文主义教育哲学便产生了。自古希腊到现代社会,人文主义教育始终是影响教育理念和实践的一种重要教育哲学思潮。

亚里士多德可说是古典人文主义教育的代表人物,他的自由教育论充满人文主义色彩。他认为,人之所以为人,就在于人具有理性,人只有充分运用、发展其理性,才能真正实现自我。教育的目的不是进行职业准备,而是促进人的理性和各种高级能力的发展,培养自由的人。为了培养自由的人,教育应该以自由学科为基本内容,避免机械化、专业化的训练。换言之,只有那些有助于发展理性、切合人生目的的知识,如阅读、书写、音乐、哲学等,才是自由人应该学习的,而那些实用的、为获取钱财或某种实际功利的知识和技能,都不是适宜自由人学习的。

人文主义教育思想在文艺复兴时期的欧洲得到发展,形成了一场人文主义教育运动。意大利的维多里诺、法国的拉伯雷和蒙田以及尼德兰的伊拉斯谟等是该时期的代表人物。文艺复兴时期,人文主义者从提倡"人性"出发,批评经院主义教育,将人的身心或个性的全面发展作为教育的培养目标。他们主张拓宽学校课程内容,扩大学科范围,特别强调人文学科,倡导个性发展和思想自由。针对中世纪经院主义教育的种种弊端,人文主义教育家强调尊重和热爱儿童,注意儿童个性和能力的充分发展,重视儿童的学习兴趣和主动性,主张采用游戏、实物教学、直观教具进行教学,反对采用体罚和严酷的纪律去约束学生。

18世纪末19世纪初,在德国兴起的新人文主义是一场以精神培育为宗旨的古典文化运动。在某种意义上,新人文主义是文艺复兴时期人文主义的继续和发展。新人文主义者的口号是"用希腊模式塑造你自己",希望用希腊人特有的情操、寻求真理的勇气和能力、反对内外敌人的坚定气概以及对善与美的热爱来培育德国青年的心灵,因此非常重视教育。在教育目的上,新人文主义者强调应充分认识人性,使人性在自由条件下得到完美的发展。新人文主义的主要代表洪堡提出了培养"完人"(vollstaendige Menschen,一译"完全的人")的教育培养目标。在他看来,

所谓完人,就是"有修养的人"(一译"有教的人"),而一个有修养的人必须是体现了完美无缺人性的人,即个性和谐、全面发展的人。在教育内容上,新人文主义者强调教育无功利性的价值取向,重视普通教育。洪堡指出,普通教育与专门教育是两类受不同原则指导的教育。普通教育使人的各种能力增强、纯洁起来,并得到调节,通过让学生全面洞察事物的根源,形成放之四海而皆准的观点,从而提高他们的思维力和想象力,使他们的智能得到提高。专门教育只是使人获得有用的技能,无法让学生认识某些结论的根源。一个人只有通过普通教育掌握了一般性知识和纯科学知识之后,才能很容易地掌握具体行业所要求的专门技能。洪堡所讲的普通教育主要涉及哲学、数学、历史、语言、美学、自然和社会方面的知识。在教育方法方面,新人文主义者高度评价自我修养、自我教育,强调通过自主自立、自我奋进,实现人性的自我表现和人格的自我完善,主张为学生提供自由的学习环境,认为自由是培养完人首要和不可或缺的条件。

在19世纪中叶英国科学主义教育与人文主义教育的论战中,T. 阿诺德、J. H. 纽曼、M. 阿诺德是古典人文主义教育传统的坚决维护者。T. 阿诺德认为,任何比较广泛的教育制度都应该建立在基督教人文主义基础之上,教育所要培养的应是"基督教绅士",而培养绅士则应重视古典课程。J. H. 纽曼坚守自由教育理念,认为大学并不培养诗人、作家,也不培养教育家、殖民统治者或他国征服者,不承诺造就一代诸如亚里士多德、牛顿、拿破仑、华盛顿、拉斐尔或莎士比亚那样的伟人,也不满足于培养批评家、科学家、经济学家或工程师,而是要培养绅士。为了培养绅士,他主张大学是自由教育,而自由教育重在理智陶冶。大学教育应通过传授普遍知识培养优秀的智力,使学生成为智力发达、情趣高雅、举止高贵、注重礼节,具有公正、客观等优秀品性的绅士。他对功利主义、科学主义色彩的大学教育提出批评,声称教育应回到古代雅典去,回到亚里士多德那里。M. 阿诺德在科学主义教育咄咄逼人的攻势面前声称,把自然科学训练作为教育的主要部分,结果会遭到大多数人的无条件反对,用科学教育取代人文教育的优越地位是错误的。他指出:真正的人文主义是科学的,因此古希腊罗马的知识可以帮助我们认识自己和世界。

20世纪二三十年代在美国兴起的永恒主义教育理论是典型的理性人文主义教育理论。永恒主义的主要代表人物赫钦斯认为,人是一种理性、道德、精神的存在,是一种自由的存在,人性是人所固有的,而且是永恒不变的,在所有时代、所有社会都一样,发展理性、培养人性是教育永恒不变的主题,教育的目的就在于促进人的理性、道德和精神力量的最充分发展,培养完人。赫钦斯非常重视智力培养,认为正确理解的教育就是智力培养,这对所有社会的所有人都

是有益的,其他一切都是智力培养的工具。为了培养完人,他特别强调永恒学科,认为课程应当主要由永恒学科组成……因为这些学科绅绎出我们人性的共同因素,使人与人联系起来,使人们曾经想过的最美好的事物联系起来,对于任何进一步的研究和世界的任何理解都是首要的。赫钦斯所谓的永恒学科由两大类科目构成:一类是与古典语言和文学有关的学科,这类科目的最佳学习途径就是古典著作;另一类称为"智性课程",主要包括文法、修辞学、逻辑及数学这样的含有永恒性研究内容的学科。

20世纪中叶,人文主义教育哲学内部实现了从理性关注到非理性关注的转换,非理性人文主义教育理论的典型代表就是存在主义教育哲学。存在主义教育哲学关注的主题仍然是人,但不是人的理性因素,而是非理性因素。在存在主义看来,教育应重视人的存在价值和存在的真实性,鼓励发展个人意识和自我意识,强调个人的选择自由以及对自己的选择负责,因此教育的唯一目的就是发展人的个体意识,帮助人自我实现。在教育内容上,存在主义要求将课程重点从事物世界转移到人格世界,使之符合人性发展的需要,主要学科应该是人文学科,如哲学、历史、文学、艺术等,因为这些学科能最直接地接触人的本性,加深学生对痛苦、死亡、爱与恨、自由与快乐以及宗教意识的内心体验,具有发展心灵的价值。存在主义教育哲学把学生看作一个自由的人,认为教师应尊重学生独特而完整的个性,与学生建立一种相互尊重人格的对话关系,而不是把自己的意志强加于学生。因此在存在主义者看来,最理想的教学方法就是苏格拉底式的问答法,通过师生间的相互对话,使学生得到启示和结论。

20世纪60年代以来兴起的建立在人本主义心理学基础上的人本主义教育思潮,是人文主义教育思潮的新发展,主要代表人物包括马斯洛、罗杰斯、弗罗姆等。面对现代社会的挑战,人本主义者要求教育培养自我实现的人,促进完美人性的形成和人的潜能的充分发展。自我实现的人,不仅在身体、精神、理智、情感、情绪、感觉等方面实现整体化发展,实现内部世界与外部世界的和谐一致,而且具有创造性地去做任何事情的态度与倾向,可以灵活、恰当地应付各种变化。人本主义者对传统的强调解释和预测、控制外部行为的课程模式提出批评,主张在课程内容的选择上要适应学习者在情感、认知、个人价值、学术、技能、人际交往、经济生活等方面的需要,体现出思维、情感和行动之间的相互渗透和相互作用。人本主义者倡导以学生为中心的教学,鼓励学生探索未知世界的积极性和独立性,重视交流与和谐、密切的人际关系在人发展中的作用。人本主义者还要求教师成为学生成长的促进者,鼓励、关心学生的发展,为学生的发展提供自由的心理气氛和各种选择机会。

经过长期的演变和发展,人文主义教育思潮也形成了体系化的教育目的观、教师观、学生观、教学观、课程观、评价观和研究方法观,并对教育实践产生着重要影响。在教育目的观上,人文主义者认为教育的培养目标在于使人的个性得到自由、和谐的发展,培养作为人的人而不是作为某种工具性存在的人,不仅要发展人的理性,而且要发展人的非理性因素。不管是培养绅士、完人、全人,还是培养整个的、自我实现的人,都强调人性、人的价值和尊严,强调个性的充分发展。在教师观上,人文主义者认为教师的角色应该有别于传统,不是提供"正确答案",而是尊重学生的需要和兴趣,帮助学生探索可能的答案,是学生学习的促进者、鼓励者和帮助者。在学生观上,人文主义者认为应当把每一个学生都当作具有他或她自己感情的独特的人看待,而不是作为授予某些东西的物体。在教学观上,人文主义者认为教学主要是人的个性交往、感情交流的过程,追求的结果主要是价值的实现、学生个性发展需要和兴趣的满足、感情的宣泄,而不是掌握知识和技能的多少。教学应该以学生为中心,让学生成为学习的真正主体,在师生间建立一种平等、朋友式的关系。人文主义者反对把教学看作一个蕴藏着科学的程序、方法和规则的可以控制的过程,认为教学过程没有一定的形式和章法,教学方法依赖于教师和学生的个性以及各种具体的情境,主张为学生提供适宜的环境,使学生受到熏陶、陶冶。在课程观上,人文主义者崇尚学习传统文化遗产,重视古典课程,因为他们认为人性的共同要素和理性的永恒价值标准存在于文化遗产之中,文化经典中包含着永恒的真理内容,特别是历史、文学、哲学、艺术等人文学科,能深刻揭示人的本性,在人性的发展中起着非常重要的作用。在评价观上,人本主义者反对外在、机械的评价方法,认为分数的评价范围是有限的,只能评价学生现有的知识及某些技能,无法衡量学生成长中的意志努力、刻苦勤奋和态度、动机等因素,也无法判断学生学习活动的性质。他们主张自我评价,让学生在教师的指导下自我评定学业成绩,自我发现并解决学习问题,培养自我评价的习惯和能力。在研究方法观上,人文主义者反对过分强调量化和实证的研究方法观,认为这样的研究不但难以做到真正客观,而且把注意力放在表面的因果关系上。人文主义者主张教育研究要以价值的诠释为手段,注重教育现象背后的意义和价值的把握,对教育不能只偏重于纯粹理性客观的研究,还应该注意情感、人格、创造性、兴趣、态度等方面的研究。由于教育现象的独特性和复杂性,教育研究方法不能强调统一性和简单化,而应突出多样性和独特性。

科学主义与人文主义
教育思潮的冲突与融合

科学主义哲学与人文主义哲学的冲突与融合　科学主

义和人文主义的历史源头都在古希腊的理性主义。在产生和发展的初期，科学主义和人文主义都重视人的主体性，肯定理性是人的本质特征，是人的价值和尊严的体现，是人的力量的源泉。人文主义用理性反对宗教神学和封建专制，科学主义用理性反对愚昧迷信、无知落后，目的都是要冲破思想和精神上的枷锁，求得思想和精神上的解放和自由，双方并无明显的对立和冲突，却是相互促进的。人文主义的发展实现了人性对神性、人权对神权、人道对神道的胜利，恢复了人的尊严，弘扬了人的理性，为近代自然科学的蓬勃发展奠定了基础，也促进了科学主义哲学的发展。在科学主义精神指导下的科学革命，使人类前所未有地窥见自然的奥秘，把握自然之规律，摆脱了传统宇宙观的禁锢，认清了自己在世界中的位置，感受到自己的主体地位和力量，从而使文艺复兴时期发展起来的人文精神大大张扬，人文主义哲学也因此得到发展和深化。

然而，科学革命的胜利也把科学主义推向唯科学主义。科学主义以"科学是万物的尺度"取代"人是万物的尺度"，忘记了人的主体性，忘记了人类的精神，使科学脱离了它赖以产生的具体的人类经验之源，脱离了它的生活世界之根。科学主义假借理性的力量而排斥非理性因素，把人当作机器，使人成为科学和理性的工具。科学主义的极端化倾向把自己推向人文主义的对立面，人文主义则抛弃了原先它也倡导的理性传统，从理性人文主义演变成非理性人文主义，开始了与科学主义的对立和冲突。

正当科学主义在与人文主义的对峙中取得节节胜利的时候，科学技术的两重性突显出来。科学技术一方面提高了生产力，使人们的物质生活空前富足与方便，另一方面带来了环境污染、生态失衡、资源萎缩、核战争威胁等危机。同时，由于人文主义哲学日渐式微，人文精神滑坡，社会道德水平下降，人类社会面临前所未有的危机。"科学的野蛮"和"理性的暴政"使人们认识到，仅靠科学和理性不足以给人类带来幸福，却有可能使人类迷失本性，引来灾难。人文主义虽然关注人的主体地位，承认人的价值和尊严，但离开了理性和科学，也难以实现自己的理想。于是，人们开始重新审视科学主义和人文主义，相互对立和冲突的两大哲学思潮呈现出相互融合的趋势。

科学主义面对人文主义的责难和挑战，愈来愈融进人文主义的内容，于是，出现了科学人文主义思潮。早在20世纪30年代，美国科学史学家萨顿就呼吁建立新人文主义，实现科学主义的人文化。他指出：科学是精神的中枢，也是文明的中枢，是我们智力的力量与健康的源泉，然而它无论多么重要，却是绝对不充分的，因此必须准备一种新的文化，即审慎地建立在科学——人性化的科学之上的文化，即新人文主义。萨顿认为，新人文主义不排斥科学，仍将科学作为它的核心，但重视科学所含有的人性意义，使科学重新与

人性联系在一起，并最大限度地开发科学。50年代，科学哲学完成了从逻辑主义到历史主义的转变。历史主义学派的主要代表人物库恩认为，科学本质上是一种人文事业，不是由方法、逻辑、理性所串起来的东西，而是受一组特定的信念、价值、规范的引导。60年代末70年代初兴起的新历史主义学派的科学哲学家瓦托夫斯基认为，康德把"人类理性的法则"分为"自然法则"和"道德法则"，由此构成了科学与道德、事实与价值、自然科学与人文学科的对立，这也是科学主义和人文主义两大哲学思潮长期对立的理论根源。要解决这些对立所造成的当代文化危机，就必须把科学思想的概念和模式当作人文主义理解的对象来阐释，即实现对科学的人文主义理解，亦即对科学的哲学理解。

在科学主义的挑战面前，人文主义也开始重新审视自己。一方面，人文主义不再以方法论为中心确认人文学科的合法性，从而消除了人文学科与自然科学之间的沟壑。科学主义有一个信条，即任何一门学科，只有在拥有自己的方法的情况下，才能证明自己的合法性。科学主义用这条标准为科学与非科学划界，并攻击人文学科的合法性。最初的人文主义者为了证明人文学科的合法地位，总是力图证明人文学科拥有不同于自然科学的方法。例如，新康德主义者李凯尔特就认为，人文学科采用的是个别性方法，自然科学采用的是普遍化方法。当科学哲学的历史主义者逐渐放弃科学主义划分科学与非科学的方法论标准时，现代解释学也从人文学科出发，否定方法论中心主义，认为真理不一定都用科学方法得到，用科学方法得到的也不一定都是真理，人文学科就是不能用方法证实的真理，对人类文化同样是不可缺少的，从而使人文学科走出了方法论中心主义的阴影，确认了人文学科的合法性，也为人文学科与自然科学的沟通奠定了基础。另一方面，人文主义开始认识到传统人文主义的不足，要求"人学"容纳更多的科学因素。当代人文主义心理学家马斯洛认为，传统人文主义失败的根本原因就在于人性和人的本质的浪漫主义和伦理学的虚化，从而使"人学"仅仅停留在形而上学思辨的水平上。他要求把科学引入"人学"，使"人学"从根本上获得实证科学的性质，建立符合时代要求的价值体系。当代人文主义者开始强调：哲学不但要研究人，而且要研究自然界；不但要研究个体的人，而且要研究群体和社会；不但要关注眼前利益，而且要关注长远利益。理性精神又开始在人文主义哲学中抬头。

科学主义教育与人文主义教育的冲突与融合　科学主义哲学与人文主义哲学的冲突与融合，反映在教育领域，就是科学主义教育哲学与人文主义教育哲学的冲突与融合。像科学主义与人文主义在最初阶段并不相互对立一样，科学主义教育哲学与人文主义教育哲学在最初阶段也没有明显的冲突，甚至相互包容。在从古希腊到19世纪初的漫长

岁月里,人文主义教育哲学在西方教育中占据着主导地位。那时的教育重视古希腊人文主义的自由教育传统,强调个性的陶冶和心智的训练,即使大学也如此,用阿什比的话说,就是设立大学是为教会和政府培养服务人员,即培养有教养的人,而不是知识分子,就大学毕业生而言,具有教养比具有高深学识更重要。19世纪初,洪堡的新人文主义教育改革把逐渐发展起来的自然科学引入课程体系,但没有改变教育的人文主义传统。他把科学知识作为培养"完人"的手段,使科学教育为发展智力和完善个性服务,而不是追求科学的功利和实用特性。

19世纪初,科学主义与人文主义的冲突开始反映到教育领域,并在英国引发了古典教育与科学教育的论战。M.阿诺德、J. H.纽曼捍卫传统的人文主义教育,斯宾塞、赫胥黎则成了科学主义教育的旗手。19世纪中期以后,科学主义教育逐渐取代人文主义教育成为在教育领域占支配地位的教育哲学,人文主义教育日渐式微,但二者的冲突愈加激烈。科学主义教育指责人文主义教育只能培养毫无用处的人,而人文主义教育则反讥对方培养出来的只是毫无人性的工具。

其实,就在科学主义教育与人文主义教育展开论战的时候,就有一些人认识到二者的矛盾并不是不可调和的,而是可以相互融合的。英国功利主义教育家 J. S.穆勒1865年出任圣安德鲁斯大学校长。他在就职演说中既不同意J. H.纽曼的自由教育主张,也不同意斯宾塞的科学教育观点,认为大学的主要任务是把文化传递给下一代,而不是提供技术和专业训练,后者主要是医学院、法学院、工程学院和工艺院校的职能。他继承了传统大学教育中的自由教育思想,认为大学要为学生提供自由教育或普通教育。他说:人首先是人,然后才是律师、医生、商人或工厂主,如果把他们培养成聪明能干的人,他们就会把自己培养成聪明能干的律师和医生;专业人员从大学带走的不是专业知识,而是指导如何运用专业知识的知识,它能用普通教养之光照亮特殊知识领域的专门性。在自由教育或普通教育的内容上,他主张把科学教育与人文教育结合起来。赫胥黎则主张建立新的自由教育观,把科学教育引入自由教育。进入20世纪后,人们逐渐认识到:科学主义教育大力倡导的科学教育自身并不能保证人类一定会将科学技术用于造福人类的目的,也无助于解决人与自然、人与人以及人内心的矛盾和冲突,反而会加剧这些矛盾和冲突,使人类面临严重问题甚至生存危机;科学主义教育所倡导的科学教育与人文主义教育所倡导的人文教育都只是教育的一半,它们培养出来的都只是半个人,只有将二者结合起来,实现互补,教育才是完整的,所培养的才是完整的人。英国哲学家、教育家 A. N.怀特海指出:没有纯粹的技术教育,也没有纯粹的人文教育,二者缺一不可。他还说:没有人文教育的技术教

育是不完备的,而没有技术教育,就没有人文教育,教育应该培养学生成为博学多才和术精艺巧的人。1959年,英国学者C. P.斯诺发表题为《两种文化与科学革命》的演说,指出,本来整合的文化已分裂为两种文化,即人文文化和科学文化,两种文化之间存在着一个相互不理解的鸿沟,造成人类的知识体系支离破碎;要改变这种状况,实现科学文化与人文文化的融合,就必须重新思考教育,改变过分重视科技发展而产生的过分专门化倾向,实现科学教育与人文教育的整合。

在如何实现科学主义教育与人文主义教育的融合方面,也存在着两种倾向:以科学主义统合人文主义和以人文主义统合科学主义。

科学人文主义哲学的倡导者萨顿持第一种观点。他说:科学和学术的每一门类都是既同自然有关,又同人文有关。如果指出了科学对人文的深刻含义,科学研究就变成了人们所能创造的最好的人道主义工具;如果排除这种意义,单纯为了传授知识和提供专业训练而教授科学知识,那么科学就失去了一切教育价值。如果不结合历史,科学知识就可能危及文化;如果把它同历史结合起来并用崇敬过去的精神加以节制,它就会培养出最高级的文化。在哲学上,萨顿主张以科学主义为核心建立新人文主义(即科学人文主义);在科学教育与人文教育的整合上,他认为也应以科学教育为核心。联合国教科文组织1972年发表的报告《学会生存——教育世界的今天和明天》也认为应该通过科学人文主义寻求建立一个新的教育秩序,这是以科学与技术训练为基础的,而这种科学技术训练是科学人道主义的主要组成部分。

科学家爱因斯坦、教育家阿什比可以说是第二种观点的代表人物。爱因斯坦指出:只教给人一种专门知识、技术是不够的,专门知识和技术虽然使人成为有用的机器,但不能给他一个和谐人格;人要借着教育得到对事物及人生价值的了解与感觉,对从属于道德性质的美和善有亲切的感觉,对人类的各种动机、期望、痛苦有了了解,才能与别的个人和社会有合适的关系。阿什比更明确地指出:文化之路应贯穿于而不是绕过一个人的专业,一个能把自己学到的技术融汇在整个社会结构中的学生可以说是受到了人文主义的教育,而做不到这一点的学生,甚至连个好的技术专家也配不上。中国学者杨叔子也指出:没有科学的人文是残缺的,人文中应有宝贵的科学基础与珍璞;没有人文的科学也是残缺的,因此,科学教育应该与人文教育相通相融,相通相融则利,相割相离则弊。在如何融合方面,杨叔子指出:善为真导向,真为善奠基,两者相融,才能构成正确的追求。

参考文献

阿什比.科技发达时代的大学教育[M].北京:人民教育出版

社,1983.

　　联合国教科文组织国际教育发展委员会.学会生存——教育世界的今天和明天[M].上海:上海译文出版社,1979.

　　刘德华.科学教育的人文价值[M].成都:四川教育出版社,2003.

　　毛亚庆.从两极到中介:科学主义教育和人本主义教育方法论研究[M].北京:北京师范大学出版社,1999.

（刘宝存）

可持续发展教育（education for sustainable development）　旨在促进社会可持续发展和提高人们解决社会、环境、生态等整体性发展问题的教育理论和实践。是可持续发展对教育的要求和教育服务于可持续发展。

　　可持续发展作为一种发展理论,最早在1980年国际自然与自然资源保护联盟公布的《世界自然资源保护大纲》中提出。1987年世界环境与发展委员会向联合国提交的报告《我们共同的未来》中,正式提出"可持续发展"的概念,并将其定义为既满足当代人的需求,又不危害后代人满足其需要的能力的发展。随着经济发展和人口、资源以及环境之间矛盾的加深,可持续发展这一观念已经被全世界所普遍接受,并且成为指导21世纪社会发展的宣言和行动纲领。中国共产党第十六届三中全会公报指出:"坚持以人为本,树立全面、协调、可持续的发展观,促进经济社会和人的全面发展。"

　　教育是可持续发展从观念向行动转化的关键,是可持续发展必不可少的过程。可持续发展的内容丰富,包括经济、生态和自然等方面,而且这种发展总体来说就是社会发展,但是社会发展的基础和目的还是为了人的发展。1994年的国际人口和发展会议提出,可持续发展的中心问题是人,而人的发展离不开教育,教育对人的发展有着主导作用,1994年的《国际人口与发展大会行动纲领——人口、发展与教育》指出,教育是可持续发展的关键因素,教育和交流是可持续发展的先决条件,发展教育是走向可持续发展的根本大计。当今国际社会越来越重视可持续发展教育在社会发展中的作用,可持续发展教育成为各国教育改革中的重要组成部分。

　　可持续发展教育最早提出是在1992年在里约热内卢召开的联合国环境与发展大会上。会上签署的《21世纪议程》指出:"教育是促进可持续发展和提高人们解决环境与发展问题的能力的关键。"在这次会议上,可持续发展把经济学同其他各种社会科学结合起来,力求为可持续发展提供一种全面的含义,把社会责任、社会争议、环境和人的相互依存关系以及生物多样性和文化多样性等概念作为重要问题提出,综合多种学科而形成一种全面的、跨学科的和综合的学科教育,为整体的可持续发展服务,这就是可持续发展教

育。1994年国际论坛提出,可持续发展教育是终身学习的过程,即培养具有渊博知识和敏锐思维、具有创造性解决问题能力的公民;使其具有自然科学、社会科学和读写等方面的能力,并且致力于从事对个人或合作负责的行动。这些行动将保证未来环境和经济的繁荣。同时,会议还提出了可持续发展教育的主题:终身学习、多学科学习、系统的思维方法学习,合作精神、多国文化渗透、授予行动权力(主体性)。

　　可持续发展教育可以从两个层面来理解:一是教育对于社会的可持续发展的作用和意义,注重探讨教育如何为经济与社会的可持续发展服务;二是教育自身的可持续发展。其中,后者是前者实现的基础,而前者是后者的最终目标。教育可以提高全民素质,可以为可持续发展提供人力基础,可以提供人才和智力支持。如何实现教育自身的可持续发展是可持续发展教育的重要内容,同时也是实现社会可持续发展的必要前提。

　　可持续发展教育的意义　教育对于促进可持续发展至关重要,教育自身的可持续发展是社会可持续发展的必然要求。教育自身的可持续发展首先是将可持续发展的观念渗透到当今的教育活动中,对现有教育赋予新的思想观念和要求。

　　可持续发展教育观注重科学主义和人文主义的结合,强调生态人文主义的教育价值观。可持续发展以人类的整体和长远利益为着眼点,强调经济、社会、人口、资源和环境的协调发展。可持续发展视野中的教育不仅注重教育在科技发展中的价值,更强调教育在道德的完善、价值的实现以及情感的丰富和人格的臻美等方面的价值。可持续发展教育否定过分强调人的主体性以及人对客观环境的利用和改造的人类中心主义的教育价值论。教育要实现从人类中心主义的教育价值观向生态人文主义教育价值观的转变。

　　为了实现人、社会和自然的和谐发展,可持续发展观从人与自然、人与人和人与社会三个方面提出了教育目标。1996年联合国召开的可持续发展委员会第四次会议对可持续发展教育目标进行了如下规定:第一,促使价值观、行为和生活方式发生必要的变革,以实施可持续发展并最终实现民主、人类安全及和平;第二,传播形成可持续生产和消费模式,以及改善对自然资源、能源及工业生产的管理所必需的认识、技术诀窍和技能;第三,培养对可持续发展改革具有深刻认识的公众。

　　中国在1999年的《可持续发展教育——教师培训手册》中对可持续发展教育目标进行了较详细的介绍。可持续发展教育目标横向上可以分为自然环境、社会和人类自身三个方面,纵向则分为观念目标、知识目标和技能目标。观念目标主要包括自然资源保护意识、社会发展公平意识以及对未来社会发展负责意识。知识目标主要包括环境资源开

发和保护以及人与环境和谐相处的知识、社会民主和人类和平共处的知识、可持续生产和消费的知识。技能目标主要包括信息传播、交流技能、独立思考、信息处理和解决问题的能力。

可持续发展教育具有区域性和时代性的特点。可持续发展教育常与现实社会正在发生的环境或社会问题相关，内容较灵活。可持续发展教育具有一些共同的主题，如绿色森林的保护、大气污染、稀有动物的保护、社会公平与平等。可持续发展教育在培养个体能力上也具有一定的共同性，如信息收集和传递能力、信息处理能力以及独立思考和解决问题能力等。

可持续发展教育的实现　可持续发展作为一种新的教育观念对教育实践产生一定的影响。可从三个层面分析：宏观层面，即大教育观下的可持续发展教育；中观层面，即某级、某类、某种形式的可持续发展教育；微观层面，即每个学校、每位学生的可持续发展教育。

可持续发展教育需注重教育公平与平等。提高全体公民素质，使每个人都得到公平和平等的发展是可持续发展教育力求实现的目标，因此，确保教育中每个人都得到公平和平等发展的机会是可持续发展教育的任务。可持续发展教育需要全民教育、终身教育。可持续发展不是哪个社会群体或阶级所特有的，而是全体人类都应具备的一种观念。它不仅包括公众积极参加实施可持续发展战略的有关行动，更为重要的是它还包括人们在意识和观念上的转变，建立起可持续发展的世界观。此外，可持续发展是面向现实并指向未来的一种观念，不仅考虑当代人、社会和自然的和谐发展，还要为下一代人的发展奠定良好基础。可持续发展代际性的特点决定了可持续发展教育应是伴随个体终生的教育。因此，可持续发展教育不仅局限于学校教育，还需要企业、社会团体和政府组织的团结合作。可持续发展教育需要跨学科教育的合作。可持续发展教育观所涉及的社会、自然和经济三个领域决定了可持续发展教育内容的丰富性，可持续发展教育也应是一个综合科学、技术、经济学、社会学等各科的活动。在当今世界上大多数国家，都强调把可持续发展教育渗透到各科教学中。

可持续发展教育强调实践能力的培养。可持续发展最初是来自人们观念的转变，但其目标的最终实现还是需要人们将这些观念付诸自己的日常行动。所以，可持续发展教育应该结合具体的环境，针对日常生活中的具体问题，让学生自己去探索和研究、寻找解决问题的办法，进而培养他们解决问题的能力。

参考文献

李文长.关于教育可持续发展战略的教育理论思考[J].教育研究，1997(4).

张坤民.可持续发展论[M].北京：中国环境科学出版社，1997.

赵中建.教育的使命——面向 21 世纪的教育宣言和行动纲领[M].北京：教育科学出版社，1996.

（周宏芬）

课程(curriculum)　从课程的基本事实出发，课程是以培养目标为依据、以科目和教学活动为表现形态而进行的规划、实施和习得的过程及其结果。从课程环节的角度，课程主要包括规划、实施和习得三个方面的基本事实。规划的课程、实施的课程、习得的课程分别称规程、教程和学程。在中国，从词源学看，"课程"一词最早出现于唐代。孔颖达在《五经正义》里为《诗经·小雅》中"奕奕寝庙，君子作之"一句注疏："教护课程，必君子监之，乃得依法制也。"但其不同于今。宋代朱熹在《朱子全书·论学》中提及课程，"宽著期限，紧著课程"，"小立课程，大作工夫"等，其含义贴近于今，有学习的范围、进程之意。在西方，"课程"一词最早出现在英国教育家斯宾塞 1859 年撰写的《什么知识最有价值》一文中。curriculum 源于拉丁文 currere，意为"跑"，curriculum 是名词，意为"跑道"。据此，西方最常见的课程定义是"学习的进程"(course of study)，亦即"学程"。

课程的概念较复杂，不同学者从不同角度予以界定。康奈利和兰茨列举九种课程定义。(1) B. O. 史密斯等人认为，课程是学校建立的一系列具有潜力的经验，目的是训练儿童和青年以群体方式思考和行动。(2) 福沙伊认为，课程是学习者在学校指导下所学得的全部经验。(3) 古德认为，课程是学校传授给学生的意在取得毕业、获得证书或进入职业领域资格的教学内容和具体教材的总计划。(4) 韦斯特伯里和斯泰默认为，课程是一种对教师、学生、学科和环境等教材组成部分的范围的方法论探究。(5) H. O. 鲁格认为，课程是学校的生活和计划，是一种指导生活的事业，是构成一代又一代人生活的生气勃勃的活动流。(6) 塔巴认为，课程是一种学习计划。(7) D. 坦纳和 L. N. 坦纳认为，课程是通过有组织地重建知识和经验而得以系统阐述的有计划、有指导的学习经验和预期的学习结果，在学校的帮助下，推动学习者个人的社会能力不断地、有目的地向前发展。(8) 贝斯特认为，课程基本上由五种大范围的学科学习组成：掌握母语，系统地学习语法、文学和写作；数学；科学；历史；外国语。(9) 贝尔思认为，课程是有关人类经验的可能思维模式的不断扩大的范畴，这种可以从中得出结论的模式，在那些结论和所谓真理的背景中是能立足的和有依据的。奥利瓦汇集大量对课程的定义和解释，以证明：课程是一套科目；课程是内容；课程是一套材料；课程是一套绩效目标；课程是引导学习的经验；课程是在教育机构中或受教育机构引导而发生的一切，包括学生之间的相互指导和师生人际交往。

课程理解的复杂性由课程事实的状态决定,也受不同学者价值观的影响。关于课程定义可划分为五类。(1)视课程为学科、教材或活动。这种观点可追溯到中国周代。周代的学校开设"六艺",即礼、乐、射、御、书、数。孔子创办私学,以培养"士"为目标,为此设置"六经",即诗、书、礼、乐、易、春秋,为中国两千多年的学校课程设置奠定了基础。在西方,学校的课程设置围绕"七艺",即文法、修辞学、辩证法、算术、几何、天文和音乐。受传统教育思想影响,视课程为学科或教材的观点延续至今。这种课程取向注重系统知识的传授,有利于儿童对知识的掌握,也有利于课程编制和课程资源开发。但该取向未关注课程的动态生成特点,忽视儿童在自发活动中和校外获得的学习经验,亦未关注到儿童的智力发展状况。而且,这种课程实际是学科专家和课程专家的课程,而非教师的课程,因教师不作为课程参与者,没有课程权利,只是专家课程的忠实执行者。(2)视课程为目标。认为课程应关注儿童预期的学习结果,亦即学习目标。学校所有的活动都应围绕既定的学习目标展开,为学习目标服务。美国课程理论家 R. W. 泰勒虽未明确提出课程即目标,但在其《课程与教学的基本原理》中着力阐述如何建立课程目标。波帕姆在其课程设计中重视行为目标的重要性。视课程为目标是强调对目标的选择和组织,在这种课程取向中,教师拥有部分课程权力,有可能参与课程目标的确定,但目标一旦确定,教师就必须按照既定目标进行教学。目标是一种预期的结果,但实际的结果与预期存在显著差异。古德莱德认为课程有五种存在形式。一是理想的课程(ideological curriculum),指由专门的课程研究机构、课程专家等研制并提出的应该开设的课程,源于理想的设计程序;二是官定的课程(formal curriculum),指经过一定机构或教师的选择,获国家或地方学校董事会同意,得到官方认同的课程,易受社会政治的影响;三是感知的课程(perceived curriculum),指存在于人们头脑中的课程;四是运作的课程(operational curriculum),指教师在课堂中实际教授的课程;五是经验的课程(experiential curriculum),指学生实际体验到的课程。从理想的课程到经验的课程,其间已发生很大变化,任何一种预期的课程都很难真正成为学生实际的经验,故作为目标的课程与实际的课程并不吻合,仅把课程看作目标并不完整。(3)视课程为计划。塔巴把课程看作学习计划。麦克唐纳也认为课程是指导教学的计划。格拉索恩认为,课程是学校用于指引学习的计划,它呈现在不同水平的可获取的文件中,在课堂中得以实施。视课程为计划很大程度上扩展了课程的领域,计划的范围远大于学科、教材或目标,计划包括目标、内容以及各种活动和评价。但关于计划本身存在争议:计划的存在形态多样,有书面的和非书面的;计划可以是具体的,也可以是宏观的;计划包括各种意图,有教育的意图和教育之外的意

图。这类课程定义未关注到生成性课程,即计划之外发生的事实不属于课程;且把计划看作课程常导致把计划的实施排斥在课程之外,而仅把课程看成是文件性的东西。后现代主义认为,把课程看作学科、教材、目标、计划等,都是工业社会的产物,其共同特征是都把课程看作是线性的,是有秩序、有组织和易控制的。(4)视课程为经验。美国教育家杜威主张课程是手段与结果的统一,认为教育本身之外没有目的,教育就是目的。杜威注重儿童的经验获得,即儿童在实践中学到什么。儿童在实践中的各种活动过程即经验习得的过程。杜威强调学校中偶然性的学习(incidental learning),认为只有儿童亲身经历的、实际感受和体验到的才是真正的课程。杜威所谓的经验是一种非计划的经验。美国学者博比特在所著《课程》(The Curriculum,1918)中认为,作为对教育的应用,课程指儿童和青年必须实践和经历的一系列事物,用以发展技能,适应成人生活,课程就是一个成人化的过程,课程使儿童具备成人所应具备的一切。他认为可以用两种方式定义课程:课程是所有经验的总和,包括无目的的经验和有目的的经验,从而使个体的技能得到发展;课程指学校中一系列有意识、有目的的用以训练的经验,它使个体的发展趋于完善。美国学者杰克逊亦赞同课程是一种教育经验,甚至把教室看作学生获得经验的场景。每个儿童都以自己独特的方式认识世界,从事活动,由此获得的经验各不相同。当代建构主义认为,儿童在建构自己独特的知识世界和情感世界中,作为经验的课程是指向个人而不是群体,具有明显的个人性。(5)视课程为文化的再生产、社会的再生产或社会重建。认为任何课程都存在于一定的文化背景中,课程的功能在于传承社会文化,然而由于社会文化在不断发展,课程不仅再生产文化,更重要的是创造文化。文化促进课程的发展,课程亦促进文化的发展。英国社会学家 B. 伯恩斯坦使用"编码"概念分析各种教育系统中课程的构建和传播。他假定,在一系列分化较精细的科目中存在"集合编码"(collection code);当学科界限不明显时,存在一种"整合编码"(integrated code),编码的组合将权力关系和控制渗透到学校课程中,从而再生产不平等的社会结构。法国学者布迪厄认为,学校中的"教育行动"实际是一种"符号暴力",统治集团由此实现其"文化独裁","文化独裁"又再生产社会。B. 伯恩斯坦和法国社会学家布迪厄的再生产理论深刻影响课程研究,但亦被认为具有决定论和简单化特征,缺乏文化分析,具有机械性。还有激进的学者认为,课程是社会的重建,课程不是使学生适应或顺从社会文化,而是要帮助学生摆脱现存社会制度的束缚。课程的重点应是当代社会问题、社会弊端、学生关心的社会现象等,要让学生通过社会参与形成从事社会规划和社会行动的能力,学校课程应帮助学生摆脱对外部强加的世界观的盲目依从,使学生具有批判意识。这种希望通过

学校课程来实现社会重建、完成社会改造、打破社会不平等、消除贫富差距的观点带有强烈的理想主义色彩。

对课程理解的差异会导致课程实践中的许多问题：若把课程仅理解为教材，则课程改革会走向教材改革甚至是教科书改革；若把课程仅看作学科，则课程改革会走向学科调整或改造，难以真正做到学科统整；若把课程仅看作目标，则课程改革会忽视内容，使目标与内容脱节；若把课程仅看作计划，则课程改革有可能变得僵化而失去活力；若把课程仅看作经验，则课程改革的实践会面临困难；若把课程仅看作社会重建，则课程改革会遭遇阻力。

课程概念的内涵是由课程所指称的事实决定。中华人民共和国成立后很长一段时间，由于课程意识缺乏，教材和教学大纲被看成是教育的全部，课程被包含在教学的范畴中，其概念取向基本上是教材学科说。2001 年启动的基础教育课程改革在很大程度上转变了"课程即学科"、"课程即教材"等的传统课程概念，而对课程的众多理解持一种更加开放和宽容的态度。教育研究者开始以解决问题为核心，把重点放在从不同的课程定义中去寻找课程改革的思想资源，重视课程理念对于课程改革实践的指导意义，而不苛求课程概念的周密性。就中国的课程事实而言，需要选择一种主导性的课程概念，可将其归结为正式课程，包括国家制定的课程标准，各地根据课程标准编制的教材等，以确保基本的教育质量，并得到教育工作者尤其是教师更多的认同。正式课程并不等同于国家课程，教育部 2001 年颁布的《基础教育课程改革纲要（试行）》中明确指出，"为保障和促进课程对不同地区、学校、学生的要求，实行国家、地方和学校三级课程管理"，课程的内涵和形态发生很大变化，地方课程和校本课程进入主导性的课程概念。但把课程概念囿于正式课程的理解存在狭隘和僵化的问题，也不符合世界课程改革的基本特点，故在选择主导性的课程概念时，还需综合考虑课程概念的历史性和发展性特征，对于课程概念的其他理解保持开放态度，尤其是对于可能反映社会需求变化发展趋势的课程理念保持敏感性。

参考文献

小威廉姆·E.多尔.后现代课程观[M].王红宇,译.北京：教育科学出版社,2000.

施良方.课程理论——课程的基础、原理与问题[M].北京：教育科学出版社,1996.

钟启泉.现代课程论(新版)[M].上海：上海教育出版社,2003.

Tyler, R. W. Basic Principles of Curriculum and Instruction[M]. Chicago: University of Chicago Press, 1949.

（吴刚平　王俊）

课程标准与教学大纲（curriculum standard and syllabus）　　对一定学校或学段的课程设计与设置、课程实施与评价以及教学等活动的目标、过程、方式作出规定和说明的纲领性文件。组织和指导课程与教学的基本手段之一。普遍应用于国家、地方和学校层面。出于历史传统、教育体制和实际需求等原因，一个国家、地方及学区通常选择其中一种作为课程建设与管理的主要文本形式。当一个国家或地方、学区、学校在课程设置与管理上以较统一的领导、明确的规范和具体指导为主要取向时，一般选择教学大纲作为课程设置与管理文件的形式，所编制的教学大纲要求规范、明确和具体。当课程设置与管理倾向于在目标和要求上追求一致性，而在具体实施中实行分级管理或留有较大空间时，则多选择课程标准作为课程设置与管理文件的形式，所编制的课程标准在内容与结构上会作出相应的处理。法国和德国是使用教学大纲国家的代表。法国自 19 世纪 40 年代以教学大纲取代学习计划后，一直把教学大纲和相关的课程表作为学校系统课程设置与管理的主要形式和工具。英国和美国是使用课程标准国家的代表。英国在《1862 年修正法》之前即存在课程标准的初级形态，该法订立了读、写、算在六个年级的标准以及根据学生考试通过率决定经费的规定，其颁布使有关科目的课程标准获得法律效力，并成为国家规范和指导学校课程的主要手段之一。美国在 19 世纪中期即有学校为每个年级的各门课程规定内容及其程度，之后各州、学区、学校普遍制订课程标准或课程框架，20 世纪 90 年代在国家层面制定基础教育各门核心课程的全国性课程标准。在中国，清末兴办学堂，建立近代教育体制，各级学堂所订章程中的"功课教法"章，列有课程门目表和课程分年表及相关说明，为课程标准的雏形，1912 年，南京临时政府教育部颁布的《普通教育暂行课程标准》为中国课程史上第一个课程标准。1952 年，"课程标准"被"教学大纲"和"教学计划"取代。1996 年，国家教育委员会颁发的《全日制普通高级中学课程计划（试验）》又以"各科课程标准"取代"各科教学大纲"。

课程标准、教学大纲的结构　　完整的课程标准或教学大纲，包含总纲（总则）和各科课程标准或各科教学大纲两部分。总纲部分有时以"课程计划"、"课程方案"或"教学计划"等形式出现；也有国家或地方课程管理机构在特定时期只颁发相当于总纲部分的课程标准或教学大纲文件，由下属系统或专业组织编制各地方或学校的各科课程标准或各科教学大纲。在内容上，课程标准或教学大纲必须规定和说明课程结构，在总纲部分表现为对一定学校或学段所要开设的科目及其结构的规定与说明，在各科课程标准或各科教学大纲中表现为对科目内容及其结构的设计与安排。在结构上，不同文本之间多有差异，或添加"编制原则"和"课程目标"，或细列"实施"、"考试与评价"方面的规定和说明，或提出"教学建议"、"教学指导意见"等。不同历史时期的课程标准或教学大纲的演进显示，课程标准和教学大纲更多地由国家和地方权威部门或专业组织编制，作为正式的课程教学组织指导文件，少有由学校或教师编制的非正式的课程标准或教学大纲。在世界范围内，教育与课程重建的背景和加强质量控制的趋势，使课程教学的管理趋于规范和加强，课程标准或教学大纲的内容与结构趋于全面而系统，其中各种课程要素及其相互关系更明确。

课程标准、教学大纲的功能及其影响因素　在理论层面，课程标准或教学大纲对课程具有规范、指导、评价、协调和组织等功能。一定层面制订的课程标准或教学大纲为一定范围内的课程组织与管理活动提供目标、原则、策略和方法等依据，使课程教学的组织实施建立在同一规范和水平上，从而获得一定的公信力或专业影响，亦使课程教学管理过程具有明确指向和多方面依据，达到所期望的状态和目标。美国《国家科学教育标准》提出课程标准的三项功能：评价功能，评价课程与教学的质量、学生掌握知识和能力的质量、为学生提供学习机会的质量、教育系统支持课程与教学的质量、有关政策和措施的切合性；指导功能，为教育工作者开展相关活动提供依据；协调或统一功能，使课程教学活动或相关改革目标一致、相互协调。中华人民共和国教育部颁布的《基础教育课程改革纲要（试行）》规定，国家课程标准是教材编写、教学、评估和考试命题的依据，是国家管理和评价课程的基础。在实践层面，课程标准或教学大纲功能的发挥受多种因素影响：一是课程标准或教学大纲的制订和执行层面，不同层面制订和执行的这两种文件，其权威性和适用范围不同，其作用和影响存在差异；二是课程标准或教学大纲的特点或品质，不同的文本在内容与结构的明确性、系统性等方面有所不同，其对相关活动的规范和指导作用会因此而有所差别；三是课程标准或教学大纲和外部需求与条件之间的配合程度，其核心在于课程标准或教学大纲的规定和要求是否负载适当的期望和追求，是否反映实际的可能性。

课程标准、教学大纲的编制　课程标准、教学大纲的编制受体制与政策、价值取向、课程思维和技术因素等的影响。主要涉及三个问题。其一，编制的层面。在地方分权教育行政管理体制下，课程标准或教学大纲的编制原则上可在地方、学区、学校层面进行，然而在教育国家化趋势之下，课程标准或教学大纲的编制也趋于在较高层面进行，目的是能够从国家或地方层面发挥课程标准或教学大纲对课程的组织和管理功能，提高课程教学水平和质量。在中央集权教育行政管理体制下，课程标准或教学大纲一般在国家层面编制，以保证对课程实行较集中的领导和管理。其二，编制者。传统上，课程标准、教学大纲由政府领导的专门委员会或专业团体编制，20世纪80年代后，课程标准的编制在坚持专业化操作的同时，更重视社会参与和公共化。

拉维奇等人认为，在一个多元民主社会中，许多非联邦、非政府的机制可以帮助制订国家课程标准，社会的普遍参与和公共过程对于国家课程标准获得广泛认同和保证其质量很重要。其三，编制依据。自杜威在《儿童与课程》（1902）中明确论述儿童、社会和教材在课程与教学过程中的作用和关系后，社会、儿童和学科始终被作为课程的三大来源，三者间的关系成为课程编制的基本依据和分析框架。尽管在具体处理三者关系中，出现或偏重学科或偏重儿童或偏重社会的倾向，但普遍是在综合考虑三者关系的情形下确定课程的目标、内容和形式。在具体操作中，编制课程标准、教学大纲的依据更直接地来自某一阶段国家或地方所确定的教育目的和目标，以及对实际情况所作的评估和比较分析。

课程标准、教学大纲的实施　20世纪70年代后，由于意识到课程实施的重要性和复杂性，对课程设计和课程审议等课程编制环节的研究日渐增多。进入90年代后，随着各主要国家普遍编制和推行国家课程标准以及引发基于标准的改革，对此所作的调查分析和理论研究成为课程实施研究的前沿领域，部分研究结果在实施的过程、基本方式和影响因素等方面建构起分析框架。课程实施的三个阶段，即发动或采用阶段、实施或使用阶段、制度化阶段，在很大程度上可用于分析课程标准或教学大纲的实施过程。第一阶段是实施的预备与开启阶段，表现为决定采用课程标准或教学大纲；第二阶段是正式实施与全面展开阶段；第三阶段是依据新的课程标准或课程大纲来改革或建构相关系统，使标准或大纲的实施制度化，成为一种常规的系统化过程。实施（变革）过程达到第三阶段，即在整个教育体系中实现了课程标准、教学大纲，并通过对教育体系的改革或建构来使之制度化。实施课程标准或教学大纲的基本方式或模式有两种，即"精确的或程序化的方式"和"适应或调适的方式"。前者假定实施就是忠实而精确地实现既定的意图、目标或要求，实施本身也具有程序上的要求。尽管这种方式不排除局部变动，但它从根本上强调遵循既定的目标、要求和程序。后者认为，实施的确切性质和过程不能也不应是预定的，而应由实施者在具体情况下，为适应实际条件而作出调整、选择和决定。实施者可根据实际情况采取三种处理方法：局部适应，即基本遵循设计意图和目标，只作局部变动；相互适应，即在意图或要求与实施者之间作出调适；全面修正，即实施者根据情况修正原有的设计和要求。实施实践中，这两种基本方式趋于整合，取前者明确具体、易于评价，以及后者开放、灵活的长处，在定向与框架上强调既定的特性和结构，而在具体实行方面讲求相互适应与调适。影响实施的因素有四类：课程标准或教学大纲本身的特点和质量，有研究机构和学者提出衡量课程标准质量的标准，如相对优越性（较高期望与要求）、明确性、系统性和实用性等；背景条件，主要指特定时期的形势和地方、学区和学校原有情形对实施的影响；组织与系统因素，包括自上而下的组织领导和上下间的互动，以及系统各组成部分之间的协调与互动；各种外部因素，主要指学校系统之外的政府机构、专业组织、社会团体和国际的交流与互动等。

参考文献

奥恩斯坦，等.课程：基础、原理和问题［M］.柯森，主译.南京：江苏教育出版社，2003.

顾明远.教育大辞典（增订合编本）［M］.上海：上海教育出版社，1998.

江山野.简明国际教育百科全书·课程.北京：教育科学出版社，1991.

钟启泉.国际普通高中基础学科解析［M］.上海：华东师范大学出版社，2003.

（柯　森）

课程表（school time-table）　以表格形式对各级各类学校的课程设置所作的规定和说明。内容一般包括学校各年级的教学科目、各科目教学起止学年或学期、各科目每周教学时数及占一定学段总课时的比例或每学期的学分，以及学校各科目上课的顺序和时间安排等。或简或详，简者仅列出学校各年级开设的科目，详者除上述内容外，还列出各科教学内容要旨，如 1912 年 11 月北洋政府教育部制定的《小学校教则及课程表》。多作为一个正式内容或附录，随课程标准、教学计划、教学大纲或教学规程等课程设置文件或课程教学规定文本一并颁布，如 1912 年 1 月南京临时政府教育部颁发《普通教育暂行课程标准》，规定初等小学校、高等小学校、中学校和师范学校的教学科目以及各学年每周各科的教学时数，文件附四份相关的课程表：《初等小学校暂行课程表》《高等小学校暂行课程表》《中学校暂行课程表》和《初级师范学校暂行课程表》。课程表大多作为课程设置文件的组成部分出现，是课程教学规定文本的有关内容的承载方式和表达方式，故亦称"课程标准表"、"教学计划表"或"各年级教学时数表"。为特定学校列出各年级教学科目、开课顺序和上课时间的课程表亦称"教学时间表"、"周课表"或"课表"。

课程表的作用在于为各级各类学校或特定学校设置课程、组织实施课程教学和进行课程管理提供依据和指南。课程表是在教育和课程演进到一定阶段后，随课程设置的明确化和规范化出现的，是教学内容与课程设置的一种具体表现形式，一定程度上反映教育与课程的演变与发展。文艺复兴之后，随着文化的复兴和科学技术的发展，知识体系迅速扩展，不断分化，形成由众多学科组成的新的学科体系，教育内容和课程设置逐渐转变为主要以学科为基础的学科课程形态；各级各类学校不断建立和发展，较完整的学校教育体系形成；近代学制和年级、班级授课制成为主导制度，各级各类学校各年级的课程设置趋于系统化。约自 19 世纪始，一些国家通过规章或法律的形式规范各级各类学校的课程设置，各种由国家或地方制订的课程标准和课程表成为一种普遍的课程设置与管理形式。在中国，1862 年京师同文馆订有"分年课表"。1902 年清政府颁布的《钦定学堂章程》是中国第一次在国家层面为各级各类学校的课程设置规定整套的"功课教法"、"课程门目表"、"课程分年表"和"课程一星期时刻表"。19 世纪之后的一段时期，课程表成为许多国家教育与课程发展水平的一种表征，显示其课程设置达到明确化、系统化和规范化的程度。课程表的内容随学制、课程体系的整体结构及类型设计等因素的变化发展而完善。通常包含年级、科目和课时三个子项，子项还可包括有关规定和说明，如"周活动总量"、"全年上课周数"、"复习考试周数"、"并设科目数"和"各科目课时分量顺序"等。年级、科目和课时分别反映学制、课程体系整体结构与类型设计、教学时间安排。在体现学制方面，中国 1904 年颁布的《奏定学堂章程》规定小学为八年制、中学为五年制，中小学课程表便据此而定；1922 年学制改革，高级中学分普通科和职业科两类，职业科又分为六科，普通科分为两组，其课程表便反映这些分科或分组情况。在体现课程体系整体结构与类型设计方面，《奏定学堂章程》的中学堂课程表对所列科目并不分类，而 1909 年课程改革所修订的中学堂课程表开始把课程分为"主课"和"通习课"两类，1922 年"壬戌学制"中的高级中学课程表则把所列科目进一步细分为"公共必修科目"、"分科专修科目"及"纯粹选修科目"三类。世界各国的课程表普遍体现对所列课程或科目的分类，多分为必修课与选修课，通常学段或年级越高，课程分类就越细。课程表对有关科目的时间安排体现科目的重要性，某一科目在课程表中的起始时间早、时间跨度大、课时多，说明该科目的地位重要，亦反映课程表制订者对整个课程教学的时间条件或可能性的理解与运用取向。

课程表的制订可在国家、地方、学区和学校层面进行。在不同层面制订课程表，反映课程设置与课程管理的权力与责任的结构，亦是使课程表更切合实际需要与条件。不同教育行政管理体制下，课程设置与课程管理的权力与责任的结构不同。一般而言，中央集权体制下制订的国家层面的课程表具有一定的强制性与指令性，地方或学校所订的课程表须以此为据，调整空间有限；在地方分权体制下，国家层面的课程标准及课程表不具强制性，课程表的制订权与执行权主要在地方、学区和学校。课程表的制订和修订大多包含分析、设计、实施和评价四个步骤，一般与课程标准或教学计划的制订或修订并行。

（柯　森）

课程的社会学基础 (sociological foundation of curriculum) 课程的理论基础之一。学校课程作为社会文化的组成部分,既受社会政治、经济等因素的制约,亦因其保存、传递或重建社会文化的职能而影响社会发展。课程与社会环境之间的交互作用,历来为教育研究者和社会学家所关注。

社会学对学校课程的透析

教育社会学的三大流派,即功能理论、冲突理论、解释理论,从不同视角透析学校课程。

功能理论与课程 功能理论亦称"结构功能主义",强调社会整合、共同的价值观念和社会稳定。源于法国社会学家涂尔干的学说。涂尔干不赞成社会契约论者关于社会是个体共同形成的社会契约的产物这一观点,强调社会学应当关注具体的、客观的"社会事实",即对作为集体生活之结果的人类行为的各要素予以假设、观察和检验。美国学者 T.帕森斯发展涂尔干的理论,并把学校、班级和家庭都看作一种社会体系,认为社会体系具有被其成员共同分享的价值体系,认同主要的价值观念是形成一个社会体系的必备条件。T.帕森斯与涂尔干都强调社会秩序和社会稳定。T.帕森斯主要依据各种社会机构在维持社会稳定方面所发挥的功能来分析社会机构,认为学校的作用是传授基本的价值观念和技能,帮助学生进入适当的社会位置。结构功能主义的传统是引导人们关注社会阶层、种族、性别等因素对学生成绩的影响,考察社会文化、环境、家长职业等因素与学生学业成败的关系,把忍受考试和接受考试结果视为学生社会化过程中不可缺少的方面。据此,学校课程的目的是使学生社会化,理解并接受自己在社会中的位置。

冲突理论与课程 冲突理论强调社会矛盾、权力差异和社会变化。可追溯到德国社会学家 M.韦伯的学说。冲突论者认为,社会结构是人为的,是可以而且应该被改变的。社会是由特定阶级为保持对从属阶级的控制而构建的,各群体都试图维持或提高各自的社会地位,故各群体之间的目标是相互矛盾的。群体之间连续不断的权力斗争导致一个始终变化的社会。冲突理论认为,价值体系、思想观念和道德标准等是为权力集团合理化服务的,社会变化的起因不在个体的价值观念中。关于学校课程设置与权力集团的关系,美国社会学家 R.科林斯提出,学校的主要活动是传递特殊的身份文化(identity culture),即让学生学会如何运用某种身份的语言、衣食方式、美的意识和价值标准。学校传授的科学技术知识其本身也可能就是一种特殊的身份文化的一部分。受教育程度由此成为一种法定的标准,人们把受教育看作一种向上流动的机会,大众对教育的需求增加了。

解释理论与课程 解释理论是一种微观社会学,包括知识社会学、符号互动论、民俗方法论等。主要论及与学校课程密切相关的知识社会学。知识社会学家认为,不能撇开学校教育的实施过程和课程内容来研究教育与社会的关系。英国社会学家 B.伯恩斯坦是从知识社会学角度分析课程和教学实践的先驱,他分析了青年、家庭、学校语言中的社会阶级差异,试图从社会语码的角度来解释学业成绩差异。他假设存在两种基本的语码:一种是精致语码,其特征是普遍性、关联性、抽象性和规范性,主要存在于中、上阶层的语言中;另一种是限制语码,其特征是孤立性、具体性和不规范性,主要存在于下层阶级的语言中。由于学校课程知识使用精致语码,与中、上层阶级子女的生活经验具有某种同质性,而与下层阶级子女的生活经验具有异质性,后者进入学校时便不得不抛弃原有的生活经验,自然在学校教育过程中处于不利地位。英国学者 M.F.D.扬提出,大多数课程论著和研究都在一定程度上把课程作为一种社会现实加以肯定,而不是作出解释,从而掩盖了教育的政治和经济特征。M.F.D.扬认为,任何知识都不是中立的,都带有社会偏见,知识的构建总是为某种社会目的服务的,课程内容的选择、确定和组织过程实际是教育知识成层的过程,不同的学生接受不同层次的教育知识,学校教育过程成为教育知识的分配过程。教育过程中存在的不平等的教育知识分配,是学生之间在学业成绩上出现分化的主要原因。

社会学对学校课程的影响 社会学为课程的基础理论研究和课程理论的发展提供社会学的方法和视野,从而丰富课程理论的研究。课程设置和课程编制过程受各种社会因素的影响,并受不同社会观的支配。第一,学校课程与政治、经济密切相关,社会政治、经济制度制约课程设置和课程编制过程。居社会支配地位的阶级通过学校课程来维护既得利益。第二,学校课程离不开社会文化。课程作为社会文化的重要组成部分,既传递和复制社会文化,也受到社会文化尤其是意识形态的规范和制约。不存在纯粹客观的、价值中立的知识。统治阶级通过正规课程,用潜移默化的方式将其意识形态灌输给学生,此即隐性课程的实质。第三,关于学校课程的思想总是与一定的社会背景联系在一起,学校课程或是为了使学生适应某种社会环境,或是为了引发某种社会变革。第四,现代社会学家较注重对社会结构、社会互动与课程标准、课程内容之间关系的具体考察,或强调学校课程与社会结构保持一致的重要性,或揭示这种一致性的人为性,以求变革。越来越多的社会学家开始从宏观的研究转向对学校课程内容的微观研究,从社会学的视角透视课程标准、课程内容的选择和组织等各个层面。

课程研究中的社会学维度

1918 年美国学者博比特的《课程》(*The Curriculum*)出版,标志着课程作为专门的研究领域诞生。现代课程领域的范围和研究取向最早主要由博比特确定,博比特深受 20 世纪初在美国工业界盛行的科学管理原理的影响,将工业科学管理的原则运用于学校教育,继而推演至课程,这使美国的课程理论从一开始就依据这种隐喻:学生是"原料",是学校这架"机器"加工的对象。博比特认为,教育实质是一种显露人的潜在能力的过程,与社会条件有特殊关系,鉴于教育是使学生为成人生活做好准备,应该根据对社会需要的分析来确定课程目标。他提出,最科学的方法是通过对人类社会活动的分析,发现社会所需要的知识、技能、能力和态度等,以此作为课程的基础。这种把人类的活动分析成为具体的、特定的行为单位的方法即"活动分析法",它为后来盛行的课程目标模式提供了方法论依据。

1949 年,美国课程理论家 R. W. 泰勒的《课程与教学的基本原理》出版,被公认为现代课程理论的奠基石。泰勒从"行为目标论"出发,提出课程编制必须考虑的四个问题,即确定目标、选择经验、组织经验、评价结果。R. W. 泰勒认为,要系统、理智地研究某一课程,首先必须确定所要达到的各种教育目标。

确定教育目标必须依据对学生的研究、对当代社会生活的研究以及学科专家的建议,对这三方面信息重视程度的差异导致不同的课程设计模式。其中,强调研究当代社会生活,以社会问题为关注中心,形成了社会改造课程理论。社会改造课程理论注重当代社会问题、社会的主要功能、学生关心的社会现象,以及社会改造和社会活动计划等方面,而不关注学科的知识体系,认为应该围绕当代重大的社会问题来组织课程,帮助学生在社会方面得到发展,即学会如何参与制定社会规划并将其付诸社会行动。社会改造课程理论的核心观点是:课程不应帮助学生去适应现存社会,而是要建立一种新的社会秩序和社会文化。

这方面的代表人物是巴西学者弗莱雷,他批评资本主义学校的课程已成为一种维护社会现状的工具,充当了人民群众与权贵人物之间调解者的角色,使大众甘心处于从属地位,或归咎于自己天生无能。他主张课程应该帮助学生摆脱对社会制度的奴隶般的顺从。他把这种理论付诸实践,成为第三世界国家成人扫盲运动的领袖,并影响西方课程理论中新马克思主义的产生。20 世纪 70 年代,布迪厄和帕斯隆等新马克思主义者提出文化再生产理论,认为在资本主义社会,知识成为文化资本的一部分,个人"拥有"的知识至少部分地决定了其在社会阶级结构中的位置,学校通过为不同阶级出身的学生提供不同的课程,使他们各自继承"父业"。该理论自 70 年代末以后遭到另一些新马克思主义者,如安涌、阿普尔、吉鲁的批判,他们认为文化再生产理论过于悲观,否认了政治和社会变化的可能性,他们特别关注学生对学校课程(尤其是隐性课程)的种种抵抗现象,以此表明社会改造的可能性。

课 程 社 会 学

20 世纪 70 年代后,西方教育社会学受知识社会学、符号互动理论和人种志方法论的影响,研究中心转向教育知识(课程)的社会性质方面,形成课程的社会学研究趋向(亦称"教育知识的社会学分析")。有学者提出建立"课程社会学",对课程知识的选择、组织、分配、传递以及评价、管理等问题进行社会学层面的系统研究。他们力图在社会学理论指导下,把课程作为一种社会事实,研究具有社会学意味的课程问题,最终建立起关于课程的专门而独特的社会学理论,即课程社会学理论,并指导课程实践。

研究对象与内容　课程社会学创始人之一、英国社会学家 M. F. D. 扬认为,课程社会学主要研究课程知识的控制与管理,以及课程知识与权力分配的关系,应回答下列问题:什么被视为知识?不同的集团怎样接近不同的知识?不同知识领域与接近并利用这些知识的人有什么关系?经济系统与教育系统之间的关系是如何产生知识的阶层化的?阶层化的程度如何?进而回答社会结构与知识的组织传递之间的联系。

英国学者埃格尔斯顿认为,课程社会学主要研究课程与社会控制的关系,具体研究以下问题:(1)知识是怎样结构化的?什么是专家学科(specialist disciplines)的运用和意义、经验领域?它们是被分离的还是在整合程序中被运用的?(2)什么是知识适当的内容?它们在什么原则和关系下被传授?(3)知识怎样适当地呈现?它们被哪类教师运用,用什么教育工艺被传授?(4)什么是课程知识的有效性?应当在何种机构、哪个年级时教给谁?(5)什么是知识的评估?如何判定学生获得了知识?由谁来判定?(6)课程知识的推论是什么?支持课程组织化的价值本质是什么?埃格尔斯顿认为,回答了这些问题,便能揭示社会对课程控制的机制。

美国学者阿普尔认为,课程的社会学研究是意识形态的研究,具体研究内容由以下问题构成:课程知识是谁的?课程知识由谁来选择?课程为什么以现有方式来组织和教授?知识为什么只传递给某些特殊集团?为什么社会文化的特定部分会在学校中以客观的、事实性的知识出现?官方知识是如何具体体现在代表社会统治集团利益的意识形态结构中的?学校如何把这些限定的只代表部分标准的知识合法化为不容置疑的真理?

主要理论和研究方法　课程社会学主要运用社会学理论研究具有社会学意义的课程问题，并无自己独具的理论框架，课程社会学者的身份往往与社会学家的身份重合，课程社会学学者 B. 伯恩斯坦、M. F. D. 扬、阿普尔、吉鲁、布迪厄和帕斯隆等同时都是社会学家。课程社会学研究所运用的社会学理论有功能理论、冲突理论、解释理论(包括知识社会学、符号互动论、民俗方法论等)等，具体所运用的社会学范畴和概念有社会控制、权力、阶层化、意识形态、霸权、冲突、社会文化再生产、文化资本等。

课程社会学主要依托社会学和人类学研究的方法论和具体方法开展研究。西方课程社会学有三种主要的研究范式，即功能范式、解释范式和冲突范式，相应地产生三种主要的社会学意义的课程观：传统主义课程观、概念—经验主义课程观、概念重建主义课程观。传统主义课程观基于功能主义社会学观点，认为课程是传递社会价值和规范的工具，仅仅是学校提供的学科的综合，是固定地反映客观现实的知识。概念—经验主义课程观则运用解释理论的观点看待课程，关注课堂中的社会互动以及通过师生间的互动产生知识的过程，认为课程即社会现实的一部分，只有社会建构的课程才对学习者富有意义。课程既不是预先设置的，也不是强加给师生的，而是师生共同通过自己的知识社会学的发展习得的。概念重建主义课程观基于社会学的冲突理论，视课程为再生产社会阶级结构的不公正的手段，试图解释课堂和课程中所蕴含的政治意识形态和社会阶级是如何再生产，以及如何对来自低层"社会背景"的学生产生不利影响的。

西方课程社会学的研究方法论在摆脱传统的结构功能主义和"工艺学模式"的基础上逐步形成，在其方法论的借鉴和理论建构中，解释范式和冲突范式的影响较大。在方法论上，解释理论关注课程知识编制过程中权力的渗透和师生互动，强调意义的建构和行为者的主体性，倡导参与和观察、非结构化的深度访问、现场录音等研究方法，以解释学校及课堂生活的实质。冲突理论则主张立足于社会阶级、家族、教育与政治、教育与经济以及教育史的分析，从历史和实证两方面来了解文化控制和分配与政治经济阶层化的辩证关系的发展。具体的研究方法有文献分析法、自然观察法、样本调查法、案例分析法、文化比较法等。

参考文献

吴康宁. 课程社会学研究[M]. 南京：江苏教育出版社，2004.

吴永军. 课程社会学[M]. 南京：南京师范大学出版社，1999.

（沈　兰）

课程的心理学基础（psychological foundation of curriculum）　课程的理论基础之一。现代课程理论与实践建立在心理学的基础上，课程的目标价值取向、设计模式、内容选择与实施、评价方式以及课程实践中教师和学生的地位与角色等，都与心理学理论有密切关系。不同的心理学流派对课程有不同的认识和要求。

早期心理学思想与课程

心理学思想影响课程最早可追溯到亚里士多德。他提出教育要与人的自然发展相适应，主张课程设置遵循儿童的年龄阶段特征，还从生物学视角分析人的心理官能，直接影响后来官能心理学的发展，继而影响 18—19 世纪的课程实践。官能心理学认为，人的心智由不同官能组成，包括注意、意志、记忆、知觉、想象、推理、判断等，这些官能是头脑中的一个个实体，可以像训练肌肉一样对不同官能施以不同的训练，通过练习增加其力量，使其表现出不同的活动强度。以此为基础，18—19 世纪盛行形式训练说。在课程实践领域，形式教育论者依据官能心理学，在课程目标上，确立心智训练的价值取向，认为课程的价值在于促进心理官能的发展；在课程内容的选择上，主张学校课程的选择不必重视实用价值和内容价值，而应重视心理官能的训练价值。拉丁语和希腊语虽无甚实用价值，且艰涩难懂，但根据官能心理学的思想，它们具有训练记忆的重要价值，而数学的作用在于数学比其他任何学科都更能训练人的推理能力，故在学校课程中有重要地位。

德国心理学家赫尔巴特真正为课程建立了心理学基础，其心理学思想被称为"观念联想心理学"。他反对官能心理学所谓心灵具有先天官能的观点，提出"统觉团"的概念，并将其心理学思想运用于教育领域，影响课程理论与实践。在课程目标上，他摈弃官能训练的价值取向，确立知识化取向，认为教育的目的是提供适当的知识(观念)来充实心智。在课程内容上，主张根据儿童的多方面兴趣来选择和决定课程内容，为学科本位课程提供心理学基础。赫尔巴特认为，兴趣具有把观念保持在意识中，并能使新旧观念联合起来的作用。他把人的兴趣分为六种，并据此设置相应的学科课程。赫尔巴特还为综合课程的提出和发展提供了心理学基础，其学生齐勒尔、莱因等人依据联想主义心理学思想，提出课程编制的"中心统合法"，主张把人文学科作为各科教学的中心，其他学科教学围绕人文学科进行，得到后来一些进步教育学者的赞同，进而发展成为综合课程。

行为主义心理学与课程

20 世纪初至五六十年代，美国心理学家华生创立的行为主义心理学占主导地位。行为主义心理学一反过去把意识作为心理学研究对象的传统，重新界定心理学的研究对象,主张心理学只研究能够用刺激和反应术语进行客观描述的行为。其目标在于预见和控制行为,认为任何行为都可还原为一组刺激—反应的联结单元,由已知刺激即可预测所引起的行为,而根据行为也可推断引起行为的刺激。美国心理学家斯金纳继承华生的行为还原论和实证主义方法论,并提出强化理论,认为行为之所以发生变化是因为强化的作用,强化可使行为发生消退或得以维持甚至加强。20 世纪初,课程理论成为独立学科,行为主义心理学作为 20 世纪前半期占统治地位的心理学流派,对此产生影响。

在课程理论的研究价值取向上,以行为主义心理学为基础的课程理论研究追求技术取向,即通过合规律的、可操作的程序有效控制周围环境,所关注的核心问题是控制和管理环境。以美国课程理论家 R. W. 泰勒为代表的科学化课程开发理论力图使课程开发成为一种理性化、科学化的过程,为课程开发提供一种普适性、标准化的技术模式,从而有效控制课程开发实践。美国学者博比特则强调课程开发的精确性、具体性和标准化,认为学校课程必须以明确的质量标准对结果进行控制,并研制一种预定的技术以决定将要达到的特定结果。在课程设计上,强调目标设计。以行为主义心理学的还原论为方法论基础,采用活动分析法把人的活动分析还原为具体的、特定的行为单元,从而获取细化了的课程目标。博比特在所著《怎样编制课程》(1924)中,把人类经验和职业分析为 10 个领域,从中提出 800 多个课程目标,且认为这些目标越具体、越精确越好。在课程实施中,持教育的外塑论观点,重视强化技术,认为课程实施过程就是运用强化手段塑造行为的过程。在教师与学生的关系上,以行为主义心理学为基础的课程论认为,教师与学生在课程实践中是对立的,教师是学生行为的强化者和塑造者,拥有绝对的权威,而学生是被强化、被改造的对象,处于被动地位。

行为主义心理学对课程论的影响深远,20 世纪六七十年代,美国教育家布卢姆等人的教育目标分类学以及马杰等人的教学目标行为陈述法,都与行为主义心理学的基本假设一致。但以行为主义心理学为基础的课程理论与实践过于强调客观化、精确化、操作化,使课程与教学局限于基本技能的掌握。

认知主义心理学与课程

20 世纪五六十年代,认知主义心理学兴起并迅速发展,取代了行为主义心理学的主导地位。它以个体的内部心理活动为研究对象,关注人的思维过程与思维方式。20 世纪中期以后的课程理论与实践发展受认知主义心理学的影响。

首先,认知主义心理学为课程设计的过程模式提供方法论基础。认知心理学注重个体内在的、整体关联的认知结构的生成,反对行为主义原子化的、琐碎的片断经验堆积;强调内在的同化、顺应与迁移机制,反对外在的、机械性、物理化的刺激—反应。这为过程模式的课程设计提供了心理学基础。针对课程设计目标模式的弊端,英国课程论专家斯腾豪斯提出课程设计的过程模式,强调课程的内在价值,以及对基本概念、原理、方法的理解与掌握。

其次,认知主义心理学使课程论开始关注学科结构和认知结构。作为认知主义心理学基础的结构主义,其核心特征是强调学科结构。美国心理学家布鲁纳认为,每一门学科都存在基本结构,包括两方面:由学科特定的概念、原理构成的体系;学科特定的探究方法与探究态度。后由施瓦布等人发展为"学科的实质结构"和"学科的句法结构"。布鲁纳强调,学生学习的内容应是这些"基本结构",学校应致力于教一门学科总的性质,即结构,而不是教一门学科的全部细节和事实。美国心理学家奥苏伯尔的有意义学习理论更关注学生的认知结构,他把认知结构界定为个体头脑中形成的对某一学科知识的组织,认为外在的课程内容只有与个体早期形成的相关的认知结构联系起来并发生相互作用,学习才是有意义的。他用"同化"这一概念来表征这一学习过程,即学习者认知结构中的原有知识吸附新知识的过程。

再次,认知主义心理学提出新的课程编制思路。此前围绕课程编排是按知识逻辑顺序还是按儿童的心理顺序,学科中心课程与儿童中心课程争论不休,前者主张按知识的逻辑顺序编排,即所谓"直线式",后者主张按儿童的心理顺序编排,即所谓"圆周式"。布鲁纳对二者均不赞同,认为教材的心理顺序与逻辑顺序并非无相通之处,可通过"转换"使其相互沟通。他提出"螺旋式"的编排方式,即把某一学科概念转换为适合儿童当前思维发展水平的表述形式,以符合儿童思维方式的形式教给儿童,且随年级的升高,以螺旋上升的态势不断予以拓宽和加深。奥苏伯尔根据认知结构的同化理论提出课程编制的两个原则,即不断分化和综合贯通。他认为个体头脑中的认知结构按概念的包摄性水平形成,最概括的上位概念在顶端,其下是较概括的概念,依次类推,直到最底一级的具体概念。为便于学习者同化学习,课程编排也应对每一门学科的各种概念加以鉴别,按包摄性水平、概括化程度组织成有层次的、相互联系的知识系统,而对于相似性较大或者相矛盾、相冲突的知识,由于易引起学生认知结构的混淆,则可采用综合贯通的原则,通过比较、综合、归纳,让学生明确其区别之处,形成较精确的认知结构。奥苏伯尔还提出具体的教材编写技术,即设计"先行组织者"。

最后,认知主义心理学为课程研究与实践提供发展观的视角。以认知主义心理学为基础的课程理论弥补了以行为主义心理学为基础设计和编制的课程不考虑儿童身心发展阶段特点的不足，为课程理论提供发展观的视角。瑞士心理学家皮亚杰认为，人的认知发展不是一个简单的数量累积过程，而是认知结构不断重组的过程。按照重组水平，儿童的认知发展过程可分为感觉运动阶段、前运算阶段、具体运算阶段和形式运算阶段，必须编写在形式上为各年龄段儿童所接受并与其智慧结构及各发展阶段相协调的教材进行教学。布鲁纳的结构主义心理学也包含发展的思想，他也认为学生的认知发展不是联想或刺激—反应联结的逐渐增加，而是结构的质变过程，这一过程包括三个阶段，即动作表征阶段、映像表征阶段和符号表征阶段。在每个发展阶段，儿童都有自己观察世界和解释世界的独特方式。课程编制者的任务就是按照每个阶段儿童观察事物的方式来阐述学科结构，任何学习内容，若能按照儿童认知阶段的特征来安排，形成与儿童认知水平和方式一致的形式，儿童就能与学习对象发生认识上的关系并加以掌握。

认知主义心理学的研究成果大大推进了课程理论与实践的科学化进程。但其仅从认知角度考虑课程设计乃至整个学校教育的缺陷，成为人本主义心理学攻击的要害。

人本主义心理学与课程

20世纪70年代，人本主义心理学作为心理学第三势力崛起。与行为主义心理学和精神分析学派相对立。人本主义心理学反对行为主义的机械论、还原论和简单化倾向，反对精神分析学派过于强调人的无意识情绪力，主张恢复整体人的观念，关注个人的体验、独特性、意义、尊严、价值以及自我实现等。70年代以结构主义心理学为基础的课程改革受挫后，人们开始反思课程理论与实践的心理学基础，人本主义课程理论兴起。

在课程的目标价值取向上，人本主义强调个性的完善。认为教育过程是同个人的生长、整合和发展等联系在一起的个性完善过程，课程的目的不是提供知识或发展能力，而是为每个学习者提供有助于个性解放和自我实现的经验。人本主义课程论的核心是自我实现的理想。认为自我实现是个体发展过程中的一种基本需要，每个人都有这种需要和倾向，但大多数个体都有一个不一定意识到的自我，这个自我往往因受他人影响而使个体形成一种他人预先设计好的人格，而这种人格相对于自我实现的人格而言是歪曲的，课程必须揭示这个自我并加以引导和教诲，使个体觉察到自己已成为他人预先设计好的人，而不是自己想成为的那种人。因此，人本主义课程论鼓励个人的自我实现。美国心理学家马斯洛则强调个体通过"高峰体验"更多地了解自己。

在课程设计上，人本主义强调整合化。认为自我实现的人首先是一个整体的人，人格中情意、情感的发展同认知的发展同等重要，学习者应该体验语言的、逻辑推理的、身体运动的、精神的、情感的、情绪的、感官的等人生的各个方面。为了人格的完善，认知学习必须同情意、情感发展相结合，心智发展必须同价值、态度发展相结合。课程设计要从整体人的特征出发，实现情意发展与认知发展的统一。

在课程内容上，人本主义强调个性化。认为每个人都有与自我满足和自我实现有关的特殊需要和兴趣，故没有一种普遍的、预设好的课程。课程要促进个体的自我实现，课程内容就必须是个性化的，与儿童的需要和生活经验相联系，为儿童的个性经验提供条件和基础，帮助儿童发现课程内容的个人意义和个人价值。美国心理学家罗杰斯认为，当儿童真正意识到课程内容对自己具有个人意义和价值的时候，其所花费的学习时间就会大大减少。

在课程实施中，人本主义重视师生间的情感关系背景。马斯洛认为，当儿童的爱、归属、尊重等基本需要得不到满足时，他们就不会产生对知识的兴趣，儿童对爱与尊重的需要远大于对学习的需要。罗杰斯认为，师生间的人际情感关系甚至比认知更重要，教师必须扮演促进者的角色，为学生提供温暖、宽松、信任、富有情感的环境，只有在这种环境中，学生对于学习什么、怎样学习、什么时候学习才会有更多的自由和责任。这种思想指导下的课程实施关注过程而非结果；关注一种即时的、互动的情感环境，而非预设的、程式化的环境；关注儿童的整体，即他们的社会需要、心理需要、生理需要和认知需要，而不仅是学业成绩。

建构主义心理学与课程

建构主义是在吸收皮亚杰、布鲁纳等学者基本主张的基础上，融合解释学、后结构主义、批判理论等哲学思想和认知心理学的研究成果形成的理论主张，具体包括激进建构主义、社会建构主义、信息加工建构主义等。建构主义在知识观、学习观和教学观等方面的思想影响课程理论。

在课程设计理念上，不同于行为主义和认知主义知识观的客观主义取向，建构主义的知识观是超越客观主义的，认为知识的意义并非完全独立于我们而存在，而是个体与其环境相互作用建构起来的，或者说是个体内部认知结构和已有经验同外部信息相互作用生成的，每个人都以自己的方式建构对事物的理解。在这种知识意义的生成中，"情景"是一个重要条件，适当的情景能激活学生的已有经验，为其建构知识的意义提供支持。在这种知识观指导下，课程设计特别强调基于情景的设计理念，其主要目标是在解决真实问题的情景中进行概念和技能的教学，学生在探究事件和解决问题的过程中自主地理解知识，建构意义。真实的问题情景是基于学生生活世界的真实情景，与学生日常面临的生活情景相似或一致。这种真实情景在课程设计中具体表现为基于案例设计、基于问题设计、基于项目设计等多种形式。在这种设计理念中,课程与教学的界限趋于模糊,不再强调设计的预设性以及教学必须忠实执行课程计划,而更强调设计的动态特征,强调师生在共时、共在的教学互动中的随机生成课程。

在课程实施理念上,建构主义强调课程实施过程中师生之间、生生之间的合作与交往,把这一过程视作教师与学生对意义进行合作性建构的过程,而非传递"客观事实"的过程。建构主义理论认为,每个人都依据自己的已有经验、认知策略来建构事件的意义。不同的主体对同一事物会产生不同的意义理解,同一个主体对同一事物在不同情景中也会产生不同的意义理解。承认不同主体对意义建构的多样性和差异性并不意味着教学活动中不同主体之间互相隔绝、互不来往,而正表明教师与学生之间、学生与学生之间的相互合作、相互交往的意义和价值。合作与讨论可以使教师与学生、学生与学生相互了解彼此的见解,超越自己的认识,由此使每个学生完善自己的理解,获取对世界的整体理解,建构出世界的多种意义。这个过程还可促使学生不断反思自己的思考过程,对已有的观念不断进行重组和完善,这有利于学生建构能力的发展。

现代智力观与课程

发展学生的能力始终是课程和教学最基本的目标之一,尤其是 20 世纪五六十年代以后,发展学生智力、提高学生能力成为课程与教学改革的焦点问题,由此,智力理论对课程产生直接影响。传统的智力理论建立在心理测量基础上,侧重语言与数理逻辑能力。受其影响的课程理论与实践强调认知因素,课程目标强调记忆、理解、分析、综合概括等各种能力的发展,实际操作中被简化为注重学业成绩;课程内容追求学科本位,脱离与现实生活的联系;课程实施强调认知活动,非智力情感因素至多被作为促进认知活动的因素之一;课程评价关注智力的静态结构,忽视智力的动态发展,重结果轻过程,把仅靠纸笔测试得到的成绩作为智力的量化表现。

现代智力理论力图克服传统智力观的弊端。多元智能理论认为,智力的内涵绝不仅仅局限于可以测量的认知能力,语言和数理逻辑能力仅是智力的一小部分。多元智能理论的代表加德纳认为,智能是多元的,除言语—语言智能和逻辑—数理智能外,还包括视觉—空间智能、音乐—节奏智能、身体—动觉智能、交流—交往智能、自知—自省智能和自然观察者智能。每个人都不同程度地拥有上述几种基本智能,这些智能的不同组合即体现为个体间的智力差异。多元智能理论对课程理论的启示体现在课程目标、课程设计和课程实施中。在课程目标上,主张确立多元发展的价值取向,每个人都有自己的智能强项和弱项,教育的目标应是识别学生的各种强项和弱项,并使其得到充分展示和发展,而不只是强调认知能力的发展,忽视甚至压抑学生其他方面的发展。在课程设计上,强调个性化设计理念,主张抛弃以认知为核心的课程设计传统,凸显个性化特色,适合学生的智能差异,使每个学生学到适合自己的课程内容,从而使教育产生最大的有效性。在课程实施上,强调多样化的学习方式。智力概念内涵的拓展,使得学生的身体运动、人际交往、自我反思以及节奏感等各方面的潜能得到认可,成为教育要发展的对象,故如何创设适合不同智力类型的教学情境以及教与学的方式,给予每个学生最大限度的发展机会,成为课程实施要解决的重要问题。

参考文献

郝德永.课程研制方法论[M].北京:教育科学出版社,2000.

瞿葆奎.教学[M].北京:人民教育出版社,1988.

施良方.课程理论——课程的基础、原理与问题[M].北京:教育科学出版社,1996.

张华.课程与教学论[M].上海:上海教育出版社,2000.

(李召存)

课程的哲学基础（philosophical foundations of curriculum）　　课程的理论基础之一。哲学被公认为课程最基本、最本源的理论基础,有关课程的主张以哲学思想为根基和存在依据,课程领域的许多问题只有上升到哲学高度才能认识清楚。哲学的本体论、认识论和价值论始终是课程问题之源和方法之鉴,关于人类知识本质、认识形式、知识分类及其价值等问题直接关涉课程的科目设置、内容选择、组织方式等课程开发与实施中的模式选择和具体方法。哲学不仅能使人更好地理解学校及其课程,更能促进建构个人观念、信仰与价值体系,给予人们一种恰当的思维方式,藉以审视各种课程观。

哲学对课程的影响方式

哲学影响课程的两个层次,即本体论和方法论。

在本体论层次,哲学对课程的影响与其对教育理论的影响一致,是以特定的哲学理论中关于自然、社会、人的学说来解释教育活动的性质、意义,具体到课程领域,则影响课程本质、课程价值取向、课程内容的组织及呈现方式等。教育和课程领域论争的核心主要集中在一些哲学问题上。在认识论领域,哲学对课程的影响是关于知识的性质与对具体知识要求的确定性,人们在长期思考基础上提出实践知识与理论知识的区分,认识到知识不能被作为既定事实去学习,也不能被作为简单的理论去理解,实践的知识日益重要,20世纪中叶,英国科学哲学家波兰尼的默会认识论直接影响到学校课程内容的组织及传递方式等。在伦理学领域,哲学对课程的影响是关于知识价值的探讨。在心理哲学领域,哲学对课程的影响是关于心理活动即学习的性质问题。

在方法论层次,认识论对课程有较大影响。哲学对课程论的影响通常是间接的,通过教学论、心理学、社会学和文化学等影响课程,且并非所有哲学思想最后都支持和构建了完整、独立的课程理论,这取决于很多因素的综合作用。哲学提供一种框架来解决广泛的课程问题和任务,以及在课堂中需要强调的活动与经验。美国学者古德莱德认为,哲学是课程的起点,是对所有课程进行连续决策的基础,哲学成为制定课程目标、选择教学方法和评价教学结果的标准。课程目标有价值取向,以哲学信仰为基础;教学方法代表过程和手段,反映哲学观的选择;教学结果包含事实、概念知识原理和习得行为,其本质上也是哲学的。

中国学者陈侠从唯心主义与唯物主义划分的角度来考察哲学对课程的影响。从唯心主义的影响来看,唯心论认为知识源于上帝的启示,因而宗教经典被视为知识的唯一来源,学校课程离不开宗教教义;唯心主义主张"生而知之",受此观念影响,学校课程的主要任务是训练人的心智,而不是提供实质性知识,西方于是尤其重视古典语文(拉丁文、希腊文)和数学、逻辑学的学习,这是形式教育论或形式训练说的主张;唯心主义还提出"不可知论",即怀疑论,康德虽承认有"自在之物",但也认为人是不可认识的。唯心主义限制了学校课程的发展。唯物主义则尊重科学,主张求知。唯物主义思想家培根认为感觉是一切知识的来源,自然界、物质都是研究的对象,洛克也主张事物是客观存在的,观念与表象是事物作用于人感官的结果,他在《教育漫话》中提出重视体育,对智育、美育、劳动技术教育等都提出积极主张。中国清初的颜元亦主张在学"六艺"外还要学兵、农、水、火诸学。

美国学者奥恩斯坦等人从哲学发展史的角度考察影响课程的哲学思想,提出在西方尤其是美国哲学思想的演进中,存在四种主要的哲学思潮,即观念论、实在论、存在主义和实用主义,前两种属传统哲学,后两种属现代哲学。

观念论(idealism)　最古老的哲学体系之一。以柏拉图为古典代表人物,包括德国的黑格尔、美国的爱默生和索罗等。在教育领域,福禄贝尔是观念论教育理论的提倡者,J. D. 巴特勒是现代观念论的代表。观念论强调从道德和精神上来解释世界,认为真理和价值是绝对、永恒和普遍的,观念世界是不变的、有规律和有序的,代表完美的境界。永恒的观念是不可改变的,而且没有时间限制。学习是人们对头脑中原有知识的回忆,是潜在思想的再现,教师的任务就

是帮助学习者回忆已有知识。作为一个基本的智力过程,学习就是对观念的回忆和探索,而教育的实质就是确切地表述这些观念。观念论教育家偏好学科内容课程的秩序和模式,这种秩序和模式把概念与观念联系起来,整合最重要的学科和最高形式的知识。在此脉络下,课程是有层次的,且构成人类文化遗产。若给课程分等级,则最基本、最抽象的学科哲学和神学居顶端,它们穿越时空限制,适用于广泛的情境和经验范围。数学培养抽象思维能力,历史和人文是道德和文化模式的根源,语言学是必要的交流工具,促进思想的形成,均居较高层次。处于较低层次的处理具体因果关系的是自然和物理科学。

实在论(realism)　西方古典哲学的主要流派之一。以亚里士多德为代表,托马斯·阿奎那把实在论与基督教神学结合起来,发展了实在论的分支托马斯主义。它是当今基督教教育和宗教研究的基础。在教育领域,裴斯泰洛齐、布劳迪和威尔德是实在论教育家的代表,他们从物质的角度看待世界,认为人们可通过自己的感官和理智来认识世界。万物都源于自然界,并遵循自然法则,人类的行为只有遵从自然规律和社会法则才是理性的。与观念论者一样,实在论者也强调有组织的由独立学科材料、内容和物体分类知识组成的课程,而且把最抽象、最普遍的科目置于课程阶梯的顶端,把具体的、暂时性的学科置于较低层次。强调逻辑学、思维训练以及培养理性的课程和3R课程,美学的、政治学的、经济学的思想也包括在课程中。实在论者还把古典学科视为理想的科目内容,因这些学科不随时间的改变而改变。与观念论者不同,实在论者视学科专家为权威,认为真理源于科学和艺术。

存在主义(existentialism)　源于20世纪之前的欧洲哲学,在第二次世界大战后得到普遍发展。在美国教育领域,以M. 格林、奈勒和V. C. 莫里斯等人为代表。倾向于让学习者自由选择学习内容,自由决定以什么标准来判断真理。课程避免系统化的知识或结构化的学科,学生可自由地从多种学习情境中作出选择,并从他们所希望的过程中学习知识。存在主义的课程包括经验和学科,借以进行哲学对话并作出选择行为,认为情感的、美学的和哲学的学科是适宜的,文学、戏剧、电影制作、艺术等很重要,因为它们描绘了人类生活和进行选择的条件。主张课程要强调自我表达、实验,以及表现情绪、感受和洞察力的方法和媒介。

实用主义(pragmatism)　以杜威为代表的实用主义教育家认为,知识是现实及其不断变化的过程,学习发生在解决问题的过程中,问题解决可以迁移到广泛多样的学科和情境中。学习实际上是学习者与环境之间的交换,这种相互作用的基础就是变化的概念。无论是学习者还是环境,都在不断地变化,这就是交换和经验。杜威把教育视为改善人类处境的过程,视学校为与社会环境一致的专门场所,

认为学校即社会。理想的课程是以儿童的经验和兴趣为基础,并为未来生活作准备。学科内容是跨学科的,不是单一的学科或是单纯的学科组合。跨学科的科目内容强调问题解决,而不是掌握已经组织好的科目内容;强调学科方法的使用,而不是对事实和某种观点的掌握。实用主义者认为,教学应是一个把握科学的方法并改造经验的过程。当学习者解决问题时,学习便以一种主动的方式发生。这些问题和科目内容根据世界的变化而变化,学习者在智力活动中获得解决问题的方法和步骤是最重要的。

不同教育哲学流派的课程理论主张

永恒主义(perennialism) 永恒主义源于实在论。永恒主义教育属于"新传统教育",亦称"新保守主义教育"。其思想基础可追溯到柏拉图、亚里士多德和托马斯·阿奎那等古典哲学家。产生于20世纪30年代,主要代表人物包括赫钦斯、M. J. 阿德勒、利文斯通和马利坦等人。根据对待神学与教会在教育中作用的不同观点,又可分为世俗派和教会派,后者被称为"新托马斯主义"。

永恒主义认为,对所有教育问题的解答都是建立在人性认识的基础上。人性是永恒的,人类具有思考并理解永恒真理的能力,教育目标就是培养这种具有理性的人,要通过努力训练人的智力来探索真理;为了发展人的道德和精神,性格训练也很重要。永恒主义的课程以学科为中心,尤其注重精确的学科或逻辑严密的内容体系,这被永恒主义者称为智力教育,强调语言、文学和数学以及人文科学。教师被视为这一领域的权威,教师的知识不可怀疑,教师必须精通这一科目或学科,并能指导学生进行讨论。教学实际是一门艺术,可以激起学生讨论的兴趣,并激发学生固有的理性能力。学生的兴趣和课程编制无关,学生是否喜欢科目内容本身并不重要,所有学生都学习一种共同科目,几乎没有选修科目、职业性或技术性科目内容。

永恒主义认为,永恒的学科构成人类的智力遗产。这些学科内容常以文雅学科为基础,赫钦斯主张,阅读和讨论伟大思想家的巨著能训练人的思维和智力水平。学生必须学习拉丁文和希腊文;赫钦斯还提倡学习读写算、语法、修辞学、逻辑、高等数学和哲学等,认为这些科目的共性在于把人性看作是理性的,把知识看作是绝对和不变的真理。永恒主义强调教育旨在发展学生的智力水平和思维能力,而不是专业化和职业性的教育,更不是实用教育。

M. J. 阿德勒1982年出版的《派地亚计划:一个教育宣言》被西方学者认为是永恒主义教育的复兴。他提出通过三种类型的课程与教学来发展学生的智力:通过讲授式教学使学生获得系统知识;通过训练和对观念的理解来发展学生的基本学习技能;通过苏格拉底式研讨来教授价值观

念。对学生而言,广泛的文科教育是最好的和唯一的教育类型,应为所有学生提供相同的课程和同样的教学质量。学术性课程比职业课程更具实际价值,语言、文学、高雅艺术、数学、自然科学、历史学和地理学对所有学生都必不可少。基础性学科也是发展智力与技能的手段。基础科目和智力技巧的学习能使学习、思考及意识保持较高水平。教育目标就是使学生获得有意义的知识和思维技巧。

永恒主义的教育思想吸引了一小部分教育家,他们崇尚智力至上,强调对学生进行测验,推行更严格的学术标准和计划,并鉴别出天才学生。这种教育扶植普通课程,学生很少或没有机会选择自己感兴趣或与自己的目标有关的课程。对永恒主义者来说,真正的教育平等是通过高质量的全民教育来保持的。让一些学生学习职业课程就是否定了真正的教育机会均等,真正的平等只能通过教育质量的平等来达到,即一种共同的、永恒的课程。

要素主义(essentialism) 要素主义源于观念论和实在论,与20世纪30年代的进步主义相应而生,在五六十年代势头强劲。由于坚持传统教育理论的某些观点,亦称"新传统教育",意即对传统教育的新时代的发展。其代表人物有巴格莱、贝斯特和里科弗等人。他们认为学校课程应注重基础和要素,小学阶段要学读写算课程,中学阶段要学数学、自然科学、外语等课程。其在学科设置方面与永恒主义相似,但非根植于过去,而是立足于现实生活。要素主义虽也反对学生学习职业性课程,但仍给予这些科目一定的时间和学分。

与永恒主义一样,要素主义也关注事实和知识,并对概念思维、原则和学科理论感兴趣。主张为学生提供相同的普通课程,而无论学生是否有兴趣;强调学生要掌握必要的技能、事实和学科基本概念。教师同样被认为是精通某一专业或学科的专家,将在很大程度上控制课堂并决定课程,不必考虑学生的参与。

要素主义的课程论思想主要表现为:(1)课程内容主要是"文化要素"。在课程设置上,坚持有利于国家和民族、具有长期目标、包含价值标准等原则。(2)学科中心和逻辑组织。认为只有恢复各门学科在教育过程中的地位,并依照严格的逻辑顺序编写教材,才能实现预定的教育目的,学校课程应该给学生提供分化的、有组织的经验,其现实表现形态即学科课程。20世纪60年代后,要素主义除强调"新三艺",即数学、科学与外语外,还要求扩充课程,强调通过学习加强对学生的心智训练,且各种科目的开设要体现一定的顺序,以促进学生的智力发展。

进步主义(progressivism) 受西欧新教育运动的影响,并最终由实用主义发展而来。其理论和实践旨在反对19世纪末20世纪初美国沿袭欧洲形式主义占统治地位的旧传统学校教育,以使美国更好地适应即将到来的工业化社会的

需要,因而亦作为 20 世纪初期形成的最大的社会与政治运动的一部分,很大程度上影响美国社会。进步主义的根源可追溯到 19 世纪贺拉斯·曼、H. 巴纳德和其后的杜威。帕克被誉为"进步教育之父"。

进步主义不满传统教育的课程观,认为过于强调学科中心直接导致课程与儿童生活的分离,而不顾及个体与社会发展需要的强制性灌输会加重学习负担。克服这一弊端的根本在于重新树立一种心理发展观,而其起点是将儿童的心理发展视为一个相互联系的完整过程。进步主义者提出构建一种以儿童活动为中心的课程:在课程内容的选择上,使课程服从儿童,成为儿童经验的一部分,并有助于儿童经验的自然发展;在课程组织上强调心理学化,即采用充分考虑儿童心理发展次序与现有经验和能力的做法。但这两种做法不是对立的,儿童与课程是作为一个过程的两极,从儿童的现有经验发展到各种形态课程的过程是持续改造的。根据进步主义者的观点,学习经验应包括协作行为和自律,通过这些技能与经验,学校得以传递文化,同时为学生将来的社会生活提供保障。进步主义强调怎样思考,而不是思考什么。

进步主义主张跨学科的课程编排,并且认为书本和学科内容只是学习过程的一部分,而非所有知识的源泉。教师充当学生解决问题和开展科学研究的向导,在教师的有效指导下,师生共同制订学习计划。明确反对传统学校实践中的一些做法,如过于强调教师权威,教育孤立于学生的经验和社会现实等。进步主义教育拓宽了美国教育体系,并使儿童从传统的强调死记硬背和学科内容权威的方式中摆脱出来。在反对传统课程惯用的学科材料中,进步主义尝试几种可供选择的课程组织模式,如活动法、经验法、问题解决法和设计教学法等,关注作为学习者的儿童而非学科,强调活动与经验而非言辞技巧,鼓励小组的共同学习活动而非课本学习及个体间的竞争。

现代进步主义表现为多种课程模式和流派,包括适切性课程、人本主义课程和激进的学校改革等流派。适切性课程伴随 20 世纪 60 年代的结构课程改革出现,以学生为中心,其改革的努力集中于因材施教,开设学生真正感兴趣的课程,开设选修课、小型课程及开放教室,开设校外学位计划,把课程延伸到校外,放宽学术标准及大学入学标准等。人本主义课程是对过度强调学科内容和认知学习的应对,源于心理学领域的人类潜能运动,强调感情而不是认知结果。激进的学校改革主要是 20 世纪六七十年代教师和学校受到激进的教育批评家的猛烈攻击,他们从根本上认为,传统教育中的学校存在高度歧视性,呼吁废除强制性的教育,放弃纪律、指导和道德训练等。

改造主义(reconstructionism)　亦称"社会改造主义"。是建立在 19 世纪早期社会主义和乌托邦理念基础之上,从

进步主义中逐渐分化出来的当代西方教育哲学派别。20 世纪 30 年代获得较大发展,50 年代以布拉梅尔德等人为代表又掀起新一轮高潮。认为社会需要持续不断的改造与变化,其主要力量即教育变革。该流派的思想基础源于实用主义,尤其是杜威的哲学思想,故亦称"新进步主义"。其本体论、认识论和价值论主张直接影响对教育问题的思考方式与观点。在本体论方面,改造主义和进步主义一样,都强调人类经验的重要性,但进步主义更侧重团体性经验,并坚持过去、现在与未来经验的统一性。

改造主义者追求一种强调文化多元主义、平等的和未来主义的课程,认为进步主义所提倡的以儿童的兴趣和需要为基础的课程已不能满足社会的需要,要让学生认识到在社会中发生作用的政治、经济和社会等力量,要使课程包含各种社会问题。认为新的学校课程要从目前的社会问题和特征中直接生成,最终决定学校课程的是社会价值。布拉梅尔德指出,课程是实现未来社会变化的运载工具,所以普通教育或整体教育的课程设计必须体现其结构上的意义整体性,尤其是课程目标要统一到社会改造的意义上,而这种统一的核心是人。

改造主义课程的特点有二。一是主张学生尽可能多地参与社会,因为社会是学生解决问题的"试验场",认为传统课程的主要弊病在于缺乏为学生提供这样的机会。布拉梅尔德认为,改造主义的课程应该既有向心力又有离心力,向心力指学校和社区都将注意力集中于一些共同问题,离心力指师生的活动不能局限于学校,而要向社区延伸。二是课程要以广泛的社会问题为中心,学生对社会问题应有批判性的见解,并注意整体把握问题。为了给学生认识和解决社会问题提供必要的背景知识,学校课程应包括工业化、宣传媒介、生态学等论题,还要学习物理、化学、人类学、社会学、政治学、数学、历史等科目。改造主义者认为,这种课程可以教会学生在一个多国的世界领略生活的乐趣。其教育计划包括:批判地审视社会的文化遗产与文明;毫不畏惧地表达和审视可能引起争议的问题;信奉建设性的社会变化;培养高瞻远瞩的能力,规划未来时考虑整个世界的现实;使教师和学生参与到明确的计划中,促进文化更新和文化国际主义。在这一计划中,教师被认为是社会变化、文化更新与国际主义的主要动因。

具有改造主义倾向的**概念重建主义**认为,课程编制的技术性方法具有狭隘性,课程不只是教育问题。他们不满足于大多数课程学者的做法,尤其是忽视课程开发的整体社会背景,以及建立在专家治校和官僚主义学校模式基础上的手段—目的性课程处理方法。他们总体上拓宽了课程领域,将直觉的、个人的、神秘的、语言的、政治的、社会的和精神的内容都包含在课程对话中。课程研究模式也由传统的开发模式走向理解模式。其代表人物派纳提出,课程领

域正在被重新概念化或是概念重建。然而赞同后现代观点者认为,这一领域不可能达到一种确定状态,它是一个开放的系统,本身总是处于发展中,不断地概念化和重新概念化。概念重建主义者将美学的、存在主义者的观点和程序纳入课程对话,并且接受进步主义哲学的诸多方面,包括以学习者为中心,强调适切性的、人本的和激进的学校改革等模式,但也重申和详细讨论动态的、整体的、超自然的、语言的和艺术的教学含义。概念重建主义者更关心人的自我、个人沉思、意识心理与精神道德自省,主张知识不仅是经验,还是可考证的逻辑的资料。

参考文献

艾伦·C.奥恩斯坦,费朗西斯·P.汉金斯.课程:基础、原理和问题[M].柯森,主译.南京:江苏教育出版社,2002.

施良方.课程理论:课程的基础、原理与问题[M].北京:教育科学出版社,1996.

Tanner, D. & Tanner, L. Curriculum Development: Theory into Practice [M]. London: Macmillan Publishing Co. Inc. , 1975.

（刘万海）

课程管理（curriculum administration）　对课程编订、课程实施、课程评价的组织、领导、监督和检查活动。教育行政部门的重要管理活动。在中央集权制国家,由中央政府教育行政部门负责;在地方分权制国家,由地方政府教育行政部门负责。主要任务:明确教育总方针和各级学校培养目标对课程编订的指导作用;组织专家通过调查研究起草有关课程的文件,包括课程规划(教学计划)、课程标准(教学大纲)等;成立课程审议机构,审议起草的课程文件;公布审议通过的课程文件;由有关机构或人员编辑教科书,实行国定制的集中编写或审定制的分散编写;课程审议机构审议教科书,教科书由教育行政部门负责人批准出版,供学校采用;监督和检查学校实施课程规划、课程标准及使用教科书等的情况;评价课程实施结果;作出改进课程的决策。其基本任务是有效组织和协调课程系统中人流、物流、信息流与课程建设的关系,正确领导和指挥课程设计、课程实施和课程评价,并通过部署、组织、督促、检查等一系列管理活动达到预定的课程目标。课程管理的主要职能是对有关课程事务进行决策、计划、组织、控制、领导和创新等。

课程管理系统由课程管理者、课程管理对象和课程管理手段三个要素构成。管理者是课程管理的主体,包括从中央到地方再到学校的各级管理机构中的个人和团体。课程管理对象是课程管理的客体,包括被管理的人、财、物、事、时间、信息等因素以及由这些因素组成的课程系统,该系统包括课程标准的确定、课程设置、课程实施和课程评价等活动以及与此相关的课程文件和课程资料(如课程计划、课程目标和教材)等。课程管理手段是连接课程管理者与课程管理对象的纽带,是主体作用于客体的桥梁,课程管理者只有通过课程管理手段才能作用于课程管理对象,课程管理手段的正确性、系统性及合理性直接影响和制约课程管理主体行为的有效性。课程管理手段的运用与课程管理体制紧密相关,它既是课程管理体制的重要支撑,也是课程管理体制变革的主要途径和对象。

课程管理遵循以下基本原理及基本原则。(1)系统性原理。课程管理是若干有关课程的事物或意识互相联系构成的一个整体和系统;课程管理系统与其他相关系统相互联系、相互作用,是其所从属的更大系统的组成部分。课程管理活动具有目的性,课程管理系统各构成要素或各子系统的部分功能服从于系统的整体功能,课程管理组织结构应保证层级管理的有效运行;课程管理系统应与课程环境保持最佳适应状态。据此,课程管理实践遵循以下原则:整分合原则,即为实现高效管理,须在整体把握课程管理目标和任务的基础上进行科学分解与合理分工,并从总体上进行有效的综合与协调;开放封闭原则,即课程管理系统作为外部更大系统的组成部分,须根据外部信息作出适时调整,作为相对独立的功能系统,其内部管理方式与手段须形成一个相对封闭、循环往复的连续回路;分级管理原则,即将课程管理系统划分为各层次子系统,上下层级之间建立监控与被监控关系,并全面发挥各层级在课程管理中的能动性,协同实现总体管理目标。(2)动态性原理。运动变化是课程管理的基本规律,课程管理活动具有有序性和适应性。据此,课程管理实践遵循以下原则:反馈原则,即课程管理组织对课程系统内外环境的变化及每一步行动的结果进行追踪了解,将实际实施情况及其结果反馈给课程决策机构,及时找出差距并进行有效控制与适时调整,实行动态控制;弹性原则,即课程管理者在管理活动中动态地看问题,能及时根据内外条件的变化作出相应调整,增强管理工作的适应性。(3)人本化原理。课程管理活动中对管理效果起决定作用的因素是人,应充分激励和发挥课程管理系统中人的主动性、积极性和创造性,为实现管理目标而高效地履行职责。据此,课程管理实践遵循以下原则:能级原则,即在课程管理中建立合理的能级,量才用人,分级使用,科学组合,以产生最大效能;参与原则,即民主管理原则,充分调动管理组织中的所有成员,以各种形式不同程度地参与管理工作,培养其责任感和对组织的归属感,充分调动和发挥成员的积极性和创造性,为实现整体管理目标而努力。

课程管理体制指课程管理机构的设置、隶属关系及管理权限划分等的领导管理制度。一个国家的课程管理体制与其教育管理体制一致。课程管理体制包括两个基本部分:一是课程管理的组织制度,涉及课程管理机构的设置及其权力划分;二是课程管理的规范和章程,是各级课程管理组织和各行政主体在课程管理过程中必须遵循的。制约课程管理体制的因素复杂多样,外部因素主要有政治、经济、科技、民族文化传统等,内部因素主要有教育目标、教育者素质以及教育的阶段性。在外部制约因素中,政治体制决定课程管理体制,根据政治体制,课程管理体制亦相应地有中央集权制和地方分权制两种;经济发展水平与教育资金的投入一般呈正比关系,教育资金的投入制约课程管理权限下放的力度,经济结构的变化带来的就业结构调整,必然要求课程设置的综合性调整;科技水平影响课程管理手段以及课程设计、课程实施、课程评价等的水平与质量;民族文化传统渗透于社会生活的各个领域,制约不同国家和地区的课程管理体制。在内部制约因素中,教育目标确定人才培养的规格,也决定课程发展的方向,课程管理权力的分配以教育目标为基本参照,教育目标的变化必然使课程管理权力重新分配到各管理主体中;教育者的素质制约课程管理体制实施的水平与质量;教育的阶段性制约课程管理体制的确立,在初等教育、中等教育和高等教育等不同教育阶段,国家、地方与学校各级教育部门课程管理权限的分配不同,随着教育阶段的上升,国家课程占整个课程的比例呈递减趋势,地方课程与校本课程则呈渐增趋势。

课程管理的行政主体通常分为国家、地方和学校三级。依据世界各国在实践中对课程管理权力在三级行政主体之间的划分,课程管理体制的主要模式有两种。一是中央集权制模式。国家中央级行政主体如国家教育行政部门确定包括课程目标、课程设置、课程内容和教学方法等在内的基本政策,制订全国统一的教学计划、教学大纲与教材,国家教育行政部门之下的各级教育机构,包括省市教育行政部门、地方学校等皆为执行机构。法国、瑞典、俄罗斯、中国等国的课程管理模式即属中央集权制模式。二是地方、学校分权制模式。地方政府或学校对课程管理负有主要责任,国家中央级行政主体基本不予干预,全国无统一的课程目标、课程设置、课程内容及教学方法等,地方教育机构、各级学区、各个学校具体确定课程的设置、选择与安排等。该模式的典型代表为英国和美国。在世界各国课程行政主体的演变历史上,课程权力在国家、地方和学校三级之间来回摆动,国家课程与校本课程是钟摆的两极,地方课程介于两者之间。课程管理体制改革的实质即课程决策权在国家、地方与学校这三级行政主体之间的重新分配。随着多元化社会的逐步形成,世界各国普遍改革中小学的课程管理体制,力图妥善协调统一性与多样性的关系,出现由国家、地方和学校三级课程管理对立模式向国家、地方和学校三级课程管理整合模式转变的整体走向。

三级课程管理整合模式的具体内容如下。国家一级的课程管理职能部门制定国家基础教育的培养目标、课程计划框架和课程标准等宏观课程政策,并指导和监督地方及学校贯彻执行。地方一级的课程管理职能部门是地方教育行政部门,其职责是根据国家对课程的总体设置,规划符合不同地区需要的具体的课程实施方案(包括地方课程的开发与选用),并指导学校合理实施地方课程计划;其在课程管理过程中的定位是为学校提供服务与支持,管理重点在于过程与质量,管理的有效性基础是制度设计和课程领导的权威性。学校一级的课程管理是学校根据上级教育行政部门有关基础教育课程的政策,结合本校实际,为实现学校培养目标而进行的课程设计、课程实施与课程评价的活动;其课程管理职责首先是在学校层面协调、优化和整合国家、地方、学校三级课程的关系,确保国家课程与地方课程的有效实施,其次是开发或选用适合本校特点的课程。三级课程管理整合模式兼具中央集权制课程管理的控制性功能与地方分权制课程管理的服务性功能。

参考文献

顾明远.民族文化传统与教育现代化[M].北京:北京师范大学出版社,1998.

教育部基础教育司.走进新课程[M].北京:北京师范大学出版社,2003.

钟启泉,崔允漷,张华.为了中华民族的复兴　为了每位学生的发展[M].上海:华东师范大学出版社,2003.

（李　敏）

课程计划（curriculum plan）　对一定学段或学校的课程设置作出设计、规定和安排的文件。对其的理解和使用有三种:(1)课程计划包括课程规划、课程方案、课程标准、各科教学计划或教学大纲;(2)课程计划基本等同于课程方案和课程标准,包括对某一学段或学校的课程的总体设计与规定,以及各科教学计划或教学大纲;(3)课程计划仅是对一定学段或学校课程水平和课程结构的总体规定及说明,这种理解和使用相对普遍。

历史上,某一学段或学校的课程设置文件的称谓有多种。法国在 1820 年前多称"学习计划",1821—1840 年称"教学大纲"并沿用至今。英国和美国自 19 世纪中期后主要使用"课程标准"、"课程框架"。苏联主要使用"教学计划"、"教学大纲"。俄罗斯自 20 世纪 90 年代后期始主要使用"教学计划"、"教育标准"。中国自近代以来先后使用"功课教法"、"课程表"、"课程标准"、"教学计划"、"教学大纲"、"课程方案"、"课程计划"等术语。1912 年,南京临时政府教育部颁发《普通教育暂行课程标准》,正式使用"课程标准"作为对某一学段或学校课程设置的规定和要求。此后主要使用"课程标准"、"课程标准大纲"和"课程教则大纲"作为相关文件的称谓。中华人民共和国成立初期沿用"课程标准"的称谓,1952 年课程标准中的总纲部分改为"教学计划",各科课程标准部分称"各科教学大纲"。1992 年,国家教育委员会颁发《九年义务教育全日制小学、初级中学课程计划(试行)》,正式在文件名中使用"课程计划"。1996 年,国家教育委员会颁发的《全日制普通高级中学课程计划(试验)》在使用"课程计划"的同时,以"各科课程标准"取代原来"各科教学大纲"的称谓。2001 年,国家教育部颁布《义务教育课程设置实验方案》,使用"课程方案"的称谓。课程计划的核心内容是对课程设置(科目及周时数等)的规定和要求,以及实施的要求和说明。课程计划的内容随时代的发展进一步细化和系统化,一些课程计划对教材选编、教学过程、教师职责等也有相应的规定和要求。课程计划是教育行政管理机构和各级各类学校设置课程,组织实施课程教学,进行课程教学评价和管理的依据。它通过从整体上明确规定和说明某一学段或学校的培养目标、课程设置、课程实施和课程评价等,为编制各科教学大纲或各科课程标准提供基本依据和指引,从而在相关层面和领域影响地方、学区和学校的课程设置、教材与测试编制、课程教学实施过程和课程教学管理。课程计划的制订可在国家、地方、学区和学校层面进行。在以中央集权为主导的教育行政管理体制下,通常由国家统一制订一定学段或学校的课程计划,地方和学校在此基础上适当补充地方课程和学校课程,并加以整体调整,形成地方或学校的课程计划。在以地方分权为主导的教育行政管理体制下,课程计划主要由地方、学区和学校制定,国家可通过专业途径推荐某种课程计划,但一般不具强制性。课程计划的制订过程主要有分析和设计两个步骤,修订则还涉及实施与评价等步骤,从制订到修订形成一个从分析、设计到实施和评价的循环过程。课程计划的制订和修订工作通常由教育行政管理机构或学校组织专门机构进行。在教育决策和课程决策趋于民主化时,课程计划的制订倾向于吸纳教育行政人员、课程专家、学科专家、教师、家长和社会团体等公众力量参与,注意自下而上的意见反馈和分析过程,为课程计划的实施、评价和修订提供较广泛的社会基础。课程计划的实施通过纵向系统和横向系统进行。纵向系统指从国家到地方和学区、从学校到课堂的自上而下的传播、推广和执行系统,课程计划的实施最终要落实到课堂和具体的课程教学活动中;横向系统指基本处于并行位置的各种相关机构、主体或活动等。在课程计划实施中,纵向的传播、推广和执行与横向系统或关联性活动之间的协调、互动及其所带动的扩展和系统化同样重要。

(柯　森)

课程结构(curriculum structure)　　指课程各部分、各要素的组织和配合。亦即课程各组成部分和要素如何有机地联系在一起。美国课程论专家 J. D. 麦克尼尔认为,不同的课程理论思潮所体现的不同的课程观、特定的课程功能以及课程开发所处的不同层次,都要求相应的不同的课程结构。课程结构一般分为宏观、中观和微观三个层次。宏观课程结构即学校课程的类别结构,其基本构成是各种类型的课程,主要涉及三个基本问题:国家课程、地方课程与校本课程的关系;显性课程(学科课程、活动课程)与隐性课程的关系;选修课与必修课的关系。中观课程结构即课程的科类结构,涉及四个基本问题:学科课程中工具类、知识类(社会、自然)、技艺类课程之间的关系,以及各科课程内部各门具体课程之间的关系;活动课程中各类活动项目之间的关系,以及各具体活动项目之间的关系;构成隐性课程的各成分之间以及各成分内部各要素之间的关系;限定选修课程与任意选修课程的比例关系。微观课程结构即各科目(或活动项目)的内部结构以及隐性课程各构成要素的结构。课程结构的性质:(1)客观性,课程内部各要素、各成分的来源是客观的,均来源于一定的社会文化和社会生活,且课程结构的设置必须符合儿童身心发展的需要。(2)有序性,在横向上,无论在哪个层次上,课程内部各成分的空间排列是有序的;在纵向上,学校课程的展开是一个依次递进的过程,课程内部各成分、各要素的呈现有一定的时间顺序。(3)转变性,课程结构具有一定的应变能力,一方面适应不同地区、不同学校、不同学生的需要,另一方面能根据一定的时代要求作出较大的改变。(4)可度量性,课程结构各成分、各要素之间的关系(隐性课程除外)可用数量关系来说明。

(刘　徽)

课程类型(curriculum type)　　课程的组织方式或设计课程的种类。有几种分类方式:(1)根据课程哲学观,课程分为学科课程与经验课程。学科课程(subject curriculum)指以文化知识(科学、道德、艺术)为基础,按照一定的价值标准,从不同的知识领域或学术领域选择一定的内容,根据知识的逻辑体系组织为学科;经验课程(experience curriculum)亦称"活动课程"(activity curriculum)、"生活课程"(life curriculum)、"儿童中心课程"(child-centered curriculum),指以儿童的主体性活动经验为中心组织的课程,其着眼点是儿童的兴趣和动机,以动机为课程与教学组织的中心,并将儿童感兴趣的当代社会生活问题以及学科知识转化为儿童经验,作为课程内容。(2)根据课程制订者,课程分为国家课程、地方课程和校本课程。国家课程即国家制订的课程,体现国家的教育意志;地方课程即地方为满足地方社会发展的现实需要而制订的课程;校本课程是学校自行制订的课程,展示学校的办学宗旨和特色。(3)根据课程内容,课程分为工具类课程、知识类课程和技艺类课程。工具类课程包括语文、数学和外语,这三门学科除自身具有发展心智的价值外,也是学好其他学科的基础;知识类课程包括社会学科与自然学科两大类,世界各国课程改革趋向打破学科界限,以跨学科或多学科的方式改进课程,以有利于知识贯通;技艺类课程包括体育、艺术与技能类课程,旨在培养学生的审美素质,养成劳动技能和态度。(4) 根据课程设置要求,课程分为必修课和选修课。必修课(required subject)指由国家、地方或学校规定,学生必须学习的课程;选修课(elective subject)指为适应不同学生的特点、兴趣与发展方向而开设的可供学生在一定程度上自由选择修习的课程,学习内容既可以是知识,也可以是技艺或职业技术。选修方式分两种:一是指定选修课,即把有关选修课分成若干组,规定学生必须选修其中一组或在各组中选修一两门课;二是任意选修课(自由性选修课),即可由学生自由选择,甚至允许跨年级选修。(5) 根据课程表现形式,课程分为显性课程与隐性课程。显性课程(manifest curriculum)是学校教育中系统规划的,有计划、有组织地实施的正式课程;隐性课程(hidden curriculum)亦称"潜在课程"(latent curriculum),指学生在学习环境(包括物质环境、社会环境和文化体系)中学到的非预期或非计划性的知识、价值观念、规范和态度。(6) 根据课程组织模式,课程分为分科课程与综合课程。分科课程指按照学科本身的逻辑组织课程,各学科之间是平行分离的,形成多学科并列的课程;综合课程是围绕一个主题或问题,运用两种或两种以上学科的知识观和方法论来组织课程。根据主题或问题的不同,综合课程又可分为三种基本类型:若主题或问题源于学科知识,则为学科本位综合课程(亦称"综合学科课程");若主题或问题源于社会生活现实,则为社会本位综合课程;若主题或问题源于学生自身的需要、动机、兴趣、经验,则为经验本位综合课程(亦称"综合经验课程"、"儿童本位综合课程")。(7) 根据课程编排方式,课程分为直线式课程与螺旋式课程。直线式课程(linear curriculum)是将一门学科的内容按照逻辑体系进行组织,其前后内容基本不重复;螺旋式课程(spiral curriculum)是在不同学习阶段重复呈现特定的学科内容,利用学生日益增长的心理成熟性,使学科内容不断拓展与加深。

(刘　徽)

课程理论流派(schools on curriculum theory)　从20世纪初开始,课程研究经过近一个世纪的发展,形成不同的理论流派。综观世界范围的课程理论研究,诸多学者提出不同的划分依据,从各自视角梳理课程理论流派。有的侧重课程哲学的角度,美国课程论专家 J. D. 麦克尼尔提出四种课程理论,即人本主义课程理论、社会改造主义课程理论、工艺学课程理论和学术性学科课程理论;英国学者霍尔姆斯从比较课程的角度提出四种理论,即要素主义课程理论、百科全书主义课程理论、综合技术主义课程理论和实用

主义课程理论;日本学者伊藤信隆提出四种课程类型,即科学主义课程、经验主义课程、改造主义课程和科学的人文主义课程。有的立足课程研究本体领域进行划分,美国学者 W. H. 舒伯特提出三种课程范式,即主导课程范式、实践探究的课程范式和批判实践课程范式。有的学者采取折衷立场,运用多种归类标准,美国学者 G. J. 波斯纳区分五种课程观,即传统的课程观、经验的课程观、学术结构的课程观、行为的课程观和认知的课程观。有的学者按课程发展的历史演进划分,中国学者陈侠提炼几百年来影响学校课程的十种理论:人文主义课程论、泛智主义课程论、感觉主义课程论、自然主义课程论、主知主义课程论、功利主义课程论、实用主义课程论、要素主义课程论、结构主义课程论和发展主义课程论。中国学者张华等人基于课程范式理念,从课程理论与实践的关系角度区分四种理论派别,即常规性课程理论、描述性课程理论、实践性课程理论和纯粹课程理论。基于上述已有研究,现代课程理论发展可归纳如下。

经验自然主义课程理论　美国哲学家、心理学家和教育家杜威在 20 世纪上半叶开创的课程流派。其课程主张建立在其哲学、心理学与社会学思想基础之上。杜威提出其课程理论的四个命题,即"教育作为经验的不断改造或改组"、"教育即生长"、"教育即生活"和"教育作为一个社会过程"。"教育作为经验的不断改造或改组"是其中最基本的命题,它内在地包含了其他三个命题的应有之意。因为经验本质上是社会情境的产物,以经验为基础的教育自然应以社会生活的形式组织起来,"教育作为一个社会过程"正体现经验的交互作用原则。只有在生活中,人的个性才能自由真实地表现,才能实现经验的不断改造,故"教育即生活"。生活的本质又体现为生长,故"教育即生长"。基于此课程哲学观,杜威提出具体的课程主张。关于课程开发向度,杜威主张,不成熟的儿童是教育过程的基本因素,儿童的不成熟恰恰是其不断生长的条件。课程开发中应重视作为儿童天性的本能、冲动和兴趣,并把儿童现有的经验作为课程开发的起点。儿童具有四种兴趣或称为本能,即社交本能、制作本能、探究本能和艺术本能。这是儿童的自然资源。儿童后天的经验与心智发展都建立在这四种本能基础上。杜威还很重视儿童的个性,并反对用二元论的、非此即彼的观点看待儿童,既不能把儿童视为"小大人",也不能放任与纵容。杜威从经验的意义上理解知识,相对于传统上只强调作为认识结果的知识,他更强调知识作为认识过程与结果的统一,并在此基础上区分四类知识:"理智地获得技能这一意义上的知识","了解这一意义上的知识","从别人那里获得的知识、通过向别人学习而间接得到的知识"和"理性的知识",前两种属直接经验,后两者属间接经验。杜威认为知识应是这两种经验的统一,不能片面强调任何一方。强调教育本质上是一个社会过程,并要积极地适应社

会。在分别论述儿童、知识、社会的基础上,杜威提出一种动态统一、相互作用的消解中心论,将传统课程开发的向度概括为"儿童立场的课程"与"教师立场的课程"两个向度。杜威通过"主动作业"的形式将两者统一起来,"主动作业"是其所倡导并实施的经验课程形态。其基本思路是,着眼于儿童经验的发展,通过复演社会生活中的某种工作或活动方式,对一些典型职业进行分析、归纳和提炼,获得具体的活动方式,如商业、烹饪、木工等。这些活动方式既适合儿童经验生长的要求,又源于社会生活,充满社会性质的事实和原理;它们作为科学地理解自然的原则与过程的中心,不断指向科学的逻辑经验的发展。"主动作业"不仅体现杜威关于儿童、知识和社会相统一的课程开发理念,也为其课程与教学主张提供现实化的具体途径。杜威指出了传统的方法与教材分离、课程与教学对立的根源在于哲学上的二元论,它直接导致教学方法的机械性、儿童学习教材的内部动机的丧失以及学习行为本身的异化等弊病,他从经验的性质出发,揭示方法与材料的内在统一性以及课程与教学整合的必要性与可能性。

主导的课程理论 亦称"泰勒原理",由"现代课程理论之父"R. W. 泰勒创立。泰勒课程理论的直接理论来源是博比特、查特斯和杜威的课程主张,其研究方法论受其老师、心理学家贾德的影响。R. W. 泰勒于 20 世纪 30 年代直接领导和参与的"八年研究"亦为"泰勒原理"的形成提供实践基础。R. W. 泰勒在所著《课程与教学的基本原理》(1949)中提出,开发任何课程的教学计划都必须回答四个基本问题:学校应该试图达到什么教育目标? 提供什么教育经验最有可能达到这些目标? 怎样有效组织这些教育经验? 如何确定目标并予以实现? 这四个基本问题构成"泰勒原理"的理论框架。首先,确定教育目标是课程开发的出发点。R. W. 泰勒认为,教育目标是教育计划的方向,教育计划则是实现教育目标的手段。课程即教学计划,是规划好的活动和内容的程序,包括课程标准、课程指南、教材与其他方案,包含书面计划和非书面计划。教学计划取决于预定的教育目标,目标是课程的灵魂。教育目标有三个来源,即对学习者本身的研究、对校外当代生活的研究和学科专家的建议,运用哲学和心理学对获得的教育目标的资料进行筛选,可获得学校教育所需要的恰当的目标,并从行为和内容两个维度加以表述。其次,选择学习经验。他认为,学习经验与教育经验同义,主要指学习者与其能够做出反应的环境中的外部条件之间的相互作用。教师主要通过安排环境和构建情境来激发学生的反应。他还提出一些选择学习经验的原则和有效学习的十个条件。再次,有效组织学习经验。他提出两种组织形式,即纵向组织与横向组织。两者间的有效配合能促进不同学习经验的整合与强化。他还提出组织经验的三个标准,即连续、序列与整合,后又将"连续"并入"序列","序列"与"整合"分别对应于纵向组织和横向组织。他强调,组织课程的要素主要是贯穿课程始终并能统合学习经验的基本概念、技能、价值等。他还具体论述了组织学习经验的原则和结构。最后,通过评价学习经验的有效性,对教育计划进行价值判断。R. W. 泰勒认为,评价有两方面内涵:评价必须指向学生的行为变化;评价必须包括一次以上的评估,以确认行为是否变化。他指出,任何方法,只要能够提供关于教育目标所期望的变化的证据,都是合适的方法。据此把评价与目标相结合,认为评价是达到目标的手段,且以评价观代替传统的测验观,扩充了评价的内涵。R. W. 泰勒强调课程开发作为一个整体的系统,各环节之间具有内在的顺序性,但也强调各环节之间的相互作用。其中,确定教育目标是课程开发的起点,并贯穿整个课程开发过程,选择与组织学习经验是课程开发的主体环节,课程开发是一个富有艺术性和批判性的创造过程。

知识课程理论 20 世纪英国的课程理论学派。以英国教育哲学家 P. H. 赫斯特为代表。P. H. 赫斯特认为,一种明智的课程应包括三方面内容:明确具体的课程目标;能充分反映目标的课程内容;能唤起学习动机的教学方法。他强调课程目标在整个课程规划中的首要性。关于具体课程内容制定,他提出以下步骤:教育目标指向用各种方式来理解人类经验,制定课程时必须将整个知识领域作为一个整体来考虑;对各个领域的知识进行选择,考虑到知识发展的实际情况,确保与自由教育的目的一致,不能将课程内容局限于实际运用的技术性知识;了解各知识领域的主要成就,使受教育者掌握经验的范围,从而理解经验。提出课程内容必须包括各种知识形式中的所有知识范式,还应包括能反映各种知识的理解范围的概括性内容,并体现知识形式之间的联系。此外,有时还要参考学生的能力和兴趣等。在课程内容的制定和传授过程中注意以下问题:每门学科或学科分支内在的逻辑结构是教和学这些科目的基础;避免为了学科知识而追求知识本身;知识课程理论以广义的基础性教育为大背景,基础性教育的内容是日常知识,学科知识是从日常知识的胚胎中分化出来的;不同的知识形式之间既有差异,也有共同之处,且一种知识形式会使用其他知识形式的成果。在教学形式上,为使学生尽快掌握知识,必须根据学科的逻辑结构进行引导性教学。衡量教学真正有效的尺度是学科逻辑结构和学生逻辑思维能力的共同发展。P. H. 赫斯特从分析知识形式入手,用逻辑推理的分析哲学方法建立起面向自由教育目的的知识课程理论。其理论逻辑在于,课程必须依据教育本身的目的来制定,教育目的不应建立在功利的、经济的、政治的或学生个人偏好的基础上,教育的本质是追求知识本身的价值。学校课程应尽可能把人类历史上积累的理解方式呈现给学生,从而促进其心智的全面发展。

文化课程理论　英国课程论专家 D. 劳顿于 20 世纪 80 年代提出"文化分析"(cultural analysis)理论,并创立文化分析课程规划研究法。D. 劳顿认为,社会学家使用的"文化"一词是指人类创造的一切事物,包括工具和技术、语言和文学、音乐和艺术、科学和数学、态度和价值,是一个社会的全部生活方式,是社会成员所分享和传递的知识、态度与习惯行为方式之总和。社会的复杂化使正规的学校教育成为必需,而文化内涵的丰富性与学校时间、资源等的有限性的矛盾要求人们必须认真规划课程,以确保对文化的适当选择。D. 劳顿提出,要使课程规划建立在对文化的合理选择基础上,就必须建立一套筛选过程或筛选原则。他称这一过程为"文化分析"。通过文化分析,清楚地陈述文化价值,并找到课程合理性的支点。D. 劳顿认为,文化分析的第一个阶段应从寻找人类共性开始,再分析这些共同的文化特征是如何或应该如何与教育相联系的。在文化分析过程中,必须关注九种文化子系统,即社会政治系统、经济系统、交流系统、理性系统、技术系统、道德系统、信仰系统、美学系统和成熟系统。分析这九种文化子系统,可以了解社会状况。一个社会不仅应具备这九种系统,还必须具有向下一代传递这些系统的手段。学校承担文化传递的职责。D. 劳顿把课程界定为对文化的选择,这种文化选择必须是充分的,而充分的选择必须包括所有九种文化子系统。文化分析的第二个阶段是将九个子系统应用于现实社会,使学校课程所体现的文化特征更清晰。在此阶段,课程规划的部分工作是根据文化分析对社会的描述来检查现行的学校课程。文化课程理论的要点是:社会政治、经济、交流、理性、技术、道德、信仰、美学和成熟是人类社会必不可少的九种文化子系统,它们通过学校教育得以传承;学校课程是对这些文化子系统的选择,充分而适宜的学校课程应包括这九种系统;文化分析就是把这些文化子系统应用于社会,描述学校课程所体现的文化特征,并据此审视现行课程,加以完善。

人本主义课程理论　指与 20 世纪 60 年代中后期西方兴起的"反主流文化"运动相呼应,作为对五六十年代美国学科结构化运动的反动,建立在心理学第三势力基础上的课程理论流派。人本主义课程流派在课程哲学方面强调事实研究与价值研究的统一,体现在课程目标上,即对"自我实现的人"的教育追求;在课程主张上,努力使人文精神与科学精神统一于课程领域。人本主义课程的哲学观基础表现在价值论、目的论和方法论上。在价值论上,主要反映在马斯洛的价值学说中,即强调事实与价值的融合,主张在科学认识方面将事实认识与价值认识统一起来。在目的论上,强调课程的功能不仅是提供知识,而且要通过知识获得人的个性自由与解放。为此强调满足儿童的基本心理需要,创设能产生高峰体验的情境,帮助儿童发现自我同一性。在方法论上,强调接受、改善的态度,以及统一的意识

和化手段为目的、化过程为结果等。融合课程、意识课程和自我导向课程是 20 世纪七八十年代流行于美国的典型的人本主义课程形态。融合课程将情意领域与认知领域加以整合,其核心思想是把认知教育与学生的生活联系起来,将情感、态度、价值观等作为附加课程统合到常规学科教学中。意识课程吸收宗教哲学、神学、超个人心理学和精神分析理论等成果,创造一些训练意识的技术并运用于教育课程。自我导向课程反对 20 世纪 70 年代的"回到基础运动",在不排斥基本知识和技能学习的前提下,以提升个性意义为核心,指向认知、情意、社会性、道德和自我领域的发展,其最终目的是发展人的自主性。

结构主义课程理论　结构主义课程理论受结构主义哲学的影响,尤其是皮亚杰的发生学结构主义、乔姆斯基的结构主义语言学和莱维—斯特劳斯的结构主义人类学。其课程哲学在认识论上,坚信知识是价值负载的,旨在使经验中的材料富有意义和结构,任何知识都建立在经过选择的事实基础上,渗透认识者的主观意愿并且是一种探究的过程。在价值论上,按照这种课程理论编制的"学问中心课程"兼具科学与人文趋向,重视课程的学术性与科学性,同时强调在主体探究中将事实与价值统一起来。在现实的课程政策方面,结构主义课程理论兼顾卓越与公平。在具体课程主张方面,主张课程的学术化、结构化与专门化。以布鲁纳、施瓦布和费尼克斯的结构课程理论为代表。美国心理学家布鲁纳强调学科结构的重要性,认为学科结构有利于理解学科和知识的迁移。主张编制螺旋式课程,在内容上,以与儿童的思维方式相符合的形式,尽可能早地将学科的基本结构置于课程的中心地位,随着年级的提高,不断拓展和加深学科的基本结构。在课程掌握上,布鲁纳提倡发现学习,由学习者通过一系列发现行为自主获得学习内容。施瓦布论述学科结构的三种不同含义,分别为学科间的组织结构、学科的句法结构和实质结构。他提倡开展探究教学,为儿童提供真实的问题情境,让儿童通过探究事物、现象与观点,自主获得科学知识并形成探究技能和探究态度。

要素主义课程理论　要素主义课程理论一方面主张通过知识的积累与传承实现社会进步与民主的理想,为更好地发挥教育对社会的稳定功能,应传递具有稳定性和持久性的文化价值标准与文化基本要素;同时强调个体心智与道德养成。关于课程的哲学本质,要素主义认为真理或与客观物质世界的事实相符合,或与精神宇宙先在的理念相一致,知识的获得过程就是发现与接受真理的过程,真理的永恒性决定知识的永恒性。选择和接受知识时不能只注重其工具价值,更要注重其背景价值。要素主义更强调知识对人的一般文化养成的重要性,认为课程是一种文化要素的系统组织,课程的最终使命是把具有永恒价值的种族经验的精华结合到个体经验中,并最终把个体自身、个体的知

识和行为统一到永恒真理的宇宙中。要素主义提出一些具体的课程主张。在课程开发上,主张以知识为中心,选择最有价值的知识,按其学科逻辑进行系统组织,最有价值的知识是文化要素。在教学方面,提倡"接受教学",认为教师在教学过程中处于中心地位,教学就是教师将其知识传递给学生的过程,学生处于被动地接受地位,师生之间构成一种讲授与接受、命令与服从的单向信息流动态势。教学实际是学生的心智与道德训练过程,这一过程主要借助以文化要素形式存在的课程的传递来实现,并且主要依靠学生的意志努力而不是个人兴趣。

后现代主义课程理论 伴随 20 世纪 60 年代以后后现代思潮在人文社会科学领域的盛行而逐渐生成。20 世纪 80 年代后,后现代思潮对美国课程理论的影响表现在两方面:使既有的课程理论发生后现代转向;形成新的课程理论。按不同风格,后现代主义课程理论分为两种,即批判性后现代课程理论和建设性后现代课程理论。批判性后现代课程理论主要受欧洲大陆的后结构主义和批判理论影响,着眼于对现代课程中的结构主义倾向和权力关系进行解构和批判。其中有两股支脉。一是概念重建主义课程的后现代转向,具体由存在现象学课程理论和批判课程理论构成。80 年代中后期后,批判性后现代课程理论产生分化,一部分人转向后现代主义,期望在后结构哲学、解构主义及后现代政治等领域为实现教育民主和公平带来生机。而阿普尔等人反对这种后现代转向,认为课程在本质上仍是为学术精英谋利的文化资本。二是课程的后结构观,以美国学者车里霍尔姆斯为代表。他提出"批判实用主义"的方法论,试图建构一种实践与解构该实践的连续过程;对学科结构进行后结构分析,分析构成学科结构运动三个组成部分的布鲁纳的结构主义、布卢姆的教育目标分类学和"泰勒原理",并从福柯和德里达的观点出发,对学科结构中的权力、价值等提出见解;提出一种新的课程理解,将课程作为一项社会工程。

建设性后现代主义课程观的代表人物是美国课程论学者W. E. 多尔。其课程观植根于现代主义的课程范式,并整合了相关学科的研究成果,同时致力于将建设性后现代主义与欧陆解构的、后结构思想相协调。关于课程的基本观念,他提出六个方面:课程应发展实践性,从而将体现人的能动思想的"转化"概念置于课程的核心;课程应利用自身组织,在满足其复杂性的同时,增加丰富性和开放性;建构教师在课程中内生性的权威观;课程要运用隐喻的、叙述的、解释的思维方式;课程目标、课程计划和课程目的应蕴含于课程行动;注重课程评价的动态性、开放性与复杂性,注重其转化与发展功能而非鉴别功能。W. E. 多尔还提出后现代课程的四个标准,即丰富性(richness)、循环性(recursion)、关联性(relations)和严密性(rigidity),简称 4R。

丰富性指课程的深度、课程意义的层次及课程的多种可能性与解释;循环性指转化性课程要不断开展循环性反思,尤其是加强课程对话;关系性指课程需处理好内部教育学的关系和外部文化的关系,以发展课程的深度并提供相对广阔的文化背景;严密性则避免课程陷入极端相对主义或感情用事的唯我论。W. E. 多尔沿其哲学观—教育观—课程观的思维路线,建构后现代主义的课程模型。尽管批判性后现代课程理论和建设性后现代主义课程理论的风格各异,但二者具有共同的课程主张:反对传统课程中隐含的现代主义的真理观,主张将课程作为一种不断探究的过程;反对传统课程中的基础主义、本质主义和表象主义倾向,主张为课程提供多种选择可能;反对外部权威与控制,主张平等对话。

概念重建主义课程理论 针对 20 世纪中叶后人类技术理性的异化给社会生活与人的发展带来的危机,70 年代美国一些学者反思科学化的课程开发范式,主张重建课程观念。麦克唐纳最先使用"概念重建"这一术语,经过三十多年的发展,以"概念重建"命名的课程流派势力和影响日盛。该理论流派的发展经历三个阶段:20 世纪 60 年代末至 1973 年为准备阶段,出现针对传统批判的一些零散观点;1973—1980 年为形成阶段,以派纳组织召开第一次课程理论会议及出版《课程理论化:概念重建主义者》和《课程理论化杂志》为标志;1980 年之后为完善阶段,重点转向完善方法论和构建理论框架,并开始探索理论的实践应用。根据理论基础的不同,分为存在现象学课程流派和批判课程流派。

存在现象学课程流派的理论基础源于欧洲现象学、存在主义和精神分析理论等。存在现象学课程论者将现象学认识论运用于课程研究领域,并紧密联系德国哲学家胡塞尔的"生活世界"理论,深入分析和批判传统学校教育与课程。存在主义认识论主张真理是基于个人的判断,不存在绝对的真理,价值也是相对的,是个人自由选择的结果。存在现象学课程流派即将这种精神融入课程理念。该学派深受弗洛伊德主义的影响,将精神分析理论的技术和方法运用于课程。存在现象学的课程哲学观主要表现为:自然有机论,将自然视为动态、整体的生态有机体,人也是自然的一部分;个体是知识与文化的创造者,从对"生活世界"的关注出发,教育过程即是日常生活过程,是文化和知识传承、创造的过程;主张旨在提升自由与意识水平的课程目的观;关注"前意识经验"及方法的经验基础;手段与目的具有差异化和多元化。关于课程的具体主张,派纳和格鲁梅特都强调学习者作为课程的中心,并努力追求课程作为教育经验的意义以及个体解放的获得。派纳提出"存在经验课程",即围绕具体存在的个体的生活经验的解释,其根本目的在于个体的解放。"存在经验课程"强调个体与文本、教师、其他学生及自身等的相互作用。派纳提出,在文本与读者之间有两个连续体,即物质连续体和生活连续体,后者的核心即为主体的履历情境,对它的探究采用"自我履历法"。派纳的合作者、美国学者格鲁梅特尤其强调从文化的大背景中理解课程,认为课程是人们向儿童告知的关于过去、现在和未来的集体的经历,而人们实际经历或体验的课程与描述的课程往往发生分离,这使课程的概念重建成为必要和可能。派纳提出一种"自我知识探究"的概念重建方法,通过自由联想和对陈述的分析,学习者重新获得教育经验的意义。

20世纪70年代后,概念重建主义课程理论的另一派别批判课程理论逐渐兴盛。其代表人物有阿普尔和吉鲁等。其课程哲学观主要体现为四方面:整体论,认为课程作为学校知识,也是整个社会存在的缩影和产物;理性观,体现法兰克福学派的观点,在批判工具理性的同时倡导一种客观理性或交往理性;追求社会公正与人的解放;坚持主客体、事实与价值辩证统一的认识论。具体的课程理论主张突出强调课程应作为"反思性实践",其基本内涵:反思性实践的构成因素是行动和反思;反思性实践在真实世界中发生;反思性实践在相互作用的世界中进行;课程知识是一种社会性构建;反思性实践是一种创造意义的过程,且本质上表现为政治性实践。

20世纪70年代后,国际课程领域在概念重建者的引领和推动下发生研究范式的转向,即从课程开发走向课程理解。课程的内涵逐渐从简单的学校材料转向符号表征,意味着制度性和推论性的实践、结构、形象和经验被以不同的方式加以确认和分析,出现理解课程的诸多视角,如政治的、种族的、自传的、现象学的、神学的、国际的、性别的与解构的等。

参考文献

单丁.课程流派研究[M].济南:山东教育出版社,1998.

钟启泉.现代课程论(新版)[M].上海:上海教育出版社,2003.

McNeil, J. D. Curriculum: A Comprehensive Introduction. [M]. 3rd ed. New York: Little, Brown & Company Ltd. , 1985.

（刘万海）

课程目标(curriculum objectives)　　学校通过一定的课程设置,在一段时间内对学生发展的预期。与教育目的、培养目标、教学目标存在密切关系:教育目的是教育的总体方向,体现普遍的、总体的、终极的教育价值,是最宏观的教育价值,具体体现在国家、地方、学校的教育哲学中,体现在宪法、教育基本法、教育方针中。培养目标是教育目的的下位概念,指对各级各类学校的具体培养要求,体现不同性质和不同阶段的教育的价值,如基础教育、高等教育、职业教育、成人教育分别具有不同的培养目标。课程目标是培养目标的下位概念,具体体现为课程开发与教学设计中的教育价值。教学目标是课程目标的进一步具体化,是指导、实施和评价教学的基本依据。课程目标的主要作用是,为组织课程、选择课程内容、指导课程实施、进行课程评价提供依据。

课程目标的基本取向　　课程目标是一定教育价值观在课程领域的具体化,任何课程目标均体现一定的价值取向。基于美国课程论专家 W. H. 舒伯特的观点,典型的课程目标取向有四种。

(1)普遍性目标(global purposes)取向。基于经验、哲学或伦理观、意识形态或社会政治需要的一般教育宗旨或原则直接运用于课程与教学领域,即形成课程与教学领域一般性、规范性的指导方针。其特点是将一般教育宗旨或原则等同于课程教学目标,具有普遍性,可运用于所有教育实践。这是历史最悠久的课程与教学目标取向,可追溯到中国的先秦、西方的古希腊和古罗马时期。中国古代的教育宗旨是"格物、致知、诚意、正心、修身、齐家、治国、平天下",故古代教育的基本课程是"四书"、"五经"。古希腊哲学家柏拉图把"有德性的生活"视为教育的终极目的,亚里士多德认为教育的终极目的是"幸福",他们为教育实践设置的科目即直接指向"有德性的生活"和"幸福";古罗马教育家昆体良认为,"受过教育的人"的理想是成为"大演说家"。在西方教育思想史上,完美生活的普遍性理念指导着课程与教学。"普遍性目标"也广泛存在于近现代教育史中。近代的普通教育扩大了课程学者的视野:"受过教育的人即文化人"的理念转变为"受过教育的人即最好地为公众服务的人"的理念。1859年,英国哲学家、社会学家和教育家斯宾塞确立了为"完美生活"作准备的五项综合性教育目标:自我保全;获得生活必需品;抚养和教育子女;维持适当的社会和政治关系;满足爱好和感情。其设置的课程即指向德性、心智、身体的全面发展。1918年,由美国全国教育协会中等教育改组委员会在报告书《中等教育的基本原则》中确定七个普遍性教育目标:健康;掌握基本的方法;良好的家庭成员;职业;公民资格;闲暇时间的良好利用;道德品格。中国当代教育实践中的课程与教学目标多属普遍性目标取向。该取向的课程与教学目标是一般性的宗旨或原则,而非具体的目标,教育工作者可对目标予以创造性的解释,以适应各种具体教育实践情境的特殊需要。普遍性目标取向往往缺乏充分的科学根据,受日常经验所限,其含义不甚清晰和确定,存在一定的随意性。

(2)行为目标(behavioral objectives)取向。以具体的、可操作的行为的形式陈述课程与教学目标,指明课程与教学过程结束后学生所发生的行为变化。是随课程研究领域的独立而出现并逐步发展、完善的课程目标模式,其基本特点是目标的精确性、具体性和可操作性。该取向一度在课程与教学领域中占主导地位。行为目标在课程与教学领域的确立始于课程开发科学化的早期倡导者博比特。他在《课程》(1918)中提出课程科学化问题，认为20世纪已进入科学时代，科学时代要求精确性和具体性，课程目标必须具体化和标准化。他在《怎样编制课程》(1924)中运用"活动分析法"(activity analysis)系统分析人类经验和职业，提出10个领域的800多个目标。美国学者查特斯将博比特的"活动分析法"精致化为"工作分析法"(job analysis)，并将其课程目标建立在社会理想的基础上，某种意义上发展了博比特的课程目标观。博比特和查特斯的课程目标取向明确提出了课程目标问题，试图为确定课程目标提供一套操作程序，并使之具有某种程度的客观性，为行为目标在课程与教学领域的确立奠定最初的基础。R. W. 泰勒在《课程与教学的基本原理》(1949)中系统发展博比特和查特斯的"行为目标"理念，认为课程目标应源于对生活、学生和学科的研究，且必须通过教育哲学和学习理论的筛选。强调在目标确定后，应当用最有助于选择学习经验和指导教学过程的方式加以陈述，所提出的目标包括"行为"和"内容"两个方面。R. W. 泰勒克服了博比特和查特斯把课程目标无限具体化的局限，继承心理学家贾德把学习视为形成解决问题的概括化(类化)方式的观点，主张应在课程目标的概括化与具体化之间找到一个"度"，课程应关注学生学会一般的而非具体的行为方式。R. W. 泰勒的主张为行为目标的发展打下基础。20世纪五六十年代，美国教育家和心理学家布卢姆、克拉斯沃尔和哈罗等人继承并发展 R. W. 泰勒的行为目标理念，借用生物学中的"分类学"概念，确立教育目标分类学。布卢姆认为，完整的教育目标分类学应包括认知领域、情感领域和动作技能领域，在每个领域，根据能力的复杂程度和品质的内化程度，找出具有递进关系的层次，形成目标的层级结构。教育目标分类学的层级结构超越学科内容限制，适用于不同学科和不同年级，每一层级的目标都以学生具体的和外显的行为来陈述，以使目标切实落实到学生的行为方式变化上。表述具体并具可操作性的课程目标便于教师把握并用于课堂教学，亦便于课程评价。20世纪六七十年代，美国教育学者马杰、波帕姆等人总结并发展前人的行为目标理念，领导发动"行为目标运动"(behavioral objectives movement)，将行为目标取向发展到顶峰。马杰在《准备教学目标》(*Preparing Instructional Objectives*, 1962)中提出，教学目标必须包括三部分：学生外显的行为表现、能观察到这种行为表现的条件、行为表现公认的准则。马杰认为，布卢姆等人常用的"知道……"、"理解……"形式的目标因未指出行为表现的条件而不够精细。行为目标取向本质上受"科技理性"支配，体现"唯科学主义"的教育价值观，以有效控制行为为核心。亦体现西方现代实证主义科学观，秉持决定论，信奉"符合论"的真理观，认为真理即主观对客观的符合；秉持还原论和机械论，认为整体等于部分之和，为有效控制人的行为而对目标进行分解，使之尽可能具体、精确，具有最大程度的可操作性。较之普遍性目标，行为目标的具体性和可操作性便于有效控制教学过程；以行为目标的形式陈述教学内容，便于教师就教学内容有准备地与教育督导、学生家长、学生展开交流；行为目标为评价的效度提供依据和条件，能体现评价的准确性。行为目标有助于熟练掌握基础知识和技能，保证相对简单的教育目标的达成，适应课程领域科学化的需求，在20世纪的课程领域一度占主导地位。但行为目标以控制为本位，追求教育过程的可控制性，割裂目标与手段、过程与结果之间的有机联系，忽略人的行为的不可预知性；其追求目标的精确化和具体化，将人具有整体性的心理和行为原子化；用行为方式陈述所有课程目标，无法充分体现教育价值。

(3) 生成性目标(evolving purposes)取向。生成性目标是在教育情境中随教育过程的展开而自然生成的课程与教学目标。强调教师根据课堂教学的实际进展提出相应的目标。生成性目标是教育情境的产物和问题解决的结果，其根本特点是过程性。其思想渊源可追溯到杜威"教育即生长"的命题。杜威认为，课程目标不应该是预先规定的，而应是教育经验的结果，目标是在过程中内在地被决定，而非外在于过程，课程的目标即促进学生的生长。儿童的生活、生长以及经验的改造本身即构成教育的目的。他提出良好的课程与教学目标特征：根源于受教育者个人特定的固有活动和需要(包括原始的本能和获得的习惯)；能转化为与受教育者合作的方法；教育者必须警惕所谓一般的和终极的目的。课程与教学目标是从各种现时状态中自然引发和生长的，是引导生长和发展的手段。英国课程理论专家斯腾豪斯放弃"目标"一词，吸收 R. S. 彼得斯所谓"过程原则"，提出"过程模式"。认为课程不应以预先规定的具体目标为中心，而应以教学过程为中心，即课程目标是根据学生在教学过程中的表现不断展开的。学校教育主要包括"训练"、"教学"、"引导"三个过程。"训练"(training)使学生获得动作技能，"教学"使学生获得知识信息，"引导"(induction)使学生获得以知识体系为支持的批判性和创造性思维能力，进入"知识的本质"。斯腾豪斯认为，"训练"和"教学"可用行为目标来陈述，而"引导"的本质在于其不可预测性，无法用行为目标表达。他认为，真正的教育是使人类更自由、更富于创造性和批判性，教育的本质是"引导"，"训练"和"教学"应从属"引导"的过程。主张课程开发可以规定教师要做的事和要处理的教学内容，但教师不应用这些规定来评价学生的成绩，应当使教学活动过程中学生、教师、教育情境的交互作用促使教师成为教学活动的主体，真正实现学生的发展。生成性目标取向本质上追求"实践理性"，强调在学生、教师与教育情境的交互作用中不断形成课程与教学目标。不同于行为目标的即时性和功利性,生成性目标着重于课程价值,强调教育的内在价值是促进儿童身心的某种"形式"的发展;生成性目标致力于课程目标向课程实践靠拢,用理想的目标引导实践过程,注重发展学生的批判反思能力,并以此规范实践过程。生成性目标取向消解了过程与结果、手段与目的之间的二元对立,使课程与教学目标成为学生在与教育情境的交互作用中所产生的自己的目标,而不是课程开发者和教师强加的目标,学生有权自主决定最值得学习的内容。但生成性课程目标的开放性亦令教师难以把握教学过程,且教师缺乏与学生进行有意义对话的训练,学生亦难以明晰什么知识对自己最有价值。

(4)表现性目标(expressive objectives)取向。表现性目标指每个学生在具体教育情境中的个性化表现,关注学生在活动过程中表现出的某种程度的首创性反应形式,而非预先规定的结果,追求学生反应的多元性。其代表人物是美国课程论学者艾斯纳。艾斯纳受其所从事的艺术教育的启发,区分了课程计划中两种不同的教育目标,即教学性目标和表现性目标。教学性目标旨在使学生掌握现成的文化工具,是在课程计划中预先规定的,它明确指出学生在完成一项或几项学习活动后所习得的具体行为,如技能、知识等,通常从既有文化成果中引出,并以适合儿童的方式表述。教学性目标对大部分学生而言是共同的。表现性目标则殊异于教学性目标,旨在培养学生的创造性,强调个性化,超越现有的文化工具并有助于发展文化。表现性目标描述教育中的"际遇"(encounter),即指明儿童将在其中作业的情境、要处理的问题和要从事的活动任务。它不指定儿童将从"际遇"中学到什么,而意在成为一个主题,学生围绕这一主题,运用学到的技能和理解的意义,通过该主题拓展已有的技能与理解,并使其具有个人特点。表现性目标所期望的是学生反应的多样性和个体性。在表现性活动中,教师提供一个情境,学生在此情境中获得其个人意义。艾斯纳认为,尽管教学性目标与表现性目标都为课程开发与实施所必需,但后者更为根本。对表现性目标的评价不同于行为目标追求结果与预期目标的一一对应,而应根据活动过程中学生表现出的创造性和个性特色,采取鉴赏式的评价。表现性目标取向本质上追求"解放理性",将课程与教学视为学生个性发展和创造性表现的过程,以及展现个性差异、发挥自主性和主体性的过程。表现性目标反对课程目标技术化的倾向,明确提出教育及课程的价值问题;将人的自主发展作为课程目标取向的根本,注重人的自主性、创造性和个体性以及课程情境的具体性;强调用高层次的表现性目标整合行为目标,并突出目标表述的开放性,不强求统一的规格和标准,而重视课程活动及其结果的个体性和差异性;主张以批评、鉴赏式的评价方式评价学生的学

习活动及结果。但艾斯纳从艺术教育领域提出表现性目标作为对预定目标不适用性缺陷的弥补,具有局限性,且表现性目标的表述较模糊,难以发挥课程指南的作用,而不同学科所固有的特点亦使表现性目标难以确保学生掌握每门学科中必须掌握的内容。

课程目标的确定 课程目标的基本来源是学习者的需要、当代社会生活的需求和学科的发展。确定课程目标取决于对这三方面的研究。课程的基本职能是促进学生身心发展,课程目标的确定必须考虑学生的兴趣与需要、学习发生条件、认知发展与情感形成、个性养成与社会化过程。儿童的成长是一个不断社会化的过程,课程目标的确定必须建立在对当代社会生活研究的基础上。当代社会生活的需求在空间维度上,是从儿童所在社区到一个民族、国家乃至整个人类的发展需求;在时间维度上,不仅指社会生活的当下现实需要,还包括社会生活的变迁趋势和未来需求。学科知识学习是儿童继承文化遗产的重要方式,学科知识包括学科知识的基本概念、逻辑结构、探究方式、发展趋势,以及该学科的一般功能及与其他学科的关系。确定课程目标时须综合考虑学习者、当代社会生活、学科这三个因素,三者交互作用,不应偏于任何一端。确定课程目标一般包括四个基本环节。一是确定教育目的。教育目的和教育宗旨是课程与教学的终极目的,体现特定的教育价值观。二是确定课程目标的基本来源,即考虑学习者、当代社会生活和学科三者的关系,选择其中之一作为基点,并协调处理与其他两者的关系。处理这三者关系的具体方式反映不同的课程开发向度观。三是确定课程目标的基本取向,即在行为目标取向、生成性目标取向、表现性目标取向中作出选择,并处理三者之间的关系。确定课程目标取向为选择课程目标内容和目标陈述奠定基础。四是确定课程目标。在确定教育目的、课程目标的基本来源、课程目标取向、课程目标基本内容和陈述方式后,即可进一步确定内容明确而具体的课程目标体系。

参考文献

施良方.课程理论——课程的基础、原理与问题[M].北京:教育科学出版社,1996.

泰勒.课程与教学的基本原理[M].施良方,译,瞿葆奎,校.北京:人民教育出版社,1994.

张华.课程与教学论[M].上海:上海教育出版社,2000.

(姜美玲 刘 徽)

课程内容(curriculum content) 为实现课程目标而设定的知识体系。相关研究探讨课程内容价值取向、课程内容选择主体、课程内容选择准则和课程内容组织。

课程内容价值取向 人类在漫长的历史发展过程中积

累了大量科学文化知识,从其中选择哪些内容供学生学习是一个价值判断问题。历史上主要有三种价值取向。(1)学科知识取向。为传统的占主导地位的理解取向,主张学科知识(如数学知识、物理学知识、化学知识等)对学生发展最有价值,是课程内容的主要来源。中国古代选择"四书"、"五经"等儒家经典作为学校课程的主要内容,西欧中世纪学校将古希腊哲学家柏拉图提出的"四艺"和智者派提出的"三艺"合为"七艺",作为学校的主要学科,即是学科知识取向的最初形式。近现代的主智主义、要素主义、永恒主义、结构主义等课程流派基本都主张学科知识取向。世界各国的教学实践亦把学科知识作为课程内容的基本选择源。从人的全面发展角度,被选作课程内容的学科知识包括自然科学知识、社会科学知识和人文科学知识,它们在人的发展过程中各自具有其他知识形式不可替代的价值。随着科学技术的迅猛发展及其对人的社会生活和精神生活的全面影响,以及实证主义知识观的确立,尤其在英国教育理论家斯宾塞提出论断"什么知识最有价值?一致的答案就是科学"后,学科知识取向日益具有"唯科学主义"特点。体现在现实教学实践中,学科内容知识与学生的生活世界脱节,来自自然科学知识的物理、化学、数学等占据课程内容的主导地位,而来自社会科学知识和人文科学知识的历史、社会、品德、音乐、美术等课程内容受到不同程度的轻视,不仅在整个学校课程内容中所占比例较小,而且这些富于人文价值,能够陶冶学生人格修养、审美情趣的课程内容蜕变为服从功利需要的知识和技能。(2)社会生活经验取向。强调学校课程内容反映社会生活经验,以促使儿童社会化。该取向的课程内容选择首先分析完美的成人生活所包含的经验领域(即活动领域),并将其细化为具体的课程目标,再根据这些目标选择相应的课程内容。如肇始于美国学者博比特的"活动分析"课程开发,此后查特斯和塔巴等人基本秉持这种取向。以博比特和查特斯为代表的观点及实践实为一种被动适应论,将当前成人社会生活经验复制作为儿童的课程内容,忽略教育的滞后性,并把社会生活与成人生活等同,忽视儿童自身社会生活经验的课程价值,强调儿童对成人社会的被动适应。20世纪30—60年代的社会改造主义课程理论则体现课程内容选择取向的一种主动适应论,强调课程内容来自当代重大社会问题,帮助学生学会如何参与制订社会规划并付诸行动,同时主张课程不应使学生适应现存社会,而应通过改造当前社会经验,指向社会的未来发展,使学生主动适应社会生活。(3)学习者经验取向。重视学习者个人的兴趣、经验和体验等,将其作为课程内容开发的重要源泉。课程内容不再是前两种取向下预设的、静态的待学生去学习的间接经验,而成为一种生成的、动态的学生在学习过程中所产生的直接经验。如18世纪卢梭倡导的自然主义课程论、20世纪上半叶杜威倡导的经验

主义课程论以及20世纪70年代人本主义课程论的课程内容选择取向。

课程内容选择主体　美国教育学理论家阿普尔提出"谁的知识最有价值"、"谁来决定课程知识"等命题,从课程理论层面论证课程内容知识是一种"法定知识",只有经过社会认定"适合"进入学校的知识才能成为课程内容知识,课程内容的选择体现社会的权利分配和社会控制原则。课程实践中,课程内容选择主体分为国家、地方、学校三个层面。(1)国家。在课程内容选择的传统模式中,国家是主要或唯一的主体,以国家教育行政部门组织的学科专家代表国家意志执行课程内容的选择功能,尤其在中央集权制国家。所选择的课程内容具有"合法性"和"统一性"特点,即把最能体现国家意志的知识纳入课程内容体系,并要求全国所有学校的学生学习,较少照顾到地域差异。该主体层面存在专制型和民主型课程内容选择模式:专制型模式在选择课程内容时关注课程内容的政治意识形态性和权威性,较少考虑培养学生的精神自由和创新精神;民主型模式则力图弱化所选课程内容对学生思想的禁锢,为学生的多元化理解提供较大空间。(2)地方。在分权制国家,课程内容的选择主要由地方决定。如美国,各州可根据实际情况决定本州学校的课程内容。在中国,随着三级课程管理制度的推行,地方作为重要的课程开发主体,也可自主决定本地学校的部分课程内容。地方所选择的课程内容具有灵活性和适切性,可较好地适应地方经济发展水平和文化特点。该层面的课程内容选择,要求其主体对本地文化具有内在认同,切实了解本地人的生存状态和生存问题,确保所选择的课程内容为使用者所认同和接纳。(3)学校。学校是国家课程的实施者和校本课程的开发者,可以根据学校拥有的课程资源,如社区资源、学校文化传统、教师结构和学生特点等,选择有价值的课程内容,形成校本课程。校本课程开发应凸显学生个人知识和直接经验的价值,将其作为重要的"合法化"知识形态纳入校本课程内容选择范围,使课程内容贴近学生生活世界。在该层面,教师和学生是课程内容选择的主体。

课程内容选择准则　一是基础性。中小学教育的基本任务是让学生获得关于自然、社会和人生的基本认识及理解,形成基本的道德价值观和行为规范,为以后的发展和终身学习打好基础,所选择的课程内容要求具有基础性。具体表现为学科的基础知识和基本技能,以及使这些内容帮助学生形成科学的思维方式、对待生活和学习的良好态度及价值观。二是生活性。现代课程理论确立了生活世界的重要价值,认为生活世界是人获得意义的基础和来源,课程内容选择应体现生活性,并在此基础上实现科学世界与生活世界的整合。三是适切性。课程内容应照顾到学生的兴趣、需要和能力,并与之相适应、相切合,为学生所同化,成

为其自身的一部分,以便学生更好地掌握,促进学生发展。

课程内容组织 所选择的课程内容必须按照一定方式进行组织,成为一个有机整体。在课程理论发展史上,博比特和查特斯最早关注这一问题。博比特在《怎样编制课程》(1924)中提出,要对所选择的各种活动、经验加以设计,制订详细计划,以利于教育目标的实现;查特斯1923年提出根据儿童的心理特征安排课程内容,以一种适当的教学顺序使学生获得这些内容。H. O. 鲁格在全美教育研究会年鉴《课程编制:过去与现在》(1926)中提出,课程编制的三项任务之一即"发现最有效的教材组织方式",明确课程内容的组织问题。R. W. 泰勒在《课程与教学的基本原理》(1949)中总结前人成果,提出"怎样有效组织学习经验"的问题,确立了连续性、顺序性、整合性三个基本准则,从而使这一问题成为课程论的基本问题。课程开发过程中需处理好若干关系。一是逻辑顺序与心理顺序的关系。前者指根据学科本身固有的逻辑顺序和内容系统性组织课程内容;后者指按照学生心理发展特点组织课程内容,强调学生的兴趣、需要、经验背景的重要性,以学生的成长和发展为中心,将学科逻辑置于从属地位。从课程实践角度,片面强调前者,易使学生失去学习兴趣,难以把学科知识结构转化为学生的认知结构,而片面强调后者则难以使学生获得系统的基础知识和基本技能。实践中大多倾向于两种逻辑顺序的统一与整合,一方面应考虑学科体系,因它反映人类认识事物的普遍规律以及客观事物的发展和内在关系,学习和掌握这种逻辑体系可以使学生有效了解自然界和人类社会的发展过程;另一方面要考虑学生的认知发展特点,根据学生学习的独特性组织适合学生思维方式的内容。二是直线式和螺旋式的关系。前者指把特定学段中特定课程的内容组织成一条逻辑上前后联系的直线,前后内容基本不重复;后者指在不同学段,使课程内容以加深程度或扩大范围的形式重复出现。不同教育学者有不同的主张。苏联教育家赞科夫认为,过多的重复会使学生感到厌倦,而不断呈现新内容则可使学生产生新鲜感,有利于保持学习兴趣;美国教育心理学家布鲁纳则明确主张采用螺旋式的组织方式,认为课程内容的核心是学科的基本结构,应围绕学科基本结构,在不同年级以逐渐加深、螺旋上升的方式,使学生不断学习这些内容,并获得越来越深入的理解,直至全面掌握该学科。直线式和螺旋式各具特点,直线式可避免不必要的内容重复,螺旋式则顾及学生的认知特点,加深对内容的理解,在课程内容组织实践中,一般是不同程度地把两者结合起来。三是纵向组织与横向组织的关系。前者指按照一定准则,以先后顺序排列课程内容,亦称序列组织;后者则打破学科界限和传统的知识体系,以某一主题为核心组织相关课程内容。纵向组织较传统,《学记》曰"不陵节而施"、"先其易者,后其节目",即强调按序列组织课程内容,捷克教育家夸美

纽斯亦主张按由简至繁的序列安排课程内容。美国认知心理学家加涅运用学习结果分类理论为课程内容的纵向组织提供思路,加涅按复杂性程度把学习分为八个层次,即信号学习、刺激—反应学习、连锁学习、言语联想学习、辨别学习、概念学习、规则学习、问题解决学习。组织课程内容时,应先让学生进行辨别,然后学习概念,在此基础上掌握规则和原理,最后进行问题解决。20 世纪 70 年代,随着学科综合化趋势日益明显,出现课程内容的横向组织,主张采用"大观念"、"广义概念"等作为课程内容组织的要素,使课程内容与学生经验有效地联系起来,使学生更好地探索社会和个人关心的问题。较之纵向组织方式,横向组织方式更关心知识的应用而非知识的形式,学习心理学中的"随机通达学习"、"登山式学习"为课程内容的横向组织形式提供了学习论基础。

参考文献

施良方. 课程理论——课程的基础、原理与问题[M]. 北京:教育科学出版社,1996.

张华. 课程与教学论[M]. 上海:上海教育出版社,2000.

（李召存）

课程评价（curriculum evaluation） 通过一定的方法和途径,对课程的计划、活动及结果等的价值或特点作出判断的过程。由判断课程在改进学生学习方面的价值的活动构成。对课程评价科学化、系统化的研究始于 20 世纪初期,肇始于美国课程理论家 R. W. 泰勒。

课程评价功能 (1)评估需要,在拟订一项课程计划前,了解社会或学生的需要,作为课程开发的直接依据;(2)诊断与修订课程,通过评价,有效判断正在形成中的课程计划的优缺点及其成因,为修订提供建议,并通过反复评价,尽可能完善课程,还可诊断学生学习的缺陷,为矫正教学提供依据;(3)比较与选择课程,评价不同课程方案在目标设置、内容组织、教学实施及实际效果等方面的优劣,从整体上判断其价值,再结合需要评估,对课程作出选择;(4)了解目标达成度,评价已实施的课程计划,并通过与预定目标的比较和对照,判断目标达成的程度;(5)判断成效,全面衡量和整体把握课程或教学计划的实施成效,包括对预定目标之外效果的把握。

课程评价步骤 第一步,将焦点集中在所要研究的课程现象上。确定评价内容,进行评价设计,确定评价的焦点是整个课程计划还是某一课程,抑或是某一年级的某门课程。详细说明评价活动的目的,识别活动的限制条件,了解实施评价所必须作出的决策程度、评价的时间安排,确定选择各种备择行动方针的准则,以及评定课程各种组成部分结果的准则。第二步,搜集信息,识别探讨问题所必需的信

息来源以及搜集信息的手段,根据评价时间表安排搜集信息的步骤。第三步,组织材料,运用信息编码、组织、储存和提取手段,对搜集的信息作出解释。第四步,分析资料。第五步,报告结果,报告可以是非正式的或正式的,也可以是描述性的或数据分析性的。

课程评价类型 (1)形成性评价与总结性评价。1967年由美国课程评价专家斯克瑞文提出。形成性评价(formative evaluation)在课程开发或课程实施尚处于发展或完善过程中进行,主要目的在于搜集课程开发或实施过程中各局部优缺点的资料,作为进一步修订和完善的依据;总结性评价(summative evaluation)在课程开发或课程实施完成之后施行,主要目的在于搜集资料,对课程计划的成效作出整体判断,作为推广课程计划或比较不同课程计划的依据。(2)目标本位评价与目标游离评价。目标本位评价(goal-based evaluation)是以课程或教学计划的预定目标为依据进行的评价;目标游离评价(goal-free evaluation)要求脱离预定目标,以课程计划或活动的全部实际为评价对象,尽可能全面客观地展示结果。(3)效果评价与内在评价。效果评价(pay-off evaluation)是对课程或教学计划实际效用的评价,注重课程实施前后学生或教师所发生的变化,不涉及课程运作的具体状况及变化的原因等;内在评价(intrinsic evaluation)是对课程计划本身的评价,不涉及课程计划可能取得的效果。(4)内部人员评价与外部人员评价。内部人员评价(insider evaluation)是由课程设计者或使用者实施的评价;外部人员评价(outsider evaluation)是由课程设计者或使用者以外的其他人(包括未参与设计的评价专家)实施的评价。(5)伪评价、准评价与真评价。伪评价(pseudo-evaluation)是指出于某种政治或商业目的,有意识地提出引导评价的问题,搜集各种课程信息,却有选择地公布其中个别部分或有意掩盖某些部分,甚至伪造研究信息,使人们对评价对象的价值或特点产生某种歪曲的认识;准评价(quasi-evaluation)是指虽具有正当的评价目的和评价途径,但关注的问题过于集中或狭隘,不能深入有效地探讨评价对象的价值和特点的评价;真评价(true evaluation)是指全面反映评价对象价值与特点的评价。

课程评价模式与流派

目标模式 20世纪二三十年代由美国课程理论家、"课程评价之父"R. W.泰勒提出。因其在课程评价领域的肇始地位,加之触及课程与教育研究中的基本问题,在课程开发实践中影响广泛,对之后的评价研究产生深刻影响。

R. W.泰勒的评价观包含两方面内容:评价必须针对学生的行为进行;评价活动不可能一次完成,必须经过两次以上。因为评价所要反映的行为的变化必须通过两次乃至更多评价活动的相互对比才能体现。他据此认为凡能获得教育目标所指各种行为的有效证据的途径,都可看作是评价的适当方法。

目标模式评价的步骤:建立课程计划的目的和目标;从行为和内容两个维度界说每一个目标;确定让学生有机会表现教育目标所指行为的情景;选择和编制相应的评价工具;设计获取学生行为记录的方式和使用的计分单位;收集反映学生行为变化的信息;将收集到的信息与行为目标作比较。

目标模式评价的功能:(1)修订课程与教学计划。目标模式的几个步骤之间形成一个循环的回路,在这个回路中,目标的确定、学习情境的设计、学习材料的组织等相关环节恰当与否,都可通过评价体现,从而为修订计划提供有效信息。(2)进一步澄清教育目标。界说清楚的目标是进行评价的前提和标准,借助评价可进一步澄清教育目标。(3)影响教学和学习。评价的结果往往被看作是对教学质量和成效的反映。R. W.泰勒强调,评价一定要与课程的教育目标密切联系,否则,受重视的可能就只是评价过程,课程目标则有可能被忽略。(4)有利于对学生的个别指导。评价可以诊断学生的学习状况,并使教师和学生采取适当措施予以补救;评价的结果还可为教师修改教学过程提供依据,使之更符合学生的学习能力和需要。(5)提供判断教育是否成功的信息。他认为,评价的真正价值在于判定学生实际发生的行为变化、教育目标的达成度,以及获得有效的教育计划和教育者应改进的内容。

目标模式是课程领域第一个完整的理论模式,曾在国际范围内广为流传,并一度成为评价的代名词。它所讨论的问题奠定了评价领域的基础。

差距模式 1969年,美国课程论专家普罗沃斯在《公立学校的体制中正在进行的方案评价》一文中提出。这是一套确定方案标准与方案表现之间差距的运作程序,包括五个环节。(1)界定方案标准,评价设计方案。一个完整的方案标准主要包括三部分,即方案目标、实现方案目标的条件、实现目标所需的活动过程。方案标准是方案设计和评价的依据。(2)对已装配方案的评价(装配评价)。装配方案即预定标准的表现,评价装配方案指将预定标准与已装配方案加以对照并寻找差距的过程,具体包括是否符合方案目标、是否具备实现方案目标的条件、是否达到实现目标的活动要求,通过这种评价为继续执行方案、修改方案、终止方案或修改预定目标提供依据。(3)过程评价。评价指向课程最终目标或预期结果的一系列过程目标是否达到。过程目标是实现最终目标或预期结果的阶段目标,过程评价的过程同时是对预期目标、实现目标的先决条件、实现目标的活动过程三者间关系的重新认定过程,其重点在于判断学习活动是否产生预期结果。(4)结果评价。对照方案的预期目标与方案的实施结果,判断方案的预期目标是否达成。是对方案的整体评价。(5)效益分析。通过对不同方案的比较,判断哪个或哪些方案最经济有效地实现了预期目标。是方案比较阶段,亦是差距模式的最后阶段,目的是找出具有可比性的不同方案。五个环节中,除效益分析外,每一环节的评价都包括比较和寻找差距两个方面,通过评价作出下列选择:若符合预定目标,则进入下一环节;反之则或重复此环节以达到目标,或返回前一环节修改目标或计划,或终止此环节。

差距模式是对 R. W. 泰勒的目标模式的精致化,并在一定程度上弥补了 R. W. 泰勒只关注预定目标不关注过程的缺陷,较之目标模式具有一定的选择性和开放性。差距模式与目标模式具有较强的应用价值,二者属于目标本位评价,强调预定目标和预定的评价标准。

背景—输入—过程—输出模式(CIPP 模式)　20 世纪 60 年代末 70 年代初由美国教育评价专家斯塔弗尔比姆及其同事确立。具体构成包括:背景(context)评价,评价方案出台的背景及确定方案目标的依据;输入(input)评价,评价能够达成目标的几种可能的方案设计之优劣;过程(process)评价,评价所确定的方案实施过程;输出(product)评价,即成果评价测量、解释与判断方案的成就。斯塔弗尔比姆认为,设计评价计划需考虑四方面问题。一是确定和明晰评价任务。主要内容:界定评价对象;确认评价委托人及信息提供对象;确认评价目的;确认采用评价的种类;确定评价准则。二是确定详细获取评价信息的方法和过程。主要确定以下内容:获取评价信息的一般策略,以指导测量、分析与解释的工作假设;收集信息的途径;分析信息和解释结果的方法。三是确定报告评价结果的计划。主要内容:报告评价结果的准备;传播评价结果的报告;进一步追踪评价结果,增进评价结果的影响力。四是确定具体实施评价的计划。主要内容:确定评价进度;满足人员与资源需求的计划;提供元评价;制订评价设计的定期更新计划;经费预算;备忘录或合约。设计具体的评价计划时,还应考虑该评价计划的特殊需要。元评价(metaevaluation)指为保证评价的可信与有效而对评价本身进行的评价。由美国评价专家斯克瑞文于 1972 年首先提出,1975 年斯塔弗尔比姆加以进一步发展。有效进行元评价的关键是确定判断一种评价优劣的共同标准。20 世纪 80 年代,美国和其他国家在元评价中广泛采用"教育方案、设计与资料评价标准",认为一项好的评价应满足四个条件:评价的有用性,即评价应确认评价对象的优缺点,提出最重要的问题,适时提交清晰的报告,提供改进方向;评价的可行性,评价应遵循一定的程序,考虑并合理控制政治力量,有效管理评价;评价的伦理性,即评价应建立在明确的彼此同意的基础上,以保护不同团体的利益,并提供必要的合作;评价的精确性,

即评价应阐明评价对象的发展和背景,显示评价规则、程序及结论等的优缺点,克服偏见,提供可靠及有效的研究发现。元评价的标准,随时代变迁与课程评价观的嬗变而变化。CIPP 模式的基本特征是改良取向,并具有系统性和可操作性。

回应模式　亦称"以委托人为中心的评价"。以所有与方案有利害关系或利益相关者关心的问题为中心的评价。1973 年,美国教育评价专家斯塔克在《方案的评价:特别是回应性的评价》(*Program Evaluation：Particularly Responsive Evaluation*)中正式提出。重视评价对当事人的服务意识和实际过程,反映多种价值观对课程计划的观照。其特点:回应模式的主要目的是向委托人提供其所需要的信息,解答提问,探究课程计划的特点;所涉及的范围宽泛;其契约具有弹性和开放性;以委托人所关注的事项和问题为导向,课程计划的意图和预定目标不是评价的依据,而可能是评价的对象;评价设计具有开放性,反映或发现委托人所关注的问题,且随着评价的深入被修改;评价方法论是自然主义的,要求在自然状态下观察、描述并解释人的行为;通常采用个案研究、表现性目标、随机取样、观察、多方听证等评价技术和叙述式评价的报告;评价人员与当事人的沟通是自然发生的、非正式的;在评价解释中,依据参与评价的各方人士的不同价值观,对有关各方的价值判断都加以陈述。

回应模式会牺牲测量的部分精确性,获得评价对当事人的有用性。强调主观性信息的重要性,不主张使用标准化和客观的技术,对误差持宽容态度。回应模式把为委托人提供服务作为评价的归宿,评价结果具有弹性和应变性。

解释模式　1972 年,英国课程评价专家帕勒特和 D. 汉密尔顿在《作为解释的评价:方案革新研究的新途径》(*Evaluation as Illumination：A New Approach to the Study of Innovative Programmes*)中提出。他们认为,评价应特别关注课程方案实施的真实脉络,评价方法不再是对某些变量的预测和测量,而是对整个课程方案及其背景的描述和阐释,这是一种文化人类学的范式,重视历史、文化和社会等因素对课程方案的影响。解释模式不是提供一些不变的评价方法,而是提供一般的研究策略,解释性评价不排除任何可以达到最佳效果的方法。解释模式包括三个阶段:观察、探究和解释。在观察阶段,评价者充当社会人类学家的角色,仔细观察复杂的学习环境,但绝不试图控制或操纵环境。观察的任务是找出学习环境中发生的复杂交互作用,并对实践和活动的类型作连续的记录。评价者主要依据观察,但也可用访谈来确证自己的发现。在探究阶段,评价者从观察所得的现象中确定环境中最重要的因素作为进一步关注的焦点,搜集相关资料;也可使用问卷和测验获得有关教师态度和观点的信息。在解释阶段,评价者通过筛选资料识别因果关系类型,陈述课程方案如何在实践中

协调运行。为解释整个类型的差别,可能需要寻找新的资料。实际评价过程中,三个阶段交织在一起。资料搜集方法有观察、访谈、问卷和测验、文件与背景资料分析等。

解释模式彻底转变了目标模式关于评价是测量课程方案达成预定目标的程度的评价理念,其关注焦点在课程的实际运作。它不再受实验或预先设计的束缚,而采用相应的方法来适应特殊的情境;不再仅向教育决策者,而是向课程的所有参与者提供理念和信息。

研究模式　20 世纪 70 年代,由英国课程理论专家斯腾豪斯确立。他提出课程评价的五条标准:意义性、潜能性、兴趣性、条件性、解释性。意义性,即课程具有连续产生可以揭示现象本质的新命题的能力;潜能性,即课程除达成预定目标外,还具有其他潜能及性质;兴趣性,即课程在实践中是否真正引起儿童的兴趣;条件性,即发挥课程的潜能性和兴趣性所需的情境条件;解释性,即一门课程存在的理由或根据。研究模式致力于建构使课程研究合理化的标准,使课程评价克服 R. W. 泰勒的目标模式的机械性,在理性的轨道上前行。

教育鉴赏与教育批评模式　20 世纪 80 年代中期后,课程评价领域出现以"评定"代替"评价"这一核心概念的改革思路,美国教育家艾斯纳提出该评价思想和操作模式。教育鉴赏是指以课堂实践经验为基础,对教育活动中精妙的、复杂的及重要特质的洞察过程。教育批评是指用有助于更深刻地理解课程计划和课程活动的语言来表述课程计划和课程活动中必要的、不可言喻的特质。有效的教育批评须以细致深刻的教育鉴赏为基础。艾斯纳认为,教育批评由描述、解释、评价和主题四个方面构成,四者在实践中交织在一起。教育批评中的描述是一种用语言来界定、描绘、叙述或表达教育生活的有关性质的尝试,其对象是批评者认为重要的内容;教育批评中的解释指描述课堂生活中发生的具体事件,并解释其性质、情境、结构以及支持它们的价值观;教育批评中的评价是对教育事件作出价值判断;教育批评中的主题指对主要思想和结论的提炼。教育批评与教育鉴赏是根植于并最终回归教育实践的一种评价模式,其根本旨趣不在于提供理论,而在于改进和提升教育实践。

档案袋评定　汇集学生作品的样本,以展示学生的学习和进步的课程评价模式。档案袋内容的选择和提交由学生和教师共同决定。档案袋评定的实质是学生运用所学知识的表现;对教师而言,要求把课程与教学同评定整合,贯彻到日常的课堂生活中。这种评定被称为嵌入课程的评价,意即运用当前的课程活动达到对成绩进行估价的目的。档案袋评定为学生提供了一个学习机会,使学生能够判断自己的进步。

依据使用目的、提交对象以及对学生的帮助等的不同,档案袋评定有不同种类。美国南卡罗来纳大学教育学院教育心理学教授格雷德莱根据档案袋的不同功能,把档案袋评定分为理想型、展示型、文件型、评价型和课堂型五类。理想型档案袋最具代表性,理想型档案袋的设计意图在于帮助学习者成为对自己的学习历史具有思考能力和进行非正式评价能力的人。其档案袋主要由三部分构成:作品产生过程说明、系列作品、学生的反思记录。作品产生过程说明是产生和编制学习计划的文件记录;系列作品是学生在完成某项学习计划的过程中创作的各类作品集,表明学生取得成就的广度和范围;学生的反思记录是学生在学期的不同时间对自己作品的特点、自己在成长过程中的进步、已经实现的目标等的描述,这种反思为学生的成长提供了重要契机,亦培养学生自我反思和自我教育的习惯。档案袋可帮助学生将讨论评定作为学习的机会,由此实现评定与课程、教学的整合。美国学者 B. 约翰逊把档案袋评定分为三种类型:最佳成果型档案袋,各学科可以将最佳作品、成果、研究论文、解答等选入档案袋;精选型档案袋,要求了解更广泛的学生成果,提交学生感到最困难的成果例证,时间一般持续一年以上,使之成为深刻反映学生成长的概要和高度解释学生一般成绩的证据;过程档案袋,寻求发展性成果证据,要求学生一步一步检查自己在特定领域取得的成果。

档案袋提交内容的类目可由教师确定,学生负责收集必要的成果,成为自己的成果和进步的积极评定者。档案袋评定具有灵活性,但其使用需要有一定的目的和精心设计;要伴随一系列课程和教学观念、评定观念和学生观的变革,以体现档案袋评定的实质。档案袋评定设计要则:(1) 确立档案袋设计的思想基础或哲学基础。B. 约翰逊认为,档案袋设计决不是价值中立的,任何档案袋都体现了对特定教育价值观的追求,教育价值观决定档案袋设置的类目以及档案袋的评定标准。(2) 根据特定教育情境的需要确立档案袋类型。(3) 明确期望学生达到的结果。(4) 确定判断学生优质作业的标准与准则,即档案袋评定的标准。档案袋评定的标准与传统的标准化测验的标准有本质区别:学生参与档案袋评定标准的创设;预先向学生明确评定标准;学生可以选择标准。(5) 学生积极参与创建和开发档案袋。

苏格拉底式研讨评定　集中体现课程、教学与评定整合的典型的质性课程评价方法。由美国芝加哥哲学研究所所长 M. J. 阿德勒提出。源于古希腊思想家苏格拉底创立的"精神助产术"。将学生在班级参与和课堂讨论中的表现作为学生表现评定的一部分。其对班级参与和课堂讨论形式的实质有特别要求,其中最根本的是让学生学会更有效地思考并为自己的见解提出证据。具体步骤:第一,明确教育结果。传统评价只是把目标作为评价标准,苏格拉底式研讨评定则注重评价如何才能真正实现目标。这些结果可以是批判性思维、阅读理解技能、听说技能、多样的写作能力等。第二,选定研讨采用的文本。为使研讨深入细致,教师可自由选择能最佳地促进学生学习的文本,包括学科内和跨学科的文本。第三,教师提出一个起始问题。这一步直接影响研讨的质量。起始问题不应只有一种单一的预期反应,一个好的起始问题会在问题讨论过程中引发对话。第四,选择记录研讨过程的方式或设计简明的记录表。记录应完全客观地反映研讨进程,并作为评定的客观依据,通过一系列研讨记录的分析、对比,判断学生在各种教育结果上的成绩。第五,以多种方式完成评价。在各个有关学科中,苏格拉底式研讨法及其附属练习是评价学生技能和进步的有效反馈工具,并为学生的自我评价提供了一种良好、积极的媒介。该研讨法不仅可以使学生和教师明晰课程、教学与评价的关系,而且可以作为学生学习和学校课程计划进展的标示。苏格拉底式研讨评定具有多样化的教育功能。当评价追求"实践理性"和"解放理性"时,课程、教学与评价呈三位一体的关系:课程本质上是一种教学事件;教学本质上是一种课程开发过程;评价是对课程与教学的反思过程,它本身就是课程与教学,评价不是根据预定的、外在的标准对课程与教学进行有效控制的过程,而是通过协商进行意义建构的过程,是对课程与教学的反思、批判与研究的过程,评价即研究。

参考文献

李雁冰.课程评价论[M].上海:上海教育出版社,2002.

Eisner, E. & Peshkin, A. Qualitative Inquiry in Education [M]. New York: Teachers College Press, 1990.

Guba, E. G. & Lincoln, Y. S. Fourth Generation Evaluation. [M]. Newburg Park,CA: Sage, 1989.

(李雁冰　吕润美)

课程设计维度(dimension of curriculum design)选取不同课程设计取向和技术路径的设计者在具体组织和安排课程要素时所要考虑的向度。课程设计指课程的组织形式或结构。《简明国际教育百科全书·课程》中指出,课程的组织形式主要涉及课程类型的选择,课程的组织结构则是课程内各要素的组合。课程设计有两层含义:一是制订课程实施计划的过程;二是课程研制过程的产品。课程设计既是一个过程,是课程研制中最具创造性的活动,也强调结果,要求从各学科专家、教育学者、课程研究人员和教师的角度,研究课程实施的对象、不同层次的教育目标、课程采用的类型、课程的具体内容等,制订课程实施方案。课程设计是一种有目的、有计划、有系统、有结构地产生课程计划、分科课程标准以及教材、教科书等的活动。其实质是人们根据一定的价值取向,按照一定的课程理念,以特定的

方式组织安排课程的各种要素,形成特殊课程组织形式和结构的过程及其产物。

课程设计维度探讨不同的课程设计模式中共同存在的设计结构,研究在具体组织和安排诸多课程要素的过程中,规范并指导这一设计过程的标准和原则。课程设计维度不涉及课程设计价值或理论取向的选择,亦不涉及课程设计要素等概念性问题,它是对课程设计内在结构的描述,这些结构是潜在的分析框架,也是课程实际的支撑框架,能帮助更好地理解不同课程设计结果及其效果的内在程度和水平。

美国学者博比特最先在《怎样编制课程》中指出,需要对为达到教育目标而进行的各种活动、经验和机会加以设计,即制订详细计划;美国学者查特斯在《课程编制》中提出要根据儿童心理特征安排课程内容;R. W. 泰勒提出组织课程要素的连续性、顺序性和整合性等维度。重新检视早期的研究成果,并与现代课程设计研究成果紧密整合,课程设计必须考察以下若干维度。

范围(scope)　包括课程目标和课程内容的广度和深度,是课程设计过程中首先需要考虑的。R. W. 泰勒指出,范围由所有的内容、主题、学习经验和构成教育计划的组织线索组成。课程目标的范围不能过于狭窄,以致不足以包括有价值的学习经验,而应涵盖所有的学习结果,如既要重视培养认知能力,也要重视培养态度和价值观;既要强调掌握专业技能,也要关注一般能力。范围在广度和深度上表现为一定的囊括性和详尽性,但并不等于不考虑适当性和可行性,美国课程专家 W. E. 多尔指出,课程设计者在决定课程内容与目标,考虑课程范围时,需要提出有限数目的目标,使课程的范围保持在一个可控制的水平。还要注意学习的认知领域、情感领域、动作技能领域、道德或精神领域的发展,不仅在最为强调的领域,还要在每一个领域决定课程所包括的内容及其详细安排。为保证课程涉及范围的适当性,学者们提出各种范围框架。美国教育心理学家加涅以能力及能力倾向为分类基点,划分了运动技能、言语信息、智慧技能、认知策略、态度等不同范围;美国学者比彻姆等人提出,学习领域应包括认知、问题与技能、情感(价值、道德与态度)三部分;詹森提出课程内容呈现的三种类型,即知识、技术(过程、技能、态度)和价值观(情感)。随着对人的认识的发展和社会环境的变化,有关价值观、态度等的情感领域以及动作技能领域等因素日益受到课程设计者的重视。

顺序性(sequence)　建立课程的顺序性,可视为将课程内容、学生经验及学习材料安置成某种连续的次序。顺序性或程序性是指课程在"深度"范围内的垂直组织标准,使学习的机会建立在前一个学习经验或课程内容基础上,并对课程要素作更深、更广、更复杂的处理。美国课程论专家

塔巴认为，顺序性这一课程设计维度关注课程要素的加深和拓宽，每一后继的学习经验自应建立在前一学习经验之上，但应对统一素材作更广泛更深层的处理。美国课程理论家 R. W. 泰勒认为，学生只有获得先备起点行为，才能进行顺序学习，学习经验也有其先后顺序性。在顺序性的设计上，内容和经验的顺序是建立在学科内容的逻辑性基础上，还是建立在个人掌握知识的方法基础上，或依据学习者的心理发展阶段，一直存在争议。R. W. 泰勒在最初提出顺序性这一基本准则时，主要关心内容顺序，即课程要素的逻辑顺序。皮亚杰和科尔伯格则从人生成长过程的角度，强调课程设计必须顾及学习者不同的认知水平及心理发展阶段。皮亚杰强调课程组织应与学习者思维发展阶段相适应。B. O. 史密斯、W. M. 斯坦利和肖尔斯提出按照从简单要素到复杂要素的顺序来安排课程内容，G. J. 波斯纳等人也提出课程设计顺序的具体组织方式，包括：概念性连接学习，即通过概念的相互关系而非具体的知识连接课程内容；探究性连接性顺序，即将学习者在研究中所运用的处理概念或原理的步骤作为课程顺序；学习者连接性顺序，即关注个人怎样学习和活动；运用连接性顺序，即依据人们运用知识或参与特定活动的方式组织课程。这些研究显示，在按照一定顺序进行课程设计时，一方面，既要考虑学科的逻辑体系和独立结构，也要顾及学习者的身心发展阶段，以及学习者个人和集体的兴趣及需要，由浅入深、由简趋繁地组织和设计课程，并不断检视现有的设计序列，考察组织方式的适切性，确保课程设计的连贯性，即在某一处所教的某种要素，应不与尔后所教的一个或数个要素发生矛盾和冲突，并在一定程度上得到加深和拓展，并强调课程设计实现逻辑顺序与心理顺序的统一；另一方面，在关注内容顺序性的同时，关注过程的顺序性，不仅在课程内容设计上遵循学生个人的学习经验顺序或提供学习准备，且遵循学生在智力、情感及能力发展上的顺序性，有必要将特定观念、历程、概念的先后顺序性加以组织，并同学生思考模式与知觉形态的发展过程相整合。

连续性(continuity)　指课程元素的反复出现，主张将各种课程要素在不同学习阶段予以重现。由 R. W. 泰勒最先提出，要求提供不断出现的和连续的机会来实践和发展各种技能，以便随时间的推移而连续训练同一种技能。课程设计的连续性在于持续提供学生适当的学习经验的机会，并根据学习任务本质的难易，建立其长期的累进学习的效果。塔巴认为，它能帮助学生获得学习机会并进行更多、更复杂的学习，处理更复杂的材料，进行更精细的分析，理解更深、更广的观念，并进行相关推理与应用的学习，培养更为精致敏锐的态度与感性。这种连续性或累进性学习原则可应用于不同类型的学习，如思考、态度与技能。这种学习经验的反复并非简单复现课程内容，而是对同样的学习

主题和经验的巩固和加深，必须由课程设计人员组织规划，才能促成课程内容材料与学习经验的逐渐复杂化，促进学生心智反应的逐渐成熟。美国心理学家布鲁纳在其螺旋式的课程设计中充分考虑了这一维度，根据学科的基本结构组织课程内容，并随学年的递升不断在更高层次上加以重复，指导学生全面掌握。C. 凯勒于 20 世纪 60 年代构建的"逐步深入的课程"(post holding)亦运用了这一维度。但并不是所有课程内容都需要反复重现，重复出现的知识或技能是教育者认为学生应该在课程学习过程中不断扩展和加深认识的，或是学生个体学习经验所表现出来的需要通过足够多机会的重复来予以确保重要的概念或技能，通过连续性的展开，学生渐进地掌握并加深理解题材与教材的系统排列，学生学习经验的深化与开拓得到保障。考虑课程设计的连续性维度时，必须同时处理好在不同学习阶段复现的知识、技能、态度等课程要素的相互衔接，把握好每个阶段内容呈现的层次和程度。

整合性(integration)　指针对所选择的各种课程要素，在承认差别的前提下寻找彼此之间的内在联系，然后整合为一个有机整体。美国课程论专家克尔认为，应就广泛的知识范围来设计课程，并非仅限于每一项知识范围。塞勒、W. M. 亚历山大和 A. J. 刘易斯认为，只有学习者自己才能通过多种教育经验，把所获得的知识加以整合，而不取决于课程的整合性。而塔巴、古德莱德和苏认为，把课程内容、学习经验和活动以及外部的社会整合起来也是整合性的一部分，这将更有利于学习者自身进行重组。整合既来自学习者自身，也来自外部的学科内容和社会生活。课程的整合性主要包括学生经验的整合、学科知识的整合以及社会生活的整合，三者相互兼容、互相联系。通过整合，加强学科之间、课程与个人需要和兴趣之间、课程与校外经验和社会需要之间的联系；通过多种整合方式，消除学科之间彼此分割甚至对立的局面，或根据学习者的兴趣、经验加以整合，强调学习者的个性发展，侧重学习者的需要、兴趣和目的，或围绕社会问题、生活主题加以整合，加强学习者与社会的联系。整合性的设计亦存在各种障碍，包括处理学科知识逻辑结构的学术价值，解决知识专门化与整合化在设计上的两难问题，如何达成包括认知、技能、情意之整合与科目之整合的结合，不同学习领域如何相互超越和连接，获得本质上的整合等。

随着知识的剧增、社会的专业化和技术的迅猛发展，现实世界联系性、综合性、互动性的增强，以及对人的智力、心灵和精神的综合发展的追求，人们期望能用一种整合的观点看待世界和解决现实问题，课程设计的整合性维度日益受到重视，期望给学生呈现一个综合的、相互联系的世界，激发多样的学习体验。对课程内容、学科知识、技能、经验的整合性设计，仅仅是帮助学生形成学习内容、经验和活动

是可以相互联系起来的意识,只有通过学生整合自身的教育经验,走出课堂,步入社会,开展活动,解决问题,课程设计的整合性才获得真正意义上的价值。

关联性(correlation)　指课程要素各方面的相互关系,包括垂直关系和水平关系。垂直关系指课程顺序和具体的课程或教学过程中学习的先后顺序的安排,通过从一个年级水平到另一个年级水平的纵向安排,确保学生能够获得知识,为后面的学习做好准备。水平关系指课程内容同时出现的各种要素之间的关联,如在某一个年级水平不同学科中设计能够相互联系并相互补充的内容和学习主题。在考察横向联系时,传统的学科知识的逻辑通常依照学科概念的顺序,呈现学术理性思考的结果,但这并非唯一的课程结构,任何一门学科知识都可以不同的逻辑方法组织其顺序。

课程设计达到关联性维度的困难在于,课程设计中较为通用的学科逻辑性和结构设计往往忽略与其他学科的内在联系,对各学科之间相互关联程度的把握,以及如何使设计的内容相互补充完善等。

均衡性(symmetry)　指课程设计须合理安排课程各方面的比重,避免出现失衡。具体包括:其一,不同课程的各个领域应在时间和结构分配上保持适当比例,不偏重某一特定领域;其二,一门课程本身所要达成的目标范畴的均衡,即学生在概念、技能、态度和价值观等方面都获得均衡发展;其三,课程内容安排上的均衡,在课程设计之初和课程实施中,要有意识地安排和调整不同知识类型,对各学科内容中的事实、概念、规律、规范、价值、态度和技能等不同的知识类型进行均衡调配;其四,使课程安排在学生个人经验和兴趣与社会需求和时代要求之间保持平衡,课程的均衡发展不能仅满足于学生的个性和兴趣,也不能一味追随社会潮流,均衡性维度需在保持一定独立性和稳定性的同时,具有灵活的变更性。

保持课程要素的均衡不仅是一种技术上的协调,而且要求课程设计者在课程设计的态度和观念上保持平衡,不随波逐流,也不固执己见,在课程设计中始终保持对课程来自文化的、社会的、个人的属性的运筹与把握。

课程设计维度是理解课程设计的基础和具体设计课程的前提。每一种课程设计在这些维度上的具体表现各异,但都必须关注课程要素的范围和顺序,关注各课程要素的连续性、整合性、关联性和均衡性,这些横向的和纵向的维度组成课程设计的总体结构。但课程设计维度的研究并不能确保课程设计的完美,实际的课程设计极具想象力和创造性。

参考文献

艾伦·C. 奥恩斯坦,费朗西斯·P. 汉金斯. 课程:基础、原理和问题[M]. 柯森,主译. 南京:江苏教育出版社,2002.

胡森,波斯尔斯韦特. 教育大百科全书[M]. 石中英,译. 重庆:西南师范大学出版社;海口:海南出版社,2006.

拉夫尔·泰勒. 课程与教学的基本原理[M]. 施良方,译. 北京:人民教育出版社,1994.

Kelly, A. V. The Curriculum: Theory and Practice [M]. 3rd ed. London: Paul Chapman Publishing Ltd. ,1989.

Posner, G. J. Analyzing the Curriculum [M]. 4th ed. 西安:陕西师范大学出版社,2005.

（屠莉娅）

课程社会学(sociology of curriculum)　运用知识社会学相关理论和方法研究学校教育知识的学科。主要探讨学校课程知识的选择、组织、分配、评价、管理等活动与权力、社会控制之间的关系。1971 年,英国社会学家 M. F. D. 扬主编的《知识与控制:教育社会学的新方向》(*Knowledge and Control: New Directions for the Sociology of Education*)出版,标志着课程社会学研究的正式确立。其研究范式主要有解释论范式、新马克思主义范式、结构主义范式。

解释论范式　是课程社会学研究中最具有代表性的研究范式,以 M. F. D. 扬、凯迪、埃格尔斯顿等人为代表。融合知识社会学和解释社会学的传统,并借助符号互动理论和人种志方法论,把研究重点转向学校课程中知识的性质,探讨知识的选择、组织、分配、评价、管理与社会控制、权力之间的关系。他们的共识是,知识是社会建构的、意识形态化的人类的产物,课程社会学的研究重点是揭示主体(如教师和学生)是如何通过社会互动来建构学校知识和展开实践活动的。

M. F. D. 扬及其合作者在研究中发现,课程知识并不是必然正确的,它仅仅反映某一社会特定的权力分配情况,反映社会控制的特征。而权力分配与社会控制产生了课程知识的差异和阶层化。学校知识是一种意识形态,只是权势集团将其视为有效的、合法的。权力可以将知识的主要范畴合法化,并由某一集团支配。并非所有集团拥有的知识或价值观念都可以被选进课程并得以传递,权力者总是给得到社会认可的知识(通常也是反映权势集团价值取向的知识)以优先地位,并通过教育把其强加给无权力者。故课程知识并不一定比其他知识更能有效地、正确地说明世界,教育的或学术的知识并不比日常生活知识更高级。知识、常识都是社会建构的,不是中性的,而是相对的。

新马克思主义范式　其探讨的主题集中在"社会优势集团的利益转换成指导学校的社会价值以及依次又再生产了社会结构的方式"上。代表人物有美国学者鲍尔斯和金蒂斯,以及安涌和阿普尔等。他们在研究课程与社会结构的关系、课程实践的社会学以及课程与意识形态的关系中,形成了对应理论（correspondence theory）、再生产理论（reproduction theory）和霸权理论（hegemony theory），对后续的课程社会学研究产生深远影响。

鲍尔斯和金蒂斯运用对应理论，强调资本主义生产关系决定学校教育的性质以及资本主义社会意识的决定作用，主张教育是社会的一部分，脱离了社会就无法了解教育；学校教育与社会的基本经济和社会制度之间存在"符应关系"，学校是这些结构合法化的机构，它将社会权势者的价值、观念内化于学生的意识形态；学校知识的产生和传递等活动充分反映社会阶级的权力结构与经济结构的特征，学校知识与生产领域的阶层结构（即教育分化和工作分配之间）具有紧密的关系，这种关系反映了社会阶级的特性对知识分配过程的影响。

针对对应理论未能描述和解释学校生活以及发生在学校中的矛盾、冲突这一局限性，阿普尔和安涌通过对教室生活、教科书以及隐性课程的实证研究，发展出"意识形态与课程"理论。该理论审视在特定的历史时期和特定的制度下，被特定的社会集团或阶级视为合法的知识，以及社会集团与知识之间的辩证关系。阿普尔等人认为，课程知识的选择和分配是社会权势者依据某一选择或组织原理作出的意识形态上的抉择。课程知识的选择和分配不是技术性的问题，而是阶级、经济权力、文化霸权（cultural hegemony）之间相互作用的产物，是显性的或隐性的价值冲突的产物。知识的选择和组织即使是无意的，也都是根据指导教育者思想或行动的意识形态或经济的前提而作出的。意识形态、文化霸权和权力成为决定课程知识选择的重要因素。社会中的权力决定了知识的储存和获取，文化霸权决定了社会中的选择传统。知识最终被不均匀地分配给不同的人或集团，某些集团能获取其他集团所不能获取的知识，而某些集团只能获取其他集团分配后剩余下的知识。缺乏某种知识表明此一集团未拥有某种政治或经济的权力。

结构主义范式 是教育社会学包括课程社会学的经典研究范式，其代表人物 B. 伯恩斯坦、布迪厄等人强调课程、教学法的结构性分析和实证研究。英国社会学家 B. 伯恩斯坦继承法国社会学家涂尔干、美国社会学家 T. 帕森斯等欧美传统的结构主义理论传统，并整合新马克思主义冲突理论，其整个研究计划的起点可概括为"三个一"：一个关注，即关注教育不平等问题，具体指劳工阶层子弟中大量存在的学业不良问题；一个基本假设，即社会如何选择、分类、分配、传递和评价其公共的教育知识，既反映社会权力分配状况，也反映社会控制的一些原则；一个基本认识，即课程、教学法和评价是学校的信息系统，课程规定什么是正确、有效的知识，其基本结构取决于分类强度的变化，教学法规定正确、有效地传递知识的方法，评价则规定什么是知识教授中对知识的正确、有效的理解。

20 世纪 60 年代末，B. 伯恩斯坦运用语码理论对文化传递、语言类型与儿童社会化的关系等课题进行深入探讨。语码（code）概念是 B. 伯恩斯坦结构论的核心，指"信息调节的原则"，构成各种信息系统的基础，特别是课程和教学法的基础。根据语码，B. 伯恩斯坦具体分析了社会阶级、语言的使用以及儿童社会化之间的关系。他认为，语言不仅是教育运用的工具，而且是认知的部分内容，儿童通常通过运用语言来接受教育知识，语言学习在某种程度上决定了儿童社会化以及学业的成败与否。不同的社会阶级有不同的运用语言的习惯。他通过实证研究发现，存在两种不同类型的语码：一是大众语码（public language code），亦称限制语码（restricted language code），多为劳工阶层所使用，其特点是语法结构简单，句子不完整，机械呆板地使用形容词、副词和连接词，常以事实命题作为理由或结论，不利于精密组织的意义及关系的沟通，更无法从事深层次的讨论；二是正式语码（formal language code），亦称精致语码（elaborated language code），多为中产阶层使用，其特点是语法、句型结构正确严密，连接词富于变化，善于运用新鲜生动的形容词、副词和连词，运用符号化的情况较多，有利于个人自由选择组织，并有利于分析推理，能够在一个较复杂的概念层次中统整组织经验。他还运用"分类"（classification）、"定框"（framing）等核心概念具体分析不同的课程类型、教学法与权力、控制以及社会阶级再生产之间的关系。"分类"指各类内容之间边界维持的程度，涉及课程类别（知识或学科领域）之间的隔离或分野，是有关课程知识组织的概念；"定框"则指对传递内容或接受内容的控制，即对知识传递的选择、组织、速度的控制程度。B. 伯恩斯坦认为，当课程知识按照强的分类方式来组织时，会有一种"集合编码"（collection code），形成"集合课程"，即高度分化和相互分离的分科课程；如果按照弱的方式来组织，便有一种"整合编码"（integration code），形成"整合课程"，即分类较弱的融合课程，学科间的界限很容易打破。

20 世纪 80 年代后期和 90 年代初，B. 伯恩斯坦在上述研究的基础上提出"教学法实践"（pedagogic practice）的概念。他指出，教学法实践是文化的"中转站"（relay），有必要从"什么"和"怎样"这两个角度具体考察学校中发生的内容和过程。教学法实践的理论既揭示了一系列规则，即界定知识传递过程的内在逻辑的规则，也探讨了这些规则如何影响被传递的内容，以及它们如何有选择地作用于能成功获取知识的人。

法国社会学家布迪厄着重分析了教育如何行使传递知识和思想的功能，以致再生产了社会的不平等。他认为，教育是文化再生产的工具，它再生产了社会的财富和权力的不平等，并使之合法化。教育制度需要一种文化能力，而文化能力不是教育本身所能提供的，只能从家庭中获得，它有利于来自有良好教育家庭的儿童，因为这些家庭具有"文化资本"。教师是制度的产物，其作用是传递贵族文化。来自中上层家庭的学生学业优异，是由于其在家庭中通过社会化接受了与教育的文化基本一致的文化。而享受这种社会化过程并赋予其文化资本的是统治阶级的子女。教育的文化在本质上与统治阶级的文化相同。统治阶级的文化似乎决定了教育知识的基本结构，教师的权力也是由统治阶级的文化赋予的。

20 世纪 70 年代占据主流地位的课程社会学研究在 80 年代后有衰退之势，但也在许多方面出现新特征。一是教室（课堂）层面的研究得以发展；二是 B. 伯恩斯坦、阿普尔等学者专注于课程的社会学研究，至 20 世纪 90 年代依然保持强劲势头，以引领其他课程社会学研究者；三是 20 世纪 80 年代后期，课程社会学的研究队伍壮大，研究地域扩展，研究规模扩大，研究内容深化，跨国的比较研究、历史性研究以及更细致的实证研究开始出现。受西方课程社会学影响，中国台湾学者从 20 世纪 80 年代中期开始涉足该领域，欧用生、陈伯璋等人有关教科书分析、潜在课程研究取得成果；大陆地区学者从 20 世纪 90 年代初开始研究这一课题，如南京师范大学完成了全国教育科学规划项目"课程的社会学研究"。

参考文献

戴维·布莱克莱吉，等. 当代教育社会学流派[M]. 王波，等，译. 北京：春秋出版社，1989.

陈伯璋. 潜在课程研究[M]. 台北：台湾五南图书出版公司，1985.

欧用生. 课程研究方法论[M]. 台北：台湾复文图书出版社，1984.

吴康宁. 课程社会学研究[M]. 南京：江苏教育出版社，2004.

吴永军. 课程社会学[M]. 南京：南京师范大学出版社，1999.

（吴永军）

课程实施（curriculum implementation） 将课程变革付诸实践的过程。在国外课程研究中，是课程变革的一个重要阶段或环节。亦被作为课程开发和编制的环节之一，指实施课程计划的过程。

20 世纪 70 年代后，国外一般将课程实施看作将革新思想转变为实践的过程。加拿大学者富兰认为，课程实施是把某项改革付诸实践的过程，其焦点是实践中改革的程度和影响改革程度的因素。美国学者利思伍德认同此界定，认为课程实施涉及缩短现存实践与革新所建议的实践之间的差距。中国学者认同富兰的观点，认为课程实施是课程变革过程的一个环节，是将革新付诸实践的过程。在课程变革的视角下，对课程实施的研究是探讨课程变革的实施，即如何推行新的课程革新计划以实现课程变革的理想。由于教育情境和话语系统的差异，中国在基本认同国外对课程实施的理解的基础上，赋予其新的理解，即从课程开发的视角，将课程实施作为课程开发过程的一个环节。在此视角下，课程实施即实施课程计划，是将既定的课程推向学生，将课程内容转化为学生知识结构的内在组成部分的过程。中国学者施良方从课程目标、课程内容、课程实施和课程评价等维度分析课程编制原理，把课程实施作为课程编制的一个阶段。

课程实施本质上是一个行动的过程，通过这一过程将观念形态的课程转化为学生所接受的课程，从而实现课程内在的教育意义。课程实施的核心是教师对课程的运作，教师通过对课程的调适，将理想的课程内容转化为实际的教学效果以及学生知识结构的内在组成部分。美国学者奥恩斯坦等人提出，课程实施是一个"做"（doing）的过程，它致力于改变学习者个体的知识、行为和态度，是制订课程方案者与传递课程方案者之间的互动过程。课程实施在本质上涵盖将新的课程方案付诸实践的过程，以及将新课程制度化和推行课程计划的过程。前者需要教育行政人员、专家和教师等人的共同努力；后者则需要教师发挥主体性，将课程落实到课堂教学层面。

对课程实施过程本质的认识以及支配这些认识的课程价值观构成课程实施取向。课程实施取向集中表现在对课程计划与课程实施过程关系的不同认识上。美国学者 J. 斯奈德、波琳和朱沃特归纳了课程实施的三个基本取向。(1) 忠实取向（fidelity orientation），追求最大限度地依据课程计划的原本意图实施课程。该取向假设，课程是既定的课程文件或产品，课程计划在设计上是完善的；课程实施是一个直线的过程，教师实施课程时越接近既定课程计划，课程实施就越成功。在这种取向下，课程设计者扮演专家的角色，预先完善地设计课程，并对教师的课程实施提出建议和指导；教师扮演忠实使用者的角色，忠实地落实既定的课程计划，实现专家课程设计的意图。(2) 相互适应取向（mutual adaptation orientation），课程实施允许教师根据具体教育情境适当调适原先的课程计划。该取向假设，要成功地落实课程计划的意图，必须在课程与教师实施课程之间作出调适；课程实施的关键是调适，而非标准化的课程行为。在这种取向下，教师成为积极的协调者和课程的共同决定者，教师的课程角色和课程功能受到重视，有利于发挥教师的积极作用，创造性地实施课程计划。(3) 课程创生取向（curriculum enactment orientation）。该取向假设，课程不是既定的计划或产品，而是教师和学生经验的总和；官方的课程纲要、课程文件和教材等不是需要教师忠实推行的学习材料，而是协助教师和学生创造课程的工具。在这种取向下，课程实施与教学得以内在地整合，教师实施课程的过程同时也是教师和学生创生课程的过程，教师扮演课程开发者的角色。该取向不注重原先的课程计划被实施的程度或课程如何被教师调适,而强调将教师和学生的经验与课程相互融合。

体现课程实施基本取向的实践模式很多,较典型的有三种。(1)"研究、开发与传播"模式(research, development and dissemination model,简称 RD&D)。美国联邦政府资助的"全美课程传播网络"采用的模式。体现课程实施的忠实取向。视课程变革为一种技术化和理性化的过程,包括四个分离的、有顺序的步骤。一是研究:通过研究确立课程与教学的基本原理,作为课程变革的基本价值取向和指导原则。二是开发:将课程与教学的基本原理运用于课程资料的开发,由此获得新课程。三是传播:将研究开发出的新课程系统传播给具体教育情境中的教师,供其使用。四是采用:具体教育情境中的教师使用新课程,并将新课程整合于学校课程中。(2)兰德课程变革动因模式(The Rand Change Agent Model)。产生于兰德社团 1973—1977 年资助美国联邦政府的教育变革研究。该模式认为,课程变革有三个阶段。一是启动阶段,课程变革发起者致力于获得人们对课程变革计划的支持,需要对课程变革计划的目标作出解释,以使教育实践者理解和接受。二是实施阶段,课程实施取决于课程变革的特征、教学和行政管理人员的能力、社区环境以及学校组织结构等因素。此阶段需要适当调整新课程计划的重点和要点,以适应具体学校。三是合作阶段,所实施的课程计划已成为现行课程制度的一部分,需要课程专家、教育行政管理人员、教师、社区代表等密切合作、相互适应,使变革计划顺利实施。(3)课程变革的情境模式。由美国学者 C. 帕里斯提出。基于三个基本假设:课程知识包括情境知识,情境知识是教师在不断进行的教与学的实践中创造的;课程变革是个体思维和行动方面成长与变革的过程,而非课程设计与实施的组织程序;教师的课程实践总是基于他们对特殊情境的知觉。

课程实施主要受以下因素影响。一是课程变革计划的特性。包括:可传播性,即向各地学校推行的难易程度;可操作性,即计划实施的难易程度;和谐性,即与流行的价值取向和行为方式之间的一致性程度;相对优越性,即变革计划相对于原有课程的长处。二是交流与合作。通过课程编制者与实施者之间以及课程实施者之间的交流,课程编制者可以向实施者传达隐含在课程中的一些基本假设和价值取向,提供有益的建议,还可传递其他地区和学校课程实施的情况;课程实施者之间也可以了解各自实施课程的情况、存在的问题,以及可借鉴的方法等。这种交流有助于课程实施者加深对课程计划的认识和对课程内容的理解,促进课程的成功实施。三是课程实施的组织和领导。各级教育行政部门和学校领导对课程实施负有领导、组织、安排和检查等职责。四是教师培训。教师是课程实施过程中最直接的参与者,其素质、态度、适应和提高是决定新的课程计划

成功与否的关键。五是各种外部因素的支持。新课程计划的实施需要得到社会各界的支持,新闻媒介、社会团体、学生家长的理解和支持是推动课程改革的无形动力,有些课程实施还需要一定的政策保障和财力、物力、技术基础。

(杨明全　吕润美)

课程政策(curriculum policy)　　国家教育行政主管部门在一定的社会秩序和教育范围内,为调整课程权力的需要,调控课程运行的目标和方式而制定的行动纲领和准则。同国家体制具有内在关联。课程政策是一个国家课程改革与发展的关键,其重点与核心是课程决策过程中的权力分配问题。课程政策的本质是课程权力和由课程权力的改变而引起的利益变化,课程政策的每一次改革必然体现在课程权力的分配、再分配或重新分配上。课程权力主要包括课程政策制定中的参与权、课程编制开发权、课程决策权、课程专业自主权以及课程实施权等。不同的权力主体具有不同的内容和侧重点,具体体现在课程计划、课程标准以及教科书的编写、决定和使用中,还体现在课程内容的选择优化过程中。

课程政策的构成要素主要有三个。一是课程政策目标,这是课程政策中最重要的要素,反映政策的方向、目的和所要解决的课程问题。二是课程政策载体(手段和工具),指承载课程政策信息的有形文件,具体保证课程目标的实现。主要有课程计划(教学计划)、课程标准(教学大纲)以及教科书。政府对课程权力的运用主要体现在对这些载体的控制上,地方、学校及课程实践者课程权力的发挥也有赖于这种控制。三是课程政策主体,指课程政策的制定者和执行者。课程政策主体因国而异,反映了社会在处理课程事务中的权力分配状况,有集权、分权及中间状态(既集中又分散)。不同主体在课程系统各层次上的作用亦不同。概括而言,课程政策主体分为国家主体、社会主体以及个人主体。国家主体指居于法定统治地位,获得法律授权,享有公共权威以制定、执行和评估公共政策的机构,包括中央政府及其领导下的教育行政机关或其委托的研究决策机构、地方政府及其领导下的教育行政机关、学校行政部门等,在多数国家,国家主体是制定课程政策主要的和决定性的力量,尤其是在中央集权管理体制中。社会主体指由法律认可和保护,可参与公共政策的制定、执行和评估,并对公共政策的制定、执行和评估具有强大影响作用,但并不拥有合法权力作出具有强制力的政策决定的组织,包括地方社区、非官方的各专业团体和利益团体等,如大学、研究院以及课程研究机构、测验考试机构等学术团体。通常决定课程、教材的学术标准,参与教科书的编写、修订与改革等,在课程政策制定中占有重要地位。个人主体指由法律认可和保护,可参与公共政策制定、执行和评估,并对公共

政策的制定、执行和评估有一定影响作用的公民个人，包括各学科专家、校长、教师、家长以及关心教育的有识之士。在权力分散的情况下，校长在选择教材、改变教学大纲内容和决定学校目的方面的影响最大，普通教师对课程的选择也有较大影响。在中央集权型教育体制中，教师在教学层面也有确定具体教学目标、设计和安排学习活动的机会。课程政策制定过程中，国家主体是核心，社会主体发挥重大的影响作用，个人主体的参与有利于保证课程决策的科学化和民主化，以及课程政策的贯彻与实施。

课程政策的变化与发展受教育外部与内部因素的制约，不仅受政治、经济与科技发展状况、民族文化传统、社会思潮、公众舆论等因素的影响，且与教育目的、决策者与教育者素质等因素密切相关。在外部因素方面，课程政策的制定是一种政治行为，政治利益集团通过意识形态渗透和课程决策组织对课程政策发挥作用。意识形态的渗透反映在课程的价值取向、目标设定、内容选择、效果评价等方面，符合统治集团的根本利益，培养社会稳定和发展所需人才是所有国家课程政策的根本原则。统治集团掌握和控制课程决策的组织、选择与决定的权力，其内部运作方式、所代表的利益集团、所追求的政治理想与目标等，都对课程政策的形成与发展产生重要影响。经济与科技发展状况通常决定一个国家课程政策的基本框架、规模、程度与方向以及课程政策的必要性、可能性与实效性。民族文化传统对课程政策的制定具有潜移默化的渗透作用，各国不同时期的课程政策通常从不同侧面反映本国、本民族的文化积淀与传统精神。各时代涌现的理论思潮以及公众舆论等在很大程度上影响同时期的国家价值理念与政府决策导向，并映射到教育尤其是课程决策领域。在内部因素方面，教育目标决定课程发展的方向，教育政策以教育目标为先导；决策者的素质直接影响课程政策的正确性、适应性及有效性；教育者的素质决定课程政策落实的有效程度与广度。

依据课程权力的集中与分散程度，世界主要国家的课程政策可分为三种类型。一是中央集权型课程政策。以法国为典型。课程权力集中统一在最高国家权力机关和教育行政机关，地方教育当局几乎所有重要事务均受中央控制；课程政策的制定权、课程决策权及课程实施权等皆由中央总揽，中央与地方之间是一种绝对的领导与服从关系，各类督导是中央与学校的媒介，不同层级的权力机构之间在职责、权限及义务方面的等级严明。二是地方分权型课程政策。以美国为典型。课程权力集中在地方教育行政当局，地方教育当局负责课程事务，中央教育行政部门只提供指导性、参考性的标准和建议以及课程改革资金等，基本不干预课程改革。三是学校自主决策型课程政策。以英国为典型。课程权力主要在学校，中央和地方通常只提供指导性、参考性的课程标准或课程建议。

对应于上述三种课程政策类型，课程政策制定模式亦有三种。一是中央集权型的自上而下的模式，即传统的金字塔模式或正三角形模式，课程决策权集中于中央或省市行政部门，学校和教师执行课程政策，行政部门加以评定。二是地方分权型模式，亦称菱形模式，即课程决策权集中于地方，由省市教育行政部门作出决定，上报中央，并要求学校和教师执行，行政部门加以评定。三是自下而上的分权型模式，亦称倒三角形模式，即课程决策权集中于基层，主要由不同的学校作出决策，并上报地方当局或中央政府后自行评定。

（李　敏）

课程中的意识形态（ideological content in curriculum）课程社会学分析的重要主题。旨在揭示一定社会群体、特殊群体或个人的观点和价值对合法的课程发展的制约作用。

英国近代实证主义哲学家、社会学家斯宾塞提出的"什么知识最有价值"是课程理论中最有影响的问题。现代大量历史的、概念的经验研究和工作论证了，学校中所谓的"合法"知识是一种社会建构，不同利益集团在其中扮演重要角色，"什么知识最有价值"由此转向"谁的知识最有价值"。

美国教育理论家阿普尔称课程为"选择性传统"，课程可以被解释为意识形态过程的一部分，受到支配权力的维护和挑战。许多普遍可能的知识或许仅是某些集团的知识、历史和价值，它们被挑选作为官方知识，并通过课程、教学和评价的过滤作用教给每个人，使人产生关于现在和未来如何认知和行事的信念与假设。这些意识形态的信念和假设有时是不可见的，因为意识形态是隐含的，常隐蔽在作为社会关系组织的课堂日常教育事件和常识活动中，也隐藏在学校与社区的关系中。

意识形态通常涉及一套观念体系、信念、基本承诺和关于社会现实的价值，是一个复杂概念并具有复杂的历史。最初出现于19世纪初，法国哲学家和政治家特拉西在《意识形态概论》中最先使用"意识形态"这一概念，其含义是关于观念的理论。马克思对这一概念进行批判性分析，将其与社会关系和维护资本主义社会的传统联系起来，认为意识形态是一种"虚假意识"，产生于一系列给定的物质利益或一定阶级与集团，揭示了阶级地位的不平等是"虚假意识"产生的阶级根源，阶级利益和人类利益的混淆是"虚假意识"产生的社会历史根源。意识形态的不同定义可归纳为三种基本观点：（1）意识形态指社会特定团体的信仰或观念，或指这些信仰和观念的生产，是在一定社会利益刺激下形成的思想形式或具有行动导向作用的话语；（2）意识形态指一个整体的社会权力的生产所形成的思想观念；（3）意识形态是必不可少的中介，个体藉此可以感知自己所处的世界,并激活个体与社会结构的联系。这些理解都将意识形态与社会结构相联系,指向知识与权力的关系。课程是一种选择性的知识体系,故意识形态与课程密切相关,分析课程与意识形态的关系有三个理解视角:文化霸权理论、对应理论和抵制理论。

文化霸权理论　该理论源自意大利新马克思主义代表葛兰西,他认为统治集团的统治方式已不再是通过暴力,而是通过宣传,通过其在道德和精神方面的领导地位,让广大民众接受统治集团一系列的法律制度或世界观,以达到统治的目的。但文化霸权的争夺并不是一方对另一方简单的灌输和强加,而是双方谈判或协商的结果。文化霸权所给予的不是一种静止的或静态的统治模式,而是一种动态的统治方式,是统治与反抗之间一种不断变化的动态的平衡,葛兰西谓之"运动中的平衡"。不仅如此,现实中存在多种意识形态,它们在团体内部形成冲突,阶级的意识形态可能与性别和种族的意识形态形成冲突。当意识形态被进一步视为多元和对抗时,则意味着意识形态内部具有不同的元素,在理解世界及支配世界的权力关系时,人们的常识中存在正确见解(good sense)和错误见解(bad sense)的元素。因此,受压迫的集团在反对支配性权力的同时,可能又在支持它。意识形态包含的矛盾既使人们发现教育与社会之间不同的权力关系,亦限制人们对引起不平等问题根源的理解。这些元素在意识形态内部并存。法国哲学家阿尔杜塞直接继承葛兰西对意识形态的探讨,认为国家权力可以通过两种方式在两种国家机器中实施:一种是强制的和镇压的国家机器,包括政府、行政机构、警察、法庭和监狱等,它们通过暴力或强制方式发挥功能;另一种是意识形态的国家机器,包括宗教的、教育的、家庭的、法律的、政治的、工会的、传媒的(出版、广播、电视等)、文化的(文学、艺术、体育比赛等)等,以意识形态方式发挥作用。但同时也认为,文化和意识形态总体上不是由经济决定的,它们有自身的历史及相对自主性,拥有经济关系之外的力量,必须以"多元决定论"(overdetermination)来理解文化与权力的关系。阿尔杜塞区分了两个要素,第一个要素是劳动社会分工的再生产,以维持资本主义的权力。学校是资本主义社会最重要的意识形态的国家机器,学校不仅教授知识和技能,而且确保服从统治的意识形态或控制其实践。第二个要素是"主体的构成",即意识是如何形成并通过意识形态系统而作为主体存在并自我认同的。它们会像语言系统一样将人置于想象的状态,依据语言构成人的存在。阿尔杜塞的探讨对评判教育研究具有重大影响,并引发将学校中的知识与权力联结起来的分析。

对应理论　亦称"经济还原论"。20 世纪 70 年代,美国经济学家鲍尔斯与行为科学家、教育家金蒂斯认为,教育的社会关系与生产的社会关系及职业经验之间存在对应关系,阶级结构的本质建立在被养成的教育价值的基础上。故学校传授了一种"隐性课程",通过个体社会化过程,将一套特定的社会与文化价值、观念和活动与社会结构的再生产相连接,以支持并服务于不平等的社会关系以及从中滋生的意识形态,为学生日后在不平等的劳动社会分工中准备预期的位置。鲍尔斯与金蒂斯采用一种相对简单的"基础/上层建筑"对应模式来理解学校在社会结构再生产中的功能,对应理论由此招致批评。对应理论的主要问题在于镜像比喻,即认为学校只是再生产支持社会劳动分工的意识形态,缺乏对文化和意识形态要素的关注,而这些要素可能作为中介通过运作相对独立于经济的自主性折射出经济关系。英国社会学家 B. 伯恩斯坦认为,阶级意识形态渗透在整个课程组织中,这一观点较之课程内容仅仅是统治阶级信念的反映更复杂,这些都不是总体上受经济基础控制的。

抵制理论　抵制理论将学生、教师和其他人视为积极的能动者,他们反抗统治集团的意志并与阶级、性别和种族的意义作斗争。虽然 B. 伯恩斯坦和阿普尔承认课程复杂性的重要性及其相对自主性,但人的能动性理论未获发展,关于教育的隐喻更多的是"知识与价值的传递",学生和教师被经常假定易于内化学校中传授的想象中的支配性知识和价值。这种隐喻将学生和教师视为支配性意义和价值的被动接受者。这导致抵制理论的出现。该理论源于英国社会学家 P. 威利斯对青年日常文化的研究,学校被看作学生既对抗某些体现在课程中的阶级信息,同时又产生其他的阶级、性别和种族意识形态的场所,学生有意识地对抗学校的主流文化,并创造自己的非主流文化。学校不仅有文化的再生产,也有文化的生产,即再创造。文化总是被视为在特定社会政治情境中的一个形成过程。人们对意识形态做出的反应和创造意识形态立场,都取决于主体本身。

个体的主体性或同一性并非与生俱来,而是被决定和受控制的,从关系的结构中生产。主体包含阶级、性别、种族等内容,具有可以转化的多元同一性,主体对学校内外的经验不是做出简单反应,而是依赖于情境,以多元甚至矛盾的方式做出反应。多元性被引入主体性和同一性以及意识形态实际作用的争论,这意味着不仅必须审视任何情境中几种意识形态的活动过程,而且要审视个体行动者具有的内在的多元意识形态立场,例如一个女教师在性别关系中可以是进步论者,但在阶级和种族关系上可能是保守的。

上述理论视角受到女性主义、反种族主义和后殖民主义理论的强烈影响。例如,种族的观念在这里是以"非本质主义"方式考虑的,不存在普遍性的种族观念,种族和民族不是以无变化的生物学、文化和语言特质的方式界定的,少数民族团体也不是同质的,但同一性被认为是一个复杂单元,由个人/集体在各种社会力量和伴随相互的意识形态利益中历史地构成。

这可以被看成是后结构女性主义关于意识形态与同一性本质的论述。例如,他们也坚持在自我和妇女范畴中"主体状态"的多样性,坚持所有知识都有暂时的、多元的和非理性的特征,从而假定所有知识都与权力相关,尤其是在一个给定语境和情境的宏观层面。与其设法将合法知识和教学的界定与政治经济的宏观层面、社会中的霸权关系相联系,不如关注局部性和偶发性的东西。这个理论传统的工作对普遍主义、现存的真理论断和新近出现的知识和教学形式提出挑战。它提出教育中知识、权力与权威之间关系的问题,为新马克思主义与后现代、后结构主义传统的联合提供了一种更有成效地理解教育中意识形态与权力动态关系的途径。

意识形态的概念和意识形态的运作过程很复杂。在课程策略中,虽然作为法定知识体现的教科书受到关注,但在意识形态与课程的关系中,许多详细阐明教育中知识与权力关系本质的方法更受重视。

教科书体现经济、政治和文化的复杂关系,同时又是出售的"产品",表征被权力集团界定为合法知识的内容,通过国家的教材使用政策,部分地受到政府控制,往往是文化合法性冲突的结果。教科书也是霸权与反霸权关系以及涉及多元权力的社会运动的结果,但不包括对种族、阶级、性别和宗教的限制。教科书服从于教师、学生和社区成员以不同方式加以利用和阅读时的解释过程,这些成员由种族、阶级、性别和意识形态话语构成,本身是复杂的和矛盾的人群。故教科书属于多元读本,依赖于教科书的形式和内容以及由谁进行解释。

理解意识形态的样式及其对主要课程产品教材的影响,必须了解教材由谁编撰、如何生产和销售的历史,审视教材如何在国家层面被批准和在学校层面被选择的过程,观察教材如何被使用和阅读。这些环节涉及冲突和妥协,以及团体间和团体中每个人的阶级、性别、种族等多元权力关系。无论课程、教学和评价是否由意识形态决定,都需避免两个极端,即个体的观念独立创造了个体的世界,或结构的观念总体上决定了个体,应将二者作为一种辩证关系,即人的行动与结构是相互依存的。

参考文献

Apple, M. W. Ideology, Reproduction, and Educational Reforms [J]. Comparative Education Review, 1978.

Bernstein, B. Class, Codes and Control [M]. Vol. 1 - 4. London: Paladin, Routledge, Kegan Paul, 1971 - 1990.

Boudon, R. Education, Opportunity and Social Inequality: Changing Prospects in Western Society [M]. New York: Wiley Publications, 1974.

Bourdieu, P. Cultural Reproduction and Social Reproduction [M]// Karabel, J. & Halsey, A. H. Power and Ideology in Education. New York: Oxford University Press, 1977.

Levinson, D. L. Education and Sociology: An Encyclopedia [M]. New York: Routledge Falmer, 2002.

（吴　刚）

课程资源(curriculum resource)　　广义指有利于实现课程目标的各种要素,如校园环境、电脑网络、图书馆、博物馆等。狭义指形成课程的直接来源,如教材、学科知识等。一般主要使用广义。

在课程论发展史上,对课程资源的认识经历了一个发展过程。最初主要关注课程目标和课程内容来源。美国教育家杜威在《儿童与课程》中提出教育过程的三个基本要素,即学生、社会和有组织的学科,并将其视为课程的三个基本来源。美国学者博比特运用活动分析法,将人类经验分为一些主要领域,并作为课程的来源。美国学者查特斯通过分析人类的活动,探查课程来源,把确定人类活动的基本单位作为课程编制过程的第一步。博德提出课程目标的三个来源,即教材专家的观点、实践工作者的观点和学生的兴趣。美国课程理论家 R. W. 泰勒在《课程与教学的基本原理》中提出课程目标的三个来源,即对学生的研究、对当代社会生活的研究以及学科专家的建议,认为课程资源是在寻求目标、选用教学活动、组织教学及在指定评估方案过程中可资利用的资源,并依据课程研制过程,把课程资源分为目标资源、教学活动资源、组织教学活动资源以及制订评估方案资源。在中国课程论研究领域,课程资源在 21 世纪初受到关注,2001 年教育部颁布《基础教育课程改革纲要(试行)》,明确提出积极开发和合理利用校内外各种课程资源,倡导学校充分发挥图书馆、实验室等各类教学设施和实践基地的作用,广泛利用校外图书馆、博物馆、企业等社会资源以及丰富的自然资源,并积极开发信息化课程资源。

课程资源分类　　按不同的分类标准,课程资源可分为不同类型。(1)从功能特点的角度,分为素材性课程资源和条件性课程资源。前者指编制课程的直接素材或直接来源,如各种知识、技能、经验、活动方式与方法、情感态度和价值观等,对这些要素的不同选择和组织即形成不同的课程;后者指作用于课程但并不形成课程本身的直接来源,很大程度上决定课程实施范围和水平的因素,如学校的人力、物力、财力,各种教学媒体、设备等,其开发遵循教育性原则,保证课程的有效实施,又不造成资源浪费。(2)从空间分布的角度,分为校内课程资源和校外课程资源。前者主要存在于学校范围之内,如图书馆和各种教学设备等;后者主要存在于学校范围之外,如科技馆、博物馆、各种乡土资源等。相对而言,前者的开发和利用占主导地位,后者则更多地起辅助和补充作用。(3)从教与学关系的角度,分为教授化课程资源和学习化课程资源。前者指在以教师为主体的传递性教学范式下,旨在实现课程目标的各种要素,其来源主要包括各种确定的客观性知识和经验,教科书是资源体系的核心,在实施条件上强调严格而精确的教学环境,其课程价值的实现依赖于学科专家的开发、编制以及教师的教;后者指在以学生为主体的教学范式下实现课程目标的各种要素,包括学生的各种生活经验、兴趣和感受,各种社会符号文化、物质文化、交往文化等,以及宽松、民主的教学环境。(4)从存在形态的角度,分为显性课程资源和隐性课程资源。前者看得见摸得着,可直接运用于教育、教学活动,如教材、计算机网络、自然与社会资源中的实物、活动等,可直接成为教育、教学的手段或内容,较容易开发和利用;后者以潜在方式对教育、教学活动施加影响,如学校和社会风气、家庭气氛、师生关系等,其作用方式具有间接性和隐蔽性特点,不能构成教育、教学的直接内容,但对教育、教学活动的质量具有持久的潜移默化的影响。

课程资源开发与利用　　课程资源具有一定的价值潜在性,只有经过科学合理的开发,并有利于课程目标的实现,才能从"自在之物"转变为"为我之物",实现其课程价值。课程资源开发与利用有三条基本原则。(1)发展性原则。课程资源的开发与利用必须促进学生的发展,以学生的发展为逻辑起点和终极目的;课程资源的开发与利用必须促进教师的发展,赋予教师进行课程资源开发的权利,引导教师参与课程开发实践,进而促进教师专业发展。(2)优先性原则。根据学校实际,在可能的课程资源范围内,在充分考虑课程成本的前提下突出重点,精选对学生终身发展具有决定性意义的课程资源加以优先运用,形成课程特色。(3)适应性原则。要根据学生实际、学校教师的结构和水平以及本地区的资源特点,使课程开发尽可能与现实相适应。

课程资源的开发与利用具有其筛选机制,有助于学生主动学习与和谐发展的资源需经过教育哲学、学习理论和教学理论的筛选才能进入课程与教学过程。具体指:课程资源有利于实现教育的理想和办学宗旨,反映社会发展需要和进步方向;所开发的课程资源与学生的内部学习条件一致,符合学生身心发展特点,满足学生的兴趣爱好和发展需求;所开发的课程资源与教师的教学素养水平相适应,考虑到教师是否能在教学过程中操作和运用。

根据开发主体的不同,课程资源开发有五种基本模式。(1)国家为主体的开发模式。国家各级教育行政部门利用自己的优势为学校教学开发各种课程资源,如组织相关专家建立丰富多样的教材资源供教师选择使用,为学校与博物馆、科技馆等各种社会资源之间建立接触和对话的渠道,实现对社会资源的开发。(2)学校为主体的开发模式。学校充分开发图书馆、资料室、多媒体教室等潜在的课程资源的价值,使之充分为教师教学和学生发展服务,也可结合校

本课程建设,实现对各种课程资源的开发,还可主动与社区、部队、企业、农村、家庭等联系,有机结合校外资源与校内资源。(3)教师为主的开发模式。教师根据教学实际,利用电脑网络、实物模型等途径实现各种课程资源的整合,并运用于教学;教师群体也是一种重要的课程资源,教师之间的研讨、合作备课、观摩评课可有效促进课程目标的实现。(4)学生为主的开发模式。学生既是课程资源的消费者,也可成为课程资源的开发者,尤其在现代信息技术广泛应用的背景下,在提倡学生自主学习、探究学习、合作学习的教育趋势下,为学生成为课程资源的开发者具备充分的可能性。(5)社会为主的开发模式。图书馆、博物馆、科技馆、科研院所等与学校联合,将所拥有的各种有教育价值的课程资源进行整合,为课程资源开发与利用服务。

根据 21 世纪课程改革的实际,课程资源的开发更强调基于学校和教师的微观开发模式,具体开发途径:学校和教师根据本校、本班学生实际对教材进行二度开发;调查研究学生的兴趣和经验类型,学生的兴趣、经验、感受、见解、困惑、问题等是重要的课程资源,教师可根据学生的心理因素归纳出能唤起学生强烈求知欲的各种教学方式、手段、工具、设施、方案和问题,帮助学生更好地达成课程目标;确定学生的现有发展基础及相应的教学材料,学生的发展基础与教材规定的水平之间的差距为教师开发课程资源提供了空间,教师可根据学生的具体情况,为学生准备或发动学生主动搜寻各种有效资源;教师根据教学需要和学校、学生的实际,创造性地开发和利用各种教具和学具,为提高教学质量和促进学生发展服务;安排学生从事课外实践活动,有效促进学生把课堂所学的知识、技能运用于实践,促进对课堂所学的内化和理解;总结和反思教学活动,将教师的教学经验作为重要的课程资源,借助工作日志、教学录像、个人教学档案等方式积累和反思自己的教学,或通过教师之间的研讨、观摩、评课等实现经验资源的共享;利用校内外的图书馆、科技馆、专用教室、实践基地、科研院所等场馆资源开发课程资源;发挥网络资源的作用;开发和利用学校所在地区的自然生态和文化生态方面的乡土资源。

参考文献

吴刚平.课程资源的理论构想[J].教育研究,2001(9).

钟启泉,崔允漷.新课程的理念与创新——师范生读本[M].北京:高等教育出版社,2003.

(李召存)

课堂的社会过程(social process in classroom)　　课堂教学情境中不同角色和群体的社会互动及组织关系。课堂过程并非在真空中发生,学校的社会情境和师生的组织角色塑造了课堂事件,课堂内还存在影响学生与学生关系、

教师与学生关系的复杂的社会体制。课堂的社会过程研究探讨课堂过程的五个基本方面：教师作为权力的象征；为适应教学方法的变化而产生的教师角色变化；学生之间层次地位变化的原因与结果；学生之间的相互关系；课堂学习安排（学习环境）之间的联系。

教师作为权力的象征　大多数课堂事件源于学校正规组织中教师的权力地位。教师有维持课堂秩序的责任；为完成工作，对学生进行鼓励或提出批评；给学生布置任务并决定如何开展工作；评价学生的表现。课堂是基于教师和学生两个角色群体的权力结构，以及专业人士和代理人之间的知识区分，教师和学生是课堂中的两个代表性角色，而教师的角色远比学生重要。教师运用合法的、有组织的以及文化的方式控制课堂教学，学生通过学校教育学习规定他们掌握的知识以及与其角色一致的社会规范。在很多方面，教师的评价方法是课堂社会系统的关键。教师评价学生的方式影响学生学业成就的期望和智力意识以及学生完成课堂任务的努力。美国斯坦福大学社会学家多恩布什和W. R. 斯科特关于评价中课堂权力运用的研究显示，教师的评价必须满足一些条件才能使学生更加努力：评价很重要；评价是正确妥善的；评价具有公平一致的标准；评价具有具体明确的依据；给评价以可信赖的解释；给予经常性和具有挑战性的评价。相对而言，具有一般学术能力的学生，其学习更依赖于教师的客观评价，而具有较高能力水平的学生能自我督促，不依靠外界评价体制。美国学者 L. 金的一项个案研究表明，教师对学生和学生行为的期望要比对学生是否成功的简单信念更复杂，除了判断学生的能力外，教师还要判断学生的成绩是能力的结果还是努力的结果。

教学和教师角色的变化　20 世纪 70—80 年代，个别化教学兴起，欧美国家提倡一个课堂同时开设多门不同课程并开放教室，学生可以任意选择感兴趣的课程，而不是学习相同的课程和完成相同的作业，课堂成为多维度的教学空间。多维度课堂的原则是采用多样化的学习材料和方法，不同的学生完成不同的作业，学生不是独自学习，而是独立学习。自 1985 年起，合作学习技术迅速发展和被运用，深化了课堂中同时运作多任务的方式，突出课堂中相互影响的过程。课堂工作技术或方法的变化要求教师角色随之改变。当所有学生完成相同作业时，教师进行直接指导、直接关注过程和结果最有效。而当学生以小组互助方式学习时，教师就不能同时在每个小组布置学习任务，以免干扰小组成员之间的交流。当个别学生或学生小组在完成没有唯一正确答案的任务或复杂任务时，教师的授权很重要，即允许学生独立解决问题，而非直接指导学生。

学生之间的层次地位　课堂过程的研究表明，教师主要对学生行为与课堂规则的一致性作出反应，而并不根据学生的社会背景评价学生的教育成就。但基于低社会阶层的学生在传统学术项目上可能遭遇更多困难，表现出更多的行为问题，教师往往对他们抱低期望。由于社会阶层与学业成就及行为之间存在关联，在课堂上，社会经济地位低的学生通常被分到低能力组并成为批评的对象。低社会经济地位和少数民族背景学生学业成绩较差的原因在于课堂过程，但较之学生的阶层和种族，教师对学生学业成就以及行为与课堂规则的一致性的反应，对学生学业成就的影响更直接。

班级中学生地位的差别主要基于学术能力分层。对年幼学生而言，阅读能力是决定其学术地位和智力的核心因素。课堂中这种社会阶层的划分，可以通过学生之间阅读能力的认可程度来衡量。罗森浩兹和 C. 辛普森指出，课堂中的作业—评价实践通过一个社会性比较的过程导致学生地位的不平等，在这种比较中，学生被按照学习作业中的能力这个单一尺度排列，学生通过完成作业后的相互比较形成有关自己能力的概念。标准化的作业鼓励社会性的比较过程，学生从中对于自己完成作业的表现作出评价，强调打分和划分等级具有同样效果，即都给予学生确定其在学业能力和成绩方面的地位的客观依据。课堂中的一些关键条件引起同学的一致看法：每个人做相同的作业，易于进行社会性比较；学生对作业没有选择权；在课堂上，每一位学生的表现完全展现在教师面前。教师强调竞争性等级和分数，以此作为给予学生反馈的主要形式。这种课堂使学生对自己和同学的能力形成明确的、一维的概念。

学生间的地位差别还基于声望和魅力的分层，即学生在同伴中的地位。小学阶段，阅读能力强的学生地位高；中学阶段，受欢迎的学生可能被看作好学生。

根据地位特征理论，同伴中的地位区分影响学生交往。在学生群体中，较之低学术地位和同伴地位的学生，有较高学术地位和同伴地位的学生在合作学习中更活跃、更具影响力。教师可以改变学生的这种在社会交往、影响力和学习上产生不平等的能力期望。

在小学课堂中，学生间的区分差别还源于能力组，个体所处能力组是评价阅读能力和学术分层的明显线索。研究表明，从长远看，以相同起始成绩学习的学生会对低能力组学生的成绩产生负面影响，主要原因有三：不同能力组的教学不同；将学生的不同动机作为划分能力高低的标签；将教师和家长对学生行为的不同期望作为不同能力组成员的资格。

学生之间的相互关系　20 世纪 30 年代，早期的行为研究者莫雷诺开始研究同学之间的友谊关系，试图改进社会关系，增加课堂民主。他运用社会人际学的方法进行调查问卷，发现了同学中的"社交明星"和"社会孤立者"。社会学传统的早期研究者发现，社会孤立者因其低同伴地位而未能发挥潜能。

20 世纪 80 年代，美国学者哈利南等现代社会学家运用社会人际方法评估学生在一段时间内对友谊的选择。他运用复杂的计算和统计方法来分析数据，以界定"小圈子"，认为同伴之间以积极的感情相互联系。"小圈子"更易在同一年级或班级中形成，"小圈子"的成员可能会一起学习和玩耍，与"小圈子"成员相比，非"小圈子"成员与同学或同伴的交流较少。同伴影响可能利于或不利于学习过程。"小圈子"成员之间交往频繁，通过塑造每个人的观点、影响每个人的行为来促进同伴影响。

较之小组之间，同学间友谊关系中的性别、民族和种族因素更重要。小学中，男孩和女孩几乎不约而同地选择相同性别的同伴作为朋友。在多民族课堂中，学生们也倾向于在相同的种族之间建立友谊组。

课堂学习的安排和教师的评价方法对友谊关系的发展有很大影响。教师越强调等级和分数，"小圈子"就越看重成绩。采用死记硬背和传统学习方式的课堂存在明显的"社交明星"，他们只与同伴小组交流，其中大多是阅读能力较强的学生。课堂学习中，学生之间日益增加的交流机会会增进友谊，开放课堂中的合作学习或分组教学最有益的方面是增进友谊，包括增进不同种族学生之间的友谊。

学习环境　20 世纪后半期，学习环境在国际学术领域得到广泛的探讨和发展，研究内容不断充实。B. J. 弗雷泽等人设计了一系列经济有效的可被广泛应用的课堂环境调查问卷，最有代表性的是右表的"九种学习环境研究量表"。通过这些调查问卷来评估学生对课堂环境的感知和理解，并在课堂环境与学生学习结果之间建立联系，运用学习环境评价工具评估教育项目，确定学习环境的决定因素等，包括在学习环境的研究中更多地运用质的研究方法，以及探索如何运用学习环境评价工具来切实提高课堂教学效果等。

九种学习环境研究量表

工 具 名 称	等级	每个量表所含题目数	人类环境描述的维度		
			关系维度	个人发展维度	系统维持或改变维度
学习环境调查表（Learning Environment Inventory，简称 LEI）	中等教育	7	凝聚力 摩擦 偏爱 "拉派结社" 满意 冷漠	速度 难度 竞争性	多样性 拘谨 物质环境 目标方向 无系统性 民主
课堂环境量表（Classroom Environment Scale，简称 CES）	中等教育	10	参与 从属联系 教师支持	任务定位 竞争	秩序和组织 规则说明 教师控制和管理 创新
个性化课堂环境问卷（Individualized Classroom Environment Questionnaire，简称 ICEQ）	中等教育	10	个性化 参与	独立性 调查/观察	区别
我的课堂环境量表（My Class Inventory，简称 MCI）	初等教育	6~9	凝聚力 摩擦 满意	难度 竞争性	
大专、大学课堂环境一览表（College and University Classroom Environment Inventory，简称 CUCEI）	高等教育	7	个性化 参与 学生凝聚力 满意	任务定位	创新 个性化
教师互动问卷（Questionnaire on Teacher Interaction，简称 QTI）	中等/初等	8~10	有帮助的/友善的 理解的 不满意 警告/责备		领导力 学生责任和自由 不确定性 严格
科学实验环境一览表（Science Laboratory Environment Inventory，简称 SLEI）	中等教育 高年级/高等教育	7	学生凝聚力	能动自由度 一体化	规则说明 物质环境
建构学习环境调查（Constructivist Learning Environment Survey，简称 CLES）	中等教育	7	个人关系 不确定性	重要观点/关键声音 共同管理	学生协商
"这个教室中正发生着什么?"（What Is Happening In This Classroom，简称 WIHIC）	中等教育	8	学生凝聚力 教师支持 参与	调查/观察 任务定位 合作	平等

中国学者也对课堂过程进行了社会学研究。吴康宁等人认为,课堂教学参与者在人际互动过程中不断相互了解、相互调适,逐渐形成对确保特定的课堂教学活动顺利进行所必需的规则的共识,从而建构特定的课堂活动规范,包括制度性规范和非制度性规范。关注课堂中教师与学生互动的机会分配可发现,课堂教学中存在知识分配过程,这一过程或公平或偏颇;关注教师对学生课堂言行的价值评判可发现,课堂教学中还存在知识(文化)标定过程,这一过程或公正或欠公允。学生正是通过各种人际互动过程及与之相伴的规范形成过程、知识分配过程和文化标定过程等,不断地被社会化。

课堂教学的社会学模式很多,可根据课堂教学中的教师角色和学生势力两个维度分类。根据领导力度的强度,教师在课堂中的实际角色有三种,即权威、顾问、同伴。学生势力指学生在课堂中所具有的保护自己、表现自己乃至扩张自己的力量状况,其强度取决于班级凝聚力及课堂中学生群体的运作状况,有弱、中、强三种。这两个维度的不同结合形成课堂教学社会学模式的九种基本类型。更进一步地说,课堂教学的社会学模式有三大构成要素:一是角色及其行为,主要反映课堂教学中的个体状况;二是人际网络,主要反映由各个角色扮演者组成的课堂教学群体状况;三是活动规范,既是前两种状况的产物,也是维持这两种状况的条件。

课堂过程对学生如何看待自己、如何与同学交往以及学生的学业状况等有很大影响。教师和学生的组织角色极大地影响课堂的社会体制。课堂作业和评价体制的属性影响学生对自己和他人的评价方式、学生间的交流方式和师生交往方式。学生之间的地位和友谊关系部分依赖于教师的学习安排。这些重要的关系对学生的参与和学习也有影响。课堂过程是社会阶层体制的真实反映,学生划分类似整个社会的阶层划分,处于阶层底部的学生通常在学术上不努力。基于课堂社会体制的力量,教师可创设民主的班级气氛,选择合适的教学方法、分组模式、反馈和评价体制,以限制这种层级分化的加剧,加强不同人种、不同阶层之间学生的友谊和合作关系,为所有学生提供成功的教育体验。

参考文献

Cohen, E. Restructuring the Classroom: Conditions for Productive Small Groups [J]. Review of Educational Research, 1984 (64).

Fraser, B. J. Classroom and School Climate [M] // Gable, D. Handbook of Research on Science Teaching and Learning. South Melbourne: Macmillan, 1994.

Hallinan, M. T. & Smith, S. S. Classroom Characteristics and Student Friendship Cliques [J]. Social Forces, 1989(67).

Levinson, D. L. Education and Sociology: An Encyclopedia [M].

New York: Routledge Falmer, 2002.

(吴　刚)

课堂管理心理学(psychology of classroom management)
教育心理学分支学科。主要研究课堂中的人际关系心理学问题。课堂管理教师通过协调课堂内的教师、学生和课堂情境三者之间的关系而有效地实现预定的教学目标的过程。15世纪以前,学校采用的是个别教学形式,即教师分别对个别学生进行教学。一起学习的学生的年龄和知识程度都不相同,也无固定的修业年限和上课时间。16世纪,一些欧洲国家创办的古典中学里出现了课堂教学的尝试,课堂教学开始萌芽。17世纪,捷克著名教育家夸美纽斯,总结了前人和自己亲身的教学实践经验,在其所著的《大教学论》中首次系统地论证了课堂教学制度,奠定了课堂教学的理论基础。此后,课堂教学很快在欧洲各国普遍推广,并日趋完备。中国的课堂教学是在清末兴办学堂以后开始的。一般认为始于1862年清政府在北京设立的京师同文馆。直至今日,课堂教学始终是世界各国学校教学的基本教学组织形式。夸美纽斯曾经说过:个别教学好比"手工抄写",效率不高;课堂教学好比是"印刷术",大大提高了效率。课堂教学效率的提高,一方面取决于教师有效的教,另一方面又取决于科学的管,因为课堂既不同于教室也不同于班级。教室只是由桌椅、讲台、黑板和门窗等组成的房间,其本质是教师和学生上课的场所。它是构成课堂的情境因素之一。但教师和学生并不是教室的必备条件,当学生下课时,教室里可能空无一人,教室已经不再是课堂。课堂也不等于班级,班级是学校里由一定人数的学生组成的正式群体,是学校里教育活动的基本单位。它既不包含教师也不包含教室,其活动范围比课堂教学活动广泛得多。班级活动既包括课堂教学活动,也包括课外文娱、体育、学科和科技兴趣小组等活动,甚至还包括各种社会公益活动等等。在中国,中小学的课堂教学通常是以班级为单位在教室里进行的,但是,课堂教学也可以由几个班级在同一个教室里进行。课堂是由教师、学生和课堂情境三大因素构成的进行教学活动的组织。教师是课堂教学活动的组织者和领导者,在教学过程中起主导作用。学生是学习的主体,课堂教学活动的各种条件和方案都是为他们而设计的,并对他们起作用。课堂功能的发挥和实现,都是通过学生的心理变化来反映的。而教师和学生的活动又都是在课堂情境里进行的,离开了一定的课堂情境,教师和学生便无法相互影响、相互制约,也就难以取得理想的教学效果。由于在这三大要素中,教师始终处于主导的地位,就要求教师在课堂里采取有效的措施,协调教师、学生和课堂情境等三大要素的关系。这样的协调,从某种意义上可以说就是课堂管理。

课堂管理功能

课堂教学作为一种教育活动,可以分解为教学、评价和管理等三种主要的活动模式。教师在课堂教学中创设必需的环境条件和活动程序,吸引学生积极参与课堂活动,使他们与教师主动合作,消除课堂冲突,矫正问题行为,努力将课堂教学时间用于教学活动和评价活动。所以,课堂管理始终制约着教学和评价的有效进行,具有促进和维持的功能。

课堂管理的促进功能是指教师在课堂里创设对教学起促进作用的组织和良好的学习环境,满足课堂内个人和集体的合理需要,激励学生潜能的释放以促进学生的学习。课堂管理的促进功能,既不诉诸强迫手段,也不依赖乞求或劝说,主要通过利用群体动力来实现。第一,形成尊师爱生、团结协作的师生关系和互帮互学、和睦相处的学生关系,促进师生共同努力来完成教学任务;第二,培养良好的课堂风气,促进学生自觉遵从课堂规范;第三,明确群体目标,促进群体对其成员的吸引力,增强群体内聚力;第四,正确处理正式群体与非正式群体的关系,促进班集体结构的完善。

课堂管理的维持功能则是指在课堂教学中持久地维持良好的内部环境,使学生的心理活动始终保持在课业上,以保证教学任务的顺利完成。第一,当课堂教学面临新的情境时,通过课堂管理使学生迅速适应课堂情境的变化;第二,当课堂里出现师生关系和学生关系紧张时,通过课堂管理缓和与解决各种冲突,形成与维持和谐的人际关系;第三,当课堂里出现纪律问题时,在课堂管理中制定的符合学校规章制度的课堂行为准则,有助于协调课堂教学步骤,排除各种干扰,维持课堂纪律;第四,当课堂里发生问题行为时,通过课堂管理调节学生的过度紧张和焦虑,减轻心理压力,维护心理健康。尽管这样的管理很难激励学生潜能的释放,却能通过施加外部的压力,维持课堂内的组织,处理课堂里出现的问题,使课堂在不断变化的条件下保持动态平衡,从而维持学生学习的积极性。

影响课堂管理的因素

协调课堂内学生、教师和课堂情境三大因素之间的关系是一个错综复杂的过程,受到众多因素的影响与制约。(1) 定型的期望。人们对教师在学校情境中执行教育任务往往持有一种比较固定的看法,即使某一位教师的实际表现并不符合这种固定的看法,人们还是会按照这种固定的看法去看待和解释教师的行为,这就是定型的期望。它包括人们对教师理应表现的行为及其所具有的动机和意向的期望。学校领导、家长和学生对教师都有定型的期望。教师接受教学任务后,首先必须知道学校、家长和学生对自己的期望是什么,尽量使自己的课堂管理与他们的期望相一致。如果发现自己的管理方式与他们的定型期望不一致,就应该采取措施,努力使两者协调一致。(2) 教师的学生观。教师的学生观是指教师对学生本质特征和培养方式所持有的基本看法。一般而言,教师持有评价性学生观和移情性学生观。持有评价性学生观的教师总是排除个人情感因素的影响而纯客观地评价学生,主张与学生保持适当的心理距离,以保持师道尊严来控制学生,因而在课堂管理中习惯于指手画脚和发号施令,容易满足于学生表面上的唯唯诺诺,动辄强制和压服,偏爱评价好的学生而歧视评价差的学生。持有移情性学生观的教师则认为学生总是向好的、能接受教育的,教师应该设身处地为学生着想,尊重学生的人格和意愿,因而在课堂管理中容易以真诚、友善、热情和关怀的态度对待聪明的或笨拙的、成绩好的或成绩差的、听话的或顽皮的学生。(3) 教师的人格结构。加拿大裔美国精神病学家 E. 伯恩在 1964 年提出人格结构的 PAC 理论。他认为人格是由父母态(P)、成人态(A)和儿童态(C)所组成的。P 型和 C 型人格结构的教师不是凭主观印象办事,独断专行,滥用权威,就是表现出服从和任人摆布,都不利于学生成功地介入课堂活动,只有 A 型人格结构的教师才有可能灵活地驾驭课堂。(4) 教师的影响力。教师的影响力是指教师在与学生的交往中影响或改变其心理和行为的能力。教师的影响力分为权力性影响力和非权力性影响力。权力性影响力是一种带有强迫性的并以外部压力的形成而起作用的影响力。非权力性影响力是由教师自身的良好品质和表现而受到学生的敬佩所产生的影响力。一般而言,权力性影响力使课堂里的学生接受强制性影响,学生的行为反应常常是被动地服从,而非权力性的影响力对学生的影响则是自然的,能够收到情通理达的效果。

课堂管理类型

在通常情况下,课堂管理包括激励型课堂管理和维持型课堂管理。

激励型课堂管理　教师采取各种措施,满足学生的求知欲、上进心、自尊心、成就欲而使课堂产生激励功能。

第一,课堂目标的设置。在课堂管理中,教师要引导学生追求一定的目标。心理学家们建构了不同的目标系统,并把目标对个体的影响从感情、认知和动机进行了不同的解释。德韦克将目标区分为业绩目标(performance goal)和学习目标(learning goal),前者重业绩和比较,后者重学习和过程;阿姆斯等把目标区分为能力目标(ability goal)和掌握目标(mastery goal),前者重视表现出高能力和避免表现出低能力,后者重视能力的增加;尼科尔斯等提出了自我卷入(ego involvement)、任务卷入(task involvement)和中性控制状态(neutral control condition)。自我卷入强调对自我的评价,强调表现出高的能力或避免低的评价;任务卷入强调理解、获得新的技能并完成任务;中性控制状态是没有动机目标的状态(如仅仅消磨时间)。尽管这些理论的概念和术语不同,但是这些理论可以整合为业绩性目标和掌握性目标。业绩性目标强调把自己的能力与他人比较,力求个人学业和才能的充分表现,以获得高的评价或避免低的评价;而掌握性目标则强调个人能力的发展和知识的实际掌握。米斯等研究了目标系统对中学生科学(物理、化学等)课的课堂学习中认知投入的影响,结果发现强调掌握性目标的学生表现出更积极的认知投入,而强调业绩性目标的学生则显示出低水平的认知投入。因此,激励性课堂管理强调多设置掌握性目标。

第二,正式群体与非正式群体的协调。正式群体是由教育行政部门明文规定的群体,其成员有固定的编制、明确的职责权利和确定的组织地位。班级、小组、团支部等都是正式群体。非正式群体是在正式群体内部因相互交往而形成的以个人好恶、兴趣爱好为纽带,具有强烈情感色彩的群体。这种群体没有特定的群体目标及职责分工,缺乏稳定的结构,但有不成文的规范和自然涌现的领袖。正式群体的形成经历松散群体、联合群体和集体等三个阶段。松散群体是指学生们只在空间和时间上结成群体,但成员间尚无共同的活动目标和内容。联合群体的成员已经有了共同内容的活动,但活动还只具有个人的意义。集体则是正式群体发展的最高阶段,其成员所进行的共同活动不但对每个成员具有个人意义,而且还具有重要的社会意义。课堂管理就是要采取措施,使课堂里的学生形成共同的目标和利益关系,产生共同遵守的群体规范,并以此协调大家的行动,满足成员的归属需要,使学生们彼此相互认同,从而使课堂能够从松散群体,经历联合群体,再形成集体。形成的集体又会通过赞许和否认等两种控制手段,调节集体内学生的行为,使其遵守集体规范。而课堂里的非正式群体则是以交往为基础、以情感为纽带而形成的。每一个正式群体内部都或多或少地存在着各种非正式群体,因此课堂管理必须区别对待实际存在的四种不同性质的非正式群体。课堂里存在的学习型和玩耍型非正式群体,只要它们的目标与课堂目标一致,就是积极的非正式群体。对这类非正式群体的基本对策应该是支持和保护。可以利用其成员间情感密切的特点,引导他们相互学习、取长补短;利用其成员相互信任、说话投机的特点,引导他们开展批评与自我批评;利用其成员间信息沟通迅速的特点,可以及时收集学生的反应,做到心中有数;利用其成员归属感强、爱好社交的特点,把正式组织无力顾及的工作交给他们去完成;也可以

利用其自发形成的领袖人物威信高的特点,授予适当的合法权力,使之纳入课堂目标的轨道。对于既无积极作用也无明显的消极作用的中间型非正式群体,要采取慎重的态度,积极引导,联络感情,加强课堂的目标导向,努力使它们的目标与课堂目标相一致。对于经常发牢骚、讲怪话,与课堂目标不一致的非正式群体,则要加强教育,设法改变它们的目标方向,争取他们参与课堂活动,在参与活动的过程中达到目标一致。而对于偷盗、流氓团伙等破坏型的非正式群体,则要依据校规和法律,给予必要的制裁。

第三,群体凝聚力的加强。群体凝聚力是指群体对每一个成员的吸引力。它不同于我们通常所说的团结力,团结主要是指成员之间的吸引力,而凝聚力则是指群体吸引其成员积极从事群体内的活动,使成员不离开群体的力量。一般而言,凝聚力强的群体内部气氛民主,成员之间沟通频繁,交往顺畅;成员的归属感强烈,群体活动的出席率高;成员的责任心强,能自觉维护群体利益,愿意承担相关的责任。因此,增强群体凝聚力便成为维持群体存在和提高群体效能的必要条件。如果一个群体丧失了凝聚力,就会像一盘散沙,使群体名存实亡。但这并不意味着群体的凝聚力越强,群体的活动效率越高,因为群体凝聚力对群体效率的影响与外界的诱导有关。高凝聚力的群体,其成员行为高度一致,个体服从群体的倾向较强,如果加以积极诱导,可以极大地提高群体活动的效率。反之,若出现消极的诱导,则有可能降低群体的活动效率。群体凝聚力强弱是衡量课堂管理成功与否的重要标志,教师应该采取措施提高课堂里群体的凝聚力。首先要努力提高学生个体目标与群体目标的一致性。个体目标与群体目标的一致性高,群体的效率总是高的,相反,活动效率却是低的。其中特别是目标一致性高与群体凝聚力强的结合,该群体的活动效率是最高的,而群体凝聚力强的群体内,若目标一致性低,则其活动效率是最低的。其次是引导课堂里的所有学生在情感上加入群体,以作为群体的成员而感到自豪,形成归属感。使他们对一些重大事件与原则问题保持共同的认识与评价,形成认同感。这样,当群体取得成功或遭遇失败时,所有成员都有共同的感受,从感情上爱护自己所属的群体。最后,当学生表现出符合群体规范和群体期待的行为时,就给予赞许或鼓励,使他们的行为因强化而巩固,形成力量感。

第四,群体规范的形成。群体规范是指约束群体成员的行为准则,它是群体成员保持思想、情绪、态度和行为一致性的保证。如果没有群体规范,群体就会失去整体性,群体也就不复存在。群体规范包括成文的正式规范和不成文的非正式规范。非正式规范的形成是群体成员们约定俗成的结果。据美国社会心理学家谢里夫1948年的研究,非正式规范的形成经历三个阶段。第一阶段是相互影响阶段,每个成员发表自己对某一事物的评价与判断。第二阶段是

出现一种占优势的意见。第三阶段是由于趋同倾向而导致评价、判断和相应行为上的一致性。在这三个阶段中，始终受到模仿、暗示和顺从等心理因素的重要制约作用。至于正式规范，则主要是有目的、有计划地教育的结果。已经形成的群体规范对群体的成员会产生一种心理上的压力，叫群体压力。群体压力虽然不像权威命令那样带有强制执行的性质，但个体在心理上却很难违抗，从而迫使学生服从群体规范。群体成员在群体压力下放弃自己的意见而采取与大多数人一致的行为，叫从众。因为学生们往往相信群体里大多数人的意见是正确的，觉得别人提供的信息对自己是有益的，因而放弃自己属于少数的意见而追随大多数人。而且学生们又往往不愿意被群体其他成员视为越轨者或不合群者，为了避免他人的非议或排斥，避免受到孤立，群体成员容易产生从众行为。群体规范通过从众使学生保持认知、情感和行为上的一致，并为学生的课堂行为划定了方向和范围，成为引导学生课堂行为的指南。不过，消极的群体规范也有可能使学生的不良行为因从众而在课堂里蔓延，使意志薄弱的学生随波逐流。因此，在课堂管理中，教师应该自觉地帮助学生形成良好的规范。一方面要考虑规范对群体成员的适应性，尽量使规范对群体成员的个人价值趋同，另一方面又要考虑群体规范与社会规范的一致性，使每个学生都能正确处理个体与群体的关系。

第五，课堂气氛的改善。课堂气氛是指课堂里某种占优势的态度和情感的综合状态。个别学生的态度与情感并不构成课堂气氛，但多数学生的态度与情感就会组合成占优势的综合状态而形成课堂气氛。在通常情况下，课堂气氛可以分成积极的、消极的和对抗的三种类型。积极的课堂气氛是恬静与活跃、热烈与深沉、宽松与严谨的有机统一。消极的课堂气氛通常以紧张拘谨、心不在焉和反应迟钝为基本特征。而对抗的课堂气氛则是失控的气氛，学生过度兴奋、各行其是、随便插嘴、故意捣乱。课堂气氛对学生的课堂行为容易产生深刻的影响。首先，课堂气氛有可能产生社会助长作用和社会致弱作用。群体对个人活动所起的促进作用，叫社会助长作用。群体对个人的活动起阻碍作用，使个人在群体里面的活动效率比单独一人时差，这叫社会致弱作用。其次是课堂气氛容易通过教师和学生的语言、表情或动作给学生提供暗示。暗示是指在无对抗的条件下以间接的方式影响学生的心理和行为而使其按照一定的方式去行动或接受一定的意见和思想。课堂气氛往往是通过感染而产生暗示作用的。再次，课堂气氛还容易导致流行。流行是指在课堂气氛的影响下，许多学生都去追求某种行为方式而使其在短时期内到处可见，从而导致连锁性的感染。课堂流行一旦发生，往往被打上切合时宜的印记，促使学生追随它，发挥了统一学生行动的功能，因而有助于课堂秩序的维持。同时，流行也能引导学生摆脱现

状，具有创新的功能。为了形成积极的课堂气氛，避免消极的和对抗的课堂气氛，教师首先要注意自己的领导方式，教师的领导方式是指教师行使权力与发挥领导作用的行为方式。在通常情况下，教师应该采取民主的领导方式，避免放任的领导方式。而当课堂出现失控的混乱局面时，也可以考虑采取专制的领导方式。其次是教师的移情。教师的移情是指教师将自己的情绪或情感投射到学生身上，感受学生的情感体验，并引起与学生相似的情绪性反应。移情使教师和学生的意图、观点和情感联结起来，在教育情境中形成暂时的统一体，有利于创造良好的课堂气氛。教师的移情有赖于心理换位，善于将自己置于学生的位置上，仿佛自己就是学生。教师的移情也有赖于设身处地为学生着想，能以"假如我是学生"去思考和行动，努力做到将心比心。教师的移情还有赖于师生间的共鸣性情感反应，学生快乐，教师也快乐；学生痛苦，教师也痛苦。再次是教师的期望。教师的期望是指基于过去经验和当前的刺激而形成的对学生未来发展的预料或预想。教师通过接受学生意见的程度，为高期望的学生创造亲切的社会情绪气氛，而为低期望的学生制造紧张的社会情绪气氛。教师通过输入信息的数量、交往频率、目光注视、赞许和批评等向不同期望的学生提供不同的反馈。教师也向不同期望的学生提供难度不同、数量不等的学习材料，对学生提出的问题作出不同的说明、解释、提醒或暗示。教师还以不同态度允许不同期望的学生提问和回答问题，以及不同的耐心程度听取学生回答问题，都会对课堂气氛产生不同的影响。最后是教师的焦虑，焦虑是教师对当前或预计到对自尊心有潜在威胁的任何情境所具有的一种类似于担忧的反应倾向。教师的焦虑过低，会缺乏激励力量，对教学或学生容易采取无所谓的态度，师生之间难以引起感情共鸣，容易形成消极的课堂气氛。教师焦虑过度，在课堂里总是忧心忡忡，唯恐学生失去控制，害怕自己的教学失误，处处小心翼翼，一旦发生课堂问题行为，为了保全自己的面子，容易作出不适当的反应，造成消极紧张的课堂气氛。只有当教师焦虑适中时，才会激起教师努力改变课堂现状，避免呆板或恐慌反应，从而推动教师不断地努力以谋求最佳课堂气氛的出现。

第六，人际关系的和谐。人际关系是人与人之间在相互交往过程中所形成的比较稳定的心理关系或心理距离。吸引与排斥、合作与竞争是课堂里最主要的人际关系。人际吸引是指交往双方出现相互亲近的现象，它以认知协调、情感和谐及行动一致为特征。人际排斥则是交往双方出现关系极不融洽、相互疏远的现象，以认知失调、情感冲突和行动对抗为特征。教师在课堂管理中，一方面要针对学生们各自的弱点，帮助他们改变不利于人际吸引的个性特征和不利因素，让他们摆脱窘境，增强吸引力。另一方面，引导全班学生主动地相互交往，通过增加交往频率，产生共同

的话题和体验,结束不相往来的状况。合作是指学生们为了共同的目的在一起学习或完成某项任务的过程。合作是实现课堂管理促进功能的必要条件。竞争是指个体或群体充分实现自身的潜能,力争以优胜标准使自己的成绩超过对手的过程。合作与竞争在课堂里各有自己的优点,但是也都有自己的缺点。教师要在课堂管理中,帮助学生正确处理好合作与竞争的关系。学生在课堂里的总体目标是一致的,应该鼓励学生在学习中通过相互合作,集思广益,以解决各种新的复杂问题,并提高学习能力,获得必要的学习策略。同时又要正确对待竞争,既要通过竞争提高学习动机,又要防止人际竞争损害人际关系,并让学生学会自我竞争,鼓励学生以现在的我去努力超越过去的我。形成和谐的人际关系,必须加强交往。交往是学生在课堂里相互传递信息、沟通思想和交流情感的过程。通过交往,使学生明确目标,消除误会和避免冲突,保持态度一致与行为协调,有序地在课堂里学习和活动,体验群体生活的愉悦,增强个人安全感,从而有助于形成良好的人际关系。

维持型课堂管理　课堂教学进行过程中,难免受到各种干扰。为了排除各种干扰,维持课堂秩序,保证课堂教学有序进行并达到教学目标,教师必须采取措施,控制课堂纪律、课堂结构以及课堂里的问题行为,同时教师还必须进行自我控制。

第一,课堂纪律的维护。为了维持正常的教学秩序,协调学生的行为,以求课堂教学目标的最终实现,必然要求学生共同遵守课堂行为规范,从而形成课堂纪律。尽管纪律在课堂里是一个司空见惯的问题,但对课堂纪律的含义,人们却有不同的理解。有人将纪律理解为当学生在课堂里产生不符合要求的行为时所给予的惩罚。也有认为纪律就是通过强迫顺从或服从命令来监督学生的行为。这两种观点都主张从外部对学生的课堂行为进行过分专断的控制,属于权威主义的纪律观。还有人认为纪律就是允许学生自由地调节自己的课堂行为,教师不必过多干涉,属于放任主义的纪律观。多数人主张民主的纪律观,认为纪律是介于权威主义纪律观与放任纪律观之间的一种控制形式,可以定义为对学生课堂行为所施加的准则与控制。若从外部施加准则与控制,是外在的纪律,即他律。若学生从内部向自己施加准则与控制,就是内在纪律,即自律。纪律的发展是从他律向自律转化的过程。

美国心理学家林格伦根据纪律形成的原因,将课堂纪律分为教师促成的纪律、群体促成的纪律、任务促成的纪律和自我促成的纪律等四种类型。教师促成的纪律是由教师向学生施加准则与控制,包括结构创设与体贴。教师的指导、监督、惩罚、规定、限制、奖励、操纵、组织、安排日程和维护标准等,都属于结构创设。而体贴则包括同情、理解、调解、协助、支持、征求和采纳学生的意见等。纪律维持既需

要结构创设,又需要体贴,两者在课堂管理中都是不可缺少的。目前,多数教师往往是提供了较多的结构创设,而缺乏足够的体贴。教师应该根据课堂的具体情况,确定结构创设和体贴的适当比例。因为青少年学生一方面会由于自我指导的加强而反对教师过多的限制和干涉,另一方面却还是需要教师为他们提供必要的指导,希望教师能以咨询或情感支持的形式给予帮助。群体促成的纪律是由同辈群体所施加的准则与控制。学生入学后,对同学察言观色,以便决定应该如何思考、如何信仰和如何行事。他们常常以"别人也这样干"为理由去从事某件事情,他们的见解、信仰、爱好、偏见与憎恶往往视同辈群体而定。正如谢里夫所说,即使他们爱自己的父母,认为父母的意见是有价值的,但结果仍然会降低对父母力量的重视,过高地评价同龄伙伴力量的价值。青少年学生之所以遵守群体促成的纪律,首先是因为同辈群体不仅为其提供了一种新的价值观念与行为准则,而且还为其提供了作为一个独立自主的人来行事的体验,找到保持自己安全感的新源泉。其次,同辈群体的行为准则为青少年学生提供了道德判断与道德行为的新的参照点,结束了青少年学生思想、情感和行为方面的不确定性、无决断力、内疚感和焦虑。在一个组织得好的课堂里,有时学生虽然也会为挫折而不满,但为了不损害与同学的关系,他们也还是会遵守群体促进的纪律。任务促成的纪律是在完成某一任务时所施加的准则与控制。这种纪律以学生个人对活动任务的充分理解为前提,他们对任务的理解越深刻,就越能自觉地遵守纪律,即使在完成任务时遭遇挫折也不轻易放弃,所以学生卷入任务的过程就是接受纪律约束的过程。学生越是成熟,越容易使自己的行为跟眼前任务要求相一致。自我促成的纪律是学生对自己所施加的准则与控制,这是外部的纪律控制被个体内化之后成为个体自觉的行为准则。这时,学生能够正确评价各种行为准则,并在此基础上放弃不合时宜的行为准则,补充、完善和发展新的行为准则,从而真正达到自律。所有这些课堂纪律都有助于学生了解在各种场合受赞同或默许的行为准则,促进学生的社会化;使学生在对持续的社会要求和期望作出反应的过程中,形成独立、自信、自制、坚韧等良好品质,有助于学生人格的成熟;课堂纪律也能使学生将外部的行为准则与自己的自觉要求有机地结合起来,有助于社会道德准则和道德义务在学生身上的内化;课堂纪律还能使学生避免对自己行为的迷惑和担心,降低过度焦虑,形成情绪安全感。所有的任课教师都应该重视课堂纪律的维护。

课堂纪律的维护,首先要将严格要求与体贴爱护结合起来。要严格要求学生不折不扣地遵守课堂纪律,并不断向学生提出更高的要求,引导学生从他律逐渐发展到自律。但严格要求是以尊重爱护和真诚关怀为基础的,使学生心悦诚服地接受纪律的约束。其次要善于利用注意规律排除

来自课堂内外的各种干扰,用生动活泼的教学引起学生的无意注意,并注意留下教学悬念,引发学生的期待心理,使学生在课堂里始终注意集中而避免纪律问题。最后是适时运用教育机智,教育机智是教师在课堂里对学生作出随机应变的快速反应和灵活采取恰当措施的能力。当课堂里突发事前难以预料而又必须特殊处理的纪律问题时,教师要善于因势利导,随机应变,并掌握教育分寸,做到分析中肯、判断恰当、结论合理、处置得体。

第二,课堂结构的设置。课堂是以教室为活动场所,通过师生之间的分工合作和职权、责任的制度化而有计划地协调师生活动,以达到教育目标的一种组织系统。在这个组织系统中,教师指导下进行学习的学生、学习过程和学习情境是课堂的三大要素。这三大要素相对稳定的组合模式就是课堂结构。为了控制课堂,教师需要创设课堂情境结构和课堂教学结构。

课堂情境结构是与教学内容无关的学生、学习过程和学习情境三大要素的组合模式,主要包括班级规模、课堂常规和座位分配等。据心理学家的研究,班级规模越大,学生的平均成绩便越差,因为班级规模与教师态度、学生态度和课堂处置等变量紧密相关。班级规模越大,教师态度、学生态度和课堂处置的得分就越低。当班级规模超过 25 人时,班级规模对教师消极态度的影响更加明显,说明过大的班级规模限制了师生交往和学生参加课堂活动的机会,阻碍了课堂教学的个别化,有可能导致较多的纪律问题,从而间接地影响了学习成绩。然而,过小的班级规模又是极不经济的。一般而言,中小学的班级以 25~40 人为宜。课堂常规是每个学生必须遵守的最基本的日常课堂行为准则。上课、发言、预习、复习、作业、写字姿势、自修和教室整洁等方面的常规,赋予学生的课堂行为以一定的意义,使学生明白自己行为所依据的价值标准,具有约束和指导学生课堂行为的功能,从而使课堂行为规范化。学生在课堂常规影响下所表现出来的服从,可能是自愿的,也可能是被迫的。然而当课堂常规真正为学生所采纳和接受时,便逐渐内化为自觉行为的内部观念。不过,课堂常规应该通过学生们的充分讨论,由全班学生共同建立。因为参与讨论和共同决定,会使每一位学生都承担起课堂常规的责任,提高遵守课堂常规的自觉性。美国的施韦伯等人研究发现,分配座位时,教师主要关心的是加强对学生的控制和减少课堂混乱。据美国学者 R.S.亚当斯等人的研究,课堂里存在着一个最受教师关注的“活动区”。当学生的座位从左右两边和后面调入“活动区”的时候,学生会明显意识到教师对自己的关注和重视。体验到教师对自己的特别期望,因而容易注意集中。而当学生从“活动区”被教师调向左右两边和后面时,则常有被教师忽视之感,容易发生违纪行为。有时教师为了控制爱吵闹的学生,还让他们坐在靠近讲台的座位上。

教师分配座位的意图还通过座位的搭配反映出来。教师们总是让爱吵闹的学生与文静的学生坐在一起,通过文静的学生去控制爱吵闹的学生。男女同坐在中小学也是相当流行的一种座位分配法,教师经常让上课不得安宁的男学生与女生坐在一起,企图使他们失去共同违反纪律的伙伴,能够比较有效地控制男生的课堂行为。但中学生们大多了解教师的意图,容易引起反感。有时,初中男生在上课时故意产生“侵犯”女生的行为,以示其男女界线分明,避免他人的讥笑。可见,男女同桌实际上往往无法完全防止中学生发生纪律问题,相反还有可能妨碍男女学生的正常交往。所以,学生座位的分配,一方面要考虑课堂行为的有效控制,预防纪律问题发生,另一方面又要考虑促进学生之间的正常交往,形成和谐的师生以及学生之间的关系,并促进学生良好人格特征的形成。

课堂教学结构是与教学内容相关的学生、学习过程和学习情境的组合模式,它使教师有条不紊地按照教学设计进行教学,主要包括教学时间的合理利用、课程表的编制和教学过程的规划等。据德姆波 1994 年研究,课堂里的时间利用可以分成分配时间、教学时间、投入时间和学业学习时间等四个层次:分配时间是学校分配为某一门学科安排给教师的时间,是由课程表决定的;教学时间是在完成了点名考勤、处理课堂问题行为之后所剩余的用于教学的时间;投入时间是学生实际投入学习的时间(包含没有听懂、无法解题的时间);学业学习时间是学生成功地完成学业所花的时间。另据美国心理学家研究,如果学生每天在校时间为 5 小时的话,学业学习时间最多的班级平均为 111 分钟,而最少的则只有 16 分钟,几乎相差 7 倍。虽然我们不能要求学生将在校的每一分钟都用于学习并获得成功,但学生不应该将过多的时间花费在从一种活动转移到另一种活动、做学习准备、等待教师的帮助、上课做白日梦以及在课堂里嬉闹等方面。如果每天能够增加 40 分钟的学业学习时间,一学年就将增加 8 000 分钟。所以,教师必须通过课堂管理,合理利用教学时间,通过激发学习兴趣来提高学生的课堂参与性,增加学习的机会;保持课堂的动量平衡,使教学节奏紧凑,学生在课堂里总是有事可做;注意保持教学的流畅性,尽量减少花在从一种活动转向另一种活动的时间,并给学生明确的过渡信号;维持课堂群体的注意焦点,善于通过课堂提问引导学生的注意。总之,要努力将维持课堂纪律的时间减少到最低限度。

课程表是使课堂教学有条不紊地进行的重要条件。它的编制首先要尽量将语文、数学和外语等核心课程安排在学生精力最充沛的上午第一、二、三节课,将音乐、美术、体育和习字等技能性的课程安排在下午。其次,注意将文科和理科、形象性学科与抽象性学科交错安排,避免同类刺激长时间地作用于大脑皮层的同一部位而导致疲劳和厌烦。

最后,青年教师教两个平行班时,第二班的教学效果往往优于第一班,两个平行班的课以间隔短时间为好。而老教师则相反,他们熟悉教材,对学生了如指掌,讲起来驾轻就熟,上第一班就能发挥得十分出色。而第二班属于简单重复,容易产生乏味感,教学效果反而逊色。因此他们的课应该有较长的时间间隔为好。不管是新教师还是老教师,都要注意将两平行班的课交替安排。教学过程的合理规划也是课堂教学结构的重要内容,教学过程的规划要根据学生学习知识的类型和学生学习的信息加工过程有序地进行,努力做到科学、合理和严谨。

第三,课堂问题行为的矫正。问题行为是指不能遵守公认的行为规范和道德准则,不能与人正常交往和参与学习的行为。问题行为与差生、后进生等问题学生的概念不同。差生、后进生是对学生的一种总体评价,他们往往有较多的问题行为。但在正常的课堂里,其人数甚少。而问题行为则是一个教育性概念,主要是针对学生的某一种行为而言的。同时,问题行为无疑是消极的,但是并没有指明是什么性质的问题,也没有说明消极到何种程度,显然属于模糊性概念。不过,这种模糊性恰好如实地反映了问题行为的不稳定性和易变性。而且除了平时老师们所说的差生或后进生有问题行为之外,优秀的学生有时也有可能发生问题行为。对于中小学学生而言,我们尽量不要给学生贴上差生或后进生的标签,而应该就某种行为表现论其性质,以及考虑采取何种管理对策。据斯威夫特等人通过系统的课堂观察发现,在典型的课堂里,25%～30%的学生有问题行为,主要表现为上课漫不经心、情感淡漠、逃避课堂活动、与教师关系紧张、容易冲动、上课乱插嘴、坐立不安或活动过度等。所有这些问题行为如何分类,心理学家有不同的看法。美国的威克曼将破坏课堂秩序、不遵守纪律和不道德的行为等归纳为扰乱性的问题行为;将退缩、神经过敏等行为归纳为心理性问题行为。后来,奎伊将问题行为区分为品行性问题行为、性格性问题行为和情绪上、社会上的不成熟行为等三种类型。中国心理学研究者综合国内外的研究,根据学生行为表现的主要倾向,将学生的问题行为分成两大类。一类是外向性的攻击型问题行为,包括行为粗野、公然违抗教师的要求、学生之间的课堂打斗、过度活跃以及武力侵犯教师等等。另一类是内向性的退缩型问题行为,包括过度的沉默寡言、胆怯退缩、恐学逃学、孤僻离群,或者神经过敏、烦躁不安、过度焦虑等。研究发现,教师与心理学家对学生问题的看法存在很大的差异。教师们比较重视在课堂里打骂、推撞、追逐和讪笑等侵犯他人的行为;交头接耳、窃窃私语、擅换座位和传递纸条等过度亲昵的行为;高声谈笑、口出怪音、敲打作响、作滑稽表情和怪异动作等故意惹人注意的行为;故意不遵守规定、不服从指挥、反对班干部和老师等盲目反抗权威的行为;迟到、早退、逃学等抗拒行

为;恶意指责、互相攻击、彼此争吵和打架斗殴等冲突纷争的行为,因为这些问题行为都直接扰乱课堂秩序,有的使教学活动无法继续进行下去。但是,被教师们忽视的学生上课凝视发呆、胡思乱想、心不在焉、做白日梦等注意涣散的行为;胡写乱涂、抄袭作业等草率的行为;胆小害羞、不与同学交往的退缩行为;寻求赞许、期待帮助的依赖行为等,虽然没有直接干扰课堂秩序,却一方面严重妨碍自己的学习,另一方面也会导致心理不健康,因而需要给予更多的关注。

课堂里通常存在着积极的、中性的和消极的三类行为。积极的课堂行为是与课堂教学目标一致的行为,中性的课堂行为是既不促进也不干扰课堂教学进行的行为,包括静坐在座位上但不听课、出神地望着窗外、在纸上乱写乱画、看连环画或伏在桌上睡觉但不发出鼾声等。消极的课堂行为则是那些明显干扰课堂教学进行的行为,包括喧闹、戏弄同学、扮小丑和顶撞老师等。课堂管理一方面要区别对待三类课堂行为,对于消极的课堂行为,应该给予明确的警告,也有必要给予必要的惩罚,但应避免讽刺挖苦、威胁、隔离、剥夺、奚落或体罚等伤害学生自尊心的惩罚。中性课堂行为虽然影响了自己的学习,但毕竟没有干扰他人的学习,因此教师不宜在课堂里停止教学而公开指责他们,以避免干扰全班学生的注意。教师一般可以采取给予信号、邻近控制、向其发问、排除诱因、暗示制止和课后谈话等措施,制止中性的课堂行为。另一方面,不要期望一步到位地消除消极的课堂行为。在通常情况下,首先要求学生将消极的课堂行为转变为中性的课堂行为,然后再要求他们将中性的课堂行为转变为积极的课堂行为。例如,要求一位在上课时经常吵闹的学生(消极的课堂行为)先保持安静,即使自己听不进去,也不要干扰其他同学的学习,以后再要求他们在上课时注意集中、认真思索和积极参与课堂教学活动。行为矫正是消除课堂问题行为的有效方法。这是用条件反射的原理来强化学生的良好行为以取代或消除问题行为的一种方法。包括厌恶疗法、代币制等。其基本步骤为:第一步,确定需要矫正的问题行为。第二步,制定矫正问题行为的具体目标。第三步,选择适当的强化物与强化时间的安排。第四步,排除或强化问题行为的刺激。第五步,以良好的行为逐渐取代或消除问题行为。这种方法的运用必须以师生的密切配合为前提。要让学生了解行为改正的目标,运用的强化物应该符合学生的需要,还要排除不良刺激的干扰。不过,行为矫正对于改变复杂的问题行为的效果并不明显,因为复杂的问题行为常常是由于内在刺激引起与维持的,并与外部刺激交织在一起,单纯用改变外部行为的办法是很难奏效的。而复杂的问题行为则主要通过心理辅导来解决。心理辅导是通过改变学生的认知、信念、价值观和道德观念来改变学生的外部行为的一种方法,这是一种合作式的、民主式协助学生解决心理障碍的过程。它不像

传统意义上的教育那样带有某种强制的性质。它也不同于单纯重视矫正的心理治疗，因为它更强调协助正常学生的教育与发展。马斯洛等人本主义心理学家认为，个人的问题行为往往起因于外界因素对自我实现的阻挠以及个人缺乏正确的自我评价。因此，心理辅导的主要任务应该是：首先，帮助学生正确认识和评价自我，确立良好的自我意识；其次，帮助学生正确抉择行为方向，确立合适的行为目标；再次，帮助学生正确认识环境，善于改变环境或自己的不适应行为，增强社会适应能力和提高社会技能；最后，帮助学生发挥个人潜能，排除实现理想抱负的障碍，过有意义的健康愉快的生活。心理辅导的成败取决于师生之间认知距离的缩短和情感隔阂的消除。教师应该对学生充满信心，诚恳待人，给学生以必要的支持。还要尊重学生的感受与体验，能从学生的看法与感受出发去处理问题，从而调动学生的积极性，使课堂成为发展学生潜能的良好场所。

第四，教师的自我控制。课堂管理中的不少失控往往起因于教师本身的失控。要想有效管理课堂的每一位教师，都必须重视自我控制。首先是维持适度焦虑。当教师面对一个新的课堂，或者再次面对一个曾经让自己非常棘手的课堂时，很容易感到没有把握，内心里充满着紧张不安和担心害怕，唯恐出现课堂混乱和失控，导致焦虑过度。焦虑是因个人预感到自尊心有可能受损而产生的类似于紧张不安和担心害怕的综合性情绪。避免焦虑过度，必须对自己有足够的自信，不必为偶尔的管理失误而恐惧，相信自己有能力管好课堂。同时，自尊心的维护又要适可而止，维护自尊心的愿望过于强烈，反而更容易受到伤害。应该看到，世界上并没有常胜的将军，任何一位教师都有可能出现管理失误。关键在于善于从失误中吸取教训，努力将教训转化为经验，就有可能不断减少失误而成为课堂管理的能手。其次是防止消极激情。有些教师容易因课堂出现纪律问题而愤怒，有的还会大发雷霆。当自己在课堂里处于怒火熊熊的状态时，很有可能使自己失去理智，出现过激的管理行为，甚至导致体罚或变相体罚。因此，要心平气和地对待学生在课堂发生的问题行为，即使在自己的尊严受到严重威胁时，也要冷静地思考学生所发生问题的性质，沉着而机智地应对所面临的问题，避免以自己的粗鲁去压制学生的粗鲁。应该看到青少年学生毕竟是受教育的对象，他们身上的问题一般都是发展中的问题，尽量不要将学生的问题视为对教师的有意羞辱。对于一些胆汁质气质的教师，更要学会自我提醒，可以考虑在备课本的醒目处写上"制怒"的警句，当自己激动起来的时候，起到自我暗示的作用，使自己迅速平静下来。再次是正确对待压力。人的教育和培养是世界上最复杂的工作之一，其责任是十分沉重的。如果又出现课堂管理中的问题，很容易雪上加霜，平添一重沉甸甸的压力。一般而言，教师的压力主要来源于包括失败和

失落在内的挫折、面临难以抉择的冲突、积极或消极事件的变化以及以某种方式去行事的期望。为了科学而有效地管理好课堂，教师要注意采用必要的应对策略，减轻自己的心理压力。据莫斯等人1982年的研究，主要可以运用以评价为中心的应对策略、以问题为中心的应对策略、以情感为中心的应对策略和以生理为中心的应对策略等四类策略。最后是消除偏见。教师在课堂里也很容易对学生产生各种偏见。一是第一印象偏见，由于与学生初次见面所留下的第一印象，会使教师以后对该学生的行为向着第一印象的方向去解释，第一印象好，对其行为就会向好的方向去解释，若第一印象不好，就会向不好的方向去解释，从而造成先入为主的偏见。二是晕轮效应，由于教师对学生某一特征的印象特别深刻而有可能再赋予其他可能没有的特征。以貌取人、以偏概全、以点概面就是典型的晕轮效应。三是社会刻板印象，教师总是容易将过去接触过的学生在自己的头脑里分成各种类型，对某一类学生往往有一种固定的看法，当碰到某一位学生时，容易将他纳入某一固定的类型而赋予他固定的特征而造成偏见。为了避免偏见，教师必须全面而深入地了解和掌握学生的信息，避免以一叶之见而迅速得出结论。要注意避免过度类化的倾向，努力将某一类学生的特征与个别学生的特征区分开来。也要排除过去经验的消极作用，避免凭经验去简单地猜测学生，注意公正、客观地对待学生。

参考文献

皮连生.学与教的心理学[M].上海：华东师范大学出版社,2003.

杨心德.中学课堂教学管理心理学[M].杭州：杭州大学出版社,1993.

张春兴.教育心理学[M].杭州：浙江教育出版社,1998.

（杨心德）

课堂教学(classroom instruction)　在课堂中以课程内容为中介的师生双方教和学的共同活动。课堂教学中存在两种不同的教学内容取向，即强调传授间接经验的课堂教学与重视获得直接经验的课堂教学。

课堂教学的两种教学方式

课堂教学中是应让学生获得直接经验，还是应给予学生间接经验，是以杜威为代表的进步主义教育与以赫尔巴特为代表的传统教育之间的重要分界点之一。对这一问题的抉择不仅关涉到课堂教学方式的不同，而且反映出课堂教学中师生关系，尤其是儿童观的不同。概括地说，课堂教学中供学生学习的教学内容主要有两种基本的形态：一种是间接经验，主要是以书本形式呈现的、前人总结出的认识

成果;另一种是直接经验,是学生在活动教学中直接体验、经历到的。

强调传授间接经验的课堂教学 从教育史的角度看,教学活动的独立化、规范化、科学化与间接经验的传授有密切关系。在原始社会,教育活动并未与社会生产、生活相脱离,因此,未成年人对诸如狩猎、耕种、祭祀仪式等各种生产生活知识的学习,主要通过亲自参加相应的活动直接获得。随着社会的发展,人类积累的各种知识日益丰富,这时他们再靠亲自去一一经验的方式已越来越不可能。于是,专门的学校教学活动开始独立出来,学生开始在专门的教学人员的指导下,系统学习别人总结出来的知识经验,而不必自己去寻找和证明它们。中国古代的"六经"即《诗》、《书》、《礼》、《乐》、《易》、《春秋》,就是较早的供学生学习的间接经验。古希腊时期雅典教育中的"七艺"也是学生要学习的间接经验。近代以来,在文艺复兴特别是自然科学革命和工业革命的推动下,人类的认识方式不断提高,认识范围不断扩大,关于自然和社会的知识迅速增长,可供学校教学活动选择的间接经验也相应增加,并不断系统化、学科化、概念化。以夸美纽斯为代表的百科全书派提出"把一切知识教给一切人"的口号为间接经验的传授开辟了道路。18世纪,赫尔巴特解释了学习者掌握以理论知识为主的间接经验的心理过程,并提出相应的"明了—联想—系统—方法"的教学过程,为课堂教学实践中间接经验的传授提供了理论基础。奥苏伯尔的有意义言语学习理论则更从心理学的角度为其科学性提供了论证。从教学实践角度看,在世界范围内,以间接经验为主的课堂教学,尽管受到各方面的质疑,但仍在各个教育阶段中占主导地位。在中国,对以书本知识为代表的间接经验的掌握一直为课堂教学的基本形态。

强调传授间接经验的课堂教学在漫长的历史发展中不断完善,逐渐形成较为稳固的特征。(1)强调知识的系统性、逻辑性和客观性。间接经验作为一种知识形态主要是前人积累的认识成果形式。随着近代自然科学的确立,以及分科教学的确立,它逐渐同学科知识等同起来,带有浓厚的系统性、逻辑性色彩,在教学过程中一般以较为严密的学科体系呈现给学生,离学生的现实生活世界较远。从教材编制的角度看,它是经过简约化处理的,省略了知识最初被发现过程中的各种过程因素,如对问题的发现、假设、验证、失败、反复等,主要以概念、命题、定理、规则等结论性知识呈现出来。对于学生而言,这些结论性知识是经过前人验证的"合规律"的客观真理。(2)强调授受式教学方式。强调传授间接经验的课堂教学的主要目的是让学生掌握前人积累的各种科学文化知识。为达到此目的,最有效的方式就是采用教师讲、学生听的授受式教学方式。17世纪,班级授课制的出现为这种教学方式提供了教学组织形式上的保障。经过不断地发展完善,这一教学方式逐渐形成了较为

完备的结构,从一开始诱导学生的学习动机,到感知、理解新教材,再到巩固新知、运用新知,直到最后的检查评价,保证了整个教学工作的严密性、系统性和稳态性。(3)追求教学活动的效益性。效益是近代社会以来工业化大生产追求的目标,随着工业文明的不断发展,逐步渗入到社会生活的方方面面,教学实践领域也深受其影响。强调传授间接经验的课堂教学恰恰也具有这方面的优势,它把个体的发展放在前人取得的认识成果基础上,使个体不必再重新经历前人认识世界、改造世界所走的弯路,可以在十几年的时间内完成几百年,甚至几千年的人类认识历程。而且它具有较强的计划性、组织性,学生可以在教师带领下以较快的速度掌握系统的知识。这都大大地提高了教学活动的效益。(4)师生之间容易形成权威与服从的关系。虽然现代教学论认为强调传授间接经验的课堂教学中,师生关系应是主导与主体的关系,但是现实的教学实践中,师生之间往往会滑入权威与服从的关系,这是因为过分地强调间接经验,忽视儿童及其自身活动的教学价值,必然会导致教师成为控制教学知识的权威。在这种情况下,儿童的个人知识、个人见解、个人经验被认为没有多大价值,或者不具有"合法性",而被排斥在教学范畴之外,或者需要用书本上的间接经验去改造,或者只是为理解、掌握间接经验而提供感性支持,而教材中呈现的客观性的间接经验,以及教师对这些经验的讲解、解释才是正确的、有价值的。因此,这就为不平等的师生关系提供了得以滋生的土壤。

传统的强调传授间接经验的课堂教学虽然赢得了教学的时间和速度,提高了教学效率,但从概念到概念,从书本到书本的做法,却使学生的学习过程失去了动力和完整性,当把这种教学方式唯一化时,就必然会造成学习者在发展上的局限。对此,许多教育学家都不约而同的从直接经验的角度提出了各自的见解。

重视获得直接经验的课堂教学 在中国古代,孔子十分强调"力行"的重要性,墨子也相信来自生活实际的直接经验对认识的作用。西方的亚里士多德在一定程度上也承认感觉经验的意义,尤其是游戏活动在儿童发展中的作用。近代以来,夸美纽斯从教育适应自然的原则出发,坚决反对从理论到理论的学习,提出"凡是应当做的都必须从实践中去学习"的命题。18世纪卢梭则旗帜鲜明地反对和批判经院主义式的死记硬背的教学方法,反对儿童过早地接触书本中的理论知识,极力主张从经验中学习,从在自然和社会中的实际活动中学习,他认为来自经验的学习要比从书本和理论的学习更有价值。这些思想都在19世纪末20世纪初,得到杜威的进一步发扬,并在实践中得以运用。杜威首先从理论上系统地清理了以传授间接经验为主的课堂教学之弊端,认为它与社会生活相脱节,忽视儿童真实需要,容易形成"静听"、"注入"的教学模式。在此基础上,他形成了

与传统课堂教学相对立的活动教学理论,一改重视间接经验的传统做法,对个体的直接经验给予前所未有的肯定和重视,明确提出"做中学"的教学思想,并付诸实践。在他的实验学校中,儿童就是通过各种他们感兴趣并主动进行的活动学习的,在这些活动中获得各种各样的直接经验。自此,个人的直接经验开始以前所未有的姿态进入课堂教学当中。20世纪五六十年代,马斯洛、罗杰斯倡导的人本主义思想的崛起又为重视直接经验的课堂教学注入新的活力。人本主义教育思想倾向于以整体论观点来研究和理解教学,认为教学过程是事实与价值相融合的过程,是个体认知、情感、态度等整体发展的过程,因此,它重视学习者在学习过程中的情感体验,强调让学生尽可能在真实情景中通过自己的操作,综合运用智力活动和情感活动的全面参与式的学习。20世纪70—80年代,后现代教育思想逐渐对教育实践领域发生影响,对传统的强调传授间接经验的课堂教学在理论上起到了解构作用。如现象学创始人胡塞尔提出的生活世界理念,就把个人的经验世界提到了一个重要的理论位置。他认为,生活世界是一个前科学、富有意义和价值的世界,是科学世界的根基,科学世界产生于生活世界,并应回归于生活世界。因此在这种思想下,课堂教学不应仅仅把眼光聚焦书本世界,而更应把学生活生生的生活世界纳入视野之中。英国哲学家波兰尼的默会知识论,则从知识论的角度解构了强调传授间接经验的课堂教学。从默会知识论的角度看,间接经验实际上是一种系统化、体系化、通过言语材料表述出来的显性知识。而直接经验则应是与之相对的知识形态,即个体的默会知识,这种知识是非系统化、非体系化只能意会不能言传的,它来自个体的日常生活实践,是理解显性知识的基础。很明显,后现代的这些思想都从不同的角度肯定了直接经验的价值。

在中国现当代教育改革中,对以促进学生直接经验获得的课堂教学的探索,有经验也有教训。20世纪二三十年代陶行知的生活教育思想,陈鹤琴的"活教育"思想,以及他们的教育实践都反映出对个体直接经验的重视。"文革"期间实行的"开门办学",让学生走出课堂学工、学农、学军,力图丰富学生各方面的直接经验,但由于违背了教育规律,结果延误了一代人的发展。80年代开展的"第二课堂",以及此后对活动课程的探讨,则为如何丰富学生的直接经验提供了有益的探索。在21世纪,中国的新一轮基础教育课程改革,则从如何培养学生的创新精神、实践能力的高度,探讨了提升学生直接经验获得的课堂教学,突出表现在对综合实践活动课、研究性学习等的探讨上。

与强调传授间接经验的课堂教学相比,重视直接经验获得的课堂教学具有以下特征。(1)不太关注知识的系统性、逻辑性。与系统性、逻辑性的间接经验相比,个体的直接经验,往往不仅仅是纯认知,它还夹杂着个体在探究过程中形成的各种情感、态度、价值观的成分,是个体全方位感受的综合体,而且有许多是个体无法言明的默会的体验成分。因此,强调这种经验获得的课堂教学,必然不太关注知识的系统性和逻辑性。(2)采用探究发现、体验的教学方式。以促进学生直接经验获得的课堂教学,往往重视学生对问题的探究过程,重视学生在探究过程中的体会、体验。一般来说,它首先给学生呈现一个问题情境,并使之与学生的认识结构发生冲突,让学生产生疑问,进而发现问题、明确问题,然后学生根据问题情境,提出假设,并开始收集相关资料,作出验证。在整个过程中,学生获得的知识都是自己直接体验到的。(3)关注教学的过程。如果说以让学生掌握间接经验的课堂教学,重视的是结果效益的话,那么以促进学生获得直接经验的课堂教学则注重过程效益。它在不忽视学习结果的同时,更重视学习的过程,重视学生在学习过程中的参与度、合作性,重视知识的获得过程。正因为如此,才导致这种课堂教学经常在单位时间内不能传授给学生大量书本知识。(4)容易形成平等、民主的师生关系。形成平等、民主的师生关系不是教师主动去尽的义务,它必须有天然的基础,而其中一个重要的基础就是对学生个体直接经验的重视。对学生个体直接经验的重视实际上就是对学生个体存在价值的重视,这就从根本上把学生和教师放在同等重要的地位,而不是一个改造另一个的模式,因此师生之间也就容易形成平等、民主的交往关系。

历史地看,强调传授间接经验的课堂教学和重视直接经验获得的课堂教学,各有自己的优缺点,在促进学生发展的过程中都有各自的价值。间接经验是人类认识的成果,掌握了这些成果,学生可以站在更高的起点上发展,但这样的课堂教学往往在提升学生的创新实践能力上力度不够,且容易滑向硬性灌输、死记硬背的教学模式。直接经验是学生对生活实践的直接体悟,这样的课堂教学有利于促进学生创新实践能力的提高,但不利于学生形成系统化、体系化的知识结构,对学生可持续发展不利。因此,教学实践中,应实现两者的合理整合,最大限度地促进学生的发展。

课堂教学的组织形式

课堂教学的组织形式是指为完成特定的教学任务,教师和学生按照一定要求组合起来进行活动的结构。它是在人类教学实践的长期发展过程中逐步演变的,它随着社会生产力的发展和科学技术的进步,依据社会对人才培养的要求,以及教学内容、教学手段等条件的变化而不断发展。课堂教学的组织形式主要受到以下因素和条件的制约与影响:生产和社会生活的需要;内容的广度和深度;课程的结构及其复杂程度;随着科学技术发展而出现的教学手段和设备提供的可能性。

古代社会的课堂教学组织形式　在古代社会,学校从生产劳动和社会生活中分离出来,成为一种专门组织的知识授受活动。当时,由于社会生产力水平低下,学校教育被统治阶级垄断并且受教育的人数不多,教学普遍采用个别教授形式,由一个教师面向一两个学生进行教学,不定修业年限和教学时间,不分年级、学科,年龄和文化程度参差不齐。中国从商周至隋唐时期的各级官学和私学,古希腊、古罗马时代的学校以及中世纪的教会学校和宫廷教育等,均采用这种耳提面命式的手把手、一对一的个别形式进行教学。这种个别教授因难以系统化、集中化而速度慢、效率低,只能适应当时学生人数不多且教学内容比较简单的情况,带有"师徒相授"的性质,是古代社会低下的生产力水平和科学技术水平的反映。随着扩大教育对象、扩充教育内容的需求日增,用制度化的班集体教学代替个别教授已成为不可逆转的趋势。

近现代社会的课堂教学组织形式　随着近代社会工商业的兴起以及生产力和科学技术的发展,新兴的资产阶级为发展社会生产力、提高劳动者素质,开始充实教学内容,扩大教育对象和教育规模,原有的个别课堂教学组织形式已不能满足社会的要求,于是在16世纪的欧洲学校里出现了编班上课的新尝试,班级授课制由此产生并逐步完善。

班级授课制是集体教学的最高形式,其产生适应了科学知识丰富、科学门类增多、知识技能日益复杂这一趋势,反映了在接受教育人数增多的形势下人们对学校教育的新要求。捷克教育家夸美纽斯在总结前人经验的基础上在《大教学论》等著作中对班级授课制这种新的课堂教学组织形式进行了研究,确定了班级授课制的基本轮廓:(1)一切公立学校同时开学、同时放假,秋季始业,使全体(才智缺乏者除外)可以同时达到一定的标准,同时升到高一班去;(2)把全体学生分成班级,比如每组10人,每组由一个学生去管理,管理的学生又由上一级的去管理,如此递推上去;(3)每班只能有一个教师,教师绝不做个别教学,只同时一次去教所有的学生;(4)所教的科目要加以区分,务使每年、每月、每周、每日甚至每时都有一定的工作,使计划好的一切工作容易完成;(5)每天上课不可超过4次,其中2次在上午,2次在下午,其余时间让学生从事家务或娱乐。至此,班级授课制的"班"、"课"、"时"等基本要素已经确立。德国教育家赫尔巴特在夸美纽斯提出的班级授课制构想的基础上,阐述了班级教学过程的形式阶段理论,进一步完善了班级授课制这一课堂教学组织形式。此后,以苏联教学论为代表,提出了课的类型和结构的概念,使班级授课制形成了一个完整的体系。中国最早采用班级授课制进行教学的学校是京师同文馆(1862),后经"癸卯学制"加以肯定并在全国范围推行。随着科学技术的进一步发展和资本主义民主化运动的兴起,班级授课制的局限性和弊端日渐突出,改革

传统班级授课制的呼声日益高涨,并出现了种种探索和尝试。这些探索大致分为三种类型:主张坚持以班级授课制为基本组织形式,以新的组织形式弥补班级授课制之不足,实现以班级为基础的课堂教学组织形式的多样化;主张彻底打破班级、年级界限,寻求全新的课堂教学组织形式;探索一种既不失集体影响又有个人独立探索的课堂教学组织形式,以提高教学质量和教学效率。详"班级授课制"。

自19世纪后,西方又出现贝尔—兰卡斯特制、道尔顿制、文纳特卡制、分组教学、小队教学、师生教学合同制、特朗普制等几种有较大影响的课堂教学组织形式。

贝尔—兰卡斯特制,亦称"导生制"。18世纪末19世纪初是工场手工业向大机器工业过渡的时期。大机器生产需要大批有一定文化知识的工人,要求工人接受起码的文化教育,于是,在英国出现"贝尔—兰卡斯特制"。创始人是英国一位名叫A.贝尔的牧师和一位名叫兰卡斯特的教师。其具体做法是:教师以教年龄大的学生为主,而后由他们中的佼佼者——"导生"去教年幼的或学习差的学生。贝尔—兰卡斯特制仍然以班级为基础,但教师并不直接面向全班学生,而是只面向一部分学生——"导生"。"导生"的任务是向班内其他学生转授教师讲过的内容。这种课堂教学组织形式与当时英国的双轨制相适应,教学质量一般很低,难以满足大工业生产对学校教育质量的要求。因此,贝尔—兰卡斯特制没有很长时间就自行消失了。

道尔顿制是由美国人帕克赫斯特于1920年在马萨诸塞州道尔顿中学创建的一种课堂教学组织形式。按照道尔顿制,教师不再上课向学生系统讲授教材,而只是为学生分别指定自学参考书、布置作业,由学生自学和独立作业,有疑难时才请教师指导,学生完成一定阶段的学习任务后向教师汇报学习情况并接受考查。由于每个学生的能力和志趣不同,他们各自的学习任务和内容也不同,甚至彼此不相干。学习任务按月布置,完成后再接受新的学习任务。道尔顿制在美国受到进步主义教育的推崇,与活动课程、设计教学法等结合在一起,构成进步主义的学校教学论和教学实践的重要部分。这种课堂教学组织形式得到美国教育家杜威的肯定和赞许之后,很快在美国中小学推广开来。中国在20世纪二三十年代曾经在部分城市试行过这种课堂教学组织形式。道尔顿制的显著特点是重视学生的自学和独立作业,有利于调动学生学习的积极性和主动性,培养他们的学习能力和创造才能。但是,由于大多数青少年学生缺乏独立学习和作业的能力,如果没有教师的系统讲解,往往学不到系统的知识。同时,道尔顿制一般要求有较好的教学设施和条件,如作业室、实验室、图书和仪器等。实践证明,这种课堂教学组织形式由于否定教师的主导作用,脱离教师的指导和组织,不利于提高教学成效,因此,随着进步主义教育的衰落,道尔顿制也销声匿迹了。尽管如此,道尔

顿制注重学生自学和独立作业的思想,对后来的一些课堂教学组织形式和教学改革产生了很大影响。

文纳特卡制是由美国人华虚朋于1919年在芝加哥市郊文纳特卡镇公立学校实行的一种课堂教学组织形式。在文纳特卡制中,课程被分为两部分:一部分按照学科进行,由学生个人自学读、写、算和历史、地理方面的知识技能;另一部分通过音乐、艺术、运动、集会以及开办商店、组织自治会等来培养和发展学生的"社会意识"。这种课堂教学组织形式具有以下特点:有具体的学习目标和内容,对每个单元都有非常细致的规定和小步子的自学教材;应用各种诊断法测验检查学生每个单元的学习情况,测验之前,首先进行练习测验,由学生自行练习,自行改错,直到做对为止;通过自学及诊断测验以后,方可学习另一单元的教材;教师经常深入到学生中间,因人、因时、因事而进行个别指导。文纳特卡制与道尔顿制一样,持续时间不长,但它采用的编写小步子自学教材、引导学生通过自学测验来实现小步前进的做法,对后来的课堂教学组织形式改革产生了一定的影响。

分组教学最早出现于19世纪末20世纪初,是一种按照学生的学习能力或学习成绩把他们分成水平不同的小组进行教学的组织形式。第二次世界大战以后,随着欧美各国对英才教育的重视,这种课堂教学组织形式再次引起人们的重视并进一步加以完善,其目的在于克服班级教学条件下难以做到适应学生的个体差异、不利于因材施教等缺陷。分组教学是对班级授课制的改革和完善,但分组的依据不再是年龄,而是学习能力和学习兴趣。分组教学主要有外部分组和内部分组两种。外部分组又有跨学科分组和学科分组两种。跨学科分组通常是按智力高低、学习成绩测试的分数或对学科的学习兴趣,把某一年级的学生分成A、B、C、D等若干组,教师以不同的教学内容和进度来进行教学,对高能力组授以水平高的教学内容,中等组授以普通课,低水平组授以基础课。学科分组的依据是某一年级的学生在某一门或某些学科上的学习能力、学习成绩或学习兴趣,其最大特点是照顾了学生在不同学科上的不同能力、不同发展水平和兴趣,但采用这种分组教学容易造成学生流动变化,如一名学生可能会加入数学A组、英语B组、物理C组等。内部分组是在保持传统的按年龄编班的基础上,根据学生的学习能力、学习成绩或学习兴趣等因素,把一个班的学生进行二次分组,如A、B、C、D组等,故也叫班内分组。其具体做法是:一个班学生经过一段时间教学之后,便进行诊断性测验,根据测验结果把学生分成A、B、C、D等组。分组后,学生根据自身的不同情况学习不同的教学内容或教材,如A组学生自学补充教材,B组学生上附加课,C、D组由不同的教师指导他们复习基础知识。经过一段时间,再对学生进行测试,达到教学目的后,各组再合而为一,进行新课的班级教学。经过一个单元的学习后再进行分组,循

环往复到学期结束。这样分组的好处是,可以保证一般学生能够掌握基础知识,达到基本教学要求,而优等生又能扩大知识面,使其能力得到充分发展。其缺点是经常分合,增加了师生负担。分组教学最显著的优点是它比班级授课制更符合学生个人的水平和特点,适应不同学生的学习要求、学习准备和学习潜能,有利于因材施教和人才培养。但是,采用这种组织形式进行教学,容易对一部分学生的发展产生不良影响。例如,有的学生会产生优越感和骄傲情绪,有的学生则会产生自卑感。此外,在同质小组内,由于不同水平的学生失去了相互交流、相互促进、相互影响的机会,学习差或能力低的学生将会更差。

小队教学,亦称"协同教学",是对教师的组织结构进行改革的一项尝试,旨在发掘教师个人的特殊才能,从而提高他们的教学效果。小队教学的基本特点是采取两名或两名以上的教师合作施教,根据他们的能力和特长组成"互补性"团队,通过分工协作,在教学中分别承担不同的角色和任务,共同负责一个班或几个平行班的教学工作。小队教学具有以下特征:教学组可分为大教学组和小教学组,大教学组由5~6名教师组成,小教学组由3名教师组成;"小组组长"和"高级教师"主持教学组的工作并负责上大课,其他教师则负责小班或小组教学、讨论及个别辅导等;在教学组中,教师按课业需要和个人专长轮流进行教学。小队教学的长处突出表现在:它是一种合理有效利用教师人才资源的优化组合方式,使每个教师的兴趣和特长得到有效发挥,还有利于教师之间的相互学习、交流与提高。但是,这种课堂教学组织形式往往由于缺乏优秀的小队领导者、小队内教师之间的待遇不同等,而影响其实际效果。

师生教学合同制是一种教师与学生通过签订合同来进行教学的一种组织形式。师生教学合同,通常用书面文字明确具体地规定学生应该做些什么,在做完这些事情后又可以得到些什么。按照这一课堂教学组织形式,每个学生可以从教师提供的几个供选择的合同中,根据自己的能力大小和兴趣,挑选一个合同。如果学生对这几个合同都不满意,也可以与教师进行个别商谈,制订出符合自己兴趣、爱好与学习风格的合同。其具体步骤是:首先由教师以班级授课形式向学生讲授某门课程的基本框架原理(又称"核心知识"),然后组织学生讨论,在掌握基础知识后,再由学生与教师制订一份"学习合同",规定学生在合同给定的期限内应达到的学习目的、学习活动及成绩评定的方法等内容。"学习合同"期满后,又集中在一起,同学之间相互汇报、提问、讨论,教师给每位同学作出总结评估,合同也就圆满结束。这种课堂教学组织形式有许多优点:首先,教学合同制使学习目标更加明确,从而使每个学生都清楚知道他应该做些什么;其次,由于"学习合同"是学生自愿签订的,所以,他不仅在学习内容的选择上有了发言权,而且也为自

己的学习承担了责任。学生一旦作出某种保证,他就不仅对教学目标有清晰的了解,而且也成了学习过程的一个主动参与者。同时,学生在签订合同之前,必须首先对自己作一番自我分析和评价,对自己具备哪些能力或缺乏哪些能力有清醒的认识,然后才能确立学习目标,制订达到这一目标的计划。这些活动对于促进学生自我认识和自我评价能力的提高以及责任感的增强具有重要意义。

特朗普制出现于20世纪50年代的美国,亦称"灵活的课程表"。这种课堂教学组织形式把大班上课、小班讨论和个人独立研究结合在一起,并采用灵活的时间单位代替固定划一的上课时间,以大约20分钟为计算课时的单位。大班上课,即把两个或几个平行班结合在一起,讲课采用现代化的技术手段,讲课教师由优秀教师担任。小班讨论,即由学生研究大班上课时学习的教材,进行讨论,发表意见。负责小班讨论的可以是教师,也可以是学生中的优秀者。个人独立研究,即学生独立完成教师布置的作业和自选作业,或者在资料室、图书馆自己学习。在特朗普制中,大班上课、小班讨论和个人独立研究穿插在一起,各自所占的时间大约是大班上课占40%,小班讨论占20%,个人独立研究占40%。采用这种课堂教学组织形式,大班上课的教师必须充分备课,负责小班讨论的教师也必须随时指导,教师具有重要的作用。同时,由于学生有一定的自学、讨论和独立钻研的时间,有利于培养学生思考问题、解决问题和独立研究的能力。

现代课堂教学组织形式的发展　课堂教学组织形式的发展大致经历从简单的个别教授到班级授课制,但由于班级授课制存在不能很好照顾学生的个别差异、忽视因材施教等局限性,又出现许多个别教学的组织形式。随着社会的发展和科学技术的进步,当代课堂教学组织形式发展呈现以下特点。(1)班级教学规模小型化。班级授课制自诞生之日起,数百年来对人类的教学实践产生了积极影响。尽管曾经出现许多意在否定班级授课制或纠正其不足的教学组织形式,但由于班级授课制本身的优势是其他课堂教学组织形式无法代替的,时至今日它仍具有强大的生命力,依旧是世界各国学校教学的基本组织形式。但是,由于班级授课制自身也存在诸多缺陷,必须进行改革。在20世纪80年代前后,美国教育家格拉斯和M. L.史密斯运用综合分析法,对班级授课制的规模与教学效果之间的关系进行了实验研究。他们把学生人数在24~34之间的小班作为实验班,与人数在35人或35人以上的大班进行了比较,发现小班的学生成绩优于大班,即小班教学效果比大班好。这是因为在小班教学中,学生人数少,教师批改作业的量小,而且不用花大量的时间去管理学生和维持课堂纪律,从而使教师从繁重的日常琐事中解放出来,更能集中精力搞好教学工作,有利于提高教学效果和质量。另外,在小班的课

堂教学中,教师增加了与每个学生的接触,并能及时解答学生的疑难问题,每个学生也有更多的机会参与教学活动,有利于因材施教。班级教学规模小型化,坚持了班级授课制,充分发挥了其优越性,又克服了忽视学生个别差异的弊端,有利于提高教学质量和效果。(2)课堂教学组织形式多样化、综合化。课堂教学组织形式的发展是多种教学组织形式合理并存、共同发展的历史,课堂教学组织形式多样化、综合化是历史发展的必然趋势。首先,由于各个国家和地区的生产力发展水平不同,教育发展程度存在差异,当代课堂教学组织形式必然呈现多样化态势。其次,一切课堂教学组织形式都有其优点和缺陷,不存在一种万能的教学组织形式。每一种课堂教学组织形式都有其特定的目标指向和适用范围。在众多的课堂教学组织形式中,一种教学组织形式的优点,可能恰恰是另一种教学组织形式的不足,反之亦然。因此,综合使用各种课堂教学组织形式,实现多种课堂教学组织形式的优化组合,可以充分发挥各种课堂教学组织形式的优势,弥补各种课堂教学组织形式的不足,从而取得最佳的教学效果。(3)课堂教学组织形式个别化。随着科学技术的发展,特别是现代化教学手段在课堂教学中的普遍运用,有力地推动着当代课堂教学组织形式向个别化方向发展。自20世纪五六十年代以来,电子工业和信息技术迅速发展,录音机、录像机、电视机、电子计算机、卫星电视、激光视盘等相继问世,加速了教学技术手段的更新,极大地改变了教学方法和课堂教学组织形式,开辟了电子技术应用于课堂教学的新天地,其重要表现就是实现了课堂教学组织形式个别化。例如,计算机辅助教学具有多种功能,能够实现人—机对话、双向交流,学生可以在教师的帮助下按照自己的实际情况来选择学习内容,自定时间和地点,自己控制学习进度和步调,及时了解自己的学习效果。同时,现代化的教学手段,也可以使教学内容变得更加生动、直观、形象,有助于激发学生的学习兴趣和热情,提高学生的注意力和记忆力,收到最佳的教学效果。这种现代化的个别化教学组织形式决不同于古代社会的个别教授,两者在教学媒介、教学手段和教学方式等方面存在着根本不同。

参考文献

李秉德.教学论[M].北京:人民教育出版社,1992.

李定仁.教学思想发展史略——历史、现状与发展趋势[M].西宁:青海人民出版社,1993.

王策三.教学论稿[M].北京:人民教育出版社,1985.

王道俊,王汉澜.教育学(新编本)[M].北京:人民教育出版社,1989.

张华.课程与教学论[M].上海:上海教育出版社,2000.

（张天宝　韩华球）

课外活动（extracurricular activities） 课堂教学之外对学生实施的形式多样的有意义的教育活动。其名称和含义在中国教育学教材中有所不同。有称之为"课外教育工作"的，指在课堂教学工作的范围之外，对学生进行的多种多样的教育活动和教育工作，包括由学校组织的各种课外活动，学校的团队活动以及与学校教育密切配合的校外活动、家庭教育工作等。也有人认为，课外活动是指学校在课堂教学任务以外有目的、有计划、有组织地对学生进行的多种多样的教育活动。它是学生课余生活的良好组织形式。中国教育学学者叶澜等人提出了关于课外活动范围与性质的看法，认为课外活动中的"课"指的不是课堂，而是课程；课外活动的时间有分散与集中两类；课外活动的内容和形式丰富多彩；课外活动主要由学生自愿选择参加。在学校中凡是符合上述四方面要求所组织的活动都可称为学校课外活动。课外活动有广义和狭义之分，广义的包括校外教育机关及家庭中组织的教育活动；狭义的则单指学校在课外组织的教育活动。

课外活动的任务在于根据自身特点，组织和指导学生的课余生活，巩固、扩大和运用学生在课内所学的知识，发展学生多方面的兴趣和才能，培养学生的创新精神和实践能力，提高学生的综合素质，促进学生身心全面发展。课外活动的组织形式多种多样，主要有群众性活动，如报告和讲座、集会、比赛、参观、访问、调查、旅行、社会公益活动等；小组活动，如学科小组、技术小组、艺术小组、体育小组等；个人活动，如课外阅读、制作、观察、创作等。

课外活动具有鲜明的特点：(1)灵活性，主要表现为活动内容丰富、形式活泼多样、活动时间自由、组织方式不受限制、活动评价方式多元；(2)开放性，其内容和组织方式富于时代气息，与社会生活关系密切，相比课堂教学具有更大的开放性；(3)综合性，它能为学生提供综合运用多学科知识和多种智慧潜能的机会，注重知识技能的综合运用；(4)自主性，它是学生自愿参加的活动，活动的组织和实施也要靠学生的自觉、自动，教师在活动中主要起辅导和帮助作用；(5)实践性，它为学生提供了应用课堂所学知识的条件和机会，更能培养学生的动手能力、实践能力和解决实际问题的能力。

课外活动具有独特的教育作用：(1)能够充实学生的生活，扩大学生的生活领域，密切学生与社会生活的联系；(2)能够激发学生的兴趣爱好，发展学生的智慧才能，培养学生的开拓精神和创造力；(3)有助于学生体质的增强和审美情趣的提高；(4)有助于培养学生的个性。

中国的校外教育机构可分为综合性的与专门性的两类。前者包括多种工作任务和活动的内容，如儿童活动中心、少年宫、少年之家、儿童活动站、儿童公园和附设在成人公园内的儿童游戏场地、少先队夏令营等。后者是专门为开展某项活动而设立的，如儿童图书馆、儿童阅览室、儿童影剧院、少年科技站、儿童铁路、少年农科站、少年业余体育学校、少年广播站等。

开展课外活动应遵从以下原则：(1)面向全体，因材施教。课外活动应向全体学生开放。同时，教师要善于发现学生的个体差异，针对学生不同的兴趣爱好和智力潜能，给以不同的指导。(2)因地、因校、因时开展。中国幅员辽阔，地区、学校之间差异较大。因此，要充分利用本地、本校的有利条件和资源优势开展活动。有些活动有较强的时间性，如植树造林、观察天象、滑冰游泳等，需因时制宜地开展。(3)课外活动和课堂教学相结合。课堂教学因其统一性和标准化，不可避免地具有局限性，而课外活动的灵活性、多样性和综合性则能很好地弥补课堂教学的不足。课外活动和课堂教学相结合要做到统筹安排、合理衔接。(4)内容要富有科学性、知识性、趣味性，形式、方法要多种多样。课外活动的过程要有利于训练学生逐步地掌握科学的方法，包括科学思维方法、观察实验方法、调查考察方法等，同时要使活动内容接近当代科技发展的前沿。基础知识和基本技能具有持久性、稳定性和广泛适用性的特点，因此不能忽视它们在课外活动中的地位。活动内容的选取和组织形式的确定，要有利于发展学生的兴趣、爱好和特长，能够激发学生的学习动机以及探究欲和创造欲。(5)发挥学生的主体性。学生是课外活动的主体，学生是活动的参与者、组织者、实施者和体验者。能否充分发挥学生的积极性和主动性，是课外活动成败的关键。(6)活动要适应学生的年龄特征。课外活动应反映学生身心发展状况和认知水平，反映他们的需求和愿望。不同年龄段的学生，组织的课外活动应有所不同。

中国教育史上很早就有关于课外活动的记载，如《学记》中说："大学之教也，时教必有正业，退息必有居学。"说明古代学校就既有正课学习，又有课外活动。但在漫长的古代学校教育中，课外活动始终没能引起人们的注意。到清朝末年，有少数教会大学开风气之先，开展一两种课外活动，各中小学也开展一些远足会、运动会、游艺会等活动。五四运动后，各大学的学生自治组织日渐发达，北京大学学生会即是五四运动的产物。当时，受美国教育家杜威的思想影响，中国中学课外活动组织获得长足进展。新中国成立后，课外活动成为学校教育的重要组成部分。

西方教育史上最早的课外活动出现在希腊。雅典和斯巴达的教育中已有竞走、角力、掷标枪等运动。学生自治组织也首创于希腊，这种组织存在于斯巴达军队的住宿学校。中世纪的欧洲，各大学多有各国学生会的组织。竞技、游戏和身体锻炼是当时意大利孟都亚宫廷学校的日常活动。至近代，课外活动发展渐见完备。世界各国中首推英国、美国最为提倡。英国的课外活动组织形式主要有体育运动、演说辩论、戏剧表演和学生自治团体等。早期的美国中等学校课外活动有体育运动、辩论、戏剧及举办文学会社和学生刊物等形式。南北战争后,学生自治组织获得很大发展。后来美国大学教育学科中,课外活动更进一步成为研究科目。

（张永祥）

空想社会主义与教育 (utopian socialism and education)

空想社会主义是一种进步思想体系,是马克思主义的三个来源之一。作为一种思想体系,它提出了广泛的社会改造计划。几乎所有的空想社会主义者在设想未来理想社会时,都不同程度地关注教育,提出了有关未来教育的设想。特别是在 19 世纪空想社会主义者的学说中,教育思想是一个重要组成部分。

早期空想社会主义教育思想　最早关注教育的是 16—17 世纪的早期空想社会主义者。1516 年英国的莫尔所著《乌托邦》一书出版,标志着空想社会主义的诞生,也意味着空想社会主义运动正式拉开序幕。16—17 世纪是空想社会主义发展的第一阶段。这个时期的代表人物除英国的莫尔外,还有意大利的康帕内拉。早期空想社会主义者都生活在资本主义的萌芽时期,即资本原始积累时期。此时,早期无产者反抗早期资产者剥削和压迫的斗争已经开始,这是早期空想社会主义产生的重要背景。目睹资本主义原始积累给劳苦大众带来的灾难和痛苦,早期空想社会主义者纷纷通过自己的著作,揭露资本主义的罪恶,批判资本主义生产方式的弊端,幻想一个没有剥削与压迫、人人参加劳动、实行按需分配的美好社会。无疑,早期空想社会主义者的教育思想深受他们社会政治思想的影响,带有明显的时代特征。同时,由于各自的家世背景及生活经历不同,他们的教育思想也有着丰富的个性色彩。早期空想社会主义者的教育思想,在很大程度上奠定了空想社会主义有关未来教育的规划蓝图。

莫尔当过律师及议员、枢密院顾问官、下议院议长等职,在人文主义思想的熏陶下,成了一个人文主义者。由于柏拉图共和思想的影响,莫尔的思想在一定程度上超出了人文主义的范围,最终成了一个空想社会主义者。作为空想社会主义的奠基人,莫尔第一次阐述了空想社会主义思想,这集中反映在他的《乌托邦》一书中。他从那些对原始公有制的描绘中得到启发,提出了改造现存社会的方案。这个理想方案赖以依存的社会就称为"乌托邦"。乌托邦彻底废除私有制,一切财产公有,以城市手工业为国民经济的基础,手工业是乌托邦人的专门职业;所有的生产劳动都是有组织、有计划地进行的,实行按需分配的原则。教育是乌托邦的一件头等大事,也是造就理想新人的最佳策略。在《乌托邦》中,莫尔阐述了普及教育、科学教育和劳动教育等

思想。他对资本主义社会制度下的教育进行了猛烈的抨击,指责剥削阶级垄断科学文化的特权,使得体力劳动与脑力劳动差别非常明显,限制了人的发展。他同时提出,乌托邦的教育是面向所有人的,所有儿童都必须学习,而且从小就要学习农业,学习的方式是理论与实践结合,这是教育与生产劳动相结合思想的最早表述。乌托邦居民每天只需工作 6 小时,业余时间则用来学习和研究。学习和研究的内容非常广泛,涉及文学、哲学、音乐、数学、农业、医药和科学技术等领域,这使得他们具有良好的知识与科学素养。那些在科研方面有突出成就的乌托邦公民可以脱离他们的原有职业而一心一意从事科研。莫尔描绘了在一个理想社会中,教育由全体公民共享,教育内容非常贴近生活,能够在很大程度上使人们的生活更加完善。

康帕内拉是早期空想社会主义者之一。通过长期勤奋的攻读和思考,他养成了与教会生活格格不入的唯物主义世界观。1599 年,他因反对占领者西班牙君主国政权而被捕,在监狱生活达 27 年。他在狱中撰写的《太阳城》是一部重要的空想社会主义著作,对现存社会制度及资本主义私有制进行了猛烈抨击。康帕内拉认为私有制和利己主义是万恶之因,因此在《太阳城》里设计了一个共产主义社会方案,以实现自己的社会理想。他非常注重儿童和居民的社会教育,主张教育与生产劳动相结合,消灭体力劳动与脑力劳动的差别,提高全民的科学文化水平。他还非常重视对儿童进行直观教育。太阳城里的所有墙壁上都布满了具有各种自然科学、地理和历史知识的大幅壁画,使得整个太阳城犹如一所陈列直观教具的大博物馆,儿童十几岁就能迅速掌握各种科学基础知识。康帕内拉也十分重视儿童的体力和智力发展,主张在教学中将智育、体育、游戏、工艺教育有效地结合起来。儿童 7 岁时就将他们送到各个工场学技艺,以便了解他们未来的职业取向。从 8 岁起,儿童就一边学习科学知识,一边参加劳动,学习生产知识。太阳城居民的劳动时间比乌托邦更短,每天只有 4 小时,因而有充分的业余时间进行学习和科研。

19 世纪空想社会主义教育思想　空想社会主义在 19世纪发展到高级阶段。这一时期的代表人物是法国的圣西门、傅立叶和英国的欧文。他们三位被恩格斯誉为"社会主义的创始人"。19 世纪的空想社会主义因其独特的历史背景而被赋予了不同以往的特征。这一时期,资产阶级已确立自己的统治,正朝着机器大工业发展。在这种背景下,空想社会主义者把批判的矛头明确而尖锐地指向资本主义制度和资产阶级,对资本主义制度下的种种社会矛盾和弊病进行了深刻的揭露和控诉,直接抨击了资本主义社会的全部基础。他们在批判的基础上设计了理想社会的方案,寄希望于教育、宣传、实验等手段来实现其社会理想。

圣西门是 19 世纪空想社会主义思想家中最早的一位,

曾参加过美国独立战争和法国大革命。从1802年起,他致力于写作,试图创立"圣西门主义",其主要著作有《论万有引力》(1813)、《新基督教》(1825)。在机械唯物论的深刻影响下,从小就对自然科学和唯物主义哲学兴趣浓厚的圣西门建立了独特的"万有引力哲学"。他把万有引力看作支配世界的普遍规律,用来分析人类社会,指出人类社会与宇宙一样,是按规律发展的,是一个连续、上升、进步的过程,并把整个人类社会划分为五个阶段:原始社会、奴隶社会、神学和封建社会、对神学和封建体系进行破坏的时代、未来的实业制度时代。他对人类社会将经由生产力发展和科学进步而最终达到美好充满信心,认为决定历史发展的最终动力是知识和科学。据此,圣西门非常重视教育。他认为,只有通过教育才能提高所有社会成员的智力水平,使其更好地从事生产;只有通过教育才能培养出能力最强、最全面、最实际的学者和实业家来担当管理国家的大权。他拟订了一项使已有实证知识能尽快在一切社会阶级和各等级人士当中传播的国民教育计划,包括青少年教育和成人教育两个部分。在教学过程中,圣西门主张理论与实际相联系,并将其视为行动指南。他还认为,成人教育是整个国民教育体系的组成部分,其职责有三个方面,可称为三个教职:一般教职、道德学教职和实证科学教职,即分别对成人进行专业知识、道德和自然科学知识的教育。通过三个方面的教育,广大人民的专业、道德和科学才能必将得到发展,具有真才实学、掌握精神权力的学者和实业家也会脱颖而出,领导社会走上幸福之路。

傅立叶是稍晚于圣西门的法国另一位空想社会主义者。他长时间当店员,广泛接触劳动人民,了解资本主义商业的种种内幕,这为其后来走上空想社会主义道路、批判资本主义制度奠定了良好基础。目睹人民疾苦和现实社会的罪恶,傅立叶广泛吸收各种知识,力求寻找到一种新的合理、公正的社会制度。他深受18世纪法国唯物主义者的影响,其社会历史观有着丰富的辩证法成分和唯物主义因素,主要著作有《论全世界和谐》(1803)、《经济的和协作的新世界》(1829)等。在19世纪三大空想社会主义者中,傅立叶对资本主义制度的批判最为出色。他以大量事实揭露当时资本主义最发达的英、法两国无产者遭受剥削的悲惨情景,痛斥资本主义制度的罪恶,还力图找出造成这种罪恶的原因。"和谐社会"是傅立叶设想的新社会蓝图,其基本单位是"法郎吉",以表示和谐制度下的有组织生产,区别于资本主义制度下的无政府状态。为了实现理想中的和谐社会,教育是一个非常重要的途径。傅立叶认为,教育应该是社会性的,其目的是实现体力和智力的全面发展。他所说的体力和智力的全面发展不仅指青年一代具有健壮有力的身体、丰富的知识、高尚的道德品质,更重要的是掌握劳动技能、热爱生产劳动。其中,热爱劳动是全面发展新人最重要的

品质。傅立叶所设想的整个教育体系都与生产劳动紧紧联系在一起,使青少年能掌握生产技能、养成劳动习惯、激发求知欲望,成为手脑发达的人。此外,他极为明确地把教育与生产劳动相结合作为培养全面发展的人的基本手段和消灭体力劳动与脑力劳动差别的最重要途径,这一点受到马克思、恩格斯的高度评价。

欧文是19世纪英国最重要的空想社会主义者。他10岁开始独自谋生,亲身体验了普通劳动者的艰苦,立志改变下层民众的生活状况。1800年,欧文接管新拉纳克纺织厂,力图通过改变工人的生活环境来改变工人性格。这个试验以改变工人的性格为目的,使工人的劳动、生活与教育状况有了一定改善。其主要著作有《新社会观》(1813)、《新道德世界》(1836—1844,分8篇发表,1849年汇集成书)等。"性格形成学说"是欧文一切实践活动的理论基础。欧文认为,环境对人具有决定性的影响,人的善恶、智愚均取决于他生活的环境。同时,他接受了爱尔维修的教育万能观点,把教育看成决定性格环境的重要部分,有时甚至把环境的改变看成是教育的结果。他强调只要改变不良的环境,提供一种良好的环境,就能改变人的不良性格并形成其优良的性格。从性格形成学说出发,欧文要求为人的本性和才能的充分而全面发展创造条件,培养智、德、体全面发展的有理性的男女,即体脑结合的人。为了实现这个目的,最好的方式就是把社会上全体成员按年龄大小分组,让其受到适合其本性的教育和从事符合其本性的劳动活动。他将自己理想的共产主义公社的成员分成八个年龄组,各组接受相应的教育,从事相应的劳动。在这种社会划分和与此相适应的制度下,每个人所受的训练和教育将使他们能用最好的方式发展本人的才能和力量;这种发展将在外部条件新的结合下实现,这种外部条件是专门为使人性中完善优美的品质不断表现出来而创造的。欧文拟订的未来理想社会的教育制度将教育与生产劳动紧密联系,目的是培养全面发展及体脑结合的人。

空想社会主义教育思想的特点与影响 空想社会主义历经三百多年的发展,涌现出了众多代表人物。作为一种包含着最天才预测的思想体系,空想社会主义不仅关注教育问题,而且十分重视教育的作用。空想社会主义者纷纷通过自己的著作和言论描绘各自理想中形式各异的未来教育方案。从他们描绘的理想教育图景中,可以看出空想社会主义教育思想的共同特点。首先是高度评价教育在建设理想社会中的重要作用,把教育当作培养理想新人的重要手段,强调教育是实现未来理想社会的重要工具;其次是深受当时自然科学发展的影响,十分重视科学知识的传授;最后是主张教育与生产劳动相结合,提出要培养全面发展的人,而且这个理想随着空想社会主义理论的不断发展而更为明晰。

空想社会主义教育思想充满着人文主义和平等主义的精神,涉及人的个性全面发展问题。它在教育上提出了许多在当时极为进步的见解,对未来社会的教育发展作了精辟的阐述,其中不乏天才的预见。作为一种教育理论,空想社会主义教育思想对后世的教育发展产生了深远的影响,特别是 19 世纪英国空想社会主义者欧文的教育实践经验更具实际价值。更应该看到的是,19 世纪空想社会主义教育思想已包含了科学社会主义教育思想的萌芽,对马克思主义教育理论的创立产生了直接、重要的影响。当然,空想社会主义教育思想带有纯粹空想的性质。作为一种不成熟的理论,它显然是与不成熟的资本主义社会状况、阶级状况相适应的。尽管他们的学说含有十分虚幻和空想的性质,但他们终究属于一切时代最伟大的智士之列,他们天才地预示了现已被科学地证明了其正确性的无数真理。

参考文献

恩格斯.社会主义从空想到科学的发展[M].//中共中央马克思恩格斯列宁斯大林著作编译局.马克思恩格斯选集(第 3 卷).北京:人民出版社,1972.

康帕内拉.太阳城[M].陈大维,等,译.北京:商务印书馆,1995.

莫尔.乌托邦[M].戴镏龄,译.北京:商务印书馆,1982.

欧文.欧文选集(第 1—3 卷)[M].柯象峰,马清槐,等,译.北京:商务印书馆,1979.

圣西门.圣西门选集(第 1—2 卷)[M].董果良,译.北京:商务印书馆,1982.

(龚　兵)

孔子教育思想　　见"儒家教育思想"。

夸美纽斯与泛智教育思想(Comenius and pansophic educational thoughts)　　夸美纽斯是 17 世纪捷克教育家。他继承了自古代希腊、罗马至文艺复兴时期的教育成果,总结了宗教改革时期丰富的教育实践经验,在此基础上提出了具有新意的泛智教育思想,奠定了近代教育理论体系的基础。

夸美纽斯的生平、著作及思想特点

时代背景　　16 世纪以后,欧洲各国的封建制度开始解体,资本主义生产关系蓬勃兴起。夸美纽斯生活的时代,封建制度内部已经腐朽,濒临崩溃边缘,但资产阶级还不足以完全推翻它,只能与中央王权结合起来,与地方封建领主作斗争;同时,新兴资产阶级和人民大众反对封建制度及其思想堡垒——天主教会的斗争,往往采取宗教民主、教派运动的形式。夸美纽斯的祖国捷克当时称波希米亚,1086 年后成为罗马帝国的组成部分。经过 15 世纪初的胡斯战争,捷克一度独立,但从 1526 年起,被重新并入德意志神圣罗马帝国版图,并被认为是哈布斯堡家族的世袭领地。德意志贵族和天主教会的政治和宗教压迫引起了捷克人民的强烈不满。1618 年,捷克爆发了反对德国贵族和天主教会的暴动,并以此为导火索,引发了欧洲历史上著名的"三十年战争"。在这次战争中,由于地理及历史、政治等原因,捷克新教徒首当其冲,受害尤深。夸美纽斯一生中最重要阶段的大部分时间是在战争中度过的。

生平与著作　　1592 年 3 月 28 日,夸美纽斯诞生在波希米亚王国东部莫拉维亚地方的尼夫尼兹城一个手工业者家庭。他全家参加了隶属于加尔文教派、主要由农民和城市平民组成、内部崇尚民主和原始共产主义原则的莫拉维亚兄弟会。夸美纽斯 12 岁时父母先后病故,由于兄弟会的资助,得以继续其学业。中学毕业后,夸美纽斯先后就读于德国那撒王国的赫波恩学院及海德堡大学。通过亲身经历,对当时的学校教育产生强烈的反感,认为不管是哪种学校,其教育内容、组织及方法均存在诸多弊病。他指责当时学校的教学方法烦琐,令人厌倦,仿佛是故意跟人作对,以至学校成为令儿童恐怖的场所,变成他们才智的屠宰场。鉴于此,夸美纽斯立志改革教育,献身教育事业。夸美纽斯 1614 年回到莫拉维亚,担任兄弟会的牧师,同时主持了一所兄弟会学校的工作。从此以后,他始终以极大的热情从事兄弟会争取民族独立的爱国活动,献身于教育事业。1618 年,捷克人民举行了反对德意志天主教贵族统治的起义。两年后,捷克新教势力战败,德国天主教会和封建贵族对捷克居民进行了残酷的屠杀和抢劫,夸美纽斯居住的城市被夷为废墟,他所有的藏书和手稿也化为灰烬。不久,他的妻儿又死于战后的瘟疫。就在国破家亡的痛苦日子里,夸美纽斯用捷克语写了政治、文学著作《世界迷宫》与《心的天堂》。在《世界迷宫》中,他将现实世界比喻成一个令人眼花缭乱、无所适从的迷宫,放眼所见,皆是虚伪与罪恶。面对如此腐败的人类社会,作者时时流露出悲观、迷茫的情绪,但又号召人们不要束手待毙,必须在迷宫般的生活中发现一条光明之路。在《心的天堂》中,夸美纽斯正面描述了他对真理的探求。从新教徒的立场出发,他指出,人们不是通过世俗的学习,而是通过基督徒的信仰去发现真理的。夸美纽斯批驳了教会宣传的欲按基督徒的方式行事就必须摒弃理性的主张,认为正是圣灵将净化与精制过的理性还之于民。这是夸美纽斯在特定历史条件下运用宗教语言宣扬新思想的大胆尝试。这种手法自始至终贯穿在夸美纽斯的著作中,成为其一大特色。

在"三十年战争"中,捷克沦为奥地利的一个省,统治者对新教徒的迫害有增无减。1627 年 7 月 31 日,统治捷克的皇帝下令:以天主教为捷克的唯一合法宗教,所有新教徒均须在 6 个月内公开皈依天主教,否则就要被驱逐出境。在此情况下,夸美纽斯和不愿改变宗教信仰苟且偷生的3万多捷克新教徒不得不在1628年2月离开世代居住的家园,流亡异国他乡。夸美纽斯离开祖国后,定居在波兰的莱什诺。他主持了一所兄弟会开办的古典中学,并亲自讲授物理等课程,通过教学实验发展了新的教学方法。繁忙的工作之余,他开始系统总结前人、同时代人及本人的教育经验,并诉诸文字。1628—1630年,夸美纽斯用捷克文撰写《母育学校》。这是历史上第一部论述学前教育的专著,讨论了家庭环境中幼儿教育的诸问题。此书于1632年出版,后波兰文、意大利文、拉丁文、英文版本相继问世,广为流传。

1631年,夸美纽斯出版了一部为准备学习拉丁语的学生写的入门教科书,名曰《语言学入门》。该书颇为新颖,不仅内容极为丰富,而且完全打破了传统拉丁语教科书的编写模式。学生通过阅读、理解,可获"一石三鸟"——了解拉丁语结构规律、掌握拉丁语基本词汇、获得广博的知识——之功。这是一本用大胆创新的指导思想及教学体系编写的教科书。《语言学入门》出版后,短期内即广泛流传,十几种译本相继问世。17世纪中叶,几乎所有西欧国家都采用此书作为学习拉丁语的课本。《语言学入门》虽然得到社会广泛的欢迎和采用,但对初学者来说,仍显得艰深。于是,夸美纽斯1633年又编写了《拉丁语初阶——语言入门的预备课本》。这是为那些准备进一步研究"入门"的人写的启蒙书。在编排上,他根据初学儿童的能力,进一步简化内容,分段安排教学,教授每个单词都联系有关的事物,以帮助儿童把事物与拉丁语词汇融为一体。

1632年,夸美纽斯经过约5年的酝酿及写作,完成了其教育思想的代表作《大教学论》。此后又用5年的时间修改、扩充,将其改写成当时学术界通用的拉丁文。《大教学论》的主要内容为:人生和教育目的;改革旧教育的必要性与可能性、设立新学校的基本原理;体育、保健理论;教学理论;德育理论;儿童教育年龄分期及相应学制、各级学校素描和学校管理。全书涉及现代普通教育学的各个方面。夸美纽斯在该书卷首语中明确指出,写作此书的目的就是为了实现青年时代的理想,即"寻求并找出一种教学的方法,使教员因此可以少教,但是学生可以多学;使学校因此可以减少喧嚣、厌恶和无益的劳苦,多具闲暇、快乐和坚实的进步;并使基督教的社会因此可以减少黑暗、烦恼、倾轧,增加光明、整饬、和平与宁静"。1632年,夸美纽斯任捷克兄弟会的长老。在处理繁重的兄弟会工作之余,他仍以极大的精力,孜孜不倦地从事教育科学的研究。这时,他积极进行"泛智"问题研究。"泛智"(pansophia),就是广泛、全面的智慧及科学。其含义有两个方面:一是要求人们掌握现实生活所必需、一切有用的知识;二是主张把一切有用的知识教给一切人。这一思想集中体现了17世纪生产发展与科技进步对教育提出的新要求,并且早已具体体现在他的代表作《大教学论》及他所编辑的教科书中,但夸美纽斯并不满足,拟编写一部全面介绍当时科学知识成果、百科全书式的著作《泛智论》。夸美纽斯的想法得到英国社会名流哈特利布的大力支持。在他的支持下,英国于1637年出版了他的《泛智论提要》。哈特利布还将此书寄送欧洲各国知名学者和各教派的领袖,征求意见,以便引起更多人的兴趣,帮助实现他的计划。夸美纽斯得知上述消息后甚感欣喜,对《泛智论提要》加以修改、充实后,于1639年以《泛智的先声》为名再次出版,引起了当时学术界的注目,不少社会名流及著名学者均对此书表示了浓厚的兴趣。1641年,英国国会通过一项关于组织学术委员会专门研究泛智论的决议,并邀请夸美纽斯前来领导这一拟由多国学者组成的学术委员会,并创办能将其理想付诸实施的教育机构。夸美纽斯接受邀请后欣然前往伦敦,但刚刚抵英,就碰上了爱尔兰人的叛乱。动乱中,英国国会无暇顾及原先对夸美纽斯的任何承诺。在英国逗留数月后,眼看英国内战短期内结束无望,夸美纽斯遂于1642年8月接受瑞典政府的邀请,到瑞典从事系列教科书的编写,条件是瑞典政府给捷克兄弟会以长年补助。当时,夸美纽斯的兴趣集中在泛智论的研究上,而不是编教材,但他基于兄弟会的利益而放弃自己的爱好,接受了编写教科书的工作。按照合同,夸美纽斯在瑞典工作了6年,圆满完成了瑞典政府委托的工作。此时,夸美纽斯成为全欧洲最受欢迎的教育家。法国首相黎塞留邀请他协助建立一所科学院,其他国家领导人也请求夸美纽斯给予帮助。欧美大陆的许多学者与教育家与他建立了通信联系。

1648年,"三十年战争"终于结束。签订和约时,捷克仍被划归德意志管辖,新教派别的信仰自由也未得到承认,捷克民族独立的希望破灭了。沮丧的夸美纽斯于同年回到波兰列什诺。1650年5月,捷克兄弟会在原大主教去世后举行代表会议,夸美纽斯被推选为大主教。经再三推辞不允后,夸美纽斯毅然担起了兄弟会领袖的重任,但他钟情于教育工作的决心并未改变。同年10月,夸美纽斯接受匈牙利一位贵族的邀请,到沙罗斯—帕特克创办一所泛智学校。夸美纽斯为他的理想学校拟定了一份计划,这是一个为期7年的内容甚为丰富的教育实验计划。实验进行3年多后因故终止。此项实验虽未获全功,但属于近代史上第一个有计划的教育实验。

在匈牙利工作期间,夸美纽斯构思并完成了著名教科书《世界图解》。这是世界上第一本依据直观原则编写的课本。全书共150课,由插图及对插图加以解说的拉丁语、民族语课文组成,是一部颇具特色的小型百科全书,包括比较重要的拉丁语词汇及民族语词汇。夸美纽斯想用它来对初学儿童进行家庭教育和启蒙教育,它集中体现了"泛智"的教育思想和直观性教学原则。此书图文并茂、生动有趣,不仅受到儿童的喜爱,也博得许多学者的赞叹。

1654 年,夸美纽斯离开匈牙利回到列什诺。1656 年,列什诺在波兰与瑞典的战争中变成废墟,他的所有财产及大批手稿、书籍均毁于战火。最令人痛心的是他几十年来所搜集和研究的关于泛智论的材料及许多尚未出版的手稿也付之一炬。列什诺被毁后,年迈的夸美纽斯来到了荷兰首都阿姆斯特丹,在这里度过了他流亡生涯的最后一站。荷兰政府对夸美纽斯这位杰出的教育家和爱国志士给予了很高的礼遇。1657 年,根据阿姆斯特丹元老院的决议,荷兰出版了他的教学论全集,书中首次公开刊印了《大教学论》,但社会反响冷淡,这使夸美纽斯在欣慰之余又感到莫大的痛苦和失望。

夸美纽斯晚年最重要但未完稿的作品《人类改进通论》是一部以拉丁文写作的 7 卷本巨著。作者从 1644 年开始构思,试图在书中全面规划改造世界及人类的蓝图。全书高屋建瓴、气势恢宏,与其过去的思想相比,达到了一个新的高度。1668 年,夸美纽斯写下了最后一部自传性作品《信仰的必要》,他在文中回顾了自己坎坷的一生,对自己能终生矢志不渝,做一个"追求理想"的人而感到欣慰。

思想特点　作为一个新旧交替时代的产儿,夸美纽斯的世界观打上了时代的烙印,显得异常复杂,并充满矛盾。就其进步并反映时代精神的一面而言,有以下特点。其一是具有人文主义思想。夸美纽斯从青年时代起,阅读了许多人文主义者的著作,受到人文主义思想的熏陶。他表面上承认而实际上摒弃了中世纪天主教会鼓吹的"原罪说"。他高度赞美人的力量,对人具有智慧和创造力具有极大的信心;重视人的现世生活、现世幸福、现世利益;崇拜自然,重视科学知识的作用,主张通过教育使人和谐发展,认识万物,并利用万物享受人生乐趣。这些思想充分反映了上升时期的资产阶级利用科学知识去控制自然、追求幸福生活的合理要求,与文艺复兴以来人文主义的优良传统一脉相承。其二是具有知识来源上的唯物主义感觉论思想。早在青年时代,夸美纽斯就在私人日记中写道:头脑里的一切没有不起源于感觉的。后来受英国唯物主义哲学家培根的强烈影响,他在《泛智的先声》一书中认为培根在其名著《新工具论》中"揭示了探讨自然事物的正确方法",称赞培根的实验归纳法包含着"探求自然秘密的道路"。其三是强烈的民主主义思想。作为信奉民主与平等的莫拉维亚兄弟会的成员及领袖,夸美纽斯在教派传统中受到民主主义精神的重要影响;作为一个备受欺凌的弱小民族和教派的成员,夸美纽斯自发具有强烈的爱国主义思想。

夸美纽斯从幼年起就受宗教的深刻影响,成年后又长期担任教职,因此并未也不可能挣脱宗教的束缚,起码在形式上必须借用宗教与神学的外衣来发表自己的新思想、新见解,并充分反映在他的教育思想中。

泛智教育思想的主要内容

夸美纽斯的教育理论可称为泛智教育思想,这是一个旨在将一切有用的知识教给一切人的内容宏大的体系。

教育的目的与作用　夸美纽斯世界观的复杂性与矛盾性异常明显地反映在他的教育目的论中。夸美纽斯从宗教中引出教育目的,声称现世的人生只是来生的一种准备,教育的目的就在于协助达到这一目的。这一提法是夸美纽斯时代以前的许多教育家都认可的。表面上,这与基督教会的教义和宣传一致,但实质上,二者不可同日而语。中世纪的天主教会把人看作是被原始罪孽污损的存在,要准备来世的生活,就得摒弃理智,忽视现实生活,实行禁欲主义。夸美纽斯却认为,人并非带着"原罪"来到人间,不赞同教会宣传的"肉体是灵魂的监狱"的观点,认为人不过是身体与心灵方面的一种和谐而已。他认为,教育的目的就是通过灌输知识,培养道德和信仰,使人所具备的知识、德行和虔信的"种子"得到发展,从而为来世的永生做好准备。换言之,现实的人只有使自己的德智体诸方面得到和谐发展,才能为来世的永生做好准备。

与教育目的论相一致,夸美纽斯高度重视教育的社会功能及其在人的发展中的作用。他把教育看作改良社会的手段。在《论天赋才能的培养》一文中,他从多方面对比了所谓有教养的民族与没有教养的民族之间的差别,以说明良好的教育所能产生的积极成果。其中特别指出:一个民族如受到良好的教养,就会善于利用自然力量和地下宝藏,把土地耕种得"像在天堂里"那样好。他还认为,受到良好教养的民族,扫除了愚昧和贫困,身体健康,德行优良,富有智慧,爱好艺术,生活得富足、幸福。他对教育在人发展中的功能给予了更高的评价。他认为,只要通过教育,任何人的德行和才智都能得到发展。只有受过一种合适的教育,人才能成为人。夸美纽斯在《大教学论》中首次以狼孩为例,来说明教育、环境与儿童发展的关系。他指出,脱离了正常的人类环境和教育,儿童只会成为人形的动物。但与现代人的研究结论不同,他认为狼孩一旦回归人类社会,经过精心教育,仍然可望恢复人性。他引用亚里士多德的观点,即可将人心比作一张白板,板上什么都没写,但什么都能写上;也可把人脑比作一块蜡,蜡能变成各种形式,能照任何方式再三加以铸范。通过感觉、记忆、归纳、组合,人可以把宇宙中的一切事物反映到头脑中来。

夸美纽斯认为,人不仅有受教育的可能,也必须受教育。因为人们领悟事物的能力只是一个虚空的形式,如同一块没有刻上文字的石碑,需要通过教育的手段加以发展。为了说明教育的作用,夸美纽斯在《大教学论》中提出了以下观点。(1)一般人的先天素质差异不大,都具有领悟事物的能力。假如教员肯充分卖力气,人是可以琢磨好的。(2) 对所谓天资愚钝的人,教育不仅可能,而且更加刻不容缓。因为一个人的心性愈是迟钝孱弱,他便愈加需要帮助,使他能尽量摆脱粗犷和愚蠢。夸美纽斯还指出,有许多例子说明勤能补拙,通过接受教育和刻苦学习后,天资愚笨的人领悟科学,甚至可胜过天资较好的人,因此对这类人不能丧失信心。(3) 聪明的人更加需要接受教育。因为一个活泼的心理如果没有正经的事情可做,就会被歪门邪道所困扰,会成为自己毁灭自己的原因。(4) 女子与男子一样,具有敏锐的心理和求知能力,甚至比男子还要强。

教育的主导原则 教育要适应自然(亦称"自然适应性")是夸美纽斯提出的教育主导原则,甚至可视为夸美纽斯教育(尤其是教学)理论的立论基础或教育原理,其他具体的教学原则、规则,从形式上看,均是从这一原则演绎出来或者说是以此原则为依据。早在古代希腊,哲学家德谟克利特就谈到自然与教育的相似之处;亚里士多德还明确提出了教育必须与自然——人的本性及机体发育的生理特征——相适应的思想。罗马时代的一些教育家继续倡导这一思想。夸美纽斯显然受了前人的影响,但根据时代的特点和需要,对自然适应性原则作了有别于前人的新解释。在夸美纽斯的词汇中,"自然"的含义非常广泛,不仅包括外在的自然界(不妨认为这是他"自然"一词含义的重点),也包括人类社会乃至人的本性。夸美纽斯认为,自然界存在着普遍的"秩序"(即法则),这些法则无论在动植物还是人类活动中都发生着作用,人作为自然界(即客观世界)的一部分,必须服从自然界的普遍法则;以培养人为主要任务的教育工作也必须遵循自然法则,才会合理可靠,并发挥出应有的效力。在《大教学论》中,夸美纽斯反复强调:学校改良的基础应当是一切事物里面确切的秩序;教育严谨的秩序只能以自然的作用为借鉴。根据自然适应性原则,夸美纽斯论证了学校工作制度、教学组织形式、教学原则和方法及教学用书等一系列主张。论述有关问题时,他往往分四段说明:(1) 找出自然界的基本法则(或称"原理");(2) 从动植物或人类生活中举出运用这种法则的例子;(3) 指出当时学校的教学与自然基本法则相悖谬之所在;(4) 指出正确的教学原则或规则(似乎是以最初所提的基本法则为依据)。例如,在论证教学的"便利性"原则时,他提出:(1) 自然不性急,只慢慢前进;(2) 所以鸟儿在小鸟幼小时并不会为了使其加快成长而用过多的食物去填喂,而只是小心地选择食物,慢慢地按其脆弱的消化能力所能支持的分量给予它们;(3) 教学上贪多求快,必然欲速则不达;(4) 正确的教学方法是适合学生的能力,循序渐进。

夸美纽斯充分吸取、借鉴前人及同时代人的教育成果,在亲身改革学校和教育的过程中积累了丰富的教育经验,因此,他的教育理论(特别是教学和学校管理理论)绝不是"自然原理"或哲学概念的演绎或诠释,也不是在观察植物和动物生活基础上的简单类推或比附,而是教育实践经验的总结。夸美纽斯为了不将各种经验罗列在一起,为了把过去人们孤立、零散、直观的经验上升为具有联系、严谨、可在更大范围内发挥指导作用的教育原理,并为批判及改革旧的学校教育提供锐利武器,必须寻求一个理论依据作为立论基础。经过摸索(包括向前人借鉴),夸美纽斯终于找到了一个依据,这就是引证自然。在夸美纽斯生活的时代,自然科学、生产技术长足进步,激发、增强了人们研究自然的兴趣,促使人们去了解自身的奥秘,自然主义思潮开始萌芽,研究自然的方法也开始渗透到社会科学研究领域之中。自然法则在当时是有可能与宗教教条相抗衡,并使人们信服的依据之一。所以,夸美纽斯以自然法则作为理论依据来论证教育观点,是可以理解的,在当时条件下也是进步的。值得注意的是,涉及人生目的、教育目的及德育等较为抽象的问题时,夸美纽斯往往在著作中引证《圣经》,宗教色彩较为浓厚;一旦涉及教学等务实性问题,夸美纽斯则将《圣经》及宗教教义弃之不顾,而总是引证自然,作为理论依据。这一做法表明了夸美纽斯探求教育工作规律的可贵意图,打破了教会宣传的"圣经包含一切真理"的禁区,将人们的注意力从《圣经》转向实际,转向现实世界,有利于教育工作摆脱神学的束缚。此外,夸美纽斯的"自然"还包括受教育者本身。他对儿童的年龄、心理特点提出了不少宝贵建议,要求教育要适应儿童自然本性及身心发展规律。

教学理论 教学理论是夸美纽斯教育思想中最重要的部分之一。他在批判传统教育弊病的基础上,总结了大量极有价值的教学经验。在课程设置上,夸美纽斯提出以下标准。(1) 实用。夸美纽斯针对时弊,对学校的教学内容和课程设置提出一个原则性要求:必须对实现人们的"实际目的",即实际生活有用。他指出,这些知识如果对实际目的没有用处,那是再无用不过的。聪明的人并不一定是饱学多识之士,而是知道什么是有用处的人。(2) 广博。为了把一切有用的知识教给一切人,他将获得包罗万象的知识作为教育目的的一个重要部分,认为人要成为理性动物,便要能唤出万物的名字,推考世间的一切事物,学习一切可以获得真智慧、培养德行、能虔信的科目。(3) 精要。夸美纽斯认为人人应当博学,但由于人生短促,没有人能精通一切学问,一个人应学习的是关于世界一切主要事实的原理、原因和意义,以确保在人生旅途中即使遇到陌生事物,也能作出正确判断。他十分推崇罗马学者辛尼加的意见,即执行教导要与撒播种子一样,不要重量,要重质,声称一个人的口袋里与其有 120 磅铅,当然不如有几块金子来得有用。根据上述要求,夸美纽斯提出:教给学生的东西既要广博,又要精炼,应是最基本、最重要的。犹如一个军事家,要想迅速战胜敌人,决不会攻打不重要的据点,白白耗费时间,而直接攻打大本营。主要堡垒攻克后,次要据点便会不战自破。

根据实用、广博、精要的原则,夸美纽斯对现行学校教学内容和课程提出了不少改革设想。(1) 改革语文教学。当时的学校以语文为学习重点,儿童入学伊始,就得学习同祖国语言毫无联系的陌生的拉丁语,并把精力集中在背诵文法上面,结果耗费了一二十年时间,所获甚少。夸美纽斯认为,语言文字是事物的"外壳",不能离开事物而存在,教学应当将语言文字与事物合在一起,决不能死记硬背文法。(2) 只教真正有用的科目。夸美纽斯主张扩大各级学校的教学内容,加强新兴的自然科学知识的教学。在《母育学校》及《大教学论》中,夸美纽斯为 6 岁以下儿童提出一个广泛而详细的教学计划,他拟订的国语学校课程除当时流行的四 R(读、写、算、宗教)和唱歌外,增加了自然、历史、地理常识,拉丁语学校除了沿用神学和"七艺",还增设了物理、地理、历史等学科。他认为,大学课程更应该是"周全"的,应研究人类知识的所有学科、所有领域,把有天分的学生培养成具有百科全书式知识的人。夸美纽斯的上述主张不仅打破了中世纪早期"七艺"的局限性,也打破了宗教改革以来拉丁语学校、文科中学课程的局限,反映了当时新兴资产阶级要求发展近代科学文化,促进工商业发展的需要。为了改革教学内容,夸美纽斯对教材的改革、编写提出了许多宝贵意见,并亲自动手编写了许多教科书,《语言学入门》、《物理学》、《世界图解》等就是其有影响的代表作,是近代学校教科书发展的先驱。

在《大教学论》中,"原则"一词出现很多,其中教学原则37 条。夸美纽斯的所谓"原则",大致有三个层次的含义:"自然适应性"为最高层次,称为"主导原则",相当于原理;第三层次并不是原则,而是具体规则;介于二者之间的中间层次才是我们通常意义上的教学原则。夸美纽斯对教学原则的提法与今人很不一样,如他提出的"便利性"、"彻底性"、"简明性与迅捷性"等原则,今天已不多见,但其中所包含的观点在现在流行的一些教学原则中都有所体现。他在阐述教学原则时,也论证了与之相适应的教学方法。

(1) 启发诱导原则。夸美纽斯认为儿童具有发展的极大可能性。他将儿童的心理比作"种子"或者"谷米",认为植物或树木实际已经存在于种子里面,所以不必从外面拿什么东西给一个人,只需要把那暗藏在儿童身内固有的东西揭示出来。此外,他反复强调,儿童的发展是由内向外的,教育也应当以人的自然素质为起点,除了发展儿童的自然素质以外,教育不能提出任何其他目的;重要的问题是使儿童得到发展的机会与动力,并善于循循诱导。为了调动儿童学习的自觉性、积极性,他坚决反对强迫学习,认为必须启发学生热爱学习的愿望,说渴望学习的人好比饿了急于要吃食物,并立刻可以把食物消化,变成血肉,因此他要求采用一切可能的方法,激发孩子们的求知与求学欲望。

在此问题上,他并未将儿童的主动性与教师的主导作用对立起来,认为正是教师采用了正确的教学方法,才能充分调动儿童的主动性,使儿童自内向外地发展。他对教师提出了很高的要求:教学如果不成功,不能归咎于学生,而要归咎于教师无能。夸美纽斯还十分重视兴趣,认为兴趣一旦激发出来,每一个儿童都有足够的动力去学习。教师必须理解儿童,知道是什么使儿童产生动力去学习,并娴熟地使用这些力量。夸美纽斯认为,吸引学生爱好学习的方法很多,如,上新课时,用一种吸引人的方式向学生提问,指出那门课是如何的美善、有用、快意,又是如何的需要,并把那门课的轮廓、目标、界限和结构告诉学生,学生如对课程一无所知但又好奇,就会产生强烈的求知欲望。又如,教学中,教师可以介绍一些有趣和实用的知识,以激发学生的兴趣,还可采用直观教具、表扬、奖励等多种方式,去激发学生求知的欲望。采用各种教学方法和措施时,夸美纽斯强调要自然。

(2) 直观性原则。夸美纽斯从三方面论证了直观教学的必要性和可能性:第一,知识的开端永远是从感觉得来的;第二,科学的真实性与准确性主要依赖于感觉的证明;第三,感官是记忆最可信赖的仆役,可以使知识一经获得,永远保住。他强烈谴责经院主义旧学校只让学生死读书本,不接触事实的做法,要求文字应当永远与事物一同教授、学习,如同酒同酒桶、剑同剑鞘、树同树皮、果实同果皮永远在一起一样。他还宣布,可以为教师定一条"金科玉律",即在可能范围内,一切事物都应该尽量放在感官面前,并尽可能用多种感官去感知事物。夸美纽斯还指出,对于某些不可能直接感知、观察的事物,可以采用其他方式取代。其原则是:高级的事物可以由低级的去代表,不在跟前的可以由在跟前的去代表,看不见的可以由看得见的去代表。诸如制作模型、范本,绘制图画、表格等,都不失为一种可行的取代方式。

(3) 量力性原则。夸美纽斯要求教学应适合儿童的年龄特征。对于初学儿童,他更强调选择学习材料要适当,声称:一切应学的科目都应加以排列,使其适合学生的年龄,凡是超过他们理解的东西就不要让他们去学习。夸美纽斯曾借用昆体良的一个比喻:如果拿一只窄口的瓶子,把大量的水猛地倒进去,结果大部分的水会流到瓶子外边,瓶子里的水比慢慢倒进去的要少。有些人教学生的时候,不是尽学生所能领会的去教,而是尽他们所愿教的去教,动作也一样愚蠢。教师与医生一样,是自然的奴仆,不是自然的主人,教学时不可让学生负担过重。与课程论思想一致,夸美纽斯提出:要求学生只领会最重要的事项,对于其余的,只需领会大意就够了。

(4) 循序渐进原则。夸美纽斯根据"自然并不跃进,它只一步一步地前进"的法则,以及幼鸟慢慢学飞的事例,引出此原则。他指出：各个班级的一切功课都应该分成阶段，务使先学的能为后学的扫清道路，指出途径，教师教学、儿童学习要严格遵守时间和科目的划分，不能"省略或颠倒"。他还要求练习从基本的做起，不能好高骛远。他曾举学绘画为例：一个画家并不一开始就叫学生画人像，只教学生调颜料、握笔、画线条，然后再教学生画粗糙的轮廓。这样按部就班地发展下去，到一定时候，水到渠成，学生就可以掌握娴熟的绘画技巧了。其他课程的教学也是同样道理。学生首先应当学会理解事物，然后再去记忆它们。在这两点经过训练之前，不可强调言语与笔墨的运用。

（5）巩固性原则。夸美纽斯在《大教学论》第18章提到的"教与学的彻底性原则"，实际上即巩固性原则。针对旧学校的弊病，他指出，绝大部分学生离校时掌握的并不是真正的知识，而只是真正知识的一种阴影。究其原因，一方面是学校专教无意义、于人生无用的知识；另一方面是知识只经过了学生的脑子，却没有固定下来。他形容这种情况就像不断地把流水泼到一个筛子上去一样。夸美纽斯找到了一些办法，不仅可使学生对自己学过的东西清楚明白，而且能烂熟于心，长期不忘。具体措施：教给学生的知识必须是有用的；激发学生的求知欲，使所学概念彻底印入学生脑海；从事物本身，即从实践中获得知识，不仅分析，而且要善于综合；课程排列要有系统，先学的课程要成为后学的基础，后学的课程要能巩固前面的知识；要训练、培养记忆力；努力将学过的东西教给别人，或复述给别人听；所教科目要适当反复与练习。巩固性原则与其他教学原则有着密切的联系。应当指出的是，夸美纽斯非常强调实践在巩固地掌握知识、技巧中的作用。他认为教师传授，学生听讲、阅读固然重要，不可忽视，但最深刻、牢固的知识是通过学生实践得来的，因此要求让学生从书写去学书写，从谈话去学谈话，从唱歌去学唱歌，从推理去学推理，并要求将这种方法不仅贯彻在教学中，也贯彻在德育中。这种思想被一些学者称作"做中学"。

（6）因材施教原则。夸美纽斯强调人的自然平等及可受教性，但绝不意味着不重视人的个别特征。在长期的教育实践中，他深切地感受到，儿童以不可言喻的方式显示了他们的个体差异。面对儿童的个别差异，教育者不应厌弃某些儿童，也不可按自己的主观意愿试图去改变儿童的天性及能力，因为这样做不是没有结果，便是结果远抵不上所费的精力。他强调指出：教师是自然的仆人，不是自然的主宰；依照自然行事，顺应儿童天生的倾向，是教育工作者必须遵循的基本原则，因此，教师必须研究儿童、了解儿童，掌握不同儿童的特点，并根据不同特点，有的放矢，对儿童采取不同的教育方法与措施。他认为，只要坚持这样做，儿童在某一方面缺少的东西多半会由另一方面去补足，不论资质如何，都会得到相当的发展，教师就能实现"为上帝与人

类服务"的目的。

德育及体育　与教学相比较，德育与体育在夸美纽斯的教育体系中占据次要地位，内容亦显单薄。

德育在夸美纽斯的教育体系中虽占据次要地位，而且保留较多宗教色彩，但在夸美纽斯心目中绝非不重要。他明确表示：他写《大教学论》的目的之一就是要使社会"少些黑暗、困扰、轧轹，却能多见光明、整饬、和平与宁静"；他写《泛智论》的目的也是要使之成为医治全人类的医术，这种医治的重要方面就是拯救人类道德。晚年，他将毕生心血的结晶命名为《人类改进通论》，其中道德的改观及德育是不可或缺的重要内容。在《母育学校》中，夸美纽斯详细阐述了学前儿童的道德教育问题，强调必须在人生的头几年就奠定儿童良好德行的基础。在德育内容方面，他强调让儿童学习有关德行的初步知识，特别重视节俭和勤劳等良好品质的培养，认为节制和俭朴是健康和生活的基础，是其他一切品德的根本。在《大教学论》中，夸美纽斯引证并发挥了柏拉图的思想，提出学校应培养儿童以下道德：（1）持重，即有理智。对事实问题健全的判断，是一切德行的真正基础。儿童从幼年起就要不断练习，发展判断力，以便长大后成为一个有健全理性的人；（2）节制，要求儿童在饮食起居、游戏、谈话、工作等各方面要适量，"一切不可过度"；（3）坚忍，要求儿童自我克制，能用意志抑制不适时、不合理的欲望。因为人是一种理性动物，应当服从理智的领导；（4）正直，即避免虚伪欺骗，坦诚待人，乐于为他人、社会服务。上述思想虽取自柏拉图，但经发挥，俨然成了新教伦理。他的上述思想与新教的信仰得救、不盲信盲从及过节制生活等观点是相似的，对"正直"的推崇及解释反映了他对现实中世风日下的强烈不满及敦风化俗的良苦用心。

在德育方法上，夸美纽斯也提出不少意见。（1）预防。教师如果早做准备，对儿童加以良好的训练，就可杜绝邪恶的滋长。因此应该在邪恶尚未占住心灵之前，早早就将德行教给孩子。（2）榜样。儿童经常接触的教育者、父母、保姆及品性优秀的学生等要为儿童树立"整饬生活的榜样"；教师也可在书本中选取典型，供大家仿效。但前者尤为重要，孩子们会和猿猴一样爱去模仿他们所见的一切。诸榜样中，教师的形象最重要。教师应是诚实、积极、顽强的德行之活榜样。（3）实践。德行是由经常做正当的事情学来的，如同在行动中求知和巩固书本知识一样，要从服从学会服从，从节制学会节制，从说真话学会真实，从有恒学会有恒。（4）恩威并用。为了取得良好的教育效果，对学生应有"父亲般的慈爱"。教师对学生既可利用赞扬、榜样等正面教育形式，必要时也应话语严厉，乃至训诫。两种方法相辅相成，运用得当，都会有显著成效。（5）教训与规则。为了补充与强化模仿，教师应从《圣经》与"哲人"的著作中收集人生的规则，供儿童执行。教训与规则的内容主要是如何

"反抗嫉妒"、"防备人生的忧患"、"节制快乐"、"控制愤怒"及具有理智感等。

中世纪的教会学校受基督教摧残肉体、拯救灵魂等禁欲主义荒谬说教的影响，完全取消了以强身健体为目的的体育。文艺复兴后，这种局面开始改观。许多人文主义教育家倡导和谐发展的教育，要求恢复古代雅典的体育制度。夸美纽斯虽然在正式议及教育任务时，只提到智育、德育及宗教教育，而未将体育及与此有关的保健列入其中。事实上，夸美纽斯对体育与保健还是相当重视的，因为这是过好现实人生的必要条件之一。在《大教学论》中，他专辟一章（即第 15 章，名为"延长生命的基础"）深入探讨保健养生问题，提出了以下重要观点。(1) 人生并不短促，只要好好安排，善加利用，不蹉跎在无用目标上，足以成就最伟大的事业。(2) 一般人生来具有最充分的活力，足以享尽天年，只有"纵容或忽略了生命的自然需要"，才会提前死亡。(3) 为了过好现实人生，应该使"一个健康的心灵""存在于一个健康的身体里面"，为此可采取措施：使身体避免疾病与意外的侵袭；过一种有规律、有节制的生活，遵守三个原则，即"饮食有节制、身体有运动"以及按自然方式生活起居、休息娱乐。(4) 学校教育应有张有弛，工作与休息要分配得当。每天 24 小时可作如下安排：8 小时睡眠，8 小时工作，剩下的 8 小时用于健身、进食及娱乐等活动。在《母育学校》一书中，夸美纽斯对幼儿的体育、保健也有许多论述。总的来看，夸美纽斯的体育、保健理论语焉不详，不够完善。他未将体育正式作为教育的任务之一，是一个缺憾。

学校制度与管理　夸美纽斯承袭了昆体良的观点，对学校教育推崇备至，认为学校的产生是人类社会进步的结果。他还从 17 世纪日益发达的社会分工中得到启示，指出：一个家长为了维持家庭生活，没有时间独自操办一切，而必须利用各种工匠的劳动成果；同样，在子女教育问题上，父母往往既没有时间，也缺乏能力，应充分利用以教育青少年为己任的教师及学校。夸美纽斯还指出，即使做父母的有时间和能力教育子女，儿童最好还是进学校，一同在大的班级里受教导，因为通过榜样，可以彼此激励、竞争、刺激，取得更大的进步。

夸美纽斯肯定了学校教育的必要性和优越性，也严厉批评了当时学校普遍存在的管理、结构、教学等方面的不合理、效率差等弊病，甚至发出了现实学校是儿童"才智的屠宰场"之类的愤激之言，声称"在此以前没有一所完善的学校"。为了改革旧学校，使之真正发挥积极的效能，夸美纽斯提出了系统的学制及学校改革构想。

夸美纽斯依据泛智论及自然适应性原则，在《大教学论》中提出了一个统一的单轨学制，从出生直至成年，共 24 年。(1) **母育学校**。为 0～6 岁的婴幼儿开设。教育从儿童出生即开始，家庭是儿童的第一所学校，母亲是儿童的第一位教师，故曰"母育学校"。这一阶段的主要任务是为儿童奠定体力、智慧和道德发展的基础。(2) 国语学校。为 7～12 岁的儿童开设，属于初等教育范畴。夸美纽斯极力主张普及初等教育，声称要模仿"把光、暖与生气给予整个的世界"的太阳，在每个城市及大小村庄都建立起国语学校，招收每一个儿童，不问其社会地位或性别，并且混合编班，让所有儿童接受同样的教育。他甚至认为这种教育带有义务性质。国语学校的任务是通过以国语进行的读、写、算及音乐、宗教、通史、天文、地理、自然经济学、政治学和技艺的学习，训练感觉器官、想象力及记忆力。(3) 拉丁语学校。为 13～18 岁的少年开设，属于中等教育范畴。这类学校分为六个年级，每年以一种学科为主，并以此学科作为该年级的名称，分别为文法班、自然哲学班、数学班、伦理学班、辩论术班、修辞学班，任务是提供百科全书式的知识，为学生以后接受更高等的教育做好准备。夸美纽斯主张拉丁语学校应设在每一个城市，向所有志向"在工场之上"愿意学习更多知识的人开放。(4) 大学。为 19～24 岁的青年开设，设在每个王国或省。大学旨在培养牧师、律师、医生、教师及国家领导人，只有极少数才智过人且有良好德性的人才在进一步的受教中获益。他建议举行公开考试，从拉丁语学校的毕业生中挑选适于进一步深造的青年。他指出，大学课程应该真正是普遍的，为学习人类知识的每一部门做准备。他还提出，大学应是研究机构，提供人类知识的每一分支，供学生学习研究之用。

在 20 世纪 30 年代发现的夸美纽斯晚年著作《人类改进通论》七卷本之一的《泛教论》手稿中，夸美纽斯对上述学制作了进一步的发展，声称教育应从妇女妊娠乃至男女婚配开始，至进入坟墓方告结束。基于这一认识，他将人的教育划分为七个阶段：胎儿期、幼儿期、童年期、少年期、青年期、成年期、老年期，并为各阶段规定了相应的教育机构及教育任务。其中第二至五阶段与《大教学论》中的有关构想（即前述四级学制）大体相同。新增加的与第一、六、七阶段相应的教育机构如下。(1) 胎儿学校，为怀孕期妇女开设。人生的第一个阶段是胎儿期，与此相应，应设立胎儿学校，甚至可以设立"婚姻指导委员会"及"产前诊所"，为准备结婚的青年男女及孕妇提供咨询，以便养育健康的婴儿。(2) 成人学校，为人生的第六阶段（成年期）而设立。教育大纲和书目内容广泛，涉及完善身心及认识世界两大方面。成人阶段不应抛弃书本，应更广泛地使用，只是成人以自我教育为主。成人加强道德及技术学习，可更好地从事本职工作；理论联系实际，按照天性选择职业，开展竞争，可以最大限度地发挥潜力，享受生活乐趣等。(3) 老年学校，为人生的第七个阶段（老年期）而设，可在老人聚集的地方成立。老年是人生的一部分，不应无所事事，而应继续行动（学习工作），有时还可承担某些重任。老人应总结自己丰富的人生阅历,尽量过好这一段平静而仍然积极的生活,并以安详的态度对待死亡,以使人生有一个完满的终结。夸美纽斯还提出,与人生前两个阶段相应的教育机构是"私立学校";与后三个阶段相应的是"公立学校";与最后两个阶段相应的是"个体学校"。无论哪类学校,或国家、或教会、或社团都要向它们提供必要的书籍、教具及合格的教师。要挑选品格高尚、热心勤勉、精明能干的人来任教或提供咨询。他倡导这一教育体系的目的是为了改造人类,使所有的人都变为真正理性、道德、虔诚的人,使人类社会成为开放的幸福的天堂。

在中世纪,欧洲各国的学校杂乱、松散,缺乏统一的教学计划和科学的教学组织管理形式。文艺复兴以后,特别是宗教改革时期,由于教育规模扩大,受教育人数增多,不少教派的教育家为了收到较好的教育效果,开始探索新的教学组织管理形式,分班、分级教学制度开始形成。夸美纽斯总结了前人的经验,在《大教学论》中第一个从理论上提出并详细论述了包括班级授课制和与此配套的学年制在内的学校管理理论,后又在《泛智学校》、《创建纪律严明的学校的准则》等著作中对此问题进行了更深入的探讨及规定。

夸美纽斯用太阳以它的"光亮和温暖给予万物",而"不单独对付任何单个事物、动物或树木"作依据,提出班级授课制是必要和可行的,并对此作了详细论证。首先,他论述了班级授课的作用和重要性,认为班级授课是激励师生、提高教学效率的有力手段。其次,他论述了班级授课的具体办法,要求根据儿童的年龄特点、知识水平,将他们分成不同班级,作为教学的组织单元。每个班级有一个专用教室。国语学校设6个班,学生逐步升入高一级的班中学习。拉丁语学校也有6个班级,从低到高。每个班级有一位教师,面对全班学生进行教学,全班学生在教师指导下学习同样的功课。夸美纽斯认为,一个教师同时教一百甚至几百个学生是可能乃至必要的,为了使教学切实可行,提议在班内将学生分成10人一组,每组挑选一个组长,即"十人长",承担管理职责。"十人长"的职责是协助教师督促其他学生、管理学业,必要时代替教师主持若干教学活动。上述做法的结果是:教师的工作可以减轻;没有一个学生会被忽略;学生会比以前更用心;对一个学生所说的话对全体学生同样有益。

为了改变中世纪学校工作的无计划以及学生一年中可以随时入学的管理混乱、无序状况,夸美纽斯制定了统一的学年、学日制度,以保证合理支配时间。按照他的构想,除特殊情况外,各年级应在每年的秋季开始和结束学年课程。除此时间之外,不应接收任何儿童入校,务使全班同学的学习进度一致,能在学年底结束相同课程的学习,经过考试,升入更高年级。此外,一个学年还划分为月、周、日、时,每日有4个小时用于上课。他建议在一小时紧张的学习后,要

休息半小时,每天要保证8小时的睡眠,每周三、六的下午让学生自由活动。每年有4次较长的休假日,每次8天。宗教节日(如圣诞节、复活节等)的前后一周、葡萄收获季节的一个月,也是学生休息的时间。这样,学生的学习、休息和生活有了合理的安排。

为了提高教学效能,与班级授课制及学年制配套,夸美纽斯还制定了一套比较完整而严密的考试及考查制度。共分六种。(1)学时考查,由任课教师主持,上课时进行。有时是观察学生学习是否专心,有时是通过提问进行检查。(2)学日考查,由十人长主持。每天全部课程结束之后进行。十人长与组员一起复习,检查所学内容,力求使小组成员熟练掌握已经正确理解的材料。(3)学周考查,是一种自我考查,在每周星期六午休时进行,提倡进行互换名次的比赛。任何一个名次较低的学生有权对本组名次较高的学生进行挑战(甚至可以跨组竞赛)。后者如果失败,就应让位给对手,改为低名次,否则仍保持其原来的名次。(4)学月考查,每月一次,校长到各班例行视察时进行。(5)学季考试,由学校校长和某个主任一起主持,以便了解谁的记忆力、语言表达能力更强,学习更勤奋,表现更佳,作为公开表彰的依据。(6)学年考试,是学校最隆重的考试,通常在学年结束时举行,所有主任均参加。考试时将全校学生集中在操场上,通过抽签,采取口试形式。合格者及其10人小组均可升级,不合格者须重修或被勒令退学。上述制度并不完全是现代意义上的考试制度,只是一种非书面的检查学习方法,并且缺乏规范化。但是,它将对学生学业的检查作为学校工作中的一项常规,时刻关心学生的成长,并从每天、每节课抓起,对保证教学质量和教学效果,不失为一种良好的管理方法。

夸美纽斯的著作中不仅出现了校长、副校长、主任这些学校专门管理人员,而且对管理者的职责作了明确阐述。作为学校总管理者的校长,是全校的核心和支柱。他不承担直接的教学工作,职责是对学校各项工作进行领导和协调,包括以下几项。(1)对教师的管理。应了解教师的生活和教学状况,可私下或公开对教师进行了解和检查。固定检查有学月检查和学季考试。校长还须承担指导教师之责,帮助教师掌握教学方法和策略。(2)对学校规章制度的管理。须监督学校各项制度和规章的执行,预防违纪现象发生,确保学校一切工作都有条不紊;一旦发现脱离常轨之事,需及时予以纠正。为了预防违纪现象发生,应向每一个将要入学的学生宣读学校规章,并询问他们是否能恪守无误。学生只有作出保证遵守的承诺并签上名后,方能入学。(3)对学校档案的管理。应对学校的档案材料,包括学校年鉴、规章制度、学生花名册等承担保管之责。学校年鉴宜由秘书记录,所记内容有学校创建及发展变化情况、历年校长和教师名单及其变动情况、各个时期发生的重大事件等。

夸美纽斯是历史上最早倡导国家设置督学的教育家。他认为,任命督学是国王和当权者的权力,他们应将那些受人尊敬、贤明、虔诚、热心,同时具有丰富教学经验、自愿从事该项工作的明达之士推举到督学岗位上去。夸美纽斯还论述了督学的职责。(1)培训未来管理者,使之学会领导学校、制定规章制度、将各自管理的学校组织成一只有秩序运行的精良的"钟"。(2)管理各类学校人员,包括检查校长、教师的工作,并依照其工作表现建议发给恰当的薪金,调动校长、教师的工作积极性,提高教育效果和质量。可解雇和重新聘用教师。(3)检查学校各项教学工作,可通过听课和直接参加学校具体工作来检查学校教学的优劣。尤其是听课,可直接感受到师生的教与学,为公正评估教师的教学提供依据。(4)监督学校规章制度的执行,还要到社会上去巡视,了解家长和监护人如何对孩子进行教育,并予以指导,以使学校教育与家庭教育协调一致,相得益彰。夸美纽斯赋予督学的后一项任务大大拓宽了督学的工作范围,表明督学须全方位地承担起对教育(包括学校教育及社会、家庭教育)的监督之责。这一思想对后来各国的教育督导制度具有指导和启发作用。

夸美纽斯非常重视纪律在学校管理中的作用,认为维持正常的学校秩序,纪律乃必不可少,声称"学校没有纪律便如磨坊没有水"。学校所制定的各种规章制度和行为准则必须严格执行,并确保其严肃性,任何人不得擅自违反、破坏。维护纪律的办法有三种,即监督、谴责、惩罚。一旦有人有了过失,宜根据过失的轻重程度给予惩罚,包括训斥、用树条赤身抽打乃至开除等。不过,他反对在教学中使用暴力,主张只有在道德违规时,例如,对"语侵神明"、"淫秽"、"顽梗和蓄意的恶行"、"骄傲与轻蔑"、"妒忌与懒惰"等性质恶劣的不端行为,才能采用一种比较严酷的纪律。体罚是执行纪律"极端的方法",学校不能完全放弃,不过不可用得太随便。倘若滥用,到必须使用时则难以奏效。处罚学生,要既严格又温和,以利于他们纠正错误行为。

夸美纽斯教育思想的历史地位及影响

作为历史上一位杰出的教育家,夸美纽斯无论在教育理论还是教育实践上,都作出了不朽的贡献,并具有深远影响。主要表现在以下方面。(1)具有民主主义、人文主义及唯物主义的进步思想,尊重人权,热爱儿童,企图打破阶级、等级及教派的畛域,普及教育,普及科学文化。泛智论的提出是上述思想的集中体现之一,给后人以诸多启迪。(2)对教育、教师的作用和人接受教育的可能性持有深刻信念并作了深入论证,强调施教事物和教材的编排均应适合儿童的年龄和心智能力。教育是"内发"的思想实为后世卢梭、福禄贝尔、蒙台梭利等教育家倡导的内发论思想的先驱;将人心比作"白板"、"蜡块",以及通过感觉获取知识的观点也为后来洛克、赫尔巴特等倡导的"白板"说及外铄论的教育观提供了先导。(3)努力探讨教学工作规律,善于总结前人和自己的经验,并使之上升为理论;以泛智论及自然适应性为指导,针对时弊,提出了改革旧教育的课程体系及一系列教学工作原则和方法,奠定了近代教学理论的基础。在教科书编写及分科教学法领域,他也作出了独特贡献。(4)拟定了历史上第一部完整的从学前到大学的单轨学制,后又发展为从孕育到死亡的系统的终身教育体系,成为近现代单轨学制及终身教育的先驱者。(5)推进学校内部工作制度的发展,创立了班级授课制、学年制,提出了系统的学校管理制度及督学制,大大推动了学校运作的规范化。(6)首次将学前教育纳入学制,编写了历史上第一部看图识字教材,对学前教育的发展居功甚伟。(7)首次制订了详细的教育实验方案,并据此开展实验,开创了近代教育实验的先河。(8)在德育、体育及师范教育等领域内,认真探索,提出了许多有价值的见解。

德国教育学者劳默尔在《教育学史》(1842)中称他是"教育科学的真正奠基人"。20世纪20年代,美国教育史学家克伯利在《教育史》中指出:"夸美纽斯在教育史上居于首屈一指的地位","夸美纽斯引进了全套关于教育过程的现代概念,并多方面勾勒了现代教育改革运动的轮廓。"

参考文献

克腊斯诺夫斯基.夸美纽斯的生平和教育学说[M].杨岂深,等,译.北京:人民教育出版社,1957.

夸美纽斯.大教学论[M].傅任敢,译.北京:人民教育出版社,1984.

Cubberley, E. P. The History of Education [M]. New York: Houghton Mifflin Company, 1920.

James, B. A. History of Western Education [M]. London: Methuen & Coltd, 1981.

Rober, R. R. & James, S. Doctrines of the Great Educators [M]. Hong Kong: Macmillan Press Ltd., 1982.

(杨汉麟)

L

兰达的算法—启发式教学理论（ Landa's algo-heuristic theory of instruction） 美国认知科学和教学设计理论专家兰达提出的一种教学理论。在美国以"landamatics"著称。该理论以认知心理学为基础，也与行为主义心理学兼容。强调在教学过程中培养学生的认知过程和行为。是算法与启发式有机结合的综合方法。兰达认为，传统教学要么根本没有教过学生过程，要么教给学生错误的过程；教师过于注重特殊的技能而不注重培养学生的一般能力；教给学生不确定的、含糊的或模棱两可的处方，不能解决问题。

算法—启发式教学理论的思想依据 兰达认为，知识是技能形成的基础，是技能形成的先决条件，但拥有知识并不等于拥有技能，教学生技能还需要有其他的与知识不同的心理方面的东西。同样，技能也是培养学生能力的必要而不充分条件。为了培养学生的能力，需要把一个特定技能转化成一般性技能，这是一个特殊的教学任务，需要教师用特殊方法，并需要学生进行特定的活动。因此，教知识、教技能和培养学生能力是不同的教学目标，需要不同的方法。

算法—启发式教学理论的基本概念 （1）基本概念——知识、操作及其种类、过程与处方。知识和操作是算法—启发式教学理论主要处理的两种心理现象。兰达认为，知识是对象或现象在头脑中的反映，表现为表象、概念和对命题的陈述三种形式。操作是对实物或其表象、概念、命题进行转变。例如，改变由火柴组成的等腰三角形的形状、大小和其他特征。对实物进行变化的操作被称为动作操作，一般可以观察，并且可以给出解释。像这样的操作，也可以在我们头脑的表象中进行，而这种在头脑中进行的操作很难观察，并且人们经常不会意识到或没有特别意识到也难于进行解释，这样的操作叫认知操作或心理操作。当然，我们也可以对概念、命题进行认知操作。兰达认为，知道某个物体并不意味着我们就知道对这个物体的操作（比如游泳、开车）。也会有相反的情形，某人可能掌握了动作和（或）认知操作，当解决特定问题或进行某些活动时可能成功地完成这些操作，但他没有意识到做的过程中他都做了些什么。就是说，他已经掌握了操作但没有关于操作

的知识。人类活动很少由单个操作组成，通常都是由一组操作或一个系统的操作组织成一个结构。一个操作的功能系统（不管是动作操作还是认知操作）都被称为过程。当告诉某人为成功完成某项任务或解决某个问题应该做什么时，我们是在提供一系列的指导（如先做这个，后做那个等），这样的指导系统就是处方。（2）算法和启发式过程。研究表明，完成任何问题或任务的过程或处方都可以分为算法、半算法、半启发式和启发式四种类型。算法过程（处方）具有以下特点：清晰呈现任务；用比较基本的动作操作或心理操作就能够完成任务；可应用于相应类型的所有问题当中；所有同类问题都有一种完全一致的解决方法等。具有这样特点的过程就是算法过程。确定这些操作的处方就是算法处方或算法。例如，餐桌上有一个苹果和一个香蕉，指令"请给我把香蕉拿来"是一项确定的任务，这就是算法过程。半算法过程具备算法过程的前三个特点，只是对于半算法过程，并不是所有同类的问题都有一种完全一致的解决方法。例如，在书架上有一些书，有两本红皮书，指令是"请给我拿一本红皮书"，这一指令中就包含不确定性。不同的人去完成，可能拿到的不是同一本书，但是这个指令是清晰的，做起来也比较容易。这就是半算法过程。同样是上述例子，若指令为"请给我拿一本有趣的书"，这一指令挑选的标准不是很明确，选择的范围更不确定，会因人而异，需要执行者独立的心理活动，但任务还是清晰的，并且用基本的动作操作就可以完成，这就是半启发式过程。若指出要完成的动作，但是指令不够基本（执行者先前不知道如何做），不具体规定对象的范围，不具体规定标准，这样的操作过程就是启发式过程，相应的处方就是启发式处方。比如，当没有可用的工具能解决某个技术问题的时候，寻找一个能解决这个技术问题的工具的操作，就需要执行者的创造能力和更复杂、更独立的心理操作的能力。启发式过程并不是所有的人都能找到答案和完成任务。

算法—启发式教学理论的主要思想 兰达认为，以前的理论往往用模糊的术语描述让学生做的事情，而没有为学生提供充分的信息来教他们如何做。也有一些理论，如加涅的学习结果分类和布卢姆的教育目标分类学，它们或

者把复杂的任务分解成更为简单的任务,或者把复杂的、模糊不清的教学目标分解成可以观察的、清晰的终极行为术语。不管哪一种,它们都更多是针对动作(行为)的操作。算法—启发式教学理论,研究知识与操作两种心理现象,既关心知识的获得,也关注知识的应用以解决问题,这被兰达称为操作。就操作而言,兰达的算法—启发式教学理论既关注动作操作,即把复杂的任务分解为更基本的任务或者把模糊的教学目标分解成可以观察的、清晰的行为目标,同时更加关注认知操作,即把复杂的、不可观察的认知过程分解成更基本的、可能仍是不可观察的但学生在学习和完成任务的过程中却可以清晰执行的认知操作。这里操作的基本性是相对的,即相对于学生的能力。若一个学习者或普通执行者明确理解了所做活动的指导并且能够无误地、很快地执行这个活动,那么这个指导对学生来说是基本的,而且组成这个活动的一个行为或一系列行为就可以看作是这个学生的基本操作。分解复杂操作为基本操作只是算法—启发式教学理论的第一步;接下来,就需要把这些针对学生而言的基本操作(一系列行为)及其系统按照一个逻辑顺序(根据学科逻辑和学生心理认知结构)组成一个结构;最后,根据对操作及其系统的描述,设计并形成适当的处方及其系统(针对学生的情况、根据一定的教学条件和教学情境),使学生在这个处方和处方系统的实施中学会知识,并使学生通过对操作及其系统的训练形成技能,再通过有效转化特定技能为一般能力从而最终达到不仅教给学生知识,并最终让学生形成能力的教学目标。这些操作的组成与结构以及它们的检测和描述方法是算法—启发式学习和绩效理论的主题,而这些操作在教学过程中的有效形成是算法—启发式教学理论的主要关注点。因此,算法—启发式教学理论的一个主题,就是对任务执行者头脑这个具有心理学性质的"黑箱"中不可观察的、常常意识不到的认知过程进行特殊分析:把它们分离出来,把它们分解成相对基本的成分,清楚地描述它们的组成和结构,在描述的基础上开出处方,并通过管理和开发它们的基本组成和结构来直接管理和开发过程。建立和测试不可观察的认知过程的模式,把复杂的认知过程分解成相对而言比较基本的操作以便我们能够知道在教学过程中如何建构它们,是算法—启发式教学理论区别于其他有关理论的一个重要特征。

算法—启发式教学理论的原理及其先决条件　兰达说明了算法—启发式教学理论的思想,也为该理论的实现提出了很多原理、先决条件以及一些经验型规则等。

兰达指出,算法—启发式教学理论的原理之一是,教师应当用系统可靠的方法让学生掌握专家水平的认知心理过程。为此,需要以下先决条件:要找到知识与操作的算法、半算法、半启发式和启发式的过程与系统,尤其是要利用一定的方法把专家内隐的复杂的认知操作及其系统揭示出来;并且需要从外部详细描述专家水平的心理操作过程和一般方法。

算法—启发式教学理论的原理之二是,尽管学习是在具体学科学习中发生的,但是教师要着力培养学生学习和思维的一般方法。为此,需要教师在具体学科教学中选择有一般学习与思维方法本质特征的内容、例子等,并且要求学生在跨学科情境中练习并应用。

算法—启发式教学理论的原理之三是,把复杂操作分解成基本操作,其基本性应当与学生的知识与操作水平相适应。为此,分析学习者的特征对算法—启发式教学理论至关重要,有助于更好地设计对学习者而言更适当的处方系统,同时也需要教学设计者和教师能够仔细地发现操作的算法和启发过程以及组成它们的各个子算法和子启发式。

算法—启发式教学理论的原理之四是,算法—启发式教学本身不是目的,培养学生自我指导、自我调节等能力才是这个理论的目标。因此,教给学生现成的算法—启发式过程,与让学生自己发现算法—启发式过程同样重要,甚至后者更为重要。至于选择什么方法进行教学,应当根据学生的心理特征和一定的教学情境。

管理和开发算法—启发式过程的方法类型　共有五类。

其一,过程导向的教学与处方导向的教学。在教授学生时,培养学生的算法—启发式过程比仅仅让学生学到算法—启发式处方更重要。这是因为,知道一个处方,即知道做什么以解决特定类型的问题,仅仅是学习操作、使问题得到解决的一个手段。任何一个解决问题的过程都是一个信息转换过程。知道一个处方,自身没有转换任何东西。这样,教师自己不仅要掌握算法—启发式处方,还要掌握算法—启发式过程。教师不仅会解决问题,还要教给其他人如何做。为了有效地教给别人解决问题的方法,他们需要知道操作的组成成分并能够以处方的形式与其他人交流。

其二,通过处方教授过程与通过示范教授过程。形成新算法—启发式操作及其系统有两种方式,一种是通过处方,另一种是通过示范。动作操作可以观察,可以通过处方和(或)示范来教授;认知操作往往不可以观察,只能用处方加以激发和形成,除非认知操作中含有动作原型,它们可以具体进行示范。但由于学生个性心理特征的原因,有些学生通过示范操作学起来更快、更容易,有些学生从对操作的处方中学得更快、更容易,有些学生需要两者的结合,还有的学生从示范和处方中学习效果一样。因此,在选择使用什么方式的时候,要综合学生的特征和教学的目标来定。

其三,教授现成的算法—启发式程序与学生自己发现算法—启发式程序。教学生如何发现算法—启发式程序并让他们发现任何一个特定的程序,远比只提供他们现成的程序或只教给他们如何使用这些程序,在教育上更有价值。

但是,与学习并掌握现成的程序相比,学生独立(甚至有指导地)发现算法—启发式程序一般来说是更困难并且更费时间。由于教学时间有限,学生特征各异,在教学中只使用发现策略实际上是不可能的。在教学过程中,教授学生如何发现算法—启发式程序并让学生在特定情况下发现它们,应该与提供给学生在其他情况下的现成的程序相结合,这样就可以快速有效地培养学生特定的学习技巧、能力。

其四,整体教授算法—启发式与分步教授算法—启发式。若算法—启发式程序太长,完整地教授是低效的甚至是不可能的,就应该使用分步的方法。"太长"这个概念是相对的,而且取决于学生的个体心理特征:一些学生可以一次有效地处理和学习一个操作,其他人可以处理和学习几个操作。步子的大小取决于对给定的学生而言哪些操作是基本的,以及他们能一次处理和学习多少基本操作。基本性标准可能通过实验加以确定。为了有效地教会学生算法—启发式过程,应该确定对每个学生而言一次能够较为轻松地处理和学习的操作链的长度。这个链的长度将决定对指定学生而言的最佳步骤的大小。整体教授的方法假定,教师能够进行个别化和适应性的教学,在教学过程中教师能够诊断每个学生的基本操作水平和最佳操作链的长度。若在集体教学中这种条件不具备,采用分步式教学方法就更安全可靠。操作的基本水平一般取决于教师的基本经验,教师一般都大体知道哪些操作对特定年龄和年级的学生而言是基本的,哪些不是基本的。当然,这只是经验数据,对于每个学生而言可能并不十分准确,但是可以把这些经验数据当作一个起点,并在教学过程中不断修正。分步式教学方法的步骤:向学生提供算法或非算法程序,并示范如何使用它们能够更容易地解决问题;让学生学会第一个操作,向学生呈现要求应用第一个操作的问题,并让学生练习这个操作直到掌握为止;让学生学习第二个操作,向学生呈现应用前两项操作的问题,并让学生练习这些操作直到学生掌握它们的系统为止;让学生学习第三个操作,提供要求应用前三种操作的问题;按同样的方法继续进行,直到学生掌握过程中的所有操作为止。这个方法被称为滚雪球方法,它的基础规则是发展多操作过程的滚雪球规则。这是算法—启发式教学对教学顺序安排的一种策略。

其五,教授一般的算法—启发式程序与教授具体的算法—启发式程序。问题、操作、操作系统(过程或程序)和它们的处方有各种不同程度的概括水平。从教育和发展的观点来看,要在尽可能概括的(一般的)水平上教学生过程(程序),这样,学习者掌握程序之后就能够成功解决某一个领域中的各种问题,并且能够看到不同领域中问题与情形中的共同的东西,并进一步能够把解决问题的方法从一个领域迁移到另一个领域。根据算法—启发式教学理论,一般

性操作系统(一般程序)及其相应的一般性处方强调一般性能力(一般性的思考或活动方法),这个能力是教学中最重要的任务。这种一般性的能力与方法,就是所谓的"认知策略",是最一般的认知能力的基础,而且在很大程度上与内容无关。另外,教给学生如何从学科内容的逻辑结构中推导出解决问题的一般方法,比提供给学生现成的一般方法更有教育意义。学生不仅能够学习和应用别人推导出的算法,而且他们自己也需要能够产生算法。

算法—启发式教学理论的价值体现　它实现了以下具体目标:(1)开发了专家型学习者或执行者心理的技术以揭示他们意识到的和意识不到的心理过程。(2)具体查明各类任务和问题以及包括有效学习涉及的专家式算法与非算法过程。(3)将查明的心理过程分解成相对初级的心理操作及其操作系统。(4)用算法—启发式方法明确描述已查明的心理操作及其系统。(5)进一步提炼从专家得到的思维方法和学习方法,以形成更强有力的超级专家算法与启发式程序,作为学生与新手效仿的模式,培养他们成为专家式学习者、执行者和问题解决者。(6)将算法—启发式的描述转化为处方,引导学生和新手理解若像专家一样有效工作应该想什么和做什么。(7)创造一种新的教学方法论,使教师和培训者能够做到:有效地教授学生与新手专家使用的心理过程(特别是他们在认知活动中采用的一般算法和启发式);通过专门的算法—启发式教学将专家的心理过程"复制"给学生和新手,用系统可靠的和相对便捷的方式来复制,可以减免学生与新手仅仅依靠经验积累的辛劳与费时;培养学生的一般认知能力。兰达的算法—启发式教学理论被许多国家应用在学术、工业、商业、政府和军队等诸多领域,而且无论在哪里应用,在绩效、学习和教学的效果方面都有显著增长。

参考文献

盛群力,李志强. 现代教学设计论[M]. 杭州:浙江教育出版社,1998.

Reigeluth, C. M. Instructional-Design Theories and Models[M]. Mahwah, NJ: Lawrence Erlbaum Associates,1999.

(刘美凤　钟名扬)

劳动技术教育(labour and technical education)全面发展教育的重要组成部分。培养学生劳动观点,形成劳动习惯,并使学生初步掌握一定劳动技术知识和技能的教育。它把劳动教育与工农业生产、社会服务性劳动的技术教育结合起来,既有利于促进学生德、智、体、美等方面的全面发展,也为他们将来的就业准备一定的条件。

劳动技术教育包括劳动教育和综合技术教育两个方面。劳动教育(labour education)是使学生树立正确的劳动

观点和劳动态度,热爱劳动和劳动人民,养成劳动习惯的教育。主要内容:(1)树立学生正确的劳动观点,使他们懂得劳动的意义,了解人类的历史首先是生产发展的历史;懂得劳动是建设国家的根本保证,劳动是公民的神圣义务和权利;懂得体力劳动和脑力劳动、体力劳动者和脑力劳动者对社会生产发展的重要意义;懂得脑力劳动同体力劳动相结合的重要意义。(2)培养学生热爱劳动和劳动人民的情感。养成劳动的习惯,形成以劳动为荣,以懒惰为耻的品质。抵制好逸恶劳、贪图享受、不劳而获、奢侈浪费等恶习的影响。(3)学习是学生的主要劳动,教育学生从小勤奋学习,将来担负起艰巨的建设任务。教育学生正确对待升学、就业和工作。**综合技术教育**(polytechnic education)一般指使青少年认识并掌握现代生产的一般基本知识和技能的教育。主要内容:(1)工业和手工业生产劳动的基础知识与技术。可通过组织学生参观学校附近的现代化大生产,进行辅助性的劳动和简单的实际操作,了解工业生产的基本过程;组织学生参加各种手工艺劳动,如制作各种文具、模型、教具、玩具、家庭日用品等,培养学生基本的劳动技能;也可进行一般的纸工、木工、金工、电工、泥瓦工、缝纫、编织等手工劳动,对学生进行劳动技术教育。(2)农业生产劳动的知识和技术。农业生产劳动的内容很多,有各种种植活动,如种树、种菜、种茶、种草药、种各种农作物和经济作物等,有各种饲养活动,如养猪、养羊、养牛、养鸡、养兔、养鱼、养蚕、养蜂等。组织学生了解农业生产的现状和农业的改造。在农村有条件地开展科学种田的实践活动,在城市组织学生利用假日参加适当的劳动。(3)服务性劳动、公益劳动的知识和技能。服务性劳动要特别强调力所能及和自我服务,要与家庭教育结合起来。自我服务劳动是指照料自己的生活、保持环境整洁的劳动,如洗涤缝补衣袜、整理床铺书桌、擦地板、打扫房间、烧饭菜、洗餐具等。可在学校生活、家庭生活、个人日常生活中开展服务性劳动实践活动,还可同时进行一些基本技术教育,如计算机操作、无线电修理、家用电器的维修、缝纫、编织、刺绣、烹调等。公益劳动包括整修校园、植树造林和社会公益劳动等。(4)管理生产的初步知识和技能。学校应根据不同情况,适当向学生介绍工农业生产管理体制的基本情况,组织生产过程的基本知识,制定生产经营计划的基本知识和技能,各种生产责任制和规章制度的基础知识,物资管理、财务管理的一些初步知识和技能。可采用参观、听报告、讲座、实习作业、实例练习等方式进行。

劳动教育与综合技术教育的关系:劳动教育要结合时代特点,重视学生生产知识技能的掌握,技术教育中更应重视劳动观念、习惯的培养,两者相互渗透不可分割;两者都着重于通过亲身实践、实际操作来进行教育,它们在生产劳动的教育活动中往往同时进行;劳动技术教育的名称更符合中国实际,便于广泛实施。中国有劳动教育的优良传统和丰富经验,需加以继承和发展,国家的建设也迫切需要推广技术教育,以更好地为工农业生产培养人才。把劳动教育与技术教育结合起来也适合中国幅员辽阔、地区差异巨大的国情。根据具体条件,有的地区和学校可多开展劳动教育,结合进行技术教育;有的则多开展技术教育,结合进行劳动教育。

劳动技术教育的特点:实践性,劳动技术教育主要通过生产劳动的实践进行,让学生亲身参加劳动实践、从事实际操作是其主要形式和基本方法,这是与其他各育的明显区别;技术性,劳动技术教育主要是使学生掌握生产劳动的技术知识和技能,生产技术是劳动技术教育的主干,其他方面的思想教育、知识教育、卫生教育等都是围绕和结合生产技术教育进行的;教育性,劳动技术教育虽然以劳动为主,但又不同于一般的生产劳动,其主要目的在于培养德、智、体全面发展的一代新人。着眼于培养人、教育人是劳动技术教育的一个重要特点。

劳动技术教育的意义:促进学生全面发展,有利于培养学生的劳动观念、劳动习惯、劳动人民的思想感情和主人翁的劳动态度,培养学生运用知识和动手操作的能力,在劳动中锻炼学生的体力、增强体质,有利于实现脑力劳动和体力劳动的结合,同时有利于学生的全面发展和素质的提高;为学生将来工作打下基础,学校的任务既为高一级学校培养合格的新生,又为社会输送劳动后备力量,劳动技术教育是学生走向社会参加生产建设的必要准备;为专业教育和职业教育打下基础,学生在劳动技术教育中初步形成正确的劳动观念和良好的劳动习惯,初步掌握一般的生产基础知识和基本技能,有利于他们坚定学习是为了劳动的信念和开阔技术眼界,也便于他们更好地根据国家的需要和自己的专长与爱好来选择专业与职业。

劳动技术教育的任务:使学生树立正确的劳动观点,养成勤俭节约、手脑并用、勇于创造的良好劳动习惯,培养热爱劳动和热爱劳动人民的思想感情,具有遵守纪律、爱护劳动工具和劳动成果的优良品德,以及学习生产技术的兴趣;使学生学到一定的基本生产技术知识和某种职业技术的基础知识,学会使用一般的生产工具;促进学生身心的健康发展;掌握组织生产和管理生产的初步知识和技能,实施劳动技术教育要通过有关学科的学习、调查访问和生产实践,使学生初步了解现代管理的一般理论和方法,懂得管理的重要意义和生产管理的现状及改革趋势;掌握现代信息技术的基础知识和技能。

劳动技术教育的演变 把劳动作为教育的内容、手段或途径,在教育史上有过各种论述。例如,洛克提出把体力劳动作为一种督促学好知识和精神消遣的手段;卢梭把劳动教育作为培养"自由人"的基本要求;裴斯泰洛齐不仅要求通过劳动的教育使人的天赋能力得到和谐发展,他甚至提出了把知识学习和手工劳动放在一个统一的过程中结合进行的主张;19世纪60年代,俄国革命民主主义者提出通过劳动教育培养具有革命韧性、机体与精神统一发展的反农奴制的战士等主张。

英国空想社会主义者欧文1825—1828年在美国创办"新和谐村",把教育与现代技术基础上的劳动的结合,看作是实现人类理性普遍得到发展的"新道德世界"的核心。他开办了"工业和农业学校",其中包括为2～5岁的幼儿设立的学校,为6～12岁的儿童设立的小学和为成年人设立的学校。学校除开设诸多课程,如语文、算术、几何、动植物、矿物学、化学、历史、地理、图画、制图、音乐、体操和军训等外,还按不同年龄阶段,安排劳动实践,使之与智育的进行结合起来。劳动实践的内容包括手工工场劳动(制鞋、成衣、织袜、精纺、木工、石印、雕版等)、园地劳动(园艺、大田作物栽培、畜牧等)和家务劳动(烹饪、收拾房间等)。在他的教育体系中萌发了综合技术教育的思想。

马克思论述了劳动教育与技术教育。他在《资本论》(1867)等著作中,曾多次论述过综合技术教育,把综合技术教育看成是工人掌握现代工业生产技术基础的一个因素。他也把这种教育简称为技术教育,他认为进行综合技术教育的目的是弥补分工引起的缺陷。他指出,教育与生产劳动相结合,不仅是提高社会生产的一种方法,而且是造就全面发展的人的唯一方法。要通过劳动技术教育使儿童和少年了解全部生产过程的基本原理,同时获得使用各种最简单的生产工具的技能。

德国教育家凯兴斯泰纳对劳动教育作过系统论述,提出了"公民教育"和"劳作学校"的理论。他认为,教育的目的在于培养有用的国家公民,公民教育的重要内容之一就是进行职业教育,培养和训练公民的职业技能。他主张把为绝大多数人设立的国民学校从读书学校改组为劳作学校,并视之为公民的教育机构。他认为,与其让学生学大堆的死知识,还不如让学生获得精神的发展、伦理的适应力和劳作的本领。主张在国民学校给学生极少的知识材料,多给以性格的陶冶,使学生养成较好的适应力、工作的兴趣和本领,更好地完成国家公民的义务。他在劳作学校增设实习工场、烹调室、缝纫室、实验室等,系统地培养学生体力劳作的兴趣、习惯和技能。他把劳作教学作为一门独立的学科,聘请受过训练的教师进行具体指导。他给劳作学校提出了三项基本任务:进行职业的陶冶或职业陶冶的准备;职业陶冶的伦理化;个人所在团体的伦理化。他所谓的伦理化,就是由个人内心体验价值的增长而自愿做应该做的工作。

列宁指出,没有年轻一代的教育和生产劳动的结合,未来社会的理想是不能想象的,无论是脱离生产劳动的教学和教育,还是没有同时进行教学和教育的生产劳动,都不能达到现代技术水平和科学知识现状所要求的高度。教育要使学生从理论上和实践上熟悉一切主要生产部门,要使学生掌握现代工农业生产的一般原理,并获得运用这些知识的基本技能。列宁积极主张社会主义教育必须实施综合技术教育,并多次把它列入党纲的教育条文,认为这是国民教育中最迫切的任务之一。

1919年俄共(布)第八次代表大会通过的党纲中,根据列宁的建议,规定:"对未满17岁的男女儿童一律实行免费的义务的普通教育和综合技术教育。"列宁关于综合技术教育的思想集中反映在为克鲁普斯卡娅《关于综合技术学校的提纲》写的评述《论综合技术教育——对娜捷斯卡·康斯坦丁诺夫娜的提纲的评述》中。列宁从苏俄当时的现代工业技术发展情况出发,规定了综合技术的基本知识范围,还提出了运用和传播综合技术教育的实际步骤。把理论上和实践上了解农业列为综合技术教育的内容。

19世纪后半期,西欧许多国家的职业技术教育迅速发展起来。20世纪后,世界许多国家建立了多科技术学院,开展综合技术教育。但这种综合技术教育已经开始向专业教育发展。

20世纪50年代中期,中国中小学实施基本生产技术教育,即综合技术教育,主要内容是工业与农业基础知识。1982年,教育部颁布《关于普通中学开设劳动技术教育课的试行意见》,国家教育委员会于1987年颁发《全日制普通中学劳动技术课教学大纲(试行稿)》,1992年制定颁发《九年义务教育全日制初级中学劳动技术课教学大纲(试用)》,都强调了劳动技术教育的重要性。2001年6月,教育部印发的《基础教育课程改革纲要(试行)》规定:从小学至高中设置综合实践活动并作为必修课程,其内容主要包括信息技术教育、研究性学习、社区服务与社会实践以及劳动与技术教育,让学生通过劳动与技术教育,了解必要的通用技术和职业分工,形成初步技术能力。教育部2003年印发的《普通高中课程方案(实验)》把技术列入学习领域,成为普通高中八个学习领域之一,技术领域由信息技术和通用技术两个科目组成。

由于现代科学技术的迅猛发展,并在社会生产生活中被广泛应用,要求把现代科学技术引进学校,要求学校"面向劳动世界",把学用更好地结合起来。越来越多的国家把生产劳动教育作为一门独立课程纳入学校课程体系,使之成为整个教育体系的重要环节。不少国家还为劳动教育制定了专门的课程标准,把加强综合技术教育作为学校同生活联系的纽带,当作教育与生产劳动相结合的基本形式。劳动技术教育日益成为一些国家教育改革的课题,并在教育体系中居于特殊的重要地位。

劳动技术教育的原则与途径　劳动教育要通过生产劳

动和公益劳动等来实施。学生在校期间,要按照课程纲要的规定,适当参加劳动。

劳动技术教育的一般原则:思想教育与技术教育相结合;理论与实践相结合,劳动技术教育以劳动实践为主,同时也要传授有关生产劳动技术的基本原理,并尽可能与其他一些学科的教学联系起来;适合学生的年龄特征、个别差异和性别差异,高、初中应有区别,要照顾个人爱好和女生特点;劳动技术教育要从实际出发,根据城乡差别和学校的劳动条件,因地制宜、因校制宜,宜工则工,宜农则农;实施勤工俭学,同时安排一定的社会公益劳动和志愿者活动。

劳动技术教育的途径:安排学生参加校内实习场所或校外挂钩单位的生产劳动,参加当地的农、工、林、牧、渔等工农业生产劳动;安排学生参加校内外服务性劳动和公益劳动;结合生产的实际,进行生产劳动技术知识的教学;组织学生参观工农业现场的生产劳动;指导学生课外科技学习小组活动等。劳动技术教育一般应以劳动实践为主,也应适当安排一定的时间讲授生产劳动技术原理。参加劳动实践要根据具体情况和条件,可以到校办工厂(车间)、农场(实验园地)劳动;也可以与附近工厂、农场、社区联系,参加劳动;农村中小学还可按规定放农忙假,让学生回家参加劳动;所有学校都要组织学生参加校内外的一定的公益劳动;城乡学生还应要求学生参加一定的家务劳动。劳动技术课的实施采用的主要方法是:生产劳动技术原理的讲授可在课堂进行,也可在生产现场进行,或者两者结合进行。应有计划地安排,或集中讲授,或分散讲授。

(段兆兵)

劳动技术教育课程(labor and technology curriculum)
中小学校设置的课程。旨在对学生进行现代社会生产和生活所需的基础的、综合性的技术工艺知识以及相应的各种基本技能的教育和训练。主要任务:(1)培养学生正确的劳动观点,认识到是劳动和劳动人民创造了历史,热爱劳动,尊重劳动人民,认识体力劳动必须和脑力劳动相结合;(2)培养正确的劳动态度,认识到劳动是公民的神圣权利和光荣义务;(3)培养学生良好的劳动习惯,遵守劳动纪律,爱护劳动工具,珍惜劳动果实,抵制不劳而获、奢侈浪费等不良思想倾向;(4)获得社会生产的基本知识和技能。

中华人民共和国成立后,1953年实施第一个五年计划时,中共中央即提出在学校增设生产劳动课程。1955年中共中央转发教育部党组报告,指出中小学必须进一步加强劳动教育,除培养学生劳动观点和劳动习惯外,还应开展综合技术教育,使学生从理论上和习惯上掌握工农业生产的基础知识。1956年,教育部召集部分省市教育工作者举行座谈会,研究中学实施基本生产技术教育问题,讨论中学实施基本生产技术教育的指示草案、工业和农业基础知识教

学大纲和建立实习园地、实习工厂等问题。从当年秋季起,全国中学逐步实施基本生产技术教育。中共十一届三中全会后,在总结历史经验的基础上,1981年教育部颁发《全日制六年制重点中学教学计划(试行草案)》和《全日制五年制中学教学计划(试行草案)》的修订意见,开始使用"劳动技术教育"名称,将普通中学开设劳动技术教育课正式列入教学计划。1982年,教育部颁布《关于普通中学开设劳动技术教育课的试行意见》。1987年,国家教育委员会先后颁发《全日制普通中学劳动技术课教学大纲(试行稿)》和《全日制小学劳动课教学大纲(试行草案)》,将劳动技术教育正式列入教学计划。1992年,国家教育委员会正式颁布《九年义务教育全日制小学、初级中学课程计划(试行)》和各学科教学大纲(试用),规定小学设劳动课,要求"通过自我服务劳动、家务劳动、公益劳动和简单的生产劳动,使学生初步掌握一些基本的劳动知识和技能。培养正确的劳动观念、良好的劳动习惯、热爱劳动和劳动人民的感情"。初中设劳动技术课,"使学生掌握一些服务性劳动和工农业生产的基础知识与基本技能,也可使学生适当掌握某些职业的基础知识和基本技术。通过劳动培养学生具有正确的劳动观点和良好的劳动习惯,以及热爱劳动和劳动人民的感情"。1998年,教育部办公厅印发《关于加强普通中学劳动技术教育管理的若干意见》,再次强调劳动技术教育是中学教育不可缺少的组成部分,是全面实施素质教育、提高学生劳动技能素质的重要途径,是落实教育与生产劳动相结合方针的重要措施,要求各级教育行政、教研部门和学校充分认识劳动技术教育的重要性,加强对劳动技术教育的领导和管理,认真落实教育部关于劳动技术学科的课程计划,采取切实措施保证劳动技术教育的顺利实施;规定各省、自治区、直辖市教育行政部门普教处有专人分管劳动技术教育,教研室设专职的劳动技术课教研员;地、市教育行政部门有专人负责或分管劳动技术教育,教研部门逐步配备劳动技术课教研员。

劳动技术教育的内容和形式受生产力、科学技术、文化教育水平以及人们物质文化生活水平制约。16世纪,英国早期空想社会主义者莫尔在《乌托邦》中最早阐述教育与农业、手工业劳动相结合的思想。17世纪,英国经济学家贝勒斯首先采用"劳动学校"一词。18世纪,法国启蒙思想家、教育家卢梭把劳动技术教育作为培养"自由人"的基本要求。瑞士教育家裴斯泰洛齐认为,劳动是教育和发展最重要的条件,合理组织儿童从事体力劳动,能够促进其智慧和道德发展。19世纪空想社会主义者欧文进一步提出,人的性格是通过包括体力劳动在内的实际活动形成的,完善的人应该是德、智、体、美、劳全面发展。1816年,他在英国新拉纳克建立性格形成学院,尝试将工厂生产劳动与教育结合。马克思和恩格斯认为,生产劳动是人类最基本的实践活动,是人类社会赖以生存和发展的基础。劳动创造了人本身,

人的个性、才能和世界观是在劳动过程中形成的。在合理的社会中,每个成员都能将体力劳动与脑力劳动相结合,使人的各方面能力得到充分发展,成为全面发展的人。1866年,马克思在《临时中央委员会就若干问题给代表的指示》中提出,应对工厂的童工在生产劳动的同时实施技术教育,使儿童和少年了解生产过程的基本原理,获得运用各种最简单的生产工具的技能。有酬的生产劳动与智育、体育和综合技术教育相结合,是无产阶级发展的途径。列宁主张社会主义教育必须实施综合技术教育,并多次将其列入党纲的教育条文,认为这是国民教育中最迫切的任务之一。

中国实施劳动技术教育的形式主要有四。(1)小学开设劳动课,初中开设劳动技术课,旨在培养学生的劳动观点,形成劳动习惯,并使学生初步学会一些基本生产技术知识和劳动技能,既能动脑,也能动手,为毕业后升学和就业打基础。这是中小学开展劳动教育和技术教育的主要途径。(2)结合有关课程教学,渗透劳动教育和技术教育内容。(3)组织学生参加工农业生产劳动,参观现代化工厂、农场和联合企业,扩大学生眼界,使之了解现代生产原理和技术,了解国民经济发展状况。(4)指导开展学生课外活动与科技小组活动。(5)组织学生参加社会公益劳动、勤工俭学、自我服务劳动和辅助家务劳动等。

劳动技术教育课程内容可根据城乡差异灵活选择。城市中学的教学内容一般包括植物栽培(花草、果树、蔬菜、菌藻、药用植物的栽培管理)、动物饲养(家禽家畜、实验动物、观赏动物等的饲养管理)、木工(锯、刨、凿等基本技术)、金工(车、钳等)、电工(简单照明线路安装)、无线电技术、烹饪、缝纫、编织、计算机等劳动技术项目,使学生了解基本生产原理和工艺过程,初步学会使用基本的劳动工具;农村中学一般以农业生产技术教育为主,如土壤、肥料、育种、作物及果树栽培、家禽家畜饲养,有条件的也可进行一些为农村生产、生活服务的工业或服务性劳动技术教育,如农用机械维修、电机维修、电工、木工、泥瓦工、手工艺劳动、缝纫等。劳动技术教育课程还应视学校具体情况安排公益劳动,如整修校园、植树造林和为社会服务的劳动等,以培养学生工作不讲条件、劳动不计报酬、为集体服务的思想和风格。为使学生广泛接触社会、开阔眼界,学校还可有计划、有目的地组织学生到工厂、农村参观或劳动,了解现代工业生产和农业生产发展状况。农村中学应按规定放农忙假,让学生参加劳动。还应要求学生参加一定的家务劳动。

开设劳动技术教育课程需遵循若干原则:(1)重视和加强思想教育,选择对学生有教育意义、对社会主义市场经济建设和人民生活有益的集体劳动,培养学生良好的道德品质;(2)注意理论与实际结合,条件许可时,优先选择与教学联系密切的劳动项目,提高学生分析问题和解决问题的能力;(3)考虑中小学教育的性质和任务,选择适应面较广、符合社会主义市场经济建设和日常生活需要的基本劳动技术项目;(4)适应学生的年龄、性别特点和知识水平,选择学生力所能及的无毒害、无危险的劳动项目,劳动量适当;(5)从实际出发,根据各地学校实际情况,因地制宜,因校制宜。

劳动技术教育评估是教育评估的组成部分,根据劳动技术教育目标,运用科学手段评价劳动技术教育结果。其目的:从宏观上加强监督与管理;诊断分析影响因素,为进一步改进课程和教学提供客观资料;帮助学生了解自己,激励学习动机;为劳动技术教育科学研究服务。评估范围:学校劳动技术教育的计划(方案);劳动技术教育水平和学生质量;劳动技术教育的经济效益与社会效益;劳动技术教育的条件,如设备、师资、经费、管理水平等。劳动技术教育评估内容包括三部分。(1)学生学习评估。评估注重过程,日常教学中应记录学生的劳动态度和效果、考勤和阶段性考核情况,作阶段性总结;每个学生撰写劳动小结,学校建立劳动档案,学年末根据学生的劳动态度、劳动纪律及掌握知识和技能的情况评定成绩,计入学生成绩册。劳动态度和表现作为学生操行评语的重要内容之一。(2)教师教学工作评估。分为教学工作过程评估和成果评估,包括教学工作量、教学质量、教学工作效果评估。(3)学校领导组织管理评估。包括领导在劳动技术教育方面的知识结构、思想修养及政策理论水平、组织劳动技术教学的经验和管理能力等。

参考文献

顾明远.教育大辞典[M].上海:上海教育出版社,1990—1992.

刘世峰.中小学的劳动技术教育[M].北京:人民教育出版社,1993.

卓晴君.教育同生产劳动相结合的理论与实践[M].北京:教育科学出版社,1992.

(陈月茹)

劳动简化法(labor simplification approach) 将教育引起的劳动者质量的差异,按照一定的简化系数折合成劳动力的数量,计算教育对经济增长的贡献的方法。依据所采用劳动简化尺度的不同,有劳动工资简化法、教育年限简化法、教育费用简化法、总课时简化法、劳动生产率简化法等。一般计算步骤:第一步,确定计算的基期和报告期年份,并获得当年的国民收入值和劳动者人数。第二步,确定使用劳动简化的尺度,得到相应各级各类教育程度劳动者的劳动简化系数。劳动简化的尺度主要有劳动者的工资或劳动报酬、受教育年限、受教育的费用,或者劳动者创造的劳动生产率。根据选定的劳动简化尺度,将某一教育程度的对应值确定为基准的劳动简化系数1或100,其他教育程度劳动者的劳动简化系数则表示为基准劳动简化系数的一定比值。第三步,根据基期和报告期有关数据计算出各期平均劳动简化系数。平均劳动简化系数=∑(不同教育程度劳动者的劳动简化系数×对应劳动者人数占总劳动力人数百分比)。第四步,计算各期受教育因素影响而增加的劳动量。社会劳动总量=平均劳动简化系数×劳动者总人数教育引起的劳动增量=社会劳动总量-劳动者总人数=(平均劳动简化系数-1)×劳动者总人数。第五步,计算教育对经济增长的贡献。贡献率=(教育引起的劳动增量÷社会劳动总量)×100%。贡献额=(报告期国民收入-基期国民收入)×贡献率,或者教育对国民收入贡献=$\frac{k-1}{j-1}$,式中,k为平均劳动简化系数的增长指数,k=报告期平均劳动简化系数/基期平均劳动简化系数;j为国民收入增长指数,j=报告期国民收入/基期国民收入。具体研究中,可以根据具体情况选取不同的劳动简化尺度和国民收入指标。各种简化法的主要区别是劳动简化尺度的选取和劳动简化系数的确定。

劳动工资简化法 亦称"劳动报酬简化法",是以劳动者的劳动工资或报酬为尺度确定劳动系数来计量教育对国民经济贡献的方法。该方法假定劳动者的教育程度和劳动者质量、工资之间呈正相关,因此可以将不同教育程度劳动者的工资简化为受过"基准"教育程度的劳动者的工资的若干倍数,从而得到不同教育程度劳动者工资的简化系数。1924年,苏联经济学家斯特鲁米林在《国民教育的经济意义》一文中首次提出劳动工资简化法。其理论依据是马克思关于复杂劳动等于倍加的简单劳动的理论。他认为,劳动者受教育程度、劳动的复杂程度与工资之间成正相关,工资的差异反映了劳动者从事工作的复杂程度的不同,教育水平高的劳动者承担的劳动更为复杂,因而其工资水平也相对较高。他依据当时苏联的工资级别,以最低级工资为基数,折合为1个劳动单元,每增加1级工资增加0.2个劳动单元,依次类推,得出劳动简化系数=1+0.2×(工资级别-1),然后以加权平均法将每一级教育程度的平均工资级别,换算成平均工作单位即平均劳动简化系数。1962年,美国经济学家丹尼森在《美国经济增长因素和我们的选择》(*The Sources of Economic Growth in the United States and the Alternatives before Us*)一书中也使用劳动工资简化法。他认为,劳动者教育年限的增加能够增加个人收入,并提高个人的生产贡献。他将1950年美国25岁及25岁以上男子,按教育年限分成9组,以八年级教育程度男性就业者平均工资为基准,将其他教育程度男性就业者的平均工资与基准工资相比,求得工资收入简化系数a:初等教育水平中,未受过教育的为50%,1~4年教育程度的为65%,5~7年的为80%,8年的为100%;中等教育水平中,1~3年的为115%,4年的为140%;高等教育水平中,1~3年的为

165%,4年或4年以上的为235%。他进而假定同期收入差别中只有3/5受教育的影响,以3/5对实际工资收入简化系数进行调整:$A=100\%+(a-100\%)\times3/5$。其中,$A$为反映教育效果的工资收入简化系数,$a$为工资收入简化系数。最后,各教育年限的劳动者占全体劳动者比例为权数,求得平均工资收入教育简化系数:

各教育年限平均工资收入教育简化系数=∑(各教育年限工资收入简化系数×各教育年限的就业者比例)

教育年限简化法 以教育年限为尺度确定劳动系数,计量教育对国民经济所作贡献的方法。该方法假定劳动者的受教育年限长短、劳动复杂程度和产出多少之间成正比,选取某一教育程度劳动者的教育年限为基准,其他劳动者的教育程度表示为基准教育程度的一定比值。1962年,斯特鲁米林在《苏联教育的效率》一文中就曾使用过教育年限简化法,来计量1940—1960年苏联教育对国民收入的贡献。该简化法的典型代表是苏联经济学家科马罗夫的方法。1972年他发表《培养和使用专门人才的经济问题》。文章指出,教育年限长短、劳动复杂程度与所创造的价值量成正比。他将苏联国民经济部门全部就业人员按教育程度划分,确定劳动简化系数为:受初等教育的劳动者为1,初等教育以上的为1.2,受过7年教育的工人为1.3,受过8~9年教育的工人为1.4,受过中等教育的工人为1.6,受过中等专业教育和没受完高等教育的工人为1.9,大学毕业的工人为2.3。他还以人数作为权重,计算出全体就业者的平均劳动简化系数。参见"科马罗夫教育经济效益计量法"。

教育费用简化法 该方法以教育费用为尺度确定劳动简化系数。其假定前提是,教育费用与教育程度、劳动者质量呈正相关,劳动者教育程度越高、质量越好,所需投入的教育费用也越多。主要步骤:确定"基准"教育程度劳动者的培养费用;将其他教育程度劳动者的培养费用换算成"基准"培养费用的比值;以各教育程度劳动者占全体劳动者比例为权重,求出平均劳动简化系数。苏联经济学家科斯塔年在《国民教育经济学》一书中采用这一方法。他依据马克思劳动价值理论关于复杂劳动比简单劳动在单位时间内创造出更多价值的思想,认为劳动复杂程度的提高表现为教育和培养熟练劳动力所消耗的社会劳动的增加,因此这种社会消耗的差别可以成为计算劳动复杂程度和核算简化系数的客观标准。他考虑了培训工人的普通教育与职业教育的支出,以及企业等用于各形式教育、培训的费用,以非熟练工人的教育培训费用为基准,确定劳动简化系数:非熟练工人为1,半熟练工人为1.01,熟练工人为1.3,受过专业教育的专门人才为1.39,受过高等教育的专门人才为2.07。他将劳动简化系数乘以相应水平劳动者的比重,求得平均劳动简化系数。中国也有学者以教育费用法分析中国教育的经济效益。具体步骤:第一步,以某一年生均教育事业费

为标准,估算出各教育程度毕业生的教育费用;第二步,加上必需生活资料的价值,得到各教育阶段毕业的劳动者的全部培养费用;第三步,以小学毕业劳动者的培养费用为基准,求得不同教育程度劳动者的劳动简化系数;第四步,将各教育程度劳动者的比例为权数,获得平均劳动简化系数。

总课时简化法 以各教育程度劳动者的总课时为尺度来度量劳动简化系数的方法,由中国学者曲桢森在 20 世纪 80 年代提出。他以不同教育阶段的学生总课时数为基础,计算中国 1952—1978 年教育对经济的增长作用。该方法较接近教育年限简化法,但它更细致地考察劳动者实际受教育的时间。具体步骤:第一步,计算各阶段学生总课时数。根据中国颁布的教学计划,各阶段毕业生的总课时数大体为:小学 4 500 课时,初中 2 700 课时,高中 2 600 课时,大学 4 000 课时。第二步,确定劳动者工作年总课时数。假定各学习阶段的学制为:小学 5 年,初中 3 年,高中 3 年,大学 4 年。相应地,学生毕业时的年龄分别为 11 岁、14 岁、17 岁、21 岁。若劳动者的终身工龄为 55 岁,则劳动者工作年总课时数为:$T_i = t_i(55-A)$。其中,T_i 为某教育程度劳动者工作年总课时数,t_i 为该教育程度学生总课时数,A 为该教育程度毕业年龄。第三步,确定劳动简化系数。以具有小学程度劳动者的工作年总课时数 198 000 为基准,求得其他教育程度劳动者的工作年总课时指数。第四步,计算平均劳动简化系数。公式为:平均劳动简化系数=∑ 各教育程度劳动者平均劳动简化系数×各教育程度劳动者比例。根据统计资料,按公式计算得到:1952 年平均劳动简化系数为 1.012,1978 年为 1.168。第五步,计算教育对国民收入的贡献。

劳动生产率简化法 是以劳动者的劳动生产率为尺度来简化劳动系数。其理论依据是,影响劳动生产率的大部分因素都与劳动者的教育程度直接相关,因此劳动生产率的差别可以反映不同教育程度劳动者的质量差异。中国有学者采用该方法度量 1952—1978 年中国教育对经济增长的贡献。具体步骤:第一步,估算各种教育程度劳动者的劳动生产率。假定农业劳动者大部分为文盲和半文盲,全体劳动者为初中以下文化水平,然后以这两种劳动者的人数和创造的价值之比,求出各自的劳动生产率和两种劳动生产率的比率。第二步,根据中国 1952—1978 年不同教育程度劳动者的分布,求得 1952 年劳动者复合指数和 1952—1978 年总劳动增加量。第三步,计算 1952—1978 年因教育程度提高而增加的劳动量占劳动者总量的百分比。第四步,求出每年由于教育程度提高而增加的劳动者数量指数 r。由于 $(1+r)^{26}=1.294$,那么,$r=\sqrt[26]{1.294}-1=1.00\%$。第五步,计算劳动者教育程度提高每年使国民收入增长的幅度。根据中国统计部门计算,劳动量每增长 1%,国民经济就增长 0.611%。由此可得 1952—1978 年每年教育增长对国民收入增长的幅度为:0.611×1.00% = 0.611%。第六步,计算

教育对国民收入增长率的贡献。根据统计数据,1952—1978 年中国国民收入的年增长率为 6.48%,则教育对国民经济增长的贡献为:0.611% ÷6.48% ×100% = 9.4%,即中国 1952—1978 年这 26 年间,教育每年对国民经济增长的贡献率为 9.4%。

此外,还有学者以劳动者在物质生产过程中所创造的净产值为尺度,确定劳动简化系数等。

参考文献

焦季才.关于我国教育经济效益的定量分析[J].教育与经济,1990(1).

靳希斌.教育经济学[M].北京:人民教育出版社,1997.

科斯塔年.教育经济学的对象和方法[M].丁酉成,等,译.北京:教育科学出版社,1981.

秦宝庭,吴景曾.知识与经济增长[M].北京:科学技术文献出版社,1999.

王善迈.教育投入与产出分析[M].石家庄:河北教育出版社,1996.

(毛 军)

劳动力市场分割理论 (theory of labor market segmentation) 主张劳动力市场是分割的,是由相互独立的要素构成的理论。该理论认为,劳动力市场并非统一的,而是按行业、地理区域,或者按性别、种族之类的人口特点而进行分类的市场。该理论认为,新古典经济学理论对工资差异的探讨是不充分的,差异更重要的来源在于劳动力在不同职业和行业领域存在的工资和工作条件方面的不平等。该理论对主流的人力资本理论进行批判,认为教育能提高劳动力的生产率进而能够提高劳动者收入的人力资本模型并不成立,人力资本理论没有考虑劳动力市场的内部结构,忽视劳动力市场是分割的,在不同的分割部分,教育与劳动者收入的关系是不同的,教育能够提高劳动力工资收入的假说只有在某些劳动力市场才能成立。

劳动力市场分割理论最早的思想来源于 J.S.穆勒 1848 年和卡里内斯 1874 年提出的"非竞争集团"概念:任何一个劳动力,在特定的职业范围内其竞争力都会受到限制,他所在职业的工资率上升并不必然导致其个人的工资提高。A.马歇尔 1890 年认为,由于穷人无法对后代的"培育和早期训练"方面投入"资本",将会导致世代相传的阶级分层,造成贫困阶级的后代只能在工资报酬低、就业不稳定的岗位就业。1954 年,克尔较为系统地论述了劳动力市场分割理论,认为劳动力市场被一系列的制度规则分割为很多更小的市场,作为制度性市场作用的最终结果,形成内部劳动力市场(internal labor market)和外部劳动力市场(external labor market)。1971 年,多林格和皮奥里发表《内部劳动力市场与人力政策》,标志着劳动力市场分割理论正式诞生。

1972 年,瑟罗和 R. E. 卢卡斯发表《美国的收入分配:结构问题》,提出职位竞争理论。1973 年,赖克、D. M. 戈登和 R. C. 爱德华兹在《美国经济评论》上发表《二元劳动力市场:一种劳动力市场划分理论》(*Dual Labor Markets: A Theory of Labor Market Segmentation*),被看作是激进的劳动力市场分割理论形成的代表性文献。

　　二元劳动力市场理论(dual labour market theory)将劳动力市场划分为主要劳动力市场和次要劳动力市场,主要劳动力市场(primary labor markets)提供的职位特征是:工资高、工作条件好、就业稳定有保障、劳资权利平等、依靠规章制度进行管理并有大量晋升的机会;次要劳动力市场(secondary labor markets)提供的职位的特征是:工资低、工作环境差、就业不稳定、管理的随意性大、晋升的机会很少。造成分割的劳动力市场的原因在于:第一,由于主要劳动力市场都是由大公司、大企业组成,对劳动力限定的资历要求使只有家庭背景优越、学历高的劳动力才具备;而如果劳动力只具有学历低、家庭背景差,或居住于低收入社区等个人特征,就被认为只适合在由小企业构成的次要劳动力市场工作。第二,原本是由于受到歧视而被迫进入次要劳动力市场的劳动力,由于生活方式长期适应于次要市场而得到强化,于是就会形成与次要劳动力市场相关的行为特征,使他们能够进入主要劳动力市场获得就业机会的概率更小。第三,穷人得自公共援助和非法活动的收入,也与次要劳动力市场的特征相容。公共援助制度并不鼓励人们从事全日制工作(这是主要劳动力市场的工作特征),而是强迫领取救济金的人去从事非全日制的工作,如果他们取得全日制工作,就有很大可能不能享受公共救济援助。

　　职位竞争理论(job competition theory)认为,职位的数量和类型是由技术决定的,工资是刚性的,而且工资水平是建立在职位特征而不是个人特征基础上的,每个工人的工资收入取决于:(1) 他在劳动力阶梯和序列中所处的位置;(2) 经济中就业机会的分配状况。处在劳动力阶梯上端的工人获得好职位的机会多,处于阶梯末端的工人最后只能得到较差的职位。雇主基于劳动力的可培训性和适应性(trainability and adaptability)利用筛选装置(screening)雇佣劳动力,劳动力排成一列求职阶梯供雇主选择。职位竞争理论强调内部劳动力市场对劳动力的吸引,因为大部分实际职业技能是工人在相应的晋升阶梯中找到自己的位置后,通过内部的在职培训非正式地获得的,由培训获得的生产力的提高能提供更多的工资增长和职位升迁的机会。

　　劳动力市场分割的激进理论(radical theory of labor market segmentation)认为,劳动力市场的划分是由种族、性别、教育文凭、工业集团及其他因素决定的。这些集团似乎按照不同的工作条件、不同的晋升机会、不同的工资和不同的市场制度在劳动力市场内运行。造成劳动力市场分割的原因在于:第一,为了与工会组织相对抗,并逐步分化同类化的工人阶级,各种寡头垄断企业采取的一个重要手段就是对劳动力市场进行分割,以"分化和征服"同类化工人阶级。第二,划分劳动力市场是资本家自觉的努力。各种寡头垄断组织通过建立与外部劳动力市场相分割的内部劳动力市场,给予内部市场的劳动力优厚的工资福利待遇和舒适的工作环境,从而降低内部市场劳动力流动的机会成本,稳定了一批企业所需的核心员工。第三,来自制度本身的力量。大型垄断组织要求建立持续稳定的企业内在职培训制度、内部升迁制度及忠诚稳定的劳动力群体,要求发展稳定的内部劳动力市场结构;而小企业不能给予工人较优厚的条件,劳动力归属感差,员工流动率较高。这种制度长期运行的结果,便是劳动力市场被分割为主要劳动力市场和次要劳动力市场。

　　　　　　　　　　　　　　　　　(孟大虎)

劳作教育(Arbeits-Unterricht)　　对学生实施集体职业劳动能力训练的一种教育活动。19 世纪后期兴起于德国,后流行于欧美国家。主要代表人物是德国教育家凯兴斯泰纳。

　　劳作教育产生的历史背景和思想渊源　1871 年德国统一后,确立了君主专制下的资本主义经济模式。在一系列改革的推动下,德国经济发展异常迅速,呈现出跳跃式发展的特征,速度大大超过英国和法国。由于经济发展和社会文化繁荣,德国掀起了民族中心主义的狂热思潮,侵略扩张的意识也在不断膨胀,国家成为民族利益的代言人和执行官。由于教育有着整合公众思想、宣传民族理念的作用,德国公立教育空前繁荣,规模不断扩大。公立教育必然体现统治阶级的意志,此时政府需要的是既有生产本领,又具有国家民族意识的国民。凯兴斯泰纳的劳作教育理论正是迎合这种需要而出现的。

　　劳作教育的思想并非凯兴斯泰纳首创。在欧洲教育史上,以古典文化著作作为课程、鄙视职业技术劳动的学校教育一直处于主流地位。主张实学教育的思想家一直强调劳动在人成长中的作用,但没有得到应有的重视。对凯兴斯泰纳有着深刻影响的瑞士教育家裴斯泰洛齐虽未明确提出劳作学校和劳作教育的观点,但无论是其理论,还是他一生为之辛劳的学校教育实践,实际上就是劳作教育的理论和活动。裴斯泰洛齐认为,好的教育就是要能够兼顾社会需要和个人需要;教育的目标就是要培养能够自食其力、服务社会且具有高尚道德品格的自由人。在他开办的学校里,劳动课程和职业技术课程是必修课。在他看来,这些知识既是安身立命之本,也有助于高尚道德品质的培养。裴斯泰洛齐也强调培养儿童的集体合作精神,而集体劳动对儿童合作意识的训练无疑是一种直接和有效的方式。美国教育家杜威提出的"做中学"、"学校即社会"、"学习即生活"等主张都给了凯兴斯泰纳很大触动。在结合德国教育实际的基础上,凯兴斯泰纳从理论上完善了传统的劳动教育思想,使劳作教育系统化,具有可操作性。凯兴斯泰纳的主要著作有《德国青年的国民教育》(1901)、《国民教育的概念》(1910)、《劳作学校要义》(1911)和《性格和性格教育》(1912)等。

凯兴斯泰纳的主要思想观点　凯兴斯泰纳的劳作教育思想与其国民教育主张互为表里。凯兴斯泰纳在《劳作学校要义》中首先论述了国民教育的培养目标,认为只有国家才能保证个人获得至高无上、内在的伦理财富,成为具有真正觉悟、伦理的自由人。凯兴斯泰纳反对把教育的最终目标落在"自决或自主性格的培养"上,认为这个最终目标是空洞的、没有具体内容,离开国家的保护,个人是不可能实现"自我理想"的。个人理想只有在服从国家目标的前提下才有现实意义,而个人正是在国家实现其目标之中找到自己的理想和受人尊敬的工作的。国家有双重目标:首先是利己主义,即对自身安全及公民身心健康的考虑;其次是为公,即成为具有人道主义精神的伦理集团。为了协助国家实现这个目标,国民学校就应该培养以实现国家双重目标为己任的有用公民,并根据这一目标制定学校任务和一系列切实可行的规章制度,依此规定组织的国民学校就是劳作学校。劳作学校对学生进行的教育,就是劳作教育。国民教育是劳作教育的归宿,劳作教育是实现国民教育主张的具体行为,二者目标是一致的,即为德意志国家服务,为德意志国家培养忠诚臣民与有文化、有技能的生产工人。凯兴斯泰纳明确规定,劳作教育的唯一和根本目标就是通过在公立学校中开展集体劳作活动,树立学生的集体道德与合作意识,塑造学生为生活集体服务和牺牲的品格,并创造个体的文化价值,把学生培养成为"服务于现有国家的人"、"有用的国家公民"。

在这一根本目标统领之下,凯兴斯泰纳为劳作学校制定了三项任务:职业陶冶、职业陶冶的伦理化和团体的伦理化。职业教育最为基本,是第一位的。对于公民来说,如果要成为对国家有用的人,就应该有能力而且愿意承担这个国家里的任何工作,这是以其具有某种职业技能为前提的。劳作学校的首要任务就是帮助每个受教育者在集体中从事某种职业劳动,训练和提高其职业技能水平;第二项任务是使每一个人养成将其职业视为一种职责的习惯,也就是培养劳动者踏实负责的职业精神与态度,这是对第一项任务的伦理化补充;第三项任务是最高任务,具体是开发受教育者的兴趣和能力,使他们在从事职业劳动的同时或通过所从事的职业劳动,当然也不排除通过为自我、为完善其特有的人格价值所进行的劳动,作出他应有的贡献。这三项任务中,只要一项未能完成,则其他两项也不能完成。

劳作教育的主要内容是对学生实施集体职业劳动能力训练。凯兴斯泰纳认为,人的才能首先表现在手工劳动领域,而不是表现在纯脑力劳动领域,而且现代国家中,绝大多数学生未来要从事的是纯手工劳动,因此国民学校开设手工劳动课,从小培养学生的劳动热情和劳作技能是十分自然和必需的。他进而强调,劳动课不能停留在形式上,必须作为正常课程安排。为了保证劳动课的实行,学校必须具备一个或几个各种形式的实习劳动场所,例如,工厂、苗圃、学校厨房、缝纫间、实验室等。他认为,将劳动作为必修课,有益于培养学生手工劳动的技能,使学生逐渐形成认真、细心和周密的劳动习惯,这个习惯会为其将来胜任某职业打下良好基础。从道德教育角度看,学生接受劳动教育,能学会尊重通过辛勤劳动赢得幸福的人,并且希望自己也成为那种人。凯兴斯泰纳强调,劳作学校并非职业训练学校,而是一所重视职业训练的普通学校,在教育内容上,应包含体育课、文化课和自然课。

为了保证劳作教育真正达到目的,凯兴斯泰纳明确反对把各种手工操作同所有传统课堂内容结合的劳作教学法。这种思想的结果表现在两个方面:一是在传统教学内容中简单加上劳作内容,而不是把劳作课当成独立的课程来安排,比如历史课上出示和制作模型,结果是学生不会劳作,也没有学好历史;二是把国民学校办成职业学校,完全漠视国民学校的文化传承功能。凯兴斯泰纳认为,通过引导学生对物体外形的观察和按照形状进行实地操作的方法是最好的。因为这种个人观察和体会的方法符合儿童心理发展规律,可满足儿童对生动活泼的实地操作的兴趣,从而有效地达到劳作教育的目的。

凯兴斯泰纳考虑到劳作学校教师的资格和培养问题。劳作学校需要两种类型的教师:一种是受过严格知识训练的理论型教师;一种是受过严格实践训练的技术型教师。因为劳作学校既是文化传承机构,又是劳动技能培养组织。这两种类型的教师都必须经过专门的挑选和培训。要培养国民学校高年级班的技术型教师,可以先对相关技术部门的人员进行严格筛选,然后对优秀者进行教育学知识的培训,培训合格后聘任上岗,也可以从受过技术训练的师范生中选任。理论型教师除了需要学习一般的教育学课程,还要接受文学、历史和地理等课程的培训。技术型教师只需承担技术课程,例如绘画、物理和化学试验等。理论型教师应具备基本的手工劳动技能,因为在新型的国民学校(即劳作学校)中,全部课程都必须包含手工操作训练。对两类教师的聘用不应有男女之别,只要是合格的,女教师应得到同等待遇。

凯兴斯泰纳认为,劳作教育最为重要的意义不在于对学生劳作技能的培养,而在于对其性格的陶冶,所以也称劳作学校为"性格陶冶的学校"。他认为,人体内存在四种力量,即意志力、判断力、灵敏性和易激发性,决定人的性格特征。人的意志力需要在自由与多样化的活动中得到发展和锻炼;作为性格教育的根本——判断力,也就是逻辑能力,只能通过独立思考来培养;为了提高灵敏性,理智与情感必须尽早地在大量现实关系中得以表现并最终及时、全面地反映在行动中;易激发性在很大程度上影响着其他三种力量,是其他三种力量在人的精神深处的自然反应,可以说是一种习惯性力量,是人的性格素质中最为核心的力量,其培养必须经由创造性的集体劳动而不是机械的独立劳动。劳作学校为人的性格发展提供了最好的土壤,劳作课程激发了学生的劳动兴趣。通过劳动实践,他们可以逐渐养成严谨的工作态度与独立思考和务实的习惯。通过劳作教育,学生可以被培养为具有集体合作精神和熟练劳作技能的公民,他们既是效忠国家的良民,又是工业生产的生力军。凯兴斯泰纳认为,"劳作学校的意义在于,以最少的知识素材,去换取为国民信念服务的最大量的熟练技巧、各种技能和劳动热情"。

参考文献

凯兴斯泰纳.凯兴斯泰纳教育论著选[M].郑惠卿,译.北京:人民教育出版社,1993.

吴式颖,任钟印.外国教育思想通史(第9卷)[M].长沙:湖南教育出版社,2002.

张斌贤,褚宏启,等.西方教育思想史[M].成都:四川教育出版社,1994.

(丁永为)

老年教育(education for aged people)　以老年人为对象,根据老年人的生理、心理特点和志趣、爱好开展的各种形式的教育活动。成人教育事业的重要组成部分,也是终身教育体系的最后阶段。旨在使老年人能够在其生活环境和社会角色发生转变后不断增强自身生理、心理的适应能力,并获得新的知识技能,实现"老有所学、老有所为、老有所养、老有所乐"。内容涉及养生保健、娱乐休闲、陶冶性情、文化知识、技能训练及思想交流等方面。形式有社会讲座、单位报告、网络教育、电视课堂、社区办学、老年学校、老年大学等。其中老年学校、老年大学是老年教育普遍及重要的形式。

在西方国家,上学是老年人生活的重要内容之一。老年大学的学制、内容、方法都较灵活。美国的"老年寄宿学习计划"是规模很大的老年教育计划,较有影响力;法国的"第三年龄大学"也较有特色。1982年,第一次老龄问题世界大会在维也纳召开,制定《老龄问题国际行动计划》。1991年,联合国大会通过《联合国老年人原则》。2002年,联合国在马德里召开第二次老龄问题世界大会,世界卫生组织向大会提交一份"积极老龄化"的建议书,被大会接收并写进大会的《政治宣言》和《老龄问题国际行动计划》中。"积极老龄化"成为世界各国应对人口老龄化的行动纲领。

中国发展老年教育的基本方针是:实现老有所学,保障老年人受教育的权利,不断提高老年人的素质。主要任务目标是:实现老有所为,发挥老年人的作用。各地开展的老年教育坚持从老年人的实际需要和社会需要出发,确定教学内容。在专业设置中既注意"老有所为"的需要,也注意"老有所医"、"老有所乐"的需要,体现"少而精"、"多方位"、以"康乐为主,兼顾其他"的原则。教学方法上注重启发性教学,以学员自学为主,讲授、讨论为辅,配合以参观、座谈、操作、表演、比赛、实习等形式。同时组织学员深入实际,开展为社会服务活动,不断提高老年教育的教学质量。实施老年教育的主要机构是老年大学和老年学校。各级老年大学和老年学校是以提高老年人心理和科学文化素质,培养老年人兴趣、爱好,丰富晚年生活,使老年人健康长寿、服务社会为目的的非学历教育。其办学形式既有独立办学,也有各地区之间、部门之间、企事业单位之间以及学校之间的各种形式的联合办学。在办学层次上实行普及与提高相结合,在举办普通班的基础上,开设专业班(或提高班)、研究班,以适应不同层次、不同兴趣的老年人的需求;许多地方不仅在大、中城市举办具有相当规模的老年大学,并设立相应分校或教学点,还在县(市)、乡(镇、区)及街道里弄举办多种形式的老年学校。参加学习的老年人可根据自己的学习需要,选择个人认为适宜的学习内容和方便的学习方式,不限学习时间,不设入学条件,没有入学考试和毕业考试,不发学历证书。老年大学迅速发展,逐步形成从城市到乡村、从课堂教学到远程教育的全国老年教育网络。教师队伍建设实行专职教师与兼职教师相结合。根据当地实际情况,除配备部分专职教师外,主要聘请当地高等院校、科研院所及各部门、行业、系统的专家、学者兼职从事老年教育、教学工作,初步形成一支专职、兼职教师结合,以兼职教师为主,热心老年教育事业,具有一定数量和质量的、相对稳定的老年教育教师队伍。经费来源主要有:政府财政补助;办学单位集资;从各地、各部门掌握的老年活动经费或成人教育经费中划拨一部分;学员付费;为社会提供有偿服务收入,以学养学等。各地、各单位根据自己的实际情况,采取不同方法解决。在教学设施和教材建设方面,设在中心城市的老年大学均有一定规模的校舍和一定数量的设备,一些学校已将基建费和设备购置费纳入财政计划,专门用于修建校舍、宿舍,添置各种教学仪器、设备与图书资料等。基层老年学校多依托于当地成人学校。在教材建设方面,自1986年成立中国老年大学教材编审委员会以来,先后编写出版了文史、艺术、保健、老年学等各类教材和辅助读物,初步形成了老年教育教材系列。其管理体制是在各级政府的领导下,由各级政府文化部门和办学单位主管,各级教育、人事、劳动、财政、工会等有关部门配合开展工作,各级老龄协会和老年大学协会负责业务指导。

中国的老年教育开始于 20 世纪 80 年代。1982 年,经国务院批准,成立"老龄问题世界大会中国委员会"(后相继更名为"中国老龄问题全国委员会"和"中国老龄协会"),各地也建立相应机构,开始着手进行人口老龄化对策的研究和组织协调工作。在维也纳老龄问题世界大会和国际老年教育事业蓬勃发展形势的推动下,1983 年,山东省成立全国第一所老年人大学——山东省红十字会老年人大学(后改名为山东省老年人大学)。此后其他各省市、各部门及人民解放军各单位也相继举办老年大学或老年学校。20 世纪 80 年代末,经各级政府有关部门批准,相继成立从中央到地方的各级老年大学协会,旨在推动中国老年教育的普及和提高,并为之提供服务。1994 年,国家计划委员会、国家教育委员会、中国老龄工作委员会等 10 部门联合制定了《中国老龄工作七年发展纲要(1994—2000 年)》。1999 年,党中央、国务院决定成立全国老龄工作委员会。2000 年,党中央、国务院下发《关于加强老龄工作的决定》。2001 年,国务院印发《中国老龄事业发展"十五"计划纲要(2001—2005 年)》,有力推动了中国老龄事业包括老年教育事业的发展。自 1983 年第一所老年大学创立以来,各地、各部门相继建立从城市到农村、从课堂教学到网络教育的各种形式的老年大学和老年学校,并不断扩大办学规模,努力提高教学质量和办学效益。2010 年全国老龄工作委员会办公室在北京发布的《2009 年度中国老龄事业发展统计公报》显示,中国老年教育事业发展迅速,至 2009 年,全国各类老年大学、老年学校已有 4.02 万所,许多地方面向老年人积极开办电视和网络学校,老年远程教育开始起步;全国共有各级老年人协会 43.62 万个,参加人数 4 227 万人;共有各类老年社团组织(不包括老年人协会)3.8 万个,参加人数 494 万人。经历几十年的艰苦奋斗,中国老年教育已初步形成由各省(区、市)、地(市)、县(市)、乡(镇)、社区老年学校和中央各部委办老年干部大学构成的老年教育网络,初步构建由老年学校教育、远程教育、社会教育相结合的教育体系和多层次、多学科、多学制的开放性的老年教育、教学体系。

(张竺鹏)

老年期认知发展(cognitive development in old age)老年人认知的发展和变化过程。60 岁至衰亡是人生历程中最后的颇具特色的时期。由于生理上的退行性变化、年龄的增长以及生活条件的改变(尤其是离退休后角色地位的改变),导致心理包括认知活动的诸多变化。大量的研究材料表明,老年期的认知活动,尤其是感知觉和记忆,其总的趋势是在退行性变化,但高级的认知活动(如思维和智力)

的变化情况则比较复杂,不能一概而论,必须进行具体分析。

感知觉显著下降　在老年期的各种心理活动中感知觉的变化最明显。几种主要感觉衰退的一般模式是:在各种感觉中受老化影响最明显的是听觉和视觉。据科尔索 1971 年的研究,最早开始衰退的是听觉感受性,许多人不到 60 岁,衰退就非常明显;其次是视力,直到 55 岁仍然十分稳定,以后便出现相当急剧的衰退;味觉的衰退和视觉相似,在 60 岁之前的几年还相当稳定,但随后对咸、甜、苦和酸等味道的感受性便陡然下降。

随着年老,由于眼睛晶状体弹性变小,调节力逐渐下降,时常看不清近物,出现所谓"老花眼"。美国法定盲人约 50 万,其中 65 岁以上老年盲人 23 万。中国广东省对 10 万多人的调查材料指出:视力在 0.05 以下的(即法定盲人)400 人,占 0.40%,其中 61 岁以上的老年人将近 300 人,占法定盲人的 72.97%。中国的另一项调查指出,白内障占调查人数的 38.5%,黄斑病变占 32.5%,青光眼占 1.4%。由于对光感受性的降低,老年人的颜色辨别力也有所下降。研究表明,老年人对蓝、绿色的辨认最困难,而对黄、红色的辨别力降低较少。国外学者赖丁 1927 年对 50～95 岁被试颜色辨别实验表明,随着年龄增长,对青和青绿色的辨别力下降,而对红和橙色的辨别力下降不显著。此外,老年人对物体的形状、大小、深度、运动物体的视知觉也比年轻人差,对视觉信息的加工速度、视觉的注意力也有一定程度的降低。尽管有上述种种退行性变化,但由于老年人有长期的视觉经验,可以弥补视觉能力下降的不足。

与视觉相比,老年人有听觉缺陷的为数更多。据统计,美国 65～74 岁的老年人中,听觉迟钝的占 13%,75 岁以上的老年人中,26% 有听觉缺陷。中国的调查发现,63.6% 的老年人听力减退,对高音的听力减退更明显,有些人听力减退到耳聋的程度。研究指出,人的听力的最佳年龄是 20 岁,以后便缓慢下降。30 岁以后,听觉阈限随年龄增长而逐步提高。有研究指出,人一般超过 50 岁时,听力就下降,中国白求恩医科大学听力研究室对 72 名 22～93 岁被试的听力进行测查表明,语言听力的最小刺激量随年龄增长而逐渐提高,50～59 岁组与 20～29 岁组的青年相比,言语听觉的最小刺激量大大升高,两组差异显著;60 岁以后各组与青年组的差异尤为明显。研究者指出:50～59 岁组可视为中国人听力老化的转折年龄;言语听觉理解力随年龄增长而逐渐下降,70～79 岁组开始明显下降,80～89 岁及 90 岁以上下降尤为明显。因此,对老年人讲话,关键部分要慢些,多重复几遍。

由于味的感受器味蕾随着年龄的增长而减少,因而味觉的感受性也随着年龄的增长而下降。有研究者 1959 年对 15～75 岁各年龄组被试甜、酸、咸、苦 4 种味的刺激阈的测查发现,4 种味觉阈值都随年龄增长而增大,尤其是 60 岁以后急剧增大。其他许多研究结果也支持这一结论。嗅觉也随年龄增长而下降。日本学者市原1962年用草莓制成的食品进行实验发现，人到60岁以后嗅觉辨别力衰退得更为明显。有研究资料报告说，在人的一生中嗅觉最灵敏的时期是20～50岁，50岁以后就逐渐减退，70岁嗅觉急剧减退。在60～80岁的老人中约有20%的人失去嗅觉。关于老年人的皮肤感觉，除痛觉外，触觉、温度觉等都研究得非常少。查普曼等人1944年的多项研究表明，老年人的痛觉感受性逐渐降低。这表明老年人的痛觉迟钝。老年人的温度觉也较迟钝。高龄老人不但对室温敏感程度降低，而且身体的体温也随增龄而降低。部分老人身体深部的温度甚至低于体表(如刚刚便出的尿液温度低于35.5℃)，他们对室温变化的感觉十分迟钝，患病率和死亡率比较高。因此对他们必须给予细心的护理和照顾。

记忆随增龄而减退　大量的观察和实验材料表明，老年人记忆变化的总趋势是随年龄的增长而下降，但下降的速度并不大。中国的研究材料指出，人的记忆在40岁以后有一个较为明显的衰退阶段，然后维持在一个相对稳定的水平上，直到70岁以后又出现一个较明显衰退阶段。概括说来，老年期的记忆有如下主要特点。

其一，机械识记减退。研究表明，老年人对自己所理解的材料的识记与青年人相比，没有多少差别；而对自己不理解的材料或无意义联系的材料(如无意义音节或数字等)的识记成绩却不如年轻人。虽然老年人的意义记忆和机械记忆都趋于减退，但一般是推理记忆力比语言意义和数字方面的记忆力减退少，字词运用能力也衰退得较少。有人认为这是文化水平较低的老年人记忆力比文化水平较高的老年人衰退得明显的原因。

其二，记忆广度下降。有人采用数字记忆广度测验法，测验了30位60岁和60岁以上的老年人，结果表明，老年人的记忆广度呈下降趋势：65岁组的记忆广度最大，平均能记住6.25个数，而66～75岁与76岁以上组老年人的记忆广度都比前者差。研究者用同一测验量表测查了一部分年轻人，结果大部分年轻人都可记到8～9个数。可见，老年人的记忆广度有所下降。研究者还发现文化程度对记忆广度的影响，即文化程度较高的比文化程度较低的老人，其记忆广度要大些。

其三，规定时间内的速度记忆衰退。国内有人曾要求不同年龄组被试倒背事先念给他们听过的数字，结果老年人的成绩最差。这是由于倒背数字，需要先把数字按原来顺序迅速记住然后又要迅速地对数字进行逆向的组织加工，这对心理反应迟缓的老年人来说自然是困难的。国外心理学家的实验也表明，如果由老年人自由地掌握自己记忆的速度，其记忆的效果和年轻人差不多，但如果要求老年人和年轻人一样，在同一个规定的时间内完成某项识记任

务，那么，老年人的识记效果便不如年轻人。

其四，再认能力较差。再认和回忆是记忆的基本过程，也是衡量一个人记忆能力的重要标志。中国心理学者杨治良等人曾对6～55岁以上的8个年龄组运用具体图形、抽象图形和词三种材料，进行信号检测论的再认实验研究指出：与其他各年龄组相比，老年组的再认能力在各年龄阶段中均属最差。老年组对三种材料的再认和最佳年龄阶段(再认具体图形，小学高年级学生成绩最佳；再认抽象图形和词，初中学生成绩最佳)相比，均存在十分显著的差异(p<0.05或p<0.01)。

其五，回忆力显著下降。有些老年人碰到过去熟悉的老同志，可怎么也想不起他的名字，遇到明明查过几次字典的字，可就是想不起它是什么意思。这种能辨认却不能回忆的情况，在老年人的生活中相当普遍。许淑莲等人的实验也证实了这一情况。他们将20～90岁的成年被试分为7个年龄组。先依次向被试呈现20个无意义图形，然后再混入未呈现过的另20个同类无意义图形，令被试在这40个无意义图形中辨认出哪些是曾经看见过的。结果发现，总的说来，再认成绩有随年龄增长而下降的趋势，但70岁以前，各相邻年龄组间的成绩均无显著差异，70岁以后才有明显的减退。而在同时进行的其他四项带回忆性质的作业中，都表现出明显的年龄差异。国内外的研究表明，与再认相比，老年人的回忆力下降显著，老年人记忆力的减退主要是回忆能力的减退。

思维的年老变化　一些心理学家关于思维的年龄差异的研究表明，人到老年期，概念学习、解决问题等思维过程的效能呈现出逐渐衰退的趋势。但由于思维是高级复杂的认识活动，这方面的研究进展缓慢，人们对思维的年老变化仍了解甚少，许多问题仍存在着不同的甚至矛盾的观点。从现实生活来看，各国政府官员和大中型企业中的决策者主要是那些五六十岁甚至70岁以上的老年人，这表明他们仍具有较高的思维能力。实验室的研究结果却表明，老年人解决问题的能力却表现出普遍下降的趋势；何时开始下降，最后下降的幅度大小，研究的结论也多不一致。

关于概念学习的实验研究表明，老年人概念学习的作业效能减退。一项关于成年人形成概念的实验研究(1965)指出，形成概念需要的时间和出现的错误数都随增龄而增加，即年龄越大所需时间越长，出现错误越多。另有研究指出，一项概念形成课题的无关属性越多，对于老年人来说，难度也就越大。这说明老年人形成概念时比较容易因无关属性而分心，因而影响概念形成课题作业的成绩。

关于解决问题的实验研究表明，老年人主要由于受记忆能力，尤其是受工作记忆容量的限制，因而提出解决问题策略的能力降低，表现出解决问题的效能减退。

根据皮亚杰的认知发展阶段理论，处于前运算阶段的

儿童思维的一个重要特点是"自我中心性"。这种特点的显著表现是空间性的自我中心。正如皮亚杰进行的三山实验指出的,前运算阶段的儿童不能想象出摆在自己面前的"山"由坐在对面的人来看是什么样子。对老年人进行的同类实验结果表明,很多老年人同样表现出以自我为中心的特点。这似乎意味着在这方面老年人又回到 7 岁以前的前运算阶段上去了。

从上述实验研究可以看出,人到老年期,概念学习、解决问题等思维能力有所衰退。但思维的成分和特性十分复杂,思维的其他特点如思维的广阔性、深刻性等,由于老年人的知识经验比较丰富,往往比青少年强。因此,决不能仅仅根据某些实验研究材料便武断地认为老年人的思维衰退了。即便思维能力衰退,究竟是认知结构的变化还是操作能力的变化,心理学界尚无一致意见。生活现实和研究表明,老年人的思维存在着明显的个体差异,即有的老年人思维显著衰退,而有的老年人却仍能表现出较高的思维水平。一个人的思维到老年期是否衰退以及衰退的程度,固然有其生理上的原因,但与一个人的生活方式和生活态度有十分密切的关系。只要老年人不把自己"封闭"起来,而是坚持参加力所能及的有益身心健康的活动,经常关心、思考研究某些问题,便仍能保持较高的思维水平。

智力有所减退 智力与年龄之间的关系非常复杂,目前,尚有许多问题仍处于"黑箱"状态,如人到老年智力是否衰退至今仍是有争议的问题。国内外有关这个问题的研究资料以及老年人的生活实践证实,一方面应当承认"老年人智力有所衰退";另一方面又必须看到"老年人智力并非全部衰退"。

早期的研究者采用测验法,对人的智力发展规律进行了大量的研究,发现一个大致相同的倾向:就一般人的普通智力而言,人的智力在 20 岁以前是迅速上升期,以后便逐渐衰退。H. E. 琼斯和 H. S. 康拉德于 1933 年对 10~60 岁的 1 191 名被试进行美国陆军(U. S. Army)的"A 式(言语性)测验",发现人的智力分数到 16 岁左右几乎是直线上升,在 19~21 岁达最高水平,以 21 岁为顶点,以后便开始下降。在 55 岁智力年龄下降到 14 岁的水平。C. C. 迈尔斯和 W. R. 迈尔斯 1932 年对 7~92 岁的 832 人进行智力测验,结果指出,18 岁时智力达到最高点,50 岁时智力年龄下降到 15 岁的程度,一过 80 岁,智力便急剧下降。老年性智力衰退,除表现为记忆障碍、思维固执、注意难以集中和持久性差以外,较为严重的是"老年痴呆"。老年痴呆的一般症状是:非常健忘,搞不清自己所在的方向,不知道当时的时间,言行脱离常识,办事漫不经心,甚至忘了自己刚刚吃过的饭,找不到自己的家,随地大小便等。这些症状在普通的老年人身上并不多见。从上面的介绍中可见,人的智力到了老年呈衰退趋势,这是一个不可否认的客观事实,应该接受和正视。

另外一些心理学家,特别是 20 世纪 80 年代以来,国外一些心理学家,根据自己的研究资料否定人的智力随年龄增长而逐渐下降的结论。他们根据测验所得的智商分数指出,智商从成年早期到成年中期保持不变,有的还有所增长。

有人 1969 年研究了 24~64 岁不同年龄智商分数的变化,结果表明,智力一直可以增长到 40 岁,其后仍保持稳定。巴尔特斯和沙伊 1974 年的研究指出,人的智力在 60 岁以前是很稳定的,其后即使衰退,幅度也不大。他们强调老年人的智力也有可塑性,不认为老年人的智力有严重的衰退。智力是综合的心理特征,由很多因素构成。研究者指出,老年人的智力衰退并不意味着构成智力的各因素以同一速度衰退。很多研究者采用"韦斯勒成人智力量表"测查成人的智力,观察到语言(理解、运用语言词汇等)测验的成绩在老年期仍然很好,直到 70 岁后才开始有较明显的衰退;而与心理运动速度、知觉整合能力等有关的测验成绩在 25 岁后就逐步衰退。在语言测验量表中的常识、理解两项测验成绩,正常的老年人到 75 岁还可以保持相当高的水平;如果成绩明显衰退往往是由于老年性器质性神经精神疾病所致,并非正常老年人所固有的心理特征。有的心理学家对在"韦克斯勒成人智力量表"测验中智商(IQ)同样高的老年人和青年人进行了比较,甚至发现在知识、理解、单词等言语性测验中,老年人的成绩要比年轻人好,而在书写、绘画的排列以及搭积木之类的、要求一定速度的动作性测验中,老年人的成绩则赶不上青年人。欧文斯 1966 年研究指出,有的人过了 20~30 岁的智力高峰期后,智商不但不降低,反而有所上升。中国修订"韦氏成人智力量表"全国协作组对"韦氏智力量表"的修订研究指出,中国大部分被试在 35 岁以内时智力比较恒定,但在这个年龄以后开始下降,随着年龄的增长,下降的速度越来越增加。这种一般趋势与"韦克斯勒成人智力量表"中的发现是一致的。美国心理学家 J. M. 卡特尔和 J. L. 霍恩于 1967 年将智力分为"流体智力"和"晶体智力"两类。相当多的研究者认为,人的"流体智力"机能在成年早期达到最高峰以后逐渐衰退,而"晶体智力"机能自成年以后,不但不减退,反而有所增长,只是在七八十岁以后才有所减退。理论研究和实践都告诉我们,人的智力从总体上说随年老有所衰退,但是,衰退的多限于非言语性的、要求一定速度的动作性的智力操作,即多限于"流体智力";各智力因素的衰退速度并不相同,有快有慢;并非智力的全部因素均衰退,有的即使到了年老,不但不衰退,甚至有所增长,如言语性的智力测验成绩、"晶体智力"机能等。因此,笼统地断言"年老者智必衰"是缺乏心理学依据的。

参考文献
程学超,王洪美.老年心理学[M].济南:山东教育出版社,1986.

井上勝也,等.老年心理学[M].江丽临,等,译.上海:上海翻译出版公司,1986.

林崇德.发展心理学[M].北京:人民教育出版社,1995.

时蓉华,等.老年心理学[M].兰州:甘肃人民出版社,1989.

许淑莲,等.老年心理学[M].北京:科学出版社,1987.

（程学超）

李大钊的马克思主义教育理论　　李大钊在研究辩证唯物主义和历史唯物主义的基础上,结合中国教育的现实状况提出的近代中国教育理论。

李大钊(1889—1927)是近代中国无产阶级革命家、教育家,中国共产党的创始人之一。学名耆年,字寿昌,号龟年,后改名大钊,字守常,直隶(今河北省)乐亭县人。出身贫寒,幼年父母双亡,由祖父养育长大。7岁时入乡塾,"嗜读书手不释卷,博闻强记,品学兼优"(朱志敏《李大钊传》)。1905年赴永平府城(今卢龙县城)应科举试,因科举停废,遂以"府试中"的成绩被永平府中学堂录取,从此开始接触新学。1907年夏,考入北洋法政专门学堂。1912年加入北洋法政学会,任编辑部长,筹办并主编《言治》季刊,发表了堪称其最初"政见宣言书"的《隐忧篇》和《大哀篇》。同年底,他发表《〈支那分割之运命〉驳议》,对日本侵华分子中岛端的谰言给予猛烈的反击,一时风行全国。1913年冬留学日本,次年秋入早稻田大学政治科,开始接触社会主义思想。1916年回国后,在北京创办《晨钟报》(1918年12月改名为《晨钟》)并任总编辑,后与友人共同创办《宪法公言》旬刊,并应章士钊之邀担任《甲寅》日刊的主笔。1917年11月,经章士钊举荐,李大钊赴京接替北京大学图书馆主任一职。1920年7月,受聘为教授,开始在北京大学政治学系、史学系、经济系以及北京女子师范大学、北京师范大学等校任教。与此同时,他参与了《新青年》的编辑工作,并将其主编的《新青年》第6卷第5号(1919年9月出版)办成"马克思主义研究专号"。1920年初,李大钊与陈独秀交换建党意见,商定"南北相约建党"。同年3月,在北京大学秘密成立了"马克思学说研究会";10月成立北京共产党小组,11月底定名为中共北京支部,李大钊任书记。1922年8月底,他受中共中央的指派,专程前往上海与孙中山商谈国共合作事宜,并成为第一个以个人身份加入国民党的中共党员。后应孙中山邀请,参与了改组国民党的具体工作。1926年"三一八惨案"后,李大钊遭段祺瑞政府通缉,被迫转入地下斗争。次年4月,遭奉系军阀张作霖杀害。其著作结集出版的有《李大钊文集》《李大钊全集》等。

李大钊是近代中国大学讲坛上系统讲授和宣传马克思主义的第一人,他运用马克思主义观点和方法剖析教育现象,构建近代中国马克思主义教育理论。

李大钊根据唯物史观指出,"社会上法律、政治、伦理等精神的构造,都是表面的构造。他的下面有经济的构造作他们一切的基础。经济组织一有变动,他们都跟着变动"。因此,"经济问题的解决,是根本解决"(《再论问题与主义》)。文化教育作为一定社会经济结构的上层建筑,则是由社会物质经济生活决定的,必定随着经济基础的变革而变革。他认为,在经济上已发生重大变化的现代中国社会,封建教育的崩溃和新教育的产生是必然的。"新思想是应经济的新状态、社会的新要求发生的,不是几个青年凭空捏造出来的",任何钳制新思想的企图都是注定要失败的(《由经济上解释中国近代思想变动的原因》)。他明确指出,资本主义的民主并不是真正的民主,"纯正的'平民主义',就是把政治上、经济上、社会上一切特权阶级,完全打破,使人民全体,都是为社会国家作有益的工作的人"(《平民主义》)。工人阶级要得到真正的民主主义的教育,必须要同其在政治、经济上的解放斗争联系在一起。他主张劳动人民的教育应该是解放自己的教育。

李大钊重视教育在社会改造中的作用。从辛亥革命失败的教训中,他总结道:"今世国家之基础,必筑造于国民精神知能之上,始能巩固不磨。"(《演讲会之必要》)而国民教育担负着建设和改造全体国民精神智能的任务,因此,要用教育来唤醒和提高人民的觉悟,改变中国人的道德精神面貌、心理素质、思维方式,促使民族精神的再生和再造,并把国民教育的范围扩大到"普通庶众",使全国人民不论何时何地都有研究学问的机会。他强调:"不改造经济组织,单求改造人类精神,必致没有效果。不改造人类精神,单求改造经济组织,也怕不能成功。""精神的改造,实在是要与物质的改造一致进行。"(《我的马克思主义观》)

李大钊对青年教育问题的论述构成了其马克思主义教育思想的重要组成部分。李大钊认为青年要在社会改造中发挥自己的作用,首先必须树立正确的人生观。要把培养坚强的革命意志作为青年教育的重要内容之一,"蕴蓄其智勇深沉刚毅勇敢之精神,磨练其坚韧不拔百折不挠之志气",到工农群众中去,"把知识阶级与劳工阶级打成一气","把现代的新文明,从根底输入到社会里面"(《青年与农村》)。这不仅有利于增进青年对社会的了解,增长其知识和才干,更有助于摆脱旧式知识分子的弱点,打破"劳心者治人,劳力者治于人"的旧观念,树立"劳工神圣"的新道德、新观念。李大钊建立在辩证唯物主义和历史唯物主义基础上的马克思主义教育理论,在中国近代教育思想史上具有重大意义。

（叶志坚）

历史教学(history instruction)　　基础教育阶段历史教学科目中师生双方教和学的共同活动。旨在使学生了解人类社会的具体发展过程,学会从历史的角度看待人与人、人与社会、人与自然的关系,认识人类社会的发展规律,认清世界发展的趋势,了解中国的具体国情,并从历史中汲取智慧,提高人文素养,形成正确的世界观、人生观和价值观。

历史教学的内容设置

在中国古代教育中,历史教育一直是主要内容之一。殷商、西周时,史官承担讲述史事和讲授祖先光荣业绩的任务。到春秋战国,私学兴起,《春秋》成为历史教学的主要内容。汉武帝时,独尊儒术,历史教学便以儒家经典《尚书》、《春秋》等为教材。从南朝开始,学校中专门设置史科,使历史成为一门独立的学校教学科目。中国古代传统的历史教育一直延续到清朝末期。随着近代学校制度的建立和新学制的推行,历史课程与教学发生根本性改变。1904年初,清政府颁布《奏定学堂章程》(亦称"癸卯学制"),规定在中学堂五年里设置历史课程,先讲中国史,再讲亚洲各国史,最后讲欧洲和美洲史的教学内容。这标志着中国近代学校教育的开始,也标志着历史课程与教学在新式学校中正式开设。

1913年3月,北洋政府教育部颁布《中学校课程标准》和一些教育法令,改革课程和教材,规定高小三年级开设史地课,中学第一学年开设本国上古史、中古史、近古史,中学第二学年开设本国近现代史,中学第三学年开设东亚各国史和西洋史,中学第四学年开设西洋史。1922年的学制改革确立中小学的"六三三"制,次年,教育部颁布《初级中学历史课程纲要》和《高级中学公共必修的文化史学纲要》。此后,民国政府先后五次颁布初高中历史课程标准,规定初高中都开设历史课,采用中国史与世界史分编,教学内容详细丰富。

1950年8月,中华人民共和国教育部颁发《中学暂行教学计划(草案)》,规定,从初一到高三全部开设历史课。1952年10月,教育部组织讨论参照苏联的历史教学大纲拟定的《中小学历史课程教学程序方案(初稿)》,采取"先古后今、先外后中"的编排原则。因其重视外国史而轻视中国史的做法脱离了中学历史教学的习惯和实际,于1953年7月停用。这一年,教育部颁发《中学教学计划(修订草案)》和《一九五三年八月至一九五四年七月试行中学教学计划(修订草案)的调整办法》,调整了中学中国历史课的设置顺序,规定初一和初二上学期开设世界古代史,初二下学期讲授中国古代史,初三开设中国近代历史;高一讲授世界近现代史,高二上学期讲苏联现代史,下学期讲中国近代史,高三讲授中国现代史。但这一时期的历史教育,仍受苏联历史教育模式的影响。

1955年6月,教育部对中学历史课程作了调整,历史教学采用直线式编排,初中一、二年级先进行中国史的教学,到初三再进行世界史的教学。高中先学世界近现代史,后

学中国史。1956年3月,教育部颁布《中学历史教学大纲》,包括初高中历史课程的设置,这是中华人民共和国成立以来的第一个中学历史教学大纲。这使得历史教学有了明确、全面、具体的指导,走上规范化道路。历史课程采用螺旋式编排,在历史教学内容上形成自己的体系和特色。在这期间,教育部责成人民教育出版社负责编写《中学历史教学大纲》、中学历史教科书和教学参考书,人民教育出版社于1956年秋正式向全国各中学发行这套历史教科书。这套教科书在知识体系及其思想性、科学性、系统性方面都达到较高水平,对提高历史教学质量发挥了重要作用。

1958年,在"大跃进"和"教育革命"中历史教学内容被随意裁剪,课时大大减少,古今中外历史知识的比例严重失调,教学中出现了以论代史的空泛说教。1966—1976年"文革"时期,中国教育事业遭重创。1966年6月,中共中央在教育部《关于1966—1967年度中学政治、语文、历史教材处理意见的请示报告》中批示"历史课暂停开设",中学历史教育遭到毁灭性打击。后来虽有恢复,但历史教学完全是为了满足政治运动的需要,如中学开设儒法斗争史等。

"文革"结束后,中学的教学秩序逐渐恢复,历史课程与教学重新编制。1978年2月,教育部颁发《全日制十年制学校中学历史教学大纲(试行草案)》。1986年12月,国家教育委员会颁发《全日制中学历史教学大纲》。这个大纲对原来的中学历史教学结构作了较大调整:在初中阶段增开世界历史,彻底改变二十多年来初中不设世界历史的情况;在教学内容上将中国历史和世界历史的下限延伸到20世纪80年代,增加中华人民共和国的历史概况和第二次世界大战以后的世界历史概况,从而把历史教学的内容与当今的形势联系起来。这次改革,中学历史教育着眼于基础教育,不再过分强调历史学科的系统性和知识的完整性,基本适应中学生的认知水平和接受能力。

1988年11月,国家教育委员会颁布《九年制义务教育全日制初级中学历史教学大纲(初审稿)》,提出初中历史教科书要"一纲多本",鼓励有条件的省、市、自治区教育部门自行编写教科书。1990年,根据新教学计划修改颁布《全日制中学历史教学大纲(修订本)》。这一历史教学大纲为减轻学生的学习负担,调整了历史教学内容,高一上学期开设中国近现代史,高一下学期、高二开设世界史、高三开设中国古代史。1992年4月,国家教育委员会又颁发修订后的《九年义务教育全日制小学、初级中学课程计划(试行)》,并制订《九年义务教育全日制初级中学历史教学大纲(试用)》,规定中国历史在初一和初二开设,世界历史在初三开设。还提出,在中国历史教材中,各省、自治区、直辖市可以补充编写乡土教材或当地民族史教材。这一阶段历史课程的设置,较以前又有了一定发展;课时略有增加;中国史和世界史的比例趋于合理;有了必修课和选修课之分;中国史

和世界史的近现代部分采用螺旋式编排。为便于教学,这个大纲明确划分出历史教学内容的"基础知识部分"、"思想教育部分"和"能力培养部分",加强了对初中历史教学的具体指导,突出了历史教学的社会教育功能。1996年,国家教育委员会基础教育司编订与九年义务教育相衔接的《全日制普通高级中学历史教学大纲(供试验用)》,规定在高中一年级讲授中国近现代史(必修),在高中二年级教授世界近现代史(文科选修),在高中三年级教授中国古代史(文科选修)。20世纪90年代制订的初中和高中历史教学大纲,无论是教学内容的安排,还是学科体系的构建,都注意融汇邓小平"三个面向"的指导思想,把唯物史观作为学科教育的核心目标,努力体现知识、能力和思想教育三者的有机统一。

2001年,《基础教育课程改革纲要(试行)》颁布,标志着中国基础教育进入新一轮的课程教学改革。这一年教育部制订出《全日制义务教育历史课程标准(实验稿)》,突出强调历史教学要培养和提高学生的历史意识、文化素养和人文素养,促进学生全面发展,发挥其独到的历史教育功能;与此同时还要在培养学生历史知识与能力、过程与方法、情感态度与价值观方面充分发挥素质教育的功能。这次课改强调以学生为本的理念,淡化传统的历史学科体系,确定了以学习主题为基本框架的历史课程与教学的内容体系,以学生的认知水平、生活体验和终身发展为前提取舍历史内容,注重学习和运用教育意义上的学习方法来学习历史。历史教学内容分为中国古代史、中国近代史、中国现代史、世界古代史、世界近代史、世界现代史六个学习板块,每个板块又分为若干学习主题。

同时,为了顺应人文社会科学发展的综合化趋势,2002年教育部制订《全日制义务教育历史与社会课程标准(二)(实验稿)》,规定在义务教育阶段七至九年级开设综合文科课程,即将历史、人文地理及其他人文社会科学的相关知识进行有机整合。在实验过程中,《历史与社会》在全国选用的地区很少,全国仍以历史课教学为主。

2003年,《普通高中历史课程标准(实验)》出台。规定,高中以学习专题为基础构建历史课程体系,体现历史学科古今中外、政治经济思想文化相交融的综合性特点。高中历史课程由三门必修课和六门选修课构成。必修三个学习模块,包括24个古今贯通、中外关联的重要学习专题,分别反映人类社会政治、经济、思想文化等领域的重要历史内容;选修六个供学生选择的学习模块,旨在进一步激发学生的学习兴趣,拓展学生的历史视野,促进学生个性化发展。这种古今中外混编的专题式模块教学,给实际教学带来许多新的问题,受到社会各界的广泛关注。

历史教学的任务

历史课程是学校教育中的一门基础课程,承担着多方面的任务。

历史知识的学习和掌握　历史知识是学生学习历史的基本内容,使学生掌握基本的历史知识是中学历史教学的主要任务之一。中国颁布的历次历史教学大纲和新颁布的历史课程标准,都把向学生传授历史知识作为历史课程的教学目标。作为中学教学中的历史知识,与专业的历史学科知识有着必然的、内在的联系,但不能完全等同于专业历史学科知识。中学历史教学中的历史知识,要具有能使学生进行学习与认识的性质及意义;同时,这些历史知识是学生的知识结构、文化素质和人文素养中必不可少的。也就是说,与历史专业知识相比,中学历史教学中的历史知识更具有基础性、基本性和发展性的特点。对于基础的历史知识,在中国历次颁布的历史教学大纲和新制订的历史课程标准中,都作了原则性划定,包括重要的历史事件、历史人物和历史现象;重要的历史概念;历史发展的基本线索和趋势;历史发展的基本规律。其中基础知识的范围、纲要和要点,在教学大纲或课程标准中也都有列出。

历史学科能力与方法的培养　历史学科能力,指学生适应并完成历史学科学习活动和调节自身学习行为的心理可能性与现实性相统一的品质,是掌握和运用历史知识、技能的条件,并决定是否顺利完成历史学习任务的特定的个性心理特征。20世纪90年代以后,在初中和高中历史教学大纲的教学目标中,都把培养学生历史学科能力作为一项主要的教学任务。在初中历史教学大纲中,对能力培养的要求是:初中历史教学,要求教会学生初步掌握记忆、分析、综合、比较、概括等方法;培养学生学习和表述历史的能力;培养学生初步运用历史唯物主义的基本观点观察问题、分析问题的能力。高中历史教学大纲对能力培养提出进一步的要求:要使学生进一步掌握认识历史的方法,包括分析、综合、归纳、比较、概括等方法;培养学生阅读、理解、分析历史资料的能力和阐述历史问题的能力;进一步培养学生运用辩证唯物主义和历史唯物主义的基本观点观察、分析问题的能力。这些能力要求比较概括,基本上包含三层含义:一是认识历史的方法,涉及认识历史时的思维操作的具体方式,是理解、掌握历史知识,并形成历史概念、认识历史发展规律的能力要求;二是历史学科学习能力的实际运作,这是对学生运用所学知识和技能解决历史学习问题的能力要求;三是理论、观点、方法的掌握与运用,涉及运用马克思主义的科学世界观和方法论对历史问题进行观察和思考,是历史学习中理论与实际的结合,这是历史学科能力的最高层次的表现。

思想意识观念的教育　历史学科是人文社会学科,必然要体现出一定的政治、思想、社会、道德、价值等方面的意识和观念。对学生进行思想教育和道德熏陶,提高学生的思想素质、道德素质、心理素质的水平,使学生得到全面发展,这是中学历史教学的重要任务之一。历史教育是使学生能够全面客观、辩证发展地认识历史、社会和人生。历史教学中包含极为丰富的思想教育因素,这些思想教育因素是历史教学内容中蕴含的,而不是外在的或附加的。概括地讲,主要包括:(1)历史意识。历史意识是人们对社会历史的认识。在历史教学中,培养学生正确地理解和运用历史唯物主义的基本观点和方法,认识和掌握社会历史发展的规律,认清和把握世界发展的进程和潮流,认同并弘扬中华民族优秀文化遗产和传统美德,继承革命传统,使学生具有为把中国建设成富强、民主、文明的社会主义现代化国家和为世界和平、发展与人类进步事业作出贡献的历史责任感,这些都是旨在培养学生具有正确的、科学的历史意识。(2)国家意识。国家意识包括对国家概念的理解,对国家的历史与现状的了解,对国家权利与尊严的认识,更包括对祖国有着清醒的理性认识和真挚的情感认同。我们常说的爱国主义思想,就是正确的国家意识的重要体现。在历史教学中,要向学生进行全方位的爱国主义教育,包括使学生了解国家的历史发展进程与发展前途,认识历史上和现实中的国体与政体,懂得什么是国家利益与尊严,进一步认清中国在国际社会中应有的地位和作用。(3)民族意识。民族意识包括在认识上正确对待两方面的关系:一是中国境内的汉族和少数民族的关系,二是中华民族与世界上其他民族的关系。通过历史学习,学生了解中国各族人民共同的民族遗产和民族精神,从中华民族的发展历史和整体利益出发,懂得中国自古以来就是一个多民族的国家;祖国的历史是由各族人民共同缔造的;各族人民都对祖国的历史发展作出了贡献;中华民族内部的民族关系应该是平等、团结、融合的关系。同时,了解中国人民与世界各国人民在历史上的友好交往和相互交流;了解历史上中华民族对世界文明所作出的贡献;了解近代以来中国人民遭到外来侵略、受压迫、求生存、求解放进行艰苦卓绝斗争的可歌可泣的历史,从而使学生具有强烈的民族自豪感、责任感和民族自尊心、自信心以及使民族腾飞的紧迫感。(4)国际意识。国际意识包括要有支持和援助世界上的革命事业和正义事业的国际主义精神、为世界和平与发展努力的意识以及积极进行国际合作与交流和参与国际竞争的意识。通过历史教育,学生具有全球视野,了解和尊重各国人民的文化和生活方式;认识世界各国在全球范围内的相互依赖;理解国际团结与合作的必要性;认识战争的根源和现实危险性,树立忧患意识。(5)社会意识。社会意识包括对社会群体、社会组织、社会制度、社会规范、社会舆论以及社会问题的认识。在历史教学中,不但要使学生把握历史上人类社会的政治、经济、文化等方面的内在联系,了解社会发展与变迁的进程,还要让学生能够从历史的角度正确地看待历史上和现实中的社会问题。(6)公民意识。历史教学涉及的内容,从一定意义上说,就是人与社会关系的历史,展现了个人在历史中所处的地位和作用。历史教学的现实意义,就是使学生通过历史学习,能够正确解释个人与他人、个人与民族、个人与国家、个人与社会的关系,具有符合社会需要的合格的公民意识和公民素养。(7)价值观念。价值观念包括对政治、经济、社会、伦理、人生、审美等多方面价值标准的认识。培养学生具有正确的价值观念,是社会学科教育尤其是历史教育应该主动承担的教育任务。历史学科的教学内容,广泛涉及人类社会各个领域中的价值评判问题,对学生的价值观念的形成有着积极的影响和促进作用。(8)道德观念。道德观念是对社会生活以及人际关系中准则的认识和评价。道德观念是道德知识、道德意识和道德情感等方面内容的综合体现。教师在历史教学中,应该有意识地对历史人物进行道德行为的分析,引导学生进行道德方面的评价,培养学生具有爱憎分明的道德情感,使学生形成健康向上的道德意识,并在自己的道德行为习惯上树立起正确的规范。(9)人格取向。历史教育对于学生的人格培养有着特殊的意义。历史教育可以说是一种人生指导、人格取向的教育。那些在历史上散发出人格光彩的榜样,对学生的品格形成有着积极的影响。通过历史的学习,使学生了解人生的意义,懂得人为什么活着和应该做什么样的人,从人类历史的发展进程中发掘人生的指标,选择人生的定位,确定未来的方向,使学生养成积极进取、健康向上的人格取向。

中学历史教学的上述各项任务,具有内在的联系。传授历史知识是历史教学的基本活动,学生掌握历史知识是学习历史的基础,能力的形成、思想的提高、情感态度和价值观的生成是在知识学习的过程中发展的。能力的发展是历史教学的关键,它是历史教学质量的保证。学生能力的发展有助于对历史知识的掌握、理解和运用,有助于对理论、思想、观念的接受、内化和阐发,有助于从知识的底蕴中激发出思想的火花,使知识转化和升华为信念。思想品德、情感态度和价值观的教育是历史教学的导向,政治思想的理论和道德品质的观念左右着历史教学的基调。历史教学的这些任务,构成对历史教学的基本要求,是素质教育在历史教学中的体现。

历史教学的原则

历史教学原则是根据历史教学目标并遵循历史教学的规律而制定的对历史教学工作的基本要求。关于历史教学原则的具体内容,是有多种提法的。综合来看,主要有以下一些教学原则。

科学性与思想性相结合 指教学内容要符合马克思主义的历史科学,所用的史实、材料、概念、观点等要正确。历史学是对人类历史进程的认识,是与时俱进、不断发展的,历史教学中的科学性有其自身的特点。例如,随着史料的丰富和考古的新发现,某个历史问题就可得出新的结论,或者还会有争论,或者尚未有明确的结论等。同时,由于人们的观点不同,或所处的时代不同,对历史问题的看法也不尽相同。这就要求教师在教学时要从马克思主义的理论和观点出发,根据科学的史料,实事求是地引导学生去分析具体的历史问题,尤其要慎重地对待有争议的问题。一般情况下,要采取为多数学者所公认的一种解释或意见,而不能用某个人的解释或意见。同时,科学性又不等于求全责备。中学的历史教学受到的限制很多,如课时、篇幅、学生接受能力等,教材选取的内容少而精,许多地方采取概括的办法或选取最重要的一两点来讲,人物、地名和年代等尽可能少写,不像大学那样系统、完整。此外,科学性原则又与教学方法及组织有关,这就要求教学计划、教学方式、教学方法、教学组织等应该是科学的、合理的,讲授的语言是正确的、准确的。历史教学的思想性原则,则要求教师发掘教学内容中的思想教育因素,通过教学提高学生的思想修养和人文素养。历史学是人文社会学科,历史教育包含着丰富的思想教育内涵,历史教学内容本身就是对学生进行思想道德教育的教材,所以历史教学的思想性是本学科教学的突出特色。但历史教学的思想性原则不是简单的、空洞的、生硬的说教,而是要与教学内容有机地融合在一起。从某种意义上说,历史教学的科学性与思想性是一致的,科学性是思想性的基础,思想性是科学性的保证。

政治性与时代性相结合 历史教学的政治性很强,这点不亚于政治课。历史教学中涉及的政治内容广泛,包括疆域问题、民族问题和宗教问题等。这些问题对于帮助学生树立正确的国家观念、民族意识以及正确对待宗教问题,意义都十分重大。那么,在历史教学中,对于这些内容的论述,历史教材必须按照马克思主义观点,也就是马克思列宁主义、毛泽东思想、邓小平理论,同时还要符合当前党的基本路线和方针政策。由于中学生的年龄小,分辨能力有限,有些明显错误的观点不宜不加批判地编入教材进行历史教学。同时,还要注意教材的时代性。时代性包括历史本身的时代性和历史教育的时代性。历史就是在时光流逝中形成的,具有很强的时代感,体现在历史的内容逐渐丰富、历史的范围不断扩大、对历史文献的研究不断产生新的认识。历史教育随着教育事业的改革,也在不断发展。不同历史阶段历史教育的任务也在不断地充实和变化。中华人民共和国成立以来至20世纪70年代,适应经济建设和政治运动的需要,历史教育重视基础知识和思想教育,舆论工具的作用明显;20世纪80年代,为建设现代化的社会主义国家,历史教育开始提出能力的培养,知识、思想和能力并重;进入20世纪90年代,适应世界现代教育潮流和培养高素质建设

人才的需要,历史教育更重视能力培养,又提出提高心理素质和人文素质的目标;面向21世纪世界竞争局面,急需增强综合国力,发展高科技,历史教育提出重视创新思维和实践能力的任务。在历史教学中,在坚持政治性的前提下,也要与时俱进,增强时代感。

接受性与探究性相结合 历史教学的接受性是由教学内容决定的,因为历史知识总体上讲是现成的知识,其反映的内容是已经发生过了的,学生不能亲自经历和直观观察,只能通过教师的讲述、教材的叙述、媒体的信息传播等途径获取历史知识。当然,历史学习上的这种接受性特点,并不是说学生就应是被动的和消极的接受;接受学习也可以是积极的,即通过探究性学习来接受。也就是说,历史教学的重要意义在于使学生对历史的认识和解释不是单靠记忆和复述他人的现成结论,而是需要通过发现问题、收集与处理信息、分析与论证、表达与交流等探索活动来提高自己的知识水平和能力水平。所以,历史教学是一种具有问题性、参与性、体验性和开放性的探索教学。不过,需要注意的问题是:一是在当前新课程改革中,课程标准和历史教科书中都安排了足够的供学生自主的、探究式的教学内容,比如供学生阅读的内容、提示学生思考和研讨的内容等,但同时还要注意到要实事求是。也就是说,安排的内容要根据中国的实际情况,在课堂教学中能行得通,而不是摆花架子。二是探究式学习时,引导探究的问题也要适应学生的认知水平,不要将大学生、研究生层次探究的问题搬到中学课堂,更不能提出一些政治上容易产生误导和副作用的问题。再就是在进行探究式历史教学过程中,要有引导学生从事实践活动的内容,比如让学生收集材料以及开展调查、访问、考察等活动,增强学生的实践能力。不过,在安排这些活动的时候,也要注意城市和农村的差别,注意实践活动的可行性。在历史教学中,接受性学习和探究性学习是共存的,二者应该结合起来,尤其是当前推行新课程和新的教学理念,更在实际中体现这一教学原则。

系统性与量力性相结合 人类历史漫长,内容极为丰富,有的教师出于好心,在历史教学中总是尽量补充一些知识,使其系统性更强。历史教学的系统性,有着自身的特点。一方面,历史教学的内容是有着内在联系的整体,每一历史现象和历史事件都不是孤立的;另一方面,历史教学的内容编排可以有多种类型,而且教学内容的选择性又是比较大的,学科的体系、结构、层次等不是绝对的,而是相对的。例如,新一轮课程改革中的中学历史课程实际上就有通史、专门史、专题史等不同的知识体系。在教学的过程中,教师要认真钻研课程标准或教学大纲,全面了解教科书的内容,处理好教材前后之间的联系,注意历史上政治、经济、文化等方面之间的内在联系,把历史知识的横向和纵向联系建立起来,使学生掌握系统的知识、形成完整的历史知

识。历史教学的量力性原则,是指教师的教学要从学生的具体实际出发,把握好教学内容的多与少、难与易、详与略、深与浅,以及教学方法、教学进度的适当,以适合学生的接受程度,使教学能够促进学生的发展而不是成为他们的过重负担。在历史教学中要处理好系统性与量力性的关系,既传授给学生系统的知识,又使学生成为学习的主人,使其能够积极主动地吸纳和接受学习的内容。

直观性与抽象性相结合　在历史教学中,直观性原则和抽象性原则很重要,这是由历史的教学内容及历史知识的特点决定的。由于历史知识反映的内容具有过往性,难以直接接触,所以需要教师尽可能运用直观的手段,调动学生的视觉和听觉,激起学生的想象和联想。所谓直观的手段,包括语言的直观性(运用生动、形象的教学语言)、文字的直观性(设计具体、明确的教学板书)、教材的直观性(选择典型、形象的教学材料)、教具的直观性(运用各种直观教具和多媒体手段)、活动的直观性(组织实地的参观和考察)等。由于历史认识实际上是属于理论认识,历史思维是属于理论思维,所以在历史教学中离不开概念的运用和逻辑的分析,离不开运用分析、综合、比较、概括、归纳等方法来论述历史和解释历史。在教学中,教师要力图做到理论联系实际,史与论相统一,把对历史事实的描述与讲解结合起来,同时注重引导学生对历史问题进行分析和论证。直观性与抽象性原则要运用得好,还在于针对学生的具体情况,尤其是要把握初中生和高中生的特点。

上述这些教学原则,彼此是有联系的,也是相辅相成的,要在教学实际中综合地加以贯彻和体现。

参考文献

聂幼犁.历史课程与教学论[M].杭州:浙江教育出版社,2003.

叶小兵,姬秉新,李稚勇.历史教育学[M].北京:高等教育出版社,2004.

余伟民.历史教育展望[M].上海:华东师范大学出版社,2002.

（李　卿）

联合国儿童基金会(United Nations Children's Fund, UNICEF)　联合国常设机构之一。受联合国大会委托,帮助世界各地的孩子实现生存、保障、发展和参与的基本权利。1946 年,为了满足第二次世界大战后欧洲儿童的紧急之需而成立,时称联合国国际儿童紧急基金会(United Nations International Children's Emergency Fund,简称UNICEF)。1953 年 10 月成为联合国的永久性机构,并改名为联合国儿童基金会,但仍保留人们所熟知的英文简称UNICEF。总部设在美国纽约,工作主要由 8 个区域办公室和 125 个国家办公室执行。联合国儿童基金会的预算来源独立,全部资金都来自各国政府、个人、企业和基金会的自愿捐款。

联合国儿童基金会下设执行局,作为领导机构,负责制定政策,审阅项目,批准预算。其成员由理事会按地区分配和主要捐款国、受援国代表选举产生,任期 3 年。

联合国儿童基金会的宗旨是援助各国,改善儿童的保健、营养、教育及一般福利事业,主要为发展中国家的儿童福利提供咨询服务和物质支援,以拯救儿童生命,保护儿童健康。联合国儿童基金会主要在《儿童权利公约》的指引下,与联合国的其他机构、政府和非政府组织合作,在全球160 多个国家提供以社区为基础的以下各种救援服务。(1) 生存。以社区为基础提供基本健康护理,供应洁净食水及卫生设施,稳定、减低全球幼儿及儿童夭折率,保障怀孕母亲的营养和健康,鼓励以母乳育婴,为婴儿提供疾病防疫及推广因腹泻导致脱水的口服防脱水治疗剂等工作,拯救数以百万计的生命。(2) 保障。保障在战争中无辜受害、极度贫乏、无人照料或饱受煎熬而需要特别照料的儿童。监察各国信守《儿童权利公约》,有效纠正其言行并扩大援助机会。加强供应营养及辅助物资如维生素 A,防止因缺盐碘质而导致失明和弱智,从而使儿童享有健康成长的环境。(3) 发展。提供训练和教育,尤其是提倡给女童平等的教育机会,协助社区自行克服贫穷,避免因缺乏教育机会而影响社会发展。(4) 参与。确保儿童拥有表达意见的自由,并可在影响他们生活的事项中发言。当武装冲突和自然灾害阻碍这些工作,导致大量儿童饱受灾害时,以紧急救援经验作出快速有效的反应。不受任何党派控制,合作无歧视性,在所做的一切事情中,处境最困难的儿童和最需援助的国家处于首要位置。

联合国儿童基金会在全世界设立 37 个国家委员会(National Committee),主要是进行基金筹募工作,使基金会能继续协助全球发展中国家进行社会福利工作,同时通过不同的宣传活动唤起各界人士关注发展中国家的儿童状况,了解他们在医疗卫生、教育、清洁饮用水、环境、训练等方面的需要。为了让更多人了解其工作,联合国儿童基金会委任不同国家及领域的知名人士担当亲善大使,通过让他们亲身参与基金会各项工作及以亲善大使的身份到发展中国家实地考察,唤起世人对儿童的关注;并希望借助他们的知名度举办各类筹款活动,如举行慈善演唱会等。

联合国儿童基金会成立之后便开始与中国合作。从1947 年到 1949 年,参与了对中国的救援和社区助产士的培训。1979 年再次与中国发展合作关系。1980 年起,中国当选为执行局成员。1981 年在北京设立办事处。与中国政府的合作范围涉及儿童免疫、妇幼卫生、小学教师培训、基础教育、妇女发展、农村供水、残疾儿童康复、贫困地区社会发展等。

（李　敏）

联合国教育、科学及文化组织 （United Nations Educational, Scientific and Cultural Organization, UNESCO） 简称"联合国教科文组织"。联合国专门机构之一。旨在协调各成员国教育、科学和文化的交流与合作。成立于 1946 年 11 月，总部设在巴黎，2011 年共有成员 195 个，准成员 8 个。其宗旨是：通过教育、科学及文化来促进各国之间的合作，以增进对正义、法治及联合国宪章所确认的，世界人民不分种族、性别、语言、宗教均享有人权与基本自由的普遍尊重，对世界和平与安全作出贡献。

为达到这个目的，联合国教科文组织有三项职能。其一，在通过各种大众传播工具促进各国人民相互认识和理解的工作中互相合作，并为此目的，建议必需的国际协议；通过文字和形象，促进思想的自由交流。其二，通过以下方法对民众教育和文化传播给以新的推动：应成员国的请求，与成员国合作发展教育活动；各国相互合作，不考虑种族、性别或经济、社会的任何区别，以促进教育机会均等的理想；提倡为使全世界儿童能负起自由的责任做好准备的最适合的教育方法。其三，通过以下方法，维护、增长和传播知识：保证世界图书、艺术作品与历史和科学纪念物的保存和保护，并建议有关国家召开必要的国际会议；鼓励各国在一切智力活动部门合作，包括在教育、科学和文化各领域积极工作的人员的国际交流，以及出版物、重要的艺术和科学文物和其他信息资料的交换；创造专为各国人民利用任何国家制作的印刷品和出版物的国际合作方法。根据《联合国教育、科学及文化组织组织法》第三至七条的规定，联合国教科文组织设置以下机构。(1) 大会。联合国教科文组织的大会由成员国代表组成。各成员国政府与全国委员会协商后，派 5 人以下代表出席大会。一般每两年开会一次。大会的主要任务是：制定联合国教科文组织的政策和主要工作方针；召开有关教育、自然科学和人文科学以及知识传播的国际会议；选举执行局成员，应执行局的建议任命总干事；就联合国关切的教育、科学和文化事宜向联合国提出建议。(2) 执行局。执行局由大会从成员国任命的代表中推选 18 人组成，大会主席为当然成员，以顾问资格参加。执行局成员每届任期 3 年，可连选连任，但不得超过两任。执行局的主要任务：在大会休会期间负责实施大会通过的各项计划；每年至少开两次常务会，经执行局 6 名委员请求，召开临时会议。(3) 秘书处。秘书处是日常工作机构，由总干事一人和所需要的工作人员组成，分教育、社会科学、自然科学、文化和交流等部门，分别实施有关领域的计划活动。总干事是行政首脑，一般任期 6 年。联合国教科文组织在各地区都设有教育办公处，开展日常活动。此外，还有属于联合国教科文组织的三个教育研究机构：国际教育局（International Bureau of Education, 简称 IBE）、国际教育规划研究所（International Institute for Educational Planning, 简称 IIEP，设在巴黎）、联合国教科文组织教育研究所（设在汉堡）。

联合国教科文组织在推进国际教育合作与交流，协调基础科学的国际合作研究，保护文化遗产，促进图书馆、博物馆的发展，促进东西方文化价值的相互理解，整理和传播文献信息等方面做了大量工作。这些都对教育的发展产生了积极影响，其中，国际教育合作与交流、整理和传播文献信息，是该组织在教育方面的两个主要任务。

在国际教育合作与交流方面，联合国教科文组织召开地区性部长会议，讨论教育政策和规划问题，并对教科文组织在本地区的教育活动和国际合作问题提出建议；组织发展中国家的学生到发达国家留学；帮助发展中国家兴办学校；提供教育仪器和设备；研究世界教育动向和问题。联合国教科文组织实施的著名国际教育合作与交流计划有在拉丁美洲实施的圣地亚哥计划、在亚洲实施的卡拉奇计划、在阿拉伯世界实施的贝鲁特计划、在非洲实施的亚的斯亚贝巴计划。通过这些计划，在这四大地区提高发展中国家的教育水平，推进国际理解教育，交换教育情报，研讨理想学校的全部课程，开展教育研究，提倡终身教育、环境教育，培养教职员，改进教育方法和技术，与国际劳工组织协作，提高教员的地位。

在整理和传播文献信息方面，联合国教科文组织做了卓有成效的工作。它出版的调查报告、统计报告、改革文献和建设的数据库，对世界各国的教育发展产生了积极的影响。(1) 五卷本《世界教育调查》（World Survey of Education）丛书，出版于 1955—1971 年。这是联合国教科文组织成立初期的一大工程。1955 年，根据第七次大会决议，出版了第一卷，收集了 194 个国家和地区按规定标准撰写的有关教育制度的大量难以得到的资料。这套书包含各国从幼儿园到大学以及非正规成人教育在内的整个国民教育制度各个方面的叙述性材料和统计资料。(2)《统计报告与研究》丛刊，从 20 世纪 50 年代开始编辑出版，包括教育、科学和文化方面的选题，对教育研究有重要参考价值。(3) 计算机化数据库，1972 年建立，把有关该组织活动的文献和出版物编成目录。有关各国教育的一般情况，通常由联合国教科文组织提供或该组织赞助出版的书籍予以介绍，这些书籍约占所有参考文献的 20%。但是，未经出版的研究和文献，包括限内部传阅的研究和文献，对专家、行政工作者和研究人员也是极为有用的。(4)《统计年鉴》，是了解各国教育发展情况的重要来源，1991 年出版除参考统计表外，分教育、科学与技术、文化与传播、印刷品、电影与电影院、广播、国际贸易印刷品等部分。(5)《世界教育报告》，1989 年第二十五届会议批准定期出版，并以此作为联合国教科文组织对联合国系统各组织出版有关世界未来各领域趋势与发展的系列《全球报告》的参与。1992 年首次出版。

（6）重要教育文献，20 世纪 70 年代以来先后发布《学会生存——教育世界的今天和明天》《从现在到 2000 年教育内容发展的全球展望》和《教育——财富蕴藏其中》等对各国教育发展具有深远影响的教育文献。

（张　旺）

梁启超的"新民"教育思想

梁启超以维新变法为目标，在吸取欧美及日本近代国民教育思想的基础上提出的以"新民"为核心创立中国国民教育的思想。

梁启超（1873—1929）是近代中国启蒙思想家、史学家、教育家，维新变法运动的领导人之一。字卓如，号任公，又号饮冰室主人，广东新会人。出生于一个半耕半读的塾师家庭。1884 年考中秀才。1889 年参加广东乡试，中举人，次年进京会试，落第，后归道上海，从坊间购得《瀛环志略》读之。同年，拜康有为为师。梁启超遵照康有为的指导，致力于经世之学，广泛涉猎中、西学书籍。1895 年，梁启超领衔广东举人上书痛陈时局，既而随康有为联合在北京会试的举人，上书要求变法。同年协助康有为在北京创办《中外纪闻》和强学会。翌年到上海任《时务报》主编，并发表《变法通议》《西学书目表》等文，宣传维新变法的主张。1897 年，梁启超应湖南巡抚陈宝箴之请，担任湖南时务学堂讲席，并与黄遵宪、谭嗣同等人在湖南开展维新运动。翌年 7 月，被光绪帝召见，并受命以六品衔办京师大学堂、译书局事宜。戊戌变法失败后，亡命日本。在横滨创办《清议报》，抨击清朝专制统治。1899 年，梁启超联合旅日华侨在东京创办高等大同学校。1902 年春创办《新民丛报》，相继发表《自由书》《新史学》《新民说》，介绍西方近代观念及思想，阐述"新民"教育思想。翌年 1 月应美洲保皇党之邀，启程游历美洲，10 月回到日本，发表《新大陆游记》，从此放弃"革命排满"的主张。晚年的梁启超一度出任北洋政府司法总长及财政总长，但主要精力用于学术研究和教学，曾受聘为清华大学国学研究院导师，并任京师图书馆馆长。其著作结集出版的有《饮冰室合集》《〈饮冰室合集〉集外文》等。

梁启超一生跻身政、学两界，热衷于政治活动，但其更多的精力则用于启蒙宣传活动和文化教育事业；尤其到晚年，他脱离政坛，潜心学术，执教清华，对近代中国的学术和教育作出了一定的贡献。

在梁启超看来，教育最为重要的就是培养国民具有一种优良的道德品质，通过"革新"人的思想，来"制造"新的国民，这便是"新民"教育学说的核心思想。早在维新运动期间，梁启超撰写《与林迪臣太守论浙中学堂课程应提倡实学书》，提出"中西兼举、政艺并进"的观点，认为"今日学校，当以政学为主义，以艺学为附庸"。提出造就具有近代政治意识和思想觉悟的国民人才培养目标。梁启超到日本后出版的第一部著作《自由书》中收录中村敬宇翻译的英国教育家斯迈尔斯的名著《自助论》（Self-Help），他反复强调："英人之言曰，吾英人不以金钱财产留贻子孙，所留贻子孙者，金钱所不能购买，财产所不能蓄积之敢为活泼之精神，独立自治之能力而已。是以盎格鲁-撒克逊人种，类皆有强矫自助之风，彼其幼年童稚，在家庭学校之中，其父母教师，皆不视为附属之物，务使其活泼自由，练习世事，不依赖他人，而可以自立，其自助之精神最强，虽艰阻而强力不返……惟英人能发挥自立之志气，故能养成独立自营之伟大国民。""英人常自夸曰：'他国之学校可以教成许多博士学士，我英之学校，则只能教成人而已。'人者何，人格之谓也，而求英人教育之特色，所以养成此人格者，则惟授之实业而使之可以自活，授之常识而使之可以自谋。"（《新民说·论自尊》）他把培养学生自助自立的精神作为英国近代教育的主要特征介绍给国人。在《新民说》《论教育当定宗旨》等论著中，他深入探讨"公德"和"私德"及其相互关系等问题，评析欧美和日本发达国家的教育宗旨及其特色，阐述了近代国民教育的基本理念，他把国民教育的方针确立为培养造就具有"国家思想"和"独立意识"的近代国民，创立了近代中国的国民教育理论。

在《变法通议》等文中，批判封建教育及科举制的同时，从"学校"、"师范"、"幼学"、"女学"、"译书"等诸多方面论述了创立中国近代国民教育的许多重要问题，并将晚清教育改革的总体思路归结为"变法之本，在育人才；人才之兴，在开学校；学校之立，在变科举"（《变法通议·论变法不知本原之害》）。既对传统教育及科举制的弊端与危害作了更为深入的剖析，又对晚清教育改革的若干重要方面进行了更为全面的探讨；既对创立近代教育制度的具体环节、步骤加以详细考察，又对近代教育的理念、思想作了初步阐释。

（肖　朗）

梁漱溟的乡村教育思想

梁漱溟在 20 世纪二三十年代中国乡村建设运动中形成的独特的乡村教育思想。

梁漱溟（1893—1988）是近代中国哲学家、教育家和社会活动家，"新儒家"早期代表人物之一。原名焕鼎，字寿铭、萧名、漱溟，广西桂林人。出生于世宦之家，6 岁起接受启蒙教育，1906 年考入顺天中学堂，1911 年毕业，此后坚持自学，未再接受学校教育。早在中学毕业之前，他就参加同盟会京津支部，辛亥革命后担任天津《民国报》编辑兼外勤记者。1917 年 10 月，梁漱溟应蔡元培之邀，担任北京大学印度哲学讲席，他边教书边研究，在讲授印度哲学之余，又陆续开设唯识哲学、儒家哲学和孔子绎旨等课程，并先后出版《印度哲学概论》《唯识述义》和《东西文化及其哲学》等著作。1924—1937 年抗日战争爆发前，梁漱溟以主要精力从事乡村教育实验和乡村建设活动。曾先后参与筹办山东曹州中学、曲阜大学、广州乡治讲习所、河南村治学院和山东乡村建设研究院，历任曹州中学高中部主任、广州第一中学校长、河南村治学院教务长和山东乡村建设研究院研究部主任(后任院长)，发表《山东乡村建设研究院设立旨趣及办法概要》、《社会本位的教育系统草案》和《乡村建设理论》等有关乡村教育和乡村建设的论著。抗日战争爆发后，梁漱溟积极投身救亡运动，曾在成都作《我们如何抗战》的讲演，强调乡村工作与抗战的关系。其著作结集出版的有《梁漱溟全集》、《梁漱溟教育论著选》等。

梁漱溟是 20 世纪二三十年代乡村建设运动的主要代表人物之一，其所倡导的乡村教育理论和实验自成一派。他主张乡村教育要与乡村建设密切结合，把乡村建设看成是整个中国社会的建设，是一种建国运动。基于对东西方文化的认识以及对中国传统社会的分析，建立其乡村教育理论体系，主要特点有两点。其一，突出乡村的重要性。梁漱溟在《东西文化及其哲学》一书中提出"三大文化路向"的观点，即第一路向以西方文化为代表，第二路向以中国文化为代表，第三路向以印度文化为代表，并在此基础上提出了"中国社会特殊论"。他认为，中国传统社会的构造很特殊，较之其他社会具有"伦理本位，职业分立"两个显著特点，"中国问题并不是什么旁的问题，就是文化失调——极严重的文化失调"(《乡村建设理论》)。他指出，中国传统社会是以乡村为基础和主体的，所有的文化，多半是从乡村而来又为乡村而设，所以救治的办法就是进行乡村建设及开展乡村教育。其二，倡导以社会为本位的大教育观。梁漱溟认为，搞好乡村建设必须依靠教育。他认为教育是广义的，凡生活均有教育，教育的功用不外是绵延文化而求其进步。主张乡村教育与乡村建设"合流"。"我们一点一滴的教育，就是一点一滴的建设；一点一滴的建设，无非是一点一滴的教育；只有从一点一滴的教育着手，才可以一点一滴的建设！"(《社会教育与乡村建设之合流》)在此原则的指导下，应使教育居于领导地位，只有这样，才能恢复伦理本位的社会礼俗和秩序，才能建设起符合中国社会要求的新的社会礼俗和秩序。

梁漱溟的乡村教育理论始终贯穿于他的实践活动中，而每一次实践又都使其理论更趋成熟和完善。1928 年，梁漱溟赴广州筹办"乡治讲习所"，并向乡治讲习班的学员作了"乡治十讲"，第一次比较全面地阐述其乡村教育理论的有关主张。1930 年参与创办"河南村治学院"，主讲乡村自治组织课程，并撰写《河南村治学院旨趣书》，阐明为何主张从"村治"入手达到民族自救、振兴中国的目的。本来"村治"意即"求治必于乡村"，但他认为"乡村建设"比"村治"更通俗易晓，且含有研究之意。从 1931 年开始，梁漱溟进行了长达七年的邹平乡村建设实验，并设立"山东乡村建设研究院"。与此同时，他发表了一系列有关乡村教育的论著，详细而具体地阐述了乡村教育思想。

梁漱溟通过长期的教育实践活动，努力把乡村教育与实验研究相结合，运用实验方法研究和推广乡村教育，还效法中国古代"乡约"的办法，以村学、乡学、乡农学校作为推行乡村建设的组织形式，使之成为一个教育与政治、经济合一的"政教统一"、"以教统政"的组织和机构，对近代中国的教育改革、农村及社会改造均起到一定的推动作用。

(许刘英)

列宁教育思想(Lenin' educational thoughts) 苏维埃国家创始人列宁在领导俄国人民推翻沙俄专制统治、进行社会主义改造与建设的斗争中，把工农群众和年青一代的教育工作视为无产阶级革命和社会主义建设的重要组成部分，并结合不同时期革命形势的发展及其对教育的诉求，对一系列重大教育问题作的思想论述。列宁的教育思想丰富和发展了马克思主义的教育学说，为探讨和解决社会主义教育的理论和实践问题提供了重要启示。

论教育同政治的密切联系 列宁坚持马克思主义关于社会关系决定教育的社会阶级性质的原理，反复论述了教育同政治的密切联系。十月革命前，列宁就揭露了沙皇俄国教育的阶级性以及沙皇政府教育政策的反动性，号召工人阶级要为劳动人民及其子女的受教育权利而斗争。十月革命后，针对一部分教师受社会革命党蛊惑而提出的"教育脱离政治"的口号及"自由教育派"鼓吹的自由教育论，列宁批判了教育可以超政治的资产阶级谎言，明确指出，资产阶级国家愈文明，就愈会骗人，说学校可以脱离政治而为整个社会服务，事实上，"一切资产阶级国家的教育同政治机构的联系都非常密切"，浸透着资产阶级的阶级精神。在资本主义国家，政府几乎都把贯彻资产阶级政治作为办学的重点，竭力通过办学替资产阶级训练机灵听话的奴才。无产阶级和劳动人民取得政权后，苏维埃工农共和国的整个教育事业必须贯彻无产阶级斗争的精神，同无产阶级政治密切联系。在《俄共(布)纲领草案》(1919)中，列宁提出，应该"把学校由资产阶级的阶级统治工具变为摧毁这种统治和完全消灭社会阶级划分的工具。学校应当成为无产阶级专政的工具，就是说，不仅应当传播一般共产主义原则，而且应当对劳动群众中的半无产者和非无产者阶层传播无产阶级在思想、组织、教育等方面的影响，以利于彻底镇压剥削者的反抗和实现共产主义制度"。他还强调学校教育的根本任务是培养能最终实现共产主义的一代人。当苏联无产阶级和广大人民的斗争重心逐渐更多地"转上和平建设的轨道"，或者说"转向经济方面的政治"时，列宁又着重论述了教育如何适应社会主义经济建设需要的问题。他强调指出，在和平建设时期，从事国家的经济建设就是我们主要的政治。依据教育同政治密切联系的原则，必须使教育工作适应向和平建设的转变，适应从工业和经济上改造国家的远大计划。为了在现代科学技术基础上改造和发展工农业生产,不断提高劳动生产率,必须大力发展文化教育,提高群众的文化教育水平。劳动者只有掌握科学文化知识,才能担负起经济建设的任务。为此,列宁要求广大教育工作者既要反对"政治空谈",又要反对粗暴运用学校同政治的联系,而是要为社会主义建设扎实地做好培养新人和训练群众的工作。1920年,列宁拟订了全俄电气化的设想后,甚至要求广大教育工作者从政治的高度去关心国家电气化计划的制定,并和劳动群众一起为实现国家电气化而共同战斗。

论文化革命的意义和任务　列宁紧密结合俄国无产阶级革命和社会主义建设的发展,从多方面论述了文化革命问题。针对孟什维克们宣称工人阶级文化水平太低,应当先提高文化,然后再进行政治革命的谬论,列宁指出:既然建设社会主义需要有一定的文化水平,那么为什么不能首先用革命手段取得达到这个一定水平的前提,然后在工农政权和苏维埃制度的基础上提高文化呢? 他批评孟什维克们关于"先文化"、"后革命"的理论,实质上是反对在经济和文化上都处于弱势地位的无产阶级和劳动人民起来革命。他认为,对于极为贫穷、落后又有着浓厚农奴制封建残余的俄国来说,只有首先进行无产阶级革命,建立社会主义制度,才能真正迅速提高各族人民的文化水平。十月革命胜利后,列宁多次阐述了文化革命的重大意义,认为当时俄国的文化水平的确仍然很低,还没有摆脱不文明的状态,必须在进行社会主义改造和建设的同时开展文化革命,创造和发展社会主义文化。他强调指出,文化革命是整个社会主义事业中不可缺少的一个部分,是进行社会主义建设必不可少的条件,是政治革命和社会变革之后面临的文化任务。没有文化革命,就不可能把俄国真正建设成为完全社会主义的国家。在列宁看来,文化革命既指纯粹文化方面,也包括物质文化方面,进行文化革命,一方面要大力发展苏维埃的科学、文化、教育、卫生等事业,另一方面要促进经济的高度发展。根据当时的实际情况,列宁认为,文化革命的主要任务和内容包括扫除文盲,普及义务教育,实施广泛的政治思想教育,改革旧的教育制度和建立新的社会主义教育制度,造就新型的知识分子和培养各种社会主义建设人才,发展具有民族形式和社会主义内容的民族文化等。他强调指出,文盲、不识字,只能导致流言蜚语、传闻偏见而没有政治,只有人人识字,才能充分发扬社会主义民主,克服官僚主义,完善社会主义制度,提高管理水平。列宁有句名言:在文盲充斥的国家,是不可能建成社会主义社会的,而仅仅扫除文盲是远远不够的。他一再谈到,无产阶级取得政权之后,为了建设社会主义和共产主义,必须提高劳动生产率,发展高度的社会主义物质文明,而提高劳动生产率的条件之一,就是提高居民群众的文化教育水平,因此应该加快

普及义务教育,努力开展社会教育,不断提高全民文化素养。同时,还必须对旧教育进行改革,因为"只有把青年的训练、组织和培养这一事业加以根本改造,我们才能做到:这一代青年努力的结果将建立一个与旧社会完全不同的社会,即共产主义社会"。列宁还强调提出,实行文化革命和教育改革,并不是完全否定和抛弃过去的一切文化教育成果。他严厉批判了当时俄国的所谓"无产阶级文化派"妄图拒绝一切文化遗产的错误论调,认为"应当明确地认识到,只有确切地了解人类全部发展过程所创造的文化,只有对这种文化加以改造,才能建设无产阶级的文化,没有这样的认识,我们就不能完成这项任务","无产阶级文化应当是人类在资本主义社会、地主社会和官僚社会压迫下创造出来的全部知识合乎规律的发展"。也就是说,文化革命包括教育改革,都必须反对历史虚无主义,而应该遵循马克思主义关于人类文化发展的批判继承原则。列宁还认为,实现文化革命,创造高度的社会主义文明,不能像解决政治和军事任务那样迅速,这需要一个较长的时期,只有根据实际情况做出规划,并以坚忍不拔、始终如一的精神进行艰苦的努力,才能达到目的。

论年青一代的教育　列宁反复强调指出,建设社会主义,实现共产主义,是人类社会极其艰巨的伟大事业,只有一代又一代人不断为之努力奋斗,才能成功,因此,把年轻人一代又一代地培养成为这一伟大事业的合格建设者和接班人,乃是一项极为重要的任务。出于对这一方面的高度关切和重视,列宁在题为《青年团的任务》的演讲以及《论无产阶级文化》、《论综合技术教育——对娜捷斯卡·康斯坦丁诺夫娜的提纲的评述》等著作中就年青一代的教育和学习问题提出了一系列论述和教导。列宁对年轻人怀着热情的期望,要求年轻人认清自己所承担的历史使命。针对俄国十月革命胜利后的形势,列宁殷切地指出,在推翻旧制度的基础上,真正建立社会主义和共产主义的任务正是要由一代又一代的年轻人来担负,年轻人必须对此有充分的认识,并通过不断的学习使自己成长为能够承续共产主义事业的共产主义者。为此,他提出:"每个青年必须懂得,只有受了现代教育,他才能建立共产主义社会,如果不受这种教育,共产主义仍然不过是一种愿望而已。"

列宁认为,对年青一代的教育,首先应该是要求他们学习马克思主义学说,因为马克思主义是马克思借助于人类文化积累的全部成果研究人类社会发展规律所得出的科学结论。年青一代只有学习和充分掌握马克思主义学说,才有可能真正掌握和彻底遵循社会发展的客观规律,并坚定自己为共产主义事业而终生奋斗的信念和决心。学习马克思主义学说时,必须贯彻理论联系实际的原则。如果以为学习共产主义只限于领会共产主义著作、书本和小册子里的东西,那就很容易造就出一些共产主义的书呆子或吹牛

家。这种人虽然可能把共产主义书本和小册子上的东西读得烂熟，却不善于把这些知识融会贯通，也不会按共产主义的真正要求去行动。列宁还强调提出，在学习马克思主义学说的基础上，应该加强共产主义道德教育，使培养、教育和训练现代青年的全部事业成为培养青年共产主义道德的事业。针对资产阶级把他们的道德说成是天赋的、全人类的、超阶级的谎言，列宁明确阐述了马克思主义的道德观。他说："我们的道德完全服从无产阶级阶级斗争的利益。我们的道德是从无产阶级阶级斗争的利益中引申出来的"；"为巩固和完成共产主义事业而斗争，这就是共产主义道德的基础。这也就是共产主义培养、教育和训练的基础"。根据共产主义道德的特点，并结合当时俄国的情况，列宁认为，应着重年青一代的集体主义精神、自觉纪律和共产主义劳动态度的教育，培养青年克服利己主义的自私心理，发扬一心为公的精神，消除旧观念和旧习惯的影响；要求青年把自己学习、教育、训练的每一步骤同无产阶级及劳动人民进行的反对剥削者的旧社会的斗争联系起来，同参加生产劳动和公益活动联系起来，养成把自己的工作和精力全部献给公共事业的高尚品质。列宁也极为重视年青一代的科学文化知识教育。他不仅认为只有用人类所创造的全部知识财富来充实自己的头脑，才能成为共产主义者，而且强调没有丰富的知识、技术和文化，就不能建成共产主义。因此，列宁要求年轻人必须具备现代有学识的人所必备的一切实际知识，并号召广大青少年：第一是学习，第二是学习，第三还是学习。他甚至倡议青年人把从前用在政治斗争上的全部热情用在学习和掌握文化知识与科学技术上，使那些在学习上表现出懈怠或不用功的学生受到与同资产阶级斗争时期的逃兵或工贼的类似的待遇。为了使青年一代真正掌握现代科学文化知识，列宁还指出：必须废除旧学校那种死记硬背的学习方式；反对生吞活剥，要用对基本事实的了解来发展和增进每个学习者的思考力；不要使学问变成僵死的条文或时髦的辞藻，而应把所学到的知识融会贯通，并与实际相结合；应该用批判的态度去领会所学习的知识，善于从旧学校中挑选出对我们有益的东西。为使年青一代真正掌握现代文化科学知识和技术，促进年青一代的全面发展，列宁要求必须贯彻教育与生产劳动相结合的原则，并立即尽可能地实施综合技术教育。1897 年，列宁指出："没有年轻一代的教育和生产劳动的结合，未来社会的理想是不能想象的：无论是脱离生产劳动的教学和教育，或是没有同时进行教学和教育的生产劳动，都不能达到现代技术水平和科学知识现状所要求的高度。"他认为，教育与生产劳动相结合，包括以教与学为主、以教与学为基础的结合，以及以劳动为主、以劳动为基础的结合。这种教育与生产劳动相结合，既是现代生产发展的需要，也是现代科学技术进步的需要，而且，在合理的社会制度下，人人接受教育，同时参加

生产劳动，乃是人们普遍和全面发展的条件。依据马克思主义创始人有关教育与生产劳动以及综合技术教育的论述，列宁更具体地阐述了综合技术教育问题。他认为综合技术教育是在教育、教学实践中贯彻教育与生产劳动相结合的主要途径和重要形式，主张把普通教育、综合技术教育与职业技术教育有机结合起来，告诫人们要避免过早地专业化。他强调指出，对待综合技术教育的态度是一个原则性问题，因为综合技术教育既是人全面发展的条件之一，又是和实现社会主义与共产主义密切相关的大事。一切否认或轻视综合技术教育的认识和行动都是愚蠢的，但在实施综合技术教育时，又必须正视社会的现实情况，一切从实际出发。根据 20 世纪初现代工业生产以电力为基础的新形势，列宁提出，综合技术的见识和综合技术教育的基本知识应该包括电力的基本概念、关于机械和化学工业中运用电力的基本概念、关于俄国电气化计划的基本概念以及关于农艺学的基本原理等。对有关综合技术教育的具体实施措施，列宁也依据当时的条件提出：组织学生到电站、工厂和国营农场参观考察；邀请工程师、农艺师、大学数理系的毕业生作关于综合技术教育的讲演；设立关于综合技术教育的小型博物馆、展览车、展览船；组织学生进行有关综合技术教育的实习作业等。

论教师　十月革命胜利后，列宁深刻分析了俄国教师队伍的状况和变化，阐述了教师的地位和作用，指明了改造和建设教师队伍的政策。列宁强调指出，新的教师是社会主义教育的主力军，既肩负着培养建设新生活的青年一代的重任，又承担着向工农群众进行广泛的社会教育和普及科学文化知识的工作，因此，"应当不断地加强组织国民教师的工作，以便使他们从资产阶级制度的支柱（在无一例外的所有资本主义国家里，他们一直是资产阶级制度的支柱）变成苏维埃制度的支柱"。列宁认为，旧社会的教师接受了资本主义的文化遗产，不免深受这种文化的缺点的影响，但是这并不妨碍吸收他们参加苏维埃教育工作者的行列。他要求俄国共产党和先进教师要做好对旧教师的争取与团结工作。他深信绝大多数教师都是靠近工人阶级和劳动人民的，一定会真诚地站到被剥削的劳动者政权方面来，然而，为了改造旧教育，建设和发展社会主义新教育，他一再强调在争取和改造旧教师的同时，还必须建设新的教师大军。列宁对尊重教师劳动、提高教师的地位和素养、改善教师的物质生活条件极为关注。他说："应当把我国国民教师的地位提到在资产阶级社会里从来没有、也不可能有的高度。这是用不着证明的真理。为此，我们必须经常不断地、坚持不懈地工作，既要振奋他们的精神，也要使他们具有真正符合他们的崇高称号的全面修养，而最最重要的是提高他们的物质生活水平。"

在教育管理方面，列宁强调共产党对社会主义文化教

育事业的领导,要求有关领导正确理解和贯彻党中央有关教育工作的方针、政策和决定;善于做好教师的思想工作,帮助他们解决工作中的实际问题,充分调动和发挥他们的主动性、积极性和创造性;有计划地检验和总结他们的实际经验,并系统地利用这种经验和教训,以利于改进工作;吸收具有理论知识和丰富实践经验的教育家以及在职业技术教育方面具有同样知识的人士参加中央和地方教育行政部门的领导工作。他甚至认为,如果一个共产党员只会侈谈"领导",却不善于安排专家做实际工作,不善于使他们在实践中取得成就,不善于利用成千上万教员的实际经验,那么这样的共产党员就毫无用处。他还强调让工农群众参与社会主义教育事业的管理,认为工农群众的参与有利于克服教育工作中的官僚主义和脱离实际、脱离群众的弊病,如果群众的主动性得到应有的支持,教育工作就可望得到良好的效果。

参考文献

厉以贤.马克思列宁教育论著选讲[M].北京:北京师范大学出版社,1992.

列宁.列宁全集[M].苏共中央马克思恩格斯列宁斯大林研究院编辑.中共中央马克思恩格斯列宁斯大林著作编译局,译.北京:人民出版社,1955—2001.

（李明德）

留学教育（education by studying abroad）　　留居他国,在他国的教育机构接受教育。国际教育和学术交流的主要方式之一,教育国际化的重要标志。国际化是现代教育的基本特征。

留学教育发展受政治、经济、文化以及教育政策等诸多因素的影响:政治方面,输出国与接受国之间的国际关系起决定性作用;经济方面,受留学费用的高低、接受国和输出国对留学生的资助力度和方式等因素的影响;文化方面,受对彼此文化教育及生活方式的了解等因素的影响,其中语言问题尤为重要,英语国家在接受留学生方面占显著优势;各国的留学教育政策也直接影响留学教育发展,如日本设立政府奖学金并鼓励社会组织和私人团体对留学生给予资助,其他国家也有类似政策。

留学教育历史悠久,西方的留学教育最早可追溯到古希腊时代,其时跨国（地区）留学已盛行。欧洲中世纪大学是各国、各地区学子共同学习的场所。17世纪后,随着民族国家的确立,留学教育开始制度化。到国外留学需获得接受国的签证,需对求学者进行资格认证并取得该国教育机构的入学批准等,还建立证书和学位的相互认可制度,留学教育成为现代高等教育的重要组成部分。至20世纪末期,高等教育国际化趋势进一步促进了世界各国留学教育的发展。许多国家都制定了发展留学教育的政策,扩大输出和接受留学生的规模。在经济全球化背景下,高等教育成为市场竞争的重要领域。发达国家接受留学生较多,发展中国家输出留学生较多,这一不平衡现象与各国科学技术及教育发展水平相关。

中国是世界上最早参与留学教育的国家之一,古时称"游学"。唐代都城长安曾接受上万名来自日本及其他国家的留学生来华求学,向海外传播中华文明。19世纪中叶以后,为学习西方先进的科学技术知识,清政府曾派遣大量留学生至美、英等发达国家留学,涌现了一批学有所成并对近代中国发展产生重要影响的人,如严复、詹天佑等。民国时期,中国的留学教育有进一步发展,如清华大学前身是留美预备学校。许多学成归国者,如梅贻琦、周培源等人,对中国现代高等教育的发展起了关键作用。"五四"运动前后,有大批青年组织留法勤工俭学运动,该运动是以工读形式开展的留学教育活动,参与者如蔡和森、周恩来、邓小平等人后来成为中国杰出的革命领袖和政治家。中华人民共和国成立后,人民政府十分重视留学教育,一方面积极促成国外留学学者归国投身建设事业,如李四光、钱学森、邓稼先等科学家均为归国学者;另一方面积极开展与有关国家的留学生交换,最初仅限于苏联、朝鲜、越南及东欧国家,后扩展到非洲国家。主要采取国家公派（国家资助）的方式向外派遣留学生,或以协议方式与有关国家高等学校之间进行留学生交换,同时还对来华留学生给予中国政府奖学金资助。20世纪50—70年代,留学教育的开展为国家培养了一批建设骨干,同时也为其他国家的教育发展和人才培养作出贡献。80年代后,留学教育迅速发展,自费出国留学和自费来华留学的人数逐渐增多。中国对出国留学生贯彻"支持留学、鼓励回国、来去自由"的方针,对接受国外留学生实行"深化改革、加强管理、保证质量、积极稳妥发展"的方针。随着留学教育规模的扩大,中国留学教育制度建设逐步完善,先后成立中国留学服务中心和国家留学基金管理委员会等机构,为留学生提供服务和资助,为留学教育的进一步发展创造了有利条件。中国和世界上绝大多数国家建立教育证书和学位互认关系,促进了中国留学教育的发展。进入21世纪,随着中国社会经济和教育事业的高速发展,出国留学生和外国来华留学生的规模不断扩大。其特点:一是自费留学生所占比例大大超过公派留学生,成为留学生的主体;二是留学渠道和留学层次趋向多元,既有攻读各级学位的正规教育,也有各种进修访学的非正规教育;三是留学生趋向低龄化,不仅有接受高等教育的留学生,中学甚至小学就开始留学的学生人数不断增加。据教育部统计,2011年,出国留学人员总数达33.97万人,其中国家公派和单位公派人员为2.49万人,自费留学人员为31.48万人。1978—2011年,中国出国留学人员累计224.51万人,是世界上输出留学生最多的国家。同期学成归国人数累计81.84万人,他们为国家的建设事业作出了重要贡献。在接受外国留学生方面,为了适应国际交流的新形势,将工作方针调整为"扩大规模、优化结构、规范管理、保证质量",使来华留学生人数也有很大增长。2011年,在华外国留学生达29.259万人,其中由中国政府提供奖学金资助者2.569万人,自费留学生26.69万人,中国已进入留学生接受国的前列。和中国有留学生交流关系的国家和地区达194个。

(董引吾)

柳宗元的"师友说"

柳宗元关于教师与学生关系的思想。柳宗元(773—819)字子厚,祖籍蒲州解县(今山西运城市西南),唐中叶著名的文学家、思想家和教育家。由于解县在当时属河东郡,后人亦称他为柳河东。柳宗元出生于"家有赐书三千卷"的书香世宦之家,父亲柳镇为下级官吏,为人正直,富有学识,母亲卢氏勤劳善良,喜爱读书。正是父母的人品及其对子女的早期教育,对柳宗元的一生产生了深刻影响。他自幼聪明好学、勤奋刻苦,4岁就开始识字,12岁时已能写出颇有水平的文章,加之良好的学习环境,他的学业大有长进,"下笔构思,与古为侔。精裁密致,璨若珠贝"(《旧唐书·柳宗元传》)。柳宗元17岁就开始参加科举考试,但由于科场腐败,连续三次都遭落榜,直至21岁才及进士第,26岁又考中博学宏词科。他与韩愈一同倡导"古文运动",对古代文学的发展起到了重要作用。永贞元年,他参加了王叔文集团发动的"永贞革新"运动。"永贞革新"失败后,被贬韶州,途中又改贬为永州司马。即使在贬官南荒、身处逆境的情况下,柳宗元仍然读书不倦,不忘忧国忧民。元和十年,柳宗元被召回京,而后又被安置为柳州刺史。到柳州后,他大修孔庙,重建州学,重视教育在"化民成俗"中的作用。

由于仕途屡屡受挫,他有机会广泛接触社会,体味人生,钻研古今典籍,探讨哲学、历史、文学、教育等方面的问题。与此同时,他还从事教育实践活动,并且由于他知识渊博、教学得法,即使在他被贬期间,仍有许多青年冒着受牵连的风险,不顾路途遥远,前去拜师求学。

柳宗元对教育问题有许多独到的见解,他的"师友说"主要观点包括下面几个方面。

从师、尊师、重师的重要性　呼吁社会应树立从师、尊师、重师的良好风尚,懂得"如不从师,则吾无以进"的道理。柳宗元继承儒家由学而知、学而从师的教育传统,指出人的知识、技能等都是后天学习的结果,而要学有所得,就必须向老师求教。他从学习的基本目的出发,指出学生的学习需要有教师的指导。"圣人之道,学焉而必至。"(《送从弟谋归江陵序》)他以学琴学书者为例:"有学操琴者,不能得硕师,而偶传其谱,读其声,以布其爪指。蚤起则嘐嘐呶呶以

逮夜,又增以脂烛,烛不足则讽而鼓诸席。如是十年,以为极工。出至大都邑,操于众人之坐,则皆大笑曰:'嘻!何清浊之乱而疾舒之乖欤?'卒大惭而归。……又见有学书者,亦不能得硕师。独得国故书,伏而攻之,其勤若向之为琴者,而年又倍焉!出曰:'吾书之工能为若是。'知书者又大笑曰:'是形纵而理逆。'卒为天下弃,又大惭而归。"(《与李睦州论服气书》)柳宗元认为,尽管学琴学书者坚持不懈,勤苦倍尝,但所学终未得其精要,究其原因就在于"无所师",缺乏明师指导。柳宗元不仅对韩愈提倡尊师重道的言行表示赞赏和支持,而且还进一步阐述了社会不尊重教师的危害。如果不从师学习,就很难增进德行和知识,如果全社会缺乏从师学习的良好风气,必然导致离"道"而蔽、弃"道"而去。"今之世,为人师者众笑之,举世不师,故道益离。"(《师友箴》)不重视教师就是不重视教育,不重视教育就不能培养出合格的管理人才,没有合格的管理人才,社会就不能稳定。

"去名取实"、"交以为师"的师生关系　所谓"去名取实",即无为师之名,却有教学之实。柳宗元认为,教与学之间不一定非得冠以师或弟子的名分。如果有好学者前来求教,能够给予实际上的指点,也就尽到了教师的责任。他认为"取其实而去其名,无招越、蜀吠怪,而为外廷所笑,则幸矣"(《答韦中立论师道书》)。在他看来,为师之道关键是求师之实,而不在于务师之名。"去名取实"并不是否定教师的作用,也不是反对教师去教学生,而是不要教师之名,要的只是能胜任教师工作的教师之实,不要误人子弟。所谓"交以为师",就是在不冠以师或弟子之名,没有明确师生关系的前提下,在教与学之间"以其余易其不足",相互学习,取长补短,教学相长。柳宗元认为,如果真心求道学业,随处都可学,不必固定一人为师,师生的界限不是绝对的,如果正道在身,即使是奴仆或乞丐,也可以拜为师友,而如果正道不存,即使是达官贵人,也不能以师友相称,他非常赞同韩愈《师说》中"弟子不必不如师,师不必贤于弟子"的说法。在现存的《柳河东集》中,保存有他回答青年后生问学求教的书信数十封,这是他与青年后生互相学习、共同研讨、交以为师的记录。柳宗元赞赏当时国子学司业阳城"能并容善伪,来者不拒"的精神,反对只教育好学生、排斥有缺点学生的做法。他认为,即使孔子、孟子等圣人的学生,也有较差的,即便是这些较差的学生也并非一无是处,而是各有所长,有可供教师学习之处,不应冷漠鄙视而拒之于门外。

教师的标准　他从"实"出发,对教师提出了更高的要求,认为一个名副其实的教师应该具备以下修养:

其一,爱加于生徒,敢负责任。柳宗元认为,"爱加于生徒"是教师的一种美德,要当好教师,必须热爱自己的教育对象,对学生有高度的社会责任感。国子学司业阳城在太学任教期间,用热爱生徒的赤诚之心去感化学生,因此学生都很信任他、亲近他。柳宗元自己也是"爱加于生徒"的典

范。早在长安时，他就有一定名气，每天有数十人来门下求教，虽然他忙于政事，但每次都能主动满足学生的要求。贬谪永州之后，岭南学子多有求教，柳宗元也没有因为自己的不幸遭遇而拒之门外。相反，他热心指教，把自己的体会经验毫不隐讳地告知学生。

其二，博学多能，不守章句。柳宗元认为教师要有渊博的知识，讲学时应以其渊博的知识广征博引、上下贯通，做到"言若诞而不乖于圣，理若肆而不失于正"，启发引导学生"务达其旨而已"。他指出，教师应该是"博之以文"、"能知圣人之旨"的世之高者，修养应该"博如庄周，哀如屈原，奥如孟轲，壮如李斯，峻如马迁，富如相如，明如贾谊，专如扬雄"（《与杨京兆凭书》）。柳宗元自己是一名"俊杰廉悍，议论证据今古，出入经史百子，踔厉风发，率常屈其座人"（韩愈《柳子厚墓志铭》）的博学多能之士，也教出了有真才实学的学生。柳宗元一方面要求教师博学多能，另一方面又要求其不守章句。他认为，章句之师只会教人背诵辞章，训古义，不能教学生以真才实学和实际本领，所以他不墨守成规，而是超脱圣贤经书表面字句的束缚，努力发挥"圣人之道"的精神实质以益于世用，即使对学生的要求也是如此，他上承孟轲"尽信书，则不如无书"的思想，要求学生在读经书时应对经书持怀疑态度，他认为无论是什么权威人士写的书，都允许怀疑，提倡学则先疑，疑则求解。

其三，孜孜不倦，一丝不苟。柳宗元认为，身为教师，应该具有孔子教育学生的那种"诲人不倦"的精神，而不能"瞠目闭口"，贪名图利。他对学生的求教从未拒绝，总是以"终日与吾子言，不敢倦，不敢爱，不敢肆"的态度教诲学生。他还认为，对学生不能存成见、有偏爱，而应一视同仁、严加教诲，即使不成才者，只要他愿意受教，就不应该放弃。

其四，勤奋谦虚，身体力行。柳宗元认为，勤奋谦虚是教师应当具有的美德。在这一点上，柳宗元身体力行，勤奋刻苦且虚怀若谷，以惊人的毅力为学生树立了典范。即使在被贬南荒，精神和肉体承受巨大摧残的时候，他仍不忘发愤读书，孜孜不倦地学习。"倦极更倒卧，熟寐乃一苏；欠伸展肢体，吟咏心自愉。"（《读书》诗）柳宗元在教学的过程中，既勤奋又谦虚，不仅向同行前辈们虚心学习，而且虚心听取学生的意见，和学生一起互相切磋，这是他在学术研究和培养人才方面取得巨大成就的重要原因。

参考文献

柳宗元.柳宗元集[M].北京：中华书局，1979.

孟宪承，等.中国古代教育史资料[M].北京：人民教育出版社，1961.

王炳照，阎国华.中国教育思想通史[M].长沙：湖南教育出版社，1994.

（王有亮　季晓华）

六三三制（six-three-three system）　一种始创于美国的普通学校教育体制。由六年制小学、三年制初级中学和三年制高级中学构成。20世纪初开始在美国实行，后推行到世界上很多国家。

美国独立后，教育行政管理上确立了地方分权的体制。在各州分权管理下，美国的学制极不统一，不仅全国没有统一的学制，各州也没有统一的学制。1820—1860年，美国各地开展学校分级运动，但具体情况不一。除新英格兰各州实行小学九年制和南方各州实行小学七年制外，大多数州都仿袭德国的国民学校制度而实行小学八年、中学三年或四年的学制。美国存在"九四"制、"九三"制、"七四"制、"八四"制、"八三"制等诸多学制。1890年时，大多数州都实行"八四"制，即八年小学、四年中学。然而，当时很多教育家对"八四"制提出批评。其中，哈佛大学校长C.W.埃利奥特1888年在美国全国教育协会的大会上作题为《学校的课程能否缩短和丰富》的讲演，首先对"八四"制提出批评，指出其学制分段不合理，认为小学教育8年时间太长，建议中学教育提早2年开始，小学教育以6年为宜。1893年12月，美国全国教育协会"十人委员会"在报告中又提出了小学由8年缩短为6年以及中学由4年延长为6年的建议。正是在这样的背景下，19世纪末，美国一些州出现了"六六"制，即六年小学、六年中学。美国教育家哈珀和杜威也分别于1901年、1902年提出类似建议。不少教育家和心理学家都认为，实行"八四"制不仅小学课程重复太多，学生中途辍学率较高，而且不符合儿童和青少年身心发展特点。1904年，美国心理学家和教育家G.S.霍尔出版了《青年心理学》一书，提出12岁是儿童和青少年的分界年龄，这为学制合理分段和小学缩短年限提供了理论依据。

在学制改革过程中，印第安纳州里士满市于1895年开办了一所初级中学，因没有单独的组织或校舍，被看作是初级中学的雏形。1908年8月，俄亥俄州哥伦布市建立了美国第一所单独设立的三年制"初级中学"。加利福尼亚州伯克利市也于1910年1月开办了与之相似的中学。此后，其他一些地区，如加利福尼亚州洛杉矶市、新罕布什尔州等也设立了初级中学。初级中学包括八年制小学的七、八年级和四年制中学的一年级，但在各地的名称不同。"初级中学"（junior high school）这一名称首先在加利福尼亚州被使用，随后在美国各地广泛应用。许多教育家欢迎初级中学，认为它能防止中学与小学教育内容之间的脱节，使青少年初期学生的身心得到更好发展，防止义务教育阶段的学生辍学现象，更好地对学生实行职业指导等。无疑，初级中学的出现为"六三三"制的最后确立和广泛推行提供了十分有利的条件。美国全国教育协会"十人委员会"1893年的报告中也建议中学修业年限为6年，分初中和高中两级，各修业3年，合为"六三三"制。这个建议得到美国各州众多教育界人士的响应,但由于初级中学在美国发展比较缓慢,因此"六三三"制在 20 世纪初期还只是刚刚起步。据 1911 年的统计,居住人口 8 000 以上的六百多个城市中,实行"八四"制的约占 5/6。这种情况到 1918 年后才有了较大改变。1918 年,美国全国教育协会中等教育改组委员会(Commission on the Reorganization of Secondary Education)发表题为《中等教育的基本原则》的报告,再次论述了中等教育与初等教育的衔接以及中学分段问题,明确提出在普通教育阶段实行"六三三"制:"建议改组学制,使第一个六年致力于初等教育,以满足大致 6～12 岁学生的需要;而第二个六年致力于中等教育,以满足大致 12～18 岁学生的需要。中等教育 6 年可以分成两个阶段,即初级阶段和高级阶段。"这种区分为初级中学和高级中学的组织奠定了基础。"初级阶段和高级阶段应各自有 3 年时间,以便实现它们独有的目的。"此后"六三三"制在美国各地得到较为迅速的推广,并产生了较好效果。据统计,1896—1911 年,加利福尼亚州洛杉矶市中学一年级学生退学的平均比例是 54％,到 1941 年已下降为 12％。由于符合当时美国社会的需求和青少年的实际情况,20 世纪 40 年代时,美国各州已普遍实行"六三三"制。如今,它仍是美国最主要的学制模式。

　　受美国影响,日本 19 世纪末 20 世纪初就借鉴了"六三三"制。随后,"六三三"制又从日本传入中国。1921 年,全国教育会联合会在广州召开第七次年会,会上讨论并通过了新的《学制系统草案》;翌年 9 月,教育部在专门召开的学制会议上对这份草案进行了修改,并于 11 月公布《学校系统改革案》(亦称"壬戌学制")。据 1984 年的统计,在世界 198 个国家或地区,采用"六三三"制的有 42 个,占 21.2％。

(王凤玉　周　采)

卢梭与自然教育思想(Rousseau and natural education thoughts)

卢梭是 18 世纪欧洲启蒙思想家、哲学家、教育家,在政治学和文学领域也有重要贡献。卢梭在教育史上第一次将观察和研究儿童天性列为教育工作的重要内容,首次明确强调教育过程中儿童的主体地位,要求教育适应儿童的天性和成长规律,是西方近代教育理论创始阶段的重要代表。

卢梭的生平活动及著作

卢梭祖籍法国,1712 年 6 月 28 日生于瑞士。自幼丧母,童年主要受父亲影响,信仰新教,爱读古籍。他 10 岁时,父亲离家出走,由舅父送至波塞学习了近 3 年拉丁文、数学和绘画,此后便在法国各地漂泊,从事过多种职业,广泛接触了城乡各社会阶层。16 岁时改奉天主教,并在此后自学

音乐、戏剧创作及其他知识,担任过近 3 年的家庭教师,大量接触了当时最新的科学知识和思想文化成果。1742 年,卢梭到达巴黎后,曾赴法国驻意大利威尼斯使馆任职,回国后结识了启蒙思想家伏尔泰、霍尔巴赫、狄德罗等人,并参加"百科全书"的编辑工作。1749 年,卢梭应征第戎学院有奖征文,一举成名。自 1756 年起,卢梭在巴黎附近的乡村致力于著述。由于这些著作思想言论偏激和进步,以及卢梭在新旧教派间徘徊不定等原因,卢梭不仅与伏尔泰等启蒙学者意见不合,而且遭到欧洲各国当局和各主要教派的通缉和排斥,被迫放弃日内瓦公民身份,先后逃亡于俄国、普鲁士、英国等欧洲各地,或隐居于瑞士和法国乡村,直至 1770 年才获赦重返巴黎,但只能以誊写乐谱的收入为主要生活来源,贫病交迫。1778 年 7 月 2 日,卢梭因脑部疾病在巴黎逝世,葬于公园岛。法国大革命中,卢梭的遗骸于 1794 年隆重迁葬于巴黎的先贤祠。

卢梭的著作主要有第戎学院征文获奖作品、社会政治学著作《论科学和艺术是否有助于敦风化俗》(1749)以及《论人类不平等的起源和基础》(1755),文学作品《新爱洛绮丝》(1761),政治学著作《社会契约论》(1762),教育论著《爱弥儿》(1762)等。他著名的自传体著作《忏悔录》在流亡中完成第一部的初稿,晚年才完成全部文稿。1772 年,他应邀写了《关于波兰政府的筹议》,包括了他对理想社会中教育制度和教育观念的重要论述。马克思评价卢梭曾为波兰人草拟过最好的政治制度。《忏悔录》《孤独者的幻想》《关于波兰政治的筹议》等是在他去世以后才正式出版的。

《论科学和艺术是否有助于敦风化俗》围绕"科学和艺术的复兴是否有助于道德风俗的进步"这一问题提出了与众不同的论点。卢梭认为,人类不断发展的科学和艺术并没有给人类带来道德的进步,而是使人类的道德品质变得更坏了。他从道德伦理的角度,将批判的矛头指向当时的上层社会及其所在的城市,同时赞扬自然的美好和人本性的善良。这成为他后来提倡自然教育的重要依据。《论人类不平等的起源和基础》进一步详细论述了他"自然善、社会恶"的思想,论述了人类不平等的历史原因,成为卢梭系统阐述其社会发展观的著作。卢梭认为,人类有两种不平等,一种是自然的或生理上的不平等,是由于天生的因素如年龄、体力、性别以及心灵的性质不同而产生的;另一种是社会的或政治上的不平等,是由于人与人之间的关系发展形成的,包括一些人享有较多的财富、特权、荣誉等,甚至强迫别人服从自己。卢梭认为,第二种不平等产生的主要原因是私有财产的出现和私有制的建立,其极端形式就是专制制度,由此对封建专制违背自然的合法性提出了质疑,逻辑地揭示了社会变革的合法性,显示了他超出同时代启蒙学者的思想特点。卢梭后期的《社会契约论》作为一部重要的政治哲学著作,在揭示社会不平等的同时,要求在不合理

的制度下尽可能恢复和保障人类所应有的平等和自由。为此，卢梭着重研究了国家的形成、人民的权利、建立合乎正义和切实可行的政治制度的条件和途径等问题，将返回自然与未来社会的理想联系起来。这样，《社会契约论》与他同时写成的《新爱洛绮丝》《爱弥儿》三部著作分别从理想社会的构建、理想家庭的组成、理想个体的培养三个角度阐述了卢梭的社会理想，形成了卢梭思想的有机整体。而在《关于波兰政府的筹议》中，他的思想形成了一个全面、理想的总体计划。

自然教育思想的理论基础

卢梭的自然教育思想建立在他的自然哲学和社会政治理论的基础之上，其中最主要的是他的性善论、自由论和感觉论。

性善论　卢梭认为，人的心灵中不是生来就有邪恶的。在原始时代，人没有社会性，一无所有，愚昧无知、自由自在但又纯洁、善良、快乐，没有相互欺压，一切活动听其自然、顺其天性，是最初自然状态下的自然人。这是人类的黄金时代。后来，人们为了战胜生活上的各种困难，学会了利用自然界的一些技能，并因为相互帮助而组成了社会，继而产生了私有财产和国家，产生了不平等。特别是到暴君专制统治阶段，不平等达到了罪恶的顶点。自然是善的，人性是善的，只是社会把人变坏了。这便导致了卢梭激进的社会政治观：为了改变这种不平等状态，必须彻底改变暴君专制统治，建立新的理性王国；还要培养社会条件中的自然人，这便是教育的责任和目标。

卢梭认为，人的善良天性中包括两种先天存在的自然感情，即"自爱心"和"怜悯心"。自爱心是为了生存而具有的原始、内在、先于其他一切的自然欲念，只涉及自我保存，本身并不是邪恶，只要顺其自然发展，就能达到高尚的境界。怜悯心是我们设身处地地与受苦者共鸣的一种情感，调节每一个人自爱心的活动，对人类全体的相互保存起协助作用。怜悯心可以使人的自爱心扩大到爱他人、爱人类，产生仁慈、宽大等人道精神。这是教育顺从天性的重要理论基础之一。

卢梭认为，"良心"也是天赋的。它的作用不仅指导人判断善恶，而且引导人弃恶从善。原因在于良心是顺从自然秩序的，可以使人的自爱心和怜悯心协调一致，引导自爱心自然发展。卢梭又认为，由于世间的吵闹、偏见，良心难以起作用；恶劣的教育又从小向儿童强行灌输偏见和谬误，更使人良心泯灭，社会罪恶横流。因此，改造这种教育迫在眉睫，而最好的办法是让儿童及早避开现存的城市社会，到接近自然的农村生活，以免良心遭受污染。

自由论　卢梭对当时社会的批判集中于社会中的不平等现象，尤其是一部分人剥夺了另一部分人的自由。他认为，自由是人的一种天赋权利，追求自由是人的自然天性。人的自由的含义：能实现自己的意志，不屈服于别人的意志和不使别人屈服于自己的意志。其核心是独立自主，包括物质上的自食其力和精神上的独立思考，同时不妨碍别人的自由。被别人戴上枷锁的人和给别人戴上枷锁的人都不是真正自由的人。

卢梭还将自由划分为三类：自然的、社会的和道德的。自然的自由是原始时代非社会状态中人类个体的自由，受制于个人的力量，是源自天性的主动的自由，是人与动物的根本区别之一，它使人得以主动应对甚至反抗大自然的支配，是人类不断自我完善的动力和能力，使人类进入了社会状态。社会的自由是进入社会状态后人类通过斗争所重新获得的自由。因为在进入社会状态后人类自然的自由被迫丧失了。社会的自由主要依据人们之间的契约（包括法律），也就是受公意的规定和限制，却是促进人类智慧和思维不断提升的重要条件，促使人类逐步脱离愚昧无知的状态。道德的自由是最高层次的自由，既不受制于个人力量，也不受制于社会公意，而是出自人的内心，是高度自主的理性和道德高度融合的产物。只有道德的自由，才使人类真正成为自己的主人。卢梭将人具有自由天性的观念运用于儿童，认为主动自由也是儿童的天性，将恢复和提升在社会现实中被压制的自由天性作为儿童教育的重要目标，从而提出了自己的自由教育思想。

感觉论　卢梭认为，人的心灵中存在着认识世界的巨大能量，生来就具有学习的能力。他承认感觉是知识的来源，一切事物都是通过感官而进入头脑的。人有自己的自由意志，有能力对事物进行比较、分析、判断，所以通过理性得以认识事物，通过运用自由意志得以选择事物，同时，良心使人热爱正确的事物，因此人最终能获得知识与道德。理性使人认识事物的前提是感觉器官的成熟，所以孩子的感官需要通过实际训练得以逐步成熟、完善，教育应该首先锻炼儿童的感官。卢梭详细论述了儿童早期阶段的各种感官训练方法，批判了当时的教育只重视书本知识而不重视感官训练的倾向。

自然教育思想的主要内容

卢梭自然教育思想的主要内容包括关于自然教育的基本观点，它的培养目标、教育原则、实施步骤，以及关于女子教育、公民教育的重要论述。

基本含义　卢梭认为每个人都是由自然教育、事物教育、人为教育三者培养起来的。人不能控制自然教育，所以无法使它向事物教育和人为教育靠拢，只有使后两者与前者趋于一致，才能实现三种教育的良好结合。以自然为基准的教育才是良好有效的教育,卢梭的这一思想与古罗马教育家普鲁塔克的观点极为类似。

儿童天性中的原始倾向和能力,是自然教育的出发点和归宿。教育要遵循儿童的自然天性,也就是要保证使儿童在自身的学习和成长中取得主动,教师只需创造学习环境,防范不良影响。成人的作用不应当是积极主动的,而应当是消极服从的。善良的人性存在于纯洁的自然状态之中,而现有文明特别是城市文明使人性扭曲、罪恶丛生。只有"归于自然"的教育,远离喧嚣的社会,才有利于保持人的善良天性,所以15岁之前的教育必须在农村中进行。自然教育主要是针对富人的,原因是穷人所处的环境,特别是农村环境,已经十分接近自然了。富人从现有城市环境中所受的教育对他是最不适合的,因此必须改革这种教育,使之遵循自然。

尊重儿童的自然权利,也是卢梭自然教育思想的重要内容。自然权利意味着一种天赋的不可剥夺的、人人等同的权利。儿童的自然权利就是儿童自然发展的权利。儿童最重要的自然发展权利就是主动自由本性的发展,因此教育应当尊重和保障儿童的自由,包括尊重他们活动的自由和个性发展的自由。教育必须适合儿童的个性特点,顺应儿童在各发展阶段中的观察方式和感觉特征,适应他们的思考能力和体力状况等,注重个性。

培养目标和原则 卢梭自然教育的核心是"回归自然"(back to nature),既在教育目标上,又在教育的组织和方法原则上回归自然。

卢梭认为,自然教育的最终目标是培养"自然人"。第一,自然人是独立自主的,能独自体现出自己的价值,而现实中的"公民"一切仰赖于专制社会,失去了自身的独特价值。第二,在自然的秩序中,所有人都是平等的,而现实社会中的公民是有等级的。自然教育不培养等级的人。第三,自然人是自由的,虽无固定职业,却善于学习知识。第四,自然人是自食其力的,靠自己的劳动所得为生。这与现行教育培养出的依靠别人的劳动成果为生的人绝对不同。自食其力,无须仰赖他人,这是独立自由的可靠保证。自然人相对于专制国家的公民来说,是独立自主、平等自由、道德高尚、能力和智力极高的。卢梭所憧憬的身心调和发达、广泛适应社会情况的社会"自然人",也就是摆脱封建羁绊的资产阶级新人。

自然教育的第一个主要原则是正确看待儿童,不要将儿童看成大人。卢梭指出,对儿童的观念错了,所以愈走愈入歧途。明智的人致力于研究成年人应该知道些什么,却不考虑孩子们按其能力可以学到些什么。儿童是有他特有的看法、想法和感情的,想用成年人的思想去代替儿童的思想和感情,是最愚蠢的事情,是把教育引入歧途的重要原因。因此,自然教育的一个必要前提就是要改变对儿童的

看法。他提出:在万物的秩序中,人类有他的地位;在人生的秩序中,儿童有他的地位;应当把成人看作成人,把孩子看作孩子。既不要把儿童当成待管教的奴仆,也不能把他作为成人的玩物。自然教育的第二个主要原则是遵从儿童的自然天性,给儿童以充分的自由。卢梭反对在儿童的心灵成熟之前就向他们灌输种种本是要求于成人的东西,以免摧残儿童的心灵。他提出,取代这种"积极"教育的只能是遵循自然天性的教育。成人的不干预、不灌输、不压制,让儿童遵循自然、率性发展,就是"消极教育"。成人在消极教育中并不是无所作为,而是要仔细观察自由活动中的儿童,了解他的自然倾向和特点,防范来自外界的不良影响。卢梭认为,就知识学习而言,童年时期牺牲一些时间,长大时会加倍收回来。自然规律具有教育功能,对任何人都不例外。每种不良习性和行为造成的痛苦,都能让儿童获得来自自然的教训,由此可证明,遵循自然的教育是可靠的教育。总之,卢梭将成人、教师在教育中的中心位置让位于儿童的自主发展;儿童不再是被动受教,教师也不再主宰儿童的一切活动。同时,卢梭也注意到儿童天性的个体差异,要求教师认真研究每一个儿童,因材施教。

分阶段实施方案 卢梭认为,人生的每一个阶段都有它适当的完善程度,因此不同的阶段应有不同的教育内容和方式。这是自然的安排,不可次序颠倒,拔苗助长。卢梭说,如果打乱了这个秩序,就会造成一些早熟的果实,它们长得既不丰满也不甜美,而且很快就会腐烂,我们要按照学生的年龄去对待他。卢梭在《爱弥儿》一书中根据自己对儿童的观察和研究,设想了教育的四个阶段。

第一阶段是出生后的两年。在这个阶段中,儿童明显的特征是不会说话,并且由于刚刚来到人世,体弱无能,虽能活动、有感觉,但不成熟,更没有思考能力。因此,这一时期应以身体的养育和锻炼为主。良好的体质是智力发展的基础,反之,身体虚弱,精神也跟着衰弱。卢梭强调使儿童能适应比较艰苦的环境,反对娇生惯养,但一切保育措施都要合乎自然,要给孩子活动的自由。孩子的原始食欲觉得最可口的食物便是最有益于健康的食物;流行的把婴儿紧紧裹在襁褓中的做法是"荒谬的习惯",衣着要宽松。他认为,人的教育在他出生时就开始了,在能够说话和听别人说话以前,他已经受到教育了。只有给他充分的自由,他才能更好地积累感觉经验。人们常常认为,让孩子自由活动会发生危险。实际上,儿童的自由活动正是他接受自然锻炼的最好机会,可以让自然从儿童很小的时候起就为他们分散、减少危险。卢梭不仅主张将婴儿送往乡村,而且主张妇女们到乡村去分娩、自己哺育孩子。住在自然的环境里,尽自然的责任,就能获得更多的快乐。家庭教师也必须跟随儿童到乡村去,并且要受过良好教育,不重金钱名利,尽可能年轻,以便更好地成为孩子的伙伴和知心人。卢梭还指

出：不在于成人拿什么东西去教孩子，而在于指导孩子怎样做人，让儿童自己去发现做人的准则。同时，他还批评了在教儿童说话方面操之过急的习惯做法。

第二阶段是 2～12 岁。这一阶段从儿童会说话开始。由于有了语言，儿童哭的表现比过去减少；由于体力增长，他们可以更多地依靠并意识到自己。正是在这第二阶段，儿童开始了自己的生活。但是，这一阶段是"理性睡眠期"，首先趋向成熟的是感官，所以儿童应该首先锻炼感官并继续发展身体，以便日后发展智慧。他认为，这一阶段儿童在道德思想上只需学习勇敢精神，有初步的财产私有观念和"绝不损害别人"的道德法则，教育者要在尽可能晚一些的时候联系具体事例对他们进行教育。儿童周围的事物就是一本书，成人主要是对他周围的事物进行慎重选择，至多是让他尝到不识字的坏处而产生学习的欲望，别无所为。他特别具体地提出了感官训练和促进身体发育的方法。

第三阶段是 12～15 岁。这是一个人体力发展最旺盛的时期，但十分短促，必须善加利用。这一阶段的知识学习和劳动教育十分重要。关于知识学习，卢梭把培养兴趣和提高能力放在首位，并注意通过知识学习陶冶情操。这是儿童不依靠别人、自己也能很好地学习并成为一个独立自然人的重要保证。这样教育出来的人才能心胸开朗、头脑聪敏、随机应变，敢于迎接命运的挑战。学习内容要有用而且能增进人的聪明才智。在这一阶段，他只提学习自然科学，不主张儿童学习历史、哲学等社会学科。在学习方法上，卢梭的基本原则是让学生在实际活动中自觉、自动地学习，反对啃书本，反对长篇大论地口头解释。他主张创造一种环境（或是鲁宾孙式自然环境，或是工场的劳动环境），使儿童置身其中，以教师为行动模范，通过师生讨论、观察、实验、旅行乃至魔术等实际活动进行学习。引发儿童投入活动的是欲念、兴趣，教育者要引发学生的好奇心，而不要去考虑如何满足他的好奇心；要让儿童动脑、动手去满足自己的愿望和好奇心，而不应立即直接帮他满足愿望。总之，不要教他这样、那样的学问，而要他自己去发现那些学问。关于劳动教育，卢梭认为，只有依靠自己的劳动，才能过上自由、健康、诚实、勤劳和正直的生活，保持自己做人的尊严，况且劳动是社会人不可豁免的责任，那些不劳动的寄生虫就是盗贼、强盗和流氓。他主张学生必须学一门职业，但更主要的是要培养对劳动和劳动者的感情，得到思想陶冶。他还希望通过学习劳动，锻炼学生的思维能力，培养他们反复思考的习惯。学生必须像农民那样劳动，像哲学家那样思想，虽非学识渊博，但善于学习。这样，面临剧烈的社会动荡时，他就会处变不惊，保持独立的人格。卢梭注意到了专业教育之前人的一般发展教育。

第四阶段是 15～20 岁，应进行青春期教育。卢梭认为，15 岁以后是男孩脱离儿童状态的"第二次诞生"，不仅生理上发生巨变，经过前十几年的发展，也积累了较为丰富的感性经验和自然知识，已经懂得与自己有直接关系的道德问题，并具有了解社会道德关系的欲望。鉴于这些身心变化，学生可以由农村返回城市，接受道德教育及宗教教育，学习做一个城市社会中的自然人。这一时期德育的目的是保证学生处在社会生活的漩流中而不至于被种种欲念或人们的偏见拖进漩涡里去；能用自己的眼睛去看，用他自己的心灵去想，不为任何其他权威所控制。另外，卢梭把直觉的道德判断归于良心，其他的道德判断归于理性，认为道德的价值主要是心灵的内在满足，既不是纯粹为了尽某种义务，也不是为了服从别人的需要，更不是为了个人的名利，否则道德规则或行为就会被世俗要求或名利所左右，就不会有真正的道德了。人们如果知道自己的行为符合道德，内心得到满足，那么就是获得了奖赏，感到的就是幸福。道德教育应从发展人的自爱自利开始，以"爱"作为道德的中心内容。培养道德感情就是引起学生仁慈、善良、同情及宽厚之心；培养道德判断力主要是通过评判历史人物和事件来实现，因此必须学习历史；培养道德意志，必须通过实际行为特别是帮助穷人的行为来进行，培养学生敢于做有意义的事情，敢于说出真理。此外，卢梭主张这一阶段的学生要通过学习寓言获得道德思想意识。

卢梭还提出了青年时期的爱情教育和性教育问题，并把它们作为道德教育的一部分。他认为，只有纯洁的灵魂才能使爱情更加美满，并能借此摒弃一切不良的生活。他反对有的人为了不让青年人掉入情欲的陷阱而把爱情说成像犯罪一样的东西，主张顺应自然，引导青年人多多投入到学习和劳动中，防止懒散、孤独，还应在择业、交友、阅读和衣着等方面避免不良影响。

宗教教育也是这一时期道德教育的重要内容。卢梭从其自然神论出发，指出没有信念就没有真正的美德。他要求人们爱上帝胜于爱一切，但反对当时教会提倡的荒诞教义及其繁文缛节，反对过早地向儿童灌输宗教观念。他认为，一个人十七八岁之前不易理解宗教，但是，一个人依从其天性发展到一定程度，获得了关于自然的丰富知识后，就能自然而然地敬服自然，理解宗教，信奉上帝。卢梭实际上是主张让青年人借助自己的理智去选择愿意信奉的宗教教派，把宗教教育的大权交给了理性，交到了自然手中。

女子教育　卢梭关于女子教育的观点也是从他的自然教育基本思想中引申出来的。他说，一切男女两性的特征，都应当看作是自然的安排而加以尊重。女子虽显得弱，但也可支配强者，她们是孩子和父亲之间的纽带，生儿育女是她们应尽的自然义务。她们对男孩，在幼年时期抚养他们，在壮年时期关心他们，对他们进谏忠言和给予安慰，使他们的生活很有乐趣，这在任何时候都是妇女的天职。像男孩的教育一样，对女孩也是首先培养健康的身体，但更倾向于灵巧。为此,她不可整天坐着不动、娇生惯养,而应当尽情游戏,免除过分的束缚。这对于以后生育健壮的孩子和获得良好的身段是有益的。卢梭还安排女子学习唱歌、跳舞、绘画等,使之声音动人、身材灵巧、风度优雅并具有思考的习惯,以便更好地愉悦家人、教育子女,而不是为了让她们参加社交活动。卢梭不赞成女孩学习更深的知识,认为她们没有相当精细的头脑和集中的注意力去研究严密的科学。女子教育主要由母亲结合女孩的成长阶段和她的兴趣进行。卢梭批评当时的贵族妇女不事务实、奢侈放荡的风气,他理想中的女子不仅是女工的能手,而且是管理、调度、安排全家生活,使全家人亲密相处的贤妻良母。

理想国家的公民教育　卢梭对新的社会制度充满幻想。他在设想新制度建立后的教育问题时,就主张建立国家教育制度和培养良好的国家公民。卢梭认为,理想国家中的教育必须给予人民的心灵以民族的形式,目标是培养忠诚的爱国者。这种爱国主义教育应当从一个人诞生的时候开始。儿童能阅读时就看有关本国知识的书籍,10 岁时熟悉国家的物产,12 岁时熟知一切省区、道路和城市;15 岁时学习本国历史;16 岁时知道一切法规;20 岁时就是一个良好的国家公民,对祖国的光辉历史、英雄人物永远不忘。

卢梭认为,实现上述目标必须改变现存制度及其教育。他指出,不正当的准则和不适时的制度,以及自私的哲学将使良好的教育化为乌有。法律制度加上良好的教育制度,可以获得更好的公民教育成果。

卢梭主张国家掌管学校,贫富儿童享受同样的教育。教师必须由本国已婚男子担任,有良好的知识、智慧和品德。体育也是教育最重要的部分,不仅是为了儿童的健康,也是为了培养儿童良好的道德,例如运动的习惯、平等待人的作风和团体活动的能力等。

自然教育思想的影响

卢梭从普鲁塔克和亚里士多德那里吸取了关于尊重自然的思想要素,从柏拉图的教育主张中借鉴了关于公共教育的见解,继承了文艺复兴时期的人文主义传统,并从启蒙主义对现实教育的批判中获得灵感和启示,最终形成了西方教育史上教育观念颠覆性的变革。他的自然教育思想影响了两个多世纪以来的人类教育观念和实践。

较早受卢梭自然教育思想影响并在实践方面取得成果的是 1774 年 12 月巴泽多在德国汉堡开办的"泛爱学校"。其原称"Philanthropinum"含有"遵循自然"之意。巴泽多注重儿童与成人不同的特性,重视游戏、玩耍和学习手工技艺等。"泛爱学校"随着卢梭思想的流行而逐渐扩大并形成运动,但巴泽多修改卢梭主张的家庭教育为学校教育,并编出了图文并茂的教科书和儿童文学读本等。另一个教育实践

上的伟大成就是裴斯泰洛齐在瑞士的教育活动。他主张人性本善、个性和谐发展、热爱和研究儿童、注重手工劳动,进而提出了教育心理学化的主张,同时又把教育的重心移到贫民儿童方面,注重教育法研究,继承和弘扬了卢梭的自然教育思想。此后,裴斯泰洛齐的经验在欧美各地一度广泛流行,以至影响了 19 世纪后期的美国教育和 20 世纪前期的新教育运动和进步教育运动。

卢梭的自然教育思想在教育理论方面造成的影响更为巨大,其主要表现是新的儿童观和教育观广为普及。从 19 世纪到 20 世纪,康德、裴斯泰洛齐、福禄贝尔、第斯多惠、赫尔巴特、斯宾塞、杜威等著名教育家及其他人都从卢梭的《爱弥儿》中吸取了自然教育思想的营养,从而发展了各具特色的教育理论,以致影响了当今的教育理论发展。世界上许多国家的卢梭教育思想研究长盛不衰,在对卢梭教育思想的分析和评价中显示出许多不同的见解,但是,人们对儿童天性的关注及研究以及儿童在教育中的主体地位问题仍然是强调的重点,自然教育思想作为人本主义在西方启蒙阶段的重要表现,至今仍然是世界教育领域的重要思潮之一。

参考文献

卢梭.爱弥儿:论教育[M].李平沤,译.北京:人民教育出版社,1985.

吴式颖,任钟印,等.外国教育思想通史(第 6 卷)[M].长沙:湖南教育出版社,2002.

张斌贤,褚宏启,等.西方教育思想史[M].成都:四川教育出版社,1995.

赵祥麟.外国教育家评传(第 1 卷)[M].上海:上海教育出版社,1992.

Robert, U. History of Educational Thought [M]. New York: American Book Co., 1945.

（杨孔炽）

陆九渊的心学教育思想　陆九渊的"心学"思想在其教育理论上的反映。陆九渊(1139—1193),字子静,号存斋,抚州金溪(今江西金溪县)人,南宋哲学家、教育家,因曾讲学于象山(今江西贵溪县南),又被称为"象山先生",由他建立的学派也称为象山学派。陆九渊于南宋乾道八年(1172年)中进士,后历任靖安县主簿、崇安县主簿、台州崇道观主管、荆门军知军等职。他为官清廉、不喜空谈、务求实干,认为任贤、使能、赏功、罚罪是医国的"四君子汤"。在哲学上,陆九渊提出了"心即理"的命题,断言天理、人理、物理俱在吾心之中,心是唯一实在。淳熙二年(1175 年),陆九渊在江西信州(今江西上饶)鹅湖寺与朱熹展开了一场辩论,史称"鹅湖之会",进一步阐发了他的以"尊德性"和"发明本心"为主要内容的"心即理"的思想主张。他的学说,经明代王

守仁继承后，发展成为宋明理学的一个重要派别，影响极大。陆九渊一生热心于讲学授徒，大力发展教育事业，"每天讲席，学者辐辏，户外履满，耆老扶杖观听"，弟子遍布于江西、浙江两地。后世学者把他一生的论述汇编为《象山先生全集》，共三十三卷，附录五卷，今天比较完备易读的版本，为中华书局1980年出版的《陆九渊集》，共36卷。

心学教育思想

教育目的论 陆九渊强调教育所要达到的最终目的是"明理、立心、做人"。他认为宇宙皆是"理"的产物或表现。"塞宇宙一理耳，学者之所以学，欲明此理耳。"（《与赵咏道》）所谓"理"，在陆九渊看来即是"心"。"心，一心也；理，一理也。至当归一，精义无二。此心此理，实不容有二。"（《与曾宅之》）又说："人皆有是心，心皆具是理，心即理也。"（《与李宰》）陆九渊的教育目的论具有心学的特色，"明理"即是"明心"、"立心"，为学即以"明心"、"立心"为本。所谓"明心"、"立心"，在陆九渊看来，即是体认万事万物皆心所生，不要执著于一事一物；而要自做主宰，不要役于外事外物。他说："心不可泊一事，只自立心。人心本来无事，胡乱被事物牵将去。"《陆九渊集·语录下》"收拾精神，自作主宰，万物皆备于我，有何欠阙。"（《陆九渊集·语录下》）又说："此理本天所以与我，非由外铄。明得此理，即是主宰。"（《与曾宅之》）实际上，陆九渊提出"明理"、"立心"，最后还是为了"做人"。"人生天地间，为人自当尽人道。学者所以为学，学为人而已，非有为也。……须思量天之所以与我者是甚底？为复是要做人否？理会得这个明白，然后方可谓之学问。"（《陆九渊集·语录下》）陆九渊强调教育的目的是学为人。他所希冀的为人，不仅是为一个正人君子，而且更要成为近乎完美之人。"我无事时，只似一个全无知无能底人。及事至方出来，又却似个无所不知、无所不能之人。"（《陆九渊集·语录下》）在这个为人的过程中，陆九渊尤其重视发挥个体的主观能动性。"若某则不识一个字，亦须还我堂堂地做个人。"（《陆九渊集·语录下》）可见，陆九渊强调教育的重要目的在于教育学生认识自己在宇宙中的崇高地位，教育学生立志做一个顶天立地的人，即使没有文化，不识一个字，也不要紧，要紧的是涵养品格，做堂堂正正的人，做具有人格尊严的人。

道德教育论 在道德教育问题上，陆九渊提出了"切己自反，改过迁善"的思想主张。陆九渊认为，"穷理"即是"尽心"，"自存本心"乃是道德教育与道德修养的重要工夫。"苟此心之存，则此理自明"（《陆九渊集·语录上》），"只'存'一字，自可使人明得此理"（《与曾宅之》）。在他看来，由于此理"非由外铄"，因而无须外求，只要能设法保持，恢复本心，道德教育与道德修养的工夫就能达到。他还说："将以

保吾心之良，必有以去吾心之害。何者？吾心之良吾所固有也。吾所固有而不能以自保者，以其有以害之也。有以害之而不知所以去其害，则良心何自而存哉？故欲良心之存者，莫若去吾心之害。吾心之害既去，则心有不期存而自存者矣。"（《养心莫善于寡欲》）要想存心，就必须清除戕害吾心的种种不良因素。"夫所以害吾心者何也？欲也。欲之多，则心之存者必寡，欲之寡，则心之存者必多。故君子不患夫心之不存，而患夫欲之不寡，欲寡则心自存矣。"（《养心莫善于寡欲》）陆九渊一再教育弟子，要像"饥之于食，渴之于饮，焦之待救，溺之待援"（《学问求放心》）那样，要求增强"求"的紧迫感，把已经丧失的心追回来。陆九渊认为，这个"求其放心"的道德教育和道德修养过程应当从"日用处开端"，所谓"圣人教人，只是就人日用处开端"（《陆九渊集·语录下》）。所谓"道理只是眼前道理，虽见到圣人田地，亦只是眼前道理"（《陆九渊集·语录上》）。陆九渊认为这桩事情是人人可为，人人当为，时时可为，处处可为的，所以他把这种道德教育和道德修养的行为称为"简易工夫"，即所谓"学无二事，道本一致，根本苟立，保养不替，自然日新。所谓可久可大者，分出简易而已"（《与高应朝》）。陆九渊认为，"本心"在没有与"物"接触时都是清明至善的，一旦追逐物欲，其良心善性就有所蒙蔽了。他把发觉人心有蔽以后的道德修养方法，称之为"剥落"工夫。他认为这种工夫"将以保吾心之良，必有以去吾心之害"（《养心莫善于寡欲》）。"人心有病，须是剥落。剥落得一番，即一番清明，后随起来，又剥落，又清明，须是剥落得净尽方是。"（《陆九渊集·语录下》）为了鼓励人们自觉地去修养，陆九渊并不强调"天降之才"的差别，而承认"人皆可以为尧舜"。他认为圣人与凡人的区别，不在于"天降之才"的悬殊，而主要是道德修养自觉性的差异。因此，他要求学生不要只是一般的"吾日三省吾身"，更要"痛省勇改"。他认为恢复"本心"的过程即是"改过迁善"的过程，一旦"知非"，则"本心即复"（《陆九渊集·语录下》）。

教学论 陆九渊认为，教学的基本任务是启发学生对"本心"的体认，如果放弃了对"本心"的体认而只是一味向外求知求理，那么就会迷失方向。他从"自存本心"的思想出发，主张"道不外索"的教学方式，即所谓"人孰无心，道不外索"（《与舒西美》）。他强调："此理岂不在我？使此志不替，则日明日著，如川日增，如木日茂矣。必求外铄，则是自塞其源，自伐其根也。"（《与赵然道》）在教学上，陆九渊信奉自立自得的原则。他教导学生："自立自重，不可随人脚跟，学人言语。"（《陆九渊集·语录上》）除此之外，他还非常重视学生的"立志"。"学者须是有志……人要有大志……志小不可以语大人事……人惟患无志，有志无有不成者……人生天地间，如何不植立。"（《陆九渊集·语录下》）他进一步阐明了"志"与"学"之间的关系，"无志则不能学，不学则不知道。故

所以致道者在乎学,所以为学者在乎志"(《论语说》)。

陆九渊不仅强调学生的"自立自得",而且也重视教师和学生在学习过程中的重要作用。"万物皆备于我,只要明理。然理不解自明,须是隆师亲友……亲师友,去己之不美也。人资质有美恶,得师友琢磨,知己之不美而改之。"(《陆九渊集·语录下》)他认为,在学习过程中,学生应当质疑。"为学患无疑,疑则有进。"(《陆九渊集·语录下》)又说:"小疑则小进,大疑则大进。"(《陆九渊集·年谱》)因此,他鼓励学生积极思考。他说:"积思勉之功,旧习自除。"(《陆九渊集·语录下》)至于如何思考,他又提醒学生,一要注意切己而优游,联系实际;二要急切而不自安,不能自以为是。"学固不可以不思,然思之为道,贵切近而优游。切近则不失己,优游则不滞物。"(《与刘深父》)又说:"疑而后释,屯而后解也,疑之极,必有汲汲皇皇,不敢顷刻自安之意,乃能解释……若自是之意消,而不自安之意长,则自能尽吐其疑。"(《与周元忠》)

朱 陆 之 争

淳熙二年(1175 年),婺学学派创始人、南宋理学家、教育家吕祖谦访朱熹于寒泉精舍,编定《近思录》。当吕祖谦踏上归程,朱熹送行到信州(今江西上饶)之鹅湖寺时,吕祖谦约陆九渊、陆九龄兄弟来会,辩论学术异同。据《陆九渊集·年谱》载:"鹅湖之会,论及教人,元晦之意,欲令人泛观博览而后归之约,二陆之意,欲先发明人之本心而后使之博览。朱以陆之教人为太简,陆以朱之教人为支离。此颇不合。"在朱熹看来,教人要循序渐进,坚持做小学的洒扫进退应对式的涵养、读书,致知穷理工夫,即由小学而大学,由涵养而致知而力行,先泛观博览而后归之约。他强调一草一木,莫不有理,由此开始,逐渐积累,久自有得。然而在陆九渊看来,教人做小学的涵养工夫,至多不过是助缘而已,不足以立其本心。因而,他要求强调明理、立心,先立乎其大者,明辨义利,堂堂地做一个人。他认为朱熹只是在外缘上盘旋,并未鞭辟入里,朱熹则指陆九渊"尽废讲学,专务践履,却于践履之中,要人提撕省察,悟得本心,此为病之大者"(《答张敬夫》)。

在朱陆之争中,有关"尊德性"与"道问学"问题的论争是双方争论的焦点。陆九渊主张"心即理"。他说:"天降衷于人,人受中以生,是道固在人矣。"(《与冯传之》)又说:"人皆有是心,心皆具是理,心即理也。"(《与李宰》)而朱熹则主张"性即理"。他说:"性者,人物所得以生之理也。"(《孟子集注·离娄下》)正是陆、朱对"理"的这种不同理解,导致他们在教育观点上的分歧。陆九渊主张"以尊德性御道问学"(《陆九渊集·语录下》),而朱熹则主张"尊德性"与"道问学"须并行不废,且以"道问学"为重。朱熹说:"今子静所说

专是尊德性之事,而熹平日所论,却是问学上多了。所以为彼学者多持守可观,而看得义理全不仔细,又别说一种杜撰道理遮盖,不肯放下。而熹自觉虽于义理上不敢乱说,却于紧要为己为人上多不得力。今当反身用力,去短集长,庶几不堕一边耳。"(《答项平父》)这里朱熹既肯定了陆九渊坚持"尊德性"的长处,同时也指明其毛病是于"义理"看得不清,"杜撰"道理,同时指出自己也有"于身心不得力"的短处,因而希望双方能够各取他人之长以补己之短。而陆九渊则坚持认为:"晦翁之学,自谓一贯,但其见道不明,终不足以一贯耳。……吾之学问,与诸处异者,只是在我全无杜撰,虽千言万语,只是觉得他底在我不曾添一些。"(《陆九渊集·语录上》)又说:"元晦欲去两短,合两长。然吾以为不可,既不知尊德性,焉有所谓道问学?"(《陆九渊集·语录上》)

陆九渊在教育思想上把尊德性、明理、立心、先立乎其大者、明辨义利、堂堂地做一个人等放在第一位,认为道问学、读书、求知等与此相比是第二位的,它们的作用在于辅助前者,以完成道德主体人格的塑造,成就完满的人格。这是陆九渊教育思想的基本特点,也是朱陆之争的根源所在。

参考文献

郭齐家,顾春.陆九渊教育思想研究[M].南昌:江西教育出版社,1996.

陆九渊.陆九渊集[M].北京:中华书局,1980.

王炳照,阎国华.中国教育思想通史[M].长沙:湖南教育出版社,1994.

（杜　钢）

路径分析(path analysis)　　亦称"通径分析"、"因径分析"。定量研究变量间因果关系的统计分析方法。由美国遗传学家 S. G. 赖特创立于 1921 年,最初应用于生物学研究,1951 年由美国心理学家 H. A. 西蒙引入社会科学研究。基本方法是,先由研究者根据专业经验提出一个变量之间的因果关系模型,然后利用样本数据估计模型中的参数,并通过对各参数的统计检验判断模型的合理性,进而估计各变量的效应大小。例如,斯特鲁克等人研究了师范教育中的四个变量:学生的能力(X_1)、教师的行为(X_2)、学生对教师行为的感受(X_3)和学生的成绩(X_4),提出如图 1 所示的因果关系模型,称路径图。

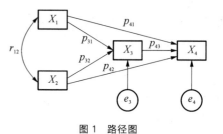

图 1　路径图

在路径图中，X_1 与 X_2 只受模型以外的变量影响，称作外源变量（exogenous variable）。X_3 主要受模型中 X_1 和 X_2 的影响，X_4 主要受模型中 X_1、X_2、X_3 的影响，称作内源变量（endogenous variable）。另外 X_3、X_4 也受模型以外的次要变量的影响，模型以外的变量统称为剩余项，用 e_3 和 e_4 表示。内源变量与外源变量之间的相关用单箭头直线表示，起点表示原因变量，终点表示结果变量，直线称作路径。外源变量之间的相关用双箭头曲线表示，两者没有原因与结果之分。模型中假定各变量之间的关系是直线性的、可加的，而且各剩余项之间相互独立。路径图可以转化为定量表达的形式，即每一个内源变量都可以表达为相应的线性回归方程的形式，如上页图 1 可表示为：$Z_3 = p_{31}Z_1 + p_{32}Z_2 + e_3$，$Z_4 = p_{41}Z_1 + p_{42}Z_2 + p_{43}Z_3 + e_4$。各回归系数称作路径系数，路径系数的第一个下标表示结果变量，第二个下标表示原因变量。路径系数可用回归方程方法求出，路径系数的大小等于标准回归系数，即 $p_{31} = \beta_{31\cdot 2}$，$p_{32} = \beta_{32\cdot 1}$，$p_{41} = \beta_{41\cdot 23}$，$p_{42} = \beta_{42\cdot 13}$，$p_{43} = \beta_{43\cdot 12}$。对于路径系数的显著性检验类似于回归系数显著性检验。对于假设检验 $H_0: p_{31} = 0$，若接受 H_0，就应该排除 X_1 到 X_3 的连线，并修改模型。若模型合理，可以进一步分解各变量之间的关系，如：

$$r_{13} = \frac{1}{N}\sum Z_1 Z_3 = \frac{1}{N}\sum Z_1(p_{31}Z_1 + p_{32}Z_2) = p_{31} + p_{32}r_{12},$$

$$r_{14} = \frac{1}{N}\sum Z_1 Z_4 = p_{41} + p_{42}r_{12} + p_{43}p_{31} + p_{43}p_{32}r_{12}$$

r_{13} 分解为两部分：数值 p_{31} 是 X_1 在 X_3 上的直接效应；数值 $p_{32}r_{12}$ 的因果关系不明，称作不作分析的分量。r_{14} 分解为三部分：数值 p_{41} 是 X_1 在 X_4 上的直接效应；数值 $p_{43}p_{31}$ 是 X_1 通过 X_3 在 X_4 上的间接效应，$p_{42}r_{12} + p_{43}p_{32}r_{12}$ 是不作分析的分量。有时还可能分解出第四种分量——伪分量，即两个变量由于受另外一个变量的作用而形成的那部分相关。路径分析中，一个变量在另一个变量上的直接效应与间接效应之和称作原因变量在结果变量上的总效应。

路径分析的假设简单叙述如下：变量之间的因果关系是预先确定的；变量之间的关系是直线性的；所有内源变量的误差项之间相互独立，而且某一内源变量的误差项与这个内源变量的所有原因变量（包括内源变量和外源变量）之间是相互独立的；外源变量不包含测量误差。在路径分析模型，根据变量之间的关系可分为两种类型：若变量之间的关系均是单向的，称作递归模型；若模型中内源变量之间有双向关系时，则称为非递归模型。

中介效应亦称"间接效应"，一般用 M 表示，它是预测变量 X 对结果变量 Y 发生影响过程的中介，即预测变量 X 通过对中介变量 M 产生影响，进而影响结果变量 Y。中介变量涉及的模型方程为：

$$M = d_M + aX + e_M$$
$$Y = d_Y + c'X + bM + e_Y$$

在上述模型中，a 表示 X 对 M 的效应；b 表示控制 X 对 Y 的影响后，M 对 Y 的效应；c' 表示控制 M 对 Y 的影响后，X 对 Y 的效应；e_M 和 e_Y 分别表示 M 变量和 Y 变量的残差；d_M、d_Y 分别是两个方程式的截距项，如果 X、M 都做了中心化，则 d_M、d_Y 均为 0，可以从模型中省略。图 2 给出中介变量的直观定义，与上述模型方程相对应。该模型含有一个中介变量 M，X 指向 M 和 Y 的箭头，以及 M 指向 Y 的箭头，表示 X 对 Y 的影响，既可以直接产生，也可以通过中介变量 M 产生。c' 是 X 对 Y 的直接效应，ab 是 X 对 Y 的中介效应，也是该模型中唯一的间接效应。X 对 Y 的总效应，等于直接效应与间接效应之和，即理论上应有 $c = c' + ab$。中介效应与总效应之比 $ab/(c' + ab)$，或者中介效应与直接效应之比 ab/c'，都可以作为中介效应相对大小的度量。

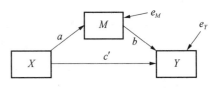

图 2 中介变量图示

为了估计中介效应 ab，对中介模型

$$M = d_M + aX + e_M$$
$$Y = d_Y + c'X + bM + e_Y$$

有如下假设：e_M 与 e_Y 独立，M 与 e_Y 独立，X 与 M 对 Y 的预测没有交互作用。对中介效应的检验，常用的方法有依次检验回归系数法、系数乘积法和系数差异法。

依次检验回归系数涉及的原假设最多，但其实是最容易的。如果 $H_0: a = 0$ 被拒绝，且 $H_0: b = 0$ 被拒绝，则中介效应显著，否则不显著。完全中介效应还要检验 $H_0: c' = 0$。检验统计量 t 等于回归系数的估计除以相应的标准误。流行的统计软件分析结果中一般都有回归系数的估计值、标准误和 t 值，检验结果一目了然。这种检验的第一类错误率很小，不会超过显著性水平，有时会远远小于显著性水平。问题在于当中介效应较弱时，检验的功效很低。这容易理解，如果 a 很小（检验结果是不显著），而 b 很大（检验结果是显著），因而依次检验的结果是中介效应不显著，但实际上的 ab 与零有实质的差异（中介效应存在），此时犯了第二类错误。做联合检验（原假设是 $H_0: a = 0$ 且 $b = 0$，即同时检验 a 和 b 的显著性），功效要比依次检验的高。问题是联合检验的显著性水平与通常的不一样，做起来有点麻烦。

用系数乘积法检验 $H_0: ab = 0$ 的关键在于求出 $\hat{a}\hat{b}$ 的标准误。目前至少有 5 种以上的近似计算公式。当样本容量比较大时（如大于 500），各种检验的功效差别不大。值得在此介绍的是索贝尔根据一阶泰勒展式得到的近似公式：

$$s_{ab} = \sqrt{\hat{a}^2 s_b^2 + \hat{b}^2 s_a^2}$$

式中，s_a，s_b 分别是 $\hat{a}$，$\hat{b}$ 的标准误。检验统计量是 $z = \hat{a}\hat{b}/s_{ab}$。

由于涉及参数的乘积的分布，即使总体的 X、M 和 Y 都是正态分布，并且是大样本，$z = \hat{a}\hat{b}/s_{ab}$，还是可能与标准正态分布有较大的出入。麦金农等人用该统计量但使用不同的临界值进行检验。在他们的临界值表中，显著性水平 0.05 对应的临界值是 0.97（而不是通常的 1.96，说明中介变量有更多的机会被认为是显著的，从而检验的功效提高了，但第一类错误率也大大增加了）。麦金农等人的模拟比较研究发现，在样本较小或总体的中介效应不大时，使用新的临界值检验的功效比同类检验的要高，在总体参数 $a = 0$ 且 $b = 0$ 时，第一类错误率与 0.05 很接近，因而是一种比较好的检验方法。但在统计软件采用该临界值表之前，难以推广应用。而且，当 $a = 0$ 或 $b = 0$ 只有一个成立时（此时也有 $ab = 0$，即中介效应为零），第一类错误率远远高于 0.05，这是该方法的最大弊端。

在不考虑中介变量 M 时，因变量 Y 对自变量 X 的回归系数为 c，在加入中介变量 M 后，因变量 Y 对自变量 X 的回归系数为 c'。可以通过检验 $H_0: c - c' = 0$ 是否成立来判断中介效应是否存在。系数差异法这一检验的关键在于如何计算 $\hat{c} - \hat{c}'$ 的标准误。美国统计学家 M. 弗里德曼等人推出的公式是常用的方法之一：

$$S_{c-c'} = \sqrt{s_c^2 + s_{c'}^2 - 2s_c s_{c'} \sqrt{1 - r_{XM}^2}}$$

当 $a = 0$ 但 $b \neq 0$ 时（此时 $ab = 0$，即中介效应为零），此方法对应的检验（即 $t = (\hat{c} - \hat{c}') / s_{c-c'}$ 作为检验统计量）的第一类错误率都很高。

参考文献

温忠麟，张雷，侯杰泰，刘红云. 中介效应检验程序及其应用[J]. 心理学报，2004，36(5).

MacKinnon, D. P. Introduction to Statistical Mediation Analysis [M]. London: Taylor & Francis, 2008.

（刘红云）

伦理学（ethics） 亦称"道德哲学"。研究道德现象、揭示道德本质及其发展规律的学科。涉及教育体系中教与学的行为准则和活动内容。自人类社会形成以来，就有道德现象的出现（从萌芽状态的习俗到原始社会后期的规范），而自从进入文明社会以后，就有人对它进行系统的理论思考。从人类文明历史的发展来看，伦理学的研究总是同人类社会的精神文明建设密切相关。

道德与伦理学 "道"与"德"是中国古代哲学术语。在中国最早的典籍中，"道"与"德"是分开使用的。"道"表示事物运动和变化的规则，"德"表示对"道"的认识，践履而后有所得。东汉时的学者刘熙对"德"的解释是："德者，得也，得事宜也。"意思是说，"德"就是把人与人之间的关系处理得合适，使自己和他人都有所得。"德"要求一个人在处理人与人的关系时，一方面，能够"以善德施之他人，使众人各得其益"，而得到他人的肯定，这就是"外德于人"。另一方面能够"以善念存诸心中，使身心互得其益"，自己心中坦然无愧，这就是"内德于己"。从中国古代典籍看，首先把"道"、"德"两字连用的是管子，但是在《庄子》、《荀子》等书中也多次连用。荀况说："故学至乎礼而止矣，夫是之谓道德之极。"（《荀子·劝学》）荀况不但将道和德连用，而且赋予较明确的意义，即指人们的道德品质、道德境界和调整人和人之间关系的道德原则和规范。在西方，"道德"（morality）一词源于拉丁文 moralis，意为风俗、习惯、品性等，后演变为道德。道德现指调整人们之间以及个人和社会之间关系的行为规范的总和。

"伦理"一词源于希腊文 ethos，意为品性或性向。在西方，伦理学最早由古希腊思想家亚里士多德提出，他所创造的 ethika 是关于道德品性的学问，翻译成英文为 ethics。到近代，日本人将英文 ethics 译为中文"伦理"，自清朝末年中国学者沿用至今。在中国古代，"伦"的要义有：辈；条理、顺序；道理、义理。许慎注："伦，从人，辈也，明道也。"郑玄注："伦，义也。"高诱注："伦，道也，理也。"《孟子·滕文公上》称"人伦"是"父子有亲，君臣有义，夫妇有别，长幼有序，朋友有信"。不难看出，伦是指人与人的道德关系和社会生活秩序。"理"通常指原理或规则。《孟子·告子》称："心之所同然者何也？谓理也，义也。"《庄子·则阳》称："万物殊理，道不私，故无名。"所以，"伦理"就是处理人们相互关系应遵循的道理和准则。在西方，伦理学被称为"规范之学"，或"道德哲学"、"人生哲学"。中外历史上出现过诸如规范伦理学、理论伦理学、分析伦理学、应用伦理学等学派，现行的有实用主义伦理学、存在主义伦理学、元伦理学等道德理论和生态伦理学、科学伦理学、生物伦理学、核伦理学等科学领域的道德理论，以及职业伦理学（如医学伦理学、教育伦理学、商业伦理学等）、实践伦理学等分支学科。尽管流派和分支繁杂，但古今中外都把伦理学看作是一门研究道德的学科。

"道德"和"伦理"的基本含义相同，都是指社会生活和人际关系的准则和规范。但是，道德和伦理学既有联系又相区别。道德是一种特殊的社会意识形式，是依靠社会舆论、传统风俗习惯、人们的内在信念和教育的示范力量来维持而起作用的行为规范，以及人与人之间以善恶进行评价的意识和行为活动。作为行为准则，道德的主要功能在于通过评价、指导和规范人们的行为，监督、制约和调整人们的关系，来为一定社会经济、政治制度服务。而伦理学则是道德思想和道德观念的理论化、系统化，它以道德为研究对象，阐明道德的起源、本质和发展以及人们的行为准则、道德的社会作用、道德教育和道德修养的途径和方法等理论。

伦理学是研究道德的科学，是对人类道德现象的理论概括和哲学考察。但由于伦理学家立场、世界观的不同，对道德的认识和解释不同，因而对伦理学研究对象的具体看法不一。具有代表性的观点有：（1）伦理学研究的对象是善，伦理学是关于善与恶的科学。古希腊哲学家亚里士多德认为，道德即为中之中，"中"即无过无不及也，合乎"中"就叫至善，"至善"就是伦理学所要研究的对象。英国唯物主义哲学家霍布士说："道德哲学不外是人类社会和生存中关于善与恶的意义的科学。"中国当代哲学家冯友兰也认为，伦理学的根本问题"就是究竟什么是善"，伦理学的目的就在于科学地说明什么是道德，也就是什么是善。（2）伦理学的研究对象是人类的道德行为。认为现代伦理学最重要的使命，便是探究人类行为的善恶是非和道德规范的建立，对人类行为的分析是今后伦理学研究的重心。现代伦理学已演进为讨论人类道德行为的科学。由此，伦理学的任务有三：一是探讨伦理行为的本质；二是树立伦理行为的标准；三是指引伦理实践的途径。（3）伦理学是研究道德现象的科学，道德现象包括道德意识、道德关系及个人的道德行为。苏联伦理学工作者霍洛斯托娃认为，伦理学研究道德的三个相应方面，即作为社会关系形式的道德；作为各个阶级思想体系一部分的道德；作为个人社会行为的形式的道德。（4）伦理学的研究对象是道德原则和规范。持有这种看法的人众多，他们认为道德与哲学不同，哲学以规律与范畴反映现实，而道德则以原则、规范反映现实。所以道德原则和道德规范就成为伦理学的研究对象。德国古典哲学家康德是其中的一个代表。他认为探求在"善良意志"中体现的作为绝对普遍的律令的道德原则即"绝对命令"，就是伦理学的实质所在。（5）伦理学的研究对象是人类的幸福。法国唯物主义、英国功利主义等代表人物都持这种观点。例如，J.边沁认为伦理学是求得"最大幸福之术"。

人类伦理思想发展的历史表明，人们对社会道德思想的认识是随着社会的进步而不断扩大和深化的。在不同历史时期，各种伦理思潮所研究和争论的问题不尽相同，但它们都互相影响、吸收、借鉴、补充而提出了不同社会、不同阶级的道德的基本理论、道德规范体系和道德实践学说，从而推动伦理学的不断发展。

马克思主义的伦理学思想 马克思主义伦理思想的产生是伦理学史上的革命。其基本框架主要包含三方面的内容：一是关于道德的基本理论。主要论述道德的起源、发展和本质，道德的结构、功能和运行机制，道德的历史演变及其规律性。这些内容构成一个整体，阐明了有关道德这一特殊社会现象的主要历史过程以及结构、功能、类型、变化及其发展规律。二是关于道德的规范体系。主要论述以社会主义集体主义为主要内容的道德原则，以"五爱"即爱祖国、爱人民、爱劳动、爱科学、爱社会主义为主要内容的道德规范调节人和人之间关系的某些特殊方面的道德要求，如社会主义的职业生活、婚姻家庭生活、公共生活中的道德要求、社会主义道德规范体系及道德要求的层次性。三是道德品质的形成和培养。主要论述道德选择、道德评价、道德行为和道德品质、人生观和道德理想、道德教育和道德修养。这部分着重从道德的价值分析角度，讨论个体道德的自我完善以及在调整人我关系中的行为选择和价值导向、人生观的培养和个人的道德修养。伦理学研究的最终目的，是要培养人们的道德品质，使人们在不同的境遇中能够做出正确的行为选择，具有高尚的价值目标，从而使社会达到一种完善个人和他人的理想的和谐的境地。

马克思主义伦理学是一门关于道德的本质、作用和发展规律的科学，特别是关于社会主义、共产主义道德的形成、发展及其作用的规律的科学。它对伦理学的研究对象、伦理学的学科性质以及有关其他重要理论问题的研究，均有自己的显著特点：第一，全面研究道德现象，并从道德现象同其他社会现象的联系中去研究，把其中的特殊矛盾——道德和利益的关系问题作为伦理学的基本问题。第二，立足于人类道德发展的最高形态，即在共产主义道德的基础上，来全面研究道德现象。在社会主义—共产主义道德体系中，集中了人类历史上道德发展的一切优秀成果，使人类的道德意识得到了充分的发展。

伦理学的研究对象——社会道德现象的特殊性，决定了伦理学既是一门哲学理论科学，又是一门特殊的价值科学，还是一门特殊的实践科学。作为一门科学，它和人类精神文明建设有着密切的联系。

人类伦理思想历史发展的基本线索 见"中国伦理思想演变"、"西方伦理思想演变"。

参考文献

罗国杰.伦理学[M].北京：人民出版社，2002.

麦金太尔.德性之后[M].龚群，何怀宏，译.北京：中国社会科学出版社.1995.

唐凯麟.伦理学[M].北京：高等教育出版社，2001.

弗兰克·梯利.伦理学概论[M].何意，译.北京：中国人民大学出版社，1987.

（胡德海）

M

马卡连柯与集体主义教育思想 （ Макаренко и коллективная образовательная мысль） 马卡连柯是苏联教育理论家和实践家,集体主义教育思想的创立者。

马卡连柯的生平活动与教育著作

马卡连柯出生于乌克兰一个铁路工人家庭。1905 年,17 岁的马卡连柯在克柳科夫城的一所铁路小学担任高年级教师。当时正值俄国第一次革命进入高潮,马卡连柯积极投身到进步工人运动中。他倡导和组织了家长委员会。在这一时期,马卡连柯开始接触马克思主义著作,把高尔基的人道主义思想作为自己处理教育问题的出发点和重要思想基础。1917 年,他从师范专科学校毕业后被任命为一所高级小学校长。十月革命爆发后,马卡连柯调任波尔塔瓦省第二市立小学校长,开始专心探索新的教育方法和教育道路。十月革命胜利初期,由于战火连绵不断,许多青少年成了孤儿流落街头,收容和教育这些青少年就成为苏维埃俄国一项特殊的紧迫任务。1920 年秋,波尔塔瓦省教育厅委托马卡连柯在离波尔塔瓦 6 千米处开办一个少年违法者工学团。马卡连柯在非常困难的条件下开始工作,他组织学员参加维护国家和社会利益的斗争,带领他们建铁工场、木工场,经营大规模农田建设,办起牧场和养猪场等,自己动手改善生活和学习条件,成立剧团,建设剧院,千方百计地全面提高学员的道德、文化修养水平,以"矫正"这些违法者的心灵,使他们适应生活。出于对高尔基的崇敬,马卡连柯把少年违法者工学团改名为高尔基工学团,并与高尔基建立了密切联系。马卡连柯在高尔基工学团的八年,是他探索和实践集体主义教育思想的时期。1927 年,乌克兰国家政治保安部决定在哈尔科夫郊区组建一个新的儿童劳动公社——捷尔任斯基公社。马卡连柯应邀筹办并兼管该机构。从 1928 年 9 月起,他完全转到捷尔任斯基公社,直至 1935 年。捷尔任斯基公社继承并发展了高尔基工学团的经验和传统,成为了一个有传统、有原则和讲方法的集体。马

卡连柯在这里继续实践自己的教育理想,建立起了自己的教育思想体系。16 年中,他把三千多名流浪儿和少年违法者改造、教育成社会主义的建设者和保卫者,其中不乏出色的工程师、教师、医生、科学家,有的成了英雄和模范,有的在卫国战争中为国捐躯。

由于健康原因,1935 年 7 月,马卡连柯离开教育第一线,任乌克兰内务人民委员部劳动公社管理局副局长。1937 年,他迁到莫斯科,专门从事教育理论研究和文学创作,并经常去教师和广大群众中讲演。这一时期,马卡连柯研究的重心转向共产主义教育的一般理论和实践问题、苏联普通学校教育和家庭教育问题,写下了大量论文和著作。

马卡连柯出版的教育著作有一百多种,其中最著名的是长篇小说《教育诗》以及家庭教育题材的小说《父母必读》。《儿童教育讲座》是马卡连柯应全苏广播电台编辑部关于"家长教育宣传"节目的约稿撰写的,也是他主要的教育著作之一。马卡连柯把教育集体看作培养全面发展的人的基本手段,这一问题的著作有《苏维埃学校里的教育问题》、《学校里学生的性格教育》、《我的教育经验中的若干结论》、《共产主义的教育和行为》、《我的教育观点》等。

集体主义教育思想的主要内容

辩证的教育观是集体主义教育的出发点 马卡连柯从辩证的教育观出发认识学校与社会、个人与社会、教师与学生等一系列关系问题。他既相信学校是最有力的教育手段,教育影响具有无穷的力量,所有人都是可以教育好的,又恰如其分地认识到教育并非万能,学校也不是孤立于社会之外的世外桃源。在谈到高尔基工学团的少年违法者时,马卡连柯揭示了社会制度和生活环境对人成长所起的至关重要的影响,阐明了整个社会都在教育人,社会中所有的一切都是强大而复杂的教育因素。他主张教育不是为了个人的幸福,而是为了共同的幸福和共同的斗争。社会主义社会是建立在集体原则之上的,在这个社会里,不可能有置身于集体以外的个人,也不会有与集体的命运和幸福相对立的个人的命运、道路和幸福。只有在个人利益与社会

利益相一致的集体中,个人才能获得全面发展自己才能的手段,才有可能获得自由,才有可能充分发挥创造力。苏维埃国家的教育任务就是要培养集体主义者,这样的集体主义者只有在集体中并通过集体才能培养。这并不是要抹杀人的个性,把所有人都塞进同样模子,培养同一类型的人。马卡连柯指出,人是形形色色的,个人的一般品质和个别品质构成错综复杂的形态,因此要创造一种方法,既是总的和统一的,又是使每一个单独的个人能表现自己特点、保持自己个性的,它就是集体主义教育方法。马卡连柯从辩证的教育观出发,认为集体具有无与伦比的重要意义:既是教育的目的,又是教育的手段;既是教育的主体,又是教育的客体。

"集体"的概念　　如何组织和培养集体是马卡连柯全部教育实践和理论研究的中心问题。马卡连柯的集体主义教育思想以马克思主义关于个人与集体关系的原理为依据,是从共产主义教育的总目的出发的。马卡连柯认为,只有按社会主义原则构成的社会统一体,才可以称为集体,集体是一个社会有机体,内部有机构、权能、责任和各部分之间的相互关系和相互依赖。集体具有四个特点:第一,不是乌合之众,人们有共同的目的,通过共同的劳动并在劳动的共同组织中团结在一起;第二,是整个社会的一部分,与其他集体有着有机的联系,首先对社会负责,为整个国家承担义务,每个成员只有通过集体才能参加社会,组织性和纪律性是形成、巩固和发展集体的基本条件,个人的目的和利益必须服从集体的目的和利益;第三,拥有管理机构和协调机构,这些机构有权代表集体并行使各种职责;第四,有正确的集体舆论。

集体主义教育的原则　　第一,依存和服从原则。马卡连柯认为,集体中一个最困难的问题是建立服从关系,而不是建立平等关系。他在集体中采用了值日队长制度:一个孩子,今天是值日队长,领导着整个集体,明天就是普通一员,要服从新的领导人。因为儿童生活在一个有共同目标、复杂依存关系的集体中,成员之间是由自己对集体的义务、关系、职责、荣誉以及行动等互相联系起来的,因此学生必须学会善于命令,善于服从,勇于负责,乐于接受集体的委托,习惯于过有组织、有纪律的生活。第二,对儿童高度尊重与严格要求相结合原则。为了培养全面发展的一代新人,马卡连柯从自己的教育实践中总结出一条最基本、最重要的原则,即对儿童高度尊重与严格要求相结合,要尽量多地要求一个人,也要尽可能地尊重一个人。马卡连柯认为,对一个人提出要求,是对他的力量和可能性的尊重,而这种尊重又表现出对他的要求。对人没有要求,就不可能形成集体,从这一基本思想出发,他主张在教育工作中首先必须尊重儿童,尊重儿童的人格,相信儿童的力量,善于发现儿童的优点,满腔热情地对待他们,把每个儿童都看作发展中

的人。因此他在改造少年违法者时从不提他们的历史,不揭他们的疮疤,不伤害其自尊心。第三,平行教育影响原则。这一原则反映了马卡连柯高度尊重和相信学生的思想。马卡连柯在实践中发现,个人对个人的影响是狭隘、有限的,应当对集体施加有组织的教育影响,而不应把学生当成孤立的个人进行教育。于是,他提出了此原则,要求教师在教育过程中把集体作为教育对象,在教育集体的同时通过集体去教育个人;在教育个人时也应想到对集体的教育,通过对个人的教育影响集体。平行教育影响原则实际上也是一种个别影响的方法,但不是由整个集体直接转向个人,而是以集体为媒介转向个人。马卡连柯认为,教育只有针对集体中的每一个人,而不是针对个别的个人时,才能培养出真正的集体主义者。第四,前景教育原则。马卡连柯认为,健康的集体必须不断发展。根据集体运动的规律,他提出了沿近景—中景—远景路线发展的前景教育原则。这是集体不断发展、巩固并永葆青春活力的生命线。按照这一原则,首先应该激发学生的生活乐趣,把欢乐变成现实的东西,然后把较简单的欢乐变为更复杂、更重要的欢乐,即从简单原始的满足过渡到高尚的责任感。这就要不断地向集体提出新的任务,展示一个又一个前景,引导集体为实现新目标而奋斗,鼓舞集体在追求美好的前景中不断前进。个人在集体的这种前进运动中,能不断提高自信心和自尊心、意志和毅力,会坚持不懈地追求新的理想,攀登新的高峰,从而逐渐成长起来。建立前景路线时必须注意以下问题:一是在展示前途方面,永远应当培养集体的意向,而不是个人的意向,要让学生关心集体前途胜过关心个人前途;二是使个人前途与集体前途协调;三是给学生机会,要他们努力追求的是需要投入一定劳动的满足。只有在这样的情况下,前景路线教育才会有效。指出集体前面的任何快乐,即使是很小的快乐,都能使集体变得更巩固、更和睦、更富有朝气。

集体主义教育的方法和途径　　马卡连柯在进行集体主义教育的实践中,形成了许多行之有效的方法。

第一,培养集体的作风和传统。马卡连柯指出,根据集体继承的原则,优良的作风和传统对于美化、巩固集体具有重要意义,培养集体的作风和传统是集体主义教育的重要方法。优良的作风有三个标志:集体成员朝气蓬勃、积极乐观、充满信心、团结向上;每个成员都知道自己在集体中的地位、责任,自觉维护集体荣誉;每个成员都能自我克制,对他人谦虚、礼貌。传统是与作风相联系的。传统的建立必须经过紧张、热烈的工作和长期经验的积累,一旦建立,就不能用命令方式取消,而要用更有力、更有益的新传统代替。

第二,纪律教育与奖惩结合。马卡连柯在集体主义教育实践中成功运用了纪律教育的方法。严格的纪律能促使集体变得更完善,每个成员变得更美好。他指出,在社会主义社会,纪律是一种道德和政治现象,一个人能愉快地去做

自己不愿做的事,就是守纪律的人。纪律首先是教育的结果,然后才是教育的手段。在纪律教育中,教师和家长必须以身作则。马卡连柯特别阐明了纪律与要求、奖惩的关系:要求是纪律的基础,没有要求就没有教育,也就不可能建立集体和集体的纪律。他把要求的发展与集体的发展联系起来,根据儿童认识发展程度把要求分为三个阶段:一是集体初创阶段,由集体的组织者和领导者提出要求,而且以不许反对的专断方式提出;二是集体中出现了一些积极分子,他们以自己的要求来支持领导者的意见;三是集体已形成和巩固时,应由集体提出要求。到第三阶段时,集体已有了一定的步调和作风,集体和个人达到了高度纪律化。马卡连柯在高尔基工学团和捷尔任斯基公社中成功实践了奖励与惩罚相结合的方法。奖励可以调动被奖励者的积极性,提高他们的自信心,增强他们的力量,激励他们奋发向上;但奖励的运用必须谨慎,不可滥用。适当运用惩罚也是必要和有益的。在必须惩罚时,惩罚既是教育者的权利,也是他的义务,惩罚同样体现对人的高度尊重和严格要求相结合的原则。惩罚是集体影响的形式,其出发点是集体,施行惩罚的理由是被惩罚者违反了集体利益。惩罚是一种教育,其本质是让被惩罚者知道自己有错,不应造成精神和肉体的痛苦,体罚是决不允许的。马卡连柯的观点和实践体现了以集体主义教育为基础、以培养自觉纪律为目的的惩罚,同剥削阶级的惩罚有着本质区别。

第三,在劳动中进行集体主义教育。马卡连柯提倡的劳动教育是与他的集体主义教育思想紧密联系的。在他培养集体的教育实践中,组织学员劳动一直是基本的工作内容和工作方法。高尔基工学团和捷尔任斯基公社,正是在共同的劳动过程中形成并得到巩固和发展的。在高尔基工学团中,学员主要从事农业、畜牧业和一些手工劳动,经费主要靠国家预算,学员的劳动收入可用来改善学习和生活条件。在捷尔任斯基公社,他们建成了苏联第一座生产电钻的工厂和第一座生产费捷牌照相机的工厂。学员的劳动收入不仅保证了自己的学习、生活费用和集体所需的开支,还能向国家上缴利润。马卡连柯从关于儿童集体的基本观点出发,在公社中办起了学校、工厂。工厂中有工程师、有生产财务计划、有细致的劳动分工、有严格的质量标准和定额要求,公社社员有工资,也有义务和责任,可以变换几次工种。他们了解工厂的生产计划、生产过程的组织,从事的是真正的工业生产劳动,履行生产工人的一切义务,享受生产工人的一切权利。他们在公社中一边劳动,一边接受十年制普通中等教育。马卡连柯的劳动教育观点从社会主义对人的基本要求出发,把劳动看作教育的重要因素,与政治思想、文化教育紧密结合。它们之间很难建立起这样的联系。他在实践中认识到了追求这种机械联系是很荒谬的。在生产劳动过程中,学生自然会运用他们在课堂上获得的

知识,复杂的生产过程还能满足学生广泛的兴趣爱好。由于正确处理了劳动教育与文化教育的结合问题,公社在给予社员中等教育和高级熟练技能的同时,还培养了他们经营者和组织者所必须具备的多种多样的品质。所以马卡连柯认为,学校里的学习过程和生产产品的生产活动结合起来,就能有力地决定人的发展,因为学习过程和生产活动消灭了体力劳动和脑力劳动之间的界限,培养了有高度熟练技术的人。在苏维埃的教育中,体力劳动和脑力劳动之间没有本质的差别。无论是在体力劳动还是脑力劳动中,最重要的首先都是劳动力的组织,即从事劳动的人本身。按马卡连柯的教育思想和实践教育出来的人,既懂生产和生产组织,也懂生产过程,还达到中等教育水平。在马卡连柯时代,这样的人被认为是理想的人才。

第四,建设强大的教师集体。马卡连柯认为,教师集体的建设是对学生进行集体主义教育的重要途径;教师集体在集体主义教育中有着举足轻重的作用。他提出以下几个观点。首先,学生既是教育的对象,又是教育过程的参加者。教师应该把学生既看成"教育对象",又看成是"有充分权利的公民",是承担社会职责和义务的人,既严格要求学生,又要发挥学生的主动性和积极性,使学生集体本身也起教育作用,成为教育的主体。其次,教育是年长一辈把自己的经验、爱好、信念传授给年轻一辈,在儿童集体中有威信、有文化、有工作能力的成年人就是教师。再次,教育者本人也必须受教育;任何教师都没有权利单独行动,进行个人冒险;没有形成教师集体的学校中是不会有任何教育过程的。最后,教师集体和儿童集体不是相互分离的,应结合成统一的教育集体。马卡连柯在强调教师集体重要性的同时,不否认而且相当重视教师的个人作用,对教师提出很严格的要求,要求他们具有高度的责任心、熟练的业务能力等。

第五,家庭教育。马卡连柯认为,在社会主义制度下,家庭是一个苏维埃的集体。每个苏维埃家庭,都是由享有平等权利的社会成员构成的集体,家长与儿童的区别在于家长领导家庭,儿童在家庭中接受教育。儿童将成长为怎样一个人,取决于儿童本人的能力和所受的教育。为了使家庭中的集体主义教育得以顺利进行,家长要明白:其一,在家中他们不是绝对的主人,只不过是集体中一位年长、负有责任的成员。其二,要为自己的家庭、孩子对苏维埃的法律承担责任。每个做父母的都应严肃对待自己的生活,任何移情别恋造成的家庭破裂都会病态地反映到儿童的教育上。其三,不应把家务事与自己的社会工作截然分开,应通过自己的心灵、思想,把国家和自己所在单位发生的事情,把自己工作中取得的成就、为国家作出的贡献,把自己的喜怒哀乐传达给孩子,让孩子产生兴趣,为家长对社会做出的成就感到自豪,从小就融入社会的大集体中。其四,作为家庭的领导成员,必须以身作则。父母的行为具有决定意义,

父母对自己的要求、对自己一举一动的检点、对家庭的尊重就是最主要、最重要的教育方法。其五,教育工作首先是组织者的工作。家庭教育的实质不在于家长对孩子的直接影响,而在于家长如何组织自己的家庭、自己的个人生活和社会生活,如何组织孩子的生活。其六,要掌握好教育中的尺度与分寸。马卡连柯指出,爱是人类最伟大的情感,能创造奇迹,创造新人,但超过限度就成了溺爱,成为"制造废品"、"造就拙劣的人"的原因。必须让孩子学会关心父母,在父亲或母亲的愿望没得到满足之前自愿放弃自己的欲望。家长必须掌握对孩子慈爱与严厉的尺度;给予孩子必要的自由,又必须有一定的限度;既要发展孩子的主动性,又不可以放任不管。必须培养孩子坚强的意志。坚强的意志不仅仅是指想什么就能得到什么的本事,还是一种迫使自己拒绝不需要的东西的能力。马卡连柯指出,意志不单纯是欲望和欲望的满足,还是欲望和制止、欲望和拒绝的同时并存。其七,家庭教育也需要纪律和制度。纪律是教育的结果,制度是教育的手段。制定家庭生活制度首先要考虑制度的合理性和目的性,尽可能让孩子自己去理解为什么要制定这样的制度,并且让孩子经常练习正确的行为,牢固地形成好的习惯。其次要考虑制度的确定性,不可朝令夕改,必须监督孩子认真执行,而且自己首先应该做到。马卡连柯提请家长们注意:没有正确的制度,惩罚本身不能带来任何好处;有了好的制度,即使没有惩罚,也能如鱼得水,只是需要更多的耐心。其八,要吸引孩子参加力所能及的劳动和家庭的经济事务管理,合理组织孩子的游戏,加强孩子的文化修养。

集体的组织结构　　马卡连柯一生致力于建立统一的学校集体。统一的学校集体是班级集体与社会之间的联系环节,是一个统一的社会有机体。只有建立了统一的学校集体,有了学校集体的舆论,学生才能养成使个人行为有利于社会的习惯,形成公民荣誉感和责任感并认识到自己对别人的义务。形成统一的学校集体有两个条件:一是统一的教师集体;二是统一的学生集体。建立统一的学校集体,必须有统一学校利益、统一的学校工作方式、统一的学校自治,还要有集体成员之间的交往和了解。因此,马卡连柯建议学校中的学生集体不应超过一千人。马卡连柯认为,理想的基层集体既统一、团结和坚强,又具有某种义务、职权和责任。在马卡连柯的教育实践中,这样的基层集体就是分队,是由队长负责的一长制权力机构,人数在7～15人之间。集体中的自治机构是全体大会、队长会议、值日队长制度等。全体大会解决一切日常生活问题和工作问题,所有学生都参加,是主要的自治机构;队长会议是处理一切日常工作的管理机构;值日队长是集体的全权代表人,所有人都必须服从他。这些传统对巩固集体、教育学生起很好的作用。

马卡连柯教育思想的历史地位

马卡连柯的教育理论经受了长时间的考验,对我们现在的教育仍然具有指导意义。俄罗斯每年都召开以马卡连柯教育思想和实践为主题的国际研讨会,权威教育刊物上发表许多文章,交流在新时期应用马卡连柯教育理论的经验。马卡连柯逝世后不久,俄罗斯联邦教育科学院就成立了由他夫人领导的马卡连柯教育遗产研究室。俄罗斯联邦教育科学院 1946 年出版了马卡连柯的《教育论文选》;1948 年出版了他的《教育文集》;1949 年为纪念他逝世 10 周年出版了《马卡连柯文集》(7 卷本)。1988 年,为纪念马卡连柯诞辰 100 周年,苏联教育科学院编辑出版了《马卡连柯教育文集》(8 卷本)。在中国,人民教育出版社早在 20 世纪 50 年代就出版了《马卡连柯文集》(7 卷本)的中译本,称为《马卡连柯全集》。80 年代又出版了分为上下两卷的《马卡连柯教育文集》。

参考文献

马卡连柯. 儿童教育讲座[M]. 诸惠芳,译. 石家庄:河北人民出版社,1997.

马卡连柯. 教育诗篇[M]. 许磊然,译. 北京:人民教育出版社,1958.

马卡连柯. 马卡连柯教育文集[M]. 两卷本. 吴式颖,等,编. 北京:人民教育出版社,1985.

全国教育史研究会,全国比较教育研究会. 马卡连柯教育思想研究论文集[M]. 北京:北京师范大学出版社,1988.

（诸惠芳）

马克思恩格斯教育经济思想（Marx's and Engels' thought on educational economics）　　马克思主义创始人马克思和恩格斯关于教育与经济的关系、教育对经济的作用,以及教育经济价值的科学论述。马克思主义的生产劳动与非生产劳动理论,是研究教育具有生产性因素的理论基础;马克思主义的社会再生产理论是研究教育在社会生产中的地位和作用,确立教育具有经济价值的理论基础;马克思主义的劳动价值理论是研究和计算教育投资、教育资源利用效率和教育经济效益的理论基础。

教育与经济基础的关系

社会生产力与生产关系的矛盾、对立和统一,推动社会的发展。在社会发展的进程中,教育的发展同社会生产力的状况有关,也同一定的生产关系以及反映这种生产关系的政治制度、社会意识形态存在密切联系。马克思指出:"这些生产关系的总和构成社会的经济结构,即有法律的和政治的上层建筑竖立其上并有一定的社会意识形式与之相适应的现实基础。"

社会生产力状况与教育的辩证关系　马克思认为,物质资料生产是人类社会历史发展最基本的因素,物质资料的生产方式制约着整个社会生活、政治生活和精神生活的过程。恩格斯指出:"政治、法律、哲学、宗教、文学、艺术等的发展是以经济发展为基础的。但是,它们又都是互相影响并对经济基础发生影响。并不是只有经济状况才是原因、才是积极的,而其余一切都不过是消极的结果。这是在归根到底不断为自己开辟道路的经济必然性的基础上的互相作用。"作为社会现象的教育,从根本上看,都受社会生产力的制约。马克思主义教育思想深刻揭示社会生产力对教育的制约作用。

社会生产力的发展状况决定教育的需求与供给,从而决定教育的发展。一方面,生产力的发展对教育提出新的需求,要求教育相应地发展,生产力和经济结构的发展与变化,也要求各级各类学校的结构以及各种专业、学科设置相应地进行改革和调整。马克思在《资本论》中指出,大工业生产的发展不仅改变着普通教育,也使整个教育结构都在发生变化。另一方面,教育不只是受社会生产力的制约和影响,反过来也对社会生产力起积极的推动作用。马克思指出,"教育会生产劳动能力",这是因为教育可以将一个"简单"的劳动力加工成"发展的"和"专门的"劳动力;可以改善人的体力劳动的能力,发展和发挥人的智力;可以将经验手艺型的劳动力转化为科学知识型的劳动力。教育是科学知识再生产的重要手段,教育的发展能促进科技的进步,进而促进生产力的提高。

社会关系决定教育的社会性质　尽管社会生产力与教育有密切关系,教育的发展归根到底取决于社会生产力的发展,但马克思认为决定教育社会性质的不直接是社会生产力,而是社会关系。马克思和恩格斯在《共产党宣言》中反驳资产阶级对共产党人的指责时写道:"而你们的教育不也是由社会决定的吗?不也是由你们进行教育时所处的那种社会关系决定的吗?不也是由社会通过学校等等进行的直接的或间接的干涉决定的吗?共产党人并没有发明社会对教育的作用;他们仅仅是要改变这种作用的性质,要使教育摆脱统治阶级的影响。"马克思和恩格斯还明确指出,资产阶级关于教育的观念本身就是资产阶级的生产关系和所有制关系的产物,是由这个阶级的物质生活条件来决定的。所以,教育受一定的生产关系、政治关系和文化思想关系的制约,而且是其中的经济关系和政治关系决定着教育。在不同的人类社会历史阶段,由于社会关系各异,教育也具有不同的社会性质。社会关系的发展变革必然引起教育的社会性质的变化。

劳动价值理论与教育经济

马克思主义的劳动价值理论是研究和计量教育投资、教育资源利用效率和教育经济效益的理论基础。

第一,劳动力再生产的费用中包含劳动者的教育与训练费用。劳动者再生产的费用包括劳动者本人必需的生活资料费用、劳动者子女所需的生活资料费用、劳动力所受教育和训练的费用。劳动者的教育费用和训练费用是构成劳动力总费用的一个重要组成部分。

第二,价值是劳动创造的,劳动者创造价值的多少与其受教育程度相关。马克思批判地继承古典经济学的劳动价值理论,科学分析了生产商品的劳动具有二重性,即具体劳动形成商品的使用价值,抽象劳动形成商品的价值,劳动者支出的活劳动是价值的唯一源泉。马克思在论述资本主义条件下劳动力的作用时说:"这个商品具有一种独特的特性:它是创造价值的力量,是价值的源泉,并且——在适当使用的时候——是比自己具有的价值更多的价值的源泉。"在此基础上,马克思把生产商品的劳动分为简单劳动和复杂劳动。认为在同一劳动时间,复杂劳动创造的价值等于倍加的简单劳动。这是因为比社会平均劳动较高级较复杂的劳动,是这样一种劳动力的表现,这种劳动力比普通劳动力需要较高的教育费用,它的生产要花费较多的劳动时间,因此它具有较高的价值。

第三,劳动者报酬的差别在很大程度上是由劳动者花费的教育和训练的费用及耗费时间的不同造成的。劳动者的报酬是以工资的形式表现出来的,而工资是有差别的。工资之所以会有差别,在一般情况下主要是由于劳动力接受的教育和训练方面存在着差别。劳动者的教育费、学习费和训练费的不同,是形成劳动者之间工资差别和工资等级制度的主要原因。在正常情况下,劳动者受教育的时间越长,投入教育的时间和训练费用越多,他的劳动复杂程度和熟练程度就越高。由于复杂劳动是多倍的简单劳动,故创造的价值就越多,因此较高级的劳动力自然应当得到较高的工资报酬。

第四,教育对经济增长的贡献。马克思在其劳动价值理论的基础上创立科学的国民收入理论。他批判了资产阶级关于土地、资本、劳动是创造国民收入三要素的错误理论,指出劳动是国民收入的唯一源泉。马克思的这一理论为科学计量教育对经济的贡献、计量教育的社会经济效益指明方向。教育之所以能促进经济增长,带来社会经济效益,其直接原因就在于教育可以生产和提高劳动能力,可以把简单劳动变为复杂劳动,从而创造更多的价值和国民收入。

社会再生产理论与教育经济

马克思主义的社会再生产理论是研究教育在社会再生产中的地位和作用,确立教育具有经济价值的理论基础。马克思认为,在任何种社会经济形态下,社会再生产过程都是物质资料再生产、劳动力再生产和生产关系再生产的有机统一,劳动力再生产是物质资料再生产重要而不可或缺的组成部分,物质资料再生产是劳动者运用生产工具或劳动手段对劳动对象加工从而生产物质产品的过程。马克思进一步认为,教育是劳动力再生产的必要手段,教育可以生产劳动力,可以改变劳动力的性质和形态,从而对物质资料再生产具有重要作用。马克思这一理论为我们研究教育在物质资料再生产过程中的地位和作用指明了方向和思路。教育在社会再生产中的地位和作用,可以从三方面考察。

教育在劳动力再生产中的地位　马克思把教育劳动称为"劳务",这种劳务是一种直接把劳动能力本身生产、发展和再生产出来的劳动。教育在劳动力再生产中的作用,主要是通过提高劳动力的教育程度、提高劳动力质量、改变劳动力的形态,从而发展成为知识形态的专门劳动力,即工程师、科学家和各种专门技术人才。从整个社会再生产体系来看,劳动力再生产是社会再生产的必要条件。而各级各类教育是把劳动力培养成熟练劳动力、复杂劳动力和专门劳动力的主要途径。第一,教育会生产劳动能力。马克思指出:"我们把劳动力或劳动能力,理解为人的身体即活的人体中存在的、每当人生产某种使用价值时就运用的体力和智力的总和。"从现代意义上说,发展和提高人的劳动能力,主要是指开发人的智力,提高人的科学技术水平。而教育会生产劳动能力,因为要改变一般的人的本性,使他获得一定劳动部门的技能和技巧,成为发达的和专门的劳动力,就要有一定的教育和训练。第二,教育可以改变人的劳动能力的性质和形态。劳动能力的性质,也称质量和素质,主要是指提高劳动者的智力水平,把一个非熟练的劳动力提高为一个熟练的劳动力。而提高劳动力的智力水平主要是通过教育和培训来实现的。通过教育可以改变人的劳动能力的性质,提高人的劳动能力质量。教育还可以改变劳动力的形态。人的劳动能力形态,主要是指劳动力从事的劳动,是简单劳动还是复杂劳动,是一般劳动还是专门性劳动。马克思指出,教育可以使劳动能力改变形态,使劳动具有专门性。所以,要改变一般的人的本性,使他获得一定劳动部门的技能和技巧,成为发达的专门劳动力,就要有一定的教育或训练。

教育在物质资料再生产过程中的地位和作用　马克思认为,不管生产过程的社会形式怎样,它必须是连续不断的,或者说,必须周而复始地经过同样一些阶段。一个社会不能停止消费,同样,它也不能停止生产。因此每一个社会生产过程,从经常的联系和它的不断更新来看,同时也就是再生产过程。整个生产过程包括生产、分配、交换和消费四个环节。研究教育在社会再生产过程中的作用,就要从再生产过程中的这四个方面来说明教育与社会物质资料再生产的关系。其中,在生产与消费的关系上,教育具有明显的消费性质,但又是潜在的生产。教育要消费人力、物力和财力,但同时也可换取生产中劳动力的智力和科学知识等一般社会生产力。在教育经济效果上,教育是有限的消费,但又是"扩大"了的生产。教育消费总是一定量的、有限的消费。而它带来的经济效果却是一个增加了的"量",这个量将随着生产的发展和科技的进步,不断地在扩大和增加。因为一定教育消费量,可以在社会物质资料生产过程中一次次反复实现,一次次不断使经济效果得到增加。教育今日的消费是一种积累,是为明天的生产作准备。

教育是科学技术转变为现实生产力的媒介,是科学技术再生产的手段　马克思明确指出,科学技术是生产力,生产力中也包括科学。但科学技术只是一种知识形态的潜在生产力,要实现这种转变,必须通过教育。科学技术的生产有赖于教育造就高质量的科学家和技术人才;科学技术的再生产也需要通过教育,教育可以使学生在较短时间内系统地掌握前人和他人已有的科学技术成果。

教育劳动具有生产性因素,
教育投资是生产性投资

马克思主义的生产劳动和非生产劳动理论可以从三方面来考察。第一,从简单和一般生产劳动意义上说,凡是能生产使用价值的物质生产都是生产劳动。此论断包含两个含义:其一,生产的是使用价值,为了维护劳动能力再生产的劳动;其二,是物质生产,是人与自然间的过程,是人以自身的活动来引起、调整和控制人与自然之间的物质变换过程,其形式是人与自然相互作用,其内容是物质变换,其结果是物质产品。这为任何社会形态所共有。第二,从特定的资本主义生产关系意义上来说,只有生产资本、生产剩余价值的劳动才是生产劳动。劳动力只有创造够自己消费的价值,不创造剩余价值的生产,就不是生产劳动;反之,不论是物质生产,还是精神生产,只要创造交换价值,带来剩余价值,都是生产劳动。在马克思这里,区分生产劳动与非生产劳动,不是以物质规定性来决定的,也不是以劳动内容和结果来决定的,而是以社会关系、社会形式来决定的。第三,生产劳动扩大的概念。马克思说:"随着劳动过程本身的协作性质的发展,生产劳动和它的承担者即生产工人的概念也就必然扩大。为了从事生产劳动,现在不一定要亲自动手;只要成为总体工人的一个器官,完成他所属的某一

种职能就够了。上面从物质生产性质本身中得出的关于生产劳动的最初的定义，对于作为整体来看的总体工人始终是正确的。但是，对于总体工人中的每一单个成员来说，就不再适用了。"所以，随着劳动过程本身分工协作性质的发展，科学技术的广泛应用，生产劳动和生产工人的概念扩大了。为了从事生产劳动，可以远离劳动对象，作为总体工人的分子参加物质生产劳动，如工程师、技术员等，都是物质生产者。

从马克思关于生产劳动概念的理论可知，教育劳动具有生产性因素，教育投资是生产性投资。(1) 教育是国民经济的一个组成部分，但教育不是物质生产部门，它属于精神生产、科学知识生产和劳动力再生产的范畴。马克思说，要研究精神生产和物质生产之间的联系，首先必须把这种物质生产本身不是当作一般范畴来考察，而是从一定的历史的形式来考察。例如，与资本主义生产相适应的精神生产，就与中世纪生产方式相适应的精神生产不同。如果物质生产本身不从它的特殊历史的形式来看，那就不可能理解与它相适应的精神生产的特征以及这两种生产的相互作用。由此可以看到，教育过程与物质生产过程的关系，以及教育在物质生产中的地位和作用。教育过程与物质生产过程是两个不同的过程。教育过程不是物质生产过程的直接因素。但教育从整体上讲是一种精神生产过程，是改变和提高人的体力和智力的过程，因此它是劳动力的再生产过程，是科学知识的再生产过程；物质生产过程是直接创造物质财富的过程，是人根据自身的需要改变自然物质并占有自然物质的过程，又是智力物化的过程，科学变为技术的过程。(2) 教育具有直接满足人们的文化生活的需要和间接满足人们物质生活需要的职能，从这个意义上说，教育劳动具有生产性因素。(3) 教育劳动间接地生产物质财富。教育劳动是一种劳务性或服务性劳动，其成果可以通过"物化"环节，对物质生产具有间接的、潜在的生产性。教育成果质量的高低，直接影响着"物化"的深度和广度，间接影响物质生产的发展。从这个角度上看，教育具有间接的生产性质。(4) 科学知识是教育与物质生产过程相联系和作用的纽带。现代社会的物质生产过程只有运用科学知识才能进行，而教育过程只有不断地创造、发展和再生产科学知识才能存在和发展。因此，科学知识就成为教育与物质生产过程得以正常进行的共同需要的要素，也是它们相互联系和作用的结合点。马克思曾经说："自然因素的应用——在一定程度上自然因素被列入资本的组成部分——是同科学作为生产过程的独立因素的发展相一致的。生产过程成了科学的应用，而科学反过来成了生产过程的因素即所谓职能。每项发现都成了新的发明或生产方法的新的改进的基础。""科学获得的使命是：成为生产财富的手段，成为致富的手段。"

参考文献

靳希斌.马克思恩格斯教育原理简述[M].北京：北京师范大学出版社，1992.

全国教育经济学研究会(筹)《教育经济学概论》编写组.教育经济学概论[M].西宁：青海人民出版社，1983.

（旷　乾）

马克思恩格斯教育思想(Marx's and Engels' thought on education)　19世纪40—90年代，马克思主义创始人马克思和恩格斯用无产阶级世界观和方法论对人类社会发展规律进行综合考察，并紧密结合无产阶级的革命实践，对一系列重要教育问题提出的科学论述。马克思主义教育学说为建立无产阶级教育观和社会主义教育体系奠定了理论基础。

论教育与社会生产力

马克思和恩格斯指出，物质生活资料的生产是人类社会存在和发展的基础，教育的发展归根到底要受社会生产力的制约。不同的生产力发展水平为教育提供不同的物质基础，也对教育提出了不同要求。当社会生产处于简单再生产水平时，生产技术主要体现在个别劳动者的直接劳动技艺中，学习生产技艺只需要也只可能在师傅的带领下，在直接的生产劳动过程中进行。在这种社会生产力的状况下，只需凭经验去掌握每一种手艺的秘密，一般不要求学校教育来培养合格劳动者。随着现代机器大工业的兴起，劳动者需要具有一定的现代文化知识和技术，这促进了初等义务教育的提出、普及和逐步实现。而且，随着现代工农业生产的发展对劳动者受教育的程度要求越来越高。社会生产力的发展不仅促进了教育发展的规模和速度，也推动了教育的内容、方法和组织形式的变革。这特别表现在随着大工业和近代科学的发展，科学越来越广泛地应用于生产，自然科学和科学技术日益被引进学校课程，而且出现了各种技术学校。马克思在《资本论》中指出，工艺学校和农业学校、职业学校是在大工业基础上自然发展起来的，并构成现代生产的一个要素。科学技术教育和各种职业技术学校的发展，反映了现代生产力对现代科学技术和现代教育的客观要求。

马克思还强调，随着现代科学技术在生产中的广泛应用，教育在社会生产体系中的地位和作用也越来越重要。马克思曾说，劳动生产力是由多种情况决定的，其中包括工人的平均熟练程度、科学的发展水平和它在工艺上应用的程度、生产过程的社会结合、生产资料的规模和效能以及自然条件。这里提到的工人平均熟练程度、科学发展水平和生产资料等，显然都与教育有关。马克思和恩格斯认为，教育在物质生产过程中的重要作用特别表现在以下几个方面。第一，教育是劳动力生产和再生产的重要手段。马克思说，教育会生产劳动能力，具体表现在：教育和训练可以改变一般人的本性，使他获得一定的劳动部门的技能与技巧，成为发达的和专门的劳动力，使劳动力技术化和专门化；教育和训练可以使劳动能力改变形态，把一个从事简单劳动或一般性劳动的劳动力训练成为可从事复杂劳动和专门性劳动的劳动力，把以体力劳动经验和技能为特征的劳动力培养为以脑力劳动为特征的劳动力；教育和训练可以使人适应生产技术基础和生产结构变化的需要，更新职业劳动能力，从一个生产部门转到另一个生产部门。总之，随着现代生产的发展，教育不仅是劳动力再生产的必要条件，而且是提高劳动生产率的最关键因素。第二，教育是科学知识转化为现实生产力的重要因素。马克思指出，科学知识只是"知识形态"上的生产力，即"一般社会生产力"，或称"潜在的生产力"，只有当其"物化"于生产过程中，才能转化为现实的"直接生产力"。而科学知识的这种"物化"过程的实现，主要通过两条途径：一是科学作用于劳动资料、劳动对象和生产的工艺流程；二是使劳动者掌握科学技术知识并具备将其运用于生产过程的劳动技能。这两条途径的关键是教育，只有教育能培养出将科学物化为机器和新工艺等的技术人才以及能制造、操作和运用机器与新工艺的直接劳动者。第三，学校是科学知识传播和再生产的重要场所。学校教育既把人类社会长期积累的科学知识和技艺进行有效的保存、选择和传递，又通过高等学校与专业技术教育机构的科技研究和开发，再生产科学知识和新的技艺。由于学校教育能生产和再生产人的劳动能力，能推进科学知识这种生产力的研究、开发和在生产过程中的运用，对促进生产力的提高和社会生产的发展具有巨大作用，所以马克思认为，学校教师的劳动可以说是一种直接把劳动能力本身生产、训练、发展、维持再生产出来的劳动。教师的教育劳动能通过传授科学知识，培养各种有知识技能的专门人才和劳动者，具有为生产和经济服务的作用和功能，因而也是具有"生产性"的劳动。特别是在以科学技术为基础的现代生产中，教师的教育劳动的这种"生产性"特征更为突出。但是，马克思也指出，学校教育过程是培养人的过程，教师的教育劳动并不直接生产物质财富，所培养出来的人也并不都成为物质生产劳动者而进入物质生产总过程，所以，又不能把教师的教育劳动的这种"生产性"与直接的物质生产混为一谈。

论教育的社会本质

马克思和恩格斯在驳斥资产阶级指责共产党人要"消灭一切教育"的谬论时明确指出：共产党人并没有发明社会对教育的作用，他们仅仅是要改变这种作用的性质，使教育摆脱统治阶级的影响。在马克思和恩格斯看来，教育无疑是人类社会所特有的现象，只要人类社会存在，就不能没有教育。马克思和恩格斯认为，人类社会存在和发展的基础是社会物质生活资料的生产和再生产。这种生产既为人类自身的生产提供了物质条件，又要求人类自身通过教育与训练得到不断地发展和完善。从根本上说，人的形成和发展，人类教育的产生和演进，教育什么与怎样教育，首先是与人类的生产相联系的。个人怎样表现自己的生活，他们自己也就怎样。他们是什么样的，这同他们的生产是一致的——既和他们生产什么一致，又和他们怎样生产一致。因而，个人是什么样的，这取决于他们进行生产的物质条件。人类的物质生产，一方面表现为人与自然界的关系，即劳动者使用一定的生产手段作用于劳动对象，形成一定的生产力，创造一定的物质产品；另一方面，在任何情况下，它都是社会生产，人们只有在一定的社会关系中才能进行生产，才能同自然界作斗争。这种人们在生产过程中结成的关系称为生产关系。一定的生产关系是和一定的生产力密切相关的，是不以人的意志为转移的客观关系。因此，基于物质生产的教育，首先要受到已经形成的生产力和生产关系的制约，它不能不以一定的生产力和生产关系作为客观前提。在整个社会中，生产关系总合起来就构成社会关系，构成社会并且构成一个处于一定历史发展阶段上的社会，具有独特的特征。在马克思和恩格斯看来，这种社会关系或社会一般包括社会物质关系和精神关系两个方面，即既包括一定社会的生产力和生产关系以及由生产关系总和构成的一定社会的经济基础，也包括一定社会的经济基础上的政治的和法律的上层建筑以及属于或不属于社会上层建筑的社会文化和社会意识形态各领域，因此教育与社会的关系不仅表现为教育同社会生产力和生产关系及经济基础的关系，还必然表现为教育同社会上层建筑以及社会文化和意识形态各领域的关系。所谓社会或社会关系决定教育，实质上就是说，一定社会的教育无不处于同一定社会的生产力、生产关系、经济基础、上层建筑以及意识形态的联系之中，无不受到一定社会的这些因素的制约。不同历史类型的社会生产力对教育提出不同的需求，并为教育功能的实现提供不同的条件，而不同历史形式的生产关系和经济基础则在总体上确定不同社会历史形态的教育的基本属性；而基于不同经济基础的上层建筑，特别是以政权为核心的政治性质的不同，也对教育有不同性质的影响，一定社会的意识形态各领域具有该社会的特征，并打上了不同的历史烙印，对教育也产生这样、那样的影响。总之，人类社会的教育不能不受制于一定社会的经济、政治、文化和意识形态各领域，又为维护和发展一定社会的经济、政治、文化和意识形态而发挥自身的社会功能。

按照马克思和恩格斯的论述,既然教育受社会、社会关系的制约,并要为社会服务,那么随着社会的发展,社会关系的变化,教育也必然在不断发展变化,所以教育具有历史性,不同历史形态的教育具有不同的社会性质和职能。而在阶级社会里,生产关系或社会关系必然表现为阶级关系,反映这种关系的教育也就不可避免地具有阶级性。马克思和恩格斯指出,在一定的社会发展阶段,一些人靠另一些人来满足自己的需要,因而少数人得到了发展的垄断权,而多数人经常为满足最迫切的需要而进行斗争,因而暂时(即在新的革命的生产力产生以前)失去了任何发展的可能性。这就使人们受教育和得到正常发展的权利极为不平等。特别是阶级社会的剥削阶级和统治阶级,支配着物质生产资料,也支配着精神生产资料,可以通过国家政权制定教育方针政策,确定教育目的,颁布教育法令,控制教育经费等,按照统治阶级的利益原则建立教育制度,使教育为维护其阶级的政治统治和经济利益服务。基于对资本主义社会现实的分析,马克思和恩格斯深刻揭示和批判了资本主义社会教育的阶级性质。他们认为,虽然当时的资产阶级出于对劳动力市场的需要及宗教、社会改良和所谓"人道主义"的目的,在工人阶级斗争的压力下,也把部分穷人的孩子送进某些学校,但是,与其说这些孩子们在那里是受教育,不如说是受资产阶级思想和宗教精神的奴役。资产阶级让工人所受的教育只有合乎资产阶级本身利益的那一点点。资本主义教育的阶级实质在于:对绝大多数人来说是把人训练成机器。

马克思和恩格斯虽然着重考察了生产力、经济、政治和精神文明对教育的影响,强调指出了社会关系决定教育的社会性质以及阶级社会中教育的阶级性,但也认为教育具有相对独立性的社会职能,应重视教育对社会发展的作用。因此,他们不是一般地否定资本主义社会的教育,而是强调要改变其资产阶级性质,摆脱资产阶级的影响,逐步把教育事业改造为工人阶级领导的人民大众自己的事业。在他们看来,只有创造一个彻底消灭私有制和消除阶级划分的新社会关系——共产主义联合体来代替资本主义社会,才能根本改变教育的资产阶级性质,真正实现全民的民主教育。

论人的本质与个性形成

教育的对象是人。马克思主义创始人关于人的本质和个性形成的学说为研究人的成长、发展和教育提供了重要的理论基础。关于人的本质,马克思和恩格斯既肯定黑格尔把劳动看作人的本质,"看作人的自我确证的本质"观点的积极意义,又批判黑格尔"唯一知道并承认的劳动是抽象的精神的劳动",把人看作绝对精神演化的产物,把人变成自我意识的人,把人的本质和自我意识等同的错误;既肯定

费尔巴哈把宗教本质还原为人的本质,认为"人本身是人的最高本质"观点的积极意义,又批判费尔巴哈将人的本质归结为人自身自然及生来具有的"理智"、"意志"和"爱"等,而不是把人当作社会的人,不是从人的现实的社会关系,从那些使人成为现在这种样子的周围生活条件来考察人。马克思肯定黑格尔与费尔巴哈关于人本质的某些论述,又批判他们的观点是建立在错误的基础上。他指出:"人的本质不是单个人所固有的抽象物,在其现实性上,它是一切社会关系的总和。"

马克思对人本质的论断,其要义在于:第一,反对把人的本质看成单个人所固有的抽象物,强调在其现实性上考察人、认识人。第二,强调人的社会性。人是自然界的一部分,人直接地是自然存在物,而且作为有生命的自然物,具有作为天赋和才能及欲望存在于人身上的自然力和生命力。然而,人也是社会存在物,人的自然属性是受社会性制约的,只有在社会中,人的自然存在才由一般生物而成为人,成为人的现实存在。不管个人主观上怎样超脱各种关系,他在社会意义上总是这些关系的产物。这里所说的关系,就是指人的社会关系,首先是生产关系。因此,人的本质不是胡子、血液、抽象的肉体的本性,而是人的社会特质。第三,马克思既肯定人是社会的产物,又强调指出人不是消极被动的客体,人的类特性恰恰就是自由、自觉的活动,人区别于动物的特点之一就在于具有实践活动的主体性和能动性。

基于上述人的本质观,马克思论述了人的个性形成的诸因素及其相互关系。马克思和恩格斯认为,人的遗传素质作为具有自然力和生命力的存在物,是人赖以成长发展的物质基础和前提,而且存在个别差异,但是,对人的形成和发展具有决定性意义的是人们所处的社会生活条件和教育。

马克思和恩格斯在评述18世纪法国唯物主义哲学家爱尔维修和19世纪初的空想社会主义者欧文等人关于"人是环境和教育的产物"这一观点时,既肯定这一观点,强调人发展的社会制约性和高度重视教育作用的积极意义,指出并不需要多大的聪明就可以看出,关于人性本善和人们智力平等,关于经验、习惯、教育的万能,关于外部环境对人的影响,关于工业的重大意义,关于享乐的合理性等唯物主义学说同共产主义和社会主义之间有着必然的联系,又对他们的"环境决定论"、"教育万能论"提出了深刻批判,指出他们的重大错误在于忽视了人的主体能动性,夸大了环境和教育的作用,把人视为环境和教育的消极产物,并由此认为,改变人必须改变环境(主要是指立法和教育),而要改变环境又必须先改变人,从而陷入环境决定人和人决定环境的循环"怪圈",而要走出这种"怪圈",只得期望有贤明的立法者和教育者的合理教育。这样,就必然会把社会分成两

部分,其中一部分凌驾于社会之上。

马克思和恩格斯还特别强调实践活动在人的形成发展中的重大意义。他们认为,环境虽然决定性地影响人的发展,但环境本身也可以通过革命实践加以改变,教育固然对人的发展有重大作用,但教育也受社会及人自身各种因素的制约,教育者本人也要受教育,因此教育要在实践中不断改革。总之,人们是在改造客观环境的实践活动中能动地接受环境和教育的影响,从而改造自己的主观世界,发展自身。对无产阶级来说,只有改变了环境,他们才会不再是"旧人",因此他们一有机会就坚决地去改变这种环境,在革命活动中、在改造环境的同时也改变着自己。马克思主义创始人强调在考察人与环境及教育的关系时,必须将人作为认识活动的主体及其实践加入到环境与教育的影响过程中进行审视,这为正确解决环境和教育在人发展中的作用及教育在社会发展中的作用问题提供了科学的理论基础。

论教育与人的全面发展

马克思和恩格斯深刻地揭示了人的片面发展的社会根源。他们在系统考察了私有制和分工的发展及其与人的发展的关系的基础上认为,就个人自身来考察个人,个人就是受分工支配的,分工使他变成片面的人,使他畸形发展,使他受到限制。这里所说的分工,是指人类社会进入物质劳动和精神劳动的最大一次分工,即城市与乡村分离之后,同私有制及阶级划分紧密联系的分工,通常也简称旧式分工。他们指出,人的片面发展和畸形发展,正是与这种分工"齐头并进"的。

马克思和恩格斯又指出,在资本主义形式下的现代大工业生产却更可怕地产生了新的分工凝固化和专门化。工人终生专门服侍一台局部机器;童工的身心过早受到摧残。而且,机器本身虽是人对自然力的胜利,但它的资本主义应用却使人受自然力奴役。机器本身增加生产者的财富,而它的资本主义应用却使生产者变成需要救济的贫民。大工业的本性要求人多方面发展,而资本主义生产方式却使人更加片面化。这是机器大工业的生产力与资本主义生产关系的矛盾反映。虽然已成为资本主义条件下大工业生产中"生死攸关"的问题,但资本主义生产方式却不能根本解决这种矛盾。只有根本改变资本主义生产关系,才能真正使大工业本性的客观要求得到"正常实现"。

马克思主义创始人不仅从工场手工业和机器大工业及资本主义应用下的劳动过程考察人的发展,揭示了人片面发展的社会根源和要求人尽可能多方面发展的社会客观趋势,而且从未来共产主义社会人的发展理想论述了人的全面发展问题。他们认为,人的全面发展本质上也就是人的彻底解放、人性的复归,是人作为完整的人的充分实现。从

这一意义来说,人的全面发展,既是意味着劳动者智力和体力两方面及它们各自的各方面都得到发展,达到体力劳动与脑力劳动相结合,也是指一个人在志趣、道德、个性等方面的发展,即作为一个真正"完整的"、"全面的"人的发展,每个社会成员都得到自由、充分的发展。马克思和恩格斯曾强调指出,只有自由、充分的发展,才有全面发展;只有每个人的自由、充分发展,才有一切人的自由、充分的发展。

马克思和恩格斯在评述空想社会主义思想家关于人的全面发展理想时指出,由于人永远是现实社会关系中的人,因此人的全面发展及其实现完全不能凭靠良好的愿望,只能依据现实的社会条件。他们在《德意志意识形态》一书中写道:"只有在共同体中,个人才能获得全面发展其才能的手段,也就是说,只有在共同体中才可能有个人自由。"他们认为,废除生产资料的私有制,消灭阶级划分,社会全面占有并高度发展生产力,是为一个更高级的、以每个人全面而自由的发展为基本原则的社会形式创造现实基础。同时,还必须向全体社会成员施以普遍的全面教育,以及包括智育、综合技术教育、体育和德育,实行教育与真正自由的生产劳动相结合。恩格斯在《共产主义原理》中提出,由整个社会共同地和有计划地经营的工业,更加需要各方面都有能力的人,即能通晓整个生产系统的人;教育可使年轻人很快就熟悉整个生产系统,根据社会的需要或自己的爱好,轮流从一个生产部门转到另一个生产部门;教育会使他们摆脱现代分工对每个人造成的片面性。这样一来,根据共产主义原则组织起来的社会,将使自己的成员能够全面地发挥他们各方面的才能,而同时各个不同的阶级也就必然消失。

马克思和恩格斯认为,实现每个人的全面发展,是一个历史发展过程,是和彻底消灭私有制、建立共产主义社会互为条件的。私有制只有在个人得到全面发展的条件下才能消灭,只有共产主义社会才是个人独创和自由发展不再是一句空话的社会。社会全体成员的全面发展,只有到共产主义社会才能最终实现。因为只有在这种社会,人们才能真正、完全地成为自己社会的主人,能自觉地驾驭自然、驾驭社会,也驾驭人自身,并获得充分、自由、全面的发展。

论教育与生产劳动相结合

在马克思主义诞生以前,从文艺复兴时期开始,有些思想家和教育家就对教育与生产劳动的关系进行了考察。有的人主要发现了生产劳动的教育意义,并予以特别关注;有的人主要发现了教育的生产意义,并主张加以重视。这些思想先驱们,或者着重从人的教育和自由发展的角度,或者着重从提高生产的角度,或者从这两个角度,在不同程度上揭示了教育与生产劳动相结合的意义。他们中,有的人强

调个体农业和手工业生产劳动与教育相结合,有的人主张工场手工业生产劳动与教育相结合,也有人(如欧文)提出了机器大工业生产劳动与教育相结合的设想,并在有限的范围内进行了初见成效的实践。但是,由于受到各种限制,他们一般都是从教育改革或社会改造的愿望和视角出发的,对生产劳动和教育本身以及它们之间的关系都缺乏全面的、历史的分析,因而他们所说的教育与生产劳动相结合不仅不是有机结合,而且还带有一定的片面性和空想性。

马克思主义创始人既批判地继承了思想先驱们关于教育与生产劳动相结合的思考和设想,又开创性地对社会生产劳动和教育本身以及它们之间的关系进行了全面的历史考察和研究,并首次对教育与生产劳动相结合的问题作出了科学的分析和论述。

马克思、恩格斯认为,物质生产劳动既是人类社会物质财富的源泉,也是人自身体力和智力发展的源泉,但并不是任何劳动都能成为人体力和智力发展的源泉。他们指出:在奴隶、徭役、雇佣这样一些劳动的历史形式下,劳动始终是强制的、令人厌恶的事,不劳动则是自由和幸福的。也就是说,只有在真正自由的条件下,劳动才能真正成为人的体力和智力发展的源泉。而所谓真正自由的劳动,首先应是社会性的,即社会化大生产条件下的劳动;二是具有科学性的,即劳动建立在科学技术基础上;三是一般性的,即劳动成为人人普遍的自然需求。

马克思、恩格斯还认为,社会性、科学性和普遍性的自由劳动虽为人的自由发展建立了客观基础,但个人要得到全面的、和谐的和充分的发展,还有赖于生产劳动与教育相结合。教育、训练和学习能够改变人的一般天然才能,使他获得一定劳动部门的技能和技巧,成为发达和专门的劳动力。教育有助于使人摆脱现代分工对每个人造成的片面性。

马克思主义创始人指出,随着资本主义生产方式的发展和机器大工业的兴起,促进了科学在生产中的应用和生产的社会化,但也使物质生产过程中的体力劳动和脑力劳动进一步分离。同时,机器的使用,也广泛地把妇女和儿童吸引到生产中来,并使儿童的身心过早地受到摧残。针对这些情况,马克思一方面肯定每个人都应当学会劳动,而且认为现代工业吸引儿童和少年参加社会生产事业是进步、健康和合乎规律的;另一方面又指出,在资本主义条件下,必须通过立法限制童工和少年工的劳动时间,严格禁止他们在有损健康的生产部门劳动,并规定将教育与生产劳动结合起来。这是用来限制和抵制资本主义剥削制度对工人阶级子女身心摧残的"一种最必要的抗毒素"。

马克思、恩格斯还科学论述了现代生产劳动与现代教育的内在联系,以及二者有机结合的必要性和可能性。他们指出:首先,由于大工业的本性需要尽可能多方面发展的劳动者,于是客观上先是要求将生产劳动与教育结合起来,使工人尽可能受到适应劳动职能变更的教育,然后是要求将教育与生产劳动有机结合,以培养能多方面发展的劳动者;其次,机器大工业生产是建立在现代科学技术基础上的,这就为揭示和了解现代生产各个过程的基本原理,并将教育与生产劳动有机结合提供了可能性。

尽管教育与生产劳动相结合是现代社会发展的客观要求,但在资本主义制度下,因为资本家组织生产的目的是追求最大限度的利润,劳动力也成了商品,教育实质上只是资本家生产和再生产劳动力的手段,所以,在资本主义社会,教育与生产劳动的结合不能不受到资本主义生产方式的制约。这不仅表现在其"结合"的目的上,也反映在其"结合"的程度、范围等方面。因此,马克思认为,"旧的生产方式必须彻底变革,特别是旧的分工必须消灭。代之而起的应该是这样的生产组织:在这个组织中,一方面,任何个人都不能把自己在生产劳动这个人类生存的自然条件中所应参加的部分推到别人身上;另一方面,生产劳动给每一个人提供全面发展和表现自己全部的即体力的和脑力的能力的机会,这样,生产劳动就不再是奴役人的手段,而成了解放人的手段,因此,生产劳动就从一种负担变成一种快乐"。他们坚信,社会生产力的高度发展将对逐步实现普遍生产劳动与普遍教育相结合提出越来越高的要求,也从劳动制度和教育制度上为教育与生产劳动相结合提供日益完善的条件,使教育与生产劳动相结合逐渐得到充分的实现。

基于此,马克思主义创始人高度评价了教育与生产劳动相结合的重大意义。马克思在《资本论》中指出:教育与生产劳动相结合"它不仅是提高社会生产的一种方法,而且是造就全面发展的人的唯一的方法"。在《哥达纲领批判》一书中,马克思又说:从教育与生产相结合对改革不合理的劳动制度和教育制度,促进体力劳动和脑力劳动的结合,克服旧的分工弊端等方面所具有的积极影响来看,教育与生产劳动相结合是改造现代社会最强有力的手段。

论综合技术教育

1866年,马克思在《临时中央委员会就若干问题给代表的指示》中提出,国际工人协会应当争取限制儿童和少年工人的工作时间,改善劳动条件,同时使儿童和少年工人的生产劳动同智育、体育和综合技术教育结合起来。马克思所说的综合技术教育,是指使儿童和少年了解生产各个过程的基本原理,获得运用各种生产最简单工具的技能。在马克思和恩格斯看来,综合技术教育和教育与生产劳动相结合都是现代大生产和现代社会要求的产物,都是现代教育的组成部分,都是造就全面发展的人的重要条件。

马克思主义创始人关于综合技术教育的理论,是在考察资本主义机器大工业生产的基础上提出来的。他们指出,建立在手工工具和手工操作技艺基础上的手工业生产,由于离不开人的手工操作技艺,相对于大工业生产来说,是保守的。某种特殊的技艺一经形成,便世代相传,历久不变。就个人来说,从事手工劳动的时间越长,经验就越丰富,技艺就越熟练。因此,手工生产倾向于使人长期甚至终生从事一种职业。工场手工业时代,在手工业生产基础上的固定分工也使得每个工人长期只从事整个生产中的一种局部职能的工作,从而成为片面发展的人。机器大工业则从来不把某一生产过程的现成形式看成和当作最后形式。因此,现代工业的技术基础是革命的,而所有以往生产方式的技术基础本质上是保守的。现代工业使工人的职能与劳动过程的社会结合不断随着生产的技术基础发生变革。这样,它也同样不断地使社会内部的分工发生革命,不断把大量资本和大批工人从一个生产部门投到另一个生产部门。大工业的本性决定了劳动的变换、职能的更动和工人的全面流动性,这就在客观上需要用全面发展的个人来代替局部发展的个人。但是,机器工业又简化了劳动职能,使得工人在生产劳动中失去了全面发挥生产才能和志趣的机会,劳动更加单调,更加向片面方向发展。针对这种情况,马克思和恩格斯认为,只有对工人施以综合技术教育,使他们掌握生产各个过程的基本原理并获得运用各种生产最简单工具的技能,具备综合技术素养,才能弥补旧的分工造成的缺陷,克服使人片面发展的社会弊端,使工人不致因不适应劳动变换和职能更动而失业,并成为尽可能多方面发展的人。

机器大工业的特点基于现代科学技术在生产中的应用。机器大工业撕碎了各个生产表面的帷幕,其原则是不管人的手怎样,把每一个生产过程本身分解成各个组成要素,从而创立了工艺学这门现代科学。社会生产过程五光十色、似无联系和已经固定的形态分解成为自然科学自觉按计划和为取得预期有用效果而系统分类的应用。工艺学揭示了为数不多的重大的基本运动形式,不管所使用的工具多么复杂。机器大工业的这种原则以及工艺学的创立,客观上为结合生产劳动施以综合技术教育,使工人了解生产各个过程的基本原理,获得运用各种生产最简单工具的技能提供了现实基础。

马克思主义创始人还指出,在未来社会,综合技术教育必将受到人们的高度重视。一方面,劳动将与教育相结合,既使多方面的技术得到训练,也使科学教育的实践基础得到保障;另一方面,理论和实践的工艺教育将在工人学校中占据应有的位置。

马克思和恩格斯批判地继承了历史上有价值的教育思想遗产,特别是对19世纪的空想社会主义教育思想进行了科学的改造和变革。他们从无产阶级和劳动人民的根本利益出发,既揭露了资产阶级教育的阶级特征,也批评了当时工人运动中各种错误的教育思想。他们基于对教育同社会生产和社会关系之间的关系的全面和历史考察,揭示了教育的社会本质;用辩证唯物主义的实践观阐明了遗传因素、环境、教育和革命实践对人的发展及教育对社会发展的作用;从对现代生产、现代科学与现代教育的内在联系以及人类社会未来发展的分析中,论述了人的全面发展及教育与生产劳动相结合的必然性和必要性。马克思和恩格斯的教育思想是人类教育思想史上的一座丰碑。

参考文献

华东师范大学教育系.马克思恩格斯论教育[M].北京:人民教育出版社,1986.

厉以贤.马克思列宁教育论著选讲[M].北京:北京师范大学出版社,1992.

王焕勋.马克思教育思想研究[M].重庆:重庆出版社,1988.

(李明德)

马来西亚教育制度 （ educational system of Malaysia） 马来西亚位于东南亚,由马来半岛的南部(西马来西亚)和婆罗洲北部的沙捞越和沙巴(合称东马来西亚)组成,面积约33万平方千米。2010年人口2 825万,其中马来人占68%,华人占23.7%,印度人占7.1%,其他种族占1.2%。伊斯兰教为国教,其他宗教有佛教、印度教和基督教等。官方语言为马来语,通用英语,华语使用较广泛。2011年国内生产总值2 320.5亿美元,人均国内生产总值7 962美元。

马来西亚教育的历史发展

18世纪以前,马来西亚还没有建立起真正的教育制度。英国占领马来西亚以后,各种学校才逐渐建立起来,主要有四种:一是英国殖民者举办的英语学校,教育对象主要是马来西亚的贵族子弟,目的是培养当地的低职官员;二是马来西亚人举办的伊斯兰宗教学校,诵《古兰经》,教授马来语;三是华人移民设立的华语学校,即按中国的学校模式建立的小学和中学,用华语教学,并从中国聘请教师;四是印度移民开办的印度学校。这一时期,马来西亚的教育处于一种混乱状态,三个主要种族各自办有学校,华人和印度人常使用自己祖国的教学大纲。这些学校缺乏统一性,拥有各自不同的课程和学生评价标准。第二次世界大战后,国人民族主义高涨,要求建立统一的教育系统,培养共同的价值观念,以促进各种族的融合和民族国家的生成,因此,政府发布《巴恩斯报告》(Barnes Report),以促进教育的民族化进程。报告提出建立国民学校系统,提供六年制的小学教育,以马来语和英语进行教学,逐步削弱华人和印度人学校的影响。尽管华人社团对这个报告的反应并不很积极,但还是接受了以马来语作为学校第一语言的建议。

为抚慰民族自尊,殖民地政府又对教育政策进行了修正,允许学校中使用两种语言(马来语和英语),允许华人和印度人使用三种语言(英语、马来语、华语或泰米尔语),但必须使用同样的教学大纲和课程表。1956年又发布《拉扎克报告》(Razak Report),认可了以马来语为主要教学语言,首次决定普及初等教育并实行免费,还规定设专科中学,提供两年的职业课程。1957年的《教育法案》第三章确认了国民教育系统以马来语为第一语言,同时保存和延续其他种族的语言和文化。

如何处理各种族的语言文化一直是马来西亚面对的一个重大问题。在《拉扎克报告》引发的一场全国大讨论中,人们提出了两种模式以供选择:一是瑞士模式,即不损害不同语言和文化之间的独立和平等地位,以三种语言培养国家统一体;二是美国模式,即用一种主流语言来吸收、同化各种移民群体。《拉扎克报告》倾向于美国模式,而"保持其他文化和语言的发展"这一条款又具有瑞士色彩。实际上它采取的是介于美国模式与瑞士模式之间的第三种模式。

小学教育中不存在语言问题,因为小学以儿童的母语授课,家长可以为孩子选择任何一种语言的学校。语言上的分流发生在中学阶段。《拉扎克报告》引入了两种中学:使用马来语授课的称"国民学校"(national schools),使用华语、泰米尔语或英语的称"国民类学校"(national-type school)。两种学校都可得到政府的资助。独立后,新成立的民族政府基本上依照该报告行事。这个报告奠定了后来马来西亚教育的基础。

1957年独立之后,马来西亚面临的首要问题是民族国家的建立和发展国民经济,因此教育的重点是建立一个培养国家统一体并与迅速发展的现代经济紧密联系的教育系统,而不是语言问题。直到20世纪60年代中期,政府重视的是教育内容的更新,而不是教学语言的选择,对学校的资助也主要用于新式课程的推广和对教师的培训。1967年,马来西亚宣布马来语为行政和教育中的工作语言,利用官方语言来促进民族的融合。他们在教育中推广使用一种主要语言,同时保留人们选择母语及其他语言学校的权利。

1963年,马来西亚把实行统一教育目标、教育制度和教育内容作为教改重点。1966年成立全国课程中央委员会,开始拟定全国统一课程和统一教材。1967年成立全国教科书管理局,力图将马来西亚的道德价值观贯穿到所有教科书和补充教材中去,强调教科书必须反映马来西亚的思想和特色,也允许保留一部分对本国有益、有参考价值的非马来西亚本土的内容,以扩大学生视野。1967年,高等教育规划委员会的报告强调扩大高中和高等教育。1969年,马来西亚当局重新修订教育政策,特别重视高等教育,初步建立

了统一的教育体系和制度。1957年公布的小学六年免费就读制,这时改为九年一贯制逐年自动升级的综合教育免费制。初中三年级时,学生参加初中教育文凭考试,通过考试者进入高中。高中课程分学术性和技术性两类,高中阶段后还有两年"第六学级教育",即大学预科的学习。

1970年,政府制定了新经济政策,目的是消灭贫困,消除种族隔离,改造整个社会,使各阶层的经济状况趋于平衡,还制定了新的教育文件。该文件首先考虑为新经济政策培养所需的劳动力,认为应扩大教学大纲和课程内容,提高教学质量,改进教学过程,加强用马来语的教学活动。从1970年起,以英语为教学语言的学校,小学一年级要用马来语教学。1970年5月成立马来西亚国民大学,公开宣布马来语是该大学唯一的通用语言。1983年,其他高等学校也开始采用马来语教学。

马来西亚在1957—1969年中小学教育发展的基础上,又重视发展大学教育。在1970—1984年的15年间,建立了5所大学。随着大学校园的建立,大学入学人数逐步增多,公私立高等院校总入学人数从1978年的1.4万余人(比刚独立的1957年增加了5倍)增加到1980年的50万人,2005年又增加到约73.2万人。经过一系列改革,马来西亚高等院校数量不断增加,2007年马来西亚共有635所高等学校,其中公立76所,私立559所。

马来西亚现行教育制度

教育行政制度　马来西亚教育事务由教育部和高等教育部负责。教育部负责处理中小学教育事务,高等教育部负责处理中学以上的高等教育事务。马来西亚联邦宪法规定国家实行分权制。但教育行政一直采用集权制,教育部在教育政策的制定及对州级教育部门的指导上具有重要作用。马来西亚教育行政分为联邦、州、地区和学校四个层次。教育部的职责是依据国家确立的教育政策和教育目标制定各种教育计划、项目和方案,并指导、管理这些计划的实施。教育部下设教育计划委员会,教育计划委员会直接向教育部长负责,制定、协调和执行教育政策方针,其下设有六个小组委员会,分别负责处理课程、教材、教育发展、财政、高等教育、奖学金、教师培训等方面的政策制定。教育部还设有12个行政部门和8个业务部门管理教育行政中的具体事务。其中,行政部门分别负责教育计划的实施、教师培训、课程发展、考试管理、督导、技术支持、宗教教育、学校和教师注册、教材等方面的具体事务,业务部门分别负责人事、财政、设备、外事、奖学金、计算机信息服务方面的具体事务。州一级设州教育署,由教育署署长领导,负责本州各种教育计划、项目的执行,指导学校中课程计划的管理并向教师提出建议。州教育署的另一项重要职能是推广实施新

课程计划。它与联邦教育部定期举行会晤和讨论,提供各种教育计划实施后的反馈信息。各地区设教育办公室。全国除三个州外,各州都建立了地区教育办公室,作为州教育署与学校之间相互联系的中介,其职责是辅助州教育署监督各项教育计划在本地区的实施。

在《第八个马来西亚计划(2001—2005)》中,马来西亚投入教育和培训的资金达 60 亿美元,其中 40％投入高等教育领域,教育经费主要用于免费的中小学教育,此外还为成绩优秀和经济困难的学生提供大量奖学金。1995 年颁布《教育法》和 1996 年《私立高等院校法》后,政府开始向一些私立院校提供联邦划拨的财政资助,促进了私立高等教育的发展。

学校教育制度 马来西亚国民教育体系由学前教育、初等教育、中等教育和中学后教育组成。幼儿园是非强制的,小学是义务教育,幼儿园和小学均免费,经费由政府提供。至 2002 年,99％的 6 岁儿童进入小学,92％的学生可以接受中学后教育。2012 年全国有小学 7 723 所,小学生 280.4 万名,中学 2 296 所,中学生 228.2 万名。马来西亚从小学到大学预科教育都有私立学校,主要有华语中学、伊斯兰宗教学校和私立精英学校几种。私立学校必须实施教育部制定的普通课程和考试,其他课程的教学也必须获得教育部许可。

马来西亚学前教育的目标是促进学生各方面的发展,使学生具备基本技能和积极态度,为进入小学做准备。儿童 4～6 岁在幼儿园接受学前教育,学习 1 年或 1 年以上才可进入小学。幼儿园由政府、非政府机构或私人举办。教育部很少干预学前教育,只对课程、教学方法和如何提供一个"安全而催人奋进的环境"进行宽泛的指导,幼儿园管理者和教师可选择灵活多样的教学内容和教学方式。马来西亚政府也推行正式的学前教育课程,规定学前教育的教职人员必须接受专业训练和拥有合格的专业证书才能教授学生。至 2012 年,全国共有 8 664 所幼儿园。

马来西亚小学教育学制 6 年,重点是培养学生良好的读写技能,并打下扎实的数学和科学基础。马来西亚政府于 2002 年修订教育法令,强制推行六年的小学教育。家长可为孩子自由选择国民学校或国民类学校。三年级和六年级时分别举行一次评估考试,评定学生的学习成果。1996—2000 年,在三年级考试中成绩优秀的可以跳级,直接升入五年级。由于担心家长和教师给学生施加过度压力,政府 2001 年废除了三年级末的评估考试。政府还开办了一些"寄宿学校",为那些对科学有特殊兴趣的优秀学生提供一个竞争的环境,在这些学校中,有特殊的设施来培养学生掌握流利的英语,使他们能更好地吸收最先进的科学技术知识。学生完成六年小学教育后,参加小学成就测验升入初中。由于马来语是初中唯一的教学语言,国民类学校的学生必须在过渡班(transition class)中学习 1 年马来语才能升入初中。

马来西亚中学教育分为两个阶段。初中学制 3 年,毕业时学生参加初中评估考试,未通过考试的学生结束学校教育进入就业渠道;通过考试的学生升入高中。高中学制 2 年,根据初中评估考试的成绩,学生分别进入文科、理科、技术科和职业科高中学习。中等教育结束后,各种学校的学生都要参加马来西亚教育文凭考试。自 2006 年起,除了马来西亚教育文凭考试的英语等级,学生也被赋予英国普通教育证书(GCE)O 级水平的英语等级,并且由剑桥国际考试委员会把关。有一些高中提供技术倾向的学术教育和职前技能培训。高中毕业后,学生可以进入技术学校和其他学院接受职业教育,专业有技术、商业、行政管理、工程技术等。欲进入大学的学生则接受两年的大学预科教育,学习结束时参加马来西亚高级学校证书考试,作为进入国立大学、学院或教师培训机构的前提条件。此外,学生亦可报读私立大学开办的大学先修课程或二至三年的文凭课程,或在私立中学选修国外先修文凭。另一个升学途径是学习由马来西亚教育部开办的马来西亚大学先修课程。自 2006 年起,此课程保留 30％的名额给土著学生。此课程被普遍认为比高级学校证书考试宽松,学生易取得较好的成绩。

马来西亚的教师教育由教育部师范司和大学负责。全国共有 28 个教师培训学院,培训小学和初中教师。大学为高中和中学后教育培训教师。教育部的其他部门、州教育署、地区教育办公室也负责提供教师的在职培训。教师培训学院的培训计划为期 5 个学期,颁发教育证书,大学培养的教师则发给教育文凭。20 世纪 90 年代初以来,马来西亚教育系统一直面临教师短缺的问题,科学和技术、数学以及语言(包括马来语和英语)教师缺口较大,农村地区和沙巴、沙捞越地区教师短缺尤为明显。因此马来西亚规定,青年教师要想在城市学校工作,必须到上述地区服务一段时间。为帮助教师提高水平,各州建立了为本地教师服务的州资料中心和地区教师中心。资料中心为教师提供各种所需资料,教师中心为当地教师提供了一个交流的平台,在那里教师可以思考和讨论教学过程中发现的问题,并相互帮助,共同解决问题。教师中心还为教师提供各种学习班和进修课程。

1957 年独立时,马来西亚没有大学。成立于 1949 年的马来亚大学实际上是由新加坡的两所院校发展而来,1959 年在首都吉隆坡设立了分校区。1963 年马来西亚联邦成立后,高等教育机构的数量、入学人数及提供的专业数量都有了大幅度增长。2012 年,全国共有 20 所大学,包括 5 所研究型大学、4 所综合大学和 11 所重点大学。由于民众进入大学的需求非常强烈,6 所私立大学于 1996—1997 年成立。这些大学和学院提供从大专至博士研究生阶段的课程。进入国立大学的最低要求是通过马来西亚教育文凭考试和马来西亚高级学校证书考试，然后向大学中央招生部提出入学申请，最后接受大学的选拔。为使在中小学教育中处于劣势的农村地区学生也有进入大学的机会，国立大学为他们预留了一些入学名额。随着全球化的趋势不断加强，马来西亚的大学也不断走向国际化。一些私立专业学院与英国、美国、澳大利亚等国的大学合作，实行"课程转移"，即以"2＋1"或"3＋0"的方式联合授课。学生可选择在马来西亚攻读2年，最后一年转入国外合作大学本部，完成3年学士学位课程，或选择在马来西亚读完3年学士学位，最终获取国外合作大学学位。虽然大学是独立自治的，但高等教育部也会制定政策协调高等教育，具体管辖范围包括：制定公立大学的财政和管理政策，发放高等教育办学许可证，评定高等学校的等级。马来西亚高等教育部自2004年设立后，其宗旨定位于：为使马来西亚在2020年成为区域高等教育中心营造更好的教育环境，鼓励建立知识中心，培养专业的、有创新能力和有道德的人，从而满足国家和世界发展的需要。

在经济全球化趋势下，马来西亚政府更加重视大学教育与经济发展的紧密联系，鼓励大学和研究机构与企业合作，包括与跨国公司的合作。大学与研究机构也以开放的姿态面对政府和企业的合作要求，并得到国家科学研究发展委员会的支持和促进。政府在大学周边地区建立了许多高科技园区，以促进大学与企业的合作和资源共享。

马来西亚的教育改革

马来西亚教育是在不断的改革中发展前进的。20世纪60年代初到70年代初，改革的重点是建立与现代经济发展相联系的教育制度，发展免费初等教育；1970年以后强调建立具有民族特色的教育体制，提高教学质量，改进教学过程，加强用马来语的教学活动；90年代以来，政府继续重视教育对国家经济的作用，加大教育投入，发展民族教育，强化和巩固普及教育，发展高等教育。

作为发展中国家，马来西亚特别重视教育对国民经济发展的重大意义，把发展教育作为消除贫困、促进经济建设、实现民族团结和国家稳定的重要途径。为此政府在历来的经济发展五年计划中，都把教育投资作为优先发展的项目来考虑。1991年以来，政府大力宣传《2020年远景目标》，争取到2020年把国家建设成为先进工业国，但是，人力资源问题，尤其是高级技术人才缺乏，成为国家发展的一个瓶颈。20世纪90年代以来，马来西亚教育政策的核心问题是大力发展高等教育，政府也加大了对高等教育的投入。其高等教育经费已经占总教育经费的30％，但仍然不能满足高等教育发展的需要。为此，马来西亚对高等教育进行

了重大改革，推行公立高等教育企业化。1995年，马来西亚修改了1971年制定的《大学和大学学院法》，以董事会取代原来的大学委员会，压缩大学评议会规模，并授予大学借款、从事商业投资、建立公司并获得收益的权利，允许大学广辟财源，如提高学费、扩大招生人数、为政府或企业提供咨询服务、出租仪器设备等，以缓解经费不足的困难。除增加大学招生人数，马来西亚还增设了独立的教育电视台，播放涵盖各阶层的教育节目，以增加国民受教育的机会，使大部分不能进入大学的人也有机会接受高等教育。为了与高等教育发展相配套，马来西亚还注重中等教育的发展，增建初级学院，扩大初级学院的招生人数。

马来西亚的教育政策（尤其是高等教育政策）是与国家人力资源规划相联系的，教育要为国家提供数量足够、质量过硬的劳动力，以保证国民经济的发展，实现使本国成为"地区性教育强国"的目标。为此，政府于20世纪90年代中期在政府各部门、机构中推行全面质量管理计划（Total Quality Management Program，简称TQM）。美国和欧洲许多发达国家也实行TQM，因此，通过实施该计划，马来西亚就可以用同一个标准与欧美进行详细比较。1992年，马来西亚最高公共管理机构公共服务部发布了各部门TQM指标体系，并根据TQM和ISO9000标准审查各部门业绩，颁布相应的证明。高等教育也执行该指标体系，接受TQM的审查。为达到TQM的要求，教育部于1996年4月推行"消费者契约"（customer charter）行动，设立政策和质量部，监控各级教育，使其符合TQM标准。同年9月，成立国家高等教育委员会，监督高等教育机构的标准，并建立了等级系统，评估各部门及其职员的绩效。

1997—1998年，马来西亚对TQM实施后的评估结果与美国进行了比较，以估算实施成效。用以比较的因素包括TQM系统的各项评估指标以及影响TQM评估体系的各项重要因素。比较的目的是评价TQM对提高高等教育组织绩效的贡献，并于1999年提交了评估报告。报告认为TQM在马来西亚的推广还需进一步加强，指出了影响TQM推广的若干因素，并把马来西亚的高等教育规模、TQM的推广程度、影响TQM推广的因素等问题与美国进行了比较。该报告证明，实施TQM体系对高等教育质量提高有显著影响。

20世纪90年代，马来西亚政府提出，到2020年成为发达国家，在教育方面成为区域优质教育中心的目标。为实现这个目标，马来西亚政府在许多方面对高等教育进行改革：由政府控制转向监督和调控，给予高等学校更多的自主权；推行公立大学企业化和高等教育私有化，拓宽高等学校的经济来源，加强高等学校的竞争能力，推动高等教育大众化。这一系列措施使马来西亚的高等教育体系发生巨大变化，逐渐形成规模较大、类型多样、层次多元并独具特色的

现代高等教育体系。2006 年,马来西亚政府发布《第九个马来西亚计划(2006—2010)》,确定为期 15 年的国家使命,致力于实现政府 2020 年的宏愿。在教育方面,强调提高知识与创新能力,指出国家需要有知识、有技能、具有卓越个性的人力资本和积极的心态来面对以知识和创新为基础的经济发展。为此,在转变高等教育的宏愿以及把马来西亚建成作为卓越的高等教育国际中心的背景下,制定了国家高等教育战略计划。这一转变是争取实现 2020 年以后的高等教育系统的目标和可持续发展的基础。它提出促进高等教育发展的七个推动力:营造终身学习;增加教育投入;提高教育和学习质量;加强研究与创新推动国际化;授权高等教育机构;营造终身学习和改革配送系统。2007 年,马来西亚教育部发布《2006—2010 全国教育蓝图》,希望通过这项规划将整个教育体系推向更高水平,使马来西亚在 2020 年成为教育强国。该规划首先要求确保教育事业的持续发展,包括让所有马来西亚人获得公平的教育资源,提高国立学校水准,使之满足国人的需要,以及重视教师和教育事业等。此外,针对本身条件较好的学校,该规划提出通过建立精英学校或优秀中心学校来鼓励其进一步发展。该规划设置了多个目标,如建立全国统一的学前教育课程,增加学校数量并减少班级规模,到 2010 年把小学和中学的班级人数降为 30 人。该规划还指出了马来西亚教育的弱点,并致力于解决学校中的种族歧视问题。为确保规划有效执行,教育部鼓励股东更多地参与教育事业,采取措施用以提供更多的信息并帮助提升社会对于学校的影响力,强调减少官样文章和官僚作风,废除不必要的手续,加强教育部与民众之间的交流,提出非核心部分可以向外国投资人开放。2007 年,马来西亚政府颁布了旨在推动高等教育改革、提高教育质量的文件《全国高等教育行动规划(2007—2010)》。规划中提及的重要项目之一是创建顶尖大学。文件指出,顶尖大学位于高校金字塔的顶端,是全国学术研究的中心,建设一两所顶尖大学是使高等教育走向世界一流的重要途径。顶尖大学应该包括以下几个因素:最优秀的领导者、最优秀的师资、最优秀的学生及最优良的设施。这一规划重点提出了针对公立大学四个方面的改革措施:治理、领导、师资、教学与研发,合称“院校的支柱”。此外,规划还提出对高等教育部进行改革,强调高等教育部除了作为政府政策的制定者和实施者以外,还需作为整个高等教育系统的协助者和主要合作者。这意味着高等教育部不仅要制定和实施政策,把握战略方向,还要为大学的发展提供必要的帮助。高等教育部在治理的效率、效益、文化建设、绩效水平、经费分配、人力资源、信息建设等方面都要进行重要改革。高等教育部建立了由国内外著名学者、大学和公司领导者以及政府代表组成的特别委员会来研究制定建立顶尖大学的具体措施。根据国际著名大学的经验,政府给予顶尖大学更大的自由,使其拥有足够的自治权,具备达到世界水平的各种必要条件。

随着亚洲经济的发展,特别是东亚华语经济圈经济地位的提高,20 世纪 90 年代中期以来,马来西亚开始大力发展华语教育,缓解同华裔的关系。此前,马来西亚培训的华文师资每年只有 1 500～2 000 名,此时教育部决定要扩大培训小学中文师资,本国华人只要五个科目拥有优秀成绩,即可申请进入师范学院。

马来西亚的教育特色

马来西亚非常重视发展本国的高新技术教育,尤其是计算机教育。政府认为,21 世纪将是知识经济的社会,在这种社会中,技术教育占有重要地位。2000 年,政府宣称技术教育和高科技企业将成为马来西亚未来“知识经济”的领导角色,非常提倡和重视职业技术教育和计算机教育。

马来西亚技术教育的历史比社会科学和人文学科教育更长。1925 年,吉隆坡开办了一所技工学校,1972 年该校发展成为马来西亚理工大学。1963 年联邦成立后实行了第一个五年计划,重点是建立一个能敏感反映市场需求、满足工业和商业需要的教育系统。技工学校加强了与工业企业的合作,使学生能在实践中学习技能。许多学校甚至就设在企业附近,以便学生能就近在工厂中实习或当学徒,接受实践训练。《2020 年远景目标》报告把技术和职业教育作为国家优先发展的项目。在马来西亚,有两类学生可以选择职业技术教育:一是初三时未通过 PMR 考试,二是通过 PMR 考试者。后者也可以选择上高中的文科或理科。在普通中学,把职业技术教育作为正规课程的一部分越来越成为一种趋势,这使普通高中的学生也能得到一定的职业训练。

马来西亚重视计算机技术教育,希望以此来缩小本国与发达国家以及国内城乡之间的数字鸿沟。为此,政府重点推出了一个技术基础设施计划,即“超级多媒体走廊”(Multimedia Super Corridor,简称 MSC)。1999 年末,已有 32 家公司参加 MSC 计划,其中 33％是软件公司,29％是多媒体公司。这些公司将在未来数年中使制造业的产值增加 20％。然而,这项政策实施后遭到了一些人的批评,因为该计划只有利于中低层次的企业家和商人;真正的劣势群体却没有得到应有的重视,低阶层和农村人口已经落在信息技术革命的后面。于是,马来西亚又制定了新政策,以纠正这种异常现象。2000 年末,政府宣布了一系列计划来缩小本国城乡之间的数字鸿沟,促进信息技术的大众化。财政部 2001 年度的财政预算重点用于计算机教育的普及,包括为各级各类学校配备计算机,新建 167 所中小学校和 4 所大学以及拨款 3.16 亿美元用于计算机技术培训。

马来西亚的教育目标随着改革的进行在不断变化之

中。20 世纪 80 年代以来,改革目标是促进儿童身体、智力、情感、道德等方面的全面发展,推进教育个性化,使学校提供的教育能符合每个儿童身心发展的特点,最大限度地开发儿童的潜能。马来西亚的教育质量得到了很大提高,但仍存在许多问题,其中最突出的就是农村与城市教育水平的巨大差距,尤其是在中学数学、科学和英语教育方面。这个问题如果不加以解决,就会影响国家的劳动力供给和相关领域的人才储备,也不利于教育的全面发展和"地区性教育强国"目标的实现。在工业化迅速发展、信息技术日新月异、对劳动者的科学技术水平要求越来越高的现代社会,缩小城乡之间的教育差距,提高教育质量,是马来西亚教育面临的重大任务。此外,种族、语言、宗教的多样性使马来西亚社会面临民族、宗教和语言三大问题。政府一直把教育作为社会整合和铸造统一的民族国家的重要工具,通过推行统一教育制度以实现国家的民族融合。

参考文献

冯增俊.战后东盟教育研究[M].南昌:江西教育出版社,1996.

张兴.马来西亚高等教育发展的趋势、问题及对策[J].江苏高教,2002(1).

Deighton, L. C. The Encyclopedia of Education[M]. New York: The Macmillan Company & The Tree Press,1971.

Husén, T. The International Encyclopedia of Education[M]. 2nd ed. Oxford: Pergamon Press,1994.

Marlow-Ferguson, R. & Lopez, C. World Education Encyclopedia[M]. 2nd ed. Detroit, MI: Gale Group,2002.

(张东海　赵欣)

满族教育　　满族主要分布在吉林、辽宁、黑龙江三省,其中辽宁省人口最多,约占 40% 以上;其余散居在河北、内蒙古、宁夏、甘肃、福建、山东、新疆等省、自治区,北京、天津、上海、成都、广州、杭州、银川、西安等大中城市亦有分布。据 2010 年第六次全国人口普查,满族人口有约 1 038.8 万人。至 2005 年,满族共建立 11 个自治县(其中一个与蒙古族联合建立)及 197 个满族(或与其他少数民族联合)自治乡、镇。满语属阿尔泰语系满—通古斯语族满语支。满文属拼音文字类型,行款上下直书,自左至右行。除少数地区满族老人和部分满语专家通晓满语外,现均通用汉语文。

古代满族教育

满族共同体形成前的教育　　(1)肃慎、挹娄、勿吉、靺鞨的教育。满族的最早先民是中国先秦古籍中记载的肃慎人,汉代以后不同朝代史书上记载的挹娄(后汉、三国)、勿吉(北朝)、靺鞨(隋、唐)、女真(辽、金、宋、元、明)等均为肃慎人后裔,也为满族先民。他们长期居住、活动在"不咸山"(长白山)和"弱水"(黑龙江)之间。南北朝时勿吉有七部,至唐时发展为数十部,其中以粟末部和黑水部最为强大,隋、唐时期的历史古籍将这些部落统称为靺鞨。肃慎、挹娄、勿吉、靺鞨有族脉源流关系,其文化教育大体上一脉相承。由于他们与中原文化始终保持密切联系,故其文化教育也与中原文化教育息息相通。① 农业生产知识教育。肃慎人农业较发达,黑龙江省宁安县莺歌岭出土文物中就有大量农具;关于挹娄、勿吉、靺鞨各族的有关史料与出土文物也都证明肃慎系各族农业与狩猎、畜牧并重。他们对农业生产知识教育十分重视,在代代相传的教育过程中又不断有新的农业生产技术出现。② 狩猎、畜牧知识教育。肃慎系各族的狩猎、畜牧均较发达,历代文献都记载他们"善射",此外其养猪历史久远,家家皆养猪。教育方式多为结合狩猎、畜牧的实际,由教育者带领被教育者在实际操作中具体教诲。③ 手工业生产教育。肃慎系各族制作楛矢石砮的手艺十分精良。此外还熟制猪皮或以猪毛纺线织布作衣服,制作农具以及陶器,还会酿酒、造车、造马具、造兵器等,显见手工业生产教育也是其教育内容的重要组成部分。④ 有关婚姻、家庭的道德教育。为了生息、繁衍而对后代进行婚姻习俗、道德教育是这一时期教育的重要内容。肃慎系各族婚前可自由恋爱,婚后则严格实行一夫一妻制。《晋书·四夷传》还记载肃慎有"贵壮而贱老"的习俗。⑤ 军事体育教育。肃慎系各族注重军事教育,往往结合狩猎或与周边民族的争斗进行行军布阵、突击猛斗的教育。靺鞨各部勇敢善战,尤其黑水部,他们不但以行军打仗的实践教育部众,而且以音乐、舞蹈进行军事教育。

(2) 渤海的教育。渤海国(698—926)是以居住在东北的靺鞨为主体,在松花江上游、长白山北麓一带建立起来的民族政权,它既是唐朝的藩属国,又是唐朝的地方政权——忽汗州(渤海)都督府,具有相对独立性。其统治下的各部族居民经过融合形成一个新的民族共同体——渤海人,渤海是生活在这个地区大多数居民的民族称呼。① "唐化"教育政策和文化交流。渤海采取全面"唐化"政策,完全模仿唐王朝建立自己的教育制度,发展文教事业。并向唐朝派遣留学生,留学生学习期间其食、衣、住均由唐朝提供,他们学成归国后成为儒家思想的直接传播者。② 官学与私学教育。渤海有较完备的学校教育系统,包括国学、地方官学与私学。自文王大钦茂始,渤海就模仿唐朝教育制度在京、府及州县设置各级官学。私学方面,高句丽时期东北地区较普遍地存在"扃堂",高句丽人归附渤海后"扃堂"也成为渤海的一种私学机构。"胄子监"是主管教育的最高行政机构,胄子监有监、长,监似唐之祭酒,长如唐之司业。其他官职和教官设置也大体与唐朝相仿。此外,渤海贵族女青年也同男子一样有受教育权利,这在少数民族教育史上有特殊意义。③ 教育内容。渤海各类学校的教育内容大致与唐代学校相同,但有某些变通。《论语》、《孝经》是全体学生的共同课,其他儒学经典则根据具体情况选择一两种进行重点学习,包括《诗经》、《礼记》、《尚书》、《周易》、《春秋》等。各类专科学校的教学内容也大体上仿效唐代同类学校,而且也实行祭孔、束脩之礼和"督课"、试举等管理制度。渤海教育制度为辽、金发展文教事业奠定了基础。

(3) 女真族教育。① 金代女真族教育。女真先人是肃慎、挹娄、勿吉、黑水靺鞨。11 世纪末,完颜部统一女真各部,收国元年(1115 年),完颜部首领阿骨打建立金国。女真族在建国之前崇尚骑射,无专门学校教育。后女真统治者大力推行"汉化"文教政策,尊孔崇儒。为保持本民族文化和风俗习惯,还提倡女真人使用本民族语言文字,并设立女真字学,学习女真字译的儒家经典。自世宗开始各代统治者都对兴办学校、开科取士采取积极措施,大批任用汉族和其他少数民族知识分子参政。女真族官学教育包括中央官学和地方官学。中央官学主要指直属国子监的学校,如国子学、太学等。金代中央官学包括仿照唐代建立的六学,即国子学、太学、四门学、律学、书学和算学,并在中央官学中设小学和女真小学,作为中央官学的附属机构。其学生来源主要是官宦贵族子弟,女真贵族、官僚子弟享有优先特权。地方官学指府、州、县设立的学校,其兴复最早见于天会年间,世宗和章宗时期地方官学进入大发展时期,形成较完整的体系。金代地方学校主要有府学、州学、节镇学、防御州学等,并有与女真国子学相应的诸路女真府学。所设课程除同汉人学校外,还包括民族语文,所用课本是女真文翻译的《太公家教》、《文选》之类书籍。女真族私学教育包括家学和私人办学。家学是私学中最普遍、最方便的教育形式,一般在家庭内进行,由富家自办,在家庭内设立私塾,父兄将自己的学业传授给子弟或聘请名师授业。私人办学主要分为两类:名宦和教者自设的私学和乡间地主的私塾。女真采取科举制度,其改进与完善促进了学校教育的发展。金世宗大定十一年(1171 年),金王朝首设女真进士科,又称策论进士科,两年后正式举行考试。进士科管理严格,如颁布命令规定学习策论进士人数,建立严格的考场规制等。除"常科"外,女真科举还设有"博学宏词科"等特科(制举,是常科的补充形式)和武举。科举内容有所创新,如章宗明昌元年(1190 年)曾下诏以《十七史》、《孝经》、《论语》、《孟子》、《荀子》、《老子》等出题,使考试内容大大扩展。② 元、明时期的女真族教育。主要指在东北地区居住及生活、基本上保持了女真传统的这一部分女真人的教育,不包括已汉化或蒙古化的女真人。这一时期的女真人在统一文教政策指导下,接受统一兼地方特色的教化,在生产、生活中不断传授经验和相应的伦理道德。其特点有几个方面:一是教育发展不平衡。女真人居住地区较广阔,其经济发展水平存在很大差异,故各地区教育发展的规模和速度也有很

大不同。东北地区的西部、南部和交通便利之地的教育发展水平较高,元代在经济比较发达的辽东、辽西两个地区逐步完善了各种教育体制和教育设施,按照规定相继建立各类官办学校,如儒学、庙学、医学、阴阳学等;明代在辽东地区建立儒学、社学、书院及武学、医学、阴阳学等专科学校,使辽东地区成为明代东北文化教育的中心。但一般女真贫民子弟接受教育的机会依旧很少,多在生产劳动和日常生活中接受自然形式的教育,或接受设立于农村乡镇的社学教育和义学。二是女真文与蒙古文、汉文并用。女真文字创行于金代,元、明时女真文仍在一部分女真地区使用。元代以来,移居东北各地的蒙古人与女真人交往密切,受蒙古文化影响,许多女真人逐渐废弃表意的女真文,开始使用拼音形式的蒙古文。明初曾编辑《女真译语》供以女真人为工作对象的官员学习和使用。三是女真民间传统教育及宗教教育的发展。女真族平民的主要教育方式是民间的家庭教育、生产教育、生活教育、宗教教育等,他们靠口耳相传有关神化、系谱、历史等方面的内容教育后代,使其了解本民族的历史和文化。

满族共同体形成至鸦片战争前的教育 满族共同体是以女真人为主体,吸纳当时东北地区的各民族成员而形成的。明代为加强对女真的控制,采取分而治之、互相牵制的政策,相继使用镇压、招抚和防范的手段,使女真各部长期陷于分裂、混战局面。明万历十一年(1583 年),努尔哈赤开始统一建州女真的斗争。万历二十七年(1599 年),努尔哈赤下令借用蒙古文字母,结合女真语言创制满文,史称老满文。万历二十九年(1601 年),努尔哈赤在牛录组织的基础上创立军政合一的八旗制度。八旗编组以女真人为主体,同时吸纳当时东北地区各民族的部分成员或全部成员,使其在共同组织中一起生产和战斗,逐渐产生民族认同感。天命元年(1616 年)努尔哈赤统一女真各部建立后金政权。后金天聪六年(1632 年),皇太极命令达海对老满文进行改革,加上圈点,以区别语音,使满文臻于完善,史称圈点满文或新满文。满文的创制成为满族共同体形成的重要因素,推动了满族文化的发展,最终形成了以女真族为核心,有汉、蒙等族成员参加的新的民族共同体。天聪九年(1635 年),皇太极正式将新兴的共同体定名为满洲。崇德元年(1636 年),改后金为清。

清代统治者大力主张尊孔崇儒,以程朱理学为教育内容,同时强调要以"国(满)语骑射"为本,尤其注重满族人的满语、满俗与骑射教育。此外,在兴学的同时还十分重视对学校和科举的管理。清世祖定都燕京(今北京)后,在全国兴办学校,开科取士。顺治元年(1644 年),国子监祭酒李若琳疏请设立书院,分教八旗子弟,并先后在北京设立八所官学。顺治十年(1653 年),设立宗学,凡宗室子弟皆可入学,分习满文、汉文和骑射。康熙二十四年(1685 年),为内务府

子弟设立景山官学。雍正六年(1728 年),又设立咸安宫官学。翌年,设立觉罗官学,凡觉罗子弟皆可入学,"读书学射,满汉皆习"。雍正八年(1730 年),设立清文义学,招收童蒙入学,专习"国语骑射",一年一考。在盛京(今沈阳)设立宗学、觉罗官学、八旗官学和义学。宗室觉罗学招收盛京地区的贵族子弟,直到日俄战争时停办,后改为维城学校。南到福州、广州、杭州、江宁、荆州、成都,北至爱珲、墨尔根、齐齐哈尔、三姓、阿勒楚喀、拉林、宁古塔、吉林、伯都讷等地的驻防营区均设立官学和义学,以教育旗人子弟。(1) 满族官学教育。① 清皇室教育。清代皇室子孙按宗亲远近分别入上书房、宗学、觉罗学读书。上书房又称尚书房,是清代皇子、皇孙读书的地方,始建于康熙年间,设在乾清宫附近。上书房师傅或由掌院学士拣选,会同内阁带领引见,或由大学士共同拣选,或由皇帝直接简任,均为名臣、硕儒。教学内容主要是"四书"、"五经"和国语、骑射。此外还注重对皇子实践经验的培养,使其在实际工作中受到锻炼,提高其处理政务的能力。依照清皇室规定,清太祖努尔哈赤之父塔克世的直系子孙为宗室,系金黄色带子作为标志,故称黄带子;同宗旁系子孙均称觉罗,系红色带子作为标志,俗称红带子。为宗室子弟特设的学堂简称宗学,凡王公、将军及闲散宗室子弟 18 岁以下及 19 岁以上已在家读书,有愿就学者,均准入学,学生额数 140 人。在宗学内修一箭道,读书之暇教习骑射。雍正七年(1729 年),谕令在各觉罗衙门之旁设觉罗学 1 所,共招收学生 340 名,教授满文、汉文及骑射。觉罗学待遇比宗学稍低。② 八旗教育。满族八旗子弟教育始于清太祖努尔哈赤时期。后于天聪五年(1631 年),皇太极下令凡年龄在 8 岁以上、15 岁以下者均须读书,考取生员,量材录用。并把儒班分为两班:一班以达海、刚林为首翻译汉文书籍;一班以库尔缠、吴巴什为首记注本朝政事。在中央机构中设立文馆,"以文教治世"。清朝入关以后八旗子弟教育作为一种制度被全面推行。八旗官学是专为教育八旗子弟而设立的官费学校。入关前皇太极于崇德年间已在盛京(今沈阳)设立过此类学校,凡满洲、蒙古、汉军子弟均可入学。清入关后,京师八旗分为 4 处,每处设置官学 1 所。每佐领(牛录)录取 2 名,每旗 50 名,其中 20 人学习汉文。隶于国子监,监管也由国子监派遣。到康熙二十五年(1686 年),在奉天府左、右翼各设立一处八旗官学,学习满、汉书。满学设满助教员一人,由奉天府尹选生员补充,归盛京礼部堂官管理。后又增加官学数量。盛京、北京的八旗官学设置比较集中。此外,在吉林、墨尔根、广州、西安、荆州、银川、成都、福州等地八旗聚居或驻防之地也设立了八旗官学。这些八旗官学普遍设置较晚,多在乾隆、雍正时兴办,规模很小,往往侧重于骑射教育。八旗义学是为补充官学不足,解决八旗子弟家贫而不能聘请教师问题设立,多设于全国各地八旗驻防,为官兵倡建或捐建,有启童蒙、

兴教化之意。八旗义学由当地衙门、将军、副都统仿照官学制度进行管理,具有半官方性质。京师的八旗义学始建于康熙三十年(1691 年)。京师八旗各佐领与辖内选年长行优者各一人,教授 10 岁以上的子弟,满洲子弟学习满语、满文。雍正七年(1729 年),因各佐领办学过于分散,改为满洲每参领下各设学舍 1 所,每学设满教习 1～2 人。八旗男子满 20 岁之后(宗亲为 15 岁)方可领到粮饷,但进入各类八旗学校的子弟均可享有一定的生活及学习资料供给,以鼓励他们接受教育。除专习满语、满书的八旗义学外,还为愿习汉书及翻译之业而家贫无力延师者开办义学。八旗官兵也在全国各驻防处设立很多义学。八旗学校的教官包括督率学校的王公大臣(一般为兼管)、负责管理的官员和从事教学的教习。依学校类别和教官身份的不同各有严格的任职资格和相应的待遇,并按规章制度考核升黜。八旗子弟依身份、等级的不同,或有世爵、世职承袭,或依恩荫得官,或填补、选充满员、旗职,其入仕之途优于一般汉民。(2) 满族私学教育。满族私学由来已久,努尔哈赤曾延聘汉人龚正陆为师傅,教诸子读书。康熙时的上书房也专为皇子学习设置,延聘名儒任教,宗室贵族也仿效皇室,在家里聘请教师教读子弟。家学也是私学的重要形式,这与一些汉族家庭的风气已相差无几。在家庭教育中满族妇女担负重要责任,她们中已有专门从事私学教育的女师。(3) 满族科举制度。① 八旗乡试、会试。清代八旗乡试三年为一科,每逢子、卯、午、酉年为正科,每逢庆典加科称恩科。顺治八年(1651 年)开考。康熙二十八年(1689 年),乡试加试骑射成为惯例。起初满族和蒙古族考试内容与八旗汉军不同,与汉人合试后考试科目与汉人相同。八旗会试是八旗子弟乡试中式举人在京都应试进士的考试。顺治八年(1651 年)规定每逢辰、未、戌、丑年举行;如果乡试年逢恩科,则于来年举行会试恩科。八旗会试始于顺治九年(1652 年)。各年会试内容多有变化。② 宗室乡试、会试。清初规定,宗室不应乡试、会试。乾隆八年(1743 年),宗人府开始主持对宗学的考试,从中选拔成绩优异者给予进士资格,一体参加殿试,这是宗室会试之始,但随即停止。乾隆九年(1744 年)定为每届五年,到嘉庆六年(1801 年),宗室参加乡试、会试形成制度。③ 翻译科与武科。清代满族科举的特定科目是翻译科和武科。翻译科考试人员仅限于八旗士子,其用意在于培养和选择满、蒙、汉文翻译人才。分满洲翻译与蒙古翻译两类,满洲翻译以满文译汉文或以满文作论;蒙古翻译以蒙文译满文,而不译汉文。翻译科与文武科举相同,也分童试、乡试、会试。武科亦有童试、乡试、会试之制,考试项目外场为骑射、步射、硬弓等项,内场为默写武经。凡步兵、炮兵、马兵、九品笔帖式、库使、养育兵、闲散均准报名应试。八旗武科乡试与汉人武科乡试的规制大致相同,但单独编旗字号录取。

近代满族教育

清末满族教育 鸦片战争后,中国沦为半殖民地半封建社会,满族教育也随着"国语骑射"教育体制的废弛而陷入名存实亡的境地。为顺应时代潮流,清政府开始对满族教育实行改革。满族教育在清朝政府的极力维持下得以延续,但迫于改革和经济发展的需要不得不兴办新式教育。新式教育的兴起可分为两个阶段:1862—1901 年是初起时期,第二次鸦片战争后一些专门外语学校开始出现,这一时期新式教育仅在学习内容上有所更新,其在教学形式、组织上仍为旧式教育;1901 年至清朝灭亡是有系统的教育时期,也是近代新式教育取代旧式教育的时期。后一时期主要反映在三个方面:(1)满族普通教育与全国同步。1902 年,清政府下令将宗学、觉罗学等各种八旗官学改为小学堂或中学堂,由京师大学堂统一管理。各省的八旗官学也改为小学堂,主要招收满族子弟的同文馆并入京师大学堂。同年,清政府成立宗室觉罗八旗中学,学制 5 年,由吏部尚书张百熙兼任校长,开始班级授课制。此后,高等小学堂和中学堂纷纷建立,与高等教育和中等教育建立初步衔接。(2)建立实业学堂。清末在洋务运动和戊戌变法的冲击下,各地纷纷建立各种实业学校,课程内容依条定章程,设修身、读经、讲经、国文、历史、地理、格致、算术、体操等科目,而不设满文。不少满族人迫于生计将其子弟送到各种实业学堂学习,如农业学校、测绘学校、政法学校、武备学校等。(3)兴办仕学馆。1906 年鉴于八旗子弟要求入学人数多的实际情况,另立旗员仕学馆,专教习实缺候补及在籍旗员,学额 89 名,设置的课程有公告、私法、刑法、民法、政治、理财、商法、地理、历史、兵略、体操等。办学宗旨是"储新政人才",学制 2 年。

民国时期满族教育 (1)国民政府统治下的满族教育。1912 年,中华民国临时政府在南京成立,随之进行一系列改革。同年,由蔡元培主持的教育部会议决定,八旗高等学堂仍准设立,但"五族"(泛指中国境内所有民族)皆可入学。满族学校的性质随之改变,满族贵族的教育特权不再存在,但在制度上保障了满族受教育的权利。清代官办的学校也一律停办。专设的旗人学校对招生来源、学生待遇、教师队伍、教学科目及内容、学校的管理制度等也进行改革。一些宗室、觉罗学堂和八旗官学、义学都改变名称,旗人的种种特殊待遇也被取消,但个别地区对省内中专以上学校和国外留学的满族学生的学费仍给予适当补助。1914 年,维城学校改为奉天省立第四学校,只有黑龙江省瑷珲、富裕等县满族聚居的地方有民办的满文学堂。吉林省旗务处以旗产设置"旗费生"名额,资助满族青年上大学和出国留学。(2)日伪统治下的满族教育。"九一八"事变后,东北地区沦陷。1932 年,伪满洲国成立,日本关东军公布《对满蒙方策(第四次方案)》,规定在伪满洲国实施奴化教育政策。黑龙江省的满文学堂被迫停办。1934 年,由爱新觉罗家族发起恢复的维城学校是唯一一所招收满族子弟的学校。1937 年,伪满洲国"新学制"公布,规定学校体系分为初等教育、中等教育、高等教育三个阶段和师道教育、实业教育两个部门,其中初等教育阶段为 6 年,中学教育阶段为 4 年,高等教育阶段为 3 年,还特别强调要扩充初等教育。日本为进一步巩固其统治,在中小学普遍设立日语课,把"国文"课改为"满语"课,把"历史"改成"满史",又增设国民道德课,灌输"日满亲善"、"共存共荣"、"崇神忠君"等思想。

中华人民共和国成立后的满族教育

中华人民共和国成立时,全国各地满族文化教育水平与汉族大体相同。人民政府继承老解放区教育经验,贯彻执行新民主主义的民族的、科学的、大众的教育方针,重视东北地区少数民族文化教育,招收少数民族子弟毕业生参军和从事社会工作,大力恢复中小学,设立师范班培养教师。1949—1952 年,国民经济恢复时期地方政府创办工农干部学校和工农速成学校,开展扫除文盲运动,满族等少数民族的教育有了新的发展。中国共产党和人民政府始终贯彻各民族平等的政策,地方政府实行新型正规化教育,并根据满族大分散、小聚居的特点以及清末以来满族使用汉语言文字、满汉子弟长期同校学习的实际情况,没有专设满族学校,满族子弟入当地学校读书。因此,中华人民共和国成立后的几十年间,满族教育发展与汉族及全国教育发展同步,学制和课程设置也相同,满族学校教育融于汉族为主体的普通学校之中。1956 年,满族学龄儿童就学率达 80% 以上,基本上与汉族教育发展水平相等。1957 年,各地传达贯彻全国第二次民族教育工作会议的精神,为少数民族地区学校增建校舍,扩大招生人数,满族子弟入学率也有增长。1966—1976 年"文革"时期,满族教育与其他少数民族教育一样遭受很大损失,处于停滞状态。1977 年以后,满族教育进入恢复和迅速发展时期。1978 年,各省教育行政部门恢复民族教育机构,设立了民族教育处,市县也逐步恢复民族教育机构;调整和整顿民族学校,恢复学校正常教学秩序,认真落实知识分子政策,平反冤假错案。1979 年,东北三省政府为满族教育增加教育经费,拨款增建学校校舍,补充了教学仪器设备。满族居住分散的地区,其子弟与汉族学生同样入学,满族聚居区已基本达到村村有小学,按县、区设立中等学校,读初中和高中不出县。满文专业教育自 20 世纪 60 年代初开始,中央民族学院民语系招收满语本科生。1984 年,辽宁大学历史系招收十余名少数民族学生,开办满文班。黑龙江省满语研究所曾举办满文短训班。1985年,北京市民间举办满文书院,业余学习满文,已招收数届学生。1986年,中央民族学院历史系重新设立满文清史专业班,学制4年。此外,国家还开始对满族文化和社会历史进行全面的调查研究。

自20世纪80年代开始,国家陆续在辽宁、河北、吉林、黑龙江、北京、天津等地设立11个满族自治县(其中一个与蒙古族联合建立)和197个满族(或与其他少数民族联合)自治乡、镇。这些自治县、乡、镇政府的民族教育机构有自主发展民族教育的权利,可以制定本地区教育发展规划,它们相继召开一系列专门会议,讨论和制定本地区教育发展方针。省、市教育委员会也在经费分配上制定了对满族等少数民族学校的倾斜政策,帮助满族发展教育事业。1993年,国家教育委员会民族教育司在承德召开关于民族教育的科研会议,满族教育学术研究作为一个重要课题被提出。随后,北京市和东北三省的教育会议也研究满族教育课题,并筹备成立"满族教育研究会"。此外,各级政府对满族等少数民族教育事业给予很大关怀,在设立学校、分配招生比例、配备教学仪器、分配毕业生任教师等方面,对民族学校采取许多特殊照顾和优待措施;对少数民族学生生活给予适当照顾,关心和重视培养少数民族教师,增加民族教师培训费。满族自治县及乡、镇成立之后,满族中小学改革得以开展,选择适合自己地区的办学形式,确定实用的教学内容,以更快地提高满足学生的素质及基本技能。

进入21世纪后,满族教育在学校设置与管理上与汉族基本相同。在民族教育方面,满族中学紧紧围绕创建优质民族学校总体目标,制定民族教育发展规划,突出民族特色教育,编写校本教材,开发多元化校本课程体系,先后开设珍珠球、狩猎、赛威呼、满族知识、满语日常用语、满族舞蹈、满族剪纸、满族刺绣等多个校本课程,并整体或局部纳入各年级教学计划;大力传承校园民族文化,发动师生共同设计满族中学特色标志,策划制作了极具满族特色的文化长廊,内容涵盖满族历史渊源、满族风俗、满族文化、满族杰出人物等各个方面,对学生进行潜移默化的民族知识教育。满族有注重文化教育的传统,涌现出如作家老舍、语言学家罗常培、生物学家秉志、京剧表演艺术家程砚秋、相声艺术大师侯宝林、书法家启功、建筑学家和教育家童寯等一批杰出人物。经过几十年的发展,中国满族的基础教育、职业技术教育、高等教育和成人教育都已具有相当规模,建立了多层次的、连贯的教育体系。

参考文献

顾明远.教育大辞典(增订合编本)[M].上海:上海教育出版社,1998.

韩达.中国少数民族教育史[M].广州:广东教育出版社;昆明:云南教育出版社;南宁:广西教育出版社,1998.

陶增骈.东北民族教育史[M].沈阳:辽宁大学出版社,1994.

吴明海.中国少数民族教育史教程[M].北京:中央民族大学出版社,2006.

夏铸,哈经雄,阿布都·吾寿尔.中国民族教育50年[M].北京:红旗出版社,1999.

(苏　德)

曼海姆与知识社会学（Mannheim and sociology of knowledge）

以德国社会学家曼海姆为代表的或在他影响下展开的探讨思想和知识(包括教育思想和学校知识)与外部社会之关系、与存在之关系的社会学理论。

曼海姆虽然在1945年任英国伦敦大学教育学院院长,1946年在伦敦大学创设教育研究所,并成为首任教育社会学首席教授,但他后期在"社会设计"理论名下展开的在《计划社会与人格问题》(1938)、《大众教育与群体分析》(1939)、《重建时代的人与社会》(1940,英文版)以及去世后出版的《自由、权力与民主设计》(1950)、《教育社会学导论》(1962)等著作中具体体现的教育社会学思想,在教育社会学领域的影响极为有限。

然而,曼海姆早期的知识社会学理论对教育社会学的发展具有很大影响,教育社会学正是在知识社会学中形成学科发展的可能。

第一次世界大战后,德国哲学家舍勒和曼海姆系统阐述了知识社会学的研究思想和知识的产生、功能及其与社会的关系,并在学术意义上为知识社会学确立的一块领地。曼海姆在《意识形态与乌托邦》一书中,充分论述其知识社会学理论。马克思对经济基础、上层建筑关系所阐述的存在决定意识理论,以及由此发展起来的卢卡奇的物化论对曼海姆的理论思想产生极大影响,而曼海姆尝试以知识社会学的形式对马克思与卢卡奇的理论有所修正和超越。曼海姆认为,如果这些生存因素不仅关系到各种观念的形成和产生,而且对形成和产生了的观念的存在形式产生影响,对人们思考问题、观察问题的范围和深度产生影响,即还决定了主体的"视角",就必须认为生存对思想的决定是一个事实。"视角"指主体的一种设想方式,即把各种事物作为是由主体的历史环境和社会环境决定的。在这个意义上,按照曼海姆的理解,任何思想和知识都不外乎是一种意识形态,只是在知识社会学中,"意识形态"一词的用法不包含任何道德与谴责的含义,仅是一种研究旨趣。这种研究旨趣要求人们深度思考所面对的问题,思考各种社会结构是如何通过形形色色的话语结构来加以表达的,社会结构又是如何决定话语结构的。由此,知识社会学真正的主题是研究分析,所涉及的是"各种对象在由于社会环境的差异呈现给主体的时候所利用的那些不断变化的方式"(曼海姆,

2001)。

有关社会结构与话语结构关系的理论,曼海姆的主要观点是,思想和知识受外部社会的规定,存在一个思想、知识被制约的问题。知识社会学的内容具体分为两部分:一是关于运用结构分析法来实证性探讨思想、知识制约性问题的理论;二是关于通过这种探讨上升到如何去认识言说和真理这一认识论层次的理论。由于外部因素对思想、知识的制约不仅局限于思想、知识的形式和内容,而且体现在认识主体的"观点的基础结构"上,曼海姆提出方法内容上的三点主张,即知识社会学应注意:认识主体必须与自己的生活方式和思考方式保持一定的距离;坚持一种关联主义,把任何一种思想和言说内容都与其应该归属的特定的世界观解释相联系,与特定的社会结构相联系;承认思想、知识只在一定范围内才具有妥善有效性。

曼海姆的知识社会学理论和思想在多方面影响教育社会学的发展。在思想、知识制约性问题阐述的框架下,新教育社会学尝试分析学校知识的筛选、编排、分配过程中的社会控制机制。美国社会学家默顿对知识社会学进行重新诠释,并开展了一系列高等教育社会学研究。默顿式的知识社会学研究拒斥德国知识社会学形而上认识论的倾向,将问题的焦点从世界观、意识形态这种抽象的知识形态转向大众舆论、科学研究等更具体的内容,在经验研究中发现知识社会学的意义,选择了一条将意识形态论转化为大众传媒研究,将知识分子论转化为科学社会学乃至高等教育社会学的道路。日本教育社会学家新堀通也等人在科学社会学的问题意识下开展的一系列有关日本高校中教师人才市场与流动以及与之相关的闭塞型学者群体的研究、学界的社会结构研究、社会成层研究,以及教育社会学作为一门学科的发展轨迹与发展逻辑的研究等,均可是高等教育社会学研究中的重要范例。

教育社会学将自身看作一种知识形态,反省其社会结构与功能。这种"社会学的社会学"伴随科学社会学、科学史研究的盛行,使得知识社会学超越了其作为社会学分支学科的形象,成为一种贯通人文、社会科学的带有普遍意义的研究方法。然而,如果仅仅在社会制约的层次上讨论思想和知识的社会特性、社会制约问题,会把曼海姆的知识社会学思想仅解读为社会如何制约学校知识,或最多是学校知识如何作用于社会,而曼海姆知识社会学思想的发展可能性不限于此。曼海姆强调,知识社会学作为理论,试图分析知识与生存之间的关系。"生存"一词虽与"社会"紧密相连,但"社会"无法涵盖"生存"。曼海姆提出,"可以把知识社会学表现为一种关于社会或者生存决定实际思维过程的理论",只有在"生存"不可完全还原为"社会"的意义上,才能理解曼海姆对"自由游动"的知识分子的关注,"关联主义"才有可能为知识社会学提供认识论基础,并且,后现代

教育社会学的问题意识及其关怀才能成为可能。

参考文献

伯格,卢克曼.知识社会学:社会实体的建构[M].郑理民,译.台北:巨流图书公司,1991.

曼海姆.意识形态和乌托邦[M].艾彦,译.北京:华夏出版社,2001.

日本教育社会学会.新教育社会学辞典[M].东京:东洋馆,1986.

森冈清美,等.新社会学辞典[M].东京:有斐阁,1993.

新堀通也.学问的社会学[M].东京:有信堂,1984.

（贺晓星）

锚定式教学(anchored instruction)　把学生的学习置于真实、有意义、有趣、基于问题的情境,把学习内容与现实的、可信的情境结合起来,让学生解决实际问题的一种教学模式。能促进学生对知识的应用、迁移和探索,并培养学生的批判性和创造性思维、问题解决等高级认知的能力。它把基于问题的(故事)情境作为学生学习的锚(工具),故称锚定式教学或锚定式情境教学。

这种教学模式主要由美国范德堡大学认知与技术小组(Cognition & Technology Group at Vanderbilt,简称CTGV)以情境学习理论为基础开发出来,并设计了具体的教案及教材。这个小组从1990年开始到现在一直都在写关于锚定式教学的文章并以交互视盘的形式出版相关的例子,研究的重点最早集中在开发交互视盘,通过交互视盘系统,建立一个故事环境,嵌入要呈现的内容,将问题放到一个情境中,引导学生从情境包含的资料中发现问题、形成问题、解决问题,以此让学习者将教学或其他学科问题的解决技能应用到实际的生活问题中。最具代表性的产品是The Adventures of Jasper Woodbury,简称"The Jasper Series"。这是一些学者根据学习目标自行开发的电影教材,为了方便检索,又将之压制成视盘,用电脑操作。此教材由一系列冒险故事组成,以Jasper Woodbury这位年轻人及其朋友的冒险经历衍生出待解决的问题,作为整个教材学习目标的伏笔。每个教材的长度为15~20分钟,在故事结尾,Jasper会面临问题的挑战,并希望学生能帮忙协助解决问题,学生看完后可以由小组合作讨论等方式去解决问题。

锚定式教学主要针对教育中存在的"学生只是接受知识,而不能把知识迁移到实际的情境中加以应用,不具备解决实际问题的能力问题"等现象,主要目的就是要解决知识"惰性"的问题。它需要创造一个真实可信的基于问题的情境,允许学生和教师持续探索,把学习到的知识当作工具,通过对存在问题的解决和对整个解决问题过程的思考来培养学生高级认知能力,比如反思能力、批判性思维能力、创新能力和问题解决能力。

锚定式教学的设计原则:学与教的活动应当围绕"锚"

(或情境)来设计,这个锚就是通过视盘等技术呈现给学习者的真实的问题情境;以故事叙述的方式呈现学习内容或任务,使得内容丰富而有意义;精心设计,将教学材料或信息隐藏到故事情节当中,让学生自己发现或寻找;使用相匹配的故事增加问题的复杂度,以便让学生能够通过探索并利用学过的知识进行解决问题的实践,并使学习者从寻求问题解答的活动中产出知识;学习者是主体,提供一个自由开放的情境和环境,让学习者自己思考并解决问题,答案也可能有多种;设计跨学科领域的问题情境,以达到学习者整合知识的目的。

锚定式教学可以遵从以下程序:把学生分成几个小组;创设锚;围绕锚开发大家共同的一些经验;扩展锚,增加问题的复杂性;把知识和技术作为解决问题的工具;做与锚相关的项目;全班同学共享学到的东西。

锚定式教学有以下优点:可以激发学生的动机;每个人都能够参与到学科的共同背景当中;由于利用交互视盘等视频技术并有实践环节,使得阅读能力弱的学生,以及其他弱势学生群体也能够参与到课堂讨论当中并从中受益;促进学生的交流;学生们可以自由地发现学科的新问题;在解决问题的过程中,需要学生使用多个领域的知识以及课本之外的知识,促进学生获得新知识、应用旧知识并促进知识的迁移,利于培养学生批判性思维、问题解决能力以及独特的创造能力。

锚定式教学建立在建构主义学习观的基础之上。它重视为学生提供机会思考问题并研究问题,它也提倡小组合作解决问题,这都是社会建构主义强调的。由于在锚定式情境教学模式中包含解决问题需要的所有信息,这就使得学生在有限的时间和资源的条件下比较容易完成任务(这也是它与基于问题的学习模式不同的地方)。因此,这个教学模式比较适合基础教育阶段年级的学生,主要应用于基本的阅读、语言艺术和数学技能方面的教学。

(刘美凤　黄少颖)

梅里尔的成分显示理论(components display theory of Merrill)　美国教学心理与技术研究专家梅里尔于20世纪80年代提出的一种教学设计理论。它针对处理认知领域微观层次的教学组织策略问题,可用于简化教师的教学设计和学生的学习,是梅里尔的代表性研究成果。

成分显示理论的产生
背景与理论假设

梅里尔的成分显示理论同瑞格鲁斯和梅里尔提出的教学变量以及加涅的学习条件理论有直接关系。瑞格鲁斯和梅里尔都认为,教学设计离不开分析和确定教学系统的主要变量,并提出教学条件、教学方法和教学结果三大变量。

其中,教学方法是指在不同教学条件下为达到不同教学结果采用的不同教学途径。教学方法的变量可以分为组织策略、传递策略和管理策略。组织策略(organizational strategy)是指与学习活动设计有关的决策,一般分为宏策略和微策略:宏策略涉及呈现学科内容的题目的选择、顺序和组织(结构);微策略主要关注对事物的单独呈现,包含它们的特点、相互关系和顺序,关注针对学生的每一单个呈现的细节。传递策略(delivery strategy)是影响信息传递给学生的方式的决策,它影响用于呈现学习活动的教学媒体的选择。管理策略(management strategy)是影响帮助学生参与学习活动方式的决策,包含动机技术、个性化方案、日程计划、资源分配和其他实施活动。成分显示理论属于教学方法组织策略中的微策略范畴,它由一系列用于指导学习活动设计与开发的规定性关系组成。它可以应用于各种学科内容和组织方案中,也可以用于几乎任何传递系统以及各种不同的管理教学技术方面。

成分显示理论设计与开发学习活动是基于并试图发展美国心理学家加涅的理论假设。加涅认为,学习有不同的学习结果,不同的学习结果需要不同的学习条件,即每一种类型的学习结果需要评定达成情况的不同程序以及促进其相应能力形成的不同过程。梅里尔认为,学习结果一维的分类系统(如加涅1965年最初提出的分类系统)似乎过于局限,进而提出以能力水平为一维、内容类型为另一维的矩阵分类系统。这样,成分显示理论认为习得的能力可以归入有限的内容类别与能力水平的分类;对于任何一类能力水平和内容类型,都有比其他组合更有效、效率更高、更令人满意的主要呈现形式和辅助呈现形式的独特组合。成分显示理论就是描述教学能力水平—内容类型、不同类型的主次呈现形式以及结果能力和最能充分改善每类结果呈现的显示之间的规定性关系。

能力水平与内容类型
二维矩阵分类系统

梅里尔的成分显示理论的一个重要基础就是关于认知领域的内容类型与能力水平矩阵。加涅关于学习结果的分类关注内容分类,不关注能力水平,布卢姆的认知领域的目标分类(1956)则关注能力水平的高低而没有关注相关内容。梅里尔综合这两种分类的特点,形成了内容类型与能力水平二维矩阵分类系统(见下页表1)。能力水平,一般是指学生学习后有关学业行为或能力的表现,具体包含记忆、应用与发现三个水平不断加深的层次。内容是指学习材料中的内容分类,含事实、概念、程序和原理四个方面。由于事实只能记忆,所以表格中没有应用事实和发现事实,最后形成十种学习结果的分类。这种分类框架是对加涅学习结果分类的扩展,简化了设计者、教师和其他对应用教学设计有兴趣的人员对学习结果进行分类的工作,也为学习目标的编制和评价学习结果的达成提供了一个可以参照的依据。

表 1　内容类型与能力水平二维矩阵分类系统

	学习目标					
	条　件		行　为		标　准	
	固定	可变	固定	可变	固定	可变
发现原理	事件	描述、例证、观察	发现关系	实验、分析、观察、演示	·不计时 ·适当的研究、设计或学术活动	
发现程序	预期的产品或事件	描述、演示、例证、详细说明	推导出步骤	实验、分析、试误	·不计时 ·演示效用	
发现概念	指示物(从未指明的类别中)	描绘、图片、描述、作图等	产生类别	分类和观察属性、详细说明属性	·不计时 ·当其他人使用概念时具有高相关性	
应用原理	命名新问题	语词、描绘、画画、图表	解释或预测	预测、计算、画图等	·一些错误 ·不计时	
应用程序	命名新任务	语词、材料、设备、装置	演示	操作、计算、测量等	·一些错误 ·计时或不计时	检核表
应用概念	新的例子	绘画、图片、描述、作图等	分类	写出、选出、指出、分类等	·一些错误 ·一点延迟	
记忆原理	列举	语词、符号	陈述关系	写出公式或画出图表	·少量错误 ·一点延迟	每个关系一个错误
记忆程序	列举	语词、符号、指导	陈述步骤	画流程图、排序等	·少量错误 ·一点延迟	每个步骤一个错误
记忆概念	列举	语词、符号	陈述定义	写出、选出、圈出、核对等	·少量错误 ·一点延迟	每个特征一个错误
记忆事实	以任何顺序	绘画、图片、图表、物体	回忆	写出、画出、指出、圈出等	·没有错误 ·没有延迟	每个正确的符号一分(10秒钟内)

学习目标的呈现形式

梅里尔提出的能力水平和内容类型二维矩阵,以及由此形成的与学习目标的匹配关系使得教师确定学习目标的任务由“发明”转变成选择与所需能力水平—内容相适应的目标,这极大地简化了目标确定的过程。根据他提出的能力水平与内容类型二维矩阵分类,成分显示理论定义了一组基本呈现形式(primary presentation form,简称 PPF)和辅助呈现形式(supportive presentation form)。该理论假设,对于每种类型的目标都有唯一可以最有效提高目标实现程度的基本呈现形式和辅助呈现形式的组合。这实质上就是为实现相应学习目标而对教师与学生的教与学活动和教学顺序的一种安排,也是成分显示理论的核心。

基本呈现形式　梅里尔认为,基本呈现形式由“内容”和“呈现”两维组成。从认知领域的学科内容来讲,“概念”、“程序”和“原理”都可以用“一般层次和特殊层次”来表征,而“事实”没有“一般层次”只有“具体”层次,所以可以把认知领域的科学内容用“通则”(generality)和“实例”(instance)来表示。“通则”就是对概念、程序和原理的一般性陈述;“实例”是指符合“通则”要求的具体个案情况,“事实”可以永远是“实例”。基本呈现形式的另一维是有关对学生反应的期望,“通则”或“实例”都可以用讲解的方式呈现,这种呈现方式只需要讲述、举例说明或引导学生;也都可以用探究的形式呈现,在这种形式中,期望学生的反应是完成一篇综述或将给定的通则应用到具体事例。这样,基本呈现形式就有讲解性通则、探究性通则、讲解性实例和探究性实例四种类型。

辅助呈现形式　基本呈现形式(讲解式和探究式)只是对教学活动或教学顺序做了一个总的规定,至于在讲解式或探究式呈现的过程中根据不同的教学内容还需要一系列教学活动以促进教学目标的实现,这些活动被称为辅助呈现形式。辅助呈现形式是基本呈现形式的细化。基本呈现形式是教学的主要传输手段,而辅助呈现形式是用来促进学生加工信息或提高学生学习兴趣等的方法。具体的辅助呈现形式主要包括提供背景信息(像一个原理的发明人、发明时的背景等)、先决知识技能信息、记忆术(帮助记忆等)、帮助(指引学生注意力的选择等)、可选择的表征形式(以不同方式表示同一内容)和反馈(包含答案型、帮助型和应用型)。辅助呈现形式需要与基本呈现形式相匹配、相结合,从而最终促进教学目标的达成。

其他呈现形式　梅里尔认为,过程呈现形式是不同于基本呈现形式和辅助呈现形式的第三种呈现形式。过程呈现形式由建议学生有意识地处理所呈现信息的教学或指导组成。这种指导可能是“闭上眼睛,试着用自己的话说明通则"或"回忆过去几天的学习,试着找出存储在你记忆中的说明通则的实例"等。任何指导学生如何思考,或如何处理所呈现信息的都将被认为是过程呈现形式。程序性呈现形式则被梅里尔认为是第四种呈现形式。程序性呈现形式是向学生说明如何操作用于呈现材料的设备的指导。像"现在翻页"或"打开录音机"的指导都属于程序性呈现形式。

呈现形式与内容、能力水平之间的一致性

能力水平与基本呈现形式之间的一致性　它总结了能力水平与基本呈现方式之间相互匹配的一个处方性关系或命题。垂直维度代表能力水平,其中把记忆水平与不同内容类型进行了细分。水平维度表示教学中的呈现、练习以及能力或业绩表现。矩阵中的每一个单元表示每种能力水平规定的呈现形式的组合(基本呈现与辅助呈现)。练习和能力(业绩)表现中的策略是相同的,说明在练习时对学生的要求应当与要求学生达到的能力水平一致。它为教师的教学提供了只需选择的一个策略处方。

表2　能力水平与基本呈现形式的一致性

基本呈现形式 能力水平	呈　现	练　习	能力或业绩表现
发现		几个新的探究性实例和一个探究性通则	几个新的探究性实例和一个探究性通则
应用	讲解性通则和几个相应的实例	几个新的探究性实例	几个新的探究性实例
通则记忆(释意)	讲解性通则和一个相应的实例	释意性的探究性通则	释意性的探究性通则
通则记忆(死记硬背)	讲解性通则	探究性通则	探究性通则
实例记忆(释意)	讲解性实例	替代性表征的探究性实例	替代性表征的探究性实例
实例记忆(死记硬背)	讲解性实例	探究性实例	探究性实例

内容类型与基本呈现形式之间的一致性　它总结了内容类型与基本呈现形式之间相互匹配的一种规定性关系。纵行是内容类型,横行是基本呈现形式。矩阵中的每个单元是与不同的内容类型相适应的基本呈现形式中具体需要呈现的内容。比如,对于概念,针对讲解性通则这种呈现形式,通则用"定义"来体现,其中要涉及概念的名称、该概念所属的上位概念分类是什么、该概念的属性特征以及这些属性特征之间的关系等。关于基本呈现形式与辅助呈现形式之间的关系,也是成分显示理论的一个组成部分。研究表明,基本呈现形式与辅助呈现形式之间要保持高度的一致性,各种呈现形式与内容类型和能力水平之间需要相互协调、匹配才能取得好的教学效果。

表3　内容类型与基本呈现形式之间的一致性

基本呈现形式 内容类型	讲解性通则	讲解性实例	探究性实例练习	探究性通则练习
事实		符号——符号 符号——物体 符号——事件	符号——? 物体——? 事件——?	
概念	定义 ·名称 ·上位概念分类 ·属性 ·关系	例子 ·名称 ·物体、事件、符号 ·属性呈现 ·表征	分类 ·新的物体、事件、符号 ·属性呈现 ·表征 ·(名称)?	阐述定义 ·名称 ·释意或死记硬背 ·(定义)?
程序	过程 ·目的 ·名称 ·步骤 ·顺序 ·决策 ·分支	演示 ·目的 ·名称 ·材料 ·按顺序执行 ·表征	演示 ·目的 ·新材料 ·反应的表示方法 ·(执行)?	陈述步骤 ·名称 ·释意或死记硬背 ·反应的表示方法 ·(步骤、决策、分支、顺序)?
原理	命题 ·名称 ·组成的概念 ·因果关系	解释 ·名称 ·事件情境或问题 ·表征	解释 ·名称 ·新问题 ·反应的表示方法 ·(解决方案预测)?	陈述关系 ·名称 ·释意或死记硬背 ·反应的表示方法 ·(命题)?

注:单元格中的"?"代表对学生的提问

对成分显示理论的评价

　　成分显示理论基于并进一步发展加涅关于"不同的学习成果需要不同的学习条件"这一理论假设。加涅根据学习与记忆的信息加工模型提出九大教学活动,并探讨了九大教学活动与五种学习结果之间的匹配关系。成分显示理论则从它的能力水平与内容类型二维矩阵的分类出发,详细分类和规定了适合各种能力水平和学习内容分类的各种教学活动和教学顺序,形成了教师可以参照的教学策略,这个工作使得教师对教学的决策活动大为简化,从教师自己发明或形成教学策略转变成教师更多的只是选择教学策略。这与梅里尔教学设计自动化的思想一脉相承,也昭示出他对教学设计理论未来发展的可普及性和可利用性的一

种尝试。

成分显示理论并不是一组使教学适合每个学习者的命题，而是为一组存在个体差异的学习者设计教学的命题。不是每个学生都需要该理论呈现的所有材料或呈现形式，但是这个理论提供的每个组成部分都至少被一些学生使用，所以成分显示理论允许学生控制或选择内容、策略、呈现顺序、例子数量、练习题数目和精细加工程度等，这就是梅里尔提到的学习者控制。学习者可以更轻松地选择最适合他们当时状态倾向和他们更长久的特性倾向的策略成分。通过这种呈现形式，学习也尽可能地更加简单，而且也为学生在非结构化学习环境中练习他们的学习策略提供了机会。

成分显示理论的研究只涉及认知领域，而且仅仅涉及认知领域微观水平的研究。研究范围的狭窄也从另一个方面成就了成分显示理论的详细性和丰富性，这种详细性和丰富性也使它在相应的认知领域中更为有用、更加可靠、更加可以依赖。

参考文献

盛群力，李志强. 现代教学设计论［M］. 杭州：浙江教育出版社，1998.

Reigeluth，C. M. Instructional-Design Theories and Models：An Overview of Their Current Status［M］. Hillsdale，NJ：Lawrence Erlbaum Associates. 1983.

（刘美凤　刘　博）

美国教育政策（educational policy of the United States）　美国在不同时期的教育政策是美国国家发展在一定历史阶段对教育发展提出的不同要求的表现形式，这些不同教育政策的贯彻与落实不仅促进了美国社会教育自身的发展，更促进了美国社会宗教、政治、经济、文化的发展以及国际地位的提升。

美国宪法对地方和联邦教育权限的划分，使联邦政府的教育权力局限于为保障公民教育机会均等与为满足国防需要设置课程提供资助这两个方面，但联邦政府和各种全国性教育团体组织通过颁布一系列重要教育拨款法案和发表一些重要教育报告，逐渐加强对各级各类学校教育机会均等与教育质量提高的宏观调控，使美国教育的发展能够服从国家整体发展的需要。

美国教育政策发展历史

根据美国宪法第十修正案，"宪法未授予合众国，也未禁止各州行使的权力，将由各州或由人民保留"，美国的教育管理权及教育政策的制定权属于各州教育委员会。而宪法第八条"联邦政府有权对共同防务和一般福利的目的征收赋税"的规定又将为教育课税，并在教育财政拨款的范围内行使立法的权利赋予了联邦政府。

普及义务教育政策的发展　美国的义务教育政策萌芽于殖民地时代，与地方教育分权管理制度的建立和发展存在密切关系。殖民地时期，美国南部种植园地区英国国教徒占主导地位，教育上承袭英国传统，盛行家庭教育，把教育作为私人的事业。中部商业地区移民来自各国，宗教信仰与文化成分的多元化，使教育管理大权掌握在各教派手中。北部工业地区英国清教徒在社会构成中占主导地位，"市镇制"的民主政治管理体制使教育最早成为地方政府关心和管理的事务。1634 年与 1638 年，殖民地马萨诸塞州颁布了用公共税款兴办学校的法令。1642 年与 1764 年，马萨诸塞州又颁布对一切儿童实施强迫义务教育的法令。虽然当时颁布义务教育政策主要是出于满足宗教信仰而不是社会经济与政治发展的要求，但是，这些法令的颁布在美国历史上第一次确立了地方当局的教育领导权，同时为 19 世纪州公立学校运动的兴起奠定了法律基础。

18 世纪下半叶，美国获得独立，宪法对公民普选权的承认使实施义务教育首次成为政治发展的需要。为此，各州在宪法中对义务教育作出规定并制定了专门的学校法，但是，由于当时教育管理实权在地方各个学区，州教育领导机构尚未确立，同时也由于学校法在事实上的非强迫性和农业经济生产方式的制约性，该时期美国社会教育事业的重心仍然在私立中等与高等教育，公立初等教育发展十分缓慢。

19 世纪 20 年代，美国开始由农业国向工业国转变，经济的发展对初等义务教育的实施提出要求。1834 年，宾夕法尼亚州议会率先通过了一项非强迫的免费学校法案，规定州有对公立学校进行资助、监督和要求地方征收教育税的权利。1842 年，纽约州法令规定，任何学校都不得教授、灌输或实践宗教教派的教义或教务，违背者不能接受分配给学校的任何资金，这一法令确立了教育与宗教分离的原则。在宾夕法尼亚州和纽约州的影响下，其他各州纷纷颁布相似的法令政策。19 世纪 30—60 年代，经过一系列的斗争，美国公共的、免费的、非教派的、单轨的公立初等教育体系初步确立。

然而，此时期义务教育的非强制性使其普及程度受到影响和制约。为了进一步加强对义务教育的督导与管理，1837 年与 1839 年，马萨诸塞州和康涅狄格州先后成立州教育委员会，将原来为地方各学区所控制的教育管理权统一到州政府手中。1852 年，马萨诸塞州颁布美国进入工业社会以来的第一个强迫义务教育法，以后各州纷纷效仿，到 1918 年密西西比州最后颁布强迫义务教育法时，美国 48 个州都实行了强迫义务教育。1900 年，美国 5～17 岁年龄组的儿童有 72% 进入小学,美国普及初等义务教育的理想得到实现。

南北战争以后,在基本普及初等免费和强迫义务教育的基础上,各州纷纷建立州教育委员会,进一步提出普及中等教育的政策。1874 年,密歇根州对卡拉马祖案的判决,确立了用税收兴办公立学校的原则,使各州用公共经费开办公立中学的做法合法化。从那时起,美国各州开始掀起公立中学运动。20 世纪初,随着美国社会由自由资本主义过渡到垄断资本主义,普及中等教育的要求变得日益迫切,州教育领导机构开始在全国范围内普遍发挥其作用,与此同时,联邦政府颁布《联邦税收法》,积极支持地方兴办免费公立学校。由于美国中小学教育资金主要来源于地方财产税、州收入税与销售税,因此,联邦政府的减免税制鼓励了公债投资、州和地方资助学校,从而间接地使公立学校获益。在地方政府和联邦政府的政策支持下,1940 年,全国 7～13 岁的儿童中,有 95.5% 就读于小学;14～17 岁的青少年中,有 70% 进入中学,中等教育基本普及。

统一学制和综合中学教育政策的演变　19 世纪末,虽然美国各州已普遍建立起为所有儿童开放的、免费的、强迫的、中小学相衔接的、具有美国特色的单轨公立教育制度,但是,中小学学制的不统一和中学学校类型的多样化所带来的教育不平等,随着 20 世纪初美国自由资本主义向垄断资本主义的过渡而开始逐渐显现。为了解决这一问题,美国成立了许多全国性教育组织,这些组织通过不同的教育政策建议来促进各州基础教育的协调与统一发展。

19 世纪中后期,在普及初等和中等免费义务教育过程中,各州及同一州内各学区学制长短差异很大,仅纽约州就有"九四"制、"七四"制、"九三"制三种学制,全国则存在"九四"制、"九三"制、"八四"制、"八三"制、"七四"制等多种学制。学制的差异导致教育的不平等。针对这一情况,1908 年,美国全国教育协会建议各州统一实施"六三三"制。1918 年,美国全国教育协会中等教育改组委员会(Commission on the Reorganization of Secondary Education)在《中等教育的基本原则》报告中正式提出学制改革问题,要求基础教育分为六年初等教育与六年中等教育两个阶段。六年中等教育进一步分为初级阶段和高级阶段。初级阶段的教育重点是帮助学生探索自己的能力倾向并对他将来从事的工作种类至少作出暂时性的选择。高级阶段的教育重点放在所选定领域的训练上。这种区分为三年制初级中学和三年制高级中学的建立奠定了基础。第一次世界大战后,与欧洲传统有别的单轨的"六三三"制逐渐成为美国各州广泛采用的学制并沿用至今。

19 世纪末期,美国基础教育学制的不同还带来中学学校类型的多样化。19 世纪初,美国开创了第一所公立中学。公立中学产生之初兼顾升学与就业双重任务,但在发展中慢慢偏离为就业服务的轨道,仅仅为少数人的升学服务。出于弥补职业教育之不足,19 世纪末美国产生了私立工业中学、农业中学、商业中学和工艺中学等多种新型中学。中学类型的多样化虽然满足了社会发展的需要,但各类中学之间,尤其是普通公立中学与各种私立或公立职业中学之间地位是不平等的。1918 年,美国全国教育协会中等教育改组委员会发布《中等教育的基本原则》报告,重申中等教育原有的双重功能。报告指出,民主制度的理想一方面具有专门化,即具有个人和群体可借以有效从事各种不同职业和人类努力的领域;另一方面则有统一化,即具有民主制度中的成员可借以获得有利于合作、社会凝聚和社会团结的那些共同观念、共同理想以及思想、情感和行动的共同方式。在指出中等教育必须兼顾普通教育与职业教育的同时,报告进一步从专门化、统一化、目标的多样性、就学的方便性、适应地方需要以及课程组织的有效性几个方面论证了以涵盖学术科、普通科、职业科在内的综合中学取代公立中学的必要性,并在此基础上得出结论:将所有课程包括在一个统一组织中的综合(有时称混合的或全盘的)中学,仍应是每个中等学校的标准类型。不管对高级中学采取什么政策,三年制初级中学必须是综合类型的,因为初级中学的一个主要目的,是帮助学生通过广泛多样的接触和经验来获得明智选择其教育生涯和职业生涯的基础。按照该委员会的看法,三年制高级中学和旧四年制中学也应该是综合类型的。

20 世纪 20—50 年代,根据美国全国教育协会中等教育改组委员会的要求与建议,美国各州开始改革传统中学的培养模式,将多样化中学改造为在学校内部实行分科的综合中学。于是,这种接受不同文化和社会经济阶层的学生,具有多种培养目标并反映了教育平等观念的综合中学很快就成为美国中学教育的一大特色,并在第二次世界大战后发展为美国最主要的中学类型。迄今为止,与私立学校和教会学校相比,综合中学为主体的公立中小学制度在美国基础教育制度中已经占据垄断地位。

高等教育大众化、实用化政策的出台　美国的高等教育始于殖民地时期,由教会所创办,发展缓慢。建国后,美国联邦政府通过颁布教育法令开始介入和引导高等教育的发展。1787 年,美国刚刚获得独立之后不久,出于政治上巩固新生政权的需要,国会通过《西北土地法令》,规定国家对新成立的州给予公地作为创办公立学校的经费。19 世纪后期,随着南北战争结束、美国由农业社会开始向工业社会过渡,联邦政府又于 1862 年颁布《莫里尔法》,对高等教育的发展作出规定。法案要求联邦政府向各州提供联邦土地,各州将新获土地出售,用所得经费建立永久性基金,资助至少一所与农业和工艺有关学科的院校。从 1862 年该法案开始实施到 1922 年,美国共建立了 69 所农工学院。有鉴于《莫里尔法》的成功,国会于 1874 年又通过了《海奇法》,规定联邦政府提供经费在赠地学院建立农业试验站。农业试验站的建立促使美国高等学校开始承担起应用科学研究的任务,并在大学开设起各种各样的农业科学技术课程。1914年,美国国会通过《史密斯—列弗法》,规定拨款资助教授农业与家政的教育机构,这一法令促进了高等学校的农业技术推广服务。1935 年联邦政府又颁布《班克黑德—琼斯法》,规定每年增加拨款以促进赠地学院的农业科学研究和农业合作项目。

《莫里尔法》等一系列法案的颁布对美国高等教育的发展具有重要意义。首先,它打破了联邦政府不过问高等教育的传统,开创了联邦政府资助高等教育的先河。其次,它使州政府对高等学校的财政拨款制度化,从而极大地推动了州立大学的发展。再次,它使高等教育摆脱欧洲传统模式,使高等教育面向大众开放,使高校为社会经济发展服务成为美国高等教育的特色。

各级各类教育政策的发展 (1)义务教育年限普遍延长,义务教育性质改变。第二次世界大战后,随着中等教育的普及,义务教育的年限也普遍延长。20 世纪 80 年代,美国各州义务教育的法定年限以 9 年居多,但也有的州为 10年、12 年或 13 年。进入 90 年代,联邦政府从政策上对义务教育提出更高要求。1991 年,G. H. W. 布什总统在《美国2000 年教育战略》中提出,到 2000 年,美国高中生的毕业率要提高到 90% 以上。1997 年,克林顿总统在国情咨文中要求普及高等教育,实行 13 年和 14 年的教育,要求每个公民至少接受 2 年的社区学院教育。除了进一步提高义务教育的年限之外,90 年代美国义务教育政策的一个趋势是,义务教育从"义务"向"自愿"转变,即免费义务教育将向着"自愿性公共教育"转变,义务教育原有的强迫性和划区入学原则将为学生、家长与学校的自愿合作和选择入学所代替。这一政策已经纳入美国全国教师协会 (National Teachers Association)的"零度容忍"训练策略。(2)基础教育目标从追求效益到追求公平的波动与平衡。20 世纪 50 年代末期,为了应对来自苏联科技发展的挑战,联邦政府通过《国防教育法》介入基础教育的发展,要求基础教育目标从适应生活转向基础科学知识教育,通过加强"新三艺"教学,为高校输送优秀毕业生。在《国防教育法》的推动下,1961 年美国全国教育协会教育政策委员会通过《美国教育的中心目标》的报告,明确宣称"进行智力训练是公立中学的基本智能"。围绕这一目标,在科南特、布鲁纳等人教育理论的指导下,美国掀起目的在于追求教育效益的综合中学运动与结构主义课程改革运动。

20 世纪 60 年代中期到 70 年代初,面对国内反越战争与国际石油危机所造成的社会动荡、种族隔离与贫困问题,联邦政府的教育政策从关注提高教育质量转向关注教育公平问题。在 1917 年《史密斯—休士法》的基础上,联邦政府分别颁布《职业教育法》(1963)、《经济机会法》(1964)和《生计教育法》(1974),试图通过促进基础阶段职业教育的发展来改善失业危机。与此同时,联邦政府于 1964 年颁布《民权法》,以满足少数民族儿童、处境不利儿童以及残疾儿童的特殊教育需要并提高他们的学业成绩。法案第四条授权各州教育委员会为解决公立学校的种族隔离问题提供技术和财政资助。第六条和附属条款规定,任何人不得因其种族、肤色或原国籍而在任何受到联邦资助的教育计划中受到歧视。在《民权法》颁布后的第二年,即 1965 年,联邦政府颁布《初等与中等教育法》,为所有处境不利的儿童提供特殊的补偿教育与财政资助。在《初等与中等教育法》颁布 10 年之后,联邦政府又于 1975 年颁布《教育所有残疾儿童法令》,为残疾儿童教育提供法律和财政上的保障。

20 世纪 80 年代,为了在国际经济、科技与教育竞争中赶上德国与日本,受命于联邦政府的美国提高教育质量委员会于 1983 年发表《国家处在危险中:教育改革势在必行》的报告,要求以提高所有儿童的学业成绩为改革的目标,重建美国的教育体制。卡内基教育与经济论坛和霍姆斯小组则于 1986 年分别发表《国家为培养 21 世纪的教师作准备》、《明天的教师》的报告,要求改革教师教育,通过提高教师专业化水平促进中小学教育质量的提高。里根总统的教育部长 W. J. 本内特也于 1988 年发表《关于美国教育改革的报告》,从教育管理的角度提出"择校自由"与"公校私营"的政策,希望通过引入市场竞争机制,革新学校办学体制,激活公立中小学教育效率。同年,联邦政府颁布《霍金斯—斯塔福德中小学改进修正案》,拨专款资助中小学制定各种计划,采取各种措施提高教育质量。与此同时,1989 年美国科学促进协会提出《2061 计划:面向全体美国人的科学》的研究报告,进一步提高对中小学学生学业标准的要求。G. H. W. 布什总统则颁布《优秀教育法》,对达到学业标准的学生和帮助学生达到学业标准的学校、教师和管理人员进行奖励。

进入 20 世纪 90 年代,随着全球经济一体化进程的加快,国际竞争的日趋白热化,联邦政府在继承 80 年代"重建美国教育体制"的教育改革思想基础上,以教育公平和教育效益的统一为教育政策的目标价值取向,以加强联邦政府宏观调控和引入市场机制为实现这一目标的具体策略,对教育改革政策做出新的调整。1991 年,G. H. W. 布什总统在具有法令效应的《美国 2000 年教育战略》报告中,第一次提出全国六大教育目标、四大教育战略以及九年综合教育改革计划。在布什总统签署的这项法令中,六大教育目标分别对学生、成年人和学校提出不同要求与努力方向,目的是通过提高教育标准来提高教育质量,而四大战略则侧重从改革旧有学校、建立新型美国学校、建立终身教育制度和学习化社会来提供和实现教育机会的均等。1994 年,克林顿一上任即颁布《美国 2000 年教育目标法》,在继承 G. H. W. 布什总统六大教育目标的基础上,增加了教师培训和家长参与两个目标,并将 G. H. W. 布什总统要求学生学习的 5 门核心课程增加为包括外语与艺术在内的 7 门核心课程,使之与新的世界标准相联系。与此同时,《美国 2000 年教育目标法》力图帮助残疾学生、少数民族学生、差生,使他们达到国家教育目标。法案宣称,不论种族、肤色、宗教、性别、年龄、残疾、国籍或社会阶层,为每个人提供受高质量教育的平等机会是美利坚合众国的政策。

（3）高等教育方向从追求大众化到追求国际化与全球化的转变。第二次世界大战后,为了在与苏联的“冷战”中占据优势地位,联邦政府首先加强对高等教育的管理与控制。从 1945 年起,联邦政府先后颁布《退伍军人就业法》、《高等学校设施法》、《高等教育法》及其修正案和《应急保险学生贷款法》。其中,《退伍军人就业法》、《高等教育法》及其修正案对美国教育发展影响最大。根据 1945 年的《退伍军人就业法》,联邦政府将贷款资助退伍军人安家立业,并使他们受到在职训练,同时,联邦政府还资助 200 万退伍军人进入大学学习。《退伍军人就业法》的颁布与实施提高了联邦政府对高等教育的投资,并初步表现出联邦政府通过教育解决社会问题的能力。在解决退伍军人的就业与学习问题之后,联邦政府又于 1965 年正式颁布《高等教育法》。《高等教育法》要求联邦政府建立联邦学校贷款计划,为贫困学生和天才学生提供助学金和奖学金,增加高等学校建设经费,资助大学和学院的社区服务计划,资助本科生教学改革。由于该法案首次明确规定联邦政府对国家公立和私立院校提供长期和全面的资助,因此,它的颁布进一步促进了美国高等教育的大众化。

在促进高等教育大众化发展的同时,为了在政治上争取国际社会的支持和对外输出美国的文化价值观念,联邦政府还将教育视为外交手段之一,从 1946 年起先后颁布《富布赖特法》、《美国情报和教育交流法》、《国防教育法》、《教育和文化相互交流法》、《国际教育法》、《国家安全教育法》等一系列有关国际教育的法案,资助高等教育领域的国际教育与国际交流,使美国高等教育体现出国际化特色。其中 1946 年的《富布赖特法》作为美国从经济、政治和文化等全方位对苏联实行“遏制政策”的一个重要组成部分,首次提出在文化教育上与西欧大学建立国际合作与交流关系,对西欧进行文化教育援助。1958 年的《国防教育法》针对来自苏联的科技挑战,一方面要求联邦政府投资中小学“新三艺”教学并为贫困大学生和优秀大学生提供贷款,为大学提供优秀新生和扩大高等教育机会;另一方面要求各大学开设研究生阶段的区域研究与外语教学课程,为国家培养国防安全所需的各种高级专门人才。《国防教育法》的颁布虽

然首次为美国国际教育制度的建立奠定了政策基础,但鉴于其只是一个临时性的应急法案,1966 年联邦政府又正式颁布《国际教育法》,要求美国的大学与学院建立国际研究中心,将研究生阶段的区域研究拓展为国际研究,将研究生阶段的外语教学拓展为本科阶段的国际教育。与此同时,法案还明确授权健康教育福利部为国际教育的管理与资助机构,并建议建立“全国国际教育咨询委员会”规划与协调美国国际教育的发展。尽管由于各种原因《国际教育法》通过了立法程序却没有得到国会的拨款资助,但《国际教育法》仍然是美国历史上第一个明确要求大学建立国际教育制度的法案。

20 世纪 80 年代,由于里根政府的不干预政策,美国各级教育包括高等教育的改革政策建议主要由全国性教育组织制定。1986 年,卡内基教学促进基金会发表的《美国高等学校的本科教育》的报告指出了高等教育改革的方向。报告认为美国国民高等教育的规模已为世界之首,但教育质量低下。为此,报告建议从五个方面改进大学本科教育质量:加强学院与高中的联系;开设综合核心课程;提高学生学业标准;改革教师培养制度,设立“优秀教学教授职称”;加强校园生活与社会生活的联系。报告的发表不仅为探讨高等教育的改革提供了契机,而且使一些高校开始走出改革的困境。

20 世纪 90 年代初,随着苏联与东欧社会主义国家的解体,世界政治局势的缓和与经济竞争的加强,联邦政府重新恢复对各级教育的领导,尤其是对高等教育的管理。1991 年,苏联刚解体,联邦政府就立即与原苏联与东欧国家建立文化、教育交流关系,同时针对全球经济竞争的需要,颁布了《国家安全教育法》。该法也是一个拨款法案,通过对三个新的领域实行资助,建立起三种新的国际教育计划:本科生海外学习计划,研究生国际研究学位计划以及大学与学院的国际教育计划。与《国际教育法》相比,《国家安全教育法》虽然以“国家安全教育”的名义,但仍是一个国际教育法案。通过将从前几个法案中分离开来的海外与海内国际教育计划整合在一起,将课程国际化与满足学生个人需求的“国际专家”培训纳入校园国际教育计划,《国家安全教育法》既拓宽了国际教育的范围,又提升了国际教育的质量,使原有国际教育制度进一步得到健全与完善。

20 世纪 90 年代末期与 21 世纪初期,随着全球经济一体化所带来的全球社会问题,例如,环境、能源、贫困、发展、种族、妇女、和平问题的增加,特别是“9·11”事件的爆发,美国高等教育政策再次从为经济竞争服务转向为政治需要服务。2002 年 5 月,美国高等教育机构的最高学术领导与协调组织“美国教育理事会”向联邦政府提交报告《跨越“9·11”:国际教育的综合国家政策》。报告分别从政治、外交、经济三个角度对 21 世纪美国国际教育的目标体系,以及

达到目标的策略和所需资源作了非常清楚的阐述。报告同时指出,为了应对全球挑战,国际教育政策应该包括三个宽泛目标:培养国际专家与传授国际知识;加强美国解决全球教育问题的能力;培养具有全球能力的公民与劳动力。这一规定体现出 21 世纪美国国际教育政策的全球教育价值取向。

美国教育政策的特点

教育政策决策因素的多样性与互补性　美国教育政策的制定者至少包括三种机构与组织:地方教育行政管理机构、全国性教育组织和联邦政府教育部。这些不同的教育组织在不同时期发展起来,通过制定不同的教育政策,促进不同方面教育制度的发展。与此同时,在某些时候,这些部门的作用又出现相互交叉的情况,体现出三者的互补或合作的趋势。在义务教育制度的建立与发展过程中,最早与之发生影响的是地方教育机构的建立及其所制定的教育政策。在中小学学制统一与综合中学的建立问题上,又是全国性教育组织——美国全国教育协会的教育政策决定了当时基础教育改革与发展的方向。美国高等教育的发展与变化则从建国后就受到联邦政府教育政策的制约。总体上,第二次世界大战以前,美国基础教育的发展主要受到地方政府和全国性教育组织教育政策的影响,第二次世界大战后,美国各级教育,包括基础教育的发展更多地受到联邦政府教育政策的影响。20 世纪 80 年代,由于里根政府对教育采取不干预政策,美国各级教育的发展又受制于地方政府、全国性教育组织教育政策的制约。20 世纪 90 年代,美国各级教育的发展共同受到来自地方教育机构、全国性教育组织、联邦政府和市场机制的影响。在这个过程中,美国教育政策决策因素的多样性既是美国民主政治传统在教育领域内的反映,同时又体现了教育管理权力与教育政策内容的差异性。例如,地方教育管理机构主要从地方实际需要出发制定灵活多样的教育政策,满足地方教育发展的具体需要。全国性教育组织主要从各州教育的协调发展出发,制定各州应该共同遵守的教育政策,以保持各州教育发展的平衡与一致。联邦政府则从国家利益出发,对全国性教育事务作出统一规定与要求并提供财力资助,目的是让各级教育的发展符合美国国家利益的需要。

美国教育决策因素的互补性体现了美国教育发展对教育政策灵活性与统一性的共同要求。尽管在三种教育机构与组织中,地方教育管理机构的教育政策体现出较多的差异性与灵活性,全国教育性组织与联邦政府的教育政策更多地体现出对各州教育和全国教育的统一要求,但是,他们都对美国教育的发展产生了影响,并且基本没有发生过彼此替代或相互矛盾的情况,相反却相互补充或彼此加强。

例如,虽然第二次世界大战后联邦政府加强了对各级教育的领导,但这并没有削弱地方教育机构与全国性教育组织对各级教育的领导与指导作用,相反,联邦政府的教育法令一再强调保持地方政府的教育领导权和调动地方政府的教育积极性。

美国教育政策决策因素的多样性与互补性使得美国教育的发展既能兼顾地方的需要,体现地方特色,又能照顾国家的利益,体现国家的统一要求。

教育政策内容的全面性与倾斜性　教育政策的全面性是指美国教育政策内容涉及各级、各类与各方面的教育问题;倾斜性是指不同时期美国教育政策内容所强调的重点有所不同。在宏观上,美国教育政策涉及学制、培养目标、课程、教师、教育经费与教育管理等方面。在微观上,随时代发展,美国教育政策对上述每一方面又有许多具体规定。例如,学制政策既包括义务教育政策、综合中学政策,又包括高等教育大众化与实用化政策。培养目标政策既有养成学生生活适应能力,又有训练学生的学术思维能力等不同方面的要求。课程政策既涉及各州课程政策、国家课程政策,又涉及州级与国家级课程标准政策问题。教师政策包括教师资格与培养规格政策、教师认证制度政策、教师权力与责任制度政策以及少数民族教师政策等。美国教育政策内容的全面性在一定程度上是其决策因素的多样性与互补性所决定的。

不同时期美国教育政策又体现了鲜明的倾斜性。例如,关于义务教育问题,从 19 世纪以前的"强迫"教育,19 世纪的"公立"教育,20 世纪初的"免费"教育,到 20 世纪 90 年代的"自愿"教育,教育政策对义务教育性质的规定与强调在不同时期有不同要求与侧重。又如,在其价值取向问题上,从 20 世纪上半叶追求教育机会均等,到五六十年代倡导英才教育、70 年代体现教育公平、80 年代追求高质量教育、90 年代提倡教育公平与教育效益的统一。这期间教育政策的每一次变化既与时代发展需求有关,同时又体现出教育政策在发展过程中的倾斜性。高等教育的发展也是如此。建国后,高等教育突出的是大众化与实用化,第二次世界大战后开始突出国际化问题,20 世纪 90 年代又强调全球化的重要性。

美国教育政策的全面性使美国教育的发展能够兼顾教育事业发展的各个方面,倾斜性则使地方与联邦政府能够集中财力与物力发展某一方面的教育,同时又使教育发展在不同时期体现出不同的重点与特点。

教育政策体现方式的双重性与有效性　教育政策体现方式的双重性是指美国教育政策一方面通过地方政府与联邦政府的教育法令来表现,另一方面则反映为全国性教育组织与国家领导人的教育报告。其"有效性"则是指无论是地方教育管理机构还是联邦政府颁布的教育法令,还是全国性教育组织与国家领导人的教育报告,在指导美国教育发展的过程中都具有政策效应。例如,美国的教育法令,特别是联邦政府的教育法令不仅仅是对教育发展的硬性法律规定,而且还包括落实这些法律条款的财政资助规定。

与教育法令相比,全国性教育组织与国家领导人的报告虽然不具有法律效应,但同样对美国教育的改革与发展发挥了重要的指导作用。例如,1918 年美国全国教育协会中等教育改组委员会发布的《中等教育的基本原则》报告与1961 年发布的《美国教育的中心目标》报告,分别对美国 20 世纪上半叶中等教育的大众化与 20 世纪下半叶中等教育的英才教育改革运动产生了重要的影响。1983 年,美国提高教育质量委员会的报告《国家处在危险中:教育改革势在必行》直接导致了美国以提高基础教育质量为目标的教育改革。1986 年,卡内基教育与经济论坛和霍姆斯小组关于《国家为培养 21 世纪的教师作准备》、《明天的教师》的报告对美国教师教育改革产生了重要指导作用。同年,卡内基促进教学基金会有关《美国高等学校的本科教育》的报告则促进了美国高等教育质量改革运动的到来。1988 年,里根总统的教育部长 W. J. 本内特《关于美国教育改革的报告》不仅总结了美国 80 年代各级各类教育的改革情况,而且促进了90 年代美国基础教育"择校自由"与"公校私营"运动的产生。1989 年,美国科学促进协会提出《2061 计划:面向全体美国人的科学》的研究报告,进一步提高了对中小学学生学业标准的要求。1991 年 G. H. W. 布什总统的《美国 2000 年教育战略》与 1997 年克林顿总统的国情咨文指明了美国 21世纪教育改革与发展的方向。

教育政策实施方式的强制性与自愿性　在美国历史上,一些教育法令并没有强制性。例如,17—18 世纪,虽然由于宗教与政治的原因,美国各州大多颁布了强迫义务教育法令,但因没有足够的财政支持,强迫义务教育法令在实践中很难贯彻落实。19 世纪初期,随着美国开始由农业国向工业国转变,各州开始颁布非强迫的免费学校法案,以期用"免费"代替"强迫",促进义务教育的发展。然而,义务教育的非强制性仍然制约了义务教育的普及程度与发展水平。为进一步加强对义务教育的督导与管理,19 世纪 40 年代,各州成立州教育委员会,开始重新颁布强迫义务教育法,使义务教育的"免费"与"强迫"相结合,从而促进了美国20 世纪初期义务教育的发展。20 世纪 90 年代,随着美国社会经济的发展与义务教育年限的不断延长,美国义务教育又出现由"强迫"向"自愿"的新转变,义务教育成为非强制性的教育。

美国教育政策实施方式的强制性与自愿性还表现在地方教育政策与联邦教育政策的差异性上。地方政府的教育政策具有更多的强制性,联邦政府的教育政策更多地带有咨询与建议的色彩,其强制性主要通过经费资助的方式得

到体现。尽管第二次世界大战后联邦政府加大了对各级教育的领导与管理,但美国的教育管理地方分权制传统仍然得到保留。为了解决联邦政府与地方政府在教育管理权限上的矛盾,20 世纪 80 年代,里根政府采取教育不干预政策,将教育决策大权回归给地方政府,90 年代,随着 G. H. W. 布什与克林顿的上台,联邦政府再次加强对全国教育的领导,但该时期由联邦政府所制定的教育政策仅只规定了国家教育发展的最低标准要求,这些标准并不强行要求地方各州一致执行,而是自愿采纳。例如,在 90 年代美国基础教育改革运动中,联邦政府的课程政策、教师政策等就表现出非强制性的特点。联邦政府的《美国 2000 年教育目标法》虽然以法令的形式明确了国家教育目标、国家课程标准与教师资格认证标准,然而这些标准不要求各州强制执行,而是由各州自愿采用。联邦政府的职责是通过对采用这些标准并达到要求者给予资助的经济手段,加大执法力度。

教育政策发展过程的阶段性与连续性　阶段性是指美国的教育政策在不同时期具有不同的内容与特点,连续性是指不同时期美国教育政策的同一内容或不同内容与特点具有一定的内在联系。例如,尽管各个时期各级教育都或多或少地获得相应的发展,但 17—19 世纪美国教育政策的重点是发展初等义务教育。20 世纪上半叶,美国教育政策的重点转向改革中等教育,目的是使中等教育民主化与生活化。20 世纪下半叶,美国教育政策的重点又转向高等教育的大众化与国际化。20 世纪八九十年代在各级教育数量具有很大发展的基础上,美国教育政策的重点又表现为追求各级教育,特别是基础教育质量的提高与建构终生教育体系。就基础教育学制改革政策而言,20 世纪上半叶的学制改革政策要求中小学学制从多样化走向统一,八九十年代新的学制改革政策要求中小学学制改革由统一向多样化回归,并建构新的教育制度。

美国教育政策的这种阶段性并不是彼此孤立的,不同时期、不同阶段制定的不同教育政策之间存在密切的内在联系。17—19 世纪,公立小学与公立中学教育政策的诞生与公立中小学运动的发展是 20 世纪上半叶综合中学政策的产生与综合中学运动发展的基础。同样,17—20 世纪上半叶基础教育改革与发展政策的产生是 20 世纪下半叶制定高等教育大众化与国际化政策的前提条件,同时也是 20 世纪末期制定各级教育,尤其是基础教育高质量运动的前提条件。基础教育学制政策在 20 世纪上半叶由多样化走向统一所追求的是教育机会与教育过程的均等,20 世纪下半叶由统一走向多样化则追求的是教育结果的均等。

美国教育政策与国家发展的关系

国家发展对教育政策的影响　美国国家发展对教育政

策的影响在不同时期有不同表现,具体表现在以下几个方面。(1) 宗教发展对教育政策的制约。美国国家发展对教育政策的促进最早表现为殖民地时期宗教发展的需要。作为一个移民国家,美国最早的移民大部分是为了躲避本国宗教迫害与政治迫害而逃亡到美洲大陆的,因此,无论是在英国清教徒聚居的北部殖民地,还是英国国教徒占主流地位的南方殖民地,以及各国移民混居的中部殖民地,宗教生活是日常生活的核心,寻求宗教信仰自由以及传播各自的宗教信仰就成为日常生活中的头等大事。可以说,争取宗教自由、树立宗教信仰、传播宗教文化、培养宗教信徒与教会人事是殖民地时期各殖民地教育目标政策的共同特点。(2) 政治发展对教育政策的制约。独立战争后,如何将具有不同宗教信仰的各个民族统一为一个共同的美利坚民族,如何建立一个与本国封建专制政治不同的民主政体以维护美国的政治独立,是美国社会各界面临的第一件大事。为此,美国社会各界都将建立对所有儿童开放、教授共同政治与社会意识的公立学校系统、实现教育机会均等,作为确保美国国家发展和谋求其政治利益的手段。在此共识基础上,1791 年美国宪法第一修正案有关美国"国会不得制定规定国教或禁止人民信仰宗教的法律"的规定,确立了美国政教分离的教育政策。在联邦政府教育政策指导下,1842 年纽约州第一个颁布有关政教分离的法令。此后,公立学校由地方税收支持不受宗教教派控制,公立学校禁止宗教教育和宗教仪式,教会学校不得享受国家税收的资助等规定,成为指导美国公立学校运动的基本原则。美国的教育目标政策开始由培养教会领导与教徒转向国家公民素质的塑造,教育管理政策也由教会办学与督导全面转向公款兴学与政府领导。(3) 经济发展对教育政策的制约。南北战争后,美国开始由农业社会向工业社会过渡,农村生活逐渐为城市生活所取代。为适应这个时期美国经济转型与经济发展的需要,在基本普及初等免费和强迫义务教育的基础上,各州政府、联邦政府以及各种教育组织纷纷提出与制定中等教育和高等教育大众化与职业化政策,1874 年密歇根州的卡拉马祖判决案、1917 年国会通过的《史密斯—休士法》、1918 年美国全国教育协会中等教育改组委员会发布的《中等教育的基本原则》、联邦政府先后于 1862 年和 1890 年两度颁布的《莫里尔法》以及 1874 年颁布的《海奇法》、1914 年颁布的《史密斯—列弗法》都是适应这个时期经济发展对中等教育的要求而制定的相关法律及政策。(4) 文化发展对教育政策的制约。实用主义与民主主义是美国社会的两大主流文化,也是美国各级教育政策的思想基础。第二次世界大战以前,出于将移民中众多少数民族文化与语言统一为一个美利坚民族与一种美式英语的政治需要,美国从实用主义与民主主义出发实施文化同化教育政策,基本特点就是要求将传播共同的政治观念、思想情感与社会意识形态作为公立学校的一个重要职责,使公立学校成为真正的民族大熔炉。第二次世界大战后 60 年代中期到 70 年代初,为了解决国内反越战争与国际石油危机给美国社会带来的动荡不安和种族隔离以及贫困等社会问题,在实用主义与民主主义思想指导下,美国教育政策又从原来的文化同化教育政策逐步过渡和转变为多元文化教育政策,多元文化教育取代文化同化教育成为公立学校新的价值取向与追求。1964 年,国会通过《民权法》,授权各州教育委员会为解决公立学校的种族隔离问题提供技术和财政资助。1965 年又通过《初等与中等教育法》,规定为所有处境不利的儿童提供特殊的补偿教育与财政资助。上述这些政策的共同特点是,对少数民族儿童采取反种族隔离或种族融合教育。(5) 外交关系对教育政策的制约。第一次世界大战前,美国奉行孤立主义外交政策,不介入国际事务,教育政策与其他方面的政策一样,主要从国家发展需要而不是从国际关系出发制定。该时期各级各类教育政策的制定,以及地方教育管理体制的形成,都是文化传统与国家发展需要使然,目的都是为了构建国民教育制度。第二次世界大战后,随着美国开始跻身世界舞台并在其中扮演重要角色,外交政策开始对教育政策产生深刻影响,其结果是联邦政府开始介入和加强对各级教育的领导,美国国民教育政策开始转向国际教育与全球教育政策。1958 年从战后美苏意识形态对抗的需要出发,《国防教育法》要求提高中小学教育质量,在大学开展国际教育。1966 年基于进一步改善和加强美国与西方民主国家和第三世界国家关系,促进美国在国际事务中整体能力提高的需要,《国际教育法》要求资助政府大学本科生和研究生的高级国际研究活动。1991 年随着苏联解体与"冷战"的结束,美国一方面积极改善与苏联和东欧国家的关系,另一方面及时颁布《国家安全教育法》,加强大学与学院的国际教育,目的在于加强美国在世界事务中的能力与责任,并在全球经济竞争中保持其世界领先地位。2002 年为纠正美国在处理国际关系上的问题,避免类似"9·11"事件的再次爆发,美国教育理事会发布《跨越"9·11":国际教育的综合国家政策》,首次从解决全球社会问题的角度出发,要求将国际教育与全球教育渗透到美国各级教育之中,培养全球专家与全球公民。

教育政策对国家发展的影响　　建国之后,伴随公立学校制度的兴起,美国各级教育的大众化政策主要沿两条道路前进:一是服务于政治发展的民主化要求;二是服务于经济发展的职业化要求。前者可谓民主主义教育政策,以教育公平为核心;后者可谓实用主义教育政策,以教育效益为重点。它们分别对美国的国家发展产生了不同层面的影响。(1) 民主主义教育政策对美国民主政治发展的促进。民主主义教育政策对美国民主政治发展的影响是通过教育公平化、共同化、民主化与国际化政策实现的。自殖民地时代起,美国人就非常重视教育的社会改造作用。他们坚信"多开办一所学校,就等于少开办一所监狱",为此社会各界积极办学并争取为每一个人都提供受教育的机会。基于这样的传统,从建国以来至今,民主教育或者说教育公平就成为贯穿美国教育政策与教育改革的一条主线索。建国之初,为确保美国民主政治的独立与稳定,美国政府在宪法修正案中确立了政教分离的原则。在义务教育法与该原则的指导下,美国经过19世纪的公立小学运动、公立中学运动以及州立大学运动,于20世纪初最早建立起由政府开办与管理的、与欧洲双轨制不同的单轨公立学校系统,以保证各级学校能够不受教派纷争的干扰与种族歧视的影响,为每一个公民提供平等的入学机会。20世纪上半叶,根据美国全国教育协会中等教育改组委员会发布的《中等教育的基本原则》,建立综合中学。第二次世界大战之后,联邦政府又颁布《民权法》与《初等与中等教育法》,20世纪90年代发布《美国2000年教育目标法》等,这既是美国政治民主化在教育领域的具体表现,同时又在很大程度上确保了美国民主政治的稳定与发展。民主主义美国教育政策对民主政治的影响还进一步表现在公立学校对美国公民进行民主观念与社会意识的培养上。(2)实用主义教育政策对美国社会经济发展的促进。实用主义教育政策,一是指破除陈规陋习,根据实际需要创办美国特色教育;二是指教育发展与经济发展相联系。美国实用主义教育政策对美国社会经济发展的影响是非常显著的。这种影响以普通中高等教育的职业化与专业化发展和专门职业教育政策的制定及实施为途径。1918年,美国全国教育协会中等教育改组委员会发布《中等教育的基本原则》,要求在综合中学中同时实施普通教育、学术教育与职业教育,使综合中学承担起升学与就业的双重任务。自此,职业教育与普通教育地位等同,普通中学也要承担职业教育成为美国中等教育的一大特色。正是这一特色使美国中等教育有别于欧洲中等教育,为美国提供了大量中等技术人员,为20世纪美国国民经济的发展提供了重要的人力资源基础。在高等教育方面,南北战争之后,为了促进美国垄断资本主义的发展,联邦政府先后颁布了《莫里尔法》、《海奇法》、《史密斯—列弗法》,确立了大学要面向地方经济发展需要的原则,并且拨款资助建立了一大批以满足地方经济建设为己任的公立大学。第二次世界大战期间,为了赢得战争的胜利,联邦政府开始卷入高等教育的科研管理工作。该时期联邦政府不仅资助高校的"工程、科学与管理战时训练计划",而且通过与高校签订合同,在大学建立科研中心,使大学的各项科学研究服从国家发展的需要。战争刚一结束,联邦政府就将战争中发展起来的以核子、电子为代表的新兴科学技术用于发展民间经济,与此同时,联邦政府发表了《科学——无止境的疆界》的重要报告,并于1950年成立国家科学基金会。该基金会主要为大学及非营利性研究机构提供资助,资助学科包括行为科学、生物学、工程学、环境科学、物理学及社会科学等。这使美国在较短时间内就将一大批研究型大学打造为世界一流大学。在联邦政府教育资助政策的刺激下,民间私人基金组织也积极献身于大学的科研投资活动。在雄厚的基金支持下,研究型大学以及大学科技园的科学研究活动极大地促进了战后美国经济的发展。在推动美国社会经济发展方面,联邦政府的教育政策起了很大作用,而地方教育政策的作用同样不可忽视,某程度上,正是地方分权制教育管理体制与政策与市场竞争原则,使得美国的高等教育具有较强的开放性与竞争性,能够适应社会发展与经济发展的变化。

民主主义与实用主义教育政策不仅促进了美国民主政治与社会经济的发展,而且促进了美国文化的多元化发展、美国综合国力的加强与美国国际地位的提升。

参考文献

国家教育发展与政策研究中心.发达国家教育改革的动向与趋势(一至六集)[M].北京:人民教育出版社,1986—1994.

郝维谦,李连宁.各国教育法制的比较研究[M].北京:人民教育出版社,1997.

瞿葆奎,马骥雄.教育学文集·美国教育改革[M].北京:人民教育出版社,1990.

滕大春.外国教育史(第六卷)[M].济南:山东教育出版社,1994.

王英杰.美国高等教育的发展与改革[M].北京:人民教育科学出版社,2002.

(李爱萍)

美国教育制度(educational system of the United States)　美利坚合众国本土位于北美洲中部(所属阿拉斯加在北美洲西北部、夏威夷群岛在太平洋中部)。面积约962.9万平方千米。基本居民主要由不同历史时期迁入的移民及其后裔组成,有一百多个民族,分属世界三大人种和各种混合类型。2010年人口3.087亿,其中白人占64%,拉美裔占16.3%,黑人占12.6%,亚裔占4.7%(族群划分有交叉)。英语为通用语,有些民族讲本族语言,如部分印第安人讲印第安语,墨西哥人讲西班牙语,各国移民的后裔也有少数讲其祖先的语言。据2007年估算数据,51.3%的居民信奉基督教新教,23.9%信奉天主教,1.7%信奉犹太教,4%信奉其他基督教,不属于任何教派的占12%。2010年国内生产总值145 265亿美元,人均国内生产总值4.74万美元。

美国教育的历史发展

美国教育的历史,从殖民地时期算起,大致可分为四个阶段。

移植阶段　从 15 世纪末到独立战争前是宗主国教育模式的移植阶段。从 17 世纪开始，欧洲各国向美洲大量移民。移民们不仅带来了各自的文化传统、宗教信仰和风俗习惯，也带来了祖居地的教育模式。他们按自己的意愿办学，因而不同的移民区有不同的教育模式。不过，殖民地教育主要源自英国，因为 13 个殖民地的移民 80% 来自英国，其政治、经济、社会、文化都控制在英国殖民者手中。当时的初等学校主要有市镇学校、书写学校、主妇学校（dame school）以及慈善性质的贫民学校（pauper school）等，中学是仿照英国的文法学校而设的拉丁文法学校，高等教育是刻意模仿牛津大学和剑桥大学而设立的学院，例如 1636 年建立的哈佛学院和 1693 年建立的威廉玛丽学院。在教育移植的过程中，移民们结合移民区的实际情况和他们的认识，进行了一些改良，削弱了中等与高等教育的贵族性与宗教性，增加了与实际社会生活有联系的教学内容，出现了实用倾向，如 1751 年富兰克林创办文实中学。不仅如此，马萨诸塞殖民地还于 1647 年制定《祛魔法案》，动用部分税款维持学校，责令家长和雇主担负教育儿童的责任，否则科以罚款。这成为美国公立教育的先声。当时的教育主要受教会控制，教派的目的就是教育的目的，各教派为扩大势力，竞相争办自己的学校，为本教派服务。这 13 个殖民地的文化教育传统本质上是宗教的，充满宗教精神的《新英格兰初级读本》是当时唯一的教科书，因为不允许思考《圣经》和教义，死记硬背和重复练习是当时主要的教学方法。

改造和初创阶段　从独立战争至南北战争为教育的改造和初创阶段。1775 年美国爆发独立战争，次年通过了《独立宣言》，13 个英属殖民地宣告独立，1777 年通过《联邦条例》，成立美利坚合众国，并于 1787 年制定宪法，正式建立联邦政府。建国初期，美国十分重视教育，把教育与巩固新政权联系起来。第三任总统杰斐逊就任弗吉尼亚州州长时拟定的弗吉尼亚教育规划为美国公立教育奠定了基础。1787 年通过的《美利坚合众国宪法》未对教育作任何规定，但 1789 年的宪法第一修正案规定，美国国会不制定设立国教或禁止任何信仰自由的法律。这被美国最高法院解释为教会与国家分离，成为美国世俗公立教育的法律依据。第十修正案还规定举办教育事业的权力属于州，确立了地方分权的原则。这一时期，有美国特色的分权、自由、普及、无宗教派别限制的教育制度开始形成，主要体现在以下四个方面。第一，掀起公立学校运动。为了有效地培养新型劳动力，以适应经济发展，为了把各不相同的移民熔炼在一个大熔炉之中，巩固新生的资产阶级政权，美国迫切需要建立平等、免费、不属于任何教派的公立学校来普及教育。于是从 19 世纪 20 年代开始，一场公立学校运动席卷美国北部和中西部。这场运动从新英格兰各州开始，以公共税收来维持公立学校。到 1865 年，用公费为所有儿童提供免费学校教

育的观念得到普遍承认，许多州制定了通过征税强迫当地居民扶持公立小学的法令。1852 年，马萨诸塞州第一个颁布义务教育法，1918 年，密西西比州最后一个颁布义务教育法。公立学校运动是美国教育发展史上的里程碑，奠定了美国教育制度的基础，改变了殖民地时期教派控制教育的局面，加速了美国普及义务教育的进程。第二，设立师范学校。1852—1853 年，马萨诸塞州、纽约州相继颁布义务教育法令，开始普及初等义务教育。为普及初等义务教育，美国开办了大量公立初等学校。学校需要大批合格的师资，这推动了美国师范教育的发展。1839 年，"公立学校运动之父"贺拉斯·曼在马萨诸塞州的列克星敦开办美国第一所州立师范学校。以后，师范学校在各州纷纷出现。第三，文实中学发展。随着公立学校运动的发展，古典语与现代知识并重的文实中学也大量发展起来。到 19 世纪中期，文实中学已经基本代替了拉丁文法学校而成为这个时期中等教育的主要形式。第四，州立大学兴起。这一时期虽然创建国立大学的议案未被通过，但联邦政府鼓励建立州立大学。到南北战争前，全国 27 个州已经有 25 个建立了州立大学。同时，教会也建立了许多高等学校。大学的教学内容有所变化，削弱了古典科目，重视实际知识的数学、物理、天文、地质、气象等自然科学科目在大学中逐渐取得了重要地位，政治、经济、法律等社会科学科目也在大学中成为适应新社会需要的重要课程。1819 年，联邦最高法院裁定新罕布什尔州无权将私立的达特茅斯学院改建为州立学院，维护了私立院校的自治地位，也促使各州政府撤销对私立院校的支持而大力建立州立学院，从而促进了高等教育的发展。这时，美国教育制度已经有了一个基本轮廓，但尚未形成体系。

创新与确立阶段　从南北战争至第二次世界大战为美国教育制度的创新与确立阶段。1861—1865 年的南北战争为资本主义在美国的迅速发展扫清了道路，19 世纪末，美国在经济技术方面已经处于世界领先地位。在教育领域，各级各类学校迅速而系统地发展起来，形成具有美国特色的教育制度。

第一，形成典型的地方分权教育领导体制。美国从一开始就没有统一的全国性教育领导机构。南北战争后，各州在州政府领导监督之下成立州教育委员会，作为教育决策机构。州教育委员会依照州教育法来制定与实施教育政策，下面分设学区，作为地方教育行政机构。美国众议院议员加菲尔德曾经提出过设立美国中央教育部的议案，被否决。两年后，美国只在内政部设立教育总署，几经改组，1870 年称教育局。这种中央教育行政机构不领导各州的教育委员会，没有决策权，只负责收集分发统计资料、情报，管理联邦的教育经费，提供咨询帮助，可召开讨论会和举办各种教育展览。

第二,形成并确立完整的教育制度。1856 年,德国教育家 M. M. 舒尔茨在美国威斯康星州的沃特敦开办了第一所幼儿园,实施福禄贝尔的教育理论。1873 年,圣路易斯市首次把幼儿园学前教育列入公立学校教育体系,使幼儿园成为美国完整教育体系的第一阶段。1834 年,宾夕法尼亚州建立了美国第一所公立小学。自 1852 马萨诸塞州通过义务教育法到 1918 年密西西比州通过义务教育法,美国用 60 多年时间基本普及了 6～8 年的义务教育,即初等教育。同时,美国还进行了初等教育、教学方法改革,使公立初等教育不仅在数量上有很大发展,在质量上也有很大提高,成为美国教育制度的基础。1821 年,波士顿建立了美国第一所公立中学,经费由地方居民纳税维持,课程侧重应用学科。1874 年,密歇根州高等法院裁决"卡拉马祖案",允许在公民和议会同意下增税维持公立中学。各州纷纷援例,公立中学蓬勃发展起来,并逐渐取代了文实中学。这意味着美国摆脱了欧洲双轨制的影响,开始形成具有本国特色的教育制度。随着中小学普通教育的发展,美国公立师范教育在南北战争后也大量发展起来。1882 年,亚拉巴马州率先将州立师范学校升格为师范学院。后来,全国师范学校逐步改为师范学院,统一培养中小学师资。19 世纪末,一些大学和学院开始设立教育课程,也承担培养师资的任务。高等教育在南北战争后出现两种发展趋向。一种是继续讲求实用原则,努力兴办切合工商业发展需要的农业和工艺学院。1862 年,美国国会通过《莫里尔法》,规定由联邦政府拨给土地,辅助各州兴办农业和工艺学院,培养工农业人才,这种学院统称为赠地学院。许多赠地学院后来成为美国重要的教学和科研基地。另一种是在欧洲大学重视学术的影响下,努力发展专门注重学术研究的大学。1876 年,约翰斯·霍普金斯大学首先创办研究生院,学习德国办大学的经验,强调教学与科研统一。随后,美国兴办和发展了一批这样的研究型大学,提高了大学的学术水平和形象。1870 年后,美国形成了大学分系教学制,实行选课制和学分制,并且逐步确立了学位制度。学位制度的发展反过来推动了美国高等教育的发展。公立大学和赠地学院的大量开办,改变了私立高等学校占主导地位的局面。19 世纪末,美国基本上形成了从学前教育到高等教育的完整教育体系,其中"八四"制(小学八年,中学四年)流行各州。但这种学制太长,浪费时间,不符合儿童和少年的身心特点,存在许多弊端,因此屡遭批评。1893 年,美国全国教育协会任命的"十人委员会"经调查研究,提出了《关于中等学校课程计划的报告》;1899 年,"十三人委员会"提出了《关于学院入学条件的报告》。这两个报告均建议以"六六"制取代"八四"制。1909 年,以俄亥俄州在哥伦布市创建初级中学为开端,中学逐渐分成初中和高中两段,各为三年。20 世纪 40 年代,"六三三"学制已经成为美国中小学的主要学制,并被国际上采用。

1917 年,国会通过《史密斯—休士法》,规定联邦政府拨款资助各州大力发展中等职业技术教育。普通中学也开设职业科,设置选修的职业课程。大量传统的专门为升学做准备的普通中学被改成兼具升学与就业双重职能的综合中学。从此,美国中等职业教育进入了一个新阶段。

这个阶段,美国教育史上的另一创举是建立初级学院,又称社区学院。第一所公立初级学院 1902 年创办于伊利诺伊州。社区学院是地方性的,主要招收本地区的高中毕业生,开设比高中稍广一些的普通课程和适应地方需要的技术课程,课程多样、灵活,学生就近入学,学费低廉,可走读。

到第二次世界大战前,美国教育制度已经定型,并朝着系统化和多样化的方向发展。

大发展和改革时期　第二次世界大战以后,美国教育一直处于多变的改革浪潮之中。战争中因军事需要而发展起来的科学技术力量使美国成为世界霸主。为了保持其国际地位,需要教育为美国在政治、经济、军事和科技上不断增强实力服务。这是战后美国不断进行教育改革的原因和宗旨所在。

美国国会于 1944 年通过《退伍军人重新适应法》,规定所有服役超过 90 天的退伍军人都可以得到联邦政府的资助,以完成中等和高等教育。1956 年,将近 800 万退伍军人得到联邦政府的资助。1958 年,为了回应苏联人造卫星的挑战,美国国会通过《国防教育法》。其核心内容是增拨教育经费,提高教育质量,培养英才,资助贫困青年学习,加强科学技术教育与研究,以确保美国的国防力量在全世界处于绝对优势的地位。这为美国教育改革确定了大方向。1959 年,美国国家科学院在伍兹霍尔召开由 35 位科学家和心理学家参加的会议,讨论普通学校数学、自然科学等学科的教学质量及其改革问题。会议认为,美国中小学教学质量低劣,课程与教材缺乏严密的科学体系,需要重新制定课程体系和重新编写教材。布鲁纳提出的课程结构主义思想对这次改革有重要影响。但是,这次改革总体上并不成功。1965 年,联邦政府颁布《初等与中等教育法》,旨在通过对贫困学生的补助和"补偿教育"的实施,扩大教育机会,作为向贫穷开战计划的一部分。同年还颁布了《高等教育法》,授权联邦政府资助高等学校和大学生。1971 年,美国联邦教育总署署长马兰提出"生计教育计划",也称"马兰计划"。生计教育并不是特殊的职业教育和职业指导,而是让普通学校中的学生学习职业方面的知识与技能。1974 年,国会通过《生计教育法》,来推行这项计划。该计划要求以职业生涯为中心,把普通教育和职业教育结合起来,并把这种教育形式贯彻到小学、中学甚至高等学校的所有年级中去。由于 60 年代教育改革不成功,70 年代中期,美国学校教育质量每况愈下,加上在与日本和联邦德国的经济竞争中接二连三地失败,美国政界、企业界和教育界强烈要求"恢复基础"教育,重视基础知识和基本技能教学,严格纪律,缩减选修课,加强学术性课程,于是形成了"恢复基础运动"。到1978年,有40个州制定了"最低限度能力标准"。建国后的两百多年中,美国没有设立中央教育行政机构。1979年,经过长期酝酿,美国成立了联邦教育部,负责统一处理联邦教育政策和经费,宗旨是"通过联邦资助的研究,评价、交流情报,提高教育的质量和用途"。

80年代,美国经济不景气,社会问题重重,教育质量持续下降。1983年4月,美国提高教育质量委员会发表《国家处在危险中:教育改革势在必行》的报告,描述了美国教育危机的种种表现,提出必须全面改革美国教育。在中小学教育方面,各州纷纷增加必修课的比例,增加学习日,延长学习时间,整顿校纪校风,注重创造力的培养。1989年,美国课程发展与管理协会提出关于道德教育的报告,以加强对学生的道德教育。另外,1983年以后的教育报告中几乎都注意到师资质量的问题。1986年5月,卡内基教育与经济论坛发布报告《国家为培养21世纪的教师作准备》,提出成立全国专业教学标准委员会、改组学校、改组教师队伍等多项建议。1987年5月,美国正式成立全国教学质量标准委员会,建立严格的教师从业标准,以保证教师的质量。中小学教育改革必然引起高等教育的连锁反应。1984年10月,"提高美国高等教育质量所必须的条件"研究组提交了《主动学习——发挥美国高等教育的潜力》报告,1986年11月,卡内基促进教学基金会发表了《美国高等学校的本科教育》报告,分析了美国高等教育特别是本科教育中存在的问题,并提出了改革建议。1988年4月,联邦教育部部长W. J. 本内特向里根总统提交了美国五年来教育改革的报告《关于美国教育改革的报告》(即《本内特报告》),认为五年来教育取得了进步,但仍然是"一份令人沮丧的成绩单"。1989年,美国科学促进协会(American Association for the Advancement of Science,简称AAAS)公布了一份关于科学、数学和技术知识目标的研究报告《2061计划:面向全体美国人的科学》,详细论述了全面改革美国初等、中等教育体系的设想、步骤、目标和科学依据。

美国现行教育行政体制

美国的教育行政体制是典型的地方分权制,实施和管理教育事业以州为主体,是州、地方、联邦共同负责的体制,州负有主要责任,地方承担具体责任,联邦具有广泛的影响。

联邦教育行政 联邦宪法第十修正案规定,"宪法未授予合众国,也未禁止各州行使的权力,将由各州或由人民保留"。美国联邦政府没有权力直接过问地方各州的教育行政管理权力,只有援助的职能,起服务性质的作用。这种地方分权制教育行政源于殖民地时期。当时,殖民地学校多由当地居民集资兴办,并由他们自己管理。虽然在联邦宪法中找不到"学校"或"教育"的字样,但自18世纪末以来,联邦政府就有意协助改进全国教育。联邦政府积极地通过联邦立法、拨款和交流各种教育信息等来加强对各州教育的宏观指导。

1867年,美国开始在联邦政府内设立教育行政机构。尽管名称和隶属关系多次变更,但始终不过是某部所属的一个机构。其职能主要是收集和交流教育资料;管理和分配联邦给州的教育补助金;与州合作实施联邦职业教育计划;进行教育调查研究;就有关事宜提供指导和建议。为加强联邦政府的教育领导作用,1979年10月,国会通过了设置联邦教育部的法案。为了避免削弱各州对教育的行政管理权,该法案强调,关于教育的权限和责任,保留给州和地方学区以及州所规定的其他机构。新设的教育部除具有原教育总署的全部职能外,还统管原来由联邦内政部、农业部等几个部门负责的一些联邦教育事务。由于教育对国家发展的作用日益引起重视,联邦教育部在教育改革与发展中发挥的作用越来越大。

州教育行政 美国各州独立,不受联邦政府的钳制。州教育行政当局是州教育委员会、州教育厅长和州教育厅。州教育委员会是州的教育决策机构,通常由5~9名委员组成,任期3~15年不等。委员的产生,多数州由州长任命,有些州由州民投票选举,还有的州根据地位进行推选。州教育委员会的权、责由各州宪法与法令规定,主要包括对全州公共教育系统进行监督;根据州立法机关的规定,制定州教育政策;聘任州教育厅长以及由厅长推荐教育工作人员;批准州教育厅长编制的教育预算;提供教育咨询服务和教育资料。大多数州另设高等教育委员会,主管州高等学校。州教育厅长是一州的最高教育行政首脑,负责监督州公立学校系统,是发展各州教育的关键人物,可由州民选举、州长任命或教育委员会任命而产生,任期1~5年。州教育厅是办事机构,主管是州教育厅长,下设助理或副厅长、各处处长、督学、顾问以及一般职员。其职责:制定各种规章制度并督导实施;管理州教育事业的实际事务;掌管财务;制定州教育事业的发展目标、标准和规则;研究和开展评价活动。美国各州对教育的领导,除了州教育行政当局之外,由于州长的地位和权力使他能够影响教育问题从提出到最终解决的方式,通过兼任教育委员会委员可以控制州教育的发展方向和教育政策的制定,甚至影响教育人员的任命,所以州长在各州的教育领导中起着重要作用。一般而言,州一级的教育行政当局对地方教育的领导是软弱无力的,教育的实际领导权掌握在基层教育行政单位即基层学区手中。但是,自20世纪60年代中期以来,由于联邦政府通过州给地方的教育拨款急剧增加,州在教育方面的领导作用日渐增强。进入 70 年代后,要求消除各学区之间教育差距的呼声日高,州的教育领导作用更显突出。

地方教育行政　美国州之下设学区,学区是直接管辖公立中小学校的地方公共团体,是最基层的教育管理单位。它独立于行政区划,既不一定与行政区划一致,也不从属于一般行政系统。许多学区是按照学生入学地区划分的,规模大小和类型各异。美国学区分为基层和中间两类。基层学区设有民选的教育委员会,负责管理学区内的教育事业。委员人数在 3～15 人之间,任期 3～5 年。学区教育委员会聘任学监支持学区日常工作。学区教育委员会的职责主要是制订教育计划,编制教育预算,征收教育税,选派学区督学,管理教职员、校舍,购买教材教具,为学生提供交通工具等。中间学区是介于州和基层学区之间的教育行政机构,在州的监督下,对所辖地区内的各基层学区进行协调、监督和指导,不具有地方公共团体的性质,原则上无权单独设立和管理学校。学区以下还有就学片。就学片是根据地理、行政、社会政治等各种因素,由学区教育委员会和行政部门共同划定的。原则上,住在同一片的学生必须在该片内学校上学。片的大小不一,常常是一个初级学院片内有几所高中,一个高中片内有几所初中,一个初中片内有几所小学。学区教育委员会有权根据学生家庭与学校的距离、学生安全不受危害和不致维持种族隔离等条件,把学生分配到适当的学校。后来,为了打破因就近入学而产生的公立学校动力不足、质量不高等弊端,美国改革了按就学片就近入学的政策,允许家长自行选择学校。

高等教育行政　在法律原则上,美国联邦政府没有责任领导全国高等教育,管理和领导高等教育的职权在各州。但是,通过教育立法、专项拨款和科研资助等多种途径,联邦政府也能够对全国高等教育的发展产生重大影响。事实上,美国高等教育的一些重大变革和发展主要来自联邦政府的推动。自 1862 年《莫里尔法》实施后,联邦政府开始直接参与资助各州高等教育的发展。1979 年通过立法,正式建立了联邦教育部,通过对教育资助的管理,向国会以及民众提供美国教育发展的状况,包括各类教育统计资料以及对教育发展状况的分析和研究成果等,影响高等学校办学。一些高等学校间的横向组织对美国高等学校管理也有重大影响,比如,美国教育理事会、美国大学联合会(American Association of Universities,简称 AAU)、美国州立大学与赠地学院协会(National Association of State Universities and Land-Grant Colleges,简称 NASULGC)、美国州立学院与大学协会等。

由于各州高等学校的类型、性质、传统和背景不同,各州高等教育立法和州介入高等教育的程度也不同。州高等教育管理机构的主要职责是高等教育立法,审批建立新的公立高等学校,负责向公立高等学校拨款等。州高等教育管理机构与联邦教育部没有行政领导关系。高等学校一般都实行董事会领导下的校长负责制,董事会的大部分成员是教育界以外的各界人士,如企业家、律师、医生、州政府官员和学生代表。董事会的职责是任命校长和讨论决定影响学校全局的方针和政策,学校的具体事务由校长管理,董事会不参与。

美国现行学校教育制度

按法律规定,美国公民不分男女、宗教信仰、民族、阶级,也不论居住地点和年龄,都有平等的受教育机会。美国现行学制包括学前教育、初等教育、中等教育和高等教育四个阶段,基本上是初等教育和中等教育 12 年,高等教育 4 年,加上研究生教育,总计学程为 20 年左右。中小学分段灵活,因地制宜,有"六三三"制、"八四"制、"六六"制、"四四四"制以及"五三四"制等。虽然分段不同,相应年级的教学内容却大体一样。儿童一般 6 周岁上小学,18 岁念完高中。进入高等学校学习的,22 岁可本科毕业,取得学士学位。进研究生院学习的,24 岁左右可获得硕士学位,26 岁或稍多些时间可获得博士学位。美国的义务教育,州与州之间不一样。有的州从 7 岁开始,有的州从 6 岁开始,有的州从 5 岁开始。义务教育的年限,长则 12 年,短则 8 年,一般为 9 年,通常到 16 岁结束。大部分州还规定,18 岁以下就业的青年,必须上补习班或部分时间制学校,每周授课多为 8 小时。美国 50 个州都规定中学和小学为免费教育,所以直到十二年级(有些州甚至到十四年级,即初级学院)一律免费。美国中小学学年一般从 9 月开始到次年 6 月的第一周或第二周。每天上课大约 6 小时(不包括课间休息和午餐时间),上课时间通常从上午 8 点半到下午 3 点。多数学校还要求学生,特别是中学生进行自修和课外作业。近年来,为提高教育质量,美国已经延长学年和学日,增加学生在校时间。美国的学位主要分为四种。(1)副学士学位,由社区学院或初级学院授予学完两年课程的学生,偏重于职业性质。有些学生获得副学士学位后就转入四年制院校,其他学生通常在毕业后参加工作,成为中级技术员。(2)学士学位,通常授予中学毕业获得高中文凭,在学院或大学完成三或四年本科教学计划的学生,一般要修完 120 个学分。(3)硕士学位,通常要求获得学士学位后选修 1～2 年的研究院课程,还要写一篇论文和(或)参加最后的口试或笔试。不同院校、系科有不同要求。(4)博士学位,是美国大学或学院授予的最高学位,着重于理论和学术研究水平方面的要求,分哲学博士和专业博士两种。哲学博士学位证明获得者具有高度的独立研究能力。可以在本科学习后直接攻读,也可以在获得硕士学位后继续攻读,一般最少学习三年,学习六七年才获得博士学位的并不鲜见。除了学习课程以外,还要通过一项资格检定考试,写出开题报告以及完成一篇博士论文。专业博士学位通常在医学、法学和神学等专业设置。博士研究生由几名专家和教授组成的指导小组负责具体指导,专业考试合格并通过博士论文答辩后获得学位。

学前教育　美国学前教育的宗旨是:辅助家庭;通过各种活动,帮助儿童在饮食起居方面养成良好的习惯,使儿童能灵活自如地运用身体,发展体育技能,了解社会生活的行为准则和道德观念;教学生一些读写算的基本常识,使他们具有一定的表情达意、观察、思考和概括的能力,为进入小学做好身心准备。

学前教育机构类型多样,大致可分为两种:保育学校(招收3～5岁儿童)和幼儿园(招收4～6岁儿童)。办学主体大致可分为三类:(1)各级各类公立学校附设,主要为教学实习和科研服务;(2)联邦政府"开端计划"(Head Start Program)主办,对贫困家庭儿童进行补偿教育;(3)民间团体、社会福利机构、教会、私人举办。

保育学校每班16～20人,儿童的日常活动主要是室内活动,如自由玩沙箱,看图画,唱歌,讲故事等;户外活动,如玩大积木,爬迷津梯,去动物园、博物馆、展览馆参观等。幼儿园每班约20人,以游戏为主要活动形式,遵循"准备原则",没有正规的学科安排,注意为儿童提供上小学的某些经验。

美国十分重视学前教育发展,国会1979年通过《儿童保育法》(Child Care Act),1990年通过《儿童早期教育法》(Early Childhood and Education Act)和《儿童保育和发展固定拨款法》(Child Care and Development Block Grant Bill)。美国还有若干个全国性的学前儿童保育与教育计划,其中持续时间最长、影响最大的是"开端计划"(Head Start Program)。该计划旨在向贫困家庭3～5岁儿童与残疾儿童提供学前教育、营养与保健,从1965年起,由联邦政府与地方当局合作实施并延续至今。1994年又提出"早期开端计划",把教育对象延伸到贫困家庭的2岁孩子与残疾儿童。企业也越来越重视和支持学前教育事业。从20世纪70年代起,企业办托儿机构逐渐兴起并不断发展。现在学前一年的幼儿园教育已经普及,三四岁幼儿入保育学校的已达到48%。

初等教育　美国没有任何正式、全国统一的小学教育宗旨。不过,美国全国教育协会的"视导和课程编制学会"曾把小学教育宗旨概括为以下五条:(1)增进儿童健康和发展儿童体格;(2)增进儿童心理健康和发展儿童人格;(3)发展儿童对社会和科学世界的认识;(4)发展儿童有效参与民主社会的技能;(5)发展儿童的创造性能力。

美国初等教育机构为公立和私立小学。公立小学占80%以上,私立小学在20%以下。小学属义务教育,年满6岁的儿童就可以入学。多数实行六年制,也有四年制或八年制的小学。美国小学课程极富弹性,既没有界限明确的学科,也没有固定不变的教学课时。一般开设语文(阅读、文法、写作和会话)、数学、自然科学(包括科学知识原理、环境教育、科学技术、物理常识等)、社会(把历史、地理、政治、社会学、心理学等科目综合在一起)、美术和应用艺术、音乐、体育、卫生和劳作等课程,其中语文所占比例最大。有的小学还设有土著课,教授当地土著的语言文化。根据1958年的《国防教育法》,一些小学接受联邦资助,三四年级增设外语课(主要是西班牙语和法语,也有开设日语、俄语和汉语的)。美国小学特别重视德育,主要包括行为规范、道德、公民和纪律教育。美国小学的教学组织分为纵向和横向两种。纵向组织有分级制、多级制和不分级制三种。分级制是根据儿童年龄分组,规定年级,为每一年级指定专用的教材和学习目标,委派教师只担任某一年级的教学任务。多级制小学的学生可以同时修习不同年级的课程,如一个学生根据自己的学习能力,可上三年级的算术、五年级的英文、四年级的常识。不分级制通常是将小学低年级课程分为八九个不同水平的等级,学生可根据自己的进度依次上升,这要求教师根据学生各自的学业成绩和能力评价而组织教学。横向组织可分为包班制、科任制、双重进度制和小队教学。包班制在美国小学最流行,一名教师负责一个班级(通常是分级制的)全部科目的教学任务,成天与固定的一个较小班级的低年级学生在一起,以便了解学生,灵活调整课程,提供整体化的学习计划。较大的学校和较高的年级普遍采用科任制,每名教师专门担任某门学科的教学,以便提高学科的教学质量。双重进度制是包班制和科任制的综合,将语言技能、社会研究和阅读作为文化必修课,学生用半天时间在一名教师指导下学习各门必修课,另外半天从数名专科教师那里学习各门选修课。这样,学生既可长期与一名教师相处,互相增进了解,也可以与多名教师接触,从中学得更多有益的东西。小队教学是由两名或两名以上教学默契的教师组成小队,根据一组特殊教学要求,采用灵活的教学计划和分组方法,共同施教。

中等教育　美国中等教育没有全国统一的目标和宗旨。其中,美国中等教育改组委员会(Commission on the Reorganization of Secondary Education)1918年发布的《中等教育的基本原则》常为人所引用:(1)促进身体健康;(2)掌握基本技能;(3)培养高尚的家庭成员;(4)培养就业技能;(5)胜任公民职责;(6)善用闲暇时间;(7)养成道德品格。总体而言,美国中等教育是综合性的,目的在于升学准备与社会准备兼顾,人才教育与职业教育并重。

美国中等教育有四年制、六年一贯制或"三三"制三种。综合中学是美国中学的主体,兼施普通教育、大学预备教育和职业技术教育;也有单独设立的普通中学、职业技术中学和特科中学;还有教区中学、独立中学、选择学校等。其中,公立中学占 90% 左右,私立中学约占 10%。

美国中学课程分为两类:一类是学术性科目,如英语、社会学科、科学、数学、外语、人文学科;另一类是非学术性科目,如卫生、体育、家政、音乐、美术、工艺等。一个科目可再分为若干学程,如英语可分为语言、文学、语法、写作等。此外,中学为适应各种变化,还开设许多适应性科目,如环境教育、反药物滥用教育、法律教育等。各州中学毕业要求不同,但通常要求中学最后四年要完成下列课程:数学(2年)、科学(2年)、英语(4年)、社会研究(3年)。其他课程一般在辅导员的协助下由学生选修。美国中学课程多以学科为中心,与此相应,教师按科任制配备,其组织是分级制。当然,许多中学还采用小队教学、各种分级和分组方法以及现代化教学手段。

美国中学教学的一个特色是实行学分制和选修制,这可以为学生提供各种选择的余地,发展学生的个性。初中(包括中间学校)实行混合课程,所设科目与小学大体一致,第三年开始分科,并设选修制。选修科分为三类:(1)学术性选修课,如数理逻辑、量子物理学、微分、代数、几何、三角、微电子等;(2)职业性选修课,可具体分为机械、电机、电子计算机、木工、陶瓷工以及农业科技等;(3)中间性选修课,一般有家庭计划、怎样照顾孩子、烹饪、乐器、汽车安全驾驶、怎样做人以及各种体育运动等。另一个特色是综合中学的高中阶段实行分科制,一般分为:(1)学术科,为升学做准备,就读学生约占 30%～35%;(2)职业科,为就业做准备,约有 20%～25% 的学生就读;(3)普通科,学习一定的文化知识,为没有特定目标的学生而设,就读学生约占 40%～50% 左右。各学科均无统一教材,教材由学校和任课教师选定。

美国中学设置指导员,对学生选读课程、选择高校、选择职业和个人关心的问题进行个别指导。此外,学校还提供保健、膳食、安全教育、运输等服务。

职业技术教育　美国职业教育旨在把教学与科学原理、技巧和技术训练结合在一起,帮助青年人或成年人找到工作或提高他们现有的工作地位;给予受教育者普通教养,使之成为了解经济、能社交、热情、体质好和文明的公民;对受教育者从事响应工作的能力、态度、习惯和判断力进行培养和训练。美国职业技术教育结构复杂,主要有以下几种。(1)高中阶段的职业教育,包括职业高中和综合高中。前者以职业教育为主,文化课为辅。后者则两者并重,学生一般从高中二三年级开始接受职业教育训练。(2)大专阶段的职业教育,也称技术教育,主要培养技术人员。由社区学院和技术学院及地区职业学校实施,招收高中毕业生。(3)成人职业技术教育,主要招收在职人员、失学青年和失业工人。(4)合作职业教育,由劳工部门与企业部门合作办理,前者提供经费,后者进行技术训练。(5)职业教育中心,由

一个或几个学区共同举办,高中学生部分时间在原校上文化教育课,部分时间到职业教育中心上职业教育课。美国职业教育的专业设置各州不同,主要有家政、贸易与工业、办公室工作、就业指导、工艺、农业、产品销售等,服务业的比例很大。各类职业教育的课程四百多门,其中文化课与职业课、理论课与实验实习课的比例,根据职业要求和学校类型而各有不同,但普遍重视实际训练。高中阶段的职业学校实行普通教育与职业教育相结合的原则,文化课与职业课并重,各占一半,理论课与实习课的比例为 1:2。高中后阶段的社区学院、技术学院将学生直接就业的专业设置为专业,既注重理论基础课,也重视实验实习课。在课时的分配上,前者稍多于后者,但在学分计算上,前者是后者的三倍。美国职业教育主要通过学校与工商业的合作来实施,由联邦、州、学区三级职业教育咨询委员会协调。它们帮助教育人员制订计划,联系学生实习的场所,协调教育人员的交流,对课程和所需设备提出建议和要求,把校内学习和工作经验联系起来,把课堂和工作现场的教学结合起来。企业界帮助中小学实施职业教育,其典型是"鼓励青少年上进计划"。这实际上是一种普及企业基础知识的课程。

高等教育　美国有世界上最庞大、最发达、最完整的高等教育系统,大学数量多、类型多、灵活多样。美国高等学校大致可分为以下几种类型。(1)两年制社区学院,主要培养职业技术人员和向其他大学三四年级输送人才,为学院所在社区的经济和社会服务,是高等学校中最低的一级。(2)一般综合性大学,包括普通的州立大学和学院,有 1 600 多所,通常以本科教育为重点,能授予硕士学位,较少授予博士学位,主要目的是培养具有实际工作能力和技能的人才,特别重视专业教育。这类大学的课程设置往往是针对各州具体需要的,学校是开放式的,教师以教学为主,也从事一些科学研究工作。(3)文理学院,一般为私立学院,主要设置非职业性的文科和理科课程,以教学为中心,注意学生人格的塑造。(4)研究型大学,主要是著名的私立大学和州立大学,规模大,结构复杂,目的在于培养创造、发明和研究人才,重视科学研究,科研成就突出,培养的博士和硕士研究生质量比较高。近年来还出现了企业办大学,为公司或企业培训人才。它们一般由大公司开办,旨在提高雇员的教育水平和技术能力,更新他们的知识。有的企业办大学向社会开放。最近几年,由于网络技术飞速发展,还出现了网络大学。

美国没有全国性的高等学校统一招生制度。有些州虽规定了高等学校招生基本原则,但各大学还是自定招生制度。一般而言,美国高等学校招生有开放和综合等方式。开放招生分为两种:(1)完全开放招生制为美国绝大多数学院所采用,录取所有居住在学院所在地区、持有高中毕业证书的学生,一些虽未毕业但通过该州中学最低水平测验

的学生也可录取;(2) 有限开放招生制,对本州持有中学毕业证书的学生全部录取,但有时要求学生有学术性向测验或入学考试成绩作为参考。综合招生主要是指招生时考虑高等学校入学考试成绩和学生的其他条件。高等学校入学考试由受到普遍承认的私人考试机构组织,主要有教育测验服务中心组织的学术性向测验、学业成就测验、托福测验和美国高等学校测验计划中心组织的美国高等学校测验。一般,高等学校录取学生时要考虑学生高中所学课程及学分、中学最后四年的平均成绩和中学毕业时学习成绩在班上的名次先后;审查学生的高考成绩;审查学生入学申请书和推荐信;一些名牌大学还要对学生进行面试或面谈。

美国本科教育主要是通才教育,重视基础,注意拓宽知识面,以增强学生的适应性。随着社会经济、技术的发展,高等学校的专业设置不断调整,主要有 24 个科类:商业和管理、教育、社会科学、工程、医疗卫生、生物科学、心理学、艺术和美术、人文科学、公共事务和服务、跨学科研究、大众传播、理科、农业和自然资源、数学、计算机和信息科学、外语、建筑和环境设计、神学、亚非拉等区域研究、法律、图书馆学和军事科学等。

高等学校课程包括三大类:文理科课程,即普通课程,保证知识的广度,使学生打好科学文化基础;主修课程,能保证知识的深度,为学生本科毕业后直接从事某种专业而进行专业教育,为学生进入研究生院继续学习提供预备教育;选修课程,又分为指定选修课和自由选修课,能激发学生的兴趣,发挥其特长,培养拔尖人才。高等学校注重培养和开发学生的创造力,重视学生的兴趣、爱好和才能,普遍采用选修制和学分制。学生平均每学期能修满 16～18 个学分。四年制本科生必须修完 120～128 个学分,通过考试和撰写学位论文合格后才能获得学位。基本教学形式是课堂讲授和课堂讨论,实验实习也是常用的教学方法,注重把教学与科研结合起来。

在美国,研究生主要由高等学校中设立的研究生院来培养。一般情况下,研究生院的教师就是其他学院的教师,系是负责本科生和研究生教育的实体,教师的聘用和安排、课程的开设和教授、科研的开展和设备配置等,都由其他学院的院长或系主任处理。研究生院只是一种组织形式,院长主要管理学位标准、奖学金等,负责协调、咨询和政策的执行等。美国各高等学校的研究生修业计划并不相同,通常每个研究生的学位课程是由学生和导师单独制定的,制定时要参考学生以往的表现、现在的愿望和研究方向的特点。美国的研究生教育强调引导学生去探究,而不是仅仅提供一种训练,教学方面强调基础理论宽厚,加强跨学科课程学习和科研基本功训练。重视提高学生理论联系实际的能力。

美国高等学校的三大任务是教学、科研、服务。然而,不同的大学对这三大任务有不同的理解和侧重。科学研究集中于一些特别著名的大学。这些大学不仅是培养人才的教学中心,也是科学研究的重要基地。美国大学集中了许多卓越的科学家,他们既从事教学,又进行科学研究,对人才培养和科技发展都作出了重大贡献。服务社会是美国高等教育的传统,也是高等学校获得社会投资和赞助的需要,是其赖以生存和发展的重要条件。美国高等学校为社会服务的渠道和形式多种多样,主要有以下几种:通过科研成果转让或推广,为企业服务;通过社会咨询,为政府部门、企业、社团或国际机构服务;推广、举办成人教育、函授教育、广播电视教育等;通过设置对口专业,提供设施和人员,直接为本州本社区的政治、经济和文化发展服务。

美国高等学校通过多种途径为大学生提供各类经济资助,如奖学金、助学金、校内长期低息贷款、短期贷款、联邦政府勤工俭学计划、学校内外兼职工作和打工。

美国高等学校实行三种学期制:两学期制、三学期制和学季制。一学年通常为 41 周,8 月或 9 月开课,次年 5 月或 8 月结束。

师范教育 美国师范教育的宗旨在于使中小学教师具有广博坚实的文理基础知识和较高的文化修养;深刻掌握学科专业知识,具有较高的学术水平;具有高尚的道德品质、理智的行为和坚定的专业信念;掌握教育和教学的基本理论、方法和技能,具备实际教学能力;具有健全的体魄。有些院校还强调中小学教师应该了解和热爱儿童,善于和乐于与他人合作和交往,具有民主观念和献身精神,行为文明,举止端庄,具备有效的口头和书面表达能力等。美国的中小学教师绝大多数由设有教育学院或教育系的综合大学或文理学院培养。为保证师范教育的规格,凡建立师资培养机构和开设师范课程,必须经有关部门审批,否则,其毕业生不能取得本州教育行政机构颁发的教师许可证。另外,还成立了全国师范教育认可委员会,制定了全国统一的师范教育标准。该委员会认可的达标学校所颁发的教师许可证在全国有效。美国师范教育课程一般包括三类:普通课程,包括人文科学(文学、语文、历史)、社会科学、自然科学、数学等;任教专门科目课程,是学生毕业后准备任教的科目;教育专业课程,包括教育基本原理、教育方法与技能以及教育实践活动,如多元文化教育、特殊教育、无性别歧视教育、双语教育、学生纪律和课堂管理、教材阅读以及计算机教学等。美国不仅重视教师的职前培养,也很重视他们的在职进修。在职进修由高等学校和专门的教师进修机构共同实施,各种教育团体也给予大力支持,联邦政府、州政府、地方学区则给予经费支持。

特殊教育 美国特殊教育有完整的体系,对各类缺陷儿童,分别设有适合他们情况的教育机构或服务设施;为盲、聋、智力落后等缺陷儿童提供从幼儿园直到大学的教育;普通学校单独开设特殊班或让他们与普通儿童在同一个班中受教育。此外,还开展部分时间制特殊教育。

1975年,美国国会通过《教育所有残疾儿童法令》,规定必须为3～21岁的残障儿童或青少年提供免费教育,并为特殊教育额外拨款,要求各学区查明有缺陷者的人数,注明其住址,安排合适需要的课程。此后,政府用于这方面的开支不断增加。1997年,美国对特殊教育的对象、目的、范围、方式方法等一系列基本问题作了全面修订。在《残疾人教育法修正案》中,特殊教育被定义为为满足能力特殊学生的独特需要而特别设计的教学,接受特殊教育的学生统称为特殊学生,包括能力缺陷学生和有特殊才能的学生。联邦政府的特殊教育法详细规定了对能力缺陷学生的特殊教育要求,对英才学生的特殊教育责成各州自行制定具体规定。

美国的特殊教育有三个目标:一是使能力缺陷者能够控制和选择自己的生活,具有独立生活的能力;二是使他们掌握一定工作技能,成为自食其力的家庭和社区成员;三是使能力缺陷者能够像其他人一样运用社区资源,参加社区活动,与其他人正常交往,在家庭或类似于家庭的环境中过正常生活。美国特殊教育遵循无排斥原则、无歧视评估原则、适当教育原则、最少受限制环境原则、合法诉讼程序原则、家长和学生参与原则。

《残疾人教育法修正案》将能力缺陷学生分为三个年龄阶段:9～21岁、3～9岁、0～3岁。教育部根据学生能力缺陷的程度和类型将他们安置在不同的环境中接受特殊教育。按能力缺陷的程度,特殊学生接受特殊教育的时间比例存在差异,教育环境也有差异,分为普通班级、资源教室、分离班级、分离学校、看护机构、居留在家/医院六种。普通班级学生大部分时间就读于普通教室,低于21%的时间在普通教室以外接受特殊教育和相关服务;资源教室的学生21%～60%的时间在普通教育外接受特殊教育和相关服务;分离班级学生60%以上的时间在普通班级之外接受特殊教育和服务。分离学校的学生50%以上的时间在专门的公立或私立日间学校接受特殊教育和相关服务,这适合于重度能力缺陷学生。生活自理能力较差的生理或心理有严重缺陷的学生50%以上的时间在看护机构。根据学生能力缺陷的类型,特殊教育为其提供了不同种类的特别帮助班。中小学中常见的特殊教育班有学习支持班、情绪支持班和生活技能班三种,分别为能力缺陷学生、情绪紊乱学生和智力落后学生提供教学帮助和服务。《残疾人教育法修正案》规定,学校必为每个特殊学生制订个别教育计划,每年修订一次,以指导教师的教育、教学活动。此外,学校还必须提供心理咨询和干预、护理与医疗、康复教育和咨询、交通及其他生活设施等服务。2004年,该法又一次修订,称《残疾人教育改进法》,法案要求提高残障儿童的学业表现力,尽早干预,避免使残障学生被贴上残疾的标签,支持可以辅助教学的技术手段和服务,尽可能拓展残障儿童的能力。

远程教育　美国远程教育是从19世纪五六十年代发展起来的。那时的传输媒介主要是打印机、收音机和电视,教师和学生通过电话和信件联系,有时也辅以现场指导。20世纪60年代以后,录像机和有线电视的出现使远程教育形式改变,可以将录制好课程内容的录像带给学生随时观看。80年代以后,计算机和网络多媒体技术迅速发展,师生、学生之间可以通过互联网进行文本、图形、视频片段的传递,这使真正意义上的虚拟大学成为可能。美国远程教育的组织形式有两种:一种是在传统校园式教育基础上增设远程教育课程,学员一般是经过一定程序正式录取的,要注册常用课程,由同一院系教师授课,全职或花大部分时间学习;另一种是建立虚拟大学,所有两年制和四年制中等后教育院校都可提供,课程包括为不同类型、层次学生开设的非学分和学分制课程,如初等/中等教育、大学教育、成人基础教育和继续职业教育等。远程教育主要开设科目:农业和自然资源、商业和管理、教育学、工程学、数学、计算机科学、物理和生命科学、英语、社会和行为科学、医药卫生等。为了保证教育质量,美国全国教育协会1997年公布《学习社会里远程教育的指导原则》,要求大学和其他提供远程教育的机构以及对远程教育质量进行评价的机构遵循,在学习项目的设立、学生辅导、学习责任、学习效果和技术设备等方面都提出了原则性要求。远程教育已成为许多中等后教育机构的一部分,不仅扩大了中等教育的途径,也促进了高等教育的改革。

成人继续教育　美国非常重视成人和继续教育,1966年颁布《成人教育法》,对成人教育的目的、任务、内容、师资培训、管理体制、经营问题等都作了全面系统的规定,并在1970年、1974年和1978年三次修改补充,加以完善。1973年、1977年、1982年、1994年和2006年,美国政府还相继颁布《全面就业与培训法》、《青年就业与示范教育计划法》、《工作训练与伙伴法》、《再就业法》以及再次修订的《卡尔·帕金斯职业技术教育法案》,以保证和调动全社会力量共同参与成人教育工作。美国还成立了许多专业性的成人教育团体,影响较大的有继续教育与训练协会、美国成人继续教育协会、威斯康星州成人及继续教育协会、密歇根州成人及继续教育协会等。教育部还成立了全国中等后教育、图书馆及终身学习研究所,专门就成人教育及训练的相关议题进行研究。在美国,几乎所有教育机构都参与开办成人教育,尤其是公立学校。这些学校除了在校内开设各种夜校、周末学校以外,还积极同企业或当地专职的成人教育机构联合办学。美国成人教育70年代就设有广播、电视、录像、卫星、计算机等多种教育形式。随着网络技术、多媒体技术的发展与运用,网上成人学校、网上教学日益显示出其强大的生命力。

美国的教育改革

美国是一个危机意识很强的国家,很重视通过不断改革促进发展。20 世纪 90 年代的教育改革是 80 年代改革的继续,是美国面临新世纪的战略规划与思考,其目标与走向集中体现在 G. H. W. 布什总统 1991 年 4 月签发的《美国 2000 年教育战略》、克林顿总统 1994 年颁布的《美国 2000 年教育目标法》和 1997 年的国情咨文中。

G. H. W. 布什总统签发的全美教育改革文件——《美国 2000 年教育战略》,是"雄心勃勃、影响深远的革命性纲要",受到各界的赞同。其宗旨:彻底改革美国中小学教育模式,不拘一格地创办全球第一流的中小学,从根本上提高美国人的知识和技能水平,使美国在 21 世纪保持世界头号强国的地位。这份纲要性文件的主要内容有以下几方面。(1) 为了在 20 世纪末极大地改善美国现有的 11 万公立和私立中小学的教育质量,必须在 1996 年至少办成 535 所"新型美国学校"。为帮助地方政府创办这些具有样板意义的学校,联邦政府将要求企业界捐款 1.5 亿～2 亿美元,以建立一个"新型美国学校开发公司",并要求国会向每一所样板学校拨款 100 万美元。到 20 世纪末,所有中小学都应成为世界第一流的新型学校。(2) 确定全国性的教育大纲,建立全国统考制度。统考对象是四年级、八年级和十二年级学生,统考科目是英语、历史、地理、数学和科学(包括物理、化学、生物和天文)。这种考试由学生自愿报名参加,联邦政府将要求大学和雇主在招生和雇工时考虑学生的统考成绩。(3) 建立"学校报告卡"制度,即由学校定期向家长汇报学生的学习成绩及学校落实全国教育目标的进度等。(4) 改变划地区就近上学的制度,允许家长自行选择学校,公立、私立、教会学校皆可,政府仍按原来的做法对学生提供资助。(5) 对教育和学习成绩突出的教师和学生颁发总统奖学金,对优秀教师和在条件恶劣地区工作的教师实行高薪政策,对先进学校实行奖励办法。(6) 为扩大优秀教师和校长来源,允许并从物质上帮助非教育专业毕业但热心教育事业的各类人才转入学校工作。

这份文件还正式阐述了教育高峰会议所确定的 6 项"国家教育目标",即到 2000 年,所有美国儿童都能做好学习的准备,入学时乐于学习;高中毕业率至少达到 90%;所有中小学生的核心学科都能合格;学生在自然科学和数学方面的成绩要在世界上名列前茅;每个成年人都能读会写,并掌握社会竞争和履行公民权利与责任所必需的知识、技能;每所学校都没有毒品和暴力,提供一个秩序井然、有纪律的学习环境。美国 1990 年成立国家教育目标专门小组(NEGP),1991 年又成立了国家教育标准和测试委员会(NCEST),负责监督、评价和推动国家教育目标的实施。

1993 年,克林顿总统将 G. H. W. 布什的六项全国教育目标增至八项,增加了教师培训和家长参与两项新目标及八项目标的检测数据指数,还增加了外语、艺术两门新核心课程。1994 年,《美国 2000 年教育目标法》提出了一个全国性的教育改革计划,包括四大部分:国家教育目标;全国教育的领导、标准和评价;州和地方教育体系的改进;国家技能标准委员会及其成员、经费和职责。《美国 2000 年教育目标法》的主要内容:(1) 将"国家教育目标"正式完成立法程序。一个包括两党成员在内的"国家标准目标专门小组"随时对实现这些目标的进程提出报告。这个专门小组共 18 名成员,其中 2 名由总统指定,此外还包括 8 名州长,4 名议员,4 名州法律专家。(2) 面向全体学生,编定供各地自愿采用的课程标准,明确在每一个学科领域,什么是所有学生都必须知道和可能做的;建立更好的评估体系。这项任务由"国家教育标准和改进理事会"领导。(3) 编定"学习机会标准",为学生提供更好的机会,使教与学必需的条件一致,以保证所有学生有机会达到高标准。(4) 建立"国家技能标准委员会",以推动技能标准、职业标准的编定和采纳;推行证书制度,以保证未来的美国工人处于世界上最好的训练之中。(5) 帮助各州和地方社区,包括政府官员、教师、学生家长、学生以及工商企业界领导人,更多地介入学校的计划和改革,特别要致力于教师专业水平的发展提高。随后,联邦政府推行了一系列相关的配套法律,如《学校通向就业机会法》、《中小学教学促进法》。这些法律都得到了全国预算的支持。他们还在教育部成立了"教育研究改进办公室",鼓励社会各界通力合作,切实改进美国教育。为推动改革深入,全美各专业委员会在教育部的资助下相继行动起来,开始制定各自学科的课程标准。1998 年,几乎所有的州都已完成课程标准的制定。

1997 年 2 月,克林顿总统提出美国要在下一个世纪保持在国际竞争中的地位,就必须建立一流的教育制度,培养一流的人才。他提出了美国未来教育发展的三大目标及为这三大目标实现而确定的十大行动纲领。三大目标为:每个 8 岁儿童都能读书;每个 12 岁少年都懂计算机;每个 18 岁青年都能进大学学习,每个成人都能获得终生受教育的机会。十大行动纲领是:制定国家教育标准;一流学校必须有一流教师;帮助儿童提高阅读能力;重视早期教育;给予家长择校的权力;对学生进行品德教育;更新校舍;普及 13 年和 14 年的教育,其中包括不少于 2 年的大学教育;扩大人们一生中学习的机会;把信息时代的力量带给所有学校,发展校园网络。1998 年,克林顿总统在国情咨文中又提出了四项具体的教育发展目标:把小学低年级班的学生数降低到 18 人以下;增加教师数量,提高新教师的专业水平;改造和新建学校;加强对课外活动辅导的资助和管理。概而言之,克林顿执政时主要有以下一些教育改革措施。(1) 在基础教育领域。第一，制定全国教育标准和相应的考试制度，首先在阅读和数学两门课程中实行全国统考。全国教育标准主要针对英语、数学、自然科学、外语、艺术、历史及地理等核心学科领域而制定。标准内容包括内容标准、作业标准、评价与检测标准，能在全国范围内进行检验和评估。克林顿政府强调，要尽快结束自由升学制度，建立新的全国考试机制，通过测试让学生家长和教师了解达到优秀标准所必需的东西，确切了解学生是否掌握了能在21世纪"知识经济"中获胜的知识，达到世界级优秀标准。第二，针对美国8岁儿童中40％不能独立阅读的事实，发起一场"美国读书"运动。计划雇佣3万名新闻记者、专家和一些指导教师，动员10万名大学生为儿童阅读提供支持；组建一支由百万指导教师组成的美国阅读特种部队，与教师、家长、图书管理员、教会组织、大学、社区、文化机构等共同帮助孩子成功阅读。第三，为增强学校竞争力，改革公立学校。1998年的政府预算将建立特许学校的经费增至1亿美元，计划到21世纪初建成3 000所特许学校，吸纳学生30万人。另外，为了尽快改变学校教育设施及设备陈旧的状况，克林顿政府决定在四年内对地方拨款50亿美元，要求各州增加拨款200亿美元，以改善学校建筑，使每所中小学的教室和图书馆到2000年都进入信息网。（2）在高等教育领域。第一，改进本科生教育。自20世纪80年代初以来，社会各界频频指责研究型大学本科教育质量下滑。研究型大学长期存在重科研、轻教学现象；知名教授很少给本科生上课；文理科分割严重，学生解决问题的能力下降等现象。1998年卡内基促进教学基金会发表《重建本科生教育：美国研究型大学发展蓝图》的报告，对美国本科教育存在的问题及对策提出了独特见解，引起很大反响。越来越多的高等学校开始重视本科教育，强调大学基础阶段的"通识教育"，注意培养知识面宽的复合型人才，强调文理学科交叉渗透，鼓励知名学者为低年级学生授课，建立"学生辅导制"，鼓励低年级学生从事社会实践与科研活动，提倡小班授课。第二，解决因学费上涨而导致上大学难的问题，实现普及高等教育的目标。首先，设立"希望奖学金"。政府为半工半读没有吸毒记录的大学一年级学生提供1 500美元的资助。如果该生第一年的成绩平均在B以上，未染毒品，第二年仍可得相同数目的资助。由于这一资助足以支付两年制社区学院的费用，因此1998年有420万学生据此免费接受了社区学院和四年制大学前两年的教育。其次，实施"一万美元减税款"提案。这主要是为那些不适合"希望奖学金"和未选择"希望奖学金"的学生接受高等教育准备的。从1999年开始，大学生在校学习期间，学生及家庭均可申请减税额，每年最高可减税一万美元。这一提案将使美国家庭五年中节约170亿美元。该提案与"希望奖学金"五年内总共将为美国家庭提供360亿美元，这是美国迄今为止对高等教育的最高资助。第三，

为了资助贫困家庭的大学生，扩大佩尔助学金。从1998年起，资助最高限额将从2 700美元增加到3 000美元，同时把适用范围扩大到家庭收入45 000美元以下不能得到全额奖学金的学生。1998年财政年度，佩尔奖学金增加17亿美元，资金水平提高25％以上，受益学生810万。此外，联邦政府还修改了"联邦家庭教育贷款"计划，降低贷款费用，以使学生有更多的钱交纳学费及其他费用。（3）在师范教育领域。第一，增加对教师培训的投入，通过有保障的不断进修来改进新老教师的知识水平和教学技能，从而帮助学生掌握核心领域的基础知识，达到学术标准。第二，建立全国通用的中小学教师许可证制度，通过预算使10万多人成为熟练教师，获得全国许可证。同时，拨专款建立优秀教师奖励制度，鼓励有才华的青年和其他领域的从业人员从事教师工作。

从布什政府（1989—1993）发布《美国2000年教育战略》到克林顿政府的新教改方案，20世纪90年代教育改革的基本思想及中心主题具有明显的统一性与连续性。两任政府都以高质量为目标，确定学业标准，强化核心课程学习，注重师资培训，等等；都强调选择学校，在公立学校系统引入竞争机制；都关心师资问题。

2001年，布什政府（2001—2009）推出了《不让一个孩子掉队法》。该法主要是对美国公立学校中最令人担忧的两个问题作出回应，一是一些学校没能解决学生成绩下降的问题，甚至没有意识到这一问题的严重性；二是虽然学校大多以多样性为追求，但白人学生和少数民族学生之间仍存在巨大成绩差距。因此，《不让一个孩子掉队法》首要关注学生的学业成就，通过国家标准化的考试和评价来强调学校的绩效责任，具体措施诸如州自行设计绩效责任制计划；对公立学校的学生进行每年一次的测试以评价学生在年级水平上是否进步，这被称为年度进步；发布数据，测量、比较和改进所有孩子的成绩等。

《不让一个孩子掉队法》的另一主要目的是消除各类学生间的成绩差异，该法重点关注了历史上学业成就低下的学生，包括少数族裔、低收入家庭、英语学习有障碍，以及残疾的孩子。以前，这些学生的成绩很可能被平均成绩所掩盖，学校并没有特别关注到他们的不足和落后。《不让一个孩子掉队法》要求保障和提高少数族裔学生的学术成就，优先满足残障儿童的教育需要。2004年，G. W. 布什总统签署了《残疾人教育改进法》，使其与《不让一个孩子掉队法》的目标结合起来，这也意味着将残障儿童也纳入各州的绩效责任制体系中。美国教育部还提供了更多的灵活性和激励性措施，使各州能够设计更加合适的评价，从而为那些残障儿童服务，保障他们的学业成绩不会落后。

20世纪末21世纪初的美国教育改革呈现出以下几个特点。（1）联邦政府直接介入教育改革，教育改革的主导权

逐渐由地方控制转为由联邦和各州政府共同控制,政府成为发起、推动和领导教育改革的重要力量。(2)强调学术标准,提高教育质量,以赶超世界教育先进水平为主要目标。由于对教育水平低下阻碍经济发展的问题有了日益充分的认识,美国 20 世纪 90 年代教育改革的重点是全面关注教育质量和教育机会。联邦政府的资助计划重点是通过改进少数民族、低收入等弱势群体的教育而提高整体水平,企业界在知识经济社会中也更加关注教育质量。(3)借助企业力量,鼓励企业介入基础教育,在教育领域引入竞争机制。90年代最重大的变化是公校私营,是指州或地方学区与企业、团体或个人签订合同,特许他们经营管理一些公立学校,接受政府按合同提供的教育费用,为学生提供符合合同所规定的富有特色的高质量学校教育。企业开始为社区创办普通学校或接手经营普通学校。魏特尔通讯公司(Whittle Communications)、时代华纳公司(Time Warner)和菲利浦电子公司合股实施了一项名为"爱迪生计划"的学校发展计划,预计投资 25 亿美元,在全美建立企业性的学校网络。教育选择公司是全美最大的以接管经营公立学校为主要工作的教育企业。另外,美国一些州开始试行教育券计划,允许家长选择学校,并从政府领取教育券(实质上是一种有价代金券)。用教育券付学费,这在美国教育发展史上是一个重大突破,对美国公立教育系统包揽使用公共教育经费的体制形成极大冲击。(4)以学校管理改革为重点,通过强化和改善学校管理来提高学校教育的效益和质量。从宏观来看,主要是制定全国性的课程和测评标准,为学校的目标管理和质量管理提供明确的参照体系,并通过这一途径来强化联邦和各州对学校的调控。从微观来看,主要是减少学区教育委员会和学监们对学校日常事务的干预,使学校管理者自主地按照教育、教学的测评标准或要求来管理学校日常事务。特许学校和学区教育委员会委托专业公司代管学校就反映了将学校所有权同管理权分开的变化。(5)改革教学,适应信息社会的发展。美国学校一向重视利用现代教育技术,并投入了大量资金。20 世纪 90 年代,美国大量投资,增加中小学拥有计算机的数量,并实现计算机联网。全国的地方学区每年用于新技术的开支达 40 亿美元。联邦政府提出一个目标:到 2000 年,把全国的每一间教室和每一座公共图书馆连接到互联网上。同时,电信和电脑公司也在向中小学贡献资金、技术、硬件设备和服务。大学里的信息技术应用比中小学还要广泛得多。

参考文献

史静寰.当代美国教育[M].北京:社会科学文献出版社,2001.

王承绪,朱勃,顾明远.比较教育[M].北京:人民教育出版社,1985.

王英杰.比较教育[M].广州:广东高等教育出版社,1999.

王英杰.美国高等教育的发展与改革[M].北京:人民教育出版社,2002.

滕大春.美国教育史[M].北京:人民教育出版社,1994.

（李　敏）

美国进步教育运动（progressive educational movement in the United States）

20 世纪上半叶美国教育界形成的一场教育革新运动。19 世纪 70 年代中期从马萨诸塞州昆西市兴起,19 世纪末 20 世纪初扩展到其他州。它与欧洲新教育运动一起,统称为 20 世纪上半叶欧美教育革新运动。

美国进步教育运动的兴起　南北战争后,随着工农业的发展、生产技术和生产水平的提高,美国社会生活发生了很大变化,开始由农业国向工业国转变。19 世纪 90 年代,一个新的美国已经屹立起来。正是在这种社会背景下,美国兴起了进步教育运动。"进步教育"实际上就是教育中的进步主义,旨在通过学校教育去改善社会生活和个人生活。进步教育运动实质上是对美国工业化和民主化反应的一部分。

美国教育家帕克,1875—1880 年担任马萨诸塞州昆西市的学校督学,首次把进步教育思想付诸实践,开始了闻名的昆西学校实验。昆西学校把儿童作为注意的中心,从儿童的兴趣、能力和需要出发,尽力提供游戏、活动和工作的机会,并提出必要的建议,使儿童具有丰富的各种各样的经验;作为一个社区,学校努力使儿童的心智和道德在社区环境中得到充分发展。在昆西学校,教师用自己设计的材料、杂志和报纸代替教科书,儿童通过自己的活动和对周围事物的直接观察来培养自我表现能力。在学校课程中,艺术活动和手工劳动占有重要地位。儿童学习语言,是从最简单的词和句子开始,而不是从硬背字母表开始;学习算术,是通过实物或直观教具,结合日常生活来掌握数量关系,而不是死记规则;学习地理,是结合到附近地区农村的远足来进行。教师热爱、尊重儿童,了解和分析儿童的个性;与家长保持联系,成立家长和教师协会,定期举行家长会。昆西学校实验在美国开创了一条教育革新的道路。作为美国进步教育思想的倡导者,帕克曾在《关于教育学的谈话》一书中系统阐述了进步教育思想,被美国教育家杜威称为"进步教育运动之父"。

1892 年,年轻学者赖斯在纽约《论坛》杂志上连续发表文章,大力介绍和宣传昆西学校实验,进一步扩大了它对进步教育运动的影响。这是把进步教育运动推广到美国所有学校中去的战役的第一枪。

美国进步教育运动的扩展　在昆西学校实验的影响下,许多进步教育家批判传统学校教育,在不同地区进行教育革新实验活动,对教育形式、内容和方法进行革新。

作为美国进步教育协会（Progressive Education Association, 简称 PEA）创建者之一，M. P. 约翰逊 1907 年创办了一所私立学校，包括幼儿园、小学和中学，名为"费尔霍普学校"（Fairhope School），一般以"有机教育学校"（school of organic education）闻名。学校从儿童生长的自然规律出发，将学生分成生活班级，以代替固定的年级。在整个课程计划中，以活动为主，并在活动的基础上进行智力学习。教师考虑到儿童的自发性、主动性及兴趣和需要，在教室内外对他们的生活给予指导。学校里代替课程的是体操、自然研究、音乐、手工、郊野地理、讲故事、游戏、感觉训练、数的基本概念、表演和竞赛等活动。从初级中学起，才开始有正式科目，但没有强迫作业，没有指派的功课，没有考试和测验，没有不及格，也没有升留级。实行有机教育理论的费尔霍普学校实验有四个基本特点：一是根据儿童需要制定学校课程计划，以达到促进儿童自然发展的目的；二是儿童可以从有创造性的活动中获得经验，并将自己的全部精力在活动中表现出来；三是采用平衡和训练的方式来发展有机体；四是学校建立在以无私、没有偏见、合作为特征的社会意识基础上。

1920 年 2 月，帕克赫斯特应马萨诸塞州道尔顿市的道尔顿中学校长杰克曼的邀请，去那里实施她自称的"道尔顿实验室计划"（Dalton Plan，简称"道尔顿计划"）。道尔顿计划实际上是一种教育组织计划，以使教和学两方面的活动和谐一致起来。实施道尔顿计划时，课程标准相同，但进度可视各人情况而不一样，每个儿童可以采用自认为最好的学习方法。计划确立了三个原则：一是自由，儿童学习时，必须让他自由工作，不加任何妨碍；二是合作，儿童在学校生活中要互相交往、互相帮助；三是时间预算，儿童明确应该做什么事情后，采用包工形式，让他们在规定时间内自己作出计划，使每一个儿童都能对自己学习的速度和方法负起更大的责任。从这个意义上，道尔顿计划又可以称为"个别教学制度"。道尔顿中学废除了课堂教学，儿童可以根据自己的兴趣和能力，选择科目自由地学；废除了课时表，根据所选科目规定学习时间的长短，具体由儿童自己安排；废除了年级制，鼓励儿童主动学习，遇到难题，先集体讨论，再请教师辅导等。实施道尔顿计划需要三个条件：一是实验室（或称作业室）；二是指定作业（或称学习工约）；三是成绩记录表。

1919—1945 年，华虚朋担任伊利诺伊州文纳特卡地方教育官员，并开始他的教育革新实验（Winnetka Plan，一般称"文纳特卡计划"）。文纳特卡学校儿童的学习个别化。他们充分发展每个儿童的个性及特殊兴趣和能力，并力图把个人发展与社会工作结合在一起。实施文纳特卡计划，要做好三个步骤的准备：第一，教师或教师团体确立个别训练的特殊标准，规定儿童掌握什么，掌握到什么限度；第二，

编制一些诊断测验，以检查儿童的学习结果；第三，编写让儿童自我学习与自我订正的教材，允许每个儿童按自己的速度前进，节省教师的时间和精力。就具体安排来说，教师可以把儿童应该完成的指定作业安排在整个上午或下午的时间内，其余时间安排团体活动与创造性活动，如班级设计、音乐欣赏与表演、演戏、手工、有组织的游戏、体育运动、俱乐部、学校自治活动、学校报纸和学校商店等。多数儿童的课时表中均有自由活动时间，可以拿出一部分花在有兴趣的科目上，或弥补自己学习上的不足。文纳特卡学校也培养儿童的社会意识。那里有团体活动，如学生会、学校议会、音乐会、文学欣赏与文学创作等活动，还允许儿童根据他们的特殊兴趣和能力选科，如印刷、木工、金工、美术、科学研究、图书馆工作、打字等，总共有二三十种。

沃特 1907 年应印第安纳州葛雷市教育委员会的聘请担任教育局长，有了一个把自己的教育设想付诸实践的机会。他的教育革新实验一般以"葛雷计划"（Gray Plan）或"分团学制"（Platoon Plan）闻名。葛雷学校包括幼儿园、小学和中学，儿童可以在良好的环境中受教育，有机会去选择自认为最适宜的活动，尽最大可能发展自己的个性。他们使儿童生活在学校这个雏形的社区中，作业以游戏与运动、知识研究、工场与商店及实验室工作、校内与校外的社会活动四个方面为基础。学校包括四个部分：一是设备齐全的体育运动场；二是设备布置可根据儿童的兴趣和需要变动的教室；三是种类很多的工厂和商店；四是儿童聚会和举行各种活动的礼堂。课程编制的总原则是从经验中学习，课程分成四组：(1) 学术工作，包括阅读、拼写、文法、算术、地理、历史等科目；(2) 科学、工艺和家政，包括理科、图书、木工、金工、印刷、缝纫、烹饪等；(3) 团体活动，包括各种集会、表演、讲演和辩论等；(4) 体育与游戏，最初的一、二、三年级不分科，其余年级采取分科教学制，由各专科教师担任。除鼓励儿童之间合作交往和互相帮助外，每所学校都有一个由全体儿童选举出的自治委员会，协助维持学校秩序。由于引起了人们的广泛注意，学校成为当时美国进步教育的中心。

克伯屈 1918 年 9 月在《哥伦比亚大学师范学院学报》第 19 期发表了一篇文章，题为《设计教学法》。在应用杜威教育理论的基础上，克伯屈提出"设计教学法"（Project Method），把建立在儿童兴趣和需要之上的"有目的的活动"作为教育过程的核心及一切有效学习的根据。设计教学法就是废除班级授课制，打破学科体系，把儿童有目的的活动作为学习单元，并由此来组织学校工作。按照活动目的、内容和性质的不同，可以分成四种方式：一是生产者的设计，或称建造设计，以生产物质或精神产品为目的，例如建造房屋、制作工具、烹饪食物、拟订章程、写信和演戏等；二是消费者的设计，或称欣赏设计，以使用和享受别人的生产成果

为目的,例如听故事、听乐曲、欣赏画和看戏剧等;三是问题的设计,以解决理智方面的问题和困难为目的,例如为什么会有露水、在森林里迷了路怎样走出去、为什么纽约比费城发展得快等;四是练习的设计,或称"特种练习设计",以获得某方面和某种程度的技能知识为目的,例如学习阅读、拼法、书写和算术等。进行其他设计时,儿童也往往会感到有进行练习的必要。设计教学法一般由四个步骤组成:目的、计划、实行、评定。这四个步骤是逻辑的次序而不是实际次序,教师教学时可以根据具体情境从任何一个步骤开始。

进步教育协会 为了使进步教育思想更加普及,赞成进步主义教育思想和支持进步学校的85位教育工作者于1919年4月在华盛顿公共图书馆大厅集会,正式宣布成立进步教育协会,美国安纳波利斯海军学院的一位年轻教师S.科布担任第一任主席,美国教育家、前哈佛大学校长C.W.埃利奥特担任名誉主席。美国教育家杜威从1927年起任协会主席,直到1952年去世。协会的目的在于进一步推动进步主义教育思想的传播和进步学校的实验,以影响整个美国的学校教育。为了扩大影响,协会于1924年创办《进步教育》杂志。协会先后在达顿、巴尔的摩、芝加哥、费城、波士顿、克利夫兰和纽约等城市举行大会。不仅与私立学校教师,也与公立学校教师、校长及全国各地的教育行政官员接触和联系,进步教育思想在美国得到比较广泛的传播。1921年以后,协会发展和加强了与新成立的"新教育联谊会"(New Education Fellowship,简称NEF)的联系,多次派人参加新教育联谊会举行的国际性教育讨论会。1944年,进步教育协会改名为"美国教育联谊会"(American Education Fellowship),1953年又恢复原名。第二次世界大战后,由于越来越失去公众的支持,进步教育协会已没有原来的生气,开始走下坡路。1955年6月,赫尔菲什宣布协会解散,《进步教育》杂志也于1957年停刊,标志着美国教育的一个时代的结束。

美国进步教育运动的特点与影响 美国进步教育运动的目的是要改革19世纪末20世纪初在教育领域占统治地位的传统学校教育制度。进步教育协会成立后,曾确立了七项原则:(1)学生有自然发展的自由;(2)兴趣是全部活动的动机;(3)教师是指导者,而不是布置作业的监工;(4)注重学生发展的科学研究;(5)对儿童的身体发展给予更大注意;(6)适应儿童生活的需要,加强学校与家庭之间的合作;(7)进步学校在运动中是领导者。运动的特点:一是具有丰富性和多样性,具体表现为不同的进步教育家制订不同的学校改革计划,并采取了不同的做法;二是在美国民众特别是知识分子中具有广泛的吸引力,后又赢得有组织的教师团体的支持。这是进步教育运动前期之所以有活力的原因之所在。

从19世纪90年代到20世纪50年代初,进步教育运动在美国教育界产生广泛影响,促使美国学校教育适应社会生活新的需求。这是美国教育史上继19世纪中期免费公立学校运动之后的又一次教育变革运动。尽管有人批评甚至否定进步教育运动,但它构成了现代美国教育史中重要的一章。美国教育史学家克雷明指出,进步教育运动给学校带来的许多方面的变革是不能否认的。

参考文献

鲍尔斯,金蒂斯.美国:经济生活和教育改革[M].王佩雄,等,译.上海:上海教育出版社,1990.

康内尔.二十世纪世界教育史[M].张法琨,等,译.北京:人民教育出版社,1990.

科布.新教育的原则及实际[M].崔载阳,译.上海:中华书局,1933.

Cremin, L. A. The Transformation of School, Progressivism in American Education, 1876-1957 [M]. New York: Vintage Books, 1964.

Dewey, J. & Dewey, E. Schools of Tomorrow [M]. New York: The Reikerbocker Press, 1915.

(单中惠)

美国全国教育协会(National Education Association of the United States,NEA) 美国历史悠久、规模最大的全国性教师组织。1870年8月由成立于1857年的全国教师协会(National Teachers Association)、1865年成立的全国学校督学协会(National Association of School Superintendents)与1858年成立的美国师范学校协会(American Normal School Association)合并而成。首任主席马布尔。1906年得到美国国会一个法案法律意义上的承认。

为了采用一种更为民主的工作方式,第一次世界大战后协会改组,并于1920年成立"代表大会"(Representative Assembly)。1961年的代表大会在新泽西州亚特兰大召开,修正了协会附则,决定从1964年9月1日起,任何已获得学士或更高学位并积极参与教育专业活动的个人都有资格成为协会成员。由于一开始就以共同的专业纽带为基础,协会成立后得到迅速发展。1900年会员为2000人,1939年增加到20万人。该协会成立100周年时,会员已达70万人。成立之初,协会没有固定的办公地点,协会工作人员多为兼职。1898年,谢泼德担任美国全国教育协会史上第一位全职执行秘书,1917年,协会在华盛顿特区建立总部。

美国全国教育协会主要由立法机构、执行机构以及相对独立的分部和委员会组成。下有66个州教育协会和6000个地方教育协会。执法机构是由约5000位代表组成的代表大会。其中,州教育协会每500个会员中推选一位代表,地方教育协会每100个会员中推选一位代表。代表大会于每年 6 月的最后一个星期或 7 月的第一个星期召开,负责制定协会政策,选举协会官员,通过决议、报告、规章和修正案。每次代表大会推选一名主席和 12 名副主席。执行机构主要是董事会、理事会和执行委员会。董事会的职责是对代表大会通过的决议和规章等进行解释并促进其付诸实施,为协会的活动拨款,决定每年召开代表大会会议的地点;理事会成员 5 人,主要负责选举执行秘书,并担任协会资金的受托管理人;执行委员会成员 11 人,主要在两次代表大会期间负责临时的政策制定,实施代表大会通过的政策,确定协会工作人员的职位。理事会选举一名执行秘书,任期 4 年,在一位副执行秘书和 6 位执行秘书助理的协助下,共同对主要机构进行行政管理,并对董事会、理事会、执行委员会的工作提供建议和指导。协会分部相对独立,由会员所缴的会费维持,以促进教育进步、增进公众对教育工作的支持为工作目标。协会现有 30 个分部,按工作范围分成管理、课程、对特定团体或阶层的教育、服务四组,包括教育领域的各个方面。此外,协会还设立了由代表大会产生的各种委员会,主要负责处理专门的教育问题,在发展过程中还成立过许多涉及教师利益的组织,如未来教师协会、课程教师协会、全国中学校长协会、全国退休教师协会等。

美国全国教育协会对美国教育的发展,尤其是在中等教育及教师专业化问题上起了很大的作用。在中等教育问题上,协会设立的委员会就中学的功能、目标、课程与学制等方面进行调查,并发表了具有重要意义的报告,提出了许多富有建设性的意见。例如,中等学校课程委员会(亦称"十人委员会",1892—1894)以中学与大学的衔接为出发点,专门研究中学应开设的学科、各学科的教学时数、开设年级以及学科内容等,发表了《十人委员会报告》;学院入学条件委员会(亦称"十三人委员会",1895—1899)研究中学与学院、大学的衔接以及学院、大学的入学条件,发表了《关于学院入学条件的报告》,确认了中学的升学目的,建议延长中学学制为 6 年,推动了学院、大学入学资格统一标准的制定,为美国中学实行学分制和选修制奠定了基础;中等教育改组委员会(Commission on the Reorganization of Secondary Education, 1913—1918)就公民学、社会学、英语、音乐、体育、德育、督学等方面提出了 13 份报告,其中最有影响的是《中等教育的基本原则》(1918),尤其重要的是确立了美国中等教育的七项目标(促进身体健康、掌握基本技能、培养高尚的家庭成员、培养就业技能、胜任公民职责、善用闲暇时间、养成道德品格),建议综合中学应该成为美国中学的基本类型。在教师问题上,协会通过对教师福利待遇的全面调查,提出了若干解决教师工资低问题的建议,同时从教师的职业标准、道德准则等方面对教师自身的职业行为进行规范,推动了美国教师专业化的进程。例如,协会在对四百多个城市教师的问卷调查基础上,于 1905 年发表关于教

师工资的调查报告,引起了极大反响;1963 年又通过了一个关于教育职业工资的决议。又如,1946 年成立的全国教师教育和专业标准委员会负责在教师的选择与配置、准备与资格认定、在职培训与提高专业水平以及教育机构的水平等方面制订具体计划,并有效地实施,在历时两年的研究中发表了题为《教师专业的新水平》报告,此后,一场全国性的"教师专业标准化运动"在美国兴起。

2010 年,美国全国教育协会在美国有 1.3 万个以上的分支机构,其中 800 个分支机构在高等教育领域;有会员 320 万人。出版《今日 NEA》、《明日的教师》、《高等教育拥护者》、《思想与行动》等刊物。

协会在发展过程中及时发现并努力解决美国教育的热点问题,注重教育理论和实践的结合,注意建立教育信息资料库,协调内部组织机构的运动,不仅自身得到稳定发展,而且对美国教育的发展起到了实质性的指导作用。

(单中惠)

美国择校运动(parents' choice of schools in the United States)　美国 20 世纪 80 年代实施的以扩大学生选择学校的自由为宗旨的教育改革。择校是指允许学生(或通过其家长)选择自己愿意就读的学校的入学制度。20 世纪 80 年代后,美国摒弃公立学校"就近入学"的传统做法,通过不同形式赋予学生更多的选择权。这对已经实行近 200 年的公立教育制度产生冲击,对教育公平理念和体制产生影响,也在社会上引发广泛争论。

择 校 的 兴 起

广义的择校是指在公立学校与私立学校及各种类型学校之间的选择。狭义上的择校是指公立学校间的选择。广义的择校一直存在,即使是在公立教育制度建立之后,家长仍可以选择送孩子上公立学校还是私立学校及上什么样的私立学校,但公立学校之间的选择被禁止,美国公立学校采取"划片招生,就近入学"的政策。

美国虽然不允许在公立学校之间选择,但关于择校的思想、研究和实验并没有停止。20 世纪 60 年代,在民权运动、进步教育思想、反主流文化和"向贫困开战"失败的影响下,美国兴起了教育选择运动,自由学校(free school)、开放学校(open school)、当代学校(contemporary school)等新型学校发展起来。这些学校的突出特点是校内选择,在教育内容、方式和课程计划等方面为学生提供选择。在教育选择的基础上,以学校选择为核心的磁石学校(magnet school)发展起来。它突破了学区和就近入学的限制,为学生提供真正的择校机会。20 世纪 70 年代初,在美国经济学家 M. 弗里德曼学券(school voucher)思想的影响下,在哈佛

大学教授杰克斯和他的"经济机会办公室"领导下,加利福尼亚的罗彻斯特等学区开始实验学券制,即政府把学券发到学生家长手中,由学生家长把学券交给所选择的学校,政府根据学校收得学券(实际上即学生)的多少拨给经费。实验大多没有成功,没有产生全国性的影响,但为后来学券制的广泛实施提供了一定的实践基础。

美国择校运动的真正发展是20世纪80年代以后的事情。1980年,以新自由主义或新保守主义而著称的里根赢得大选。在教育改革方面,他主张择校,大力发展磁石学校,出现了磁石学校运动。里根政府多次试图使国会通过某种形式的学券计划,但都由于人们对将公共经费支持教会学校带有敌意而未能成功。1988年以"教育总统"登台的G. H. W. 布什也支持择校,但更热心学券计划。他在1991年提出的《美国2000年教育战略》中把"家长选择"作为一项改革内容,1992年正式向国会提交了一份学券计划,并在1993年的教育财政预算中提出将32.3亿美元用于择校计划,并为低收入家庭的儿童提供人均1 000美元的教育资助,以帮助他们在公立、私立及教会学校间自由选择。G. H. W. 布什的学券计划虽然遭到国会的否决,但在美国教育舞台上正式登场了。1989年,威斯康星州议会通过全美第一个真正的学券计划——密尔沃基家长选择计划,揭开了美国学券制发展的序幕。G. H. W. 布什的继任者克林顿总统也主张择校,但不赞成学券制,反对将公共经费提供给私立学校,提出要在公立学校范围内进行有限制的选择,支持特许学校(charter school)的发展。这样,美国的择校形式日趋多样化。

择校运动兴起的思想基础主要是新自由主义和以个人主义为核心的反主流文化运动。新自由主义是源于传统自由主义的一种右翼政治经济文化思潮,兴起于第二次世界大战后,兴盛于20世纪70年代末80年代初的欧美各国,并对其他国家和地区产生了重要的影响。新自由主义实际上是传统自由主义的复活和发展,包括伦理学派、弗赖堡学派、供应学派、货币学派等。它由于奉行保守政策,反对政府对经济文化的积极干预,主张由市场决定一切,又有新保守主义之称。20世纪80年代,里根以货币学派的思想为执政纲领,把政府在教育中的集权和垄断看作公立学校质量不尽如人意的根源,主张教育的自由化、市场化、私营化,推动择校,希望以市场力量解决教育存在的问题。20世纪60—70年代,由于政治、经济、社会危机的频繁出现和战争威胁的笼罩,人们在精神上和文化上对国家和理性产生怀疑,对主流文化中的国家主义、理性主义、改良主义、进步主义提出质疑。在教育方面,存在主义教育思想、非学校化思潮、价值社区理论等非主流文化派别对国家化、制度化的学校教育提出批判,认为在这种教育制度下,学生被培养成标准化、组织化、工具化的人而不是自由发展的人,学校传播的只是国家文化,无法满足有着不同文化背景的学生不同

的文化需求,致使学生最终失去他们的文化个性,成为国家文化的被动接受者。因此,必须改革现有的学校教育体制,改变原来的公立学校概念,给家长和学生选择学校的权力。

择校运动兴起的最直接原因是美国公立学校的管理效率和教育质量低下。正如1983年美国提高教育质量委员会报告所指出的:大学入学考试委员会的学术性向测验成绩自1963—1980年连年下降;中学生在大多数标准化测验中的平均成绩低于1957年苏联发射人造卫星时的水平;根据最简单的日常阅读、书写和理解测验,有2 300万美国成人是半文盲;美国所有17岁的青少年中,约有13%可以看作半文盲,同龄少数民族青少年中半文盲的比例高达40%。因此,如何提高教育质量,提高办学效率,成为20世纪80年代以来美国教育改革的核心内容。在新自由主义和各种非主流文化的影响下,择校成为美国教育改革的措施之一。

择校的形式

美国的择校形式多样,主要有以下几种。

学券制　亦称"教育券制"、"教育凭证制"。学券是政府发给家长的代表一定数额现金的证券,作为专门帮助家长为其子女选择学校的费用。家长不能直接向政府兑换现金,而是将学券交给所选择的学校,学校收取学券后再向政府兑换成现金,作为学校经费。20世纪60—70年代,美国曾在一些州实验学券制,但进展有限,到90年代才真正取得发展。在一些州(如威斯康星州、佛罗里达州等),学券是用公共税款发放的;而在有些地区(如俄亥俄州、华盛顿哥伦比亚特区、纽约市等),学券是用私人经费支持的。在具体实施上,学券制有许多不同的模式,如库斯模式、非调整模式、西则—惠顿模式、成就模式等。

磁石学校　是通过提供各种特色课程(被喻为磁石)来吸引学生的学校。以学生自愿入学为原则。它是在民权运动的推动下和择校思想的影响下将种族融合与教育选择结合起来的产物,体现了促进学校取消种族隔离、提高教育质量的一种努力。1985年,联邦政府通过《磁石学校补助计划》,拨出近百亿美元资助支持磁石学校和普通学校磁石计划的发展。美国的磁石学校计划主要有两种:一种是整个学校的磁石计划,即所有学生都参加,大约58%的磁石学校计划属于这种类型;另一种是学校内的磁石计划,即部分学生参加磁石计划。磁石学校提供多种不同的课程计划,有强调学术性的(如数学、科学、空间技术、语言、人类学等,约占37%),有讲究教学研究的(如基本技能、开放课堂、个别指导、蒙台梭利法等,占27%),还有生涯或职业教育(占14%)、英才教育(占12%)、艺术教育(占11%)等方面的。磁石学校以不同的主题组织课程,以吸引有相同价值观的学生和教师,促进种族融合,不但为学生提供了择校机会,

而且为学生提供了在学校内部选择不同课程计划的机会，深受学生和家长的欢迎。

家庭学校（home-schooling） 一译"在家上学"，是指学龄儿童不通过公立或私立学校，而是以家庭为基础，通过家庭的管理与实施而接受教育。根据美国国家教育统计中心的统计，1999年春季全美在家接受幼儿园到高中阶段教育的学龄儿童85万~97万人，约占同类学生总数的1.7％。家庭学校可分为两大类：一是以不同宗教信仰为基础的意识形态型；二是以不同教育理念为基础的个性化型。第二类家庭学校又可分为三种：一是传统派的，有固定的教学时间与场所，有严格系统的课程安排，有的还与当地正规学校和教师建立联系，得到他们的帮助；二是折中派的，有专门的时间和场所进行教学，但不进行考试和分级，制订一般性目标，允许孩子按自己的进度来实现目标；三是极端派的，没有专门教学时间和场所，没有整套的课程计划，只制订单元学习计划，完全让孩子自己学习，既不分年级，也不进行测验。

特许学校 亦称"宪章学校"，是指政府部门与一些团体、企业和个人签订合同，把办学自主权交付他们，由他们提供拥有各自不同教学特点的学校教育。特许学校的经费来源与公立学校一样，但实行开放招生，在聘用教师、经费使用、课程设置、校历安排等方面有很大的自主权。根据创建方式，特许学校主要有三种：一由公立学校转制而来，二由私立学校转制而来，三是新建的。由于《特许学校法》的条款规定不一，各州对三类学校的要求各异：第一种学校最为普遍，第二种和第三种学校只在少数州存在。根据创建者的不同，特许学校可分为由教育领导者创建的、由教师领导的、由社区领袖领导的、由家长领导的、由企业家创办的等。不同类型的特许学校在运行方式上有一定差异。

教育税减免 美国鼓励择校的一种措施，是指减免非公立学校学生家长的教育税。根据美国法律，非公立学校学生的家长在支付昂贵的私立学校或教会学校学费的同时，还要为公立教育纳税。这加重了家长的经济负担，限制了家长对非公立学校的选择。通过教育税减免，家长择校的机会更多了，负担减轻了，非公立学校也提高了与公立学校竞争的能力，可以激励公立学校提高质量。

择校对教育公平的影响

择校可以提高公立学校甚至整个教育系统的教育质量和管理效率，满足不同群体的不同需要。择校政策的实施对公立学校的僵化管理体制带来一定的冲击，在提高教育质量和学生、家长对学校教育的满意度方面产生了积极的影响。美国联邦教育部主管教育研究与发展的副部长克罗斯指出：学生和家长择校这一事实本身就有助于提高学生做好作业、努力学习、读好书的积极性，能激发学校追求卓越，产生更为有效的领导、教学和学习。据1994年美国教育部的调查，被选学校中85％以上的教师认为其学校目标明确，较选择前有很大的革新。霍夫斯特拉大学教授M. A.雷韦德考察了100个择校计划后发现，校长趋向于扮演领导的角色，不仅是管理者，教师对自己的工作更负责，学生学习更努力，家长更积极参与学校工作。在实行开放入学的纽约市、布法罗、新泽西等地区，学生的阅读能力有了明显提高。

由于择校制度触动了已实行近两百年的公立学校入学政策，有些人支持择校改革，有些人则持怀疑态度，认为择校会破坏公立教育的根基，影响教育公平，加剧种族和社会隔离。择校是否会影响教育公平，成为人们关注的焦点。有人认为择校有助于实现教育公平。例如美国前教育部部长卡瓦佐斯指出，有证据表明，家长们日益增长的对学校选择的呼吁不仅出于对改进学生测验分数的需求，更出于自由、平等的新观念，今天的学校中仍然存在着不平等，而选择是改进这种状况的有效方法。在与教育公平相关的种族问题上，支持择校的学者认为，学校种族隔离是一个存在的事实，要采取人为手段来达到校内各种族、各种社会经济地位的学生融合就学，不但容易引起家长反感，而且融合的效果往往不佳，不如让家长自由选择学校，通过市场机制使学校内各种族、各种社会经济地位的学生能维持自然平衡状态。择校能让长期居住于都市贫民区的少数民族或社会经济地位低的学生有较多的机会来选择市郊的白人学校、资源富裕学校，这有助于学校不同种族、不同社会经济地位的学生的融合，能增加少数民族或社会经济地位低的学生社会升迁的机会。也有更多的人认为择校不利于教育公平的实现，会加剧种族隔离，例如，允许学生自由择校，将促使白人学生远离少数族裔较多的学校，而少数族裔仍将留在原本就被孤立的学校环境中，即使有少部分少数族裔家庭选择白人学校，也大多是那些家长教育程度和社会经济地位较高的学生。

平等与效率是贯穿美国教育的一对矛盾，矛盾双方的力量对此不断变化，矛盾本身时有张弛，教育改革与发展的逻辑也随之变化。第二次世界大战后初期，教育的民主化成为教育改革的指导思想。美国把教育看作促进社会平等、弥合阶级鸿沟的工具，实现了统一的小学教育后，又掀起了中等教育综合化改革，使中等教育面向大众，而不是少数尖子生，在效率与平等这对矛盾的关系上，首先注重的是平等，然后才是效率。但自20世纪70年代末以来，美国对教育平等与效率的看法开始发生微妙的变化，主要表现为两点：一是就社会整体而言，社会公正、机会均等虽然仍为人们所关注，但自由选择、竞争和多样化吸引了更多的目光，特别是当二者冲突时，不再以牺牲效率为代价来换取平等。二是人们对社会公正和平等本身的理解也发生了变化。新自由主义理论家们声称社会公正和平等是民主社会的目标，但公立学校限制选择的做法并没有保障真正的社会公正和平等，而是违反了这一原则，因为真正的社会公正和平等是公正的选择以及公正的竞争条件与环境。在第二次世界大战后初期的教育改革中，美国关注的重点依次是社会公正、种族间的融合、教育质量；而在20世纪80年代以后的教育改革中，三个重点的次序颠倒过来，教育质量成为重中之重，社会公正与平等退居其次。

有关择校与教育公平的实证研究证实，择校对教育公平确实产生了不利影响。社会、经济地位往往是择校的一个主要因素，择校成为家长社会、经济地位的竞争。在择校过程中，家长社会、经济地位高的学生较易获得择校机会，成为择校制度的受益者；家长社会、经济地位低的学生则不容易获得择校机会，受益于择校制度的机会要少得多。美国学者维尔斯研究密苏里州圣路易斯市学区间学校选择方案时，访问并比较了三种类型的学生：(1) 选择转学就读市郊学校的；(2) 仍然留在都市学校就读的；(3) 转学就读后因适应不良回到原都市学校的。他发现，第一类学生比起第二类学生来，有较有利的社会、经济背景，有较多有关学校选择方案的信息，其父母能较主动积极地参与子女的教育活动，而第三类学生之所以会在市郊学校适应不良，主要是因为他们自己觉得在新学校受到种族歧视，社会适应困难，学习上难以赶上其他同学。

美国新泽西州蒙特克莱尔市实施"控制式选择"时，有较高收入的家庭具有较强烈的择校意愿。在年收入10万美元以上的家庭中，75％的家庭会参与学校晚间举行的说明会；而在年收入5万美元以下的家庭中，只有45％的家庭会出席该类会议。有76％的较高收入家庭会运用文字信息来评估他们的选择；而只有35％的较低收入家庭会运用同样的信息。有83％的较高收入家庭在决定其子女就读学校前会亲自考察若干所学校；而仅有53％的较低收入家庭会有类似的考察行为。可见，即使在蒙特克莱尔的富裕社区，还是那些较高收入的家庭比较能从择校中获得利益。

择校的初衷是为学生提供更多可选择的受教育机会，但在择校过程中，一些学校公开或暗地里建立一些限制措施，实际上是学校选择学生而不是学生或家长选择学校。在这种情况下，受益的往往是优势群体而非弱势群体。美国学者克雷恩研究纽约市特色高中择校方案时发现，虽然纽约市在实施这一方案时采取有关措施以尽量减少对低成就、低社会经济地位学生的冲击(如50％的入学名额由抽签决定并特别保留某些名额给低阅读成就的学生)，但由于特色高中倾向于挑选"比较有教养"和"比较容易教育"的学生，进入特色高中的学生中来自优势群体家庭的比例很高，而那些弱势群体家庭的学生往往选择进入家庭附近的学校。弱势群体家庭的学生即使选择特色高中，绝大部分也

会被学校以种种理由拒绝。

美国卡内基促进教学基金会在研究全美各地区实施择校的情况后发现，并不是所有家庭都能享有择校的权利，如居住在乡村的家庭，可能只有一所中学可供选择，即使是那些享有择校权利的家庭，受具体的选择条件的限制，受益较多的也只是那些在经济上和教育上居于优势地位的家庭，而且全州性、跨学区式的择校政策将扩大富裕地区和贫困地区在教育资源上的差距，因为在择校过程中，贫困学区的学生会大量流失到富裕学区，而学生转学会把教育资源带到原本就十分富裕的学区，造成富裕的学区越来越富裕，贫困的学区却因为财政拮据而被迫大量裁减教师和增加班级学生人数。

择校也加剧了西方社会中的种族、不同社群隔离。美国哈佛大学教授埃尔莫尔和富勒分析归纳了大量有关全美各地区择校的研究报告后得出一个重要结论：实行择校政策，其效果受学生家长财富、族裔和社会地位的影响非常大，增加教育的选择权，很可能增加学生在种族、社会阶级和文化背景上的隔离。

另外，一些评估机构使用测验工具对择校生和非择校生进行了测评，得出的结果：择校生与自己不择校的情况相比，有了很大的提高，许多"差生"、"困难生"得到了帮助和提高，成为正常学生；但是，非择校生的成绩下降了。因为家长社会经济地位高的学生大量转向办学条件和水平较高的学校，而资源贫乏、办学水平较低的公立学校只剩下贫穷和需要特殊服务的学生(如身心障碍学生和低成就学生)，成为收容这些学生的"垃圾场"。这对就读于这些学校的学生不公平，极易造成教育机会不均等。

参考文献

季苹. 美国公立学校的发展研究[M]. 北京：高等教育出版社, 2002.

史静寰. 当代美国教育[M]. 北京：社会科学文献出版社, 2001.

Merrifield, J. The School Choice Wars [M]. Lanham, MD: Rowman & Littlefield, 2001.

Sugarman, S. D. & Kemerer, F. R. School Choice and Social Controversy: Politics, Policy, and Law [M]. Washington, D. C.: Brookings Institution Press, 1999.

Wang, M. C. School Choice or Best Systems: What Improves Education? [M]. Mahwah, NJ: Lawrence Erlbaum Associates, 2001.

（刘宝存）

美育(aesthetic education)　亦称"美感教育"、"美学教育"、"审美教育"。全面发展教育的重要组成部分。使受教育者掌握审美知识，培养审美能力的教育。在学校教育中，与德育、智育、体育等相辅相成，共同促进学生的全面发展。旨在运用艺术美、自然美和社会生活美，培养受教育者

正确的审美观点和感受美、鉴赏美、创造美的能力。

自德国剧作家、美学家席勒首倡美育以来，美育概念很快传播到全世界。关于美育是什么，有不同的看法。代表性的观点有五种。（1）美育即艺术教育。艺术美是美的典型形态，所以美育作为美学理论的具体实践，便是艺术教育。如苏联一些学者就认为美育一般当作艺术教育的同义语，因为美育主要是通过艺术的手段来进行的；美国的一些著名学者也持审美教育与艺术教育可以互换的观点。显然，这种观点受到了黑格尔的美学就是艺术哲学的观点的影响。仅仅根据艺术是美育的主要手段就判定美育就是艺术教育，有以偏概全之憾。虽然艺术教育在审美教育中具有特别重要的地位和作用，但审美教育的对象与范围较之艺术教育更广泛、更丰富。人们的审美活动既表现在精神生活中，也表现在物质生活中；既有艺术美的审美，也有社会生活的审美、精神的审美、自然的审美等。可见把美育等同于艺术教育，就把美育的对象与范围狭隘化、单一化了。（2）美育即德育。美育是用形象化的手段进行思想道德品质的教育，因此美育是德育的有机组成部分。美育能够发挥以美辅善、以美引德的作用。但是美育的对象与任务也不是德育所能够涵盖的，把美育归于德育，抹杀美育的独特对象与任务是十分错误的。美育是全面发展教育的组成部分，有它不能被其他诸育所取代的研究对象与任务。（3）美育即情感教育。主张美育与德智体诸育有联系，但各育的任务不同。美育的主旨是人情感的陶冶与丰富。应当说，这种观点抓住了美育的特殊性质，是对美育对象与任务的深刻揭示，有较大的合理性。但把美育等同于情感教育仍较狭隘，美育还有培养鉴赏美、创造美能力的任务。（4）美育即美学与教育学相结合，或者说是美学与教育学的交叉学科。把美学理论应用于教育领域便是美育，故有"美育学"之说；或者认为在教育过程中运用美的理论与方法就是美育，故有"教育美学"之论。两者都强调美育是美学与教育学的结合，只是强调的重点在美学还是在教育学的不同而已，并没有实质性的差异。不过，此说并没有把握住美育的准确内涵，因为教育不仅包含美育，还有德育、智育、体育，把美学应用于教育领域就是美育，缺乏美育的特殊规定性。（5）美育即美学理论的教育，或将美学理论应用于具体实践。蔡元培、胡经之等人持此观点。此论有其深刻、合理的一面，有利于普及美学理论与知识，提高受众的美学素养和审美能力。但美育与智育、德育还有区别，它不是单纯的逻辑推理与知识占有，还包含审美的实践活动，它要用美的形式来感染人，激发并净化人的情感，所以此说也不够全面。上述诸说都是从不同的立场与角度来审视美育的，都有其合理性的内核。

美育有狭义和广义两种理解。狭义的美育亦称"艺术教育"，是通过对文艺作品的鉴赏和艺术理论的教学来提高学生对艺术美的感受、理解、评价和创造能力的教育活动。在学校教育中，传统观点认为美育仅仅同美术、音乐、文学等课程有关，忽视社会美、自然美的美育作用，忽视社会美育和家庭美育的重要性。狭义的美育观点是同美学研究中的一种狭隘的学术观点相一致的。持这种观点的研究者认为，美学研究主要要以艺术为对象，美学是关于艺术的哲学理论。广义的美育则是通过艺术和现实的多种途径来进行的。它不仅要通过艺术教育，还要通过社会和自然本身的一切美好的人、事物和自然景物对人们进行审美教育；不仅提高人们对艺术的审美能力，而且要培养人们对生活和自然的审美能力和高尚的审美情趣，使人们逐步树立正确的审美观念和道德观念。在学校美育工作中，既要重视音乐、美术、文学的艺术美育作用，又要把美育渗透到其他各门学科中去，把美育与德育、智育和体育结合起来。学校美育不能孤立进行，还应当和家庭美育、社会美育相互结合，培养德、智、体、美全面发展的人才。广义的美育，也是与广义的美学观相联系的。这种美学观认为美学不仅研究艺术美，还要研究现实美，研究不同时代、不同阶级、不同民族、不同心理的人与艺术、生活和自然的审美关系，研究美的创造与欣赏的具体规律。

美育的演变

美育最早由德国启蒙时期浪漫主义作家、美学家和诗人席勒在1794年创作的《审美教育书简》（一译《美育书简》）一书中正式提出。他不满因资本主义生产发展而导致人性的异化，对资本主义的功利主义进行批判，强调要建立自由的统治，必须通过美育来恢复人们完整而和谐的个性。他认为，完美的个性是人的思想或行为中矛盾的两个方面（如感性与理性、形式和内容、享受与劳动、手段与目的等）的和谐一致。个性的完美发展在于感性和理性的统一。美育的目的在于培养感性和精神力量的整体和谐。席勒从心理学视角分析了美育的实施，创造性地提出"感性冲动"与"形式冲动"两个概念，并断言游戏冲动是感性冲动与形式冲动之间的集合体，是实在与形式、偶然与必然、受动与自由等的统一。正是这种统一，才使人性得以圆满实现，使人的感性与理性天赋同时得到施展，这种人性的圆满实现就是美。因此，只有当人游戏时才是完美的人。不过，他的"感性"、"理性"及"游戏"等概念，均来源于康德。此外，谢林、黑格尔，均以康德的美学作为自己的起点。席勒把美育作为人性解放、道德完善并以此改革社会的唯一途径。中国教育界所谓的美育，系由席勒所用的德文 ästhetische Erziehung（"审美的教育"或"美学的教育"）翻译而来。"美育"一词尽管出现于近代，但美育的原理和实施早已存在于古代教育中。

西方的美育思想 在西方，从儿童启蒙到成年教育，都很重视美育。对后世产生深远影响的是古希腊哲学家柏拉图和亚里士多德的美育思想。柏拉图主张"用体育锻炼身体，用音乐陶冶心灵"，作为学校教育的基础。他和亚里士多德都主张德、智、体、美和谐发展，重视文学和艺术的功能，视之为教育的主要内容，使莘莘学子达到"心灵的优美与身体的优美的和谐一致"。亚里士多德认为音乐有净化心灵的功能，主张用健康优雅的音乐来取代那些颓废忧郁的旋律。他是西方教育史上第一个把绘画列入课程的人。在古希腊文化中，美育在人的培养中意义重大。雅典人重视人的各方面发展，提出和谐发展的概念，在实施体操教育的同时，提倡缪斯教育（即智育与美育）。古希腊人重视美育，在其高度艺术性的雕刻，表现力丰富的壁画，典雅轻松而和谐的建筑，高度发展的哲学、文学和科学中得到了充分的体现。而在古罗马直到君士坦丁大帝时代，则几乎没有美育。但古罗马仍有美育的积极倡导者，古罗马演说家、教育家昆体良十分重视音乐教育，认为音乐对于培养演说才能有很大作用，如发音的柔和性以及讲话与动作的节奏性等。

虽然欧洲中世纪经历了一千多年的"黑暗时期"，但文艺复兴运动使欧洲文明重放光彩。近代西方的教育家无不重视美育，捷克教育家夸美纽斯特别重视以美育来发展学生的感觉。法国教育家卢梭主张"回归自然"，让儿童在大自然的环境中感受美。德国的福禄贝尔指出，沉醉于游戏中是儿童生活中最美的表现，认为通过作业活动可以培养儿童对于美的事物的认识，从而对幼儿进行美感的教育。瑞士教育家裴斯泰洛齐提出教育要素论思想，其中就包括体育、劳动教育、德育、美育和智育等方面。英国空想社会主义者欧文在公社里把儿童的教育与生产劳动结合起来，发展他们的智育，训练他们的劳动技能，还十分重视体操、唱歌和跳舞等教育。德国教育家赫尔巴特是一个"纯粹美育主义"的人，他在教学理论中明确要求激发学生求知的兴趣，其中就包括审美兴趣，主张设文学、唱歌、图画等学科。英国实质教育的积极倡导者、教育家斯宾塞在规定人类活动与教育时，把美育也包容于其中，认为没有绘画、雕刻、音乐、诗歌，生活就会失去它的大部分魅力。俄国思想家、教育家车尔尼雪夫斯基也强调"生活的美"，对学生爱美与审美的习惯，以及发展他们创造的能力都十分重视。在美国教育家杜威实用主义教育体系里，也很重视文学艺术的作用。马克思和恩格斯批判地继承了历史上宝贵的美育思想遗产，指出教育是人的全面发展的重要途径。马克思指出，在文学艺术领域内要给青少年以广泛的教育。人不但按照必然的规律和功利目的进行劳动创造，同时也按照美的规律进行劳动创造。美，既是劳动创造的一种产品对象，又是扩展人的劳动创造才智的精神食粮。真与善的认识和教育，便在审美的自由状态中得到了实现。恩格斯把青少年认识所有过去时代的艺术杰作的任务称为审美方面的教育。苏联教育家克鲁普斯卡娅也曾指出，没有美育就不可能有个性的充分发展。苏联教育家苏霍姆林斯基从和谐教育的高度出发，把"美"视为教育人的"三要素"之一，美是道德纯洁、精神丰富和体魄健全的强大的源泉。要实现全面发展，就要使智育、体育、德育、劳动教育和审美教育深入地相互渗透和互相交织，使教育呈现一个统一的、完整的过程。现代西方发达国家大多十分重视美育，将艺术等课程纳入核心课程或基础课程来进行实施和管理。

中国的美育思想 在中国，美育很早便为古人所重视。《尚书·尧典》载："帝曰：'夔！命汝典乐，教胄子。'"在奴隶社会初期，夏商就已开始重视礼乐的教化作用，有所谓"殷尚声"之说，并特设"瞽宗"（商代的音乐学校）。不过当时的礼乐内容偏重于祭祀、宗教、习礼方面。西周更重视礼乐在伦理、礼制等政治思想方面的需求。周公旦"制礼作乐"，说明礼乐密不可分，既是治理国家的法律制度规范，又是提高文化修养的教育方式，其中包含了审美教育的内容。从西周开始，文艺样式有了很大发展，"乐"与歌、舞、诗等联系在一起，成为人们社会生活中不可缺少的内容。执政者以"乐"佐"礼"，把"乐"作为教化人民的工具。春秋时期孔子特别重视美育的感化作用，认为"不学诗，无以言"（《论语·季氏》）。他主张"兴于诗，立于礼，成于乐"（《论语·泰伯》），指出礼能规范人的行为，乐则陶冶人的情感，所谓"乐所以修内也，礼所以修外也"（《礼记·文王世子》）。把音乐摆在很重要的地位，并坚持传授符合礼义要求的雅乐（古乐），而竭力反对刺激性强、容易使人想入非非的郑乐（新乐）。尔后在漫长的封建社会中，历代学者莫不重视美育。荀子认为音乐与情不可分割："乐者，乐也，人情之所不能免也。"（《周礼集说》）不仅有"入人也深"，"化人也速"的作用，而且能改变人的德性，能把"好恶之情"引入好善，实现"移风易俗"的教育效果。《乐记》中推崇乐为人的道德之花，是道德真情的流露："德者，性之端也；乐者，德之华也；金石丝竹，乐之器也。"东汉灵帝时设鸿都门学则是世界上最早研究文学艺术的大学。王充推崇培养"鸿儒"的目标，到魏晋时戴邈等对礼乐废弛的担忧；从隋唐的以文辞诗赋取士，唐宋的书学、宋代的画学、北宋以来对蒙学教材的规定，到胡瑗的苏胡教法以及明时王守仁对陶冶性情的乐教的纠正和宋朝以后的书院，都在当时强调或体现了美育的意义。但中国封建社会往往只是把美育当作德育的手段或途径，强调美育的育德辅德功能，而忽视美育独特的地位和作用。

近代学者王国维是中国提倡美育的第一人。他在学习西方哲学、美学、心理学等领域的理论学说的基础上，提出教育的宗旨"在使人成为完全之人物"，进而论述了美育的性质与任务。他说："盖人心之动，无不束缚于一己之利害；

独美之为物,使人忘一己利害而入高尚纯洁之域,此最纯粹之快乐也。"又说:"美育者一面使人之感情发达,以达完美之域;一面又为德育与智育之手段,此又教育者所不可不留意也。"因此,王国维奠定了中国近代美学及美育的基础。他还沿袭康德的知、情、意三分法,进而把教育分为三部分,即智育、德育(即意志)、美育(即情育),认为"三者并行而得渐达真善美之理想,又加身体之训练,斯得为完全之人物,而教育之能事毕矣"。这样他就比较清楚地提出了"四育"论。

继王国维之后,为把美育列入教育方针而大声疾呼的是近代资产阶级民主教育家蔡元培。他师承康德的美学思想,主张"以美育代宗教",批判封建主义教育观,是康德情育观美育的实践者。在辛亥革命胜利次年,他在南京临时政府的教育方针中提出美育,反对清政府的"忠君"、"尊孔"的教育宗旨,是与共和民主思想相适应的。在他的教育理论和实践中,美育第一次得到系统的论述并正式列入教育方针。他认为:"美育者,应用美学之理论于教育,以陶养感情为目的者也。"认为"凡是学校所有的课程,都没有与美育无关的"。他十分强调美育在文化运动中的重要意义,强调美育和科学的辩证关系,系统提出了美育的实施方法,并身体力行。如办音乐、美术的专门学校,开设美学课,聘请教师并亲自讲授,组织有关问题的研究会等。但他认为:"提出美育,因为美感是普遍性,可以破人我彼此的偏见;美感是超越性,可以破生死利害的顾忌,在教育上应特别注意。"(蔡元培《我在教育界的经验》)说明蔡元培的美育观主要是建立在康德的美学基础之上的,他把美育以及它的理论基础完全说成是超阶级、超现实的。20世纪二三十年代以鲁迅、瞿秋白等为代表,翻译和介绍了不少马克思主义的美学著作。鲁迅认为美术可以"表现文化","辅翼道德","启国人之美感",积极支持戏剧教育,倡导新木刻运动,对进步美术工作者扶植与奖掖备至,为中国的美育事业付出了辛勤的劳动。在革命战争年代,中国共产党在革命根据地创办的各级各类学校都非常重视美育。

中华人民共和国成立后,1952年教育部颁发的《小学暂行规程(草案)》和《中学暂行规程(草案)》把美育和德育、智育、体育都列为中小学教育内容,美育成为全面发展教育的重要组成部分。

美 育 任 务

培养个性和才能全面和谐发展的完美的人,是美育的目的。美育的基本任务有三方面。帮助学生树立正确的审美观点,提高审美能力。审美观点是人们在审美活动中所持的态度和看法。由于人们的经济地位、生活经历、文化背景、思想倾向不同,他们的审美观点也不同,对同一美的现象或艺术作品会有不同的审美判断和审美评价。学生在审美活动中,会自觉或不自觉地坚持某种审美观点。其中有的正确,有的不正确;有的高尚,有的低俗。学校美育的首要任务就在于帮助学生树立正确的审美观点,使他们能对现实生活和艺术作品做出正确的审美判断。要鉴赏美,不能单凭审美观点,还要有审美能力,包括审美感受能力、欣赏能力、评价能力等。为培养学生的审美能力,一方面要授予必要的艺术基础知识,包括美学、文学、音乐、美术等方面的知识,了解艺术表现的手法和技巧,提高艺术素养;另一方面,要引导学生参加各种活动,观赏自然,分析社会生活美,培养对美的感受能力、想象能力和评价能力,加深对美的理解。

培养学生健康的审美情趣,激发对美的热爱和追求。但是,美的形象所激起的情绪体验,可能是积极的,也可能是消极的。教师要引导学生欣赏各种形态的美,激发他们对美的事物的愉悦、爱好的感情,对丑恶事物的厌恶、憎恨的情绪;养成健康的审美情趣、高尚的情操和为实现美好理想而奋发向上的创造精神。

发展学生表现美和创造美的能力。人爱美的天性不仅表现在对美的事物和艺术美的兴趣爱好上,而且还表现在社会实践中极力表现美和创造美。一方面,要求学生在社会活动和日常生活中处处体现美。在生活上注意环境的美化;在行为上,举止要文明,仪表要端庄,服饰打扮要得体;待人接物要谦逊大方,讲究礼貌。另一方面,要组织学生参加艺术欣赏、创作活动,在艺术实践中发展表现美和创造美的能力。对于有艺术才能的学生尤其要注意培养他们对艺术的爱好和特长。

美育几方面的任务是相联系的。培养正确的审美观点是核心。有了正确的审美观点,才能形成健康的审美情趣和正确的审美理想;而这又离不开审美活动。只有在审美活动中,学生的审美观点、审美理想是否正确,审美趣味是否健康,才会受到检验并得到深化和发展。

美 育 内 容

由于人们对美育概念界定的差异,美育的内容有广义和狭义之分。狭义的美育指借助于艺术手段来进行的教育。艺术教育在学校教育中包括文学、音乐、美术、戏剧、舞蹈等主要内容,它是通过教学计划有目的地进行的。广义的美育除校内的艺术课程外,还包括社会生活中客观存在的自然美、社会生活美和艺术美对受教育者的教育和影响。美育的内容丰富、广泛,主要有以下几个方面。

自然美。指客观自然界中的自然物的美,即自然事物的美或自然界中的美。大自然是美育取之不尽的源泉。大自然成为人们的审美对象是由其本身的特点决定的。自然美有以下几个特点：一是寓意的象征性。人们可以利用大自然中各种事物的寓意来象征自己的生活，表达自己的理想，寄托自己的思想感情。如中华文化称梅、兰、竹、菊为"四君子"，以比喻人的品节的高尚。二是自然美的变易性。世界是运动、变化和发展的，大自然也在不断地运动变化和发展，四季的更替、朝暮阴晴的变化、动植物的生长发展都会给人以不同的美感。三是形式美。自然界的形式是丰富多彩、千变万化的，各种各样的形式变化给人美的享受，丰富了人们的精神生活。如自然界的色彩、声音、线条、节奏、形状等都是形式美的因素，它们以其独特的形式美给人带来美好的情思。

社会生活美。指合乎美的规律的社会事物的美，是人类在精神生活和物质生活中各种美的表现，如智慧、善良、勤劳、勇敢等。在现实的社会生活中，处处有美的语言、美的行为，都能给人以美的陶冶、心灵的启迪。人类社会生活的内容有多丰富，社会生活美的范围就有多广泛。社会生活美随历史的发展而发展，不同的时代、不同的民族、不同的阶级对社会生活美有不同的欣赏和评价标准。社会生活美的本质是它所反映的一定时代、一定民族的先进阶级的审美观念、审美理想和情操。在社会生活美中，人的美是中心，其他各种形式的社会生活美，如社会风尚美、生活环境美、物质产品美、文化美等围绕人的美展开。人的美主要包括精神美、行为美、语言美、性格美等。社会生活美十分丰富，教师要注意引导学生去发现社会现实生活中的各种美好事物，对学生进行有意识的美育。

艺术美。艺术是通过塑造典型形象反映客观现实的一种社会意识形态。艺术作品是作家、艺术家在现实生活美的基础上，根据自己的审美观点，经过提炼、净化、集中和概括，运用文字、色彩、线条、节奏、旋律、舞蹈等各种艺术手段，塑造各种艺术形象，重新创造出来的一种美。艺术美比自然美和社会生活美更洗练、更精粹、更完整、更感人。优秀的艺术作品使现实生活中的现象典型化，更集中地反映事物的本质，是高度思想性和艺术性相结合的产物。它在美育中占有重要地位，对受教育者有巨大的教育力量。

艺术美育的内容十分丰富。世界上不同国家和民族都有自己的艺术创造，表现出艺术创造的民族性。文学、戏剧、音乐、绘画、书法、电影、舞蹈等艺术都是人民创造的宝贵财富，是教育人民和人民自我教育的工具之一。艺术作品对提高青少年的认识水平，培养他们欣赏和创作的能力具有很大的作用。

美 育 过 程

审美教育要通过对各种形态的美（自然美、社会美和艺术美）的审美活动来进行。学校的美育过程是教师依据人的审美心理活动规律，引导学生通过审美活动，形成和发展感受美、鉴赏美、创造美的能力的过程；是运用人类的审美经验和美的规律，影响学生的感官和心理，培养审美意识、发展审美能力的过程。在实施美育过程中，要遵循美和审美意识、审美能力形成和发展的规律。

从审美能力的形成发展来说，审美感知能力、审美判断能力到美的创造能力的形成，是一个从对审美的初步要求，到进一步发展和巩固提高的过程。美育可分为三个阶段：整体性教育、分析性教育、综合性教育。以文学作品的教学为例，其顺序：（1）整体性教学。学生首先要初步了解整个的文艺作品。可通过教师范读或由学生朗读等方式，让学生对作品获得一个完整的印象，这就是感受作品艺术美的过程。（2）分析性教学。分析作品的思想内容或主人公的形象，剖析作品表现手法方面的特点。这是对艺术作品的理解和评价过程。（3）综合性教学。通过不同方式综合、概括所得的知识和体会，或由学生做创造性讲述，或由学生充满感情地朗读全文，这是表达美、创造美的过程。又如唱歌，一般包括感受、理解和演唱。其进行的顺序大致是：首先由教师唱，给学生感受一个美好的完整的形象；接着按不同方式分段练唱，通过讨论分析歌曲形式、音乐表现手段，使学生理解这一首歌曲的特点，这是鉴赏的活动；最后要求学生通过练习，能有表情地唱完全曲，或进行表演唱，即培养学生表达美、创造美的能力。美育过程极其复杂，教师要根据某一美育过程的具体任务、审美对象的特点、学生年龄特征和文化程度，从实际出发，灵活安排。

美育过程是教师有意识地对学生进行审美教育和训练的复杂过程。要实现美育目的、完成美育任务，首先，教师要引导学生通过审美感知，形成审美感受，为鉴赏美和创造美奠定基础。人的审美活动是由感知、想象、情感和理解等几个心理要素和谐动态组合，产生审美经验，形成审美观念、审美趣味、审美理想，发展审美创造能力的过程。审美感知是审美过程的起点，也是美育过程的起点，是人对于能够引起心理愉悦的事物获得完整形象的反映。如对事物的形状、色彩、光线、空间、质感、强度、节奏等要素组成的整体性反映的知觉。感性直观是人的审美活动和儿童审美心理的重要特点。儿童对于艳丽的色彩、规则的形体、和谐的声音等有一种天然喜爱的倾向。美育必须通过引导学生直接感知审美对象，充分发挥视觉和听觉的审美功能。在审美感知中，主体辨别事物的美丑，做出审美判断，并产生愉悦或是厌恶的情绪体验，形成自己的审美感受。美育过程的审美感知，不只是对美的外在形式的感知，还有对美的兴趣和情感，形成审美感受，即产生对现实生活和艺术作品中美丑现象的情绪体验，如对美的事物表现为兴奋、愉悦、激动、振奋，对丑恶的东西表示愤慨、忧伤、痛苦、悲哀等。审美要通过对现实美和艺术美的感知达到情感性的把握。情感是感知美和理解美的第一要素。审美感知总是与人的审美经验相联系,融合着审美主体的情感,同主体的想象、趣味等心理因素结合在一起。影响学生审美感知的决定因素是生活经验,以及由此产生的审美需要、审美兴趣、审美情感和审美态度。审美感受是由直接感知审美对象而发生的。虽然审美感受只是审美意识的低级阶段,但具有深刻的社会性和倾向性。即使是对自然美的感受,也会凭借丰富的想象,寄托自己的感情,由感知某些景色唤起一定的思绪和情感,并在观念上创造出新的形象表达自己的审美情感和审美理想。学生通过审美感知获得的审美感受,融合着自己的审美感知和审美理想,是发展审美能力的基础。这些审美感知和审美情感日积月累就组成了个体重要的审美经验,并影响以后的审美活动和审美能力的发展。教师在美育过程中要注意通过适当的方式有意识地培养学生的审美感知能力。一是通过作为审美主体的学生同现实的审美客体(如自然现象和社会现象)直接接触;二是通过欣赏文学艺术作品这种间接方式来感知现实的审美客体。

其次,教师要引导学生通过美的鉴赏活动,理解美的本质特征,发展审美判断力。美育不只要使学生在美的欣赏中感受到美的愉悦,还要在对现实生活美和艺术美充分感知的基础上,经过深入思考进行鉴别和评价,掌握美的本质与特点。学生在审美感知的基础上产生的审美兴趣和情绪体验,就是对审美对象形象性、情感性的鉴别和评价,也是一种审美判断。如在绘画活动中,孩子喜欢画狗、画猴、画骆驼、画虎、画牛、画马,是因为喜欢这些动物,欣赏这些动物的美。如喜欢狗的忠诚、猴的敏捷、骆驼的温驯、吃苦精神和负重能力,老虎的威猛,牛的勤劳,马的矫健和千里之志。可见,儿童喜欢动物、欣赏动物的美,不仅欣赏它们体态的外在美,还在把握它们整体的内在品格美,在于儿童对它们深入细致的观察和审美价值的认识。学生要能够直接辨别对象的美与丑,认识美的本质和审美价值,需要有鉴别和评价美的审美判断力。审美判断不是仅仅凭借对审美对象的直觉感知简单地辨别美不美,而是对审美对象的评价和论证,揭示美在哪里,为什么美,美和审美的价值何在。审美感受和审美判断是在对审美对象直接感知的基础上形成的,既依靠感官的直觉,又有赖于情感和理性的思考;而审美感受性的提高,又可丰富想象和情感,增强理智感,掌握美的本质与特性。

再次,教师要引导学生参加审美创造活动,发展创造美的能力。审美能力发展的最高境界是创造美的能力的形成。感知和鉴赏美是审美能力发展的基础,也是创造美的能力的基础。教师要培养学生创造美的能力,除了要引导学生在审美活动中创造性地欣赏美和表现美外,更要引导学生积极地创造美,在审美创造活动中培养和发展学生创造美的能力。学校的审美创造活动多种多样,如绘画、书法、话剧、歌唱、文学创作等。教师要善于利用和有意识地组织校内外的学习、劳动、艺术鉴赏与创造活动,培养学生创造美的实际能力。

美育过程是培养学生审美感受力、鉴赏力和创造能力的过程;是学生审美意识、审美能力形成和发展的过程;是把社会审美意识转化为个体审美意识,实现人自身美化的过程。

美 育 原 则

美育原则是指按照美和审美意识、审美能力形成和发展的规律进行教育所必须遵循的要求。一般来说,美育要贯彻以下几个基本原则。

形象性原则　美育过程中教师要根据美和审美活动的规律和特点,适当运用现实的或艺术的美的形象,使学生直接感知美的和谐、对称、节奏等形式,受到美的熏陶,养成高尚的情操。该原则由美和审美活动的特点决定。美不是抽象空洞的,它总是以生动可感的形象出现,这是美的第一特性,也是审美的基本特点。学生要欣赏艺术、鉴别生活中的美丑,必须直接感知美的形象。如花的美丽不能从植物学上的概念中发现,只有直接观察到花枝的俊俏、色彩的艳丽、气味的芬芳才可感受到花的美。美的形式既活泼生动、绚丽多彩,又是有序的组合,最容易为学生所掌握。贯彻这一原则,首先,要根据美育的任务和特点选择美的形象。自然界的事物丰富多样、千差万别,有美丽的山川、绚丽的花草,也有毫无生机的沙漠、生物间残酷的生存竞争和互相残杀,前者可作为美育的材料,后者通常不能。现实生活和艺术作品中的美,具有一定的时代性、民族性、阶级性等特点,选择美的形象时需要掌握美的特点和艺术评价标准。应坚持艺术性和思想性统一的要求,寻找具有审美价值、符合学生年龄特征要求的形象作为美育的内容。其次,在美育过程中要帮助学生掌握美的规则和显现方式,使他们能够自由地选择审美对象。人的审美活动具有自由性的特点,可以自由想象、自由创造,教师应当允许学生从自己的审美兴趣和爱好出发,自由地选择审美对象,但必须帮助他们掌握美的规则和美的显现方式。美的规则有对称、平衡、对照、映衬、和谐、完整和变化统一,是人们判断美丑的重要标准。美的显现方式有直接显现、间接显现、象征和模拟显现四种。通过人的形体、仪表、言谈举止、音容笑貌可以直接显现人的理想抱负,表现人格品行;广阔的田野、蜿蜒的渠道、成行的树木、参差的楼宇、整洁的道路可以间接显现劳动创造的力量;颂扬松、柏、梅、兰的诗文和绘画、雕塑,象征性地显现中华民族高风亮节的气概;艺术作品中塑造的英雄人物是一种模拟性的显现,为人们树立学习的榜样。掌握这些形式和规则,可以更好地理解和创造美。再次,要教育学生善于体会美的形象的意蕴,发现审美价值。美的意蕴包含思想情感和品格两个方面。如品味松的挺拔坚强、竹的坚韧、梅的俊俏、兰的幽香、菊的辉煌、牡丹的雍容华贵,在艺术作品鉴赏中也可以体会作品的寓意。

情感性原则 对学生进行美育,首先,要引导他们深入到现实的和艺术的美的意境中去,激起情感上的共鸣,使美融化于心灵。引导学生感知美的事物,是要求他们融合自己的感情形成审美感受,作出审美判断。如欣赏徐悲鸿的奔马感受马的千里之志;听贝多芬的《命运交响曲》,感受与命运抗争的顽强精神和不屈斗志。只有对感知的美有深刻的情绪体验,才会产生对美的热爱,对真理的追求,才可能有对美的创造。所以,对学生进行美育要重视审美情感的培养。情感是艺术的灵魂。艺术不仅表达人的思想,而且也表达人的情感。人要进行艺术的美的创造,就要有丰富的情感。其次,要掌握各种形式美的情感教育价值,正确运用各种形式美来调动学生的审美感情。如崇高的形象可使人激情满怀;优美的自然景色能给人以和谐、恬静、清新的喜悦。再次,要引导学生通过感知周围生活环境中各种事物的统一和谐关系调动审美情感,发掘现实生活中的美。自然和社会生活中的许多事物既是独立的,又是相互联系的,要善于将事物看成是相互联系的各种层次的系统存在,在事物的普遍联系与和谐运动中去感知自然的生机、社会生活的美好。

差异性原则 指美育应根据学生的实际年龄、个性差异及审美兴趣爱好的不同,选择不同的内容,采用灵活多样的方式进行,使他们对美的追求、艺术的兴趣爱好,以及美的创造才能得以充分自由地和谐地发展。人的个别差异性客观存在,既表现在智力水平、性格特点等方面,也表现在审美感知、审美感受、审美评价等审美活动中,表现在不同年龄阶段儿童审美心理的变化上。美育的差异性决定于美感的个人差异性和儿童各年龄阶段审美心理的差异性。成人的美感有差异,儿童青少年学生也不例外。作为审美主体的学生个性有差异,审美兴趣爱好不同,对作为审美对象的现实的、艺术的美的感受也不同。面对同一对象,由于每个人的生活经历、思维情绪、兴趣爱好不同,审美判断和审美评价会不一样。审美对象是个别的具有个性的实体,人们欣赏的正是它的个性品格。儿童青少年在不同年龄阶段审美心理也存在差异。学龄初期审美意识有了发展,在欣赏艺术作品时多从内容上来评价,对于技巧容易忽略;在欣赏音乐时最感兴趣的是它的旋律、声调、音质,对所表达的思想感情则不甚了解。少年期,审美感受力进入高峰,形象思维和抽象思维均有很好的发展。青年期,世界观和审美观基本形成,审美意识达到新水平。美育应根据人的个性差异和儿童青少年不同年龄阶段审美心理差异因势利导、因材施教。首先,教师应当尊重和爱护学生爱美的天性。

美育内容要丰富多彩,美育途径要多种多样,美育方法要灵活多变。美育实施不但可按统一的艺术学科课程标准进行,而且还可通过日常生活、文化科目教学和生产劳动来进行。要让学生有充分的选择自由,使他们以自己所喜爱的审美方式参与审美活动。其次,要根据审美心理的差异性,正确分析学生的审美评价,恰当地给予引导和点拨。审美是一项心灵自由的活动,但学生作为审美主体由于审美情感、审美趣味、审美理想的不同,对于同一审美对象的感受、理解和评价会有不同,甚至截然相反,对此就需要运用审美的法则,给予适当的引导。对学生在审美评价过程中所采取的陈述方式和表达方式不能强求一律,要鼓励个性化的表达和发表不同的见解。

创造性原则 美育不仅要引导学生感知、欣赏、评价美,更要引导学生创造性地感知、理解和创造美,启发他们按照美的规律来改造自己周围的自然、生活,创造艺术作品,并塑造和美化自身。为此,要做到以下几点:首先,激发和鼓励学生审美创造的意向。学生在生活、学习、劳动中以他所喜欢的审美方式显现自己的审美意向,值得珍视和爱护。一方面应当予以鼓励,推动其审美意向的发展;另一方面要帮助他们积累审美经验,选择显现的方式,进行美的创造。如学生喜欢欣赏日常生活中的美,可通过绘画、唱歌、写诗、朗诵等方式来表达。其次,培养学生审美创造的技能技巧。这是审美创造能力发展的基础,需要日积月累的训练方能掌握。审美要有一定的物质资料做依托,表情达意要有一定的物质媒介和载体,如掌握音乐的声调旋律,绘画的线条色彩,舞蹈的基本动作,从而能够利用已有的条件和所获得的材料,在日常生活中表现美,进行艺术美的创造,把审美意向及观念中的美妙构思的蓝图,运用技巧创造出实际的美的形式。只有注意加强学生审美创造技能、技巧的训练,才能提高他们掌握收集整理审美经验资料、创造美好事物的本领和能力。再次,注意美的创造力的培养。要注意引导学生留心自然和社会生活中各种美的事物,在美的鉴赏过程中把对美的形象的感知同情绪上的体验结合起来,充分发挥创造想象力,创造出美的形象来。要组织学生参加各种艺术活动,在艺术创作过程中培养和发展创造能力。最后,为学生创造良好的文化生活环境。它可为个体的创造能力的发挥提供条件和创作原料。优美的校园,窗明几净的教室,朴素美观的家具陈设,长辈的文化素养和对年轻一代文化生活的指导,都有利于美育的实施。要把学生的审美创造活动组织到美化环境的活动中去,让他们在美化环境的日常生活中锻炼创造美的能力。

美育途径与方法

美育的途径丰富多样,学校实施美育的渠道既有课内的,也有课外的,课内美育是学校实施美育的主渠道。学校实施美育的途径和方法主要有以下几种。

各科教学 美育的因素不同程度地存在于各科教学中,贯穿于教学的全过程。艺术学科的教学是学校实施美育的基本途径。艺术的范围一般包括文学、音乐、舞蹈、建筑、绘画、雕刻、戏剧、电影等。在中小学,语文、音乐、美术等文学艺术学科比较集中地反映了艺术教育内容,是进行美育最主要的途径。

美育不仅可通过艺术类课程来实施,还可以独特形式通过其他学科来进行。如数学、物理、化学、生物、历史、地理等,虽以传授相应的科学文化知识技能,培养相应的能力态度为主,但教师也可尽量挖掘其内在美的因素,有意识地对学生实施恰当的美育。在地理、生物等课程中,就有丰富的自然美的因素;在政治、历史等课程中就有社会生活美和人物形象美的因素;在体育和劳动课程中,又有形体美、心灵美和行为美的因素等。因此,美育不仅是艺术学科的任务,在文科、理科各学科的教学中,教师都必须使自己的教学具有美感,给学生提供更多美的享受。

音乐是一种声音表情的艺术,是"心灵的直接语言"。它运用音响、节奏和旋律塑造艺术形象,表达人的思想感情,反映现实生活,是学校美育的重要学科。音乐美能激发人的思想感情,鼓舞人的斗志,丰富人的精神生活,激励人们战胜困难,奋发向上。音乐在培养学生高尚道德情操中有特殊的作用。研究表明,音乐不仅可以发展学生的听觉,陶冶感情,促进身心健康发展,而且能够发展学生的智力,提高思维力,因而音乐又是思维联想的艺术。中小学音乐课包括唱歌、音乐基础知识和音乐欣赏等。其中唱歌是音乐教学的基础部分。在教学中应选择内容健康,富有表现力,适合学生年龄特点的作品作为教材。通过教学引导学生感受旋律的起伏变化,体会它的思想感情,通过歌曲艺术的表现力和艺术美的感染力,发展音乐听觉能力,逐步掌握音乐的基础知识和唱歌的技能、技巧,学会正确唱歌的方法。音乐欣赏课,对提高学生音乐的欣赏能力,获得声音美的体验,陶冶性格,美化精神生活,养成对音乐的兴趣和爱好具有重要意义。

舞蹈是通过有节奏的表现人体造型的美,表达一定的思想感情的艺术。舞蹈的特点是把人体动作、节奏变换、感情上的表现与造型美结合起来。舞蹈要求动作优美准确、富有感情,它与音乐有机配合给人以美的享受。组织学生欣赏和开展健康优美的舞蹈活动,可提高他们的审美能力,培养开朗、勇敢、乐观的性格和集体主义思想,并有助于身体健康匀称地发展。学校中的舞蹈应以集体舞为主要形式。它可以增强体魄,培养团结友爱的集体主义精神,养成动作敏捷、举止文明优雅的习惯。

美术是一种造型艺术。中小学的美术课包括图画、编织、雕刻等,其中主要是图画,它的特点是直观性比较强,通过构图、造型和设色等表现手段,创造可以看得见的形象,给人以美的感受和加深对生活的认识,激发对生活的热爱。中小学的美术课教学就是通过美术这种艺术形式提高学生欣赏美的能力,启发他们从小就注意观察事物的形象、位置和人物的形态特征、精神面貌,培养学生绘画、编织、雕刻等方面的技能技巧。通过美术教学还可有效地培养学生的空间想象能力和制图的技能,这有利于学生学习自然科学知识和今后从事科技工作。中小学的图画课,主要有写生画、命题画和装饰画。写生画是绘图的基础,它是培养学生观察力和表现能力的重要手段。命题画是在学生写生和临摹的基础上,给学生一定题目或由学生自己出题目根据想象来作画。它能培养学生的想象力和创造力。装饰画带有工艺美术的性质,既能培养学生的审美观点,绘画的技能、技巧,又能引导学生学习民间艺术的风格和独特的艺术表现手法。为培养学生绘画和欣赏美术作品的兴趣,可组织学生欣赏艺术作品,参观美术作品展览。

戏剧、电视和电影都是综合性艺术,它综合运用了表演、造型、音乐、舞蹈、美工等多种艺术手法,形象地表现各种主题。它能使人产生思想感情的共鸣,获得美的享受,受到深刻的教育。组织学生观看戏剧、电视和电影,是美育的一条重要途径,要根据学生的年龄特征、知识水平和接受能力,选择戏剧和电影的内容。还可组织学生举办各种形式多样的文艺演出活动,以发挥学生的艺术兴趣和创作才能。

语文在中小学教学计划中所占教学时数最多,内容极为丰富,是美育因素较多的一门学科。语文课程可对学生进行人物的语言美、行为美、思想美的教育。其中的文学作品包括诗歌、小说、散文、戏剧等,是对青少年儿童进行潜移默化教育的有力工具。学生通过文学作品的学习既可增长知识,激发想象力,培养表达能力,又能使他们在情绪上受到感染和熏陶,逐步形成辨别真善美与假恶丑的能力,提高艺术鉴赏力,养成正确的审美观点。利用文学作品进行美育,要适合学生的年龄特点和已有的知识基础。

体育课按照人体生长发育的规律进行训练,使学生的身体得到全面协调发展,使身体美(造型美:匀称美、体线美、姿态美;肌体美:筋骨美、肤色美、强壮美、柔性美、弹性美)、精神美(理想美、道德美、情感美)和技艺美(动作美、节奏美、结构美、动态美、敏捷美)充分地表现出来。

政治、历史、地理课程使学生了解中华民族的悠久历史、革命传统、发明创造以及对世界文明的巨大贡献;了解祖国幅员辽阔、江山锦绣、物产丰富、古迹名胜之美。教师可运用挂图、插图、地球模型、美术图片、英雄人物画像、幻灯、录像和有关诗歌等丰富学生的知识,对学生进行山河美、建筑美等自然美、创造美的教育,以及文化美、民族美的教育,促进学生审美能力的发展。

数学课程中几何图形的线条美、对称美,图表设计绘制的整齐匀称美、结构美,教师数学语言和思维的逻辑美;物理、化学、生物课程中的各种物理现象的形象美,物体的结构美、色彩美,各种实验操作技术、探究精神中展示的科学美。只要教师具有美学素养,可让学生随时、随地通过具体的科学知识受到审美教育。

课外活动　它是学校进行美育的一条重要途径。课外活动进行美育的形式多种多样,主要有三种:(1)群众性活动。它是一种最普通的活动形式,可以同时吸收大批学生参加。如组织和举办各种报告会、讲演会、节日庆祝会、文艺晚会、艺术展览会和参观美术陈列馆等。(2)小组活动。这是在教师的指导下,根据个人的才能、兴趣、爱好,组织学生个人参加各种活动小组进行美育的形式。学校可根据学生不同兴趣爱好,组建课外文学小组、歌咏队、乐队、美术小组、校园话剧团等,组织发动学生广泛参加。通过课外活动进行有计划、有组织的活动,使学生丰富艺术经验,发展艺术兴趣,提高审美能力,培养学生高尚的道德情操。(3)个人活动。主要内容有阅读文学艺术书籍,进行小型科学实验,调查、采集和收集各种动植物标本,制作模型,进行体育锻炼,唱歌、演奏和绘画等。

日常生活　在日常生活中进行美育,就是组织学生参加一定的社会活动、生产劳动,通过活动使学生感受和鉴别社会的美丑,体验劳动生活和劳动人民思想感情的美,提高对社会生活的认识。在日常生活中,家庭生活环境如家具的布置和父母的教养及文化水平、教养方式、衣着打扮和言行举止等方面无不对孩子的审美趣味产生影响。家长要注意为孩子创造一个整洁、朴素、优美的家庭环境,培养孩子讲文明、讲礼貌的良好习惯,要引导子女按照美的要求正确对待和处理自己的衣着打扮、仪容仪表和行为举止,识别和抵制各种低级庸俗的审美观的影响,按照美的原则安排生活,体现社会主义青少年的精神风貌。校园生活是学生生活的重要组成部分,校园的物质环境和精神文化生活的美对学生有着潜移默化的影响。学校要组织学生美化校园、绿化环境,合理布置教室、寝室,教育学生爱护学校的一草一木以及各种设施,使学生在充满生机与活力的美好的环境里受到熏陶,养成爱美的习惯和美化生活的能力。

大自然　大自然是美育取之不尽的源泉,学校可以有目的、有计划地组织带领学生到风景优美、充满生机的大自然中去进行旅行、郊游、野营、考察等活动,并在活动中引导学生观察、欣赏祖国的山川、河流、花草、树木、飞禽、走兽等景物的美,发展他们对自然美的感受能力和鉴赏能力,增强他们对大自然、对祖国的热爱之情。通过大自然进行美育,不仅使学生欣赏天地美和风景美,而且可把这种欣赏同人的创造活动联系起来,使美育向高层次发展。自然景物不仅是艺术创作的重要源泉,也是对学生进行美育的源泉。通过大自然进行美育,可以使学生欣赏祖国优美的自然景色,领略大自然的风光,充实知识,陶冶性格,丰富精神生活,提高欣赏美和表达美的能力。

美育的方法丰富多样,教师可根据本地、本校的实际情况选择恰当的美育途径和方法,充分利用本地资源,因地制宜地开展美育。学校美育是美育的主渠道,家庭美育、社会美育也是实施美育的重要途径。学校要发挥自身在教育、教学中的主导作用,利用和整合好家庭和社会美育资源,取得美育的整体效果。

参考文献

蒋国忠. 大学美育[M]. 上海:复旦大学出版社,2002.

王善忠. 美感教育研究[M]. 长春:吉林教育出版社,1993.

章建新,杨春鼎. 美育概论[M]. 郑州:河南人民出版社,1989.

（司成勇）

美育心理学（psychology of aesthetic education）教育心理学分支学科。一门探讨通过艺术、自然、社会、科学等各种美的事物培养受教育者的审美欣赏力、审美表现力和审美创造力,同时促进其德、智、体等素质全面和谐发展的心理规律的学科。主要研究美育(包括艺术教育)过程中师生心理活动的特点、效应及其规律,为美育理论和实践体系的建构提供心理学依据。

美育心理学的历史发展

美育心理学思想的历史渊源　美育心理学作为独立学科的历史不长,但其思想在中外文化史上早已有之。中国古代哲学、艺术尤其音乐、诗歌、小说和绘画、书法理论中的美育心理思想十分丰富。例如,《乐记》主张"凡音之起,由人心生也,人心之动,物使之然也,感于物而动,故形于声";提出音乐具有寓德、育德的功能;提倡"德音"、"和乐",反对"溺音";认为"乐者,所以像德也"。孔子、孟子强调"诗"和"乐"的教化作用,认为诗、乐是实现情理协调、个人与社会融合的最佳途径。孔子主张"中和之美",诗必须"发乎情,止乎礼义","乐而不淫,哀而不伤";孟子的"充实之谓美",则表达了理想的人格境界是内心仁义的充实和仪表、言行的和润,而要达此人格境界,就要充分重视乐的美感陶冶作用,通过欣赏"入人深也"的"仁声"来实现。中国古代民间流传的启蒙读物,如《三字经》、《百家姓》、《千字文》等,一般多用简短工整的韵语编成,抑扬顿挫、琅琅上口,富于音乐美和节奏美,使人在明白道理的同时得到了美的享受。近代王国维、蔡元培、陶行知等的美育思想中也包含着丰富的美育心理学含义和原理。西方古希腊的毕达哥拉斯学派"最早试图对美感和美育作出某种心理学的解释",认为美就是数的和谐。人的内在和谐与外在和谐相遇,相互感应、欣然契合就产生美感。于是艺术就可以改变人的性情和性格,产生教育作用。亚里士多德高度评价悲剧艺术美育的三种心理功能:一是教育,二是净化,三是精神享受。文艺复兴时期以达·芬奇为代表的艺术家在艺术和科学结合方面作出的伟大贡献,对今天的审美科学和美育心理科学的进程仍然有重要影响。近代法国、英国、德国、俄国等的许多著名哲学家、艺术家、科学家、教育家都对美的育人和养心功能有独到见解。可以认为,美育心理学思想与美育思想及许多相关学科思想是同时诞生和互促发展的。

美育心理学的独立　在中国,美育心理学作为教育心理学的一门独立的分支学科,20世纪80年代由中国心理学者刘兆吉提出和创立。1981年,他率先在《中国大百科全书》教育卷和心理学卷两次编委会上提出"美育心理"概念,为美育心理学的建设和发展奠定科学基础。1990年,他主编的第一本《美育心理学》提出"美育心理学"定义;1991年,《心理咨询百科全书》(车文博主编)首次给"美育心理"以独立的分栏位置,该学科的学科概念及概念群首次作为独立的板块出现在心理学专业辞典中,刘兆吉在该书中对"美育心理学"的定义有了更完备的表述。与此同时,在不少新出版的教育心理学、教学心理学,以及教育学著述中都有了"美育心理"和"美育心理学"的用语、提法及专门构成部分,表明该学科的学科概念及其独立性已逐渐在较为广泛的范围里得到承认。

美育心理学的定义、理论基础与学科建设

美育心理学的定义　美育心理学创立后,许多学者从不同角度对其进行界定。(1)《中国大百科全书·教育》(1985)界定美育心理学是教育心理学的一部分,研究美育过程中学生的心理活动和心理品质的形成。刘兆吉提出,美育心理学可以作为教育心理学的一个部分,也可独立成为一门心理学的分学科,是研究美育过程中的心理活动和心理品质形成的规律。(2)美育心理学是教育心理学的一部分,研究儿童在美育或审美过程中心理活动的特点和规律。其主要内容是探讨儿童的审美经验、审美过程特点、审美心理结构,以及儿童审美心理品质形成和发展规律,并进一步探讨对儿童进行美育的途径和方法,为提高美育效果提供科学依据。(3)美育心理学属于教育心理学的一部分,研究在美育过程中学生审美心理活动过程及心理活动的特征,探讨学生审美能力的构成、形成、发展规律以及培养的途径,其研究目的是使学生的审美心理和谐地全面发展,使审美、创美能力不断提高,使健康人格不断完善。(4)审美教育心理学是审美教育学的分支,是研究审美教育过程中

的各种心理现象及其变化规律的科学。它为受教育者形成审美能力、掌握审美知识、发展审美个性和建立审美理想提供科学的心理依据,其任务在于揭示审美教育的经验本质及其心理机制,培养和建设受教育者健全的审美心理结构。

不同的界定存在共识:美育心理学是教育心理学的有机组成部分,是教育心理学分支学科;是研究美育中的心理学问题,即揭示学生在美育或审美过程中心理活动的特点和规律的学科。但是也有将其定义为美育学(审美教育学)分支学科的;各个定义在研究角度、内容和具体目标表述上也有所不同。

美育心理学的理论基础　美育心理学是一门综合性较强的学科,除普通心理学、教育心理学、心理学史以外,审美心理学、文艺心理学、美学、伦理学、教育学等也是其重要理论基础。

美育心理学与美育。美育是有目的、有计划、有组织地通过各种美的事物,培养学生的审美能力,同时促进其他素质全面发展的教育活动,是全面发展教育体系的有机组成部分,属于教育学范畴。美育心理学则是研究美育过程中师生心理活动过程和规律的教育心理学的分支学科。研究美育心理离不开美育实践活动,"美和美育是构成美育心理学的重要内容。正确理解美和美育的本质是研究美育心理的前提条件"(刘兆吉,1990);美育实践活动和美育理论的建立,也离不开美育心理研究,"研究美育的本质和规律,不研究美育心理是难以深入的"(刘兆吉,1995),美育心理学要分析美育过程中的各种审美心理现象,揭示其中师生心理活动的特点、规律以及各种美育措施的心理效应,从而使美育活动建立在科学的美育心理学的基础上,确保其有效性。

美育心理学与美学。美学是研究美的本质及其规律的学科。美学知识和美的规律是美育的主要构成内容。美育心理学研究师生在传授和接受美学知识与美的规律中的心理问题,而且美学中的许多基本理论问题如人对现实的审美关系、审美情感、审美价值、审美趣味和审美理想等都与美育和美育心理学有紧密联系。没有美学方面的知识,不掌握衡量美的尺度,就难以科学地选择适当的美育材料,也难以对美育过程中的审美心理进行科学分析和研究。美学是审美教育的直接理论基础,美学也是美育心理学的理论基础。

美育心理学与审美心理学、艺术心理学、心理美学。审美心理学是美学的一个重要分支,艺术心理学是审美心理学和艺术学的交叉学科,它们同属心理学范畴并与美育心理学构成多重关系。从心理学角度研究美学问题、研究审美活动中的心理特点和规律的审美心理学,其先导是19世纪的实验美学,其创始人德国心理物理学家费希纳主张美学研究要舍弃传统"自上而下"的思辨方法,采取"自下而上"的实证方法,他通过大量艺术作品及日常用品的形、色、

声实验,建立了十三条审美心理定律;从现代美学体系中分离出来的审美心理学,着重从美和艺术所内含的人的本质来揭示人的审美心理特征和规律,其以鲜明的哲学思辨和理论研究方法,与心理学领域的审美心理学研究形成对照和互补关系;艺术心理学,是专门研究美术、音乐、舞蹈、影视等不同艺术领域的审美欣赏、表现和创造规律的学科,它的另一个或等值或从属的概念是文艺心理学(作为从属概念又称文学心理学),这也是刘兆吉在提出美育心理学之前,研究最多也最有特色的一个领域。刘兆吉第一个在中国建立了心理学范畴的文艺心理学,并且在此基础上提出了"文学、美学、心理学和教育学的四合一"思想,这种"四合一"的学科后来终被他恰如其分地定位为"美育心理学",在此之前和与此同时他对"文艺心理学"进行的大量横向与纵向研究,也当然地成了美育心理学创建的扎实的奠基工作。

心理美学则是对所有采用心理学视点和方法研究美学问题的学派的概称。费希纳的实验美学,也因此被认为是心理美学成为一门科学的标志。其与审美心理学有相同意义。20 世纪以来,西方现代弗洛伊德和荣格的精神分析学和"分析心理美学"、考夫卡和阿恩海姆的"格式塔心理美学"、柏莱因的"生物心理美学"以及 L. K. 弗兰克和耶的"信息论美学"等,这些心理美学的学派和有关研究成果,都成为美育心理学的重要理论基础,为美学、美育和美育心理学研究方法的科学变革提供了重要参照。

美育心理学与艺术教育学、教育美学。艺术教育学是研究艺术教育、教学现象及规律的教育分支科学,主要涉及艺术教育的特点、内容、方法、原则等问题。艺术教育学也是美育学的一个重要组成部分。美育心理学研究美育活动的心理规律和心理效应,包括了研究艺术教育中的心理学问题,即师生在艺术审美欣赏和创造活动中的心理特点和规律,以及艺术教育对师生心理活动的影响。教育美学是运用美学理论研究教育领域中的审美现象及其发展规律的学科,主要探讨如何按照美的规律来进行教育从而使之达到审美化境界。美育心理学需要参考教育美学的研究成果来揭示美育心理活动的特点和规律,教育美学对教育审美内容、审美手段及审美环境的研究,正是对教育中产生和引发美育心理活动的条件及原因的研究;同时美育心理学对师生在教育活动中审美心理特点及其规律的探讨,为教育美学提供了科学的心理依据,使教育美学的创造既符合教育要求,又符合师生审美心理需要和发展规律。

美育心理学与普通心理学。普通心理学是揭示人的心理现象一般规律的学科,为各分支心理学提供基本理论和方法论基础。普通心理学不仅为美育心理学的研究提供了一套完整的基本概念体系,其产生的许多理论也能够直接用来解释审美和美育的心理问题。例如 20 世纪 60 年代从普通心理学中新产生的现代认知心理学,以信息加工理论

对人的感觉、知觉、记忆、概念等进行了详细深入的研究,其不少理论与实证研究的进展和成果,都有助于解释审美心理的产生机制,科学揭示审美心理活动的规律,为美育心理学奠定坚实基础。美育心理学也从一个重要方面为普通心理学的发展和完善提供支持。

美育心理学与普通教育学。普通教育学是研究教育的基本理论的科学,其研究对象主要涉及教育的本质、目的、内容、原则和方法等问题。教育、教学活动如何适应师生审美心理发生发展的规律,如何依据学生的心理发展水平来组织关于教育和教学的审美活动,则是与美育心理学有紧密联系的问题。尤其是在现代大美育思想影响下,美育已经不是原来意义上的狭窄的艺术教育,而是要利用各种美的事物对学生各方面素质全面和谐发展产生影响。"按美的规律"来组织教育、教学活动已成为现代教育、教学活动必须遵循的基本原则,教育、教学活动本身也存在着丰富的审美因素,其本身也就是美育活动。这样,美育心理学同普通教育学的联系也就更加紧密。在教育、教学实践研究中,一些教育家很早就注意到教育的艺术性和教学的美育心理问题,如中国的孔子和西方的柏拉图就强调教学要善于运用艺术形式和方法;夸美纽斯也主张并探索了教学的艺术化方法;赫尔巴特更提出了教学的美学方法;蔡元培也提出了教育要五育并重,"以美育代宗教"等教育方法。美育心理学的研究对于丰富和发展当代教育理论、为众多教育教学实验改革提供心理学基础,如愉快教学、情境教学、暗示教学等一些现代教学改革都具有符合学生审美需要,按照学生审美心理活动的规律来组织教学的特点。刘兆吉认为,教育学以学生心理活动规律的知识为依据结合美育特点,制定美育原则和实施方法;美育心理学则向教育学中的审美教育提供关于学生在接受审美教育过程中心理活动规律的知识,美育心理学是教育学中审美教育的基础学科之一。

美育心理学的学科建设　美育心理学的理论体系及其理论的实证研究是学科建设的两个重要问题。刘兆吉提出美育心理学的组成结构:研究如何培养受教育者审美能力,促进其多方面发展,分为艺术美育心理、自然美育心理、社会美育心理等。他在《创建美育心理学刍议》(1986,1987)中明确指出美育心理学学科建设问题,《美育心理学》(1990)为美育心理学科体系的建构提供了雏形。

大规模的实证研究始于 1987 年。该年,"美育心理研究"被列为国家级哲学社会科学重点项目。该项目旨在通过广泛的调查、多层次的实验,研究美育心理的结构,探讨进行美育的心理规律,并以心理学为核心,把音乐、美术、教育学、伦理学结合起来,形成一门发展、培养人的心理品质如心灵美、言行美的教育分支学科。据此设想开展的研究历时近六年,参加调查和实验研究的人员跨重庆、成都、平

顶山市三个地区,有教科所、大专院校、中小学、幼儿园等83个单位和学校的教授、副教授、讲师、助教、研究生、中小幼教师,调查目的在于摸清中国的美育对象——学生,在中国社会主义初级阶段现代教育制度下,学生美育心理发展的水平及年龄特征、学生在全面发展中的审美心理素质和水平,所进行的实验涉及德美结合、各科教学和艺术教育等多方面的美育心理问题,同时初步探索了美育的综合心理效应,证明了美育对于学生心理素质全面发展和个性品质发展的特殊功能。从研究方法的角度,该项研究不仅首次大量使用了现代心理学的调查法和实验法研究审美和美育的心理学问题,而且作了一些其他方法的尝试和探索,如美育心理导向问卷法、个体活动体验分析法、情境实验法、发展个案分析法等,取得了一系列具有开创性质的实证研究成果。

《美育心理研究》是美育心理研究的代表性成果,该书由幼儿园、小学、中学、大学各教育阶段的34份有关调查和实验报告构成,涉及审美心理发展特征;美育与学业成绩的相关性;美育与思想品德行为、与人生价值观形成的关系;美育与普通艺术教育的关系、美育与家庭教育;美育与教师发展等内容,是国内首次在审美教育领域运用心理学研究方法、多方面探讨审美教育的心理特点、效应及规律的专门著述。其在研究立意、理论假设、研究操作思路上都具有首创性;在研究方法方面,尤其是对美育心理问题的调查与实验的设计、实施、量化分析等做了许多填补空白的尝试,为美育心理学学科理论体系的科学建设提供了基本依据。

美育心理学学科体系建构,除基本理论框架、学科概念、学科概念体系及其实证研究以外,还需在这些的基础上探讨美育心理活动的规律,诸如师生的审美互动、审美认知特点及其感性和理性引导;审美情感体验的唤起与持久性;美感共鸣及其机制;个性与创造性的激发、强化和社会化;与其他智力和非智力因素之间的相互促进与制约性等,直到这一学科的规律体系得以建立起来。而这些,都还必须进行多角度、深入的实验研究和理论提炼,才能一一获得,才能使该学科系真正走向成熟与完善。

美育心理学是由中国心理学研究者提出,并首先有意识进行系统研究的心理学科,是一门诞生于中国但其意义绝非仅限于中国的而具有世界性、人类性的学科。美国、德国、英国、日本等国有许多关于艺术教育心理、艺术审美心理的研究与实验,且立足于艺术审美对学生多方面品质与能力的开发上,而不仅仅是艺术心理研究,这与美育心理研究具有共同的目的和指向。美育心理学对人类心理学、教育心理学、教育学所具有的独特的理论与实践价值,将随着这一学科研究的持久与深入而更加鲜明地显示出来。

参考文献

李斌.美育心理学发展述评[J].西南师范大学学报(哲社版),1999(4).

李红.论美育心理学的产生、发展及现状[J].心理学探新,1990(3)、(4).

刘兆吉.美育心理学[M].重庆:西南师范大学出版社,1990.

刘兆吉.美育心理研究[M].成都:四川教育出版社,1993.

赵伶俐.刘兆吉美育心理学创建研究[J].西南师范大学学报(哲社版),2000(6).

(赵伶俐)

蒙古族教育　　中国蒙古族主要分布在内蒙古自治区和新疆、辽宁、吉林、黑龙江、甘肃、青海、河北等省、自治区的各蒙古族自治州、县,有少数蒙古族聚居或散居在宁夏、河南、四川、云南、北京等省、市、自治区。据2010年中国第六次全国人口普查,蒙古族有人口5 981 840人。蒙古语属阿尔泰语系蒙古语族,分内蒙古、卫拉特、巴尔虎布利亚特三种方言。蒙古文字于13世纪初由西藏喇嘛八思巴根据藏文加以变化创制,14世纪初,蒙古学者却吉·斡斯尔改革最初的蒙古文字,形成至今通用的规范化蒙古文字。新疆的蒙古族使用卫拉特方言,17世纪中期札雅·班第达对通用蒙古文字稍加改变,使卫拉特语音得以准确表达,该文字被称为"陶德"(托忒)蒙古文。

古代蒙古族教育

蒙古族形成于13世纪初,最初为蒙古诸部落中一个以东胡为族源的部落所用名称,后逐渐吸收和融合聚居于漠北地区的森林狩猎和草原游牧部落,成为这些部落的共同名称。"蒙古"一词最早见于唐代,"蒙兀"为其最早汉文译名,其汉文译写始见于元代文献。蒙古部发源于额尔古纳河(唐代称望建河)东岸地区,约公元7世纪,开始向蒙古草原迁移,后散布于今鄂嫩河、克鲁伦河、土拉河的上游和肯特山以东一带,并分衍出乞颜、札答兰、泰赤乌等部落。

原始形态的蒙古人教育　　古代很长一段时间内,蒙古社会没有产生由专人执教、有专用设施的学校教育活动形式。其教育方法主要为言传身教、实践、奖励与惩罚等。言传身教为其最主要的教育手段。教育内容有:生活知识和技能的传授,包括服饰制作、饮食、居住和迁徙等;生产知识和技能的传授,包括狩猎、游牧、采集等;工具和生活用品的制作,包括制造马鞍、弓箭;骑射训练,任何人都须学习;军事和科技教育,科技教育包括医药、天文历法等;品德培养,包括尊重长者、团结、诚实等;风俗教育,包括世系的传述(讲述本氏族的起源、世系、祖先的事迹与遗言等)、礼节、音乐、舞蹈、宗教祭祀等。

蒙古汗国时期的蒙古族教育　　13世纪初,以成吉思汗为首的蒙古部统一蒙古地区诸部,并逐渐融合为一个新的民族共同体，"蒙古"一词由原来一个部落的名称变成为民族名称。蒙古太祖元年（1206 年），成吉思汗建立统一的蒙古贵族政权——蒙古汗国，蒙古汗国时期为蒙古族教育勃兴时期。之前（1204 年），成吉思汗命塔塔统阿借用古回鹘字的字母拼写蒙古语，创造了蒙古族的畏兀尔体蒙古文字。蒙古汗国对皇族子弟的教育十分重视，成吉思汗请塔塔统阿祖孙三代教其子弟学习畏兀尔体蒙古文；忽必烈在潜邸时命其子真金（裕宗）先后向姚枢、窦默、李德辉、王恂等受学。学习内容有文字、儒家典籍、历史、处理军政事务及文学等。官宦子弟教育主要有三种教育途径。一是入专门教育机构学习，太宗六年（1234 年），设国子总教及提举官，令贵族子弟入学受业；至元六年（1269 年），设诸路蒙古字学，令诸路府官子弟入学。二是从师，如忽必烈为亲王时，令蒙古生 10 人随赵璧学儒书，令近侍阔阔等 5 人跟从王鹗学习。三是被选拔入怯薛（大汗护卫军），参与军政事务。蒙古汗国重视军事教育，其教育途径为骑射训练、围猎、训诫、总结作战经验与研习兵法。太宗五年（1233 年）、八年（1236 年），敕修孔子庙及浑天仪、司天台。太宗五年，诏以孔子五十一世孙元措袭封衍圣公，宣示蒙古汗国遵孔孟之道、积极办教育之思想。太宗七年（1235 年），杨惟中、姚枢随太子阔出伐宋，收集伊、洛诸书载送燕都，在燕都建立太极书院，请赵复为师儒，王粹协助教学。太宗九年（1237 年），举行戊戌取士，得士 4 030 人。此次考试为蒙古汗国时期唯一一次且仅限考取汉人的科举考试，为元代科举制奠定了基础。

元代蒙古族教育 中统元年（1260 年），忽必烈成为大汗，把统治中心由漠北的和林迁至燕京（后称大都，今北京市）。至元八年（1271 年），改蒙古国号为"元"，元至元十六年（1279 年），灭南宋，统一全国。元代蒙古族教育有较大、较快发展。(1) 学校管理制度。元代的学校管理制度比较严密，在学官的陟黜、学生的赏罚等方面均有严格规定，并屡次颁令整治学校。中统二年（1261 年），王鹗请为各路（中书省下行政机关）选委博学老儒一人，提举本路学校，特诏立诸路提举学校官，以王万庆、敬铉等 30 人担任此职。至元十四年（1277 年），始立蒙古国子监，秩从三品，当时置司业一员，后于至元二十九年（1292 年）准汉人国子学例内置祭酒、司业、监丞等官。元贞元年（1295 年），增置诸路蒙古学政、蒙古字学教授，或设蒙古提举学校官，掌管地方教学事宜。(2) 学校体系。主要有两个体系：以蒙文、蒙语为主的学校体系和以汉文、汉语为主的学校体系。① 以蒙文、蒙语为主的学校为官办，主要有诸路蒙古字学、京师蒙古国子学（包括元上都分学）和皇太子学宫。至元六年（1269 年），置诸路蒙古字学；当年年底，中书省定学制颁行。生源为诸路府官子弟和民间子弟，学习教材主要是蒙古文的《通鉴节要》，蒙古字主要学习国师八思巴于至元六年创制的蒙古新字（以藏文字母为基础创制的蒙古文字）。学生学习时蠲免

其一身杂役，毕业后大多充任必阇赤（文书）。诸路蒙古字学有饶州路鄱阳县（即今江西鄱阳县）鄱江书院设蒙古字学、婺州路蒙古字学、镇江路蒙古字学。蒙古国子学创设于至元八年（1271 年），入学者限随朝百官、怯薛台、蒙古、汉人官员中子弟俊秀者，还招收部分庶民子弟。官员子弟为正额，庶民子弟为陪堂。入学人数初无定额，后来规定为 150 人。官员子弟月给廪膳，庶民子弟略给纸札笔墨。学习内容主要是蒙古文字，教材为《通鉴节要》，用蒙古语言译写教学。官员子弟学习成绩好的兼学算术。当生员学习有了成效，即出题试问，所对精通者根据情况授予一定官职。上都有蒙古国子分学，其授课时间与皇帝巡幸上都的时间基本一致，其他时间在大都上课。皇太子学宫（历代名称有异）是皇储学习的地方，最初并无专门机构，设太子太师、太子太傅、太子太保等官，后来机构越来越大。至元十年（1273 年），真金（裕宗）被立为皇太子，学官设在端本堂。学习的内容有蒙文、汉文、治国之道和各种礼仪，教材有《皇图大训》《端本堂经训要义》等。② 以汉文、汉语为主的学校主要是国子学（有时称汉人国子学），也有汉族地方官学和书院。国子学创设于至元六年，设在金朝中都由枢密院改建的宣圣庙。入学者不分民族，所学为经、史、辞章，管理和考核均极严格，但于蒙古人稍宽。(3) 科举制度。元代科举制始于仁宗皇庆二年（1313 年），分为两榜：蒙古人、色目人为一榜，汉人、南人为一榜。前者考试较宽，后者较严。从"四书"出题，用朱熹《四书章句集注》立言。蒙古族科举由三部分组成：蒙古进士科、试贡法、童子举。蒙古进士科每三年举行一次，先在各省城举行乡试，考中举人者于次年在京师参加会试和御试，中者为进士。延祐元年（1314 年）举行乡试，乡试合格者有 300 人（其中蒙古、色目、汉人、南人各 75 名）。第二年在京师举行会试，会试合格者有 100 人（其中蒙古、色目、汉人、南人各 25 名），御试取中 56 人。元代共举行 16 次科举考试。试贡法在中央各国子学施行，被举的条件是"实历坐斋三周岁以上"，为科举停办后取士的一种弥补之法，中者称为贡生。考中贡生后蒙古人授官六品，色目正七品，汉人从七品。童子举是各省、路、府、县或有官衔的个人推举天资颖悟，或能默诵经文、书写大字，或能缀辑辞章、讲说经史的童子，最早始于成宗大德三年（1299 年），选上来的童子入国子学。此外，元代翻译成的蒙古文和刻印的书籍有《蒙古字孝经》、《资治通鉴》（择译）、《大学衍义节文》、《尚书节文》、《西番经》、《世祖圣训》、《贞观政要》、《帝范》、《皇图大训》、《达达字母》、《蒙古字母百家姓》、《蒙古字训》等。

明代及北元时期的蒙古族教育 北元也称后元，是明朝推翻元朝后蒙古贵族在蒙古地区建立的以元为称号的割据政权。明代前半期，蒙古族教育处于停滞甚至衰落状态；明代后半期，即蒙古达延汗统一蒙古后，蒙古族教育才得以

恢复和发展。(1) 教育法规。这一时期明智的蒙古统治者仍较重视教育,在自己的统治范围内制定了一些法规,主要内容有:① 尊师重教,如《卫拉特法典》明确规定,"一切人,对教诲自己的老师、父母,严重殴打者科罚三九(牲畜),轻打者罚二九,再轻者罚一九";② 学习本民族语言文字,如卡尔梅克人敦都克达什诺颜补编的法规规定,"正常男童年龄若十二岁,务必学习蒙古文,未教其学,则罚其父亲,并将其子送交老师教其学";③ 强制蒙古族受教育,如土尔扈特部敦罗布喇什汗在《新补充的细则》中规定,"贵族之子一定要受蒙古族教育。男童满十五尚未受蒙古教育时,罚其父马一匹,并必须将其子送往教师那里";④ 保护书写工具,如俺答汗的《阿拉坦汗法典》规定,"凡盗窃……竹笔、……一类物品者,科罚绵羊一只","竹笔"也叫削竹笔,是蒙古族文人、学生的书写工具。(2) 教育机构。主要为北元地区的私塾和寺院,其次为明代管辖地区的四夷馆和儒学。① 私塾。阿拉坦汗在其管辖区域设馆延师让其子弟学习汉字以及汉族一些典籍,此后蒙古地方私塾日益增多。设馆授徒的教师称"榜什",学生叫"舍毕"。"榜什"在蒙古社会很受尊重,舍毕对之执礼甚恭。② 寺院。藏传佛教中的黄教在明代传入并风靡全蒙古,其寺院甚多,在教育上起了一定积极作用:一是传授文字,蒙古僧侣要学习藏文、蒙文,修行到高层阶段还要学习梵文,并经考试合格方得转入专门学部;二是传授科学知识,蒙古地区藏传佛教寺院一般设有多种学部,其中医学部向喇嘛们传授藏医、藏药(包括兽医)知识,时轮部传授藏族的天文历算知识;三是培养翻译人才,受过专门训练的喇嘛通晓蒙、藏、汉、梵诸文字中的数种或者全部,各种文字间的互译造就了相当数量的翻译家;四是在镂印佛经的同时印刷了其他蒙古书籍,对蒙古经卷的流传、保存和创新以及文化教育的发展起了很大作用。③ 四夷馆。永乐五年(1407 年),明政府特设蒙古、女真、西番、西天、回回、百夷、高昌、缅甸八馆,招译字生、通事,培养通晓语言文字人才。④ 儒学。明代在府、州、县、卫均设儒学,并在朵颜卫、泰宁卫、福余卫附近建立蒙语授课学校。此外,明代翰林院设有蒙古编修,研究蒙汉翻译,翰林院蒙古侍讲学士火源洁在洪武年间曾编写《华夷译语》一书。

清代蒙古族教育　清代蒙古族教育得到广泛而深入的发展,其教育行政制度也十分完善。供蒙古族学子读书的中央官学有国子监、国子监算学、翰林院庶吉士馆、钦天监等。国子监即太学,为清代中央一级最高学府。内设祭酒、司业、监丞等官,分管各自事务,颁发各种教令。雍正时复设管理监事大臣,地位在祭酒、司业之上。国子监有满族、蒙古族和汉军旗籍的学生,设官也满、蒙古、汉族兼用。学生来源为贡生和监生,统称为国子监生。蒙古族国子监生以恩监、荫监为多。皇太极于天聪九年(1635 年)正式编立蒙古八旗,到崇德八年(1643 年)蒙古八旗共有佐领 118

个。国子监从八旗挑贡生始于康熙十年(1671 年),康熙二十四年(1685 年)规定蒙古每旗起送 2 名。国子监设率性、修道、诚心、正义、崇志、广业六堂,学习内容为"四书"、"五经"、《通鉴》、《性理》诸书及八股、策论、写字等。考查有日课、月课、季考、岁终甄别、期满议叙各项。国子监算学是专门培养数学人才的学校,设在钦天监附近,隶属国子监。额定蒙古学生 6 名,自蒙古各旗中学过算法,有一定基础与兴趣、资性相近的算学生中选拔,学制 5 年,期满考试合格可补为钦天监天文生、博士。清代也选庶吉士,满族、汉族、蒙古族等都有庶吉士。清代选庶吉士 112 次,有各族庶吉士 5 694 名,其中蒙古族进士被选为庶吉士的有 50 多人。蒙古族天文生在钦天监学习天文历法。清代蒙古族子弟就读的学堂、官学,根据其归属关系可分为以下类别:第一类是盛京八旗官学,太宗崇德年间(1636—1643 年)建于盛京(今沈阳)。是在蒙古八旗兵的系统内建立的八旗蒙古官学,隶属国子监,于顺治元年(1644 年)设立。开始时八旗各建校舍,八旗满洲、蒙古、汉军子弟均可入学;次年两旗合建一学。学生以 10 年为一期,头三年内先讲诵经书,然后选择优秀者归汉文班学习。年龄稍大、愿学翻译者归满文班;对汉学见优者,可拨为监生,入太学,期满考选录用。在学成绩优秀的学生给予补贴。当时在八旗驻防地方以及满族发祥地都设立八旗官学。雍正元年(1723 年),特于八旗蒙古护军、领催、骁骑内,选熟练国语、蒙古语者 16 人,充蒙古教习。雍正五年(1727 年)规定,每旗招生 100 名,其中蒙古、汉军各 20 名,招生方法为"通一旗选择,不拘佐领"(《清史稿》)。乾隆八年(1743 年)规定,蒙古教习五年期满实心训课者,用护军校、骁骑校。嘉庆、道光以后,八旗官学逐渐废弛。1901 年,准于八旗官学内添立蒙古学斋。1902 年,八旗官学改并为学堂。八旗官学中有资料可查的蒙古官学有正红旗蒙古官学、镶红旗蒙古官学、吉林蒙古官学和热河八旗蒙古官学。第二类是由理藩院等部奏准在京师设立的以培养翻译人才为目标的蒙古学(习称咸安宫三学,设在咸安宫内)、唐古忒学和托忒学(以上两学同建于西安门内椅子胡同)。第三类是蒙古寺院里的僧侣学堂和寺院附设的学堂。顺治七年,内蒙古库伦旗在兴源寺建立喇嘛僧侣学堂,组织喇嘛识文读经。道光二年(1822 年),哲里木盟科尔沁左翼后旗建立昌图府喇嘛庙学堂。喇嘛寺学堂后期开始附设小学。第四类是各地方王公札萨克奏准在本地区设立的地方蒙古官学。如雍正二年(1724 年)建的归化城土默特官学、道光十一年(1831 年)建的布里亚特蒙古族的俄蒙学校等。第五类是满蒙学堂,即满蒙合校,如京师的满蒙文高等学堂(相当于近代的高中)、陆军贵胄学堂等。蒙古族的私学主要是王公家馆和乡村私塾。清末有的王公开始设立家馆,作为子孙的学习处所。私塾遍布各地,并出现集体办学的形式,即或者一村合办,或者数户合办,或者异村数户合办。私塾的设立对蒙古族文化教育事业发展起了重大推动作用,许多文学、历史、语言、翻译、法律方面的杰出人物是由私塾培养出来的。此外,康熙三十年(1691 年),各八旗设立八旗义学,凡八旗子弟 10 岁以上者,各佐领(相当于现在的乡政府一级行政单位)于本佐领内各选 1 人入义学。对各八旗子弟的学习文字和教学内容作了具体规定:满洲幼童教习满书、满语;蒙古幼童教习满洲蒙古书、满洲蒙古;汉军幼童教习满书、满语,并教习马、步、箭。同时设立了管理者,仍令各佐领骁骑校稽查教学。八旗义学初由京师五城各立一所,后各省、府、州、县多设立八旗义学,招收"孤寒生童"。义学的教师由该旗的满洲都统于满洲闲散官并笔帖式或因公降革人员内择其精通清文者充补教师,并于汉军本旗内拣选善射者一二人教习弓箭。雍正七年(1729 年),设立汉军清文义学,要求每旗各设义学一所,蒙古旗"亦照此设立学舍教以蒙古语"。清末,蒙古官员在向朝廷呈递的奏折中曾申请开办八旗蒙文学斋,学斋是一个班级的规模,其师资、生源、经费、教学等情况尚不清楚。

近代蒙古族教育

晚清时期的蒙古族教育 (1)兴办新式学堂。晚清时期清政府废科举,兴办一批新式学堂。1905 年,清政府在京师(今北京)创办贵胄陆军学堂,专收满族、蒙古族、汉族等各族王公及二品以上文武官员子弟,培养清军骨干指挥人员。学制 5 年,前两年学数学、物理、化学等陆军中学课程,第三年学陆军军官学校课程,最后一年学陆军大学课程。毕业时考取第一名者授予陆军少将军衔,其他均授予陆军上校军衔,并候旨录用。1912 年废止,学生并入陆军学堂。1907 年,学部奏请在京师设立满蒙文高等学堂。1908 年,学部拟定《满蒙文高等学堂章程》,规定其创办宗旨为"造就满蒙文通才,以保国粹",培养目标是"以备行政任使"。该学堂除设满蒙文科外,附设藏文科。两科均分预科和正科,预科两年毕业,正科三年毕业,预科毕业后升入正科。教学分别以满蒙语文或藏语文为主,辅以普通及法政、测绘各科学。另外还设有满蒙地理、满蒙近史等具有民族特色的课程。1912 年,满蒙学堂和殖边学堂合并,改为筹边学堂。此外还有约于 1907 年建立的奉天蒙文学堂,1908 年建立的塔尔巴哈台养正学堂、科布多地区蒙文学堂、喀尔喀四部的库伦蒙养学堂、锡勒图库伦旗蒙文学堂,1909 年建立的青海西宁蒙番学堂等。(2)蒙古族师范教育。清末一些有识之士,包括一些朝臣和封疆大吏,力倡"办理学堂,首重师范",要"责成各省,实力举行"。1904 年,清政府颁行《奏定初级师范学堂章程》、《奏定优级师范学堂章程》,蒙古族师范教育也相应发展起来。当时关涉到蒙古族的师范学堂主要有如下数所:① 成立于 1902 年的京师大学堂师范馆。1907 年,

学部奏定《师范学堂毕业奖励章程》和《师范学堂毕业效力义务章程》。同年,学部曾有《请变通奖给大学堂优级师范蒙古毕业生折》,可知在该校就读的有蒙古族学生且受过一定优遇。② 黑龙江满蒙师范学堂。1908 年,黑龙江省利用俄文学堂校舍创办满蒙师范,调西北各城暨西南各蒙旗子弟入学肄业。另有嫩江、讷河、布特哈西旗、呼伦贝尔城等处未设招生点,仅择其学生之年长者,令入省城满蒙师范学堂肄业。③ 乌里雅苏台初级师范学堂。1910 年,乌里雅苏台将军坤岫奏请在乌城创建初级师范学堂一所,设满、蒙、汉教习 3 员,调取三札两盟聪颖子弟 40 名,学习满文、蒙文,兼习汉语、汉文。学有成就即令回旗,转为教习。调乌梁海学生 5 名,先教以满文、蒙文,兼习汉语,学成后示令回旗教学,并札令各盟长,自立满蒙小学堂 1 所,学生以 30 名为度,遇有师范学堂空额即由此小学堂内调补。令该旗均设蒙养学堂 1 所,专收本旗子弟学习蒙文,如有可造之材挑升满蒙小学堂。④ 内蒙古卓索图盟喀喇沁右旗崇正学堂,于 1907 年增设初级师范 1 个班,3 年毕业,程度与中学相等。(3) 蒙古文教材和教学用书。① 学部编辑的正式教科书。清政府学部于 1909 年编辑出版《满、蒙、汉三文合璧教科书》,石印本,共四册。② 学堂自编自印的教材。如色普征额、玉春等人编的以油印本传世的《满蒙文高等学堂蒙古语文讲义》,共二册;喀喇沁左旗崇正学堂史地教材,该旗郡王贡桑诺尔布鉴定、卜彦毕力格图译等。③ 翻译教科书。1867 年,镶白旗蒙古副都统孟保翻译奏进《醒世要言》,得旨刊刻板片,送交武英殿刷印,颁发八旗各学;1909 年,东三省总督锡良奏准委令已革奉天蒙古右翼协领荣德,译成蒙、满、汉文合璧教科书四册,发给蒙边各学。④ 可供教学参考的蒙文书籍,如《蒙古语详解词典》、《初学指南》(蒙汉合璧)、《三合便览》、《蒙古文诠释》、《名贤集》(满、蒙、汉文对照)、《三体合璧三字经注解》等。此外,还出版发行大型工具书,如《五体清文鉴》、《蒙文总汇》、《蒙文指要》、《蒙文晰义》等。(4) 蒙古族留学生。内蒙古卓索图盟喀喇沁右旗世袭札萨克多罗都棱郡王贡桑诺尔布曾两次派人赴日留学。1909 年,被选送英国留学的 20 人中有 1 名叫巴玉藻的蒙古族学生。此外,蒙古族中也出现了一批教育家,如法式善、荣庆、罗卜桑悫丹、衮不扎布、嘎拉桑等。

民国时期的蒙古族教育 这一时期是蒙古族教育向现代教育迈进的时期,但居住在中国北部和东北部边疆地区的蒙古族当时处于不同国家政体或政治力量的管辖之下,因而其教育事业发展并不平衡(参见"中国近代少数民族教育政策")。(1)蒙古族教育团体及机构。教育团体有:蒙藏教育委员会,北洋政府教育部蒙藏教育委员会成立于 1923 年,国民政府蒙藏教育委员会成立于 1932 年;1916 年,成立蒙古教育研究会;1927 年,成立蒙古文学会;1928 年,成立沈阳蒙古文化促进会;1931 年,分别成立哲里木盟扎赉

特、达尔罕两旗教育委员会,同年成立察哈尔省蒙旗教育促进委员会、青海省蒙藏文化促进委员会;1931 年,由呼伦贝尔副都统公署遵照第二次全国教育会议决议的《蒙藏教育实施计划》的规定成立呼伦贝尔教育行政委员会,随后所属八翼总管公署也依法组织各旗教育行政委员会。1929 年,经立法院批准,在教育部设立蒙藏教育司。其掌管事项为:蒙藏地方教育之调查事项;蒙藏地方各种教育事业之兴办事项;蒙藏教育师资之培养事项;蒙藏子弟入学之奖励事项;蒙藏教育经费之计划事项;其他蒙藏教育事项。后来蒙藏教育司下设两个科,第一科掌管蒙古族教育,第二科掌管藏族教育。(2) 蒙古族学校发展。民国初期,蒙古族的新式小学很少,据 1919 年统计,50 个旗中未建校的有 22 个,平均每个旗有小学 0.6 所。至 1930 年,在 30 个旗中已有小学 158 所,平均每个旗 5.7 所。内蒙古各盟旗和其他蒙古族居住地区陆续设立一些中等学校,其中最著名的是北平蒙藏学校。该校培养出大批人才,许多蒙古族革命家和著名人物在该校学习过,如乌兰夫、奎壁、吉雅泰、多松年等。其他中学有呼伦贝尔蒙旗中学、兴安学院、育成学院、女子国民高等学校(相当于四年制中学)、开鲁国民高等学校(即中学)、兴蒙学院、蒙古学院(后改为蒙古中学)、巴彦塔拉盟立包头蒙古中学(后改为厚和蒙古中学包头分校)、归化城土默特特别旗第一中学、青海省蒙藏中学等。此外,1929 年,民国政府教育部公布《待遇蒙藏学生章程》,对蒙藏学生的学费、待遇等问题作了规定,并令国立中央大学、北平大学遵照该章程另设蒙藏学生班,收录蒙藏学生肄业。(3) 蒙古族师范教育。蒙古族师范教育在整个民国时期有较大发展,办学形式多样。① 省立简易师范和讲习所,如宁海蒙番师范甲种讲习班、蒙旗师范讲习所、西宁蒙藏简易师范、兰州乡村师范学校等。② 私立师范学校,如 1919 年扎赉特多罗郡王巴特玛喇布坦在齐齐哈尔创办的蒙旗私立师范。③ 联合设立的师范学校,如黑龙江蒙旗私立师范学校。④ 官办师范学校,如奉天东北蒙旗师范学校、国立绥远蒙旗师范学校。(4) 蒙古文教科书出版机构。汉蒙翻译国华书局,出版《幼学须知》、《二十四孝》以及蒙汉合璧国文教科书等书;北京蒙古文书社,出版《蒙古文教科书》、《蒙文分类字典》、《蒙汉分类词型》等书;沈阳东蒙书局,出版《初学儿童启蒙明鉴》、《蒙汉合璧初级国文教科书》等书;南京国民政府教育部编译馆,出版《蒙汉合璧国语教科书》等书;察哈尔蒙古图书编译馆,出版《蒙汉合璧小学国文读本》等书;伪满洲国蒙政部蒙文编译馆,出版特古斯宝音翻译的《吕公小儿语》以及《蒙文国民高小辅助读本》等书。(5) 蒙古族职业技术教育。① 开设职业技术课,进行职业技术教育。即在普通教育中的一定班级里开设职业技术课,如 1932 年,察哈尔省教育厅召集全省教育行政会议,决定在蒙旗各学校添设畜牧课程。② 建立专门职业技术学校,如满洲国兴安西省

省立林东畜产学校、苏尼特右旗家庭女子实践学校、寺院青年喇嘛职业学校、库伦旗蒙医学校等。此外,民国时期也有蒙古族学子留学日本。伪蒙疆联合自治政府于 1940 年成立蒙古留学生后援会,在张家口创办"蒙古留日预备学校",学生入校培训两年后送日本学习。

中华人民共和国成立后的蒙古族教育

起步阶段(1949—1954) 1947 年,内蒙古自治区政府成立。其《政府执政纲领》中明确规定,要推广蒙文报刊和书籍,研究蒙古历史,在蒙校普及蒙文教材以发展蒙古文化。此后自治区政府在少数民族地区改建寺庙,借用公房、民宅为校舍,纷纷建起民族学校。自治区人民委员会文教部也组织力量编纂少数民族学校使用的民族语文教材。1948 年,初级小学各学年第一学期使用的蒙古语文各科教科书正式出版发行,这是自治区成立以后第一套自编的蒙文教材。1949 年,内蒙古自治区召开第一次教育工作会议,指出全区教育工作的重点是发展民族教育;要发展少数民族语言和文字,少数民族学校要用本民族语言文字授课,采用民族语文教材。中华人民共和国成立后,又先后单独建立了两个蒙古族自治州、七个蒙古族自治县,并与藏族和满族分别联合建立了一个自治州、一个自治县。1951 年,召开全国第一次民族教育工作会议,进一步确定发展少数民族教育的重要地位,提出关于民族地区教育经费以及民族学校设备、教师待遇等方面的政策,强调有语言文字的少数民族的民族小学和中学必须用本民族语言文字授课,采用民族语文教材。1952 年,内蒙古人民出版社成立之后设置教科书编辑室,专门负责民族语文教材的编辑翻译任务。1953 年,自治区召开全区第一届牧区小学教育工作会议,制定《内蒙古自治区民族教育五年计划纲要(1953—1957)》。20 世纪 50 年代后,呼伦贝尔盟海拉尔一中、哲里木盟通辽二中、乌兰浩特市二中等一批蒙古族中学兴起。在师范教育方面,1952 年,内蒙古师范大学成立,其中设立蒙文部负责蒙古语授课师资培养工作,当年招收一个蒙古语文班。1953 年,又开设了蒙古语授课文史、数理、生化等三个科,修业三年。1953 年还设立了蒙文专科学校,两校均为蒙古语授课中学培养合格师资。此外,1950 年,蒙古族人士巴静在归绥市(今呼和浩特市)创办土默特新蒙托儿所,掀开民族幼儿教育先河。1952 年,自治区直属机关第一幼儿园建立,随后先后创办 6 所民族幼儿园。到 1957 年,全区有民族小学 1 708 所,其中蒙古族小学 1 346 所,蒙汉合校 259 所,其他少数民族小学 103 所;在校少数民族学生约 12.27 万人,其中蒙古族约 10.84 万人,其他少数民族 1.43 万人。到 1955 年,民族中学达 22 所,其中蒙古族中学 9 所,蒙汉合校 11 所,其他少数民族中学 2 所;在校少数民族中学生 1.23

万人,其中蒙古族近万人,其他少数民族 2 000 余人。到
1956 年,全区先后办起 7 所少数民族中等专业学校,在校少
数民族学生 2 000 余人。

全面奠基阶段(1955—1965)　1957 年后,受"左"的思
想干扰,民族教育发展受到一定影响,出现不同程度的脱离
实际的过高、过快的发展规划及要求。1960 年,全国文教工
作会议召开,进一步落实"调整、巩固、充实、提高"的八字方
针,内蒙古自治区政府也于 1962 年召开全区民族语文暨民
族教育会议。同年,自治区人民委员会颁布《内蒙古自治区
牧区小学人民助学金暂行办法》、《改进和加强边境地区学
校工作的指示》,自治区商业厅、供销社、粮食厅、教育厅联
合发出《关于抓紧解决民族教育中当前急需解决的几个问
题的联合通知》,并结合内蒙古地区特点制定《全日制蒙古
族及其他少数民族中小学暂行工作补充条例(草案)》(简称
"民族教育 30 条")和《自治区牧区办学方案》等,根据当时民
族教育中的特殊困难和地区特点,为加快发展民族教育制
定一系列优先照顾的具体政策措施。主要政策措施有:(1)
坚持"优先、重点"发展民族教育的政策措施,这是内蒙古自
治区发展民族教育的主要政策措施。(2)因地制宜地设置
民族学校或民族班。在少数民族集中地区独立设置民族学
校,采用民族语文教材,用本民族语授课,加学汉语文课;在
城镇和散杂地区能设立民族学校的尽可能设立单独的民族
学校,不能独立设置民族学校的则设立蒙汉合设学校,少数
民族学生单独编班,采用民族语文教材,用本民族语授课,
实行分班教学。对不能用本民族语文授课的学生,采取用
汉语授课,加学本民族语文办法。(3)民族师资队伍和民族
文字的教材建设。自治区相继创办几所民族师范学校,为
民族中小学培养蒙古语授课教师。在民族语文教材建设工
作方面,自治区成立之初在自治区人民委员会建立文教部,
专门负责民族中小学民族语文教材建设工作。1960 年,内
蒙古教育出版社创立。到 1966 年,内蒙古教育出版社共出
各科教材与图书 1 000 多种,约 1 800 万册。(4)从民族地
区地域特点和实际需要出发,创办以寄宿为主的民族中小
学。自治区成立之初,民族中小学主要以分散、民办、半日
制与走读的形式建成。1953 年,全区第一次牧区小学教育
会议提出集中办学与以之相适应的寄宿制办学原则,后提
出"四结合,四为主"的办学原则,即民办与公办相结合、以
公办为主,集中与分散相结合、以集中为主,寄宿与走读相
结合、以寄宿为主,全日制与半日制相结合、以全日制为主。
这一时期初步建立较完整的民族教育体系。到 1965 年,全
区民族小学为 3 795 所,其中蒙古族小学 2 978 所,蒙汉合设
小学 651 所,其他少数民族小学 166 所;民族中学为 72 所,
其中蒙古族中学 35 所,蒙汉合设中学 32 所,其他少数民族
中学 5 所,蒙汉合设高校 3 所,中等专业学校 8 所。1957
年,内蒙古大学成立蒙古语言文学系,招收本科生,结束内

蒙古地区蒙语课专业没有本科的历史。1962 年,内蒙古大
学清格尔泰先生第一次招收两名蒙语文专业硕士研究生。
至此,从幼儿教育到硕士生教育的内蒙古民族教育体系基
本建成。

挫折阶段(1966—1977)　"文革"期间,内蒙古民族教育
事业遭受破坏,民族教育政策及措施被否定和停止执行,各
级各类民族学校被迫关门和撤销。从 20 世纪 70 年代初开
始,随着全国教育形式的逐渐变化,有的自治区民族学校恢
复上课。1972 年,自治区党委下发《关于当前落实民族政策
中的几个问题的指示》,在全区范围内开展民族政策再教
育。1973 年,自治区党委组织召开全区民族教育工作会议,
重新确立民族教育在全区教育工作中的重点地位,肯定自
治区成立期间制定的民族教育特殊政策措施,并为恢复和
发展民族教育制定一些新措施。随之出现"把学校办到农
牧民家门口"、"上小学不出村、上初中不出队、上高中不出
社"等口号,以及包括马背学校、队办小学、队办初中、社办
高中在内的民族教育普及网。大力扶植队办小学,从 1974
年开始在人力、物力、财力方面倾斜,对全区没有学校和没
有定点学校的 316 个大队做了全面规划。到 1977 年,基本
做到队队有学校,队办小学成为牧区普及教育的主要形式,
形成分散办学与集中办学相结合、以分散办学为主的局面。
民族小学数量虽突飞猛增,但大多数队办小学办学条件差,
学校规模小、效益低,教育、教学质量下降。

重建与深化改革阶段(1978—2000)　1978 年,内蒙古
自治区开始全面恢复民族教育工作。自治区教育局拟定
《民族教育工作汇报提纲》,全面规划"文革"后恢复民族教
育的整体思路和具体做法。同年召开全区教育工作会议,
要求加快民族教育事业发展步伐。自治区教育局发布《关
于当前民族教育和继续试行〈全日制蒙古族及其他少数民
族中小学暂行工作补充条例〉(草案)的通知》,要求各级教
育部门和学校充分重视该条例的施行工作。1979 年,召开
全区民族学校教学工作会议,研究讨论如何从民族学校实
际和特点出发,制定一系列计划措施,以实现全区教育工作
会议上提出的民族教育奋斗目标。1980 年,《关于加强民族
教育工作的意见》公布,对全国少数民族教育工作的恢复和
发展提出多方面的具体意见。同年,自治区人民政府批转
《关于恢复和发展民族教育的几点意见的报告》,指出要抓
好普及小学五年义务教育,在三五年内,牧区小学争取达到
全部由国家办;人、财、物的使用必须体现牧区普及小学教
育这个重点;优先安排各项民族教育补助费,要专款专用,
保证办学的需要;恢复和发展中学教育,教学仪器设备要优
先供应民族重点中学和民族师范学校;调整大专院校的民
族学生招生比例。1981 年,第三次全国民族教育工作会议
召开,充分肯定了中华人民共和国成立以来党和政府在发
展少数民族教育方面采取的特殊政策措施。随后自治区教

育厅发出《关于认真学习全国第三次民族教育工作会议文件通知》和《全国第三次民族教育工作会议传达提纲》，要求各盟市旗县教育局、各个厂矿企业教育处，结合本地区民族教育的实际，研究制定如何贯彻落实会议精神的具体方案。1984年，《中华人民共和国民族区域自治法》颁布，规定民族自治地方的自治机关可以为少数民族牧区和经济困难、居住分散的少数民族山区，设立以寄宿制为主和助学金为主的公办小学和中学，即"两主一公"办学方针。1985年，《内蒙古自治区教育厅关于贯彻落实全区第二次牧区工作会议精神的意见》发布，强调各牧区旗县要认真执行《中华人民共和国民族区域自治法》。同年根据《中共中央关于教育体制改革的决定》精神，对内蒙古民族教育管理体制进行相应改革，民族基础教育积极实行"地方负责，分级管理"的原则，但"优先、重点"发展民族教育的政策措施没有变动。1985年，全区民族教育研究会第二次年会召开，着重研究落实民族教育管理体制的改革与统筹领导问题。1986年，自治区政府召开主席办公会议，提出用两三年时间着力改善民族小学的办学条件，要使全区430个牧区、半农半牧区中心校逐步实现"两主一公"建设要求。同年自治区教育厅组织召开全区牧区小学管理与经验会，提出《提高民族教育质量的意见》。同时在原有"民族教育30条"基础上拟定《内蒙古自治区民族教育工作条例》和《内蒙古自治区民族教育改革实施细则》。1988年，自治区第七届人民代表大会第二次会议通过《内蒙古自治区实施〈中华人民共和国义务教育法〉办法》，规定各级人民政府要在经费、编制、师资、校舍、设备、教材等方面，保证蒙古族和其他少数民族义务教育的优先发展。1992年，第四次全国民族教育工作会议召开，会后国家教育委员会制定并印发《全国民族教育发展与改革纲要（试行）》（1992年～2000年），进一步明确指出各级政府把民族教育的改革与发展放在重点、优先的战略位置，纳入当地经济社会发展的总体规划。1995年，自治区政府召开全区教育工作会议，此后根据会议要求，自治区教育厅拟订《内蒙古自治区民族教育改革与发展实施意见》，并于1996年进行讨论、修改。根据高等教育体制改革，尤其是高等学校招生并轨改革在自治区各高校中逐步实行的新情况，自治区政府采取在高中阶段用蒙古语授课的学生升入区内高校后免收学费的新政策。这一阶段取得的主要成绩有：(1)建立较完整、合理的民族教育体系结构。民族幼儿教育机构发展到上百所，少数民族聚居的旗县所在地普遍设立民族幼儿园，部分苏木乡镇也办起民族幼儿园，绝大部分蒙古语授课小学都附设了学前班。有些牧区还试办流动幼儿园，在天气暖和的季节把幼儿集中起来，举办短期幼儿园。民族中小学办学条件也产生明显改善，学校布局进一步合理，进行多种形式的集中办学试点，撤并过于分散的教学点，加强民族学校管理，提高民族学校规模效益，民族基础

教育、教学质量有很大提高。此外还加大力度调整民族中等教育结构，压缩普通高中招生规模，扩大职业中学招生比例，民族中等职业教育从无到有，初具规模；普通高中分布情况基本满足发展民族高中阶段教育需求。民族中高等教育发展较快。(2)民族学校教学改革不断深化，民族基础教育质量明显提高。民族学校汉语文教学改革日趋深化。原定蒙语授课小学汉语文从三年级开设，进入20世纪80年代后各地区纷纷改革汉语文起设时间，绝大部分农村牧区蒙语授课小学部提前了汉语文开设时间，有的从二年级开设，有的从一年级开设。蒙语授课中学外语教学改革虽起步较迟，但进展很快。以盟市、旗县为单位纷纷开展外语教改实验，积极探索蒙语授课学校外语教学有效途径。至2000年，全区有一半的初中和一半多的高中开设了一门外语。此外，其他各科教学改革和整个民族教育科学研究均十分活跃，建立从自治区到盟市、旗县的三级教研网络和三级民族教育研究会，自治区教育科学研究所专设民族教育研究室，自治区教委主办《内蒙古教育》（蒙文版）杂志，极大地促进了民族教育改革发展和民族教育、教学质量的提高。(3)民族师资队伍不断壮大，民族教材建设卓有成效。自治区政府将内蒙古民族师范学校同内蒙古蒙文专科学校合并，重新建立内蒙古民族高等专科学校。全区21所师范学校中有4所纯蒙古语授课学校，有4所蒙汉合设学校，这些民族师范学校专门为民族小学培养合格师资。内蒙古师范大学、内蒙古民族大学等5所民族高等师范学校招收蒙古语授课专业和民族班。各盟市教育学院、旗县教师进修学校等承担民族中小学师资培训工作。民族中小学师资专业结构也不断调整和完善。民族语言教材建设取得巨大成绩，内蒙古教育出版社较圆满地完成各级各类学校蒙古语教材的编辑出版任务。其民族中小学各科蒙古语教材不仅供内蒙古地区使用，而且也供黑龙江、吉林、辽宁、河北、甘肃、青海、新疆等省、自治区民族中小学使用；部分教材还被蒙古人民共和国的学校采纳使用。根据蒙古语授课中学开设外语的实际要求，从1998年秋季开始，蒙译统编英语教材已供学生使用，蒙古语授课幼儿园使用全套教材于1999年秋季开始供学生使用。至此，全区民族中小学、幼儿园各科蒙古语教材门类已齐全，编辑出版质量也有较大提高。在大中专蒙古语教材建设方面，内蒙古自治区高等学校蒙古语教材编译委员会和中专、中师蒙古语教材编译委员会相继成立，专门负责组织和领导各高等院校和中专、中师蒙古语教材的翻译、编审和出版发行、评选等工作。1998年，自治区教委成立大中专蒙古语教材审查办公室。(4)民族中高等教育发展较快，培养一大批少数民族中高级各类人才。民族中高等教育布局和专业结构基本合理，民族语言文学、民族历史、民族医学以及数理化等长线专业得到适当控制并稳步发展，此外还根据民族地区市场经济体制建立的新要求，采

取灵活多样的形式加速培养财经、理工、管理、法律、外语等专业的少数民族人才。内蒙古大学、内蒙古师范大学、内蒙古医学院、内蒙古工业大学等高等院校开设民族预科班，使蒙古语授课学生利用一年时间打好汉语文、外语及其他文化课基础，第二年分配到各汉语授课专业，以弥补蒙古语授课专业之空缺。内蒙古大学蒙古语言文学学科被列为国家级重点学科，其蒙古学研究院成为全国乃至世界蒙古学研究中心。自治区政府对少数民族学生采取高中阶段蒙古语授课的学生升入区内高校以后免缴学费等一系列倾斜政策，有力地巩固和发展了民族高等教育。自20世纪90年代以来，自治区还启动"现代远程教育网络建设工程"，依托中国教育科研网，以内蒙古大学为中心节点，建立呼和浩特市教育城域网，和各盟市、高校的宽带网相连接，并为部分农村牧区中小学及民族高中配备现代远程教育卫星地面接收站及应用系统。

协调发展阶段（2001年以后）　（1）坚持优先、重点发展民族教育的方针政策，各级各类民族教育得到协调发展，构建相对完整、合理的民族教育体系和结构。自治区在统筹规划各类教育的发展时，优先重点安排民族教育，在办学体制、学校布局、专业设置、招生分配、教师培训、教材建设、经费投入、贫困生救助等方面都给予优惠倾斜政策，保证了民族教育的健康、快速发展。①民族幼儿教育得到快速发展。至2010年，自治区民族幼儿园有148所，其中民族语言授课幼儿园126所。②民族中小学办学规模不断扩大。至2010年，全区有民族小学382所，在校生人数达到18万人，其中民族语言授课小学340所，在校生14.1万余人；民族初中158所，在校生8.9万余人，其中民族语言授课初中137所，在校生6.6万余人；民族高中51所，在校生6.7万余人，其中民族语言授课高中43所，在校生4.7万余人；民族语言授课职业初中1所，在校生31人；民族职业高中18所，在校生1.5万余人，其中民族语言授课职业高中17所，在校生7426人。农村牧区民族中小学的办学条件也有明显改善，办学质量和办学效益显著提高。③民族高等教育发展迅速。在2000年全区高校布局结构调整以前，全区有13所普通高校设置蒙语授课专业或民族班，在校本专科少数民族学生达1.1万余人。至2010年，全区共有普通高等学校41所，全年招生学生11.39万人，其中，少数民族在校生9.97万人。同时各高等院校还加大招收民族语言授课研究生的力度，在校博士生、硕士生人数有大幅度提高。（2）坚持推行"两主一公"办学模式，促进民族基础教育快速发展。进入21世纪以来，自治区进一步加大对"两主一公"民族学校的建设力度，多渠道筹集教育经费，集中改善边境旗市和内地苏木乡镇中心校的办学条件，使这些学校在基础设施建设和内部管理方面都上了一个新台阶，涌现出一百多所办学条件较好、办学水平较高的示范性民族学校。（3）义务教

育管理体制改革和"两基"（基本普及九年义务教育、基本扫除青壮年文盲）攻坚步伐明显加快。各地区把落实"以县为主"的义务教育管理体制作为一项重要的改革任务来抓，进一步明确各级政府，特别是旗县政府管理义务教育的责任。从2002年开始，全区各旗县（市、区）将农村牧区中小学教师工资全部归由旗县财政统一管理，并采取转移支付的办法，使长期拖欠教师工资的现象得到有效遏制。"两基"达标步伐也明显加快。至2006年，全区101个旗县（市、区）全部实现"两基"达标，2007年顺利通过"两基"国检，成为西部地区率先实现"两基"目标的省、自治区之一。至2009年，全区民族小学适龄儿童入学率达99.73%，小学毕业生可以全部升入初中；初中阶段毛入学率达99.85%，初中毕业生升学率达87.37%；高中阶段毛入学率达80.20%（不含技工学校）。扫盲和扫盲后教育在巩固中不断提高，青壮年非文盲率始终稳定在96%以上。从2003年开始，国家实施国门学校建设工程，全区19个边境旗市的23所民族小学、10所民族中学成为项目学校。（4）布局结构调整效果明显。进入21世纪后，自治区针对民族中小学校布局分散、规模小、效益低的实际，结合农村牧区撤乡并镇、义教工程和围封转移战略的实施，及时、合理地调整学校布局，优化资源配置，实现集中办学，使农村牧区民族中小学基本实现寄宿制。（5）确立"以县为主"的农村牧区义务教育管理体制，包括边境旗市在内的民族中小学全部实现公办。2003年，自治区财政厅、教育厅共同制定并下发《内蒙古自治区民族中小学助学金暂行办法》，明确规定提高民族学生的学费、杂费、伙食费和住宿费的补助标准。从2003年起，全区各盟市积极采取措施，在认真落实中小学生"一费制"收费政策的同时，实行"两免一补"政策，其中西部一些条件较好的盟市旗县都按规定落实了民族中小学生的伙食补助。（6）加强民族师资队伍和民族教材建设，努力提高民族学校的教学质量。自治区具有地区特点和民族特色的师资队伍和教材体系已形成，区内高校承担培养、培训民族中小学各学科教师的任务。为全面提高民族师资队伍的整体素质，自治区政府决定在已经实现"普九"的地区，在保证现有教师队伍稳定并按需逐年增加的基础上，首先对民族中小学教师进行提高学历层次的培训和培养。根据自治区人民政府的要求，自治区教育厅对民族中小学教师岗位胜任培训做出详细规划。民族中小学、高中师资学历合格率普遍高于全区平均水平。民族文字教材建设取得积极成果，蒙古语教材种类增加，编写质量提高。（7）深化教育、教学改革，进一步增强民族教育的社会适应性。结合新课程改革，内蒙古重新修改民族中小学蒙古语教学大纲，整合课程结构和知识体系。并与此相配套，全面启动基础教育课程改革实验，在东西部地区均设有改革试验基地。从21世纪初开始，全区民族中小学均实施"双语"教学。大部分地区蒙古语授课小学从二

年级开设汉语课,高年级开设外语(英语)课,部分师资力量较好的小学从三年级开设"三语"课程。全区民族中学普遍从初中一年级开设外语。在发展民族高中阶段的教育过程中,通过布局调整、资源重组、重点扶持的办法改办一部分民族中学为民族职业中学或"3+1"学校,促进了民族职业教育的发展。民族高等教育布局结构基本趋于合理,各高等院校积极开辟新领域,加速培养师范、财经、理工、管理、法律、民族艺术、外语等专业的少数民族复合型人才。并轨招生后,各高校都加大民族语言文字授课学生的招生力度。(8)加快民族教育的信息化建设步伐,促进民族学校整体办学水平的提高。2001年,自治区投入200万元,地方匹配140万元,为全区53所民族高中建设地面卫星接收站校园网。2002年起,自治区现代远程教育工程重点向民族中小学倾斜,共为156所小学、39所初中、12所高中建立接收系统。同时自治区组织专家和技术人员研究开发民族语言文字教学课件和资源库,开发建设自治区民族教育网站,已取得阶段性成果。

参考文献

巴雅尔.蒙古秘史(蒙)[M].呼和浩特:内蒙古人民出版社,1981.

白丽娟.蒙古族教育制度的演变[J].满族研究,2010(2).

韩达.少数民族教育史[M].广州:广东教育出版社;昆明:云南教育出版社;桂林:广西教育出版社,1998.

李晶.内蒙古民族教育发展现状及对策[J].黑龙江民族丛刊,2006(6).

扎巴.蒙古学百科全书·教育[M].呼和浩特:内蒙古人民出版社,2009.

(苏　德　特格舍)

蒙台梭利与儿童之家（Montessori and children's house）

蒙台梭利是20世纪意大利教育家。她毕生致力于儿童心灵的奥秘及科学教育学的探索,通过借鉴前人的思想及躬行实践,尤其是儿童之家的教育实验活动,创立了独特的幼儿教育方法,促进了现代幼儿教育理论的改革和发展,对20世纪的世界教育产生了深远影响。

蒙台梭利的生平和教育活动

蒙台梭利出生于意大利安科纳省一天主教徒家庭,是家中的独生女,从小勤奋好学,乐于助人,并具有顽强的个性。16岁违背家庭安排进入男子技术学院学习工程,20岁时改行学医。因意大利从未有过女子学医或行医,故此举不仅在家中引发轩然大波,还成为当时的一则社会新闻。历经艰辛和奋斗后,蒙台梭利于1896年以优异成绩从罗马大学医学院毕业,成为意大利历史上的第一位女医学博士。毕业后不久,她被罗马大学聘任为该校附属精神病诊所的助理医生,主要治疗对象是低能儿童。因工作需要,她深入研究低能儿童教育的先驱、法国医生伊塔尔和塞甘的著作,并结合自己的医疗实践经验,开始形成这样的信念:儿童智力缺陷主要是教育问题,而不是医学问题。

1898年,在意大利都灵召开了一次有三千多人参加的全国教育学会议。蒙台梭利在会上扼要阐述了她对低能儿童教育的看法,声称低能儿童并非社会之外的人类,他们能接受教育并获益;即使无法得到比正常儿童更多的教育,他们至少也应得到与正常儿童一样多的教育。此主张引起了与会者的强烈反响。教育部长不久任命她为国立特殊儿童学校校长。她在此岗位上工作了两年。任职期间,蒙台梭利以极大的热情投身于低能儿童的教育工作。后来她说,在特殊儿童学校工作而得到的实践经验等于使她得到了第一个真正的教育学学位。

辛勤的劳动与探索换来了丰硕的成果。蒙台梭利成功地使许多原来人们认为难以有造化的低能儿童有了长足进步,在国家考试时达到同龄正常儿童的水准,并进入一般学校学习。1901年,蒙台梭利决心投身于正常儿童教育这个广阔的领域,为更多儿童造福。她选定自己的研究方向主要在幼儿教育,并着重研究3~6岁儿童的教育问题。这时,她尽管已有了坚实的自然科学知识和丰富的教育实践经验,但仍感理论修养不够,于是又重回罗马大学进修了哲学、教育学、实验心理学和人类学等课程,并广泛阅读了夸美纽斯、洛克、卢梭、裴斯泰洛齐及福禄贝尔等人的教育名著。1904—1908年,她担任罗马大学人类学讲师,力图将人类学的一般原理运用于教育研究。在罗马大学的学习、研究及工作使其理论基础更加坚实,眼界更为开阔,为研究正常儿童教育创造了有利条件。

20世纪前后的意大利是欧洲一个甚为落后的国家,文盲众多,居民识字率在西欧仅高于葡萄牙。在首都罗马,市政当局为了粉饰太平,保持所谓古罗马文明的风貌,将大批赤贫居民赶到市郊,禁锢在圈定的贫民区内。这些地区极其污秽、拥挤,其贫困、愚昧的凄惨景象令人触目惊心。儿童在如此恶劣的环境中成长,令一些慈善人士扼腕叹息。1906年,一个名叫罗马住宅改善协会的慈善机构提出一项包括创办幼儿教育机构在内的公寓改建计划。蒙台梭利接受该协会邀请,满怀改革社会和教育并为穷苦民众服务的理想,来到罗马贫民区。

1907年1月,蒙台梭利在罗马圣罗伦佐贫民区开办了一所招收50名3~6岁贫民儿童的幼儿学校,并命名为"儿童之家"(Casa dai Bambini,英译名为Children's House),不久在同一地区又开设了一所。在此处,她对最初使用于低能儿童的教育方法进行适当修订,运用于正常儿童,也取得了极大成功,并引起了国内外的广泛注意,甚至罗马富人也怦然心动,纷纷出资请她去为自己的孩子开设儿童之家。在师友们的鼓励与催促下,蒙台梭利于1909年写了《适用于"儿童之家"的幼儿教育的科学方法》(英译本改名为《蒙台梭利教育法》),总结了自己的实践经验,全面阐述了自己的教育观点和方法。此书出版后不久就传遍四方,被译成二十多种文字。慕名前来参观儿童之家的国内外人士络绎不绝。1911年,蒙台梭利离开儿童之家,致力于传播自己的思想和方法,促进世界各国幼儿教育方法的改革。为了满足各国的需要,1919年后,蒙台梭利在不少国家开设了每期半年、招收各国学员的国际训练课程班,亲自传播她的教育方法,受训人数有时高达四五千人。学员回国后,大力宣传蒙台梭利方法,由此形成的蒙台梭利运动进一步扩大到世界范围。1929年,一个宣传蒙台梭利思想的国际组织"国际蒙台梭利协会"(Association Montessori Internationale)在荷兰成立,蒙台梭利任会长,并在此后连任9届大会主席。她还努力将"科学的教育方法"应用于教育的各个阶段,在新生儿和青春期研究方面取得诸多成果。20世纪30年代后期墨索里尼上台后,宣传个性自由、反对暴力干涉的蒙台梭利学说被禁止传播,她的肖像、著作在德国与奥地利等国亦被纳粹党徒当众焚毁。蒙台梭利被迫离开祖国,到荷兰、印度等地避难及工作。第二次世界大战后,蒙台梭利虽已到耄耋之年,仍不辞辛劳,到各国巡回演讲,指导教育工作,呼吁通过教育改造世界,促进世界和平,1952年卒于荷兰。

幼儿发展与教育的一般理论

作为欧洲新教育的重要代表及杰出的教育家,蒙台梭利教育思想的形成受到多方面的影响,具有坚实、深厚的根基。在方法论上,她受法国特殊教育专家及医生伊塔尔及其弟子塞甘的影响尤深。在哲学上,她受法国唯心主义哲学家柏格森"生命哲学"的强烈影响。在心理学上,她接受了英国心理学家麦独孤的目的心理学思想及历史上沿袭的官能心理学的影响。蒙台梭利成年之际,正是19世纪末自然科学的长足发展时期,加之她曾学医,故通晓自然科学,尤其是生物学及生理学。它们对蒙台梭利教育思想的形成有更大的影响。此外,蒙台梭利早年正置身于新教育运动风起云涌的年代,与新教育的许多代表人物一样,接受了卢梭、裴斯泰洛齐、福禄贝尔等人的儿童本位及内发论思想。她对旧教育摧残儿童,忽视儿童精神需要,将教育变成灌输与惩罚的做法深感憎恶,要求认真研究儿童,洞察其身心发展的规律。

在儿童心理发展与遗传、环境的关系问题上,蒙台梭利早年接受卢梭、柏格森、麦独孤等人的影响,提出了不无神秘色彩的生命力学说,声称儿童不仅具有肌体,还具有一种内在的生命力。儿童的生命力是一种难以捉摸的东西,像"生殖细胞"一样,确定个体发展的准则。她认为,儿童的生长是由于内在生命潜力的发展,儿童的生命就是根据遗传确定的生物学规律发展起来的。由于大力推崇内发论的缘故,她在谈到环境作用时称,环境是生命现象的第二因素,可以促进和阻碍生命的发展,但决不能创造生命。后来,她根据心理学研究的新成果及自己的经验,逐渐修正并完善了自己早年较为偏执的观点,在注重遗传因素的同时,强调环境的主导作用及有机体与环境之间的相互作用,认为心理变化只有通过有机体与环境之间的相互作用才能产生,只有通过对环境进行的自由活动所得的经验才能完成。

谈到儿童心理发展的特征与教育问题时,蒙台梭利认为,人和动物都是在适宜的环境中自然生长和发展的,但人不能像动物那样一生下来就充分表现出自己的本能,并做到动作协调,人的本能是在生活中逐渐显现的,是通过自己与环境交往的经验建立起来的"内部组织结构"。她认为人类有两个胚胎期:一个是在母体内的生长发育过程,可称为生理胚胎期;另一个是人类特有的心理(精神)胚胎期,具体表现在从出生到3岁的婴幼儿阶段,这是儿童心理的形成时期。儿童心理的发展经历了与生理胚胎期发展同样的路线;开始几乎是一无所有,受一种内在生命力及创造能力的驱使而发展,经过与外界交往,吸取外界刺激和印象,积累材料,形成许多感受点和心理所需要的器官,然后产生心理活动。蒙台梭利认为,儿童的成长、发展虽受内部潜能的驱使,但并不意味着能在脱离外界环境的情况下自动实现。婴幼儿具有一种下意识的、不自觉的感受能力与特殊的鉴别力,简称"吸收心理",即能通过与周围环境(人和事物)的密切接触和情感联系,获得各种印象和文化,利用周围的一切塑造自己,从而形成心理、个性和一定的行为模式。幼儿这种自然吸取和创造性的功能是成人所没有的,儿童在幼年期所获取的一切将保持下去,甚至影响一生。她要求教育者和教育机构必须为儿童提供尽可能丰富的精神食粮,供儿童吸收。儿童的这种需要如同生理胚胎期需要母腹这样一种特殊的营养和保护环境一样重要。蒙台梭利进而指出,由于所有儿童都具有一种"吸收"文化的心理,因此他们能自己教自己。在她看来,这一发现给教育界带来了一场革命,由此可以发现:教育并非教师教的过程,而是人的本能发展的一种自然过程;教育不是通过听,而是依靠儿童作用于环境获得的经验;教师的任务不是讲解,而是在为儿童设置的特殊环境中预备和安排一系列有目的的文化活动主题。

受荷兰生物学家德弗里斯的影响,蒙台梭利认为,生物界存在一个事实,即各类生物对特殊的环境刺激都有一定的敏感期,这种敏感期与生长现象密切相关,并与一定的生长阶段相适应。儿童心理的发展与这一生物现象类似,也有各种敏感期,发展中也经过不同的阶段,每个阶段都有某种心理的倾向性和可能性显示出来,过了特定时期,其敏感性则会消失。蒙台梭利相信儿童在每个特定时期都有一种特殊的感受能力，这种感受力促使他对环境中的某些事物甚为敏感，而对其他事物则置若罔闻。她认为，这种注意是由于本能与特定外部特征之间的密切联系而产生的一种兴趣，是从无意识深处产生出来的一种热情，通过各个敏感期及不同活动的交替进行，儿童在一种稳定的节奏中，在一个不停地燃烧的火焰中进行着人的精神世界的创造工作，逐渐形成自己的个性特征。蒙台梭利还指出，敏感期是在一定的外界环境中出现的，环境提供了心理发展的必要条件。当环境与儿童的内部需要协调一致时，一切都会顺乎自然地实现。如果缺乏适宜的环境，儿童就将失去这个自然取胜的机会。正因为敏感期是有时间性、会转移的，所以成人必须善于识别，并努力创造条件，最大限度地利用它。根据对儿童的观察与实验，蒙台梭利还试图对儿童的敏感期加以区分：从初生到5岁是感觉敏感期；秩序敏感期从1岁多到4岁左右；语言敏感期是出生后2个月到8岁；动作敏感期约从初生到6岁。蒙台梭利关于敏感期的描述有些空泛，但她充分肯定了幼年期在人生发展过程中的价值，为早期教育的重要性找到了科学依据，引起人们在此领域作更为深入的研究。

蒙台梭利以当时的心理学研究成果为依据，研究了儿童发展的阶段性问题，指出儿童发展是有阶段性的，在发展中的每个阶段，儿童均有其特定的身心特点，前一阶段的发展为下一阶段奠定基础。她将儿童心理的发展分为三个阶段。0～6岁是儿童个性形成的最重要时期，又分为心理胚胎期(0～3岁)及个性形成期(3～6岁)。在心理胚胎期，儿童尚不能接受成人的任何直接影响，主要借助有吸收力的心理来适应生活。他们能依靠敏感性，无意识地去感受周围环境中各种事物的特征，以获得大量的印象。个性形成期的心理发展包括通过作用于环境的活动发展意识及充实、完善已形成的能力两个方面。蒙台梭利认为，这个时期的儿童虽然继续从周围环境中吸取印象，但已不仅依赖感觉，也依赖手这个"能直接接触到的心理器官"。他们已能有意识地利用环境，对无意识获得的东西予以有意识的加工。他们的动作虽仍带有模仿性，但是有选择的。他们不是靠成人的直接帮助，而是通过参加活动，为自己加入成人世界做准备；也通过各种活动进一步发展自己的心理，直至获得记忆、理解力和思维能力。由于思维能力的提高和各种愿望的产生，儿童对成人、环境的影响更为敏感，在成人帮助下，能更好地集中注意，对社会和文化学习发生兴趣。于是，儿童的个性就在其内在生命力的推动下和敏感性的引导下，通过与环境的相互作用而逐渐得以形成。蒙台梭利认为，由于婴幼儿阶段会发生人类心理的创造与行为的形成这一惊人现象，而胚体的生命与童年的改变对成年的健康与人种的未来具有决定性，故这一发展阶段对人生是最重要的。幼儿产生"精神饥饿"或"心理疾病"时，与身体上的挨饿一样具有毁灭性，故童年教育是人类最重要的问题。6～12岁是儿童增长学识和艺术才能，有意识地学习的时期。这一阶段儿童的主要特征：发展已有了很大的稳定性，开始具有抽象思维的能力，产生道德意识和社会感，并要求离开过去那种狭小的生活圈子。根据上述特征，蒙台梭利主张对儿童的教育也要有相应的改变，应从感觉练习转向抽象的智力活动。12～18岁又可分为两个阶段：12～15岁和16～18岁。这时儿童进入青春期，身心有了更大的改变；身体发育渐趋成熟，有了自己的理想，产生了爱国心和荣誉感，能根据自己的兴趣探索事物。对他们可以进行像成人那样的宣传教育。

儿童之家的环境及教育

蒙台梭利赋予儿童最初几年的生活以极其重要的意义，认为他们所有的社会和道德习惯都在此时形成，并影响终身。然而，无论社会还是家庭，都未能建立真正能够帮助儿童发展的制度。她强调指出，现代教育发展要求学校与家庭教育目标一致，为儿童发展提供方便，但现实情况与此相悖，因此，设立儿童之家具有重要意义。她在《儿童之家的章程规则》中明确指出：设立儿童之家的主要目的是为那些外出工作不能照顾孩子的父母提供免费服务，其社会意义是有助于妇女外出工作，使家庭教育向社会化方向迈出第一步。儿童之家的设立还有"纯教育意义"，即为儿童的自然发展提供适宜的环境，根据儿童的年龄特点进行教育，促进其身心协调发展。儿童之家应当是一个特殊的有准备的教育环境。蒙台梭利认为，儿童的内在潜能是在环境的刺激、帮助下发展起来的，是个体与环境之间相互作用的结果。旧教育只包括教师和儿童两个因素，对环境是不重视的。新教育应当包括教师、环境和儿童三个因素，彼此之间都应发生作用。这个环境之所以必须是"有准备的"，是因为现代人的生活环境极其复杂，许多地方对幼儿并不适宜。一个孩子出生后要适应这样的世界，取得经验，就需要成人帮助。为此，必须在成人和儿童之间建立一座"桥梁"。"有准备的环境"就是要起这样一种桥梁作用，目的是使成人世界适合儿童发展。

在为3～6岁儿童预备环境时，蒙台梭利提出了以下标准和要求：一是必须有规律、有秩序；二是能提供美观、实用、对幼儿有吸引力的生活设备和用具；三是能丰富儿童的生活印象；四是能为幼儿提供感官训练的教材或教具，促进儿童智力的发展；五是可让儿童独立地活动，自然地表现，并意识到自己的力量；六是能引导儿童形成一定的行为规范。蒙台梭利曾这样描述儿童之家：它有一个宽阔的庭院，儿童可以在树荫下游戏、工作和休息。还有专门为儿童设计的工作室和休息室,室内的器具如桌椅板凳都做得小巧玲珑,便于儿童随意取用或移动。工作室是儿童之家最重要的场所,置有长玻璃柜和带有两三格小抽屉的柜。玻璃柜很矮,儿童可轻松自如地到柜中取放各种器具,每个儿童有他自己的一格抽屉,用以存放个人物品。墙的周围挂有黑板,儿童可以在上面绘画写字;还贴有儿童喜欢的各种图片,并经常调换内容。工作室的一个角落还铺上了地毯,儿童可以在地毯上活动。休息室是儿童彼此交谈、游戏和奏乐的地方。此外,饭厅和更衣室都按儿童的特点和需要布置。在这样的环境中,儿童是主人,每天从上午9点到下午4点,他们饶有兴趣地活动着,包括谈话、清洁、运动、用膳、午睡、手工、唱歌、照料动植物,以及各种感官和知识训练、学习等。儿童的学习、工作可由自己安排掌握,不受规定时间限制。蒙台梭利指出,自由是科学教育学的基本原则。根据蒙台梭利的儿童发展学说,儿童的生命潜力是通过自发的冲动表现出来的,这种冲动的外在表现就是自由活动。蒙台梭利对传统教育压抑儿童自发冲动的做法给以猛烈评击,声称在这样的学校里,儿童像被钉子固定的蝴蝶标本,被束缚在一个地方——即课桌椅上。她对于传统教育用惩罚或奖励来威逼(或诱使)儿童服从外加的强迫纪律这一做法进行了批评,认为即使采用奖励这种似乎与惩罚不同的刺激,也只能产生非自然的或强加的力量。蒙台梭利提出,真正的科学教育学的基本原则是给学生以自由,允许儿童按其本性个别、自发地表现,认为对儿童的自由活动采取何种态度,是区分教育优劣的分水岭。她还指出:如果说新的科学教育学是起于对个体的研究,那么此研究必须专心于对自由儿童的观察;如果要以最简略的言语来概括她的方法,那就是建立于有准备的环境中的自由教学法。

儿童之家存在充分自由,但并不意味着否定纪律。蒙台梭利肯定地回答:儿童之家是要纪律的,而且在儿童之家里,儿童也是守纪律的,但是这种纪律不是通过命令、说教或任何一般维持秩序的手段而获得,只能建立在自由活动的基础上。此外,纪律赖以建立的自由活动不是指随心所欲的胡动蛮干或胡思乱想,而是指一种手脑结合、身心协调的作业。蒙台梭利通常把这种活动或作业称作“工作”,认为工作是人类的本能与人性的特征,儿童“喜欢工作甚于游戏”,他们喜欢操作教具,并从教具中得到满足与乐趣。她说,儿童的“工作欲”象征着一种“生命的本能”,在顺利的环境下,工作这种本能会自然地从内在冲动中流露出来。儿童的工作与成人的工作性质不同,其特征:一是遵循自然法则,服从内在的引导本能;二是无外在目标,以“建构为人”或称自我实现、自我完美为内在目标;三是一种创造性、活动性与建构性的工作;四是须独立完成,无人可替代或帮助完成;五是以环境为媒介来改进自己,形成与塑造自己的人格;六是依自己的方式、速率进行,为自己的内在需求而重

复。幼儿期的各种感觉练习及日常生活技能练习等自发活动都是工作。工作可充当中介作用,将传统教育中根本对立的两个概念“自由”与“纪律”有机地联系与统一起来,促进非压迫、非强制的纪律形成。蒙台梭利还具体分析了工作之所以能促使纪律形成的原因。首先,从生理的角度讲,工作有助于儿童肌肉的协调和控制,使他们具有正确支配自己行动的能力。其次,从心理的角度讲,工作有助于培养意志力,这是儿童服从纪律的先决条件。再次,工作有助于培养独立性,即能自我支配,依靠自己的器官满足自己的欲望和要求。她认为,如果儿童沉浸于工作,学会“依靠自己”,从工作中获得乐趣,满足自己的欲望,那么他们就会人人专注于自己的工作,彼此之间“没有妒忌,没有争吵”,良好的纪律就体现出来了。蒙台梭利还认为,只要儿童自发地工作,他们就会在工作中学会尊重他人的工作权力及懂得“善”和“良好的规范”。通过工作这样一种在相当程度上是身心结合的自由活动去建立(或形成)良好纪律的思想,是蒙台梭利在自由与纪律问题上基本与独特的观点。儿童之家的一个显著特点是有较好的秩序、纪律,令参观者惊叹不已。

重视幼儿的感官训练和智力培养是儿童之家的重要特色,也是蒙台梭利方法的一大特点。蒙台梭利重视感官教育主要基于以下原因。其一,幼儿正处在各种感觉的敏感期,不失时机,可使感官得到最充分的发展。其二,感官是心灵的门户,对智力发展具有头等重要性。儿童入儿童之家以前,已在无指导的情况下吸收和积累了大量杂乱的印象,而正确的智力活动是建立在清晰概念之上的,故整理印象应是“智力发展的第一步”,这需要通过感官教育才能办到。其三,与蒙台梭利早期从事特殊教育时形成的一个基本信念,即“智力低下与其说是医疗问题,不如说是教育问题”有关。她认为,通过感官教育,可以对某些因感官缺陷而影响心智发展的儿童进行及时补救,这些感官缺陷只要在敏感期之前被发现,就有可能通过感官教育得到较大的改善。感官教育主要包括视觉、听觉、嗅觉、味觉及触觉训练,以触觉训练为主。她说:“幼儿常以触觉代替视觉或听觉”,即常以触觉来认识周围事物。在儿童之家,蒙台梭利针对人的各种感官,专门设计了各种有独创性的教具。这些感官教具大致具有以下重要特点及使用要领。第一,根据用途分为不同的种类,每一类基本上都由若干部件组成。所有部件除了某一维度(如大小、重量、频率高低等)有量的差异外,其余的性质相同。例如训练感知重量的教具,所有部件均同质、同形,只是每个部件之间存在量的差异,儿童通过操作这套教具,可以训练重量感觉的敏锐性。第二,每种教具训练一种特殊的感觉。训练时,应尽可能排除其他感官的干扰,以便使所要训练的感官得到的印象尽可能纯正、清晰。例如训练触觉,要求儿童将眼睛蒙上或在暗室中

操作触觉教具，以便排除视觉干扰。唯有集中精力、全神贯注，工作或教育才具有最大的发展价值。第三，能控制儿童使用不当的错误，亦即使儿童在操作过程中能根据教具的"暗示"，进行"自我教育"，一旦使用不当，就要推倒重来，直到正确为止。例如训练视觉感知能力的教具：一块木板上有 10 个直径大小不等的圆孔，每个圆孔相对于一个能与它紧密配合的圆柱体，每两个相邻的圆孔直径只差 1 毫米，要求儿童把混放在一起的 10 个圆柱体放进相应的圆孔中。儿童操作时，想将一个圆柱体塞入直径小于它的孔，是不可能的；如果放进比它大的孔，那么最后至少有一个圆柱体放不进剩余的孔中。这时就要探究其中的原因，并重新操作。儿童正是在独立操作教具及多次自行矫正错误的过程中提高了在观察基础上的分析和推理能力。这是一种"自我教育"。"自我教育"是体现蒙台梭利方法的一个十分重要的原则。她一再强调：人之所以成人，不是因为教师的教，而是因为他自己的做。实施感官教育时，应遵守循序渐进的原则。因为感官教育主要针对儿童的敏感期而拟定，而敏感期的出现是服从个体发展节律的。感官训练可采用分解的办法，把复杂的整体分解为简易的几部分进行练习。感官教育的循序渐进还具有实践意义，可以同读写算教学联系起来。她说，一旦感官教学走上正路，并唤起兴趣，就可开始真正的教学。

读写算练习是儿童之家的另一重要教育内容。在是否让幼儿学习读写算的问题上，一般心理学家认为，幼儿期的主要任务是获得生活经验及通过活动、游戏等形式去发展各种能力，不应过早学习文化知识。与此相反，蒙台梭利认为，3～6 岁的儿童已具备学习文化知识的能力，这种能力是与具有吸收力的儿童心理特点一致的；教育者应当利用这种能力，为儿童准备适当的教材、教具，并提供正确的学习途径。儿童之家异乎寻常的是，写字练习先于阅读练习。蒙台梭利认为文字的书写关键在于握笔，即对肌肉的控制能力，因此，主要通过触觉训练就能循序渐进地过渡到书写练习。蒙台梭利识字法的渐进程序大致如下。第一阶段，练习执笔、用笔的机械动作，训练儿童的肌肉机制和握笔能力，属于手工作业的绘画练习可作为握笔能力训练的间接准备。第二阶段，掌握字母的形体，大致可分为三个步骤：第一，视、触、听觉结合练习，可以从砂纸上剪下大型的手工体字母，贴在方形硬纸板上，让儿童把视、摸、描、发音结合起来；第二，辨认字母形体，即当儿童听到某个字母的发音时，能从教师给出的一些字母中辨认出该字母的形状，并选出来交给教师；第三，记住字母的形体，教师可将字母放在桌上，几分钟后再问儿童这是什么，以使儿童巩固记忆。儿童熟悉字母后，就可以临摹，开始练习写字。第三阶段，练习组字和词。意大利文的拼写和发音十分接近，因此这一点对儿童并不困难。蒙台梭利受德弗里斯"突变理论"的影

响，认为儿童通过多次的触摸等活动，知道了字母的形状，很快就能"爆发"出写字的欲望和能力。这时他们会连续地写，到处去写。儿童的这种举动不是为了执行任务，而是服从内部冲动。在儿童之家，据说 4 岁儿童毫不费劲就学会了写字，这在当时被视作奇迹。掌握了文字书写技能后，儿童转入阅读学习。阅读及算术教学也都遵循由简单到复杂的程序，有时可采用生活中的实例，主要途径仍然是各种感官教具。蒙台梭利经过实验，证明所有儿童都具有学习读、写、算的能力，遗憾的是人们并未认识到 6 岁前的幼儿已进入学习的敏感期，并否认他们有学习读、写、算的可能，这就严重影响了儿童的发展。

儿童之家的感官训练、读写算练习属于蒙台梭利教育体系中的"发展练习"，另一类练习为实际生活训练，又称"肌肉教育"或"动作教育"，主要包括以下几项。一是日常生活技能练习，可培养幼儿的独立性及自理能力。这种练习是一种要求神经系统与肌肉高度协调的综合性运动，对儿童的发展颇为有益。在儿童之家，蒙台梭利设计了诸如走路、正确呼吸、说话、开抽屉、开门锁、系鞋带、系扣子、看书等一系列的练习和专门教具，要求儿童练习时应掌握要领，力求将动作完成得准确、迅速，还将较为复杂的动作（如穿衣）进行合理分解，指导儿童有分有合地进行练习。她要求儿童进行的每一种动作，不仅要达到目的，还要注意达到目的的方式。二是园艺活动。蒙台梭利接受卢梭的影响，主张儿童应多到大自然中从事自由活动，认为儿童在自然环境中进行园艺活动有很多益处：其一，可脱离人为生活的束缚；其二，符合兴趣，有益于健康；其三，能练习动作的协调；其四，可发展智力，主要表现为训练感觉、观察力，识别事物的异同，激发探求事物发展内部原因的求知欲；其五，可以发展预见性，幼儿所想的只是眼前事物，不考虑未来，但通过园艺活动，知道动物需喂养，植物应浇水，否则就会饿死或枯萎时，他们就将过去与未来联系起来了。这种情况并非成人提出要求的结果，而是自动发生的，属于一种自动教育。三是手工作业，主要是指绘画和泥工。儿童在学习写字前，先要学习绘画，作为基础，绘画为写字的"间接法"。具体做法：先准备各种立体图形，作为教具，让儿童用手触摸图形的轮廓，再将形体放在纸上，要儿童将轮廓勾画出来，最后用色笔涂满所绘轮廓。泥工是指将泥土塑成各种器具或动物。泥工既可练习手的动作，也为儿童提供了自我表现的途径。四是体操。3～6 岁的幼儿正处于锻炼肌肉的重要时期。为帮助儿童的肌体正常发展，应为他们设计各种体操练习，最主要的应是走步。走步首先要学习保持身体平衡，为此蒙台梭利根据儿童的生理特点设计了一种"走线"（包括直线、椭圆形线与 8 字形线）的平衡练习，还设计了其他一些特殊器械和设备，帮助儿童进行一些基本动作练习。五是节奏动作，目的是促进儿童动作协调，发展

节奏感。练习的第一步是在音乐中走路、跑步和跳跃;第二步是按乐调做出不同的节奏动作;最后发展到自由表演各种优雅的动作。开始练习时,儿童只是乱跑乱跳,经过多次练习后,他们逐渐具有强烈的节奏感,并可随着各种音乐翩翩起舞。

上述教学内容及方法亦称"蒙台梭利教育法",其中不乏匠心独具之处,形成了与福禄贝尔幼儿园理论既有相同之处又有明显区别及鲜明自身特色的又一重要幼儿教育体系。

参考文献

米歇尔·波拉德.蒙台梭利传[M].陈美芳,译.北京:世界图书出版公司,1997.

蒙台梭利.蒙台梭利幼儿教育科学方法[M].任代文,等,译.北京:人民教育出版社,1993.

Kramer, R. Maria Montessori: A Biography[M]. New York: G. D. Putman's Sons, 1976.

Montessori, M. The Montessori Method [M]. New York: Schocken Books, 1964.

（杨汉麟）

孟子教育思想　　见"儒家教育思想"。

民办教育(non-governmental education)　　中国国家机构以外的社会组织或个人利用非国家财政性经费,面向社会举办学校及其他教育机构的活动。是社会主义教育事业的组成部分,属于公益性事业。与政府办学相对。是教育事业的重要增长点和促进教育改革的重要力量。这里专指 20 世纪 80 年代起在中国大陆兴起和发展的民间办学现象,包括私人办学、企事业单位办学、社会团体办学等。

民办教育发展状况

根据教育部《2010 年全国教育事业发展统计公报》,截至 2010 年底,全国共有各级各类民办学校(教育机构)11.90 万所,各类在校学生达 3 392.96 万人。其中:民办幼儿园 102 289 所,在园儿童 1 399.47 万人;民办普通小学 5 351 所,在校生 537.63 万人;民办普通初中 4 259 所,在校生 442.11 万人;民办普通高中 2 499 所,在校生 230.07 万人;民办中等职业学校 3 123 所,在校生 306.99 万人,另有非学历中等职业教育学生 35.97 万人;民办高校 676 所,在校生 476.68 万人,其中本科生 280.98 万人,专科生 195.70 万人。另有自考助学班学生、预科生、进修及培训学生 20.61 万人;民办的非学历高等教育机构 836 所,各类注册学生 92.18 万人。另外,还有其他民办培训机构 1.8 万余所,929.78 万人接受了培训。

《中华人民共和国民办教育促进法》规定,政府对民办教育实行分级管理。"国务院教育行政部门负责全国民办教育工作的统筹规划、综合协调和宏观管理。""国务院劳动和社会保障行政部门及其他有关部门在国务院规定的职责范围内分别负责有关的民办教育工作。""县级以上地方各级人民政府教育行政部门主管本行政区域内的民办教育工作。""县级以上地方各级人民政府劳动和社会保障行政部门及其他有关部门在各自的职责范围内,分别负责有关的民办教育工作。"

民办教育行业中介组织发展迅速,各省都成立了民办教育协会或民办学校协会,在维护民办学校合法权益、便利民办学校与政府沟通、改善民办学校公共关系等方面发挥了积极作用。

民办教育发展历史

中国民办教育发展的历史背景　　中国有着悠久的民间办学传统,从孔子开创私学,中经宋明时期的书院以及中华人民共和国成立前广布中国农村的私塾直至 20 世纪 50 年代,民间办学绵延 2 500 余年从未断绝。60 年代后,随着中国大陆计划经济体制的全面推进,国家开始垄断政治、经济、文化等一切社会活动领域,民间办学开始衰落。"文革"期间,民间办学一度完全中断。从 80 年代初开始,中国社会开始了以经济体制改革为主要特征的社会转型进程,民间办学重新复苏。与此同时,中国经济的快速增长,社会、政治、文化领域的全面开放,带动了全社会旺盛的教育需求,传统公办教育体制已经不能适应这种社会需要,于是,在市场经济背景下,以公办教育补充面貌出现的民办教育(民间办学,在 2002 年底《中华人民共和国民办教育促进法》颁布前,在政府文件中通常称为"社会力量办学")再次登上历史舞台。

中国民办教育发展的阶段性　　改革开放以来,中国大陆民办教育的发展大致可划分为以下几个阶段。

1978—1991 年,民办教育从无到有,非学历教育蓬勃发展。改革开放形成的教育需求激发了民间的办学热情,在此期间,由国有企事业单位和社会团体、民主党派、公民个人等举办的教育机构在名称上覆盖了从幼儿园到大学各个教育阶段,但多为文化补习性质的培训机构。虽然《中华人民共和国义务教育法》明确规定,国家鼓励企业、事业单位和其他社会力量,在当地人民政府统一管理下,按照国家规定的基本要求,举办本法规定的各类学校,国家教委也先后颁发了《关于社会力量办学的若干暂行规定》、《社会力量办学财务管理暂行规定》、《社会力量办学教学管理暂行规定》等规章,但到 1991 年底,民办小学仅 655 所,在校学生 2.65 万人,校均不足 50 人;民办中学 544 所,在校学生 8.96 万人,校均不足 180 人。学历教育发展缓慢,还没有成为民办教育发展的主要部分。

1992—1996 年,民办学历教育大量出现,民办教育总规模迅速扩大。1993 年 2 月,中共中央、国务院发布《中国教育改革和发展纲要》,明确指出要改变政府包揽办学的格局,逐步建立以政府办学为主体、社会各界共同办学的体制,确立了国家关于民办教育"积极鼓励,大力支持,正确引导,加强管理"的基本方针,支持、鼓励民办教育发展的舆论氛围和政策环境开始形成。

到 1996 年底,全国有民办幼儿园 2.4 万余所,在园幼儿 130.3 万余人;民办小学 1 453 所,在校学生 46.3 万余人;民办普通中学 1 467 所,在校学生 38.4 万余人;民办职业中学 568 所,在校学生 12.94 万余人;民办高校 21 所,在校学生 1.2 万余人,其他高等教育机构 1 109 所,注册学生 108.4 万人。与前一阶段相比,民办学校校均规模明显增长,社会对民办教育的接受程度提高。

1997—2002 年,民办教育继续快速发展,民办教育法制建设进程加快。到 2002 年底,全国有民办幼儿园 4.84 万所,在园幼儿 400.52 万人;民办小学 5 122 所,在校学生 222.14 万人;民办普通中学 5 362 所,在校学生 305.91 万人;民办职业中学 1 085 所,在校学生 47.05 万人;民办普通高校 133 所,在校学生 31.98 人,其他高等教育机构 1 202 所,注册学生 140.35 万人;各级各类民办学校在校学生总规模比 1996 年大幅增长。

1997 年 7 月,国务院发布《社会力量办学条例》,结束了民办教育缺乏全国统一法律规范的局面。该条例规定,民办教育是公益性事业,民办学校及其教师和学生依法享有与公办学校及其教师和学生平等的法律地位,民办学校依法享有办学自主权,这些原则在五年以后由全国人大制定的《中华人民共和国民办教育促进法》中得到进一步的完善和坚持。《社会力量办学条例》在民间办学准入范围、鼓励民间办学政策优惠、民办学校法人治理结构规范等方面尽管还存在种种粗疏遗漏之处,但在推进民办教育法制建设方面却发挥了极其重要的作用,是中国民办教育法制建设进程的真正起点。

2002 年 12 月,《中华人民共和国民办教育促进法》由第九届全国人民代表大会常务委员会通过,中国大陆的民办教育法律框架基本形成,民办教育全面进入依法治教的新的历史阶段。

《中华人民共和国民办教育促进法》共十章六十八条,全面规定了民办教育的公益事业属性、民办教育与公办教育之间的平等法律关系、民办学校的办学自主权以及民办学校师生员工的合法权益、政府对民办教育的扶持政策等,在吸取《社会力量办学条例》和借鉴世界各国私立教育立法的基础上,结合中国国情,对民办学校举办者确立了准予取

得"合理回报"的原则,并在国务院颁布的《中华人民共和国民办教育促进法实施条例》中对此制定了更加具体的规定。

2003 年后,民办教育开始发展转型,政府加大对民办教育的扶持力度,公共资源成为推动民办教育发展的重要力量。《中华人民共和国民办教育促进法》出台前,民办教育发展主要依靠民间投资,在利用市场机制的基础上开拓发展空间。这种发展模式在该法颁布后开始发生变化,地方政府纷纷加大对当地民办教育发展的支持力度,对民办学校提供直接的资金支持。此外,各地政府还在解决民办学校教师稳定性方面积极探索,制定了为民办学校提供部分公办学校编制、为民办学校教师办理参加事业单位养老保险乃至为民办学校教师直接提供财政工资等各种扶持政策,一个与中国社会转型方向一致的中国民办教育长期健康稳定发展所需要的制度环境正在逐步形成中。

民办教育对中国教育发展的作用

第一,民办教育为全社会提供了更多的教育资源和更丰富的教育机会。

第二,民办教育的发展有助于改善教育公平。民办教育通过增加教育资源供给和扩大家庭与学生的教育选择对促进全社会的教育公平作出积极贡献。仅 2010 年,民办教育就为 3 300 多万学生提供了更加适合于他们的教育机会,在公办学校系统中的学生也获得了更好的教育机会,同时政府可以将更多的资金用于扶持薄弱学校和资助贫困学生。

第三,民办教育的发展提高了整个教育系统的运行效率。民办教育的发展大大增强了整个教育系统的资金吸纳能力和响应社会变化的教育需求的能力,通过广泛深入的制度创新提高了整个教育系统的运行效率,更好地适应了社会经济发展对教育提出的要求。民办教育的产生与发展是改革开放以来中国教育领域最为重要的制度创新,它改变了中国教育的基本结构,导致原来封闭、保守的公办教育实现了向一个开放、充满活力和多元化的现代教育体系的转型,并成为中国社会整体转型中的一个必要环节。它还突破了政府对教育的统包,独立的多元办学主体的出现和发展壮大逐步形成了市场经济体制中竞争性的教育市场结构,并因此带动了一系列的教育制度创新。

《中华人民共和国民办教育促进法》的出台是民办教育在法律层面突破政府对教育的统包的最重要成果。其中的相关条款明确规定了民办教育和公办教育、民办学校和公办学校、民办学校的教师和公办学校的教师、民办学校的学生和公办学校的学生在法律上具有平等地位,政府对民办教育的任何歧视都可能要承担违法责任。《中华人民共和国民办教育促进法》的出台是新中国现代教育发展史上一

个划时代的事件。

民办教育面临的问题

2005 年,中国民办教育在校学生总规模(2 168 万)已占到当年全国各级各类教育在校学生总量(25 600 万)的 8.5%,如包括培训机构注册学生,则此比例接近 10%。随着近年来公共财政对公办教育投资力度的持续加大,公办学校办学条件的普遍改善,民办教育相对于公办教育的体制与机制优势正在被民办学校持续增长的办学成本所抵消,民办学校的办学压力增加,市场竞争力下降成为普遍现象,民办教育发展面临观念障碍、制度冲突、政策歧视和成本增长的诸多问题。

观念障碍 民办教育最初以公办教育补充的面貌登上历史舞台,人们至今仍然把民办教育看成是政府财力不足时解决教育供需矛盾的权宜之计。民办教育与公办教育平等的政治权利与法律关系在政府教育行政部门和其他相关决策部门的政策实践中并未得到全面落实,人们片面地把公共教育等同于公办教育,狭隘地理解政府在现代公共教育管理中的角色与职能定位,把政府的公共教育经费看成是公办教育经费,缺乏学生利用公共资源的受教育权利平等的现代教育公平理念,不理解利用公共资源发展民办教育乃是保障学生权利、提高政府公共管理效能的国际通行做法等,这一系列的观念障碍导致民办教育在政府的政策制定与执行中遭遇一系列的公共政策歧视,民办教育在其发展中面临种种不平等对待。

制度冲突 《中华人民共和国民办教育促进法》在教育法律体系中是关于民办教育的最高法律规范,所有与民办教育相关的法律规定都必须与其立法精神相一致,都不得与之具体规定相冲突。但在民办教育实践中,相关法律之间、部门规章与法律之间、地方政府规章与法律之间的冲突导致民办教育发展缺乏公开、透明、健康、稳定的政策环境。

政策歧视 尽管民办教育在中国教育发展中作出贡献,已成为推动中国教育发展的重要力量,《中华人民共和国民办教育促进法》也已颁布执行,但民办教育受到的政策歧视仍然相当普遍,对民办学校征收企业所得税和民办学校教师无法参与公办学校教师同等的社会保障制度是其中两个最为突出的问题。

成本压力 民办学校比公办学校需要额外支付的教师社会保障成本,导致民办学校收费水平居高不下,削弱了民办学校的市场竞争力。

公办学校教师工资的持续上涨,给民办学校带来的薪酬压力和民办学校教师工资成本的持续增长要求,成为影响民办学校长期健康稳定发展的关键因素。

民办教育地方立法

《中华人民共和国民办教育促进法》和《中华人民共和国民办教育促进法实施条例》颁布实施后,各地省级人民政府和省人大为贯彻落实,开始启动民办教育地方立法进程。2004 年 12 月,第一部民办教育地方法规《陕西省民办教育促进条例》诞生。此后,各省民办教育地方立法相继完成。结合本地民办教育发展的具体情况,在稳定民办学校教师队伍、加大公共财政对民办教育的扶持力度、规范民办教育市场竞争行为、保护举办者合法权益、防范民办学校办学风险等方面充实了《中华人民共和国民办教育促进法》及其实施条例的原则性规定,民办教育法制建设进一步完善。

(吴 华)

民办职业教育（private professional education）在中国由非政府机构举办的职业教育。企事业单位、社会团体及其他社会组织和公民个人利用非国家财政性教育经费,面向社会举办的职业教育学校及其他职业教育机构的教育活动。包括职业学历教育、职业资格培训、技术等级培训及劳动就业技能培训等职业教育活动。

民办职业教育学校是中国社会力量办学的重点,可分为公益性民办职业学校和非公益性民办职业学校。公益性民办职业学校的出资人在扣除办学成本、预留发展基金以及按国家有关规定提取其他必要费用后,可从办学结余中取得合理回报;非公益性民办职业学校指在工商行政管理部门登记注册的经营性民办职业教育学校或技能培训机构。中外合作办学的境外组织和个人与中国政府或公办学校之间合作办学的,不在民办职业教育之列。按办学资本,可将中国民办职业教育分为两大类:混合资本举办的混合型民办职业教育、民间资本举办的单纯型民办职业教育。混合型民办职业教育包括公办民助学校、股份制学校、民办公助学校等类学校。公办民助学校是以公办职业学校为基础,加入民间资本,扩大教育经费渠道后开拓的一种办学模式;股份制学校多为原公有制或公有制企业举办的学校,由于原有经费被削减或断绝,学校在广泛吸收校内外资金后,改制为股份制职业学校;民办公助学校是以民间资本为主体,政府辅以土地、税收等优惠政策建立的职业学校。混合型民办职业教育学校有的是公有企业与民营企业合作办学,有的是公办学校与社会力量合作办学,也有的是公办学校与个人投资者合作办学。其办学主体多由两种以上混合构成,此类学校在中国民办职业教育学校中数量较多、比例较大。单纯型民办职业学校是由私人企业、工商业主等个人投资者举办的职业学校,多在沿海发达地区,在民办职业学校中数量较少、比例较小。

中华人民共和国成立后相当一段时间里,为与公有制经济体制相适合,中国职业教育主要由政府和公有制经济主体举办。改革开放后,以公有制为主体、多种所有制经济共同发展的经济体制为民办职业教育的发展奠定基础。1982 年颁布的《中华人民共和国宪法》指出,国家鼓励社会力量办学。1994 年颁布的《国务院关于〈中国教育改革和发展纲要〉的实施意见》提出,职业教育和成人教育应面向社会需要,在政府统筹管理下,主要依靠行业、企事业单位、社会团体和公民个人举办;鼓励社会各方面联合举办;政府通过专项补助和长期贷款等形式给予必要的扶持。1996 年颁布的《全国教育事业"九五"计划和 2010 年发展规划》提出,要加强社会力量办学的立法工作,以中等和中等以下教育,特别是各级各类职业教育为重点,积极发展各类民办学校;现有公办学校在条件具备时,也可酌情转为"公办民助"学校或"民办公助"学校;到 2010 年,基本形成以政府办学为主,社会各界共同参与的办学体制及公立学校和民办学校共同发展的格局。1997 年颁布的《社会力量办学条例》提出,社会力量办学是企业事业组织、社会团体及其他社会组织和公民个人利用非国家财政性教育经费,面向社会举办学校及其他教育机构的活动;明确社会力量举办的教育机构依法享有办学自主权。上述法律、政策的颁布和实施促进了民办职业教育的发展。2002 年,《中华人民共和国民办教育促进法》规定,民办教育是社会主义教育事业的组成部分。国家对民办教育实行"积极鼓励、大力支持、正确引导、依法管理"的方针,赋予民办学校与公办学校同等的法律地位。中国民办职业教育学校必须同时具备三个条件:在办学主体方面,可以是个人、合伙企业、社会团体等;在投资来源方面,可以是独资、合资、股份制等;在管理体制方面,可以是公办民助、民办公助、转制学校。2006 年,《教育部关于大力发展民办中等职业教育的意见》提出,民办中等职业教育是中国教育事业的重要组成部分,也是中国职业教育的重要组成部分。要坚持"积极鼓励,大力支持,正确引导,加强管理"的方针,统筹规划,多种形式地发展民办中等职业教育;进一步完善推进民办中等职业教育发展的政策措施;切实加强对民办中等职业教育的指导和管理。

(牛　征)

民国初年教育改革

中华民国临时政府在文化教育方面实施的改革。辛亥革命之后,为了推进教育改革,1912 年 1 月,南京临时政府成立教育部,并任命蔡元培为首任教育总长,由其统管全国教育工作。自此,资产阶级革命派开始实施自己的教育主张,改革和发展文化教育事业。临时政府教育部下设三司一厅,即专门司、普通司、社会司和总务厅。其中,社会司的设立标志着在中国教育史上,政府第一次将社会教育纳入国家教育体制中。1914 年,教育部增设参事室和视学处。临时政府教育部成立后,采取了一系列措施对清末的封建专制主义教育进行改革,以贯彻共和民主精神。

颁行教育通令　为了对传统的封建教育进行改革,恢复和整顿因战争而中断的普通教育,1912 年 1 月,南京临时政府教育部颁布第一个改造封建教育的法令《普通教育暂行办法》,同时颁布《普通教育暂行课程标准》。

《普通教育暂行办法》共 14 条,对清末教育制度进行了重大改革。主要内容有:从前各项学堂均统称学校,监督、堂长一律通称校长;初等小学可以男女同校;凡各种教科书务合于共和民国宗旨,清学部颁行之教科书,一律禁用;小学读经科,一律废止;小学手工科,应加注重;高等小学以上体操科,应注重兵式体操;中学校为普通教育,文实不分科;废止旧时奖励出身。

《普通教育暂行办法》不仅维持了民国初年的普通教育,而且促进其发展,影响十分深远,即使在袁世凯复辟帝制时,该《普通教育暂行办法》也未被全部推翻。

在《普通教育暂行办法》颁行的同时,南京临时政府教育部又颁发了《普通教育暂行课程标准》11 条。规定初等小学校的学科目为修身、国文、算术、游戏、体操等,并规定各学年每周各科教授时数,如国文初一每周 10 小时,初二每周 12 小时,初三、初四每周 15 小时,视地方情形,得加设图画、手工、唱歌之一科目或数科目;高等小学校的学科目为修身、国文、算术、中华历史、地理、博物、理化、图画、手工、体操(兼游戏)等,并规定各学年每周各科教授时数,视地方情形,得加设唱歌、外国语(英、法、德、俄为限)、农、工、商业之一科目或数科目;中学校之学科目为修身、国文、外国语、历史、地理、数学、博物、理化、图画、手工、音乐、体操、法制、经济等,女子加课裁缝、家政,并规定了各学年每周各科教授时数;师范学校的学科目为修身、教育、国文、外国语、历史、地理、数学、博物、理化、法制、经济、习字、图画、手工、音乐、体操等,女子加课家政、裁缝,视地方情形得加设农业或工业、商业,并规定了各学年每周各科教授时数;又规定师范学校宜设预科,修业年限以 1 年为宜,其科目宜注重国文、英语、数学等。民国初年普通教育的各级学校课程,都按《普通教育暂行课程标准》实施。它奠定了民国时期小学、中学和师范课程设置的基础。

1912 年 3 月,南京临时政府教育部又通令各省:在高等以上学校规程尚未颁布时,各地高等以上学校"应暂照旧章办理",惟《大清会典》、《大清律例》、《皇朝掌故》、《国朝事实》,及其他有碍民国精神,暨非各学校应授之科目,宜一律废止。此外,前清御批等书一律禁止。同月,教育部又通告各省:现在大局粗定,速令高等学校、专门学校开学。

《普通教育暂行办法》和《普通教育暂行课程标准》是民国初年影响较大的教育文件。文件的颁布,反映了资产阶级民主革命对教育的要求,以法令形式巩固了资产阶级民主革命的教育成果,它不仅保证了民国初年普通教育的改革,而且促进了普通教育的发展。

制定民国教育方针　彻底改革封建教育,使教育适应资产阶级政治、经济发展的需要,就要求必须改变清朝政府的教育宗旨。南京临时政府教育部成立不久,便开始研究新的教育宗旨,制订民国教育方针。蔡元培于1912年2月发表《对于教育方针之意见》,成为制定教育方针的理论根据。在文章中,蔡元培批判了清末"忠君、尊孔、尚公、尚武、尚实"的封建主义教育宗旨,明确指出"忠君与共和政体不合,尊孔与信仰自由相违"。他提出军国民教育、实利主义教育、公民道德教育、世界观教育、美感教育"五育并举"的教育宗旨,并论述了五育的关系和重要意义,认为"五者,皆今日之教育所不可偏废者也"。

1912年7月,北洋政府在北京召开全国临时教育会议,这是中华民国成立后第一次全国教育会议。会议的主要任务是进一步推动教育改革,会上主要讨论了五方面的问题:一是学校系统,二是各学校令及规程,三是教育行政之关系,四是学校中的详细规则,五是社会教育。经过讨论,确定了国民教育宗旨,制定了学制系统和新的课程标准,提出了较完整的教育改革方案。

教育总长蔡元培在会上阐明了国民教育与君主时代教育的不同点。他指出,前清时代承科举余习,奖励出身,是为驱诱学生之计,其目的在于使受教育者皆寓于服从心、保守心,易受政府驾驭,现在此种主义已不合用。他认为,民国教育须立于国民之地位,而体验其在世界、在社会有何等责任,应受何种教育。为此,必须提倡"五种主义",以公民道德为中坚,世界观及美育是为完善道德,而军国民教育及实利主义则必须以道德为根本。

全国临时教育会议讨论并通过了民国教育方针,即"注重道德教育,以实利教育、军国民教育辅之,更以美感教育完成其道德",并于1912年9月由教育部颁布实行。该教育方针由蔡元培"五育并举"的思想演变而来,它完全否定了清末"忠君、尊孔、尚公、尚武、尚实"的封建主义教育宗旨,充分体现了资产阶级教育关于人的德、智、体、美和谐发展的思想。

颁布"壬子癸丑学制"　1912年8月,历时一个月的全国临时教育会议闭幕。其间,会议收到提案近百件,讨论了若干重要的教育政策与措施,会议决定重订学制并讨论了学制改革问题,制定了一个新的学校系统,附有9条说明,定于1912年9月3日颁布实行,史称"壬子学制"。

"壬子学制"规定:初等小学校4年毕业,为义务教育,毕业后得入高等小学校或实业学校;高等小学校3年毕业,毕业后得入中学校,或师范学校,或实业学校;初小、高小均设补习科,均2年毕业。中学校4年毕业,毕业后得入大学,

或专门学校,或高等师范学校。师范学校本科4年,预科1年;高等师范学校本科3年,预科1年。实业学校分甲乙两种,各3年。专门学校本科3～4年,预科1年。大学本科3～4年,预科3年。

从"壬子学制"颁行至1913年8月,在这一年间,教育部又陆续公布了《小学校令》、《中学校令》、《师范教育令》、《实业学校令》、《专门学校令》、《大学令》、《小学校教则及课程表》、《中学校令施行规则》、《师范学校规程》、《高等师范学校规程》、《公立私立专门学校规程》、《大学规程》等法令规程,对各级各类学校的目的任务、课程设置、学校设备、入学条件、教职员任用、经费及领导管理等都作了具体规定。教育部将这些法令、规程和"壬子学制"综合成为一个新的学校系统,统称为"壬子癸丑学制"公布施行。学制分为三个系统:一是普通教育,二是师范教育,三是实业教育。

"壬子癸丑学制"规定在普通学校教育系统中,儿童从6岁入学到23岁或24岁大学毕业,整个学制为17年或18年,分为三段四级。

第一阶段为初等教育。分两级:初等小学4年,为义务教育,儿童6周岁入学,实行男女同校,毕业后可进入高等小学或乙种实业学校;高等小学3年,男女分校,毕业后可入中学校或师范学校、甲种实业学校。初等教育阶段,以留意儿童身心之发育,培养国民道德之基础,并授以生活所必需之知识技能为宗旨。初等小学设修身、国文、算术、手工、图画、唱歌、体操,女子加设缝纫;高等小学设修身、国文、算术、本国历史、地理、理科、手工、图画、唱歌、体操,男子加设农业,女子加设缝纫,并视地方情形加设英语或其他外国语。与清末相比,取消了读经课,授课时数也略有减少。

第二阶段为中等教育。设中学校,学习年限4年,毕业后可进入大学、专门学校或高等师范学校。中等教育阶段以完成普通教育,造成健全国民为宗旨,并取消了清末文实分科制度。中学课程为修身、国文、外国语、历史、地理、数学、博物、物理、化学、法制、经济、图画、手工、乐歌、体操,女子加设家政、园艺、缝纫。外国语以英语为主,视地方条件可选择法、德、俄语之一种。与清末相比,取消了读经课,增加了手工课。另外,中等教育还专为女子设立女子中学校。

第三阶段为高等教育。设专门学校本科3年毕业(医科4年),预科1年;大学本科3年或4年,预科3年。专门学校以教授高等学术、养成专门人才为宗旨。专门学校分政法、医学、药学、农业、工业、商业、美术、音乐、商船和外国语各类。大学以教授高深学术、养成硕学闳材、应国家需要为宗旨。大学分文、理、法、商、医、农、工七科,各科再分若干门。大学预科附设于大学,不得独立设置。预科分三部:第一部预科生入文、法、商三科,第二部预科生入理、工、农及医科的药物门,第三部预科生入医科的医学门。大学为研究学术之蕴奥设大学院,不定年限。

学制中与普通教育平行的有师范教育、实业教育两个系统。

师范教育分师范学校和高等师范学校两级。师范学校以造就小学教员为目的。男、女师范学校都分本科和预科，本科又分一、二两部。男师本科第一部学科为修身、读经、教育、国文、习字、外国语、历史、地理、数学、博物、物理、化学、法制、经济、图画、手工、农业、乐歌、体操。女师本科第一部学科，除不设农业，另加家政、园艺、缝纫外，外国语为选修，其他与男师相同。男女师范本科第一部均为4年。男师本科第二部学科为修身、读经、教育、国文、数学、博物、物理、化学、图画、手工、农业、乐歌、体操。女师本科第二部不设读经和农业，另加缝纫，其他与男师相同。男女师范本科第二部均修业1年。预科修业1年，科目有修身、读经、国文、习字、外国语、数学、图画、乐歌、体操，女师另加缝纫。

高等师范学校以造就中学校、师范学校教师为目的。高等师范学校分预科、本科、研究科。预科1年，科目为伦理学、国文、英语、数学、论理学、图画、乐歌、体操。本科3年，分国文部、英语部、历史地理部、数学物理部、物理化学部、博物部，各部又有分习科目。本科各部还有共同必修科，科目为伦理学、心理学、教育学、英语、体操。研究科1年或2年，就本科各部选择二、三科目进行研究。此外，还有专修科和选科，视需要临时设立。从学习内容来看，较之清末师范教育，增添了社会生产、生活实用和教育理论科目。

师范学校与高等师范学校地位相当于中、高两个阶段。各级师范学校的学生均可享受公费待遇。

实业教育设实业学校，以教授农工商业必需之知识技能为目的。甲种实业学校施完全之普通实业教育；学制为预科1年，本科3年。乙种实业学校施简易之普通实业教育，学制3年，亦得应地方需要授以特殊之技术。实业学校又分农业、工业、商业、商船等校。地位相当于初、中两个阶段。女子职业学校依地方情形及其性质参照各实业学校规程办理。另外，还有补习科、专修科、小学教员讲习所等，都是上述各校附设或特设学科。

"壬子癸丑学制"与课程改革较之清末"癸卯学制"体现出明显的反封建精神，反映了资产阶级的教育要求。首先，新学制废除教育权利上的性别歧视，体现资产阶级男女平等的思想。按规定，初等小学可以男女同校，除大学不设女校外，普通中学、师范学校、高等师范学校和实业学校都可以设立女校。其次，取消专门为贵族设立的贵胄学堂，废除封建特权和等级限制，废止清末按等级奖给毕业生科举出身的规定，在教育工作中禁止体罚，体现出进步的民主思想。再次，对课程进行了重大改革，小学废止读经课，大学取消经学科，加强中小学的实业学科和职业教育，禁止使用清朝学部颁布的教科书，着手编订新教材。最后，缩短了学制年限。"壬子癸丑学制"与"癸卯学制"相比共缩短3年。学制的缩短在客观上提高了劳动人民享受教育的权利和机会。

"壬子癸丑学制"实行达十年之久，其间小学于1915年进行过一次改革，大学于1917年进行了一次修订，但无本质上的变化，它是这一时期影响最大的一个学制，为中国实施资产阶级学校体系奠定了基础。

通过教育改革，民国初年的教育有了一定发展，据1912年8月至1913年7月统计，全国大专院校（包括公立、私立）115所，其中大学4所，专科学校111所；大学生481人，专科学校学生3.9万余人。师范学校253所，学生2.8万余人。职业学校79所，学生279.3万余人。而据清朝学部的统计，1909年全国学生数仅162.6万余人，还不及民国初年小学校的学生人数。

参考文献

顾明远.教育大辞典[M].上海：上海教育出版社，1990—1992.

毛礼锐，等.中国教育通史[M].济南：山东教育出版社，1988.

孙培青.中国教育史[M].上海：华东师范大学出版社，2000.

王炳照，等.中国教育思想通史[M].长沙：湖南教育出版社，1994.

（郭　怡）

民权运动与教育机会均等（Civil Rights Movement and equal opportunity of education）　20世纪60年代兴起的美国黑人反对种族歧视、争取平等权利的运动，对美国教育机会均等产生重大影响。

民权运动的兴起和发展

从16世纪初叶西班牙殖民者将非洲黑人奴隶运抵北美大陆之日起，黑人就开始了反抗奴役和压迫的英勇斗争。在1775—1783年的独立战争中，黑人英勇战斗，为美国独立作出重大贡献。但黑人奴隶制问题没有解决，从此，废除奴隶制运动在美国兴起。1861—1865年的南北战争摧毁了奴隶制度，维护了国家的统一，但没有彻底解放黑人，资产阶级极力推行种族隔离和歧视政策，绝大部分黑人被剥夺了选举权和受教育权。第一次世界大战期间，大量黑人涌向北部城市。由于"三K党"等种族主义暴行猖獗，黑人聚居区生活日益恶化。第二次世界大战后，种族歧视日益扩大，种族迫害更加严重。从20世纪50年代开始，一场大规模的黑人反对种族歧视、争取平等权利的斗争轰轰烈烈地开展起来。1954年，联邦最高法院宣布公共教育领域"隔离但平等"原则违宪，揭开了民权运动的序幕。

1944年，社会学家米达尔出版了研究美国黑人问题的专著《进退维谷的美国》（An American Dilemma）。书中揭示了美国民主理想与现实间的巨大差异，分析了美国黑人在经济、政治、教育、卫生等各个领域所面临的种族歧视，指出美国既承诺平等，又承诺白人至上，处于进退维谷之中。此书引起了人们对黑人民权的关注，对第二次世界大战后的立法和诉讼产生了深刻影响，促使白人转变对黑人和其他少数民族的态度。第二次世界大战后，黑人迁往北方的人数日益增多，以往南方黑人占绝对多数的人口布局发生了很大变化。黑人在他们能自由行使选举权的地区扩大了政治影响，民权意识逐渐被唤醒，无数事实告诉黑人：要赢得民权还得依靠自己斗争。1955 年 12 月，就在最高法院裁决公共教育领域"隔离但平等"违宪一年后，黑人妇女帕克斯勇敢地向种族隔离制度发起挑战，随后黑人民权运动如潮水般席卷全国。自 1896 年"普莱西诉弗格森案"（Pleasy vs. Ferguson Case）判决以来，"隔离但平等"一直是南部各州社会生活的准则。按种族歧视的法律，在交通工具上，黑人与白人的座位隔开，即使白人区域有空座，黑人也无权去坐。1955 年 12 月，亚拉巴马州蒙哥马利市黑人妇女帕克斯下班乘公共汽车回家，坐在了专为白人设置的座位上，并拒绝将座位让给白人，结果被捕。逮捕帕克斯的行为引发了由黑人民权运动领袖马丁·路德·金领导的黑人抵制该城公共汽车的运动。马丁·路德·金说："这不是白人与黑人之间的战争，而是正义与非正义之间的冲突。"经过一年的斗争，最高法院判决亚拉巴马州的种族隔离法律违宪。

1957 年，黑人民权倡导者成立了"南部基督教领导联合会"（Southern Christian Leadership Conference），协调黑人民权活动，马丁·路德·金担任联合会主席。他不断批评白宫在种族关系上的冷漠态度，黑人反对种族隔离的斗争也出现了新的形式——入座示威（sit-in Movement）。1960 年 2 月，北卡罗来纳州黑人学院——北卡罗来纳农业技术学院的四名学生在格林斯伯勒的一家餐馆买咖啡，店方因他们是黑人而拒绝服务，但他们并没有离座而是静坐到店铺关门，由此开始了黑人的入座抗议运动。这种反对种族隔离和种族歧视的和平抗议很快在南部蔓延开来并传到北方，进而由餐馆扩展到图书馆、影剧院、游泳池等公共场所。在声势浩大的入座示威风潮中，学生组织了学生非暴力协调委员会（Student Nonviolent Coordinating Committee）开展斗争，迫使许多公共场所向黑人开放。1961 年成立"种族平等大会"（Congress on Racial Equality），开展"自由乘客"（Freedom Riders）运动，抗议州际交通运输中的种族隔离。

在黑人民权运动的压力下，国会参众两院于 1957 年 8 月通过了 1875 年后的第一个《民权法》，授权联邦政府：任何人在选举权被剥夺或受到威胁的情况下，可以以自己的名义提起民事诉讼，以便在联邦法院内获得指令性的补救办法。这实际上是允许黑人参加选举，国会还成立了民权委员会（Civil Rights Commission）进行监督。1960 年 3 月，国会又通过一项民权法，授权法院任命公证人来保护黑人的选举权，并把威胁以暴力反抗法院命令的行为视为犯罪，

但法案的执行没有落到实处，1960 年，南部 3/4 应有选举权的黑人选民仍没能登记选举。

1963 年，《解放宣言》颁布一百周年，从 5 月初到仲夏，美国全国爆发了 758 次废除种族隔离的示威斗争，重点是要求增加就业机会，结束住房和教育问题上实际存在的种族隔离。8 月，在马丁·路德·金的领导下，华盛顿爆发了"为工作和自由向华盛顿进军"的大规模游行示威。在林肯纪念堂前，面对二十多万来自全美各地的黑人和白人，他发表演说《我有一个梦》，提醒美国实现民主的许诺，黑人民权运动由此达到高潮。1968 年民权运动领袖马丁·路德·金被刺后，民权运动渐趋衰落。

民权运动中黑人在教育方面的抗争及主张

黑人在教育方面的抗争 在教育领域，美国黑人普遍受到歧视。尤其是南部各州，全部制定了在学校中实行种族隔离的法律，黑人学生只能进入各方面条件较差的学校。在广大黑人和进步白人的强烈要求下，1954 年 5 月，美国最高法院在"布朗诉教育局案"（简称"布朗案"）中被迫作出了否定"隔离但平等"原则的判决，并宣布在中学实行"隔离制"是违反宪法的。这个判决规定：消除隔离，要由地方教育局制订计划，区法院裁定是否可行。然而，南部各州的教育行政和司法部门几乎全部掌握在白人种族主义分子手中，让他们拟定和执行消除隔离计划是行不通的。"布朗案"的判决认为设立隔离学校事实本身就是不平等的，这就给对种族隔离进行合法斗争及再次争取完全平等的运动予以积极的推动。从此，美国掀起了一次又一次的反对在学校中实行种族隔离的斗争。1957 年 5 月，在"布朗案"判决三周年之际，由北部和南部民权运动领袖发起的争取黑白混合学校的"香客朝圣"行动，约有 35 000 人参加。此为第一次群众性示威联合行动。黑人露西从 1952 年起向亚拉巴马大学申请入学。亚拉巴马大学是一所公立大学，其部分经费来自黑人缴纳的捐税，但一直拒绝黑人入学。经过艰苦的斗争，1956 年 2 月，根据联邦法院的判决，露西到亚拉巴马大学注册，但学校拒绝提供住宿。入学后，校外白人暴徒向她投掷石块、鸡蛋、泥土，虽然有 500 名学生向学校提出请愿书，要求保证露西上课的权利，但校长借口"保护其安全"，勒令露西停学，后来竟将露西"永久开除学籍"。1957 年，阿肯色州小石城地方法院根据 1954 年最高法院的判决，宣布该市中心中学接纳 9 名黑人入学，但遭到种族主义者的坚决反对。9 月 2 日，州长福伯斯以"防止暴乱"为名，派出 200 名武装警卫队员，在小石城中心中学周围布岗，阻止 9 名黑人学生入学。9 日，种族主义分子将 9 名到校注册的黑人学生赶出校门。迫于舆论压力，福伯斯 20 日撤走了

国民警卫队,但23日又纵容种族主义分子包围该校,殴打黑人,并迫使已经入学的8名黑人学生离校。与此同时,暴徒在市内恣意横行,到处袭击黑人,煽动暴乱,扩大事态。24日,艾森豪威尔总统在全世界舆论的谴责下,派遣第101空降师开往小石城进行干预。最后,政府采取军管措施,平息了阻止黑人进入白人学校的小石城事件。1962年9月,密西西比州牛津城发生白人种族主义者反对黑人学生梅雷迪斯入学事件。梅雷迪斯原为退伍军人,要求入密西西比大学学习。当他前往大学注册时,暴徒包围学校,投掷石块、破瓶、催泪弹,造成两人被枪杀,许多人受伤的流血惨案。但梅雷迪斯在广大黑人的支持下坚持斗争。后来,J.F.肯尼迪总统派兵镇压了这次骚乱。在联邦政府的"伴护"下,梅雷迪斯入校注册。

黑人的教育主张　民权运动将南方政治和经济等方面的根本转变作为目标,这意味着将直接与一个传统上实行种族隔离的社会进行奋争,消除可说是奴隶制残余的各种各样的种族歧视现象,为南方黑人争取到同等的机会和对待。具体地说,它主要表现在以下几个方面:一是同等进入公共场所的权利;二是平等的投票权;三是受人尊重;四是争取更多的经济机会和结果的平等。在他们看来,经济平等主要表现为有更多、更好的就业机会及住房、学校教育、职业培训、医疗保障等。只有在经济上取得平等,政治和社会上的平等才有保障。要想在经济上与白人取得平等的地位,教育至关重要。因此,黑人才会在教育领域作出艰苦卓绝的反抗和斗争。他们主张:第一,入学机会平等;第二,消除学校中的种族隔离和种族歧视,实行黑白种族合校;第三,学校应该在教学设施、课程设置、教师待遇和素质等方面给予平等的权利。

日渐高涨的民权运动、黑人在教育方面的抗争及主张以及白人种族主义的恐怖活动等,促使美国政府对民权问题的态度较为积极。J.F.肯尼迪总统在电视演说中承认,自林肯解放奴隶100年来,他们的后裔、他们的孩子并未充分获得解放,尚未从不公正的桎梏中、从社会和经济的压迫中解放出来。J.F.肯尼迪总统对待黑人民权运动的态度以及他在任期内采取的一些减轻种族隔离的行政措施,加快了各地取消学校种族隔离及争取教育机会均等的步伐。

民权运动对教育机会均等的影响

教育机会均等一般包括三个方面的含义:第一,起点平等,指每个人不受性别、种族、出身、经济地位、居住环境等条件的影响,均有开始其学习生涯的机会,即入学机会平等;第二,教育过程平等,指教育实施,包括教育设备、条件、教育内容、教师水平相等,即以平等的方式对待每一个人;第三,教育效果平等,指最后的目标,要求学生走出校门时获得相同的学业成就,使不同社会出身的儿童起点上的差别得以消除,实现"实质上的平等",即向每个人提供自我实现所需要的条件,无论是谁,无论在什么时候,无论在哪里,都能接受与其所需求和希望相适应的理想状态的生涯教育。

黑人反对种族歧视、争取平等权利的民权运动对美国的教育机会均等产生了深刻的影响。

第一,促使政府颁布教育机会均等的法律并推行有助于教育机会均等的政策。这些法律和政策主要包括《民权法》(Civil Rights Act)、《初等与中等教育法》(The Elementary and Secondary Education Act)和肯定性行动计划(affirmative action programs)。

《民权法》的议案是J.F.肯尼迪执政期间提出的,但经国会多次讨论未获通过。J.F.肯尼迪遇刺以及不断高涨的黑人民权运动终于使国会在1964年通过了《民权法》。该法不仅废除了公用设施中的种族歧视和隔离,还宣布因种族、肤色、宗教、性别或民族而实行的就业上的歧视为非法。同年,"平等就业机会委员会"(Equal Employment Opportunity Commission)成立,授权政府不得对实行种族歧视的公共机构提供资金,授权司法部长保证选举权的实施,结束学校种族隔离。《民权法》主要强调的是黑人的选举权,其中第六条对各地取消公立学校中的种族隔离发挥了巨大作用。第六条规定,不能因种族、肤色或民族而排除或剥夺任何人享受联邦资金资助项目的权利,对拒绝执行规定的机构,将"终止或不予资助"。为保证第六条的有效实施,教育署于1967年专门成立了一个人权办公室。《民权法》直接加快了南方取消学校种族隔离的进程。在《民权法》颁布前的10年中,南方有些州采取各种措施阻挠或延缓取消学校种族隔离。人们虽然可以通过法庭对种族隔离提起诉讼,但由于地方法院的白人法官们普遍怀有根深蒂固的种族偏见,南方学校种族隔离的案子很难在法庭上胜诉。而《民权法》第六条为取消南方学校中的种族隔离提供了有效手段,为实现黑人教育机会均等向前迈了一大步。

1965年,国会通过了迄今为止最具影响力的联邦教育法案——《初等与中等教育法》。该法案分五个部分,其中最重要的是第一条。该条款规定联邦政府向那些所在州提交的取消种族隔离计划获教育署批准的地方学区提供资金,每所公立学校可以获得的资金数为州生均经费的一半乘以学区内家庭年收入在2 000美元以下的学龄人口数,非公立学校也可获得援助。法案生效的第一年,国会将7.75亿美元拨付给各州和各学区。这部分资金占总资金的78%。法案第一条特别指出,将提供财政援助,通过各种途径扩大和改善教育计划,特别要满足处于教育不利地位孩子的特殊需要。其他条款从不同侧面对第一条予以支持。《初等与中等教育法》在美国教育史上具有非常重要的意义：一方面扩大了联邦控制教育的范围；另一方面意味着消除教育中的不利因素。它通过对实行种族合校的学校增加资金援助的方式，使《民权法》第六条的规定得以强化，有力地促进了取消学校种族隔离的进程。

肯定性行动计划是美国政府为了消除就业和教育等领域的种族和性别歧视，改善少数民族和妇女的社会经济状况，自 20 世纪 60 年代中期以来实施的各种政策和措施的总称。"肯定性行动"（affirmative action）一词最早出现在美国政府的官方文件中，是在 1961 年。当年，H. 泰勒在为 J. F. 肯尼迪总统起草 10925 号行政命令时，首次使用了"肯定性行动"一词。该行政命令要求合同承包商不得因种族、信仰、肤色或民族血统而歧视任何雇员或求职者，要采取肯定性行动以确保求职者在受雇和雇员晋升时不涉及他们的种族、信仰、肤色或民族血统。1965 年，L. B. 约翰逊总统签署了著名的 11246 号行政命令，名称为《平等的雇佣机会》。它是肯定性行动政策最重要的基石，要求在联邦政府的雇佣行为或联邦资助合同的雇佣行为中禁止因种族、信仰、肤色或民族血统而歧视。该行政命令后经多次修订，影响最大的是 1967 年的修正案，即第 11375 号行政命令。该行政命令将性别歧视列入被禁止的行为之列。至此，美国的肯定性行动政策基本形成。后来，肯定性行动计划逐渐变成一项补偿性计划，在升学、就业和晋升等方面给少数族裔、妇女等一定的照顾和优先，以补偿少数民族和妇女在竞争能力上的不足。20 世纪 60 年代以来，美国采取的少数民族高等教育政策有力地推动了少数民族高等教育的发展，有利于少数民族与白人取得同等的教育机会。

第二，黑白种族合校的进程大大加快，种族融合的局面开始形成。自 20 世纪 50 年代以来，黑人的社会地位有了不小的变化，黑人的政治参与程度和经济地位大大提高，黑人在教育方面的处境也得到较大改善，在争取平等教育机会的道路上取得了巨大的进步。不仅黑人入学率大大提高，黑白种族教育成就的差距也逐渐缩小。1964 年只有 2％的黑人学生进入黑白种族混合学校，1970 年达到 58％；5～19 岁黑人入学率由 1954 年的 75％增至 1980 年的 95％。1965 年，14～34 岁年龄段黑人在校大学生只有 27.4 万人，占大学生总数的4.8％，1970 年，纽约市立大学实行"开放入学"政策，向纽约市所有中学毕业生敞开大门，此后，许多公立大学也实行开放入学政策，少数民族学生的入学机会增加了。1997 年，美国大学生总数为 1 434.54 万人，其中，印第安人和阿拉斯加土著人 13.88 万人，亚洲裔人 85.15 万人，黑人 153.28 万人，西班牙裔人 120.01 万人，人为的种族隔离已逐渐消除，少数民族大学生的比例基本上与其人口比例持平。

自 20 世纪 60 年代起，美国大学开始开设少数民族课程，如黑人研究、印第安人研究、奇卡诺人研究、阿巴拉契亚山地研究及一些跨学科课程。至 1971 年，已有 500 所白人大学设立了黑人研究课程计划。与此同时，黑人教师也越来越多地任教于白人大学。1900 年以前只有 3 名黑人在白人大学任教，1938 年增至 6 人，1961 年增至 300 人，1976 年增至 7 000 多人。1985 年，全国共有全日制黑人教师 1.9 万余人，其中 1.1 万余人在白人院校任职，占 57％，8 273 人在黑人院校任职。由此可见，黑人等少数民族学生的学习环境已有了很大改善。

第三，扩大了教育机会均等的对象和范围，加深了人们对教育机会均等的认识。

1896 年，美国最高法院判决种族隔离教育制度可以存在于南方诸州，因此它强调的均等是指入学接受共同课程机会的均等，而不是进入同一所学校受教育机会的均等。1954 年，美国最高法院判决学校应废除种族隔离政策，可以说是对"教育机会均等"一词法定诠释最重要的改变，意味着美国司法界对教育机会均等的诠释开始转为对学校教育效果的衡量。此判决等于认定原种族隔离政策下学校教育的效果是不同的，或极有可能是不同的，因此将种族作为指派学生进入不同种类学校就读的标准，妨害了个人的基本自由，学者衡量教育机会均等的重点已由教育资源投入转变为对教育结果的衡量。

依据《民权法》第 402 条，联邦教育署署长要在两年内，就美国各级公立教育机构中个体由于种族、肤色、宗教或民族等原因缺乏平等教育机会的问题主持调查并向总统及国会提交报告。1966 年 6 月，教育署长向国会提交了由社会学家科尔曼依据《民权法》主持研究的报告《教育机会均等》（即《科尔曼报告》）。科尔曼的研究表明：在最高法院要求取消公立学校种族隔离 10 年后，种族隔离学校继续存在，全国绝大多数儿童所就读的学校依然没有消除种族隔离；在少数民族学生中，黑人的隔离程度最大。科尔曼研究的最终结论并没有将少数民族学生尤其是黑人学业成绩低于白人的结果归结于南方制度化种族歧视所导致的黑人学校物质设备方面的不足，相反地，他认为不同的设施、课程甚至教师的差别对学生成绩的影响并非关键因素，最重要的因素是"教育背景和学校中其他学生的学习愿望"。科尔曼的研究结论引起了广泛的争论，但为将贫穷的黑人及其他学生从质量低劣的学校转入主流教育环境提供了有力的佐证。由于《科尔曼报告》的争论性影响，自 20 世纪 60 年代后半期开始，以美国为中心，世界范围内开展了各种有关教育机会问题的调查和研究，把教育机会均等的观念推进到更深层次。

民权运动作为一项社会运动逐渐衰落下去之后，妇女运动等各项要求平等的运动则轰轰烈烈地开展起来。从此，教育机会均等的对象从黑人扩大到印第安人、西班牙裔人等美国社会中其他不利种族群体，从少数民族扩大到女性,从健全人扩大到残疾人,从普通人扩大到士兵。这表明:在民权运动的影响下,教育机会均等的对象扩大了,内容和范围拓展了,人们对教育机会均等的认识也加深了。

参考文献

乔安尼·格兰特.美国黑人斗争史[M].郭瀛,等,译.北京:中国社会科学出版社,1987.

约翰·霍普·富兰克林.美国黑人史[M].北京:商务印书馆,1988.

南开大学历史系.美国黑人解放运动简史[M].北京:人民出版社,1977.

杨生茂,路镜生:美国史新编[M].北京:中国人民大学出版社,1990.

Spring, J. American Education [M]. New York: Longman Inc. , 1978.

（李巧针）

民事诉讼制度在教育领域的适用 （applying civil procedure system in education）

在教育领域,民事诉讼普遍用于处理学校与社会相关主体之间产生的民事纠纷。这类纠纷一般是学校与不具有隶属关系的行政机关、企事业组织、集体经济组织、社会团体及个人之间,在教育活动中发生的以平等、有偿为原则的社会关系。在这类关系中,当事人之间的地位是平等、自愿的,相互之间的关系一般是等价的、有偿的。这类关系涉及面广,例如财产、土地、学校环境、人才培养合同、智力成果转让、毕业生有偿分配乃至学校创收中所涉及的权益,都会产生民事所有和流转上的必然联系。此外,伴随教育体制改革的发展,学校的社会关系日益丰富和复杂,也产生了一些新型的社会关系。如学校在执行国家政策法令和计划的前提下,有权与外单位合作,联合办学,建立教学、科研、生产联合体;有权与国外办学机构合作办学,有权向学生收取学费,有权聘任和管理教师。在办学体制上,除了国家办学外,积极鼓励社会组织和个人参与办学,积极倡导行业部门、地方政府及企业、科研机构与学校之间的联合办学。在这些新体制下出现很多具有民事性质的社会关系,需要运用民事诉讼调整彼此间的矛盾和冲突。

学生伤害事故处理是运用民事诉讼的另一个主要领域。在学生伤害事故中,学校与学生之间构成平等的民事关系,发生伤害事故之后,双方除了协商与要求行政机关调解之外,还可以通过民事诉讼解决赔偿纠纷。未成年的受害学生可由其法定代理人向人民法院提起诉讼,成年学生应自己提起诉讼,法院则需要根据过错责任原则确定学校的赔偿责任。在举证责任方面,坚持"谁主张谁举证"的原则,受害学生应举证证明学校对损害的发生具有主观过错,从而要求学校承担赔偿责任。如不能举证证明,则其主张

不成立。但如果受伤害学生是 10 周岁以下的无民事行为能力人,或者是 10 周岁以上 18 周岁以下的限制民事行为能力人,考虑到他们的认识能力不足的问题,也会实行举证责任倒置的原则。由学校举证证明自己已经尽到了对学生的照顾、管理和保护的责任,从而免除或减轻自己的赔偿责任。

随着学校人事制度的改革,教师与学校的关系正在发生变化,一些传统上属于行政性质的关系正在向民事关系变化,这种变化导致民事诉讼逐渐介入教师聘任和管理的纠纷。而民办学校和教师之间的关系基本上都属于平等主体间的民事关系,其间因为侵权或签订、履行聘任合同等发生争议,也应当通过劳动仲裁及民事诉讼制度予以解决。

教师与教师之间、学生与学生之间在日常交往中也会发生一些纠纷,由于这些纠纷的主体一般都不具有隶属关系,因此都属于民事纠纷。学校可以主动或应任何一方的要求对这些纠纷进行调解,帮助双方协商解决。但学校的调解应是在双方自愿的基础上进行,不具有强制性,如果双方不愿意进行调解或对调解结果不服的,学校应当终止调解,允许双方通过民事诉讼方式解决纷争。

（申素平）

民族教育（ethnic education）

多民族国家中各民族教育的总和。既包括主体民族的教育,又包括少数民族的教育。其内涵丰富,主要有以下几种观点。(1) 单一民族教育说(ethnic education)。日本《大百科事典》认为,民族教育是指对作为有共同文化的集团的民族成员进行的、培养他们具有主动追求自己民族的经济、社会、文化的发展的态度和能力的教育。许多国家接受了日本对民族教育的解释。国内有学者认为,民族教育是一个民族培养其新一代的社会活动,是根据本民族的要求对受教育者施加的有目的、有计划、有组织、有系统的影响活动,以便把受教育者培养成一定社会的人,为本民族服务。(2) 国民教育说(national education)。民族教育有时是国民教育的代名词,这有两种情况:在单一民族国家,民族教育的概念往往被国民教育的概念替代;在多民族国家,民族教育成了泛指多民族教育总和的集合概念,既包括主体民族的教育,又包括少数民族的教育。(3) 少数民族教育说(ethnic minority education)。《中国大百科全书·民族》认为,少数民族教育是在多民族国家内对人口居于少数的民族实施的教育,简称民族教育,在中国指对汉族以外的其他民族实施的教育。《教育大辞典》也认为,民族教育是中国少数民族教育的简称,特指除汉族以外对其他 55 个民族实施的教育。(4) 多重含义说。有学者认为,民族教育是一个具有多层含义的概念。第一层含义指少数民族教育;第二层含义指多民族国家中各民族教育的总合;第三层含义指世界各民族教育。也有学者认为,中国的民族教育是由"单一民族教育"和"复合民族教

育"共同构成的,两者相互依存、相辅相成。(5)跨文化教育说(cross-cultural education)。有学者认为可将民族教育分为广义和狭义两种:广义的民族教育指一种"跨文化教育",即对具有不同文化背景的受教育者的一种教育;狭义的民族教育指在多民族国家里对少数民族受教育者的一种教育。狭义的民族教育可分为二十余种各具特色的概念,如专指说、对象说、目的说、民族特征说、地区说、服务说、多元文化教育说、要素说等。

在中国,民族教育有广义与狭义之分,前者指包括汉族在内的56个民族的教育,即中华民族的教育;后者专指对除汉族之外的55个少数民族实施的复合民族教育,即少数民族教育。详"中国少数民族教育"。

（苏　德）

民族教育学(ethnic pedagogy)　　研究具有不同文化背景的各民族的教育规律的学科。以不同的民族群体与个体为研究对象,在探索人类教育的共同规律的同时重点探讨不同民族群体与个体教育的特殊规律及特点。萌芽于20世纪初,形成于20世纪中叶。由教育学与民族学两门学科交叉形成。在民族学领域,民族教育学常和民族经济学、民族社会学、民族文化学、民族政策学等并列为下位学科;在教育学领域,民族教育学和教育人类学接近,常与教育经济学、教育文化学、教育社会学、教育政策学等并列为下位学科。在西方国家,民族教育学与教育人类学、多元文化教育等关系密切。

研究对象及学科性质　　民族教育学研究对象的确定是从教育学的研究对象出发的。孙若穷的《中国少数民族教育学概论》一书认为,民族教育学是研究少数民族教育规律的一门学科。其他学者的讨论大多数也在广义和狭义的教育学研究对象的基础上理解民族教育学的研究对象。民族教育学是专门研究民族社会教育现象及其规律的科学,是人们对民族教育现象认识的概括和总结,它研究具有不同文化背景的各民族的教育规律的共同规律,同时重点探讨不同民族群体与个体教育的特殊规律及特点。民族既可以是某一个民族,也可以是多民族国家中的少数民族。前者强调教育的民族性,后者强调教育在多民族国家中的多元性。

民族教育学学科性质由其研究对象的性质和特点决定。民族教育学研究对象分别被教育学和民族学作为其研究领域。从教育学分支研究领域看,民族教育既是一种社会现象,又是一种认识现象。作为社会现象,它属于社会科学,但作为认识现象,民族教育的发展有其内在逻辑性与相对独立性。民族教育学的性质由此确认为二重性学科或跨界性学科。教育学的体系可分为宏观层次的理论教育学,中观层次的部门教育学、边缘教育学、教育活动与过程,微观层次的应用教育学等,民族教育学属于中观层次的边缘教育学领域,与教育心理学、教育经济学、教育政治学等是同位学科,是教育学和民族学的交叉学科。从民族学研究的分支领域看,民族教育学与民族文化学、民族经济学、民族心理学、民族语言学、民族宗教学等是同位学科,与民族学、文化人类学、宗教学等有紧密联系。民族教育学兼有教育科学和民族科学的双重性质,是一门综合性的边缘学科。

主要研究内容　　中国民族教育学主要研究内容包括以下几点。(1)理论体系的研究与构建。主要研究课题包括民族教育学的理论基础、研究方法、理论框架、双语教学理论、多元文化课程理论、民族教育事业管理理论等。主要任务和目标是逐渐完善中国民族教育学的学科体系,在民族教育学的分支学科的基础上,进一步构建有中国特色的民族教育理论体系。(2)民族地区基础教育问题研究。主要研究课题包括民族地区基础教育课程改革中的特殊问题研究、普及义务教育的质量与效益问题研究、基础教育双语教学问题研究、民族基础教育课程与教材问题研究、寄宿制学校研究、基础教育投资体系研究等。主要任务和目标是通过对民族基础教育基本规律的研究与把握,为中国民族地区基础教育政策的制定、基础教育改革的推进、基础教育质量的提高提供理论依据和政策咨询。(3)少数民族高等教育问题研究。主要研究课题包括民族高等教育的规模与体系问题及办学模式问题、民族学院的办学之路、民族师范院校的教育改革、民族高等教育的投资问题研究及普及与提高研究等。主要任务和目标是建设中国民族高等教育理论的新体系,不断探索适合中国民族地区特点和民族特点的民族高等教育的办学体制。(4)特殊政策研究。主要研究课题包括中国民族教育政策的历史考察、政策体系研究、特殊政策、优惠政策、国际比较研究、形成与发展研究、咨询研究等。主要任务和目标是从理论上探索民族教育政策的科学依据,创建中国民族教育发展中的特殊优惠政策体系;从实践上不断丰富中国民族教育政策体系的咨询服务系统,为民族教育政策的形成与发展更加符合中国民族地区和民族的特点服务。(5)民族地区双语教学模式研究。主要研究课题包括双语教学的基本理论问题研究、理论基础研究、历史考察研究、普遍规律研究、实践模式研究以及同一民族在不同民族地区的双语教学模式比较研究、不同民族不同双语教学的比较研究等。主要任务和目标是完善中国民族地区双语教学的理论基础,在实践领域不断丰富民族双语教学的多样化模式。(6)民族地区多元文化课程问题研究。主要研究课题包括民族地区多元文化课程历史考察、地方课程研究、校本课程研究、课程体系研究、课程资源开发与利用问题研究以及多元文化课程的比较研究、中华民族多元一体文化教育课程体系构建等。主要任务和目标是开发、利用中国民族地区的教育资源,为民族地区多元文化课程体系的建构创造条件。(7)多元文化教育理论的国际比较研究。主要包括西方多元文化教育理论之间的比较、中国少数民族教育与西方多元文化教育比较研究两大领域。多元文化教育本土化研究的热潮逐渐形成。主要研究课题包括美国多元文化教育的新进展、加拿大多元文化教育研究、澳大利亚多元文化教育研究、西方多元文化教育的比较研究、中国少数民族教育与西方多元文化教育比较研究、中国多元文化教育的本土化研究等。主要任务和目标是通过比较研究,认识中国少数民族教育与西方多元文化教育之间的差异所在,进而分析中国多元文化教育的特殊性,为中国特色的多元文化教育奠定基础,使中国民族教育及其研究走向世界。(8)民族认同与民族地区青少年心理教育问题研究。主要研究课题包括民族认同的特点、民族青少年的民族认同与国家认同、中国少数民族地区青少年的民族认同特点、藏族地区的宗教信仰与民族认同、回族地区的宗教信仰与民族认同、民族认同与无神论教育、民族认同与学校德育等。主要任务和目标是正确理解民族地区青少年在民族认同与国家认同方面的关系,处理好民族地区学校教育中的青少年德育问题,为培养合格的民族成员和国家公民提供理论依据与实践模式。(9)民族教育事业管理理论研究。主要研究课题包括民族教育行政研究、民族教育事业管理研究、民族高等教育管理研究、民族基础教育管理研究、民族学校教育管理研究、民族地区非正规教育管理研究等。主要任务和目标是通过对民族教育事业管理理论的进一步深化,形成中国民族教育管理学的理论框架,不断完善民族教育学,进而为中国的民族教育事业管理提供理论指导和实践服务。

研究方法　民族教育学没有自己专门的研究方法,但作为一门交叉学科,它可以从相邻的教育学、民族学、文化人类学、宗教学等学科中灵活借鉴其研究方法。(1)坚持和运用马克思主义的哲学方法论。马克思主义哲学对于民族教育学的指导作用:"一是指方向,二是给方法。"在民族教育学的研究过程中要时时排除"代替论"和"怀疑论"的观点,即一方面要反对以马克思主义代替民族教育研究的错误做法,另一方面要反对对马克思主义采取漠视与怀疑的错误做法。要实事求是、理论联系实际、重视实践、勇于创新,真正以马克思主义的辩证唯物论和历史唯物论作为科学的世界观和方法论。(2)教育学研究方法的运用。民族教育学的"母学科"——教育学在继承和运用科学方法的过程中已经形成了自己的主要方法,如经验总结法、调查研究法、教育实验法、定性与定量结合法、比较研究法等,这些方法也适合于民族教育学的研究。(3)民族学、文化人类学研究方法的运用。民族学、文化人类学中的历史研究法、口述研究法、田野工作法、类型研究法、个案研究法、区域研究法等,在民族教育学的研究中同样适用。

形成与发展　在西方,民族教育学由教育人类学、多元文化教育、跨文化教育、土著教育、移民教育等几个相互交叉的研究领域组成。20世纪六七十年代后,多元文化教育逐渐成为西方民族教育的主流。

美国多元文化教育研究专家班克斯在《多元文化教育:理论与实践》中描述了多元文化教育发展的五个阶段:第一阶段(单一民族研究)是黑人公民权利运动的开始和非洲裔美国人在教育方面提出增加与其文化相应的教师、修正教科书、教学内容反映其文化内容、学校的自控等要求;第二阶段(多种族研究)是从比较的角度审视种族族群的经历,并把几个主要少数民族族群的文化反映到课程中;第三阶段(多种族教育)是越来越多的教育家认识到缺乏课程改革使真正的多元文化教育改革失效;第四阶段(多元文化教育)是一些教育家开始对多元文化教育感兴趣并通过改革学校整体环境来拓展多元文化教育;第五阶段(制度化)是一个正在开展的过程,包括扩展多元文化教学的策略设计和学校多元文化教育两个方面。

与多元文化教育历史基本一致,多元文化教育理论研究的演进可以分为四个阶段。(1)民权运动背景下的少数民族文化与教育问题研究阶段(20世纪六七十年代)。20世纪60年代,在美国的黑人中兴起了公民权利运动,其倡导者认为教育应该反映多种准则,而不仅仅反映在美国占主导地位的精英阶层和主流社会的准则,这样才能更充分地表达美国民主的多元化,这为多元文化教育的产生创造了条件。持续了近20年的社会民主运动进程使这一理念逐渐进入教育研究领域。从教育研究的文献资料看,20世纪70年代末至80年代初,专门研究多元文化教育的一些文章和专著陆续出现并在数量上有所增加。(2)多元文化教育理论丰富、发展阶段(20世纪80年代)。这一阶段有三个因素促进了多元文化教育的发展:民权运动的新进展、学校教科书受到广泛批评、教育领域对多元文化主义表现出的积极与主动。西方多元文化教育研究进入高产期,在世界范围内涌现出一批知名的教育专家及其代表作。班克斯发表有关多元文化教育的专著15部,论文近百篇,研究范围涵盖多元文化教育的概念、目标、内容、方法、评价等基本问题以及课程与教学改革、国家方针政策、国际化比较等宏观问题;其经典之作有《多元文化教育研究手册》、《西方社会中的多元文化教育》等。同一时期相关领域的专家及其代表作还有英国的J.林奇,代表作为《多元文化教育的全球化》、《多元文化课程》,格拉伏特,代表作为《教育与多元文化主义》;美国的斯利特和格兰特,代表作为《美国多元文化教育分析》、《多元文化教育的选择》;加拿大的穆德莉,代表作为《种族关系和多元文化教育》;澳大利亚的布里万特,代表作为《教育中的多元主义理念》,等等。这一阶段是西方多元文化教育理论发展最快、最丰富的时期,也是研究成果最集中的时期。东西方多元文化教育与民族教育开始接触也是在这一时期。(3)多元文化教育理论联系实际阶段(20世纪90年代)。这一阶段,各个多民族国家重点进行多元文化教育在学校中的个案研究与实验研究。许多大学和研究机构均设立多元文化教育的研究所,多元文化教育理论工作者和实际工作者结合,以项目研究和教育改革为突破口,使多元文化教育的一些理念真正在学校教育中得以实施并验证。理论的被检验和实践的有效性促成多元文化教育政策在各国的重视和推行,多元文化教育制度化的过程已延伸到课程设计、教学策略与方法、学校环境、教师培养、学生学习风格等各个领域。多元文化教育研究在这一阶段更深入、细致、有效。(4)多元文化教育的全球化与国际比较研究阶段(21世纪)。反思多元文化教育的经验与教训、调整多元文化教育的方针政策、探索新的发展思路与对策是这一阶段多元文化教育研究的热点问题。由于国际竞争日趋激烈、国际交流日益频繁,多元文化教育的国际比较研究也日益盛行。多元文化教育的研究对象是国家主流文化之外的亚文化群体的教育现象及其规律,这种教育现象已由最初的某一国家、某一民族的教育演化为世界范围内普遍存在的教育,其背后的教育规律也由最初只是区域范围存在而转向在世界所有多民族国家存在。

中国民族教育学的形成和发展大致可划分为三个阶段。(1)民族教育学的孕育阶段(20世纪初至20世纪80年代)。这一阶段可分为两个时期,即中华民国时期和中华人民共和国成立后30年。民国时期是中国民族教育理论研究和实践的一个十分重要的发展时期。一方面,民国政府为贯彻"民族主义"国策而对少数民族进行同化和安抚,以达成"五族共和"的目的,在教育方面推行"蒙藏教育"、"边疆教育"等;另一方面,又围绕"蒙藏教育"、"边疆教育"开展大量的民族教育调查研究工作。在当时很有影响的《教育杂志》、《中华教育界》、《西北通讯》等期刊上发表有关少数民族教育的研究成果,如高凤谦的《蒙回藏教育问题》、郑鹤生的《我国边疆教育之计划与设施》、拜少天的《从边政谈边教》和《再从边政谈边教》、古椹的《民族教育的讲授》等,还出版刘曼卿的《边疆教育》、曹树勋的《边疆教育新论》等民族教育的专著。民国政府教育部还颁布《推进边疆教育方案》、《边地青年教育及人事行政实施纲领》、《边疆教育法令汇编》、《边疆教育概况》、《教育部边疆教育委员会会议报告》等有关少数民族教育的一系列方针政策。尽管民国政府采用的是一种以同化主义为主的民族教育,使民族教育理论与实践的发展十分缓慢,但中国民族教育的理论研究从概念到体系、从经验到方针政策等方面均有了新的起点。中华人民共和国成立后的30余年里,即从20世纪50年代到80年代,国家将发展少数民族教育的重心放在发展少数民族地区的各级各类学校教育事业上。在少数民族教育理

论研究中,从民族学出发的研究比较多,这类研究一般把民族教育作为民族社会发展中的一个因素加以研究。民族教育实践的发展促使80年代后期以来出现民族教育理论研究热潮。(2)中国民族教育学的独立阶段(20世纪80年代后)。民族教育学在这一时期的独立是在教育科学迅速发展的基础上形成的。一是在国内教育理论研究者和民族理论研究者中分化出一批专门从事民族教育理论的研究人员,到80年代末形成民族教育学的最初成果《民族教育学》和《民族教育概论》,两者是中国民族教育学的代表之作。二是中央与地方民族教育、教学研究机构与学术团体相继成立,科研队伍逐渐壮大。中央民族大学教育学院作为学校"211工程"、"985工程"项目重点建设单位,其前身是20世纪50年代成立的教育学教研室,1991年由高教研究室、《民族教育研究》编辑部和教育学心理学教研室合并成立民族教育研究所,2000年成立教育系,2003年成立教育学院。从90年代中期开始招收培养少数民族教育专业本科生、硕士研究生、博士研究生。1980年,吉林省延边市成立中国第一个地方性民族教育研究所。1983年,西北师范大学成立民族教育研究所。之后,各省、自治区和各民族学院、高校相继成立大量民族教育研究所或研究室。研究队伍的壮大要求成立相应的学术团体。1980年,辽宁省率先成立"少数民族教育研究会"和"朝鲜语文教学研究会"。1983年,全国性的民族教育学术研究团体——"中国少数民族教育研究会"正式成立。各省、市、自治区及自治州、县纷纷成立各自的学术团体。到1989年,全国已有20个省、市、自治区和50个自治州、地区以及60个县成立少数民族教育研究会,全国会员达5 000余人。民族教育研究队伍的壮大和民族教育学术的繁荣直接推动中国民族教育学学科的发展。三是民族教育学术期刊的发行和民族教育研究项目的规划直接促成民族教育学学科的独立发展。1986年,四川省创办中国第一个面向全国的综合性民族教育研究杂志——《民族教育》,1990年更名为《中国民族教育》,并由教育部民教司主办。1988年,《民族教育研究》创刊,它由国家民委主管、中央民族大学主办,是以学术性、理论性为特色的综合性教育刊物,也是全国唯一在国内外公开发行的民族教育研究学术期刊。少数民族聚居的各省、自治区的相关教育期刊也成为研究民族教育的阵地,如《西藏教育》、《内蒙古教育》、《新疆教育》等。"七五"期间,民族教育研究首次被纳入国家哲学社会科学重点研究项目。主要研究成果包括《中国少数民族教育学概论》、《中国少数民族教育史纲》、《中国少数民族教育发展与展望》等,这些标志着民族教育学作为一门独立的学科基本形成。《中国少数民族高等教育学》、《民族教育学通论》、《中国少数民族教育史》、《族群·文化与教育》、《中国少数民族双语教育概论》、《文化选择与教育》、《文化环境与教育》、《教育民族学》、《中外民族教育政

策史纲》、《跨文化心理学研究》、《达斡尔族教育史》、《蒙古学百科全书·教育卷》、《教育大辞典》(第4卷)、《中国边境民族教育论》、《民族教育质性研究方法——理论、策略与实例》等书籍的出版标志着民族教育学学科从内容体系到研究方法等方面有了长足发展。(3)中国民族教育学的完善阶段(1990年后)。一是民族教育学学科范畴与体系研究的深化。在20世纪80年代末产生的一些民族教育学范畴与体系的基础上,民族教育学界开始反思有关的基本范畴并从学科自身研究领域和边界出发重新确定民族教育学的学科体系。民族教育学学术专著的水平整体提高,出现许多具有代表性的民族教育学著作。二是中国民族教育学与西方多元文化教育学的接轨。改革开放后,中国民族教育领域扩大了自己的学术交流范围,对于多元文化教育由最初的批判到分析有效经验,再到进行东西方民族教育的比较研究,从中借鉴了许多东西,尤其在扩大民族教育的内涵和确立民族教育发展的理念方面,使中国民族教育在学术研究上与国际民族教育研究接轨。三是民族教育学分支研究领域对民族教育学学科体系的充实。除民族教育的部分研究领域(民族幼儿教育、民族初等教育、民族中等教育、民族高等教育)外,可从民族基础教育、民族职业技术教育、民族成人教育、民族高等教育四大块来研究民族教育的结构体系。民族教育政治学、民族教育经济学、民族教育心理学、民族教育管理学、民族教育社会学等交叉边缘学科不断涌现。到20世纪90年代末,民族教育学形成由民族教育基本理论、民族高等教育理论、民族基础教育理论、民族教育史、教育人类学、多元文化教育理论、民族多元文化课程理论、民族教育管理理论、跨文化心理与教育理论、民族双语教育理论、民族文化传承理论、民族教育政策理论、民族传统教育学等分支领域构成的学科体系。四是民族教育学研究方法的多元化、科学化。民族教育学由最初的单一的教育学或民族学的研究方法转变为教育学、民族学、人类学、心理学、历史学、社会学、语言学、文化学等跨学科、跨文化的研究方法,现代教育技术学、信息工程学的相关理论与方法也被引入民族教育学的研究。多元化和科学化方法的运用与发展使民族教育学日趋成熟。

参考文献

哈经雄,滕星.民族教育学通论[M].北京:教育科学出版社,2001.

孙若穷.中国少数民族教育学概论[M].北京:中国劳动出版社,1990.

(王　鉴　苏　德)

明代科举取士制度

明代的一种官吏选拔制度。八股取士是明代科举考试的最大特点。明代开科取士始于洪武三年(1370年)。是年,明太祖诏令曰:"自今年八月始,特设科举,务取经明行修、博通古今、名实相称者。朕将亲策于廷,第其高下而任之以官。使中外文臣皆由科举而进,非科举者毋得与官。"(《明史·选举志二》)在京师及各行省举行乡试,第二年,在京师举行会试,取中120名。由于当时天下初定,官多缺员,需要大量人才,因而诏令各行省连试三年,规定举人免会试,赴京直接授官。但因"所取多后生少年,能以所学措诸行事者寡",于是自洪武六年起,停止科举,令有司察举贤才,补充官吏。直至洪武十五年,又诏礼部复设科举。洪武十七年三月,"始定科举之式,命礼部颁行各省,后遂以为永制"。正是这次颁行的科举成式,成为明代科举考试诸规定的定本。

明代科举在发展过程中曾有"南北榜"之争。洪武三十年,翰林学士刘三吾、白信蹈主持会试,北方举人全部落第,从而引起北方举人的不满,指责主考在取士上偏袒南方人。朱元璋便派侍读张信等复查考卷,增录北方人入仕,后张信等维持原榜。有人上告张信与刘三吾故意以陋卷进呈。这使朱元璋大怒,遂将张信、白信蹈等人处死,将刘三吾革职充军,并亲自阅卷,钦定"以韩克忠为第一,皆北士"(《明史·志算四十六》),录取的六十一人都是北方人。这就是闻名科场的"南北榜"之争,因其为夏季发榜,又称"春夏榜"争。为了防止"南北榜"争重演,仁宗皇帝于洪熙元年(1425年)向大学士杨士奇询问如何取士,并确立了"分地而取"的方针。宣德、正统年间又将会试"分为南、北、中卷,以百人为率,则南取五十五名,北取三十五名,中取十名"(《明史·志算四十六》)。但是,会试的录取名额,随着朝中科举负责人或南人、或北人,而引起时而南卷额员多,时而北卷额员增的拉锯式争斗,最终导致了景泰年间和成化年间几度掀起的"南北榜"争。

明代在科举考试上的独创是选拔庶吉士,即点翰林。洪武十八年三月会试结束后,除部分进士直接授官外,明太祖朱元璋命其余进士均在中央政府各衙门亲历事务。其中,观政于翰林院、承敕监等衙门者,均称庶吉士;而在六部、督察院、通政司、大理寺等衙门者,则称进士(此即所谓"观政进士")。庶吉士的选拔,目的在于锻炼刚刚考中进士者之工作能力。但至永乐二年(1404年),规定庶吉士专属翰林院,"选进士文学优等及善书者为之",三年学成,经散馆考试,优者留翰林院为编修、检讨,其余则出为给事中、御史、州县官等。《明史·志算四十六》记载:自英宗以来,"非进士不入翰林,非翰林不入内阁,南、北礼部尚书、侍郎及吏部右侍郎,非翰林不任。而庶吉士始进之时,已群目为储相。通计明一代宰辅一百七十余人,由翰林者十九"。

科举定式　明代科举常科只有进士一科,每三年举行一次,考试为乡试、会试和殿试三种。

乡试。每逢农历子、卯、午、酉年在各省省城举行,由各省提学使(学政)主持,乡试场所称"贡院"。考期一般在秋八月,称"秋闱"。考生为府、州、县学生员经考试合格者、儒子之未仕者及官之未入流者。如为学校训导、未教生徒、罢闲官吏以及倡优之家与居父母丧者,俱不许入仕。乡试考中者统称"举人",第一名为"解元"。举人既可参加会试,也可就任小京官、州县属官或教官。

会试。会试是由礼部主持的全国性考试,于乡试第二年在京师举行,即逢丑、辰、未、戌年的春季,故称"春闱"。考生为乡试考中的举人,以及历届会试未中的举人,国子监的监生也可与地方举人一同应试。考中者称为"贡士",第一名称为"会元"。

殿试。殿试由皇帝亲自主持,考期在会试一个月之后。洪武三年规定在三月初三日,洪武十七年规定在三月初一日。成化八年(1472年)以后,改为三月十五日。殿试没有淘汰之说,它是通过考试把应试者(即贡士)排出名次。应试者均被正式赐予"进士"出身。"进士"一般分为三甲:一甲有三名,赐"进士及第",一甲第一名为"状元",第二名为"榜眼",第三名为"探花";二甲若干名,赐"进士出身";三甲有若干名,赐"同进士出身"。兼解元、会元和状元于一身者,称"连中三元"。殿试放榜后,皇帝赐诸进士"恩荣宴"。特别是一甲的三名进士放榜后即授予官职,状元授予翰林院修撰,榜眼、探花授予翰林院编修。由于当时进士的地位极其显赫,故士人竞相参加科举。明代规定,参加科举者必须由学校出身,因此,科举对学校教育及学风产生了直接影响,学校完全成为科举的附庸,学生入学受教育,目的就是参加科举更高一级的考试。

明代武举的正式开设是在弘治六年(1493年),当时议定武举每年举行一次,并对考试程序和内容进行了规定。弘治十七年十月,又令武举每三年举行一次。正德三年(1508年)正月,颁布武举条格,武举会试由此开始。正德十三年九月,修订武举条格,正式确立了乡试的做法。嘉靖十七年(1538年),又将武举开科的试卷,按边方、腹地、南方分为三等,并在嘉靖二十二年正式确定了边方、内地的录取卷数。崇祯四年(1631年),开始设立武举殿试。

考试内容与八股文　乡试和会试的考试内容大致相同,考试分为三场:第一场考试"四书"义三道,每道限200字以上;经义四道,每道限300字以上。没有能力完成的可各减少一道。关于答案标准,"《四书》主朱子《集注》,《易》主程《传》、朱子《本义》,《书》主蔡氏《传》及古注疏,《诗》主朱子《集传》,《春秋》主左氏、公羊、穀梁三传及胡安国、张洽《传》,《礼记》主古注疏"(《明史·选举二》)。永乐年间《四书五经大全》颁定后,考试开始以该书中规定的内容为主。第二场考试论一道,限300字以上,判语五道,从诏、诰、表、笺中选一道。第三场考试经史时务策五道,没有能力完成的,允许减少一道,均限300字以上。殿试考试内容为策一道,考题

由皇帝亲自拟定。

乡试、会试的三场考试,最初并无轻重之分,后来由于考官图省事,往往根据第一场的考试结果决定考生的取舍,凡头场卷子未能选中,二、三场卷子多不再看。因此,中试与否,主要看第一场的四书义和经义,其答题格式是"八股文"。八股文通称"制艺",或时文、八比文、四书文,是一种严格注重内容和形式的文体。《明史·选举志二》记载:"科目者,沿唐宋之旧而稍变其试士之法,专取四子书及《易》、《书》、《诗》、《春秋》、《礼记》五经命题试士。盖太祖与刘基所定。其文略仿宋经义,然代古人语气为之。体用排偶,谓之八股,通谓之制艺。"八股文源于宋代,早在王安石变法期间,就改革科举制度,罢诗赋、帖经、墨义,采用经义取士,即以儒家经典为依据,阐发政治、道德等思想。王安石试图通过这样的文体,既考察士人对儒家经典的熟悉程度,又考察其思维的敏捷性以及政治才能、应变能力和文辞表达能力。明代科举考试,以经义、"四书"义为最重要,其题目从所习本经和"四书"之内出题,士子依据题意答题,题型属议论,所以破解题目大义并转而议论,都是必需的步骤。虽然不知道最初是否把"四书"义、经义的答题称作"八股",但作文的基本路数,与"八股"的路数大体相似。洪武二十四年(1391年)又规定了科举的文字格式,指出"四书"义、经义的答题格式有破题、承题和大讲,这说明当时的经义、"四书"义的试文格式,已经有了基本的步骤规定。实际上,八股文的完备和盛行是在明宪宗成化年间以后。

明朝关于八股文的内容和形式有严格的限定。其一,考试的题目出自"四书"、"五经",分别称为"四书"义、经义。其二,作文者必须"依经按传",用"古人语气",代圣贤立言,不能任意发挥。实际是模仿古人的语气、想法而申述题目的含义,借古人的名头而表达自己对经义的理解。其三,文章必须采用固定格式的排偶文体,否则不能入仕。

八股文包括破题、承题、起讲、入手、起股、中股、后股、束股八个部分。其中,"破题"是将题目字意破释出来,要求总结题旨,但不必显出本题意思,还须避讳;"承题"是承接破题中紧要之意而阐明之;"起讲"是开始议论;"入手"是紧接起讲,转入正文;"起股"系正文初入讲处,贵虚不贵实,宜短不宜长;"中股"要求发挥而留有余地;"后股"要求畅发中股未尽之意,使文章有气势;"束股"是收束全文。在八股中,破题、承题、起讲和入手为八股之前的格式,起股、中股、后股和束股才是八股正文。明代规定,八股正文须有四段对偶的句子,每段两股,合起来为八股。

对教育的影响　当时,由于教育内容、教学方法仅限于训练八股文,使学校完全变成八股文的训练基地。学校虽设经史科目,不过具文而已,读书人终日沉溺于八股的套术之中,严重地败坏了学风。由于八股文有固定的文章格式,加之考试题目必出于"四书"、"五经",从而助长了一些读书

人的侥幸心理,他们想方设法搜集乡试、会试考中者的答卷作为范文,终日描摹,不仅不务经世致用之学,就连"五经"、"四书"也不认真去读。因此,到了明代末年,八股取士不断遭到早期启蒙思想家的猛烈抨击,特别是以黄宗羲、顾炎武、王夫之、颜元等人为代表,掀起了一场反对科举和八股取士的高潮。顾炎武说,八股取士"败坏天下之人才,而至于士不成士,官不成官,兵不成兵,将不成将",致使"寇贼奸宄得而乘之,敌国外侮得而胜之"(《生员论》),"八股之害,等于焚书,败坏人才,有甚于咸阳之郊所坑者"(《日知录·拟题》)。他又在《日知录·十八房》中说:"曰'程墨',则三场主司及士子之文;曰'房稿',则十八房进士之作;曰'行卷',则举人之作;曰'社稿',则诸生会课之作。至一科房稿之刻有数百部,皆出于苏杭,而中原北方之贾人市买以去,天下之人惟知此物可以取科名、享富贵,此之谓学问,此之谓士人,而他书一切不观。"

参考文献

王炳照,等. 简明中国教育史[M]. 北京:北京师范大学出版社,1994.

王炳照,阎国华. 中国教育思想通史[M]. 长沙:湖南教育出版社,1994.

(张　蕊)

明清之际反理学教育思潮

明清之际的实学教育思潮。既是对宋明理学教育的批判,又是新兴市民阶层的启蒙意识在教育理论上的反映。自明万历中期起至清康熙中期,这是中国历史上的一个大动荡时代。伴随着社会的巨大变革,自明中叶以后出现的实学教育思潮,开始发展到鼎盛时期,并涌现出一批重要的思想家和教育家。虽然他们具体的教育主张及其表述方式各不相同,但都呈现出"崇实黜虚"的共同特征。他们批判理学教育的空疏无用,强调"明道救世",倡导"经世致用"的学风。甚至有许多人还亲自参加研究和传播"质测"(科学)之学,关注有益国计民生的事业,要求改变只重人伦道德的单一教育,大力提倡实学。这一教育思潮的代表人物有陈确、黄宗羲、顾炎武和王夫之等,其中影响最大的是黄宗羲和王夫之。

黄宗羲的反理学教育思想

黄宗羲(1610—1695),字太冲,号南雷,又号梨洲,尊称南雷先生或梨洲先生,浙江余姚黄竹浦人。他生活在明清之际,早年积极参加东林党人反对以魏忠贤为首的阉党的斗争。在清兵南下时,他又积极参加反对清贵族统治者的民族压迫斗争,历时八年之久。黄宗羲是一位博览群书、刻苦学习的学者,他的讲学活动十分活跃,先后近五十年之

久,有"讲学遍于大江以南"之称。他继承东林遗风,提倡学术自由,培养了大批著名学者,如陈夔献、万充宗、陈同亮、仇沧柱、陈介眉等之经学,王文三、万公择之名理,张旦复、董吴仲之躬行,万季野之史学,郑禹梅之文章等。黄宗羲一生撰写了大量著作,据统计约有九十余种,达八百余卷,现存约计四十余种、两百余卷,是这个时代政治、经济、军事、文化教育及科学、学术思想斗争的纪实。其中,大部分著作是晚年写成。在他宏富的著作中,《明儒学案》是中国史学界第一部系统完整的断代哲学思想史巨著,对教育界及教育思想产生了不小影响。《明夷待访录》成书于清康熙二年(1663年),比法国民主主义启蒙思想家卢梭的《社会契约论》发表还早一百年,是一部划时代的民主主义思想专著,也是民主教育思想的代表作。他在该书中,反封建、抗专制、轻君权,抨击"工商为末"的传统思想,提出"工商皆本"的主张,适应明清之际资本主义萌芽产生和发展的历史潮流,并为其提供了理论。他从反对封建专制和封建特权的民主思想出发,设想了一套限制君权的民主政治制度,为适应这种民主政治的要求,他主张改革教育制度,扩大教育作用,并提出"公其是非"的学校教育主张。

黄宗羲在《学校》一文中指出,"科举盛,而人才绌",由于教育不能为当时的社会服务,所以必须进行改革。他从当时的社会现实出发,设计了一整套学校体系。他认为,作为国家最高学府的太学尽管应该保存,但要实行民主管理,继承东汉太学"清议"的学风。全国郡县应设立学宫,置学官,学官可由诸生"公议"推选或罢免。规定乡村"民间童子十人以上"者,设立小学,由蒙师教之,其他"凡在城在野寺观庵堂,大者改为书院,经师领之,小者改为小学,蒙师领之,以分处诸生受业"。在入学对象上,他认为,从天子之子女至庶民百姓之子女,均需入学。黄宗羲竭力主张提高和发展学校的职能,以使它成为"公其是非"、监督政府、指导舆论的机关。他提出,学校不仅是"养士"育才的场所,而且有"议政"辅政作用,只有这样,才能使"治天下之具出于学校"。在为未来市民社会所设计的学校体系中,黄宗羲特别指出,各级学校均应负担改变社会风气、提高全民精神文明的历史使命。在他看来,"民间之习俗未去,蛊惑不除,奢侈不革,则民仍不可使富"。

黄宗羲认为,发展学术文化、培养人才,离不开教师(教官),他指出,教师是传授文化知识和培养学生德行的桥梁,学者学问无论大小、学术水平无论高低,考其渊源,或直接或间接,皆出自于师,"古今学有大小,未有无师而成者也"。

在教育内容方面,他反对片面的"尊德性"和束书不读的学风,提倡"道问学"和"我注六经",主张研究学问考古论今,经世致用。从黄宗羲论述的教育内容来看,有以下几个特点:一是主张"文武合一"。认为学者通过学"兵法"、"习射"等科,可使"儒生者知兵书战策非我分外","习之而知其

无过高之论"，从而克服"空疏不学"、游腹空谈的学风。二是注意自然科学。黄宗羲身体力行研究地理、数学、几何和中西历等自然科学，著有《授时历故》、《开方命算》等书。规定学校要开设自然学科课目，主张学习科技的儒生与五经儒生一样晋升。三是教学内容要具有一定的"实用"性。他把脱离实际的"时文"及场屋文选等列入禁止学习的课程，认为这些课程缺乏实用性，不但不能养士，反而"害士"。

在讨论教学方法时，黄宗羲首先批判了当时宋明理学家们的空谈性命。"今之言心学者，则无事乎读书穷理；言理学者，其所读之书，不过经书之章句，其所穷之理，不过字义之从违。"（《留别海昌同学序》）他主张学问与事功为一，以"应务救国"为目的。"道无定体，学贵适用。奈何今之人执一以为道，使学道与事功判为两途。事功而不出于道，则机智用事而流于伪；道不能达之事功，论其学则有，适于用则无；讲一身之行为则似是，救国家之急难则非也，岂真儒哉？"（《姜定庵先生小传》）他大力提倡为教、为学应当"著实"，要求必须有"真见"、"真行"，努力做到"学用一致"。

王夫之的反理学教育思想

王夫之（1619—1692），字而农，号薑斋，衡阳（今属湖南）人。明亡后，隐居石船山，被称为船山先生。他出生于"诗礼传家"，幼年对经史诸子百家之学均致力学习，他在哲学、政治、经济、文学以及教育等方面，都有卓越的贡献，先后完成了《周易外传》、《老子衍》、《黄书》、《庄子通》、《读四书大全说》、《思问录》、《张子正蒙注》、《俟解》、《噩梦》、《读通鉴论》等一百余种、四百多卷、八百多万字的学术巨著。在这些著作中，他不仅批判了各种唯心主义学说，而且总结继承了中国古代唯物主义的思想传统，形成了自己的理论体系。

在教育的作用上，王夫之把教育作为强国"财、兵、智"的三纲领之一。在《礼记章句》中指出"王者之治天下，不外乎政教之二端。语其本末，则教本也，政末也"，"政立而后教可施"，政教关系处理得恰当，就会使社会安定、经济发展，如果处理不当，就会使国家衰亡。王夫之认为，教育在人的形成和发展过程中，有重要作用，一是可以影响人的"先天之性"，使其潜在的认识能力得到增强和发展；二是只有通过教育和学习，才能取得知识才能，形成道德观念，即"后天之性"；三是通过教育手段，可以革除因"失教"或教之不当而形成的"恶习"。

在教学思想上，王夫之强调教学是教师和学生共同活动的过程，其中教师居于主导地位，只有善教、乐施的教师，才有善学、乐学的学生。王夫之认为，教者的任务是使学者"致其知"。而要完成这个任务，从教者与学者双方来讲，就是教师要善教、乐教，学生要善学、乐学，"施者不吝施，受者乐得其受"。他认为教与学双方要像磁石引铁一样相互求

应，方能受益和增进才德。"善教育者必有善学者，而后其教之益大。教者但能示以所进之善，而进之之功，在人之自悟。"（《四书训义》）

王夫之从"格物为始教"出发，反对程朱与陆王的"离物求觉"，主张"依物求觉"。他指出，"绝物"而求觉，结果只会"坠其志，息其意"，认为这完全是"冥悟"，而非真正的自觉。在他看来，真正的自觉只能在学习材料的基础上求得，而不能凭空产生。教师启发学生"自悟"的办法是教育学生"立志"和"正志"。王夫之认为"志立，则学思从之"，就会才能日增、聪明日盛，对"德业"就能始终一贯、孜孜不倦、日新月异。在他看来，认识的途径有两个，即学与思，但这是有条件的。"致知之途有二，曰学，曰思。学则不恃己之聪明，而一唯先觉之是效，思则不徇古人之陈迹，而任吾警悟之灵。乃两者不可偏废，而必相资以为功。"（《四书训义》）他主张学习必须虚心，应通过学习来扩大自己的知识面，思则不死守古人的陈迹，而要发挥自己的智慧，进行独立思考，得出自己的判断，否则只会"守其故物而不能日新，虽其未消，亦槁而死"，最终导致思想僵化。在学与思的关系上，他认为，学与思、虚心学习与独立思考，两者不可偏废，必须把它们结合起来。在教学问题上，必须贯彻学思结合、感性认识与理性认识相结合的原则，注意发展学生的独立思考能力。王夫之还主张教者对学者必须做到因材施教，因为每个人的素质各不相同（"质有不齐"），有钝有敏（"敏钝之差"）；每个人的"志量不齐"，有大有小；每个人的德行不同，有长有短；每个人的知识不等，有多有少、有深有浅等。为此，教师就必须了解和承认学生的差别，从学生的各种客观实际出发，根据不同情况，各如其量地进行教学。

王夫之的道德观具有两个显著特点，一是主张"天理"和"人欲"紧密相连，认为"天理"存在于"人欲"之中；二是提倡不以"一人之私"而"废天下之公"。王夫之认为，所谓"人欲"，"盖凡声色、货利、权利、事功之可欲而我欲之者，皆谓之欲"（《读四书大全说》）。"人欲"与"天理"并非截然对立，恰恰相反，两者是相互联系、密不可分的，"天理"就在"人欲"之中。王夫之强调"天理"与"人欲"的紧密联系，并不是赞成纵欲，而是主张依据"天理"适当满足人们的欲望，即所谓"节欲"。在道德教育上，王夫之认为宗旨是培养一个有道德修养的人。他指出人的道德修养，首先是立志，一个人道德修养的好坏就是取决于立志是否宏大、坚定。他说："学者德业之始终，一以志为大小久暂之区量，故《大学》教人，必以知止为始，孔子之圣，唯志学之异于人也。"（《张子正蒙注》）其次是靠自勉与自修。他说："学者不自勉，而欲教育者之俯从，终其身于不知不能而矣。"（《四书训义》）他认为只有在产生了道德修养的自觉要求之后，通过教师因势利导给予教育，才会取得良好效果。再次是重力行。王夫之认为道德修养的根本目的是践行，指出在学、问、思、

辨、行五者之中，行最重要。他认为，"行"不仅有验证道德知识正确与否的功效，而且还是衡量一个人道德水准的标尺。

参考文献

黄宗羲.黄梨洲文集[M].北京：中华书局，1959.

王炳照，等.简明中国教育史[M].北京：北京师范大学出版社，1994.

王夫之.船山遗书[M].北京：中华书局，1975.

（楼世洲）

模块课程(module curriculum)

以模块为基本单元的课程。包括模块化课程模式、模块化教学计划、模块化教材三个层面的含义。模块指有特定目标、便于组合、相对独立的教学内容。一个模块就是一个相对独立而完整的学习单元，包括旨在为帮助学习者掌握某一明确陈述的学习目标而设计的一系列学习经验。模块之间存在并列、包含、组合等关系。模块课程促使教学从传统的以"教"为中心转变为以"学"为中心，学习者对自己的学习承担更多责任：从统一的学习进度与内容转变为学习时间、地点、方式等均可因人而异。模块课程便于学分制管理，便于及时更新教学内容、增强教学内容的适用性，便于教育者依据经济社会发展需要增减课程，便于学习者根据自己的基础和发展需求选择课程。

课程范型是最基本的课程类型，反映特定的教育思想和课程观。模块课程源自因工业化社会大生产需要而产生的课程范型——核心课程，此范型介于学科课程、活动课程之间，既不以学科为中心，也不以儿童为中心，而是以人类的基本活动为中心。围绕一个相对独立的基本活动为中心组织教学内容，是模块课程的基本特征。职业教育模块课程以职业分析(即职业的实际需要)作为组织教学内容的依据，并予以综合化，是核心课程理念在职业教育领域中的体现。产生于20世纪90年代的多元整合课程是综采核心、活动、学科课程范型之所长的现代课程范型，也推崇模块课程。

模块化课程模式　能开发出模块化结构教学计划或教材的课程模式。有些课程模式只适用于教材开发。课程模式指来自某种课程范型并以其课程观为主要指导思想，为课程方案设计者开发或改造某个专业并编制课程方案(教学计划、大纲、教材等)，提供具体思路和操作方法的标准样式。课程模式体现课程范型的观念，是课程范型转化为课程方案的中介；是分析、设计、实施、评价四个周而复始的课程开发步骤的具体思路；是课程方案设计者可以照着做的标准样式。国际劳工组织开发的就业技能模式(Modules of Employable Skill，简称 MES)使用的技能组合模块课程模式、北美能力本位教育(Competency Based Education，简称 CBE)使用的矩阵能力模块课程模式、德国"双元制"使用的核心阶梯式课程模式、中国研发于20世纪90年代初的"宽基础、活模块"课程模式(即集群式模块课程，简称 KH 模式)，以及21世纪初先后推出的行动导向项目课程、工作过程系统化课程，均推崇模块课程。强调以职业分析即职业活动实际为依据划分模块，围绕能力、技能形成或工作过程组织教学内容。MES 的技能组合模块课程模式，以技能为依据划分模块，形成模块组合，称为"技能模块"，适用于不与学历挂钩的职业培训。强调由有实践经验的工人参加职业分析，使用一套表格，按职业领域、职业、职责、任务分步进行，对一个具体岗位所需要的技能层层分解。针对每一项技能所涵盖的任务确定学习目标、所需设备材料和工具、操作步骤和标准(含必要的知识)、考核等内容。每一个任务对应的学习内容称为"学习单元"，若干学习单元组成一个模块，若干模块组成一个模块组合。每个模块对应一项技能，每个模块组合对应一组相关技能。CBE 的矩阵能力模块课程模式，以能力为依据划分模块，称为"能力模块"。要求由在实际岗位从业的行家里手参加职业分析，使用两种表格把职业岗位对从业者的专业能力要求进行分解，强调能力的现实性。职业分析包括两步：首先运用课程开发表(developing a curriculum)对某个岗位进行分析，一个岗位需要约10种一级能力，每种一级能力又被分解为若干二级能力；其次用专项能力分析表列出每一个二级能力所需要的工作步骤、工具、知识、态度、标准等。"宽基础、活模块"课程模式借鉴技能组合模块课程模式、矩阵能力课程模式及事业发展型课程模式等发达国家的理念，并结合中国职业学校教育与学历挂钩的现实，既继承学科课程的优势，又强化能力本位。其两段式课程结构具有"基础平台加专门化"的特点，与"大专业、多专门化"的专业设置相对应，满足学校在相对稳定办学的基础上适应劳动力市场的变化，并在一定程度上满足受教育者多元化选择的需要。"宽基础"对应一个职业群或几个相关职业群，课程由相对稳定的板块构成。每一板块由按科目或模块性质分类的教学内容组成，是受教育者拓宽就业面和今后转岗、晋升以及更新知识、技能的基础。"活模块"的课程中既有对应职业群中的职业岗位而划分的"大模块"(模块组合)，也有以职业岗位对从业者的能力要求为依据划分的"小模块"，属于直接对应岗位要求的教学内容。"宽"指学习者在一个或若干相关职业群中就业、转岗、晋升和继续学习奠定宽泛基础，"宽"与"厚"发生矛盾时，以"宽"为主；"活"指"大模块"和"小模块"在数量、内涵、学校选择、学生选择、时间安排、考核要求等方面的灵活。"宽基础、活模块"课程模式同时强调职业分析的现实性和前瞻性，不仅强调专业能力分析，而且注重包括融入和适应社会等能力在内的职业素养分析，强调"促进德育、智育、体育、美育有机融合,提高学生综合素质"。

模块化教学计划 亦称"模块化课程设置"。指某专业教学计划中各科目安排的模块化。模块化教学计划的开发过程中运用了某种模块化课程模式,就具有该课程模式所反映的课程观念及特定的模块内涵。如运用课程开发表进行课程开发,其专业教学计划中就出现北美能力本位教育所特有的能力模块;使用就业技能模式的职业分析方法进行课程开发,则出现以技能分解为依据的技能模块及其组合;使用"宽基础、活模块"课程模式,即出现基础平台和专门化构成的两段式教学计划和由大模块、小模块组成的教材。课程开发表在分析某一职业后,就成为该职业培训的模块化教学计划,是培训管理者实施管理的依据,也是教师掌握进度、考核标准的依据和了解职业实际需要的导向,还是学习者根据自己现有基础和发展意向选择学习内容的依据以及完成培训后自我推荐的证明。模块选择表则是符合每个学员实际需要的个性化教学计划。模块化教学计划的设计有五种形式:(1)按需选择模块。学习者根据自己的需要选择模块,确定学习顺序。(2)顺序性模块。对一定数量的重要模块预先确定学习顺序,以确保前后学习模块的一致性与连续性,但也给学习者留有相当程度的自由选择权。(3)中心式模块。强调学习内容和模块的选择必须与中心问题或主题相联系。(4)并行式模块。在一定学习时期为同组学习者并行开设两组或多组模块课程,这些不同组别的模块课程由不同的系、科开设,有不同的专业方向;并行的模块相互独立,但彼此参照和联系。(5)分层式模块。明确限定不同层次模块之间不可变的学习顺序,在完全采用分层式的模块课程中,学习者在未完成前一阶段的模块前不可学习下一阶段的模块。在实践中,各国并非只采用一种模式,而是根据需要采用多种模式。

模块化教材 模块理念在教材编制中的应用。具有模块的基本特征,反映某种模块化课程模式的理念并运用其开发方法,是模块课程内容的具体化。能力本位教育的教材称"学习包",即学习指导手册,是教学人员根据能力分析表所列的各项专项能力制定的模块学习指导材料。每个学习包对应一个模块(即一项能力),内容相对独立,内有能力名称及其在能力分析表上的索引号(模块编号)、理论依据、详述、学习活动、文字参考资料目录、技能要求和音像资料(或案例)、成绩评估标准等。就业技能模式的教材称"学习套件",是完成某一模块培训所需全部教学材料的集合体。每个学习套件对应一个模块(即一项技能),包含教学目标、教师指导材料、学员指导材料、设备材料及教具清单、若干"学习单元"、操作考核标准等。"学习单元"是对应某一技能或知识的培训材料,有以下特征:每一学习单元是一个相对独立的整体,均由可测量行为术语表述的学习目标开始,

以自我测试结束,表述包括在什么条件下、进行什么工作、达到什么标准(在规定时间内达到的精度和数量),即目标包含活动、条件、标准三要素,测试内容与学习目标一致;图文并茂、文字简洁,详细描述技能操作步骤,并用插图帮助学员理解操作步骤;每一学习单元不但说明学习本单元所需的设备、材料、工具,还附有相关学习单元目录,便于自学;内容只指向一项技能或知识,篇幅小;规格一致,统一编码,便于检索,有利于交流和资源共享。运用不同课程模式开发的教材形式各异,模块化教材有五个基本特点:一是每个模块相对独立,每学完一个模块可获得一项技能、知识或能力;二是模块内容依据实际需要确定,实用性、应用性强;三是借助职业分析的方法,模块内以能力或技能为核心自成系统,体现以"问题为中心"的综合化,不强调学科知识的系统性、完整性;四是每个模块内容不多,讲究"必需、够用",针对性强;五是模块之间可灵活组合,多数模块可在模块之间形成模块组合,每个模块组合有明确的行为目标和具体要求。行动导向项目课程、工作过程系统化课程等模式,在开发模块化教材方面有很大潜力。

中国职业教育界对模块课程的研究起步于全国教育科学"八五"规划重点课题《关于职业技术教育课程体系若干问题的研究》。"九五"、"十五"、"十一五"期间,均有全国教育科学规划重点课题对此展开研究。教育部于2001年推进的中等职业学校教学改革,使模块化教学计划得到广泛应用。2008年,《教育部关于进一步深化中等职业教育教学改革的若干意见》进一步强化了模块课程的使用,明确了教学计划是两段式,由公共基础课、专业技能课构成,还要求使用基础平台加专门化方向的课程结构,强调"积极推进多种模式的课程改革,促进课程内容综合化、模块化";开发了大量专业课模块化教材,并在公共课教材中推行模块化。教育部2009年颁布的中等职业学校语文、数学、英语、计算机、物理、化学和体育的教学大纲和教材,均由基础模块、职业模块、拓展模块组成。模块课程在基础教育、高等教育中也得到广泛使用。如教育部于2004年开始试点、2010年全面铺开的普通高中课程改革,模块课程得到多层次使用。普通高中新课程由学习领域、科目、模块三个层次构成。学习领域反映了现代科学综合化趋势,由课程价值相近的若干科目组成。模块以科目内相对独立的内容为基础,并围绕特定的主题内容,对学生的经验和社会生活等内容进行整合,构成相对独立的学习单元。大多数模块之间是横向并列关系。2010年颁发的《国家中长期教育改革和发展规划纲要(2010—2020年)》,要求开展"模块化教学",使模块课程得到进一步地推广和使用。

参考文献

蒋乃平."宽基础、活模块"的理论与实践[M].宁波:宁波出版

社,1999.

　　饶达钦.技术职业教育课程教学与资讯研究[M].台湾:文景书局,1995.

(蒋乃平)

墨家教育思想　　以墨子学说为代表的教育思想体系。根据《墨子》一书,墨家思想分为前期和后期,前期思想以墨子学说为主,具有浓厚的宗教色彩,后期思想则由崇尚宗教转向注重科学,但无论前期和后期,其基本精神是一致的,特别是关于教育,其基本认识没有差异。墨子(约前468—前376),春秋战国之际思想家、教育家。名翟,宋国人。一说鲁国人。出身贫贱,擅手工机械制作。初习儒术,博于《诗》《书》,但觉其"礼"烦琐,靡财伤生,故另立新说,成为儒家的反对派。墨家是战国时墨子创立的一个学派,它与当时儒家学说呈对峙之势,并称为"显学"。秦汉之后,墨家思想被其他学派所吸收,墨家学派也不复存在。近代因反儒思想的兴起,墨家学说再度受到重视。墨家的代表作为《墨子》。《汉书·艺文志》载《墨子》七十一篇,今存五十三篇。

教育作用

　　墨子重视社会环境与教育对于人的发展的作用。他以染丝为例论述了人格受环境的影响而变化,人的本性如"素丝","染于苍则苍,染于黄则黄,所入者变,其色亦变"(《墨子·所染》)。"素丝"之所以能变成不同的颜色,是染的结果;人之所以能形成各种不同的道德观念和具有各种不同的知识,乃是环境与教育作用的结果,因此他主张选择良好的环境和教育。墨子把教育对人的培养看作是一项非常重要而严肃的工作,提出"士亦有染","故染不可不慎"(《墨子·所染》)。墨家不仅重视教育作用,而且将教育人看作己任,提出"有道者劝以教人"(《墨子·尚贤下》)。对于没受教育或认为自己不是受教育材料的人,墨子"必强为之",使其受教育。《墨子·公孟》曾记载:"有游于子墨子之门者。子墨子曰:'盍学乎?'对曰:'吾族人无学者。'子墨子曰:'不然,夫好美者,岂曰吾族人莫之好,故不好哉? 夫欲富贵者,岂曰吾族人莫之欲,故不欲哉? 好美欲富贵者,不视人,犹强为之。夫义,天下之大器也,何以视人,必强为之。'"墨子认为每个人都有受教育的可能,但要将这种可能性转变为现实性,还需要每个人自身的努力。当然,教育者也要劝人接受教育,因为教育可使一个人懂得"义",明晓天下事理,无论什么人,只要有可能,都应受教育。

教育目的

　　墨家的教育目的是培养"贤士"或"兼士"。墨家认为为政之本,在于"尚贤使能"。反对当时基于血缘关系的"亲亲"用人原则,要求各级政府中的官职,应该平等地、无条件地向农夫和手工业者等一般平民开放,只要具有贤能条件,那么自天子、王公、诸侯,直到地方上的乡长、里长等官职,就应该由他们担任。"虽在农与工肆之人,有能则举之"(《墨子·尚贤上》),而对于贵族中的腐败分子,则主张把他们拉下来,使其处于贫贱地位。"官无常贵而民无终贱。有能则举之,无能则下之。"(《墨子·尚贤上》)一个国家贤良之士的众寡以及是否做到尚贤使能,是关系国家强弱或兴衰、社会稳定或混乱的根本。"国有贤良之士众,则国家之治厚;贤良之士寡,则国家之治薄。故大人之务,将在于众贤而已。"(《墨子·尚贤上》)在他看来,教育就是造就这样的"贤士",同时提出了"贤士"的三条标准,"厚乎德行,辩乎言谈,博乎道术"。所谓"贤士"就是我们通常所认为的德行忠厚,道术渊博的德才兼备之人,他们是"国家之珍而社稷之佐"(《墨子·尚贤上》)。

　　墨家认为"贤士"要具有"兼相爱,交相利"(《墨子·兼爱中》)的精神。这里的"兼"是相对"别"而言的,它是针对儒家有区别的"仁爱"提出的。墨子主张"爱人"要以"兼"来代替"别",指出"爱人"不应有亲疏、厚薄之别,而应兼爱,所以"贤士"应是"兼士"。那么兼士为什么要具有兼爱精神? 墨子认为"夫爱人者,人必从而爱之;利人者,人必从而利之;恶人者,人必从而恶之;害人者,人必从而害之"(《墨子·兼爱中》)。这就是说,社会上每个人的爱利,都关系到其他人的爱利,所以爱别人就是爱自己,"兼爱"既利人又利己。如果"视人之国若视其国,视人之家若视其家,视人之身若视其身"的"贤士"或"兼士"多起来,那么社会就会好起来。无论社会教育还是家庭教育,都应为培养这种具有"兼相爱,交相利"精神的"贤士"或"兼士"贡献自己的力量。墨子以身作则,对弟子施以严格的组织纪律教育,培养他们高尚的品质,授予各种专门的知识和各项生产劳动技能,使弟子在分工合作的原则下,各事其能,成为"兴天下之利,除天下之害"(《墨子·兼爱下》)的"兼士"。

教育内容

　　墨家对"贤士"提出了三条标准:厚乎德行,辩乎言谈,博乎道术。"厚乎德行"是指个人的品德要好;"辩乎言谈"是指必须对修辞或论辩的艺术有良好的素养;"博乎道术"是说要具备或掌握一定的知识和技能。这三者基本上包括了品德和才能两个方面。墨子的教育内容也主要是围绕这些标准来制订的。

　　"厚乎德行"——道德教育　　墨家将德行修养列为首要的教育任务。在墨家看来,德行的基本要求就是"兼爱"。而以"兼爱"为核心的道德教育,就要求"兼士"必须奉行墨家最高的道德标准"义"。《墨子·贵义》说:"万事莫贵于义","义者,正也。何以知义之为正也? 天下有义则治,无义则乱,我以此知义之为正也。"《墨子·天志下》有义,天下就有了正确的方向。而所谓义就是有利于人,《墨子·经上》说:"义,利也。"作为兼士,必须以兴天下之公利,忠实地奉行"义"作为自己的品德,而不能以私害义,败坏品德。为了培养"兼士"兼爱利民的品德,墨子进一步提出以下要求:(1)"兼爱"。要求人与人之间平等和睦相处。(2)"非攻"。反对和制止掠夺性的战争。(3)"非乐"。反对为满足贵族统治者的淫乐享受所从事的音乐活动。(4)非命。否定天的超自然的神性,鼓励人们自强不息。(5)"节用"和"节葬"。要求人们停止耗民、费财的行为。墨家认为,通过这些教育,就可以养成兼士高尚的思想道德品质。

"辩乎言谈"——辩论教育 战国时期是诸子百家争鸣的时代,在这个时期,各家各派为了使自己的理论能在论辩中胜出,都很重视论辩能力的培养。为了培养擅辩型人才,墨家创造了"辩学"作为讲学课目。墨家的辩学包括两方面:一是辩论的根据或标准;二是辩论的规则和方法。在辩论的根据或标准方面,墨家认为人们认识的正确与否,不能单凭口头上讲的名词概念,而要根据他们所反映的客观实际进行判断。为此,提出了"非以其名也,以其取也"(《墨子·贵义》)的命题,主张实先名后,名副其实。至于如何判断名实相符,墨家又提出了认识的客观标准问题。《墨子·非命上》说:"故言必有三表。何谓三表? 子墨子言曰:有本之者,有原之者,有用之者。"所谓"有本之者",就是以间接经验、历史经验为依据,"上本之于古者圣王之事";"有原之者",就是以直接经验为依据,以民众的直接经历作参考,"下原察百姓耳目之实";"有用之者",就是把政令、理论或学说付诸实施,以是否给社会和人民带来效用和利益为依据。这三条标准是墨家判断是非和真伪的标准,要求任何认识正确与否都需要从这三个方面进行检验。

在辩论的规则和方法方面,墨家在中国逻辑史上第一次提出了类、故、理的概念。他们在驳斥别人的观点时常指出:"子未察吾言之类,未明其故者也。"(《墨子·非攻下》)意思是说你没有弄明白我的论题是哪一类事物,没有弄清我的根据是什么,你批评我是不对的。在墨家的论辩术教学中,首先强调"知类"、"察类",并以此为武器,对论敌"不知类"、"不察类"等违反逻辑的言行进行了批驳,然后在此基础上,强调"故"的重要性,指出"故"是立论的理由,无"故",推论就不能成立。他们在教授辩学时,提倡要"无故从有故"(《墨子·非儒下》),即没有理由的要服从有理由的。所谓"理"就是"成故",即通过推理得出能够成立的结论。墨家反对楚国攻打宋国,并以类、故、理等概念为武器从思想上制止了这场战争,他批评公输般说:"义不杀少而杀众,不可谓知类。"(《墨子·公输》),使公输般无言以对。

墨家这一论辩的胜利成为墨家进行辩学教育的一个很好实例,也使墨家的辩学教育在当时占有重要地位。

"博乎道术"——科学和技术教育 墨家在科学技术上具有重大成就,这与他进行科学技术教育是分不开的。墨家科学技术教育主要包括数学、力学、声学、光学等方面,在《墨子》的《墨经》中保存了墨家进行科学技术教育的珍贵资料。在几何学方面,墨家进行了点、线和球体的概念教学,明确了几何教学中的基本概念。在力学方面,墨家给"力"下了较为科学的定义。在力的平衡中,《墨经》涉及杠杆的基本原理,提出杠杆平衡,认为不仅要考虑力的大小,还要考虑力矩与平衡关系。此外,墨家还对运动和时间、轮轴、斜面以及浮力等问题,进行了深刻论述。在声学方面,墨家讲了如何利用声音的共鸣进行军事上的情报刺探。在光学方面,墨家研究得更多。他们做了世界上最早的小孔成像实验。

墨家还探讨了影的形成、光与影的关系、光与光源的关系和影的大小形成等问题,也研究了平面镜、凹面镜和凸面镜的成像现象等。可见,墨家的科技教育突破了"六艺"教学,是中国科技史和教育史上划时代的进步。当然,墨家"道术"中除科学技术知识外,也包括历史知识,墨子非常重视《诗》、《书》,在论证自己的观点时,经常引用古代文化典籍来替自己辩护。因此,历史知识对于墨家的教学来说是必不可少的内容,特别是对实现"兼爱"有用的知识和技能更是墨家首倡的教学内容。

教育教学方法

墨家根据墨子的教学思想和他们自己的认识经验,阐述了教育教学方法,主要有:

强说人 墨家认为,既然学是为义,教也是为义,那么做学生的就必须强学,做教师的就必须强教。指出教学要有"强说人"的积极态度。所以当儒家学者公孟对墨子说"君子拱己以待,问焉则言,不问焉则止。譬若钟然,扣则鸣,不扣则不鸣"(《墨子·公孟》),墨子回答说:"虽不扣必鸣者也"(《墨子·公孟》)。墨子认为对来求教的学生固然要教,但对不来求教的学生也要主动去教,即所谓教师要"强说人",因为"不强说人","人莫知之",所以教师应有以教人为己任的精神。关于"强说人",在《墨子》一书中有许多记载,其中最著名的是,当墨子听说楚国即将攻打宋国时,马上从千里之外赶到楚国,在公输般和楚王面前演说其兼爱非攻的道理。

因材施教 墨家在长期的教育、教学中总结了因人、因时、因地施教的教学经验。"子深其深、浅其浅、益其益、尊其尊"(《墨子·大取》),即根据学生的不同水平,采用不同的教材和不同的教学方法。教学不固守通才标准,而是考察受教育者的具体情形,区别对待,要求弟子"能谈辩者谈辩、能说书者说书、能从事者从事"(《墨子·耕柱》),即根据每个人素质的不同施以不同的教育。对不清楚自身情况,盲目学习的学生,墨家则施以纠正性的教育。《墨子·公孟》记载:"二三子有游于子墨子学射者,子墨子曰:'不可,夫知者必量其力所能而从事焉。国士战且扶人,犹不可及也。今子非国士也,岂能成学又成射哉?'"墨子教育弟子应根据自己的能力量力行事,专精一科,反映其因材施教的主张。

言行一致,合其志功 墨家是力行的学派,他们重视实践力行,提出"士虽有学,而行为本焉"(《墨子·修身》),强调在教学中知行一致,志功统一,即强调在考察言行效果时,既要看主观的志,又要看结果的功。墨家提出言必信,行必果;强力而行,不敢怠倦;意志锻炼,强化意志;合其志功,明辨志功。要求学生出言必定守信,行为必定要果断,反对仅停留在言谈而不行动的情况,要求学生严格锻炼自己,培养坚强意志,注重言行一致,坚持理论与实践相结合。墨家这种重行践知的教育观点使墨家教育思想从先秦诸子百家重知教育中脱颖而出,成为今天我们继承和借鉴墨家教育思想的重要方面。

参考文献

梅汝莉,等.中国科技教育史[M].长沙:湖南教育出版社,1992.

孙诒让.墨子间诂[M].北京:中华书局,2007.

王炳照,等.简明中国教育史[M].北京:北京师范大学出版社,1994.

王炳照,阎国华.中国教育思想通史[M].长沙:湖南教育出版社,1994.

(王 颖)

墨西哥教育制度(educational system of Mexico)墨西哥合众国位于北美洲南部。面积196.4万平方千米。2010年人口1.12亿。印欧混血人和印第安人占总人口的90%以上。83.9%的居民信奉天主教,7.6%信奉基督教新教。有93种土语,其中比较重要的是玛雅语和纳瓦特尔语,官方语言为西班牙语。2011年国内生产总值1.08万亿美元,人均国内生产总值10 107美元。

墨西哥教育的历史发展

墨西哥是拉丁美洲的文明古国。早在1325年,阿兹特克人(Aztec)在今墨西哥城建立特诺奇蒂特兰城,建立了独特的阿兹特克教育系统。

16世纪初,随着哥伦布发现美洲大陆,大批西班牙殖民者纷至沓来。1521年,墨西哥沦为西班牙的殖民地。西班牙人彻底摧毁了传统的印第安教育系统,将教育置于教会的垄断之下。最早进入墨西哥的教会是圣方济各会(Franciscan),他们早在1523年就在墨西哥建立了美洲第一所学校,向印第安人和梅斯蒂索人传播天主教教义。随后,奥古斯丁会(Augustinian)和耶稣会(Jesuit)接踵而至。尽管圣方济各会和奥古斯丁会率先在拉丁美洲从事教育,但对拉丁美洲影响最大的当数耶稣会。他们创办中等学校,为西班牙移民和克里奥尔(Criollo)人进入大学提供古典的预备教育。1553年,根据西班牙国王和罗马教皇的指令,殖民当局仿效西班牙萨拉曼卡大学的模式,创建了具有欧洲中世纪大学特色的墨西哥皇家教廷大学(the Royal and Pontifical University of Mexico)。这是拉丁美洲的第一所大学,主要开设文学、法学、医学和神学等课程,目的是将克里奥尔人培养成为教会的神职人员。

1821年,受欧洲启蒙运动以及美国和法国革命的影响,墨西哥摆脱西班牙的殖民统治,获得独立。1821—1910年在墨西哥历史上称为"独立后时期"。这一时期,墨西哥教育经历了曲折、反复的发展历程。一方面,先进的教育人士传播法国启蒙思想家卢梭和百科全书派的教育思想,推行英国兰喀斯特教育制度,以便让更多的人接受教育;另一方面,代表大地主和高级僧侣利益的天主教会依然控制着学校。双方展开了激烈的斗争。1867年,胡亚雷斯总统宣布教育与宗教分离,将教育置于国家的领导之下,建立了全国统一的世俗教育系统。1868年,墨西哥颁布法律,规定初等教育为义务教育,成为拉美教育史上第一个以法律形式确立实施免费普及义务教育的国家。

1910—1917年,墨西哥资产阶级革命成功。1917年,墨西哥颁布《墨西哥合众国宪法》,奠定了现代教育制度的法律依据。该宪法第3条规定,墨西哥教育必须是世俗、民族、民主和人本的,实行初等免费义务教育制度。同时,墨西哥重建1821年独立后关闭的墨西哥皇家教廷大学,并改名为墨西哥国立自治大学(the National Autonomous University of Mexico)。1921年,墨西哥成立公共教育部,进一步强化联邦政府对公共教育的组织和管理。

第二次世界大战以后,墨西哥经济持续稳定增长。20世纪50年代后期和整个60年代(稳定发展时期),随着经济的发展,墨西哥落后的教育状况与经济发展需要的矛盾日益尖锐,成为阻碍经济进一步发展的掣肘性因素。为此,墨西哥政府于1973年颁布《联邦教育法》,对教育制度进行了全面改革。《联邦教育法》明确规定:教育应该同墨西哥人民争取更公正的政治、经济和社会制度的斗争并肩前进,应该反映墨西哥社会结构的变化,具有"灵活性"和"开放性"。以此为依据,墨西哥首次将非正规教育正式纳入国家教育系统,建立了正规教育与非正规教育、普通教育与职业教育相结合的国民教育体系。

80 年代以后,以债务危机为导火索,墨西哥爆发了严重的经济危机。在经济危机的冲击下,墨西哥教育状况日趋恶化。90 年代初,墨西哥加入北美自由贸易协定,这对墨西哥教育提出了更大的挑战。

墨西哥现行教育制度

教育管理体制 墨西哥教育管理的法律基础是《墨西哥合众国宪法》和 1941 年的《教育组织法》。依据宪法及法律,墨西哥实行统一领导与分级管理相结合的教育管理体制。联邦政府设立公共教育部,负责全国教育的组织与管理。公共教育部在各州设立代表处,作为派出机构。州一级设立教育总署,负责管理各州教育事务。

公共教育部建于 1921 年,是联邦政府最大的部,部长由总统任命,任期 6 年。公共教育部的职责是根据国家发展目标和总统决策,制定教育方针政策和教育发展计划,协调各州和各级教育的总体实施。其具体职权:制定全国性的教育发展计划,确定各类学校和教育水平的经费预算,确立初等教育、中等教育、师资培训和各种工农教育课程并监督其实施,建立全国教育注册登记制度,建立全国教育信贷制度,参与制定教学、研究及文化交流方面的国际合作计划,负责公立学校教师的选择、聘任、解雇及其工资管理等。1978 年,公共教育部在各州设立代表处,委派督学,协调各州的公立教育。教育督学的主要任务是行政性的,而非学术性的,一般每个督学负责 25 所学校,目的是保证全国教学计划、课程和方法的统一。

州一级的教育行政机构是教育总署(首都联邦区不设总署,其教育由公共教育部直接管理)。教育总署一方面贯彻公共教育部的各项教育方针政策;另一方面领导本州的教育行政事务。另外,各州既可以通过与联邦政府签订"协作"协定,授权公共教育部对学校进行技术指导,州政府为学校提供完全的财政支持;也可以通过与联邦政府缔结"联邦化"协定,授权公共教育部对学校进行行政和技术双重领导,将其所划拨的教育款项全部上交国库。

与行政系统并行,国家、州和学校各层次还设有教育技术理事会网络。作为教育行政部门的咨询机构,教育技术理事会主要负责学术计划的咨询、交流和反馈。

学校教育制度 墨西哥教育分基础教育、高中教育和高等教育三个层次。从 1983 年开始,墨西哥实行十年制义务教育,包含最后一年学前教育、六年小学教育和三年初中教育。2008 年开始实行从学前三年到初中的十二年制义务教育。2008—2009 学年,墨西哥各级教育注册学生总数为 3 374.7 万余人,其中接受基础教育的学生占 75.9%,高中学生占 11.6%,接受高等教育的学生 270 万人,占 8.0%,另外 4.5% 属于职业培训。

基础教育包括学前教育、初等教育和初中教育是墨西哥国民教育体系中规模最大的组成部分。基础教育的主要目的是为墨西哥所有儿童和青年提供基本的知识和技能,以便他们能够负责任地、以积极的心态处事。学前教育是墨西哥教育制度初始阶段,其对象为 3～5 岁儿童,最后一年为义务教育。根据公共教育部的要求,学前教育既要重视儿童的智力开发,又要促进儿童身体、情感和道德等方面的发展,尤其要注重儿童独立能力和参与意识的培养。其实施主要有普通、土著和社区学前教育三种形态,其中普通学前教育由州政府和私立机构实施,土著和社区学前教育由公共教育部提供,其教学采用儿童各自的语言。2008—2009 学年,普通学前教育机构中的学生占 86.9%,土著学前教育机构中的学生占 8.3%,他们主要进行跨文化的和双语教学,社区学前教育机构中的学生占 3.3%,另外还有 1.5% 的学生在儿童发展中心学习。

初等教育属义务教育,凡年满 6 岁的儿童必须上学。儿童上学不仅不需要交纳学费,课本也一律由联邦政府免费提供。初等教育学制 6 年,分成 3 个阶段,每个阶段 2 年。小学一至二年级学习西班牙语、算术和环境知识(涵盖自然科学、历史、地理和公民教育)三门课程,三至六年级除西班牙语和算术之外,还要分别学习自然、历史、地理和公民教育等课程。近年来,墨西哥小学教育尤其强调课程的"一体化"或"整体化",主张改变过去分门别类的知识传授方式,将学生周围的事物、事变和现象整合为一个有机、统一的整体。除普通小学之外,墨西哥还为土著居民开办双语—双文化小学,为人数少于 100 人的农场社区提供社区课程。2008—2009 学年,墨西哥初等学校有学生 1 480 万人,占基础教育的 57.9%,占整个教育体系的 4.9%,其普及率达 97.0%。其中,普通小学的学生占 93.6%,土著的双语—双文化小学占 5.7%,接受农村社区课程的占 0.7%。

墨西哥初中分为普通初中和技术初中两类,学制 3 年。其中技术初中种类繁多,有农牧业、林业、工业、渔业和商业等多种技术学校。2008—2009 学年,墨西哥初中教育的学生共计 620 万人,其中普通初中占 50.8%,技术初中占 28.3%,此外还有 20.4% 的学生通过远程教育的方式接受初中教育,0.5% 的学生为培养工人。墨西哥初中教育强调培养学生西班牙语的口头与书面表达能力,同时非常重视数学的学习。除西班牙语与数学之外,学生在一年级还要修习 1 门"物理化学"课程;在二年级和三年级则分别修习物理、化学和生物 3 门独立的课程。外语(通常是英语或法语)在初中阶段也非常受关注。另外,初中还开设艺术表达与欣赏、体育和技术教育等课程。

墨西哥高中分为普通高中、技术高中和职业高中三类。普通高中包括学士学院、预备学校和文理学院等,学制一般为 3 年,也有少数学校为 2 年或 4 年。沿袭西班牙萨拉曼卡传统，普通高中既属于中等教育的范畴，又是高等教育的组成部分。作为大学预备教育，它们与大学衔接或直接附属于大学，授予文学士或理学士学位，为学生进入大学提供资格。技术高中因地制宜，种类繁多，学制 2～3 年，培养各行各业的中等技术人才。学生毕业后既可以就业，也可以升入高等工科院校继续深造。职业高中提供终结性职业教育，学生参加中等专业水平的生产实习，在实习中接受教育，修业年限视所学专业而定，一般为 3 年，也有 2 年甚至 5 年，学生毕业后直接就业。普通高中和技术高中则开设七类课程，分别是普通课程、农牧业及林业技术课程、工业技术课程、化学—生物学课程、数学—物理学课程、社会科学课程和艺术课程。2008—2009 学年，墨西哥高中学生人数达到 390 万人。其中普通高中和技术高中占 90.6%，职业高中占 9.4%。

墨西哥高等教育系统包括公立大学、技术学院、技术大学、私立高校、师范学院和其他公立机构六个部分。1998—1999 学年，墨西哥有高等学校 1 250 所，其中公立大学 45 所，最著名的是墨西哥国立自治大学和国立工学院，它们承担了全国 50% 的学术研究；技术学院（technological institute）147 所，其中联邦协调 102 所，州协调 45 所；技术大学（technological university）36 所，1991 年按照法国模式创办，学制 2 年，授予协士学位；私立高校 598 所，其中大学 168 所，学院 171 所，中心、学校和其他机构 259 所；师范学院 357 所，其中公立 220 所，私立 137 所，学制 4～6 年。

根据高校专业分类法，墨西哥高等教育分为农牧业、保健学、自然科学与精密科学、社会科学与管理科学、教育与人文科学、工程技术六大类，共 461 个专业，其中农牧业 43 个专业，保健学 20 个专业，自然科学与精密科学 26 个专业，社会科学与管理科学 103 个专业，教育与人文科学 90 个专业，工程与技术 179 个专业。

墨西哥高等学校招收高中毕业并获得学士学位证书（相当于高中毕业证书）的学生。大学预备学校毕业的学生通常可以不经过考试直接升入大学，其他高中毕业生则要经过由各大学自行组织的选择性能力考试。在教学管理上，实行学分制。学生只有完成所学专业的全部学分并通过论文答辩，方能取得学位。由于以学分为依据，学生可以根据自己的实际决定课程进度，修业年限比较灵活，一般为 5 年。

墨西哥师范教育包括中等和高等两个层次。中等师范学校招收初中毕业生，学制 4 年，开设教育专业课程、普通文化课程和体育、艺术及技术课程，主要培养学前和小学教师。高等师范学校招收中等师范学校和高级中学毕业生，学制 4 年，一般设置数学、自然科学、社会科学、外语、学校指导和西班牙语六个专业，大致分为公共专业课程、公共普通课程和学科专业课程，主要培养中等学校和中等师范学校

教师。墨西哥实行定向性与非定向性师范教育相结合的体制，一些综合性大学也为中等学校培养师资。另外，联邦教师培训学院（The Federal Institute for Teacher Training）也通过函授、广播、地区分支机构和州协调机构，为学历和证书没有达标的教师提供培训。1978 年，为适应社会经济和文化教育迅速发展的需要，墨西哥创办了唯一的师范大学——墨西哥国立师范大学，协助公共教育部领导全国的师范教育，指导教育科学研究，提高师范教育的质量与水平。

墨西哥的教育改革

20 世纪 90 年代以后，新科技革命的发展，世界经济、贸易的国际化与集团化，人口数量的增长与结构的变化及公正的生产变革战略都对墨西哥教育提出挑战。1989 年，在联合国教科文组织的支持下，墨西哥教育部制定了《1989—1994 年教育现代化纲要》，为墨西哥教育面向 21 世纪精心描绘了现代化的发展蓝图。以此为开端，墨西哥启动了教育现代化运动。

墨西哥教育现代化运动主要从教育质量、教育普及和教育管理三个方面进行改革，目的是提高教育质量，加强教育对社会经济发展的适应性，改变僵化的中央集权管理体制，迎接世界经济新格局的挑战。

教育质量　长期以来，墨西哥教育尽管在数量方面取得了较大发展，但仍然难以满足产业结构、劳动力结构和分配结构变化的需要。随着 21 世纪的来临，日趋激烈的国际竞争使得教育不仅要有数量上的发展，而且要更加注重质量的提高。墨西哥教育现代化运动将提高教育质量列为教育改革的首要目标，加强教育对社会经济发展的适应性。具体体现在以下方面：对教学内容进行重新审查，削减那些死记硬背的内容，选用能够保证价值观融会贯通、启发创新精神、有利于掌握现代科技发展所必需的各种语言、思维和行动方法的内容；改变过去只强调学不强调教的倾向，要求老师、家长和学生本人都要参与教与学的过程，鼓励想象、集体考试、个人工作和解决具体问题；建立师资培训和教师资格认可制度、教师升级和福利制度，使教师的生活条件同教师的崇高意义协调起来；把学习和生产及科技创新联系起来，促进思维的周密性和行动的系统性，发展科技文化，鼓励创造性。

教育普及　墨西哥是拉美第一个以法律形式实施义务教育的国家，早在 1868 年就规定初等教育为义务教育。但是，他们战后将主要精力集中于中、高等教育，以致 20 世纪 80 年代末，墨西哥仍有 420 万 15 岁以上的文盲，2 020 万成年人没有完成小学教育，1 600 万成年人没有完成中学教育。1994 年，《北美自由贸易协定》正式生效。与新的贸易伙伴美国和加拿大相比，墨西哥无论在教育制度还是教育

发展水平上都相对滞后。一些偏远的印第安农村地区如恰帕斯,仍有1/3的人没有接受任何形式的学校教育。同时,尽管墨西哥的人口出生率相对有所下降,但绝对数仍在继续增长,人口的结构也在发生变化。因此,墨西哥教育现代化运动将教育普及作为改革的当务之急,采取各种切实可行的措施,努力满足人们的教育需求。具体体现在以下方面:将初等教育作为一个完整的能充分满足需要的教育阶段,使学生在价值观、身体、知识及共同生活能力方面得到发展;鼓励教育方式、方法和教育组织的创新,特别是发展学校外教育和发挥各种现代通讯手段的作用;加紧对广播电视教学的研究,仔细规划不同教学大纲的内容,建立起学员对广播电视教学的承认与信任;促进全国各地图书馆、车间和实验室的建设。

教育管理　1917年资产阶级革命成功以后,面对教育落后,地方政府和社区组织脆弱的状况,为了有效落实1917年宪法中的教育条款,墨西哥采取了中央集权的教育管理体制。然而,随着时代的发展,这种中央集权的管理制度效率太低,难以满足社会飞速发展的需要。因此,在新联邦主义思潮带动下,墨西哥教育现代化运动将教育管理分权化作为改革的发展方向,努力建构一个全国性的能激发各地区一切社会积极性的教育新体制。在教育管理体制方面,通过对宪法和联邦教育法的修正,改变过去联邦和州在基础教育管理上并行的系统,将基础教育和师资培训的管辖权下放到州,加大州政府对教育的权限和责任,调动地方各种致力于教育的力量。在教育拨款方面,改变过去由政府将教育预算拨给教育部门,再由教育部门直接将教育经费转入相关教育机构的"直接拨款"模式,将教育经费首先补贴给受教育者,再由受教育者支付给提供教育机会的教育机构,建构具有选择性和竞争性的教育拨款模式。

墨西哥的教育特色

在长期的历史发展中,墨西哥教育形成了自身鲜明的特色。

重视中等教育和高等教育　墨西哥非常重视中、高等教育的发展,这一特点最早可以追溯到殖民地时期。那时,耶稣会就创办了一些中等学校,为上层社会人士的子女提供古典的预备教育。1553年,殖民当局又创建了墨西哥皇家教廷大学。独立以后,为了适应社会经济迅速发展的需要,墨西哥更加重视中、高等教育的发展。尽管墨西哥早在1868年就开始实施初等义务教育,但它将主要精力集中于中、高等教育,在中、高等教育大众化的同时造成了基础教育边缘化。从学制的视角来看,墨西哥沿袭西班牙萨拉曼卡教育传统,将普通高中既归于中等教育范畴,又作为高等教育的组成部分,为学生进入大学提供资格。

发展非正规的开放教育　墨西哥非正规教育包括扫盲教育和成人基础教育,尤其是针对少数民族人群的初始教育,也包括开放的和半正规的技术教育和初中后学校教育体系。为了有效推动成人教育的发展,墨西哥1975年颁布了《成人教育法》,1981年又以《成人教育法》为依据,将各种成人教育机构组合,创立了国立成人教育学院(the National Institute for Adult Education),主要目标就是减少文盲,为成人完成基础教育提供各种可供选择的途径以及进行一定的职业训练。此外,各种社会机构、公私立大学以及公共教育部自身也提供开放、半正规化的技术教育和高中教育课程。尽管20世纪70年代以来墨西哥政府对扫盲极为关注,并作出了不懈的努力,但由于人口迅速增长,墨西哥的文盲绝对数仍然比较高。

参考文献

曾昭耀,黄慕洁.当今墨西哥教育概览[M].郑州:河南教育出版社,1994.

曾昭耀,石瑞元,焦震衡.战后拉丁美洲教育研究[M].南昌:江西教育出版社,1994.

Deighton, L. C. The Encyclopedia of Education [M]. New York: The Macmillan Company & The Free Press, 1971.

Husén, T. The International Encyclopedia of Education [M]. 2nd Ed. Oxford: Pergamon; New York: Elsevier Science, 1994.

Marlow-Ferguson, R. & Lopez, C. World Education Encyclopedia: A Survey of Educational Systems Worldwide [M]. 2nd ed. Detroit, MI: Gale Group, 2002.

（欧阳光华）

目标教学(objective instruction)　基于美国教育心理学家布卢姆等人的教育目标分类理论、掌握学习理论和教学评价理论建立起来的一种教学流派。

目标教学的诞生　1948年,在美国心理学会大会上,布卢姆等首次讨论目标分类学的设想。经过多年研究,最终解决了分类学中的难点,其结论是:所有教育目标在以行为方式陈述时,都能从学生的行为中寻找到其对应点,这样,这些行为就可以观察和加以描述,所描述的事物也就可以分类了。1956年,布卢姆的《教育目标分类学:认知领域》出版,标志着教育目标分类学的诞生。这对教育评价的发展有重大意义。之后,布卢姆运用教育目标分类学的成果,在教学领域进行了大量的实验研究,进一步发展了掌握学习的概念和理论。1968年,在取得实验成果之后,布卢姆正式发表《为掌握而学习》的论文。此后,布卢姆通过他的百余名学生,在二十多个国家的5 000万学生中进行长达15年以上的实验,大多取得显著成效,实验班80%的学生达到对照班在常规条件下只有20%的学生才能达到的优秀水平。

目标教学的基本理论 目标教学的基本理论主要由三部分组成。(1)布卢姆的教育目标分类理论，包括认知目标分类、情感目标分类和动作技能目标分类三种。认知领域的目标包括识记、理解、应用、分析、综合、评价6个层级，14个亚类；情感领域的目标有接受、反应、价值的评价、组织、由价值或价值的复合体形成的性格化5个层级，13个亚类；动作技能领域的目标有知觉、定势、指导下的反应、机制、复杂的外显反应、适应、创作7个层级，10个亚类。从心理学角度分析，认知领域是智力活动因素，情感领域是非智力活动因素。智力和非智力因素相结合而形成个体的人格特征。布卢姆等人重视研究动作技能对学生发展的作用，是因为他们认为人的生存和发展，离不开动作技能。从人的发展看，除需要有一般的物质生活和文化生活的动作技能外，还需要学习和工作的动作技能。人的动作，特别是技能、技巧性的动作，大多是后天习得的，是教育或模仿的结果，要在学校中奠定基础，然后在社会、学校、家庭生活中获得进一步发展，忽视动作技能发展的教育，只能培养出只会动口、不会动手的人。这三个领域目标反映了教育培养的三个方面，反映了人的发展的三个组成部分。三者合一构成了一个完整的体系，这与我们强调的德、智、体全面发展是一致的。(2)掌握学习理论，其核心观点主要有三个。第一是乐观的教育思想。认为"只要提供适当的先前与现时的条件，几乎所有的人都可以学会一个人在世界上所能学会的东西"。第二是教学变量理论。布卢姆在前人研究的基础上提出影响学生学习的认知前提、情感前提和教学质量这三大主要变量。第三是教育观。认为教育应改变选择适合教育的学生为选择适合学生的教育。在理论研究的基础上，提出能够使绝大部分学生都学好的实践操作策略模式——掌握学习的策略。(3)教育评价理论。布卢姆把教育评价引入教学过程，把教育评价分为诊断性评价、形成性评价和终结性评价，使教育评价变单纯的评定等级为调整和改进教学的有效工具，给教学评价赋予新的含义。

目标教学的基本原则 目标教学的基本原则可以概括如下。(1)目标导向。教学目标既是教学的出发点，又是教学的归宿。这样就使教学一开始就处于有目的的控制之中，从而能克服教学预测上的模糊性、内容上的主观性、控制上的随意性，把开发智力、培养能力落到实处。(2)面向全体。布卢姆认为，只要提供适当的先前与现时条件，几乎所有的人都能学会一个人在世上所能学会的东西。面向全体，就是既要面向优等生，又要面向中等生和后进生，因材施教，由选择适合教育的学生发展为选择适合学生的教育。因此，目标教学的每一个环节都特别重视面向全体学生，教学前进行适当的"前提诊补"，保证全体学生顺利进入新知识的学习；教学中既要着眼于教，又要着眼于学，为每个学生提供尽量多的课堂表现机会，让每个学生都成为成功的

学习者；教学后通过及时的形成性测试，矫正学生的知识缺陷。这些做法不仅能实现学生对知识的"掌握"，而且也能增强学生学习的兴趣和信心。(3)反馈矫正。反馈矫正是指教师运用一切机会和手段取得学生学习的全面信息(包括认知、情感、动作技能三个领域)，及时分析，准确判断，采取有针对性的补救和矫正措施，最大限度地提高教学质量。目标教学用"前提诊断"来判断学生的学习背景，用形成性测试来判断单元教学的有效性，用终结性评价来确定学生一学期、一门课或某一门知识的掌握水平，并通过终结性评价和形成性评价的相互转换，形成一个螺旋式的教学自我反馈矫正系统，从而能保证教学过程的有效性和不断变化。

目标教学与传统教学的区别 目标教学的突出特点是按照确定的教育目标，依据学生身心发展规律，采取科学有效的教学方式，借助全过程的反馈矫正，促进所有学生在德智体美等方面全面发展，最终目标是实现所有学生都学好。目标教学与传统教学相比，主要有几点区别。(1)教学思想、教学观念不同。传统教学主要是选拔适合教育的学生，目标教学强调选择适合学生的教育。目标教学认为，教育是为了促进全体学生的全面发展，教育者的责任是选择适合学生的教育。教育应是为达到确定的目标而实施的一种师生合作活动，及时、全过程的反馈矫正是达到目标的重要手段。目标教学认为，教育目标应包括：面向全体，所有学生都学好(达标)；德、智、体、美等全面发展；生动、活泼、主动发展。发展的核心是综合素质的提高，创新意识、创新能力是发展中的重中之重。(2)学生观不同。传统教学认为只有少数学生能学好，大部分学生学不好是正常的。目标教学认为绝大多数学生都学好是应该的、合理的。目标教学认为，学习是一种按既定的教学目标，在教师指导下自主探究、自主发展、自主成长的过程。明确的学习目标是学习成功的重要保证，及时的反馈矫正是达到目标的重要手段，良好的学习习惯、健康的心理品质和旺盛的求知欲是实现目标的重要条件。提高能力、陶冶情操、发展综合素质是学习的中心目标。因此，目标教学强调要相信所有学生都愿意学好，相信所有学生都能够学好。(3)培养目标规格不同。传统教育主要重视知识，特别重视应试知识的学习。目标教学把教学目标分为认知领域、情感领域和动作技能领域，强调教学应使学生在这三个领域中都能达成既定的目标，强调培养学生良好的思想品德和健康的人格，使德、智、体、美等诸方面都得到发展。(4)教学结构不同。传统教学以课节为教学单位，目标教学以相对完整的知识单元为教学单位。它强调当堂达标和单元达标。(5)教学管理不同。传统教学限制竞争，搞平均主义。目标教学管理是鼓励竞争，建立公平竞争机制，实行全方位的公平竞争，以竞争促规范，以竞争促发展。(6)教学评价不同。传统教学评价的目的主要是区分优劣，评价的方式也以终结性评价为主。

目标教学认为,教学评价是教育过程的重要组成部分。确定教学目标—依据目标进行单元教学—形成性评价—反馈矫正—终结性评价是目标教学的基本组织形式。目标教学把评价引入教学过程之中,分为诊断性评价、形成性评价和终结性评价三种,评价的目的主要是为了获取信息、调整教学,使教与学逐渐趋于最佳状态,取得最大效益。从评价的主体来说,传统教学主要是管理者评价被管理者,包括领导评价教师、教师评价学生。目标教学强调学生的自我评价,并把评价贯穿教育、教学的全过程。评价的这种作用,使教学全过程的及时反馈成为可能,为有效的矫正教学行为、提高教学效益提供了可靠的保证。

目标教学的盛行及其原因　目标教学理论问世以后,产生广泛影响。《教育目标分类学:认知领域》在美国教育界曾被认为是被引用最多的一本书,有关专家认为它是 20 世纪后半叶最有影响的教育著作之一,至少被翻译成 18 种语言在许多国家出版发行,是被各级各类教育课程的编制人员、教育行政人员、教育研究人员以及教师广泛使用的一本基础参考书。在许多国家和地区,都有目标教学的理论研究和实践活动。目标教学能广泛实施的原因有如下几个方面。(1)目标教学提出并试图解决“如何实现所有学生都学好”的问题,这是基础教育的最大课题之一,也是最大难点所在。正是这一点,为目标教学在基础教育学段的广泛开展奠定了坚实的基础。(2)目标教学主要涉及教育思想、教育观念、教学模式、教学管理、教学评价等教育部门内部的自身改革,它不改变教材、不改变学制、不改变现有的教学组织形式,因而较易推行。(3)目标教学基本不需要额外的经费投入,不需要特殊的教学设施,不需要打破原有的教学管理体制,只要愿意,一般学校都能实施。(4)目标教学具有包容性,与其他教改实验不矛盾,各家各派的优秀教育科研成果都可以为我所用,因此具有更广泛的适应性,也具有广阔的发展空间。

目标教学在中国的实验与发展　20 世纪 80 年代初,中国开始开展目标教学的理论和实践研究,翻译出版《教育目标分类学:认知领域》、《教育目标分类学:情感领域》和《教育目标分类学:动作技能领域》。1986 年 9 月,布卢姆应邀来华讲学,进一步推动目标教学实验在中国的实施。上海市、西安市、重庆市、烟台市、阜新市等都进行了相关的实验研究。1991 年,实验发展到全国 24 个省、自治区、直辖市。1995 年 11 月,中国教育学会教育学分会目标教学专业委员会的正式成立,标志着中国目标教学研究由自发分散走向统一协调发展的新阶段。1996 年,实验发展到 29 个省、自治区、直辖市,并形成以山东、陕西、河南、四川、广西、湖南、辽宁等地为中心的实验基地。随着目标教学实验的深入开展,目标教学理论在中国得到深化与发展,主要集中在如下几个方面。(1)对布卢姆教育目标的三大领域进行改造。

较有代表性的是辽宁省阜新市的教育目标三大序列和山东省泰安市郊区的四大类别。阜新市的三大序列是:知识能力教育序列、思想品德教育序列、学习修养教育序列。每个序列又分别下设几个模块,其中知识能力教育下设“基本知识、基本技能、学科能力、智力品质”四块;思想品德教育序列下设“政治信仰、思想观念、道德规范和心理品质”四块;学习修养教育序列下设“学习情感和学习策略”两块。山东省泰安市郊区的四大类别是:知能认知目标、情意认知目标、动作技能认知目标和学习策略认知目标。每类目标又有两个亚类目标,其中知能认知目标包括“形象认知目标”和“抽象认知目标”;情意认知目标下设“情意感知目标”和“情意养成目标”;动作技能认知目标分为“心智技能目标”和“动作技能目标”;学习策略认知目标则分为“认知情感策略”和“认知操作策略”。(2)对教育目标的认知水平做了新的分类。在认知领域,西安市教育科学研究所提出了学习、掌握、发展三级分类;山东省课题组则提出了记忆、理解、运用、创新四级分类。情感领域和动作技能领域分歧更大,各地都提出不同的能级分类模式。如山东省泰安市郊区提出了情感领域的情绪感染、情感体验、价值概念化、观念体验四级分类,建立心智技能的会、熟练、自动化、技巧四级水平分类体系,确定了动作技能的心理预演、模仿、熟练、自动化、技巧五级分类。(3)丰富了教育目标分类理论。如山东省泰安市郊区对教育目标分类的对象、分类的标准、分类的依据等都提出了新的解释。辽宁省阜新市、陕西省西安市教育科学研究所也都提出了许多新颖的见解。所有这一切,都推动了教育目标分类理论的发展。(4)完善了布卢姆的教育目标分类体系。如上所说的“学习修养”或“学习策略认知目标”、“思想品德目标”等,都是布卢姆教育目标分类中所没有的,但又是教育所必需的。特别是“形象认知目标”体系的提出,更是教育目标分类研究中的重大发展。人类认知有形象认知和抽象认知两大基本方式。布卢姆的认知目标分类,实际只是抽象认知目标分类,形象认知目标分类体系的提出,才真正建立了完整的认知目标体系。另外,山东省泰安市郊区把兴趣、良好的心理品质和自我调节能力等,从情感中分离出来列入学习策略,也是对情感领域的一大改造。类似的对教育目标分类的完善和发展几乎各地都有。

参考文献

邓国显,曹艺冰.目标教学新论[M].南宁:广西教育出版社,1999.

任绪富,等.目标教学新解[M].北京:中国科学技术出版社,1999.

（刘　捷）

目标模式(objective model) 产生于 20 世纪上半叶的课程研制模式。美国学者博比特首创。其价值论基础是实用主义哲学,其方法论基础是行为主义心理学。20 世纪 20 年代后,经济的高速发展奠定了美国在西方的重要地位,科技被视为国家富裕与繁荣之源,但学校课程依然陷于传统的"形式训练说",被认为严重脱离社会与儿童实际生活。美国教育家杜威认为,传统课程不再适应凭借工业制度形成的社会的需要,强调学校课程应反映社会生活。杜威的实用主义哲学思想,尤其是其工具主义知识观启迪了课程研制目标模式的社会功利主义价值取向。目标模式是美国 20 世纪初学校课程重建运动的产物。课程重建的首要问题就是课程目标与价值的定位。博比特主张,课程要面向现实世界和实际活动的效率,目标模式以现实社会生活的需要为立足点,选择和确定对社会有实用价值的目标,并在此基础上选择、组织和评价作为课程内容的学习经验。传统的课程组织与安排基于官能心理学的方法论基础,课程的价值主要体现在心智的发展与官能的训练,而行为主义心理学研究驳斥特定学科对特殊心智官能的训练价值,其训练迁移理论使传统的学科设置失去合理化依据,心智官能训练为行为训练所取代,行为主义心理学的"效果律"及"练习律"构成课程研制目标模式最基本的方法论依据。从行为目标的确定到学习经验的选择、组织与评价,构成目标模式的经典性程序,行为目标的确立成为目标模式的逻辑起点。据此,课程目标的选择成为对期望的学习结果的预设,经验的组织成为促使学生行为产生变化的手段。

课程研制科学化运动及目标模式的诞生 20 世纪初课程重建运动伊始,博比特率先将科学的思维方式及效率观念引入课程研制过程,强调实证,从而掀起课程研制科学化运动。他从社会需要出发,将教育视作为完美的成人生活作准备,认为教育应关注成人生活的经验及活动,而非儿童的生活。他将泰罗的工业科学管理原理视作科学的方法并引入课程研制过程,强调课程研制的精确性、具体化和标准化,提出必须以明确的质量标准对结果进行控制。认为教育目标的具体化是课程研制科学化的重要前提,对构成课程内容的成人实际生活所需的知识、经验、技能、态度的分析是课程研制的重要组成部分。博比特以对经验和目标两个维度的分析、选择为主线,把课程研制过程分为五个步骤,形成课程研制目标模式的最初形态。第一步:人类经验的分析(analysis of human experience),把广泛的人类经验分成若干主要领域,通过审视各个领域的人类经验,了解学校教育经验与其他经验的关系;第二步:工作分析(job analysis),把人类经验的主要领域分成较具体的活动,以便了解需要从事的活动类别;第三步:导出目标(deriving objectives),分析和阐述从事各种具体活动所需的能力,帮助课程研制者确定将来需获得的具体的教育结果;第四步:

选择目标(selecting objectives),选出可用作教育的目标;第五步:制订详细计划(planning in detail),设计实现教育目标所需的各种活动和经验。

目标模式的经典性形态"泰勒模式"的形成 20 世纪初的课程研制科学化运动虽影响课程重建,但未根本改变美国学校课程脱离社会现实的状况,而课程的科学化及效用性观念亦在实践中遇阻。30 年代经济大萧条后,1933—1940 年,美国进步教育协会(Progressive Education Association,简称 PEA)所属"中学与大学关系委员会"(Commission on the Relation of School and College)在中等教育领域开展了一项课程改革实验计划,即"八年研究",旨在改变为升大学作准备而脱离社会实际的学校课程,帮助学生适应现实的社会生活。因有三十所不同体制的中学参加实验,亦称"三十校实验"。由于实验学校毕业生不进行大学入学考试,各校可自行研制新的课程体系。美国现代课程论专家 R. W. 泰勒基于对"八年研究"的经验总结,在所著《课程与教学的基本原理》(1949)中提出其课程研制理论"泰勒原理",被视为课程研制目标模式的经典。R. W. 泰勒提出课程研制的四个基本问题:学校试图达到什么样的教育目标?提供什么样的教育经验才能实现这些目标?怎样有效地组织这些经验?怎样确定这些目标正得以实现?他认为,任何课程研制都必须回答这四个基本问题,其答案因教育阶段和学校性质的不同而异。他侧重研究解答这些问题的方法及程序。"泰勒原理"被归纳为四段渐进式的课程研制模式:教育目标的确定、学习经验的选择、学习经验的组织及学习经验的评价。

关于教育目标的确定,R. W. 泰勒提出确定教育目标的三个来源和两个"过滤器"。课程研制者应以三个来源为依据制定一般的教育目标。一是学生本身。基于对教育是改变人们行为方式的过程的认识,他主张确定教育目标首先应考虑学生的兴趣和需要。课程研制者应通过观察、谈话、调查、问卷等方法收集有关学生的需要和兴趣的资料,探讨教育目标,范围包括教育的、社会的、职业的、身体的、心理的和娱乐的,从而确定可能的教育目标。二是当前的社会生活。他主张在确立教育目标的过程中,必须在社区及大的社会背景下分析当前的生活,建议课程研制者建构一种分类表,把生活划分为健康、家庭、娱乐、职业、宗教、消费等领域,列出每一相关领域的目标指向,通过分析社会需要确定一系列可能的教育目标。三是学科。他认为,以往学科专家对学科教育目标的认识过于专业化,学科专家应考虑某一学科在普通教育中的作用和功能以及对一般公民的用处,而不是对培养该领域专家的作用。当一系列来源于学习者、社会和学科的可能的一般教育目标得以确定后,必须对这些目标进行"过滤",即作筛选和修正,形成明确而具体的教学目标。R. W. 泰勒提出两个"过滤器"。一是哲学过滤器。他并不要求所有学校都信奉某一种哲学,但任何一个学校的教师都必须明确其教育的和社会的哲学观,并以此修正和过滤教育目标。他虽然没有提供某一具体的学校应信奉的哲学,但他认为,在一个民主社会,教育哲学应强调民主的价值。他列举了四种学校在确定其教育哲学观时应考虑的民主价值:对每一个人作为人类一个成员的重要性的认识;在社会的各个团体中广泛参与各方面活动的机会;对变化性的鼓励,而不是需要某种类型的个性;相信智力是解决重要问题的方法,而不是依靠专制的或势力集团的权威。二是心理学过滤器。他强调教师必须清楚自己坚信的正确的学习原理,认为在教育目标的筛选过程中,课程研制者有效运用心理学过滤器具有重要意义:心理学知识能帮助区分在人的变化中,哪些能期待由学习过程完成,哪些不能;心理学知识能区分哪些目标是可能达到的,哪些需要很长时间或几乎不可能在期待的年龄阶段达到;了解达到某一目标所需要的时间,以及能取得最佳效果的年龄阶段。经过哲学与心理学"过滤器"的筛选,便可确定最有意义的和可行的教育目标,并在此基础上形成具体的行为目标,即明确的教学目标。

关于学习经验的选择,R. W. 泰勒提出五个基本原则:为达到规定的目标,学生必须具有使其有机会去实践目标所包含的行为的经验;学习经验必须使学生从实践目标所包含的行为中获得满足;学习经验所期望的反应必须在学生力所能及的范围内;有许多特定的经验可用于达到同样的教育目标;同样的学习经验会产生不同的若干结果。有效的学习经验有四个特点,即有助于培养思维技能,有助于获得信息,有助于培养社会态度,有助于培养兴趣。

关于学习经验的组织,R. W. 泰勒提出连续性、顺序性和整合性三个原则,以确保学习经验的循序渐进性和相关性,并着重强调,课程组织中必须明确课程内容(即课程要素)的性质,认为课程要素是指具有长久影响的基本概念和技能,而非具体的事实。

关于学习经验的评价,R. W. 泰勒提出应先明确教育目标,再确定评价情境,在此基础上确定和选择评价手段。"泰勒原理"专注于研究课程研制方法,自产生后在课程研制理论及课程实践领域居主流地位,被运用于指导课程设计,尤其是课程目标研制和教学目标设计。

目标模式的发展与完善　继"泰勒原理"之后,目标模式在半个多世纪中被不断改造和完善,具体有塔巴模式、惠勒模式、凯尔模式和奥利瓦模式等。

塔巴模式。1962 年 R. W. 泰勒的学生塔巴在"泰勒原理"的基础上提出课程研制过程的八步模式,赋予目标模式更易操作及简练、明晰的特点。塔巴认为,教师在教育过程中应以创设特定的教—学单元为开端,而不是一开始就着手一般的课程设计。(1)诊断需要:课程研制者首先应确定学生的需要,以此作为单元设计的基础。(2)建立目标:基于对学生需要的诊断,确立有待实现的目标,应包括:概念或思想,态度、灵敏性和情感,思维方式、习惯和技能。(3)选择内容:学科内容应直接来源于目标,并考虑所选内容的有效性和重要性。选择内容的两个标准是学科内容的内在逻辑和学生的心理发展水平。(4)组织内容:确定内容适合什么水平的学生以及如何循序安排。学习者的成熟度、对学科内容的准备程度及学生的学业成就水平是恰当安排内容的重要依据。(5)选择学习经验:学习经验即学习活动,选择学习经验需考虑其对学习内容、学习者发展水平的适切性。应包括阅读、书写、观察、研究、分析、讨论、制表、绘画、建造、表演等活动。(6)组织学习经验:教师确定如何安排学习活动,即以什么方式和顺序开展学习活动。(7)评价:课程研制者选择评价内容及方法,确定目标是否实现。(8)检查平衡与顺序:课程研制者要在教—学单元的各部分之间寻求连贯性,以保证学习经验的恰当顺序以及在学习类型与表达方式之间保持平衡。

惠勒模式。英国课程论专家惠勒认为,"泰勒原理"以直线式安排课程研制顺序的最大缺点是,若评价结果与预期目标不符,会因缺乏反馈而难以检讨不当的步骤和重新设计课程。1967 年,惠勒在所著《课程过程》中将直线式目标模式改为圆环式目标模式(见下图)。其课程研制以目的与目标为起点,按选择学习经验—选择学习内容—组织与统合学习经验和内容—评价的顺序循序进行,再回到目的与目标,对其进行调整,并开始新一轮的课程研制过程,这使目标模式具有自我调节机制。

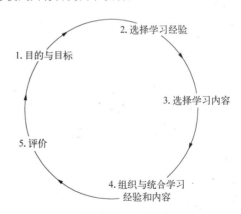

1. 目的与目标
2. 选择学习经验
3. 选择学习内容
4. 组织与统合学习经验和内容
5. 评价

惠勒的课程研制模式

凯尔模式。英国课程论专家凯尔从内部结构层面分析和发展目标模式,并在课程研制程序的组织和安排上赋予课程研制过程多重交互制约性的特点。1968 年,凯尔在所著《变革课程》中提出其课程研制模式,包括四项要素:目标、知识、学校学习经验和评价。(1)目标。与 R. W. 泰勒一样,凯尔认为课程目标是学习活动的预期结果,具体表现为学生学习活动预期的行为改变,选择和确定课程目标是课程研制过程的逻辑起点。与 R. W. 泰勒不同,凯尔将课程研制过程看作由各个要素组成的循环圈,目标的确定是课程研制循环圈的起点。学生、社会和学科是课程目标的三个来源。凯尔将布卢姆的教育目标分类法引入课程目标的确定,以提高课程研制方案的可操作性及实施中的可控性。(2)知识。确定目标后,课程研制的主要问题是选择与组织课程内容,即构建学科的知识体系。凯尔主张侧重各学科的基本概念和研究方法,认为个体对知识的理解主要依赖于基本概念和组织原则。他尤其强调将学科的基本概念和基本原理组成一定的知识结构,认为知识结构可促进学习的迁移,有助于在其他情境中运用概念与原理,且学科的知识结构有助于在基础知识与尖端知识之间建立密切联系。凯尔提出组织学科知识的三个原则:"统合",强调学科知识内部关系结构的重要性、不同学科知识之间的关联以及学校课程计划整体结构的建构;"顺序",学科知识的组织应前后连贯,新知识的安排应以旧的相关知识为基础;"重复",学科知识的基本要素应反复呈现。(3)学校学习经验。学习经验指学校设计和指导的经验,包括学校安排的社会机会、社区活动、师生关系、个别差异、教学内容以及呈现教学内容的方法等。(4)评价。课程研制的每一阶段都要对目标达成的程度作出判断,即目标确定后,评价工作就已开始,如确定评价内容、选择评价手段和工具等,评价过程中,对目标的可行性、内容及方法的恰切性和有效性的判断均属评价范畴。

目标模式还有许多其他变式,如奥利瓦模式、坦纳模式等。从课程研制科学化运动引申而来的课程研制目标模式经过不断地修正和完善,逐渐由原初的直线式发展为多极交互反馈循环式,从单一、笼统的模式发展为整合化的包含课程设计方案与教学设计方案两个相互关联的亚领域的综合性课程研制模式。目标模式是现代较全面的、系统化的课程研制理论。其在课程编制、实施及教学实践领域提出了一系列较易掌握的具体化、层次化的程序及方法,有利于提高教学效率以及教育、教学过程的计划性和可控性,推动课程研制及教学方案设计的科学化和合理化进程,被广泛运用。

参考文献

Bobbitt, F. The Curriculum [M]. Boston: Houghton Mifflin, 1918.

Kerr, J. F. Changing the Curriculum [M]. London: University of London Press Ltd. ,1968.

Tanner, D. & Tanner, L. N. Curriculum Development: Theory into Practice [M]. New York: Macmillan Publishing Co. Inc. , 1975.

Tyler, R. W. Basic Principles of Curriculum and Instruction [M]. Chicago: The University of Chicago Press, 1949.

Wheeler, D. K. Curriculum Process [M]. London: University of London Press Ltd. , 1967.

(郝德永)

N

南非教育制度(educational system of South Africa)
南非共和国位于非洲大陆最南端。面积约 122 万平方千米。
2010 年人口 4 999 万,其中黑人、白人、有色人和亚裔分别占
79.4%、9.2%、8.8%和 2.6%。白人、大多数有色人和 60%
的黑人信奉基督教新教或天主教;亚裔约 60%信奉印度教,
20%信奉伊斯兰教;部分黑人信奉原始宗教。南非是一个
多民族国家,各民族使用不同的语言。种族隔离制度结束
之前,只有英语和南非荷兰语是官方语言,也是各级教育机
构的指定教学语言。种族隔离制度结束以后,根据 1997 年
的新语言政策,土著语言也成为官方语言,因此南非的官方语
言有 11 种,英语和阿非利卡语为通用语言。2011 年,南非国
内生产总值 4 057 亿美元,人均国内生产总值 8 018 美元。

南非教育的历史发展

在欧洲人到来以前,非洲人自己建立起来的一些自治
王国分布在南非各个地区。17 世纪后,一些荷兰人、法国
人、英国人先后来到这里并定居下来,南非开始了种族隔离
的伤痛历史。种族隔离不仅存在于白人与黑人之间,一定
程度上也存在于不同民族后裔的白人之间。在种族隔离制
度下,白种人高高在上,非洲土著人长期处于不利地位。

自欧洲人来到这块土地开始,直至种族隔离制度结束,
南非一直实行种族隔离的教育政策。不同种族的儿童只能
进入专门为本种族设立的学校。招收非洲本地人的学校绝
大多数由传教士创建,其主要目的是向他们灌输基督教价
值观,以同化非洲人并说服他们顺从白人的统治。白种人
还把种族隔离的教育政策以法律的形式固定下来,1953 年
在非洲人的一片抗议声中通过的《班图人教育法》(The
Bantu Education Act)是政府全面控制非洲土著人教育的开
始。与种族隔离相伴的是种族歧视。班图人管理和教育部
部长佛无德试图为土著人建立一种让他们永远做伐木人和
汲水人的教育制度,议院中有人提出土著人用不着数学、科
学这类技能,因此无需向他们提供这方面的教育。这些意
见在《班图人教育法》中都得以体现。该法案还禁止土著人
开办独立学校,并针对"蔑视法律"行为制定了严厉的惩罚

措施。按它的规定,传教士学校归新成立的班图教育部管
理,土著人就处于更加不利的教育地位。随后 20 年中,政府
还通过一系列有关法案,限制土著人与白人享有同等的教
育权利。此外,尽管土著家庭的经济状况比白人家庭差得
多,他们的孩子也没有权利与白人儿童一样享受免费义
务教育。

自 1829 年在开普敦建立第一所大学南非学院(South
African College,开普敦大学前身)到 20 世纪初,南非已经有
多所专门招收白人学生的大学,它们培养出来的人才继续
维护白种人在南非的特权地位。直到 1916 年,南非才出现
了第一所为土著人开办的大学,即位于黑尔堡的土著人学
院(Native College)。

非洲土著人从来没有放弃与种族隔离制度的斗争。各
级各类被隔离的学校尤其是大学,在与种族隔离制度斗争
的过程中发挥了积极作用。1968 年,南非学生组织(South
African Students' Organization)成立,它宣扬的革命精神最
终指导全南非被压迫的群众消灭了种族隔离制度。1994
年,以非洲人国民大会领导人曼德拉为总统的南非民族团
结政府成立。至此,延续了几个世纪的种族隔离制度走向
终结,南非的教育发展也因此进入新的发展阶段。

南非现行教育制度

教育管理体制 1993 年底,南非制定了历史上第一部
体现种族平等的临时宪法。1996 年制定的《南非学校法案》
(South African Schools Act)规定对所有 7~15 岁儿童实行
免费义务教育,首次形成统一的国家教育体系。1997 年,以
临时宪法为基础起草的新宪法中的权利法案规定人人享有
接受基础教育(包括成人基础教育)的权利,国家必须采取
合理措施,使每个人都能在统一的国家教育体系下接受基
础教育。

南非议会还制定了多项教育法案,如 1995 年的《南非资
格证书管理局法》(South Africa Qualification Authority
Act)、1996 年的《国民教育政策法》(National Education
Policy Act)、1997 年的《高等教育法》(Higher Education

Act)、1998 年的《教育工作者就业法》(Employment of Educators Act)和《继续教育培训法》(Further Education and Training Act)等,教育部根据这些法律制定了多项规定和政策。以这些法律法规和政策为依据,南非不仅废除了教育领域的种族隔离制度,而且大大提高了教育管理的法制化程度。

南非建立了由国家教育部、省教育厅、地区办公室和学区办公室组成的四级教育管理体系。教育部是最高教育行政管理部门,主要负责制定并贯彻执行国家范围内的教育和培训政策,制定教育预算,协调省级教育管理机构的立法及其他省级政府无权或无法管理的教育事务,保障宪法所规定的有关教育宗旨,等等。根据 1997 年通过的《高等教育法》,南非大学和技术学院实行自治,但教育部有权按照高等教育委员会的建议对它们进行管理。按照这一法案,高等教育委员会负责针对高等教育的结构、规划、管理、经费投入、教育质量等问题向教育部长提出建议。教育部长如果不采纳该委员会的建议,需要书面说明。南非的 9 个省都设有教育厅,其主要职责是贯彻执行国家的教育法规和政策,管理本省的中小学、职业技术学院和教育学院。作为省级教育行政主管部门,它们支配着全国 85% 的教育经费。地区办公室(regional office)是隶属于省教育厅,主要职责是协调省教育厅与辖区内学区之间的工作,并对省教育厅负责。地区办公室下设若干学区办公室(district office),作为基层教育行政管理部门,直接负责学校管理,不同的学区办公室所管理的学校数量有多有少。

学校教育制度　南非现行学校教育体系由学前教育、初等教育、中等教育、高等教育、研究生教育五个阶段组成。

学前教育机构由幼儿园和学前班组成。学前班又称 0 年级,学习期限一年,有的单独设立,有的与幼儿园设在一起,多数设在小学。学前教育机构多为私立,但必须在地方教育管理部门注册并接受省级教育部门的管理。学前教育阶段不属于义务教育。初等教育的实施机构是小学,招收 7 岁儿童入学,学制 6 年,前 3 年为初小,后 3 年为高小。初小主要教学生学习读写算等基本技能,并开始学习第二语言;高小更加强调学生的阅读和第一、第二语言的口语表达能力。小学课程内容还包括数学、科学、历史、地理以及缝纫、木工和艺术技能等。中等教育学制也是 6 年,初中和高中各 3 年。与别的国家不同,南非没有独立的初级中学,初中一年级在小学,后两个年级在高中。小学和初中属于义务教育,之后,学生开始分流,一部分升入高中继续学习,一部分进入三年制的技术专科学校,毕业后获专科毕业证书。南非高中既提供普通教育,也提供职业和技术培训。普通教育一般学制 3 年,职业和技术培训需要 2~4 年不等。高中生一般学习 2~3 门语言类课程,还必须从普通研究、商务研究、自然科学、技术研究和艺术、农业、家政学领域中选择至

少 4 门课程。高中毕业实行全国统一考试(Matric),科目不少于 6 门,成绩分为大学录取线和高中毕业线两个档次。根据高中毕业统考成绩和个人意愿,一部分学生可以进入大学、技术大学(technikon)或教育学院。高等教育学制取决于所攻读的学位或证书类型。一般来说,获取学士学位需要 3 年,获取荣誉学士学位至少需要 4 年,获取硕士学位需要 1~2 年,博士学位需要 2~4 年;获取技术大学毕业证书需要 3 年,获取技术学士、硕士和博士学位分别需要 4 年、2 年和 3~5 年;获取教育学院毕业证书需要 3 年。

除了上述学制划分以外,南非还采用另一种学制体系,即将学制分为普通教育与培训、继续教育与培训和高等教育与培训三个阶段。其中普通教育与培训阶段又分为学前教育(0 年级)、基础教育(一~三年级)、中级教育(四~六年级)和高级教育(七~九年级)四个阶段,继续教育与培训阶段是指十一~十二年级的普通高中教育和职业技术教育。此外,远距离教育、成人扫盲教育等也是南非教育体系的重要组成部分。

南非教育体系以公立教育为主,私立教育规模很小。2011 年南非有普通学校约 2.6 万所,其中私立学校仅占约 5.7%。

南非的教育改革

废除种族隔离制度之前,南非白人与黑人在教育成就方面存在巨大差异。直到 1991 年,南非的文盲率还高达 50%,其中黑人 68%,白人 7%。在后种族隔离时代,南非政府不断加大对教育的投入,并着力对教学课程设置、教育资金筹措体系和高等教育体制进行改革,为发展教育事业作出了巨大的努力。1996 年,南非公共教育开支占国民生产总值(GNP)的 8%,占政府公共总开支的 23.9%。2002 年,南非的教育预算经费为 598 亿兰特,占预算总支出的 24%。2012/2013 财年教育预算为 2 073 亿兰特,占政府财政预算总支出的 19.6%。南非的各级各类教育都取得了明显的成就。1995 年 1 月,南非正式实施 7~16 岁儿童免费义务教育。1997 年,南非 15 岁以上人口文盲率为 15.8%。2007 年,南非 15 岁以上人口识字率达 88.7%。根据联合国教科文组织的统计,2009 年南非各级教育毛入学率分别为:学前教育 64%,初等教育 101%,中等教育 94%。南非有 21 所大学和 15 所技术学院,比较著名的有金山大学、南非大学、开普敦大学、祖鲁兰大学、比勒陀利亚大学等。20 世纪 90 年代,南非有 30% 的高校教师毕业于国外的大学。1998 年,教育部开始把教育学院、农业学院、护理学院等统一到高等教育体系中来,南非资格证书管理局(South African Qualifications Authority)管理下的《南非资格证书体系》(South African Qualifications Framework)实行的学分累积

和认证制度为高等教育体系的统一创造了条件。2008 年，在 19～25 岁人口中，男性第三级教育毛入学率为 11％，女性为 13％。

除正规教育外，非正规教育也得到政府重视。新任政府把提高成人受教育程度作为 21 世纪南非教育发展的重要目标，为此扩大了对非正规教育的投入。南非还运用现代教育技术大力普及远程教育，学习函授课程也可以获得官方承认的学位乃至研究生文凭。20 世纪 90 年代后期，约占南非第三级教育在校生总数 35％的学生学习的是函授课程。2002 年，南非的开放大学南非大学约有 12 万名各种族的注册生和 3 000 名教职员工，是南非规模最大的大学。它使用南非荷兰语和英语进行教学，提供国际承认的证书、文凭和学位课程，最高可授予博士学位。

后种族隔离时代的南非教育与种族隔离时代相比，在很多方面，尤其是在保证教育机会平等方面作出了举世瞩目的努力。但刚刚建立了民主平等制度的南非也面临着很多挑战与问题。(1) 种族隔离制度的影响依然存在。种族隔离制度虽然被取消了，但对人们的思想观念、行为方式等的影响不会在短时间内消失，长期的隔离制度、种族歧视造成的社会经济发展不平衡对教育的影响也很难在短时间内消除，以致土著人至今在一些方面仍然不能获得同等待遇。20 世纪 90 年代中期，尽管白人只占总人口的 15％，但大学毕业生却占总数的 85％，白人第三级教育毕业生的失业率只有 2％，而黑人第三级教育毕业生的失业率却接近 25％。即使从事同一职业，有着同等受教育程度，黑人的收入也往往比白人要低。(2) 艾滋病病毒的高感染率对教育产生了严重影响。2002 年，南非成人 HIV 病毒携带者和艾滋病患者达 474 万，居全球之首，这对教育发展产生了严重的影响。学生和教师以及他们的家庭和所在社区感染人数的增加不仅影响南非学校教育的数量和规模，也影响到教育的质量，对教育规划、管理、师资培训等提出了新的要求。(3) 新语言政策对教育发展有着不可忽视的影响。种族隔离时期只有英语和南非荷兰语两种官方语言，但新语言政策规定了 11 种官方语言，学生可以选择自己想使用的教学语言。这种规定一方面提高了土著语言的地位，尊重了学生的种族和民族情感，有利于土著语言和文化的发展；另一方面，由于英语和南非荷兰语在主流社会中的统治地位已经形成，掌握这两种语言的重要性不言而喻，实行多语教学，不仅加重了教师的教学负担，也加重了学生的学习负担。南非政府将满足学生语言选择需要的任务交给了学校。学校既要为消除种族隔离而提倡学生来源多种族化，又要考虑不同种族学生的教学语言需要问题，在一定程度上陷入两难境地。(4) 很多学校办学条件差，师资水平低，教育质量难以提高。1997 年，学校需要登记处 (Schools Register of Needs) 发现，在他们调查的 32 000 所学校中，24％的学校附近没有水源，只有 43％的学校有电。北部省份的状况更加糟糕，79％的学校没有电，41％的学校建筑严重失修，很多学校甚至连厕所都没有。调查还显示，约有 5 400 所农村公立学校建在白种人私有土地上。改变这种状况需要国家拿出所有的教育预算，而这显然是不可能的。种族隔离制度下的教育体系未能培养出足够的合格教师，这对推行先进教育理论指导下的学校教育质量改革造成了障碍。尽管不同种族的学生在学习数学和科学知识方面具有平等的权力，但很多学生仍然得不到数学和科学知识方面的训练，人、财、物等教育资源的缺乏仍然是南非教育发展面临的严峻挑战。尽管种族隔离制度结束后，南非接受了大量来自联合国、欧盟及美国、加拿大、日本等发达国家的援助，但相对于巨大的资源缺口来说，这些援助仍是杯水车薪。

只有通过教育才能有效地促进社会平等和经济繁荣。基于这种认识，南非新政府把促进教育机会均等、消除地区和种族教育发展不平衡状况、不断提高教育质量等作为面向 21 世纪教育改革的重要目标。南非政府不断加大对教育的投入，对课程设置、教科书、教育资金筹措体系和高等教育体制等进行改革。教师教育改革也是这些改革举措中的重要组成部分。以往教师培训主要在各省的教师培训学院进行，现在大学和技术学院也开始承担起教师培训的任务。小学教师培训为 3～4 年的学历课程，想当中学教师的学生则需要接受学位课程培训。

参考文献

中华人民共和国教育部国际合作与交流司. 世界 62 个国家教育概况 [M]. 北京：首都师范大学出版社，2001.

Marlow-Ferguson, R. & Lopez, C. World Education Encyclopedia: A Survey of Educational Systems Worldwide [M]. 2nd ed. Detroit, MI: Gale Group, 2002.

UNESCO. World Education Report [R]. UNESCO, 2000.

（王绽蕊）

南京国民政府时期教育 1927 年南京国民政府成立至 1949 年中华人民共和国成立期间的教育。1927 年 4 月，南京国民政府建立后，采取了较严格的措施，对学校进行控制和管理，并颁布了一系列有关教育的规章、制度和法令。

确定"三民主义"教育宗旨

1928 年 6 月，国民政府第一次全国教育会议在南京举行。会上确定中华民国的教育宗旨，即"三民主义"教育。会上通过的《中华民国教育宗旨说明书》指出：所谓三民主义教育，就是以实现三民主义为目的的教育；就是各级行政机关的设施，各种教育机关的设备和各种教学科目，都是以实现三民主义为目的。会议还拟定教育实施的原则为发扬民族精神,提高国民道德,注重国民体力的锻炼,提倡科学的精神,励行普及教育,男女教育机会均等,养成服从纪律的习惯等15条。

1929年3月,国民党第三次全国代表大会把教育作为一个重要问题加以讨论。会议通过《确定教育宗旨及其实施方针案》,其中指出:今后必须使一切教育上之设施,全部皆贯以三民主义之精神,无处不具备三民主义之功用。根据提案,国民政府于同年4月公布《中华民国教育宗旨及其实施方针》,并通令颁发,指出中华民国之教育,根据"三民主义",以充实人民生活,扶植社会生存,发展国民生计,延续民族生命为目的,务期民族独立,民权普遍,民生发展,以促进世界大同。

国民政府的教育制度

1927年6月,国民党中央政治会议接受蔡元培等人的建议,决定以大学院为全国最高的学术和教育行政机构,以大学区为地方教育行政单位,试行大学院和大学区制。在学校教育制度方面,国民政府仍然沿袭1922年的"新学制",并在此基础上颁布一系列教育规程、法令、标准和纲要,以强化其对各级各类学校的直接控制。

试行大学院和大学区制 1927年6月,南京国民政府教育行政委员会拟制大学院和大学区制。之后,国民政府公布了《大学区组织条例》。该条例规定:全国依照现有的省份及特别区,分为若干大学区,以所在的省或特别区之名称之;每个大学区设大学1所,该大学校长统理区内一切教育行政和学术事项;大学区设评议会,为学区的立法机关;大学区设有研究院、高等教育部、普通教育部、扩充教育部,分管学区内的大学、中学、小学和社会教育事项。规定大学区制暂在"浙江、江苏等省试行"。浙江大学区设立第三中山大学,江苏大学区(又称中央大学区)设立第四中山大学。1928年6月,北平试行大学区制。

1927年7月,国民政府又公布《中华民国大学院组织法》。其中规定:大学院为全国最高学术教育机关,承国民政府之命,管理全国学术及教育行政事宜,不隶属于国民政府,故直称"中华民国大学院";设院长1人,综理全院事务,并为国民政府委员;设大学委员会,为最高评议机构,议决全国学术、教育上的一切重要问题,大学委员会由各学区大学校长、大学院教育行政处主任及大学院长所聘请的国内专门学者5至7人组成,以大学院院长为委员长;大学院下设秘书处、教育行政处,教育行政处下设学校教育、社会教育、法令统计、图书馆、国际出版品交换、书报编审等6个组,大学院于必要时得设学术、教育行政上各种专门委员会。1927年10月,大学院正式成立,蔡元培就任大学院院长,原

有的教育行政委员会即告结束。

大学院和大学区制从一开始施行时即遭到多方非难,1928年10月,国民政府正式改大学院为教育部,任命蒋梦麟为教育部长。1929年6月,大学区制被停止。

颁布"戊辰学制" 1928年5月,国民政府大学院在南京召开第一次全国教育会议,通过了《整理中华民国学校系统案》。该系统案分为原则、学校系统表及说明三部分。8月,大学院公布《中华民国学校系统草案》,是谓"戊辰学制"。

《整理中华民国学校系统案》以《学校系统改革案》(亦称"壬戌学制")为基础,提出"六项原则":根据本国实情;适应民生需要;增进教育效率;谋个性之发展;使教育易于普及;留地方伸缩可能。后经大学院审定增加了"提高科学标准"一项原则。

"戊辰学制"的纵向学制系统分为"三段五级",其主干学程仍是"壬戌学制"的"六三三"制。学制的横向系统分设师范学校、职业学校等。

初等教育:修业年限为6年,分为初、高两级。初小4年,单独设立,为义务教育年限;高小课程结合地方情形,增设职业学科;初小毕业者,设相当年限的补习教育。

中等教育:修业年限为6年,分初、高两级,各3年。初级中学得单独设立;高级中学应与初级中学并设,特殊情况可单独设立。初级中学施行普通教育,亦可视地方之需要,兼设师范科及各种职业科;高级中学得分普通科及农、工、商、家事、师范等科,或单独设立高级职业中学,修业年限均以3年为原则。也可设立初级职业中学,修业年限为3年,各地应设立中等程度之补习学校。

高等教育:分为大学校、专门学校、专修科和研究院。大学校得分设文、理、法、医、工、农等学院,文、理、农学院修业4年,法、工学院5年,医学院7年,大学校设各种专修科。研究院为大学毕业生而设,年限不定。专门学校就工业、农业、商业、美术、音乐等分别设立,招收高级中学或同等学校之毕业生,修业年限为农、工、商、美术各科3年,药学6年。

"戊辰学制"虽未正式公布,但实际已成为南京国民政府的学制,是各级各类学校教育的基本依据。该学制的主要特点体现为中等教育阶段的改革,它废止"壬戌学制"的"综合中学制",将普通中学教育、师范学校教育、职业学校教育分别设立;废止中学的选课制,一律改为必修;规定普通中学除采用"三三"制外,还可采用"四二"制;废止六年制师范学校,改为三年制师范学校;取消师范专修科,添设乡村师范学校;单独设高级职业中学。与1922年的"新学制"相比,它使中等教育阶段的学制更趋完善。

《中华民国宪法》中的教育法规 1946年12月,通过《中华民国宪法》。1947年1月1日,南京国民政府公布施行。该宪法第十三章"基本国策"列有"教育文化"专节,共有十条:(1)教育文化,应发展国民之民族精神、自治精神、

国民道德、健全体格、科学及生活智能。(2)国民受教育之机会一律平等。(3)6～12岁之学龄儿童,一律受基本教育,免纳学费。其贫苦者,由政府供给书籍。已逾学龄未受基本教育之国民,一律受补习教育,免纳学费,其书籍亦由政府供给。(4)各级政府应广设奖学金名额,以扶助学行俱优无力升学之学生。(5)全国公私立之教育文化机关,依法律受国家之监管。(6)国家应注重各地区教育之均衡发展,并推行社会教育,以提高一般国民之文化水准。边远及贫瘠地区之教育文化经费,由国库补助之。其重要之教育文化事业,得由中央办理或补助之。(7)教育、科学、文化之经费,在中央不得少于其预算总额15%,在省不得少于预算总额25%,在市县不得少于其预算总额35%。其依法设置之教育文化基金及产业,应予以保障。(8)国家应保障教育、科学、艺术工作者之生活,并依国民经济之进展,随时提高其待遇。(9)国家应奖励科学之发明与创造,并保护有关历史文化艺术之古迹古物。(10)国家对于国内私人经营之教育事业成绩优良者、侨居国外国民之教育事业成绩优良者、于学术或技术有发明者、从事教育久于其职而成绩优良者予以奖励或补助。

国民政府的教育管理

为了全面控制学校教育,达到思想统治的目的,南京国民政府除向各学校灌输封建伦理道德外,还积极效法意大利墨索里尼法西斯党的独裁主义制度和措施,对青年学生施行法西斯主义管理与训练,采取高压手段,镇压进步师生。

建立训育制度,"整饬学风" 1928年10月,大学院制废止。接着,南京国民政府不断下令"整饬学风",禁止师生参加社会政治斗争。1929年3月,国民政府教育部训令教育行政机关督率各学校注意严格训练。4月,国民政府公布《中华民国教育宗旨及其实施方针》,通令普通学校以"忠孝仁爱信义和平"教育儿童及青年。7月,开始在全国中小学普遍实行训育制度。教育部通令各省市遵照执行《中小学训育主任办法》,设置训育人员。该文件指出,凡未设有训育主任而由教员共同负责者,应以该校党义教师1人主持训育事宜,其职责专以考查学生的思想、言论和行动。

1930年4月,在国民政府第二次全国教育会议上,蒋介石提出"改革教育当用革命手段整顿学风",要求以"三民主义"统一青年思想。同年12月,蒋介石以国民政府行政院长兼教育部长的名义颁发《整顿学风令》,责令学生一意力学,涵养身心,不得干涉行政,如有违者,政府"以治反动派者治之"。12月,蒋介石又发表《告诫全国学生书》,指出"破坏法纪之学潮,自与反革命无异,政府自当严厉禁止,如法惩处",并指出,"要救国必先提高道德,要提高道德必先改良

教育,要改良教育必先端正学风,要端正学风必先注重训育"。1931年6月,国民政府行政院要求教育部执行国民会议通过的《确定教育设施趋向案》规定,各级学校之训育,必须根据总理恢复民族精神之遗训,加紧实施,特别注重刻苦勤劳习惯之养成,与严格的规律生活之培养。国民政府的"整饬学风",实质是从实行训育制度着手,严禁学生参加社会政治斗争,通过对学生灌输封建道德思想和法西斯主义意识,以控制青年学生的思想。

颁布《青年训练大纲》和《训育纲要》 抗日战争爆发后,许多爱国学生反对蒋介石的"必先安内始能攘外"的不抵抗政策,积极要求抗战。南京国民政府为限制学生的爱国行动,于1938年2月强制施行《青年训练大纲》,进一步强化学校的封建法西斯训育管理。《青年训练大纲》分为基本观念、训练要项、训练方式三部分。要求通过日常生活、学校教学来训练青年。1939年9月,教育部又颁布《训育纲要》,强制各学校施行。《训育纲要》指出:"中华民国教育所需之训育,应为依据建国之三民主义与理想之人生标准(人格)训育学生,使之具有高尚之志愿,坚定之信仰,与智、仁、勇诸美德,在家为良善之子弟,在社会为有为有守之分子,在国家为忠勇守法之国民,在世界人类为维护正义促进大同之英雄。"《青年训练大纲》和《训育纲要》的颁布,旨在严格控制学校教育,把学生青年训练培养成盲目信仰"三民主义",忠于政府的守法顺民,从而巩固国民党的统治。

强化教育管理 实行严格的教科书审查制度是南京国民政府强化学校教学管理和体制的首要举措。1927年12月,大学院公布《教科图书审查条例》,规定小学校及中等学校所采用的教科图书,非经审定不得发行或采用,审查图书以不违背国民党的"三民主义"、党纲的精神为原则。审查教科图书种类,依其性质分为"三民主义"、国文国语、外国语、社会科学、自然科学、职业各科、音乐、图画、手工、体操等项。1929年11月,教育部又公布《教科图书审查规程》,明确规定:各级学校所采用的教科书,未经教育部审定,或失审定效力者,不得发行或采用。在审查中,开列三项政治标准:适合党义;适合国情;适合时代性。对于教科书的编辑,由于担心未能有效贯彻"三民主义"教育宗旨,由书商编辑改由政府编辑,由教育部普通教育司与国立编译馆会同办理。1944年3月,蒋介石又对编审中小学教科书提出要求,指出伦理科目应以《春秋》与《礼记》材料为中心。

除推行教科书审查制度外,南京国民政府还实行毕业会考与总考试制度。1932年5月,教育部公布《中小学毕业会考暂行规定》,通令各省市县教育行政机关对所属公立和私立的小学、初中、高中的应届毕业生,在经原校考试及格之学生中举行会考。会考各科成绩及格始得毕业,会考一科或两科不及格者,可复试一次,复试仍不及格者可补习一

年,再参加该科会考一次,三科以上不及格者,应令留级,亦以一次为限。1932 年 12 月,教育部废除小学生毕业会考,公布《中学生毕业会考规程》。1935 年 4 月又公布《师范学校学生毕业会考规程》。1938 年后,因抗日战争已成战区的各省市均免会考,非战区的后方各省仍继续举行会考。1940 年 5 月,教育部颁布《专科以上学校学生学业成绩考核办法要点》,规定专科以上学校毕业试验改为"总考制"。

南京国民政府还在学校教学中增加了军事教育。初中实行童子军训练,在高中以上学校实行军事教育和军事训练,用管理军队的办法来管理学校,目的在于训练青少年的绝对服从精神。自 1929 年正式施行学生军训起,至 1945 年,全国专科以上受训学生总数达 13.69 万余人,高中、师范、职业学校等受训学生总数达 64.05 万余人。专科以上学校军事教育科目,每周至少三次,两年为限,中等以下学校注重体育,每周至少三次。

学校内迁与"国难教育"

抗日战争爆发后,日军大举入侵,国土相继沦丧,平津京沪各地学校大多数毁于炮火,损失惨重。面对战争烽火及其严重后果,国民政府为保存教育实力,采取了一系列紧急应变措施。首先,将集中于都市的一批重点高等院校西迁内地,并进行组合调整。如国立北京大学、清华大学和私立南开大学,辗转湖南长沙,最后迁往云南昆明,组合为国立西南联合大学;国立北平大学、国立北平师范大学、国立北洋工学院等校迁往陕西汉中,组合为国立西北联合大学;国立中央大学西迁四川重庆;国立浙江大学迁江西吉安,后迁至贵州遵义等。至 1938 年底,共有 55 所高等院校迁移或调整,另有一部分大学从私立改为国立,如东北大学、厦门大学、湘雅医学院等,以维持校务。高校西迁固属迫不得已之举,但却保存了中国教育界的精英力量,并在艰难困苦的"流亡大学"环境中培养了一批专门人才,为抗战事业及后来中国的发展作出了贡献,并对西南西北地区的文化教育和社会风气的转变起了极大的促进作用。其次,设置国立中等学校,救济战区流亡后方的中等学校师生。从 1937 年抗战全面爆发起,教育部为继续发挥教育效能,充实民族力量,打破了以往省(市)教育厅(局)主管中等教育的体制,在后方安全地区新设了国立中学,收纳中学生及师范生,兼收职业学校学生入学,免缴学费,并给予伙食、制服、书籍等费用补贴。至 1945 年抗战胜利时,共设国立中学 34 所,国立大专院校附设中学 16 所,国立师范学校和职业学校 14 所。国立中学的设立,部分满足了从战区迁移后方的学生的就学要求,对于稳定后方和增强抗战建国的力量是有积极作用的。同时,国立中学内骨干教师相对集中,不仅保证了学校的教育质量,而且对中等教育的建设和发展也具有示范

效应。

国难当头,教育界许多有识之士纷纷发表见解。如陶行知提出建立大众的国难教育。他认为,解决国难的教育方案只有一个目的,这个目的就是保卫中华民国领土主权之完整以争取中华民族之自由平等。一切教育设施都要以这个神圣的使命做中心。教育没有独立的生命,应是以民族的生命为生命。唯有以民族的生命为生命的教育,才算是我们的教育(《国难与教育》)。陶行知提出国难教育的目标是推进大众文化,争取中华民族之自由平等,保卫中华民国领土与主权之完整。国难教育的对象是:教育大众联合起来解决国难;教育知识分子将民族危机之知识向大众广播。另外,陶行知在"国难教育之非常课程"、"国难教育之文字工具"、"国难教育之方法"等方面也提出了自己的见解。1939 年,陶行知在其创办的《战时教育》刊物上发表《生活教育目前的任务》一文,指出:"当日本帝国主义危害我们生存的关头,生活教育者每上一课自必要问:这一课对于抗战能有多少帮助?""即使在后方办学校也必然的要想到,如何把教育的力量输送到前方和沦陷区域里面去。"他主张"在战斗时,每一个学校应该不只是一个学问的组织,而且是一个战斗体"。他呼吁要大力抢救战区儿童,要"抢救抢教双管齐下,才对得起后一代之期望与整个民族之付托"。办育才学校正是陶行知抢救与抢教双管齐下思想的具体体现。除陶行知外,黄炎培也指出团结增进人的力量,生产增进物的力量,把人与物的力量联合起来,才能构成整个的国家力量,才能建立国防。抗战期间,教育界掀起了广泛的爱国主义教育活动,南开大学校长张伯苓号召学生共同奋斗,各尽国民天职,报效国家。浙江大学校长竺可桢,要求学生一方面为学问而努力,一方面为民族而奋斗。正是广大的教育工作者,在抗日战争时期极端艰苦的条件下,支持抗战教育,才为国家培养了许多栋梁之材。

参考文献

顾明远.教育大辞典[M].上海:上海教育出版社,1990—1992.

毛礼锐,等.中国教育通史[M].济南:山东教育出版社,1988.

孙培青.中国教育史[M].上海:华东师范大学出版社,2000.

王炳照,等.中国教育思想通史[M].长沙:湖南教育出版社,1994.

中国大百科全书·教育[M].北京:中国大百科全书出版社,1985.

(郭　怡)

内隐学习(implicit learning)　个体无目的、自动地习得事件或客体之间结构关系的一种学习形式。这一定义是弗里奇在总结和比较众多文献之后提出的。"内隐学习"是雷伯 1967 年在《人工语法的内隐学习》一文中首次提出的本质上区别于外显学习(explicit learning)的一种学习形式。

他认为,内隐学习是无意识获得刺激环境复杂知识的过程。雷伯指出,诸如问题解决、政策制定等凡需要付出努力、采取一定策略来完成的学习活动都属于外显学习;而在内隐学习中,人们并没有意识到或者陈述出控制他们行为的规则是什么,但学会了这种规则。

内隐学习的概念实质

为澄清内隐学习的概念问题,弗里奇进行了比较和总结,指出内隐学习的不同定义主要在两方面存在分歧:"内隐"是指学习过程还是指学习和提取两个过程;"内隐"是与"无意识"、"无觉察"同义还是与"无目的"、"自动化"同义。

在任何学习过程中,不管是内隐学习还是其他类型的学习,都可以区分出三个过程:对学习要素进行编码的知觉过程,获取知识的认知过程和提取已有知识的认知过程。学习要素指要学习的系统关系中的基本成分;获取知识指机体学习这些关系的实际过程;提取已有知识指对已习得的知识建立暂时稳定的表征。在内隐学习中,学习要素在知觉阈限之上呈现(内隐学习和阈下学习的区别)。因此,确定学习和提取过程成为定义的关键。

对于内隐学习,雷伯最初强调获得语法知识的过程是内隐的。实证研究表明,虽然被试说不出学了什么,但他们似乎有所学习,获得的知识能在行为中表现出来。这个结论本来只是用来支持"学习是内隐的"这个假设,多次实证之后却成了定义的一部分。雷伯假设,获得的知识是对刺激蕴含的抽象规则的心理表征,且知识是默会的。他提出,内隐学习是一种不受情境影响的归纳过程,在这个过程中,被试获得与刺激环境有关的任何复杂信息,但在很大程度上意识不到获得的过程或最终获得的知识。其中涵盖两个基本特征:无意识过程和获得知识的抽象性。内隐学习的概念从强调学习过程转而强调对学习提取过程的解释。在内隐学习概念中涵盖隐性知识的某些特征,这种改变引发了两个重要问题:第一,可能降低了其操作上的独特性。有人认为,内隐学习和内隐记忆在操作上无法区分,因此内隐学习最好被视作内隐记忆的一个分支。第二,改变定义在相当大程度上缩小了内隐学习概念的范围,因为其中加入了实证部分。事实上,研究者们后来针对新概念所作的许多工作都变成验证是否内隐学习情境下获得的知识真的是内隐的。因此,虽然关注学习和提取过程比仅仅关注学习过程增加了内隐学习概念上的独特性,但由此导致的操作上无法与外显学习和内隐记忆区分开来的事实似乎更为严重。所以,弗里奇认为,内隐学习研究应该回归雷伯早先主张的概念,即内隐学习是一种学习现象,不包括记忆提取。

对内隐来说,区分无意识、无觉察和无目的、自动化非常重要,因为基于这两种意义的内隐学习概念的科学价值

不同。如果内隐等价于无意识、无觉察,那么在获得知识的过程中,学习是发生于意识之外的,即学习者没有觉察到学习的发生;同样,在测量知识的过程中,习得知识的测量是通过无意识的提取过程实现的,即学习者没有觉察到提取过程。如果内隐等价于无目的、自动化,那么内隐是指不受注意分配、符合特定自动化标准的学习和(或)提取过程。

许多人认为,没有必要区分无意识、无觉察和无目的、自动化,因为觉察是注意支配的必要条件。然而,有关现象以及实证研究数据显示了两种意义的分离。首先,从现象学来看,梦这个现象就很好地说明了无意识、无觉察和无目的、自动化的区别。对梦的内容的控制是自动的,但这种自动控制的结果可能会被意识到。事实上,对现象的觉察并不与注意有内在关联,而是与某种感觉存在着根本联系。其次,神经学方面的研究也支持这样的假设。例如,盲人常常能够走向他们说看不见的目标物。这些运动似乎是受目的支配的,但盲人自己并未觉察到任何目的。另外,外部线索的突现或突然改变能够引起注意的分配。这种行为似乎是自动控制的,无目的的,而个体可以觉察到突现的刺激和控制的结果。这些例子都表明,无意识、无觉察和无目的、自动化至少有一部分是分离的。

回顾无意识的有关文献,从现象角度来谈意识有较长的历史。在认知心理学领域,无意识通常有两种截然不同的含义,即未注意(outside of attention)和无法回溯(lack or failure of introspection)。如果将无意识解释为后者(即无法有效地报告经验),那么当个体不能有效地报告事件、客体、行动的起因、发生和其他特征时,我们说该个体未意识到或未觉察到这些特征。因而,无意识/无觉察的学习过程(或学习/提取过程)与有意识/有觉察的学习过程之间的区别,将完全取决于言语报告学习的发生、类型和结果的能力。然而,许多研究者都指出,言语报告的效度很成问题。所以,弗里奇认为,如果强调内隐与无觉察、无意识同义,则内隐学习与外显学习在操作上很大程度要靠言语报告来区别,而言语报告不是一种可靠的方法。因此,从理论上来讲,弗里奇认为,内隐指学习过程,且更强调它的无目的性。

内隐学习的特征

内隐学习的所有特征是有主从、分层级的。其中一些与内隐学习的核心相联系,有助于界定内隐学习的概念结构,有的则更多地与内隐学习的任务表现相联系。中国心理学研究者郭秀艳(2003)对此进行概括和区分,指出内隐学习的本质特征是自动性、抽象性、理解性和干扰性,内隐学习的具体表现特征是高选择力、高潜力性、高密性和高效性。

自动性 内隐学习会自动地产生,无需有意识地去发现任务操作中的外显规则。正是内隐学习的自动性,揭示

了它不同于外显学习的独特本质,确立了其应有地位。

抽象性　内隐学习可以抽象出事物的本质属性,所获得的知识不依赖刺激的表面物理形式。内隐学习的迁移现象很好地证明了其抽象性特征,因为如果在内在规则不变而只是表面符号变化的情况下发生了学习迁移,就可以表明学习者学到表面特征之外的其他的抽象东西。雷伯1969年的实验结果发现,语法规则的改变明显降低了被试的成绩,而字母串物理形式的改变对成绩未产生影响。由此证明,隐性知识是抽象的,不依赖刺激的特殊物理形式。

理解性　内隐学习的产物——隐性知识在一定程度上可以被意识到。例如雷伯等1994年对人工语法构成的词谜进行了研究,结果发现随着被试外显报告所用规则成绩的提高,他们也内隐地发展了更为丰富和复杂的规则知识。这证明了内隐学习具有理解性。

抗干扰性　低变异性或强健性。与外显学习相比,内隐学习不易受次要任务、年龄、IQ和病理等影响。这一点在雷伯1993年的内隐学习生物进化论中有详尽阐述。

"三高"特征　中国心理学研究者杨治良和叶阁蔚1993年通过实验研究指出内隐学习具备"三高特征"。内隐学习的高选择力体现在,内隐被试比外显被试表现出更大且更显著的底层规则的迁移,这一特点与雷伯等人提出的内隐学习的抽象性特征相似,均指隐性知识不依赖当前刺激的表面特征,具有较高的迁移易化能力。内隐学习的高潜力特征表现为,内隐学习仅使用显著特征分类,却达到外显学习运用显著和非显著特征的学习效果,这说明内隐学习具有很大的潜力,许多具有高选择力的资源尚待开发。内隐学习的高效性在于,内隐习得知识的存储密度高于外显知识,在传递上具有高效性。

内隐学习的研究方法

为排除意识的污染,保证其内隐性,对内隐学习的研究大多仍在严格控制下的实验室中进行,最常用的实验范式包括以下四种。

人工语法学习　人工语法学习(artificial grammar learning)范式由雷伯于1967年提出。在这种研究范式中,学习材料是操作的第一要素,所用字符串按照人为的限定状态语法规则构成,而且此规则要足够复杂,使被试无法在短时间内通过意识努力领悟到其中的规律。人工语法学习对内隐的操作主要体现在指导语上。在典型的人工语法实验中,主试在学习阶段向实验组被试呈现符合语法的字符串,让他们识记,但未告诉他们材料在结构上存在规律性,而只给予中性的指导语;在后续测验中,主试才向实验组被试表明,刚才他们所学的材料是有规律可循的,然后让他们在新的测验任务中判断哪些材料是符合规律的,哪些不符

合规律。如果试验组被试的判断高于对照组(在学习阶段就被告知学习材料有规律),而又难以用言语表明自己判断的依据,表明内隐学习发生了。

人工语法学习是内隐学习研究中最早产生也最常用的范式,但一直存在争论。雷伯认为,被试在学习阶段无意识获得的规律性知识会影响后来的语法判断。但是,仅用指导语来控制学习的内隐性,很难确保被试是否真的未自发地采用学习策略(外显加工);而且,被试在测验阶段的判断成绩不一定完全受学习阶段获得的知识影响,被试还可能在测验阶段产生附加学习。另外,由于个体的言语报告能力有限,有时无法报告知识未必说明个体没有意识到所学的知识,所以越来越多的研究者用其他方法(如再认)来衡量知识的可意识性。因此,人工语法学习是否内隐学习,仍有待考证。

序列学习　这种研究范式以反应时为指标,故亦称序列反应时(serial reaction time,简称SRT)任务。由尼森和布勒默等人1987年首创。在该任务中,刺激按某个特定但不明显的模式依次呈现,被试要尽可能快地对刺激序列作出反应。例如,星状图形按固定的位置序列依次出现在屏幕的四个不同位置,每个位置都对应着一个按键。当星状图形出现在屏幕上的时候,被试要尽可能快地揿下该位置对应的按键。主试会在多次重复该特定位置序列的情况下插入一个随机的位置序列,之后再恢复特定的位置序列。被试结束这样的反应时任务后,还要接受测量外显知识的任务,通常是预测任务,即被试根据屏幕上的刺激所在位置,预测下一个刺激出现在哪个位置上。如果被试对随机位置序列的反应时要显著大于对特定位置序列的反应时(间接地探查了被试对特定位置序列的学习效应),而且反应时任务的反应时大小与预测任务的准确度相关很小,就说明发生了内隐学习。

系统控制任务　系统控制任务程序(complex system control procedure)由布罗德本特及其同事首创。该范式采用模拟的生产和社会情境进行研究。发现被试可以学会令人满意的控制行为,却回答不出他们已经学会的有关如何控制系统的问题。例如,向被试呈现一个想象的生产情景,如糖生产线,告诉被试他们正在管理一条糖生产线,被试的任务是改变相关参数的值(如工资、雇用工人数量等)以达到目标生产水平。在另一项社会控制任务中,要求被试与一个称为"MAX"的机器人相互作用,这个机器人能表现出各种各样包括从粗鲁到爱的情感。被试的工作是通过控制自己对MAX的情感反应而使MAX表现出一种特定的行为方式,MAX心情的改变是由类似于上述生产任务的规则控制的。这些任务比语法学习或序列学习更接近现实世界。

刺激共变学习任务　刺激共变学习任务(stimulus

covariation task)由莱维茨基及其同事最早采用。在学习阶段，要求被试学习一些较为复杂的刺激，譬如人脸或脑波图，尽管被试不能意识到，但这些刺激项目事实上能被分作两类，一类跟某种抽象的概念相联系（如愉快的性情），另一类则跟相反的概念相联系（如不愉快的性情）。在测验阶段，呈现给被试另一些新的复杂刺激，要求他们对这些新刺激项目进行分类，结果发现，虽然被试不能意识到这种共变任务，但倾向于按先前刺激的类别特性来分类。这种范式特别适于研究日常和社会认知中的内隐学习现象。

内隐学习与外显学习的关系

内隐学习最初是作为本质上区别于外显学习的学习模式而提出的。因此，以雷伯为首的早期研究者们都试图从各个角度区分内隐学习和外显学习。多年来，内隐学习和外显学习一直被定义为彼此独立的两个学习系统。可是，有些研究却发现内隐学习和外显学习间的界限并非如此清晰，两者或多或少存在某些联系。一方面，内隐学习本身的独立存在需要以内隐学习与外显学习之间的区别作为基础；另一方面，内隐学习又要通过与外显学习的联系来找到自身作为一种知识获得机制的定位。明晰内隐学习与外显学习的区别和联系，有助于从理论层面理解内隐学习机制。

内隐学习与外显学习的区别　上述内隐学习的实质与特征正是立足于内隐学习与外显学习的区别而得到揭示的。内隐学习与外显学习在特征上的区别可以总结为三点：（1）内隐学习是自动的，外显学习是需意志努力的。（2）内隐学习是稳定的，外显学习是易变的。内隐学习从学习过程到学习结果都是稳定的，不易受其他内、外因素的影响。而外显学习会受到年龄、智力、情绪、个性、动机、氛围等变量的影响。（3）内隐学习是深层的，外显学习是表层的。内隐学习与外显学习在最终获得的知识方面存在差异。深层，是指内隐学习获得的是刺激内部的潜在的深层结构；表层，说明外显学习获得的是特定的刺激或刺激间某些表浅的规则。

神经生理学也为两者的区分提供了证据。对神经受损病人的研究发现，某些神经受损伤或脑功能缺失的病人，如海马间脑—乙酰胆碱能传导系统（亦称"间脑学习系统"）受损的病人，虽然外显认知系统的功能发生紊乱，但是内隐认知系统仍保持正常。神经影像学的研究也发现内隐学习与外显学习激活不同脑部区域。有学者运用功能磁共振成像技术（functional magnetic resonance imaging，简称 fMRI）对人工语法学习进行研究，结果发现外显学习更多地激活右半球区域，而内隐学习更多地激活与抽象过程联系的左半球区域。

学习机制的研究是将两者区分为两个独立系统的根本

办法。对这一问题的主要讨论集中在心理能量、心理表征和产生信息三个方面。例如，D. C. 贝里 1992 年曾根据加工过程占用的心理能量注意资源的差异，提出存在两种不同的学习类型——粗选学习和精选学习。研究发现，对于一个复杂的任务，个体进行粗选学习时，可能会不加选择地接收和储存刺激之间的所有关联性；而个体进行精选学习时，其加工方式则是：先精挑细选出几个关键变量，然后只对这些关键变量之间的关联性进行观察和储存。由此可知，如果粗选学习时接收和储存的刚好是正确的关键变量，那么这种学习方式应该是快速而有效的。可见，粗选学习是无意识的纯粹接触效应，类似于内隐学习；而精选学习则是一种需要意识努力的加工过程，类似于外显学习。威林厄姆1998 年曾描述了内隐位置序列学习的心理表征。他认为，外显位置学习和内隐位置学习分别是自我中心空间表征和客体中心空间表征。在自我中心空间系中，物体的位置是相对于被试自己的身体而言的。在客体中心空间系中，物体的位置是用相对于另一个客体的位置进行编码的，客体中心空间系是一个浮动的空间系，物体的相对位置和相对距离在其中尤为重要。斯塔德勒 1997 年提出内隐学习产生知识间的横向联系，而外显学习产生信息间的纵向联系。横向联系是记忆中两个相邻节点激活的结果，而纵向联系是组块化的结果，它是一种层次式的表征，即记忆中的某些节点代表了下一级的一些子节点。

内隐学习与外显学习的联系　内隐学习与外显学习都具有两个特性：（1）学习特异性。学习特异性，即指学习过程会对各种信息进行特异的编码，导致对学习效果的测量依赖学习和测量的情景、方式、上下文关系等因素的一致性。例如，D. R. 戈登和 A. D. 巴德利 1980 年提出外显学习的场合依赖性（situation dependence）和上下文依赖性（context dependence），即学习阶段和测验阶段的场合一致时，其学习效果要好于场合不一致时的；同样，学习材料和测验材料的上下文一致时，其学习效果也要好于不一致时的。C. D. 莫里斯、布兰斯福德和弗兰克斯 1977 年最先将外显学习的这种特征上升到内部加工的层面进行解释，提出迁移适当加工（transfer appropriate processing，简称 TAP）效应，即学习材料和提取线索驱动的内部加工性质（语义、语音、图形加工）一致时，学习效果更好。内隐学习也具有这样的特异性。研究发现，内隐学习会对刺激的感知特性（比如，字母标识、刺激的形似等）、呈现方式、学习方式、刺激环境等一系列有关因素的特殊性进行编码。具体表现为，若测验阶段上述因素发生变化，内隐学习量会发生明显下降。（2）注意需求性。注意需求性指，学习过程需要一定的注意资源和注意选择。外显学习是一种有目的指向、需要意识参与的过程，它对注意的需求性是无可厚非的。但有研究表明，一向被认为是自动的、无需意识努力的内隐学习也需要注意参与。尼森和布勒默 1987 年最早使用分心任务对内隐学习的注意需求性进行了研究。他们实验中的分心任务是音调计数任务，即要求被试在进行内隐序列学习的同时，还必须对每次试验中出现的高音或低音进行计数，并在每次试验后报告计数。结果发现，分心任务妨碍了被试对序列的内隐学习，这说明内隐序列学习仍需要一定的注意能量。随后，A. 科恩等人 1990 年重复了上述实验，结果发现内隐学习的注意需求性是有条件的，序列的内部结构会对内隐学习的注意需求性产生影响。实验时，他们使用了三种不同内部结构的序列——单一序列、模糊序列和混合序列。结果发现，分心任务对内隐序列学习的影响只有在学习模糊序列时才存在。可见，只有在特定的情况下，内隐学习才需要相对高的注意资源，而大部分情况下，内隐学习更多表现为自动。可见，内隐学习与外显学习一样，具有注意需求性，但需求阈限相对来说较低。

内隐学习与外显学习的相互影响 研究发现，当被试所学的语法规则比较复杂，难以通过外显学习发现时，简单的鼓励言语激发起的有意识学习常常会阻碍内隐学习过程，进而影响学习者对复杂规则的真正习得；但如果直接演示复杂规则，并配合合乎规则的具体例子进行说明，那么这种深入且精当的外显指导会促进内隐学习，并且它发生得越早越有利于内隐学习。另一方面，研究者郭秀艳和杨治良 2002 年发现，当学习者同时运用内隐和外显两种学习方式时，其效果最好，即内隐学习和外显学习之间存在协同效应。由此可知，内隐学习反过来也会促进外显学习。

两者的独立是相对的，任何学习都是内隐学习和外显学习权衡的结果。有学者针对内隐学习与外显学习的关系（意识与无意识的关系）提出了新的理论体系。科里尔曼斯 2002 年认为，意识的主要功能是控制行为以便其灵活适应；意识是包含着分级表征的连续体。中国心理学研究者林颖认为，内隐学习与外显学习不是截然分离的两个系统，而是分处一条连续轴线的两端，其中涉及的表征结构、意识状态和心理能量等动态发展并呈现不同水平。中国心理学研究者郭秀艳提出内隐和外显的权衡关系，即在学习过程中，内隐和外显的贡献大小会依据彼此而发生变化，并且在两者之间会存在某种平衡状态。任何一个学习任务都是内隐学习和外显学习的结合物，是内隐和外显之间联系与权衡的产物，并用双锥体来表示内隐学习与外显学习的关系（见下图）。

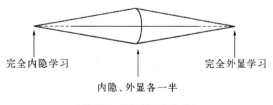

内隐学习、外显学习的连续体

上图中的双锥体表示，任何一种学习任务都是连续体上的一点，既包含了外显学习，也包含内隐学习，趋近两端的地方用虚线表示是因为完全内隐学习和完全外显学习几乎是不存在的。

隐 性 知 识

在内隐学习的研究文献中，常可以看见"隐性知识"、"知识是内隐的"、"显性知识与隐性知识"等论述。对学习过程的觉察状态的测量一直是通过测量学习后获得的知识间接进行的。在雷伯早期的内隐学习研究中，它采用事后提问的方式来揭示潜在的外显知识。在序列学习中，预测任务或生成任务是广为应用的测量外显知识的方法。在系统控制任务中，被试完成任务后，研究者用详细具体的问卷来测量被试的"可言语的"知识。

研究者们感兴趣的主题是学习过程，但他们考虑的却是内隐学习过程中获得的知识的觉察状态。主要原因在于，如果要确定某个学习过程是无意识的，那么最起码也必须证实，通过这个过程获得的知识不是意识可达到的。如果学习是内隐的，除了在学习过程中获得的事件关系，被试还必须对学习过程本身保持无意识状态。巴克纳和威佩奇认为，虽然这个假设可能更严密，但证实这一点并不容易。证实被试在测验中无法报告有关学习过程的各种记忆，并非就一定说明学习是无意识的。因为还存在一种可能性，即被试清楚地意识到事件间的重要关系，但由于失去了学习过程中的某些重要线索等原因，他们可能无法在测验时对相关知识进行任何形式的外显提取。因此，内隐学习研究只能通过考察习得的知识的觉察状态来推测学习过程的意识状态。内隐学习的研究从实证层面大大推动了隐性知识的研究。

早在 1957 年英国思想家波兰尼在《人的研究》一书中就提出隐性知识（tacit knowledge，亦称"缄默知识"）这一概念。波兰尼认为："我们所知多于我们所能说清的"，"人类有两种知识，通常所说的知识是用书面文字或地图、数学公式来表达的，这只是知识的一种形式。还有一种知识是不能系统表达的，例如我们有关自己行为的某种知识。如果我们将前一种知识称为显性知识的话，那么我们就可以将后一种知识称为缄默知识。"在波兰尼看来，缄默知识是人们的所有认识得以区分的"背景幕布"，是人们仅能在意识边缘觉察到的文化、情绪等认知背景。1985 年，美国心理学家斯腾伯格也提出自己的缄默知识概念，认为相对于传统智力测验抽取的学术知识而言，缄默知识是实践智力的标志，将缄默知识定义为"行动定向的知识，在没有他人直接帮助的情况下获得，它帮助个体达到他们个人所认为是具有价值的目标"。探讨知识经济的学者也对缄默知识和外显知识进行了区分,认为缄默知识是高度个体化、难以形式化或沟通、难以与他人共享的知识。

内 隐 记 忆

学习与记忆紧密相连。20 世纪 80 年代,随着无意识研究的升温,内隐记忆和内隐学习领域的研究都得到长足的发展。内隐记忆指在不需要意识或有意回忆的情况下,个体的经验自动对当前的任务产生影响而表现出来的记忆;其操作定义是,在不需要对特定的过去经验进行有意识或外显回忆的测验中表现出来的对先前获得信息的无意识提取。与内隐学习不同,内隐记忆强调的是提取过程的无意识,不管经验形成时的意识状态如何。然而,两者的定义大多局限在描述层面,在操作层面上存在广泛的概念之争。正如上文所述,由于难以直接研究内隐学习过程,是否发生了内隐学习通常是根据习得结果是否能被意识到或被报告而作出判断的。有些学者因此强调应从学习结果的角度来界定内隐学习的操作定义。这导致内隐学习与内隐记忆在操作上没有严格的界限。

相比较而言,由于研究者采取了不同的研究范式,内隐学习与内隐记忆在以下方面略有差异。首先,内隐记忆更多地涉及单一事件或单一刺激,而内隐学习则更多地强调多个事件或刺激间的联系和规则。其次,内隐记忆研究的学习和测验阶段会出现同样的刺激,而内隐学习的迁移则发生于具有不同表面特征的刺激情境。最后,两者的发生并不是一一对应关系,内隐学习的发生不一定伴随内隐记忆,内隐记忆也未必需要借助内隐学习。

参考文献

郭秀艳.内隐学习[M].上海:华东师范大学出版社,2003.

French, F. M. & Cleeremans, A. Implicit Learning and Consciousness: An Empirical, Philosophical and Computational Consensus in the Making [M]. Hove: Psychology Press, 2002.

Reber, A. S. Implicit Learning and Tacit Knowledge: An Essay on Cognitive Unconscious [M]. New York: Oxford University Press, 1993.

Stadler, M. A. & Frensch, P. A. Handbook of Implicit Learning [M]. Thousand, CA: Sage Publication Inc., 1998.

（林　颖）

能力倾向测验(ability aptitude test)　　亦称"特殊能力测验"、"性向测验"。主要测量不依赖具体经验的潜在能力的特殊能力测验。

能力倾向测验的性质　　从测验类型上看,测量人类认知水平的测验有智力测验、能力倾向测验和成就测验三种。在测验内容上三者有密切联系。能力倾向测验来源于智力测验的研究。在编制和使用智力测验时,人们发现智力结构存在明显的个别差异,同一个测验分数,会由于智力结构的不同而具有不同的意义,因此人们的兴趣开始由研究智力的实质转变到研究智力的结构,并导致能力倾向测验兴起。

通常认为,能力倾向是不依赖于具体经验的潜在能力,潜在能力可以在多种活动中表现出来,称一般能力倾向(即智力),也可以只在一种或几种活动中表现出来,这时就称为特殊能力。能力倾向测验一般指特殊能力测验。

传统上认为,能力倾向由遗传而来,与后天的经验无关。而在某方面的专业成就则在后天学习的基础上发展起来,借此对能力倾向测验和成就测验进行了明确的区分。但以后的研究否定了这一观点。原因是能力倾向也依赖于后天的学习,是遗传与环境交互作用的结果。与此相应,能力倾向测验也测量成就。后天的成就也与能力倾向密不可分,成就测验也可用来预测未来的学习,在效果上与能力倾向测验相似。因此有人将成就测验和能力倾向测验并称为能力测验。阿纳斯塔西的《心理测验》和克龙巴赫的《心理测验的基础》已不作传统上的区分。

然而,能力倾向测验与成就测验也是有区别的。卡罗尔的研究发现,外语教学能提高外语测验的成绩,但不能提高能力倾向测验的分数。关于这两类测验,较为一致的认识是,能力倾向测验与成就测验的区别主要在测验目的上,而不是在测验内容上。能力倾向测验预测未来的学习,而成就测验的目的则在于评定以往的学习和现有的知识。

从认知结构上讲,智力、能力倾向、成就这三个概念所指的是不同层次的特质。智力测验测量的是最深层次的特质,成就测验测量的是最表层的特质,能力倾向测验测量的则是中层的特质。阿纳斯塔西等将不同层次的心理特质及其测量工具排列在一个连续体上:她认为最具体的学习是与课程有关的学习,它与成就测验相联系,只包括范围狭窄的技能和知识;其次是广泛的综合成就测验,用以评估主要的、长期的教育目标;再次是言语类的智力测验和能力倾向测验;然后是非言语及操作测验;最一般的学习背景测验为文化公平类的测验。

特殊能力倾向测验　　它测量一个特定领域或特定课程或专业的能力倾向。最早产生的能力倾向测验是特殊能力倾向测验。如 1915 年西肖尔编制的"音乐能力测验"是最早的特殊能力测验等。由于测量不同能力的特殊能力测验在标准化时使用了不同的常模团体,不同测验的分数间就不易比较,由此产生多重能力倾向测验或能力倾向成套测验。但特殊能力倾向测验也有其独特地位。原因是有时测量某一特质的测验由于实施条件特殊而不宜与其他测验组合使用,有时人们出于特殊的目的也会单独使用某个特殊能力测验。涉及的内容有感知觉和心理运动能力测验、机械能力倾向测验、文书能力倾向测验、艺术和音乐能力倾向测验、创造力测验等。

感知觉和心理运动能力测验,常用于某些对感知觉敏锐性有一定要求的特殊职业员工的选拔。常用的有视敏度测验、听敏度测验和颜色视觉测验等。心理运动能力测验对预测工作成功方面有一定效度,尤其是预测重复性工作,如某些事务性工作和机械操作等,但对需要复杂认知能力和知觉能力的工作的预测效度较差。著名的心理运动能力测验有"明尼苏达机械拼合测验"(Minnesota Mechanical Assembly Test)、"克劳福德零件灵巧测验"(Crawford Small Parts Dexterity Test),美国"一般能力倾向成套测验"(General Aptitude Test Battery)中也有心理运动能力测验的内容。

机械能力倾向测验(Mechanical Aptitude Test)比心理运动能力测验有更高的效度。这类测验主要测量被试理解机械关系和使用机械技巧和速度,用于对机械工、工匠、修理工、机械师和工程师的选拔,可采用操作或纸笔测验的形式。这类测验包括:一般机械装配测验,如斯坦奎斯特的"机械能力倾向测验"(Mechanical Aptitude Test);空间关系测验,如"明尼苏达空间关系测验"(Minnesota Spatial Relations Test),"明尼苏达纸板测验"(Minnesota Paper Form-board Test);机械理解测验,如"本内特机械理解测验"(Bennett Mechanical Comprehension Test)等。

文书能力倾向测验(Clerical Aptitude Test)测量被试从事行政和商业事务的能力。测验包括测量与一般智力因素有关的题目和测量知觉速度和准确性的题目。常用的有"明尼苏达文书测验"(Minnesota Clerical Test)、"一般文书测验"(General Clerical Test)、"计算机程序员能力倾向成套测验"(Computer Programmer Aptitude Battery)等。

艺术能力倾向测验测量被试从事绘画或雕塑工作所需要的特殊能力,如测量艺术判断和知觉的"梅尔艺术鉴赏测验"(Meier Art Judgement Test)、"格拉弗斯艺术判断测验"(Graves Design Judgement Test),测量艺术操作能力的"霍恩艺术能力倾向问卷"(Horn Art Aptitude Inventory)等。这些测验的信度较高,且有一定的效度。音乐能力倾向测验测量被试学习音乐的潜在能力。最早的是"西肖尔音乐才能测验"(Seashore Measures of Musical Talents),以后又有美国音乐教育家 E. E. 戈登的"音乐能力倾向测验"(Musical Aptitude Profile)等。

创造力测验可分为创造性向测验(tests of creative aptitude)、创造成就测验(tests of creative achievement)和创造倾向测验(assessment of creative tendency)三类。创造性向测验注重测量思维流畅性、变通性和独创性,著名的有吉尔福特"发散性思维测验"(Test of Divergent Thinking)、"托兰斯创造性思维测验"(Torrance Test of Creative Thinking)和"芝加哥大学创造力测验"(Chicago University Test of Creativity)。

多重能力倾向测验　它测量范围广泛的能力倾向,包括若干测量不同能力倾向的分测验。在职业指导和教育咨询中极为有用。整套测验用同一个被试样本进行标准化,可在分测验之间进行比较,并评定个体在不同能力倾向上的强弱,从而在职业定向时能扬长避短,有效地发挥个人潜能。

多重能力倾向测验发展较快,原因是许多心理学家认识到用智商描述人的能力过于简单,一个智商分数中其实包括不同的能力,而且人们的实践经验和因素分析技术都证实多重能力的存在,使用多重能力测验选拔人员更符合实际部门的需要。特殊能力倾向测验只测量一种特殊能力,而多重能力倾向测验则同时测量多种能力倾向。使用多个能力倾向测验的分数为预测源,能显著提高预测的效度。

多重能力倾向测验可分为学术能力倾向成套测验、工业能力倾向成套测验和军事能力倾向成套测验三种。

学术能力倾向成套测验,主要用于学生的学业成就预测和就业指导,著名的有"芝加哥基本心理能力测验"(Chicago Test of Primary Mental Abilities,简称PMA)、"学术能力评估测验"(Scholastic Assessment Test,简称SAT)、"区分能力倾向测验"(Differential Aptitude Test,简称DAT)和"吉尔福特—齐默尔曼能力倾向检查"(Guilford - Zimmerman Aptitude Survey,简称GZAS)。"芝加哥基本心理能力测验"是第一个多重能力倾向测验,发表于1947年,是瑟斯顿用因素分析研究能力结构的直接成果,适用的年龄范围为从幼儿园到高中毕业,用于了解学生总的学习准备及对各门课程的学习准备情况。主要测量五个因素:言语意义——处理字词及言语概念的能力;数字敏度——从事简单数字运算的敏捷性;知觉速度——辨别大小和形状的能力;推理——逻辑思维能力;空间关系。"学术能力评估测试",是美国三种大学入学考试的一种,测量对于大学学业成功十分重要的语言能力和数学能力。"区分能力倾向测验",由美国心理学家 G. K. 本内特等人编制,美国心理公司发行,1947年初版,是应用最广泛的多重能力倾向成套测验,主要用于八至十二年级儿童的职业和教育咨询。"吉尔福特—齐默尔曼能力倾向检查",主要用来测量言语和抽象智力、数概念的熟练掌握、知觉速度和准确性,有言语理解、一般推理、数字运算、知觉速度、空间定向和空间形象六个分测验。

工业能力倾向成套测验,用于职业选拔和安置。常见的有"一般能力倾向成套测验"(General Aptitude Test

Battery,简称 GATB)和"弗拉纳根能力倾向分类测验"(Flanagan Aptitude Classification Tests,简称 FACT)、"弗拉纳根工业测验"(Flanagan Industrial Tests,简称 FIT)。"一般能力倾向成套测验"是一种用于对成人进行职业指导及中学生职业定向的成套测验,由美国联邦劳工部自 1934 年起用了十多年时间在工作分析和 59 个测验的一项因素分析的基础上设计编制的,被认为是用于职业指导的最佳能力倾向测验。"弗拉纳根能力倾向分类测验"和"弗拉纳根工业测验"是弗拉纳根编制的两个能力倾向测验,FIT 是在 FACT 的基础上编制的,FACT 和 FIT 分别有 16 和 18 个分测验,提供了多种职业的能力倾向分数。

军事能力倾向成套测验。第一次世界大战期间美国军队组织编制"陆军甲种团体测验"(Army Group Examination Alpha)和"陆军乙种团体测验"(Army Group Examination Beta),用于选拔士兵,这两种测验都是智力测验。第二次世界大战前后开始使用能力倾向测验对新兵进行选拔和安置。当时使用的是"军队一般分类测验"(Army General Classification Test,简称 AGCT),以挑选能力符合要求的申请人进入军队,并把新兵分配到技术性和非技术性的工作中去。20 世纪 70 年代美国国防部又编制了用于军事人员选拔和分类的性向测验,即"武装部队职业性向测验"(Armed Services Vocational Aptitude Battery,简称 ASVAB)。该测验不仅可用于新兵的挑选,也可用于学校辅导,已成为学校辅导的一种重要工具。现行的 ASVAB 有 10 个分测验,分别是一般科学、算术推理、词汇知识、语文理解、数字计算、编码速度、工具知识、数学知识、机械理解、电子知识。全测验共 334 题,共 114 分钟,加上说明共需约三小时。各分测验不单独记分,而是用因素分析或回归分析法,找出有预测效度的分测验,予以不同加权后得组合分数。共有三种学业组合分数和七种职业组合分数。三种学业组合分数分别是:学业能力,预测未来接受正规教育的潜力,由词汇知识、语文理解和算术推理三测验的分数组合而成;言语,测量从事语文活动的能力,来自语文理解、词汇知识和一般科学三个分测验;数学,测量从事数学活动的能力,包括数学知识和算术推理两分测验。四种职业组合分数分别是:机械与工艺,测量从事机械与工艺方面工作的能力,包括算术推理、机械理解、工具知识和电子知识;商业及文书,测量从事商业及文书工作的能力,包括词汇知识、语文理解、数学知识及编码速度;电学及电子,测量从事电学及电子的能力,包括算术推理、数学知识、电子知识及一般科学;健康、社会与科技,测量从事健康、社会与科技工作的能力,包括词汇知识、语文理解、算术推理及机械理解。

能力倾向测验的信度和效度　能力倾向测验一般有较高的信度,但效度不是很高。美国测量学家吉塞利的研究发现,能力倾向测验的平均效度系数大多为 0.20~0.29,多

数不超过 0.30。但在不同团体和情境中以及选用不同效标时,效度系数会有很大变化,有时也会出现效度较高的情况。在与被试其他信息结合使用时,能力倾向测验能为人员选择提供非常有效的依据。

参考文献

戴海崎,张峰,陈雪枫. 心理与教育测量[M]. 广州:暨南大学出版社,2011.

郭庆科. 心理测验的原理与应用[M]. 北京:人民军医出版社,2002.

卡普兰. 心理测验(第五版)[M]. 赵国祥,译. 西安:陕西师范大学出版社,2007.

（骆　方）

农村成人教育(rural adult education)　　为农村各业的成人劳动者举办的各种有目的、有计划、有组织的一切教育活动的总称。其目的是为了促进农村广大从业人员身心发展,提高其社会道德和劳动、处事、生存能力,促进社会文明进步。是成人教育事业的重要组成部分。

农村发展问题是各国关心的共同问题。发达国家工业化程度较高,大多数人从事第二、三产业,但这些国家依然重视农业,重视对从事农业的农村人口的教育,即所谓的农村成人教育。由于各国国情不同,农村成人教育的内容各有侧重,各具特色。如美国非常重视提高劳动者的素质,先后颁布《莫里尔法》《史密斯—休士法》等,并在实施途径上引导和规范农村成人教育的发展。多年来,公立中小学是美国实施农村成人教育的重要机构之一,通过在普通中小学校开办夜校对成年农民完成农业职业计划的教学活动;同时加强农业职业技术教育,重视对农民进行现代科技教育,关注并应用现代农业科学技术,及时将新品种、新技术、新材料以较快的速度应用于生产、管理与流通。美国农业科技教育的发展使美国成为世界上农业现代化程度最高的国家之一,也成为全球最大的农产品出口国。英国、法国、瑞士、日本等其他发达国家也将普及义务教育、加强农业职业技术教育、对农民进行现代科技教育等作为提高农业劳动者素质的重要途径,并形成由普通教育主办的成人教育和各种成人技术培训相结合的教育体系。

在中国,对"农村成人教育"一词曾有多种表述:在老解放区因其多利用冬季农闲时间进行,故称为"冬学";由于主要为平民百姓举办,故又称"民校"或"办民校"。中华人民共和国成立后,由于强调农村成人教育在业余时间进行,故又称"农民业余教育";20 世纪五六十年代因其教育形式和内容主要以业余为主,以学文化为主,故称"农民业余文化教育";又因其对象主要是从事传统农业生产的农民,亦称"农民教育"。改革开放后,农业生产突破了单一的种植

业、养殖业和加工业的传统分工，逐步形成农业、林业、畜牧业、副业、渔业、乡镇工业、商业、建筑业、运输业、服务业等多业并举的现代大农业，教育对象涵盖农村各业的广大劳动者，内容涉及农村生产、生活的各个方面，由此称为"农村成人教育"。中国农村成人教育对于开发农村智力资源、实施科教兴国和可持续发展战略、促进社会主义新农村建设、构建和谐社会具有重要意义和作用。

中国农村成人教育指导方针　全面贯彻党的教育方针，坚持为"三农"服务的方向，落实教育包括农村成人教育优先发展的战略地位；深化农村成人教育体制改革和教学改革，增强办学的针对性和实用性，满足农民群众多样化的学习需求，全面提高劳动者素质；积极推进农村基础教育、职业教育和成人教育的"三教统筹"，有效整合教育资源，充分发挥农村学校的综合功能，努力提高教育质量和办学效益。具体任务是：对已经从事农业生产劳动而未有机会接受或完成初等、中等教育的农民进行扫盲或实施成人基础教育；对已经从业或在职，但其文化、技术水平未达到岗位要求的农民、农业技术员、农村基层干部、乡镇企业职工进行相应的职业资格培训或岗位培训；对农村中的富余劳动力和失地农民开展以提高就业能力为重点的农村富余劳动力转移培训，包括转移前的引导性培训和转移后的岗位技能培训；为适应农村商品生产和科学技术发展的要求，对文化、技术已经达到岗位要求的农村劳动者进行提高教育；为建设农村文明、健康、科学的生活方式，满足广大农民日益增长的文化生活需要，对农民开展丰富多彩的社会文化和生活知识教育。

中国农村成人教育办学体制　依据农村社会、经济发展的需要和农村劳动者的学习要求，以及农村成人教育的培养目标、教学任务、办学条件，因人、因时、因地制宜，具有多样性、灵活性、社会性、开放性等特点。在办学层次上，分为农村成人初等（含扫盲）教育、农村成人中等教育和农村成人高等教育，负有普及教育和培养初等、中级专门人才的双重任务。在办学渠道方面，主要为县（市）、乡（镇）两级政府教育行政部门和村民委员会举办的县（市）、乡（镇）、村三级农民文化技术学校，这类学校既是多功能教育实体，也是为农民生产经营活动提供综合服务的经济实体，是实施农村成人教育的主要阵地。农业、科技等各有关部门以及农村中的企事业单位、集体经济组织、群众团体及私人也举办各种农村成人学校。在办学形式上，有各办学单位独立举办的各级农村成人教育，也有各办学单位采取多种形式，实行联合办学，以充分利用教育资源，提高办学效益。其中主要有：系统的成人学历教育，一般设有农民业余小学、农民业余中学和农村成人中等专业学校，个别地方还设立农村成人高等学校；非系统的扫盲与农民文化技术教育和职业培训，主要依托在县（市）、乡（镇）、村设立的三级农民文化

技术学校进行；按照不同岗位要求，对农村基层干部、乡镇企业职工和专业技术人员进行的岗位培训和继续教育，以及开展自学考试和社会助学等活动。

中国农村成人教育教学形式　教学工作紧密结合当地农村社会经济发展和农民生产、生活实际及其脱贫致富奔小康的要求，突出"实际、实用、实效"的原则。在教学内容上，以相应的文化教育为基础，以普及文化科学知识、培养农业生产技术和经营管理人才为目的，把技术教育特别是根据农村产业结构调整，重点对农村青壮年农民开展的周期短、适用性强、见效快的实用技术培训作为主要内容，把学习文化知识与学习科学技术结合起来，同时施以时事政策教育、公民道德教育、法制教育、人口教育、环境教育以及社会文化生活教育等。在教学形式上，一方面采取教学组织相对稳定、教学时间比较集中的课堂面授教学，实行长班与短班相结合，业余与脱产、半脱产相结合，坚持以短期为主、业余为主；另一方面在教师指导下实行分散教学或自学，积极发展以广播、卫星电视、录音、录像、函授和基于计算机网络技术为代表的农村现代远程教育以及灵活多样的社会推广教育形式，如各类培训班、讲习班、专题讲座、现场教学、巡回教学、岗位练兵、技术推广、科技咨询、技术转让、印发科技资料、开展科普宣传教育活动等。在教学方法上，一般多采用讲授法、读书指导法、案例教学法、演示法、练习法、实验法等。教师队伍由专职教师和兼职教师组成，两类教师的配备及其比例关系依各级农村成人学校的规模、办学形式及专业设置等情况而有所不同。经批准配备的国家教职工纳入教育事业编制。根据"面向社会，能者为师"的原则，通过多种渠道解决教师来源，包括国家分配的大中专毕业生，从普通中小学选调的教师和工作人员，送出去培养而后回来工作的人员，聘请的专家、教授、科技人员、离退休教师、农村中的能工巧匠以及自学成才者等。教育经费以自筹为主，国家补助为辅，多渠道开辟财源。经费来源主要有：各级政府财政转移支付和专项列支；农村集体多方面自筹资金；各级农民文化技术学校开展勤工俭学以及有偿服务的收益；社会各界热心教育的人士捐资助学；举办多种培训班，适当收取学费补贴等。

中国农村成人教育管理体制　是在各级人民政府的领导下，以各级教育行政部门管理为主，实行分级办学、分级管理，其他各有关部门参与，并在社会多方面承办的基础上，形成多渠道的组织管理体系。主要有：各级政府教育行政部门的农村成人教育管理体系；各级行业主管部门的农村成人教育管理体系，包括各级农业和农村工作各主管部门（农委、农办）以及各级工业、林业、商业、建筑业、服务业等行业管理机构等履行本行业内的农村成人教育职责；各级业务主管部门的农村成人教育管理体系，包括各级科学技术主管部门履行科技推广培训和科技普及职责、劳动主

管部门履行乡(镇)企业工人技术培训职责、人事主管部门履行农村基层干部培训和技术人员继续教育职责、文化主管部门履行社会文化教育职责等;各级社会群众组织的农村成人教育管理体系,包括各级共青团委员会、妇女联合会、科学技术协会等有关方面,履行组织和动员农村青年、妇女参与农村成人教育,推动农村科学技术普及的职责;农业、科技、教育联合管理体系,建立由农业部门牵头,农业、科技、教育、林业、中国农业银行五个部门组成的各级农科教统筹协调指导小组,使农业、科技、教育统筹规划,协调发展,相互沟通。中国农村成人教育的重点在县(市)、乡(镇)、村三级。县级农村成人教育管理机构是在中国共产党县(市)委员会和县(市)人民政府的领导下设县(市)教育局,内设成人教育股(科);乡(镇)农村成人教育管理机构一般是在中共乡(镇)委员会和乡(镇)人民政府的领导下设乡(镇)教育办公室或教育组,内设农村成人教育专职干部,专门负责组织、管理乡(镇)农村成人教育工作;村级农村成人教育管理机构一般是在村民委员会下设村农民教育领导小组,由村长或中共村支部书记和其他有关人员及民师(不脱产的农民教育专职人员)负责组织、管理村农民教育工作。各级农村成人教育管理机构的主要职能是:贯彻落实上级关于农村成人教育的方针、政策;制定本地区农村成人教育发展规划、计划;组织、协调有关部门开展农村成人教育工作;对本地区的农村成人教育和学校教学工作实施行政管理和业务指导。县(市)、乡(镇)、村农民文化技术学校的管理工作是在当地政府领导下,由教育、农业、科技、共青团、妇女联合会等有关部门共同组建校务委员会,由当地政府或村民委员会主要负责人兼任校长,配备一名懂教育管理、热爱农村成人教育事业、有相应科学文化水平的干部任专职副校长,负责日常工作。学校实行校长负责制,校内的行政、教学、后勤等工作由专人分工管理,同时制定一系列相关管理工作制度。各级教育行政部门主要负责学校的综合管理,有关业务部门负责各自职能范围内的有关服务工作。

中国农村成人教育的历史沿革 中国有记载的农村成人教育活动有悠久历史,甚至可上溯到古代。鸦片战争后,农村成人教育以"扫除文盲、兼学别样"成为唤起农民觉醒的手段。20世纪初,中国已出现初具形态的农民夜校、耕余补习班及简易识字学塾。中国共产党成立后在各革命根据地相继举办农民运动讲习所、农民夜校、民众学校,在各解放区相继开展大规模农民冬学运动,通过组织民校、开办识字班、补习班、读报组,设立墙报、黑板报、广播站等,充分利用工余时间特别是冬闲时间开展扫盲教学,同时对农民进行政治、军事、文化、技术教育,有效提高了农民的政治、文化和生产技术水平。20世纪三四十年代,一些民间教育组织和个人,如陶行知、晏阳初等,积极推进乡村教育、平民教育,通过建立教育实验区,广泛开展扫盲活动和教育实验活动(参见"平民教育")。中华人民共和国成立后,党和政府高度重视农村成人教育工作,从20世纪50年代初期到60年代中期相继发布《关于开展农民业余教育的指示》、《关于加强农民业余文化教育的指示》、《关于农村业余教育工作的通知》等一系列文件、政策,对农民业余教育的方针、原则、学制、办学形式、教学方法、管理体制等一系列问题作出规定,使农民业余文化教育从以实施传统的扫盲教育为主逐步发展到农民初等、中等和高等教育较为齐备、体系较为完整的制度。1979年,第二次全国农民教育工作会议提出农民教育的任务是,在继续扫除文盲的同时大力发展农村业余小学,积极发展业余初中,广泛开展技术教育,加强政治教育。20世纪80年代中期,农村县、乡、村三级办学日趋成型。1987年,国家教育委员会、农牧渔业部、财政部联合颁发《乡(镇)农民文化技术学校暂行规定》,进一步规范了办学指导思想、主要任务、教学和管理等。到1990年,全国已有县、乡、村三级农民文化技术学校38 225所,县办农民中等专业学校340所,在校生数分别为约1 049.6万人和约11.3万人。进入20世纪90年代,在国家制定的《关于大力发展乡(镇)、村农民文化技术学校的意见》、《中国教育改革和发展纲要》、《关于农业和农村工作若干重大问题的决定》、《面向21世纪教育振兴行动计划》等一系列重要文件的指导下,各地农村广泛开展实用技术培训、乡镇企业职工培训、"绿色证书"培训、青年农民科技培训、农村社会文化生活教育等,各种形式的农民文化技术教育得到较快发展。进入21世纪,面对知识经济、全球化浪潮和信息社会的到来,农村成人教育如何由传统教育向现代教育转变,建立和发展现代意义上的系统性、规范化的农村成人教育制度,使之成为终身教育和实现全民终身学习的重要方面,以适应未来农村社会、经济和农民自身发展的需要农村成人教育发展重要议题。2002年,《教育部关于进一步加强农村成人教育的若干意见》发布,指出农村成人教育是中国教育的重要组成部分,是构建终身教育体系、建设学习化社会的重要内容,并对农村成人教育的指导思想、发展重点、教学方法和教学手段的改进、师资队伍建设、管理工作等诸方面给出具体指导意见。2003年,国务院办公厅转发由农业部、劳动保障部、教育部、科技部、建设部和财政部联合制定的《2003—2010年全国农民工培训规划》,决定由上述六部门共同组织实施农村劳动力转移培训"阳光工程"。2004年,教育部印发《农村劳动力转移培训计划》,对开展农村劳动力转移培训的指导思想、目标任务、政策措施均作出明确规定。在上述文件指导下,各地坚持以就业为导向,通过整合教育资源,加强服务功能,采取多种形式,普遍开展了针对农村富余劳动力转移的引导性培训和职业技能培训,并取得明显成效。2008年,《教育部2008年工作要点》和教育部召开的2008年度职业教育与成人教育工作会议对教育系统农村劳动力转移培训提出明确要求,要求健全面向全体劳动者的职业教育培训制度,加强农村人力资源开发和农村富余劳动力转移,不断扩大培训规模,提高培训质量,努力实现农村劳动力转移培训和农民工培训超过 3 800 万人次的目标。教育部与中央统战部联合实施的"温暖工程李兆基基金百万农民培训项目"顺利完成培训 20 万拟转移农民的任务,其中转移就业 17.7 万人,转移就业率达 88.5%。

(张竺鹏)

农村职业教育(rural vocational education) 为培养农村地区从事农业的劳动者而举办的职业教育。有时也包括为农村服务的职业教育。是一个地域性很强的概念,与城市职业教育相对应;是城乡二元经济结构在职业教育领域的客观反映。常见教育形式有学校教育和职业培训两种。与农业职业教育、农民技术教育既有联系又有区别。农业职业教育的产业属性强,其初、中等层次教育包含农村职业教育,而高等层次(本科)通常属普通高等教育;农民技术教育是一种以农民为对象的、职后的农村职业教育。

欧洲的农村职业教育产生于 18 世纪初,其初级形态主要是农业学。1729 年,苏格兰开始正规农业教育。1767 年,奥地利开展兽医教育。欧洲国家大多在 18 世纪和 19 世纪建立农业学校。19 世纪末至 20 世纪初,农业学校分设农业、林业、园艺、兽医、农业师范、家政等科,培养不同规格、层次的技术和管理人才。中国农村职业教育中的学校教育主要由县职业中学、县成人中等学校、乡镇农民文化技术学校和农业广播电视学校以及普通中小学开设的职业技术教育课程来实施;职业培训主要采取师徒制形式。

中国农村职业教育体系 21 世纪初,中国农村职业教育初步形成职前职后兼顾的终身教育与培训体系框架。在横向结构上,可分正规教育、非正规教育。正规教育指举办在农村的教育和培训机构实施的颁发学历证书或职业资格证书的职业教育;非正规教育指农村人口通过师徒制培训获得知识和技能,以及农村人口利用各种媒介自主学习知识和技术。在纵向结构上,正规教育分为初等、中等和高等三个层次。农村初等职业教育主要培养初级技术劳动者,包括小学毕业生进入学制为 3 年的农村初级职业中学、普通初中学校渗透的职业教育(如三年初中教育加一年职业技术教育、初中三年级分流进入职业科、三年和四年制初中渗透职业技术教育内容等)和各种中短期初级技术培训。农村中等职业教育主要培养中级技术劳动者,一般招收初中毕业生,包括初中毕业生进入学制为 2~3 年的农村职业高中、普通高中渗透的职业教育(高二或高三学生分流后修读职业技术课程、学习期间渗透职业技术教育课程)和中长期中级技术培训。农村高等职业教育主要培养高级技术应用型人才,包括以高中阶段毕业生为教育对象的学制为 2~3年的高等职业教育、以初中阶段毕业生为教育对象的学制为 5 年的高等职业教育和中长期高级技术培训。中国有少量农村中等职业学校举办高等职业教育班,农村独立设置的高等职业学校很少。

中国农村职业教育的功能、作用及特点 农村职业教育除具有职业教育的一般功能和作用外,还因其地域性质而具有自身的特殊功能,且在不同时代有不同体现,具有鲜明的时代特征。20 世纪初,针对中国农村的"愚、穷、弱、私",许多有识之士探讨农村职业教育的功能与作用。如"农工商学,保民在养,养民在教,教农工商,利乃可兴也"(张之洞);"开启民智、直接生利"(张謇);"实用生利"(黄炎培);"职业以生利为作用,故职业教育应以生利为主义"(陶行知),等等。20 世纪 90 年代后,农村职业教育的功能和作用发生变化。根据中国农民、农业、农村问题的实际情况,农村职业教育具有如下功能与作用:提高农村人口的从业素质;促进农村劳动力从第一产业转向第二、第三产业,从农村向城市转移,推进农村城镇化和工业化进程;开展新技术推广、科技示范、信息服务,加快当地经济发展;传播现代文明,转变落后意识,促进农村精神文明建设。

农村职业教育的特点为:以"面向农村、面向农业、面向农民"为办学方向,以培养新型农民、振兴农村经济、推进农村城市化和农业产业化为己任;坚持普通教育、职业教育、成人教育"三教统筹"和农业、科技、教育"农科教结合";办学条件总体不如城市。农村职业教育的发展既需要市场调节,也需要政府的保护性干预,这既是农村职业教育发展的客观要求,也是维持教育发展的社会公平的客观要求;农业类专业是农村职业教育专业结构中的重要组成部分,办好农业类专业是农村职业教育的重要任务。

中国农村职业教育历史沿革 中国农村职业教育的初级形态可追溯到原始社会前期,如史书记载伏羲氏"教民渔畋"、神农氏"教民农作"等。学校形态的农村职业教育于清末出现。一批维新派和资产阶级民主革命人士受国际农业教育改革的影响,提出兴农会、办学堂,发展实业教育以振兴农村。1898 年,清政府发布上谕,要求"各省府州县皆立农务学堂",最先开办的 5 所农业学堂为江西高安茶学堂、杭州蚕学馆、湖北农务工艺学堂、江宁农务工艺学堂和广西农学堂。非农科学堂亦开始开设农业课程。黄炎培在《中国职业教育须下三大决定》一文中首次提出农村职业教育的概念。20 世纪 20 年代兴起的乡村建设运动对农村职业教育发展具有重要意义,各种形式的乡村教育实验区纷纷建立。到 1935 年,全国有实验区 193 处,其中较有影响的有黄炎培的农村改进实验、晏阳初的平民教育、陶行知的乡村教育和梁漱溟的乡村建设。中共苏区的农村职业教育以 1934年工农民主政府在瑞金东山寺建立中央农业学校为标志,其办学宗旨为:培养农业建设中下级干部,搜集苏区农民群众经验,进行农事试验,广泛传播农业技术,计划苏区农业建设。设预科、本科初级教员研究班,本科学制1年。1953年,高等教育部、农业部、林业部发布《中等农业学校调整原则》,把接管的高级职业学校改为中等专业学校,停办初级农业职业学校。1954年,规定中等专业学校招收初中毕业生,学制3年或4年,并制订11个专业的教学计划,确定了中国中等农业教育制度的基本模式。1958年,《中共中央、国务院关于教育工作的指示》颁布,提出大力发展中等和高等教育,各地以超常规速度大办中等农业学校。1980年,国务院批转教育部、国家劳动总局《关于中等教育结构改革的报告》,要求改革高中阶段的教育,普通教育与职业教育并举,并提出适当将一部分普通高中改为职业技术学校、职业学校和农业高中。1983年,中共中央、国务院《关于加强和改革农村学校教育若干问题的通知》指出:改革农村中等教育结构、发展职业技术教育是振兴农村经济、加速农业现代化建设的一项战略措施,各地要根据本地区的实际需要与可能,统筹规划,有步骤地增加一些农业高中和其他职业学校。农业中学和各类职业学校的毕业生主要回农村参加工作,农村有关单位应优先从中择优录用,也可以对口升学。1987年,国家教育委员会先后在山东平度、湖南郴县、四川温江等地召开农村教育综合改革实验县工作会议,明确提出教育为当地经济建设服务的方针,总结交流各地改革农村教育和发展农村职业教育的经验,推动了农村职业教育的迅速发展。同年,国务院办公厅转发国家教育委员会等部门《关于全国职业技术教育工作会议的情况报告》,提出发展农村职业技术教育关键在于办学思想的转变。农村教育应从单纯为升学转到为本地区培养有实际生产技能和中等专业技术知识的人才,并适当兼顾向高级学校输送新生的方向上来,农村职业技术教育必须确立振兴农村经济、发展农业生产和为农民服务的办学思想。在这一思想指导下,湖南适应当时家庭联产承包责任制的需要,率先在全国创办农村家庭经营专业,培养能种植、能养殖、会加工农副产品、懂经营的农业技术人才,成为湖南农村中等职业学校中人数中最多的一个专业。1991年,中德合作平度"双元制"农业职业培训项目正式实施,标志着中国开始改革农村职业教育办学模式。"双元制"办学模式促进了农村职业教育由以外延发展为主向以内涵发展为主的转变,充分调动了行业、企业等社会各界参与办学的积极性,促进了农村职业教育的改革和发展。1992年,《国务院关于积极实行农科教结合推动农村经济发展的通知》指出:大力改革和发展农村教育,特别是加强职业技术教育和运用技术培训工作,培养一大批扎根于农村的科技力量,提高广大农民的素质,是科教兴农的重要环节;农民技术教育和适用技术培训必须有农业、科技、教育等政府部门的积极参与和密切配合。1994年,联合国教科文组织和中国政府在河北省保定市联合举办"国际农村教育研究与培训中心",中国的农村职业教育开始融入国际社会。1995年,湖南省邵阳市在全市范围内组织实施"十百千万工程",目标是集中力量建设好10所县级示范性职业学校,联系办好100所示范性乡、镇校,重点扶持100个村,培养1 000个毕业生成为专业村和科技示范户,辐射1万户农户科技致富,使每户年纯收入达到1万元以上,探索改革农村职业教育。1996年,《中华人民共和国职业教育法》正式施行,规定县级人民政府应当适应农村经济、科学技术、教育统筹发展的需要,举办多种形式的职业教育,开展实用技术培训,促进农村职业教育的发展。2003年,《国务院关于进一步加强农村教育工作的决定》指出,以就业为导向,大力发展农村职业教育,实行多样、灵活、开放的办学模式,结合教育教学与生产实践、社会服务、技术推广,加强实践教学和就业能力的培养;在开展学历教育的同时,大力开展多种形式的职业培训,适应农村产业结构调整,推动农村劳动力向第二、第三产业转移。同年国务院办公厅下发《2003—2010年全国农民工培训规划》,对农民工培训工作做了具体部署。为贯彻落实党中央国务院的要求和部署,加强农村劳动力转移和培训工作,农业部、财政部、劳动和社会保障部、教育部、科技部、建设部从2004年起,共同组织实施农村劳动力转移培训阳光工程。2004年,教育部发展规划司制定并发出《关于组织制订推进职业教育发展专项建设计划的指导意见》,切实加强县级职教中心建设。2006年,中央决定"十一五"期间安排专项经费40亿元,建立中等职业学校国家助学金,用于资助农村贫困家庭和城镇低收入家庭子女接受中等职业教育,补助标准是每生每学年1 000元。2007年秋季学期起,中央和地方财政共同设立国家助学金,资助对象扩大到中职学校全日制所有农村学生和城市家庭经济困难学生,资助标准为每人每年1 500元,主要用于生活费开支。国家资助两年,学生第三年进行工学结合、顶岗实习。2009年,国务院常务会议决定,从2009年秋季学期起,对公办中等职业学校全日制在校学生中农村家庭经济困难学生和涉农专业学生逐步免除学费。对在政府职业教育行政管理部门依法批准的民办中等职业学校就读的一、二年级符合免学费政策条件的学生,按照当地同类型同专业公办中等职业学校免除学费标准,由财政给予补助。免学费补助资金由中央和地方财政按比例分担。2010年,中共中央和国务院发布《国家中长期教育改革和发展规划纲要(2010—2020年)》,加快发展面向农村的职业教育的内容是其中的重要篇章。2011年,教育部、国家发展改革委、科技部、财政部、人力资源和社会保障部、水利部、农业部、国家林业局、国家粮食局等九部门在西安联合召开加快发展面向农村的职业教育工作会议,贯彻九部门发布的《关于加快发展面向农村的职业教育的意见》,提出要加快发展农村职业教育,服务社会主义新农村建设,加强农业职业学校和涉农专业建设，提升支撑现代农业发展能力，坚持三教统筹、农科教结合，努力培育新型农民，加强师资队伍建设，加大经费投入，建立稳定、长效的保障机制。

参考文献

蒋作斌，等.农村职业教育发展理论与模式[M].长沙：湖南人民出版社，2001.

刘春生，等.农村职业技术教育学[M].北京：高等教育出版社，1992.

（欧阳河　周　勇）

女性主义教育思潮（feminism in education）　　在女性主义哲学影响下对女性在教育中的地位和作用等问题进行研究的教育思潮。其主要特征是以女性主义的视野和观点分析教育领域与女性相关的问题，如妇女的教育权、女性的教育智慧、女性的伦理取向等。

女性主义亦称女权主义，始于对妇女权利的关注。女性主义作为一种政治运动和一种社会思潮，在历史上出现过三次浪潮。第一次大约出现于 19 世纪中期到 20 世纪 20 年代，以要求政治平等为主要目的。第二次出现于 20 世纪 60 年代，是西方新社会运动的重要组成部分，以争取男女事实上的平等为主要目的。第三次出现于 20 世纪 70 年代，从致力于社会改革扩展到知识领域，从各个角度研究女性和男性的差别，探讨女性角色、女性价值，对造成歧视、压迫妇女的父权制进行了较深入的分析和批判。女性主义的目的是通过对性别不平等根源的分析为女性意识觉醒提供启蒙，提高女性觉悟和扩大妇女教育、就业机会，并推动女性参与政治决策和社会生活的一切领域。女性主义的核心是建立真正具有平等性别关系的社会。

女性主义教育在西方学术界有多种表述。各种表述虽然含义不完全相同，但论题及范围是相互联系、相互重叠的，主题也相对一致。具有代表性的表述有四种：女性主义教育（feminist education）、教育中的性别理论（gender theories in education）、妇女教育（women education）、新女性教育研究（new scholarship on women in education）。

女性主义教育主要指用女性的独特视角来体验考察教育问题，包括妇女对教育的理解；女性思维中的教育问题；她们常用的研究方法及方法论特色；女性解放的途径。教育中的性别理论主要探讨两性不同的身心特点在教育中的反映；两性关系；性别不平等；女子教育缺乏等。妇女教育主要指包括从幼儿园到大学阶段的女子教育，具体内容包括女子教育的实施、内容、方法，妇女研究和女性压迫等。"新女性教育研究"是 20 世纪 80 年代以后美国学术界流行的一个术语，使用的时间虽不长，但已有国际影响。其含义主要指从女性的观点研究女子和妇女教育的作品及成果。与前三者不同，新女性教育研究较少涉及实践领域，重点在妇女教育的理论思考和现实研究之中，主要关注妇女教育研究中的思想、概念、资料、事实等。

女性主义流派

女性主义理论派别众多，各流派间的主要分歧在于不同的政治观点和哲学基础。

自由女性主义　　英国的沃斯通克拉夫特被公认为女性主义的奠基者之一，也是自由女性主义的代表人物。所著《为女性权利论辩》为第一部女性主义著作，提出女性应有三种独立权利：工作权、受教育权、参政权。另一代表人物 J. S. 穆勒发表对女性主义贡献深远的《论女性的附属地位》，认为女性历经压迫是源于传统社会制度，女性解放之道是"打破隔离，让女性拥有相同的教育机会与公民权利"。自由女性主义者认为，要实现所谓的性别公平（gender justice）一是要制定公平的游戏规则，二是要有公平的竞争机会。其主要观点是，女人、男人都是平等的人，就应该在各级教育中拥有同等的入学权利，保证女性对各种社会活动平等参与的权利。

激进女性主义　　出现于 20 世纪 50 年代末 60 年代初，与女性解放运动（亦称"新女性主义运动"）、60 年代的"新左派"政治运动、人权运动和反越战运动紧密相连。激进女性主义在语言表述上受到马克思主义的影响，如美国作家费尔斯通 1970 年发表的《性别辩证法》就用了大量的性别、阶级、革命等术语来阐述自己的见解。激进女性主义有三大特点。首先，以父权制（patriarchy）作为分析女性受压迫的基本理论；其次，提出了"女性受压迫的普遍性"假设；第三，明确提出"培养女性意识"的主张，即认识到男性统治的后果，主张女性应该接受一种针对自身的教育或再教育。以上三点奠定了当代西方新女性主义运动的思想基础。他们试图以性别压迫来解释许多社会压迫，否定自由女性主义关于妇女受压迫的根源是缺少政治和公民权利的观点，也不赞成马克思主义关于女性受压迫的根源在于阶级压迫的观点，认为女性受压迫的根本原因是以权力、统治、等级制为特征的父权制的存在。这一体制无法进行改造，必须连根拔起，不仅要摧毁这一体制的法律和政治结构，也要摧毁它的社会和文化结构，包括家庭、社会和学校。这一派别甚至提出，男人对女人的压迫主要是生理上的压迫，因而女性解放需要进行生物学革命。

马克思主义和社会主义的女性主义　　恩格斯认为，对女性的压迫是伴随私有制的出现而产生的，在资本主义社会，对女性的压迫有其物质上和历史上的基础，是资本主义制度本身的产物。如果要让所有女性都获得解放，就必须以社会主义取代资本主义。这一派别认为,女性受压迫的根源在于社会中的一系列传统和法律,这些传统和法律使女性的潜能得不到发挥,从而阻碍了社会进步。所以,要关注性别公正并为消除歧视妇女的法律和社会习惯而斗争。社会主义女性主义出现在20世纪50年代,米切尔构建了马克思主义女性主义学说的基本框架,即生产理论——女性在劳动力市场的地位;再生产理论——家庭内部的性别分工;性的本质观——把女性视为性的存在物和性对象的观点;社会化理论——教育和养育青年一代成长的理论。70年代末,马克思主义和社会主义的女性主义得到壮大。他们用马克思主义观来探讨女性压迫、父权制关系,特别重视生产与再生产理论和资本主义与父权制的内在关系,以及性别、文化与社会之间复杂的相互作用。

心理分析女性主义 是20世纪70年代以后出现的又一种女性主义思潮,倾向于研究女性所受的压迫是怎样影响她们的情感生活和性别特征的。它认为女性受压迫的根源深深植根于她们的灵魂中,女性要寻求自身的解放,必须有一种"内部的"和社会的革命。有的女性主义者运用奥地利心理学家弗洛伊德的理论来分析女性在家庭和养育子女中的作用。以美国心理学家吉利根为代表,专注讨论女性道德感的优点。有的研究者认为,父权制产生于男女的性别不平等之中,要彻底解放女性,必须重新调整人类社会的家庭关系,使男人和女人共同地、平等地承担养育的责任。心理分析的女性主义还对妇女解放的心理动因、女性受压迫的心理危害及表现等进行了探讨。

存在主义的女性主义 代表人物是法国的波伏娃,她的《第二性》是新女性主义兴起的里程碑。这种理论指出父权制社会的种种不合理,希望建立一种平等、和谐的新秩序,希望在人文关怀的背景下,在人与人尊重的基础上,建立一种平等、互动的伙伴关系。她从哲学的理论视角,对一切权威进行挑战,强调世界的多元性,主张资源共享、经验共享,反对强权政治,关怀所有弱势群体,变革现存的社会秩序。

批判女性主义 这是一种更为复杂的女性主义派别,它起源于对妇女运动和父权制社会的批评。从理论方面看,批判女性主义的直接渊源是后结构主义和后现代主义理论。后现代的女性主义反对一切有关人类社会发展规律的大型理论体系,主张分散的、局部的和小型的理论,它反对把女性主义变成僵化的教条。后现代主义和后现代的女性主义都特别关注现代性的主要特点、男性中心主义对知识的定义。后结构主义的女性主义则更强调创造观察和认识事物的新途径,试图更详细地分析父权制在社会各个侧面的表现。后结构主义的女性主义还非常重视赋予妇女特殊的权利,并分析了妇女权利的运用与保护。

西方女性主义思潮,在政治层面主要是一种旨在改进妇女生存环境与生活质量的运动;在批判层面,是一种持续的对主流(男性)认知和行为模式的理性批判;在实践层面,是一种对女性职业和个人实践更符合道德规范进步的关注。随着女性主义运动在世界范围的发展,还产生了许多"边缘的"女性主义派别,如基督教女性主义、现象学女性主义、生态女性主义、人文主义的女性主义、穆斯林的女性主义、黑人女性主义等。

女性主义教育哲学思潮的基本观点

女性主义哲学思潮对当今人文社会科学各个领域都产生了重要影响,女性主义者提出的问题促进了女性主义教育思想的发展,它包括两个方面:女性主义教育和教育中的性别理论。前者指用女性的独特视角来研究、考察教育问题,包括女性对教育的要求、理解,女性思维中的教育问题,女性常用的研究方法及方法论特色,女性教育解放的途径等;后者主要探讨两性不同的身心特点在教育中的反映、两性关系、性别不平等、女子教育的缺乏等。由于派别和观点不同,他们所选择的教育研究主题及重点也不相同,对性别间的不平等之于整个学校教育系统持续、广泛的影响的解释和理解也就不同。

自由女性主义者提出将普及教育、广泛传播知识作为解决女性问题的主要途径。在他们看来,学校中性别的不平等是由一系列复杂的原因引发的,如偏见(包括家长、教师乃至整个社会的)、传统的价值观念(重男轻女)、恰当体制的缺乏以及结构方面的障碍等,所以解决的方法也应该是两方面的。第一,通过在职培训和制定一系列学校方面的政策提高女性意识;第二,通过运用法律手段在必要的地方废除障碍,如通过教育机会均等法。研究的侧重点往往集中在女童的"失败"或学校教育中的学业不良以及女性为了改变自身环境而应接受的普通教育等问题上。他们比较深入地探讨了学校教育中女孩和青年女子学业不良的实例;在某些学科(特别是数学、自然科学和技术)中男性与女性不同的成就模式;选修课和就业方向上的性别印记;考试和测验中的性别特点;学校教师构成模式中的性别差异等。显然,自由女性主义者所力争的目标,是在现存的学校和社会体制下,使妇女环境得到快速改变,其基本立场仍是在不根本改革男性化社会现状的前提下作出有限的改革。

教育领域中激进的女性主义者在批评男性中心的社会、抨击学校教育中的知识本质以及现存教育制度与女性的距离等方面,表现得坚决而彻底。其研究主题大都集中在批评"男性化"的教学科目,考察男权形成的过程与课堂中性别的关系,把学校教育中的不平等归咎于男性权力和男性主导的两性关系。他们宣称,由于性别差异是广泛存在的,妇女应发挥她们力所能及的一切来消除性别歧视,重塑整个社会;教育具有潜在的解放力量,只有当教育脱离男性基础,更换其课程、知识和文化的时候,它才具有改革的实际意义。他们还提出,为了创造某种独特的女性学习的文化氛围,有必要建立一种单一性别的学校。

西方马克思主义的女性主义视教育为性别斗争和阶级斗争的舞台,是复制传统的社会主导与从属模式的基本工具。他们比较关注在形成两性不平等的过程中的教育,特别是学校教育所发挥的作用以及这种作用的限度。他们重视在学校中工人阶级的子女(尤其是女孩)是怎样被培养成从事体力劳动的"接班人";在维护特权阶级和两性关系中家庭、学校与就业的相互作用。他们认为,工人阶级的女孩在学校中不仅遭受了和本阶级男孩同样的阶级不平等,还接受了女性"次劣"的教育,在教育中处于双重不利的境地。

黑人女性主义者也对学校教育的弊端进行了有力的抨击。他们抨击了某些地区和社区的种族主义和男性主义本质,揭露了黑人家庭的"文化病理",批判了人们强加的所谓"黑人女性的特点"。他们常用的术语包括"反对性别歧视"、"反男性中心"、"黑人不利处境"、"制度化的种族主义"、"定型化"、"期望缺乏"等。

后结构主义的女性主义主要体现在女性主义教育的宏观理论方面。宣称要以一种与男性话语相反的反话语来探讨教育问题。比如,有的研究者认为,在所谓进步主义的小学课堂上,"真理王国"就是以男性为标准的儿童的主动和以女性为标准的教师的被动(因为多数小学教师是女性),教师们的独立性和自治性被牺牲了。通过教师"准母亲般"的照料,促进了儿童"自然"的成长。工人阶级的女童和黑人儿童则被视为某种社会问题,因为他们很难达到理想儿童(即白人儿童)的标准。有的研究者考察了学前儿童对主流文化的各种"故事"描述和性别特征的理解,儿童不能理解女性主义者的"故事"及其讲述,因为他们平时所闻所见的都是主流文化、"经典的"男性表述。

从女性主义教育思潮的角度来说,早期的女性主义者基本上持性别差异论,这种理论解构了启蒙时期中性"人"的概念,认为女性在社会与身体经验、文化构成和主体想象上都不同于男性。当人们以超越性的"人"来谈论问题时,实际上,他们是潜在地以男性的标准来构造"人"的想象,从而在社会、文化等各个方面对女性的差异性和独特性进行压抑。后期的女性主义者多数持性别身份的文化构成论。他们认为一个人之为女人与其说是天生的,不如说是"形成"的,进而以生理性别(sex)和社会性别(gender)来阐述女性性别身份的文化构成。他们倡导的行动之一是在教育语境中促进女性学生对自身地位的批判性觉醒。这一理论观点的形成与当代女性主义教育思潮构成了一种充满生机的互动关系。在女性主义的教育讨论中,那些由于性别差异而来的个体、社会、历史、都市和民族的独特性获得了充分

的表现,而这一切恰恰构成了20世纪80年代以来女性主义教育思潮的最重要的内容。

在教育领域,与此相对应的是美国教育学家诺丁斯提出的关爱教育学,她主要批判西方现代(即男性为主的)学术界的客观主义和唯理性、呼吁寻求表述人类知识的不同的方式及内容等。在对道德教育的修正中,"关怀伦理学"认为学校应赋予女生更多的权利,要求所有学生都应该参与关心他人的学习实践,并要求学科在课程方面进行结构性的变革,改变道德教育与其他学科的教育相互独立的状况,将道德教育渗透于各门学科,渗透于教育目标、对学校人员间关系的改变、课程方法和评价的修改中,将与女性直接相关的话题如教育及工作领域的机会均等加入日常生活教育中,否定道德的客观性和价值中立性,提出个体差异大于性别差异。关怀伦理学的女性主义者认为传统教育中的学科和课程设置忽视或歪曲了妇女和社会性别这个主题,应该通过将原来被男性中心主义排除在外的东西重新包容在内,通过对学校中的伦理道德、教师与学生之间的关系和学校中对性别差异的刻板认识的批判,潜在地改变传统知识和学科。

还有其他一些派别也对教育产生重要的影响,如生态女性主义理论促进了环境教育的发展。

由于女性主义浪潮的推动,女性在教育和研究方面有所得益,但障碍依然存在。虽然女性获得了接受学校教育的权利,但这并没有触及教育中的男女二元对立论,她们在学校接受的信息—学科理论框架、课程内容、思维推理,以及她们所接受的作为性别化的存在和在学校社会化中的角色都只是让她们认同男性的主体性,用男性的话语来解释世界与自我,这显然不利于她们保持自身的女性特征,对年轻人所提供的课业辅导与职业咨询中,性别的刻板印象影响依旧存在,无形的歧视、社会对妇女持否定态度、缺乏成功的角色模式以及不适当的教育制度,就成了女性晋升男性主导阶层的障碍。

"隐性课程"中的性别歧视首先受到激进和社会主义女性主义学者的关注。他们认为,任何文明过程都积累文化知识,学校教育只选取主流文化的一部分,而主流文化是男性文化。激进女性主义者以父权制作为女性受压迫的根源为背景,指出学校中的隐性课程是学校男女权利不公平分配、女性受压迫得以合法化的一个重要原因,学校隐性课程潜在地传递一种认为男性气质优越于女性气质的观点,学校中所谓逻辑性、理性、技术性学科组成的课程体系也不断地强化男女气质的差异以及由此导致的男女优劣之分。

女性主义教育研究在中国

在中国,性别特征与教育的联系有别于西方社会。20

世纪初的女性主义伴随着各种西方现代思潮进入中国后，更多的是男性接过了女性主义理论来反对封建主义，这是女性主义在中国的第一个特点，第二个特点是女性运动自发生之日起，一刻也不曾离开民族革命的轨道。因此，中国的女性解放带有浓厚的政治色彩并且是由外而内发展的。尽管国家高度重视女性解放，把"男女平等"写进宪法，并仍在不断完善保障女性权益的法律，使女性的社会地位有了极大提高。但是，这只是法律、制度层面的事实，它和现实的社会、文化之间还有很大的差距。由于种种原因，在现实生活中，中国女性并没有切实地享受到她们在政治、经济、文化、社会和家庭生活等方面应该享有的权利，在教育领域也同样如此。教育中的性别分离、性别偏见、性别歧视依然存在，如女性文盲率高于男子，女性大学入学率仍明显低于男子，农村的大部分女性仍被传统文化束缚，时常被剥夺接受新知识的机会，受教育的机会总是更多地给男性，许多学科还排斥女性，限制着女性的职业和教育选择等。

中国女性主义者认为学校中性别的不平等是由一系列复杂原因引发的，如偏见、传统的价值观念、恰当体制的缺乏等，但这些问题在"男女平等"的掩盖下并未得到真实的揭露。女性主义在教育平等上所做的努力主要有：增加女性受教育的机会和改变教育计划的内容，改变教学方法和教材，推出能使教育行政主管理解她们的行动并能改变带有歧视性做法的教育计划，改变教育中的刻板印象——即认为男性普遍是合乎逻辑、理性与客观的，批判不平等的入学权利、课程中的性别歧视等。关注中小学性别平等的女性主义学者研究发现，中小学所用的教科书和其他的儿童读物体现的是一个男性统治的世界，不仅男性人物多于女性，并且男性经常被描绘成有控制力的、积极的、有冒险精神的，而女性经常被描绘成无助的、被动的；而且在课程体系上也存在性别差异，男孩在数学和自然学科中的所占比例大，而女性在有关人文学科中人数较多。女性主义认为这种课程选择的性别差异对女学生的学习成绩有不良影响，也压制了她们在学习上的期望值。

女性主义哲学思潮引发人们重新思考女性教育与女性解放的互动关系，重视教育领域中的性别问题，消除文化界与教育界的性别歧视现象，改变知识界的不平等现状，建立女性的知识图式、文化模式与研究方法，修正男性中心主义的文化模式和教育模式。女性主义教育思潮为现代教育改革提供了建设性的知识基础和思路，对教育理论和实践具有重要意义。女性主义教育仍处于发展时期，这种发展由于带有极大的批判性而面临着多方面的挑战，但随着各种文化冲突的深入和女性主义自身的发展，对教育有独特理解并提出自己特殊要求的女性主义教育思潮，必将对整个人类教育的发展发挥出应有的作用。

参考文献

珍妮薇·傅蕾丝.两性的冲突[M].邓丽丹，译.天津：天津人民出版社，2003.

史静寰.现代西方女性主义的教育理论与实践[J].山西师大学报(社科版)，2000(7).

肖巍.女性主义伦理学[M].成都：四川人民出版社，2000.

徐辉.试析西方教育理论中的女性主义思潮[J].比较教育研究，2000(2).

郑新蓉.社会性别与妇女发展[M].西安：陕西人民教育出版社，2000.

（陈　华　张　旺）

挪威教育制度（educational system of Norway）挪威王国位于北欧斯堪的纳维亚半岛西部，面积 38.5 万平方千米（包括斯瓦尔巴群岛、扬马延岛等属地）。2010 年人口492万。95％为挪威人，外国移民约占 5％，萨米族人约 3 万。90％的居民信奉国教基督教路德宗。官方语言为挪威语。2010 年国内生产总值 2.5 亿挪威克朗，人均国内生产总值 51.2 万挪威克朗。

挪威教育的历史发展

挪威在公元 9 世纪形成统一的王国。在 9—11 世纪北欧海盗时期，曾不断向外扩张。1397 年与丹麦和瑞典组成卡尔马联盟，受丹麦统治。1814 年，丹麦把挪威割让给瑞典，换取西波美拉尼亚。1905 年，挪威独立成为君主国，并选丹麦王子卡尔为国王，称哈康七世。第一次世界大战中保持中立。第二次世界大战中被法西斯德国占领，哈康国王及其政府流亡英国。1945 年获得解放。

13 世纪，挪威的卑尔根出现行会学校，这是挪威教育的最初萌芽。但不久国王就宣布这类学校为非法，同时授权汉萨同盟举办学校，成为当时唯一合法的教育提供者，提供贸易方面的教育和培训。16 世纪，行会学校在西部沿海城市重新出现，逐渐发展为学徒制学校，这也是挪威学徒制教育体系的开始。1739 年，乡村教育法规颁布，公共初等教育确立，由教会人士主办的义务教育开始。1802 年，学徒制教育内容中加入了挪威语、数学和绘画科目，学徒制教育向普通教育发展。1811 年，第一所大学建立，成为日后的奥斯陆大学。1889 年，城镇和乡村教育法规颁布，七年义务教育开始。1896 年确立公共中等教育。1936 年全国实施七年义务教育，1969 年，义务教育增加到 9 年。同年，第一所地方大学建立，居住在边远地区的学生能够就近接受大学教育。1974 年颁布法律，将高中阶段的职业教育和学术教育合二为一。1994 年，当时的 98 所地方大学合并为 26 所州属大学。1998 年颁布《教育法》。

挪威历史上最早的教育部成立于 1814 年，当时称教育和宗教事务部。1982 年,该部门一分为二,分别负责教育和宗教事务。1990 年成立教育和科研部,负责各级各类教育,一年之后重组为教育、科研和宗教事务部,2002 年文化部接管宗教事务之后,又恢复教育和科研部名称。

历史上,乡村和城镇学校构成挪威的教育体系,并成为挪威教育的特点之一。"教育为所有人服务"是挪威教育政策的基本准则。挪威所有的男孩和女孩,无论生活在本国的任何地方,无论其社会和教育背景以及可能的特殊需求有何差异,都有平等接受教育的权利。这条基本原则既是挪威教育的传统,也充分体现了其教育特点。其他原则还包括提高国民的受教育程度、教育的地方分权、满足社会和个人的教育需求以及创造终身教育的条件等。挪威教育政策的一个主要目标是:挪威的教育系统在学术水平和受教育者的广度两个方面都应该屹立于世界最好的教育系统之林。

挪威现行教育制度

教育行政管理制度 挪威教育实行三级管理:教育和科研部、郡级政府和市级政府。教育和科研部负责全面的教育事务,并直接主管高等教育和科学研究,还就中小学的全国考试和评估、教学大纲的编写和认可、学校管理培训、教师培训以及其他学校发展和评估项目等制定指导方针。下设全国教育办公室,作为咨询机构,协助履行上述职责。郡政府主要负责高级中学。全国有 18 个郡级政府教育机构,虽不尽相同,但大多设有州教育委员会和州职业培训委员会:前者具体负责高级中学和中等教育阶段的成人教育;后者主管学徒制和其他,并充当政府机构和工商企事业的联系纽带。市级政府负责学前教育、小学和初级中学及其他形式的成人教育,遵守和执行国家制定的政策法规。学前教育由儿童和家庭事务部负责。

挪威教育由国家负责和举办。中央政府决定班级规模、学制、教师工资、教学和课时等事宜,地方政府决定学校数量、教师聘用及学校运作等。

学前教育经费由国家、市级政府和家长共同承担。中小学的资金主要来自市级政府,通过税收获得。各市的教育税收不同,不同市的义务教育经费也有所差异。州级政府也通过税收提供高中阶段的教育经费,地区间的教育经费也因税收不同而相异。这些地方差异由国家通过政府补贴来消除。高等教育的成本主要由中央政府承担,还从非政府渠道获得一定的研究基金。初中等教育阶段的成人教育经费主要由州级和市级政府承担。中央政府承担40% 的义务教育经费、60% 的高中教育经费和 100% 的高等教育经费,剩下的则由地方政府承担。

学校教育制度 挪威学校教育制度包括学前教育、初等教育、中等教育和高等教育等阶段。其中小学 7 年,初中

3 年,高中 3 年,大学本科 4 年,硕士研究生 1.5～4 年,博士研究生 3～4 年。学前教育、初等教育和整个中等教育都免费。从 1998 年起,挪威开始实行十年制义务教育。1998 年颁布的《教育法》是中小学教育的基本法,2010 年和 2011 年先后作修订。

从中小学到高等学校,挪威的大部分学校都是公立,私立教育主要在学前阶段。私立中小学基本上是宗教学校和特色学校,作为公立教育的补充而非竞争者出现,政府认可的私立中小学可获资助,通常占其成本的 75% 到 85%。大约有 1.5% 的学生就读于这类学校。私立高等院校在专业设置和课程等方面需得到国家认可,并获得一定的政府资助。私立教育还包括非政府机构举办的开放和远程教育、职业性课程和一些短期课程培训等。

(1)学前教育。挪威最早的幼儿园建于 1837 年,当时称"幼儿收容所",大部分由私人举办,提供全天保育,招收 2 岁以上幼儿。19 世纪后半期,幼儿园教育没有太大发展,维持原有规模。20 世纪二三十年代,挪威的学前教育深受德国教育家福禄贝尔思想的影响,形成了三类学前教育机构:一类由私人举办,提供每日 4 小时课程教学,主要满足中等阶级的教育需求;一类由市级政府举办,提供每日 8～9 小时的保育服务;一类提供非全日制教育保育服务,并应用当时的幼儿早期学习心理学理论和原则。后两类幼儿园主要为工薪阶层服务。从 1945 年开始,挪威开设学前教育师资培训课程,对学前教育教师有了资格要求。学前教育在 20 世纪 80 年代得到较快发展。随着职业妇女人数的增加,对学前教育的需求也呈上升趋势。这促进了私立幼儿园的发展。1975 年政府颁布日托机构法案,所有学前教育机构统一称"幼儿园",1996 年修订并颁布新的学前教育机构法案,第一次规定了全国性的学前教育课程大纲,2005 年制定《幼儿园法》,自 2006 年起实施。

挪威的学前教育包括普通幼儿园、家庭日托和开放式日托,其中,普通幼儿园占大多数。普通幼儿园将幼儿分为两个年龄段:0～3 岁和 3～5 岁。0～3 岁年龄段的幼儿班级规模一般为 8～9 人,师生比为 1∶8;3～5 岁的班级规模为 16～18 人,师生比为 1∶16。家庭日托招收 3 岁以下幼儿,由私人举办,每班 3～5 人,一位教师同时负责多个班级,并指导助手工作。开放式日托允许父母随时探访、陪伴子女。这类幼儿园最受父母欢迎,尤其是那些居住在大城市的移民家庭。

学前教育机构法案规定学前教育必须保育与教育相结合,即一方面满足幼儿的教育需求,另一方面为工作的父母提供幼儿保育服务。1996 年的全国课程大纲规定了五个方面的课程内容:社会、宗教和道德;艺术;语言、文本和交流;自然、环境和技术;体育和健康。课程以活动、游戏为主,注重培养幼儿的基本技能,包括社会交往、语言发展和交流沟

通等能力。任课教师负责幼儿的发展评价以及与父母交流。学前教育机构法案保证残障儿童的入院权利，主要由父母参与的专家评审委员会负责评估接受残障儿童的幼儿园。有些幼儿园还针对有特殊需求的儿童开设课程。学前教育教师需接受 3 年以上的大学教育，才能获得教师资格。幼儿园配有教师助手，具有中等职业教育背景即可。按照挪威儿童和家庭事务部 2001 年的统计，挪威大约有 5 776 所幼儿园，其中公立 2 978 所，主要由市级政府举办。私立幼儿园中，1 846 所接受市级政府的补助。家庭日托有 1 852 所。超过一半(53.8%)的 0～6 岁儿童进入不同形式的幼儿园，总人数达 20 万。

（2）初等和中等教育。挪威最早的基础教育可追溯到中世纪的教会学校，最早的小学是由教会举办的，面向大众，传授宗教和普通知识。19 世纪初等教育得到发展，教授科目增加，学制延长。1889 年确立免费的七年义务教育。早在 1939 年，挪威就已实行国家统一课程，后几经修改，1993 年改为核心课程，涵盖中小学和成人教育。1997 年在核心课程的基础上，针对延长一年的义务教育，制定了新的国家课程标准，称为"1997 年国家课程"（The national curriculum of 1997），还同时制定萨米语的国家课程，适用于讲萨米语的地区。1997 年的改革强调为儿童和青少年提供良好的成长环境，拓展课后活动，以帮助白天工作的父母照顾年幼儿童，提倡不同文化的融合。1997 年义务教育阶段的改革和 1994 年的高中教育改革以及高等教育改革一起，成为 20 世纪末挪威最重要的改革。

挪威的小学和初中教育建立在统一的学校体系基础上，为学生提供同等和相适应的全国统一课程教育。1997 年，儿童小学入学年龄由过去的 7 岁改为 6 岁。义务教育从 6 岁到 16 岁，分为三个主要阶段：小学低年级(6～10 岁)、小学高年级(10～13 岁)和初中(13～16 岁)。小学低年级通过游戏激发学生的探索和求知欲望，教学通常按主题内容组织，随着学生升入更高年级，逐渐向学科课程转换。小学高年级基本上以学科课程为主，辅以主题活动和项目工作，以便向学生展示学科之间是如何交叉在一起的。初中是过渡阶段，将小学的课程内容进一步深化，为学生升入高中做准备。这个阶段开始增加实践活动，培养学生的批判分析能力。1997 年国家课程科目包括挪威语（或萨米语）、数学、社会、基督教、宗教和种族、艺术和手工、科学和环境、英语（或其他外语）、音乐、体育和家政等。挪威新课程施行于 2006—2007 学年，挪威政府要求简化课程，并强化挪威对于基础教育阶段(1 至 14 年级)的学生基本学力的教育。

挪威实行小学初中一贯制，由于居住分散，40% 的中小学规模很小，不同年龄的孩子在同一个教室里上课。这个阶段的学生自动升级，不存在留级现象。考试和评分直到初中阶段才开始。初中后两年，对于语言和数学科目，学生按学科能力分班就读。初中毕业生凭毕业证书和毕业考试成绩升入不同的高中。为了使学生受到符合小学和初中课程要求的教育，教育和科研部制定了 1996 年到 2000 年资格能力建设计划，尤其关注对小学和初中教师的补充培训。在 2000 年到 2003 年资格能力建设、发展和试验目标计划中，初中教育被赋予了特殊的优先权。从 1999 年 1 月 1 日开始，挪威所有的市政当局都已经在法律上规定为一到四年级学生在上学前后提供白天服务，帮助白天工作的父母亲照顾低年级儿童。

高中除招收 16～19 岁青少年外，还面向成人。高中教育包括普通学术、职业及学徒课程。高中第一年主要学习基础知识，第二、三年根据普通学术和职业划分课程。如果选择学徒制，那么从第三年就要开始为期两年的学徒生活。自 1994 年始，所有 16～19 岁的青少年初中毕业后，都有资格获得三年继续学习的机会，这意味着国家将高中纳入了公立教育体系。1976 年的高中教育法已将各类高中合并为综合高中，挪威基本上仅有一类高中。大多数的综合高中同时提供普通学术和职业课程。由于大学招生一般仅要求学完普通学术课程，同时对选择职业课程的高中毕业生开放，而选修职业课程的学生毕业时可同时获得职业技能和升入大学学习的资格，因此，高中阶段选修职业课程的人多于选修普通学术课程的。高中阶段担负着较多的教育目标，这使高中教师承受着较大压力。除教授基本知识外，教师还要传播文化传统，传授民主和科学观念，授予学生职业基本技能。

挪威中小学的教育目的是，和家庭教育一起，给予儿童基督教和良好的道德教育，促进儿童智力和身体的健康发展，同时传授基本知识。高中阶段的目标之一是让所有学习者获得不同的资格证书，无论是职业的，还是学术的，其他目标还包括传播基督教文化和挪威传统文化，培养民主和科学观念以及掌握科学的方法。除此之外，高中阶段还强调公民教育和个性发展。

2002 年，挪威共有小学、初中或小学初中一贯制学校 3 248 所，学生近 60 万人；有高中 505 所，学生 16 万多人。

（3）高等教育。1811 年，挪威建立第一所大学奥斯陆大学。自该大学建立以来，高等教育逐渐发展，但十分缓慢，直到 1946 年才陆续建立其他大学。20 世纪中期以后，州立学院纷纷建立，接受高等教育的人数增长较快。高等教育的目的在于知识的更新和创造以及帮助学习者获得成功等，但 2000 年以后转向职业准备，大学也不再被视为纯文化组织。

挪威高等院校共有 38 所，分为四类：（1）4 所大学，即奥斯陆大学、卑尔根大学、特隆赫姆大学和特罗姆瑟大学；（2）6 所专科学院；（3）26 所大学学院；（4）2 所艺术和手工专科学校。其中,大学和专科学院以教学和科研为主要任务,学制4~7年,授予第一级、第二级和博士学位。大学学院1994年由州立学院合并而来,以职业培训为主,学制2~4年,也承担一些科学研究任务。就读于大学学院的学习者可以在学习中间转学到国立大学,因此,高中毕业生在大学学院和国立大学之间没有明显的选择倾向。挪威适龄公民要服一年兵役,这在某种程度上影响了大学毕业的年龄。将近一半的大学生毕业年龄超过25岁。高等院校教师属国家公务员。

为了使全国高等教育统一化,挪威政府决定实行"网络计划",宗旨是对高等教育进行全面体制改革,将大学和学院纳入国家统一管理网络,按国家规定的教育纲领发展。该计划要求各大学与学院密切合作,在教学专业和科研方面合理分工。为提高大学的教学、科研水平,开展教育对外交流,上述各院校发起成立挪威大学理事会(Norwegian Council of Universities)。这是一个协调机构,宗旨是为高等教育和大学的科研工作制订战略方针,促进全国高等教育与研究机构之间的协调,对大学的国际交流与合作进行指导和服务,在发展高等教育和教育改革中起重要作用。该会下设办公厅,主要任务是向大学会员和政府有关部门提出共同关心的教育问题。从2003年开始,教育和科研部改变以往审定大学课程的做法,代之以高等院校认证,并建立了实施机构——教育质量控制所。

挪威科学研究以高等院校为主。国立大学和专科学院承担基础性科学研究,大学学院偏向于应用研究。1980年以前,研究人员只需获得两年制的硕士学位,以后随着大学提供博士学位的课程增多,研究人员的学历要达到博士学位,并具备一定科研经验和能力。

(4)教师教育。教师属于国家公务员,受到社会尊敬。教师教育由教育和科研部负责。从学前到高中阶段,教师主要分为以下几类:学前教育教师,任职于幼儿园和日托机构,以及小学一年级;普通教师,任职于小学和初中。专科教师,任职于小学和初中。职业专科教师:任职于高中,但许多人同时获中小学教师资格。

一般而言,经过大学3年半到6年的学习,加上1年的教育理论和实践课程学习,即可获得上述任意一类教师资格。幼儿园和小学低年级阶段以普通教师为主,小学高年级和初中以专科教师为主,高中阶段基本上是专科教师。小学和初中教师通常由师范专科院校培养。高中教师必须拥有大学文凭或工作经验,并经过教学理论培训。20世纪90年代中期,国家统一了教师培养课程,重点在于加强学科教育,培养教师的反思能力,创造合作性的文化氛围。挪威的教师并非都是全职,1999年,30%的教师属于兼职,其中小学和初中的兼职教师人数最多,占所有中小学教师人数的33%,大学兼职教师较少,相应比例为20%。2006年实

施的课程关注每个学校和教师的学习方法、教学活动和学习资料,要求加强对教师和学校领导者的训练。

(5)成人教育。挪威成人教育始于19世纪末,为那些从民间学校毕业但又不想上大学的年轻人提供文学、体育和音乐等课程,以俱乐部和学习小组的形式为主。现在的成人教育主要由劳工和地方事务部主办,借助高等院校的资源,提供多种多样的职业培训课程。提供终身教育和平等的教育机会是挪威政府一项重要的成人教育原则和政策。每年有超过100万的成人接受不同形式的教育。成人教育的举办者包括公立教育机构、成人教育协会组织、民众高等学校、远程教育机构、私人机构、地方公共组织和慈善团体以及提供在职培训的公司。

挪威的教育改革

从2002年开始,挪威政府开始新一轮的教育改革,即"能力改革"(Competence Reform)。这项改革是基于1997年政府委员会向国会提交的一份报告而展开的。报告提出,挪威教育面临一系列的挑战,包括经济全球化和技术进步导致社会对知识更新的需求加快,实际工作中社会需求和获取知识的途径存在一定距离,仍有一部分成人没有接受基本的教育,与挪威的教育目标和水平不相称,公立教育在培养有能力的劳动者方面不尽如人意,以及新教育观念(基本教育仅是终身教育的开始)对旧观念(一朝受教育等于终身教育)的冲击。此次改革的重点在成人教育。根据国会通过的法律,成人享有接受初中等教育的权利。2000年8月,成人享有接受高级中等教育权利的条款正式生效。2002年8月,成人享有接受初等教育和初级中等教育权利的条款生效。州级和市级政府是实施这项计划的主要承担者。"能力改革"的目标还包括建立认可非正规教育的体系,调整公立教育,使其更好地为社会提供接受过良好教育的劳动者,使工作场所成为学习场所等。

挪威教育普及,国民受教育程度高。挪威政府始终重视教育的公平与平等,尤其是受教育机会的平等。这项努力获得了一定的成果,例如性别差异在挪威教育中仅仅体现在课程选择上,高中和高等院校的女性在校生人数高于男性在校生。但是,其他方面的差异仍然存在,例如,子女的教育仍然与父母的受教育程度密切相关,父母受教育程度低,子女上国立大学的人数明显偏少。在义务教育阶段,学校教育基本上达到了国家教育目标,即提供平等的教育机会,几乎所有儿童都就近入学,不存在择校等问题。进入21世纪后,幼儿园教育、中央教育分权和义务教育的效率问题等成为关注点。中央政府继续扮演学校教育角色的资助者和举办者,并致力于质量和教育体系的统一,但决策权力

下放到学校一级的行政机构已成为必然,教育的地方分权已成为趋势。

参考文献

中华人民共和国教育部国际合作与交流司.世界62个国家教育概

况[M].北京:首都师范大学出版社,2001.

Marlow-Ferguson, R. & Lopez, C. World Education Encyclopedia:A Survey of Educational Systems Worldwide [M]. Detroit, MI:Gale Group, 2002.

(马　慧)

O

欧盟教育政策（educational policies of European Union） 以 1950 年法国外长舒曼首次提出的"舒曼计划"为肇始，历经 1952 年"欧洲煤钢共同体"、1957 年"欧洲经济共同体"和 1967 年"欧洲共同体"（简称"欧共体"）之后，欧共体各国首脑 1991 年在荷兰的马斯特里赫特签署《欧洲联盟条约》（EU Treaty）。1993 年，欧盟正式成立。伴随着经济与政治一体化的加深和扩大，欧盟首脑会议于 1997 年通过《阿姆斯特丹条约》（Treaty of Amsterdam），2001 年通过《尼斯条约》（Treaty of Nice），2009 年《欧盟宪法条约》正式生效。在一体化演进的各个时期，基于对一体化总体目标的不同理解，欧盟对教育的角色和功能有着不同的定位，并制定了相应的教育发展政策。

欧盟教育政策的历史演进

自 1957 年《罗马条约》签订起，在近半个世纪的一体化进程中，欧盟教育政策经历了从无到有、从单一到综合、从手段到目的的不断拓展过程，大致分四个阶段。

萌芽阶段 1957 年，依据《罗马条约》，欧洲经济共同体在原欧洲煤钢共同体的基础上成立，主要目标是促进经济增长，因此，《罗马条约》中几乎没有关于教育的条款，只是提出了实施共同职业培训的跨国政策。欧共体在成立之初对教育没有给予整体上的重视，70 年代以前没有举行任何教育部部长会议，只是在人员流动和社会政策方面间接涉及职业培训，希望职业培训能有助于人员的自由流动和职业的自由选择，促进各成员国经济和共同市场的协调发展。

起步阶段 20 世纪 70 年代以后，欧共体开始从过去单纯注重经济发展转向在强调经济的同时关注政治和社会发展，促生了各成员国之间教育交流与合作的诉求，欧共体教育政策随之逐步发展起来。1971 年，欧共体 6 个成员国（法、德、意、比、卢、荷）的总理就职业培训会晤，首次提出要通过行动计划的方式加强各成员国之间的教育合作，并拟定了职业培训行动计划的指导方针。1974 年，欧共体教育部部长理事会通过决议，提出教育合作计划在反映欧共体经济与社会政策渐进性融合的同时，必须适应教育领域特定的目标和要求；教育绝不应仅仅被视为经济的组成部分；教育合作必须充分考虑各国的传统和各自教育政策与制度的多样性。为了鼓励教育领域的合作，该决议提出由各成员国和欧共体委员会的代表组成教育委员会，负责共同的职业培训政策。1976 年，欧共体正式设立"联合学习计划"（Joint Study Programmes，简称 JSP），通过院校之间的协商，促进学生的交流。同时，为了加强各成员国之间教育政策与结构的相互理解与沟通，欧共体教育部部长理事会首次决定建立共同的教育信息网络，构筑教育交流的基础。1980 年，欧洲教育信息网——Eurydice 正式问世。从此，以可靠的事实发现和第一手经验为基础的理念与实践的比较成为欧洲教育合作的核心。此外，欧共体还于 1975 年在柏林（西）建立欧洲职业训练发展中心（European Center for the Development of Vocational Training，简称 CEDEFOP）、1976 年在佛罗伦萨建立欧洲大学研究所（European University Institute，简称 EUI）、1984 年建立国家学术认定信息中心（National Academic Recognition Information Centre，简称 NARIC）。

这一时期，欧共体教育政策已经起步，提出了欧共体各成员国之间教育交流与合作的指导方针、阶段性目标和具体操作方式，并进行了初步的联合学习尝试，但教育交流与合作的重心主要集中于信息的交流，学生与教师之间的交流也主要停留在个人层面，规模不大。尽管如此，这一时期为欧共体教育政策的发展奠定了基础，启动了欧洲教育一体化的进程。

发展阶段 1986 年，随着《单一欧洲法案》（Single European Act，简称 SEA）在卢森堡和海牙签订以及"共同体维度"（community dimension）理念的确定，教育在欧洲一体化中的作用日益凸显，被视为经济一体化的功能性前提。为此，欧共体加大教育交流与合作的力度，在教育的各个领域和层次出台相应的教育与职业培训计划。

1986 年，为鼓励大学与企业在高级技术培训方面进行跨国合作，欧共体委员会提出"欧共体教育、教学与培训计划"（即"COMETT 计划"）。1987 年，又设立"伊拉斯谟计划"（Erasmus Program），将教育交流与合作的重心从信息交流转到学生交流。"伊拉斯谟计划"秉承"联合学习计划"的理念和方法,通过大规模资助的方式,将过去个人与学校之间的独自交流逐步发展为有组织、制度化的教育合作与交流。"伊拉斯谟计划"也因此成为欧共体最成功的教育动议之一。1989 年,欧共体提出"LINGUA 语言计划",促进各成员国的语言教学,支持欧共体语言的多样性,完善语言教学的结构与体系。1990 年,欧共体又制订"TEMPUS计划"(Trans-European Mobility Scheme for University,简称"TEMPUS 计划",即"泛欧大学流动计划"),以应对中东欧高等教育发展与改革的需要。可以说,欧盟迄今为止一些最重要的教育行动计划基本上都是在这一时期推出的。

整合阶段　1991 年,欧共体各成员国首脑签署《欧洲联盟条约》,使欧共体从以往的经济联盟走向经济与政治联盟,开创了欧洲教育政策发展的新纪元。从此,教育作为欧盟责任的合法领域正式得到认可,成为欧盟的责任领域之一。《欧洲联盟条约》将职业培训划归为独立的条款,并明确规定了欧盟教育行动的基本目标。此外,《欧洲联盟条约》还提出了欧盟教育合作与交流的核心原则——辅助原则。

1994 年,为使欧洲公民顺利进入劳动力市场,减少失业人数,尤其是在日趋激烈的竞争中适应科学技术的飞速变革,欧盟提出了专门的职业培训行动计划——"达·芬奇计划"(Leonardo da Vinci Program),试图通过跨国合作的方式提高职业培训的质量、促进职业培训的革新、支持职业培训制度和实践方面的"欧洲维度"(European dimension)。1995 年,欧盟又运用整合战略,将"伊拉斯谟计划"与其他各种教育交流与合作计划重组,推出综合性的"苏格拉底计划"(Socrates Program),加强各教育计划之间的统筹与协调,提高教育行动计划的整体效益。同年 10 月,欧洲议会和欧洲理事会将 1996 年定为"欧洲终身学习年",期望通过终身学习促进个体的发展和主动性,使之尽快融入工作与社会,参与民主社会的决策过程,适应经济、技术与社会的变革。进入 21 世纪,为了应对全球化与信息化的挑战,2000年 3 月,里斯本欧盟首脑会议确立了欧盟未来 10 年新的战略目标:使欧盟成为世界上最具竞争力和活力的经济体系,保持可持续的经济增长,有更多更好的工作和更强的社会凝聚力。这就要求在各成员国教育与培训合作政策方面进行重大变革。因此,欧盟就教育与培训体系的未来目标拟订了一个详尽的工作计划,要通过成员国之间"开放的协调方式"加以实施。鉴于"共同政策"在教育领域里并不可行但又确实需要,因此这种"开放的协调方式"将有望为在教育领域加强合作,建立连贯一致的政策而建立新的运作机制。2002 年 3 月,巴塞罗那欧盟首脑会议进一步强调指出:教育是欧盟社会模式的基石,到 2010 年,欧盟教育应当成为"世界质量的参照系"。

欧盟教育政策的主要内涵

法律基础　由于欧盟特定的超国家性质,其教育决策必须建立在一定的法律基础之上。欧盟教育政策的法律依据是《阿姆斯特丹条约》中的《建立欧共体条约(修订版)》(Consolidated Version of the Trenty Establishing the European Community)。其中第一百四十九条款和第一百五十条款均涉及教育。

第 149 条款主要对欧盟教育政策的性质、目标和原则进行了界定。条款规定:共同体将在充分尊重各成员国对其教学内容和教育体系的组织及各自文化与语言多样性责任的同时,鼓励各成员国之间的合作,促进高质量教育的发展,并在必要的时候支持和补充其行动。共同体行动的目标:(1) 通过各成员国语言的教学与传播,建构教育的"欧洲维度";(2) 通过鼓励,特别是证书和学习时段的认定,促进学生和教师的流动;(3) 推动各种教育机构之间的合作;(4) 扩展各成员国在教育共同问题上信息与经验的交流;(5) 鼓励青年交流和社会教育教师交流;(6) 促进远程教育的发展。为了促成上述目标的实现,理事会要根据第 150 条款所规定的程序,在咨询经济与社会委员会和地区委员会之后采取激励性措施,当然,禁止对成员国法律和条例做任何形式的"一致化"(harmonization),要根据委员会特定多数的提议而采用建议。

第一百五十条款专门对欧盟职业培训政策的性质、目标和原则进行了界定。条款规定:共同体在充分尊重各成员国对其职业培训内容与组织责任的同时,实施支持和补充各成员国行动的职业培训政策。共同体行动的目标是:(1) 通过职业培训与再培训,促进对产业变革的适应;(2) 改善初始和继续职业培训,以促进对劳动力市场的职业整合与再整合;(3) 为接受职业培训提供便利,鼓励教师和受训者尤其是年轻人的流动;(4) 激励教育或培训机构与公司的培训合作;(5) 扩展各成员国在培训体系共同问题上信息和经验的交流。理事会要根据第一百五十条款所提及的程序,在咨询经济与社会委员会和地区委员会之后采取措施,促进上述目标的达成,当然,禁止对成员国法律和条例任何形式的"一致化"。

基本原则　多年来,欧盟各成员国已经建构了相当完备的教育政策体系。这些教育政策体系之间既有共通之处,又各具特色。因此,欧盟在制定联盟层面的教育政策时,必须确立一些基本原则,以便与各成员国的教育政策协调。欧盟教育政策的基本原则主要是辅助性原则和协调性原则。

"辅助性原则"(subsidiary)是指尽可能由较低层面的组织与机构进行教育决策,并不断根据国家、区域和地方层面的可能性来检验欧盟层面的教育行动是否正当。明确地说，除非要比在国家、区域和地方层面采取行动更为有效，否则，不得采取欧盟层面的教育行动。欧盟任何教育行动不得超越实现条约目标的需要。早在 20 世纪 50 年代，《罗马条约》草拟者就意识到，共同体所拥有的权力可能不足以实现条约所确立的目标，因此《建立欧共体条约（修订版）》第三百零八条款（原第二百三十五条款）规定：如果共同体的行动被证明有必要，以达成共同体之目标，而此条约又没有提供必要的权力，理事会可以根据委员会的提议，在咨询欧洲议会之后采取适当措施。1992 年 12 月，爱丁堡欧洲理事会会议将"辅助性"载入《欧洲联盟条约》，并对支撑辅助性的基本原则进行了界定。1997 年，《阿姆斯特丹条约》首次运用了辅助性原则。自此，欧盟委员会每年都要就辅助性原则的运用向欧洲理事会和议会提交专题报告。2001 年，《机构改革协定》（Convention of Institutional Reform）提议更多地考虑辅助性原则，而不是从立法简化的目标中转移出去，并主张建立政治监控制度（通过对各国国会的早期预警制度，允许他们对欧盟委员会的提案发表合理意见）或司法监控制度（在欧盟法院内设立"辅助庭"，加强事后监控）。

"协调性原则"（coordination）是指在成员国各不相同的教育政策之间建立一种协调机制，以便各国教育政策更好地衔接，减少一体化引发的教育政策摩擦。如，各国教育传统与制度及其方式不同，造成了各国教育在课程、文凭方面的差异，随着欧盟层面学生和教师交流的日益扩展，有必要在各成员国教育之间建立一种协调机制，以合理解决其课程、文凭方面的对等与匹配问题。协调性原则承认各成员国之间教育政策的差异，不干涉其现行的教育政策，只是在各成员国有关政策发生摩擦时通过谈判促成协调，这种协调一般不是以欧盟的"共同政策"来取代成员国原有的教育政策，谋求各成员国教育政策的"一致化"。进入 21 世纪，随着欧洲一体化程度不断扩展，为了有效加强各成员国教育政策的沟通与衔接，欧洲理事会提出在各成员国教育政策之间建立"开放的协调方式"，从而为欧盟在教育领域建立连贯一致的政策建立了新的运作机制。

教育计划 自 1976 年设立"联合学习计划"，欧共体或欧盟的教育行动计划先后经历了由小到大、由单项到综合、由零散到系统化和制度化的过程。欧盟教育行动计划主要分为教育与职业培训两大领域。

欧盟成立之前，欧共体在教育领域先后出台"联合学习计划"、"COMETT 计划"、"伊拉斯谟计划"、"Lingua 语言计划"等教育行动计划。1995 年，欧洲理事会运用整合方式，对欧盟各种教育计划进行系统重组，提出了综合性的"苏格拉底计划"，将促进高等院校交流的"伊拉斯谟计划"、促进基础学校交流的"夸美纽斯计划"（Comenius Program）和促进成人教育的"格龙维计划"（Grundtvig Program）作为纵向计划，将"Lingua 语言计划"、"Minerva 教育信息与传播技术计划"和"教育制度与政策的观察与革新计划"作为横向计划，加上与欧盟其他计划的联合行动和补充措施，共 8 项行动计划，主要目标是促进高质量教育与培训的发展，建立开放的欧洲教育领域。"苏格拉底计划"从 1995 年至 1999 年为期 5 年，参与国家涵盖欧盟 15 个成员国和挪威、冰岛、列支敦士登 3 个欧洲经济区国家，1997 年以后又陆续扩展到中东欧 10 国以及塞浦路斯，共 29 个国家，最初经费预算为 8.5 亿欧洲货币单位，后又追加了 7 000 万欧洲货币单位。鉴于"苏格拉底计划"绩效卓越，2000 年，欧洲议会和理事会决定实施第二期"苏格拉底计划"，第二期计划从 2000 年至 2006 年，为期 7 年，参与国家在原 29 国的基础上又增加了土耳其和马耳他，经费预算为 18.5 亿欧元，主要目标是促进终身学习和发展知识的欧洲，具体包括：在各个层次加强教育的欧洲维度；改善欧洲语言的知识；通过教育促进合作与流动；鼓励教育创新；促进教育机会均等。

除"苏格拉底计划"外，1990 年，为了应对柏林墙倒塌后中东欧高等教育改革的需要，欧洲理事会推出了"TEMPUS 计划"。该计划从 1990 年至 1993 年，为期 4 年，参与国家涵盖欧盟成员国和中东欧伙伴国，主要目标是发展中东欧国家的高等教育体系，提高中东欧国家高等教育的质量。1993 年，欧盟出台了"TEMPUS II 计划"，从 1994 年至 1998 年，以后又延至 2000 年。1999 年，欧盟又推出了"TEMPUS III 计划"，从 2000 年至 2006 年，为期 6 年，参与国家进一步扩展到西巴尔干国家、东欧与中亚伙伴国以及地中海伙伴国。

欧盟成立之前，欧共体在职业培训领域先后出台了"COMETT 计划"、"Iris 计划"、"Petra 计划"、"Eurotecent 计划"、"Force 计划"等。1994 年，欧盟提出了专门的职业培训计划——"达·芬奇计划"。该计划从 1995 年至 1999 年，为期 5 年，经费预算为 6.2 亿欧洲货币单位，参与国家涵盖 15 个欧盟成员国和 3 个欧洲经济区国家，以后又逐步增加了塞浦路斯、捷克、爱沙尼亚、匈牙利、立陶宛、拉脱维亚、罗马尼亚、波兰和斯洛伐克，共 27 个国家，旨在贯彻欧盟职业培训政策，支持和补充各成员国的职业培训行动。"达·芬奇计划"追求三个目标，即促进职业整合、提高培训质量和机会、推动培训对技术革新的贡献。

在吸取"达·芬奇计划"经验的基础上，1999 年，欧洲理事会决定从 2000 年至 2006 年，实施第二期"达·芬奇计划"，为期 7 年，参与国家在原有的基础上增加了土耳其、马耳他等国，共 30 个国家，主要目标是通过与工作相联系的培训和学徒制，在初始职业培训的各个层次加强人们尤其是年轻人的能力与技能，以提高他们的受雇性（employability）；改善继续职业培训和终身获取资格与技能的质量和途径，以增强和发展其适应性；促进和增强职业培训制度对创新过程的贡献,以提高竞争性和企业能力。为了有效推动"达·芬奇计划"的实施,欧盟委员会寻求欧洲职业培训发展中心的技术指导,并与欧洲培训基金会建立协调关系。

除"苏格拉底计划"、"TEMPUS 计划"、"达·芬奇计划"外,1995 年,欧盟还在高等教育和培训方面与美国、加拿大建立了为期 5 年的合作关系。2000 年,欧盟与美国和加拿大又签署协议,将该合作计划延长至 2005 年。该合作计划的主要目标是促进欧盟与美国、加拿大人民之间的了解,提高其人力资源开发的质量。此外,欧盟还与日本、中国及其他一些第三世界国家建立了教育合作关系。

欧盟教育政策的特点

尽管欧盟没有制定任何共同的教育政策,但它通过各种教育行动计划促进各成员国教育与培训的协调与合作,为各成员国在学生交流、教师交流、学分转换、课程开发等方面提供了发展的契机,建构了教育的"欧洲维度"。欧盟教育政策具有三个特点。

经历一个逐渐演进的过程　最初,无论是 1952 年的"欧洲煤钢共同体"还是 1958 年的"欧洲经济共同体",主旨都是促进经济增长。因此,这些共同体建立的条约中几乎没有涉及教育的条款,只是出于对经济增长的功用性目的,对与经济增长有着直接关联的职业培训有所关注。以后,随着欧盟的发展和欧洲一体化的推进,欧盟政策的制定者在重视经济增长的同时,开始关注社会的发展和教育的意义,并先后启动了一系列的教育行动计划,建立了各种教育与培训组织以及与之相关的信息与技术设施。教育逐渐成为欧盟社会模式的基石之一。总的来说,欧盟教育政策经历了从小到大、从单一到综合、从零散到系统、从手段性到目的性的渐进发展过程。

存在一体与多元的张力　欧盟教育政策的目标是通过教育和职业培训,促进欧盟经济、社会和文化的一体化。由于各成员国在法律制度、经济发展水平方面存在较大差异,在文化背景和传统习俗上承继各自的特色,在走向一体化的进程中,欧盟教育政策的制定和实施不可避免地会出现"一体"与"多元"的张力。尽管欧盟在这一问题上非常谨慎,并且专门确立"辅助性原则",但由于语言、文化、教育等特定的敏感性,这种一体与多元的冲突依然存在,而且随着欧盟的进一步发展和欧洲一体化程度的加深而日益突出。如何在欧洲一体化的进程中保持各成员国文化与语言的多样性,是欧盟教育政策制定者必须面对和解决的问题。

存在经济与社会双重效应　在欧洲共同体成立之前,欧洲煤钢共同体和欧洲经济共同体主要是经济联合体,发展目标也仅限定于经济范畴,教育政策只有在支持和加强经济增长的意义上才具有合法性。因而共同体最初的教育政策仅仅局限于单一的职业培训领域,而非纯粹意义上的教育领域,并且是作为经济增长辅助手段存在的。20 世纪 70 年代以后,欧洲共同体的发展政策在注重经济增长的同时,越来越多地强调社会发展。在此背景下,欧共体开始制定纯粹意义上的教育政策,并相继启动了一系列教育行动计划。欧盟教育政策的社会意义日益凸显,成为欧盟社会模式的一块基石,在过去单一经济意义的基础上具备了经济与社会的双重效应。

参考文献

Moschonas A. Education and Training in the European Union [M]. Farnham, Surrey, United Kingdom: Ashgate Publishing Company, 1998.

(欧阳光华)

欧洲新教育运动（New Educational Movement in Europe）　20 世纪前半期欧洲国家中广泛开展的一场教育革新运动。19 世纪 80 年代末在英国兴起。19 世纪末 20 世纪初又扩展到德国,随后是法国、瑞士、比利时和意大利等。它与美国进步教育运动一起,统称为 20 世纪前半期欧美教育革新运动。

欧洲新教育运动的兴起　随着 19 世纪后半期资本主义经济更为迅速的发展,欧洲国家的社会生活发生了很大变化,对学校教育提出了新的需求。在此背景下,欧洲国家中兴起了新教育运动,同时期的自然科学特别是生物学和心理学的发展,为新教育运动提供了科学依据和方法论基础。

英国教育家雷迪 1889 年 10 月在德比郡的罗彻斯特创办了一所乡村寄宿学校"阿博茨霍尔姆学校"（Abbotsholme School）,标志着欧洲新教育运动的兴起。作为欧洲第一所"新学校",阿博茨霍尔姆学校是欧洲其他国家新学校的典范。这是一所中学,建立在面积宽广和风景美丽的郊外,招收 11～18 岁的男生。班级规模比较小,一般不超过 15 人。每天的学校生活分成三个部分:上午主要是学术活动;下午是体育锻炼和户外活动;傍晚是娱乐和艺术活动。学校的任务主要是促进个人自由发展、身体良好和心灵健全,而不是用知识去压抑儿童的发展。因此学校课程包括五个部分:一是体育活动和手工劳动;二是艺术课程;三是文学和智力方面的课程;四是社会教育;五是道德和宗教教育。对于学术培养,这五个部分的课程是不可分割和密切联系的。学校生活中强调"合作、和谐、领导"基本思想,教师与学生之间是一种真诚的信赖关系;各种活动广泛采取小组形式;学校工作根据为学生提供一种全面、协调的生活要求进行设计;让学生在活动中学习如何去领导。学校为新教育的发展开辟了一个新纪元,雷迪的教育思想和实践对新教育运动具有重要影响,雷迪被称为"新教育之父"。

欧洲新教育运动的扩展　随着阿博茨霍尔姆学校的建立与发展,新教育运动遍及欧洲国家,许多新教育家也相继仿效,开办类似的"新学校",进行教育革新实验活动。1914年之前,欧洲各国开办的新学校已一百多所。英国教育家 J. H. 巴德利创办了贝达尔斯学校(Badales)。他原是阿博茨霍尔姆学校的一位教师,后由于在男女同校教育问题上与雷迪意见不一,不满雷迪对妇女的反感态度,于1893年1月在英国南部的苏塞克斯建立了贝达尔斯学校。作为一所乡村寄宿学校,它在教育目的、课程设置和组织形式及设备等方面都与阿博茨霍尔姆学校基本相似,以"阿博茨霍尔姆学校的分支"而闻名。但是,J. H. 巴德利更趋向于培养有创造力的人,对教学过程更加感兴趣,学校管理也更加民主和自由,实行男女同校,给女生以与男生同样的健康生活及同样宽广的知识训练,让她们参加学校中的各种生活,培养多方面的兴趣。贝达尔斯学校特别强调合作精神,严厉禁止竞争方法,规定平时作业不记分,对学习成绩最优异者也不给任何奖励;注重音乐和体育活动;实行儿童自治,把校务和日常生活管理交给年龄较大的男女学生负责;建立由校长、教师和学生代表组成的学校参议会,每年修改校规一次,并讨论校内人提出的意见或建议。在某种程度上,J. H. 巴德利的做法比雷迪的更受人欢迎,贝达尔斯学校几乎成了一所理想的学校。

德国教育家利茨创办了"乡村教育之家"(Landerziehungsheime)。曾访问过阿博茨霍尔姆学校并在那里任教过一年的利茨对当时德国的传统教育制度提出了挑战,强调农村环境是一种教育力量。1898年,他仿照阿博茨霍尔姆学校的模式,在哈尔茨山区的伊尔森堡创办了德国第一所乡村教育之家,招收6～12岁的儿童;1901年,他在图林根的豪宾达开办了第二所乡村教育之家,招收13～15岁的男生;1904年,他在富尔达附近的比贝尔斯泰因建立了第三所乡村教育之家,招收16～19岁的男生。乡村教育之家都设在风景优美的乡村,校舍建筑在包括山、森林、溪流和牧场的大自然中,拥有寝室、膳厅、会场、工场和田园等设备条件。作为寄宿学校,每个乡村教育之家都提供一种和谐友爱的家庭气氛,教师和学生在那里一起生活。乡村教育之家将学生分成一个个小组,进行学术、体育和艺术活动,参加手工劳动和实际工作,具体安排是上午学术活动,下午手工劳动、体操、游戏与艺术活动,傍晚,全体学生集合在一起,进行愉快的谈话和讨论及音乐和娱乐活动。利茨的乡村教育之家不仅对德国的学校教育有较大影响,而且扩展到其他一些欧洲国家。

法国教育家德莫林1899年在诺曼底阿夫尔河畔韦尔讷伊创办了罗歇斯学校(École des Roches)。学校工作追随贝达尔斯学校的路线,但又有点像阿博茨霍尔姆学校,只招收男生。他们将学生分别组成一些"小家庭",各占一幢楼,各有其特殊的"家庭生活规则",教师(与其他新学校不同的是有许多女教师)与学生住在一起,参与学生的各种活动,帮助"小家庭"改善生活。目的是通过各种活动和训练,使每个儿童身体健康,心智得到完善的发展,培养良好的道德。学校课程包括现代语、数学、自然科学、历史、地理和手工劳动等,学生享有充分的自由,在学术上没有过分的压力。一般上午安排学术活动,下午安排户外的实际工作、游戏、体育运动以及学生自己喜欢的活动。学校特别注重体育运动,建有良好的体育运动设施;注重儿童个性的发展,让他们在校园里有行动自由,毫无不适应的限制。生活方面大多由学生管理。校内设有各种委员会,学生可以自己主持和组织学校的一些重要活动,例如,出版校报《罗歇斯新闻》,管理体育运动和安排手工劳动等。

曾担任过医生和特殊教育督学的比利时教育家德克罗利1907年在布鲁塞尔近郊开办了一所生活学校,名为"隐修学校",后以"德克罗利学校"著称。学校招收4～15岁的儿童,其宗旨:一是使儿童在生活中为生活而准备;二是组织适宜儿童发展的环境并提供适当刺激。整个校园宽敞美丽,每间教室既是活动室又是工作室或实验室。新的课程以兴趣为中心,每个兴趣中心都像设计单元一样,应付一个大问题。教学是在学校生活环境中进行的,以观察为基础,然后是联想,最后是表达。在学生评价上,它抛弃了传统的成绩单形式,采用综合报告单形式,其中包括儿童生理和心理发展状况。

1921年8月,英国教育家 A. S. 尼尔和一位法国教师在德国的德累斯顿郊区合办了一所国际性的自由学校:萨默希尔学校(Summerhill School)。A. S. 尼尔于1924年初离开德国,在奥地利维也纳附近的一个小镇建立了自己的实验学校。1924年10月,他又把这所实验学校迁到英国的莱姆里季斯,正式命名为"萨默希尔学校"。它原来以招收"问题儿童"为主,后随着学校影响的扩大,逐渐转向招收正常儿童(包括相当数量的外国儿童)。萨默希尔学校的主要原则是适应儿童,而不是让儿童适合学校。学校打破传统做法,把学生分成5～7岁、8～10岁和11～15岁三个年龄组,让他们在一种不受束缚的自由环境中生活和成长:上课是自愿的;通常没有考试;生活中,每个人(包括教师和儿童)都有平等的权利,教师从不要求儿童做什么,只是应儿童的请求提供帮助。萨默希尔学校彻底抛弃对儿童的约束,让儿童自由地发展,但儿童并不可以随心所欲地做他感兴趣的一切事情。学校建立了民主自治的管理制度,设立了学生自治会。学校的一切规章制度、学生的学习及共同生活中的所有问题,都需经每星期六晚上的"全校大会"决定。萨默希尔学校像个充满爱的家庭,教师尊重儿童,真正理解儿童的需要,和儿童站在一起,给儿童充分的爱。学校还注意培养儿童的自信心,使儿童对自己、他人和世界充满信心,并具有积极乐观的进取精神。

新教育联谊会 随着新教育运动的发展,一些新教育家也希望成立一个促进新教育运动的组织。早在新教育运动兴起的时候,为了给欧洲各国的"新学校"提供一个联络中心,瑞士教育家费里埃(亦译"费利耶尔")于1899年在日内瓦发起成立了"国际新学校局"(International Bureau of New School)。这个组织成立,在一定程度上推动了欧洲"新学校"的发展。在具有共同背景的教育革新实验中,新教育运动在欧洲的发展出现了进一步联合的趋势。在费里埃的倡议和组织下,来自英国和法国等14个国家的一百多位代表于1921年7月30日至8月12日在法国加来的索菲—贝特洛学院举行国际教育讨论会,决定成立"新教育联谊会"(New Education Fellowship,简称NEF),每两年召开一次国际大会,并从1922年起出版《新时代》杂志(副题为"国际促进教育改革季刊"),费里埃、恩索尔和罗登分别担任法文版、英文版和德文版编辑。新教育联谊会定期举行国际教育讨论会,并与美国进步教育协会(Progressive Education Association,简称PEA)建立联系,与各国教育家合作与交流。两次世界大战之间,国际教育讨论会先后在法国的蒙特勒伊(1923)、德国的海德堡(1925)、瑞士的洛迦诺(1927)、丹麦的埃尔西诺尔(1929)、法国的尼斯(1932)、英国的切尔特南(1936)、美国的密执安(1941)等地举行。中国教育家陶行知与南开大学张彭春教授和中山大学崔载阳教授一起于1936年8月参加了新教育联谊会在英国切尔特南举行的第七届国际教育讨论会,并作了有关中国民众教育运动的演讲。1966年,新教育联谊会在英国奇切斯特举行的会议上决定改名为"世界教育联谊会"(World Education Fellowship),继续进行它以前的研究。

欧洲新教育运动的特点与影响 新教育运动是欧洲不同国家的新教育家在共同的背景下对传统教育发动的一次巨大冲击。仿照美国进步教育协会,新教育联谊会提出了"七项原则":(1)教育的根本目的是保持和增进儿童内在的精神力量;(2)教育者必须研究和尊重儿童的个性;(3)新学校应该使儿童的天赋兴趣得到充分发展;(4)学校社区应该由与教师和校方合作的儿童自己来管理;(5)新教育制度必须以合作精神代替自由竞争精神;(6)完全支持男女同校教育;(7)在上述原则的基础上正确实施新教育,使儿童不仅为成为未来的公民做好准备,而且意识到自己和每个人的尊严。总之,新教育家从多方面尖锐地批判传统的教育理论和方法,提出新的教育观点,主张建立适应现代社会需求的新学校,强调学校教育同社会生活的关系以及儿童个人的自由和发展。

尽管新教育运动存在着一定的局限和不足,但它在西方教育史上具有重要的历史意义,并对西方乃至整个世界的现代教育改革和发展产生了长远和深刻的影响。费里埃在《活动学校》一书中指出:一种新的精神在世界上传播开来,在旧传统学校的地方,人们将在通过经验而提炼的科学知识基础上建立起一座更宏伟的大厦,总有一天我们能看到,人们不再憎恨他们童年时代的学校,因为他们将在那里使自己身体健康、精神和谐、心智丰富。

参考文献

华虚朋.欧洲新学校[M].唐现之,译.上海:中华书局,1931.

康内尔.二十世纪世界教育史[M].张法琨,等,译.北京:人民教育出版社,1990.

迈耶尔.现代欧洲教育家及其事业[M].陈子明,等,译.上海:中华书局,1935.

瓦斯孔塞罗.比利时之新学校[M].陈能虑,译.北京:商务印书馆,1922.

Stewart, W. A. C. Progressive and Radicals in England Education, 1750 – 1970 [M]. London: The Chaucer Press, 1972.

(单中惠)

P

判别分析（discriminant analysis） 亦称"区分分析"。根据已掌握的不同类别的样品为标准，结合所观测的不同样品的若干项不同的观测指标数据，建立一个或几个线性组合称为线性判别函数，据此将待判别的事物加以判别分类的一种多元统计方法。

判别分析的概念与适用资料 这种方法要求事先知道所需判别的已知类型，这些类型在选择施测样本时要根据已有的知识与经验事先确定。在确定各种类型之后，再确定一些能够区别不同类型的一些观测指标，心理学上常根据已有的理论，他人的研究结果，选一些心理指标，根据所选的一些指标建立判别函数，有了判别函数，再以此对一些施测了相应的指标的人群，用判别函数加以区分，在教育心理评价方面是经常应用的一种统计分析方法。判别分析方法的效度要能得到保证：（1）靠所选的建立判别函数的样本是否具有代表性，是不是标准的被试；（2）所施测的一些观测变量指标是否有区分性。要能保证这两点需要有一系列的相关研究为依据。若这些研究已有，则可以此为依据，若无这类研究，就需要在进行判别分析之前，寻找一些具有特异性指标，找到具有特异性的观测指标。依此而建立的判别函数才有较高的区分性，才能使判别分析有高效度。

判别分析的假设条件 分组类型在两组以上；在第一阶段工作时每组案例的规模必须至少在一个以上；各判别变量的测度水平在间距测度等级以上；各分组的案例在各判别变量的数值上能够体现差别。在这种情况下，判别分析能够帮助我们分析各类别在判别变量上的差别，并提供一套判别统计指标。与其他多元线性统计模型类似，判别分析的假设条件为：（1）每一个判别变量不能是其他判别变量的线性组合。事实上，如一个判别变量与其他的判别变量或其他判别变量的线性组合相关程度很高（即多重共线性），虽然能够估计鉴别函数，但是参数估计的标准误很大，参数估计不稳定。（2）各组案例的协方差矩阵相等。（3）各判别变量服从多元正态分布，即每个变量对于所有其他变量的固定值有正态分布。

判别分析的基本模型 判别分析的基本模型就是判别函数，它表示为分组变量与满足假设条件的鉴别变量的线性函数关系，其数学表达式为 $y = b_0 + b_1 x_1 + b_2 x_2 + \cdots + b_k x_k$，其中 y 为判别函数值，x_i 为个判别变量；b_i 为相应的鉴别系数。模型估计的过程可以简略描述如下：首先，将判别函数表示的 k 维空间进行旋转，寻找某个角度，使各分组平均值的差别尽可能大；然后，将其作为判别的第一维度。在这一维度上可以代表或解释原始变量组间方差中最大的部分。这一判别函数就表达了将原始数值转化为这一维度的系数方程式。对应第一维度的鉴别函数称为第一鉴别函数。然后按照同一原则寻找第二维度，并建立第二鉴别函数。如此下去，直至推出所有的鉴别函数。后面建立的判别函数必须与前面建立的判别函数相互独立。

判别分析的方法 （1）距离判别，其基本思想是，在 P 维空间中，对已知的 K 个总体 G_1，G_2，…，G_K 来说，在每个总体内部，由于所有元素同属一个总体，元素与元素之间的距离相对较短，而对于异质总体的元素来说，其间的距离应该相对较长一些。假如每一个已知类别的总体有一个中心，不属于该总体的元素与该中心的距离应该大于属于该总体的元素与中心的距离。在判别时，对于任意一个不知归属的样本点，假如已知它属于并且仅属于 K 个总体之一，则求出该点到各个类别中心点的距离，比较所有距离的大小，与其有最短距离的那个总体应该是该点所属的类。（2）贝叶斯判别，指在判别分析中充分利用先验概率信息的一种判别方法。在贝叶斯判别中，不仅把空间点的先验分布作为判别时的考虑因素，而且还把错判的后果作为判别之初就应该考虑的因素，贝叶斯判别把错判的后果的严重性程度量化为错判的损失系数，认为在其他条件相同的条件下，应将空间点判断给损失最小的总体。（3）费希尔判别，指依据方差分析的原理建立起来的一种判别分析的方法。

（刘红云）

裴斯泰洛齐与要素教育思想（Pestalozzi and elements education） 裴斯泰洛齐是瑞士教育家。在长期的教育实践基础上，他创立了要素教育思想。为了谋求贫苦儿童和全人类的幸福，裴斯泰洛齐致力于儿童教育的方法简化以便使每一位教师、母亲都能很好地进行儿童教育和教学活动,从而彻底改革当时学校的弊端。要素教育思想以"教育心理学化"思想为前提,强调教育和教学应从最基本的要素出发,以促进儿童各方面能力的协调发展,对19世纪欧美国家教育实践和教育思想的发展,尤其是初等教育和师范教育的发展产生了重要影响。

裴斯泰洛齐的生平活动与教育著作

裴斯泰洛齐1746年1月12日出生于瑞士苏黎世一个医生家庭。早年,母爱以及女仆的无私奉献精神对他影响很大。中学毕业后,裴斯泰洛齐进入加洛林学院学习,受到法国启蒙学者尤其是卢梭思想的影响。此后,他一生投身于瑞士社会和教育改革的活动。

新庄孤儿院教育实验(1774—1780)　裴斯泰洛齐最初在涅伊果夫(又名新庄)进行农业改造活动。农业实验计划失败后,他发觉为贫苦儿童的幸福生活而努力应该是自己所追求的真正理想,于是决定开办孤儿院,来帮助那些贫苦儿童。1774年,裴斯泰洛齐开办新庄孤儿院,收养6~18岁的儿童,开始了第一次教育实验活动。新庄孤儿院不同于当时瑞士已有的孤儿院。那些孤儿院是出于慈善目的而收养和救济贫困儿童,而新庄孤儿院所做的一切都是为了儿童的发展和教育。裴斯泰洛齐首先为那些无依无靠的儿童提供基本的生活条件,然后带领他们到农场学习耕种的实际技能,下雨天则在室内学习纺织,女孩子还要学习家政及缝纫等。他把自己所有的时间和精力都花费在这些儿童的教育上,和他们一起生活、工作、游戏。裴斯泰洛齐并不急于对孩子们进行读写教育,只是在同孩子们一起耕种和纺织时,才教他们熟读《圣经》中的美丽诗句或教他们如何说话。裴斯泰洛齐全身心地投入到孩子们的教育中时,贫穷仍然困扰着新庄孤儿院。由于经费原因,他不得不于1780年春天关闭新庄孤儿院。第一次教育实验失败使裴斯泰洛齐更加感到自己责任重大,并坚信自己教育贫苦儿童的理想是正确的。在友人的鼓励和建议下,裴斯泰洛齐开始转向写作。在完成《隐士的黄昏》之后,他又完成了《林哈德与葛笃德》一书,描述和构想了农村生活的改革,其中包括学校教育的革新。它既是裴斯泰洛齐对新庄孤儿院教育实验的总结,也是他对未来教育一种新的构想。裴斯泰洛齐的著作受到人们的广泛关注,并在整个欧洲赢得了巨大声誉。

斯坦兹孤儿院教育实验(1798—1799)　1798年年底,裴斯泰洛齐受瑞士共和国政府的委派,来到斯坦兹开办孤儿院。斯坦兹孤儿院教育实验虽然时间很短,但在裴斯泰洛齐要素教育思想的形成过程中具有很重要的地位,使裴斯泰洛齐获得了许多有价值的经验,并证实了他的一些想法。裴斯泰洛齐在《葛笃德如何教育她的子女》中写道,他学会了在同一时间教育许多孩子的艺术。实验也使裴斯泰洛齐认识到应该去认识实际知识与书本知识的本质联系。实验已经证明,民众教育可以建立在心理学的基础之上,可以根据他的基本原则,通过感觉印象获得真正的知识。孤儿院开办的过程中遇到了各种困难,但此时已53岁的裴斯泰洛齐凭着自己对孩子无限的热爱和对教育力量的信心,采取了一系列良好的措施,逐渐使孤儿院的教育工作得以顺利进行。他说:"我的一切为了孩子。"

布格多夫与伊弗东教育实验(1799—1825)　1799年以后,在布格多夫城北的一所初等学校中,裴斯泰洛齐按照在斯坦兹孤儿院所采用的"以经验为基础的方法"进行教育实验。在布格多夫新学校中,裴斯泰洛齐仔细设计了一个要素教育计划,"家庭式"的学校生活是其主要特点。教师与孩子们不仅吃住在一起,而且一起游戏、一起散步,彼此关系非常和谐、友爱。布格多夫新学校的教学目的在于发展儿童的天赋才能,使儿童掌握良好的学习方法。教学活动一般根据儿童的实际发展状况与能力分组进行;实物被运用在各门课程的教学中,课堂气氛十分活跃。1805年,这所学校迁往伊弗东,改名为"伊弗东学院"。此后一直到1825年,裴斯泰洛齐在伊弗东学院度过了自己教育生涯中最辉煌的20年。在这20年中,裴斯泰洛齐努力把自己的要素教育思想付诸实践,并不断加以总结。伊弗东学院自成立起,就成为闻名于整个欧洲的"教育的麦加",欧洲各国政府纷纷选派优秀青年来这里学习裴斯泰洛齐的教育思想和方法,社会各界人士也都来到这块教育的圣地亲眼看一看。后来,裴斯泰洛齐逐渐发现,学校生活在盛名之下开始变得形式化和机械化。

1825年伊弗东学院停办后,裴斯泰洛齐回到新庄。在那里,他完成了《天鹅之歌》,回顾了自己坎坷的一生,并总结了自己的教育思想。1827年2月17日,裴斯泰洛齐病逝于布鲁克。1846年新建的裴斯泰洛齐的墓碑上写道:"新庄贫民的救星,《林哈德与葛笃德》中人们的传道者,斯坦兹孤儿的父亲,布格多夫初等学校的创立者,伊弗东的人类教育家。……毫不利己,专门利人。"

要素教育思想的主要内容

爱的教育　在总结自己教育实践经验的基础上,裴斯泰洛齐强调指出:"教育的主要原则是爱。"对儿童实施的应该是爱的教育。教育者的爱和热情将如春天的太阳使冰冻的大地苏醒那样迅速改变孩子的状况。

爱和信任的重要性　裴斯泰洛齐指出,爱是人自然天性的组成部分,每个孩子心里早已有了爱和信任的种子。爱和信任常常联系在一起,是人的本性统一性的核心。对于个体发展来说,爱具有重要作用,因为它能使人的知、行、智慧与行动的力量达到神圣的统一。爱和信任是人所独有的,是人之所以为人的特征。人与动物的区别就在于,人具有自由意志,爱和信任能使意志获得自由,通过这种自由,能引导人知与行的所有天赋能力都充分发展,并使这些能力协调工作。因此,爱和信任在人的自然和谐发展中具有不可替代的地位及重要性,也是教育最基本的内容,儿童教育就应该从培养爱和信任开始。对儿童实施爱的教育,目的在于解放潜藏在儿童身上的天赋才能,使他们过共同的新生活,唤醒他们兄弟般的情谊,使他们成为热情、公正和亲切的人。总之,实施爱的教育可以使教育者获得孩子们的信任和热情,在师生之间建立一种相互信任的真诚关系。如果教育者实施爱的教育,做到"一切为了孩子",那么教育上的各种问题就容易得到解决。

爱和信任的发展 裴斯泰洛齐指出,人类的爱得以萌发和发展,有一个自然的过程。它首先来源于婴儿与其母亲之间的关系。母亲出于本能力量,照顾婴儿、保护孩子,满足孩子的一切需要;孩子得到母亲的照顾和关怀便会感到欢乐。当孩子需要帮助的时候,母亲总会给予帮助,这样,爱和信任的情感就在孩子的心中得到萌生和发展起来。对母亲的爱很快会扩展到那些同母亲亲近的人身上,人类之爱和兄弟之爱的种子随之就在心中萌发。随着孩子的成长,周围人与人的关系越来越广,在爱母亲和亲人的基础上,拓展到爱周围邻居,直至爱全人类和爱上帝。

爱的教育的实施 裴斯泰洛齐强调,在实施爱的教育中,母亲的影响比任何其他人都更有力量,因为母亲是天生和伟大的教师、是儿童的第一位教师和向导。如果得不到母亲的爱,儿童爱和信任的感情就得不到发展,他的整个发展过程就会受到危害。培养儿童爱的情感的良好场所是家庭。在充满爱和有爱的能力的家庭生活环境中,孩子时刻都能获得源于爱的一切美好生活的熏陶,在生活中对爱的反应能力就会不断增长,从母亲那里萌生的爱就会越来越牢固和成熟。裴斯泰洛齐强调:公共教育如果对人类有价值,就必须模仿家庭教育的优点。教育者虽然不是孩子的父母,但要努力做到像父母那样对待孩子。

教育心理学化 "教育心理学化"是裴斯泰洛齐要素教育思想的前提。1800年6月,裴斯泰洛齐在向布格多夫"教育之友协会"作题为《方法》的报告中,首次提出了"教育心理学化"的论点。此后,他又强调:民众教育可以建立在心理学的基础之上。这是裴斯泰洛齐通过斯坦兹孤儿院教育实验所得到的结论。如何使教育心理学化是其追求的目标。他长期探寻教学艺术的共同心理根源,确信只有通过这个共同的心理根源,才可能发现一种形式。虽然裴斯泰洛齐并没有完全实现使"教育心理学化"的任务,但他为人类教育开辟了新的发展之路,那就是心理学与教育结合,从而使教育科学化。裴斯泰洛齐的"教育心理学化"思想主要包括两个方面。

一个方面是"教育适应自然"。裴斯泰洛齐在继承夸美纽斯和卢梭自然主义思想的基础上,提出了自己的"教育适应自然"思想。在裴斯泰洛齐的教育著作中,"自然"是一个重要名词。他一般在三种情况下使用这一名词。首先是"自然"指包括人在内的万事万物,这是"自然"最广泛的含义;其次是"自然"指客观世界,即人周围的物质世界;第三是"自然"指人类,主要指人的自然本性,既包括低级天性,也包括高级天性。低级天性指个人保存自己的本能和保持本性的本能。因为这种天性与动物有很多相似之处,裴斯泰洛齐将此称为动物天性和感觉天性,包括肉体、需求及其满足、感官、喜欢和不喜欢的感受、天生的惰性等。高级天性是指人具有一种能力,能认识事物,学会爱,相信上帝和自己的良知,会对美好的事物加以阐述和解释,从事创造性劳动等,使人不同于动物,并高出于动物。这两种天性既有区别,又相互联系。低级天性是高级天性的前提和基础,高级天性是从低级天性中产生和发展起来的。教育的作用就在于尽可能帮助人从低级天性向高级天性转变。在这个意义上,裴斯泰洛齐往往用"自然的"来代替"心理的"。

这样,"教育适应自然"就有了两方面的含义。一是教育应遵循大自然的发展规律。裴斯泰洛齐继承了夸美纽斯的类比思维方式,提出大自然是如此伟大,人的教育应该去模仿它。大自然是一个相互联系的整体,"统一"是其重要的原则,指导着包括人在内的整个大自然的活动。人的物质天性(即生理上的)的发展正是服从着大自然的这一发展规律。从诞生起,人的身体各部分的发展就呈现出服从于统一和整体的现象。在"统一"原则的支配下,人的物质天性得到充分发展。因此,从这一原则出发,人类的教育也必须时刻与大自然的活动密切相连,这不仅要求教育在内容上要以自然为依据,而且要求教育尽量在大自然中进行。二是教育应遵循人的自然本性(天性)的发展规律,即符合人心理发展的规律。人的自然天性是与生俱有的,儿童身上生来就潜藏着促使其发展的天赋能力和力量。这种源于儿童内部的自然力不断促使儿童向前发展,教育并不是从外面给予儿童什么,而是促进儿童天赋能力的发展,就如同园丁种植树木,是帮助、促进树木生长,但不能从本质上代替树木的内在生命力。在这个意义上,裴斯泰洛齐提出,人的全部教育就是促进自然天性遵循它固有的方式发展。儿童自然天性的发展具有特定规律,呈现出一定的程序和步骤,存在年龄阶段问题。儿童的心理能力发展在不同年龄阶段会呈现出不同的现象,存在程度上的差异。因此,学校教育教学为儿童提供的印象必须有顺序,其开端及全过程必须与儿童能力发展的开端及过程保持同步。

裴斯泰洛齐的"教育适应自然"并不是指教育完全模仿

和遵循自然,教育对自然也有一定作用。这一点大大超越了夸美纽斯和卢梭的自然观,是对夸美纽斯和卢梭自然主义教育思想的发展和深化。裴斯泰洛齐强调指出:人只有通过艺术,才能成其为人。这里的"艺术"是指教育和教学艺术,也就是说,自然人只有在教育的引导下,才能成为一个天赋能力得以充分发展的人、一个真正具有完善、和谐个性的人。

裴斯泰洛齐"教育心理学化"思想的另一个重要方面是"感觉印象",这也是其要素教育思想的重要基础。作为一切教学起点的感觉印象是通过人的感官而获得的,其最基本的含义是指那些摆在感觉面前的外界客体,引起人的感官感知并产生印象。裴斯泰洛齐认为,人一出生就具有通过感官获得感觉印象的能力,但这种能力处在不自觉的状态之中,只有通过训练,才能上升为感觉印象的艺术,成为一种处于高级状态的能力。通过这种能力,人们获得感觉印象,并对它进行抽象,最终形成概念。人最初获得的感觉印象是模糊而混乱的,模糊的感觉印象变为清晰的概念,有一个过程,这就是裴斯泰洛齐不断寻找的知识形成的心理过程。在这个过程中,"联结"具有极重要的地位。因为人总是借助心智、理解将五官从大自然那里接收来的感觉印象联结起来,作为整体,即作为概念表达出来。知识形成的心理过程有三个非常明显的阶段:首先是从大自然那里获得简单、混乱的感觉印象;其次是感觉印象逐渐明显,人的心智再对这些感觉印象加以区别,把相互联系的感觉印象联结在一起;最后是这些条理化的感觉印象与人们早已具有的整个知识体系组合,形成清晰的概念。裴斯泰洛齐非常重视感觉印象的价值,认为它是一切知识和经验的基础,人类知识必须建立在这个基础之上。对于人类教育来说,自然的感觉印象是唯一基础,促进人们产生清晰概念的教学艺术必须从感觉印象出发。

要素教育　"要素教育"是裴斯泰洛齐教育思想体系中一个重要的组成部分,建立在"教育心理学化"观念之上。裴斯泰洛齐晚年曾写道,要素方法的问题就是如何使人的才能和能力培养与大自然原顺序一致。"要素教育"的基本含义:一切知识中都存在着一些最简单的"要素",儿童如果掌握了这些最简单的"要素",就能认识他们所处的周围世界,教育过程要从一些最简单、为儿童所理解和易于接受的"要素"开始,再过渡到复杂的"要素",以促进儿童各种天赋能力的全面和谐发展。裴斯泰洛齐强调说,最复杂的感觉印象是建立在简单要素基础上的。把简单要素完全弄清楚了,那么最复杂的感觉印象也就变得简单了。儿童的教育教学工作必须从最简单的"要素"开始,然后逐步扩大和加深。各种教育都有最简单的"要素",这些要素是对儿童进行各种教育的依据。体育最简单的"要素"是各种关节运动,表现为最简单的体力形式,如搬、推、拉、摇和转等基本

动作。这些基本动作结合起来,可以构成各种复杂动作。这是自然赋予儿童关节活动的能力,是儿童体力发展的基础,也是进行体力和体育运动的基础。儿童应该从小就习惯于各种关节运动,然后逐步扩展到全身、更为复杂的体力活动,以便进一步发展身体的力量和各种技巧。德育最简单的"要素"是儿童对母亲的爱。这种爱是在母亲爱婴儿以及满足其身体需要基础上产生的。这种对母亲的爱反映和表现得最早,以后进一步发展,便是一个人的道德力量。智育最简单的"要素"是数目、形状和语言。每一条线、每一个量、每一个词都是概念逐渐走向清晰的手段。既然智育的任务在于使混乱模糊的感觉印象上升为清晰的概念,那么教学手段就应从形成清晰概念的手段上去寻找。一切通过感觉印象而获得的认识得以清晰的手段来自数、形和词,因此儿童观察时必须注意三件事情:(1)面前的对象有多少?有哪几种?(2)它们的外貌、形式和轮廓怎样?(3)它们的名称是什么?如何用一个声音或一个词来称呼它们?裴斯泰洛齐认为,数、形、词是一切事物共有的基本特征,儿童要获得清晰的概念,就必须把这三个基本特征作为手段去认识事物。为了使儿童抓住事物的基本特征,就要培养儿童具有与数、形、词相对应的三方面能力,即计算能力、测量能力和说话能力。裴斯泰洛齐指出,教学首先应该致力于一切以从感觉得到的事物的确切知识为基础的计算、测量和说话的基本能力。儿童通过计算来掌握数目,通过测量来认识形状,通过说话来学习语言。

和谐发展的初等教育　裴斯泰洛齐的要素教育思想在其关于初等教育的论述中得到了充分体现。他在初等教育中提出的关于知识教学基本手段的理论,正是他的要素教育思想在初等教育中的具体运用和体现。裴斯泰洛齐曾指出:初等教育从本质讲,要求普遍简化方法,这种简化是他所有工作的出发点。他孜孜不倦地探索简化大众教育的手段,特别是初级阶段教育的手段,想阐明学校教育应该遵循发展和培养人性各种能力的自然进程。在《天鹅之歌》中,裴斯泰洛齐对自己的初等教育思想进行了概括:按照自然法则,发展儿童道德、智慧和身体各方面的能力,而这些能力的发展又必须顾到它们的完全平衡。他认为,初等教育的目的就在于协调发展那些由于受到上帝恩赐而构成其人格的才能和素质,包括道德与宗教信仰才能、智慧才能和实践才能。这三方面是相互联系的,构成人内部的"人性"。教育如果只考虑发展某一种才能,就会损害和毁坏人天性的均衡,因此,教育应均衡地发展儿童的这些才能。

根据要素教育的原理,裴斯泰洛齐提出了初等学校中知识教学的三个基本手段。第一个基本手段是发音。它包括三部分:一是发音教学或言语器官训练,先让儿童练习听音,及早熟悉全部说话的发音,教学中严格遵循先学元音,后学辅音的顺序;二是单词教学,先让儿童学习与其周围生

活环境有关的单词,然后通过直观图画,学习与自然、历史、地理以及人们的职业和社会关系等方面事物的名称有关的单词;三是语句教学,要求儿童正确表述熟知的事物及与其有关的知识。总之,应该按人类语言的发展规律进行儿童语言教学,从最初的元音,到有意义的单词,最后是言语表达。进行母语或外语教学时,必须与认识的自然进程,即直观—印象—认识进程协调。第二个基本手段是形状。在形状教学中,应该让儿童掌握测量、绘画和书写艺术。通过"直观ABC"(用直线将正方形等分成若干确定的量格),首先使儿童认识直线和由直线构成的角;然后教儿童认识正方形、圆形和椭圆形;最后通过画这些形状而达到关于每个形状清晰的概念。第三个基本手段是数目。数目与形状是紧密相连、不可分割的,因此,测量教学应该与算术教学联系起来。裴斯泰洛齐将直观ABC运用于算术教学,形成"算术ABC",让儿童直接感知数量的增加与减少,从而减轻了儿童在学习数目初始阶段的困难程度。算术教学应从数目最简单的要素——"1"开始,以"1"为基本单位,帮助儿童认识整数;通过可以分割的正方形(简分数表和繁分数表)来帮助儿童学习分数。从知识教学的这些基本手段出发,裴斯泰洛齐在教育史上第一次确立了初等学校的各科教学法,例如,语文教学法、算术教学法、测量教学法、地理教学法等。

裴斯泰洛齐教育思想的特点及影响

从"一切为了孩子"的思想出发,裴斯泰洛齐在教育实践中不断探索新的、适合儿童自然发展的教育方法和手段,逐渐形成了要素教育思想,并在实践中得到发展和完善。其特点主要表现为三个方面:(1)以爱为基础,体现了"一切为了孩子"的精神,是裴斯泰洛齐对人类、对贫苦儿童爱的体现;(2)是长期教育实践的产物,从新庄孤儿院、斯坦兹孤儿院到布格多夫学院以及伊弗东学院,裴斯泰洛齐不断探索如何简化教育和教学方法;(3)以"教育心理学化"观点为前提。裴斯泰洛齐在教育史上第一次提出"教育心理学化"的观点,虽然没有完成此任务,但为人类教育的发展开辟了一条新的道路,为赫尔巴特教育理论的形成提供了基础。裴斯泰洛齐的要素教育思想对19世纪欧美各国的教育发展产生了巨大影响,对赫尔巴特、福禄贝尔、第斯多惠等欧美教育家教育思想的形成也起了重要作用。19世纪,一些欧美国家先后兴起了研究和运用裴斯泰洛齐教育思想和方法的"裴斯泰洛齐运动",极大地推动了各国教育的改革与发展,尤其是国民教育和师范教育的发展。因此,有西方学者将19世纪称为"裴斯泰洛齐的世纪"。

裴斯泰洛齐与瑞士教育　当裴斯泰洛齐在布格多夫学校的工作得到当地学务委员会肯定时,他的教育思想和方法就引起了瑞士各界人士的注意。其中最有影响的是费林别尔格开办的工业学校。作为裴斯泰洛齐的多年好友,费林别尔格在霍夫威尔开办面向贫民儿童的学校,效仿裴斯泰洛齐的做法,把学校建成一个大家庭,并试图把劳动训练如木工、金工、制鞋等,与知识教育结合起来。费林别尔格的学校在瑞士获得很高声誉,类似学校相继在瑞士各地得以开办。据统计,到1852年,瑞士22个州中,每个州都至少有一所这种类型的学校。从总体上看,裴斯泰洛齐思想在瑞士的发展与欧洲其他国家相比,显得较为缓慢和落后。

裴斯泰洛齐与欧洲教育　法国教育史学家孔佩雷在其《裴斯泰洛齐与初等教育》一书中谈到:"整个欧洲,无论南北,几乎没有一个地方不受到裴斯泰洛齐的影响。"裴斯泰洛齐的要素教育思想在德国传播最早,也最为广泛。从19世纪初期开始,德国的教师们就从瑞士把裴斯泰洛齐的思想和方法带回德国。在德国哲学家费希特的推动下,裴斯泰洛齐运动在德国得到更广泛的发展。作为裴斯泰洛齐的挚友,费希特非常赞赏裴斯泰洛齐的事业和精神,称他是使教育的艺术从成规和经验主义中解放出来的天才。在费希特的影响下,普鲁士政府着手教育改革。在内务部宗教与教育司司长洪堡的改革计划中,国民教育的改革就是以裴斯泰洛齐的教育模式为蓝本的。1808年,17位有才华的青年被普鲁士政府派往伊弗东,跟随裴斯泰洛齐学习。后来,一种被人们称为"普鲁士裴斯泰洛齐学校制度"的新国民教育制度在德国得以形成。此外,裴斯泰洛齐要素教育思想在法国和英国也得到传播与运用。英国一些教育家不仅宣传裴斯泰洛齐的教育思想和方法,而且开办裴斯泰洛齐式的学校,但这种学校被烙上了"英国化"的特征。

裴斯泰洛齐与美国教育　美国教育家是通过普鲁士学校而认识裴斯泰洛齐的。他们把裴斯泰洛齐的思想与方法介绍到美国的最初尝试是在1809年,但并没有引起人们的广泛注意。1821年科尔伯恩出版《裴斯泰洛齐的算术入门》一书,使美国教师第一次真正接触和了解了裴斯泰洛齐的教育思想和方法。一些曾去瑞士和普鲁士考察教育的人士回国后,发表了大量的参观报告,其中关于瑞士的裴斯泰洛齐式学校—费林别尔格学校的各种报告就有一百多份。1839年,美国教育家斯托在普鲁士学校中看到了裴斯泰洛齐语言教学方法的使用,并为其良好的效果感到惊讶。1843年,美国"公共教育之父"贺拉斯·曼在其《第七年度报告》中提到:用这种方法教儿童活用语言,教他们造句选字,把完全的意思表达出来,……总之,教他们说一件事,要用适当的话讲适当的意思。但是,所有这一切都只是停留在对裴斯泰洛齐思想和方法的文字介绍上。1860年以后,美国学校才真正开始"裴斯泰洛齐化",此即"奥斯威戈运动"。这一运动旨在把裴斯泰洛齐的方法和原则运用于美国学校教育实践,发起人是美国教育家谢尔登。此后,以奥斯威戈为中心,"裴斯泰洛齐运动"在美国各地兴起,各地纷纷开办类似的师范学校,培养"裴斯泰洛齐式"的教师,美国公立学校很快"裴斯泰洛齐化"。但随着赫尔巴特教育思想在美国的流行,裴斯泰洛齐的影响逐渐消退。值得注意的是,20世纪60年代,裴斯泰洛齐主义又有所复兴,主要表现在贫困儿童的教育活动中。

裴斯泰洛齐与赫尔巴特　德国教育家赫尔巴特在成为教育理论家的过程中,受裴斯泰洛齐的影响很大。赫尔巴特第一次遇见裴斯泰洛齐是在苏黎世。对于年仅22岁、思想还没定型的赫尔巴特来说,这是一种机遇。1800年1月,赫尔巴特到布格多夫参观裴斯泰洛齐的学校,第二次与裴斯泰洛齐相遇,并亲眼看到了裴斯泰洛齐的具体教学情景。他对教室中师生融洽、友好的气氛感到特别惊奇。1801年裴斯泰洛齐发表《葛笃德如何教育她的子女》一书后,赫尔巴特对裴斯泰洛齐在这本书中所阐述的教学方法大加赞赏,说这本书所陈述的方法比以前任何一种方法都更热切勇敢地负起了培育儿童心灵的责任,用清晰的知觉在儿童心里造成正确的经验,认为裴斯泰洛齐并不排斥其他教法,而是为其他教法准备了一条道路。赫尔巴特在自己学术生涯的最初阶段,发表了大量关于裴斯泰洛齐教育思想和实践的论文,如《裴斯泰洛齐直观教学ABC》(1802)、《关于裴斯泰洛齐教学方法的立场观点的评价》和《评裴斯泰洛齐的教学方法》(1804)等。应该指出的是,赫尔巴特继承了裴斯泰洛齐的"教育心理学化"思想,明确把心理学作为教育科学的基础之一,奠定了西方教育科学的初步基础。

裴斯泰洛齐与福禄贝尔　德国教育家福禄贝尔作为一位学前教育理论的奠基者,也从裴斯泰洛齐那里吸取了很多养料。1805年,福禄贝尔在法兰克福模范学校工作,从裴斯泰洛齐的思想和方法原则中受到很大启发,并开始认真研究裴斯泰洛齐的教育著作。他两次亲自赴伊弗东学院学习,在吸取裴斯泰洛齐思想的基础上形成了他自己的许多教育原则。

裴斯泰洛齐与第斯多惠　德国教育家第斯多惠直接继承和发扬了裴斯泰洛齐的教育思想,积极投身于师范教育活动,极大地推动了德国师范教育的发展。1813年应聘到法兰克福师范学校任教后,在裴斯泰洛齐思想的影响下,他开始了教育改革活动。担任师范学校校长后,第斯多惠努力把裴斯泰洛齐的教育思想和方法运用于师范教育,为德国培养了大批掌握裴斯泰洛齐教育思想和方法的新教师。

参考文献

阿图尔·布律迈尔.裴斯泰洛齐选集:第2卷[M].尹德新,译.北京:教育科学出版社,1996.

裴斯泰洛齐.裴斯泰洛齐教育论著选[M].夏之莲,等,译.北京:人民教育出版社,1992.

吴志尧.裴斯泰洛齐[M].北京:商务印书馆,1948.

Compayre, J. G. Pestalozzi and Elementary Education[M]. London:Harrap, 1908.

Silber, K. Pestalozzi, the Man and His Work[M]. New York:Routledge and Kegan Paul, 1960.

（钟文芳）

批判模式(critical model)　20世纪70年代后形成于美国的概念重建主义课程思潮。旨在揭示社会意识形态和政治经济对课程理论和实践的重大影响,揭示因种族、社会经济地位、性别等差异所带来的教育权利、教育机会、教育质量等方面的不平等现象,并力图去克服这些现象。巴西、德国的批判教育理论家为其产生提供最早的思想形态及研究基础。该模式的理论基础涉及现象学、存在主义、解释学、日常语言哲学、批判理论、知识社会学、后结构主义、精神分析、人文主义心理学、混沌理论、美学和神学等,主要有三方面。

一是现象—解释学。由产生于欧洲的一整套哲学思想体系构成,具体包括现象学、存在主义、解释学等。强烈反对实证主义、功能主义哲学及其导致的工具理性对人性的扭曲及对个体主体性的践踏,倡导人的意识自主性及个体之间的交互主体性,以人文主义方法论为基础,探索并构建生活世界的意义。其主要理论思想表现为三方面:第一,强调个体意识的主动性和创造性。现象—解释学者继承和发扬胡塞尔的现象学思想,将个体的意识作为研究对象,且视之为认识论的基础及手段,并赋予个体意识创造性、优先性的特点,认为正是因为个体意识对外在环境予以主动的解释及创造,才赋予人的存在以意义,即人的主观能动性及创造性是人意识作用的结果。一切外在的社会文化现象都离不开主体意识的能动作用,是以主体意识作用为基础而不断完善的产物。意识的作用及意义在于它是个体有意义的创造活动的源泉,是人类社会文化构建的基础,个体通过意识的中介激活进行创造性活动,使自身及生活世界的意义得以不断建构。第二,强调知识的持续发展性及主体的解释性。现象—解释学者反对知识的绝对客观性或一成不变性的观念,认为认识过程是以意识为中介的主客体互动过程,在这一过程中,个体并非被动地感知或接受,而是主动地建构与解释。知识并非完全独立于人的意识之外的凝固化客体,知识在个体的认识过程中不断获得新的内容,而情境或现象的不断变化又决定了知识持续发展的特点,知识的意义只有基于一定的情境或现象才能获得解释,当外在的时空条件变化时,知识将随认知主体的新解释而获得新的意义生成。故知识的意义是相对的,知识的形成是一个持续发展的过程;认知过程并不在于掌握已有的现成结论或抽象的知识体系,而在于对知识产生的特定情境或现象的解释及其意义的整体把握。第三,强调社会实践中个体的价值判断,反对价值中立思想。现象—解释学者认为,价值与事实无法严格区分,个体的社会行动以其价值判断与解释为基础,是一种价值导向性活动,社会现象的意义生成取决于个体的理解与判断,人文和社会科学研究的最终目的是对潜存于社会现象背后的意义或价值的理解、解释、判断和选择。就价值理性与个体行动的关系而言,现象—解释学者反对重效率、重控制的目标导向性行动,主张以价值理性作为个体行动的基础及依据,注重个体的价值判断与选择,使个体自主地从事有价值的创造性活动。

二是社会批判理论。源自法兰克福学派,以辩证哲学和政治经济学、文化学及意识形态批判为基础,主要代表人物有霍克海默、阿多尔诺、马尔库塞、哈贝马斯等。他们借用马克思早期著作中的异化理论及人道主义思想,对技术理性制约下资本主义社会在政治、经济、文化等各领域所产生的矛盾及异化现象进行分析和批判,并在此基础上阐述其社会批判思想,形成致力于发展批判思维的社会批判理论。法兰克福学派对现代资本主义的批判主要集中于科学技术的批判、对思想文化或意识形态的批判和对技术统治下现代发达工业社会的社会心理的分析。社会批判理论认为,现代科学技术在提高人对自然的征服能力的同时,却使人遭受社会的奴役,个人完全丧失合理批判社会现实的能力,成为"单向度的人"。要使人从技术理性的桎梏和奴役中解放出来,就必须找回已失落的"第二向度",即否定性和批判性原则及能力,摆脱科技理性所导致的人的异化及自我迷失的困境,并通过个体及集体批判与反省,促进社会的变革与完善。

三是教育知识社会学。教育知识社会学作为新教育社会学,20世纪70年代形成于英国,主要代表人物有 M. F. D. 扬、B. 伯恩斯坦和埃格尔斯顿等。他们反对功能主义,认为以往的教育社会学以社会阶级和学校组织为主要研究对象,只关注教育的社会选拔和阶级形成方面的功能,强调操行化的学业成就及目标达成的效率,不关注知识的价值、文化传播、人格培养等问题,忽视学校教育过程本身及课程内容的性质,尤其漠视课堂中实际发生的事情而空谈教育与社会的关系及教育机会均等等问题。他们提出教室生活中的一个重要问题是知识的性质及传播方式,主张教育社会学必须解释知识如何产生、维持和变化及其所包含的利益和价值问题,关注知识的性质及其合理性的依据。M. F. D. 扬认为,所有知识都是依据某种社会目的及某些人的利益构想的,带有社会偏见,学校教育过程实质上是知识的不平等分配过程。知识的差异、变化、价值来源及其社会控制机制是教育社会学的主要研究领域,教育社会学即研究知识的社会学。新教育社会学者对课程或学科的"既定性"提出挑战与批判,并将其与社会控制及意识形态、阶级利益联系

起来,反对把传统课程所包括的知识视为学生应接受的"最有价值"的知识的思想,主张对全部知识的合理性提出质疑。在具体研究方法上,否定客观的、科学的方法,认为知识是相对的,课程是师生互动的产物,坚持自发性、灵活性、开放性的观点及师生协商研制课程的思想。

批判模式包括多种批判取向的课程研制范式,较有代表性的理论家主要有弗莱雷、麦克唐纳、肖伯纳、M. 格林、克洛尔、阿普尔、派纳、吉鲁、格鲁梅特等。巴西教育家弗莱雷最早提出批判课程思想,其他研究者的思想构成美国概念重建主义课程理论。

弗莱雷的课程研制解放模式　基于20世纪50年代起的扫盲实践,巴西批判教育家弗莱雷在所著《被压迫者教育学》(1968)中提出以培养批判意识为目的的解放教育理论以及课程研制思想,抨击学校课程承担社会现状维护工具的角色,主张课程应唤起学生的批判意识,赋予课程以解放的功能与职责。他认为,传统的教育是驯化式教育,统治者往往视穷人为不诚实的、无知的和卑微的,教育的目的在于将他们驯化成守法、顺从,甘愿接受现存文化制度制约的被动的公民及劳动者。这种驯化教育的课程通常表现为与受教育者的生活毫无关系的、枯燥的术语以及空洞、乏味的学术性文化,脱离学生的现实生活经验,而学生只能被动接受。学校课程实际充当着促使下层劳动人民循规蹈矩,认同和适应现存制度与规范的社会化手段,以及维护统治阶级的权力和地位、维持社会现状的工具。弗莱雷猛烈抨击这种禁锢人的思想、束缚人的创造精神及能力的专制主义教育,认为学生在不断接受所谓"博学者"的知识"赠品"过程中,其客体地位及依附权威的心理逐渐变得根深蒂固,批判意识及能力、自主选择的愿望及期待也随之丧失殆尽,驯化教育及其课程不仅不能提高学生的觉悟水平,反而使其更加愚昧和盲从。在长期的扫盲教育实践中,弗莱雷试图把受统治者奴役的贫困、无权而又无知的"被压迫者"从文化束缚中解放出来。他提出,教育的主要任务是使"被压迫者"克服诸如依赖权威及宿命论的人格特征或态度,培养其主动自由的品质及责任感。完成这一任务的突破口即培养学生的批判意识,这也是解放教育最主要的教育目标和课程研制的基本指导思想。解放教育课程必须唤起学生的觉悟,使其学会思考,并伴随其批判意识、批判能力及创造性的不断提高和增强而获得解放。为此,弗莱雷强烈要求彻底改革传统的驯化教育课程,并立足于文化人类学的视角来建构解放教育课程研制模式。首先,引入文化民主化观念,认为文化的发展经历批判与创造的过程,个体是文化的创造者和批判者。在课程的性质及来源上,反对将课程内容等同于通过机械记忆的方式获得的信息与技巧的堆砌,主张课程研制不能只以上层社会、统治阶级的需要或文化制度、内容、规范为依据,而应从个体自身的文化氛围、现实

生活与环境中来确定课程来源,关注现实,使学生了解自身文化及其经验本质,并予以批判性反思。在此基础上培养学生的平等意识和责任意识,批判性地审视各种价值观念的本质,主动参与并促进社会改革与发展,推进社会民主化进程。其次,在课程研制程序上,主张由教育者与当地人士组成研究小组,依据当地生活方式提出反映他们真实价值观念的主题,并在此基础上确定课程内容。再次,在具体的课程实施或教学方法上,主张以情景对话、提问、讨论取代学生的死记硬背,以师生的双向交流和合作取代教师单向的机械灌输。教学过程中,教师不只是知识传播者,且是问题提出者,通过提问激发学生的主动参与意识和积极性,营造民主、活跃的探究氛围。教师在启发、引导学生思考的过程中,同样有平等的权利发表见解。

概念重建主义课程研制理论 20 世纪 70 年代后形成于美国,主要针对课程研究的科学主义范式而产生,代表美国课程研究范式的转换。依据探究的起点、方法和理论基础的不同,概念重建主义课程思潮分为两个不同的领域。

一是哲学批判研究取向,以现象学、解释学、存在主义、美学和精神分析等理论为基础,关注个体自我意识的觉醒与提升。代表人物有派纳、M. 格林、格鲁梅特、肖伯纳等。强调个体不仅是意义的解释者,而且是意义的创造者,对意义的解释与创造是通过意识的能动作用完成的,因而教育的主要任务是唤醒和提升这种个体意识,而非传播客观化知识。课程研制必须关注个体自我意识和生活经验,实现课程的重新概念化。克洛尔概括了概念重建主义者所运用的七项原则,体现哲学批判取向概念重建主义者的课程研制指导思想:课程是关于人及人与自然关系的整体的、有机的观点;个体是知识形成的主要力量,个体是文化的创造者和承载者;我们是在我们自己经验的基础上获得意义的,故对个人或团体经验进行重建或重组是必要的;前意识经验在发展课程含义中很重要;个性自由和高水平意识的形成是核心价值;多样性和多元主义是社会目的和达到这些目的的手段的共同特点;需要新的语言形式来阐明课程的新含义和观点。哲学批判研究取向学者批判工具理性的规范化、功效化课程对个体意识的压制和贬抑,认为工具理性的课程观否定了个体的自由意志及行动的自主性。派纳认为,以科学化、规范化为借口的课程研制理论的实质在于"操纵"和"控制",不仅使充满意义和价值创造、选择的生活世界被化约为机械化的技术世界,而且其技术化的课程研制程序及价值中立的课程设计准则,使课程来源及课程研制理论探究简单化,并显示出方法论的偏失。M. 格林批评以往的学校课程及课程研制过于关注既定的学科、传统及公共文化等因素,忽视个体对未来的探索;过于关注客观化的目标、内容、结果,忽视个体的生活世界,认为所谓组织化、合理化、顺序化的课程研制理论与方法漠视个体的日常

生活经验及意义,使个体循规蹈矩,丧失主体意识及能动性。关于课程的本质及内容,哲学批判研究取向学者反对传统课程的"有计划性"和"有意图性",提出个体是知识的创造者,课程是个体的实践经验。派纳认为,课程不是事先预设好的,它提供的是一种学习者能亲身体验的经验,是学生在其周围的生活世界中所感、所思的具体行动,科学的规律不能把握个体经验的独立性。M. 格林强调课程应是促使学生自由表现、解释和反映其内在生命力的经验。格鲁梅特强调课程应来源于个体生活在其中的文化世界,课程应还原为真实的文化体验。关于课程研制,哲学批判研究学者认为,课程的主要目的是发展学生的主动性和主体性,而提升个体的自我意识是这一目的的重要内容、表现形式和最有效的手段。M. 格林认为,提升个体的自我意识,促进个体独立、自主的人格特征的发展是课程研制关注的焦点,这使课程超越工具理性和功利主义思想的桎梏。派纳认为,自我意识的觉醒和提升是促进文化变革的核心,课程应通过个体对生活经验的解释,以及在日常生活中寻求设想和意义,领悟人生真谛,并从政治经济及心理的压抑和束缚中解放出来。关于课程研制方法,哲学批判研究学者强调在个案研究基础上的自传法及自我探究法,期望通过赋予课程方法新的语言形式来实现课程研制理论与方法的重建。具体表现为使个体运用过去的经验来唤醒当前自我意识的反省,并在反省过去经历的基础上获得对经验的解释,了解自己的心路历程,并规划自己的未来。课程经验的组织与选择即在个体的这种自我经历反省及自我经验的探求中进行,个体的主体意识亦由此得以培植。

二是社会学批判研究取向,以社会批判理论、知识社会学和再生产理论为基础,关注个体批判意识的启蒙、扩展与升华。主要代表人物有阿普尔、麦克唐纳、吉鲁、安涌等。认为人的自主性和自我意识是社会实践的结果,若仅在课程内容或研制方法上寻求个体自我意识的解放,忽视透过技术理性表面去揭示课程的文化资本、符号暴力的本质属性,以及对政治、经济、文化和意识形态中歪曲了的观念、非正义的价值取向的质疑和批判,则不可能提升学生的自我意识。强调学校课程要培养和发展学生对社会不合理因素的批判意识和正义行为,以及对错误观念的敏感性,阐明公正的价值系统,以营造平等、民主、公正的社会形态,在对社会政治、经济、文化的批判性考察中,使课程由对社会不平等现象的复制转变为改造,实现课程的概念重建。哲学批判研究学者首先揭示学校课程的意识形态本质,提出学校课程从指导思想的确定到内容的组织与选择,都具有高度意识形态的属性,课程对知识的选择过程即"文化霸权"的确立过程,知识决定个体在社会阶级结构中的位置。阿普尔认为,学校课程实质上充当着再造社会不平等的阶级结构的媒体,课程设置的依据来自校外意识形态和文化的性

质及状态。在课程研制中,统治阶级的意识形态对课程的制约作用主要表现为:赋予不同社会阶层孩子以不同形态的知识,控制其进入文化资本的通路;学科设置的中产阶级倾向性;学校中的潜在课程包含浓郁的意识形态因素,通过常识规则或制度的形式制约课程内容的选择和组织,控制学校的文化资本分配,使学校课程研制接受意识形态的过滤,成为为特定阶级利益服务的工具。其次,该派学者强调超越同质化课程研制思想,启迪学生的社会批判意识。他们抨击工具理性课程观重效率、重控制的保守性及其价值中立的虚伪性,揭露结构—功能论者所谓“和谐”、“秩序”的社会化观念为统治阶级意识形态做合法化辩护的本质及其对个体主体性的压抑。阿普尔反对同质化的课程研制方法,认为以往的课程研制模式中,课程的选择与组织只强调一致,否认对立及意识形态差异的重要性,把课程视为预设的和中性的,造成学校课程忽视社会中对立、冲突的积极作用。他主张课程探究必须阐明知识的性质,启发和升华学生的社会批判意识、公共的价值观念及正义行为,摆脱为统治阶级所控制的意识形态的束缚。吉鲁以抵制理论为依据,视学校为相对独立的社会机构,视课程为主流文化与反主流文化及各阶级意识形态斗争的媒介,主张课程研制要顾及学生的不同文化背景,将各种不同的价值观念及思想体系引入课程,使学生在批判分析中重构自己的知识体系和价值准则。麦克唐纳认为,课程的作用不在于传递客观化的知识,而在于引导指向批判的认知活动,以改善人类生存的品质。为此他提出课程研制的七项原则:与人的需要、兴趣、过去经验和能力有关;允许存在人与人之间最大可能的差异性;呈现与社会、世界有关的解释和应用性说明;彰显个人日常生活的意义;展现与认知和情意相关的情形;与处理人类问题的意义结构有关;顾及意义结构、人类价值、态度和道德最大程度的展开。

参考文献

丹尼斯·劳顿,等.课程研究的理论与实践[M].张渭成,环惜吾,黄明皖,译.北京:人民教育出版社,1989.

Apple, M. W. Ideology and Curriculum [M]. London: RKP, 1979.

Greene, M. Curriculum and Consciousness [M]// Bellack, A. A. & Kliebard, H. M. Curriculum and Evaluation. Berkeley, California: McCutcuchan Publishing Corporation, 1977.

Lewy, A. The International Encyclopedia of Curriculum [M]. Oxford & New York: Pergamon Press, 1991.

（郝德永）

平民教育(mass education)   亦称“平民主义教育”。
20世纪10—30年代在中国新文化运动和五四运动的影响下兴起并得到发展的一种教育思想和教育实践活动,以其增进平民的知识、唤起平民的自觉心为宗旨,以教育的普及和平等为目的,主张任何人均应平等享有接受教育的权利,希望通过平民教育来实现平民政治。

“平民”一般指社会中的普通人。在不同时期和不同社会对普通人的概念有不同理解,但通常包括以下基本特征或属性:指社会中的绝大多数人,即代表了社会利益的主体或体现了主要社会利益之所在,在此意义上平民利益也就是社会公共利益;指社会中最基本的人群,即社会阶层中的基层(包括底层)部分;是社会财富(包括物质的和精神的)最直接的创造者,同时也是最广大的消费者(但并非是社会财富最主要的拥有者);是一个集合、集群性概念,有利益一致性,同时也表现出多面、多层、多元的利益诉求,其价值观并非是完全单一或同一的。

产生与发展   平民教育思想在中国有悠久历史。如春秋战国时期孔子的“有教无类”思想和收取“束脩”行为;以清代举人武训为代表的一批旧知识分子奉行“有教无类”思想的实践活动等,这些均对后来形成的平民教育思想及其实践活动产生重要影响。近代孙中山十分重视教育,主张教育普及与教育平等;蔡元培也指出教育方针应是“使五族人民均受同等之教育”,认为普及平民教育是改造教育不平等状况的重要办法,主张在正规学校外应大力提倡平民教育,使平民不但能进小学、中学,也能进大学。他积极参加平民教育活动,主持勤工俭学会,在北京大学办校役夜班,支持邓中夏、王光祈、罗章龙等人组织平民教育会、平民教育讲演团,并亲自创办劳动大学。第一次世界大战期间,在新文化运动的感召下,一批进步知识分子在“拥护民主”口号指引下,倡导平民主义,认为教育改革必须建立在社会经济结构改造的基础上,主张建立以科学和民主为中心、适应大工业生产需求的新教育。1917年,毛泽东在湖南长沙第一师范学校办工人夜校;1919年,邓中夏、廖书仓等人发起组织了北京大学平民教育讲演团,以教育普及与平等为目的,以“增进平民智识,唤起平民之自觉心”为宗旨,通过露天讲演,广泛宣传反对帝国主义和封建主义,建立民主、平等的社会制度以及反日爱国、民主自治、破除迷信、反对封建家族制度、普及科学知识、提倡文化学习等内容,受到广大群众特别是工人们的欢迎;同时举办长辛店劳动补习学校,向平民传授文化科学知识,宣传马列主义思想。同年李大钊在《新生活》上发表《北京市民应该要求的新生活》一文,提出“多立劳工教育机关(如夜校、半日学校等)”;在他发表的《劳动教育问题》一文中,要求在教育上有“一个人人均等的机会”;之后又进一步提出“工读”的主张,“使工不误读,读不误工,工读打成一片,才是真正人的生活”。陈独秀在北京《晨报》上发表《告北京劳动界》一文,把创设“补习夜学”作为劳动界要“提前先办”的紧急要事之一。他认为工人教育问题的彻底解决在于工人阶级的彻底解放。这一时期，各地共产主义小组及社会主义青年团采取办报刊、举办劳动补习学校和工人俱乐部的形式，向广大民众进行革命思想教育，发起争取人民教育权利的进步运动，使平民教育得到进一步发展。如湖北平民教育社、天津学生联合会等团体举办的平民教育学校，恽代英在武汉主办的利群书社，侯绍裘在上海主办的南洋义务学校，李启汉主办的小沙渡劳工半日学校，由施洋领导的平民教育社举办的平民教育学校等，在当时都颇具影响。1921年，中国共产党第一次全国代表大会的决议要求，"在各种工业单位中成立劳工补习学校"，并使之逐步成为劳工组织的核心，以唤醒劳工的觉悟。同年由中国共产党人在上海创办平民女学，内设初级班和高级班，其目的是使一般平民女子得到人生必要的知识。此后，各种劳工教育在工人运动中蓬勃发展。随着革命形势的发展和农村革命根据地的建立，以劳工教育为开端的平民教育逐步发展成为包括干部教育在内的工农教育。与此同时，在五四运动影响下，一批进步民间组织和主张教育救国的知识分子认为，只有首先实施平民教育，培养"健全之新国民"，才能实现平民政治和各项建设目标。1916年，全国教育联合会通过决议，要求注意平民教育。1919年，北京高等师范学校部分师生组成平民教育社，以研究、宣传及实施平民教育为宗旨，创办《平民教育》杂志。1920年后，以陶行知、晏阳初、梁漱溟为代表的教育家们通过进行较大规模的平民教育和乡村建设，进行了广泛的教育实验工作，在中国成人教育史上具有重要地位。这三人的思想及实践虽形式不同，各有侧重，但相互之间有较多联系，形成了这一时期中国农村成人教育运动的新高潮（参见"农村成人教育"）。

陶行知的生活教育观及平民教育实践　陶行知奉行生活教育理论，其教育思想可总结为"生活即教育"、"社会即学校"和"教学做合一"。主张要给生活以教育，用生活来教育；为生活的向前、向上的需要而教育；生活与教育的关系是生活决定教育；教育要通过生活才能产生力量，从而成为真正的教育。他在批判传统教育的过程中，认为社会就是一所大学校，要在现实社会生活中学习，主张改革传统教学方法，力推手脑并用。1923年，陶行知任中华教育改进社主任干事，后与朱其慧、王伯秋等人发起组织"中华平民教育促进总会"，与朱经农合编《平民千字课》，积极推行平民教育。1926年，他在为中华教育改进社执笔的《改造全国乡村教育宣言书》中提出，下决心要筹集一百万元基金，征集一百万位同志，倡办一百万所学校，改造一百万个乡村，"使个个乡村都得到充分的新生命"。1927年，他在南京市郊创办晓庄师范学校，规定学生入学必须要有农事或土木工经验，"不会种菜，不算学生；不会烧饭，不得毕业"，学校全部课程就是全部生活，烧饭、种田、做工、游戏、说书、开茶馆、当会计、办学校、会朋友等都成为该校的教学内容。1930年，学

校被国民党政府查封。1931年，陶行知在上海积极提倡普及教育和发起"科学下嫁"运动，翌年，创办山海工学团，主张"工以养生，学以明生，团以保生"，实行军事、生产、科学、识字、民权、生育六大训练和"即知即传"的"小先生制"，运用唱歌、舞蹈、戏剧、活报剧、演讲及游行等形式，向人民群众进行爱国主义教育，组织生产，团结民众，深受欢迎。此后全国许多地方相继成立工学团组织。"一二·九"运动后，陶行知参与发起全国各界救国联合会，组织国难教育社，提倡国难教育运动。1938年，在桂林成立生活教育社，任理事长。1939年，在重庆创办育才学校，旨在培养人才幼苗，发展其特殊才能，主要招收被收容在战时儿童保育院里的难童，先后设置音乐、戏剧、绘画、文学、社会科学、自然科学和舞蹈七个专业组，采取班级授课制和分组教学法，提倡创造之风。陶行知的生活教育理论和平民教育实践在中国教育史上产生重要影响。

晏阳初的平民教育思想与实践　第一次世界大战期间，晏阳初作为美国耶鲁大学政治学与经济学毕业生，在赴法担任翻译过程中，目睹英、法等国在中国招募的20余万民工备受欺凌、侮辱的状况，由此发现平民的潜力，决心献身于开发民智事业，以达成"民有、民治、民享"目标。他临时编写课本，教育华工，效果颇著。晏阳初回到中国后受新文化运动的鼓舞，以湖南"全省平民教育促进会"为基础，面向全国发起平民教育运动。鉴于当时存在3亿文盲的状况，提出"除文盲，做新民"的口号，在群众中广泛开展识字教育（识字、习字、注音符号）、生计教育（写作、珠算、记账、科学表演等）、公民教育（文体、阅报等）。1923年，晏阳初发起成立中华平民教育促进总会，分总务、城市教育、乡村教育和华侨教育四部分，推行以城市平民为对象的平民教育。他编印《平民千字课》，采取举办平民学校、以一家一店或一个机关为单位的平民读书处及随时可以求教的平民问字处等形式，对城市平民进行识字、读书教育。其中平民学校是开展平民教育的主要教学形式，实行班级授课制。同年在北京召开全国第一次平民教育大会，成立中华平民教育促进总会，朱其慧任董事长，陶行知任董事会书记，晏阳初任总干事并主持总会的日常工作。此后，与会的20个省、区均成立了分会，并在总会指导下更广泛地开展平民教育运动，将该运动从城市逐步推向农村。该会先后在长沙、烟台、嘉兴、杭州等地开办平民学校、平民读书处、平民问字处等，逐步遍及其他各地。该会相继出版《平民教育丛书》和《平民教育丛刊》。1926年，晏阳初在经过两年多的实地调查、试验与比较之后，其主持的平民教育总会选择河北省定县作为平民教育实验区，试图通过学校、社会、家庭三大教育方式，进行"文艺、生计、卫生、公民"四大方面教育，以扫除"愚、贫、弱、私"四大社会弊病。(1) 以文艺教育救"愚"。通过学习文化、艺术教育和普及科学知识开发民智。他们编写了600

余种平民读物;选编了包括鼓词、歌谣、谚语、故事、笑话等在内的约60万字的民间文艺资料,搜集民间实用绘画、乐谱等,组织歌咏比赛、农村剧社,举办各种文艺活动。(2) 以生计教育治"贫"。进行农业科学研究,举办实验农场,改良猪种和鸡种;对农民进行"生计训练",如推广良种,防治病虫害,科学养猪、养鸡、养蜂,组织农民自助社、合作社及合作社联合会,开展信用、购买、生产、运输等方面的经济活动。(3) 以卫生教育救"弱"。实施卫生教育,创建农村医药卫生制度,村设保健员,联村设保健所,县设保健院。1934 年,全县建成这一系统,在控制天花流行,治疗沙眼和皮肤病方面取得明显成绩。(4) 以公民教育救"私"。晏阳初认为平民教育的基础是识字教育,中心是公民教育,以养成人民的公共心与合作精神。他们出版多种公民教育的材料,进行农村自治研究,指导公民活动,开展家庭教育。1937 年,抗日战争爆发,定县沦陷,实验工作被迫停止。随后中华平民教育促进总会人员一部分投入对敌斗争,一部分陆续迁往长沙,在湘西南继续进行实验。1940 年,晏阳初在重庆成立中国乡村建设学院并任院长。1945 年后,该院成为中华平民教育促进总会的工作中心。1949 年,晏阳初赴美国定居,此后致力于国际平民教育运动,先后在亚、非、拉等发展中国家访问考察,指导各国平民教育运动,受到各国民众的欢迎。在近 40 年的国际平民教育与乡村改造的大量实践中,他进一步提出"十大信条"等主张,丰富、充实了自己的理论。

梁漱溟的乡村建设 梁漱溟认为,中国社会是以乡村为基础,并以乡村为主体的,但近代以来,由于农村土地的高度集中,大部分农民流离失所,农村经济日趋破产,农村社会动荡不安。他将旧的社会构造崩溃的原因归咎为中国文化的失败,主张采取改良的建设办法,倡导"乡治"、"村治",向农民传播科学技术,培养农民的团体精神,以儒家文化中的精义塑造新的农民,以此拯救乡村,并希望通过乡村建设来拯救整个中国。1928 年,他在河南辉县创办河南村治学院。1931 年,他与其他人在邹平县成立山东乡村建设研究院,院内分三部分。第一部分是乡村建设研究部,由梁漱溟任研究部主任,该部招录大学或大专毕业生 40 名,两年毕业,主要教材是梁漱溟著《中国民族自救之最后觉悟》和《乡村建设理论》,学员毕业后分配到实验县任科长和辅导员等职务。第二部分是乡村服务人员训练部,负责训练到乡村服务的人才,招收对象是初中毕业生或同等学历者,每期一年结业,主要课程有乡村建设理论、农业知识、农村自卫、精神陶冶、武术等科目。学员由每县招考 10～20 名,结业后各回原县,担任各县乡村建设的骨干工作。第三部分是乡村建设实验区,以邹平、菏泽两县为实验地。在全县整个行政系统实行教育机关化,将县政府隶属于乡村建设研究院,县长由研究院提名,省政府任命。乡村建设的具体组织形式是在县以下设"政教合一"的乡学机构,乡学下设村

学,旨在培养农民的新政治习惯,即农民对团体生活及公共事务的注意力与活动力。强调发挥传统伦理精神在培养农民新政治习惯中的作用,通过自己编定的"村学乡学须知",教育大家各尽自己的义务,使自己的行为符合伦理情谊。他认为乡村组织必须是一个教学组织,最根本的是要提倡农民"齐心向上,学好求进步"。具体措施为:倡导团体精神,把分散谋生的农民组成合作社;教农民学习道德礼俗,树立良好社会风尚,摒弃在中国农村长期存在的陈规陋习,如求神拜佛、吸毒、女孩缠足、男孩早婚等,同时开展扫盲教育,引导农民学习生产技术,改良农业品种、提倡植树造林等。1932 年,邹平由乡村建设实验区改为县政建设实验县。1935 年,乡村建设研究院成立了乡村建设师范,设在该院研究部内,梁漱溟曾任校长。课程除乡村建设理论、乡村教育和精神陶冶外,其他与普通师范课程相同。

参考文献

陈景磐. 中国近代教育史[M]. 北京:人民教育出版社,1979.

董明传,毕诚,张世平. 成人教育史[M]. 海口:海南出版社,2002.

(张竺鹏)

普及教育(universal education) 国家对学龄儿童不分种族、肤色、宗教信仰、性别和能力所普遍实施的一定程度的基础教育。与为少数有闲阶级服务的精英教育相对。是人类社会发展到现代社会后生产和生活之必需。从发达国家成功的经验看,几乎所有现代化国家都是以实施普及教育为起点。与义务教育概念不同,普及教育的内涵主要是指教育的普及化,其外延则可指各级各类教育,包括普及小学教育、普及初中教育、普及高中阶段教育和普及高等教育;义务教育则指各国财力范围内所能实施的最基本的免费的义务教育。各国规定的实施义务教育的年限相差无几,但各国普及教育的程度却相差悬殊。

普及教育是随着社会的发展而发展的。与人类社会发展经历的农业社会、工业社会和正在进入的知识社会相对应,人类教育发展按普及程度可分为前普及教育、普及教育和后普及教育。前普及教育阶段的教育主要针对少数人进行贵族的精英教育。进入工业化社会,随着社会对劳动者素质要求的提升,普及教育诞生并得到了发展。其特点是面向大众,具有有史以来最广泛的参与性。普及教育是工业时代提高劳动力素质和人口文化水平的重要手段和重要标志。随着工业化自动化程度的不断提高,教育的普及程度和层次也不断提高。即从普及小学教育、初中教育发展到普及高中教育。步入知识经济时代后,教育发展的显著标志是,完成从小学到大学各级教育的普及任务;终身教育从理念走向现实,进入政策制定和操作的时期;25～60 岁的人力资源中,具有高中阶段乃至大学文化水平的比例逐年

增加。

国家进行普及教育有以下条件：第一，上下重视。虽然普及教育是由现代社会发展的客观需要决定的，但这种客观必然性能否实现以及如何实现，还受人们的主观认识所制约。如早在18世纪60年代产业革命在英国兴起时，客观上就有了普及教育的要求，但直到19世纪70年代，英国统治阶级才真正认识到普及教育的意义，于1870年制定实施普及义务教育的第一个法令《福斯特教育法》。各国普及教育的实践证明，只有当统治阶级对普及教育的意义有了清醒的认识，并把它作为重要政策时，它才可能得以实施。人民群众的觉悟也是实现教育普及化的重要保证。如第二次世界大战后的日本之所以能以惊人的速度普及九年制义务教育，除了政府重视外，一个重要的原因就在于明治维新后普及教育的宣传已深入人心，形成了重视教育的传统，因而在战后极端困难的情况下，日本全体公民能够积极与政府配合。第二，加强立法。从普及教育发展的历史看，普及教育的重要性首先由少数有识之士提出，随着现代社会发展到一定阶段，才逐渐为国家领导者所认识，于是便通过立法程序把国家关于普及教育的方针、政策、制度、措施等，用法律形式固定下来，使之为整个社会所遵循，并坚决保证其实施。没有一个国家不是通过立法来普及教育的。第三，加大教育投入。从普及义务教育的历史看，义务教育和免费教育最初并不是统一的，但社会经济的发展使教育的免费成为可能。从实施情况看，在促进义务教育普及化的过程中，它比其他任何因素都更有效，因而逐渐成为义务教育的一项重要原则和实施的根本保证。从各国的情况看，凡普及义务教育有成效的国家，都比较重视教育投资，不断增加教育经费在国民生产总值和国家财政预算中的比例，并优先保证义务教育。第四，保证教师队伍的数量和质量。各国普及义务教育的实践证明，培养一支数量足够、质量合格的教师队伍是保证普及教育发展和成功的关键。要发展和完善教师教育体系，培养出合格的教师；要重视教师在职进修，使其知识不断得到更新，业务水平不断得到提高；要提高教师的社会地位和待遇，以吸引大量优秀人才涌向教育界，从而保证教师队伍的数量与质量。第五，从实际出发，因地制宜。由于各国家都有自己独特的政治、经济和文化条件，只有从本国的实际出发，参照外国教育的经验，因地制宜地加以转换，外国的教育经验才能被真正吸收、消化，达到借鉴的目的。参见"义务教育"。

（杨　晓）

普通教育（general education）　亦称"一般教育"。通过使受教育者掌握普通文化科学知识，促使其身心全面和谐发展的基础性教育。国家教育结构的重要组成部分，贯穿初等教育、中等教育和高等教育各个阶段，对于受教育者的成长与发展以及培养合格的社会公民具有重要的意义。在中国，普通教育在概念使用上，还与职业教育、成人教育相对，指学龄期的非职业性教育。

普通教育与实用技能训练的职业教育和专业教育不同，其培养目标、教育内容、教育方法等与职业教育和专业教育均有区别。普通教育对学生施行公民素质教育，内容主要是一般科学文化知识。其目标不是培养某个专业劳动者或某种技术工人。

普通教育的内容具有以下基本特点：（1）普遍性。教育内容是比较稳定的具有普遍意义的，是从事任何职业必不可少的共同成分。（2）基础性。教育内容本身不属于专业技术知识，但它是学习专业技术知识必需的基础，为各种专业教育提供必要的基础，制约着各种专业工作者专业技术水平的高度和深度。（3）教养性。受教育者文化素养的提高、精神生活的丰富、个人情操的陶冶、生命活动的润泽等均离不开普通教育内容的滋养，它能帮助人全面发展，使人成为一个完整、全面、和谐的人。（4）全面性。教育的内容一般是经过实践检验确认无误、逻辑严密的规律性知识体系、观念体系、方法体系，范围涵盖人类各个学科，以便使受教育者能综合运用知识并使其身心得到全面发展。普通教育主要以学习理论知识为主，实际训练的教学方法比职业教育和专业教育少。

普通教育的演化过程　普通教育的发展是和职业教育、专业教育的发展有机地交织在一起的，在人类社会发展的不同阶段呈现出不同的特点。古希腊时期，所谓的教育就是普通教育，当时称为自由教育。这种教育最初以培养博雅的、有教养的、有理性的，心灵自由与和谐发展的贵族为目的，而服务于职业谋生需要的"职业教育"是受到鄙视的。中世纪，随着欧洲经济的不断发展，人们对知识的兴趣和需要日益迫切，具有专业知识的人才受到整个社会的青睐，因此职业教育开始兴起。同时，该时期的教育渗入了大量的神学内容，背离了古希腊的自由教育精神。文艺复兴时期，人们的生活方式和价值观念发生了深刻变化，人性摆脱了神权的束缚而得到张扬，教育目标被重新认为是谋求个人身心的自由发展，自由教育再次得到重视。但是这种自由教育不管在内容、方法还是施教对象上都被世俗化，教育是以现实性和职业化为归依的。

工业革命后，科学技术的迅速发展、资本主义经济的巨大成功以及民主政治的广泛确立，深深地动摇了此前一直是自由教育哲学基础的政治经济基础以及自由教育只为少数有闲阶级服务的观念，因此面向大众的专业教育逐渐取代自由教育而成为主流。此后，普通教育与职业教育的对立趋势也逐渐地显现出来。第二次世界大战后，科学技术飞速发展，并且在社会生活的各个领域得到广泛应用，成为推动社会发展的最重要的力量之一。在教育中，科学技术占据了从未有过的重要地位,专业教育和职业技术教育在世界范围内一路高歌猛进。普通教育与职业教育的分裂和对立也达到了前所未有的程度。

20世纪70年代以来,人类的知识领域进一步扩充,同时随着社会的变革,要求人们提高对世界的认识,普通教育重新受到重视。各国在教育实践中不同程度地加强了普通教育,在大学课程计划中增设普通教育课程。

普通教育与职业教育的区别与联系 普通教育和职业教育是构成现代国民教育体系的两个基本的部分。两者在价值取向、内容构成以及实现方式等方面均具有一定的差异性。(1) 价值取向不同。普通教育和职业教育均要服务于人和社会的存在和发展,但两者的价值取向不同。从服务于人的层面来说,普通教育是从人的内在身心结构来关注人的存在与发展,即它关注人的德、智、体、美等各个方面的全面发展;而职业教育对人的发展的意义在于它的工具性价值,即它为人提供一种生存的手段和实现人生价值的物质性中介。从服务于社会的层面来说,普通教育的目的一是通过培养合格的社会公民,从而维护良好的社会秩序,增强社会的凝聚力,二是整体地传承人类社会的文化,并在此基础上不断地发展和创新;职业教育的目的是直接为物质生产和社会生活服务,为社会培养劳动力资源,促进社会的发展。(2) 内容构成和实现方式不同。在内容构成上,普通教育比职业教育要宽泛得多,凡是有利于促进人的身心发展的积极因素和有利于维护社会秩序、增强社会凝聚力的积极因素都成为普通教育的内容;职业教育的内容是以职业所需为唯一准则,主要以职业知识和职业技能为核心,以职业道德、职业规范为辅佐。从实现方式方面来说,普通教育体现了较强的国家意志性和国家的干预性,尤其是义务教育阶段,因此具有统一性、稳定性和规范性;对职业教育国家的意志性和干预性要少得多,主要表现为指导、评估和监控。另外,普通教育的办学主体和办学形式相对单一,有较强的计划性,而职业教育办学主体多元化,办学形式多样化,有较强的市场性、灵活性和开放性。

普通教育和职业教育是相互联系的。首先,两者的对象具有同一性,即对同一个受教育者。由于人自身的不可分性,因此在其特定的人生阶段,既要接受普通教育又要接受职业教育。其次,普通教育促进人的发展是一种自然的渐进的过程,可以从零开始,而职业教育的实施则对受教育者的基本素养有一定的客观要求。因此,接受一定的普通教育是职业教育得以顺利进行的基础,职业教育的层次越高,对作为基础的普通教育的层次的要求也随之提高。

(王等等)

Q

企业教育培训（enterprise education）　　亦称"企业职工教育"。企业为满足生产、经营和发展的需要，为培养本企业的专门人才、提高企业员工的整体素质而进行的教育培训活动。企业发展不可或缺的重要组成部分，是企业应对激烈市场竞争、提升企业核心竞争力的根本途径。以全面提高企业员工整体素质为目的，以提高企业组织的经济效益为最终目标，具有经济和教育的双重属性。一方面作为企业内部的人力资源开发工作，从属于企业经济活动的需要，通过提高劳动者素质直接、有效地提高企业生产技术和经营管理水平，是带有企业个性特征的企业行为；另一方面又是一项教育活动，是通过教育活动来优化企业人力资源，以提高企业员工的素质和能力，促进企业员工个体的全面发展。

现代意义的企业教育培训是工业革命的产物，是社会化大生产的必然要求。蒸汽机的发明使大机器生产取代了手工技术，工厂的工人需要掌握生产知识和提高技能，在正常规范训练模式基础上开始了有组织和成规模的培训，因而产生了企业培训这样一种独特的教育形态。20 世纪 70 年代，企业教育作为一种新的理念被提出，它集现代教育理论与现代企业管理科学于一身，开拓了将教育纳入企业经营开发之中的崭新领域。随着技术进步和经济全球化进程的加速、产业更新和结构调整的不断变化以及终身教育思想的广泛传播，单纯依靠学校教育实现人力资本的积累已无法满足企业发展要求，企业教育培训的地位和作用凸显。越来越多的企业把教育培训作为开发企业人力资源的重要途径，作为一项最重要的战略投资，把员工的知识和技能开发列入长期发展策略，在培训组织、培训内容、培训时间、培训具体方式等方面形成各具企业特色的不同模式。

日本的企业拥有完善的员工培训体系。在日本，企业内教育被视为"人生第三个受教育场所"，它融各类教育培训为一体，从生产一线员工的技能培训、生产骨干的培养、技术人员的深造、管理人员的教育到企业高层次领导的研修，严格按照工作类别和工作人员层次进行，形成了包括从业前培训、转业培训、学徒培训、在岗培训、转岗培训及职业性培训在内的全员培训体系。各企业制订与企业远景、发展目标和价值观相吻合的人才培养计划，根据岗位要求和人员特点，采取不同的方法和手段，开展多种形式的全员培训，使员工不断获得新知识和新技能。从组织形式上既有企业内部提供的各种教育培训，也有企业依托外部教育和培训资源组织的培训；既有学校式的课堂集中培训，又有师傅带徒弟的"做中学"性质的分散学习，还有一般知识培训、专题讲座等，灵活多样的培训形式与多样化的培训需求相适应。每次培训都要经过严格的"养成教育"考核，通过后方可晋级，使企业内的培训与劳动人事制度结合，确保企业内教育的组织与实施。

德国的"双元制"是一种由培训企业和职业学校双方在国家法律制度保障下分工培养技术工人的培训体系。在德国，除成年人在上岗前必须经过专业培训外，凡对口学校的高中毕业生被企业录用后也要进行三年的学徒期"双元制"培训。这种培训将职业教育与企业徒工培训结合，徒工在职业学校学习理论知识，同时也在企业学习实际操作技能。企业教育与劳动就业融为一体，雇主与雇员对培训的结构、培训内容、培训过程形成一致认识。通过教育培训员工可以获得职业经验，经过严格训练能迅速适应岗位要求。

美国企业教育培训的特点是以专业技术人员继续教育为核心组织培训。美国企业教育培训亦称专业继续教育或继续工程教育，着重进行专业技术人员的培训。高科技产业的出现使企业发展更依赖于技术的更新和员工的应变能力，因而美国企业培训的战略是尽快通过培训员工掌握世界先进技术，专业技术人员的继续教育和培训成为关键所在。美国各大企业、公司都有自己的职工教育机构，如麦当劳、摩托罗拉、通用电气等知名企业为培训员工专门建立培训大学或管理学院。另一途径是采取"产学结合"的方式，企业与高等学校或科研机构合作，共同开发新技术、新项目、新产品。在合作开发中，专业技术人员定期到大学或科研机构从事研究，不断更新知识，提升专业技能。

中华人民共和国成立后，党和政府从社会主义经济建设需要出发，积极发展企业教育培训。中国企业教育培训由"师徒制"个别传授到进行规模培训，经历了一个曲折的过程。在计划经济时期，企业主要依据指令性计划奉命办学,组织企业职工开展以补习文化知识、岗位操作技能、职业技能和技巧为主的"扫盲培训",形式上采取学徒制度、企业技术工人培训班、工人夜校、技工学校、职工业余大学等。考工定级和晋级制度的建立以及技术等级标准的制定与完善,成为技术工人培训、考核的依据,在促进工人学习、钻研技术和调动工人生产劳动积极性方面起到积极作用,也为计划经济管理体制下的企业技术培训打下基础。同时,依托大学及教育培训机构"外培",企业职工学历教育和干部专业化教育不断升温。随着中国从计划经济向市场经济转型,建立现代企业制度阶段,企业教育培训在企业总体发展中的战略性作用增强,地位更加突出。通过调整企业教育结构、转换企业教育机制、改变企业教育管理体制和办学模式、增强企业教育的自主权、借鉴国外全员培训的经验,企业逐渐建立起包括企业岗位培训、班组长培训、技术人员继续教育、管理人员培训在内的企业自主培训体系。各类企业教育培训机构实行培训、考核、使用、待遇相结合,育人和用人一体化的机制,逐步形成具有中国特色的适应市场经济发展的企业人力资源开发模式。进入 21 世纪,企业教育培训具有鲜明的"企业主导"特色,"企业大学"、"企业商学院"迅速发展。"企业大学"主要由企业出资,聘请专业培训师、商学院教授和商界高级管理师为师资,通过互动教学、实战模拟、案例研讨等实效性教育培训手段,培养企业所需中高级人才。企业界已创办多所"企业大学",为提升企业的核心竞争力发挥作用。同时,企业关注每一位员工的学习和职业成长,努力将员工发展、组织发展及职业生涯发展相统一,广泛开展争创学习型组织的活动,推进学习型企业建设。各企业将创建工作与企业发展战略和企业文化建设紧密结合,以管理创新、文化重塑、激发员工潜力和学习动力为主线,倡导终身学习理念,形成全员学习、全程学习和团队学习的氛围和机制,不断提高员工的学习能力、实践能力、创业能力和创新能力,加快工人阶级知识化进程,实现企业和员工共同成长和发展。

中国企业教育培训初步形成层次丰富、形式多样的教育培训体系。层次结构不断调整,积极发展企业员工入职前的中高等职业教育,重点发展在职人员的岗位培训和继续教育,稳步发展在职人员的中高等学历教育(含第二学历教育)和在职人员的研究生教育,适当发展企业职工文化生活教育。类型主要包括:岗前教育、岗位培训、继续教育、在职学历教育、特殊工种与职业技能教育、职业资格证书教育、企业文化教育、社会文化生活教育等。岗位培训主要是对企业员工按照岗位需要,在一定科学文化、思想道德水平基础上开展的一种以提高职业道德和职业知识水平、工作能力或生产技能为目标的定向培训,着眼于提高企业员工履行本岗位职责的能力,是企业教育培训中最活跃、最广泛的形式。继续教育是对企业从事专业技术和管理的员工进

行知识更新、补充、扩展和深化的培训。它是一种开发性培训活动,主要依靠企业自主办学与校企联合办班,采取菜单式、研修式,有的采取自学、研讨相结合,实行学分制以及远程教育等。校企合作开展职业教育培训,企业自身需要,对将要进入企业的上岗人员进行中等、高等职业技术教育。采取三种形式:一是有条件的大中型企业独立举办教育培训机构,自主开展职业教育,中小企业依托职业学校和职业培训机构进行职业培训和后备员工的培养;二是企业与职业学校(院)加强合作,实行多种形式校企联合办学,开展订单培训,并积极为职业学校提供兼职教师、实习场所和设备;三是企业通过接收学生实习、实训,参与学校的职业教育,注重实践性教育环节,加大实际操作技能技能训练。培训方式灵活、开放,主要包括:在职培训,亦称工作现场培训,是对企业员工进行的再教育活动,基本采用在岗业余培训和离岗专门培训两种方式进行。企业内培训,大型企业或企业集团都设有本企业员工培训实体(培训基地或培训中心),适应企业需要,完成员工教育培训的任务;委托培训,通过企校合作办学,完成企业员工培训任务;在帮助下的自学,即企业提供学习指导,积极鼓励企业员工进行业余自学以提高员工自身工作能力和业务素质,在帮助下的自学实际上是个人学习的组织化;远程培训,即实施远程虚拟课堂教学、远程模拟技能培训、远程虚拟工程现场培训等,使学习者不受时空限制,灵活进行教学活动。

(赖　立)

启发式教学（heuristic instruction）　教学中注意运用各种教学方法,充分调动学生学习主动性、积极性,引导学生独立思考、积极探索、主动学习的一种教学类型。与"注入式教学"相对。

启发式教学的历史考察　"启发"一词来源于中国古代教育家孔子的"不愤不启,不悱不发,举一隅不以三隅反则不复也"。"愤",从心理学看,指学生积极思考问题,迫切地想弄通但又弄不通,而要奋发攻关的情绪状态;"悱"是迫切地想说清楚但又说不清楚,而决意非谈清楚不可的情绪状态。教师教学,就是要使学生处于适度的"愤"和"悱"的状态之中,诱发和维持学生积极的学习动机,发展学生的求知欲,通过开导指点,引导学生探索,达到"举一隅而三隅反",掌握更多的知识和道理。孔子认为,教师应当在学生达到这种境界时再加以启发,才能发挥启发的作用。他不仅注意到要在学生需要的条件下进行启发,并且要求学生在启发后进行积极思维。《礼记·学记》进一步总结和发展了孔子以来的启发式教学思想和方法,提出:"故君子之教,喻也。道而弗牵,强而弗抑,开而弗达。道而弗牵则和,强而弗抑则易,开而弗达则思。和易以思,可谓善喻矣。"强调在教学过程中,教师应该引导、激励、启发而不是牵着学生走,

强迫或代替学生学习。11世纪,南宋教育家朱熹将教师的启发喻为"时雨之化",用"指引者,师之功也","示之始而正之于终",阐明教师的启发作用为引导、指正和释疑。古希腊苏格拉底倡导的"问答法"(亦称"产婆术"),就是用问题激发学生的独立思考以探求真理的方法,被认为是欧洲最早的启发式教学。文艺复兴时期及以后,出现许多人文主义教育家,如拉伯雷、蒙田、伊拉斯谟、夸美纽斯等,先后提出增进儿童的独立思维,培养学生主动性和创造精神的要求,把启发式教学推向前进。后来德国教育家第斯多惠强调一个差的教师只奉送真理,一个好的教师则教人发现真理。英国教育家斯宾塞、瑞士教育家裴斯泰洛齐、德国教育家赫尔巴特都对启发式教学思想的发展作出了贡献。20世纪以来,欧美出现许多新的流派,美国教育学家杜威提出实用主义的教育理论,美国心理学家E.L.桑代克提出启发教授法并解释为教师"扶助学生以自助",美国心理学家布鲁纳倡导发现法,苏联教育家赞科夫对传统的"教学论"的批判,苏联教育家巴班斯基提出的教学过程最优化理论等,都是与启发式教学的思想相关联的。

启发式教学的实施要求　在教学中运用启发式时,要求做到以下几点。(1)要注意运用新颖充实的教学内容、生动形象的教学方法、丰富多彩的教学手段,来激发学生的学习动机和兴趣、引发学生的学习行为。学习动机是学生内在的学习需要。学习动机中最现实、最活跃的成分是求知兴趣。学生有了正确的学习动机,就会产生强烈的求知欲望,就能集中精力、坚忍不拔地进行学习,就能取得较好的学习成绩。(2)要创设问题情境,在教学内容与学生求知心理之间创设一种失衡状态,把学生引入与问题有关的境界,激发学生进行思考。(3)在传授知识的同时教会学生学习,即教会学生掌握学习的方法,让学生自己主动积极地去探索知识,在探索中逐渐开阔学生的思路,训练学生的思维能力。(4)要在发展能力上下工夫。发展学生的能力,是启发式教学的归宿之一,因而在进行启发教学时,要注意采用各种有效的方式、方法,调动学生眼、耳、手、脑等各种器官参加学习活动,以培养学生的注意、观察、记忆、想象、思维等多种能力。(5)教师要全面掌握教学内容,发挥主导作用,在"关键处立疑",让学生感到处处有思考的乐趣,多次体验"峰回路转"、"柳暗花明"的喜悦。(6)教学民主,创造民主和谐的教学气氛,鼓励学生发表不同见解,允许学生向教师提问质疑等。(7)强调智力因素与非智力因素的结合,注重学生学习的情绪体验。

启发式教学的方法和技巧　启发式教学主要有以下方法、技巧。(1)励志法。在教学中运用种种形式,激励学生树立远大理想,树立正确的学习动机,这是启发式教学的首要方法,也是运用其他启发艺术的重要前提。(2)明理法。所谓"明理",是指在进行某一学科、某一堂课的教学时,首先让学生明确学习这一学科、学习这一堂课的重要意义、任务和要求,以此激发学生强烈的求知欲望,诱发他们树立攀登科学高峰的雄心壮志。(3)创境法。教学中创设一定的"愤"、"悱"情境,让学生在特定的情感氛围中进行学习,有利于激发学生的学习兴趣,调动学生的学习积极性。(4)激情法。课堂教学不仅是师生之间知识信息的传递,更有师生之间情感的交流。现代心理学的研究表明,那种明朗的、乐观的心情,是滋养思想大河的生机蓬勃的激流,而郁郁寡欢、万马齐喑的苦闷心情,则抑制人的思维。课堂上激情启发的方法很多,概括起来主要有:通过放录像、录音或生动讲述,把学生带入一个特定的情境,使之受到感染与陶冶;用有趣的或饱含激情的语言激起学生的感情的涟漪,引起他们对"理"的探索;找一件能引起学生丰富想象的物品,使学生睹物生情;以情动情,用教师的情来打动、感染学生。(5)设疑法。"疑"是探求知识的起点,也是激发学生的支点。设疑法就是要善于引导学生提出问题、分析问题、解决问题,即善于引导学生生疑、质疑、解疑。应当指出的是,设疑不同于一般的课堂提问,它不是让学生马上回答,而是设法造成思维上的悬念,使学生处于暂时的困惑状态,进而激发解疑的动机的兴趣。(6)寻思法。如果说设疑启发重在"疑",那么寻思启发则重在"思",即通过引导学生如何解决问题、解决悬念来启发学生。(7)研讨法。教师将启发贯穿讲练之中,通过循循善诱,步步启发,带领学生分析问题、解决问题。(8)故谬法。教师在讲授知识的重点、关键处,故意出现错误,吸引学生的注意力,启发学生思维。故谬法的好处是能引起学生的高度注意,启发他们积极思维,以探究正确答案。但此法不可多用,否则容易造成学生思维混乱。(9)类比法。利用某类事物在某些特征上的相似之处,启发学生从甲物联想到乙物,并学会运用甲物的分析方法来分析乙物。

(刘　捷)

启蒙运动与教育（the Enlightenment and education）

启蒙运动是欧洲历史上继文艺复兴之后的第二次思想解放运动,始于17世纪末的英国,兴盛于18世纪的法国,并席卷整个欧洲。作为世界思想领域的一次伟大革新,启蒙运动的最终目标是理性主义,其重要特征就是重视知识的力量,反对愚昧和迷信。这个目标的实现在很大程度上有赖于教育的民主和进步,因此教育很自然地成为启蒙思想家关注的目标。他们无情地批判和有力地鞭挞了旧的教育制度。

启蒙运动　法国是启蒙运动威力发挥最充分的国家,启蒙运动的洪流正是经由法国而波澜壮阔。法国的启蒙运动最早可以追溯到14—16世纪欧洲的文艺复兴运动,它与文艺复兴虽然处在不同的时代,但反封建的目标与追求是共同的。文艺复兴运动中兴起的人文主义文化16世纪在法国获得很大发展,冲刷了法国腐朽的封建文化,客观上为启蒙运动的推进奠定了思想与文化基础;宗教改革抹去了基督教会的威风,为法国启蒙思想家批判宗教蒙昧打开了缺口;自然科学的迅速发展奠定了法国启蒙运动的唯物主义基础,也为法国启蒙思想家批判传统、宣传理性提供了强有力的武器;人文主义学者有关自由、民主的先进思想滋养了法国的启蒙学者,蒙田的怀疑论、笛卡儿的唯理论等成为法国启蒙学者的理论工具;英国哲学家洛克的政治思想和哲学理论更是成为法国启蒙运动的思想源泉;法国启蒙运动还继承了欧洲历史上进步的民主思想,并在新的社会历史条件下加以综合、提升与改造,使其达到了一个前所未有的高度。这一切都使法国启蒙运动自始至终洋溢着崇尚理性、反对宗教的乐观精神。

新的时代精神使得 18 世纪的法国文化与过去的中世纪文化完全不同。人们开始厌恶经院哲学,推崇富有新内容的思想体系,希望享有丰富、精彩的物质生活与精神生活。政治经济学的研究逐渐占据主导地位,自然法的思想开始广为传播,伦理学成为幸福生活的实用指南,效用的概念破土而出。18 世纪法国启蒙运动的文化土壤丰富并滋养了法国的启蒙学者,酿造了一个用理性分析和衡量一切的时代。在法国,为行将到来的革命启发过人们头脑的那些伟大人物,本身都是非常革命的。他们不承认外界权威,无情地批判了宗教、自然观、社会、国家制度等,认为一切都必须在理性的法庭上为自己的存在辩护或放弃存在的权利。思维着的悟性成了衡量一切的唯一尺度。

绵延近一个世纪的法国启蒙运动中群星灿烂、智者云集。他们分别代表了法国启蒙运动不同的发展阶段。为启蒙运动拉开序幕的是活跃于 17 世纪末 18 世纪初的培尔和梅叶等;第二阶段的灿烂图景由 18 世纪中期的伏尔泰、孟德斯鸠和卢梭等描绘;第三阶段以狄德罗、爱尔维修、霍尔巴赫等为代表,他们编撰的《百科全书》是这一时期的重要成果,也是启蒙运动达到高潮的标志。

启蒙思想家的教育思想　启蒙思想家结合自己的社会政治观和哲学观提出了许多进步的教育思想,为欧洲教育的近代化和后世的教育发展留下了宝贵的遗产。这些启蒙思想家各自有不同的阶级背景和思想基础,他们的教育思想也因人而异,各有千秋。

作为法国启蒙运动的导师和领袖,伏尔泰被视为法国启蒙运动的象征。青年时期的伏尔泰思想激进,两次被打入巴士底狱,后被迫流亡英国。目睹英国先进的资本主义政治制度和政治改革及发达的工商业,年轻的伏尔泰备受触动。回到法国后,伏尔泰将写作视为战斗武器,致力于宣传平等与自由的理念,主张发展理性、摒弃愚昧。在长期的反封建斗争中,伏尔泰深刻意识到社会落后、人民愚昧的根源就在于缺乏教育,发展教育应该成为启蒙运动者当仁不

让的职责。伏尔泰没有撰写专门的教育著作,主要从宏观上勾画他对于教育的设想。他抨击封建专制和教会对人心智的压迫,大力宣传要普及科学、发展理性,强调教育的主要任务是启蒙开智,培养具有健全理性的自由人,要实现这个任务,就必须要求学校进行广泛的科学知识传授,使人们了解世界的真相。在教学方法上,伏尔泰十分强调感觉经验,提出用直观的方法进行教学,应注重知识的运用和实际锻炼,避免空谈。虽然伏尔泰没有将平民阶层视为教育的对象,并希望在普及教育的过程中保留宗教的一席之地,但他站在反封建、反愚昧的立场,要求培养热爱自由、平等的人,体现了他作为启蒙学者的本色,反映了时代的进步要求。

孟德斯鸠 1721 年出版的《波斯人信札》使他一举成名,奠定了他在法国启蒙思想史上的重要地位。1748 年出版的《论法的精神》是孟德斯鸠最有影响的代表作,是继古希腊哲学家亚里士多德之后第一部综合性的政治学著作,也是到他那时期为止最进步的政治理论著作。一生从未从事过教育活动的孟德斯鸠在这本著作的第四章中论述了教育问题,其中许多论断非常精辟、发人深省。孟德斯鸠把教育提高到了法律的重要地位,认为教育的法律应该是人们最先接受的法律,应该与国家的政体相适应。他强调教育的目标是培养文雅的君子,使其具备高尚的品德,举止礼貌,能通达处世,整个教育过程应该时刻激励人们的荣誉感。孟德斯鸠重视家庭教育,强调家长的表率作用,主张家庭教育要与社会教育相配合,共同营造儿童受教育的环境。在教育手段上,孟德斯鸠深受古希腊教育的影响,强调音乐对心灵的影响力,认为音乐能刺激并激发人们温和、怜悯、仁慈等丰富情感,还能陶冶人们的性情,而且不同类型的音乐作品会起到不同的作用。他还将共和国家与专制国家的教育进行了比较,指出共和国家重视教育,并通过教育来建立儿童对国家与法律的爱,培养儿童对国家忠诚的品德,而专制国家的教育范围非常狭窄,只能造就出奴隶。孟德斯鸠的教育观点对教育冲破封建和专制的羁绊作出了贡献。

法国启蒙思想家爱尔维修在了解封建统治下的法国社会和民众生活状况后,立志为改革社会而从事哲学、法律、伦理、教育等问题的研究。他的《精神论》一书体现了一个彻底的无神论者形象,痛斥了宗教和封建制度的黑暗。该书出版后遭到封建统治者和教皇的大力反对,也为爱尔维修赢得了无数的赞誉和尊敬。他的《论人的理智能力和教育》继承了《精神论》中的思想,但在内容上更侧重论述教育问题。为了向封建教育和宗教教育开战,他提出了“智力平等说”和“教育万能论”,这是他教育思想的基本核心。他从唯物主义观点出发,认为人的认识来源于客观世界,人之所以能认识客观世界,主要依靠感觉能力。按他的理解,人有五种感觉器官,能从客观世界吸取知识,所以每个人的智力是平等的,精神的优越程度与感官的完善程度无关。他对

人的智慧和力量充满信任,认为人并非生而无知或愚蠢,那完全是由不良环境和教育造成的。人的智力是天生平等的说法虽然有一定的片面性,但基于对"天赋观念说"的反对,在当时具有重大的革命意义。据此,爱尔维修提出了"教育万能论",认为人在后天表现出来的智力差异和聪明善恶完全是后天教育的缘故,要改造现存社会,就必须依靠教育。他期望通过完善的教育使整个社会变得合理,使人民得到幸福。他所说的"教育"并不仅仅是学校教育,还包括广泛的社会教育。他认为人的一生就是一种长期的教育过程,个体将会在这种教育中得到发展。当然,个体在受教育过程中,也应该充分发挥自己的能动作用。他把教育分成宗教和世俗两种,大胆抨击宗教教育而积极倡导世俗教育,鼓励人们追求现世的幸福。爱尔维修重视科学知识,主张独立思考,认为人有了知识就可以变得聪明并获得幸福。他重视体育,认为健康的身体是人生幸福的基本保障。他还重视德育,号召人们追求现实利益。爱尔维修以洛克的学说为出发点,他的唯物主义具有真正法国的性质。人类智力的天然平等、理性的进步和工业的进步的一致、人的天性善良和教育的万能,是他思想体系中的几个主要因素。爱尔维修的教育理论并非十分完美,但这并不能阻碍其散发出光芒。

作为法国启蒙运动和百科全书派领袖的狄德罗,形成了他自己独具一格的哲学和社会政治思想。与爱尔维修一样,狄德罗也很重视教育的作用,认为教育不论对人的个性还是对社会变革都有很大影响,但他不赞同爱尔维修的"教育万能论",也不同意爱尔维修对人的天赋的否认,认为教育的作用虽然非常巨大,但并非万能,在看到教育重要价值的同时,也应该看到人的自然素质和天生禀赋是教育所力不能及的。他强调大脑和感官结构的差异形成了人自然素质的差异,也造就了个体天生禀赋的独特性,这又决定了人在智力发展水平上的差异。狄德罗非常痛恨当时法国等级森严的教育制度,主张普及、免费的教育制度,使人人都有权享受中等和高等教育。此外,他还提出教育要世俗化,由国家来管理,把学校从教会僧侣手中夺回来。在教育内容和方法上,狄德罗提出要加强科学教育,削弱古典教育,通过科学的教学内容和方法、道德教育及新型的教师来实现国民教育的理想。他还提出了新的知识观,认为知识不仅限于书本,还包括实践中获取的能力和技艺,为当时的学校教育指出了一种新方向。他也重视道德教育,主张学校教育要注意学生的道德修养。应俄国女皇叶卡捷琳娜二世之邀,狄德罗曾拟订了一个组织俄国国民教育制度的完整计划,即《俄国大学计划》。这项计划虽然没有付诸实施,但引起了人们的广泛兴趣,在教育史上产生了重要影响。狄德罗的教育思想虽然有着某种缺陷,但充分反映了新兴资产阶级改革学校教育的要求。

启蒙思想家教育思想的特点与影响　18世纪启蒙思想家都是法国启蒙运动中的杰出代表,他们的教育思想不可避免地烙上了启蒙运动的印迹。他们发扬战斗精神,揭露封建教育的腐朽与落后,批判宗教教育的蒙昧,提倡教育的民主与自由,倡导理性与科学。他们主张培养适合新兴资本主义发展需要的人才;倡导教育内容的科学化与民主化;提倡普及世俗教育,力图使教育成为个性解放的工具,使学校成为实现民主、平等社会理想的机构。这些是启蒙思想家教育思想的共同特色。

启蒙思想家的教育思想是启蒙运动结出的硕果,也通过启蒙运动而传播到全世界。他们的教育思想表现出对人性美好和自由、民主的呼唤,对平等、科学的渴求,对当时和后世的欧洲教育产生了重要而深远的影响。其直接影响是为法国资产阶级革命期间的教育改革方案和以后的教育改革及19世纪的空想社会主义教育学说提供了理论依据。特别是狄德罗主持编撰的《百科全书》,其意义并不仅仅限于一部书,它已经成为一种新观念、新思想和新方法,与启蒙运动一起载入史册。总之,启蒙思想家的教育思想既有历史价值,又有现实意义。因为并不需要多大聪明就可以看出,关于人性本善和人的智力平等,关于经验、习惯、教育的万能,关于外部环境对人的影响,关于工业的重大意义,关于享乐的合理性等唯物主义学说,同共产主义和社会主义之间有着必然的联系。

参考文献

北京大学哲学系. 十八世纪法国哲学[M]. 北京:商务印书馆,1963.

勒费弗尔. 狄德罗的思想和著作[M]. 张本,译. 北京:商务印书馆,1985.

高九香. 启蒙推动下的欧洲文明[M]. 北京:华夏出版社,2000.

任钟印. 西方近代教育论著选[M]. 北京:人民教育出版社,2001.

西林. 爱尔维修[M]. 郭力军,译. 上海:上海人民出版社,1960.

（龚　兵）

迁移理论(theories of transfer)　解释学习迁移现象的各种学说。迁移理论的演变经过很长时间。由于学者们所持观点及研究方法的不同,形成了不同的迁移理论,产生了促进迁移的不同教学策略。

早期的迁移理论

形式训练说　形式训练说最早对学习迁移现象进行系统的解释,它以官能心理学(faculty psychology)为理论基础,主张迁移必须经过形式训练才能产生。官能心理学认为,人的心理(mind)主要由注意、记忆、知觉、想象、推理、意志等官能组成,官能是各自分离的实体,分别具有不同的功能。如利用记忆官能进行记忆和回忆,利用思维官能从事思维活动。各种官能可以像肌肉一样通过练习来增加力量,并在各种活动中发挥作用。而且由于各官能组成了心理这一整体,一种官能的改进有助于加强其他官能。

形式训练说因此认为迁移是通过对组成心理的各种官能的训练,提高某种官能的能力来实现的。它主张将训练和改进各种官能作为教学的主要目标,学习的内容不重要,重要的是学习内容的难度和训练价值。记忆材料的目的不在于所记内容本身,而在于训练记忆能力,学习要收到最大的迁移效果,就要经历"痛苦"的过程,因此拉丁文、数学及自然科学中的难题成了训练官能的最好材料。人的官能经过这样的训练,便具有普遍迁移的能力,可以用来解决相同或相似性质的问题。如果学生仅记住一些具体事实,其价值就十分有限。

在心理学成为一门科学之前,缺乏科学研究方法对形式训练进行检验。实验心理学诞生后,心理学家开始对该理论进行科学检验。

相同要素说　美国心理学家 W. 詹姆斯在 1890 年通过记忆实验证明:记忆能力不受训练的影响,记忆的改善不在于记忆能力的改善,而在于记忆方法的改善。此后 E. L. 桑代克和伍德沃思经过一系列有关记忆、注意、知觉辨认的严密实验,反对形式训练说,并提出相同要素(identical elements)说。

E. L. 桑代克首先在知觉方面进行了一系列实验,他训练被试判断不同大小和形状的图形面积。首先让被试估计一百多张各类形状纸片的面积,其中系列 1 是 13 张形状几乎相同的矩形,大小从 20～90 平方厘米。系列 2 是 27 张面积相同的三角形、圆形和不规则图形。这样先预测出被试判断面积的一般能力。然后让被试练习估计一系列从 10～100 平方厘米的矩形纸片,它们的形状都与系列 1 中的纸片相同。呈现时将其顺序打乱。在每次判断后提供真实面积用以纠正被试的误差。最后再测验被试对系列 1 和系列 2 进行估计的误差。结果发现,通过矩形的训练,被试对矩形面积的判断成绩提高了,但对三角形、圆和不规则图形面积判断的成绩没有提高,而且对某些特定面积判断的能力会明显好于其他面积。

E. L. 桑代克还做了长度和重量方面的实验,他让被试估计 1～1.5 英寸直线的长度,通过练习使其进步,然后用 6～12 英寸的直线进行迁移测验,结果被试估计长度的能力并没有因为先前的练习而得以改进。在记忆和注意的实验中,他发现对于记忆和注意的训练,可以迁移到类似的活动,但迁移的成绩远不如直接训练的成绩,而且迁移不会在不相似的活动间发生。

E. L. 桑代克通过大量实验得出结论:通过某种活动加以训练而普遍迁移的注意力、记忆力、观察力是不存在的。

他认为"只有在影响和被影响机能间存在相同要素时,练习的扩散才会出现",或者说"一种心理机能的改进才能引起另一种心理机能的改进"。后来伍德沃思将相同要素说改为共同成分说。后者认为只有当学习情境和迁移测验情境存在共同成分(common components)时,一种学习才能影响到另一种学习,即产生迁移。这里的相同要素或共同成分是指经验上的基本事实、工作方法及一般原理和态度。

E. L. 桑代克在《中学学习中的心理训练》一文中介绍了他在 1924 年进行的一项大规模实验,实验样本容量大,对无关变量进行精心控制,旨在反对迁移的形式训练说。主试对选修科目不同的中学生,在学习前后分别给以智力测验,以考察学生所修学科对其智力水平提高的作用。实验得出结论:学科学习对于智力增长的作用很小,学习不同科目对于智力增长的作用没有显著差异。某一学科在增长智力方面的价值主要取决于它提供的特殊信息,培养的特殊的习惯、兴趣、态度和思想。优秀学生并不是由希腊语和拉丁语的学习造就的,优秀学生学习任何学科都会比差生有更大的提高。E. L. 桑代克 1927 年的又一次大规模实验、韦斯曼 1944 年的实验研究以及后来的许多研究,都证实 E. L. 桑代克的早期发现。

相同要素说揭示产生学习迁移的一个方面的原因,对解释具有相同活动成分或相同知识内容的学习之间的迁移有一定的说服力,并具有一定的实用价值。学校开始脱离形式训练说的影响而考虑学生的实际生活;在课程方面开始注重应用学科,教学内容的选择也尽量与将来的实际应用相结合。E. L. 桑代克坚持认为,心理在其动力方面是对特殊情境作出特殊反应的机器,即人们要在特殊情境中学习每一种刺激—反应的联结,这大大缩小了迁移的范围。相同要素说的实验证据主要来自知觉、记忆方面,更适合解释机械学习,在解释高级学习方面具有较大的片面性。学术界批评相同要素说强调人与同类刺激的多次接触和反馈作用,是一种联想主义的学习,忽视了概念形成过程中的认知作用。

概括说　亦称"类化说"、"共同原则说"、"经验泛化说"(theory of experience generalization),由美国心理学家贾德提出。他认为,依据特殊机能理论,就不存在一般的观察机能,要观察的事实有多少种,观察的种类就有多少。不存在一般的辨别或比较机能;没有一般的整洁或礼貌大方的品行。贾德认为,两个学习活动之间存在的共同成分,只是迁移产生的必要前提,产生迁移的关键在于学习者在两种学习活动中概括出它们之间的共同原理。

贾德在 1908 年进行了经典的水下击靶实验。他以五年级和六年级学生为被试。将他们分成两组,练习用标枪射击水中的靶子。给予一组学生充分的折射原理的理论解释,另一组则不作解释。开始练习射击水下 12 英寸处的靶子时,两组学生成绩基本相同。即在最初测验中理论似乎没有价值,所有学生都必须学习如何使用标枪,理论不能代替练习。接着改变条件让学生射击水下4英寸处的靶子,结果两组成绩产生了显著差异。未学理论的学生表现出极大的混乱,水下12英寸的练习并未帮助他们在4英寸条件下的操作。而学习理论的学生迅速适应了4英寸的条件,理论帮助他们理解新的情境。理论不能代替经验,只有在练习的支持下理论才有价值。贾德解释实验结果时说:"理论把相关的全部经验——水下的、深水的、浅水的经验——组成了整个思想体系。……学生在理论知识的背景上,理解了实际情况以后,就能利用概括了的经验,迅速地解决需要按实际情况作分析和调整的新问题。"

1941年赫德里克森和W. H.施罗德,1967年奥弗林等人的实验均证实贾德的理论。贾德强烈反对当时教育受特殊机能理论影响后的教条主义,认为教育不能相信具体机能,而应该让学生学会概括原理,每一种经验存在着一般方面,都有概括的可能。但概括不是一个自动过程,它与教学方法有密切关系。即同样的教材内容,由于教学方法不同,会使教学效果大为悬殊,这与课堂教学实践经验是一致的。

转换说(transposition theory) 该学说由格式塔心理学家提出。他们认为,迁移不是由于两个学习情境具有共同成分、原理或规则而自动产生的,顿悟是产生迁移的一个决定因素,学习者顿悟到两个学习经验之间的关系从而产生迁移。

早期格式塔心理学家曾以小鸡、黑猩猩及幼儿为被试,要求他们在深浅不同的物体处寻找食物。通过多次训练,被试学会从深灰色物体处寻找食物。接着变化实验情境,原来的深灰色物体保持不变,而把浅灰色改为黑色物体,食物放在黑色物体处,结果被试一般不到深灰色物体处寻找食物,而倾向于选择黑色物体。证明被试不是对放有食物的单一物体作反应,而是对物体间的关系作反应,被试的选择是由两种刺激间的相对关系决定的。

后来又采用二择一刺激和三择一刺激来考察换位现象。在二择一刺激中,呈现给儿童两只倒置的碟子,直径为7厘米和10厘米,儿童需要学习的是奖励物放在10厘米的碟子下面,接着改变任务,呈现给儿童10厘米和13厘米的碟子,奖励物仍放在较大的碟子下面。实验证明,儿童从第一个任务中学到奖励物在较大碟子下面的知识,选择了两个刺激中的较大者。在三择一物体(10厘米、13厘米、17厘米)的变换实验中,训练时奖励物置于中等大小(13厘米)的碟子下,在任务改变后(呈现13厘米、17厘米、20厘米的碟子)奖励物仍置于中等大小(17厘米)碟子下。但有些儿童学会的是对特定物体而不是中等物体作反应,因而显示不出转换效应。转换现象是十分复杂的,不能依据单个的解释给予说明。

转换现象在日常生活中是很普遍的,比如我们不管平面图的比例,都能认出某个国家的地图。某个人被制作为小瓷像,我们也很容易能认出来。之所以能做到这些,是因为虽然事物的某个特征在发生变化,但特征间的关系没有变。

进一步的研究还表明:(1)先前学习任务掌握得越好,后继任务中转换发生的可能性越大;(2)与先前任务相联系的诱因也有助于转换,诱因会导致人们更大的注意,更好地利用信息;(3)转换任务练习得越多,越容易发生转换;(4)人类和动物都有转换现象,它并不一定依赖言语表达。

学习定势说 该学说由美国心理学家哈洛提出。他在《学习定势的形成》一文中,通过实验论证学习定势(learning set)发展的规律性及其可量化性,并指出学习定势对于发展心智组织与人格结构的重要性。

哈洛以猴子为实验对象,进行了广泛而深入的研究。认为对某一类学习问题的练习,有助于学习解决另一类不同的问题。迁移取决于通过练习获得的定势或学习能力。在他1949年的实验中,先对猴子作辨别训练,比如呈现两个不同形状的物体,在某一特定形状下面藏有葡萄干作为强化物,猴子通过几次尝试,选择的正确率为80%,明显高于最初的50%,证明猴子学会这种选择。接着给猴子呈现另一个类似的问题,比如说两个不同颜色的物体。猴子必须经过新的学习才能解决新的辨别问题。解决该问题后,还陆续呈现其他新问题。在这个过程中,猴子解决问题的速度越来越快,尝试次数越来越少。可见,猴子不仅能够学习,而且能够学会如何学习,即猴子获得"解决问题的学习定势"。哈洛还以儿童为被试进行实验,证明儿童也显示出学会学习的现象。

上述是对物体性质辨别学习的实验,即呈现特征不同的两个物体,左右位置按预先随机安排的次序交替变化,猴子需要对其中受到奖励的一个物体作出选择。结果发现,学习从一个问题到另一个问题的迁移。学习定势的功能在于将那些对被试原属困难的问题转化为立即可以解决的问题。为进一步分析猴子对复杂性明显超过辨别问题所形成的定势,哈洛还采用逆转性辨别问题。其程序是先让猴子学习某一辨别问题,然后改变奖励方法,原先的正确刺激成了错误的,原先的错误刺激反而成了正确的。最后猴子获得如何学会并逆转一种反应倾向的定势,而且逆转性辨别学习的定势较之原先的辨别学习定势出现得快,从辨别学习到逆转性学习之间有很大程度的正迁移。

哈洛认为,学习情境的多样性决定我们的基本人格特征,并使在某些人变成会思考的人中起重要作用。这些情境是以同样的形式多次重复出现的,不应以单一的学习结果,而应以多变但类似的学习课题的影响所产生的变化来理解学习。

学习定势既反映在解决一类问题或学习一类课题时的一般方法的改进上,也反映在从事某种活动的暂时准备状态中,这两方面都影响作业的变化。但这两种效应是有区别的。前者反映了相对稳定的认知变化,它涉及过去学习经验中的学习策略并影响正在进行的学习活动的实际内容与方向。后者是由暂时的准备状态构成的,它包括注意的暂时集中,克服从事原先其他活动的惯性。这种效应会很快消失。

学习定势可以促进同类或相似课题的学习与迁移,但某些条件下也可能产生干扰作用,妨碍问题的解决。卢钦斯曾做过一个著名实验,要求被试用不等容量的水桶量出定量的水。下表中,A、B、C栏为水桶容量,D栏为所求水量。被试为大学生,实验组79人,控制组57人。实验组按序逐题求解,一直到第8题。控制组只做2、7、8题。此设计的目的在于考察被试经同样方法解答1~6题后,是否因定势而影响7、8题的求解。1~8题均可采用 $D=B-A-2C$ 的公式,但7、8题分别还有简捷方法:$D=A+C$,$D=A-C$。结果发现实验组有81%的被试套用 $D=B-A-2C$ 的公式做到底,而控制组则全部采用简捷方法解答7、8题。这说明实验组被试明显受到定势的影响。

卢钦斯的定势实验

	A	B	C	D
1	21	127	3	100
2	14	163	25	99
3	18	43	10	5
4	9	42	6	21
5	20	59	4	31
6	23	49	3	20
7	15	39	3	18
8	28	76	3	25

学习定势是一种策略的迁移,其正面作用提醒我们,安排练习的内容应该由浅入深,循序渐进;课题之间要保持一定的同一性,以利于正迁移。但为避免学习定势的负面影响,我们还要注意课题的变化,发挥思维的灵活性,发现事物与问题情境的新关系。

现代迁移理论

现代三种有代表性的迁移理论与三类知识的学习相对应:与陈述性知识相对应的认知结构迁移理论,与程序性知识相对应的产生式迁移理论,以及与策略性知识相对应的反省认知迁移理论。

认知结构迁移理论　认知结构是指学习者头脑内的知识结构。在有意义学习中,总是存在着先前学习对后继学习的影响,迁移普遍存在。在这里,先前学习也包括过去经验,是指累积获得的、按一定层次组织的、与当前学习任务相关联的原有知识体系,而不仅是最近经验的刺激与反应的联结。过去经验对当前学习的影响不是直接发生的,而是通过引起原有认知结构的变化而间接起作用的。奥苏伯尔将学习者认知结构在内容和组织方面的特征称为认知结构变量,原有认知结构对学习迁移的影响,主要取决于认知结构的三个变量:可利用性、可辨别性和稳定性。

可利用性涉及学习者原有知识的实质性内容,指面对新任务时,学习者的原有认知结构中是否具有同化新知识的适当观念。根据奥苏伯尔的同化理论,原有知识与新知识之间有三种不同的关系:上位关系、下位关系和并列关系。一般而言,如果原有知识处于上位,即原有概括水平越高、包容范围越广,就越容易同化新知识,有助于迁移。可辨别性涉及学习者原有知识的组织,指学习者面对新任务时,是否能清晰区分原有知识与新知识之间的异同。区分越清晰,则越有助于新知识的学习与保持。如果学习者的原有知识按一定层次结构严密组织,那么在遇到新知识时,他就不仅能迅速找到同化点,而且容易分辨新旧知识的异同。稳定性涉及原有知识的巩固程度或清晰程度。当学习者面临新的学习任务时,原有知识结构越牢固,就越容易同化新知识。如果原有知识本身没有得到巩固,很可能对新的学习产生干扰作用。

为促进迁移,就必须改变学习者的认知结构变量,因此奥苏伯尔设计先行组织者(advance organizer):指先于学习任务本身呈现的一种引导性材料。比起新学习材料,先行组织者一般具有更高的抽象水平、概括水平和包容水平,并且与原有知识和新学习材料都清晰地联系,充当新旧知识联系的认知桥梁。近些年来,研究者们在奥苏伯尔原来定义的基础上发展了组织者的概念。它可以在新学习材料之前呈现(先行组织者),也可以在新学习材料之后呈现。它的抽象性和概括性可以高于新学习材料,也可以是一个具体概念,在抽象性和概括性上低于新学习材料。

根据组织者的功能,可以将其分为两类:一类是陈述性组织者,通常适用于学习不熟悉材料的情境,它为新学习材料提供适当的上位知识,以同化新的下位知识。1960年奥苏伯尔进行了相关的实验。他让两组被试学习有关钢的性质的材料。实验组在接触新材料之前,先学习一个陈述性组织者。组织者强调了金属与合金的异同、各自的利弊和冶炼合金的理由,提供了理解钢的性质的知识框架。而控制组学习的是关于炼钢和炼铁方法历史的说明,只用于在一定程度上提高学习兴趣。结果两组被试学习钢性质的成绩产生了显著差异,实验组的掌握程度高于控制组。另一类是比较性组织者,通常适用于比较熟悉的材料。如果学生认知结构中已有了同化新知识的适当观念,但原有知识结构不清晰或不巩固,学生对新旧知识之间的关系辨别不清,就可以设计一个揭示新旧知识异同的比较性组织者。它不仅能促进新材料的学习与保持,还可以增强原有知识的清晰性与稳定性。

首先,根据同化理论,认知结构中是否具有适当的起固定作用的可利用观念,是新的学习与保持的关键因素。奥苏伯尔指出,学生的认知结构是从教材的知识结构转换而来的,好的教材结构可以简化知识,产生新知识,促进知识的运用。因此,教材中必须包含具有高概括性和包容性的基本概念和原理,并且作为学习中心。这些概念与原理必须组织良好,并适合学习者的能力。

其次,不断分化和融会贯通是人认知组织的原则,教材的组织和呈现也应遵循这两条原则。认知心理学研究表明,当学习者接触一个完全不熟悉的知识领域时,从已知的较一般的整体中分化细节,要比从已知的细节中概括出整体容易一些。人们关于某一学科的知识在头脑中会组成一个有层次的结构,最具有包容性的观念处于这个层次结构的顶点,下面是包容性范围逐渐变小和越来越分化的命题、概念和具体知识。因此,根据人们认识新事物的自然顺序和认知结构的组织顺序,教材的呈现在纵向上应该遵循由整体到细节、由一般到具体、不断分化的原则。此外,要在横向上加强概念、原理、课题乃至章节之间的联系。教师在教学中应引导学生努力探讨观念之间的联系,指出它们的异同,消除学习者的认识中表面的或实际存在的不一致点。如果学生不知道许多表面上不同的术语实际上代表着相同的概念,就会造成认识上的很多混淆。

产生式迁移理论　美国心理学家 J. R. 安德森在 20 世纪 80 年代提出思维的适应性控制理论,在此基础上他与辛格利系统阐明产生式迁移理论。其基本思想是:先后两项技能学习产生迁移的原因是两项技能之间产生式的重叠,重叠越多,迁移量越大。他们认为,这一迁移理论是历史上 E. L. 桑代克相同要素说的现代化。在 E. L. 桑代克的时代,心理学没有找到适当的形式来表征人的技能,认为共同要素是刺激和反应(S—R)的联结,这只是一种外显行为的机械迁移规律,不能反映技能学习的本质。信息加工心理学家用产生式和产生式系统表征人的技能,抓住迁移的心理实质。导致先后两项技能学习产生迁移的原因,不应用 S—R 联结的数量来解释,而该用它们之间共有产生式数量来解释。

按照思维的适应性控制理论,技能的学习分两个阶段:首先规则以陈述性知识的形式编入学习者的原有知识网络中,经过一系列练习,规则以产生式形式表征。一个产生式就是一个条件和行动的规则(简称 C—A 规则)。C 代表行为产生的条件,它不是外部刺激,而是学习者工作记忆中的认知内容,A 代表行动和动作,不局限于外部的反应,也包

括学习者头脑中的心理运算(mental operation)。产生式迁移理论是以产生式规则和它的陈述性前身作为相同元素,侧重学习者对具体问题的内部认知操作过程,是一种信息加工心理学的迁移观。

J. R. 安德森和辛格利根据知识的陈述性阶段和程序性阶段的划分,对迁移提出新的分类方法。新的分类方法先把知识分为原有知识和目标知识,原有知识是先前训练阶段习得的知识,目标知识是迁移阶段学习的知识,再在原有知识和目标知识分类中分出陈述性知识和程序性知识,这样对知识迁移分为以下四类。(1)程序性知识—程序性知识迁移:当训练阶段获得的产生式能直接用于完成迁移任务时,程序性知识向程序性知识的迁移就产生了。其先决条件是在训练阶段要有充分的练习,以形成适当的产生式。(2)陈述性知识—程序性知识迁移:当训练阶段习得的陈述性知识结构有助于迁移阶段产生式的获得时,出现陈述性知识向程序性知识的迁移。任何技能的学习总是分两阶段,即从陈述阶段开始,进入程序阶段,所以每一个技能的学习都反映了陈述性知识向程序性知识的迁移。同时,陈述性知识也影响新技能的学习。J. R. 安德森认为,相同的陈述性知识结构可以构成许多技能的基础。(3)陈述性知识—陈述性知识迁移:当陈述性知识结构促进或干扰新的陈述性知识的获得时,就出现陈述性知识向陈述性知识的迁移。起促进作用的为正迁移,起干扰作用的为负迁移。比如奥苏伯尔认知结构迁移理论就是针对这类迁移的研究。(4)程序性知识—陈述性知识迁移:当原有认知技能促进新的陈述性知识学习时,就出现程序性知识向陈述性知识的迁移。例如读、写、算等基本技能作为掌握大量社会和自然科学知识的基础。或是查阅资料、提出假设等复杂技能对于获得大量陈述性知识的促进作用。

在对迁移进行分类的基础上,J. R. 安德森等人重点研究了新手对技能的表征情况。因为新手的技能比专家的技能中有更多的陈述性知识成分。研究新手更有助于揭示技能的形成过程,这也意味着把迁移研究的重点放在学习阶段。例如他们分析了一名被试学习 LISP 语言(即链表处理语言)定义新函数的学习过程及其遇到的困难,然后用计算机辅助教学机模拟被试解决问题的过程。发现知识编辑是将陈述性知识转化为程序性知识的一个重要学习阶段。在知识编辑之前,知识处于弱方法阶段,被试用弱方法解决问题。一旦知识经过编辑之后,许多小的产生式被一个或几个高级的产生式替代。这时被试用强方法解决问题,用强方法解决问题既快又准确。这种在知识编辑前后解决问题的差异在人的学习中普遍存在,这也正是新手与专家解决问题的差异所在,新手是以陈述性知识去解决问题的,所以速度慢、错误多,而专家用技能解决问题。新手必须经过多次尝试的学习过程才能获得产生式。

J. R. 安德森等人还分析了决定产生式适合充当迁移中共同要素的四个特点:(1)独立性。产生式是独立习得并独立迁移的。所以当产生式形成新的联合出现在迁移任务时,人们就不必因为它们间的相互作用而产生误解。(2)全或无的学习。知识编辑过程具有全或无,即一次性尝试学习的性质,此时没有产生式,下一刻可能就有。因此,可以通过计算产生式的个数来预测迁移。(3)强度累积。虽然产生式是不连续的、全或无的,但还是可以预测练习数量对迁移程度的影响。产生式规则在最初形成后,会不断增强。其强度的累积意味着能产生更快更可靠的操作。(4)抽象性。E. L. 桑代克理论的主要问题在于把元素与行为的表面结构相联系。而思维的适应性控制理论的产生式除受工作记忆负荷的影响外,其绩效独立于问题情境,达到恰当的抽象水平。

根据 J. R. 安德森等人的研究,迁移水平是由两项任务共有的产生式数量决定的。因此在选编教材时,必须考虑循序渐进的原则,前后教学单元之间要有适当的联系,使先前学习成为后继学习的准备,后继学习作为先前学习的自然延伸。技能之间产生迁移的是共同的产生式,而不是表面相似的内容和形式。产生式也就是以概念和原理为基础的规则,因此无论针对何种技能都必须注重概念和原理的教学。教师可以有意识地引导学生发现不同知识之间或不同学习情境之间的共同点,启发学生概括总结,运用已学知识解决具体问题,举一反三,促进迁移产生。

此外知识编辑对产生式的获得与迁移有直接的影响,而且产生式具有强度累计的特点。教学中应给予学生充分练习和实际运用的机会,通过知识编辑使知识从陈述性阶段进入程序性阶段。如果练习量不够,学生往往只注意到前后学习表面上的相似,而没有掌握共同的产生式规则,反而会因此产生混淆。只有在学习情境以外的其他不同情境中正确运用概念和原理,才能真正掌握概念,发现基本原理的普遍性。教师可以安排较多的课时用于原理运用,设计的练习应该由简入繁、由易及难,种类多样。

认知策略迁移理论　20 世纪六七十年代,心理学家侧重将记忆策略教给智力落后儿童以改进记忆。1977 年心理学家贝尔蒙特等系统分析了 100 项类似策略训练的研究。结果表明没有一项策略训练在迁移上获得成功,并指出这些研究无一要求被试对其策略运用的成功与否进行反省。1982 年他们又评述了 7 项策略研究资料,这些研究都要求被试对策略运用状况进行反省,结果有 6 项获得了迁移。之后许多心理学家进行了类似的研究,比如 1985 年加泰勒等人通过研究儿童精加工记忆策略的迁移状况,证实了经过策略的有效性自我评价训练的儿童,能长期运用训练过的策略,并迁移到类似的情境中,而在其他训练条件下,策略训练仅有短期的效果。

认知策略迁移理论认为,认知策略的学习要实现在多种情境中的迁移,一个重要的条件是提高学习者的反省认知水平。因此,关于认知策略的迁移理论被称为反省认知的迁移理论。在学习迁移中的反省认知可以归纳为两种认识:一是关于我们已知什么的认识;另一是关于如何调节我们学习行为的认识。比如向自我提问:我对这个课题实际上知道多少? 我学习这个课题将要多少时间? 我能发现自己的错误吗? 我应该怎样修改自己的计划?

虽然反省认知能力发展较慢,但这种能力并非完全自然成熟的结果。研究表明,经验和清晰的教学对这种认知能力的发展起着重要作用。这意味着老师有责任去发展学生的反省认知能力,以达到促进迁移的目的。许多智力在中等以下且学习能力缺失的儿童常常缺乏反省认知能力。他们极少意识到自己学习任务、学习方法的特点,也不善于调节与控制自己的学习过程。心理学家开展了实证性研究以检验此类儿童反省认知训练的效果。比如帕林卡沙和 A. L. 布朗 1981 年以初中学生为被试进行研究,被试智商约为 90。他们阅读时识字没有困难,但理解有困难,根据阅读标准测验,他们的理解分数只达到第 7 个百分位等级。他们不能利用看到的词去理解句意,也不能从课文的阅读中达到学习的目的。他们读了词,但似乎意识不到从中学习什么和怎样学习。为补偿学生缺乏的这种反省认知能力,研究者给学生安排一个训练计划。训练第一阶段的主要措施是:当学生尝试回答理解问题时,研究者给学生提供充分的纠正性反馈信息。当学生回答正确,便立即给予表扬;当回答不正确,研究者指导他们如何纠正。在训练第二阶段教会学生学习策略:包括如何陈述主要观点,如何将信息分类,如何预测别人可能就材料的某一段落提问,如何澄清自己的混淆,如何解决自己的问题。这些都被称为反省认知技能的学习与运用。

研究结果表明,在这项训练开始前,学生对理解问题的回答正确率约为 15%。经过第一阶段十天的纠正性反馈训练,正确率上升到约 50%。在第二阶段十天的反省认知技能训练后,正确率上升到 80%,基本上能回答阅读理解问题。此外,这种反省认知学习训练还迁移到正常的课堂学习中,这些学生的课堂作业出现进步,训练中断后仍发现了这种学习和迁移的保持结果。

学习不只是让学生掌握几门学科的具体知识与技能,更重要的是让学生学会如何学习,即掌握学习策略。学生也只有掌握了良好的学习策略,才能把所学的知识技能顺利应用,促进更广泛更普遍的迁移。为此,我们应当把策略性知识教学作为重要的教学目标之一。教材要适当反映策略性知识的教学要求,教师应给予策略性知识的教学训练,能在教学中重视引导学生对各种问题进行深入的分析综合、比较、抽象概括,帮助学生认清问题之间的关系,寻找新旧知识或课题的共同特点,加强学生概括、思考、应用原理、整体知识等学习方法策略的学习。

从学习者角度而言,许多学习迁移的失败都是由于学习者反省认知能力的缺乏造成的,学习者需要在自我调节、自我监督、自我检查、问卷识别等方面加强训练。只有掌握了概括化的认知策略,才能真正学会学习。为使学习者学会应用反省认知技能,教育心理学家给出一些具体建议:学习者要对自己阅读的内容作出预测并不断修正这种预测;在学习和解决问题时,抓住重点;学习和工作中发生错误时,学习者要知道如何转移重点,打破定势的干扰;使新观念与已有知识结构形成联系;进行自我提问;从学习任务中选择并注意重要信息或特征,忽略无关信息或特征;知道何时应向他人求助;等等。

参考文献

皮连生.教育心理学(第三版)[M].上海:上海教育出版社,2004.
皮连生.智育心理学[M].北京:人民教育出版社,1996.

(孙　瑜)

强化理论(reinforcement theory)　阐述强化的性质、机制、类别及其在学习中的作用的学说。20世纪初,随着行为主义的发展,对行为的研究促进了强化理论的进一步完善。不同学派心理学家从不同角度阐述了强化的实质和内容,在行为矫正、心理治疗、教育心理及社会文化、政治经济等各方面产生广泛影响。

强化的科学含义

最早提出强化概念的是苏联生理学家巴甫洛夫。他认为经典条件反射建立的基本条件是,无关刺激与无条件刺激在时间上的结合,这个过程称为强化。狗吃食物时引起唾液分泌,这是无条件反射(unconditioned responses)。每次给狗喂食之前,先打铃,当铃声与食物的多次结合后,仅仅打铃而不呈现食物,狗也有唾液分泌。这样原来无意义的铃声刺激变成了条件刺激物,即成为引起条件反射的刺激物,从而形成条件反射(conditioned responses)。直接建立在无条件反射基础上的条件反射称为一级条件反射。在巩固的一级条件反射的基础上,还可以形成多级条件反射。

斯金纳把行为分为应答行为和操作行为,前者是指特定的、可观察的刺激引起的行为,如巴甫洛夫实验室里,狗看见食物或灯光就流唾液,食物或灯光是引起唾液反应的明确的刺激;后者是指在没有任何能观察的外部刺激的情境下的有机体行为,它似乎是自发的,如白鼠在斯金纳箱中的按压杠杆行为就找不到明显的刺激物。应答行为比较被动,由刺激控制,操作行为代表有机体对环境的主动适应,

由行为结果控制。人类大多数都是操作行为。相应地,这两类行为具有不同的条件形成机制,即巴甫洛夫经典条件作用和操作条件作用。斯金纳着重研究了操作条件作用,认为,强化是在操作条件反应之后有助于增加反应重复出现概率的刺激物的呈现。在日常生活中,人们所说的奖励、表扬与心理学中的强化同义。

强化理论的内容

E.L.桑代克、格斯里、斯金纳等从不同角度阐述了强化理论的观点。

桑代克的效果律　E.L.桑代克未用"强化"一词,但其效果律中的满意后果与强化同义。他强调学习的重要因素是机体的行为后果,即在一定情境中引起满意的行为就会和该情境发生联系,这一行为较易重复。相反,在某一情境中引起不满意行为就会与该情境分离,这一行为较难重复。另外,准备律和练习律是效果律的副律。准备律指学习开始时的预备之势,它包括三种状态:当一个传导单位准备好传导时,传导得以实现就引起满意之感,例如当某人准备好做某事时,做的活动就会令他感觉适意;若一个传导单位准备好传导,不给传导就引起烦恼;当一个传导单位没有准备好传导,强行传导就引起烦恼之感。练习律指学习需要经过重复才能完成,包含应用律和失用律。前者是指在特定情境下作出的任何反应就同此情境联系起来,而且反应在情境中用得越多,它们之间的联系就越牢固;后者是指如长期不用这个反应,联系就会趋于减弱。同时他对于效果律更强调奖赏而不是惩罚。

格斯里与赫尔的强化理论　格斯里不同意E.L.桑代克的效果律,根据接近原理,奖赏通过改变原有的刺激条件防止学习的解除,在一系列行动之后予以奖赏,使有机体摆脱奖赏之前正在起作用的刺激,由于受到奖赏的反应总是最后出现,随后便没有对那个器官上的刺激产生干扰反应使之代替最后正确反应的机会。因此,受到奖赏的反应易于保留下来。奖赏并没有增强行为,而是保护行为,使之免受后继不正确反应的干扰。惩罚的作用在于打破原有的联结,使得原先与不正确反应形成联结的刺激同正确反应形成联结。对惩罚提出几个要点:(1)惩罚的目的不是给被惩罚者造成痛苦,而是告诉他应该做什么。(2)为使惩罚有效,惩罚必须能导致产生一种与被惩罚行为不和谐的行为。(3)为使惩罚有效,惩罚必须同诱发被惩罚行为的刺激配对使用。(4)如果不能满足以上条件,惩罚不仅可能无效,而且可能加强被惩罚行为。赫尔提出强化量的大小是一个操作变量,而非学习变量。大的强化物与小的强化物对联结的形成影响不大,但联结一经形成,这一联结的操作就随强化量的变化而变化。

斯金纳的强化理论 斯金纳利用斯金纳箱的实验装置,对白鼠的操作行为进行了一系列的研究,并且以类似的方法对其他动物和人进行了研究,从中得出了操作条件作用建立的规律,即强化增加的不是某一具体的反应,而是反应发生的概率。例如,斯金纳箱里的饿鼠偶然地一按杠杆,便获得食物,而食物的强化使白鼠按压杠杆的可能性增加,如此一来,连续的食物强化使白鼠很快习得了按压杠杆的反应。但斯金纳并不认同桑代克那样,依据强化带来满意与否的效果来谈问题,也不强调练习的作用,因为练习至多只能增加接受强化的机会而不会提高学习速度。行为的关键在于操作及其强化。至于强化的作用,斯金纳也不赞成赫尔关于强化使内驱力降低的观点,他认为内驱力的东西只不过是一种操作,是影响反应行为的又一因素。

他还将强化物(reinforcer)分为两类:一类指与反应相依随的刺激能增强该反应,为正强化物,如水、食物、奖赏等;另一类负强化物是指与反应相依随的刺激物从情境中排除时可增强该反应。例如,将白鼠放进一特别箱子中,给予白鼠电击至白鼠按压杠杆。经过几次强化之后,白鼠很快习得了压杠反应,以逃避电击。电击就是增强压杠反应的负强化物。既然强化的效果总是增强反应,则惩罚不应算是一种负强化物。斯金纳指出,惩罚中厌恶刺激的安排与强化安排相反:呈现一个负强化物或是取消一个正强化物都可起到惩罚作用。

强化程式(reinforcement schedule)指给有机体建立操作条件作用时对其反应进行强化的不同时间安排方式。斯金纳认为,强化程式不仅能解释动物的行为,而且能说明人类的所有行为,即特殊的强化程式形成特殊的反应模式。根据反应次数与各次强化之间时距的适当组合,可分为连续强化和间断强化。根据反应数量及给予强化的时间间隔是否规律,间断强化分为定时强化、定比强化、变时强化、变比强化。定时强化是指以反应时间而非反应数量为单位来实施强化,如间隔3分钟或10分钟给予一次强化,人类的计时工资即是一例。实验表明,强化的时间间隔越短,动物的反应越快,反之亦然。反应也随着接近强化点时间的长短而变得或慢或快,即反应之初速度较慢,而接近强化时间点时,反应则加快。定比强化是指以反应的数量而非时间为单位来实施强化。人类的计件工资即是一例。就学习而言,定比强化和定时强化较难习得反应模式,变比强化和变时强化较易习得反应模式,且具有较强的抗消退性。定时强化比连续强化效果好,定比强化比定时强化更为优越。

关于惩罚,斯金纳区分出两种类型:在行为之后施加厌恶刺激;在行为后取消正强化物。他认为,厌恶时间把受惩罚反应产生的本体感觉的反馈信号变成"条件性厌恶刺激";当后来产生反应时,来自先前的运动反馈即成为厌恶性刺激,而使反应停止。该程式后被应用于行为治疗。另一种是指通过提供适当的刺激以减少后继不良反应的行为治疗技术。典型做法:每当个体作出一特定不良反应或行为时,便给予一个疼痛或令其感到痛苦的厌恶性刺激,以使该反应或行为再次出现的可能性减少乃至消失。在下述情况下比较有效:存在另一种可以得到奖赏的替代性行为;仅需要对一个信号作出简单反应便可逃避惩罚。它也可以向人提供信息,使人知道错误之所在,以便改变自己的行为。单独使用其效果往往不肯定,因为它往往只是暂时地压抑而不是从根本上消除不良行为。一旦停止实施惩罚,或个人维持不良行为的动机强烈到足以对抗惩罚影响的地步,不良行为便会再次出现。对于一个怀有强烈行为动机的个体实施惩罚,会引起个体产生严重的趋避冲突,从而导致更加不良的行为。在某些情况下,不仅不能消除不良行为,反而会由于对惩罚的焦虑与恐惧而使不良行为更加牢固,导致患者对施加惩罚的治疗者和治疗场所产生厌恶反应,从而造成医患关系的不良发展。一些临床家从伦理角度指出,即使为消除不良行为,治疗者也无权在治疗中对患者实施惩罚。在绝大多数情况下,应与正强化综合应用,才能取得好的疗效。

其他心理学家的强化理论 普雷马克从活动概率角度出发,认为个体在自由活动状态下,对各种活动有不同的偏好顺序,某些活动更易为个体优先选择,发生的概率较高。在正常状态下,反应发生概率高的活动具有更大的强化作用,可强化低概率活动。对某儿童而言,若看电视比写作业更易被优先选择,则可用看电视来强化写作业这一活动。蒂伯莱克等人则认为,强化与反应概率的高低无关,某种活动之所以成为一种强化物,是因为所建立的行为—强化物相倚关系限制、剥夺了个体作出某种活动,剥夺反应导致了强化的产生。如白鼠必须学会压杠方可吃食,压杠—吃食的相倚关系剥夺了白鼠自由吃食的活动。对吃食活动的限制促使动物产生压杠行为以获取食物,并将恢复到限制前的吃食的基线水平。因此,剥夺某种活动,则该活动就成为一种强化物,促使个体从事相关活动以获取该强化。除上述观点外,研究者还对强化与行为反应量之间的关系进行了探讨,提出平衡理论、匹配律等。

强化理论的应用

从行为主义开始,预测和控制人的行为成为心理学的根本任务。早期建立在条件反射基础上的强化理论就广泛应用在行为矫正、行为治疗、学习心理学等中。不仅影响了整个心理学领域,也在学校、医院、工厂、监狱等多种预测领域得到广泛应用。同时,行为主义的方法也影响了人文科学,如社会学、政治科学、教育和艺术等领域。

新行为主义对强化理论的完善进一步丰富了学习理论

及其研究方法。斯金纳基于操作条件作用原理提出学习的操作强化学说,认为学习就是操作之后受到强化的结果,并且运用操作强化原理设计了程序教学和机器教学,从而在一定程度上克服了传统教学的弊端,使学生在学习过程中都能获得及时反馈和强化,调动了学生学习积极性和自觉性,使其能根据自己的程度,按照程序教学的要求来决定学习进度,真正使学习成为自主的事情。强化理论的另一个贡献是推动了行为矫正和心理治疗的发展。格斯里把他的强化理论应用到行为矫正领域,对这一领域的发展作出了杰出贡献。行为治疗(behavior therapy)是20世纪60年代初发展起来的心理治疗,通常指以经典条件作用为基础的治疗。而行为矫正是建立在操作条件作用基础上的改变行为的技术。1973年行为矫正从行为治疗中分离出来,成为行为治疗的一种类型。包括:识别哪些行为需要加以强化,哪些行为需要加以消退;观察和确定该反应发生的频率;如果旨在增进某一行为,则识别适当的强化物。如果旨在消退某一反应,则识别正在维持该反应的强化物;安排某一种情境,使治疗家和教育家能控制强化物;通过操作强化物,矫正所选定的行为。20世纪80年代的调查表明美国心理学家把行为矫正看作第二次世界大战以来最重要的进展之一。这些领域的发展与强化理论是分不开的。

参考文献

乐国安.斯金纳的新行为主义[M].武汉:湖北教育出版社,1983.

叶浩生.西方心理学理论与流派[M].广州:广东高等教育出版社,1999.

章益,辑译.新行为主义学习论[M].济南:山东教育出版社,1983.

Keith, D. Behavioral Law in Histories of Psychology: Psychological Science, Metascience, and the psychology of science [J]. Psychological Inguiry,1995,6(2).

（宋小霞）

秦代文教政策　　秦代统治者为了进一步加强中央集权,在文教方面采取了一系列有利于统一的政策。主要包括"书同文,行同伦"、颁《挟书令》、"焚书禁学"、"吏师制度"等。秦代存在时间虽然很短,却在中国历史上占有非同寻常的地位,对后来封建社会的政治、经济制度产生了极其深远的影响,谭嗣同在《仁学》中说:"二千年之政,秦政也。"公元前221年,秦以武力灭掉六国中的最后一个国家——齐国,从而结束长期割据混战的政治局面,建立起中国历史上第一个统一的、中央集权的、多民族的封建国家。为了维护国家统一、巩固君主集权的封建统治制度,秦始皇在汲取春秋以来诸侯争霸、王室衰微教训的基础上,以法家思想为指导,采取了一系列改革措施。在政治上,废除分封制,全面实行郡县制度,将过去各自为政的封国变为受制于中央的州、郡、县,各级官员均由朝廷任免,从而建立起一整套从中央到地方的封建官僚统治机构。在经济上,废井田,开阡陌,以法律的形式确立封建土地的私人所有制,要求地主与有田的农民按地纳税。同时,还大力发展商业和交通,统一货币和度量衡制度。在文教方面采取了以下一些政策。

"书同文,行同伦"

这是推行共同文字、规范社会伦理和行为习惯的政策。自春秋战国以来,由于社会长期分裂以及各诸侯国地理条件和文化传统的不同,造成了制度不一、律令不一、道德不一、风俗不一、文字不一的局面,这对秦朝政令的实行和政权的巩固都极为不利。特别是文字,不仅诸侯国之间文字不同,即使在一个诸侯国内也并存着几种文字,这不仅严重阻碍着政令的推行,而且也影响了各地区之间的文化交流。为此,秦始皇在统一制度和律令的同时,采纳了李斯的建议,下令实行"书同文,行同伦"政策。

所谓"书同文",就是统一语言和文字,消除战国时期"言语异声,文字异形"的现象。其具体做法是,李斯以秦国字形为基础,吸收六国字形,将周代使用的文字"大篆"和战国时期齐鲁地方使用的字体"古文"(又称"蝌蚪文")加以改造,创造出一种新的字体——小篆。但由于小篆书写比较困难,狱吏程邈又将小篆简化为隶书,成为后来通行的方体字楷书的雏形。自此,朝廷的官方公文为小篆,并出现了以小篆为字体的蒙学教材,如李斯的《仓颉篇》、赵高的《爰历篇》、胡毋敬的《博学篇》等。民间所用文字为隶书。由于秦代在中国文字发展史上处于新旧交替时期,所以并没有完成统一文字的任务,仍存在多种文字并存的情况,"秦书有八体:一曰大篆,二曰小篆,三曰刻符,四曰虫书,五曰摹印,六曰署书,七曰殳书,八曰隶书"(许慎《说文解字·叙》)。但是,秦朝的文字改革却在中国教育史上占有重要地位,它使字体由繁琐到简单,由混乱到整齐,对汉字走向规范化、定型化,对传播文化和推广教育,对推行统一政令、实现思想统一,进一步强化和巩固中央集权制度,都具有不可磨灭的历史功绩。

所谓"行同伦",就是规范伦理,推进社会教化,以便改化黔首,匡饬异俗。不同地区的风俗,往往价值取向不同,善恶评价尺度不同。早在战国时期,秦国就在军事扩张的同时,注意纠正妨碍政令法度推行的陋风异俗。统一后,秦统治者用《秦律》代替《周礼》,作为统一道德观念和风俗习惯的标准,这一措施进一步融汇了各民族的风俗习惯,大大推进了社会教化。同时,秦始皇还五次出巡,每次巡行(秦始皇二十七年,即公元前220年对原属疆域的巡行除外),都以东方六国旧地为主,并均刻石留念。他之所以这样做,一方面是为了炫耀权威,为自己歌功颂德,另一方面则是为了"端平法度"、"匡饬异俗",使原来六国的民俗、道德规范无异于中原,促进全国范围的"行同伦"。此外,还在地方基层设有专门负责教化的乡官——三老,"设三老以掌教化",对一般人民进行法治教育、耕战教育和尊卑贵贱的思想教化。

颁《挟书令》,"焚书禁学"

这一措施包括两个方面:一是关于限制藏书的问题;二是限制办学的问题。秦自商鞅时就开始实行法家政治,到李斯为相时,更是严施法治,扼制其他思想。秦始皇接受李斯的建议,于秦始皇三十四年(公元前213年)颁布《挟书令》。《挟书令》指出:"史官非秦纪皆烧之;非博士官所职,天下敢有藏《诗》、《书》、百家语者,悉诣守、尉杂烧之;有敢偶语《诗》、《书》者,弃市;以古非今者,族;吏见知不举者,与同罪;令下三十日不烧,黥为城旦。所不去者,医药、卜筮、种树之书。"根据这个法令,原来秦国的史官、博士官手中的儒家经典和百家之语,以及医药、卜筮和种树之书皆可以保存,而民间除医、农、占卜之外的其他书籍则一律都要收缴焚毁。敢于私下议论《诗》、《书》者杀头,"以古非今者"满门抄斩,令下三十天之内不烧者,要处以黥刑,充军边疆罚修长城。其目的是禁止所谓"异端学说",消除百姓和儒生聚谈诗书或以儒家经典为依据颂古非今和非议朝廷。由于这一措施得到秦始皇批准后在全国实行,从而导致了中国历史上著名的焚书悲剧,庆幸的是,所烧书籍大部分是民间藏书,官府藏书未被烧毁。第二年,即秦始皇三十五年(公元前212年),又发生骇人听闻的"坑儒"事件。秦始皇认为诸生在咸阳"或为妖言,以乱黔首",便将"犯禁者四百六十余人,悉坑之咸阳"。这与"焚书"事件,历史上合称"焚书坑儒"。秦始皇的"焚书坑儒",结束了春秋战国以来百家争鸣的局面,是中国文化史上一次空前的浩劫,使言必称《诗》、《书》,行必颂圣贤的儒家学者遭到了沉重打击。

立足于统一以后社会形势变化的要求,李斯认为,私学会导致以学派结成的朋党的产生,从而引起社会的思想混乱,威胁刚刚建立的封建专制统治,因此,他主张禁止私学。这一建议得到秦始皇的采纳,于是全面禁止私学,特别是对被称为"二心私学"的儒家私学,采取了"破其党"、"散其群"和"禁其行"的全面禁止措施。由于书籍被焚,言论被禁,私学逐步失去了其存在的基础。秦始皇焚毁民间藏书、取缔民间学术的举措,从政治上说,是为了巩固秦王朝的封建君主专制政权;从学术上来说,是想恢复到西周以前"学在官府"的局面,实现文化的专制统治。

"以法为教,以吏为师"

李斯在提出焚书的建议后,又提出"若有欲学法令,以吏为师"的主张。为了维护国家统一,巩固封建统治,实现

教育上的统一和对教育的控制,秦始皇开始接受并实施"以法为教,以吏为师"的教育政策。所谓"以法为教",即教育内容仅限于法令,以法令来统一人们的思想和行动,培养出知法守法、服从统治的顺民。所谓"以吏为师",即官师合一,废除专职教师职业,这是西周"官师合一"、"政教合一"思想的延续。于是,秦朝在政府机关附设"学室",专门培养文书事务人员,即刀笔小吏。在"学室"中,由制定法令、执掌法令、解释法令的官吏对史子(学生)进行教育。据记载,秦朝政府中管理文书、档案、书记、刑狱的小官"史",也兼作教育"史子"的任务,此外,秦朝还模仿战国末期齐、魏等国设立博士官的做法,征召儒家、名家、神仙家成为博士官,他们的职责主要是掌古今、议政事、备咨询,有的博士官也充任吏师教授弟子。在中央集权的最基层组织——乡,又普遍设立乡官"三老"以掌教化,对老百姓进行法治教育、耕战教育和封建伦理道德教育。当然,"以法为教"实际上是以法代教,"以吏为师"实际上是官师合一。

综观秦代实行的文教政策,其中既有积极合理的成分,也有消极落后的因素。从积极方面来看,秦代的文教政策是为了巩固新兴封建中央集权和维护国家统一而提出来的,因此适应了当时历史发展的需要。其中,"书同文,行同伦"的文教政策,对于改革文字、交流文化、昌明法度、匡正异俗,作出了十分重要的历史贡献;"以法为教"政策的实施,使秦代的法治教育和社会教化开展得有声有色,是注重法治思想在教育上的体现;"以吏为师"的政策,使各级官吏成为教育教化的具体实施者,从而对民众产生了强大的示范表率作用,所谓"上所为之,下必从之"。从消极方面看,秦代的文教政策又有很大的历史局限性。在教育上推行了一系列野蛮粗暴的政策,如"焚书坑儒"使宝贵的历史文化遗产和人才遭到了空前的浩劫和破坏;严禁私学则试图从思想意识上控制和蒙蔽广大人民群众;"以法为教,以吏为师"也在无形中取消了学校教育的功能,造成学校教育的倒退;"以吏为师"更是取消了独立的教师职业,开始由官吏负责社会教化,进行法治教育。

参考文献

王炳照,等. 简明中国教育史[M]. 北京:北京师范大学出版社,1994.

王炳照,阎国华. 中国教育思想通史[M]. 长沙:湖南教育出版社,1994.

（吴慧芳）

青少年被犯罪侵害及其保护（juvenile victims and legal protection）　对青少年实施的犯罪行为及其法律制裁。主要涉及以青少年为被害人的性犯罪、侵犯青少年自由型人格权的犯罪、侵害青少年物质型人格权的犯罪、侵

害青少年尊严型人格权的犯罪、侵犯青少年财产权的犯罪等。

以青少年为被害人的性犯罪的法律制裁 以青少年为被害人的性犯罪，其被害人绝大多数为女性，尤其是强奸罪，法律上仅以女性为强奸对象，并无男性强奸罪被害者，但未满14岁的男孩可以成为猥亵儿童罪的被害人。

由于青少年身心尚未发育成熟，识别能力不强，易受诱惑，加之整体上少女性成熟期提前，使其更容易成为性侵害的对象。结合刑法分则，此类犯罪的法律制裁有：(1) 强奸罪、奸淫幼女罪是最严重的侵犯青少年性权利的犯罪，鉴于它对青少年女性身心的极大摧残性，必须对其加以严厉的刑罚处罚。《中华人民共和国刑法》第二百三十六条规定："以暴力、胁迫或者其他手段强奸妇女的，处3年以上10年以下有期徒刑；奸淫不满14周岁的幼女的，以强奸论，从重处罚。"该条还规定了强奸罪的五种加重情节，对其可判处10年以上有期徒刑、无期徒刑或者死刑。(2) 猥亵儿童罪指猥亵不满14周岁儿童的行为。一般情况下，本罪绝大多数被害人为女性。《中华人民共和国刑法》第二百三十七条第三款规定对不满14周岁的儿童实施猥亵的，不管行为人是否使用强制手段，都构成猥亵儿童罪，如果强制猥亵儿童，应给予更为严厉的刑罚处罚；情节严重的，如聚众或者在公共场所当众猥亵儿童的，在5年以上有期徒刑幅度内从重处罚。(3) 引诱不满14周岁的幼女卖淫的行为。犯引诱幼女卖淫罪，处5年以上有期徒刑，并处罚金。(4) 组织、强迫他人卖淫罪的最大受害者是青少年，她们因为贫穷或者被引诱、胁迫，参与卖淫行为，不仅在经济上受到剥削，而且对自身的身心发育也是一种摧残。犯本罪，处5年以上10年以下有期徒刑，并处罚金；刑法还规定了可以处10年以上有期徒刑或无期徒刑，并处罚金或没收财产的五种严重情节：组织他人卖淫、情节严重的；强迫不满14周岁的幼女卖淫的；强迫多人卖淫或者多次强迫他人卖淫的；强奸后迫使卖淫的；造成被强迫卖淫的人重伤、死亡或其他严重后果的。同时规定，若具有上述五种情形之一，如果情节特别严重，可以处无期徒刑或者死刑，并没收财产。

侵犯青少年自由型人格权的犯罪的法律制裁 指侵犯青少年身体自由权和内心自由权达到某种严重程度，依据刑法需要给予的刑事处罚。(1) 拐卖儿童罪。《中华人民共和国刑法》第二百四十条规定：拐卖儿童罪，对其处5～10年有期徒刑，并处罚金，而且规定了6种情节加重犯，对他们可处10年以上有期徒刑或无期徒刑，并处罚金或没收财产，情节特别严重，可判处死刑，并没收财产。借收养、抚养等名义拐卖儿童的，也以拐卖儿童罪追究刑事责任。(2) 收买被拐卖的儿童罪。主观方面是故意，即明知自己所收买的对象是被拐卖的儿童而故意收买的。对于不明真相以营养费等名义给了他人钱财而收养、抚养儿童的，不追究刑事责

任；对于行为人过失的情况，即行为人当时应当预见儿童为被拐卖的，只是因为拐卖者当时花言巧语，使行为人在半信半疑状况下以营养费等名义支付了钱财，获得了儿童的抚养权的，也不构成犯罪。(3) 聚众阻碍解救被收买的儿童罪。在公安机关、各级行政机关以及其他负责解救工作的人员解救被收买儿童时，收买者及其家属、朋友或者其他人员聚集同村大量人员，阻碍解救行动，致使有些解救行动陷入尴尬的境地，即犯本罪。(4) 拐骗儿童罪。拐骗儿童罪是指采用蒙骗、利诱或其他欺诈方法，使不满14周岁的未成年人脱离监护人监护的行为。主观是故意，其目的一般不是为了出卖赢利，而是为了收养或者使唤、奴役；客观方面表现为使用蒙骗、利诱或者其他欺诈方法，诱骗不满14周岁的未成年人脱离监护。(5) 非法拘禁罪。是指以拘留、禁闭或者其他强制方法，非法剥夺他人人身自由的行为。主观方面是故意；客观方面表现为对被害人采用拘留、禁闭或者其他强制方法，非法剥夺他人人身自由的行为。(6) 绑架罪。以勒索钱财为目的，采用暴力、胁迫或者麻醉方法，劫持他人，或者绑架他人作为人质的行为。主观方面是故意；客观上表现为采用暴力、胁迫或者麻醉方法，实施劫持他人的行为。以勒索钱财为目的，偷盗不满1周岁的婴儿或者偷盗1周岁以上不满6周岁的幼儿的行为也应该视为劫持行为。

侵害青少年物质型人格权的犯罪的法律制裁 指侵害青少年作为自然人对生命、身体、健康等物质性人格要素不可转让的权利的法律制裁。

(1) 故意杀人罪。作为一种完全剥夺青少年生命的犯罪，是最严重的一种犯罪。针对青少年的故意杀人罪主要如下几种：溺婴；家庭冲突导致杀害儿童；性欲杀人，犯罪人把杀人作为满足性欲的手段，以杀人行为本身作为性的补偿；因寻衅滋事、打架斗殴而导致青少年被杀害。(2) 故意伤害罪。指故意非法损害他人身体健康的行为。(3) 虐待罪。以青少年为被害人的虐待罪是指对青少年经常以打骂、冻饿、禁闭、有病不治、强迫过度劳动或限制自由、凌辱人格等方法，从肉体上和精神上进行摧残迫害的情节严重的行为。(4) 遗弃罪。是指对于没有独立生活能力的未成年人，负有抚养义务而拒绝抚养的情节恶劣的行为。本罪主体必须是对被遗弃者负有抚养义务的人。主观方面是故意；客观方面实施了遗弃的行为。中国法律规定，只有遗弃行为恶劣时才构成犯罪。情节恶劣是指在遗弃中有打骂行为、遗弃者屡教不改、遗弃动机非常卑劣、因遗弃导致未成年人辍学或流浪街头等。对于因遗弃导致该未成年人重伤、死亡的，应该按故意伤害罪、故意杀人罪依法追究行为人的刑事责任。(5) 教育设施重大安全事故罪。是指明知该校舍或者教育教学设施有危险，而不采取措施或者没有及时报告，导致发生重大伤亡事故的行为。本罪的主体是特殊主体。只有对学校教育教学设施负有直接责任的人员

才构成本罪。主观方面是过失,主要表现为过于自信的过失,即明知设施存在危险,但轻信能够避免,因而没有采取有效的预防措施;客观方面表现为不作为,即没有采取有效措施的行为。(6)过失致人重伤罪、过失致人死亡罪。

侵害青少年尊严型人格权的犯罪的法律制裁　指侵害青少年的人格尊严达到某种严重程度的法律制裁。主要包括侵害青少年隐私权的侵犯通信自由罪;侵犯名誉权的侮辱罪。(1)侵犯通信自由罪。宪法规定公民的通信自由和通信秘密受法律保护。对于开拆限制民事行为能力的未成年人的信笺,要具体分析。从保护监护人、监护人代理人充分善意管理、教育未成年人角度考虑,不构成犯罪,只有情节严重时才构成犯罪。情节严重是指多次隐匿、开拆或者毁弃屡教不改的;因为隐匿、开拆或者毁弃造成严重后果的,或者耽误了重大事件的;恶意隐匿、毁弃或开拆他人信笺的;开拆他人信笺后到处宣扬使他人名誉受到损害的等。犯本罪,处1年以下有期徒刑或者拘役。(2)侮辱罪。以青少年为被害人的侮辱罪是指使用暴力或者其他方法,公然贬低他人人格,破坏他人名誉,情节严重的行为。主观方面是故意;客观方面实施了使用暴力或者其他方法公然侮辱他人人格和名誉的行为。本罪有相当一部分发生在学校,表现为老师对于青少年学生的侮辱。关于侮辱罪,中国法律的规定是告诉才处理。

预防青少年被犯罪侵害　建立青少年被犯罪侵害的预防与救助体系。应体现以下原则。(1)主动自救的原则。变被动为主动,变等待他救为主动自救,鼓励青少年积极主动开展各种安全教育活动。(2)观念预防的原则。采用多种行之有效的宣传教育活动,更新传统观念,改变防范的理论误区。根据中小学校课程设置的欠缺,开设相关法制课与预防被害知识课程;以多种宣传形式,充分利用电视、广播等宣传媒介普及预防被害的观念、知识和技能,编制宣传手册,制造预防犯罪的玩具与儿童护身符系列产品。(3)综合治理的原则。充分调动公众的积极性,使专门机关与人民群众相结合。在充分调动青少年自助自救意识的同时,充分依靠社会,采用教育、宣传、法制、经济、打击、管理等多种手段,铲除产生犯罪的根源,为广大青少年提供充分、细致、综合的预防工作与救治措施。完善法律保护,建立与健全救助的机构。学校、家庭、单位、街道应齐抓共管,标本兼治,建立综合治理原则下的预防与救助网络。

参考文献

康树华,向泽选.青少年法学新论[M].北京:高等教育出版社,1996.

佟丽华.未成年人法学[M].北京:中国民主法制出版社,2001.

（穆　琳）

青少年犯罪及其预防（juvenile delinquency and its prevention）　根据青少年犯罪的特点,采取有针对性的措施,以有效控制和减少青少年犯罪发生的一系列社会性活动。青少年犯罪的概念有广义和狭义区分。广义的青少年犯罪概念是犯罪学概念,不仅包括6～25周岁青少年所实施的触犯刑事法律的犯罪行为,还包括触犯社会治安管理法规的违法行为以及不良行为。狭义的青少年犯罪是指已满14周岁未满25周岁的人实施了危害社会、触犯刑事法律、依法应受刑罚处罚的行为。

青少年犯罪的原因　从主观方面看,青少年正处于身心发展,世界观、人生观、是非观、法制观形成时期,具有以下特征。(1)思想认识上渐趋成熟,敏感好奇,富于想象,喜欢模仿,但辨别是非能力弱,认识事物本质能力差,缺乏应有的理智和正确的判断力,以致在追求新奇刺激面前,极易受不良影响而导致违法犯罪。(2)自我意识增强。青少年对成年人的依赖心理减弱,逐步形成自我中心倾向,渴望独立。但因社会阅历等有限,容易导致理想与现实的脱节,以致形成玩世不恭、善恶颠倒的心理倾向。(3)情绪不稳定,易冲动,容易由于不能自控而走上违法犯罪的道路。

从客观方面看,主要有四个方面原因。(1)不良的家庭环境是导致青少年违法犯罪的首要因素。青少年活动的场所主要是家庭,家庭对青少年的性格最容易发生深刻的影响,主要体现在父母的养育态度、言行举止以及家庭的气氛上。有五类家庭容易导致青少年违法犯罪:因受自身教育程度的局限,父母对子女放任自流的家庭;对子女过分溺爱或习惯用粗暴、简单的方式,教育管理方法不当的家庭;父母忙于赚钱而顾不上管教的家庭;父母行为不良,未建立正常权威形象的家庭;在感情方面残缺、破损不完全的单亲家庭。(2)不良社会环境是导致青少年违法犯罪的直接诱因。社会上书刊、影视、录像制品中反映暴力、色情等淫秽不堪的精神垃圾对思想尚未成熟、分辨是非能力差、好奇心和模仿力强的青少年产生很强的诱惑力,很容易腐蚀青少年,使他们误入歧途。(3)学校德育工作弱化。学校过分重视文化课学习,不重视政治思想教育、道德教育和法制教育,导致学生思想道德滑坡。(4)受不良外来思想的影响。

青少年犯罪的类型　主要有暴力型青少年犯罪、淫乱型青少年犯罪和物欲型青少年犯罪。

暴力型青少年犯罪是指青少年凭借其自身的自然力或借助一定的具有杀伤性能的器械以强暴手段或以其他危险方式,对人或物施暴并造成了一定损害后果或有造成损害危险的严重危害社会的行为。一般包括杀人、伤害、强奸、抢劫、放火、爆炸、暴力干涉他人婚姻自由等。

淫乱型青少年犯罪具有以下特点。在主体上,这种犯罪大部分罪种只能由男性实施,女性只能构成某些罪的主体,如卖淫、流氓罪等;在行为的动机上,有的犯罪是为了满足行为人性欲,有的是为了填补空虚的精神,向社会示威,有的是为了满足其变态的物欲等。

物欲型青少年犯罪是指青少年为了满足物质欲望,以非法占有为目的而实施的各种侵犯公私财物的犯罪。按照《中华人民共和国刑法》的规定,包括:侵犯财产的犯罪,如盗窃、诈骗、敲诈勒索、抢劫等;破坏社会主义经济秩序中的某些犯罪,如走私、投机倒把等;妨碍社会管理秩序中的某些犯罪,如赌博、制作或贩卖淫书、淫画等。

青少年犯罪的预防　以对青少年犯罪原因进行科学分析为基本前提;针对青少年犯罪而采取一系列行为措施,其根本目的是控制和减少青少年犯罪的发生。综合治理方针的提出为中国青少年犯罪的预防提供了理论和策略上的指导。综合治理就是在党的统一领导下,动员国家机关、人民团体、工矿企业、家庭、街道以及广大群众,同心协力、互相配合、一齐动手,各负其责,采取政治的、思想的、组织的、经济的、文化的、教育的、道德的、行政的、法律的等各种手段,从各个方面教育、保护青少年健康成长,保障青少年的合法权益,教育、挽救失足青少年,预防和减少青少年违法犯罪。

综合治理的预防措施体现"综合"的特性。第一,保护性措施。由国家和有关部门依照青少年的身心特点和行为模式的特殊之处,制定法规并采取相应的措施,积极保护青少年的合法权利,为他们的生活、学习、工作创造良好的环境,以保证他们的健康成长。《中华人民共和国未成年人保护法》就是为适应青少年犯罪预防的需要,积极保护青少年健康成长而制定颁布的,是保护性措施的具体体现。第二,疏导性措施。在生活、学习、工作中发现了青少年有违法犯罪的征兆后,采取积极措施,将他们的反社会情绪扭转到正常的轨道上来。第三,限制性措施。国家和社会根据青少年身心特点和对青少年犯罪原因的认识和分析,在保护青少年健康成长的前提下,事先规定一些限制性的行为规范,以消除违法犯罪的诱因和漏洞,堵塞违法犯罪的发生,最终达到预防青少年犯罪的目的。第四,惩戒性措施。由国家政法机关对违法犯罪的青少年依照法律分别给以行政处罚、刑事处罚,警戒他们不要再进行违法犯罪活动;同时,也警戒其他青少年或者有可能实施违法犯罪的青少年不要违法犯罪。第五,改造性措施。通过一定的方法对违法犯罪的青少年进行教育改造,彻底改变他们的世界观,使其知过认错,改恶从善的一种措施。

综合治理预防的主体除公安机关、监察机关、法院、国家权力机关、行政机关、社会组织之外,还包括学校和家庭。

公安机关在预防青少年犯罪中的作用。(1)对可能发生违法犯罪和已有轻微违法犯罪行为的青少年,特别是对偶尔失足的青少年,加强防范和管理,认真做好帮教工作,使一些有不良习性和轻微犯罪行为的青少年能及时改掉不良行为,成为守法公民。(2)加强对旅馆、舞厅、录像厅等特

种行业的管理,及时消除导致青少年犯罪的各种隐患。(3)加强危险物品的管理,依法保证枪支弹药、爆炸物品、放射物品、易燃易爆物品和剧毒物品的安全使用,防止青少年使用这些物品进行违法犯罪活动。(4)加强户籍管理工作,将本地区的外来人口登记造册,摸清这些外来人口的基本情况,控制有违法犯罪可能的人员和一些重点人口的动态。(5)加强毒品和麻醉药品的管理,监督毒品和麻醉性药品原料的种植、生产、储存、销售和使用,防止私种和贩卖毒品行为的发生。(6)认真做好刑满释放人员的管理、教育工作,防止他们重新犯罪。(7)加强治安巡逻。在城镇特别是大中城市的公安机关,要针对当地的地理环境和犯罪的规律与特点,安排一定的巡逻力量,及时发现和抓获犯罪分子,防止犯罪的发生。(8)严格查禁各种淫秽物品,坚决取缔赌博活动。(9)加强对企事业单位内部的保卫部门的指导工作,督促各单位的保卫部门做好本单位的青少年犯罪预防工作。(10)加强对青少年的防范意识的教育工作,以提高整个社会的防范能力。

检察机关在预防青少年犯罪中的作用。(1)对于公安机关已经侦察终结、犯罪事实清楚、证据确凿充分,依法应当追究刑事责任的青少年犯罪案件,及时向人民法院提起公诉,积极做好青少年犯罪的特殊预防。(2)结合检察机关对经济犯罪案件和渎职案件侦查、起诉的职责,积极组织力量,认真分析和调查这类犯罪的原因,有针对性地采取措施,做好这方面的青少年犯罪预防工作。(3)切实做好免予起诉的工作,发挥预防青少年犯罪的作用。(4)积极走向社会,主动做好预防青少年犯罪的工作。(5)认真分析青少年违法犯罪的原因,及时向有关单位提出司法建议,积极协助有关单位加强法制宣传,建立健全各项管理制度。

人民法院在预防青少年犯罪中的作用。(1)严格按照法律规定,对严重的刑事犯罪分子依法进行审判,并判处一定的刑罚,剥夺犯罪分子的犯罪能力,充分利用刑罚的威慑力,发挥特殊预防的作用。(2)在对成年人的刑事案件依法公开审判的各个环节中,在依照法定程序查清犯罪分子的各种犯罪事实和证据的同时,要进行法制宣传和法制教育,从而达到一般预防的目的。(3)在依法对未成年人的犯罪案件不公开审理的过程中,根据案件事实和未成年人实施犯罪的主客观原因,对未成年的当事人进行法制宣传、法制教育、道德教育、认罪服法教育,及时矫正未成年人被扭曲的心。同时,要对未成年人的父母进行法制教育,向他们讲清未成年人的身心特点,使其明白在抚养未成年人过程中应注意的各种问题,从而发挥犯罪预防的职能。

国家权力机关在预防青少年犯罪中的作用。(1)在根据本地区的社会状况和经济发展状况制订国民经济和社会发展计划的同时,综合衡量和全面考察本地区的政治、经济、文化、教育、科技、人口结构、交通等各方面的现有条件

和发展潜力,从宏观方面实现全面控制,使各部门能各司其职,使人民群众各得其所,安居乐业,从而实现社会的良性运转,最终达到从整体上实现对犯罪的积极有效地控制。(2)在监督、检查、指导司法机关和政府部门预防犯罪工作的同时,还要根据现实需要与可能制定和健全有关预防犯罪的法律、法规,推动全民普法教育等活动的开展,加强社会主义法制建设,预防和减少违法犯罪活动的发生。

国家行政机关在预防青少年犯罪中的作用。(1)各级人民政府要认真贯彻落实当地方针、政策,积极领导全社会治安整顿和制定各项犯罪控制的行政管理措施,切实抓好城乡建设和管理工作,正确处理人民内部矛盾,积极消除和减少社会的不安定因素,最终为实现预防犯罪创造良好的社会环境。(2)教育行政部门要认真贯彻《中华人民共和国义务教育法》和《中华人民共和国未成年人保护法》及其他有关教育的政策法规,指导和督促学校正确贯彻和实施党的教育方针,加强对学生的道德、纪律、法律、人生观、世界观等方面的教育,使学生端正学习态度,明确学习目的,努力减少学生违法犯罪,为预防犯罪、净化社会环境作贡献。(3)劳动、民政部门要采取各种措施,合理解决青少年在升学、就业、婚姻等方面所遇到的实际问题,对于失足青少年要做好教育和安置工作;对于刑满释放、解除劳教的青少年,要帮助他们谋取生活出路。工商、税务部门要加强管理,堵塞工作中的漏洞,采取各种措施,减少犯罪诱因的存在。

群众团体在预防青少年犯罪中的作用。(1)各级工会组织要把抓好职工教育当作一项重要任务,力求把政治思想教育、道德教育、法制教育渗透到职工的生产、生活及各项工作中去。经常组织职工开展有意义的活动,关心和解决青少年所面临的实际问题。(2)共青团、少先队等青少年组织要抓好青少年的思想教育工作,要经常开展一些青少年思想状况和心理动态的调查,了解和掌握青少年心理发展变化的规律。

学校在预防青少年犯罪中的作用。学校在预防青少年犯罪中起着举足轻重的作用。为了避免青少年走上违法犯罪道路,学校应该做到:(1)端正办学方针,正确贯彻和落实国家的教育方针,加强对学生的思想品德方面的教育工作。学校是教育和培养青少年健康成长的场所,不仅要教给青少年文化科学知识,更重要的是要帮助学生树立高尚的品德和情操。学校要对学生进行德、智、体、美、劳等方面的教育。此外,应当从初中开始设法制教育课,对学生进行法律知识的教育。(2)加强对后进生的帮助和教育,化消极因素为积极因素。从政治上、思想上、学习上、生活上帮助和教育后进生,使他们感受到集体的温暖和生活的美好,从而增加学习热情,不断进步。《中华人民共和国未成年人保护法》第十八条也做了规定:"学校应当尊重未成年学生受

教育的权利,关心、爱护学生,对品行有缺点、学习有困难的学生,应当耐心教育、帮助,不得歧视。"

家庭在预防青少年犯罪中的作用。家庭教育在人的成长历程中起着不可磨灭的作用,家庭对预防青少年犯罪具有重大意义。为了保障青少年健康成长,积极发挥家长的预防犯罪的职能,父母应该做到:(1)以身作则,为子女树立一个榜样。父母对子女的教育,主要不是靠训斥和说教,而是靠榜样引导和行为感染。儿童是天生的观察者,也是天生的模仿者。青少年道德观念的形成,行为模式的获得,生活习惯的养成,主要是靠观察和模仿。父母应该从小事做起,在言谈举止等方面为下一代起到示范作用,保障青少年健康成长。(2)尽力为子女创造一个良好的生活环境。环境对人的价值观、道德观、行为模式等起着潜移默化的作用,良好的家庭环境将是青少年健康成长的必要条件。父母应尽力营造起宽松、和谐、愉快、幽默的家庭气氛,促进子女健康发展。(3)学会科学的育儿办法,懂得少年儿童身心发展的一般规律,要掌握教育学、心理学、生理学等方面的基本知识,为教育子女提供理论上、方法上的指导。(4)树立健康的新型的婚姻家庭关系,增进家庭民主气氛。经常和子女谈心,加强正面引导,及时纠正不良行为。(5)加强家庭中的自我防范工作,对子女进行被害意识的教育,增强其防范意识,教给其一些基本的防范技能和保护策略,提高子女在社会化过程中的应变能力。(6)在家庭内经常开展良好的品德教育,帮助子女树立正确的是非观念,提高子女遵纪守法的自觉性。

参考文献

康树华,向泽选. 青少年法学新论[M]. 北京:高等教育出版社,1996.

佟丽华. 未成年人法学[M]. 北京:中国民主法制出版社,2001.

许邦银,张晶. 预防未成年人犯罪的理论与实践[M]. 合肥:安徽大学出版社,2002.

(穆 琳)

青少年文化与亚文化(youth cultures and subcultures)存在于青少年时期特有的价值观、思维特征、语言风格和行为方式。常构成对社会主流文化的对抗。有广狭两义。广义指青少年表现出的一切文化特征,涵盖青少年的思想观念、思维方式、行为特征、语言风格、衣着打扮、消费方式等;狭义指青少年的价值观念及行为特征。

青少年亚文化往往与社会主流文化相对,但两者的关系会随社会变迁而变化。在特定时期,亚文化会随历史的发展转化成为主流文化。主流文化是特定时期占统治地位的文化,代表一个社会中占支配地位群体的利益,具有保守性,即倾向于维护既存的社会秩序与权力结构;亚文化则代

表社会中处于边缘地位群体的利益,对于社会秩序往往采取一种颠覆的态度,其突出的特点是边缘性、颠覆性和批判性。随着历史发展和社会转型,亚文化与主流文化之间的对抗关系可能出现相互转化,由边缘逐渐演变成主流。

亚文化的概念由美国社会学家 M. M. 戈登首次提出并界定。1947 年 M. M. 戈登发表《亚文化概念及其应用》一文,将亚文化概念的出现溯源至 1944 年出版的《社会学词典》中的"culture-sub-area",特指在一个大文化区域中具有独特文化特征的亚区域(sub-division),并进一步将亚文化视为基于种族、经济、宗教和地区等不同社会要素而产生的差异文化。此后,亚文化的内涵一直充满激烈的争议和戏剧性变化。

国外对青少年亚文化的研究主要出现在第二次世界大战后,不同国家的研究侧重点有所不同。美国以芝加哥学派为代表的研究群体更多关注劳工阶级聚集区内青少年的违法现象,尤其是暴力、毒品及盗窃。这类研究呈现典型的社会生态学分析模式,其研究的关键词为"阶层冲突"、"权力"、"集体解决方式"等。1964 年,英国社会学家霍加特在伯明翰大学建立当代文化研究中心(Center for Contemporary Cultural Studies,简称 CCCS),汇聚一大批有影响力的研究者,发表了大量有关青少年亚文化的研究成果,如《仪式抵抗》、《学会劳动》、《亚文化:风格的意义》、《躲在亮处》、《共同文化》、《女孩与亚文化》等,其研究聚焦于"无赖青年"(teddy boy)、"光头仔"(skinheads)、"朋克"(punk)、"嬉皮士"(hippie)等亚文化现象,研究关键词为"抵抗"、"协商"、"风格"、"收编"等。加拿大和苏联等国也对青少年亚文化展开广泛研究。如加拿大对少数族裔青少年亚文化群的研究、苏联对青年自发组织的非正式青少年亚文化群体的研究等。这些研究因国别、文化和社会形态的不同而存在差异,其共同点是从阶级、种族、性别等视角划分和研究青少年亚文化,并将其与主流文化和社会霸权之间的关系作为研究重点。

国外最典型的亚文化现象集中表现为 20 世纪中叶"垮掉的一代"(beat generation)。这是第二次世界大战后出现在美国的一群松散结合在一起的年轻诗人和作家的集合体。这一名称最早由美国作家克鲁亚克在 1948 年前后提出。英语中,形容词"beat"有"疲惫"或"潦倒"之意,克鲁亚克则赋予其"欢腾"或"幸福"之意,与音乐中"节拍"的概念联结在一起。"垮掉的一代"的成员大多是玩世不恭的浪荡公子,他们笃信自由主义,其文学创作理念往往是自发的和混乱的,所创作的作品因不遵守传统创作的常规和结构,以及形式的杂乱无章、语言粗糙甚至粗鄙而广受争议。在西方文学界,"垮掉的一代"被视为后现代主义文学的一个重要分支,也是美国文学历史上的重要流派之一。

20 世纪 70—90 年代,英国伯明翰大学当代文化研究中心建立的青少年亚文化研究范式始终占主要地位,成果丰硕。但是伴随全球化、多元文化时代的来临,青少年群体不再反抗任何单一的主流阶级、政治体系或成年文化,当代文化研究中心的亚文化理论体系由此遭到来自内部和外部的质疑。当代文化研究中心一度更名"文化研究与社会关系学系",2002 年 6 月关闭。

20 世纪 90 年代后,国外亚文化研究进入后亚文化研究(post-subcultural studies)时期。以玛格尔顿为代表的后亚文化研究者主要围绕四个方面批评当代文化研究中心的研究:研究者囿于自身的政治意识形态,对工人阶级青少年过分浪漫化,忽视了主流和中产阶级的青少年文化;研究过多地聚焦于阶级和年龄,忽视了性别、种族等其他可变因素;过分关注青少年亚文化形态中抵抗与顺服、支配与从属、表达与镇压、正常与过失之间的绝对对立;过分倾向于男性,忽略了女性青少年的亚文化经验。后亚文化研究者认为,当代青少年文化是围绕个人生活方式和消费方式而加以选择和建构的,年轻人更喜欢具有多重身份的后现代人格,这使青少年亚文化表现出前所未有的虚拟性、短暂性、碎片化、异质性和个人主义等近乎后现代的特征。后亚文化研究者还热衷于通过对音乐、舞蹈和行为方式的民族志研究来推行其理论和方法。较有代表性的有默克罗比对青少年女性亚文化的研究、费斯克对城市底层青少年亚文化的研究等。后亚文化研究的成果集中体现在《亚文化之后》、《后亚文化读本》、《青年文化:场景·亚文化·部落》等著作中。这些研究对青少年亚文化研究的复兴起到重要作用。但 2005 年由国际期刊《青年研究杂志》(Journal of Youth Studies)发起的一场关于亚文化和后亚文化的辩论会上,后亚文化研究及其理论遭遇挑战和质疑。

国外研究者关于亚文化概念的内涵,由强调与社会主体文化的"差异性",到英国当代文化研究中心特别重视的"抵抗性"和"关系性",直到后亚文化理论中的"创造性",显示亚文化内涵的流动性。自当代文化研究中心的亚文化理论之后,国外青少年亚文化研究呈现多样化的发展特点,并以后亚文化研究范式为标志。尽管后亚文化理论遭到各种质疑和挑战,但已形成基本共识,即在讨论当代青少年亚文化时,应考虑到他们在全球市场中的消费身份以及独特的后亚文化风格。

20 世纪末 21 世纪初的中国经历市场经济、消费社会、大众文化、互联网以及城市化,各种青少年亚文化现象随之产生:摇滚青年、痞子文化、小资群体、"哈日"族、"哈韩"族等。国内青少年亚文化研究与国外不同,国外关于青少年亚文化的观点主要分为"代际派"和"阶级派",国内研究者则多将青少年亚文化视为一个历史时期的特定产物,中国对各种形态的青少年亚文化,并不是根据其从属的"阶级文化"、"父母文化"来研究其起源和特征,而是从所属的时代来考虑,如"邓丽君迷"被认为属于"60 年代"人,"小资"被贴上"70 年代"的标签,"垮掉和叛逆"被视为"泛 80 后"的特点,"非主流"则常被看作"90 后"的特征。

中国最典型的青少年亚文化现象有 20 世纪末"酷的一代"(英语"cool"的译音)。"酷"被青少年理解为一种冷漠的形象、异于常人的表现、有个性但又能被接受等。"酷"作为青少年追求前卫风格的标志,力图凸显青少年亚文化的特色。有学者对青少年的"酷"持不同意见,认为"酷"的本质是现代竞争下产生的孤独感、挫折感和焦虑感等,是青少年心理危机的外在表现形式,青少年一代不应将"酷"作为一种前卫风格。对"酷"的争论显示"酷"的含义的多元性,每个人都可以从不同角度来理解和解释。

伴随互联网的迅速普及和发展,国外关于后亚文化现象的阐述在当代中国呈现多种症候,比如掌握新媒体技术的青少年运用网络技术娴熟地创造属于他们自身的一系列文化类型,诸如自拍、恶搞、搜索、黑客等,甚至通过技术壁垒构筑抵御主流意识形态和成人世界对他们文化的规制。对网络青少年亚文化的研究几乎与亚文化现象的出现同步。国内研究主要从三个视角展开:对网络文化事件的热评;对网络文化产品的研究,关注网络产品所具有的文化意义;对网络亚文化单一视域的研究,偏重社会学和心理学的视角。

青少年亚文化在当代中国的变化,突出表现为抗争意识弱化,即反叛阶级、种族、性别、代际主流文化意识的弱化,代之以狂欢式的文化消费来抵制成年人文化,具有三个特征:一是以反抗成年人文化尤其是"父母文化"为特征。费斯克在《追星族的文化经济》一文中提出,"追星"文化即是对主流文化意义的抵抗。"哈韩"、"哈日"现象是偶像亚文化的典型,表明偶像亚文化在青春期的不可避免。二是突出游戏与发泄的特性。青少年对网络游戏的沉迷即有类似特点,"玩耍"成为青少年接触媒介的一个主要特征。当代青少年使用的媒介主要是网络、电视、时尚杂志、卡通读物、言情类图书,以及一些时尚的信息技术衍生媒体,新兴媒介的使用主要表现为网络游戏、网络聊天、手机短信等,都带有玩耍的特性。三是表现为持久的狂欢活动,尤其表现在新兴媒介的使用上,青少年把接触媒介看作是一种"狂欢仪式",网络媒体的出现为青少年创造了其独立社区,进入这一社区意味着仪式的开始。

当代青少年亚文化的实质是后现代的消费文化,以解构传统和权威为目标,具有向反文化转化的可能,但更多地反映了青少年崇尚公平、重视参与的行动取向,凸显当代青少年强烈的主体意识,也在一定程度上反映其困惑与迷茫。青少年亚文化的产生是一种正常的社会现象。尽管青少年亚文化可能包含消极、颓废的成分,但青少年认为这些文化内容充满了轻松、自由和愉悦,自然容易加以认同。情绪发泄、感官刺激是当代青少年亚文化的外在特性,就思想性而言,它是消极的和非建设性的,也隐含对主流社会抵制、叛逆的倾向,这种倾向在现行体制下对青少年与社会的交流以及教育的开展会形成障碍。在后现代的框架下,全球范围内的青少年亚文化日渐显现相似性,其重要原因在于大众媒体对消费主义的塑造,一种同质化的生活形态就此生成,而原本对主流价值持抵抗态度的青少年群体则成为消费主义的最大拥护者。探讨当代青少年亚文化需抛弃偏见,更多地反思媒体是否以及如何利用青少年文化的特异性。

参考文献

阿雷恩·鲍尔德温. 文化研究导论[M]. 北京:高等教育出版社,2004.

姜华. 大众文化理论的后现代转向[M]. 北京:人民出版社,2006.

Barker, C. 文化研究:理论与实践[M]. 罗世宏,等,译. 台北:台湾五南图书出版股份有限公司,2004.

Wilson, B. Youth Cultures and Subcultures[M]// Saha, L. J. International Encyclopedia of the Sociology of Education[M]. Oxford: Pergamon, 1997.

(马和民)

清代文字狱

文字狱是中国封建专制主义统治下的一种特殊文化现象,就是因文字缘故而构成的罪案。在历史上,因文字成狱的案件,并不是从一开始就称为"文字狱",而是经历了一个过程。它在秦代被称为"焚书坑儒",在两宋则被称为"诗狱"或"诗案",因为两宋的文字狱多与诗有关。到了明代,它又被称为"表笺祸"。至清初则称"史狱"或"史案",因为好几起文字狱都与写刻明史有关,如庄氏明史案等。清乾隆文网更为严密,文字狱发生的频率也最高,其中有一部分直接与禁书有关,因此它又被称为"书案"或"逆书案"。到乾隆末年,史学家赵翼才把这些因文字而获罪的案件统统归结为"文字之狱"。至清嘉庆时文字狱为官方意识形态所接受,开始正式出现在官方文书中。"文字狱"三字因最能体现知识分子因文而获罪的特点和实质而成为惯称,并在社会上广为流传。在历史上的众多文字狱中,以清代前期康熙、雍正、乾隆年间的文字狱案件为数最多,其规模之大,株连之广,处罚之酷,在历史上都是空前的。那时,封建统治者动辄指斥人们"语含怨望"、"狂悖讥刺",罗织种种罪名,大兴文字之狱,由于揭发检举此类案件者有功,隐匿不报或办理不力者有罪,一时告密诬陷之风大盛。正如清代诗人龚自珍在《咏史》一诗中所说的:"避席畏闻文字狱,著书都为稻粱谋。"

清代文字狱典型案例

清代的文字狱始于顺治初年(1644 年)。顺治年间下令禁止文人士子会盟结社、聚众讲学,并通过一系列事件打击汉族知识分子,如顺治五年的毛重倬仿刻《制艺序》案。毛重倬、胥庭清等人仿刻选文,撰写序文所署的纪年只用干支,不用清代顺治年号,被认为是"目无本朝,阳顺阴违,逆罪犯不赦之条"(郑词庵《笔记补遗》),于是,将毛重倬等人"皆置于法"。

康熙初年(1662年),由于鳌拜专权,曾发生"庄廷钺明史稿案"。庄廷钺是浙江大户,因病致盲,他与明代大学士朱国桢居家相邻,故从朱处购得明史稿本,加补"天启、崇祯两朝事",定名为《明书辑略》。不久,庄廷钺病故,其父庄允诚为之刊印,不幸被人告发,指责该书对清太祖直呼其名,不写清代年号,而将南明隆武、永庆二帝视作正统,被认为大逆不道。结果庄廷钺被戮尸,其父庄允诚被捕后死于京狱并遭戮尸,其弟及其子孙,凡十六岁以上者均斩,妻女发配沈阳为奴。作序者、礼部侍郎李令晰也被凌迟处死。至于书中列名者十八人,有十四人被杀,甚至连刻匠、书商、藏书者也未能幸免,皆被处死。该案牵连致死者达70余人,发配边远州县达数百人。知名学者孙奇逢、顾炎武、黄宗羲等都受到牵连,如黄宗羲曾四次遭悬赏缉捕。庄廷钺明史案之所以演成如此大狱,主要是因为清王朝在完成征服战争之后,汉族士大夫中有相当一部分人不服清朝统治,仍自称明朝旧臣,以致引起清廷的愤懑,故以庄氏明史案大做文章,杀一儆百。康熙亲政后,对士人的迫害曾一度略有减轻,这与他取怀柔政策有关。但康熙末年又发生"戴名世《南山集》案",从而使士大夫阶层的神经又一次紧张起来。戴名世是康熙翰林院编修,一次当他读到清初文人方孝标的《钱斋文集》、《滇黔纪闻》时引起共鸣。方孝标的著作多有阐发民族精神的,对清人统治多有微词,戴名世就将其引入自己的《南山集》并在书中直称南明三帝年号,并记述了"弘光之帝南京,隆武之帝闽粤"的事迹(徐忠亮《戴先生传》)。该书由汪灏、方苞作序,并在龙云锷、方正玉的捐助下得以刊印,书板藏于方苞处。事后左都御史赵申乔奏明朝廷,引起康熙大怒,遂令九卿公审,判戴名世大逆罪,处斩,戴氏子孙数人并斩,方孝标戮尸,方氏后代多人坐死,龙云锷、方正玉、汪灏、方苞等人原判绞刑,后来改判放逐。

在雍正时期,文字狱往往成为皇帝用以排除异己的一种手段。在众多狱案中,"查嗣庭试题案"和"吕留良文选案"最具代表性。查嗣庭是浙江人,官至礼部侍郎,雍正四年任江西正考官。在他出的试题中有"维民所止"句,意思是王者之都,與图宽广,皆是臣民居住的地方。然而却有人上告,认为"维止"二字是去雍正之首的意思。雍正一听暴怒,就将查嗣庭革职问罪,并从其寓所搜出日记,找到其中谈论时事的作为反叛证据。后查嗣庭病死狱中,戮尸枭首,子坐死,其余家属逐放。因查氏乃浙江人,雍正迁怒于该省,下令停止浙江乡会试六年,以示惩戒。吕留良,也是浙

江人,具有鲜明的反民族压迫思想,他曾削发为僧,拒不为官。他针对明清时土地兼并十分严重的现象,提出"均田"主张,并作诗"清风虽细难吹我,明月何尝不照人",以抒发他心怀故国的情感。他认为"君臣之义固重,而更有大于此者",这就是说,民族的兴亡应高于君臣之义。显然,这些思想与清王朝的统治是格格不入的。雍正初年,湖南的曾静、张照师生读吕文后欲起事反清,被川陕总督岳钟琪出卖,于是曾、张被押解京城受审。雍正遂以倡导辩论自由为幌子,与曾、张二人就"夷夏之防"、"均田制"问题展开争辩,并把争辩言语记录在案,经过歪曲加工后亲自作序,以《大义觉迷录》为书名刊印,该书发行后,雍正将吕留良发棺戮尸,全家杀尽,吕留良的学生及门徒也均被抄斩。

乾隆继位后,文字狱丝毫没有减轻。他多次发布禁书令,规定凡宣扬民主和民族意识的著作均应禁售、毁版,甚至焚毁,仅乾隆三十九年至四十年间,就烧书二十四次,计一万三千八百余部。实际上,乾隆制造的文字狱,无论从数量还是从惩罚的严酷程度,都胜过康熙和雍正时期。乾隆大兴文字狱,主要针对冒犯皇帝的权威和阐扬汉民族精神两种情形。乾隆自认为他"德迈三皇,功过五帝",因此最不能容忍敢于冒犯自己的文人学士。如工部主事陆生在其《人生论》一书中写道:"人愈尊,权愈重,则身愈危,祸愈烈。盖可以生人、杀人、赏人、罚人,则我志必疏而人之畏必愈甚。人虽怒之而不敢泄,欲报之而不敢轻,故其蓄必深,其发必毒。"显而易见,陆写这些并非是针对帝王的,而是揭露封建专制的弊端。但乾隆认为陆氏是借古非今,实属肆无忌惮,故以"心怀怨望,讽刺时事"罪将陆氏杀掉。同时,乾隆还一直对汉民族日益高涨的民族情绪深为忧虑,因而对士人的文字特别挑剔,使士人常因"疑似影响之词,横受诛戮"。如礼部尚书沈德潜曾作诗咏黑牡丹,内有"夺朱非正色,异种也称王"一句,被认为是影射清代以异族夺得皇位,于是将沈氏剖棺锉尸。又如乾隆二十年(1755年),一次乾隆翻阅胡中藻诗集时发现诗中有比附之嫌,遂将句子摘出,令九卿严审,其中有"一把心肠论浊清"句,被指责故意在清国年号上加"浊"字,乾隆怒形于色地宣称"夫谤及朕躬犹可,谤及本朝则叛逆耳"。胡中藻的诗本是一般性咏物抒情的,却被无端地指责为诽谤朝廷而获罪。直到乾隆五十三年(1788年),还发生所谓《笃国策》案。湖南69岁的老秀才贺世盛,多次参加考试未中,就把道听途说的传闻和书上的成语故事之类,拼凑出一部"著述",题名《笃国策》,准备上京城去投献,以求赏得一官半职。不料由于书中写了批评捐官制度的意见,成了"妄议朝政",照例当凌迟处死。可见,乾隆文字狱比起康、雍来,可谓是既严酷又荒唐。

清代康、雍、乾三朝的文字狱可谓愈演愈烈,乾隆三十九年到四十八年的十年间,无年不有,仅乾隆四十三年,即达十起之多。而且在不同时期表现出不同特点,如顺治、康

熙时期,文字狱打击的主要对象是反满汉人,具有镇压反满思想、维护满人对汉人统治的性质。雍正时期的文字狱打击的对象是政治异己,具有明显的加强中央集权、维护封建统治的性质。乾隆时期的文字狱虽也有思想控制性质,但打击的范围较为广泛,从官僚士大夫阶层延伸至整个民间社会,这是封建专制主义达到极点时所出现的一种现象,写下了中国文化专制主义最黑暗、最血腥的一页。

清代文字狱产生的原因

清代大兴文字狱,并不是偶然的,而是有着极其复杂的社会历史背景和深刻的思想文化根源。

清统治者夺取政权和巩固政权的需要　早在清军入关以后,清统治者就面临着一系列矛盾:清统治者同以汉族人民为主体的各族人民之间的矛盾、满洲贵族同汉族地主阶级之间的矛盾、清统治集团内部的矛盾等。为了巩固自己的统治地位,清政府极力加强中央集权专制制度:一方面用武力镇压各地人民的抗清斗争以及其他抗清势力;另一方面又笼络收买明朝遗臣和汉族地主以及甘心为他们效力的人。为了巩固政权、控制舆论、安定人心、树立权威,除了在政治上不惜以各种残忍的手段打击异己外,也在思想领域对知识分子痛下毒手,试图通过屡兴文字狱来威慑知识界,以达到杀一儆百、稳定局面的目的。

权力与知识的冲突　文字狱最大的特点是因文触祸,即被治罪者没有相应的可以治罪的行为,只是因为所著文字或是因为保留了别人的文字,其根本原因在于权力与知识的冲突。在中国传统的政治格局中,君臣等官僚权力系统代表政统,它是封建政统最坚决的维护者,而士林群体则往往以道统的代表自居,是儒家道统最坚决的拥护者。在长期的封建社会中,政统与道统要维护的根本利益是一致的,但在具体利益上却时有矛盾。清代的文字狱,从根本上说,就是权力与知识、权力系统与知识系统、政统与道统发生利益冲突的具体体现。这两种系统往往会发生摩擦、冲突,一旦这种冲突变得尖锐化,统治者就势必开动专政机器,而流血事件也就随之而来。中国历代王朝的统治者对知识分子通常采取恩威并施的方法,其中威的一面就包括文字狱在内,而统治者制造文字狱的目的就是要利用这一手段来威慑知识阶层,使之屈服于皇权的统治。

封建专制主义中央集权的强化　随着民族矛盾、阶级矛盾的不断激化,清廷对人民的防范也逐渐加强,致使封建专制主义的中央集权发展到极点。特别是到了雍正时期,随着军机处的设立,议政王大臣会议寿终正寝,自此皇帝金口玉言,权力达到顶峰,皇帝的思想意志,不管对错,都可以成为法律。这种专制主义中央集权的高度发展,使皇帝的权力无限膨胀,从而为清代文字狱的泛滥创造了条件。

清代文字狱对中国文化发展的影响

造成了知识分子群体的心灵创伤,扭曲了知识分子的人格　虽然以文字罹祸的知识分子只占这一群体中的少数,但作为传统社会的精英阶层,其中没有受到伤害的知识分子必然物伤其类,为受害者鸣不平,为士林整体的命运受到压抑而鸣冤叫屈。因此,当背负沉重精神负担的知识分子群体在统治阶级文网苛严时,精神压力就更大。到了封建社会晚期,许多知识分子开始失去其独立个性,他们小心翼翼地把自己保护起来,对于国家命运、民族前途已经漠不关心。知识分子是中国文化的主要载体,而对知识分子的摧残和迫害无疑对中国文化发展带来了恶劣的影响,封建专制的高压、淫威扭曲了知识分子的人格,压抑了知识分子的创造力。

摧残了学术文化,禁锢了人们的思想　清代文字狱数量多,持续时间长,手段残忍,对广大人民的思想和精神生活产生了极大影响。在这种文化恐怖政策之下,文人学子只好埋头于训诂考据之中。与此同时,清代文字狱与禁书相结合,尤其是在乾隆中后期,禁书的对象开始转向历史文献,从而给中国古代典籍造成了无法弥补的损失。章太炎在其《訄书·哀焚书》中指出,三千余种,六七万卷以上,数量几乎与《四库全书》现收书相符的书卷被毁。另据考证,清乾隆年间共有全毁书目 2 453 种,抽毁书目 402 种,销毁版本 50 种,石刻 24 种,综合起来近三千种。烧毁的书版有六七万件,至于人们因害怕获罪而自行焚毁的部分,更无法统计。

阻碍了经济和科学文化的进一步发展　明末清初年间,在中国经济发达的东南沿海一带萌生了资本主义因素,产生了具有启蒙思想的社会学说和带有若干近代色彩的自然科学,这突出表现在 16～17 世纪在社会科学领域产生了黄宗羲、顾炎武、王夫之等启蒙思想家,在自然科学领域出现了《徐霞客游记》、《本草纲目》、《农政全书》、《天工开物》等杰作。就当时中国文化所达到的水准来说,丝毫不比同时代出现的欧洲文艺复兴逊色。但遗憾的是,欧洲近代文化迅速发展,而中国则由于封建专制主义制度的严重束缚,特别是文字狱的盛行,阻碍了启蒙文化的发展,扼杀了民主与科学精神。一时间出现了士人只能埋头古籍,免谈国家与政治的现象,清代学术界也开始形成两种不正常的倾向:一是宋理学(尤其是程朱理学)成为"钦定"学术,士人思想被陈腐理学所束缚;二是出现了"为考据而考据"、"不谈义理"的乾嘉学派,只注重训诂之学,置现实于不顾,从而迎合了清统治者不希望士人关心政治的愿望。尽管乾嘉学派对古文化的整理作出了贡献,但就中国文化的发展进程而言,毕竟是一种病态的畸形现象,它严重抑制了中国社会广大士人的自由思想,使刚刚活跃起来的近代学术空气被窒息。

参考文献

陈学恂,叶立群. 中国近代教育论著丛书[M].北京:人民教育出版社,1991－2000.

陈景磐. 中国近代教育史[M].北京:人民教育出版社,1983.

梁启超. 清代学术概论[M].北京:中华书局,1954.

（王有亮　季晓华）

清末"新政"时期教育改革

清末"新政"时期教育改革　20世纪初清政府实施"新政"时在文化教育方面的改革。20世纪初,在义和团运动和八国联军的双重压力下,清政府为维持统治、稳定民心,于1901年1月宣布实行"新政"。此次"新政"对教育的改革主要是废止科举制度,建立新学制,厘定教育宗旨,改革教育行政机构。

传统科举制度的废止

鸦片战争以后,西方的文化、科学和技术传入中国,中国教育制度面临挑战。伴随着洋务教育的开展,西方近代教育内容和方法渗入洋务学堂,使传统教育体制发生松动。甲午战争后,在维新西学的影响下,传统教育的培养目标及人才观进一步遭到批判。

1898年,康有为奏请立废八股试帖楷法试士,改用策论。接着,梁启超、杨深秀等人也相继上折,请自下一科起废止八股。光绪因而下诏"一律改用策论",但戊戌变法失败后,科举考试悉照旧制,新政措施基本废除。1901年8月,清政府又开始以办学堂的方式恢复戊戌变法时期的教育措施。"新政"中,清政府先后设立了外交部、商部等新部,并试办户部银行,由于这些新型行政机构急需新型人才,遂使科举与"新政"出现矛盾。1903年,张百熙、荣庆、张之洞等提出递减科举取士名额,以学堂生员补充的建议。

1905年,直隶总督袁世凯、两湖总督张之洞等奏请停止科举,兴办学堂。他们认为科举一日不停,士人皆有侥幸得第之心,学堂决无大兴之望。他们认为,设立学堂以开通民智为主,使人人都能得到普及之教育,普通之知能,可以效忠于国,自谋其生。若能停止科举,建立学校,则可以广学育才,化民成俗,内定国势,外服强邻,转危为安。清廷迫于形势,于1905年,宣布停科举以广学校,所有乡会试一律停止,各省岁科考试亦即停止。科举自隋朝开始,历经1300多年,至此终于废止。

近代学制的创立

1901年1月,清廷组织了调整政策的讨论。在所发布的"新政"上谕中说:"世有万古不易之常经,无一成不变之治法。"并令军机大臣、大学士、六部九卿、出使各国大臣及各省督抚,"各举所知,各抒所见,通限两个月内详悉条议以闻"。按照朝廷要求,湖广总督张之洞、两江总督刘坤一、山东巡抚袁世凯等纷纷呈递了奏折。他们所提的兴革、应变建议,集于"兴学育才",认为应当建立新式学校制度,改革科举制,翻译西学要籍,派遣学生出洋留学,尽快培养实学人才等。最终,清廷接受了这些建议。

从1901年8月起,清廷在半年时间内陆续颁布了一系列教育改革法令,包括:(1)重开京师大学堂,并统管全国新式学堂。(2)省会书院改为高等学堂,府州县书院改为中学堂,一般州县学改为小学堂并附设蒙养学堂。(3)改革科举制,代之以"四书"、"五经"和时事政治、中外历史地理等学科的策论,停武科,新式学堂中兼习武备。(4)派遣留学生,经考试选拔,由各省按本省所需确定方向筹资遣送,学成归国后复考合格者承认出身,授以官职。另派饱学之士出国考察。

1902年,管学大臣张百熙受命向朝廷上《进呈学堂章程折》:"值智、力并争之世,为富强致治之规,朝廷以更新之故而求之人才,以求才之故而本之学校,则不能不节取欧美日本诸邦之成法,以佐我中国二千余年旧制。"章程共六份,即《京师大学堂章程》、《考选入学章程》、《高等学堂章程》、《中学堂章程》、《小学堂章程》和《蒙养堂章程》。经朝廷批准后,以《钦定学堂章程》颁行,史称"壬寅学制"。

"壬寅学制"是近代中国第一个由官方正式颁布的学校系统。从内容上看,学制几乎全盘仿效日本。学校系统分为三等七段。第一等为初等教育,内分三段,蒙学堂4年,寻常小学堂(初等小学)3年,高等小学堂3年。第二等为中等教育,设中学堂一段4年。第三等为高等教育,内分三段,第一段为高等学堂、大学预科、高等实业学堂、仕学馆、师范馆,学制皆为3年;第二段为大学堂,由第一段升入,内分政、文、商、农、格致、工艺、医七科,学制为3年;第三段为大学院,是整个学校教育系统的最高级别,年限不定。除大学院之外,三等六段全学程共计20年。另为发展实业教育与师资教育,设有与高等小学堂平行的简易实业学堂,与中学堂平行的中等实业学堂和师范学堂,并在一般中学堂之高年级部分开设实业科等。

"壬寅学制"的特点为:(1)注重国民教育。《钦定小学堂章程》中规定:"俟各处学堂一律办齐后,无论何色人等,皆应受此七年教育,然后听其任为各项事业。"这反映了西方国民义务教育的思想。(2)注重实业教育。提出分别设立简易、中等和高等实业学堂,反映了发展资本主义的要求。(3)女子教育在学制上毫无地位,反映了重男轻女的传统封建思想。(4)保留了科举制的痕迹,规定高等小学、中学、师范、高等学堂和大学堂毕业生,分别给以附生、贡生、举人、进士等称号,同时规定科举出身的人也可以分别进入高等小学、中学、高等学堂和仕学馆。

"壬寅学制"虽经公布，但并未实施。1904年1月，张百熙、荣庆、张之洞联名奏呈重订学堂章程，史称《奏定学堂章程》，亦称"癸卯学制"，它是近代中国由官方颁布并在全国实施的第一个完整的近代学校体系。

"癸卯学制"对整个国家的学校教育系统、课程设置、教育行政及学校管理等，都作了相当详细的规定。"癸卯学制"将学前教育的"蒙养院"划出学校系统之外，将从小学到大学的整个学程划分为三等六段。第一等为初等教育，内分为初等小学堂（学制5年）和高等小学堂（学制4年）二段。第二等为中等教育，设中学堂一段，学制5年。第三等为高等教育，内分三段：第一段为高等学堂及平列的大学预科，学制皆3年；第二段为分科大学堂，学制3到4年；第三段为通儒院，学制5年。规定从初小到通儒院，全学程共计25～26年。同时，师范教育分初级师范学堂（与中等教育平行）及优级师范学堂（与高等教育平行）二等，修业年限共8年；实业教育除艺徒学堂（与初等小学堂平行）外，分初等实业学堂（相当于高等小学堂）、中等实业学堂（与中等教育平行）、高等实业学堂（与高等教育平行）三等。此外，还设有译学馆、方言（外语）学堂、实业教员讲习所，而中等实业学堂高年级部及其专攻科、进士馆和仕学馆，均属高等教育性质。

"癸卯学制"的特点：（1）为近代国民义务教育定下基调，教育逐步与社会生产、国计民生相联系。（2）反映了近代教育的基本精神，即以国民基础教育和各学科人才教育两个目标为基点。（3）保持了重视教育的传统观念，同时体现了近代意识，中学阶段被纳入人才教育的预备阶段。（4）推进了中国的师范教育和实业教育。（5）注重教学法的改进，注重书本和实践的结合，在运作上有较大灵活性。（6）封建的伦理道德教育在新学制中占有十分重要的地位，同时剥夺了女子受教育的权利。

尽管清政府以"中学为体，西学为用"作为指导方针，并力图以西学为手段来维护封建体制，但"癸卯学制"毕竟以钦定的合法形式加速了旧教育的崩溃和新教育的生长，促进了西方文化在中国的传播。在新学制的倡导下，清末新教育得以迅速发展。

教育宗旨的厘定

清政府在《奏定学堂章程》中第一次明确提出教育宗旨："至于立学宗旨，无论何等学堂，均以忠孝为本，以中国经史之学为基。俾学生心术壹归于纯正，而后以西学瀹其知识，练其艺能，务期他日成材，各适实用，以仰副国家造就通才，慎防流弊之意。"并且要求"京外大小文武各学堂均应遵谕旨，以端正趋向，造就通才为宗旨"。

该教育宗旨的核心是"忠孝"思想，它一经颁行，就成为制定教育政策、修订学校规章制度的依据和准则。《奏定学务纲要》明确指出："此次遵旨修改各学堂章程，以忠孝为敷教之本，以礼法为训俗之方，以练习艺能为致用治生之具。""新教育"的推引，根本目的是维护封建统治，这反映了当时半殖民地半封建社会的要求，是"中学为体、西学为用"思想的具体体现。1906年学部成立后，又拟订了一个新的教育宗旨，由政府颁布全国各级各类学校遵行。学部提出的教育宗旨分二类五条。第一类为"忠君"、"尊孔"两条，第二类为"尚公"、"尚武"、"尚实"三条。学部在《奏陈教育宗旨折》中指出，前二条是"中国政教之所固有，而亟宜发明以距异说者"，后三条是"中国民质之所最缺，而亟宜箴砭以图振起者"。

所谓"忠君"就是"使全国学生每饭不忘忠义，仰先烈而思天地高厚之恩，睹时局而涤风雨飘摇之惧"，以使"一切犯名干义之邪说皆无自而萌"。所谓"尊孔"就是"使学生成童之前，即已熏陶于政学，涉世以后，不致渐渍于奇衺"，"以使国教愈崇，斯民心愈固"。奏折认为，中国最大的弊病是"私、弱、虚"，而欲"拔其根株，作其新机"，则非提倡"尚公、尚武、尚实"不可。所谓"尚公"，就是使人人皆能"视人犹己，爱国如家"；所谓"尚武"，就是"使全国学校隐寓军律，童稚之时已养成刚健耐苦之质地"，以使学生"守秩序、养威重，以造成完全之人格"，并认识到人人"有当兵之义务"；所谓"尚实"就是学以致用，使学生"人人有可农可工可商之才，斯下益民生，上裨国计"，并以此为"富强之要图"。在五条宗旨中，核心是"忠君"，指导思想是"中学为体、西学为用"。

教育行政机构的改革

清朝教育行政工作历来由礼部主持。《大清会典》载，礼部掌"学校贡举之法"，分为"仪制"、"祠祭"、"主客"、"精膳"四个司。其中，学校和贡举由"仪制"管理，其职权是"掌朝廷府署乡国之礼，稽天下之学校，凡科举，掌其政令"。

自京师同文馆建立以后，新式学堂逐渐增多。戊戌变法之际，又开办京师大学堂，并规定大学堂管辖各省学堂，由孙家鼐负责。1901年特设管学大臣，由张百熙充任，"将学堂一切事宜，责成经理"。管学大臣既是京师大学堂校长，又是全国教育行政机关的最高长官。1903年，张之洞奏请专设总理学务大臣，以管理全国的教育，学务大臣之下设专门、普通、实业、审订、游学、会计六处，京师大学堂另设总监督，但这些建议并未付诸实行。此后，为了保证教育宗旨的贯彻和新学校制度的施行，教育行政机构也相应作了一些改革。

中央教育行政机关改革　1905年，政务处奏请特设学部，作为管理全国教育事业的最高行政机关，并建议将国子监撤销，有关教育工作统一归学部管理。根据学部拟定的官制,学部的最高长官称尚书,其次为左右侍郎,均为政务官。在尚书侍郎之下,设各项事务官,其中有:左右丞各1员,协助尚书侍郎管理全部工作,领导各司;设左右参议各1员,协助尚书侍郎核定法令章程,审议各司重要事宜。下设参事官协助左右参议工作。学部下分五司,分别是总务司、专门司、普通司、实业司、会计司,每司分数科,各司职能如下:

总务司:设郎中1员,总理司务。下分机要科:设员外郎1人,主事2人,负责掌理机要文书,撰拟紧要奏章及关涉全部事体之文件、函电,考核京外学务官的工作,以及任用、升黜、更调教员、聘用外国教员和筹划高等教育会议;案牍科:设员外郎1人,主事1人,负责收储各种公文、函电、案卷、册籍,分类编号,编纂统计报告兼管各省学务报告等工作;审定科:设员外郎1人,主事1人,负责审查教科图书,收管本部应用参考图书,编录各种学艺报章等项工作。

专门司:设郎中1员,总理司务。下设专门教务科:设员外郎1人,主事1人,负责核办大学堂、高等学堂及凡属文学、政法、学术、技艺、音乐各种专门学堂事务,并考核私立专门学堂的工作;专门庶务科:设员外郎1人,主事1人,负责保护奖励学术研究,各种学会工作及学堂与地方行政财政之关系,此外负责图书馆、博物馆、天文台、气象台的工作和留学生工作。

普通司:设郎中1人,总理司务。下设师范教育科:设员外郎1人,主事2人,管理优级师范学堂、初级师范学堂、盲哑学堂、女子师范学堂等项工作,以及家庭教育、博物馆等社会教育工作;中等教育科:设员外郎1人,主事1人,管理中学堂、女子中学堂及与中学堂相类学堂的事务;小学教育科:设员外郎1人,主事2人,管理小学堂、蒙养院及与小学堂相类学堂的一切事务。

实业司:设郎中1人,总理司务。下分实业教育科:设员外郎1人,主事1人,负责调查各省实习情况及实业教育与地方行政财政之关系,并筹划实业教育补助费等工作。

会计司:设郎中1人,总理司务。下分度支科:设员外郎1人,主事1人,负责学部经费之收支报销及决算,管理本部所有财产设备,核算各省教育费用;建筑科:设员外郎1人,主事1人,管理学部直辖各学堂图书博物馆之建造、修缮等项工作。

另设司务厅,设司务2人,管理印信、收发文件及各项人役,凡不属于各科杂事都由此厅负责。此外,设编译图书局、京师督学局、学制调查局、高等教育会议所、教育研究所等,由学部派人兼管。学部设视学官,轮流到各省视察教育。1909年将全国分为12个视学区:(1)奉天、吉林、黑龙江;(2)直隶、山西;(3)山东、河南;(4)陕西、四川;(5)湖北、湖南;(6)江苏、安徽、江西;(7)福建、浙江;(8)广东、广西;(9)贵州、云南;(10)甘肃、新疆;(11)内、外蒙古;

(12)青海、西藏。每区派视学官2人,按年份往各区视察,3年视察一遍。

地方教育行政机关改革　1906年,撤销各省提督学政、学务处或学校司等省级教育行政机关,改设提学使司,设提学使1人,统辖全省教育工作,归督抚节制。该司机关设在省会,将原学务处改为学务公所。学务公所设议长1人,议绅4人,帮助提学使筹划学务,供督抚咨询。学务公所下分六科,分别是总务科、专门科、普通科、实业科、图书科、会计科,各科职权如下:

总务科:管理机密文书,收发一切公文函电,编纂统计报告、各种学务报告,编印教育官报,考核所属职官、教员的功过及教职员的任用、升黜、更调及公所人役一切杂项事务。

专门科:管理本省高等学堂及专门学堂,保护奖励各种学术技艺,并兼管留学生事务。

普通科:管理本省优级师范学堂、初级师范学堂、中学堂、女子师范学堂、女子中学堂、女子小学堂,以及家庭教育和社会教育。

实业科:管理本省农、工、商实业学堂、实业教员讲习所、实业补习普通学堂、艺徒学堂,并考查本省实业情形,筹划实业教育经费。

图书科:管理编译教科书、参考书,审查本省各学堂教科图籍,翻译本署往来公文书牍,集录讲义,经理印刷,并兼管图书馆、博物馆工作。

会计科:管理本所经费收支,核算省会及府厅州县教育经费,经理各学堂建造、修缮事项。

上述各科设科长1人,副科长1人,科员1至3人。此外另设省视学6人,负责根据提学使命令,巡视府厅州县的学务。各厅州县设劝学所,每所设总管1人。劝学所不仅掌管本厅州县的教育行政,并有劝导地方人士建立学堂推广教育的责任。每厅州县划分若干学区,设劝学员,负责推动本学区的教育工作。自1910年,学部改订劝学所章程,改为府厅州县设劝学所,辅助府厅州县长官管理教育。劝学所设劝学长1人,劝学员若干人,对下属学校的建立、经费的使用、儿童的入学、授课的时间、教职员的任用、学校卫生等项工作,都负责管理。

应该说,正是近代新式教育的发展和管理职能的要求,促进了教育行政管理机构的改革。自古以来,中国的中央教育行政机关始终依附于礼部,但经过清末教育改革,终于有了独立的管理新式学校教育的教育行政机关——学部。尽管清末建立的中央及各级教育行政机关的运行机制和管理职能极不完善,甚至可以说是旧政体下的新机构,但却开了中国教育管理近代化的先河。

参考文献

顾明远.教育大辞典[M].上海:上海教育出版社,1990—1992.

孙培青.中国教育史[M].上海:华东师范大学出版社,2000.

田正平.中国教育史研究·近代分卷[M].上海:华东师范大学出版社,2001.

王炳照.中国教育思想通史[M].长沙:湖南教育出版社,1994.

（郭　怡）

情境教学（situated instruction）　　基于心理学、人类学、社会学和认知科学等理论而发展起来的一种教学模式。指个体必须置身于知识所在的情境、活动或社群中,通过观察、模仿以及一连串实际活动,经过不断试验、探索、操作、反思和修正的历程,才能逐渐掌握知识或技能的意义。它集中体现了建构主义对知识和教学的认识观点:知识是学习者与情境互动的产物,而且在本质上深受活动、社会背景和文化的影响,知识只有在它产生及应用的活动与情境中去解释,才能产生意义。

情境教学的含义早在过去对人们日常生活认知活动所作的种种探讨当中就被明确指出过。在20个世纪早期有学者批评学生学到的知识不能迁移到实际生活当中进行应用的现象。直到1989年,J.S.布朗等人撰写的一篇名为《情境认知与学习文化》（*Situated Cognition and the Culture of Learning*）的论文使得情境认知或情境教学作为一个新出现的教学模式成为人们关注的中心。在这篇文章当中,作者批评了公立学校把教学生"知道"与"做"分开的做法,以及把知识当作"全部的、独立的实体、在理论上与学习和应用它的情境无关（抽象的）"的认识。因此,情境学习或情境教学作为对传统学习方式的一种矫正得以出现。

J.S.布朗等人研究发现,工作场所中一些从事职业性工作的人,比如,屠夫、助产士、修车工、木匠、面包师傅等,虽然只是从学徒做起,并没有受过完整的教育或专业训练,思考及行动的模式也没有理论法则作为行事的依据,但是却能够如专家般地解决工作上的困难。探究其原因,不难发现,这些人是在真实的工作活动中学习和工作,并依据日常生活中与情境互动的经验而产生问题解决的技能,这种现象支持了"知识的习得是学习者与情境互动,受环境中活动的影响,与原有知识重新组织、建构而形成"的建构主义学说。J.S.布朗等人也强调知识如同工具,当个体在不同情境中使用知识时,新的情境会不断对个体构成挑战,并促使个体对知识本身的用途有更深认识。同样,个体在不同情境中应用他们的知识,个体也会从情境的挑战中不断给予知识新的诠释,更深入掌握知识的意义。

情境教学的主要论点如下:(1)知识是情境化的,它不能够以抽象的形式进行教授,而必须在其发生的环境中进行教授。因此,情境教学模式就需要提供一个完整的教学环境,这个环境要能提供足够的机会,让学生从不同角度去探索和体会知识与技能的意义。在这个特点下,技术支持

的锚定式教学是一个有效的方式,能够使知识在适当环境中着锚。(2)需要提供给学生真实的任务,而不是简单的、人造的学习环境。(3)情境教学主张,由教师、专家或较有经验的学习者扮演师傅、教练或协助者的角色。教师不再是唯一或主要的知识来源,而是学习者成长的激励者、示范者、辅助者、指导者甚至是同伴,指导和鼓励学生积极参与活动并以构建脚手架的方式来支持学生,提供给学生多角度的协助。这种意义下,情境教学提出认知学徒是情境教学的一种有效方式,学习应该像技艺学徒长期居住在师傅家中学习技艺一般,学习者必须身处专业领域的文化环境中,观察、模仿和学习才能建立坚实的知识。(4)需要在真实情境中对学生进行学习评定。评定是学习情境中统一的、持续和密切关联的一部分,是对学生在学习过程中表现出来的活动及完成的作品进行评定,情境教学强调评定要结合真实性活动而不是空洞的、抽象的测试。(5)情境教学提倡合作式社会互动。学习活动是新手与专家产生社会互动、共同参与的过程。知识的意义是人与人协商后产生的结果,因此社会互动及学习者之间的合作在教育上极为重要。锚定式教学、认知学徒制教学、支架式教学、随机进入式教学等是情境教学的模式,都体现了情境教学的思想。

（刘美凤　王雅杰）

情境认知理论（theory of situated cognition）　　20世纪80年代后期出现的有关学习与教学的一种建构主义思潮。强调社会实践在人的学习和认知中的重要性。

情境认知的性质

情境认知理论者主张,人的思想是对环境的适应,是情境性的（situated）,因为人知觉什么,他们如何思考自己的活动和做什么,都是发展的,而且人们所知、所思和所为是在社会情境中发展的。

情境认知理论认为,当代主要心理学派别,如信息加工心理学、行为主义心理学、皮亚杰和奥苏伯尔等主张的认知心理学都是个体心理学。其研究重点在于个体如何接受外界输入的刺激（或信息）,对信息进行加工,输出行为。认知心理学不同于行为主义心理学之处是,侧重研究个体头脑内的加工过程。虽然认知心理学考虑外部社会文化的影响,但学习仍被视为学习者将知识内化的过程。与个体心理学不同,情境认知理论主张把认知研究的重点从个体转移到社会文化情境和那种情境中的人们的活动。从情境认知观点看,知识是通过社会中的人们的生活实践自然出现的,所以该理论的两个基本观点是"知识即生活实践","学习即参与社会团体的实践"。可以举许多例子来说明上述两个观点。例如,家庭主妇知道如何选购商品,她们熟知各

种家庭用品的名称、购买地点和价格；卖肉的师傅一刀能斩下顾客所需要重量的肉，其精确度可以达到以两计算。这两例可以说明"知识即生活实践"。第一例涉及陈述性知识，第二例涉及程序性知识（或默会的知识）。当"知识即生活实践"这个前提条件确立以后，"学习即参与社会团体的实践"这个观点便不容置疑。也可以举出许多例子来说明第二个观点。例如，学习经商的人必须参与经商团体；学习军事技术的人，则要去当兵，参与部队团体。个人离开社会团体，孤立地习得的知识是不能在社会团体中应用的。

情境认知理论的来源

情境认知理论的来源可追溯到 W. 詹姆斯、杜威的哲学和 F. C. 巴特利特、勒温与维果茨基的心理学思想。当前的主要影响来自知觉生态心理学、批判教育学和日常认知观。

知觉生态心理学 其基本观点是：研究者在分析机体的行为时必须联系它们的环境。这一思想主要来自美国心理学家 J. J. 吉布森。他认为，可以根据机体生活在哪里和怎样生活这两个方面来描述机体的环境。他创造"潜在用途"（affordance）一词来描述环境对机体行为的影响，他认为，机体对"潜在用途"的直接知觉控制其行为。例如一架放在室内的钢琴，对于不同的机体，它被知觉到的"潜在用途"是不同的：对于蟑螂，它的"潜在用途"是提供居住和产卵的黑暗和温暖的稳定场所；对于学习音乐的学生，它的"潜在用途"是提供练习演奏的工具；对于打扫房间的人，它的"潜在用途"是提供堆放书本和杂志的地方。"潜在用途"的概念表明机体与环境之间存在相互作用关系。世界的性质是相互作用的产物。"潜在用途"是伴随人的行动而出现的知觉。所以，当考虑人这类机体的复杂性质时，"潜在用途"的知觉必须超越物理状态，并进入观念状态。人不仅与环境的物理属性相互作用，也与所构建的概念相互作用。以合作学习概念为例，研究结果表明，若能有效开展有效学习，则合作学习为置于集体中的个别学生提供的"潜在用途"是它能促进学习和动机；但如果学生缺乏个人的责任感，则合作学习的"潜在用途"是为学生提供"放松"的机会。所以，任何学习理论必须以学习者生活在其中的文化为起点。这就是情境认知理论的特征之一。

批判教育学 20 世纪后期，随着思考的重点从学习的心理因素向社会学因素转移，关于学习的跨文化比较研究兴起了。人们接着提出的问题是：对于教育系统的设计者而言，"谁的知识是更有利的？"如果知识是由学习者和在一定社会中的情境合作产生的，那么学习者在那个社会文化中的地位可能成为一个重要变量。达玛宁 1993 年指出："马克思主义的无产阶级观、由哈卓克等提出的女权主义观、由 P. H. 科林斯描述的黑人妇女观和由迈耶斯描述的非洲主

义的最佳心理学等都是情境性的知识论。它们都是在不同社会和在不同形式征服下建构出来的知识观。"所以达玛宁指出，要尊重学习者来自的知识团体和帮助他们适应多元世界的重要性。这就意味着，人们应共享语言、道德规范和历史，而不是将一种世界观强加于另一种世界观之上。她提醒我们关于教育技术应用的两种可能性。例如，超文本为学生提供了可能探究的多种方向和场所，但是它倾向于使方言、道德规范和历史的情境力量变得不可见。

日常认知观 当比较实验室的活动和日常活动时，熟悉的和当地的条件的情境力量便明显地显示出来了。有时人们在考试中表现很差，但在熟悉的日常问题解决中表现了高水平的技能。例如密克罗尼亚群岛上的海员在标准智力测验中得分很低，但他们能轻而易举地从一个岛航行到另一个岛，表现出运用记忆、推理和计算的技能。这些成绩上的差异已导致研究者们主张，认知是受社会情境限制、解释和支持的。而且研究者们希望通过研究日常情境中的认知，确定这些认知技能的普遍性，并说明文化在发展这些技能中的作用。这种研究的结果之一是，较清晰地理解社会情境如何限制和有助于认知。研究发现，经常去超市购物的人不是把想要采购的物品列成一个清单，而是利用超市物品的排列顺序来帮助记忆。所以，罗果夫 1984 年认为，日常的思维不是不合理的、草率的，而在处理实际问题时是明智的、有效的。这意味着成功的推理具有适应性，我们需要把学习作为参与在范围广泛的情境中获得成功的一种相互作用加以考察。

温格 1998 年概括了情境认知的四个基本前提：我们是社会存在，这一事实是学习的关键方面；知识就是胜任地从事有价值的事业，如有节奏地唱歌、发现科学事实、安装一台机器，写一首诗等；求知就是从事这些事业的追求，也就是积极地投身于现实世界之中；意义最终是学习要产生的东西。

情境认知过程

情境认知理论家从两方面阐明情境认知过程：一是学习者采用不同方式和不同长度时间参与社会文化团体的活动，从而获得学习；二是通过符号的中介过程进行学习。

参与社会团体的活动 由于情境认知理论家认为学习过程就是参与社会团体的实践活动过程，所以他们区分了多种学习者参与的形式。(1) 合法参与(legitimate participation) 和非法参与(illegitimate participation)。"合法的"这一概念指资源的社会组织和控制。非法的参与者不许获得资源，如未在学校注册的人，不能到校图书馆借书。(2) 部分参与和完全参与。"部分"这一概念是用来区分新手与老成员的。新到某一实践团体的新手只能部分参与该团体的活

动。如工场新招收的学徒,只能接触部分工艺。而老成员则参与全部工艺。就参与导师主持的科研活动而言,硕士生与博士生参与的程度与性质不同。前者参与程度低,而且一般只做辅助性工作,如查找资料;后者参与程度高,可以参与核心工作,如主持子课题设计与实施工作,甚至代替指导教师对硕士生进行指导。

温格提出,可以从三种广义的水平上思考把学习作为参与的过程。第一种水平是个人的学习。个人的学习指个人参与其所在团体的实践活动之中。第二种水平是团体的学习。团体的学习指提炼和提高团体的实践水平并保证新成员顺利成为老成员。第三种水平是组织的学习。组织的学习指维持实践团体之间的相互联系,借此某个组织知道它知道的是什么,从而使这个组织变得更有效和更有价值。

温格还提出五条学习途径。第一条途径是部分参与。例如中学生选修音乐课,到大学以后,停止上音乐课。第二条途径是新来者重新加入某一个社会团体,如艺人加入戏班,拜师学艺,从新来者到逐渐成长为老成员,从部分参与到完全参与。第三条途径在团体内部,随着团体的实践水平提高,参与者的水平也提高。如某团体中的工作人员过去不用计算机工作,现在改用计算机工作,其成员的技能必须水涨船高。第四条途径是学习者一面保持与某一团体的成员关系,但同时与其他若干团体打交道,参与其他团体的实践。如一位教学设计者他要同时与教材专家、教师、教育家和儿童发展专家合作。他们必须找到共同工作的基础,同时又各自贡献自己的专长。上述说明学习者作为参与者成长的途径是多种多样的。

认知作为符号表征过程　信息加工心理学和奥苏伯尔的有意义言语学习理论认为,知识是外部现实在人脑内的表征。信息是外在的,被人的加工系统,如记忆网络、认知结构或图式加工的。对于情境认知理论来说,最基本的假定是:学习涉及社会参与,所以认知发生在外部世界,而不是在与外部世界分离的"心灵"(mind)内部。从情境观来看,认知是符号活动,是语言符号和非语言符号的指代过程。符号可以代表任何东西。如英文单词 dog 是一个语言符号,代表实际的狗。符号指代理论认为,关于现实世界的一切知识都是通过符号中介的。符号是物理世界和认知机体共同决定的。人有独特的创造与使用符号的能力。符号使人超越直接经验。关于符号怎样实现其指代作用,情境认知理论家认为,这是通过人的活动和人们对那些活动的理解而实现的。如古代洞穴中的居民可能在洞壁上画出狗的图形,通过手势和语音将狗的图形传达给洞穴中的其他居民,表示狗的图画代表实际的狗。这样就实现图画符号的指代功能。符号以三种形式表征客体:(1)作为指示物(如温度计升高的水银柱代表温度升高);(2)作为形象(如洞穴中表示狗的图画);(3)作为符号(如英文 dog 代表实际

的狗)。一个符号又可以被其他符号代表,从而形成符号链,如"38℃"代表"发烧"。"发烧"又可代表某种疾病的症状。当人们相互作用并与其物质世界相互作用时,他们创造了符号系统,如语言和数学都是符号系统,以帮助人们表征知识和解释世界。这些符号系统是发展的,因为它们对一个实践团体是独特的,但又成为新加入该团的成员的语言和文化的一部分。

情境认知理论的教学含义

情境认知的提倡者相信,情境认知代表有关学习与教学的思想的一次转变。其在哲学观和方法论上深刻的程度至少可以与行为主义向认知主义转变相媲美。不论这种评价是否过高,但自 20 世纪 80 年代后期以来,情境认知理论在教学上产生了不小影响。

认知学徒制(cognitive apprenticeship)　师傅带徒弟的学徒制在任何社会中都存在。情境认知理论家把学徒制看成学习者参与社会实践的一种重要形式。而且认为,这种形式不仅适合大学高年级,如理工科大学生在高年级到工厂和企业去实习,师范院校高年级学生到中小学担任实习教师。他们在"师傅"的指导下从事与工人和教师相似的工作,把在学校习得的知识技能运用于真实的和复杂的环境。这不仅使他们加深了对原有知识的理解,并有利于技能的提高。

虽然在中小学儿童中不能完全照搬学徒制形式,但可以通过设计教学形式体现学徒制的某些优点。例如一个教育研究课题,其目的是让学生从事真实的教育研究活动,如提出可研究的想法,找出研究的问题,设计研究该问题的方案等。教师承担类似于研究中心主任的任务——与学生个别和集体交谈,对他们的决定提供反馈,帮助他们改进研究方案。从这一实例可见,设计教学强调真实的和复杂的经验。但如果计划不周,监督不力,学徒制也可能带来许多弊端,如学生感到乏味,效率低、压抑等。

锚定式教学(anchored instruction)　锚定式教学是实现情境学习条件的一种手段。1990 年由范德比尔特大学认知技术小组提出。他们主张,信息丰富的电视、光盘环境可以为解决复杂而又实际的问题提供一种支持性情境。例如他们制作名为"捷士泊木头隐藏问题解决系列"光盘。电视中出现一男孩名叫捷士泊。他面对各种需要解决数学问题的情境。如在一个场景中为了救助一只被困的老鹰,他必须计算,用超轻量级的飞机飞到遥远的树丛地区需要耗多少汽油。

该小组相信,给学生呈现这样的冒险故事将使学生卷入这些情境,激励学生对捷士泊面临的问题去寻求解答方法,并将他们的解答与捷士泊的解答相比较。伴随电视系

列的教材与课程的其他方面如历史、文学与自然科学提供了联结。因此,教师可以利用这个系列以各种方式支持课程目标。

学习社团(learning community) 为了贯彻情境认知理念,情境认知理论者主张将课堂改造为实践社团。传统学校的社会结构以教师为中心,教师通过课堂活动、教科书和其他媒体向学生传授知识和技能。他们不仅安排学习日程,确定目标,而且决定追求和达到目标的手段。当课堂被改造为学习社团之后,其社会结构改变了:教师和学生通过合作建立与达到目标。学习社团一般强调不同专长,即允许学生以不同的兴趣和经验面对学习任务;为他们学习不同的技能提供机会。

计算机专家经过10余年研究开发计算机支持的和有目的的学习环境(computer supported intentional learning environment, 简称CSILE)。CSILE为学生在社团中从事知识建构提供了一种手段。也就是说,学生集中注意那些他们感兴趣的问题并建立共同的资料库,储存有关问题的信息。他们提出问题,作出假设,建议各种解答方案,并且或用文字或用图表将自己从外面得来的资料和从专家那里得到的信息贡献出来。所有这些活动都是在计算机网络上进行的。在CSILE中,学生像学者一样就教材的学科内容进行交谈,学生能意识到自己在知识建构过程中的作用。当学生因为个人原因而落后之后,他向班上发出电子邮件,为自己落后而道歉并答应迎头赶上。

在情境中评估 根据情境认知观,随着学习方式改变,评估方式也必须改变。传统评估重视学习结果,而情境认知理论重视评估学习的过程。什么样的结果能作为证据,表明学生已学会适当参与社团的实践呢?H.麦克莱伦1993年建议采用三成分评估模型,它们分别提供不同类型的评估方法:(1)诊断。运用这种评估方法要求教师随时分析学生的进步,使评估方法、顺序和其他条件与学生的需要相适应。当一个教师面对40个以上的学生时,这种评估是难以实现的。但有一种所谓"信心报告"可以系统地为教师提供学生的信息。每学期分三次,学生给教师提供电子邮件,陈述四方面的内容:第一,学生自己的学习,如:个人的学习目标是什么?他们是在学习自己所想学习的东西吗?有什么需要教师帮助他们解决的问题?第二,学生合作小组的学习,如:小组合作得如何?有需要教师帮助小组解决的问题吗?第三,作为一个社团的班级学习,如:班级的整体表现怎样?集体制定的目标需要任何调整吗?第四,改进建议,如:为了改进个人、小组和班级的学习,有什么可以立即实行的措施?(2)统计数据。运用计算机保留统计数据以显示学生学习表现的模式和倾向。如果教学是以计算机为基础的,如用超媒体程序,则统计数字容易收集。这些数据可以显示学生在什么时候已达到某种基准和

是否按适当速度前进。(3)文件夹。这种评估形式在情境认知提出之前已被采用很久,但它更适合情境学习的评估,因为它既强调过程也强调结果。采用文件夹也鼓励学生参与评估,因为他们承担选择构成文件夹的作品的任务。一般来说在教师指导下,学生选择能反映他们进步和成就的工作。学生自己的日记及教师评语也可以作为文件夹的补充材料。

J. R. 安德森、L. M. 里德和 H. A. 西蒙提出疑问:情境观提出的新的、不同于认知观的东西是什么?他们介绍了情境观的四个主张并进一步指出,如何用认知观来解释这些主张。他们的结论是:情境观和认知观在许多重要教育问题上的看法是一致的,所以采用情境观的含糊语言所得到的东西很少。

参考文献

Driscoll, M. P. Psychology of Learning for Instruction [M]. Boston: Allyn & Bacon, 2005.

Phye, G. D. Handbook of Academic Learning: Construction of Knowledge [M]. New York: Academic Press, 1997.

(吴红耘)

情绪和行为障碍儿童(emotionally and behaviorally-disturbed children) 亦称"情绪障碍儿童"、"行为障碍儿童"、"道德行为偏差儿童"、"适应困难儿童"、"性格或行为异常儿童"、"问题儿童"。指在没有智力障碍或精神失常的情况下,行为与其所处的社会情境相违背,显著异于常态,且对个人适应正常的社会生活产生了妨碍的儿童。具体而言,是指在行为表现上与一般学生应有的行为有明显偏离,具有以下一种或多种影响教育的、明显而持续的行为特点的儿童:学习能力不足,但不能以智力、感官或其他因素加以解释;不能与老师和同伴建立或维持良好的人际关系;在正常的环境条件下表现出不恰当的感受和行为反应;心境常常表现出弥漫性的沮丧或抑郁;在个人和学校生活中遇到困难时,有出现生理症状或恐惧反应的倾向。

上述界定能在一定程度上描绘情绪和行为障碍儿童的特征,但许多专家认为它倾向于指情绪障碍儿童,因此美国心理健康和特殊教育联合会(National Mental Health and Special Education Coalition,简称MHSEC)对情绪和行为障碍儿童进行了再次界定,认为情绪和行为障碍儿童表现出以下一些症状:(1)在学校生活中的情绪或行为反应与同龄人的平均水平,或同一文化背景、同一种族的平均水平相比差异很大。而且,这些反应对学习成绩、社会适应、职业技能和个人技能的发展都产生了极为不利的影响。(2)对环境中的压力事件,表现出非暂时性的过激反应。(3)在两种不同的环境中表现出相同的障碍,至少其中之一是在学

校。(4)普通教育的干预对这种儿童来说效果很差。情绪和行为障碍可能与其他几方面的障碍共存,可能伴有精神分裂症、情绪失调、焦虑症或其他适应行为方面的失调。

情绪和行为障碍儿童的类别

对于情绪和行为障碍儿童的分类,尚无统一规定。世界卫生组织的《国际疾病分类手册(第十版)》(International Classification of Diseases, 10th Revision,简称ICD-10)和美国精神病学会的《精神疾病诊断与统计手册第四版》(Diagnostic and Statistical Manual of Mental Disorders, Fourth Edition,简称DSM-Ⅳ)对情绪和行为障碍进行了详细的分类,具有较大的影响力。《中国精神障碍分类与诊断标准(第三版)》(CCMD-3)把儿童少年期的精神障碍分为儿童精神病、儿童情绪障碍、多动综合征、品行障碍、特殊功能发育障碍和其他行为障碍,如排泄障碍、进食障碍、抽动障碍等。

根据情绪困扰和不良行为的程度不同,可将情绪和行为障碍儿童分为轻度、中度和重度三类。轻度情绪和行为障碍儿童的情绪与行为问题并不明显,只是情绪不太稳定,多愁善感,爱发脾气。也可能伴有某些焦虑型的生活和学习习惯,如下意识地咬手指头,扯自己的头发等。但是,这些不良行为并不牢固,经过一段时间的提醒、帮助、教育之后,会较快地纠正过来。有的轻度情绪和行为障碍儿童随着生活环境的改变和年龄的增长会自行转变;中度情绪和行为障碍儿童伴有比较严重的情绪和行为问题。例如,不遵守公共纪律,在课堂上大喊大叫,干扰教师的授课,经常和同伴吵架等。但中度情绪和行为障碍儿童的不良行为多属于非社会性行为(asocial behavior)而不是反社会性行为(antisocial behavior),经过一段时间特殊的教育训练可以得到较好的矫正;重度情绪和行为障碍儿童是指情绪状况很差,不良行为习惯比较牢固的儿童。他们由于多方面的原因,可能形成反社会性的行为习惯,如偷窃、赌博、吸毒、自杀等。这种不良行为的矫正需要较长时间的干预,并且必须在特定的条件下进行。

根据对情绪和行为的控制程度,情绪和行为障碍儿童还可以分为超控制型与低控制型两大类。超控制型(over controlled)儿童出现情绪和行为障碍的原因是由于过分地控制了自己的情感和行为,从而表现出害羞、焦虑、孤独、胆怯等行为特征。他们很不合群。这类儿童中,女性所占比例较大。对这类儿童的教育主要是要提供一个比较宽松自由的教育环境,以帮助他们树立自信心,减少心理防卫,勇敢地参与社会活动,在实践中锻炼自己;低控制型(under controlled)儿童的主要特征是多动、侵犯和攻击等。他们可以不假思索地将自己受到的挫折转嫁到同伴或别人身上。

这类儿童中,男孩所占的比例较大。对这类儿童的教育主要是培养他们的自控能力,学会心平气和地观察和处理问题。

此外,根据情绪和行为障碍儿童的智力水平可以将其分为低能型情绪和行为障碍儿童与超常型情绪和行为障碍儿童。前者常伴有学习困难、认识能力差等问题;后者多是由娇生惯养而滋长了蛮横、孤僻等不良习惯所致。

中国台湾学者林幸台1992年针对中小学生的情况,将性格与行为异常分为五类:(1)人际关系问题,即无法与同学或教师建立和保持良好的人际关系,经常与同学打架、发生口角、攻击老师、乱发脾气、不与同学来往、任意指责或批评同学等;(2)行为规范问题,即违规行为或反社会行为,如无故迟到、缺席、逃学、说谎、偷窃、破坏、考试作弊、伤害别人等;(3)抑郁情绪问题,即经常有不快乐或沮丧的情绪,如对活动不感兴趣、悲观、对自己的事情漠不关心、情绪低落或退缩等;(4)焦虑情绪问题,即因过度焦虑导致明显的身体不适、恐惧反应或强迫行为,如容易紧张、易因焦虑引起生理反应(呕吐、头昏等)、坐立不安、不断重复同一动作、情绪激动、动作过度夸张、过度的恐惧反应等;(5)偏畸习癖,如经常吸吮拇指、咬指甲、做异性打扮、吸毒等。

情绪和行为障碍儿童的流行率

根据世界卫生组织统计,在发达国家3~15岁儿童中有情绪和行为障碍者占5%~15%。在美国,情绪和行为障碍儿童是特殊儿童中所占比率比较高的一类,在1991—1992学年度接受特殊教育学生中有363 877人,占接受特殊教育学生人数的8.4%。到1997—1998学年,接受特殊教育服务的6~21岁情绪和行为障碍儿童的数量为454 363名,占全美接受特殊教育服务的学生的8.4%,是第四大种类接受特殊教育服务的对象。

中国未见全国性报道,四川省4个地区1984年调查结果表明,品行障碍的发生率为2.9%~13.6%,学龄期7~8岁为发生率的高峰期。男孩多于女孩,其比为6:1。北京医科大学精神卫生研究所1989年对北京2 432名小学生进行调查,发现行为问题发生率为13.16%,男女比例为4.9:1。湖南省1990年在城乡调查7~16岁男女儿童6 911名,品行障碍的流行率为1.45%,男女比例接近8.9:1,高峰年龄为13岁。一般认为,轻微的情绪和行为障碍,在许多儿童少年身上都存在,但真正需要长期特殊教育的人数比较少,保守的估计占儿童人口的2%以上。

情绪和行为障碍儿童的成因

情绪和行为障碍是由多种原因引起的,包括生物、心理、社会等方面的因素,这些因素常常交织在一起,共同起作用。

生物因素 生物因素包括：（1）遗传。基因的变化可能改变人的行为，染色体的变异可能引起严重的情绪和行为问题。对孪生子的研究表明，同卵孪生子的一方得了精神分裂症，另一方得精神分裂症的机会超过 40％～50％，而异卵孪生子共同发生精神分裂症的机会只有十分之一，在一般同胞兄妹间，患病机会还要低，因此，遗传因素会增加心理和行为问题的易发性。（2）生物化学因素。研究表明，精神疾病的症状和多种生化物质有关，例如，梅尔特格证明血清肌酸磷酸激酶的含量与精神病症状有正相关。（3）脑损伤和神经功能异常。任何脑损伤除了引起躯体疾病外，还可能引起情绪和行为问题。现有的研究表明，严重的情绪和行为问题可能伴有脑功能失调，有些多动症与脑功能失调有关，但不是脑功能失调都会产生情绪和行为问题。（4）生理残疾。生理残疾一方面影响和限制个体正常的交往活动，另一方面也可能使个体产生较多挫折感，造成心理或行为偏差。

心理因素 不同的研究取向对产生情绪和行为障碍的心理因素有不同的理解，主要有心理动力学模式、行为主义模式和认知派模式。心理动力学模式，亦称"精神分析模式"，这一理论强调被压抑的情绪和心理冲突可成为导致人体机能失调的致病因素，是引起心理失常甚至损害生理健康的动力性原因。情绪和行为障碍就是由于不能成功地处理各种心理内部和外部行为的关系而产生的。如在性别辨别阶段过渡得不成功可能使儿童在今后的生活中与异性确立良好的关系上产生困难。心理动力学理论认为，儿童的人格由本我、自我、超我三部分组成，健康儿童这三个部分的发展是和谐的，能满足儿童发展的基本需要。然而，如果这三个系统出现了冲突，就容易出现情绪和行为障碍。按照弗洛伊德的观点，人们的意识体验和行为表现，不过是心理结构内部互相争斗的结果。他认为，一个儿童要保持心理健康，要心理发展得顺利，则必须依赖人格三种力量的均衡协调，一旦不平衡，其结果就是出现心理失调。此外，荣格认为力比多会导致反社会行为，奥地利心理学家 A. 阿德勒认为早期的不良教育会影响情绪和行为的发展。

行为主义模式是用行为主义理论来解释情绪和行为问题的，即根据条件反射和社会学习理论来解释产生情绪和行为问题的心理因素。这种观点认为情绪和行为障碍是由于建立了错误的条件反射或错误的社会学习方法而产生的。行为主义理论家华生等人认为，所有行为都是通过学习获得的，并由于强化得以巩固，同时，我们习得的任何东西，也可以通过学习而得以摆脱。异常行为也是习得性行为，习得的方式跟正常行为一样。一般说来，当某一行为的结果已不再具有社会适应性时，该行为就会减弱、消退。而情绪和行为障碍与此不同，它们在丧失了适应性后仍不消

退，这就需要行为治疗家通过行为疗法来帮助患者改变这些行为，即通过采取正强化或负强化等方法来矫正错误的行为方式，建立正确的行为方式。行为主义还根据行为与心理物理场的因果关系来解释情绪与行为障碍，主张从改变行为环境入手来矫正情绪与行为问题。

认知派模式用认知不协调理论（theory of cognition dissonance）来解释情绪和行为障碍，主要见于美国心理学家费斯廷格的观点。他认为，个体从某种认知推断出另一种认知时，会产生不愉快的情绪，如果认知成分的相互矛盾长期不能得到解决，随着认知失调的不断增加，个体需要减少或消除认知失调的心理张力就越来越大，继而产生情绪和行为问题。因此，认知派理论主张通过教育训练来减少认知中的不协调成分，增加协调的认知成分，甚或建立某种强制性的认知结构，以促进个体态度和行为方式的改变。

社会因素 心理发展的自然因素是人的生物学因素，但它只是心理发展的前提和基础，而决定心理发展方向的，则是人的社会文化因素。人的心理和行为都是个体社会文化生活的产物。在人的心理发展过程中，如果个体的心理行为与社会环境比较协调，则遇到的挫折就小。即使有了挫折，若能得到社会的支持和同情，也能较快地得以调整、适应，个人心理状态就可能正常，反之，就容易发生异常的心理或行为问题。影响情绪和行为问题的社会因素包括家庭、学校和社区三方面。

在家庭方面，大量的研究资料表明，儿童青少年情绪和行为问题的形成与家庭的功能不全和教育方法不当有非常密切的关系。主要表现在以下几个方面：（1）家庭不完整。由于父母离异或父母早逝等其他原因造成的家庭不完整，容易造成儿童的情绪和行为问题。（2）家长本身有情绪与行为问题。已有的调查表明，有些有情绪和行为问题的儿童青少年的家长本身也存在情绪不稳定、行为失调的问题。例如，有的家长染有酗酒、赌博、吸毒、偷窃等不良行为，这势必不同程度地影响孩子的身心发展。（3）家庭的冷漠。有些家庭缺乏温暖，家庭成员之间缺乏感情上的沟通与交流，导致儿童情感上的需要得不到相应的满足，从而影响情感的发展和良好行为模式的建立。有研究认为，6 个月到 3 岁这段时期母爱的缺乏容易导致儿童日后的情绪和行为障碍。（4）家庭教养方式不当。家长过于溺爱和过度保护，或要求过于苛刻严厉都容易引起儿童的情绪和行为问题。前者会影响儿童行为控制能力的发展，后者会增加儿童的焦虑情绪，甚至使儿童形成双重人格。

在学校方面，情绪和行为障碍儿童由于本身的问题，多不能与同伴正常交往并建立良好的人际关系。有的因为经常违反纪律受到学校的处分而厌恶集体。这些儿童缺乏安全感和归属感，不适当的学校教育往往会对情绪和行为障碍儿童造成不良的因果循环。教师的态度和与同学的关系

对儿童情绪和行为发展的影响最为明显,教师的偏见和同学的疏远甚至捉弄会助长情绪和行为障碍儿童的消极情绪和行为的发展。

在社区方面,社区环境无疑也会影响儿童与青少年情绪与行为的发展。国外研究表明,凡是在经济萧条、失业率高涨、社会治安条件差的时期,情绪和行为问题儿童有增加的趋势。经济和文化教养条件较差的少数民族,其情绪和行为问题儿童的发生率较高。有的学者从生态学的观点出发,把不良的社区环境称为"心理污染",它是产生情绪和行为障碍的重要因素之一。

情绪和行为障碍儿童的心理特征

情绪和行为障碍儿童除了具有其定义性特征外,还有一些独特的心理特征。

第一,在认知方面,认知不协调是情绪和行为障碍儿童的主要特征之一。认知不协调包含三个方面的含义:一是认知过程与内容的不协调。这种认知不协调使儿童青少年缺乏从纵向和横向分析复杂问题的能力,加上情绪的不稳定,倾向于将复杂问题简单化,其行为的外化形式多表现为草率与鲁莽;二是认知成分与认知方式的不协调,产生焦虑和其他类型的情绪失调和行为失控;三是认知、情感、意志过程的不协调。一方面认知结果不能控制情绪和行为,另一方面行为结果也不能及时反馈到认知结构中来以增加认知的合理性,从而造成明知故犯、任性胡闹等。

第二,在社交和情绪方面,挫折感强、焦虑、孤独与退缩是情绪和行为障碍儿童常见的特点。情绪和行为问题儿童由于客观与主观两方面的原因,经常遭受挫折,加上缺乏正确对待和解决问题的能力,往往这种挫折感又不断增强,最终产生极度的焦虑,有的情绪和行为问题儿童把自己的挫折转嫁于无辜的人和事,表现为冲动和攻击性反应。有的则以退缩、躲避的方式来逃避挫折,表现为孤独、胆小、退缩,不愿与其他人交往。

第三,注意缺陷和多动。有的情绪和行为障碍儿童表现出明显的注意力不能集中、情绪不稳定、易激惹、活动过多,难以坐在自己的位置上听讲或按时完成作业,并且经常干扰其他儿童的活动,有时甚至被诊断为学习障碍。

最后,在智力和学业成就方面,大多数情绪和行为障碍儿童的智商都在正常范围或偏低一些,少数儿童的智商略高于平均水平。大多数情绪和行为障碍儿童在学校里是学习困难学生,学业上达不到其年龄所要求的水平,许多严重的情绪和行为障碍儿童甚至缺乏最基本的读、写、算的技能。

第四,情绪和行为障碍儿童的自我意识发展滞后,自我中心倾向明显、自知力差、自我控制能力薄弱。由于认知的

不协调和挫折感的增强,情绪和行为障碍儿童心理冲突加剧,过强的心理冲突可能导致其采用不正当的行为方式来解脱、转移、掩盖内心的苦闷、焦虑或恐惧。产生争吵、斗殴、抢劫、性侵犯等攻击性行为或赌博、酗酒、偷盗、离家出走等反社会行为。

参考文献

方俊明. 当代特殊教育导论[M]. 西安:陕西人民教育出版社,1998.

朴永馨. 特殊教育学[M]. 福州:福建教育出版社,1995.

汤盛钦. 特殊教育概论——普通班级中有特殊教育需要的学生[M]. 上海:上海教育出版社,1998.

Turnbull, R. Turnbull, A. Exceptional Lives: Special Education in Today's Schools. Pearson Education, Inc, 2002.

（杨福义）

全民教育思潮（education for all）　20 世纪 90 年代国际上的一种教育思潮。主张满足所有人的基本学习需要,以提高所有人基本的文化水平和谋生技能,让他们有尊严地生活,并有一定的意识和能力参与解决困扰世界的一些重大问题;通过全民教育,让全人类和平相处、共同进步,使世界走上可持续发展的道路。全民教育的思想早在第二次世界大战后即提出,1990 年 3 月在泰国宗迪恩召开的世界全民教育大会(World Conference on Education for All)把这一思潮推向高潮,大会发表了《世界全民教育宣言》(亦称《宗迪恩宣言》)和《满足基本学习需要的行动纲领》,使全民教育成为各国政府的行动。

全民教育思潮的产生与发展

全民教育思潮的产生　随着经济全球化、社会信息化时代的来临,教育对现代社会的作用越来越大。科技革命的进步对劳动者的素质提出了更高要求,劳动者的受教育水平决定劳动生产率的提高。在发达的经济体系中,脑力劳动所占比例越来越高,受过高水平教育的人就业机会越来越多,也更能适应社会的各种变化和要求。对于国家来说,国民受教育的程度和水平决定它未来的命运;对于个人来说,教育是获得生存发展能力的基本手段。人们通过接受教育,可以改变自身的地位和生活条件,有助于实现社会平等。

随着全球化进程的加快,整个世界相互依赖的程度越来越高,一部分人的灾难性落后状态会使所有人的生活受到威胁。同时,人类面临的许多共同问题,如人口问题、环境问题,威胁到整个人类的生存与发展,解决这些问题已经不能再靠个别国家的单独行动,而是需要各国团结合作、协调一致。在这种背景下,教育问题也不再是一个国家内部

的事情,因为一个国家教育落后所产生的严重后果会向其他国家和地区蔓延。教育必须为全球性问题的解决作出贡献,因为只有对人类所有成员施以和平与合作教育、参与和团结教育、生态与保护环境教育、同情与理解教育等,才能培养人们的全球意识,提高公民的整体素质,才有助于有效解决那些人类共同面临的严重问题。在当前情况下,世界各国对教育的作用已经有了更深刻和全面的认识:教育不仅是实现社会平等的重要途径,是社会和国家走出危机、摆脱贫困、实现繁荣的必然选择,也是解决全球性问题,消除各地区各民族之间不平等、不稳定因素的重要途径。

在全球化、信息化浪潮的影响下,第二次世界大战后,特别是 20 世纪 60 年代以来,世界各国教育事业经历了空前的发展。发展中国家由于起点低,发展速度尤为迅速。在初等教育方面,发展中国家入学儿童从 1960 年的 21 700 万人增加到 1990 年的 50 530 万人,6～11 岁儿童的入学率从 1960 年的 48％提高到 80 年代末的 77.8％。在成人扫盲教育方面,全世界文盲比例从 1950 年的 44％降至 1990 年的 26.5％。

世界普及教育尽管取得了很大成绩,但仍面临严重问题,这些问题的解决随着 21 世纪的到来显得更为迫切:约占学龄人口 20％的 1.28 亿儿童未能接受初等教育,其中至少包括一半以上的女童;尽管文盲的比例在下降,但仍有 9.48 亿成人属于文盲,其中 2/3 是妇女,九个人口最多的发展中国家的成人文盲占 9.48 亿的 72％;功能性文盲(意味着一个人所掌握的书面文字和一般基础知识还明显不足以使其在越来越复杂的社会中“行使功能”)已成为包括工业化国家和发展中国家在内所有国家的严重问题;一亿多儿童和不计其数的成人未能完成基础教育计划,更多的人虽满足了上学的要求但未掌握基本的知识和技能。

同时,世界还面临许多其他问题,如人口的迅速增长、环境的普遍恶化、贫穷的持续加剧、战争暴力的不断发生等。这一系列问题限制了国际社会和各国政府为满足人们基本学习需要所作的努力,而相当一部分人基础教育的缺乏又阻碍了各国乃至全世界全力而有目的地解决上述问题。

在上述背景下,联合国教科文组织提出了全民教育的倡议,并会同联合国其他机构一起为之努力,从而将国际社会和各国政府长期以来为实现普及初等教育和扫除成人盲的两种努力结合起来。1990 年 3 月,由联合国教科文组织、联合国儿童基金会、联合国开发计划署(United Nations Development Programme,简称 UNDP)和世界银行联合发起和赞助召开的“世界全民教育大会”在泰国宗迪恩举行,因而又称“宗迪恩大会”。来自 150 多个国家和地区以及联合国系统各机构、政府间国际组织、非政府组织等 1 500 多名代表、观察员及专家出席了会议,一些国家元首、政府首

脑还亲临会议。大会通过政府代表发言和专门问题研究,就未来 10 年中如何动员所有国家、区域性及国际组织等各方面力量,推动世界全民教育目标的实现,进行了认真广泛的讨论,并深入探讨了教育经费、师资力量、妇女教育和必要措施四方面的问题,讨论并通过了《世界全民教育宣言》和《满足基本学习需要的行动纲领》。这两份纲领性文件提出了积极消除性别、民族和地区差别,普及儿童基础教育、成人扫盲教育的目标、措施及具体计划,指出国际社会有义务消除一些国家实现全民教育目标的障碍,并采取措施,解除最贫穷国家的债务负担。大会提出了“满足所有人基本学习需要”的口号,以实现一个更安全、更健康、更繁荣而且生态更加良好的世界,促进社会、经济和文化的进步,倡导宽宏精神和目标上的合作。此后,世界各国对“全民教育”这个国际社会在全球范围内提出的新概念达成共识并逐步付诸行动,形成一种跨世纪、席卷全球的教育思潮。

全民教育思潮的发展　世界全民教育大会以后,全民教育一直受到国际社会的高度重视。以后的历次国际教育会议都重申了全民教育的基本目标。1990 年 9 月,世界儿童问题首脑会议(The World Summit for Children)在其制定的儿童生存、保护与发展行动计划中规定了基础教育 2000 年的目标:普及基础教育,使至少 80％的学龄儿童完成初等教育;把 1990 年的成人文盲数减少一半(适当年龄由各国自己确定),特别是重视妇女的扫盲工作。1993 年 12 月在印度首都新德里召开由孟加拉、印度、巴基斯坦、印度尼西亚、中国、埃及、尼日利亚、巴西和墨西哥 9 个国家的领导人参加的“九个人口大国全民教育高峰会议”,九国领导人对各自国家在 2000 年前普及基础教育、大量扫除文盲和减少男女之间受教育差距作出政治承诺。大会通过了《新德里宣言》,提出要保证以最大的努力和决心实现全民教育大会和世界儿童问题首脑会议提出的目标,普及初等教育并扩大儿童、青年和成人的学习机会,以满足人们的基本学习需要。这次会议再次把国际社会对全民教育的关注推向一个新的高潮。1994 年 10 月在菲律宾首都马尼拉召开的社会发展世界首脑会议亚太地区部长级预备会议制定了《社会发展的目的与目标:2000 年要实现的重要儿童目标》,提出了 1995 年和 2000 年的具体教育目标,主要是对全民教育目标的重申。1995 年的目标是加强基础教育,把以下两种差距缩小 1/3:(1) 1990 年小学入学率和保持率与至少 80％学龄儿童完成小学教育的差距;(2) 1990 年男童和女童入学和保持率的差距。2000 年的目标:通过正规教育或水平相当的非正规教育,使 80％的学龄儿童完成小学教育,重点是缩小男童与女童之间目前的差距;把 1990 年的成人文盲率至少降低一半(年龄由各国定),重点提高妇女识字率。此外,1992 年 6 月在巴西里约热内卢召开的“联合国环境与发展大会”、1994 年 9 月在埃及首都开罗举行的“国际人口

与发展大会"、1995 年 3 月在丹麦首都哥本哈根召开的"联合国社会发展世界首脑会议"以及 1995 年 9 月在北京召开的"联合国第四次世界妇女大会",都把全民教育作为一个重要议题,强调了全民教育对促进人口、环境、社会及妇女发展的重要意义,重申了国际社会对全民教育目标的承诺。

全球范围内的全民教育取得了辉煌成就,也遇到一些障碍和问题,如,发展中国家幼儿护理计划寥寥无几,许多国家不合格的教师仍在日益恶化的基础教育中为了很低的报酬而工作着,整个发展中地区特别是撒哈拉以南的非洲,因缺乏教育而受到严重制约。不仅如此,工业化国家也有 1/5 的成人不会阅读或写简单的文章,男女差别依然存在。为此,在联合国教科文组织、联合国开发计划署、联合国儿童基金会及世界银行的资助下,"国际全民教育咨询论坛中期会议"于 1996 年 6 月在约旦首都安曼召开。这是继 1991 年 12 月巴黎会议、1993 年 9 月新德里会议之后的第三届国际全民教育咨询论坛。会议通过"全体会议"、"专门委员会会议"、"公开讨论会"等形式对宗迪恩会议以来 6 年的世界全民教育进展情况进行了全面评估,肯定成绩,提出了仍然存在的问题,确定了以后 5 年的战略重点,被称为世界全民教育运动的"加速点"。会议通过了题为《全民教育:实现目标》的宣言,即《安曼公报》,强调教育是力量的增强,是建立和加强民主的关键,是持续而人道地发展的关键,是把和平建立在相互尊重和社会正义基础上的关键,并重申了宗迪恩会议的目标,决心为实现全民教育进一步努力。

2000 年 4 月,世界教育论坛在塞内加尔首都达喀尔举行,又称为"达喀尔世界教育论坛"(the World Education Forum, Dakar),目的是促使世界各国单独或共同开展更加有力、更加注重行动的全民基础教育,讨论的主题是如何使全民教育反映新千年的状况和必须履行的责任。筹备达喀尔论坛时,各国应邀重新审查各自全民基础学习需求。《全民教育 2000 年评估》(Education for All 2000 Assessment)要求各国说明已经学到的知识,找出成绩和问题,提出在国际社会帮助下可以达到的未来工作方向。各国的专门机构在地区技术咨询小组的帮助下,已在国内完成这些工作,还就一些全球关心的教育问题进行了全球和地区性的专题研究,如扫盲、非正规学习以及教学条件普查。《全民教育 2000 年评估》收集到的信息和建议将用来拟定一个新的行动框架,在达喀尔提出一系列全球关注的重点事项。在此基础上提出的《全民教育行动纲领》(即《达喀尔行动框架》)以新的评估结果为基础,目的是指导国家领导人,使他们能够与地区及全球各级办学力量共同努力,争取在 2015 年满足全民的基本学习需要。该框架重申了《世界全民教育宣言》的国际承诺,根本宗旨可以简单地概括为"坚持目标,实现承诺"。《世界全民教育宣言》敦促各国制订有时限的中期目标,满足所有儿童、青年和成人的基础学习需要,《全民

教育行动纲领》拓宽了《世界全民教育宣言》的主题,提出了五项行动目标和实现这些目标的五项战略目标。五项行动目标如下:(1)扩大幼儿护理和教育工作,到 2015 年,从新生儿到学龄儿童各个年龄段的所有儿童都有机会获得幼儿保健和教育;(2)普及免费的初级教育,到 2015 年,所有人都能接受并完成平等的基础教育;(3)满足青年和成人的基本学习要求,到 2015 年,让所有青年和成人普遍具有平等的机会参加基础知识和生活方式的学习;(4)质量与成绩,到 2015 年,在教育质量及教与学的评估方面取得可以量化的提高;(5)消灭男女差别,到 2015 年,至少在 15 岁以下儿童的基础教育中实现男女平等(在入学机会与完成学业方面)。五项战略目标如下:(1)加大国家投入及调动有效资金的力度;(2)为社区和公民社会创造一个"新的空间";(3)把基础教育与消灭贫困的措施结合起来;(4)运用新的科学技术;(5)提高教师的能力。《全民教育行动纲领》体现出六大原则:(1)政府、公民社会及国际社会必须坚定不移地承诺,要让受到歧视性排斥的所有人都能完全参与高质量的全面基础学习过程;(2)必须认识到为健全儿童营造有益的学习氛围的必要性;(3)必须促进新技术与基础学习更有效地结合在一起;(4)必须制订能反映国际确定标准的国家和地方目标和明确的任务;(5)必须让公民社会参与工作,发挥更大的作用;(6)必须更好地与一切办学力量协作配合,共享信息,提高透明度和责任感。它完全建立在《全民教育 2000 年评估》的基础上,希望每一个相关人士都行动起来,在 2015 年前真正实现全民教育目标。《全民教育行动纲领》有三个基本特点:承认教育是一项人的权利;要求通过教育来反对社会排斥;呼吁"全面提高教育质量和确保优异"。"达喀尔世界教育论坛"成为一个转折点,为实现全球性目标必不可少的政治意愿和社会需要的形成打下了基础。

2001 年 9 月,在日内瓦召开的第四十六届国际教育大会提出了新的目标:(1)以一种开放和深思的方式来检查和讨论那些与全民教育质量相联系的各个方面;(2)就进行的内容、方法和结构展开国际对话的新局面。就结果而言,国际教育大会应该能使我们:(1)确认教育内容和方法领域内争论的问题或需要得出的经验教训;(2)通过结论和行动建议,允许加强政策对话和丰富相关的方法,以便不断发展个人尤其是社会团体提出解决这些问题之短期和长期方案的能力。这将取决于更大的效率和效益以及高层决策人士的更多参与。由于其主题反映了最近世界教育论坛的观点以及在达喀尔所承诺的责任,本次大会还期望在组织及其影响方面富有创新性。联合国教科文组织的框架使得这次会议具有全球范围的意义。教育在任何地方都依然是一项尚未完成且正在进行的事业,其成功伴随有失败和短缺。达喀尔论坛已经明确地显示了这一点,而且证明了教育事

业的完成应成为一种主题:"尽管在实现全民教育方面已经取得了巨大的进步,仍然还有许多事情要做。"联合国教科文组织在主要会议和大会的背景下继续其工作的同时,在2002—2003年的教育领域中给全民基础教育以优先重视。

全民教育思潮的基本观点

全民教育是一种全新的教育理念,涉及范围十分广泛,包括儿童的早期护理与教育、初等教育、成人扫盲教育、技能培训等各个方面。全民教育的目标是满足所有人(包括儿童、青年和成人)的基本学习需要,包括人类能够生存、作出有见识的决策、有尊严地生活以及继续学习所要掌握的基本学习工具(如读写、口头表达、数字、解决问题等)和基本学习内容(如知识、技能、价值观念和态度)。具体来说包括以下方面:(1)扩大儿童的看护和发展活动,包括吸收家庭和社区参与,尤其要关注贫困、处境不利和残疾儿童;(2)2000年普及并完成初等教育(或被认为是"基础"的更高层次的教育);(3)提高学习成绩,使一定年龄段一定比例的人(如14岁儿童的80%)达到或超过规定的学习成绩水平;(4)降低成人文盲率(适当的年龄组由每一国家确定),并对女性扫盲予以足够重视,使男女文盲率之间的差距明显缩小;(5)扩大对青年人和成人所需要的其他重要技能的基本教育与培训,以行为的变化和对健康、就业、生产率的影响来评价培训计划的有效性;(6)通过包括大众传媒、其他现代和传统的通讯方式和社会行动在内的所有教育渠道,保证个人和家庭掌握那些为更好地生活及健全而持续地发展所需要的知识、技能和价值观念,并根据行为变化来评价其有效性。

全民教育思潮主要包含以下基本观点。

满足所有人的"基本学习需要"　基本学习需要包括基本的学习手段和学习内容,它们是人们生存下去、充分发展自己的能力、有尊严地生活和工作、充分参与发展、改善自己的生活质量、作出有见识的决策并能继续学习所需要的。基本学习需要的范围及其满足的方法因各个国家和各种文化的不同而不同,而且不可避免地会随着时代的变化而变化,总体来说一般包括以下三个方面。(1)幼儿的看护和发展教育,可以通过家庭、社区或机构作出适当安排。(2)有针对性且有质量的初等学校教育或同等水平的儿童校外教育。初等学校教育是除家庭教育外对儿童进行基础教育的主要系统。初等教育必须普及,以确保所有儿童的基本学习需要得到满足,并考虑社区的文化、需要和机会,还要补充具有与普通学校相同学习标准的可选择性计划,满足那些没有或很少有机会接受正规学校教育的儿童的基本学习需要。(3)为青年和成人提供扫盲、基本知识及生活技能培训。扫盲教育必不可少,因为识字本身就是一种必要的技

能,也是其他生活技能的基础。以母语进行扫盲可以巩固文化的特性和遗产。此外,还可以通过技能培训,学徒和包括保健、营养、人口、农业技术、环境、科学、技术、家庭生活以及其他社会问题在内的各种正规和非正规教育方式满足其他的学习需要。满足基本的学习需要意味着要向所有儿童、青年和成人提供基础教育。在实现手段上,首先,要利用传统或现代的信息媒介和技术,就社会关心的问题教育公众并支持各种基础教育活动,基础教育的这些互补成分必须予以设计,以确保学生平等入学、持续参与和有效的学习成绩;其次,改善家庭和社区学习环境,使基础教育与更大范围的社会经济环境相结合;最后,加强多方面合作。由于基本学习需要是复杂多样的,满足这些需要就要有作为总体发展工作之组成部分的多部门策略和行动。如果发展基础教育再一次被看作是全社会的职责,那么众多的合作者就必须同教育当局、教师和其他教育人员一起参与,这意味着在规划、管理及评价多种形式的基础教育方面有范围广泛的合作者的积极参与,如家庭、教师、社区、私营企业、政府和非政府组织及其他机构等。

满足基本学习需要可以使任何社会中的任何个人有能力并有责任去尊重和依赖他们共同的文化、语言和精神遗产,促进他们的教育,推动社会正义事业,保护环境,宽容与自己不同的社会、政治和宗教制度,并为这个互相依存的世界建立国际和平与团结而努力。教育发展的另一个更基本的目的就是传递并丰富共同的文化和道德价值观念。正是从这些价值观念中,个人和社会发现了自己的特性和价值。基础教育本身不仅仅是目的,还是终身学习和人类发展的基础,各国可以在这一基础上系统地建立其他层次其他类型的教育和培训。

重视教育平等,普及初等教育　《世界全民教育宣言》提出要普及入学机会并促进平等。为了实现基础教育机会均等,所有儿童、青年和成人都必须获得达到和维持必要学习水平的机会。从范围和对象来看,全民教育是针对教育对象而言的一个概念。所谓全民教育,就是教育对象全民化,即教育必须向所有人开放,人人都有接受教育的权利,并且必须接受一定程度的教育。这一概念体现了教育民主化和教育普及化思想。

教育民主化的实质是国家从政治或法律上保证全体社会成员不分地位、种族、性别等,都有机会不受限制地受到教育。争取教育民主化最重要的方式就是实现教育机会均等。早在1945年,《联合国教科文组织组织法》就提出"给一切人以受教育的充分而平等的机会"的工作目标;1948年,联合国通过的《世界人权宣言》也提出:各个国家的教育体系都应当努力提供普及初等教育和有选择的中等教育,以保证有充分的教育机会,使人人真正感受教育机会的均等。第二次世界大战后,教育民主化一直是世界各国教育改革

的重要内容。尤其是进入 80 年代以后,教育民主化作为国际教育改革的主流已经成为发达国家和发展中国家的共识。联合国教科文组织 1980 年出版的一份题为《教育改革、经验与展望》的研究报告中指出,各国的教育改革中都有一些共同关心的基本要求,其中教育的民主化是占主导地位的三大目标之一。随着社会经济的发展和教育改革的不断进行,人们对教育民主化思想的理解也进一步加深。在很多国家,教育民主化已经是不仅追求教育机会均等,而且追求教育效果的均等,即不再是给每个人以同样机会的教育,而是给每个人以更好的教育。真正意义上的教育民主化,不能仅仅满足于给以同样的受教育机会,而不注意是否给了所有受教育者同样效果的教育,是否给他们带来了变化。因此,《世界全民教育宣言》强调:对个人或社会来说,扩大了的教育机会是否会表现为有意义的发展,最终取决于作为这些教育机会的结果,人们是否实际学到了什么,即他们是否学到了有用的知识、推理能力、各种技能以及价值观念,因此,基础教育必须把重点放在知识的实际获得和结果上,而不单纯注重入学、不断修改组织化的计划以及完成证书的要求。积极参与的方法对于确保知识的获得和学习者充分开发自己的潜力具有特殊价值,因此为教育计划确定可接受的知识获得标准并改进和应用评估学习成绩的体系,是十分必要的。

教育普及化是教育民主化的基本保证,是保证人们真正享有受教育权利的现实基础。只有实现了教育普及,才可能人人享有平等的机会。实现教育普及的目标并不容易,政治、宗教、文化、经济、传统等诸多社会因素的不平等都成为教育普及的阻力。在政治、经济地位和家庭背景都不平等的社会条件下,在条件歧视还未消灭的情况下,追求绝对的教育机会均等是脱离现实的。要想实现教育普及,必须建立具有强制性效力的教育法规。因此,教育普及的一个重要途径是建立义务教育制度,让适龄儿童都能够并且必须接受教育。此外,保证全民教育理想实现的另一个重要内容是进行扫盲教育,即给那些错过了入学年龄的人提供教育机会。大量文盲的存在必然影响到社会的进步和发展,社会应该而且必须为他们提供受教育的机会。对于现代社会的文盲来说,接受一定程度的教育既是他们的权利,也是他们应该履行的义务。因此,普及义务教育和扫盲教育成为全民教育的两大重要内容。

消除成人文盲　消除文盲是全民教育的基本观点和基本目标。文盲问题是人类面临的最紧迫问题之一。文盲与贫穷联系在一起,全世界文盲的绝大部分居住在发展中国家。这种状况使得动员人民参与发展的任务更加复杂,并时常导致国家为改进其公民的福利和生产力所作的努力付之东流。世界全民教育大会通过的《满足基本学习需要的行动纲领》指出,尽管很多国家在促成成人扫盲方面取得进

展,但撒哈拉以南非洲的大部分地区及其他区域的低收入国家仍有很高的文盲率。同时,成人中功能性文盲的人数还在继续增加,成为亚洲和阿拉伯很多国家乃至欧洲及北美的一个主要社会问题。因此,各国在《满足基本学习需要的行动纲领》所采取的优先行动中提出了"拥有高文盲率(如撒哈拉以南非洲)和大量文盲人口(如南亚)的国家中所有各种基础教育计划",并呼吁需要大量援助来有效减少世界上众多的成人文盲。《乌兰巴托宣言》(The Statement of Ulan Bator)指出,文盲是一个国际社会在 20 世纪最后 10 年必须处理和解决的主要问题。所有国家和人民都直接或间接受到这一问题的影响。文盲威胁着人类的进步和繁荣,它的消除必须成为所有人民国家的共同目标。为此,联合国大会将 1990 年宣布为"国际扫盲年"(International Literacy Year)。国际扫盲年的一个基本目标是鼓励开展成人扫盲活动,包括促进研究和广泛传播经验。成人扫盲不应该像过去那样,经常成为经费紧缩的第一受害者。为了防止"复盲"现象发生,国际扫盲年还强调扫盲后活动的必要性,向初识字的儿童和成人提供简易读物,扩大识字者的发展,保持扫盲环境。消除文盲还要坚持终身教育思想,这是一个开始于扫盲前状态,通过扫盲扩展至更高级的学习水平和一生都学习的机会连续统一体。

重视女童和妇女教育　女童和妇女教育问题是实现全民教育的关键。在未接受初等教育的儿童中,至少一半以上是女童;在成人文盲中,2/3 是妇女。因此,《世界全民教育宣言》明确提出,普及入学机会并促进平等最为紧迫的事就是确保女童和妇女的入学机会,改善其教育质量,并消除阻碍她们积极参与的一切障碍,摒弃教育中任何有关性别的陈规陋习。在《满足基本学习需要的行动纲领》中,妇女和女童的教育计划获得优先。这些计划旨在消除那些阻碍或排斥妇女和女童从正规教育计划获益的社会和文化障碍,并促进她们在生活所有方面的平等机会。世界儿童问题首脑会议(The World Summit for Children)通过的《儿童的生存、保护和发展的世界宣言》中特别提到,普遍加强妇女的作用并确保她们的平等权利,将有利于全世界的儿童,而且必须从一开始就给女童以平等的对待和机会。1995 年召开的联合国第四次世界妇女大会通过的《北京宣言》再一次重申了男女平等的信念及平等、发展与和平的目标。其《行动纲领》(Platform for Action)从 12 个"重点关注领域"详细阐述了各国、特别是发展中国家所面临的主要问题,并提出了解决这些问题的战略目标和应采取的行动。这 12 个领域是:妇女与贫穷;妇女的教育和培训;妇女与保健;对妇女的暴力行为;妇女与武装冲突;妇女与经济;妇女参与权力和决策;提高妇女地位的机制;妇女、人权;妇女与媒体;妇女与环境;女童。其中"妇女的教育和培训"是实现全民教育目标的重要内容。妇女识字是改善家庭内保健、营养

和教育以及使妇女有权利参加社会决策的关键。投资于女孩和妇女的正规和非正规教育和培训，其社会效益和经济效益特别高，已被证明是实现可持续发展和可持续增长的最佳手段之一。《行动纲领》指出，除非洲一些地区特别是撒哈拉以南非洲和中亚某些地区教育设施仍然不足以外，在区域一级，女孩和男孩已获得平等接受初等教育的机会，在有些国家，中等教育已实现男女平等，高等学校录取女生人数也大大增加，但是，世界全民教育大会通过《世界全民教育宣言》和《满足基本学习需要的行动纲领》已经5年多，大约1亿儿童包括至少6 000万女童还没有机会接受初级教育，全世界9.6亿成人文盲中，2/3以上是女性。此外，在课程和教材及教育资源的分配方面，性别偏见依然很明显。这些都对女童和妇女的发展造成不利影响。《行动纲领》提出了解决上述问题的战略目标：确保平等接受教育的机会；消灭妇女文盲现象；扩大妇女接受职业培训、科技教育和进修教育的机会；发展非歧视性教育和培训；为教育改革拨出足够的资源并监测改革的实施；促进女孩和妇女的终身教育和培训。

加强国际间的联合行动　《世界全民教育宣言》强调，要在世界各国有效推行全民教育，就必须加强国际间的合作，使"满足基本学习需要"成为一种人类共同的普遍责任。它需要国际的团结及平等和公正的经济关系，以纠正现有的经济差距。所有国家在设计有效教育政策和方案方面，都有着可以共享的宝贵知识和经验。作为各国实施全民教育的一项基本内容，基础教育资源需要有长期的增长，包括政府间组织和机构在内的国际社会有责任去尽快消除妨碍一些国家实现全民教育目标的障碍。这将意味着采取一些能增加最贫穷国家的国家预算或有助于解除其沉重债务负担的措施。此外，所有国家还必须共同努力来消除冲突和战乱，结束军事占领，安置难民或促使他们返回家园，并确保他们的基本学习需要得到满足。只有稳定、和平的环境才能创造出使每一个人，不论是儿童还是成人，都能从《世界全民教育宣言》获益的条件。《满足基本学习需要的行动纲领》进一步重申，国际合作应优先考虑那些目前最难以满足其人民基本学习需要的国家，还应帮助那些力图克服国内受教育机会不均的国家。

全民教育思潮评价

全民教育思潮主要是针对全球对劳动者素质要求不断提高、初等教育普及率低、成人文盲率高、教育中的性别差异明显以及人类面临严峻的困境等问题提出的，在当今世界颇具影响力。全民教育思潮既有重大的理论意义，又有重要的现实意义。它使人们深刻认识到满足所有人基本学习需要的重要意义和全民教育在解决人类困境中的重要作用。它不仅推动了教育的普及化、民主化、终身化进程，推动了全民教育事业的发展，还关注社会，关注环境，了解世界，为解决全人类共同面临的问题作出了贡献。

自1990年联合国教科文组织召开宗迪恩大会以来，世界各国都针对自己的国情，采取了各种各样的措施和方法来实施"全民教育"计划，在短短的14年间取得了可喜的成果。进入21世纪，世界各地受教育年限和受教育范围都有了很大提高，全世界初等—中等教育学生平均受教育年限为9.3年，占世界人口的93.6%；初等—第三级教育学生平均受教育年限为10.8年，占世界人口的80.0%。

然而，成绩的背后仍旧存在很多问题与困境，主要表现在以下几个方面。第一，妇女和女童基础教育依然不足。这在各个国家都不同程度地存在，在那些以性别决定是否享有受教育权的国家尤其严重。这些国家要么是在文化或宗教观念中存在着严重的"重男轻女"倾向，要么是国内的战乱与贫困使其不得不有重点地分配有限的教育资源。第二，教师培训、教师地位的提高以及教师成绩评价仍然不足。第三，忽视早期儿童的教育和发展。这个问题在各个国家不同程度地存在，尤以发展中国家和落后地区为最严重。这一问题的存在直接影响儿童后期的教育，从而影响青年期和成人期的普及教育与继续教育。另外，忽视早期儿童教育与发展研究，或者是对其投入经费不足，或者是国内的战乱、纷争与贫困等，都会影响一个国家对早期儿童教育和发展的开展与实施。第四，忽视青少年和成人扫盲教育。还有一个值得注意的问题是扫盲之后严重的复盲现象，这已经成为目前各国实现全民教育目标的瓶颈。

参考文献

斯韦恩·奥斯特韦特. 全民教育：宗天会议后的十年[J]. 教育展望，2001(1).

毕淑芝，王义高. 当今世界教育思潮[M]. 北京：人民教育出版社，1999.

顾明远. 世界教育大事典[M]. 南京：江苏教育出版社，2000.

顾明远，孟繁华. 国际教育新理念(修订版)[M]. 海口：海南出版社，2003.

赵中建. 教育的使命——面向二十一世纪的教育宣言和行动纲领[M]. 北京：教育科学出版社，1996.

（郏海霞）

全人教育思潮（holistic education）　以促进人的整体发展为主要目的的教育思潮。20世纪70年代从北美兴起，后来传播到亚洲、大洋洲等地区，对各级各类教育产生了重要影响，形成了一场世界性的全人教育改革运动。

全人教育思潮的缘起与发展

作为一种教育思潮，全人教育迄今有二三十年的历史，但其思想渊源久远。有人认为全人教育的历史可以追溯到卢梭、裴斯泰洛齐、J. H. 纽曼、洪堡、帕克、杜威、蒙台梭利、赫钦斯、罗杰斯、马斯洛等近现代教育家，也有人认为其历史更加久远，可以追溯到古代。

实际上，全人教育的一些思想可以追溯到古希腊时期的亚里士多德，他的自由教育论在本质上体现了全人教育的理想。他认为，人之所以为人的基本特征在于具有理性，人只有充分运用、发展其理性，才能真正实现自我。教育的目的不是进行职业准备，而是促进人的理性和各种高级能力的发展，培养自由的人。文艺复兴时期的人文主义教育家维多里诺、拉伯雷、蒙田、伊拉斯谟等从提倡"人性"出发，也将人的身心或个性的全面发展作为教育的培养目标。18世纪法国启蒙思想家、教育家卢梭认为，自由是人一切能力中最崇高的能力，也是人的天性和最重要的权利，教育的目的就是促进儿童生而具备的自然性无限制地自由发展，培养自然的人(亦即自由的人)。

18世纪末19世纪初，德国新人文主义教育的主要代表人物洪堡提出了培养"完人"(vollstaendige Menschen)的教育目标。在他看来，完人就是"有修养的人"(或"有教养的人")，而一个有修养的人必须是体现了完美无缺的人性的人，即个性和谐、全面发展的人。在教育内容上，洪堡强调教育无功利性的价值取向，重视普通教育。在教育方法方面，他高度评价自我修养、自我教育，强调通过自主自立、自我奋进，实现人性的自我表现和人格的自我完善，主张为学生提供自由的学习环境，认为自由是培养完人首要和不可或缺的条件。19世纪中叶英国教育家 T. 阿诺德坚持教育要培养"基督教绅士"，J. H. 纽曼声称教育要培养具有智力发达、情趣高雅、举止高贵、注重礼节、公正、客观等优秀品性的绅士。他们也都属于全人教育的倡导者。

19世纪末20世纪初，美国进步教育之父帕克和实用主义教育家杜威反对用外铄的目的要求儿童，主张教育即生活，教育即生长，教育即儿童经验的改造，倡导儿童中心主义，要求教育尊重儿童的本能和兴趣，在生活活动中发展儿童的潜能和创造性。永恒主义教育的主要代表人物赫钦斯把人看作一种理性的、道德的、精神的存在，一种自由的存在，把发展理性、培养人性看作教育永恒不变的主题，认为教育的目的就在于促进人的理性、道德和精神力量的最充分发展，培养完人(perfect man)、完整的人(a complete human being)、自由的人、作为人的人，而不是片面发展的工具。

20世纪60年代以来，建立在人本主义心理学基础上的人本主义教育思潮为全人教育的发展注入了新的源泉。马斯洛认为，人是一个统一、有组织的个体，人的发展不仅包括知识和智力，而且包括情感、志向、态度、价值观、创造力、人际关系等，教育的目的在于促进人的整体发展，促进人主观能动性的充分发挥和内在潜能的充分实现。他反对以教师为中心的教育，要求家长和教师允许儿童对自己的发展进行选择，满足儿童各个层次的需要，帮助他们作出明智的选择。罗杰斯批评传统教育导致学生认识与情感世界分离，主张培养"完整的人"(the whole man)。所谓完整的人，是指躯体、心智、情感、精神、心灵力量融为一体的人，他们既用情感的方式也用认知的方式行事。他认为每个人都是不同的个体，都是一个完整而活生生的人，不能用标准化、机械化的方法教育人，而应该为学生创建一个能充分实现潜能的安全、和谐、自由的学习环境，实行"非指导性教学"，使学生在选择中学会学习，学会适应变化。

日本教育家小原国芳在他创建的玉川学园倡导全人教育。他希望培养真正的人，培养至为普通、至为平凡的人，培养费希特所说的"文化人格"，培养伊拉斯谟、马丁·路德或加尔文所要求的"全人"。他认为教育的理想在于创造真、善、美、圣、健、富六项价值，也就是使受教育者在学问、道德、艺术、宗教、身体、生活六个方面得到均衡、和谐的发展。小原国芳为玉川学园制定了实施全人教育的办学方针和各项工作的基本指导思想，通称"玉川学园十二教育信条"，包括全人教育、尊重个性、自学自律、劳作教育、尊重自然、师生间的友情、国际教育等。

20世纪70年代，在后现代主义、生态学、整体论、永恒主义哲学、批判理论的基础上，一些激进教育家继承并发展了人本主义学派的教育理想，发展出以"人的整体发展"为宗旨的联结与转化学习理论。70年代末，全人教育的主要倡导者R. 米勒正式称这种理论为全人教育(holistic education)。1988年，R. 米勒在美国佛蒙特州布兰顿市创办第一份以全人教育为宗旨的专业期刊——《全人教育评论》(Holistic Education Review)，后来将刊名改为《交锋：寻求生命意义和社会公正的教育》，以期把全人教育运动引向教育改造。1990年6月，80位支持全人教育的学者在芝加哥签署宣言《教育2000：全人教育的观点》(Education 2000：A Holistic Perspective)，提出全人教育的十大原则。芝加哥宣言标志着全人教育从一种温和的思潮走向激进的改造运动。90年代，R. 米勒以《全人教育》期刊为基础，创办了全人教育出版社、伟大的教育理念出版社、教育创新基金会、学习资源中心等组织，出版全人教育著作，宣传全人教育理念，推动美国的教育改革。

全人教育的思想也传播到了加拿大、墨西哥、澳大利亚、日本、中国香港、中国台湾等国家和地区，形成一种世界性的教育思潮。加拿大多伦多市安大略教育研究所的 J. P. 米勒 1988年出版《全人教育课程》一书，成为加拿大全人教育运动的旗手。墨西哥籍学者加列戈斯·纳瓦是西班牙文的全人教育主要著作者，他的《全人教育：普世之爱教育学》在西班牙语国家有着较大的影响。日本学者吉春中川师承

R.米勒,先后出版《觉醒教育:东方视野中的全人教育》和《培养整体性:精神教育的视角》等著作,以东方文化中的忍、无、理、道等概念和静坐、冥想等东方式的方法论,探索西方全人教育,在全人教育界引起不少关注。澳大利亚学者杜特主编《全人教育:澳大利亚的探索》,在澳洲燃起全人教育之火。中国台湾和香港的一些学者也尝试发掘中国传统教育中的全人教育思想。

全人教育思潮是对制度化教育危机和社会危机的一种反思,是对20世纪末全球化经济体系和全球文化发展的反映,试图通过一种新型的人本化教育解决社会发展中的问题,在当前的"军备竞赛—工业发达—全球化—合作的体系"中创造一种新的文化。

全人教育思潮的哲学基础和基本主张

全人教育的哲学基础可以概括为三个概念:联结(connectedness)、整体性(wholeness)和存在(being)。联结的概念源于整体论,后经生态学、量子物理学和系统论的发展而逐渐成熟。它包括四个方面的含义:一是相互依赖(interdependence),指系统一个部分的功能依赖于其他部分和整体的功能;二是相互关系(interrelationship),指系统内部各部分之间、系统与系统之间存在着复杂的关系网络;三是参与(participation),指个体与环境密切相连,也创造着环境;四是非线性(non-linearity),指通过反馈链、自组织系统或混沌理论所表述的复杂的相互关系模式,要比简单的线性因果关系常见得多。整体性是指"整体大于部分之和"。它也包括四个方面的含义:一是整个系统(whole systems),指考虑问题时应该从部分到整体、从目标到关系、从结构到过程、从等级到网络,重心应该从理性到直觉、从分析到综合、从线性思维到非线性思维;二是多种视野(multiple perspectives),指复杂系统是以复杂的方式相互联系的,应该从不同的视角分析,没有"唯一的答案";三是独立性(independence),指系统在很大程度上可以作为独立自动的整体运行;四是多种水平(multiple levels),指一个大的系统包括许多子系统,形成一个网络,彼此之间以复杂的方式相互作用。存在是指人全面经历现在,指人的内心宁静、智慧、洞察力、诚实、可靠。它包括四个方面的含义:一是整全的人(fully human),承认人包括身体、情感、智力、精神多个方面;二是创造性的表达(creative expression),承认创造性表达的机会对个人和群体的重要性;三是成长(growth),承认每一个人都可以达到人类精神的最高境界;四是责任感(responsibility),承认个人和群体对在区域、全球和宇宙等多种水平上的选择和行动具有洞察力和责任感。

在联结、整体性和存在三个基本概念的基础上,全人教育思潮形成了与传统教育思想有着明显边界的教育主张。

这些主张集中反映在1990年的芝加哥宣言上。芝加哥宣言对美国现行教育制度及人类社会的文化、社会、生态危机表示忧虑,提出了十大教育改革原则,以期通过教育改革来建设一种新的文化,解决上述各种危机。宣言充分表达了全人教育的主张,为人们理解全人教育的理论与实践提供了方便。

原则一:为人类的发展而教。个体的发展应优先于国家经济的发展。教育最基本的目的是实现人类发展的内在可能性,学校应该是所有学习者乐于学习,而且可以获得充分发展的地方,而不是培养学生服从、效忠、纪律以增加国家"人力资源"的地方。教育应该重新审视个体作为"人"的价值——和谐、平静、合作、合群、诚实、公正、平等、同情、理解和爱。人是一个复杂的整体,不只是充任工人或雇员的角色。作为个体的人,只有过上圆满、健康、有意义的生活,才会是"有用的"人力资源,使国家经济发展与人自身发展得到平衡。

原则二:将学习者视为独立的"个体"。无论年轻还是年老,每个学习者都是独特、有价值的个体,都具有潜在的创造性,都有独特的生理、经济、知识、精神需要和能力,也都有无限的学习潜力,因此对每个学习者都必须给予宽容、尊重和欣赏。必须重新审视年级、教材以及标准化测验的适切性,以个人化测量标准取代年级和标准化测验;必须用学习类型理论、多元智能理论、学习心理学等专业知识指导教学,根据学生不同的需要采用不同的教学策略。

原则三:经验的关键作用。教育与经验是密切相关的。学习就是个体积极、多感官感知周遭世界的过程,教育的目的是让个体经由经验自然而健康地成长,而不是让他们借助有限、割裂、预先编制好的"课程"来汲取知识和发展智能。教育应该通过学习者对自然界的经验把学习者与自然界联结起来,通过学习者与实际社会、经济生活的接触把学习者与社会联结起来,通过艺术、诚实的对谈和冥想把学习者与其内部世界联结起来。

原则四:整全的教育。全人教育主张宇宙是一个整体,每一事物都是互相联系的。在教育过程中,每一种学科都有独特的价值,每一种方法都有独特的作用,都是整体不可或缺的组成部分。教育的目的就是实现人的整体发展,不仅要实现个体在智力和职业能力方面的发展,而且要实现个体在生理、社会、道德、伦理、创造性、精神各方面的发展。

原则五:教育者的新角色。教学是集艺术敏锐性和科学操作于一体的工作,必须重新理解教师的角色。教师必须是学生学习的促进者,要设计和运用不同的学习情境,以适应学生的特殊需要;必须确立新的教学范式,与学习者建立一种相互学习、共同创造的教学过程;必须以学习者为中心,了解并尊重每个学习者的需要。

原则六:选择的自由。真正的教育只有在自由的气氛中才能实现,对于个体来说,自由探究、自由表达、自由成长都是必要的。因此,在学习历程中的每一个阶段,学习者都应有自我选择的机会,依据自己的能力,对课程和学习过程发表意见,同时负起学习成败的责任。现行教育体制虽提供了许多选择,但是还远远不够。

原则七:为参与式民主社会而教。真正的民主社会是全民积极参与社区事务,充满正义、和谐,独立思考的社会。为了建立这样的民主社会,必须建立一个真正民主的教育模式,培养公民的同情心、体谅、正义感、原创性思维和批判性思维。这才是教育的精髓所在。

原则八:为培养地球公民而教。我们每个人都是地球公民。在全球化时代,不同文化之间的交流和联系增加了。全球化时代的教育必须让所有文化的新生代了解人类文化的多样性,了解和尊重不同的文化,确立地球生态的思想,了解自然与人类生存、文化维系之间的互动和互赖关系,要传授一些普遍价值,引导人们去追寻生命的意义、爱、同情、智慧、真理、和谐。

原则九:为地球的人文关怀而教。地球与生长在其上的所有生命共同组成一个互相依赖的整体,人类的发展是与周遭的万物密切联系在一起的。教育必须激发个体对地球的人文关怀,使人们认识到宇宙星球间的互赖本质、个人与地球万物间互相依存的协同关系,认识到每个人在生态环境中所扮演的角色和应负的责任。

原则十:精神和教育。所有人都是精神性的动物,可以借助其天赋、能力、直觉和智慧表达自己的独特性。人不但可以在生理上、情感上和智力上发展自己,而且可以在精神上发展自己,净化自己的灵魂。教育必须不断培育个体的精神,使其健康成长,而不断的学习评价和同学竞争是不利于精神发展的。

总之,全人教育不是一种特殊的课程或方法论,而是一整套教育思想。它强调人的整体发展,强调个体的多样性,强调经验与个体之间的合作。

全人教育思潮对教育培养目标的影响

全人教育的核心思想在于教育培养目标的转变。全人教育对传统教育只重视知识传授和技能培养的培养目标提出批评,倡导教育培养完整的人,使人在身体、知识、技能、道德、智力、精神、灵魂、创造性等方面都得到发展,成为一个真正的人、一个具有尊严和价值的人,一个作为人的人,而不仅仅是一个雇员、一个政治或经济的工具。课程、学习方式、师生观等方面的思想和措施,都围绕实现培养完整的人这一目标设计。从20世纪70年代开始,全人教育思潮便与人本主义教育、后现代主义教育等改革思潮和运动一起,对教育培养目标的转变产生了一定的影响。

联合国教科文组织1972年发表的《学会生存——教育世界的今天和明天》指出:为了训练的目的,人的理智认识被分割得支离破碎,其他方面不是被遗忘,就是被忽视,不是被还原到一种胚胎状态,就是随它在无政府状态下发展;为了科学研究和专门化的需要,许多原来应该对青年人进行的充分而全面的培养被弄得残缺不全;为从事某种内容分得很细或效率不高的工作而进行的训练,过高估计了提高技术才能的重要性而损害了其他更有人性的品质。人类心理的最大特点就是要排除令人苦恼的矛盾,不能容忍过度的紧张,努力追求理智上的融贯性,不是机械地满足欲望,而是要具体地实现自己的潜能,把自己视为一个完善的人。因此,教育就是要培养这样的完人:日臻完善;人格丰富多彩,表达方式复杂多样;作为一个人,作为一个家庭和社会的成员,作为一个公民和生产者、技术发明者和有创造性的理想家,来承担不同的责任。1996年,由法国经济学家德洛尔任主席的国际21世纪教育委员会向联合国教科文组织提交了题为《教育——财富蕴藏其中》的报告。该报告重申了一个基本原则:教育应当促进每个人的全面发展,使每个人借助于青年时代所受的教育,形成一种独立自主、富有批判精神的思想意识,自己确定在人生各种情况下应该做的事情。该报告还提出,教育应以学会认知、学会做事、学会共同生活、学会生存为支柱,培养全面发展的人。

不但联合国教科文组织认识到全人教育的重要性,一些国家和地区也开始把全人教育作为教育改革的理论基础和指导思想,注意培养完整的人。这种倾向以中国台湾和香港地区为甚。1997年,台湾行政当局所属教育改革审议委员会的教育报告书提出,台湾教育改革要以全人教育为目标。2002年6月,香港特别行政区行政长官董建华表示,为了配合知识型社会的需要,保持香港的竞争力和经济活力,香港将全力以赴落实教育改革,建立以"全人教育"和"终身学习"为中心的教育体系。

自全人教育思潮产生以来,全人教育也逐渐成为各级各类学校的办学理念。美国俄勒冈州波特兰市的全人教育小学(The Holistic Education Elementary School of Portland)是北美全人教育学校的典型代表。该校的宗旨就是促进人的发展,强调教育主要应该关注青少年"存在状态"(state of being)的发展,包括完整性、达观、善于享受生活、敏锐性、社会责任感、面对社会挑战的勇气、对生活深层的关注等。这不是不重视智力发展,而是认为智力是一个人非常重要的组成部分,但仅仅是一部分。全人教育认为传统教育的大部分措施过于关注智力,忽视了"人"的发展。

中国台湾各级各类学校甚至幼儿园,特别是教会学校,在立校宗旨中大多强调全人教育。辅仁大学的办学宗旨:成为追求真、善、美、圣全人教育之师生共同体,肯定人性尊严,尊重学术自由;探讨生命意义,提升道德生活;专精学术研究,重视人文精神,致力于培育学生达到知人、知物、知天的理想。香港的许多学校特别是高等学校,早已将全人教育作为自己的教育指导思想。例如,香港浸会大学建校不久便确立了"全人教育"的办学理想,致力于提供完整教育,使学生能在学问、思想、专业技能、人格修养各方面均衡发展,成为具有创造力之领袖及富责任感之公民。

近年来,中国内地也开始关注全人教育。一些学者批评教育培养目标中的工具化倾向。一些学校提出要培养"全人",并不是否定马克思主义关于人的全面发展学说,而是真正反映了马克思主义关于人的全面发展学说的实质精神。全人,是真正全面发展的人、完善的人,是具有主体性并能够把握自己命运的人,是作为人的人而非作为工具的人,是整全的人而非残缺的人,与马克思所倡导的自由、和谐、全面发展的人是一致的。

在一定时期内,全人教育及其培养目标还可能是一种理想,一种可能不会完全实现的理想,但又是一种不能放弃的追求。正如 R. 米勒所言:全人教育是一个梦,但要让梦实现。

参考文献

联合国教科文组织国际教育发展委员会. 学会生存——教育世界的今天和明天[M]. 北京:教育科学出版社,1996.

联合国教科文组织国际 21 世纪教育委员会. 教育——财富蕴藏其中[M]. 北京:教育科学出版社,1996.

文辅相. 文化素质教育应确立全人教育理念[M]. 高等教育研究,2002(1).

吴式颖,任钟印. 外国教育思想通史(第 10 卷)[M]. 长沙:湖南教育出版社,2002.

小原国芳. 小原国芳教育论著选(下)[M]. 北京:人民教育出版社,1993.

(刘宝存)